中国审判指导丛书

# 刑事审判参考

## CHINA TRIAL GUIDE
## REFERENCE TO CRIMINAL TRIAL

—— 2021年卷 ——

（上册）

最高人民法院刑事审判第一、二、三、四、五庭　编

人民法院出版社

图书在版编目（CIP）数据

刑事审判参考. 2021年卷 / 最高人民法院刑事审判第一、二、三、四、五庭编. -- 北京：人民法院出版社，2024. 12. -- ISBN 978-7-5109-4194-8

Ⅰ. D925.218.4

中国国家版本馆CIP数据核字第20248KK316号

## 刑事审判参考（2021年卷）

最高人民法院刑事审判第一、二、三、四、五庭　编

| 策划编辑 | 兰丽专 |
|---|---|
| 责任编辑 | 杨晓燕 |
| 出版发行 | 人民法院出版社 |
| 地　　址 | 北京市东城区东交民巷27号（100745） |
| 电　　话 | （010）67550508（责任编辑）　67550558（发行部查询） |
| | 65223677（读者服务部） |
| 客服QQ | 2092078039 |
| 网　　址 | http://www.courtbook.com.cn |
| E - mail | courtpress@sohu.com |
| 印　　刷 | 保定市中画美凯印刷有限公司 |
| 经　　销 | 新华书店 |

| 开　本 | 787毫米×1092毫米　1/16 |
|---|---|
| 字　数 | 1795千字 |
| 印　张 | 79.5 |
| 版　次 | 2024年12月第1版　2024年12月第1次印刷 |
| 书　号 | ISBN 978-7-5109-4194-8 |
| 定　价 | 408.00元 |

版权所有　侵权必究

# 编辑说明

《刑事审判参考》系最高人民法院刑事审判庭主办的业务指导和研究性出版物，自1999年4月创办以来，秉承立足实践、突出实用、重在指导、体现权威的编辑宗旨，在编辑委员会成员、作者和读者的共同努力下，密切联系刑事司法实践，为刑事司法人员提供了有针对性和权威性的业务指导和参考，受到刑事司法工作人员和刑事法律教学、研究人员的广泛肯定和欢迎。

根据《刑事审判参考》主编会的决定，自2012年始，《刑事审判参考》由原32开改版为特16开。改版后的《刑事审判参考》仍为双月出版，全年共出版六辑，设有以下栏目：

【指导案例】选择在认定事实、采信证据、适用法律和裁量刑罚等方面具有研究价值的典型案例，详细阐明裁判理由，为刑事司法工作人员处理类似案件提供具体的指导和参考。

【立法、司法规范】收录与刑事司法工作密切相关的法律、行政法规、部门规章、司法解释及其他规范性文件。

【刑事政策】最新的刑事司法政策，如最高人民法院院领导在刑事审判工作会议上的讲话、刑事审判工作会议讨论的问题等。

【审判实务释疑】最高人民法院刑事审判庭解答在刑事审判工作中具有普遍指导价值的法律适用问题。

【理论前沿】摘要登载近期刑事理论界、实务界最新研究成果，及时跟踪研究刑事审判中出现的新问题，为刑事司法人员提供最新理论参考。

【域外司法】评介域外的刑事立法及司法制度、实务问题和典型案例的文章。

【经验交流】地方司法机关制定的刑事司法规范性文件及其背景说明；地方各级人民法院在刑事审判工作中对于某些问题的处理政策和意见等。

【实务探讨】针对刑事司法工作中必须解决的疑难、复杂问题，登载相关学者与司法人员的研究文章，为刑事司法工作人员提供解决相关问题的思路。

【大案传真】登载在社会上影响较大的案件的有关裁判文书，及时传递大要案、热点案件的审判信息。

【疑案争鸣】针对实践中发生的疑难案例,对其中争议问题进行分析,给读者提供参与交流探讨的平台,推动相关问题的深入研究。

【裁判文书选登】选择典型裁判文书进行评析,展现法官智慧,指出不足,促进裁判文书制作水平的不断提高。

为方便读者学习与使用,人民法院出版社对该丛书内容进行系统梳理,合理融合、精心编排,对部分内容进行微调,编辑出版《刑事审判参考(2021年卷)》。由于时间紧迫,书中难免存在疏漏与不足,敬请读者批评指正。

**最高人民法院刑事审判第一、二、三、四、五庭**

## 【卷首语】

### 再接再厉　更上层楼
### 努力将《刑事审判参考》办成
### 刑事法律人公认的优秀交流平台

裴显鼎*

《刑事审判参考》是最高人民法院五个刑事审判庭共同主办的业务指导和研究性连续出版物，自1999年创办，历经22载，至今已经出版124集。《刑事审判参考》从无到有、从有到优、从优到精，见证和反映了我国刑事审判乃至依法治国的光辉历程和发展变迁。

《刑事审判参考》具有以下几大特色。

**一是定位清晰**。实用性和指导性是其最大特色，也是其区别于其他实务期刊和学术期刊的主要标志。《刑事审判参考》的"发刊词"指出：通过主要由最高人民法院审理的典型案例，加强对全国法院刑事审判工作的指导，以便更加准确、严格地执行国家法律、法规和司法解释，进一步提高刑事审判质量，促进依法治国方略的实施，为社会主义法治建设作出新的更大的贡献。多年来，《刑事审判参考》始终秉承立足实践、突出实用、重在指导、体现权威的宗旨，密切联系刑事司法实践，为刑事实务人员和研究人员提供了权威性的业务指导和参考。作为最高人民法院刑事审判庭唯一对外公开出版的连续出版物，《刑事审判参考》已成为刑事审判的一块"金字招牌"。除了刑法、刑事诉讼法以外，刑事法律人案头相当常见的工具书就是《刑事审判参考》，尤其是刑事法官，基本上是每集人手一册，遇到疑难案件或困惑问题时马上可以翻阅查询。

**二是内容丰富**。"指导案例"是《刑事审判参考》最主要的栏目。每集《刑事审判参考》都坚持刊登一些在认定事实、采信证据、适用法律和裁量刑罚等方面具有研究价值的典型案例，详细阐明裁判理由，为刑事司法工作人员处理类似案件提供具体的指导和参考。这些案例既全面覆盖刑法总则问题和刑法分则罪名，又涉及刑事诉讼法重点难点问题；既有最高人民法院审理的案例，又有地方法院审理的案例；既有新案分析，又有旧案钩沉。与之相似，"裁判文书选登""大案传真"也与指导案例及其裁判文书紧密相关，如于欢案二审判决书、聂树斌案再审判决书等。此外，《刑事审判参考》还有"刑事

---

* 时任最高人民法院审判委员会副部级专职委员、二级大法官，兼任刑二庭庭长。

司法规范及其理解与适用""刑事政策""审判实务释疑""法律、法规和规章"等栏目。尤其是最高人民法院院领导在刑事审判工作会议上的讲话等内容系独家对外公开发布。

**三是形式灵活**。《刑事审判参考》通常按照每两个月一集的频率每年出版6集,每集栏目略有不同,都属于"规定动作"。同时,《刑事审判参考》还有"专题论坛""专栏""专辑"等多种形式,属于"自选动作"。就"专题论坛"而言,如第112集策划了死刑核准制度改革十周年的系列论文,第115集刊登了国际刑事司法合作论坛的多篇发言稿,等等。就"专栏"而言,如第109集是抢劫犯罪案件专栏,第110集是毒品犯罪案件专栏,等等。就"专辑"而言,如第106集是办理贪污贿赂刑事案件专辑,第116集是办理顾雏军再审案专辑,第121集是依法惩处妨害疫情防控犯罪专辑,等等。此外,2009年和2017年还先后出版了分别为6册和7册的《中国刑事审判指导案例——〈刑事审判参考〉分类集成》,后者将有关刑事诉讼法的部分单列成册。

**四是与时俱进**。《刑事审判参考》始终注意紧跟时代步伐,反映刑事司法最新进展,体现了"回应型司法"的特点。回应热点问题,例如,在正当防卫认定引起全社会热议后,第110集聚焦探讨了如何适用正当防卫制度;当广大法官对以审判为中心的诉讼制度改革还相对陌生时,第108集推出了排除非法证据的若干案例。宣扬最新理念,例如,庭审实质化理念被提出来后,第111集刊登了《以庭审实质化改革为契机不断推进刑事审判理论创新》,进一步倡导控辩平等;法庭上禁穿识别服后,第101集推出了《〈关于刑事被告人或上诉人出庭受审时着装问题的通知〉的理解与适用》,再次重申人权保障。回顾审判历程,例如,在2019年社会各界总结改革开放经验之际,第118集和第119集分别推出改革开放四十周年典型案例普通犯罪专辑和职务、经济犯罪专辑。

"苔花虽然小,也学牡丹开。"二十多年来,《刑事审判参考》在指导刑事实务发展、推动刑事理论研究、推进刑事法治建设、提升刑事审判队伍素质等方面发挥了重要作用。

**一是指导了刑事实务发展**。"法律是鲜活的生命,并非僵化的规则。"实践之树常青,在刑事司法实践中,疑难复杂案件和新类型案件不时涌现,而"法官不得拒绝裁判",在法律和规范性法律文件没有规定或规定不明确的情况下,法官作出裁决不仅需要进行解释,更需要得到指导。当然,这里的指导并不是对具体的案件审理进行指导,而是对抽象的法律适用进行指导。《刑事审判参考》对广大刑事法官就起到了较好的指导作用。除了指导案例提供权威的、可资借鉴的案例来源以外,《刑事审判参考》"审判释疑"栏目设置了最高人民法院刑事审判庭解答在刑事审判工作中具有普遍指导价值的法律适用问题,包括最高人民法院审判长会议纪要、《刑事审判参考》编辑部对读者在刑事司法工作中遇到疑难问题的解答;"问题探讨""疑案争鸣"栏目对疑难复杂案件中的争议问题进行分析,摆出各方观点,提供解决思路。另外,《刑事审判参考》对侦查人员、检察人员、司法行政人员、律师等其他刑事法律人也具有较强的指导作用。例如,人民法院宣告无罪或者改变定性的公诉案件,如果判决没有错误,那么侦查工作和检察工作就很可能发生了失误和偏差,而辩护工作发挥了作用。这就不仅有利于控辩工作质量的提高,还有利于法律共同体的完善和审判中心的建立。

**二是推动了刑事理论研究**。理论与实践相结合是我国刑法的优秀传统。作为应用型法学学科，刑法学尤其需要理论研究和司法实践的深度融合，而不是自拉自唱、各唱各调。正如陈兴良教授所言，1997年刑法实施以来，刑法学研究的重点开始转向司法论的刑法学。《刑事审判参考》为以司法为中心的刑法学研究提供了源源不断的素材，这些素材经过最高人民法院刑事审判专家的审编把关，具有较强的权威性。除了"指导案例"以外，《刑事审判参考》"域外司法"栏目还不时介绍"他山之石"，如第108集刊登了美国交叉询问制度的考察报告，第115集选录了德国、日本、意大利、法国及我国台湾地区等十余个国家、地区的相关刑事规定。我们高兴地看到，在刑法理论界的科研和教学过程中，这些素材被经常提及，许多是直接使用，当然也有批评争鸣。不过，无论何种方式，都属于互动交流，值得欣慰。同时，《刑事审判参考》也注重从理论发展中汲取养分、寻求指导，"理论前沿"栏目推出最新理论成果，第110集刊登了高铭暄教授合著论文《于欢案审理对正当防卫条款适用的指导意义》，第114集刊登了陈光中教授合著论文《中国刑事诉讼法立法四十年》。在"指导案例"等多个栏目的文章中，不少论述引用了域外理论主张，但无论是对德日刑法精细化的犯罪论理论还是对英美刑法多样化的刑罚论理论，都采取了科学的"拿来主义"态度，只是合理借鉴，而非简单移植。

**三是推进了刑事法治建设**。司法解释制度和案例指导制度相结合是我国司法实务部门解释法律的特色做法。《刑事审判参考》有力促进了上述两项制度的延伸和扩充。《刑事审判参考》的"刑事司法规范及其理解与适用"栏目不仅及时收录最新出台的规范性法律文件，往往还一并收录规范性文件起草人的解读文章，如第106集有《关于办理贪污贿赂刑事案件适用法律若干问题的解释》以及《〈关于办理贪污贿赂刑事案件适用法律若干问题的解释〉的理解与适用》，第108集有《关于全面推进以审判为中心的刑事诉讼制度改革的实施意见》以及《〈关于全面推进以审判为中心的刑事诉讼制度改革的实施意见〉的理解与适用》。同时，最高人民法院从2010年开始正式推行案例指导制度，根据《关于案例指导工作的规定》，对于指导性案例，各级人民法院审判类似案例时应当参照。《刑事审判参考》的指导案例虽然没有强制性效力，但也具有较强的参考价值，且早在1999年就开始先行先试了，至今累计下来多达1000多个，量大面广，远超指导性刑事案例。陈瑞华教授认为，《刑事审判参考》是我国目前公认的、最权威的、带有指导性作用的案例文本；以证据法的案例来说，指导性案例数量微乎其微，而《刑事审判参考》证据法的案例总数就已经超过了200个。此外，上述内容对刑事立法的修改完善也起到了积极推动作用。

**四是提高了刑事法官素质**。《刑事审判参考》既是学习实务操作的有效载体，也是展示个人才华的良好平台。作为必备工具书，《刑事审判参考》陪伴和促成了几代刑事法官的成长。稿件作者绝大多数也正是这些刑事法官。他们不仅撰写案例分析，也撰写调研报告和学术论文。例如，《刑事审判参考》的"经验交流"栏目，第101集有《关于危害食品药品安全犯罪案件审理情况的调研报告》；《刑事审判参考》的"实务探讨"栏目，第114集有《如何认定诈骗罪的非法占有目的》。他们对办案调研从不知道如何着手，到逐渐成为熟手能手，再到指导培养新手。他们从实践中提炼理论，用理论来指导实践。他们的办案能力和调研能力得到不断提高，有的还借此逐步走上领导岗位。此外，《刑事审判参考》也收录了大法官的若干文章，如第108集的《加快推进以审判为中心的诉讼制度改革》，第113集的《以习近平新时代中国特色社会主义思想为指南精心做好刑事大要案审判工作》，第118集的《严惩腐败犯罪护航改革开放——改革开放以来职务犯罪审判工作回顾》，第119集的《"从拨乱反正到良法善治"——改革开放四十年刑事审判理念变迁》。这些文章更是对整个刑事审判工作具有全面的宏观的指导意义。

《刑事审判参考》能够发挥积极作用、取得一定成绩，离不开最高人民法院党组的重视关心，离不开最高人民法院刑事法官的共同努力，离不开全国刑事法官的积极参与，离不开出版社众多同仁的默默奉献，离不开历任编辑人员的辛勤耕耘，离不开每位刑事法律人的支持厚爱。这些也是我们继续砥砺前行的信心所在和动力来源。

值此《刑事审判参考》转由最高人民法院直属单位人民法院出版社出版之际，我认为，今后的编辑工作需要注意做好以下几个方面。

**一是要坚持方向的正确性。** 2020年11月召开的中央全面依法治国工作会议，明确了习近平法治思想是全面依法治国的根本遵循和行动指南，对当前和今后一个时期推进全面依法治国的重点工作提出了"十一个坚持"的要求。习近平法治思想是马克思主义法治理论同中国实际相结合的最新成果，是21世纪马克思主义法治思想，是在法治轨道上推进国家治理体系和治理能力现代化的根本遵循，是引领法治中国建设在新时代实现更大发展的思想旗帜。习近平法治思想内涵丰富、思想深刻，我们必须用心学习、深刻领会其重大意义、精神实质、实践要求，并在人民法院各项工作中予以切实贯彻落实。最高人民法院始终把刑事审判摆在突出重要位置谋划部署。2019年10月举行的第七次全国刑事审判工作会议，明确了新时代刑事审判工作的总体要求和主要任务，要求树立适应新时代新要求的刑事司法理念。嗣后，最高人民法院向全国人大常委会专项报告刑事审判工作情况，提出要不断加强和改进新时代人民法院刑事审判工作。具体到《刑事审判参考》编辑工作上，就是要始终坚持以习近平法治思想为指导，坚持司法为民、公正司法主线，坚持实体公正与程序公正相统一，坚持惩罚犯罪与保障人权相统一，坚持政治效果、法律效果和社会效果相统一，坚持现代科技与司法工作深度融合，贯彻落实宽严相济刑事政策，推动刑事司法理念创新、制度创新、实践创新；要全面总结经验，认真查找差距，着力补短板、强弱项、促提升，更好地促进刑事审判与理论研究的发展。

**二是要增强内容的全面性。** 刑事法学科体系庞大，从研究对象看，可分为广义刑法学与狭义刑法学，广义刑法学包括刑法、刑事诉讼法等，狭义刑法学包括刑法总则、刑法分则；从研究方法看，可分为理论刑法学、刑法解释学、比较刑法学；从研究地域看，可分为中国刑法学、外国刑法学、国际刑法学；从发展沿革看，可分为现代刑法学和刑法史学；等等。上述分支学科在刑事司法过程中均有不同程度的涉及，其中最常见的无疑是中国刑法中的刑法解释学。因此，目前《刑事审判参考》最主要的内容也是指导案例和规范性法律文件及其理解与适用，而这些刑法解释学又大多聚焦于刑法具体问题，其收录案例的80%都属于实体法案例。在今后的编辑过程中，应当根据整体刑法学和刑事一体化的精神，增强体系意识，可以考虑适当增加其他内容。例如，增加刑事政策、网络刑法等刑法内容；增加刑事诉讼法内容比重，具体来说是增加刑事诉讼法的指导案例和司法解释；增加刑法与刑事诉讼法交叉问题、刑法与民法交叉问题、刑法与行政法交叉问题等；增加理论刑法学、比较刑法学、外国刑法学、国际刑法学的内容，具体来说是多编一些"理论前沿""域外司法"等，如涉外刑事审判就需要更多了解外国刑法和国际刑法情况；增加刑法史学的内容，可以对我国古代浩如烟海的案例撷取经典精华，也可以对新中国成立以来刑事审判实践予以梳理总结，《改革开放以来职务犯罪审判工作回顾》和《改革开放四十年刑事审判理念变迁》就进行了一些尝试。增加上述内容并非为了片面追求高大全，而是为了更好地满足审判实践的客观需要。

**三是要扩大形式的多样性。** 形式服从内容。编辑《刑事审判参考》应当更多以用户体验为出发点，注重学习借鉴好的做法。《刑事审判参考》已经加入"中国审判指导丛书"系列，应当参考《民事审判指导与参考》《行政执法与行政审判》《执行工作指导》的形式，如可以考虑推出每年合订卷。参考指导性案例、《人民司法·案例》等其他案例的编辑方式，考虑在指导案例中增设裁判要旨，方便读者迅速抓住要点。参考其他研究者的总结方法，考虑不定期归纳出版某类问题的裁判规则。在微信上有时会看到一些"最高人民法院刑事裁判规则"，读者乍一看标题还以为是最高人民法院刑事审判庭官方推出的，打开看内容才知道是有些法律人个人整理的。例如，无讼阅读推出了《掩饰、隐瞒犯罪所得、犯罪所得收益罪的20条裁判规则》，就是有心的律师在第104集掩饰、隐瞒犯罪所得、犯罪所得收益罪专辑基础上所作的提炼概括。这就说明还可以对现有资源进行深入挖掘、再次加工，其实这个工作完全应该由《刑事审判参考》编辑部及相关刑事法官来做，对类型化问题的裁判规则，成熟一个总结一个，出版单行本或合编本。参考学术期刊的信息化方式，充分利用微信公众号等电子媒介，及时推出文章的电子版，方便手机族快速学习。利用最高人民法院院内资源整合的优势，将历期《刑事审判参考》文章经过清理后，录入法信、中国应用法学数字化服务系统等智审系统，方便审判人员开展类案检索和案例研究，统一法律适用标准。

**四是要加强稿件的组织性。** "问渠哪得清如许，为有源头活水来。"稿件质量和数量是保证连续出版物出版工作的关键。因此，要进一步加强领导，要更加重视组稿工作，要始终将《刑事审判参考》作为最高人民法院刑事审判的"金字招牌"来维护。最高人民法院刑事审判庭要精心挑选既熟悉刑事审判实务又具有较高理论水平的精兵强将，人民法院出版社要注意安排既了解审判工作又洞悉市场需求的行家里手，组成骨干队伍来共同负责组稿工作。从选题策划来说，要带着问题意识选择有价值的主题开展探讨；要针对经济社会活动中具有典型意义及较大影响的刑事法律问题，或者人民群众广泛关注的热点刑事问题，及时发布指导案例；要针对审判实务中的重点难点疑点问题，介绍刑法实务界和理论界的一般做法和最新观点；要针对驾驭庭审、撰写裁判文书等审判关键环节，设置"经验之谈"等栏目推广各地成熟的经验做法。从作者来源来说，要形成较为稳定的写作队伍;要调动各级法院审判人员撰稿投稿并完善激励机制;要邀请专家学者通过撰文、访谈等多种形式对相关问题发表意见;要鼓励律师、检察官、法学院师生等法律共同体人员踊跃投稿。从组稿形式来说,要灵活机动、常来常往;要加强稿件的原创性;要更多采取主动约稿的形式,而非单纯依靠被动审稿;要增强最高人民法院刑事审判庭与人民法院出版社、专家学者、律师等的互动交流,而非自己关起门来单打独斗、埋头苦干。所有这些,都是要吸引和促使更多的刑事法律人从《刑事审判参考》的读者变为作者。

"百尺竿头,更进一步。"党的十九大开启了新时代,新时代必须有新气象,希望《刑事审判参考》编辑部和人民法院出版社能够抓住机会,将《刑事审判参考》巩固创新、推陈出新、升级更新。我也相信,只要大家齐心协力、不懈奋斗,就一定能将刊物越办越好,推动新时代刑事审判工作提高到新水平。

# 目　录

## （上册）

**【指导案例】**

[第1387号]江苏北某科技有限公司、杨某业欺诈发行债券案
　　——如何把握欺诈发行债券罪的构成要件……………………楼炯燕（ 1 ）

[第1388号]某期货大连营业部背信运用受托财产案
　　——背信运用受托财产罪的法律适用…………………王　钰　周发遴（ 6 ）

[第1389号]潘某信用卡诈骗案
　　——行为人利用他人遗忘在ATM机内已输好密码的信用卡取款行为的
　　　定性…………………………………………………………郇习顶（ 11 ）

[第1390号]刘某铭故意杀人案
　　——客观证据缺失的案件如何认定犯罪事实……………………钱　岩（ 17 ）

[第1391号]李某故意伤害案
　　——医疗过错鉴定意见在刑事诉讼中的运用………………杨鹏飞　林　驰（ 22 ）

[第1392号]朱某国盗窃案
　　——无直接证据的"零口供"案件审查要点和证据运用………邬小骋　潘自强（ 27 ）

[第1393号]陈某增、梁某仔、林某明盗窃案
　　——拾得他人遗失的医保卡，并在药店盗刷卡内个人医保账户资金的
　　　行为如何定性………………………………………………孟明合（ 33 ）

[第1394号]曾某长挪用资金案
　　——挪用资金罪两个量刑档次中的"数额较大"，是否适用同一数额
　　　认定标准………………………………………………张　晔　聂昭伟（ 37 ）

[第1395号]梁某辉寻衅滋事案
——持刀驱离正在违法强拆的人员并造成一人轻微伤的,是否构成寻衅滋事罪 ………………………………………………… 林钟彪(42)

[第1396号]杨某荣、颜某英、姜某富拒不执行判决、裁定案
——为逃避执行,在民事裁判前转移财产并持续至执行阶段的行为如何定性 ……………………………………… 金朝文 张 旭(47)

[第1397号]刘某军非法收购珍贵、濒危野生动物案
——非法收购珍贵、濒危野生动物死体行为的认定 ……… 魏 海 罗嘉亮(53)

[第1398号]赵某山、王某杰、杨某波非法占用农用地案
——擅自以村委会名义将村山坡林地承包给村民作为墓地使用的定性
……………………………………………… 杨雪梅 王少兵(59)

[第1399号]赵某受贿案
——新类型受贿形式及数额的认定 ………………………… 陈华舒(65)

[第1400号]杨某成受贿案
——职务犯罪涉案书画真伪如何认定 ………… 刘蔼强 蒋凌军 王天奇(77)

[第1401号]林某私分国有资产案
——国有企业改制过程中隐匿公司财产,转为改制后其个人和部分职工持股的公司所有的行为应如何定性 …………… 何凌云 廖丽红(84)

[第1402号]曾某明枉法仲裁案
——劳动仲裁中的枉法调解行为能否构成枉法仲裁罪 …………… 程 敏(91)

[第1403号]黄某珠交通肇事案
——对于涉及因素复杂、社会影响大的案件,如何把握认罪认罚从宽制度的适用 ………………………………………………… 宋一心(98)

[第1404号]程某发危险驾驶案
——办理醉驾案件如何依法用足用好速裁程序 …………… 谭轶城(101)

[第1405号]锥某池、锥某高等故意伤害案
——民间矛盾引发的案件如何适用认罪认罚从宽制度 ……… 王 浩(103)

[第1406号]马某飞盗窃案
——轻罪案件如何适用认罪认罚从宽制度 ………… 朱纪红 亓淑云(106)

[第1407号]刘某民、马某凯故意毁坏财物案
——人民法院建议调整量刑建议,公诉机关不予调整的,人民法院应及时依法作出判决 …………………………………………… 潘 蔚(109)

[第1408号]段某安妨害公务案
　　——如何准确理解和适用《最高人民法院、最高人民检察院、公安部、
　　国家安全部、司法部关于适用认罪认罚从宽制度的指导意见》
　　第45条的规定 …………………………………………… 龚　琰（112）

[第1409号]苏某花开设赌场案
　　——如何审查认罪认罚案件量刑建议以及二审法院如何处理检察机关
　　因一审法院未建议调整量刑建议而提出的抗诉 ………… 张新文（116）

[第1410号]于某民拒不执行判决案
　　——如何把握认罪认罚从宽制度的适用条件 ………… 赵仁洋　李　贞（119）

[第1411号]张某利出售出入境证件案
　　——案件的证明标准不因被告人认罪认罚而降低 ………… 王　杨（122）

[第1412号]杨某然贩卖毒品案
　　——认罪认罚案件被告人以量刑过重为由提起上诉是否影响对原认罪
　　认罚情节的认定 ………………………………………… 魏　彤（125）

[第1413号]吴某兰、鲁某学容留卖淫案
　　——如何正确把握"早认罪优于晚认罪"的刑罚评价精神 ……… 王　绮（128）

[第1414号]王某受贿案
　　——如何把握认罪认罚从宽制度中的"认罚"情节 ……… 黄　琰　李　渊（131）

[第1415号]王某等销售假药案
　　——未及销售的假药应否计入销售金额及其犯罪形态的认定 ……… 王　东（134）

[第1416号]廖某昭故意伤害案
　　——无偿提供劳务的帮工人在帮工过程中故意伤害致人死亡的,被帮工人
　　应当承担赔偿责任 …………………………………… 沈　斌　程　溪（141）

[第1417号]张某福盗窃案
　　——将他人放在椅背衣服口袋内的财物盗走,能否认定为盗窃他人
　　"随身携带的财物" ……………………………………… 刘艳青（146）

[第1418号]王某盗窃案
　　——前罪判决因漏判附加剥夺政治权利被再审纠正的,数罪并罚时剩余
　　剥夺政治权利刑期应如何计算 ………………………… 葛立刚（150）

[第1419号]程某杰盗窃、传授犯罪方法案
　　——以数额特别巨大之财物为盗窃目标但仅窃得数额较大之财物的,
　　如何认定盗窃数额并选择法定刑幅度 ………………… 聂昭伟（153）

[第1420号]刘某荣、刘某杰、刘某辉诈骗案
——当被告人同时具有国家工作人员等多种身份时应如何认定其行为性质
以及村民委员会是否属于单位犯罪的适格主体……… 沈 斌 马沐阳(158)

[第1421号]何某候等人诈骗案
——利用传销性质组织实施网络交友诈骗的犯罪数额如何认定…… 胡公枢(164)

[第1422号]王某男诈骗案
——庭前会议的示证不能代替庭审的举证、质证和认证 ………… 魏保国(169)

[第1423号]杨某诚、韦某、何某剑诈骗案
——骗领不动产权登记后将不动产抵押借款,诈骗数额如何认定
………………………………………………………………… 王 锋 王 辉(173)

[第1424号]董某立、孙某故意毁坏财物案
——后罪的预备行为发生在前罪的缓刑考验期内、实行行为发生在
缓刑考验期满后,应否撤销缓刑将前后罪并罚 ………… 赵仁洋(177)

[第1425号]罗某升等人组织、领导、参加黑社会性质组织案
——黑恶势力犯罪案件中如何依法处置涉案财物 ……… 陈小飞 杨 毅(181)

[第1426号]陈某豪开设赌场案
——借助网络招揽会员经营二元期权行为的司法认定 ………… 刘凯升(188)

[第1427号]张某明、毛某明、张某故意损毁名胜古迹案
——在没有法定司法鉴定机构可以鉴定的情况下,专家意见可否作为定罪
量刑的参考 ………………………… 王慧军 王 倩 郑享华(193)

[第1428号]刘某江、朱某向非法收购、运输、出售珍贵、濒危野生动物案
——法定刑以下判处刑罚案件核准过程中应如何处理事实认定和法律
适用中的瑕疵 ……………………………………… 郭 慧 高 利(199)

[第1429号]钟某福等非法采伐国家重点保护植物案
——人工种植列入《国家重点保护野生植物名录》的树种是否属于
国家重点保护植物 ……………………………… 范冬明 魏 海(204)

[第1430号]吴某文贪污案
——高校科研经费贪污案件的司法认定 ………… 管友军 陈将领 李 莹(210)

[第1431号]吴某宝受贿案
——交易型受贿犯罪数额及索贿的认定 ……………… 胡晓景 段 凰(218)

[第1432号]寿某年受贿案
——如何认定以明显低于市场价购买房屋的受贿形式 …… 管友军 陈 曜(224)

[第 1433 号]卢某春滥用职权案
——放弃履行职责致其他行政机关不能行使行政处罚权行为的定性
　　　　　　　　　　　　　　　　　　　　　　　　　　柴　喆（231）

[第 1434 号]佛山市格利华经贸有限公司、王某东、李某雄走私废物案
——利用他人许可证进口可用作原料的固体废物行为性质的认定
　　　　　　　　　　　　　　　　　　　　　　黄建屏　郭　慧（235）

[第 1435 号]丹东欣泰电气股份有限公司及温某乙、刘某胜欺诈发行股票、
　　　　　违规披露重要信息案
——上市公司在申请上市前后连续财务造假的行为如何认定………初立秀（240）

[第 1436 号]张那某某故意伤害案
——如何准确区分特殊防卫与防卫过当，以及认定行为人属于正当防卫的，
　　法院判决应当如何表述………………………董照南　路　诚（246）

[第 1437 号]秦某强奸、猥亵儿童案
——性侵未成年人犯罪案件中证据的采信以及相关量刑情节的认定
　　　　　　　　　　　　　　　　　　　　　　　　　　邢海莹（250）

[第 1438 号]区某生强制侮辱案
——网络语境下如何准确认定强制猥亵、侮辱罪
　　　　　　　　　　　　　　　　　　曹东方　黄　莹　郭榕榕（257）

[第 1439 号]徐某斌诈骗案
——间接正犯是否存在实行行为过限……………曹东方　商俊峰（261）

[第 1440 号]韩某职务侵占案
——如何判断行为人侵占单位财产的行为是否利用职务上的便利
　　　　　　　　　　　　　　　　　　　　　　　　　　訾效云（264）

[第 1441 号]王某军等非法获取国家秘密、非法出售、提供试题、答案案
——非法获取建造师考试试题、答案后又非法出售、提供的，如何定罪处罚
　　　　　　　　　　　　　　　　　　　　　　杜开林　胡元吉（267）

[第 1442 号]王某威、周某盗掘古文化遗址案
——如何确定行为犯的犯罪形态………马卫东　王小彪　杜军燕（275）

[第 1443 号]索南某某非法猎捕、杀害珍贵、濒危野生动物案
——法定刑以下判处刑罚案件的若干程序问题………………郭　慧（280）

[第 1444 号]周某清传播淫秽物品案
——为推销合法产品而利用淫秽物品招揽顾客的行为，能否认定为传播
　　淫秽物品牟利罪………………………………………………聂昭伟（286）

[第1445号] 杜某亚、李某舵贪污、非法转让土地使用权、诈骗案
　　——法定刑以下判处刑罚案件的相关程序问题 ………………… 段　凰（290）

[第1446号] 刚某、吴某竹受贿、伪造国家机关证件案
　　——介绍贿赂罪与行受贿共同犯罪的区分 ………………… 楼炯燕（297）

[第1447号] 沈某根受贿案
　　——利用职务便利，以民间借贷形式收受请托人高额利息的行为应
　　　如何认定 ………………………………………… 管友军　陈克娥（302）

[第1448号] 陈某伟放火案
　　——醉酒后点燃停放在居民住宅旁电动车的行为定性 ………… 王永兴（306）

[第1449号] 孙某中以危险方法危害公共安全案
　　——认罪认罚案件中指控罪名与审理认定罪名不一致时的处理 …… 周广明（311）

[第1450号] 王某华、陈某华交通肇事案
　　——车主指使驾驶人员逃逸致被害人遭连环辗轧死亡的刑事责任认定
　　　………………………………………………………………… 闫　歌（317）

[第1451号] 青岛瑞驰投资有限公司、栾某先非法转让土地使用权案
　　——在土地开发经营过程中，开发商以股权转让方式实现土地使用权
　　　流转行为的定性 ……………………………………………… 张文波（322）

[第1452号] 王某集资诈骗案
　　——公诉人当庭发表与起诉书不一致意见的处理规则 ……… 付想兵　刘　杰（327）

[第1453号] 徐某、桑某华等非法经营案
　　——仅凭产品系非法入境、印制张贴虚假内容标签等行为不能推定
　　　系伪劣产品 …………………………………………………… 刘娟娟（332）

[第1454号] 叶某利、孙某辉故意杀人、孙某岗窝藏案
　　——网络雇凶杀人案件中罪责最为严重主犯的认定及死刑适用
　　　……………………………………………………… 杜开林　胡元吉（338）

[第1455号] 赵某锋故意杀人案
　　——如何准确把握自首制度适用中"送亲投案"和"现场等待"等问题
　　　……………………………………………………… 踪训峰　柳　杨（346）

[第1456号] 石某回故意伤害案
　　——在互相打斗过程中，一方为了使前来劝阻的妻子免受不法侵害，
　　　造成另一方死亡的如何认定 ………………………… 卢益民　王永兴（350）

[第1457号] 李某破坏军婚案
　　——破坏军婚罪中"同居"的认定 …………………… 朱　军　汪润洲（354）

[第1458号]李某华盗窃案
——如何审查被告方提出的非法证据排除申请及被害人对涉案物品的指认 ············································· 许东俊（358）

[第1459号]吴某非法获取计算机信息系统数据案
——利用游戏系统漏洞非法充值行为的定性 ············· 吴扬传（364）

[第1460号]董某寻衅滋事案
——在缓刑考验期间犯新罪但在新罪判决前缓刑已被撤销的，新罪判决
仍应援引刑法第七十七条 ························· 王　辉　王　锋（367）

[第1461号]陈某滨等人开设赌场案
——新型网络抽奖式销售经营行为性质的认定 ············· 刘伟宏　熊灵芝（370）

[第1462号]肖某文、李某发拒不执行判决案
——如何理解"致使判决、裁定无法执行" ············· 王　青　余绍清（374）

[第1463号]董某桥、张某等十九人污染环境案
——两个以上被告人分别实施污染环境行为发生化学反应造成危害后果的，
如何准确认定因果关系和责任分担 ············· 葛庆龙　徐翠翠　郭　慧（378）

[第1464号]王甲受贿案
——收受情人款项的性质认定 ············· 朱锡平　石　魏　段　凰（384）

## 【立法、司法规范】

中华人民共和国刑法修正案（十一）
（2020年12月26日）······················································（391）

最高人民法院　最高人民检察院
关于执行《中华人民共和国刑法》确定罪名的补充规定（七）
（2021年2月26日）······················································（400）

《最高人民法院、最高人民检察院关于执行〈中华人民共和国刑法〉
确定罪名的补充规定（七）》的理解与适用 ············· 李　静　姜金良（403）

最高人民法院　最高人民检察院
关于办理操纵证券、期货市场刑事案件适用法律若干问题的解释
（2019年6月27日）······················································（413）

《最高人民法院、最高人民检察院关于办理操纵证券、期货市场刑事案件
适用法律若干问题的解释》的理解与适用 ············· 姜永义　陈学勇　朱宏伟（417）

最高人民法院　最高人民检察院
　　关于办理利用未公开信息交易刑事案件适用法律若干问题的解释
　　　（2019年6月27日） ………………………………………………（426）
《最高人民法院、最高人民检察院关于办理利用未公开信息交易刑事案件
　　适用法律若干问题的解释》的理解与适用 ………姜永义　陈学勇　王尚明（428）
最高人民法院　最高人民检察院
　　关于办理侵犯知识产权刑事案件具体应用法律若干问题的解释（三）
　　　（2020年9月12日） ………………………………………………（437）
《最高人民法院、最高人民检察院关于办理侵犯知识产权刑事案件具体
　　应用法律若干问题的解释（三）》的理解与适用 …………林广海　许常海（440）
最高人民法院　最高人民检察院
　　关于办理窝藏、包庇刑事案件适用法律若干问题的解释
　　　（2021年8月9日） …………………………………………………（448）
《最高人民法院、最高人民检察院关于办理窝藏、包庇刑事案件适用法律
　　若干问题的解释》的理解与适用 ………………滕　伟　陆建红　田文莎（450）
全国人民代表大会常务委员会
　　关于授权最高人民法院、最高人民检察院在部分地区开展刑事案件认罪认罚
　　　从宽制度试点工作的决定
　　　（2016年9月3日） …………………………………………………（459）
最高人民法院　最高人民检察院　公安部　国家安全部　司法部
　　关于在部分地区开展刑事案件认罪认罚从宽制度试点工作的办法
　　　（2016年11月11日） ………………………………………………（460）
应急管理部　公安部　最高人民法院　最高人民检察院
　　关于印发《安全生产行政执法与刑事司法衔接工作办法》的通知
　　　（2019年4月16日） …………………………………………………（464）
建立衔接协作工作机制　依法严惩安全生产犯罪
　　——《安全生产行政执法与刑事司法衔接工作办法》相关问题解读
　　　…………………………………………………………………李加玺（469）
最高人民法院　最高人民检察院　公安部　国家安全部　司法部
　　印发《关于适用认罪认罚从宽制度的指导意见》的通知
　　　（2019年10月11日） …………………………………………………（473）

最高人民法院
  印发《关于统一法律适用加强类案检索的指导意见(试行)》的通知
    (2020年7月15日) ………………………………………………………… ( 485 )
《最高人民法院关于统一法律适用加强类案检索的指导意见(试行)》的
  理解与适用 ……………………………………………… 刘树德 胡继先( 487 )
最高人民法院 最高人民检察院 公安部
  关于印发《关于刑事案件涉扶贫领域财物依法快速返还的若干规定》的通知
    (2020年7月24日) ………………………………………………………… ( 493 )
最高人民法院 最高人民检察院 公安部 国家安全部 司法部
  关于印发《法律援助值班律师工作办法》的通知
    (2020年8月20日) ………………………………………………………… ( 495 )
最高人民法院 最高人民检察院 公安部
  印发《关于依法适用正当防卫制度的指导意见》的通知
    (2020年8月28日) ………………………………………………………… ( 501 )
《最高人民法院、最高人民检察院、公安部关于依法适用正当防卫制度的
  指导意见》的理解与适用 ……………………………… 《指导意见》起草小组( 505 )
最高人民法院 最高人民检察院 公安部
  关于印发《办理跨境赌博犯罪案件若干问题的意见》的通知
    (2020年10月16日) ……………………………………………………… ( 521 )
最高人民法院 最高人民检察院 公安部 国家安全部 司法部
  印发《关于规范量刑程序若干问题的意见》的通知
    (2020年11月5日) ………………………………………………………… ( 526 )
最高人民法院 最高人民检察院 公安部 司法部
  关于进一步加强虚假诉讼犯罪惩治工作的意见
    (2021年3月4日) ………………………………………………………… ( 531 )
《最高人民法院、最高人民检察院、公安部、司法部关于进一步加强虚假诉讼
  犯罪惩治工作的意见》的理解与适用 … 滕 伟 叶邵生 丁成飞 李加玺( 537 )
最高人民法院 最高人民检察院 公安部 司法部
  印发《关于加强减刑、假释案件实质化审理的意见》的通知
    (2021年12月1日) ………………………………………………………… ( 545 )

## 【2021年全国法院刑事审判工作座谈会精神专栏】

充分发挥刑事审判职能作用　为全面建设社会主义现代化国家创造安全稳定的社会环境
——最高人民法院党组书记、院长周强对全国法院刑事审判工作座谈会的批示 …………………………………………………………………………（549）

新时代新征程　新形势新作为　推动刑事审判工作高质量发展
——最高人民法院党组副书记、常务副院长贺荣在全国法院刑事审判工作座谈会上的讲话（节选）…………………………………………………（550）

精准把握刑事政策　加强统筹凝聚共识　推进各项制度措施有效实施
——最高人民法院党组成员、副院长李少平在全国法院刑事审判工作座谈会上的讲话（节选）…………………………………………………（557）

坚决落实党中央决策部署　抓好重点工作　依法惩治犯罪
——最高人民法院党组成员、副院长姜伟在全国法院刑事审判工作座谈会上的总结讲话（节选）………………………………………………（562）

精准发挥刑事审判职能作用　努力让人民群众在每一个司法案件中感受到公平正义 ……………………………………………………何　莉（564）

兼顾国法天理人情　彰显司法公平正义 ………………………………何　莉（567）

依法从严惩治腐败犯罪　实现职务犯罪审判工作高质量发展 ………王晓东（570）

加强人权司法保障　确保严格公正司法
——持续深入推进以审判为中心的诉讼制度改革 ………………李　勇（574）

推进扫黑除恶斗争常态　建设更高水平平安中国 ……………………李　勇（577）

站稳人民立场　切实加强民生刑事司法保护 …………………………滕　伟（580）

发挥刑事审判职能作用　推动法院禁毒工作实现高质量发展 ………张　明（583）

坚决整治顽瘴痼疾　切实完善制度机制　进一步规范"减假暂"工作
…………………………………………………………………………韩维中（587）

妥善审理民间矛盾激化引发的刑事案件 ……………湖南省高级人民法院（590）

准确把握宽严相济刑事政策　实现法律效果和社会效果有机统一
……………………………………………………浙江省宁波市中级人民法院（593）

谋创新　抓关键　聚合力　推动未成年人刑事审判工作再上新台阶
……………………………………………山东省青岛市即墨区人民法院（596）

## 【刑事政策】

在全国法院推进刑事案件认罪认罚从宽制度工作部署会上的讲话 …… 李少平（599）

发挥认罪认罚从宽制度作用是司法机关共同的责任 …………… 高憬宏（608）

正确把握认罪认罚从宽　保证严格公正高效司法 ……………… 胡云腾（610）

就认罪认罚从宽制度相关问题答记者问 ………………………… 沈　亮（617）

## 【指导案例】

## [第1387号]

## 江苏北某科技有限公司、杨某业欺诈发行债券案
——如何把握欺诈发行债券罪的构成要件

### 一、基本案情

被告单位江苏北某科技有限公司（以下简称北某公司），住所地江苏省宜兴市经济开发区文庄路。

被告人杨某业，男，汉族，1973年××月××日出生。2018年4月4日被逮捕。

江苏省无锡市人民检察院指控被告单位北某公司及被告人杨某业犯欺诈发行债券罪，向无锡市中级人民法院提起公诉。

被告单位北某公司对指控的犯罪事实没有提出异议。被告人杨某业辩称其系初犯、偶犯，具有坦白情节。杨某业的辩护人提出：（1）北极皓天公司发行的是私募债，系突破原有刑法框架的制度创新，量刑应当予以从轻；（2）杨某业认罪态度好，如实供述犯罪事实，依法应当从轻处罚；（3）本案社会危害性小，建议对杨某业适用缓刑。

无锡市中级人民法院经公开审理查明：被告单位北某公司于2009年12月注册成立，注册资本5000万元，后增资至11000万元。被告人杨某业系北某公司法定代表人、执行董事，负责公司全面工作。

2010年左右，被告人杨某业代表被告单位北某公司与北京工业大学光电子技术实验室开展合作，由北某公司出资购买LED生产设备及支付实验室相关费用，该实验室帮助北某公司组建生产线、培训技术骨干，并提供生产技术、芯片产品样品等。2012年，杨某业为解决融资问题决定发行私募债券，并由中山证券承销，拟向上海证券交易所申请非公开发行中小企业私募债券。其间，杨某业的亲属杨某伦（另案处理）负责公关接待、协调联络、业务谈判、联系律师出具法律意见书等事务。

2013年3月，被告单位北某公司在中山证券负责的《江苏北某科技有限公司2013年中小企业私募债券募集说明书》中隐瞒公司尚未建成投产、尚无销售收入和利润的重大事项，提交虚假的审计报告、纳税证明等材料，骗取上海证券交易所备案，备案金额为不超过1亿元，债券期限为3年期，销售期限为6个月。2013年9月，在投资者认购意向

不足,该债券面临发行失败时,由杨某伦及被告人杨某业出面借款 6700 万元,分别以江苏佳某照明科技有限公司的名义虚假认购 700 万元、以深圳市华某园投资发展有限公司的名义虚假认购 6000 万元,认购完成后随即归还出借人。最终实际募集到嘉某公司认购的 2700 万元资金。

另查明:2016 年 6 月,嘉某公司与中某(北京)资产管理有限公司签订债权转让协议,约定中某(北京)资产管理有限公司以 2635 万元的价格受让嘉某公司持有的前述面值为 2700 万元的债券,但仍由嘉某公司代持。2016 年 9 月,该债券到期后被告单位北某公司未按约支付本息。

无锡市中级人民法院认为,被告单位北某公司在公司债券募集办法中隐瞒重要事实、编造重大虚假内容,发行公司债券,数额巨大;被告人杨某业作为北某公司直接负责的主管人员,决定并实施上述犯罪行为,其行为均已构成欺诈发行债券罪。杨某业到案后如实供述自己的罪行,系坦白,依法可予以从轻处罚。据此,依照刑法第一百六十条、第三十条、第三十一条、第六十七条第三款、第六十四条之规定,以欺诈发行债券罪,分别判处被告单位北某公司罚金人民币一百万元;判处被告人杨某业有期徒刑一年三个月;责令被告单位北某公司向投资者退赔违法所得。

一审宣判后,被告单位北某公司、被告人杨某业均未提出上诉,检察机关未抗诉,判决已经发生法律效力。

## 二、主要问题

(一)中小企业发行私募债券是否属于欺诈发行债券罪的规制对象?
(二)司法实践中如何把握欺诈发行债券罪的认定标准?

## 三、裁判理由

(一)中小企业发行私募债券属于欺诈发行债券罪的规制对象

本案中,被告单位北某公司发行的是私募债券。对于此种行为是否构成欺诈发行债券罪,审理中存在两种意见。第一种意见认为,刑法规制的是发行公募债券的行为,发行私募债券不应当认定为欺诈发行债券罪。第二种意见认为,无论是公募债券还是私募债券,均属于欺诈发行债券罪的行为对象,本案应认定为欺诈发行债券罪。

我们同意第二种意见。理由如下。

根据公司法规定,公司债券是指公司依照法定程序发行、约定在一定期限还本付息的有价证券。公司债券按发行方式划分,可分为公募债券和私募债券。公募债券是指按法定手续经国家监督管理机构批准,公开向社会投资者发行的公司债券。公司法、证券法均对此作出了规定,称为公开发行的公司债券。依法公开发行的公司债券应在依法设立的证券交易所上市交易,或在全国中小企业股份转让系统或者在国务院批准的其他证券交易场所转让。

发行私募债券是解决中小企业融资难的一种方式。2012 年 5 月,上海证券交易所和深圳证券交易所各自发布《中小企业私募债券业务试点办法》,经中国证监会批准,设置了私募债券业务。《上海证券交易所中小企业私募债券业务试点办法》《深圳证券交易所中小企业私募债券业务试点办法》第二条均规定,中小企业私募债券,是指中小微型企业在中国境内以非公开方式发行和转让,约定在一定期限还本付息的公司债券。与公募债券相比,私募债券的特点在于:(1)发行人应当以非公开方式发行私募债券,不得采用广告、公开劝诱和变相公开方式,每期私募债券的投资者合计不得超过200人。(2)私募债券的发行采用备案制(公募债券采用核准制)。发行人提交私募募集说明书等备案文件,并应当保证备案文件及信息披露内容真实、准确、完整,不得有虚假记载、误导性陈述或重大遗漏。(3)私募债券应当由证券公司承销。(4)投资者必须符合适格条件,公募债券则无此要求。可见,私募债券是指以特定的少数投资者为对象发行的债券,发行手续简单,一般不能公开上市交易。但究其本质,私募债券仍然符合"依照法定程序发行、约定在一定期限还本付息"的公司债券的基本特征,因此理应属于欺诈发行债券罪的规制对象。

(二) 欺诈发行债券罪的认定标准

根据刑法第一百六十条规定,欺诈发行债券罪是指在公司、企业债券募集办法中隐瞒重要事实或者编造重大虚假内容,发行公司、企业债券,数额巨大、后果严重或者有其他严重情节的行为。实践中,主要可以从以下几个方面把握。

第一,欺诈发行债券罪的犯罪主体为特殊主体,特指发行公司、企业债券的自然人和单位。本案中,即指债券发行方北某公司及法定代表人杨某业。

第二,欺诈发行债券罪所侵犯的客体是国家对债券发行市场的管理制度以及投资者的合法权益。债券发行文件存在重大虚假、有误导性陈述或者隐瞒重要事实,必然破坏国家对债券发行市场的管理秩序,侵害投资者的合法权益。本案中,由于北某公司的欺诈发行行为,实际认购人嘉某公司与后续的债权承受人中某(北京)资产管理有限公司遭受了数千万元的损失,案发时尚未追回,同时,也对国家债券发行市场造成了较大破坏。

第三,欺诈发行债券罪在主观方面必须是出于故意,过失不构成本罪。即行为人明知自己所制作的债券募集办法不是对本公司状况或本次债券发行状况的真实、准确、完整反映,仍然积极实施。本案中,2012年北某公司处于起步阶段,其缺少资金,寻找各种方式融资,法定代表人杨某业了解到可以发行中小企业私募债券的国家政策后,选择了一家证券公司承销。该证券公司根据上海证券交易所要求的列举备案材料清单要求杨某业报送。杨某业在准备债券募集办法时获知要求报送公司的销售收入和利润,但当时北某公司虽然购置了部分生产设备,并与高校合作研发LED芯片样品,但一直没有建成投产,没有形成实际的生产能力,更没有销售收入。在此情况下,杨某业实施了伪造生产销售数据等一系列行为,以此骗取备案,其主观故意是明显的。

第四,欺诈发行债券罪在客观方面表现为在公司、企业债券募集办法中隐瞒重要事实或者编造重大虚假内容,以欺骗手段骗取发行,数额巨大、后果严重或者其他严重情节的行为。

（1）行为人必须实施了在公司、企业债券募集办法中隐瞒重要事实或者编造重大虚假内容的行为。所谓重要事实或者重大内容，是指可能对他人产生误导从而作出错误决定的事实。例如，发行人虚构或故意夸大公司生产经营利润和公司净资产额；对所筹资金的使用提出虚假的计划、虚假的经营生产项目；故意隐瞒、遗漏公司所负债务、订立的重要合同以及公司正在进行的重大诉讼事项；严重损害投资者合法权益和社会公共利益的其他情形等。

（2）行为人必须实施了发行公司、企业债券的行为。如果行为人仅是制作了虚假的公司、企业债券募集办法，而未实际发行，则不构成本罪。

（3）行为人制作虚假的公司、企业债券募集办法发行债券的行为，必须达到一定的严重程度，即达到"数额巨大、后果严重或者有其他严重情节的"，才构成犯罪。概而言之，欺诈发行债券罪可以分为数额标准与情节标准。从数额标准看，根据2010年5月7日印发的《最高人民检察院、公安部关于公安机关管辖的刑事案件立案追诉标准的规定（二）》第五条规定，发行数额达到五百万元以上才能立案追诉。从情节标准看，欺诈发行债券的"后果严重"，可以包括以下情形：①引发众多债权人上访、闹事等不安事端的；②债权人要求清退而不能及时清退的；③造成恶劣影响的。"其他严重情节"，可以包括以下情形：①拒绝监管部门检查或拒不提供有关账目的；②转移或者隐瞒所募集资金的；③利用非法募集资金从事违法犯罪活动的；④伪造政府公文、有效证明文件或者相关凭证、单据等。

本案中，北某公司及杨某业隐瞒公司没有建成投产，没有形成实际的生产能力，更没有销售收入的重大事实，同时，提供虚假的财务资料、找人制作虚假的财务审计报告和纳税证明，属于在债券募集办法中"隐瞒重要事实或编造重大虚假内容"的情形。其发行数额超过500万元，已经达到了追诉标准。

需要说明的是，被告单位还提供虚假的纳税证明和纳税申报表给律师，律师按照该资料出具了不符合公司实际情况的法律意见书；在骗取备案后，因投资者认购意向不足，北某公司债券面临发行失败时，被告人杨某业向他人借款6700万元，分别以江苏佳某照明科技有限公司的名义虚假认购700万元、以深圳市华某园投资发展有限公司的名义虚假认购6000万元，认购完成后随即归还出借人，最终实际募集到嘉某公司认购的2700万元资金。根据刑法第一百六十条的规定，欺诈发行债券罪关注的是债券募集过程中，即备案时的欺诈行为，而被告单位及被告人的上述欺诈行为则不在本罪的规制范围，但亦可作为量刑时考虑的因素。

（三）欺诈发行债券罪中发行数额的认定标准

欺诈发行私募债券犯罪的数额存在备案数额、销售数额和结果数额三种类型。其中，备案数额是指行为人预想通过欺诈发行行为所要达到的意向数额。销售数额是指行为人在骗取备案后，具体发行过程中募集到的债券数额。为提高发行效率，证券交易所一般要求在备案通过后6个月内，销售金额要达到备案金额的70%以上才视为发行成功，否则要取消备案。行为人为达到销售比例，可能会有虚假认购行为，因此其销售数额会有一定水分。结果数额是行为人实际募集的数额，是其欺诈发行债券的实际获利。

本案中，被告单位北某公司在向上海证券交易所备案时，提出拟发行不超过1亿元的债券，这是其备案数额；实际发行过程中，其虚假认购6700万元债券，投资人实际认购2700万元债券，故其销售数额为9400万元；结果数额为2700万元。我们认为，结果数额是行为人实际募集的数额，除案发前归还以外，往往也是投资人实际遭受损失的数额，因此，应当将结果数额作为欺诈发行债券罪的发行数额进行定罪量刑。

综上所述，法院根据私募债券的性质、欺诈发行行为的本质、对社会的危害程度等，认定被告人构成欺诈发行债券罪，并以发行数额为依据，结合被告人坦白等量刑情节，对被告单位及被告人予以处罚，是正确的。

（撰稿：江苏省无锡市中级人民法院　楼炯燕
审编：最高人民法院刑二庭　韩维中）

[第1388号]

# 某期货大连营业部背信运用受托财产案

——背信运用受托财产罪的法律适用

## 一、基本案情

被告单位某期货有限公司大连营业部（以下简称某期货大连营业部），住所地大连市沙河口区会展路129号大连国际金融中心，经营范围商品期货经纪、金融期货经纪。

被告人孟某伟，男，汉族，1965年××月××日出生，原某期货有限公司大连营业部总经理。2015年2月13日被逮捕。

被告人陈某，女，汉族，1972年××月××日出生，原某期货有限公司大连营业部客户经理。2015年3月25日被逮捕。

辽宁省大连市人民检察院指控被告单位某期货大连营业部、被告人孟某伟、陈某犯背信运用受托财产罪，向大连市中级人民法院提起公诉。

被告单位否认某期货大连营业部构成背信运用受托财产罪。其辩护人提出：（1）被告单位不构成背信运用受托财产罪。客观方面，被告单位与客户高某之间不存在资产管理委托理财关系，仅基于期货经纪合同与客户高某建立期货经纪关系；被告单位及被告人孟某伟、陈某不符合单位犯罪的主体要件，被告单位员工的行为系个人行为，未经单位授权和同意，不属于履行职务的行为，被告单位收取期货交易手续费、支付居间人报酬合规合约，不存在非法收益。主观方面，被告单位不存在明知背信运用受托财产会造成破坏金融理财秩序的后果而希望这种结果发生的故意；被告单位严格遵守金融管理秩序，在客户申请开户、签订合同时均尽到了风险揭示义务，已让客户充分了解期货交易的风险。（2）高某单个客户业务比重不会导致被告单位纵容员工代客理财，被告单位通过制定各种管理办法、下发《员工合规手册》等多种方式主动杜绝员工接受全权委托，并且通过年度考核体系中的风险扣分制杜绝违规开展业务的动机；居间返佣发放的滞后性系财务核算及交易所减收时间所致，是行业惯例，陈某对于高某账户手续费不提成，不会导致其为了提高自己的收入而大量交易。（3）本案应为民事纠纷，高某仍有权利通过民事仲裁程序维护自身合法权益。综上，请求判决被告单位无罪。

被告人孟某伟否认犯罪，其辩解对客户高某开户一事并不知情，也没有参与，该公司只有期货经纪项目。其辩护人提出：（1）起诉书指控的事实不正确，没有确切的证据证明孟某伟同意被告人陈某向高某承诺，通过寻找第三方投资顾问的方式操作期货账户，在保本保息基础上达到7%的年收益率，当时某期货有限公司并未取得证监会批准的运营理财产品的相关资格，公司也未授权员工对外宣传开展理财产品服务，陈某宣称7%的年收益率完全是个人行为，与公司和孟某伟没有关系；没有证据证明陈某向高某索要期货账户交易密码一事公司及孟某伟事先知情，也没有证据证明孟某伟及陈某商议后决定使用高某的期货账户交易密码进行交易，没有证据证明高某本人对账户被其他人操作一事不知情；公诉机关提供的视听资料证据取得形式不合法，且高某之父对孟某伟存在一定威胁之举；孟某伟并未从高某的期货交易中受益，高额的居间费用由陈某和胡某竞均分；《大连市证监局行政监管措施决定书》已明确定性为陈某个人行为，孟某伟知情不报，公司无责任；因此，对孟某伟及公司参与高某期货交易的指控无法形成完整的证据链条，不能作为认定孟某伟及公司有罪的依据。（2）公司与高某签订的是期货经纪合同，公司未将其保证金挪作他用，因此也不存在背信运用的行为。综上，请求依法判决孟某伟无罪。

被告人陈某对起诉指控的犯罪事实无异议，当庭自愿认罪。其辩护人提出：（1）现有证据不能证明陈某犯有背信运用受托财产罪，背信运用受托财产罪必须是单位犯罪，具备三个必要条件，即单位人员、以单位名义、为单位利益，如果本案认定单位犯罪，欠缺为单位利益的必要条件，虽然被告人孟某伟是单位负责人，但操作高某账户一事并未经过集体决策的过程，不能体现单位意志，也就谈不上为单位利益，操作高某账户的真正原因是孟某伟、陈某的个人业绩压力，单位收取手续费的确是事实，但单位获益不能等同于为单位利益；现有客观证据足以说明高某清楚并同意陈某为其操作账户，高某随时可以查看自己账户的交易情况，依照常理，将这样一大笔资金交给别人运作，不查看账户的可能性非常小，其有股票操作经验，对于期货账户的性质应当非常清楚，即使不十分清楚，开户后公司电话回访其本人也会清楚认识到期货账户的性质，所以对"保本"一说客观上根本不会相信；（2）如果陈某罪名成立，陈某主动到案，如实供述自己的犯罪事实，应认定为自首；其只是公司的普通员工，一切行为都是孟某伟决定，应比照从犯处理；能够尽全力弥补被害人损失；系初犯，没有前科劣迹。

大连市中级人民法院经公开审理查明：被告单位某期货大连营业部系某期货有限公司的下属分支机构。被告人孟某伟于2009年8月至2014年7月在某期货大连营业部担任总经理，负责大连营业部全面工作。被告人陈某于2013年8月至2014年7月在某期货大连营业部担任客户经理，负责开发及维护客户。

2013年，被告人陈某认识了被害人高某及其妻子孙某，并介绍某期货大连营业部有保本理财产品，收益高于银行利息。高某要求保证资金安全，并且随取随用，陈某经请示被告人孟某伟后，向高某口头承诺投资期货在保本保息基础上达到7%的年收益率。

2013年10月22日，高某与某期货有限公司签订了期货经纪合同及相关附属文件，按照某期货大连营业部工作人员的指引开立了期货保证金账户，并于次日向账户内转款人民币1670万元，被告人陈某向高某索要了期货账户的交易密码。

被告人孟某伟、陈某未能为高某找到第三方投资顾问，在未通知高某也未取得其同意的情况下，二被告人商议后决定自行使用高某的期货账户交易密码进行交易。2013年

10月31日至2014年1月20日，孟某伟、陈某擅自运用高某期货账户进行交易，造成高某期货保证金账户亏损人民币1043.1万元，共计产生交易手续费1533642.48元，其中为某期货有限公司赚取手续费825353.56元，上交给期货交易所708288.92元。案发后，孟某伟、陈某及胡某兢返还高某人民币共计191万元。

2015年1月23日，大连市公安局侦查人员在吉林省农安县将被告人孟某伟抓获。2015年2月26日，被告人陈某在其家人陪同下到公安机关投案。

大连市中级人民法院经审理认为，被告单位某期货大连营业部违背受托义务，擅自运用客户资金，情节特别严重，其行为侵犯了国家的金融管理秩序和客户的合法权益，构成背信运用受托财产罪。被告人孟某伟作为该营业部直接负责的主管人员，被告人陈某作为该营业部其他责任人员，其行为均构成背信运用受托财产罪。根据本案的具体犯罪事实、性质、情节及对社会的危害程度，依照刑法第一百八十五条之一第一款、第三十条、第三十一条、第五十二条、第五十三条、第六十七条、第六十四条之规定，判决如下：

一、被告单位某期货有限公司大连营业部犯背信运用受托财产罪，判处罚金人民币一百万元（于本判决生效后十日内一次性缴纳）；

二、被告人孟某伟犯背信运用受托财产罪，判处有期徒刑三年六个月，并处罚金人民币十五万元；

三、被告人陈某犯背信运用受托财产罪，判处有期徒刑三年，并处罚金人民币十万元；

四、责令被告单位某期货有限公司大连营业部退赔被害人高某经济损失人民币八百五十二万一千元。

一审宣判后，被告单位及二被告人均提出上诉。

辽宁省高级人民法院审理认为，原判定罪准确，量刑适当，审判程序合法。依据刑事诉讼法第二百二十五条第一款第一项①之规定，裁定驳回上诉，维持原判。

## 二、主要问题

某期货有限公司工作人员结伙违背受托义务，擅自运用客户资金的行为如何定性，能否判定某期货公司构成背信运用受托财产罪？

## 三、裁判理由

本案在审理过程中，关于二被告人及被告单位某期货有限公司的行为如何定性，主要形成两种意见。

第一种意见认为，被告人孟某伟、陈某是未经允许擅自挪用客户款项的个人行为，构成挪用资金犯罪。被告单位某期货有限公司的行为不构成背信运用受托财产罪。具体理由如下：（1）某期货大连营业部的业务范围不包括保本理财项目，被告人孟某伟、陈

---

① 此处引用的是修正前的刑事诉讼法，对应2018年修正的刑事诉讼法第二百三十六条第一款第一项。

某私自承诺的事项超出公司经营范围,不应视为公司行为。(2)某期货大连营业部在高某开户时尽到了风险提示的义务,并在电话回访中再次提醒高某该公司不能作出获利承诺,也不能代客理财,请妥善保管好自己的密码。(3)不能把孟某伟的个人意志上升为某期货大连营业部的集体意志。虽然孟某伟负责营业部的全面工作,但不代表其所作的每一项决定都是单位决策,擅自操作高某账户一事某期货大连营业部其他人员并不知情,而且孟某伟本人自始至终认为其行为不代表单位,而是承担对陈某违规行为管理不力的责任。

第二种意见认为,二被告人系单位犯罪的主管人员和直接责任人员,被告单位某期货公司的行为系单位犯罪,二被告人及单位均构成背信运用受托财产罪。

我们认为,被告单位某期货公司的行为构成背信运用受托财产罪。主要理由有以下几方面。

(一)单位行为的认定

单位犯罪如何认定,应结合单位的行为与意志加以认定,包括具体行为人擅自运用受托财产行为是否服从单位意志,擅用行为是否将为单位获取利益,如获得利益是否最终由单位享有等。本案中,首先,二被告人的主观目的是完成公司业绩目标,客户进行期货交易所产生的手续费是公司生存的基础,实施擅自操作客户期货账户的行为是为了单位利益。其次,二被告人均是以某期货大连营业部的名义与高某进行接洽协商,系代表单位的职务行为。操作账户需要营业部经理被告人孟某伟的同意,而孟某伟的权限来自总部的日常经营授权,即其通过电脑终端可允许、暂停、终止其所辖期货保证金交易账户的操作。可见,虽未经集体上会讨论,但营业部经理运用总部的授权,实际已经相当于取得了总部的审批和同意。而从外部效力看,孟某伟和被告人陈某的背信运用受托财产的行为系服从于单位的意志。最后,犯罪所得收益归某期货大连营业部所享有。孟某伟系为单位谋取不正当利益,其伙同陈某擅自运用客户高某的期货账户内资金进行大量交易,产生手续费高达153.36万余元,其中,某期货大连营业部留存手续费82.53万余元,高某这一客户产生的手续费占某期货大连营业部当年度手续费的20%左右。以上几点均符合单位犯罪的构成要件,应当认定某期货大连营业部构成单位犯罪。

(二)被告单位及二被告人构成背信运用受托财产罪

1. 被告单位与被害人之间存在受托关系

客户高某是基于被告人陈某的介绍及保本保息的承诺选择在某期货有限公司开立账户,并且与某期货有限公司签订了期货经纪合同,期货经纪合同是由中国期货业协会备案审查、具备特定要素的格式合同,签订合同的双方平等、自愿,意思表示真实,合同一旦成立,高某办理完入金手续,即与某期货有限公司形成委托管理期货账户资金的法律关系,某期货有限公司应当遵循诚信原则,以专业的技能、勤勉尽责地执行客户的委托,维护客户的合法权益,而不得未经客户委托或者不按照客户委托内容擅自进行期货交易。

**2. 被告单位某期货大连营业部与被告人孟某伟、陈某的行为属于擅自运用受托财产**

根据被告人孟某伟、陈某的供述、被害人高某的陈述以及证人胡某兢、孙某等人的证言，结合本案的相关书证和录音材料，可以认定陈某向高某索取交易密码的本意是对接投资顾问，由投资顾问帮助高某操作期货账户达到赢利目的，然而因时间短没有投资顾问愿意接手，为了不流失高某这个大客户，陈某在未告知高某也未征得高某同意的情形下利用掌握的交易密码自行操作高某的期货账户，孟某伟明知陈某私自操作高某账户，仍然向其提供交易建议并下达交易指令，实际上具体指导陈某利用高某的账户资金进行期货买卖，属于擅自运用受托财产的行为。

**3. 背信运用受托财产罪与相关罪名的区分**

背信运用受托财产罪与挪用资金罪、挪用公款罪有时容易产生混淆。实践中可以从以下方面进行区分：第一，主体不同，如果挪用客户资金的行为是有关人员按领导指令，以单位名义、为单位利益实施的，则应视情形以背信运用受托财产罪论处；反之，如果该行为是金融机构中有关工作人员个人的行为，则应视情形以挪用资金罪或者挪用公款罪论处。第二，挪用资金、公款等行为指向的资金为公司或国家所有，而背信运用受托财产行为其指向的资金为客户所有，因此，以金融机构名义签订合同后，工作人员以单位名义背信运用受托财产，违法所得归单位所有的，金融机构亦应当承担相应的刑事责任。

综上所述，被告单位某期货大连营业部违背受托义务，擅自运用客户资金，情节特别严重，其行为侵犯了国家的金融管理秩序和客户的合法权益，构成背信运用受托财产罪。被告人陈某作为某期货大连营业部的员工，为单位谋取不正当利益，在未告知高某也未征得高某同意的情形下，利用其掌握的交易密码自行操作高某的期货账户；被告人孟某伟作为某期货大连营业部总经理，明知陈某私自操作高某账户，仍然向其提供交易建议并下达交易指令，具体指导陈某利用高某的账户资金进行期货买卖，属于擅自运用客户资金的行为；二被告人代表某期货大连营业部实施上述行为，收取的手续费亦归某期货大连营业部所有，故本案构成单位犯罪。被告单位及二被告人均应承担相应的刑事责任。一审、二审法院根据犯罪的事实、性质、情节和对社会的危害程度，分别判处被告单位及孟某伟、陈某不等的刑罚，是合适的。

（撰稿：辽宁省高级人民法院　王　钰　周发遴
审编：最高人民法院刑二庭　韩维中）

[第 1389 号]

## 潘某信用卡诈骗案

——行为人利用他人遗忘在 ATM 机内已输好密码的信用卡取款行为的定性

### 一、基本案情

被告人潘某，男，汉族，1988 年××月××日出生。2019 年 6 月 24 日被逮捕。

江苏省常州市天宁区人民检察院指控被告人潘某犯信用卡诈骗罪，向常州市天宁区人民法院提起公诉。

被告人潘某对指控事实不持异议。

常州市天宁区人民法院经公开审理查明：2014 年 2 月 28 日 9 时许，被告人潘某在常州市天宁区乾盛兰庭××号中国建设银行自动柜员机（ATM 机）上，趁被害人陈燕将银行卡遗忘在机器内且尚未退出取款操作界面之际，分两次从该卡内取走人民币 5500 元。案发后，潘某退赔了被害人陈燕的损失，陈燕出具谅解书对潘某予以谅解。潘某归案后如实供述了自己在上述时间、地点提取他人存款的事实。

常州市天宁区人民法院经审理认为，持银行卡在自动柜员机上使用时，输入密码与银行留存密码相符，视同银行卡所有人操作。被告人潘某在存取款一体机尚未退出的取款界面上操作提取被害人陈燕的存款、不需要输入密码，没有假冒身份欺骗银行的情节，不构成信用卡诈骗罪，其行为符合盗窃罪的构成要件。潘某以非法占有为目的，采用秘密手段，盗窃公民财物，数额较大，其行为已构成盗窃罪。为严肃国家法制，惩治犯罪，保护公私财产权利不受侵犯，依照刑法第二百六十四条、第六十七条第三款、第五十二条、第五十三条第一款以及《最高人民法院、最高人民检察院关于办理盗窃刑事案件适用法律若干问题的解释》第一条、第十四条以及刑事诉讼法第二百零一条之规定，判决被告人潘某犯盗窃罪，判处拘役二个月，并处罚金人民币二千元。

宣判后，常州市天宁区人民检察院提出抗诉，认为本案属于"拾得他人信用卡并使用"的情形，一审判决适用法律错误，应当按照信用卡诈骗罪定罪处罚，建议二审法院依法改判。

常州市人民检察院支持抗诉。出庭检察员发表如下抗诉意见：（1）ATM 机取款步骤中的输入密码系银行与持卡人约定现金占有转移的条件，只要输入密码正确并符合额度标准，ATM 机就必须吐钞，而不问取款人的真实身份，输入密码不是对持卡人真实身份的验证。(2) 从犯罪客观行为来看，被告人潘某能够得逞关键在于冒用持卡人身份，银行以为是持卡人而"自愿"实施付款行为，处于被骗地位。根据 ATM 机设置原理以及银行与持卡人达成的现金占有转移合约，输入正确密码是银行同意 ATM 机内现金占有转移的条件，而不问取款人的真实身份。拾卡人在持卡人输入密码的基础上直接按数取款，在 ATM 机吐钞之前，拾卡人与银行之间仍然处在交易之中，ATM 机界面会显示"交易正在进行中"，然后经银行"同意"才"交付"现金，体现了 ATM 机背后银行的意志，把财物"交付"给拾卡人，符合诈骗罪的客观行为表现。(3) 从犯罪行为侵害的法益看，潘某的行为不仅侵害了被害人的财产权利，还侵害了国家金融管理秩序，符合刑法分则关于信用卡诈骗罪复杂客体的构成要件。(4) 根据 2018 年 11 月 28 日《最高人民法院、最高人民检察院关于办理妨害信用卡管理刑事案件具体应用法律若干问题的解释》第五条第二款第一项规定，"拾得他人信用卡并使用"属于"冒用他人信用卡"的情形，其中，并未区分是否输入密码。(5) 如果定为盗窃罪则违反罪责相适应原则。从行为人主观恶性上看，拾卡人在已经输入密码的 ATM 机中取款，与拾卡人通过破解密码等方式在 ATM 机中取款的行为相比，后者的主观恶性无疑大于前者。如果认定主观恶性较小的不输入密码按数取款以盗窃罪追究刑事责任，主观恶性较大的破解输入密码按数取款却构成信用卡诈骗罪，明显违背罪责刑相适应的原则。建议二审法院依法改判。

常州市中级人民法院经开庭审理认为，《最高人民法院、最高人民检察院关于办理妨害信用卡管理刑事案件具体应用法律若干问题的解释》第五条规定，"拾得他人信用卡并使用"属于"冒用他人信用卡"的情形，本案中被告人潘某的行为系"拾得他人信用卡并使用"，其行为不仅侵犯了他人的财产所有权，还侵犯了国家的金融管理秩序，这一点有别于盗窃行为侵犯财产所有权单一客体的特征，符合信用卡诈骗罪复杂客体的构成要件，属于刑法第一百九十六条规定的"冒用他人信用卡"的情形，应认定为信用卡诈骗罪。潘某冒用他人信用卡，数额较大，其行为构成信用卡诈骗罪。常州市天宁区人民检察院所提抗诉意见、常州市人民检察院的出庭意见成立。原审适用法律不当，应予纠正。依照刑事诉讼法第二百三十六条第一款第二项、第十五条，刑法第一百九十六条第一款第三项、第六十七条第三款、第五十二条、第五十三条第一款以及《最高人民法院、最高人民检察院关于办理妨害信用卡管理刑事案件具体应用法律若干问题的解释》第五条之规定，判决如下：

一、撤销常州市天宁区人民法院一审刑事判决；
二、原审被告人潘某犯信用卡诈骗罪，判处拘役二个月，并处罚金人民币二万元。

## 二、主要问题

行为人利用他人遗忘在 ATM 机内已输好密码的信用卡取款行为应当如何定性？

## 三、裁判理由

关于拾得他人信用卡，并在 ATM 机上取款（以下简称拾卡取款）行为的定性问题，有观点认为应当构成信用卡诈骗罪，有观点认为应当构成盗窃罪，不一而足，因而有必要通过案例研讨，进一步统一法律适用标准。

主张构成盗窃罪的理由如下：自从信用卡与ATM机连为一体，持卡人经过输入密码，持卡人的存款、信用额度即转为持卡人占有，拾卡人无须进行任何密码操作程序而取走现金，就像从打开的钱包取钱一样，行为人只要拿钱就行。换言之，拾卡人只要在额度内按数取款，ATM机就必须吐钱。拾卡人主观上具有非法占有他人钱款的目的，客观上采取了自以为秘密的方法，将他人财物转为自己占有，因此构成盗窃罪。另外，ATM机不可能被欺骗，拾卡人没有输入密码，就没有假冒持卡人身份，没有冒名，因而也不成立诈骗。持卡人在ATM机上只要插卡后输入密码，ATM机包括银行就已完成保管任务，应该说是持卡人的失误导致自己的财产受损。

主张构成信用卡诈骗罪的理由是：依据2008年4月18日最高人民检察院发布的《关于拾得他人信用卡并在自动柜员机（ATM机）上使用的行为如何定性问题的批复》、2009年12月《最高人民法院、最高人民检察院关于办理妨害信用卡管理刑事案件具体应用法律若干问题的解释》（以下简称《妨害信用卡解释》）第五条第二款规定，拾得他人信用卡并在自动柜员机（ATM机）上使用的行为属于"冒用他人信用卡"情形，应当以信用卡诈骗罪追究刑事责任。而《妨害信用卡解释》对拾卡人是否输入密码或者持卡人是否已经输入密码没有予以明确。

我们赞同后一种观点。

（一）被告人潘某使用欺骗方法，冒用他人的信用卡提取现金的行为符合信用卡诈骗罪的客观要件

1. 信用卡的概念与范围

首先应当厘清刑法规定的信用卡与银行卡的概念。根据1999年1月5日中国人民银行发布的《银行卡业务管理办法》第二条规定，本办法所称银行卡，是指由商业银行（含邮政金融机构，下同）向社会发行的具有消费信用、转账结算、存取现金等全部或部分功能的信用支付工具。银行卡包括借记卡和信用卡。信用卡按是否向发卡银行交存备用金分为贷记卡、准贷记卡两类。贷记卡是指发卡银行给予持卡人一定的信用额度，持卡人可在信用额度内先消费、后还款的信用卡。准贷记卡是指持卡人须先按发卡银行要求交存一定金额的备用金，当备用金账户余额不足支付时，可在发卡银行规定的信用额度内透支的信用卡。2004年12月29日，全国人大常委会公布《关于〈中华人民共和国刑法〉有关信用卡规定的解释》，明确如下："刑法规定的'信用卡'，是指由商业银行或者其他金融机构发行的具有消费支付、信用贷款、转账结算、存取现金等全部或部分功能的电子支付卡。"

因而说，刑法规定的"信用卡"与日常概念中的银行卡在范围上几乎没有区别，其范围包括信用卡（贷记卡和准贷记卡）和借记卡，区别在于前者享有在信用额度内先消费、后还款的透支功能，后者则没有透支的功能。两者的价值体现也不同，借记卡的财产价值在于卡内持卡人的存款额度，信用卡的价值在于持卡人的信用额度。由于我国信用卡具有存取现金的功能，持卡人使用后存款余额即产生一个负数，表明持卡人对银行

产生相应的负债。对此，发卡银行对借记卡和信用卡采用不同的管理秩序，比如，信用卡发卡银行有权根据申请人的资信状况确定有效担保及担保方式，有权对信用卡持卡人的资信状况进行定期复查，根据资信状况的变化调整其信用额度。这在商法上反映出了信用卡和借记卡的持卡人和发卡银行之间不同的法律关系。但在刑法上，行为人利用借记卡实施犯罪和利用信用卡实施犯罪，比如，骗取财物，两者并没有本质的区别，这是因为行为人以非法占有为目的，转移占有他人的财物，侵害他人的财产权利，至于是利用借记卡的借记功能抑或信用卡的透支功能，并非行为人主观故意包括认识因素和意志因素的范畴，不具有刑法上犯罪构成要件上的意义。因此，刑法上把借记卡归入信用卡的范围，在目前处理利用信用卡犯罪案件中具有一定的现实意义。

2. 信用卡的身份属性

信用卡具有明显的专有身份属性。首先体现在信用卡与持卡人的一一对应关系上。根据《银行卡业务管理办法》规定，个人申领银行卡（包括借记卡和贷记卡），应当向发卡银行提供公安部门规定的本人有效身份证件；发卡银行有权审查申请人的资信状况、索取申请人的个人资料；银行卡及其账户只限经发卡银行批准的持卡人本人使用，不得出租和转借。信用卡、持卡人信用卡信息资料（包括姓名、性别、工作单位、工资等收入、家庭住址、紧急联系人及联系方式等）和具体相应发卡银行分行名称等一一对应。从刑法第一百七十七条之一和《妨害信用卡解释》第三条的规定看，窃取、收买或者非法提供他人信用卡信息资料的，以"窃取、收买或者非法提供他人信用卡信息罪"定罪处罚，刑法非常重视对信用卡身份属性的特别保护。

信用卡的身份属性还体现在持卡人和发卡银行各自权利义务的承担上。《银行卡业务管理办法》第五十一条、第五十二条分别规定了发卡银行的四项权利和七项义务，第五十三条、第五十四条也分别规定了持卡人的五项权利和四项义务，具体包括：申请人应当向发卡银行提供真实的申请资料并按照发卡银行规定向其提供符合条件的担保。持卡人应当遵守发卡银行的章程及《领用合约》的有关条款。持卡人或保证人通讯地址、职业等发生变化，应当及时书面通知发卡银行。持卡人不得以和商户发生纠纷为由拒绝支付所欠银行款项。

3. ATM机（银行）对持卡人的身份验证

众所周知，发卡银行在制作信用卡的过程中，在计算机后台存储器中明确记载着每一张持卡人的信息资料，且与信用卡卡号等对应。持卡人在ATM机上操作时，页面首先显示"交易正在处理中"，实际上是银行计算机后台对信用卡进行身份识别，在确认无误后，接着提示持卡人"输入密码"，如果输入的密码和预留密码相同，持卡人即可进行下一步操作。如果持卡人发出取款指令，ATM机会"自愿""交付"钱款。

对于ATM机（银行）对持卡人的身份验证，实践中存在不同观点。有观点认为，输入密码并非身份验证，根据ATM机设置原理以及银行与持卡人达成的现金占有转移合约，输入正确密码是银行同意ATM机内现金占有转移的条件，而不问取款人的真实身份。拾卡人潘某在已经输入密码的ATM机取款，如同持卡人打开钱包，拾卡人可以随意在钱包里拿钱一样，拾卡人采取了自以为秘密窃取的方法获取财物，依法应当按照盗窃罪定罪处罚。也有观点认为，输入密码即代表身份验证，认为在 ATM 机取款操作中，输入密码是 ATM 机身份验证的唯一环节，按数取款等步骤均无身份验证的功效，从而得出"拾卡人在已经输入密码的 ATM 机按数取款，没有输入密码就没有冒名，没有冒名就没有诈骗"的结论。

我们认为，信用卡具有极强的身份属性，对信用卡的有效管理关乎持卡人和发卡银行的财产权利和信用卡管理秩序，银行通过 ATM 机对持卡人的信用卡进行身份验证属于必经程序，这一身份验证程序包括在持卡人插卡后界面显示的"交易正在进行中"、提示"请输入密码"以及具体的存取款、查询余额等一系列操作环节。发卡银行给持卡人发卡，意在给持卡人提供方便快捷的金融服务，在金融交易"安全"之外，"便捷"更是持卡人和发卡银行共同追求的目标，银行存折逐渐淡出金融市场就是例证。事实上，有的持卡人为了方便，在签订银行卡领用合约时干脆不设置密码；也有的持卡人把密码告诉取款人，授权、委托他人取款。此时此刻，受托人无疑是以持卡人的身份利用信用卡取款。如果插入的不是银行卡，或者持卡人或拾卡人输入密码错误，则显然没有通过身份验证。

本案中，在持卡人输入密码后，ATM 机（银行）在等待持卡人进一步发出指令，在此期间，拾卡人未经持卡人授权、未经委托"冒用"持卡人身份发出取款指令，欺骗 ATM 机"交付"钱款。ATM 机误以为是持卡人发出的指令，把财物"自愿""交付"给拾卡人，ATM 机代表相关银行的意志，"同意"交付财物，符合诈骗犯罪的客观行为表现。被告人潘某冒名登录他人信用卡的行为实质就是冒用他人信用卡，这也是使 ATM 机（银行）陷入错误认识的关键所在，其行为更符合刑法关于信用卡诈骗罪的构成特征，认定信用卡诈骗罪可以全面反映这类犯罪行为的特殊性。

（二）被告人潘某的行为侵害了双重客体，即他人财产所有权和信用卡管理秩序

依据信用卡取款以及 ATM 机设置的基本原理，持卡人所持借记卡中的存款事实上处于 ATM 机（银行）的实际控制和保管之中，持卡人享有法律上的占有权利，换言之，银行事实占有和持卡人法律占有并存。被告人潘某冒用他人信用卡，首先欺骗的对象是 ATM 机（银行）。有观点认为机器没有意识，不可能被欺骗。事实上，ATM 机体现的是相关银行的单位意志，银行通过计算机终端指挥控制 ATM 机按照预先设置的步骤逐步验证依次操作，换言之，ATM 机属于法律拟制的"法人"的属性。当然，事实层面，被告人潘某也欺骗了持卡人。故潘某以持卡人的身份骗取了他人的财物，侵害了他人的财产所有权，同时也侵害了国家对信用卡的管理秩序，符合刑法和《妨害信用卡解释》对信用卡诈骗罪双重客体的规定。

有观点认为，在许某盗窃案中，许某也利用信用卡从 ATM 机骗取了银行的财物，但其行为并非以信用卡诈骗罪定罪处罚。我们认为，该案与本案不同。2006 年 4 月 21 日晚 10 时，许某在广州市天河区黄埔大道一商业银行的 ATM 机取款时，发现自己每取 1000 元账户才扣除 1 元，于是连取 54 次，得款 5.4 万元。之后，许某再次返回，经过多次操

作，前后共计取款17.4万元。由该案事实可见，其一，许某使用自己真实的信用卡（借记卡）取款，没有"冒用"行为；其二，许某每取1000元，银行账户才扣除1元，显然不是银行的真实意志，银行不是"自愿""交付"财物，而是许某自己明知ATM机发生机械故障，自以为秘密"获取"银行的财物；其三，许某主观上以非法占有为目的，采取了自以为不为人知的方法，在晚上10时两次秘密窃取了银行的财物，更符合盗窃罪的构成要件。而本案事实明显不同于许某案。

银行对持卡人承担保管义务人的责任。如上所述，银行是被告人潘某欺骗的对象，银行受欺骗向拾卡人交付了财物。那么，银行是否要对持卡人承担民事赔偿责任？对此，我们认为，银行事实占有持卡人的财产，依法应当担负保管义务人的责任，银行应当对自己的不负责、不尽责行为承担民事责任，换言之，如果银行已经履行了善良保管人的职责，尽管被他人欺骗，造成财产损失，也不一定必然承担民事赔偿责任。这一点，在发卡银行和持卡人的权利义务分担方面已有明确的约定。比如，持卡人依法应当对自己信用卡包括密码保管不善承担责任。中国人民银行发布的《银行卡业务管理办法》中有关于"银行应在章程中向持卡人说明密码的重要性及丢失责任"的规定，与持卡人在签订领用卡合约时，一方面，会约定凡输入密码正确，银行占有和控制的现金就转移给取款人；另一方面，也会约定"凡密码相符的信用卡交易，均视为持卡人所为，由持卡人承担还款责任，持卡人应承担因密码保管不善而造成的风险损失"。现实生活中，各家银行均已经采取多种措施在积极履行保管人义务，比如大额取款须取款人"身份证"验证、持卡人长时间不操作ATM机"吞卡"处理等。当然，如果银行疏于管理，当然要视情对持卡人承担民事赔偿责任。尽管银行被他人欺骗，造成持卡人财产受损，也要视情判断民事责任的承担。

综上所述，二审法院根据本案的事实、性质、情节，对被告人以信用卡诈骗罪定罪处罚，是正确的。

（撰稿：江苏省高级人民法院刑二庭　郁习顶
审编：最高人民法院刑二庭　韩维中）

[第 1390 号]

## 刘某铭故意杀人案

——客观证据缺失的案件如何认定犯罪事实

### 一、基本案情

被告人刘某铭，男，1986年××月××日出生。2016年12月26日被逮捕。

天津市人民检察院第二分院指控被告人刘某铭犯故意杀人罪，向天津市第二中级人民法院提起公诉。

被告人刘某铭承认公诉机关指控的持榔头锤击杀害刘某月的犯罪事实，但是辩称其持刀仅捅刺刘某月颈部，且未放火焚尸。其辩护人认为：（1）起诉书指控的"被告人使用水果刀捅刺被害人上身一刀"以及被告人供述"用刀捅刺了被害人脖子下方"的描述均与尸体检验的实际损伤不符，现有证据不能认定被害人左侧腋中线、腹壁内侧创缘整齐的裂伤为刘某铭持刀捅刺所致。（2）认定刘某铭点火欲焚尸灭迹的证据不充分。（3）公安机关从被告人车内查到带有安眠药成分的注射器，此与被告人供述案发后将相关作案工具扔弃相矛盾。（4）案发现场提取的瓜子皮、部分烟蒂均检出DNA分型，但没有确认与哪个人的DNA相吻合，故不排除还有其他人曾经出现在案发现场。

天津市第二中级人民法院经公开审理查明：被告人刘某铭与被害人刘某月系同事关系，均负责看守道路限高设施。后刘某铭因故对刘某月产生怨恨，产生报复杀人之念。2016年12月8日上午，刘某铭购买榔头、酒精、安眠药、酸奶等，并将安眠药碾碎溶解后注入酸奶中。当天21时许，刘某铭驾驶五菱宏光汽车，至天津市滨海新区塘沽轻纺大道与中央大道交口处的刘某月值班岗亭，骗刘某月喝下掺有安眠药的酸奶。待刘某月昏睡后，刘某铭用榔头朝刘某月头部砸击数下，并将酒精泼洒在案发现场，点火后逃离。后刘某铭驾车将作案所用物品悉数扔弃。2016年12月12日，刘某铭被抓获归案。经鉴定，刘某月系被他人用金属类钝器击打头面部致颅脑损伤死亡，并于濒死状态被焚烧。

天津市第二中级人民法院经审理认为，被告人刘某铭的行为构成故意杀人罪，情节与后果极其严重，应当判处死刑。但其认罪态度较好，又积极进行赔偿，可以酌情从轻。依照刑法第二百三十二条、第四十八条第一款、第五十七条第一款之规定，被告人刘某铭犯故意杀人罪，判处死刑，缓期二年执行，剥夺政治权利终身。

一审宣判后，本案在法定期限内无上诉、抗诉。天津市第二中级人民法院依法报送天津市高级人民法院核准。

天津市高级人民法院经审理认为，被告人刘某铭故意非法剥夺他人生命，其行为已经构成故意杀人罪。刘某铭预谋犯罪，并持榔头多次砸击被害人头部致其死亡，情节恶劣、手段残忍；后又放火焚烧现场，后果特别严重，应当依法严惩。鉴于刘某铭归案后供述基本稳定，并且取得被害人家属的谅解，对其判处死刑，可不立即执行。依照刑事诉讼法第二百三十七条①，《最高人民法院关于适用〈中华人民共和国刑事诉讼法〉的解释》第三百四十九条第一款第一项之规定，裁定核准天津市第一中级人民法院（2017）津02刑初38号以故意杀人罪判处被告人刘某铭死刑，缓期二年执行，剥夺政治权利终身的刑事判决。

## 二、主要问题

如何综合细节证据，运用经验法则，根据证据审查判断标准认定"四无"案件犯罪事实？

## 三、裁判理由

本案证据呈现出"四无"特点：其一，案发现场无关键物证。本案现场既没有提取与尸体伤痕对应的作案凶器，也没有提取到其他将被告人刘某铭与现场联系起来的生物痕迹物证。其二，抛物地点无关联物证。公安机关在刘某铭供述的抛物地——大沽排污河中没能打捞到刘某铭提及的任何被弃物。其三，没有将被告人、被害人联系起来的痕迹证据。搜查、扣押的刘某铭衣物上无被害人血斑，在案的刘某铭外衣、裤子、鞋、袜子、腰带、手机上均未检出刘某月的DNA分型。其四，没有目击证人。本案案发已近凌晨、人流稀少，除刘某铭与被害人刘某月外，没有任何他人在场。同时，刘某铭供述时有反复。指证犯罪的客观证据体系相对薄弱。

在案件审理过程中，形成两种意见：第一种意见认为，现有证据不能认定刘某月左侧腋中线、腹壁内侧创缘整齐的裂伤为被告人刘某铭持刀捅刺所致，不排除他人作案可能，同时认定刘某铭焚尸灭迹证据不足。因此，应坚持疑罪从无原则。第二种意见认为，目前证据虽然琐碎，但仍存在对应关系，能够彼此印证、形成闭合锁链。因此，足以认定犯罪事实。

我们同意第二种意见。

刑事诉讼法第五十五条规定，对一切案件的判处都要重证据，重调查研究，不轻信口供。只有被告人供述，没有其他证据的，不能认定被告人有罪和处以刑罚。同时该条还对刑事案件定罪的标准"证据确实、充分"进行了详细规定："（一）定罪量刑的事实都有证据证明；（二）据以定案的证据均经法定程序查证属实；（三）综合全案证据，对所认定事实已排除合理怀疑。"证据包括直接证据与间接证据，本案的直接证据只有被告人的供述，被告人供述在一些细节上亦有反复，如果不能综合间接证据加以认定，则不能作出被告人有罪的结论。

对于如何运用间接证据证明案件事实以及审查标准，《最高人民法院关于适用〈中华人民共和国刑事诉讼法〉的解释》第一百零五条规定："没有直接证据，但间接证据同时

---

① 此处引用的是修正前的刑事诉讼法，对应2018年修正的刑事诉讼法第二百四十八条。

符合下列条件的，可以认定被告人有罪：（一）证据已经查证属实；（二）证据之间相互印证，不存在无法排除的矛盾和无法解释的疑问；（三）全案证据已经形成完整的证明体系；（四）根据证据认定案件事实足以排除合理怀疑，结论具有唯一性；（五）运用证据进行的推理符合逻辑和经验。"在本案中应当运用上述证据规则来审查判断案件事实，具体分析如下。

（一）综合间接证据，能够确认被告人的有罪供述属实

1. 被告人对基本事实供述稳定，重要细节没有出入

被告人刘某铭在公安机关首次讯问时便承认自己杀害了刘某月，并在审前共作有罪供述十四次。其中虽有小的反复，如不承认事后焚尸，辩称买酒精是为车防冻；不承认专门准备安眠药，称安眠药是因自己失眠等。但对于买酸奶、挑榔头、开安眠药，以及将安眠药注进酸奶又骗刘某月喝下，用榔头反复击打刘某月头部，事后抛弃作案工具，又从现场返回自己岗亭等细节，刘某铭供述始终稳定，能够前后呼应。

2. 被告人供述的细节得到在案证据佐证，经得起推敲、验证

具体而言：（1）被告人刘某铭交代，其从日志本里抽取一张A4纸、撕下三分之一，把安眠药（酒石酸唑吡坦片，主要成分是唑吡坦）放在上面，又将纸对折；用打火机底碾碎药片后倒进"听话水"中溶解。该细节与公安机关在刘某铭值班岗亭内垃圾桶中提取的纸片、天津市物证鉴定中心出具的该纸片上检出唑吡坦的检验报告相互印证。并且，刘某月胃内容中发现唑吡坦药物，在刘某铭五菱汽车中提取的注射器、针头上也检出唑吡坦成分，二者指向一致。据此，可以认定刘某铭向刘某月投放安眠药。（2）被告人刘某铭交代，其翻开酸奶盒上的一处折角，将混有安眠药的药水注进去，后再将角折回。该细节与绿蓝超市东台店提供的购物小票所载信息（刘某铭曾于案发当天在此购买200克蒙牛纯甄酸牛奶）相互印证。据此，可以认定刘某铭为犯罪做了充足准备。（3）被告人刘某铭交代，案发当天23时许，其在刘某月值班岗亭接到大车司机打给刘某月的电话。该细节与司机证言及辨认笔录、手机通话记录等内容相互印证。据此，可以认定刘某铭在案发时间去过案发地点。（4）被告人刘某铭交代，其第二次丢弃作案工具是从自己工作的岗亭出发，沿中央大道逆行至津沽立交桥，并在第一次丢弃（丢弃榔头、酸奶盒、匕首、打火机等）时的对岸将针管抛进大沽排污河。该细节得到滨海新区路线图的支持，并与午夜车流量少能逆行、其急于脱手须逆行的生活经验契合。据此，可以认定刘某铭确曾持有榔头、酸奶盒、匕首、打火机等，并在事后销毁。

3. 被告人刘某铭供述的捅刺部位与尸体检验鉴定书显示的伤情位置不完全一致，但可以得到合理解释，并能够排除指供、诱供嫌疑

被告人刘某铭供称其持刀捅刺刘某月脖子下方，但尸体检验鉴定书证实刘某月第九根肋间有创缘整齐的裂创，二者情况不完全相符。我们分析认为：（1）被告人刘某铭捅刺刘某月是在其数次持榔头砸击之后，此时作为初犯的刘某铭情绪激动，意识能力应有所减弱。正如在正当防卫中不能要求反击力度与侵害力度完全对等，对刘某铭的认知准确度也不能要求过高，其所供称被害人脖子下方应当涵盖第九肋间。（2）刘某月服用酸奶后躺倒在床、侧卧昏睡，其身体必然有所弯曲，加之被砸击后痉挛，脖子与第九肋之

间的距离应当明显缩短。这也会造成被告人刘某铭的视觉误差。因此，在案发的特定情形下，两份证据间的不同之处能够得到合理解释。(3) 被告人刘某铭口供与在案客观证据没有严丝合缝，也从侧面说明侦查机关记录真实、取证合法，可以排除指供、诱供嫌疑。这在一定程度上增强了合议庭有罪认定的内心确信。

(二) 综合本案证据，可以排除合理怀疑

1. 关于关键物证不在案的问题

对此，我们分析认为：(1) 刘某铭归案经过真实、自然。案发后，侦查机关例行检查刘某月身边的亲朋、同事，并运用技侦技术对其中重点人员分析位移轨迹。在对七公里内活动情况摸排时，发现刘某铭恰在警方推定的案发时间出现在案发地点。同时，刘某铭行车时间与路线反常。由此确定刘某铭有重大犯罪嫌疑。(2) 被告人刘某铭有罪口供与其他证据相互印证，且属先供后证。比如：刘某铭在 2016 年 12 月 14 日供述，其将安眠药（酒石酸唑吡坦片）放在对折后的纸上碾碎，溶解后用针管注进酸奶。2016 年 12 月 20 日，天津市物证鉴定中心出具的检验报告，证实该纸片检出唑吡坦成分。(3) 被告人刘某铭具备作案动机、时间、空间与条件。刘某铭曾多次交代其与刘某月有金钱纠纷、不满刘某月的强势作风、想杀了他。案发当天上午，刘某铭集中购买榔头、酒精、酸奶，并去医院开了安眠药；当晚又前往刘某月值班岗亭，并且时近凌晨仍然滞留。同时，刘某铭与刘某月既是同事又系发小，两人平时关系亲密，并常常一起玩牌；刘某铭对刘某月接近无障碍，刘某月对刘某铭饮食不设防。这些均为刘某铭犯罪提供便利、埋下伏笔。因而，本案虽然关键物证欠缺，但仍能锁定被告人刘某铭作案。

2. 关于被告人否认事后焚尸灭迹的问题

被告人刘某铭从第八次讯问起，开始否认焚尸，翻称以往焚尸的供述均系被迫。但是，事实认定不仅重视其口供，更要全面考察刑讯线索、翻供原因、有无根据，以及是否存在其他证据佐证、与常理人情是否相符等。

就本案而言：(1) 被告人刘某铭始终不能提供刑讯线索，经调取天津市第二看守所出具的入所健康检查表，证明刘某铭入所时全身没有伤痕，并且行动自如、思维与表达正常。另外，刘某铭曾供述"点燃部位是靠近刘某月头部的那边"，这与尸体检验鉴定书及尸体照片显示的刘某月上身烧焦并已碳化的情况能够对应。并且，天津市公安局物证鉴定中心出具的理化检验报告也证实，现场下铺西侧床面、西侧墙面均有酒精成分。这与刘某铭购买酒精的视频、药店售货员的证言能够前后衔接。(2) 被告人刘某铭供述，其案发当天购买的酒精仅是用作汽车防冻液。首先，该解释与常理不符。汽车发动机工作状态的时温可达 90 摄氏度甚至更高，此时酒精早已沸腾挥发只剩下水，车一停下便会上冻；而车用防冻液的沸点一般在 105—110 摄氏度左右。因此，酒精根本无法替代专业防冻液。作为有多年驾龄的老司机，刘某铭不可能不知道这一点。其次，与常情不合。五菱宏光汽车市场报价是 4 万元至 7 万元，而常规防冻液售价为 18 元/4 斤。刘某铭买得起车，理应能够支付每瓶单价不足 5 元的专业养护，可他却宁可用根本没作用的酒精来代替，既违背常理思维，也不符合一般的消费习惯。综合上述分析，可以认定被告人翻供的理由不充分，其庭前有关焚尸的供述与其他证据相互印证，更加可信。

3. 关于所有衣物均无血斑的问题

刘某月头顶有多处挫裂创、颅骨呈粉碎性骨折，但在案的被告人刘某铭所有衣物上均未沾染血斑。侦查机关在刘某铭工作岗亭、其家与驾驶的五菱宏光车上也未提取到刘某月的血斑与DNA分型。复核期间，二审合议庭就此重点询问了侦办警官。据了解，刘某铭与刘某月所在公司为每位员工皆配发过一件多功能制服，其他人的都在，刘某铭的那件却不翼而飞，对此刘某铭无法解释。同时，电子围栏轨迹分析显示，案发后刘某铭还去过远方一处垃圾场，个中原因其也不能说明。虽然侦查人员在该垃圾场没有找到符合条件的焚烧碎片，但是刘某铭凌晨前往垃圾场的行为非常反常，联系其向大沽排污河丢弃作案工具的举动，不排除刘某铭已将作案所穿衣物焚毁、丢弃的可能性。上述证据缺失可以得到合理解释。

4. 关于是否存在他人作案的问题

现场提取的瓜子皮与部分烟蒂上检出他人的DNA分型；同时，被告人刘某铭自第六次讯问起，供称同事曹某某策划杀害刘某月，并为其提供机会。是否存在案外人单独或共同作案，是事实认定不可回避的问题。对此，我们分析认为：（1）本案案发地点属于开放现场，平时就有多人往来。本案案发在刘某月值班岗亭；作为办公场所，此岗白天有员工出入，晚上有专人值守，不特定人活动频繁。并且，多名证人的证言及被告人刘某铭口供证实，刘某铭也曾多次去此岗找过刘某月，取后者代领的工资。因此，无论谁留下瓜子皮和烟蒂均在情理中，有人到过现场不等于有人在现场作案。（2）案发前后曹某某均未与被告人刘某铭联系，没有作案动机与行为。在案证人证言及单位出具的证明证实，2016年12月8日至9日本是曹某某当班，因其堂妹结婚而与刘某月调换。这客观上确为本案发生创造契机。但是，其一，所谓的"曹某某提起犯意"只有刘某铭一人的供述，并无其他证据佐证。其二，刘某铭所供曹某某因不满刘某月强势作风而心生杀机，没有根据。同事们对曹某某的人品反映较好，反而是对刘某铭颇有微词（多人认为刘某铭小心眼、有心计、报复心强）。其三，曹某某既未向刘某铭提供工具、门外望风，又未与刘某铭具体筹划、事后销赃。因此，认定曹某某是共犯证据明显不足。根据在案证据并结合本案特定的时空条件，适用经验法则，可以排除其他人作案的可能。

综上所述，认定本案事实既有被告人供述这一直接证据，又有现场勘查、物证鉴定、尸体鉴定、行车轨迹路线等间接证据。法院在审理中以被告人供述为主线，重视口供但不轻信。深入挖掘细节证据，并根据生活常理与经验规则逐一排除合理怀疑，强化证据裁判。同时，通过对被告人多份供述纵向比对、口供与其他证据横向比较、在案证据综合判断等，逐步夯实事实认定根基，在"四无"案件中建立以客观性证据为主要依托的内心确信形成模式，最终得出被告人构成犯罪的唯一结论。

（撰稿：天津市高级人民法院　钱　岩
审编：最高人民法院刑二庭　韩维中）

[第 1391 号]

# 李某故意伤害案

——医疗过错鉴定意见在刑事诉讼中的运用

## 一、基本案情

被告人李某，男，1987年××月××日出生。因涉嫌犯故意伤害罪于2015年12月11日被逮捕。

辽宁省大连市人民检察院指控被告人李某犯故意伤害罪，向大连市中级人民法院提起公诉。

被告人李某对起诉书指控的犯罪事实和罪名均无异议。其辩护人提出，被害人对本案的起因和矛盾的升级存在一定的过错；医院在诊疗过程中有过错，且该过错与被害人的死亡具有一定的因果关系，被害人的死亡并非由被告人李某的行为单独导致；李某具有自首情节，且对被害人实施了积极的救助行为，其亲属代其向被害人亲属积极赔偿，并取得被害人亲属的谅解；李某检举他人犯罪，具有重大立功情节。综上所述，请求对李某减轻处罚。

大连市中级人民法院经依法审理，于2016年12月5日作出（2016）辽02刑初154号刑事判决。宣判后，被告人李某提出上诉。辽宁省高级人民法院于2017年8月29日作出（2017）辽刑终64号刑事裁定书，以原判部分事实不清、证据不足为由，撤销大连市中级人民法院（2016）辽02刑初154号刑事判决，发回重审。大连市中级人民法院另行组成合议庭，依法开庭审理了本案。经审理查明：

2015年11月3日20时许，被告人李某驾驶轿车行驶至大连市沙河口区南平街与南沙街交叉路口附近时，与准备过马路的被害人于某文因车辆行驶问题发生争执，随后李某下车与于某文发生厮打，在厮打中李某持木棍击打于某文头部并致其倒地。于某文于当日被送往大连市某医院，后于2015年11月7日经抢救无效身亡。经鉴定，于某文系因头部损伤造成重度颅脑损伤、脑疝死亡。另经北京明正司法鉴定中心鉴定：被害人送医院抢救后，虽然医方在诊疗过程中采取了一定的诊疗措施，但未尽到合理的注意义务，对于患者的病情重视不足，观察不够，未进行格拉斯哥昏迷评分，在患者病情进行性加重的情况下，医疗手术时机和方式有欠缺，故医院在对于某文的诊疗过程中存在一定过错（医方过错占40%至60%）。

李某犯罪后明知他人报警而在现场等待，到案后如实供述了自己的犯罪事实。

另查明，诉讼过程中，被告人亲属与被害人亲属达成和解，自愿赔偿被害人亲属人民币65万元（其中10万元已垫付被害人的医药费），被害人亲属对被告人李某表示谅解。

大连市中级人民法院认为，被告人李某因琐事持械故意伤害他人身体，致人死亡，其行为已构成故意伤害罪。本案发生后，被害人被送往医院治疗，治疗医院在诊疗过程中有一定的过错，且该过错与被害人的死亡具有一定的因果关系，对该情节在量刑时酌情予以考虑。李某作案后明知他人报警而在现场等待，到案后如实供述了自己的犯罪事实，具有自首情节，可依法从轻或减轻处罚；被告人作案后拨打120，对被害人积极施救，且通过赔偿取得了被害人亲属的谅解，认罪悔罪态度好，可酌情从轻处罚。综上所述，对李某依法减轻处罚。归案后，李某揭发他人的犯罪行为，经公安机关查证属实，构成立功，可从轻处罚。依照刑法第二百三十四条、第六十七条第一款、第六十八条及《最高人民法院关于适用〈中华人民共和国刑事诉讼法〉的解释》第一百五十七条之规定，判决如下：

被告人李某犯故意伤害罪，判处有期徒刑六年。

宣判后，在法定期限内没有抗诉、上诉。判决已发生法律效力。

## 二、主要问题

侦查机关可否就刑事案件中被害人死亡问题上的医疗过错问题委托鉴定机构进行鉴定？该鉴定意见能否作为判断被告人刑事责任的依据之一？

## 三、裁判理由

本案审查起诉期间，被告人亲属提出大连市某医院对被害人于某文的救治行为可能存在医疗过错，因此书面申请对于某文的死因进行重新鉴定。公诉机关遂将本案退回公安机关补充侦查，要求查清大连市某医院对于某文的救治行为是否存在过错，该过错与损害后果之间是否存在因果关系及责任程度。

后公安机关委托北京明正司法鉴定中心对上述问题进行鉴定。经鉴定，该鉴定中心作出京正〔2016〕临医鉴字第173号司法鉴定意见书，结论为：大连市某医院在对于某文的诊疗过程中存在一定过错；医方的过错与损害后果之间存在一定的因果关系，建议承担共同责任（即医方过错占40%至60%的责任）。

大连市中级人民法院受理该案后，控辩双方及被害人亲属对上述鉴定意见的效力争议较大，被害人亲属认为被害方在鉴定过程中未接到通知，也未参加听证会，该鉴定程序违法（后被害人亲属当庭表示一方面双方已达成谅解协议，另一方面经过再次研究改变观点，认为上述鉴定意见合法有效，不再提出异议）。公诉人认为该鉴定意见中明确记载，鉴定系依据《北京司法鉴定业协会关于办理医疗过错司法鉴定案件的若干意见》（以下简称《鉴定若干意见》）作出，但根据该《鉴定若干意见》第一条"医疗过失司法鉴定案件特指人民法院委托鉴定的民事案件。侦查机关、当事人和律师事务所委托的案件，原则上不属于此类案件受理范围，但医患双方共同委托的除外"之规定，本案中的鉴定未经医患双方委托,不属于医疗过失鉴定的受理范围,且听证会没有患方参加,因此程序违法,不应采纳,建议法院对此重新鉴定。被告方则主张该鉴定程序合法,应予采纳。大连市中级人民法院经审查认为,对上述鉴定意见应当予以采信,但该鉴定意见仅是判断被告人刑事责任的酌定因素。

我们同意大连市中级人民法院的审查意见。

(一)侦查机关可以依职权就医疗过错问题委托鉴定机构进行鉴定

首先,公安机关委托鉴定机构对医院的诊疗行为是否存在过错进行鉴定,具有法律依据,属于依法行使职权。依据刑事诉讼法的相关规定,公安机关负责刑事案件的侦查,搜集能够证实犯罪嫌疑人、被告人有罪或者无罪、犯罪情节轻重的各种证据。本案中大连市某医院的诊疗行为是否有过错,其过错与损害后果之间是否具有因果关系及参与度,属于影响被告人定罪量刑的重要事实,公安机关有权就此调取相关证据。虽然目前关于刑事案件中医疗过错鉴定的程序并没有具体的规定,但《司法鉴定程序通则》第十一条规定:"司法鉴定机构应当统一受理办案机关的司法鉴定委托。"尽管《鉴定若干意见》第一条规定:"医疗过失司法鉴定案件特指人民法院委托鉴定的民事案件。侦查机关、当事人和律师事务所委托的案件,原则上不属于此类案件受理范围,但医患双方共同委托的除外",但《鉴定若干意见》属于行业自律性规定,发布时明确表明系"建议参考执行",且其颁布时间早于《司法鉴定程序通则》,因此,《鉴定若干意见》的效力低于《司法鉴定程序通则》。公安机关直接委托鉴定机构进行司法鉴定,符合刑事诉讼法、《司法鉴定程序通则》的规定。

其次,公安机关委托鉴定符合办理本案的实际情况。实践中关于医疗过错鉴定一般出现在民事纠纷中,其程序一般要求医患双方共同委托鉴定,所以本案中被害方乃至公诉方会对公安机关直接委托鉴定产生异议。关于该问题,就我们了解的情况看,近年来的审判实践中,刑事案件中公诉机关或侦查机关一般不直接委托鉴定机构进行医疗过错鉴定,北京司法鉴定协会现在亦不鼓励北京的鉴定机构受理刑事案件中的医疗过失鉴定。这主要是因为刑事案件中的责任划分比较复杂,应当由法官结合案情进行判定,因此,鉴定机构一般只对民事案件的医疗过失进行鉴定。《鉴定若干意见》之所以规定"医疗过失司法鉴定案件特指人民法院委托鉴定的民事案件",原因就在于此。但这并不能否定刑事案件中公诉机关委托鉴定机构对相关问题进行鉴定的职权。因为医疗过错介入因果关系的刑事案件,在审判实践中客观存在,且医疗过错与损害结果之间是否有因果关系及其参与度的大小,客观上影响到被告人的定罪量刑,而法官囿于自身的学识、业务能力,很难凭一己之力准确判定医学专业性问题,必须交给专业人员进行鉴定。这种鉴定属于涉及被告人定罪量刑的证据,由掌握案件侦查权的公安机关进行调取并无不妥。

(二)医疗过错鉴定意见可以作为判断被告人刑事责任的依据之一

首先,医疗过错是被害人死亡的后续介入因素。本案中,被告人李某的伤害行为与被害人于某文的死亡之间具有刑法上的因果关系,被告人应当对被害人死亡的后果承担刑事责任。这是确认本案刑事责任大小的前提。李某与于某文发生厮打并持械击打于某文，且致被害人倒地，其主观上应当认识到自己的行为可能会造成伤害被害人身体健康的后果，此时，被告人的伤害故意、伤害行为均已经成立。但刑法上的故意伤害罪是以被害人的身体实际受到伤害，造成轻伤、重伤甚至死亡的后果为构罪条件的。只有伤害的故意和行为，没有伤害的结果，在一般情况下，并不必然构成故意伤害罪。本案中出现了被害人死亡的后果，因而符合故意伤害致人死亡的构成要件。但是，根据本案实际情况，被害人送医院抢救后，如果医方能够正确、及时施救，被害人可能不至于死亡。也就是说，被告人的加害行为，在医院的抢救不当因素介入下，才导致被害人死亡结果的发生。被告人的殴打行为，其本质是一种故意伤害的行为，其必然后果是对被害人造成一定的伤害，至于是死亡、重伤还是轻伤，则是不确定的。换言之，如果被告人不对被害人进行击打，就不存在被害人死亡的可能性。但是，这种可能性发生后，如果医院治疗没有过错，被害人可能不会死亡。因而在量刑中必须考量医疗过错这一介入因素，而不能简单地将被害人死亡的后果全部归责于被告人一身，而医疗过错鉴定意见则是考量中的重要参考。

其次，关于医疗过错的鉴定意见只能作为判断被告人刑事责任大小的依据之一，而不能作为判断被告人有无刑事责任的依据。其一，在原因与结果的因果关系上，被告人的行为仍然是主因，抢救不当只是介入因素。如果被告人不对被害人进行击打，于文海就不可能发生头部损伤、脑疝，死亡的结果更不可能发生。其二，刑事案件中被告人刑事责任的大小，与民事案件中责任大小的划分有所不同。实践中，司法鉴定机构没有关于医疗过错对刑事责任影响的具体规定，事实上也不可能作出这样的规定。刑事案件被告人的责任大小，必须由法官依据案情进行综合判断。具体到本案，北京明正司法鉴定中心参考《鉴定若干意见》作出的鉴定意见，实际是一种民事赔偿责任的划分，不宜直接作为刑事责任划分的结论使用。也就是说，不能因为鉴定意见中认定医院医疗过错对被害人损害结果的参与度为40%至60%，就直接减轻被告人40%至60%的刑罚。本案中，被告人的伤害行为是造成损害后果的初始因素，应综合全案情况，对被告人责任进行判断，因此在量刑时，上述鉴定意见仅作为酌定情节予以考虑。

(三) 审查鉴定意见既要注重实体审查，也要注重程序审查

于实体审查而言，主要是结合本案事实审查鉴定意见是否客观真实，判断医疗过错是否成为介入被害人死亡的因素。被告人伤害行为发生于2015年11月3日，事发后被害人即被送往医院抢救。被害人于4天后即11月7日死亡，有长达4天的治疗时间。根据案情，李某的凶器是木棍，属于钝器而非利器，如果抢救及时或者抢救方式得当，被害人获救的可能性极大。而如果抢救方法不当，则可能导致被害人死亡。因此，医疗事故鉴定意见，与本案案情相符合。

于程序审查而言，尽管鉴定过程中没有被害方的参与，但该问题并不属于《最高人民法院关于适用〈中华人民共和国刑事诉讼法〉的解释》第八十五条关于鉴定意见不得作为定案根据的九种情形。且被害方对医院的诊疗行为并没有提出实质意见，开庭审理

中对鉴定意见也没有异议，而对医院诊疗行为是否有过错的争议双方（医院方和被告方）均已参加听证会，并发表过意见，因此，被害方没有参加听证并不影响鉴定机构的实体结论。公诉机关虽然对上述鉴定意见提出异议，但并未提出反证。也就是说，控辩各方及被害人亲属的程序性权利都得到了保障。

综上所述，本案中，医疗过错鉴定的委托程序合法，鉴定过程虽无被害方参与，但并不影响鉴定意见的客观公正，被害方当庭也无异议，所以，对鉴定意见可予采信。但被告人的伤害行为系被害人死亡的初始因素，对上述鉴定意见仅宜在量刑时酌情考虑。综合本案案情，及被告人自首、通过赔偿取得被害人亲属谅解等情节，法院对其判处有期徒刑六年是适当的。

（撰稿：辽宁省大连市中级人民法院　杨鹏飞　林　驰
审编：最高人民法院刑四庭　陆建红）

[第1392号]

# 朱某国盗窃案

——无直接证据的"零口供"案件审查要点和证据运用

## 一、基本案情

被告人朱某国，男，汉族，1978年××月××日出生。2012年7月因犯盗窃罪被判处有期徒刑六个月，并处罚金人民币一千元；2016年8月因犯盗窃罪被判处有期徒刑九个月，并处罚金人民币二千元，2016年11月19日刑满释放。2019年7月5日因本案被逮捕。

上海市金山区人民检察院指控被告人朱某国犯盗窃罪，向上海市金山区人民法院提起公诉。

上海市金山区人民法院经公开审理查明：2019年3月24日凌晨4时许，被告人朱某国经过事先伪装（换衣服、戴假发套等）至上海市金山区朱泾镇金龙新街436弄处，使用随身携带的开锁工具，打开被害人唐某某停放于此处的银灰色大众牌帕萨特轿车车门，窃得车内的现金人民币1万元（以下币种均为人民币）及玉溪牌香烟一条，后步行离开现场。同年4月3日，朱某国被公安机关抓获，到案后拒不供述相关事实。公安机关在其暂住地查扣了假发套、开锁工具、手套等物品。

上海市金山区人民法院认为，被告人朱某国以非法占有为目的，秘密窃取他人财物，数额较大，其行为已构成盗窃罪。朱某国曾因犯罪被判处有期徒刑，在刑罚执行完毕后五年内再犯应当判处有期徒刑以上刑罚之罪，系累犯，应当从重处罚。据此，依据刑法第二百六十四条、第六十五条第一款、第六十四条之规定，于2019年12月6日判决如下：

一、被告人朱某国犯盗窃罪，判处有期徒刑一年六个月，并处罚金人民币三千元；

二、扣押的作案工具予以没收；

三、责令被告人朱某国于判决生效之日起一个月内退赔被害人的经济损失。

一审宣判后，被告人朱某国提出上诉，辩称其确实到过案发现场附近，也换过衣服、戴过头套，但没有实施盗窃，案发现场的视频监控没有拍到盗窃的过程，被盗车辆内也没有提取到其指纹痕迹，没有直接证据证实其实施了盗窃行为。其辩护人提出，原判认定朱某国犯盗窃罪的事实不清、证据不足，建议二审法院发回重审或直接改判朱某国无罪。

上海市第一中级人民法院经审理后认为，在案所有间接证据均经查证属实，能够相互衔接、相互印证，已形成完整的证明体系，足以认定被告人朱某国实施了盗窃行为。被告人的供述前后不一、自相矛盾，无法得到合理解释，不予采信。原判认定朱某国犯盗窃罪的事实清楚，证据确实、充分，定性准确，量刑适当。于2020年3月23日裁定驳回上诉，维持原判。

## 二、主要问题

（一）如何把握无直接证据的"零口供"案件的审查要点？
（二）如何运用间接证据构建完整的证明体系？

## 三、裁判理由

在盗窃、行贿、受贿等案件中，犯罪行为较为隐蔽、犯罪过程较为平和，通常缺乏相关录音录像、证人证言等直接证据，现场也不会留下暴力打斗、挣扎抗拒等痕迹，一旦犯罪嫌疑人拒不供述或作无罪辩解，案件很可能面临证据不足的窘境。如何把握好此类案件的审查要点、运用好间接证据定案，做到不枉不纵，是司法实践的难点。

对于被告人拒不供述且无其他直接证据的，只要间接证据符合《最高人民法院关于适用〈中华人民共和国刑事诉讼法〉的解释》第一百零五条之规定①，亦可认定被告人有罪。"零口供"下以间接证据定案，应严格坚持法定证明标准，遵循证据审查规则和疑罪从无原则。以单个证据品质为前提、以证据多（双）向印证为主导，合理运用推定认定案件事实。同时，应当确保间接证据之间的协调性、间接证据形成的证明体系的完整性、间接证据推理出的结论的唯一性。

本案中，被告人朱某国始终作无罪供述（或拒绝回答），且没有案发现场清晰的监控录像等直接证据，在案所有的有罪证据都是间接证据。但是，本案经查证属实的客观性证据均指向朱某国作案，间接证据能够相互印证且形成完整的证据体系，加之被告人的辩解前后矛盾、无法作出合理解释，且有多次相似作案手法的盗窃前科可供参酌，综合来看，可以认定朱某国实施了盗窃。具体分析如下。

（一）把握"零口供"案件的审查要点

在审查在案证据客观性、关联性、合法性的基础上，着重审查发破案经过是否客观、自然；客观性证据的指向是否明确、单一；被告人的供述或无罪辩解是否合理。

1. 审查发（破）案经过是否客观、自然

发（破）案经过是指刑事案件的案发以及侦查机关寻找、锁定并抓获犯罪嫌疑人的过程。侦查机关出具的发（破）案经过虽然不是证据本身，却是证据赖以"溯源"的根本，立足发（破）案经过构建证据体系，既能在主观层面反映侦查人员从立案到破案的

---

① 《最高人民法院关于适用〈中华人民共和国刑事诉讼法〉的解释》第一百零五条规定："没有直接证据，但间接证据同时符合下列条件的，可以认定被告人有罪：（一）证据已经查证属实；（二）证据之间相互印证，不存在无法排除的矛盾和无法解释的疑问；（三）全案证据已经形成完整的证明体系；（四）根据证据认定案件事实足以排除合理怀疑，结论具有唯一性；（五）运用证据进行的推理符合逻辑和经验。"

思维演进过程（发现罪行、获取证据、锁定犯罪嫌疑人的思维判断过程），又能在客观层面表明证据体系的构建、完善过程和犯罪嫌疑人抓获经过等情况。客观、翔实地发破案经过材料有助于全面掌握案件事实证据、合理构建证据体系，进而确定案件事实。对于"零口供"案件，认真审查发（破）案经过是否客观、自然，其意义尤为重要。

具体到本案，公安机关出具的破案经过表明，案发当日上午，公安机关接到被害人报案后立即展开视频侦查，通过被盗车辆周围的路面监控发现被告人朱某国有重大作案嫌疑。经过对朱某国活动轨迹的视频追踪，发现其于3月23日18时30分许乘公交车从上海市金山区枫泾镇来到朱泾镇，19时20分57秒拎着一黑色袋子消失在某点位的监控视频中。同日19时39分10秒一男子经过伪装后再次出现在该点位的监控视频中（侦查人员实地走访，此处有一荒废的工厂较为隐蔽，推断男子在此工厂换装）。随后该男子在朱泾镇徘徊十余个小时，直至3月24日4时8分许出现在案发地附近，5时23分该男子沿亭枫公路由东往西行走，后消失在该点位的监控视频中。之后朱某国穿着原先衣物乘坐公交车回枫泾镇。侦查人员根据公安监控和人口系统比对，前往朱某国暂住地及其服装店，搜查到伪装的衣服、假发套和开锁工具，遂将朱某国传唤至派出所接受调查。

可见，本案被害人报案的过程和公安机关锁定被告人朱某国为犯罪嫌疑人的过程客观、自然。

2. 审查客观性证据指向是否明确、单一

物证、书证、视频监控等客观性证据，受主观因素影响较小，具有较为稳定的表现形式和判断标准。相比于言词证据的主观性和反复性，客观性证据能够更加客观、稳定地证明案件真实情况，具有极强的证明力。对于"零口供"案件，证据审查的重点自然要从口供转向物证、书证等客观性较强的证据。实践中，客观性证据的指向性越明确、单一，越有利于定案。

具体到本案，公安机关调取的视频资料、制作的行动路线轨迹图、从被告人处查扣到的衣服、假头套、开锁工具、香烟等，都是重要的客观性证据，且这些证据的提取、扣押、制作等均依法定程序进行，证据均查证属实，具备证明能力。根据监控视频显示，案发时间段前后只有一男子在案发现场附近出现过（案发现场为南北向道路，无其他出入口），经比对，视频中男子穿着的衣服、头戴的假发套均与被告人朱某国家中查扣到的衣服、假发套一致，庭审中朱某国亦承认其经过伪装在案发时间段出现在案发地点附近；失窃的一条香烟与被告人家中查扣到的一包香烟比对后，系同一品牌、同一型号。上述客观性证据收集合法、内容真实，且均指向朱某国作案。

3. 审查被告人供述或无罪辩解是否合理

对被告人供述和辩解的审查，是准确认定案件事实的重要方面，通常可以通过分析被告人辩解的内容是否合理、稳定，是否与在案其他间接证据相互印证来判断。被告人的供述和无罪辩解若有合理根据，能对现有证据提出反证，如有不在场或无作案时间的证据等，对于查明案件事实会有很大的作用。若被告人的无罪辩解不合常理、自相矛盾，或者与其他已查明的客观事实和证据相矛盾，反而可以增强法官认定其作案的内心确信，甚至反向印证案件的主要事实。

具体到本案，被告人朱某国到案后始终作无罪辩解，具体理由包括：（1）其前往朱泾镇系赴朋友的牌约，因朋友爽约独自徘徊小镇十余小时，其间换装系夜晚天气寒冷，没有实施盗窃；（2）案发次日在银行存的1万元系自己的合法收入；（3）案发现场未能提取到其指纹或DNA痕迹。经分析，朱某国的供述存在前后不一、自相矛盾，诸多地方均无法得到合理解释，其无罪辩解能够得到合理排除。

第一，对于没有实施盗窃的辩解。经查，被告人对伪装用的衣服、假发套、开锁工具来源供述不一，一说是马路上捡的；又说是他人（先是杨某后是曹某）给其保管的，但又无法提供给其的大概时间和他人的联系方式。案发当晚其称前往朱泾镇找朋友打牌，又不能提供出朋友的具体姓名和联系方式，对于和朋友打牌为什么要戴假发套及换装也没有合理的解释，庭审中时而辩称饮料洒在衣服上所以换装，时而辩称晚上天气冷没有找到帽子所以戴假发套，当问及为什么凌晨把假发套和衣服换回来，其又辩称凌晨感觉不冷了。该辩解前后不一，无法作出合理解释。

第二，对于案发次日所存钱款系自己合法收入的辩解。经查，被告人供述自己的经济状况与查明的经营情况严重不符，如其供称"自己小孩由哥哥帮忙抚养，不固定每个月给1000元生活费，没钱的时候都不给生活费"与"自己做服装生意，有稳定的收入，每个月能结余3000元到4000元"严重不符；其辩称案发后次日的1万元存款系做服装生意赚的，与服装店的经营情况、被告人的经济收入严重不符；对为什么要舍近求远跑到闵行区存款，其辩称到闵行找朋友玩，身上习惯带着大量现金，但又不能提供朋友的姓名和联系方式，被告人的辩解与查明的事实不符，且不能得到合理解释。

第三，对于案发现场没有提取到其指纹或DNA痕迹的辩解。从被告人精心伪装自己、半夜游荡街头等种种怪异行为、前科作案手法以及到案后拒不供述的情况，可以看出被告人具有较高的反侦查意识和躲避侦查的能力。被盗车辆内没有提取到其指纹和DNA痕迹，并不能排除被告人戴上手套作案的可能。而且，公安机关在其住处查获的头套、手套、开锁工具以及视频监控、侦查实验等在案证据均能相互印证，均指向被告人朱某国实施本次盗窃。

### （二）审查运用间接证据构建证据体系

**1. 审查间接证据能否相互印证，是否存在无法排除的矛盾或者疑问**

根据证据与案件的主要事实是否有直接关系，可以将证据分为直接证据和间接证据。间接证据所包含的信息量并不如直接证据涵盖的内容丰富、充分，只能证明案件事实的某一环节或片段，具有零散性，因此，在间接证据的运用上应当遵循多（双）向印证规则，消除证据之间的矛盾，使证据相互印证进而形成一个完整的体系。多（双）向印证与单向印证的逻辑推演不同，单个间接证据自身的证明力只有在与其他证据的相互作用中，才有可能加以确定，即单个间接证据的证明力建立在对案件证据的整体判断之上，若不建立证据之间的联结点，不仅不能保障单个间接证据的真实性，更无法达到定罪的要求。

对于"零口供"案件，需要在审查单个间接证据具备证明能力的基础上，通过比对不同证据所含信息的内容同一或指向同一,将单一间接证据链接起来,形成相互支撑、协调一致的证明体系。如果间接证据之间不相符合,相互脱节,就应当通过进一步补充调查,查证清楚之后,才确定它们的证明力。只有对所有应予证明的案件事实和情节都有相应确实的间接证据予以证明,并且间接证据之间形成环环相扣的闭合证明锁链后才可以定案。

具体到本案,主要的间接证据共8组,且均查证属实。分别是:(1)被害人唐某某的陈述;(2)现场勘验笔录;(3)搜查笔录、扣押清单及照片;(4)视频资料(包括案发现场监控录像,因凌晨4时,无法清晰辨认)、视频监控截图、视听资料说明书及据此制作的行动路线轨迹图及标注;(5)中国银行股份有限公司上海市金山支行出具的客户信息资料、银行流水及视频资料;(6)公安机关组织进行的侦查实验及实验笔录;(7)公安机关出具的侦破经过;(8)被告人朱某国的供述。其中第(1)(2)(4)组证据能够相互印证、相互支撑,证明被害人车内财物被盗,此外,被害人陈述失窃现金的来源与其在银行取现的流水亦能相互印证,证明被害人在案发前确实通过支票取现,且与失窃金额能够对应;第(3)(4)(8)组证据能够相互印证,证据信息的内容同一、指向同一,共同证明朱某国在案发时间段前后的行动轨迹和换装过程;第(3)(6)组证据能够相互印证,证明从朱某国处查扣的开锁工具系专门开大众车锁的,且在一分钟之内即能开锁,开锁时长与第(4)组案发现场的监控视频中被盗车辆附近手电灯光持续闪烁的时长大致相当;第(5)组银行流水和视频资料与第(1)组被害人的供述在存取款的金额上能够对应。

以上各组间接证据通过双向或多向的相互印证,环环相扣,形成了完整的证据链条,不存在无法排除的矛盾或疑问,足以得出被告人事前实地勘察寻找作案目标、躲避监控进行伪装、夜深人静开锁行窃、离开现场换回原装、乘车回家的事实。

2. 合理运用事实推定排除合理怀疑,得出唯一肯定结论

在相关间接证据查证属实、相互印证并形成完整证据链条之后,法官要以事实推定为媒介并运用逻辑推理和经验法则,将在案间接证据串联起来回溯再现案件事实,得出唯一肯定的结论。在"零口供"且无直接证据证明案件主要事实的情况下,必然要求以事实推定的方式认定案件事实,但是事实推定是建立在盖然性的基础上,因此,为确保推理的严密性和结论的准确性,推理的每一环节必须符合逻辑和经验法则。

具体到本案,首先,推定本案案发时间符合经验法则。经调阅案发地的监控视频录像,发现失窃车辆在24日凌晨4时1分至6分持续出现手电灯光闪烁,且上午7时左右被害人发现车辆被窃,根据经验法则,完全可以推定本案的案发时间就是24日凌晨4时1分至6分。其次,锁定犯罪嫌疑人作案符合逻辑。在确定案发时间后,调阅案发地和案发地附近的路面监控录像,案发时间段前后,案发地点附近没有任何其他人出入,仅有经过伪装的一名男子出现过,可以排除第三人作案的可能性。最后,抓获犯罪嫌疑人的过程客观自然。经调阅路面监控发现,经过伪装的男子离开现场,换回原来着装并乘公交车返回住处。随即,公安机关到其住处将其抓获,并在其住处查扣到伪装用的衣服、假头套、开锁工具,且本案被告人朱某国亦承认监控录像中的男子系其本人。因而,认

定朱某国实施盗窃的推理过程严谨合理、环环相扣,得出的结论是唯一的、排他的、肯定的。

综上所述,被告人朱某国虽始终作无罪辩解,但认定朱某国作案的间接证据均已查证属实,且间接证据之间亦能相互印证,不存在无法排除的矛盾和无法解释的疑问,形成完整的证明体系。被告人的无罪辩解未形成合理怀疑,依据间接证据认定的事实具有唯一性,达到了刑事案件证据确实、充分的标准。故一审、二审法院依法认定朱某国构成盗窃罪。

(撰稿:上海市第一中级人民法院 邬小骋 潘自强
审编:最高人民法院刑二庭 牛克乾)

[第 1393 号]

## 陈某增、梁某仔、林某明盗窃案
——拾得他人遗失的医保卡，并在药店盗刷卡内
个人医保账户资金的行为如何定性

### 一、基本案情

被告人陈某增，男，1985 年××月××日出生，2017 年 11 月 7 日被取保候审。

被告人梁某仔，男，1970 年××月××日出生，2017 年 9 月 17 日被刑事拘留，同年 10 月 16 日被取保候审。

被告人林某明，女，1987 年××月××日出生，2017 年 9 月 17 日被刑事拘留，同年 10 月 16 日被取保候审。

广州市天河区人民检察院以被告人陈某增、梁某仔、林某明犯信用卡诈骗罪，向广州市天河区人民法院提起公诉。

广州市天河区人民法院经公开审理查明：2017 年 8 月 27 日，被害人李某某在广州市天河区牛利岗大街 132 号宝家康药店遗失其本人医保卡（开户行为中国农业银行）。同年 8 月底，在该药店工作的被告人林某明使用该医保卡开共享单车车锁时被其朋友被告人陈某增发现，陈某增占有该医保卡并在药店试出密码、查询余额。2017 年 8 月 30 日，被告人陈某增、梁某仔、林某明经密谋，冒用李某某身份用该卡在上述宝家康药店消费人民币 5770 元，次日，陈某增独自至广州市天河区龙洞健和堂大药房消费 2947.8 元。2017 年 9 月 16 日，梁某仔、林某明被抓获归案。2017 年 11 月 7 日，陈某增到公安机关投案，并如实供述上述犯罪事实。2017 年 9 月 21 日，三名被告人共同赔偿被害人李某某人民币 9800 元，李某某对三名被告人均表示谅解。

广州市天河区人民法院认为，被告人陈某增、梁某仔、林某明以非法占有为目的，结伙盗窃他人财物，数额较大，其行为均已构成盗窃罪。陈某增犯罪以后自动投案，并如实供述自己的罪行，是自首，且自愿认罪认罚，可以从轻处罚。梁某仔、林某明归案后如实供述自己罪行，自愿认罪认罚，可以从轻处罚。鉴于本案部分赃物已被缴回，且陈某增、梁某仔、林某明已经赔偿被害人经济损失并获得谅解，可以酌情从轻处罚。根据陈某增、梁某仔、林某明的犯罪情节和悔罪表现，对其适用缓刑确实不致再危害社会，可以宣告缓刑。依照刑法第二百六十四条、第五十二条、第五十三条、第六十四条、第七十二条、第七十三条、第六十七条第一款、第三款以及《最高人民法院、最高人民检

察院关于办理盗窃刑事案件适用法律若干问题的解释》第一条的规定，判决如下：

一、被告人陈某增犯盗窃罪，判处有期徒刑七个月，缓刑一年，并处罚金人民币一千元；

二、被告人梁某仔犯盗窃罪，判处有期徒刑七个月，缓刑一年，并处罚金人民币一千元；

三、被告人林某明犯盗窃罪，判处有期徒刑七个月，缓刑一年，并处罚金人民币一千元；

四、缴获的药品一批发还被害人李某某。

一审宣判后，被告人陈某增、梁某仔、林某明未上诉，检察机关未抗诉，判决已经发生法律效力。

## 二、主要问题

拾得他人遗失的医保卡，并在药店盗刷卡内个人医保账户资金的行为如何定性？

## 三、裁判理由

对拾得、骗取等手段获取他人的医保卡，并在药店盗刷卡内的个人医保账户资金的行为如何定性，在实践中主要有三种不同的观点。

第一种观点认为，应当定为信用卡诈骗罪。理由是：现代的医保卡是同时具备医保功能和银行卡功能，是由商业银行或者其他金融机构发行的具有消费支付、转账结算、存取现金等全部或部分功能的电子支付卡，符合《全国人民代表大会常务委员会关于〈中华人民共和国刑法〉有关信用卡规定的解释》，属于信用卡。通过拾得、骗取等手段获取他人信用卡并在药店盗刷的行为属于《最高人民法院、最高人民检察院关于办理妨害信用卡管理刑事案件具体应用法律若干问题的解释》第五条规定的"冒用他人信用卡"的情形，数额较大的，应当以信用卡诈骗罪论处。

第二种观点认为，应当定诈骗罪。主要理由是：医保卡的持有人与医保中心是债权债务关系，药店定期和医保中心结算销售款项，对医保卡内钱款具有一定支配权，可以理解为卡内钱款的保管人，行为人盗刷医保卡属于诈骗药店，故应定诈骗罪。

第三种观点认为，应当定盗窃罪。主要理由是：加载金融功能的医保卡是由社保部门发行，医保账户和金融账户互相独立，医保个人账户资金属于个人所有，盗刷医保个人账户资金属于秘密窃取他人财物，应当定盗窃罪。

我们同意第三种观点，理由有以下几方面。

（一）本案不宜定信用卡诈骗罪

1. 医保卡不能直接视为信用卡

通常所说的医保卡即为社会保障卡，根据2011年颁布施行的《"中华人民共和国社会保障卡"管理办法》第二条、第三条规定，社会保障卡，是指面向社会公众发行，主要应用于人力资源社会保障领域政府社会管理和公共服务的集成电路卡；人力资源社会保障部负责管理全国社会保障卡发行和应用工作。与信用卡相比，社会保障卡主要具有以下区别：（1）发行机构不同。社保卡是由行政主管部门发行，信用卡是由金融机构发行。（2）功能、定位不同。社保卡是"集成电路卡"，除了支付功能外，还有身份识别、信息查询、服务凭证等功能，而信用卡的定位是"电子支付卡"，主要用于消费支付、信用贷款、转账结算等。（3）管理性质不同。医保卡的发行机构和使用者的关系是行政管理和服务的关系，信用卡的发行者和使用者是平等的市场主体关系。

我国的社会保障卡目前共分三代，第一代是1999年发行，不具备金融功能。2011年人力资源和社会保障部、中国人民银行发出《关于社会保障卡加载金融功能的通知》，我国开始发行第二代社会保障卡，即以医保卡为载体加载金融功能，目前80%的社保卡是二代卡。2017年8月1日，中国人民银行、人力资源和社会保障部颁布《具有金融功能的第三代社会保障卡技术规范》，我国开始试点第三代卡，将增加"非接触""大数据"等功能。

本案中的医保卡属于二代卡，加载金融功能。根据2011年《社会保障卡加载金融功能总体方案》，二代卡具有三种功能：（1）与金融功能无关的社保应用（如社会保障服务身份凭证、信息查询、医疗费用结算等）：依靠社会保障卡信息记录、信息查询、业务办理等基本功能实现。（2）基于金融功能的社保应用（如社会保险费缴纳、待遇领取）：以社会保障卡为基础，依靠加载的金融功能，通过商业银行提供金融服务来实现。（3）金融应用：依靠社会保障卡加载的金融功能，通过商业银行提供金融服务来实现。

在具体的技术保障上，二代社会保障卡的芯片选择、密匙管理、卡片的发行、换卡、挂失、销卡等由行政主管部门掌控和负责，商业银行建立基于借记卡的IC卡发卡、密钥管理、授权和清算等系统，或对相关系统作出适当改造，确保社会保障卡金融功能的有效应用。中国银联负责金融IC卡相关系统和受理环境改造，确保社会保障卡金融功能跨行转接与清算顺利进行。卡片架构上，采用单一芯片，同时支持社保应用和金融应用，两种应用分别具有独立的命令管理模块、文件管理模块和安全管理模块，通过防火墙机制相互独立，互不影响。因此，加载金融功能的社会保障卡是由社保部门选择单一芯片并发行，在采集社保信息加载社保应用的同时，加载金融应用系统，两种应用系统采用独立管理模式，通过防火墙互相独立、互不影响。故不能简单将社会保障卡等同于银行卡。

2. 用拾得他人医保卡内个人医保账户资金在药店消费不属于"冒用他人信用卡"

相关司法解释规定，"拾得他人信用卡并使用的"，属于刑法第一百九十六条第一款第三项规定的"冒用他人信用卡"的情形。但我们认为，对此处的"使用"应该作限缩解释，即利用信用卡的资金结算、支付、提取等金融功能非法获取财物。具体到社会保障卡上，"使用"他人的社保卡可以有不同的方式，也应该有不同的法律评价，至少包括：（1）使用社保卡的材质、形态、外观等物理属性，如本案中药店店员林某明使用他人遗失的社保卡开自行车锁，虽不道德，但并不构成犯罪。（2）利用社保卡上记载的公民姓名、身份证号、账户信息等个人信息，有可能构成侵犯公民个人信息罪。（3）使用社保卡内非社保银行资金账户，进行消费、取现等，在此意义上，社保卡内银行账户由银行独立管理、独立运行，与普通的银行卡并无区别，行为人应构成信用卡诈骗罪。（4）使用社保卡内的社保账户资金，如医保账户资金，在这种情况下，社保账户是由主管部门设立、管理、掌控密匙，虽然与银行卡相连接，但属于使用社保卡的非金融功能，与使用社保卡金融功能的区别主要有：第一，采取严格的实名制：社保卡上有姓名、照片、身份证号等，具有身份凭证、身份识别功能，办理社保业务如医药费报销、买药、待遇领取等必须本人使用或用于本人，而金融业务办理的实名制并不严格，如 ATM 机取现、刷卡消费等，可以在他人授权下使用他人信用卡，有时银行无从查证是否是本人使用，很多情况下即便被冒用也是由被冒用人承担责任，也正是基于此，冒用信用卡具有更大的风险性和社会危害性。第二，使用条件的限制性：使用社保卡的社保功能有严格的条件、场所限制，即便是去药店买药，也有药品种类、数量限制（药店违规卖药、卖其他物品另当别论）。而使用金融功能除了消费额度等限制外，具有无条件性，属于使用人对自己财产的自由支配。这种无条件性使得冒用信用卡具有更大风险性和社会危害性。因此，使用社保卡内的社保账户资金与使用社保卡的金融账户具有根本的区别，风险性和危害性也不同。另外，二者侵犯的法益也不同，信用卡诈骗罪规定在刑法第三章破坏社会主义市场经济秩序罪第五节金融诈骗罪中，侵犯的主要法益是平等主体之间的市场秩序和金融管理秩序；而冒用社保卡的社保应用主要侵害的是社保行政管理和服务秩序，同时还侵犯了个人财物权。综上，本案不宜按照信用卡诈骗罪论处。

（二）本案应定性为盗窃罪

冒用他人医保账户资金的行为定性，应区分医保账户资金的性质。根据 1998 年《国务院关于建立城镇职工基本医疗保险制度的决定》，基本医疗保险基金由统筹基金和个人账户构成。职工个人缴纳的基本医疗保险费，全部计入个人账户。用人单位缴纳的基本医疗保险费分为两部分，一部分用于建立统筹基金，一部分划入个人账户。统筹账户资金由医保中心管理，参保人员发生符合当地医保报销条件的费用由统筹账户支付，该账户资金并不属于参保人个人财产，如果冒用他人医保卡，伪造就医、住院等材料骗取医保资金报销的，可以按照诈骗罪论处。

个人账户基金只能用于支付在定点医疗机构或定点零售药店发生的，符合基本医疗保险药品目录、诊疗项目范围、医疗服务设施标准所规定项目范围内的医药费用。原则上不得提取现金，虽然使用有所限制，但在其法律性质上，《国务院关于建立城镇职工基本医疗保险制度的决定》规定"个人账户的本金和利息归个人所有，可以结转使用和继承"。因此，在药店用个人账户资金盗刷药品的行为侵犯了个人财产的所有权。本案中被告人陈某增三人在试出社会保障卡密码后，单独或合谋，在被害人不知情的情况下，在药店盗刷被害人医保个人账户资金，其行为属于采用秘密手段盗窃他人财产，行为应定盗窃罪。

综上所述，人民法院认定被告人陈某增、梁某仔、林某明构成盗窃罪，并根据犯罪的事实、性质、情节和危害结果，对三人进行处罚，是正确的。

（撰稿：广东省广州市天河区人民法院　孟明合
　　　审编：最高人民法院刑二庭　王晓东）

[第 1394 号]

## 曾某长挪用资金案

——挪用资金罪两个量刑档次中的"数额较大",
是否适用同一数额认定标准

### 一、基本案情

被告人曾某长,男,汉族,1960年××月××日出生。2019年2月11日被取保候审。

陕西省安康市汉滨区人民检察院指控被告人曾某长犯挪用资金罪,向安康市汉滨区人民法院提起公诉。

被告人曾某长对起诉指控的事实无异议,称其系初犯,自愿认罪,有悔罪表现,请求对其从轻处罚。

安康市汉滨区人民法院经审理查明:2008年7月25日,时任汉滨区恒口镇曾家湾村村支部书记兼曾家湾村四组组长的被告人曾某长,将该村四组河滩地以20万元的价格转让给王天平,向村民支付补偿款后,将剩余的132500元交自己保管。2012年曾某长以个人名义入股某建材有限公司(曾家湾砖厂)105000元,2014年6月7日曾某长领取砖厂分红8300元,2017年5月20日曾某长将组员曾修龙等8人召集在一起,以会议记录的形式将自己入股砖厂的股份划归四组集体所有。

汉滨区人民法院认为,被告人曾某长利用担任曾家湾村四组组长的职务便利,在管理该组集体资金期间,挪用集体资金进行营利活动,数额较大,其行为已构成挪用资金罪。曾某长召集本组8名村民以会议记录的形式将其所持某建材有限公司股份转让给曾家湾村四组用以冲抵其挪用该组集体资金105000元的行为,既未经该村民小组会议讨论决定,亦未实质办理股权变更手续,应认定其挪用曾家湾村四组的105000元集体资金至今未退还。曾某长挪用资金,数额较大不退还,对其应处三年以上十年以下有期徒刑。鉴于曾某长归案后如实供述其犯罪事实,当庭自愿认罪,可对其从轻处罚。依照刑法第二百七十二条第一款、第六十四条、第六十七条第三款,《最高人民法院、最高人民检察院关于办理贪污贿赂刑事案件适用法律若干问题的解释》第六条、第十一条第二款之规定,判决如下:

一、被告人曾某长犯挪用资金罪,判处有期徒刑三年;

二、责令被告人曾某长退赔恒口镇曾家湾村四组被挪用的集体资金105000元,限判决生效后三十日内履行;

三、对被告人曾某长的违法所得8300元依法予以追缴,上缴国库。

宣判后,被告人曾某长以原判量刑过重为由,提出上诉,请求二审法院依法改判并适用缓刑。

安康市中级人民法院经审理查明的事实、证据与汉滨区人民法院认定的事实基本一致。

安康市中级人民法院认为,挪用资金罪中"数额较大不退还"的数额标准,与该罪"数额较大进行营利活动"中的数额标准并不相同。根据《最高人民法院、最高人民检察院关于办理贪污贿赂刑事案件适用法律若干问题的解释》第六条、第十一条之规定,挪用资金罪"数额较大进行营利活动"的数额标准应为10万元以上、不满200万元。同时根据该解释第六条之规定,"挪用公款不退还",数额在100万元以上不满200万元的,属于"情节严重",即"挪用公款不退还"的法定刑升格数额标准为100万元,而挪用公款罪较挪用资金罪为重罪,重罪法定刑升格数额标准为100万元,如果作为轻罪的挪用资金罪法定刑升格数额标准按照10万元认定的话,将会导致轻罪重判,显然不符合罪刑相适应原则,无法做到罚当其罪。考虑《最高人民法院、最高人民检察院关于办理贪污贿赂刑事案件适用法律若干问题的解释》的立法本意,参照其他相关罪名的数额标准,挪用资金罪中"数额较大不退还"的数额标准,应为200万元以上。本案被告人曾某长挪用本单位资金105000元,不符合挪用资金罪中"数额较大不退还"的数额标准,仅符合"数额较大进行营利活动"的标准,故对该行为应在三年以下有期徒刑或者拘役幅度内量刑;原判对该行为在三年以上十年以下有期徒刑幅度量刑属适用法律错误,量刑不当,应予纠正。根据刑法第二百七十二条第一款、第六十四条、第六十七条第三款,《最高人民法院、最高人民检察院关于办理贪污贿赂刑事案件适用法律若干问题的解释》第六条第三项、第十一条第二款,刑事诉讼法第二百三十六条第一款第二项之规定,判决如下:

一、维持原判关于追缴违法所得的判项;

二、撤销关于被告人曾某长量刑及退赔的判项;

三、上诉人曾某长犯挪用资金罪,判处有期徒刑六个月;

四、责令退赔所挪用资金(已退赔)。

## 二、主要问题

挪用资金罪条款中多处出现的"数额较大"是否必须适用同一数额认定标准?如果不作同一认定,"数额较大不退还"的标准应当如何认定?

## 三、裁判理由

刑法第二百七十二条第一款规定:"公司、企业或者其他单位的工作人员,利用职务上的便利,挪用本单位资金归个人使用或者借贷给他人,数额较大、超过三个月未还的,或者虽未超过三个月,但数额较大、进行营利活动的,或者进行非法活动的,处三年以下有期徒刑或者拘役;挪用本单位资金数额巨大的,或者数额较大不退还的,处三年以上十年以下有期徒刑。"上述条款中,存在三处"数额较大"用语,这三处"数额较大"

中的数额标准是否相同？尤其是对于作为该罪法定刑升格条件的"数额较大不退还"，是否也应当按照前两处"数额较大"的标准来认定？

从司法实践中的判决来看，做法各异，亟待统一。本案审理过程中，针对被告人曾某长挪用资金105000万元未退还的行为能否认定为"数额较大不退还"，同样存在两种意见。

第一种意见认为，既然"数额较大、超过三个月未还"与"数额较大、进行营利活动"中"数额较大"起点是10万元，那么"数额较大不退还"中的"数额较大"也应当以10万元为起点。故对被告人曾某长挪用资金105000万元未退还的行为应认定为"数额较大不退还"，在三年以上十年以下判处有期徒刑。

第二种意见则认为，挪用资金罪中"数额较大不退还"与"数额较大、进行营利活动"中的数额标准并不相同。由于司法解释规定挪用资金罪中的"数额较大""数额巨大"标准按照挪用公款罪的二倍执行，那么作为挪用资金罪中"数额较大不退还"这一法定刑升格条件的起点，也应当是挪用公款罪中"挪用公款不退还"这一法定刑升格条件起点数额的二倍。由于"挪用公款不退还"的起点数额为100万元，故挪用资金"数额较大不退还"的起点应当是200万元。本案被告人曾某长挪用资金105000万元未退还，不符合"数额较大不退还"的标准，只能认定为"数额较大进行营利活动"，在三年以下有期徒刑或者拘役幅度内量刑。

我们同意上述第二种观点。

（一）如对挪用资金罪两个刑档中的"数额较大"作同一解释，结论不仅违背了罪刑相适应原则，也违背了相关司法解释的本意

根据刑法第二百七十二条之规定，挪用资金罪分为两个量刑档次。其中"挪用本单位资金归个人使用或者借贷给他人，数额较大、超过三个月未还"，以及"虽未超过三个月，但数额较大、进行营利活动的"，处三年以下有期徒刑或者拘役，这是第一个刑档；而"挪用本单位资金数额巨大的，或者数额较大不退还的，处三年以上十年以下有期徒刑"，这是第二个刑档。针对上述条款中"数额较大""数额巨大"的具体标准，《最高人民法院、最高人民检察院关于办理贪污贿赂刑事案件适用法律若干问题的解释》（以下简称《贪污贿赂解释》）第十一条规定："刑法第二百七十二条规定的挪用资金罪中的'数额较大'情形的数额起点，按照本解释关于挪用公款罪'数额较大'的数额标准规定的二倍执行。"同时，《贪污贿赂解释》第六条规定："挪用公款归个人使用，进行营利活动或者超过三个月未还，数额在五万元以上的，应当认定为刑法第三百八十四条第一款规定的'数额较大'。"挪用公款罪的数额标准之所以要低于挪用资金罪，主要是为了体现从严治吏的政策精神。因为非国家工作人员挪用资金罪不涉及公共财物和国家工作人员的职务廉洁性，其危害性要低于相对应的职务犯罪案件，故《贪污贿赂解释》作出了挪用资金罪按照挪用公款罪数额标准二倍执行的原则性规定。

根据《贪污贿赂解释》的上述规定，在挪用资金罪的第一个刑档中，无论是"挪用资金归个人使用或者借贷给他人，数额较大"还是"挪用资金进行营利活动，数额较

大",这里的"数额较大"起点标准均是挪用公款罪中"数额较大"的二倍,即10万元(5万元×2)。在该罪的第二个刑档中,作为法定刑升格条件的"数额较大不退还",这里的"数额较大"与第一刑档中的"数额较大"能否作同一认定呢?一般而言,根据刑法用语的统一性要求,同一法条中的同一用语一般应作出同一解释。本案一审法院正是持这种观点,认为挪用资金罪两个刑档中的"数额较大"处于同一罪名同一条款中,应当作同一解释,即均为10万元。被告人曾某长挪用资金105000万元未退还,应认定为"数额较大不退还",故应在第二个刑档选择量刑。

我们认为,上述观点尽管符合刑法用语的统一性要求,但由此得出的结论不仅违背了罪刑相适应原则,同时也违背了上述司法解释的本意。因为根据《贪污贿赂解释》的规定,行为人挪用公款归个人使用或者用于营利活动,只有当不退还的数额达到100万元以上时,才能认定为"情节严重",满足法定刑的升格条件。挪用资金罪较之挪用公款罪为轻罪,针对同样"挪用不退还"的情形,理应适用更高的金额标准(超过100万元),而不是相反。故如果机械适用《贪污贿赂解释》,将挪用资金罪"数额较大不退还"按照第一刑档中的"数额较大"标准(10万元)来认定,就会出现轻罪(挪用资金罪)的法定刑升格标准为10万元,而重罪(挪用公款罪)的法定刑升格标准为100万元的情形,罪刑明显不相适应,同时也违背了从严治吏的立法本意。

(二)针对挪用资金罪中两个刑档中的"数额较大"应作不同解释

如前所述,针对挪用资金罪两个量刑档次中的"数额较大"不应作同一认定,而应当根据罪刑相适应原则及立法本意的要求,分别作出认定。那么,这种对同一用语作不同解释的做法是否会违背罪刑法定原则呢?我们认为,答案是否定的,因为罪刑法定原则的实质同样要求刑罚具有适当性,防止重罪轻判或者轻罪重判。当然,出于维护刑法安定性及公民预测可能性的需要,对于刑法中的同一用语,首先应当作同一解释,如果同一解释得出的结论足以体现刑法的正义理念,就不应再作不同的解释。只有在作同一解释会导致轻行为入罪而重行为出罪,或者会导致明显的重罪轻判或轻罪重判时,才应考虑作不同解释。事实上,对刑法同一用语作不同解释的现象在刑法适用中并不奇怪。以刑法中频频出现的"暴力"用语为例,"暴力"包括致人死亡、重伤的暴力,致人轻伤、轻微伤的暴力,以及日常生活中只是造成肉体的暂时痛苦而没有造成任何实质性伤害的暴力。对于具体犯罪中的"暴力"进行解释时,应当根据罪刑相适应原则,将其与相应法定刑合理地对应起来。例如,妨害公务罪的法定最高刑仅为三年有期徒刑,为此,这里的暴力不可能包含已经致人重伤或者死亡的暴力。故如果妨害公务的暴力行为已经致人重伤或者死亡,应认定为故意伤害罪或者故意杀人罪。

同样,在挪用资金罪当中,由于"数额较大"分别处于两个量刑档次当中,按照同一解释所得出的结论将会导致罪刑不相适应,并与《贪污贿赂解释》的本意相违背。为此,即使"数额较大"出现在同一罪名同一条款当中,也应当作不同的解释。其中,挪用资金罪第一个量刑档中的"数额较大"容易理解,直接以挪用公款罪中"数额较大"的数额标准作为认定基准,即10万元(5万元×2)。本案被告人曾某长挪用公款数额超过

10万元,但由于其未退还,这就涉及能否认定为"数额较大不退还",并在第二个刑档量刑的问题。根据《贪污贿赂解释》的精神,在认定"数额较大不退还"时同样应当参照挪用公款罪的数额标准,以二倍来进行计算。既然《贪污贿赂解释》规定挪用资金罪第二个刑档中的"数额巨大",应当以挪用公款罪第二个刑档"情节严重"的数额标准作为认定基准,即通常为400万元(200万元×2);那么,同样位于挪用资金罪第二个刑档中的"数额较大不退还",其数额也应当以挪用公款罪第二个刑档"情节严重"中不退还的数额标准作为认定基准,即200万元(100万元×2)。

具体到本案中来,针对被告人曾某长挪用资金105000万元未退还的行为,一审法院认定为"数额较大不退还",在第二刑档即三年以上十年以下选择量刑是对挪用资金罪数额标准的不正确解读。二审法院经审理认为,挪用资金罪两个刑档中的"数额较大"并不相同,曾某长挪用资金105000万元不符合第二刑档中"数额较大不退还"的标准,因而只能在第一刑档中进行量刑。

综上所述,二审法院依法改判被告人曾某长有期徒刑六个月是适当的。

(撰稿:陕西省安康市中级人民法院 张 晔
浙江省高级人民法院 聂昭伟
审编:最高人民法院刑二庭 韩维中)

[第 1395 号]

## 梁某辉寻衅滋事案

——持刀驱离正在违法强拆的人员并造成一人轻微伤的，
是否构成寻衅滋事罪

### 一、基本案情

被告人梁某辉，男，1963年××月××日出生。2016年11月17日被潮州市湘桥区人民法院决定取保候审。

广东省潮州市湘桥区人民检察院指控被告人梁某辉犯寻衅滋事罪，向潮州市湘桥区人民法院提起公诉。

潮州市湘桥区人民法院判决被告人梁某辉犯寻衅滋事罪，判处有期徒刑一年，缓刑一年。宣判后，被告人梁某辉提出上诉。潮州市中级人民法院将本案发回重审。

潮州市湘桥区人民法院依法另行组成合议庭，经审理认为，被告人梁某辉随意殴打他人，情节恶劣，其行为已构成寻衅滋事罪，依法应予惩处。鉴于其归案后如实供述自己的罪行，且其亲属积极代为赔偿被害人的经济损失，取得被害人的谅解，依法予以从轻处罚。依照刑法第二百九十三条第一款第一项之规定，判决如下：被告人梁某辉犯寻衅滋事罪，判处管制一年六个月。

一审宣判后，被告人梁某辉提出上诉称：（1）其在本案中的行为应当认定为正当防卫。案发当天，村委会成员纠集村里的保安队员等几十人到其柚园强行铲掉其辛苦种植的柚树。其妻子为保护自己的合法财产不受侵害、阻止对方人员的暴行而被被害人等人推倒在地受伤，其为了保护自己的合法财产和妻子不得已实施正当防卫，不是随意殴打他人。其并没有要拖欠承包土地租金，承包合同到期后其多次要求与村委会续签合同并缴纳租金，但村委会干部以工作忙、等村委会选举后再签合同为由拒绝。（2）本案是村委会成员和被害人自己闯入其承包的土地，并先动手伤人，其并非为寻求刺激、发泄情绪、逞强耍横等，无事生非，而是为了正当防卫才出手伤到被害人的，其主观上不存在寻衅滋事的故意，客观上不存在寻衅滋事的事实，不应认定构成寻衅滋事罪。（3）其不小心伤到被害人后就立即停手，没有再殴打被害人，故本案情节显著轻微、危害不大，且其因这一涉案行为已被公安局行政拘留十五日，不应追究刑事责任。请二审法院依法改判其无罪。

潮州市中级人民法院经二审审理查明：被告人梁某辉于1993年1月1日向潮州市湘

桥区意溪镇中津管区经联社承包位于中津管区第三村鸡心坑至山寮及第四村象鼻前一带土地，面积约35亩，用于生产种植水果，2007年12月31日承包合同期满，梁某辉向中津村委提出按合同约定其可以优先承包，要求继续承包该土地，中津村委提出要提高承包款及管理费。后双方因承包土地的期限及是否重新签订书面合同意见不一致，而没有重新签订土地承包合同。其间，梁某辉向村委要求续签合同并上缴租金，但中津村委工作人员没有及时收取，梁某辉继续在该地种植蜜柚等果树。2014年中津村委根据村"两委"会及村民代表大会决议决定收回上述土地并告知梁某辉自行清理。2015年3月16日中津村委组织干部、保安及临时雇用人员梁某杰等十多人开挖掘机到梁某辉的果园强行铲掉林木，梁某辉妻子黄某音上前阻止被保安人员控制，梁某辉遂持刀驱离村保安人员等人，其间，梁某杰被梁某辉持刀刺致轻微伤。案发后，梁某辉主动上门向梁某杰赔礼道歉，梁某杰接受赔礼道歉并谅解了梁某辉。

另查明，潮州市湘桥区意溪镇中津村村民委员会于2016年3月8日出具证明证实：梁某辉于2015年11月11日自愿将原承包土地（鸡心坑、山寮一带租地种植蜜柚）退回管理区，中津村委把土地另租给黄某泽经营，黄某泽自愿补偿梁某辉青苗款人民币90万元整。另，梁某杰被刺轻微伤一事由管理区协调处理，由黄某泽补偿梁某杰一切医疗费用。

潮州市中级人民法院认为，原审判决认定事实不清，定罪及适用法律错误，予以纠正。上诉人梁某辉的行为不构成寻衅滋事罪。本案经审判委员会讨论决定，依照刑事诉讼法第二百二十五条第一款第三项①，刑法第二十条第一款、第二款，第十三条的规定，判决如下：

一、撤销潮州市湘桥区人民法院（2016）粤5102刑初232号刑事判决；

二、上诉人梁某辉无罪。

## 二、主要问题

被告人针对正在违法强拆其合法财产的有关人员，持刀进行驱离，并造成一人轻微伤，是否构成寻衅滋事罪？

## 三、裁判理由

本案在审理过程中，对于被告人梁某辉的行为应如何定性，存在两种不同观点：第一种观点认为，梁某辉持凶器随意殴打他人，致一人轻微伤，根据刑法和相关司法解释的规定，其行为已构成寻衅滋事罪。第二种观点认为，梁某辉为了保护本人的财产免受正在进行的不法拆迁行为的侵害，持刀驱离不法侵害者，其行为属于正当防卫。我们同意第二种观点，具体理由如下。

（一）被告人梁某辉的行为不构成寻衅滋事罪

刑法第二百九十三条第一款规定："有下列寻衅滋事行为之一，破坏社会秩序的，处

---

① 此处引用的是修正前的刑事诉讼法，对应2018年修正的刑事诉讼法第二百三十六条第一款第三项。

五年以下有期徒刑、拘役或者管制：（一）随意殴打他人，情节恶劣的；……"《最高人民法院、最高人民检察院关于办理寻衅滋事刑事案件适用法律若干问题的解释》（以下简称《寻衅滋事解释》）第二条规定："随意殴打他人，破坏社会秩序，具有下列情形之一的，应当认定为刑法第二百九十三条第一款第一项规定的'情节恶劣'：（一）致一人以上轻伤或者二人以上轻微伤的；（二）引起他人精神失常、自杀等严重后果的；（三）多次随意殴打他人的；（四）持凶器随意殴打他人的；（五）随意殴打精神病人、残疾人、流浪乞讨人员、老年人、孕妇、未成年人，造成恶劣社会影响的；（六）在公共场所随意殴打他人，造成公共场所秩序严重混乱的；（七）其他情节恶劣的情形。"本案的关键在于，被告人梁某辉的行为是否属于"寻衅滋事"并构成《寻衅滋事解释》第二条第四项规定的"持凶器随意殴打他人"？

《寻衅滋事解释》第一条第一款规定，行为人为寻求刺激、发泄情绪、逞强耍横等，无事生非，实施刑法第二百九十三条规定的行为的，应当认定为"寻衅滋事"；该条第二款规定，行为人因日常生活中的偶发矛盾纠纷，借故生非，实施刑法第二百九十三条规定的行为的，应当认定为"寻衅滋事"，但矛盾系由被害人故意引发或者被害人对矛盾激化负有主要责任的除外。由此可以看出，认定行为人殴打他人是否构成寻衅滋事罪，不仅要看行为人在客观上是否属于《寻衅滋事解释》所规定的七种情形，还要考察行为人在主观上是否具有寻求刺激、发泄情绪、逞强耍横等无事生非或者借故生非的故意。在矛盾由被害人故意引发或者被害人对矛盾激化负有主要责任的情况下，由于被告人的行为具有相当的正当性，故不宜认定被告人主观上具有无事生非、借故生非的故意，也就不宜认定构成寻衅滋事罪。

本案中，被告人梁某辉承包中津村的土地种植蜜柚，至2007年12月31日承包合同期满，按合同约定其在同等条件下享有优先承包权，在其没有明确放弃承包权的情况下，中津村委不应收回其土地另行租赁给其他人。村委提出梁某辉没有缴纳租金而决定收回的理由无法成立，在案证据显示，梁某辉曾多次到村委缴租金，但村委工作人员以各种理由拒绝，导致梁某辉没有续缴租金。退一步说，如果村委确因公益事业建设需要收回该土地，应通过协商赔偿梁某辉的青苗费及造成其他附属设施的建设费用来解决。而案发后，该土地的后续承包人自愿补偿梁某辉90万元的青苗款，并承担梁某杰的医疗费用，从中可以看出，村委在案发前没有对梁某辉进行赔偿，而是直接组织人员在果园内强行铲掉林木、收回土地，这对梁某辉造成的损失是巨大的。村委在梁某辉未明确表示放弃承包权的情况下，不收取梁某辉缴纳的租金，而为了将土地另租给其他人，简单粗暴地组织十多人到果园内并用挖掘机摧毁果树，因而引发双方冲突，村委对于本案的发生负有主要过错责任。梁某辉面对十多个年富力强的拆迁人员，在妻子黄某音被对方粗暴控制，继而果树又被对方无理地用挖掘机铲掉之后，为保护自己的合法权益，持刀驱离相关人员并致一人轻微伤，其主观上不符合为寻求刺激、发泄情绪、逞强耍横而无事生非、借故生非等寻衅滋事罪的构成要件，不能认定为"持凶器随意殴打他人"。在村干部及保安人员撤离果园之后，梁某辉并没有持刀再进行追逐、拦截，因此，也不能认定为"因故生非"型的寻衅滋事行为。综上所述，梁某辉的行为不构成寻衅滋事罪。

## （二）被告人梁某辉的行为应认定为正当防卫

根据刑法第二十条的规定，正当防卫是指为了使国家、公共利益、本人或者他人的人身、财产和其他权利免受正在进行的不法侵害，而对不法侵害人造成或者可能造成损害的方法，制止不法侵害的行为。我们认为，被告人梁某辉的行为符合正当防卫的特征，理由如下。

第一，正当防卫以存在现实的不法侵害为前提，本案存在现实的不法侵害。（1）中津村委强行收回土地的目的不正当。首先，按合同约定，被告人梁某辉在承包合同期满后同等条件下享有优先承包权，在其没有明确放弃承包权的前提下，中津村委不应收回其土地另行租赁给其他人。故村委以梁某辉没有缴纳地租而决定收回土地的理由不成立。（2）中津村委强行收回土地的程序不正当。若村委因公益事业建设需要征用该土地，应通过协商赔偿梁某辉的青苗费及造成其他附属设施的建设费用；在协商不成的情况下，必须通过诉讼途径并由法院依法强制执行来实现其权益。而本案中，村委在征用土地前并无任何赔偿费用的表示，也没有通过法定途径收回土地，只是发出公告后，擅自组织干部、保安及临时雇用人员强拆毁林。综上，村委强拆毁林的行为无论从实体上还是从程序上均具有非法性，属于不法侵害行为。

第二，本案的不法侵害正在进行中，被告人梁某辉针对侵害的防卫客观上具有紧迫性。不法侵害正在进行，是指不法侵害已经开始且尚未结束。本案中，梁某杰等人员正在实施强拆毁林的过程中，梁某辉持刀驱离相关人员，系在不法侵害正在进行时实施的防卫行为，因此，梁某辉的行为符合正当防卫所要求的紧迫性这一构成要件。

第三，被告人梁某辉为了维护果园不被非法侵害而采取防卫措施，主观上具有正当性。我国传统的刑法理论认为，具有防卫意识，才能实施正当防卫。一般来说，防卫意识包括防卫认识与防卫意志。防卫认识是指防卫人认识到不法侵害正在进行；防卫意志是指防卫人出于保护国家、公共利益、本人或者他人的人身、财产和其他权利免受正在进行的不法侵害的目的。但是，防卫意识的重点在于防卫认识，也即只要行为人认识到自己的行为是与正在进行的不法侵害相对抗的，就应认为具有防卫意识。本案中，梁某辉承包期满后，村委拒绝其继续缴纳租金，在其未明确表示放弃承包权的情况下，村委就组织人员到其果园内并用挖掘机摧毁果树，作为受害的一方，梁某辉有理由认为村委侵犯了其合法权益，并可以实施合适的防卫措施。另外，在村委没有对梁某辉的损失进行赔偿的前提下，如果梁某辉不采取一定的防卫措施，其将遭受的损失必然是巨大的，因此，梁某辉的防卫意识具有正当性。

第四，被告人梁某辉实施的防卫行为针对的是不法侵害人。正当防卫必须针对不法侵害人本人进行防卫，这是正当防卫的特点决定的。正当防卫是制止正在进行的不法侵害，不法侵害是由不法侵害人直接实施的，因此，针对不法侵害人进行防卫，使不法侵害人不再继续实施不法侵害行为，才可能制止不法侵害、保护法益。梁某辉持刀驱离进入其果园强行毁林拆迁的人员，包括被害人梁某杰，其实施防卫的对象正是不法侵害者本人。

第五，被告人梁某辉的行为没有明显超过必要限度并造成重大损害。明显超过必要限度，是指防卫行为明显超过了防卫的客观需要；造成重大损害，是指与不法侵害可能造成的损害相比，防卫行为造成的损失过于重大。本案中，梁某辉的行为仅造成一名被害人轻微伤，与梁某辉可能遭受的重大财产损失相比，该行为没有明显超过必要限度并造成重大损害。

综上所述，二审法院根据本案的事实、性质、情节等，认为被告人梁某辉的行为属于正当防卫，不构成寻衅滋事罪，是正确的。此外，本案定性为正当防卫，有助于维护人民群众的正当利益，也有助于群众更准确理解法律的规定，彰显法律的价值取向，培育良好的社会道德风尚。

（撰稿：广东省潮州市中级人民法院　林钟彪
审编：最高人民法院刑四庭　陆建红）

[第 1396 号]

# 杨某荣、颜某英、姜某富拒不执行判决、裁定案
—— 为逃避执行，在民事裁判前转移财产并持续
至执行阶段的行为如何定性

## 一、基本案情

被告人杨某荣，男，1964 年××月××日出生。2017 年 7 月 24 日被逮捕。

被告人颜某英，女，1969 年××月××日出生。2016 年 10 月 28 日被刑事拘留，同年 11 月 21 日被取保候审。

被告人姜某富，男，1963 年××月××日出生。2016 年 10 月 14 日被刑事拘留，同年 11 月 1 日被取保候审。

浙江省衢州市衢江区人民检察院指控被告人杨某荣、颜某英犯妨害作证罪、被告人姜某富犯帮助伪造证据罪，向衢州市衢江区人民法院提起公诉。

衢州市衢江区人民法院经审理，认定被告人杨某荣犯妨害作证罪，判处有期徒刑六个月；被告人颜某英犯妨害作证罪，判处拘役五个月，缓刑六个月；被告人姜某富犯帮助伪造证据罪，判处拘役三个月，缓刑四个月。

宣判后，被告人杨某荣上诉提出，原判量刑过重，请求适用缓刑。

衢州市中级人民法院经审理认为，原判认定事实不清，证据不足。依照刑事诉讼法第二百二十五条第一款第三项①之规定，裁定撤销原判，发回重审。

衢州市衢江区人民法院经重新审理查明：

2015 年 1 月 17 日，被告人杨某荣委托他人邀请郑某宏为杨某荣、颜某英夫妻拆除位于衢州市衢江区峡川镇李泽村的养殖用房，在工作过程中郑某宏摔伤，之后在医院治疗。2015 年 2 月其间，杨某荣、颜某英见郑某宏伤势严重需大额医药费，发现郑某宏家人在打探自己位于衢州市衢江区莲花镇房产的消息，为了避免该房产在之后的民事诉讼中被法院拍卖执行，杨某荣、颜某英多次找到朋友被告人姜某富，劝说姜某富帮忙，欲将涉案房产抵押给姜某富。姜某富在自己和杨某荣夫妻的真实债务仅为 30 余万元的情况下，由杨某荣出具了共计 300 万元的借条给姜某富，同时姜某富出具了一张 300 万元的收条给杨某荣、颜某英，以抵销该 300 万元的债务。后杨某荣、颜某英及姜某富以该笔虚构的

---

① 此处引用的是修正前的刑事诉讼法，对应 2018 年修正的刑事诉讼法第二百三十六条第一款第三项。

300万元债务，于2015年2月25日办理了抵押登记，姜某富为杨某荣所有的涉案房产的抵押权人，债权数额为300万元，抵押期限自2015年2月15日至2033年2月14日。

2015年4月15日郑某宏死亡，共花费医药费20余万元，被告人杨某荣、颜某英前后共支付郑某宏家属约20万元，其他损失双方未达成协议。郑某宏家属向衢州市衢江区人民法院提起民事诉讼，法院于同年10月8日作出民事判决，判决杨某荣、颜某英赔偿郑某宏家属因郑某宏死亡的各项损失共计375526.66元（不包括杨某荣、颜某英已赔偿的部分）。判决生效后，杨某荣、颜某英未按判决履行赔偿义务，郑某宏家属向衢州市衢江区人民法院申请强制执行，法院于2015年11月16日立案受理。

衢州市衢江区人民法院在对该案执行过程中，查询到被告人杨某荣、颜某英夫妻名下存款仅数千元，但杨某荣名下有一套位于衢州市衢江区莲花镇的房产，已于2015年2月25日抵押给姜某富。法院执行人员多次联系作为被执行人的杨某荣、颜某英了解房产情况，并在向姜某富了解其与杨某荣、颜某英借款及抵押情况时，杨某荣、颜某英表示无财产无能力全额赔偿，姜某富表示其享有杨某荣、颜某英300万元的债权真实，杨某荣、颜某英位于衢州市衢江区莲花镇芝溪路的房产已抵押给其，导致涉案民事生效判决无法执行到位。

2016年4月5日，法院以被告人杨某荣等人伪造证据涉嫌刑事犯罪将案件移送衢州市公安局衢江分局。衢州市公安局衢江分局于同年5月3日立案侦查，在2016年4月至10月，多次找杨某荣、颜某英、姜某富作询问及讯问笔录，三人仍坚称300万元的借款真实存在，直至2016年10月15日后姜某富、杨某荣、颜某英开始如实供述。

2017年1月，被告人杨某荣、颜某英履行了涉案民事生效判决确定的全部义务，杨某荣、颜某英取得了郑某宏家属的谅解。

衢州市衢江区人民法院认为，被告人杨某荣、颜某英、姜某富互相串通，以虚构债务、抵押可供执行财产的方式妨害执行，致使判决、裁定无法执行，是对人民法院的判决有能力执行而拒不执行，情节严重，其行为均已构成拒不执行判决、裁定罪，且属共同犯罪。公诉机关指控的事实成立。在共同犯罪中，杨某荣、颜某英起主要作用，是主犯；姜某富起次要作用，是从犯，应当从轻处罚。杨某荣、颜某英、姜某富归案后如实供述自己的罪行，当庭自愿认罪，均可从轻处罚。杨某荣、颜某英已依法履行执行义务，且取得申请执行人的谅解，杨某荣、颜某英无犯罪前科，均可从轻处罚。根据杨某荣、颜某英、姜某富的犯罪情节、悔罪表现等，均可对三被告人宣告缓刑。依照刑法第三百一十三条第一款、第二十五条第一款、第二十六条、第二十七条、第六十七条第三款、第七十二条第一款及第七十三条，《最高人民法院关于审理拒不执行判决、裁定刑事案件适用法律若干问题的解释》第二条第四项、第六条，刑事诉讼法第二百二十八条①之规定，判决如下：

一、被告人杨某荣犯拒不执行判决、裁定罪，判处有期徒刑六个月，缓刑一年；

二、被告人颜某英犯拒不执行判决、裁定罪，判处拘役五个月，缓刑六个月；

---

① 此处引用的是修正前的刑事诉讼法，对应2018年修正的刑事诉讼法第二百三十九条。

三、被告人姜某富犯拒不执行判决、裁定罪,判处拘役三个月,缓刑四个月。

宣判后,被告人杨某荣、颜某英均提出上诉,称其并无拒不执行人民法院判决的故意和行为。

衢州市中级人民法院经审理认为,被告人杨某荣、颜某英在其雇用的郑某宏摔伤后,二人正是考虑到日后可能会面临民事赔偿诉讼,涉案房产会被人民法院拍卖用以执行,才起意、预谋转移该房产,以达到抗拒人民法院执行的目的;为此,二人多方游说被告人姜某富,串通姜某富虚构了双方之间存有高额债务的事实,以此为由将房产抵押给姜某富,还吩咐姜某富帮其隐瞒真相以应对人民法院的调查核实。之后,杨某荣、颜某英在相关民事诉讼中败诉后未履行赔偿义务,2015年11月,郑某宏家属向衢州市衢江区人民法院申请强制执行,衢江区人民法院对该案立案后,执行法官多次找二人核实财产状况,二人虽表示愿意和解,但一直隐瞒其有能力执行却以虚构高额债务为名将涉案房产转移的真相,又指使姜某富按事先预谋在执行法官面前作伪证,妨碍人民法院查明其实际财产状况,致使涉案判决长期无法执行。直至杨某荣等人涉嫌犯罪被立案侦查,交代了相关犯罪事实后,才于2017年1月履行了涉案判决所确定的赔偿义务。杨某荣、颜某英按其事先预谋、精心设计的方式转移财产,还指使他人作伪证,妨碍人民法院查明其财产情况,致使人民法院判决无法执行,拒不执行人民法院判决的故意和行为显然,应以拒不执行法院判决、裁定罪论处;财产转移的时间不能成为二人构罪的阻却因素,事后的履行行为仅可作为量刑情节予以考虑。相关上诉意见,不予采纳。依照刑法第三百一十三条第一款,第二十五条第一款、第二十六条第一款、第四款、第二十七条、第七十二条第一款、第七十三条,刑事诉讼法第二百二十五条第一款第一项①之规定,裁定如下:

驳回上诉,维持原判。

## 二、主要问题

为逃避执行,在民事判决确定前转移、隐匿财产等,并指使他人作伪证,致使人民法院判决长期无法执行的行为应如何定性?

## 三、裁判理由

对于本案被告人杨某荣、颜某英、姜某富行为的定性,审理过程中形成两种不同观点。

第一种观点认为,被告人杨某荣、颜某英共同劝说姜某富帮助二人转移财产的行为虽然发生在诉讼之前,但是在强制执行过程中,姜某富按照二人的意思向法院执行人员作虚假陈述,导致生效的判决无法执行,且在公安机关刑事立案后,三被告人仍在公安机关多次找三人作询问、讯问笔录的半年时间内,作虚假陈述。杨某荣、颜某英结伙指使他人作伪证,其行为均已构成妨害作证罪,且系共同犯罪;姜某富帮助当事人伪造证

---

① 此处引用的是修正前的刑事诉讼法,对应2018年修正的刑事诉讼法第二百三十六条第一款第一项。

据，情节严重，其行为已构成帮助伪造证据罪。

第二种观点认为，杨某荣、颜某英在民事判决确定前，即蓄意转移财产，伙同姜某富伪造高额债务，并办理抵押登记，直至案件进入执行阶段，杨某荣、颜某英二人仍指使姜某富作伪证，继续隐匿财产，妨碍人民法院查明二人的财产状况，致使生效判决无法执行。杨某荣、颜某英二人有能力执行而拒不执行生效判决，在执行阶段仍未如实陈述其财产状况，其隐匿财产的行为处于持续状态，情节严重，其行为应以拒不执行判决、裁定罪论处。姜某富在明知杨某荣、颜某英二人逃避法院执行的情况下，仍协助二人转移财产，应以共犯论处。

我们同意第二种观点。

（一）本案定妨害作证罪，帮助毁灭、伪造证据罪的主体不适格

刑法第三百零七条第一款规定的妨害作证罪，第二款规定的帮助毁灭、伪造证据罪，侵犯的客体都是国家司法机关正常的诉讼活动和公民依法作证的权利。而妨害作证罪和帮助毁灭、伪造证据罪都是发生在诉讼过程中的行为。司法机关的诉讼活动，主要包括公安机关对刑事案件的侦查活动、检察机关对刑事案件的侦查、起诉活动，审判机关对刑事、民事、行政等案件的审判活动。① 广义而言，执行活动也属于诉讼活动，民事诉讼法专门用第三编规定了"执行程序"，包括第十九章"一般规定"、第二十章"执行的申请和移送"、第二十一章"执行措施"、第二十二章"执行中止和终结"。但是，刑法规定的妨害作证罪，帮助毁灭、伪造证据罪，以及伪证罪等以证据为对象的犯罪，都是发生在诉讼过程中，就人民法院而言，都是发生在审判程序中。即案件由人民法院立案后，进入审判程序至法院作出生效裁判前。在民事案件中，法院立案前的行为，一般不作为妨碍诉讼的行为来认定，但如果其行为的后果持续到审判程序中，妨害人民法院作出正确裁判的，则仍然应当作为妨害诉讼的行为来认定。如原告在起诉前，就以暴力、贿买等方法阻止证人作证，案件进入审判程序后，相关证人由于原告的上述行为而不敢、不愿作证的，可以认定为妨害诉讼的行为。而法院作出生效裁判进入执行阶段后，当事人提供的证据，由于缺少开庭审理对证据的质证，不能成为上述罪名的犯罪对象。

就本案而言，被告人杨某荣、颜某英夫妇与郑某宏的民事诉讼是赔偿之诉，诉讼标的是郑某宏的经济损失。而杨某荣、颜某英与姜某富伪造300万元债务的相关借条、收条以及抵押凭证，对杨某荣、颜某英夫妇与郑某宏的赔偿诉讼的事实认定没有影响。其所伪造的上述证据，亦未被人民法院在民事裁判中认定为民事诉讼的定案根据。

因而，本案定妨害作证罪和帮助伪造证据罪的主体不适格。前述第一种观点将执行程序等同于审判程序，将当事人在执行程序中提供证据的行为等同于当事人在审判程序中提供证据的行为，从而认为杨某荣、颜某英的行为构成妨害作证罪，姜某富的行为构成帮助伪造证据罪的观点，不符合刑法关于妨害作证罪和帮助毁灭、伪造证据罪的客观要件。

---

① 参见张述元主编：《刑法条文理解适用与司法实务全书——根据刑法修正案1~10编定》，中国法制出版社2018年版，第3425页。

(二) 隐藏、转移财产等行为延续至民事裁判生效后，属于执行阶段中的拒不执行判决、裁定行为，应以拒不执行判决、裁定罪论处

从时间上看，构成拒不执行判决、裁定罪的行为应当是从裁判生效后开始计算，但在民事裁判生效前，甚至在进入民事诉讼程序前，转移、隐匿财产等行为是否构成拒不执行判决、裁定罪？我们认为，只要转移、隐匿财产等行为状态持续至民事裁判生效后，情节严重的，即可构成拒不执行判决、裁定罪。

1. 拒不执行判决、裁定罪的本意是处罚有能力执行而拒不执行的执行义务人

民事诉讼法第一百一十三条规定，被执行人与他人恶意串通，通过诉讼、仲裁、调解等方式逃避履行法律文书确定的义务的，人民法院应当根据情节轻重予以罚款、拘留；构成犯罪的，依法追究刑事责任。相应地，刑法第三百一十三条第一款规定，对人民法院的判决、裁定有能力执行而拒不执行，情节严重的，处三年以下有期徒刑、拘役或者罚金；情节特别严重的，处三年以上七年以下有期徒刑，并处罚金。《最高人民法院关于审理拒不执行判决、裁定刑事案件适用法律若干问题的解释》（以下简称《拒不执行判决裁定解释》）第一条亦明确规定：负有执行义务的人对人民法院的判决、裁定有能力执行而拒不执行，情节严重的，应当以拒不执行判决、裁定罪处罚。

本案被告人杨某荣、颜某英有执行能力，却游说被告人姜某富帮助其伪造高额债务并转移涉案房产，相关行为状态一直持续至民事判决生效后的执行阶段。因此，杨某荣、颜某英二人显然是有能力执行而拒不执行的执行义务人，而且，二人在尚未开始民事赔偿诉讼前即实施转移、隐匿财产等行为，以此对抗法院执行，较一般拒执行为的主观恶性更大。

2. "有执行能力"的时间应从法院判决、裁定生效后起算

法院判决、裁定生效后，义务人即应当按照裁判确定的内容实施给付义务或者履行行为，该阶段可以认为是自然履行阶段。裁判生效后，由申请执行人向人民法院申请强制执行，人民法院受理、立案后才正式进入执行程序，人民法院执行机构根据生效裁判强制义务人履行义务。从我国刑法第三百一十三条及相关司法解释可以看出，拒不执行判决、裁定罪维护的是生效裁判所代表的权威性，以确保司法秩序正常运行。执行义务人在收到人民法院送达的判决、裁定后，就视为已经知晓自己的权利义务。在判决、裁定生效后，无论是否进入执行程序或者是否收到执行通知书，均应当按照判决、裁定确定的义务执行。

本案被告人杨某荣、颜某英有价值100万元以上的房产，尽管从形式要件上看，在民事判决下发后，该房产已经抵押到被告人姜某富名下，但那只是双方为了掩盖事实而构造的假象，被告人杨某荣、颜某英有执行能力。

3. 被告人杨某荣等的行为属于"有能力执行而拒不执行，情节严重"的行为

《全国人民代表大会常务委员会关于〈中华人民共和国刑法〉第三百一十三条的解释》（以下简称《刑法第三百一十三条立法解释》）规定了"有能力执行而拒不执行，情节严重"的五种情形，其中第五项规定了"其他有能力执行而拒不执行，情节严重的

情形"。为此,《拒不执行判决裁定解释》第二条又明确了司法实践中的八种情况属于《刑法第三百一十三条立法解释》中的"其他"情形,其中第二项规定:伪造、毁灭有关被执行人履行能力的重要证据,以暴力、威胁、贿买方法阻止他人作证或者指使、贿买、胁迫他人作伪证,妨碍人民法院查明被执行人财产情况,致使判决、裁定无法执行的,属于"其他有能力执行而拒不执行,情节严重的情形"。

  本案被告人杨某荣、颜某英在预见将承担大额民事赔偿后,即多次劝说被告人姜某富,而姜某富在明知二人意欲逃避法院执行的情况下,仍帮助二人伪造高额债务,并据此办理房产抵押手续。涉案民事案件进入法院执行阶段后,在杨某荣被司法拘留三次的情况下,杨某荣、颜某英二人仍未向执行法官说出真相,反而再次要求姜某富咬定债务及房产抵押是真实的,姜某富也按照二人要求向执行法官作伪证。杨某荣、颜某英二人正是通过指使姜某富作伪证,隐匿财产的行为状态持续至执行阶段,导致人民法院无法查明二人的财产情况,致使郑某宏家属的民事赔偿判决无法执行。我们认为,杨某荣等人为了逃避执行,在民事履行义务确定前转移、隐匿财产,且行为状态持续至执行阶段,致使法院判决、裁定无法执行,该行为不仅仅是隐匿财产的行为的持续,更是执行阶段拒绝执行生效裁判的表现。案件进入执行阶段后,杨某荣、颜某英本应配合法院执行工作,履行其义务,立即停止其隐匿财产的行为,但其不予停止,而是继续以隐匿财产行为对抗法院的执行,如前所述,其主观恶性更深,应以拒不执行判决、裁定罪定罪处罚。

  综上所述,被告人杨某荣、颜某英为了逃避执行,指使姜某富帮助其二人转移财产,民事判决生效后,继续指使姜某富作伪证,隐匿财产的行为状态持续至执行阶段,有能力执行而拒绝执行,致使人民法院判决无法执行,应以拒不执行判决、裁定罪论处。姜某富在明知杨某荣、颜某英二人逃避法院执行的情况下,仍协助二人转移财产,应以共同犯罪论处。原审法院以拒不执行判决、裁定罪,对三被告人判处刑罚是适当的。

(撰稿:浙江省衢州市中级人民法院 金朝文 张 旭
审编:最高人民法院刑四庭 陆建红)

[第1397号]

# 刘某军非法收购珍贵、濒危野生动物案
—— 非法收购珍贵、濒危野生动物死体行为的认定

## 一、基本案情

被告人刘某军，男，汉族，1971年××月××日出生。2020年2月5日被逮捕。

广东省韶关市曲江区人民检察院指控被告人刘某军犯非法收购珍贵、濒危野生动物罪，向韶关市曲江人民法院提起公诉。被告人刘某军认罪认罚，请求对其从轻处罚。

韶关市曲江区人民法院适用速裁程序查明：2019年12月左右，被告人刘某军在其位于广东省韶关市曲江区罗坑镇新塘村委新刘魁龙岩（地名）经营的"火头军农场"，以每只人民币100元的价格向邓某华（另案处理）非法收购了两只野生动物白鹇死体。2020年1月29日上午被曲江区市场监管局执法人员在其农场进行检查时查获。经鉴定，涉案动物白鹇属国家二级重点保护野生动物。

韶关市曲江区人民法院认为，被告人刘某军无视国家法律，非法收购国家重点保护的珍贵、濒危野生动物，其行为已构成非法收购珍贵、濒危野生动物罪。其到案后能如实供述自己的罪行，自愿认罪认罚，可依法从宽处罚。根据其犯罪事实、犯罪性质、情节和对于社会的危害程度，依照刑法第三百四十一条第一款、第六十七条第三款、第五十二条、第五十三条、第六十四条、《全国人民代表大会常务委员会关于〈中华人民共和国刑法〉第三百四十一条、第三百一十二条的解释》、《最高人民法院关于审理破坏野生动物资源刑事案件具体应用法律若干问题的解释》第一条、第二条和刑事诉讼法第十五条、第二百二十二条之规定，判决：

被告人刘某军犯非法收购珍贵、濒危野生动物罪，判处有期徒刑一年，并处罚金人民币五千元；扣押的白鹇死体2只，予以没收，由扣押机关依法处理。

宣判后，被告人刘某军没有上诉，公诉机关也没有抗诉。本案现已发生法律效力。

## 二、主要问题

（一）非法收购珍贵、濒危野生动物罪是否属于选择性罪名？
（二）野生动物死体属于野生动物还是野生动物制品？
（三）违法性认识错误是否影响定罪量刑？

### 三、裁判理由

**（一）非法收购珍贵、濒危野生动物不属于选择性罪名**

本案审理过程中，有一种观点认为，珍贵野生动物不一定属于濒危野生动物，濒危野生动物也不一定属于珍贵野生动物，在认定罪名时应加以区分；另一种观点认为，珍贵野生动物与濒危野生动物范围相互交叉或转化，在认定罪名时无法也无必要具体区分。我们同意第二种意见。

首先，从具体规定来看，野生动物保护法第十条规定："国家对珍贵、濒危的野生动物实行重点保护。国家重点保护的野生动物分为一级保护野生动物和二级保护野生动物。"根据《最高人民法院关于审理破坏野生动物资源刑事案件具体应用法律若干问题的解释》（以下简称《破坏野生动物资源解释》）第一条规定，刑法第三百四十一条第一款规定的"珍贵、濒危野生动物"，包括列入国家重点保护野生动物名录（以下简称《名录》）的国家一、二级保护野生动物、列入《濒危野生动植物种国际贸易公约》（以下简称《公约》）附录一、附录二的野生动物以及驯养繁殖的上述物种。原国家林业部1993年发布的《关于核准部分濒危野生动物为国家重点保护野生动物的通知》决定将《公约》附录一和附录二所列非原产我国的所有野生动物分别核准为国家一级和国家二级保护野生动物。① 从以上法律法规和司法解释规定形式来看，并没有将珍贵野生动物和濒危野生动物作出区分。从《名录》和《公约》附录所列野生动物范围来看，也没有作出区分。《公约》附录所列动物亦不限于"濒危"，明确说明附录二的动物包括那些目前虽未濒临灭绝，但如对以其作为对象进行的贸易不严加管理，以防止不利其生存的利用，就可能变成有灭绝危险的物种。

其次，从划分标准来看，物种的稀缺性是我国确定国家保护野生动物对象和等级的重要依据。其中，一级保护野生动物是指中国特产稀有或者濒于灭绝的动物；二级保护野生动物是指数量稀少或者分布地域狭窄，若不采取保护措施将有灭绝危险的野生动物。世界自然保护联盟发布的《濒危物种红色名录》（《IUCN 红色名录》），也包括尚未"濒危"但有该趋势的野生动物物种，我国《名录》规定二级国家重点保护野生动物物种基本都列入该红色名录之中。另从珍贵与濒危两个词汇的内涵和外延来看，二者存在交叉或包含关系。根据立法规定，珍贵野生动物是指在生态、科学研究、经济、文化等方面具有重要价值的野生动物；濒危野生动物是指濒于灭绝的野生动物。前者是从价值（有用性）角度界定的，而后者是从事实（生存状态）角度界定的，在逻辑上二者无法区分。

---

① 根据2018年修正的野生动物保护法及《公约》规定，对于人工繁育的野生动物与自然生长的野生动物实行区别对待。根据野生动物保护法第二十八条规定，对人工繁育技术成熟稳定的国家重点保护野生动物，已经列入国务院野生动物保护主管部门制定的人工繁育国家重点保护野生动物名录的，根据野外种群保护情况，可以不再列入国家重点保护野生动物名录。《公约》特别规定，附录一所列某一动物物种的标本，系为了商业目的而由人工繁殖的，均应视为附录二内所列的物种标本，实行降级保护。对于附录二、附录三动物人工繁殖的标本，只要管理机构出具情况说明即可，不需要许可证，实行宽松管理。

最后，从选择性罪名的确定规则来看，选择性罪名是指包含多种行为、多个对象，包含多个犯罪构成可拆分使用的罪名。如引诱、容留、介绍卖淫罪，盗窃枪支、弹药、爆炸物罪，非法制造、运输、买卖枪支、爆炸物罪等。从这一概念和示例来看，选择性罪名中的行为、对象应具有不同的特征和内涵，能够加以识别和区分，虽然相互之间具有一定的联系或者相同的性质，但相互之间不存在交叉或者包含关系，在罪名中加以区分，符合刑法的明确性、指示性要求，也便于司法准确认定和评价犯罪。依前所述，珍贵野生动物与濒危野生动物是从不同侧面对同一物种作出的认定，不具有区分性，故不符合选择性罪名的认定规则。立法将珍贵野生动物与濒危野生动物规定在同一个罪名中，主要目的是严密法网，并昭示国家对野生动物给予重点保护的范围和鲜明态度。

（二）珍贵、濒危野生动物死体应认定为珍贵、濒危野生动物

关于野生动物死体应否认定为野生动物，存在争议。一种观点认为，我国刑法第三百四十一条将非法猎捕、杀害国家重点保护的珍贵、濒危野生动物和非法收购、运输、出售国家重点保护的珍贵、濒危野生动物及其制品罪规定在一个条文中，具有相同的量刑情节和法定刑，根据逻辑和法理分析，应对"野生动物"的概念保持一致性，即非法猎捕、杀害的珍贵、濒危野生动物应为活体，不可能是死体，那么非法收购、运输、出售的珍贵、濒危野生动物也应为活体，故对死体应认定为该野生动物制品。另一种观点认为，珍贵、濒危野生动物制品是指对捕获或得到的珍贵、濒危野生动物通过某种加工手段而获利的成品与半成品，如标本、皮张和其他有极高经济价值的动物部位、肉食等。珍贵、濒危野生动物的死体如果能够保持完整性，没有经过加工，应认定为珍贵、濒危野生动物。我们认为，根据《破坏野生动物资源解释》及《国家林业局、公安部关于森林和陆生野生动物刑事案件管辖及立案标准》的规定，野生动物与野生动物制品在立案、定罪、量刑采取不同的标准，前者以数量多少为依据，后者以价值大小为依据，不同的认定对行为人的处罚差异较大，① 故准确认定野生动物死体是否属于野生动物意义重大。我们赞同野生动物死体应认定为野生动物的观点。

第一，从立法本义看，我国刑法将非法猎捕、杀害国家重点保护珍贵、濒危野生动物与非法收购、运输、出售国家重点保护的珍贵、濒危野生动物规定在同一法条之中，目的是封堵针对珍贵、濒危野生动物的犯罪链条，前后犯罪具有关联性和同质性，应当一体理解条文用语。

第二，从事实逻辑上看，非法猎捕、杀害国家重点保护珍贵、濒危野生动物进入收购、运输、出售环节，必然有活体和死体两种样态，因此非法收购、运输、出售国家重点

---

① 以广西壮族自治区钦州市中级人民法院审理的陈某非法收购、运输珍贵、濒危野生动物罪一案为例，陈某运送22只死体穿山甲，4只活体穿山甲，法院将查获的22只死体穿山甲认定为野生动物，认为已经达到了《破坏野生动物资源解释》附表中所列举的情节特别严重情形，依法应当判处十年以上有期徒刑，最终陈某被判处十一年有期徒刑。如果将死体穿山甲认定为珍贵、濒危野生动物制品，则其价值为36740元，该价格离情节严重10万元的标准都相差甚远，更别说达到情节特别严重。

保护珍贵、濒危野生动物死体并不违反立法本义和逻辑。

第三，从刑罚功能看，如果认为野生动物不包括死体，那么在现实生活中，许多人会将野生动物进行残害后再进行买卖或者运送。这样比直接实施这些行为的危害更大，反而受到的处罚可能更轻，这样做并不利于对犯罪的打击，也不利于保护野生动物资源。

第四，从概念用语的多义性来看，同一用语放在不同的语境下会有不同含义。认为只有活的野生动物是"动物"，而死的野生动物已经不再是"动物"的解释，仅是从生物学意义上所作的浅显理解。我国刑法第三百四十一条表述的"野生动物"，应从物种和属性方面理解，该条所保护的对象是指野生动物物种，主要区别于人工驯养繁殖的畜禽，前者是指在野外环境自然生长繁殖的野生动物和经人工驯养或培育仍然保持行为习性和遗传构成的野生动物，后者是指人类为满足肉、蛋、乳、毛皮等需要，经过长期劳动驯化、人工繁育技术成熟稳定的各种动物。只要是属于国家重点保护的野生动物物种，在查获时无论该具体动物是否属于活体，都应给予一体保护，以切断犯罪产业链条。

第五，从准确评价犯罪角度看，将野生动物死体区别于野生动物制品，不仅可行，而且必要。野生动物保护法明确规定，野生动物及其制品，是指野生动物的整体（含卵、蛋）、部分及其衍生物。而2007年国家林业局发布的《野生动物及其制品价值评估方法》则进一步明确，野生动物，是指陆生野生动物的整体（含卵、蛋）；野生动物制品，是指陆生野生动物的部分及其衍生物，包括产品。从犯罪产业链条看，前者距野生动物保护法益（物种生存）更近，因而社会危害性更大。从生物伦理看，前者更具残忍性，因而主观恶性更强。正因如此，司法解释针对野生动物及其制品的犯罪规定了不同的量刑依据和标准。如果将死体认定为野生动物制品会导致重罪轻判。

第六，从司法实践看，将珍贵、濒危野生动物死体认定为野生动物，并不会造成处罚上的失衡。我国刑法第三百四十一条在设立量刑情节和法定刑方面没有区分具体行为和犯罪对象的状态，但量刑情节和法定刑幅度都有较大的裁量空间，司法机关完全可以根据罪责刑相适应原则针对每个案件的具体情况作出妥当处理，并不会因为立法标准的抽象一致而造成司法裁量的失衡失当。

### （三）违法性认识错误的认定

在审理针对野生动物的犯罪案件中，对象认识错误或违法性认识错误是被告人及其辩护人经常提出的辩护理由。有观点认为，行为人不知道其针对涉案动物所实施的行为为法律所禁止，或不认识、不知道涉案动物是野生动物或何物种，或者不知道涉案野生动物是国家重点保护的野生动物及其具体等级的，应当根据责任主义原则，排除故意或者阻却、减轻行为人责任。本案被告人虽然知道其所收购的是野生动物白鹇死体，但可能不知道它属于国家二级重点保护动物，或者认为收购和自食野生动物死体并不违法，在违法性认识方面存在疑问，因此，定罪量刑应当慎重。也有观点认为，我国传统刑法理论采取"知法推定"的立场，推定所有公民都应当了解国家设置的各种法律规定，因此，"不知法不免责"，认定行为人构成犯罪原则上不以其具有违法性认识为前提。确有证据证明行为人存在对象认识错误的，应按事实认识错误的处理规则处理。本案被告人即使辩解其不知道涉案动物是国家二级重点保护野生动物，自认为其收购、自食野生动物死体并不违法，也不影响对其行为的定性和量刑。我们认为，以上两种观点在对象认识错误处理规则方面是一致的，即事实认识错误影响被告人的刑事责任，但在违法性认识方面持有不同立场。根据公众对野生动物保护的认知现状和刑罚目的，实践中应当通过举证责任分配协调两种立场，力争使裁判结果合乎国法、天理、人情。

首先，在刑法立场方面，应当坚持以"知法推定"为主、例外情况为辅，防止行为人任意以不知法为由推脱罪责，以督促执法主体主动履行宣传法律和执行法律的责任，唤起公众学法、知法、用法、守法的意识。需要说明的是，由于野生动物保护具有一定的专业性，不排除在特殊情况下行为人缺乏违法性认识的现实性和可能性，亦应本着公平合理的精神，允许行为人证明其"不知法"，从主观可罚的角度减轻或免除其罪责。但违法性认识是主观的，不能单独依靠被告人的供述，必须根据客观情况依情依理作出推断认定。实践中，可以根据行为人生活环境、职业、文化、经历、专业知识和能力、相关知识的普及程度、行为人的日常行为表现、执法频度和力度、有无相关的违法前科、被抓获过程及抓获前后的表现，结合行为人、同案人的供述内容推断认定行为人是否明知或应知其行为具有违法性（社会危害性）。

其次，在认识范围方面，应当宜宽不宜严。违法性认识错误不同于对象认识错误。对象认识错误属事实认识的范畴，如：误把家禽当野生动物，误把白鹇当原鸡，误把野生动物死体当活体，误把国家重点保护野生动物当成一般保护动物，误认了保护动物的等级等，根据我国刑法理论通说——构成要件符合说，行为人预想实施犯罪的对象与实际侵犯对象不一致时，如果误认为的对象与预想侵犯的对象属于同一构成要件范围内的对象，不影响对行为人的故意罪责认定；如果二者不属于同一构成要件范围内的对象，应以实际认识的对象认定故意罪责。违法性认识错误是指行为人对自己行为的法律性质或意义发生误解，存在误将有罪认为无罪、误将无罪认为有罪和误将重罪认为轻罪、误将轻罪认为重罪以及误将甲罪认为乙罪等具体情形。通常而言，违法性不属于故意的认识内容，是否具有违法性认识，只关系行为人是否存在主观恶性和责任程度的认定，不影响对行为人的行为定性。并且，一般不要求行为人对违法性认识达到明确、具体的程度，只要行为人知道或应当知道其所实施行为不合法，即应认定其具有违法性认识，其中出现的具体认识偏差不影响对其行为的定性。因此，除误认有罪为无罪外，其余几种情况的违法性认识错误不影响对行为人的罪责认定。

最后，在证明责任方面，应当由被告人举证为主。违法性认识错误属于辩护性理由，应由被告人举证证明其欠缺现实的违法性认识，且其违法性认识错误不可避免。在被告人确实能够证明其不具有违法性认识的基础上，司法人员应当在综合考虑被告人的行为状况、生活圈、职业领域以及被侵害法益的特征等基础上，将正常人置于行为人的立场，并根据常识、常理、常情来判断该行为的违法性认识错误是否可以避免。通常考虑因素包括：被告人的行为被主管机关认可、之前的行为被认定为无罪等。

本案中，被告人刘某军长期生活在粤北山区，白鹇是当地常见野生动物，其对该动物不仅认识，而且还知道名称；能吃"野味"是其经营的"农场"的一大特色，因此，林业执法部门和市场监管部门经常到其"农场"检查，故可以认定刘某军明知涉案动物属保护动物，其辩解不知道购买和食用野生动物白鹇属违法行为不合常理。

综上所述，人民法院判决被告人刘某军构成非法收购珍贵、濒危野生动物罪，并根据其收购的野生动物的保护级别、数量，综合考虑其归案后态度等情节，依法判处其有期徒刑一年，并处罚金人民币五千元，是合适的。

（撰稿：广东省高级人民法院　魏　海　罗嘉亮
　　审编：最高人民法院刑二庭　韩维中）

[第1398号]

# 赵某山、王某杰、杨某波非法占用农用地案
——擅自以村委会名义将村山坡林地承包给村民
作为墓地使用的定性

## 一、基本案情

被告人赵某山，男，1967年××月××日出生。2017年2月23日被取保候审。

被告人王某杰，男，1974年××月××日出生。2017年2月23日被取保候审。

被告人杨某波，男，1976年××月××日出生。2017年2月23日被取保候审。

天津市蓟州区人民检察院指控被告人赵某山、王某杰、杨某波犯非法占用农用地罪，向天津市蓟州区人民法院提起公诉。

天津市蓟州区人民法院经审理查明：2011年11月，蓟县水务局（蓟县现更名为蓟州区）拟在蓟县邦均镇兴建供水基础设施建设项目，并经蓟县国土资源分局批准。2013年3月，蓟县国土资源分局向蓟县邦均镇西南道村集体及被征收土地农户征收位于蓟县邦均镇西南道村的土地10.02435亩，其中林地2.71815亩、园地7.25565亩、其他农用地0.04518亩及未利用地0.00240亩。后邦均镇有关领导要求时任邦均镇西南道村委会主任的被告人赵某山核实相关地块情况，经赵某山实地核查，发现被征收土地上有坟墓59座。2014年4月，有关单位依据相关政策对相关土地上的附着物进行计价补偿，并确定涉及邦均镇西南道村的坟墓由邦均镇西南道村委会负责迁移工作。后赵某山与时任本村会计的被告人杨某波及本村村民被告人王某杰商议，将上述59座坟墓迁移至本村已有多处坟墓的北山上。迁移期间，赵某山、王某杰、杨某波以统一规划北山等为由，未经本村民主议定程序及有关部门批准，违反土地管理法规，擅自在本村北山上修筑道路及修建墓地，以用于上述迁移坟墓等为由修建89座墓穴。赵某山、杨某波、王某杰经商议后，以统一规划为由，擅自决定并以村委会名义将公墓周边山地以一分地一万元的价格向村民发包，以作为墓地使用。除部分地块系由村民承包后自行平整外，其余地块由三人以村委会名义雇用挖掘机、装载机等进行平整，并根据村民所选地块用石头垒成围墙后发包给村民，收取相应的机械使用费。经赵某山安排，杨某波具体负责收取承包费及机械施工费，王某杰负责测量并确定各户的墓地边界。2015年12月，本案因本村村民举报而案发，后经天津市蓟州林业勘查设计院鉴定，在扣除原有未施工的老坟地等以外，确定毁占用地面积43.9亩，其中，经济林41.3亩。案发后，2016年2月，经邦均镇西南道村村

民代表会议决议，同意在西南道村北山坡建设公益性墓地。2016年3月3日，邦均镇人民政府向蓟县人民政府请示，邦均镇人民政府认为邦均镇西南道村涉及50余座旧坟迁移，且每年本村有10个骨灰盒需要安置，故同意在西南道村北山坡建设公益性墓地。2016年3月23日，蓟县民政局认为邦均镇西南道村申请建立公益性墓地符合相关规定，可以筹建。

2017年2月23日，被告人赵某山主动到公安机关投案，被告人王某杰被传唤到案；次日，被告人杨某波主动到公安机关投案。三被告人到案后，均如实供述了自己的主要犯罪事实。

天津市蓟州区人民法院认为，被告人赵某山、王某杰、杨某波违反土地管理法规，非法占用林地，改变被占用土地用途，数量较大，造成林地大量毁坏，其行为已构成非法占用农用地罪，应依法予以处罚。赵某山在共同犯罪中作用较大，系主犯，应依法予以处罚。王某杰、杨某波在共同犯罪中，作用较小，属从犯，依法均予以从轻处罚。赵某山、杨某波主动到案后虽对犯罪性质及部分事实辩解，但能如实供述自己的主要犯罪事实，可以认定为自首，依法均予以从轻处罚。王某杰被传唤到案后虽对犯罪性质及部分事实辩解，但能如实供述自己的主要犯罪事实，可以认定为坦白，依法予以从轻处罚。依照刑法第三百四十二条，第二十五条第一款，第二十六条第一款，第二十七条，第六十七条第一款、第三款，第七十二条第一款、第三款，第七十三条第二款、第三款，《最高人民法院关于审理破坏林地资源刑事案件具体应用法律若干问题的解释》第一条之规定，判决如下：

一、被告人赵某山犯非法占用农用地罪，判处有期徒刑一年六个月，缓刑二年，并处罚金人民币五万元；

二、被告人杨某波犯非法占用农用地罪，判处有期徒刑十个月，缓刑一年，并处罚金人民币三万元；

三、被告人王某杰犯非法占用农用地罪，判处有期徒刑十个月，缓刑一年，并处罚金人民币三万元。

宣判后，三被告人以事实不清、量刑过重为由提起上诉。

三被告人及其辩护人提出：（1）三被告人没有非法占用农用地的主观故意，没有实施非法占用农用地的客观行为，没有改变土地用途，不构成非法占用农用地罪；（2）本案系村委会单位犯罪，不应按自然人犯罪追究三被告人个人的刑事责任；（3）认定非法占用农用地的面积中应当扣除承包给村民后村民个人施工部分以及为迁移被征用土地上59座坟墓而修建的公益性墓地部分。

天津市第一中级人民法院审理认为，原审判决认定事实清楚，证据确实、充分，定罪准确，量刑适当，审判程序合法。依照刑事诉讼法第二百三十六条第一款第一项之规定，裁定驳回上诉，维持原判。

## 二、主要问题

（一）三被告人的行为是否构成非法占用农用地罪？

（二）本案是否属于单位犯罪？

（三）对基于法令行为而引发的犯罪行为应如何定性？

## 三、裁判理由

（一）三被告人的行为构成非法占用农用地罪

依照刑法第三百四十二条的规定，违反土地管理法规，非法占用耕地、林地等农用地，改变被占用土地用途，数量较大，造成耕地、林地等农用地大量毁坏的，构成非法占用农用地罪。本案涉案地块属于林地，依照《最高人民法院关于审理破坏林地资源刑事案件具体应用法律若干问题的解释》（以下简称《破坏林地刑事案件解释》）的相关规定，在非法占用的林地上实施建窑、建坟、建房、挖沙、采石、采矿、取土、种植农作物、堆放或排泄废弃物等行为或者进行其他非林业生产、建设，造成林地的原有植被或林业种植条件严重毁坏或者严重污染，数量较大的，构成本罪。本案中，三被告人的行为符合本罪的构成要件，应认定为非法占用农用地罪。

1. 三被告人明知涉案土地性质为农用地（林地），具有非法占用、改变土地用途作为墓地使用的主观故意

非法占用农用地罪在主观方面的罪过形态为故意，包含认知和意志两个方面的因素。在认知因素上，要求被告人明知涉案土地系农用地，在实践中，被告人往往会以主观上不明知进行辩解，对此需要进行综合判断。按照土地管理法的规定，土地按照用途分为农用地、建设用地、未利用地，其界限很明确，即使未就土地地类进行公示的情况下，村民也能够基于一般常识认识到土地是否属于农用地。本案中的涉案土地系林地，属于农用地。被告人赵某山供述"那块地属于农用地，以前都是杂草、树木等"，被告人王某杰供述"那块地地面坑坑洼洼，有桃树、枣树、核桃树和杂草等，一到夏天就上不去人了"，被告人杨某波供述"以前地貌坑坑洼洼、杂草丛生，有核桃树、枣树等"，足以证明三被告人对涉案土地原有林木植被的情况十分清楚，对涉案土地属于农用地（林地）的性质具有清晰的认识。在意志因素上，三被告人（尤其赵某山还是村委会主任）在明知相关事项需要经过相关部门审批的情况下，未经审批，未通过村民代表大会、村民大会民主决策程序，擅自决定在涉案地块上选地用于修建公墓，在此过程中，又以统一规划为由，决定将公墓周围土地发包给村民作为墓地永久性使用，主观上具有非法占用农用地、改变涉案土地用途为墓地使用的故意。

2. 三被告人客观上实施了非法占用农用地的行为

三被告人实施非法占用农用地的行为主要体现在以下三个方面：一是以村委会名义在涉案土地上选址，并雇用机械、人工修建公益性墓地，已建成墓穴89座，部分已使用。二是三被告人擅自以统一规划为由，以村委会名义将上述公益性墓地周围的涉案土地向村民发包作为墓地永久性使用。村民在承包土地后，进一步实施了修建或进行墓葬行为，而基于传统观念及公序良俗的考虑，一旦实施了墓葬行为，再行恢复为林地的障碍极大。三是除部分土地系发包给村民由村民自行平整外，其余大部分土地系三被告人雇用机械、

人工进行平整，并按照各户所需垒砌石头围墙后发包给村民，实施了毁占林地的行为。

3. 三被告人的行为改变了涉案林地的用途，造成林地的原有植被严重毁坏，且达到了数量较大的标准

涉案土地的用途是否被改变，需要综合进行认定，从在案证据看，涉案地块上确实属于该村的"义地"，长期以来西南道村死人后埋葬于涉案土地上，该土地上也确有部分老坟地存在。但考虑到森林植被具有自行恢复能力，且村民自发的墓葬行为具有零星、不规律的特点，并不会导致林地植被状况的大面积破坏，因而通常不会改变该地块系农用地（林地）的土地性质。案发前卫星照片也能够显示该地块的植被情况并未因村民自发的墓葬行为而破坏。但在三被告人将涉案土地统一规划为墓地、大规模施工并向村民发包、村民进一步施工后，涉案土地上墓地已建成，地面由砖石铺砌，石砌台阶路相连，并建设有水泥砖砌停车场，原有植被大面积破坏，林地的土地用途已被改变为墓地，面积达41.3亩，根据《破坏林地刑事案件解释》的规定，达到"数量较大"的标准。综上，三被告人违反土地管理法规，非法占用林地，改变被占用土地用途，数量较大，造成林地大量毁坏的行为构成非法占用农用地罪。

（二）以村民委员会名义实施犯罪的，是否构成单位犯罪应当具体分析

关于村民委员会是否能够作为单位犯罪的主体，法律及相关司法解释中尚无明确规定，2001年1月，最高人民法院印发的《全国法院审理金融犯罪案件工作座谈会纪要》中指出，以单位名义实施犯罪，违法所得归单位所有的，是单位犯罪。2002年，最高人民法院、最高人民检察院、海关总署联合发布的《关于办理走私刑事案件适用法律若干问题的意见》中指出，具有下列特征的，可以认定为单位走私犯罪：（1）以单位的名义实施走私犯罪，即由单位集体研究决定，或者由单位的负责人或者被授权的其他人员决定、同意；（2）为单位谋取不正当利益或者违法所得大部分归单位所有。该意见再次强调了"以单位名义实施犯罪"和"违法所得归单位所有"是认定单位犯罪的两个实质性要件。2007年3月，《公安部关于村民委员会可否构成单位犯罪主体问题的批复》中指出，对以村民委员会名义实施犯罪的，不应以单位犯罪论。对此，我们认为，村委会有自己的名称、组织机构和场所，有自己的经费，且能够以自己的名义承担相应的责任，符合刑法规定的单位的形式特征和实质特征，可以作为单位犯罪的主体。且在司法实践中，为了本村村民或村集体的利益，以村委会名义实施的非法占用农用地、非法采矿、非法转让土地使用权等犯罪活动频发，将村委会认定为单位犯罪的主体，有利于规范村委会的行为，有效打击和遏制相关犯罪活动。

但在具体个案中，并非只要以村委会名义实施的犯罪行为，均构成单位犯罪，对此应当作实质意义上的判断：即单位犯罪应当体现单位意志，以村委会名义实施，且违法所得归全体村民或村集体所有；否则，仍应当以自然人犯罪分别追究个人的刑事责任。这样也有利于打击冒用、盗用村委会名义谋求个人私利的犯罪活动。本案中，被告人赵某山、杨某波、王某杰经商议后擅自决定修建公墓，并将村土地承包给村民作为墓地使用，三被告人的行为虽以村委会的名义作出，但从主体身份、决策过程、违法所得的归

属等方面来看，不宜认定为单位犯罪。

第一，从三被告人的主体身份来看，被告人赵某山系西南道村村委会主任，被告人杨某波、王某杰二人因选举时选票未过半数而未能当选为村委会委员，该二人身份均系普通村民。依照村民委员会组织法的相关规定，村民委员会由主任、副主任和委员共三至七人组成，本案三被告人中仅有赵某山一人为村委会成员，三人商量的结果不能当然地视为村委会的决策。

第二，从决策过程来看，三被告人决定修建公墓及向村民发包土地作为墓地使用，体现的并非单位意志。首先，从程序上，三被告人的行为未通过单位决策程序，尤其是涉及村民利益的本村公益事业的兴办和筹资筹劳方案及建设承包方案、土地承包经营方案，依照相关规定，须经村民会议或者授权的村民代表会议才能讨论决定上述事项。其次，从实质上，三被告人的行为并未得到全体村民或大部分村民的认可，在案证据证实，有相当数量的村民因需要支付对价而未承包墓地，还有一部分村民认为三被告人的行为系擅自破坏村属农用地而对三被告人进行了举报。

第三，从违法所得的归属来看，三被告人向承包墓地的村民收取了数额不等的土地承包费和机械施工费，上述款项继续用于对林地上植被的清除、土地的平整、改造等非法占用农用地的犯罪活动，尚未形成可以归属于个人或村集体的违法所得。三被告人决定将村集体所有的林地改建为墓地，归部分村民承包使用，非法占用了村集体所属农用地，对于村集体来说，本身是对其利益的侵害，而非获益。另外，从承包墓地的情况来看，三被告人及其家族皆是该村的大户，承包并占有使用的墓地面积、位置等均远优于其他承包村民，鉴于墓地的特殊性，承包使用墓地，现实中更多是永久性占有使用，因而三人的行为也体现了从中获取个人私利的动机和意图。

（三）基于法令行为而引发的犯罪行为的定性

本案的非法占用农用地面积，系依据鉴定机构天津市蓟州林业勘察设计院出具的鉴定意见，结合被告人王某杰的供述、证人夏某某、张某某的证言及对卫星云图照片的指认，涉案时间前后的卫星云图照片及其他证据综合予以认定。但被告人及其辩护人均提出，其中为迁移被征用土地上59座坟墓而修建的公益性墓地部分应当从非法占用农用地的面积中予以扣除。这就涉及对基于法令行为而引发的犯罪行为定性问题的探讨。

法令行为是指基于成文法律、法令、法规的规定，作为行使权利或者承担义务所实施的行为，由于法令行为是法律本身所允许乃至鼓励的、形成法秩序的一部分行为，因此具有违法的阻却性。本案中，因蓟州区水务局邦均镇基础设施建设需要征用西南道村土地，该土地上有老坟墓59座，需要迁移，镇政府遂责令西南道村村委会负责迁坟事宜并支付了安置补偿金。被告人赵某山作为村委会主任，按照上级政府要求迁移坟墓的命令，经与被告人杨某波、王某杰商议，决定并修建了公益性墓地，确系基于法令行为而引发实施的行为。但是法令行为的实施应当按照法律的规定，履行法定的程序，才能够阻却违法。依照相关法律规定，修建公益性墓地除需要经过村民民主议定程序外，还需规划、土地行政部门出具的选址意见书、建设项目用地预审报告，经乡镇人民政府和区县民政部门审查同意后,报市民政部门备案,还需到区审批局办理审批手续。赵某山与王某杰、杨某波在明知修建公墓需要审批的情况下,未履行上报审批手续,擅自决定修建公墓。其行为虽因执行上级命令而引起,但违反了相关法律规定,仍应对其行为承担相应的刑事责任。故修建公墓所占用的面积不应从三被告人非法占用农用地面积中扣除。但法院考虑到本案确属事出有因,从犯罪动机来看,确系因执行上级的命令而引起,因此在量刑时予以酌情从轻。

(撰稿:天津市第一中级人民法院 杨雪梅 王少兵
审编:最高人民法院刑二庭 韩维中)

[第1399号]

# 赵某受贿案

—— 新类型受贿形式及数额的认定

## 一、基本案情

被告人赵某，男，1957年××月××日出生，原系安徽省公安厅副厅长，曾任安徽省公安厅办公室主任、交警总队总队长。2018年8月2日被逮捕。

安徽省六安市人民检察院指控被告人赵某犯受贿罪，向六安市中级人民法院提起公诉。

被告人赵某对指控事实提出以下辩解意见：（1）对黄某平为其妻张某某到英国旅游支付旅游费的数额和证据有异议；（2）对其子赵某某"挂名"领薪的定性、指控其收受刘某玖50万元的定性和指控其利用影响力收取王某飞、李某124万元的定性有异议；（3）其没有为钱某、何某、姚某平、金某波谋取利益，没有受贿故意；（4）指控的十起事实中有七起是其主动交代，是否构成犯罪由法庭裁决。

被告人赵某的辩护人还提出以下辩护意见：（1）黄某平与张某某之间借款是正常民间借贷，黄某平主动放弃借款利息35万元，属于赠与行为，赵某没有收受贿赂的故意；（2）赵某开始并不知道黄某平为其子赵某某所付房租是多少，知道后主动支付了房租，没有受贿故意，黄某平为赵某多支付的房租，不能认定为赵某受贿。

六安市中级人民法院经审理查明：自2004年至2018年，被告人赵某利用担任安徽省公安厅办公室主任、交警总队总队长、副厅长职务上的便利，非法收受他人财物，为相关单位和个人谋取利益；利用职权或地位形成的便利条件，通过其他国家工作人员职务上的行为，为请托人谋取不正当利益，收受请托人财物，以上共计折合人民币（以下所涉货币除注明外，币种均指人民币）499.5858万元。

六安市中级人民法院认为：被告人赵某身为国家工作人员，利用职务上的便利，收受黄某平等人给予的财物，为相关单位和个人谋取利益；利用省交警总队总队长的职权或地位形成的便利条件，通过其他国家工作人员职务上的行为，为请托人谋取不正当利益，收受黄某平、李某给予的财物，其行为已构成受贿罪，受贿数额特别巨大。据此，依照刑法第三百八十五条第一款、第三百八十八条、第三百八十六条、第三百八十三条第一款第三项、第六十一条、第五十二条、第五十三条、第六十四条，《最高人民法院、最高人民检察院关于办理贪污贿赂刑事案件适用法律若干问题的解释》第三条第一款、第

十五条第一款、第十九条第一款、第十八条之规定,判决如下:

一、被告人赵某犯受贿罪,判处有期徒刑十年,并处罚金六十万元;

二、被告人赵某违法所得折合四百九十九万五千八百五十八元及孳息一百零八万元依法予以追缴,上缴国库。

一审判决后,被告人赵某不服,向安徽省高级人民法院提出上诉。

安徽省高级人民法院对一审判决认定的、被告人赵某及其辩护人均没有提出异议的受贿事实审理后,对相关受贿事实予以确认;对一审判决认定的、赵某及其辩护人提出异议的主要相关事实,经审理查明:

1. 关于黄某平为张某某赴英国旅游支付 20 万元的事实

2009 年,张某某弟弟的儿子到英国留学,被告人赵某、张某某商定由张某某陪同前往,顺便为儿子赵某某留学英国作前期考察。因张某某之前没有独自去过英国,两人在接受黄某平宴请时提及此事,询问在伦敦有无熟人帮忙接待。黄某平称有个朋友在伦敦经营旅行社生意,由其负责安排。之后,黄某平联系长期在英国经营旅行社生意的温州同乡包聪,称自己有个重要客户要到英国旅游,包聪称女儿包某华在伦敦经营旅游公司,将按照最高档的价格安排,并提供了包某华的手机号码,约定费用由黄某平支付。黄某平将包某华的手机号码提供给张某某,让张某某自行联系,费用无须支付。张某某与包某华取得联系后,包某华根据张某某所提供的行程,初步测算以 VIP 方式接待的费用为 20 万元左右,遂与黄某平商定由黄某平先行支付 10 万元,张某某旅行结束后,再根据实际费用支付尾款,后黄某平在杭州将现金 10 万元交给包某华指定的人。同年 9 月 20 日左右,张某某陪同其侄子赴英国,包某华安排他人陪同前往英国完成入学手续,后作为 W. Solutions Global Ltd. 的 VIP 客户前往伦敦旅游数日。旅游结束后,包某华对黄某平称最终费用为 1.966 万英镑,黄某平按照前述方式,又向包某华支付 10 万元。张某某、赵某获悉旅游费用为 20 万元后,分别向黄某平表达谢意,同时抱怨费用太高。

2. 关于黄某平代赵某某支付房租 18.12 万元的事实

2014 年上半年,赵某某即将到北京大学攻读国际法博士学位,认为北京大学住宿条件不好,想在附近租赁住房,被告人赵某为此找黄某平帮忙。黄某平答应后,联系其担任方正奥德公司副总裁时的下属吴某东帮助在北京大学附近租赁住房,房租由自己支付。吴某东几经查找后,拟租赁位于北京市海淀区中关村东路××号院、房主为宁某的住房,租期三年,月租金第一年为 7000 元,第二年、第三年每年递增月租金 500 元,并征求黄某平意见后,与宁某签订了房屋租赁合同,租期为 2014 年 8 月 21 日至 2017 年 8 月 20 日。黄某平告诉赵某房子已安排好,房租不用管,并提供了吴某东的联系方式。同年 8 月底,赵某夫妇送赵某某到北京做入学的前期准备,吴某东陪同三人前往租房处,并表示房租已由黄某平妥善处理。赵某某自此正式入住,2017 年 8 月底搬离,其间赵某夫妇在与吴某东闲聊时,获悉第一年每月房租为 7000 元,之后逐年适当增加的情况。在租赁期内,吴某东先后共向宁某支付房租 26.8879 万元,代为支付整理房屋和维修家具费用 1121 元,两项共计 27 万元;黄某平安排妻子及由其妻子担任法定代表人的浙江辰立实业有限公司先后共向吴某东转款 27 万元。2016 年年初,赵某夫妇感到党和国家的反腐力度加大,觉得房租一直由黄某平支付不妥,遂由张某某坚持向吴某东提出自行支付房租。吴某东在征求黄某平意见后,让张某某按照每月3700元支付租金。之后,张某某先后共向吴某东汇款8.94万元,其中8.88万元为房租,600元为水电费。2017年年初,在赵某的提议下,张某某安排吴某东制作了一份出租人为宁某、承租人为赵某某,月租金3700元,租赁期限为2017年2月22日至2018年2月21日的房屋租赁协议。

3. 关于赵某某在法国CVS公司"兼职"领取13万欧元的事实

2015年上半年,黄某平与被告人赵某夫妇闲聊时,提及赵某某在北京大学毕业后留在北京工作的可能性非常大,而北京房价逐年递增,赵某家应该考虑在北京购买一套住房,如果资金困难,其可以给予帮助,并提出利用自己北京的人脉资源,帮助赵某某兼职获取报酬。赵某同意,同时提出兼职不能影响赵某某学业。

同年11月,黄某平的外甥法国人林某尔(母语法语、精通英语)出任法国CVS公司中国区域总经理,全权负责该公司调查中国医疗市场、寻找合作伙伴、招聘必要工作人员等事宜。林某尔不懂汉语,委托舅舅黄某平帮忙推荐一名懂国际法、英语水平较高的人担任翻译。黄某平准备推荐赵某某,就此征询被告人赵某的意见。赵某担心此举影响赵某某学业,黄某平称法国CVS公司在中国的业务目前仅处于寻找合作伙伴阶段,事务不多,赵某某也不用真正从事翻译工作,主要是通过兼职让他有赚钱的成就感,其会妥善处理,赵某同意由黄某平安排,之后黄某平向林某尔推荐了赵某某。林某尔到北京面试赵某某后,非常不满意,向黄某平表示不能录用,黄某平称他父亲赵某系安徽省公安厅领导,对其生意多有帮助,安排他当翻译只是借此送与赵某财物,请林某尔务必设法录用,并不要安排他从事具体工作,支付赵某某的薪酬由其负责弥补。2016年4月,赵某某(甲方)与法国CVS公司(乙方)签订合作协议书,约定:协议有效期三年,自2016年1月19日至2019年1月18日;甲方为乙方及其业务合作伙伴Almage集团在中国洽谈养老行业合作事宜提供语言和信息方面的支持;乙方向甲方按照每年4万欧元(税后)支付报酬,乙方首个在华合作项目合同正式签订后每年支付一次性奖励7万欧元;乙方授权林某尔全权代表乙方签订及履行本协议。2018年4月,法国CVS公司与上海美中安医院合作项目Almage集团正式运行,林某尔基于翻译工作需要,在征求黄某平意见后,提前与赵某某解除合作协议,黄某平为此向赵某作了解释。

在两年聘用期内,赵某某学业任务繁重,并赴德国、美国、瑞典等国家参加学业交流数月,既没有到法国CVS公司总部或该公司在中国的分公司上班,也没有为林某尔的商务活动或法国CVS公司来中国从事公务的人员提供翻译,仅在北京与林某尔见过几次面,通过微信、电话等方式做了少量的辅助性工作,先后共从法国CVS公司领取薪酬、一次性奖励13万欧元。黄某平基于之前承诺,多次出资另行为林某尔聘请翻译,接待法国CVS公司高层管理人员及该公司在中国大陆的合作对象,共耗资约130万元。林某尔为避免赵某某没有实际工作却领取薪酬的事实被法国CVS公司发现,通过电子邮件将其他翻译人员或相关法律事务所制作的在华业务相关商务、法律文本及其他背景资料、媒体信息等中英文版材料发送给赵某某,再由赵某某发送给林某尔或法国CVS公司总部等,作为赵某某完成的工作。

2017年8月，黄某平的合作伙伴陈某因涉嫌行贿犯罪遭查处，为应对可能面临的组织调查，被告人赵某、张某某、赵某某与黄某平先后两次就赵某某在法国CVS公司领取薪酬事宜进行商议，统一说法为赵某某实际兼职所获取的报酬。同年12月，双方再次就此统一口径。

4. 关于黄某平退还张某某35万元借款利息的事实

2012年4月，张某某因经营生意需要资金，向黄某平提出借款200万元，黄某平同意并提出不要利息，但张某某坚持支付利息。同月6日，张某某向黄某平出具了借据，称借到黄某平200万元，借款期限二年，利息为还款时银行同期贷款利率加2个点。被告人赵某对此知情。之后不久，黄某平从其妻子陈某燕的银行账户汇款200万元至张某某提供的工商银行账户。2014年4月16日，张某某将200万元本金连同35万元利息汇入陈某燕的银行账户。黄某平发现张某某按照约定支付利息后，提取35万元现金到赵某、张某某家还给了张某某。后张某某将黄某平退还35万元利息的事情告诉了赵某，赵某向黄某平表示了感谢。

5. 关于刘某玖安排环宇公司支付张某某"陪标费"50万元的事实

2004年、2006年，被告人赵某在担任安徽省公安厅办公室主任、交警总队总队长期间，受奇瑞林公司实际控制人刘某玖请托，利用自身职权或者通过省交警总队原总队长尤某庚的职权，为奇瑞林公司办理了皖A688××车牌，为安徽省公路管理局办理了皖AA02××和皖AA02××车牌。

环宇公司系省交投集团全资子公司。2006年左右，环宇公司董事长王某和在围绕公路建设项目拓展业务时结识了刘某玖，希望借助刘某玖在交通建设领域的人脉关系和业务能力，获取在承揽公路建材供应业务等方面的帮助。2007年左右，被告人赵某请求刘某玖帮助张某某承接道路建设工程业务，刘某玖同意，并介绍赵某、张某某夫妇与王某和结识，张某某提出与环宇公司合作做水泥供应业务，王某和应允。

2007年上半年，环宇公司拟投标由省交投集团招标的安徽省泗县至宿州高速公路路基工程水泥采购项目，王某和与刘某玖具体洽谈合作投标事宜时，刘某玖提出由其负责联络数家具有投标资质的公司合作投标，其中包括其帮助张某某找的公司，王某和同意，两人约定无论哪一家公司中标，都以环宇公司为主，刘某玖、张某某为辅，实际承接工程。后刘某玖将由其帮助张某某找一家具有投标资质的公司陪同环宇公司投标水泥供应业务、张某某将需要交纳投标保证金的事情都告诉了被告人赵某，赵某同意。张某某邀请其胞弟张某东参与该水泥供应业务，但张某东在考察水泥供应市场后，表示该项业务风险大、难以把握。之后，王某和虑及刘某玖、张某某参与投标公司的履约能力、环宇公司由此可能承担的风险，向刘某玖提出不管谁中标，刘某玖和张某某都不要实际分包业务，环宇公司给刘某玖一笔"信息咨询费"，由刘某玖分配，刘某玖同意。后刘某玖告诉赵某在环宇公司中标后，根据行规，其将安排环宇公司向张某某支付一笔"信息咨询费"，赵某在询问这样做是否合法合规，刘某玖予以肯定回答后同意。同年5月，刘某玖以其外甥李某的名义与环宇公司签订合作协议书，约定若环宇公司中标，根据实际供应水泥量向李某支付"信息咨询费"，自环宇公司实际参与水泥供应之日起一个月内预付50

万元，余款待工程结束后付清。同年6月底，刘某玖安排张某某通过其联系的公司交纳了投标保证金50万元。环宇公司、安徽省高速经贸有限公司、安徽省交通物资有限责任公司等九家公司参与了水泥供应业务投标。同年9月，环宇公司被确定为招标项目02合同包的中标单位，在此前后省交投集团相继退还了各投标单位的保证金。

根据与刘某玖之间的合作协议和实际供应水泥量，环宇公司预计需要向刘某玖支付"信息咨询费"126万余元。刘某玖决定将环宇公司预付的"信息咨询费"50万元送给张某某，并与被告人赵某约定现金支付，并称环宇公司为了"信息咨询费"的财务处理，需要与张某某签订一份合作协议。同年12月，赵某、张某某商议后，安排张某东与环宇公司签订了一份合作协议书，协议内容与刘某玖和环宇公司签订的合作协议基本相同。2008年5月，经刘某玖数次催促并要求现金支付，王某和向省公路建设监理公司戎某借款20万元现金交给了刘某玖，后刘某玖当着王某和的面，在自己位于世纪佳缘的住处，将该20万元现金送给了应约前来的赵某、张某某。同年8月，环宇公司向省公路建设监理公司汇款50万元，戎某安排省公路建设监理公司财务人员分别提现20万元和30万元，20万元用于归还戎某之前的借款，30万元交给了戎某，戎某应王某和安排将该30万元交给了刘某玖，后刘某玖采取与前次相同方式，将该30万元现金交给了赵某、张某某。同年9月至2009年1月，环宇公司又以"信息咨询费"名义支付刘某玖50万元，因刘某玖之后未再催要，余款26万余元未支付。

6. 关于王某飞、李某在收购公司股份时送给张某某124万元的事实

2000年11月，张某某与李某桢、李某其共同投资50万元注册成立安徽三立公司，张某某担任法定代表人，并于2004年3月出资收购了该公司其他股东的全部股份。2005年，张某某将该公司10%股份奖励给该公司副总经理邢某丽，至此张某某实际持股90%，邢某丽实际持股10%。2006年5月、2007年7月，王某飞、李某共同成立的远望公司先后两次分别收购张某某所持安徽三立公司40%、45%股权，2012年收购邢某丽10%所持安徽三立公司股权，收购价均以收购前安徽三立公司净资产为基数计算。至此，张某某实际持有安徽三立公司5%股权。2012年，安徽三立公司整体资产及业务转移到合肥三立公司（由远望公司实际控股）名下。经划转安徽三立公司股东的股份，及归还远望公司拖欠张某某的股权转让款本金和利息，张某某实际持有合肥三立公司10%股权。

张某某作为安徽三立公司、合肥三立公司股东期间，实际参与了两公司的经营管理，每月领取1.5万至1.8万元的薪酬，并获取54万元的分红；被告人赵某利用其担任省交警总队总队长的职权或者地位形成的便利条件，通过何某忠、李某江、张某书等其他国家工作人员职务上的行为，为安徽三立公司、合肥三立公司以及远望公司在医疗器械销售、医学合作研究等方面，谋取不正当利益。

（1）2007年上半年，安徽省无为县人民医院准备采购一批医疗设备，张某某前往该医院推销其公司所代理的产品，时任该院院长的李某江对此不置可否，张某某将此事告诉被告人赵某，问能否通过他人联系上李某江，后赵某请时任无为县公安局局长彭某兴帮忙向李某江打招呼。无为县道路交通事故中的伤者救治都在无为县人民医院，彭某兴由此与李某江结识，在答应赵某后电话联系李某江，称张某某的丈夫赵某是无为县交警

大队上级单位的领导,且是自己同县老乡,请李某江帮忙,李某江答应在同等条件下优先考虑。之后,经彭某兴居间联系,赵某、张某某夫妇专程到无为县宴请了李某江。在李某江的帮助下,安徽三立公司、远望公司代理的医疗设备及生物制剂长期供应无为县人民医院。

(2) 2007年5月,芜湖市第二人民医院准备采购一台全自动生化仪。张某某获悉后,想推销其公司所代理的产品,让被告人赵某尝试能否联系上时任该院院长的何某忠。赵某遂请时任芜湖市公安局交警支队(以下简称芜湖交警支队)支队长谈双喜帮忙向何某忠打招呼。谈双喜在担任芜湖交警支队支队长期间,赵某对其及芜湖交警支队的工作多有关照,且芜湖市第二人民医院因开展道路交通事故伤者救治业务与何某忠熟识,在答应赵某后对何某忠称省交警总队是芜湖交警支队的上级单位,张某某的丈夫赵某是总队长,他对芜湖交警支队的工作很支持,请何某忠帮忙。何某忠也想借此与赵某搞好关系,答应在同等条件下优先考虑。之后,谈双喜又向何某忠引荐了张某某,再次提出请托。在何某忠的关照下,同年6月,芜湖市第二人民医院与安徽三立公司签订合同,以14.6万美元的价格采购安徽三立公司代理的美国德灵全自动生化分析仪一台。

(3) 2000年左右,省药监局开展药品领域的执法、打假工作,需要省公安厅的支持和配合,时任省药监局局长的刘某林因此与时任省公安厅办公室主任的被告人赵某结识。2011年左右,远望公司与山东省齐鲁干细胞工程有限公司共同成立的新安公司想与安医二附院合作建立干细胞科研及临床应用项目,王某飞询问张某某是否联系上时任安徽医科大学第二附属医院院长的张某书。张某某将此事告知赵某,赵某请仍任省药监局局长的刘某林帮忙。刘某林在担任省药监局局长前,曾长期在安徽医科大学及附属医院担任领导职务,与张某书熟识,为此向张某书打招呼,并称此事由省交警总队总队长赵某妻子所在的公司经办。张某书虑及该项目的前景、刘某林打了招呼,也想借此与赵某搞好关系,同意与新安公司合作。在张某书的帮助下,同年7月,新安公司与安徽医科大学第二附属医院签订科研及临床应用合作项目协议,并约定无期限合作、竞业禁止以及排斥潜在相同类似业务合作单位等内容。

(4) 2011年2月底,合肥市第三人民医院准备采购全自动生化仪等一批医疗设备。张某某获悉后,想推销其公司所代理的产品,对被告人赵某称该医院时任院长王某是安徽泗县人,让赵某联系上王某。赵某了解到时任省公安厅刑警总队政委的姚某连与王某熟识,遂请姚某连帮忙向王某打招呼。姚某连向王某推荐了张某某和合肥三立公司,并称张某某的丈夫是省交警总队总队长赵某。之后,姚某连还陪同赵某、张某某到合肥市第三人民医院考察、联系业务,宴请了王某。在王某的帮助下,同年12月,合肥市第三人民医院与安徽三立公司签订协议,以157.2万元的价格采购安徽三立公司代理的西门子全自动生化分析仪一套。

(5) 2012年9月,铜陵市人民医院准备采购全自动化学发光免疫分析仪等一批医疗设备。合肥三立公司获悉后,张某某了解到该医院时任院长戴某的妻子陈某梅在铜陵市公安局工作,与时任省公安厅办公室副主任赵某峰是同学,遂让被告人赵某通过赵某峰帮助联系戴某,为合肥三立公司与铜陵市人民医院建立业务关系提供帮助。赵某向赵某峰核实后，与张某某、赵某峰专程到铜陵市宴请了戴某、陈某梅夫妇，铜陵市公安局的部分领导参加。在戴某的帮助下，2013年7月，铜陵市人民医院与合肥三立公司签订全自动流水线项目合同，以500万元的价格采购合肥三立公司代理的西门子全自动生化免疫流水线一套（含价值500万元的配套试剂），并约定合作期限七年，在此期间该医院所有生化试剂、耗材及西门子配套化学发光试剂盒耗材，都必须从合肥三立公司采购。

在此期间，王某飞、李某为了感谢和继续取得赵某的关照和帮助，在远望公司收购福建省山河药业有限公司（以下简称山河公司）股权时代张某某出资24万元，收购张某某持有的合肥三立公司10%股权时"溢价"100万元，共送给张某某124万元，赵某对此知情。

（1）2010年年初，远望公司、张某某及王某飞的朋友董某宇商议后，决定以1200万元的价格收购山河公司100%股权，其中远望公司持股77%、张某某持股15%、董某宇持股8%，为便于融资等业务，以远望公司名义办理工商登记手续等，各股东私下签订协议确定股权比例，并约定由远望公司主投和牵头，在一切股权转让手续办妥，山河公司通过参加拍卖取得的"红色诺卡氏菌细胞壁骨架制剂"（简称艾克佳）生产文号取得福建省食品药品监督管理局审批后，张某某、董某宇再按照各自股份，向远望公司支付投资款。同时，王某飞告诉张某某，为了感谢被告人赵某多年来的帮助和关照，远望公司在第一期收购款1200万元内，送给她2%股份，即代为出资24万元，张某某同意并转告了赵某。截至2012年2月，远望公司除支付山河公司原股东1200万元的股份转让款外，又为山河公司的日常运转支付费用600万元，共计1800万元。同年4月，张某某向远望公司转款246万元，实际持有山河公司15%股权。2014年4月，张某某以1490万元的价格，将该15%股权全部转让给董某宇。

（2）2015年年底，张某某因倦于商海，且经营投资理念也与王某飞等存在分歧，提出从安徽三立公司、合肥三立公司退股，王某飞、李某同意。此时，安徽三立公司此时已是无资产、无业务的"空壳"公司，远望公司收购张某某所持有5%股份，仅需办理变更登记，无须支付价款；对张某某持有的合肥三立公司10%股权，李某与张某某商定，参照之前惯例，以合肥三立公司净资产4005.968863万元取整4000万元为基数计算，股权转让价格为400万元。之后，张某某提出多年来被告人赵某对远望公司及安徽三立公司、合肥三立公司的帮助应予考虑，要求转让价格不低于500万元。李某、王某飞商议后，同意增加100万元，即以500万元价格收购股份，并向张某某明确表示这是为了感谢赵某多年来的关照和帮助。2016年1月，王某飞、张某某签订股份转让协议，张某某在安徽三立公司、合肥三立公司的所有权益，以净得款500万元转让给王某飞。同年2月、12月，远望公司分别支付了张某某15万元、485万元。张某某将上述情况告知了赵某，赵某向王某飞、李某表示感谢。

安徽省高级人民法院二审时也审理查明了上诉人赵某收受黄某平价值12.7万元的钻戒，收受王某林于2010年所送的一根50克、价值1.205万元的金条，收受钱某于2008年、2009年春节所送的两枚价值分别为1.07万元、0.93万元金块的事实。

安徽省高级人民法院认为，上诉人赵某作为国家工作人员，利用职务上的便利，为相关单位和个人谋取利益；利用职权或地位形成的便利条件，通过其他国家工作人员职务上的行为，为请托人谋取不正当利益，共收受黄某平、刘某玖、王某飞等人给予的价值499.5858万元的财物，其行为已构成受贿罪，且受贿数额特别巨大。一审判决认定事实清楚，证据确实、充分，定罪准确量刑适当，审判程序合法。赵某及其辩护人的相关辩解、辩护意见均不能成立。据此，依照刑事诉讼法第二百三十六条第一款第一项之规定，裁定驳回上诉，维持原判。

## 二、主要问题

（一）如何计算以免费旅游、减免房租、借款利息等方式受贿时的犯罪数额？
（二）如何认定以在合作投资时，代为出资、"溢价"转让股份等方式受贿时的犯罪数额？
（三）如何区分就业领薪和以特定关系人"挂名"领薪方式受贿？
（四）以"合作"投标名义获取"陪标费"，是劳务收入还是受贿？

## 三、裁判理由

（一）被告人以接受免费旅游、减免房租、免受借款利息等方式受贿的认定

在我国刑事立法及司法中，财物作为受贿犯罪犯罪对象的范围呈现逐步扩张的过程。1952年《惩治贪污条例》明确指出贿赂即为财物。1979年刑法虽然未明确贿赂为财物，但司法实践中仍秉持其为财物的意见，1988年《全国人民代表大会常务委员会关于惩治贪污罪贿赂罪的补充规定》作为1979年刑法的补充，明确规定贿赂为财物，债务的免除、免费旅游等财产性利益则被排除在外。但随着经济的发展，这种仅限于财物的规定，既严重影响对现实中日趋猖獗、形形色色的受贿行为的惩处，也与国际反腐败公约、世界各国立法例相悖。鉴于此，2008年《最高人民法院、最高人民检察院关于办理商业贿赂刑事案件适用法律若干问题的意见》第七条明确指出：商业贿赂中的财物，既包括金钱和实物，也包括可以用金钱计算数额的财产性利益。2016年《最高人民法院、最高人民检察院关于办理贪污贿赂刑事案件适用法律若干问题的解释》第十二条规定：贿赂犯罪中的"财物"包括货币、物品和财产性利益。财产性利益包括可以折算为货币的物质利益如房屋装修、债务免除等，以及需要支付货币的其他利益如会员服务、旅游等，后者的犯罪数额，以实际支付或者应当支付的数额计算。本案中，主要表现为以下三个问题。

1. 关于张某某赴英国旅游花费的受贿数额的计算

被告人赵某对其接受请托人黄某平安排其妻张某某赴英国旅游没有异议，但提出黄某平支付的旅游费过高，一审判决以此计算受贿数额不当。法院认为，旅游作为一种商品服务，因服务档次、行程安排、食宿条件等因素，价格悬殊，实践中也很难予以评估，通常按照实际支付或者应当支付的数额认定。相关发票业已证明旅游费用为1.966万英镑，虽然张某某对该起旅游花费一直颇有微词，但就旅游服务来看，专人陪同、高档用车、食宿、机票升舱，消费档次远非普通的出境旅游可比，相应花费远高于普通旅游消

费符合常理。故依据黄某平实际支付的 20 万元而非旅游发票 1.966 万英镑折算的 21.2369 万元,作为赵某此次受贿的数额,既符合司法惯例,也贯彻了有利于被告人的原则。

2. 关于接受黄某平豁免部分房租的受贿数额的计算

被告人赵某在赵某某欲在北京大学附近租房时,求助于曾长期在北京市的公司就职、人地熟稔的黄某平符合常情,并无借此收受财物的故意,但在黄某平通过吴某东转告房租已由他处理,其家庭无须支付,而赵某没有提出异议时,即具有由他人代为支付房租、赵某某无偿使用他人住房的故意,之后从吴某东处获悉房租的具体数额后,也没有自行支付后期房租并偿还先期房租的意思表示及行为,仅是后来慑于日趋高压的反腐败态势试图掩饰犯罪,以及对黄某平长期支付高额房租心存些许歉疚,才安排张某某支付了部分房租,并制作虚假房屋租赁协议应对将来可能的组织调查。黄某平与赵某之间存在长期权钱交易,黄某平借帮助赵某某租房之机,共代为支付房租 27 万元,而张某某仅通过吴某东间接向黄某平支付房租 8.88 万元,余款不再支付,也就是说黄某平实际免除赵某家房租 18.12 万元,赵某对此予以接受,故以此认定、计算赵某受贿的数额是正确的。

3. 关于接受黄某平退还的借款利息的计算

在资本市场上,贷款和借款是行为主体在约定时间内对资金的排他性使用,借款方获取巨额资金的使用权多以支付出借方利息作为对价。对于正常民间借贷行为,究竟有偿还是无偿,实行意思自治原则,这也与借贷双方之间的关系密切关联,无偿提供借款的,多基于亲情、友情,或因互利互惠等因素。司法实践中,对国家工作人员与请托人之间具有真实借贷关系并归还借款数额的,一般不能认定为受贿犯罪,但若有充分证据证明国家工作人员利用职务便利为请托人谋利旨在获取巨额无息借款,请托人同意提供也是借此获取国家工作人员职务上的支持,此时免息借款的对价就是国家工作人员实施具有倾向性的职务行为,权钱交易关系非常明显,应将相关期限内的借款利息认定为受贿。就本案而言,赵某的妻子张某某因商业逐利而非生活需要向黄某平借用巨额资金,实际支付年利率不足 9% 的利息既符合情理,也符合借款协议的约定。黄某平基于赵某的职权地位及双方之间长期的权钱交易关系,无论从最初提出免收利息还是之后退还利息,均为借此向赵某输送财产性利益,与直接给予赵某财物并无本质不同,仅是采取了手段更为隐秘、情感更易于被接受、实际效果通常更好的方式。赵某对上述情况完全知情,但并没有安排张某某退还,本质上属于接受他人免除债务的行为,对其以受贿论处适当。

(二)合作投资时代为出资,之后"溢价"转让股份等方式受贿的认定

1. 关于代为出资问题

在现代企业经营中,股权激励多是企业为了激励和留住核心人才而推行的一种长期激励机制,目的是通过附条件给予员工部分股权权益,使之与企业具有共同利益,促进企业与员工的稳定发展。被告人赵某提出王某飞送给张某某 24 万元干股,是考虑收购山河公司的商业风险和感激张某某没有催要数年前股份转让款,给予张某某的股权激励,不能计入其受贿数额。假若确如赵某所言,张某某系涉案企业亟须的核心人才,相关人员借此给予她股权激励符合常理,自然也不能视为赵某借此受贿。但就本案而言,张某

某系山河公司股东之一而非员工;在共同收购山河公司过程中,远望公司主投并实际牵头,三方约定在股权转让完毕、艾克佳药品文号落户后,另两名投资者始按照股份比例向远望公司缴纳投资款,故收购风险实际多由远望公司而非张某某、董某宇承担;张某某在实际出资两年后,即将所持股份悉数转让给董某宇,实际获取了极为丰厚的利润,且现无任何证据证明远望公司在共同收购过程中,具有单独给予张某某而非董某宇股权激励的必要;远望公司对数年前收购张某某持有的安徽三立公司股权时延迟给付的部分款项均计算并支付了相应利息,故不存在王某飞出于收购山河公司的商业风险以及对张某某没有催要之前股份转让款的感激而给予张某某股权激励。与赵某辩解相反的是,王某飞、李某、张某某均证明在共同收购山河公司股份时,远望公司在第一期投资1200万元内代张某某出2%股份资金即24万元,是为了感谢和继续取得赵某对远望公司和相关项目的关照和帮助,赵某对此也作了相应供述。远望公司在与张某某、董某宇共同出资收购其他公司股份时,在第一期投资限额内为张某某代出部分资金,与张某某的自出资金共同对应15%股份,并非将其自有的2%股份作为"干股"无偿转让给张某某,赵某对此知情,应视为《最高人民法院、最高人民检察院关于办理受贿刑事案件适用法律若干问题的意见》(以下简称《受贿意见》)第三条规定的"以开办公司等合作投资名义收受贿赂"的行为,受贿数额即为远望公司代为出资的24万元。

2. 关于"溢价"转让问题

如何理解和适用《受贿意见》第一条规定的"以交易形式收受贿赂",是当前困扰司法实际部门的突出问题之一。实践中,这种"交易型"受贿多以买卖房屋、汽车等物品为对象,但也出现了其他交易形式,如转让公司股份、名人字画、古玩等,情况更为复杂。以转让股份为例,转让价款多由转让各方自行磋商,通常以净资产为基准,既可直接按照股权比例计算,也可在衡量商业品牌价值、行业前景、个体资金需求等因素后作出相应调整,溢价或低价转让,有的甚至与净资产数额相去甚远。由此,被告人赵某的辩护人提出,"张某某基于自己对合肥三立公司经营现状、发展前景及未来若干年现实存在的预期可得的利润",主张高于400万元的股权转让价格符合情理。但就本案情况看,张某某作为安徽三立公司、合肥三立公司的股东、主要实际经营者之一,虽然对两公司的经营作出相应贡献,但也借此获取了较为可观的薪酬和分红,后基于投资管理理念与其他股东意见日趋分歧等因素,谨慎决策后自愿退股,在双方确定以公司净资产取整为基数,对照相应股权比例计算转让价时,既没有提出异议,也没有提及公司品牌价值、行业前景等无形资产价值问题,且与之前远望公司受让其安徽三立公司85%的股份、邢某丽10%的股份时确定转让价格的方法相同。王某飞、李某、张某某均证明转让合肥三立公司股份时,双方在以公司净资产为基数,确认转让价格为400万元后,张某某提出鉴于赵某数年来给予安徽三立公司、合肥三立公司及远望公司的帮助,转让价应不低于500万元,王某飞、李某经商议后同意,并向张某某说明"溢价"100万元的缘由,赵某事后对此知情。综上所述,远望公司在受让张某某在合肥三立公司的股权时,"溢价"100万元并非基于公司品牌、市场前景等商业因素所作出的经营决策,而是以此感谢并希望继续得到赵某的帮助和支持。

## (三) 准确区分就业领薪和以特定关系人"挂名"领薪方式受贿

实践中，一些人为了感谢或者请托国家工作人员为自己谋利，采取给后者的特定关系人安排工作。从实际情况看，大致可分为三种情形：一是特定关系人没有实际工作，仅是"挂名"领取薪酬；二是特定关系人实际参与工作，但所领取的薪酬明显高于该职位正常的薪酬水平或与其业务能力、业绩明显不相符；三是特定关系人正常工作并领取相应薪酬。对此种行为如何定性，学界、司法实务部门分歧较大。司法实践中对第一种、第三种情况处理基本一致，即对第一种情况认定国家工作人员受贿，第三种情况不认定为受贿，但对于第二种情况如何认定，争议较大。当前薪酬体系标准不一，较为混乱，尤其一些私营企业，部分岗位薪酬差别较大且不透明，此种情况下如何认定所领取的薪酬与正常薪酬明显不成比例，进而确定受贿数额存在困难，如赵某及其辩护人即提出赵某之子赵某某兼职法国公司后实际从事相应工作，所领取的薪酬不应认定为赵某受贿。但就一审判决查明的事实看，赵某在黄某平准备推荐赵某某到法国 CVS 公司兼职事宜征求其意见时，即对赵某某无须真正承担翻译任务、黄某平只是借此资助赵某某在北京购房具有明知。林某尔原本不愿意聘用不符合条件的赵某某，但在黄某平明确告知他与赵某之间关系，务必设法录用，所支出的费用他会予以补偿后，聘用了赵某某，并为了防止赵某某没有实际工作的真相被法国 CVS 公司总部发现，通过收转电子邮件的方式，将他人的翻译业务充作赵某某的业绩。在两年聘用期内，赵某某从未到法国 CVS 公司在中国的分公司工作，仅在北京与林某尔见面寥寥，既没有陪同法国 CVS 公司代表出席商务活动、完成口译任务，也没有按照协议约定开展相应的信息搜集、整理及翻译工作，仅为应付法国 CVS 公司总部检查，配合林某尔完成邮件接收、转发等毫无实际意义的工作，其所从事的少量辅助性工作也与获取的高额薪酬严重失衡。而在此期间，黄某平另行出资为法国 CVS 公司聘请翻译、接待法国 CVS 公司高层管理人员及商业伙伴等，前后花费约 130 万元。赵某某所获取的薪酬表面看源自法国 CVS 公司，但究其实质源自黄某平，即黄某平通过林某尔，假法国 CVS 公司"聘用"赵某某兼职，以较为隐蔽的方式，兑现其之前作出的资助赵某家在北京购房的承诺，与直接送与赵某财物并无本质区别。赵某某被提前解聘时，黄某平专门向赵某作解释，案发前赵某家人与黄某平就此实施两次串供、串证活动，也为例证。因此，一审判决认定黄某平安排赵某某挂名领薪，相应"薪酬"全额计入受贿数额是准确的。

## (四) 招标投标过程中以"陪标费"形式受贿的认定

招标投标行为作为市场交易的一种重要方式，旨在促进市场主体自主竞争，保护国家、集体、公民的合法权益免受损害，在招标投标过程中，投标者串通投标，抬高或者压低标价，投标者和招标者相互勾结排斥其他竞争对手，均为违法犯罪行为，任何单位或者个人借此所获取的投标报酬均为非法利益，情节严重的，构成犯罪。因此，即便张某某实际参与串通投标行为并获取投标费，也不可能存在所谓的"劳务收入"。在刘某玖支付张某某"陪标费"50 万元的这起事实中，张某某在王某和碍于刘某玖的情面，答应与她合作水泥供应业务后，虽然曾邀请胞弟张某东共同参与，张某东为此赴外地做了前期考察，虑及业务风险因素难以把控后作罢，但在市场经济条件下，商业经营的风险由市场主体自行承担，张某某的考察行为显然是为了自身利益而非环宇公司或刘某玖的利益，环宇公司或刘某玖对此无须承担任何费用。王某和借助刘某玖在交通建设领域的"能量"，帮助环宇公司拓展业务，并通过投标实际承接泗县至宿州高速公路路基工程水泥采购项目。在此过程中，王某和为感谢刘某玖的帮助并征求他的意见后，将之前分包部分工程给刘某玖、张某某的承诺，变更为按照水泥的实际供应量，支付刘某玖一笔"信息咨询费"，由刘某玖自行处理。赵某曾多次利用职权帮助刘某玖办理特殊车牌，并要求他帮助张某某从事道路工程项目，而刘某玖凭借赵某的职权显摆"能量"，联络、疏通社会关系，故在没有安排张某某承接部分水泥供应业务后，以安排张某某参与投标为由，将自己从环宇公司获取的"信息咨询费"中的50万元送给了张某某。在涉案投标活动中，张某某既无投标资质的公司，又无制作标书、参与投标的具体行为，仅是按照刘某玖要求如期交纳、接受返还投标保证金，其他参与投标行为均由刘某玖操纵完成。从保证金的缴纳至返还，前后不足三月，张某某由此"获利"50万元，周期短，利润大。从表面上看，张某某的获利源自环宇公司，但究其实质源自刘某玖，即刘某玖为了感谢和继续获得赵某的帮助，将环宇公司本应支付自己的部分资金转送给了张某某。因此，赵某及其辩护人辩称刘某玖、王某和没有直接给付其夫妇财物，只是间接创造了某种获利机会，所获取的陪标费并非贿赂，而是劳务收入的意见，是没有事实和法律依据的。

（撰稿：安徽省高级人民法院　陈华舒
审编：最高人民法院刑二庭　韩维中）

[第1400号]

# 杨某成受贿案

——职务犯罪涉案书画真伪如何认定

## 一、基本案情

被告人杨某成，男，汉族，原系江苏省盐城市体育局原党委书记。2017年12月7日被逮捕。

江苏省盐城市人民检察院指控被告人杨某成犯受贿罪，向盐城市中级人民法院提起公诉。

被告人杨某成辩解：(1) 其在"双规"期间受到变相刑讯逼供，故编造了部分犯罪事实，在侦查阶段为保持好态度，才继续保持了在纪委时的供述内容。(2) 对收受倪某峰财物一节中的五幅字画的鉴定结论有异议，书画均是流传有序的真品，不应认定为受贿。其辩护人还提出：被告人收受倪某峰财物一节事实中的字画的真假是以盐城市物价局价格认定中心的价格认定结论书为依据，该价格认定中心并无对字画真实性鉴定的资质和能力，虽价格认定结论书中提到"在南京市文物公司并聘请专家对价格认定标的进行了实物查（勘）验"，但无该公司盖章、专家身份、资质、签名等，形式上和实质上都不符合刑事诉讼程序中关于鉴定的相关规定，要求重新鉴定。

盐城市中级人民法院经审理查明：2003年至2017年，被告人杨某成在担任盐城市体育局局长、党委书记期间，利用职务便利，为薛某、盐城市建筑设计研究院有限公司等单位或个人谋取利益，先后收受薛某、陈某德、倪某峰等人贿送的款物，合计价值212.7749万元。其中，2010年上半年，杨某成以出售字画为名收受倪某峰7万元；2010年下半年，杨某成以出售字画为名收受倪某峰6万元；2012年下半年，杨某成以出售字画为名收受倪某峰6万元；2013年下半年，杨某成以出售字画为名收受倪某峰5万元；2014年春节前，杨某成以出售字画为名收受倪某峰8万元。（其他部分犯罪事实略）

盐城市中级人民法院认为，被告人杨某成作为国家工作人员，利用职务上的便利，索取、非法收受他人财物，数额巨大，为他人谋取利益，其行为已构成受贿罪。杨某成到案后能如实供述犯罪事实，依法可以从轻处罚。本案部分受贿事实中具有索贿情节，依法予以从重处罚。被告人杨某成检举揭发他人犯罪尚未查证属实，不构成立功。据此，依照刑法第三百八十五条第一款、第三百八十六条、第三百八十三条第一款第二项、第二款、第六十七条第三款、第六十四条，《最高人民法院、最高人民检察院关于办理贪污贿赂刑事案件适用法律若干问题的解释》第二条第一款、第十九条第一款之规定，判决如下：

一、被告人杨某成犯受贿罪，判处有期徒刑七年六个月，并处罚金人民币五十万元。

二、继续追缴被告人杨某成未退赃款人民币二百一十二万七千七百四十九元，上缴国库。

一审宣判后，被告人杨某成不服一审判决，提起上诉。

江苏省高级人民法院认为，上诉人杨某成身为国家工作人员，利用职务上的便利，非法收受他人财物，为他人谋取利益，其行为构成受贿罪，且属数额巨大。一审判决认定的其中一笔受贿事实，即王某和、王某翔为杨某成支付4万元鉴定费不构成受贿，一审判决认定其他事实清楚，证据确实充分，定性准确，量刑仍适当。据此，依照刑法第三百八十五条第一款、第三百八十六条、第三百八十三条第一款第二项、第二款、第六十七条第三款、第六十四条，《最高人民法院、最高人民检察院关于办理贪污贿赂刑事案件适用法律若干问题的解释》第二条第一款、第十九条第一款和刑事诉讼法第二百三十六条第一款第三项之规定，判决如下：

一、维持江苏省盐城市中级人民法院（2018）苏09刑初20号刑事判决第一项，即"被告人杨某成犯受贿罪，判处有期徒刑七年六个月，并处罚金人民币五十万元"。

二、撤销江苏省盐城市中级人民法院（2018）苏09刑初20号刑事判决第二项，即"继续追缴被告人杨某成未退赃款人民币二百一十二万七千七百四十九元，上缴国库"。

三、继续追缴上诉人杨某成未退赃款人民币二百零八万七千七百四十九元，上缴国库。

## 二、主要问题

（一）接受办案机关价格认定委托后，价格认定机构能否就涉案书画真伪进行鉴定？

（二）职务犯罪案件如何选取书画真伪鉴定机构？职务犯罪案件涉案书画鉴定能否参照文物犯罪刑事案件的鉴定规程？

（三）鉴定人未签字的书画鉴定意见能否采信？

## 三、裁判理由

本案系被告人通过向请托人高价出售自己书画藏品的形式收受贿赂，共涉及五幅书画作品，分别为：陶冷月《山水画》、边寿民《芦雁图》、江寒汀《花鸟画》、李亚《花卉画》、李鱓书法《畅我情怀》。案件审理过程中，对于该五幅书画作品的来源、真伪，除被告人在侦查阶段的供述外，难以收集到其他客观证据予以印证，被告人在法院审理期间推翻其在侦查期间所作的有关供述，否认其向请托人高价出售赝品书画藏品的受贿事实。考虑到五幅书画的真伪对于书画价格有重大影响，进而影响到案件定罪量刑，且书画真伪的认定具有专业性，因此，一审、二审两级法院均决定启动鉴定程序，委托专业鉴定机构对书画真伪进行鉴定。案件审理过程中，主要对以下三个问题，进行了分析认定。

## (一) 价格认定机构不具有书画真伪鉴定的资质

本案一审期间，办案机关委托省物价局价格认定中心（现为省发展和改革委员会价格认定中心）对涉案五幅书画进行价格认定。物价局价格认定中心成立价格认定小组，聘请江苏省价格认定专家库中具有书画价格认定资质的三名专家对涉案书画进行了现场实物查（勘）验，在专家对涉案书画进行了真伪认定后，价格认定中心依据该真伪认定结论对涉案书画的价格进行了认定。专家对书画进行的真伪认定结论为：除李亚《花卉画》为真迹外，其余四幅书画均为假。

关于价格认定机构的做法是否适当，价格认定结论能否直接作为书画真伪及价格认定的证据予以采信，办案过程中形成了两种意见。第一种意见认为，物价局价格认定中心仅能对书画价格进行认定，其不具有书画真伪鉴定资质，不能委托此类专家对书画的真伪进行鉴定，应委托有书画真伪鉴定资质的专业鉴定机构对涉案书画进行重新鉴定，价格认定结论书不应作为定案证据采信；第二种意见认为，物价局价格认定中心已聘请专家对书画进行真伪勘验，并依照勘验结论进行了价格认定，价格认定结论书对书画真伪及价格的认定合法有效，应作为定案依据。

我们同意第一种观点，理由如下。

1. 价格认定机构仅有价格认定权

价格认定机构进行价格认定的职责和权限来源于价格法及国家发改委制定的《价格认定规定》，价格认定机构的价格认定工作是价格工作的一种。《价格认定规定》第二条规定："价格认定是指有关国家机关提出，价格认定机构对纪检监察、司法、行政工作中所涉及的，价格不明或者价格有争议的，实行市场调节价的有形产品、无形资产和各类有偿服务进行价格确认的行为。"根据该规定，价格认定机构的职责是对价格认定标的价格进行认定，而价格认定标的的真伪属于事实认定问题，需要办案机关在进行价格认定委托前确认和查明。国家发改委价格认证中心制定的《价格认定行为规范》第十三条规定："有下列情形之一的，价格认定机构应当书面告知提出机关补充相关材料：……（三）应当提供有效的真伪、质量、技术等检测、鉴定报告而未提供的。"因此，办案机关在进行价格认定委托时，应首先查明价格认定标的的真伪，价格认定机构无权对涉案标的的真伪进行认定，若委托机关未就价格认定标的的真伪进行认定，价格认定机构有权要求委托机关补充认定材料。

2. 现场勘验仅是价格认定的手段和方式，并非对涉案书画进行真伪鉴定

《价格认定行为规范》第十七条规定，"价格认定人员应当对价格认定标的进行实物查验、核实或者勘验，并记录查验或者勘验情况"；第二十条规定，"对属性特殊、专业性强的价格认定标的，查验或者勘验时可以聘请相关专家参加"；第二十一条规定，"查验或者勘验结果与价格认定协助书内容或者提出机关提供的相关材料不符时，价格认定机构应当要求提出机关书面予以明确，或者重新出具价格认定协助书"。根据上述规定，实物勘验目的在于对价格认定标的的基本情况予以查明，收集影响价格的相关信息，将查验结果与价格认定协助书进行核对，聘请相关专家参加是为了进一步增强对特殊价格

认定标的的了解，更有利于核对、确认相关价格信息，并非为了确定价格认定标的的真伪。

3. 即使物价局价格认定中心聘请的专家具有书画鉴定资质，但该书画真伪认定结论仍不宜视为鉴定意见

本案中价格认定机构聘请的三名专家系江苏省物价局价格认定专家库中的价格认定专家，且该三名专家同时就职于有书画鉴定资质的博物馆，尽管不排除三名专家具有书画鉴定资质，但根据《最高人民法院关于适用〈中华人民共和国刑事诉讼法〉的解释》（以下简称《刑事诉讼法解释》）第八十五条规定："对鉴定意见应当着重审查以下内容：（一）鉴定机构和鉴定人是否具有法定资质；……"即司法鉴定的鉴定机构和鉴定人均需要具有法定资质，在价格认定机构不具有法定鉴定资质的前提下，其组织专家对涉案书画进行真伪认定不符合法律规定，即使其聘请的专家具有书画鉴定资质，其所作的真伪认定结论仍不宜采信。

（二）职务犯罪涉案书画鉴定可以参照文物犯罪刑事案件的鉴定流程

关于书画鉴定机构的选取，第一种意见认为，应参照国家文物局、最高人民法院、最高人民检察院、公安部、海关总署共同制定的《涉案文物鉴定评估管理办法》（以下简称《文物鉴定评估办法》）的规定，选取国家文物局指定的涉案文物鉴定评估机构和予以备案的文物鉴定评估人员，对涉案书画进行真伪鉴定。第二种意见认为，《文物鉴定评估办法》系根据文物保护法、《最高人民法院、最高人民检察院关于办理妨碍文物管理刑事案件适用法律若干问题的解释》（以下简称《妨碍文物管理刑事案件解释》）制定，《文物鉴定评估办法》第二条规定"本办法所称涉案文物，专指文物犯罪刑事案件涉及的文物或者疑似文物"，因此，《文物鉴定评估办法》仅适用于文物犯罪刑事案件涉及的文物或疑似文物鉴定评估，本案为职务犯罪，且本案争议标的为书画，与文物不同，不应参照《文物鉴定评估办法》的有关规定对涉案书画进行鉴定。

我们同意第一种意见，认为本案涉案书画应参照《文物鉴定评估办法》进行真伪鉴定。理由如下：

1. 涉案四幅书画如果为真迹，均应系具有一定历史、文化价值的珍贵艺术品，属于文物类书画范畴

（1）书画是书法和绘画的统称，是一个相对宽泛的概念。书画可分为文物类书画和非文物类书画。刑事诉讼所涉书画，应是具有一定经济价值且属于涉案财物的书画。在一些法律规范性文件或涉案财物论文中经常将书画与文物并列列举，这样的并列列举容易将书画与文物割裂区分，不利于我们认识到部分书画的文物属性。《文物鉴定评估办法》第九条对文物种类进行了划分，根据该条规定，"可移动文物鉴定评估的类别包括陶瓷器、玉石器、金属器、书画、杂项等五个类别"，即部分书画属于可移动文物范围。文物类书画的真伪对书画价值的认定具有巨大影响，鉴于该类书画作品真伪的判断具有专业性，故在选择鉴定机构、鉴定人时应慎重考量。

（2）可借鉴、参照文物保护法及其配套相关规定对涉案书画性质进行初步判断。文

物保护法及《文物保护法实施条例》将历史上各时代珍贵的艺术品、工艺美术品作为受国家保护的文物，刑事审判人员不可能对哪些书画属于珍贵的艺术品有明确的认识，但可以参照文化和旅游部、国家文物局相关可操作性的规定，结合司法办案实践进行适用。《文物进出境审核管理办法》规定，文物进出境需要审核机构审核，审核中需要文物鉴定人员参加并进行鉴定。其中第八条规定："下列文物出境，应当经过审核：（一）1949年（含）以前的各类艺术品、工艺美术品……（六）国家文物局公布限制出境的已故现代著名书画家、工艺美术家作品。"文化部（现文化和旅游部）于2012年7月1日公布了《1949年后已故著名书画家作品限制出境名单》《1795年至1949年间著名书画家作品限制出境名单》；国家文物局于2013年发布了《1949年后已故著名书画家作品限制出境鉴定标准（第二批）名单》。根据上述文件规定，1949年以前的书画艺术作品、近现代以来列入上述名单的著名书画家的相关作品均可能属于国家保护的珍贵艺术品，如果刑事案件涉案书画属于上述规定范畴，均应属于文物类书画。

经查阅资料，本案四幅书画的作者均为我国书画界著名书画家。其中，边寿民（1684—1752）、李鱓（1686—1756）为清代著名书画家，是"扬州八怪"中的二位，作品符合上述《文物进出境审核管理办法》规定的"1949年以前的各类艺术品"的规定；江寒汀（1903—1963）被列入了上述《1949年后已故著名书画家作品限制出境名单》，上述书画作品参照前述标准均可能属于文物；陶冷月（1895—1985）的《山水画》虽不符合上述规定，但经调查咨询博物馆专家，陶冷月为近代著名的已故书画家，其作品价格不菲，具有一定的历史、文化价值，宜列入文物范畴，故上述四幅书画作品均可委托文物领域的专业鉴定机构就书画真伪进行鉴定。关于李亚的《花卉画》，一审采信了价格认定中心的价格认定结论，认定该作品为真品，价格为2500元，由于该作品的金额较小，且认定该作品为真系有利于被告人的认定，从诉讼效率及经济的角度考量，二审期间没有必要再就该作品的真伪进行鉴定。

2. 对职务犯罪文物类书画参照《文物鉴定评估办法》鉴定符合立法原意

2018年《文物鉴定评估办法》出台后，为便于理解执行，国家文物局相关部门负责人曾就《文物鉴定评估办法》对涉案文物鉴定评估是如何定位和定性的问题进行解答：涉案文物鉴定评估在《文物鉴定评估办法》中定位于开展文物犯罪刑事案件涉及的文物或疑似文物的鉴定评估，包括刑法分则第六章妨碍文物管理罪中规定的有关文物犯罪和刑法分则其他章节中规定的走私文物罪等罪名涉及的文物鉴定评估，以及其他刑事犯罪，例如，贪污罪、受贿罪、盗窃罪可能涉及的文物鉴定评估。因此，《文物鉴定评估办法》的适用范围覆盖了刑事案件中可能涉及的任何文物的鉴定评估，不仅仅适用于文物犯罪刑事案件。

3. 对文物类书画进行真伪鉴定属于《文物鉴定评估办法》规定的鉴定评估内容

《文物鉴定评估办法》第十一条规定："可移动文物鉴定评估内容包括：（一）确定疑似文物是否属于文物；（二）确定文物产生或者制作的时代；……（六）其他需要鉴定评估的文物专门性问题。……"确定疑似文物是否属于文物、文物的产生或者制作年代，即可确定涉案文物类书画的真伪。

4. 参照《文物鉴定评估办法》的有关规定对涉案书画进行鉴定有利于保障被告人的权利

就本案涉案书画鉴定机构的选择,我们向不同省份的多个单位询问、了解,有的单位认为可直接委托当地的博物馆进行书画真伪鉴定;有的单位选取的艺术品鉴定公司(工商登记备注为艺术品鉴定);有的单位建议我们委托文物商店或文物拍卖行。同上述做法相比较,我们认为由办案机关委托《文物鉴定评估办法》规定的国家文物局在全国范围内遴选的指定的涉案文物鉴定评估机构更具有专业性与科学性,更有利于保障被告人的权利。

(1) 一般国有博物馆(院)机构不具备文物鉴定资质。《文物鉴定评估办法》系根据文物保护法、《妨碍文物管理刑事案件解释》制定,国家文物局依据《文物鉴定评估办法》分两批在全国范围内遴选的41家国有文物博物馆均具有文物鉴定资质,这些鉴定机构亦当然具有书画类文物的鉴定资质,除这41家国有文物博物馆机构外的其他文物博物馆均无刑事案件涉案文物鉴定资质。

(2) 艺术品鉴定公司通常不具有文物类书画鉴定资质,且不具备文物类书画的鉴定能力。部分书画是文物,非文物类书画多为现代艺术品,部分公司工商登记为艺术品鉴定亦是针对该类现代艺术品,该类公司均没有文物鉴定资质,且亦不具有对文物类书画进行鉴定的专业人员、知识背景和硬件条件,因此,不应委托该类艺术品鉴定公司进行文物类书画鉴定。

(3)《文物鉴定评估办法》选取的鉴定评估机构具有业务质量的保障。承担涉案文物鉴定的机构均从国有文物博物馆机构中选取,除具有独立的法人资格和必要的硬件条件外,还具备较强的鉴定评估人员力量和鉴定评估组织经验。

基于上述理由,法院最终依照《文物鉴定评估办法》规定的程序,委托国家文物局指定的涉案文物鉴定评估机构对本案涉案书画进行真伪鉴定。

(三) 鉴定人未签字的书画鉴定意见不应采信

在决定对涉案四幅书画作品选取《文物鉴定评估办法》指定的鉴定机构进行鉴定后,我们了解到江苏省内具有涉案文物鉴定资质的单位有三家,分别为南京博物院、苏州文物商店、淮安博物馆。南京博物院接受委托后对本案涉案四幅书画作品先进行了鉴定,鉴定结论为四幅书画作品均为假,但南京博物院出具的鉴定报告中没有鉴定人签字,仅有南京博物院的公章。

关于该份鉴定报告能否作为定案证据,办案中存在两种不同意见。第一种意见认为,南京博物院并非仅就该份鉴定报告不进行鉴定人署名,该份鉴定报告为南京博物院专家现场鉴定所下结论,鉴定专家虽未在鉴定报告签字,但鉴定报告加盖了南京博物院公章,可作为定案证据。若对鉴定人或鉴定意见存在异议,可至博物院当面询问鉴定人。第二种意见认为,鉴定人签字是基本的鉴定原则,是强制性规定,未经鉴定人签字的鉴定意见一律不能作为定案的证据。

我们同意第二种意见,最终委托淮安博物馆对涉案四幅书画作品进行重新鉴定。理由如下：

1. 鉴定文书经过鉴定人签字才能作为定案证据是法律的强制性规定

《全国人民代表大会常务委员会关于司法鉴定管理问题的决定》（以下简称《司法鉴定管理问题的决定》）、司法部《司法鉴定程序通则》《文物鉴定评估办法》均对鉴定人签字作出了明确规定，《刑事诉讼法解释》第八十五条规定："鉴定意见具有下列情形之一的，不得作为定案的根据：……（七）鉴定文书缺少签名、盖章的。"鉴定人不签字的专家意见一律不得作为定案证据。《刑事诉讼法解释》第八十五条为强制性规定，未经鉴定人签字的鉴定意见不能作为定案证据。

2. 鉴定人签字代表了鉴定人对鉴定意见的认可，是鉴定人承担鉴定责任的依据

《司法鉴定管理问题的决定》第十条规定："司法鉴定实行鉴定人负责制度。鉴定人应当独立进行鉴定，对鉴定意见负责并在鉴定书上签名或者盖章。……"我国司法鉴定实行鉴定人负责制，因此，鉴定人对于其出具的鉴定意见应该承担责任，鉴定人在鉴定文书上签名或个人盖章，在代表鉴定文书源于签名者的同时，还代表着签名者确认文书的内容，并对文书的完整性及意见负责。鉴定机构在鉴定文书的盖章表明文书由该单位确认，是鉴定机构承担责任的依据，鉴定机构的盖章并不能代替鉴定人的签字，鉴定机构的盖章不是鉴定人承担责任的依据，鉴定人在鉴定机构在鉴定文书盖章的同时，需要在鉴定文书上署名或签章，作为其承担责任的依据。

3. 鉴定人签字有利于保障被告人的诉讼权利

本质上，鉴定人的鉴定意见对刑事诉讼被告人的权利产生了处置和影响，当事人应知道对其权利产生处置和影响的鉴定人姓名，以行使申请鉴定人回避、审查鉴定人资质、申请鉴定人出庭说明情况等诉讼权利，若鉴定人不在鉴定报告签字，则被告人的权利无法保障。

综上所述，二审法院依据法律及相关司法解释规定，委托国家文物局指定的涉案文物鉴定评估机构对本案涉案书画进行真伪鉴定，并严格按照刑事诉讼法关于证据的审查规定进行审查，最终采信了资质齐备、形式完整的文物鉴定意见，是正确的。

（撰稿：江苏省高级人民法院　刘蔼强　蒋凌军　王天奇
　　审编：最高人民法院刑二庭　韩维中）

[第1401号]

## 林某私分国有资产案

——国有企业改制过程中隐匿公司财产,转为改制后其个人和部分职工持股的公司所有的行为应如何定性

### 一、基本案情

被告人林某,男,汉族,1957年××月××日出生,原深圳市特发保税实业有限公司董事长、法人代表,兼任深圳市深发汽车实业有限公司董事长、法人代表。2013年4月19日被逮捕。

广东省深圳市人民检察院指控被告人林某犯贪污罪,向深圳市中级人民法院提起公诉。

被告人林某否认犯罪。其辩护人提出,林某的行为不符合贪污罪的构成要件,指控林某贪污23351368.92元没有事实依据;即使林某构成犯罪,也应当认定为私分国有资产罪,数额共计为2060381.3元;且林某具有自首等从轻情节,请求对其免予刑事处罚或适用缓刑。

深圳市中级人民法院经审理查明:2005年12月16日,深圳市投资控股有限公司批复同意深圳市特发保税实业有限公司(以下简称保税公司)开始进行国有企业改制,改制基准日为2005年12月31日,2007年2月12日改制完成。改制范围包括保税公司及其全资下属的深圳市深发汽车实业有限公司(以下简称深发公司)等。根据保税公司改制方案、员工持股章程及股权转让合同等文件,改制由改制前保税公司股东深圳市特发集团有限公司、深圳市特发投资有限公司将持有的100%股份转让给保税公司工会(包括员工32人、经营者1人)90%及自然人(经营者林某)10%的股权。其中,在保税公司工会持股中,被告人林某持股28.14%,员工持股30.32%,预留股份31.54%。林某作为保税公司和深发公司的董事长、总经理及法定代表人,在保税公司及深发公司改制过程中,利用职务上的便利,通过故意隐瞒原国有公司拥有的股权及其他无形资产的方式隐匿公司财产,转为职工集体(包括其本人)持有股份的改制后公司所有。具体事实如下:

1994年,深发公司与深圳市信洲小汽车服务公司(以下简称信洲公司)合作成立深圳市新信洲小汽车服务有限公司(以下简称新信洲公司),双方约定:深发公司将其投标取得的50个出租车运营牌指标中的40个有偿转让给信洲公司,信洲公司出资支付50个出租车运营牌照的指标费及50辆出租车的购车款(其中10个出租车运营车牌款及10辆

出租车购车款系信洲公司为深发公司贷款，深发公司所占20%股份的投资由信洲公司垫付，并约定该投资款从运营收入中偿还；深发公司实际投资10万元）。为符合当时国家有关规定要求，双方在工商登记资料中记载各占50%股权，但在合作协议书中则另行约定深发公司、信洲公司分别占20%、80%的股份。上述投资在深发公司的财务账中仅记载为投资款或应收款10万元。

新信洲公司经营初期处于亏损状态，深发公司一直未支付信州公司的垫付款，信洲公司于1999年将深发公司诉至法院，要求深发公司承担未按股份比例出资的民事责任。2001年，法院终审判决确认深发公司占有新信洲公司20%的股权。2005年，新信洲公司陆续向深发公司支付了1995年至2004年的利润款共计2060381.3元，被告人林某交待会计该笔款先不做账，上述款项后分多笔转至深发公司的其他多个账内或账外账号中。其中，对深发公司账内的款项以"往来款"等名目被隐匿，至保税公司改制完成后，上述款项才转入改制后的公司账号内。2005年保税公司改制期间，林某交代保税公司财务经理，要求深发公司会计将10万元投资款列为公司改制时的往来款纳入改制资产。保税公司改制期间，深发公司实际拥有的新信洲公司20%股权及该股权分红人民币1771588.18元（已扣除改制前深发公司从分红款项中支取的律师代理费288793.12元）均未列入公司改制资产内，后转为职工集体（包括林某）持有股份的改制后的深发公司所有。2010新信洲公司决定解散并成立清算组，2012年在工商登记机关办理注销登记手续。深发公司按占有新信洲公司20%股权分得10块出租车运营牌照以及10辆出租小汽车。经鉴定，在保税公司改制基准日，该10块出租小汽车营运牌照共计价值人民币7949535.4元，10辆出租小汽车共计价值人民币1117950元。

特发集团下属国有企业小梅沙旅游中心从深圳市运输局无偿划拨3块出租小汽车牌照。1988年7月，特发集团申请设立深发公司后，上述车辆及牌照挂靠深发公司经营并缴纳管理费，但牌照及车辆产权归小梅沙旅游中心。1993年10月，深发公司与深圳市运输局签订合同，每块牌照支付1.9万元后，将前述无偿分配的出租小汽车牌照转为有偿使用，但仍挂靠深发公司名下经营，产权仍归小梅沙旅游中心。2002年1月，小梅沙旅游中心与深发公司签订转让合同，将上述挂靠的3辆出租小汽车及运营牌照以总价48万元转让给深发公司所有。

保税公司改制期间，林某通过保税公司财务经理要求深发公司会计将上述3辆出租小汽车的营运牌照不列入上报的改制资产报表中，并将该3块营运牌照所对应的3辆出租小汽车列为行政用车，从而隐瞒了深发公司拥有的该3块出租小汽车营运牌照的存在，后转为改制后深发公司所有。经鉴定，在改制基准日，该3块出租小汽车营运牌照共计价值人民币2384860.62元。

另查明，2002年深发公司将其有偿取得使用的10块中巴跨市客运线路标志牌调整为7块。由于深发公司未达到经营资质要求，2003年9月5日，深圳市交通局同意将深发公司的7块大巴客运标志牌及对应车辆经营单位变更为深圳市中南服务巴士有限公司（以下简称中南公司），同时，取消深发公司道路班车客运经营资格，并对原有进站证、运营证予以收缴或者核销。但深发公司与中南公司签订《合作协议》约定上述运营车辆的实际产权、车辆牌照及品牌、线路经营权仍归深发公司所有。此后，深发公司在收取大朗车队（实际出资购车经营使用上述 7 块大巴客运标志牌）缴纳的挂靠费后又向中南公司支付挂靠费。在保税公司改制期间，深发公司未将上述 7 块大巴客运标志牌列入上报的改制资产报表中。

深圳市中级人民法院认为，被告人林某身为国有公司董事长、总经理及法定代表人，违反国家规定，在国有企业改制过程中，隐匿深发公司拥有的新信洲公司 20% 股权和分红，以及 3 块出租小汽车运营牌照，将其转为职工集体持股的改制后公司所有，林某作为直接负责的主管人员，其行为已构成私分国有资产罪。关于公诉机关指控的隐匿 7 块大巴客运标志牌的事实，根据深圳市交通局的批复，上述 7 块客运标志牌的经营权及使用权已为中南巴士公司所有，深发公司与中南公司的《合作协议书》违反相关行政法规的要求，深发公司并不能据此获得经营权和使用权。因此，上述道路客运班线标志牌不能作为深发公司拥有的财产而纳入改制资产范围，对公诉机关该项指控不予支持。依照刑法第三百九十六条、第六十四条和《最高人民法院、最高人民检察院关于办理国家出资企业中职务犯罪案件具体应用法律若干问题的意见》第二条第一款之规定，判决如下：

一、被告人林某犯私分国有资产罪，判处有期徒刑五年，并处罚金人民币一百万元，上缴国库；

二、追缴涉案出租小汽车营运牌 13 个、出租小汽车 10 辆、赃款人民币 1771588.18 元，退回特发集团。

宣判后，深圳市人民检察院以原判定性错误、量刑畸轻为由提出抗诉，被告人林某以深发公司从小梅沙旅游中心受让的 3 块出租小汽车牌照不应认定为犯罪对象等为由提出上诉。

广东省高级人民法院经审理认为，原判认定的主要事实清楚，证据确实、充分。原判认定深发公司不具备道路班车客运经营资质，深发公司已失去拥有 7 块客运线路标志牌的资格，故未将 7 块大巴客运标志牌列入本案犯罪对象正确，但深发公司与中南公司签署《合作协议书》并从中获取收益是客观事实，原判对上诉人林某隐匿深发公司 7 块大巴客运线路标志牌的收益人民币 1629868 元未计入犯罪数额不当，应予纠正并追缴。经审判委员会讨论决定，依照刑法第三百九十六条、第六十四条，《最高人民法院、最高人民检察院关于办理国家出资企业中职务犯罪案件具体应用法律若干问题的意见》第二条第一款，刑事诉讼法第二百二十五条第一款第三项①之规定，判决如下：

一、维持广东省深圳市中级人民法院（2013）深中法刑二初字第 319 号刑事判决第一项，即被告人林某犯私分国有资产罪，判处有期徒刑五年，并处罚金人民币一百万元，上缴国库；

二、撤销广东省深圳市中级人民法院（2013）深中法刑二初字第 319 号刑事判决第二项，即追缴涉案出租小汽车营运牌 13 个、出租小汽车 10 辆、赃款人民币 1771588.18 元，退回特发集团；

---

① 此处引用的是修正前的刑事诉讼法，即 2018 年修正的刑事诉讼法第二百三十六条第一款第三项。

三、追缴涉案出租小汽车营运牌 13 个、出租小汽车 10 辆、赃款人民币 1771588.18 元及隐匿 7 块大巴客运线路标志牌收益人民币 1629868 元，退回深圳市特发集团有限公司。

## 二、主要问题

（一）国有企业改制过程中隐匿公司财产，转为其个人和部分职工持股的改制后公司所有的行为应如何定性？

（二）行政划拨的出租车营运牌照等无形资产是否属于国有资产范围？

## 三、裁判理由

（一）国有企业改制过程中隐匿公司财产，转为其个人和部分职工持股的改制后公司所有的行为，应根据改制后公司的股权情况进行区分定性

随着国有企业改制的不断深化和经济转型的进程深入推进，国有企业呈现出多样性和复杂性的特点，同时职务犯罪现象突出。转型期国有企业中的职务犯罪具有一定的特殊性，司法机关在处理这类案件时经常遇到一些新情况、新问题。正确界定转型期国有企业中的相关职务犯罪，对规范国有企业改制行为，防止国有资产的流失，加强产权保护，确保市场经济的健康持续快速发展具有重要作用。

国有企业改制过程中，很多企业是通过设立内部职工参股的形式对公司进行改制。公司、企业在改制过程中隐匿公司、企业财物归职工集体持股的改制后公司所有的行为的性质认定，是司法实践中较为棘手的一个问题。为此，《最高人民法院、最高人民检察院关于办理国家出资企业中职务犯罪案件具体应用法律若干问题的意见》（以下简称《国企职务犯罪意见》）第二条第一款规定，国有公司、企业违反国家规定，在改制过程中隐匿公司、企业财产，转为职工集体持股的改制后公司、企业所有的，对其直接负责的主管人员和其他直接责任人员，以私分国有资产罪定罪处罚；该条第二款规定，改制后的公司、企业中只有改制前公司、企业的管理人员或者少数职工持股，改制前公司、企业的多数职工未持股的，以贪污罪定罪处罚。第一款和第二款的区分关键就在于改制后公司的股权情况，即改制后公司是属于职工集体持股还是高管或少数职工持股。

本案中，改制前深发公司拥有的新信州公司 20% 股权、3 块出租小汽车牌照及 7 块大巴客运线路标志牌，改制后仍作为无形资产由深发公司（股东为保税公司）所有。涉案 10 块出租小汽车营运牌照（第一单）的 206 万余元分红款，亦由深发公司和保税公司所有，被告人林某个人未占有。因此，对林某的行为性质存在争议，主要分歧在于对本案是适用《国企职务犯罪意见》第二条第一款，还是适用第二款，对于本案改制后公司是属于职工集体持股的公司还是少数职工持股的公司，存在两种观点。

第一种观点认为，被告人林某及改制后公司职工持股的问题，应当综合考虑国企改制的特殊背景及个别企业的特殊性，不能以经营层控股、经营者持大股就简单地否定企业为职工集体持股。从外部股权及职工内部股权关系看，林某并非处于控股地位，鉴于

管理人员持大股、职工集体持小股的做法是特定时期内国有企业改制的通行做法,对林某按照直接负责的主管人员应以私分国有资产罪定罪处罚。

第二种观点认为,从改制后各职工持股比例和公司的控制权来看,被告人林某在改制后保税公司中个人和通过员工持股会持有的股份总额超过其他职工持股比例的总额,是改制后保税公司的绝对控制人和财产受益人,因此,改制后保税公司属于少数人持股公司。对林某的行为应以贪污罪定罪处罚。

我们同意第一种观点。

实践中,国企改制后的股权情况较为复杂,改制后全体职工平均持有股份或仅有少数高管持股,即股权绝对分散或绝对集中的情况并不多见,而经营层控股、经营者持大股,生产、技术、管理骨干及一般员工持相当比例的股份,即股权相对集中以优化股权设置的情况较为多见。实践中,在设立内部职工持股的有限责任公司时,企业可以根据自己的实际情况,灵活选择内部职工的持股形式:可以由持股职工以自然人的身份直接持有,可以由持股职工共同出资成立的有限责任公司或股份有限公司持有,也可以工会社团法人的名义持有。实行工会持股一般是因为国企改制为有限责任公司时职工人数过多,为了符合公司法对有限责任公司登记股东人数为2—50人的限制性规定,故在企业改制时采取由个人与工会在工商登记机关登记的方式,职工与企业之间不直接发生关系,由工会代表职工跃升为公司股东,将职工股集体塑造成一个独立的投资主体,使众多职工的股权转为间接持股。

《国企职务犯罪意见》规定了区分的基本原则,但难以对实践中各种复杂情形一一作出规定。对于何为"职工集体持股",如何确定高层管理人员与普通职工的持股比例问题,《国企职务犯罪意见》中并没有明确规定。我们认为,在持股比例问题上,还存在一个具体情况具体分析的问题。考虑到管理人员持大股,职工集体持小股是过去一段时期内企业改制的通行做法,故不能简单据此认定为贪污。但是,对于数额比例明显极端的个案,究竟属于私分国有资产还是贪污,则有必要根据案件具体情况进行实质认定。应当综合考虑国企改制的特殊背景及个别企业的特殊性,对职工集体持股的认定不宜把握太严——要求企业职工必须人人持股、均衡持股,不能以经营层控股、经营者持大股就简单将企业排除在职工集体持股的情形之外。

本案中,改制后的保税公司即是采取自然人与工会共同持股的方式。保税公司的改制方案、员工持股章程等文件证明,改制前保税公司股东特发集团、特发投资有限公司将持有的100%股份转让给保税公司工会(包括中层人员及一般员工32人、经营者1人)90%及自然人(经营者林某)10%的股权。在保税公司工会持股中,被告人林某持股28.14%,员工持股30.32%,预留股份31.54%。而关于林某及改制后公司职工持股的问题,保税公司2003年11月向特发集团提交的改制方案中第五项规定:按照批准的股权分配方案,确定各投资人的持股数量,制定持股会章程,约定股权由工会代持,确认经营者及员工通过工会受让国有股权;第六项规定:鉴于保税公司目前经营风险较大,尤其是以前经营进出口贸易带来的金融风险尚需规避,因此,在股权分配的过程中倾斜经营者持大股,加大经营者的风险与责任意识;第九项规定:严格依照上级的正常和程序,保证员工的知情权,保证员工自愿购股,对于需要现金补偿的员工,尽量以现金支付。从保税公司的改制方案及公司的股权模式可以看出:第一,保税公司改制中,员工是自愿选择参与改制后公司的持股或者领取补偿金;第二,职工不同比例地持有公司股份,就对公司承担相应比例的责任,经营者持有较大比例的股份系为增加其经营风险及责任;第三,公司中层管理人员与一般员工通过工会下设的持股会持有改制后的保税公司股份,并由工会作为出资者按投入公司的资本额代表持有内部职工股的员工行使股东的权利义务。员工通过职工持股会按投入持股会的资金额享有出资者的资产权益、重大决策等。从外部股权关系看,林某作为个人股东只占10%的股份,并非处于控股地位;从职工内部股权关系看,林某占28.14%的股份,其在持股会也并非属于绝对控制地位,除林某之外,中层干部及普通职工还占有30%的员工股份,公司利益并非仅代表林某个人的利益;从国企改制的制度设置看,允许职工自由持股、自愿持股或不持股。综合上述情况,我们认为,不宜根据林某持有较大比例的股份进而认定本案属于《国企职务犯罪意见》第二条第二款规定的"改制后的公司、企业中只有改制前公司、企业管理人员或者少数职工持股,改制前公司、企业的多数职工未持股的"情形。

综上所述,一审、二审法院根据本案的具体情况,依照刑法第三百九十六条及《国企职务犯罪意见》第二条第一款的规定,认定被告人林某构成私分国有资产罪,是准确的。

(二)行政划拨的出租车营运牌照等无形资产亦属于国有资产范围

关于公诉机关指控的隐匿涉案财产中深发公司拥有的3块出租车运营牌照部分,被告人林某及其辩护人辩称该3块出租车运营牌照系行政划拨,只有使用权,没有产权,故在改制时未列入深发公司资产范围,不属于犯罪。我们认为,行政划拨的出租车营运牌照等无形资产、财产性利益的财产可以成为刑法规定的相关犯罪的犯罪对象,理由如下。

2009年施行的企业国有资产法第二条规定:"本法所称企业国有资产(以下称国有资产),是指国家对企业各种形式的出资所形成的权益。"2011年修订的《企业国有资产监督管理暂行条例》第三条规定:"本条例所称企业国有资产,是指国家对企业各种形式的投资和投资所形成的权益,以及依法认定为国家所有的其他权益。"中国资产评估协会1996年5月7日颁布的《资产评估操作规范意见(试行)》(该意见虽于2011年2月21日废止,但在保税公司改制期间有效)第九十二条、第九十四条规定:无形资产是指特定主体控制的不具有独立实体,而对生产经营长期持续发挥作用并带来经济利益的一切经济资源;无形资产包含生产许可证、特许经营权、租赁权、土地使用权等;无形资产评估须以产权利益主体变动为前提或假设前提,以无形资产的获利能力为评估对象,以无形资产所能产生的收益为基础,如果某项无形资产成为其他资产发挥效用或生产经营活动中必不可少的因素,一般它就应该成为评估对象。《国企职务犯罪意见》也规定,隐匿公司、企业财产的方式包括故意低估资产、隐瞒债权、虚设债务、虚构产权交易等。《最高人民法院、最高人民检察院关于办理商业贿赂刑事案件适用法律若干问题的意见》第七条指出,商业贿赂中的财物,既包括金钱和实物,也包括可以用金钱计算数额的财产性利益。《最高人民法院、最高人民检察院关于办理贪污贿赂刑事案件适用法律若干问题的解释》第十二条规定，贿赂犯罪中的"财物"，包括货币、物品和财产性利益。财产性利益包括可以折算为货币的物质利益如房屋装修、债务免除等，以及需要支付货币的其他利益如会员服务、旅游等。

根据上述法律法规及司法解释的规定，相关犯罪的犯罪对象既包括有体物，也包括无形资产、财产性利益等。本案中，根据深圳市交通局复函、深发公司的情况说明等证据证实，涉案3块出租车牌照经历了三个阶段：一是行政审批无偿使用阶段。1988年深圳市以行政审批方式无偿划拨出租小汽车经营指标供出租小汽车经营企业使用。此时，该3个牌照属于特发集团下属国有企业小梅沙旅游中心所有，因其无出租小汽车经营权，故挂靠深发公司名下营运，深发公司收取管理费。二是有偿使用阶段。1991年深圳市运输局下发通知，要求无偿分配的出租小汽车营运指标均采取议标方式转为有偿使用性质，经营单位具有永久使用权，但不得转让。2002年1月18日，深发公司和小梅沙旅游中心签订转让合同，约定深发公司以每台出租车和议标营运牌照使用权16万元的价格购买了3台车辆及牌照使用权，并由深发公司办理完过户手续。三是取得营运牌照阶段（改制后）。2007年4月6日，深圳市交通局下发通知，要求将原行政审批牌照补缴差价并转换营运牌照证书，深发公司补缴每个议价营运牌照19.9万元的差价后，办理了议价营运牌照转为小汽车营运牌照的相关手续。由此可见，在2007年之前深发公司所拥有的上述出租车营运牌照，按照当时行政管理规定虽不允许转让，但深发公司具有永久使用权，而作为一项特许经营权，其可行使占有、使用和收益的权利，也能够以金钱计算其经济价值，具有经济利益，是一项能为经营者带来效益或者收益的资产。因此，该部分资产应属于刑法及其相关司法解释所规定的"财产性利益"，或者说，属于无形资产，其应当属于国有资产的范畴，在企业改制时应当纳入改制时的国有资产。被告人林某在公司改制过程中要求财务人员隐匿不报上述3块出租车运营牌照并将对应的出租车报为行政用车的做法，属于隐匿资产行为。

综上所述，一审、二审法院将上述3块出租车运营牌照的相关利益纳入被告人私分国有资产的范围，是正确的。

（撰稿：广东省高级人民法院　何凌云　廖丽红
审编：最高人民法院刑二庭　韩维中）

[第1402号]

# 曾某明枉法仲裁案

——劳动仲裁中的枉法调解行为能否构成枉法仲裁罪

## 一、基本案情

被告人曾某明，男，1966年××月××日出生。案发前系福建省武平县人力资源和社会保障局劳动关系股股长兼武平县劳动人事争议仲裁院院长、武平县劳动人事争议仲裁委员会仲裁员。2017年9月30日被取保候审。

福建省武平县人民检察院指控被告人曾某明的行为构成枉法仲裁罪，向武平县人民法院提起公诉。

武平县人民法院经审理查明：王某兴得知其民间借贷债务人王某贵担任原法定代表人的福建省武平县梁野山茶业有限公司（以下简称梁野山茶业公司）的土地及厂房被司法拍卖后，担心难以要回借款，不能参与法院执行案件的财产分配并优先足额受偿其债权（借款本息合计414700元），便于2017年7月29日找到其堂妹夫被告人曾某明，并将王某贵个人欠其借款本息40余万元及梁野山茶业公司资产被武平县人民法院司法拍卖等相关情况告知曾某明，希望能假借梁野山茶业公司拖欠工人工资形式申请劳动仲裁，进而能够凭借仲裁文书参与法院执行分配，以期能尽快足额拿回借款本息。曾某明在王某兴央求下，碍于亲戚情面，答应为其作劳动仲裁调解处理，并要求其与对方沟通及准备好相关仲裁申请材料。

之后，王某兴征得时任梁野山茶业公司法定代表人王某福（王某贵之子）的同意后，收集了自己和亲友共计13人的身份证复印件，虚构了梁野山茶业公司拖欠前述13人工资共414700元的劳动仲裁申请材料。2017年7月30日上午，王某兴将相关仲裁申请材料送给被告人曾某明审查，曾某明明知申请人中有多人系其亲戚，不可能是梁野山茶业公司工人的情形下，仍然告知王某兴工人工资表不能只有每个人的工资总额而应把每人每月的工资做成明细表格等修改事项，指导王某兴对虚假仲裁申请材料进行了补充和修改，并据此制作了劳动仲裁调解笔录。当日下午，王某福到曾某明办公室，在调解笔录及虚构的工人工资表等申请材料上签字并加盖公司印章，曾某明当即未经合议就制作履行期限为2017年8月15日、落款时间为2017年7月30日的仲裁调解书，盖章后当场送给王某兴和王某福。经曾某明同意，王某兴将调解笔录及仲裁申请书带回并暗中背着曾某明冒签了申请人王某鑫、周某兴的名字后于次日交给曾某明。

2017年7月31日上午，王某兴持上述仲裁调解书等材料到武平县人民法院申请执行，因履行期限未到以及送达程序等问题未果。随即，王某兴再次找到被告人曾某明帮忙，曾某明应王某兴要求重新修改了调解笔录及仲裁调解书上的履行期限，交代工作人员将案件相关信息补录入电脑系统，制作了立案受理表、结案审批表、文书审批单等文书并层交不知情的相关领导审批签发后，在其他仲裁员不知情的情况下重新制作了包括"梁野山茶业公司同意支付王某兴等13人工资款合计414700元，并同意在土地拍卖款中由武平县人民法院直接支付到县人社局农民工工资账户"等内容、履行期限及落款时间均为2017年7月31日、仲裁庭成员包括首席仲裁员曾某明、仲裁员钟某才、仲裁员艾某香的武劳仲案〔2017〕19号武平县劳动人事争议仲裁委员会仲裁调解书和送达证明交给王某兴。同时，曾某明将空白送达回执及修改后的调解笔录交给王某兴，让其一并给王某福和其他申请人代表签字盖章后交回。同日，王某兴持该仲裁调解书和送达证明等相关材料再次向武平县人民法院申请执行。2017年8月4日，武平县人民法院予以受理并向梁野山茶业公司发出（2017）闽0824执888号执行通知书，责令被申请人梁野山茶业公司向申请人王某兴等人支付工资414700元及利息。几天后，曾某明觉得虚假的仲裁调解不妥，要求王某兴向法院撤回执行申请，但遭对方拒绝。

2017年8月22日，武平县人民检察院发现武劳仲裁案〔2017〕19号仲裁调解案属虚假案件，经其建议，武平县劳动人事争议仲裁委员会于2017年8月24日决定撤销武劳仲裁案〔2017〕19号劳动争议案件，武平县人民法院于2018年8月29日裁定终结执行（2017）闽0824执888号案件。

武平县人民法院认为，被告人曾某明作为依法承担仲裁职责的劳动人事争议仲裁委员会仲裁员，故意违背事实和法律规定，明知是虚假诉讼事实和伪造的证据，仍徇私情协助他人补强伪证并予采信，使不在受案范围的民间借贷纠纷变通形式后得以仲裁立案受理，对实际不存在劳动关系的虚假劳动争议擅自启动仲裁程序，刻意规避证据审查与事实认定程序，未经合议即以仲裁庭名义违法制作劳动仲裁调解书且送达，导致该仲裁调解书通过法院立案审查进入民事诉讼执行程序，其利用职权积极帮助他人实施虚假诉讼的行为，妨害司法和仲裁秩序，损害了司法权威和仲裁公正性，并严重威胁民事诉讼执行案件当事人的财产安全，涉案标的达414700元，情节严重，其行为构成枉法仲裁案。被告人有自首情节，依法可以从轻处罚。结合其犯罪情节和悔罪表现，依法可适用缓刑。依照刑法第三百九十九条之一，第六十七条第一款，第六十一条，第四十五条，第七十二条第一款，第七十三条第二、三款之规定，判决如下：

被告人曾某明犯枉法仲裁罪，判处有期徒刑六个月，缓刑一年。

一审宣判后，被告人曾某明提出上诉。理由是原判认定事实和适用法律错误，其辩称枉法仲裁罪适用的主体是仲裁法意义上的仲裁员，而不包括劳动争议调解仲裁法意义上的仲裁员，枉法仲裁罪针对的是仲裁员枉法作出仲裁裁决的行为，其从未作出仲裁裁决，仅仅是作出调解书，其行为未造成也不可能造成债权人的任何实际损失，情节显著轻微，尚未达到枉法仲裁罪的"情节严重"这一法定构成要件，应改判其无罪。

福建省龙岩市中级人民法院经审理查明的事实及证据与一审相同。龙岩市中级人民法院认为,枉法仲裁罪的主体是"依法承担仲裁职责的人员",除了仲裁法规定的仲裁员外,还包括根据劳动法、公务员法、《企业劳动争议处理条例》等法律、行政法规的规定,在由政府行政主管部门代表参加组成的仲裁机构中对法律、行政法规规定的特殊争议承担仲裁职责的人员,同理,枉法仲裁中的仲裁活动亦包括劳动争议仲裁;劳动争议调解仲裁法中的"调解"系调解组织进行的调解活动,与进入仲裁后仲裁员在作出裁决前应当先行组织的仲裁调解不同,劳动争议仲裁调解系在仲裁庭主持下进行的前置必经仲裁程序,亦是劳动争议仲裁活动的一部分,虽需双方当事人自愿,但与仲裁裁决一样,应当遵循合法的原则和查明事实、分清是非的原则,发生法律效力后,仲裁调解书亦具有与裁决书同等的法律约束力和执行力,同样,枉法作出的仲裁调解亦具有与枉法作出的仲裁裁决同等的危害性,故枉法仲裁应当涵盖枉法调解;"情节严重"是区分枉法仲裁行为罪与非罪的标准,判断枉法仲裁行为是否属于"情节严重",应当以枉法仲裁罪构成要件为基础,参照民事、行政枉法裁判罪的立案标准,综合考虑枉法仲裁行为的后果、枉法仲裁行为实施的方式和手段、行为人的动机和目的等要素。在本案中,虽然上诉人曾某明制作的虚假仲裁调解书最终未造成债权人等其他方的损失,但其主观故意明显,手段恶劣。综上所述,上诉人曾某明作为依法承担仲裁职责的劳动人事争议仲裁委员会仲裁员,为徇私情,故意违背事实和法律规定,明知是虚假的事实和伪造的证据仍予以采信,使不在受案范围的民间借贷纠纷变通形式后得以仲裁立案受理,对不存在实际劳动关系的虚假劳动争议擅自启动仲裁程序,并违反程序制作仲裁调解书,积极帮助他人实施虚假诉讼,情节严重,其行为已构成枉法仲裁罪。原判定性准确,量刑适当,应予维持。故依法裁定:驳回上诉,维持原判。

## 二、主要问题

(一)劳动争议仲裁员是否属于枉法仲裁罪的主体?
(二)枉法调解行为能否纳入枉法仲裁罪规制范围?
(三)如何认定枉法仲裁罪的"情节严重"?

## 三、裁判理由

(一)劳动争议仲裁员属于枉法仲裁罪的主体

犯罪主体是实施了犯罪行为、依法承担刑事责任的人;犯罪主体要件是刑法规定的、实施犯罪行为的主体本身必须具备的条件。任何犯罪行为都是由一定的犯罪主体实施的。分析刑法分则规定的各种犯罪,除单位犯罪外,犯罪主体按照要求的要件可分为两大类:一类犯罪主体是要求具备自然人和刑事责任能力两大基本要件;另一类犯罪主体是要求在具备上述两大基本要件的基础上,行为人还必须具备特定的身份。这两类犯罪主体又被称为普通犯和身份犯。我国刑法规定的枉法仲裁罪为身份犯,其主体为特殊主体。不管是学术界抑或是司法实践中皆较为一致地认为民商事仲裁人员为枉法仲裁罪的主体;而对于其他仲裁包括劳动争议仲裁、人事争议仲裁、土地承包仲裁等主体是否能成为该罪的主体,观点不一,实践中存在三种不同的观点。

第一种观点认为,本罪的主体应作广义的理解,即不仅包括从事民商事仲裁的人员,还包括劳动争议仲裁、人事争议仲裁、土地承包仲裁甚至是体育争议仲裁等相关仲裁主体。

第二种观点认为,本罪的主体既包括商事仲裁,也包括劳动仲裁。

第三种观点认为,本罪主体应作狭义上的理解,指的是1994年仲裁法所调整的民商事仲裁。理由是民商事仲裁有别于其他仲裁,其特有的一裁终局制度导致其救济途径缺失,进而产生枉法仲裁后果的发生,而其他仲裁裁定并不是终局的。

本案主要探讨劳动争议仲裁人员能否与民商事仲裁人员一样成为该罪主体。我们认为,劳动争议仲裁员能够成为枉法仲裁罪的主体。

1. 从立法目的来看,劳动争议仲裁属枉法仲裁罪调整范围

2006年刑法修正案(六)在刑法第三百九十九条司法工作人员枉法犯罪之后增设以仲裁人员为主体的枉法仲裁罪,其目的就是打击、防范与枉法裁判在本质上极其相似的枉法仲裁行为。劳动仲裁被动、居中、独立地解决当事人之间的实体权利义务纠纷,具有准司法属性,也应当成为本罪调整范围。另外,从渎职犯罪主体角度分析,枉法仲裁罪规定在渎职罪一章中,而且是与司法工作人员的徇私枉法罪、民事、行政枉法裁判罪、执行判决、裁定滥用职权罪规定在同一条文中,如果从强调主体身份一致的角度上看,劳动仲裁相对于民商事仲裁而言,不仅具有社会性,一定程度上还具有行政性,更有理由成为本罪规制的对象。

2. 从侵害法益来看,劳动争议枉法仲裁侵害的法益包含在枉法仲裁罪所侵害的法益之中

仲裁作为决定当事人权利义务的一种争议解决机制,要求仲裁人员必须公正不倚地依法裁判。仲裁人员的枉法裁判行为不仅破坏了一个国家的正常仲裁秩序,还会给当事人合法权益造成侵害,损害仲裁机构及其工作人员在公众心目中的形象和威信。劳动争议枉法仲裁当然也不例外。

3. 从劳动仲裁具体规定来看,劳动仲裁具体操作与民商事仲裁无异

劳动争议调解仲裁法于2008年5月1日起生效实施,此后劳动仲裁都适用该法第三章"仲裁"的规定,不再适用劳动法、《企业劳动争议处理条例》中的相关规定,劳动仲裁与民商事仲裁性质上并无大的区别。如仲裁员均从审判员、律师、教师、人力资源管理人员或工会工作人员中聘任;仲裁实行仲裁庭制或者独任仲裁制,裁决按照仲裁庭多数仲裁员的意见作出,不能形成多数意见时,则按照首席仲裁员的意见作出;当事人享有申请回避、举证、质证、辩论等广泛权利;等等。虽然仲裁委员会由劳动行政部门代表、工会代表和企业方面代表组成,并且有权"讨论重大或者疑难的劳动争议案件",但主要从事案件受理、聘任或解聘仲裁员、监督仲裁活动、文书送达等行政管理及程序性工作,仲裁委员会对于重大或疑难案件的讨论也类似于法院审判委员会对案件的讨论,并不具体从事仲裁业务。因此,劳动仲裁中的仲裁员与民商事仲裁中的仲裁员一样,都是受聘任从事仲裁业务的。劳动仲裁裁决的作出,也体现了仲裁的民间性、社会性。

## （二）劳动仲裁中的枉法调解行为应纳入枉法仲裁罪规制范围

需要明确的是，这里所说的"调解"，是劳动争议调解仲裁法第三章"仲裁"中的调解，而非劳动争议调解仲裁法第二章"调解"中的调解组织进行的调解活动。仲裁调解，是指在仲裁程序中，双方当事人在仲裁庭的主持下，自愿协商、相互谅解，就争议的解决达成协议的活动。在案件受理后仲裁裁决作出之前，仲裁庭经双方当事人同意，均能进行调解。枉法仲裁罪的犯罪对象是仲裁裁决，仲裁裁决是仲裁庭按照仲裁法和仲裁规则在审理案件过程中或审结后，根据查明的事实和认定的证据，依法对当事人提交仲裁的争议事项所作的权威性决断。我们认为，仲裁活动中的枉法调解行为，也应当属于枉法仲裁罪的规制范围。

1. 劳动仲裁中的调解属于仲裁活动

劳动争议仲裁调解是指在仲裁庭主持下，仲裁当事人在自愿协商、互谅互让基础上达成协议，从而解决纠纷的一种制度。根据劳动争议调解仲裁法第四十二条规定，仲裁庭在作出裁决前，应当先行调解。调解达成协议的，仲裁庭应当制作调解书。《劳动人事争议仲裁办案规则》第四章"仲裁调解"，专门对仲裁调解作了详细的规定。显然，劳动争议仲裁调解系在仲裁庭主持下进行的前置必经仲裁程序，是劳动仲裁程序的有机组成部分。

2. 仲裁调解书与裁决书具有同等法律效力

根据劳动争议调解仲裁法规定，经仲裁庭调解，双方当事人达成协议的，仲裁庭应当制作调解书。调解书要写明仲裁请求和当事人协议的结果，并由仲裁员签名，加盖仲裁委员会印章，仲裁调解书经双方当事人签收后即发生法律效力，对于争议双方都具有法律约束力和执行力。当事人对发生法律效力的调解书、裁决书，应当依照规定的期限履行，一方当事人逾期不履行的，另一方当事人可以依照民事诉讼法的有关规定向人民法院申请执行，受理申请的人民法院应当依法执行。可见，仲裁调解书与仲裁裁决书均为仲裁庭在仲裁活动中对仲裁事项作出的实体或程序处置结果，在法律约束力、执行力上都是具有同等效力的。

3. 枉法调解的社会危害性与枉法裁决并无本质差别

劳动仲裁中的调解与裁决一样，同样要查明事实、分清是非，遵循合法原则。而枉法调解的本质与枉法裁决的本质相同，都是承担仲裁职责的人员超越当事人和法律的授权，故意违背事实和法律作出的有损当事人正当合法权益的枉法行为。两者均违背了仲裁员公平中立进行仲裁程序、勤勉审慎履行职责的基本职责要求，是对法律直接、严重的破坏。枉法调解与枉法裁决一样，一方面，侵犯了当事人的合法权益，使权益人的合法权益得不到应有的保障；另一方面，又扰乱了正常的仲裁活动，使人们丧失对仲裁公正性的信赖。

## （三）本案被告人曾某明的枉法调解行为属于"情节严重"

枉法仲裁罪是2006年刑法修正案（六）所增设的新罪名，并纳入"渎职罪"这一章节。枉法仲裁罪是指依法承担仲裁职责的人员，在仲裁活动中故意违背事实和法律作枉法裁决，情节严重的行为。"情节严重"是区分枉法仲裁行为罪与非罪的一个重要标准。对于"情节严重"的标准，目前虽然没有相关司法解释予以明确，但考虑枉法仲裁罪的犯罪构成要件除了犯罪主体以外，其余犯罪构成要件均与民事、行政枉法裁判罪相似，司法实践中可以参照民事、行政枉法裁判罪的立案标准。2006年7月26日，《最高人民检察院关于渎职侵权犯罪案件立案标准的规定》（以下简称《渎职侵权立案标准规定》）对民事、行政枉法裁判罪中的"情节严重"对此给予了解释："1. 枉法裁判，致使当事人或者其近亲属自杀、自残造成重伤、死亡，或者精神失常的；2. 枉法裁判，造成个人财产直接经济损失10万元以上，或者直接经济损失不满10万元，但间接经济损失50万元以上的；3. 枉法裁判，造成法人或者其他组织财产直接经济损失20万元以上，或者直接经济损失不满20万元，但间接经济损失100万元以上的；4. 伪造、变造有关材料、证据，制造假案枉法裁判的；5. 串通当事人制造伪证，毁灭证据或者篡改庭审笔录而枉法裁判的；6. 徇私情、私利，明知是伪造、变造的证据予以采信，或者故意对应当采信的证据不予采信，或者故意违反法定程序，或者故意错误适用法律而枉法裁判的；7. 其他情节严重的情形。"实践中，判断枉法仲裁行为是否属"情节严重"，应以枉法仲裁罪构成要件为基础，参照上述规定，综合考虑枉法仲裁行为的主观恶性（包括动机和目的）、手段、后果等要素进行认定。

1. 从枉法仲裁的动机和目的判断

枉法仲裁罪的犯罪主观方面是故意，动机与目的并不是犯罪的构成要件，无论是出于徇私的动机，如贪图钱财、袒护亲友、泄愤报复或其他私情私利，还是出于其他如地方保护主义、受地方党政领导干预或为仲裁机构牟取不当利益等，均可以构成本罪。但是，行为人枉法仲裁的动机与目的，对于行为人主观故意的认定、行为是否能够认定为"情节严重"以及刑罚的裁量有着直接的关系。一般而言，行为人出于徇私情、私利而违背事实和法律作出错误裁决行为，主观故意明显，造成严重后果的，应当认定为"情节严重"。而对于行为人没有明确的动机和目的，违背事实和法律作出错误裁决行为的，则应当从行为人是否有明显违反法定程序，是否明知当事人及其代理人伪造、隐匿、毁灭证据，是否妨害证人作证，并结合行为人的业务水平等，综合分析与判断行为人是否有枉法仲裁的故意，如存在伪造、毁灭、隐匿证据或妨害证人作证行为的，即可认定存在枉法的故意，并进而判断是否为"情节严重"。如由于行为人的过失，或者因仲裁水平、能力的低下而造成错判的情形，则不能构成枉法仲裁罪。在量刑上，如因接受吃请、收礼受贿等原因徇私情枉法仲裁与受领导干预枉法仲裁相比，前者应明显重于后者。

本案中，被告人曾某明一开始就明知王某兴与梁野山茶业公司之间不存在拖欠劳动工资关系，也知道王某兴申请劳动仲裁的目的是使自己的个人债务在法院执行中得到优先支付，虽然其有所推脱，但还是碍于亲戚关系，对王某兴的非法要求予以答应；在王某兴第一次持仲裁调解书等材料向武平县人民法院申请执行未果的情况下，曾某明更加明确王某兴是要以虚假的仲裁调解书向法院申请执行，却一错再错，为了配合王某兴虚假诉讼的需要，故意违反法定程序，继续作出了更加完备的仲裁调解书（第二次的仲裁调解书有审批、有录入系统、有文号、更改了送达时间),最终使得王某兴的执行申请蒙混过关而被法院受理。因此,曾某明的主观动机是徇私情。

2. 从枉法仲裁的手段判断

《渎职侵权立案标准规定》对于枉法裁判罪中"情节严重"第4~6项规定的情形,都是严重侵犯对方当事人或第三人利益的裁决行为,体现的是法定程序和价值的严重破坏,这一点对于民事、行政诉讼抑或是仲裁并无本质的区别。对此,枉法仲裁罪完全可以参照适用。

本案中,被告人曾某明的行为符合《渎职侵权立案标准规定》第6项之规定"徇私情、私利,明知是伪造、变造的证据予以采信,或者故意对应当采信的证据不予采信,或者故意违反法定程序,或者故意错误适用法律而枉法裁判的",属于手段比较恶劣,表现在:一是在案件受理前私自会见当事人;二是明知是虚假的仲裁事实仍徇私情予以受理且未回避;三是明知是伪造的证据而协助他人补强伪证并予以采信;四是在王某兴第一次持仲裁调解书等材料向武平县人民法院申请执行未果的情况下,为了配合王某兴虚假诉讼的需要,故意违反法定仲裁程序,未经合议即以仲裁庭名义继续作出枉法仲裁调解。曾某明的枉法仲裁行为最终使得王某兴的执行申请蒙混过关而被法院受理。

3. 从枉法仲裁的后果判断

承担仲裁职责的人员的枉法仲裁行为给公民人身、财产和国家、集体财产造成重大损失和恶劣社会影响的,可以认定为"情节严重"。在以造成后果为主要评判标准时,也可以参照《渎职侵权立案标准规定》中第1~3项规定来判断,但应当考虑的是,毕竟民事、行政枉法裁判行为侵害的是国家司法机关的正常职能活动,且其法定刑要高于枉法仲裁罪,这说明枉法仲裁罪的社会危害性要低于民事、行政枉法裁判罪,所以在参照《渎职侵权立案标准规定》来认定枉法仲裁是否达到"情节严重"时,其标准可以根据当地实际情况略高于民事、行政枉法裁判罪。

需要指出的是,本罪是情节犯,即使未造成人员伤害、财产损失,当承担仲裁职责的人员有上文所述的其他严重情节,仍然可以构成本罪。至于原仲裁案件的裁决结果是否被撤销或执行,并不影响枉法仲裁罪的成立,可作为"情节严重"的辅助判断。

本案中,被告人曾某明作为首席仲裁员违法作出劳动仲裁调解书,导致该仲裁调解书进入民事诉讼执行程序,涉案标的额达414700元,因被司法机关及时发现而非曾某明或王某兴等人主动申请撤回才未造成实际财产损失,其行为严重扰乱了仲裁和司法秩序,降低了仲裁机构的威信及群众对仲裁活动公正性的信赖,并对其他债权人的合法权利构成严重威胁。

综上所述,一审、二审法院对被告人曾某明以枉法仲裁罪定罪量刑是正确的。

(撰稿:福建省龙岩市人民检察院　程　敏
审编:最高人民法院刑二庭　韩维中)

[第 1403 号]

# 黄某珠交通肇事案
—— 对于涉及因素复杂、社会影响大的案件，
如何把握认罪认罚从宽制度的适用

## 一、基本案情

被告人黄某珠，女，1969 年××月××日出生。2017 年 4 月 22 日被逮捕。

厦门市集美区人民检察院指控被告人黄某珠犯交通肇事罪，向集美区人民法院提起公诉，并请人民法院量刑时考虑如下情节：黄某珠犯罪后自动投案，如实供述自己的罪行，构成自首，可以减轻处罚，且已经部分赔偿被害人经济损失并取得部分被害人的谅解，可以酌情从轻处罚。

厦门市集美区人民法院依法组成合议庭，适用普通程序公开开庭审理了本案。被告人庭审对指控事实无异议，自愿认罪认罚。经审理查明，2017 年 4 月 8 日 10 时许，被告人黄某珠驾驶"闽 DL6557"号小型汽车（附载杨某鸣）从厦门市杏林大桥杏林东路出口下桥驶入集美区杏滨路，在西侧慢速车道内行驶至杏滨路与杏林东路交叉路口时，因误踩油门致车辆加速失控先冲上交叉路口西北角的安全岛，与在人行横道上横过杏林东路的行人傅某妹、廖某1、廖某2发生碰撞，后冲到杏林东路的南侧机动车道内，与该车道内的由北往南停车等候信号灯放行的由魏某义驾驶的"闽 DEP532"号两轮摩托车、彭某坤驾驶的"闽 D9S328"号小型汽车和徐某兵驾驶的"闽 DTE137"号出租车（附载高某）连续发生碰撞，造成四车车损及被害人傅某妹、廖某1当场死亡、被害人廖某2受伤经送医院抢救无效死亡，被告人黄某珠及被害人魏某义、彭某坤、徐某兵、高某、杨某鸣受伤的重大交通事故。经鉴定，被害人廖某2系头部受交通事故钝性外力作用致重型颅脑损伤而死亡；被害人傅某妹系头部受交通事故钝性外力作用致重型颅脑损伤合并创伤性失血性休克而死亡；被害人廖某1系头部、胸部受交通事故钝性外力作用致重型颅脑损伤合并胸腹脏器损伤而死亡；被害人魏某义因交通事故致左尺骨粉碎性骨折等，经手术治疗，目前左腕关节活动功能部分丧失，左腕关节功能丧失超过 25%但未达 50%，所受损伤系轻伤一级；被害人杨某鸣因交通事故致头部外伤，两根肋骨骨折等，所受损伤系轻伤二级；被害人徐某兵因交通事故致多根肋骨骨折，所受损伤系轻伤二级。交警部门经对事故现场勘查、调查取证及技术鉴定后认定，黄某珠驾车行驶时，因操作失误，误踩油门致车辆加速，在转弯时失控，造成车辆发生连续碰撞，负事故全部责任。

事故发生之后，被告人黄某珠明知他人报警但因受伤被120救护车送往医院治疗，并在医院治疗期间接受公安机关调查。归案后，黄某珠如实供述了上列犯罪事实，愿意接受处罚。黄某珠家属已代为赔偿被害人杨某鸣、魏某义、彭某坤、徐某兵、高某的所有经济损失，取得被害人杨某鸣、魏某义、彭某坤、徐某兵、高某的谅解，并赔偿死者家属丘某英部分经济损失人民币55万元（50万元赔偿款、5万元慰问金）。另查明，本案在审理期间，黄某珠的家属就本案的民事赔偿问题与死者家属达成赔偿协议，共赔偿死者家属合计人民币450万元（含之前支付的50万元赔偿款、2017年10月18日支付的339万元赔偿款及精神抚慰金、保险公司应当支付的商业险和交强险61万元）。死者家属对黄某珠表示谅解。

厦门市集美区人民法院认为，被告人黄某珠违反交通运输管理法规致发生交通事故，造成三人死亡、三人轻伤，其应负事故的全部责任，情节特别恶劣，其行为已构成交通肇事罪。公诉机关指控的罪名成立。黄某珠犯罪后自动投案，如实供述自己的罪行，系自首，依法可以从轻处罚。其家属能积极赔偿各被害人及被害人家属的经济损失并取得谅解，对黄某珠可酌情从轻处罚，对其适用缓刑不致再危害社会，可适用缓刑，辩护人提出的相关辩护意见理由充分，可以采纳。据此，依照刑法第一百三十三条、第六十七条第一款、第七十二条第一款、《最高人民法院关于审理交通肇事刑事案件具体应用法律若干问题的解释》第四条之规定，判决如下：

被告人黄某珠犯交通肇事罪，判处有期徒刑三年，缓刑四年。

一审宣判后，被告人黄某珠未上诉，检察机关未抗诉。判决已发生法律效力。

## 二、主要问题

对于涉及因素复杂，社会影响大的案件，如何把握认罪认罚从宽制度的适用，避免复杂案件简单化处理？

## 三、裁判理由

### （一）切忌通过认罪认罚从宽简单处理重大、复杂案件

认罪认罚从宽制度集程序与实体于一身，它赋予认罪认罚的犯罪嫌疑人、被告人以程序选择权，同时实体上给予从宽处理，以此鼓励犯罪嫌疑人、被告人自愿选择认罪认罚；它通过附带民事诉讼赔偿和刑事责任一体化解决促进被告人和被害人权益保障实现平衡。认罪认罚从宽制度不仅着眼于案件繁简分流，而且注重矛盾化解，实现恢复性司法。认罪认罚从宽制度虽没有适用罪名和可能判处刑罚的限制，但是认罪认罚从宽制度的适用应当坚持宽严相济刑事政策，对于民间矛盾引发的案件特别是过失犯罪，要找好宽严相济的平衡点，着力做好矛盾化解工作，实现社会和谐。对于涉及社会敏感因素、复杂背景、隐藏着风险的案件，即便是被告人认罪认罚，切忌一味图快，简单化处理。

**（二）被告人确有认罪认罚表现，程序上未按认罪认罚模式从简处理的，不影响实体从宽处罚**

根据刑事诉讼法第十五条的规定，犯罪嫌疑人、被告人认罪认罚的，可以依法从宽处理。这里的"从宽处理"包括实体从宽与程序从简两个方面，二者之间是相互独立的关系。基于案件本身情况，例如，案件涉及复杂因素，社会影响大，部分被告人不认罪认罚等，犯罪嫌疑人、被告人虽有认罪认罚表现，但程序上未按认罪认罚模式从简处理的，并不影响实体上对被告人从宽处罚。刑事诉讼法第十五条的规定是在程序法层面对宽严相济刑事政策的制度化和深化发展，是公安司法机关对认罪认罚犯罪嫌疑人、被告人可以"实体从宽、程序从简"的原则性依据，目的是鼓励真正的犯罪嫌疑人、被告人尽早向司法机关坦白罪行，获得从宽处理，多层次实现认罪认罚从宽制度的应有功能。

本案系交通肇事案，被告人开车时因一时紧张误把油门当成刹车踩而造成三人死亡、三人轻伤和多辆车辆受损的严重后果。其中死亡的三被害人系一家三口，祖孙三代，可想而知被害人家庭遭受打击之重。虽被告人具有自首情节，愿意接受处罚，并自审查起诉阶段起积极赔偿被害人损失，检察机关也提出自首减轻、赔偿酌情从轻处罚的意见，并建议在三年至四年间判处刑罚，但是一审法院作为认罪认罚从宽制度试点法院，考虑到该案后果严重，在当地影响较大，并未适用认罪认罚从宽制度简单处理，而是依法组成合议庭，适用普通程序公开审理此案，并把附带民事赔偿与刑事责任一体化解决，把妥善处理善后工作作为本案的重点。本案死亡被害人提出500余万元的巨额赔偿请求，被告人及其亲属无能力全额赔偿或者代赔，为避免附带民事判决无法执行，给被害人家属造成二次伤害，也避免矛盾的扩大化，一审法院对附带民事诉讼没有简单下判，合议庭成员努力做被告人家属工作，动员被告人家属向家族筹款。经过多方努力，附带民事诉讼双方当事人在人民法院主持下达成调解协议：被告人共赔偿死者家属合计人民币450万元（黄某珠家属支付389万元、保险公司商业险和交强险61万元），该赔偿款以现金的方式打入附带民事诉讼各原告指定的银行账户，各原告对被告人表示谅解，同意对被告人予以从轻处罚并适用缓刑。一审法院综合本案性质、情节、后果等因素，结合被告人具有自首、积极赔偿并获得谅解等法定从宽处罚情节，采纳辩护人提出的判处被告人缓刑的意见，判处被告人有期徒刑三年，缓刑四年。一审宣判后，被告人不上诉，检察机关不抗诉，被告人受到惩罚和教育，被害人身心得到慰藉，因犯罪破坏的社会秩序及时得到恢复，案件办理取得了好的法律效果和社会效果。

（撰稿：福建省厦门市集美区人民法院　宋一心
审编：最高人民法院刑一庭　杨立新）

[第 1404 号]

# 程某发危险驾驶案

——办理醉驾案件如何依法用足用好速裁程序

## 一、基本案情

被告人程某发，男，1969 年××月××日出生。2019 年 5 月 16 日被刑事拘留。

北京市海淀区人民检察院指控被告人程某发犯危险驾驶罪，于 2019 年 5 月 17 日向北京市海淀区人民法院提起公诉。

被告人程某发自动投案，如实供述自己的罪行，审查起诉阶段签署认罪认罚具结书，公诉机关建议判处程某发拘役二至四个月，并处罚金，建议适用速裁程序审理。

北京市海淀区人民法院于 2019 年 5 月 17 日适用速裁程序公开开庭审理，被告人程某发当庭自愿认罪认罚，对指控事实、罪名、量刑建议及适用程序均无异议。

北京市海淀区人民法院经审理查明：2019 年 5 月 15 日 22 时 15 分许，被告人程某发饮酒后驾驶一辆小型普通轿车行驶至北京市海淀区中关村东路与中关村南路交叉口发生交通事故，经北京市公安局公安交通管理局海淀交通支队中关村大队道路交通事故认定书认定，程某发负全部责任。当日 23 时 33 分，医务人员抽取程某发静脉血并留存，经鉴定该血液中酒精含量为 214.8mg/100ml，已达到国家人体血液酒精含量标准中规定的醉酒标准。

被告人程某发在现场等待并主动投案，后被传唤至公安机关，如实供述了犯罪事实。程某发已赔偿事故相对方经济损失人民币 25000 元，并获得谅解。

北京市海淀区人民法院认为，公诉机关指控被告人程某发犯危险驾驶罪的事实清楚，证据确实、充分，指控罪名成立。程某发酒后驾驶机动车，血液酒精含量超过 200mg/100ml；发生交通事故，且负事故全部责任，应依法对其从重处罚。鉴于程某发犯罪以后自动投案，如实供述所犯罪行，系自首，加之已经赔偿事故相对方损失，获得对方谅解，依法对其从轻处罚。公诉机关量刑建议适当，依法应予采纳。依照刑法第一百三十三条之一第一款第二项、第六十七条第一款、第五十三条之规定，判决如下：

被告人程某发犯危险驾驶罪，判处拘役二个月，罚金人民币四千元。

一审宣判后，被告人程某发未上诉，检察机关未抗诉，判决已发生法律效力。

## 二、主要问题

在醉驾案件激增的情况下，如何发挥好速裁程序的分流功能？

### 三、裁判理由

**（一）对醉驾案件应依法用足用好速裁程序**

自 2011 年刑法修正案（八）将"醉驾"入罪以来，案件数量呈爆发式增长，2017 年全国法院审结近 19 万件，占一审刑事案件总量的近七分之一。2018 年 10 月"醉驾"超过盗窃罪的收案数，跃居个人犯罪第一。2019 年全国法院审结近 32 万件，接近一审刑事案件总量的三分之一。醉驾案件激增，人民法院案多人少矛盾突出，发挥好速裁程序在实现案件繁简分流、轻重分离、快慢分道中的作用，优化司法资源配置至关重要。醉驾案件本身往往事实简单，犯罪嫌疑人、被告人主观恶性不大，系刑法降低入罪门槛，导致犯罪圈扩大的轻刑犯罪。2018 年修改后的刑事诉讼法在总结认罪认罚从宽制度和速裁程序试点经验基础上，规定认罪认罚从宽制度，增设速裁程序，旨在为轻罪案件处理提供一条"快车道"，实践中，醉驾案件处理要用足用好速裁程序，通过繁简分流，全流程提速，节约出司法资源向重大、疑难复杂案件倾斜。

**（二）醉驾案件处理要充分发挥速裁程序的功能**

与简易程序相比，速裁案件的审查起诉和审理期限更短，审理程序更加灵活，可以不进行法庭调查、法庭辩论，可以集中审理，文书可以简化，应当当庭宣判。这些程序设置，有利于提高诉讼效率，缩短诉讼周期，减少当事人诉累。醉驾案件，事实清楚，犯罪嫌疑人、被告人认罪认罚，符合速裁程序适用条件的，应依法适用速裁程序。

本案中，被告人醉驾事实清楚，证据确实、充分，犯罪情节轻微，符合速裁程序适用条件，从公安立案到一审审结，用时共计 2 天，实现了 48 小时全流程速裁程序。速裁程序全流程提速，不减当事人诉讼权利。公安机关安排法律援助律师为被告人提供法律帮助，被告人自愿认罪认罚并同意适用速裁程序，公安机关按速裁案件移送检察机关审查起诉。在审查起诉阶段，被告人自愿认罪认罚并签署具结书，同意适用速裁程序。公诉机关依法提起公诉，建议适用速裁程序。一审法院经审查决定适用速裁程序，依法审理后采纳检察机关的量刑建议，对被告人从轻处罚，当庭宣判。被告人不上诉、检察机关不抗诉，案件取得了好的法律效果和社会效果。

2017 年 2 月至 2019 年 7 月，北京市海淀区人民法院通过海淀区政法机关在全国首创的"48 小时全流程速裁程序"机制审结案件 196 件，均为危险驾驶案件，占审结危险驾驶案件总数的 21.85%。该程序的运用和进一步完善，最大限度地压缩了简单轻罪案件的办案周期，极大缩短了审前羁押期限，实现了"全流程"速裁模式质的飞跃。

（撰稿：北京市海淀区人民法院　谭轶城
审编：最高人民法院刑一庭　杨立新）

[第 1405 号]

# 雏某池、雏某高等故意伤害案①
——民间矛盾引发的案件如何适用认罪认罚从宽制度

## 一、基本案情

被告人雏某池，男，1943 年××月××日出生。2017 年 12 月 6 日被取保候审。
被告人雏某天，男，1971 年××月××日出生。2017 年 12 月 6 日被取保候审。
被告人雏某高，男，1965 年××月××日出生。2017 年 12 月 6 日被取保候审。
被告人雏某兵，男，1975 年××月××日出生。2017 年 12 月 6 日被取保候审。

山东省青岛市即墨区人民检察院指控被告人雏某池、雏某天，被告人雏某高、雏某兵犯故意伤害罪，分别向青岛市即墨区人民法院提起公诉。

被告人雏某池、雏某天，被告人雏某高、雏某兵对起诉书指控的犯罪事实及罪名均无异议。两案四被告人均真诚悔罪，并主动提出适用认罪认罚程序处理，青岛市即墨区人民法院据此建议公诉机关启动认罪认罚程序。

控辩双方庭前进行了量刑协商和具结，公诉机关鉴于四被告人均自愿认罪认罚，且已取得对方谅解，分别建议判处四被告人有期徒刑十二至十八个月，可适用缓刑。

青岛市即墨区人民法院适用普通程序审理本案。经审理查明：2017 年 4 月 17 日下午 4 时许，被告人雏某兵及其父雏法康在青岛市即墨区××镇××村，因邻居被告人雏某天修缮房屋而与雏某天及其父被告人雏某池发生争执、厮打，雏法康之弟被告人雏某高闻讯后赶来参与厮打。其间，雏某池用拳头击打雏法康头部及面部，致雏法康头部硬膜下血肿；雏某天用拳头将雏某兵打致肋骨骨折；雏某高用锄头击打雏某池头部，致雏某池左额叶脑挫裂伤，左侧额骨骨折；雏某兵用木棍击打雏某天头部，致其左侧硬膜外血肿，左侧额骨多发骨折。经法医鉴定，雏法康身体损伤构成轻伤一级，雏某兵身体损伤构成轻伤二级，雏某池身体损伤分别构成轻伤一级、轻伤二级，雏某天身体损伤分别构成轻伤一级、轻伤二级。

青岛市即墨区人民法院审理认为，被告人雏某池、雏某天，被告人雏某高、雏某兵因民间纠纷处理不当，继而引发厮打，故意伤害他人身体，分别致对方二人轻伤，其行为均构成故意伤害罪，应予惩处。公诉机关指控的罪名成立，量刑建议适当，予以采纳。

---

① 本案发生在认罪认罚从宽制度试点期间，青岛为 18 个试点地区之一。

鉴于本案系因民间纠纷引发，且被告人均当庭自愿认罪认罚，并已取得被害人谅解，确有悔罪表现，没有再犯罪的危险，宣告缓刑对所居住社区没有重大不良影响，依法对四被告人予以从轻处罚并宣告缓刑。公诉机关提出的量刑建议符合法律规定，本院予以采纳。依照刑法第二百三十四条第一款、第六十七条第三款、第七十二条第一款、第七十三条第二款和第三款、第七十五条、第七十六条之规定，判决如下：

被告人雒某池、雒某天、雒某高、雒某兵，犯故意伤害罪，分别判处有期徒刑一年，缓刑一年。

一审宣判后，四被告人均服判不上诉，检察院未提出抗诉，判决已发生法律效力。

## 二、主要问题

对于民间矛盾引发的刑事案件，如何用好认罪认罚从宽制度及时化解社会矛盾，促进社会和谐？

## 三、裁判理由

### （一）对民间矛盾引发的刑事案件要适用认罪认罚从宽制度，做好矛盾化解工作

认罪认罚从宽制度，不仅着眼于案件繁简分流，优化司法资源配置，同时，着眼于矛盾化解和社会关系的恢复。对于因民间矛盾引发尚未严重影响人民群众安全感的刑事案件，犯罪嫌疑人、被告人自愿认罪、真诚悔罪的，办案机关要用足用好认罪认罚从宽制度，及时化解社会矛盾，促进社会和谐；要依法维护被害人合法权益，注重听取被害人意见，积极促进当事双方就民事赔偿达成和解或者调解协议；被告人通过赔礼道歉、积极赔偿与被害方达成和解、调解协议获得被害方谅解的，程序可以从简实体一般应当从宽，全面落实宽严相济刑事政策。

### （二）正确适用认罪认罚从宽制度，有力推动治理能力现代化

认罪认罚从宽制度的建立，大背景是我国经济社会发展、刑事犯罪结构发生了重大变化，新时代人民群众在民主、法治、公平、正义、安全等方面有更高标准的要求。认罪认罚从宽制度，通过程序从简和实体从宽处理，有利于促进犯罪嫌疑人、被告人真诚悔罪，减少与国家和被害人的对抗，降低国家追诉犯罪和改造罪犯的成本。认罪认罚从宽制度，通过附民赔偿责任和刑事责任一体化解决，有利于被害人所受损失及时得到赔偿，受伤害的感情及时得到慰藉。认罪认罚从宽制度的全面落实，给犯罪嫌疑人、被告人提供了获得被害人谅解的机会，有利于矛盾的化解和社会秩序的恢复。认罪认罚从宽制度是推进国家治理能力现代化的重要举措，因此，要充分认识认罪认罚从宽制度的多元价值，发挥好其应有功能。

本案中，被告人双方因相邻权纠纷引发互殴，参与互殴的四人均受轻伤，两家四人均被提起公诉。因为刑案的发生，两家矛盾一度不可调和甚至扬言要鱼死网破，成为影

响村居和谐的"定时炸弹"。青岛市即墨区人民法院受理案件后,没有简单下判,而是把化解双方矛盾作为办案的重点。办案法官经过阅卷明确案件矛盾的症结和根源,即十厘米房基的权属问题,先后三次到案发现场进行实地勘查,通过走访了解当地乡规民约,并到村委、土地所、经管中心调阅了地籍等原始档案,找到村干部、双方长辈等关系人反复做工作,最终分清了权属。后在人民法院主持下,本案民事赔偿部分当事双方达成和解,相互谅解,并请求法院不再追究对方的刑事责任。鉴于双方矛盾在庭前及时化解,人民法院主动启动认罪认罚从宽程序,组织控辩双方庭前协商后被告人签字具结,对案件适用普通程序审理,采纳公诉机关的缓刑量刑建议,依法作出判决。一审宣判后,四被告人均不上诉,检察机关亦不抗诉,案件取得了法律效果和社会效果的统一,充分发挥了认罪认罚从宽制度化解社会矛盾,修复社会关系,促进社会和谐的价值和功能。

(撰稿:山东省青岛市即墨区人民法院　王　浩
审编:最高人民法院刑一庭　杨立新)

[第 1406 号]

## 马某飞盗窃案

——轻罪案件如何适用认罪认罚从宽制度

### 一、基本案情

被告人马某飞，男，1959 年××月××日出生。2020 年 6 月 3 日被取保候审。

上海市金山区人民检察院指控被告人马某飞犯盗窃罪，向上海市金山区人民法院提起公诉。

被告人马某飞在侦查阶段如实供述自己的罪行，审查起诉阶段签署认罪认罚具结书，公诉机关建议判处被告人马某飞罚金人民币一千元，并建议适用简易程序审理。

上海市金山区人民法院适用简易程序公开开庭审理，被告人马某飞当庭自愿认罪认罚，对指控事实、罪名、量刑建议及适用程序均无异议。

上海市金山区人民法院经审理查明：2020 年 5 月中下旬，被告人马某飞先后 4 次在夜间驾驶电动自行车至本区朱泾镇城中路 38 弄 109 号和 114 号、文商路 62 号、新安街 133 号将他人放置在商铺门外的 6 盆花卉盆栽盗走。经上海市金山区价格认证中心鉴定，上述花卉盆栽市场零售价共计人民币 195 元。

2020 年 6 月 3 日，被告人马某飞被公安机关传唤到案，其到案后如实供述了上述事实。

上海市金山区人民法院认为：公诉机关指控被告人马某飞犯盗窃罪的事实清楚，证据确实、充分，指控的罪名成立。马某飞具有坦白情节、认罪认罚，对其依法可以从轻处罚。公诉机关的量刑建议适当，依法应予采纳。依照刑法第二百六十四条、第六十七条第三款、第六十四条的规定，判决如下：

被告人马某飞犯盗窃罪，判处罚金人民币一千元。

一审宣判后，被告人马某飞未上诉，检察机关未抗诉，判决已发生法律效力。

### 二、主要问题

对于轻罪案件，如何适用认罪认罚从宽制度？

### 三、裁判理由

（一）轻罪案件应作为认罪认罚从宽制度适用的重点

随着全面依法治国深入推进，社会治理现代化不断创新，刑事立法越来越注重参与社会治理，自 2011 年刑法修正案（八）施行以来，一些群众反映强烈的违法行为、重大危险行为被纳入刑事处罚范畴，特别是扒窃、危险驾驶等多发违法行为犯罪化以后，轻罪案件大幅增加，所占比例越来越高。全国法院判处三年有期徒刑以下刑罚的案件比例，近几年都在 80% 以上。与此同时，重罪案件、严重暴力犯罪案件大幅下降，我国的犯罪结构发生了重大变化，人民群众获得实实在在的安全感，对公平正义提出更高和更加多元化的要求和期待。在这一历史背景下，党中央部署进行认罪认罚从宽制度完善和相关试点工作，探索构建与案件难易、刑罚轻重相适应，符合我国司法实践需要和人民群众多元化需求的刑事诉讼制度体系。2018 年修改后的刑事诉讼法将认罪认罚从宽制度规定为基本原则，在适用范围上没有罪名和可判处刑罚的限制，确保认罪认罚的犯罪嫌疑人、被告人平等获得从宽处理的权利；同时，通过增设速裁程序，形成由速裁、简易、普通程序构成的有序衔接的刑事诉讼体系，构建了认罪认罚案件的处理模式，以从程序和实体两个方面全面贯彻落实宽严相济刑事政策，从而在更高层次上实现公正与效率的统一。实践中，要把轻罪案件作为适用认罪认罚从宽制度的重点，既有利于及时惩治犯罪，又有利于发挥刑罚的教育矫治功能，有利于罪犯顺利回归社会。

（二）轻罪案件应用好用足认罪认罚从宽制度，充分发挥刑罚的教育矫治功能

认罪认罚从宽制度的完善，其中一个很重要的任务是把宽严相济刑事政策在程序法上进一步制度化、规范化、程序化，让这一政策在程序上有保障，更好地得到落实。实践中，要把占全部刑事案件 80% 以上的三年有期徒刑以下的轻刑案件，作为适用认罪认罚从宽制度的重点，用足用好认罪认罚从宽制度。程序上，要根据案件性质、刑罚轻重、案件难易以及被告人的选择，采取与之相适应的诉讼程序，符合速裁程序和简易程序适用条件的，依法适用速裁和简易程序，充分发挥速裁、简易程序的分流功能，避免程序空转，在更高层次上实现公正与效率的统一。强制措施的适用上，要把犯罪嫌疑人、被告人认罪认罚作为其是否具有社会危险性的重要考虑因素，能不捕的，不捕，减少羁押；犯罪情节轻微，依法可不判处刑罚的，可不诉的，不诉；符合缓刑适用条件的，依法判处缓刑，扩大非监禁刑的适用。既要通过及时惩治犯罪发挥刑罚的惩罚功能，又要通过给出路发挥刑罚的教育矫治功能，减少社会对立面，促进社会长治久安。

本案中，被告人犯罪情节轻微，涉案金额不大，被抓获后即承认盗窃事实，具有坦白情节，节约了侦查机关取证的成本；同时，公安机关在被告人住所查获了上述被盗物品，并及时发还相关被害人。侦查阶段，公安机关根据案件情节及被告人认罪认罚情况，对被告人采取取保候审。审查起诉阶段，被告人认罪认罚，签署具结书，同意量刑建议

和简易程序的适用。公诉机关根据案件情节以及被告人认罪认罚的作用、意义，综合考量单处附加刑从轻处理，建议适用单处罚金和简易程序。审判阶段，人民法院经审查依法决定适用简易程序，公开开庭审查了被告人认罪认罚的自愿性以及签署具结书的合法性和事实基础，根据庭审查明的事实，依法采纳公诉机关的量刑建议，对被告人判处罚金人民币一千元。宣判后，被告人不上诉、检察机关不抗诉，案件取得了好的法律效果和社会效果。

（撰稿：上海市金山区人民法院　朱纪红　亓淑云
　审编：最高人民法院刑一庭　杨立新）

[第 1407 号]

# 刘某民、马某凯故意毁坏财物案

——人民法院建议调整量刑建议，公诉机关不予调整的，
人民法院应及时依法作出判决

## 一、基本案情

被告人刘某民，男，1967 年××月××日出生。2019 年 5 月 1 日被逮捕，同年 5 月 27 日变更为取保候审。

被告人马某凯，男，1989 年××月××日出生。2019 年 3 月 25 日被刑事拘留，同年 4 月 30 日变更为取保候审。

浙江省杭州市富阳区人民检察院指控被告人刘某民、马某凯犯故意毁坏财物罪，向杭州市富阳区人民法院提起公诉。鉴于二被告人认罪认罚，建议分别判处被告人刘某民有期徒刑三年，缓刑四年；被告人马某凯有期徒刑三年，缓刑三年；并建议法院适用简易程序进行审理，同时移送了二被告人签署的认罪认罚具结书。

被告人刘某民、马某凯在侦查阶段、审查起诉阶段均自愿认罪认罚，并签署认罪认罚具结书。

杭州市富阳区人民法院受理后，适用简易程序进行审理。庭审中，被告人刘某民、马某凯对于起诉书指控的事实和罪名均没有异议，并表示自愿认罪认罚。刘某民的辩护人提出，刘某民具有自首情节，依法可从轻或减轻处罚；刘某民自愿认罪认罚，取得被害人谅解，请求给予从宽处罚。马某凯的辩护人提出，马某凯在共同犯罪中起次要、辅助作用，应认定其为从犯，且具有自首情节，请求给予减轻处罚；马某凯归案后自愿认罪认罚，取得被害人谅解，请求给予从宽处罚。

杭州市富阳区人民法院审理发现本案需调查核实重要量刑情节和证据，依法将该案转为普通程序进行审理。后审查发现，公诉机关没有考虑被告人刘某民、马某凯在共同犯罪中的地位、作用存在明显不同的情况，未区分主从犯，量刑建议明显不当，遂函告公诉机关调整量刑建议。公诉机关在规定的期限内未调整量刑建议，并在庭审中明确表示不再变更量刑建议。

杭州市富阳区人民法院经公开审理查明，被告人刘某民系杭州富阳盛彤快件服务有限公司（以下简称盛彤公司）实际负责人。2016 年 8 月，盛彤公司通过司法拍卖获得杭州市富阳区银湖街道新桥新路 21 号地块。2017 年 6 月 29 日，盛彤公司将该地块部分厂房

出租给被害人楼某某等人用于经营篮球馆。后双方于2018年8月6日续签租赁协议，租赁期限为2018年6月30日至2022年6月29日。2018年11月，盛彤公司由于原经营场地搬迁，欲收回篮球馆场地用于本公司经营，但被害人楼某某等人不同意，双方多次协商未果。2019年3月初至25日，被告人刘某民决定并指示公司经理被告人马某凯雇用他人对篮球馆的外墙、玻璃隔断、吊顶（均无法估价）及地板等进行拆除，致被害人楼某某等人遭受经济损失。经鉴定，被损毁的篮球馆木地板价值人民币86298元。案发后，被告人刘某民经公安机关电话通知到案。其家属已赔偿被害人损失，并取得被害人谅解。

杭州市富阳区人民法院认为，被告人刘某民、马某凯故意毁坏公私财物，数额巨大，其行为已构成故意毁坏财物罪，依法应予惩处。公诉机关指控的罪名成立。刘某民在共同犯罪中起主要作用，系主犯；马某凯在共同犯罪中起次要、辅助作用，系从犯，依法予以减轻处罚。刘某民具有自首情节，依法予以从轻处罚。刘某民、马某凯均自愿认罪认罚，依法予以从宽处罚。刘某民的辩护人有关刘某民具有自首情节，其自愿认罪认罚，双方已达成和解并履行了赔偿协议，被害人已出具谅解书，其悔罪态度好，希予适用缓刑以及马某凯的辩护人有关马某凯系从犯，其归案后自愿认罪认罚，案发后已赔偿被害人损失，被害人出具谅解书表示谅解，希对其减轻处罚并适用缓刑的辩护意见，予以采纳。马某凯的辩护人有关马某凯具有自首情节的辩护意见，经查，马某凯系在民警现场处理涉案事宜时接他人电话通知到达现场，后被公安机关传唤到案，不符合自首的法定条件，故对该辩护意见不予采纳。据此，依照刑法第二百七十五条，第二十五条第一款，第二十六条，第二十七条，第六十七条第一款，第七十二条第一款，第七十三条第二款、第三款和刑事诉讼法第十五条之规定，判决如下：

一、被告人刘某民犯故意毁坏财物罪，判处有期徒刑三年，缓刑三年。

二、被告人马某凯犯故意毁坏财物罪，判处有期徒刑二年，缓刑二年。

一审宣判后，被告人刘某民、马某凯均未上诉，检察机关亦未抗诉。判决已发生法律效力。

## 二、主要问题

人民法院审理发现检察机关量刑建议明显不当，检察机关不予调整的，如何处理？

## 三、裁判理由

（一）正确理解量刑建议调整与依法径行判决的关系

根据刑事诉讼法第二百零一条第二款的规定，人民法院经审理认为量刑建议明显不当，或者被告人、辩护人对量刑建议提出异议的，检察机关可以调整量刑建议，检察机关不调整量刑建议或者调整量刑建议后仍然明显不当的，人民法院应当依法作出判决。据此，人民法院认为量刑建议明显不当的，检察机关可以调整量刑建议也可以不调整。检察机关不予调整的，人民法院应当依法及时作出判决，确保案件及时审结，被告人能够获得迅速及时的审判，被犯罪破坏的社会秩序能够及时得到恢复。

(二) 要明确量刑建议的调整应受到严格限制

从试点至 2018 年修改刑事诉讼法，对于规定检察机关可以调整量刑建议，一直有不同意见。有意见认为，定罪量刑权由人民法院依法独立行使，公诉机关的量刑建议不当的，人民法院应当依法作出判决，而不再由公诉机关调整量刑建议。修改后的刑事诉讼法根据各方意见，将量刑建议调整严格限制为以下两种情形：一是人民法院认为量刑建议明显不当的；二是被告人或者辩护人对量刑建议提出异议的。实践中，量刑建议的调整应严格限制为上述两种情形。

(三) 要明确量刑建议的调整避免程序烦琐

刑事诉讼法规定量刑建议调整的目的，本质在于缓和检察机关量刑建议准确性欠缺和司法裁判量刑公平性要求之间的差距，因此，量刑建议明显不当，检察机关不调整的，人民法院应当把好定罪量刑关，确保公正裁判。检察机关调整量刑建议的，形式要灵活简便，避免因量刑建议调整造成速裁不速，简易不简，进而影响认罪认罚从宽制度功能的发挥，影响庭审实质化。

本案中，二被告人自愿认罪认罚，审查起诉阶段签署认罪认罚具结书，公诉机关提出从轻处罚的量刑建议。一审法院认为，公诉机关未区分主从犯导致量刑建议明显不当，并告知公诉机关调整量刑建议，公诉机关不予调整，一审法院根据审理查明的事实，认定被告人刘某民系主犯，被告人马某凯系从犯，并根据二被告人地位、作用以及认罪认罚、积极赔偿获得被害人谅解等法定、酌定从轻情节，依法及时作出判决，对二被告人从宽处罚，确保了认罪认罚案件认定事实正确和裁量刑罚准确，维护了司法权威和公信力。

(撰稿：浙江省杭州市富阳区人民法院　潘　蔚
审编：最高人民法院刑一庭　杨立新)

[第 1408 号]

## 段某安妨害公务案

——如何准确理解和适用《最高人民法院、最高人民检察院、公安部、国家安全部、司法部关于适用认罪认罚从宽制度的指导意见》第 45 条的规定

### 一、基本案情

被告人段某安，男，1998 年××月××日出生。2019 年 9 月 10 日被逮捕，同年 9 月 29 日被取保候审。

湖南省洪江市人民检察院指控被告人段某安犯妨害公务罪，向湖南省洪江市人民法院提起公诉，建议对被告人段某安在有期徒刑六个月以上一年三个月以下范围内量刑，适用缓刑，建议适用速裁程序，随案移送段某安签署的认罪认罚具结书。

被告人段某安对指控事实、罪名及量刑建议、程序适用没有异议且签字具结，在开庭审理过程中亦无异议。

湖南省洪江市人民法院审查决定适用速裁程序公开审理本案。经审理查明：2019 年 8 月 28 日 20 时许，被告人段某安在饮用一罐 330ml 的哈尔滨牌啤酒后，驾驶白色哈弗 H6 越野车从洪江市黔城镇玉壶路经荷塘路往洪江市妇幼保健院方向行驶，至洪江市黔城镇相思湖牌坊处遇到交警执勤检查。段某安为逃避检查驾车在人行横道上违规调头欲离开。此时交警周某走到车辆驾驶位前要求段某安纠正行为并靠边停车接受检查。段某安在此情况下突然驾车加速前行，将周某刮倒后逃逸。经检查，周某的损伤为右手手臂皮肤软组织挫伤。当日 21 时 37 分，段某安通过拨打"110"主动向洪江市公安局投案，到案后如实供述了自己的犯罪事实。案发后，段某安向周某进行了经济赔偿并取得谅解。

洪江市人民法院认为，被告人段某安以暴力方法阻碍公安机关工作人员依法执行职务，其行为已构成妨害公务罪。段某安犯罪以后自动投案，如实供述自己的罪行，是自首，可以从轻处罚。段某安对被害人进行了赔偿并取得其谅解，可酌情从轻处罚。依照刑法第二百七十七条第一款、第六十七条第一款、第七十二条第一款、第七十三条第二款和第三款、第七十六条的规定，判决被告人段某安犯妨害公务罪，判处有期徒刑八个月，缓刑一年。

宣判后，被告人段某安以原判事实不清，证据不足，其无罪为由提起上诉。湖南省

怀化市中级人民法院依照刑事诉讼法第二百三十六条第一款第三项之规定，裁定如下：

一、撤销湖南省洪江市人民法院（2019）湘1281刑初174号刑事判决；

二、发回湖南省洪江市人民法院重新审判。

经洪江市人民检察院变更起诉，洪江市人民法院适用普通程序审理本案。庭审查明的事实与原判决一致。

在庭审中公诉人当庭提出公诉意见：被告人段某安案发后自动投案，并如实供述犯罪事实，系自首，依法可以从轻处罚，建议对被告人段某安在有期徒刑六个月以上一年三个月以下范围内量刑。

在庭审过程中被告人段某安对起诉书指控的案件基本事实无异议，但辩称被害人周某在责令其停车检查过程中，持手持酒精测试仪击打其头部，其因系饮酒后驾车害怕被查处，故加速开车逃离而将被害人带倒。段某安在法庭调查阶段认罪认罚，但在法庭辩论及最后陈述阶段均提出同意辩护人的无罪辩护意见，自己不构成妨害公务罪。

辩护人认为，被告人段某安不构成妨害公务罪，具体辩护意见是：第一，被告人段某安当时处于非常畏惧的状态，根本没有胆量去妨害公务，也没有妨害公务的意思表示，段某安担心伤到交警，故往交警站立方向打了一把方向盘以避免伤及交警，伤及交警不是其所希望发生的，完全出乎其意料，根据刑法主客观相统一的原则，被告人段某安没有妨害公务的主观故意。第二，段某安违反禁止标线指示与机动车驾驶人不服从交警指挥，其行为属于违反交通规则，公安交警部门已分别给予段某安罚款100元和扣3分与罚款200元的行政处罚，段某安本人也接受了该处罚决定。段某安的行为不是刑法应规制的行为，而是交通法规所调整的行为。第三，现有证据不能证明段某安构成犯罪。案发后，段某安主动投案自首，如实供述，认罪（如果构成犯罪的话）态度好，有法定从轻情节。第四，段某安认错态度好，赔偿了被害人经济损失，已经得到了被害人的谅解。

洪江市人民法院重新审理认为，被告人段某安以暴力方法阻碍国家机关工作人员依法执行职务，其行为已构成妨害公务罪。段某安犯罪以后自动投案，如实供述自己的罪行，是自首，可以从轻处罚。段某安对被害人进行了赔偿并取得其谅解，可酌情从轻处罚。段某安不悔罪，不符合缓刑条件，依法不适用缓刑。依照刑法第二百七十七条第一款、第六十七条第一款的规定，判决如下：

被告人段某安犯妨害公务罪，判处有期徒刑八个月。

宣判后，被告人段某安未提出上诉，检察机关未提出抗诉。判决已发生法律效力。

## 二、主要问题

如何正确理解和适用《最高人民法院、最高人民检察院、公安部、国家安全部、司法部关于适用认罪认罚从宽制度的指导意见》（以下简称《指导意见》）第45条第一项的规定，对速裁案件被告人反悔不认罪而上诉的案件应如何处理？

## 三、裁判理由

**（一）正确把握《指导意见》第 45 条第一项规定的考量**

《指导意见》第 45 条规定："速裁案件的二审程序。被告人不服适用速裁程序作出的第一审判决提出上诉的案件，可以不开庭审理。第二审人民法院审查后，按照下列情形分别处理：（一）发现被告人以事实不清、证据不足为由提出上诉的，应当裁定撤销原判，发回原审人民法院适用普通程序重新审理，不再按认罪认罚案件从宽处罚；（二）发现被告人以量刑不当为由提出上诉的，原判量刑适当的，应当裁定驳回上诉，维持原判；原判量刑不当的，经审理后依法改判。"其中第一项关于速裁案件二审发回重审的规定，在司法实践中较难把握。因此，首先需要明确的是，该规定不是要规制被告人反悔上诉，而是在速裁案件被告人上诉不认罪的情形下，充分发挥一审庭审查明案件事实的功能，确保不罪及无辜。实践中，适用速裁程序审理的案件，往往不再进行庭审质证，因为控辩双方无争议基本很少进行法庭辩论。基于此，当被告人认为案件事实不清、证据不足而提出上诉时，实际上是反悔不再认罪。此时，由二审发回重审，目的是通过完整的一审庭审质证及法庭辩论程序，查清被告人是否构成犯罪这一关键事实。发回重审一方面有利于保障被告人的质证权，另一方面有利于保障被告人对重新审理后法院所作判决享有上诉权。

**（二）正确适用《指导意见》第 45 条第一项的规定处理速裁上诉案件**

为切实保障被告人的合法权益，确保速裁案件的质量，适用《指导意见》第 45 条第一项的规定，应注意把握好以下三点：一是只有速裁案件被告人反悔上诉的，二审法院"应当发回重审"，因此，非速裁案件，例如适用简易或者普通程序审理的案件，即便是被告人反悔不认罪而上诉的，不适用该项规定。二是发回重审后案件只能依普通程序审理。因为，被告人反悔不再认罪，导致控辩双方在罪与非罪问题上有了根本分歧，案件不再符合速裁和简易程序适用的条件。三是发回重审后不再按认罪认罚案件从宽处罚，并不排除重审后宣告无罪。这里的"不再按认罪认罚案件从宽处罚"，是指案件回到了检察机关指控被告人构成犯罪，而被告人认为自己无罪的"控辩对抗"的原点。因此，原审法院应当根据庭审查明的事实，依法作出判决。该宣告无罪的，宣告无罪；指控成立构成犯罪的，依法裁量刑罚，原有的认罪认罚从宽优惠不再享有。重新判罚的结果如果比原审重，是根据案件事实、性质、情节以及被告人因认罪认罚获得从宽处罚的待遇被取消等因素所致，而不是"加重"被告人的刑罚。

本案中，被告人归案后认罪，而且积极赔偿被害人损失，审查起诉阶段被告人签署具结书认罪认罚，检察机关提出判处缓刑和适用速裁程序的建议，一审法院经审查决定适用速裁程序，根据庭审查明的事实，采纳检察机关的量刑建议，以妨碍公务罪判处被告人有期徒刑八个月，缓刑一年。宣判后，被告人段某安提起上诉，不再认罪；辩护人二审提出认定被告人有罪的证据不充分的无罪辩护意见。为准确查明案件事实,二审法院以"事实不清,证据不足"而发回原审法院重新审判。重审后,公诉机关依法变更了起诉,请求法院依法判处,原审法院依法适用普通程序重新审理本案。重审期间,被告人仍然认为自己的行为不构成犯罪,不符合缓刑"有悔罪表现"的法定要求,故原审法院重审以妨害公务罪判处被告人有期徒刑八个月,不再适用缓刑。

(撰稿:湖南省怀化市中级人民法院  龚 琰
审编:最高人民法院刑一庭  杨立新)

[第 1409 号]

# 苏某花开设赌场案

——如何审查认罪认罚案件量刑建议以及二审法院如何处理
检察机关因一审法院未建议调整量刑建议而提出的抗诉

## 一、基本案情

被告人苏某花，女，汉族，1978 年××月××日出生。2019 年 5 月 6 日被逮捕。

湖南省浏阳市人民检察院指控被告人苏某花犯开设赌场罪，向浏阳市人民法院提起公诉，建议适用简易程序审理本案，对苏某花在有期徒刑八个月以上十个月以下判处刑罚，并处罚金。检察机关一并移送苏某花签署的认罪认罚具结书。

被告人苏某花如实供述自己的罪行，对指控的犯罪事实、量刑建议及适用简易程序均无异议，自愿签署认罪认罚具结书。

湖南省浏阳市人民法院适用简易程序审理本案，经审理查明：2017 年上半年至 2019 年 4 月，被告人苏某花在湖南省浏阳市洞阳镇洞阳社区以"地下六合彩"的形式开设赌场，收受赌徒投注后按照一定比例抽头渔利再报给上线，共计收受彭某、邵某、周某、张某、孙某、苏某、柳某等人投注人民币 5.8 万余元。

湖南省浏阳市人民法院认为，被告人苏某花以营利为目的，利用"地下六合彩"收受他人码单数额达人民币 5.8 万余元，其行为已构成开设赌场罪，公诉机关指控的罪名成立。苏某花归案后如实供述其罪行，系坦白，且自愿认罪认罚，依法可以从轻处罚。据此，依照刑法第三百零三条第二款、第六十七条第三款之规定，判决如下：

被告人苏某花犯开设赌场罪，判处拘役五个月，并处罚金人民币三千元。

一审宣判后，被告人苏某花未上诉，检察机关提起抗诉。

湖南省浏阳市人民检察院抗诉称：本案系认罪认罚案件，检察院提出的量刑建议为有期徒刑八个月以上十个月以下，法院在事先并未书面或口头征求检察院是否调整量刑建议的情况下径行在量刑建议幅度以下作出判决，违反刑事诉讼法第二百零一条之规定，量刑畸轻。长沙市人民检察院支持浏阳市人民检察院的上述抗诉意见。

长沙市中级人民法院二审审理后认为：原审被告人苏某花以营利为目的，利用"地下六合彩"开奖信息、输赢规则等接受他人投注并从中抽头渔利，其行为构成开设赌场罪。苏某花归案后如实供述了罪行，且自愿认罪认罚，依法可以从轻处罚。针对抗诉机关及长沙市人民检察院的意见，审查认为：（1）依据《最高人民检察院、公安部关于公安机关管辖的刑事案件立案追诉标准的规定（一）》第四十三条第一款第二项的规定，组织三人以上赌博，赌资数额累计 5 万元以上的应予立案追诉，本案苏某花收受他人码单数额 5.8 万余元，刚刚达到入罪门槛，且其具有坦白情节、认罪认罚、悔罪态度好，浏阳市人民检察院提出的八个月以上十个月以下有期徒刑的量刑建议明显不当。原审法院综合考虑苏某花的犯罪事实、性质、情节、对社会的危害程度及同类案件的量刑平衡，对其判处拘役五个月，并处罚金人民币三千元并无不当。（2）浏阳市人民法院依法径行作出判决，但量刑并无不当，对当事人诉讼权利没有实质影响，保证了公正审判。原审判决认定事实清楚，证据确实、充分，定罪准确，量刑适当，审判程序合法，裁定驳回抗诉，维持原判。

## 二、主要问题

（一）如何审查认罪认罚案件量刑建议，确保人民法院裁量刑罚的准确与公正？

（二）人民法院庭审听取控辩双方意见后径行依法作出判决，检察机关以违反法定程序为由提出抗诉的，应否支持？

## 三、裁判理由

### （一）认罪认罚案件人民法院依法应当进行全面实质审查

人民法院对认罪认罚案件进行全面实质审查，确保审判的公正性，是人民法院的法定职责。这是由我国刑事诉讼的特点以及司法职权配置所决定的。我国的认罪认罚从宽制度与美国的辩诉交易制度有本质的区别，也不是辩诉交易制度的翻版。对于检察机关按认罪认罚案件提起公诉的，人民法院应当依法审查是否符合认罪认罚从宽制度的适用条件，被告人是否真正具有认罪认罚情节。符合认罪认罚从宽制度适用条件的，庭审中要重点审查认罪认罚的自愿性，审查起诉阶段签署具结书的合法性以及有无事实基础，并根据庭审查明的事实，对起诉的罪名是否准确以及量刑建议是否适当等内容进行全面审查。总之，要充分发挥庭审功能，确保认罪认罚案件质量。

### （二）人民法院应对量刑建议进行全面审查

根据刑事诉讼法第二百零一条第一款的规定，量刑建议的采纳是附条件的，因此，人民法院在查清事实，正确适用法律的基础上，应对量刑建议进行实质审查，具体包括以下几个方面：一要审查量刑建议适用的刑种是否适当。刑期相同，但刑种适用不当的，属于量刑建议明显不当。二要对拟宣告刑与量刑建议的刑期进行比较。既要考虑二者相差的绝对值，又要考虑差值所占的比例。对于较长的刑期来说，虽然所占比例不高但差值绝对值较大的，属于明显不当。反过来，对刑期较短的案件来说，虽然差值的绝对值不大但所占比例较高的，仍然属于量刑建议明显不当。[①] 三要注重类案检索，确保类案量

---

[①] 臧德胜：《论认罪认罚案件中量刑建议的效力及在司法裁判中的运用——从两起认罪认罚抗诉案件的二审裁判展开》，载《中国法律评论》2020 年第 2 期。

刑平衡和法律适用的统一。类案检索后发现量刑建议与类案量刑明显不平衡的，量刑建议亦属明显不当。四要对认罪认罚案件与一般案件的量刑进行比较。认罪认罚案件量刑重于一般案件影响司法公正的，量刑建议亦属明显不当。

### （三）检察机关因一审法院未建议调整量刑建议而抗诉的，二审法院不应以程序违法发回重审

刑事诉讼法规定量刑建议调整的目的，本质在于缓和检察机关量刑建议准确性欠缺和司法裁判量刑公平性要求之间的差距。因此，刑事诉讼法明确规定，人民法院认为量刑建议明显不当的，人民检察院可以调整量刑建议；人民检察院不调整量刑建议的，人民法院应当依法作出判决。实践中，人民法院在庭审中已就量刑充分听取控辩双方意见，并在此基础上依法径行作出判决的，不属于程序违法，符合确保裁判形成在法庭的庭审实质化要求，同时还避免了因量刑建议调整造成审判周期的延长和司法资源的浪费。检察机关以此提起抗诉的，二审法院应全面审查，审理后认为一审判决事实认定、定罪量刑没有错误的，不应以程序违法为由发回重审。

本案中，被告人苏某花刚刚达到入罪门槛，且具有坦白、主动交纳罚金等从轻情节，无论是从罪责刑相适应原则分析，还是从量刑规范化要求以及类案检索情况看，判处被告人拘役五个月适当，公诉机关建议判处有期徒刑八个月至十个月，属明显不当。一审庭审在听取控辩双方意见的基础上，综合考虑苏某花的犯罪事实、性质、情节、对社会的危害程度、同类案件的量刑平衡以及非认罪认罚案件的量刑等因素，对其判处拘役五个月，量刑适当。一审法院立足审判职能，通过庭审听取意见环节，确保了控辩双方发表意见的权利，确保了裁量刑罚的准确与公正，对当事人的诉讼权利没有实质影响，依法维护了当事人的合法权益，因此，一审未告知调整量刑建议不属于程序违法，据此提出抗诉不符合法律规定。二审法院依法作出裁定驳回抗诉，维持原判适当。

（撰稿：湖南省长沙市中级人民法院　张新文
审编：最高人民法院刑一庭　杨立新）

[第1410号]

# 于某民拒不执行判决案

——如何把握认罪认罚从宽制度的适用条件

## 一、基本案情

被告人于某民，男，1972年××月××日出生。2019年3月27日被逮捕。

北京市顺义区人民检察院指控被告人于某民犯拒不执行判决罪，向北京市顺义区人民法院提起公诉，建议适用认罪认罚简易程序，并随案移送了于某民签署的认罪认罚具结书。

因案情复杂，北京市顺义区人民法院依法转为普通程序公开审理本案。经审理查明：2018年6月8日，北京市顺义区人民法院作出（2017）京0113民初11306号民事判决书，判令被告人于某民向天正阳公司返还天正阳公司营业执照正副本、税务登记证正副本、组织机构代码证正副本、公章、财务章、法定代表人人名章、合同专用章、企业会计账簿。宣判后，于某民不服判决，提起上诉。同年，10月30日，北京市第三中级人民法院作出（2018）京03民终10695号民事判决书，判决驳回上诉，维持原判。11月7日，北京市顺义区人民法院对天正阳公司依据（2017）京0113民初11306号生效判决申请对于某民强制执行的案件立案。11月13日，北京市顺义区人民法院出具（2018）京0113执7688号执行通知书及报告财产令。于某民在有执行能力的情况下拒不执行判决。2019年2月18日，北京市顺义区人民法院出具（2018）京0113执7688号限制消费令及失信决定书，2月28日，北京市顺义区人民法院决定对于某民拘留十五日。拘留期限届满后，于某民在有执行能力的情况下仍拒不执行判决，致使法院的判决无法执行。3月14日，于某民被公安机关抓获。于某民到案后委托他人返还涉案天正阳公司公章1枚、法定代表人人名章1枚、税务登记证副本1个、营业执照副本1个。截至本案一审辩论结束，于某民尚未返还天正阳公司营业执照正本、税务登记证正本、组织机构代码证正副本、财务章、合同专用章、企业会计账簿。

被告人于某民辩解称自己已经将部分执行标的交给公安机关，剩余的待执行标的自己找不着了。其辩护人提出，于某民具有认罪认罚情节，剩余的待执行标的是于某民忘记放在何处，而不是故意不交。

北京市顺义区人民法院认为，被告人于某民对人民法院生效的判决有能力执行而拒不执行，情节严重，其行为已经构成了拒不执行判决罪，依法应予惩处。于某民虽然表示认罪，但仅返还小部分执行标的，在一审法庭辩论结束时，仍拒不返还大部分执行标的，其没有真诚悔过，无法认定其具有"认罪认罚"的从宽情节。据此，依照刑法第三百一十三条第一款、第六十一条及《最高人民法院关于审理拒不执行判决、裁定刑事案件适用法律若干问题的解释》第二条第三项的规定，判决如下：

被告人于某民犯拒不执行判决罪，判处有期徒刑一年四个月。

一审宣判后，被告人于某民提出上诉，理由是剩余待执行标的自己忘记存放地点，并非拒不执行；自己有认罪认罚情节，社会危害性小，请求二审法院减轻处罚或者适用缓刑。

北京市第三中级人民法院经审理认为，自相关判决生效至于某民被抓获，历时数月，于某民在明知负有判决确定的交付义务，亦有履行判决的时间和条件情况下，却予推脱，致使生效判决无法执行，其行为符合本罪情节严重的认定标准，上诉人的上诉理由及辩护意见缺乏事实及法律依据，本院不予采纳。关于上诉人于某民及其辩护人针对量刑所提相关上诉理由及辩护意见，经查，原审法院根据于某民返还执行标的等情况综合其悔过态度不予认定认罪认罚从宽情节，并根据案件具体情节，在法定幅度判处刑罚，并无不当，该上诉理由及相关辩护意见本院不予采纳。综上所述，原审法院根据上诉人于某民犯罪的事实、性质、情节和对于社会的危害程度所作出的判决，定罪及适用法律正确，量刑适当，应予维持。据此，依法作出驳回上诉、维持原判的终审裁定。

## 二、主要问题

对于被告人表面认罪认罚、检察机关按认罪认罚提起公诉的案件，人民法院如何对认罪认罚情节进行实质审查？

## 三、裁判理由

### （一）人民法院要对认罪认罚的真实性进行实质审查

认罪认罚是对行为人从宽处罚的逻辑起点，人民法院对于检察机关提起公诉的认罪认罚案件，要着重对"认罪"和"认罚"两个方面进行审查，不能使认罪认罚从宽制度成为犯罪嫌疑人、被告人逃避处罚、减轻处罚的"挡箭牌""避风港"。认罪认罚从宽制度中的"认罪"，是指犯罪嫌疑人、被告人、自愿如实供述自己的罪行，对指控的犯罪事实没有异议。根据《最高人民法院、最高人民检察院、公安部、国家安全部、司法部关于适用认罪认罚从宽制度的指导意见》（以下简称《指导意见》）的规定，犯罪嫌疑人、被告人承认指控的主要犯罪事实，仅对个别事实情节提出异议，或者虽然对行为性质提出辩解但表示接受司法机关认定意见的，不影响"认罪"的认定。"认罚"是指犯罪嫌疑人、被告人真诚悔罪，愿意接受处罚。实践中，要对认罪认罚的真实性进行实质审查，避免一味追求诉讼效率，错误适用认罪认罚从宽制度，从而影响案件的公正处理。

本案中，在认罪方面，被告人于某民一方面表示对指控事实和罪名均无异议，另一方面又对指控事实有过多次辩解与否定，在庭前供述中对于涉案待执行标的处理及存放位置语焉不详，供述极不稳定（曾辩称自己并未拿走过部分待执行标的物；待执行标的物在自己搬家时遗落，已经不知所踪；等等）。综合考虑于某民的供述和辩解内容可以发现，其不单单是对个别事实情节提出异议，在某种程度上是对指控主要事实的否认。在认罚方面，从于某民被指控的罪名来看，其负有履行法院生效判决的义务，在其有能力履行的情况下，其仍不将待执行标的交还给被害公司，致使被害公司经营活动仍无法正常运转，其犯罪行为所造成的不法状态一直存在，被破坏的社会关系一直未得到恢复，故难以认定于某民具有真诚悔罪和愿意接受处罚的表现。于某民虽在审查起诉阶段签署了认罪认罚具结书，公诉机关按认罪认罚案件提起公诉，但经人民法院审查，被告人于某民实质上并不符合认罪认罚的条件，因此，本案不应适用认罪认罚从宽制度对被告人从宽处罚。

（二）认罪认罚从宽制度的适用应当注重保障被害方合法权益

从刑事诉讼法以及相关指导意见的规定看，认罚从宽制度的适用，不仅着眼于构建科学、合理的诉讼体系，通过案件繁简分流，实现司法资源的合理配置，而且着眼于通过化解社会矛盾，及时恢复被破坏的社会秩序和教育改造罪犯。检察机关审查起诉阶段应当听取被害人及其诉讼代理人意见，速裁程序将民事赔偿责任与刑事责任捆绑式解决，《指导意见》明确将犯罪嫌疑人、被告人是否与被害方达成和解协议、调解协议或者赔偿被害方损失，取得被害方谅解，作为从宽处罚的重要考虑因素，均体现了认罪认罚从宽制度对被害人合法权益的维护。实践中，适用认罪认罚从宽制度，要注重听取被害人意见，注重对被害人合法权益的保护。

本案中，被害公司诉讼代表人苏某，对于案件情况十分了解，人民法院在开庭前就公诉机关建议适用认罪认罚从宽制度听取了苏某的意见。苏某表示，被告人于某民在民事判决生效后至因本案被抓获，历时数月，其在有能力和条件履行的情况下，仍不履行交还义务，其表面认罪认罚只是为了减轻自己的刑事责任，并不是真诚地认罪悔罪，对其不应适用认罪认罚从宽制度。人民法院经审查，于某民在被抓获到案后，委托朋友仅将小部分"无足轻重"的待执行标的交给公安机关，对大部分重要的待执行标的仍拒不交出的行为，反映出其"认罪认罚"的非真实性，被害公司诉讼代表人所陈述的意见具有合理性、正当性，应当听取，对于某民不宜适用认罪认罚从宽制度，故一审法院依法转为普通程序审理此案。

（撰稿：北京市顺义区人民法院　赵仁洋　李　贞
审编：最高人民法院刑一庭　杨立新）

## [第1411号]

# 张某利出售出入境证件案

## ——案件的证明标准不因被告人认罪认罚而降低

### 一、基本案情

被告人张某利,男,1972年××月××日出生。2018年1月18日被逮捕,同年12月11日被取保候审。

北京市朝阳区人民检察院指控被告人张某利犯出售出入境证件罪,向北京市朝阳区人民法院提起公诉。鉴于张某利自愿认罪认罚,建议判处张某利有期徒刑七个月至一年,并处罚金,并建议适用速裁程序审理本案。

被告人张某利在审查起诉阶段签署认罪认罚具结书,认可公诉机关的量刑建议,同意适用速裁程序。张某利对于公诉机关指控的事实及罪名在法院送达起诉书副本及开庭审理过程中均表示认可,其辩护律师亦对本案作罪轻辩护。

北京市朝阳区人民法院经审查认为,被告人张某利出售的是办理商务签证时所需的材料——商务邀请函,该文件不属于刑法规定的出入境证件,其行为可能不构成犯罪,遂决定适用普通程序审理本案。

经审理查明:2017年7月,被告人张某利以"黑龙江省利足对外贸易有限责任公司"的名义,以1600卢布向他人出售以商务洽谈为申请签证理由的邀请函。后他人持张某利出具的邀请函在我国驻俄罗斯联邦共和国哈巴罗夫斯克领馆为乌克兰籍人员安德鲁、亚娜(中文译名)申请了商务签证,安德鲁、亚娜持上述商务签证入境我国并在刘某娟等人的安排下,在北京市朝阳区朋恩幼儿园非法从事劳务工作。张某利后被抓获归案。

北京市朝阳区人民法院认为,本案证据仅能证明被告人张某利出售的是办理商务签证时所需的材料——商务邀请函,该文件本身不属于刑法规定的出入境证件,张某利的行为不构成出售出入境证件罪。北京市朝阳区人民检察院于2019年1月2日以证据不足为由向北京市朝阳区人民法院申请撤回起诉。

北京市朝阳区人民法院认为,北京市朝阳区人民检察院要求撤回起诉符合法律规定,应予准许。依照《最高人民法院关于适用〈中华人民共和国刑事诉讼法〉的解释》第二百四十二条的规定,裁定准许北京市朝阳区人民检察院撤回起诉。

被告人张某利未提出上诉。

## 二、主要问题

（一）能否降低认罪认罚案件的证明标准？
（二）被告人所出售的商务邀请函是否属于刑法规定的出入境证件？

## 三、裁判理由

（一）认定被告人有罪的证明标准不应因被告人认罪认罚而降低

红黄蓝幼儿园虐童案曝光后，北京市公安局等部门对市内幼儿园的各项工作进行集中清查，发现部分幼儿园从事教学工作的"外籍教师"入境手续存有问题。公安机关将涉案人员抓获。同时，在深挖外籍人员非法入境签证来源线索时，将出售商务邀请函的被告人张某利抓获。张某利在侦查及审查起诉阶段均能如实交代自己的行为，愿意接受处罚，并与检察机关就量刑建议达成一致意见，自愿签署认罪认罚具结书，也同意适用速裁程序。在法庭审理期间，辩方也坚持有罪辩护的思路，但张某利出售商务邀请函的行为是否构成犯罪，应当坚持证据裁判原则，坚持"事实清楚，证据确实、充分"的法定要求。虽然被告人认罪认罚降低了控方指控的难度，但没有理由也不应降低证明标准，这是我国认罪认罚从宽制度与辩诉交易的重要区别。认罪认罚从宽制度的最大风险是无辜的人因认罪认罚被错误定罪，因此，从试点到2018年修改刑事诉讼法，坚持从准入和准出两个环节严把证明标准关。修改后的刑事诉讼法第二百二十二条明确规定速裁程序的适用以案件事实清楚，证据确实、充分为前提；同时，第二百零一条第一款明确规定被告人的行为不构成犯罪或者不应当追究刑事责任的，人民法院不得采纳检察机关的量刑建议。审理发现认罪认罚案件需要转程序审理的，应当及时转程序审理。上述一系列程序设计，旨在最大限度降低制度风险，防止无辜的人被错误定罪。因此，人民法院对认罪认罚案件的审查，应从证据采信、事实认定、定罪量刑、程序操作等方面进行全面的、实质的审查；不仅要把好认罪认罚自愿性的审查关，而且要严格落实庭审实质化的要求；发现事实不清、证据不足依法应当转程序的要及时转程序重新审理；要严格证据审查，严把事实证据关，不因控辩协商一致就降低裁判标准，切实防范发生冤错案件。

（二）被告人出售的商务邀请函是否属于我国刑法规定的出入境证件

商务邀请函是否属于我国刑法规定的出入境证件，是本案的核心，关系到被告人出售商务邀请函的行为是否构成刑法第三百二十条规定的出售出入境证件罪。根据2012年颁布的《最高人民法院、最高人民检察院关于办理妨害国（边）境管理刑事案件应用法律若干问题的解释》第二条规定，刑法第三百一十九条第一款规定的"出境证件"，包括护照或者代替护照使用的国际旅行证件，中华人民共和国海员证，中华人民共和国出入境通行证，中华人民共和国旅行证，中国公民往来香港、澳门、台湾地区证件，边境地区出入境通行证，签证、签注，出国（境）证明、名单，以及其他出境时需要查验的资料。第三条规定，刑法第三百二十条规定的"出入境证件"，包括本解释第二条第二款所列的证件以及其他入境时需要查验的资料。

护照或者代替护照使用的国际旅行证件，中华人民共和国海员证，中华人民共和国出入境通行证，中华人民共和国旅行证，中国公民往来香港、澳门、台湾地区证件，边境地区出入境通行证，这些证件不难理解，属于能够证明持有者身份或国籍的证明文件。签证是指一个国家的主权机关在本国或外国公民所持的护照或者其他旅行证件上的签注、盖印，以表示允许其出入本国国境或者经过国境的手续；签注是指在证件表册上批注意见或者有关事项。两者本质含义相同，是指一个国家批准的允许一个人出入境或过境的证明。

本案被告人张某利所出售的是商务邀请函，不属于出入境证件。首先，该商务邀请函是办理我国商务入境签证需要的文件之一，但不是唯一文件。张某利所出售的商务邀请函是外国人办理我国商务签证的必需文件，但不是仅有该文件就能获得商务签证，在案的安德鲁、亚娜的申请材料中还包括了其他一些必需的证明文件，商务邀请函不是成功办理商务签证的充分必要条件。其次，根据公安部2013年颁布的《关于出境入境人员和交通运输工具边防检查有关事项的通知》规定，外国人入境凭本人有效的护照或者其他国际旅行证件，以及中国签证或其他入境许可证明放行。由此可见，商务邀请函也不属于入境时海关必须查验的材料。因此，张某利所出售的商务邀请函不属于刑法范围内的出入境证件。故张某利仅出售商务邀请函的行为，在无法证明其有组织偷越国边境共同犯罪故意的情况下，不能认定为犯罪。

本案中，被告人张某利在审查起诉阶段认罪认罚，并明确知道认罪认罚的法律后果，其认罪认罚系出于自愿。但是人民法院庭前审查发现本案被告人的行为可能不构成犯罪，遂依法决定适用普通程序审理此案。审理过程中，面对可能涉及罪与非罪的这起认罪认罚案件，严格落实庭审实质化的要求，坚持证据裁判原则，严把证明标准关，依法作出准许检察机关撤诉的裁定，确保了认罪认罚案件的质量和司法公正，切实避免出现冤错案件。

（撰稿：北京市朝阳区人民法院 王 杨
审编：最高人民法院刑一庭 杨立新）

# [第1412号]

## 杨某然贩卖毒品案

——认罪认罚案件被告人以量刑过重为由提起上诉
是否影响对原认罪认罚情节的认定

### 一、基本案情

被告人杨某然，男，1975年××月××日出生。2019年6月27日被逮捕。

北京市朝阳区人民检察院指控被告人杨某然犯贩卖毒品罪，向北京市朝阳区人民法院提起公诉，并建议对被告人杨某然判处有期徒刑九个月至一年，并处罚金。

被告人杨某然自愿认罪认罚，审查起诉阶段在律师在场的情况下，签署认罪认罚具结书。

北京市朝阳区人民法院依法适用速裁程序，公开开庭审理了本案。经审理查明：被告人杨某然于2019年5月14日23时许，在北京市朝阳区建国门外东方瑞景小区北侧停车场，以人民币5400元的价格向董某峰（男，25岁，吉林省人）出售白色晶体5包（约重3.09克），经鉴定均检出甲基苯丙胺，已收缴。被告人杨某然后被民警抓获归案。

审判人员告知被告人杨某然认罪认罚的法律规定，释明认罪认罚的性质及后果，对杨某然认罪认罚的情况进行了审查，确认其签署认罪认罚具结书的自愿性及真实性。被告人杨某然及其辩护人在开庭审理过程中对公诉机关指控事实、罪名、量刑建议均无异议。

北京市朝阳区人民法院经审理认为，公诉机关指控的罪名成立且量刑建议适当，依照刑法第三百四十七条第一款和第四款、第六十一条、第六十七条第三款、第四十五条、第四十七条、第五十二条、第五十三条、第六十四条及刑事诉讼法第十五条的规定，判决如下：

被告人杨某然犯贩卖毒品罪，判处有期徒刑十个月，并处罚金人民币一万元。

宣判后，被告人杨某然不服，向北京市第三中级人民法院提起上诉。其上诉理由主要是：一审判决量刑过重。

北京市朝阳区人民检察院提出抗诉。抗诉机关的抗诉理由主要是：杨某然上诉表明其认罪动机不纯，一审认罪认罚从宽处理不应再适用，应对杨某然处以更重的刑罚。

二审审理过程中，上诉人杨某然申请撤回上诉，出庭履行职务的北京市人民检察院第三分院申请撤回抗诉。

北京市第三中级人民法院审理认为，原判认定事实和适用法律正确，量刑适当，上诉人杨某然撤回上诉的申请以及检察机关撤回抗诉的申请，符合法律规定，应予准许。据此，依照《最高人民法院关于适用〈中华人民共和国刑事诉讼法〉的解释》第三百零五条第一款、第三百零七条、第三百零八条之规定，裁定：

一、准许上诉人杨某然撤回上诉；

二、准许北京市人民检察院第三分院撤回抗诉。

该裁定为终审裁定。

## 二、主要问题

认罪认罚案件被告人以量刑过重为由上诉的，二审法院应如何处理？

## 三、裁判理由

### （一）要正确对待认罪认罚案件被告人的上诉权

认罪认罚案件被告人的上诉权要不要限制的问题，2014年速裁程序试点时，曾有过讨论。当时的速裁程序适用于可能判处一年以下刑罚的案件，且仅限于危险驾驶、交通肇事、盗窃、诈骗、抢夺、伤害、寻衅滋事、非法拘禁、毒品犯罪、行贿犯罪等11个罪名，适用速裁程序的主要目的在于分流提速，因此，当时对是否限制被告人上诉权的讨论有其必要性。但在2016年认罪认罚从宽制度试点时，速裁程序的适用范围已扩大到三年有期徒刑以下刑罚的案件，近几年该部分案件占到全部刑事案件的80%，且认罪认罚从宽制度的适用并没有罪名和可能判处刑罚的限制，因此，不论是《中央全面深化改革领导小组关于认罪认罚从宽制度改革试点方案》，还是《最高人民法院、最高人民检察院、公安部、国家安全部、司法部关于在部分地区开展刑事案件认罪认罚从宽制度试点工作的办法》，均未对被告人的上诉权作出限制。2018年修改刑事诉讼法增加规定认罪认罚从宽制度和速裁程序，并未对认罪认罚案件中被告人的上诉权进行限制，因此，被告人的上诉权应当受到尊重和保障，二审终审制仍然是我国刑事诉讼法的基本制度。

### （二）被告人以量刑过重为由上诉的，二审法院应坚持全面审查和依法裁判原则

实践中，被告人以量刑过重为由上诉的，不能因此否定一审对认罪认罚情节的认定。要注意到审查起诉阶段控辩协商不充分、有效法律帮助难以保障甚至一审法院对自愿性及量刑建议审查不严的现象不同程度地存在。因此，被告人仅以量刑过重为由提出上诉的，二审法院应当坚持全面审查原则，案件可以不开庭审理。发现原判量刑过重的，应当依法改判。原判量刑适当的，应当依法驳回上诉，维持原判，切实发挥二审的救济和纠错功能，依法保障被告人的合法权益。

### （三）检察机关因被告人上诉而提起抗诉的，二审法院要坚持全面审查和依法裁判原则

实践中，被告人认罪认罚，人民法院依法采纳检察机关量刑建议，被告人以量刑过重为由上诉，检察机关因被告人上诉而抗诉的，二审法院应坚持全面审查和依法裁判原则。审理后发现一审裁判认定事实、证据采信、适用法律和量刑均无错误的情况下，应当依法驳回上诉、抗诉，维持原判。不能仅因被告人就量刑提出上诉就简单否定认罪认罚情节，也不能仅因检察机关抗诉就一律加重被告人刑罚。二审法院应注重发挥纠错功能，确保认罪认罚案件的公正处理和法律的统一适用。

本案中，被告人杨某然在审查起诉阶段自愿签署认罪认罚具结书，同意检察机关的量刑和程序适用建议。一审法院经审查决定适用速裁程序，公开开庭审理中，告知被告人认罪认罚的法律规定，释明认罪认罚的性质和后果，重点审查了被告人认罪认罚的自愿性，确认被告人签署具结书系自愿、合法，且具有事实基础。公诉机关指控的事实清楚，证据确实、充分，指控罪名准确，量刑建议适当，一审法院依法予以采纳。二审审理认为，一审法院作出的裁判在事实认定、证据采纳、定罪量刑以及程序适用上没有错误，故依法作出裁定准许被告人撤回上诉，检察机关撤回抗诉。

（撰稿：北京市第三中级人民法院　魏　彤
审编：最高人民法院刑一庭　杨立新）

[第1413号]

# 吴某兰、鲁某学容留卖淫案

——如何正确把握"早认罪优于晚认罪"的刑罚评价精神

## 一、基本案情

被告人吴某兰，女，1970年××月××日出生。2017年4月21日被逮捕。

被告人鲁某学，男，1971年××月××日出生。2017年4月21日被逮捕。

福建省厦门市集美区人民检察院指控被告人吴某兰、鲁某学犯容留卖淫罪，向厦门市集美区人民法院提起公诉。

被告人吴某兰、鲁某学系被网上追逃后到案。鲁某学于2017年3月16日被抓获，归案后即如实供述了自己的罪行；吴某兰于2017年3月29日主动向公安机关投案，但否认自己是涉案茶馆的股东。因吴某兰不认罪，公诉机关建议法院适用普通程序审理。集美区人民法院受理后，适用普通程序不公开开庭审理了本案，在公诉机关出示相关证据后，吴某兰当庭表示认罪、愿意接受处罚。公诉人发表公诉意见认为，吴某兰、鲁某学为他人卖淫提供场所，其行为均已构成容留卖淫罪，系共同犯罪。根据二被告人认罪阶段的不同，建议对吴某兰在有期徒刑八个月至一年二个月之间判处刑罚、对鲁某学在有期徒刑六个月至一年之间判处刑罚，均并处罚金。吴某兰的辩护人提出，吴某兰有自动投案情节，当庭认罪，请求法庭对其从轻处罚。

厦门市集美区人民法院经审理查明：2015年4月以来，被告人吴某兰、鲁某学伙同曾某海、刘某（另案处理，已判刑）共同出资经营位于厦门市集美区杏林街道董任路6号附近的"迎宾来"茶馆，密谋在该茶馆内提供房间给卖淫女卖淫。后吴某兰、鲁某学等人容留刘某、张某在该茶馆内卖淫，并从中抽成牟利。2015年5月20日零时许，公安机关对上述地点进行突击检查时，当场抓获了正在该茶馆内卖淫的二卖淫女，并缴获了手机、记录本、笔记本等物品。

厦门市集美区人民法院认为，被告人吴某兰、鲁某学为他人卖淫提供场所，其行为均已构成容留卖淫罪。公诉机关指控的罪名成立。本案系共同犯罪，二被告人地位作用相当，均系主犯。鲁某学归案后在侦查阶段即能如实供述自己罪行，构成坦白，依法可从轻处罚。吴某兰在法院审理阶段当庭自愿认罪，可酌情从轻处罚。公诉机关的量刑建议适当，予以采纳。吴某兰辩护人的辩护意见理由充分，予以采纳。据此，依照刑法第三百五十九条第一款、第二十五条第一款、第六十七条第三款之规定，判决如下：

一、被告人吴某兰犯容留卖淫罪，判处有期徒刑一年一个月，并处罚金人民币五千元；

二、被告人鲁某学犯容留卖淫罪，判处有期徒刑十一个月，并处罚金人民币五千元；

一审宣判后，被告人吴某兰不服，以自己不是股东、具有自首情节、一审量刑过重为由，提出上诉。

厦门市中级人民法院经审理认为，上诉人吴某兰、原审被告人鲁某学为他人卖淫提供场所，其行为均已构成容留卖淫罪。关于吴某兰上诉提出其并非股东、具有自首情节的上诉意见，经查，本案其他三同案犯均供称与吴某兰共同出资经营涉案茶馆，且有查获在案的合作经营协议印证，故吴某兰的辩解与查明的事实不符。其虽自动投案但归案后未能如实供述主要犯罪事实，不构成自首，故该上诉理由不能成立，不予采纳。原判认定事实清楚、证据确实充分、定罪准确、量刑适当、审判程序合法。据此裁定驳回上诉，维持原判。

## 二、主要问题

适用认罪认罚从宽制度，如何准确把握"认罪越早、从宽越多"的刑罚评价取向？

## 三、裁判理由

（一）"认罪越早，从宽越多"的刑罚评价取向有利于增强犯罪嫌疑人、被告人对认罪后果的可预测性

犯罪嫌疑人、被告人自愿认罪最直接的内心动因，就是希望能以自己的认罪换取量刑上的从宽，如果从宽预期不明确，其难以判断早、晚认罪的区别，认罪的动力必然大大减弱。认罪认罚从宽制度试点期间，厦门集美、山东青岛等地探索"认罪越早，从宽越多"理念，配套以"3-2-1"阶梯式从宽量刑机制，即针对在侦查、起诉、审理不同阶段认罪，分别给予最高30%、20%、10%的量刑减让，形成一套可视化的从宽量刑标准，实现了从宽有据，从宽有别，由此增强了犯罪嫌疑人、被告人对认罪结果的可预测性，充分发挥了认罪认罚从宽制度的指引功能。

（二）"认罪越早，从宽越多"必须结合认罪价值以及案件性质、情节后果等因素综合考量

"认罪越早、从宽越多"的刑罚评价取向，符合宽严相济刑事政策区别对待的要求，在我国刑法总则以及量刑规范化指导意见中均有体现。2019年出台的《最高人民法院、最高人民检察院、公安部、国家安全部、司法部关于适用认罪认罚从宽制度的指导意见》（以下简称《指导意见》）明确规定："办理认罪认罚案件，应当区别认罪认罚的不同诉讼阶段、对查明案件事实的价值和意义、是否确有悔罪表现，以及罪行严重程度等，综合考量确定从宽的限度和幅度。在刑罚评价上，主动认罪优于被动认罪，早认罪优于晚认罪，彻底认罪优于不彻底认罪，稳定认罪优于不稳定认罪。"该规定所确立的"认罪越

早，从宽越多"的刑罚评价取向，对于鼓励真正的犯罪嫌疑人尽早认罪，与国家和被害人和解，减少控辩对抗，缩短诉讼周期，节约国家追诉犯罪成本和实现被追诉人自我救赎均具有重要意义。从厦门集美地区看，认罪认罚从宽制度实施后，侦查机关引入"认罪越早，从宽越多"理念对犯罪嫌疑人开展认罪教育，第一次讯问认罪率达到54.9%，远远高于认罪认罚从宽制度实施前的认罪率，且犯罪嫌疑人供述稳定，这一方面有利于案件事实的及时查明，另一方面也给犯罪嫌疑人提供了通过选择尽早认罪从而获得更多从宽处罚的机会，充分发挥了认罪认罚从宽制度在及时惩罚犯罪和全面落实宽严相济刑事政策中的作用。需要注意的是，"认罪越早，从宽越多"是一个原则，具体是否从宽以及从宽幅度仍要根据案件性质、情节后果等因素，结合认罪的价值和意义综合考量，确保罪责刑相适应。

本案中，被告人吴某兰、鲁某学在共同犯罪中的地位、作用相当。吴某兰虽系自动投案，但到案后未如实供述自己的罪行，故依法不能认定为自首。被告人鲁某学归案后即如实供述自己的罪行，属侦查阶段的坦白，对案件事实的及时准确查明具有重要意义。一审合议庭评议时，综合考量二被告人认罪阶段和作用的不同，在量刑规范化框架内作出不同的刑罚评价：二被告人的地位、作用相当，其基准刑均确定为十五个月。吴某兰当庭认罪，有自动投案情节，减让基准刑的10%，宣告刑为十三个月；鲁某学在侦查阶段认罪，减让基准刑的25%，宣告刑为十一个月。一审法院综合考虑二被告人认罪时间早晚以及认罪作用大小等因素，确定不同的从宽幅度，体现了区别对待的刑事政策，有利于发挥制度的指引功能。

（撰稿：福建省厦门市中级人民法院　王　绮
　　审编：最高人民法院刑一庭　杨立新）

[第1414号]

# 王某受贿案

——如何把握认罪认罚从宽制度中的"认罚"情节

## 一、基本案情

被告人王某，男，1964年××月××日出生，原系江苏省泰州市姜堰区教育局职业教育与社会教育科科长。2019年7月8日被逮捕。

江苏省泰州市姜堰区人民检察院指控被告人王某犯受贿罪，向泰州市姜堰区人民法院提起公诉。公诉机关认为被告人王某自愿认罪认罚，建议判处被告人王某有期徒刑三年六个月至四年六个月，并处罚金人民币三十八万至四十八万；建议适用简易程序。

审查起诉阶段，被告人王某对起诉书指控的犯罪事实和罪名均无异议，自愿认罪认罚，签署认罪认罚具结书。其辩护人提出被告人归案后如实供述自己的罪行，自愿认罪认罚，建议对其从宽处理。

泰州市姜堰区人民法院适用简易程序公开审理本案。经审理查明：被告人王某于2006年春节前至2019年春节后，利用担任泰州市姜堰区教育局职社科科长的职务便利，在统筹协调管理职业教育工作、成人教育工作、社会力量办学许可、年检、评估、考核、监督管理等方面为他人谋取利益，索取或者非法收受他人财物，价值计人民币448000元（具体事实略）。

泰州市姜堰区人民法院认为：辩护人提出"被告人认罪认罚"的辩护意见，经查，被告人王某在审查起诉阶段签署了认罪认罚具结书，提起公诉时，量刑建议书中认定其具有认罪认罚情节，但在审理过程中查明，王某职务犯罪既遂，在案发前对外享有债权，归案后其银行卡账户余额30余万元也未用于退赃、缴纳财产刑，直至一审宣判前其未有退赃表现，其亲属亦未能代其积极退赃，故不宜认定其具有认罚情节，对被告人具有认罚情节的辩护意见不予采纳。辩护人提出"被告人王某归案后如实供述犯罪事实，自愿认罪，建议法庭从轻处罚"的辩护意见，予以采纳。依照刑法第三百八十五条第一款、第三百八十八条、第三百八十六条、第三百八十三条第一款第二项和第二款、第九十三条第一款、第六十七条第三款、第六十四条及《最高人民法院、最高人民检察院关于办理贪污贿赂刑事案件适用法律若干问题的解释》第二条第一款之规定，判决如下：

被告人王某犯受贿罪，判处有期徒刑四年，并处罚金人民币三十八万元。

一审宣判后,被告人王某未提出上诉,公诉机关也未提出抗诉。判决已发生法律效力。

## 二、主要问题

认罪认罚从宽制度适用中,如何把握"认罚"情节?

## 三、裁判理由

### (一)认罪认罚从宽制度中对"认罚"的把握

根据刑事诉讼法第十五条的规定,"认罪"是指犯罪嫌疑人、被告人自愿如实供述自己的罪行,承认指控的犯罪事实;"认罚"是指愿意接受处罚。愿意接受处罚是犯罪嫌疑人、被告人悔罪的表现,"认罚"的核心在于犯罪嫌疑人、被告人真诚悔罪。"认罚"在不同的诉讼阶段有不同的表现形式:在侦查阶段表现为犯罪嫌疑人真诚悔罪愿意接受处罚;在审查起诉阶段表现为犯罪嫌疑人自愿签署认罪认罚具结书,认可检察机关的量刑建议;在审判阶段表现为被告人当庭确认签署具结书系出于自愿,或者当庭表示认罪,愿意接受处罚。实践中,"认罚"考察的重点,是犯罪嫌疑人、被告人的悔罪态度和悔罪表现。犯罪嫌疑人、被告人主动退赃退赔、积极赔偿损失、取得谅解,等等,也是悔罪认罚的表现。需要注意的是,犯罪嫌疑人、被告人认罪认罚,但确无能力退赃退赔、赔偿损失的,不能以此否定"认罚"情节的认定。当然,对于犯罪嫌疑人、被告人表面上接受量刑建议,背后隐匿、转移财产,拒不退赃退赔、赔偿损失、履行财产刑,明显无真诚悔罪表现的,不应当认定为"认罚"。

### (二)确无能力退赃退赔的认定及对适用认罪认罚从宽制度的影响

在犯罪嫌疑人、被告人自愿认罪认罚的情况下,办案机关应当告知犯罪嫌疑人、被告人"退赃退赔、赔偿损失、履行财产刑"是考察"认罚"情节的重要因素。在监察机关调查、公安机关侦查期间,应当对被调查人、犯罪嫌疑人的经济情况进行调查,及时收集固定相关证据;人民检察院应当对"被告人是否有能力退赃退赔、赔偿损失等"承担举证责任;被告人辩解自己"确无能力退赃退赔"的,可以举证证明;人民法院应当根据相关证据审查判断。在被告人未退赃退赔、赔偿损失、履行财产刑的情况下,人民检察院认定被告人有"认罚"情节,但未提交被告人是否"确无能力退赃退赔"相关证据的,人民法院根据案件情况可以认定被告人具有"认罚"情节,可以依法适用认罪认罚案件的审理程序。但在实体从宽上应当考虑未退赃退赔、未赔偿损失、未履行财产刑的情节,严格把握从宽幅度。但是,人民法院审理发现被告人有能力退赃退赔、赔偿损失而不退赃退赔、赔偿损失的,甚至有隐匿转移财产行为的,不应认定具有"认罚"情节,因此,不按认罪认罚案件处理。人民法院对于"认罚"情节的否定,应当进行必要的法庭调查、法庭辩论,充分听取控辩双方的意见,并向被告人释明相应的法律后果。

本案中，被告人系国家工作人员，被指控犯有受贿罪，对外享有债权，却拒不退赃，且有证据表明其亲属在案发后隐匿、转移财产。因此，虽然被告人在审查起诉阶段签署具结书同意量刑建议，检察机关按认罪认罚案件提起公诉，但至一审宣判前被告人仍不退出受贿赃款，且经庭审查明被告人家属有隐匿转移财产行为，故姜堰区人民法院依法不认定被告人有"认罚"情节，案件不能适用认罪认罚从宽制度处理。

（撰稿：江苏省高级人民法院　黄　琰
江苏省泰州市姜堰区人民法院　李　渊
审编：最高人民法院刑一庭　杨立新）

[第 1415 号]

# 王某等销售假药案

——未及销售的假药应否计入销售金额及其犯罪形态的认定

### 一、基本案情

被告人王某,男,满族,1987 年××月××日出生。2015 年 11 月 20 日被逮捕。

被告人郑某文,男,汉族,1978 年××月××日出生。2015 年 11 月 20 日被逮捕。

被告人董某,女,汉族,1966 年××月××日出生。2015 年 9 月 30 日被逮捕。

江苏省昆山市人民检察院指控被告人王某、郑某文、董某犯销售假药罪,向昆山市人民法院提起公诉。

被告人王某对被指控的犯罪事实未提出异议。

被告人郑某文及其辩护人提出,公诉机关指控的销售金额存在重复计算错误。郑某文非医疗机构工作人员,其为销售而储存的行为不应认定为销售。被查获假药的可得销售金额不应计入其销售金额,即使计入销售金额,亦应认定为犯罪未遂。

被告人董某及其辩护人提出,董某非医疗机构工作人员,其储存假药但未售出的行为不应认定为销售行为。未售出假药的可得销售金额不应计入销售金额,即使按照销售金额处罚,也应认定为犯罪未遂,且应按照被查获当日董某的最低售价 60 元/瓶计算。故董某的销售金额为 176820 元,不构成情节特别严重。

昆山市人民法院经审理查明:

2015 年 5 月至 9 月,被告人王某在明知其销售的无商标肉毒毒素系假药,仍以"保妥适"(BOTOX)牌、"衡力"牌注射用 A 型肉毒毒素的名义,通过快递邮寄的方式,销售给被告人郑某文、董某共 10758 瓶,已得销售金额 451130 元。2015 年 10 月 14 日,公安机关将王某抓获,王某归案后如实供述了犯罪事实。

2015 年 7 月至 9 月,被告人郑某文在明知其从被告人王某处所购肉毒毒素系假药,仍以"保妥适"牌、"衡力"牌注射用 A 型肉毒毒素的名义,通过快递邮寄的方式,销售给被告人董某及袁某某、刘某某、杨某萍等 15 人共 2282 瓶,已得销售金额 129579 元。其中,出售给董某的"衡力"牌肉毒毒素价格为 60 元/瓶、"保妥适"牌肉毒毒素价格为 59 元/瓶。同年 9 月 14 日,公安机关将郑某文抓获,并从其汽车内和住处查获其为销售而购买、存储的 6170 瓶假"保妥适"牌肉毒毒素、4712 瓶假"衡力"牌肉毒毒素。当场查获的假药按照上述出售单价结算,合计可得销售金额为 648208 元。

2015年7月至8月，被告人董某在明知其从被告人王某、郑某文处所购肉毒毒素系假药，仍以"保妥适"牌、"衡力"牌注射用A型肉毒毒素的名义，通过快递邮寄的方式，销售给刘某、施某涵共19瓶，已得销售金额2100元。同年8月27日，公安机关将董某抓获，并在其住处及地下车库内查获其为销售而购买、存储的2912瓶"保妥适"牌、"衡力"牌肉毒毒素，当日董某正以60元/瓶的价格进行出售。按该售价计算，查获的2912瓶肉毒毒素的可得销售金额为174720元。董某归案后如实供述了自己罪行。

经北京捷鼎知识产权代理有限责任公司鉴定及苏州市食品药品监督管理局认定，上述查扣的"保妥适"牌、"衡力"牌肉毒毒素均应按照假药论处。案发后，公安机关还从被告人王某、郑某文、董某处扣押"保妥适"牌、"衡力"牌包装盒、不干胶商标、说明书、手机及快递单等物品。

昆山市人民法院认为，被告人王某、郑某文、董某销售假注射剂药品，其中王某销售金额45万余元，郑某文销售金额77万余元，均属有其他特别严重情节；董某销售金额17万余元，属有其他严重情节；三被告人的行为均已构成销售假药罪。郑某文、董某在实施部分犯罪过程中，因意志以外的原因而未得逞，均系犯罪未遂，依法对郑某文减轻处罚，对董某从轻处罚。王某、董某归案后供述犯罪事实，依法予以从轻处罚。公诉机关指控郑某文、董某的犯罪行为均系既遂及董某的销售金额为293300元不当，予以更正。据此，依照刑法第一百四十一条、第二十三条、第五十二条、第五十三条、第六十四条、第六十七条第三款及《最高人民法院、最高人民检察院关于办理危害药品安全刑事案件适用法律若干问题的解释》（以下简称《药品解释》）第四条第七项、第一条第三项、第三条第三项、第十二条、第十五条之规定，判决如下：

一、被告人王某犯销售假药罪，判处有期徒刑十年六个月，并处罚金人民币九十二万元；

二、被告人郑某文犯销售假药罪，判处有期徒刑八年六个月，并处罚金人民币二十六万元；

三、被告人董某犯销售假药罪，判处有期徒刑六年，并处罚金人民币十万元；

四、扣押的作案工具三星牌手机一部，予以没收，查获的假药及包装盒、瓶盖、商标等物品，由公安机关依法处理；

五、追缴被告人王某、郑某文、董某违法所得，予以没收，上缴国库。

一审宣判后，昆山市人民检察院提出抗诉。被告人王某、郑某文、董某均不服，分别提出上诉。

昆山市人民检察院的抗诉理由是：被告人郑某文、董某购入假药的目的就是出售，公安机关从二人处查获的假药应认定为犯罪既遂，一审判决认定犯罪未遂不当，导致对郑某文的量刑畸轻。

三被告人的主要上诉理由及其辩护人的辩护意见是：一审判决被告人王某的主刑太重，罚金太高。郑某文、董某并非医疗机构工作人员，其为出售而购买、储存的行为不能认定为销售行为；一审判决将从现场查获但未销售的假药计入郑某文、董某的销售金额属事实认定错误并导致量刑不当。

苏州市中级人民法院经审理，认为一审认定三被告人销售假药的事实清楚，证据确实、充分。另查明：被告人郑某文销售给被告人董某及袁丹丹等15人的已得销售金额为129179元。公安机关从郑某文住处和汽车内查获的6170瓶假"保妥适"牌肉毒毒素、4712瓶假"衡力"牌肉毒毒素，按照"衡力"牌每瓶60元、"保妥适"牌每瓶59元计算，扣除重复计算的部分后，合计可得销售金额为633570元。

苏州市中级人民法院认为，关于被告人郑某文、董某为出售而购买、储存假药的行为能否认定为销售，以及被查获假药能否计入销售金额问题，《药品解释》第六条第二款将医疗机构、医疗机构工作人员明知是假药、劣药而有偿提供给他人使用，或者为出售而购买、储存的行为，应当认定为刑法第一百四十一条、第一百四十二条规定的"销售"行为的规定，是将医疗机构或医疗机构工作人员在提供医疗服务过程中有偿提供给他人使用等非典型的销售行为解释为销售行为，并纳入刑事打击的范围。该条与《药品解释》第一条第四项的目的一致，均在于加大对医疗机构或医疗机构工作人员实施危害药品安全犯罪的打击力度，而非将医疗机构、医疗机构工作人员以外的主体为出售而购买、储存假药的行为排除在刑事打击范围之外。本案郑某文、董某主观上具有出售的目的，客观上实施了购买假药的行为，且二人均已对外销售了部分假药，其行为符合销售假药罪的构成要件，应当以销售假药罪追究其刑事责任。《药品解释》第十五条规定："本解释所称'生产、销售金额'，是指生产、销售假药、劣药所得和可得的全部违法收入。"依据该条规定，销售金额应包括生产、销售后已实际得到的金额，已生产或者已购进但尚未销售的金额，已售出但尚未收到的金额。因此，现场查获的假药属于郑某文、董某可得的违法收入，应当一并计入其销售金额。原审法院根据对郑某文、董某有利的原则，按照其对外销售的最低单价认定标价计算可得销售金额的做法符合法律规定。故对郑某文、董某的相关上诉意见，不予采纳。关于郑某文、董某为销售而购买、存储假药的行为是否构成销售假药罪的既遂问题，虽然销售假药罪是行为犯，有销售行为即可入罪，但根据司法解释的规定，销售金额仅是认定犯罪行为"有其他严重情节"和"有其他特别严重情节"的情形之一，因上述被查获的假药尚未售出，且是因被公安机关及时查获使得犯罪没有得逞，犯罪未完成是因犯罪分子意志以外的原因，符合刑法关于犯罪未遂的认定条件。另外，关于销售类犯罪的既遂、未遂认定，《最高人民法院、最高人民检察院关于办理生产、销售伪劣商品刑事案件适用法律若干问题的解释》（以下简称《伪劣商品解释》）以及《最高人民法院、最高人民检察院、公安部、国家烟草专卖局关于办理假冒伪劣烟草制品等刑事案件适用法律问题座谈会纪要》（以下简称《烟草纪要》）等规范性文件亦可供参考，上述文件明确规定"伪劣产品尚未销售，货值金额达到销售金额三倍以上的，以生产、销售伪劣产品罪（未遂）定罪处罚"。故检察机关的抗诉意见没有法律依据，不予采纳。王某、郑某文、董某分别销售假注射剂药品，王某销售金额451130元，郑某文销售金额762749元（其中，犯罪未遂部分对应的可得销售金额为633570元），均属有其他特别严重情节；董某销售金额176820元（其中，犯罪未遂部分对应的可得销售金额为174720元），属有其他严重情节；三人的行为均已构成销售假药罪。郑某文、董某在实施部分犯罪过程中，因意志以外的原因而未得逞，系犯罪未遂，依法可比照既遂犯从轻或者减轻处罚。王某、董某归案后如实供述自己的罪行，依法可从轻处罚。郑某文、董某在被抓获后主动供述其他犯罪嫌疑人的联络方式，对司法机关抓捕其他犯罪嫌疑人起了积极作用，依法虽不能认定为立功，但可酌情从轻处罚。综上，决定对王某从轻处罚，对郑某文、董某减轻处罚。原审判决认定王某犯罪的事实清楚，证据确实、充分，量刑适当，应予维持。原审判决认定郑某文销售假药可得销售金额有误并影响其量刑，二审法院对该部分事实予以纠正并依法对其进一步减轻处罚。原审判决认定董某犯罪的事实清楚，证据确实、充分，但量刑不当，亦予以纠正。依照刑事诉讼法第二百二十五条第一款第一项与第二项①，刑法第一百四十一条、第二十三条、第六十七条第三款、第六十四条以及《最高人民法院、最高人民检察院关于办理危害药品安全刑事案件适用法律若干问题的解释》第四条第七项、第一条第三项、第三条第三项、第十二条、第十五条之规定，判决如下：

一、维持昆山市人民法院刑事判决第一项、第四项、第五项；
二、撤销昆山市人民法院刑事判决第二项、第三项；
三、郑某文犯销售假药罪，判处有期徒刑七年六个月，并处罚金人民币二十六万元；
四、董某犯销售假药罪，判处有期徒刑二年，并处罚金人民币五万元。

## 二、主要问题

（一）被告人未及销售的假药应否计入销售金额？
（二）本案犯罪形态如何认定？

## 三、裁判理由

（一）已购进但尚未销售的假药应当计入销售金额

关于现场查获的假药应否计入犯罪数额，实践中存在两种不同意见。第一种意见认为，现场查获的假药尚未进入销售环节，系犯罪未遂，不应计入销售金额。第二种意见认为，为销售而购入、存储假药的行为，属于销售实行行为，现场查获的假药应当计入销售金额。

我们赞同第二种意见。判定现场查获的假药是否计入销售金额，关键在于如何认定"销售"。至于何为"销售"，刑法没有作出明确规定。一般意义上的"销售"即指售出的行为。但是，法定的犯罪行为往往不同于生活行为。《伪劣商品解释》第二条第一款规定："刑法第一百四十条、第一百四十九条规定的'销售金额'，是指生产者、销售者出售伪劣产品后所得和应得的全部违法收入。"据此，销售假药，是指将自己生产或者他人生产的假药非法出售（批发或零售）的行为。然而，《药品解释》第六条第二款规定："医疗机构、医疗机构工作人员明知是假药、劣药而有偿提供给他人使用，或者为出售而购买、储存的行为，应当认定为刑法第一百四十一条、第一百四十二条规定的'销售'。"

---

① 此处引用的是 2018 年修正前的刑事诉讼法，对应 2018 年修正的刑事诉讼法第二百三十六条第一款第一项与第二项。

因此，刑法语境下的"销售"，除了具有一般意义上的出售含义外，还应包括"有偿提供"以及"为出售而购买、储存"的中间环节行为。

实践中，有意见认为，该款仅是针对特殊主体即医疗机构、医疗机构工作人员销售假药、劣药行为作出的专门规定，不适用于非医疗机构、非医疗机构工作人员。我们认为，这种理解有失偏颇。理由是：2014年11月18日，最高人民法院、最高人民检察院举行《药品解释》新闻发布会时指出："考虑到医疗机构及其工作人员从事生产销售假劣药行为的危害性更大，《药品解释》中明确此类行为应当酌情从重处罚，如明知是假劣药而有偿提供给他人使用，或者为出售而购买、储存的行为，应当认定为'销售'。"可见，《药品解释》第六条第二款是一种提示性规定。该款规定与《药品解释》第一条第四项的目的一致，均在于加大对医疗机构或医疗机构工作人员实施危害药品安全犯罪的打击力度，而非将医疗机构、医疗机构工作人员以外的主体为出售而购买、储存假劣药的行为排除在刑事打击范围之外。否则，有违刑法修正案（八）删除生产、销售假药罪"足以严重危害人体健康"的入罪条件，以及依法严惩危害药品安全犯罪的修法目的和相关刑事政策。因此，非医疗机构、非医疗机构人员明知是假药而有偿提供给他人使用，或者为出售而购买、储存的行为，应当根据主客观相一致原则进行判断，既要考虑行为人的主观认识，也要考虑其客观行为。本案被告人郑某文、董某虽然不是医疗机构人员，但其主观上具有出售的目的，客观上实施了为了销售而购买、储存假药的行为，且二人均已对外销售了部分假药，行为符合销售假药罪的构成要件。

关于销售金额的认定，根据《伪劣商品解释》第二条第一款的规定，生产、销售伪劣产品罪中的销售金额，是指生产者、销售者出售伪劣产品后所得和应得的全部违法收入，对于未售出的产品，通常计算在"货值金额"中。然而，生产、销售假（劣）药罪与生产、销售伪劣产品罪不同，并未以销售金额作为入罪标准。但从《药品解释》可以看出，销售金额仍然是生产、销售假（劣）药罪量刑的重要考量因素。实践中，在多数情况下，要准确查明生产、销售假药、劣药者已实际销售的金额，往往存在很大困难；仅据销售金额定罪量刑，还存在轻纵犯罪问题，因此，对"销售金额"作广义理解，将货值金额也计入其中，是合理的、必要的。故《药品解释》对销售金额作出了不同于《伪劣商品解释》等相关司法解释或规范性文件的认定，《药品解释》第十五条规定："本解释所称'生产、销售金额'，是指生产、销售假药、劣药所得和可得的全部违法收入。"即将可得违法收入也纳入销售金额，具体包括：生产、销售后已实际得到的金额，已生产或者已购进但尚未销售的金额，已售出但尚未收到的金额。据此，现场查获的行为人已购进但尚未销售的假药的可得销售金额应当计入销售金额，否则会影响打击销售假药犯罪的力度，放纵犯罪，甚至会使犯罪分子想方设法销毁交易记录等证据，增加案件的查处难度。本案中，一审法院根据对被告人郑某文、董某有利的原则，按照其对外销售的最低单价认定标价计算可得销售金额，并计入销售金额的做法符合法律规定。

## （二）为销售而购买、存储假药的行为构成犯罪未遂

### 1. 生产、销售假药犯罪存在犯罪未遂

为惩治生产、销售假药、劣药犯罪，保障人民群众生命健康安全，维护药品市场秩序，刑法修正案（八）将销售假药罪从具体危险犯修改为行为犯，即只要实施了生产、销售假药的行为，即构成犯罪，并不要求一定要有实际的危险结果发生。故假药未销售时是成立犯罪既遂、未遂还是预备，争议点在于行为犯是否存在犯罪未遂。司法实践中，有一种观点认为，对于行为犯，只要行为人实施了犯罪行为，就应当认定为既遂。对此我们持否定观点。我国刑法理论的传统观点认为，行为犯是指只要实施刑法分则所规定的实行行为就成立既遂的犯罪。行为犯以法定的犯罪行为是否完成作为犯罪是否既遂的标志。而行为完成与否的判断，应紧密结合犯罪构成要件，以对法益的侵害是否实现为标准。这种法益侵害的实现具有一定的过程（当然，过程的长短有异），且要达到一定的程度，才能过渡到既遂状态，并非一着手即能完成。在这个过程中，完全可能出现因各种主客观原因而停止的情形，因此，行为犯也存在预备、未遂、中止的停止形态。对于未完成法定的犯罪行为或者实行行为未达到一定程度的，应认定为犯罪未遂。

### 2. 销售假药罪的既未遂标准

关于销售假药罪的既遂标准，实践中存在两种不同意见。第一种意见认为，销售假药罪既遂与否以假药是否售出为准，尚未售出即被查获的为犯罪未遂。第二种意见认为，销售假药罪既遂与否应以假药是否进入交易环节为准。如果因行为人意志以外的原因而未进行实质性的交易行为，则构成犯罪未遂。

我们同意第二种意见，主要理由是：犯罪既遂是指行为人实施了刑法规定的全部构成要件并已造成法益侵害结果的行为。销售假药罪的构成要件行为或者实行行为是销售行为。但是，准确把握实行行为的起点与终点并不容易。实际上，销售行为是一个过程，卖出或者成交是一种最终既遂的体现，但并不是销售行为的全部。一般意义上来说，产品销售可以分为准备产品、寻找客户、接待客户、咨询需求、推荐产品、处理异议、签订协议、产品成交、收货付款等多个环节。在刑法规范中，出售、有偿提供给他人使用或者为出售而购买、储存都是销售的实行行为。因此，准确判断哪个环节是实行行为着手，哪个环节是实行行为完成，是认定销售假药罪既未遂的关键。刑法第二十三条第一款规定："已经着手实行犯罪，由于犯罪分子意志以外的原因而未得逞的，是犯罪未遂。"着手本质上是造成侵害法益的紧迫危险的行为。在销售他人生产的假药案件中，为出售而购入假药即意味着随时可以上架进行销售，此时已经对国家药品监管制度产生了现实的严重侵害危险，只要该行为进一步实施即可造成侵害结果，所以，购入假药的行为应当认定为着手实行犯罪。当然，购入假药只是手段，对外出售才是目的。将假药置入销售环节进行销售则是直接造成法益侵害结果、最充分地实现构成要件的行为，标志着实行行为的完成，构成犯罪既遂。

本案中，被告人郑某文、董某为出售而购入、存储假药即为着手实施犯罪，后因公安机关及时查获而未能进入销售环节及售出，犯罪未完成是因其意志以外的原因，符合

刑法关于犯罪未遂的认定条件。而且，将未及销售的假药认定为犯罪未遂，亦有法律依据。比如，《伪劣商品解释》第二条第二款规定："伪劣产品尚未销售，货值金额达到刑法第一百四十条规定的销售金额3倍以上的，以生产、销售伪劣产品罪（未遂）定罪处罚。"《最高人民法院、最高人民检察院关于办理非法生产、销售烟草专卖品等刑事案件具体应用法律若干问题的解释》（以下简称《烟草解释》）第二条第一款规定："伪劣卷烟、雪茄烟等烟草专卖品尚未销售，货值金额达到刑法第一百四十条规定的销售金额定罪起点数额标准的三倍以上的，或者销售金额未达到五万元，但与未销售货值金额合计达到十五万元以上的，以生产、销售伪劣产品罪（未遂）定罪处罚。"《烟草纪要》第一条规定："伪劣烟草制品的销售金额不满五万元，但与尚未销售的伪劣烟草制品的货值金额合计达到十五万元以上的，以生产、销售伪劣产品罪（未遂）定罪处罚。"因假药属于伪劣商品，销售假药罪与销售伪劣产品罪系法条竞合关系，故在审理销售假药案件认定犯罪既未遂时，亦可参照适用上述规定。

3. 销售假药罪部分既遂、部分未遂的量刑

被告人郑某文、董某实施的犯罪中既有犯罪未遂，又有犯罪既遂，且本案是根据销售金额认定情节，在量刑时应当参照《烟草解释》等相关司法解释的规定及最高人民法院指导案例62号王新明合同诈骗案关于既有既遂又有未遂的数额犯罪如何量刑的适用，即犯罪既遂部分和犯罪未遂部分分别对应不同法定刑幅度的，应当先决定对未遂部分是否减轻处罚，确定未遂部分对应的法定刑幅度，再与既遂部分对应的法定刑幅度进行比较，选择适用处罚较重的法定刑幅度，并酌情从重处罚；两者在同一量刑幅度的，以犯罪既遂酌情从重处罚。据此，一审法院在决定郑某文的量刑时按照先对未遂部分减轻处罚再与既遂部分进行比较后判处其有期徒刑八年六个月，在量刑方式的选择上是正确的，但考虑到一审法院对郑某文的可得销售金额存在计算错误，二审认定的数额有所减少，再结合郑某文的供述对抓获其他犯罪嫌疑人确实起了较大作用，二审法院认为一审判决判定的主刑过重，故予纠正。一审法院对董某的量刑虽系按照上述第一种方式确定，但没有考虑到如果被告人犯罪既遂数额亦在三年以上十年以下这一刑档（销售金额在十万元以上不足二十万元），特别是犯罪既遂数额刚超过十万元时，对这一相对较重行为依照上述规定判处的刑罚可能轻于一审对董某判处的刑罚，量刑有失平衡。一审对董某判处的刑罚明显过重，二审亦予以纠正。二审法院根据犯罪的事实、性质、情节和对社会的危害程度，分别改判郑某文有期徒刑七年六个月，并处罚金人民币二十六万元；董某有期徒刑二年，并处罚金人民币五万元，是合适的。

（撰稿：江苏省昆山市人民法院　王　东
审编：最高人民法院刑二庭　韩维中）

[第 1416 号]

# 廖某昭故意伤害案

——无偿提供劳务的帮工人在帮工过程中故意伤害致人死亡的，
被帮工人应当承担赔偿责任

## 一、基本案情

附带民事诉讼原告人陈某雅，女，系被害人陈某泳之母。
附带民事诉讼原告人李某凤，女，系被害人陈某泳之妻。
附带民事诉讼原告人陈某睿，女，系被害人陈某泳之女。
被告人廖某昭，男，汉族，1979 年××月××日出生。2014 年 3 月 21 日被逮捕。
附带民事诉讼被告人陈某霞，女，汉族，1982 年××月××日出生。

广东省潮州市湘桥区人民检察院指控被告人廖某昭犯故意伤害罪，向潮州市湘桥区人民法院提起公诉。诉讼过程中，附带民事诉讼原告人陈某雅、李某凤、陈某睿提起附带民事诉讼，要求廖某昭、陈某霞赔偿医疗费、护理费、丧葬费等经济损失，共计 2390434.8 元。

被告人廖某昭辩称，本案证据不足以认定陈某泳受伤死亡系被告人行为所致，其不构成犯罪且不负赔偿责任。

附带民事诉讼被告人陈某霞辩称，陈某泳受伤与其无关，对被害方经济损失不负赔偿责任。

潮州市湘桥区人民法院经审理查明：2014 年 3 月 20 日 15 时许，被害人陈某泳到潮州市湘桥区春光谢厝村春花路 4 号 301 房顺源服装厂办公室找老板陈某霞讨要工资，后因货款问题与陈某霞发生争执，被告人廖某昭见状上前劝架。后廖某昭与陈某泳发生厮打，陈某泳咬中廖某昭手臂，廖某昭用力甩开陈某泳，致陈某泳头部着地受伤。陈某泳驾驶摩托车回家后昏迷不醒，被送往医院治疗，经鉴定，伤情属重伤一级。2014 年 12 月 24 日，陈某泳经医治无效死亡。经鉴定，陈某泳符合 2014 年 3 月 20 日外伤致严重颅脑损伤、脑肿胀、脑疝，继发严重营养不良、化脓性脑炎、支气管炎，导致感染性休克死亡。

潮州市湘桥区人民法院认为，被告人廖某昭故意伤害他人身体，致一人死亡，其行为已构成故意伤害罪，应依法惩处。廖某昭对附带民事诉讼原告人因本案而遭受的物质损失，依法应予赔偿，经核实为医疗费 1030572.98 元、误工费 45362.34 元、护理费 90724.68 元、住院伙食补助费 27900 元、丧葬费 29672.50 元，共计人民币 1224232.50

元。附带民事诉讼原告人要求判令被告人赔偿死亡赔偿金、被扶养人生活费和精神损害抚慰金的请求，根据刑事诉讼法第九十九条第一款①和《最高人民法院关于适用〈中华人民共和国刑事诉讼法〉的解释》第一百三十八条第二款②、第一百五十五条第一款和第二款③的规定，赔偿死亡赔偿金、被扶养人生活费和精神损害抚慰金不属于刑事附带民事诉讼的赔偿范围，故对该请求不予支持。附带民事诉讼原告人要求判令被告人赔偿交通费及办理丧事的误工费、住宿费，依据不足，不予支持。附带民事诉讼原告人要求追究附带民事诉讼被告人陈某霞的刑事责任并判令其连带赔偿经济损失的请求，于法无据，不予支持。依照相关法律规定，判决如下：

一、被告人廖某昭犯故意伤害罪，判处有期徒刑十二年；

二、被告人廖某昭应赔偿附带民事诉讼原告人因本案而遭受的物质损失共计人民币1224232.50元；

三、驳回附带民事诉讼原告人的其他诉讼请求。

一审宣判后，原审被告人廖某昭、原审附带民事诉讼原告人陈某雅、李某凤、陈某睿不服，均提出上诉。

陈某雅、李某凤、陈某睿上诉称，应判令被告人廖某昭、陈某霞赔偿其全部经济损失，除一审判赔项目及金额外，还应判赔死亡赔偿金651974元，被扶养人生活费433900.8元，交通费、丧葬误工费及住宿费1万元；精神损害抚慰金10万元。

潮州市中级人民法院经审理认为，被告人廖某昭故意伤害他人身体，致一人死亡，其行为已构成故意伤害罪，应依法惩处，并赔偿陈某雅、李某凤、陈某睿因本案而遭受的物质损失。鉴于廖某昭系在帮工过程中故意伤害致人死亡，故被帮工人陈某霞应承担连带赔偿责任。陈某雅、李某凤、陈某睿提出的赔偿请求合法有据部分予以支持。陈某雅、李某凤、陈某睿上诉要求判令陈某霞承担连带赔偿责任，经查，案发前陈某霞与被害人陈某泳因工资问题发生纠纷，案发当天，陈某霞因担心陈某泳等工人领取工资时闹事，遂叫廖某昭到工厂帮忙，防止工人闹事。因此，陈某霞与廖某昭之间存在无偿帮工关系，依照2003年《最高人民法院关于审理人身损害赔偿案件适用法律若干问题的解释》（以下简称2003年《人身损害赔偿解释》）第十三条④的规定，被帮工人对帮工人的行为应当承担责任，故对该请求予以支持；上诉要求判令廖某昭、陈某霞赔偿医疗费、误工费、护理费、住院伙食补助费、丧葬费、受害人亲属办理丧葬事宜所支出的交通费、误工费、住宿费的请求符合法律规定，予以支持，根据2003年《人身损害赔偿解释》的有关规定计算，共计1227232.5元；上诉要求判令赔偿死亡赔偿金651974元、被扶养人生活费433900.8元、精神损害抚慰金10万元，根据刑事诉讼法第九十九条第一款⑤和2012年《最高人民法院关于适用〈中华人民共和国刑事诉讼法〉的解释》（以下简称

---

① 此处引用的是2018年修正前的刑事诉讼法，对应2018年修正的刑事诉讼法第一百零一条第一款。
② 此处引用的是2012年的解释，对应2021年解释第一百七十五条第二款。
③ 此处引用的是2012年的解释，对应2021年解释第一百九十二条第一款和第二款。
④ 2020年最高人民法院对该解释进行修正，对应修正后该解释第四条。
⑤ 此处引用的是2018年修正前的刑事诉讼法，对应2018年修正的刑事诉讼法第一百零一条第一款。

2012年《刑事诉讼法解释》）第一百三十八条第二款、第一百五十五条第一款和第二款①的规定，死亡赔偿金、被扶养人生活费、精神损害抚慰金均不属于刑事附带民事诉讼的赔偿范围，故对该三项请求均不予支持。依照相关法律规定，判决如下：

一、维持潮州市湘桥区人民法院（2014）潮湘法刑初字第265号刑事附带民事判决的第一项；

二、撤销潮州市湘桥区人民法院（2014）潮湘法刑初字第265号刑事附带民事判决的第二项与第三项；

三、上诉人廖某昭应赔偿上诉人陈某雅、李某凤、陈某睿因本案而遭受的物质损失共计人民币1227232.5元，扣除上诉人李某凤已从当地派出所领到的现金人民币39600元，余款人民币1187632.5元限于判决生效之日起十日内履行；

四、被上诉人陈某霞应对上述第三项的款项承担连带赔偿责任；

五、驳回上诉人陈某雅、李某凤、陈某睿的其他诉讼请求。

## 二、主要问题

无偿提供劳务的帮工人在帮工过程中故意伤害致人死亡，被帮工人是否属于对被害人的物质损失依法应当承担赔偿责任的"其他单位和个人"，能否作为附带民事诉讼被告人并承担连带赔偿责任？

## 三、裁判理由

（一）对被害人的物质损失依法应当承担赔偿责任的"其他单位和个人"的界定

根据2012年《刑事诉讼法解释》第一百四十三条第一款②的规定，除了刑事被告人以外，以下人员依法应对被害人遭受的物质损失承担赔偿责任：一是没有被追究刑事责任的其他共同侵害人；二是未成年刑事被告人的监护人；三是已被执行死刑的罪犯的遗产继承人；四是共同犯罪案件中案件审结前已死亡的被告人的遗产继承人；五是对被害人的物质损失依法应当承担赔偿责任的其他单位和个人。据此，明确了刑事附带民事诉讼被告人的范围。其中前四类人员，一般可以根据查明的案情确定；但对于第五类人员，即"对被害人的物质损失依法应当承担民事赔偿责任的其他单位和个人"，如何把握认定，相关法律及司法解释并未明确，司法实践中有时存在不同认识，具体把握不一。

对被害人的物质损失依法应当承担民事赔偿责任的"其他单位和个人"，根据法律规定，是指应当代替或者与实际犯罪行为人共同向被害人承担民事赔偿责任的单位和个人。这里的法律规定，主要是民事实体法律规范。

司法实践中，对于帮工人导致的物质损失的责任承担，2003年《人身损害赔偿解释》

---

① 此处引用的是2012年的解释，分别对应2021年解释第一百七十五条第二款、第一百九十二条第一款和第二款。

② 对应2021年的解释第一百八十条第一款。

第十三条规定,为他人无偿提供劳务的帮工人,在从事帮工活动中致人损害的,被帮工人应当承担赔偿责任。被帮工人明确拒绝帮工的,不承担赔偿责任。因此,被帮工人亦属于根据有关法律规定,应当代替或者与刑事被告人共同承担附带民事赔偿责任的"其他单位和个人"。

在帮工人致人伤亡的犯罪案件中,认定被帮工人承担民事赔偿责任的事实基础,关键是审查被帮工人"是否明确拒绝帮工"以及帮工人的行为是否发生在"帮工过程中"。被帮工人明确拒绝帮工的,不承担赔偿责任;帮工人的犯罪行为不是在帮工过程中实施的,亦不能苛求被帮工人承担赔偿责任。

本案中,案发前陈某霞与陈某泳因工款问题发生纠纷,案发当天,因担心陈某泳等工人领取工资时闹事,陈某霞叫来廖某昭帮忙。此节有廖某昭的供述、陈某霞的证言以及公安机关从陈某霞手机内提取的微信聊天记录证明,足以认定陈某霞与廖某昭之间存在事实上的无偿帮工关系。廖某昭在陈某霞主动要求下前往工厂帮忙,帮工过程中与陈某泳交涉发生冲突,致陈某泳死亡。作为被帮工人的陈某霞,应当对被害人因本案遭受的物质损失承担赔偿责任,属于2012年《刑事诉讼法解释》第一百四十三条第一款第五项①规定的"对被害人的物质损失依法应当承担赔偿责任的其他单位和个人"。因此,被害人在刑事诉讼过程中向被帮工人提起附带民事诉讼的,法院应当受理。

(二)附带民事诉讼中被帮工人赔偿责任的承担

在刑事附带民事诉讼中,民事诉讼具有一定的附带性,体现在附带民事诉讼以刑事诉讼程序的存在为条件,往往是与刑事诉讼同时进行的。被帮工人的附带民事赔偿责任,主要涉及两个问题:一是被帮工人对被害人的外部赔偿责任;二是被帮工人承担责任后的内部追偿权。本案处理涉及第一个问题,即被帮工人外部责任承担。根据2003年《人身损害赔偿解释》第十三条的规定,被帮工人根据不同的情况,应当承担不同的责任:帮工人在帮工过程中致人损害的,被帮工人应当承担赔偿责任;帮工人存在故意或者重大过失,被帮工人应当承担连带赔偿责任;被帮工人明确拒绝帮工,可以作为免责事由,不承担赔偿责任。

本案中,陈某霞主动要求被告人廖某昭到工厂帮忙处理工人领薪纠纷,廖某昭故意伤害致死被害人。监控视频显示,案发当日15时34分14秒陈某霞离开办公室后,廖某昭与陈某泳即发生厮打,陈某霞站在办公室门口观望,未予阻止也未叫来他人阻止(在案证据显示此时工厂内还有其他员工),其后陈某霞进入办公室。15时43分5秒,陈某霞再次走出办公室。43分18秒,廖某昭和陈某泳互相抓打至办公室门口外,二人互相用拳脚击打对方,后廖某昭用手叉住陈某泳的脖子,并将陈某泳猛推入办公室。43分35秒,陈某霞再次返回办公室,至43分43秒又走出办公室,至44分5秒又进入办公室。陈某霞既未授意、指使廖某昭殴打陈某泳,也未参与动手,因而不构成故意伤害罪的共犯。但是,陈某霞要求廖某昭帮工,虽然未支付报酬,但二人是被帮工人与帮工人的关

---

① 对应2021年解释第一百八十条第一款第五项。

系。陈某霞主动要求廖某昭帮忙处理薪酬纠纷，其主观上有过错，行为具有违法性，并造成损害的事实，且违法行为与损害结果之间存在因果关系，因此在民事上不能免除赔偿责任。并且，在伤害案件发生之时，陈某霞在场目睹案发过程，在有条件制止案件发生时并未予以劝阻、制止，主观方面存在过错，应当承担连带赔偿责任。

综上所述，二审法院改判陈某霞对被害人因犯罪遭受的损失承担连带赔偿责任，是正确的。

（撰稿：广东省潮州市中级人民法院　沈　斌
　　　　华东政法大学　程　溪
审编：最高人民法院刑二庭　王晓东）

[第 1417 号]

## 张某福盗窃案

——将他人放在椅背衣服口袋内的财物盗走，
能否认定为盗窃他人"随身携带的财物"

### 一、基本案情

被告人张某福，男，1964 年 ×× 月 ×× 日出生。2009 年 2 月 25 日因犯盗窃罪被判处有期徒刑八个月，并处罚金人民币八千元，2015 年 12 月 2 日因犯盗窃罪被判处有期徒刑一年，并处罚金人民币六千元。2018 年 2 月 13 日因本案被逮捕。

山东省济南市市中区人民检察院以被告人张某福犯盗窃罪，向济南市市中区人民法院提起公诉。

济南市市中区人民法院经审理查明，被告人张某福于 2018 年 1 月 20 日至 21 日，在济南市市中区经十一路珍祥烧烤店等地，趁无人注意之机，先后 4 次从王某等人放在身旁或挂在身后椅背上的衣服、包内盗窃手机、现金等财物（价值共计 11818 元），在市中区老商埠萨贝尔意式餐厅盗窃王某翊等人放在吧台的手机 3 部（价值共计 3595 元）。综上，张某福盗窃作案 5 次，价值共计 15413 元。案发后，公安人员在济南市天桥区堤口路一宾馆内将张某福抓获。经讯问，张某福对上述犯罪事实供认不讳，并主动供述了公安机关尚未掌握的其盗窃王某财物的犯罪事实。案发后，追回被盗手机 2 部、赃款 1 万元已发还失主。

济南市市中区人民法院认为，公诉机关指控被告人张某福犯盗窃罪的事实清楚，证据确实、充分，指控罪名成立。依照刑法第二百六十四条、第六十五条第一款、第六十七条第三款、第六十四条及《最高人民法院关于处理自首和立功具体应用法律若干问题的解释》第四条之规定，判决如下：

被告人张某福犯盗窃罪，判处有期徒刑一年九个月，并处罚金人民币一万元。

一审宣判后，在法定期限内没有上诉、抗诉，判决已发生法律效力。

### 二、主要问题

盗窃他人放在身后椅子靠背衣服外侧口袋内的财物，或放置在身旁未与身体接触的财物，是否属于盗窃他人"随身携带的财物"，能否认定为"扒窃"？

### 三、裁判理由

本案在审理过程中，对被告人张某福在饭店等就餐场所利用他人不注意之机，将他人放在座椅靠背的衣服外侧口袋内的财物或放置在身边未与身体接触的财物盗走，是否属于盗窃他人"随身携带的财物"，该行为能否认定为"扒窃"，存在两种不同观点。

第一种观点认为，该行为属于"扒窃"，构成盗窃罪。理由是：刑法理论通说认为，"扒窃"是一种偷盗他人随身携带的财物的行为。失主放置在座椅靠背衣服外侧口袋内的财物及身边虽未与身体接触但却触手可及的财物属于随身携带的财物，张某福在饭店这一公共场所，趁失主不注意之机，将上述财物盗走属于盗窃他人"随身携带的财物"的行为，可以认定为扒窃，构成盗窃罪。

第二种观点认为，该行为不属于扒窃行为，属于普通盗窃。理由是：张某福盗走的上述财物并没有与失主身体紧密接触，不属于他人"随身携带的财物"的范畴，因此，不属于扒窃行为，属于普通盗窃，根据其盗窃次数和价值，构成盗窃罪。

我们同意第二种观点，本案被告人张某福的行为构成盗窃罪，但不属于扒窃型盗窃，属于普通盗窃行为。刑法修正案（八）第三十九条对盗窃罪的成立条件及标准作了进一步修改完善，在盗窃罪原来的"盗窃公私财物，数额较大"和"多次盗窃"两种行为方式基础之上，增加了"入户盗窃""携带凶器盗窃""扒窃"三种行为方式。《现代汉语词典》对"扒窃"一词的定义为"从别人身上偷窃财物"。根据《最高人民法院、最高人民检察院关于办理盗窃刑事案件适用法律若干问题的解释》的规定，在公共场所或者公共交通工具上盗窃他人随身携带的财物的，应认定为"扒窃"。据此，"扒窃"除具备普通盗窃行为所具有的秘密性、以非法占有为目的的特征之外，还应该具备以下两个独立的特征。

#### （一）扒窃行为必须发生在公共场所或公共交通工具上

刑法语境下的"公共场所"一词的内涵，在理论界和实务界都存有争议。我国刑法第二百九十一条规定了聚众扰乱公共场所秩序、交通秩序罪。该罪中的公共场所，是指具有公共性的特征，对外开放，能为不特定的多数人随意出入、停留、使用的场所，主要有车站、码头、民用航空站、商场、公园、影剧院、展览会、运动场等。而扒窃行为中"公共场所"一词的含义，相关法律和司法解释并没有明确。我们认为，对扒窃行为中"公共场所"的理解和界定，可以从以下几点来把握：（1）场所具备空间上的开放性，要求对不特定人员开放。社会公众无须征得他人同意即可自由出入。就本案而言，饭店是对社会不特定人员开放的就餐场所，凡是有就餐需要的不特定人员都可自由出入，具有较强的空间上的开放性。（2）场所具有不特定人员的聚集性和流动性，即在公共场所必须有人群聚集，且具有流动性。张某福利用饭店就餐高峰期客流大这一特点进入饭店行窃，意图在于利用人多、人员流动性强作为掩护，使其容易脱身，以达到成功实施盗窃行为的目的。据此，张某福行窃的饭店符合"公共场所"的定义。对于在公共交通工具扒窃的理解，可参照适用《最高人民法院关于审理抢劫刑事案件适用法律若干问题的指导意见》中对"在公共交通工具上抢劫"的规定:"公共交通工具",包括从事旅客运输的各种公共汽车、大、中型出租车、火车、地铁、轻轨、轮船、飞机等,不含小型出租车。对于虽不具有商业营运执照,但实际从事旅客运输的大、中型交通工具,可认定为"公共交通工具"。接送职工的单位班车、接送师生的校车等大、中型交通工具,视为"公共交通工具"。抢劫罪与盗窃罪同属于侵犯公民财产权利的犯罪,在公共交通工具上抢劫与在公共交通工具上扒窃中对"公共交通工具"的理解与适用应采用同一标准。

(二)扒窃的对象必须是他人"随身携带的财物"

本案争议的焦点在于:他人放置在座椅靠背的衣服外侧口袋内的财物或放置在身旁未与身体接触的财物是否属于随身携带的财物?该类财物的共同点在于财物与身体没有紧密的物理上的接触,即非贴身财物,但却近在身旁、触手可及。关于"随身携带"的概念,刑法理论界与司法实务界亦有争议,主要有三种观点。

第一种观点认为,随身携带的财物是指他人带在身上或者置于身边附近的财物,即随身说。凡是能够跟随身体移动的财物,都可以成为随身携带的对象。如张明楷教授认为:"在火车、地铁上窃取他人置于货架上、床底下的财物的,均属于扒窃。"[①]

第二种观点认为,随身携带的财物是指他人带在身上或者放置于身边附近,虽没有与身体接触,但置于其随时可能的现实支配之下的财物,即近身说。周光权教授认为:"不直接接触失主身体,但乘失主不备,将距离失主很近、占有关系紧密的财物拿走的,也是扒窃。例如,将他人自行车前的置物筐中的财物拿走的,也是扒窃。"[②]

第三种观点认为,随身携带的财物是他人贴身放置在口袋中或包中的财物,即贴身说。该类财物仅限于他人带在身上的财物,即未离身的财物,如装在他人所穿衣服口袋内的手机、钱包、手提或肩背的包等,而在身体附近、处于他人现实支配之下但没有放在身上的财物不能认定为"随身携带的财物"。第一种观点对"随身"的解释过于宽泛,司法实践中对此观点基本持否定态度;第二种观点相比于第一种观点很明显作了限制性解释,有其合理之处,但却不可避免地带来审判实践中证据认定难的问题,这是因为该观点无法为扒窃的对象范围提供一种明确的、可操作的证据证明标准,财物距离身体多远,才能被评价为"身体附近"?综上所述,我们赞同第三种观点,即"贴身说",理由有以下几方面。

1. 从事实认定角度看,贴身说能够为扒窃行为的认定提供可操作的证据证明标准

盗窃罪属于高发犯罪,扒窃型盗窃所占比例日益增加,如果采取近身说的认定标准,侦查人员、公诉人乃至法官因认知标准不同,势必会因界定财物距离身体多远才能被评价为身体附近而产生歧义,进而会耗费大量的司法资源取证。同时,近身说会为潜在的盗窃行为人或失主提供一种激励,失主基于严惩罪犯的心理在陈述中可能会过分缩小身体与财物的距离范围,而行为人基于避重就轻的心理会予以否认,最终可能因供证不一且缺乏其他证据佐证而陷入无法认定的困局。而贴身说将扒窃的范围仅限于贴身的财物,

---

[①] 张明楷:《刑法学》,法律出版社2011年版,第881页。
[②] 周光权:《刑法各论》,中国人民大学出版社2011年版,第97页。

具有排他性,明确了证据认定标准,统一认识,减少歧义,容易操作,利于侦查人员收集证据,不仅降低司法成本,还能提高案件的侦破率,有利于打击此类犯罪,并最大限度地发挥刑罚的威慑效果。

2. 采取贴身说,是罪责刑相适应的基本要求

刑法修正案(八)将入户盗窃、携带凶器盗窃、扒窃行为入罪,可见刑法对以上行为的打击力度。三种行为并列入罪,且不要求有数额限制。以入户、携带凶器的方式盗窃为例,说明行为人主观恶性较大,作案方式更容易得逞,同时,也会因失主发现而可能引发更为严重的危害后果,进而会有侵害失主生命安全的危险,如构成转化型抢劫罪。综合扒窃与入户、携带凶器两种情形并列入刑的实际,考虑到入户、携带凶器盗窃可能带来的现实危险性,扒窃的行为对象应作限定性法律解释,理由如下:首先,根据罪责刑相适应原则,刑罚的严厉性要与行为人的主观恶性、社会危害性相适应。刑法之所以规定此类行为不受数额限制,降低入刑门槛,意在通过加重处罚来打击此类犯罪。基于此,扒窃型盗窃采用贴身说更为合理,因为只有当某一财物与失主身体紧密接触时,行为人行窃时才容易被失主发现,所以才会对失主的人身造成潜在的随时可转化为现实存在的危险;而在财物并非紧贴失主的情况下,失主对财物被转移的感知能力弱,人身被侵害的现实危险相对较小。其次,如果将窃取贴身财物与非贴身财物适用同一量刑标准,对被告人有失公允,因为两者的社会危害性、行为人的主观恶性不能等同视之。最后,根据刑法的谦抑性原则,扒窃的对象只能是失主贴身之物,如果将扒窃的对象范围扩大,可能会导致量刑上的严重失衡。

本案中,被告人张某福盗窃的财物并非失主贴身财物,如果财物没有与身体接触,即使处在身体的近处,也不能构成扒窃的对象。因此,放置在座椅旁、自行车筐内等的财物,由于没有与失主身体有物理接触,因而不能成为扒窃的对象,只能是普通盗窃的对象。综上所述,原审法院认定张某福的盗窃行为不属于扒窃,只构成普通盗窃罪是适当的。

(撰稿:山东省济南市市中区人民法院 刘艳青
审编:最高人民法院刑四庭 陆建红)

[第1418号]

# 王某盗窃案
——前罪判决因漏判附加剥夺政治权利被再审纠正的，数罪并罚时剩余剥夺政治权利刑期应如何计算

## 一、基本案情

被告人王某，男，1984年××月××日出生。2003年2月因犯抢劫罪、盗窃罪被判处有期徒刑十八年，剥夺政治权利五年，并处罚金人民币七千元，2014年11月8日刑满释放。2016年12月因犯盗窃罪被判处有期徒刑一年三个月，并处罚金人民币二千元，2017年12月15日刑满释放，2018年11月28日经再审，改判为有期徒刑一年三个月，剥夺政治权利二年二个月十日，并处罚金人民币二千元。2018年3月26日因本案被逮捕。

上海市虹口区人民检察院指控被告人王某犯盗窃罪，向上海市虹口区人民法院提起公诉。

被告人王某及辩护人对指控的事实无异议。

上海市虹口区人民法院经审理查明：2018年2月17日20时许，被告人王某与张某明（另案处理）结伙至上海市友谊三村××号××室，由张某明望风，王某通过翻窗入室的方法进入被害人高某潮家中，窃得其放在过道处柜子里7包"熊猫"牌香烟。后二人又至该楼××室，由张某明望风，王某采用铁棒撬锁的方法进入被害人陈某生家中，因屋内无有价值的财物而未窃得实际物品。次日凌晨1时40分许，二人又至上海市同兴路××号××楼处，由张某明望风，王某采用金属纸包住开锁工具的方法撬锁时被被害人吕某龙发现，张某明被当场抓获。

2018年2月27日20时许，被告人王某在上海市虹桥火车站被公安人员抓获。

上海市虹口区人民法院认为，被告人王某与他人结伙，以非法占有为目的，入户窃取他人财物，其行为已构成盗窃罪。本案系共同犯罪，王某在共同犯罪中起主要作用，系主犯。王某在剥夺政治权利执行期间又犯新罪，应予并罚。王某到案后如实供述自己的罪行，可从轻处罚。据此，依照刑法第二百六十四条、第二十五条第一款、第二十六条第一款和第四款、第七十一条、第六十九条第三款、第五十八条第一款、第六十七条第三款及第六十四条之规定，判决如下：

被告人王某犯盗窃罪，判处拘役六个月，并处罚金人民币二千元，与前判尚未执行完毕的剥夺政治权利二年七个月十九日并罚，决定执行拘役六个月，剥夺政治权利二年

七个月十九日,并处罚金人民币二千元。

一审判决后,被告人王某未提起上诉,公诉机关未提起抗诉。判决已经发生法律效力。

## 二、主要问题

前罪判决因漏判附加剥夺政治权利被再审纠正的,数罪并罚时剩余剥夺政治权利刑期应如何计算?

## 三、裁判理由

本案审理期间,被告人王某2016年的前罪判决因遗漏剥夺政治权利的并罚被再审纠正。对于王某因本罪被羁押的期间应否在计算剩余剥夺政治权利的期限时扣除,审理中存在不同的观点。

一种意见认为,基于"附加剥夺政治权利的效力施用于主刑执行期间"的基本原则,被告人王某的主刑执行期间(包括因本罪被羁押期间)不应计入剥夺政治权利执行期间;另一种意见则认为,王某前罪的再审判决已经将其因本罪被羁押的期间纳入剥夺政治权利的执行期间,基于对再审判决的尊重,不应进行扣除,且此系前罪错判所致,不宜将不利后果归责于被告人。

我们同意第一种意见。具体分析如下。

(一) 剥夺政治权利执行期间犯新罪,主刑执行期间应停止计算剥夺政治权利刑期

刑法第五十八条第一款规定:"附加剥夺政治权利的刑期,从徒刑、拘役执行完毕之日或者从假释之日起计算;剥夺政治权利的效力当然施用于主刑执行期间。"2009年5月25日《最高人民法院关于在执行附加刑剥夺政治权利期间犯新罪应如何处理的批复》进一步明确,对于判处有期徒刑并处剥夺政治权利的罪犯,在执行附加剥夺政治权利期间犯新罪时,前罪尚未执行完毕的附加刑剥夺政治权利的刑期从新罪的主刑有期徒刑执行之日起停止计算,从新罪的主刑有期徒刑执行完毕之日或者假释之日起继续计算,剥夺政治权利的效力施用于主刑执行期间。从上述规定来看,剥夺政治权利的效力施用于主刑执行期间,但主刑执行期间并不计入剥夺政治权利的刑期。所以在剥夺政治权利执行期间犯新罪的数罪并罚中,如果新罪不判处附加剥夺政治权利,并罚剥夺政治权利后,新罪所判的主刑执行期间也需实际执行剥夺政治权利,但该期间不计入所并罚的剥夺政治权利刑期。也即,在数罪并罚中需并罚剥夺政治权利的情况下,被告人所获的实际刑罚量可能要高于被并处的刑罚的总和,这也是剥夺政治权利在数罪并罚中有别于其他刑种的一个显著特点。

被告人王某因本案被判处拘役六个月,而作出判决时其已被羁押六个月,按照规定,拘役从执行之日起计算,羁押一日,折抵刑期一日。王某自2018年2月27日被羁押,同年8月26日被取保候审,其被羁押的六个月折抵刑期拘役六个月。根据上文分析,王某

在前判剥夺政治权利执行期间犯新罪，即使剥夺政治权利的实际执行并未因其被羁押而中断，但其被羁押的六个月应当不计入剥夺政治权利的刑期。如果将主刑执行期间也视为对附加剥夺政治权利刑期的执行，则显然不符合上述"剥夺政治权利的效力当然施用于主刑执行期间"的规定，有悖立法的基本精神。

（二）前罪再审改判确认的剥夺政治权利执行期间，不必然影响本罪应予并罚的剩余剥夺政治权利刑期的计算

本案存在特殊之处。一方面，被告人王某 2016 年的前罪是在 2003 年的前罪主刑执行完毕、附加刑剥夺政治权利执行期间发生的，但 2016 年的前罪判决并未对其 2003 年前罪判决尚未执行完毕的剥夺政治权利予以并罚，而本案发生时，被告人前罪判决尚未经再审改判，故应为有效。那么，此时认定王某在本案中系"在附加剥夺政治权利期间犯新罪"则是值得商榷的，因为本案发生时，前罪判决并未判处剥夺政治权利这一项，自然也就不存在"尚未执行完毕的剥夺政治权利"。另一方面，在本案审理期间，2016 年的前罪被再审改判，增加了被漏判的附加剥夺政治权利判项，但再审判决同时又确认了其已经执行的剥夺政治权利刑期，其中就包括王某因本案被羁押的期间。

应当看到，再审改判纠正了前罪的错误判决。在本案判决过程中，我们应当尊重再审判决的效力，但同样不能忽视被告人附加刑剥夺政治权利的实际执行情况。2016 年的前罪判决遗漏并罚剥夺政治权利，并不直接导致其 2003 年前罪判决中的附加刑剥夺政治权利执行中断，2003 年前罪判决中的附加剥夺政治权利实际上仍在继续执行。被告人王某 2016 年所犯盗窃罪并没有剥夺政治权利这一附加刑，也就是说，王某本次犯罪并罚的对象不是 2016 年前罪判决中的附加刑，而是 2003 年前罪判决中尚未执行完毕的剥夺政治权利。这也解释了为什么本罪并罚的尚未执行完毕的剥夺政治权利刑期多于 2016 年前罪再审改判确认的刑期。因为作出再审判决时，本案尚未判决，王某因本案被羁押的期间不能视为执行主刑，故该期间应计入剥夺政治权利执行刑期；而在本案判决时，其被羁押的期间已经折抵为主刑，剥夺政治权利的效力当然施用于此，故不应将该期间计入剥夺政治权利的刑期。因此，本案判决中应予并罚的尚未执行完毕的剥夺政治权利刑期应作相应延长。

综上所述，本案发生在前罪主刑执行完毕、附加剥夺政治权利执行期间，法院根据法律规定对其进行并罚，并从其新罪被释放后再继续计算剥夺政治权利的刑期是正确的。

（撰稿：上海市虹口区人民法院　葛立刚
审编：最高人民法院刑四庭　叶邵生）

[第1419号]

# 程某杰盗窃、传授犯罪方法案
——以数额特别巨大之财物为盗窃目标但仅窃得
数额较大之财物的,如何认定盗窃数额并选择法定刑幅度

## 一、基本案情

被告人程某杰,男,1999年××月××日出生,农民。2018年3月15日被逮捕。

浙江省丽水市莲都区人民检察院指控被告人程某杰犯盗窃罪、传授犯罪方法罪,向丽水市莲都区人民法院提起公诉。

被告人程某杰及其辩护人提出,本案应以程某杰实际提款数额人民币21050元作为定罪量刑的基础,不属于盗窃"数额特别巨大"情形。

丽水市莲都区人民法院经公开审理查明以下事实。

(一)盗窃事实

2017年6月26日,被告人程某杰使用手机号在浙江泽生电子商务有限公司运行的同城商城App平台注册账户,利用该平台的系统漏洞,以发负数金额红包的方式分4次向其账户内充值共计人民币550100元,再将账户内余额提现到绑定的银行卡,后被平台发现。其间,程某杰共计提现21050元,另有94398元在提现申请中,其余434652元尚未申请提现。案发后,程某杰于2017年6月29日通过微信转账的方式将人民币21050元退还至受害人周某艳的微信账户。

(二)传授犯罪方法事实

2017年6月26日,被告人程某杰利用浙江泽生电子商务有限公司运行的同城商城App平台存在系统漏洞,进行非法充值、提现成功后,将该方法告知陈某晓(已判刑)和徐某某(15周岁)。其中,陈某晓通过程某杰教授的方法,在同城商城App平台非法充值提现人民币3500元,并将其中2000元给程某杰作为好处费;徐某某通过程某杰教授的方法,在同城商城App平台非法充值获得543164元账户金额,并申请对其中43164元提现,因平台发现系统漏洞而终止提现,徐某某未能提现成功。

丽水市莲都区人民法院认为,被告人程某杰以非法占有为目的,利用计算机窃取他人财物,数额特别巨大,其行为已构成盗窃罪。程某杰还故意向他人传授利用计算机实

施盗窃犯罪的方法,其行为又构成传授犯罪方法罪。程某杰连续4次通过其注册的账户,以发送负数红包的方式,向其光大银行的账户充值人民币550100元,并发起提现申请,因被害人及时发现,程某杰仅提现成功人民币21050元,其主观上显然具有非法占有的故意。程某杰的盗窃行为既有以财物数额特别巨大(人民币550100元)为盗窃目标,但因意志以外的原因而未得逞的盗窃未遂行为,又有成功实施提现人民币21050元的盗窃既遂行为,依法应以处罚较重的盗窃数额特别巨大未遂进行处罚,故对程某杰及其辩护人提出应以实际盗取的人民币21050元为定罪量刑数额的意见,不予采纳。据此,依照刑法第二百六十四条、第二百九十五条、第六十七条第三款、第六十九条、第四十五条、第四十七条、第五十二条、第六十四条之规定,以盗窃罪判处被告人程某杰有期徒刑四年六个月,并处罚金人民币四万元;以传授犯罪方法罪判处有期徒刑一年,决定执行有期徒刑五年,并处罚金人民币四万元。

一审宣判后,被告人程某杰提出上诉,称其仅对申请提现中的94398元构成盗窃未遂,对于未申请提现的434652元不具有非法占有的故意,不构成盗窃未遂,其不属于"盗窃数额特别巨大"的情形。

丽水市中级人民法院经审理认为,被告人程某杰从对账户进行充值开始,即具有非法占有的故意,充值后对其账户内余额获得了一定程度的支配和控制权,只是由于其意志以外的原因而未能全部提现,故本案盗窃未遂的数额应认定为全部未提现成功的数额即529050元,数额特别巨大,其相关上诉理由不能成立。据此,裁定驳回上诉,维持原判。

## 二、主要问题

行为人以数额特别巨大之财物为盗窃目标,但因意志以外的原因仅窃得数额较大之财物的,如何认定盗窃数额并选择法定刑幅度?

## 三、裁判理由

根据我国刑法第二百六十四条之规定,"数额特别巨大"系盗窃罪法定刑升格的条件。那么,这里的"数额特别巨大"是指行为人实际窃取到手的财物数额,还是也包括行为人以数额特别巨大的财物为盗窃目标但最终没有窃得财物或者只窃得少量财物的情形?换言之,盗窃数额特别巨大是否允许存在未遂情形?对此,刑法理论界与实务界均存在争议。一种观点认为,财产犯罪中的"数额(特别)巨大"属于单纯的量刑情节,只有具备与否而没有既遂未遂的问题,只有实际得手的数额达到(特别)巨大程度时,才能适用数额(特别)巨大的法定刑;如果行为人意图盗窃某件数额(特别)巨大的财物,因意志以外原因未得逞的,不能适用数额(特别)巨大的法定刑,只能适用数额较大的法定刑,并适用未遂犯的规定。本案辩护人就提出,被告人程某杰虽然以数额特别巨大财物(人民币550100元)为盗窃目标,但实际窃得的财物仅21020元,属于"数额较大",故应当以该数额来作为定罪量刑的依据。另一种观点则认为,财产犯罪中的"数额(特别)巨大"并非单纯的量刑情节,而是属于加重构成要件。这种加重的犯罪构成存在未遂形态，当某一行为符合加重犯罪构成但没有发生既遂结果时，就成立加重犯的未遂，适用分则的加重法定刑，同时适用总则的未遂犯规定。

我们同意上述第二种观点，理由分析如下。

（一）行为人未针对特定财物实施盗窃，应当以其实际得手的数额来认定犯罪数额

从司法实践来看，多数盗窃案件中的行为人往往事先并没有明确的盗窃目标，而是抱着一种"能偷什么是什么，能偷多少算多少"的心态去实施盗窃。由于盗窃罪属于典型的数额犯，除了多次盗窃、入户盗窃和携带凶器盗窃等特定形式之外，其余情形成立盗窃罪均需要以"数额较大"为构成要件。在行为人盗窃得手的情况下，按照其实际窃得的财物价值来认定数额没有问题。因为这种"能偷多少是多少"的主观故意，既包含盗窃数额极少不值得刑法评价的财物，也包括数额较大、巨大甚至是特别巨大的财物。无论行为人实际窃得的财物数额是多少，都在其主观意愿当中，故以该数额来认定犯罪并选择法定刑，符合主客观相一致的刑法原则。同样，在未窃得任何财物的情况下，由于行为人主观上并无明确的盗窃目标，也就无从认定盗窃数额，进而无法认定为盗窃罪。对此，相关司法解释均规定以行为人实际得手的财物价值来认定犯罪数额。如1992年发布的《最高人民法院、最高人民检察院关于办理盗窃案件具体应用法律的若干问题的解释》（已失效，以下简称《1992年盗窃解释》）第一条即明确"盗窃数额，是指行为人实施盗窃行为已窃取的公私财物数额"。此后，1998年发布的《最高人民法院关于审理盗窃案件具体应用法律若干问题的解释》（已失效，以下简称《1998年盗窃解释》）第一条亦规定"盗窃数额，是指行为人窃取的公私财物的数额"。同样，针对抢劫犯罪数额的认定，2016年1月6日发布的《最高人民法院关于审理抢劫刑事案件适用法律若干问题的指导意见》（以下简称《抢劫意见》）"二、关于抢劫犯罪部分加重处罚情节的认定"第3条规定"抢劫数额以实际抢劫到的财物数额为依据"。

（二）当行为人明确以数额特别巨大之财物作为目标，即使未能窃得财物或实际窃得的财物价值不大的，也应认定为"数额特别巨大"，并同时适用未遂的相关规定

由于多数盗窃案件中的行为人事先并无明确目标，而是持一种"能偷什么是什么，能偷多少算多少"的心态去实施盗窃，导致以实际窃得的财物价值来认定数额成为惯常做法。但这种做法并没有考虑到行为人盗窃目标明确的情形，当其针对特定目标实施盗窃，由于意志以外原因未得逞或者仅部分得逞时，如果不考虑主观故意所针对财物的价值，简单地以实际窃得的财物数额论，则明显有客观归罪之嫌，容易导致刑罚过剩或刑罚不足等问题。一方面，当行为人针对价值微小的财物实施偷盗行为，如只是想偷盗一床被子用于御寒，却没想到被子里藏有巨额现金，如果不考虑其主观认识因素，单纯以实际得手数额来认定将导致在有期徒刑十年以上量刑，明显过重；另一方面，当行为人以价值特别巨大之财物为盗窃目标，如潜入博物馆意图盗窃某件珍贵文物，但因警报声

响而未得手时，如果以实际得手数额来认定，则无法对行为人以盗窃罪来进行处罚，明显是放纵犯罪。面对上述问题，相关司法解释及时作出了回应，规定如果行为人以数额特别巨大的财物为犯罪目标时，即使最终未窃得任何财物，仍然可以盗窃罪（未遂）来定罪处罚。2013年发布的《最高人民法院、最高人民检察院关于办理盗窃刑事案件适用法律若干问题的解释》（以下简称《2013年盗窃解释》）明确规定："盗窃未遂，具有下列情形之一的，应当依法追究刑事责任：（一）以数额特别巨大的财物为盗窃目标的；（二）以珍贵文物为盗窃目标的……"[①] 同样，2011年发布的《最高人民法院、最高人民检察院关于办理诈骗刑事案件具体应用法律若干问题的解释》（以下简称《诈骗解释》）第五条第一款也有类似规定："诈骗未遂，以数额特别巨大的财物为诈骗目标的，或者具有其他严重情节的，应当定罪处罚。"

然而，上述司法解释仅仅规定了以特定财物为盗窃、诈骗目标，即使未得逞也应当作为未遂犯罪来处理，但对于这种情形下的盗窃、诈骗数额如何认定以及量刑档次如何选择并未作出规定。有观点认为，应采取高于基本犯的定罪起点数额，即对以数额特别巨大财物为对象的盗窃、诈骗未遂按照盗窃、诈骗罪的基本犯未遂来处罚。我们认为，这种做法是有问题的，不仅违背刑法关于犯罪构成与未遂犯的原理，而且人为地降低量刑档次并以未遂来处理也容易放纵犯罪。事实上，财产犯罪中的"数额（特别）巨大"并非单纯的量刑情节，而是加重构成要件。根据犯罪构成及未遂犯的基本原理，故意的加重犯同故意的基本犯一样，均存在未遂形态。当行为符合加重的犯罪构成，只是没有发生既遂结果时，应当成立加重犯的未遂犯，适用分则的加重法定刑，同时适用总则关于未遂犯的规定。而且，当行为人以数额特别巨大财物为明确目标时，即使因意志以外的原因未得逞，犯罪数额也容易确定，按照数额特别巨大的未遂犯来处理也不存在数额难以认定的问题。为此，《抢劫意见》"二、关于抢劫犯罪部分加重处罚情节的认定"第3条规定："对以数额巨大的财物为明确目标，由于意志以外的原因，未能抢到财物或实际抢得的财物数额不大的，应同时认定'抢劫数额巨大'和犯罪未遂的情节，根据刑法有关规定，结合未遂犯的处理原则量刑。"

参照上述规定，本案被告人程某杰以数额特别巨大的财物（人民币550100元）为盗窃目标，由于意志以外的原因仅少部分得逞（21050元），法院将其认定为"盗窃数额特别巨大"的未遂是适当的。

（三）当行为人以数额特别巨大的财物为明确目标，仅窃取到部分财物时，应当针对既遂与未遂情形分别量刑，并从一重处；达到同一量刑幅度的，以既遂处罚

针对财产犯罪，当行为人以数额特别巨大的财物为目标，由于意志以外的原因未实

---

[①] 早在1984年发布的《最高人民法院、最高人民检察院关于当前办理盗窃案件具体应用法律的若干问题的解答》就规定："对于……以盗窃巨额现款、金银或珍宝、文物为目标，即使未遂，也应定罪并适当处罚。"此后，《1992年盗窃解释》同样规定："盗窃未遂，情节严重的，如明确以巨额现款、国家珍贵文物或者贵重物品等为盗窃目标的，也应定罪并依法处罚。"《1998年盗窃解释》亦规定："盗窃未遂，情节严重，如以数额巨大的财物或者国家珍贵文物等为盗窃目标的，应当定罪处罚。"

现预定目标，仅获取到部分财物时，其就实际得手部分的财物成立既遂，而就特定目标财物则属于未遂形态。对于这种既遂、未遂并存的情形应当如何定罪处罚，相关司法解释中存在明确的规定：如针对诈骗犯罪，《诈骗解释》第六条规定："诈骗既有既遂，又有未遂，分别达到不同量刑幅度的，依照处罚较重的规定处罚；达到同一量刑幅度的，以诈骗罪既遂处罚。"再如，针对生产、销售伪劣产品犯罪，2010年发布的《最高人民法院、最高人民检察院关于办理非法生产、销售烟草专卖品等刑事案件具体应用法律若干问题的解释》第二条第二款规定："销售金额和未销售货值金额分别达到不同的法定刑幅度或者均达到同一法定刑幅度的，在处罚较重的法定刑幅度内酌情从重处罚。"同样，针对盗窃犯罪，《2013年盗窃解释》第十二条第二款明确规定："盗窃既有既遂，又有未遂，分别达到不同量刑幅度的，依照处罚较重的规定处罚；达到同一量刑幅度的，以盗窃罪既遂处罚。"2016年，最高人民法院审判委员会通过的62号指导案例——王新明合同诈骗案，确定了在数额犯中，犯罪行为既遂与未遂并存且均构成犯罪的情况，在确定全案的法定刑幅度时，先就未遂部分进行是否减轻处罚的评价，确定未遂部分所对应的法定刑幅度，再与既遂部分对应的法定刑幅度比较，确定全案适用的法定刑幅度。确定法定刑幅度后，将其他情节作为量刑的调节要素进而确定基准刑。

具体到本案中来，被告人程某杰以数额特别巨大之财物（人民币550100元）为盗窃目标，既有成功提现21050元的既遂数额，又有因其意志以外的原因而未得逞的未遂数额。在既遂、未遂并存的情况下，法院对二者进行分别评价后，其未遂部分属于"数额特别巨大"，根据刑法总则关于未遂的规定选择三年到十年有期徒刑的法定刑幅度，结合被告人已经既遂的部分以及坦白等量刑情节，以盗窃罪判处被告人程某杰有期徒刑四年六个月，并处罚金人民币四万元，与传授犯罪方法罪判处的刑罚并罚，是正确的。

（撰稿：浙江省高级人民法院　聂昭伟
　审编：最高人民法院刑二庭　韩维中）

[第 1420 号]

# 刘某荣、刘某杰、刘某辉诈骗案

——当被告人同时具有国家工作人员等多种身份时应如何认定其行为性质以及村民委员会是否属于单位犯罪的适格主体

## 一、基本案情

被告人刘某荣，男，1949 年××月××日出生，原系广东省潮州市潮安区沙溪镇刘畔村党支部书记、村民委员会主任。2017 年 12 月 27 日被逮捕。

被告人刘某杰，男，1970 年××月××日出生，原系广东省潮州市潮安区沙溪镇刘畔村村民委员会副主任。2017 年 12 月 27 日被逮捕。

被告人刘某辉，男，1957 年××月××日出生，原系广东省潮州市潮安区沙溪镇刘畔村村民委员会会计。2017 年 12 月 27 日被逮捕。

广东省潮州市潮安区人民检察院指控被告人刘某荣、刘某杰、刘某辉犯诈骗罪，向潮州市潮安区人民法院提起公诉。

三被告人辩称：（1）本案系村民委员会集体决定的单位行为，非个人行为。（2）迁坟补偿款均作为村集体资金使用，三被告人没有获得任何个人利益。

潮州市潮安区人民法院经公开审理查明：2008 年至 2009 年，在厦深铁路广东有限公司对广东省潮州市潮安区沙溪镇刘畔村的征地拆迁补偿工作过程中，潮州市潮安区沙溪镇刘畔村村民委员会接上述镇政府的通知，负责登记迁坟数量及统筹补偿款。被告人刘某荣时任该村党支部书记及村民委员会主任，被告人刘某杰时任该村的村民委员会副主任，被告人刘某辉时任该村的会计。三人利用任潮州市潮安区沙溪镇刘畔村村民委员会干部的身份，合谋以虚列刘畔村迁坟数量的方式骗取厦深铁路广东有限公司的补偿款。之后，刘某荣向上级部门报告 1025 口为"有主坟"，465 口为"无主坟"的数量。随后，厦深铁路广东有限公司的工作人员将《厦深铁路潮安段拆迁物情况确认表》交由刘某荣、刘某杰签名确认并加盖村民委员会公章。经相关部门签名确认后，厦深铁路广东有限公司先后 2 次将共计 605500 元的赔偿款拨至潮州市潮安区沙溪镇刘畔村村民委员会开立的账户上。为套取上述赔偿款，刘某荣指使刘某辉伪造相关的迁坟赔偿的凭证，虚列支出迁坟赔偿 342000 元，除实际支付的赔偿款 50500 元，余款 291500 元被作为该村的"小金库"，后因纪律检查部门的调查介入，刘某荣等人又将该款重新在财务进账。至 2009 年 6 月，刘某荣又指使刘某辉以"付迁坟赔偿款"的名义套取 170500 元，之后刘某辉又将其中 86000 元在村财务进账，用于该村开支，余款 84500 元没有存入该村进账，去向不明。综上所述，刘某荣、刘某杰、刘某辉共同以虚列迁坟的方式实施骗取厦深铁路广东有限公司赔偿款，作案赃款共计 462000 元。

潮州市潮安区人民法院认为，被告人刘某荣、刘某杰、刘某辉为让村民委员会非法占有拆迁补偿款，合伙采用虚构事实手段，骗取工程建设的拆迁补偿款，数额巨大，且分别系组织、策划、实施骗取拆迁补偿款的人员，其行为均已构成诈骗罪，依法应予惩处。依照刑法第二百六十六条、第二十五条第一款、第六十七条第一款、第五十二条、第五十三条第一款、第六十四条，《最高人民法院、最高人民检察院关于办理诈骗刑事案件具体应用法律若干问题的解释》第一条之规定，判决如下：

一、被告人刘某荣犯诈骗罪，判处有期徒刑三年六个月，并处罚金人民币一千五百元；

二、被告人刘某杰犯诈骗罪，判处有期徒刑三年，并处罚金人民币一万元；

三、被告人刘某辉犯诈骗罪，判处有期徒刑三年，并处罚金人民币一万元；

四、对三被告人共同骗取的赃款人民币 462000 元（其中 377500 元在刘畔村村民委员会进账），向三被告人及刘畔村村民委员会进行追缴，上缴国库。

一审宣判后，三被告人均以无罪为由提出上诉，并提出如下上诉意见：（1）本案不存在虚列有主坟的犯罪事实。征地范围内确实存在大量无名的装有人体骸骨的陶罐，将这些无主陶罐当成有主坟上报是为了确保后人受偿。（2）本案的犯罪主体是刘畔村村民委员会，属于单位犯罪，不是诈骗罪的适格主体。（3）《全国人民代表大会常务委员会关于〈中华人民共和国刑法〉第三十条的解释》不具有溯及力。

潮州市人民检察院认为：（1）由于无主坟的实际数量无法查清，不能排除三上诉人辩解的合理性，依据存疑有利于被告人原则，应当认定三上诉人将 924 口无主坟虚列为有主坟予以上报，以骗取有主坟与无主坟之间补偿款差额 300 元，而不是直接虚增 924 口有主坟以骗取每口有主坟补偿款 500 元。故本案的诈骗数额应当认定为 277200 元。（2）厦深铁路广东有限公司与潮州市人民政府签订的征地拆迁协议中明确，征地拆迁补偿款的给付依据是征地的实际亩数。而迁坟补偿款是潮州市人民政府在收到厦深铁路广东有限公司支付的征地拆迁补偿款之后，才根据政府制定的迁坟补偿标准层层划拨至村民委员会账户，故本案的被害人是潮州市人民政府。（3）《全国人民代表大会常务委员会关于〈中华人民共和国刑法〉第三十条的解释》属于刑法立法解释，是对该条文含义的进一步明确阐释，效力应当适用于该条文的整个施行期间，故具有溯及力。

潮州市中级人民法院经公开审理查明：2008 年至 2009 年，在潮州市人民政府对厦深铁路潮州市潮安区沙溪镇刘畔村段进行征地拆迁补偿工作过程中，潮州市潮安区沙溪镇刘畔村村民委员会按上级政府的通知，负责登记迁坟数量及统筹补偿款。时任该村党支部书记及村民委员会主任上诉人刘某荣、村民委员会副主任上诉人刘某杰、村民委员会计上诉人刘某辉等村干部经商量后，决定骗取征地补偿款。之后，刘某荣、刘某杰、刘某辉将刘畔村迁坟数量中的 924 口无主坟列为有主坟上报，从而骗取补偿款人民币 277200 元。后刘某荣、刘某杰、刘某辉将骗取的补偿款在刘畔村村民委员会账务中入账、开支。破案后，赃款均无法追回。

潮州市中级人民法院认为，潮州市潮安区沙溪镇刘畔村村民委员会以非法占有为目的，采用隐瞒真相的手段骗取工程建设的拆迁补偿款，数额巨大，上诉人刘某荣、刘某杰、刘某辉分别作为该村村党支部书记、村民委员会主任、村民委员会副主任、村民委员会会计，实施骗取拆迁补偿款的行为，均已构成诈骗罪，依法均应予惩处。出庭检察员提出的本案诈骗数额应当认定为277200元、本案被害人应当是潮州市人民政府以及本案应当认定为单位犯罪并对三上诉人进行定罪处罚的意见，经查属实，予以采纳。原审判决定罪和适用法律正确，审判程序合法，鉴于二审期间出现新证据，导致一审认定事实及量刑不当，均应依法纠正。依照刑事诉讼法第二百三十六条第一款第三项之规定，判决如下：

一、维持原审判决中对三上诉人的定罪部分；

二、撤销原审判决中对三上诉人的量刑部分；

三、上诉人刘某荣犯诈骗罪，判处有期徒刑二年六个月，并处罚金人民币一万五千元；

四、上诉人刘某杰犯诈骗罪，判处有期徒刑二年，并处罚金人民币一万元；

五、上诉人刘某辉犯诈骗罪，判处有期徒刑二年，并处罚金人民币一万元；

六、追缴潮州市潮安区沙溪镇刘畔村村民委员会所获赃款人民币277200元，上缴国库。

## 二、主要问题

（一）当被告人同时具有国家工作人员等多种身份时应当如何认定其行为性质？

（二）村民委员会是否属于单位犯罪的适格主体？

（三）《全国人民代表大会常务委员会关于〈中华人民共和国刑法〉第三十条的解释》是否具有溯及力？

## 三、裁判理由

（一）当被告人同时具有国家工作人员等多种身份时，应当以其实施犯罪行为时所利用的具体身份来认定其行为性质

由于被告人刘某荣在实施骗取迁坟补偿款的过程中同时具有多种身份，其除了任刘畔村村民委员会党支部书记、村民委员会主任外，还任沙溪镇政府成立的厦深铁路沙溪段建设协调领导小组成员，因此，对本案的定性出现了两种不同意见。第一种意见认为，被告人刘某荣作为村民委员会等村基层组织人员，协助人民政府从事征地拆迁补偿等行政管理工作，依照2000年4月29日《全国人民代表大会常务委员会关于〈中华人民共和国刑法〉第九十三条第二款的解释》，被告人刘某荣属于"其他依照法律从事公务的人员"，以国家工作人员论，应当定性为贪污罪。第二种意见认为，被告人刘某荣虽然具有国家工作人员身份，但其在本案中并无利用国家工作人员职务上的便利，其实际上是利

用村民委员会主任的身份实施了骗取迁坟补偿款的行为，应当定性为诈骗罪。

我们同意第二种意见。当被告人同时具有国家工作人员及其他等多种身份时，国家工作人员的身份对其他身份不存在绝对的吸收关系，不能因被告人具有国家工作人员的身份，就当然认为被告人是利用该身份实施了犯罪行为，而应当厘清哪一个身份是被告人实施犯罪行为时所真正利用的身份，才能对被告人的行为作出准确定性。

本案中，厦深铁路沙溪段建设协调领导小组是沙溪镇政府为了推进上级政府布置的征地拆迁工作而成立的临时机构。沙溪镇政府为了在下辖各村顺利开展该项工作，将各村的村民委员会主任列为协调领导小组成员，协助镇政府从事征地拆迁补偿等工作，被告人刘某荣就是成员之一。因此，对刘某荣依法以国家工作人员论，这一点毋庸置疑。但现实中，此类国家工作人员大多没有明确的职务，没有相应的职权和职责，更多的是按照协调领导小组安排，开展一些事务性而非职务性的工作，不仅缺乏与职务相匹配的决定权和审批权，更重要的是缺乏因执行职务而产生的主管、管理、经手公共财物的权力及方便条件。

被告人刘某荣虽然是厦深铁路沙溪段建设协调领导小组成员，但其具体工作是与其他村干部一起协助沙溪镇政府清点刘畔村的迁坟数量。在行为方面，刘某荣和其他村干部从事相同工作；在身份方面，刘某荣没有体现出协调领导小组成员特有的职权和职责。而迁坟数量最终是按照上级要求以刘畔村村民委员会的名义上报，非刘某荣以协调领导小组成员的个人身份上报。在迁坟补偿款经逐级审批并拨付到村之前，刘某荣更没有主管、管理、经手该笔款项的权力和方便条件，无法体现职务的便利性。相反，本案的迁坟数量是刘畔村村民委员会按上级要求进行登记上报，刘畔村村民委员会是该行为的实施主体。刘某荣作为村民委员会主任，为了给村集体谋取非法利益，与其他村干部合谋骗取迁坟补偿款，并以村民委员会的名义上报。这一系列行为均是刘某荣利用村民委员会主任的职权，以村民委员会主任的身份去实施的。因此，不能认定刘某荣利用国家工作人员的身份骗取迁坟补偿款，以贪污罪对刘某荣定罪处罚。一审、二审认定刘某荣构成诈骗罪是正确的。

（二）村民委员会符合"单位"的构成要件和法律特征，可认定为单位犯罪的适格主体

一般认为，刑法意义上的"单位"，是指经依法成立，拥有独立的财产和经费，能以自己的名义承担法律责任的组织。村民委员会是依法成立的基层群众性自治组织，有自己的名称、组织机构、住所、财产和经费，符合单位的构成要件。

虽然刑法第三十条只列举了公司、企业、事业单位、机关、团体五种单位类型，但该条规定的是单位负刑事责任的范围，是对单位犯罪的追诉对象作出的明确规定，即何种类型的单位在实施犯罪行为以后可以予以追诉。所以，刑法第三十条既不是对单位犯罪下定义，也不是对单位犯罪的适格主体作出限定，我们不能因为刑法第三十条没有将村民委员会列为单位犯罪的追诉对象，就认定村民委员会不是单位犯罪的适格主体。若只将单位犯罪的适格主体局限于公司、企业、事业单位、机关、团体这五种类型，就有

可能出现将实质上属于单位犯罪性质的案件定性为自然人犯罪,这既不符合案件的客观事实,也不符合罪责刑相适应原则,无法对被告人作出适当的判罚。

2001年1月21日《全国法院审理金融犯罪案件工作座谈会纪要》中明确,根据刑法和《最高人民法院关于审理单位犯罪案件具体应用法律有关问题的解释》的规定,以单位名义实施犯罪,违法所得归单位所有的,是单位犯罪。与自然人犯罪相比,单位犯罪除了有上述两个特征外,还有单位行为处处体现决策者集体意志的特点。村民委员会作为基层群众性自治组织,依法有权办理本村的公共事务,管理本村属于村农民集体所有的土地和其他财产。2008年11月20日《最高人民法院、最高人民检察院关于办理商业贿赂刑事案件适用法律若干问题的意见》第二条规定,刑法第一百六十三条、第一百六十四条规定的"其他单位",既包括事业单位、社会团体、村民委员会、居民委员会、村民小组等常设性的组织,也包括为组织体育赛事、文艺演出或者其他正当活动而成立的组委会、筹委会、工程承包队等非常设性的组织。该司法解释性文件明确了村民委员会属于刑法规定中的"单位"范畴。因此,村民委员会符合"单位"的构成要件和法律特征,将村民委员会认定为"单位"的类型之一,既符合法律规定,也符合我国存在多种单位组织类型的客观现状。

本案中,三被告人时任刘畔村村民委员会干部,在办理该村迁坟事宜过程中,和其他村干部合谋骗取迁坟补偿款,该犯意应当视为刘畔村村民委员会的集体意志体现,而后三被告人又以刘畔村村民委员会的名义实施上述行为,所骗得的款项也归村集体所有,用于村开支。因此,我们认为该诈骗行为的实施主体是刘畔村村民委员会。依照《全国人民代表大会常务委员会关于〈中华人民共和国刑法〉第三十条的解释》的规定,公司、企业、事业单位、机关、团体等单位实施刑法规定的危害社会的行为,刑法分则和其他法律未规定追究单位的刑事责任的,对组织、策划、实施该危害社会行为的人依法追究刑事责任。三被告人属于刘畔村村民委员会实施诈骗行为过程中的组织、策划、实施人员,应当对诈骗罪承担刑事责任。

我们认为,村民委员会符合"单位"的构成要件和法律特征,属于单位犯罪的适格主体。以村民委员会为主体实施的危害社会的行为,应当认定为单位犯罪。但由于刑法第三十条没有规定村民委员会可以作为追诉对象承担刑事责任,且刑法第二百六十六条未规定以诈骗罪追究单位的刑事责任,本着对罪刑法定原则的严格遵守,无法对村民委员会进行追诉,只能在认定为单位犯罪的情况下,依照《全国人民代表大会常务委员会关于〈中华人民共和国刑法〉第三十条的解释》,对组织、策划、实施该危害社会行为的人依法追究刑事责任,但对于村民委员会的违法所得,则可以依照刑法第六十四条的规定进行追缴。

(三)《全国人民代表大会常务委员会关于〈中华人民共和国刑法〉第三十条的解释》具有追溯力

辩护人认为,本案行为发生在2008年至2009年,但《全国人民代表大会常务委员会关于〈中华人民共和国刑法〉第三十条的解释》2014年4月24日才通过,根据法不溯及既往原则，不应当以该解释追究被告人的刑事责任。

我们认为，立法解释的效力应当适用于法律施行期间，具有溯及力。《全国人民代表大会常务委员会关于〈中华人民共和国刑法〉第三十条的解释》是全国人民代表大会常务委员会根据司法实践中遇到的情况，依照立法法对刑法第三十条的含义及公司、企业、事业单位、机关、团体等单位实施刑法规定的危害社会的行为，法律未规定追究单位的刑事责任的，如何适用刑法有关规定所作出的立法解释。该立法解释是根据立法原意对刑法第三十条的含义作的进一步明确阐释，不涉及对刑法第三十条的修改和补充。而法律条文规定的含义应当是在法律生效时就存在的，立法解释对法律条文的效力没有影响，故对于立法解释公布前还没有判决的案件，应当根据立法解释的精神适用有关刑法条文作出判决。因此，《全国人民代表大会常务委员会关于〈中华人民共和国刑法〉第三十条的解释》一经通过，即应作为理解和适用刑法第三十条的依据，效力及于刑法的整个施行期间，对于刑法施行以后和在该立法解释通过后尚未处理或者正在处理的案件，均应当适用该立法解释进行处理。

（撰稿：广东省潮州市中级人民法院　沈　斌
　　　　广东省潮州市人民检察院　马沐阳
　审编：最高人民法院刑二庭　韩维中）

# [第 1421 号]

## 何某候等人诈骗案

——利用传销性质组织实施网络交友诈骗的犯罪数额如何认定

### 一、基本案情

被告人何某候,男,1998 年××月××日出生。2018 年 9 月 7 日被逮捕。

被告人刘某某,女,1998 年××月××日出生。2018 年 9 月 7 日被逮捕。

被告人胡某平,男,1991 年××月××日出生。2018 年 12 月 8 日被取保候审。

(其他被告人情况略)

浙江省乐清市人民检察院指控被告人何某候、杨某向、徐某、孙某、唐某先、李某、陶某昌、普某蓉、吴某玉、赵某春、赵某明、李某楠、聂某港、刘某某、胡某平、邬某凯、邱某云、曾某豪、敖某凯、何某迪、于某军犯诈骗罪,向乐清市人民法院提起公诉。

(非法拘禁罪的指控、事实及判决略)

乐清市人民法院经审理查明:2015 年至 2018 年,被告人何某候、杨某向、徐某、于某军、孙某、唐某先、李某、陶某昌、普某蓉、吴某玉、赵某春、赵某明、李某楠、聂某港、刘某某、胡某平、邬某凯、邱某云、曾某豪、敖某凯、何某迪等人先后加入"广东姬珮诗化妆品有限公司",该公司实行统一管理、集体吃住,分工明确,公司并无工商注册和生产、销售化妆品,通过拉人缴纳 2900 元会费的模式及网络聊天交友诈骗的方式运作。该公司组织严密,在江西省宜春市设立多个窝点,每个窝点有 20 余名业务员,公司分总经理、经理、网上大主任、主任、主管、业务员等级别。被公安机关查获时,何某候是江西省宜春市袁州区东风大街×××号 3-501 室窝点主任,杨某向、徐某是江西省宜春市袁州区明月北路天福楼×栋×单元 602 室窝点主任,孙某为主管,其余被告人均为业务员。在生活上,该公司安排窝点主任负责业务员的生活饮食起居,由公司购买生活必备用品。公司规定每个业务员需要每日上交 7 元伙食费,伙食费从诈骗所得中扣除。在业务上,成员加入公司后,公司对成员进行上课培训,传授诈骗方法,员工以传帮教的方式相互研究、学习诈骗手段。公司规定成员必须使用微信、QQ 等通讯软件与网友通过聊天交友的方式骗取信任,业务员之间互相配合冒充不同角色,以毁坏别人物品、生病需要治疗等各种"剧本",索要话费、路费、生活费、医疗费等骗取网友钱财。每个业务员诈骗的钱财通过主任上交公司,用于维持公司正常运作。为逃避工商部门、公安部门的打击,公司内部大部分成员使用假名字,成员频繁更换窝点及诈骗使用的手机、微信、QQ。

被告人何某候从2015年9月24日加入诈骗集团，2018年三四月升为主任，其参与期间集团诈骗总金额至少281157.67元，担任主任期间集团诈骗总金额至少226761.24元。杨某向从2016年7月加入诈骗集团，2017年一二月升为主任，其参与期间集团诈骗总金额至少281157.67元。徐某从2017年11月加入诈骗集团，2018年2月升为主任，其参与期间集团诈骗总金额至少249656.34元，其担任主任期间集团诈骗总金额至少240003.83元。于某军从2017年7月25日加入诈骗集团，其参与期间集团诈骗总金额至少262717.55元。孙某从2016年7月7日加入诈骗集团，2017年10月升为主管，协助主任管理窝点事务，其参与期间集团诈骗总金额至少281157.67元。唐某先从2016年4月加入诈骗集团，其参与期间集团诈骗总金额至少281157.67元（其中2017年10月之前集团诈骗总金额21900余元）。李某从2017年5月加入诈骗集团，其参与期间集团诈骗总金额至少272230.47元。陶某昌从2017年3月加入诈骗集团，其参与期间集团诈骗总金额至少279477.67元。普某蓉从2016年6月7日加入诈骗集团，其参与期间集团诈骗总金额至少281157.67元。吴某玉从2017年7月加入诈骗集团，其参与期间集团诈骗总金额至少266297.76元。赵某春从2017年6月加入诈骗集团，其参与期间集团诈骗总金额至少267761.76元。赵某明从2017年9月26日加入诈骗集团，其参与期间集团诈骗总金额至少258688.31元。李某楠从2017年9月20日加入诈骗集团，其参与期间集团诈骗总金额至少259378.31元。聂某港从2018年4月18日加入诈骗集团，其参与期间集团诈骗总金额至少187876.02元。刘某某从2018年6月24日加入诈骗集团，其参与期间集团诈骗总金额至少108044.38元。胡某平从2017年10月加入诈骗集团，其参与期间集团诈骗总金额至少257652.07元。邬某凯从2017年12月25日加入犯罪集团，其参与期间集团诈骗总金额至少240590.56元。邱某云从2017年9月7日加入诈骗集团，其参与期间集团诈骗总金额至少259863.35元。曾某豪从2018年2月9日加入诈骗集团，其参与期间集团诈骗总金额至少230613.14元。敖某凯从2018年2月19日加入诈骗集团，其参与期间集团诈骗总金额至少229086.15元。何某迪从2018年6月13日加入诈骗集团，其参与期间集团诈骗总金额至少137710.38元。

另查明，案件审理期间，于某军退赃1661元，胡某平退赃1300元，邱某云退赃73.38元，曾某豪退赃682.18元，敖某凯退赃614.92元，何某迪退赃1287.85元。

乐清市人民法院认为，被告人何某候、杨某向、徐某、于某军、孙某、唐某先、李某、陶某昌、普某蓉、吴某玉、赵某春、赵某明、李某楠、聂某港、刘某某、胡某平、邬某凯、邱某云、曾某豪、敖某凯、何某迪以非法占有为目的，通过网络移动通信工具，虚构事实，骗取他人财物，数额巨大，行为均已构成诈骗罪。本案各被告人伙同他人为共同实施犯罪组成较为固定的犯罪组织，系犯罪集团。综合本案犯罪事实、情节、危害后果及被告人认罪悔罪表现，依照刑法第二百六十六条、第二十六条、第二十七条、第六十七条第三款、第七十二条第一款及第三款、第七十三条第二款及第三款、第七十六条、第六十四条之规定，判决如下：

一、被告人何某候犯诈骗罪，判处有期徒刑四年，并处罚金人民币一万六千元；

二、被告人刘某某犯诈骗罪，判处有期徒刑十一个月，并处罚金人民币四千元；

三、被告人胡某平犯诈骗罪，判处有期徒刑一年八个月，缓刑二年，并处罚金人民币六千元。

（其他被告人判决情况略）

宣判后，被告人未上诉，检察机关未抗诉，判决已发生法律效力。

## 二、主要问题

各被告人实施诈骗犯罪的数额应当如何认定？

## 三、裁判理由

本案在审理过程中，对各被告人实施网络交友诈骗的行为构成刑法上的诈骗罪并无异议，但对影响各被告人定罪及刑事责任问题的犯罪数额如何认定存在不同意见：一种观点认为，应以被告人参与或独立作案的数额认定；另一种观点认为，应以被告人参与期间团伙总体的犯罪数额作为其个人的犯罪数额。我们同意第二种观点。

（一）本案属于集团犯罪

刑法第二十六条第二款规定，三人以上为共同实施犯罪而组成的较为固定的犯罪组织，是犯罪集团。集团犯罪是指由犯罪集团实施的犯罪。不同犯罪集团相关特征的显性程度有所不同，具体可以从组织性、人员数量、犯罪手段以及团伙意志等方面对集团犯罪进行分析。

就本案而言，集团犯罪的特征较为明显。（1）组织性方面，该团伙分总经理、经理、网上大主任、主任、主管、业务员等级别，业务员的业务由主管进行管理，生活由窝点主任负责，并统一购买生活必备用品，对入伙成员收缴其个人手机、身份证、银行卡，发放作案用手机，为新入伙成员进行诈骗方法的学习培训，俗称"开上线会"，安排3人至4人一组，通过组内员工传帮教方式互相研究、学习诈骗方法，对新入伙但不愿意入伙的人员，安排专门人员24小时跟随，迫使其交纳入伙费等。（2）人员数量方面，该团伙在江西省宜春市设有数十个窝点，每个窝点约20个业务员。本案的办理中，侦查机关一次性抓获了60余名犯罪嫌疑人。（3）犯罪手段方面，该团伙的犯罪手段表现为骗人入伙和交友诈骗两个阶段，骗人入伙主要采取介绍工作等方式，将人骗至窝点，强迫收取2900元入伙费；交友诈骗主要通过冒充异性获取被害人信任，与被害人交友，继而索要话费、路费、生活费、救济费等。（4）团伙意志方面，该团伙犯罪意志集中，犯罪目的明确、稳定，就是通过传销和交友两种方式骗取钱财。

综合以上特征，可以明显看出，本案主要犯罪分子通过公司化运作，招募并控制多人，以传销和交友诈骗两套手段，形成了与实施犯罪相关的严格、成熟的规程，符合集团犯罪的特征。

（二）集团成员犯罪数额的确定

1. 本案犯罪集团成员的犯罪行为存在一定程度的交叉，传统的犯罪数额认定方式适用起来较为困难

实践中，犯罪集团成员的作案方式五花八门。常见的有统合分工式作案、流水线式作案、帮派式作案等。统合分工式作案比如电商代运营合同诈骗案件，集团内部分广告部、销售部、售后部等部门，这些部门互相分工，共同实施合同诈骗行为。流水线式作案如招聘诈骗案，犯罪嫌疑人通过通讯软件组织形成诈骗集团，由"外宣"发布虚假兼职招聘信息，通过"客服"以话术诈骗受害人，让受害人交纳会员费、入职费等费用，再通过"后台组"以培训费、退培训费押金等名义继续实施诈骗。帮派式作案主要存在于组织、领导、参加黑社会性质组织类的犯罪中。

本案中，犯罪集团成员的作案方式是一种交叉组合兼独立的作案方式。一开始集团成员之间采取的是组合兼独立的方式作案。3人至4人组成一个小组，小组成员既独立实施交友诈骗，骗取网友的钱财，又按照"剧本""打技巧"共同实施交友诈骗，在"打技巧"时，偶尔会让小组外的成员帮忙扮演角色。后犯罪集团为逃避打击，升级了作案手段，采取了交叉组合兼独立的作案方式。仍然是3人至4人组成一个小组实施诈骗，不同的是，小组成员经常流动，从一个窝点变换到另一个窝点，同时经常更换作案人员作案用的手机或微信账号，小组成员之间也经常进行人员变换。这种情形给司法机关认定某一被告人直接实施的犯罪数额带来了极大的困难。由于部分被告人有变换窝点情况，不能按照窝点认定犯罪数额；由于被告人之间交叉使用手机或微信账号，也不能根据手机账号对应被告人作案数额；由于被告人既有独立实施交友诈骗，也有组合实施交友诈骗，也不能笼统地对被告人分区按小组认定犯罪数额。以上犯罪数额的认定困难，使得司法实践亟须一种既符合刑法理论和法律规定，又相对而言具备可操作性的犯罪数额认定方式。

2. 通过确立集团犯罪的成员均构成犯罪的基本原则，将成员参与期间集团的犯罪数额作为认定成员犯罪数额的基础

一般团伙犯罪具有临时性、组织松散性特征，如聚众斗殴罪与聚众扰乱公共场所秩序罪，犯罪嫌疑人之间虽然结伙，有的还进行了一定的组织预谋，但是该类犯罪总体上能够以主犯、从犯的共同犯罪原理予以认定。而集团犯罪是在集团首脑领导下，基于类似公司制或帮会制的规章制度，为了明确的犯罪目的，聚拢一帮犯罪人员，按照专业的分工实施犯罪。随着集团犯罪案件的多发，尤其是认定网络集团犯罪案件的剧增，有必要重视集团成员之间有机统一体、共同体特征。从犯罪构成的角度而言，集团犯罪的成员均应构成犯罪。同样，在认定集团成员具体的刑事责任时，尤其是犯罪客观方面的犯罪数额时，也应将整个犯罪集团视为一个整体，逐一查实受整个犯罪集团诈骗的被害人情况及被骗财产数额，以此作为集团构成犯罪的依据。在此基础上，再认定各被告人在集团犯罪中的主犯、从犯地位，对各个被告人进行量刑上的个别评价。

本案中，各被告人的行为均属于集团犯罪的一部分，各被告人均直接实施对被害人

的诈骗行为，可以将集团犯罪数额作为认定各被告人的犯罪数额。由于不同被告人加入集团的时间不同，故应以各被告人加入集团的时间作为起算点，分别计算各被告人加入集团后集团总的犯罪数额。对于中途退出的普通集团成员，原则上犯罪数额计算至其退出时点，因为后续集团的犯罪与其参与行为无刑法上的因果关系，对于中途退出的集团骨干成员，因为骨干成员的参与行为，其危害后果能够继续延伸，故除非其采取措施尽力消除其行为对犯罪集团的影响和作用，如及时向公安机关报警等，否则犯罪数额不计算至其退出时点。

同时，为解决个别参与人员参与时间较短、犯罪数额畸高的问题，在司法实践中应当注意以下两点：一是贯彻宽严相济的刑事政策，对于参与时间明显较短的，我们认为其产生犯罪的主观故意尚未形成，一般不认定犯罪。比如，本案中的参与人员大多是以介绍工作等借口被骗至犯罪集团之中，一开始主观上对进行交友诈骗持反对态度，甚至个别人员反对的意愿十分强烈，在获得一定的机会之后，便逃离了犯罪集团。因此，在认定参与人员均构成犯罪的时候，应排除参与时间较短，主观故意尚不明确的参与人员。二是注意结合参与人员直接实施诈骗行为进行评价。对于未直接实施诈骗（如"公司"行政人员），或直接实施诈骗数额较小、行为较少的参与人员，应当认定为从犯，对其从轻、减轻或者免除处罚。

（撰稿：浙江省乐清市人民检察院　胡公枢
　　　审编：最高人民法院刑二庭　韩维中）

[第1422号]

# 王某男诈骗案

——庭前会议的示证不能代替庭审的举证、质证和认证

## 一、基本案情

被告人王某男，男，1982年××月××日出生。2018年1月10日被逮捕。

河北省承德市人民检察院指控被告人王某男犯诈骗罪，向承德市中级人民法院提起公诉。

被告人王某男及其辩护人对公诉机关指控王某男犯诈骗罪的定性无异议，仅对诈骗数额有异议。

承德市中级人民法院经公开审理查明：2013年5月至2016年，被告人王某男利用其在承德市文物局避暑山庄及周围寺庙文化遗产工程指挥部（以下简称工程指挥部）安全消防项目组工作的身份，虚构承德市文物局避暑山庄及周围寺庙诸多工程，以向他人介绍工程的名义，先后诈骗姬某革947.9955万元、刘某飞373万元、景某春149.6万元、郭某龙116.75万元、刘某海17万元，合计金额1604.3455万元。王某男将诈骗所得全部用于个人挥霍。

承德市中级人民法院认定，被告人王某男犯诈骗罪，判处无期徒刑，剥夺政治权利终身，并处没收个人全部财产。

宣判后，被告人王某男不服，提出上诉。

河北省高级人民法院经审理，认为原审法院在审理过程中违反法律规定，诉讼程序违法、错误，裁定撤销原判，发回重审。

承德市中级人民法院经重新审理，认定被告人王某男犯诈骗罪，判处有期徒刑十五年，并处罚金人民币六百万元。

宣判后，承德市人民检察院提出抗诉，河北省人民检察院支持抗诉。

河北省高级人民法院经审理，认为原判认定的事实清楚，证据确实、充分，定罪准确，判处罚金适当，审判程序合法。以诈骗罪改判被告人王某男无期徒刑，剥夺政治权利终身，并处罚金人民币六百万元。

## 二、主要问题

对于经庭前会议展示双方没有异议的证据，是否还需进行庭审举证、质证等法庭调

查程序?

### 三、裁判理由

本案二审法院在审理中发现,原审法院在第一次审理中为简化庭审程序、提高庭审效率,召开了有公诉人、辩护人、被害人、被告人参加的庭前会议。在庭前会议上就案件管辖、回避、公开审理、排除非法证据等事项征求了控辩双方的意见,并组织展示了相关证据。庭前会议决定,对于公诉人在庭前会议上出示的被告人王某男为实施诈骗行为伪造的虚假合同、中标通知书等书证,因被告人、辩护人均无异议,合议庭予以采信,就该部分证据不在庭审中示证、质证;对于王某男诈骗刘某海17万元的事实,因控辩双方无异议,合议庭予以确认,庭审中不再就该部分诈骗数额进行法庭调查;对于诈骗景某春的数额,王某男退还姬某革11万元的事实,合议庭予以确认。原审法院对前述书证未经法庭举证、质证等法庭调查程序就作为定案的证据。

对于经庭前会议展示双方没有异议的证据,是否还需进行庭审举证、质证等法庭调查程序?二审法院在审理过程中有两种不同意见:第一种意见认为,被告人在庭前会议上已经对这部分证据进行了辨认,被告人及辩护人均表示没有异议,而且被告人对诈骗的犯罪事实没有异议,上诉也只是认为原判认定的部分诈骗数额不准确,对原审法院部分证据未经法庭举证、质证也未提出异议,原审法院虽然在法庭审理的程序上存在瑕疵,但没有违反法律规定的诉讼程序,也未剥夺或限制被告人的诉讼权利,应在查清被告人上诉所提有异议的诈骗数额后,依法判处。第二种意见认为,原审法院对部分证据不经法庭调查,只通过庭前会议就予以采信并作为定案的依据,违反了法律规定的诉讼程序,应发回重审。我们同意第二种意见,主要理由如下:

**(一)人民法院在庭前会议中可以依法处理可能导致庭审中断的程序性事项,组织展示证据,归纳控辩双方争议的焦点,但不得以此替代正式的庭审**

2012年刑事诉讼法第一百八十二条第二款规定:"在开庭以前,审判人员可以召集公诉人、当事人和辩护人、诉讼代理人,对回避、出庭证人名单、非法证据排除等与审判相关的问题,了解情况,听取意见。"① 该款规定标志着我国刑事诉讼庭前会议制度的正式确立,之后最高人民法院、最高人民检察院的司法解释对庭前会议的适用作了进一步规定。至此,"庭前会议"在我国从一个学理上的概念正式成为一项实在可行的制度。2016年以来,以审判为中心的刑事诉讼制度改革在我国全面展开,为全面推进改革,最高人民法院在出台《关于全面推进以审判为中心的刑事诉讼制度改革的实施意见》的基础上,制定了包括《人民法院办理刑事案件庭前会议规程(试行)》(以下简称《庭前会议规程》)在内的"三项规程",对庭前会议制度进行了详细的规定,从而使庭前会议制度在司法实践中进一步细化,也成为各级人民法院召开庭前会议必须遵守的重要规定。

认真研究庭前会议制度的立法背景、逐步完善的过程以及以审判为中心的刑事诉讼

---

① 对应2018年修正的刑事诉讼法第一百八十七条第二款。

制度改革的目的,我们不难发现,刑事诉讼中的庭前会议位于公诉审查之后、法庭开庭审理之前,是庭前准备程序的核心内容,主要是梳理案件程序性问题及部分实体性问题,旨在为庭审扫清阻碍,从而确保法庭集中、持续审理,提高庭审质量和效率。庭前会议不限次数,解决的是程序性问题和保障当事人的诉讼权利,庭前会议不是法定必备程序,根据需要而确定,因此庭前会议应定位于庭前准备程序,不能因为召开了庭前会议而弱化庭审,更不能取代庭审。

庭前会议究竟应该解决哪些问题呢?《庭前会议规程》第二条规定:"庭前会议中,人民法院可以就与审判相关的问题了解情况,听取意见,依法处理回避、出庭证人名单、非法证据排除等可能导致庭审中断的事项,组织控辩双方展示证据,归纳争议焦点,开展附带民事调解。"概括来讲主要包括两方面的内容:第一方面的内容是,处理程序性的事项,如管辖异议、申请回避等,对于这些可能导致庭审中断的程序性事项,庭前会议有权也必须依法作出处理,而且庭前会议作出的处理决定具有法律效力,如果在庭审中控辩双方没有新的理由再次就上述事项提出有关申请或异议的,法庭应当依法予以驳回。本案中,原审法院对回避、公开审理、非法证据排除等事项,在庭前会议上依法进行了处理,保证了庭审的质效,达到了应有的效果,值得肯定和学习。第二方面的内容是,对于控辩双方决定在庭审中出示的证据,人民法院可以组织展示有关证据,听取控辩双方对在案证据的意见,梳理存在争议的证据。需要注意的是,庭前会议是组织控辩双方展示证据,而不是出示证据。展示的意思是把证据展现出来,告诉对方在庭审中我方要出示哪些证据;出示的意思是把证据拿出来给对方看,是征求对方意见。

本案中,原审法院混淆了两者的概念,在庭前会议中以出示证据代替了展示证据,不符合《庭前会议规程》的相关规定。对于庭前会议控辩双方展示证据的目的以及展示证据后的处理,《庭前会议规程》第十九条第二款明确规定:"对于控辩双方在庭前会议中没有争议的证据材料,庭审时举证、质证可以简化。"如前所述,庭前会议不能取代庭审,召开庭前会议的目的是保障庭审的顺利进行,对控辩双方没有争议的证据材料,在庭审时举证、质证可以简化,但是不能不举证、质证。本案中,原审法院在庭前会议出示证据,因控辩双方没有争议,就决定该证据不在庭审中举证、质证,混淆了庭前会议和庭审的区别,违反了法律规定。

(二)证据未经当庭出示、辨认、质证等法庭调查程序查证属实,不得作为定案的根据

按照证据裁判原则,认定案件事实,必须以证据为根据。证据是刑事诉讼的核心和基础,脱离了证据这一基础,最终认定的所谓"事实"只能是无源之水、无本之木。但是,证据最终要作为定案的根据还必须要经过庭审的举证、质证,由法官审查判断控辩双方提供的证据的合法性、真实性、关联性,这是必需的法定诉讼程序,也是以庭审为中心的根本要求。证据未经质证不得认证,这是证据裁判原则在刑事诉讼中的具体落实,更是司法人员在实践当中必须遵守的原则。特别是近年来,随着以审判为中心的刑事诉讼制度改革全面推进,这一原则对于实现庭审实质化,对于确保案件质量,对于保障司

法公正更是起到了积极的促进作用。同时，已经出台的一系列法律法规和政策文件也都对这一原则进行了重申和更加详细的规定，如《中央政法委关于切实防止冤假错案的规定》第六条规定："坚持证据裁判原则。……证据未经当庭出示、辨认、质证等法庭调查程序查证属实的，不得作为定案的根据。"《最高人民法院、最高人民检察院、公安部、国家安全部、司法部关于推进以审判为中心的刑事诉讼制度改革的意见》第十一条规定："规范法庭调查程序，确保诉讼证据出示在法庭、案件事实查明在法庭。证明被告人有罪或者无罪、罪轻或者罪重的证据，都应当在法庭上出示，依法保障控辩双方的质证权利。对定罪量刑的证据，控辩双方存在争议的，应当单独质证……"另外，最高人民法院制定的《关于推进以审判为中心的刑事诉讼制度改革的实施意见》《人民法院办理刑事案件第一审普通程序法庭调查规程（试行）》亦明确规定，控辩双方的证据必须在法庭上出示、接受质证，否则不得作为定案的根据。本案中，一审法院第一次审理时没有在庭审中举证、质证，将在庭前会议中出示的证据作为定案的根据，不符合刑事诉讼的证据裁判原则，违反了相关法律规定，应依法予以纠正。

最高人民法院制定的"三项规程"，对于充分发挥审判特别是庭审在刑事诉讼中的决定性作用，对于构建更加精密化、规范化、实质化的刑事审判制度有着重要的意义，是我们在刑事审判实践中必须遵守的规定。诚然，在实施"三项规程"过程中，可能还需要通过实践来进一步完善，在试行期间，各级人民法院和广大刑事审判人员可以在规定的框架内进行一些符合法律规定的、适当的创新和探索，但是对于证据裁判、未经质证不得认证、不得以庭前会议取代庭审这些基本的原则和规定，坚决不能违反和突破，否则会造成严重的程序违法，甚至极有可能导致错案发生。因此，我们在刑事审判实践中，要认真贯彻落实刑事诉讼的各项基本原则，严格遵守法律法规的规定，确保案件的审判质量，保证公正司法，从而实现良好的政治效果、法律效果和社会效果。

综上所述，一审法院第一次审理时没有在庭审中举证、质证的做法程序违法，尽管被告人及辩护人对此未提出异议，二审法院仍然坚持原则，发回重审，是正确的。

（撰稿：河北省高级人民法院　魏保国
审编：最高人民法院刑三庭　周　川）

[第1423号]

## 杨某诚、韦某、何某剑诈骗案

——骗领不动产权登记后将不动产抵押借款，诈骗数额如何认定

### 一、基本案情

被告人杨某诚，男，1988年××月××日出生。2019年2月22日被逮捕。

被告人韦某，男，1986年××月××日出生。2019年2月22日被逮捕。

被告人何某剑，男，1993年××月××日出生。2019年2月22日被逮捕。

江苏省扬中市人民检察院指控被告人杨某诚、韦某、何某剑犯诈骗罪，向扬中市人民法院提起公诉。

被告人杨某诚、被告人韦某及其辩护人、被告人何某剑及其辩护人对公诉机关指控的犯罪事实均未提出异议。杨某诚的辩护人提出，杨某诚有自首、立功等量刑情节，应当对其减轻处罚。

扬中市人民法院经公开审理查明：

2017年3月至2018年12月，被告人杨某诚偷拍办理中扬康居苑安置房产权登记所需相关材料并进行伪造后，伙同被告人韦某、何某剑利用伪造的材料，骗取不动产登记中心的信任，申领了10套中扬康居苑安置房的不动产权证，登记在杨某诚名下3套，登记在韦某名下4套，登记在何某剑名下2套，登记在王某元名下1套，造成被害单位中扬置业股份有限公司的重大损失。经鉴定，上述10套房产市场零售价为人民币17694886.25元。其中，杨某诚应当对全部犯罪金额承担责任，韦某承担犯罪金额人民币6824278.33元，何某剑承担犯罪金额人民币3825260.75元。之后，杨某诚、韦某、何某剑以上述10套房产分别向个人及小额贷款公司办理抵押贷款，实际借款人民币8248514.7元。杨某诚将上述资金用于偿还个人债务、借款利息、手续费及个人消费等。韦某从中获利人民币95900元。何某剑从中获利人民币242000元。

案发后，被告人杨某诚主动向公安机关投案，并能如实供述自己的犯罪事实。被告人韦某、何某剑能如实供述自己的犯罪事实。公安机关扣押了罗某代被告人杨某诚退出的赃款人民币2万元、杨某诚的现金人民币3860元和轿车一辆。被告人杨某诚的近亲属代为退赃人民币2万元。

扬中市人民法院经审理认为，被告人杨某诚、韦某、何某剑以非法占有为目的，采取虚构事实、隐瞒真相的手段骗取他人财物，数额特别巨大，其行为已构成诈骗罪，且

部分系共同犯罪。在共同犯罪中，杨某诚起主要作用，系主犯；韦某、何某剑起次要作用，系从犯，依法应当减轻处罚。杨某诚到案后协助公安机关抓捕同案犯，具有立功表现，依法可以从轻处罚。案发后，杨某诚主动向公安机关投案，并能如实供述自己的犯罪事实，系自首，依法可以从轻处罚。韦某、何某剑能如实供述自己的犯罪事实，系坦白，依法可以从轻处罚。杨某诚、韦某、何某剑认罪认罚，可以依法从宽处理。杨某诚退出了部分赃款，可以酌定从轻处罚。据此，依照刑法第二百六十六条、第六十七条第一款和第三款、第二十五条第一款、第二十六条第一款和第四款、第二十七条、第六十八条、第六十四条之规定，判决如下：

一、被告人杨某诚犯诈骗罪，判处有期徒刑十一年，罚金人民币二十万元；

二、被告人韦某犯诈骗罪，判处有期徒刑八年六个月，罚金人民币五万元；

三、被告人何某剑犯诈骗罪，判处有期徒刑八年，罚金人民币六万元；

四、对公安机关扣押的人民币23860元，由扣押机关发还被害单位。对被告人杨某诚退赃人民币2万元，发还被害单位。对被告人杨某诚、韦某、何某剑未退赃部分予以追缴，发还被害单位。对被告人韦某违法所得人民币95900元予以追缴、对被告人何某剑违法所得人民币242000元予以追缴，上缴国库。

宣判后，被告人杨某诚、韦某、何某剑未提出上诉，检察机关亦未抗诉，该判决已经发生法律效力。

## 二、主要问题

行为人伪造材料骗领不动产权登记后抵押借款，犯罪数额是房产价值还是抵押借款数额？

## 三、裁判理由

被告人杨某诚曾在被害单位中扬置业股份有限公司销售科工作，对办理不动产权登记所需材料及办理流程比较熟悉，与同案犯合谋利用其便利条件，伪造材料骗取不动产登记中心的信任，领取了涉案房产证，进而抵押借款偿还高利贷、挥霍等。本案争议焦点是在非传统"一对一"的诈骗模式下，如何认定犯罪金额。对此，法院在审理过程中，主要存在以下三种意见。

第一种意见认为，被告人杨某诚等人的犯罪金额为实际抵押借款金额。被告人杨某诚等人骗领了房产证，但仅此并不意味着构成犯罪，只有将房产证发挥其使用价值或者交换价值，形成比较确定的财产性利益时，才能准确认定犯罪金额。杨某诚等人骗领房产证所对应房产价值高达1700万余元，但其真正发挥的使用价值是进行抵押借款的800万余元。故应当将犯罪金额认定为抵押借款金额，同时也是本案的犯罪既遂部分。

第二种意见认为，被告人杨某诚等人的犯罪金额为房产实际价值。杨某诚等人以伪造材料骗取房产证为手段，以抵押借款为目的，但在不动产权登记后，涉案房产已从法律意义上转移至杨某诚等人名下，杨某诚等人取得涉案房产所有权，排除了被害单位占有、出售、抵押等一系列排他性权利。至此，杨某诚等人的诈骗行为已经完成。而杨某诚等人进行抵押借款系诈骗行为完成之后的事后行为，是否可罚需要根据相关证据进一步认定。

我们倾向于第二种意见。

（一）被告人杨某诚等人骗领房产登记的行为，符合诈骗罪的构成要件

根据刑法第二百六十六条规定，诈骗罪是指以非法占有为目的，用虚构事实或者隐瞒真相的方法，骗取数额较大的公私财物的行为。传统的诈骗犯罪中，受骗人与被害人是同一主体，通常是被害人基于被告人的诈骗行为产生错误认识、处分财产，导致财产损失。但随着诈骗手段的翻新，越来越多的诈骗并不是以被害人为直接的诈骗对象，受骗人与被害人分离的三角诈骗成为一种特殊的诈骗犯罪类型。对此种行为予以刑法规制，既符合诈骗罪的立法本意，也符合社会的公共认知。

本案中，被告人杨某诚等人利用熟悉办理不动产登记手续流程的便利，伪造相关材料，骗取不动产登记中心的信任。不动产登记中心对办理房产证所需材料进行审查，但无鉴别真伪的能力，其登记行为从法律意义上将物权予以变动，具有处分意义。被害单位由于不动产登记中心受到欺骗而进行的处分行为，丧失了对涉案房产的控制，无法对抗善意第三人及杨某诚等人对涉案房产的进一步处分。

本案关键在于准确找到犯罪既遂的时间点，以便准确认定被告人杨某诚从实质上对部分或者全部房产进行"非法占有"。杨某诚等人在取得涉案房产初始不动产权登记后，相应获得了包括财产性、支配性在内的一系列排他性所有权利，在客观上被告人等可以自由支配房产，涉案房产完全脱离了被害单位的控制，应当将此认定为杨某诚等人诈骗犯罪行为既遂的时间点。在此基础上也可以清晰判断被告人等骗取的实际数额和被害人实际损失的数额，从而准确认定诈骗的犯罪数额。

综上所述，被告人杨某诚等人合谋伪造材料，利用不动产登记中心具有的处分地位，骗取被害单位的房产，致使被害单位遭受重大损失，整个诈骗行为实施终了，符合诈骗罪的犯罪特征与构成。

（二）被告人的抵押借款属于"事后行为"，是否可罚需要根据案件具体情况进一步认定

第一，根据民法相关规定，为担保债务的履行，债务人可以将房产抵押给债权人。第一种观点将被告人杨某诚等人的抵押借款金额作为诈骗的犯罪金额，实际上是混淆了民法中抵押物价值与担保债权数额两个概念。抵押权属于担保物权，是为了担保主债权的实现而设定的从权利。而为了充分保障债权人的利益，抵押物价值通常大于所担保的债权数额。因而，被告人杨某诚等实际借款数额小于涉案的房产价值是实践中较为常见的情形，并不意味着涉案房产的财产性利益仅限于被告人等实际的借款数额。片面地将部分犯罪所得物抵押借款的金额认定为犯罪金额，不仅不能全面评价犯罪的危害后果，也会因抵押借款的不确定性而无法固定。

第二，被告人杨某诚等人对房产进行抵押借款属于诈骗之后的"事后行为"，后续抵

押借款多少、是否顺利追回涉案房产等，均不影响其犯罪金额的认定。第一种观点将被告人杨某诚等人抵押借款行为纳入评价，模糊了犯罪的行为边界，貌似出于有利于被告人的目的，实质上是未能准确认定犯罪金额。而杨某诚等人利用涉案房产处置的"事后行为"是否可罚需要根据相关证据进一步认定，例如，若为赚取更多非法利益"一房二卖"、向多人较大幅度超额抵押等，则可能进一步追诉。本案中杨某诚等人向善意的合同相对方多次抵押借款的事后行为并不违反相关法律规定，不具有可罚性。

综上所述，人民法院将涉案房产的价值认定为诈骗数额，并在此基础上综合考虑被告人的其他情节予以准确量刑，是正确的。

（撰稿：江苏省扬中市人民法院　王　锋　王　辉
审编：最高人民法院刑二庭　王晓东）

[第 1424 号]

# 董某立、孙某故意毁坏财物案

——后罪的预备行为发生在前罪的缓刑考验期内、实行行为发生在缓刑考验期满后，应否撤销缓刑将前后罪并罚

## 一、基本案情

被告人董某立，男，1968 年××月××日出生。2015 年 12 月 14 日因犯交通肇事罪被判处有期徒刑三年，缓刑三年，2018 年 12 月 24 日缓刑考验期满。2019 年 6 月 1 日因本案被逮捕。

被告人孙某，男，1970 年××月××日出生。2018 年 5 月 25 日因犯盗窃罪被单处罚金人民币一千元。2019 年 4 月 30 日因本案被逮捕。

北京市顺义区人民检察院指控被告人董某立、孙某犯故意毁坏公私财物罪，向北京市顺义区人民法院提起公诉。

被告人董某立对起诉书指控的罪名不持异议，但辩称其不是在缓刑考验期限内实施新的犯罪行为，不同意撤销自己的前罪缓刑。被告人孙某对起诉书指控的事实及罪名不持异议。

北京市顺义区人民法院经审理查明：因对被害人代某升的工作安排不满，2018 年 12 月 24 日前的一天中午，被告人董某立在北京市顺义区南彩地区南区汽车站北侧面馆，指使被告人孙某对代某升驾驶的奔驰牌轿车泼洒漆料进行损坏，并于当天将代某升的住处、车辆信息告知孙某。2018 年 12 月 27 日 20 时 30 分许，孙某携带漆料进入顺义区杨镇地区鑫澜庭小区内，向代某升停放在此的奔驰牌轿车泼洒漆料，致使该车车体被大面积腐蚀，造成经济损失 39150 元。案发后，孙某自动投案，董某立对代某升的经济损失予以赔偿，并取得代某升的谅解。

另经审理查明：被告人董某立曾因犯交通肇事罪，于 2015 年 12 月 14 日被北京市顺义区人民法院判处有期徒刑三年，缓刑三年，缓刑考验期自 2015 年 12 月 15 日至 2018 年 12 月 24 日。2018 年 12 月 24 日，董某立被解除社区矫正。

北京市顺义区人民法院认为，被告人董某立、孙某结伙故意毁坏他人财物，数额较大，其行为均已构成故意毁坏财物罪，应依法惩处。董某立到案后能够供述犯罪事实，且赔偿被害人经济损失，认罪、悔罪态度较好，可酌情从轻处罚。董某立在前罪缓刑考验期内犯新罪，应当撤销缓刑，与所犯新罪实行并罚。孙某犯罪后主动投案并如实供述

犯罪事实，系自首，可从轻处罚。据此，依照刑法第二百七十五条、第二十五条第一款、第六十七条第一款和第三款、第七十七条第一款、第六十九条第一款、第六十一条的规定，判决如下：

一、被告人董某立犯故意毁坏财物罪，判处有期徒刑十个月；撤销北京市顺义区人民法院（2015）顺刑初字第1152号刑事判决中对被告人董某立所判处的有期徒刑三年、缓刑三年中的缓刑部分；数罪并罚，决定执行有期徒刑三年八个月。

二、被告人孙某犯故意毁坏财物罪，判处有期徒刑十个月。

宣判后，在法定期限内没有上诉、抗诉，判决已发生法律效力。

## 二、主要问题

后罪的预备行为发生在前罪的缓刑考验期内，实行行为发生在缓刑考验期满后，是否应当撤销前罪的缓刑，将前罪与后罪实行并罚？

## 三、裁判理由

本案的争议焦点是，被告人董某立在缓刑考验期内实施了故意毁坏财物犯罪的预备行为，而其犯罪实行行为发生在缓刑考验期满后。在此情况下，是否应当撤销前罪缓刑，与其所犯后罪实行并罚？对此，存在两种不同观点。

第一种观点认为，被告人董某立着手实行新罪的时间，已过前罪的缓刑考验期，因而不属于在缓刑考验期内犯新罪。而前罪的缓刑考验期限已满，原判的刑罚应依法不再执行，且其社区矫正已被解除。故只需要对其所犯新罪依法判处即可。

第二种观点认为，被告人董某立所犯新罪的实行行为虽然发生在其前罪缓刑考验期满后，但犯罪预备行为发生在前罪缓刑考验期限内。应当将犯罪预备行为与实行行为作为一个完整的犯罪过程来理解，而不能只考察犯罪实行行为的时间。因此，虽然其前罪所判处缓刑考验期已满，社区矫正已被解除，但其所犯新罪仍属在缓刑考验期内发生，故应当依法撤销前罪的缓刑，与所犯新罪实行并罚。

我们同意第二种意见。

（一）本案证据足以证明被告人董某立、孙某预谋实施犯罪及为犯罪制造条件的时间在董某立前罪缓刑考验期内

公诉机关指控，被告人董某立于2018年12月11日中午，因对代某升的工作安排不满，指使被告人孙某对代某升的奔驰牌轿车采用泼洒漆料的方式进行损坏，且将代某升的住处、车辆信息告知孙某。但根据在案证据，很难认定这一犯罪预备行为的具体时间。董某立多次供述称，此事发生在2018年12月初的一天，而且肯定是发生在其社区矫正解除之前。孙某亦多次供述，此事发生在2018年12月初的一天。而手机通话清单则证实，董某立与孙某自2018年12月10日开始有多次通话的情况。综上所述，公诉机关认定两人预谋的具体时间虽然有一定依据（董某立曾有过供述），但证据不充分。而能够肯定的是，董某立指使孙某对代某升的奔驰牌轿车采用泼洒漆料的方式进行损坏，且将代某升

的住处、车辆信息告知孙某的时间肯定发生在董某立社区矫正解除之前，即在前罪所判处的缓刑考验期满内。

随之而来的问题是，如果仅有犯意还不能认定两人实施了犯罪预备行为。根据刑法第二十二条第一款的规定，准备工具、制造条件才属于犯罪预备行为。那么，被告人董某立将代某升的住处、车辆信息告知被告人孙某的行为，是否属于犯罪预备行为？我们认为，答案是肯定的。本案中，犯罪工具即漆料，据孙某供述，其因在工地干活正好有漆料，故可随时准备，从性质上说，此属于准备工具的行为。而董某立告知代某升有关信息的行为，则属于制造条件的行为。因为孙某并不掌握代某升的住处、车辆信息等，无法具体实施损坏轿车的行为，董某立将这些信息告知孙某，实质上为孙某实施行为创造了条件。

综上所述，由于被告人董某立、孙某预谋及准备工具、制造条件的行为均发生在董某立缓刑考验期满前，故应当认定其实施犯罪预备行为在董某立前罪缓刑考验期内。

（二）应当将犯罪预备行为与实行行为作为一个完整的犯罪过程来考察

根据刑法第七十七条的规定，被宣告缓刑的犯罪分子，在缓刑考验期限内犯新罪的，应当撤销缓刑，对新犯的罪作出判决，把前罪与后罪所判处的刑罚，依照刑法第六十九条的规定，决定执行的刑罚。因此，判断被告人董某立故意毁坏财物犯罪是否属于在缓刑考验期限内实施，直接决定了其前罪所判处的缓刑是否应当撤销。

前述第一种观点的缺陷就在于将一个完整犯罪过程的预备行为与实行行为割裂开来，将犯罪事实发生的时间孤立地定格在实行行为发生的时间上。我们认为，对犯罪预备行为与实行行为应当作为一个完整的犯罪过程来考察。阐述这一问题，首先要弄清犯罪形态与犯罪阶段的关系。故意犯罪既存在形态，也存在阶段。其一，故意犯罪行为是一个过程，由相互连接的预备阶段与实行阶段组成。预备阶段与实行阶段密切相连，前者是为后者做准备的阶段，后者是前者的发展。处在预备阶段的行为是预备行为，处在实行阶段的行为是实行行为。其二，犯罪形态与犯罪阶段相互依存、相互制约。在预备阶段只能出现犯罪预备与中止形态，在实行阶段只能出现犯罪未遂、中止与既遂形态。其三，犯罪形态与犯罪阶段又相互区别。前者是静止的行为状态，后者是动态的发展过程；前者没有先后连续性，后者具有连续性；一个故意犯罪行为不可能出现几种犯罪形态，但可能经过几个阶段。

本案中，虽然被告人孙某泼洒漆料的行为发生在被告人董某立前罪缓刑考验期满后，但其预备行为发生在前罪缓刑考验期限内。而二人故意毁坏财物犯罪的完整过程则由犯意的形成、犯罪预谋阶段、犯罪实行阶段所构成。一般情况下，仅有犯意的形成，是不受刑事处罚的。而犯罪预备阶段，即使行为人仅仅实施了犯罪预备行为，之后未再继续实施犯罪，根据刑法第二十二条的规定，也是可能受到刑事处罚的。如果之后继续实施实行行为，则其预备行为被实行行为吸收，法律将按照其实行行为进行处罚。按照实行行为处罚并不是说预备阶段的预备行为不受处罚。在量刑时，其预备行为的性质、程度、所体现的犯罪人主观恶性，均是应予以考虑的。因此，不能无视犯罪预备行为，而仅仅依据犯罪实行行为的时间来认定董某立、孙某故意毁坏财物的犯罪实施时间。可以说,二人故意毁坏财物的犯罪时间不是一个时间点,而是一个时间段。综上所述,二被告人在董某立前罪缓刑考验期限内实施犯罪预备行为,在缓刑考验期满后实施犯罪实行行为,应当认定为犯罪行为在董某立前罪缓刑考验期限内就开始实施。

同时,被告人董某立、孙某系共同犯罪。董某立首先提出犯意,并指使孙某实施实行行为,且提供被害人代某升的相关信息;孙某也积极出谋划策,提出用其工地上的漆料作为作案工具,并具体实施泼洒漆料的实行行为。二人都是共同犯罪的主犯。董某立应当对孙某的实行行为承担刑事责任。

(三)如果行为人在缓刑考验期限内只实施了犯罪预备行为而没有后续的实行行为,是否撤销前罪缓刑应当具体分析

刑法第二十二条第二款规定,对于预备犯,可以比照既遂犯从轻、减轻处罚或者免除处罚。亦即我国刑法总则规定原则上处罚犯罪预备,但事实上,对犯罪预备的处罚具有例外性。也就是说,许多犯罪预备行为没有达到值得科处刑罚的程度。但刑法分则对于哪些犯罪应当处罚犯罪预备没有明文规定。所以,必须对具体故意犯罪预备行为的可罚性进行考察。我们认为,通常包括以下三种情况:(1)罪质严重的预备行为可以对犯罪预备进行处罚,如故意杀人的预备行为等;(2)罪质一般的预备行为,只有情节严重时,才以犯罪预备论处;(3)罪质轻微的预备行为,一般不轻易以犯罪预备论处。一般来说,罪质的轻重取决于保护法益的重要程度。

在司法实践中,处罚犯罪预备是例外。这是因为:其一,预备行为并不具备犯罪构成的完整要件,行为的社会危害性极其有限,行为人的人身危险性也不明显。其二,犯罪预备行为不能直接对法益造成侵害结果与具体危险状态,因而对法益的威胁并不紧迫,在通常情况下没有值得科处刑罚的实质违法性。其三,犯罪预备行为的外部形态往往是日常生活行为(如行为人购买菜刀准备用于抢劫),如果大量处罚犯罪预备行为,就必然导致原本不是犯罪预备的日常生活行为也受到怀疑,极有可能使一些外部形态类似于准备工具的日常生活行为受到刑罚制裁。其四,在犯罪预备阶段,行为人可能随时放弃犯意,如果广泛地处罚预备行为,反而可能促使行为人着手实行犯罪。基于以上理由,对犯罪预备的成立范围必须进行严格限制,即只能将实质上值得刑事处罚的犯罪预备行为作为犯罪处罚。

综上所述,如果行为人在缓刑考验期限内只是实施了犯罪预备行为,而没有后续的实行行为,可能不需以犯罪处理。如果对其犯罪预备不以犯罪处理,除非行为人符合刑法第七十七条第二款规定的撤销缓刑的情形,否则不能轻易撤销缓刑。但当行为人实施了后续的实行行为,即使实行行为发生在缓刑考验期满之后,或者行为人的预备行为本身有必要进行刑事处罚时,则应当撤销前罪所判处的缓刑,与新罪的犯罪预备所判处的刑罚实行并罚。故本案中法院撤销被告人董某立前罪的缓刑,与后罪进行并罚,是正确的。

(撰稿:北京市顺义区人民法院　赵仁洋
审编:最高人民法院刑四庭　陆建红)

[第 1425 号]

# 罗某升等人组织、领导、参加黑社会性质组织案
——黑恶势力犯罪案件中如何依法处置涉案财物

### 一、基本案情

被告人罗某升,男,1976 年××月××日出生。2004 年 9 月 21 日因犯抢劫罪被判处有期徒刑八年。2009 年 12 月 1 日因犯故意伤害罪被判处有期徒刑一年六个月,2011 年 5 月 27 日刑满释放。2016 年 12 月 3 日因本案被逮捕。

被告人冯某钊,男,1982 年××月××日出生。2016 年 12 月 3 日被逮捕。

被告人罗某松,男,1982 年××月××日出生。2016 年 12 月 3 日被逮捕。

被告人梁某坚,男,1980 年××月××日出生。2017 年 3 月 31 日被逮捕。

被告人罗某海,男,1983 年××月××日出生。2016 年 12 月 3 日被逮捕。

被告人曾某华,男,1975 年××月××日出生。2016 年 12 月 3 日被逮捕。

(其他 21 名被告人基本情况略)

广东省广州市人民检察院以被告人罗某升等 27 名被告人犯组织、领导、参加黑社会性质组织罪、故意伤害罪、寻衅滋事罪、聚众斗殴罪、强迫交易罪、非法占用农用地罪等 13 个罪名,向广州市中级人民法院提起公诉。被害人冯某深的近亲属、被害人张某标提起附带民事诉讼。

被告人罗某升及其辩护人提出:罗某升等人不是黑恶势力,不构成黑社会性质组织犯罪。

(其他辩护情况略)

广州市中级人民法院经审理查明:

(一)组织、领导、参加黑社会性质组织的事实

自 2002 年起,以被告人罗某升为首的犯罪组织,笼络、纠合了广州市白云区钟落潭镇附近一带的社会闲散人员,在广州市白云区钟落潭镇、花都区北兴镇等地实施寻衅滋事、开设赌场等违法犯罪活动。2004 年 1 月,罗某升伙同被告人梁某坚、罗某胜、卓某等人持枪抢劫快活林牛庄赌场后,在白云区钟落潭镇一带名声大噪,成为该黑社会性质组织初步形成非法影响的标志性事件。随后,罗某升因该案被判处有期徒刑八年。被告人林某端通过贿赂罗某升羁押地司法人员的方式,让罗某升于 2008 年 4 月 30 日违规假释

出狱。出狱后，罗某升再次组织白云区钟落潭镇大罗村、小罗村等地的社会闲散人员，通过在钟落潭镇陈洞村、良田村等地开设赌场、垄断废品回收、暴力抢夺工程等方式牟取非法利益。罗某升利用由此形成的经济实力，将被告人冯某钊、罗某河（另案处理）、罗某松、梁某坚、罗某洋、罗某威、罗某谦、罗某伟、罗某海、庾某聪、罗某涛、罗某添、冯某辉、罗某胜、曾某华、罗某锋、冯某亮、罗某锋、罗某通、庾某钱等人网罗到一起，培养发展成为自己的亲信和打手。

2009年3月，被告人罗某升因犯故意伤害罪再次被羁押后，其夺得的工程、废品回收公司等暂由其哥哥被告人罗浩某接手管理，罗浩某组织成员继续利用先前形成的影响实施违法犯罪活动。至2011年6月，罗某升刑满释放后，继续纠合上述组织成员实施故意伤害、寻衅滋事、开设赌场等违法犯罪活动，称霸于白云区钟落潭镇一带。另外，该犯罪组织在白云区人和镇高增村选举期间，为保证自己支持的人当选，组织大量不法分子统一佩戴白手套作为标识，在高增村聚集、围堵、恐吓村民，打击竞选对手，破坏基层组织选举。

该犯罪组织以广州市白云区钟落潭镇为活动中心，以钟落潭镇良沙路7号被告人林始兴租赁的办公室为据点，使用猎枪、刀具等工具，大肆实施多起违法犯罪行为，作恶多端，欺压百姓，从中获取经济利益，在一定区域形成重大影响，从而发展壮大，形成一个长期盘踞于广州市白云区钟落潭镇一带，以被告人罗某升为组织、领导者，被告人冯某钊、罗某松、罗某谦、梁某坚、罗某洋等人为积极参加者，被告人罗某威、罗某伟、罗某海、庾某聪、罗某涛、罗某添、冯某辉、罗某胜、曾某华、罗某锋、冯某亮、罗某锋、罗某通、庾某钱等人为其他参加者的黑社会性质组织。

（二）组织犯罪的事实

1. 故意伤害事实

2008年11月25日22时许，被告人梁某坚、罗某松与梁某州、梁某华、梁某徽、梁某鹤（均已判刑）等人为了逼迫被害人冯某深偿还在赌场所借的高利贷，将冯某深带至广州市花都区花东镇北兴京塘村溪河坝处，使用铁水管等工具对冯某深进行殴打，致冯某深受伤，后送医院抢救无效死亡。经鉴定，冯某深符合因钝性暴力打击全身造成创伤性休克死亡。

2. 寻衅滋事事实

（1）2012年6月14日19时许，被告人罗某升获悉其妻曾某桂被广州市白云区钟落潭镇计生办工作人员带至白云区计划生育服务站进行结扎手术后，遂决意报复，纠合被告人冯某钊、冯某亮、罗某威等人，驾驶粤A561B5雷克萨斯小汽车到广州市白云区三元里大道1148号白云区计划生育服务站外伺机作案。当其妻曾某桂出来后，罗某升安排罗某威护送其妻子回家，其驾驶雷克萨斯小汽车与冯某钊、冯某亮一路跟踪计生办工作人员林某良驾驶的粤A712LH瑞风商务汽车，并指使罗某河带领组织成员前来实施报复。当日21时许，罗某河按罗某升的指示，纠合被告人庾某聪、罗某添、罗某锋、罗某谦及罗某煊（另案处理）等人，携带木棍等作案工具，分乘三辆汽车到广州市白云区钟落潭镇竹三村流溪河河堤桥墩往东约10米路段，截停计生办工作人员车辆，并上前打砸该车及车内的林某良、叶某天、汤某宁、杨某洪、刘某坚五名被害人，致该车前后挡风玻璃、前大车灯、前门玻璃等车身多处受损（经鉴定，受损价值人民币8353元），被害人林某良、叶某天、汤某宁、杨某洪受伤（经鉴定均属轻微伤）。

（2）2014年3月24日，被告人罗某升应戴某航（另案处理）帮助其弟戴某敏竞选村长的请求，指使被告人罗某锋、冯某亮、罗某洋、罗某涛、曾某华、冯某辉、罗某锋、罗某谦及罗某河、罗某龙、刘某雄、罗某其等人，分批前往广州市白云区人和镇高增村，与戴某华、戴某强、骆某贤（均另案处理）等人会合，由戴某航安排统一佩戴白手套作为标识，分组安排人手围堵村口、巷口和马路，跟踪、恐吓村民，对不合作村民的房子泼红油，打击竞选对手，严重干扰和阻碍村民正常的生产、生活秩序，破坏基层组织选举。

3. 强迫交易事实

2008年下半年至2011年年中，被告人罗某升伙同罗某油、杨某光、宋某旗、周某华、冯某豪等人（均另案处理）在广州市白云区钟落潭镇大罗村合资成立利新废品回收公司。其中，罗某升出资人民币7.5万元，占30%股份；罗某油、杨某光、宋某旗各出资人民币2.5万元，各占10%股份；周某华、冯某豪各出资人民币5万元，各占20%股份。公司由罗某升组织策划与管理经营，其他股东协助。为了垄断广州市白云区钟落潭镇大罗、小罗、乌溪、大纲岭四个村的废品回收业务，以获取不法利益，罗某升指使罗某权（另案处理）等人作为利新废品回收公司的管理员，又指使被告人冯某辉、罗某锋、罗某添及罗杰龙、罗某通等人作为打手，再利诱上述四村的治保人员作为耳目负责巡查，当有外来人员收购废品时，即向罗某权等管理员汇报，罗某权再指使被告人冯某辉、罗某锋、罗某添及罗某龙、罗某通等人携带水管等作案工具，对来收购废品的外来人员实施恐吓或打砸等手段进行暴力驱赶。部分外来收购废品的人员以每月向利新废品回收公司交纳人民币200元至500元"管理费"的方式获得继续收购废品的资格。

被告人罗某升等人在打压外来收购废品人员的同时，还对出售废品的厂家进行打压。罗某升先指使被告人冯某辉、罗某锋、罗某添及罗某龙、罗某通等人，对到金祥盛纸业有限公司、广东新宇塑胶实业有限公司和东雄化工有限公司等公司收购废品的人员进行暴力驱赶，再指使罗志权等管理员到上述公司实施低价收购。上述公司被迫将废品以低价卖给利新废品回收公司，造成一定的经济损失。

4. 开设赌场事实

2003年年底至2004年6月，被告人罗某升、卓某伙同冯某祥（另案处理）、罗某垣共同出资人民币5万元作为赌本，在广州市白云区钟落潭镇陈洞村的高田庄、荔枝窿及良田村的荔枝林等地以"百家乐"方式开设赌场牟利，其中，罗某升占股份30%、卓某占股份10%、冯某祥等人合占股份60%。其间，被告人罗某升指使被告人罗某胜、曾某华、冯某亮及罗某垣等人在赌场内负责派牌、打荷、运送赌资，卓某指使刘志林、"广西坚"（均另案处理）派牌、打荷，冯某祥负责赌场的组织管理，"庄华"（另案处理）等人负责望风、接送赌客。该赌场每天下午、晚上各开一场。罗某升、卓某与冯某祥等人按股份分利,罗某胜、曾某华、冯某亮等人按日领取报酬。

(其他违法、犯罪事实略)

广州市中级人民法院认为,以被告人罗某升为首的犯罪组织,符合刑法第二百九十四条规定的黑社会性质组织所要求的四个特征,应当认定为黑社会性质组织……依照刑法第二百九十四条等相关法律之规定,判决如下:

一、被告人罗某升犯组织、领导黑社会性质组织罪,判处有期徒刑八年,剥夺政治权利三年,并处没收个人财产人民币一千万元;犯非法持有枪支罪,判处有期徒刑四年;犯强迫交易罪,判处有期徒刑二年六个月,并处罚金人民币八十万元;犯聚众斗殴罪,判处有期徒刑五年;犯寻衅滋事罪,判处有期徒刑七年,并处罚金人民币四十万元;犯开设赌场罪,判处有期徒刑五年,并处罚金人民币五百万元;犯非法占用农用地罪,判处有期徒刑二年六个月,并处罚金人民币三百万元。决定执行有期徒刑二十年,剥夺政治权利三年,并处没收个人财产人民币一千万元,罚金人民币九百二十万元。

二、被告人罗某松犯参加黑社会性质组织罪,判处有期徒刑五年,剥夺政治权利一年,并处罚金人民币五百万元;犯故意伤害罪,判处死刑,缓期二年执行,剥夺政治权利终身;犯聚众斗殴罪,判处有期徒刑三年六个月;犯寻衅滋事罪,判处有期徒刑三年六个月;犯开设赌场罪,判处有期徒刑一年,并处罚金人民币十万元。决定执行死刑,缓期二年执行,剥夺政治权利终身,并处罚金人民币五百一十万元。

(其他被告人判决情况略)

一审宣判后,被告人罗某升等人提出上诉,称其不构成黑社会性质组织,原判财产刑量刑过重。

广东省高级人民法院认为,本案是典型的黑社会性质组织犯罪,被告人罗某升及其成员实施寻衅滋事控制当地工程、开设实体及网络赌场控制当地赌场黑色产业利益链、打击他人控制当地废品回收业务等违法犯罪活动,均是以追求非法经济利益为目的,并攫取了巨额非法经济利益来发展、壮大其犯罪组织,判处较大数额的财产刑可以铲除黑社会性质组织犯罪的土壤,消除其犯罪组织及成员的再犯罪能力,充分发挥刑罚的积极预防和社会治理功能。原判判处较大数额的罚金刑属罪刑相称、罚当其罪,并无过重。原审判决认定的主要犯罪事实清楚,证据确实、充分,定罪准确,量刑适当;附带民事判决正确,审判程序合法。据此,裁定驳回上诉,维持原判。

## 二、主要问题

黑恶势力犯罪案件中如何通过对涉案财物的依法处置实现"打财断血"目标?

## 三、裁判理由

本案是扫黑除恶专项斗争开展以来广州市开庭审理的第一起黑社会性质组织犯罪案件。在本案的审理过程中,法院就如何通过对涉案财物的依法处置实现"打财断血"目标,进行了较为深入的研究和讨论。

(一) 刑事案件财产分类处置模式

对涉案财物的处置，意味着要追缴全部违法所得，及时退赔被害人损失并剥夺犯罪分子全部或部分财产权益，体现了国家对被害人权益的保护和对犯罪分子经济上的制裁。涉案财物处置的最基本目标是使犯罪分子不能通过犯罪获益，进而剥夺其实施犯罪的资本，有效防止其回归社会后再次犯罪。及时依法处置涉案财物，既是制裁犯罪，实现刑法特殊预防功能的有力手段，也可以起到教育、警示作用，有利于实现刑法的一般预防功能。

刑事案件中，对涉案财物的处置有五种方式：一是用于附带民事赔偿款的执行。法院根据被害人或其法定代理人、近亲属的诉请，对刑事犯罪案件与由犯罪导致的民事赔偿案件合并审理，主要适用于故意伤害、故意杀人等造成被害人人身损害的案件中，被告人对被害人所造成的物质损失承担赔偿责任。二是作为违法所得进行追缴及追缴不能时责令退赔。在造成被害人财产损失的案件中，如诈骗、抢劫、盗窃等，被告人从被害人处非法获取财物，法院需要追缴或责令被告人按价退赔，发还给被害人；在没有被害人或被害人不明的案件中，如开设赌场、毒品犯罪等，被告人获取了非法利益，法院在核清被告人获益的基础上，判决追缴该违法所得上缴国库。三是用于没收财产刑和罚金刑的执行。这是刑法总则规定的两种财产刑，是强制将被告人的全部或部分财产无偿收归国有，以及强制被告人向国家缴纳一定数量货币的刑罚方法，一般适用于涉财产犯罪、经济犯罪和职务犯罪案件。四是作为供犯罪所用的财物即犯罪工具的没收。刑法没有对犯罪工具进行明确界定，从文理解释的角度，可解释为"供犯罪分子实施犯罪所用的本人财物或器具"，如用于联系犯罪的手机、用于斗殴的斧头等，只要认定为犯罪工具，且属被告人所有，就应当没收。犯罪工具的认定与权属、用途有关，只能是被告人所有且须是用于犯罪的财物。五是作为违禁品的没收。违禁品是指国家禁止流通或限制流通、禁止个人制造或持有的物品，如毒品犯罪中的毒品，传播淫秽物品犯罪中的淫秽物品，非法制造枪支、弹药犯罪中的枪支、弹药等，违禁品的认定与用途、权属无关，只与其本身属性有关。

以上五种处置方式根据各自作用不同可分为三类：一是补偿性的刑法手段，包含附带民事赔偿、违法所得的追缴和责令退赔。附带民事赔偿是因被害人人身受到被告人侵害产生了实际的经济损失，要求被告人赔偿并据此参与到刑事诉讼中，具有补偿性和对价性，其受益者是被害人或其近亲属。追缴和责令退赔处置的是被告人通过犯罪获取的违法所得，其受益者是被害人或国家，也具有补偿性。在适用时应当坚持赔偿额、追缴额分别与被害人损失、被告人获益对等的原则。二是惩罚性的刑法手段，包含没收财产和罚金刑。适用时应当结合被告人在犯罪中的地位作用、造成后果及获利情况等准确判处。三是行政强制措施类的刑法手段，包含对犯罪工具和违禁品的没收。

(二) 涉黑恶刑事案件财产处置应当把握的原则

在审理涉黑恶刑事案件时，也应综合运用以上三类财物处置模式，以"剥夺再犯能力、抑制犯罪动机、没收违法所得"为目标,恢复被黑恶势力犯罪分子破坏的社会秩序,弥补被犯罪直接侵害的被害人的经济损失。由于黑恶势力犯罪组织较普通刑事犯罪团伙具有更强的经济实力,其对人身的侵害性和对社会经济秩序的破坏性也更大,因此涉黑恶案件的财产处置较一般案件也有其特殊之处。根据 2019 年 4 月 9 日《最高人民法院、最高人民检察院、公安部、司法部关于办理黑恶势力刑事案件中财产处置若干问题的意见》(以下简称《意见》),对涉黑恶刑事案件的财产处置,更强调彻底摧毁黑恶势力的经济基础,防止其死灰复燃。结合《意见》,法院在涉黑恶刑事案件财产处置时,应当贯彻以下几个原则:一是从严处置原则。确立以摧毁犯罪分子经济基础为目标的量刑原则,注重补偿性和惩罚性刑法手段的运用,突出违法所得的全面追缴及财产刑的判罚,不让犯罪分子通过犯罪获益,并剥夺其再犯的经济能力。实践中,有时被告人的违法所得或被害人的财产损失难以准确认定,对此可结合各被告人供述、证人证言、账目材料、银行流水等综合认定;对被告人拒不供认,亦无其他证据材料证明,导致确实无法查清的,也可在财产刑中予以适当考虑,确保被告人不从犯罪中获益。二是依法处置原则。对财产刑的适用应结合被告人在黑恶势力组织中的地位、作用,所参与实施违法犯罪活动的次数、性质、地位、作用、违法所得额及造成损失数额等情节依法判处,对罚金的判处还应综合考虑被告人的缴纳能力。同时,严格区分财产来源、性质、权属,对有证据证明是被告人或其家庭成员的合法财产的,仅能将属于被告人的部分用于执行财产性判项,剩余部分应发还被告人或其家属。三是平衡处置原则。对被告人判罚的财产刑应尽量与其主刑相适应,兼顾各被告人之间的平衡,同时结合具体案情决定财产刑,避免财产刑数额的畸高畸低。

本案中,法院围绕"打财断血"工作目标,综合运用了附带民事赔偿、追缴违法所得及没收违禁品和作案工具等处置手段,着力破解涉案财产认定难、查处难、追缴难三大难题,摧毁犯罪分子的经济基础,扩大"打财断血"的效果。审判时综合考虑以被告人罗某升为首的犯罪组织的存续时长,被告人的犯罪所得与合法财产混同等情况,对全案被告人根据各自的人身危险性及其实施具体犯罪所造成的社会危害,对多次实施犯罪,欺压、残害百姓的犯罪分子,处以高额财产刑。从依法严惩的角度出发,结合各被告人在黑社会性质组织中的作用、地位及主刑情况,确定对组织、领导者罗某升判处没收个人财产人民币 1000 万元,对 5 名积极参加者判处罚金 400 万元至 650 万元,对 14 名一般参加者判处罚金 10 万元至 130 万元。在具体犯罪中,如开设赌场罪,主要根据各被告人参与的次数及是否属于赌场股东来区分主从犯和财产刑数额,确定财产刑起点为 10 万元,最高为 500 万元。全案财产性判项共涉及 7093.5 万元,除财产刑之外,还包括附带民事赔偿款和追缴退赃。法院在裁判时充分注意各被告人之间的平衡以及自由刑与财产刑之间的平衡,切实做到罪刑相适应,刑罚轻重与犯罪收益和犯罪造成的危害相适应。

(三) 确保补偿性刑法手段优先执行

司法实践中,部分案件对涉案财物的处置没有确定赔付顺序,常常将扣押的财物及执行过程中发现的被告人财产线索全部用于没收财产和罚金的执行,而忽视对附带民事赔偿款及追缴违法所得的执行，侵害了被害人的合法权益。刑事案件中，在一个判决中常常出现判处被告人一定数量的财产刑，判令被告人赔偿被害人一定数量的经济损失，与追缴一定数量的违法所得同时存在的情况，当扣押的被告人财物不足以清偿上述判项，又不能及时发现被告人新的财产线索时，该如何执行？是按照起诉的先后顺序，还是按照判项的先后顺序，抑或存在其他规则？刑法第三十六条规定："由于犯罪行为而使被害人遭受经济损失的，对犯罪分子除依法给予刑事处罚外，并应根据情况判处赔偿经济损失。承担民事赔偿责任的犯罪分子，同时被判处罚金，其财产不足以全部支付的，或者被判处没收财产的，应当先承担对被害人的民事赔偿责任。"此条款确立了"民事优先"原则在执行分配中的具体运用，以充分保护相对弱势一方的利益。

在涉黑恶刑事案件的财产执行中，也应坚持"民事优先"原则，补偿性的刑法手段优于惩罚性的刑法手段，被害人人身损害赔偿优于财产权益补偿。因此，当被执行人承担多种赔偿责任，其财产不足以支付时，应按以下顺序支付：首先，执行附带民事赔偿款和退赔被害人损失。对于判决生效后，附带民事原告人没有及时申请执行的，法院要通知其提交申请执行材料，附带民事原告人怠于申请执行的，法院也要在执行财物中保留可分配的份额。对于向被告人追缴及责令退赔的从被害人处获取的财物及对价，应当发还被害人。其次，执行追缴违法所得的没收。最后，执行罚金和没收财产刑。对于后续追查到的被告人新的财产线索，亦应按照上述顺序依次执行。对犯罪工具和违禁品的没收，原则上应当独立执行，在有的案件中犯罪工具存在一定价值，可予以变卖，如果涉案财物不足以赔偿被害人人身及财产损失，也可以考虑变卖款作为赔偿被害人损失的执行标的。

（撰稿：广东省高级人民法院　陈小飞
　　　广东省广州市中级人民法院　杨　毅
　审编：最高人民法院刑三庭　周　川）

[第 1426 号]

## 陈某豪开设赌场案
——借助网络招揽会员经营二元期权行为的司法认定

### 一、基本案情

被告人 TAN QING HAO XAVIER（中文译名陈某豪，以下使用被告人中文名），男，1982 年××月××日出生，新加坡国籍，龙汇网站中国区域市场总监。2017 年 8 月 11 日被逮捕。

被告人陈某娟，女，1974 年××月××日出生，龙汇网站代理商。2017 年 8 月 11 日被逮捕。

被告人赵某海，男，1986 年××月××日出生，龙汇网站代理商。2017 年 8 月 11 日被逮捕。

江西省吉安市人民检察院指控被告人陈某豪、陈某娟、赵某海犯开设赌场罪，向吉安市中级人民法院提起公诉。

被告人陈某豪自愿认罪，希望法庭对其从轻处罚；被告人陈某娟提出，如果龙汇二元期权的确违法，则其对所参与的行为都认罪，但属于从犯；被告人赵某海认为二元期权合法，其主观没有赌博的故意。

吉安市中级人民法院经审理查明：

2016 年 6 月，北京龙汇联创教育科技有限公司（以下简称龙汇公司）设立，负责为"www.DLS-FX.com Dragon Leader Services"网站（以下简称龙汇网站）的经营提供客户培训、客户维护、客户发展服务，幕后实际控制人周某坤（新加坡籍）。周某坤利用上海麦曦商务咨询有限公司聘请讲师、经理、客服等工作人员，并假冒上海哲荔网络科技有限公司等在智付电子支付有限公司的支付账户，接收全国各地会员注册交易资金。

龙汇网站以经营二元期权交易为业，通过招揽会员以"买涨"或"买跌"的方式参与赌博。会员在龙汇网站注册充值后，下载安装市场行情接收软件和龙汇网站自制插件，选择某一外汇交易品种，并选择 1 分钟到 60 分钟不等的到期时间，下单交易金额，并点击"买涨"或"买跌"按钮完成交易。买定离手之后，不可更改交易内容，不能止损止盈，若买对涨跌方向即可盈利交易金额的 76%~78%，若买错涨跌方向则本金全亏，盈亏情况不与外汇实际涨跌幅度挂钩。龙汇网站建立了等级经纪人制度及对应的佣金制度，等级经纪人包括 SB 银级至 PB 铂金三星级六个等级。截至案发，龙汇二元期权在全国约有 10 万名会员。

2017 年 1 月,被告人陈某豪受周某坤聘请为顾问、市场总监,从事日常事务协调管理,维系龙汇网站与高级经纪人之间的关系,出席培训会、说明会并进行宣传,发展会员,拓展市场。2016 年 1 月,被告人陈某娟在龙汇网站注册账号,通过发展会员一度成为 PB 铂金一星级经纪人,下有 17000 余个会员账号。2016 年 2 月,被告人赵某海在龙汇网站注册账号,通过发展会员一度成为 PB 铂金级经纪人,下有 8000 余个会员账号。经江西大众司法鉴定中心司法会计鉴定,2017 年 1 月 1 日至 2017 年 7 月 5 日,龙汇网站累计接受充值入金 279343422.54 元人民币,陈某娟从龙汇网站提款 180975.04 美元,赵某海从龙汇网站提款 11598.11 美元。2017 年 7 月 5 日,陈某豪、陈某娟和赵某海被抓获归案。陈某豪归案后,于 2017 年 8 月 8 日退缴 35 万元人民币违法所得。

吉安市中级人民法院认为,被告人陈某豪违反法律规定,利用互联网开设赌场,情节严重,其行为已构成开设赌场罪。被告人陈某娟、赵某海以营利为目的,通过发展下线会员,组织、招引他人进行赌博活动,其行为均已构成赌博罪。陈某豪系从犯,依法可以从轻处罚;陈某豪归案后如实供述犯罪事实,具有坦白情节,认罪悔罪,依法可以从轻处罚;主动上缴违法所得,亦可酌情从轻处罚。陈某娟归案后如实供述犯罪事实,系坦白,认罪悔罪,依法可以从轻处罚。赵某海归案后如实供述犯罪事实,系坦白,依法可以从轻处罚。陈某豪上缴的违法所得 35 万元人民币,依法予以没收。陈某娟的违法所得 180975.04 美元和赵某海的违法所得 11598.11 美元,可以按照市价汇率予以折算成人民币,依法予以追缴。扣押在案的电脑、U 盘、手机,由公安机关依法处理。据此,依法判决如下:

一、被告人陈某豪犯开设赌场罪,判处有期徒刑三年,并处罚金人民币五十万元,驱逐出境;

二、被告人陈某娟犯赌博罪,判处有期徒刑二年,并处罚金人民币三十万元;

三、被告人赵某海犯赌博罪,判处有期徒刑一年十个月,并处罚金人民币二十万元。

一审宣判后,被告人陈某豪、陈某娟以量刑过重为由提出上诉。

江西省高级人民法院经审理认为,被告人陈某豪违反法律规定,受他人雇用,明知龙汇网站系赌博网站而组织赌博活动,提供发展会员和投放广告等服务,构成开设赌场罪,且系情节严重。被告人陈某娟、赵某海以营利为目的,采用发展会员的方式,为赌博网站担任代理并接受投注,其行为亦构成开设赌场罪,且系情节严重。原判认定陈某娟、赵某海犯赌博罪不当,依法应改变罪名。关于陈某娟提出其无罪的上诉理由,与已查明的事实证据不符,不予支持。综合陈某豪犯罪事实、犯罪性质、量刑情节和社会危害性,一审量刑偏重,依法予以减轻处罚。据此,改判如下:

上诉人陈某豪犯开设赌场罪,判处有期徒刑二年六个月,并处罚金人民币五十万元,驱逐出境;上诉人陈某娟犯开设赌场罪,判处有期徒刑二年,并处罚金人民币三十万元;被告人赵某海犯开设赌场罪,判处有期徒刑一年十个月,并处罚金人民币二十万元。

## 二、主要问题

如何准确认定经营二元期权类交易网站的行为性质?

### 三、裁判理由

近年来，二元期权类交易网站频频出现，本案也是较为典型的二元期权交易类案件，对于本案的定性，讨论中存在以下几种观点。

第一种观点认为本案被告人无罪。理由是期权交易实质上是法律效果不确定的金融衍生交易。二元期权则是普通期权的精简化，其合约设计、交易机制均与普通期权有着近似的制度安排。目前并没有法律、行政法规认定二元期权系违法犯罪，认定其构成犯罪缺乏法律依据，违背罪刑法定原则。

第二种观点认为被告人构成非法经营罪。理由是《期货交易管理条例》第四条明确规定，期货交易应当在法定期货交易场所进行，禁止在法定期货交易场所之外进行期货交易。而二元期权缺乏合法的运营资质，不受证监会监管，属于刑法第二百二十五条所规定的未经国家有关主管部门批准非法经营证券、期货业务，扰乱市场秩序，情节严重的情形，应当以非法经营罪追究刑事责任。

第三种观点认为被告人构成诈骗罪。理由是本案中龙汇网站安装专业外汇交易软件的同时还安装插件控制外汇走势，是以二元期权为名，行诈骗之实，应当以诈骗罪追究刑事责任。

第四种观点认为被告人构成开设赌场罪。理由是二元期权的实质是创造风险供投资者进行投机，与"押大小、赌输赢"的赌博行为本质相同，实为网络平台与投资者之间的对赌。因此，本案中龙汇网站是赌博网站，龙汇二元期权交易是披着期权外衣的赌博行为，应当对被告人以开设赌场罪追究刑事责任。

我们同意第四种观点，理由如下。

### （一）二元期权不同于期权

根据《期货交易管理条例》的规定，期货交易包括以期货合约和期权合约为标的的两类交易。其中，期权合约是指期货交易场所统一制定的、规定买方有权在将来某一时间以特定价格买入或者卖出约定标的物的标准化合约。简言之，期权是一种以股票、期货等品种的价格为标的，在法定期货交易场所进行交易的金融产品，在交易过程中需完成买卖双方权利的转移，具有规避价格风险、服务实体经济的功能。

而二元期权，也称数字期权、全有全无期权，其基本操作方式为，投资者选择一种标的资产（如股票、股票指数、大宗商品等），基于该标的资产在规定时间低于还是高于执行价来决定是否获得收益。比如，本案中龙汇网站二元期权"玩法"如下：（1）客户在龙汇网站用身份证、银行卡、电子邮箱注册并充值；（2）下载安装 MT4 市场行情接收软件和龙汇网站自制插件；（3）选择某一外汇交易品种，并选择 1 分钟、5 分钟、15 分钟、30 分钟、60 分钟到期时间，下单交易金额；（4）点击"买涨"或"买跌"按钮完成交易，买对涨跌方向即可盈利交易金额的 76%~78%，如果买错涨跌方向则全亏。

二元期权交易与期权交易有着本质的不同，具体如下。

（1）非法性。与在法定场所进行交易、受严格监管的期权交易不同，二元期权未经国务院或证监会批准,脱离国务院或证监会的监督管理,在法定期货交易场所之外利用互联网招揽投资者,不是合法、规范的期权或金融衍生品。

(2) 射幸性。期权的买方有权在约定时间内,按照约定的价格买进或卖出一定数量相关资产。期权分为看涨期权与看跌期权两个基本类型,看涨期权的买方有权在某一确定时间以确定价格买进相关资产,看跌期权的买方有权在某一确定时间以确定价格出售相关资产。但此处的看涨期权与看跌期权与本案中的"买涨""买跌"不同,看涨期权、看跌期权以一定数量相关资产为标的,以行使权利(按约定价格买进或卖出)或放弃行使权利为内容,期权合约由合约标的、合约类型、报价单位、执行价格等要素组成,收益随着执行价格和市场价格而变动。而二元期权并无真实的交易对象,也没有权利转移、行使或放弃的环节,二元期权的投资者一旦购入二元期权,由交易设施自动执行。当二元期权到期时,其持有人并没有买入或卖出标的资产的权利,而只有获得之前约定的现金或者一无所获的结果。也就是说,二元期权仅以涨跌方向决定其投注的盈亏,其盈亏不与涨跌幅度挂钩,属于典型的赌博行为。

正因如此,2016 年 4 月 18 日我国证监会在其官方网站对二元期权网站平台进行过警示,指出这些网络平台交易的二元期权是从境外博彩业演变而来,性质类似于赌博,并建议广大投资人不要参与此类网络二元期权交易。国际证监会组织(IOSCO)也曾通过声明警示二元期权监管难度较大。当前,IOSCO 成员已通过 IOSCO 多边备忘录开展基于个案的跨境合作,各辖区采取的措施包括进行风险警示、禁止二元期权销售和加强相关 App 管理等。

(二) 本案不构成非法经营罪

刑法第二百二十五条规定,未经国家有关主管部门批准非法经营证券、期货业务,扰乱市场秩序,应当以非法经营罪追究刑事责任。据此,非法经营应是指没有取得从事证券、期货或者保险业务主体资格的单位或者个人非法经营证券、期货或者保险业务,或者有主体资格者非法兼营证券、期货或者保险业务等其他金融业务的行为。其客体必须是期货或者期权交易。但是,如前所述,二元期权本质上属于披着期权或短期外汇交易外衣的赌博行为,与真正的期权有根本区别,不符合非法经营罪的行为对象。因此,本案不能认定非法经营罪。

(三) 本案不构成诈骗罪

本案中,龙汇网站的二元期权交易,除了正常下载安装 MT4 市场行情接收软件之外,还需要另行下载龙汇网站自制插件,该插件的窍门在于其通过技术性手法将龙汇网站上的 K 线图与市场外汇行情断开,因而有观点认为,龙汇网站通过安装插件控制外汇走势,系利用二元期权进行诈骗,应当构成诈骗罪。

经查明,本案认定龙汇网站操纵外汇价格走势的证据不足。同案人所称网站安装的插件能够控制外汇 K 线图的情节属于猜测。根据被告人的供述,龙汇网站价格操纵的范围和幅度都有限,目的只是提高讲师带单操作的成功率,从而吸引更多会员参与赌博,不能证实价格操纵的目的是非法占有他人财产。因此，本案不构成诈骗罪。当然，如果有证据证明网站是以二元期权为名，以非法占有他人钱财为目的，后台完全控制涨跌形势，则应当认定为诈骗罪。

（四）本案构成开设赌场罪

龙汇二元期权的交易方法是下载市场行情接收软件和龙汇网站自制插件，会员选择外汇品种和时间段，点击"买涨"或"买跌"按钮完成交易，买对涨跌方向即可盈利交易金额的76%~78%，买错涨跌方向则本金即归网站（庄家）所有，盈亏结果与外汇交易品种涨跌幅度无关，实则是以未来某段时间外汇、股票等品种的价格走势为交易对象，以标的价格走势的涨跌决定交易者的财产损益，交易价格与盈亏幅度事前确定，盈亏结果与价格实际涨跌幅度不挂钩，交易者没有权利行使和转移环节，交易结果具有偶然性、投机性和射幸性。因此，龙汇二元期权的实质是创造风险供投资者进行投机，不具备规避价格风险、服务实体经济的功能，与"押大小、赌输赢"的赌博行为本质相同，实为网络平台与投资者之间的对赌。因此，龙汇网站是赌博网站，龙汇二元期权交易是披着期权外衣的赌博行为。

本案中，被告人陈某豪在龙汇公司担任中国区域市场总监，从事日常事务协调管理，维护公司与经纪人关系，参加各地说明会、培训会并宣传龙汇二元期权，发展新会员和开拓新市场，符合《最高人民法院、最高人民检察院、公安部关于办理网络赌博犯罪案件适用法律若干问题的意见》第二条规定的明知是赌博网站，而为其提供投放广告、发展会员等服务的行为，构成开设赌场罪；其非法所得已达到该意见第二条规定的"收取服务费数额在2万元以上的"5倍以上，应认定为开设赌场"情节严重"。但考虑到其犯罪事实、行为性质、在共同犯罪中的地位作用和从轻量刑情节，可对其有期徒刑刑期予以酌减。被告人陈某娟、赵某海面向社会公众招揽赌客参加赌博，属于为赌博网站担任代理并接受投注行为，且行为具有组织性、持续性、开放性，同样构成开设赌场罪，并达到"情节严重"。原判认定陈某娟、赵某海的罪名不当，二审依法改变其罪名，但根据上诉不加刑原则，维持一审对其量刑。

综上所述，随着网络时代的来临，网络赌场随之而生，如何认定网络赌场一直是刑事司法难点。与龙汇二元期权类似的网络平台往往利用法律监管空白，将服务器设置于国外，以互联网为传播媒介，以二元期权高大上的金融工具为招牌，打着"交易简单、便捷、回报快"等口号，资金规模庞大，具有一定的迷惑性。社会中大量不明真相的投资者参与其中后往往血本无归，社会危害性极大。因此，依法打击相关犯罪，对于打击赌博犯罪和防止公民陷入"投资"陷阱具有重要意义，有利于引导公众依法进行投资、保护公民合法财产权，维护正常的社会秩序。

（撰稿：江西省吉安市中级人民法院　刘凯升
审编：最高人民法院刑二庭　牛克乾）

[第1427号]

# 张某明、毛某明、张某故意损毁名胜古迹案

—— 在没有法定司法鉴定机构可以鉴定的情况下，
专家意见可否作为定罪量刑的参考

## 一、基本案情

被告人张某明，男，1973年××月××日出生。2019年12月4日被逮捕。

被告人毛某明，男，1975年××月××日出生。2019年12月4日被逮捕。

被告人张某，女，1982年××月××日出生。2019年12月30日被取保候审。

江西省上饶市人民检察院指控被告人张某明、毛某明、张某犯故意损毁名胜古迹罪，向上饶市中级人民法院提起公诉。

三被告人及其辩护人均提出：（1）三被告人没有犯罪的主观故意，对自己的行为缺乏违法性认识。《江西日报》2001年10月19日的报道误导三被告人；巨蟒峰四周无"禁止攀爬"的警示牌，因而可以攀爬。（2）三被告人构成自首，应当从轻、减轻或免除处罚。（3）四名专家未经单位指派，所出具的专家意见不具合法性；专家意见对岩钉会加速巨蟒峰岩体风化或崩解没有数据支撑，缺乏科学性；专家意见不符合检验报告的形式，不属于检验报告，不能作为本案定罪量刑的参考。（4）三被告人对巨蟒峰的损毁没有达到"严重损毁"的程度，即没有达到"情节严重"的标准，不构成故意损毁名胜古迹罪。

上饶市中级人民法院经公开审理查明：2017年4月左右，被告人张某明、毛某明、张某通过微信联系，约定前往三清山风景名胜区攀爬"巨蟒出山"岩柱体（又称巨蟒峰）。同月14日17时许，张某明、毛某明、张某入住三清山风景名胜区的女神宾馆。次日凌晨4时许，三人携带电钻、岩钉（膨胀螺栓，不锈钢材质）、铁锤、绳索等工具到达巨蟒峰底部。张某明首先攀爬，毛某明、张某在下面拉住绳索保护张某明的安全。在攀爬过程中，张某明在有危险的地方打岩钉，使用电钻在巨蟒峰岩体上钻孔，再用铁锤将岩钉打入孔内，用扳手拧紧，然后在岩钉上布绳索。张某明通过这种方式于6时49分许攀爬至巨蟒峰顶部。毛某明一直跟在张某明后面为其拉绳索做保护，并沿着张某明布好的绳索于7时许攀爬到巨蟒峰顶部。后张某明将多余的工具给毛某明，毛某明顺着绳索下降，将多余的工具带回宾馆，又返回巨蟒峰，攀爬至巨蟒峰10多米处时，被三清山管委会工作人员发现并劝下，随即被民警控制。在张某明、毛某明攀爬开始时，张某为张某明拉绳索做保护，后张某回宾馆拿无人机再返回巨蟒峰，沿着张某明布好的绳索于7时

30 分许攀爬至巨蟒峰顶部，并在顶部使用无人机进行拍摄。在工作人员劝说下，张某、张某明先后于 9 时许、9 时 40 分许下到巨蟒峰底部并被民警控制。经勘查，张某明在巨蟒峰上打入岩钉 26 个。经专家论证，三被告人的行为对巨蟒峰地质遗迹点造成了严重损毁。

上饶市中级人民法院认为，被告人张某明、毛某明、张某在巨蟒峰上钻孔打岩钉，对三清山风景名胜区中的核心景点巨蟒峰已造成严重损毁，属情节严重，其行为均已构成故意损毁名胜古迹罪。在共同犯罪中，被告人张某明首先提出攀爬巨蟒峰，实施钻孔打钉的损毁行为，系主犯；其有坦白情节，可以从轻处罚，系初犯、偶犯，有认错表现，可酌情从宽处罚。被告人毛某明在张某明攀爬过程中为其拉安全绳做保护，并帮助其拿工具，在共同犯罪中起帮助作用，系从犯，依法对其从轻处罚；其认罪悔罪，系初犯、偶犯，可酌情从宽处罚。被告人张某认罪悔罪，可酌情从宽处罚；其在张某明、毛某明攀爬的开始阶段拉安全绳做保护，在共同犯罪中起帮助作用，系从犯，但比毛某明的作用更小，犯罪情节轻微，可免予刑事处罚。综上，依照刑法第三百二十四条第二款、第二十五条第一款、第二十六条第一款和第四款、第二十七条、第三十七条、第五十二条、第六十七条第三款、第七十二条，《最高人民法院、最高人民检察院关于办理妨害文物管理等刑事案件适用法律若干问题的解释》第四条第一款、第二款第一项之规定，判决如下：

一、被告人张某明犯故意损毁名胜古迹罪，判处有期徒刑一年，并处罚金人民币十万元；

二、被告人毛某明犯故意损毁名胜古迹罪，判处有期徒刑六个月，缓刑一年，并处罚金人民币五万元；

三、被告人张某犯故意损毁名胜古迹罪，免予刑事处罚。

一审宣判后，被告人张某明提出上诉，毛某明和张某未提出上诉。张某明及其辩护人提出：（1）原判认定事实不清，证据不足，专家意见不可采信；（2）张某明的行为不可能造成巨蟒峰的损毁，张某明也没有损毁巨蟒峰的主观故意；（3）原判对张某明定罪量刑的证据不足。请求二审法院改判张某明无罪。

江西省高级人民法院经二审审理查明的事实与一审相同。

江西省高级人民法院认为，三清山风景名胜区被列入世界自然遗产、世界地质公园名录，巨蟒峰地质遗迹点是其珍贵的标志性景观和最核心的部分，既是不可再生的珍稀自然资源性资产，也是可持续利用的自然资产，具有重大科学价值、美学价值和经济价值。上诉人张某明和原审被告人毛某明、张某采用破坏性方式攀爬巨蟒峰，在巨蟒峰花岗岩柱体上钻孔打入 26 个岩钉，对巨蟒峰造成严重损毁，属情节严重，其行为已构成故意损毁名胜古迹罪。一审法院根据三被告人在共同犯罪中的地位、作用及量刑情节所判处的刑罚并无不当。张某明及其辩护人请求改判无罪等上诉意见不能成立，不予采纳。原审判决认定三被告人犯罪的事实清楚，证据确实、充分，定罪准确，量刑适当。审判程序合法。依照刑事诉讼法第二百三十六条第一款第一项的规定，裁定驳回张某明的上诉，维持原判。

## 二、主要问题

（一）对名胜古迹的损毁程度，在没有法定鉴定机构可以鉴定的情况下，专家意见可否作为定罪量刑的参考？

（二）在司法解释规定不明确的情况下，如何认定故意损毁名胜古迹罪中的"严重损毁"？

## 三、裁判理由

三清山风景区位于江西省上饶市东北部，2008年被联合国教科文组织世界遗产委员会列入《世界自然遗产名录》，成为中国第七处、江西第一处世界自然遗产；2012年在第11届世界地质公园大会上被纳入世界地质公园名录，成为全国第五处同时拥有世界自然遗产、世界地质公园、国家5A级旅游景区的国家级风景名胜区。本案发生后，因涉及法律上如何准确评判此类打钉攀岩行为的性质和对世界自然遗产的保护力度等问题，引起社会广泛关注。

刑法第三百二十四条第二款规定，故意损毁国家保护的名胜古迹，情节严重的，处五年以下有期徒刑或者拘役，并处或者单处罚金。也就是说，此类犯罪以"情节严重"作为入罪条件。对于情节严重的认定，2016年1月起施行的《最高人民法院、最高人民检察院关于办理妨害文物管理等刑事案件适用法律若干问题的解释》第四条第二款规定，故意损毁国家保护的名胜古迹，具有下列情形之一的，应当认定为刑法第三百二十四条第二款规定的"情节严重"：（1）致使名胜古迹严重损毁或者灭失的；（2）多次损毁或者损毁多处名胜古迹的；（3）其他情节严重的情形。本案中，被告人张某明等三人采用破坏性方式攀爬三清山风景名胜区核心景观、世界地质遗迹巨蟒峰并打入26个岩钉的行为，显然不属于造成名胜古迹灭失，也不属于多次损毁或者损毁多处名胜古迹的情形，故需要分析其行为是否构成"严重损毁"。对如何认定"严重损毁"，上述司法解释没有作出进一步规定，全国也没有法定的司法鉴定机构能够就此问题进行鉴定。而能否认定为"严重损毁"又是三被告人的行为是否构成犯罪的关键。本案侦查过程中，侦查机关委托四名地学专家就巨蟒峰的损毁程度出具了专家意见，一致认为构成"严重损毁"。由此，如何看待本案专家意见的证据效力，以及三被告人的行为是否构成"严重损毁"，就成为审理过程中最重要的两个问题。

（一）本案专家意见可以作为定罪量刑的参考，并可以作为检验报告予以采信

在本案审理过程中，对于专家意见是否可以采信为证据，存在不同意见。第一种意见认为，专家意见不属于法定证据种类，在"法无明文规定"的情况下，专家意见不能作为定罪量刑的根据。第二种意见认为，专家意见是具有专门知识的人提供的特殊的证人证言，可以将其纳入证人证言范畴予以采信。第三种意见认为，参照2013年5月起施行的《最高人民法院、最高人民检察院关于办理危害食品安全刑事案件适用法律若干问

题的解释》(以下简称《危害食品安全解释》)第二十一条的规定,可以将专家意见直接作为定案的参考;并且,对于专家意见中检验程序规范、论证过程充分、结论让人信服、符合检验报告形式的,可以作为检验报告予以采信。

经过深入研究,本案审理过程中采纳了第三种意见,即参照《危害食品安全解释》第二十一条,并结合本案专家意见形成过程、具体内容和形式,本案专家意见不仅可以作为定罪量刑的重要参考,而且可以作为检验报告予以采信。

第一,根据刑事诉讼法,专家意见在刑事诉讼中可以以多种证据类型出现,并作为定罪量刑的根据或者参考。刑事诉讼法规定的证据种类主要有物证,书证,证人证言,被害人陈述,犯罪嫌疑人、被告人的供述和辩解,鉴定意见,勘验、检查、辨认、侦查实验等笔录和视听资料、电子数据八类。从证据分类看,专家意见不是法定的证据种类,但刑事诉讼法及相关司法解释中多处规定了"有专门知识的人"(注:专家即"有专门知识的人",前者是俗称,后者是规范用语)可以参加刑事诉讼活动,其意见表现为相应的证据种类。例如,刑事诉讼法第一百二十八条规定,侦查人员对于与犯罪有关的场所、物品、人身、尸体应当进行勘验或者检查。在必要的时候,可以指派或者聘请具有专门知识的人,在侦查人员的主持下进行勘验、检查。在这种情形下,专家意见的证据形式是勘验、检查笔录。又如,刑事诉讼法第一百四十六条规定,为了查明案情,需要解决案件中某些专门性问题的时候,应当指派、聘请有专门知识的人进行鉴定。这里的专家意见表现为鉴定意见,专家就是鉴定人。再如,刑事诉讼法第一百九十七条第二款规定,公诉人、当事人和辩护人、诉讼代理人可以申请法庭通知有专门知识的人出庭,就鉴定人作出的鉴定意见提出意见。这里"有专门知识的人"是鉴定人之外相同领域的专家,其在法庭上的身份类似于特殊证人,其提出的意见相当于证人证言。可见,专家(有专门知识的人)根据自己的专业知识出具的意见,通过转换成相应的证据种类,可以作为证据或者定罪量刑的根据或者参考。

第二,本案中的专家意见可以作为检验报告予以采信。如前所述,专家意见可以体现为多种证据类型,包括勘验检查笔录、鉴定意见、特殊证言等。检验报告不是刑事诉讼法规定的证据种类,而是出现在2012年《最高人民法院关于适用〈中华人民共和国刑事诉讼法〉的解释》(以下简称2012年《刑事诉讼法解释》)的规定中。2012年《刑事诉讼法解释》第八十七条[①]规定:"对案件中的专门性问题需要鉴定,但没有法定司法鉴定机构,或者法律、司法解释规定可以进行检验的,可以指派、聘请有专门知识的人进行检验,检验报告可以作为定罪量刑的参考。"有的司法解释还较为明确地规定了检验报告和专家意见的证据价值。例如,《危害食品安全解释》第二十一条规定,"足以造成严重食物中毒事故或者其他严重食源性疾病""有毒、有害非食品原料"难以确定的,司法机关可以根据检验报告并结合专家意见等相关材料进行认定。必要时,人民法院可以依法通知有关专家出庭作出说明。通过上述规定可以看出,专家意见、检验报告、鉴定意见是三种密切相关但又存在区别的证据类型。检验报告和鉴定意见显然都是由专家出具,

---

[①] 该处引用的是审理案件时有效的2012年《刑事诉讼法解释》,对应2021年新发布的解释第一百条。

故而广义上都是专家意见。其中，鉴定意见是最规范、效力最高的专家意见，检验报告也是较为规范的专家意见，但其规范性和效力层级略低于鉴定意见，故而广义上都是专家意见，其中，鉴定意见是最规范、效力最高的专家意见，检验报告也是较为规范的专家意见，同样具有证据价值。

本案属于实践中极为少见的损毁自然遗迹刑事案件，目前对于自然遗迹的损毁程度无法进行鉴定。但本案中四名专家出具的《关于"4·15"三名游客攀爬三清山世界级地质遗迹点巨蟒峰损毁情况的意见》，是专家组成员经过实地勘查、证据查验、充分讨论形成的书面意见。2012年《刑事诉讼法解释》第八十七条第二款规定，对检验报告的审查与认定，参照适用关于鉴定意见的规定。结合相关规定，我们认为，本案中四名专家出具的意见已经符合检验报告的证据形式，可以作为检验报告来对待，作为定罪量刑的重要参考。① 具体理由如下。

（1）本案出具意见的四名专家均长期从事地学领域的研究，都具有地学领域的专业知识，在地学领域发表过大量论文、专著或主持过地学方面的重大科研课题，不仅属于"有专门知识的人"，且在业内具有较高声誉，具备对巨蟒峰受损情况这一地学领域专门问题进行客观、准确评价的能力。

（2）检验过程和方法符合专业规范和办案程序要求。本案四名专家出具专家意见系接受侦查机关的委托，依据自己的专业知识和现场实地勘查、证据查验，经充分讨论、分析、论证，从地质学角度对打岩钉造成巨蟒峰的损毁情况形成了专业意见，并共同签名。经法院通知，四名专家中有两名专家（张百平、尹国胜）以检验人的身份出庭，对专家意见的形成过程作了详细说明，并接受了控、辩双方及审判人员的质询。

（3）专家意见与案件待证事实直接相关，结论客观、明确。就被告人打岩钉攀爬的行为，四名专家从巨蟒峰地质遗迹点的成因、结构特点及其价值进行分析，对巨蟒峰造成的损毁程度客观描述分为三个层次：一是对巨蟒峰的基本属性（自然性、原始性、完整性）造成了永久性的破坏；二是岩钉钉入巨蟒峰花岗岩柱体会直接诱发和加重物理、化学、生物风化，形成新的裂隙，加快花岗岩柱体的侵蚀过程，甚至造成崩解；三是巨蟒峰柱体的最细处，具有多组多向节理结构面，是柱体脆弱段，打入至少4个膨胀螺栓（岩钉），加重了巨蟒峰柱体结构的脆弱性。据此得出被告人的行为对巨蟒峰造成"严重损毁"的结论，客观可信，有助于本案的事实认定。

**（二）三被告人的行为属于相关司法解释规定的对名胜古迹造成"严重损毁"的情形，构成故意损毁名胜古迹罪**

如前所述，认定三被告人的行为对巨蟒峰造成"严重损毁"，才能认定其行为属于损毁名胜古迹"情节严重"，进而构成故意损毁名胜古迹罪。根据受损自然遗迹（巨蟒峰）

---

① 此处引用的是修正前的《刑事诉讼法解释》，修正前《刑事诉讼法解释》第八十七条第一款规定，"……指派、聘请有专门知识的人进行检验，检验报告可以作为定罪量刑的参考"；修正后《刑事诉讼法解释》第一百条第一款规定，"……指派、聘请有专门知识的人就案件的专门性问题出具的报告，可以作为证据使用"，进一步承认了此类报告的证据效力。

的性质、在三清山景区的地位、被告人的行为方式等基础事实，结合前述四名专家出具的专家意见等证据，法院认为三被告人的行为已达到对巨蟒峰造成"严重损毁"的程度。

（1）巨蟒峰是世界自然遗产三清山的核心景观，具有不可替代的地位。巨蟒峰地质遗迹点不是一座普通的花岗岩山峰，而是作为世界自然遗产、世界地质公园的三清山的标志性景观，是不可再生的珍稀自然资源性资产，具有重大科学价值、美学价值和经济价值，具有珍贵性和独一无二性。它不仅受到我国国内法的严格保护，也受到我国加入的《保护世界文化和自然遗产公约》的保护。故对巨蟒峰的损毁与对其他普通花岗岩的损毁具有重要区别。认定某一行为是否属于"损毁"，不应当简单从文字表面含义出发，无须等到巨蟒峰崩解、倒塌才认定为"损毁"，而应当进行综合评判。辩护人将损毁仅理解为崩解、倒塌、捣毁、砸碎、拆除、焚烧、炸毁等情形，不符合立法本意，也不利于对名胜古迹的有效保护。

（2）三被告人的行为加速了巨蟒峰岩体的侵蚀进程，对巨蟒峰的稳定性产生了破坏。巨蟒峰是经由长期自然风化和重力崩解作用形成的巨型花岗岩体石柱，垂直高度128米，最细处直径仅7米。三被告人用电钻在巨蟒峰上钻了26个洞，并将26个岩钉打入巨蟒峰的岩体，根据四名专家出具的检验报告，该26个岩钉对巨蟒峰岩柱体造成的破坏不是局部性、节段性的，而是自下而上通体性的破坏，会直接诱发和加重物理、化学、生物风化，形成新的裂隙，加快花岗岩柱体的侵蚀进程，甚至造成崩解。尤其是在巨蟒峰岩柱体的最细处打入至少4个岩钉，加重了花岗岩柱体结构的脆弱性，这对巨蟒峰的危害格外严重。

（3）三被告人的行为已造成对巨蟒峰的永久损害，破坏了世界自然遗产的基本属性。根据出庭的两位专家的意见，该26个岩钉不能被取出，如取出，不但会造成二次损害，而且损害后果会更严重。这意味着该26个岩钉对巨蟒峰造成的损毁具有不可修复性、不可逆转性，是永久性的，已破坏了巨蟒峰作为世界自然遗产的核心景观的基本属性（自然性、原始性、完整性）。

综上所述，被告人张某明等三人采用破坏性方式攀爬三清山风景名胜区核心景观、世界地质遗迹巨蟒峰，并打入26个岩钉，致使名胜古迹严重损毁，属损毁名胜古迹情节严重，已构成故意损毁名胜古迹罪。本案对三被告人追究刑事责任，不仅是对其所实施行为的否定评价，更是警示世人不得破坏国家保护的名胜古迹，从而引导社会公众树立正确的生态文明观，珍惜和善待人类赖以生存和发展的自然资源和生态环境。人民法院综合考虑三名被告人所实施犯罪行为的性质、造成的危害、在共同犯罪中的地位作用、认罪悔罪态度等各方面因素，依法对被告人张某明判处一年有期徒刑，对被告人毛某明适用缓刑，对被告人张某免予刑事处罚，较好体现了罪责刑相适应的刑法基本原则。

（撰稿：江西省高级人民法院　王慧军　王　倩
江西省上饶市中级人民法院　郑享华
审编：最高人民法院刑五庭　马　岩）

[第 1428 号]

# 刘某江、朱某向非法收购、运输、出售珍贵、濒危野生动物案*

——法定刑以下判处刑罚案件核准过程中应如何
处理事实认定和法律适用中的瑕疵

## 一、基本案情

被告人刘某江，男，1989 年××月××日出生。2017 年 3 月 27 日被逮捕，2020 年 3 月 13 日被取保候审。

被告人朱某向，男，1980 年××月××日出生。2017 年 8 月 17 日被逮捕，2020 年 8 月 9 日被取保候审。

云南省昭通市昭阳区人民检察院指控被告人刘某江犯非法收购、运输珍贵、濒危野生动物罪，被告人朱某向犯非法猎捕、出售珍贵、濒危野生动物罪，向昭通市昭阳区人民法院提起公诉。

被告人刘某江对指控事实无异议，但提出其向被告人朱某向购买时不知道白腹锦鸡是保护动物，希望对其从轻处罚。其辩护人提出：（1）认定刘某江明知白腹锦鸡是保护动物的证据不足。刘某江文化水平有限；公安机关记录不全面，可能造成刘某江的意思未表达清楚。（2）刘某江和被告人朱某向的动机是为了饲养繁殖。（3）本案中朱某向有捡拾白腹锦鸡蛋孵化和饲养白腹锦鸡幼仔的行为，与其他非法猎捕行为有所不同。

被告人朱某向对指控事实无异议，希望对其从轻处罚。

昭通市昭阳区人民法院经审理查明：2016 年 6 月，被告人朱某向在云南省鲁甸县乐红乡新林村附近放牧时捡到 4 个野鸡蛋，带回家孵化出 3 只野鸡后喂养。2016 年 7 月，朱某向在同一地点放牧时又发现 5 只野鸡幼仔，捕捉后带回家中喂养。2017 年 1 月，朱某向在鲁甸县乐红乡某砂石厂与在该厂开挖掘机的被告人刘某江相识，二人达成交易 8 只野鸡的约定。同年 1 月 21 日，朱某向以人民币 800 元（以下未标明币种均为人民币）的价格将 8 只野鸡出售给刘某江。刘某江于当天带往云南省大关县自己家中准备喂养繁殖，途中，在昭通市客运枢纽站过安检时被保安人员查获。刘某江在保安人员对其控制的过程中趁机逃脱，其间导致 4 只野鸡死亡。经鉴定，涉案的 8 只野鸡均为国家二级保护野生动

---

\* 本案判决在刑法修正案（十一）之前，适用之前的刑法规定。对应刑法修正后的危害珍贵、濒危野生动物罪。

物白腹锦鸡。

昭通市昭阳区人民法院认为，被告人刘某江明知白腹锦鸡是国家重点保护的珍贵、濒危野生动物而非法收购、运输的行为，已构成非法收购、运输珍贵、濒危野生动物罪；被告人朱某向明知白腹锦鸡是国家重点保护的珍贵、濒危野生动物而非法猎捕、出售，其行为已构成非法猎捕、出售珍贵、濒危野生动物罪。二被告人非法猎捕、买卖国家二级野生动物8只，情节特别严重。鉴于二被告人均系初犯，且认罪态度好，有悔罪表现，存活的4只白腹锦鸡已放归自然，为体现宽严相济的刑事政策精神，可对二被告人从轻处罚，以非法收购、运输珍贵、濒危野生动物罪，判处被告人刘某江有期徒刑十年，并处罚金一万元；以非法猎捕、出售珍贵、濒危野生动物罪，判处被告人朱某向有期徒刑十年，并处罚金一万元。

一审宣判后，被告人刘某江、朱某向均提出上诉。

昭通市中级人民法院经审理认为，原审判决认定事实清楚，被告人刘某江、朱某向的行为已分别构成非法收购、运输珍贵、濒危动物罪和非法猎捕、出售珍贵、濒危野生动物罪。本案涉案的白腹锦鸡为8只，情节特别严重，原判对二人分别判处十年有期徒刑，各并处罚金一万元，虽属于在法定幅度内量刑，但是与其他类似案件相比量刑明显畸重。二被告人虽然没有法定减轻处罚情节，但是认罪态度较好；二被告人文化程度低，在犯罪过程中并不明确涉案动物的具体物种以及属于国家二级保护动物；没有发现二被告人以此为业，也没有此类犯罪的前科劣迹；朱某向在猎捕白腹锦鸡后一直喂养，刘某江购买白腹锦鸡的目的也是喂养，二人没有杀害的行为和目的；朱某向家庭困难，家中有四个子女均未成年且尚在读书。综上所述，昭通市中级人民法院以非法收购、运输珍贵、濒危野生动物罪，在法定刑以下改判被告人刘某江有期徒刑五年，并处罚金五千元；以非法猎捕、出售珍贵、濒危野生动物罪，在法定刑以下改判被告人朱某向有期徒刑五年，并处罚金五千元。

云南省高级人民法院经复核认为，第一审、第二审判决对被告人朱某向非法猎捕白腹锦鸡的数量认定不清。朱某向非法出售和被告人刘某江非法收购、运输的白腹锦鸡数量均为8只并无争议，但朱某向供称其出售的8只白腹锦鸡中有3只是捡拾白腹锦鸡蛋后孵化而来，该3只白腹锦鸡是否应认定为非法猎捕，应予明确。昭通市中级人民法院对二被告人在法定刑以下均改判有期徒刑五年，各并处罚金五千元的量刑仍过重。综上所述，云南省高级人民法院依法裁定撤销昭通市中级人民法院二审判决，发回昭通市中级人民法院重新审判。

昭通市中级人民法院经重新审理认为，关于被告人朱某向非法猎捕白腹锦鸡的数量认定问题，现有法律没有明确规定用捡拾的蛋孵化出的白腹锦鸡能否计入非法猎捕的数量，但是野生动物保护法第二条第三款明确规定，野生动物及其制品，是指野生动物的整体（含卵、蛋）、部分及其衍生物，故被告人朱某向非法捡拾并孵化出白腹锦鸡的3颗蛋的行为应认定为非法猎捕野生动物，加上其随后猎捕的5只白腹锦鸡幼仔，朱某向非法猎捕的白腹锦鸡数量应认定为8只。关于量刑，本案中涉及的白腹锦鸡为8只，属情节特别严重，但根据本案的事实，二被告人文化程度低，均属边远山区的农民，在犯罪过程中只知道白腹锦鸡是野生动物，并不明知具体物种以及属于国家二级保护动物；二被告人均系初犯、偶犯，并没有杀害白腹锦鸡的行为和目的，主观恶性相对较小，归案后如实供述犯罪事实，认罪态度较好，在法定的起刑点判处仍然畸重。综上，可对二被告人在法定刑以下处罚。以非法收购、运输珍贵、濒危野生动物罪，在法定刑以下改判被告人刘某江有期徒刑三年，并处罚金三千元；以非法猎捕、出售珍贵、濒危野生动物罪，在法定刑以下改判被告人朱某向有期徒刑三年，并处罚金三千元。

云南省高级人民法院经复核，同意昭通市中级人民法院的刑事判决，并依法报请最高人民法院核准。

最高人民法院认为，被告人刘某江非法收购、运输国家二级保护野生动物白腹锦鸡8只，其行为构成非法收购、运输珍贵、濒危野生动物罪；被告人朱某向非法猎捕白腹锦鸡5只，其行为构成非法猎捕珍贵、濒危野生动物罪，非法出售8只，其行为又构成非法出售珍贵、濒危野生动物罪。朱某向犯数罪，鉴于其非法猎捕和出售的白腹锦鸡系同一犯罪对象，且非法出售行为对应的量刑幅度重于非法猎捕行为对应的量刑幅度，可以非法出售珍贵、濒危野生动物罪一罪处理。昭通市昭阳区人民法院和昭通市中级人民法院关于被告人朱某向构成非法猎捕、出售珍贵、濒危野生动物罪的刑事判决系罪名适用错误，依法应予纠正。刘某江、朱某向犯罪情节特别严重，所对应的量刑幅度均为十年以上有期徒刑，鉴于二被告人均无杀害或者食用珍贵、濒危野生动物的行为，且为边远山区的农民，文化水平较低，归案后均认罪悔罪，综合全案因素，对二被告人均可在五年以下有期徒刑的量刑幅度内判处刑罚。昭通市中级人民法院判决认定的事实清楚，证据确实、充分，对被告人刘某江的定罪准确，对被告人朱某向的罪名适用错误，对二被告人的量刑均适当，审判程序合法。依照刑法第六十三条第二款和《最高人民法院关于适用〈中华人民共和国刑事诉讼法〉的解释》第三百三十八条①之规定，裁定核准昭通市中级人民法院以被告人刘某江犯非法收购、运输珍贵、濒危野生动物罪，在法定刑以下判处有期徒刑三年，并处罚金三千元的刑事判决；认定被告人朱某向犯非法出售珍贵、濒危野生动物罪，并依法核准昭通市中级人民法院在法定刑以下判处被告人朱某向有期徒刑三年，并处罚金三千元的刑事判决。

## 二、主要问题

（一）修订的野生动物保护法生效前捡拾珍贵、濒危野生动物卵、蛋的行为应当如何定性？

（二）刑法第三百四十一条第一款罪名应当如何适用？

（三）法定刑以下量刑案件中，对于事实认定和罪名适用方面的瑕疵应当如何处理？

---

① 最高人民法院于2020年12月7日对法释〔2012〕21号解释进行了修订，对应的条文调整为第四百一十七条，内容不变。本文为方便表述，如无特别注明，引用的均为法释〔2012〕21号解释的条文。

### 三、裁判理由

**（一）修订的野生动物保护法生效前捡拾珍贵、濒危野生动物卵、蛋的行为不宜认定为非法猎捕珍贵、濒危野生动物罪**

2016年修订并于2017年1月1日实施的野生动物保护法第二条第三款规定，野生动物及其制品，是指野生动物的整体（含卵、蛋）、部分及其衍生物，对野生动物及其卵、蛋实行同等保护，同时，明确将野生动物制品定义为衍生物，因此，野生动物的卵、蛋应当认定为野生动物。但是，根据法不溯及既往的原则，2017年1月1日生效的野生动物保护法对其实施之前的行为不发生法律效力，即发生在2017年1月1日之前的非法捡拾珍贵、濒危野生动物卵、蛋的行为，不宜认定为非法猎捕珍贵、濒危野生动物罪。

本案中，根据被告人朱某向的供述，其捡拾白腹锦鸡蛋的行为发生在2016年农历五月，本案案发时间为2017年1月21日；同时根据现场查获的白腹锦鸡照片显示，案发后被扣押的白腹锦鸡均为成年体，按白腹锦鸡的正常繁育时间推算，距离孵化时间已超过21天。综合判断，朱某向捡拾白腹锦鸡蛋的时间应当发生在2017年1月1日之前，故朱某向捡拾的3只白腹锦鸡蛋不应认定为珍贵、濒危野生动物。故朱某向非法猎捕的白腹锦鸡数量应为5只而非8只。

**（二）刑法第三百四十一条第一款罪名应当严格依法适用**

根据《最高人民法院关于执行〈中华人民共和国刑法〉确定罪名的规定》（法释〔1997〕9号）的规定，刑法第三百四十一条第一款包括两个罪名，分别为非法猎捕、杀害珍贵、濒危野生动物罪和非法收购、运输、出售珍贵、濒危野生动物、珍贵、濒危野生动物制品罪，并不存在非法猎捕、出售珍贵、濒危野生动物罪这个罪名。因而云南三级法院认定被告人朱某向犯非法猎捕、出售珍贵、濒危野生动物罪系罪名适用错误。

对于同时具有猎捕、杀害和收购、运输、出售行为，且对象为同一批野生动物的，我们认为，一般不实行数罪并罚。如本案中，被告人朱某向非法猎捕国家二级保护野生动物白腹锦鸡5只，又非法出售白腹锦鸡8只（包括猎捕的5只），虽然形式上其行为同时构成非法猎捕珍贵、濒危野生动物罪和非法出售珍贵濒危、野生动物罪，但实质上属于选择性罪名中的同质数罪，这与刑法第六十九条规定的数罪并罚中的数罪不同。被告人的猎捕和出售行为存在相互交织的关系，且属于同一法条内的罪名选择、排列问题，故在处理中可以在法定刑幅度内从一重处罚，不实行数罪并罚。具体到本案，朱某向非法出售的白腹锦鸡多于非法猎捕的数量，根据《最高人民法院关于审理破坏野生动物资源刑事案件具体应用法律若干问题的解释》（法释〔2000〕37号），朱某向非法出售的行为属于"情节特别严重"，非法猎捕的行为属于"情节严重"。对朱某向可以非法出售珍贵、濒危野生动物罪定罪处罚。[①]

---

[①] 根据刑法修正案（十一），此种情形应当认定危害珍贵、濒危野生动物罪一罪，本文论述的理由符合刑法修正的精神。

（三）最高人民法院在法定刑以下量刑案件的核准过程中，对量刑适当但个别事实认定和罪名适用方面存在瑕疵的，可以在核准案件的同时在裁定书中依法纠正相关瑕疵

云南三级法院对被告人刘某江的定罪准确，量刑适当；认定被告人朱某向非法猎捕 8 只白腹锦鸡系事实认定错误，认定朱某向犯非法猎捕、出售珍贵、濒危野生动物罪系法律适用错误，但对其量刑适当。对于此种情形如何处理，刑事诉讼法及司法解释均未作明文规定。但《最高人民法院关于适用〈中华人民共和国刑事诉讼法〉的解释》（法释〔2012〕21 号）对于死刑复核程序中相关问题明确规定，原判认定的某一具体事实或者引用法律条款等存在瑕疵，但判处被告人死刑并无不当的，可以在纠正后作出核准的判决、裁定，① 考虑法定刑以下核准与死刑复核在程序设置方面有很多相似之处，且死刑复核程序的规定较法定刑以下核准程序更为严格规范，故部分问题可以参考适用。本案中，被告人刘某江和朱某向的量刑均适当，如将本案发回重审，既浪费司法资源，也会造成被告人的讼累。故最高人民法院在同意原审判决对被告人量刑的情况下，在裁定书中纠正前述事实认定和罪名适用方面的瑕疵。

（撰稿：最高人民法院刑二庭　郭　慧　高　利
审编：最高人民法院刑二庭　于同志）

---

① 此处引用的是 2012 年解释第三百三十五条第二项，对应 2021 年解释第四百二十九条第二项。

[第1429号]

# 钟某福等非法采伐国家重点保护植物案*

——人工种植列入《国家重点保护野生植物名录》的
树种是否属于国家重点保护植物

## 一、基本案情

被告人钟某福，男，1962年××月××日出生。2011年7月19日被逮捕。

被告人吕某兴，男，1954年××月××日出生。2012年2月17日被逮捕。

广东省韶关市浈江区人民检察院指控被告人钟某福、吕某兴犯非法采伐国家重点保护植物罪，向韶关市浈江区人民法院提起公诉。

被告人钟某福否认犯罪，认为其采伐樟树办理了采伐证，且涉案的樟树不属于非法采伐国家重点保护植物罪的保护对象。其辩护人提出，钟某福的行为不构成非法采伐国家重点保护植物罪。

被告人吕某兴提出自己只是借钱给钟某福，没有与钟某福合伙，也没有参与采挖两棵樟树，不构成犯罪。

韶关市浈江区人民法院经审理查明：2011年3月，被告人钟某福、吕某兴在位于广东省韶关市曲江区马坝镇水文村委会大文山村的伐区内采伐木材。同年四五月，钟某福在没有办理采挖、移植樟树许可证的情况下，与吕某兴一起雇请民工采挖了伐区内的樟树2棵，并将其出售。经鉴定，被采挖的2棵樟树为国家Ⅱ级重点保护植物香樟。

韶关市浈江区人民法院认为，被告人钟某福、吕某兴违反国家森林法规，结伙非法采伐国家重点保护的香樟树木2株，其行为已构成非法采伐国家重点保护植物罪，且情节严重。对被告人的辩解及辩护人的意见，经查，有资质的鉴定部门出具鉴定结论证明涉案树种为"香樟"，相关部门开出的《采伐许可证》《木材运输证》上均注明树种为"杂木"，而不包括涉案的"香樟"，故二被告人辩解不成立，不予采纳。依照刑法第三百四十四条、第二十五条第一款、第五十二条、第五十三条和《最高人民法院关于审理破坏森林资源刑事案件具体应用法律若干问题的解释》第二条第一项的规定，判决如下：

---

* 《最高人民法院、最高人民检察院关于执行〈中华人民共和国刑法〉确定罪名的补充规定（七）》将刑法第三百四十四条的罪名调整为"危害国家重点保护植物罪"，取消原罪名"非法采伐、毁坏国家重点保护植物罪"和"非法收购、运输、加工、出售国家重点保护植物、国家重点保护植物制品罪"。

一、被告人钟某福犯非法采伐国家重点保护植物罪，判处有期徒刑三年，并处罚金人民币一万五千元；

二、被告人吕某兴犯非法采伐国家重点保护植物罪，判处有期徒刑三年，并处罚金人民币一万五千元。

宣判后，钟某福、吕某兴上诉提出，原判认定事实不清、适用法律错误。

韶关市中级人民法院经二审认定的事实、证据与一审相同。

韶关市中级人民法院认为，原判认定钟某福、吕某兴非法采挖2棵香樟的事实，有被告人的供述、证人张某明、何某仁、何某增等人证言，韶关市公安局森林分局查获的从香樟上锯下来的枝桠材及鉴定意见等证据证实，足以认定。钟某福所办的《采伐许可证》注明采伐期限是2011年3月9日至3月30日，采伐树种是"杂木"。钟某福明知香樟属国家重点保护的树木，必须另办手续方可移植和采伐，但其仍超出《采伐许可证》规定的期限和采伐树种非法移植和采伐，其行为应受到刑罚处罚。原审判决认定事实清楚，证据确实、充分，定性准确，量刑适当，审判程序合法。裁定驳回上诉，维持原判。

宣判后，钟某福不服，以涉案樟树是限期必须砍伐移植的树木，不属于非法采伐国家重点保护植物罪所保护的对象，以及其所持《采伐许可证》所记载的采伐树种"杂木"包括涉案的樟树为由，先后向韶关市中级人民法院和广东省高级人民法院提出申诉。

韶关市中级人民法院经审查认为，根据1999年9月9日原国家林业局、农业部令（第4号）公告的国务院于1999年8月4日批准的《国家重点保护野生植物名录（第一批）》，香樟为国家Ⅱ级重点保护植物，而钟某福所办的《采伐许可证》记载采伐树种为"杂木"，不是"香樟"。虽然涉案香樟位于高速公路施工范围，但从韶关市曲江区林业局出具的证明看，其采伐涉案香樟没有办理任何手续，属超出采伐许可证规定树种的非法移植和采伐行为，应受到刑罚处罚。原审判决、裁定并无不当，通知予以驳回。

广东省高级人民法院经审查认为，钟某福的申诉符合刑事诉讼法第二百四十二条①规定应予重新审判的情形，决定提审本案。

广东省高级人民法院再审开庭审理中，钟某福当庭提交出售涉案樟树的村民小组出具的《证明》，证实涉案樟树是该村民小组村民自己种植的。

广东省人民检察院出庭检察员认为，原判认定事实不清，适用法律错误，应当改判钟某福、吕某兴无罪。

广东省高级人民法院经再审查明：2011年3月6日，原审被告人钟某福与吕某兴合伙以钟某福名义与韶关市曲江区马坝镇水文村委会文山村民小组签订合同，约定由钟某福按广乐高速公路施工单位确定的时间砍伐、移植工程建设征用该村小组背后山岭指定范围内的树木，自行办理运输放行等相关手续。同月9日，钟某福向广东省林业局申领了(2011)采字第0016号《广东省商品林采伐许可证》，标注采伐林种为"一般用材林"、

---

① 此处引用的是修正前的刑事诉讼法，对应2018年修正的刑事诉讼法的第二百五十三条。

树种为"杂树",采伐类型为"主伐"、方式为"皆伐",采伐期限为 2011 年 3 月 9 日至 3 月 30 日。此外,还标注了伐区设计人员、采伐蓄积和木材产量等事项,并备注"广乐高速公路建设征用"。2011 年 3 月,钟某福、吕某兴雇请工人对伐区内树木进行采伐,马坝镇林业工作站派出工作人员到场检尺,并开具办理《木材运输证》等放行手续所需要的证明材料。伐区内有 3 棵樟树,1 棵被广乐高速公路施工队推倒,2 棵被钟某福卖给湖南省醴陵市做花木苗圃的郭某明进行移植。2011 年 5 月 26 日,钟某福从伐区往外运输木材和樟树枝桠时被韶关市公安局森林分局查获。

另查明:韶关市林业局林业工程师张某旺、助理工程师杨某受办案机关委托,分别于 2011 年 5 月 31 日和 2012 年 5 月 21 日出具《鉴定报告书》和《鉴定书》,《鉴定报告书》对涉案樟树的树种和材积、蓄积量作了鉴定,《鉴定书》对涉案樟树的总活立木蓄积量作了鉴定,均直接称涉案樟树为国家Ⅱ级重点保护植物,没有明确认定依据和方法。出售涉案香樟的文山村小组证实,伐区内的香樟是人工种植的。

广东省高级人民法院认为,本案没有确实充分的证据证明原审被告人钟某福、吕某兴采伐的涉案香樟属于国家重点保护植物,也没有确实充分的证据证明其故意逃避国家监管、没有办理《采伐许可证》或超出批准许可的范围、期限和方法非法采伐涉案香樟,根据"疑罪从无"的刑事司法原则,二人的行为不构成犯罪。原审判决、裁定认定的事实不清、证据不足,适用法律错误,应予撤销。原审被告人及其辩护人、广东省人民检察院提出的应当改判钟某福、吕某兴无罪的意见具有事实和法律依据,予以采纳。依据刑事诉讼法第二百四十五条①和《最高人民法院关于适用〈中华人民共和国刑事诉讼法〉的解释》第三百八十九条第二款②的规定,判决如下:

一、撤销韶关市中级人民法院(2012)韶刑一终字第 92 号刑事裁定和韶关市浈江区人民法院(2012)韶浈法刑初字第 123 号刑事判决;

二、原审被告人钟某福、吕某兴无罪。

## 二、主要问题

人工种植列入《国家重点保护野生植物名录》的树种,是否属于国家重点保护植物?

## 三、裁判理由

本案在审理过程中,对涉案香樟是否为国家重点保护植物存在两种意见。

第一种意见认为,根据国务院批准的《国家重点保护野生植物名录(第一批)》的规定,香樟被列为国家Ⅱ级重点保护树种。从刑法第三百四十四条的文义、立法本义以及《野生植物保护条例》的立法目看,香樟无论是否为野生的,均应属于国家重点保护植物。被告人钟某福、吕某兴采伐香樟的行为,均已构成非法采伐国家重点保护植物罪。

---

① 此处引用的是修正前的刑事诉讼法,对应 2018 年修正的刑事诉讼法的第二百五十六条。
② 此处引用的是 2012 年的解释,对应 2021 年发布的解释第四百七十二条第二款。

第二种意见认为，根据刑法和相关司法解释的规定，香樟除了属于具有重大历史纪念意义、科学研究价值或者年代久远的古树名木外，只有野生的才属于国家重点保护植物。被告人钟某福、吕某兴采伐香樟的行为不构成犯罪。

我们同意第二种意见，具体分析如下。

（一）从文义看，涉案香樟不属于"珍贵树木"

根据刑法第三百四十四条的规定，非法采伐国家重点保护植物罪的对象限于珍贵树木或者国家重点保护的其他植物。根据《最高人民法院关于审理破坏森林资源刑事案件具体应用法律若干问题的解释》第一条以及《最高人民检察院、公安部关于公安机关管辖的刑事案件立案追诉标准的规定（一）》第七十条的规定，国家重点保护的"珍贵树木"包括由省级以上林业主管部门或者其他部门确定的具有重大历史纪念意义、科学研究价值或者年代久远的古树名木，国家禁止、限制出口的珍贵树木以及列入《国家重点保护野生植物名录》的树木。具体可划分为三类：第一类是古树名木。由省级以上林业主管部门或者其他部门根据树木的历史纪念意义、科学研究价值或者年代鉴定确认、建档挂牌保护。第二类是国家禁止、限制出口的珍贵树木。我国目前尚未出台具体名录，但一般包括列入《国家重点保护野生植物名录》《国家珍贵树种名录》和我国参加的限制进出口的《濒危野生动植物种国际贸易公约》附录一、二所列树种以及国家主管部门确定的未定名或者新发现并有重要价值的野生树木。以上名录、附录存在重叠、交叉现象，应取之最大范围。第三类单指列入《国家重点保护野生植物名录》的树木。对于第一类，在文义上没有限制为野生树木，故可解释为古树名木无论是野生的还是人工种植的，均属于国家重点保护的树木。对于第二类，范围比较繁杂，从文义上并没有全部限定为野生的珍贵树木，故部分人工种植的珍贵树木如列入《国家珍贵树种名录》，也属于国家重点保护植物。对于第三类列入《国家重点保护野生植物名录》的树木，属于《野生植物保护条例》规制的对象，根据该条例第二条第二款的规定，野生植物是指野生的，即原生地天然生长的珍贵树木和具有重要经济、科学研究、文化价值的濒危、稀有植物。人工种植列入《国家重点保护野生植物名录》的树种，除属于第一类与第二类的珍贵树木，其他均不属于国家重点保护植物。涉案香樟与以上三类树木均不符，不属于刑法所保护的"珍贵树木"。

（二）从立法目的看，涉案香樟不属重点保护植物

刑法第三百四十四条将非法采伐、毁坏、收购、运输、加工、出售国家重点保护植物、国家重点保护植物制品的行为规定为犯罪，目的是保护我国的环境资源不受破坏。该类犯罪作为法定犯、行政犯，其内涵和外延取决于行政法的规定。具体来说，主要是指《野生植物保护条例》的规定。该条例第一条规定立法目的是"为了保护、发展和合理利用野生植物资源，保护生物多样性，维护生态平衡"，第二条第二款规定该条例所保护的野生植物"是指原生地天然生长的珍贵植物和原生地天然生长并具有重要经济、科

学研究、文化价值的濒危、稀有植物",第九条规定"国家保护野生植物及其生长环境。禁止任何单位和个人非法采集野生植物或者破坏其生长环境"。以上规定说明：第一，立法不仅要保护国家重点保护植物，还要发展和合理利用国家重点保护植物，以实现维护生物多样性和生态平衡这一更高级别的保护目标。若将人工种植列入《国家重点保护野生植物名录》的树种，都纳入国家重点保护植物的范围并予以犯罪化处理，将不利于调动开发利用和经营管理野生植物资源的单位和个人积极性，从而不利于对国家重点保护植物更高层级保护目标的实现。第二，立法确定国家重点保护植物的依据不仅是原生地天然生长植物的珍贵性，还包括原生地天然生长并具有重要经济、科学、文化价值植物的濒危性、稀有性。第三，立法不仅要保护国家重点植物，还要保护其生长环境。相同的树种，在不同的环境下往往具有不同的价值。人工种植《国家重点保护野生植物名录》的树种，并不能等同于原生地天然生长的国家重点保护植物。因此，除了特别规定外，一般人工种植的树种不应属于《野生植物保护条例》的保护对象。涉案香樟不在特别规定的树种之列，故不属于刑法的保护对象。

（三）从行政法规看，涉案香樟属一般树木管理范围

《国家林业局关于人工培育的珍贵树木采伐管理有关问题的复函》（林策发〔2013〕207号）第二条规定："除古树名木外，列入国家重点保护野生植物名录、但属于人工培育的树木，可按照一般树木进行采伐利用管理。"在审理此案过程中，广东省高级人民法院再审合议庭曾向广东省林业厅咨询人工种植香樟应否办理《国家重点保护植物采集证》这一问题，他们的答复是：广东省鼓励人工大量种植香樟，各地已按普通用材林管理要求申办《采伐许可证》，不需要按国家重点保护植物的管理要求向省林业厅申办《国家重点保护植物采集证》和《采伐许可证》。刑法是行政法的保障法，在行政执法没有将人工种植《国家重点保护野生植物名录》的树种纳入国家重点保护植物管理的情况下，刑事司法将其纳入犯罪对象有违刑法的谦抑性。

本案中，韶关市林业局林业工程师张某旺、助理工程师杨某出具的《鉴定报告书》对涉案樟树的树种和材积、蓄积量作了鉴定，《鉴定书》对涉案樟树的总活立木蓄积量作了鉴定，均直接称涉案樟树为国家Ⅱ级重点保护植物，但没有明确认定和依据和方法。经再审合议庭咨询专业人员和查阅有关文件查明，列入国家重点保护的古树名木应由有关行政主管部门作出鉴定后予以挂牌公示，而涉案香樟并没有被确定为古树名木；原国家林业部于1992年10月8日公布的《国家珍贵树种名录》也没有将香樟列入其中；国务院于1999年8月4日批准的《国家重点保护野生植物名录（第一批）》中虽列有香樟，但依据《野生植物保护条例》第二条的规定，列入国家重点保护植物的香樟应限于野生即原生地天然生长的香樟。关于涉案香樟的来历，文山村小组证实伐区内的香樟是人工种植的。虽然文山村民小组组长林某威、水文村委会支部书记何某强不能提供证实涉案香樟为人工种植的确切证据，但出具《鉴定报告书》的张某旺、杨某亦不能提供认定涉案香樟为野生香樟的确切证据，故涉案香樟是否为野生香樟这一事实存疑。原判所依的

《鉴定报告书》对涉案香樟在既不属于挂牌保护的古树名木和《国家珍贵树种名录》所列树种,也没有对其是否属于野生香樟进行调查核实并排除人工种植可能的情况下,认定其为国家Ⅱ级重点保护的植物依据不足。

综上所述,广东省高级人民法院再审根据查明的事实,依据证据裁判、"疑罪从无"等原则,判决原审被告人钟某福、吕某兴的行为不构成非法采伐国家重点保护植物罪。

(撰稿:最高人民法院刑五庭　范冬明
　　　广东省高级人民法院　魏　海
审编:最高人民法院刑五庭　马　岩)

[第 1430 号]

# 吴某文贪污案

## ——高校科研经费贪污案件的司法认定

### 一、基本案情

被告人吴某文，男，1960 年××月××日出生，原浙江海洋大学党委副书记、校长。2017 年 8 月 17 日被逮捕。

被告人徐某英，女，1962 年××月××日出生，原浙江海洋大学教师，浙江大海洋科技有限公司法定代表人、董事长。2017 年 7 月 25 日被逮捕。

浙江省绍兴市人民检察院指控被告人吴某文、徐某英犯贪污罪，向绍兴市中级人民法院提起公诉，绍兴市中级人民法院遵照浙江省高级人民法院指定管辖决定予以立案受理。

被告人吴某文对指控其通过虚开发票、虚列开支等手段套取科研教育经费 581 万余元的事实无异议，对其中归其个人使用的 66.2 万元构成贪污罪无异议，但辩解认为套取的其余 515 万余元不构成贪污罪，理由包括：（1）浙江大海洋科技有限公司（以下简称大海洋公司）设立是为了给浙江海洋大学（以下简称海洋大学）提供科研平台及筹集经费，其套取科研教育经费进入大海洋公司、浙江裕洋水产有限公司（以下简称裕洋公司）是为了实施海洋大学的科研项目；（2）大海洋公司改制后仍然是学校的科研平台，东极基地、综合实验大楼、苍南基地均无偿提供给学校用于实施科研项目；（3）大海洋公司、裕洋公司作为学校科研平台，在各方面反哺学校，包括免费接待学生实习、为海洋大学科研项目免费提供大黄鱼样本等。因此，其套取后进入大海洋公司、裕洋公司的涉案款项均用于科研项目，主观上对该 515 万余元不具有非法占有的故意，不构成贪污罪。

被告人吴某文的辩护人认同吴某文不构成贪污罪的辩解及理由，还提出以下辩护意见：（1）现有证据不足以认定吴某文对套取的全部 581 万余元具有非法占有目的。由于吴某文及其实际控制的大海洋公司、裕洋公司与学校存在长期的科研合作关系，吴某文及上述公司为学校的相关科研项目支付了大量经费，吴某文的虚开套取行为在主观上是为了挽回自己的支出，而没有非法侵吞学校科研教育经费的故意；（2）不能将套取行为等同于贪污行为，应当全面审计大海洋公司与学校的资金往来情况，以查明吴某文套取的经费有无超出科研项目经费和实际用途。综上所述，本案事实不清、证据不足，吴某文不构成贪污罪。

被告人徐某英及其辩护人对指控的事实和罪名均无异议。

绍兴市中级人民法院审理查明：

浙江海洋学院（以下简称海洋学院）系国有事业单位，2016年3月更名为浙江海洋大学。被告人吴某文自2005年8月开始担任海洋学院副院长、2012年6月开始担任海洋学院院长、2016年5月至2017年5月担任海洋大学校长。吴某文于2010年起协助海洋学院院长分管学科建设、研究生教育、科研工作等，分管科研处、研究生处等；自2011年起至案发，主持海洋学院行政全面工作，负责计划财务、审计工作，分管发展规划处、计划财务处、审计处等。被告人徐某英于2013年7月起被聘为海洋学院教师。

大海洋公司由海洋学院于2001年10月发起设立，注册资金1000万元，其中海洋学院及其下属浙江海洋水产研究所占股38%，其余股份由被告人吴某文等人所有。此后，大海洋公司股东几经变更，注册资本亦减为500万元。至2008年，除前述国有单位共持有38%股份和公司出纳顾某持有约1%股份外，大海洋公司其余股份均为吴某文实际所有。2012年4月，国有资本退出大海洋公司，所持有的38%股份挂牌出让，被吴某文以蒋某平的名义出面拍得。至此，大海洋公司99%的股份为吴某文实际所有，成为吴某文个人实际控制的私营企业。之后，吴某文为激励员工，将其一部分股份无偿分配给被告人徐某英等人，为合作养殖大黄鱼将9%的股份出让给台州市大陈岛养殖有限公司（以下简称大陈岛公司）总经理俞某，但仍由他人为其代持公司58.5%以上股份，并控制、支配大海洋公司。徐某英于2008年4月至2013年5月任大海洋公司总经理，2012年11月起任大海洋公司法定代表人、董事长。

2010年9月至2016年12月，被告人吴某文利用担任海洋学院副院长和院长、海洋大学校长，以及相关科研项目负责人、研究生平台负责人、研究生导师、学科建设负责人的职务便利，单独或指使被告人徐某英等人，以实施学校科研项目为名，通过故意扩大科研教育等经费预算和虚列支出、虚开发票等手段，从学校上述经费中套取款项，部分用于吴某文个人日常开支、归还个人借款，部分用于大海洋公司的日常运转和经营活动。吴某文从学校套取的款项共计5816745.68元，徐某英参与套取2818714.25元。

案发后，被告人吴某文家属退出赃款66.2万元，吴某文有检举揭发他人违纪违法的行为；被告人徐某英被调查后，如实供述办案机关尚未掌握的贪污犯罪事实，还检举揭发他人违法犯罪行为。

绍兴市中级人民法院认为，被告人吴某文身为国家工作人员，利用在国有事业单位中从事公务的职务便利，单独或伙同他人非法占有公共财物，数额特别巨大；被告人徐某英明知吴某文利用职务便利非法占有公共财物仍予以配合，参与非法占有公共财物，数额巨大。吴某文、徐某英的行为均已构成贪污罪。吴某文有立功、退赃等情节。徐某英有从犯、自首、立功等情节。依照刑法第三百八十二条第一款，第三百八十三条第一款第二项和第三项、第二款，第二十五条第一款，第二十六条第一款，第二十七条，第六十七条第一款与第二款，第六十八条，第七十二条第一款与第三款，第六十四条，以及《最高人民法院、最高人民检察院关于办理贪污贿赂刑事案件适用法律若干问题的解释》第二条第一款、第三条第一款、第十九条第一款，《最高人民法院关于处理自首和立功具体应用法律若干问题的解释》第二条、第五条之规定,以贪污罪判处被告人吴某文有期徒刑九年,并处罚金人民币五十万元;判处被告人徐某英有期徒刑二年六个月,缓刑三年,并处罚金人民币十万元;扣押在浙江省监察委员会的赃款人民币66.2万元,予以追缴,返还浙江海洋大学,继续追缴其余违法所得,返还浙江海洋大学,追缴不足的,责令退赔。

一审宣判后,被告人吴某文以其没有非法占有目的、涉案经费被实际用于科研等为由提出上诉。

浙江省高级人民法院审理认为,原审判决认定事实清楚,证据确实、充分。定罪准确,量刑适当,审判程序合法。上诉人吴某文的上诉理由及辩护人的辩护意见均不能成立。故依法裁定驳回吴某文的上诉,维持原判。

## 二、主要问题

(一)立项后转入高校的科研经费的性质应当如何认定?项目课题组是否具有任意支配权?

(二)通过虚列支出、虚开发票等手段套取科研经费转入个人实际控制的公司或关联公司,公司确有参与科研合作的,如何认定行为人对科研经费的非法占有目的?

## 三、裁判理由

近年来围绕高校科研项目及经费管理发生的问题事件持续成为社会关注的热点。在高校(本文中均指国有事业单位属性的高等院校及其分支机构,下文不再标注)科研项目经费贪污案审判实务中,比较常见的辩解辩护意见是,项目课题组完成科研任务交出项目成果,就可以支配项目经费,项目课题组尤其是课题组负责人有权决定如何使用资金,不存在贪污的情形。因而,项目立项后科研经费下达到项目承担单位的高校后,项目经费是否还属于公共财产,课题组完成科研项目、任务交出科研成果后是否可以任意支配项目经费,成为争议焦点。

此外,在产学研一体化改革背景下,高校承担单位以外的科研项目的情况比较常见,其中部分科研人员尤其是项目负责人以个人实际控制的公司等相关公司参与科研项目为借口,利用项目及经费管理上的漏洞,在项目申报和实施过程中,通过虚增子课题、虚列开支、夸大成本等手段,将部分科研经费转入相关公司,达到套取科研经费的目的。行为人往往以转入相关公司的经费实际用于科研项目或者相关公司参与完成科研任务等为由,辩解不具有非法占有科研经费的目的,并提出一些似是而非的证据,此种情形下,判定行为人是否具有非法占有目的也是案件审判中的难点。

针对上述问题,现结合本案例,具体分析如下。

(一) 科研经费具有明确的专属性，并非课题组的私有财产，课题组对项目承担单位管理的科研经费不具有随意处置的权利

1. 无论是纵向科研经费还是横向科研经费均属于公共财产，科研人员仅拥有使用权而非所有权

科研经费根据项目及经费来源不同，分为纵向科研经费和横向科研经费。纵向科研经费系由各级政府部门批准立项的科研项目经费，源于国家财政拨款，属于中央或地方财政资金，即使划拨给高校后，其性质仍属于国有财产，并非项目承担单位、课题组，更非课题项目负责人的财产。纵向科研经费属于国有财产或者公共财产，在理论界是主流观点，在实务中也争议不大。而对于横向科研经费的性质，学术界、实务界均有分歧意见。横向科研项目一般是指高校或科研院所接受第三方委托进行的各类科研开发、科技服务、科技研究等项目，双方权利义务依照科研服务合同加以界定。有观点认为，横向科研经费因其来源非为公款，在进入项目承担单位的高校后，不能界定为公共财产，因而行为人侵吞横向科研经费的行为也不构成贪污罪。

我们认为，首先，课题组科研人员及课题组负责人虽然可以在课题实施过程中、完成后获得一定的绩效奖励和间接费用等，但对科研经费并不具有所有权，仅具有依照预算及相关经费管理规定、项目协议书规定加以使用的权利。那种认为"项目承担单位与项目主管部门签订项目协议书，课题组与项目承担单位实行内部责任制，项目协议属于民事合同，课题组只要履行完成科研任务、交出科研成果的义务，就可以随意处置科研经费"的观点，与项目主管部门、项目承担单位按照各层面的科研项目及其资金的管理规定对科研经费进行全程、全方位的监管相矛盾，不能成立。

其次，横向科研经费与纵向科研经费在本质上并无不同。根据《教育部、财政部关于进一步加强高校科研经费管理的若干意见》的规定，高校取得的各类经费，不论其资金来源渠道，均为学校收入，必须全部纳入学校财务部门统一管理、集中核算，并确保科研经费专款专用。有鉴于此，科研经费不论其资金来源渠道，划拨、转入至承接项目的高校后，均属于高校的公共财产。高校性质属于国有事业单位的，相关科研经费的性质则属于国有资产。与横向科研经费相比，纵向科研经费因其来源于财政资金，在预算制定、资金使用、资金结算、信息公开等方面有着更为严格的规定，具有明显的行政管理属性。但横向科研项目及其经费使用也要接受作为承担单位的高校等部门的监管，横向科研经费进入高校后也属于高校管理的资金。对此，《教育部、财政部在关于加强中央部门所属高校科研经费管理的意见》专门规定，纵向科研经费和横向科研经费应当全部纳入学校财务统一管理，按照相关科研经费管理办法、委托方或科研合同的要求合理使用。

最后，尽管项目委托单位可能因为看中课题组负责人的学术水平和科研能力，才选择课题组负责人所在的高校作为科研项目承担单位，但科研项目的立项、实施、验收、鉴定不是课题组负责人个人单打独斗、单枪匹马就能完成的，它离不开高校组织并提供的相关科研力量、配套的关联学科人才和提供符合条件的实验场地和科研设备，离不开

高校利用自身资源和品牌效应保障科研项目顺利立项、实施、验收、评估鉴定、成果转化等。无论是在硬件还是软件上，项目课题组都依托于所在的高校。同时，高校作为项目承担单位还承担项目协议所规定的义务和责任，有别于课题组、更非课题组负责人个人作为项目承担单位承担协议规定的义务和责任。因此，认定科研经费进入项目承担单位的高校属于学校的资金，符合权责利一致的原则，明显具有合理性。课题组必须按照学校相关规定合理使用科研经费，不得违反规定使用虚开发票、虚列开支等方式套取科研经费占为己有，损害国家、高校的利益。

综上所述，虽然纵向科研项目与横向科研项目的经费来源不同，管理机构层级、相关规定也有较大差异，但是在项目承担单位均为高校而非具体科研人员的情形下，项目科研经费总体属于公共财产的性质没有改变。本案中，海洋大学作为国有事业单位法人，其作为项目承担单位获得的科研经费，不论来源如何，均属于国有财产。

2. 国家为激励科研创新、调动科研人员积极性，适度放宽对科研经费管理，增加科研经费使用的灵活性，并不意味着科研人员可以将科研经费随意挪作他用，甚至非法占为己有

属于国家下拨款项的纵向科研经费属于财政资金，必须专款专用。《国务院关于改进加强中央财政科研项目和资金管理的若干意见》（国发〔2014〕11号）对规范科研项目经费使用的行为作出规定："科研人员和项目承担单位要依法依规使用项目资金，不得擅自调整外拨资金，不得利用虚假票据套取资金，不得通过编造虚假合同、虚构人员名单等方式虚报冒领劳务费和专家咨询费，不得通过虚构测试化验内容、提高测试化验支出标准等方式违规开支测试化验加工费，不得随意调账变动支出、随意修改记账凭证、以表代账应付财务审计和检查。"同时，该意见对于结余资金的处理也作出了规定："项目在研期间，年度剩余资金可以结转下一年度继续使用。项目完成任务目标并通过验收，且承担单位信用评价好的，项目结余资金按规定在一定期限内由单位统筹安排用于科研活动的直接支出，并将使用情况报项目主管部门；未通过验收和整改后通过验收的项目，或承担单位信用评价差的，结余资金按原渠道收回。"上述规定根据项目验收情况的不同，对结余资金的处理分为三种处理方式，但均系用于科研用途，不可私自挪作他用，包括不可作为奖励分配给项目组成员，更遑论本案中套取科研经费用以营利的行为。

横向科研项目则由作为项目承担单位的高校的财务部门统一调配使用、监督管理，需遵循科研服务合同的预定，用于实现合同目的，结余经费也需要遵循高校关于科研项目及其经费管理制度、财务管理规定及合同约定进行处理，项目课题组负责人同样不得以任何名义挪作他用，更不能予以侵吞。

目前，我国科研经费的管理、使用、分配中确实存在管理制度不完善、激励机制不健全等问题，如因科研活动存在一定不确定性，科研经费预算编制无法与资金使用完全一致，经费管理不能适应科研活动开展的需要进行及时调整；报销项目规定过于注重形式，容易使部分费用无法报销；资金拨付不及时，有时需要科研人员先行垫付；等等。上述科研经费管理制度上存在的问题，也使实践中科研人员通过编制虚假预算、以虚假发票冲账、伪造账目等手段套取科研经费的现象时有发生。为激励科研创新，调动科研

人员积极性，提高科研经费使用的灵活性，促进科研经费使用效率，中共中央、国务院先后印发了《关于深化体制机制改革加快实施创新驱动发展战略的若干意见》《关于改进加强中央财政科研项目和资金管理的若干意见》等文件，国家及有关部委对科研经费管理作出一系列松绑、激励规定，比如在项目总预算不变的情况下直接费用中的多数科目预算可自主调剂，允许项目承担单位在间接费用中按照实际贡献支出绩效奖励等，但国家对科研经费管理趋于灵活并不意味着允许以虚假事由、虚假支出套取科研教育经费。国家工作人员利用职务上的便利套取科研经费非法占为己有的，属于贪污行为，应依法惩处。依法惩处视科研经费为"唐僧肉"进行肆意侵吞的非法行为，是保护国有资产等公共财产不流失、保护国家和高校利益、保障科研经费切实用于科研项目的切实需要。

本案中，被告人吴某文及辩护人援引浙江省级层面制定发布的《关于进一步完善省财政科研项目经费管理等政策的实施意见》、海洋大学浙海大发（2017）74号文件等，提出国家对科研经费管理趋于灵活放宽，科研经费的使用具有灵活性，吴某文的行为应属于为达成科研目标的违规套取行为，而非贪污行为。经查，无论是国家层面的规定还是浙江省出台的相关规定，从未改变科研经费需用于科研的基本要求，更不会允许套取科研经费的贪污行为。吴某文套取科研经费用于个人开支、归还借款以及其实际控制的大海洋公司的日常经营及与他人合作投资经营等活动，而非用于科研目的，显然为法律和政策所禁止。被告人及辩护人的相关辩解、辩护意见显然不符合逻辑，更与法律和国家及有关部委、浙江省等规定相违背。

需要注意的是，有种观点认为高校科研人员只是从事技术性服务工作，不具有管理项目经费的公权力，不具备贪污罪中利用从事公务的职务便利这一客观要件。我们认为，这种观点是片面的。因为无论是纵向科研项目还是横向科研项目，国家主管部门、省市相关部门及高校各层级制定的对科研项目及资金进行管理的各类规范性文件，除规定不同层级的主管部门对科研项目及资金进行监管、监督外，还规定科研项目课题组负责人必须对科研经费的使用等进行具体管理。因此，课题组负责人不仅是科研的负责人，而且还是科研经费管理环节中的重要一环。课题组负责人使用发票等财务凭证向所在高校报销相关经费时，其实质上就经手了科研经费的使用、处置等。经手是管理职权的一种表现方式。高校的科研经费属于公共财产，明确地说属于国有财产，经手国有财产属于管理国有财产的一种方式，属于从事公务。因此，即使科研项目课题组负责人本身不具有国家工作人员的身份，但其被授权具体管理科研经费，即具有了从事公务的职务便利。根据刑法规定，即符合贪污罪的主体要件。

（二）行为人通过虚列支出、虚开发票等手段套取科研经费转入个人实际控制的公司或关联公司，公司确有参与科研合作的，应从公司参与科研项目实施和完成情况、公司实际为科研项目的支出情况、科研经费真实去向等方面，综合认定行为人对套取的科研经费是否具有非法占有目的

在科研经费贪污案中，关联公司是出现频率较高的关键词，其中部分涉案科研人员曾作出杰出的科研贡献，在科研界引发强烈反响。同样，涉案的关联公司很多也确实参

与科研合作。在此种情况下,判定行为人对套取的科研经费是否具有非法占有目的时,既不能不作具体分析简单地将套取行为一概认定为贪污,也不能不加分析机械套用"疑罪从无"而导致放纵犯罪,应当综合全案证据认真审查项目协议书规定的各方的权利义务和甄别套取的科研经费是实际用于科研还是被行为人违背管理规定凭空占有,准确把握罪与非罪的界限。

本案是较为典型的利用关联公司套取科研经费案件。被告人吴某文既是海洋大学校长又是关联公司实际控制人,其正是利用自己"研""商"一体的双重身份,伙同徐某英将海洋大学的科研教育经费套取至吴某文个人实际控制的大海洋公司,而大海洋公司与海洋大学在科研平台、科研课题申报及科研项目实施等方面均存在一定合作关系,吴某文、徐某英套取的大部分科研经费都转入大海洋公司。吴某文及辩护人均提出,大海洋公司设立是为了给海洋大学提供科研平台及筹集经费,改制后仍然是海洋大学的科研平台,套取科研教育经费进入大海洋公司等公司是为了实施学校的科研项目,并据此提出吴某文套取的科研教育经费均用于科研,不具有非法占有目的。

因海洋大学与大海洋公司之间资金来往情况复杂,而且大海洋公司为了能够在新三板上市和提高银行贷款成功率,通过虚增成本套取公司现金,公司财务账目中存在较多虚假记载、虚假凭证,不具备审计条件。控辩双方对于吴某文、徐某英套取后转入大海洋公司的资金是否实际用于科研、双方科研合作项目来往款项是否已经结清等均存在较大争议。因此,被告人吴某文等人套取的科研教育经费是否真实用于科研,对案件定性具有决定性意义,是认定行为人是否具有非法占有科研经费目的的关键。经对在案证据仔细梳理、审查,法院最终查明吴某文等被告人套取的部分科研经费进入大海洋公司并没有实际用于科研,能够认定被告人等具有非法占有科研经费的目的,理由如下。

一是大海洋公司改制后已成为被告人吴某文实际控制的以营利为目的的私营企业。大海洋公司原系由海洋学院于2001年10月发起设立,起初海洋学院及下属的浙江海洋水产研究所占股38%,其余股份由吴某文等人所有。此后几经股权变更,至2008年,除前述国有单位共持有38%股份和公司出纳顾某持有约1%股份外,大海洋公司其余股份均为吴某文实际所有。2012年4月,国有资本完全退出大海洋公司,38%的国有股份被吴某文以他人名义拍得,吴某文实际占有大海洋公司99%的股份,大海洋公司成为吴某文个人实际控制的私营企业。该公司的主营业务是大黄鱼养殖、乌贼增殖放流,均系营利性的经营活动。之后,为养殖经营大黄鱼,大海洋公司又与大陈岛公司共同投资成立了裕洋公司。

二是大海洋公司与海洋大学虽然开展了部分科研合作,但大海洋公司参与或承担的科研项目均已经从学校得到足额拨款。该案审理过程中,被告人吴某文及辩护人均提出,大海洋公司和海洋学院之间历史上存有隶属关系,大海洋公司基于历史原因成为学校的科研基地,在大海洋公司改制以后也没有发生变化。经审查,该案中大海洋公司在改制前后与海洋学院确实开展了部分科研项目的合作,吴某文等人套取后进入大海洋公司的科研经费部分被用于科研、部分被挪作他用,但在案的海洋大学出具的科研项目经费情况说明等证据显示,大海洋公司参与或承担的科研项目,均已经从学校得到足额拨款。

海洋大学与大海洋公司、裕洋公司的科研合作活动主要有三方面：(1) 学校有偿使用公司的基地开展科研项目。海洋大学和吴某文在大海洋公司的东极基地、裕洋公司的苍南基地实施过育苗、养殖试验等科研活动，但均系有偿使用，相关费用及科研活动支出均由学校承担，并已在学校实报实销。(2) 公司与学校共同申报、建造工程实验室。大海洋公司和海洋学院曾联合向国家、省有关部门申报"海洋生物种质资源发掘利用浙江工程实验室"等平台，但海洋学院承担了购买实验器材、装备等建设实验室和装修实验室所在楼层的费用，以获得大海洋公司办公大楼部分楼层的使用权。此系大海洋公司依托海洋学院的技术支撑互利合作，且相关费用也均已结清。(3) 学校师生到公司基地进行科研、教学活动。包括海洋大学师生在公司基地进行藻类、贝类观察等科研、教学活动，学校师生的相关费用亦由学校支付。而且，大量学生在该公司基地实习，实际上为公司提供了免费的劳动力。此外，吴某文作为学校的主要行政领导和科研项目实际负责人，以学校名义申请课题、项目，带领团队，利用国家及有关部委、浙江省等下拨的国有资金，从事科研、教育等工作，据此取得的科研成果，属于利用国有资金、利用学校条件从事工作任务而产生的职务成果，即使吴某文在从事科研、教育过程中，使用过大海洋公司、裕洋公司的基地或设备，亦均由学校付清了费用，因此，学校理所当然可以将吴某文完成科研教育项目获得的成果和荣誉作为单位科研教育成果和荣誉使用。辩护人以吴某文获得的科研成果和荣誉使用过大海洋公司、裕洋公司基地为由，提出大海洋公司、裕洋公司反哺学校，从而得出吴某文套取科研经费不属于贪污的结论，与事实不符，亦与法律及国家及有关部委、浙江省等规定相违背。

三是本案认定的贪污犯罪数额仅包括套取后归被告人吴某文个人使用或用于其个人实际控制的大海洋公司生产、经营活动的科研教育经费。该案认定吴某文、徐某英贪污的犯罪数额，并非二被告人套取的全部科研教育经费，而是根据在案证据，结合案件实际，审查套取资金的实际用途，将在科研项目真实开支之外虚列支出、虚开发票套取后用于个人日常开支、归还个人借款及用于大海洋公司的日常运转和经营活动的部分认定为贪污，计入犯罪数额，以做到实事求是地认定行为性质和犯罪数额。

综上所述，被告人吴某文利用职务上的便利，违反国家、省及学校关于科研、教育等经费的管理规定，通过虚增支出、虚开发票，从科研项目、教育经费中骗取资金，以自己控制的公司或者关联公司参与科研合作为掩护，将相关科研经费归个人使用或用于其个人控制、经营的私营企业经营性支出，具有非法占有目的，属于贪污行为。一审、二审法院认定其构成贪污罪，是正确的。

（撰稿：浙江省高级人民法院　管友军　陈将领
浙江省绍兴市中级人民法院　李　莹
审编：最高人民法院刑二庭　王晓东）

[第1431号]

# 吴某宝受贿案
——交易型受贿犯罪数额及索贿的认定

## 一、基本案情

被告人吴某宝,男,1967年××月××日出生,原系浙江恒风集团有限公司(以下简称恒风集团)党委书记、董事长。2019年1月25日被逮捕。

浙江省义乌市人民检察院指控被告人吴某宝犯受贿罪,向义乌市人民法院提起公诉。

被告人吴某宝对指控罪名没有异议。其对指控涉及出租车经营权的1058万元的受贿数额有异议,提出第1批15辆出租车是金某在当时的市场行情下为化解风险向其推销,存在亏损风险,其属于投资行为;此后的几批出租车是按照金某的承诺取得出租车经营权。另外,其提出自己不属于索贿。

被告人吴某宝的辩护人提出:吴某宝通过其弟吴某参与出租车投资基于合理的市场价格,系正当商业行为,不应认定为受贿犯罪;如果认定受贿,起诉书指控的其中3批27辆出租车经营权使用期为八年,出租车满四年进行车辆更新,但仍属同批车辆经营权,起诉书重复计算27辆出租车经营权与事实不符,涉案应为8批56辆出租车经营权;第1批15辆出租车属吴某宝等人私下转让出租车经营权,该15辆车的承包差价合计2743017.90元,不应计算为受贿金额。如要认定为受贿,也只能以当时同类出租车转让差价考虑,而不能以同类出租车承包差价计算,因为存在一次性投资风险,与按月支付承包款没有可比性;起诉书指控的2015年8月至2018年1月4辆出租车经营权利益,因吴某宝于2014年已经担任恒风集团董事长,与出租车经营权投放及客货运公司管理无关,客观上不存在利用职务之便谋取利益,不应认定受贿;吴某宝在监委调查时已经主动交代了受贿事实,并已全部退赃,请求从宽处罚。

义乌市人民法院经审理查明:

2001年4月至2007年7月,被告人吴某宝任义乌市运输管理稽征所所长。2007年7月至2014年3月,吴某宝任义乌市交通局副局长、党委委员,协助局长分管或联系义乌市运输管理稽征所(后改名为义乌市运输管理处)。2014年3月至案发,吴某宝任恒风集团董事长。

1. 2001年4月,被告人吴某宝任义乌市运输管理稽征所所长后结识了义乌市客货运输有限公司(以下简称客货运公司)法定代表人、董事长金某。金某因公司业务有求于吴某宝，逢年过节都给吴某宝送若干香烟票。吴某宝则利用其所长的职权，对客货运公司在出租车招投标、日常监管、企业考核及客运线路审批等方面给予便利及帮助。在吴某宝的帮助下，客货运公司于2004年9月在义乌市交通局组织的义乌市客运出租汽车经营权招标活动中被确定为中标单位，取得70辆出租车的经营权。中标后，吴某宝伙同缪某、傅某、吴某（均另案处理）等人，以只支付车辆成本及相关费用的方式，向金某、客货运公司索取其中15辆出租车的经营权，攫取该15辆出租车的巨额承包款差价（承包款差价按应收承包款减去车辆成本再减去相关费用计算，下同）。金某、客货运公司虽不情愿，但慑于吴某宝手中的权力并考虑到今后还需要倚靠吴某宝进一步拓展业务，遂答允了吴某宝的要求。

此后至2014年3月，被告人吴某宝利用其担任义乌市运输管理稽征所所长和义乌市交通局副局长、党委委员的职务便利，继续对客货运公司在出租车招投标、日常监管、企业考核及客运线路审批等方面给予便利及帮助。与此同时，吴某宝采用相同手段，甚至不顾客货运公司已经完成发包的事实，以仅支付车辆成本及相关费用的条件，在无任何经营行为的情况下，向金某、客货运公司索取该公司中标的部分出租车经营权，从中攫取巨额承包款差价。2014年3月，吴某宝任恒风集团董事长后，吴某宝等人采用相同手段，还向金某、客货运公司索取了4辆出租车的经营权，从中攫取该4辆出租车的承包款差价。

综上所述，被告人吴某宝共先后向客货运公司、金某索取8批56辆出租车经营权。经会计师事务所审计，其从客货运公司攫取承包款差价共计人民币10583084.44元。具体事实如下：

（1）2004年9月，被告人吴某宝等人向客货运公司、金某索取15辆出租车八年的经营权；至2008年10月，从客货运公司攫取上述出租车承包款差价人民币587405.25元。该批出租车满4年进行车辆更新后，2008年10月至2012年10月，吴某宝等人继续向客货运公司、金某攫取该15辆出租车的承包款差价人民币2155612.65元。

（2）2005年12月，被告人吴某宝等人向客货运公司、金某索取7辆出租车八年的经营权；至2009年12月，从客货运公司攫取上述出租车的承包款差价人民币685197.73元。该批出租车满4年进行车辆更新后，2009年12月至2013年12月，吴某宝等人继续向客货运公司、金某攫取该7辆出租车的承包款差价人民币1258101.11元。

（3）2007年9月，被告人吴某宝等人向客货运公司、金某索取5辆出租车八年的经营权；至2011年8月，从客货运公司攫取上述出租车承包款差价人民币907230.30元。该批出租车满四年进行车辆更新后，2011年8月至2015年8月，吴某宝等人继续向客货运公司、金某攫取该5辆出租车的承包款差价人民币889251.50元。

（4）2011年3月，被告人吴某宝等人向客货运公司、金某索取7辆出租车四年的经营权；2011年3月至2015年4月，从客货运公司攫取上述出租车承包款差价人民币1354101.56元。

（5）2011年10月，被告人吴某宝等人向客货运公司、金某索取4辆出租车四年的经营权；2011年10月至2015年10月，从客货运公司攫取上述出租车承包款差价人民币

758003.48 元。

（6）2012 年 10 月，被告人吴某宝等人向客货运公司、金某索取 8 辆出租车四年的经营权；2012 年 10 月至 2016 年 8 月，从客货运公司攫取上述出租车承包款差价人民币 1146090.16 元。

（7）2013 年 11 月，被告人吴某宝等人向客货运公司、金某索取 6 辆出租车四年的经营权；2013 年 11 月至 2017 年 12 月，从客货运公司攫取上述出租车承包款差价人民币 734013.78 元。

（8）2015 年 8 月，被告人吴某宝等人向客货运公司、金某索取 4 辆出租车的经营权；2015 年 8 月至 2018 年 1 月，从客货运公司攫取上述出租车承包款差价人民币 108076.92 元。

2. 自 2014 年 3 月以来，被告人吴某宝利用担任恒风集团董事长的职务便利，接受下属郑某、杨某、冯某、刘某等人的请托，承诺为郑某等人谋取利益，共收受郑某等人价值人民币 210500 元的财物。

义乌市人民法院认为，被告人吴某宝身为国家机关工作人员，利用职务上的便利，向他人索取或非法收受他人财物，为他人谋取利益，数额特别巨大，其行为已构成受贿罪。吴某宝及辩护人提出系投资行为，属基于合理市场价格的正当商业行为或私下转让行为，不应认定受贿的相关意见与查明的事实及法律规定不符，不予采纳。关于 2015 年 8 月最后 4 辆出租车，虽然当时吴某宝已经不再担任交通局副局长职务，但鉴于其通过取得出租车经营权来获取非法利益的行为以及其为金某谋取利益的行为均具有延续性，故该部分仍应计入受贿数额。辩护人提出的相关辩护意见亦不予采纳。辩护人提出涉案应为 8 批 56 辆出租车经营权的辩护意见有理，予以采纳。吴某宝如实供述收受郑某等人价值人民币 210500 元财物的事实并已退出全部违法所得，可以酌情从轻处罚。依照刑法第三百八十五条第一款、第三百八十六条、第三百八十三条第三项、第五十二条、第五十三条、第六十四条之规定，判决如下：

被告人吴某宝犯受贿罪，判处有期徒刑十二年，并处罚金人民币一百万元。

宣判后，被告人吴某宝不服，提起上诉。

浙江省金华市中级人民法院审理认为，一审认定事实清楚，证据确实、充分，定罪准确，量刑适当。审判程序合法。依照刑事诉讼法第二百三十六条第一款第一项之规定，裁定驳回上诉，维持原判。

## 二、主要问题

（一）如何认定交易型受贿犯罪的数额？
（二）如何把握"索贿"的法律适用标准？

## 三、裁判理由

（一）交易型受贿犯罪及犯罪数额的认定

1. 本案符合交易型受贿的特征

对于被告人吴某宝低价获取出租车经营权的行为是否构成受贿犯罪，存在以下两种意见。

第一种意见认为，被告人吴某宝等人与客货运公司之间存在投资协议，并有实际出资行为，获利系投资收益，属于违规从事营利活动的违纪行为，不宜认定为受贿犯罪。

第二种意见认为，被告人吴某宝以明显低于市场的价格获取承包经营权，属于国家工作人员利用职权，以交易的方式受贿，应认定为受贿犯罪。

我们同意第二种意见，理由如下。

与传统受贿犯罪相比，交易型受贿具有双重交易性质。一方面，市场交易客观存在，双方以货币及服务为媒介进行价值交换；另一方面，交易不对等，请托人所承担的对价不仅包括物品的价值，还包括受贿人手中的公权力，受贿人正是以其手中的权力来换取交易中的差价，实现权钱交易。从这一点看，交易型受贿与传统意义上直接收受财物的受贿，虽然手法不同，本质并无区别，应当纳入刑事规制的范围。2007年《最高人民法院、最高人民检察院关于办理受贿刑事案件适用法律若干问题的意见》（以下简称《意见》）规定，国家工作人员利用职务上的便利为请托人谋取利益，以下列交易形式收受请托人财物的，以受贿论处：（1）以明显低于市场的价格向请托人购买房屋、汽车等物品的；（2）以明显高于市场的价格向请托人出售房屋、汽车等物品的；（3）以其他交易形式非法收受请托人财物的。

本案中，虽然被告人吴某宝安排缪某、傅某等人与客货运公司也签订了投资协议，并有实际出资行为，但是吴某宝等人仅支付了"成本价"，价格远低于市场承包价；金某也证称，吴某宝任义乌市运输管理稽征所所长，之后又担任义乌市交通局副局长，协助局长分管或联系义乌市运输管理稽征所，而客货运公司有求于吴某宝，因而其同意以"成本价"让吴某宝的人拿走部分出租车的经营权。双方对权钱交易的本质均具有明确认识，吴某宝获得巨额差价完全基于其国家工作人员的身份和手中的权力，符合投资型交易的特征。

需要说明的是，被告人吴某宝及辩护人提出，吴某宝于2014年已经担任恒风集团董事长，与出租车经营权投放及客货运公司管理无关，客观上已经不存在利用职务之便谋取利益的情形，其之后的行为不应认定受贿。我们认为，虽然当时吴某宝已经不再担任交通局副局长职务，但鉴于吴某宝通过取得出租车经营权来获取非法利益的行为，以及其为金某谋取利益的行为均具有延续性，该阶段的行为仍应当认定为受贿。

2. 受贿数额为市场承包价与实际支付价格的差额

对于本案中交易型受贿犯罪的数额应当如何认定，讨论中存在以下两种意见。

第一种意见认为，根据被告人不应从犯罪获取利益的原则，受贿数额应为被告人吴某宝获取的全部利润,即以承包经营收益和承包价的差额计算。

第二种意见认为,受贿数额应以客货运公司出租车的最低市场承包价与被告人吴某宝承包价的差额来计算。

我们同意第二种意见,这是因为,交易本身是一种市场行为,尤其本案中被告人获取的是出租车的经营权,而经营行为又以追求利益为指向,可能带来一定的利润,也存在一定程度的风险。因此,在计算交易型受贿犯罪的数额时,应当从交易行为中剥离出权钱交易的部分,区分经营行为的利润与行为人的受贿数额。因此,《意见》规定,交易型受贿数额按照交易时当地市场价格与实际支付价格的差额计算。市场价格则包括商品经营者事先设定的不针对特定人的最低优惠价格。

本案中,被告人吴某宝等人与客货运公司以签订投资协议的形式收受贿赂,获取出租车经营权。尽管从目前市场环境分析,出租车经营是一项收益较高、风险较低的市场行为,但不能认定经营权带来的利润都是被告人受贿的犯罪所得。故本案受贿数额的计算应以客货运公司出租车的市场承包价为基准,再减去吴某宝的承包价。而市场价格是随着市场交易行情不断变换的,应当把握市场价的时间节点是"交易时"。吴某宝等人与客货运公司交易历经订立协议、支付投资款、交付车辆、转包获利等环节,而"差额"作为财产性利益,是在交易合同生效时被确认的。因为合同生效时,交易双方的贿赂犯罪意思表示已明确,"差额"即被吴某宝等人实际享有并控制,受贿行为已经既遂。故应以合同生效时作为交易型受贿的时间基点。具体到本案,侦查机关首先调取吴某宝等人支付客货运公司出租车运营权承包价格的客观证据;其次通过查证客货运公司内部的优惠销售记录确定同批次最低市场承包价;再次邀请具有资质的第三方会计师事务所,对承包差价进行核算,出具会计核定报告。法院最终以评估价格为基准,综合在案的其他证据,对受贿数额作出认定。

(二) 索贿的把握标准

索贿,是指国家工作人员利用职务上的便利,主动向他人索要或勒索并收受财物。无论是主观罪过还是客观危害,索贿都要比受贿严重。我国刑法第三百八十六条规定索贿的从重处罚,2016 年出台的《最高人民法院、最高人民检察院关于办理贪污贿赂刑事案件适用法律若干问题的解释》中也将多次索贿认定为其他较重情节。但实践中对于索贿情节的理解存在差异,把握的标准亦不一致,存在以下几种意见。

第一种意见认为,区别索要还是一般收受的标准在于贿赂首先由谁提出,在权钱交易中,只要是受贿人主动提起,就应当认定为索贿。

第二种意见认为,刑法第三百八十九条第三款规定,因被勒索给予国家工作人员以财物,没有获得不正当利益的,不是行贿。刑法第三百八十五规定的"索取"与此处的"被勒索"具有对应性,即索贿具有明显的勒索性、胁迫性,只有行贿人能够明确感受到行为人利用职务便利进行勒索时,才能认定索贿。

我们认为,上述两种意见均未精准把握索贿的内涵,因而在界定索贿的外延时失于偏颇。

第一，实践中有的行为人故意拖延甚至拒绝办理应当办理的事项，或者利用职务便利进行打击报复以要挟对方行贿，这种情形当然构成索贿。但索贿中"索"是指索取、主动索要，将其理解为"勒索"则是不当地限制了索贿的范围，亦会导致轻纵犯罪。

第二，由于权力的稀缺资源性，实践中有的行贿人主动围猎国家工作人员，积极寻找机会实现权钱交易，但很多时候"苦于无门"，因而当被告人主动提出时，行贿人是"心甘情愿"甚至"求之不得"。此种情形与行贿人主动提出、受贿人欣然接受的情形无论从本质还是从危害性程度而言都没有太大区别。而刑法之所以对索贿行为规定了较重的刑罚，是因为相比一般受贿行为而言，索贿行为对国家工作人员职务廉洁性的危害更甚，社会影响更恶劣，如果仅因为被告人主动开口而认定索贿，并予以从重处罚，与立法精神未免有出入。

我们认为，受贿犯罪中应当根据被告人的职务、地位及其影响、是否为行贿人谋取利益、是否主动提起犯意、行贿人的利益是否违法等多个情节来综合判断行贿是否违背了行贿人的意愿，进而确定是否构成索贿。具体办案中可以从以下几点进行把握：（1）并非国家工作人员先提出的均构成索贿，但是索贿应当是国家工作人员率先通过明示或者暗示的方式向请托人表达了收取财物的意图。（2）索贿的本质是违背了行贿人的意愿，虽然不要求达到被胁迫、勒索的程度，但是应当能够反映出行贿人是出于压力、无奈、不情愿才交付财物。（3）实践中可以根据受贿人给请托人谋取利益的大小，受贿人提出的财物要求是否在请托人心理预期之内，请托人请托的事项是否违法等进行综合判断。比如，请托人本来就是谋取违法的利益，对于让渡部分"利润"早有心理预期，双方对于行受贿事实属于"心知肚明"，此时即使是受贿人率先提出受贿的具体数额，一般也不宜认定为索贿。

本案中，被告人吴某宝以所掌握的职权为条件，向管理服务对象施加精神压力，迫使对方同意其低价承包出租车，是权钱交易的主动方、造意者、提起人。金某的证言证实，因为其公司的所有业务都是运管所主管的，吴某宝提出来，其不敢不答应，因而在第一次给了傅某 15 辆出租车的经营权，后来几次傅某向其要经营权，其都没有答应，都是吴某宝又给其打招呼，其没有办法才给了傅某。上述情节也得到傅某证言的印证，充分反映出金某行贿的被动性。故法院综合本案证据，最终依法认定了吴某宝具有索贿情节。

（撰稿：浙江省义乌市纪委监委　胡晓景
　　　　最高人民法院刑二庭　段　凰
审编：最高人民法院刑二庭　于同志）

[第 1432 号]

# 寿某年受贿案

——如何认定以明显低于市场价购买房屋的受贿形式

## 一、基本案情

被告人寿某年，男，1957 年××月××日出生，原系中共浙江省宁波市委常委、宁波市人民政府常务副市长。2016 年 1 月 12 日被逮捕。

浙江省金华市人民检察院指控被告人寿某年犯受贿罪，向金华市中级人民法院提起公诉。

被告人寿某年对起诉书指控的犯罪事实无异议，并表示认罪、悔罪。其辩护人提出：创新 128 园区的房产是用合法的方式购置的房产，被告人之子寿某某所在的宁波欧澳国际贸易有限公司向宁波广利来实业有限公司（以下简称广利来公司）预付定金的行为受法律保护，购房的每个环节均符合法律规定，寿某年主动提出以二期房价加价 500 元每平方米的价格预定，显然表明其主观上无受贿的故意。指控寿某年通过寿某某收受创新 128 园区房产差价款 162.224 万元人民币不能成立。寿某年具有自首情节、积极退赃、认罪态度一直良好并真诚悔罪等法定、酌定从轻、减轻处罚情节，请求对寿某年予以减轻处罚。

金华市中级人民法院经审理查明：

1999 年以来，被告人寿某年利用其担任浙江省鄞县人民政府县长、宁波市鄞州区人民政府区长、中共宁波市鄞州区委书记、中共宁波市委常委、宁波市人民政府常务副市长等职务上的便利，为宁波金盛置业有限公司（以下简称金盛公司）、宁波盛光包装印刷有限公司、广利来公司、原北京东西南北中文化艺术有限公司、宁波联合动力传媒广告有限公司、宁波侨商会、海能调和油有限公司、利时集团、宁波纳米新材料科技有限公司、浙江开开集团、原宁波方圆化纤有限公司等企业，在企业用地、企业经营、资产处置、项目审批、项目开发、政策扶持等事项上提供帮助，单独或者与特定关系人共同非法收受上述企业实际控制人或董事长钱某某、张某等人给予的财物，共计价值人民币 1144.959686 万元。2016 年 8 月 26 日，寿某年委托其家属向金华市人民检察院退缴赃款 352.5294 万元人民币。

被告人寿某年受贿犯罪中涉及以明显低于市场价购买房屋受贿的事实如下：

1. 2005 年至 2013 年，被告人寿某年利用其担任中共宁波市鄞州区委书记、中共宁波市委常委、宁波市人民政府常务副市长等职务上的便利，为金盛公司、宁波盛光包装印刷有限公司等企业在宁波高教园区土地性质变更、宁波烟厂仓库用地置换、工业用地取得等事宜上提供帮助。2010年下半年，寿某年与其特定关系人吴某共同商议后，向上述企业的实际控制人钱某某提出吴某要在金盛公司开发的金域华府小区购买房屋，要求钱某某给予价格优惠，钱某某同意。2010年12月28日，吴某与金盛公司签订了购房合同，后来以总价235.5406万元人民币的价格购买金域华府商品房一套（面积为175.85平方米）。经鉴定，该房屋市场总价为328.1893万元人民币，吴某购房价低于市场价92.6478万元人民币。

2. 2005年至2010年，被告人寿某年利用担任中共宁波市鄞州区委书记、中共宁波市委常委等职务上的便利，为广利来公司创新128园区的土地置换、项目开发、用地性质变更等事项提供帮助。2008年底，寿某年特定关系人吴某想在创新128园区购买房产用于公司经营，与寿某年商议后，寿某年向广利来公司的董事张某提出给予吴某购房价优惠的要求。2008年12月，吴某以宁波鄞州奇宏贸易有限公司名义，以总价313万元人民币的价格向广利来公司订购了创新128园区一期某处房产，支付定金50万元人民币。2009年10月，吴某以自己经营的宁波市金石文化传播有限公司的名义与广利来公司正式签订购房合同，并付清余款263万元人民币。经鉴定，该房产在订购时的总价为364.342万元人民币，吴某购房价低于市场价51.342万元人民币。

3. 2009年，被告人寿某年及其儿子寿某某向广利来公司的董事张某以寿某某的名义在创新128园区订购了一套房产。由于没有交付定金、没有签订合同，该订购的房屋被售楼部对外售出。张某得知后，让寿某某重新选房，寿某某选中创新128园区三期的一套房产。因三期当时尚未开盘，张某决定按二期5500元每平方米的价格将该房屋出售给寿某某。寿某年得知后，考虑到房价的上涨趋势，提出按6000元每平方米的价格购买，张某表示同意。2009年12月，寿某某以宁波欧澳国际贸易有限公司的名义、以总价391.2万元人民币向广利来公司订购该套房产，并交付定金30万元人民币。在付清余款361.2万元人民币后，寿某年与寿某某经商议于2011年12月以寿某某实际控制的宁波鄞州金益贸易有限公司的名义与广利来公司签订正式合同并购得该套房产。经鉴定，该房产在2010年6月三期开盘时的总价为553.424万元人民币，寿某某购房价低于市场价162.224万元人民币。

金华市中级人民法院经审理后认为，被告人寿某年身为国家工作人员，利用职务上的便利，为他人谋取利益，单独或者与特定关系人共同非法收受他人财物，数额特别巨大，其行为已构成受贿罪。寿某年犯罪后自动投案，并如实供述自己的罪行，系自首，依法予以减轻处罚；归案后积极退赃并能真诚悔罪，可酌情予以从轻处罚。依照刑法第三百八十五条第一款、第三百八十六条、第三百八十三条第一款第三项及第二款、第六十七条第一款、第五十二条、第五十三条、第六十四条，《最高人民法院、最高人民检察院关于办理贪污贿赂刑事案件适用法律若干问题的解释》第三条第一款、第十八条、第十九条第一款之规定，以受贿罪判处被告人寿某年有期徒刑八年，并处罚金人民币六十万元。

宣判后，在法定期限内，当事人未上诉，公诉机关未抗诉，判决已经发生法律效力。

## 二、主要问题

（一）新房和"二手房"买卖中分别应当如何认定房屋市场价？

（二）如何认定国家工作人员的购房价是否明显低于市场价？

## 三、裁判理由

在反腐败的高压态势之下，腐败分子为掩盖受贿犯罪、逃避惩罚，受贿的方式、手段不断变化和翻新，收受贿赂更趋隐蔽，时常将受贿行为披上市场交易行为的外衣。2007年《最高人民法院、最高人民检察院关于办理受贿刑事案件适用法律若干问题的意见》（以下简称《意见》）指出的几种受贿方式，均掩藏在买卖房屋、汽车物品，委托投资证券、期货或者其他委托理财，合伙开办公司等日常的民事、经济行为之中。其中，对于以低价购房形式的受贿犯罪，《意见》指出，国家工作人员利用职务上的便利为请托人谋取利益，以明显低于市场的价格向请托人购买房屋等物品的，以受贿论处；前款所列市场价格包括商品经营者事先设定的不针对特定人的最低优惠价格，受贿数额按照交易时当地市场价格与实际支付价格的差额计算。但对于甄别正常购房优惠和低价购房受贿具有决定作用的两个关键问题，即如何具体认定市场价和何谓明显低于市场价，没有进一步展开叙述。司法实践中，对于房产市场存在的多种价格中哪一个属于市场价、哪个时间点作为认定市场价的基准点以及如何认定明显低于市场价的标准等关键问题，意见分歧较大。本文从房产交易的常见种类、国家工作人员与请托人之间房产转让的具体特点出发，结合本案例，对上述问题进行具体分析，以归纳出房屋市场价的认定方法和购买价明显低于市场价的判断标准。

（一）区分新房和"二手房"买卖，分别确定不同种类房屋交易中的市场价

实际生活中，常见的房屋买卖种类主要分为新房买卖和"二手房"买卖。新房也称"一手房"，是指没有经过市场交易环节的房屋，可能是刚刚竣工验收后马上进入销售市场的现房，也可能是竣工后已经在市场上销售的现房，也可以是未竣工的可以预售的期房，只要没有经过交易环节的房屋都可以是本文所称的"新房"，新房的销售主体为房产开发商或房产经销商。"二手房"是指至少已经在市场上交易过一次或者经过一次产权变更的房屋。即使是刚刚建成不久的新房，但只要经过转售环节，都属于市场上的"二手房"。"二手房"的销售主体一般是房产开发商或房产经销商以外的房产拥有者。新房的价格主要是开发商根据开发成本和一定的利润空间参考市场行情制定；"二手房"则因为有过一次交易价，其定价主要由市场决定。由于新房和"二手房"的定价机制不同，因而有必要按照新房买卖和"二手房"买卖分别分析市场价的认定方法。

1. 新房买卖中房屋市场价的认定方法

房屋是贵重商品，房产开发商或经销商为了促销，会充分运用营销手段，针对所谓不同的购房对象、不同的付款方式等，给予各种名义的"优惠"，推出不同的价格，比如，"优惠价"、VIP价、成本价、内部价等。这么多的价格中哪个是真正的优惠价，哪

些是为特定的关系户量身定做的,判断起来有较大的难度。《意见》指出,针对不特定人的最低优惠价也属于市场价。在以低价购房实施行贿、受贿的案件中,售房者、购房者都会以购房价是市场价,享受的价格优惠是给予所有人的优惠作为否定行贿、受贿的理由。因此,判断何为真正的优惠价对于认定房屋的市场价具有重要的现实意义。

我们认为,判断以"优惠价"、VIP价、成本价、内部价等各种名义出现的销售价是不是给予购房者正常的优惠价,是不是市场价,应当按照以下规则认定:(1)判断所谓的购房优惠是否事先真实存在。在收集、审查证据上,主要依靠房产开发商或者经销商的证人证言、内部资料、促销广告、同期房屋销售合同等证据综合认定所谓的"优惠价"、VIP价、成本价、内部价是否事先真实存在。(2)审查这些优惠价是否针对不特定人制定。是不是符合相应条件的不特定购房者都能享受对应的优惠,是判断所谓的"优惠价"、VIP价、内部价、成本价能不能成为市场价的第二个条件。如果并非符合相应购房条件的所有购房者都能享受,而是个别或极少数与房产开发商或者经销商具有特定关系的人才可以享受,那么这些价格就不能被认定为《意见》所指的针对不特定人的优惠价,也就不能被认定为市场价。(3)判断国家工作人员是否具备享受优惠的条件。房产开发商或者经销商制定的所谓的"优惠价"、VIP价、内部价、成本价等,一般是针对不同条件的购房者推出的。通常根据购房者是不是公司股东、员工,或者一次性付现款、首付的比例大小、按揭贷款是公积金贷款还是商业贷款、商业贷款的比例大小等付款方式的不同,或者出售的具体房屋的不同特点,比如,房屋材质、所在位置、房屋结构、楼层、采光、通风、层高等,或者结合付款方式和房屋的不同特点等,分别制定优惠价格。涉案的国家工作人员如果不具备享受这些优惠的条件,而享受了购房的优惠价格,就不能认定国家工作人员是以市场价购买这套房屋。反之,享受的优惠价格则可以认定为市场价。

需要注意的是,在所谓的优惠价难以判断,需要通过评估认定某一套房屋的市场价时,特别要注意市场价不是指整个小区所有房屋平均的售价,而是同类别(商品房标准套房、排屋、独栋别墅)、同时期、同地段、同结构、同楼层等最近似品质的房屋市场销售价。如果评估机构依据的样本没有按照上述最近似品质的原则收集的,则评估结论很可能因为不具有科学性而不具有可采性。

本案中,被告人寿某年及其特定关系人主动向作为请托人的房产开发商或房产开发公司的股东、董事提出购买房屋要求,属于新房买卖。寿某年及其特定关系人在主观明知房产开发商并没有事先针对不特定购房人制定大幅度的优惠购房政策的情况下,仍然主动要求请托人给予较大幅度的"优惠",三次购房"优惠"分别达到92万余元、51万余元、162万余元。由于这些"优惠"不是事先针对不特定人制定的,上述"优惠价"显然不能作为这三套房屋的市场价认定。侦查机关按照最近似品质的原则收集了参考样本,委托相关鉴定机构对三套房屋进行价格评估,按照评估价格认定了市场价,以此作为计算寿某年及其特定关系人购买房屋收受差价的基准价。

2. "二手房"买卖中房屋市场价的认定

在低价购房类受贿案件中,有的请托人在得知国家工作人员的购房意向后,或者将自己已经购买的房屋低价卖给国家工作人员，或专门购买房屋再低价转售给国家工作人员。与前述利用新房买卖中的差价受贿有所不同的是，在购买"二手房"收受差价贿赂过程中，"二手房"有三个价格：一个是行贿人的买入价；第二个是转让价，即行贿人和受贿的国家工作人员之间转让房屋的价格；第三个是受贿人从行贿人处转让房屋时该房屋在当地市场上的交易价格。这三个价格中，第一个和第二个价格均已客观存在，第三个价格往往是在案发后由办案机关取样再由评估机构评估，从这个意义上来说也可以称为评估价。究竟以哪种价格作为房屋的市场价，实践中存在争议。

刑法上涉案物品价值、价格的认定，往往直接关系行为人的刑事责任，因而有必要遵循大体一致的认定规则。有些贵重物品比如房屋、汽车、名人书画等，受市场价格波动的影响比较明显，在商品流转过程中可能出现多个价格。一般来说，犯罪数额的认定应当体现危害行为发生时涉案物品的市场价值，这样才能相对客观反映行为的社会危害性和行为人的主观恶性。这和以行为时的法律判断行为是否构成犯罪的定罪原则，是一样的原理。在"二手房"买卖收受差价贿赂的犯罪中，房屋市场价的认定首先应当参考房屋的买入价，如果买入时的市场行情与行贿人和国家工作人员发生转让时的市场行情变化较大的，则应按照转让行为发生时的市场价认定。

有两个司法解释确立的物品价值认定的规则，可以作为"二手房"转让受贿中房屋价值认定的参考依据。一是2013年发布的《最高人民法院、最高人民检察院关于办理盗窃刑事案件适用法律若干问题的解释》，其中第四条规定，被盗财物有有效价格证明的，根据有效价格证明认定；无有效价格证明，或者根据价格证明认定盗窃数额明显不合理的，应当按照有关规定委托估价机构估价。二是2015年发布的《最高人民法院、最高人民检察院关于办理妨害文物管理等刑事案件适用法律若干问题的解释》，其中第十四条规定，依照文物价值定罪量刑的，根据涉案文物的有效价格证明认定文物价值；无有效价格证明，或者根据价格证明认定明显不合理的，根据销赃数额认定，或者结合本解释第十五条规定的鉴定意见、报告认定。上述两个司法解释确定的涉案物品价值的认定规则是：首先考虑按买入价格计算，在买入价缺少有效证明，或者犯罪行为发生当时的市场价格与原买入价相差较大时，可以按照作案当时的市场价格计算。

上述认定规则可以作为"二手房"转让受贿中房屋市场价认定的借鉴，主要有以下理由：(1) 按房屋的买入价计算，与《意见》规定的"按照交易时当地市场价格计算"并不冲突。因为行贿人的买入价格本身就是被交易行为验证过的当地市场价格。(2) 按买入价认定市场价，相对而言更能体现认定行贿、受贿双方犯罪的主客观一致性。因为对于行贿人、受贿人来说，主观明知程度最高的就是买入价。如果在市场行情变化不大的情况下，当评估价格明显高于买入价格时，容易造成行贿、受贿双方共同怀疑评估本身的合理性。相反，当评估价格明显低于买入价时，又不能客观反映双方的主观恶性程度。因此，在这两种情况下，以有效证据证明的买入价认定为市场价比较稳妥。当然，买入价证据不实或者行贿人买入时与转让给受贿人时的市场行情发生明显变化的，则应当按照委托评估的"交易时当地市场价格"认定为市场价。而判断市场行情有无变化，则需要进行以下判断：一是收集最近似品质的"二手房"交易价格进行比较；二是按照规定委托评估机构估价。当评估机构的评估价与收集的交易价格趋势一致时，评估意见可以采纳为证据；当评估价与买入价相差不大时，如上文所述，以买入价作为该套房屋转让时的市场价比较稳妥；当评估价与买入价相差较大（通常是评估价远高于转让价），又与收集其他证据表明的市场行情一致，如果有证据证明国家工作人员明知市场行情大体走势的，则将评估价认定为转让时的市场价，以评估价与转让价之间的差价作为受贿数额加以认定，是合适的。

（二）购房价是否明显低于市场价的判断标准

有种意见认为，房价折扣率通常能反映交易行为背离公平交易规则的程度，可以将折扣率作为判断购房价是否明显低于市场价的主要标准。比如，新房买卖中，在市场优惠价为开发商定价的 9.8 至 9.9 折的情况下，国家工作人员向请托人购房的价格为定价 9.5 折甚至更低的，享受的"优惠"明显高于正常优惠的程度，应当认定为购房价明显低于市场价。另一种意见认为，房屋属于贵重物品，在房屋总价动辄百万元计甚至千万元的社会现状下，折扣率不能全面反映交易行为背离公平交易规则的程度，应当以国家工作人员从请托人处的购房价与房屋市场价的差价绝对值作为判断购房价是否明显低于市场价的标准。

我们认为，以差价绝对值多少或者以折扣率的高低为判断的唯一标准，均有失偏颇。比如，一套市场总价为 1000 万元的新房（已经扣除了开发商或者经销商事先设定的针对不特定人的最大优惠），作为请托人的开发商或者经销商在市场价的基础上再给予国家工作人员 20 万元的优惠，虽然差价绝对值已经超过受贿罪数额巨大的标准，但购房折扣率为 2%，对于市场价 1000 万元的房屋来说，980 万元的购房价虽然低了，但是对于 1000 万元的市场价来说，偏离公平交易的程度没有达到明显的程度，认定国家工作人员以明显低于市场的价格购房并构成受贿，有违社会常理，容易造成打击面过宽、处罚过于严苛的现象。相反，一套市场总价为 100 万元的房屋，请托人在市场价的基础上再给予国家工作人员 10 万元的"优惠"，即购房价为 90 万元，虽然差价绝对值不大，没有达到受贿数额巨大的标准，但购房折扣率已经达到了不常见的 10%，偏离市场价的程度明显，可以认定为以明显低于市场的价格购房，可能构成受贿罪。因而，我们认为，应当以差价绝对值为基础，同时兼顾折扣率的高低，综合判断购房价是否明显低于市场价，避免造成打击面过宽和放纵犯罪两个方面的弊端。同样，文中所述市场价的认定方法和明显低于市场价的判断标准，也适用于国家工作人员以明显高于市场的价格出售房屋给请托人收受贿赂的情形。

需要指出的是，认定国家工作人员向请托人以明显低于市场的价格购房构成受贿，客观上还需要国家工作人员利用职务便利为请托人谋利，主观上还需要国家工作人员明知或者应当知道其购房获得的差价不是正常的市场优惠，而是权钱交易的结果，才能认定其成立受贿罪。综合以上因素，能够清晰地将以明显低于市场价购买房屋形式的受贿与正常的房屋买卖区分开来，前者的本质是权钱交易，房屋买卖只是用来掩盖这一非法行为的外在形式。

本案中，被告人寿某年从请托人处购买的三处房产，其购房价与市场价（评估价）的差价在51万元至162万元之间，绝对数额达到了数额巨大，同时差价与市场价相比，达到了14.09%至29.31%，即购房价只有市场价的85.91%至70.69%，明显偏离市场价，应当认定为以明显低于市场价格购买房屋。卷中证据显示，行贿人钱某某和张某均供述，因为寿某年在用地一系列事宜上给他们提供了帮助，并知道特定关系人和寿某年的关系，才给予特定关系人特别的购房折扣；寿某年也供述其明知市场房价和房价上涨的形势，之所以要求钱某某和张某给予折扣也是因为自己曾经利用职权给他们提供了便利。

综上所述，被告人寿某年利用职务上的便利，为他人谋取利益，以明显低于市场价购买房屋的形式受贿，行为构成受贿罪。法院根据其犯罪的事实、性质、情节和对社会的危害程度，对寿某年以受贿罪定罪处罚，是正确的。

（撰稿：浙江省高级人民法院　管友军
　　　　浙江省金华市中级人民法院　陈　曜
　　审编：最高人民法院刑二庭　王晓东）

[第 1433 号]

# 卢某春滥用职权案

——放弃履行职责致其他行政机关不能行使行政处罚权行为的定性

## 一、基本案情

被告人卢某春,男,1972 年××月××日出生,原山西省风陵渡煤焦管理站站长。2013 年 9 月 12 日被逮捕。

山西省太原市迎泽区人民检察院指控被告人卢某春犯滥用职权罪,向太原市迎泽区人民法院提起公诉。

被告人卢某春对起诉书指控的案件事实及罪名不持异议,当庭自愿认罪。其辩护人提出:对无煤炭销售票罚款是一种行政处罚措施。《山西省煤炭销售票使用管理办法》(山西省人民政府令第 212 号,以下简称《办法》)是山西省政府颁布实施的,属于地方性规章。依据《办法》第十一条、第十六条的规定,受煤炭行政主管部门委托,省煤炭运销总公司所属的煤炭出省口管理站负责核查回收《山西省煤炭销售票(公路出省)》,对无煤炭销售票的处罚主体是县级以上人民政府煤炭行政主管部门。该规章并未将该行政处罚权委托给省煤运集团或其下属的煤焦管理站。山西省煤炭工业局印发的《关于山西省煤炭销售票使用管理的补充通知》(晋煤经发〔2008〕579 号文件)第二条第一项规定,省煤运集团所属煤焦管理站发现无煤炭销售票的煤炭,一律按规定予以处罚,并规定了处罚标准。依据行政处罚法第十八条、第十九条①的规定,行政机关依照法律、法规或者规章的规定,可以在其法定权限内委托符合该法第十九条规定条件的组织实施行政处罚,受委托的组织必须是依法成立的管理公共事务的事业组织。煤焦管理站作为企业,不具备实施行政处罚的主体资格,无权行使行政处罚权。煤焦管理站不具备对无煤炭销售票罚款的主体资格,作为煤焦管理站站长卢某春不符合滥用职权的主体资格,相关车辆未缴纳罚款造成的损失与被告人没有因果关系,被告人的行为不构成滥用职权罪。

太原市迎泽区人民法院经公开审理查明:2013 年 1 月至 5 月,时任山西省芮城县风陵渡煤焦管理站站长的被告人卢某春为给单位谋取不当利益,违反《山西省煤炭可持续发展基金征收管理办法》《煤炭可持续发展基金公路运输出省煤炭查验补征管理办法(试行)》《山西省煤炭销售票使用管理办法》《关于山西省煤炭销售票使用管理的补充通

---

① 此处及后文引用的是 2021 年修订前的行政处罚法,分别对应 2021 年修订的行政处罚法第二十条、第二十一条。

知》的规定,决定将出省的 8692.5 吨煤炭改为焦炭收取焦炭运销服务费和中介服务费,给国家造成应收而未收煤炭可持续发展基金 521550 元和对无煤炭销售票罚款 434625 元的经济损失。

太原市迎泽区人民法院认为:被告人卢某春作为受委托行使行政管理职权的国有企业的负责人,在该单位履行查验补征煤炭可持续发展基金、核查回收煤炭销售票职责时,违反山西省煤炭可持续发展基金、煤炭销售票管理的相关规定,放弃应当履行的职责,通过集体开会的方式决定将出省的 8692.5 吨煤炭改为焦炭收取运销服务费,给国家造成应收而未收煤炭可持续发展基金与无煤炭销售票罚款两项共计 956175 元的经济损失,卢某春的行为构成滥用职权罪。卢某春如实供述自己的罪行,自愿认罪,依法可从轻处罚。依据刑法第三百九十七条第一款、第六十七条第三款、第六十一条,《最高人民法院、最高人民检察院关于办理渎职刑事案件适用法律若干问题的解释(一)》第一条第一款、第五条第二款、第七条之规定,判决如下:

被告人卢某春犯滥用职权罪,判处有期徒刑九个月。

宣判后,被告人未上诉,检察机关未抗诉,判决已发生法律效力。

## 二、主要问题

(一)被告人是否具有滥用职权罪的主体身份?
(二)被告人所在单位核查回收煤炭销售票,是否属于行使行政处罚权?
(三)被告人安排其单位工作人员放弃履行职责行为是否属于滥用职权行为?
(四)工作人员放弃履行职责与国家行政处罚罚款流失之间是否有因果关系?

## 三、裁判理由

(一)关于被告人的身份问题

《办法》规定受煤炭行政主管部门委托,省煤炭运销总公司所属的煤炭出省口管理站(含出省口营业站,以下简称煤炭出省口管理站)负责核查回收《山西省煤炭销售票(公路出省)》。《煤炭可持续发展基金公路运输出省煤炭查验补征管理办法(试行)》规定,风陵渡煤焦管理站属于山西省煤炭运销总公司管理的 43 个出省口管理站之一。故核查回收《山西省煤炭销售票(公路出省)》的行为属于风陵渡煤焦管理站受煤炭行政主管部门委托而行使的行政职权。风陵渡煤焦管理站营业执照和组织机构代码显示其属于国有企业,被告人卢某春作为该煤焦管理站的负责人,符合《最高人民法院、最高人民检察院关于办理渎职刑事案件适用法律若干问题的解释(一)》第七条关于滥用职权罪主体的规定。

(二)关于被告人所在单位核查回收煤炭销售票行为的性质

根据《办法》的规定,对无煤炭销售票罚款是一种行政处罚措施。就法律渊源而言,《办法》是山西省政府颁布实施的规范性文件,属于地方性规章。依据《办法》的规定,对无煤炭销售票的处罚主体是县级以上人民政府煤炭行政主管部门。根据《办法》第十四条规定，县级以上人民政府煤炭行政主管部门可以委托所属纠察机构对本行政区域内煤炭销售票的执行情况（含煤炭出省口管理站）进行监督检查。但该条规定的"监督检查"并没有明确由出省口管理站代替煤炭行政管理部门实施处罚。故该规章并未将该行政处罚权委托给省煤运集团或其下属的煤焦管理站。依据行政处罚法第十八条、第十九条的规定，行政机关依照法律、法规或者规章的规定，可以在其法定权限内委托符合该法第十九条规定条件的组织实施行政处罚，受委托的组织必须是依法成立的管理公共事务的事业组织。煤焦管理站为企业，不具备实施行政处罚的主体资格，无权行使行政处罚权。依照《办法》的规定，受煤炭行政主管部门的委托，省煤炭运销总公司所属的煤炭出省口管理站负责核查回收《山西省煤炭销售票（公路出省）》，该核查回收行为只是一般的行政行为，不属于行使行政处罚权的行为。

（三）被告人的行为是否属于滥用职权行为

2013年1月至4月，被告人卢某春通过单位例会的形式决定将经过该站运输出省的煤炭按照焦炭收取相关费用并在该站职工大会上予以宣布，该站工作人员按照上述要求，在实际工作中对经过该站出省运煤车辆没有核查回收《山西省煤炭销售票（公路出省）》，而是对出省煤炭按照焦炭收取相关费用，该行为违反地方性政府规章的规定，放弃履行"受相关行政机关委托的行政管理职权"的行为性质，属于滥用职权。

（四）被告人安排单位工作人员放弃履行职责行为与国家行政处罚罚款流失之间的因果关系问题

《山西省煤炭可持续发展基金安排使用管理实施细则（试行）》第二条规定："本实施细则所称煤炭可持续发展基金，是指煤炭开采企业依照《山西省煤炭可持续发展基金征收使用管理实施办法（试行）》规定上缴的政府非税收入。"《山西省煤炭可持续发展基金征收管理办法》规定，各级地方税务机关（以下简称地税机关）根据省人民政府的决定，受财政部门的委托负责基金征收管理工作，地税机关应当通过加强公路、铁路运输原煤环节的管理，查验补征基金，实现对外运原煤基金缴纳情况的有效监控和征收，对公路运输出省原煤基金可以委托省煤炭运销总公司管理的出省口煤焦管理站进行查验补征。《办法》规定受煤炭行政主管部门委托，省煤炭运销总公司所属的煤炭出省口管理站负责核查回收《山西省煤炭销售票（公路出省）》。《煤炭可持续发展基金公路运输出省煤炭查验补征管理办法（试行）》规定，风陵渡煤焦管理站属于山西省煤炭运销总公司管理的43个出省口管理站之一。故本案中"风陵渡煤焦管理站查验补征煤炭可持续发展基金"，属于风陵渡煤焦管理站受地方税务机关委托的而行使的行政管理职权。对经过风陵渡煤焦管理站出省的运煤车辆核查回收煤炭销售票是对无煤炭销售票进行处罚的前提，而被告人安排其所在风陵渡煤焦管理站工作人员不履行核查回收煤炭销售票的行为，使未获得煤炭销售票运煤车辆逃避了本应受到的处罚，导致行政机关无法行使行政处罚权，进而导致行政处罚款的流失。换而言之，被告人所在单位虽无行政处罚权，但被告人安排工作人员放弃履行职责,使本应受到行政处罚的行为不能被发现,导致相关行政机关无法行使行政处罚权,其行为与行政处罚款流失之间有直接因果关系。

综上所述,被告人作为受委托行使行政管理职权的国有企业负责人,安排工作人员放弃履行行政管理职责,导致其他行政机关无法行使行政管理职权,进而造成行政违法行为人逃避行政处罚及行政处罚款流失的损害后果,其行为符合滥用职权罪的构成要件,法院以滥用职权罪追究其刑事责任是正确的。

(撰稿:山西省太原市迎泽区人民法院　柴　喆
审编:最高人民法院刑二庭　韩维中)

[第 1434 号]

# 佛山市格利华经贸有限公司、
# 王某东、李某雄走私废物案

——利用他人许可证进口可用作原料的固体废物行为性质的认定

## 一、基本案情

被告单位佛山市格利华经贸有限公司（以下简称格利华公司），住所地广东省佛山市禅城区唐园东三街×号。

被告人王某东，男，1969年××月××日出生，格利华公司股东。2020年4月20日被逮捕。

被告人李某雄，男，1975年××月××日出生，格利华公司法定代表人。2019年3月8日被取保候审。

广东省佛山市人民检察院指控被告单位格利华公司、被告人王某东、李某雄犯走私废物罪，向佛山市中级人民法院提起公诉。

佛山市中级人民法院审理查明：2016年5月至2018年3月，被告单位格利华公司在被告人王某东的控制下，以"润发公司""东联公司"的名义对外承揽代理进口国家限制进口类废五金、废塑料业务，并指派被告人李某雄等人递送报关单证。格利华公司、王某东、李某雄明知国家有关固体废物的进口管理规定，在客户谢某某、林某某、殷某某、区某某、洪某某（均另案处理）等人未提供限制进口类固体废物进口许可证（以下简称许可证）的情况下，借用他人许可证并制作虚假报关单证，为上述人员走私进口国家限制进口类废五金、废塑料等固体废物共计134柜2816.714吨。其中，李某雄参与走私进口固体废物26柜543.55吨。案发后，王某东主动投案。

佛山市中级人民法院认为：被告单位格利华公司逃避海关监管，借用他人许可证帮助不具备环评资质的单位或个人将境外可用作原料的固体废物运输进境销售牟利，共计2816.714吨。其中，被告人王某东系格利华公司直接负责的主管人员，被告人李某雄参与走私废物543.55吨，系其他直接责任人员。格利华公司和王某东、李某雄的行为均构成走私废物罪，情节特别严重。王某东作为格利华公司直接负责的主管人员，在2019年《最高人民法院、最高人民检察院、海关总署关于敦促走私废物违法犯罪人员投案自首的公告》（以下简称《敦促公告》）规定的期限内主动投案，并如实供述格利华公司及其本人的犯罪事实，格利华公司和王某东均构成自首；另考虑涉案的部分走私废物经过无害处理,未造成环境污染,以及格利华公司和王某东均系初犯,王某东在案发后主动缴纳罚金等情节,可依法对王某东减轻处罚,对格利华公司从轻处罚。李某雄在共同犯罪中起辅助作用,系从犯,且归案后如实供述罪行,结合其认罪表现及社会危害程度,依法可对其减轻处罚并适用缓刑。据此,依照刑法第一百五十二条第二款、第三款,第二十五条第一款,第二十七条,第六十七条第一款、第三款,第七十二条,第七十三条第二款、第三款,第六十四条,第五十二条以及《最高人民法院、最高人民检察院关于办理走私刑事案件适用法律若干问题的解释》第二十一条第一款、第三款,第十四条第二款第一项的规定,以走私废物罪,分别判处被告单位格利华公司罚金人民币六十万元(以下未标明币种均为人民币);判处被告人王某东有期徒刑三年四个月,并处罚金四十万元;判处被告人李某雄有期徒刑一年六个月,缓刑二年,并处罚金十五万元。

一审宣判后,被告人王某东、李某雄不服,以二人及被告单位格利华公司不属于《敦促公告》规定的"不具备环评资质的单位或个人"或者"相关持证企业",一审判决关于犯罪主体的认定错误等为由提出上诉。

广东省高级人民法院经审理认为,上诉人王某东、李某雄及原审被告单位格利华公司逃避海关监管,借用他人许可证为不具备环评资质的单位或个人走私进口国家限制进口类可用作原料的固体废物,情节特别严重,其行为均已构成走私废物罪,依法应予惩处。原审判决认定事实清楚,证据确实、充分,定罪准确,量刑适当,审判程序合法。王某东、李某雄所提上诉意见据理不足,不予采纳。依照刑事诉讼法第二百三十六条第一款第一项的规定,裁定驳回上诉,维持原判。

## 二、主要问题

利用他人许可证进口可用作原料的固体废物行为性质应如何认定?

## 三、裁判理由

对于本案中被告单位格利华公司和被告人王某东、李某雄的行为性质应如何认定,存在以下三种意见。

第一种意见认为,被告单位格利华公司和被告人王某东、李某雄的行为不构成走私废物罪。理由是:《敦促公告》第一条规定:"利用许可证走私进口可用作原料的固体废物,是指不具备相应环评资质的单位或者个人利用他人许可证走私进口可用作原料的固体废物,以及相关持证企业与他人通谋,非法将本单位的许可证交由不具备相应环评资质的单位或者个人走私进口可用作原料的固体废物。"根据该条规定,只有"不具备环评资质的单位或个人"或者"相关持证企业",才能成为利用许可证走私进口可用作原料的固体废物犯罪的主体。格利华公司在本案中只是报关代理人,并非《敦促公告》第一条规定的"不具备环评资质的单位或个人"或者"相关持证企业"。

第二种意见同样认为,格利华公司和被告人王某东、李某雄的行为不构成走私废物罪。理由是:2013年《海关总署缉私局关于请予明确利用他人许可证进口国家限制进口可用作原料的废物行为定性问题的函》(缉私函字〔2013〕7号,以下简称《缉私局函》)和《海关总署关于办理进口固体废物案件若干执法问题的指导意见》(署缉发〔2013〕130号,以下简称《指导意见》)均规定,未取得进口许可证但有环保加工资质,使用他人许可证走私固体废物并环保加工处理的行为不作犯罪处理。根据《缉私局函》和《指导意见》的前述规定,凡是使用他人许可证走私固体废物并经过有环保资质的工厂加工处理,包括行为人自身没有环保资质但租用有环保资质的工厂进行加工处理的情形,都可以不作犯罪处理。本案中格利华公司和二被告人的行为属于前述规定情形,可以不按犯罪处理。

第三种意见认为,格利华公司和二被告人的行为构成走私废物罪。理由是:格利华公司和二被告人虽非"不具备环评资质的单位或个人"或者"相关持证企业",但其作为报关代理人,在明知他人无许可证的情况下,借用他人许可证并制作虚假报关单证,为他人走私进口国家限制进口可用作原料的固体废物,系走私废物犯罪的共犯,对其行为按走私废物罪处理,符合《最高人民法院、最高人民检察院关于办理走私刑事案件适用法律若干问题的解释》(以下简称《走私案件解释》)第二十一条第三款的规定,且不违反《敦促公告》《指导意见》和《缉私局函》等有关利用他人许可证走私废物的规范性文件规定。

我们经研究同意第三种意见。本案性质认定的关键在于对《走私案件解释》《敦促公告》《指导意见》《缉私局函》等有关利用他人许可证走私可用作原料的固体废物的规范性文件的准确理解与适用。

(一)本案按犯罪处理符合《走私案件解释》第二十一条第三款的规定

根据《走私案件解释》第二十一条第三款的规定,租用、借用或者使用购买的他人许可证,进出口国家限制进出口的货物、物品的,应当依照刑法第一百五十一条、第一百五十二条的规定,以走私国家禁止进出口的货物、物品罪等罪名定罪处罚;偷逃应缴税额,同时又构成走私普通货物、物品罪的,依照处罚较重的规定定罪处罚。本案中,被告单位格利华公司和被告人王某东、李某雄明知客户无许可证,仍借用他人许可证并制作虚假报关单证,为客户走私进口国家限制进口的废五金、废塑料等固体废物,其行为符合《走私案件解释》第二十一条第三款的规定,鉴于本案中不存在偷逃应缴税额的情形,故应以走私废物罪追究被告单位格利华公司和被告人王某东、李某雄的刑事责任。

实践中,一些有许可证的企业为了提高进口通关效率,将许可证存放在有长期业务关系的报关公司处,部分报关公司为谋取非法利益,在未告知该委托企业的情况下,利用保管的许可证为其他企业进口可用作原料的固体废物。对此,有意见认为,《走私案件解释》第二十一条第三款规定的是"租用、借用"许可证,而《敦促公告》第一条规定的是"利用"许可证,该种情形既非"租用",亦非"借用",属于单纯的"利用",故不适用《走私案件解释》第二十一条第三款的规定。对此,我们认为,从词义来看,"利用"是指用手段使人或物为己服务,而"租用"是指以给付一定的代价使用,"借用"是指借他人的东西来使用。一般而言,有租、借就应有出租和出借。正常情况下,出租、出借方知情并同意,但亦存在不问自取即盗用的情况。在盗用的情况下,行为人并非占有不还，而是使用后仍归还原主，只不过在此情况下原主不知情，但本质上还是借用。因此，即便行为人在未告知委托其代理合法进口可用作原料的固体废物的企业的情况下，使用了该企业存放在行为人处的许可证，即所谓"利用"了他人的许可证，本质上还是一种"借用"行为，适用《走私案件解释》第二十一条第三款处理并不存在障碍。

（二）本案按犯罪处理与《敦促公告》第一条的规定并不冲突

为依法惩治走私废物违法犯罪，贯彻落实宽严相济刑事政策，给以往曾利用许可证走私进口可用作原料的固体废物但现已停止走私的违法犯罪人员以改过自新、争取宽大处理的机会，更好地实现打击废物走私的办案效果，最高人民法院、最高人民检察院、海关总署于2019年7月15日联合发布了《敦促公告》，敦促利用许可证走私进口可用作原料的固体废物的犯罪分子及早投案自首。《敦促公告》规定，实施利用许可证走私进口可用作原料的固体废物的单位或者个人，自《敦促公告》发布之日起至2019年9月30日前主动投案、如实供述自己罪行的，可以依法从轻或者减轻处罚。其中，未造成重大环境污染、有效挽回国家经济损失、积极退赃、自愿认罪认罚的，可以减轻处罚，犯罪较轻的，可以免除处罚。对于自《敦促公告》发布之日起，仍顶风作案继续走私废物进境的涉案人员，依法从严惩处。《敦促公告》第一条规定："利用许可证走私进口可用作原料的固体废物，是指不具备相应环评资质的单位或者个人利用他人许可证走私进口可用作原料的固体废物，以及相关持证企业与他人通谋，非法将本单位的许可证交由不具备相应环评资质的单位或者个人走私进口可用作原料的固体废物。"从上述规定的内容来看，该条并非对利用他人许可证走私可用作原料的固体废物的行为主体范围作出的规定，而是对这类犯罪形态作出的提示性规定，以便执法、司法机关在办案过程中准确理解和适用《敦促公告》。虽然从实践看，利用许可证走私可用作原料的固体废物的犯罪主体主要是"不具备环评资质的单位或个人"和"相关持证企业"，但从刑法条文的规定看，刑法第一百五十二条规定的走私废物罪的犯罪主体为一般主体，即任何符合单位犯罪主体要件规定的单位和年满十六周岁的自然人均可成为该罪的犯罪主体。实践中，利用他人许可证走私可用作原料的固体废物的犯罪主体，除"不具备环评资质的单位或个人"和"相关持证企业"外，还包括与"不具备环评资质的单位或个人"或者"相关持证企业"通谋，帮助他人走私进口固体废物的单位或者个人，如本案的格利华公司和二被告人这样的报关公司和报关人员。本案中的这种情形属于典型的共犯，对于这类行为人按照刑法中关于共犯的规定追究其刑事责任即可，无须在《敦促公告》这样法律位阶较低的规范性文件中作出规定。

（三）本案按犯罪处理符合《指导意见》和《缉私局函》的规定精神

为严厉打击"洋垃圾"走私违法犯罪，进一步加强源头治理，海关总署于2013年2月至11月开展了代号"绿篱"的专项行动。"绿篱"专项行动的打击重点之一即为利用他人许可证等方式走私不符合环境控制标准的进口固体废物的违法犯罪行为。为准确适用法律，突出打击重点，确保"绿篱"专项行动取得更大实效，海关总署缉私局于2013

年初起草了《缉私局函》，就利用他人许可证进口可用作原料的固体废物行为的性质认定和政策把握等问题，征求最高人民法院和最高人民检察院有关业务部门的意见。《缉私局函》提出，对于合法持有许可证的企业，与他人通谋，非法向他人转让许可证，甚至提供企业印章、证件、文件等协助他人通关，应当按走私共犯处理；已通过环评、具有废物加工资质的企业，因用量不足而购买许可证进口废物的，考虑到企业本身符合废物加工的政策条件，其主观恶性较小、社会危害性不大，可按照宽严相济刑事政策不作犯罪处理。最高人民法院和最高人民检察院有关业务部门经研究，复函同意《缉私局函》的意见。随后，海关总署于2013年10月以《缉私局函》为基础，制定下发了《指导意见》，并进一步明确，利用他人许可证进口可用作原料的固体废物，如果实际收货人没有相应环评资质，且达到法定起刑点的，按刑事案件立案侦查；如果实际收货人具备相应环评资质，以及利用他人自动进口许可证进口可用作原料的固体废物，且不存在伪报、瞒报等情形的，原则上不按走私犯罪处理。《缉私局函》和《指导意见》均是根据刑法和有关司法解释对特定违法行为定性的进一步明确，其内容并未突破刑法和相关司法解释的规定。"绿篱"专项行动结束后，海关缉私部门在打击利用许可证走私可用作原料的固体废物违法犯罪工作中，一直以《缉私局函》和《指导意见》的规定为指导，《敦促公告》的起草制定亦承袭了前述规范性文件的精神。

根据《缉私局函》和《指导意见》的规定，利用他人许可证进口可用作原料的固体废物的行为中，可不按犯罪处理的有三种情形：一是已通过环境影响评价、具有废物加工资质的企业，因用量不足而购买许可证进口可用作原料的固体废物的；二是利用他人自动进口许可证进口可用作原料的固体废物，且不存在伪报、瞒报等情形的；三是实际收货人具备相应环境影响评价资质的。需要注意的是，考虑到可用作原料的固体废物的加工利用可能对环境造成的污染，在对实际收货人的环境影响评价资质的认定上应从严掌握，不能把具备相应环境影响评价资质或者通过环境影响评价、具有废物加工资质简单扩展为有环保加工能力。本案中，被告单位格利华公司和被告人王某东、李某雄逃避海关监管，在明知委托代理进口方没有许可证的情况下，承揽代理并利用他人许可证办理通关，委托代理进口方和实际收货人均不具备相应环境影响评价资质，虽然有部分实际收货人租借有环境影响评价资质的单位的场地进行拆解，但其实质上并不具备相应的环境影响评价资质。因此，格利华公司和二被告人的行为不属于前述《缉私局函》和《指导意见》规定的可不作犯罪处理的三种情形，对其按犯罪处理符合《指导意见》和《缉私局函》的规定精神。

(撰稿：广东省高级人民法院　黄建屏
最高人民法院刑二庭　郭　慧
审编：最高人民法院法院刑二庭　王晓东)

[第 1435 号]

## 丹东欣泰电气股份有限公司及温某乙、刘某胜欺诈发行股票[①]、违规披露重要信息案

——上市公司在申请上市前后连续财务造假的行为如何认定

### 一、基本案情

被告单位丹东欣泰电气股份有限公司（以下简称欣泰电气公司）。因本案于 2016 年 7 月 5 日被中国证券监督管理委员会（以下简称证监会）责令整改，给予警告，并处以人民币 832 万元（以下未表明币种的均为人民币）罚款。

被告人温某乙，男，1961 年××月××日出生，欣泰电气公司原董事长。因本案于 2016 年 7 月 5 日被证监会给予警告，处以 892 万元罚款，并被采取终身证券市场禁入措施。2016 年 8 月 27 日被监视居住，同年 9 月 1 日被取保候审。

被告人刘某胜，男，1964 年××月××日出生，欣泰电气公司原财务总监。因本案于 2016 年 7 月 5 日被证监会给予警告，处以 60 万元罚款，并被采取终身证券市场禁入措施。2016 年 8 月 27 日被监视居住，同年 10 月 28 日被逮捕。

辽宁省丹东市人民检察院指控被告单位欣泰电气公司及被告人温某乙、刘某胜犯欺诈发行股票罪、违规披露信息罪，向丹东市中级人民法院提起公诉。

被告单位欣泰电气公司及被告人温某乙、刘某胜对起诉指控的犯罪事实均无异议。

被告人温某乙的辩护人提出，对温某乙不应以欺诈发行股票罪、违规披露重要信息罪数罪并罚，只应定一罪；温某乙在尚未受到司法机关讯问、未被采取强制措施前，主动到案，且到案后如实供述，应属自首；被告欣泰电气公司、温某乙、刘某胜因本案已受到最严厉的行政处罚，近年来证监会对类似案件的处理，均将上市之前的欺诈行为与上市后的违规披露行为按一个行为处理，且处罚相对较轻；对温某乙的刑事处理关系到其所在企业是否破产以及由此引发的社会稳定等问题；2017 年 7 月，深圳证券交易所决定欣泰电气公司退市、摘牌，主承销商兴业证券股份有限公司设立欣泰电气公司欺诈发行先行赔付专项基金，投资者（股民）的损失已得到充分赔偿，消除了对股民所致损失的社会危害性。综上所述，请求对其判处缓刑。

---

[①] 此处使用的是修正前的罪名，根据 2021 年《最高人民法院、最高人民检察院关于执行〈中华人民共和国刑法〉确定罪名的补充规定（七）》，刑法第一百六十条罪名修改为欺诈发行证券罪。

被告人刘某胜的辩护人提出，本案欺诈发行股票的行为与违规披露重要信息的行为应择一重罪处罚；刘某胜不是欣泰电气公司违规披露重要信息的直接负责的主管人员，指控刘某胜涉嫌违规披露重要信息罪不能成立；从刘某胜在本案中的地位和作用来看，宜认定为从犯；刘某胜应构成自首；刘某胜系初犯、偶犯；刘某胜当庭认罪、悔罪。综上，请求对其判处缓刑。

丹东市中级人民法院经审理查明：

2011年3月30日，被告单位欣泰电气公司提出在创业板上市的申请，因持续盈利能力不符合条件而被证监会驳回。被告人温某乙、刘某胜为达到上市目的，合谋决定组织单位工作人员通过外部接口、使用自有资金或伪造银行单据等方式，采取虚减应收账款、少计提坏账准备等手段，虚构2011年至2013年6月的收回应收款项情况，采用在报告期末冲减应收款项，下一会计期期初冲回的方式，虚构有关财务数据，并在向证监会报送的首次公开发行股票并在创业板上市申请文件的定期财务报告中载入上述重大虚假内容。2014年1月3日，证监会核准欣泰电气公司在创业板上市。随后欣泰电气公司在《首次公开发行股票并在创业板上市招股说明书》中亦载入了具有重大虚假内容的财务报告。2014年1月27日，欣泰电气公司股票在深圳证券交易所创业板挂牌上市，首次以每股发行价16.31元的价格向社会公开发行1577.8万股，共募集资金2.57亿元。

被告单位欣泰电气公司上市后，被告人温某乙、刘某胜继续沿用前述手段进行财务造假，向公众披露了具有重大虚假内容的2013年年度报告、2014年半年度报告、2014年年度报告等重要信息。2017年7月，深圳证券交易所决定欣泰电气公司退市、摘牌，主承销商兴业证券股份有限公司设立先行赔付专项基金，先行赔付1万余名投资人的损失共计2.36亿余元。

2016年8月26日，侦查人员在被告人温某乙家中向温某乙下达询问通知书，后温某乙随同侦查人员到办案地点接受了询问。同日，刘某胜在丹东市振兴区一茶馆接到侦查人员的电话，侦查人员到达茶馆向其下达询问通知书，刘某胜随同侦查人员到办案地点接受询问。两人到案后，均如实供述了犯罪事实。

丹东市中级人民法院经审理认为，被告单位欣泰电气公司为达到上市发行股票的目的，采取伪造、虚构财务事项等手段，在首次公开发行股票并在创业板上市的申请文件中和招股说明书中编造重大财务虚假内容，发行股票数额巨大，其行为构成欺诈发行股票罪；被告人温某乙作为欣泰电气公司董事长、被告人刘某胜作为财务部门负责人，均系欣泰电气公司直接负责的主管人员，其行为均构成欺诈发行股票罪；欣泰电气公司作为负有信息披露义务的公司，多次向股东和社会公众提供虚假和隐瞒重要事实的财务报告，最终导致公司发行的股票被终止上市，严重损害股东利益，温某乙与刘某胜作为被告单位欣泰电气公司直接负责的主管人员，其行为均构成违规披露重要信息罪，均应予以惩处，应当数罪并罚。温某乙到案后如实供述自己的罪行，依法可以从轻处罚。刘某胜接到侦查人员电话后，在原地等候侦查人员，并积极配合侦查人员前往办案地点接受询问，可视为主动到案，其到案后如实供述了犯罪事实，应认定为自首，依法可以从轻处罚。综上所述，依照刑法第一百六十条、第一百六十一条、第三十条、第三十一条、第六十七条第一款和第三款、第六十九条之规定，裁判结果如下：

一、被告单位欣泰电气公司犯欺诈发行股票罪，判处罚金人民币八百三十二万元（已缴纳）。

二、被告人温某乙犯欺诈发行股票罪，判处有期徒刑二年六个月；犯违规披露重要信息罪，判处有期徒刑一年，并处罚金人民币十万元，决定执行有期徒刑三年，并处罚金人民币十万元。

三、被告人刘某胜犯欺诈发行股票罪，判处有期徒刑二年；犯违规披露重要信息罪，判处有期徒刑六个月，并处罚金人民币八万元，决定执行有期徒刑二年，并处罚金人民币八万元。

宣判后，在法定期限内被告单位及被告人均没有上诉，检察机关未抗诉，判决已发生法律效力。

## 二、主要问题

（一）对被告人温某乙、刘某胜是否能够认定自首？

（二）被告人温某乙、刘某胜是否应当判处从业禁止？

（三）被告人温某乙、刘某胜的行为构成一罪还是数罪？

（四）对被告人温某乙、刘某胜能否适用缓刑？

## 三、裁判理由

本案是上市公司在申请上市前后连续财务造假而受到刑事处罚并被依法强制退市的典型案例。目前，我国正在推进以信息披露为核心的证券发行注册制，而欺诈发行、财务造假等违法犯罪行为，严重挑战信息披露制度的严肃性，破坏市场诚信基础，损害投资者利益。本案的依法处理充分体现了对资本市场违法犯罪行为"零容忍"的态度和决心。

（一）对被告人温某乙、刘某胜能否认定自首

对于该问题，应结合本案的到案经过具体认定：本案案发系证监会出具《关于欣泰电气涉嫌欺诈发行犯罪和温某乙涉嫌挪用资金犯罪线索的移送函》，将本案线索移送公安部门，辽宁省公安厅于2016年8月9日对该案正式立案侦查。同月26日20时，专案组侦查人员到丹东市振安区温某乙家中对温某乙下达询问通知书，23时50分，温某乙随同侦查人员到某办案地点接受询问；当日，刘某胜在丹东市一茶馆接到侦查人员的电话，随后侦查人员到达茶馆对刘某胜下达询问通知书，约23时，刘某胜随同侦查人员至办案地点接受询问。

对于被告人温某乙，一致意见认为公安机关在掌握温某乙犯罪嫌疑的情况下，依法到其家中下达询问通知书，温某乙此时已没有选择余地，只能根据要求到案接受询问，因此不属于自动投案，不构成自首。

对于被告人刘某胜，有意见认为，刘某胜的行为不能认定为自首。主要理由是：第

一，犯罪嫌疑人的主动投案，要求出于自己的意志，自愿找到司法机关交代自己的罪行，而不是在司法机关已经通知要对其进行询问后，被动等待司法机关来找他。第二，《最高人民法院关于处理自首和立功若干具体问题的意见》第一条关于"自动投案"的具体认定，规定"明知他人报案而在现场等待，抓捕时无拒捕行为，供认犯罪事实的"应当视为自动投案。可见，犯罪嫌疑人要明知自己已经成为被侦查对象，而自愿在原地等待侦查机关到来，才有可能被视为自动投案。本案中，公安机关仅电话告知刘某胜欲找其了解欣泰公司上市的相关情况，并无证据证明刘某胜此时已明知自己系公安机关侦查的对象，其亦可能认为自己仅作为证人接受公安机关的询问，故其在茶馆等候侦查人员的行为还达不到刑法及司法解释对于自动投案主动性的要求。

我们认为，对被告人刘某胜可以认定自首。根据《最高人民法院关于处理自首和立功具体应用法律若干问题的解释》第一条关于"自动投案"的规定，犯罪事实或者犯罪嫌疑人虽被发觉，但犯罪嫌疑人尚未受到讯问、未被采取强制措施时，主动、直接向公安机关、人民检察院或者人民法院投案，可见无论犯罪线索是否被司法机关发觉，行为人尚具有人身自由或者具有选择余地的时候，基于自愿主动将自己置于办案机关的合法控制之下，均可以视为自动投案。从刘某胜到案过程来看，其是在公安机关电话告知欲了解欣泰公司上市的相关情况后，在茶馆等候侦查人员，在此期间可以选择等候也可能选择逃脱，故其选择在茶馆等候体现了一定的主动性，可认定自首。但鉴于其到案的主动性和自愿性与标准自首有很大区别，在量刑上可酌情从轻处罚。

（二）对被告人温某乙、刘某胜可以不再判处从业禁止

有意见认为，根据刑法第三十七条之一第一款的规定，因利用职业便利实施犯罪，或者实施违背职业要求的特定义务的犯罪被判处刑罚的，人民法院可以根据犯罪情况和预防再犯罪的需要，禁止其自刑罚执行完毕之日或者假释之日起从事相关职业，期限为三年至五年。对于本案二被告人还应判处一定期限的从业禁止。

我们认为，本案中证监会已经依据证券法，于2016年7月5日以〔2016〕5号《市场禁入决定书》对温某乙和刘某胜采取终身证券市场禁入措施，自证监会宣布决定之日起，终身不得从事证券业务或担任上市公司董事、监事、高级管理人员职务，是最严厉的从业禁止，为避免重复处罚，不宜再依据刑法第三十七条之一第一款另行判处从业禁止。

（三）被告人温某乙、刘某胜构成两个犯罪应数罪并罚

有观点认为，被告单位欣泰电气公司、被告人温某乙和刘某胜因本案已受到最严厉的行政处罚，应将上市之前的欺诈行为与上市后的违规披露行为按一个行为处理；即便构成两个犯罪，也不应以欺诈发行股票罪、违规披露重要信息罪数罪并罚，应择一重罪处罚。我们认为，上述观点是不正确的。

首先，行政执法与刑事司法间应有效衔接，不能以罚代刑，已经作出的行政处罚决定不影响司法机关追究刑事责任。本案中，证券监督管理部门和司法机关各司其职、相

互配合，各自根据执法、司法工作的需要，及时追究相关市场主体的法律责任。因此，证券监督管理部门作出行政处罚后，认为相关人员构成犯罪的，及时移送线索至公安机关立案侦查，司法机关依法追究刑事责任是正确的。

其次，我们认为，对二被告人应当数罪并罚。理由如下：上市公司在发行、持续信息披露中的财务造假行为，严重蛀蚀了资本市场的诚信基础，损害投资者利益，应当予以惩治。资本市场财务造假行为主要通过信息违规披露的方式表现出来。对于不同阶段涉财务造假信息的违规披露行为，刑法规定了不同的罪名和相应刑罚。欺诈发行股票罪与违规披露重要信息罪是两个独立的罪名，侵犯的法益不同，二者也并非手段与目的的牵连关系，欺诈发行不意味着一定会违规披露，而违规披露也不一定是因为前面有欺诈发行行为。如果同时符合两个犯罪构成，就应当数罪并罚。经过检索相关案例，云南绿大地公司欺诈发行股票案①和万福生科财务舞弊案②等类似案件中也均作两罪处理，予以数罪并罚。

最后，具体到本案中，被告欣泰电气公司欺诈发行股票行为与违规披露重要信息行为发生在公司上市前后两个阶段。前一阶段欣泰电气公司通过虚构财务数据，使公司成功上市并发行股票，股票数额巨大，其所侵犯的是国家关于股票发行的管理制度；后一阶段是欣泰电气公司上市后，多次违规披露虚假的财务会计报告，最终导致公司发行的股票被终止上市交易，严重损害股东和他人的利益，其所破坏的是上市公司关于信息披露的管理制度。前后两个阶段的犯罪行为所侵犯的法益和所造成的社会危害均不相同，只有认定两罪，才能全面、客观评价其所犯罪行，真正体现罪责刑相适应原则。

需要说明的是，违规披露重要信息罪是单位犯罪，但实行单罚制，只处罚直接负责的主管人员和其他直接责任人员，从保护股东和投资者利益的角度出发对单位没有规定判处罚金。

（四）对被告人温某乙、刘某胜能否适用缓刑

本案中，被告单位欣泰电气公司及二被告人的辩护人均提出，请求法院考虑企业转制遗留离休干部、国企军转干部、尚未落实转换国有职工身份及遗留巨额职工债务的事实，从保护职工利益、股民利益、维护社会稳定的大局出发，同时本案股民损失已得到相应赔偿，社会危害性得以消除，希望能对温某乙、刘某胜判处缓刑。

审理认为，本案犯罪情节严重，在上市过程中和上市成功后连续进行财务造假，持续时间长、涉及数额大，在资本市场造成影响重大，对我国证券资本市场的信用体系危害巨大；被告人温某乙是单位犯罪中直接负责的主管人员，同时也是犯罪行为的受益者，且在犯罪中实际起组织、指挥作用，地位、作用最为突出；被告人刘某胜作为财务负责人，系公司直接负责的主管人员，在财务造假过程中起到积极的实施作用，对其虽可认定自首情节，判处的刑罚可酌情考虑从轻，但从轻的幅度应区别于标准自首。类案万福生科财务舞弊案的被告单位还有积极赔偿股民全部损失及被告人均自动投案、如实供述

---

① 参见（2011）官刑一初字第 367 号刑事判决书。
② 参见（2014）长中刑二初字第 00050 号刑事判决书。

所犯罪行认定为自首等情节，对主要责任人员也未适用缓刑。

2020年3月实施的新修订的证券法进一步完善了投资者保护制度，先行赔付、证券代表人诉讼等规定为更好地保护投资人合法权益提供了法律依据。本案办理过程中，主承销商设立先行赔付专项基金，投资人的损失得到相应赔偿，本案股民的绝大部分损失得到挽回，客观上降低了本案的社会危害性。但是，赔偿主体并非欣泰电气公司和被告人温某乙、刘某胜，在量刑时仅可作为酌定情节。

综上所述，结合本案的事实、性质、情节与对社会的危害程度，比照类似案件的量刑平衡情况，原审法院未对被告人温某乙、刘某胜适用缓刑是恰当的。

（撰稿：最高人民法院刑二庭　初立秀
审编：最高人民法院刑二庭　高洪江）

[第1436号]

## 张那某某故意伤害案

——如何准确区分特殊防卫与防卫过当，以及
认定行为人属于正当防卫的，法院判决应当如何表述

### 一、基本案情

被告人张那某某，男，1973年××月××日出生。2016年3月25日被逮捕。

天津市西青区人民检察院指控被告人张那某某犯故意伤害罪，向西青区人民法院提起公诉。

西青区人民法院经公开审理查明：2016年3月12日8时许，周某强（另案被判处聚众斗殴罪）因与被告人张那某某在解决张那某某亲属张某壮交通事故纠纷过程中产生矛盾，遂纠集陈某新和丛某富、张某（另案被判处聚众斗殴罪）持事先准备的砍刀等工具，窜至天津市西青区精武镇牛坨子村张那某某暂住处后，与张那某某发生冲突。张那某某持刀捅刺陈某新胸部一刀，后又持铁锹将周某强左前臂殴打致轻伤。在此过程中张那某某头部受轻微伤。案发后，张那某某拨打电话报警并在现场等候公安机关处理。陈某新经送医院抢救无效于当日死亡。

西青区人民法院认为，被告人张那某某故意伤害他人身体，致一人死亡、一人轻伤，其行为已构成故意伤害罪。鉴于被害人一方在案件起因方面负有一定责任，对此情节予以酌情考虑。依照刑法第二百三十四条之规定，认定被告人张那某某犯故意伤害罪，判处有期徒刑十二年六个月。

宣判后，被告人张那某某以其行为系正当防卫、不构成犯罪为由提出上诉。

天津市第一中级人民法院经审理查明：

被告人张那某某在处理其兄张某壮的交通事故时，找到了无业人员周某强向办案民警"打招呼"，周某强应允。此后，张那某某发现周某强与办案民警并不相识，交通事故最终在警方调解下解决。周某强因事故处理中的"面子"问题对张那某某心生怨恨。

2016年3月12日8时许，周某强纠集丛某富、张某、陈某新，由丛某富驾车，携带了陈某新事先准备好的两把砍刀，至天津市西青区精武镇牛坨子村被告人张那某某暂住处。四人确认张那某某在房间后，周某强、陈某新各持一把砍刀，丛某富、张某分别从鱼塘边拿起铁锹、铁锤再次进入张那某某暂住处。张某壮见状将走在最后边的张某截在外屋，二人发生厮打。周某强、陈某新、丛某富进入里屋，三人共同向屋外拉拽张那某某，张那某某向后挣脱。周某强、陈某新见张那某某不肯出屋，即持刀砍击张那某某后

脑部，张那某某即随手在茶几上抓起一把尖刀转身向陈某新捅刺一刀，陈某新胸部被捅后退到外屋倒地。其间，丛某富持铁锹又向张那某某后脑处击打。周某强、丛某富见陈某新倒地后也跑出屋外。张那某某将尖刀放回原处后发现张某仍在屋外与其兄张某壮厮打，为防止张某壮被殴打，其赶到屋外，随手拿起门口处的铁锹将正挥舞砍刀的周某强打入鱼塘中。周某强爬上岸后张那某某再次将其打落水中，致周某强左尺骨被打致骨折，其所持砍刀落入鱼塘中。此时，张某壮已经将张某手中的铁锤夺下，并将张某打落鱼塘中。张那某某随即拨打电话报警并在现场等候公安机关处理。陈某新被送往医院，因心脏被刺破致失血性休克死亡；张那某某头部损伤构成轻微伤；周某强左前臂构成轻伤。

天津市第一中级人民法院认为，被告人张那某某为了制止危及其本人和亲属的行凶暴力犯罪而实施的防卫行为，虽然造成了不法侵害人一死一伤的后果，但未超过防卫的必要限度，属正当防卫，不负刑事责任。依照刑法第二十条第一款、第三款与刑事诉讼法第二百三十六条第一款第二项之规定，撤销一审判决，改判被告人张那某某无罪。

## 二、主要问题

（一）被告人张那某某致一死一伤的行为属于防卫过当，还是特殊防卫？
（二）认定正当防卫的案件，判决书主文是表述为"无罪"还是"不负刑事责任"？

## 三、裁判理由

正当防卫是我国刑法中一项重要制度，具有鼓励公民与犯罪分子作斗争的功能，但受制于司法理念及把握标准不明确等因素，司法实践中对正当防卫的认定容易产生分歧。本案中，被告人张那某某致一死一伤，一审法院未认定被告人张那某某具有防卫情节，鉴于被害人具有过错，酌情对张那某某以故意伤害罪从轻判处有期徒刑十二年六个月；二审法院则认定张那某某属正当防卫，改判其无罪。可见，对被告人的行为是否构成正当防卫，存在重大争议。

我们认为，二审法院认定被告人张那某某属正当防卫，改判其无罪，是正确的。本案能否认定正当防卫情节，主要涉及两个问题，分述如下。

（一）被害人陈某新等一方的行为是否属于"严重危及人身安全的暴力犯罪"

成立正当防卫需要同时具备起因条件、时间条件、主观条件、对象条件和限度条件。本案二审审理时，控辩双方对被告人张那某某的行为具有防卫因素并无争议，但对其行为是否超过防卫限度存在较大争议。

刑法第二十条第三款规定，对正在进行行凶、杀人、抢劫、强奸、绑架以及其他严重危及人身安全的暴力犯罪，采取防卫行为，造成不法侵害人伤亡的，不属于防卫过当，不负刑事责任。从该规定的表述看，"严重危及人身安全的暴力犯罪"应该是与行凶、抢劫、强奸、绑架四种犯罪行为暴力危害程度相当的犯罪行为。有种观点认为，本案中，张那某某所受损害结果仅为轻微伤，故其所受侵害尚未达到"严重危及人身安全"的程度，但其行为却造成了一死一轻伤的后果。因此，张那某某的防卫行为明显超出了必要限度，属于防卫过当。

我们认为，张那某某的行为系特殊防卫，不属于防卫过当，对造成的死伤结果不负刑事责任。主要理由是：首先，防卫行为是否明显超过必要限度，应以普通人的认识水平并结合现场实际情况判断，而不是从事后的角度分析侵害程度来确定防卫行为是否超过必要限度。其次，判断防卫行为是否明显超出必要限度的标准，应以侵害行为可能造成的危害程度是否与正在进行的行凶、抢劫、强奸、绑架四种犯罪相当，而不是以实际危害结果是否与上述四种犯罪的既遂结果相当。换言之，在判断是否构成特殊防卫时不能"唯结果论"，不能简单地从防卫人与不法侵害人实际受到的损伤对比来判断不法侵害是否"严重危及人身安全"。应当以普通人的认识水平，结合现场的实际情况，同时考虑侵害方所持凶器、人数、已经实施的行为以及实施行为的场所等情形，来判断不法侵害是否达到"严重危及人身安全"的程度。

本案中，周某强等四人分别持两把砍刀、一把铁锨、一把铁锤突然闯入被告人张那某某住处，直接向张那某某实施了拖拽及用砍刀砍击其后脑部、用铁锨砸击其后脑部等行为。张那某某面对四名分别手持足以致其死伤凶器的侵害人，且在后脑部已经受到攻击的情况下，不能苛求其在精神高度紧张、情况极为紧迫的情况下，作出对方行为对其可能造成何种程度损伤的精准判断。换言之，不能以周某强一方的侵害行为仅造成张那某某轻微伤的后果，来反推张那某某采取的防卫措施明显超过实际受到的损害。周某强一方实施的侵害行为的危险程度，与正在进行的行凶、抢劫、强奸、绑架四种犯罪行为暴力危险程度相当。故张那某某在人身安全面临严重危险的情况下采取防卫行为，导致一死一伤后果，属于特殊防卫，对伤亡结果不负刑事责任。

需要指出的是，对周某强、丛某富、张某等人持械砍伤张那某某的行为，司法机关已经另案审理作出评价，认定周某强等三人伙同本案死者陈某新持械聚众斗殴，均构成聚众斗殴罪，分别对三人判处三年至四年六个月不等有期徒刑，进一步说明四人的行为具有不法性、侵害性和现实紧迫性，符合正当防卫所要求的起因条件。

### （二）周某强等人退至屋外时，被告人张那某某面临的不法侵害是否继续存在

本案中，被告人张那某某捅刺陈某新后，在周某强等人均退至屋外的情况下，从屋内出来又持铁锨将周某强左前臂打致轻伤。对此，有观点认为，周某强等人退至屋外时不法侵害已经结束，此时张那某某持铁锨将周某强打伤不属于正当防卫，应认定为故意伤害罪。

我们认为，判断不法侵害是否结束，要结合不法侵害人是否已经脱离现场、丧失侵害能力、放弃侵害意图等因素综合考量。本案中，周某强等人的不法侵害并没有结束，周某强等人退出屋后，被告人张那某某面临的人身危险并没有解除。对张那某某捅刺陈某新后，又持铁锨将周某强打伤的行为应当给予整体评价，认定不法侵害仍在继续进行，主要理由如下。

第一，从时间和地点上看，周某强等人在陈某新被被告人张那某某捅刺后出屋，张那某某放下尖刀随即出屋与周某强进行打斗，张那某某在屋内的捅刺行为和屋外鱼塘边的打斗行为没有间隔，系连贯行为；张那某某实施的反击行为、实施的场所具有连续性，

行为对象虽然分别是陈某新、周某强,但二人的不法侵害系共同行为,可以说张那某某进行防卫的行为对象具有一致性,张那某某捅刺陈某新的行为与击打周某强的行为也具有整体性。

第二,从行为性质上看,周某强等三人虽然退至屋外,不再拉拽被告人张那某某,但仍手持凶器,周某强见到张那某某后向其挥舞砍刀,仍未放弃不法侵害行为,且张某与张某壮在屋外的打斗没有停止,侵害一方对张那某某的人身安全仍然构成威胁,不法侵害尚未结束。

(三)对构成正当防卫的被告人,判决书主文的表述应为"无罪",而非"不负刑事责任"

刑法第二十条第三款规定"对正在进行行凶、杀人、抢劫、强奸、绑架以及其他严重危及人身安全的暴力犯罪,采取防卫行为,造成不法侵害人伤亡的,不属于防卫过当,不负刑事责任",据此,有观点认为,人民法院认定被告人的行为系特殊防卫的,根据刑法第二十条第三款规定,应当判决被告人不负刑事责任。我们认为,构成特殊防卫的,判决中应当宣告被告人无罪,主要理由如下。

根据刑法第十三条的规定,犯罪具有社会危害性、刑事违法性和应受刑罚处罚性三个基本特征。刑法二十条第三款规定的"对正在进行行凶、杀人、抢劫、强奸、绑架以及其他严重危及人身安全的暴力犯罪,采取防卫行为,造成不法侵害人伤亡的,不属于防卫过当,不负刑事责任",其意义在于再次明确特殊防卫不具备犯罪的基本特征,不是犯罪行为,而不是对法院如何裁判的规定。对于裁判文书应当如何表述,根据《最高人民法院关于适用〈中华人民共和国刑事诉讼法〉的解释》(以下简称《刑事诉讼法解释》)第二百九十五条第一款第三项规定,案件事实清楚,证据确实、充分,依据法律认定被告人无罪的,应当判决宣告被告人无罪。

需要指出的是,行为是否应当受刑事处罚,与实际是否判处刑罚是不同的范畴,换而言之,行为是否构成犯罪和行为人是否负刑事责任也是两个层面的问题,后者包括行为构成犯罪但具体行为人实际不判处刑罚的情况。刑法第十七条、第十八条规定了不满法定责任年龄的未成年人、不具备刑事责任能力的精神病人犯罪的,均不负刑事责任,解决的是行为本身属于犯罪,只是因为行为人在责任能力方面有欠缺导致无法承担刑事责任的问题,故《刑事诉讼法解释》第二百九十五条第一款第六项和第七项规定,对于此种情况,应当判决"宣告不负刑事责任"。

本案中,被告人张那某某的行为导致一死一伤的后果,其行为在形式上似乎符合犯罪构成的客观要件,但由于特殊防卫行为是对社会有利而非危害社会的行为,且是法律规定的排除犯罪的事由,既不具有社会危害性,也不具有刑事违法性,当然也不应当受到刑罚处罚,不属于犯罪行为。因此,法院在判决书中依法宣告其无罪,是正确的。

(撰稿:天津市第一中级人民法院 董照南 路 诚
审编:最高人民法院刑一庭 安 翱)

[第 1437 号]

## 秦某强奸、猥亵儿童案

——性侵未成年人犯罪案件中证据的采信以及相关量刑情节的认定

### 一、基本案情

被告人秦某，男，满族，1969 年××月××日出生，捕前系河北省行唐县某某小学教师。2012 年 11 月 2 日被逮捕。

河北省石家庄市人民检察院指控被告人秦某犯强奸罪、猥亵儿童罪，向石家庄市中级人民法院提起公诉。

被告人秦某否认犯罪。其辩护人提出，秦某犯强奸罪、猥亵儿童罪的事实不清、证据不足；证人证言均是传来证据，证据链不完整；应当依法宣告秦某无罪。

石家庄市中级人民法院于 2013 年 9 月 23 日作出（2013）石少刑初字第 00011 号刑事附带民事判决，认定被告人秦某犯强奸罪，判处死刑，缓期二年执行，剥夺政治权利终身；犯猥亵儿童罪，判处有期徒刑四年六个月，决定执行死刑，缓期二年执行，剥夺政治权利终身。在法定期限内没有上诉、抗诉。石家庄市中级人民法院依法报请河北省高级人民法院复核。河北省高级人民法院于 2013 年 12 月 24 日作出（2013）冀刑四复字第 61 号刑事裁定，撤销原判，发回重审。

石家庄市中级人民法院经重新审理查明，2011 年夏天至 2012 年 10 月，被告人秦某在河北省行唐县某某小学办公室、澡堂、学生宿舍及其家中多次将其学生柴某某、李某某强奸、猥亵，将其学生严某某、靳某某、袁某某、刘某某、刘某佳猥亵。

石家庄市中级人民法院认为，被告人秦某利用教学便利条件，长期多次对幼女学生柴某某、李某某实施奸淫，情节恶劣，其行为已构成强奸罪；长期多次对幼女学生柴某某、李某某、严某某、靳某某、刘某某实施猥亵行为，对袁某某、刘某佳各实施一次猥亵行为，其行为已构成猥亵儿童罪。应依法数罪并罚。依法判决如下：秦某犯强奸罪，判处无期徒刑，剥夺政治权利终身；犯猥亵儿童罪，判处有期徒刑四年六个月，决定执行无期徒刑，剥夺政治权利终身。

宣判后，被告人秦某提出上诉。

河北省高级人民法院认为，被告人秦某对不满十四周岁的幼女实施奸淫、猥亵行为，已分别构成强奸罪、猥亵儿童罪，应当数罪并罚，并应根据其犯罪的事实、性质、情节等，依法在法定量刑幅度内从重处罚。原判决认定事实正确，诉讼程序合法，但对强奸罪部分量刑不当。以秦某犯强奸罪改判有期徒刑六年,剥夺政治权利一年,与其犯猥亵儿童罪判处的刑罚并罚,决定执行有期徒刑十年,剥夺政治权利一年。

裁判发生法律效力后,河北省人民检察院认为生效裁判确有错误,提请最高人民检察院按照审判监督程序提出抗诉。

最高人民检察院抗诉认为,原审被告人秦某利用其教师身份,对两名不满十二周岁的幼女学生多次实施强奸,属于"奸淫幼女情节恶劣",依据刑法第二百三十六条第三款第一项之规定,应当判处十年以上有期徒刑、无期徒刑或者死刑;秦某在集体宿舍内利用夜间查寝之机猥亵儿童,其行为属于"在公共场所当众"猥亵儿童,依据刑法第二百三十七条第二款之规定,应当判处五年以上有期徒刑。二审判决适用法律错误,量刑不当,应予纠正。为支持其抗诉意见,最高人民检察院提交三份新证据以补强原有证据:(1)被害人柴某某于 2012 年 10 月 31 日在行唐县人民检察院所作的陈述;(2)涉案学校女生集体宿舍内部陈设的照片,证实该宿舍内有上下两层大通铺共二十个床位;(3)涉案学校班级西边教室、洗澡堂现场布局及设施的照片,证实秦某强奸柴某某、李某某的犯罪地点。

最高人民法院经再审查明,2011 年夏天至 2012 年 10 月,原审被告人秦某在河北省行唐县某某小学担任被害人柴某某、李某某、严某某、靳某某、袁某某、刘某某、刘某佳的年级班主任期间,利用午休、晚自习及宿舍查寝、带学生看病等机会,分别在学校办公室、教室、洗澡堂、集体宿舍等地多次将柴某某、李某某强奸、猥亵,并将柴某某带回其家中强奸;多次猥亵靳某某、严某某、刘某某,猥亵袁某某、刘某佳各一次。

最高人民法院认为,原审被告人秦某对不满十四周岁的幼女实施奸淫、猥亵,其行为已构成强奸罪、猥亵儿童罪,应依法数罪并罚;其利用教师身份和便利,多次奸淫两名不满十二周岁的幼女学生,属于奸淫幼女情节恶劣,应依法从重处罚;其利用教师身份和便利,猥亵多名不满十二周岁的幼女学生,并多次在公共场所当众猥亵儿童,应依法从重处罚。秦某的犯罪行为不仅给各被害人的身心健康造成了极大的伤害,而且引发多名女学生产生心理恐慌,继而出现逃学、辍学情形,危害后果严重;其身为人民教师却违背师德,对多名幼女学生实施强奸、猥亵行为,严重挑战社会伦理道德底线,影响极其恶劣;其利用被害人年幼无知以及对其教师身份的忌惮心理,在长达一年多时间里持续实施强奸、猥亵行为,社会危害性极大,应依法从严惩处。原判认定秦某犯强奸罪、猥亵儿童罪的事实清楚,证据确实、充分,定罪准确,审判程序合法。但原判未认定秦某奸淫幼女系多次且属于情节恶劣,猥亵儿童具有在公共场所当众猥亵的情节,导致适用法律错误,量刑不当,应依法予以纠正。依照刑法第二百三十六条第二款、第三款第一项,第二百三十七条第二款、第三款,第五十七条第一款,第六十九条第一款及《最高人民法院关于适用〈中华人民共和国刑事诉讼法〉的解释》第三百八十九条第三项、第三百八十四条第二款①之规定,判决如下:

一、维持河北省高级人民法院(2015)冀刑四终字第 2 号刑事判决中对原审被告人

---

① 此处引用的是 2012 年《最高人民法院关于适用〈中华人民共和国刑事诉讼法〉的解释》,对应 2021 年《最高人民法院关于适用〈中华人民共和国刑事诉讼法〉的解释》第四百七十二条第三项、第四百六十六条第二款。

秦某犯强奸罪、猥亵儿童罪的定罪部分；

二、撤销河北省高级人民法院（2015）冀刑四终字第 2 号刑事判决中对原审被告人秦某犯强奸罪、猥亵儿童罪的量刑和数罪并罚决定执行的刑罚部分；

三、原审被告人秦某犯强奸罪，判处无期徒刑，剥夺政治权利终身；犯猥亵儿童罪，判处有期徒刑十年，决定执行无期徒刑，剥夺政治权利终身。

## 二、基本问题

（一）本案证据是否达到确实、充分的证明标准？

（二）被告人利用其教师身份多次奸淫不满十二周岁的幼女，是否属于"奸淫幼女情节恶劣"？

（三）被告人在集体宿舍实施猥亵儿童的行为，是否应当认定为"在公共场所当众"猥亵？

## 三、裁判理由

（一）原审被告人零口供案件证据的审查判断运用

犯罪嫌疑人、被告人的供述和辩解是刑事诉讼证据之一，作为直接证据对准确认定犯罪具有重要作用。对于大多数案件而言，犯罪嫌疑人、被告人能够做到如实供述犯罪事实，也有案件的被告人则自始至终不供述犯罪，比如"世纪大盗"张某强案、宁夏"2014·03·02"赵某山案等，但是因其他证据能够相互印证，认定被告人犯罪的证据达到确实、充分的证明标准，上述被告人不仅被定罪，而且被处以极刑。这符合刑事诉讼法有关"没有被告人供述，证据确实、充分的，可以认定被告人有罪和处以刑罚"的规定。

审理零口供案件，更应注重其他证据的审查判断，尤其是对"先天不足"、取证本来就困难的案件更是如此，比如"一对一"的受贿、强奸、奸淫幼女，猥亵妇女儿童等案件。

刑事诉讼法规定了"重证据，重调查研究，不轻信口供"的办案原则。"重证据"是指要重视一切证据的收集、认定，特别是口供以外的客观证据。"不轻信口供"是指不能不经核实，不经与其他证据相互印证，就轻易相信口供。口供是刑事诉讼中的重要证据，对于认定案件事实有着重要的意义。但由于犯罪嫌疑人、被告人是可能被追究刑事责任的人，在供述时往往会考虑对自己是否有利，口供中就有可能掺杂虚假成分，甚至完全是虚假的；同时，口供具有不确定性，随时可能发生变化。如果办案机关轻信甚至依赖口供，不重视其他证据的收集，很可能造成犯罪嫌疑人、被告人一旦翻供，就无证定案的局面，不利于打击犯罪和提高办案质量。而且依赖口供，也容易导致侦查机关为获取口供不择手段，采取刑讯逼供等非法方法，侵犯犯罪嫌疑人、被告人的合法权益。因此，作为这一原则的具体化，刑事诉讼法还规定"只有被告人供述，没有其他证据的，不能认定被告人有罪和处以刑罚；没有被告人供述，证据确实、充分的，可以认定被告人有罪和处以刑罚",也就是说,一方面,不能仅凭口供定罪;另一方面,即使被告人不供述,但经法庭审理查证属实的其他证据确实、充分,可以证明被告人有罪的,也可以对被告人定罪、判刑。

回到本案,作为一起较为典型的发生在校园里的性侵害未成年人犯罪案件,案件的性质以及犯罪对象的特殊性使得证据的收集存在一定的困难。就性侵案件而言,"一对一"是其作案的常态,隐蔽性是作案的特征。就犯罪对象而言,本案七名被害人均为不满十二周岁的女童,是原审被告人秦某的学生。一方面,年龄和阅历使她们缺乏自身保护意识,对性侵害行为不具有必然的认知和辨识能力,更不具备保存和收集证据的意识和能力;另一方面,出于对秦某教师身份的敬畏和忌惮,在遭受犯罪侵害时不敢反抗也不敢揭发,而是长期忍辱和迁就,致案发时已时过境迁,使侦查机关错失提取证据的良机,造成本案没有能够锁定秦某作案的痕迹、物证等客观证据,给案件的认定带来一定的困难。秦某更是心存侥幸,百般辩解,不供认犯罪。在无目击证人、无客观性证据指向秦某作案的情况下,最高人民法院重点审查被害人陈述和证人证言,逐一审查各被害人的陈述及证人证言是否客观真实,是否存在无法排除的矛盾和合理怀疑,在此基础上结合其他证据的审查,综合认定犯罪事实。

第一,本案案发正常,侦破过程自然。本案案发的起因是学生李某因听被害人柴某某向其诉说被班主任老师秦某性侵害的事后感到害怕,先告诉自己母亲柴某红,继而在柴某红陪同下向校方负责人宇某某反映,并叫来被害人柴某某进行了核实。柴某某母亲王某某在询问女儿后,便于第二天带柴某某到公安局报案。侦查人员在侦查中陆续发现另外六名被害人并逐个进行了核实。案件因此告破。

第二,七名被害人均指证原审被告人秦某。从柴某某、李某某两名被害人所作被秦某用性器官接触进行奸淫、七名被害人所作被秦某亲嘴搂抱、抠摸阴部进行猥亵的陈述来看,内容完整连贯、语言表达自然、意思描述清晰,对被侵害的具体时间、地点、行为和当时心理反应、事后处置态度的描述均符合其年龄阶段的认知特征和表述方式,亦不存在无法排除的矛盾和不合常理的解释,具有客观性和合理性。

第三,本案不存在诬告原审被告人秦某的动机和目的。证实秦某性侵害各被害人的证人证言虽源自各被害人,均属于传来证据,但各被害人均系秦某的学生,经调查未发现被害人及其家长与作为班主任的秦某之间存在矛盾和纠纷,且被害人捏造性侵害事实而自毁清白和名誉的做法亦有悖于常理。排除本案存在多名被害人诬告陷害秦某的动机和可能性,可以认定被害人陈述及证人证言客观真实。而且本案被害人均为未满十二周岁的四年级女学生,应已具备保护身体私密部位不轻易暴露、不被他人非正常接触的辨识能力。出于对班主任老师的敬畏以及对男女之间身体接触行为的好奇、恐惧和羞耻心,几名被害人曾在私底下相互询问和议论秦某接触她们身体的行为,被害人对性侵害行为的描述无中生有和夸大其词也不符合此年龄女童的心理年龄特征。

第四,行唐县人民医院门诊诊断证明柴某某和李某某的处女膜破裂,间接印证被害人关于被性侵害事实的陈述属实。该诊断证明虽不能直接指证系秦某作案,但是二被害人均系小学四年级学生,案发时只有十岁,没有性行为的经历,也无证据证明曾遭他人性侵，二被害人明确指证系秦某作案，可以排除他人作案的可能。

第五，指认笔录对现场环境的记载能够印证柴某某关于秦某采用站姿奸淫自己的细节描述。经现场查看，柴某某指认的被秦某奸淫的教室中确有高约十几厘米的讲台，洗澡堂洗浴间确有高度约二十多厘米的门槛台阶。讲台、门槛台阶的位置和高度（接近秦某与柴某某之间的身高差）与柴某某的陈述吻合，能够印证柴某某陈述中"秦某让其站在讲台上、门槛高台上进行性器官接触"这一事实情节。对于一个生长于农村，就读县城寄宿学校，没有性行为经历，也几乎接触不到性行为信息的十岁小学生而言，如果不是亲身经历是不可能对犯罪现场、对性侵细节作出如此详细的描述。

第六，原审被告人秦某的无罪供述及辩解与其他相关证据之间存在诸多矛盾和不合常理之处。比如：秦某称在其家卧室床单上提取的血迹系柴某某流的鼻血，而柴某某陈述当晚没有受伤也没有流过鼻血，经鉴定，该可疑血迹亦不是柴某某所留；除去师生这层关系以外，秦某称其中几名被害人主动认其为干爹，而几名被害人及其家长均证明秦某要认孩子做干女儿，她们均不同意；秦某始终否认将被害人单独叫出教室，而多名被害人及同班学生均证明秦某经常在晚自习时将几名被害人从教室单独叫出。经审查认为，秦某的无罪供述及辩解与被害人陈述、证人证言及鉴定意见存在诸多矛盾，不能作为定案的根据。

综上所述，最高人民法院认为，虽然原审被告人秦某始终否认强奸、猥亵儿童的犯罪事实，但多名被害人陈述和证人证言及其他相关证据能够相互印证，认定秦某犯强奸罪、猥亵儿童罪的犯罪事实，证据确实、充分。

（二）原审被告人秦某利用教师身份多次奸淫不满十二周岁的幼女，属于"奸淫幼女情节恶劣"

我国刑法规定了"奸淫幼女情节恶劣的"属于法定刑升格量刑情节，但是并未具体规定"情节恶劣"的情形。为了突出刑事司法领域贯彻对未成年被害人进行特殊、优先保护的原则，体现"最高限度保护""最低限度容忍"的指导思想，2013年最高人民法院、最高人民检察院、公安部、司法部联合发布了《关于依法惩治性侵害未成年人犯罪的意见》（以下简称《惩治性侵意见》，已失效），强调依法严惩性侵害犯罪、加大对未成年被害人的保护力度。《惩治性侵意见》第25条从犯罪主体、犯罪地点、犯罪手段、犯罪对象、犯罪后果、行为人的一贯表现等七个方面，对奸淫幼女、猥亵儿童从重更要依法从严惩处的情节作了具体规定：(1) 对未成年人负有特殊职责的人员、与未成年人有共同家庭生活关系的人员、国家工作人员或者冒充国家工作人员，实施强奸、猥亵犯罪的；(2) 进入未成年人住所、学生集体宿舍实施强奸、猥亵犯罪的；(3) 采取暴力、胁迫、麻醉等强制手段实施奸淫幼女、猥亵儿童犯罪的；(4) 对不满十二周岁的儿童、农村留守儿童、严重残疾或者精神智力发育迟滞的未成年人，实施强奸、猥亵犯罪的；(5) 猥亵多名未成年人，或者多次实施强奸、猥亵犯罪的；(6) 造成未成年被害人轻伤、怀孕、感染性病等后果的；(7) 有强奸、猥亵犯罪前科劣迹的。司法实践中，如果同时具有上述所列某几项情形的，可以认定为"奸淫幼女情节恶劣"的情形，依法应在"十年以上有期徒刑、无期徒刑或者死刑"这一幅度内量刑。

本案中，原审被告人秦某身为人民教师，属于对未成年人负有特殊职责的人员，却违背师德，利用其担任被害人班主任的身份和便利，对被害人实施强奸，严重挑战社会伦理道德底线，严重玷污了人民教师教书育人职业道德的纯洁性，影响极其恶劣；本案两名被害人均是不满十二周岁的幼女学生，秦某利用被害人心智发育尚不成熟、对性侵害行为的辨识能力和自我保护意识较弱的特点，以及对其教师身份的忌惮心理，在长达一年多时间里多次对被害人实施奸淫，不仅给被害人的身心健康造成了极大的伤害，而且引发多名女生产生心理恐慌，继而出现逃学、辍学情形，社会危害性极大。综上所述，原审被告人秦某利用其教师身份多次对不满十二周岁的女学生实施奸淫，就同时具备《惩治性侵意见》第25条第1项、第4项、第5项规定的情形，综合判断可以认定为"奸淫幼女情节恶劣"。

（三）原审被告人秦某利用夜间查寝的机会在有十余名女生居住的集体宿舍实施猥亵儿童的行为，属于"在公共场所当众"猥亵

刑法第二百三十七条第三款规定"在公共场所当众"猥亵的，属于法定刑升格量刑情节。准确认定是否属于在公共场所当众猥亵，首先要准确理解"公共场所"和"当众"猥亵的含义。

仅从文义理解，"公共场所"一般是指供社会上多数人从事工作、购物、学习、娱乐、体育、社交、参观、旅游和部分生活需求的一切公用建筑物、场所及其设施的总称。这一解释突出了公共场所相对于私人场所而言及可由多数人进出、使用的功能特征。从对"公共场所"的最狭义理解来看，一般应强调该场所"供非固定人员进出、使用"的功能特征，以体现公共场所的涉众性。在实践中，能否将学校教室和集体宿舍认定为公共场所争议较大。我们认为，教室是供学生学习的专门场所，一定时期内使用教室的学生范围相对固定，仅从狭义解释的角度考察，似与一般意义上的公共场所有所不同，但学校教室并非私人场所，而且是供多数学生使用，具有相对的"涉众性"。考虑到这一点，将"教室"解释为"公共场所"并未超出"公共场所"概念所能包含的最广含义，也符合公众的理解和认知，属于合理的扩大解释。本案所涉学校女生集体宿舍能同时容纳二十人就寝，是供多名学生共同使用的场所，并非私人场所，具有相对的"涉众性"，属于特定公共场所。

关于"当众"猥亵的理解。一种观点认为，"当众"猥亵，应当包含行为人公然实施猥亵，不惧怕其犯罪行为被公众发现的意思；还有一种观点认为，"当众"猥亵就是当着众人的面实施猥亵。这两种观点或侧重于行为人的主观方面，或侧重于行为人的客观行为，都属于对"当众"的狭隘文义解释，脱离了对法条适用的合目的性考量，未必妥当。就性侵害行为而言，刑法对在公共场所当众实施强奸、猥亵行为配置更严厉的刑罚，主要是因为，性活动具有高度的私密性，而当众对被害人实施强奸、猥亵，既侵犯了普通公民最基本的性羞耻心和道德情感，更重要的是，此种情形对被害人身心造成的伤害更严重，社会影响更恶劣，需要配置与其严重性相适应的更重的法定刑。《惩治性侵意见》

第 23 条规定，在校园、游泳馆、儿童游乐场等公共场所对未成年人实施强奸、猥亵犯罪，只要有其他多人在场，不论在场人员是否实际看到，均可以依照刑法第二百三十六条第三款、第二百三十七条的规定，认定为在公共场所"当众"强奸妇女，强制猥亵、侮辱妇女，猥亵儿童。也就是说，《惩治性侵意见》基于从严惩治发生在校园等儿童集中的特殊场所的性侵害犯罪的政策考量，对"当众"概念并没有局限于最狭义的文义解释，即"当众"并不要求在场人员实际看到。同时，《惩治性侵意见》也强调，认定为"当众"实施性侵害犯罪虽不要求其他在场的多人实际看到，但基于"当众"概念的一般语义及具有"当众"情节即升格法定刑幅度的严厉性，从空间上来讲，其他在场的多人一般要在行为人实施犯罪地点视力所及的范围之内，也就是说，性侵害行为处于其他在场人员随时可能发现、可以发现的状况。本案所涉女生集体宿舍内床铺相互连接，多名学生毗邻而卧，原审被告人秦某在宿舍熄灯学生就寝后以查寝为名进入宿舍，不顾多名学生在场的情况下对被害人实施猥亵行为，虽然因被害人存在畏惧心理不敢反抗而未被其他同寝学生发现，但其行为仍处于随时可能被发现和被感知的状态。因此，原审被告人秦某在集体宿舍实施猥亵的行为符合该条规定的情形，应当认定为"在公共场所当众"猥亵儿童。

综上所述，根据本案的事实、性质、情节和对社会的危害程度，最高人民法院依法对被告人秦某以强奸罪判处无期徒刑，剥夺政治权利终身；以猥亵儿童罪判处有期徒刑十年，决定执行无期徒刑，剥夺政治权利终身。

（撰稿：最高人民法院审监庭　邢海莹
审编：最高人民法院刑二庭　于同志）

[第 1438 号]

# 区某生强制侮辱案

——网络语境下如何准确认定强制猥亵、侮辱罪

## 一、基本案情

被告人区某生，男，汉族，1984 年××月××日出生。2018 年 11 月 14 日被逮捕。

广东省广州市越秀区人民检察院指控被告人区某生犯强制侮辱罪，向广州市越秀区人民法院提起公诉。

被告人区某生对公诉机关指控的事实和罪名均不持异议。其辩护人提出：（1）起诉书指控的区某生发送生殖器官照片的行为属于强制猥亵，但仅仅发过这一次淫秽信息，不应评价为犯罪，而仅仅是违法行为。（2）起诉书指控的区某生威胁吴某某拍裸照和自慰视频的行为属于强制猥亵未遂。（3）本案属于利用互联网进行的犯罪，对被害人的强制程度较弱，社会危害性较小。

广州市越秀区人民法院经审理查明：2017 年 6 月，被告人区某生在广州市越秀区先烈中路 92 号黄花岗剧院三楼公共厕所内，将手机伸入厕所和洗澡房之间的透气窗，拍摄被害人吴某某的裸照及洗澡视频。此后，区某生再次到该处采用同样方法拍摄到吴某某母亲涂某某的洗澡视频。同年 12 月，区某生通过微信将其偷拍的两段洗澡视频及截图发给吴某某，以将所拍摄到的视频发送到互联网上相要挟，要求吴某某自拍裸照和自慰视频发送给他。在上述要求遭到吴某某拒绝后，区某生继续用淫秽语言骚扰吴某某，并将自拍的男性生殖器官照片通过微信发送给吴某某，继续威胁吴某某拍裸照和自慰视频发给他，被吴某某拒绝。吴某某于 2018 年 4 月 6 日报警。同年 10 月 15 日，区某生被公安机关抓获归案。10 月 20 日，吴某某与区某生的家属签订和解协议，区某生家属承诺赔偿损失 7.5 万元，于当日转款 4 万元给吴某某，约定结案当日付清余款。

广州市越秀区人民法院认为：被告人区某生以在网络上发布被害人的隐私视频相要挟，威逼被害人拍摄隐私视频，并多次用淫秽语言骚扰、侮辱，以及拍摄淫秽照片发送给被害人，其行为已构成强制侮辱罪。辩护人提出区某生系强制猥亵未遂的意见不予采纳。区某生归案后能如实供述犯罪事实，依法可以从轻处罚。鉴于本案审理期间，区某生的家属主动替其赔偿被害人的损失，并取得被害人的谅解，可以酌情从轻处罚。根据刑法第二百三十七条第一款、第六十七条第三款、第六十四条之规定，以强制侮辱罪判处被告人有期徒刑十个月。

一审宣判后，被告人区某生未提出上诉，检察机关亦未抗诉，判决已发生法律效力。

## 二、主要问题

网络语境下，如何准确认定强制猥亵、侮辱罪？

## 三、裁判理由

近年来，为切实保障妇女儿童合法权益，我国不断严密、完善刑事法网，在刑事立法、司法领域加强了对性侵妇女、儿童犯罪的打击力度，但实践中对于相关罪名体系的研究还有待加强。特别是随着信息社会的发展，网络成为民众生产、生活的重要活动空间，利用网络手段实施犯罪给传统意义上一些普通犯罪的认定带来了一些新问题，本案罪名的认定即是如此。

### （一）准确区分强制侮辱罪与侮辱罪

刑法第二百三十七条第一款规定，"以暴力、胁迫或者其他方法强制猥亵他人或者侮辱妇女的，处五年以下有期徒刑或者拘役"；第二百四十六条第一款规定，"以暴力或者其他方法公然侮辱他人……，情节严重的，处三年以下有期徒刑、拘役、管制或者剥夺政治权利"。两罪均属于刑法第四章侵犯公民人身权利、民主权利的犯罪，罪状表述中都出现了"侮辱"一词，而且均包含了以暴力或其他方法实施犯罪，故刑法第二百三十七条的强制侮辱部分与第二百四十六条侮辱罪之间容易产生混淆。

在《现代汉语词典》中，"侮辱"一词只有一个意项，即"使对方人格或名誉受到损害，蒙受耻辱"，但在刑法罪状中"侮辱"被赋予了不同的意义。刑法第二百四十六条侮辱罪中的"侮辱"使用的是该词条的一般意义，即对公民一般人格尊严的侵害，侧重于公民名誉权的保护。刑法第二百三十七条规定的强制侮辱罪是从1979年刑法中的流氓罪分离而来，从其历史沿革及其在整个刑法体系的位置、与强制猥亵规定于同一条款，可以看出强制侮辱罪属于侵犯有关性权利、性健康方面的犯罪，侧重于强调侵害妇女性自主决定权方面的人格利益和尊严，对该罪罪状中的"侮辱"应当理解为与"猥亵"具有关联性或至少有一定相当性，且罪责上具有同等性。与侮辱罪中的侮辱行为不同，强制侮辱行为当然也会使对方人格或名誉受到损害、蒙受耻辱，但该罪限定在行为人出于性刺激、性满足的目的实施的与性健康权利有一定关联的行为。

具体而言，强制侮辱罪与侮辱罪的区别主要体现在以下几方面：其一，两罪侵犯的客体不同。强制侮辱罪侧重于强调侵害妇女性自主决定权方面的人格利益和性健康权利，而侮辱罪的客体是一般意义上的公民人格利益和名誉。需要注意的是，尽管刑法修正案（九）将强制猥亵罪的对象从妇女扩大为他人，但仍然维持了强制侮辱罪的对象为妇女。其二，两罪的犯罪目的不同。强制侮辱罪出于寻求性刺激或性满足的目的，而侮辱罪则多为报复、发泄不满、贬低、损害他人人格、破坏他人名誉。其三，两罪犯罪手段不同。强制侮辱行为是指猥亵行为之外的，侵犯妇女性的自主权、羞耻心的淫秽下流行为，侮辱罪则是以暴力或其他方式对他人公然实施的谩骂、贬损等人身侮辱。其四，是否要求达到"情节严重"不同。侮辱罪罪状中包含"情节严重"这一强调行为社会危害性的限定条件，强制侮辱罪没有该要求。

（二）强制猥亵与强制侮辱之间的关系

"猥亵"在《现代汉语词典》里解释为"淫乱、下流的动作"。"猥亵"不具有奸淫的目的，行为的社会危害性小于强奸。如果行为人出于奸淫的目的，而在抠摸、搂抱阶段即被制止，则属于强奸罪的未遂，而不是强制猥亵。

如前文所论证，强制猥亵、侮辱罪的"侮辱"具有特定的含义，强制侮辱行为应与强制猥亵行为具有关联性或罪责上具有相当性。对于一般性的侮辱妇女人格的行为，另有侮辱罪予以规制。从此立场出发，强制侮辱的具体形式包括但不限于：故意向妇女显露生殖器（在网络语境下表现为利用网络向妇女发送自己生殖器的照片）；为寻求性刺激而发送淫秽或侮辱类信息；偷窥妇女隐私部位或偷拍妇女裸照、洗澡视频，或者以揭发隐私相威胁强行索取女性裸照；等等。这些行为符合行为人性刺激、性满足的心理，客观上也侵害了妇女在性方面的羞耻心、在性健康方面的人格尊严和权利，应予严厉打击。由此推之，"强制猥亵"的内涵也与其本来的语言含义有细微区别，"强制猥亵"在一定程度上强调人身的接触，否则我们列举的上述强制侮辱类的行为也都可以说是"下流的动作"，如偷窥行为，属于下流的流氓行为，普通人都会将其界定为"耍流氓"，但既然刑法条文在"猥亵"和"侮辱"上作了区分，如果只要是下流的行为一律认定为"强制猥亵"，则本罪无认定"强制侮辱"的空间了。从法条解释的意义上分析，将不具有人身接触特点但与猥亵具有同一性的下流行为解释为"强制侮辱"，维护了法条的完整性、体系性。同时需注意，猥亵儿童罪是在刑法第二百三十七条第三款单独规定的犯罪，未区分猥亵、侮辱行为，所以最高人民检察院发布的第43号指导性案例将行为人以诱骗、强迫或其他方法要求儿童拍摄裸体、敏感部位照片、视频供其观看的行为认定为猥亵儿童罪，具有一定的特殊性。

强制猥亵、侮辱罪从形式上看是选择性罪名，理论上既可以认定完整的罪名，也可以将其中的"强制猥亵"和"强制侮辱"单独成罪。但我们认为，"强制猥亵"和"强制侮辱"有一定的位阶关系，猥亵行为当然性地伤害了妇女在性方面的羞耻心及在性健康方面的人格尊严，所以必然同时"侮辱"了妇女，而对于行为手段、情节与"猥亵"相关但略低于"强制猥亵"的，可单独认定"强制侮辱罪"，在本罪的法定刑幅度内再细分较轻的刑罚区间来处理，以实现罚当其罪，准确定罪量刑。

（三）罪与非罪的问题

强制猥亵、侮辱罪的罪状虽不要求"情节严重"，但根据我国刑法总则第十三条但书的规定以及与治安管理处罚法相衔接的需要，要从情节要素特别是强制程度方面把握罪与非罪的界限，要将强制猥亵、侮辱的行为与一般猥亵、侮辱的行为区别开来。对于偶发的单独一次抠摸、搂抱类的下流动作，没有造成更严重的危害后果的，不宜一律认定强制猥亵、侮辱罪，可作为一般违法行为，依照治安管理处罚法的规定处理。尤其是对于单独的强制侮辱罪的认定,要有一定情节的要求。比如,多次发送淫秽或侮辱类信息的;在公共场所偷窥或偷拍造成恶劣影响的;向未成年人索要裸照的;等等。

本案中,被告人区某生的行为应构成强制侮辱罪。具体而言:(1)犯罪客体方面,区某生以将隐私视频上网传播相要挟对被害人实施的一系列行为,侵害了妇女性的自主决定权。(2)犯罪目的方面,区某生带有追求性刺激、性满足的目的。(3)犯罪手段方面,区某生利用女性的性羞耻心,以将隐私视频上网曝光为胁迫手段,构成强制侮辱罪中的强制手段。互联网时代,信息传播速度无法预估,网上曝光涉及面更广,传播更快,容易呈指数级增长,较传统的信息传播方式,风险更加不可控,因此,这种将隐私视频上网的非暴力胁迫方式,能够对被害人形成更强的精神强制。(4)情节要素方面。区某生以偷拍的视频相威胁,先是对被害人的精神造成了强制,又对被害人实施了长达半年之久的骚扰,具有长期性,多次试图索要被害人的自慰视频,并发送自己的不雅照片,侵犯了被害人性自主权。对于这种具有长期性、强制性并且侵害被害人性自主权的行为,依法认定为犯罪,有利于遏制互联网环境下侵犯妇女性自主权的犯罪,有良好的法律效果和社会效果。

综上所述,根据本案的具体情况,考虑到区某生如实供述以及取得被害人谅解等情节,法院最终以强制侮辱罪判处其有期徒刑十个月是适当的。

(撰稿:最高人民法院刑四庭 曹东方
广东省广州市越秀区人民法院 黄 莹 郭榕榕
审编:最高人民法院刑四庭 陆建红)

[第 1439 号]

## 徐某斌诈骗案

——间接正犯是否存在实行行为过限

### 一、基本案情

被告人徐某斌，男，1994 年××月××日出生。2016 年 11 月 14 日被逮捕。

陕西省咸阳市秦都区人民检察院指控被告人徐某斌犯诈骗罪向咸阳市秦都区人民法院提起公诉；并认为，徐某斌诈骗数额 313780 元，数额巨大，提请法院依法判处。

咸阳市秦都区人民法院经审理查明：2016 年 8 月至 9 月，被告人徐某斌以非法占有为目的，向陕西国际商贸学院学生张某谎称自己认识陕西省国际商贸学院及陕西服装学院财务处的工作人员，可以为学生代交并减免一半学费，每名学生缴费后可以给张某提成 500 元。张某信以为真，通过在校学生卢某、郑某等人在校内宣传并实际收取了上述学校 38 名学生的学费共计 313780 元。张某等人对学生声称可以以六折的价格收取学费，以五折的价格交给徐某斌，故从中向学生加收了一折学费，共获利 89980 元，该部分款项被张某、卢某、郑某等人私分。张某等人将其余学费 223800 元转交给徐某斌。徐某斌收款后向张某支付提成 17500 元，并向缴费学生出具了伪造的学费收据。2016 年 10 月 17 日，徐某斌主动向咸阳市公安局秦都分局投案。案发后，徐某斌、张某、卢某等人共退缴非法所得 152580 元。

咸阳市秦都区人民法院认为：被告人徐某斌以非法占有为目的，虚构事实，骗取他人财物 223800 元，数额巨大，其行为已构成诈骗罪。关于张某、卢某等人自行加收并据为己有的 89980 元，系张某等人出于额外获利的意图单独采取的行为，超出了徐某斌的授意，徐某斌毫不知情，也没有得到此款项，张某等人的行为属于实行过限，该笔款项不应计入徐某斌的诈骗犯罪数额。被告人徐某斌犯罪后自动归案，如实供述自己的罪行，构成自首，依法从轻处罚。案发后徐某斌积极退赃退赔，酌情从轻处罚。依照刑法第二百六十六条、第五十二条、第五十三条、第六十四条、第六十七条第一款之规定，判决如下：

被告人徐某斌犯诈骗罪，判处有期徒刑五年，并处罚金人民币二万元。

宣判后，被告人未提出上诉，公诉机关亦未抗诉，判决已发生法律效力。

### 二、主要问题

间接正犯中的实行行为人超出间接正犯的授意实施的行为是否构成实行行为过限？

### 三、裁判理由

本案涉及诈骗犯罪的提出犯意者被告人徐某斌与具体实施诈骗行为的张某、卢某等人之间的责任区分问题，因为存在张某、卢某等人在具体实施行为时超出徐某斌的授意范围另外获利这一特殊情节，使得准确认定徐某斌和张某、卢某等人各自的行为性质和刑事责任成为正确处理本案的关键。

#### （一）被告人徐某斌构成诈骗罪的间接正犯，张某、卢某等人不构成犯罪

间接正犯也叫间接实行犯，是指犯罪人不亲自实施犯罪的实行行为而是假借他人之手，即通过强制或欺骗手段支配、利用其他人实施一定行为，以达成犯罪目的。间接正犯不出现在犯罪现场，也不参与实施具体犯罪行为，而是幕后的操纵者和支配者，在具体行为实施者不承担刑事责任的情况下，间接正犯要对实施者的行为所造成的犯罪结果承担刑事责任。间接正犯主要的犯罪形态包括：（1）利用没有犯罪意图（过失或不知情）的人来犯罪，如甲医生欲杀害病人丙，将毒针交给不知情的护士乙，乙给丙注射后致丙死亡；（2）利用无刑事责任能力的人犯罪，如利用尚未达到刑事责任年龄的人或精神病人来犯罪，在利用尚未达到刑事责任年龄的人犯罪情形下，间接正犯和教唆犯有交叉。

本案中，被告人徐某斌对陕西国际商贸学院的学生张某谎称自己有帮学生代缴并减免一半学费的能力，取得张某的信任；张某又纠集了卢某、郑某等学生在学校内进行宣传，张某、卢某、郑某等实际收取了38名学生的学费313780元。在整个犯罪过程中，张某、卢某等人对徐某斌虚构事实、隐瞒真相的诈骗故意是不知情的，实际上是被徐某斌利用和支配的，充当了徐某斌具体实施诈骗行为的工具。所以张某、卢某等人具体收取学费的行为是没有犯罪意图的行为，不构成徐某斌诈骗罪的共同犯罪人，徐某斌单独构成诈骗罪。

与一般的间接正犯不同的是，本案中张某、卢某等人在被告人徐某斌所称的可以减免一半学费的基础上又进行"加码"，向学生宣称是以六折左右的比例来收取学费，因此，多收了部分钱财，多出的部分被张某、卢某等人私分。关于张某、卢某等人具体实施行为时超出徐某斌的授意范围另外获利这一情节该如何评价，有两种观点：

第一种观点认为，张某、卢某等人的行为是单独的诈骗行为，理由是张某、卢某等人信以为真的"事实"是能够帮学生减免一半学费，但是却出于牟利的动机，对学生谎称以六折的价格来收取学费，构成刑法上的"虚构事实、隐瞒真相"；第二种观点认为，张某、卢某等人的行为属于不当得利，不构成犯罪。

我们同意第二种观点。张某、卢某等人为被告人徐某斌所欺骗，对徐某斌可以减免学费的说法信以为真，张某、卢某等人没有诈骗他人的主观故意，这是本案成立间接正犯的基础。在此基础上张某、卢某等人贪图利益，在徐某斌承诺的返利之外，又想到可以向学生"加码"另行收费，即使是六折的价格收取学费，对于学生而言仍然是很有吸引力的，只要徐某斌最后以减半的学费把事情办成了，那么张某、卢某等人从中赚取的这部分差价就不存在任何问题。这种行为类似于某些房地产商的关系户炒卖房票，如将

从房地产商处给的八折购房优惠又"加码"以九折转让给购买者赚取差价，此类行为存在违法或不合规之处，但主观上没有诈骗的故意，客观上也不符合诈骗罪的行为要件，不构成犯罪。

（二）被告人徐某斌不应对张某、卢某等人超额获利的数额承担诈骗罪的刑事责任，间接正犯中也存在实行行为过限

典型的实行行为过限存在于普通的共同犯罪中，一般指在共同犯罪中，部分共同犯罪人实施了超过原共同商定的犯罪故意范围以外的行为。共同犯罪要求共同犯罪人具有共同故意，对行为的性质及可能造成的危害结果具有共同的认知和意志。根据主客观相一致的原则和责任主义原则，实施过限行为的行为人自己承担过限部分的行为责任，没有共同故意的其他共同犯罪人，不应对此承担刑事责任。如甲与乙商议共同抢劫丙家的财物，两人进入丙家控制丙后即分头搜找财物，但乙不仅盗窃了财物，还强奸了丙的妻子。乙的强奸行为明显超出了甲与乙共同故意的范围，甲应对甲、乙搜得的所有财物负责，但不对乙的强奸行为负责。

间接正犯是一种特殊、复杂的犯罪形态。基于我国刑法规定"共同犯罪是指二人以上共同故意犯罪"，因此，间接正犯不属于共同犯罪，所以一直作为单个人的犯罪来处理，追究个人的刑事责任。但因为间接正犯中毕竟存在支配利用他人的犯罪人与被支配利用的实行行为人，实行行为人当然有可能超出授意范围行事。而且，实行行为过限不仅仅局限于行为性质的过限，也包括数额的过限。如甲明确授意十三岁的儿童乙到丙家中盗窃丙放在衣柜里的金银首饰，但乙到丙家中取得金银首饰后又拿走了丙的钱包，并单独占有了该钱包，甲对此亦不知情，乙因未到刑事责任年龄故无论是对金银首饰还是钱包都不构成盗窃罪，甲也不应对乙超出授意范围取得的钱包负责。当然，如果甲的授意是概括故意，那么即使乙背着甲额外窃取的数额也未超出甲的故意范围，甲虽不知情仍应负责。

本案中，公诉机关认为，被告人徐某斌利用了张某、卢某等人的行为实施诈骗，行为最终造成了被害人31万余元的钱财被骗，虽然张某、卢某等人只交给了徐某斌223800元，但因张某、卢某等人不构成犯罪，徐某斌单独构成诈骗罪，且313780元被骗的结果是徐某斌造成的，故徐某斌的诈骗数额应为313780元。根据上文分析，我们认为，本案中徐某斌系诈骗罪的间接正犯，而张某、卢某等人为实行行为人，张某、卢某等人单独"加码"额外获利的行为超出了徐某斌的授意范围，而且多收取的89980元也没有交给徐某斌，徐某斌对此毫不知情，本案属于实行过限中数额过限的情形。根据主客观相一致的原则，徐某斌不应对张某、卢某等人超出其授意范围获得的89980元承担刑事责任。

综上所述，原审法院未对张某、卢某等人的行为追究刑事责任，并未将张某、卢某等人额外获利的部分计入被告人徐某斌的诈骗犯罪数额，是正确的。

（撰稿：最高人民法院刑四庭　曹东方
　　　　陕西省咸阳市秦都区法院　商俊峰
审编：最高人民法院刑四庭　陆建红）

[第 1440 号]

# 韩某职务侵占案

——如何判断行为人侵占单位财产的行为是否利用职务上的便利

## 一、基本案情

被告人韩某，男，1976 年××月××日出生，长春市金达洲汽车销售有限责任公司（以下简称长春金达洲公司）工作人员。2016 年 2 月 26 日被逮捕。

吉林省长春市人民检察院指控被告人韩某犯盗窃罪，向长春市中级人民法院提起公诉。

吉林省长春市人民检察院认为：被告人韩某是公司的计划员，韩某的犯罪行为并非利用职务之便而是利用工作之便；本案中存在虚构事实、隐瞒真相的情节，但韩某骗取的是车辆合格证、发票等提取车辆所需程序材料，而非涉案车辆，欺诈是盗窃的手段，其行为构成盗窃罪。

被告人韩某的辩护人提出：被告人韩某利用职务上的便利，以代交车冒充销售车辆骗取发票，利用职务便利骗取车辆出门证和车辆合格证，从库管员处骗取车钥匙和随车附件，使长春金达洲公司陷入错误认识，韩某的行为构成诈骗罪。

长春市中级人民法院经公开审理查明：长春金达洲公司的股东均为自然人。2008 年 4 月至 2015 年 11 月，被告人韩某在长春金达洲公司销售计划与控制岗位任职，并负责公司代交车业务。2013 年至 2015 年，韩某采取盗窃公司作废发票，以办理代交车业务的名义骗领车辆合格证、车钥匙、随车附件、部分车辆出门证及在部分车辆出门证上伪造公司相关负责人员签名等手段，将公司 17 辆大众牌途观汽车（价值人民币 408.748 万元）私自销售，销售所得据为己有。公安机关于 2016 年 1 月 23 日在辽宁省沈阳市将韩某抓获，扣押其用赃款购买的一台别克牌轿车（价值 8 万元），扣押其随身携带的赃款 10.35 万元。韩某到案后配合公安机关缴获涉案车辆两台（价值 49.16 万元）、赃款 10 万元。公安机关已将扣押的上述钱款、车辆返还给长春金达洲公司。

长春市中级人民法院认为，被告人韩某具有办理公司代交车业务的权限，利用管理或经手本单位财物的便利条件，将本单位财物非法占为己有，其行为已构成职务侵占罪。无论被告人采取的是侵吞、窃取手段，还是骗取等手段，均不影响其行为构成职务侵占罪。依照刑法第二百七十一条第一款、第六十七条第三款、第五十九条、第六十四条之规定，判决如下：

一、被告人韩某犯职务侵占罪，判处有期徒刑十二年，并处没收个人财产人民币五十万元。

二、被告人韩某继续退赔长春金达洲公司人民币3312380元。

宣判后，被告人韩某未上诉，检察机关未抗诉，判决已生效。

## 二、主要问题

在行使职权存在监督制约关系的案件中，如何判断行为人侵占单位财产的行为是否利用了职务上的便利？

## 三、裁判理由

行为人侵占本单位财物的行为可能触犯贪污罪、盗窃罪、诈骗罪、职务侵占罪等罪名。本案中，因长春金达洲公司的股东均为自然人，关于被告人韩某的行为如何定性，涉及盗窃罪、诈骗罪与职务侵占罪的区分。有观点认为，韩某是通过欺骗手段，使长春金达洲公司陷入错误认识而将车辆提出仓库，应认定为诈骗罪。也有观点认为，韩某骗取的是提取车辆所需程序材料，而非涉案车辆本身，欺诈是其盗窃的手段，韩某系利用熟悉工作环境的工作上的便利非法侵占涉案车辆，其行为构成盗窃罪。我们认为，只要行为人非法占有本单位财物系利用职务上的便利，无论其采取窃取、骗取还是其他手段，均不影响其行为构成职务侵占罪。关键是行为人在非法占有本单位财物过程中是否利用了主管、管理、经手本单位财物的职务上的便利。涉及本案，主要取决于如下两个问题：一是韩某是否具有管理、经手涉案单位车辆的职务；二是韩某是否利用了其职务上的便利。

我们认为，韩某的行为构成职务侵占罪，主要理由如下。

第一，韩某负责本单位代交车业务，具有管理、经手本单位涉案车辆的权限。

根据长春金达洲公司出具的岗位职责等材料记载，被告人韩某作案期间在单位的销售计划与控制岗位（计划员）任职，单位并未明确其有办理代交车业务和管理、经手车辆的权限，但长春金达洲公司总经理及公司员工等均证实韩某负责单位代交车业务。代交车业务指的是长春金达洲公司用库存车辆先行代上海上汽大众汽车销售有限公司将车辆交付给客户，上海上汽大众汽车销售有限公司再补给长春金达洲公司同样配置的车辆。因此，在韩某的名义职务与实际职务不一致时，应根据实际履职情况来确定其职务情况，即其负责单位的代交车业务。在办理代交车业务过程中，韩某到单位车辆管理人员姚某处领取车钥匙、车辆出门证后（需要姚某在出门证上签字）即可将车辆提出公司，韩某在其职责范围内有管理、经手单位车辆的权限。

第二，韩某利用职务便利非法占有了本单位财物。

虽然从学理上界定行为人是否利用了职务上的便利相对容易，但实践中，单位财物的管理权、处置权有时由两人或两人以上共同行使，这就导致行为人为顺利非法占有本单位财物，不仅需要利用自己职务上的便利，还需要借助其他工作人员职务上的便利。行为人在犯罪过程中可能会实施多种行为，有时利用其自身职务上的便利，有时利用其熟悉作案环境等工作上的便利，甚至有的行为与职务上的便利并无关系，这就给罪名认定带来一定争议。在这种情况下，从刑法因果关系的角度分析，应根据行为人职务上的便利对其完成犯罪所起作用的大小来确定罪名，如果职务上的便利对整个犯罪的完成起到不可或缺的作用，则其行为构成职务侵占罪。

本案中，按照代交车业务流程，长春金达洲公司的车辆平时并不由被告人韩某管理，韩某在办理代交车业务时受到单位车辆管理人员姚某的制约，韩某只有从姚某处取得车钥匙和车辆出门证，才能完全取得管理、经手车辆的权限，将车辆提出公司，而且韩某只要取得车钥匙和车辆出门证，即可将车辆提出公司。韩某为克服障碍，顺利非法占有涉案车辆，在犯罪过程中实施了如下四种行为：一是盗窃公司发票；二是骗取车辆合格证；三是取得车辆出门证；四是骗取车钥匙及随车附件。其中，盗窃发票和骗取车辆合格证主要是为了方便销赃，对韩某将车辆提出公司、非法占为己有不起决定作用，发票和合格证的取得是否利用了职务上的便利不影响对韩某的罪名认定。韩某一旦取得车辆出门证、车钥匙等提取车辆所需程序材料即取得了管理或经手涉案车辆的权限，即可利用此种职务上的便利将涉案车辆非法占为己有。因此，对韩某占有涉案车辆起重要作用的环节是取得车辆出门证、车钥匙，即车辆出门证、车钥匙是否系韩某利用职务上的便利取得，直接影响案件性质认定。根据在案证据，全部涉案车辆的车钥匙及部分车辆出门证系韩某以办理代交车业务的名义从姚某处骗取，系直接利用职务上的便利取得；部分车辆出门证上姚某的名字系韩某伪造，系其利用熟悉工作环境、可以进入姚某办公场所的工作上的便利取得。如果韩某不负责单位代交车业务，其不可能以办理代交车业务的名义从姚某处骗取全部涉案车辆的车钥匙以及部分车辆出门证，不可能将车辆顺利提出公司，韩某负责办理代交车业务的职务上便利对其顺利侵占单位财产起到不可或缺的作用。故可以认定，韩某在非法占有本单位财物过程中，整体上利用了其职务上的便利，其行为构成职务侵占罪。原审法院以职务侵占罪对被告人定罪量刑是正确的。

（撰稿：吉林省长春市中级人民法院　訾效云
审编：最高人民法院刑一庭　安　翱）

[第 1441 号]

# 王某军等非法获取国家秘密、非法出售、提供试题、答案案

——非法获取建造师考试试题、答案后又非法出售、提供的，如何定罪处罚

## 一、基本案情

被告人王某军，男，1969 年××月××日出生。2017 年 12 月 22 日被逮捕。

被告人翁某能，男，1976 年××月××日出生。2017 年 12 月 22 日被逮捕。

被告人翁某荣，男，1974 年××月××日出生。2017 年 12 月 10 日被逮捕。

被告人许某勇，男，1986 年××月××日出生。2017 年 12 月 22 日被逮捕。

被告人杨某全，男，1976 年××月××日出生。2019 年 8 月 13 日被逮捕。

被告人刘某，女，1981 年××月××日出生。2017 年 11 月 22 日被取保候审。

被告人王某，男，1982 年××月××日出生。2017 年 10 月 28 日被取保候审。

被告人洪某轩，男，1986 年××月××日出生。2017 年 10 月 19 日被取保候审。

被告人洪某，男，1984 年××月××日出生。2017 年 11 月 14 日被取保候审。

被告人刘某阳，男，1984 年××月××日出生。2017 年 11 月 14 日被取保候审。

被告人江某，女，1978 年××月××日出生。2017 年 11 月 13 日被取保候审。

江苏省如东县人民检察院指控被告人王某军、翁某能犯非法获取国家秘密罪、非法出售、提供试题、答案罪，被告人翁某荣、许某勇、刘某、杨某全、王某、洪某轩、洪某、刘某阳、江某犯非法出售、提供试题、答案罪，向如东县人民法院提起公诉。

被告人王某军及其辩护人提出，王某军仅构成非法获取国家秘密罪，其向被告人翁某能提供的仅是一些关联知识点，不是最终考卷的试题和答案，故不构成非法出售、提供试题、答案罪；即便认为构成两罪，因两罪之间存在牵连关系，应择一重罪论处，不应数罪并罚。

被告人翁某能及其辩护人提出，翁某能获取的和对外讲授的只是考试重点，不是考试原题和答案，且一级建造师考试并非"法律规定的国家考试"，故其不构成非法出售、提供试题、答案罪；即便认为构成两罪，非法获取国家秘密是手段行为，非法出售、提供试题、答案是目的行为，构成牵连犯，应择一重罪论处。

被告人翁某荣辩称其不构成非法出售、提供试题、答案罪。其辩护人提出，即便认

定翁某荣构成该罪,也应认定为从犯。

被告人许某勇、杨某全、刘某、王某、洪某轩、洪某、刘某阳、江某对被指控的犯罪事实及罪名均未提出异议。

如东县人民法院经审理查明:

(一)非法获取国家秘密的事实

2017年6月月底,被告人王某军被聘为国家一级注册建造师执业资格考试(以下简称一级建造师考试)命题组专家成员。同年7月,被告人翁某能授意王某军利用参加命题的便利,获取并提供当年一级建造师考试市政专业的试题、答案,由翁某能用于培训讲课,且与王某军约定对于其在小班培训中获取的课酬按照四六比例进行分成。同年7月8日至16日,王某军在参加一级建造师考试公路专业命题时,通过在命题现场浏览打字员电脑中市政等专业的考卷等方式,对关键词、知识点等进行记忆,于休息时间进行回忆,将所获取的考卷内容整理在随身携带的笔记本电脑上,并带回重庆家中。

(二)非法出售、提供试题、答案的事实

2017年8月中旬,被告人王某军在非法获取2017年一级建造师考试市政专业的考卷相关内容后,在专业教材上进行勾画、标注,并备注A、B卷,对"冒浆的处置""跑模的原因"等教材中没有的知识点,则在相近的内容旁补充答题要点。被告人翁某能根据王某军提供的内容,在相同市政教材上进行勾画、标注和补充。事后王某军从翁某能处获取120万元。

被告人翁某能非法获取上述试题、答案后,先后联系重庆新梦想企业管理咨询有限公司的负责人被告人许某勇和云南昆明云创文化传播有限公司的负责人被告人杨某全、刘某,告知该三人其掌握考试信息,含金量很高,可以保证通过率。经和许某勇及杨某全、刘某分别商议,决定采用封闭式小班培训,通过麦克风传话不见面授课,并收取高额费用。培训期间,根据翁某能的要求,许某勇、杨某全要求参训学员一律穿酒店浴袍上课,禁止私自携带通讯、记录工具,并用金属探测仪对学员进行搜身;被告人翁某荣负责在上课前检查学员携带的书本中有无夹带,对培训机构提供的A4纸进行编号下发,下课后统一回收并进行销毁。其中,2017年9月13日上午、14日上午,翁某能在许某勇组织的市政小班讲述考题、答案,许某勇收取培训费50万元,支付给翁某能40万元。9月14日下午,翁某能在杨某全、刘某组织的市政小班讲述考题、答案,杨某全、刘某收取市政小班培训费22万元(另有公路小班培训费80万元、铁路小班培训费18万元),刘某支付给翁某能120万元。9月16日晚,杨某全向翁某荣提出,部分学员反映内容太多记不住,请其进行"二次辅导",翁某荣遂将收上来的部分未销毁的记有市政专业考试内容的纸张交予学员阅看和记忆,后杨某全给翁某荣3万元"辛苦费"。

2017年9月,被告人王某报名参加了重庆"新梦想"培训机构市政小班,因其被告知培训内容含金量很高且收费昂贵,并被要求穿浴袍上课、搜身、安检,不允许夹带其他物品等,其遂意识到该培训班授课内容可能系考题、答案。王某应被告人洪某轩的请托,将手写整理的上课内容以照片形式通过微信发给洪某轩,同时叮嘱洪某轩不得外传。洪某轩又将该资料发给被告人洪某,同时向洪某收取6000元。洪某又将该资料以1万元的高价出售给被告人刘某阳,并要求刘某阳不得大面积扩散。刘某阳为分摊购买费用,联系从事考试培训业务的被告人江某等人,将以图片为载体的手写资料发给江某等人,并要求江某等人整理成电子版,后江某转给刘某阳1450元。江某为降低风险,对该资料进行"注水"掩饰,并将原有内容以绿色喷底突出显示。后江某将加工过的资料以1200元的价格出售给郭璐良等人,宣称"考前绝密""不过退款",并强调着重看绿色喷底突出显示的内容。经住房和城乡建设部职业资格注册中心认定,上述内容与考试真题高度重合。

2017年9月17日,如东县公安局接到报警称,"今日头条"上的一篇文章内容与当年一级建造师考试市政科目考题雷同,怀疑发生泄题。该局立案受理后,先后抓获被告人王某军、翁某能、翁某荣、许某勇、杨某全、刘某、洪某轩、洪某、刘某阳、江某等人。被告人王某经民警电话联系,主动投案并如实供述了主要犯罪事实。王某军、许某勇、杨某全、刘某、洪某轩、洪某、刘某阳、江某归案后均如实供述了自己的主要犯罪事实。

案发后,如东县公安局扣押被告人王某军违法所得及孳息共计122.07526万元,扣押被告人翁某能违法所得40万元,扣押被告人翁某荣违法所得3万元,扣押被告人许某勇违法所得10万元。审理中,被告人洪某轩退出违法所得6000元,被告人洪某退出违法所得1万元,被告人刘某阳退出违法所得1450元,被告人江某退出违法所得1200元。

江苏省如东县人民法院经审理认为:被告人王某军、翁某能非法获取国家秘密,均已构成非法获取国家秘密罪。被告人王某军、翁某能、翁某荣、许某勇、杨某全、刘某、王某、洪某轩、洪某、刘某阳、江某为实施考试作弊行为,向他人非法出售、提供法律规定的国家考试试题、答案,其行为均已构成非法出售、提供试题、答案罪。其中,王某军系考试工作人员,非法获利数额巨大,翁某能、翁某荣、许某勇、杨某全、刘某在各自所参与的共同犯罪中非法获利数额巨大,均属情节严重。王某军、翁某能均一人犯两罪,应数罪并罚。王某军、翁某能、翁某荣、许某勇、杨某全、刘某系共同犯罪。其中,在非法获取国家秘密罪的共同犯罪中,王某军、翁某能均起主要作用,均系主犯。在部分非法出售、提供试题、答案罪的共同犯罪中,王某军、翁某能、许某勇、杨某全起主要作用,系主犯,应当按照其所参与或者组织、指挥的全部犯罪处罚;翁某荣、刘某起次要、辅助作用,系从犯,应当分别从轻或者减轻处罚。王某自首,可以从轻处罚。王某军、许某勇、杨某全、刘某、洪某轩、洪某、刘某阳、江某归案后坦白,可以从轻处罚。杨某全、刘某、王某、洪某轩、洪某、刘某阳、江某在庭审中均自愿认罪,且王某军、翁某能、翁某荣、许某勇、洪某轩、洪某、刘某阳、江某均已退出全部违法所得,可酌定从轻处罚。依照刑法第二百八十二条第一款,第二百八十四条之一第一款、第三款、第六十九条,第二十五条第一款,第二十六条第一款、第四款,第二十七条,第六十七条第一款、第三款,第三十七条之一第一款,第七十二条,第六十四条之规定,判决如下:

一、被告人王某军犯非法获取国家秘密罪,判处有期徒刑二年;犯非法出售、提供试题、答案罪，判处有期徒刑四年六个月，并处罚金人民币一百五十万元，决定执行有期徒刑五年六个月，并处罚金人民币一百五十万元。

被告人翁某能犯非法获取国家秘密罪，判处有期徒刑一年六个月；犯非法出售、提供试题、答案罪，判处有期徒刑四年六个月，并处罚金人民币一百二十万元，决定执行有期徒刑五年三个月，并处罚金人民币一百二十万元。

被告人翁某荣犯非法出售、提供试题、答案罪，判处有期徒刑三年，并处罚金人民币四十万元。

被告人许某勇犯非法出售、提供试题、答案罪，判处有期徒刑三年三个月，并处罚金人民币五十万元。

被告人杨某全犯非法出售、提供试题、答案罪，判处有期徒刑三年三个月，并处罚金人民币五十万元。

被告人刘某犯非法出售、提供试题、答案罪，判处有期徒刑二年，缓刑三年，并处罚金人民币三十万元。

被告人王某犯非法出售、提供试题、答案罪，判处有期徒刑一年，缓刑一年六个月，并处罚金人民币一万元。

被告人洪某轩犯非法出售、提供试题、答案罪，判处有期徒刑八个月，缓刑一年，并处罚金人民币一万元。

被告人洪某犯非法出售、提供试题、答案罪，判处有期徒刑一年，缓刑一年六个月，并处罚金人民币二万元。

被告人刘某阳犯非法出售、提供试题、答案罪，判处有期徒刑八个月，缓刑一年，并处罚金人民币一万元。

被告人江某犯非法出售、提供试题、答案罪，判处有期徒刑八个月，缓刑一年，并处罚金人民币一万元。

二、对被告人王某军已退出的违法所得及孳息人民币122.07526万元、被告人翁某能已退出的违法所得人民币40万元、被告人翁某荣已退出的违法所得人民币3万元、被告人许某勇已退出的违法所得人民币10万元均予以没收，并由如东县公安局上缴国库；对被告人洪某轩已退出的违法所得人民币6000元、被告人洪某已退出的违法所得人民币1万元、被告人刘某阳已退出的违法所得人民币1450元、被告人江某已退出的违法所得人民币1200元均予以没收，并上缴国库。

三、禁止被告人王某军、翁某能、许某勇、杨某全自刑罚执行完毕之日或假释之日起五年内从事与考试、培训相关的职业。

四、禁止被告人刘某、刘某阳、江某在缓刑考验期内从事与考试、培训相关的活动。

宣判后，各被告人均未提出上诉，公诉机关亦未抗诉，判决已经发生法律效力。

## 二、主要问题

（一）建造师考试是否属于"法律规定的国家考试"？

（二）非法出售、提供试题、答案罪中，非法出售、提供的试题、答案是否必须与考试试题、标准答案完全一致？

（三）非法获取属于国家秘密的试题、答案后又非法出售、提供的，应从一重罪从重处罚还是数罪并罚？

## 三、裁判理由

（一）建造师考试属于"法律规定的国家考试"

刑法第二百八十四条之一规定的非法出售、提供试题、答案罪的适用范围是"法律规定的国家考试"，非法出售、提供其他考试的试题、答案的，则不能以该罪定罪处罚。因此，准确界定"法律规定的国家考试"的范围，是正确适用非法出售、提供试题、答案罪的前提和基础。"法律规定的国家考试"的重点在"法律"，法学理论和司法实践对"法律"的解释存在狭义、中义、广义等不同理解，狭义的"法律"仅指全国人大及其常委会制定的法律，中义则包括行政法规、地方法规等，广义还包括部门规章。作为刑法意义上的"法律"，根据罪刑法定原则，应仅指狭义的"法律"。

诚然，"法律规定的国家考试"应解读为全国人大及其常委会制定的法律规定的国家考试，但实践中亦不能简单机械地要求法律条文必须出现"考试"的明确表述，对相关法律条文应结合生活实践以及行政法规、部门规章进行系统解释。部分考试可以由法律作出隐含式原则性规定，行政法规和部门规章进行明确细化。与高考、研究生、公务员、法律职业资格、机动车驾驶员等考试分别在高等教育法、公务员法、律师法、道路交通安全法等法律中有明确规定不同，建造师考试在建筑法中并没有明确使用"考试"字样。建筑法第十四条规定："从事建筑活动的专业技术人员，应当依法取得相应的执业资格证书，并在执业资格证书许可的范围内从事建筑活动。"这一规定虽未出现"考试"表述，但执业资格证书主要通过考试取得，其隐含着"从事建筑活动的专业技术人员应当通过执业资格考试"的内容，相关行政法规和部门规章则对建造师考试制度进一步作出细化规定。《注册建筑师条例》（国务院令第184号）第七条规定："国家实行注册建筑师全国统一考试制度。注册建筑师全国统一考试办法，由国务院建设行政主管部门会同国务院人事行政主管部门商国务院其他有关行政主管部门共同制定，由全国注册建筑师管理委员会组织实施。"《注册建造师管理规定》（建设部令第153号）第三条第一款规定："本规定所称注册建造师，是指通过考核认定或考试合格取得中华人民共和国建造师资格证书，并按照本规定注册，取得中华人民共和国建造师注册证书和执业印章，担任施工单位项目负责人及从事相关活动的专业技术人员。"这是认定建造师考试属于"法律规定的国家考试"的法律依据。

为了消弭司法实践中对"法律规定的国家考试"范围的分歧，《最高人民法院、最高人民检察院关于办理组织考试作弊等刑事案件适用法律若干问题的解释》（以下简称《解释》）第一条对"法律规定的国家考试"的内涵与外延进一步进行明确，列举了四大类考试，其中建造师执业资格考试属于第三类执业资格考试的一种。具体到本案中，被告人王某军、翁某能等人非法出售、提供的2017年一级建造师考试市政专业试题、答案，属于出售、提供试题、答案罪的规制范围。

(二) 非法出售、提供的试题、答案无须与考试原题、标准答案完全一致

行为人为了逃避处罚,通常会将其所掌握的法律规定的国家考试的试题、答案进行"注水"、包装、修正,并以培训资料、复习资料、考点、要点等名义非法出售、提供。案发后,行为人也会以其出售、提供的试题、答案与考试原题、标准答案存在差异为由进行出罪抗辩。如果对行为人非法出售、提供的试题、答案与考试真题、标准答案的一致性要求过高,则会放纵犯罪。我们认为,只要能够证明行为人主观上认识到其非法出售、提供的试题、答案是或者极有可能是法律规定的国家考试的试题、答案,客观上实施了非法出售、提供行为,即便其非法出售、提供的试题、答案与考试真题、标准答案仅有部分内容甚至只有一道试题、一项答案一致,就不影响本罪的认定;如果行为人非法出售、提供的试题、答案与考试真题、标准答案完全不一致的,则可以按照犯罪未遂处理。当然,如果行为人是基于教学经验、培训经验、知识阅历等进行押题,即便所押题目与考试真题完全一致,也不构成犯罪。《解释》第六条明确了这类情形的处理规则,规定:"为实施考试作弊行为,向他人非法出售或者提供法律规定的国家考试的试题、答案,试题不完整或者答案与标准答案不完全一致的,不影响非法出售、提供试题、答案罪的认定。"

本案中,被告人王某军在命题现场偷看非由其负责的市政专业的考卷题目和答案,并将偷看内容整理在笔记本电脑中。命题结束后,王某军根据笔记本电脑整理的内容,在考试用书上找到相应的页码和知识点,把关键词对应的内容画出来,对涉及的案例题在勾画时标注了A、B字样代表A、B卷,对"冒浆的处置""跑模的原因"等超纲内容,因考试用书上未有涉及,其就在相近的知识点如"注浆""描述模板支架的搭设""基坑支护"等内容旁边进行文字标注。被告人翁某能对照王某军提供的教材,在另一本同样的教材上进行勾画、标注和抄写,并整理成Word文档通过投影形式给学员授课。多名被告人在侦查阶段及庭审中均反映,2017年一级注册建造师考试市政专业的考卷内容与自己获取并提供的资料有高达百分之七十左右的重合度。特别是被告人王某供述,其参加市政小班培训时在书上勾画的内容基本上就是市政考卷上的选择题,投影仪上的内容基本上就是市政考卷上的案例题,且老师放投影时讲的内容与考卷上案例题的答案基本一样,考试时不需要看题干和案例背景,看到提出的问题就能直接写出答案。案发后,住建部出具的《情况说明》进一步证实,涉案的泄题内容与考试真题高度重合。

综上所述,被告人王某军提供给被告人翁某能,后翁某能在重庆、昆明两地市政小班讲课的资料,以及后续多名被告人据此传播、外泄的资料,其实质内容与最终的考试卷高度重合,已经远远超过了一般意义上的押题,可以认为各被告人非法出售、提供的试题、答案就是考卷内容,而不能因被告人简单冠之以复习范围、考试重点、知识点等来偷换概念而不予处罚。

(三）非法获取属于国家秘密的试题、答案后又非法出售、提供的，应数罪并罚

司法实践中，行为人在向他人非法出售、提供试题、答案之前，往往需要先通过窃取、刺探、收买等手段非法获取试题、答案，行为人实际上实施了数个行为触犯数个罪名。被告人王某军和翁某能的辩护人提出了非法获取国家秘密和非法出售、提供、试题答案存在手段行为与目的行为的牵连关系，应从一重罪处罚的辩护意见。对此，我们认为，对牵连关系适用从一重处罚并不是绝对的，在某种手段通常用于实施某种犯罪，或者某种原因行为通常导致某种结果行为时，适用从一重处罚可能更为合适。本案中，虽然法律规定的国家考试的试题、答案会被定为国家秘密，但非法获取国家秘密罪中"国家秘密"的范围远大于法律规定的国家考试的试题、答案，非法获取国家秘密并不是非法出售、提供试题、答案的通常手段行为。现实生活中，行为人利用工作之便，合法知晓、掌握属于法律规定的国家考试的试题、答案，又非法出售、提供的情形更为普遍、更为常见，行为人非法获取属于国家秘密的试题、答案，用于自己考试作弊的情形也较为常见。故王某军和翁某能实施的非法获取国家秘密的行为和非法出售、提供试题、答案的行为之间的牵连关系并不紧密，不能以此为由适用从一重处罚。

刑法第二百八十二条第一款规定："以窃取、刺探、收买方法，非法获取国家秘密的，处三年以下有期徒刑、拘役、管制或者剥夺政治权利；情节严重的，处三年以上七年以下有期徒刑。"刑法第二百八十四条之一第三款规定："为实施考试作弊行为，向他人非法出售或者提供第一款规定的考试的试题、答案的，依照第一款的规定处罚。"该条第一款规定："在法律规定的国家考试中，组织作弊的，处三年以下有期徒刑或者拘役，并处或者单处罚金；情节严重的，处三年以上七年以下有期徒刑，并处罚金。"总体上来说，两罪的法定刑均较轻，非法获取属于国家秘密的试题、答案后又非法出售、提供的，择一重罪处罚打击力度不够。为更好地发挥刑罚的震慑作用，《解释》第九条规定："以窃取、刺探、收买方法非法获取法律规定的国家考试的试题、答案，又组织考试作弊或者非法出售、提供试题、答案，分别符合刑法第二百八十二条和刑法第二百八十四条之一规定的，以非法获取国家秘密罪和组织考试作弊罪或者非法出售、提供试题、答案罪数罪并罚。"对源头上非法获取属于国家秘密的考试试题、答案之后又非法出售、提供的，进行数罪并罚，适当提高量刑，体现对此类行为从严惩处的司法导向，能够更好地实现刑罚的特殊预防和一般预防功能，更好地实现法律效果和社会效果的统一。

本案中，经被告人翁某能提议和教唆，被告人王某军利用其参加一级建造师考试公路组命题的机会，采用偷看等方式窃取了非由其负责出题的市政组的试题及答案，该考试试题、答案被定为绝密。王某军将属于绝密的试题、答案带回学校并提供给翁某能，再由翁某能利用小班培训的方式向他人出售、提供获利。王某军与翁某能主观上存在两个犯罪故意，客观上实施了非法获取国家秘密与非法出售、提供试题、答案两个犯罪的独立实行行为，触犯了两罪，应依法分别定罪量刑后依照数罪并罚原则进行并罚。并且，王某军、翁某能实施了从源头上获取试题、答案的非法获取国家秘密行为，主观恶性和

社会危害性均较大,数罪并罚能够实现罚当其罪,实现罪刑相适应。

需要特别说明的是,对于被告人许某勇、杨某全、刘某等培训机构的组织者,没有实施窃取、刺探、收买属于国家秘密的试题、答案的行为,仅仅为被告人翁某能非法出售、提供试题、答案提供场所、创造条件并积极参与,以非法出售、提供试题、答案罪的共犯定罪处罚即可。对于被告人王某、洪某轩、洪某、刘某阳等通过缴纳培训费或者购买培训资料等方式获取试题、答案的行为,虽然形式上符合非法获取国家秘密罪的构成要件,但其非法获取属于国家秘密的试题、答案的目的是通过考试,取得相应职业资格,其之所以再非法出售、提供,是为了分摊购买成本,与从源头上非法获取国家秘密的被告人王某军、翁某能相比,主观恶性和社会危害性都明显较小,可以依照刑法第十三条犯罪情节显著轻微,危害不大进行出罪处理,进行行政处罚即可。否则,所有参加小班培训或者购买内部资料的考生都涉嫌犯非法获取国家秘密罪,都要被追究刑事责任,处罚范围过大,法律适用效果欠佳。当然,对王某等人的非法出售、提供行为,仍应以非法出售、提供试题、答案罪进行定罪处罚。

(四)职业禁止、禁止令的适用

为了有效预防犯罪,对实施与职业相关犯罪的犯罪分子,不能仅仅判处刑罚了事,应当采取必要的从业禁止措施。从业禁止是刑法修正案(九)增设的制度,对贯彻宽严相济刑事政策,有效预防利用职业便利实施犯罪具有重要意义。《解释》第十二条规定:"对于实施本解释规定的犯罪被判处刑罚的,可以根据犯罪情况和预防再犯罪的需要,依法宣告职业禁止;被判处管制、宣告缓刑的,可以根据犯罪情况,依法宣告禁止令。"实践中,非法出售、提供试题、答案罪多数情况下是由具有接触考试试题、答案便利的工作人员或者从事考试培训行业的人员,利用职业便利实施的犯罪。通过对被告人依法宣告职业禁止和禁止令,可以有效防止其"重操旧业",再犯同质新罪。

本案中,在判处各被告人刑罚的同时,法院结合被告人职业情况,禁止原为大学老师的被告人王某军、翁某能以及原从事培训行业的被告人许某勇、杨某全自刑罚执行完毕之日或假释之日起五年内从事与考试、培训相关的职业,禁止原从事培训行业的被告人刘某、刘某阳、江某在缓刑考验期内从事与考试、培训相关的活动,能够有效避免相关被告人再犯同质新罪。

事实上,本案作出裁判之时,《解释》虽然尚未正式出台,但判决结果体现的刑事司法导向、数罪并罚的处断原则、职业禁止的适用等都与之后出台的《解释》保持一致,无疑是适当的。法院判决根据案件的事实、情节及各被告人在案件中的地位、作用对各被告人定罪量刑,各被告人均服判息诉,也取得了较好的社会效果。

(撰稿:江苏省南通市中级人民法院 杜开林 胡元吉
审编:最高人民法院刑三庭 鹿素勋)

[第 1442 号]

# 王某威、周某盗掘古文化遗址案

——如何确定行为犯的犯罪形态

## 一、基本案情

被告人王某威,男,汉族,1992 年××月××日出生。2018 年 1 月 12 日被取保候审。

被告人周某,男,汉族,1991 年××月××日出生。2018 年 1 月 3 日被取保候审。

江苏省东海县人民检察院指控被告人王某威、周某犯盗掘古文化遗址罪,向东海县人民法院提起公诉。

被告人王某威自愿认罪。其辩护人提出:王某威挖掘范围仅为一米见方坑口,对曲阳古文化遗址没有造成实质性损害,属于犯罪中止,且坦白罪行,认罪认罚,主观恶性不大,建议对其减轻处罚。

被告人周某自愿认罪。其辩护人提出:周某系初犯、偶犯,造成的危害结果较轻,系犯罪中止,坦白罪行,认罪认罚,建议对其减轻处罚。

东海县人民法院经审理查明:2017 年 9 月 23 日下午,被告人王某威、周某经预谋、踩点后,驾车到江苏省东海县曲阳乡驻地,使用铁锹在"曲阳城遗址"(系国务院核定的全国重点文物保护单位)西门南侧斜坡上进行盗掘,未挖到文物后自行离开,留下一长 1.4 米、宽 1.1 米、深 1.1 米的盗坑。经江苏省淮安市博物馆鉴定,盗掘行为对保护本体局部造成轻微损坏。

东海县人民法院认为:被告人王某威、周某结伙盗掘被确定为全国重点文物保护单位的古文化遗址,其行为已构成盗掘古文化遗址罪,是共同犯罪,但本罪为行为犯,不成立犯罪中止。鉴于二被告人的挖掘未给遗址造成实质性的严重破坏,犯罪情节相对较轻,根据罪责刑相适应原则,结合二被告人的犯罪事实、认罪态度、悔罪表现,判处缓刑对所居住社区无重大不良影响,决定在法定刑以下判处刑罚,宣告缓刑。据此,依照刑法第三百二十八条第一款第一项、第二十五条第一款、第六十三条第二款、第六十七条第三款、第七十二条第一款和第三款、第七十三条第二款和第三款、第五十二条之规定,判决如下:

一、被告人王某威犯盗掘古文化遗址罪,判处有期徒刑三年,缓刑三年,并处罚金人民币一万元;

二、被告人周某犯盗掘古文化遗址罪,判处有期徒刑三年,缓刑三年,并处罚金人民币一万元。

一审宣判后,被告人王某威、周某均未提出上诉。案件层报至连云港市中级人民法院,连云港市中级人民法院认为原判证据未确定盗掘行为是否对文物价值造成影响,本案在法定刑以下量刑不当,裁定撤销原判,发回重审。

重新审理期间,东海县人民法院聘请淮安市博物馆对涉案文物进行补充鉴定。经鉴定,盗坑对曲阳城遗址的历史、艺术、科学价值不构成损害。东海县人民法院认为,被告人王某威、周某共谋实施盗掘被确定为全国重点文物保护单位的古文化遗址,其行为已构成盗掘古文化遗址罪。王某威、周某在犯罪行为既遂之前,自动放弃犯罪,是犯罪中止,对二人予以减轻处理。结合其二人具有的坦白、认罪认罚等情节,适用缓刑对其所居住社区无重大不良影响,依法宣告缓刑。根据刑法第三百二十八条第一款第一项、第二十四条、第二十五条第一款、第六十七条第三款、第七十二条第一款和第三款、第七十三条第二款和第三款、第五十二条,《最高人民法院、最高人民检察院关于办理妨害文物管理等刑事案件适用法律若干问题的解释》第八条第二款之规定,判决如下:

一、被告人王某威犯盗掘古文化遗址罪,判处有期徒刑三年,缓刑三年,并处罚金人民币一万元;

二、被告人周某犯盗掘古文化遗址罪,判处有期徒刑三年,缓刑三年,并处罚金人民币一万元。

宣判后,二被告人未上诉,公诉机关未抗诉,判决已经发生法律效力。

## 二、主要问题

行为犯认定犯罪形态的依据是什么?

## 三、裁判理由

本案涉及的曲阳城遗址,被国务院《关于核定并公布第七批全国重点文物保护单位的通知》(国发〔2013〕13号)确定为第七批全国重点文物保护单位。案发后,淮安市博物馆出具的涉案文物鉴定意见载明:该遗址为汉代东海郡曲阳县治所在,是苏北鲁南保存最完整的汉古城遗址。盗坑长1.1米、宽1.4米、深1.1米,位于曲阳城遗址保护范围,直接对全国重点保护文物单位曲阳城遗址造成了损坏,属于盗掘国家级重点文物保护单位的行为,对保护本体局部造成了轻微的损坏,对地表封土层有所损坏;对曲阳城遗址的历史、艺术、科学价值不构成损害。本案中,两名被告人有预谋地盗掘被确定为全国重点文物保护单位的曲阳城遗址,其行为均已构成盗掘古文化遗址罪,但对被告人未挖到文物自行离开的行为能否认定犯罪中止,在审理过程中产生了三种意见。

第一种意见认为,盗掘古文化遗址、古墓葬罪应以是否窃取文物作为既未遂区分标准,本案两名被告人未实际窃取文物而放弃犯罪,应认定犯罪中止。

第二种意见认为，盗掘古文化遗址、古墓葬罪属于行为犯，只要行为人实施了盗掘古文化遗址、古墓葬的行为就已构成本罪，犯罪行为是否造成古文化遗址、古墓葬受到严重破坏的结果，只对确定具体适用的法定刑有意义。

第三种意见认为，盗掘古文化遗址、古墓葬罪虽然属于行为犯，但是根据刑法谦抑原则，若盗掘行为并未损毁古文化遗址、古墓葬的历史、艺术、科学价值，就不应认定犯罪既遂。本案中，两名被告人的盗掘行为未对古文化遗址的历史、艺术、科学价值造成损害，在既遂之前自动放弃犯罪，应认定为犯罪中止。

我们同意第三种意见，理由如下。

（一）行为犯存在讨论未完成形态的空间

盗掘古文化遗址、古墓葬罪，是指盗掘具有历史、艺术、科学价值的古文化遗址、古墓葬的行为。通常认为本罪在犯罪形态上是行为犯而非结果犯，即犯罪既遂的认定并不要求盗得文物，是否盗取文物、盗取数量多少仅为量刑时应当考虑的情节。有学术观点认为，行为犯可以区分为举动犯、程度犯与危险犯。举动犯，又称举止犯或者单纯行为犯，是指行为人只要着手实施刑法分则规定的行为就构成犯罪既遂的情形；程度犯，又称过程犯，是指行为人在着手实施刑法分则规定的构成要件的行为以后，虽然不要求发生某种危害结果，但要求将行为实施到一定程度，才构成犯罪既遂的情形；危险犯是指行为人的行为只要造成一定的法益侵害危险，就构成犯罪既遂的情形。"这些犯罪形态的共同特征是都不以结果为其罪体要素，但在行为要素的要求程度或者表现形式上有所不同。"[①] 综合上述理论，结合司法实践，我们认为，并非所有行为犯的行为都是一着手就完成的，不同危害行为的过程长短不一、内容各异，行为犯的实行行为进行到犯罪进程的哪一个阶段才能达到犯罪既遂状态，既与行为是否实施终了有关，也与立法对犯罪行为的社会危害性评价相关。由此可见，行为犯的未完成形态存在讨论的空间。

（二）古文化遗址、古墓葬的历史、艺术、科学价值是否受到损害是认定盗掘行为既未遂的重要标准

盗掘古文化遗址、古墓葬罪，犯罪对象是具有历史、艺术、科学价值的古文化遗址、古墓葬，犯罪对象的特殊性，决定了保护的法益主要是文物、遗址、墓葬的历史、艺术及其科学价值。我国是拥有五千多年文明史和灿烂文化的文明古国，有着丰富多样的文物、古文化遗址和古墓葬。自20世纪80年代中期以来，盗掘古文化遗址、古墓葬的犯罪活动十分猖獗，数以万计的古文化遗址、古墓葬遭到毁灭性盗掘，致使我国历史文化遗产遭受无法估量的损失。1991年6月29日第七届全国人大常委会第二十次会议通过的《关于惩治盗掘古文化遗址古墓葬犯罪的补充规定》，对本罪作出规定；1997年刑法将本

---

① 陈兴良：《规范刑法学（教学版）》，中国人民大学出版社2015年版，第102页。

罪的法定最高刑确立为死刑，2011年刑法修正案（八）虽删除了本罪的死刑，但法定最高刑仍为无期徒刑，可见立法的严惩态度。针对司法实践中迫切需要解决的实际问题，最高人民法院、最高人民检察院于2015年12月30日出台了《关于办理妨害文物管理等刑事案件适用法律若干问题的解释》（以下简称《解释》），《解释》第八条第二款明确规定："实施盗掘行为，已损害古文化遗址、古墓葬的历史、艺术、科学价值的，应当认定为盗掘古文化遗址、古墓葬罪既遂。"因此，盗掘古文化遗址、古墓葬的，不论是否盗取文物，只要盗掘行为损害了古文化遗址、古墓葬的历史、艺术和科学价值，即可认定为犯罪既遂；虽已着手实施盗掘行为，但未损害古文化遗址、古墓葬的历史、艺术和科学价值的，则可能构成犯罪未遂或者犯罪中止。

根据前述规定，盗掘行为是否构成本罪，需要评判盗掘对象的文物等级及其历史、艺术、科学价值，对此应聘请专业的文物专家进行鉴定。为适应办案机关办理文物犯罪刑事案件的需要，进一步规范涉案文物鉴定评估活动，保证涉案文物鉴定评估质量，最高人民法院、最高人民检察院、国家文物局、公安部、海关总署于2018年6月20日公布了《涉案文物鉴定评估管理办法》，对涉案文物的鉴定评估范围和内容、鉴定评估机构和人员、鉴定评估程序及监督管理等作出详细规定。《涉案文物鉴定评估管理办法》第十二条第一款规定："不可移动文物鉴定评估内容包括：（一）确定疑似文物是否属于古文化遗址、古墓葬；（二）评估有关行为对文物造成的损毁程度；（三）评估有关行为对文物价值造成的影响；（四）其他需要鉴定评估的文物专门性问题。"据此，行为人对不可移动文物进行盗掘的，司法机关需要聘请专业人员对涉案文物的属性、盗掘行为对文物及其价值造成的影响，以及其他涉及定罪量刑的专门性问题进行鉴定，司法人员在审理此类案件时也应当对涉案文物鉴定意见进行全面审查，防止出现遗漏。

本案中，被告人王某威、周某共同预谋对确定为全国重点文物保护单位的曲阳城遗址进行盗掘，其行为符合刑法第三百二十八条第一款的规定，构成盗掘古文化遗址罪。根据该条第一款第一项的规定，盗掘全国重点文物保护单位的古文化遗址的，应当处十年以上有期徒刑或者无期徒刑。但王某威、周某二人未窃取到文物，且仅造成一米见方的盗坑，未对遗址造成严重破坏，若因此对二人判处十年以上有期徒刑，难以做到罪责刑相适应。本案第一次审理时，一审法院参考其他法院已生效判决，认为本罪是行为犯，不存在中止形态，鉴于犯罪行为的社会危害性和被告人的人身危险性较低，试图采取层报最高人民法院核准在法定刑以下判处刑罚的方式，使量刑与被告人的罪责相适应。但该判决采信的淮安市博物馆出具的涉案文物鉴定，仅就盗掘行为对文物的损坏程度进行了鉴定，未对盗掘行为对古文化遗址价值造成的影响予以鉴定，存在遗漏重要鉴定事项的问题，一审法院没有认真审核案件证据存在的问题，判决理由也违反了《解释》规定，二审法院因此不同意在法定刑以下判处刑罚，裁定不予核准，发回重审。东海县人民法院重新审理期间，委托淮安市博物馆进行补充鉴定，鉴定认为盗坑未对曲阳城遗址的历史、艺术和科学价值造成损害。据此，第二次审理认定二被告人系在盗掘行为既遂之前自动放弃犯罪，属犯罪中止，应当依法减轻处罚。结合二被告人平时表现较好，无前科劣迹,均系初犯,归案后能够坦白罪行,认罪认罚等情节,认为二被告人的犯罪情节较轻,有悔罪表现,且没有再犯罪的危险,宣告缓刑对所居住社区没有重大不良影响,故对被告人王某威、周某分别以盗掘古文化遗址罪判处有期徒刑三年,缓刑三年,并处罚金一万元,是适当的。

(撰稿:江苏省连云港市中级人民法院　马卫东
江苏省东海县人民法院　王小彪
最高人民法院刑四庭　杜军燕
审编:最高人民法院刑四庭　陆建红)

[第 1443 号]

# 索南某某非法猎捕、杀害珍贵、濒危野生动物案[*]
## ——法定刑以下判处刑罚案件的若干程序问题

## 一、基本案情

被告人索南某某，男，藏族，1970 年××月××日出生，农民。2017 年 6 月 16 日被逮捕，2019 年 1 月 14 日被西藏自治区阿里地区中级人民法院取保候审。

西藏自治区噶尔县人民检察院指控被告人索南某某犯非法猎捕、杀害珍贵、濒危野生动物罪，向噶尔县人民法院提起公诉。

被告人索南某某对公诉机关指控的犯罪事实无异议，请求对其从轻处罚。

被告人索南某某的辩护人提出：(1) 公诉机关指控的犯罪事实不清、证据不足。理由是：起诉书指控索南某某犯罪的时间和地点不确定，犯罪工具只有被告人供述和辨认，不能得出铁夹就是犯罪工具的唯一结论，司法鉴定意见存在缺乏鉴定人员签字等问题，均不能作为定案依据。(2) 索南欧珠放置铁夹夹住动物后，认为如果动物脱逃，基于动物的报复心理，可能使其本人和家人的人身、财产安全受到威胁，故才用石头击打动物，属于自救行为。(3) 索南某某不具有非法猎捕的故意，猎捕雪豹的行为属于过失，不构成非法猎捕、杀害珍贵野生动物罪。(4) 索南某某具有自首、坦白情节。

噶尔县人民法院经审理查明：2015 年 7 月中下旬，被告人索南某某和家人在西藏自治区噶尔县门士乡门士村"阿汝加萨"一带夏季牧业点放牧期间，由于多次发生放牧的羊失踪、被咬事件，索南某某向同村村民旦增曲扎借来一个铁夹放置在临时住处附近。几天后，索南某某发现夹住了一只雪豹，随即用石块投掷击打将雪豹杀死。放牧结束后，索南某某将雪豹皮带回家中，将雪豹骨架带到同村的一位亲戚家中。2017 年初，门士村村委会委员兼该村野生动物保护员伦某接到村民反映称，索南某某曾猎杀过雪豹。伦某两次向其核实此事，索南某某均予承认，伦某遂于同年 1 月 24 日向阿里地区森林公安局举报，该局民警于次日将索南某某抓获。归案后，索南某某对猎捕、杀害雪豹的犯罪事实供认不讳，并主动上交了雪豹皮和骨架。经鉴定，索南某某猎杀的动物系国家一级保护野生动物雪豹。

噶尔县人民法院认为：被告人索南某某为防止野生动物侵害羊群，设置铁夹捕获并

---

[*] 此处引用的是修正前的罪名，根据 2021 年《最高人民法院、最高人民检察院关于执行〈中华人民共和国刑法〉确定罪名的补充规定（七）》，该罪名修改为危害珍贵、濒危野生动物罪。

杀死雪豹，其行为已构成非法猎捕、杀害珍贵、濒危野生动物罪。索南某某非法猎捕、杀害国家一级保护野生动物雪豹一只，依法本应判处十年以上有期徒刑刑罚，考虑到其系因羊群被野生动物侵害且使用一定方法防治无效的情况下放置铁夹，并非针对某种特定的珍贵、濒危野生动物，且因雪豹凶猛无法靠近而将其杀死，主观恶性和社会危害性均较小，可在法定刑以下判处刑罚。综上，依照刑法第三百四十一条第一款、第五十二条、第五十三条、第六十三条第二款、第六十四条、第六十七条第三款、第三十六条和《最高人民法院关于审理破坏野生动物资源刑事案件具体应用法律若干问题的解释》第三条第二款第一项之规定，于2017年10月9日作出一审判决，以猎捕、杀害珍贵、濒危野生动物罪，对索南某某在法定刑以下判处有期徒刑五年，并处罚金人民币二千元（以下未标明币种均为人民币）。

一审宣判后，被告人索南某某不服，提出上诉，请求对其从轻处罚。理由是：（1）其担心雪豹跑出夹子后伤人，为了保护自己、家人和羊群才用石头击打雪豹。（2）其具有自首情节。

被告人索南某某的辩护人提出的辩护意见和一审相同。

阿里地区人民检察院认为：原判认定事实清楚，证据确实、充分，定性准确，量刑适当，审判程序合法。建议驳回上诉，维持原判。

阿里地区中级人民法院经审理认为，被告人索南某某为防止雪豹侵害羊群而放置铁夹，在捕获雪豹后用石块杀死该动物，其行为已构成非法猎捕、杀害珍贵、濒危野生动物罪。原审判决定性准确，证据确实、充分，审判程序合法，适用法律准确，量刑适当。综上，阿里地区中级人民法院依照刑事诉讼法第二百二十五条第一款第一项①之规定，于2017年12月29日作出（2017）藏25刑终9号刑事裁定，裁定驳回上诉，维持原判，依法逐级报请最高人民法院核准。

西藏自治区高级人民法院经复核，同意阿里地区两级法院对被告人索南某某在法定刑以下判处五年有期徒刑，并处罚金二千元的裁判，并依法报请最高人民法院核准。

最高人民法院经复核认为，被告人索南某某非法猎捕并杀害国家一级保护动物雪豹，其行为已构成非法猎捕、杀害珍贵、濒危野生动物罪，情节特别严重，依法应予惩处。考虑到索南某某因放牧的羊群多次被野生动物袭击遭受损失并向当地政府反映，却未得到及时保护和相应的补偿，索南某某在放牧地点放置铁夹捕杀雪豹，目的是防止野生动物再次侵害羊群，其行为具有被动性和防御性质；杀死雪豹后，索南某某将皮毛、骨架放置在本人和亲戚家中，不具有出售牟利情节，与实践中以牟利为目的猎捕、杀害雪豹等珍贵、濒危野生动物的行为相比，主观恶性不深；索南某某在本村野生动物保护员向其询问时即承认猎杀过雪豹，对侦破案件起到一定的积极作用，归案后如实供述罪行并积极配合追缴雪豹皮张和骨架，认罪悔罪。第一审判决、第二审裁定认定的事实清楚，证据确实、充分，定罪准确。审判程序合法。根据本案情况，对索南某某的量刑可在原判基础上进一步从宽。依照2012年《最高人民法院关于适用〈中华人民共和国刑事诉讼

---

① 此处引用的是修正前的刑事诉讼法，对应2018年修正的刑事诉讼法第二百三十六条第一款第一项。

法〉的解释》(以下简称 2012 年《刑事诉讼法解释》) 第三百三十八条①之规定，裁定撤销阿里地区中级人民法院 (2017) 藏 25 刑终 9 号刑事裁定，发回阿里地区中级人民法院重新审判。

阿里地区中级人民法院未全部更换合议庭成员，对本案进行了不开庭重审，于 2019 年 3 月 13 日作出 (2019) 藏 25 刑终字 1 号刑事判决，以非法猎捕、杀害珍贵、濒危野生动物罪，在法定刑以下改判被告人索南某某有期徒刑三年，并处罚金二千元，依法逐级报请最高人民法院核准。

西藏自治区高级人民法院经复核，同意阿里地区中级人民法院对被告人索南某某在法定刑以下判处三年有期徒刑，并处罚金二千元的判决，依法报请最高人民法院核准。

最高人民法院经复核，依法裁定核准阿里地区中级人民法院 (2019) 藏 25 刑终 1 号以被告人索南某某犯非法猎捕、杀害珍贵、濒危野生动物罪，在法定刑以下判处有期徒刑三年，并处罚金二千元的刑事判决。

## 二、主要问题

(一) 被告人上诉的法定刑以下判处刑罚案件，第二审法院以量刑不当为由发回重审的，一审是否可以加重对被告人的刑罚？

(二) 最高人民法院不予核准的被告人上诉或者人民检察院抗诉的法定刑以下判处刑罚案件，应发回哪一级法院重审？

(三) 不予核准并发回重审的法定刑以下判处刑罚案件，是否必须开庭审理？

(四) 不予核准并发回重审的法定刑以下判处刑罚案件，是否必须另行组成合议庭审理？

(五) 对于报送最高人民法院核准的法定刑以下判处刑罚案件，高级人民法院是否应出具裁定书？

## 三、裁判理由

(一) 被告人上诉的法定刑以下判处刑罚案件，第二审法院以量刑不当为由发回重审的，一审可以加重刑罚

2012 年《刑事诉讼法解释》第三百三十六条第二项规定，被告人上诉的在法定刑以下判处刑罚的案件，第二审维持原判，或者改判后仍在法定刑以下判处刑罚的，应当层报最高人民法院核准。实践中，除前述规定的第二审维持原判或者改判后仍在法定刑以下判处刑罚这两种情形外，还存在第二审法院经审理后认为不应在法定刑以下判处刑罚的情形。对于上述情形应如何处理，有意见认为，第二审法院如不同意对被告人在法定刑以下判处刑罚并发回第一审法院重审，势必加重被告人的刑罚，有违刑事诉讼法第二百二十六条②关于发回重审的案件除有新的犯罪事实且补充起诉外，原审法院不得加重被

---

① 对应 2021 年修正后的《刑事诉讼法解释》第四百一十七条。后同。
② 此处引用的是修正前的刑事诉讼法，对应 2018 年修正的刑事诉讼法第二百三十七条。后同。

告人刑罚的规定，即违反了上诉不加刑原则。

经研究，我们认为，被告人上诉的法定刑以下判处刑罚案件，第二审法院经审理不同意第一审判决量刑，发回重审后，第一审法院经重审加重被告人刑罚的，并不违反刑事诉讼法第二百二十六条的规定。理由是：根据2012年《刑事诉讼法解释》关于的相关规定，对于被告人上诉的法定刑以下判处刑罚案件，上级法院既有审理职责，同时也负有复核的职责，对于上级法院经审理认为不符合在法定刑以下判处刑罚的条件的，上级法院有权发回重审，原审法院重审后亦有权加重对被告人的刑罚。如果发回重审后刑罚不能加重，则意味着被告人一旦上诉，二审法院在法定刑以下判处刑罚案件上的复核程序实质上被架空，也会导致被告人为保险起见，对在法定刑以下判处刑罚的案件一律提起上诉的情况。

（二）被告人上诉或者人民检察院抗诉的法定刑以下判处刑罚案件，最高人民法院不予核准的，可以根据案件情况发回一审或二审法院重审

根据2012年《刑事诉讼法解释》第三百三十八条规定，对在法定刑以下判处刑罚的案件，最高人民法院不予核准的，应当作出不核准裁定书，并撤销原判决、裁定，发回原审人民法院重新审判或者指定其他下级人民法院重新审判。据此，有意见认为，这里的原审法院，指的是作出一审判决的法院，就本案而言，应当发回第一审法院噶尔县人民法院重新审判。

经研究，我们认为，对于被告人上诉或者人民检察院抗诉的法定刑以下判处刑罚的案件，既可以发回一审法院，也可以发回二审法院，应当依据案件的具体情况决定。

对于发回哪一级法院重审，法律、司法解释均没有禁止性规定，两种情况均符合法律规定。从上述2012年《刑事诉讼法解释》第三百三十八条规定的内容看，有两种理解的可能性：一是理解为撤销一审判决和二审裁定，发回一审法院重审，即一撤到底；二是撤销最后作出的判决、裁定，即只撤销二审判决、裁定并发回第二审法院重审。同时，2012年《刑事诉讼法解释》第三百三十九条①规定，"依照本解释第三百三十六条、第三百三十八条规定发回第二审人民法院重新审判的案件，第二审人民法院可以直接改判"。根据该条的规定，对于存在上诉或者抗诉情形的法定刑以下量刑案件，最高人民法院可以发回第二审法院重审。因而，将"原审法院"仅理解为一审法院是对法律、司法解释的误读。

我们认为，对于事实、证据、程序均不存在问题，量刑需要往下调整的案件，考虑到改判后仍在法定刑以下量刑的案件还需要逐级报最高人民法院核准，从节约司法资源、提高诉讼效率的角度考虑，发回第二审法院重审更符合效率原则，第二审法院可以直接改判，避免程序空转。

对于事实、证据存在再核实的案件，最高人民法院可以根据案件的具体情况进行判断，认为由一审法院重审更有利于查明案件事实、证据的，应当发回一审法院重审，反

---

① 对应2021年修正的《刑事诉讼法解释》第四百一十八条。后同。

之亦然。需要注意的是，如果涉及量刑向上调整的情况，应当充分保障被告人的辩护权。

具体到本案中，本案事实、证据均不存在问题，仅量刑需要调整，且系由重到轻改判，不影响被告人的诉权，由第二审法院阿里地区中级人民法院改判更节省诉讼资源，故最高人民法院发回二审法院重新审判。

### （三）不予核准并发回重审的法定刑以下判处刑罚案件，原审法院应根据案件情况决定是否开庭

2012年《刑事诉讼法解释》第三百三十九条规定："依照本解释第三百三十六条、第三百三十八条规定发回第二审人民法院重新审判的案件，第二审人民法院可以直接改判；必须通过开庭查清事实、核实证据或者纠正原审程序违法的，应当开庭审理。"有意见据此认为，只有具有"必须通过开庭查清事实、核实证据或者纠正原审程序违法"等情形的，才应当开庭审理，对于不涉及查清事实、核实证据或者纠正原审程序违法等情形，如本案这样只涉及量刑问题的，可依照前述规定不开庭审理。

经研究，我们认为，上述意见有一定合理性，但需要注意的是，除了涉及查清事实、核实证据或者纠正原审程序违法等情形发回重审的案件需要开庭审理外，上级法院经审理或者复核认为原审判决对被告人在法定刑以下判处刑罚不当，发回原审法院重新审理的，由于重审后量刑系由轻到重，从保护被告人辩护权的角度，原审法院亦应开庭审理。

### （四）不予核准并发回重审的法定刑以下判处刑罚案件，原审法院并非必须另行组成合议庭审理

本案发回重审后，阿里地区中级人民法院未另行组成合议庭进行审理。再次报最高人民法院复核时，有意见认为，应当以程序违法再次发回重审。

我们认为，本案不宜以程序违法为由再次发回重审，理由如下。

第一，阿里地区中级人民法院重审时未另行组成合议庭未直接违反法律和司法解释的规定。刑事诉讼法第二百二十八条①规定，原审法院对于发回重审的案件应当另行组成合议庭进行审判。上述规定在普通程序、审判监督程序和减刑假释程序中均为原则性规定，但在死刑复核案件中存在例外情形：2012年《刑事诉讼法解释》第三百五十五条②规定，对于最高人民法院裁定不予核准死刑并发回重审的案件，具有复核期间出现新的影响定罪量刑的事实、证据，以及原判认定事实正确，但依法不应当判处死刑这两种情形的，可不另行组成合议庭。对法定刑以下量刑案件而言，在刑事诉讼法和2012年《刑事诉讼法解释》均未规定发回重审后合议庭应如何组成的情况下，具体操作上可参照上述规定进行：因最高人民法院不同意在法定刑以下判处刑罚，或者因原判事实不清、证据不足，或者因严重违反法定程序，可能影响公正审判等原因发回重审的法定刑以下量刑案件，原审法院应另行组成合议庭进行审理；对于复核期间出现新的影响定罪量刑的事实、证据，或者原判认定事实正确，但依法可在原判刑罚基础上进一步从宽的，发回

---

① 此处引用的是修正前的刑事诉讼法，对应2018年修正的刑事诉讼法第二百三十九条。
② 对应2021年修正的《刑事诉讼法解释》第四百三十二条。

重审后可不另行组成合议庭。本案属于原判认定事实正确，但依法可再予从宽处罚的情形，阿里地区中级人民法院重审时未另行组成合议庭并不违法。

第二，从节约司法资源和减少被告人讼累的角度，本案也不宜发回重审。本案于2017年年初案发，其间经历四级法院、从一审到复核共七个审理程序，历时两年多，被告人索南某某的刑期也即将届满，如以程序违法为由再次发回重审，还要再经历阿里地区中级人民法院重审、西藏自治区高级人民法院和最高人民法院复核三个阶段，既不利于节约司法资源，也会造成被告人的讼累。

（五）对于报送最高人民法院核准的法定刑以下判处刑罚案件，高级人民法院可以不出具裁定书

根据2012年《刑事诉讼法解释》第三百三十六条①的规定，上一级人民法院对于报送最高人民法院复核的法定刑以下判处刑罚案件，经复核同意的，应当书面层报最高人民法院核准。第三百三十七条②规定："报请最高人民法院核准在法定刑以下判处刑罚的案件，应当报送判决书、报请核准的报告各五份，以及全部案卷、证据。"对于"书面层报"应如何理解，从近年来最高人民法院复核的法定刑以下判处刑罚案件的情况来看，各地法院的做法不尽一致：部分高级人民法院是以《报请核准在法定刑以下判处刑罚的报告》的方式"书面层报"，本身并不出具裁定书；部分高级人民法院则出具裁定书，并将裁定书与《报请核准在法定刑以下判处刑罚的报告》一起"书面层报"。

经研究，我们认为，考虑到以下因素，高级人民法院向最高人民法院报请核准法定刑以下判处刑罚案件时，不必出具裁定书。

（1）高级人民法院报核时不出具裁定不违反司法解释的规定。从2012年《刑事诉讼法解释》第三百三十六条的规定来看，仅规定上级法院如经复核同意原判，应"书面层报"最高人民法院核准，并未限制"书面层报"的形式，即无论是出具裁定书，还是仅以《报请核准在法定刑以下判处刑罚的报告》的方式"书面层报"，均不违反该项规定。事实上，从最高人民法院近年来办理的法定刑以下量刑案件来看，高级人民法院不出具裁定的做法多于出具裁定的做法。

（2）高级人民法院报核时不出具裁定书有利于提高诉讼效率。一是裁定书的制作相对而言比报核报告更为费时费力；二是如果高级人民法院出具了裁定书，最高人民法院不核准时，不能绕开高级人民法院的裁定直接撤销一审、二审判决或者裁定，不利于提高诉讼效率。

（撰稿：最高人民法院刑二庭　郭　慧
审编：最高人民法院刑二庭　于同志）

---

① 对应2021年修正的《刑事诉讼法解释》第四百一十四条。后同。
② 对应2021年修正的《刑事诉讼法解释》第四百一十六条。

[第 1444 号]

## 周某清传播淫秽物品案

——为推销合法产品而利用淫秽物品招揽顾客的行为，
能否认定为传播淫秽物品牟利罪

### 一、基本案情

被告人周某清，女，1987 年××月××日出生。2018 年 6 月 1 日被取保候审。

浙江省江山市人民检察院指控被告人周某清犯传播淫秽物品罪，向江山市人民法院提起公诉。

被告人周某清对指控事实及罪名无异议。

江山市人民法院经公开审理查明：2016 年年底，被告人周某清在微信上结识郑某琴（另案处理），后随郑某琴在微信上售卖男性保健品。2017 年年初，周某清从郑某琴的微信群内学到通过在微信群内发淫秽物品链接的方法来吸引顾客、销售保健品。后周某清用其微信号建立名为"千万黑马福利群"，群成员 100 人左右，并在该微信群内发送淫秽视频链接。周某清在推销产品过程中，先后发展了下线人员陆某娟、王某某（均已判决），并将二人微信拉进"千万黑马福利群"微信群内，教陆某娟、王某某通过建立微信群转发淫秽视频链接的方法来吸引顾客，促销产品。后陆某娟、王某某分别建立微信群，并在所建微信群里转发"千万黑马福利群"内的淫秽视频链接，以达到吸引顾客、销售产品的目的。经鉴定，陆某娟在其所建微信群里发送的淫秽视频链接数为 48 个，王某某转发的淫秽视频链接数为 44 个。

江山市人民法院认为，被告人周某清在微信群中传播淫秽物品，同时教唆他人在微信群中传播淫秽物品，其行为已构成传播淫秽物品罪。周某清归案后能如实供述自己的罪行，承认指控的犯罪事实，可从轻处罚。依照刑法第三百六十四条第一款、第六十七条第三款、第七十二条第一款之规定，判决如下：

被告人周某清犯传播淫秽物品罪，判处有期徒刑八个月，缓刑一年。

宣判后，在法定期限内没有上诉、抗诉，判决已发生法律效力。

### 二、主要问题

行为人利用淫秽物品招揽顾客，推销合法产品的行为，能否认定为传播淫秽物品牟利罪？

### 三、裁判理由

我国刑法在第三百六十三条和第三百六十四条分别规定了传播淫秽物品牟利罪和传播淫秽物品罪，两罪构成要件的区别主要在于前者要求以牟利为目的，而后者并无此要求。本案被告人周某清为了吸引顾客、销售男性保健品，在微信群内发布淫秽视频链接，对于这种利用淫秽物品促销合法产品的行为，究竟构成传播淫秽物品牟利罪还是传播淫秽物品罪，在司法实践中存在争议。

一种意见认为，对于传播淫秽物品牟利罪中"牟利"情节的判断，不应局限于行为人是否通过传播淫秽物品直接进行牟利，同时还包括行为人以传播淫秽物品为手段间接牟取经济利益的情形。本案中，被告人周某清利用淫秽物品进行促销，就是把传播淫秽物品作为一种吸引他人眼球的手段，以吸引到更多的顾客，扩大销售额，从而获取更多的利润，最终目的还是为了牟利，符合传播淫秽物品牟利罪的构成要件，应当以该罪论处。

另一种意见认为，商家的一切营业行为都是围绕着"营利"这一目的，但并非所有的行为都能够认定为是传播淫秽物品牟利罪中的"牟利"。行为人在个人网站或者微信群内传播淫秽物品，其目的只是增加关注度，从而为销售合法产品创造商机。其既没有让被传播者支付信息费，也没有通过网站本身或者微信群作广告赚取广告费，不能认定为传播淫秽物品牟利罪中的"牟利"情节，只构成传播淫秽物品罪。

我们赞同后一种意见，理由分析如下。

（一）利用淫秽电子信息促销合法产品获利，不属于司法解释规定的利用网络传播淫秽物品牟利情形

根据传播淫秽物品行为能否直接获取非法利润，可以将牟利目的分为直接牟利与间接牟利两种形式。其中，所谓直接牟利，是指只要行为人完成了传播淫秽物品犯罪行为，就能直接获取到非法利润。直接牟利是网络传播淫秽物品牟利的一种传统方式，即网络用户通过支付费用，在网站上浏览、下载、使用相关淫秽信息、文件，或者是表面上为免费而实际上通过线路转换收取高额的网费或短信费用等。所谓间接牟利，是指行为人完成了传播淫秽物品犯罪行为后，还需要行为人或第三者实施其他行为才能获取利润。传播淫秽物品间接牟利是一种更新型、更流行的牟利方式，主要是通过提供免费的淫秽信息文件吸引网络用户，增加网站点击率，提高网站知名度，从而吸引广告商，获取高额广告费。与传统的直接牟利方式不同，间接牟利所获得的利益并非直接来自淫秽物品，而是来自第三方支付的商业广告收入，淫秽物品传播在其中起到一个推动利益产生的作用。

那么，上述两种牟利方式是否都属于传播淫秽物品牟利罪中的"牟利"情节呢？对此，有观点认为，传播淫秽物品牟利罪中的"牟利"情节，仅包括通过传播淫秽物品本身直接获取非法利益的情形，例如，通过移动存储介质为他人提供淫秽电子信息的复制件，并收取费用或通过会员注册费等形式收取淫秽电子信息服务费等。我们认为，从传

播淫秽物品牟利罪的罪状来看,"牟利"情节并不以直接牟利为限,还应当包括间接牟利。从司法实践来看,淫秽网站提供淫秽信息服务而直接收取信息费的情形越来越少,更多的淫秽网站都是免费向用户开放,通过增加点击率、提高知名度来赚取巨额的广告赞助费。虽然淫秽网站的建立者不能从淫秽信息中直接获利,但其通过赚取广告费所获得的间接经济利益更大。这种间接经济利益与直接经济利益在本质上是一样的,无非是利益的来源不同而已。为此,2004年《最高人民法院、最高人民检察院关于办理利用互联网、移动通讯终端、声讯台制作、复制、出版、贩卖、传播淫秽电子信息刑事案件具体应用法律若干问题的解释》(以下简称《解释》)第一条规定:"以牟利为目的,利用互联网、移动通讯终端制作、复制、出版、贩卖、传播淫秽电子信息,以会员制方式出版、贩卖、传播淫秽电子信息,注册会员达二百人以上的,或者利用淫秽电子信息收取广告费、会员注册费或者其他费用,违法所得一万元以上的,以制作、复制、出版、贩卖、传播淫秽物品牟利罪定罪处罚。"从司法解释层面确认了传播淫秽电子信息牟利既包括直接牟利,也包括间接牟利。其中,行为人通过网站直接贩卖淫秽电子信息,或者在用户注册加入淫秽网站成为会员后要求使用银行卡、手机等网上结算手段支付费用的方式,均属于直接向被传播者收取淫秽电子信息服务费的直接牟利方式;而通过提供免费的淫秽网站或网页吸引网络用户,增加网站点击率和知名度,从而吸引广告商,获取高额广告费的,则属于间接牟利方式,二者均可以认定为传播淫秽物品牟利罪。

具体到本案,被告人周某清虽然在微信群内发布淫秽视频链接,但是其既没有向被传播者收取淫秽视频链接的信息服务费,也没有通过其创建的微信群作广告赚取广告费,其目的只是吸引顾客,更好地销售男性保健品,获利来源在于男性保健品的销售额,故不属于《解释》所规定的两种牟利方式。

(二)根据罪刑相适应原则,对传播淫秽物品牟利罪中的"牟利"应作严格解释

由于具有牟利目的的传播行为具有更大的危害性,传播淫秽物品牟利罪要远远重于传播淫秽物品罪。[①] 传播淫秽物品牟利罪的法定最高刑可至无期徒刑;而传播淫秽物品罪的法定最高刑只有二年有期徒刑。如此一来,行为人主观上是否具有牟利目的就成为认定何种罪名、适用何种法定刑的关键所在。从《解释》的规定来看,行为人所获利益除了通过向被传播者直接收取淫秽电子信息服务费之外,还包括通过提供免费的淫秽电子信息来吸引浏览量,并借此发布广告赚取高额广告费这样一种间接的牟利方式。间接牟利的获利不是直接来自淫秽物品,而是借助淫秽物品来获取利益,淫秽物品只是起到一个获利工具的作用。那么,除了《解释》所规定的间接牟利方式之外,对于行为人在出售产品或提供服务时附送淫秽物品,或者利用淫秽物品招揽顾客进行促销,然后从合法产品的销售或服务中获取利益的,针对这种间接牟利的方式能否认定为传播淫秽物品牟

---

[①] 一方面,牟利目的表明行为人以犯罪为手段来获取非法利润,说明行为人的主观恶性更重,更应当受到谴责与非难;另一方面,牟利目的为行为人积极主动、反复实施传播淫秽物品行为提供了动力,并会促使行为人进一步扩大传播行为的规模,对社会的危害更为严重,故刑法配置了更为严厉的法定刑。

利罪,这就涉及如何对"牟利"情节这一构成要件进行解释的问题。

法官在适用法律处理各种案件的过程中,不可避免地需要对法律进行解释。从某种意义上来说,法官适用法律其实就是一个解释法律的过程。根据罪刑相适应原则的要求,我们在对某一罪状用语进行解释的时候,需要考虑法条所规定的法定刑以及依此法条最终可能作出的宣告刑的轻重,使解释的结论符合罪刑相适应原则。① 如前所述,传播淫秽物品牟利罪仅仅因为在构成要件上需要"以牟利为目的",在法定刑的设置上要远远重于传播淫秽物品罪。为此,我们对"牟利"情节应当进行严格解释,以将那些轻微的传播淫秽物品间接牟利的行为,排除在该罪的犯罪构成之外。而且,在现代法治社会中,谦抑性是刑法追求的价值目标,只有在迫不得已的情况下才能动用刑罚,能够动用较轻刑罚足以制裁的不应判处较重的刑罚。针对传播淫秽物品、卖淫嫖娼等"风化犯罪",除了传播给未成年人之外,我们应当持谨慎的态度,严格按照《解释》规定进行司法判断,防止对"牟利"要件作扩大解释。从《解释》的规定来看,网络传播淫秽物品"牟利"主要包括直接收取淫秽电子信息服务费,以及通过网站或网页间接赚取高额广告费两种方式。无论哪种方式,行为人所牟取的利益均来源于所传播的淫秽电子信息或者是传播淫秽电子信息的行为本身,其牟利方式与传播淫秽电子信息行为之间存在着直接的、必然的因果关系。对于虽利用淫秽物品招揽顾客,但是其所获利益直接来源于其他合法产品或服务的情形,无论是根据《解释》的规定,还是罪刑相适应原则的要求,均不宜认定为传播淫秽物品牟利罪。

具体到本案,被告人周某清通过微信从事男性保健品销售经营活动,在微信群里发布淫秽视频链接,供群成员浏览,其目的在于扩大所售商品的受众人数,增加交易机会,提高商品的销售量。其所获利益来源于卖出的男性保健品,而非淫秽物品本身或者传播淫秽物品行为本身,这种牟利方式与传播淫秽物品行为之间并不存在直接的、必然的因果关系,故不应认定为传播淫秽物品牟利罪。一审法院对其以传播淫秽物品罪定罪处罚是恰当的。

(撰稿:浙江省高级人民法院 聂昭伟
审编:最高人民法院刑四庭 陆建红)

---

① 对此,正如张明楷教授所指出:"法定刑影响、制约着相应犯罪构成要件的解释。因为法定刑首先反映出国家对犯罪行为的否定评价和对犯罪人的谴责态度,所以,解释者必须善于联系法定刑的轻重解释犯罪的构成要件,将轻微行为排除在重法定刑的犯罪构成之外,使严重行为纳入重法定刑的犯罪构成之内。"参见张明楷:《许霆案的刑法学分析》,载《中外法学》2009年第1期。

[第 1445 号]

# 杜某亚、李某舵贪污、非法转让土地使用权、诈骗案

——法定刑以下判处刑罚案件的相关程序问题

## 一、基本案情

被告人杜某亚,男,1954 年××月××日出生,原系河北省任丘市北辛庄乡北辛庄村党支部书记。2015 年 4 月 29 日被逮捕。

被告人李某舵,男,1959 年××月××日出生,原系河北省任丘市北辛庄乡北辛庄村支部委员兼村委会主任。2015 年 5 月 27 日被逮捕。

(同案被告人情况略)

河北省任丘市人民检察院指控被告人杜某亚、李某舵犯贪污罪、非法转让土地使用权罪、诈骗罪,向任丘市人民法院提起公诉。

被告人杜某亚辩称,因为村里建学校、幼儿园欠了工程队的钱,他们向乡党委汇报,乡党委给他们出谋划策让他们承包土地,他们才实行了土地承包,土地的性质没有改变,不属于倒卖土地;2004 年上面有指示精神村里不允许有招待费,村里两委班子成员商量为了套出招待费,才把 50 亩地空挂在他们名下,不属于贪污;对于诈骗罪名也表示不认可。

被告人李某舵对公诉机关指控其非法转让、倒卖土地使用权的事实及罪名未提出异议;对于贪污罪,其提出空挂地是经过两委班子开会商量同意的,不认为是贪污;对于诈骗罪,其提出大广高速赔偿的钱,是经乡里领导协调大广高速项目部,用两眼钢管井抵销村里的其他损失,赔偿的钱也都用于村里小学的建设了,不构成犯罪。

被告人杜某亚、李某舵的辩护人提出以下辩护意见:(1)关于贪污罪。2007 年至 2014 年被告人违反规定领取国家粮食补贴款,但是为了解决村里招待费和抵销部分医药费,故不构成贪污罪。(2)关于非法转让土地使用权罪。土地承包经过了村委会、党支部会议和村民代表会议,应属于单位犯罪。另外,与承包户签订的协议是承包土地协议,村委会不同意占地建房,是村民自己偷着建的,不能认定被告人非法转让土地。(3)关于诈骗罪。本起事实在法律适用上应当属于民事欺诈而不是犯罪。指控罪名不能成立。

任丘市人民法院经审理查明:

1. 贪污事实。2006 年年底至 2007 年年初,被告人杜某亚、李某舵利用担任任丘市北

辛庄乡北辛庄村党支部书记、村委会主任的职务便利,伙同时任村会计的李某有(同案被告人,已判刑)、时任村支部委员的刘某青(同案被告人,已判刑),在协助北辛庄乡人民政府进行村农户粮食直补统计工作中,经事先预谋,将本村集体所有土地,分别空挂在杜某亚名下30亩,李某有名下10.7亩,刘某青名下2007年至2009年2.22亩,2010年至2014年10.22亩,上述空挂土地由李某有经手上报乡财政所用来骗取国家粮食补贴款。从2007年至2014年,北辛庄乡政府财政所基于上述空挂地亩数,共向三人账户内打款合计31993.40元,其中杜某亚涉案款项19218.88元,李某有涉案款项7338.92元,刘某青涉案款项5435.60元。三人将上述款项据为己有。

李某有于2015年1月6日退缴农业补贴款10695.88元,被告人杜某亚、刘某青于2015年5月11日分别向任丘市人民检察院退缴涉案款19219元、5436元。

2. 非法转让、倒卖土地使用权事实。2004年至2011年,被告人杜某亚、李某舵在担任任丘市北辛庄乡北辛庄村党支部书记、村主任期间,违反法律规定,将村集体土地以承包的名义非法发放给村民用作宅基地或企业用地使用,共发放土地58.51亩,其中基本农田19.72亩、耕地38.79亩,收取地款202.79万元。

3. 诈骗事实。2008年春,被告人杜某亚、李某舵分别在担任北辛庄村党支部书记、村委会主任期间,经事先预谋,采用在位于北辛庄村西刘某花家承包地里的一眼水泥管井上套装钢管、在朱建矿家承包地里用挖掘机挖掘坑洞填埋钢管的方法,伪造两眼钢管井,骗取大广高速项目部补偿款64万元,其中5万元赔偿土地承包人刘某花,其余59万元归北辛庄村村委会,将该款用于村小学校建设。

任丘市人民法院认为,被告人杜某亚、李某舵及李某有、刘某青利用担任北辛庄村干部的职务便利,在协助任丘市北辛庄乡政府从事行政管理工作过程中,将属于北辛庄村集体的土地空挂在个人名下,骗取国家农业补贴款31900余元据为己有,数额较大,其行为均已构成贪污罪。鉴于各被告人在侦查阶段如实供述其犯罪事实,并已将赃款全部上缴,可从轻处罚。杜某亚、李某舵以牟利为目的,违反国家土地管理法规定,未经国家土地部门审批,非法转让、倒卖集体土地使用权,其中基本农田约19.72亩,一般耕地约38.79亩,非法获利202.79万元,情节特别严重,其行为均已构成非法转让、倒卖土地使用权罪。李某舵主动投案,并且如实供述了其伙同杜某亚非法发放宅基地的犯罪事实,属于自首,可从轻处罚。杜某亚、李某舵以非法占有为目的,虚构事实骗取财物,涉案金额59万元,数额特别巨大,其行为均已构成诈骗罪。鉴于二被告人在公安机关侦查期间均能如实供述,可从轻处罚。依照相关法律规定,判决如下:

一、被告人杜某亚犯贪污罪,判处有期徒刑八个月,并处罚金人民币十万元;犯非法转让、倒卖土地使用权罪,判处有期徒刑四年,并处罚金人民币十一万元;犯诈骗罪,判处有期徒刑十年三个月,并处罚金人民币五万元。决定执行有期徒刑十二年六个月,并处罚金人民币二十六万元。

二、被告人李某舵犯贪污罪,判处有期徒刑六个月,并处罚金人民币十万元;犯非法转让、倒卖土地使用权罪,判处有期徒刑三年六个月,并处罚金人民币十一万元;犯诈骗罪,判处有期徒刑十年三个月,并处罚金人民币五万元。决定执行有期徒刑十二年,并处罚金人民币二十六万元。

宣判后，杜某亚、李某舵提出上诉。

被告人杜某亚上诉提出，一审法院认定的事实不清，适用法律错误，其不构成犯罪。

被告人李某舵上诉提出，认定其犯贪污罪、诈骗罪的罪名不能成立。认定其犯非法转让、倒卖土地使用权罪的具体亩数不对。其辩护人提出的辩护意见与一审基本相同。

沧州市中级人民法院审理认为，一审判决认定事实和适用法律正确，审判程序合法，对二人所犯贪污罪及非法转让、倒卖土地使用权罪量刑适当。但杜某亚、李某舵未将在诈骗犯罪中所骗款项据为己有，而是均用于了学校等公益建设，应该在法定刑以下量刑，故依据相关法律规定，改判如下：

一、被告人杜某亚犯贪污罪，判处有期徒刑八个月，并处罚金人民币十万元；犯非法转让、倒卖土地使用权罪，处有期徒刑四年，并处罚金人民币十一万元；犯诈骗罪判处有期徒刑三年，并处罚金人民币五万元。决定执行有期徒刑七年，并处罚金人民币二十六万元。

二、被告人李某舵犯贪污罪，判处有期徒刑六个月，并处罚金人民币十万元；犯非法转让、倒卖土地使用权罪，判处有期徒刑三年六个月，并处罚金人民币十一万元；犯诈骗罪判处有期徒刑三年，并处罚金人民币五万元。决定执行有期徒刑六年六个月，并处罚金人民币二十六万元。

沧州市中级人民法院依法将全案报送河北省高级人民法院复核，河北省高级人民法院经复核同意上述判决，并依法报请最高人民法院核准。

最高人民法院经审理认为，沧州市中级人民法院所作二审判决对杜某亚、李某舵的量刑不当，故裁定不予核准并撤销沧州市中级人民法院第二审刑事判决中对被告人杜某亚、李某舵的定罪、量刑部分；对杜某亚、李某舵的定罪量刑部分，发回沧州市中级人民法院重新审判。

沧州市中级人民法院经重新审理，认定的事实与前次二审认定的事实基本一致，依法判决如下：

一、被告人杜某亚犯贪污罪，判处有期徒刑八个月，并处罚金人民币十万元；犯非法转让土地使用权罪，判处有期徒刑三年六个月，并处罚金人民币十一万元；犯诈骗罪，判处有期徒刑三年，并处罚金人民币五万元。数罪并罚，决定执行有期徒刑六年，并处罚金人民币二十六万元。

二、被告人李某舵犯贪污罪，免予刑事处罚；犯非法转让土地使用权罪，判处有期徒刑三年，并处罚金人民币十一万元；犯诈骗罪，判处有期徒刑三年，并处罚金人民币五万元。数罪并罚，决定执行有期徒刑五年，并处罚金人民币十六万元。

沧州市中级人民法院将二审判决中杜某亚、李某舵所犯诈骗罪在法定刑以下量刑部分，报请河北省高级人民法院复核。河北省高级人民法院经复核，同意沧州市中级人民法院对杜某亚、李某舵所犯诈骗罪在法定刑以下量刑，并报请最高人民法院核准。

最高人民法院经审理认为，被告人杜某亚、李某舵以非法占有为目的，共同虚构事实骗取他人财物的行为，依法均已构成诈骗罪。本起犯罪虽系村委会集体决策、实施，二被告人亦未私自占有赃款，但根据《全国人民代表大会常务委员会关于〈中华人民共和国刑法〉第三十条的解释》的规定，公司、企业、事业单位、机关、团体等单位实施刑法规定的危害社会的行为，刑法分则和其他法律未规定追究单位的刑事责任的，对组织、策划、实施该危害社会行为的人依法追究刑事责任，故应以诈骗罪追究二被告人的刑事责任。二被告人诈骗财物59万元，属于数额特别巨大，依法应当在"十年以上有期徒刑或者无期徒刑，并处罚金或者没收财产"的量刑幅度内判处刑罚，但鉴于二被告人犯罪的主观动机是为了解决村内小学建设资金，犯罪所得亦被实际用于学校建设，二被告人的主观恶性和行为的社会危害性均相对较小，因此，对二人可以在上述法定刑幅度以下，即"三年以上十年以下有期徒刑，并处罚金"的量刑幅度内判处刑罚。第一审、第二审判决认定的二被告人犯诈骗罪的事实清楚，证据确实、充分，定罪准确。审判程序合法。第二审判决量刑适当。依照刑法第六十三条第二款和《最高人民法院关于适用〈中华人民共和国刑事诉讼法〉的解释》第三百三十八条①之规定，裁定核准沧州市中级人民法院刑事判决中对被告人杜某亚、李某舵均以诈骗罪判处有期徒刑三年，并处罚金人民币五万元的部分。

## 二、主要问题

（一）同一案件中有多名被告人的，对其中部分被告人在法定刑以下量刑，应当如何履行报核程序？

（二）被告人犯数罪的，对其中一罪在法定刑以下量刑，应当如何履行报核程序？

（三）自然人犯罪中存在单位犯罪因素的，量刑上应当如何把握？

## 三、裁判理由

（一）同一案件中有多名被告人的，对其中部分被告人在法定刑以下量刑，应当仅对在法定刑以下判处刑罚的被告人的量刑部分报核

刑事诉讼法及其解释规定了对被告人在法定刑以下判处刑罚的报送、复核程序，但对于同一案件存在多名被告人，部分在正常幅度内量刑，部分在法定刑以下量刑的情形，是否需要全案报送最高人民法院，法院核准未作明确规定，实践中做法不尽统一。

我们认为，对于此种情况，应当仅对在法定刑以下判处刑罚的被告人的量刑部分报核，其他被告人的判决正常生效，不受报核程序的影响，理由如下。

（1）法定刑以下判处刑罚的核准程序是刑事诉讼中一项特殊的审判程序，是对二审终审审级制度的补充。审理法院在没有法定减轻处罚情节的前提下对被告人减轻处罚，本身是对法律的一种突破，为了监督、平衡法院的特殊减轻处罚权，刑法规定此类案件应当层报最高人民法院核准。因此，上级法院和最高人民法院监督、审查的重点是根据案件的具体特殊情况是否应当在法定刑以下判处刑罚，无须再对正常量刑幅度内判处刑

---

① 该处引用的是法释〔2012〕21号解释，对应2021年修正的法释〔2021〕1号解释第四百一十七条。

罚的同案被告人进行审查。

（2）虽然刑事诉讼法及相关解释没有明文规定此种情况，但可以参照死刑核准程序进行办理。《最高人民法院关于适用〈中华人民共和国刑事诉讼法〉的解释》第四百三十条①规定，同案审理的案件中，部分被告人被判处死刑，对未被判处死刑的同案被告人需要羁押执行刑罚的，应当在其判决、裁定生效后十日内交付执行。因而，我们同样有理由认为，法定刑以下判处刑罚的报核程序也不影响同案被告人判决、裁定的生效。并且，相对于死刑核准程序而言，法定刑以下判处刑罚的案件涉及的犯罪事实可能更轻，同案被告人判处的刑罚可能更短，如果都要等到最高人民法院核准后才生效，不仅会影响同案被告人的执行，而且很可能会造成最高人民法院尚未核准，判决的刑期已经届满，导致对同案被告人权利的实质侵犯，也造成下级法院在报核此类案件时多一层顾虑。

本案中，任丘市人民法院作出一审判决，被告人上诉后，沧州市中级人民法院作出二审判决，并依法将案件层报最高人民法院核准。但一审、二审对同案被告人李某有、刘某青均是在法定刑幅度内判处刑罚，因而两名同案被告人的定罪、量刑部分在二审判决后已经生效。沧州市中级人民法院仅需对被告人杜某亚、李某舵在法定刑以下量刑部分向河北省高级人民法院、最高人民法院报送核准，而不应将全案一并报核。

（二）被告人犯数罪的，对其中一罪在法定刑以下量刑，原则上应将被告人所犯该罪的量刑部分层报最高人民法院核准

本案中，报核的两名被告人分别犯贪污罪、非法转让土地使用权罪和诈骗罪，其中，贪污罪、非法转让土地使用权罪是在正常幅度内量刑，只有诈骗罪是在法定刑以下量刑。对于此种被告人犯数罪的，对其中一罪或者部分罪名在法定刑以下量刑的情况，下级法院的报核范围和上级法院的审查范围，存在两种不同意见。

第一种意见认为，对于此种情况，审理案件的法院应当仅就法定刑以下量刑罪名进行报核，对于其他罪名及综合刑期无须报核，上级法院也仅对报核罪名进行审查。

第二种意见认为，下级法院的报核范围和上级法院的审查范围应当是涉案被告人的全部量刑，包括法定刑以下量刑罪名、其他罪名和综合刑期。

我们认为，对于此种情况，原则上审理案件的法院应当将法定刑以下量刑的罪名和综合刑期部分层报最高人民法院核准，但上级法院发现被告人其他罪名在正常幅度内的量刑部分明显不当的，也应当指出，理由如下。

（1）审理法院对法定刑以下量刑罪名进行报核，上级法院就该罪名进行审查是法定刑以下量刑程序的应有之义。同时，对于被告人犯数罪的情况，影响被告人实质刑期的除了单个罪名的判罚，还包括综合刑期的判罚。因此，上级法院不仅需要审查对所涉罪名的量刑是否适当，还需要审查该罪名的量刑在综合刑期中所占比例是否适当。换句话说，在最高人民法院核准被告人所涉罪名在法定刑以下的判罚之前，被告人的综合刑期也不可能生效，最高人民法院的核准判决也必然包括对综合刑期的实质判断。

---

① 该处引用的是法释〔2012〕21号解释，对应2021年修正的法释〔2021〕1号解释第五百一十二条。

(2) 对于被告人其他罪名在正常幅度内的判罚，原则上属于审理法院的管辖和裁量范围，因而不属于审查、核准的范围。最高人民法院在下发核准裁定时，可以不表述相关罪名的事实及量刑。有观点认为，在无明文规定时，应当参照死刑复核案件裁判文书的样式，而死刑复核裁定书中写明了死刑被告人的非死刑罪名的犯罪事实。我们认为，法定刑以下核准案件与死刑复核案件存在区别：一是法律明文规定死刑复核应当全面审查案件，而对法定刑以下核准案件则无此种规定；二是死刑案件中死刑被告人的非死刑罪名同样影响对该被告人主观恶性、人身危险性的评价，关系到被告人是否被核准死刑的最终裁判结果，因而必须在文书中列明，但是法定刑以下核准案件多是因为一些客观的、特殊的事由、情势出现后导致在正常的量刑幅度内对被告人判处刑罚会显失公平，通常与被告人是否犯其他罪影响不大。因此，通常情况下最高人民法院的核准裁定不必表述非报核罪名的事实及量刑情况。

但是，如果最高人民法院在审查中发现其他罪名的量刑明显不当的，考虑被告人的判决尚未生效，无论从公平正义还是从诉讼经济的角度都应当指出，并可以作出不核准的裁定。

本案第一次报核时，最高人民法院原则上仅对被告人杜某亚、李某舵所犯诈骗罪的量刑进行审查，但在审查过程中发现，在非法转让土地所有权一节，二被告人是将村集体土地转让本村村民作为宅基地使用，且所得收益用于村开支，原一审、二审对二被告人所犯非法转让集体土地使用权罪的量刑偏重；且从全案考虑，二被告人经集体决策，为偿还建设村小学所欠债务实施诈骗行为，涉案款项亦主要用于该债务偿还，没有将赃款据为己有，原二审确定的综合刑期偏重。故最高人民法院第一次未核准本案，发回沧州市中级人民法院重审。沧州市中级人民法院调整刑期及其他问题后，将二审判决中杜某亚、李某舵所犯诈骗罪在法定刑以下量刑部分再次层报最高人民法院复核。最高人民法院针对二被告人所犯诈骗罪部分进行详细评析，并作出核准裁定。

(三) 本案诈骗犯罪中存在单位犯罪因素，量刑上应当予以考虑，适度体现从宽精神

根据卷中的事实和证据，二被告人杜某亚、李某舵在担任村党支部书记、村委会主任期间，因为村中小学的资金存在缺口，在大广高速修建经过该村时，伪造两眼钢管井，骗取大广高速项目部补偿款64万元，所得赔偿款绝大部分用于村小学校建设。

我们认为，被告人杜某亚、李某舵犯罪的主观动机是为了解决村内学校建设资金，犯罪系村委会集体决策、实施，犯罪所得亦被实际用于学校建设，二人所犯诈骗罪存在单位犯罪的因素。由于刑法分则并未规定单位可以成为诈骗罪的主体，根据《全国人民代表大会常务委员会关于〈中华人民共和国刑法〉第三十条的解释》的规定，公司、企业、事业单位、机关、团体等单位实施刑法规定的危害社会的行为，刑法分则和其他法律未规定追究单位的刑事责任的，对组织、策划、实施该危害社会行为的人依法追究刑事责任。杜某亚、李某舵直接组织、策划、实施了相关诈骗行为，应当依法对此承担个人责任，但是在量刑中可以充分考虑单位犯罪的因素。

综上所述，二被告人诈骗财物 59 万元，属于数额特别巨大，应处十年以上有期徒刑或者无期徒刑，并处罚金或者没收财产。基于上述考虑，且案件事实反映二被告人的主观恶性和行为的社会危害性均相对较小，对二人在法定量刑幅度内判处十年以上有期徒刑显失公平，故最高人民法院核准沧州市中级人民法院对二人均在法定刑以下量刑，改判有期徒刑三年，并处罚金人民币五万元的意见。

（撰稿：最高人民法院刑二庭　段　凰
审编：最高人民法院刑二庭　于同志）

[第1446号]

# 刚某、吴某竹受贿、伪造国家机关证件案
——介绍贿赂罪与行受贿共同犯罪的区分

## 一、基本案情

被告人刚某，女，1986年××月××日出生。2018年12月18日被取保候审。

被告人吴某竹，女，1989年××月××日出生。2019年12月2日被逮捕。

江苏省宜兴市人民检察院指控被告人刚某犯受贿罪、伪造国家机关证件罪，被告人吴某竹犯受贿罪，向宜兴市人民法院提起公诉。

被告人刚某、吴某竹对指控事实及罪名均无异议。刚某的辩护人提出刚某不构成受贿罪。

宜兴市人民法院经公开审理查明：

（一）受贿部分

被告人刚某、吴某竹均系宜兴市交通警察大队和桥中队辅警。2017年7月初，刚某调至宜兴市交通警察大队综合中队工作，负责材料、信息工作。2017年10月，吴某竹在宜兴市交通警察大队和桥中队交通违章处理窗口工作，负责处理非现场交通违法行为。吴某竹在刚某的怂恿和劝说下同意帮助张某波（另案处理）违法处理他人交通违法行为，并接受刚某提出的给予好处的方案。自2017年10月至2018年6月，刚某伙同吴某竹利用吴某竹负责非现场交通违法处理的职务之便，帮助张某波违法处理他人交通违法行为，从而收受张某波给予的钱款共计472500元。刚某分给吴某竹135609元，分给涉案期间提供帮助的张某达、张某琴（均另案处理）93980元，刚某自己分得242911元。

案发后，被告人刚某退出242911元，被告人吴某竹退出135609元，张某达退出3万元，张某琴退出5万元。

（二）伪造国家机关证件部分

2018年3月至6月，被告人刚某在伙同被告人吴某竹共同帮助张某波处理他人交通违法行为过程中，为便于处理违章事宜，受张某波指使，伙同张某达、张某琴等人，伪造机动车行驶证共计100余份，用于上传交通违章处理系统，后均被销毁。

2018年6月19日上午，徐某、徐某霄受张某琴指使携带伪造的违章车辆行驶证至宜

兴市公安局交警大队和桥中队被告人吴某竹处处理违章时被民警查获，后移交宜兴市公安局和桥派出所处理；宜兴市公安局从徐某、徐某霄处扣押伪造的机动车行驶证14本。

2018年6月22日，宜兴市公安局先后传唤张某琴与被告人吴某竹、刚某等人接受调查，刚某、吴某竹均如实供述了各自为张某波处理违章过程中伪造机动车行驶证的事实，并均主动供述监察机关尚未掌握的收受他人好处的事实；2018年7月6日，宜兴市公安局将刚某、吴某竹涉嫌职务犯罪线索移送宜兴市监察委员会。

宜兴市人民法院经审理认为，被告人刚某伙同被告人吴某竹，利用吴某竹职务上的便利，为他人谋取利益，共同非法收受他人贿赂共计人民币472500元，数额巨大；同时，刚某又伙同他人伪造国家机关证件，情节严重，刚某的行为分别构成受贿罪和伪造国家机关证件罪，应予数罪并罚；吴某竹的行为已构成受贿罪，应予惩处。刚某在伪造国家机关证件犯罪中起次要作用，依法可从轻或者减轻处罚；受贿罪部分具有自首情节，依法可从轻或者减轻处罚；伪造国家机关证件部分能如实供述自己的犯罪事实，依法可从轻处罚；刚某到案后提供侦破其他案件的重要线索，经查证属实，系有立功表现，依法可从轻或减轻处罚。吴某竹能自首，依法可从轻或者减轻处罚。刚某、吴某竹能退出受贿所得，可从轻处罚。两被告人庭审中均能自愿认罪，均可从轻处罚。综合本案的犯罪情节、社会影响和两被告人的悔罪表现，决定对刚某犯受贿罪、伪造国家机关证件罪均予以减轻处罚；对吴某竹予以减轻处罚。据此，依照刑法第三百八十三条第一至第三款，第三百八十五条第一款，第三百八十六条，第二百八十条第一款，第九十三条，第二十五条第一款，第六十九条第一款、第三款，第二十七条，第六十七条第一款、第三款，第六十八条，第六十四条以及《最高人民法院、最高人民检察院关于办理贪污贿赂刑事案件适用法律若干问题的解释》第二条第一款，第十五条第一款，第十九条第一款的规定，判决如下：

一、被告人刚某犯受贿罪，判处有期徒刑二年，并处罚金人民币十五万元；犯伪造国家机关证件罪，判处有期徒刑一年六个月，并处罚金人民币一万元，决定执行有期徒刑三年，并处罚金人民币十六万元。

二、被告人吴某竹犯受贿罪，判处有期徒刑一年六个月，并处罚金人民币十二万元。

三、扣押在案的被告人刚某、吴某竹及张某达、张某琴的违法所得人民币458520元，予以没收，上缴国库；尚未追缴的违法所得人民币13980元，继续予以追缴，上缴国库。

宣判后，被告人刚某、吴某竹均未提出上诉，检察机关未提起抗诉，判决已发生法律效力。

## 二、主要问题

（一）被告人刚某收受张某波钱款的行为应如何定性？
（二）本案共同受贿的犯罪金额如何认定？
（三）对被告人刚某是定受贿罪一罪，还是以受贿罪、伪造国家机关证件罪实行数罪并罚？

## 三、裁判理由

**（一）被告人刚某收受张某波钱款的行为应认定为共同受贿**

关于被告人刚某、吴某竹收受张某波钱款的行为，在审理过程中形成了以下三种意见。

第一种意见认为，被告人刚某、吴某竹构成共同受贿犯罪。本案中刚某作为聘用制文职人员，虽非国家工作人员，但其与从事公务的吴某竹相互勾结，利用吴某竹处理车辆违章的职务之便，为"黄牛"张某波谋取经济利益，应认定受贿罪共犯。

第二种意见认为，被告人刚某应张某波的要求，为帮助张某波违法处理车辆违章从中谋取不法利益，积极主动地为张某波介绍违章处理人员被告人吴某竹，就行贿方式和数额达成一致意见，后刚某在张某波的安排下向受贿人吴某竹请托、给予贿赂款，刚某帮助张某波为谋取非法利益向国家工作人员行贿，应构成行贿罪的共犯。

第三种意见认为，被告人刚某、吴某竹原系交警中队同事，关系较好，刚某利用该便利条件，在吴某竹与张某波之间牵线搭桥、撮合引荐，情节严重，应构成介绍贿赂罪。

我们同意第一种意见，理由如下：

1. 从主观认识区分介绍贿赂与行受贿共同犯罪

介绍贿赂行为的目的本身不是行贿也不是受贿，而是旨在帮助行受贿双方建立贿赂联系，即起到牵线搭桥、沟通联络、撮合作用，主观上必须有向国家工作人员介绍贿赂的故意，认识到自己处于"中间人"的地位。由此可见，介绍贿赂人既不同于行贿人主观上具有行贿故意，以图受贿人利用职务便利为己谋取利益，也不同于受贿人主观上具有受贿故意，企图收受他人贿赂。即介绍贿赂人主观上具有独立的故意即介绍贿赂的故意。而行受贿共犯是行为人与行贿人或受贿人形成了共同故意，认识到自己是在帮助行贿人行贿或受贿人受贿。行为人与行贿人或受贿人的共同故意包括两个内容：一是各行为人均有相同的犯罪故意；二是行为人与行贿人或受贿人之间具有意思联络。

本案中，张某波专门从事车辆中介代理业务，包括帮人处理非现场查处交通违章事务，与被告人刚某曾经认识。2017年6月，刚某调到宜兴市交通警察大队后，从事内勤工作，不接触处理违章业务。张某波遂要求刚某介绍同事帮其处理交通违章。刚某同意并介绍在业务窗口处理违章事务的被告人吴某竹与张某波认识，张某波答应给刚某、吴某竹相应好处费。刚某虽在张某波、吴某竹之间牵线搭桥，但其所起的作用远非中间人的角色，其与吴某竹之间存在受贿通谋的行为。通谋的内容包括：（1）谋利事项。在驾驶人或"黄牛"没有到场的情况下帮助处理非现场查处的交通违章。（2）受贿标准。按照扣分的违章处理每分收取20元，不扣分的违章处理每分收取2元的标准，向张某波收取好处费，后期分别涨价至每分30元与每分5元。（3）收受贿赂形式。由张某波先将好处费给予刚某，再由刚某通过微信转账形式负责分配。（4）规避监管的方式。2018年3月宜兴交警大队新系统上线后，要求驾驶人亲自前往处理违章并进行人像识别，刚某等人随即找了"群众演员"代为人像识别，吴某竹提出同样的人频繁出现容易触犯监管警报,刚某就找了不同的人员前去处理违章。可见,刚某与吴某竹就受贿内容与形式、分配贿赂的方式、规避监管的方式达成了一致,并不是简单居间介绍或是站在行贿人张某波的立场向吴某竹行贿。

2. 从客观行为区分介绍贿赂与行受贿共同犯罪

介绍贿赂行为是在行受贿双方之间起到提供信息、引荐、沟通、撮合的作用;行贿共同犯罪是为谋取不正当利益共同向国家工作人员行贿;受贿共同犯罪是以各自的行为共同促成行贿人谋取利益,并收受财物。本案中,被告人刚某、吴某竹的行为更符合受贿共同犯罪的特征。

(1) 被告人刚某、吴某竹通过各自的行为,共同帮助张某波开展代办业务。2017年10月底,刚某、吴某竹、张某波为了便于发送违章信息建立了微信群,先由张某波把要处理的违章信息截图或者编辑成文字发到群里,吴某竹按照张某波的要求进行业务处理,刚某每天按照业务处理的实际情况依约定的标准进行结算,通过张某波给予的银行卡内取款后再通过微信转账给吴某竹。2018年3月,交通违章处理新系统正式运行,要求被处罚驾驶人本人携带驾驶证、身份证、行驶证原件到窗口办理,将上述三证上传系统后台备案。为了继续方便处理违章,刚某一方面安排"群众演员"假冒真实的驾驶人到窗口办理业务,另一方面按照张某波提供的制作假证的软件通过其丈夫阚某的介绍安排张某达、张某琴等人在获取他人行驶证的照片后,伪造机动车行驶证116份,后至吴某竹处办理交通违章。吴某竹明知上述"群众演员"系假冒身份且行驶证是伪造的,仍然予以办理。可见刚某、吴某竹在帮助张某波代办业务过程中分别起到了各自的作用,起决定作用的是吴某竹的职务行为,而刚某是在外围促成吴某竹通过职务行为实现为张某波谋利的目的。

(2) 被告人刚某、吴某竹共同收受财物。张某波专门办理一张银行卡交给刚某保管,然后按照双方事先约定的收取好处费标准,张某波不定期存入钱款到银行卡,刚某从银行卡内取款后再与吴某竹分配。

(3) 从行贿人的认知上看,张某波也是将被告人刚某、吴某竹视为一个整体,共同帮其促成办理违章代办业务。张某波没有将好处费分别交给两人,而是全部交给刚某,由刚某进行分配,至于刚某与吴某竹内部如何分配,张某波在所不问。即在张某波与刚某之间,并不是转交行贿款的关系,而是给予刚某与吴某竹两人贿赂款。这也能说明刚某、吴某竹是共同受贿关系。

2007年《最高人民法院、最高人民检察院关于办理受贿刑事案件适用法律若干问题的意见》规定:"特定关系人以外的其他人与国家工作人员通谋,由国家工作人员利用职务上的便利为请托人谋取利益,收受请托人财物后双方共同占有的,以受贿罪的共犯论处。"本案即为该规定的适例。

(二) 关于本案共同受贿金额的认定

本案张某波给予被告人刚某、吴某竹钱款共计472500元,但刚某从该款项中支取了93980元作为张某达、张某琴等人的窗口跑腿费、制作假证费。关于该93980元是否从共同受贿金额中扣除的问题,形成了两种意见:第一种意见认为,无论是刚某还是吴某竹均未实际获取该93980元,该款是帮助张某波代办业务的部分支出,只不过是通过刚某支付,不应计入刚某、吴某竹的共同受贿金额;第二种意见认为,找人到窗口跑腿或制作假证均是刚某、吴某竹为张某波谋取利益的附属组成部分,该93980元是在刚某、吴某竹收受贿赂完成后,对赃款的处分行为,应计入刚某、吴某竹的共同受贿金额。

我们同意第二种意见。从被告人刚某、吴某竹的角度看,找人到窗口跑腿或制作假证是吴某竹利用职务之便为张某波谋取利益的前置条件,与吴某竹办理违章业务密不可分。刚某为帮助张某波顺利办理业务,将寻找"群众演员"到窗口办理违章以及制作假证的事务外包给张某达、张某琴等人负责,并支付费用,属于其为张某波谋利行为的延伸,支付的费用应视为其受贿款的再分配。从张某波的角度看,其已通过涨价的形式,将窗口跑腿费、制作假证费作为行贿成本打包支付给刚某、吴某竹,至于刚某等人找多少人跑腿、按照什么标准向跑腿人或制作假证人支付好处费,其在所不问。因此,该93980元是在刚某、吴某竹收受贿赂完成后,对赃款的处分行为,应计入刚某、吴某竹的共同受贿金额。

(三) 对被告人刚某应以受贿罪、伪造国家机关证件罪数罪并罚

本案中,被告人刚某主要实行了两个行为,包括伙同吴某竹共同受贿行为以及伪造行驶证的行为。对此我们认为,对该两个行为应以受贿罪、伪造国家机关证件罪实行并罚,而不是认定为受贿罪一罪。理由是:刚某的受贿行为与伪造国家机关证件行为不存在手段行为与目的行为的竞合关系,不属于牵连犯的范畴。所谓牵连犯,是指犯罪的手段行为或结果行为,与目的行为或原因行为分别触犯不同罪名的情况。两种行为成立牵连关系,一般需要符合通常性和不可分离性的特征。即只有当某种手段通常用于实施某种犯罪,或者某种原因行为通常导致某种结果行为时,才宜认定为牵连犯,或者要求手段行为与目的行为、原因行为与结果行为之间,具有不可分离的直接关系。如果手段行为或者结果行为与目的行为或原因行为之间相对独立,则不宜认定为牵连犯,认定为独立数罪更为适宜。在本案中,刚某实施伪造国家机关证件行为的目的在于顺利实现受贿,但伪造国家机关证件行为不是受贿犯罪的通常手段行为,两者不具有直接关联性。因此,对刚某应以受贿罪、伪造国家机关证件罪数罪并罚。

(撰稿:江苏省无锡市中级人民法院 楼炯燕
审编:最高人民法院刑二庭 牛克乾)

[第1447号]

# 沈某根受贿案

——利用职务便利，以民间借贷形式收受请托人
高额利息的行为应如何认定

## 一、基本案情

被告人沈某根，男，1959年××月××日出生，曾任浙江省湖州市供销合作社联合社党委书记、主任。2018年12月5日被采取留置措施，2019年2月12日被逮捕。

浙江省长兴县人民检察院指控被告人沈某根犯受贿罪，向长兴县人民法院提起公诉。

被告人对公诉机关指控的事实无异议。辩护人提出，公诉机关按被告人获得的利息减去18%的年息后认定犯罪数额没有法律依据。

长兴县人民法院经审理查明：

2007年至2017年，被告人沈某根在担任湖州市供销合作社联合社（以下简称湖州市供销社）党委书记、主任期间，利用对社有资产监督、管理的便利，为他人谋取利益，单独或伙同他人多次非法收受财物共计人民币206.140323万元（以下币种未标明的均为人民币）。具体事实如下：

2009年8月12日，被告人沈某根个人出借50万元给湖州市供销石油有限公司、湖州荣恒石油化工有限公司法定代表人杨某强，双方未约定借款利息、还款期限等事项，杨某强出具了收款凭证。2010年年初，杨某强为感谢沈某根通过湖州市供销社对其公司提供借款、担保等业务上的关照，以支付个人借款"利息"的名义给沈某根50万元现金，沈某根仍保留其所借本金50万的收款凭证。2016年1月，沈某根又出借90万元给杨某强，杨某强出具借条。2011年至2018年，杨某强分别以支付"利息"的名义送给沈某根232万元，其中2011年、2012年每年送50万元，2013年、2014年每年送30万元，2017年、2018年每年送36万元。沈某根共计收受杨某强"利息"款282万元，扣除杨某强同期从他人处借款的最高年利率18%，实际受贿数额为174万余元。

（其余部分事实略）

案发后，沈某根的家属代其退缴全部赃款。

长兴县人民法院审理认为：被告人沈某根身为国家工作人员，利用职务上的便利，非法收受或索取他人财物，为他人谋取利益，数额巨大，其行为已构成受贿罪。案发后，被告人沈某根能坦白交代犯罪事实，且已退出全部违法所得，依法予以从轻处罚。依照

刑法第三百八十五条、第三百八十六条、第六十七条第三款、第六十四条之规定，判决被告人沈某根犯受贿罪，判处有期徒刑四年九个月，并处罚金人民币二十万元。

宣判后，被告人沈某根未上诉，检察机关未抗诉，判决已发生法律效力。

## 二、主要问题

对于国家工作人员利用职务便利以民间借贷形式收受请托人高额利息的行为应如何定性？受贿金额如何计算？

## 三、裁判理由

### （一）以借贷为名受贿行为的认定

随着市场经济条件下交易方式日益复杂化，越来越多的行贿、受贿行为试图披上合法的外衣以掩盖违法犯罪的本质，行贿、受贿的手段也日趋隐秘。为严密反腐败法网，2007年《最高人民法院、最高人民检察院关于办理受贿刑事案件适用法律若干问题的意见》列举了实践中纷繁多样的"花式"收受贿赂手段，包括以交易形式收受贿赂、收受干股，以开办公司等合作投资名义收受贿赂，以委托请托人投资证券、期货或者其他委托理财的名义收受贿赂，以赌博形式收受贿赂、特定关系人"挂名"领取薪酬等。2016年《最高人民法院、最高人民检察院关于办理贪污贿赂刑事案件适用法律若干问题的解释》进一步明确指出贿赂犯罪中的"财物"包括可以折算为货币的物质利益，如房屋装修、债务免除等。故在现行法律下，认定受贿罪的关键在于物质利益与行为人职权因素之间的关联性，而不是拘泥于何种物质形式。

本案中，被告人沈某根担任湖州市供销社党委书记、主任期间，利用其对社有资产监督、管理的便利，为请托人杨某强等谋取利益，但未直接收受杨某强的好处费，而是另外与杨某强之间建立个人借贷关系，以收受借款利息的名义收取杨某强资金。有观点提出，沈某根向请托人放款收取高额利息的行为有涉嫌犯罪的可能，但鉴于现行法律和司法解释对这种行为如何定性没有明确规定，依照法无明文规定不为罪的原则，该行为不构成犯罪。对此，我们认为，国家工作人员利用职务上的便利给予请托人照顾，又以个人名义向请托人出借钱款，收取高额利息完成利益输送，属于以借贷为名的受贿行为。

国家工作人员作为社会的一员，也享有正常出借资金并收取利息的权利，国家工作人员与其他平等民事主体之间发生的借款及收取利息行为受到法律的保护。根据2020年12月第二次修正的《最高人民法院关于审理民间借贷案件适用法律若干问题的规定》（以下简称《民间借贷规定》），以借贷合同成立时一年期贷款市场报价利率的四倍为法律保护的上限。国家工作人员参与正常合法的民间借贷关系，当然也应适用《民间借贷规定》予以保护。

但是，国家工作人员与请托人之间以借贷为名的贿赂关系与正常民间借贷有本质区别，表现在：（1）从双方之间的关系来看，在正常民间借贷中，一般双方原来就有经济往来，或者双方是亲戚、朋友、同事、同学等较密切关系；在请托人和受托人之间的借贷中，出借人是国家工作人员，借款人是国家工作人员管理、制约、监督的对象，通常双方平时没有经济往来，借款发生在双方达成权钱交易的合意之后。（2）从是否有借款需求来看，在正常民间借贷中，借款人有借款需求，一般主动向出借人提出借款要求；在请托人和受托人之间的借贷中，出借人不管借款人是否需要资金，有些甚至是主动提出出借资金来为后续的利益输送布局。（3）从借款后的行为表现来看，在正常民间借贷中，借款人为了使出借人放心将资金借给他，一般会告知出借人借用资金的目的、使用过程，以及归还日期、归还的利息等，以言语和行动表达资金处于安全之中；在请托人和受托人之间的借贷中，出借人通常不过问或不具体过问资金用途、还款保障、借款利息，也不关心何时可以归还。（4）从出借资金的来源来看，在正常民间借贷中，出借人一般是将自有资金借给对方；在请托人和受托人之间的借贷中，不但有出借人将自有资金出借给对方的情况，还存在出借人将从他人处以无息或低息借款的资金再出借给借款人，从而赚取高额差价的情况。（5）从回报上看，在正常民间借贷中，借款人给出借人的利息一般是与正常经济活动所产生的收益相匹配；在请托人和受托人之间的借贷中，借款人给予出借人高额的利息，获取的利息与资金正常产生的收益严重不成比例。

本案中被告人沈某根与杨某强之间的关系，表面上是民间借贷，实际上是权钱交易。判断的依据有：（1）沈某根收受高额利息的行为与正常民间借贷不同。沈某根与杨某强本无经济往来；借贷发生在沈某根为杨某强谋取了利益之后；沈某根主动提出将资金借给杨某强；杨某强因企业发展过程中需要沈某根的帮助，也为了表示感谢，给予沈某根的利息远超同期向其他人的借款；出借资金时，双方并未约定借款用途、借款利息、归还日期等。（2）沈某根有收受他人钱财的主观故意。其作为供销社党委书记、主任，明知供销社对杨某强所在的公司提供借款、担保等业务上的关照，仍主动向杨某强提出放款的要求，其供称"他给我钱，是以支付利息的名义向我行贿，并不是正常的利息"，反映其主观上具有通过向公司放款让公司支付高额利息，进而变相收受他人财物的目的。杨某强的证言也印证了沈某根的供述。（3）沈某根收受了他人支付的高额利息。沈某根于 2009 年向杨某强所在的公司放款 50 万元，2010 年年初（短短四个月）就收到了 50 万元利息，后又把该 50 万元放回杨某强处，以本金的名义继续收取利息，自述"这样杨某强再支付利息给我，显得利率低一点，看上去更正常一点"，之后每年均拿到远超银行同期贷款利率的高额利息，其出借资金的收益与正常投资获取的收益严重不成比例。（4）沈某根利用职务之便为他人谋取了利益。沈某根作为供销社党委书记和主任，对杨某强所在的公司提供了借款、担保等业务上的关照，也正因此杨某强才在借款时并未与沈某根约定具体利息的情况下，愿意持续支付远超正常借款利息的高额利息。

综上所述，被告人沈某根作为国家工作人员，利用职务上的便利，主动向请托人提出出借资金，并以收取高额利息的方式收受贿赂，符合受贿罪的犯罪构成，应认定为受贿罪。

（二）关于受贿数额的认定

对于数额的认定有几种观点：第一种观点认为，以全部的利息款（282 万元）来认定受贿数额；第二种观点认为，以超过银行同期贷款利率的数额来认定受贿数额；第三种观点认为，参照《民间借贷规定》第二十五条①的规定，对超出借贷合同成立时民间借贷的保护上限（本案行为当时，《民间借贷规定》尚未修正，当时的保护上限是年利率24%）的部分认定受贿数额；第四种观点认为，以超过同期从他人处借款的最高年利率18%的部分来认定受贿数额。

我们同意第四种观点，理由是：（1）将利息全额认定为受贿数额不妥。被告人沈某根确实将50万元和90万元借给杨某强，而且长达十年，杨某强除向沈某根借款外，还向他人借款，并将所借款项用于公司经营，对沈某根放款的140万元本金完全不予认可有失公平。（2）以超过借贷合同成立时民间借贷的保护上限的差额认定受贿数额不妥。基于正常的民间借贷建立在双方平等协商、意思自治的基础上，法律对民间借贷设定利率保护上限，以维护金融秩序的稳定、有序。本案不是正常民间借贷，在认定受贿数额时套用民事法律规定并不合适。（3）宜以借款人同期从他人处借款的最高利率的差额来认定受贿数额。本案杨某强除了从被告人沈某根处借得款项外，还从亲戚、朋友处借款，一般为年利率12%，最高为年利率18%，扣除杨某强同期从他人处借款的最高年利率18%部分来认定受贿数额，既考虑到被告人与借款人之间权钱交易的受贿行为应予打击，又注意适当保护被告人的合法权益。

另外，需要说明的是，我们在本案中采取扣除杨某强同期从他人处借款的最高年利率18%部分来认定受贿数额的方法，主要还是考虑被告人沈某根给杨某强的借款确实用于杨某强的公司经营，有实际的借款关系为基础，只是在此之上附加了利益输送，如果能查明整个借款关系都是虚假的，换言之，如果根据证据可以认定借款人本身无借款需要，国家工作人员也明知借款人无借款需要，仍将款项"借"给借款人，款项放在借款人处完全是幌子，以此来收取高额利息，而且借款人实际也并未使用该款项，那么根据主客观相一致原则，在认定受贿数额时，国家工作人员获得的所有利息均应认定为受贿数额。

（撰稿：浙江省高级人民法院　管友军
　　　　浙江省湖州市中级人民法院　陈克娥
审编：最高人民法院刑四庭　陆建红）

---

① 2020年第二次修正前为第二十六条。

[第 1448 号]

# 陈某伟放火案

——醉酒后点燃停放在居民住宅旁电动车的行为定性

## 一、基本案情

被告人陈某伟，男，1997 年××月××日出生。2019 年 12 月 12 日被逮捕，2020 年 6 月 27 日被取保候审。

浙江省台州市椒江区人民检察院指控被告人陈某伟犯放火罪，向台州市椒江区人民法院提起公诉。

被告人陈某伟对指控的事实供认不讳，请求从轻处罚。其辩护人认为陈某伟的行为不构成放火罪，应以寻衅滋事罪追究责任，主要理由为：陈某伟点火的行为主观方面是醉酒后寻求刺激，任意损毁他人财物，只是为了发泄情绪；客观方面造成他人财物损失 3370 元，不存在危害公共安全。同时被告人系自首，自愿认罪，系初犯、偶犯，已赔偿被害人的损失并取得谅解，请求判处有期徒刑六个月，并适用缓刑。

台州市椒江区人民法院经审理查明：2019 年 11 月 21 日 1 时 20 分许，被告人陈某伟酒后途经台州市椒江区葭沚街道镇西路宏×超市南面一街面房时，为寻求刺激，用打火机欲点燃丁某停放在一楼门外的电动车未果，遂点燃电动车上的手套，后又将打火机投入着火的手套中离开。路过的群众发现火情后报警，消防人员赶到现场将火扑灭。着火导致丁某的电动车 1 辆烧毁、邱某停放在此路边的小型客车车漆、车轮轮眉等多处受损，上述街面房房门和墙壁被熏黑、街面房墙边（重力墙）堆放的木板过火。经鉴定，电动车价值人民币 1067 元（以下币种同），小型客车损失价值 2303 元。

同月 27 日，被告人陈某伟在台州市椒江区海晨新村被公安民警抓获。案发后，陈某伟的亲属已赔偿丁某 2900 元、邱某 3300 元，取得丁某和邱某谅解。

台州市椒江区人民法院认为，被告人陈某伟酒后滋事，任意毁坏他人财物，情节严重，其行为已构成寻衅滋事罪。侦查人员通过技侦手段确定嫌疑人，不是一般性排查，故陈某伟不是自首，虽归案后如实供述，究其犯罪情节，不予适用缓刑。陈某伟归案后如实供述自己的罪行，是坦白，有赔偿情节，并取得谅解，自愿接受处罚，予以从轻处罚。依照刑法第二百九十三条第一款第三项、第六十七条第三款和刑事诉讼法第十五条、第二百零一条的规定，判决：被告人陈某伟犯寻衅滋事罪，判处有期徒刑七个月。

宣判后，被告人陈某伟未提起上诉。公诉机关提出抗诉，认为：(1) 陈俊伟先试图用打火机点燃电动车未果，又点燃电动车上的手套，并将打火机投入手套后即离开，放火故意明确。放火地点在成片的居民住宅旁，点燃的电动车已引燃附近堆放的木板，木板中间窗边仓库内堆放着易燃纺织品，停在附近的汽车部分受损，电动车着火的火焰高达相邻房屋二楼遮阳网下方，附近有大量电线电缆，若未及时发现和报警，未对火势加以控制，火势完全存在进一步扩散的危险，足以危害公共安全。陈某伟的行为符合放火罪的主客观要件，构成放火罪。原判定罪错误。（2）放火罪法定刑为三年以上十年以下有期徒刑，原判以寻衅滋事罪判处陈某伟有期徒刑七个月，量刑明显不当。

台州市中级人民法院经二审审理查明的事实、证据与一审相同，认为，被告人陈某伟故意放火焚烧他人财物，危害公共安全，尚未造成严重后果，其行为已构成放火罪。原判定罪错误，致量刑畸轻，依法应予纠正。陈某伟归案后如实供述犯罪事实，已赔偿被害人经济损失并获谅解，依法予以从轻处罚。依照刑法第一百一十四条、第六十七条第三款和刑事诉讼法第二百三十六条第一款第二项之规定，判决：原审被告人陈某伟犯放火罪，判处有期徒刑三年。

## 二、主要问题

醉酒后点燃停放在居民住宅旁电动车的行为应如何定性？

## 三、裁判理由

关于本案的定性存在较大争议。

第一种意见认为，本案构成寻衅滋事罪。主要理由为：被告人陈某伟与被害人没有纠葛，不存在故意报复，又系酒后点火，放火的直接故意不明显；靠近着火电动车的卷帘门未被烧坏，旁边平放堆积的木板虽然已经烧起来，但火势不大，靠近木板的墙是砖混结构重力墙，而卷帘门、重力墙都是防火的，因此，不可能燃烧到房屋，不能认定危害公共安全。陈某伟酒后滋事，任意毁坏他人财物，且情节严重，依法构成寻衅滋事罪。

第二种意见认为，本案构成放火罪。主要理由为：从客观环境等因素来看，本案存在火势进一步扩大而危及周边众多居民人身、财产安全的危险。从主观上看，陈某伟熟悉案发现场及附近情况，对其点火行为可能引发火灾造成周边居民人身、财产损失的后果持放任态度，故陈某伟的行为依法构成放火罪。

我们赞同第二种意见，主要理由如下。

### （一）放火罪和以放火手段实施的其他犯罪的区别

故意杀人、故意毁坏财物、寻衅滋事等犯罪均可以放火的手段实施，如何区分放火罪和以放火手段实施的其他犯罪，关系到被告人的准确定罪量刑，实践中存在争议。根据我国刑法第一百一十四条、第一百一十五条的规定，放火罪属于危害公共安全的犯罪。我们认为，放火罪的认定应当客观上足以危害公共安全且主观上具有放火的故意，这是放火罪区别于其他犯罪的关键所在。具体可以从以下方面区分。

1. 对象是否特定

所谓公共安全是指不特定多数人的生命、健康或重大公私财产的安全。一般而言，如果行为人采取放火方法，侵害的是特定对象，并有意识地把损害限制在特定对象范围内，则不宜认定放火罪。如果行为人使用放火的方法，尽管动机上追求的是侵害特定对象和目标，而实际损害对象范围是不特定的，则属放火罪。

2. 危险是否具体

一般认为，危险犯是指以发生某种危险状态作为构成要件的犯罪，分为具体危险犯和抽象危险犯。在区分具体危险犯与抽象危险犯时，主要考虑两个因素：一是危险是否属于行为之外的独立构成要件要素，如果属于，系具体危险犯，反之则是抽象危险犯；二是危险的存在与否，是需要由司法者根据个案事实进行具体的判断，还是立法者基于对相关类型化行为的一般判断作出推定，具体危险犯需要司法者进行个别化判断，抽象危险犯仅需立法者进行类型化判断。由此可知，放火罪属于具体危险犯。一是因为刑法第一百一十四条在规定了放火的实行行为后还专门规定了危害公共安全的要件；二是不是任何放火的行为都会造成公共危险，而是要结合案件情况具体分析。

3. 后果是否可控

放火行为一经实施，就可能造成不特定多数人的伤亡或者使不特定的公私财产遭受难以预料的重大损失。这种犯罪后果的严重性和广泛性往往是难以预料的，甚至是行为人自己也难以控制的，这也是放火罪与以放火方法实施的故意杀人罪、故意毁坏财物罪、寻衅滋事罪的本质区别。如果行为人实施放火行为，而将火势有效地控制在较小范围内，没有危害也不足以危害不特定多数人的生命、健康和重大公私财产安全，就不构成放火罪，而应根据案件具体事实情节，认定相应的犯罪。

4. 是否追求或放任后果发生

认定是否存在故意，不能以被告人的供述作为唯一或者最重要的证据，关键还是要结合案件的客观情况认定。具体而言：一是被告人主观上对行为在客观上导致结果发生的可能性的认识程度；二是被告人对结果发生的追求程度。如果行为在客观上导致公共安全危害结果发生的可能性很高，而被告人主观上也清楚地认识到这一点，却放任甚至积极追求该结果，则应认定成立放火的故意；如果行为在客观上导致公共安全危害结果发生的可能性很高，而被告人没有认识到行为会导致结果的发生，或虽认识到但轻信可以避免，则更可能成立过失；如果行为导致危害公共安全结果发生的概率较低，且被告人也不追求、未放任该结果，则不构成放火的故意，根据案件具体情况构成相应其他犯罪。

（二）本案依法应认定放火罪

1. 被告人的行为客观上足以危害公共安全

（1）根据客观事实进行判断。对于具体危险犯来说，危险乃是作为一个独立的构成要件而存在，并且需要在司法过程中根据具体的案件事实进行认定。是否存在具体危险，应当采取一般人的标准，立足于行为当时的具体情况，判断行为所造成的危险在客观上是否已经处于逼近实现的阶段或者状态。放火行为并不是一经实施即可认定足以危害公共安全，而是要结合放火的对象、时间、地点、气候、环境等方面考察。

就本案而言，现场勘查笔录反映，案发现场位于成片居民区，被点火的电动车燃烧后只残留铁架，其余部位均烧毁，距着火电动车 38 厘米处有一幢二层建筑物，二楼阳台上方有遮阳网，二楼阳台中间高度位置有一捆电线电缆通过，房屋北侧墙上一楼窗子内是仓库，仓库内靠四周墙壁堆放有大量纱线，二楼是生活区，有厨房和卧室，电动车西侧 137 厘米处停放着的轿车，车身东侧漆面、左后视镜外壳、左车轮轮眉部分损毁，距电动车不远的房屋北侧墙上的下水管部分烧毁，旁边紧靠北墙的一堆木板的西端呈烧毁状；案发现场监控视频显示，从点火（1 时 27 分 08 秒）到消防人员到达现场（1 时 43 分 03 秒），电动车已燃烧 16 分钟，过程中可能受电动车各种配件易燃程度不同的影响，电动车的火势时强时弱，火势最强时火焰高度到达旁边房屋二楼处，消防人员到达现场时，电动车的火势有逐渐减弱的迹象，但火势还比较大，房屋北侧堆放的木板西端及北侧墙上的下水管下端已烧着，46 分 30 秒视频结束时，木板靠近北墙一侧尚有火星，消防人员的水枪还在喷水。从上述情况看，消防人员到达现场时，电动车、木板及下水管还在燃烧，周边可燃物存在被引燃的危险，而放火时间又发生在火灾不易被发现的凌晨，如果不及时扑救，存在火势进一步扩大而危及周边众多居民人身、财产安全的危险。

（2）根据因果关系进行判断。本案中，如果消防部门未及时进行救火，火情是否可能蔓延危及周边人身、财产安全，这关系到放火行为与危害结果之间因果关系的判断。就放火罪而言，这里因果关系判断主要表现为直接性、不可控性与盖然性。直接性是指危害结果是由放火行为直接导致，并不是介入其他因素的结果。不能因为消防队赶到后火势得到控制就否认直接性。不可控性是指具体危险的现实化进程非常短暂和迅速，放火行为所蕴含的危险一旦现实化便会迅速蔓延和不可控制，即燃烧行为是否足以形成在时间上或空间上失去控制的燃烧状态。盖然性是指放火行为所蕴含的内在危险在一般情况下会合乎规律地导致危害结果的发生，即从一般生活经验角度来看，相关危险的现实化具有盖然的现实可能。当然，这个现实可能并不要求现实必然发生，更不能要求相关部门作出确定性的判断。本案直接性判断不言自明，不再赘述；根据当时的客观条件，不论是时间上还是空间上，火势在一定程度达到了失去控制的燃烧状态，若未及时发现和报警，未对火势加以控制，火势完全存在进一步扩散的危险；虽然火势时强时弱，但是点燃的电动车已引燃附近堆放的木板，木板中间窗边仓库内堆放着易燃纺织品，停在附近的汽车部分受损，电动车着火的火焰高达相邻房屋二楼遮阳网下方，附近有大量电线电缆，可以判断相关危险的现实化具有较大可能。

2. 被告人主观上具有放火的故意

本案中，被告人陈某伟与电动车车主素不相识，案发当晚酒后回家途经案发地，其供述为寻求刺激用打火机点燃路边电动车，见火未烧起来又点燃电动车上的手套，为使火烧得更旺，又将打火机扔进着火的手套，未考虑后果，就直接离开现场了。此外，考虑到陈某伟在案发现场附近居住，熟悉案发现场及附近情况，明知周围房屋密集居住人员众多，仍点燃电动车上的手套后即离开，可以认定其对点火可能引发火灾造成周边居民区人身、财产损失的后果持放任态度。

综上所述,以放火方法实施的犯罪行为是否构成放火罪,关键看放火行为客观上是否足以危害公共安全及主观上是否具有放火的故意。判断客观上是否足以危害公共安全,一方面,要根据客观事实判断行为所造成的危险是否已经处于逼近实现的阶段或者状态;另一方面,根据因果关系判断行为造成危险的直接性、不可控性与盖然性。判断主观上是否具有放火的故意,要判断行为人是否认识到放火行为会产生的结果或危险以及对此的追求程度。本案中被告人陈某伟的点火行为在客观上足以危害公共安全,主观上有放火的故意,构成放火罪。二审法院依法进行改判是正确的。

(撰稿:浙江省台州市中级人民法院　王永兴
审编:最高人民法院刑二庭　于同志)

[第 1449 号]

# 孙某中以危险方法危害公共安全案

——认罪认罚案件中指控罪名与审理认定罪名不一致时的处理

## 一、基本案情

被告人孙某中，男，1969 年××月××日出生。2019 年 12 月 18 日被逮捕。

上海市杨浦区人民检察院指控被告人孙某中犯危险驾驶罪，向上海市杨浦区人民法院提起公诉。被告人孙某中认罪认罚。

上海市杨浦区人民法院经公开审理查明：2018 年 12 月 23 日 20 时 45 分许，被告人孙某中驾驶号牌为苏 EN1×××的黑色轿车（以下简称孙车），夏某（另案处理，已判刑）驾驶号牌为沪 DZ5×××的白色轿车（以下简称夏车），两车沿上海市杨浦区周家嘴路由西向东在兰州路至凤城路路段内超速行驶。其间，夏某危险变道招致孙某中不满，孙某中驾车至周家嘴路黄兴路路口遇左转红灯，遂停在与直行车道相邻的左转车道最前面，待直行绿灯亮时，为泄愤不顾左转红灯，从左转车道违章向右变道至夏车前，行至内环高架下突然停车，阻碍夏车及后面车辆通行 10 余秒，见夏某欲变道又继续直行。夏某为斗气随即驾车在黄兴路至源泉路路段与孙某中危险变道追逐，至源泉路口遇红灯停在孙车前方，孙某中下车至夏车左前门侧，探进车内采取掐颈等方式殴打驾驶座上的夏某，引发肢体冲突，直至直行绿灯提示剩余 7 秒时才驾车驶离，超速左转进入双阳路。夏某为泄愤驾车超速左转紧追其后，车头右侧撞击孙车左后部，致孙车尾部向右，头部向左，发生甩尾，车头高速撞击对面车道上姜某驾驶的号牌为沪 AFM×××的白色轿车（以下简称姜车）左侧前部，致姜车左前悬挂破碎，左前轮胎变形，左侧前大灯破碎，前保险杠损坏；孙车与姜车碰撞后，车体发生 180°转体，车左侧再遭夏车撞击，致左侧车门大面积向内凹陷变形，左后车门变形损坏程度比左前车门较轻。夏车撞击后失控撞破双阳路东侧马路护栏冲上人行道，撞毁李某停放该处的电动自行车以及不明车主的自行车等。夏某报警，孙某中在现场等待民警到场处理。

经验伤，被告人孙某中双眼及颜面软组织挫伤、右眼结膜下出血，夏某颈部见皮肤瘢痕，未见明显破损，头部外伤。

经物损评估，被告人孙某中的轿车直接物质损失为 1.4062 万元，夏某的轿车直接物质损失为 1.1507 万元，姜某的轿车直接物质损失为 8955 元，李某的电动自行车直接物质损失为 621 元，无牌自行车的直接物质损失为 195 元，护栏的直接物质损失为 1380 元。

2019 年 3 月 6 日，被告人孙某中接民警电话通知至公安机关投案，对上述犯罪事实予以供认。在审理期间，孙某中向法院交纳 1 万元用作赔偿。

上海市杨浦区人民法院认为，被告人孙某中在认为遭到他人别车的情况下，为斗气泄愤，在车流、人流密集的交通主干道路上，置不特定多数人的生命、健康及财产安全于不顾，驾驶机动车先后实施危险变道、别车逼停、在路段中间与他车追逐以及殴打正在操控车辆的驾驶员等行为，后又超速左转驶离，不仅对双方车辆造成危险，亦危及其他正常行驶的车辆等不特定多数人的安全，符合以危险方法危害公共安全罪的构成要件。孙某中以其他危险方法危害公共安全，尚未造成严重后果，自首，交纳 1 万元用作赔偿，依法可以减轻处罚。据此，依照刑法第一百一十四条、第六十七条第一款之规定，判决被告人孙某中犯以危险方法危害公共安全罪，判处有期徒刑一年。

宣判后，被告人孙某中以原判定性不当、量刑过重为由提出上诉。

上海市第二中级人民法院经审理认为，原判认定的事实清楚，证据确实、充分，定罪准确，量刑适当，审判程序合法。依照刑事诉讼法第二百三十六条第一款第一项之规定，裁定驳回上诉，维持原判。

## 二、主要问题

（一）被告人的行为应如何定性？

（二）认罪认罚案件中指控罪名与审理认定罪名不一致时应如何处理？

## 三、裁判理由

### （一）被告人的行为构成以危险方法危害公共安全罪

本案系两名机动车驾驶员孙某中、夏某在车流、人流密集的交通主干道路上，不计后果斗气逞能，最终引发多车相撞的刑事案件。公诉机关分别以被告人孙某中犯危险驾驶罪、被告人夏某犯以危险方法危害公共安全罪提起公诉，并建议法院适用简易程序及认罪认罚从宽制度进行审理，对孙某中的量刑建议为拘役四个月以上、五个月以下，可以适用缓刑，并处罚金。法院审理认为，孙某中危险驾驶案与夏某以危险方法危害公共安全案的犯罪行为实则相互交错、相互影响，而公诉机关对二者指控的罪名相差较大。孙某中除实施追逐竞驶行为外，还先后实施危险变道、别车逼停以及殴打正在操控车辆的驾驶员夏某等多个违法行为，最终造成夏某情绪失控驾车追赶孙某中致多部车辆相撞的后果。公诉机关指控孙某中犯危险驾驶罪未能全面评价其犯罪行为，指控罪名不当，应予以纠正。但对孙某中行为性质的认定，存有两种意见。

第一种意见认为，被告人孙某中为发泄情绪，先后实施驾车逼停、追逐以及随意殴打他人等行为，导致对方驾驶员夏某情绪失控驾车追赶孙某中致多部车辆相撞，造成公共场所秩序严重混乱，孙某中的行为是典型的惹是生非行为，应以寻衅滋事罪定罪处罚。

第二种意见认为，被告人孙某中为斗气泄愤，在车流、人流密集的交通主干道路上，置不特定多数人的生命及财产安全于不顾，驾驶机动车先后实施危险变道、别车逼停、与他车追逐以及殴打正在操控车辆的驾驶员等行为，已达到危害公共安全的严重程度，应以危险方法危害公共安全罪定罪处罚。

我们同意第二种观点，理由如下。

1. 被告人行为侵害的客体是公共安全

以危险方法危害公共安全罪与寻衅滋事罪分别规定在刑法分则第二章危害公共安全罪及第六章妨害社会管理秩序罪中，多数情况下二者容易区分，但由于以危险方法危害公共安全罪的构成要件相对原则与模糊，罪行结果和行为方式不明，且二罪均有兜底性立法规制功能，故司法实践中对于随意殴打、追逐拦截等典型寻衅滋事行为同时又对公共安全造成威胁的犯罪，在定性时容易产生分歧。从构成要件上考量，二罪的主要区别在于犯罪客体及客观方面不同。以危险方法危害公共安全罪侵犯的客体是公共安全，即不特定多数人的生命、健康和重大公私财产安全，侧重于对公共安全的维护；其客观方面表现为以"其他危险方法"危害公共安全的行为。寻衅滋事罪侵犯的客体则是公共秩序，侧重于对公共秩序的维护，客观方面主要表现为实施了破坏社会秩序的行为，刑法第二百九十三条具体归纳了四种寻衅滋事行为类型。

被告人孙某中先后实施追逐、逼停以及随意殴打他人等行为，具有一定寻衅滋事罪的行为特征，但其行为实施的主要方式为驾驶机动车，行为发生的地点系在交通主干道上，殴打的对象是在道路上正在机动车内操控车辆的驾驶员。孙某中在认为遭到他人别车的情况下，为斗气泄愤，罔顾周边车辆及行人安全，连续实施变道、逼停、追逐以及殴打驾驶员等行为，放任车辆失控的危险，已对不特定多数人的生命、健康及财产造成了威胁，使公共安全处于危险的状态中。申言之，孙某中的行为与一般寻衅滋事中随意殴打他人或在公共场所起哄闹事、追逐拦截的寻衅滋事行为有本质不同，其行为已危害到公共安全。

2. 被告人的行为具有危险相当性

以危险方法危害公共安全罪属于具体危险犯，关于具体危险犯的认定，刑法理论上存在不同学说，我们赞同具体危险犯中的"危险"是以行为当时的具体情况为根据，以事后查明的全部事实进行具体的判断，认定行为具有发生侵害结果的可能性，[①] 是一种紧迫的危险。以危险方法危害公共安全罪的客观方面表现为以"其他危险方法"危害公共安全的行为，即如果行为人的行为造成具体的公共安全危险，且对公共安全的威胁达到与放火、决水、爆炸以及投放毒害性、放射性、传染病病原体等物质相当的危险程度，则行为有可能构成以危险方法危害公共安全罪。就本案而言，通过分析被告人实施违法行为的地点、交通状况、驾驶方式、行车速度、违法行为持续的时间、造成的后果等可知，被告人的行为已造成具体的公共安全危险，且危险程度与放火、决水、爆炸、投放

---

① 参见张明楷：《危险驾驶罪的基本问题——与冯军教授商榷》，载《政法论坛》2012年第6期。

危险物质行为具有相当性。

（1）从实施违法行为的地点分析，本案事发路段周家嘴路是上海市区三横三纵主干路网中北横通道的重要组成部分，路段内地面双向 8 车道，沿途有居民小区、公交车站点及加油站等，且案发时间为晚上 8 时许，道路上车流量密集，两侧道路上非机动车及行人连续通过。

（2）从被告人的驾驶方式及行车速度分析，被告人孙某中驾车连续实施闯红灯、任意变换车道、在道路上临时停车妨碍其他车辆通行以及殴打驾驶员等严重危害行车安全的违法行为。根据相关鉴定意见，孙某中在周家嘴路兰州路路口、周家嘴路凤城路路口、周家嘴路靠近双阳路路口的行驶速度分别为 71km/h、74km/h、71km/h，而以上路段限速 60km/h，属超速行驶。

（3）从交通状况及违法行为持续的时间分析，被告人孙某中实施违章变道、逼停夏某车辆的行为系在周家嘴路黄兴路口，该处为十字路口且为内环高架入口，路口中间人车混行连续通过，孙某中先从左转车道违章向右变道至夏某车前，停车阻碍夏某及后面车辆通行达 10 余秒，后至源泉路口遇红灯时又下车殴打车辆驾驶员夏某，殴打行为持续到红灯变成绿灯并直至直行绿灯提示剩余 7 秒时才驾车驶离，致周边多部车辆绕路通行。需指出的是，评判道路上的车辆是否处于行驶状态，不应局限于车轮是否转动，而应以车辆是否处于随时可以启动的状态来判断，不能因中途遇红灯或交通堵塞短暂停车而否认车辆处于行驶状态。本案中夏某驾车遇红灯驻停，但其驾驶的车辆仍属于行驶状态，对处于行驶状态下的车辆驾驶员实施殴打行为，危险性不言而喻。

（4）从危害后果分析，以危险方法危害公共安全犯罪的行为人实施危险方法后危害结果的发生具有紧迫性及不可控性，即行为人在实施危险方法后，发生危害结果具备现实可能性和高度盖然性，且行为人在实施行为之后无法对危险状态的发生和发展进行控制。被告人孙某中实施追逐及殴打等危险行为时，两辆车内均有同乘人员，机动车道上车辆密集，非机动车道不时有非机动车及行人经过，孙某中的行为对车内人员、周围正常行驶的车辆及行人等不特定多数人的安全造成严重威胁，且正因孙某中实施的系列违法行为尤其是殴打对方驾驶员夏某的行为，导致夏某情绪失控不计后果驾车追赶孙某中，最终造成多车相撞的后果，危险结果的发生具有高度盖然性且非孙某中所能控制。

综上所述，被告人孙某中的行为已构成以危险方法危害公共安全罪。鉴于孙某中系在认为遭到他人别车的情况下一时情绪爆发实施的行为，非恶意蓄谋危害公共安全，主观恶性相对较轻，再犯可能性较小；事故发生后，夏某报警，孙某中在现场等待民警到场处理，后在接民警电话通知时至公安机关投案，有自首情节；审理期间交纳赔偿款，认罪态度较好；孙某中与夏某的违法行为虽相互交错，但最后的交通事故系由夏某撞车直接造成，故在量刑上二人亦应有所区别，基于以上考虑，法院对孙某中减轻处罚，判处有期徒刑一年，量刑适当。

(二) 对于检察机关适用认罪认罚从宽制度提起公诉的刑事案件，人民法院经审理后认为指控的罪名不当，法院应在听取控辩双方意见基础上，依据法律规定和审理认定的罪名作出判决

1. 认罪认罚案件中量刑建议权的属性及效力

刑事诉讼法第一百七十六条第二款规定："犯罪嫌疑人认罪认罚的，人民检察院应当就主刑、附加刑、是否适用缓刑等提出量刑建议，并随案移送认罪认罚具结书等材料。"该条规定明确检察机关具有量刑建议权。定罪量刑作为审判权的核心内容，具有专属性，认罪认罚从宽制度并没有改变刑事诉讼中的职权配置。检察机关的量刑建议权属于求刑权，是公诉权的组成部分，而包含量刑建议的公诉权是完整意义上的请求权。① 至于检察机关定罪量刑建议是否被采纳，仍需人民法院依法审理后作出裁判决定。

认罪认罚案件中的量刑建议，与非认罪认罚案件的量刑建议既有相同之处，又有所不同。相同之处在于都是检察机关根据指控的犯罪事实就被告人应当判处的刑罚向法院提出请求意见的权力，不同之处在于认罪认罚案件中检察机关的量刑建议以犯罪嫌疑人认罪认罚和放弃一定的诉讼权利换取检察机关量刑的减让而形成，是控辩双方协商后达成的"合意"，甚至一定程度上反映了被害方的意见，这种"合意"的达成以犯罪嫌疑人认罪认罚为前提，以检察机关的量刑减让为承诺。② 因此，认罪认罚案件中的量刑建议，其效力与非认罪认罚案件不完全相同，即经过犯罪嫌疑人签署具结书同意的量刑建议，除刑事诉讼法第二百零一条第一款规定的情形外，人民法院一般应当采纳，充分体现对控辩合意的尊重。但是，即便在认罪认罚案件中，量刑建议权的权力属性并未改变，仍然属于求刑权的范畴，不是检察机关代为行使法院裁判权。人民法院对认罪认罚案件中的量刑建议仍要从事实基础、证据能力、认罪认罚的自愿性以及法律的正确适用等方面进行实质审查。

2. 法院改变公诉机关指控罪名的诉讼程序

《最高人民法院关于适用〈中华人民共和国刑事诉讼法〉的解释》第二百九十五条第一款第二项及第三款规定："起诉指控的事实清楚，证据确实、充分，但指控的罪名不当的，应当依据法律和审理认定的事实作出有罪判决；""具有第一款第二项规定情形的，人民法院应当在判决前听取控辩双方的意见，保障被告人、辩护人充分行使辩护权。必要时，可以再次开庭，组织控辩双方围绕被告人的行为构成何罪及如何量刑进行辩论。"该司法解释的上述规定先是从实体上明确在犯罪事实同一的范围内，法院有权对起诉不当的罪名进行纠正，同时也对相应的诉讼程序进行了补充和完善。

就本案而言，公诉机关指控被告人孙某中的行为构成危险驾驶罪，法院审查认为孙某中的行为可能构成以危险方法危害公共安全罪，法院根据在案证据对事实进行了确认，根据审理认定的罪名作出判决。本案的特殊之处在于，被告人及辩护人对公诉机关指控

---

① 参见胡云腾主编：《认罪认罚从宽制度的理解与适用》，人民法院出版社 2018 年版，第 37 页。
② 参见胡云腾主编：《认罪认罚从宽制度的理解与适用》，人民法院出版社 2018 年版，第 38 页。

的罪名均无异议,系法院经审理后认为指控的罪名不当,故在诉讼程序上,尤其是庭审事实调查及法庭辩论阶段,要保障被告人及辩护人充分发表意见、行使辩护权。本案庭审中,在事实调查阶段,法庭组织控辩双方出示相关证据,听取公诉人、被告人、辩护人的质证意见;法庭辩论阶段,在控辩双方发表第一轮意见后,法庭当庭向控辩双方释明根据庭审查明的事实,法庭认为本案可能认定的罪名是以危险方法危害公共安全罪,随即宣布休庭,确保辩方有充分的时间进行准备后再次开庭,充分听取控辩双方对可能认定的罪名发表意见,保障被告方的诉讼权利,落实庭审实质化的要求,确保诉辩意见发表在法庭、裁判结果形成于法庭。

(撰稿:上海市杨浦区人民法院 周广明
审编:最高人民法院刑四庭 陆建红)

# [第 1450 号]

# 王某华、陈某华交通肇事案

——车主指使驾驶人员逃逸致被害人遭连环辗轧死亡的刑事责任认定

## 一、基本案情

被告人王某华,女,1972 年××月××日出生。2019 年 11 月 29 日被逮捕。

被告人陈某华,男,1966 年××月××日出生。2019 年 8 月 8 日被逮捕。

公诉机关安徽省亳州市谯城区人民检察院指控王某华、陈某华犯交通肇事罪,向亳州市谯城区人民法院提起公诉。

被告人王某华辩称,其没让陈某华逃逸。其辩护人提出,王某华具有自首情节,愿意赔偿被害人经济损失,建议从轻处罚。

被告人陈某华对公诉机关指控事实供认不讳。其辩护人提出,陈某华具有自首情节,已赔偿被害人亲属经济损失,双方达成调解协议,取得了被害人亲属的谅解。建议对其从轻处罚。

亳州市谯城区人民法院经审理查明:

2019 年 7 月 12 日 4 时 6 分许,被告人王某华指使被告人陈某华驾驶悬挂皖 10—11319 号牌的重型货车,车上装载 50 吨水泥,沿 311 国道亳州市谯城区十八里镇路段自西向东行驶至城西交警中队东侧时,碰撞并辗轧到行人刘某后驾车逃逸;4 时 7 分许,樊某居驾驶晋 M66229 号重型半挂牵引车牵引晋 M5578 号重型仓栅式半挂车,自西向东行驶至事发路段时,又辗轧到已经倒地的行人刘某后驾车驶离。该事故致刘某当场死亡,悬挂皖 10—11319 号牌的重型货车受损。经安徽龙鑫司法鉴定所鉴定,悬挂皖 10—11319 号牌的重型货车安全技术性能不合格。经交警支队二大队认定,陈某华负此次事故的主要责任,樊某居负此次事故的次要责任,刘某无责任。

案发后,被告人陈某华于 2019 年 7 月 15 日主动到亳州市公安局交警二大队投案;被告人王某华于 2019 年 8 月 15 日主动到亳州市公安局交警二大队投案。另查明,陈某华已与被害人近亲属达成调解协议,赔偿被害人近亲属经济损失,并取得谅解。

亳州市谯城区人民法院经审理认为,被告人王某华指使被告人陈某华违章驾驶造成重大交通事故,致一人死亡且负事故主要责任,且事故发生后逃逸,其行为构成交通肇事罪。陈某华违反交通运输管理法规,因而发生重大事故,致一人死亡且负事故主要责任,事故发生后陈某华驾车逃逸,其行为已构成交通肇事罪。陈某华主动归案后,如实供述自己的主要犯罪事实，系自首，且主动赔偿被害人近亲属经济损失，取得谅解，予以从轻处罚。王某华虽主动投案，但未能如实供述其罪行。另经社区影响评估，陈某华符合社区矫正条件，对其可依法适用缓刑。对王某华依照刑法第一百三十三条和《最高人民法院关于审理交通肇事刑事案件具体应用法律若干问题的解释》（以下简称《交通肇事刑事案件解释》）第七条之规定，对被告人陈某华依照刑法第一百三十三条、第六十七条第一款、第七十二条第一款、第七十三条第二款和第三款之规定，判决如下：

一、被告人王某华犯交通肇事罪，判处有期徒刑四年十一个月；

二、被告人陈某华犯交通肇事罪，判处有期徒刑三年，缓刑五年。

宣判后，被告人王某华不服，提起上诉。在二审期间，王某华及其家人与被害人近亲属达成调解协议，赔偿被害人近亲属经济损失，并取得其谅解。

亳州市中级人民法院审理认为，上诉人王某华系机动车所有人，指使原审被告人陈某华驾驶不符合安全技术性能的车辆，发生重大交通事故，致一人死亡并负事故主要责任，且事故发生后指使陈某华逃逸；原审被告人陈某华违反交通运输管理法规，因而发生重大事故，致一人死亡，负事故主要责任，且驾车逃逸，其二人行为均已构成交通肇事罪。陈某华具有自首情节且主动赔偿被害人近亲属经济损失，取得谅解，依法对其从轻处罚。王某华虽主动投案，但在一审期间未能如实供述犯罪事实，依法不能认定为自首。鉴于二审期间，王某华及其家人主动赔偿被害人近亲属经济损失，取得被害人近亲属谅解，且自愿认罪，依法可对其从轻处罚，根据王某华犯罪的事实、性质、情节和对于社会的危害程度，结合其悔罪表现，对其适用缓刑对所居住社区没有重大不良影响，对其可改判较轻刑罚并适用缓刑。综上所述，原判认定事实清楚，证据确实、充分，定罪准确，审判程序合法。依照刑法第一百三十三条，刑事诉讼法第二百三十六条第一款第一项、第二项和《交通肇事刑事案件解释》第七条的规定，判决如下：

一、维持亳州市谯城区人民法院（2019）皖1602刑初931号第二项，即对陈某华的定罪量刑部分；

二、撤销亳州市谯城区人民法院（2019）皖1602刑初931号刑事判决第一项，即：被告人王某华犯交通肇事罪，判处有期徒刑四年十一个月；

三、上诉人王某华犯交通肇事罪，判处有期徒刑三年，缓刑五年。

## 二、主要问题

（一）在无法确定被害人准确死亡时间的情况下，被害人遭连环辗轧，如何认定"逃逸行为"？

（二）车主指使他人违章驾驶造成重大交通事故，致一人死亡并负事故主要责任，且事故发生后逃逸的行为能否构成交通肇事后逃逸？

（三）后车驾驶人员驾驶车辆再次辗轧到已经倒地的行人后驾车驶离，负此次事故的次要责任，是否承担刑事责任？

### 三、裁判理由

（一）"交通肇事逃逸致人死亡"的认定及责任承担

刑法意义上的逃逸行为在交通肇事罪中有不同的表现及法律后果，本案的审理过程中，对于被告人陈某华逃逸行为的认定，形成以下三种不同意见。

第一种意见认为，因逃逸致人死亡以逃逸前的交通肇事行为构成交通肇事罪为一般前提，本案交管部门出具的事故责任认定书认定的具体理由包括违章违规驾驶以及事故后逃逸，因此被告人陈某华负事故的主要责任，因逃逸行为已经发生评价，所以仅构成交通肇事罪，逃逸行为不能重复评价。

第二种意见认为，本案当中事故责任认定书认定再次辗轧者承担事故的次要责任，因而推定被害人在第一次辗轧之后并未死亡，所以被告人陈某华的行为应当构成交通肇事逃逸致人死亡，在七年以上有期徒刑的法定刑幅度内量刑。

第三种意见认为，被告人陈某华违章驾驶车辆导致被害人死亡的行为已经构成了交通肇事罪，在不能确定其逃离现场时被害人是否死亡的情况下，不宜认定"逃逸致人死亡"，但可认定其交通肇事后逃逸。

我们同意第三种意见，具体理由如下。

首先，本案根据道路交通事故认定书中载明的道路交通事故的证据及交通事故的成因分析，被告人陈某华驾驶使用性能不合格的重型货车违法上路行驶，是造成此事故的主要原因，且在事发后逃逸，陈某华主观上具有过失心理；樊某居驾驶机动车疏忽观察是造成此次事故的次要原因。认定陈某华应负事故的主要责任，樊某居应负事故的次要责任。

其次，本案发生时间是凌晨4时许，视线模糊，被告人供述无法确定被害人是否死亡，且后续车辆驾驶员反映没有发现被害人有呼救等异常路面情况，也就是说无法确定被害人是否在第一次辗轧后已经死亡的事实。

最后，事故责任认定书作出的是一种综合性的判断，并不能明确证明被害人死亡的具体原因。结合案发的时间以及各行为人对现场的描述，后车撞击时被害人没有呼救行为，事故责任认定书只能说明被害人死亡是多因一果，结合案发当时的具体情况，并不能确定被害人在被本案被告人第一次辗轧时是否已经死亡。

在此种情况下如何认定被告人的责任，应当从相关法律规定出发，探索出符合司法实践需求的裁判规则。本案采用第三种意见，不完全采信事故责任认定书关于责任的认定和分析，既认可事故责任认定书中被告人对事故承担主要责任的结论，同时对被害人的死因根据客观情况进行认定，在证据无法还原客观事实时，作有利于被告人的理解。《刑事审判参考》有类似案例，如第1118号邵某平交通肇事案，不同之处在于邵某平驾驶车辆碰撞到被害人徐某珠后，致徐某珠身体局部受伤倒地。事发后，徐某珠在原地呼叫路人帮忙。邵某平逃逸产生了致使被害人徐某珠因伤无法离开现场继而发生被其他车辆辗轧致死的后果，邵某平的逃逸行为与危害结果之间具有刑法意义上的因果关系，应认定为交通肇事逃逸致人死亡。而本案中，由于不能确定被害人在遭到第一次辗轧时是否死亡，根据刑法谦抑性原则，从有利于被告人角度出发，不认定"逃逸致人死亡"，而认定陈某华交通肇事后逃逸，适用升格法定刑更加符合社会的认知，也是罪责刑相适应原则的体现。

### （二）车主指使他人违章驾驶并逃逸的责任认定

在不能确定被害人是否系因得不到救助而死亡的情况下，车主指使驾驶人员逃逸，车主需要具备交通肇事的基础犯罪，才能够为刑法所评价。在车主的行为构成交通肇事罪的前提下，才能进一步评价车主是否属于"交通运输肇事后逃逸"情形。

本案中，对于车辆实际所有人王某华的行为定性有两种不同的意见。

一种意见认为，根据本案现有证据不能证实被害人的死亡原因系因得不到救助而死亡，故被告人王某华指使他人逃逸的行为不符合《交通肇事刑事案件解释》第五条第二款规定的"交通肇事后，单位主管人员、机动车辆所有人、承包人或者乘车人指使肇事人逃逸，致使被害人因得不到救助而死亡的，以交通肇事罪的共犯论处"之情形，不能构成共犯，在刑法中无法评价。故王某华仅根据《交通肇事刑事案件解释》第七条规定的情形承担责任，构成交通肇事罪但不属于"交通运输肇事后逃逸"。

另一种意见认为，虽然不能认定"因逃逸致人死亡"，但是被告人王某华明知车辆没有相关手续，仍指使驾驶员陈某华违章驾驶不符合安全技术性能的车辆，因而发生重大交通事故的行为，根据《交通肇事刑事案件解释》第七条的规定已经构成犯罪。道路交通安全法第七十条规定："在道路上发生交通事故，车辆驾驶人应当立即停车，保护现场；造成人身伤亡的，车辆驾驶人应当立即抢救受伤人员，并迅速报告执勤的交通警察或者公安机关交通管理部门。"交通肇事后救助伤者的义务是因交通肇事人自身实施先行行为导致的，但王某华为逃避法律追究，在交通肇事后仍指使驾驶人员逃逸，应构成交通肇事逃逸。

我们同意后一种意见，理由是：被告人王某华作为肇事车辆所有人，指使被告人陈某华驾驶不符合安全技术性能的车辆，系《交通肇事刑事案件解释》第七条所规定的"指使他人违章驾驶"，王某华的基础行为已经与交通肇事结果之间产生了因果关系。发生重大交通事故，驾驶人员陈某华对多因一果造成的被害人死亡承担主要责任，无论车主王某华的行为对交通肇事的因果关系的大小如何，按照《交通肇事刑事案件解释》第七条的规定，已经符合交通肇事的基本犯罪构成要件，应当认为王某华构成交通肇事罪。此时，王某华指使驾驶人员为逃避法律追究而逃跑，应属于刑法第一百三十三条规定的"交通运输肇事后逃逸"。王某华在明知自己先前的行为可能被处罚的情况下为逃避法律追究而逃跑，在刑法中应被评价，此情节系对基本犯罪构成的加重，应认定为情节加重犯，适用升格法定刑，在三年以上七年以下有期徒刑一档量刑。

### （三）连续辗轧情形下，因果关系及介入因素的评定

本案不能排除被害人系由两辆车辆连续辗轧而导致死亡。在第一肇事者被告人陈某

华过失撞击被害人倒地后，第二肇事者樊某居再次辗轧的行为，是否中断陈某华的先行行为与被害人死亡结果之间的因果关系？通说认为，因果关系的介入因素是指在先行行为引起危害结果发生的过程中，介入第三人行为、被害人行为、行为人的第二次行为或者自然事件，从而引起因果关系可能发生异常变化的情况。介入因素是否阻断实行行为的因果关系，主要从以下几个方面考虑：第一，实行行为导致结果发生的概率大小；第二，介入因素是否异常，如果介入原因属于通常介入，则一般不中断因果关系；第三，介入因素对结果发生作用的大小。如果实行行为已经具备造成损害后果发生的极大可能性，后续的介入因素只是起到推进作用，即使具体的死亡是由介入因素直接导致的，也应归责于在先的实行行为，也即，实行行为与损害后果之间存在因果关系。

本案发生时间是凌晨4时许，二被告人在明知发生交通事故后，理应驻车报警积极实施救助，但是合谋后却选择逃逸，根据二被告人供述，不能确定受害人当场是否已死亡。本案在审理中出现一个逻辑障碍：如果被害人第一次辗轧已经死亡，则二被告人仅承担肇事后逃逸的刑事责任，而不适用"逃逸致人死亡"的量刑幅度，且后面的辗轧人不需要承担责任；如果被害人是第二次辗轧才死亡，则前车的行为人需要承担"逃逸致人死亡"的刑事责任，后车的行为人也需要承担责任。

本案在对前车行为人的刑事责任的认定中，采取了谦抑和有利于被告人的原则，未认定前车行为人逃逸致人死亡。在对后车行为人责任的认定中，认为樊某居的肇事介入因素不能阻断本案二被告人成立交通肇事罪，依据交通肇事罪的入罪标准，樊某居不应被追究刑事责任。但在民事责任中，共同侵权人依法均应承担民事赔偿责任。此种认定与刑事判决并不相悖，故本案裁判也可以将民事责任与刑事责任的承担协调起来。

（撰稿：安徽省亳州市谯城区人民法院　闫　歌
审编：最高人民法院刑二庭　于同志）

[第 1451 号]

# 青岛瑞驰投资有限公司、栾某先非法转让土地使用权案

——在土地开发经营过程中,开发商以股权转让方式实现土地使用权流转行为的定性

## 一、基本案情

被告单位青岛瑞驰投资有限公司,住所地山东省青岛市城阳区杨埠寨村社区×号。

被告人栾某先,男,1967 年××月××日出生,青岛瑞驰投资有限公司法定代表人。2017 年 3 月 23 日被逮捕。

山东省青岛市城阳区人民检察院指控被告单位青岛瑞驰投资有限公司(以下简称瑞驰投资公司)犯非法转让土地使用权罪、被告人栾某先犯非法转让土地使用权罪、挪用资金罪,向青岛市城阳区人民法院提起公诉。

被告单位瑞驰投资公司及其辩护人提出,转让股权系栾某先个人行为,不能认定瑞驰投资公司构成非法转让土地使用权罪。

被告人栾某先及其辩护人提出,栾某先不构成非法转让土地使用权罪,亦不构成挪用资金罪。

青岛市城阳区人民法院经审理查明:2009 年,被告人栾某先得到青岛中央商务区 A-1-8 地块对外招商投资的信息,同年 3 月 31 日,被告单位瑞驰投资公司与商务区开发建设公司签订《协议书》,约定由瑞驰投资公司对青岛中央商务区 A-1-8 地块 A 区进行开发建设及土地摘牌。同年 12 月,栾某先以瑞驰建设公司名义通过招拍挂等方式获得青岛市市北区中央商务区 A-1-8-B1 地块,面积 4255.3 平方米,出让价款 1.2051366 亿元,并与青岛市国土资源和房屋管理局签订国有建设用地使用权出让合同。为实施该项目,2010 年 1 月 12 日,瑞驰投资公司出资申请登记成立瑞驰建设公司,法定代表人系栾某先。2010 年 1 月 14 日,在未支付全部土地使用权出让金、未取得土地使用权证书、未进行投资开发的情况下,瑞驰投资公司与华昱诚置业公司签订协议,约定将瑞驰建设公司 100% 股份转让给华昱诚置业公司。同年 3 月、6 月,双方陆续签订补充协议。至 2010 年 6 月,华昱诚置业公司根据上述协议共向瑞驰投资公司支付 4846 万元。扣除前期支付的保证金、拍卖费用,瑞驰投资公司通过上述交易共获利 3999 万元。(关于栾某先涉及的挪用资金罪部分,因与本案所讨论的非法转让、倒卖土地使用权罪并无牵连,故不再

赘述。)

青岛市城阳区人民法院认为，被告单位瑞驰投资公司在未支付全部土地使用权出让金、未取得土地使用权证书、未进行投资开发的情况下，以转让瑞驰建设公司股权的方式将涉案地块土地使用权转让给华昱诚置业公司，华昱诚置业公司将转让款支付给瑞驰投资公司，瑞驰投资公司通过上述交易共非法获利 3999 万元。瑞驰投资公司的上述行为违反土地管理法规，扰乱市场秩序，谋取了非法利益。被告人栾某先系被告单位直接负责的主管人员，代表瑞驰投资公司具体实施了非法转让土地使用权的行为。瑞驰投资公司及栾某先的行为符合刑法关于非法转让土地使用权罪的构成要件。依照刑法第二百二十八条、第二百三十一条、第二百七十二条第一款、第三十条、第三十一条、第五十二条、第五十三条、第六十四条、第六十七条第一款、第六十九条第一款和第三款，《全国人民代表大会常务委员会关于〈中华人民共和国刑法〉第二百二十八条、第三百四十二条、第四百一十条的解释》及《最高人民法院关于审理破坏土地资源刑事案件具体应用法律若干问题的解释》第二条第四项、第八条、《最高人民法院、最高人民检察院关于办理贪污贿赂刑事案件适用法律若干问题的解释》第六条、第十一条第二款之规定，判决如下：

被告单位瑞驰投资公司犯非法转让土地使用权罪，判处罚金人民币二百五十万元。

被告人栾某先犯非法转让土地使用权罪，判处有期徒刑三年零六个月，并处罚金人民币二百五十万元；犯挪用资金罪，判处有期徒刑四年，决定执行有期徒刑六年零六个月，并处罚金人民币二百五十万元。

追缴被告单位瑞驰投资公司的违法所得人民币 3999 万元，追缴被告人栾某先违法所得人民币 500 万元。

一审判决后，被告人栾某先不服，提出上诉。

青岛市中级人民法院经审理认为，上诉人栾某先与原审被告单位瑞驰投资公司竞拍土地最初的目的是用于开发，后经核算后发现因当时房地产开发成本剧增，预留资金不足以开发，而且瑞驰投资公司已经与商务区开发公司签订《协议书》并支付了定金，如果不参与竞拍土地将支付巨额违约金，为此经公司研究决定将拍卖土地的瑞驰建设公司股权转让给华昱诚置业公司，目的是降低投资风险。在案证据尚不足以证明栾某先、瑞驰投资公司单纯出于牟利的目的而转让土地，且股权转让后仍由瑞驰建设公司持有及开发土地，亦未改变土地用途、性质，故该行为不宜纳入刑法的范畴作为犯罪处理。故二审撤销原判，依法认定栾某先、瑞驰投资公司不构成非法转让土地使用权罪；上诉人栾某先犯挪用资金罪，判处有期徒刑四年。

## 二、主要问题

在土地开发经营过程中，房地产公司以股权转让方式实现土地使用权流转的行为，是否构成非法转让、倒卖土地使用权罪？

## 三、裁判理由

土地市场是我国现代市场体系的重要组成部分，是资源要素市场的重要内容。改革开放以来,我国基本形成了以政府供应为主的土地一级市场和以市场主体之间转让、出租、抵押为主的二级土地市场。同时,为保护国家土地管理制度和正常的土地市场交易秩序,城市房地产管理法等土地管理法规对土地使用权出让设置了一定的限制条件,刑法第二百二十八条还将以牟利为目的,违反土地管理法规,非法转让、倒卖土地使用权,情节严重的行为认定为犯罪。对于以股权转让方式实现土地使用权流转的行为,是否构成非法转让、倒卖土地使用权罪,司法实践中存在一定争议,目前主要有以下两种意见。

第一种意见认为,对于以牟利为目的,违反土地管理法规,未依照与国土资源部门签订的建设用地使用权合同约定进行开发,而假借公司股权转让的合法形式,掩盖非法转让、倒卖土地使用权的目的,并从中谋取巨额非法利益的,其行为违反了土地管理法规,扰乱了土地市场秩序,应当以非法转让、倒卖土地使用权罪追究刑事责任。

第二种意见认为,公司股权转让与土地使用权转让具有不同的法律性质,为两个独立的法律关系。现行法律法规并无强制性规定禁止以转让公司股权形式实现土地使用权或房地产项目转让的目的,且本案中公司股东虽然发生了变化,但作为土地使用权持有主体的公司没有改变,也没有发现因股权转让而造成当地土地使用权市场秩序被严重扰乱的后果,故被告单位及被告人依法不构成非法转让、倒卖土地使用权罪。

我们同意第二种意见。具体理由如下。

**(一)从股权转让与土地使用权转让的法律性质来看,公司股权转让并不会直接导致作为公司独立财产的土地使用权的变动**

一般而言,在土地开发经营过程中,公司内部股权转让与土地使用权转让主要有以下区别。

1. 转让标的不同

股权转让是虚拟资本的转让,受公司法调整,不能认定为任何特定实体资产的转让。股东取得股权,意味着取得了对公司一定程度的财产支配参与权与收益分配权,而不是对某个特定财产的所有权,只有在公司财产分割时才能确认具体财产的权益。而土地使用权的转让,是一种特定实体资产支配权的转让,受土地管理法、城市房地产管理法、《城镇国有土地使用权出让和转让暂行条例》等土地法规调整。尽管股权转让中涵盖了包括土地使用权等资产在内的支配权的转移,但不能说股权转让就是土地使用权转让。

2. 转让主体不同

股权转让是公司股东之间或股东向非原公司股东的第三人转让,转让的主体是拥有公司股权的股东,而不是公司本身;根据公司法第三条的规定,公司是具有独立法人资格的主体,拥有独立的法人财产。股东完成出资后,其所投入的资产即成为公司的独立资产,股东即丧失对该部分资产的所有权,不得再对已完成出资部分的资产随意支配。土地使用权作为公司资产,所有权人为公司而不是股东,因而发生转让时的主体是公司。

3. 转让后的法律效果不同

股权转让导致公司所有者即股东的变更,其完成的标志是在工商登记部门变更股东登记事项,而不涉及土地使用权主体的变更,土地使用权仍属于原公司所有;土地使用权转让的结果则是变更土地使用权人，其完成的标志为土地使用权证记载的使用主体易名，并重新核发产权证。本案中，尽管瑞驰投资公司将持有的瑞驰建设公司股权对外转让，但转让的只是公司资产收益、参与重大决策等权利，涉案地块的土地使用权人始终登记在瑞驰建设公司名下，并未发生土地权利人变更的事实，不符合非法转让、倒卖土地使用权罪关于土地使用权主体发生变化的要件。

因此，公司产权与股东产权不能混淆，股权转让行为并不等同于对公司特定财产的处置，不能简单得出"转让股权本质上就是转让了土地使用权"的结论。

**（二）从非法转让、倒卖土地使用权罪构成要件来看，构成该罪既要具备"以牟利为目的"的主观要件，又要具备扰乱土地使用权正常流转秩序并达到情节严重程度的客观要件，对于在证据上难以认定有主观牟利目的并侵害相应法益的，依法不构成该罪**

本案中，经查明，瑞驰投资公司竞拍涉案土地最初确实用于开发，后经核算发现当时房地产开发成本剧增，预留资金不足以开发，且瑞驰投资公司已经与商务区开发公司签订《协议书》并支付了定金，如不参与竞拍土地将支付巨额违约金，为此决定将瑞驰建设公司股权转让给华昱诚置业公司，目的是降低投资风险，故本案股权转让行为的发生系事出有因，区别于一般非法转让、倒卖土地使用权罪中纯粹为"炒地"而参与土地开发项目的投机行为，被告单位和被告人牟利的目的并不明显。同时，非法转让、倒卖土地使用权罪保护的客体是国家的土地管理制度和正常的土地市场秩序，即通过严惩"炒地"行为，防止国有资源流失，保证土地计划严格实施，防止"炒地"扰乱市场秩序，损害社会公共利益。本案中，股权转让的行为没有改变涉案土地性质，股权转让之后土地使用权人所需承担的义务不变，仍需履行土地管理法、城市房地产管理法及土地出让合同中关于土地开发、土地利用规划等相关规定，其股权转让行为并未导致当地土地使用权市场秩序被严重扰乱的后果，没有对刑法保护的法益造成侵害。况且任何股权变动都会导致资产控制状态的变化，不能仅因股权转让而导致的对于特定资产的间接控制变化就否定行为本身的效力。虽然客观上瑞驰投资公司从股权转让中获得利润，但其收益来自土地交易市场发展过程中带来的股份溢价，属于市场经济允许的商业预期收益。此外，公司股权价值并不单纯对应土地使用权的价值，还可能含有其他固定资产、流动资产、无形资产等价值，将股权价值简单等同于土地使用权的获利数额也是不合理的。

**（三）从罪刑法定和保持刑法谦抑性的角度来看，目前并无强制性规定禁止以转让公司股权形式实现土地使用权或房地产项目的转让，以此追究行为人的刑事责任依据不足**

我国刑法第二百二十八条规定的非法转让、倒卖土地使用权罪是典型的法定犯，其罪状是空白罪状，应以违反前置性法律法规即以违反土地管理法规为前提。根据《全国人民代表大会常务委员会关于〈中华人民共和国刑法〉第二百二十八条、第三百四十二条、第四百一十条的解释》，"违反土地管理法规"，是指违法土地管理法、森林法、草原法等法律以及行政法规中关于土地管理的规定。而在城市房地产管理法、《城镇国有土地使用权出让和转让暂行条例》等现行土地管理法规中，并无将转让股权的行为认定为非法转让、倒卖土地所有权的规定，亦未明文禁止拥有土地使用权的公司股东转让股权的规定，不能将土地使用权的"转让"行为随意扩张解释或类推解释，否则有违罪刑法定原则与刑法谦抑性原则。同时，根据公司法的相关规定，股东可以用货币出资，也可以用实物、知识产权、土地使用权等可以用货币估价并可以依法转让的非货币财产作价出资，且股东之间可以相互转让其全部或者部分股权。以转让股权方式转让土地使用权及其权益，从股权转让的角度符合公司法的规定。因此，在相关立法和司法解释没有明确禁止以股权转让方式实现土地使用权流转的情况下，不宜对此类行为科以刑罚。

**（四）从优化生产要素市场化配置、促进土地流转体制机制改革等国家土地政策的发展方向来看，不宜将以股权转让形式出让土地使用权的行为入罪**

我国实行国有土地所有权和使用权分离的土地管理制度，而积极推动土地市场化则是当前土地资源配置的主要发展方向。2020年3月30日公布的《中共中央、国务院关于构建更加完善的要素市场化配置体制机制的意见》明确提出，"破除阻碍要素自由流动的体制机制障碍，扩大要素市场化配置范围"，"深化产业用地市场化配置改革。健全长期租赁、先租后让、弹性年期供应、作价出资（入股）等工业用地市场供应体系"，"鼓励盘活存量建设用地。充分运用市场机制盘活存量用地和低效用地，研究完善促进盘活存量建设用地的税费制度"。上述规定为打破土地流转的体制机制束缚、完善土地市场化改革提供了充分的政策依据。从国家政策调整的精神来看，在不损害公司及其他债权人利益的情况下，以公司股权转让的重组方式实现土地开发利用，对提高土地利用效率、促进土地资源市场化配置改革、进一步激发全社会创造力和市场活力具有重要意义。房地产类企业在项目开发过程中经常出现通过股权流转实现对土地使用权重新配置的情形，如将此类行为作为犯罪追究，将使股权转让行为产生严重的不安全性和不可预期性，既不利于建设市场化的土地交易秩序，也不符合相关政策精神。刑法作为社会关系调整的最后手段，对未违反民事法律的行为进行刑事追究尤其需要慎重。因此，从刑法谦抑性的角度来讲，对被告单位瑞驰投资公司和被告人栾某先的行为也不宜认定为犯罪。

综上所述，土地使用权转让和公司股权转让的要件和法律依据不同，将"股权转让行为"认定为"土地使用权转让行为"没有法律依据。对以股权转让方式实现土地使用权流转的行为的认定，具有较强的政策性，应当全面把握犯罪构成要件、案件具体情况及国家土地政策精神，按照罪刑法定的原则综合加以评判。本案中涉案土地使用权利人并没有发生变化，且没有证据显示瑞驰投资公司转让股权的行为有明显的社会危害性，因而二审法院认定被告单位瑞驰投资公司和被告人栾某先的行为不构成非法转让、倒卖土地使用权罪是正确的。

（撰稿：天津市第一中级人民法院　张文波
审编：最高人民法院刑二庭　于同志）

[第1452号]

# 王某集资诈骗案

——公诉人当庭发表与起诉书不一致意见的处理规则

## 一、基本案情

被告人王某，男，1990年××月××日出生。2018年4月19日被逮捕。

北京市朝阳区人民检察院指控被告人王某犯非法吸收公众存款罪，向北京市朝阳区人民法院提起公诉。庭审中，公诉人当庭发表意见，认为被告人王某的行为构成集资诈骗罪。

被告人王某对指控非法吸收公众存款罪无异议，辩称其不是中唐财富投资管理（北京）有限公司（以下简称中唐财富公司）的实际控制人，不构成集资诈骗罪。辩护人提出，被告人王某不构成集资诈骗罪，如实供述所犯罪行，系初犯，建议从轻处罚。

北京市朝阳区人民法院经审理查明：

（1）2015年8月至2016年2月，被告人王某以天佐资产管理（北京）有限公司（以下简称天佐公司）投资项目为名，承诺返本付息，在北京市朝阳区等地，向韩某伶等102人集资人民币1800余万元（以下未标明币种均为人民币），造成经济损失1500余万元。集资款主要用于员工提成、集资参与人返款及公司和王某个人支出，少部分用于投资项目，造成资金链断裂。

（2）被告人王某为解决天佐公司兑付问题，于2016年3月与苏增立成立中唐财富公司，公司法定代表人苏增立，实际负责人王某。2016年1月至8月，中唐财富公司以投资辽宁天池葡萄酒有限公司开发及建设为由，公开宣传，以签订借款合同的形式，承诺按月返息，到期返本金，吸收杨某等284人资金3500余万元，造成经济损失3300余万元。集资款除用于员工工资、提成及日常支出，300余万元用于投资项目外，被大量取现。王某于2018年3月13日被查获。

北京市朝阳区人民法院认为，被告人王某无视国法，以诈骗方法非法集资，数额特别巨大，其行为已构成集资诈骗罪。北京市朝阳区人民检察院指控王某犯罪事实清楚，证据确实、充分，但指控罪名不当，予以纠正。关于本案定性，王某的行为构成集资诈骗罪，理由如下：王某以天佐公司投资项目为由，承诺高额返利并支付业务员高额提成非法集资，集资款除小部分用于投资项目外，主要用于业务员提成、集资参与人返款及日常支出，另有部分用于王某还债等个人支出。此模式下，王某根本不具有给集资参与人返本付息的可能性，只能是以后面集资款返还前面集资款的"庞氏骗局"，最终必然造成资金链断裂，巨额集资款无法返还，可以推定其主观上具有非法占有的目的；王某明知天佐公司无法兑付，仍成立中唐财富公司，沿用相同集资模式，集资款除小部分用于投资项目外，主要被取现，造成资金去向难以查明，其非法占有的目的更为明显。非法占有，是指将他人的财物作为自己的财物进行支配、处分。王某非法集资后用于生产、经营活动的资金与集资资金规模明显不成比例，而是将大量集资款用于员工工资、提成及犯罪支出，属于对集资款的处分和支配，王某通过犯罪行为是否实际取得资金及取得资金数额多少，均不影响对其非法占有目的的认定，其行为已构成集资诈骗罪。依照刑法第一百九十二条、第六十一条、第四十五条、第四十七条、第五十二条、第五十三条、第六十四条及《最高人民法院关于审理非法集资刑事案件具体应用法律若干问题的解释》① 第一条、第二条、第三条、第四条、第五条之规定，判决如下：

一、被告人王某犯集资诈骗罪，判处有期徒刑十四年，罚金人民币四十五万元。

二、责令被告人王某退赔集资参与人的经济损失。

宣判后，公诉机关未抗诉，被告人未上诉，判决已发生法律效力。

## 二、主要问题

公诉人当庭发表与起诉书不一致意见的，如何准确处理？

## 三、裁判理由

关于被告人王某犯罪行为的定性，公诉机关起诉书指控为非法吸收公众存款罪，并指派检察员出庭支持公诉。人民法院审理中，公诉人当庭发表与起诉书不一致的公诉意见：被告人的行为构成集资诈骗罪。对此，审判长要求公诉人提交书面变更起诉决定书，公诉人在指定期限内未变更，合议庭评议后认为不应当采纳公诉人当庭意见，应以起诉书指控罪名认定公诉机关起诉指控的罪名，故在判决书中仍认定公诉机关指控罪名为非法吸收公众存款罪，并依法认定指控罪名不当，予以纠正。

### （一）起诉书是人民检察院向人民法院提起公诉的法律文书

人民检察院认为犯罪嫌疑人的犯罪事实已经查清，证据确实、充分，应当依法追究刑事责任的，应当向人民法院提起公诉。提起公诉，是人民检察院代表国家将犯罪嫌疑人移交人民法院，要求人民法院对其定罪处罚的诉讼活动。根据《人民检察院刑事诉讼规则（试行）》（以下简称2012年《刑事诉讼规则》）第三百九十三条②之规定，人民检察院决定起诉的，应当制作起诉书。起诉书内容包括被告人的身份情况、案件事实及起诉罪名、理由等。法律及司法解释之所以作此规定，是因为起诉书是人民检察院正式提请人民法院要求追究被告人刑事责任的法律文书，是人民检察院提起公诉和人民法院

---

① 2022年2月23日法释〔2022〕5号文件对该解释进行了修正，文中所用为修正前的解释。
② 本案审理时，引用的是2012年《刑事诉讼规则》（以下同）。本条对应2019年《人民检察院刑事诉讼规则》第三百五十八条。

受理案件的依据。

人民检察院向人民法院提起公诉，犯罪嫌疑人的身份转变为被告人，将会接受人民法院的审判，可能会被定罪处罚。刑事诉讼的程序正当性要求赋予被告人抗辩的权利，其有权自行或者委托辩护人对人民检察院的公诉请求提出质疑和辩论。刑事诉讼中，人民检察院代表国家，行使国家公权力，被告人作为个人与人民检察院对比，力量悬殊，为更好保障当事人诉讼权益，使被告人、辩护人的质疑和辩论更有针对性，必须要求人民检察院在开庭审理前以书面形式提出公诉请求，而不是当庭以口头方式提出。

（二）起诉书非因法定事由及法定程序不得变更、追加、补充或撤回

刑事诉讼事关生杀予夺，必须持严谨态度，依法定程序。起诉书一旦提交人民法院，不得随意变更、追加、补充或撤回。但刑事诉讼处理的是法律事实，而非客观事实，随着证据的变化，起诉书指控内容可能有错误或者遗漏，人民检察院依据证据变化而相应变更、追加、补充或撤回起诉书，不仅有利于准确认定案件事实，而且有利于节约司法资源。2012年《刑事诉讼规则》第四百五十八条①规定，在人民法院宣告判决前，人民检察院发现被告人的真实身份或者犯罪事实与起诉书中叙述的身份或者指控犯罪事实不符的，或者事实、证据没有变化，但罪名、适用法律与起诉书不一致的，可以变更起诉；发现遗漏的同案犯罪嫌疑人或者罪行可以一并起诉和审理的，可以追加、补充起诉。据此，人民检察院对身份有误、事实不符或罪名有误的，可以变更起诉；对遗漏罪行或遗漏同案犯的，可以追加、补充起诉。2012年《刑事诉讼规则》第四百六十一条②对变更、追加、补充和撤回起诉的程序和方式作出要求，规定应当报经检察长或者检察委员会决定，并以书面方式在人民法院宣告判决前向人民法院提出。

综上所述，人民检察院可以变更、追加、补充或撤回起诉，但应当经法定程序，以书面形式向人民法院提出，而不得以口头方式提出。人民检察院以书面形式向人民法院提出变更、追加、补充起诉的，人民法院应当向被告人、辩护人送达变更、追加、补充起诉书，并就变更、追加、补充的起诉内容组织控辩双方开庭审理，保障各方权利。如果不以书面形式限定人民检察院的变更、追加、补充起诉，而是允许口头变更、追加、补充，将会造成诉讼突袭，辩护权行使将不具有针对性，刑事审判活动变得随意且不严肃。

（三）人民检察院出庭公诉人应当依据起诉书发表公诉意见

根据刑事诉讼法第三条规定，提起公诉由人民检察院负责，除法律特别规定外，其他任何机关、团体和个人都无权行使。2012年《刑事诉讼规则》第四百二十六条③规定，提起公诉的案件，人民检察院应当派员以国家公诉人的身份出席第一审法庭，支持公诉。据此，刑事诉讼中，提起公诉的职权由人民检察院行使，而不是公诉人个人。出庭公诉

---

① 对应2019年《人民检察院刑事诉讼规则》第四百二十三条。
② 对应2019年《人民检察院刑事诉讼规则》第四百二十六条。该条规定，变更、追加、补充和撤回起诉应当以书面方式在人民法院宣告判决前向人民法院提出。
③ 对应2019年《人民检察院刑事诉讼规则》第三百九十条。

人的任务是支持公诉,也就是阐明起诉书指控的事实和罪名所依据的证据、法律,对被告人、辩护人提出的质疑和辩论予以回应,说服合议庭采纳起诉书指控的内容。出庭公诉人代表人民检察院支持公诉,反映人民检察院的整体意志,必须在代表人民检察院整体意志的起诉书的范围内发表公诉意见,阐明起诉书指控的内容,一般不得发表与起诉书指控内容无关或者不一致的公诉意见。

如前所述,刑事诉讼审理的是法律事实,出庭的公诉人在法庭审理过程中,根据证据质证和法庭辩论情况,发现起诉书指控的事实或者罪名有误,需要变更、追加、补充或撤回起诉意见的,应当依据正当程序以书面形式,由人民检察院向人民法院提出变更、追加、补充或撤回起诉。必要时,可以建议人民法院宣布休庭。

### (四)人民法院对出庭公诉人发表的与起诉书不一致的公诉意见应当区分情况处理

司法实践中,出庭公诉人发表与起诉书不一致的公诉意见并不少见。比如,在非法集资案件中,公诉人基于来自集资参与人的信访压力等因素,在发表起诉书指控意见后,附带发表与起诉书指控不一致的个人意见。对此情况,人民法院如何处理?我们认为应当在充分保障被告人、辩护人辩护权和程序正当的原则下,区分情况处理。

1. 对基本内容的变更、追加、补充或撤回

与起诉书基本内容不一致的情形主要包括三类:(1)对被告人身份信息、犯罪事实、指控罪名及法律适用的变更。(2)追加、补充指控新的事实。(3)撤回起诉。此三类情形足以影响对被告人的定罪量刑和人民法院裁判严肃性、准确性。

处理原则:基于前述分析,公诉人对起诉书指控基本内容进行变更、追加、补充或撤回起诉的,应当以书面形式提出,并加盖人民检察院印章。人民法院应当要求人民检察院提交变更、追加、补充或撤回起诉决定书。人民检察院不提交的,人民法院应当以起诉书为准,不得以公诉人当庭变更、追加、补充或撤回起诉意见为准。

庭审程序如何进行,我们认为宜平衡权利保护与庭审效率区别处理,具体而言:(1)对被告人不利的变更,如将轻罪名变更为重罪名,以休庭为宜(通常人民检察院也会建议休庭),由人民检察院出具书面变更起诉决定书后,继续开庭;人民检察院不出具的,人民法院应当以起诉书为准,并依据法律和审理认定的事实作出判决。(2)对被告人有利的变更,如将累犯变更为普通犯罪前科,公诉人当庭表示认可新的事实的,被告人和辩护人同意开庭的,可以先行开庭,人民检察院庭后提交书面变更起诉书。(3)追加、补充起诉的,因出现新的事实和新的证据,应当休庭或先行审理原起诉书指控事实,对追加、补充起诉事实再行开庭。(4)撤回起诉的,可以休庭,也可以继续庭审但不作出裁判,公诉机关提交撤回起诉决定书后,再行裁判。

需要指出的是,提起公诉后,出现新的量刑事实,如立功、退赔、认罪认罚,人民法院可以直接依据新的事实和新的证据作出裁判,无须要求人民检察院变更、补充起诉。

2. 对非基本内容的变更

实践中,对非基本内容的变更主要包括两类:对笔误的补正和对量刑建议(部分案

件尤其是适用速裁程序审理的案件,起诉书会载明量刑建议)的调整。

处理原则:(1)对笔误的补正,可以要求公诉机关以书面形式提出,对适用简易程序、速裁程序的,也可以由公诉人当庭补正,但应在庭审笔录中予以记录。需要说明的是,必须严格界定笔误的范围,不得以补正笔误为名变更基本事实。(2)对量刑建议的调整,应当坚持必要和简便原则,可以由公诉机关以书面形式提出或由公诉人当庭提出。人民法院认为调整后的量刑建议适当的,应当予以采纳;人民法院告知人民检察院调整,人民检察院不调整量刑建议或者调整后仍然明显不当的,人民法院应当依法作出判决。

庭审程序:(1)对笔误的补正,无须休庭,根据案件具体情况,以记录公诉人当庭意见或由公诉机关庭后提交变更起诉书方式处理。(2)对量刑建议的调整,如公诉人当庭提出的,人民法院应充分履行告知和释明职责,并主动向被告人释明相关法律规定以及接受量刑建议的后果,使其明确对刑罚判罚的预期。对于被告人认可的,应当记录在案,无须重新制作认罪认罚具结书。对于调整后加重被告人刑罚的情形,被告人因没有辩护人而申请值班律师提供法律帮助的,人民法院应当准许;对于调整后减轻被告人刑罚的情形,因不涉及辩护权利的保障问题,可以不通知值班律师提供法律帮助。

本案审理时,2021年《最高人民法院关于适用〈中华人民共和国刑事诉讼法〉的解释》尚未公布,法庭依据程序正义、保障诉权原则,认为公诉人当庭发表与起诉书不同的意见,属于变更、追加、补充或撤回起诉的,要求人民检察院在指定时间内以书面方式提出;人民检察院在指定时间内未提出的,人民法院根据法庭审理情况,就起诉书指控的犯罪事实依法作出裁判。这与2021年《最高人民法院关于适用〈中华人民共和国刑事诉讼法〉的解释》第二百八十九条的规定完全一致。需要说明的是,根据起诉书,人民检察院指控罪名为非法吸收公众存款罪,但是法院在就起诉书指控的犯罪事实进行审理的过程中,发现指控罪名不当的,仍然应当依据法律和审理认定的事实作出判决。

本案在第一次开庭时,公诉人发表公诉意见提出构成集资诈骗罪,法庭要求提供书面变更起诉,公诉机关未提供。但法庭认为被告人的行为可能构成集资诈骗罪,根据2013年《最高人民法院关于适用〈中华人民共和国刑事诉讼法〉的解释》第二百四十一条第二款①的规定,人民法院应当在判决前听取控辩双方的意见,保障被告人、辩护人充分行使辩护权。必要时,可以再次开庭,组织控辩双方围绕被告人的行为构成何罪进行辩论。本案进行了二次开庭,并组织控辩双方就被告人行为是否构成集资诈骗罪专门展开法庭辩论,充分保障被告人诉权,最终以集资诈骗罪追究被告人刑事责任。案件无论是裁判结果还是程序均符合法律规定,公诉机关未抗诉,被告人未上诉。

(撰稿:北京市朝阳区人民法院　付想兵　刘　杰
审编:最高人民法院刑三庭　鹿素勋)

---

① 对应2021年《最高人民法院关于适用〈中华人民共和国刑事诉讼法〉的解释》第二百九十五条第二款。

[第 1453 号]

# 徐某、桑某华等非法经营案

——仅凭产品系非法入境、印制张贴虚假内容
标签等行为不能推定系伪劣产品

## 一、基本案情

被告人徐某，女，1978 年××月××日出生，上海仁牛生物科技有限公司法定代表人、执行董事兼总经理。2018 年 11 月 15 日被逮捕。

被告人桑某华，男，1979 年××月××日出生，上海仁牛生物科技有限公司监事、上海牧实饲料有限公司法定代表人、股东、执行董事。2018 年 11 月 15 日被逮捕。

被告人汪某国，男，1980 年××月××日出生，上海牧实饲料有限公司股东、监事。2019 年 9 月 5 日被逮捕。

被告人刘某远，男，1979 年××月××日出生，厦门建发原材料贸易有限公司一部经理。2018 年 11 月 15 日被逮捕。

被告人郭某鸿，男，1992 年××月××日出生，厦门建发原材料贸易有限公司一部业务员。2018 年 11 月 15 日被逮捕。

上海市浦东新区人民检察院指控被告人徐某、桑某华、汪某国犯逃避商检罪、销售伪劣产品罪，被告人刘某远、郭某鸿犯逃避商检罪，向上海市浦东新区人民法院提起公诉。

被告人徐某、桑某华、汪某国及其辩护人提出，对于厦门建发原材料贸易有限公司（以下简称厦门建发公司）采用谎报商品用途方式进口杏仁果皮的行为均不知情，其三人仅负责在国内销售，上海英斯贝克商品检验公司（以下简称英斯贝克公司）上海实验室不具有鉴定资质，故不能认定销售伪劣产品罪。

被告人刘某远、郭某鸿及辩护人提出应当认定系从犯，具有自首情节，建议适用缓刑。

上海市浦东新区人民法院经公开审理查明：2013 年 3 月，被告人桑某华、汪某国共同投资注册成立上海牧实饲料有限公司（以下简称上海牧实公司），汪某国担任法定代表人，公司经营范围为销售饲料原料、饲料添加剂等。2014 年 5 月，经营范围增加货物及技术的进出口业务，同年 9 月，变更法定代表人为桑某华。2016 年 11 月，被告人徐某注册成立上海仁牛生物科技有限公司（以下简称上海仁牛公司），担任法定代表人、执行董

事兼总经理,公司经营范围为销售饲料原料、饲料添加剂、食用农产品(除生猪肉产品)等,从事货物及技术的进出口业务等。2010年6月,厦门建发公司注册成立,行业门类为批发和零售业,经营范围包括谷物、豆及薯类等批发零售,贸易代理,各类商品进出口,但国家限定经营或禁止进出口的商品除外。

2017年11月初,被告人徐某、桑某华、汪某国、刘某远、郭某鸿及境外供应商美国普雷西迪奥在北京召开会议,经过共同商议,由厦门建发公司从美国进口杏仁果皮,作为饲料销售给上海仁牛公司、上海牧实公司,再分销给境内各大牧场,后签订《战略合作框架协议》《产品购销合同》等。刘某远、郭某鸿明知杏仁果皮未列入我国原农业部公布的《饲料原料目录》,不能作为饲料进口,仍违反《进出口商品检验法》的规定,多次采用向海关等监管部门谎报商品用途为牛棚垫床的方法,将属于法定检验商品的植物性饲料(H.S.编码1214900090)的进口商品谎报为非法定检验商品的其他植物产品(H.S.编码1404909090),以此逃避商检并骗取海关通关文件。徐某、桑某华、汪某国在明知杏仁果皮未列入《饲料原料目录》、之前曾经尝试进口但未能成功且美国杏仁果皮未完成饲料检疫准入程序、普雷西迪奥未在中国境内注册登记的情形下,明知厦门建发公司采用谎报用途的方法进口美国杏仁果皮作为饲料销售,仍然从厦门建发公司购买杏仁果皮再销售至多家牧场用于奶牛喂食。其间,为应对海关对杏仁果皮实际用途、国内流向的监管与核查,刘某远、郭某鸿主动提供杏仁果皮用于牛棚垫床使用的多份情况说明,徐某、桑某华等人提供境内牧场名称及相关照片。经审计,厦门建发公司先后从美国进口6批杏仁果皮,共计1000余吨,合计19.449816万美元。

被告人徐某、桑某华、汪某国为销售美国杏仁果皮,委托相关单位进行过黄曲霉毒素等指标的检测,经商议安排人工对杏仁果皮进行简单分拣、包装,并指使他人印制有"1.本产品符合进口卫生标准;2.产品成分分析保证值,蛋白≥3%,粗纤维≤20%,黄曲霉毒素≤20ppb,灰分<12,水分≤15%,含杂≤5%;3.原料组成,本品是杏仁制作过程中,物理压制过筛后的中果肉果皮晒干后产品等,本产品检验合格"等虚假内容的商品标签,贴附在杏仁果皮的包装袋上。案发后,公安机关查获各类型号的杏仁果皮商品标签3000余份。经审计,上海仁牛公司、上海牧实公司从厦门建发公司指定仓库内提取502.63吨杏仁果皮作为奶牛饲料,分别销售给现代牧业(集团)有限公司(以下简称现代牧业公司)、徐州永浩公司、上海振华公司等单位,共计487.493吨,销售合计100余万元。案发后,公安机关依法查获杏仁果皮500余吨。

上海市浦东新区人民法院认为,被告人徐某、桑某华、汪某国作为单位直接负责的主管人员,违反进出口商品检验法的规定,逃避商品检验,将必须经商检机构检验的进口商品未报经检验而擅自销售、使用,属于情节严重,均构成(单位)逃避商检罪。徐某、桑某华、汪某国销售国家禁止销售、使用的饲料,扰乱市场秩序,情节严重,均构成(单位)非法经营罪。对三名被告人应当数罪并罚。被告人刘某远、郭某鸿违反进出口商品检验法的规定,逃避商品检验,将必须经商检机构检验的进口商品未报经检验,属于情节严重,均构成逃避商检罪。五名被告人犯逃避商检罪系共同犯罪;刘某远、郭某鸿系自首,依法从轻处罚。判决如下:

一、被告人徐某犯逃避商检罪，判处有期徒刑二年六个月，罚金人民币四万元；犯非法经营罪，判处有期徒刑二年，罚金人民币二万元，决定执行有期徒刑三年，罚金人民币六万元。

二、被告人桑某华犯逃避商检罪，判处有期徒刑二年六个月，罚金人民币四万元；犯非法经营罪，判处有期徒刑二年，罚金人民币二万元，决定执行有期徒刑三年，罚金人民币六万元。

三、被告人汪某国犯逃避商检罪，判处有期徒刑二年六个月，罚金人民币四万元；犯非法经营罪，判处有期徒刑二年，罚金人民币二万元，决定执行有期徒刑三年，罚金人民币六万元。

四、被告人刘某远犯逃避商检罪，判处有期徒刑二年四个月，罚金人民币四万元。

五、被告人郭某鸿犯逃避商检罪，判处有期徒刑二年四个月，罚金人民币四万元。

六、违法所得应予追缴，已经查封扣押的物品均依法予以没收。

一审宣判后，五名被告人提出上诉，被告人徐某、桑某华、汪某国以认定逃避商检罪从犯为由，请求二审改判适用缓刑。被告人刘某远、郭某鸿撤回上诉。

上海市第一中级人民法院经审理认为，一审判决认定事实清楚，证据确实、充分，定罪准确，量刑适当，审判程序合法，遂裁定准许上诉人刘某远、郭某鸿撤回上诉；驳回徐某、桑某华、汪某国之上诉，维持原判。

## 二、主要问题

以产品系非法入境、制作张贴含有虚假内容的标签等行为，能否推定产品系伪劣产品，进而认定构成销售伪劣产品罪？

## 三、裁判理由

本案中，侦查机关曾委托英斯贝克公司上海实验室对查获的500余吨杏仁果皮进行取样检测，结论为根据 GB 13078—2017 饲料卫生标准之规定，亚硝酸盐、氟、镉、铅、铬、细菌总数、霉菌总数均不符合技术要求标准，被测物不符合国家饲料卫生标准。据此，公诉机关指控徐某、桑某华、汪某国构成销售伪劣产品罪。

（一）英斯贝克公司上海实验室及鉴定人员不具有相应鉴定资质，出具的《检验报告》不能作为刑事证据采信

2015年4月原国家质量监督检验检疫总局（以下简称国家质检总局）发布第163号令即《检验检测机构资质认定管理办法》①，其中第三条规定："检验检测机构从事下列活动，应当取得资质认定：（一）为司法机关作出的裁决出具具有证明作用的数据、结果的……"第十三条第二款规定，检验检测机构资质认定标志，由 China Inspection Body and Laboratory Mandatory Approval 的英文缩写 CMA 形成的图案和资质认定证书编号组成。第

---

① 2021年4月该办法进行了修改，但2015年版为本案审理期间的依据。

二十五条、第二十八条规定，检验检测机构应当在资质认定证书规定的检验检测能力范围内，出具检验检测数据、结果，在报告上加盖检验检测专用章，并标注资质认定标志。根据上述规定，只有具备 CMA 资质的机构，在检验检测能力范围内，才能向司法机关出具具有证明作用的检验检测数据结果。

本案中《检验报告》由英斯贝克公司委托第三方实验室即下属上海实验室出具，《检验检测机构资质认定证书》与《中国合格评定国家认可委员会实验室认可证书》证实英斯贝克公司具有 CMA 资质证书，所属上海实验室具有实验室认可证书，但《检验检测机构资质认定证书附表》中明确规定上海实验室检测能力范围为煤炭、各类石油产品，检测人员孟某涛、李某等 7 人的批准授权签字领域为化工石油产品、燃料、矿石矿物、金属合金、煤炭焦炭。另查实，英斯贝克公司还取得由中国合格评定国家认可委员会颁发的检验机构认可证书即 CNAS 证书，上海实验室的检验项目仅限于各类金属与合金制品，不包括农产品或饲料产品等。换言之，上海实验室的检测范围及检测人员的行政许可授权签字领域均不包括农产品，即上海实验室不具有对 CMA 及 CNAS 证书项下农产品的鉴定资质。

另根据 2016 年 5 月 1 日施行的《进出口商品检验鉴定机构管理办法》（国家质检总局、商务部、国家工商总局第 180 号令）第二条规定，该办法适用于在中华人民共和国境内从事进出口商品检验鉴定业务机构的许可和监督管理；第三条规定，该办法所称进出口商品检验鉴定机构，是指依据我国有关法律法规以及本办法规定，经国家质量监督检验检疫总局（以下简称国家质检总局）许可，接受对外贸易关系人或者国内外检验机构及其他有关单位的委托，办理进出口商品检验鉴定业务的中资进出口商品检验鉴定机构及其分支机构和中外合资、中外合作、外商独资进出口商品检验鉴定机构及其分支机构。经查证，英斯贝克公司取得了由海关总署颁发的《进出口商品检验鉴定机构资格证书》，许可业务范围包括农产品，根据上述第 180 号令第三条的规定，英斯贝克公司具有对进出口环节农产品的检验鉴定资质。但本案中，由于杏仁果皮已经存放在厦门建发公司的指定仓库且进入国内销售环节，应当认定属于进口行为实施完毕后的销售范畴，超出进出口的监督范围，故不符合上述第 180 号令所规定的进出口环节的适用范围。

在审理期间，还有一种观点认为，英斯贝克公司的其他下属实验室如青岛实验室具有农产品的 CMA 检测资质，上海实验室与青岛实验室的检测能力、方法、设备、标准都一致，虽然上海实验室不能出具盖有 CMA 印章的报告，但仍具有实质性的检测能力，故《检验报告》应当作为刑事证据被采信。我们认为，上述观点不符合法律规定。依据是：《最高人民检察院关于适用〈关于办理死刑案件审查判断证据若干问题规定〉和〈关于办理刑事案件排除非法证据若干问题的规定〉的指导意见》第 19 条规定："审查鉴定意见，要着重审查鉴定机构或者鉴定人员是否具备法定资格和鉴定条件等。鉴定事项超出其鉴定范围，应当要求重新鉴定。"2012 年《最高人民法院关于适用〈中华人民共和国刑事诉讼法〉的解释》第八十五条[①]规定："鉴定意见具有下列情形之一的，不得作为定案的根据：（一）鉴定机构不具备法定资质，或者鉴定事项超出该鉴定机构业务范围、技术条件

---

① 对应 2021 年《最高人民法院关于适用〈中华人民共和国刑事诉讼法〉的解释》第九十八条。

的……"司法部《司法鉴定程序通则》(2016 年 5 月修订)第十五条规定："具有下列情形之一的鉴定委托,司法鉴定机构不得受理:(一)委托鉴定事项超出本机构司法鉴定业务范围的……"

综上所述,向司法机关提供数据结论,应当取得 CMA 资质认定。英斯贝克公司上海实验室既没有获得农产品的 CMA 许可项目,鉴定人员的许可授权签字领域不包括农产品,CNAS 证书中检验项目也不包括农产品。上海实验室出具超出其检验能力范围的《检验报告》,不符合刑事证据的合法性要求,不能作为刑事证据采信。

**(二)不能以产品系非法入境、制作张贴含有虚假内容的商品标签等行为,即推定系伪劣产品**

经查证,被告人徐某、桑某华、汪某国在销售过程中曾先后委托 3 家鉴定机构针对杏仁果皮中黄曲霉毒素是否超标做过 4 次检测。第一次,2017 年 12 月 7 日由通标标准技术服务(上海)有限公司出具测试报告:黄曲霉毒素 B1、B2、G1、G2、(B1+B2+G1+G2)为 ND(即未检出);第二次,2018 年 1 月 30 日由青岛捷励行咨询有限公司出具技术咨询项目报告:黄曲霉毒素 B1 检出值均超标,为不合格产品;第三次,2018 年 6 月 13 日由山东众合天成检验有限公司出具检测报告:黄曲霉毒素 B1、B2、G1、G2、总量为 ND;第四次,2018 年 7 月 31 日由通标标准技术服务(上海)有限公司再次检测:黄曲霉毒素 B1、B2、G1、G2、(B1+B2+G1+G2)为 ND。另被告人明知产品未取得任何检验检疫合格文件,为促进销售而擅自制作标有"符合进口卫生标准、检验合格"等虚假内容的商品标签;当部分牧场反馈因喂食造成有奶牛拉稀等不正常现象时,没有立即停止销售。

审理中,有一种观点认为,虽然《检验报告》不能作为刑事证据采信,但综合以下因素,本案仍可以认定销售伪劣产品罪:明知国家禁止进口杏仁果皮,仍采取逃避商检手段进口并在国内销售;自行制作含有产品符合进口卫生标准、检验合格等虚假内容的商品标签贴附在包装袋上;虽然针对黄曲霉毒素进行过多次检测,但因检测方法不同出现结论反复时,没有继续委托有资质检验机构作出权威性结论以排除黄曲霉毒素超标的隐患;当部分牧场反馈因喂食造成有奶牛拉稀等不正常现象时,没有立即停止销售行为,这些都反映出被告人对可能存在的产品隐患或质量问题有不负责任之心态,据此可以推定杏仁果皮系伪劣产品,进而认定构成销售伪劣产品罪。对此我们认为,刑法第一百四十条规定,生产、销售伪劣产品罪是指在产品中掺杂、掺假、以假充真、以次充好或者以不合格产品冒充合格产品的行为。2001 年《最高人民法院、最高人民检察院关于办理生产、销售伪劣商品刑事案件具体应用法律若干问题的解释》对何为掺杂、掺假、以假充真、以次充好、不合格产品进行释明,"不合格产品"是指不符合产品质量法第二十六条第二款[①]规定的质量要求的产品。对上述行为难以确定的,应当委托法律、行政法规规

---

[①] 产品质量法第二十六条第二款规定:"产品质量应当符合下列要求:(一)不存在危及人身、财产安全的不合理的危险,有保障人体健康和人身、财产安全的国家标准、行业标准的,应当符合该标准;(二)具备产品应当具备的使用性能,但是,对产品存在使用性能的瑕疵作出说明的除外;(三)符合在产品或者其包装上注明采用的产品标准,符合以产品说明、实物样品等方式表明的质量状况。"

定的产品质量检验机构进行鉴定。从上述规定看,伪劣产品的界定采用实质判断说,即从产品本身质量、使用性能及性能高低来判定,对于无关产品性能及质量的行为,如仅有伪造或冒用生产商、产地、认证标志、张贴含有虚假内容标签等,则排除在伪劣产品的范围之外。被告人委托进行4次检测中有3次检测结果为黄曲霉毒素ND即合格,仅有1次检测黄曲霉毒素B1超标,某一次检测中某一项指标不达标,仅说明该批次产品质量存在一定程度的瑕疵,但不能据此推定出"全部产品不合格、属于伪劣产品"的结论。同理,当部分牧场反馈有奶牛拉稀等现象时没有立即停止销售行为,仅说明被告人对于产品质量存在的瑕疵有疏忽、侥幸或不认真对待之嫌,不能以此推断销售产品属于伪劣产品。对于非法入境的产品,不能仅凭国家禁止进口的行政规定,就推定属于刑法意义上的伪劣产品。①

本案中,因国家禁止作为饲料进口杏仁果皮,故国内暂时没有针对杏仁果皮的质量检验标准,但仍可以对饲料成分进行检测。国家质检总局、国家标准委《饲料卫生标准》(GB 13078—2017)对饲料卫生标准及试验方法等有明确规定。据此,认定构成销售伪劣产品罪,必须有产品质量检验机构依据上述国家标准对杏仁果皮作出系不合格产品的鉴定结论。由于上海实验室的鉴定资质存在明显瑕疵,导致《检验报告》不能作为证据采信。同时,我们在走访海关、质检部门时了解到,因杏仁果皮在仓库中存放较长时间,相关指标会随着时间推移发生重大变化,目前已不能重新鉴定,无法还原案发时的产品质量情况。

综上所述,在无法对产品质量进行实质性检测的情况下,仅凭非法入境、印制张贴虚假内容标签等行为,不能推定产品系伪劣产品,故本案不能认定构成销售伪劣产品罪。根据《最高人民法院、最高人民检察院关于办理危害食品安全刑事案件适用法律若干问题的解释》第十一条第二款,违反国家规定,生产、销售国家禁止生产、销售、使用的农药、兽药、饲料、饲料添加剂,或者饲料原料、饲料添加剂原料,情节严重的,依照非法经营罪定罪处罚。一审、二审法院认定被告人徐某、桑某华、汪某国向国内牧场销售国家禁止销售的进口杏仁果皮作为饲料使用的行为,构成(单位)非法经营罪,是正确的。

(撰稿:上海市浦东新区人民法院　刘娟娟
审编:最高人民法院刑二庭　逄锦温)

---

① 这一思路在陆某代购抗癌药一案及药品管理法关于假药规定的修订中亦有体现。尽管伪劣产品与假药的认定不能进行简单类比,二者的法律规定不尽相同,但思路可作参酌。陆某系江苏省无锡市一名私营企业主,2002年查出患有慢粒性白血病,需要长期服用抗癌药品。国内正规"格列卫"瑞士进口每盒2.35万元,陆某从日本购买印度生产的同类药品仅每盒4000元,后直接从印度购买,并通过QQ群向病友推荐,之后药价价格降为每盒200元。为方便给印度公司汇款,陆某购买3张信用卡帮病友代购药品。2013年11月,湖南省沅江市公安局以涉嫌妨害信用卡管理罪对陆某刑事拘留。2014年7月,沅江市检察院以妨害信用卡管理罪、销售假药罪对陆某提起公诉。后数百名白血病患者联名写信,请求对陆某免予刑事处罚。2015年1月,沅江市检察院向沅江市法院撤回起诉;同年2月,对本案作出不起诉决定。案后,理论实务界对于药品管理法中非法入境的药品即认定为假药的规定,提出诸多质疑与讨论,随后2019年修订药品管理法时,取消上述规定,即不能仅凭药品系非法入境即判定为假药。[2001年修订的药品管理法第四十八条规定:"……有下列情形之一的药品,按假药论处:……(二)依照本法必须批准而未经批准生产、进口,或者依照本法必须检验而未经检验即销售的……"2019年修订后的药品管理法第九十八条取消上述第二项规定。]

[第 1454 号]

# 叶某利、孙某辉故意杀人、孙某岗窝藏案
——网络雇凶杀人案件中罪责最为严重主犯的认定及死刑适用

## 一、基本案情

附带民事诉讼原告人张某荣,系被害人张某霜父亲。
附带民事诉讼原告人王某玉,系被害人张某霜母亲。
附带民事诉讼原告人徐某波,系被害人张某霜长子。
附带民事诉讼原告人徐某飞,系被害人张某霜次子。
被告人叶某利,男,1989 年××月××日出生。2016 年 5 月 20 日被逮捕。
被告人孙某辉,男,1995 年××月××日出生。2016 年 5 月 20 日被逮捕。
被告人孙某岗,男,1990 年××月××日出生。2016 年 5 月 20 日被逮捕。

江苏省南通市人民检察院指控被告人叶某利、孙某辉犯故意杀人罪、孙某岗犯窝藏罪,向南通市中级人民法院提起公诉。

附带民事诉讼原告人张某荣、王某玉、徐某波、徐某飞诉请法院判令被告人叶某利、孙某辉赔偿故意杀害张某霜造成的死亡赔偿金、精神抚慰金、被扶养人生活费、丧葬费、误工费、交通费、住宿费、后续费用等经济损失共计 109.3775 万元。

被告人叶某利及其辩护人辩称,案件系感情纠纷引发,叶某利有坦白情节、立功表现,且愿意赔偿,请求从轻处罚;部分民事赔偿请求于法无据或者主张过高,应予驳回或者调整。

被告人孙某辉及其辩护人辩称,孙某辉没有动手杀人,认罪态度好、有悔罪表现,请求减轻处罚。

被告人孙某岗辩称,其主观上没有帮助孙某辉逃跑的意思,不构成窝藏罪。

南通市中级人民法院经审理查明:被告人叶某利与被害人张某霜系浙江温州同乡,二人与他人在江苏省南通市通州区平潮镇租房合伙做承兑贴现生意。其间,二人发生不正当两性关系。2016 年二三月份,叶某利因得知、猜疑张某霜与其他男性有不正当男女关系而心生怨恨,产生雇凶杀害张某霜之念。同年 4 月,叶某利通过网络先后与被告人孙某辉以及韩某民联系,雇二人杀害张某霜。4 月 26 日,叶某利在得知张某霜将于 28 日到平潮镇承兑贴现店后,通知孙某辉与韩某民到上海市会合,前往平潮镇杀人。27 日,孙某辉乘高铁从辽宁省丹东市,韩某民驾车并携带尖刀、手套等作案工具从浙江省绍兴市

分别前往上海市。二人于当日 22 时许在上海会合，在叶某利指定的地点拿取承兑贴现店钥匙后驾车前往平潮镇。28 日上午，韩某民、孙某辉购买了简易袋、封胶带、擀面杖等作案工具，后于当日下午、晚上及 29 日早上，由韩某民单独或二人共同潜入承兑贴现店伺机杀人未果。29 日下午，叶某利又指使孙某辉、韩某民以办理承兑贴现业务为名将张某霜骗出，欲杀之亦未果。当日 16 时许，由孙某辉在门外望风，约定以拉上门帘作为得手信号，韩某民再次进入承兑贴现店，用携带的尖刀连续捅刺张某霜数刀，致其死亡。后孙某辉发现店内门帘被拉上，并从 QQ 收到韩某民发来的信息"好了"。韩某民在行凶过程中胸部中刀，致大出血死亡。当日 19 时许，因韩某民一直没有出来，叶某利电话指使孙某辉进店查看并拿走韩某民的手机。孙某辉进店发现张某霜与韩某民均已死亡，但未找到韩某民手机，后窃取韩某民部分现金逃离现场。孙某辉将上述情况告知叶某利后逃往上海。

2016 年 4 月 29 日，被告人孙某辉在网上发帖欲以 1000 元购买一张身份证，被告人孙某岗称其可以出售一张名字为"黄洋"的身份证。当日 22 时 30 分许，二人在上海汇宝购物广场见面。孙某辉将犯罪经过告知孙某岗，孙某岗仍然向其提供"黄洋"身份证，带其理发并购买衣物、火车票、手机卡等，帮助其逃匿。

被告人叶某利在审理期间检举揭发高某交通肇事犯罪，经查证属实。叶某利归案后自第四次接受调查起能够如实供述自己的罪行，其家属代交 80 万元用于民事赔偿。被告人孙某辉、孙某岗归案后均如实供述了自己的犯罪事实。

原告人张某荣、王某玉、徐某波、徐某飞分别系被害人张某霜的父母、二子，2015 年度江苏省职工年平均工资为 67200 元，以六个月计丧葬费为 33600 元。为处理被害人后事，原告人主张的交通费、住宿费、误工费等经济损失，酌情支持 15000 元。以上损失共计 48600 元。

南通市中级人民法院经审理认为，被告人叶某利因私怨而网络雇凶杀害被害人张某霜，被告人孙某辉与韩某民（已殁）受雇结伙杀人，其行为均已构成故意杀人罪。被告人孙某岗明知孙某辉系参与杀人犯罪的人，仍出售居民身份证并提供便利，帮助孙某辉逃匿，其行为已构成窝藏罪。在故意杀人共同犯罪中，叶某利作为雇主，积极提议、督促孙某辉、韩某民实施杀人，系组织、指挥者，系主犯。叶某利归案后，自第四次接受调查起能如实供述自己的罪行，虽属坦白，但情节一般。叶某利虽有立功表现，且家属代交 80 万元用于赔偿，但其预谋通过网络雇凶杀人，杀人意志坚决，主观恶性极深，社会危害极大，不足以对其从轻处罚。叶某利、孙某辉对其故意杀人犯罪给原告人造成的丧葬费、交通费、误工费、住宿费等损失 48600 元应予赔偿，原告人其他诉求于法无据，不予支持。依照刑法第二百三十二条、第三百一十条第一款、第二十五条、第二十六第一款和第四款、第四十八条第一款、第五十七条第一款、第六十四条、第六十七条第三款、第六十八条、第三十六条第一款，刑事诉讼法第九十九条第一款、第一百零一条①以及 2012 年《最高人民法院关于适用〈中华人民共和国刑事诉讼法〉的解释》第一百三十八

---

① 此处引用的是修正前的刑事诉讼法，分别对应 2018 年修正后刑事诉讼法第一百零一条第一款、第一百零三条。

条、第一百五十五条第一款和第二款、第一百六十三条、①《最高人民法院关于审理人身损害赔偿案件适用法律若干问题的解释》第二十七条之规定，判决如下：被告人叶某利犯故意杀人罪，判处死刑，剥夺政治权利终身；被告人孙某辉犯故意杀人罪，判处无期徒刑，剥夺政治权利终身；被告人孙某岗犯窝藏罪，判处有期徒刑二年。被告人叶某利、孙某辉赔偿附带民事诉讼原告人张某荣、王某玉、徐某波、徐某飞因被害人张某霜死亡造成的经济损失 48600 元。

一审宣判后，附带民事诉讼原告人张某荣、王某玉、徐某波、徐某飞，被告人叶某利、孙某辉均不服一审判决，分别提起上诉。

上诉人张某荣等请求改判支持死亡赔偿金、精神抚慰金、扶养费等诉讼请求。上诉人叶某利及其辩护人认为本案因民间矛盾激化而引发，叶某利有立功、积极赔偿、认罪悔罪、初犯偶犯等法定、酌定从轻处罚情节，其不应对韩某民死亡承担故意杀人的刑事责任，请求对叶某利不适用死刑立即执行。

二审期间，上诉人叶某利家属代为赔偿并获得附带民事诉讼原告人谅解。

江苏省高级人民法院经审理认为，上诉人叶某利为泄愤雇凶杀害他人，上诉人孙某辉与韩某民（已殁）受雇杀害他人，其行为均已构成故意杀人罪。原审被告人孙某岗明知孙某辉系参与杀人的人，仍向孙某辉出售居民身份证获利，为孙某辉潜逃提供便利，其行为已构成窝藏罪。在故意杀人共同犯罪中，叶某利作为雇主，提议并积极督促孙某辉、韩某民实施杀人，系共同犯罪的组织、指挥者，系罪责最为严重的主犯，依法应按其所参与的全部犯罪处罚。叶某利在婚姻关系存续期间与被害人发生不正当两性关系，因私情产生怨恨进而雇凶杀人，有悖人伦道德，本案不属于因婚姻、恋爱、家庭纠纷等民间矛盾激化引发的案件，在对叶某利是否适用死刑问题上对该因素不予考虑。虽然叶某利对韩某民的死亡从法律上不用承担故意杀人的刑事责任，但是毕竟韩某民系在受雇杀人过程中死亡，在对叶某利适用刑罚时对此后果亦应予以考虑。叶某利归案后自第四次接受调查起如实供述自己的罪行，坦白情节一般。叶某利检举他人交通肇事犯罪经查证属实，构成立功。叶某利杀人犯意坚决，人身危险性极大，所犯罪行极其严重，虽有坦白、立功、赔偿并获得谅解等情节，但不足以对其从轻处罚。附带民事诉讼赔偿范围限于因犯罪行为造成的物质损失，死亡赔偿金、精神抚慰金等不属于物质损失，不予支持。依照刑事诉讼法第二百三十六条第一款第一项的规定，裁定驳回上诉，维持原判。

最高人民法院经复核认为，被告人叶某利伙同他人故意非法剥夺被害人生命，其行为已构成故意杀人罪。在共同犯罪中，叶某利提起犯意，通过网络发布雇凶杀人信息，指使杀手韩某民、同案被告人孙某辉实施杀人行为，为二人提供部分资金以及被害人张某霜的行踪信息，多次催促二人作案，为主制定杀人方案，起组织、指挥作用，系罪责最为严重的主犯，应当按照其组织、指挥的全部犯罪处罚。叶某利雇凶杀死张某霜，犯罪性质、情节恶劣，手段残忍，罪行极其严重，应依法惩处。虽然叶某利具有立功情节，但根据其犯罪的事实、性质、后果和对于社会的危害程度，依法对其不足以从轻处罚。

---

① 此处分别对应 2021 年施行的《最高人民法院关于适用〈中华人民共和国刑事诉讼法〉的解释》第一百七十五条、第一百九十二条第一款和第二款、第二百零一条。

第一审判决、第二审裁定认定的事实清楚，证据确实、充分，定罪准确，量刑适当。审判程序合法。依照刑事诉讼法第二百四十六条、第二百五十条和《最高人民法院关于适用〈中华人民共和国刑事诉讼法〉的解释》第三百五十条第一项①的规定，裁定核准江苏省高级人民法院维持南通市中级人民法院以故意杀人罪判处被告人叶某利死刑，剥夺政治权利终身的刑事附带民事裁定。

## 二、主要问题

（一）雇凶杀人案件中，如何认定罪责最为严重的主犯？

（二）对雇凶者适用死刑时，如何对受雇者被"反杀"、不正当感情纠纷引发、坦白、立功、积极赔偿并获得谅解等情节进行综合评判，准确把握宽严相济刑事政策？

## 三、裁判理由

（一）雇凶杀人案件中罪责最为严重主犯的认定应着眼于行为人的地位和作用

共同犯罪案件总体的处理原则是：应当在充分考虑各被告人在共同犯罪中地位和作用上的区别，以及在主观恶性和人身危险性方面的差异的基础上，准确地认定各被告人的罪责轻重并裁量适用刑罚；有多名主犯的，还要在主犯中进一步区分出罪责更为严重和最严重者。② 司法实践中，在审理共同犯罪案件时，准确认定主从犯以及区分各主犯之间作用大小、罪责轻重对刑罚裁量具有重要意义，对提出犯意、组织、指挥犯罪的被告人应当从严，对在他人授意下具体实施犯罪的被告人，量刑时原则上应当有所区别，以切实做到宽严相济、罪责刑相适应。

雇凶杀人属于一种典型的共同犯罪，存在雇凶者和受雇者两种角色，雇凶者作为犯意发起者，是犯罪产生的源头，受雇者具体实施犯罪行为，导致犯罪结果的发生。一般而言，雇凶者和受雇者的行为互相依赖、互相支配，雇凶者犯罪意图达成的程度、犯罪结果的发生依赖于受雇者具体犯罪行为的实施情况，受雇者犯罪对象的选定、犯罪行为的实施依赖于雇凶者的指示、指挥，雇凶者和受雇者都是主犯，但二者地位、所起作用和承担的罪责仍会存在一定差别。区分二者之间的罪责十分必要，特别是对雇凶杀人致一名被害人死亡的案件，"一命偿一命"既符合罪责刑相适应的刑法基本原则，也顺应朴素的正义观念，除特殊情况外，一般不宜同时判处雇凶者与受雇者死刑并立即执行，可对罪责最为严重者适用死刑立即执行，对其他主犯适用相对较轻的刑罚。

实践中，应从雇凶者和受雇者在共同犯罪中的地位和作用着手，准确认定罪责最为严重者。具体来说，一般可从以下几方面考虑：（1）雇凶者不仅提起犯意，还与受雇者共同直接实施犯罪，雇凶者罪责最为严重；（2）雇凶者虽没有直接实施犯罪，但参与了

---

① 此处对应 2021 年施行的《最高人民法院关于适用〈中华人民共和国刑事诉讼法〉的解释》第四百二十九条第一项。

② 参见张军：《切实贯彻宽严相济刑事政策全力促进社会和谐稳定》，载《人民司法·应用》2007 年第 21 期。

共同犯罪的策划,以其为主制定犯罪方案,组织、指挥受雇者实施犯罪,雇凶者罪责最为严重;(3)雇凶者雇用有刑事责任能力的未成年人实施犯罪,雇凶者罪责最为严重(如雇用无刑事责任能力的未成年人实施犯罪则属于间接正犯);(4)雇凶者雇用多人作案,各受雇者地位作用相当,责任相对分散或者责任难以分清,雇凶者则应对全案负责,罪责最为严重;(5)受雇者要求退出犯罪、中止犯罪,雇凶者通过提高酬劳等方式坚定受雇者犯罪意志的,雇凶者罪责最为严重;(6)雇凶者仅笼统提出犯意,没有参与策划犯罪,没有实施组织、指挥行为,也没有实行行为的,受雇者积极主动实施犯罪行为,受雇者罪责最为严重;(7)受雇者明显超出雇凶者授意范围实施犯罪,因行为过限造成更严重危害后果,受雇者罪责最为严重;(8)雇凶者撤回犯意,要求受雇者停止犯罪,受雇者仍然坚持实施犯罪行为,受雇者罪责最为严重。

具体到本案中,被告人叶某利作为雇凶者,虽然没有与受雇者韩某民、孙某辉共同直接实施故意杀人行为,但其提起犯意,通过网络发布雇凶杀人信息,为主制订杀人方案,提供资金以及被害人的行踪信息,组织、指挥受雇者实施杀人行为,多次催促受雇者作案,中途通过加价进一步坚定受雇者杀人决心,甚至在案发当天下午,叶某利还曾指使孙某辉、韩某民以办理承兑贴现业务为名将张某霜骗至偏僻处,欲杀害未果。韩某民杀死张某霜后,叶某利还指示孙某辉去现场查看、取回韩某民手机。综上所述,叶某利的行为符合前述第二种、第五种情形,在共同犯罪中的地位和所起作用均大于受雇者,应认定为罪责最为严重的主犯。

### (二)决定对雇凶者是否适用死刑时应以案中情节为主兼顾案外情节

量刑情节繁多,根据不同标准从不同角度可以作出不同分类。以刑法条文有无规定为标准,可以分为法定情节与酌定情节;以刑法是否对法定情节的功能作出绝对性规定为标准,又可以将法定情节进一步细分为应当型情节与可以型情节。以情节对量刑产生的宽严影响为标准,可以分为从宽情节与从严情节。以情节与犯罪行为在时间上的关系为标准,可以分为案中情节和案外情节,前者是犯罪过程中出现的各种情节,如犯罪手段、犯罪动机等,后者是在犯罪行为之前或者之后出现的情节,如犯罪人的一贯表现、犯罪后的态度。①

量刑是综合衡量的过程,需要对各种犯罪情节,包括法定、酌定的情节,从宽、从严的情节,案中、案外的情节进行权衡。刑法第六十一条规定:"对于犯罪分子决定刑罚的时候,应当根据犯罪的事实、犯罪的性质、情节和对于社会的危害程度,依照本法的有关规定判处。"犯罪事实、性质等案中情节是犯罪行为社会危害性的直接体现,应是决定被告人刑罚的最基本因素。坦白、立功、积极赔偿并获得谅解等是被告人犯罪后的表现,属于案外情节,在一定程度上反映了被告人主观恶性和人身危险性,在量刑时一般也应予以考虑。简言之,量刑应以案中情节为主,兼顾案外情节。本案中,被告人叶某利存在犯罪动机卑劣、受雇者被"反杀"的案中从严情节以及坦白、立功、积极赔偿并

---

① 参见张明楷:《刑法学》,法律出版社2011年版,第503页。

获得谅解等案外从宽情节，各情节对最终量刑的影响分析如下。

1. 有违社会道德的感情纠纷不能作为从宽事由

《最高人民法院关于贯彻宽严相济刑事政策的若干意见》第 22 条规定，对于因恋爱、婚姻、家庭、邻里纠纷等民间矛盾激化引发的犯罪，因劳动纠纷、管理失当等原因引发、犯罪动机不属恶劣的犯罪，因被害方过错或者基于义愤引发的或者具有防卫因素的突发性犯罪，应酌情从宽处罚。但民间矛盾也存在对与错、善与恶、道德与不道德的区分，如欠钱不还、因奸情杀害本夫本妻、贪图他人利益、虐待老人、蛮横霸道不讲理等，都属于错的、恶的、不道德的情形。因此，在民间矛盾中也要区分事情引发的责任和过错，认真分析判断。对那些犯罪动机特别卑劣、滥杀无辜、致多人死亡的案件，应当依法判处死刑立即执行的，还应依法判处。① 实践中，可以结合社会主义核心价值观对民间矛盾进行考量，对于被告人在民间矛盾中有违背社会主义核心价值观行为的，不予从宽。

本案中，被告人叶某利在婚姻家庭之外与被害人张某霜存在不正当两性关系，因私情对张某霜产生怨恨，进而雇凶杀人，犯罪动机卑劣，有悖人伦道德，有违社会主义核心价值观。因此，本案不属于因恋爱、婚姻、家庭、邻里纠纷等正当民间矛盾激化引发的案件，本案对民间矛盾引发的因素不予考虑，不予从宽。

2. 受雇者被"反杀"应纳入对雇凶者的量刑评价

雇凶杀人案件中，受雇者按照雇凶者的指示实施杀人行为，因被害人防卫、还击而被"反杀"的，雇凶者对受雇者的死亡不用承担故意杀人的刑事责任，但毕竟受雇者系在受雇杀人过程中死亡，对雇凶者适用刑罚时亦应考虑此后果。

把受雇者被"反杀"的结果纳入对雇凶者的量刑评价，在理论上具有正当性。根据我国刑法规定，对故意杀人犯罪可以实施无限度防卫，杀人者自身也面临较高风险。除采用投毒、爆炸、枪击等特殊手段，或是杀人者在人数和力量上占据绝对优势，被杀者无法反抗外，被杀者一般不会坐以待毙，会奋起反抗、积极防卫，杀人者也可能面临被"反杀"的风险。从雇凶者主观因素来说，其在雇凶杀人时，除雇用的人数、指使受雇者采用的犯罪手段等方面占据绝对优势外，对于受雇者可能会遭遇防卫、受伤甚至死亡也是有一定预期的，这也是大多数雇凶者不亲自行凶的考虑之一，其主观上具有罪过。当然仅有主观罪过不能单独追究刑事责任，特别是不能以故意杀人罪追究刑事责任，但将之作为对雇凶杀人犯罪量刑的考量因素，则是客观而必要的。受雇者与被害人同时死亡，多出一条人命，犯罪后果更为严重，社会影响更为恶劣，更容易引发社会恐慌，对社会治安和群众社会安全感的影响更大。

本案中，韩某民在受雇杀害被害人张某霜时，遭反抗而受伤，后因大出血死亡。在对叶某利量刑时，将韩某民死亡结果作为酌定从重情节予以考量并无不当。

3. 坦白、立功情节一般的可以不予从宽

刑法第六十七条第三款规定，犯罪嫌疑人虽然不具有自首情节，但是如实供述自己罪行的，可以从轻处罚。刑法第六十八条规定，犯罪分子有揭发他人犯罪行为，查证属

---

① 参见人民法院出版社编：《最高人民法院司法观点集成（刑事卷）》，人民法院出版社 2017 年版，第 194 页。

实的,或者提供重要线索,从而得以侦破其他案件等立功表现的,可以从轻或者减轻处罚。坦白、立功属于法定、可以型、从宽量刑情节,且属于案外情节,对司法实践具有指导意义,但不具备刚性约束力。

对于具有坦白、立功情节的被告人是否适用从宽处罚以及从宽的幅度,应当考虑其犯罪事实、性质、情节、危害后果、社会影响、被告人主观恶性和人身危险性等。坦白还应考虑如实供述的时间、背景等因素,犯罪分子被动归案后,是在第一次接受讯问时就马上交代,还是经过较长时间的沉默、狡辩,经过法律政策攻心或者在一定证据的压力下才交代,不仅反映犯罪分子悔悟的早晚、人身危险性的程度,还可能直接影响司法资源投入和刑事诉讼效率,从宽处罚时应有所区别。立功还应考虑检举揭发他人罪行的时间、被检举揭发人罪行轻重、提供的线索对侦破案件或者协助抓捕其他犯罪嫌疑人所起作用大小等因素。

本案中,被告人叶某利在被公安机关采取强制措施后,没有在第一时间如实供述所犯罪行,直至第四次讯问时在公安机关出示一定证据后才开始坦白,坦白时间较晚,且不够积极主动。叶某利虽然案发前就掌握高某交通肇事犯罪事实,但其检举揭发的时间较晚,系本案开庭审理时意识到自己可能被判处重刑之后,为了寻求个人量刑上的从宽而检举,立功的功利性极强。并且,高某系过失犯罪,罪行较轻,所立之功价值较小。故叶某利虽存在坦白、立功,但情节一般,不予从宽。

4. 赔偿并获得谅解并不能绝对排除死刑的适用

《最高人民法院关于贯彻宽严相济刑事政策的若干意见》第23条规定:"被告人案发后对被害人积极进行赔偿,并认罪、悔罪的,依法可以作为酌定量刑情节予以考虑。因婚姻家庭等民间纠纷激化引发的犯罪,被害人及其家属对被告人表示谅解的,应当作为酌定量刑情节予以考虑。……"这一规定为处理民事赔偿与量刑之间的关系提供了基本法律政策依据,但实践中还应具体问题具体分析,不能简单将赔偿并获得谅解与从宽处理画上等号。

一般而言,被告人积极赔偿并获得被害方谅解是认罪、悔罪的重要表现,在一定程度上体现了被告人主观恶性和人身危险性降低,在量刑时一般应予考虑。但是,对于严重危害社会治安、严重影响人民群众安全感的案件,犯罪情节特别恶劣、犯罪后果特别严重的案件以及犯罪分子主观恶性极深、人身危险性极大的案件,即使被告人积极赔偿,获得被害人或被害人家属谅解,但论罪应当判处死刑的,应依法判处死刑立即执行。雇凶杀人案件严重危害社会治安,严重损害人民群众的安全感,依法应从严惩处,在对赔偿并获得谅解进行评价时应从严掌握。

本案中,被告人叶某利一审期间向法院交纳80万元用于赔偿,却未与被害人家属达成协议,二审期间其家属私下继续找被害人家属协商并最终达成谅解协议,足见其虽然赔偿却并不积极,且赔偿功利性极强,就是希望二审法院能够改判死缓。协议赔偿数额大于法院判决赔偿数额,被害人家属这种出于获取巨额赔偿款目的而表示的谅解,也不一定是内心真实想法。如果仅因被告人有钱赔偿就从轻处罚不予适用死刑立即执行,会让社会公众产生有钱可以买命的错误认识,会破坏法律的公正和平等,损害司法权威。

综上所述，本案被告人叶某利因不正当感情纠纷而网络雇凶杀人，犯罪动机卑劣。当韩某民、被告人孙某辉二人因杀人不顺欲放弃时，又通过加价促使受雇者坚定信心，并最终按照事先预谋将被害人杀害，足见其杀人犯意坚决，人身危险性极大。叶某利所犯罪行极其严重，除了造成被害人死亡外，受雇者韩某民也被"反杀"，在当地造成了极为恶劣的社会影响。叶某利虽有多个从宽情节，但坦白情节一般、功不足以抵过、赔偿非出于真诚悔过，根据其犯罪的事实、性质、后果和对于社会的危害程度，不足以对其从轻处罚。法院依法判处叶某利死刑，是正确、适当的。

（撰稿：江苏省南通市中级人民法院　杜开林　胡元吉

审编：最高人民法院刑三庭　鹿素勋）

[第 1455 号]

# 赵某锋故意杀人案

——如何准确把握自首制度适用中"送亲投案"和"现场等待"等问题

### 一、基本案情

被告人赵某锋，男，1978 年××月××日出生。2019 年 3 月 25 日被逮捕。

河南省人民检察院济源分院指控被告人赵某锋犯故意杀人罪，向济源中级人民法院提起公诉。

被告人赵某锋对公诉机关指控的犯罪事实供认不讳。其辩护人提出：（1）赵某锋欲与被害人酒某某复婚不成，又受到酒某某言语刺激，情绪失控才发生本案；（2）赵某锋杀死酒某某和被害人薛某乙的行为系间接故意；（3）赵某锋具有自首情节。建议对赵某锋从轻处罚。

济源中级人民法院经审理查明：被告人赵某锋与被害人酒某某于 2016 年 10 月 17 日经法院判决离婚。2019 年 3 月 3 日上午，赵某锋在酒某某家中持砍刀、匕首将酒某某及酒某某与前夫薛某甲之女薛某乙杀死。作案后，赵某锋服毒自杀未果，驾车逃往市郊并将其犯罪事实告知其弟赵某某。赵某某随即报警并寻找赵某锋，在找到赵某锋后，再次报警将具体位置告知公安机关，后公安人员将赵某锋抓获。

济源中级人民法院认为，被告人赵某锋故意非法剥夺他人生命，致二人死亡，其行为构成故意杀人罪。公诉机关指控的犯罪事实清楚，证据确实、充分，指控罪名成立。赵某锋事先准备作案工具，积极实施杀人行为，主观上应认定为直接故意；赵某锋的亲属知道赵某锋的犯罪行为后，先是报了警，在找到自杀未果的赵某锋后，又将位置告知了警方，属于协助抓获被告人，应视为自首。赵某锋直接致二人死亡，虽有自首情节但不足以对其从轻处罚。辩护人的意见不予采纳。依照刑法第二百三十二条、第六十七条第一款、第五十七条第一款、第六十四条，刑事诉讼法第一百零一条以及 2012 年《最高人民法院关于适用〈中华人民共和国刑事诉讼法〉的解释》第一百五十五条之规定①，判决如下：被告人赵某锋犯故意杀人罪，判处死刑，剥夺政治权利终身。

一审判决后，被告人赵某锋以被害人有过错，主观上不是直接故意，认罪悔罪并愿意赔偿被害人近亲属损失，具有自首和坦白情节，一审量刑过重为由提出上诉。其辩护

---

① 对应 2021 年《最高人民法院关于适用〈中华人民共和国刑事诉讼法〉的解释》第一百九十二条。

人对一审判决认定的事实没有异议，但认为赵某锋的行为构成故意伤害罪，原判认定故意杀人罪定性不准；被告人到案后认罪态度好，应对其从宽处罚。

河南省高级人民法院经二审审理，所查明的事实、证据与一审一致。认为一审认定被告人赵某锋犯故意杀人罪的事实清楚，证据确实、充分，定性准确，量刑适当，审判程序合法。赵某某等人找到赵某锋后，边询问情况边报警，赵某锋明知他人报案，未离开现场，公安人员抓捕时未抗拒，符合2010年《最高人民法院关于处理自首和立功若干具体问题的意见》第一条第一款中的第二种情形，应视为自动投案。赵某锋到案后如实供述罪行，认定为自首，但是一审法院认定的理由不当。据此，依法裁定驳回上诉，维持原判。

最高人民法院经复核认定：被告人赵某锋与被害人酒某某2013年3月11日登记结婚，于2016年10月17日经判决离婚。后赵某锋多次要求与酒某某复婚均未果。2019年3月3日上午，赵某锋携带刀具、农药等驾车来到酒某某家中要求复婚，遭酒某某拒绝，赵某锋遂用砍刀、匕首连续砍击酒某某。其间，酒某某与前夫薛某甲所生之女薛某乙（未成年人）前来阻拦，被赵某锋用匕首刺中头面部、胸部。酒某某、薛某乙当场死亡。作案后，赵某锋服毒自杀未果，驾车行至济源市克井镇玉皇岭附近，并将杀害二被害人的事实告知其弟赵某某，赵某某随即报警并于找到赵某锋后将具体位置告知公安机关。赵某锋明知赵某某报警，未逃跑或反抗，后被公安人员抓获。

最高人民法院认为，被告人赵某锋故意非法剥夺他人生命，其行为已构成故意杀人罪。赵某锋因要求与被害人酒某某复婚被拒，经预谋持刀杀害酒某某和未成年被害人薛某乙，犯罪手段特别残忍，犯罪情节特别恶劣，犯罪后果特别严重，实属罪行极其严重，应依法惩处。赵某锋具有暴力犯罪前科，人身危险性大，在本案中残忍杀害二人，虽有自首情节但不足以对其从轻处罚。第一审判决、第二审裁定认定的事实清楚，证据确实、充分，定罪准确，量刑适当，审判程序合法。依照刑事诉讼法第二百四十六条、第二百五十条和2012年《最高人民法院关于适用〈中华人民共和国刑事诉讼法〉的解释》第三百五十条第一项①的规定，裁定核准河南省高级人民法院维持第一审以故意杀人罪判处被告人赵某锋死刑，剥夺政治权利终身的刑事裁定。

## 二、主要问题

（一）如何准确把握"送亲投案"和亲友捆绑送嫌疑人归案、亲友协助公安机关抓捕犯罪嫌疑人的性质与区别？

（二）如何准确理解和适用"明知他人报案而在现场等待"的"现场"及其范围？

（三）作案后有自杀行为的还能不能构成自首？

## 三、裁判理由

本案的犯罪事实并不复杂，证据比较扎实，被告人供述稳定，对于认定犯罪事实而

---

① 对应2021年《最高人民法院关于适用〈中华人民共和国刑事诉讼法〉的解释》第四百二十九条。

言无甚争议。本案存在比较突出的问题是如何准确把握被告人及其近亲属的行为性质，认定被告人构成自首应当适用何种法律依据。

（一）"送亲投案"的性质和要求以及与亲友捆绑送嫌疑人归案、亲友协助抓捕的区别

本案中，被告人赵某锋将其犯罪事实告知其弟赵某某后，赵某某随即报警并寻找赵某锋，在找到自杀未果的赵某锋后，赵某某再次报警将具体位置告知公安机关，后公安人员将赵某锋抓获。对于这种行为应当如何定性，审理中存在三种意见。第一种意见认为，该情形符合1998年《最高人民法院关于处理自首和立功具体应用法律若干问题的解释》（以下简称《解释》）第一条第一项的规定，属于"亲友主动报案后，将犯罪嫌疑人送去投案的"情形，应当视为自动投案；第二种意见认为，该情形符合2010年《最高人民法院关于处理自首和立功若干具体问题的意见》（以下简称《意见》）第一条第四款的规定，属于"在亲友带领侦查人员前来抓捕时无拒捕行为"，应认定为自动投案；第三种意见认为，本案中赵某锋作案后服毒企图自杀，被亲友找到时已经失去逃跑能力，此时亲友电话报警行为应当视为类同于《意见》第一条第四款规定的"犯罪嫌疑人被亲友采用捆绑等手段送到司法机关"的情形，不能认定为自动投案。

我们同意第一种意见。"送亲投案"是指《解释》第一条第一项规定的"并非出于犯罪嫌疑人主动，而是经亲友规劝、陪同投案的；公安机关通知犯罪嫌疑人的亲友，或者亲友主动报案后，将犯罪嫌疑人送去投案"的情形。亲友将犯罪嫌疑人送去投案不仅客观上节约了司法资源，深层次上也能够反映犯罪嫌疑人对于被送投案没有反抗的主观心态，愿意将自己置于司法机关控制之下——至少并不反对、抗拒，与自首制度设立的初衷相符，因而《解释》将此种情形规定为"应当视为自动投案"。相对于"送亲投案"而言，亲友协助公安机关抓捕犯罪嫌疑人与捆绑送嫌疑人归案则明显不同，该两种情形虽然在一定程度上节约了司法资源，但无论哪一种情形，犯罪嫌疑人均缺乏自愿将自己置于司法机关控制之下接受审查这个核心要件，因此不能视为自动投案。

本案中，被告人赵某锋在作案后主动联系亲友赵某某等人，并主动告知自己所处位置，当赵某某等亲友找到赵某锋并再次报警告知警方具体位置时，赵某锋对此是明知的，在案证据也证实赵某锋虽已服毒却未丧失行动能力，可以驾车逃走。对于亲友报警，尤其是将具体位置告知公安人员，赵某锋不但明知，而且没有反抗或抗拒，很大程度上能够反映其投案的主观意愿，这与亲友"捆绑送嫌疑人归案"中，嫌疑人对"归案"抗拒、抵触有着本质区别。从作用角度来讲，亲友将"控制"下的犯罪嫌疑人交付公安机关的行为具有主动性、决定性，远远大于亲友"协助抓捕"的附属性、配合性，完全符合"送亲投案"的实质要求，应当视为自动投案。

那么，亲友主动报案后，将犯罪嫌疑人送去投案的情形，是不是应当有形式要求，也就是说是否需要将犯罪嫌疑人送至特定场所呢？我们认为，送亲投案的核心要件是犯罪嫌疑人亲友将嫌疑人交由司法机关等其他符合法律要求的单位、部门控制，客观上节约司法资源。因此，考量"送亲投案"应当从实质角度出发，而不应简单考虑地点和形

式,只要是主动交由司法机关控制之下的行为,均应当视为"送亲投案",包括但不局限于将犯罪嫌疑人送至具体特定场所。

(二)"明知他人报案而在现场等待"的"现场"范围

本案在审理过程中,有意见认为被告人赵某锋明知他人报案而在现场等待,抓捕时无拒捕等行为,符合《意见》第一条第一款中规定的第二种情形,也应当视为自动投案。我们认为该观点对上述规定中"现场"范围的理解是值得商榷的。

我们认为,自动投案要求体现犯罪嫌疑人投案的主动性和自愿性。犯罪嫌疑人作案后明知他人报警,没有潜逃并在犯罪现场或附近等待,该行为能够体现其将自己交由司法机关控制之下的主观意愿,可以视为自动投案。因此,此处的"现场"应指犯罪现场,而非其他场所。在此基础上,认定"现场"的具体范围根据个案情况而有所不同,但范围不宜过大,且犯罪嫌疑人没有藏匿等行为,侦查人员到达犯罪现场后即可发现,或者通过简单排查、走访、询问便能找到犯罪嫌疑人,方可视为"现场等待"。反之,若犯罪嫌疑人作案后即逃离现场,或者虽未逃离但就地隐匿、伪装,公安机关到达现场后难以发现,需要更加深入的侦查才能锁定的,就不能视为"现场等待"。本案中,被告人赵某锋作案后即驾车潜逃,抓捕现场与犯罪现场毫无关联且距离遥远,因此,不能认定为明知他人报案而在现场等待,无拒捕行为,不能以该理由视为自动投案。

(三)作案后有自杀行为的能否认定自首应当具体分析

实践中,犯罪嫌疑人作案后有自杀行为的,一般不认定为自首。但是否一概不予认定还需结合具体案情进行具体分析。对于投案前有自杀行为,自动投案或者打电话投案后再无自杀行为,此后如实供述自己罪行的,可以认定为自首。[①] 因此,自杀行为并不是自动投案的必然排除要件,即使犯罪嫌疑人在作案后曾试图自杀,但只要其之后重新愿意将自己置于司法机关控制之下,并主动投案的,仍可以被认定为自动投案。

本案中,被告人赵某锋虽然在作案后通过喝农药、撞车等方式自杀,但在自杀未果后主动联系亲属,并在亲属报警告知公安具体位置时,没有阻拦、潜逃或继续自杀,说明此时赵某锋已经具备投案的主动性和自愿性,符合法律规定的,也可能构成自首。

综上所述,被告人赵某锋作案后逃至郊外,主动联系亲属赵某某,赵某某等人将其找到后随即报警并将具体位置告知警方,属于《解释》第一条第一项规定的"亲友主动报案后,将犯罪嫌疑人送去投案的"情形,应当视为自动投案。赵某锋在归案后如实供述自己的罪行,构成自首。

(撰稿:最高人民法院刑三庭 踪训峰 柳 杨<br>审编:最高人民法院刑三庭 鹿素勋)

---

[①] 参见最高人民法院刑事审判第一庭编著:《最高人民法院自首、立功司法解释》,法律出版社2012年版,第4页。

[第 1456 号]

# 石某回故意伤害案

——在互相打斗过程中,一方为了使前来劝阻的妻子
免受不法侵害,造成另一方死亡的如何认定

## 一、基本案情

被告人石某回,男,1992 年××月××日出生。2020 年 4 月 17 日被逮捕。

浙江省台州市人民检察院指控被告人石某回犯故意伤害罪,向台州市中级人民法院提起公诉。

被告人石某回对起诉指控其故意伤害的事实和罪名均无异议,但辩称其与李某争吵过程中,其妻子石某来到其与李某中间位置劝阻,但李某抓住石某头发并进行殴打,其情急之下为解救石某才拿啤酒瓶砸李某,系防卫行为。其辩护人认为,石某回的行为系正当防卫,但超出必要限度,构成防卫过当;同时认为石某回有自首情节,系初犯、偶犯,又有赔偿情节,取得了被害人家属的谅解;本案系邻里纠纷引起,李某有一定过错,李某的死亡还与事先饮酒相关,请求对其予以从宽处罚。

台州市中级人民法院经审理查明:被告人石某回和被害人李某分别租住在台州市集聚区三甲街道新×小区×幢×号五楼和四楼。案发前十多天,李某曾因石某回家中晚上发出噪音影响其休息而向石某回反映,并通过房东王某法提醒过石某回。2020 年 4 月 2 日晚,李某在朋友家聚餐饮酒后回到四楼出租房。22 时许,李某因石某回家中发出噪音影响其休息,遂上到五楼并用力敲门,石某回开门后两人在门口发生争吵对骂,后又发生肢体冲突。石某回的妻子石某见状走至二人中间进行劝阻,欲将李某推出门外,李某用拳头殴打石某头面部,石某回遂用一个空啤酒瓶击打李某头部致其受伤。李某经送医抢救无效于 2020 年 4 月 9 日凌晨死亡。经法医鉴定,李某左顶颞部系受钝性外力作用致严重颅脑损伤死亡,其受伤当晚的饮酒行为,在一定程度上加重了颅内出血。石某系受外力作用致右面部及左手背部少许表皮剥脱,其损伤程度未达轻微伤。

案发后,被告人石某回报警并在现场等待,后被民警传唤至公安机关,归案后如实供述自己的罪行。在法院审理期间,被告人家属与被害人家属达成了调解协议,并对石某回表示谅解,请求法庭对其依法从宽处罚。

台州市中级人民法院经审理认为:被告人石某回为了使他人的人身权利免受正在进行的不法侵害,而持啤酒瓶击打不法侵害人要害部位,其行为具有防卫性质,但其行为

造成一人死亡，系明显超过必要限度造成重大损害，构成故意伤害罪，依法应予惩处。鉴于本案因生活琐事引发，被害人对本案引发有一定的责任，被告人有自首情节，又系防卫过当，在本案审理期间被告人家属与被害人方达成调解，取得了谅解，故依法对被告人予以减轻处罚。根据被告人犯罪的事实、性质、情节和对于社会的危害程度，依照刑法第二百三十四条第二款、第二十条第二款、第六十七条第一款之规定，判决：被告人石某回犯故意伤害罪，判处有期徒刑六年。

一审宣判后，公诉机关未提出抗诉，被告人石某回未提起上诉，判决已生效。

## 二、主要问题

在互相打斗过程中，一方为了使前来劝阻的妻子免受不法侵害，造成另一方死亡的，是否构成防卫过当？

## 三、裁判理由

本案中，控辩双方对被告人石某回构成故意伤害罪没有争议，但公诉人认为石某回系相互斗殴行为，不构成防卫过当，被告人及辩护人认为石某回构成防卫过当。

公诉人认为不构成防卫过当的理由为：（1）被告人石某回和李某两人互相对骂，后来有肢体接触，双方系互殴行为，石某回对对方的身份、所处环境、被害人打人动机均有明确认识，案发环境相对安全，不会对石某回及其妻子造成严重威胁，实际也没有造成严重伤势，石某回在过程中一直积极应战，伤害故意明显，不具有防卫的意思。（2）石某回和李某扭打在一起，石某过来站在两人中间，李某认为石某推其的行为是想帮石某回，即帮助打架，对李某来说系认为有人来帮忙而予以还击，双方系互殴行为，石某回在互殴过程中进行了连续伤害，不是防卫行为。

被告人及辩护人认为构成防卫过当的理由为：被告人在防卫意图的支配下，在不法侵害正在进行的过程中，针对不法侵害人实施反击行为，其行为具备防卫的性质，但被害人的上述不法侵害尚未达到使被告人享有无限防卫权的程度，且被告人的行为也造成了被害人死亡的重大损害结果，因此，对于被告人石某回的行为评价为防卫过当更合乎事实，更合乎法律规定。

我们认为，本案构成防卫过当。正当防卫和相互斗殴虽然具有根本不同的属性，但是，两者都可能造成对方的损害，外在表现形式上具有相似性，要准确区分往往并非易事。《最高人民法院、最高人民检察院、公安部关于依法适用正当防卫制度的指导意见》（以下简称《指导意见》）第9条中规定："……防卫行为与相互斗殴具有外观上的相似性，准确区分两者要坚持主客观相统一原则，通过综合考量案发起因、对冲突升级是否有过错、是否使用或者准备使用凶器、是否采用明显不相当的暴力、是否纠集他人参与打斗等客观情节，准确判断行为人的主观意图和行为性质。""因琐事发生争执，双方均不能保持克制而引发打斗，对于有过错的一方先动手且手段明显过激，或者一方先动手，在对方努力避免冲突的情况下仍继续侵害的，还击一方的行为一般应当认定为防卫行为。"因此，并非因琐事发生争执、冲突、引发打斗的，就一定是相互斗殴；也不能因为因琐事发生争执、冲突，引发打斗的，就不再存在防卫的空间。对于因琐事发生争执，引发打斗的案件，判断行为人的行为是否系防卫行为，较之一般案件更为困难，须妥当把握。

（一）本案中石某的行为系劝阻行为

第一，从事实上来看，证人石某称其怕李某跟被告人石某回打起来就过去夹在中间想把他们分开，李某要进入房屋其就把他往外推；石某回供认石某见李某和其扭打起来过来站在中间想劝架；证人刘某证实在啤酒瓶砸碎后，其看到李某靠在墙边，左手拉着一个女的衣服领子，当时这个女的在中间位置哭；证人周某的证言亦证实石某在石某回的前面。从上述证据来分析，石某当时处在李某和石某回中间进行劝阻的主观意图有相应的客观依据。

第二，从情理上来看，被告人石某回、证人石某、刘某等人均证实李某敲门的声音很响，一开门就开始骂人，说明李某并不是以一种平和方式上门理论，加之李某和石某回都是酒后状态，由一开始的互相对骂转变为肢体冲突，但此时并没有发生激烈的打斗，石某见状，出于劝阻目的站在两个男人之间，并用手推李某更符合情理。

第三，从性质上来看，本案李某因琐事与被告人石某回发生争执，李某与石某回均不能保持克制而引发对骂以及肢体冲突，但不能因为石某系石某回的妻子，其来到两人中间的行为就认定为帮助石某回参与斗殴行为。据此，石某的行为不能认定为参与相互斗殴，其行为认定为劝阻行为，符合客观实际，也符合常情常理。

（二）本案中被告人石某回的行为系防卫过当

1. 本案存在不法侵害

《指导意见》第5条规定："……正当防卫的前提是存在不法侵害。不法侵害既包括侵犯生命、健康权利的行为，也包括侵犯人身自由、公私财产等权利的行为；既包括犯罪行为，也包括违法行为。不应将不法侵害不当限缩为暴力侵害或者犯罪行为。对于非法限制他人人身自由、非法侵入他人住宅等不法侵害，可以实行防卫。不法侵害既包括针对本人的不法侵害，也包括危害国家、公共利益或者针对他人的不法侵害。……"本案被害人李某虽为噪音问题而来到被告人石某回出租房理论，但借着酒后状态猛敲房门，未经石某回等人同意，欲强行进入出租房内，侵害了石某回的居住安宁；李某与石某回发生争吵后，两人发生对骂、肢体冲突，石某见状为避免更大的冲突而进行劝阻，李某却用拳头击打石某头面部，故李某的行为具有不法性，侵害了石某的身体权及健康权。从当时的情境看，石某面临客观存在的威胁、且危害程度可能不断升级的不法侵害，石某回的行为符合防卫的起因条件。

2. 本案不法侵害正在进行并且是紧迫的

《指导意见》第6条规定："……正当防卫必须是针对正在进行的不法侵害。对于不法侵害已经形成现实、紧迫危险的，应当认定为不法侵害已经开始；……"本案中，李某系一米八以上的壮汉，案发当晚又系酒后状态，从被告人石某回当时所处的情境来看，按照社会公众的一般认知，不法侵害呈现升级趋势，具有一定的危险性，不论是侵入住宅还是侵害他人身体健康，均能认定不法侵害正在进行，且该不法侵害并非显著轻微，具有紧迫性，石某回的行为符合防卫的时间条件。

3. 本案被告人石某回的反击行为是针对不法侵害人进行的

《指导意见》第7条中规定："正当防卫必须针对不法侵害人进行。……"根据上述分析，李某非法进入出租房、拳打石某，系不法侵害人，石某回的行为符合防卫的对象条件。

4. 本案被告人石某回的反击行为是为了他人的人身权利不受侵害

《指导意见》第8条中规定："正当防卫必须是为了使国家、公共利益、本人或者他人的人身、财产和其他权利免受不法侵害。……"本案中，石某回认识到石某的人身安全正受到威胁，情急之下用啤酒瓶击打李某头部的行为是希望制止李某侵害石某，是为了保护石某的合法权益，其行为属于该种情境下一般人的正常反应，符合防卫的意图条件。

5. 本案被告人石某回的行为同时具备"明显超过必要限度"和"造成重大损害"两个条件

《指导意见》第12条规定："防卫是否'明显超过必要限度'，应当综合不法侵害的性质、手段、强度、危害程度和防卫的时机、手段、强度、损害后果等情节，考虑双方力量对比，立足防卫人防卫时所处情境，结合社会公众的一般认知作出判断。在判断不法侵害的危害程度时，不仅要考虑已经造成的损害，还要考虑造成进一步损害的紧迫危险性和现实可能性。……"第13条规定："'造成重大损害'是指造成不法侵害人重伤、死亡。……"本案中，李某空手来到石某回出租房，用拳头击打石某头面部，未使用致命性凶器，亦没有严重危及他人人身安全，对石某人身权利的侵害较轻，石某回用啤酒瓶重击李某的要害部位，并造成李某死亡的危害结果，符合"明显超过必要限度造成重大损害"的规定。

司法实践中，我们应该根据案件发生的整体经过，立足行为人反击时的具体情境，结合一般人在类似情境下的可能反应，综合考虑案件的起因条件、时间条件、对象条件、意图条件和限度条件。本案中，被告人石某回的行为具有防卫性质，但防卫行为明显超过必要限度造成重大损害，依法应当认定为防卫过当。

（撰稿：浙江省台州市中级人民法院　卢益民　王永兴
审编：最高人民法院刑二庭　于同志）

[第 1457 号]

# 李某破坏军婚案

——破坏军婚罪中"同居"的认定

## 一、基本案情

被告人李某,男,1975 年××月××日出生。2020 年 9 月 7 日被逮捕。

安徽省蚌埠市禹会区人民检察院指控被告人李某犯破坏军婚罪,向蚌埠市禹会区人民法院提起公诉。

被告人李某及其辩护人对公诉机关指控的犯罪事实和罪名均有异议,认为公诉机关指控李某构成破坏军婚罪不能成立。

蚌埠市禹会区人民法院经审理查明:被害人彭某于 2004 年 12 月入伍,系现役军人。2015 年 10 月,彭某与侯某登记结婚,并于次年生育一子。被告人李某与侯某是同事关系,且知悉侯某的丈夫是现役军人。2018 年 8 月,李某与侯某在合肥宾馆发生两性关系。此后,双方多次在蚌埠市、合肥市、南京市、亳州市等地宾馆开房并共同居住,直至 2020 年 6 月。其间,侯某于 2019 年 6 月生育一子侯某乙。2020 年 7 月,彭某怀疑侯某与他人有不正当两性关系,遂委托深圳市核子生物科技有限公司进行亲子鉴定。同年 7 月 8 日,该公司认定彭某与侯某乙之间非生物学父亲关系。此后,彭某向公安机关报案。2020 年 8 月 24 日,李某到公安机关接受调查。2020 年 8 月 27 日,经蚌埠市公安司法鉴定中心鉴定,李某是侯某乙所属男性个体生物学父亲,亲权指数为 $5.10\times10^{10}$。现彭某与侯某之间的婚姻关系破裂。

蚌埠市禹会区人民法院认为,被告人李某明知侯某是现役军人的配偶,仍与侯某在多地宾馆发生两性关系,长期通奸并同居,并且生育一子,导致被害人彭某与侯某婚姻关系破裂,其行为已构成破坏军婚罪。公诉机关指控的犯罪事实和罪名成立,予以支持。综上,依照刑法第二百五十九条第一款之规定,判决如下:

被告人李某犯破坏军婚罪,判处有期徒刑一年。

一审宣判后,被告人李某不服,提出上诉。

安徽省蚌埠市中级人民法院经审理,依法驳回被告人李某上诉,维持原判。

## 二、主要问题

如何认定破坏军婚罪中的"同居"?

## 三、裁判理由

### （一）我国现行法律对军婚的保护

民法典第一千零八十一条第二款规定："现役军人的配偶要求离婚，应当征得军人同意，但是军人一方有重大过错的除外。"刑法第二百五十九条第一款规定："明知是现役军人的配偶而与之同居或者结婚的，处三年以下有期徒刑或者拘役。"国防法第六十二条第三款规定："国家采取有效措施保护军人的荣誉、人格尊严，依照法律规定对军人的婚姻实行特别保护。"可见，对军人婚姻实行特别保护是我国婚姻制度的一个重要特色，对现役军人婚姻作出特殊规定是立法保护军婚的重要举措，是党和国家的一贯政策，也是有关军人婚姻立法遵循的重要原则，这项政策和原则至今没有改变。无论是革命战争年代还是和平时期，军人对国家和平与发展都作出了巨大贡献，军队是国家安定和人民政权稳定的基础。军人生活的特点往往是无法和配偶经常生活在一起，对军人婚姻实行特别保护有利于维护部队广大官兵的切身利益，有利于消除军人的后顾之忧，有利于维护军队的稳定，符合我国的国情和军情，这也是拥军优属工作的一项重要内容。

### （二）我国现行法律对"同居"的界定

民法典第一千零四十二条规定，禁止有配偶者与他人同居。该条规定属于婚姻家庭的禁止性规定。《最高人民法院关于适用〈中华人民共和国婚姻法〉若干问题的解释（一）》[1]第二条规定："'有配偶者与他人同居'的情形，是指有配偶者与婚外异性，不以夫妻名义，持续、稳定地共同居住。"司法解释起草者认为："有配偶者与他人婚外同居，主要是指有配偶者在与他人同居时，既不办理结婚登记，对外也不以夫妻名义相称的行为，其直接构成离婚的法定理由，同时无过错的配偶一方有权提起离婚损害赔偿请求。"[2]目前刑法及相关刑事司法解释并未就"同居"作出明确规定。据此，本案中李某与侯某的行为是否构成法律意义上的"同居"，还需进一步分析。

### （三）对"同居"的刑事认定

刑法第二百五十九条破坏军婚罪侵犯的是军人婚姻关系这一特殊的客体，保障的是现役军人的婚姻权益。对破坏军婚罪中"同居"的认定，在遵循刑法形式解释的同时，更应遵循对本罪实质意义上的解释，强调对军人婚姻产生实质性破坏的否定评价。

在司法实践中认定破坏军婚罪，关键是要划清"同居"与通奸的界限。所谓与现役

---

[1] 婚姻法为民法典所吸收后，该条规定依然适用。参见最高人民法院民法典贯彻实施工作领导小组主编：《中华人民共和国民法典婚姻家庭编继承编理解与适用》，人民法院出版社2021年版，第29页。——编者注

[2] 最高人民法院民法典贯彻实施工作领导小组主编：《中华人民共和国民法典婚姻家庭编继承编理解与适用》，人民法院出版社2021年版，第31页。

军人的配偶"同居",应当包括在较长时间内公开或者秘密地在一起生活的情形。这种关系以不正当的两性关系为基础,往往还伴有经济上和其他生活方面的特殊关系,显然不同于一般的通奸关系。通奸以临时性为特征,而"同居"则具有连续性、延续性。如果只是偶尔或断续地与现役军人的配偶通奸,不能认为是"同居",也就不能以犯罪论处。司法解释起草者认为:在讨论过程中,有建议就同居问题规定出一个明确的期限,双方共同生活达到规定期限的,即可认定为同居。我国目前有些地方的法院已就本地区审理此类问题时作了时间上的界定。考虑到我国各地区实际情况不同,如果采取"一刀切"的做法,反而不利于具体案件的审理,不完全符合实际。现在的规定,相应地给办案法官以一定的裁量权,对法官的公正执法能力及法律素质都要求较高。[1] 可见,在司法实践中,需要根据具体案件的实际情况,结合时代的情感要求、通行的道德标准以及地区的文化风俗、宗教信仰等具体因素进行综合判断。同时应当考虑裁判的社会接受度、体制宽容度和可执行度等因素,不能刻板、僵化地执行法律,要确保裁判取得政治、法律、社会效果的有机统一。

有配偶者与他人同居应是持续、稳定的共同居住行为。如果双方仅偶尔或间隔地共同居住,如一夜情、嫖娼、通奸等,则该行为并不构成有配偶者与他人同居。此外,在判断共同居住行为是否具有持续性和稳定性时,也不应仅将同居的时间长短作为唯一的认定标准,而应结合案件具体情况,对双方同居时间的长短、同居关系稳定程度,以及同居频率等诸多因素进行综合考量,从而得出符合客观实际的结论。

通奸与同居并不是截然可分、一成不变的。通奸也可以转化为同居。从单独一次通奸来看,时间上有间断、地点亦不固定,但长期通奸关系保持一年以上,时间相对持续、地点相对固定,尤其是在经济上、生活上有着密切联系的,已具备同居的实质内容,对于婚姻尤其是军婚的破坏程度亦无异于同居,其实质已属于同居。破坏军婚罪保护的法益是现役军人的婚姻家庭关系,突出了现役军人配偶对婚姻的忠实义务。长期通奸造成军人婚姻关系破裂的,应当以破坏军婚罪追究刑事责任。《最高人民法院印发〈关于破坏军人婚姻罪的四个案例〉的通知》[1985年7月18日,法(研)发(1985)16号]发布的案例明确,在办理破坏军人婚姻案件中遇到被告人与现役军人的配偶长期通奸造成军人夫妻关系破裂的严重后果类似情况的,应当适用刑法第一百八十一条[2]的规定予以判处,即明确将长期通奸造成军婚破坏的情形等同于同居行为。修订后的刑法关于破坏军婚罪的罪状并无变化。在关于破坏军婚罪中对"同居"的理解和适用应当保持一定的连续性和一致性,这对军婚的特别保护具有现实必要性和特殊重要性。

本案中,被告人李某在明知侯某丈夫是现役军人的情况下,仍然在将近两年的时间内多次多地与侯某在宾馆开房间发生性关系,共同居住,而且造成了生育一子的严重后

---

[1] 参见《〈最高人民法院关于适用中华人民共和国婚姻法若干问题的解释(一)〉的理解与适用》,载最高人民法院研究室编:《司法解释与审判指导》(第2辑),中国法制出版社2002年版,第3页。

[2] 此处指1979年刑法。1979刑法与1997刑法关于破坏军婚罪的罪状内容一致。——编者注

果。彭某在得知侯某有婚外情以及侯某乙并非亲生后，双方婚姻关系已达到实质破裂的程度。李某的行为严重损害了现役军人的婚姻权益，已经对现役军人的婚姻关系产生了实质性的破坏，并造成不可逆转的影响。

综上所述，被告人李某的行为符合破坏军婚罪的构成要件，法院以破坏军婚罪追究其刑事责任是正确的。

（撰稿：安徽省蚌埠市中级人民法院　朱　军　汪润洲

审编：最高人民法院刑二庭　于同志）

[第 1458 号]

# 李某华盗窃案

——如何审查被告方提出的非法证据排除申请及
被害人对涉案物品的指认

## 一、基本案情

被告人李某华,男,1981年××月××日出生。2013年因犯盗窃罪被判处有期徒刑七个月,缓刑一年。2017年因犯盗窃罪被判处有期徒刑六个月,同年6月26日刑满释放。因本案于2018年12月24日被逮捕。

广东省广州市南沙区人民检察院指控被告人李某华犯盗窃罪,向广州市南沙区人民法院提起公诉。

公诉机关指控:2012年至2018年,被告人李某华在广州市南沙区万顷沙镇实施盗窃15次,盗得财物可计算部分共价值人民币4.479472万元(以下币种同)。

被告人李某华否认指控犯罪,称公安人员曾对其刑讯逼供及疲劳审讯,辩称没有实施过指控的犯罪事实。其辩护人庭前提出非法证据排除申请,请求对李某华全部有罪供述及现场辨认、物品辨认笔录等非法证据予以排除,请求调取公安机关讯问李某华的同步录音录像,并提出李某华不构成盗窃罪的辩护意见。

广州市南沙区人民法院经公开审理查明:2012年至2018年,被告人李某华在南沙区万顷沙镇实施盗窃8次。具体事实如下:2012年8月6日,李某华在万顷沙镇安隆路×号,盗得被害人冯某的翡翠花件1块(经鉴定价值1800元)。2017年11月14日,李某华在万顷沙镇长堤东路×号,盗得被害人陈某的金钥匙1枚(价值不详)。2018年3月28日,李某华在万顷沙镇粤海大道九涌段×号,盗得被害人周某的金项链1条、金戒指4枚、玉坠1件(均价值不详)。2018年4月11日,李某华在万顷沙镇长堤西路×号,盗得被害人卢某的现金1000元、手表2块、联想牌手机1台(经鉴定,1块梅花牌手表和1台联想牌手机共价值239元)。2018年5月26日,李某华在万顷沙镇红洋村民委员会临时办公点,盗得该村委会的佳能牌相机1台(经鉴定价值2136元)。2018年10月8日凌晨,李某华在万顷沙镇柏华街五巷×号北侧房屋,盗得被害人杨某的永恒牌头盔1个(经鉴定价值86元)。随后,李某华又在万顷沙镇柏华街五巷×号,盗得被害人吴某的丰豪牌摩托车1辆(经鉴定价值3680元)。前述赃物头盔、摩托车已分别发还被害人。2018年11月7

日，李某华在万顷沙镇新垦南堤西路×号，盗得被害人黎某的耳环1枚（经鉴定共价值1101.19元）。2018年11月17日，李某华在万顷沙镇沙尾二村泗安路×号，盗得被害人樊某的项链1条、吊坠1块、100张1953年第二套人民币壹分、20张1953年第二套人民币贰分（经鉴定共价值6525元）。2018年11月22日李某华被公安机关抓获归案。

广州南沙区人民法院认为，被告人李某华以非法占有为目的，多次入户盗窃，且数额较大，其行为已构成盗窃罪。公诉机关指控的部分盗窃事实证据不足，不予认定。李某华曾因故意犯罪被判处有期徒刑，刑罚执行完毕后五年以内再犯应当判处有期徒刑刑罚之罪，是累犯，依法应当从重处罚。判决被告人李某华犯盗窃罪，判处有期徒刑一年八个月，并处罚金人民币五千元；追缴违法所得（以查明事实为限）发还各被害人，追缴不足以清偿前述被害人损失的，责令李某华退赔；扣押在案的相应赃物列入第二项执行范围；扣押于公安机关的作案工具摩托车1辆予以没收，上缴国库。

一审宣判后，被告人李某华没有提出上诉，检察机关亦未抗诉，判决已发生法律效力。

## 二、主要问题

（一）对于被告方提出的排除非法证据申请应如何审查？
（二）被害人（包括证人等）对涉案物品的指认能否作为定案证据采纳？

## 三、裁判理由

（一）被告方申请排除非法证据并提供相关线索或材料，使法庭对证据收集合法性产生疑问的，应当启动合法性调查程序

刑事诉讼法第五十六条规定，采用刑讯逼供等非法方法收集的犯罪嫌疑人、被告人供述和采用暴力、威胁等非法方法收集的证人证言、被害人陈述，应当予以排除。2021年《最高人民法院关于适用〈中华人民共和国刑事诉讼法〉的解释》（以下简称《刑事诉讼法解释》）和《人民法院办理刑事案件排除非法证据规程（试行）》（以下简称《排除非法证据规程》）则对非法证据排除启动条件、程序等进行了具体规定。[①]《刑事诉讼法解释》第一百二十七条和《排除非法证据规程》第五条规定，被告人及其辩护人申请排除非法证据，应当提供相关线索或者材料。"线索"是指内容具体、指向明确的涉嫌非法取证的人员、时间、地点、方式、内容等；"材料"是指能够反映非法取证的伤情照片、体检记录、医院病历、讯问笔录、讯问录音录像或者同监室人员的证言等。

司法实践中，基于司法成本以及平衡控辩双方权利的考虑，对于被告人方申请排除非法证据的，法院并非一律启动证据收集合法性调查程序，只有被告人方提供了相关线索或者材料，法院审查后对证据收集的合法性存在疑问的，才有必要启动专门调查程序。

---

[①] 本案审理时，2021年《最高人民法院关于适用〈中华人民共和国刑事诉讼法〉的解释》尚未出台，该司法解释出台后，《排除非法证据规程》相关的内容也被该司法解释所吸收。

因而，被告方提供相关线索或者材料应当具有具体的指向性，能够反映涉嫌非法取证的细节信息，如果被告人方仅是泛泛辩称自己受到刑讯逼供而不能提供有具体指向性的线索或者材料，不能使法庭对证据合法性产生疑问的，应当依法驳回申请。

需要强调的是，被告人方提供相关线索或者材料不需要达到"事实清楚，证据确实、充分"的证明标准，仅初步提供证据的责任，能够使法庭对有关证据的合法性产生怀疑即可，因为在非法证据排除程序中，证据收集合法性的举证责任由人民检察院承担。

本案中，被告人李某华及辩护人提出，侦查人员从 2018 年 11 月 28 日开始连续七至八天对李某华进行双手反铐讯问，提供了"在南沙看守所讯问室一楼每天用手铐将李某华双手反铐在背后，反手吊在坐着的铁质椅子的椅背上或者椅子背后的防盗网上，每次均持续几个小时，使得李某华只能保持低头弯腰的姿势不能移动"这一线索。上述线索包括了涉嫌非法取证的人员、时间、地点、方式等细节信息，并对非法取证行为进行了详细描述，且该种非法取证行为存在发生的可能性，亦有查实的现实性。应当说，李某华及辩护人所提供的线索具有具体的指向性，能够使法庭对李某华在 2018 年 11 月 28 日之后供述的合法性产生疑问，故启动调查程序。

**（二）公诉机关未提供证据，或者提供的证据不能证明证据收集的合法性，依法对被告人因非法取证而作出的供述及受该非法取证行为影响而作出的重复性供述予以排除**

针对被告人李某华及辩护人所提上述排除非法证据申请，公诉机关提供了广州市人民检察院出具的《办理结果答复函》作为回应。该函是广州市人民检察院于 2020 年 3 月 17 日向南沙区人民检察院回复，内容是："你院移送我院的李某华反映侦查人员对其刑讯逼供的线索收悉。经调查，我院认为李某华盗窃案的侦查人员在办理过程中没有对李某华实施刑讯逼供的违法犯罪行为，我院已对你院移送的该条线索终止审查。"

对此，法庭对本案证据收集合法性审查如下：

第一，《刑事诉讼法解释》第一百二十五条规定，采用暴力、威胁以及非法限制人身自由等非法方法收集的证人证言、被害人陈述，应当予以排除。《排除非法证据规程》第一条则进一步明确，"采用殴打、违法使用戒具等暴力方法或者变相肉刑的恶劣手段，使被告人遭受难以忍受的痛苦而违背意愿作出的供述"属于应当予以排除的非法证据。本案中，被告方所提线索中的"双手反铐""反手吊"等属于违法使用戒具的情形。

第二，《刑事诉讼法解释》第一百三十五条第一款规定，法庭决定对证据收集的合法性进行调查的，由公诉人通过宣读调查、侦查讯问笔录、出示提讯登记、体检记录、对讯问合法性的核查材料等证据材料，有针对性地播放讯问录音录像，提请法庭通知有关调查人员、侦查人员或者其他人员出庭说明情况等方式，证明证据收集的合法性。但是，本案公诉机关出示的证据材料不足以证明证据收集的合法性。

（1）本案没有讯问过程同步录音录像。根据《公安机关讯问犯罪嫌疑人录音录像工作规定》第五条、第六条的规定，在看守所讯问犯罪嫌疑人的，或犯罪嫌疑人作无罪辩解和辩护人可能作无罪辩护的，应当对讯问过程进行录音录像。这是公安部 2014 年所发布的规定，各级公安机关在讯问犯罪嫌疑人过程中应当遵行。本案中，被告人李某华归案后至 2018 年 12 月 6 日前一直作无罪辩解，且被告方申请排除的供述均是在看守所进行讯问的，属于应当对讯问过程录音录像的案件。当法院对证据的合法性有疑问时，公安机关的录音录像本应是最直接的证明收集证据合法性的证据，但是本案缺乏讯问的录音录像，对此公安机关也未进行进一步说明。

（2）本案没有其他证明收集证据合法性的证据。对于轻刑案件而言，① 公安机关没有进行同步讯问录音录像或者因为客观原因导致录音录像损毁、丢失等情形的，检察机关可以提供被告人出入所体检表、驻所检察人员证言、同监室关押犯人的证言等证据证明证据收集的合法性，必要时，还应当申请侦查人员或者其他人员出庭说明情况。但是本案检察机关没有提供相关证据。

（3）检察机关出具的答复函不足以证明取证过程的合法性。《刑事诉讼法解释》第一百三十五条第三款规定，公诉人提交的取证过程合法的说明材料，应当经有关调查人员、侦查人员签名，并加盖单位印章。未经签名或者盖章的，不得作为证据使用。上述说明材料不能单独作为证明取证过程合法的根据。司法实践中，针对被告方提出的非法证据排除申请，不少公安或者检察机关用一纸说明予以反驳，过去有意见认为，被告方也没有刑讯逼供的证据，在这种"一对一"的情形下，公安或者检察机关出具的证明的可信度当然高于犯罪嫌疑人提供的线索，应当采信前者。我们认为，这种意见是不对的。因为证据收集合法性的举证责任由检察机关承担，举证不能的后果也当然由检察机关承担，这也是依法保障被告人基本权利的内在要求。本案中，公诉机关提供了广州市人民检察院《办理结果答复函》，该答复函单独并不足以证实侦查人员不存在违法使用戒具的非法取证行为，故公诉机关应当承担举证达不到法定证明标准的不利法律后果，法庭依法对被告人李某华在 2018 年 11 月 28 日之后、审查起诉之前的供述予以排除。

第三，对被告人李某华于 2019 年 1 月 25 日在预审大队侦查人员讯问时所作的重复性有罪供述也应一并排除。《刑事诉讼法解释》第一百二十四条规定，采用刑讯逼供方法使被告人作出供述，之后被告人受该刑讯逼供行为影响而作出的与该供述相同的重复性供述，应当一并排除，但下列情形除外：（一）调查、侦查期间，监察机关、侦查机关根据控告、举报或者自己发现等，确认或者不能排除以非法方法收集证据而更换调查、侦查人员，其他调查、侦查人员再次讯问时告知有关权利和认罪的法律后果，被告人自愿供述的……可见，适用上述例外情形必须同时满足以下三个条件：一是因确认或不能排除以非法方法收集证据而更换侦查人员；二是明确告知被告人相关的诉讼权利；三是被告人自愿供述。其中，讯问时的诉讼权利告知应当包括告知被告人有权申请排除非法证据，以及告知诉讼权利和认罪的法律后果。本案中，虽然上述笔录的讯问主体更换了侦查人员，但并非因侦查机关确认或者不能排除以非法方法收集证据而更换，且笔录中没有显

---

① 根据《排除非法证据规程》，对于可能判处无期、死刑的案件或者其他重大犯罪案件，应当把握更严。

示已告知李某华有权申请排除非法证据，故不属于《排除非法证据规程》中规定的重复性供述排除的例外情形，依法应当一并排除。

**（三）被害人在指认前的询问笔录中清晰描述出物品的特征，且与实物照片一致的，可采纳作为定案证据**

本案中，公诉机关指控的证据包括被害人对从李某华家中搜查出来的涉案物品照片进行指认。对该证据，辩护人提出异议，认为前述指认不能作为本案定案证据采纳。

我们认为，关于被害人对涉案物品的指认能否作为定案证据需要结合证人证言等进行综合判断，具体如下。

1. "指认"不同于"辨认"

（1）从法律依据看，刑事诉讼法第五十条规定明确了辨认笔录是证据的一种形式。相对于"辨认"的法律明确规定，"指认"在刑事诉讼法中仅出现过一次，而且是作为紧急情况下先行拘留的条件之一；最高人民检察院、公安部的相关司法解释、规章中也没有提及"指认"，即"指认"没有严格的法律依据。（2）从法律含义看，"辨认"是指侦查人员为了查明案情，在符合法定条件的情况下，依法组织被害人、证人或者犯罪嫌疑人对与犯罪有关的物品、文件、尸体、场所或者犯罪嫌疑人进行辨认的一种侦查活动。"辨认"的最主要特征是"区别特点，加以判断并认定"[1]。"指认"是指侦查人员为了查明案情，在特定情况下，组织有关人员对与犯罪有关的特定人员、物品、影像资料等进行确认的一种活动。[2] "指认"的最主要特征是对象的特定性，直接确认是或者否。（3）从操作程序看，《公安机关办理刑事案件程序规定》专门规定了"辨认"一节，明确主持辨认的侦查人员数量不得少于两人；辨认犯罪嫌疑人时，被辨认的人数不得少于七人；辨认犯罪嫌疑人照片时，照片不得少于十张等。对于"指认"则没有相关规定。

因而，"指认"没有严格的法律依据，也没有规范的操作程序，故司法实践中对于指认的审查应当更为严格，是否采纳作为定案证据需要具体情况具体分析。

2. 审查被害人对涉案物品的指认需要与询问笔录相结合

通常辨认对象往往会有一定数量的陪衬物，而指认的对象是特定物。当然，对于某些特殊情况下的辨认是可以不选取其他陪衬物。如《公安机关办理刑事案件程序规定》第二百六十条第四款规定，对场所、尸体等特定辨认对象进行辨认，或者辨认人能够准确描述物品独有特征的，陪衬物不受数量的限制。这就为被害人对涉案物品的指认作为定案证据采纳提供了依据。但由于指认的本质在于对特定的人或物等进行直接确认，这一天然属性作为侦查手段具有明显的缺陷，若没有相应的规范操作程序，在司法实践中很容易演变为一种诱导式、指规式的违法取证方式。因而，对于非特定对象的指认笔录的采信应当结合言词证据进行综合把握。

---

[1] 《现代汉语辞海》，光明日报出版社 2002 年版，第 64 页。
[2] 参见董军、贾腾云：《刑事侦查活动中"指认"适用的规范化探析》，载《北京政法职业学院学报》2019 年第 3 期。

本案中，被害人对涉案物品指认的具体情况，合议庭适用以下标准予以采纳认定：若被害人在对从被告人李某华家中搜查出来的涉案物品照片进行指认前的询问笔录中能够清晰、准确描述出物品的特征，且与其指认的实物照片一致的，即对于"先证后指"的，可以采纳作为定案证据；否则，不采纳作为定案证据。

综上所述，法院严格把握证明标准，对于不能证明证据收集合法性的证据依法予以排除，并根据案件证据准确认定事实，在此基础上对被告人定罪量刑，是正确的。

（撰稿：广东省广州市南沙区人民法院　许东俊
审编：最高人民法院刑二庭　于同志）

[第 1459 号]

# 吴某非法获取计算机信息系统数据案

—— 利用游戏系统漏洞非法充值行为的定性

## 一、基本案情

被告人吴某，男，汉族，1988 年××月××日出生。2014 年 12 月 12 日被逮捕。

北京市海淀区人民检察院指控被告人吴某犯破坏计算机信息系统罪，向北京市海淀区人民法院提起公诉。

被告人吴某对指控事实无异议。吴某的辩护人提出，检察机关指控罪名有误，吴某的犯罪对象是虚拟财产，法律属性为计算机信息系统数据，吴某实施的实际上是非法获取计算机信息系统数据的行为，且其行为未影响到游戏中的其他玩家，不构成破坏计算机信息系统罪。吴某系初犯，有坦白、悔罪情节，已赔偿被害单位损失，取得被害单位谅解，请求从轻减轻处罚，并适用缓刑。

北京市海淀区人民法院经公开审理查明：2014 年 8 月，被告人吴某在其位于浙江省富阳市康达南路的家中，发现北京麒某文化股份有限公司（以下简称麒某公司）旗下的网络游戏《画皮世界》的充值系统存在漏洞，可利用火狐浏览器及相关插件对该系统数据进行修改，致使充入 0.01 元人民币即可获得 5000 游戏币（游戏内规则为充值 1 元人民币获得 1 游戏币）。2014 年 8 月至 9 月，吴某利用上述漏洞进行反复操作，多次向 n100001、n100002、panjunyou、zhixinyao01、xingbake01、newbee01、mujin01、newbeeqq 八个《画皮世界》游戏账号充值，并通过他人在互联网上变卖上述账号内的部分游戏币，获利人民币 2.1 万元。

被告人吴某于 2014 年 11 月 6 日被公安机关抓获归案，后如实供述了上述犯罪事实。在本案审理期间，吴某在家属帮助下，赔偿被害单位麒某公司人民币 2.1 万元，获被害单位谅解。

北京市海淀区人民法院认为，被告人吴某违反国家规定，非法获取计算机信息系统中存储、处理的数据，且通过变卖非法获取的部分数据，违法所得人民币 2.1 万元，情节严重。其行为的本质在于非法获取计算机信息系统中的数据，继而使用部分数据，还通过转移部分数据获利，并非破坏计算机系统功能，其行为已构成非法获取计算机信息系统数据罪。检察院指控吴某犯罪的事实清楚，证据确实、充分，但指控罪名有误，依法予以更正。鉴于吴某到案后如实供述自己的罪行，认罪悔罪，积极赔偿被害单位损失，获其谅解，对其依法从轻处罚。依照刑法第二百八十五条第二款、第六十七条第三款、第五十二条、第六十四条之规定，判决如下：

一、被告人吴某犯非法获取计算机信息系统数据罪，判处有期徒刑一年九个月，并处罚金人民币五千元；

二、追缴被告人吴某违法所得人民币二万一千元予以没收。

一审宣判后，被告人未上诉，公诉机关亦未抗诉，判决已发生法律效力。

## 二、主要问题

破坏计算机信息系统罪与非法获取计算机信息系统数据罪如何区分？

## 三、裁判理由

本案中的游戏币是一种虚拟财产，其性质实质上是电磁记录，即电子数据。针对被告人吴某利用充值系统漏洞，篡改系统数据从而非法获取游戏币的行为应如何定性，形成了破坏计算机信息系统罪和非法获取计算机信息系统数据罪两种意见。

第一种意见认为，根据刑法第二百八十六条第二款的规定，破坏计算机信息系统罪中的破坏，并不要求导致信息系统功能受损或者受限，只要是对信息系统中存储、处理或者传输的数据和应用程序进行了删除、修改、增加的操作，造成了严重后果，就是破坏。而且本案的涉案游戏币并非早已存储在被侵害的计算机信息系统之中，被告人吴某并不是通过复制、存储、传输等方式非法转移占有或者非法获知计算机信息系统数据，而是通过非法侵入、篡改的方式，在被害的信息系统中人为地生成非法数据。本案行为不符合非法获取计算机信息系统数据的犯罪特征，而是属于第二百八十六条第二款规定的"修改、增加"行为，符合破坏计算机信息系统罪的行为特征，应当认定为破坏计算机信息系统罪。

第二种意见则认为，本案并未破坏游戏系统功能，仅是非法获取计算机信息系统数据，应当认定为非法获取计算机信息系统数据罪。

我们赞同第二种意见，破坏计算机信息系统罪必须是对系统功能的破坏，本案只能认定为非法获取计算机信息系统数据罪，具体理由如下。

（一）破坏计算机信息系统罪的本质在于损害了信息系统的功能

刑法第二百八十六条第二款规定："违反国家规定，对计算机信息系统中存储、处理或者传输的数据和应用程序进行删除、修改、增加的操作，后果严重的，依照前款的规定处罚。"这里的对"数据"和"应用程序"的"删除、修改、增加"，必须对计算机信息系统功能达到损害的程度，而且该程度是持续性的。如果不把握这一关键点，很可能导致对该法条进行不恰当的扩大解释，把类似于向他人邮件系统中乱发垃圾邮件的行为纳入本罪处罚范围，这明显是失当的。被告人吴某的行为并非破坏计算机信息系统，而是非法获取游戏币，以期享有这些游戏币中所附着的利益。吴某自行在游戏中使用了一部分游戏币，并将一部分游戏币出售牟利，这些行为进一步证实，其行为并未破坏该游戏所在的计算机信息系统，否则其获得游戏币之后也将无法使用或牟利。

(二) 本案并无典型的破坏计算机信息系统的行为

被告人利用火狐浏览器及相关插件对该系统数据进行修改并非法充值的行为，虽然在一定程度上是对充值程序的破坏，使其暂时不能正常充值，但该行为并未妨害其他游戏用户的正常充值。本案中对充值系统的所谓"破坏"所波及的范围仅仅限于被告人非法充值当时，而非对整个充值系统的持续性破坏。该行为类似于盗窃犯罪中，行为人使用万能钥匙将被害人的房门打开之后实施盗窃行为，之后又将门正常锁上，盗窃行为人并未彻底破坏门锁的功能，也未将被害人的房门敞开不管，其行为的本质并不在于对门锁的破坏，而在于对财物的非法转移占有。而且现有证据也无法证明网络游戏《画皮世界》因为被告人的非法充值行为而导致其他游戏功能受损，影响了其他游戏玩家的正常使用。因而，仅基于被告人对充值程序的修改就认定本案构成破坏计算机信息系统罪是不充分的。

(三) 非法获取计算机信息系统数据罪所指的数据，并不需要早已存储在信息系统之中

在计算机技术领域，数据的生成、复制、传输通常是即时完成，游戏币等虚拟财产更是只要程序设置完毕，即可以无限产出，而非需要像实体的购物磁卡一样先行制作出来。游戏币这种数据的本质是一种赋予玩家权限的口令密码，玩家持有了游戏币就等于获取了一定的权限，可以在游戏中享有相应的权能。非法生成、复制、传输游戏币的行为，本质上是一种非法获取权限，并非法使用该权限的行为。这种权限的载体就是游戏币这种口令密码，它本质上是一种经过信息系统所预先设定并认可的数据，只不过在计算机系统中，数据未必像现实世界中的财物一样事先存在，也可以是系统根据设定即时生成的。故被告人吴某利用系统漏洞非法获取游戏币的行为，可以认为是非法获取了计算机信息系统数据。

综上所述，法院判决认定被告人的行为构成非法获取计算机信息系统数据罪，是适当的。

(撰稿：北京市海淀区人民法院　吴扬传
审编：最高人民法院刑二庭　王晓东)

## [第1460号]

## 董某寻衅滋事案

——在缓刑考验期间犯新罪但在新罪判决前缓刑已被撤销的，
新罪判决仍应援引刑法第七十七条

### 一、基本案情

被告人董某，男，1988年××月××日出生。2018年12月18日因犯寻衅滋事罪被江苏省扬中市人民法院以（2018）苏1182刑初310号刑事判决判处有期徒刑十个月，缓刑一年（实际羁押91日）。因本案于2019年11月28日被逮捕。

江苏省扬中市人民检察院指控被告人董某犯寻衅滋事罪，向扬中市人民法院提起公诉。

被告人董某对公诉机关指控的犯罪事实无异议。

扬中市人民法院经审理查明：2019年2月24日1时左右，被告人董某、朱某（已判刑）酒后在扬中市三茅街道江洲南路美人鱼环形车道附近，无故殴打被害人殷某飞，致殷某飞面部受伤。经鉴定，殷某飞损伤程度属轻伤一级。

另查明，被告人董某在（2018）苏1182刑初310号刑事判决交付执行缓刑考验期间，因违反有关监督管理规定，情节严重，经扬中市司法局建议，扬中市人民法院依法于2019年11月19日作出（2019）苏1182刑更6号刑事裁定书，撤销宣告缓刑一年的执行部分，收监执行原判刑罚有期徒刑十个月。

案发后，被告人董某主动向公安机关投案，如实供述自己的犯罪事实。朱某赔偿了被害人殷某飞的损失，取得被害人谅解。

扬中市人民法院认为，被告人董某随意殴打他人，致一人轻伤，情节恶劣，其行为已构成寻衅滋事罪。董某在缓刑考验期限内犯新罪，依法应当撤销缓刑（已撤销），数罪并罚。案发后，董某主动向公安机关投案，并能如实供述自己的犯罪事实，系自首，依法可以从轻处罚。董某认罪认罚，可以依法从宽处理。据此，依照刑法第二百九十三条第一款第一项、第六十七条第一款、第六十九条、第七十七条及《最高人民法院、最高人民检察院关于办理寻衅滋事刑事案件适用法律若干问题的解释》第二条第一项之规定，判决：被告人董某犯寻衅滋事罪，判处有期徒刑七个月；与前罪（2018）苏1182刑初310号刑事判决中犯寻衅滋事罪判处的有期徒刑十个月数罪并罚，决定执行有期徒刑一年三个月。

宣判后,被告人董某未上诉,检察机关亦未抗诉,判决已发生法律效力。

## 二、主要问题

在缓刑考验期间犯新罪,但在新罪判决前缓刑已被撤销,如何适用刑法条款数罪并罚?

## 三、裁判理由

被告人董某在缓刑考验期间犯新罪,在新罪判决前经司法行政机关建议,原审人民法院已裁定撤销缓刑,执行原判刑罚,故新罪与前罪判处的刑罚应当并罚,但就如何适用法律问题,审理过程中存在以下三种观点。

第一种观点认为,本案前罪存在两个时间节点,一是一审刑事判决时间,二是撤销缓刑时间。刑法第七十条"判决宣告以后,刑罚执行完毕以前"中的"判决",应当包含撤销缓刑的裁定。被告人董某后罪寻衅滋事的犯罪时间为2019年2月,早于撤销缓刑裁定时间节点2019年11月,属于判决宣告以后,刑罚执行完毕以前发现漏罪的情形。故应当适用刑法第七十条,以发现漏罪情形予以数罪并罚。

第二种观点认为,本案前罪确存在上述两个时间节点,但刑法第七十条中的"判决"应作缩限解释,不应将撤销缓刑的裁定纳入其中。被告人董某后罪寻衅滋事的犯罪时间为2019年2月,在一审刑事判决时间节点2018年12月之后,属于判决宣告以后,刑罚执行完毕以前又犯新罪的情形。故应当适用刑法第七十一条,以犯新罪情形予以数罪并罚。

第三种观点认为,被告人董某在缓刑考验期间犯新罪,本质上属于刑法第七十七条调整的范围。缓刑考验期间不存在刑罚执行的问题,通过缓刑考验期的法律后果是原判的刑罚就不再执行,并公开予以宣告。本案的特殊性在于,在新罪判决前,前罪判处缓刑部分已经司法行政机关建议予以撤销,但这并未超出刑法第七十七条的调整范围。故本案仍应适用刑法第七十七条的规定予以数罪并罚。

我们同意第三种观点,具体分析如下。

(一)本案后罪寻衅滋事认定为漏罪不符合刑法第七十条的规定

刑法第七十条规定了"判决宣告后发现漏罪"的并罚规则。所谓"漏罪"是指"判决宣告以后,刑罚执行完毕以前,发现被判刑的犯罪分子在判决宣告以前还有其他罪没有判决的",即漏罪发生在对被告人作出刑罚裁量的判决之前,刑罚执行过程中。而本案被告人董某系在被判刑后又犯新罪寻衅滋事罪,并非判决时遗漏的犯罪事实。因此,本案不符合刑法第七十条规定的情形,不适用该条款。

(二)本案后罪寻衅滋事认定为新罪不符合刑法第七十一条的规定

刑法第七十一条规定了"判决宣告后又犯新罪"的并罚规则。所谓"新罪"是指"判决宣告以后,刑罚执行完毕以前,被判刑的犯罪分子又犯罪的"。本案后罪寻衅滋事确系前罪一审判决之后发生，时间顺序上具有"新罪"的特征，但前罪在判处刑罚的同时宣告缓刑，缓刑是附条件地不执行所判决刑罚的量刑制度，撤销缓刑方在实质上进入刑罚执行环节。本案撤销前罪缓刑的裁定是在2019年11月作出，被告人董某后罪寻衅滋事发生于2019年2月，早于撤销缓刑裁定的时间，并非发生在刑罚执行过程中。因此，本案不符合刑法第七十一条规定的情形，不适用该条款。如果犯新罪的时间节点在撤销前罪缓刑之后，进入刑罚执行环节时，则符合刑法第七十一条规定的判决宣告以后，刑罚执行完毕以前又犯新罪的情形。

（三）本案后罪寻衅滋事应适用刑法第七十七条的规定数罪并罚

刑法第七十七条是对缓刑考验期内犯新罪或发现缓刑判决宣告前有漏罪的被告人适用刑罚的原则。本案被告人董某于2018年12月18日因寻衅滋事罪被判处有期徒刑十个月，缓刑一年，缓期执行期间，2019年2月24日因犯后罪寻衅滋事被另案侦查；同年11月19日撤销前罪缓刑，执行原判刑罚十个月。2020年5月19日就新犯的寻衅滋事罪最终判决前，如董某未于2019年11月19日被撤销缓刑，则判决应当援引刑法第七十七条撤销缓刑，予以数罪并罚。因董某前罪已被裁定撤销缓刑，判决主文不再重复撤销，法院在适用刑法第七十条的基础上依法作出数罪并罚判决是正确的。

（撰稿：江苏省扬中市人民法院　王　辉　王　锋
审编：最高人民法院刑四庭　陆建红）

[第 1461 号]

# 陈某滨等人开设赌场案
## ——新型网络抽奖式销售经营行为性质的认定

## 一、基本案情

被告人陈某滨，男，1981年××月××日出生。2019年2月15日被逮捕。

被告人叶某远，男，1987年××月××日出生。2019年2月15日被逮捕。

被告人陈某彬，男，1979年××月××日出生。2019年6月25日被逮捕。

（其他被告人基本情况略）

广东省潮州市枫溪人民检察院指控被告人陈某滨、叶某远、刘某元、陈某仔、李某晗、林某桐、陈某彬、林某江、苏某龙、陈某武、卢某峰、陈某钿、蔡某枫、姚某润、余某浩、陈某亮、邹某锋、刘某武、詹某宇、陆某健、许某洁、郑某钰犯开设赌场罪，向潮州市枫溪人民法院提起公诉。

被告人陈某滨等人及辩护人辩称：网站经营是新型销售模式，在合法经营范围内，且销售商品有真实发货情况，被告人等不清楚经营模式违法，没有犯罪的主观故意和客观行为，不构成犯罪。

潮州市枫溪人民法院经审理查明：2018年6月23日至2019年1月8日，被告人陈某滨利用潮州市滨惠网络科技有限公司和潮州市东元网络科技有限公司建立"泰享购"网站，采用将一件商品根据价格平分成若干1元"等份"，通过互联网平台出售，购买者可以购买其中一份或多份，所有份额销售后，从购买者中抽出获得商品的幸运者，其他认购资金均不予退还的"一元购"模式进行"经营"，并在网站中开发"自提商品"模块，即利用后台获取的中奖者信息，与中奖者联系直接折价回购中奖权益，不实际交付商品，从中获利巨大。经远程勘验及司法鉴定："泰享购"网站运营期间，充值记录总计14.7亿余元，真实账户130619个；"自提商品"模块，自提商品共计336698条记录，"商场价"总和13.69亿余元。陈某滨系网站及公司的实际控制者，被告人叶某远、陈某彬等21人具体负责服务网站运营的技术、行政管理、财务、采购、回购等工作。

2019年3月至5月，被告人陈某彬雇用同案人为他人运营的"一元购"网络平台"中惠在线"用户提供"折价回购中奖权益"服务，并从中获利，经统计，其为该网站中奖者"回购"变现共21.54万余元。

潮州市枫溪人民法院经审理认为，"泰享购"平台采用"一元购"方式销售商品，实际上销售的是中奖机会，中奖结果由偶然性决定，在法律上属于射幸合同，具有赌博性质，且平台发展人员给用户提供直接变现的服务，是一种变相的赌博行为。被告人陈某滨利用其实际控制的公司建立网站，为赌博行为提供平台，且由被告人叶某远、陈某彬等21人负责网站的经营，从网站平台中营利，其行为属于刑法和司法解释规定的在计算机网络上建立赌博网站，从中营利，符合开设赌场罪的构成要件。陈某滨等22名被告人开设赌场，情节严重，应依法惩处。被告人陈某滨及其辩护人辩护提出，陈某滨没有犯罪的主观故意且网站属合法经营、不构成犯罪，经查，现有证据足以认定陈某滨明知"一元购"运营模式违法，仍运作经营从中获利，并雇用其他被告人参与"回购"运营，其行为构成开设赌场罪。其余被告人及辩护人关于不构成犯罪或构成其他罪名的意见亦均不能成立。依照刑法第三百零三条第二款，第二十五条第一款，第二十六条第一款、第四款，第二十七条，第六十七条第三款，第七十二条第一款、第三款，第七十三条第二款、第三款，第五十二条，第六十四条的规定，以开设赌场罪判处被告人陈某滨有期徒刑四年六个月，并处罚金人民币四百六十万元；判处被告人叶某远、陈某彬等21人有期徒刑二年六个月至一年不等刑罚。

宣判后，各被告人均未提出上诉，检察机关未提出抗诉，判决已经发生法律效力。

## 二、主要问题

如何认定新型网络抽奖式销售及类似销售经营行为的性质？

## 三、裁判理由

网络抽奖式销售是伴随线上销售模式发展而产生的线上促销手段。"一元购"，即经营者将商品按一定价格分成若干等价份额出售，再随机抽取一名中奖者获得商品权益，其他认购资金无法取回的模式，是网络抽奖式销售的典型代表。2017年《互联网金融风险专项整治工作领导小组办公室关于网络"一元购"业务的定性和处置意见》（整治办函〔2017〕78号）指出，网络"一元购"的经营模式，参与人存在获取较大利益的机会，但也承担了损失全部本金的风险，对纯粹以一元价格销售获取大奖机会的网络"一元购"，可以认定为赌博。并要求对部分纯粹的网络"一元购"展开整顿清理工作，对部分直接冠名"一元购"或明显采用该模式运营的网站、企业进行清查。但此后仍不乏利用网络抽奖式销售模式经营的情况。网络抽奖式销售作为新型"互联网+"销售模式，能否入罪、如何定罪均无直接明确的法律规定。我们认为，为正确认定网络抽奖式销售行为的性质，应当着重从抽奖式销售行为的实质、网络平台运营管理的性质以及行为人的主观故意三个方面进行审查。

### （一）审查抽奖式销售行为的实质

第一，看抽奖式销售是否真实。如果行为人以抽奖式销售为名，通过操控中奖结果、虚假抽奖等方式骗取参与人财物，应考虑构成诈骗罪。相反，如属真实抽奖式销售，则可能涉及赌博类犯罪。抽奖式销售实质上是销售中奖机会，即以少量认购（投注）博取大额财物的中奖机会；中奖结果依照设定的后台程序，具有随机性和不确定性；每一次开奖即抽中者赢、未抽中者输，本身即符合刑法意义上"赌博"的定义。

第二，看抽奖式销售是否为主要经营内容及营利手段。如果纯粹或主要以抽奖式销售为经营内容，且主要依靠无实物销售的折价、抽成等方式营利，应认定为赌博类犯罪。相反，如果抽奖式销售仅服务于正常商品销售经营，则不宜作为犯罪处理。以营利为目的，是刑法规定的赌博类犯罪的构成要素之一，同时根据司法解释及有关法律法规规定，"正常娱乐活动""有奖销售""营销推广"三类行为，因其非营利性以及服务于正常商品销售交易行为的特点，均被排除在刑法规制范围之外。由于销售经营行为必然以营利为目的，因此，此类案件中应重点审查抽奖式销售对整体经营、营利的作用，即整体经营营利模式，正常商业行为以正常销售为主要经营手段、以销售额扣除成本为主要营利方式，而赌博类犯罪则以招揽人员、无实物的抽成、抽水营利为突出特点。

（二）审查网络平台运营管理的性质

区分网络赌博犯罪中赌博罪和开设赌场罪的关键，是组织者对网络平台、空间的控制性。相对于传统现场式赌博，网络赌博摆脱了对时间、场所和服务人员的依赖，犯罪成本更低、利润更大、参与人数更多、影响更广，涉案金额呈几何式增长。对运营具有赌博性质网络平台的行为，不应机械认定，应把握立法精神，参照司法案例，准确定性。最高人民法院发布的第105号、第106号指导性案例（洪小强等人开设赌场案、谢检军等人开设赌场案），将以营利为目的，利用微信群控制管理，以竞猜开奖结果、抢红包等方式进行赌博，持续组织赌博活动的行为定性为开设赌场罪；第146号指导性案例（陈某豪等人开设赌场案），将以外汇期货涨跌这一未来相对不确定的偶然事件决定财产在平台与投资者之间的归属，并架构网络平台为众多投资者创设参与该项赌博活动场所的行为定性为开设赌场罪。因此，我们认为，对以营利为目的，在网络上提供较稳定的场所（包括网站、微信群等）组织用户参与赌博，并对"场所"持续管理、运营、维护的行为，应认定为开设赌场。仅借助网络平台或其他网络手段，在较小范围内召集人员参与较为隐秘的短期赌博的行为，可考虑定性赌博罪（聚众赌博）。

（三）审查行为人的主观故意

构成赌博类犯罪，涉案行为人应以营利为目的，同时应当明知其使用的经营模式涉嫌或可能涉嫌违规甚至违法。在涉及多层级人员参与网站或企业运营的案件中，对参与网站或企业运营的人员是否构成共犯，应重点审查其主观故意，即对经营行为实质是否知情。对部分仅参与经营某些具体环节，且确有证据证实对经营行为的营利方式、违规性质等均不知情的人员，不应论罪处理。

本案中，首先，网站以营利为目的，专门采用"一元购"的网络抽奖式销售模式运营，实际向用户销售中奖机会，属于网络购物掩饰下的赌博行为。其次，在网站上参与抽奖的商品金额从几十元到几十万元不等，数额巨大，明显区别于正常"有奖销售"的促销行为，公司虽有部分发货，但组织专人引导中奖者将中奖权益折价变现，主要通过直接赚取回购中奖权益的折价与认购价的价差抽成营利，获利巨大。再次，经营者长期运营网站，为用户提供并维护参与赌博的平台，涉案网站参与人数众多、涉案金额巨大，社会危害严重、影响广泛。最后，在案证据证实，被告人等明知网站运营违规被禁止，而以各种方式掩盖实际经营性质继续推广牟利，仍参与网站运营、维护、服务，具有犯罪主观故意。综上所述，被告人陈某滨等人经营网站的行为，表面上属于新型网络经营模式，实质上利用网络平台为参与者创设参与赌博活动场所，根据《最高人民法院、最高人民检察院、公安部关于办理网络赌博犯罪案件适用法律若干问题的意见》，构成开设赌场罪。

同时需要指出，本案不符合《最高人民法院、最高人民检察院关于办理赌博刑事案件具体应用法律若干问题的解释》（以下简称《解释》）第六条"未经国家批准擅自发行、销售彩票，构成犯罪的，依照刑法第二百二十五条第（四）项的规定以非法经营罪定罪处罚"规定的情形，不宜定性为非法经营罪。第一，涉案经营模式虽有博彩性质，但与彩票的特性及经营方式不相符。彩票的营利是设定发行金额的一定比例直接作为收益，中奖者奖金是在发行金额中的固定比例，与赌博庄家根据赌博结果逐次抽水营利的经营性质及整体运行模式有所差异。第二，《解释》中认定为属非法经营罪的行为，是较严格意义上的彩票发行销售行为，立法本意是保证彩票发行作为唯一准入博彩业的审慎性、权威性，维护博彩业市场秩序，而涉案行为不具备彩票的基本形式要件，经营行为不会让购买者认为购买的是网络彩票，其经营行为对正常市场秩序并未带来实体冲击及影响，主要危害在于对社会经济生活秩序的扰乱。因此，涉案经营行为侵犯的并非正常市场经济秩序，而是其赌博特征严重扰乱了社会经济秩序。另外，非法经营罪的适用具有兜底性，涉案经营行为既已符合开设赌场罪的构成要件，以该罪对各被告人定罪处刑亦可通过区分罪责做到罪刑相适应。

综上所述，人民法院对本案被告人以开设赌场罪定罪处罚，是正确的。

（撰稿：广东省高级人民法院　刘伟宏　熊灵芝
审编：最高人民法院刑三庭　魏海欢）

[第1462号]

# 肖某文、李某发拒不执行判决案

——如何理解"致使判决、裁定无法执行"

## 一、基本情况

被告人肖某文，男，1969年××月××日出生，茶商。2019年9月12日被逮捕。

被告人李某发，男，1978年××月××日出生，驾驶员。2019年9月4日被取保候审。

福建省武夷山市人民检察院指控被告人肖某文、李某发犯拒不执行判决罪，向武夷山市人民法院提起公诉。

被告人肖某文对指控事实无异议。

被告人李某发辩称，其不是主犯，是肖某文将房屋交给其看管的。

武夷山市人民法院经审理查明：2012年2月，被告人肖某文为躲避债权人讨债及防止房屋被低价拍卖，与周某某签订为期二十年的虚假房屋租赁合同并伪造第一个五年期的房屋租金支付记录，将位于武夷山市度假区环岛西路的房屋（以下简称环岛西路房屋）交付给被告人李某发看管后，便前往北京。其后，李某发经肖某文同意将环岛西路房屋注册为"某某快捷酒店"经营使用。2012年至2013年，债权人李某等十一人因与肖某文民间借贷纠纷陆续起诉到武夷山市人民法院，法院判决肖某文偿还李某等十一人本金共计人民币2200万元（以下币种同）及利息。因肖某文下落不明无法偿还，李某等人申请强制执行，法院受理后于2013年1月至5月期间陆续公告送达执行通知书，肖某文依旧下落不明。此后，法院对肖某文所有的环岛西路房屋进行二次评估拍卖，但均因无人竞拍而流拍。

2017年5月25日，李某发在法院向其了解环岛西路房屋租金支付情况时，在法院调查笔录上表示：第二个五年期的房屋租金70万元，已由合伙人周某某直接支付给肖某文，并收到肖某文书写的收条；周某某将继续承租。其后李某发联系肖某文，在肖某文的授意下自行伪造了该笔租金收条来应付法院。

2018年，李某发因酒店经营失利，将环岛西路房屋租赁给胡某某等人，陆续收到胡某某等人的房屋租金。

2019年7月12日，李某发在武夷山市公安局找其了解情况后，前往北京找肖某文商量对策，肖某文担心按照李某发伪造的第二年房屋租金70万元收条所示，系自己直接收取该租金，会增加其罪责，遂给李某发伪造了220万元的借条，用该虚构的220万元债务冲抵上述 70 万元房屋租金的形式来应对。

2019 年 7 月 30 日，被告人肖某文到武夷山市公安局投案。2019 年 9 月 4 日，被告人李某发经电话传唤到案。

武夷山市人民法院认为，被告人肖某文、李某发对人民法院的判决有能力执行拒不执行，情节严重，其行为均已构成拒不执行判决罪。肖某文主动投案，李某发经公安机关电话传唤到案，到案后如实供述犯罪事实，系自首，依法可以从轻或者减轻处罚。李某发虽属授意于肖某文，但其行为在共同犯罪中是不可或缺的，且客观上，李某发将被执行标的物租赁给他人获取非法利益后占为己有，而拒不退还。故对肖某文、李某发在共同犯罪中的作用不应区分主从犯。据此，依照刑法第三百一十三条、第二十五条第一款、第六十七条第一款、第六十四条的规定，判决：被告人肖某文犯拒不执行判决罪，判处有期徒刑二年六个月；被告人李某发犯拒不执行判决罪，判处有期徒刑一年十个月。

一审宣判后，被告人未上诉，检察机关未抗诉，判决已经发生法律效力。

## 二、主要问题

（一）如何理解"致使判决、裁定无法执行"？

（二）如何确定本案中拒不执行的标的？

## 三、裁判理由

### （一）本案符合"致使判决、裁定无法执行"的情形

《全国人民代表大会常务委员会关于〈中华人民共和国刑法〉第三百一十三条的解释》《最高人民法院关于审理拒不执行判决、裁定刑事案件适用法律若干问题的解释》（以下简称《审理拒不执行判决、裁定刑事案件解释》）第二条规定了"有能力执行而拒不执行，情节严重……"的十二种情形，其中除《审理拒不执行判决、裁定刑事案件解释》第二条第一项、第五项、第六项、第七项、第八项以外，其余情形均把"致使判决、裁定无法执行"作为入罪条件，即要求拒不执行判决、裁定的行为与判决、裁定无法执行二者之间应具有因果关系。而在本案中，法院已对涉案房产进行二次评估拍卖执行，但因无人竞拍等原因均流拍，流拍的结果不可归因于被告人行为，在此种情况下，是否可追究被告人拒不执行判决、裁定罪刑事责任？审理中存在两种意见。

第一种意见认为，本案中，虽然被告人肖某文、李某发虚构房屋租赁关系，隐瞒涉案房屋占有使用的实际情况，以此来逃避法院的执行，但法院已采取执行措施，对涉案房屋进行了评估拍卖，流拍原因无法查明，拒不执行的行为与判决、裁定无法执行之间没有因果关系，即使不实施拒不执行的行为，也没有回避结果的可能，因此二被告人不构成犯罪。

第二种意见认为，"致使判决、裁定无法执行"不仅指生效的判决、裁定确定的执行内容终局性、永久性无法执行，也包括被执行人拒不执行，情节严重，导致执行措施无法有效地开展的情形。本案中，被告人肖某文、李某发拒不执行行为性质恶劣，导致执

行措施无法有效开展，依法构成拒不执行判决罪。

我们同意第二种意见，理由如下。

第一，从保护的法益而言，本罪的核心是司法权威和司法秩序，同时也保障当事人的胜诉利益实现。当一份判决、裁定生效后，天然地具有权威性和强制性，债务人应当无条件、积极地履行判决、裁定所确定的义务。当债务人拒不履行，债权人申请强制执行，法院启动强制执行程序时，司法判决、裁定的权威性以及债权人利益的实现便转由法院来实际维护和保障，此时，拒不执行人对抗的便是法院的强制执行，而非债权人的债权利益，在强制执行过程中，被执行人严重妨碍执行的，便构成本罪。因而应主要以拒不执行人妨碍法院执行的角度，而非债权人的债权利益最终是否实现的角度出发，来辨别法益侵害性。若以债权人债权利益实现的角度，即纯以"结果论"出发，忽视被执行人妨害执行的严重程度和法院执行的难度，则无法有效保护本罪所保护的法益，也不利于打击"老赖"，巩固基本解决执行难成果。

第二，本罪为情节犯，而非结果犯。根据刑法第三百一十三条罪状的描述"对人民法院的判决、裁定有能力执行而拒不执行，情节严重的"，其中"情节严重"便是学理上认定"情节犯"的重要依据。同时，虽然《全国人民代表大会常务委员会关于〈中华人民共和国刑法〉第三百一十三条的解释》规定五种情形中的四种要求有"致使判决、裁定无法执行"的结果，但《审理拒不执行判决、裁定刑事案件解释》第二条第五项、第六项、第七项亦规定被执行人拒不执行"致使执行工作无法进行"亦构成此罪，因而并非一定需要出现"致使判决、裁定无法执行"的结果，才构成此罪。但出于刑法谦抑性，需要出现情节严重的情形，才能动用刑法打击。因此，有能力执行而拒不执行，导致执行工作无法顺利有效进行，情节严重的，才能定罪处罚。

本案中，法院启动强制执行程序，对涉案房产进行评估拍卖，虽然因无人竞拍而流拍，最终导致判决所确定的内容无法执行，看似不可归因于二被告人，但如前所述，应立足于法院执行的角度，考虑二被告人妨碍执行的严重程度，进行定罪处罚。被告人肖某文、李某发妨碍执行的严重程度，体现在以下方面。

（1）被告人肖某文藏匿北京，致使法院无法查找到此人。拒不执行判决、裁定罪是真正不作为犯罪，判决、裁定确定的债务人负有积极主动履行判决、裁定之义务，债务人不履行，甚至积极逃避、对抗履行，致使判决、裁定无法执行，便满足不作为犯罪的罪行特征。而逃往他处并隐匿住所，便是逃避履行义务的具体表现形式。本案中，被告人肖某文为躲避众多债权人讨债，在2012年便逃往北京隐匿，在得知众多债权人已申请强制执行时，仍继续藏匿，直到2019年案发。这一隐匿行为，客观上妨碍了法院核对事实情况、查明财产状况等执行程序的有效进行。

（2）二被告人拒不执行行为性质恶劣。被告人逃避执行行为性质恶劣也是情节严重的判断因素之一。本案中，二被告人事前签订虚假租赁合同，建立虚假租赁关系，并同时伪造该合同的第一个五年期房租的资金流水，后又为对抗法院的调查执行，编造该合同的第二个五年期房租支付的收条，并谎称租金已支付并将继续承租，后期未经法院同意将房屋再行转租给他人，独自坐享转租收益，最后为防止事情败露增加罪责，二人又编造220万元的借贷关系，试图隐瞒真相，逃避公安机关的侦查。二被告人为逃避执行，不断弄虚作假，完全无视司法机关、司法活动的严肃性，主观恶性深、行为性质恶劣，情节严重。法院在二被告人的行为下，无从查清该房屋的真实权属和使用情况，更无从开展与之相应的执行措施。

（二）拒不执行的标的包括该房产的占有使用利益

在案件办理中，有观点认为，本案逃避执行的财产价值是该房屋拍卖后的转让价值，但该观点理解过于狭隘，本案可供执行的财产价值不仅包括房屋转让价值，还包括由该房屋所滋生的利益，其中包括占有使用收益。本案中，二被告人通过建立虚假租赁关系逃避执行，实际上是被告人肖某文通过被告人李某发来规避法院对该房屋的管控，而实际占有使用该房屋。李某发在经肖某文同意后对房屋装修，并进行酒店经营，取得经营收益。而该经营收益的产生是源于对该房屋占有使用的结果。

对于该占有使用收益的财产性价值的具体数额，有观点指出可按二被告人订立的那份虚假租赁合同确定的租金或同类房屋租金进行计算，但若按二人之间租赁合同的租金计算，不仅是间接承认该份合同的真实性，更是承认二人之间的关系是民法上的租赁关系。但实则二人是刑法上的共犯关系，应把二人之间的行为视为一个整体，李某发占有使用，视同为被执行人肖某文自己占有使用，二者不可割裂开来。因此，李某发使用该房屋进行酒店经营的收益应作为房屋的占有使用收益。李某发在后期酒店经营失利后，私自将该房屋转租给他人，产生了转租收益，该收益是直接来源于该房屋的可计算利益，也应是可供执行的财产范围。

综上所述，法院对二被告人以拒不执行判决罪定罪处罚，并将房屋的占有使用收益纳入可供执行的财产范围，是正确的。

（撰稿：福建省武夷山市人民检察院　王　青　余绍清
审编：最高人民法院刑二庭　于同志）

[第1463号]

## 董某桥、张某等十九人污染环境案

——两个以上被告人分别实施污染环境行为发生化学反应
造成危害后果的,如何准确认定因果关系和责任分担

### 一、基本案情

被告人董某桥,男,1983年××月××日出生。2015年9月30日被逮捕。

被告人张某,男,1981年××月××日出生,2003年10月13日因犯抢劫罪被河北省晋州市人民法院判处有期徒刑二年六个月,2008年9月2日被释放。2015年8月27日被逮捕。

(其余被告人身份情况略)

河北省蠡县人民检察院指控被告人董某桥、张某等十九人犯污染环境罪,向蠡县人民法院提起公诉。

被告人董某桥、张某辩解提出:(1)废盐酸或者废碱液不会致人死亡;(2)不明知他人通过渗坑、暗道排放的情况,主观恶性较小;(3)其行为与被害人李某的死亡结果之间不能确定存在确切的因果关系;等等。

蠡县人民法院审理查明:2015年2月,被告人董某桥以其开办的黄骅市津东化工有限公司的名义与北京燕山石化公司(以下简称燕山石化)签订了废碱液处置协议,约定燕山石化将废碱液交由董某桥按规定路线运至津东化工有限公司处置,每吨给付处置费人民币600元(以下未标明币种均为人民币)。董某桥后未按协议要求处置废碱液,而是交由没有处置资质的被告人刘某生处置,并承诺每吨付给刘某生120元报酬,刘某生联系了没有处置资质的被告人刘某辉,刘某辉租用被告人李某钟的忠义停车场场地,挖设了隐蔽排污管道,连接到蠡县城市下水管网,用于排放废碱液,刘某生承诺每排放一吨付给刘某辉40元。同年2月26日至5月17日,董某桥雇用他人多次将燕山石化的共2816.84吨废碱液运输至蠡县,直接排放到忠义停车场内挖设的排污管道内,废碱液全部经暗道流入蠡县城市下水管网。其间,刘某生雇用被告人敖某江在蠡县忠义停车场盯着排放并记载排放的废碱液吨数。

被告人高某义、李某新、提某系盐酸经销商,购买好盐酸销售给使用盐酸的企业,并将企业的废盐酸拉回。2015年3月起,三被告人明知被告人娄贺无废盐酸处置资质,

将废盐酸交由娄贺处理，娄贺将废盐酸交由无处置资质的被告人张某、张某峰、张某青用罐车拉走处置，并承诺每吨给付处置费150元。张某随后联系被告人王某琴等人并商议好以一车300元的价格在被告人刘某辉挖设的隐蔽暗道排放废盐酸。

2015年5月16日、17日，被告人董某桥雇用的人将100余吨废碱液从燕山石化运至蠡县东环忠义停车场，经暗道排放至城市下水管网。同年5月18日上午11时许，被告人张某等人将30余吨废盐酸在蠡县东环忠义停车场附近的暗道进行排放。当日下午1时许，停车场及周边下水道大量废水外溢，并产生大量有毒气体，停车场西侧全天大饼驴肉店老板李某被熏倒。被告人段某松、王某娜驾罐车逃离，并将罐车内剩余的废盐酸偷排至蠡县百尺镇南许村村东南农田大坑内。被害人李某于同年5月19日经抢救无效死亡，经鉴定，系吸入废碱液与废盐酸结合产生的硫化氢中毒死亡。案发后，董某桥于同年8月29日投案。

蠡县人民法院认为，被告人董某桥等违反国家规定，非法处置、排放被列入《国家危险废物名录》的废碱液、废盐酸等危险废物，严重污染环境，其行为均已构成污染环境罪。董某桥等人非法排放废碱液，被告人张某等人非法排放废盐酸，均对李某硫化氢中毒死亡这一结果的发生起到了决定性的作用，应对李某的死亡结果承担刑事责任。根据各被告人的犯罪事实、情节和社会危害性，依照刑法第三百三十八条、第六十七条第一款、第七十七条第一款，侵权责任法第八条①、第十六条②之规定，以污染环境罪，分别判处被告人张某、董某桥等十九名被告人八年六个月至二年不等的有期徒刑，分别并处十六万元至四万元不等的罚金；判决被告人董某桥、张某等人连带赔偿附带民事诉讼原告人的经济损失。

一审判决后，被告人董某桥等十七人，以及三名附带民事诉讼原告人上诉至河北省保定市中级人民法院。

保定市中级人民法院经审理认为，2015年5月18日案发当天，被告人李某新、提某、张某峰、张某青等四人没有参与排放废盐酸，对被害人李某的死亡结果不应承担民事责任。另外，被告人李某忠已经赔偿被害人父母5万元，并且双方达成了谅解协议，被害人父母放弃了对李某忠的民事赔偿请求，扣除此放弃的数额部分，其他十四名被告人应当对剩余的民事赔偿承担连带责任。被害人的妻子和儿女没有放弃对被告人李某忠的民事赔偿，故包括李某忠在内的涉案十五名被告人应承担连带责任。综上所述，保定市中级人民法院依法判决维持一审刑事部分判决，并对民事责任的承担作出相应改判。

## 二、主要问题

两个以上被告人分别实施污染环境行为发生化学反应造成危害后果的，应当如何确定因果关系和责任分担？

---

① 对应民法典第一千一百六十八条。
② 对应民法典第一千一百七十九条。

### 三、裁判理由

**（一）两个以上被告人分别实施污染环境行为发生化学反应造成危害后果的，如何准确认定因果关系**

本案审理过程中，对于被害人李某的死亡结果应该归因于被告人董某桥一方还是被告人张某一方，存在不同意见。

第一种意见认为，被告人董某桥团伙排放废碱液的行为或者张某团伙排放废盐酸的行为，单独均不会引起被害人李某死亡结果的发生，故董某桥团伙或者张某团伙的行为与被害人李某的死亡结果之间均不具有因果关系。

第二种意见认为，被告人张某团伙排放废盐酸的行为，阻断了被告人董某桥团伙排放废碱液的行为与死亡结果之间的因果关系，故董某桥团伙的行为与被害人李某死亡结果之间不具有因果关系。

第三种意见认为，被告人董某桥团伙排放废碱液的行为和被告人张某团伙排放废盐酸的行为均与被害人李某死亡结果之间具有因果关系。

我们同意第三种意见，理由如下。

第一，被告人董某桥团伙排放废碱液的行为和被告人张某团伙排放废盐酸的行为与被害人李某的死亡结果之间构成了重叠的因果关系。所谓重叠的因果关系，是指两个条件单独都不能导致结果发生，但都对结果的发生起到重要作用，相互没有意思联络，结合在一起同时起作用导致了结果的发生，此时，两个条件都与结果有因果关系。就本案而言，董某桥团伙单独排放废碱液的行为或者张某团伙单独排放废盐酸的行为均不会导致被害人硫化氢中毒而亡的结果发生，但是废碱液与废盐酸结合会产生硫化氢，进而导致被害人死亡结果的发生。

重叠的因果关系属于刑法中因果关系的一种复杂形态，仍然遵循因果关系的一般判断规则。我国刑法中因果关系的判断，一般采"条件说"，即如果没有 A 原因，就不会产生 B 结果。同时，为了避免"条件说"过于宽泛地肯定因果关系，还需要运用"相当因果关系"来合理限定责任的范围，即坚持"客观归责"原则。就本案而言，如果没有董某桥团伙排放废碱液的行为，就不会产生硫化氢，被害人就不会死亡；如果没有张某团伙排放废盐酸的行为，也不会产生硫化氢，被害人也就不会死亡。故而，董某桥团伙排放废碱液的行为和张某团伙排放废盐酸的行为均与被害人死亡结果之间存在条件因果关系。进一步讲，作为理性的一般人是可以预见向城市下水管网排放上百吨废碱液或者几十吨废盐酸会危害到其他人的身体健康权或者生命权。此处的预见是一种概括的预见，只需预见自己的行为具有危害他人生命健康权的概括认知，无须预见到自己行为的具体危害结果。故而，董某桥团伙排放废碱液的行为和张某团伙排放废盐酸的行为与被害人死亡结果之间是具有常识经验基础的相当因果关系。

第二，被告人张某团伙排放废盐酸的行为没有阻断被告人董某桥团伙排放废碱液的行为与被害人李某死亡结果之间的因果关系。刑法因果关系进程中出现的介入因素具有异常性时，即先前行为通常不会引发介入因素的出现时，意味着介入因素带来的危险具有独立性，则该危险不能归因于先前行为。此时，最终结果与先前行为没有因果关系，也即发生了因果关系的中断。而当先前行为通常会遇到介入因素的出现，即介入因素的出现不具有异常性时，则意味着介入因素没有阻断先前行为与危害结果之间的因果关系，先前行为与最终的结果具有因果关系。就本案而言，董某桥团伙作为化工行业的从业者，应当预见也能够预见城市地下管网中存在其他物质，自己排放的废碱液与其他物质混合具有危险可能性，故而张某团伙排放废盐酸的行为并非异常因素，并且，本案中后行为（张某团伙排放废盐酸的行为）不但没有阻断先前行为（董某桥团伙排放废碱液的行为）与死亡结果之间的因果关系，而是促成了先前行为与死亡结果之间的因果关系。

综上所述，被告人董某桥团伙和被告人张某团伙违反国家规定，将《国家危险废物名录》里明文规定的废碱液和废盐酸两种危险物质，分别通过停车场里面私设的暗管直接排放到城市地下管网，数量较大，严重污染环境，并致使一人死亡，由于董某桥团伙和张某团伙并无意思联络，根据刑法第三百三十八条的规定，各自单独构成污染环境罪。根据《最高人民法院、最高人民检察院关于办理环境污染刑事案件适用法律若干问题的解释》第七条的规定，董某桥团伙各成员和张某团伙内部成员之间各构成污染环境罪的共犯。

（二）被告人董某桥团伙和被告人张某团伙对于附带民事诉讼原告人的民事赔偿应当承担连带责任

案件审理过程中，关于被告人董某桥团伙和被告人张某团伙对被害人李某近亲属提起的民事赔偿应当承担按份责任还是连带责任，存在争议。

一种观点认为，被告人董某桥团伙和被告人张某团伙的行为之间构成因果关系竞合型的无意思联络数人侵权，应当对民事赔偿承担按份责任。该观点的主要理由是：2015年《最高人民法院关于审理环境侵权责任纠纷案件适用法律若干问题的解释》第三条第二款规定："两个以上污染者分别实施污染行为造成同一损害，每一个污染者的污染行为都不足以造成全部损害，被侵权人根据侵权责任法第十二条规定请求污染者承担责任的，人民法院应予支持。"① 民法典第一千一百七十二条规定："二人以上分别实施侵权行为造成同一损害，能够确定责任大小的，各自承担相应的责任；难以确定责任大小的，平均承担责任。"理论上称民法典该条内容为因果关系竞合型的无意思联络数人侵权，是指二人以上的侵权行为不存在任何事实上的联系，只是间接结合在一起造成了同一损害后果。

另一种观点认为，被告人董某桥团伙和被告人张某团伙的行为之间构成客观联系型的共同侵权，应当对民事赔偿承担连带责任。

---

① 该司法解释2020年修正后该款表述为："两个以上侵权人分别实施污染环境、破坏生态行为造成同一损害，每一个侵权人的污染环境、破坏生态行为都不足以造成全部损害，被侵权人根据民法典第一千一百七十二条规定请求侵权人承担责任的，人民法院应予支持。"

我们同意后一种观点。理由是：

首先，民法典第一千一百六十八条规定："二人以上共同实施侵权行为，造成他人损害的，应当承担连带责任。"理论上称该条的内容为狭义的共同侵权行为，又称共同加害行为，是指两人以上的行为共同致使他人合法权益遭受损害，依法应承担连带责任的侵权行为。对共同侵权中共同性的判断，法律没有明确规定，理论上也以是否需要侵权人的意思联络为标准，划分为主观说和客观说。① 我们认为，数个侵权人的行为虽然是独立的、彼此没有共同的主观认知，但是，由于各个独立的行为之间发生了事实上的联系，而这种联系的结果，导致了不可分的损害后果时，也应以共同侵权论。此种情形构成客观联系型的共同侵权，是共同侵权中的一种特殊形态，具体是指两人以上虽无共同故意或共同过失，但其侵害行为直接结合，发生了事实上的联系，对于损害结果的出现具有了共同关联性，导致同一损害结果发生的，构成共同侵权，承担连带责任。

其次，2004年施行的《最高人民法院关于审理人身损害赔偿案件适用法律若干问题的解释》第三条规定："二人以上共同故意或者共同过失致人损害，或者虽无共同故意、共同过失，但其侵害行为直接结合发生同一损害后果的，构成共同侵权，应当依照民法通则第一百三十条②规定承担连带责任。二人以上没有共同故意或者共同过失，但其分别实施的数个行为间接结合发生同一损害后果的，应当根据过失大小或者原因力比例各自承担相应的赔偿责任。"该条内容作出了明确的法律价值判断，即共同侵权的认定无须要求主观上具有意思联络。如果没有共同意思联络的情形不以共同侵权论，意味着受害人对此种情形只能分别起诉，而且需要分别举证各加害人责任的大小，否则不能主张明确的权利。这种主张的可能结果是，宁可让受害人得不到赔偿，也不能让加害人承担不必要的责任份额。这显然有悖于私法的救济功能。

最后，就本案而言，被告人董某桥团伙和被告人张某团伙之间在主观上，既无共同故意，也无共同过失，彼此对另一方的行为皆不知情；在客观上，董某桥团伙于2015年5月16日、5月17日排放的废碱液和张某团伙于2015年5月18日排放的废盐酸，通过涉案停车场里面的同一暗管，被排放到城市地下管网，并直接结合发生了化学反应，产生了硫化氢，进而造成被害人李某死亡这一同一损害结果。尽管双方行为表面似乎符合因果关系竞合型的无意思联络数人侵权，但是仔细考究发现，因果关系竞合型的无意思联络数人侵权中，各侵权行为之间不存在任何事实上的联系，只是由于巧合，间接地结合在了一起。比如，一天夜晚，甲开车逆行迫使骑车人乙为躲避甲向右拐，跌入修路挖的坑里（负责修路的施工单位对该坑未设置保护措施），造成车毁人伤。对乙的损失，甲和施工单位各自承担责任，难以确定责任大小的，平均承担赔偿责任。

综合全案看，被告人董某桥团伙和被告人张某团伙之间在刑事上不构成共同犯罪，

---

① 主观说认为，共同侵权以有共同的意思联络为必要，即各加害人间不仅须有行为之分担，且须有意思之联络。客观说认为，各加害人间不需有意思联络，只要数人之行为客观上发生同一结果，即应成立共同侵权行为。

② 民法通则第一百三十条规定："二人以上共同侵权造成他人损害的，应当承担连带责任。"该条规定已被民法典第一千一百六十八条所吸收。

在民事上构成了客观联系型共同侵权,两者之间并不矛盾,这是因为刑法与民法的价值取向不同使然。刑法的规制重点在于惩罚犯罪,考量犯罪分子的主观恶性或者人身危险性,共同犯罪的成立以共同故意的具备为必要。民法的规制重点在于矫正被破坏了的利益关系,注重对被害人的救济,客观联系型共同侵权的成立不以共同意思联络的具备为必要。

(撰稿:河北省高级人民法院　葛庆龙　徐翠翠
　　　　最高人民法院刑二庭　郭　慧
审编:最高人民法院刑二庭　于同志)

[第 1464 号]

# 王甲受贿案

——收受情人款项的性质认定

## 一、基本案情

被告人王甲,女,1970 年××月××日出生,案发前系中央汇金投资有限责任公司银行机构管理二部副主任。2016 年 4 月 8 日被逮捕,2017 年 12 月 29 日被取保候审。

北京市人民检察院第二分院指控被告人王甲利用职权,为他人谋取利益,收受王乙给予的钱款人民币 609.5 万元(以下币种均为人民币),收受马某给予的钱款 20 万元,应当以受贿罪追究刑事责任,向北京市第二中级人民法院提起公诉。

被告人王甲提出收受王乙给予的钱款是基于二人的情人关系,而非权钱交易。王甲的辩护人认为王甲的行为不构成受贿罪,主要理由是:(1)王甲收受王乙给予的钱款不构成受贿罪。首先,王甲与王乙之间是情人关系,且已到了准备结婚的阶段,产生较大数额的经济往来是正常现象,王甲接受王乙给予的钱款与王乙的人事职务晋升、免于组织追责并没有因果关系。其次,王乙的人事职务晋升、免于组织追责中不存在不正当利益。(2)王甲收受马某给予的 20 万元不构成受贿罪。王甲不具有帮助马某亲属入职毕马威会计师事务所的职权,且王甲仅起到推荐作用,不存在不正当利益。

北京市第二中级人民法院经审理查明:

(1)被告人王甲收受王乙给予钱款的事实。

2007 年,被告人王甲与时任中国光大银行(以下简称光大银行)太原分行行长助理的王乙相识。2009 年七八月,王甲与王乙确定情人关系,双方约定各自办理离婚手续后结婚。王乙还把其银行卡交给王甲,将工资、奖金等收入转入该银行卡中供王甲使用。

2009 年年底至 2010 年年初,被告人王甲应王乙的请托,利用其担任中央汇金投资有限责任公司(以下简称汇金公司)综合部光大股权管理处主任、光大银行董事一职所形成的便利条件,分别向中共光大银行委员会书记、光大银行董事长唐某,中共光大银行委员会副书记、纪委书记林某请托,为王乙在职务晋升中谋取不正当利益。其间,王甲收受王乙给予的钱款共计 189.5 万元。

2010 年 9 月,王乙向朋友李某借款 120 万元,汇入由被告人王甲掌握的其名下的银行卡中。王甲应王乙的要求,将该款汇入王甲母亲的账户后提取了现金。

2009 年 2 月至 2010 年 11 月,光大银行济南分行下属支行在办理两笔业务过程中违规操作，造成16.7亿元资金损失风险和案件风险（以下简称"齐鲁事件"）。2010年12月，公安机关调查相关案件时，"齐鲁事件"爆发，光大银行随即开展调查工作。时任中共光大银行济南分行委员会副书记（主持工作）的王乙面临被追究相关责任的风险。王乙遂向被告人王甲请托向唐某、林某及当时的中国银行监督管理委员会（以下简称银监会）股份制银行部处长孙某说情，在"齐鲁事件"的处理中对其免予或从轻追责。王甲应王乙的请托，帮助王乙向上述人员说情，并将其参加相关会议得知的"齐鲁事件"的调查处理信息实时告知王乙。2012年1月，王乙因"齐鲁事件"受到通报批评，扣减绩效工资3万元的问责处理。

2011年8月，王乙向被告人王甲转账汇款30万元；同年10月，王乙向王甲转账汇款40万元。

2011年和2012年，王乙先后两次起诉离婚，但均以撤诉告终。2012年9月，王乙向他人借款230万元，通过转账方式给予被告人王甲。2012年10月，王甲与王乙结束情人关系。

（2）被告人王甲经王乙介绍，收受马某给予钱款的事实。

2005年7月，光大银行聘请毕马威会计师事务所从事年度审计工作。此后，光大银行每年都对毕马威会计师事务所年度工作进行评价，并根据评价结果，经管理层、董事会审议后决定是否续聘。2007年，被告人王甲作为汇金公司派驻的董事进驻光大银行，毕马威会计师事务所合伙人宋某定期向董事汇报审计工作时与王甲相识。

2011年，被告人王甲经王乙介绍，接受马某的请托，向宋某打招呼，安排请托人马某的亲属进入毕马威会计师事务所工作，为此，收受马某给予的钱款20万元。

2016年3月22日，被告人王甲被抓获归案。

在法院审理期间，被告人王甲的家属代为退缴案款209.5万元。

北京市第二中级人民法院经审理认为，被告人王甲身为国家工作人员，利用本人职权或者地位形成的便利条件，通过其他国家工作人员职务上的行为，为他人谋取不正当利益，数额巨大，其行为已构成受贿罪，依法应予惩处。北京市人民检察院第二分院指控被告人王甲受贿189.5万元的事实清楚，证据确实、充分，指控的罪名成立（未认定王乙给予的其他420万元及马某给予的20万元）。鉴于本案的具体情节，并综合考量王甲具有为他人谋取职务提拔而受贿的从重情节及其家属代为退缴全部赃款，且王甲当庭表示认罪、悔罪，如实供述所犯罪行的从轻情节，亦考虑到宣告缓刑对王甲所居住的社区没有重大不良影响，可以依法对王甲从轻处罚并适用缓刑。据此，根据被告人王甲犯罪的事实、犯罪的性质、情节和对于社会的危害程度，依照刑法第十二条、第三百八十八条、第三百八十六条、第三百八十三条第一款第二项、第五十二条、第六十七条第三款、第七十二条第一款及第三款、第七十三条第二款及第三款、第六十一条、第六十四条以及《最高人民法院、最高人民检察院关于办理贪污贿赂刑事案件适用法律若干问题的解释》第一条第三款第三项、第二条第一款、第十八条、第十九条第一款、《最高人民法院关于适用财产刑若干问题的规定》第二条第一款之规定，判决如下：

一、被告人王甲犯受贿罪，判处有期徒刑三年，缓刑三年，并处罚金人民币二十

万元;

二、在案扣押的人民币 2095000 元中的 1895000 元作为违法所得予以没收,剩余二十万元并入罚金刑执行;

三、在案扣押的 PATEK PHILIPPE GENEVE 女士手表一只,钻戒一枚及中国光大银行卡一张退回北京市人民检察院第二分院;在案冻结的中国光大银行账户予以解除冻结;在案查封的海淀区万柳万泉新新家园×号楼×单元×房屋一套予以解除查封。

宣判后,被告人王甲未上诉,北京市人民检察院第二分院提出抗诉,认为原判未认定王甲收受王乙 420 万元钱款属于认定事实有误,未认定王甲收受马某 20 万元钱款属于适用法律错误,原判量刑明显畸轻。北京市人民检察院支持抗诉意见为:原审被告人王甲虽然与王乙具有一定的情感关系,但王乙在二人相处期间多次向他人借款后给予王甲大额财物,并请托王甲为其职务晋升和减免领导责任提供帮助,王甲亦实施了利用其担任光大银行董事所形成的便利条件向相关领导进行推荐、说情等行为,王甲的行为应整体上构成受贿罪。一审判决未能准确评价王甲的整个行为性质,造成减少部分犯罪事实。同时,王甲利用其对毕马威会计师事务所年度工作进行评价及是否续聘上的一定决策权,经王乙介绍,帮助马某亲属入职毕马威事务所,并收取 20 万元财物,亦应认定为受贿罪。此外,一审判决对于王甲使用受贿款项购买的房屋及理财所得,未按照司法解释的规定,对相关财产及收益予以追缴,系对涉案款物处理不当,依法应予纠正。

北京市高级人民法院认为:(1)关于检察机关指控被告人王甲收受王乙 609.5 万元钱款的性质,要综合考虑二人间的情感背景、经济往来情况、请托事项与收取财物的对应关系等多方面因素。王甲受财行为与王乙请托事项之间的对应关系并不清晰、明确,不能排除二人以结婚为目的共同生活的合理怀疑。情人一方为另一方在事业提拔和责任追究方面建言献策、通风报信、出面斡旋有关领导,虽有违纪之嫌,但确属人之常情。王甲与王乙主观上并未将其视为一种交易,而是情感因素驱使下的自愿付出,因此不属于对国家工作人员职务行为廉洁性的收买。综上,王甲收受王乙给予 609.5 万元钱款的行为不应认定为受贿。(2)关于王甲收受马某钱款的性质,王甲身为国家工作人员,在利用此项职务便利的情况下,非法收受马某一方给予的感谢费 20 万元,为请托人马某的亲属谋取利益,完全符合受贿罪的犯罪构成。仅仅认为王甲依靠人际关系帮忙递交简历就安排他人入职,显然不能解释其作为国家工作人员在未付出相应劳动的情况下收受他人 20 万元的合法性。故对于检察机关的该项抗诉意见,予以采纳。(3)关于涉案财物处置,因尚无充分证据证明查封房产系受贿罪的违法所得,且该房产实为王甲、王乙二人共有,故依法不应予以没收。综上,一审法院根据王甲犯罪的事实、性质、情节和对于社会的危害程度,依法所作的判决事实清楚,证据确实、充分,量刑适当,审判程序合法,唯对部分犯罪事实的法律适用有误,依法予以改判。除认定王甲收受马某 20 万元构成受贿罪外,对于北京市人民检察院第二分院的其他抗诉理由及北京市人民检察院的其他支持抗诉意见,不予采纳。最终判决如下:

一、维持北京市第二中级人民法院第一审刑事判决的第一项、第三项;

二、撤销北京市第二中级人民法院第一审刑事判决的第二项;

三、在案扣押的人民币二百零九万五千元中,二十万元作为违法所得予以没收,二十万元并入王甲的罚金刑执行,剩余钱款发还王甲。

## 二、主要问题

(一) 被告人王甲收受情人王乙钱款的行为能否认定为受贿?
(二) 被告人王甲向他人打招呼安排马某入职是否属于"利用职权便利"?
(三) 对在案扣押的财物如何依法处置?

## 三、裁判理由

(一) 收受情人款项性质的认定

对本案被告人王甲收受其情人款项的行为能否认定为受贿罪,研究过程中存在两种观点:第一种观点认为,王甲利用职务上的便利,对王乙职务提升及危机化解提供帮助,故王乙给予王甲的钱款均应认定为受贿数额;第二种观点认为,王甲收受钱款行为与王乙请托行为之间缺乏对应,且王甲与王乙系情人关系,无法排除王甲收受王乙钱款行为系二人为重组家庭做准备的可能,故王甲收受王乙钱款的行为不宜认定为受贿行为。

我们倾向同意第二种观点,具体理由如下。

在普通行贿、受贿案件中,无论收受财物与谋取利益之间的时间线被拉得再长,甚至是行贿、受贿双方约定国家工作人员在职时"办事"、退休后收钱,谋利与收钱之间的对应关系仍是不言自明的,一般不需要特别证明。但当行贿、受贿双方存在特定关系时,则需要进一步证明。本案中,无论是被告人王甲还是证人王乙,都对王甲为王乙谋取利益一事以及王乙将钱财交给王甲一事供证清晰。但本案中王甲为王乙谋利和王甲收取王乙钱财一事之间的对应关系尚未达到证据确实、充分的标准,存在合理怀疑。

首先,被告人王甲与王乙存在情人关系,且已到谈婚论嫁的地步,存在财产混同的情形。在案证据显示,在 2009 年 8 月至 2012 年 10 月长达三年时间内,被告人王甲与王乙二人从恋爱交往、约定各自离婚、购置"婚房"后同居、为子女出国筹备留学费用直至最后分手,保持长达三年的情人关系,虽然有不道德的因素,但二人在交往过程中是希望最终组成家庭的。并且王甲按照约定先与前夫离婚,后王乙在王甲的压力下曾两次起诉离婚,但又因为其他因素两次撤诉,直至 2012 年 6 月王乙在保证书中仍承诺尽快娶王甲为妻。二人在同居过程中存在财产混同。王乙将自己的工资卡等交由王甲保管,并不时将工资、奖金等打入此卡,共计 98.86 万元,公诉机关亦未将此部分数额计入犯罪金额,本身也表明公诉机关认可二人财产部分混同的情况。

其次,被告人王甲为王乙谋取利益以及王乙送钱给王甲,都不排除情感因素驱使下的自愿付出。刑事诉讼法第五十五条规定"证据确实、充分"要求"综合全案证据,对所认定事实已排除合理怀疑"。所谓"合理怀疑",不能是概括的、模糊的,而应当是具体的,以普通人的判断标准和经验法则为基础,依据现有证据对法律事实进行判断,如果认为有其他结果可能性,即足以动摇事实认定基础,构成合理怀疑。

本案中，应当考虑二人具有重组家庭的计划和感情基础，在此情形下，情人一方为另一方在事业提拔和责任追究方面建言献策、通风报信、出面斡旋有关领导，虽有违纪之嫌，但确属人之常情。同样，王乙送钱给被告人王甲根据二人的供述、证言，既有基于以后共同生活的想法，也有基于感情为了取悦、赢得对方信任或者不能离婚为了补偿对方而支付的因素，如王乙在分手后借款 230 万元转给王甲，就不排除是因为分手而给予的财产切割或者精神补偿。倘若二人最终结为夫妻，双方间的财物往来就会成为二人的共同财产，二人就成为真正的利益共同体，就更不存在权钱交易的空间。王甲的供述与王乙的证言均能反映二人主观上从未将其视为一种交易，而是情感因素驱使下的自愿付出。双方的供证还得到部分证据的佐证，如王乙两次起诉离婚的诉讼证据、王乙的保证书等。

综上所述，本案现有证据无法证实被告人王甲收受钱款行为与为王乙谋利之间存在对应性，更无法证实其有索贿行为。现有证据链无法得到唯一结论，且根据经验法则和逻辑规则，合理怀疑足以动摇事实认定，故不宜将被告人王甲收受王乙钱款的行为认定为受贿行为。

需要说明的是，收受情人款项的行为应当综合案件进行判断，如果仅仅是在权钱交易的同时进行权色交易，那么情人关系不影响受贿行为性质的判断，但如果像本案这种，双方有共同生活的基础且有共同组成家庭的计划，则应当进一步研判，排除其他可能性。

（二）"利用职务上的便利"的准确认定

被告人王甲收受马某钱款的行为可否认定为受贿罪，关键在于如何认定"利用职务上的便利"。一审判决认定，王甲作为光大银行董事，对与光大银行存在合作关系的毕马威会计师事务所具有一定的制约，但该种制约应认定为平等民事主体之间的业务制约关系，并非刑法意义上的隶属、制约关系。王甲向宋某请托为他人安排工作，属于利用业务上具有制约关系的非国家工作人员的职权为他人谋利，并收受财物，依法不构成受贿罪。对此，二审法院持不同意见，判决认定王甲的行为属于利用职务上的便利，构成受贿罪。我们赞同二审法院的认定。

"利用职务上的便利"，根据 2003 年最高人民法院《全国法院审理经济犯罪案件工作座谈会纪要》的规定，既包括利用本人职务上主管、负责、承办某项公共事务的职权，也包括利用职务上有隶属、制约关系的其他国家工作人员的职权。对于上述主管、负责、隶属、制约等关系的理解，不能仅限于直接的下属，而是应当结合国家工作人员任职单位的性质、职能、所任职务以及法律的规定、政策的影响、实践中的惯例、国情形成的制度安排等具体认定。尤其在中国传统的人情社会文化背景下，对于主管、负责、隶属、制约等关系的理解，不宜掌握过严，并以此否定被告人利用了职务便利，这也是依法从严惩治腐败犯罪的内在要求。

具体到本案中，光大银行与毕马威会计师事务所作为合同的委托方和被委托方，2005 年至 2014 年，被委托方需要通过委托方的年度评价、审议，方可继续承担审计业务，故双方存在制约关系。被告人王甲当时担任汇金公司综合部光大股权管理处主任、光大银行董事，系具有一定职务权限的国家工作人员，其对毕马威会计师事务所能否与光大银行签订合同、继续合作具有一定的决定权和话语权。在这种情形下，不能简单根据形式要件认定光大银行与毕马威会计师事务所是合同双方的平等民事主体，应当认识到光大银行以及王甲本人对毕马威会计师事务所的制约及影响，王甲向毕马威会计师事务所合伙人宋某"打招呼"后请托人亲属即能顺利入职也从侧面印证了这一点。因而，可以认定王甲向宋某"打招呼"利用了自身职务便利，其安排请托人亲属入职，并收受请托人钱财的行为应当认定为受贿罪。

（三）涉案财物的处理原则

刑法第六十四条规定，犯罪分子违法所得的一切财物，应当予以追缴或者责令退赔。具体到受贿案件中，对于涉案财物，把握的原则是不能使犯罪人从违法犯罪中获利，对于犯罪分子违法所得及其收益，应当一并追缴。我们认为，对于查封、扣押的在案财物，应当按照以下原则、步骤进行处理。

第一，对于违法所得，一般应当追缴原物。比如，被告人收受行贿人所送房屋的，应当追缴房屋。近二十年来，房屋等不动产价格增长速度较快，查封时的房屋价值可能是收受时市场价格的十多倍，受贿数额应当根据被告人收受时房屋的价值进行认定，对此并无争议，但不能仅追缴当年收受时的房屋价值，而应当追缴房屋本身；对于被告人或者家属提出请求保留房屋而缴纳现金的，法院可以审查被告人及家属的实际居住情况，出于人道主义考虑同意的，应当以追缴的时间点为基准计算房屋价值，缴纳同等数额的现金。实践中大多数办案机关在扣押时对房屋做的价格鉴定意见，可以作为折算参考。对于被告人在收受房屋后一段时间变卖房屋的，在购房人善意取得的情况下，应当追缴被告人所获得的卖房款。

第二，对于受贿款的增值部分应当一并追缴。如被告人收受行贿人现金又将所得款项用于购买房屋的，原则上也应当追缴房屋本身或者与房屋追缴时等同价值的现金。对于房屋购买资金来源既有受贿款项，又有被告人及其家属的合法收入的，应当追缴房屋价值中受贿款项对应的份额及其收益。比如，行为人受贿50万元，连同家庭积蓄50万元一起购买了100万元的房产，案发后房屋价值600万元，应当追缴的份额则是300万元。

第三，对于被告人财物贬值的，被告人以其他财物折抵，可以允许，并视情作为被告人积极退赃的一种表现。实践中，对于汽车、游艇等物品，贬损情况较为严重，追缴时价值一般低于收受时价值，按照法律规定一般也应当追缴原物，但司法机关查封、存储以及日后拍卖此类物品皆存在不便，对于此种情况，被告人主动提出以收受时价值的同等现金进行折抵的，法院可以允许，并结合被告人其他的退赃表现综合认定是否属于"积极退赃"，进而在量刑中予以适当考虑。

第四，对被告人判处财产刑的，可以查封、扣押的在案财物进行折抵。对于职务犯罪中的贪财型犯罪，法律通常规定应当并处罚金或者没收财产。实践中不少案件查封、扣押的在案财物金额大于被告人的犯罪所得及收益，有意见认为，在追缴犯罪所得及收益之后，对剩余的在案财产应当返还，因为财产刑执行与犯罪所得追缴是两个程序，不应当直接折抵。我们认为，主动执行财产刑是犯罪分子悔罪态度的一种表现，但财产刑是法律对于犯罪分子犯罪行为在经济上的惩罚，是一种强制性的刑罚手段，被告人对财产刑没有选择缴纳或不缴纳的余地，对于被告人被判处财产刑的，法院可以从查封、扣押的在案财物中直接扣抵财产刑的部分。

第五，对于其他查封、扣押的在案财物，应当依法返还给被告人及其亲属。对于已经没收违法所得及收益、缴纳等额的罚金或者没收部分财产的财产金额后（没收个人全部财产除外），查封、扣押的在案财物依然有剩余的，应当依法予以返还。即使犯罪人罪行严重，对其合法财产权益仍然应当予以维护，查封、扣押在案并不意味着可以对上述财产肆意处置，要确保惩治犯罪与保障人权相统一。

本案中，本案公诉机关指控被告人王甲收受其情人王乙及马某629.5余万元，一审法院认定其中的189.5万元为受贿金额，并根据认定的犯罪事实解封了扣押的房屋及部分银行账户。检察院提出抗诉，认为未认定的420万元亦应认定为受贿款项，王甲使用受贿款项购买的房屋及理财所得应当予以追缴。一审判决与检察机关对财物处置的不同意见归根结底是基于对事实的不同认定。

根据上文分析，二审认定被告人王甲与王乙之间的钱款往来行为不构成为受贿罪，王甲收受马某20万元贿赂构成受贿罪，法院在判处主刑的同时判处王甲罚金20万元。而本案审理过程中，王甲家属代为退缴案款209.5万元，在案扣押的财物包括女士手表一只，钻戒一枚及中国光大银行卡一张。另在案查封房屋一套。鉴于在案扣押的款项足以缴纳违法所得及折抵罚金，王甲收受王乙钱款购买的房屋不宜认定为违法所得，故对剩余钱物应予以返还，相关账户予以解封。

综上所述，二审综合全案事实、证据，认定被告人王甲收受其情人王乙609.5万元的部分不构成受贿罪，利用职务便利收受马某20万元的部分构成受贿罪，并依法对涉案财产进行处置，是正确的。

（撰稿：北京市高级人民法院　朱锡平
　　　　北京市东城区人民法院　石　魏
　　　　最高人民法院刑二庭　段　凰
审编：最高人民法院刑二庭　于同志）

# 【立法、司法规范】

## 中华人民共和国刑法修正案（十一）

（2020年12月26日第十三届全国人民代表大会常务委员会第二十四次会议通过　2020年12月26日中华人民共和国主席令第66号公布　自2021年3月1日起施行）

一、将刑法第十七条修改为："已满十六周岁的人犯罪，应当负刑事责任。

"已满十四周岁不满十六周岁的人，犯故意杀人、故意伤害致人重伤或者死亡、强奸、抢劫、贩卖毒品、放火、爆炸、投放危险物质罪的，应当负刑事责任。

"已满十二周岁不满十四周岁的人，犯故意杀人、故意伤害罪，致人死亡或者以特别残忍手段致人重伤造成严重残疾，情节恶劣，经最高人民检察院核准追诉的，应当负刑事责任。

"对依照前三款规定追究刑事责任的不满十八周岁的人，应当从轻或者减轻处罚。

"因不满十六周岁不予刑事处罚的，责令其父母或者其他监护人加以管教；在必要的时候，依法进行专门矫治教育。"

二、在刑法第一百三十三条之一后增加一条，作为第一百三十三条之二："对行驶中的公共交通工具的驾驶人员使用暴力或者抢控驾驶操纵装置，干扰公共交通工具正常行驶，危及公共安全的，处一年以下有期徒刑、拘役或者管制，并处或者单处罚金。

"前款规定的驾驶人员在行驶的公共交通工具上擅离职守，与他人互殴或者殴打他人，危及公共安全的，依照前款的规定处罚。

"有前两款行为，同时构成其他犯罪的，依照处罚较重的规定定罪处罚。"

三、将刑法第一百三十四条第二款修改为："强令他人违章冒险作业，或者明知存在重大事故隐患而不排除，仍冒险组织作业，因而发生重大伤亡事故或者造成其他严重后果的，处五年以下有期徒刑或者拘役；情节特别恶劣的，处五年以上有期徒刑。"

四、在刑法第一百三十四条后增加一条，作为第一百三十四条之一："在生产、作业中违反有关安全管理的规定，有下列情形之一，具有发生重大伤亡事故或者其他严重后果的现实危险的，处一年以下有期徒刑、拘役或者管制：

"（一）关闭、破坏直接关系生产安全的监控、报警、防护、救生设备、设施，或者篡改、隐瞒、销毁其相关数据、信息的；

"（二）因存在重大事故隐患被依法责令停产停业、停止施工、停止使用有关设备、设施、场所或者立即采取排除危险的整改措施，而拒不执行的；

"（三）涉及安全生产的事项未经依法批准或者许可，擅自从事矿山开采、金属冶炼、建筑施工，以及危险物品生产、经营、储存等高度危险的生产作业活动的。"

**五、**将刑法第一百四十一条修改为："生产、销售假药的，处三年以下有期徒刑或者拘役，并处罚金；对人体健康造成严重危害或者有其他严重情节的，处三年以上十年以下有期徒刑，并处罚金；致人死亡或者有其他特别严重情节的，处十年以上有期徒刑、无期徒刑或者死刑，并处罚金或者没收财产。

"药品使用单位的人员明知是假药而提供给他人使用的，依照前款的规定处罚。"

**六、**将刑法第一百四十二条修改为："生产、销售劣药，对人体健康造成严重危害的，处三年以上十年以下有期徒刑，并处罚金；后果特别严重的，处十年以上有期徒刑或者无期徒刑，并处罚金或者没收财产。

"药品使用单位的人员明知是劣药而提供给他人使用的，依照前款的规定处罚。"

**七、**在刑法第一百四十二条后增加一条，作为第一百四十二条之一："违反药品管理法规，有下列情形之一，足以严重危害人体健康的，处三年以下有期徒刑或者拘役，并处或者单处罚金；对人体健康造成严重危害或者有其他严重情节的，处三年以上七年以下有期徒刑，并处罚金：

"（一）生产、销售国务院药品监督管理部门禁止使用的药品的；

"（二）未取得药品相关批准证明文件生产、进口药品或者明知是上述药品而销售的；

"（三）药品申请注册中提供虚假的证明、数据、资料、样品或者采取其他欺骗手段的；

"（四）编造生产、检验记录的。

"有前款行为，同时又构成本法第一百四十一条、第一百四十二条规定之罪或者其他犯罪的，依照处罚较重的规定定罪处罚。"

**八、**将刑法第一百六十条修改为："在招股说明书、认股书、公司、企业债券募集办法等发行文件中隐瞒重要事实或者编造重大虚假内容，发行股票或者公司、企业债券、存托凭证或者国务院依法认定的其他证券，数额巨大、后果严重或者有其他严重情节的，处五年以下有期徒刑或者拘役，并处或者单处罚金；数额特别巨大、后果特别严重或者有其他特别严重情节的，处五年以上有期徒刑，并处罚金。

"控股股东、实际控制人组织、指使实施前款行为的，处五年以下有期徒刑或者拘役，并处或者单处非法募集资金金额百分之二十以上一倍以下罚金；数额特别巨大、后果特别严重或者有其他特别严重情节的，处五年以上有期徒刑，并处非法募集资金金额百分之二十以上一倍以下罚金。

"单位犯前两款罪的，对单位判处非法募集资金金额百分之二十以上一倍以下罚金，并对其直接负责的主管人员和其他直接责任人员，依照第一款的规定处罚。"

**九、**将刑法第一百六十一条修改为："依法负有信息披露义务的公司、企业向股东和社会公众提供虚假的或者隐瞒重要事实的财务会计报告，或者对依法应当披露的其他重要信息不按照规定披露，严重损害股东或者其他人利益，或者有其他严重情节的，对其直接负责的主管人员和其他直接责任人员，处五年以下有期徒刑或者拘役，并处或者单处罚金;情节特别严重的,处五年以上十年以下有期徒刑,并处罚金。

"前款规定的公司、企业的控股股东、实际控制人实施或者组织、指使实施前款行为的,或者隐瞒相关事项导致前款规定的情形发生的,依照前款的规定处罚。

"犯前款罪的控股股东、实际控制人是单位的,对单位判处罚金,并对其直接负责的主管人员和其他直接责任人员,依照第一款的规定处罚。"

十、将刑法第一百六十三条第一款修改为:"公司、企业或者其他单位的工作人员,利用职务上的便利,索取他人财物或者非法收受他人财物,为他人谋取利益,数额较大的,处三年以下有期徒刑或者拘役,并处罚金;数额巨大或者有其他严重情节的,处三年以上十年以下有期徒刑,并处罚金;数额特别巨大或者有其他特别严重情节的,处十年以上有期徒刑或者无期徒刑,并处罚金。"

十一、将刑法第一百七十五条之一第一款修改为:"以欺骗手段取得银行或者其他金融机构贷款、票据承兑、信用证、保函等,给银行或者其他金融机构造成重大损失的,处三年以下有期徒刑或者拘役,并处或者单处罚金;给银行或者其他金融机构造成特别重大损失或者有其他特别严重情节的,处三年以上七年以下有期徒刑,并处罚金。"

十二、将刑法第一百七十六条修改为:"非法吸收公众存款或者变相吸收公众存款,扰乱金融秩序的,处三年以下有期徒刑或者拘役,并处或者单处罚金;数额巨大或者有其他严重情节的,处三年以上十年以下有期徒刑,并处罚金;数额特别巨大或者有其他特别严重情节的,处十年以上有期徒刑,并处罚金。

"单位犯前款罪的,对单位判处罚金,并对其直接负责的主管人员和其他直接责任人员,依照前款的规定处罚。

"有前两款行为,在提起公诉前积极退赃退赔,减少损害结果发生的,可以从轻或者减轻处罚。"

十三、将刑法第一百八十二条第一款修改为:"有下列情形之一,操纵证券、期货市场,影响证券、期货交易价格或者证券、期货交易量,情节严重的,处五年以下有期徒刑或者拘役,并处或者单处罚金;情节特别严重的,处五年以上十年以下有期徒刑,并处罚金:

"(一)单独或者合谋,集中资金优势、持股或者持仓优势或者利用信息优势联合或者连续买卖的;

"(二)与他人串通,以事先约定的时间、价格和方式相互进行证券、期货交易的;

"(三)在自己实际控制的帐户之间进行证券交易,或者以自己为交易对象,自买自卖期货合约的;

"(四)不以成交为目的,频繁或者大量申报买入、卖出证券、期货合约并撤销申报的;

"(五)利用虚假或者不确定的重大信息,诱导投资者进行证券、期货交易的;

"(六)对证券、证券发行人、期货交易标的公开作出评价、预测或者投资建议,同时进行反向证券交易或者相关期货交易的;

"(七)以其他方法操纵证券、期货市场的。"

**十四、** 将刑法第一百九十一条修改为:"为掩饰、隐瞒毒品犯罪、黑社会性质的组织犯罪、恐怖活动犯罪、走私犯罪、贪污贿赂犯罪、破坏金融管理秩序犯罪、金融诈骗罪的所得及其产生的收益的来源和性质,有下列行为之一的,没收实施以上犯罪的所得及其产生的收益,处五年以下有期徒刑或者拘役,并处或者单处罚金;情节严重的,处五年以上十年以下有期徒刑,并处罚金:

"(一)提供资金帐户的;

"(二)将财产转换为现金、金融票据、有价证券的;

"(三)通过转帐或者其他支付结算方式转移资金的;

"(四)跨境转移资产的;

"(五)以其他方法掩饰、隐瞒犯罪所得及其收益的来源和性质的。

"单位犯前款罪的,对单位判处罚金,并对其直接负责的主管人员和其他直接责任人员,依照前款的规定处罚。"

**十五、** 将刑法第一百九十二条修改为:"以非法占有为目的,使用诈骗方法非法集资,数额较大的,处三年以上七年以下有期徒刑,并处罚金;数额巨大或者有其他严重情节的,处七年以上有期徒刑或者无期徒刑,并处罚金或者没收财产。

"单位犯前款罪的,对单位判处罚金,并对其直接负责的主管人员和其他直接责任人员,依照前款的规定处罚。"

**十六、** 将刑法第二百条修改为:"单位犯本节第一百九十四条、第一百九十五条规定之罪的,对单位判处罚金,并对其直接负责的主管人员和其他直接责任人员,处五年以下有期徒刑或者拘役,可以并处罚金;数额巨大或者有其他严重情节的,处五年以上十年以下有期徒刑,并处罚金;数额特别巨大或者有其他特别严重情节的,处十年以上有期徒刑或者无期徒刑,并处罚金。"

**十七、** 将刑法第二百一十三条修改为:"未经注册商标所有人许可,在同一种商品、服务上使用与其注册商标相同的商标,情节严重的,处三年以下有期徒刑,并处或者单处罚金;情节特别严重的,处三年以上十年以下有期徒刑,并处罚金。"

**十八、** 将刑法第二百一十四条修改为:"销售明知是假冒注册商标的商品,违法所得数额较大或者有其他严重情节的,处三年以下有期徒刑,并处或者单处罚金;违法所得数额巨大或者有其他特别严重情节的,处三年以上十年以下有期徒刑,并处罚金。"

**十九、** 将刑法第二百一十五条修改为:"伪造、擅自制造他人注册商标标识或者销售伪造、擅自制造的注册商标标识,情节严重的,处三年以下有期徒刑,并处或者单处罚金;情节特别严重的,处三年以上十年以下有期徒刑,并处罚金。"

**二十、** 将刑法第二百一十七条修改为:"以营利为目的,有下列侵犯著作权或者与著作权有关的权利的情形之一,违法所得数额较大或者有其他严重情节的,处三年以下有期徒刑,并处或者单处罚金;违法所得数额巨大或者有其他特别严重情节的,处三年以上十年以下有期徒刑,并处罚金:

"(一)未经著作权人许可,复制发行、通过信息网络向公众传播其文字作品、音乐、美术、视听作品、计算机软件及法律、行政法规规定的其他作品的;

"（二）出版他人享有专有出版权的图书的；

"（三）未经录音录像制作者许可，复制发行、通过信息网络向公众传播其制作的录音录像的；

"（四）未经表演者许可，复制发行录有其表演的录音录像制品，或者通过信息网络向公众传播其表演的；

"（五）制作、出售假冒他人署名的美术作品的；

"（六）未经著作权人或者与著作权有关的权利人许可，故意避开或者破坏权利人为其作品、录音录像制品等采取的保护著作权或者与著作权有关的权利的技术措施的。"

二十一、将刑法第二百一十八条修改为："以营利为目的，销售明知是本法第二百一十七条规定的侵权复制品，违法所得数额巨大或者有其他严重情节的，处五年以下有期徒刑，并处或者单处罚金。"

二十二、将刑法第二百一十九条修改为："有下列侵犯商业秘密行为之一，情节严重的，处三年以下有期徒刑，并处或者单处罚金；情节特别严重的，处三年以上十年以下有期徒刑，并处罚金：

"（一）以盗窃、贿赂、欺诈、胁迫、电子侵入或者其他不正当手段获取权利人的商业秘密的；

"（二）披露、使用或者允许他人使用以前项手段获取的权利人的商业秘密的；

"（三）违反保密义务或者违反权利人有关保守商业秘密的要求，披露、使用或者允许他人使用其所掌握的商业秘密的。

"明知前款所列行为，获取、披露、使用或者允许他人使用该商业秘密的，以侵犯商业秘密论。

"本条所称权利人，是指商业秘密的所有人和经商业秘密所有人许可的商业秘密使用人。"

二十三、在刑法第二百一十九条后增加一条，作为第二百一十九条之一："为境外的机构、组织、人员窃取、刺探、收买、非法提供商业秘密的，处五年以下有期徒刑，并处或者单处罚金；情节严重的，处五年以上有期徒刑，并处罚金。"

二十四、将刑法第二百二十条修改为："单位犯本节第二百一十三条至第二百一十九条之一规定之罪的，对单位判处罚金，并对其直接负责的主管人员和其他直接责任人员，依照本节各该条的规定处罚。"

二十五、将刑法第二百二十九条修改为："承担资产评估、验资、验证、会计、审计、法律服务、保荐、安全评价、环境影响评价、环境监测等职责的中介组织的人员故意提供虚假证明文件，情节严重的，处五年以下有期徒刑或者拘役，并处罚金；有下列情形之一的，处五年以上十年以下有期徒刑，并处罚金：

"（一）提供与证券发行相关的虚假的资产评估、会计、审计、法律服务、保荐等证明文件，情节特别严重的；

"（二）提供与重大资产交易相关的虚假的资产评估、会计、审计等证明文件，情节特别严重的；

"（三）在涉及公共安全的重大工程、项目中提供虚假的安全评价、环境影响评价等证明文件，致使公共财产、国家和人民利益遭受特别重大损失的。

"有前款行为，同时索取他人财物或者非法收受他人财物构成犯罪的，依照处罚较重的规定定罪处罚。

"第一款规定的人员，严重不负责任，出具的证明文件有重大失实，造成严重后果的，处三年以下有期徒刑或者拘役，并处或者单处罚金。"

二十六、将刑法第二百三十六条修改为："以暴力、胁迫或者其他手段强奸妇女的，处三年以上十年以下有期徒刑。

"奸淫不满十四周岁的幼女的，以强奸论，从重处罚。

"强奸妇女、奸淫幼女，有下列情形之一的，处十年以上有期徒刑、无期徒刑或者死刑：

"（一）强奸妇女、奸淫幼女情节恶劣的；

"（二）强奸妇女、奸淫幼女多人的；

"（三）在公共场所当众强奸妇女、奸淫幼女的；

"（四）二人以上轮奸的；

"（五）奸淫不满十周岁的幼女或者造成幼女伤害的；

"（六）致使被害人重伤、死亡或者造成其他严重后果的。"

二十七、在刑法第二百三十六条后增加一条，作为第二百三十六条之一："对已满十四周岁不满十六周岁的未成年女性负有监护、收养、看护、教育、医疗等特殊职责的人员，与该未成年女性发生性关系的，处三年以下有期徒刑；情节恶劣的，处三年以上十年以下有期徒刑。

"有前款行为，同时又构成本法第二百三十六条规定之罪的，依照处罚较重的规定定罪处罚。"

二十八、将刑法第二百三十七条第三款修改为："猥亵儿童的，处五年以下有期徒刑；有下列情形之一的，处五年以上有期徒刑：

"（一）猥亵儿童多人或者多次的；

"（二）聚众猥亵儿童的，或者在公共场所当众猥亵儿童，情节恶劣的；

"（三）造成儿童伤害或者其他严重后果的；

"（四）猥亵手段恶劣或者有其他恶劣情节的。"

二十九、将刑法第二百七十一条第一款修改为："公司、企业或者其他单位的工作人员，利用职务上的便利，将本单位财物非法占为己有，数额较大的，处三年以下有期徒刑或者拘役，并处罚金；数额巨大的，处三年以上十年以下有期徒刑，并处罚金；数额特别巨大的，处十年以上有期徒刑或者无期徒刑，并处罚金。"

三十、将刑法第二百七十二条修改为："公司、企业或者其他单位的工作人员，利用职务上的便利，挪用本单位资金归个人使用或者借贷给他人，数额较大、超过三个月未还的，或者虽未超过三个月，但数额较大、进行营利活动的，或者进行非法活动的，处三年以下有期徒刑或者拘役；挪用本单位资金数额巨大的，处三年以上七年以下有期徒刑；数额特别巨大的，处七年以上有期徒刑。

"国有公司、企业或者其他国有单位中从事公务的人员和国有公司、企业或者其他国有单位委派到非国有公司、企业以及其他单位从事公务的人员有前款行为的，依照本法第三百八十四条的规定定罪处罚。

"有第一款行为，在提起公诉前将挪用的资金退还的，可以从轻或者减轻处罚。其中，犯罪较轻的，可以减轻或者免除处罚。"

三十一、将刑法第二百七十七条第五款修改为："暴力袭击正在依法执行职务的人民警察的，处三年以下有期徒刑、拘役或者管制；使用枪支、管制刀具，或者以驾驶机动车撞击等手段，严重危及其人身安全的，处三年以上七年以下有期徒刑。"

三十二、在刑法第二百八十条之一后增加一条，作为第二百八十条之二："盗用、冒用他人身份，顶替他人取得的高等学历教育入学资格、公务员录用资格、就业安置待遇的，处三年以下有期徒刑、拘役或者管制，并处罚金。

"组织、指使他人实施前款行为的，依照前款的规定从重处罚。

"国家工作人员有前两款行为，又构成其他犯罪的，依照数罪并罚的规定处罚。"

三十三、在刑法第二百九十一条之一后增加一条，作为第二百九十一条之二："从建筑物或者其他高空抛掷物品，情节严重的，处一年以下有期徒刑、拘役或者管制，并处或者单处罚金。

"有前款行为，同时构成其他犯罪的，依照处罚较重的规定定罪处罚。"

三十四、在刑法第二百九十三条后增加一条，作为第二百九十三条之一："有下列情形之一，催收高利放贷等产生的非法债务，情节严重的，处三年以下有期徒刑、拘役或者管制，并处或者单处罚金：

"（一）使用暴力、胁迫方法的；

"（二）限制他人人身自由或者侵入他人住宅的；

"（三）恐吓、跟踪、骚扰他人的。"

三十五、在刑法第二百九十九条后增加一条，作为第二百九十九条之一："侮辱、诽谤或者以其他方式侵害英雄烈士的名誉、荣誉，损害社会公共利益，情节严重的，处三年以下有期徒刑、拘役、管制或者剥夺政治权利。"

三十六、将刑法第三百零三条修改为："以营利为目的，聚众赌博或者以赌博为业的，处三年以下有期徒刑、拘役或者管制，并处罚金。

"开设赌场的，处五年以下有期徒刑、拘役或者管制，并处罚金；情节严重的，处五年以上十年以下有期徒刑，并处罚金。

"组织中华人民共和国公民参与国（境）外赌博，数额巨大或者有其他严重情节的，依照前款的规定处罚。"

三十七、将刑法第三百三十条第一款修改为："违反传染病防治法的规定，有下列情形之一，引起甲类传染病以及依法确定采取甲类传染病预防、控制措施的传染病传播或者有传播严重危险的，处三年以下有期徒刑或者拘役；后果特别严重的，处三年以上七年以下有期徒刑：

"（一）供水单位供应的饮用水不符合国家规定的卫生标准的；

"（二）拒绝按照疾病预防控制机构提出的卫生要求，对传染病病原体污染的污水、污物、场所和物品进行消毒处理的；

"（三）准许或者纵容传染病病人、病原携带者和疑似传染病病人从事国务院卫生行政部门规定禁止从事的易使该传染病扩散的工作的；

"（四）出售、运输疫区中被传染病病原体污染或者可能被传染病病原体污染的物品，未进行消毒处理的；

"（五）拒绝执行县级以上人民政府、疾病预防控制机构依照传染病防治法提出的预防、控制措施的。"

三十八、在刑法第三百三十四条后增加一条，作为第三百三十四条之一："违反国家有关规定，非法采集我国人类遗传资源或者非法运送、邮寄、携带我国人类遗传资源材料出境，危害公众健康或者社会公共利益，情节严重的，处三年以下有期徒刑、拘役或者管制，并处或者单处罚金；情节特别严重的，处三年以上七年以下有期徒刑，并处罚金。"

三十九、在刑法第三百三十六条后增加一条，作为第三百三十六条之一："将基因编辑、克隆的人类胚胎植入人体或者动物体内，或者将基因编辑、克隆的动物胚胎植入人体内，情节严重的，处三年以下有期徒刑或者拘役，并处罚金；情节特别严重的，处三年以上七年以下有期徒刑，并处罚金。"

四十、将刑法第三百三十八条修改为："违反国家规定，排放、倾倒或者处置有放射性的废物、含传染病病原体的废物、有毒物质或者其他有害物质，严重污染环境的，处三年以下有期徒刑或者拘役，并处或者单处罚金；情节严重的，处三年以上七年以下有期徒刑，并处罚金；有下列情形之一的，处七年以上有期徒刑，并处罚金：

"（一）在饮用水水源保护区、自然保护地核心保护区等依法确定的重点保护区域排放、倾倒、处置有放射性的废物、含传染病病原体的废物、有毒物质，情节特别严重的；

"（二）向国家确定的重要江河、湖泊水域排放、倾倒、处置有放射性的废物、含传染病病原体的废物、有毒物质，情节特别严重的；

"（三）致使大量永久基本农田基本功能丧失或者遭受永久性破坏的；

"（四）致使多人重伤、严重疾病，或者致人严重残疾、死亡的。

"有前款行为，同时构成其他犯罪的，依照处罚较重的规定定罪处罚。"

四十一、在刑法第三百四十一条中增加一款作为第三款："违反野生动物保护管理法规，以食用为目的非法猎捕、收购、运输、出售第一款规定以外的在野外环境自然生长繁殖的陆生野生动物，情节严重的，依照前款的规定处罚。"

四十二、在刑法第三百四十二条后增加一条，作为第三百四十二条之一："违反自然保护地管理法规，在国家公园、国家级自然保护区进行开垦、开发活动或者修建建筑物，造成严重后果或者有其他恶劣情节的，处五年以下有期徒刑或者拘役，并处或者单处罚金。

"有前款行为，同时构成其他犯罪的，依照处罚较重的规定定罪处罚。"

四十三、在刑法第三百四十四条后增加一条，作为第三百四十四条之一："违反国家规定，非法引进、释放或者丢弃外来入侵物种，情节严重的，处三年以下有期徒刑或者拘役，并处或者单处罚金。"

四十四、在刑法第三百五十五条后增加一条，作为第三百五十五条之一："引诱、教唆、欺骗运动员使用兴奋剂参加国内、国际重大体育竞赛，或者明知运动员参加上述竞赛而向其提供兴奋剂，情节严重的，处三年以下有期徒刑或者拘役，并处罚金。

"组织、强迫运动员使用兴奋剂参加国内、国际重大体育竞赛的，依照前款的规定从重处罚。"

四十五、将刑法第四百零八条之一第一款修改为："负有食品药品安全监督管理职责的国家机关工作人员，滥用职权或者玩忽职守，有下列情形之一，造成严重后果或者有其他严重情节的，处五年以下有期徒刑或者拘役；造成特别严重后果或者有其他特别严重情节的，处五年以上十年以下有期徒刑：

"（一）瞒报、谎报食品安全事故、药品安全事件的；

"（二）对发现的严重食品药品安全违法行为未按规定查处的；

"（三）在药品和特殊食品审批审评过程中，对不符合条件的申请准予许可的；

"（四）依法应当移交司法机关追究刑事责任不移交的；

"（五）有其他滥用职权或者玩忽职守行为的。"

四十六、将刑法第四百三十一条第二款修改为："为境外的机构、组织、人员窃取、刺探、收买、非法提供军事秘密的，处五年以上十年以下有期徒刑；情节严重的，处十年以上有期徒刑、无期徒刑或者死刑。"

四十七、将刑法第四百五十条修改为："本章适用于中国人民解放军的现役军官、文职干部、士兵及具有军籍的学员和中国人民武装警察部队的现役警官、文职干部、士兵及具有军籍的学员以及文职人员、执行军事任务的预备役人员和其他人员。"

四十八、本修正案自 2021 年 3 月 1 日起施行。

# 最高人民法院 最高人民检察院
## 关于执行《中华人民共和国刑法》确定罪名的补充规定（七）

法释〔2021〕2号

（2021年2月22日最高人民法院审判委员会第1832次会议、2021年2月26日最高人民检察院第十三届检察委员会第六十三次会议通过　2021年2月26日最高人民法院、最高人民检察院公告公布　自2021年3月1日起施行）

根据《中华人民共和国刑法修正案（十）》（以下简称《刑法修正案（十）》）、《中华人民共和国刑法修正案（十一）》（以下简称《刑法修正案（十一）》），结合司法实践反映的情况，现对《最高人民法院关于执行〈中华人民共和国刑法〉确定罪名的规定》《最高人民检察院关于适用刑法分则规定的犯罪的罪名的意见》作如下补充、修改：

| 刑 法 条 文 | 罪　　名 |
|---|---|
| 第一百三十三条之二<br>（《刑法修正案（十一）》第二条） | 妨害安全驾驶罪 |
| 第一百三十四条第二款<br>（《刑法修正案（十一）》第三条） | 强令、组织他人违章冒险作业罪<br>（取消强令违章冒险作业罪罪名） |
| 第一百三十四条之一<br>（《刑法修正案（十一）》第四条） | 危险作业罪 |
| 第一百四十一条<br>（《刑法修正案（十一）》第五条） | 生产、销售、提供假药罪<br>（取消生产、销售假药罪罪名） |
| 第一百四十二条<br>（《刑法修正案（十一）》第六条） | 生产、销售、提供劣药罪<br>（取消生产、销售劣药罪罪名） |
| 第一百四十二条之一<br>（《刑法修正案（十一）》第七条） | 妨害药品管理罪 |

(续表)

| 刑 法 条 文 | 罪 名 |
|---|---|
| 第一百六十条<br>(《刑法修正案（十一）》第八条) | 欺诈发行证券罪<br>(取消欺诈发行股票、债券罪罪名) |
| 第二百一十九条之一<br>(《刑法修正案（十一）》第二十三条) | 为境外窃取、刺探、收买、非法提供商业秘密罪 |
| 第二百三十六条之一<br>(《刑法修正案（十一）》第二十七条) | 负有照护职责人员性侵罪 |
| 第二百七十七条第五款<br>(《刑法修正案（十一）》第三十一条) | 袭警罪 |
| 第二百八十条之二<br>(《刑法修正案（十一）》第三十二条) | 冒名顶替罪 |
| 第二百九十一条之二<br>(《刑法修正案（十一）》第三十三条) | 高空抛物罪 |
| 第二百九十三条之一<br>(《刑法修正案（十一）》第三十四条) | 催收非法债务罪 |
| 第二百九十九条<br>(《刑法修正案（十）》) | 侮辱国旗、国徽、国歌罪<br>(取消侮辱国旗、国徽罪罪名) |
| 第二百九十九条之一<br>(《刑法修正案（十一）》第三十五条) | 侵害英雄烈士名誉、荣誉罪 |
| 第三百零三条第三款<br>(《刑法修正案（十一）》第三十六条) | 组织参与国（境）外赌博罪 |
| 第三百三十四条之一<br>(《刑法修正案（十一）》第三十八条) | 非法采集人类遗传资源、走私人类遗传资源材料罪 |
| 第三百三十六条之一<br>(《刑法修正案（十一）》第三十九条) | 非法植入基因编辑、克隆胚胎罪 |
| 第三百四十一条第一款 | 危害珍贵、濒危野生动物罪<br>(取消非法猎捕、杀害珍贵、濒危野生动物罪和非法收购、运输、出售珍贵、濒危野生动物、珍贵、濒危野生动物制品罪罪名) |
| 第三百四十一条第三款<br>(《刑法修正案（十一）》第四十一条) | 非法猎捕、收购、运输、出售陆生野生动物罪 |
| 第三百四十二条之一<br>(《刑法修正案（十一）》第四十二条) | 破坏自然保护地罪 |

(续表)

| 刑 法 条 文 | 罪　名 |
|---|---|
| 第三百四十四条 | 危害国家重点保护植物罪<br>（取消非法采伐、毁坏国家重点保护植物罪和非法收购、运输、加工、出售国家重点保护植物、国家重点保护植物制品罪罪名） |
| 第三百四十四条之一<br>（《刑法修正案（十一）》第四十三条） | 非法引进、释放、丢弃外来入侵物种罪 |
| 第三百五十五条之一<br>（《刑法修正案（十一）》第四十四条） | 妨害兴奋剂管理罪 |
| 第四百零八条之一<br>（《刑法修正案（十一）》第四十五条） | 食品、药品监管渎职罪<br>（取消食品监管渎职罪罪名） |

本规定自 2021 年 3 月 1 日起施行。

# 《最高人民法院、最高人民检察院关于执行〈中华人民共和国刑法〉确定罪名的补充规定（七）》的理解与适用

李 静* 姜金良**

2021年2月26日，最高人民法院、最高人民检察院联合发布《最高人民法院、最高人民检察院关于执行〈中华人民共和国刑法〉确定罪名的补充规定（七）》［法释〔2021〕2号，以下简称《罪名补充规定（七）》］，自2021年3月1日起与刑法修正案（十一）同步施行。《罪名补充规定（七）》的公布施行，对于统一规范办理相关刑事案件，确保修正后刑法的正确适用具有重要意义。为便于司法实践中正确理解和适用，现就《罪名补充规定（七）》的制定背景、罪名确定的主要考虑和具体罪名确定介绍如下。

## 一、《罪名补充规定（七）》的制定背景与经过

2020年12月26日，第十三届全国人大常委会第二十四次会议通过刑法修正案（十一），自2021年3月1日起施行。这是在中国特色社会主义进入新时代、深入推进全面依法治国的重大时代背景下对刑法作出的一次重要修改。刑法修正案（十一）以习近平法治思想为根本遵循，贯彻党中央决策部署，坚持以人民为中心的立法理念，根据新时代要求，把握我国社会主要矛盾的变化，结合当前国内国际形势变化，积极回应社会关切，更加注重积极统筹发挥好刑法对国家安全、社会稳定和保护人民的重要功能，在涉未成年人、金融秩序、产权保护、安全生产、食品药品、公共卫生安全、生态环境及妨害社会管理秩序等领域作出诸多重要修改，以适应现阶段预防和惩治犯罪的需要，更好地发挥刑法对经济社会生活的规范保障和引领推动作用。

刑法修正案（十一）通过后，对一些新增的刑法分则条文，需要明确罪名；对一些犯罪构成要件有重大修改的刑法分则条文，则有必要对原罪名作出相应调整。而且，为惩治侮辱国歌的犯罪行为，切实维护国歌奏唱、使用的严肃性和国家尊严，第十二届全国人大常委会第三十次会议于2017年11月4日通过刑法修正案（十），在刑法第二百九十九条中增加一款作为第二款，故有必要对刑法第二百九十九条的原罪名一并作出调整。

---

\* 作者单位：最高人民法院。
\*\* 作者单位：江苏省扬州市中级人民法院。

基于此，根据刑法修正案（十）、刑法修正案（十一），结合司法实践反映的情况，最高人民法院会同最高人民检察院，经认真研究、广泛听取各方面意见，起草了《罪名补充规定（七）》。2021年2月22日最高人民法院审判委员会第1832次会议、2021年2月26日最高人民检察院第十三届检察委员会第63次会议审议通过了《罪名补充规定（七）》。《罪名补充规定（七）》新增17个罪名，另对原10个罪名作了调整或者取消。自此，我国刑法总计规定了483个罪名。

## 二、《罪名补充规定（七）》关于罪名确定的主要考虑

《罪名补充规定（七）》延续以往确定罪名的一些原则，例如：准确，即罪名要尽可能反映有关犯罪的基本性质和核心要件；精练，即在不影响理解的情况下适度概括，避免烦琐、冗长；等等。在此基础上，本次罪名确定还特别考虑了以下两点。

其一，罪名法定原则。法定原则是确定罪名时遵循的首要原则，确定罪名必须严格按照刑法条文的具体规定进行，既不能超越具体条文的含义，也不能遗漏犯罪的重要特征和性质。例如，刑法第二百一十九条之一主要是关于商业间谍的犯罪，与侵犯商业秘密罪不同，应当单独确定罪名；又如，负有特殊职责的人员与已满十四周岁未满十六周岁的未成年女性发生性关系的，其构成要件与强奸罪不同，应当单独确定罪名。

其二，罪责刑相适应原则。这主要体现在刑法同一条款中规定了数个行为，在罪名确定上是认定为一个选择性罪名还是数个罪名，直接关系到司法适用中如何进行罪数处断、是否需要数罪并罚，进而影响刑罚的轻重。在确定此类条文的罪名时，应以体现罪责刑相适应作为重要考虑因素。特别是，对于一些行为方式通常交织在一起的犯罪，如买与卖、收购与运输等，一般确定为选择性罪名而非不同罪名。

## 三、《罪名补充规定（七）》的具体罪名确定

### （一）关于第一百三十三条之二（妨害安全驾驶罪）的罪名确定

刑法第一百三十三条之二系刑法修正案（十一）第二条新增条文。关于本条规定的罪名确定，有意见提出，考虑罪状表述中"危及公共安全""干扰"等要件要素，建议罪名确定为"危害驾驶安全罪""妨害公共安全驾驶罪"或者"干扰安全驾驶罪"等。

《罪名补充规定（七）》将本条罪名确定为"妨害安全驾驶罪"，主要考虑：（1）较之于交通肇事罪、以危险方法危害公共安全罪，本罪配置的刑罚较轻，而"妨害"也相对低于"危害"的程度，故使用"妨害"更贴合罪责刑相适应原则。同时，"妨害"也更符合"抢控驾驶操纵装置、干扰公共交通工具正常行驶"的罪状描述。（2）为确保罪名确定的概括和精炼，参照危险驾驶罪的表述，对于驾驶的对象"公共交通工具"未在罪名中予以规定。（3）本条"干扰"的对象为公共交通工具，"危及公共安全"为后果，故"干扰安全驾驶罪"的表述不够准确。

## （二）关于第一百三十四条第二款（强令、组织他人违章冒险作业罪）的罪名确定

刑法第一百三十四条第二款原规定了"强令违章冒险作业罪"，刑法修正案（十一）第三条对本款作了修改，增加了"或者明知存在重大事故隐患而不排除，仍冒险组织作业"的行为方式。有意见建议对本款仍沿用"强令违章冒险作业罪"，主要理由是：一是虽然此次修正增加了情形，但"明知存在重大事故隐患而不排除，仍冒险组织作业"可以解释为广义的强令违章冒险作业，目前的罪名表述可以反映核心特征，涵盖新增罪状表述；二是本罪名适用多年，不论是司法工作者还是广大人民群众均已适应，不动为宜。

《罪名补充规定（七）》将修正后刑法第一百三十四条第二款的罪名确定为"强令、组织他人违章冒险作业罪"，取消原罪名"强令违章冒险作业罪"。主要考虑："强令"他人违章冒险作业与"明知存在重大事故隐患而不排除，仍冒险组织作业"有明显区别，增加"组织违章冒险作业"的表述，涵盖范围更全面，有利于彰显从严惩治安全生产犯罪的立法精神。

## （三）关于第一百三十四条之一（危险作业罪）的罪名确定

刑法第一百三十四条之一系刑法修正案（十一）第四条新增条文。对本条规定的罪名确定，有意见提出，"生产"与"作业"虽然在内容上存在一定的交叉，但两者并不等同，建议罪名确定为"危险生产、作业罪"。经研究，《罪名补充规定（七）》将本条罪名确定为"危险作业罪"，主要考虑：（1）本条规定的核心要件在于违反安全管理规定达到严重后果的现实危险，故罪名确定的关键在于凸显"危险"。（2）参照第一百三十四条第二款强令违章冒险作业罪，将生产、作业统称为"作业"，将罪名确定为"危险作业罪"，更为简洁明了。

## （四）关于第一百四十一条（生产、销售、提供假药罪）、第一百四十二条（生产、销售、提供劣药罪）的罪名确定

刑法第一百四十一条、第一百四十二条原规定了"生产、销售假药罪""生产、销售劣药罪"，刑法修正案（十一）第五条在刑法第一百四十一条增加一款作为第二款："药品使用单位的人员明知是假药而提供给他人使用的，依照前款的规定处罚。"第六条在刑法第一百四十二条增加一款作为第二款："药品使用单位的人员明知是劣药而提供给他人使用的，依照前款的规定处罚。"

对本两款，最初考虑不另行确定罪名，根据法律"依照前款的规定处罚"即以"生产、销售假药罪""生产、销售劣药罪"定罪处罚。后经研究认为，该意见欠妥：一是从前述两款规定来看，成立犯罪并不要求相对方支付对价，实践中也存在药品使用单位免费提供药品的情形，将并不支付对价的情形也归入"销售"的范畴，不仅名不副实，难以准确体现构成要件，且对"销售"概念外延的扩张，可能会被类比适用到其他涉及销售的罪名；二是就新增条款的立法目的而言，主要是针对药品使用单位的人员未积极履

行应有职责的情形,此种行为类型与"销售"假药或者劣药的行为明显相异;三是"依照前款的规定处罚"并不意味着只能适用前款的罪名,存在另行确定罪名的先例,例如,刑法第一百七十四条第二款另行确定罪名"伪造、变造、转让金融机构经营许可证、批准文件罪",刑法第一百八十五条之一另行确定罪名"违法运用资金罪"等。鉴此,对修正后刑法第一百四十一条第二款、第一百四十二条第二款应当另行确定罪名,但如果确定为"提供假药罪""提供劣药罪",则存在增设死刑罪名的问题。基于此,经综合考虑,《罪名补充规定(七)》将第一百四十一条、第一百四十二条的罪名整体调整为"生产、销售、提供假药罪""生产、销售、提供劣药罪",取消原罪名"生产、销售假药罪""生产、销售劣药罪"。

(五)关于第一百四十二条之一(妨害药品管理罪)的罪名确定

刑法第一百四十二条之一系刑法修正案(十一)第七条新增条文。对本条规定的罪名确定,有意见提出,为更好地体现罪状中"足以严重危害人体健康"的特征,建议罪名确定为"危害药品管理罪"。经研究,《罪名补充规定(七)》将本条罪名确定为"妨害药品管理罪"。主要考虑:(1)本条规定的行为属于违反药品管理法规的行为,实质在于妨害药品管理秩序,确定为"妨害药品管理罪"更为准确。(2)较之于生产、销售假药罪和生产、销售劣药罪,本条配置的刑罚较轻,而"妨害"也相对低于"危害"的程度,故使用"妨害"更贴合罪责刑相适应原则。

(六)关于第一百六十条(欺诈发行证券罪)的罪名确定

刑法第一百六十条第一款原规定了"欺诈发行股票、债券罪",刑法修正案(十一)第八条对本条作了修改,将欺诈发行的对象由"股票或者公司、企业债券"扩大至"股票或者公司、企业债券、存托凭证或者国务院依法认定的其他证券"。根据修改情况,《罪名补充规定(七)》将本条的罪名调整为"欺诈发行证券罪",取消原罪名"欺诈发行股票、债券罪"。

(七)关于第二百一十九条之一(为境外窃取、刺探、收买、非法提供商业秘密罪)的罪名确定

刑法第二百一十九条之一系刑法修正案(十一)第二十三条新增条文。对本条规定的罪名确定,有意见提出,为简洁好记,易于为公众周知,从而更好地发挥罪名的行为规范功能,建议确定为"商业间谍罪"。

《罪名补充规定(七)》将本条罪名确定为"为境外窃取、刺探、收买、非法提供商业秘密罪"。主要考虑:(1)"商业间谍"并不是规范的法律用语,其内涵定义不明确,且范围过于宽泛,以此确定罪名,不利于贯彻罪刑法定原则。(2)"商业间谍罪"虽然听起来更简洁,但并未明确犯罪行为的本质,仅阐述了结论,体现了轻行为方式而重罪名外观的倾向。对比而言,"为境外窃取、刺探、收买、非法提供商业秘密罪"则更为准确地揭示了该罪的行为方式。(3)现行刑法按照为境外提供的内容分别规定了"为境外窃

取、刺探、收买、非法提供国家秘密、情报罪"（刑法第一百一十一条）和"为境外窃取、刺探、收买、非法提供军事秘密罪"（刑法第四百三十一条第二款），本条罪名确定为"为境外窃取、刺探、收买、非法提供商业秘密罪"，符合罪名确定的惯例，也能达到整体上协调的效果。

（八）关于刑法第二百三十六条之一（负有照护职责人员性侵罪）的罪名确定

刑法第二百三十六条之一系刑法修正案（十一）第二十七条新增条文。对本条规定的罪名确定，有意见建议本条罪名确定为"准强奸罪"。经研究，《罪名补充规定（七）》将本条罪名确定为"负有照护职责人员性侵罪"。主要考虑：（1）"准强奸罪"内涵不够清晰，容易有歧义，也无法体现本条规定的核心要件。（2）本条规定旨在既提高未成年女性的性同意年龄，又不同于奸淫幼女中幼女的性同意一律无效的情形，而是根据犯罪主体的身份情况作出区分，体现其特殊主体身份，"负有照护职责人员性侵罪"更为准确，也能够与传统意义的"强奸罪"严格区别。（3）本条规定的"对已满十四周岁不满十六周岁的未成年女性负有监护、收养、看护、教育、医疗等特殊职责的人员"，实际上是负有特定照护职责的人员。

（九）关于第二百七十七条第五款（袭警罪）的罪名确定

刑法第二百七十七条第五款原规定："暴力袭击正在依法执行职务的人民警察的，依照第一款的规定从重处罚。"刑法修正案（十一）第三十一条对本款作了修改，主要修改内容包括：一是刑罚从原来的从重处罚修改为单独法定刑配置，二是突出了行为方式的暴力性，增加了"使用枪支、管制刀具，或者以驾驶机动车撞击等手段，严重危及其人身安全的"表述。对本条规定的罪名确定，有意见提出，为突出该类行为的暴力性，建议本条罪名确定为"暴力袭警罪"；也有意见认为没有必要单设罪名，可以继续适用"妨害公务罪"。经研究，《罪名补充规定（七）》将本款罪名确定为"袭警罪"。主要考虑：（1）按照罪名确定的惯例，单独刑罚配置的条款，一般宜单独确定罪名。（2）"袭警"本身就含有暴力之意，且近年来在讨论增设该罪的过程中，各方普遍使用"袭警罪"的表述，已有广泛社会共识且更为精炼。

（十）关于第二百八十条之二（冒名顶替罪）的罪名确定

刑法第二百八十条之二系刑法修正案（十一）第三十二条新增条文。根据罪状表述，《罪名补充规定（七）》将本条罪名确定为"冒名顶替罪"。主要考虑：该罪名既简单明了、有广泛社会共识，又能概括行为特征。

（十一）关于第二百九十一条之二（高空抛物罪）的罪名确定

刑法第二百九十一条之二系刑法修正案（十一）第三十三条新增条文。根据罪状表述，《罪名补充规定（七）》将本条罪名确定为"高空抛物罪"。主要考虑：（1）沿用

《最高人民法院关于依法妥善审理高空抛物、坠物案件的意见》（法发〔2019〕25号）的有关表述。(2)"高空抛物罪"通俗明了，易于理解。

**（十二）关于第二百九十三条之一（催收非法债务罪）的罪名确定**

刑法第二百九十三条之一系刑法修正案（十一）第三十四条新增条文。对于本条，起初考虑罪名确定为"非法讨债罪"，主要理由是：一是本条是在总结扫黑除恶专项斗争实践经验的基础上，将采取暴力、"软暴力"等手段催收高利放贷等产生的非法债务规定为犯罪，确定为"非法讨债罪"可以准确反映立法精神；二是罪名应当尽可能全面反映有关犯罪行为的核心特征，但这是相对的，不能过于绝对和机械。确定罪名只是统一标准，司法机关不可能只根据罪名认定犯罪。有些罪名尽管未能反映犯罪行为的全部特征，但简单精炼、通俗易懂、相沿成习，并无不妥。例如，刑法第三百零三条规定"以营利为目的，聚众赌博或者以赌博为业的"，从条文看，规制的是聚众赌博或者以赌博为业，不是单纯的赌博行为，但长久以来，该条罪名一直是赌博罪，适用中并不存在问题。

经进一步研究认为，罪名确定要准确体现罪状表述，防止产生歧义，对本条规定的采用非法手段和催收非法债务两个核心要件需统筹考虑，准确确定罪名。具体而言，使用"非法讨债罪"的罪名，过于概括，不能充分反映该条罪状的内容，容易产生催讨合法债务的行为也要受到惩处的误解；使用"非法催收非法债务罪""非法催收不法债务罪"或者"违法催收非法债务罪"，固能准确反映本罪成立的两个核心要件，但是冗长、拗口、重复。经综合衡量，《罪名补充规定（七）》将本条罪名确定为"催收非法债务罪"。主要考虑：(1)从罪状表述来看，本条涉及的催收对象为"高利放贷等产生的非法债务"，在罪名中凸显"非法债务"的表述，可以使罪名更为准确。(2)本条置于刑法第二百九十三条寻衅滋事罪之后，结合寻衅滋事罪的行为方式本身具有非法性特征进行体系考量，"催收非法债务罪"罪名本身虽然没有直接体现行为手段的非法性，但通常不会产生歧义。而且，作此处理，可以使得罪名更为精炼。

**（十三）关于第二百九十九条（侮辱国旗、国徽、国歌罪）的罪名确定**

刑法第二百九十九条原规定了"侮辱国旗、国徽罪"，刑法修正案（十）在刑法第二百九十九条中增加一款作为第二款，规定了侮辱国歌的犯罪。根据法律修改情况，《罪名补充规定（七）》将本条罪名调整为"侮辱国旗、国徽、国歌罪"，取消原罪名"侮辱国旗、国徽罪"。

**（十四）关于第二百九十九条之一（侵害英雄烈士名誉、荣誉罪）的罪名确定**

刑法第二百九十九条之一系刑法修正案（十一）第三十五条新增条文，罪状为"侮辱、诽谤或者以其他方式侵害英雄烈士的名誉、荣誉，损害社会公共利益，情节严重的"。根据罪状表述，《罪名补充规定（七）》将本条罪名确定为"侵害英雄烈士名誉、荣誉罪"。

(十五) 关于刑法第三百零三条第三款 [组织参与国 (境) 外赌博罪] 的罪名确定

刑法第三百零三条第三款系刑法修正案 (十一) 第三十六条新增条款。对于本款，起初考虑不单独确定罪名，根据"依照前款的规定处罚"的规定，适用本条第二款规定的开设赌场罪。主要理由是：该行为可以理解为开设赌场罪的共犯，量刑时可以适用共同犯罪的有关规定；如果单独入罪，反而不利于区别处理，其处罚甚至可能会重于赌场"老板"。也有意见提出，本条第二款规定的开设赌场罪与第三款有明显区别，建议将罪名确定为"组织跨境赌博罪"。

《罪名补充规定 (七)》将本款罪名确定为"组织参与国 (境) 外赌博罪"。主要考虑：(1) 本款的入罪门槛与刑法第三百零三条第二款有所不同，且本款规制的是组织中国公民参与国 (境) 外赌博的行为，该行为类型不能为开设赌场罪所涵盖。故而，有必要对本款单独确定罪名。(2) 本款罪状使用了"国 (境) 外"的表述，为准确反映罪状，不宜简化为"组织跨境赌博罪"。

(十六) 关于第三百三十四条之一 (非法采集人类遗传资源、走私人类遗传资源材料罪) 的罪名确定

刑法第三百三十四条之一系刑法修正案 (十一) 第三十八条新增条文。对本条规定的罪名确定，有意见建议将罪名确定为"危害国家人类遗传资源安全罪""危害人类遗传资源安全罪"。经研究，《罪名补充规定 (七)》将本条罪名确定为"非法采集人类遗传资源、走私人类遗传资源材料罪"。主要考虑：(1) "危害国家人类遗传资源安全罪"的罪名表述过于概括、笼统，易导致理解上的偏差。(2) 本条规定包括两种行为方式，即"非法采集"和"非法运送、邮寄、携带……出境"，后一种行为方式可概括为"走私"，同时考虑非法采集的对象是"人类遗传资源"，走私的对象是"人类遗传资源材料"，故罪名确定为"非法采集人类遗传资源、走私人类遗传资源材料罪"，以准确概括罪状。

(十七) 关于第三百三十六条之一 (非法植入基因编辑、克隆胚胎罪) 的罪名确定

刑法第三百三十六条之一系刑法修正案 (十一) 第三十九条新增条文，罪状为"将基因编辑、克隆的人类胚胎植入人体或者动物体内，或者将基因编辑、克隆的动物胚胎植入人体内，情节严重的"。根据罪状表述，《罪名补充规定 (七)》将本条罪名确定为"非法植入基因编辑、克隆胚胎罪"。

(十八) 关于第三百四十一条第一款 (危害珍贵、濒危野生动物罪) 的罪名确定

刑法第三百四十一条第一款原规定了"非法猎捕、杀害珍贵、濒危野生动物罪""非法收购、运输、出售珍贵、濒危野生动物、珍贵、濒危野生动物制品罪"。关于本款规定

的罪名是否需要整合概括，有意见建议维持目前比较具体的罪名，不作修改。主要理由是：实践中针对珍贵、濒危野生动物的犯罪呈现多层次的特点，修改后的整合罪名不利于区分上下游犯罪，而且简单地将两罪合并为一罪，可能导致原先应当数罪并罚的情形不复存在，客观上降低了对此类犯罪的惩处力度。而且，原有的两个罪名可以充分体现所侵犯的犯罪客体和对象，反映不同犯罪之间的差异和侧重，便于公众对有关犯罪行为的边界和区分有更直观的认知。

《罪名补充规定（七）》将本款罪名合并修改为"危害珍贵、濒危野生动物罪"，取消原罪名"非法猎捕、杀害珍贵、濒危野生动物罪"和"非法收购、运输、出售珍贵、濒危野生动物、珍贵、濒危野生动物制品罪"。主要考虑：(1) 司法实践反映，原罪名过于复杂、烦冗。(2) 非法猎捕、杀害珍贵、濒危野生动物的行为，往往伴随后续的非法收购、运输、出售珍贵、濒危野生动物、珍贵、濒危野生动物制品的行为。按照原罪名，司法适用中经常面临是否需要数罪并罚的争论。此外，对于涉及已死亡的野生动物尸体的案件，在罪名上究竟适用"野生动物"还是"野生动物制品"也常存在争论。(3) 概括确定为"危害珍贵、濒危野生动物罪"简单明了，也能充分涵括各种行为方式和保护对象；而且，对于涉及多种行为方式、多个行为对象的，也可以根据情节裁量刑罚，实现对珍贵、濒危野生动物资源的有效刑事司法保护。

（十九）关于第三百四十一条第三款（非法猎捕、收购、运输、出售陆生野生动物罪）的罪名确定

刑法第三百四十一条第三款系刑法修正案（十一）第四十一条新增条款。对于本款，起初考虑不单独确定罪名，主要理由是：根据"依照前款的规定处罚"的规定，本款规定的行为属于广义的非法狩猎，可以适用刑法第三百四十一条第二款的非法狩猎罪。后经研究认为，该意见欠妥：一是新增条款的内容与非法狩猎罪有本质不同，不宜适用非法狩猎罪的罪名；二是本款的立法目的不是为了保护野生动物本身，而是为防止引发公共卫生方面的危险，这与前两款规定的立法目的有所不同，故有必要单独确定罪名；三是本款规定的构成要件与第二款的非法狩猎罪并不相同，除非法"猎捕"之外，还包括非法"收购、运输、出售"的行为类型，后三类行为难以为"狩猎"的概念所涵括。故而，如不单独确定罪名而适用非法狩猎罪，可能导致对非法"收购、运输、出售"作不当限缩理解，即限于对非法猎捕具有共同犯意的收购、运输、出售行为，才能适用第三款的规定；四是本款条文的罚则是"依照前款的规定处罚"，并不是"依照前款的规定定罪处罚"或者"以前款规定论处"；而且，本款的行为对象是刑法第三百四十一条第一款规定的"珍贵、濒危野生动物"以外的陆生野生动物。单独确定罪名后，能有效界定两者的调整对象的不同，便于一般人的理解，起到刑法罪名应有的一般预防或警示作用。

关于本款的具体罪名确定，有"危害陆生野生动物罪""非法猎捕、收购、运输、出售陆生野生动物罪"两种意见，《罪名补充规定（七）》确定为"非法猎捕、收购、运输、出售陆生野生动物罪"。主要考虑：(1) 从立法精神看，增设本款不只是为了保护野

生动物，更是为了防止滥食引发的公共卫生风险。故而，"危害陆生野生动物罪"未能准确反映立法意旨。（2）"非法猎捕、收购、运输、出售陆生野生动物罪"，可以充分体现选择性罪名的特征，也贯彻了确定罪名时应遵循的罪责刑相适应原则。

（二十）关于第三百四十二条之一（破坏自然保护地罪）的罪名确定

刑法第三百四十二条之一系刑法修正案（十一）第四十二条新增条文。根据罪状表述，《罪名补充规定（七）》将本条罪名确定为"破坏自然保护地罪"。主要考虑：（1）本条罪状为"违反自然保护地管理法规，在国家公园、国家级自然保护区进行开垦、开发活动或者修建建筑物，造成严重后果或者有其他恶劣情节的"。显而易见，本条规制的是对"国家公园、国家级自然保护区"的破坏行为。（2）根据《中共中央办公厅、国务院办公厅关于建立以国家公园为主体的自然保护地体系的指导意见》（2019年6月26日）和生态环境部印发的《自然保护地生态环境监管工作暂行办法》（环生态〔2020〕72号）的规定，国家公园、国家级自然保护区属于自然保护地，且国家公园是自然保护地体系的主体。

（二十一）关于刑法第三百四十四条（危害国家重点保护植物罪）的罪名确定

刑法第三百四十四条原规定了"非法采伐、毁坏国家重点保护植物罪""非法收购、运输、加工、出售国家重点保护植物、国家重点保护植物制品罪"。在司法适用中，存在类似刑法第三百四十一条第一款的问题。基于同样的考虑，《罪名补充规定（七）》将刑法第三百四十四条的罪名调整为"危害国家重点保护植物罪"，取消原罪名"非法采伐、毁坏国家重点保护植物罪"和"非法收购、运输、加工、出售国家重点保护植物、国家重点保护植物制品罪"。

（二十二）关于第三百四十四条之一（非法引进、释放、丢弃外来入侵物种罪）的罪名确定

刑法第三百四十四条之一系刑法修正案（十一）第四十三条新增条文，罪状为"违反国家规定，非法引进、释放或者丢弃外来入侵物种，情节严重的"。对本条规定的罪名确定，有意见提出，为避免罪名冗长，建议将罪名确定为"非法处置外来入侵物种罪"。经研究，《罪名补充规定（七）》将本条罪名确定为"非法引进、释放、丢弃外来入侵物种罪"。主要考虑：（1）"处置"的含义较为宽泛，将"引进"概括为"处置"不够准确。（2）表述为"引进、释放、丢弃"与罪状表述一致，更加贴切，也有利于与生物安全法的条文表述相衔接。

（二十三）关于刑法第三百五十五条之一（妨害兴奋剂管理罪）的罪名确定

刑法第三百五十五条之一系刑法修正案（十一）第四十四条新增条文，罪状为"引诱、教唆、欺骗运动员使用兴奋剂参加国内、国际重大体育竞赛，或者明知运动员参加

上述竞赛而向其提供兴奋剂，情节严重的"。根据罪状表述，《罪名补充规定（七）》将本条罪名确定为"妨害兴奋剂管理罪"。

（二十四）关于刑法第四百零八条之一（食品、药品监管渎职罪）的罪名确定

刑法第四百零八条之一第一款原规定了"食品监管渎职罪"，刑法修正案（十一）第四十五条对本款作了修改，增加了药品监管渎职的内容。基于此，《罪名补充规定（七）》将本条的罪名调整为"食品、药品监管渎职罪"，取消原罪名"食品监管渎职罪"。

## 最高人民法院 最高人民检察院
## 关于办理操纵证券、期货市场刑事案件适用法律若干问题的解释

法释〔2019〕9号

(2018年9月3日最高人民法院审判委员会第1747次会议、2018年12月12日最高人民检察院第十三届检察委员会第十一次会议通过 2019年6月27日最高人民法院、最高人民检察院公告公布 自2019年7月1日起施行)

为依法惩治证券、期货犯罪,维护证券、期货市场管理秩序,促进证券、期货市场稳定健康发展,保护投资者合法权益,根据《中华人民共和国刑法》《中华人民共和国刑事诉讼法》的规定,现就办理操纵证券、期货市场刑事案件适用法律的若干问题解释如下:

**第一条** 行为人具有下列情形之一的,可以认定为刑法第一百八十二条第一款第四项规定的"以其他方法操纵证券、期货市场":

(一)利用虚假或者不确定的重大信息,诱导投资者作出投资决策,影响证券、期货交易价格或者证券、期货交易量,并进行相关交易或者谋取相关利益的;

(二)通过对证券及其发行人、上市公司、期货交易标的公开作出评价、预测或者投资建议,误导投资者作出投资决策,影响证券、期货交易价格或者证券、期货交易量,并进行与其评价、预测、投资建议方向相反的证券交易或者相关期货交易的;

(三)通过策划、实施资产收购或者重组、投资新业务、股权转让、上市公司收购等虚假重大事项,误导投资者作出投资决策,影响证券交易价格或者证券交易量,并进行相关交易或者谋取相关利益的;

(四)通过控制发行人、上市公司信息的生成或者控制信息披露的内容、时点、节奏,误导投资者作出投资决策,影响证券交易价格或者证券交易量,并进行相关交易或者谋取相关利益的;

(五)不以成交为目的,频繁申报、撤单或者大额申报、撤单,误导投资者作出投资决策,影响证券、期货交易价格或者证券、期货交易量,并进行与申报相反的交易或者谋取相关利益的;

(六)通过囤积现货,影响特定期货品种市场行情,并进行相关期货交易的;

（七）以其他方法操纵证券、期货市场的。

**第二条** 操纵证券、期货市场，具有下列情形之一的，应当认定为刑法第一百八十二条第一款规定的"情节严重"：

（一）持有或者实际控制证券的流通股份数量达到该证券的实际流通股份总量百分之十以上，实施刑法第一百八十二条第一款第一项操纵证券市场行为，连续十个交易日的累计成交量达到同期该证券总成交量百分之二十以上的；

（二）实施刑法第一百八十二条第一款第二项、第三项操纵证券市场行为，连续十个交易日的累计成交量达到同期该证券总成交量百分之二十以上的；

（三）实施本解释第一条第一项至第四项操纵证券市场行为，证券交易成交额在一千万元以上的；

（四）实施刑法第一百八十二条第一款第一项及本解释第一条第六项操纵期货市场行为，实际控制的账户合并持仓连续十个交易日的最高值超过期货交易所限仓标准的二倍，累计成交量达到同期该期货合约总成交量百分之二十以上，且期货交易占用保证金数额在五百万元以上的；

（五）实施刑法第一百八十二条第一款第二项、第三项及本解释第一条第一项、第二项操纵期货市场行为，实际控制的账户连续十个交易日的累计成交量达到同期该期货合约总成交量百分之二十以上，且期货交易占用保证金数额在五百万元以上的；

（六）实施本解释第一条第五项操纵证券、期货市场行为，当日累计撤回申报量达到同期该证券、期货合约总申报量百分之五十以上，且证券撤回申报额在一千万元以上、撤回申报的期货合约占用保证金数额在五百万元以上的；

（七）实施操纵证券、期货市场行为，违法所得数额在一百万元以上的。

**第三条** 操纵证券、期货市场，违法所得数额在五十万元以上，具有下列情形之一的，应当认定为刑法第一百八十二条第一款规定的"情节严重"：

（一）发行人、上市公司及其董事、监事、高级管理人员、控股股东或者实际控制人实施操纵证券、期货市场行为的；

（二）收购人、重大资产重组的交易对方及其董事、监事、高级管理人员、控股股东或者实际控制人实施操纵证券、期货市场行为的；

（三）行为人明知操纵证券、期货市场行为被有关部门调查，仍继续实施的；

（四）因操纵证券、期货市场行为受过刑事追究的；

（五）二年内因操纵证券、期货市场行为受过行政处罚的；

（六）在市场出现重大异常波动等特定时段操纵证券、期货市场的；

（七）造成恶劣社会影响或者其他严重后果的。

**第四条** 具有下列情形之一的，应当认定为刑法第一百八十二条第一款规定的"情节特别严重"：

（一）持有或者实际控制证券的流通股份数量达到该证券的实际流通股份总量百分之

十以上，实施刑法第一百八十二条第一款第一项操纵证券市场行为，连续十个交易日的累计成交量达到同期该证券总成交量百分之五十以上的；

（二）实施刑法第一百八十二条第一款第二项、第三项操纵证券市场行为，连续十个交易日的累计成交量达到同期该证券总成交量百分之五十以上的；

（三）实施本解释第一条第一项至第四项操纵证券市场行为，证券交易成交额在五千万元以上的；

（四）实施刑法第一百八十二条第一款第一项及本解释第一条第六项操纵期货市场行为，实际控制的账户合并持仓连续十个交易日的最高值超过期货交易所限仓标准的五倍，累计成交量达到同期该期货合约总成交量百分之五十以上，且期货交易占用保证金数额在二千五百万元以上的；

（五）实施刑法第一百八十二条第一款第二项、第三项及本解释第一条第一项、第二项操纵期货市场行为，实际控制的账户连续十个交易日的累计成交量达到同期该期货合约总成交量百分之五十以上，且期货交易占用保证金数额在二千五百万元以上的；

（六）实施操纵证券、期货市场行为，违法所得数额在一千万元以上的。

实施操纵证券、期货市场行为，违法所得数额在五百万元以上，并具有本解释第三条规定的七种情形之一的，应当认定为"情节特别严重"。

**第五条** 下列账户应当认定为刑法第一百八十二条中规定的"自己实际控制的账户"：

（一）行为人以自己名义开户并使用的实名账户；

（二）行为人向账户转入或者从账户转出资金，并承担实际损益的他人账户；

（三）行为人通过第一项、第二项以外的方式管理、支配或者使用的他人账户；

（四）行为人通过投资关系、协议等方式对账户内资产行使交易决策权的他人账户；

（五）其他有证据证明行为人具有交易决策权的账户。

有证据证明行为人对前款第一项至第三项账户内资产没有交易决策权的除外。

**第六条** 二次以上实施操纵证券、期货市场行为，依法应予行政处理或者刑事处理而未经处理的，相关交易数额或者违法所得数额累计计算。

**第七条** 符合本解释第二条、第三条规定的标准，行为人如实供述犯罪事实，认罪悔罪，并积极配合调查，退缴违法所得的，可以从轻处罚；其中犯罪情节轻微的，可以依法不起诉或者免予刑事处罚。

符合刑事诉讼法规定的认罪认罚从宽适用范围和条件的，依照刑事诉讼法的规定处理。

**第八条** 单位实施刑法第一百八十二条第一款行为的，依照本解释规定的定罪量刑标准，对其直接负责的主管人员和其他直接责任人员定罪处罚，并对单位判处罚金。

**第九条** 本解释所称"违法所得"，是指通过操纵证券、期货市场所获利益或者避免的损失。

本解释所称"连续十个交易日",是指证券、期货市场开市交易的连续十个交易日,并非指行为人连续交易的十个交易日。

**第十条** 对于在全国中小企业股份转让系统中实施操纵证券市场行为,社会危害性大,严重破坏公平公正的市场秩序的,比照本解释的规定执行,但本解释第二条第一项、第二项和第四条第一项、第二项除外。

**第十一条** 本解释自2019年7月1日起施行。

# 《最高人民法院、最高人民检察院关于办理操纵证券、期货市场刑事案件适用法律若干问题的解释》的理解与适用

姜永义　陈学勇　朱宏伟[*]

为依法惩治证券、期货犯罪，维护证券、期货市场管理秩序，促进证券、期货市场稳定健康发展，保护投资者合法权益，最高人民法院、最高人民检察院发布了《关于办理操纵证券、期货市场刑事案件适用法律若干问题的解释》（法释〔2019〕9 号，以下简称《操纵证券、期货市场刑案解释》），自 2019 年 7 月 1 日起施行。为便于司法实践的准确理解和正确适用，现对《操纵证券、期货市场刑案解释》的起草背景、主要考虑和主要内容介绍如下。

## 一、《解释》的制定背景和经过

为依法惩治操纵证券、期货市场犯罪，1997 年《中华人民共和国刑法》（以下简称刑法）第一百八十二条规定了操纵证券价格罪，1999 年 12 月 25 日刑法修正案修改为操纵证券、期货价格罪，2006 年 6 月 29 日刑法修正案（六）又作了进一步修改完善，修改为操纵证券、期货市场罪。有关刑事立法为依法惩治操纵证券、期货市场犯罪提供了法律依据。2010 年《最高人民检察院、公安部关于公安机关管辖的刑事案件立案追诉标准的规定（二）》［以下简称《立案追诉标准（二）》］明确了操纵证券、期货市场罪的立案追诉标准，为准确适用法律，依法打击操纵证券、期货市场犯罪，维护证券、期货市场秩序发挥了积极作用。

近年来，我国证券、期货市场不断发展，为实体经济建设提供了重要的金融支持。与此同时，操纵证券、期货市场等违法、犯罪行为也频频发生，并且花样翻新，严重破坏证券、期货市场管理秩序，危害投资者合法权益和国家金融安全。该类犯罪具有以下几方面的特征：一是涉案金额巨大，社会危害大。操纵证券、期货市场犯罪涉案金额动辄上亿元，影响证券、期货交易价格，造成市场波动，严重损害广大投资者合法权益，严重破坏证券、期货市场管理秩序，危害国家金融安全和稳定。二是专业性强，操纵方法多样化。操纵证券、期货市场犯罪分子往往具有较深的专业背景，熟悉资本市场运行

---

[*] 作者单位：最高人民法院。

规则和信息技术，通过公司化"流水线作业"，利用资金优势、信息优势、联合"黑嘴"荐股等手段操纵证券、期货市场。三是犯罪手段更加隐蔽，查处难度大。证券、期货交易具有无纸化、信息化等特点，犯罪分子操纵证券、期货市场的手段更加网络化、智能化，加大了调查取证的难度，给认定操纵证券、期货市场犯罪带来困难，导致操纵证券、期货市场犯罪的实发案件数量与查处的案件数量存在较大落差。与此同时，司法实践反映，操纵证券、期货市场的具体定罪量刑标准尚不明确，一些法律适用问题存在争议，需要通过司法解释作出规定，确保刑法的正确实施。起草、制定《操纵证券、期货市场刑案解释》历时近两年时间。最高人民法院刑三庭、最高人民检察院法律政策研究室经过深入调研论证和广泛征求意见，结合司法工作实际，制定了《操纵证券、期货市场刑案解释》。在起草司法解释过程中，先后多次组织召开专家论证会听取意见和建议，征求了全国法院系统、检察系统、公安部、国务院原法制办及证监会、证券交易所、期货交易所等相关部门的意见，并征求了全国人大常委会法工委的意见，达成广泛共识。2018年9月3日最高人民法院审判委员会第1747次会议、2018年12月12日最高人民检察院第十三届检察委员会第十一次会议分别审议通过了《操纵证券、期货市场刑案解释》。

## 二、《操纵证券、期货市场刑案解释》起草中的主要考虑

在起草过程中，为了确保《操纵证券、期货市场刑案解释》规定内容科学合理，能够有效指导司法实践，解决实践中存在的突出问题，主要有以下几个方面的考虑。

一是坚持罪刑法定，严格依法解释。罪刑法定原则是刑法的基本原则。正确理解和把握立法精神，严格依法准确解释法律，是起草解释所坚持的首要原则。《操纵证券、期货市场刑案解释》属于对刑法条文含义和适用标准的具体阐释，我们坚持以刑法的规定为依据，对操纵证券、期货市场犯罪行为的界定和确定的定罪量刑标准等内容，都没有超出刑法的规定范围，确保罪刑法定原则在司法实践中得到贯彻落实，确保无罪的人不受刑事追究。

二是立足司法实践，解决实际问题。立足司法实践，解决实际问题，是制定司法解释的出发点和落脚点。在起草《操纵证券、期货市场刑案解释》过程中，最高人民法院、最高人民检察院有关部门就操纵证券、期货市场犯罪法律适用问题进行了深入调研，全面收集相关情况和案例，对存在的问题进行了系统梳理。在此基础上，坚持以问题为导向，结合司法实际，明确了操纵证券、期货市场的定罪量刑标准，以及一些有争议的法律适用问题，以便统一司法标准，统一法律适用，确保刑法得到正确实施。

三是坚持宽严相济，注重惩治效果。贯彻宽严相济刑事政策是制定司法解释一贯坚持的重要原则。在坚持从严惩治证券、期货犯罪的同时，切实体现区别对待，分化瓦解犯罪分子，规定对于行为人符合定罪处罚标准，如实供述犯罪事实，认罪悔罪，并积极配合调查，退缴违法所得的，可以从轻处罚；其中犯罪情节轻微的，可以依法不起诉或者免予刑事处罚。同时，切实贯彻修正后的刑事诉讼法确立的认罪认罚从宽制度，规定符合刑事诉讼法规定的认罪认罚从宽适用范围和条件的，依照刑事诉讼法的规定处理，确保法律效果和社会效果的有机统一，更好地实现惩罚和预防犯罪的目的。

### 三、《操纵证券、期货市场刑案解释》的主要内容

结合当前操纵证券、期货市场刑事案件的特点和司法实践反映的突出问题,依照刑法、刑事诉讼法的规定,对操纵证券、期货市场刑事案件的适用法律相关问题作了较为系统的规定。《操纵证券、期货市场刑案解释》共十一条,大致可以归纳为如下七个方面的内容:

(一) 关于"以其他方法操纵证券、期货市场"的认定问题

刑法第一百八十二条第一款第一项至三项规定了联合、连续交易操纵、约定交易操纵、自买自卖操纵(也称洗售操纵)等三种操纵证券、期货市场的方法:一是联合、连续交易操纵,即单独或者合谋,集中资金优势、持股优势或者持仓优势或者利用信息优势,联合或者连续买卖,操纵证券、期货市场交易价格或者证券、期货交易量的行为;二是约定交易操纵,俗称"对倒",即与他人串通,以事先约定的时间、价格和方式相互进行证券、期货交易,影响证券、期货交易价格或者证券、期货交易量的行为;三是自买自卖操纵,俗称"对敲",在自己实际控制的账户之间进行证券交易,或者以自己为交易对象,自买自卖期货合约,影响证券、期货交易价格或者证券、期货交易量的行为。"对倒""对敲"的违法本质是相同的,即在证券、期货交易市场中,行为人通过虚伪交易(虚买虚卖)进行"诱多"或者"诱空",从而谋取非法利益的行为。同时,刑法第一百八十二条第一款第四项规定了"以其他方法操纵证券、期货市场的"作为兜底条款。

实践中,由于相关规定不明确,对于"以其他方法操纵证券、期货市场"的认定存在不同认识。结合司法实践和实际案例,并参考相关法律、法规以及《中国证券监督管理委员会证券市场操纵行为认定指引(试行)》等规定,《操纵证券、期货市场刑案解释》第一条明确了"以其他方法操纵证券、期货市场"的六种情形,同时考虑证券、期货市场操纵手段不断翻新,难以列举穷尽,该条第七项仍然以"以其他方法操纵证券、期货市场"作为兜底性规定。

第一,"蛊惑交易操纵",即利用虚假或者不确定的重大信息,诱导投资者作出投资决策,影响证券、期货交易价格或者证券、期货交易量,并进行相关交易或者谋取相关利益。其中"诱导投资者作出投资决策",通常是指行为人故意编造虚假信息或者明知是虚假或不确定的信息而进行传播,使广大投资者信以为真作出错误的投资决策,从而影响交易价格或者交易量。"进行相关交易"是指进行与其蛊惑信息所涉证券、期货的交易,包括集合竞价阶段交易、连续竞价阶段交易、大宗交易、场外交易等。"谋取相关利益",是相关交易之外的其他相关利益,如,影响定向增发价格,影响股权质押价格,影响大宗交易价格,打压他人基金排名,影响公司收购价格等。

第二,"抢帽子交易操纵",也就是利用"黑嘴"荐股操纵,即通过对证券及其发行人、上市公司、期货交易标的公开作出评价、预测或者投资建议,误导投资者作出投资决策,影响证券、期货交易价格或者证券、期货交易量,并进行与其评价、预测、投资建议方向相反的证券交易或者相关期货交易。《立案追诉标准(二)》规定该类操纵的主体

为"证券公司、证券投资咨询机构、专业中介机构或者从业人员"。随着自媒体等现代通讯传播技术的快速发展,涉案主体既有持牌机构和分析师,也有网络工作室、网络大V、博主等非持牌机构以及一般公民,"黑嘴"荐股的方式多种多样,如微博、股吧、视频直播、微信以及QQ私聊建群等,最终目的是误导投资者作出投资决策而从中获利,有的是自己反向交易从中获利,有的诱导散户买入,帮助"庄家出货"获取报酬等。

第三,"重大事件操纵",即通过策划、实施资产收购或者重组、投资新业务、股权转让、上市公司收购等虚假重大事项,误导投资者作出投资决策,影响证券交易价格或者证券交易量,并进行相关交易或者谋取相关利益。本项规定主要针对股市中近几年出现的通过策划、实施虚假重组、虚假投资、虚假股权转让、虚假收购等重大事件,误导投资者作出投资决策,自己交易或者谋取相关利益的操纵行为,俗称证券市场中"编故事、画大饼"的操纵行为。如,上市公司的发起人为减持限售股,而提前策划收购、重组等重大虚假事项,推高股价后减持获利。

第四,"控制信息操纵",即通过控制发行人、上市公司信息的生成或者控制信息披露的内容、时点、节奏,误导投资者作出投资决策,影响证券交易价格或者证券交易量,并进行相关交易或者谋取相关利益。本项的"控制信息操纵",与刑法第一百八十二条第一款第一项中规定的"利用信息优势操纵"的区分在于:刑法第一百八十二条第一款第一项中规定的"利用信息优势操纵"是指行为人利用已有的信息,基于其先知晓、知晓得完全等优势,通过交易进行操纵,其本质是交易型操纵,即"信息优势+联合或连续买卖"。而本项"控制信息操纵"是指行为人控制信息生成和控制信息内容以及控制信息发布的时点、节奏,利用生成信息及控制信息本身,对市场投资者进行诱导,从而影响股价,本身不一定有联合或连续买卖股票,其本质是信息型操纵。此外,两者的犯罪主体不同,《立案追诉标准(二)》规定"利用信息优势操纵"的主体为特殊主体,即"上市公司及其董事、监事、高级管理人员、控股股东、实际控制人或其他关联人员"。从近年来处理的案例来看,参与"控制信息操纵"的主体身份越来越广泛,出现上述特殊主体与外部人员内外勾结,甚至外部人员收买内部人员,控制信息的生成和发布对证券市场进行操纵,故《操纵证券、期货市场刑案解释》将该类操纵的主体规定为一般主体。

第五,"恍骗交易操纵"(也称虚假申报操纵),即不以成交为目的,频繁申报、撤单或者大额申报、撤单,误导投资者作出投资决策,影响证券、期货交易价格或者证券、期货交易量,并进行与申报相反的交易或者谋取相关利益。在证券、期货交易市场中,报撤单是正常交易行为。该类操纵与正常报撤单的区分,要根据报撤单是否频繁,或者报撤单的金额是否巨大;是否进行与申报相反的交易;是否使用多个不同账户掩盖操作等客观方面进行综合判断。

第六,"跨期、现货市场操纵",即通过囤积现货,影响特定期货品种市场行情,并进行相关期货交易。这种操纵方法在期货市场中并不少见,甚至会发生"逼仓"现象,如小品种的期货交易中,多头持仓者预测现货不足时,凭借资金优势拉高期货价格,同时大量囤积现货,拉高现货价格,迫使空头要么高价买回期货合约认赔平仓出局,要么以高价买入现货进行实物交割,甚至空头因买不到现货交割受到违约罚款,从而出现

"逼仓"现象，操纵者从而获取暴利。

（二）关于"情节严重"的认定标准

"情节严重"标准与刑事立案追诉标准直接相关，是长期以来影响操纵市场刑事规制的瓶颈问题。《操纵证券、期货市场刑案解释》参照《最高人民法院、最高人民检察院关于办理内幕交易、泄露内幕信息刑事案件具体应用法律若干问题的解释》（以下简称《内幕交易罪司法解释》）和《立案追诉标准（二）》等相关规定，结合证券、期货市场当前实际发生的案件情况，并对比其他经济类案件的数额变化趋势，针对刑法第一百八十二条第一款规定的三种以及《操纵证券、期货市场刑案解释》规定的六种操纵证券、期货市场的情形，从交易金额、交易占比、违法所得金额等方面规定了七种"情节严重"的认定标准；同时，为更加有力、有效地惩治操纵证券、期货市场犯罪，结合此类犯罪的特点，又规定了七种"数额+情节"的"情节严重"的情形。

1. 第二条第一项、第二项规定了交易型操纵证券市场的入罪标准

《解释》第二条第一项、第二项对《立案追诉标准（二）》的入罪标准作了适当调整。一方面，在连续交易操纵的入罪标准中，将持股比例由30%调整为10%。主要考虑：过去个股盘子普遍比较小，且并非全部为流通股，30%的持股比例有一定合理性。随着股权分置改革落地，目前个股盘子普遍比较大，且大部分为全流通股，30%的持股比例在现实中很难达到。根据证监会测算，沪深两市全部3000余家上市公司第三大股东平均持股比例仅3.67%。根据证券法的规定，持股5%以上的属于大股东。考虑目前仍有部分股票没有实现全流通，同时也为行政处罚预留空间，《操纵证券、期货市场刑案解释》将持股优势的比例确定为10%。另一方面，在连续交易操纵、约定交易操纵、洗售操纵的入罪标准中，将"连续二十个交易日"调整为"连续十个交易日"，将累计成交量占比由30%调整为20%。主要是考虑到当前短线操纵较为普遍，调整标准后符合当前短线操作的一般规律，也符合证券交易所的统计口径，有利于加强入罪标准的可操作性。需要说明的是，《操纵证券、期货市场刑案解释》所称"连续十个交易日"，是指证券、期货市场开市交易的连续十个交易日，并非指行为人连续交易的十个交易日。

2. 第二条第三项规定了信息型操纵和行为型操纵证券的证券交易成交金额标准

随着社会经济的发展，《立案追诉标准（二）》规定的50万元交易金额的入罪标准过低，可能造成选择性执法。虽然信息型操纵交易金额一般会大大低于交易型操纵，但从执法和司法实践看，移送追究刑事责任的信息型操纵案件，交易金额几乎没有低于1000万元的。根据实践中案件情况，结合中国经济较快增长现状，通货膨胀趋势，并考虑到各罪名之间数额上的平衡，《操纵证券、期货市场刑案解释》中规定信息型操纵行为"证券交易成交金额在一千万元以上"为"情节严重"。需要说明的是，第二条第三项只是针对《操纵证券、期货市场刑案解释》第二条第一项至第四项规定了证券交易成交额的入罪标准，并没有针对刑法第一百八十二条第一款第一项、第二项、第三项规定证券交易成交额的入罪标准，主要考虑是，从实际案例看，交易型操纵由于存在资金的反复使用，成交金额大多达到数亿元至数百亿元，甚至数千亿元，故难以规定具体入罪标准。

鉴于第二条第一项、第二项已从相关比例方面进行了规定，故不再直接规定交易型操纵证券交易成交额标准。

3. 第二条第四项、第五项规定的是交易型操纵期货市场的入罪标准

考虑到不同的期货品种、同一期货品种不同时段内保证金数额差异均很大，同时考虑期货市场开仓量理论上没有上限，只有很大交易量才可能实际影响到期货市场价格，结合实际案例和统计分析，统一规定为"期货交易占用保证金数额五百万元"，同时规定了成交量或持仓量占全市场的比例。对连续十个交易日的持仓最高值、累计成交量、期货占用保证金数额等数量标准，要求同时达到，缺一不可。上述标准较之《立案追诉标准（二）》中对期货操纵行为的认定标准，增加了期货交易保证金数额标准，目的是防止不活跃期货合约中少量操纵即因达到相关交易占比而被入刑。

4. 第二条第六项规定了虚假申报型操纵证券、期货市场的入罪标准

考虑到单纯的频繁撤回申报本身是合法的，撤回申报本身既可能是其改变主意，也可能因为其就是不以成交为目的。为防止将正常的频繁报撤单划入犯罪圈，故对频繁撤单设置较高的比例标准。同时，为避免交易不活跃证券和交易不活跃期货合约较少量即达到相关比例标准，同时规定申报交易额和保证金数额的标准，弥补了《立案追诉标准（二）》中的缺陷。对撤回申报量占比、证券撤回申报的期货合约占用保证金数额等数量标准，要求同时达到，目的在于防止不活跃合约中少量操纵即因达到相关交易占比而被入刑。

5. 第二条第七项规定了各类型操纵市场行为适用的违法所得数额的入罪标准

违法所得数额的入罪标准确定为100万元，主要考虑了案件实际情况及社会经济发展水平和未来趋势。这里的违法所得数额，是指通过操纵证券、期货市场所获利益或者避免的损失。对于二次以上实施操纵证券、期货市场行为，依法应予行政处理或者刑事处理而未经处理的，相关交易数额或者违法所得数额累计计算。需要注意的是，违法所得数额标准是"情节严重"的认定标准，而不是操纵行为的认定标准，不能因为违法所得数额在100万元以上就认定为操纵行为。只有在认定操纵行为的基础上，因违法所得数额达到100万元以上的才能认定为"情节严重"。违法所得数额标准是认定"情节严重"的情形之一，与《操纵证券、期货市场刑案解释》第二条第一项至第六项的情形是并列关系，对于具有刑法第一百八十二条第一款规定的三种或者《操纵证券、期货市场刑案解释》第一条规定的六种操纵证券、期货市场行为，只要符合《操纵证券、期货市场刑案解释》第二条规定的七种情形之一的，就应当认定为"情节严重"。例如，对于交易型操纵行为，在已查明行为人存在违规的控制多个账户隐蔽操作、联合操作、对倒、自买自卖等行为的情况下，虽然不符合《操纵证券、期货市场刑案解释》第二条规定的第一项、第二项的比例标准，但违法所得数额在100万元以上的，即可认定为"情节严重"。

6. 第三条规定了七种"数额+情节"的"情节严重"的认定标准

为更加有力、有效地惩治操纵证券、期货市场犯罪，结合此类犯罪的特点，《操纵证券、期货市场刑案解释》第三条又规定了七种"数额+情节"的"情节严重"的情形，即操纵证券、期货市场，违法所得数额在五十万元以上，具有规定的七种情形之一的，

应当认定为"情节严重"。其中：该条第一项、第二项体现对特定人员操纵市场行为从严惩处的精神；第三项、第六项、第七项体现对特定时间、地点或场合及特定后果的操纵行为从严惩处的精神；第三项的"有关部门"包括司法机关、证券期货行政监管机关、证券期货交易所等；第六项的"市场出现重大异常波动等特定时段"侧重于市场状态的考量，即并不是指发生某一特定重大事件，而是必须发生市场反应，即"市场出现重大异常波动"时；第七项的"恶劣社会影响或其他严重后果"通常是市场反应之外的负面影响，如造成重大负面舆情、造成原本正常的公司破产、造成他人自杀等。

（三）关于"情节特别严重"的认定标准

在"情节严重"认定标准的基础上，《操纵证券、期货市场刑案解释》第四条第一款规定了六种"情节特别严重"的认定标准，第二款规定了"数额+情节"的七种情形。参照《内幕交易罪司法解释》有关规定，证券交易成交数额或者期货交易占用保证金数额按照"情节严重"数额标准的五倍确定"情节特别严重"的标准。对于第六项违法所得数额标准，考虑本条第二款还规定了违法所得数额减半应当认定为"情节特别严重"的七种情形，故第一款规定的违法所得数额按照"情节严重"数额标准的十倍予以确定。需要说明的是，《操纵证券、期货市场刑案解释》第二条第六项从撤单比例方面规定了"恍骗交易操纵"的"情节严重"的入罪标准，考虑到"恍骗交易操纵"仅是一个交易日的操纵，对市场的危害性有限，故《操纵证券、期货市场刑案解释》没有规定"情节特别严重"的情形。

（四）关于"自己实际控制的账户"的认定问题

实践中，行为人操纵证券、期货市场时，为规避监管，绝大多数不用自己名下的账户，而利用他人账户实施操纵行为，但行为人在被调查时往往拒不承认对他人账户的实际控制权。由于证券交易方式的网络化、电子化程度越来越高，技术定位越来越困难，对账户究竟由谁控制越来越难认定。结合实际，《操纵证券、期货市场刑案解释》第五条规定了四种应当认定为行为人"自己实际控制的账户"的情形：第一项是行为人以自己名义开户并使用的实名账户，第二项是行为人向账户转入或者从账户转出资金，并承担实际损益的他人账户，第三项是行为人通过第一项、第二项以外的方式管理、支配或者使用的他人账户，第四项是行为人通过投资关系、协议等方式对账户内资产行使交易决策权的他人账户。同时，还规定了"自己实际控制的账户"的例外情形，即有证据证明行为人对第一项至第三项账户内资产没有交易决策权的除外。在操纵案中，"对他人账户的控制"的核心是对他人账户交易行为具有决策权，即有了对他人账户交易行为的决策权，才能利用该账户对证券、期货实施操纵。由于现实中很难证明交易决策权的存在，故一般根据行为人对账户存在实际使用情形，认定行为人对该账户具有交易决策权。但实践中也存在少数情况，虽然行为人对一个账户存在实际使用，但其对该账户的交易确实没有决策权，而是根据其他人的意志进行交易，故将有证据证明行为人对该条第一项至第三项账户内资产没有交易决策权的排除在外。

需要说明的是,该条对"自己实际控制的账户"的解释,主要是为了解决司法实践中"对他人账户的控制"的认定问题。虽然"自己实际控制的账户"的规定仅出现在刑法第一百八十二条第一款第三项中,但实践中该条第一款全部四项规定中均存在"自己实际控制的账户"的问题,故对"自己实际控制的账户"所在条款,笼统表述为"刑法第一百八十二条中",而不具体规定为"刑法第一百八十二条第一款第三项中"。

(五)关于犯罪数额认定和刑事处罚问题

1. 关于犯罪数额的认定问题

操纵证券、期货市场的相关交易数额或者违法所得数额是定罪量刑的依据,依法应当累计计算,但犯罪数额累计计算的前提条件是,单次操纵证券、期货市场行为必须是依法应予行政处理或者刑事处理而未经处理的。对于不构成犯罪但超过行政处罚时效期限,或者构成犯罪但超过追诉期限的,相关数额不应累计计算。据此,《操纵证券、期货市场刑案解释》第六条规定,二次以上实施操纵证券、期货市场行为,依法应予行政处理或者刑事处理而未经处理的,相关交易数额或者违法所得数额累计计算。

2. 关于从宽处罚标准

为切实贯彻宽严相济的刑事政策,在加大对操纵证券、期货市场犯罪分子打击力度的同时,有必要依法对一些具有法定或者酌定从轻处罚情节的行为人予以从轻处罚。《操纵证券、期货市场刑案解释》第七条参照相关司法解释的规定,明确了从轻处罚及"出罪"的情形。由于操纵证券、期货市场违法、犯罪案件的取证难度大,对于行为人如实供述犯罪事实,认罪悔罪,并积极配合调查,退缴违法所得的,依法可以从轻处罚,其中犯罪情节轻微的,可以依法不起诉或免予刑事处罚,目的是让一些罪行较轻、确有悔罪表现的行为人更好地回归社会,降低诉讼成本,取得好的办案效果。其中"犯罪情节轻微",是指刚达入罪标准,操纵行为对证券期货市场的危害不大,比如,一次偶尔的操纵行为,虽然达到"情节严重"的比例标准或者交易成交额标准,但没有获利甚至亏本的,等等。为更好地衔接和落实认罪认罚从宽制度,《操纵证券、期货市场刑案解释》第七条第二款规定,对于符合刑事诉讼法规定的认罪认罚从宽适用范围和条件的,依照刑事诉讼法的规定处理。需要注意的是,该条第一款只适用于《操纵证券、期货市场刑案解释》第二条、第三条规定的在操纵证券、期货市场罪第一档法定刑幅度定罪处罚的情形,不适用于第二档法定刑的情形。另外,对于因犯罪情节轻微而依法不起诉或者免予刑事处罚的,不影响对行为人的行政处理。

3. 关于单位犯罪的定罪处罚标准

根据刑法第一百八十二条第二款的规定,单位可以成为操纵证券、期货市场罪的主体。为加大对操纵证券、期货市场单位犯罪的惩治力度,《操纵证券、期货市场刑案解释》第八条明确了单位操纵证券、期货市场的,适用自然人犯罪的定罪量刑标准,对于单位实施刑法第一百八十二条第一款行为的,依照本解释规定的定罪量刑标准,对其直接负责的主管人员和其他直接责任人员定罪处罚,并对单位判处罚金。

（六）关于操纵"新三板"市场的认定问题

目前，我国证券市场包括主板、中小板、创业板和"新三板"（全国中小企业股份转让系统），以及新设立的科创板。"新三板"市场与主板市场的主要区别是公司入市的程序和资质不同，但对证券交易的诚信原则、公开公正公平交易原则、稳定有序的市场秩序的要求都是相同的，故对于新三板市场中的违法犯罪行为理应坚持相同的惩罚原则。操纵主板、中小板、创业板、"新三板"、科创板证券，构成操纵证券市场犯罪的，依照《操纵证券、期货市场刑案解释》的规定定罪处罚。但对操纵"新三板"证券市场行为，考虑到目前"新三板"证券市场对合格投资者适当性有较高要求，市场流动性不高，特别是在一些交易稀少的证券中，一些轻微的操纵行为就可能达到本解释所规定的相关交易行为所占比例的入罪标准。据此，《操纵证券、期货市场刑案解释》第十条规定对操纵"新三板"证券市场行为，比照本解释的规定执行，不适用本解释第二条第一项、第二项和第四条第一项、第二项有关比例标准，所参考的主要是行为类型、违法所得、交易金额等，相关交易行为所占比例的标准在适用时应当排除适用，确保准确惩治操纵"新三板"证券市场犯罪。

（七）关于《操纵证券、期货市场刑案解释》的适用效力问题

《操纵证券、期货市场刑案解释》自2019年7月1日起施行。应当明确的是，司法解释是对审判、检察工作中适用法律问题所作的解释，其效力适用于作为解释对象的法律施行期间。对于法律施行后、《操纵证券、期货市场刑案解释》实施前发生的操纵证券、期货市场行为，《操纵证券、期货市场刑案解释》施行后尚未处理或者正在处理的案件，依照《操纵证券、期货市场刑案解释》的规定处理，但《立案追诉标准（二）》规定的立案追诉标准与《操纵证券、期货市场刑案解释》规定的"情节严重"的入罪标准不一致的，应当按照从旧兼从轻的原则处理；对于《操纵证券、期货市场刑案解释》施行前已经办结（包括已经行政处理）的案件，如果按照当时的法律和司法解释，在认定事实和适用法律上没有错误的，不再变动。

## 最高人民法院 最高人民检察院
## 关于办理利用未公开信息交易刑事案件适用法律若干问题的解释

法释〔2019〕10号

（2018年9月10日最高人民法院审判委员会第1748次会议、
2018年11月30日最高人民检察院第十三届检察委员会第十次会议通过
2019年6月27日最高人民法院、最高人民检察院公告公布
自2019年7月1日起施行）

为依法惩治证券、期货犯罪，维护证券、期货市场管理秩序，促进证券、期货市场稳定健康发展，保护投资者合法权益，根据《中华人民共和国刑法》《中华人民共和国刑事诉讼法》的规定，现就办理利用未公开信息交易刑事案件适用法律的若干问题解释如下：

**第一条** 刑法第一百八十条第四款规定的"内幕信息以外的其他未公开的信息"，包括下列信息：

（一）证券、期货的投资决策、交易执行信息；

（二）证券持仓数量及变化、资金数量及变化、交易动向信息；

（三）其他可能影响证券、期货交易活动的信息。

**第二条** 内幕信息以外的其他未公开的信息难以认定的，司法机关可以在有关行政主（监）管部门的认定意见的基础上，根据案件事实和法律规定作出认定。

**第三条** 刑法第一百八十条第四款规定的"违反规定"，是指违反法律、行政法规、部门规章、全国性行业规范有关证券、期货未公开信息保护的规定，以及行为人所在的金融机构有关信息保密、禁止交易、禁止利益输送等规定。

**第四条** 刑法第一百八十条第四款规定的行为人"明示、暗示他人从事相关交易活动"，应当综合以下方面进行认定：

（一）行为人具有获取未公开信息的职务便利；

（二）行为人获取未公开信息的初始时间与他人从事相关交易活动的初始时间具有关联性；

（三）行为人与他人之间具有亲友关系、利益关联、交易终端关联等关联关系；

（四）他人从事相关交易的证券、期货品种、交易时间与未公开信息所涉证券、期货

品种、交易时间等方面基本一致；

（五）他人从事的相关交易活动明显不具有符合交易习惯、专业判断等正当理由；

（六）行为人对明示、暗示他人从事相关交易活动没有合理解释。

**第五条** 利用未公开信息交易，具有下列情形之一的，应当认定为刑法第一百八十条第四款规定的"情节严重"：

（一）违法所得数额在一百万元以上的；

（二）二年内三次以上利用未公开信息交易的；

（三）明示、暗示三人以上从事相关交易活动的。

**第六条** 利用未公开信息交易，违法所得数额在五十万元以上，或者证券交易成交额在五百万元以上，或者期货交易占用保证金数额在一百万元以上，具有下列情形之一的，应当认定为刑法第一百八十条第四款规定的"情节严重"：

（一）以出售或者变相出售未公开信息等方式，明示、暗示他人从事相关交易活动的；

（二）因证券、期货犯罪行为受过刑事追究的；

（三）二年内因证券、期货违法行为受过行政处罚的；

（四）造成恶劣社会影响或者其他严重后果的。

**第七条** 刑法第一百八十条第四款规定的"依照第一款的规定处罚"，包括该条第一款关于"情节特别严重"的规定。

利用未公开信息交易，违法所得数额在一千万元以上的，应当认定为"情节特别严重"。

违法所得数额在五百万元以上，或者证券交易成交额在五千万元以上，或者期货交易占用保证金数额在一千万元以上，具有本解释第六条规定的四种情形之一的，应当认定为"情节特别严重"。

**第八条** 二次以上利用未公开信息交易，依法应予行政处理或者刑事处理而未经处理的，相关交易数额或者违法所得数额累计计算。

**第九条** 本解释所称"违法所得"，是指行为人利用未公开信息从事与该信息相关的证券、期货交易活动所获利益或者避免的损失。

行为人明示、暗示他人利用未公开信息从事相关交易活动，被明示、暗示人员从事相关交易活动所获利益或者避免的损失，应当认定为"违法所得"。

**第十条** 行为人未实际从事与未公开信息相关的证券、期货交易活动的，其罚金数额按照被明示、暗示人员从事相关交易活动的违法所得计算。

**第十一条** 符合本解释第五条、第六条规定的标准，行为人如实供述犯罪事实，认罪悔罪，并积极配合调查，退缴违法所得的，可以从轻处罚；其中犯罪情节轻微的，可以依法不起诉或者免予刑事处罚。

符合刑事诉讼法规定的认罪认罚从宽适用范围和条件的，依照刑事诉讼法的规定处理。

**第十二条** 本解释自2019年7月1日起施行。

# 《最高人民法院、最高人民检察院关于办理利用未公开信息交易刑事案件适用法律若干问题的解释》的理解与适用

姜永义　陈学勇　王尚明[*]

为依法惩治证券、期货犯罪,维护证券、期货市场管理秩序,促进证券、期货市场稳定健康发展,保护投资者合法权益,最高人民法院、最高人民检察院联合发布了《关于办理利用未公开信息交易刑事案件适用法律若干问题的解释》(法释〔2019〕10号,以下简称《利用未公开信息交易刑案解释》),自2019年7月1日起施行。为便于司法实践中准确理解和正确适用,现就《利用未公开信息交易刑案解释》的制定背景、起草中的主要考虑和主要内容介绍如下:

## 一、《利用未公开信息交易刑案解释》的起草背景与经过

2009年2月28日《中华人民共和国刑法修正案(七)》[以下简称刑法修正案(七)]在刑法第一百八十条中增加一款作为第四款,规定了利用未公开信息交易罪,明确该罪的构成要件和刑罚适用,为依法惩治利用未公开信息交易犯罪提供了法律依据。2010年《最高人民检察院、公安部关于公安机关管辖的刑事案件立案追诉标准的规定(二)》[以下简称《立案追诉标准(二)》]明确了利用未公开信息交易的立案追诉标准,为准确适用法律,依法打击利用未公开信息交易犯罪,维护证券、期货市场秩序发挥了积极作用。

近年来,在我国证券、期货交易活动中,利用未公开信息交易的违法犯罪行为(俗称"老鼠仓")多发,某些金融机构从业人员利用金融机构的巨额资金作后盾,在用客户资金买入证券、期货等金融产品前,以自己名义,或假借他人名义,或者告知其亲属、朋友、关系户,先行低价买入证券、期货等金融产品,然后用客户资金拉升到高位后自己率先卖出获得巨额非法利益,将风险与损失转嫁给其他投资者,不仅对其任职单位的财产利益造成损害,而且严重破坏了公开、公平、公正的证券、期货市场原则,严重损害客户投资者或处于信息弱势的散户利益,严重损害金融行业信誉,影响投资者对金融机构的信任,进而对资产管理和基金、证券、期货市场的健康发展产生负面影响,社会危害性日益凸显,必须予以惩治。

---

[*] 作者单位:最高人民法院。

司法实践中，利用未公开信息交易犯罪案件有以下几方面特点：一是发案领域日趋广泛。涉及基金、银行、证券、保险、资产管理等多个领域，逐渐从证券发行、交易环节蔓延至基金托管、资产评估等环节，呈现传统风险与新型风险相互交织的特点。二是内外勾结、合伙作案现象突出。此类案件中，金融机构的从业人员利用职务便利获得特定信息后，与外部人员相互勾结、明确分工，有人负责操控指挥，有人负责调集资金，有人负责传递信息，甚至在监管机构调查期间达成攻守同盟，呈现出明显的"团伙化"特征。三是犯罪分子反侦查意识较强。此类案件中，犯罪分子大多文化程度较高、精通金融知识、从业经验丰富，作案前计划周密，作案时采取隐蔽手段，作案后不易留下犯罪痕迹，导致对犯罪的发现难、取证难和认定难。四是犯罪手段网络化趋势明显。随着信息网络技术的发展，证券、期货市场普遍采用无纸化交易、电脑自动撮合成交以及集中托管，不仅为证券、期货交易提供了成本更低、速度更快的渠道，也使犯罪分子的信息传递、交易操作更加隐蔽，转瞬间即可完成犯罪。与此同时，司法实践反映，该罪的具体定罪量刑标准尚不明确，一些法律适用问题存在争议，需要通过司法解释予以明确。

起草、制定《利用未公开信息交易刑案解释》历时近两年时间。最高人民法院刑三庭、最高人民检察院法律政策研究室经过深入调研论证和广泛征求意见，结合司法工作实际，制定了《利用未公开信息交易刑案解释》。在起草《利用未公开信息交易刑案解释》过程中，先后多次组织召开专家论证会听取意见和建议，征求全国法院系统、检察院系统、公安部、国务院原法制办以及证监会、证券交易所、期货交易所等相关部门的意见，并征求全国人大常委会法工委的意见，达成广泛共识。可以说，《利用未公开信息交易刑案解释》集中了全国法院、全国检察院的实践经验和司法智慧，也凝聚了有关部门和有关专家学者的法治智慧。2018年9月10日最高人民法院审判委员会第1748次会议、2018年11月30日最高人民检察院第十三届检察委员会第十次会议分别审议通过了《利用未公开信息交易刑案解释》。

## 二、《利用未公开信息交易刑案解释》起草中把握的原则和主要考虑

为了确保《利用未公开信息交易刑案解释》的内容科学合理，能够适应司法实践中打击利用未公开信息犯罪的需要，在起草过程中，着重把握了以下几点。

（一）坚持罪刑法定原则，严格依法解释

罪刑法定原则是刑法的基本原则。正确理解和把握立法精神，严格依法准确解释法律，是起草司法解释所坚持的首要原则。司法解释是对法律条文含义和适用标准的具体阐释，我们坚持以刑法的规定为依据，对利用未公开信息交易罪的界定和确定的定罪量刑标准等内容，都没有超出刑法的规定范围，确保罪刑法定原则在司法实践中得到贯彻落实，确保无罪的人不受刑事追究。

（二）坚持问题导向，有效解决司法实务问题

立足司法实践，解决实际问题，是制定司法解释的出发点和落脚点。在起草本司法

解释过程中，最高人民法院、最高人民检察院有关部门就利用未公开信息交易犯罪法律适用问题进行了深入调研，全面收集相关情况和案例，对存在的问题进行了系统梳理。在此基础上，坚持以问题为导向，结合司法实际，明确了利用未公开信息交易的定罪量刑标准，以及一些有争议的法律适用问题，以便统一司法标准，统一法律适用，确保刑法得到正确实施。

### （三）坚持宽严相济，注重惩治效果

贯彻宽严相济刑事政策是制定司法解释一贯坚持的重要原则。《利用未公开信息交易刑案解释》在坚持从严惩治利用未公开信息交易犯罪的同时，切实体现区别对待，分化瓦解犯罪分子，规定对于行为人符合定罪处罚标准，如实供述犯罪事实，认罪悔罪，并积极配合调查，退缴违法所得的，可以从轻处罚；其中犯罪情节轻微的，可以依法不起诉或者免予刑事处罚。同时，切实贯彻修订后的刑事诉讼法确立的认罪认罚从宽制度，规定符合刑事诉讼法规定的认罪认罚从宽适用范围和条件的，依照刑事诉讼法的规定处理，确保法律效果和社会效果的有机统一，更好地实现惩罚和预防犯罪的目的。

## 三、《利用未公开信息交易刑案解释》的主要内容

结合当前利用未公开信息交易刑事案件的特点和司法实践反映的突出问题，依照刑法、刑事诉讼法的规定，对利用未公开信息交易刑事案件的适用法律相关问题作了较为系统的规定。《利用未公开信息交易刑案解释》共十二条，大致可以归纳为如下七个方面的内容。

### （一）关于"未公开信息"的认定问题

根据刑法的规定，利用未公开信息交易罪与内幕交易罪的区别主要是信息的内容、性质不同。内幕信息是指对证券、期货交易价格有重大影响，应当及时向社会公开但尚未公开的信息，如涉及证券发行人的经营、财务，涉及期货的相关政策等信息。利用未公开信息交易罪中所利用的信息主要是指证券、期货等金融机构使用客户资金购买证券、期货的投资交易信息，一般属于单位内部的商业秘密，法律并未要求此类信息应当公开，不属于内幕信息的范围，而属于"内幕信息以外的其他未公开的信息"（以下简称"未公开信息"）。

结合证券法、《期货管理条例》等相关规定，《利用未公开信息交易刑案解释》第一条就"未公开信息"作了界定。第一项是证券、期货的投资决策、交易执行信息，如基金投资公司即将建仓、出仓的信息等，这是"未公开信息"的常见类型，过去查处的"老鼠仓"案件所涉信息基本上属于此类信息。第二项是证券持仓数量及变化、资金数量及变化、交易动向信息，通常是指证券交易所、证券结算中心等金融机构工作人员利用职务便利能够获取，并且应当予以保密的重要信息，如本单位受托管理的资金的运营情况，客户的交易信息等。因这类信息不属于证券法规定的内幕信息，但又对证券交易活动具有影响，故作为"未公开信息"。需要注意的是，《期货管理条例》明确规定此类信

息属于"内幕信息",不属于"未公开信息",如果在期货领域,利用此类信息进行非法交易的,应当以内幕交易、泄露内幕信息罪论处。第三项是其他可能影响证券、期货交易活动的信息。

司法实践中,对是否属于"未公开信息"难以认定的,《利用未公开信息交易刑案解释》第二条作了提示性规定。我国证券、期货领域的相关政策以及相关法律、法规正在不断改革、完善之中,如证券领域中设立科创板并实行注册制改革,新三板也在不断改革、完善等。在此背景下,很可能出现某些案件中所涉信息是否属于"未公开信息"难以认定的情况。对于"未公开信息"难以认定的,司法机关可以在有关行政主管、监管部门认定意见的基础上,根据案件事实和法律规定作出认定。

(二)关于"违反规定"的认定问题

刑法修正案(七)新增该罪主要是针对实践中金融机构从业人员以及有关监管部门或者行业协会的工作人员违背职业义务背信从事非法交易行为。这种行为既损害市场秩序,也损害金融机构本身或者委托人利益。鉴于当时证券法、证券投资基金法等相关法律、法规中都没有明确规定内幕信息之外的其他未公开信息的保护制度,行政立法相对滞后,打击该类违法、犯罪行为,主要依据监管部门或行业协会制定的金融机构从业人员职业规范。因此,新增该罪名时使用"违反规定"的表述。

从立法原意看,刑法第一百八十条第四款规定的"违反规定",除了违反法律、法规、规章、全国性行业规范之外,也包括违反金融机构内部关于信息保密、禁止交易、利益输送等规章制度。《利用未公开信息交易刑案解释》第三条明确,"违反规定"包括违反法律、行政法规、部门规章、全国性行业规范有关证券、期货未公开信息保护的规定,以及行为人所在的金融机构有关信息保密、禁止交易、禁止利益输送等规定。之所以将"行为人所在金融机构有关信息保密、禁止交易、禁止利益输送等规定"纳入"违反规定",主要考虑是:法律、行政法规、部门规章、全国性行业规范有关未公开信息保护的规定比较原则,实践中需要结合行为人所在的金融机构有关信息保密、禁止交易、禁止利益输送等规定予以认定。

(三)关于"明示、暗示他人从事相关交易活动"的认定问题

实践部门反映,由于资本市场关系复杂,技术手段先进,涉及证券、期货、法律、会计、计算机、网络通信等诸多领域,犯罪分子往往具有较深的专业背景,熟悉资本市场运行规则和信息技术,惯于利用规则和制度的漏洞逃避法律追究,又加上证券、期货具有无纸化、信息化交易等特点,查处难度大。实践中,稽查部门查明某投资者账户与某金融机构账户的交易高度趋同,该金融机构某工作人员涉嫌对交易人"明示、暗示"相关交易活动,但双方均否认"明示、暗示",这类案件能否移送侦查、起诉或者审判,存在不同认识,甚至发生相互扯皮、"踢皮球"的不良现象。我们认为,综合全案证据,足以认定行为人明示、暗示他人从事相关交易活动的,即使行为人和被明示、暗示人拒不交代,也应当定罪处罚。结合审判实践,并参考《最高人民法院、最高人民检察院关于

办理内幕交易、泄露内幕信息刑事案件应用法律若干问题的解释》（以下简称《内幕交易罪司法解释》）有关规定，《利用未公开信息交易刑案解释》第四条从六个方面明确了"明示、暗示他人从事相关交易活动"的综合认定标准。

第一项，行为人具有获取未公开信息的职务便利。即从主体方面判断行为人是否具有获取未公开信息的职务便利。本罪是特殊主体，行为人必须具备获取未公开信息的职务便利。行为人的职务不是金融机构的一般职务，而是涉密岗位的相关职务。对于非涉密岗位人员（如银行中与证券、期货投资无关的工作人员）偶然听到未公开信息而从事相关交易的，则不属于利用职务之便获取未公开信息。此外，还要结合《利用未公开信息交易刑案解释》第三条，看行为人是否违反所在金融机构对涉案信息的保密规定或者禁止交易的相关规定。

第二项，行为人获取未公开信息的初始时间与他人从事相关交易活动的初始时间具有关联性。即从时间关联性来判断他人从事相关交易活动是否受到行为人的明示或者暗示。如，行为人系股票投资基金的决策者，他人在行为人投资决策期间买入了相关股票，行为人明示、暗示他人交易的关联性较强；如果他人系行为人投资决策之后买入相关股票，亦具有关联性，但关联性相对较弱，须结合其他项的规定进行综合判断；如果他人在行为人投资决策前或该信息失效后买入相关股票，则不具有关联性，应排除行为人明示、暗示他人从事相关交易活动的嫌疑。因此，要根据他人从事相关交易的初始时间，与未公开信息的生成时间、行为人获取信息的初始时间进行关联判断，是案件证据审查的重点内容之一。

第三项，行为人与他人之间具有亲友关系、利益关联、交易终端关联等关联关系。即从行为人与他人之间的关联关系判断他人从事相关交易活动是否受到行为人的明示或者暗示。实践中，通常是从交易者与未公开信息知情人之间是否存在亲友关系、交易终端关联以及利益关联等方面进行排查，并据此发现明示、暗示他人交易的犯罪嫌疑人。如果交易者与行为人之间存在夫妻、父母、子女等密切关系，或者交易终端关联（共同使用交易的电脑、手机）等，一般可以锁定嫌疑人。如果交易者与某未公开信息知情人仅具有一般朋友关系，该知情人是否为明示、暗示人，则要结合其他证据进行综合判断。

第四项，他人从事相关交易的证券、期货品种、交易时间与未公开信息所涉证券、期货品种、交易时间等方面基本一致。即从他人从事相关交易的证券、期货品种、交易时间与未公开信息所涉证券、期货品种、交易时间等方面是否基本一致，判断他人从事相关交易活动是否受到行为人的明示或者暗示。如，某个人账户与机构账户交易的多只股票重合度高，且在相近时间同买、同卖，即两个账户交易的股票品种及交易时间基本一致，实践中又称为"高度趋同交易"，这种情况下，明示、暗示他人从事相关交易活动的可能性就很大。趋同度的高低，通常是由证券交易所等监管机构以两个账户相近时间、交易方向相同的品种重合度等客观方面，再结合概率统计等科学方法，以百分比的方式计算趋同度。司法实践中，"高度趋同"一般是以趋同度达到60%以上为标准。这是认定他人利用未公开信息从事相关交易活动的重要客观依据。

第五项，他人从事的相关交易活动明显不具有符合交易习惯、专业判断等正当理由。

第六项，行为人对明示、暗示他人从事相关交易活动没有合理解释。即对明示、暗示他人从事相关交易活动的行为人和被明示、暗示人给予合理辩解的机会，并着重提示监管稽查人员及司法人员应当充分听取有关辩解，并查证辩解的合理性。

需要注意的是，行为人明示、暗示他人从事相关交易活动，如果"他人"是行为人的配偶、父母等特殊亲属，行为人与"他人"系不可分割的利益共同体，则可认定为共同犯罪。

### （四）关于"情节严重"的认定标准

"老鼠仓"案件行为人利用未公开信息从事相关的证券、期货交易活动，或者明示、暗示他人从事相关交易活动，目的是获得巨额利益。"老鼠仓"犯罪之所以受到广大投资者的深恶痛恨，主要是因为"老鼠偷到了油"，违法获得了巨额利益，严重破坏金融管理秩序，损害市场公平、公正、公开的交易秩序，严重损害客户投资者的利益。《利用未公开信息交易刑案解释》第五条、第六条规定了"情节严重"的认定标准。其中第五条规定了三种应当认定为"情节严重"的情形，以违法所得数额作为入罪的主要标准，但并非唯一的入罪标准，同时结合实践，将"二年内三次以上利用未公开信息交易的""明示、暗示三人以上从事相关交易活动的"作为"情节严重"的情形。

#### 1. 关于违法所得数额标准

《利用未公开信息交易刑案解释》第五条第一项规定违法所得数额100万元以上作为认定"情节严重"的数额标准，比《内幕交易罪司法解释》《立案追诉标准（二）》规定的入罪标准（违法所得数额十五万元以上）有所提高。主要考虑是：（1）与内幕交易罪相比较，内幕信息是应当向广大投资者公开，并对证券、期货价格具有重大影响的信息；未公开信息交易罪涉及的未公开信息通常是不对外公布的信息，影响范围较小，社会危害性相对较小。（2）根据违法犯罪真实案例统计数据，获利二十五万元以上占92%；获利五十万元以上占69%；获利一百万元以上占61%；获利五百万元以上占35%；获利一千万元以上占20%。从实际进入司法程序的案件来看，95%以上的案件违法所得均在一百万元以上。以违法所得数额一百万元以上为标准，符合"老鼠仓"刑事案件实际。

#### 2. 关于"二年内三次以上利用未公开信息交易"的认定

《利用未公开信息交易刑案解释》第五条第二项规定"二年内三次以上利用未公开信息交易的"作为"情节严重"的情形之一。需要注意的是，一是三次以上利用的未公开信息，是指不同的未公开信息，而不是指利用同一未公开信息进行三次以上交易；二是三次利用未公开信息交易的行为，均应达到依法应予行政处理或者刑事处理的程度，且尚未经处理的；三是三次以上利用未公开信息交易的时间段限定在二年内，超出二年时间达到三次的不属于此情形。

#### 3. 关于"明示、暗示三人以上从事相关交易活动"的认定

《利用未公开信息交易刑案解释》第五条第三项规定"明示、暗示三人以上从事相关交易活动的"作为"情节严重"的情形之一。值得注意的是，其一，三人以上是指不同的人，三次以上明示、暗示同一人从事相关交易活动的不属于此种情形；其二，被明示、

暗示人只有从事相关交易活动的，才构成犯罪；换言之，如果行为人仅是将信息泄露给他人，但他人没有从事相关交易活动的，不构成本罪。

4. 关于"数额+情节"的认定标准

在适当提高违法所得数额入罪标准的同时，为更有效打击该类犯罪，《利用未公开信息交易刑案解释》第六条又规定了"数额+情节"的入罪标准作为补充，明确了四种应当认定为"情节严重"的"数额+情节"的情形，即：利用未公开信息交易，违法所得数额在五十万元以上，或者证券交易成交额在五百万元以上，或者期货交易占用保证金数额在一百万元以上，具有以出售或者变相出售未公开信息等方式，明示、暗示他人从事相关交易活动的，或者因证券、期货犯罪行为受过刑事追究的，或者二年内因证券、期货违法行为受过行政处罚的，或者造成恶劣社会影响或者其他严重后果的，应当认定为刑法第一百八十条第四款规定的"情节严重"。需要注意的是，《利用未公开信息交易刑案解释》第五条规定了"情节严重"的一般认定标准，第六条规定了"数额+情节"的认定标准，对于符合第六条规定的数额标准，但不具备第六条规定的四种情形之一，又不符合第五条规定的认定标准的，不能认定为"情节严重"。

关于是否将证券交易成交额、期货交易占用保证金数额单独作为入罪标准的问题。《内幕交易罪司法解释》规定证券交易成交额、期货交易占用保证金数额作为内幕交易犯罪的入罪标准。在《利用未公开信息交易刑案解释》起草过程中，对于本罪是否也应将证券交易成交额、期货交易占用保证金额单独作为入罪标准，有不同的观点。我们经研究，考虑利用未公开信息交易罪与内幕交易罪所涉信息性质和内容的不同，对证券、期货交易市场的危害程度有所差异，利用未公开信息交易罪的社会危害性主要体现在非法获利上；证券交易成交额、期货交易占用保证金数额往往与违法所得数额相关，大多数情况下可以通过违法所得这一入罪标准对利用未公开信息交易罪进行规制与惩罚，避免两种不同数额标准的重合与交叉；从"老鼠仓"案件的实际情况看，非法获利情况居多，不获利甚至亏本的情况较少，故《利用未公开信息交易刑案解释》没有将证券交易成交额、期货交易占用保证金数额单独作为入罪标准，而是结合其他情节，在第六条"数额+情节"的情形中作了相应规定。

（五）关于"情节特别严重"的认定标准

刑法第一百八十条第四款规定"情节严重的，依照第一款的规定处罚"，实践中对本罪是否包括刑法第一百八十条第一款中"情节特别严重"的情形，存在较大分歧。2015年11月23日，最高人民法院审理了最高人民检察院提起抗诉的被告人马某利用未公开信息交易案，终审判决中明确本罪包括刑法第一百八十条第一款中"情节特别严重"的情形。《利用未公开信息交易刑案解释》第七条第一款对此予以明确。

《利用未公开信息交易刑案解释》第七条第二款，参照有关司法解释，考虑本罪的实际和相关案例，按照"情节严重"违法所得数额标准的10倍确定"情节特别严重"的数额标准。相应地，《利用未公开信息交易刑案解释》第七条第三款规定了四种应当认定为"情节特别严重"的"数额+情节"的情形，即：违法所得数额在五百万元以上，或者证券交易成交额在五千万元以上、期货交易占用保证金数额在一千万元以上,具有以出售或者变相出售未公开信息等方式,明示、暗示他人从事相关交易活动的,或者因证券、期货犯罪行为受过刑事追究的,或者二年内因证券、期货违法行为受过行政处罚的,或者造成恶劣社会影响或者其他严重后果的,应当认定为"情节特别严重"。

(六)关于犯罪数额认定和刑事处罚问题

1. 犯罪数额的认定问题

利用未公开信息交易的相关交易数额或者违法所得数额是定罪量刑的依据,依法应当累计计算,但犯罪数额累计计算的前提条件是,单次利用未公开信息交易行为必须是依法应予行政处理或者刑事处理而未经处理的。对于不构成犯罪但超过行政处罚时效期限,或者构成犯罪但超过追诉期限的,相关数额不应累计计算。据此,《利用未公开信息交易刑案解释》第八条规定,二次以上利用未公开信息交易,依法应予行政处理或者刑事处理而未经处理的,相关交易数额或者违法所得数额累计计算。

2. 违法所得的认定问题

实践中,利用未公开信息交易有两种情形,一是行为人利用未公开信息从事与该信息相关的证券、期货交易活动,二是行为人本人未利用未公开信息从事相关交易活动,但被明示、暗示人利用该未公开信息从事相关交易活动。据此,《利用未公开信息交易刑案解释》第九条第一款规定,"违法所得",是指行为人利用未公开信息从事与该信息相关的证券、期货交易活动所获利益或者避免的损失。实践中对此没有争议。第九条第二款规定,行为人明示、暗示他人利用未公开信息从事相关交易活动,被明示、暗示人员从事相关交易活动所获利益或者避免的损失,应当认定为"违法所得"。《利用未公开信息交易刑案解释》起草过程中,对该款规定存在一定争议。最后之所以作这样的规定,主要考虑:(1)通常情况下,被明示、暗示人与行为人之间并不构成共同犯罪,但他们从事相关交易活动属于利用未公开信息交易的重要组成部分,与行为人的明示、暗示具有直接因果关系,具有行政违法性,故他们所获利益或者避免的损失,也应当认定为"违法所得"。(2)如果将被明示、暗示人从事相关交易活动所获利益或避免的损失,不认定为违法所得,不利于打击"老鼠仓"违法犯罪活动。(3)《内幕交易罪司法解释》已将内幕交易犯罪活动中被明示、暗示人从事相关交易活动所获利益或避免的损失认定为"违法所得",为保持司法解释的一致性,故加以明确。

3. 罚金刑的适用标准

根据刑法的规定,行为人本人利用未公开信息交易的,并处或者单处违法所得一倍以上五倍以下罚金。司法实践中,对于行为人未实际从事与未公开信息相关的证券、期货交易活动,而明示、暗示他人从事相关交易活动的,罚金数额应当如何计算,存在一定争议,《利用未公开信息交易刑案解释》第十条予以明确,行为人未实际从事与未公开信息相关的证券、期货交易活动的,其罚金数额按照被明示、暗示人从事相关交易活动的违法所得计算。

**4. 从宽处罚问题**

为切实贯彻宽严相济的刑事政策,在加大对利用未公开信息交易犯罪分子打击力度的同时,有必要依法对那些具有法定或者酌定从轻处罚情节的行为人予以从轻处罚。《利用未公开信息交易刑案解释》第十一条参照相关司法解释的规定,明确了从轻处罚及"出罪"的情形。由于利用未公开信息交易违法、犯罪案件的取证难度大,对于行为人如实供述犯罪事实,认罪悔罪,并积极配合调查,退缴违法所得的,依法可以从轻处罚,其中犯罪情节轻微的,可以依法不起诉或免予刑事处罚,目的是让一些罪行较轻、确有悔罪表现的行为人更好地回归社会,降低诉讼成本,取得好的办案效果。其中"犯罪情节轻微"的认定,应结合行为人犯罪动机、犯罪前后表现等客观方面,根据情理法相统一的原则进行综合判断。如,行为人符合"次数"或者"人数"的入罪标准,但交易成交额不大或者违法所得数额较少,又主动认罪认罚,积极配合调查的;又如,违法所得刚达入罪标准,只是偶犯一次,案发后认罪认罚的;等等。

为更好地衔接和落实认罪认罚从宽制度,《利用未公开信息交易刑案解释》第七条第二款规定,对于符合刑事诉讼法规定的认罪认罚从宽适用范围和条件的,依照刑事诉讼法的规定处理。需要注意的是,该条第一款只适用于《利用未公开信息交易刑案解释》第五条、第六条规定的在利用未公开信息交易罪第一档法定刑幅度定罪处罚的情形,不适用于第二档法定刑的情形。另外,对于因犯罪情节轻微而依法不起诉或者免予刑事处罚的,不影响对行为人的行政处理。

**(七) 关于《利用未公开信息交易刑案解释》的适用效力问题**

《利用未公开信息交易刑案解释》自 2019 年 7 月 1 日起施行。应当明确的是,司法解释是对审判、检察工作中适用法律问题所作的解释,其效力适用于作为解释对象的法律施行期间。对于法律施行后、《利用未公开信息交易刑案解释》实施前发生的利用未公开信息交易行为,《利用未公开信息交易刑案解释》施行后尚未处理或者正在处理的案件,依照《利用未公开信息交易刑案解释》的规定处理,但《立案追诉标准(二)》规定的立案追诉标准与《利用未公开信息交易刑案解释》规定的"情节严重"的入罪标准不一致的,应当按照从旧兼从轻的原则处理;对于《利用未公开信息交易刑案解释》施行前已经办结(包括已经行政处理)的案件,如果按照当时的法律和司法解释,在认定事实和适用法律上没有错误的,不再变动。

## 最高人民法院 最高人民检察院
## 关于办理侵犯知识产权刑事案件具体应用法律若干问题的解释（三）

法释〔2020〕10号

（2020年8月31日最高人民法院审判委员会第1811次会议、2020年8月21日最高人民检察院第十三届检察委员会第四十八次会议通过　2020年9月12日最高人民法院、最高人民检察院公告公布　自2020年9月14日起施行）

为依法惩治侵犯知识产权犯罪，维护社会主义市场经济秩序，根据《中华人民共和国刑法》《中华人民共和国刑事诉讼法》等有关规定，现就办理侵犯知识产权刑事案件具体应用法律的若干问题解释如下：

**第一条**　具有下列情形之一的，可以认定为刑法第二百一十三条规定的"与其注册商标相同的商标"：

（一）改变注册商标的字体、字母大小写或者文字横竖排列，与注册商标之间基本无差别的；

（二）改变注册商标的文字、字母、数字等之间的间距，与注册商标之间基本无差别的；

（三）改变注册商标颜色，不影响体现注册商标显著特征的；

（四）在注册商标上仅增加商品通用名称、型号等缺乏显著特征要素，不影响体现注册商标显著特征的；

（五）与立体注册商标的三维标志及平面要素基本无差别的；

（六）其他与注册商标基本无差别、足以对公众产生误导的商标。

**第二条**　在刑法第二百一十七条规定的作品、录音制品上以通常方式署名的自然人、法人或者非法人组织，应当推定为著作权人或者录音制作者，且该作品、录音制品上存在着相应权利，但有相反证明的除外。

在涉案作品、录音制品种类众多且权利人分散的案件中，有证据证明涉案复制品系非法出版、复制发行，且出版者、复制发行者不能提供获得著作权人、录音制作者许可的相关证据材料的，可以认定为刑法第二百一十七条规定的"未经著作权人许可""未经录音制作者许可"。但是，有证据证明权利人放弃权利、涉案作品的著作权或者录音制品的有关权利不受我国著作权法保护、权利保护期限已经届满的除外。

**第三条** 采取非法复制、未经授权或者超越授权使用计算机信息系统等方式窃取商业秘密的，应当认定为刑法第二百一十九条第一款第一项规定的"盗窃"。

以贿赂、欺诈、电子侵入等方式获取权利人的商业秘密的，应当认定为刑法第二百一十九条第一款第一项规定的"其他不正当手段"。

**第四条** 实施刑法第二百一十九条规定的行为，具有下列情形之一的，应当认定为"给商业秘密的权利人造成重大损失"：

（一）给商业秘密的权利人造成损失数额或者因侵犯商业秘密违法所得数额在三十万元以上的；

（二）直接导致商业秘密的权利人因重大经营困难而破产、倒闭的；

（三）造成商业秘密的权利人其他重大损失的。

给商业秘密的权利人造成损失数额或者因侵犯商业秘密违法所得数额在二百五十万元以上的，应当认定为刑法第二百一十九条规定的"造成特别严重后果"。

**第五条** 实施刑法第二百一十九条规定的行为造成的损失数额或者违法所得数额，可以按照下列方式认定：

（一）以不正当手段获取权利人的商业秘密，尚未披露、使用或者允许他人使用的，损失数额可以根据该项商业秘密的合理许可使用费确定；

（二）以不正当手段获取权利人的商业秘密后，披露、使用或者允许他人使用的，损失数额可以根据权利人因被侵权造成销售利润的损失确定，但该损失数额低于商业秘密合理许可使用费的，根据合理许可使用费确定；

（三）违反约定、权利人有关保守商业秘密的要求，披露、使用或者允许他人使用其所掌握的商业秘密的，损失数额可以根据权利人因被侵权造成销售利润的损失确定；

（四）明知商业秘密是不正当手段获取或者是违反约定、权利人有关保守商业秘密的要求披露、使用、允许使用，仍获取、使用或者披露的，损失数额可以根据权利人因被侵权造成销售利润的损失确定；

（五）因侵犯商业秘密行为导致商业秘密已为公众所知悉或者灭失的，损失数额可以根据该项商业秘密的商业价值确定。商业秘密的商业价值，可以根据该项商业秘密的研究开发成本、实施该项商业秘密的收益综合确定；

（六）因披露或者允许他人使用商业秘密而获得的财物或者其他财产性利益，应当认定为违法所得。

前款第二项、第三项、第四项规定的权利人因被侵权造成销售利润的损失，可以根据权利人因被侵权造成销售量减少的总数乘以权利人每件产品的合理利润确定；销售量减少的总数无法确定的，可以根据侵权产品销售量乘以权利人每件产品的合理利润确定；权利人因被侵权造成销售量减少的总数和每件产品的合理利润均无法确定的，可以根据侵权产品销售量乘以每件侵权产品的合理利润确定。商业秘密系用于服务等其他经营活动的，损失数额可以根据权利人因被侵权而减少的合理利润确定。

商业秘密的权利人为减轻对商业运营、商业计划的损失或者重新恢复计算机信息系统安全、其他系统安全而支出的补救费用，应当计入给商业秘密的权利人造成的损失。

**第六条** 在刑事诉讼程序中，当事人、辩护人、诉讼代理人或者案外人书面申请对有关商业秘密或者其他需要保密的商业信息的证据、材料采取保密措施的，应当根据案件情况采取组织诉讼参与人签署保密承诺书等必要的保密措施。

违反前款有关保密措施的要求或者法律法规规定的保密义务的，依法承担相应责任。擅自披露、使用或者允许他人使用在刑事诉讼程序中接触、获取的商业秘密，符合刑法第二百一十九条规定的，依法追究刑事责任。

**第七条** 除特殊情况外，假冒注册商标的商品、非法制造的注册商标标识、侵犯著作权的复制品、主要用于制造假冒注册商标的商品、注册商标标识或者侵权复制品的材料和工具，应当依法予以没收和销毁。

上述物品需要作为民事、行政案件的证据使用的，经权利人申请，可以在民事、行政案件终结后或者采取取样、拍照等方式对证据固定后予以销毁。

**第八条** 具有下列情形之一的，可以酌情从重处罚，一般不适用缓刑：

（一）主要以侵犯知识产权为业的；

（二）因侵犯知识产权被行政处罚后再次侵犯知识产权构成犯罪的；

（三）在重大自然灾害、事故灾难、公共卫生事件期间，假冒抢险救灾、防疫物资等商品的注册商标的；

（四）拒不交出违法所得的。

**第九条** 具有下列情形之一的，可以酌情从轻处罚：

（一）认罪认罚的；

（二）取得权利人谅解的；

（三）具有悔罪表现的；

（四）以不正当手段获取权利人的商业秘密后尚未披露、使用或者允许他人使用的。

**第十条** 对于侵犯知识产权犯罪的，应当综合考虑犯罪违法所得数额、非法经营数额、给权利人造成的损失数额、侵权假冒物品数量及社会危害性等情节，依法判处罚金。

罚金数额一般在违法所得数额的一倍以上五倍以下确定。违法所得数额无法查清的，罚金数额一般按照非法经营数额的百分之五十以上一倍以下确定。违法所得数额和非法经营数额均无法查清，判处三年以下有期徒刑、拘役、管制或者单处罚金的，一般在三万元以上一百万元以下确定罚金数额；判处三年以上有期徒刑的，一般在十五万元以上五百万元以下确定罚金数额。

**第十一条** 本解释发布施行后，之前发布的司法解释和规范性文件与本解释不一致的，以本解释为准。

**第十二条** 本解释自 2020 年 9 月 14 日起施行。

# 《最高人民法院、最高人民检察院关于办理侵犯知识产权刑事案件具体应用法律若干问题的解释（三）》的理解与适用

林广海　许常海[*]

2020年9月，最高人民法院、最高人民检察院联合发布《关于办理侵犯知识产权刑事案件具体应用法律若干问题的解释（三）》（法释〔2020〕10号，以下简称《解释》），自2020年9月14日起施行。《解释》的公布施行，对于完善知识产权保护法律体系，统一法律适用标准，规范侵犯知识产权犯罪案件办理，营造良好创新法治环境和营商环境具有重要意义。为便于在司法实践中正确理解与适用《解释》，现就其制定背景、起草中的主要考虑和主要内容介绍如下。

## 一、《解释》的制定背景与经过

知识产权刑事司法保护是知识产权保护中最具有强制力和威慑力的方式。我国历来高度重视知识产权刑事司法保护。2019年11月，《中共中央办公厅、国务院办公厅关于强化知识产权保护的意见》进一步明确要求"加强刑事司法保护，推进刑事法律和司法解释的修订完善。加大刑事打击力度，研究降低侵犯知识产权犯罪入罪标准，提高量刑处罚力度，修改罪状表述，推动解决涉案侵权物品处置等问题"。近年来，随着社会经济发展，知识产权犯罪新类型案件不断涌现，案件数量也呈现上升趋势。知识产权刑事案件，特别是侵犯商业秘密案件，法律适用问题争议较多，亟待出台相关司法解释予以明确和规范。

制定《解释》这项工作酝酿已久。最高人民法院民三庭（知识产权审判庭）自实行知识产权审判"三合一"以来，先后于2018年、2019年开展全国法院知识产权刑事审判工作调研、部分法院知识产权刑事案件阅卷调研、知识产权刑事审判工作座谈调研等多项工作；最高人民检察院第四检察厅对全国11个省份2017年至2019年办理的侵犯商业秘密刑事案件起诉、不起诉情况进行深入调研，并在全国经济犯罪检察部门对侵犯知识产权刑事案件法律适用问题开展了书面调研。在上述充分调研的基础上着手起草《解释》，先后多次征求中央有关部门、全国法院系统、检察系统的意见，组织召开专家论证

---

[*] 作者单位：最高人民法院民三庭。

会,并向社会公开征求意见,充分听取了有关专家、企业、社会团体、行业协会、律师及公民个人等多方意见。2020年8月31日最高人民法院审判委员会第1811次会议、2020年8月21日最高人民检察院第十三届检察委员会第四十八次会议审议通过了《解释》。

## 二、《解释》起草中的主要考虑

在起草过程中,为了确保《解释》规定内容科学合理,能够适应形势发展,满足实践需要,解决突出问题,主要有以下几个方面的考虑。

一是坚持罪刑法定原则,严格依法解释。《解释》严格遵循刑法的明文规定和立法本意,从惩处侵犯知识产权犯罪的实际需要出发,综合考虑司法实践经验,依法明确了侵犯知识产权犯罪相关罪状含义,厘清罪与非罪的边界,确保罪刑法定原则在司法实践中得到贯彻落实。

二是坚持问题导向,有效解决司法实务问题。司法实践中,对假冒注册商标罪"相同商标"、侵犯商业秘密罪"造成重大损失""不正当手段"的认定等法律适用问题存在较大分歧,亟待通过司法解释加以明确。《解释》从司法实践需要出发,增加相关情节在定罪标准中的适用,构建合理的定罪量刑模式,明确和规范法律适用的疑难问题,进一步统一司法标准和认识。

三是坚持宽严相济,突出惩治重点。依法惩治侵犯知识产权犯罪,加强知识产权司法保护,是一项重要任务。《解释》明确规定从重处罚和不适用缓刑的具体情形,重点打击以侵犯知识产权为业、反复侵权、特殊时期侵权等情形,进一步明确了罚金刑适用标准,充分发挥刑罚惩治和预防犯罪的功能。同时规定了从轻处罚的情形,有利于节约司法资源,化解社会矛盾。

四是坚持凝聚法治共识,充分吸取各方建议。《解释》在制定过程中向社会公开征求了意见,针对各方意见和建议,认真梳理研判并予以充分的考虑和吸收,坚持在《解释》中凝聚社会各界的法治智慧,确保《解释》在实践中得到切实有效的实施。

## 三、《解释》的主要内容

结合当前侵犯知识产权犯罪案件特点和司法实践中反映的突出问题,《解释》依照刑法、刑事诉讼法的规定,对假冒注册商标罪、侵犯著作权罪、侵犯商业秘密罪的法律争议问题及相应定罪量刑标准等作了较为全面、系统的规定,共十二条,大致可以归纳为如下十个方面的内容。

### (一)假冒注册商标罪"相同商标"的认定

《最高人民法院、最高人民检察院关于办理侵犯知识产权刑事案件具体应用法律若干问题的解释》(法释〔2004〕19号,以下简称《2004年解释》)第八条规定,刑法第二百一十三条规定的"相同的商标",是指与被假冒的注册商标完全相同,或者与被假冒的注册商标在视觉上基本无差别、足以对公众产生误导的商标。《最高人民法院、最高人民检察院、公安部关于办理侵犯知识产权刑事案件适用法律若干问题的意见》(法发

〔2011〕3号，以下简称《2011年意见》）第六条对"相同的商标"进行了细化：具有下列情形之一，可以认定为"与其注册商标相同的商标"：（1）改变注册商标的字体、字母大小写或者文字横竖排列，与注册商标之间仅有细微差别的；（2）改变注册商标的文字、字母、数字等之间的间距，不影响体现注册商标显著特征的；（3）改变注册商标颜色的；（4）其他与注册商标在视觉上基本无差别、足以对公众产生误导的商标。但是，在具体案件中对如何把握"与被假冒的注册商标在视觉上基本无差别、足以对公众产生误导"这一问题，仍存在较大分歧。为进一步明确标准，统一认识，《解释》在《2004年解释》《2011年意见》的基础上进行了调整和补充，强调既要严厉打击假冒注册商标行为，又要防止突破"相同商标"的标准，将"近似商标"纳入刑法规制范围。

1. 对《2011年意见》第六条的规定进行了调整

一是将《2011年意见》第六条第一项中的"仅有细微差别"、第二项中的"不影响体现注册商标显著特征的"均表述为"与注册商标之间基本无差别的"，与《2004年解释》第八条的规定保持一致，统一认定标准。二是根据新情况和司法需要，对《2011年意见》第六条第三项、第四项进行了调整。鉴于司法实践中对颜色组合商标，如改变注册商标颜色，可能会改变注册商标的显著特征，不宜一律认定为"相同商标"，故在第三项中增加"不影响体现注册商标显著特征"的限定条件；鉴于商标法规定了声音商标，因此第四项兜底条款删除了"在视觉上"这个限定条件。

2. 对在注册商标上增加内容的情形及立体商标如何认定"相同商标"进行了明确

在注册商标上增加内容易突破"相同商标"的界限，本着从严认定原则，《解释》从两个方面限制：一是增加的内容仅限于描述商品通用名称、型号等缺乏显著特征要素的文字；二是增加的内容不能影响体现注册商标的显著特征。司法实践中，对于增加并非缺乏显著特征要素的，一般情况下，应当认为影响了体现注册商标显著特征，不宜认定为"相同商标"；对于在注册商标上增加商品通用名称、型号等缺乏显著特征要素的，还要对是否影响注册商标的显著特征进行判断，继而认定是否属于"相同商标"。《解释》未明确规定增加"商品的图形"的情形，主要考虑在具体案件中，增加"商品的图形"往往会影响注册商标的显著特征。因此，对于在注册商标上增加"商品的图形"的案件，认定"相同商标"应当慎重。判断立体商标是否构成"相同商标"，应当全面考虑立体商标的三维标志和平面要素，平面要素亦应当与立体注册商标的平面要素"基本无差别"。

## （二）侵犯著作权罪的相关推定

近年来，侵犯著作权犯罪，特别是利用互联网犯罪的案件数量呈上升趋势，严重侵害了著作权人的利益，破坏了市场经济秩序。为进一步明确实践中著作权权属认定问题，提升打击实效，《解释》第二条第一款参照著作权法第十一条第四款等相关内容，规定"在刑法第二百一十七条规定的作品、录音制品上以通常方式署名的自然人、法人或者非法人组织，应当推定为著作权人或者录音制作者，且该作品、录音制品上存在着相应权利，但有相反证明的除外"。需要注意的是，刑法第二百一十七条规定的"作品""录音录像制品"，应当属于著作权法保护的对象。实践中，司法机关仍然要对涉案作品、录音录像制品是否符合著作权法保护的条件进行审查。另外，"权属推定"是一种法律推定，如果有相反证据足以推翻，则应按照相反的证据予以认定。司法实践中，司法机关应当根据案件具体情况对是否存在相反证据进行审查，对于被告人提出辩解的，应当审查判断。需要说明的是，《解释》施行后，2020年修正的著作权法第十二条规定"在作品上署名的自然人、法人或者非法人组织为作者，且该作品上存在相应权利，但有相反证明的除外"，《解释》的内容与著作权法保持了一致。

根据刑法第二百一十七条的规定，"未经著作权人许可"是侵犯著作权罪的构成要件之一。一般情况下，"未经著作权人许可"的证明责任应当由公诉机关承担，而不应将证明责任配置给犯罪嫌疑人（被告人），防止强迫犯罪嫌疑人（被告人）"自证其罪"。实践中，有些案件，特别是利用互联网侵犯著作权的案件，涉案侵权作品的种类、数量众多，且被侵权作品的权利人较为分散，侦查机关确实难以一一调取"未经著作权人许可"的相关证据材料，《2011年意见》第十一条对此作了灵活规定，实践中有利于打击侵犯知识产权犯罪，保障权利人利益。为确保法律适用的连贯性，解决司法实践中的突出问题，《解释》第二条第二款采纳了《2011年意见》第十一条的内容，规定仅限在涉案作品、录音制品种类众多且权利人分散的案件中，且在符合"有证据证明涉案复制品系非法出版、复制发行"的条件下，出版者、复制发行者不能提供获得著作权人、录音制作者许可的相关证据材料的，才可以推定为"未经著作权人许可""未经录音制作者许可"。需要注意的是，权利人放弃权利、涉案作品的著作权或者录音制品的有关权利不受我国著作权法保护、权利保护期限已经届满的事实，仍需司法机关根据犯罪嫌疑人、被告人的辩解和案件实际情况依法收集、调取证据予以查明。

（三）侵犯商业秘密罪"其他不正当手段"的认定

实践中，行为人为非法获取商业秘密，多采用偷拍偷录、复印记录或者未经授权、超越授权进入计算机信息系统拷贝、下载等方式秘密窃取，《解释》第三条第一款将该类行为明确规定为刑法第二百一十九条第一款第一项的"盗窃"，突出打击重点。另外，《解释》第三条第二款采纳了反不正当竞争法第九条的内容，明确规定"贿赂、欺诈、电子侵入"属于"其他不正当手段"。适用本条应当注意：一是刑法第二百一十九条第一款第一项规定的"以盗窃、利诱、胁迫或者其他不正当手段获取权利人的商业秘密"，规制的是"不正当获取行为"本身，故其他不正当手段的性质应当与盗窃、利诱、胁迫相当，行为本身即是不法行为。二是认定"以不正当手段获取商业秘密"的前提是，行为人此前并不掌握、知悉或者持有该项商业秘密，以区别于刑法第二百一十九条第一款第三项规定的违约侵犯商业秘密的行为。行为人合法正当获取商业秘密后违反保密义务侵犯商业秘密，属于刑法第二百一十九条第一款第三项规定的行为，而不属于该款第一项规定的情形。例如，商业秘密权利人的员工参与了商业秘密研发或者因日常工作使用而知悉该项商业秘密，获取行为是合法正当的，其违反保密协议擅自复制商业秘密的行为，不属于刑法第二百一十九条第一款第一项规定的"不正当手段"的情形。再如，商业秘密权利人的合同相对方依据合同或者在签订合同过程中知悉了权利人的商业秘密，后违反有关保守商业秘密的要求而披露、使用或者允许他人使用商业秘密的,也不应当认定为"以不正当手段获取权利人的商业秘密"。

### (四)侵犯商业秘密罪"给商业秘密权利人造成重大损失"的认定

从当前实践看,办理侵犯商业秘密罪案件的突出问题是:因商业秘密是通过权利人自己保护的方式而存在的权利,不具有排他独占权,其本身界限相对模糊且具有无形性,技术专业性强,侵权行为给商业秘密权利人造成的损失数额难以准确认定,因此刑事立案难、定罪量刑标准不统一。征求意见期间,多方建议降低入罪标准,加大对商业秘密权利人的司法保护力度。《解释》充分听取了各方意见,根据司法实践需要,一是降低了入罪标准,将入罪数额从《2004年解释》规定的"五十万元以上"调整至"三十万元以上"。二是扩充入罪情形,将因侵犯商业秘密违法所得数额、因侵犯商业秘密导致权利人破产、倒闭等情形纳入重大损失认定范围。适用《解释》第四条应当注意:一是给权利人造成的损失数额和违法所得数额应当根据《解释》第五条的规定具体认定,给权利人造成重大损失和违法所得是并列的两种入罪标准,相关数额不能累加计算;二是权利人因重大经营困难而破产、倒闭的后果与侵犯商业秘密行为之间必须具有直接的因果关系。

### (五)侵犯商业秘密罪损失数额和违法所得数额的具体认定标准

司法实践中,对侵犯商业秘密行为给权利人造成重大损失的认定标准存在不同认识,《解释》根据实践情况,本着罪责刑相一致原则进一步进行了明确,区分不同行为的社会危害程度,规定不同的认定标准。

1. 通过不正当手段获取商业秘密但尚未披露、使用或者允许他人使用的情形

起草过程中主要有两种意见:一种意见认为,刑法将不正当手段获取商业秘密的行为明确规定为一种实行行为,意味着只要是非法获取了权利人的商业秘密,就可认定给权利人造成了损失。另一种意见认为,以不正当手段获取商业秘密后,因未将商业秘密用于经营活动,不宜认定给权利人造成实际损失。我们认为,鉴于以盗窃等不正当手段获取商业秘密的行为往往更加隐蔽、卑劣,权利人难以通过正常途径予以防范,社会危害性高于违反保密约定或者保密要求滥用商业秘密的行为,应当予以重点打击和防范。行为人通过不正当手段获取权利人的商业秘密,实际上节省了正常情况下获取商业秘密本应支付的许可使用费,该许可使用费正是权利人应当收取而未能收取的,应当属于遭受的损失。因此,此情形下按照该项商业秘密的合理许可使用费确定权利人的损失是合理的。适用本项时应当注意:一是以合理许可使用费作为认定损失的标准,应当限于以不正当手段获取商业秘密的情形,对于违约等其他侵犯商业秘密的行为,仍应当以商业秘密使用造成权利人销售利润的损失作为认定标准;二是合理许可使用费应当综合考虑涉案商业秘密权利人或者其他商业秘密权利人许可使用相同或者类似商业秘密收取的费用、不正当手段获取商业秘密后持有的时间等因素认定。实践中,将涉案商业秘密许可使用费的鉴定评估意见作为认定证据时,应当根据刑事诉讼法的有关规定对鉴定评估意见进行认真审查。

2. 以不正当手段获取权利人的商业秘密后，披露、使用或者允许他人使用的情形

原则上损失数额应当按照商业秘密用于经营造成权利人销售利润的减少这一损失计算，如同时存在前项规定的商业秘密合理许可使用费的，应当就高计算，不应当叠加认定或者任选其一认定。

3. 违约型侵犯商业秘密的情形

鉴于该情形下行为人对商业秘密的占有是合法正当的，较盗窃等不正当手段获取商业秘密行为而言社会危害性相对较小，在入罪门槛上应当有所区别。造成的损失按照行为人使用商业秘密造成权利人销售利润的损失计算，而不应当以商业秘密的合理许可使用费或者商业秘密的商业价值作为认定损失的依据。

4. "以侵犯商业秘密论"的情形

鉴于此种明知商业秘密来源不合法仍获取、使用、披露的"第二手"侵权行为，较直接不正当手段获取商业秘密及直接违约侵犯商业秘密行为而言，社会危害性相对小，造成的损失亦应当按照行为人使用商业秘密造成权利人销售利润的损失计算。

5. 侵权行为造成商业秘密丧失非公知性或者灭失的情形

该两种情形导致权利人的竞争优势丧失，可以将商业秘密的商业价值作为认定给权利人造成损失的依据。对于商业秘密的商业价值，可以根据该项商业秘密的研究开发成本、实施该项商业秘密的收益综合确定。需要注意的是，以商业秘密的商业价值作为认定损失的依据，只适用于商业秘密已为公众所知悉或者灭失的情形，而不应当扩大适用于其他侵犯商业秘密的情形。

《解释》第五条第一款第六项规定了违法所得的认定。实践中，行为人以不正当手段获取商业秘密后或者违反约定将商业秘密转让给第三人使用，第三人往往支付钱款等财物，《解释》规定可将该财物作为违法所得予以认定。《解释》将"财产性利益"纳入违法所得的范畴，旨在囊括实践中行为人将侵犯的商业秘密作价入股、技术出资的情形。需要注意的是，在员工"跳槽"违约侵犯商业秘密的情形下，新公司往往给予员工年薪、安家费等酬薪。如果员工酬薪的取得除了提供相关商业秘密外，还主要与其自身具备的技能、经验等有关，此种情况下，一般不宜将年薪、安家费等酬薪直接认定为违法所得。

侵犯商业秘密行为造成权利人销售利润的损失如何计算，《解释》第五条第二款进行了明确规定，采取递进方式认定。起草过程中，有意见认为，认定方式可以不分先后，根据案件情况具体适用。我们认为，递进方式能够更好地符合"给权利人造成重大损失"的立法本意。实践中，侵权人为获利往往低价销售侵权产品，如果直接以侵权产品销售量乘以每件侵权产品的合理利润计算权利人损失，会导致少计算相关损失，而以权利人减少的销售量乘以权利人每件产品的合理利润计算损失，能够更直接地体现侵权行为的社会危害性。有的案件中，因生产涉案产品的经营者除了商业秘密的权利人和行为人外，还有其他相关经营者，从市场竞争的不确定因素考虑，权利人被侵权后销售量的减少并不一定完全是行为人造成的结果，在这种情况下以侵权人侵权产品的销售量乘以权利人每件产品的合理利润确定损失，也是合理的。司法实践中，针对将商业秘密用于服务等非产品生产经营活动的，《解释》规定损失数额可以根据权利人因被侵权而减少的合理利

润确定。

为进一步加大对商业秘密权利人利益的保护，维护良好的市场竞争秩序，《解释》第五条第三款规定，商业秘密的权利人为减轻对商业运营、商业计划的损失或者重新恢复计算机信息系统安全、其他系统安全而支出的补救费用，应当计入给商业秘密的权利人造成的损失。适用本款时应当注意，权利人支出的补救费用应当与侵犯商业秘密行为之间具有直接的因果关系，对于权利人怠于采取补救措施或者故意扩大损失而产生的费用，不应当计入给商业秘密权利人造成的损失。

总的来说，对给权利人造成重大损失的认定，应当以商业秘密实际使用造成权利人销售利润的损失为一般标准，以商业秘密的合理许可使用费、商业秘密的商业价值为特殊标准，且只适用于《解释》明文规定的情形。

（六）刑事诉讼程序中对商业秘密的保护

为确保商业秘密在刑事诉讼程序中得到有效保护，《解释》第六条明确规定了刑事诉讼程序中采取保密措施的程序和违反保密措施或者保密义务的法律责任。根据《解释》第六条第一款的规定，刑事诉讼程序中，申请采取保密措施的主体包括当事人、辩护人、诉讼代理人以及案外人，申请保护的对象为商业秘密或者其他需要保密的商业信息的证据材料，采取保密措施的主体包括侦查机关、公诉机关和审判机关。需要注意的是，《中共中央办公厅、国务院办公厅关于强化知识产权保护的意见》明确提出了"探索加强对商业秘密、保密商务信息及其源代码等的有效保护"，因此，为充分保障相关权利人的利益，《解释》第六条第一款规定，相关人员还可以申请对其他需要保密的商业信息采取保密措施。另外，刑事诉讼程序中采取保密措施的同时，应当依法保障犯罪嫌疑人（被告人）诉讼权利的行使。

《解释》第六条第二款规定了违反保密措施要求或者法定保密义务应当承担的责任，该条款规定的责任包括相应的民事责任、行政责任和刑事责任。只有擅自披露、使用或者允许他人使用在刑事诉讼程序中接触、获取的商业秘密，符合刑法第二百一十九条规定的，才依法追究刑事责任。

（七）对侵权物品没收和销毁的适用

为进一步强化知识产权司法保护，提升对侵犯知识产权犯罪的打击实效，《解释》第七条第一款明确规定了对侵权物品没收和销毁的范围和相关程序。根据《解释》第七条第一款的规定，除特殊情况外，原则上对假冒注册商标的商品、非法制造的注册商标标识、侵犯著作权的复制品、主要用于制造假冒注册商标的商品、注册商标标识或者侵权复制品的材料和工具，均应当依法予以没收和销毁。关于"特殊情况"，司法机关应当根据案件的实际情况予以认定。实践中，侵犯知识产权的行为还涉及民事、行政案件的，为确保相关案件之间的有效衔接，《解释》第七条第二款规定，没收和销毁的物品需要作为民事、行政案件的证据使用的，经权利人申请，可以在民事、行政案件终结后或者采取取样、拍照等方式对证据固定后予以销毁。

## （八）从重处罚和从轻处罚的适用

为贯彻落实宽严相济刑事政策，《解释》第八条、第九条分别规定了酌情从重处罚和从轻处罚的具体情形。《解释》第八条规定了可以酌情从重处罚且一般不适用缓刑的四种情形，重点打击社会危害性和人身危险性较大的以侵犯知识产权为业和因侵犯知识产权被处罚后再次犯罪的情形、在特殊时期假冒特殊商品注册商标的行为以及没有悔罪表现而拒不交出违法所得的情形，充分发挥刑罚威慑和预防犯罪的功能。《解释》第九条规定了酌情从轻处罚的四种情形。对认罪认罚、取得权利人谅解及具有悔罪表现的情形从轻处罚，有利于修复社会关系，化解社会矛盾。对以不正当手段获取权利人的商业秘密后尚未披露、使用或者允许他人使用的情形规定从轻处罚，一是从客观上看，该项商业秘密的知悉范围仍然较小且可控，没有用于生产经营则对权利人的竞争优势和市场竞争秩序的损害相对较小；二是明确规定从轻处罚一定程度上可以促使行为人主动停止下一步的侵权行为，防止权利人损失进一步扩大。

## （九）侵犯知识产权犯罪罚金刑的适用

《解释》对《最高人民法院、最高人民检察院关于办理侵犯知识产权刑事案件具体应用法律若干问题的解释（二）》（法释〔2007〕6号，以下简称《2007年解释》）第四条的规定进行了补充，《解释》第十条第一款增加了"侵权假冒物品数量"可作为依法判处罚金的考量因素；第二款增加了违法所得数额和非法经营数额均无法查清的情形下可以适用"限额罚金制"，并明确在一般情况下应当依次以"违法所得数额""非法经营数额"来确定罚金数额。

## （十）适用效力问题

由于《解释》对《2004年解释》《2007年解释》《2011年意见》中相应的内容作了调整和补充，故《解释》第十一条规定，本解释发布施行后，之前发布的司法解释和规范性文件与本解释不一致的，以本解释为准。需要注意的是，司法解释是对适用法律问题所作的解释，其效力适用于作为解释对象的法律施行期间。对于法律施行后、《解释》实施前发生的侵犯知识产权行为，《解释》施行后尚未处理或者正在处理的案件，依照《解释》的规定处理，但《2004年解释》《2007年解释》《2011年意见》已有规定的，应当按照从旧兼从轻的原则处理。

## 最高人民法院 最高人民检察院
## 关于办理窝藏、包庇刑事案件
## 适用法律若干问题的解释

法释〔2021〕16号

(2020年3月2日最高人民法院审判委员会第1794次会议、2020年12月28日最高人民检察院第十三届检察委员会第五十八次会议通过 2021年8月9日最高人民法院、最高人民检察院公告公布 自2021年8月11日起施行)

为依法惩治窝藏、包庇犯罪，根据《中华人民共和国刑法》《中华人民共和国刑事诉讼法》的有关规定，结合司法工作实际，现就办理窝藏、包庇刑事案件适用法律的若干问题解释如下：

第一条 明知是犯罪的人，为帮助其逃匿，实施下列行为之一的，应当依照刑法第三百一十条第一款的规定，以窝藏罪定罪处罚：

（一）为犯罪的人提供房屋或者其他可以用于隐藏的处所的；

（二）为犯罪的人提供车辆、船只、航空器等交通工具，或者提供手机等通讯工具的；

（三）为犯罪的人提供金钱的；

（四）其他为犯罪的人提供隐藏处所、财物，帮助其逃匿的情形。

保证人在犯罪的人取保候审期间，协助其逃匿，或者明知犯罪的人的藏匿地点、联系方式，但拒绝向司法机关提供的，应当依照刑法第三百一十条第一款的规定，对保证人以窝藏罪定罪处罚。

虽然为犯罪的人提供隐藏处所、财物，但不是出于帮助犯罪的人逃匿的目的，不以窝藏罪定罪处罚；对未履行法定报告义务的行为人，依法移送有关主管机关给予行政处罚。

第二条 明知是犯罪的人，为帮助其逃避刑事追究，或者帮助其获得从宽处罚，实施下列行为之一的，应当依照刑法第三百一十条第一款的规定，以包庇罪定罪处罚：

（一）故意顶替犯罪的人欺骗司法机关的；

（二）故意向司法机关作虚假陈述或者提供虚假证明，以证明犯罪的人没有实施犯罪行为，或者犯罪的人所实施行为不构成犯罪的；

（三）故意向司法机关提供虚假证明，以证明犯罪的人具有法定从轻、减轻、免除处罚情节的；

（四）其他作假证明包庇的行为。

**第三条** 明知他人有间谍犯罪或者恐怖主义、极端主义犯罪行为，在司法机关向其调查有关情况、收集有关证据时，拒绝提供，情节严重的，依照刑法第三百一十一条的规定，以拒绝提供间谍犯罪、恐怖主义犯罪、极端主义犯罪证据罪定罪处罚；作假证明包庇的，依照刑法第三百一十条的规定，以包庇罪从重处罚。

**第四条** 窝藏、包庇犯罪的人，具有下列情形之一的，应当认定为刑法第三百一十条第一款规定的"情节严重"：

（一）被窝藏、包庇的人可能被判处无期徒刑以上刑罚的；

（二）被窝藏、包庇的人犯危害国家安全犯罪、恐怖主义或者极端主义犯罪，或者系黑社会性质组织犯罪的组织者、领导者，且可能被判处十年有期徒刑以上刑罚的；

（三）被窝藏、包庇的人系犯罪集团的首要分子，且可能被判处十年有期徒刑以上刑罚的；

（四）被窝藏、包庇的人在被窝藏、包庇期间再次实施故意犯罪，且新罪可能被判处五年有期徒刑以上刑罚的；

（五）多次窝藏、包庇犯罪的人，或者窝藏、包庇多名犯罪的人的；

（六）其他情节严重的情形。

前款所称"可能被判处"刑罚，是指根据被窝藏、包庇的人所犯罪行，在不考虑自首、立功、认罪认罚等从宽处罚情节时应当依法判处的刑罚。

**第五条** 认定刑法第三百一十条第一款规定的"明知"，应当根据案件的客观事实，结合行为人的认知能力，接触被窝藏、包庇的犯罪人的情况，以及行为人和犯罪人的供述等主、客观因素进行认定。

行为人将犯罪的人所犯之罪误认为其他犯罪的，不影响刑法第三百一十条第一款规定的"明知"的认定。

行为人虽然实施了提供隐藏处所、财物等行为，但现有证据不能证明行为人知道犯罪的人实施了犯罪行为的，不能认定为刑法第三百一十条第一款规定的"明知"。

**第六条** 认定窝藏、包庇罪，以被窝藏、包庇的人的行为构成犯罪为前提。

被窝藏、包庇的人实施的犯罪事实清楚，证据确实、充分，但尚未到案、尚未依法裁判或者因不具有刑事责任能力依法未予追究刑事责任的，不影响窝藏、包庇罪的认定。但是，被窝藏、包庇的人归案后被宣告无罪的，应当依照法定程序宣告窝藏、包庇行为人无罪。

**第七条** 为帮助同一个犯罪的人逃避刑事处罚，实施窝藏、包庇行为，又实施洗钱行为，或者掩饰、隐瞒犯罪所得及其收益行为，或者帮助毁灭证据行为，或者伪证行为的，依照处罚较重的犯罪定罪，并从重处罚，不实行数罪并罚。

**第八条** 共同犯罪人之间互相实施的窝藏、包庇行为，不以窝藏、包庇罪定罪处罚，但对共同犯罪以外的犯罪人实施窝藏、包庇行为的，以所犯共同犯罪和窝藏、包庇罪并罚。

**第九条** 本解释自 2021 年 8 月 11 日起施行。

# 《最高人民法院、最高人民检察院关于办理窝藏、包庇刑事案件适用法律若干问题的解释》的理解与适用

滕 伟　陆建红　田文莎[*]

## 一、《解释》起草的指导思想、基本方法和起草过程

**（一）坚持以习近平法治思想为指导**

习近平法治思想是指导我们司法工作的理论基础。我们在起草《最高人民法院、最高人民检察院关于办理窝藏、包庇刑事案件适用法律若干问题的解释》（以下简称《解释》）时，首先组织起草小组成员认真学习习近平法治思想，深刻领会精神实质，切实在起草工作中将习近平法治思想贯彻好、落实好。在具体起草工作中，结合现代法治社会的实际情况和司法实践出现的新问题，对条文和内容作出了较为科学的规定。

**（二）切实体现社会主义核心价值观**

为确保在司法解释工作中体现社会主义核心价值观，我们认真学习并坚决贯彻最高人民法院发布的《关于在司法解释中全面贯彻社会主义核心价值观的工作规划（2018—2023）》精神。就《解释》而言，主要体现"法治""诚信""友善"的核心价值观。首先，体现"法治"这一核心价值观。公民支持、维护司法机关正常司法活动，是遵守法律的重要体现，对一切窝藏、包庇犯罪分子，破坏刑事诉讼秩序的行为，都应当予以依法打击。但刑法条文对何为窝藏、何为包庇没有明确规定。为此，根据刑法理论和司法实践的总结，《解释》对窝藏、包庇罪的构成要件作了明确规定，以指导司法办案，引领社会行为规范。同时，对窝藏、包庇罪的"情节严重"，刑法亦未明确规定，一些司法机关对确属"情节严重"的窝藏、包庇犯罪不敢适用刑法关于"情节严重"的规定；而一些司法机关对"情节严重"的规定认识有偏差，导致对一些可以从宽处罚的案件予以从重处罚，影响了宽严相济刑事政策的全面落实。根据这一实际，在充分调研的基础上，

---

[*] 作者单位：最高人民法院。

《解释》对窝藏、包庇"情节严重"情形作了细化规定。其次,体现"诚信""友善"的核心价值观。"诚信"即诚实守信,是人类社会千百年传承下来的道德传统,也是社会主义道德建设的重点内容。"友善"强调公民之间应互相尊重、互相关心、互相帮助,和睦友好,努力形成社会主义新型人际关系。体现在《解释》中,就是要求公民与犯罪作斗争,而不是所谓的"一团和气",更不是实施窝藏、包庇行为。正确理解和实践"诚信""友善"这一核心价值观,应理解为对好人的"诚信""友善",对罪犯的揭发,甚至大义灭亲,让犯罪分子特别是严重犯罪分子无所遁形。这是"诚信""友善"的基本要求和应有之义。

### (三) 注重刑法理论、刑法规定和刑事司法实践的有机统一

对窝藏、包庇罪的研究,在刑法学界并不充分,主要原因是司法实践中,案件数相对不大。但是,有些困惑、争议客观存在。1979年刑法对窝藏、包庇罪的规定仅是以简单罪状表述,1997年刑法虽然采用了叙明罪状的方式,但对如何理解窝藏、包庇罪的犯罪构成,如何理解和适用"情节严重",一直没有司法解释。法学界对窝藏罪的外延、对如何确定"情节严重"及对刑法条文本身如何理解就存在争议。例如,根据刑法规定,明知是犯罪的人而为其提供隐藏处所、财物,帮助其逃匿的,是窝藏罪;但窝藏罪的客观行为如何理解,在学理上存有争论。一种观点认为,提供隐藏处所、财物是行为,帮助罪犯逃匿是目的;另一种观点则认为,提供隐藏处所、财物与帮助逃匿是并列关系,都是窝藏行为。那么,给犯罪分子通风报信而未提供隐藏处所、财物的,能否认定为窝藏?两种不同的观点得出的结论是不一样的,如何取舍?就要认真研究不同观点的利弊,认真探究立法宗旨或者意图,要综合考虑采用不同的观点带来的社会效果,权衡刑法打击与保障关系、刑罚谦抑性与惩罚性关系,等等;同时还得考虑司法实践中的可操作性问题。《解释》的每一条都是在对上述几个方面进行认真思考、比较、研究后,才提出最终意见。即便这样,在征求意见时,依然有不同观点。对此,我们都认真听取,努力做到每一个条款都实现刑法理论、刑法规定和刑事司法实践的有机统一。

《解释》经最高人民法院审判委员会讨论同意立项后,最高人民法院刑事审判第四庭起草小组主要做了以下工作:(1)调研。起草小组采取书面调研和现场调研相结合的方式。分别赴浙江省、重庆市、江苏省、辽宁省等地现场调研,了解窝藏、包庇刑事案件的审理情况,现场听取相关法院从事刑事审判工作的领导和法官的意见。在浙江省还听取了部分检察机关、公安机关同志的意见。在此基础上,对《解释》稿进行多次修改,形成征求意见稿。(2)征求意见。一是征求各高级人民法院意见。将征求意见稿发往上海、天津、江苏、安徽、福建、山东、湖南、四川、广东、陕西、宁夏等高级人民法院,广泛征求地方法院的意见,收集各地五年以来审理窝藏、包庇刑事案件的基本情况、相关做法和经验教训等,并收集了大量案例。最高人民法院研究室征集五年来窝藏、包庇刑事案件的基本数据,力求既在微观上了解具体案件的情况,又在宏观大数据上了解此类案件布局、结构、态势等特点。在充分调研的基础上,对《解释》稿进行多次修改。二是

征求最高人民法院各刑事审判庭的意见。三是特别征求了最高人民法院研究室的意见。四是征求最高人民检察院、公安部的意见。最高人民检察院建议与其联合发布《解释》。五是充分听取了全国人大常委会法工委的意见。（3）与最高人民检察院进行联合修改。根据调研情况和征求意见情况，起草小组和最高人民检察院研究室的同志对《解释》稿逐条逐句进行研究和修改。中国人民大学刑法学教授、博士生导师，最高人民法院刑事审判第四庭挂职副庭长田宏杰全程参与，并从学者的角度提出了修改意见。《解释》经最高人民法院、最高人民检察院修改后，于 2020 年 3 月 2 日由最高人民法院审判委员会第 1794 次会议、2020 年 12 月 28 日由最高人民检察院第十三届检察委员会第五十八次会议通过，自 2021 年 8 月 11 日起施行。

## 二、窝藏、包庇犯罪的构罪要件

### （一）窝藏罪的构罪要件

根据刑法第三百一十条第一款的规定，明知是犯罪的人而为其提供隐藏处所、财物，帮助其逃匿的，构成窝藏罪。实践中，主要分歧在于，窝藏行为是否仅限于提供隐藏处所、财物的行为。分歧的主要原因是如何理解提供隐藏处所、财物与帮助逃匿之间的关系。第一种观点认为，两者之间是手段与目的关系；第二种观点认为，两者之间是并列的选择关系；第三种观点认为，两者之间是后者包含前者的关系，前者是后者的典型示例。笔者认为，从刑法条文的结构分析，两者之间是手段与目的的关系。刑法第三百一十条规定了两个罪，即窝藏罪和包庇罪。窝藏罪的罪状描述为"提供隐藏处所、财物，帮助其逃匿"，而包庇罪的罪状描述是"作假证明包庇"。包庇罪的客观行为是作假证明，目的是包庇。同理，窝藏罪的客观行为是提供隐藏处所、财物，目的是帮助犯罪的人逃匿。两个罪名的逻辑结构一致，表现了立法的严谨性。为慎重起见，我们征求并充分听取了全国人大常委会法工委的意见。根据立法机关建议，《解释》对窝藏罪的构成要件进行了规定，将提供隐藏处所、财物与帮助犯罪的人逃匿之间的关系定位为手段与目的的关系。

调研中，有观点认为，应当将"为犯罪的人通风报信、出谋划策"的行为规定为窝藏罪的行为之一。理由是：该行为严重妨碍侦查，妨碍刑事诉讼；而且，刑法第三百六十二条也规定："旅馆业、饮食服务业、文化娱乐业、出租汽车业等单位的人员，在公安机关查处卖淫、嫖娼活动时，为违法犯罪分子通风报信，情节严重的，依照本法第三百一十条的规定定罪处罚。"《解释》未采纳该意见。主要理由：一是通风报信、出谋划策行为不属于提供隐藏处所、财物的行为，司法解释不能随便扩大刑法的调整范围。二是刑法第三百六十二条是一条特别规定，不能依据此条规定将所有通风报信行为都作犯罪化处理。该条规定只适用于涉卖淫刑事案件。三是国家工作人员为犯罪的人通风报信，刑法规定了渎职犯罪予以规制。而普通群众难以获得相关信息，即便有通风报信行为，一般也不必作为犯罪论处；如果情节严重，妨害公安、安全机关执行国家安全任务造成严重后果的,可以妨害公务罪定罪处罚。

调研中,对"指示逃跑路线"的行为能否作为提供隐藏处所行为对待,有不同认识。笔者认为,对刑法语词的解释应该遵循罪刑法定原则和常理。对于"提供隐藏处所"中的"处所"进行解释,既不能局限于日常生活概念,又不能任意扩大;"指示逃跑路线"一般情况下,不具有提供处所的性质;如果行为人为帮助犯罪的人逃匿,既指示逃跑路线,又提供隐藏处所或者财物,构成犯罪的,则应当以窝藏罪定罪处罚。

据此,《解释》第一条第一款对窝藏罪的构成要件,以列举的方式作了如下规定:"明知是犯罪的人,为帮助其逃匿,实施下列行为之一的,应当依照刑法第三百一十条第一款的规定,以窝藏罪定罪处罚:(一)为犯罪的人提供房屋或者其他可以用于隐藏的处所的;(二)为犯罪的人提供车辆、船只、航空器等交通工具,或者提供手机等通讯工具的;(三)为犯罪的人提供金钱的;(四)其他为犯罪的人提供隐藏处所、财物,帮助其逃匿的情形。"

《解释》第一条第二款规定:"保证人在犯罪的人取保候审期间,协助其逃匿,或者明知犯罪的人的藏匿地点、联系方式,但拒绝向司法机关提供的,应当依照刑法第三百一十条第一款的规定,对保证人以窝藏罪定罪处罚。"该内容系从《最高人民法院关于适用〈中华人民共和国刑事诉讼法〉的解释》第一百五十七条援引而来。该条规定:"根据案件事实和法律规定,认为已经构成犯罪的被告人在取保候审期间逃匿的,如果系保证人协助被告人逃匿,或者保证人明知被告人藏匿地点但拒绝向司法机关提供,对保证人应当依法追究责任。"

《解释》第一条第三款系出罪条款。主要为了防止某些人虽然提供了隐藏处所、财物,但没有帮助犯罪的人逃匿的主观目的也被定罪处罚的情形。同时,该款规定,对某些具有法定报告义务的行为人,未履行法定报告义务,依法移送有关主管机关给予行政处罚。

(二)包庇罪的构罪要件

《解释》第二条规定:"明知是犯罪的人,为帮助其逃避刑事追究,或者帮助其获得从宽处罚,实施下列行为之一的,应当依照刑法第三百一十条第一款的规定,以包庇罪定罪处罚:(一)故意顶替犯罪的人欺骗司法机关的;(二)故意向司法机关作虚假陈述或者提供虚假证明,以证明犯罪的人没有实施犯罪行为,或者犯罪的人所实施行为不构成犯罪的;(三)故意向司法机关提供虚假证明,以证明犯罪的人具有法定从轻、减轻、免除处罚情节的;(四)其他作假证明包庇的行为。"

调研中,关于确定包庇罪构罪要件的主要分歧在于:行为人为犯罪的人作假证明,以证明其具有法定从轻、减轻、免除处罚情节的,能否认定为包庇行为?包庇与伪证行为如何区分?

有观点认为,作假证明的目的是帮助犯罪分子逃避刑事处罚;如果作假证明的目的是让犯罪的人得到从轻、减轻、免除处罚,如假立功、假自首,则应当以伪证罪定罪处罚。理由是：(1) 作假证明的目的是帮助犯罪分子逃避刑事处罚。(2) 窝藏与包庇应当具有相当的社会危害性，窝藏的后果是可能造成犯罪的人无法被追究，包庇只有造成司法机关不能正常进行刑事诉讼的危险，才能与窝藏行为具有相当的社会危害性。提供从宽处罚的虚假证明显然无法造成这一风险，不宜扩大刑事的追诉范围。

经研究，笔者认为，"向司法机关提供虚假的书面证明，以证明犯罪的人具有法定从轻、减轻、免除处罚情节的"，应当以包庇罪定罪处罚，而不以伪证罪定罪处罚。理由是：(1) 根据刑法第三百零五条的规定，伪证行为要以意图陷害他人或者隐匿罪证为目的，上述行为既不是意图陷害他人，也不是隐匿罪证，而是提供虚假证明，因此不能以伪证罪论处。这也是伪证罪与包庇罪的主要区别。(2) 不能简单地将窝藏与包庇两种行为可能造成的危害性进行比较，二者没有可比性。窝藏不可能使犯罪的人受到从宽处罚，而只能使其逃避处罚，这是由窝藏行为的特质决定的。实践中不存在犯罪的人由于被窝藏而受到从宽处罚的情况。

一般情况下，证人拒绝提供证据，不构成包庇罪，除非其作假证明。但有一个例外，即刑法第三百一十一条规定的"明知他人有间谍犯罪或者恐怖主义、极端主义犯罪行为，在司法机关向其调查有关情况、收集有关证据时，拒绝提供，情节严重的"，构成拒绝提供间谍犯罪、恐怖主义犯罪、极端主义犯罪证据罪。如果证人明知他人有上述间谍犯罪等，故意提供假证明的，如何处理？对此，《解释》第三条专门作了规定："明知他人有间谍犯罪或者恐怖主义、极端主义犯罪行为，在司法机关向其调查有关情况、收集有关证据时，拒绝提供，情节严重的，依照刑法第三百一十一条的规定，以拒绝提供间谍犯罪、恐怖主义犯罪、极端主义犯罪证据罪定罪处罚；作假证明包庇的，依照刑法第三百一十条的规定，以包庇罪从重处罚。"

### 三、窝藏、包庇"情节严重"的认定

根据刑法第三百一十条的规定，犯窝藏、包庇罪，情节严重的，处三年以上十年以下有期徒刑。实践中，对"情节严重"的认识不一致，不同法院之间对于"情节严重"的把握标准不统一，该认定情节严重的未认定，不该认定的却被认定。各省级法院也未对"情节严重"的标准作出规范性规定，而完全由审理法院在个案中自行掌握，导致标准不统一，量刑不均衡。大多数法院都将被窝藏、包庇的人被判处无期徒刑以上刑罚作为窝藏、包庇的情节严重标准；少数法院参照包庇毒品犯罪分子罪，将被窝藏、包庇的人被判处十五年有期徒刑以上刑罚作为窝藏、包庇的情节严重标准。对窝藏、包庇特殊犯罪，如危害国家安全犯罪、恐怖主义或者极端主义犯罪、黑社会性质犯罪等，未作为窝藏、包庇的情节严重标准。

我们认为，对窝藏、包庇罪情节严重的标准，应从以下两个方面予以判断：(1) 从被窝藏、包庇的犯罪性质、罪行轻重来判断；(2) 从窝藏、包庇犯罪行为本身判断。这里涉及窝藏、包庇犯与被窝藏、包庇犯的量刑平衡问题。实践中，也存在窝藏、包庇犯单次犯罪的罪责重于被窝藏、包庇犯的特殊情况。如危险驾驶罪的最高法定刑为拘役六

个月，但明知他人犯危险驾驶罪为其"顶包"的，可能构成包庇罪，最高可被判处三年有期徒刑刑罚。对此，不能机械地认为窝藏、包庇罪被判处的刑罚要比被窝藏、包庇犯罪判处的刑罚轻；危险驾驶罪是一个尚未发生实害结果的危险犯，而"顶包"行为严重妨害了司法秩序，其实际危害比危险驾驶罪更大。

据此，《解释》第四条第一款规定："窝藏、包庇犯罪的人，具有下列情形之一的，应当认定为刑法第三百一十条第一款规定的'情节严重'：（一）被窝藏、包庇的人可能被判处无期徒刑以上刑罚的；（二）被窝藏、包庇的人犯危害国家安全犯罪、恐怖主义或者极端主义犯罪，或者系黑社会性质组织犯罪的组织者、领导者，且可能被判处十年有期徒刑以上刑罚的；（三）被窝藏、包庇的人系犯罪集团的首要分子，且可能被判处十年有期徒刑以上刑罚的；（四）被窝藏、包庇的人在被窝藏、包庇期间再次实施故意犯罪，且新罪可能被判处五年有期徒刑以上刑罚的；（五）多次窝藏、包庇犯罪的人，或者窝藏、包庇多名犯罪的人的；（六）其他情节严重的情形。"

根据以往的司法解释惯例及司法实践的需要，《解释》第四条第二款对该条第一款所称的"可能被判处"刑罚，明确规定为"指根据被窝藏、包庇的人所犯罪行，在不考虑自首、立功、认罪认罚等从宽处罚情节时应当依法判处的刑罚"，以避免司法实践中出现不统一做法。

### 四、窝藏、包庇罪的"明知"要件的认定

《解释》第五条从三个方面对如何认定窝藏、包庇罪的"明知"要件作了规定。

一是第一款规定："认定刑法第三百一十条第一款规定的'明知'，应当根据案件的客观事实，结合行为人的认知能力，接触被窝藏、包庇的犯罪人的情况，以及行为人和犯罪人的供述等主、客观因素进行认定。"该款只是明确了认定"明知"的基本方法。具体到个案，司法工作者还需要结合案件实际情况进行判断。笔者认为，具有下列情形之一的，应当认定行为人属于刑法第三百一十条第一款规定的"明知"，但有证据证明确实不知道的除外：（1）行为人目击犯罪事实发生的；（2）犯罪的人告知其实施犯罪行为的；（3）根据衣着、携带物品等，应当能够判断出系犯罪的人的；（4）司法机关查处犯罪事实时已经明确告知的；（5）其他可以认定为明知的情形。

二是第二款规定："行为人将犯罪的人所犯之罪误认为其他犯罪的，不影响刑法第三百一十条第一款规定的'明知'的认定。"即在认定明知时，只需要认定行为人明知被窝藏、包庇的人系犯罪的人即可，至于是何种犯罪，无须苛求。

三是第三款规定："行为人虽然实施了提供隐藏处所、财物等行为，但现有证据不能证明行为人知道犯罪的人实施了犯罪行为的，不能认定为刑法第三百一十条第一款规定的'明知'。"

## 五、窝藏、包庇罪的罪与非罪、一罪与数罪问题

### (一)窝藏、包庇罪的罪与非罪的界限

实践中,行为人实施窝藏、包庇行为,但被窝藏、包庇的人并未实施犯罪行为,而只实施了一般违法行为的,不能认定行为人构成窝藏、包庇罪。即窝藏、包庇罪应当以被窝藏、包庇的人实施了构成犯罪的行为为前提。该前提包含以下两个方面含义:一是被窝藏、包庇的人所实施的犯罪行为有充分证据证明,且达到了犯罪的程度;二是对窝藏、包庇罪事实的认定,原则上应当在对被窝藏、包庇的人所实施的犯罪依法裁判确定后进行。虽然《解释》第六条第二款规定"被窝藏、包庇的人实施的犯罪事实清楚,证据确实、充分,但尚未到案、尚未依法裁判或者因不具有刑事责任能力依法未予追究刑事责任的,不影响窝藏、包庇罪的认定",但在被窝藏、包庇的人尚未受到刑事追究的情况下,先追究窝藏、包庇者的刑事责任,存在诸多不确定性。因此,上述规定只能作为一种例外,只针对极少数情况下,由于被窝藏、包庇的人还有其他犯罪事实,一时难以查清或者因为其他原因尚未依法裁判,为依法及时审判窝藏、包庇犯罪案件,才在被窝藏、包庇的人尚未受到刑事追究时先行认定窝藏、包庇罪的情形。实践中,还应当关注该款关于"被窝藏、包庇的人归案后被宣告无罪的,应当依照法定程序宣告窝藏、包庇行为人无罪"的提示性规定。

### (二)窝藏、包庇罪的一罪与数罪的问题

实践中,出于帮助同一犯罪人逃避处罚的目的,既实施窝藏、又实施包庇,甚至有其他妨害司法行为的,《解释》确立了择一重罪从重处罚原则,而不实行数罪并罚。如李某故意杀人后,其妻王某明知李某犯罪,将李某的血衣清洗(焚烧),又给李某1万元钱帮助其逃匿,在公安机关调查时又出假证词称李某没有作案时间。理论上,王某分别实施了帮助毁灭证据、窝藏、包庇行为,构成帮助毁灭证据罪、窝藏罪、包庇罪。但是,王某实施这一系列行为都是基于一个故意,即帮助李某逃避刑事处罚。我们认为,为避免机械司法,保证司法裁判结果符合人民群众朴素的正义观,对这种情形不实行数罪并罚,而是择一重罪定罪从重处罚也能实现罪责刑相适应。据此,《解释》第七条规定:"为帮助同一个犯罪的人逃避刑事处罚,实施窝藏、包庇行为,又实施洗钱行为,或者掩饰、隐瞒犯罪所得及其收益行为,或者帮助毁灭证据行为,或者伪证行为的,依照处罚较重的犯罪定罪,并从重处罚,不实行数罪并罚。"

调研中,有观点认为,妨害司法罪其他几个罪名的行为之间可能存在竞合,可以不实行数罪并罚,但掩饰、隐瞒犯罪所得及其收益行为,不仅妨害司法,还侵犯财产权,行为方式与窝藏、包庇也存在差异,不实行数罪并罚缺乏充足依据。笔者认为,该观点理论上有一定道理;但《解释》第七条强调的是行为人基于一个帮助犯罪的人逃避刑事处罚的故意而实施的数个行为,各行为都是为了实现同一目的,相互间联系密切,故不

实施并罚更符合主客观相统一原则。这样规定，方便基层法院处理此类案件，符合人民群众对法律的朴素认知和正义情感。

## 六、共同犯罪人之间窝藏、包庇行为的处理

有观点认为，共同犯罪人之间窝藏、包庇的，应当以其所犯共同犯罪和窝藏、包庇罪并罚。笔者认为，共同犯罪人之间互相实施的窝藏、包庇行为，不能以窝藏、包庇罪定罪处罚。理由主要是：（1）共同犯罪人之间相互窝藏、包庇的，不具有期待可能性，属于事后不可罚行为。（2）窝藏、包庇犯罪的主体，应当是被窝藏、包庇犯罪以外的人，自己不能成为窝藏、包庇自己犯罪的主体，包括共同犯罪人也不属于窝藏、包庇罪的犯罪主体。因为窝藏、包庇罪的前提是明知窝藏、包庇的对象是犯罪的人，而明知当然是指自己以外的犯罪人而言。另外，从"帮助其逃匿"等用语分析，也不可能包括帮助自己逃匿。据此，《解释》第八条规定："共同犯罪人之间互相实施的窝藏、包庇行为，不以窝藏、包庇罪定罪处罚，但对共同犯罪以外的犯罪人实施窝藏、包庇行为的，以所犯共同犯罪和窝藏、包庇罪并罚。"

## 七、关于"亲亲相隐"问题

"亲亲相隐"是中国古代刑律的一项原则，主要内容包括：亲属有罪相隐，不论罪或减刑；控告应相隐的亲属要处刑；国事重罪不适用相隐原则。以儒家思想为主导的中华法系，基于维护伦理道德和家族制度的目的，确立了"亲亲相隐"原则。中华人民共和国成立后，这一原则未在法律中明确规定，司法实践中也有不同做法，比如儿子犯罪，母亲仅给了少量钱款，但并未实质上影响公安机关对犯罪分子的抓捕，却被判刑的例子并不鲜见。实际上，近年来我国立法和司法解释中也有体现"亲亲相隐"原则精神的相应规定。例如，刑事诉讼法第一百九十三条第一款规定："经人民法院通知，证人没有正当理由不出庭作证的，人民法院可以强制其到庭，但是被告人的配偶、父母、子女除外。"《最高人民法院关于审理掩饰、隐瞒犯罪所得、犯罪所得收益刑事案件适用法律若干问题的解释》第二条规定，掩饰、隐瞒犯罪所得及其产生的收益行为构成犯罪，但系为近亲属掩饰、隐瞒犯罪所得及其产生的收益行为，且初犯、偶犯，又认罪、悔罪并退赃、退赔，可以认定为犯罪情节轻微，免予刑事处罚。又如，《最高人民法院关于审理毒品犯罪案件适用法律若干问题的解释》第六条第三款规定："包庇走私、贩卖、运输、制造毒品的近亲属，或者为其窝藏、转移、隐瞒毒品或者毒品犯罪所得的财物，不具有本条前两款规定的情节严重情形，归案后认罪、悔罪、积极退赃，且系初犯、偶犯，犯罪情节轻微不需要判处刑罚的，可以免予刑事处罚。"上述规定尚不属于典型的"亲亲相隐"制度规定。对窝藏、包庇罪中是否要规定"亲亲相隐"，争议很大。调研中不少人认为，目前对"亲亲相隐"原则作出明确的制度化规定，条件尚不成熟；在司法实践中，对犯罪人的近亲属犯窝藏、包庇犯罪的，一般也会从宽处理。因此，司法解释对该原则不明确规定，也不会影响司法办案效果。调研中有人建议，对"亲亲相隐"问题，最高人民

法院可以通过发布典型案例或者解读释义的方式，指导司法办案。经慎重考虑，《解释》采纳了这一观点。

对亲属间实施的窝藏、包庇行为，我们认为可从以下四个方面把握：第一，近亲属实施窝藏、包庇行为，考虑到这类情况下的犯罪动机，主要是出于亲情，而不是直接出于妨碍司法秩序，总体上可予从宽；第二，近亲属实施窝藏、包庇行为，情节较轻，且认罪悔罪的，可免予刑事处罚或者不起诉；第三，近亲属实施窝藏、包庇行为，属情节严重，但未造成严重妨害司法活动的实际后果，且认罪悔罪，可酌情从宽处罚，具有自首、立功等法定从宽处罚情节的，可以不起诉或者免予刑事处罚；第四，其他亲情和血缘关系密切的人实施窝藏、包庇行为，应与近亲属有所区别，只能参照近亲属的处罚原则适度从宽。

根据刑事诉讼法第一百零八条第六项规定，近亲属，是指夫、妻、父、母、子、女、同胞兄弟姊妹。实践中，"其他亲情和血缘关系密切的人"应当是具有下列情形之一的：(1) 祖父母、外祖父母、孙子女、外孙子女；(2) 三代以内旁系血亲；(3) 近姻亲，即近亲属的配偶、配偶的近亲属、配偶近亲属的配偶；(4) 共同生活的公婆和丧偶儿媳、岳父母和丧偶女婿；(5) 具有亲情或者血缘关系且共同生活的其他亲属。上述所称子女，包括养子女、继子女。

## 全国人民代表大会常务委员会
## 关于授权最高人民法院、最高人民检察院在部分地区开展刑事案件认罪认罚从宽制度试点工作的决定

(2016年9月3日第十二届全国人民代表大会
常务委员会第二十二次会议通过)

为进一步落实宽严相济刑事政策,完善刑事诉讼程序,合理配置司法资源,提高办理刑事案件的质量与效率,确保无罪的人不受刑事追究,有罪的人受到公正惩罚,维护当事人的合法权益,促进司法公正,第十二届全国人民代表大会常务委员会第二十二次会议决定:授权最高人民法院、最高人民检察院在北京、天津、上海、重庆、沈阳、大连、南京、杭州、福州、厦门、济南、青岛、郑州、武汉、长沙、广州、深圳、西安开展刑事案件认罪认罚从宽制度试点工作。对犯罪嫌疑人、刑事被告人自愿如实供述自己的罪行,对指控的犯罪事实没有异议,同意人民检察院量刑建议并签署具结书的案件,可以依法从宽处理。试点工作应当遵循刑法、刑事诉讼法的基本原则,保障犯罪嫌疑人、刑事被告人的辩护权和其他诉讼权利,保障被害人的合法权益,维护社会公共利益,完善诉讼权利告知程序,强化监督制约,严密防范并依法惩治滥用职权、徇私枉法行为,确保司法公正。

最高人民法院、最高人民检察院会同有关部门根据本决定,遵循刑法、刑事诉讼法的基本原则,制定试点办法,对适用条件、从宽幅度、办理程序、证据标准、律师参与等作出具体规定,报全国人民代表大会常务委员会备案。试点期限为二年,自试点办法印发之日起算。

2014年6月27日第十二届全国人民代表大会常务委员会第九次会议授权最高人民法院、最高人民检察院在上述地区开展的刑事案件速裁程序试点工作,按照新的试点办法继续试行。

最高人民法院、最高人民检察院应当加强对试点工作的组织领导和监督检查,保证试点工作积极、稳妥、有序进行。试点进行中,最高人民法院、最高人民检察院应当就试点情况向全国人民代表大会常务委员会作出中期报告。试点期满后,对实践证明可行的,应当修改完善有关法律;对实践证明不宜调整的,恢复施行有关法律规定。

本决定自2016年9月4日起施行。

## 最高人民法院 最高人民检察院 公安部 国家安全部 司法部关于在部分地区开展刑事案件认罪认罚从宽制度试点工作的办法

2016年11月11日　　　　　　　　　　　　法〔2016〕386号

为确保刑事案件认罪认罚从宽制度试点工作依法有序开展,根据刑法、刑事诉讼法和《全国人民代表大会常务委员会关于授权最高人民法院、最高人民检察院在部分地区开展刑事案件认罪认罚从宽制度试点工作的决定》,结合司法工作实际,制定本办法。

**第一条** 犯罪嫌疑人、被告人自愿如实供述自己的罪行,对指控的犯罪事实没有异议,同意量刑建议,签署具结书的,可以依法从宽处理。

**第二条** 具有下列情形之一的,不适用认罪认罚从宽制度:

(一) 犯罪嫌疑人、被告人是尚未完全丧失辨认或者控制自己行为能力的精神病人的;

(二) 未成年犯罪嫌疑人、被告人的法定代理人、辩护人对未成年人认罪认罚有异议的;

(三) 犯罪嫌疑人、被告人行为不构成犯罪的;

(四) 其他不宜适用的情形。

**第三条** 办理认罪认罚案件,应当遵循刑法、刑事诉讼法的基本原则,以事实为根据,以法律为准绳,保障犯罪嫌疑人、被告人依法享有的辩护权和其他诉讼权利,保障被害人的合法权益,维护社会公共利益,强化监督制约,确保无罪的人不受刑事追究,有罪的人受到公正惩罚,确保司法公正。

**第四条** 办理认罪认罚案件,应当坚持下列原则:

贯彻宽严相济刑事政策,充分考虑犯罪的社会危害性和犯罪嫌疑人、被告人的人身危险性,结合认罪认罚的具体情况,确定是否从宽以及从宽幅度,做到该宽则宽,当严则严,宽严相济,确保办案法律效果和社会效果。

坚持罪责刑相适应,根据犯罪的事实、性质、情节、后果,依照法律规定提出量刑建议,准确裁量刑罚,确保刑罚的轻重与犯罪分子所犯罪行和应当承担的刑事责任相适应。

坚持证据裁判,依照法律规定收集、固定、审查和认定证据。

**第五条** 办理认罪认罚案件，应当保障犯罪嫌疑人、被告人获得有效法律帮助，确保其了解认罪认罚的性质和法律后果，自愿认罪认罚。

法律援助机构可以根据人民法院、看守所实际工作需要，通过设立法律援助工作站派驻值班律师、及时安排值班律师等形式提供法律帮助。人民法院、看守所应当为值班律师开展工作提供便利工作场所和必要办公设施，简化会见程序，保障值班律师依法履行职责。

犯罪嫌疑人、被告人自愿认罪认罚，没有辩护人的，人民法院、人民检察院、公安机关应当通知值班律师为其提供法律咨询、程序选择、申请变更强制措施等法律帮助。

人民法院、人民检察院、公安机关应当告知犯罪嫌疑人、被告人申请法律援助的权利。符合应当通知辩护条件的，依法通知法律援助机构指派律师为其提供辩护。

**第六条** 人民法院、人民检察院、公安机关应当将犯罪嫌疑人、被告人认罪认罚作为其是否具有社会危险性的重要考虑因素，对于没有社会危险性的犯罪嫌疑人、被告人，应当取保候审、监视居住。

**第七条** 办理认罪认罚案件，应当听取被害人及其代理人意见，并将犯罪嫌疑人、被告人是否与被害人达成和解协议或者赔偿被害人损失，取得被害人谅解，作为量刑的重要考虑因素。

**第八条** 在侦查过程中，侦查机关应当告知犯罪嫌疑人享有的诉讼权利和认罪认罚可能导致的法律后果，听取犯罪嫌疑人及其辩护人或者值班律师的意见，犯罪嫌疑人自愿认罪认罚的，记录在案并附卷。

犯罪嫌疑人向看守所工作人员或者辩护人、值班律师表示愿意认罪认罚的，有关人员应当及时书面告知办案单位。

对拟移送审查起诉的案件，侦查机关应当在起诉意见书中写明犯罪嫌疑人自愿认罪认罚情况。

**第九条** 犯罪嫌疑人自愿如实供述涉嫌犯罪的事实，有重大立功或者案件涉及国家重大利益，需要撤销案件的，办理案件的公安机关应当层报公安部，由公安部提请最高人民检察院批准。

**第十条** 在审查起诉过程中，人民检察院应当告知犯罪嫌疑人享有的诉讼权利和认罪认罚可能导致的法律后果，就下列事项听取犯罪嫌疑人及其辩护人或者值班律师的意见，记录在案并附卷：

（一）指控的罪名及适用的法律条款；
（二）从轻、减轻或者免除处罚等从宽处罚的建议；
（三）认罪认罚后案件审理适用的程序；
（四）其他需要听取意见的情形。

犯罪嫌疑人自愿认罪，同意量刑建议和程序适用的，应当在辩护人或者值班律师在场的情况下签署具结书。

**第十一条** 人民检察院向人民法院提起公诉的，应当在起诉书中写明被告人认罪认罚情况，提出量刑建议，并同时移送被告人的认罪认罚具结书等材料。

量刑建议一般应当包括主刑、附加刑，并明确刑罚执行方式。可以提出相对明确的量刑幅度，也可以根据案件具体情况，提出确定刑期的量刑建议。建议判处财产刑的，一般应当提出确定的数额。

**第十二条** 对适用速裁程序的案件，人民检察院一般应当在受理后十日内作出是否提起公诉的决定；对可能判处的有期徒刑超过一年的，可以延长至十五日。

**第十三条** 犯罪嫌疑人自愿如实供述涉嫌犯罪的事实，有重大立功或者案件涉及国家重大利益的，经最高人民检察院批准，人民检察院可以作出不起诉决定，也可以对涉嫌数罪中的一项或者多项提起公诉。

具有法律规定不起诉情形的，依照法律规定办理。

**第十四条** 最高人民检察院批准不起诉的，或者经公安部提请批准撤销案件的，人民检察院、公安机关对查封、扣押、冻结的财物及其孳息，应当调查权属情况，查明是否属于违法所得或者依法应当追缴的其他涉案财物。案外人对查封、扣押、冻结的财物及其孳息提出权属异议的，应当进行审查。

确认查封、扣押、冻结的财物及其孳息属于违法所得、违禁品或者供作案所用的本人财物，除依法返还被害人的以外，应当在撤销案件或者作出不起诉决定后三十日内予以收缴，一律上缴国库。对查封、扣押、冻结的财物及其孳息不能确认属于违法所得或者依法应当追缴的其他涉案财物的，不得收缴。

**第十五条** 人民法院审理认罪认罚案件，应当告知被告人享有的诉讼权利和认罪认罚可能导致的法律后果，审查认罪认罚的自愿性和认罪认罚具结书内容的真实性、合法性。

**第十六条** 对于基层人民法院管辖的可能判处三年有期徒刑以下刑罚的案件，事实清楚、证据充分，当事人对适用法律没有争议，被告人认罪认罚并同意适用速裁程序的，可以适用速裁程序，由审判员独任审判，送达期限不受刑事诉讼法规定的限制，不进行法庭调查、法庭辩论，当庭宣判，但在判决宣告前应当听取被告人的最后陈述。

适用速裁程序审理案件，人民法院一般应当在十日内审结；对可能判处的有期徒刑超过一年的，可以延长至十五日。

**第十七条** 具有下列情形之一的，不适用速裁程序审理：

（一）被告人是盲、聋、哑人的；

（二）案件疑难、复杂，或者有重大社会影响的；

（三）共同犯罪案件中部分被告人对指控事实、罪名、量刑建议有异议的；

（四）被告人与被害人或者其代理人没有就附带民事赔偿等事项达成调解或者和解协议的；

（五）其他不宜适用速裁程序的情形。

**第十八条** 对于基层人民法院管辖的可能判处三年有期徒刑以上刑罚的案件，被告人认罪认罚的，可以依法适用简易程序审判。在判决宣告前应当听取被告人的最后陈述，一般应当当庭宣判。

**第十九条** 人民法院适用速裁程序或者简易程序审理的认罪认罚案件，有下列情形之一的，应当转为普通程序审理：

（一）被告人违背意愿认罪认罚的；

（二）被告人否认指控的犯罪事实的；

（三）其他不宜适用速裁程序或者简易程序审理的情形。

第二十条　对于认罪认罚案件，人民法院依法作出判决时，一般应当采纳人民检察院指控的罪名和量刑建议，但具有下列情形的除外：

（一）被告人不构成犯罪或者不应当追究刑事责任的；

（二）被告人违背意愿认罪认罚的；

（三）被告人否认指控的犯罪事实的；

（四）起诉指控的罪名与审理认定的罪名不一致的；

（五）其他可能影响公正审判的情形。

第二十一条　人民法院经审理认为，人民检察院的量刑建议明显不当，或者被告人、辩护人对量刑建议提出异议的，人民法院可以建议人民检察院调整量刑建议，人民检察院不同意调整量刑建议或者调整量刑建议后被告人、辩护人仍有异议的，人民法院应当依法作出判决。

第二十二条　对不具有法定减轻处罚情节的认罪认罚案件，应当在法定刑的限度以内从轻判处刑罚，犯罪情节轻微不需要判处刑罚的，可以依法免予刑事处罚，确实需要在法定刑以下判处刑罚的，应当层报最高人民法院核准。

第二十三条　第二审人民法院对被告人不服适用速裁程序作出的第一审判决提起上诉的案件，可以不开庭审理。经审理认为原判认定事实和适用法律正确、量刑适当的，应当裁定驳回上诉，维持原判；原判认定事实没有错误，但适用法律有错误，或者量刑不当的，应当改判；原判事实不清或者证据不足的，应当裁定撤销原判，发回原审人民法院适用普通程序重新审判。

第二十四条　人民法院、人民检察院、公安机关工作人员在办理认罪认罚案件中，有刑讯逼供、暴力取证或者权钱交易、放纵罪犯等滥用职权、徇私枉法情形，构成犯罪的，依法追究刑事责任；尚不构成犯罪的，依法给予行政处分或者纪律处分。

第二十五条　国家安全机关依法办理认罪认罚案件，适用本办法中有关公安机关的规定。

第二十六条　办理犯罪嫌疑人、被告人认罪认罚案件，本办法有规定的，按照本办法执行；本办法没有规定的，适用刑法、刑事诉讼法等有关规定。

第二十七条　原刑事案件速裁程序试点相关规定可以参照执行，本办法另有规定的除外。

第二十八条　本办法在北京、天津、上海、重庆、沈阳、大连、南京、杭州、福州、厦门、济南、青岛、郑州、武汉、长沙、广州、深圳、西安试行。

第二十九条　本办法自发布之日起试行二年。

应急管理部　公安部　最高人民法院　最高人民检察院
## 关于印发《安全生产行政执法与刑事司法衔接工作办法》的通知

2019 年 4 月 16 日　　　　　　　　　　　　　　　应急〔2019〕54 号

**各省、自治区、直辖市应急管理厅（局）、公安厅（局）、高级人民法院、人民检察院，新疆生产建设兵团应急管理局、公安局、新疆维吾尔自治区高级人民法院生产建设兵团分院、新疆生产建设兵团人民检察院，各省级煤矿安全监察局：**

　　为了建立健全安全生产行政执法与刑事司法衔接工作机制，依法惩治安全生产违法犯罪行为，保障人民群众生命财产安全和社会稳定，应急管理部、公安部、最高人民法院、最高人民检察院联合研究制定了《安全生产行政执法与刑事司法衔接工作办法》，现予以印发，请遵照执行。

## 安全生产行政执法与刑事司法衔接工作办法

### 第一章　总　　则

　　**第一条**　为了建立健全安全生产行政执法与刑事司法衔接工作机制，依法惩治安全生产违法犯罪行为，保障人民群众生命财产安全和社会稳定，依据《中华人民共和国刑法》《中华人民共和国刑事诉讼法》《中华人民共和国安全生产法》《中华人民共和国消防法》和《行政执法机关移送涉嫌犯罪案件的规定》《生产安全事故报告和调查处理条例》《最高人民法院、最高人民检察院关于办理危害生产安全刑事案件适用法律若干问题的解释》等法律、行政法规、司法解释及有关规定，制定本办法。

　　**第二条**　本办法适用于应急管理部门、公安机关、人民法院、人民检察院办理的涉嫌安全生产犯罪案件。

　　应急管理部门查处违法行为时发现的涉嫌其他犯罪案件，参照本办法办理。

　　本办法所称应急管理部门，包括煤矿安全监察机构、消防机构。

　　属于《中华人民共和国监察法》规定的公职人员在行使公权力过程中发生的依法由监察机关负责调查的涉嫌安全生产犯罪案件，不适用本办法，应当依法及时移送监察机关处理。

**第三条** 涉嫌安全生产犯罪案件主要包括下列案件：

（一）重大责任事故案件；

（二）强令违章冒险作业案件；

（三）重大劳动安全事故案件；

（四）危险物品肇事案件；

（五）消防责任事故、失火案件；

（六）不报、谎报安全事故案件；

（七）非法采矿，非法制造、买卖、储存爆炸物，非法经营，伪造、变造、买卖国家机关公文、证件、印章等涉嫌安全生产的其他犯罪案件。

**第四条** 人民检察院对应急管理部门移送涉嫌安全生产犯罪案件和公安机关有关立案活动，依法实施法律监督。

**第五条** 各级应急管理部门、公安机关、人民检察院、人民法院应当加强协作，统一法律适用，不断完善案件移送、案情通报、信息共享等工作机制。

**第六条** 应急管理部门在行政执法过程中发现行使公权力的公职人员涉嫌安全生产犯罪的问题线索，或者应急管理部门、公安机关、人民检察院在查处有关违法犯罪行为过程中发现行使公权力的公职人员涉嫌贪污贿赂、失职渎职等职务违法或者职务犯罪的问题线索，应当依法及时移送监察机关处理。

## 第二章 日常执法中的案件移送与法律监督

**第七条** 应急管理部门在查处违法行为过程中发现涉嫌安全生产犯罪案件的，应当立即指定2名以上行政执法人员组成专案组专门负责，核实情况后提出移送涉嫌犯罪案件的书面报告。应急管理部门正职负责人或者主持工作的负责人应当自接到报告之日起3日内作出批准移送或者不批准移送的决定。批准移送的，应当在24小时内向同级公安机关移送；不批准移送的，应当将不予批准的理由记录在案。

**第八条** 应急管理部门向公安机关移送涉嫌安全生产犯罪案件，应当附下列材料，并将案件移送书抄送同级人民检察院。

（一）案件移送书，载明移送案件的应急管理部门名称、违法行为涉嫌犯罪罪名、案件主办人及联系电话等。案件移送书应当附移送材料清单，并加盖应急管理部门公章；

（二）案件调查报告，载明案件来源、查获情况、嫌疑人基本情况、涉嫌犯罪的事实、证据和法律依据、处理建议等；

（三）涉案物品清单，载明涉案物品的名称、数量、特征、存放地等事项，并附采取行政强制措施、现场笔录等表明涉案物品来源的相关材料；

（四）附有鉴定机构和鉴定人资质证明或者其他证明文件的检验报告或者鉴定意见；

（五）现场照片、询问笔录、电子数据、视听资料、认定意见、责令整改通知书等其他与案件有关的证据材料。

对有关违法行为已经作出行政处罚决定的，还应当附行政处罚决定书。

**第九条** 公安机关对应急管理部门移送的涉嫌安全生产犯罪案件，应当出具接受案件的回执或者在案件移送书的回执上签字。

**第十条** 公安机关审查发现移送的涉嫌安全生产犯罪案件材料不全的,应当在接受案件的 24 小时内书面告知应急管理部门在 3 日内补正。

公安机关审查发现涉嫌安全生产犯罪案件移送材料不全、证据不充分的,可以就证明有犯罪事实的相关证据要求等提出补充调查意见,由移送案件的应急管理部门补充调查。根据实际情况,公安机关可以依法自行调查。

**第十一条** 公安机关对移送的涉嫌安全生产犯罪案件,应当自接受案件之日起 3 日内作出立案或者不予立案的决定;涉嫌犯罪线索需要查证的,应当自接受案件之日起 7 日内作出决定;重大疑难复杂案件,经县级以上公安机关负责人批准,可以自受案之日起 30 日内作出决定。依法不予立案的,应当说明理由,相应退回案件材料。

对属于公安机关管辖但不属于本公安机关管辖的案件,应当在接受案件后 24 小时内移送有管辖权的公安机关,并书面通知移送案件的应急管理部门,抄送同级人民检察院。对不属于公安机关管辖的案件,应当在 24 小时内退回移送案件的应急管理部门。

**第十二条** 公安机关作出立案、不予立案决定的,应当自作出决定之日起 3 日内书面通知应急管理部门,并抄送同级人民检察院。

对移送的涉嫌安全生产犯罪案件,公安机关立案后决定撤销案件的,应当将撤销案件决定书送达移送案件的应急管理部门,并退回案卷材料。对依法应当追究行政法律责任的,可以同时提出书面建议。有关撤销案件决定书应当抄送同级人民检察院。

**第十三条** 应急管理部门应当自接到公安机关立案通知书之日起 3 日内将涉案物品以及与案件有关的其他材料移交公安机关,并办理交接手续。

对保管条件、保管场所有特殊要求的涉案物品,可以在公安机关采取必要措施固定留取证据后,由应急管理部门代为保管。应急管理部门应当妥善保管涉案物品,并配合公安机关、人民检察院、人民法院在办案过程中对涉案物品的调取、使用及鉴定等工作。

**第十四条** 应急管理部门接到公安机关不予立案的通知书后,认为依法应当由公安机关决定立案的,可以自接到不予立案通知书之日起 3 日内提请作出不予立案决定的公安机关复议,也可以建议人民检察院进行立案监督。

公安机关应当自收到提请复议的文件之日起 3 日内作出复议决定,并书面通知应急管理部门。应急管理部门对公安机关的复议决定仍有异议的,应当自收到复议决定之日起 3 日内建议人民检察院进行立案监督。

应急管理部门对公安机关逾期未作出是否立案决定以及立案后撤销案件决定有异议的,可以建议人民检察院进行立案监督。

**第十五条** 应急管理部门建议人民检察院进行立案监督的,应当提供立案监督建议书、相关案件材料,并附公安机关不予立案通知、复议维持不予立案通知或者立案后撤销案件决定及有关说明理由材料。

**第十六条** 人民检察院应当对应急管理部门立案监督建议进行审查,认为需要公安机关说明不予立案、立案后撤销案件的理由的,应当要求公安机关在 7 日内说明理由。公安机关应当书面说明理由,回复人民检察院。

人民检察院经审查认为公安机关不予立案或者立案后撤销案件理由充分,符合法律规定情形的,应当作出支持不予立案、撤销案件的检察意见。认为有关理由不能成立的,应当通知公安机关立案。

公安机关收到立案通知书后，应当在 15 日内立案，并将立案决定书送达人民检察院。

**第十七条** 人民检察院发现应急管理部门不移送涉嫌安全生产犯罪案件的，可以派员查询、调阅有关案件材料，认为应当移送的，应当提出检察意见。应急管理部门应当自收到检察意见后 3 日内将案件移送公安机关，并将案件移送书抄送人民检察院。

**第十八条** 人民检察院对符合逮捕、起诉条件的犯罪嫌疑人，应当依法批准逮捕、提起公诉。

人民检察院对决定不起诉的案件，应当自作出决定之日起 3 日内，将不起诉决定书送达公安机关和应急管理部门。对依法应当追究行政法律责任的，可以同时提出检察意见，并要求应急管理部门及时通报处理情况。

## 第三章 事故调查中的案件移送与法律监督

**第十九条** 事故发生地有管辖权的公安机关根据事故的情况，对涉嫌安全生产犯罪的，应当依法立案侦查。

**第二十条** 事故调查中发现涉嫌安全生产犯罪的，事故调查组或者负责火灾调查的消防机构应当及时将有关材料或者其复印件移交有管辖权的公安机关依法处理。

事故调查过程中，事故调查组或者负责火灾调查的消防机构可以召开专题会议，向有管辖权的公安机关通报事故调查进展情况。

有管辖权的公安机关对涉嫌安全生产犯罪案件立案侦查的，应当在 3 日内将立案决定书抄送同级应急管理部门、人民检察院和组织事故调查的应急管理部门。

**第二十一条** 对有重大社会影响的涉嫌安全生产犯罪案件，上级公安机关采取挂牌督办、派员参与等方法加强指导和督促，必要时，可以按照有关规定直接组织办理。

**第二十二条** 组织事故调查的应急管理部门及同级公安机关、人民检察院对涉嫌安全生产犯罪案件的事实、性质认定、证据采信、法律适用以及责任追究有意见分歧的，应当加强协调沟通。必要时，可以就法律适用等方面问题听取人民法院意见。

**第二十三条** 对发生一人以上死亡的情形，经依法组织调查，作出不属于生产安全事故或者生产安全责任事故的书面调查结论的，应急管理部门应当将该调查结论及时抄送同级监察机关、公安机关、人民检察院。

## 第四章 证据的收集与使用

**第二十四条** 在查处违法行为的过程中，有关应急管理部门应当全面收集、妥善保存证据材料。对容易灭失的痕迹、物证，应当采取措施提取、固定；对查获的涉案物品，如实填写涉案物品清单，并按照国家有关规定予以处理；对需要进行检验、鉴定的涉案物品，由法定检验、鉴定机构进行检验、鉴定，并出具检验报告或者鉴定意见。

在事故调查的过程中，有关部门根据有关法律法规的规定或者事故调查组的安排，按照前款规定收集、保存相关的证据材料。

**第二十五条** 在查处违法行为或者事故调查的过程中依法收集制作的物证、书证、视听资料、电子数据、检验报告、鉴定意见、勘验笔录、检查笔录等证据材料以及经依法批复的事故调查报告，在刑事诉讼中可以作为证据使用。

事故调查组依照有关规定提交的事故调查报告应当由其成员签名。没有签名的，应当予以补正或者作出合理解释。

**第二十六条** 当事人及其辩护人、诉讼代理人对检验报告、鉴定意见、勘验笔录、检查笔录等提出异议，申请重新检验、鉴定、勘验或者检查的，应当说明理由。人民法院经审理认为有必要的，应当同意。人民法院同意重新鉴定申请的，应当及时委托鉴定，并将鉴定意见告知人民检察院、当事人及其辩护人、诉讼代理人；也可以由公安机关自行或者委托相关机构重新进行检验、鉴定、勘验、检查等。

## 第五章 协作机制

**第二十七条** 各级应急管理部门、公安机关、人民检察院、人民法院应当建立安全生产行政执法与刑事司法衔接长效工作机制。明确本单位的牵头机构和联系人，加强日常工作沟通与协作。定期召开联席会议，协调解决重要问题，并以会议纪要等方式明确议定事项。

各省、自治区、直辖市应急管理部门、公安机关、人民检察院、人民法院应当每年定期联合通报辖区内有关涉嫌安全生产犯罪案件移送、立案、批捕、起诉、裁判结果等方面信息。

**第二十八条** 应急管理部门对重大疑难复杂案件，可以就刑事案件立案追诉标准、证据的固定和保全等问题咨询公安机关、人民检察院；公安机关、人民检察院可以就案件办理中的专业性问题咨询应急管理部门。受咨询的机关应当及时答复；书面咨询的，应当在 7 日内书面答复。

**第二十九条** 人民法院应当在有关案件的判决、裁定生效后，按照规定及时将判决书、裁定书在互联网公布。适用职业禁止措施的，应当在判决、裁定生效后 10 日内将判决书、裁定书送达罪犯居住地的县级应急管理部门和公安机关，同时抄送罪犯居住地的县级人民检察院。具有国家工作人员身份的，应当将判决书、裁定书送达罪犯原所在单位。

**第三十条** 人民检察院、人民法院发现有关生产经营单位在安全生产保障方面存在问题或者有关部门在履行安全生产监督管理职责方面存在违法、不当情形的，可以发出检察建议、司法建议。有关生产经营单位或者有关部门应当按规定及时处理，并将处理情况书面反馈提出建议的人民检察院、人民法院。

**第三十一条** 各级应急管理部门、公安机关、人民检察院应当运用信息化手段，逐步实现涉嫌安全生产犯罪案件的网上移送、网上受理和网上监督。

## 第六章 附 则

**第三十二条** 各省、自治区、直辖市的应急管理部门、公安机关、人民检察院、人民法院可以根据本地区实际情况制定实施办法。

**第三十三条** 本办法自印发之日起施行。

# 建立衔接协作工作机制 依法严惩安全生产犯罪

——《安全生产行政执法与刑事司法衔接工作办法》相关问题解读

李加玺[*]

2019年4月,应急管理部、公安部、最高人民法院、最高人民检察院联合印发《安全生产行政执法与刑事司法衔接工作办法》(应急〔2019〕54号,以下称《办法》),自印发之日起施行。《办法》贯彻落实《中共中央、国务院关于推进安全生产领域改革发展的意见》(以下简称《意见》)要求,在总结实践经验的基础上,对安全生产日常执法和事故调查中的案件移送与法律监督、刑事证据的收集与使用以及相关部门间的沟通协作机制等方面问题作出了详细规定。为便于实践中深入理解和正确适用《办法》,现就其中与人民法院工作有关的几个问题作如下解读。

## 一、《办法》的出台背景

安全生产工作关系人民群众生命财产安全,关系改革、发展和稳定大局。党中央、国务院历来高度重视安全生产工作,党的十八大以来作出一系列重大决策部署,推动全国安全生产工作取得积极进展。同时也应当看到,当前我国正处于工业化、城镇化持续推进过程中,安全生产基础薄弱,生产安全事故易发多发,尤其是重特大生产安全事故频发势头尚未得到有效遏制,造成群死群伤的重特大生产安全事故时有发生,社会影响十分恶劣。如何进一步完善安全生产监管体制机制,切实防范化解安全生产风险,是亟待解决的重要课题。

安全生产工作牵涉面广,需要多部门相互协作,共同推进。实践中发生的生产安全事故发生原因复杂,需要综合采用行政、刑事和经济手段予以综合惩治。实践中,生产安全事故发生后,一般由行政机关组成事故调查组开展事故调查,发现相关责任人员存在刑事犯罪嫌疑的,再将案件线索和证据材料移送司法机关处理。对于事故调查过程中确定相关责任人员存在刑事犯罪嫌疑的,应当向司法机关移送哪些证据材料和法律文书、行政机关事故调查过程中收集的证据材料能否作为刑事诉讼证据使用、人民法院作出的生效裁判文书的送达范围,以及人民检察院如何有效开展法律监督等方面问题,一直存在较大争议,造成各部门间沟通协作不畅,安全生产犯罪案件办理周期过长,严重影响

---

[*] 作者单位:最高人民法院刑事审判第四庭。

此类案件的依法公正审理，亟须采取切实措施予以解决。

中共中央、国务院 2016 年 12 月 9 日印发的《意见》提出，大力推进安全生产领域依法治理，健全法律法规体系。为贯彻落实《意见》要求，解决实践中存在的程序衔接方面的突出问题，应急管理部、公安部、最高人民法院和最高人民检察院联合起草了《办法》，经多次座谈研讨和广泛征求意见后正式公布施行。《办法》对于建立健全安全生产行政执法与刑事司法衔接工作机制，依法严惩安全生产违法犯罪行为，保障人民群众生命财产安全和社会稳定，具有重要意义。

### 二、《办法》适用的案件范围

《办法》第二条第一款规定："本办法适用于应急管理部门、公安机关、人民法院、人民检察院办理的涉嫌安全生产犯罪案件。"即《办法》适用的案件范围为安全生产犯罪案件。从广义上讲，安全生产犯罪既包括个人故意破坏生产经营设备、故意干扰生产、作业进程或者直接故意危害生产、作业人员人身安全的犯罪，也包括因业务过失导致发生生产安全事故的犯罪。根据现行法律规定，对于个人故意实施的直接破坏生产、作业活动或者危害生产、作业人员人身安全的犯罪行为，应由公安机关直接立案侦查，一般不涉及行政执法与刑事司法的衔接问题。根据《中华人民共和国安全生产法》（以下简称安全生产法）和《生产安全事故报告和调查处理条例》的规定，安全生产监督管理部门和其他负有安全生产监督管理职责的部门依法开展安全生产行政执法工作；发生生产安全事故的，由县级以上人民政府负责事故调查，也可以授权或者委托有关部门组织事故调查组进行调查。上述行政机关在日常执法中发现的生产经营单位或者相关个人存在的非法违法生产经营行为，可能构成非法采矿罪、非法制造、买卖储存爆炸物罪、非法经营罪或者伪造、变造国家机关印章罪等罪名，在事故调查中发现的生产经营单位或者相关责任人员的违法犯罪行为，可能构成重大责任事故罪、强令违章冒险作业罪、重大劳动安全事故罪、危险物品肇事罪、消防责任事故罪、失火罪和不报、谎报安全事故罪等罪名，均需由行政机关将犯罪线索和在行政执法或者事故调查过程中收集的证据材料移送司法机关处理，有必要对相关程序衔接问题作出明确规定。《办法》第三条对相关罪名作出了列举式规定，明确了应适用《办法》的安全生产犯罪案件的范围。

### 三、行政机关收集证据材料的证据效力

《中华人民共和国刑事诉讼法》（以下简称刑事诉讼法）第五十四条第二款规定："行政机关在行政执法和查办案件过程中收集的物证、书证、视听资料、电子数据等证据材料，在刑事诉讼中可以作为证据使用。"理论上一般认为，行政机关在行政执法和查办案件过程中收集的物证、书证、视听资料、电子数据等实物证据，以及勘验、检查笔录等客观性较强的证据，可以直接作为刑事诉讼证据使用，但行政机关收集的证人证言、当事人陈述等言词证据，由于主观性较强，容易发生变化，且行政机关收集言词证据的程序可能不够严谨，难以保证证据内容的真实性，不宜直接作为刑事诉讼证据使用，应由侦查机关重新收集固定后才能采信。

在安全生产犯罪案件的实际处理过程中,对于行政机关收集证据材料的证据效力问题,主要存在两个有争议的问题:一是事故调查组在事故调查过程中收集的证据材料是否属于行政机关收集的证据材料;二是行政机关在行政执法和事故调查过程中形成的检验报告、鉴定意见和事故调查报告能否作为证据使用。研究认为,第一,《最高人民法院关于适用〈中华人民共和国刑事诉讼法〉的解释》第六十五条第二款规定:"根据法律、行政法规规定行使国家行政管理职权的组织,在行政执法和查办案件过程中收集的证据材料,视为行政机关收集的证据材料。"据此,根据安全生产法和《生产安全事故报告和调查处理条例》等法律法规的规定依法成立的事故调查组,属于依法行使事故调查权的组织,其在事故调查过程中收集的证据材料应当视为行政机关收集的证据材料。第二,行政机关在行政执法和事故调查过程中形成的检验报告、鉴定意见和事故调查报告,在取得途径、审查方式等方面确实与实物证据以及勘验、检查笔录存在较大差别,但是,此类证据材料时效性和专业性均较强,形成过程高度依赖行政机关的专业知识,且对于非法违法生产经营现场和生产安全事故现场而言,一旦错过最佳调查时机,现场情况就难以复现,司法机关在刑事诉讼过程中难以再次开展调查或者重新进行检验、鉴定,如果相关检验报告、鉴定意见和事故调查报告不能作为刑事诉讼证据使用,将十分不利于此类案件的及时公正审理。《办法》第二十五条第一款明确,对于在查处安全生产违法行为或者事故调查的过程中依法收集制作的检验报告、鉴定意见,以及经依法批复的事故调查报告等证据材料,在刑事诉讼中可以作为证据使用。

根据《生产安全事故报告和调查处理条例》的规定,事故调查组成员应当在事故调查报告上签名。实践中发现,某些安全生产犯罪案件中随案移送的事故调查报告上缺少部分甚至全部成员的签名,此类事故调查报告能否作为证据使用,各地人民法院存在分歧。研究认为,现阶段事故调查报告缺少成员签名的原因较为复杂,有的是因为法律意识不强、事故调查程序不够规范,有的则是因为事故调查组成员害怕承担责任而故意不予签名。对于缺少成员签名的事故调查报告,不宜直接予以排除,而应参照刑事诉讼法第五十六条第一款的规定精神,允许事故调查组对瑕疵予以补正或者作出合理解释。《办法》第二十五条第二款明确,事故调查组依照有关规定提交的事故调查报告没有签名的,应当予以补正或者作出合理解释。如果既无成员签名,又无法补正或者作出合理解释的,原则上不应作为刑事诉讼证据使用。

## 四、人民法院裁判文书的送达范围

人民法院作出的生效裁判文书能否依法及时送达相关单位,直接关系到对罪犯所判处刑罚能否及时得到执行。在安全生产犯罪案件中,往往还涉及罪犯的党纪政纪处分以及职业禁止措施的落实问题,裁判文书的送达问题更应引起重视。调研中发现,人民法院内部对于安全生产犯罪案件裁判文书的送达范围理解不一,不同地区人民法院出台的规范性文件和实际做法也不一致,迫切需要加以规范。

研究认为,确定安全生产犯罪案件中人民法院裁判文书的送达范围,应当坚持以下两个原则:第一,合法性原则。送达是刑事诉讼法确定的人民法院的法定职责,确定裁判文书的送达范围，应当以刑事实体法和程序法的规定为基础。第二，必要性原则。送达范围应以确保裁判文书确定的刑罚和非刑罚处罚措施以及相关的党纪政纪处分及时得到执行为限，不能随意扩大送达范围，否则可能加重人民法院工作人员的法律责任和工作负担。另外，刑事诉讼法第二百零二条、第二百六十四条等条文已经对裁判文书的送达范围作出了原则性规定，对于刑事诉讼法已有明确规定的，《办法》无须再重复。

根据上述原则，《办法》第二十九条对于安全生产犯罪案件的裁判文书送达范围，区分两种情况作出了规定：第一，判决适用职业禁止措施的。现行法律和司法解释对人民法院判决适用的职业禁止措施的执行机关未作明确规定，结合安全生产法等法律、行政法规的规定，在安全生产犯罪案件中，由承担安全生产综合监管职能的应急管理部门执行职业禁止措施最为合适。另外，根据刑法第三十七条之一的规定，被判决适用职业禁止措施的罪犯违反人民法院作出的职业禁止措施决定的，由公安机关依法给予处罚。据此，人民法院判决适用职业禁止措施的，应当将裁判文书送达罪犯居住地的县级应急管理部门和公安机关，同时还应抄送罪犯居住地县级人民检察院，便于人民检察院依法开展法律监督。第二，罪犯具有国家工作人员身份的，往往涉及党纪政纪处分的落实问题，人民法院应当将裁判文书送达罪犯原所在单位，由其原所在单位或者由其原所在单位报请有关部门落实党纪政纪处分措施。《办法》第二十九条还根据司法公开要求，对人民法院及时上网公布生效裁判文书作出了原则性规定，以利于社会公众及时了解事故责任人员处理情况。

### 五、人民法院如何在安全生产工作中发挥积极作用

安全生产工作关系重大，人民法院在依法行使审判权、严惩安全生产犯罪的同时，还应适当延伸审判职能，力争发挥更加积极的作用。现阶段实践中存在的一个问题，是人民法院作为审判机关，无权参加行政机关组织的事故调查组和对相关法律适用问题提出意见，事故调查组在部分事故调查处理过程中对相关法律适用问题把握不准，造成认定具有犯罪嫌疑、移送司法机关处理的责任人员范围不当。要解决这个问题，需要事故调查机关采取适当方式，加强与司法机关特别是人民法院的协调沟通。《办法》第二十二条明确，组织事故调查的应急管理部门及同级公安机关、人民检察院对涉嫌安全生产犯罪案件的法律适用等方面问题存在意见分歧的，必要时可以听取人民法院意见。另外，为有效纠正非法违法生产经营行为和安全生产监督管理工作疏漏，及时消除安全事故隐患，推动安全生产形势持续稳定好转，《办法》第三十条还规定，人民法院发现有关生产经营单位在安全生产保障方面存在问题或者有关部门在履行安全生产监督管理职责方面存在违法、不当情形的，可以发出司法建议，有关生产经营单位或者有关部门应当按规定及时处理，并将处理情况书面反馈提出建议的人民法院。

## 最高人民法院　最高人民检察院
## 公安部　国家安全部　司法部
## 印发《关于适用认罪认罚从宽制度的指导意见》的通知

2019 年 10 月 11 日　　　　　　　　　　　　　　　高检发〔2019〕13 号

**各省、自治区、直辖市高级人民法院、人民检察院、公安厅（局）、国家安全厅（局）、司法厅（局），解放军军事法院、军事检察院，新疆维吾尔自治区高级人民法院生产建设兵团分院、新疆生产建设兵团人民检察院、公安局、国家安全局、司法局：**

　　为正确实施刑事诉讼法新规定，精准适用认罪认罚从宽制度，确保严格公正司法，推动国家治理体系和治理能力现代化，最高人民法院、最高人民检察院会同公安部、国家安全部、司法部制定了《关于适用认罪认罚从宽制度的指导意见》（以下简称《指导意见》），现予印发，请结合实际贯彻执行。具体工作要求通知如下：

　　一、充分认识设立认罪认罚从宽制度的重大意义。认罪认罚从宽是 2018 年修改后刑事诉讼法规定的一项重要制度，是全面贯彻宽严相济刑事政策的重要举措。各级人民法院、人民检察院、公安机关、国家安全机关、司法行政机关要站在推动国家治理体系和治理能力现代化的高度，充分认识这项制度对及时有效惩治犯罪、加强人权司法保障、优化司法资源配置、提高刑事诉讼效率、化解社会矛盾纠纷、促进社会和谐稳定的重要意义，强化责任担当，敢于积极作为，深入推进制度贯彻实施，确保制度效用有效发挥。

　　二、加强组织领导和业务指导。各级人民法院、人民检察院、公安机关、国家安全机关、司法行政机关要加强组织领导，将适用认罪认罚从宽制度作为重要工作来落实，紧密结合本地实际，根据《指导意见》研究制定实施方案或实施细则，分别层报最高人民法院、最高人民检察院、公安部、国家安全部、司法部备案。要加强对刑事诉讼法有关规定和《指导意见》等规范性文件的学习和培训，明确工作原则和要求，统一思想认识，提高办理认罪认罚案件的能力。要加强业务指导，深入开展调查研究，及时掌握本地区推进情况，确保工作规范有序开展。

　　三、加强协调配合。认罪认罚从宽制度涉及侦查、批捕、起诉、审判等各个诉讼环节，涉及人民法院、人民检察院、公安机关、国家安全机关、司法行政机关等多个部门。各级人民法院、人民检察院、公安机关、国家安全机关、司法行政机关在分工负责、各司其职的基础上，要加强沟通、协调和配合，建立绿色通道、专人联络、定期通报、联席会议等制度，及时研究解决实践中出现的问题，形成贯彻实施合力。对法律援助机构人员紧缺、经费保障困难等问题，司法行政机关要积极争取党委和政府支持，将值班律师补贴纳入法律援助业务经费开支范围并合理确定补贴标准。

四、加强监督制约。加强监督制约是确保认罪认罚从宽制度正确适用和公正运行，防止产生"权权交易"、"权钱交易"等司法腐败问题的重要手段。各级人民法院、人民检察院、公安机关、国家安全机关、司法行政机关要健全监督制约机制，切实防范认罪认罚从宽制度适用中可能产生的廉政风险，筑牢不能腐、不敢腐的制度篱笆。要加强对认罪认罚案件办理情况的监督，将具有从宽幅度较大、程序互相转换、认罪认罚后又反悔、社会关注度高、群众有反映等情形的案件作为监督评查的重点，促进提升案件质量和效果，确保制度统一正确适用。

# 最高人民法院　最高人民检察院　公安部　国家安全部　司法部
# 关于适用认罪认罚从宽制度的指导意见

适用认罪认罚从宽制度，对准确及时惩罚犯罪、强化人权司法保障、推动刑事案件繁简分流、节约司法资源、化解社会矛盾、推动国家治理体系和治理能力现代化，具有重要意义。为贯彻落实修改后刑事诉讼法，确保认罪认罚从宽制度正确有效实施，根据法律和有关规定，结合司法工作实际，制定本意见。

## 一、基本原则

1. 贯彻宽严相济刑事政策。落实认罪认罚从宽制度，应当根据犯罪的具体情况，区分案件性质、情节和对社会的危害程度，实行区别对待，做到该宽则宽，当严则严，宽严相济，罚当其罪。对可能判处三年有期徒刑以下刑罚的认罪认罚案件，要尽量依法从简从快从宽办理，探索相适应的处理原则和办案方式；对因民间矛盾引发的犯罪，犯罪嫌疑人、被告人自愿认罪、真诚悔罪并取得谅解、达成和解、尚未严重影响人民群众安全感的，要积极适用认罪认罚从宽制度，特别是对其中社会危害不大的初犯、偶犯、过失犯、未成年犯，一般应当体现从宽；对严重危害国家安全、公共安全犯罪，严重暴力犯罪，以及社会普遍关注的重大敏感案件，应当慎重把握从宽，避免案件处理明显违背人民群众的公平正义观念。

2. 坚持罪责刑相适应原则。办理认罪认罚案件，既要考虑体现认罪认罚从宽，又要考虑其所犯罪行的轻重、应负刑事责任和人身危险性的大小，依照法律规定提出量刑建议，准确裁量刑罚，确保罚当其罪，避免罪刑失衡。特别是对于共同犯罪案件，主犯认罪认罚，从犯不认罪认罚的，人民法院、人民检察院应当注意两者之间的量刑平衡，防止因量刑失当严重偏离一般的司法认知。

3. 坚持证据裁判原则。办理认罪认罚案件，应当以事实为依据，以法律为准绳，严格按照证据裁判要求，全面收集、固定、审查和认定证据。坚持法定证明标准，侦查终结、提起公诉、作出有罪裁判应当做到犯罪事实清楚，证据确实、充分，防止因犯罪嫌疑人、被告人认罪而降低证据要求和证明标准。对犯罪嫌疑人、被告人认罪认罚，但证据不足，不能认定其有罪的，依法作出撤销案件、不起诉决定或者宣告无罪。

4. 坚持公检法三机关配合制约原则。办理认罪认罚案件，公、检、法三机关应当分工负责、互相配合、互相制约，保证犯罪嫌疑人、被告人自愿认罪认罚，依法推进从宽落实。要严格执法、公正司法，强化对自身执法司法办案活动的监督，防止产生"权权交易"、"权钱交易"等司法腐败问题。

## 二、适用范围和适用条件

5. 适用阶段和适用案件范围。认罪认罚从宽制度贯穿刑事诉讼全过程，适用于侦查、起诉、审判各个阶段。

认罪认罚从宽制度没有适用案件罪名和可能判处刑罚的限定，所有刑事案件都可以适用，不能因罪轻、罪重或者罪名特殊等原因而剥夺犯罪嫌疑人、被告人自愿认罪认罚、获得从宽处理的机会。但"可以"适用不是一律适用，犯罪嫌疑人、被告人认罪认罚后是否从宽，由司法机关根据案件具体情况决定。

6. "认罪"的把握。认罪认罚从宽制度中的"认罪"，是指犯罪嫌疑人、被告人自愿如实供述自己的罪行，对指控的犯罪事实没有异议。承认指控的主要犯罪事实，仅对个别事实情节提出异议，或者虽然对行为性质提出辩解但表示接受司法机关认定意见的，不影响"认罪"的认定。犯罪嫌疑人、被告人犯数罪，仅如实供述其中一罪或部分罪名事实的，全案不作"认罪"的认定，不适用认罪认罚从宽制度，但对如实供述的部分，人民检察院可以提出从宽处罚的建议，人民法院可以从宽处罚。

7. "认罚"的把握。认罪认罚从宽制度中的"认罚"，是指犯罪嫌疑人、被告人真诚悔罪，愿意接受处罚。"认罚"，在侦查阶段表现为表示愿意接受处罚；在审查起诉阶段表现为接受人民检察院拟作出的起诉或不起诉决定，认可人民检察院的量刑建议，签署认罪认罚具结书；在审判阶段表现为当庭确认自愿签署具结书，愿意接受刑罚处罚。

"认罚"考察的重点是犯罪嫌疑人、被告人的悔罪态度和悔罪表现，应当结合退赃退赔、赔偿损失、赔礼道歉等因素来考量。犯罪嫌疑人、被告人虽然表示"认罚"，却暗中串供、干扰证人作证、毁灭、伪造证据或者隐匿、转移财产，有赔偿能力而不赔偿损失，则不能适用认罪认罚从宽制度。犯罪嫌疑人、被告人享有程序选择权，不同意适用速裁程序、简易程序的，不影响"认罚"的认定。

## 三、认罪认罚后"从宽"的把握

8. "从宽"的理解。从宽处理既包括实体上从宽处罚，也包括程序上从简处理。"可以从宽"，是指一般应当体现法律规定和政策精神，予以从宽处理。但可以从宽不是一律从宽，对犯罪性质和危害后果特别严重、犯罪手段特别残忍、社会影响特别恶劣的犯罪嫌疑人、被告人，认罪认罚不足以从轻处罚的，依法不予以从宽处罚。

办理认罪认罚案件，应当依照刑法、刑事诉讼法的基本原则，根据犯罪的事实、性质、情节和对社会的危害程度，结合法定、酌定的量刑情节，综合考虑认罪认罚的具体情况，依法决定是否从宽、如何从宽。对于减轻、免除处罚，应当于法有据；不具备减轻处罚情节的，应当在法定幅度以内提出从轻处罚的量刑建议和量刑；对其中犯罪情节轻微不需要判处刑罚的，可以依法作出不起诉决定或者判决免予刑事处罚。

9. 从宽幅度的把握。办理认罪认罚案件，应当区别认罪认罚的不同诉讼阶段、对查明案件事实的价值和意义，是否确有悔罪表现，以及罪行严重程度等，综合考量确定从宽的限度和幅度。在刑罚评价上，主动认罪优于被动认罪，早认罪优于晚认罪，彻底认罪优于不彻底认罪，稳定认罪优于不稳定认罪。

认罪认罚的从宽幅度一般应当大于仅有坦白，或者虽认罪但不认罚的从宽幅度。对犯罪嫌疑人、被告人具有自首、坦白情节，同时认罪认罚的，应当在法定刑幅度内给予相对更大的从宽幅度。认罪认罚与自首、坦白不作重复评价。

对罪行较轻、人身危险性较小的，特别是初犯、偶犯，从宽幅度可以大一些；罪行较重、人身危险性较大的，以及累犯、再犯，从宽幅度应当从严把握。

**四、犯罪嫌疑人、被告人辩护权保障**

10. 获得法律帮助权。人民法院、人民检察院、公安机关办理认罪认罚案件，应当保障犯罪嫌疑人、被告人获得有效法律帮助，确保其了解认罪认罚的性质和法律后果，自愿认罪认罚。

犯罪嫌疑人、被告人自愿认罪认罚，没有辩护人的，人民法院、人民检察院、公安机关（看守所）应当通知值班律师为其提供法律咨询、程序选择建议、申请变更强制措施等法律帮助。符合通知辩护条件的，应当依法通知法律援助机构指派律师为其提供辩护。

人民法院、人民检察院、公安机关（看守所）应当告知犯罪嫌疑人、被告人有权约见值班律师，获得法律帮助，并为其约见值班律师提供便利。犯罪嫌疑人、被告人及其近亲属提出法律帮助请求的，人民法院、人民检察院、公安机关（看守所）应当通知值班律师为其提供法律帮助。

11. 派驻值班律师。法律援助机构可以在人民法院、人民检察院、看守所派驻值班律师。人民法院、人民检察院、看守所应当为派驻值班律师提供必要办公场所和设施。

法律援助机构应当根据人民法院、人民检察院、看守所法律帮助需求和当地法律服务资源，合理安排值班律师。值班律师可以定期值班或轮流值班，律师资源短缺的地区可以通过探索现场值班和电话、网络值班相结合，在人民法院、人民检察院毗邻设置联合工作站，省内和市内统筹调配律师资源，以及建立政府购买值班律师服务机制等方式，保障法律援助值班律师工作有序开展。

12. 值班律师的职责。值班律师应当维护犯罪嫌疑人、被告人的合法权益，确保犯罪嫌疑人、被告人在充分了解认罪认罚性质和法律后果的情况下，自愿认罪认罚。值班律师应当为认罪认罚的犯罪嫌疑人、被告人提供下列法律帮助：

（一）提供法律咨询，包括告知涉嫌或指控的罪名、相关法律规定，认罪认罚的性质和法律后果等；

（二）提出程序适用的建议；

（三）帮助申请变更强制措施；

（四）对人民检察院定罪、量刑建议提出意见；

（五）就案件处理，向人民法院、人民检察院、公安机关提出意见；

（六）引导、帮助犯罪嫌疑人、被告人及其近亲属申请法律援助；

（七）法律法规规定的其他事项。

值班律师可以会见犯罪嫌疑人、被告人，看守所应当为值班律师会见提供便利。危害国家安全犯罪、恐怖活动犯罪案件，侦查期间值班律师会见在押犯罪嫌疑人的，应当经侦查机关许可。自人民检察院对案件审查起诉之日起，值班律师可以查阅案卷材料、了解案情。人民法院、人民检察院应当为值班律师查阅案卷材料提供便利。

值班律师提供法律咨询、查阅案卷材料、会见犯罪嫌疑人或者被告人、提出书面意见等法律帮助活动的相关情况应当记录在案，并随案移送。

13. 法律帮助的衔接。对于被羁押的犯罪嫌疑人、被告人，在不同诉讼阶段，可以由派驻看守所的同一值班律师提供法律帮助。对于未被羁押的犯罪嫌疑人、被告人，前一诉讼阶段的值班律师可以在后续诉讼阶段继续为犯罪嫌疑人、被告人提供法律帮助。

14. 拒绝法律帮助的处理。犯罪嫌疑人、被告人自愿认罪认罚，没有委托辩护人，拒绝值班律师帮助的，人民法院、人民检察院、公安机关应当允许，记录在案并随案移送。但是审查起诉阶段签署认罪认罚具结书时，人民检察院应当通知值班律师到场。

15. 辩护人职责。认罪认罚案件犯罪嫌疑人、被告人委托辩护人或者法律援助机构指派律师为其辩护的，辩护律师在侦查、审查起诉和审判阶段，应当与犯罪嫌疑人、被告人就是否认罪认罚进行沟通，提供法律咨询和帮助，并就定罪量刑、诉讼程序适用等向办案机关提出意见。

### 五、被害方权益保障

16. 听取意见。办理认罪认罚案件，应当听取被害人及其诉讼代理人的意见，并将犯罪嫌疑人、被告人是否与被害方达成和解协议、调解协议或者赔偿被害方损失，取得被害方谅解，作为从宽处罚的重要考虑因素。人民检察院、公安机关听取意见情况应当记录在案并随案移送。

17. 促进和解谅解。对符合当事人和解程序适用条件的公诉案件，犯罪嫌疑人、被告人认罪认罚的，人民法院、人民检察院、公安机关应当积极促使当事人自愿达成和解。对其他认罪认罚案件，人民法院、人民检察院、公安机关可以促进犯罪嫌疑人、被告人通过向被害方赔偿损失、赔礼道歉等方式获得谅解，被害方出具的谅解意见应当随案移送。

人民法院、人民检察院、公安机关在促进当事人和解谅解过程中，应当向被害方释明认罪认罚从宽、公诉案件当事人和解适用程序等具体法律规定，充分听取被害方意见，符合司法救助条件的，应当积极协调办理。

18. 被害方异议的处理。被害人及其诉讼代理人不同意对认罪认罚的犯罪嫌疑人、被告人从宽处理的，不影响认罪认罚从宽制度的适用。犯罪嫌疑人、被告人认罪认罚，但没有退赃退赔、赔偿损失,未能与被害方达成调解或者和解协议的,从宽时应当予以酌减。犯罪嫌疑人、被告人自愿认罪并且愿意积极赔偿损失,但由于被害人赔偿请求明显不合理,未能达成调解或者和解协议的,一般不影响对犯罪嫌疑人、被告人从宽处理。

### 六、强制措施的适用

19. 社会危险性评估。人民法院、人民检察院、公安机关应当将犯罪嫌疑人、被告人认罪认罚作为其是否具有社会危险性的重要考虑因素。对于罪行较轻、采用非羁押性强制措施足以防止发生刑事诉讼法第八十一条第一款规定的社会危险性的犯罪嫌疑人、被告人,根据犯罪性质及可能判处的刑罚,依法可不适用羁押性强制措施。

20. 逮捕的适用。犯罪嫌疑人认罪认罚,公安机关认为罪行较轻、没有社会危险性的,应当不再提请人民检察院审查逮捕。对提请逮捕的,人民检察院认为没有社会危险性不需要逮捕的,应当作出不批准逮捕的决定。

21. 逮捕的变更。已经逮捕的犯罪嫌疑人、被告人认罪认罚的,人民法院、人民检察院应当及时审查羁押的必要性,经审查认为没有继续羁押必要的,应当变更为取保候审或者监视居住。

### 七、侦查机关的职责

22. 权利告知和听取意见。公安机关在侦查过程中,应当告知犯罪嫌疑人享有的诉讼权利、如实供述罪行可以从宽处理和认罪认罚的法律规定,听取犯罪嫌疑人及其辩护人或者值班律师的意见,记录在案并随案移送。

对在非讯问时间、办案人员不在场情况下,犯罪嫌疑人向看守所工作人员或者辩护人、值班律师表示愿意认罪认罚的,有关人员应当及时告知办案单位。

23. 认罪教育。公安机关在侦查阶段应当同步开展认罪教育工作,但不得强迫犯罪嫌疑人认罪,不得作出具体的从宽承诺。犯罪嫌疑人自愿认罪,愿意接受司法机关处罚的,应当记录在案并附卷。

24. 起诉意见。对移送审查起诉的案件,公安机关应当在起诉意见书中写明犯罪嫌疑人自愿认罪认罚情况。认为案件符合速裁程序适用条件的,可以在起诉意见书中建议人民检察院适用速裁程序办理,并简要说明理由。

对可能适用速裁程序的案件,公安机关应当快速办理,对犯罪嫌疑人未被羁押的,可以集中移送审查起诉,但不得为集中移送拖延案件办理。

对人民检察院在审查逮捕期间或者重大案件听取意见中提出的开展认罪认罚工作的意见或建议,公安机关应当认真听取,积极开展相关工作。

25. 执法办案管理中心建设。加快推进公安机关执法办案管理中心建设,探索在执法办案管理中心设置速裁法庭,对适用速裁程序的案件进行快速办理。

### 八、审查起诉阶段人民检察院的职责

26. 权利告知。案件移送审查起诉后,人民检察院应当告知犯罪嫌疑人享有的诉讼权

利和认罪认罚的法律规定，保障犯罪嫌疑人的程序选择权。告知应当以书面形式，必要时应当充分释明。

27. 听取意见。犯罪嫌疑人认罪认罚的，人民检察院应当就下列事项听取犯罪嫌疑人、辩护人或者值班律师的意见，记录在案并附卷：

（一）涉嫌的犯罪事实、罪名及适用的法律规定；

（二）从轻、减轻或者免除处罚等从宽处罚的建议；

（三）认罪认罚后案件审理适用的程序；

（四）其他需要听取意见的情形。

人民检察院未采纳辩护人、值班律师意见的，应当说明理由。

28. 自愿性、合法性审查。对侦查阶段认罪认罚的案件，人民检察院应当重点审查以下内容：

（一）犯罪嫌疑人是否自愿认罪认罚，有无因受到暴力、威胁、引诱而违背意愿认罪认罚；

（二）犯罪嫌疑人认罪认罚时的认知能力和精神状态是否正常；

（三）犯罪嫌疑人是否理解认罪认罚的性质和可能导致的法律后果；

（四）侦查机关是否告知犯罪嫌疑人享有的诉讼权利，如实供述自己罪行可以从宽处理和认罪认罚的法律规定，并听取意见；

（五）起诉意见书中是否写明犯罪嫌疑人认罪认罚情况；

（六）犯罪嫌疑人是否真诚悔罪，是否向被害人赔礼道歉。

经审查，犯罪嫌疑人违背意愿认罪认罚的，人民检察院可以重新开展认罪认罚工作。存在刑讯逼供等非法取证行为的，依照法律规定处理。

29. 证据开示。人民检察院可以针对案件具体情况，探索证据开示制度，保障犯罪嫌疑人的知情权和认罪认罚的真实性及自愿性。

30. 不起诉的适用。完善起诉裁量权，充分发挥不起诉的审前分流和过滤作用，逐步扩大相对不起诉在认罪认罚案件中的适用。对认罪认罚后没有争议，不需要判处刑罚的轻微刑事案件，人民检察院可以依法作出不起诉决定。人民检察院应当加强对案件量刑的预判，对其中可能判处免刑的轻微刑事案件，可以依法作出不起诉决定。

对认罪认罚后案件事实不清、证据不足的案件，应当依法作出不起诉决定。

31. 签署具结书。犯罪嫌疑人自愿认罪，同意量刑建议和程序适用的，应当在辩护人或者值班律师在场的情况下签署认罪认罚具结书。犯罪嫌疑人被羁押的，看守所应当为签署具结书提供场所。具结书应当包括犯罪嫌疑人如实供述罪行、同意量刑建议、程序适用等内容，由犯罪嫌疑人、辩护人或者值班律师签名。

犯罪嫌疑人认罪认罚，有下列情形之一的，不需要签署认罪认罚具结书：

（一）犯罪嫌疑人是盲、聋、哑人，或者是尚未完全丧失辨认或者控制自己行为能力的精神病人的；

（二）未成年犯罪嫌疑人的法定代理人、辩护人对未成年人认罪认罚有异议的；

（三）其他不需要签署认罪认罚具结书的情形。

上述情形犯罪嫌疑人未签署认罪认罚具结书的，不影响认罪认罚从宽制度的适用。

32. 提起公诉。人民检察院向人民法院提起公诉的，应当在起诉书中写明被告人认罪认罚情况，提出量刑建议，并移送认罪认罚具结书等材料。量刑建议书可以另行制作，也可以在起诉书中写明。

33. 量刑建议的提出。犯罪嫌疑人认罪认罚的，人民检察院应当就主刑、附加刑、是否适用缓刑等提出量刑建议。人民检察院提出量刑建议前，应当充分听取犯罪嫌疑人、辩护人或者值班律师的意见，尽量协商一致。

办理认罪认罚案件，人民检察院一般应当提出确定刑量刑建议。对新类型、不常见犯罪案件，量刑情节复杂的重罪案件等，也可以提出幅度刑量刑建议。提出量刑建议，应当说明理由和依据。

犯罪嫌疑人认罪认罚没有其他法定量刑情节的，人民检察院可以根据犯罪的事实、性质等，在基准刑基础上适当减让提出确定刑量刑建议。有其他法定量刑情节的，人民检察院应当综合认罪认罚和其他法定量刑情节，参照相关量刑规范提出确定刑量刑建议。

犯罪嫌疑人在侦查阶段认罪认罚的，主刑从宽的幅度可以在前款基础上适当放宽；被告人在审判阶段认罪认罚的，在前款基础上可以适当缩减。建议判处罚金的，参照主刑的从宽幅度提出确定的数额。

34. 速裁程序的办案期限。犯罪嫌疑人认罪认罚，人民检察院经审查，认为符合速裁程序适用条件的，应当在十日以内作出是否提起公诉的决定；对可能判处的有期徒刑超过一年的，可以在十五日以内作出是否提起公诉的决定。

## 九、社会调查评估

35. 侦查阶段的社会调查。犯罪嫌疑人认罪认罚，可能判处管制、宣告缓刑的，公安机关可以委托犯罪嫌疑人居住地的社区矫正机构进行调查评估。

公安机关在侦查阶段委托社区矫正机构进行调查评估，社区矫正机构在公安机关移送审查起诉后完成调查评估的，应当及时将评估意见提交受理案件的人民检察院或者人民法院，并抄送公安机关。

36. 审查起诉阶段的社会调查。犯罪嫌疑人认罪认罚，人民检察院拟提出缓刑或者管制量刑建议的，可以及时委托犯罪嫌疑人居住地的社区矫正机构进行调查评估，也可以自行调查评估。人民检察院提起公诉时，已收到调查材料的，应当将材料一并移送，未收到调查材料的，应当将委托文书随案移送；在提起公诉后收到调查材料的，应当及时移送人民法院。

37. 审判阶段的社会调查。被告人认罪认罚，人民法院拟宣告缓刑或者判处管制的，可以及时委托被告人居住地的社区矫正机构进行调查评估，也可以自行调查评估。

社区矫正机构出具的调查评估意见，是人民法院判处管制、宣告缓刑的重要参考。对没有委托社区矫正机构进行调查评估或者判决前未收到社区矫正机构调查评估报告的认罪认罚案件，人民法院经审理认为被告人符合管制、缓刑适用条件的，可以判处管制、宣告缓刑。

38. 司法行政机关的职责。受委托的社区矫正机构应当根据委托机关的要求,对犯罪嫌疑人、被告人的居所情况、家庭和社会关系、一贯表现、犯罪行为的后果和影响、居住地村(居)民委员会和被害人意见、拟禁止的事项等进行调查了解,形成评估意见,及时提交委托机关。

## 十、审判程序和人民法院的职责

39. 审判阶段认罪认罚自愿性、合法性审查。办理认罪认罚案件,人民法院应当告知被告人享有的诉讼权利和认罪认罚的法律规定,听取被告人及其辩护人或者值班律师的意见。庭审中应对认罪认罚的自愿性、具结书内容的真实性和合法性进行审查核实,重点核实以下内容:

(一)被告人是否自愿认罪认罚,有无因受到暴力、威胁、引诱而违背意愿认罪认罚;

(二)被告人认罪认罚时的认知能力和精神状态是否正常;

(三)被告人是否理解认罪认罚的性质和可能导致的法律后果;

(四)人民检察院、公安机关是否履行告知义务并听取意见;

(五)值班律师或者辩护人是否与人民检察院进行沟通,提供了有效法律帮助或者辩护,并在场见证认罪认罚具结书的签署。

庭审中审判人员可以根据具体案情,围绕定罪量刑的关键事实,对被告人认罪认罚的自愿性、真实性等进行发问,确认被告人是否实施犯罪,是否真诚悔罪。

被告人违背意愿认罪认罚,或者认罪认罚后又反悔,依法需要转换程序的,应当按照普通程序对案件重新审理。发现存在刑讯逼供等非法取证行为的,依照法律规定处理。

40. 量刑建议的采纳。对于人民检察院提出的量刑建议,人民法院应当依法进行审查。对于事实清楚,证据确实、充分,指控的罪名准确,量刑建议适当的,人民法院应当采纳。具有下列情形之一的,不予采纳:

(一)被告人的行为不构成犯罪或者不应当追究刑事责任的;

(二)被告人违背意愿认罪认罚的;

(三)被告人否认指控的犯罪事实的;

(四)起诉指控的罪名与审理认定的罪名不一致的;

(五)其他可能影响公正审判的情形。

对于人民检察院起诉指控的事实清楚,量刑适当,但指控的罪名与审理认定的罪名不一致的,人民法院可以听取人民检察院、被告人及其辩护人对审理认定罪名的意见,依法作出裁判。

人民法院不采纳人民检察院量刑建议的,应当说明理由和依据。

41. 量刑建议的调整。人民法院经审理,认为量刑建议明显不当,或者被告人、辩护人对量刑建议有异议且有理有据的,人民法院应当告知人民检察院,人民检察院可以调整量刑建议。人民法院认为调整后的量刑建议适当的,应当予以采纳;人民检察院不调整量刑建议或者调整后仍然明显不当的,人民法院应当依法作出判决。

适用速裁程序审理的，人民检察院调整量刑建议应当在庭前或者当庭提出。调整量刑建议后，被告人同意继续适用速裁程序的，不需要转换程序处理。

42. 速裁程序的适用条件。基层人民法院管辖的可能判处三年有期徒刑以下刑罚的案件，案件事实清楚，证据确实、充分，被告人认罪认罚并同意适用速裁程序的，可以适用速裁程序，由审判员一人独任审判。人民检察院提起公诉时，可以建议人民法院适用速裁程序。

有下列情形之一的，不适用速裁程序办理：

（一）被告人是盲、聋、哑人，或者是尚未完全丧失辨认或者控制自己行为能力的精神病人的；

（二）被告人是未成年人的；

（三）案件有重大社会影响的；

（四）共同犯罪案件中部分被告人对指控的犯罪事实、罪名、量刑建议或者适用速裁程序有异议的；

（五）被告人与被害人或者其法定代理人没有就附带民事诉讼赔偿等事项达成调解或者和解协议的；

（六）其他不宜适用速裁程序办理的案件。

43. 速裁程序的审理期限。适用速裁程序审理案件，人民法院应当在受理后十日以内审结；对可能判处的有期徒刑超过一年的，应当在十五日以内审结。

44. 速裁案件的审理程序。适用速裁程序审理案件，不受刑事诉讼法规定的送达期限的限制，一般不进行法庭调查、法庭辩论，但在判决宣告前应当听取辩护人的意见和被告人的最后陈述意见。

人民法院适用速裁程序审理案件，可以在向被告人送达起诉书时一并送达权利义务告知书、开庭传票，并核实被告人自然信息等情况。根据需要，可以集中送达。

人民法院适用速裁程序审理案件，可以集中开庭，逐案审理。人民检察院可以指派公诉人集中出庭支持公诉。公诉人简要宣读起诉书后，审判人员应当当庭询问被告人对指控事实、证据、量刑建议以及适用速裁程序的意见，核实具结书签署的自愿性、真实性、合法性，并核实附带民事诉讼赔偿等情况。

适用速裁程序审理案件，应当当庭宣判。集中审理的，可以集中当庭宣判。宣判时，根据案件需要，可以由审判员进行法庭教育。裁判文书可以简化。

45. 速裁案件的二审程序。被告人不服适用速裁程序作出的第一审判决提出上诉的案件，可以不开庭审理。经第二审人民法院审查后，按照下列情形分别处理：

（一）发现被告人以事实不清、证据不足为由提出上诉的，应当裁定撤销原判，发回原审人民法院适用普通程序重新审理，不再按认罪认罚案件从宽处罚；

（二）发现被告人以量刑不当为由提出上诉的，原判量刑适当的，应当裁定驳回上诉，维持原判；原判量刑不当的，经审理后依法改判。

46. 简易程序的适用。基层人民法院管辖的被告人认罪认罚案件，事实清楚、证据充分，被告人对适用简易程序没有异议的，可以适用简易程序审判。

适用简易程序审理认罪认罚案件，公诉人可以简要宣读起诉书，审判人员当庭询问被告人对指控的犯罪事实、证据、量刑建议及适用简易程序的意见，核实具结书签署的自愿性、真实性、合法性。法庭调查可以简化，但对有争议的事实和证据应当进行调查、质证，法庭辩论可以仅围绕有争议的问题进行。裁判文书可以简化。

47. 普通程序的适用。适用普通程序办理认罪认罚案件，可以适当简化法庭调查、辩论程序。公诉人宣读起诉书后，合议庭当庭询问被告人对指控的犯罪事实、证据及量刑建议的意见，核实具结书签署的自愿性、真实性、合法性。公诉人、辩护人、审判人员对被告人的讯问、发问可以简化。对控辩双方无异议的证据，可以仅就证据名称及证明内容进行说明；对控辩双方有异议，或者法庭认为有必要调查核实的证据，应当出示并进行质证。法庭辩论主要围绕有争议的问题进行，裁判文书可以适当简化。

48. 程序转换。人民法院在适用速裁程序审理过程中，发现有被告人的行为不构成犯罪或者不应当追究刑事责任、被告人违背意愿认罪认罚、被告人否认指控的犯罪事实情形的，应当转为普通程序审理。发现其他不宜适用速裁程序但符合简易程序适用条件的，应当转为简易程序重新审理。

发现有不宜适用简易程序审理的情形的，应当转为普通程序审理。

人民检察院在人民法院适用速裁程序审理案件过程中，发现有不宜适用速裁程序审理情形的，应当建议人民法院转为普通程序或者简易程序重新审理；发现有不宜适用简易程序审理情形的，应当建议人民法院转为普通程序重新审理。

49. 被告人当庭认罪认罚案件的处理。被告人在侦查、审查起诉阶段没有认罪认罚，但当庭认罪，愿意接受处罚的，人民法院应当根据审理查明的事实，就定罪和量刑听取控辩双方意见，依法作出裁判。

50. 第二审程序中被告人认罪认罚案件的处理。被告人在第一审程序中未认罪认罚，在第二审程序中认罪认罚的，审理程序依照刑事诉讼法规定的第二审程序进行。第二审人民法院应当根据其认罪认罚的价值、作用决定是否从宽，并依法作出裁判。确定从宽幅度时应当与第一审程序认罪认罚有所区别。

### 十一、认罪认罚的反悔和撤回

51. 不起诉后反悔的处理。因犯罪嫌疑人认罪认罚，人民检察院依照刑事诉讼法第一百七十七条第二款作出不起诉决定后，犯罪嫌疑人否认指控的犯罪事实或者不积极履行赔礼道歉、退赃退赔、赔偿损失等义务的，人民检察院应当进行审查，区分下列情形依法作出处理：

（1）发现犯罪嫌疑人没有犯罪事实，或者符合刑事诉讼法第十六条规定的情形之一的，应当撤销原不起诉决定，依法重新作出不起诉决定；

（2）发现犯罪嫌疑人仍属于犯罪情节轻微，依照刑法规定不需要判处刑罚或者免除刑罚的，可以维持原不起诉决定；

（三）排除认罪认罚因素后，符合起诉条件的，应当根据案件具体情况撤销原不起诉决定，依法提起公诉。

52. 起诉前反悔的处理。犯罪嫌疑人认罪认罚，签署认罪认罚具结书，在人民检察院提起公诉前反悔的，具结书内容失效，人民检察院应当在全面审查事实证据的基础上，依法提起公诉。

53. 审判阶段反悔的处理。案件审理过程中，被告人反悔不再认罪认罚的，人民法院应当根据审理查明的事实，依法作出裁判。需要转换程序的，依照本意见的相关规定处理。

54. 人民检察院的法律监督。完善人民检察院对侦查活动和刑事审判活动的监督机制，加强对认罪认罚案件办理全过程的监督，规范认罪认罚案件的抗诉工作，确保无罪的人不受刑事追究、有罪的人受到公正处罚。

## 十二、未成年人认罪认罚案件的办理

55. 听取意见。人民法院、人民检察院办理未成年人认罪认罚案件，应当听取未成年犯罪嫌疑人、被告人的法定代理人的意见，法定代理人无法到场的，应当听取合适成年人的意见，但受案时犯罪嫌疑人已经成年的除外。

56. 具结书签署。未成年犯罪嫌疑人签署认罪认罚具结书时，其法定代理人应当到场并签字确认。法定代理人无法到场的，合适成年人应当到场签字确认。法定代理人、辩护人对未成年人认罪认罚有异议的，不需要签署认罪认罚具结书。

57. 程序适用。未成年人认罪认罚案件，不适用速裁程序，但应当贯彻教育、感化、挽救的方针，坚持从快从宽原则，确保案件及时办理，最大限度保护未成年人合法权益。

58. 法治教育。办理未成年人认罪认罚案件，应当做好未成年犯罪嫌疑人、被告人的认罪服法、悔过教育工作，实现惩教结合目的。

## 十三、附则

59. 国家安全机关办理危害国家安全、中国海警局办理海上发生的案件，适用本意见的有关规定。

60. 本指导意见由会签单位协商解释，自发布之日起施行。

## 最高人民法院
## 印发《关于统一法律适用加强类案检索的指导意见（试行）》的通知

2020 年 7 月 15 日　　　　　　　　　　　　　　　法发〔2020〕24 号

**各省、自治区、直辖市高级人民法院，解放军军事法院，新疆维吾尔自治区高级人民法院生产建设兵团分院：**

现将《最高人民法院关于统一法律适用加强类案检索的指导意见（试行）》印发给你们，请认真贯彻执行。工作中遇到的有关情况和问题，请及时报最高人民法院。

## 最高人民法院
## 关于统一法律适用加强类案检索的指导意见（试行）

为统一法律适用，提升司法公信力，结合审判工作实际，就人民法院类案检索工作提出如下意见。

一、本意见所称类案，是指与待决案件在基本事实、争议焦点、法律适用问题等方面具有相似性，且已经人民法院裁判生效的案件。

二、人民法院办理案件具有下列情形之一，应当进行类案检索：

（一）拟提交专业（主审）法官会议或者审判委员会讨论的；

（二）缺乏明确裁判规则或者尚未形成统一裁判规则的；

（三）院长、庭长根据审判监督管理权限要求进行类案检索的；

（四）其他需要进行类案检索的。

三、承办法官依托中国裁判文书网、审判案例数据库等进行类案检索，并对检索的真实性、准确性负责。

四、类案检索范围一般包括：

（一）最高人民法院发布的指导性案例；

（二）最高人民法院发布的典型案例及裁判生效的案件；

（三）本省（自治区、直辖市）高级人民法院发布的参考性案例及裁判生效的案件；

（四）上一级人民法院及本院裁判生效的案件。

除指导性案例以外，优先检索近三年的案例或者案件；已经在前一顺位中检索到类案的，可以不再进行检索。

五、类案检索可以采用关键词检索、法条关联案件检索、案例关联检索等方法。

六、承办法官应当将待决案件与检索结果进行相似性识别和比对，确定是否属于类案。

七、对本意见规定的应当进行类案检索的案件，承办法官应当在合议庭评议、专业（主审）法官会议讨论及审理报告中对类案检索情况予以说明，或者制作专门的类案检索报告，并随案归档备查。

八、类案检索说明或者报告应当客观、全面、准确，包括检索主体、时间、平台、方法、结果，类案裁判要点以及待决案件争议焦点等内容，并对是否参照或者参考类案等结果运用情况予以分析说明。

九、检索到的类案为指导性案例的，人民法院应当参照作出裁判，但与新的法律、行政法规、司法解释相冲突或者为新的指导性案例所取代的除外。

检索到其他类案的，人民法院可以作为作出裁判的参考。

十、公诉机关、案件当事人及其辩护人、诉讼代理人等提交指导性案例作为控（诉）辩理由的，人民法院应当在裁判文书说理中回应是否参照并说明理由；提交其他类案作为控（诉）辩理由的，人民法院可以通过释明等方式予以回应。

十一、检索到的类案存在法律适用不一致的，人民法院可以综合法院层级、裁判时间、是否经审判委员会讨论等因素，依照《最高人民法院关于建立法律适用分歧解决机制的实施办法》等规定，通过法律适用分歧解决机制予以解决。

十二、各级人民法院应当积极推进类案检索工作，加强技术研发和应用培训，提升类案推送的智能化、精准化水平。

各高级人民法院应当充分运用现代信息技术，建立审判案例数据库，为全国统一、权威的审判案例数据库建设奠定坚实基础。

十三、各级人民法院应当定期归纳整理类案检索情况，通过一定形式在本院或者辖区法院公开，供法官办案参考，并报上一级人民法院审判管理部门备案。

十四、本意见自 2020 年 7 月 31 日起试行。

# 《最高人民法院关于统一法律适用加强类案检索的指导意见（试行）》的理解与适用

刘树德　胡继先[*]

2020年6月1日，最高人民法院审判委员会第1802次全体会议讨论通过了《关于统一法律适用加强类案检索的指导意见（试行）》（法发〔2020〕24号，以下简称《意见》），2020年7月31日起实施。《意见》在总结全国部分法院有益探索经验的基础上，进一步完善了类案检索机制，围绕类案的界定、类案强制检索的适用情形、检索平台、检索范围和顺序、结果运用、法官回应、法律适用分歧解决等问题，提出明确的指导意见，对规范法官裁判权行使、统一法律适用等将发挥积极作用。现就《意见》的起草背景、过程、基本原则及主要内容等予以说明。

## 一、《意见》的起草背景和过程

法律统一适用是维护社会主义法制统一和尊严的基本要求，也是司法公正的应有之义。但受法律本身的抽象性、一般性、模糊性以及法官对法律的理解和认识可能存有偏差等因素的影响，法律适用不统一成为困扰人民法院的一个难题，在一定程度上影响了司法的公信力。为解决这一问题，2015年最高人民法院印发《关于完善人民法院司法责任制的若干意见》，提出通过类案参考、案例评析等方式统一裁判尺度。此后，最高人民法院结合工作实际，先后出台《最高人民法院关于落实司法责任制完善审判监督管理机制的意见（试行）》（法发〔2017〕11号）、《最高人民法院司法责任制实施意见（试行）》（法发〔2017〕20号）、《最高人民法院办公厅进一步加强最高人民法院审判监督管理工作的意见（试行）》（法办发〔2019〕10号），创建类案检索机制，要求本院承办法官在审理案件时对相关类案进行检索并制作检索报告，为合议庭、主审法官会议、审判委员会研究讨论案件提供必要参考。就地方法院而言，北京、四川、广西、贵州、福建、江苏、辽宁等高院，上海一中院、重庆一中院、浙江台州中院、辽宁葫芦岛中院等以及一些基层法院，也分别出台规范性文件，探索建立类案检索机制。从实际运行情况看，各地类案检索机制的建立对规范法官裁判权的行使、促进法律的统一适用发挥了一定作用，但由于对类案强制检索的适用情形、检索主体及平台、检索的范围及顺序、结果运

---

[*] 作者单位：最高人民法院。

用等缺乏明确统一的规定，亟待进一步规范完善。

为认真贯彻党的十九大、十九届四中全会精神，不断深化司法责任制综合配套改革、全面落实司法责任制，最高人民法院在认真总结各级法院有益经验的基础上，经充分调研论证，书面征求全国人大常委会法工委、全国各高院、本院各业务庭及有关专家学者的意见，几经修改完善，研究制定了《意见》，旨在使在先案例或案件成为法官作出裁判的参照或参考，不断促进法律统一适用，实现司法公正。

## 二、《意见》起草遵循的基本原则

一是坚持问题导向。近年来，"同案不同判""类案不同判"的现象在不同层级法院、不同地区法院甚至同一法院时有发生，受到社会的广泛关注，影响了司法的公正性和权威性。实际上，所谓"同案不同判""类案不同判"，只是民众对裁判不公的一个形象说法，其实质是法律适用不统一的问题。造成这一问题的原因有多个方面，比如法律缺乏明确规定，法律自身的不周延性、模糊性和滞后性，法官对法律的不同理解和认识，监督管理机制不健全，司法人员能力水平有待提升等，但主要原因是不同法官对同一法律的理解与认识可能存在偏差，导致类似案件不能得到类似处理。针对目前法律适用统一有待提高的现状，特别是司法责任制改革后影响统一法律适用的新情况、新问题，《意见》进一步健全完善类案检索机制，要求对具有四种情形之一的案件进行类案检索，并向合议庭、（专业）主审法官会议或审判委员会作检索说明或报告，以充分发挥类案参考作用，确保裁判标准统一和法律统一适用。

二是坚持司法改革既定方向。完善主审法官、合议庭办案责任制是此次司法责任制改革的重点任务，其核心是放权于主审法官及合议庭，实现"让审理者裁判，由裁判者负责"的改革目标。近年来，全国法院积极推进司法责任制改革，审判权责逐步明晰、新型办案机制已经形成，法官的办案主体地位日益凸显；但在改革中处理放权与监督的关系时也出现一些问题，主要由于未能正确认识和处理二者的关系，一些法院院长、庭长不愿监督、不敢监督、不会监督，监督逐渐弱化，产生审判质效下滑的风险。周强院长在最高人民法院司法改革领导小组2020年第一次会议上强调，"要深化司法责任制综合配套改革，进一步健全审判权力运行机制，做到有序放权、有效监督"。《意见》严格遵循司法责任制改革精神，认真落实主审法官、合议庭办案责任制，充分发挥法官在办案工作中的主导性作用；坚持放权与监督并重的原则，在放权于主审法官及合议庭的同时，加强院长、庭长的监督管理，做到二者的有机结合。此外，《意见》注意与已有的相关改革举措配套衔接，包括案例指导制度、院庭长监督管理制度、专业（主审）法官会议制度以及审判委员会制度等，以形成制度合力。《意见》还引入外部监督机制，允许公诉机关、案件当事人及其辩护人、诉讼代理人在诉讼过程中提交类案支持自己的主张，并规定法官以适当方式进行回应，以规范裁判权行使，促进裁判尺度的统一。

三是坚持我国成文法体系的基本特色。我国是成文法国家，制定法是基本的法律渊源，法官依照法律而非案例对案件作出裁判，但案例在我国一直存在并发挥着重要作用。从二十世纪八十年代中期起，最高人民法院开始在公报上发布典型案例，对我国的司法实践产生了重要影响；2005年，人民法院"二五改革纲要"明确提出建立和完善案例指导制度；2010年，《最高人民法院关于案例指导工作的规定》（法发〔2010〕51号）正式发布，标志着具有中国特色的案例指导制度正式确立。2015年，最高人民法院发布《〈关于案例指导工作的规定〉实施细则》（法〔2015〕130号），进一步规范和完善了案例指导工作制度机制。截至2021年7月，最高人民法院共发布28批162个指导性案例，对全国法院的审判工作发挥着十分重要的指导作用。从世界范围看，近年来成文法制度和判例法制度有融合发展的趋势，无论在判例法国家还是成文法国家，判例都发挥着越来越重要的作用，只是判例的地位、效力、运行机制等有所不同。《意见》在坚持我国现行法律制度体系框架的前提下，将我国的类案检索定位为中国特色的、成文法体系下的具体制度，强调人民法院在依照法律裁判案件的基础上充分发挥指导性案例的参照和其他类案的参考作用，促进"法律的统一适用"这一司法正义的实现，不断增强法律的稳定性和可预见性。

四是坚持从实际出发。近年来，全国法院受理案件数不断增加[①]，很多法院尤其是基层法院的法官办案压力加大，案多人少矛盾比较突出。《意见》充分考虑这一司法工作现状，仅明确了需要强制类案检索的四种情形，不硬性要求对这四种情形之外的案件进行类案检索。这既兼顾了司法工作实际，又最大限度地发挥了类案检索的功能作用。同时，为避免过多增加法官工作负担，对应当进行类案检索的案件，也不要求承办法官一律制作专门的类案检索报告，而是赋予其制作检索报告或进行类案检索说明的选择权；对公诉机关、案件当事人及其辩护人、诉讼代理人等提交类案作为控（诉）辩理由的，区分不同情形要求法官予以回应，以灵活有效的方式切实帮助法官公正高效裁判案件。

## 三、《意见》的主要内容

《意见》共十四条，对类案检索的适用范围、检索主体及平台、检索范围和方法、类案识别和比对、检索报告或说明、结果运用、法官回应、法律分歧解决、审判案例数据库建设等予以明确。《意见》主要包括以下几个方面的内容。

### （一）类案的定义

当前，关于类案的定义存在较大争议，有观点甚至以"世界上不存在两片相同的叶子"为由否认类案的存在。实际上，不同案件虽然在具体情节上千差万别，但总是存在相同或相似的方面，而这些案件的裁判是可以相互参考借鉴的。《意见》将这些案件称为类案，既是着眼于一种相互参酌的裁判方法，也是服务于统一法律适用的整体目标。

对类案的定义，理论界和实务界存在多种观点。一种观点认为，类似案例是指与待决案件具有类似因素的案例，包括案件事实相类似、法律关系相类似、案件的争议点相类似、案件所争议的法律问题相类似；[②] 另一种观点认为，案件类似，是指比对先例与待

---

[①] 据统计，2013年至2017年，地方各级法院受理案件8896.7万件，同比上升58.6%；2018年地方各级法院受理案件2800万件，同比上升8.8%；2019年地方各级法院受理案件3156.7万件，同比上升12.7%。

[②] 参见王利明：《成文法传统中的创新——怎么看案例指导制度》，载《人民法院报》2012年2月20日。

决案件诉讼争点所陈述的事实特征,并加以相同或相似性判断,而不是笼统地认定全案事实类似;① 还有观点认为,同案不同判中的"同案",实质是以案件事实的法律特性为线索来确定案件事实在整体上是否属于同样法律性质。② 这些观点虽然对类案的认识不一,但在某些方面仍具有相似之处。《意见》在综合考虑各种观点的基础上,采用了相对客观的定义方式:一是围绕类案的本质特征,将"案件基本事实、争议焦点和法律适用问题等方面具有实质相似性"作为具体的判断标准;二是考虑到类案的可参考性和检索的现实性,将类案范围限定于"已裁判生效的案件",将正在审理中的案件排除在外。

(二) 类案强制检索的情形

类案检索是一种辅助法官作出司法判断的裁判方法。在办理案件过程中,类案检索可以帮助法官参照或参考在先案例作出妥当判决,提高司法裁判的确定性和可预测性。关于应当进行类案检索的案件范围,《意见》规定了四种情形,即拟提交专业(主审)法官会议或者审判委员会讨论的,缺乏明确裁判规则或者尚未形成统一裁判规则的,院长、庭长根据审判监督管理权限要求进行类案检索的,以及其他需要进行类案检索的。这一规定主要基于两个方面的考虑:一是基于合议庭或者独任法官负有审慎裁判的义务。拟提交专业(主审)法官会议或者审判委员会讨论的案件,一般都是法律适用问题存在争议的案件,对这类案件以及缺乏明确裁判规则或者尚未形成统一裁判规则的案件,法官有责任对法律适用问题进行更加认真的研究,在类案检索的基础上作出更加慎重的裁判。二是基于审判监督管理的需要。无论是为提交审判委员会讨论而提前检索,还是按照院长、庭长要求进行专门检索,都是为审判委员会及院长、庭长行使审判监督管理职权提供充分的决策参考。

(三) 类案检索的范围及顺序

为确保类案检索工作取得实效,避免检索过泛过滥,《意见》将类案检索范围分为三个层次。

一是具有显性拘束力的案例,即最高人民法院发布的指导性案例。《最高人民法院关于案例指导工作的规定》第七条规定:"最高人民法院发布的指导性案例,各级人民法院审判类似案例时应当参照。"《〈最高人民法院关于案例指导工作的规定〉实施细则》第九条规定:"各级人民法院正在审理的案件,在基本案情和法律适用方面,与最高人民法院发布的指导性案例相类似的,应当参照相关指导性案例的裁判要点作出裁判。"由此可见,《最高人民法院关于案例指导工作的规定》及其实施细则明确赋予了指导性案例的拘束力。《意见》沿用了上述规定,对检索到的指导性案例,要求人民法院审理类似案件时应当参照作出裁判。

二是具有强隐性拘束力的案例或案件,如最高人民法院发布的公报案例、其他典型案例及裁判生效的案件,本省(自治区、直辖市)高级人民法院发布的参考性案例及裁

---

① 参见冯文生:《审判案例指导中的"参照"问题研究》,载《清华法学》2011年第3期。
② 参见张志铭:《中国法院案例指导制度价值功能之认知》,载《学习与探索》2012年第3期。

判生效的案件。此类案例或案件虽不具有指导性案例那样的拘束力，但由于上下级法院之间的审级关系和审判监督指导关系，这类案例或案件对本辖区法院具有很强的指导作用，实践中往往会成为法官审理案件的重要参考。

三是具有弱隐性拘束力的案件，即上一级人民法院及本院裁判生效的案件。此种案件代表了上一级法院及本院对类似案件的裁判意见，受审级制度及本院（专业）主审法官会议制度、审判委员会制度等因素的影响，一般会成为裁判案件的参考依据。实际上，我国司法实践中判例遵循的习惯一直客观存在，遵循上级法院的判例是保证法律的统一适用和司法权威的必要条件，其作用及约束力自然而然地产生于司法的结构和过程中。[①]

另外，综合考虑类案的时效性及审判实践需要，《意见》明确了类案检索的时间范围，规定除指导性案例以外，优先检索近三年的案例或案件；而且，适当压缩了检索范围，规定已经在前一顺位中检索到类案的，可以不再进行检索。当然，这一规定属于倡导性的规定，只要有助于公正高效办理案件，必要时承办法官除检索近三年的案例或案件之外，也可以检索之前的案例或案件；在前一顺位中检索到类案的，也可以继续在后顺位中检索，甚至可以在全国其他辖区人民法院裁判生效的案件中进行检索。

### （四）诉讼参与人提交类案检索报告与法官回应

类案检索是司法工作与信息技术融合发展的结果，检索主体不仅包括法官，还包括公诉机关、案件当事人及其辩护人、诉讼代理人等诉讼参与人，而且后者更有动力进行类案检索，以提供支持本方观点的充分论据。对此，《意见》在制度设计上主要做了两个方面的安排：一是允许公诉机关、案件当事人及其辩护人、诉讼代理人等提交类案，作为控（诉）辩理由。二是明确人民法院的回应方式，即公诉机关、案件当事人及其辩护人、诉讼代理人等提交指导性案例作为控（诉）辩理由的，人民法院应当在裁判文书说理中回应是否参照并说明理由，以增强裁判的可接受性；提交其他类案作为控（诉）辩理由的，人民法院可以通过释明等方式予以回应。这些制度安排既延续了《〈最高人民法院关于案例指导工作的规定〉实施细则》的相关规定[②]，又结合工作实际对诉讼参与人提交其他类案的回应方式作出比较灵活的规定；既充分考虑了当事人及其辩护人、诉讼代理人等诉讼参与人的诉求，又综合考虑了我国的法律制度、法院的工作实际等因素，有助于类案检索制度更好地发挥统一法律适用和裁判尺度的作用。

### （五）类案检索的结果应用

类案检索要真正发挥作用，最终要落实到检索结果的实际运用。在我国成文法体系中，类案本身不具有法源性质，没有法律上的拘束力，但事实上会对法官裁判案件存在一定的约束性和参考性。在这种情况下，类案检索结果如何应用，是一个非常关键的问

---

① 参见欧阳明程：《从案例到判例之路——从判例制度的视角看我国案例指导制度的局限》，载《山东审判》2012年第5期。

② 《〈最高人民法院关于案例指导工作的规定〉实施细则》第十一条第二款规定："公诉机关、案件当事人及其辩护人、诉讼代理人引述指导性案例作为控（诉）辩理由的，案件承办人员应当在裁判理由中回应是否参照了该指导性案例并说明理由。"

题。对此，《意见》从程序和实体两个方面对类案检索结果的应用作出明确规定。

一方面，从程序上规定了法官的说明报告义务，要求承办法官对类案强制检索的案件，应当在合议庭评议、专业（主审）法官会议讨论及审理报告中对类案检索情况予以说明，或者制作专门的类案检索报告，并随案归档备查。同时，要求检索报告或者说明应当包括检索主体、时间、平台、方法、结果，类案裁判要点以及待决案件争议焦点等内容，做到客观、全面、准确。

另一方面，从实体上区分了两种情况：一是基于指导性案例的现实地位，规定检索到的类案为指导性案例的，人民法院应当参照作出裁判，但与新的法律、行政法规、司法解释相冲突或者为新的指导性案例所取代的除外；二是考虑到其他类案的参考借鉴价值，明确检索到其他类案的，人民法院可以作为作出裁判的参考。当然，检索出的类案是否可以作为裁判的参考，还需要合议庭或者独任法官斟酌类案的案情、审级、裁判要点、裁判时间等因素，作出综合判断。

（六）法律适用分歧的解决

类案检索机制的主要目的在于统一法律适用。如果在类案检索中发现法律适用问题存在不一致的，应如何处理，这可能是类案检索中困扰法官的一个难题。如前所述，我国是成文法国家，法官应当依照法律而非判例裁判案件，检索到的类案对法官裁判案件仅具有一定的参照或参考作用。对于在类案检索中发现法律适用问题不一致的，法官应当依照自身对法律的理解审慎作出裁判。当然，对检索中发现的法律适用分歧问题，法官也不能漠然视之，而是可以通过启动相关机制予以解决。自2019年10月28日起，《最高人民法院关于建立法律适用分歧解决机制的实施办法》正式施行，旨在从审判机制上避免最高人民法院本级生效裁判之间发生法律适用分歧，并及时解决最高人民法院生效裁判之间业已存在的法律适用分歧。[①] 该办法为下级法院解决法律适用分歧问题起到了很好的示范指导作用。下一步，高级人民法院也可以建立类似的法律适用分歧解决机制，为法官在类案检索中发现的法律适用分歧问题提供解决的途径和方法。为此，《意见》设置了一个引致条款，规定检索到的类案存在法律适用不一致的，人民法院可以综合法院层级、裁判时间、是否经审判委员会讨论等因素，依照《最高人民法院关于建立法律适用分歧解决机制的实施办法》等规定，通过法律适用分歧解决机制予以解决。这些机制的建立，必将在更大程度上促进法律适用的统一。

类案检索是统一法律适用、提升裁判公正性和可预期性的一项重要工作制度，是全面落实司法责任制改革的重要举措。各级人民法院要充分认识此项制度的重要价值和意义，认真贯彻落实《意见》的各项要求，进一步细化完善类案强制检索情形、类案检索范围、相似性识别和比对、检索说明或报告、技术研发应用等措施，不断探索实践、认真总结经验，积极稳妥推进类案检索工作，不断完善中国特色的法律适用制度，确保实现法律统一适用和司法公平公正。

---

① 参见曹士兵、韩煦：《〈关于建立法律适用分歧解决机制的实施办法〉的理解与适用》，载《人民司法·应用》2020年第1期。

## 最高人民法院　最高人民检察院　公安部
## 关于印发《关于刑事案件涉扶贫领域财物依法快速返还的若干规定》的通知

2020年7月24日　　　　　　　　　　　　　　　高检发〔2020〕12号

各省、自治区、直辖市高级人民法院、人民检察院、公安厅（局），解放军军事法院、军事检察院，新疆维吾尔自治区高级人民法院生产建设兵团分院，新疆生产建设兵团人民检察院、公安局：

为服务巩固脱贫攻坚战战果，推进开展并有效规范刑事案件涉扶贫领域财物依法快速返还工作，最高人民法院、最高人民检察院、公安部联合制定了《关于刑事案件涉扶贫领域财物依法快速返还的若干规定》，现予以印发，请结合实际认真贯彻执行。在贯彻执行中遇到的新情况、新问题，请及时分别报告最高人民法院、最高人民检察院、公安部。

## 最高人民法院　最高人民检察院　公安部
## 关于刑事案件涉扶贫领域财物依法快速返还的若干规定

第一条　为规范扶贫领域涉案财物快速返还工作，提高扶贫资金使用效能，促进国家惠民利民政策落实，根据《中华人民共和国刑法》《中华人民共和国刑事诉讼法》等法律和有关规定，制定本规定。

第二条　本规定所称涉案财物，是指办案机关办理有关刑事案件过程中，查封、扣押、冻结的与扶贫有关的财物及孳息，以及由上述财物转化而来的财产。

第三条　对于同时符合下列条件的涉案财物，应当依法快速返还有关个人、单位或组织：

（一）犯罪事实清楚，证据确实充分；

（二）涉案财物权属关系已经查明；

（三）有明确的权益被侵害的个人、单位或组织；

（四）返还涉案财物不损害其他被害人或者利害关系人的利益；

（五）不影响诉讼正常进行或者案件公正处理；

（六）犯罪嫌疑人、被告人以及利害关系人对涉案财物快速返还没有异议。

**第四条** 人民法院、人民检察院、公安机关办理有关扶贫领域刑事案件,应当依法积极追缴涉案财物,对于本办案环节具备快速返还条件的,应当及时快速返还。

**第五条** 人民法院、人民检察院、公安机关对追缴到案的涉案财物,应当及时调查、审查权属关系。

对于权属关系未查明的,人民法院可以通知人民检察院,由人民检察院通知前一办案环节补充查证,或者由人民检察院自行补充侦查。

**第六条** 公安机关办理涉扶贫领域财物刑事案件期间,可以就涉案财物处理等问题听取人民检察院意见,人民检察院应当提出相关意见。

**第七条** 人民法院、人民检察院、公安机关认为涉案财物符合快速返还条件的,应当在作出返还决定五个工作日内返还有关个人、单位或组织。

办案机关返还涉案财物时,应当制作返还财物清单,注明返还理由,由接受个人、单位或组织在返还财物清单上签名或者盖章,并将清单、照片附卷。

**第八条** 公安机关、人民检察院在侦查阶段、审查起诉阶段返还涉案财物的,在案件移送人民检察院、人民法院时,应当将返还财物清单随案移送,说明返还的理由并附相关证据材料。

未快速返还而随案移送的涉案财物,移送机关应当列明权属情况、提出处理建议并附相关证据材料。

**第九条** 对涉案财物中易损毁、灭失、变质等不宜长期保存的物品,易贬值的汽车等物品,市场价格波动大的债券、股票、基金份额等财产,有效期即将届满的汇票、本票、支票等,经权利人同意或者申请,并经人民法院、人民检察院、公安机关主要负责人批准,可以及时依法出售、变现或者先行变卖、拍卖。所得款项依照本规定快速返还,或者按照有关规定处理。

**第十条** 人民法院、人民检察院应当跟踪了解有关单位和村(居)民委员会等组织对返还涉案财物管理发放情况,跟进开展普法宣传教育,对于管理环节存在漏洞的,要及时提出司法建议、检察建议,确保扶贫款物依法正确使用。

**第十一条** 发现快速返还存在错误的,应当由决定快速返还的机关及时纠正,依法追回返还财物;侵犯财产权的,依据《中华人民共和国国家赔偿法》第十八条及有关规定处理。

**第十二条** 本规定自印发之日起施行。

# 最高人民法院 最高人民检察院 公安部 国家安全部 司法部
## 关于印发《法律援助值班律师工作办法》的通知

2020年8月20日　　　　　　　　　　　　　　　　　　司规〔2020〕6号

各省、自治区、直辖市高级人民法院、人民检察院、公安厅（局）、国家安全厅（局）、司法厅（局），解放军军事法院、军事检察院，新疆维吾尔自治区高级人民法院生产建设兵团分院、新疆生产建设兵团人民检察院、公安局、国家安全局、司法局：

　　为正确实施《中华人民共和国刑事诉讼法》关于值班律师的相关规定，完善值班律师工作机制，依法为没有辩护人的犯罪嫌疑人、被告人提供有效的法律帮助，促进公正司法和人权保障，最高人民法院、最高人民检察院、公安部、国家安全部、司法部制定了《法律援助值班律师工作办法》，现予印发，请结合实际贯彻执行。

## 法律援助值班律师工作办法

### 第一章 总 则

　　**第一条** 为保障犯罪嫌疑人、被告人依法享有的诉讼权利，加强人权司法保障，进一步规范值班律师工作，根据《中华人民共和国刑事诉讼法》《中华人民共和国律师法》等规定，制定本办法。

　　**第二条** 本办法所称值班律师，是指法律援助机构在看守所、人民检察院、人民法院等场所设立法律援助工作站，通过派驻或安排的方式，为没有辩护人的犯罪嫌疑人、被告人提供法律帮助的律师。

　　**第三条** 值班律师工作应当坚持依法、公平、公正、效率的原则，值班律师应当提供符合标准的法律服务。

　　**第四条** 公安机关（看守所）、人民检察院、人民法院、司法行政机关应当保障没有辩护人的犯罪嫌疑人、被告人获得值班律师法律帮助的权利。

　　**第五条** 值班律师工作由司法行政机关牵头组织实施，公安机关（看守所）、人民检察院、人民法院应当依法予以协助。

## 第二章 值班律师工作职责

**第六条** 值班律师依法提供以下法律帮助：

（一）提供法律咨询；

（二）提供程序选择建议；

（三）帮助犯罪嫌疑人、被告人申请变更强制措施；

（四）对案件处理提出意见；

（五）帮助犯罪嫌疑人、被告人及其近亲属申请法律援助；

（六）法律法规规定的其他事项。

值班律师在认罪认罚案件中，还应当提供以下法律帮助：

（一）向犯罪嫌疑人、被告人释明认罪认罚的性质和法律规定；

（二）对人民检察院指控罪名、量刑建议、诉讼程序适用等事项提出意见；

（三）犯罪嫌疑人签署认罪认罚具结书时在场。

值班律师办理案件时，可以应犯罪嫌疑人、被告人的约见进行会见，也可以经办案机关允许主动会见；自人民检察院对案件审查起诉之日起可以查阅案卷材料、了解案情。

**第七条** 值班律师提供法律咨询时，应当告知犯罪嫌疑人、被告人有关法律帮助的相关规定，结合案件所在的诉讼阶段解释相关诉讼权利和程序规定，解答犯罪嫌疑人、被告人咨询的法律问题。

犯罪嫌疑人、被告人认罪认罚的，值班律师应当了解犯罪嫌疑人、被告人对被指控的犯罪事实和罪名是否有异议，告知被指控罪名的法定量刑幅度，释明从宽从重处罚的情节以及认罪认罚的从宽幅度，并结合案件情况提供程序选择建议。

值班律师提供法律咨询的，应当记录犯罪嫌疑人、被告人涉嫌的罪名、咨询的法律问题、提供的法律解答。

**第八条** 在审查起诉阶段，犯罪嫌疑人认罪认罚的，值班律师可以就以下事项向人民检察院提出意见：

（一）涉嫌的犯罪事实、指控罪名及适用的法律规定；

（二）从轻、减轻或者免除处罚等从宽处罚的建议；

（三）认罪认罚后案件审理适用的程序；

（四）其他需要提出意见的事项。

值班律师对前款事项提出意见的，人民检察院应当记录在案并附卷，未采纳值班律师意见的，应当说明理由。

**第九条** 犯罪嫌疑人、被告人提出申请羁押必要性审查的，值班律师应当告知其取保候审、监视居住、逮捕等强制措施的适用条件和相关法律规定、人民检察院进行羁押必要性审查的程序；犯罪嫌疑人、被告人已经被逮捕的，值班律师可以帮助其向人民检察院提出羁押必要性审查申请，并协助提供相关材料。

**第十条** 犯罪嫌疑人签署认罪认罚具结书时，值班律师对犯罪嫌疑人认罪认罚自愿性、人民检察院量刑建议、程序适用等均无异议的,应当在具结书上签名,同时留存一份复印件归档。

值班律师对人民检察院量刑建议、程序适用有异议的,在确认犯罪嫌疑人系自愿认罪认罚后,应当在具结书上签字,同时可以向人民检察院提出法律意见。

犯罪嫌疑人拒绝值班律师帮助的,值班律师无需在具结书上签字,应当将犯罪嫌疑人签字拒绝法律帮助的书面材料留存一份归档。

**第十一条** 对于被羁押的犯罪嫌疑人、被告人,在不同诉讼阶段,可以由派驻看守所的同一值班律师提供法律帮助。对于未被羁押的犯罪嫌疑人、被告人,前一诉讼阶段的值班律师可以在后续诉讼阶段继续为犯罪嫌疑人、被告人提供法律帮助。

## 第三章 法律帮助工作程序

**第十二条** 公安机关、人民检察院、人民法院应当在侦查、审查起诉和审判各阶段分别告知没有辩护人的犯罪嫌疑人、被告人有权约见值班律师获得法律帮助,并为其约见值班律师提供便利。

**第十三条** 看守所应当告知犯罪嫌疑人、被告人有权约见值班律师,并为其约见值班律师提供便利。

看守所应当将值班律师制度相关内容纳入在押人员权利义务告知书,在犯罪嫌疑人、被告人入所时告知其有权获得值班律师的法律帮助。

犯罪嫌疑人、被告人要求约见值班律师的,可以书面或者口头申请。书面申请的,看守所应当将其填写的法律帮助申请表及时转交值班律师。口头申请的,看守所应安排代为填写法律帮助申请表。

**第十四条** 犯罪嫌疑人、被告人没有委托辩护人并且不符合法律援助机构指派律师为其提供辩护的条件,要求约见值班律师的,公安机关、人民检察院、人民法院应当及时通知法律援助机构安排。

**第十五条** 依法应当通知值班律师提供法律帮助而犯罪嫌疑人、被告人明确拒绝的,公安机关、人民检察院、人民法院应当记录在案。

前一诉讼程序犯罪嫌疑人、被告人明确拒绝值班律师法律帮助的,后一诉讼程序的办案机关仍需告知其有权获得值班律师法律帮助的权利,有关情况应当记录在案。

**第十六条** 公安机关、人民检察院、人民法院需要法律援助机构通知值班律师为犯罪嫌疑人、被告人提供法律帮助的,应当向法律援助机构出具法律帮助通知书,并附相关法律文书。

单次批量通知的,可以在一份法律帮助通知书后附多名犯罪嫌疑人、被告人相关信息的材料。

除通知值班律师到羁押场所提供法律帮助的情形外,人民检察院、人民法院可以商法律援助机构简化通知方式和通知手续。

**第十七条** 司法行政机关和法律援助机构应当根据当地律师资源状况、法律帮助需求，会同看守所、人民检察院、人民法院合理安排值班律师的值班方式、值班频次。

值班方式可以采用现场值班、电话值班、网络值班相结合的方式。现场值班的，可以采取固定专人或轮流值班，也可以采取预约值班。

**第十八条** 法律援助机构应当综合律师政治素质、业务能力、执业年限等确定值班律师人选，建立值班律师名册或值班律师库。并将值班律师库或名册信息、值班律师工作安排，提前告知公安机关（看守所）、人民检察院、人民法院。

**第十九条** 公安机关、人民检察院、人民法院应当在确定的法律帮助日期前三个工作日，将法律帮助通知书送达法律援助机构，或者直接送达现场值班律师。

该期间没有安排现场值班律师的，法律援助机构应当自收到法律帮助通知书之日起两个工作日内确定值班律师，并通知公安机关、人民检察院、人民法院。

公安机关、人民检察院、人民法院和法律援助机构之间的送达及通知方式，可以协商简化。

适用速裁程序的案件、法律援助机构需要跨地区调配律师等特殊情形的通知和指派时限，不受前款限制。

**第二十条** 值班律师在人民检察院、人民法院现场值班的，应当按照法律援助机构的安排，或者人民检察院、人民法院送达的通知，及时为犯罪嫌疑人、被告人提供法律帮助。

犯罪嫌疑人、被告人提出法律帮助申请，看守所转交给现场值班律师的，值班律师应当根据看守所的安排及时提供法律帮助。

值班律师通过电话、网络值班的，应当及时提供法律帮助，疑难案件可以另行预约咨询时间。

**第二十一条** 侦查阶段，值班律师可以向侦查机关了解犯罪嫌疑人涉嫌的罪名及案件有关情况；案件进入审查起诉阶段后，值班律师可以查阅案卷材料，了解案情，人民检察院、人民法院应当及时安排，并提供便利。已经实现卷宗电子化的地方，人民检察院、人民法院可以安排在线阅卷。

**第二十二条** 值班律师持律师执业证或者律师工作证、法律帮助申请表或者法律帮助通知书到看守所办理法律帮助会见手续，看守所应当及时安排会见。

危害国家安全犯罪、恐怖活动犯罪案件，侦查期间值班律师会见在押犯罪嫌疑人的，应当经侦查机关许可。

**第二十三条** 值班律师提供法律帮助时，应当出示律师执业证或者律师工作证或者相关法律文书，表明值班律师身份。

**第二十四条** 值班律师会见犯罪嫌疑人、被告人时不被监听。

**第二十五条** 值班律师在提供法律帮助过程中，犯罪嫌疑人、被告人向值班律师表示愿意认罪认罚的，值班律师应当及时告知相关的公安机关、人民检察院、人民法院。

## 第四章 值班律师工作保障

**第二十六条** 在看守所、人民检察院、人民法院设立的法律援助工作站，由同级司法行政机关所属的法律援助机构负责派驻并管理。

看守所、人民检察院、人民法院等机关办公地点临近的，法律援助机构可以设立联合法律援助工作站派驻值班律师。

看守所、人民检察院、人民法院应当为法律援助工作站提供必要办公场所和设施。有条件的人民检察院、人民法院，可以设置认罪认罚等案件专门办公区域，为值班律师设立专门会见室。

第二十七条　法律援助工作站应当公示法律援助条件及申请程序、值班律师工作职责、当日值班律师基本信息等，放置法律援助格式文书及宣传资料。

第二十八条　值班律师提供法律咨询、查阅案卷材料、会见犯罪嫌疑人或者被告人、提出书面意见等法律帮助活动的相关情况应当记录在案，并随案移送。

值班律师应当将提供法律帮助的情况记入工作台账或者形成工作卷宗，按照规定时限移交法律援助机构。

公安机关（看守所）、人民检察院、人民法院应当与法律援助机构确定工作台账格式，将值班律师履行职责情况记录在案，并定期移送法律援助机构。

第二十九条　值班律师提供法律帮助时，应当遵守相关法律法规、执业纪律和职业道德，依法保守国家秘密、商业秘密和个人隐私，不得向他人泄露工作中掌握的案件情况，不得向受援人收取财物或者谋取不正当利益。

第三十条　司法行政机关应当会同财政部门，根据直接费用、基本劳务费等因素合理制定值班律师法律帮助补贴标准，并纳入预算予以保障。

值班律师提供法律咨询、转交法律援助申请等法律帮助的补贴标准按工作日计算；为认罪认罚案件的犯罪嫌疑人、被告人提供法律帮助的补贴标准，由各地结合本地实际情况按件或按工作日计算。

法律援助机构应当根据值班律师履行工作职责情况，按照规定支付值班律师法律帮助补贴。

第三十一条　法律援助机构应当建立值班律师准入和退出机制，建立值班律师服务质量考核评估制度，保障值班律师服务质量。

法律援助机构应当建立值班律师培训制度，值班律师首次上岗前应当参加培训，公安机关、人民检察院、人民法院应当提供协助。

第三十二条　司法行政机关和法律援助机构应当加强本行政区域值班律师工作的监督和指导。对律师资源短缺的地区，可采取在省、市范围内统筹调配律师资源，建立政府购买值班律师服务机制等方式，保障值班律师工作有序开展。

第三十三条　司法行政机关会同公安机关、人民检察院、人民法院建立值班律师工作会商机制，明确专门联系人，及时沟通情况，协调解决相关问题。

第三十四条　司法行政机关应当加强对值班律师的监督管理，对表现突出的值班律师给予表彰；对违法违纪的值班律师，依职权或移送有权处理机关依法依规处理。

法律援助机构应当向律师协会通报值班律师履行职责情况。

律师协会应当将值班律师履行职责、获得表彰情况纳入律师年度考核及律师诚信服务记录，对违反职业道德和执业纪律的值班律师依法依规处理。

## 第五章 附 则

**第三十五条** 国家安全机关、中国海警局、监狱履行刑事诉讼法规定职责，涉及值班律师工作的，适用本办法有关公安机关的规定。

**第三十六条** 本办法自发布之日起施行。《关于开展法律援助值班律师工作的意见》（司发通〔2017〕84号）同时废止。

最高人民法院　最高人民检察院　公安部
# 印发《关于依法适用正当防卫制度的指导意见》的通知

2020年8月28日　　　　　　　　　　　　　　法发〔2020〕31号

各省、自治区、直辖市高级人民法院、人民检察院、公安厅（局），解放军军事法院、军事检察院，新疆维吾尔自治区高级人民法院生产建设兵团分院，新疆生产建设兵团人民检察院、公安局：

现将《最高人民法院 最高人民检察院 公安部关于依法适用正当防卫制度的指导意见》予以印发，请认真贯彻执行。

最高人民法院　最高人民检察院　公安部
## 关于依法适用正当防卫制度的指导意见

为依法准确适用正当防卫制度，维护公民的正当防卫权利，鼓励见义勇为，弘扬社会正气，把社会主义核心价值观融入刑事司法工作，根据《中华人民共和国刑法》和《中华人民共和国刑事诉讼法》的有关规定，结合工作实际，制定本意见。

### 一、总体要求

1. 把握立法精神，严格公正办案。正当防卫是法律赋予公民的权利。要准确理解和把握正当防卫的法律规定和立法精神，对于符合正当防卫成立条件的，坚决依法认定。要切实防止"谁能闹谁有理""谁死伤谁有理"的错误做法，坚决捍卫"法不能向不法让步"的法治精神。

2. 立足具体案情，依法准确认定。要立足防卫人防卫时的具体情境，综合考虑案件发生的整体经过，结合一般人在类似情境下的可能反应，依法准确把握防卫的时间、限度等条件。要充分考虑防卫人面临不法侵害时的紧迫状态和紧张心理，防止在事后以正常情况下冷静理性、客观精确的标准去评判防卫人。

3. 坚持法理情统一，维护公平正义。认定是否构成正当防卫、是否防卫过当以及对防卫过当裁量刑罚时，要注重查明前因后果，分清是非曲直，确保案件处理于法有据、于理应当、于情相容，符合人民群众的公平正义观念，实现法律效果与社会效果的有机统一。

4. 准确把握界限，防止不当认定。对于以防卫为名行不法侵害之实的违法犯罪行为，要坚决避免认定为正当防卫或者防卫过当。对于虽具有防卫性质，但防卫行为明显超过必要限度造成重大损害的，应当依法认定为防卫过当。

**二、正当防卫的具体适用**

5. 准确把握正当防卫的起因条件。正当防卫的前提是存在不法侵害。不法侵害既包括侵犯生命、健康权利的行为，也包括侵犯人身自由、公私财产等权利的行为；既包括犯罪行为，也包括违法行为。不应将不法侵害不当限缩为暴力侵害或者犯罪行为。对于非法限制他人人身自由、非法侵入他人住宅等不法侵害，可以实行防卫。不法侵害既包括针对本人的不法侵害，也包括危害国家、公共利益或者针对他人的不法侵害。对于正在进行的拉拽方向盘、殴打司机等妨害安全驾驶、危害公共安全的违法犯罪行为，可以实行防卫。成年人对于未成年人正在实施的针对其他未成年人的不法侵害，应当劝阻、制止；劝阻、制止无效的，可以实行防卫。

6. 准确把握正当防卫的时间条件。正当防卫必须是针对正在进行的不法侵害。对于不法侵害已经形成现实、紧迫危险的，应当认定为不法侵害已经开始；对于不法侵害虽然暂时中断或者被暂时制止，但不法侵害人仍有继续实施侵害的现实可能性的，应当认定为不法侵害仍在进行；在财产犯罪中，不法侵害人虽已取得财物，但通过追赶、阻击等措施能够追回财物的，可以视为不法侵害仍在进行；对于不法侵害人确已失去侵害能力或者确已放弃侵害的，应当认定为不法侵害已经结束。对于不法侵害是否已经开始或者结束，应当立足防卫人在防卫时所处情境，按照社会公众的一般认知，依法作出合乎情理的判断，不能苛求防卫人。对于防卫人因为恐慌、紧张等心理，对不法侵害是否已经开始或者结束产生错误认识的，应当根据主客观相统一原则，依法作出妥当处理。

7. 准确把握正当防卫的对象条件。正当防卫必须针对不法侵害人进行。对于多人共同实施不法侵害的，既可以针对直接实施不法侵害的人进行防卫，也可以针对在现场共同实施不法侵害的人进行防卫。明知侵害人是无刑事责任能力人或者限制刑事责任能力人的，应当尽量使用其他方式避免或者制止侵害；没有其他方式可以避免、制止不法侵害，或者不法侵害严重危及人身安全的，可以进行反击。

8. 准确把握正当防卫的意图条件。正当防卫必须是为了使国家、公共利益、本人或者他人的人身、财产和其他权利免受不法侵害。对于故意以语言、行为等挑动对方侵害自己再予以反击的防卫挑拨，不应认定为防卫行为。

9. 准确界分防卫行为与相互斗殴。防卫行为与相互斗殴具有外观上的相似性，准确区分两者要坚持主客观相统一原则，通过综合考量案发起因、对冲突升级是否有过错、是否使用或者准备使用凶器、是否采用明显不相当的暴力、是否纠集他人参与打斗等客观情节，准确判断行为人的主观意图和行为性质。

因琐事发生争执，双方均不能保持克制而引发打斗，对于有过错的一方先动手且手段明显过激，或者一方先动手，在对方努力避免冲突的情况下仍继续侵害的，还击一方的行为一般应当认定为防卫行为。

双方因琐事发生冲突，冲突结束后，一方又实施不法侵害，对方还击，包括使用工具还击的，一般应当认定为防卫行为。不能仅因行为人事先进行防卫准备，就影响对其防卫意图的认定。

10. 防止将滥用防卫权的行为认定为防卫行为。对于显著轻微的不法侵害，行为人在可以辨识的情况下，直接使用足以致人重伤或者死亡的方式进行制止的，不应认定为防卫行为。不法侵害系因行为人的重大过错引发，行为人在可以使用其他手段避免侵害的情况下，仍故意使用足以致人重伤或者死亡的方式还击的，不应认定为防卫行为。

### 三、防卫过当的具体适用

11. 准确把握防卫过当的认定条件。根据刑法第二十条第二款的规定，认定防卫过当应当同时具备"明显超过必要限度"和"造成重大损害"两个条件，缺一不可。

12. 准确认定"明显超过必要限度"。防卫是否"明显超过必要限度"，应当综合不法侵害的性质、手段、强度、危害程度和防卫的时机、手段、强度、损害后果等情节，考虑双方力量对比，立足防卫人防卫时所处情境，结合社会公众的一般认知作出判断。在判断不法侵害的危害程度时，不仅要考虑已经造成的损害，还要考虑造成进一步损害的紧迫危险性和现实可能性。不应当苛求防卫人必须采取与不法侵害基本相当的反击方式和强度。通过综合考量，对于防卫行为与不法侵害相差悬殊、明显过激的，应当认定防卫明显超过必要限度。

13. 准确认定"造成重大损害"。"造成重大损害"是指造成不法侵害人重伤、死亡。造成轻伤及以下损害的，不属于重大损害。防卫行为虽然明显超过必要限度但没有造成重大损害的，不应认定为防卫过当。

14. 准确把握防卫过当的刑罚裁量。防卫过当应当负刑事责任，但是应当减轻或者免除处罚。要综合考虑案件情况，特别是不法侵害人的过错程度、不法侵害的严重程度以及防卫人面对不法侵害的恐慌、紧张等心理，确保刑罚裁量适当、公正。对于因侵害人实施严重贬损他人人格尊严、严重违反伦理道德的不法侵害，或者多次、长期实施不法侵害所引发的防卫过当行为，在量刑时应当充分考虑，以确保案件处理既经得起法律检验，又符合社会公平正义观念。

### 四、特殊防卫的具体适用

15. 准确理解和把握"行凶"。根据刑法第二十条第三款的规定，下列行为应当认定为"行凶"：（1）使用致命性凶器，严重危及他人人身安全的；（2）未使用凶器或者未使用致命性凶器，但是根据不法侵害的人数、打击部位和力度等情况，确已严重危及他人人身安全的。虽然尚未造成实际损害，但已对人身安全造成严重、紧迫危险的，可以认定为"行凶"。

16. 准确理解和把握"杀人、抢劫、强奸、绑架"。刑法第二十条第三款规定的"杀人、抢劫、强奸、绑架"，是指具体犯罪行为而不是具体罪名。在实施不法侵害过程中存在杀人、抢劫、强奸、绑架等严重危及人身安全的暴力犯罪行为的，如以暴力手段抢劫枪支、弹药、爆炸物或者以绑架手段拐卖妇女、儿童的，可以实行特殊防卫。有关行为没有严重危及人身安全的，应当适用一般防卫的法律规定。

17. 准确理解和把握"其他严重危及人身安全的暴力犯罪"。刑法第二十条第三款规定的"其他严重危及人身安全的暴力犯罪"，应当是与杀人、抢劫、强奸、绑架行为相当，并具有致人重伤或者死亡的紧迫危险和现实可能的暴力犯罪。

18. 准确把握一般防卫与特殊防卫的关系。对于不符合特殊防卫起因条件的防卫行为，致不法侵害人伤亡的，如果没有明显超过必要限度，也应当认定为正当防卫，不负刑事责任。

### 五、工作要求

19. 做好侦查取证工作。公安机关在办理涉正当防卫案件时，要依法及时、全面收集与案件相关的各类证据，为案件的依法公正处理奠定事实根基。取证工作要及时，对冲突现场有视听资料、电子数据等证据材料的，应当第一时间调取；对冲突过程的目击证人，要第一时间询问。取证工作要全面，对证明案件事实有价值的各类证据都应当依法及时收集，特别是涉及判断是否属于防卫行为、是正当防卫还是防卫过当以及有关案件前因后果等的证据。

20. 依法公正处理案件。要全面审查事实证据，认真听取各方意见，高度重视犯罪嫌疑人、被告人及其辩护人提出的正当防卫或者防卫过当的辩解、辩护意见，并及时核查，以准确认定事实、正确适用法律。要及时披露办案进展等工作信息，回应社会关切。对于依法认定为正当防卫的案件，根据刑事诉讼法的规定，及时作出不予立案、撤销案件、不批准逮捕、不起诉的决定或者被告人无罪的判决。对于防卫过当案件，应当依法适用认罪认罚从宽制度；对于犯罪情节轻微，依法不需要判处刑罚或者免除刑罚的，人民检察院可以作出不起诉决定。对于不法侵害人涉嫌犯罪的，应当依法及时追诉。人民法院审理第一审的涉正当防卫案件，社会影响较大或者案情复杂的，由人民陪审员和法官组成合议庭进行审理；社会影响重大的，由人民陪审员和法官组成七人合议庭进行审理。

21. 强化释法析理工作。要围绕案件争议焦点和社会关切，以事实为根据、以法律为准绳，准确、细致地阐明案件处理的依据和理由，强化法律文书的释法析理，有效回应当事人和社会关切，使办案成为全民普法的法治公开课，达到办理一案、教育一片的效果。要尽最大可能做好矛盾化解工作，促进社会和谐稳定。

22. 做好法治宣传工作。要认真贯彻"谁执法、谁普法"的普法责任制，做好以案说法工作，使正当防卫案件的处理成为全民普法和宣扬社会主义核心价值观的过程。要加大涉正当防卫指导性案例、典型案例的发布力度，旗帜鲜明保护正当防卫者和见义勇为人的合法权益，弘扬社会正气，同时引导社会公众依法、理性、和平解决琐事纠纷，消除社会戾气，增进社会和谐。

# 《最高人民法院、最高人民检察院、公安部关于依法适用正当防卫制度的指导意见》的理解与适用

《指导意见》起草小组[*]

2020年8月,最高人民法院、最高人民检察院、公安部联合发布《关于依法适用正当防卫制度的指导意见》(法发〔2020〕31号,以下简称《指导意见》)。《指导意见》的公布施行,对于指导各级公检法机关准确理解正当防卫的法律规定,正确处理涉正当防卫案件,依法维护公民的正当防卫权利,鼓励见义勇为,弘扬社会正气,把社会主义核心价值观融入刑事司法工作,具有重要意义。为便于司法实践中正确理解和适用《指导意见》,现就其制定背景、起草中的主要考虑和主要内容等介绍如下。

## 一、《指导意见》的起草背景与过程

1979年刑法第十七条规定:"为了使公共利益、本人或者他人的人身和其他权利免受正在进行的不法侵害,而采取的正当防卫行为,不负刑事责任。""正当防卫超过必要限度造成不应有的危害的,应当负刑事责任;但是应当酌情减轻或者免除处罚。"鉴于司法实践对正当防卫的适用把握过严甚至一定程度上苛求防卫人,为鼓励人民群众勇于同违法犯罪作斗争,1997年刑法第二十条对正当防卫制度作了重大调整,主要涉及两个方面:一是放宽正当防卫的限度条件,将"超过必要限度造成不应有的危害"调整为"明显超过必要限度造成重大损害";二是增设特殊防卫制度,明确对严重危及公民人身安全的暴力犯罪采取防卫行为,造成不法侵害人伤亡的,不属于防卫过当。

1997年刑法施行以来,各级人民法院、人民检察院和公安机关总体能够依照修改后刑法的规定,正确、妥当处理相关案件,但在有的案件中,对正当防卫制度的适用,存在把握过严甚至严重失当的问题。上述状况的成因较为复杂:"人死为大""死了人就占理"的观念和舆论环境常常会对办案人员产生影响和压力,这是客观事实;刑法规定较为原则、抽象,而一些案件的情况错综复杂,把握起来难度很大;当然,也有部分办案机关、办案人员司法理念、司法能力方面的问题。

近年来,"于欢案""昆山龙哥案"等涉正当防卫案件引发广泛关注,新闻媒体、专

---

[*] 起草小组成员为最高人民法院审判委员会委员、研究室主任姜启波,副主任周加海,刑事处处长喻海松,副处长耿磊,干部郝方昉、李振华、李静。

家学者和广大人民群众参与其中，各抒己见，讨论激烈。一方面，反映出人民群众对法治、公平、正义、安全等有了新的认识和更高期待；另一方面，暴露出对正当防卫制度的适用，在理念、规则、操作等方面都有诸多问题值得进一步探讨和规范。为积极回应社会关切，大力弘扬社会主义核心价值观，2018年7月《最高人民法院关于在司法解释中全面贯彻社会主义核心价值观的工作规划（2018—2023）》（法发〔2018〕14号）提出："适时出台防卫过当行为适用法律的司法解释，明确正当防卫、防卫过当的认定标准和见义勇为相关纠纷的法律适用标准，加大指导性案例的发布力度，鼓励正当防卫，旗帜鲜明保护见义勇为者的合法权益，弘扬社会正气。"根据规划要求，最高人民法院研究室启动了起草调研工作。经认真研究，反复听取一线办案人员意见，形成征求意见稿，送中央有关部门、最高人民法院相关审判庭征求意见，并根据反馈情况作了修改完善。鉴于正当防卫制度的适用关系侦查、起诉、审判三阶段，涉及公安、检察、法院三机关，联合发文有利于统一法律适用，后调整为最高人民法院、最高人民检察院、公安部联合制发指导意见。2020年3月，邀请十二位对正当防卫制度具有研究专长的刑法学专家进行论证，并根据论证意见作了修改完善，以最大限度凝聚理论界、实务界关于正当防卫制度的共识。4月，专门征求了全国人大常委会法工委意见，确保相关规定准确体现正当防卫制度的立法精神。2020年6月11日最高人民法院刑事审判专业委员会第369次会议、2020年7月24日最高人民检察院第十三届检察委员会第四十五次会议对《指导意见》进行了审议。8月，最高人民法院、最高人民检察院、公安部完成会签程序，联合对外发布《指导意见》。

需要说明的是，在起草《指导意见》的同时，还编写了七个涉正当防卫的典型案例，与《指导意见》配套发布。主要考虑是：一方面，正当防卫所涉问题复杂，一些问题如不结合具体案情进行阐明，很难说深说细说透，故有必要用案例来诠释和充实《指导意见》的相关内容，强化《指导意见》的指导效果；另一方面，"以案说法"虽然针对性更强，说理、论证可以更加深入，但也有局限性，即只能立足具体案件、围绕案件所涉的具体问题展开说理，无法对正当防卫制度适用中方方面面的问题作出全面系统的回应。故而，采用"《指导意见》+典型案例"的方式，以期收到"点面结合"、明确规则与释用规则相结合的更好效果。

## 二、古今中外正当防卫制度及其借鉴

正当防卫源起于人类的防卫本能。随着社会发展，防卫权由本能发展为法律认可的权利，防卫行为由私力报复演变为社会认可的法律行为。作为成文法规定的正当防卫制度，《汉穆拉比法典》（约公元前1792至1750年）、古罗马《十二铜表法》（公元前451至450年）等古代法典均有明文规定。在我国，关于正当防卫的最早记载见于《尚书·舜典》，其中的"眚灾肆赦"一语包含了过失、正当防卫、紧急避险三种观念。进入封建社会后，法律对正当防卫制度的规定较为详尽和系统。例如，《汉律》规定："无故入人室宅庐舍，上人车船，牵引欲犯法者，其时格杀之，无罪。"《唐律·贼盗》亦有"诸夜无故入人家者，笞四十。主人登时杀者，勿论"之规定。

西方现代意义上的正当防卫制度起源于启蒙运动时期。① 西方近现代刑法典中关于正当防卫的规定最早出现在 1791 年《法国刑法典》，其中第 6 条规定："防卫他人侵犯自己或他人的生命而杀人时，不为罪。"1871 年《德国刑法典》进一步扩大了正当防卫的范围，第五十三条规定："（1）如果行为是根据正当防卫应当的，那么该行为不可罚；（2）正当防卫是一种必要的防御，以制止正在进行的对自己或他人的违法侵害；（3）如果行为人处于恐慌、恐惧或是震惊而逾越防卫限度，则过当的防卫不受刑罚处罚。"在英美法系刑法中，正当防卫是一种普遍规定的一般辩护理由，但在分类及各自构成条件的规定上不尽相同。在英国刑法中，正当防卫分为私人防卫和制止犯罪、逮捕犯人过程中的正当防卫两大类。在美国刑法中，正当防卫分为防卫自身、防卫他人、防卫财产和执法防卫四大类。总体而言，西方各国普遍承认正当防卫制度，均强调正当防卫是天赋人权之一，应当予以保护；同时，基于各自的传统和国情，在具体制度设计上又有所不同。在《指导意见》起草过程中，着重关注了如下两个方面的问题。

一是两大法系对待退避原则的态度存在一定差异，但要求采取适当防卫方法的立场具有趋同性。在大陆法系，由于坚持"法无需向不法退让"这一基本原则，通常认为对不法侵害没有退避义务。在英美法系，早期普遍坚持退避原则，主张防卫杀人能够被免责的前提是防卫前尽一切可能退避，只有在无路可退之时方可考虑还击，从而形成了"防卫人有退避义务"的观念和"靠墙"原则。但是，自十九世纪后期开始，英美法系关于退避原则的讨论日趋激烈。在英国，自二十世纪后半期以来，法官和学者们一致认为"退避"不再是正当防卫成立的必要前提，而只是判断防卫是否具备"合理性"时需要考虑的因素之一。在美国，《模范刑法典》规定，防卫人在防卫自身的情况下，若能绝对安全地通过退避措施保护自己的利益，则其有义务先行退避；同时也设定了无须退避的例外情形。从美国各州的法律规定看，一部分州主张退避义务，另一部分州则认为无须退避。

综而观之，两大法系在退避原则的态度上存在差异，但新近的发展又显示出趋同性。在英美法系，退避原则在一定范围内仍被坚持，但关于引入"不退让法"的呼声从未中断过。在美国公认的"不退让州"，对"不退让法"带来的正当防卫认定过宽的批评广泛存在，甚至引发了民众的抗议游行；且"不退让法"的适用也并非没有限制，如对精神病人、幼童等无过错侵害者的侵害行为仍有退避义务。在大陆法系，虽然不承认退避原则，但一定程度上缓和地承认退避义务的主张也客观存在。《日本刑法典》第 36 条第 1 款明确将正当防卫限制为"不得已而实施的行为"。日本的判例虽然回避了退避原则，但要求正当防卫所采取的方法本身必须是客观上适当的，必须是必要最小限度的行为。在德国，在防卫人对引发不法侵害有过错、不法侵害人是未成年人、不法侵害人与防卫人存在夫妻等特定关系的情况下，要求防卫人应当先行退避；虽然有"正不向不正让步"的传统，但实际上目前德国学者对于为了保护细小利益而进行的严重失衡的"防卫"不承认其正当性。例如，一位行动不便的老人，在没有其他办法的情况下，为了制止爬树偷苹果的少年而开枪射击，或者为了阻止偷走一瓶柠檬汁而开枪射击，虽然是"必要的"，但并不是"需要的"，因而不成立正当

---

① 参见陈兴良：《正当防卫论》，中国人民大学出版社 2006 年版，第 11 页。

防卫。

二是正当防卫的具体认定不是机械的法律适用,必然会受到各国国情和法律文化传统的影响。正如日本刑法学家前田雅英所说,正当防卫等正当化行为的范围与程度因国家与时代的不同而有所不同。"与欧美诸国相比较,日本的正当防卫的容许范围更狭窄一些。在日本,即便是紧急状态,仍然存在着强烈的规范意识,认为应该尽可能地等待公权力的发动;与此相对,在欧美,将正当防卫作为权利,甚至义务来理解的见解很有影响力。"① 要求正当防卫所保护的法益与防卫行为所造成的损害应具有一定的相当性,这是各国刑法关于正当防卫成立条件的普遍主张。但是,对于某些具体法益重要程度的判断,则会受到国情和法律文化传统的影响,进而影响对法益的权衡和正当防卫的认定。例如,在不少西方国家,普遍主张"城堡规则",认为防卫人的住宅和工作场所甚至是驾驶和乘坐的车辆是"城堡",对侵入行为可以实施无限防卫。上述处理原则,在其本国国情和法律文化传统之下是可以理解的,但似不宜照抄照搬到他国。例如,在当下中国,特别是在农村地区,村民们多具有亲缘关系,是一种熟人社会的生存模式,"住宅权绝对不可侵犯"的观念相对较弱,对于非法侵入住宅的案件不问情节一律允许无过当防卫似属不妥。马克思曾言:"法律的关系……既不能从它们本身来理解,也不能从所谓人类一般精神来理解,相反,它们根源于物质生活条件。"不同国家对正当防卫具体认定与处理规则的差异,对案件处理的差异,表面上是法律问题,但实则受到法律背后文化传统、现实国情等因素的深刻影响,对此应当有正确的认识。

### 三、准确适用正当防卫制度的总体要求

"天下之情无穷,刑书所载有限,不可以有限之法而尽无穷之情。"② 社会生活纷繁复杂,涉正当防卫案件千差万别,具体案件可能由于一个细节因素就会导致巨大认识分歧,不少案件专家学者也争论激烈。在其他国家,涉正当防卫案件的处理,也会引发巨大争议。1992年发生在美国的日本十六岁留学生服部刚丈误闯民宅被枪杀案就是例证,该案被认定为正当防卫,但在日本却引发了轩然大波,甚至差点酿成日美两国的外交风波。作为规范性文件,《指导意见》不可能穷尽实践中的各种问题,更不可能对每个具体案件都给出可资"对号入座"的答案,而只能是就普遍性、原则性问题提出相对明确的指引规则。涉正当防卫具体案件依法妥当处理,关键在于办案人员要吃透法律精神,树立正确理念,准确把握社会公众的公平正义观念,进而在个案中作出合乎法理事理情理的恰当裁断。基于此,在明确正当防卫制度司法适用的具体规则之前,《指导意见》第一部分首先专门对正当防卫制度适用的总体要求,即理念性问题,作了相应规定。

一是把握立法精神,严格公正办案。1997年刑法对正当防卫制度作出重大修改完善,放宽了正当防卫的限度条件,增设了特殊防卫制度,旨在强化防卫权,鼓励人民群众勇于同不法侵害作斗争。如前所述,上述修改目的在司法实践中未能得到完全实现,正当防卫制度的适用仍趋保守,特殊防卫的规定一定程度上处于"休眠"状态,甚至被批评沦为"僵尸条款"。个别显属正当防卫的案件未能正确认定,引发社会广泛关注。究其原因,很大程度

---

① [日]前田雅英:《刑法总论讲义》,曾文科译,北京大学出版社2017年版,第221页。
② 丘濬:《大学衍义补·定律令之制(上)》。

是由于有关办案机关、办案人员未能准确把握或者不敢贯彻体现修法精神，导致案件处理出现偏差。基于此，《指导意见》第1条就提出，要"把握立法精神，严格公正办案"。具体而言，就是要回到法律规定上来，"要准确理解和把握正当防卫的法律规定和立法精神，对于符合正当防卫成立条件的，坚决依法认定。要切实防止'谁能闹谁有理''谁死伤谁有理'的错误做法，坚决捍卫'法不能向不法让步'的法治精神"。

二是立足具体案情，依法准确认定。关于正当防卫的具体适用条件，如不法侵害是否正在进行、是否严重危及人身安全、防卫行为是否明显超过必要限度等问题，基于不同时点、立足不同立场，会得出不同结论。这实际上蕴含着价值判断、理念选择的事实认定和法律适用问题。实践中，个别案件的处理结果与社会公众的认知存在较大偏差，往往是由于办案人员站在事后的、专业人员的立场上评判相关问题，而没有充分考虑防卫人面对不法侵害时的特殊紧迫情境和紧张心理，这势必会造成对正当防卫的认定过于严苛，无法体现为正当防卫适当"松绑"的修法精神。经研究认为，对防卫时间、限度条件等，应当坚持一般人的立场作事中判断，即还原到防卫人所处的具体情境，坚持整体判断原则，设身处地思考"一般人在此种情况下会如何处理"，既不能苛求于人，也不能鼓励逞凶斗狠。基于此，《指导意见》第2条强调："要立足防卫人防卫时的具体情境，综合考虑案件发生的整体经过，结合一般人在类似情境下的可能反应，依法准确把握防卫的时间、限度等条件。要充分考虑防卫人面临不法侵害时的紧迫状态和紧张心理，防止在事后以正常情况下冷静理性、客观精确的标准去评判防卫人。"

三是坚持法理情统一，维护公平正义。办理各类案件都不能简单司法、就案办案、孤立办案，而要努力探求和实现法理情的有机融合。周强院长在第七次全国刑事审判工作会议上指出："司法绝不能背离人之常情、世之常理。要将法律的专业判断与民众的朴素认知融合起来，以严谨的法理彰显司法的理性，以公认的情理展示司法的良知，兼顾天理、国法与人情。"司法实践中，个别涉正当防卫案件的处理看似于法有据，但结果得不到社会认同，原因之一在于办案人员简单适用法律，没有充分考虑常理、常情，导致对法律规定的理解和适用偏离了人民群众对公平正义的一般认知，实际也偏离了法律精神。基于此，《指导意见》第3条强调："认定是否构成正当防卫、是否防卫过当以及对防卫过当裁量刑罚时，要注重查明前因后果，分清是非曲直，确保案件处理于法有据、于理应当、于情相容，符合人民群众的公平正义观念，实现法律效果与社会效果的有机统一。"

四是准确把握界限，防止不当认定。"凡事皆有度，过犹不及。"对任何事物的把握都应当坚持辩证法、强调两点论。针对当前司法实践对正当防卫的适用"畏手畏脚"的现状，为正当防卫适当"松绑"，鼓励见义勇为，依法保护公民的正当防卫权利是完全必要的。但"松绑"必须在法治框架内进行，必须注意防止矫枉过正，从一个极端走向另一个极端，把防卫过当错误认定为正当防卫，甚至把不具有防卫因素的故意犯罪认定为正当防卫或者防卫过当。基于此，《指导意见》在强调维护公民正当防卫权利的基础上，也从另一个方面强调要防止权利滥用，第4条要求："对于以防卫为名行不法侵害之实的违法犯罪行为，要坚决避免认定为正当防卫或者防卫过当。对于虽具有防卫性质，但防卫行为明显超过必要限度造成重大损害的，应当依法认定为防卫过当。"

## 四、正当防卫的具体认定

刑法第二十条第一款规定:"为了使国家、公共利益、本人或者他人的人身、财产和其他权利免受正在进行的不法侵害,而采取的制止不法侵害的行为,对不法侵害人造成损害的,属于正当防卫,不负刑事责任。"据此,通常认为,成立正当防卫,应当同时符合起因、时间、主观、对象、限度等五个条件。为统一司法适用,《指导意见》第二部分对正当防卫的具体认定作了明确规定(考虑到限度条件既是正当防卫的成立条件,也与防卫过当的认定相关,是实践中较难把握的一个问题,《指导意见》第三部分专门对相关问题作了规定)。

### (一)关于起因条件

根据刑法规定,正当防卫的目的是使国家、公共利益、本人或者他人的人身、财产和其他权利免受正在进行的"不法侵害"。据此,正当防卫的起因是存在不法侵害。为指导司法实践正确把握"不法侵害"的内涵和外延,《指导意见》第5条规定:"不法侵害既包括侵犯生命、健康权利的行为,也包括侵犯人身自由、公私财产等权利的行为;既包括犯罪行为,也包括违法行为。""不法侵害既包括针对本人的不法侵害,也包括危害国家、公共利益或者针对他人的不法侵害。对于正在进行的拉拽方向盘、殴打司机等妨害安全驾驶、危害公共安全的违法犯罪行为,可以实行防卫。""成年人对于未成年人正在实施的针对其他未成年人的不法侵害,应当劝阻、制止;劝阻、制止无效的,可以实行防卫。"

对非法限制他人人身自由等不法侵害,是否可以实行防卫,存在不同认识。从刑法规定来看,对不法侵害并未作出限制性规定,将部分不法侵害排除在正当防卫的起因之外,于法无据。基于此,《指导意见》第5条专门规定"对于非法限制他人人身自由、非法侵入他人住宅等不法侵害,可以实行防卫"。实际上,这也是司法实践的通行做法。例如,在"于欢案"(最高人民法院指导案例93号"于欢故意伤害案")中,杜某某等人对于欢及其母亲持续实施限制人身自由的非法拘禁行为,即被认定为不法侵害。再如,在"汪天佑正当防卫案"(《指导意见》所附典型案例一)中,燕某某、赵某与汪天佑并不相识,且不表明身份、天黑时强行踹开纱门闯入汪天佑家,该非法侵入住宅的行为足以对汪天佑及其家人的人身、财产造成严重威胁,引发极大心理恐慌,也应认定为"不法侵害",可以进行防卫。

此外,对于不法侵害是否应当具有紧迫性,以及如何把握紧迫性,存在争议。有观点认为,正在进行的不法侵害即具有紧迫性,不需要再行就"紧迫性"作出判断;也有观点认为,正在进行的不法侵害是否具有紧迫性,需要单独判断,如非法拘禁行为不具有紧迫性,不能正当防卫。从境外情况来看,英美法系一般要求不法侵害对"生命健康权造成迫在眉睫的危险";大陆法系中,德国规定对人格、婚姻、房屋权等的不法侵害都可以进行正当防卫,而日本最高裁判所则认为"紧迫"主要指不法侵害正在进行,即着重考虑的是防卫时间问题。鉴于这一问题存在较大争议,《指导意见》未作明确规定,司法实践在处理相关案件时,宜把握如下原则:正当防卫是紧急情况下保护合法权益的非常措施,因此不法侵害应当具有"紧迫性";同时,对"紧迫性"不能作过于狭隘的理解和判断。具体而言,只要存在正在进行的不法侵害,通常就应当认定为具有防卫"紧迫性",不能把"紧迫性"人为限缩为"造成人身伤害或者公共安全危险等重大后果",对非法拘禁等不法侵害行为也可以进行防卫;但是,有些不法侵害,如侵犯知识产权行为、重婚等,采取加害性的防卫行为予以制止有悖常情常理,通过报案等方式解决更为可取的,不宜认为具有防卫的紧迫性和必要性。

(二)关于时间条件

根据刑法规定,正当防卫必须是针对正在进行的不法侵害,即不法侵害已经开始、尚未结束。《指导意见》第6条对司法实践中准确把握正当防卫的时间条件应当注意的相关问题作了明确。

其一,关于不法侵害的开始时间。一般认为,可以将不法侵害的着手认定为开始时间。但在理论上和实践中,对于不同不法侵害行为着手的认定标准往往存在争议。因此,以着手作为认定标准,不够明确,难以统一认识。实际上,不法侵害是否开始,主要应当看不法侵害是否造成现实、紧迫危险。基于此,《指导意见》第6条规定,"对于不法侵害已经形成现实、紧迫危险的,应当认定为不法侵害已经开始"。根据该规定,如果不法侵害已经实际危害人身、财产安全的,当然属于已经开始;虽未造成实际损害,但已经形成现实、紧迫危险,不进行防卫就会失去防卫时机,无法再进行有效防卫的,也应当认为不法侵害已经开始,允许进行防卫,即可以"先下手为强"。司法实践中有案件也是这样处理的。例如,在"刘敬章正当防卫案"[福建省长汀县人民法院(2013)汀刑初字第133号刑事裁定]中,刘敬章孤身一人住在深山寺庙,年过六旬。不法侵害人在提出借住寺庙的要求被拒绝后,攀墙进入庙内,持菜刀踢门闯入刘敬章的卧室。刘敬章因听到脚步声,用手机准备向他人求救,此时借助手机屏幕光亮看到持刀闯入的不法侵害人后,拿起放在床头边的柴刀向其猛砍一刀。此种情形下,不法侵害已经形成现实、紧迫危险,故刘敬章的行为具有防卫性质,属于正当防卫。

其二,关于不法侵害的结束时间。《指导意见》第6条明确,"对于不法侵害虽然暂时中断或者被暂时制止,但不法侵害人仍有继续实施侵害的现实可能性的,应当认定为不法侵害仍在进行","对于不法侵害人确已失去侵害能力或者确已放弃侵害的,应当认定为不法侵害已经结束"。司法实践中还需要注意把握好两个问题:(1)犯罪达到既遂状态,并不必然意味不法侵害已经结束。就继续犯而言,犯罪既遂后,犯罪行为与不法状态在一定时间内同时处于继续状态,显然不宜以犯罪既遂作为不法侵害的结束时间。(2)针对财产的不法侵害,侵害人取得财物后,不宜一概认定不法侵害已经结束,而应当根据案件具体情况作出判断。特别是,如果防卫行为从整体上看是一体的,应当认为不法侵害没有结束。"一体"一般指的是同一机会、同一场合、同一动机,中间没有明显中断。按照上述一体判断原则,对盗窃犯盗窃后逃跑时被害人发现,并追击、当场取回被窃财物的,可以根据案件具体情况认定属于正当防卫。实际上,刑事诉讼法第八十四条关于对"正在实行犯罪或者在犯罪后即时被发觉的",可以立即扭送公安机关、人民检察院或者人民法院处理的规定,也可以佐证上述论断的妥当性。基于此,《指导意见》第6条明确,"在财产犯罪中,不法侵害人虽已取得财物,但通过追赶、阻击等措施能够追回财物的,可以视为不法侵害仍在进行"。

其三,关于时间条件的判断方法。在紧张情境下,要求防卫人对不法侵害是否已经开始、是否还会继续,作出准确的、分毫不差的判断,实属强人所难。基于此,《指导意见》第6条强调,"对于不法侵害是否已经开始或者结束,应当立足防卫人在防卫时所处情境,按照社会公众的一般认知,依法作出合乎情理的判断,不能苛求防卫人"。例如,在"昆山龙哥案"(最高人民检察院指导性案例第47号"于海明正当防卫案")中,不法侵害人从轿车内取出砍刀对防卫人于海明实施侵害。在砍刀被于海明抢走后,侵害人又跑向之前藏匿砍刀的轿车。此种情形下,站在一般人的立场,完全可以认为侵害人很可能是要寻找其他凶器继续实施侵害,不法侵害并未结束。因此,于海明继续追砍两刀的行为,仍具有防卫性质。再如"涞源反杀案"("王新元、赵印芝正当防卫案")中,防卫人王新元家居住在村边,周边住宅无人居住,案发时已是深夜,现场无灯光,不法侵害人持凶器翻墙进入王新元住宅,对王新元一家实施不法侵害,王新元等受到惊吓,呼救无应,精神高度紧张,心里极度恐慌,在侵害人倒地后,王新元等无法判断其是否还具有侵害能力,要求他们即刻停止防卫不具有合理性和现实性。故而,王新元等人行为并不违反正当防卫的时间条件。

其四,关于防卫不适时的法律责任。实践中较为突出的问题是有关事后防卫的认定与处理问题。从境外情况来看,有学者把事后防卫解释为"量的防卫过当",主张适用防卫过当从宽处罚的规定。我国也有学者提倡引入这一规则。经研究认为,"量的防卫过当"概念的提出,具有一定合理性;但能否引入我国的司法实践,需要进一步研究。根据我国刑法规定,对不法侵害已经结束特别是明显已经结束的情况下实施"防卫"行为的,难以按防卫过当认定和处理,但考虑到在紧张情境下,对不法侵害是否已经结束往往不易作出准确判断,加之防卫人采取的防卫行为大多带有激情、激愤因素,故在定性特别是量刑时应当有所考虑。基于此,《指导意见》第6条强调,"对于防卫人因为恐慌、紧张等心理,对不法侵害是否已经开始或者结束产生错误认识的,应当根据主客观相统一原则,依法作出妥当处理"。

(三)关于对象条件

根据刑法规定,正当防卫必须针对不法侵害人进行,而不能针对不法侵害人以外的第三人进行。当然,不能狭隘地将不法侵害人理解为实行行为的实施者,而是也包括现场的组织者、教唆者和帮助者。基于此,《指导意见》第7条规定,"正当防卫必须针对不法侵害人进行。对于多人共同实施不法侵害的,既可以针对直接实施不法侵害的人进行防卫,也可以针对在现场共同实施不法侵害的人进行防卫"。例如,在"陈天杰正当防卫案"(《指导意见》所附典型案例三)中,击打到陈天杰头部的虽然只是纪某某,但容某乙当时也围在陈天杰身边手持钢管殴打陈天杰,也属于不法侵害人,陈天杰可以对其防卫。

对于不法侵害人是否包括精神病人、未成年人,存在不同认识。多数观点主张,对精神病人、未成年人等实施的侵害应当尽量采取避险行为。经研究认为,从人道主义精神出发,上述观点具有合理性;但需注意的是,此种情形下的退避是有条件的。如果没有退避可能,或者退避会造成更大损害结果发生,应当允许进行防卫。基于此,《指导意见》第7条规定,"明知侵害人是无刑事责任能力人或者限制刑事责任能力人的,应当尽量使用其他方式避免或者制止侵害;没有其他方式可以避免、制止不法侵害,或者不法侵害严重危及人身安全的,可以进行反击"。司法实践也有案件肯定对精神病人可以实行正当防卫。例如,在"范尚秀防卫过当案"(《刑事审判参考》第353号案例)中,范尚秀被其患精神病的同胞兄弟追打,范尚秀在跑了几圈之后,因无力跑动,转身夺下木棒进行的反击,属于防卫行为。

对此,还要注意两个问题:(1)未成年防卫人面对未成年不法侵害人时,防卫人本身的自我保护能力弱,辨认控制能力不足,不能一味要求其退避。(2)某些情况下,不法侵害人是否属于精神病人或者未成年人不易判断。对于确实未认识到不法侵害人是精神病人或者未成年人的,不适用上述规则。

(四)关于意图条件

根据刑法规定,正当防卫必须具有正当的防卫意图。《指导意见》第8条规定:"正当防卫必须是为了使国家、公共利益、本人或者他人的人身、财产和其他权利免受不法侵害。对于故意以语言、行为等挑动对方侵害自己再予以反击的防卫挑拨,不应认定为防卫行为。"司法实践中理解和认定防卫意图,需要着重把握如下两个问题:

其一,《指导意见》第10条明确,"对于显著轻微的不法侵害,行为人在可以辨识的情况下,直接使用足以致人重伤或者死亡的方式进行制止的,不应认定为防卫行为"。这是因为,所谓"防卫"行为与加害行为有明显、重大悬殊,严重不相称,无法认定行为人具有防卫意图。例如,为防止小偷偷走一个苹果而对其开枪射击的,即使当时没有其他制止办法,也不能认定行为人具有防卫意图,不成立正当防卫或者防卫过当。又如,在"刘金胜故意伤害案"(《指导意见》所附典型案例五)中,刘金胜因家庭矛盾打了黄某甲(与刘金胜非婚生育四名子女)两耳光,黄某甲让其兄长黄某乙出面调处。黄某乙、李某某各打了坐在床上的刘金胜一耳光,刘金胜随即从被子下拿出菜刀砍伤黄某乙头部,并拽住见状欲跑的李某某,向其头部连砍三刀。黄某乙、李某某打刘金胜耳光的行为显属发生在一般争吵中的轻微暴力,有别于以给他人身体造成伤害为目的的攻击性不法侵害行为。因此,刘金胜因家庭婚姻情感问题矛盾激化被打了两耳光便径直持刀连砍他人头部的行为,不应当认定为防卫行为。当然,对于上述行为,考虑到事出有因,故在量刑时可以酌情从宽。

其二,《指导意见》第10条还规定,"不法侵害系因行为人的重大过错引发,行为人在可以使用其他手段避免侵害的情况下,仍故意使用足以致人重伤或者死亡的方式还击的,不应认定为防卫行为"。按照上述规定,处理此类涉正当防卫案件,要综合考量前因后果,作出符合法理和情理的准确判断。例如,本夫看到妻子与奸夫一起逛商场,持自行车U型锁砸奸夫,奸夫本可逃跑,但却持匕首将本夫刺死。此种情形下,本夫的加害行为事出有因,且加害对象特定,与一般的故意伤害行为在社会危害性上存在较大不同。如果不考虑事件的起因,认定奸夫的行为属于防卫过当甚至正当防卫,对其只能在十年有期徒刑以下处刑,甚至要宣告无罪,从情理上难以为人民群众所认同。因此,对于行为人在起因方面有重大过错的情形,应当认为其有退避义务,只有在无法避让的情况下才能进行防卫。

(五)关于防卫行为与相互斗殴的界分

正当防卫是制止不法侵害的正当行为,属于"正对不正";而相互斗殴则是互相加害的违法犯罪行为,属于"不正对不正"。显然,二者具有根本不同的属性。但是,正当防卫与相互斗殴都可能造成对方的损害,外在表现具有相似性,要准确区分两者,往往并非易事。司法实践中,个别案件存在"和稀泥""各打五十大板"的现象,只要造成对方轻伤以上后果的就各自按犯罪处理,仅仅将可能具有的防卫因素作为量刑情节酌情考虑。这种处理方法"将复杂问题简单化",看似"简单方便",但模糊了"正"与"不正"之间的界限,混淆了违法阻却事由和酌定量刑情节之间的区别,既不符合正当防卫制度的法律规定和立法精神,也难以取得良好的社会效果。为指导司法实践,《指导意见》专门对正当防卫与相互斗殴的界分这一重点和难点问题作出了规定。

其一,坚持主客观相统一原则和综合判断。《指导意见》第9条第1款规定:"防卫行为与相互斗殴具有外观上的相似性,准确区分两者要坚持主客观相统一原则,通过综合考量案发起因、对冲突升级是否有过错、是否使用或者准备使用凶器、是否采用明显不相当的暴力、是否纠集他人参与打斗等客观情节,准确判断行为人的主观意图和行为性质。"根据上述规定,司法实践中,对正当防卫和相互斗殴进行综合判断的要点包括但不限于以下方面:(1)对引发矛盾是否存在过错;(2)是否先动手,导致冲突升级;(3)是否采用明显不相当的暴力进行回应;(4)是否使用管制刀具或者其他足以致人死伤的凶器;(5)是否纠集他人参与打斗等。通过综合判断,认定行为人具有泄愤、立威等意图或者其他非法目的的,应当认为具有互殴性质;反之,认定行为人是为了防止自身或者他人受到侵害的防卫行为。例如,在"陈天杰正当防卫案"中,陈天杰在其妻子被调戏、其被辱骂的情况下,面对冲上来欲对其殴打的不法侵害人,陈天杰欲还击,但被其妻子和他人拦开。陈天杰在扶被不法侵害人推倒在地的妻子时,多名侵害人先后冲过来对陈天杰拳打脚踢,继而持械殴打陈天杰。打斗中,陈天杰持刀捅刺,致一人死亡、多人受伤。综合上述情况,陈天杰是在其妻子被羞辱、自己被殴打后为维护自己与妻子的尊严、保护自己与妻子的人身安全,防止不法侵害而被动进行的还击,不具有伤害他人的犯罪故意,其行为属于正当防卫而非相互斗殴。

需要特别说明的是,上述判断应当是综合判断,不能简单地依据其中一项就断定是否属于正当防卫。实践中要避免如下两个判断误区:(1)"先动手原则",即先动手的就是不法侵害,后动手的就是正当防卫。经研究认为,这种观点过于绝对。例如,行为人的车位无故被他人堵拦,行为人好言相劝,对方就是不挪,甚至态度蛮横,行为人被逼无奈,情急之下推搡、拉扯甚至拳击对方的,后动手的一方并不必然具有防卫性质。(2)对"打上门"的还击就是正当防卫。一般而言,双方事先约定到特定地点打斗的,是典型的相互斗殴;一方打上门,另一方还击的,通常具有防卫性质,但也不能绝对化。例如,在"江苏常熟何强、曾勇等聚众斗殴案"中,打斗双方"砍刀队"和"菜刀队"都具有涉恶背景,双方在打斗前恶语相向、互有挑衅,致矛盾升级。所谓的"防卫方"在公司内纠集人员、准备菜刀等工具,待人员就位、工具准备完毕后,主动邀约对方上门,随后双方相互持械斗殴。综合上述情况,所谓的"防卫方"主观上并非基于防卫的意图,而是想"以逸待劳",对斗殴的发生持积极态度,应当认定为相互斗殴。

其二,妥当把握因琐事引发打斗所涉及的正当防卫与相互斗殴的界分。实践中,相约斗殴的情形已比较少见,更多的冲突是因琐事临时引发。需要注意的是,并非因琐事发生争执、冲突，引发打斗的，就一定是相互斗殴。此类案件也完全有可能成立正当防卫。例如，《指导意见》第9条第2款规定："因琐事发生争执，双方均不能保持克制而引发打斗，对于有过错的一方先动手且手段明显过激，或者一方先动手，在对方努力避免冲突的情况下仍继续侵害的，还击一方的行为一般应当认定为防卫行为。"

此外，双方曾因矛盾引发冲突，结束后，一方再次纠缠，另一方反击的，也可能成立正当防卫。此种情形下，前一次冲突仅为后一次打斗的"背景"和"缘由"，并不必然决定后一次打斗的性质。后一次打斗如果符合正当防卫成立条件，应当依法认定。《指导意见》第9条第3款对此作出了明确，规定："双方因琐事发生冲突，冲突结束后，一方又实施不法侵害，对方还击，包括使用工具还击的，一般应当认定为防卫行为。不能仅因行为人事先进行防卫准备，就影响对其防卫意图的认定。"例如，在"武汉摸狗案"（《指导意见》所附典型案例四"杨建伟故意伤害、杨建平正当防卫案"）中，彭某某因狗被杨建平摸了一下，与杨建平、杨建伟兄弟发生口角，彭某某扬言要找人报复时，杨建伟回应"那你来打啊"，该回应不能表明杨建伟系与彭某某相约打斗。杨建伟在彭某某出言挑衅，并扬言报复后，准备刀具系出于防卫目的。彭某某带人持械返回现场，冲至杨建伟家门口首先拳击其面部，杨建伟才持刀反击，应当肯定其行为的防卫性质。

### 五、防卫过当的具体适用

刑法第二十条第二款规定："正当防卫明显超过必要限度造成重大损害的，应当负刑事责任，但是应当减轻或者免除处罚。"防卫过当以符合正当防卫的起因、时间、对象、意图条件为前提，不符合上述四个条件，就不具有"防卫"性质，自然不能成立"防卫过当"；与正当防卫相比，防卫过当只是突破了限度条件，即"明显超过必要限度，造成重大损害"。防卫限度的具体判断是实践中的一个难点。为统一司法适用，《指导意见》第三部分专门对防卫过当问题作了相应规定。

#### （一）关于防卫过当的认定条件

关于"明显超过必要限度，造成重大损害"是一个要件还是两个要件，存在不同认识。有观点主张应当作为一个要件来把握，但多数观点主张作为两个不同要件来把握。经研究认为，从立法表述分析，"明显超过必要限度"和"造成重大损害"应是两个相互独立的要件，前者是对行为相当性的考察，后者是对结果相当性的考察；从司法实践来看，造成重大损害但未明显超过必要限度的案件比比皆是，明显超过必要限度但未造成重大损害的情况也客观存在。例如，相对弱小的不法侵害人徒手侵害，体格强壮的防卫人持械还击，符合"明显超过必要限度"要件，但只要没有造成重大损害的，则不构成防卫过当。比较而言，将"明显超过必要限度"和"造成重大损害"作为两个要件把握更为妥当，更符合为正当防卫适当"松绑"的立法精神。基于此，《指导意见》第11条要求准确把握防卫过当的认定条件，即"根据刑法第二十条第二款的规定，认定防卫过当应当同时具备'明显超过必要限度'和'造成重大损害'两个条件，缺一不可"。

## （二）关于"明显超过必要限度"的认定

所谓"明显超过必要限度",简单地讲,就是指防卫行为的强度和力度与不法侵害的强度和力度"相差悬殊"。要防止"唯结果论",避免只要造成不法侵害人重伤、死亡的,就一律认定为明显超过必要限度;而且,在防卫行为与不法侵害之间进行比较时,应当站在防卫人当时的情境之中,从一般人的角度去考察。基于此,《指导意见》第12条明确要求,"防卫是否'明显超过必要限度',应当综合不法侵害的性质、手段、强度、危害程度和防卫的时机、手段、强度、损害后果等情节,考虑双方力量对比,立足防卫人防卫时所处情境,结合社会公众的一般认知作出判断。在判断不法侵害的危害程度时,不仅要考虑已经造成的损害,还要考虑造成进一步损害的紧迫危险性和现实可能性"。例如,在"盛春平正当防卫案"(《指导意见》所附典型案例二)中,多名传销组织人员对盛春平实施人身控制,盛春平多次请求离开被拒。在多名传销人员逼近,成某某意图夺刀的情形下,盛春平持刀挥刺,刺中成某某。成某某出院后未遵医嘱继续进行康复治疗,导致心脏在愈合过程中继续出血,于数日后死亡。考虑案发当场双方力量对比情况,特别是盛春平所面临的不法侵害的严重威胁程度,同时考虑成某某的死亡过程和原因,应当认为盛春平的防卫行为没有明显超过必要限度,符合正当防卫的限度条件,成立正当防卫。

要反对"对等武装论",避免苛求防卫人必须采取与不法侵害基本相当的反击方式和强度,更不能机械地理解为反击行为与不法侵害行为的方式、强度要对等、相同。例如,不法侵害人徒手,防卫人持刀,是否必然明显超过必要限度,不能一概而论,须作综合判断。特别是,要把防卫人作为"常人"而不是"圣人"来看待,不能当"事后诸葛亮",要求防卫人对防卫程度把握得恰到好处、不差分毫。基于此,《指导意见》第12条规定,"不应当苛求防卫人必须采取与不法侵害基本相当的反击方式和强度。通过综合考量,对于防卫行为与不法侵害相差悬殊、明显过激的,应当认定防卫明显超过必要限度"。例如,在"赵宇正当防卫案"(《指导意见》所附典型案例六)中,虽然赵宇的行为造成了不法侵害人重伤二级的后果,但是从行为手段上看,双方都是赤手空拳,赵宇的拉拽行为与不法侵害人的侵害行为基本相当。从行为过程来看,赵宇制止不法侵害的行为是连续的,是自然而然发生的,是当时场景下的本能反应。因此,应当认定赵宇的行为没有"明显超过必要限度"。又如,在"陈某正当防卫案"(最高人民检察院指导性案例第45号)中,陈某的防卫行为致三人重伤,客观上造成了重大损害。但是,陈某被九人围住殴打,其中有人使用了钢管、石块等工具,双方实力相差悬殊,陈某借助水果刀增强防卫能力,在手段强度上合情合理。并且,对方在陈某逃脱时仍持续追打,共同侵害行为没有停止,所以就制止整体不法侵害的实际需要来看,陈某持刀挥刺也没有不相适应之处。综合来看,陈某的防卫行为没有"明显超过必要限度"。

需要注意的是,制止不法侵害所"必需"的防卫,是否就属于"必要"的防卫?经研究认为,不宜一概而论。一方面,正如前文所述,对显著轻微的不法侵害采取的严重失衡的制止行为,即使属于保护该细小利益所"必需",也不能认可其为"必要"的防卫行为;另一方面,如强调只能采取"必需"的防卫措施,则给防卫人附加了过多的"退避义务",缩小了正当防卫的成立空间，亦不符合为正当防卫适当"松绑"的政策取向。

(三) 关于"造成重大损害"的认定

1979年刑法第十七条第二款规定，"正当防卫超过必要限度造成不应有的危害的"，成立防卫过当。由于"不应有的危害"含义不明，不利于鼓励群众与犯罪作斗争，1997年刑法第二十条第二款将"不应有的危害"修改为"重大损害"。对于"重大损害"的含义，也存在一定争议，主要涉及轻伤及以下损害应否被涵括的问题。从实践来看，防卫行为造成多人以上轻伤的行为并不常见，而造成个别人轻伤的则明显不宜认定为"重大损害"。基于此，《指导意见》第13条明确规定："'造成重大损害'是指造成不法侵害人重伤、死亡。造成轻伤及以下损害的，不属于重大损害。防卫行为虽然明显超过必要限度但没有造成重大损害的，不应认定为防卫过当。"例如，在"赵泉华正当防卫案"（《刑事审判参考》第297号案例）中，赵泉华与不法侵害人在舞厅因琐事发生争执。后侵害人多次至赵泉华家，采用踢门等方法寻衅，均因赵泉华避让而未果。某晚，侵害人再次上门，强行踢开赵泉华家上锁的房门闯入其中。赵泉华为制止不法侵害持械朝侵害人挥击，致一人轻伤、一人轻微伤，该防卫行为没有明显超过必要限度造成重大损害，构成正当防卫。

(四) 关于防卫过当的刑罚裁量

根据刑法第二十条第二款的规定，防卫过当的应当负刑事责任，但是应当减轻或者免除处罚。"防卫过当"并非独立的罪名，没有配置独立的法定刑。对于防卫过当，首先要确定防卫人所触犯的罪名；在决定减轻处罚还是免除处罚以及减轻处罚的具体幅度时，要综合考虑案件情况，实现罪责刑相适应。基于此，《指导意见》第14条要求，"要综合考虑案件情况，特别是不法侵害人的过错程度、不法侵害的严重程度以及防卫人面对不法侵害的恐慌、紧张等心理，确保刑罚裁量适当、公正"。

处理防卫过当案件时，如果不法侵害具有特殊情节，在刑罚裁量时应作特别考虑，以确保量刑结果为社会公众所认同。基于此，《指导意见》第14条明确要求，"对于因侵害人实施严重贬损他人人格尊严、严重违反伦理道德的不法侵害，或者多次、长期实施不法侵害所引发的防卫过当行为，在量刑时应当充分考虑，以确保案件处理既经得起法律检验，又符合社会公平正义观念"。例如，长期遭丈夫虐待的妻子，在丈夫施暴时将丈夫杀死的，如果认定为防卫过当，在量刑时应当尽量从宽，以符合人民群众的公平正义观念。又如"于欢案"，于欢的防卫行为明显超过必要限度并造成多人伤亡的严重后果，超出法律所容许的限度，依法应当承担刑事责任。但是，不法侵害人裸露下体侮辱于欢母亲的行为是引发本案的重要原因，相关行为严重违法、亵渎人伦，在刑罚裁量时应当作为对于欢有利的情节重点考虑。综合考虑全案情节，判处于欢有期徒刑五年，既符合法律规定，也契合社会公平正义观念。

## 六、特殊防卫的具体适用

刑法第二十条第三款规定："对正在进行行凶、杀人、抢劫、强奸、绑架以及其他严重危及人身安全的暴力犯罪，采取防卫行为，造成不法侵害人伤亡的，不属于防卫过当，不负刑事责任。"这是关于特殊防卫的法律规定。《指导意见》第四部分专门对特殊防卫的具体适用作了明确规定。

（一）关于"行凶"的理解和把握

"行凶"不是刑法规定的独立罪名，这就使得司法实践中有时难以准确把握其内涵和外延，对具体案件的处理存在不同认识。为统一司法适用，《指导意见》第15条对"行凶"作了例举性的规定。具体而言，下列行为应当认定为"行凶"。

一是"使用致命性凶器，严重危及他人人身安全的"。司法实践中，通常表现为行为人持管制刀具、枪支等凶器实施侵害。例如，在"陈月浮正当防卫案"（《指导意见》所附典型案例七）中，不法侵害人无故持菜刀凌晨上门砍伤陈月浮，属于使用致命性凶器实施的严重危及他人人身安全的不法侵害，应当认定为"行凶"，对此可以实行特殊防卫。

二是"未使用凶器或者未使用致命性凶器，但是根据不法侵害的人数、打击部位和力度等情况，确已严重危及他人人身安全的"。对此，需要根据案件具体情况准确判断是否达到"确已严重危及他人人身安全"的程度。例如，侵害人针对心脏、颅颈等致命部位实施侵害的，或者多人对一人长时间围殴，已致被害人头破血流仍不罢休的，则可以认定为"行凶"。作出上述规定，旨在提醒办案人员，不能仅因不法侵害人没有使用致命性凶器或者没有使用凶器就简单排除特殊防卫的适用。

同时，《指导意见》第15条还明确，"虽然尚未造成实际损害，但已对人身安全造成严重、紧迫危险的，可以认定为'行凶'"。例如，在"陈天杰正当防卫案"中，有意见认为，从双方关系和起因、不法侵害人选择打击的部位及强度来看，侵害人的行为不属于严重危及人身安全的暴力犯罪。但是，经审理查明，侵害人持械击打的是陈天杰的头部，属于人体的重要部位，在陈天杰戴安全帽的情况下致头部轻微伤，钢管打到安全帽后滑到手臂，致手臂皮内、皮下出血，可见打击力度之大；侵害人喝了酒，气势汹汹，并持足以严重危及他人人身安全的凶器，在场的其他人员都曾阻拦，但阻拦时均被侵害人甩倒。鉴此，应当认为侵害人已对他人人身安全造成严重、紧迫危险，可以实行特殊防卫。

需要强调的是，《指导意见》第15条只是对"行凶"作了例举性规定，未能囊括司法实践的所有情形。对于明文规定以外的情形，要根据上述规定的精神，把握"严重危及人身安全"这一实质要件，作出准确判断。

（二）关于"杀人、抢劫、强奸、绑架"的理解和把握

根据司法实践反映的问题，《指导意见》第16条对特殊防卫起因条件所涉及的"杀人、抢劫、强奸、绑架"的理解和把握问题作了明确，着重强调了两点。

其一，"杀人、抢劫、强奸、绑架"是指具体犯罪行为而非具体罪名，司法实践中要根据行为性质作具体把握。对此，《指导意见》第16条规定，"在实施不法侵害过程中存在杀人、抢劫、强奸、绑架等严重危及人身安全的暴力犯罪行为的，如以暴力手段抢劫枪支、弹药、爆炸物或者以绑架手段拐卖妇女、儿童的，可以实行特殊防卫"。

其二，《指导意见》第 16 条规定，"有关行为没有严重危及人身安全的，应当适用一般防卫的法律规定"。这主要是考虑，虽是杀人、抢劫、强奸、绑架等行为，但方式不同，紧迫程度有异，如客观上尚未严重危及人身安全，不宜一律主张适用没有限度要求的特殊防卫，否则不符合比例原则，会走上另一个极端，导致防卫权的滥用。例如，没有携带凶器，以"掏钱出来，不然就揍你"的方式进行抢劫的，不宜认为符合特殊防卫的起因条件。

### （三）关于"其他严重危及人身安全的暴力犯罪"的理解和把握

根据司法实践反映的问题，《指导意见》第 17 条对特殊防卫起因条件所涉及的"其他严重危及人身安全的暴力犯罪"的理解和把握问题作了明确。"其他严重危及人身安全的暴力犯罪"应当与杀人、抢劫、强奸、绑架行为的暴力程度相当。这是体系解释的当然要求，也是特殊防卫立法意旨的当然要求。基于此，《指导意见》第 17 条规定："刑法第二十条第三款规定的'其他严重危及人身安全的暴力犯罪'，应当是与杀人、抢劫、强奸、绑架行为相当，并具有致人重伤或者死亡的紧迫危险和现实可能的暴力犯罪。"

司法实践中，对"其他严重危及人身安全的暴力犯罪"的认定应当坚持综合判断，审查判断不法侵害是否属于"其他严重危及人身安全的暴力犯罪"时，应当注意从不法侵害是否具有暴力性、是否严重危及人身安全、是否达到犯罪程度等方面作出判断。例如，在人流密集的公共场所驾车冲撞，危害公共安全的，无疑可以认定为"其他严重危及人身安全的暴力犯罪"，符合特殊防卫的起因条件。

### （四）特殊防卫与一般防卫关系的把握

关于刑法第二十条第三款规定的特殊防卫与第一款规定的一般防卫的关系，存在"提示性规定说"和"法律拟制说"两种不同观点。提示说认为，特殊防卫中的起因条件即"行凶、杀人、抢劫、强奸、绑架以及其他严重危及人身安全的暴力犯罪"本身侵害程度相当严重，此种情形下，被侵害人采取防卫行为，造成不法侵害人伤亡的，本来就应当认为并未明显超过必要限度，法律专门规定，只不过是为了进一步提示办案人员；拟制说认为，对"行凶、杀人、抢劫、强奸、绑架以及其他严重危及人身安全的暴力犯罪"的不法侵害实施防卫，本来也有限度要求，应作具体判断，只是法律基于此类不法侵害的严重性、特殊性，为进一步给正当防卫适当"松绑"，特别规定此种情形下"造成不法侵害人伤亡的，不属于防卫过当，不负刑事责任"。无论采取哪种观点，实际均是认为相关行为成立正当防卫，不是防卫过当。因此，在我们看来，两种观点虽然在理论分析的基础上存在差异，但用诸实践，对案件的认定意见通常并无不同。

结合实践情况，对于特殊防卫与一般防卫的区分，关键是要注意，一般防卫也可能致不法侵害人死亡，只要未明显超过必要限度的，仍然成立正当防卫，不负刑事责任。对此，《指导意见》第 18 条明确："对于不符合特殊防卫起因条件的防卫行为，致不法侵害人伤亡的，如果没有明显超过必要限度，也应当认定为正当防卫，不负刑事责任。"

## 七、涉正当防卫案件处理的相关工作要求

正当防卫案件的处理，涉及刑事诉讼全过程。只有通过公检法三机关和社会各方的共同

努力,才能营造正当防卫制度正确适用的良好法治环境。基于此,《指导意见》第五部分专门对涉正当防卫案件处理的相关工作要求作了明确规定。

第一,做好侦查取证工作。《指导意见》第 19 条要求:"公安机关在办理涉正当防卫案件时,要依法及时、全面收集与案件相关的各类证据,为案件的依法公正处理奠定事实根基。取证工作要及时,对冲突现场有视听资料、电子数据等证据材料的,应当第一时间调取;对冲突过程的目击证人,要第一时间询问。取证工作要全面,对证明案件事实有价值的各类证据都应当依法及时收集,特别是涉及判断是否属于防卫行为、是正当防卫还是防卫过当以及有关案件前因后果等的证据。"

第二,做好定性处理工作。《指导意见》第 20 条要求:"要全面审查事实证据,认真听取各方意见,高度重视犯罪嫌疑人、被告人及其辩护人提出的正当防卫或者防卫过当的辩解、辩护意见,并及时核查,以准确认定事实、正确适用法律。要及时披露办案进展等工作信息,回应社会关切。对于依法认定为正当防卫的案件,根据刑事诉讼法的规定,及时作出不予立案、撤销案件、不批准逮捕、不起诉的决定或者被告人无罪的判决。对于防卫过当案件,应当依法适用认罪认罚从宽制度;对于犯罪情节轻微,依法不需要判处刑罚或者免除刑罚的,人民检察院可以作出不起诉决定。对于不法侵害人涉嫌犯罪的,应当依法及时追诉。人民法院审理第一审的涉正当防卫案件,社会影响较大或者案情复杂的,由人民陪审员和法官组成合议庭进行审理;社会影响重大的,由人民陪审员和法官组成七人合议庭进行审理。"

第三,做好释法析理工作。《指导意见》第 21 条要求:"要围绕案件争议焦点和社会关切,以事实为根据、以法律为准绳,准确、细致地阐明案件处理的依据和理由,强化法律文书的释法析理,有效回应当事人和社会关切,使办案成为全民普法的法治公开课,达到办理一案、教育一片的效果。要尽最大可能做好矛盾化解工作,促进社会和谐稳定。"

第四,做好法治宣传工作。《指导意见》第 22 条要求:"要认真贯彻'谁执法、谁普法'的普法责任制,做好以案说法工作,使正当防卫案件的处理成为全民普法和宣扬社会主义核心价值观的过程。要加大涉正当防卫指导性案例、典型案例的发布力度,旗帜鲜明保护正当防卫者和见义勇为人的合法权益,弘扬社会正气,同时引导社会公众依法、理性、和平解决琐事纠纷,消除社会戾气,增进社会和谐。"

## 最高人民法院 最高人民检察院 公安部
## 关于印发《办理跨境赌博犯罪案件若干问题的意见》的通知

2020年10月16日    公通字〔2020〕14号

各省、自治区、直辖市高级人民法院、人民检察院、公安厅、局，解放军军事法院、军事检察院，新疆维吾尔自治区高级人民法院生产建设兵团分院、新疆生产建设兵团人民检察院、公安局：

为依法惩治跨境赌博等犯罪活动，维护我国经济安全、社会稳定，根据有关法律、司法解释的规定，结合司法实践，最高人民法院、最高人民检察院、公安部联合制定了《办理跨境赌博犯罪案件若干问题的意见》。现予以印发，请结合实际认真贯彻执行。在执行中遇到的新情况、新问题，请及时分别报告最高人民法院、最高人民检察院、公安部。

## 最高人民法院 最高人民检察院 公安部
## 办理跨境赌博犯罪案件若干问题的意见

为依法惩治跨境赌博等犯罪活动，维护我国经济安全、社会稳定，根据《中华人民共和国刑法》《中华人民共和国刑事诉讼法》和《最高人民法院、最高人民检察院关于办理赌博刑事案件具体应用法律若干问题的解释》等有关规定，结合司法实践，制定本意见。

### 一、总体要求

近年来，境外赌场和网络赌博集团对我国公民招赌吸赌问题日益突出，跨境赌博违法犯罪活动日益猖獗，严重妨碍社会管理秩序，引发多种犯罪，严重危害我国经济安全和社会稳定。与此同时，互联网领域黑灰产业助推传统赌博和跨境赌博犯罪向互联网迁移，跨境网络赌博违法犯罪活动呈高发态势，严重威胁人民群众人身财产安全和社会公共安全。人民法院、人民检察院、公安机关要针对跨境赌博犯罪特点，充分发挥职能作用，贯彻宽严相济刑事政策，准确认定赌博犯罪行为，严格依法办案，依法从严从快惩处，坚决有效遏制跨境赌博犯罪活动，努力实现政治效果、法律效果、社会效果的高度统一。

### 二、关于跨境赌博犯罪的认定

（一）以营利为目的，有下列情形之一的，属于刑法第三百零三条第二款规定的"开

设赌场":

1. 境外赌场经营人、实际控制人、投资人，组织、招揽中华人民共和国公民赴境外赌博的；

2. 境外赌场管理人员，组织、招揽中华人民共和国公民赴境外赌博的；

3. 受境外赌场指派、雇佣，组织、招揽中华人民共和国公民赴境外赌博，或者组织、招揽中华人民共和国公民赴境外赌博，从赌场获取费用、其他利益的；

4. 在境外赌场包租赌厅、赌台，组织、招揽中华人民共和国公民赴境外赌博的；

5. 其他在境外以提供赌博场所、提供赌资、设定赌博方式等，组织、招揽中华人民共和国公民赴境外赌博的。

在境外赌场通过开设账户、洗码等方式，为中华人民共和国公民赴境外赌博提供资金担保服务的，以"开设赌场"论处。

（二）以营利为目的，利用信息网络、通讯终端等传输赌博视频、数据，组织中华人民共和国公民跨境赌博活动，有下列情形之一的，属于刑法第三百零三条第二款规定的"开设赌场"：

1. 建立赌博网站、应用程序并接受投注的；

2. 建立赌博网站、应用程序并提供给他人组织赌博的；

3. 购买或者租用赌博网站、应用程序，组织他人赌博的；

4. 参与赌博网站、应用程序利润分成的；

5. 担任赌博网站、应用程序代理并接受投注的；

6. 其他利用信息网络、通讯终端等传输赌博视频、数据，组织跨境赌博活动的。

（三）组织、招揽中华人民共和国公民赴境外赌博，从参赌人员中获取费用或者其他利益的，属于刑法第三百零三条第一款规定的"聚众赌博"。

（四）跨境开设赌场犯罪定罪处罚的数量或者数额标准，参照适用《关于办理赌博刑事案件具体应用法律若干问题的解释》《关于办理利用赌博机开设赌场案件适用法律若干问题的意见》和《关于办理网络赌博犯罪案件适用法律若干问题的意见》的有关规定。

### 三、关于跨境赌博共同犯罪的认定

（一）三人以上为实施开设赌场犯罪而组成的较为固定的犯罪组织，应当依法认定为赌博犯罪集团。对组织、领导犯罪集团的首要分子，按照集团所犯的全部罪行处罚。对犯罪集团中组织、指挥、策划者和骨干分子，应当依法从严惩处。

（二）明知他人实施开设赌场犯罪，为其提供场地、技术支持、资金、资金结算等服务的，以开设赌场罪的共犯论处。

（三）明知是赌博网站、应用程序，有下列情形之一的，以开设赌场罪的共犯论处：

1. 为赌博网站、应用程序提供软件开发、技术支持、互联网接入、服务器托管、网络存储空间、通讯传输通道、广告投放、会员发展、资金支付结算等服务的；

2. 为赌博网站、应用程序担任代理并发展玩家、会员、下线的。

为同一赌博网站、应用程序担任代理，既无上下级关系，又无犯意联络的，不构成共同犯罪。

（四）对受雇佣为赌场从事接送参赌人员、望风看场、发牌坐庄、兑换筹码、发送宣传广告等活动的人员及赌博网站、应用程序中与组织赌博活动无直接关联的一般工作人员，除参与赌场、赌博网站、应用程序利润分成或者领取高额固定工资的外，可以不追究刑事责任，由公安机关依法给予治安管理处罚。

### 四、关于跨境赌博关联犯罪的认定

（一）使用专门工具、设备或者其他手段诱使他人参赌，人为控制赌局输赢，构成犯罪的，依照刑法关于诈骗犯罪的规定定罪处罚。

网上开设赌场，人为控制赌局输赢，或者无法实现提现，构成犯罪的，依照刑法关于诈骗犯罪的规定定罪处罚。部分参赌者赢利、提现不影响诈骗犯罪的认定。

（二）通过开设赌场或者为国家工作人员参与赌博提供资金的形式实施行贿、受贿行为，构成犯罪的，依照刑法关于贿赂犯罪的规定定罪处罚。同时构成赌博犯罪的，应当依法与贿赂犯罪数罪并罚。

（三）实施跨境赌博犯罪，同时构成组织他人偷越国（边）境、运送他人偷越国（边）境、偷越国（边）境罪等罪的，应当依法数罪并罚。

（四）实施赌博犯罪，为强行索要赌债，实施故意杀人、故意伤害、非法拘禁、故意毁坏财物、寻衅滋事等行为，构成犯罪的，应当依法数罪并罚。

（五）为赌博犯罪提供资金、信用卡、资金结算等服务，构成赌博犯罪共犯，同时构成非法经营罪、妨害信用卡管理罪、窃取、收买、非法提供信用卡信息罪、掩饰、隐瞒犯罪所得、犯罪收益罪等罪的，依照处罚较重的规定定罪处罚。

为网络赌博犯罪提供互联网接入、服务器托管、网络存储、通讯传输等技术支持，或者提供广告推广、支付结算等帮助，构成赌博犯罪共犯，同时构成非法利用信息网络罪、帮助信息网络犯罪活动罪等罪的，依照处罚较重的规定定罪处罚。

为实施赌博犯罪，非法获取公民个人信息，或者向实施赌博犯罪者出售、提供公民个人信息，构成赌博犯罪共犯，同时构成侵犯公民个人信息罪的，依照处罚较重的规定定罪处罚。

### 五、关于跨境赌博犯罪赌资数额的认定及处理

赌博犯罪中用作赌注的款物、换取筹码的款物和通过赌博赢取的款物属于赌资。

通过网络实施开设赌场犯罪的，赌资数额可以依照开设赌场行为人在其实际控制账户内的投注金额，结合其他证据认定；如无法统计，可以按照查证属实的参赌人员实际参赌的资金额认定。

对于将资金直接或者间接兑换为虚拟货币、游戏道具等虚拟物品，并用其作为筹码投注的，赌资数额按照购买该虚拟物品所需资金数额或者实际支付资金数额认定。

对于开设赌场犯罪中主要用于接收、流转赌资的银行账户内的资金，犯罪嫌疑人、被告人不能说明合法来源的，可以认定为赌资。

公安机关、人民检察院已查封、扣押、冻结的赌资、赌博用具等涉案财物及孳息，应当制作清单。人民法院对随案移送的涉案财物，依法予以处理。赌资应当依法予以追缴。赌博违法所得、赌博用具以及赌博犯罪分子所有的专门用于赌博的财物等，应当依法予以追缴、没收。

### 六、关于跨境赌博犯罪案件的管辖

（一）跨境赌博犯罪案件一般由犯罪地公安机关立案侦查，由犯罪嫌疑人居住地公安机关立案侦查更为适宜的，可以由犯罪嫌疑人居住地公安机关立案侦查。犯罪地包括犯罪行为发生地和犯罪结果发生地。

跨境网络赌博犯罪地包括用于实施赌博犯罪行为的网络服务使用的服务器所在地，网络服务提供者所在地，犯罪嫌疑人、参赌人员使用的网络信息系统所在地，犯罪嫌疑人为网络赌博犯罪提供帮助的犯罪地等。

（二）多个公安机关都有权立案侦查的跨境赌博犯罪案件，由最初受理的公安机关或者主要犯罪地公安机关立案侦查。有争议的，应当按照有利于查清犯罪事实、有利于诉讼的原则，协商解决。经协商无法达成一致的，由共同上级公安机关指定有关公安机关立案侦查。

在境外实施的跨境赌博犯罪案件，由公安部商最高人民检察院和最高人民法院指定管辖。

（三）具有下列情形之一的，有关公安机关可以在其职责范围内并案侦查：

1. 一人犯数罪的；
2. 共同犯罪的；
3. 共同犯罪的犯罪嫌疑人实施其他犯罪的；
4. 多个犯罪嫌疑人实施的犯罪存在直接关联，并案处理有利于查明案件事实的。

（四）部分犯罪嫌疑人在逃，但不影响对已到案共同犯罪嫌疑人、被告人的犯罪事实认定的，可以依法先行追究已到案共同犯罪嫌疑人、被告人的刑事责任。

已确定管辖的跨境赌博共同犯罪案件，在逃的犯罪嫌疑人、被告人归案后，一般由原管辖的公安机关、人民检察院、人民法院管辖。

### 七、关于跨境赌博犯罪案件证据的收集和审查判断

（一）公安机关、人民检察院、人民法院在办理跨境赌博犯罪案件中应当注意对电子证据的收集、审查判断。公安机关应当遵守法定程序，遵循有关技术标准，全面、客观、及时收集、提取电子证据；人民检察院、人民法院应当围绕真实性、合法性、关联性审查判断电子证据。

公安机关、人民检察院、人民法院收集、提取、固定、移送、展示、审查、判断电子证据应当严格依照《最高人民法院、最高人民检察院、公安部关于办理刑事案件收集提取和审查判断电子数据若干问题的规定》《最高人民法院、最高人民检察院、公安部关于办理网络犯罪案件适用刑事诉讼程序若干问题的意见》的规定进行。

（二）公安机关采取技术侦查措施收集的证据材料，能够证明案件事实的，应当随案移送，并移送批准采取技术侦查措施的法律文书。

（三）依照国际条约、刑事司法协助、互助协议或者平等互助原则，请求证据材料所在地司法机关收集，或者通过国际警务合作机制、国际刑警组织启动合作取证程序收集的境外证据材料，公安机关应当对其来源、提取人、提取时间或者提供人、提供时间以及保管移交的过程等作出说明。

当事人及其辩护人、诉讼代理人提供的来自境外的证据材料，该证据材料应当经所在国公证机关证明，所在国中央外交主管机关或者其授权机关认证，并经我国驻该国使、领馆认证。未经证明、认证的，不能作为证据使用。

来自境外的证据材料，能够证明案件事实且符合刑事诉讼法及相关规定的，经查证属实，可以作为定案的根据。

## 八、关于跨境赌博犯罪案件宽严相济刑事政策的运用

人民法院、人民检察院、公安机关要深刻认识跨境赌博犯罪的严重社会危害性，正确贯彻宽严相济刑事政策，运用认罪认罚从宽制度，充分发挥刑罚的惩治和预防功能。对实施跨境赌博犯罪活动的被告人，应当在全面把握犯罪事实和量刑情节的基础上，依法从严惩处，并注重适用财产刑和追缴、没收等财产处置手段，最大限度剥夺被告人再犯的能力。

（一）实施跨境赌博犯罪，有下列情形之一的，酌情从重处罚：

1. 具有国家工作人员身份的；
2. 组织国家工作人员赴境外赌博的；
3. 组织、胁迫、引诱、教唆、容留未成年人参与赌博的；
4. 组织、招揽、雇佣未成年人参与实施跨境赌博犯罪的；
5. 采用限制人身自由等手段强迫他人赌博或者结算赌资，尚不构成其他犯罪的；
6. 因赌博活动致 1 人以上死亡、重伤或者 3 人以上轻伤，或者引发其他严重后果，尚不构成其他犯罪的；
7. 组织、招揽中华人民共和国公民赴境外多个国家、地区赌博的；
8. 因赌博、开设赌场曾被追究刑事责任或者二年内曾被行政处罚的。

（二）对于具有赌资数额大、共同犯罪的主犯、曾因赌博犯罪行为被追究刑事责任、悔罪表现不好等情形的犯罪嫌疑人、被告人，一般不适用不起诉、免予刑事处罚、缓刑。

（三）对实施赌博犯罪的被告人，应当加大财产刑的适用。对被告人并处罚金时，应当根据其在赌博犯罪中的地位作用、赌资、违法所得数额等情节决定罚金数额。

（四）犯罪嫌疑人、被告人提供重要证据，对侦破、查明重大跨境赌博犯罪案件起关键作用，经查证属实的，可以根据案件具体情况，依法从宽处理。

最高人民法院　最高人民检察院　公安部　国家安全部　司法部
印发《关于规范量刑程序若干问题的意见》的通知

2020 年 11 月 5 日　　　　　　　　　　　　　法发〔2020〕38 号

各省、自治区、直辖市高级人民法院、人民检察院、公安厅（局）、国家安全厅（局）、司法厅（局），解放军军事法院、军事检察院，新疆维吾尔自治区高级人民法院生产建设兵团分院、新疆生产建设兵团人民检察院、公安局、国家安全局、司法局：

为深入推进以审判为中心的刑事诉讼制度改革，落实认罪认罚从宽制度，进一步规范量刑程序，确保量刑公开公正，根据刑事诉讼法和有关司法解释等规定，结合工作实际，最高人民法院、最高人民检察院、公安部、国家安全部和司法部对"两高三部"《关于规范量刑程序若干问题的意见（试行）》进行了修改完善，现联合印发"两高三部"《关于规范量刑程序若干问题的意见》，请认真贯彻执行。对于施行情况及遇到的问题，请分别报告最高人民法院、最高人民检察院、公安部、国家安全部、司法部。

最高人民法院　最高人民检察院　公安部　国家安全部　司法部
关于规范量刑程序若干问题的意见

为深入推进以审判为中心的刑事诉讼制度改革，落实认罪认罚从宽制度，进一步规范量刑程序，确保量刑公开公正，根据刑事诉讼法和有关司法解释等规定，结合工作实际，制定本意见。

**第一条**　人民法院审理刑事案件，在法庭审理中应当保障量刑程序的相对独立性。

人民检察院在审查起诉中应当规范量刑建议。

**第二条**　侦查机关、人民检察院应当依照法定程序，全面收集、审查、移送证明犯罪嫌疑人、被告人犯罪事实、量刑情节的证据。

对于法律规定并处或者单处财产刑的案件，侦查机关应当根据案件情况对被告人的财产状况进行调查，并向人民检察院移送相关证据材料。人民检察院应当审查并向人民法院移送相关证据材料。

人民检察院在审查起诉时发现侦查机关应当收集而未收集量刑证据的，可以退回侦查机关补充侦查，也可以自行侦查。人民检察院退回补充侦查的，侦查机关应当按照人民检察院退回补充侦查提纲的要求及时收集相关证据。

第三条　对于可能判处管制、缓刑的案件，侦查机关、人民检察院、人民法院可以委托社区矫正机构或者有关社会组织进行调查评估，提出意见，供判处管制、缓刑时参考。

社区矫正机构或者有关社会组织收到侦查机关、人民检察院或者人民法院调查评估的委托后，应当根据委托机关的要求依法进行调查，形成评估意见，并及时提交委托机关。

对于没有委托进行调查评估或者判决前没有收到调查评估报告的，人民法院经审理认为被告人符合管制、缓刑适用条件的，可以依法判处管制、宣告缓刑。

第四条　侦查机关在移送审查起诉时，可以根据犯罪嫌疑人涉嫌犯罪的情况，就宣告禁止令和从业禁止向人民检察院提出意见。

人民检察院在提起公诉时，可以提出宣告禁止令和从业禁止的建议。被告人及其辩护人、被害人及其诉讼代理人可以就是否对被告人宣告禁止令和从业禁止提出意见，并说明理由。

人民法院宣告禁止令和从业禁止，应当根据被告人的犯罪原因、犯罪性质、犯罪手段、悔罪表现、个人一贯表现等，充分考虑与被告人所犯罪行的关联程度，有针对性地决定禁止从事特定的职业、活动，进入特定区域、场所，接触特定的人等。

第五条　符合下列条件的案件，人民检察院提起公诉时可以提出量刑建议；被告人认罪认罚的，人民检察院应当提出量刑建议：

（一）犯罪事实清楚，证据确实、充分；

（二）提出量刑建议所依据的法定从重、从轻、减轻或者免除处罚等量刑情节已查清；

（三）提出量刑建议所依据的酌定从重、从轻处罚等量刑情节已查清。

第六条　量刑建议包括主刑、附加刑、是否适用缓刑等。主刑可以具有一定的幅度，也可以根据案件具体情况，提出确定刑期的量刑建议。建议判处财产刑的，可以提出确定的数额。

第七条　对常见犯罪案件，人民检察院应当按照量刑指导意见提出量刑建议。对新类型、不常见犯罪案件，可以参照相关量刑规范提出量刑建议。提出量刑建议，应当说明理由和依据。

第八条　人民检察院指控被告人犯有数罪的，应当对指控的个罪分别提出量刑建议，并依法提出数罪并罚后决定执行的刑罚的量刑建议。

对于共同犯罪案件，人民检察院应当根据各被告人在共同犯罪中的地位、作用以及应当承担的刑事责任分别提出量刑建议。

第九条　人民检察院提出量刑建议，可以制作量刑建议书，与起诉书一并移送人民法院；对于案情简单、量刑情节简单的适用速裁程序的案件，也可以在起诉书中写明量刑建议。

量刑建议书中应当写明人民检察院建议对被告人处以的主刑、附加刑、是否适用缓刑等及其理由和依据。

人民检察院以量刑建议书方式提出量刑建议的，人民法院在送达起诉书副本时，应当将量刑建议书一并送达被告人。

**第十条** 在刑事诉讼中，自诉人、被告人及其辩护人、被害人及其诉讼代理人可以提出量刑意见，并说明理由，人民检察院、人民法院应当记录在案并附卷。

**第十一条** 人民法院、人民检察院、侦查机关应当告知犯罪嫌疑人、被告人申请法律援助的权利，对符合法律援助条件的，依法通知法律援助机构指派律师为其提供辩护或者法律帮助。

**第十二条** 适用速裁程序审理的案件，在确认被告人认罪认罚的自愿性和认罪认罚具结书内容的真实性、合法性后，一般不再进行法庭调查、法庭辩论，但在判决宣告前应当听取辩护人的意见和被告人的最后陈述意见。

适用速裁程序审理的案件，应当当庭宣判。

**第十三条** 适用简易程序审理的案件，在确认被告人对起诉书指控的犯罪事实和罪名没有异议，自愿认罪且知悉认罪的法律后果后，法庭审理可以直接围绕量刑进行，不再区分法庭调查、法庭辩论，但在判决宣告前应当听取被告人的最后陈述意见。

适用简易程序审理的案件，一般应当当庭宣判。

**第十四条** 适用普通程序审理的被告人认罪案件，在确认被告人了解起诉书指控的犯罪事实和罪名，自愿认罪且知悉认罪的法律后果后，法庭审理主要围绕量刑和其他有争议的问题进行，可以适当简化法庭调查、法庭辩论程序。

**第十五条** 对于被告人不认罪或者辩护人做无罪辩护的案件，法庭调查和法庭辩论分别进行。

在法庭调查阶段，应当在查明定罪事实的基础上，查明有关量刑事实，被告人及其辩护人可以出示证明被告人无罪或者罪轻的证据，当庭发表质证意见。

在法庭辩论阶段，审判人员引导控辩双方先辩论定罪问题。在定罪辩论结束后，审判人员告知控辩双方可以围绕量刑问题进行辩论，发表量刑建议或者意见，并说明依据和理由。被告人及其辩护人参加量刑问题的调查的，不影响作无罪辩解或者辩护。

**第十六条** 在法庭调查中，公诉人可以根据案件的不同种类、特点和庭审的实际情况，合理安排和调整举证顺序。定罪证据和量刑证据分开出示的，应当先出示定罪证据，后出示量刑证据。

对于有数起犯罪事实的案件的量刑证据，可以在对每起犯罪事实举证时分别出示，也可以对同类犯罪事实一并出示；涉及全案综合量刑情节的证据，一般应当在举证阶段最后出示。

**第十七条** 在法庭调查中，人民法院应当查明对被告人适用具体法定刑幅度的犯罪事实以及法定或者酌定量刑情节。

**第十八条** 人民法院、人民检察院、侦查机关或者辩护人委托有关方面制作涉及未成年人的社会调查报告的，调查报告应当在法庭上宣读，并进行质证。

**第十九条** 在法庭审理中，审判人员对量刑证据有疑问的，可以宣布休庭，对证据进行调查核实，必要时也可以要求人民检察院补充调查核实。人民检察院补充调查核实有关证据，必要时可以要求侦查机关提供协助。

对于控辩双方补充的证据，应当经过庭审质证才能作为定案的根据。但是，对于有利于被告人的量刑证据，经庭外征求意见，控辩双方没有异议的除外。

**第二十条** 被告人及其辩护人、被害人及其诉讼代理人申请人民法院调取在侦查、审查起诉阶段收集的量刑证据材料，人民法院认为确有必要的，应当依法调取；人民法院认为不需要调取的，应当说明理由。

**第二十一条** 在法庭辩论中，量刑辩论按照以下顺序进行：

（一）公诉人发表量刑建议，或者自诉人及其诉讼代理人发表量刑意见；

（二）被害人及其诉讼代理人发表量刑意见；

（三）被告人及其辩护人发表量刑意见。

**第二十二条** 在法庭辩论中，出现新的量刑事实，需要进一步调查的，应当恢复法庭调查，待事实查清后继续法庭辩论。

**第二十三条** 对于人民检察院提出的量刑建议，人民法院应当依法审查。对于事实清楚，证据确实、充分，指控的罪名准确，量刑建议适当的，人民法院应当采纳。

人民法院经审理认为，人民检察院的量刑建议不当的，可以告知人民检察院。人民检察院调整量刑建议的，应当在法庭审理结束前提出。人民法院认为人民检察院调整后的量刑建议适当的，应当予以采纳；人民检察院不调整量刑建议或者调整量刑建议后仍不当的，人民法院应当依法作出判决。

**第二十四条** 有下列情形之一，被告人当庭认罪，愿意接受处罚的，人民法院应当根据审理查明的事实，就定罪和量刑听取控辩双方意见，依法作出裁判：

（一）被告人在侦查、审查起诉阶段认罪认罚，但人民检察院没有提出量刑建议的；

（二）被告人在侦查、审查起诉阶段没有认罪认罚的；

（三）被告人在第一审程序中没有认罪认罚，在第二审程序中认罪认罚的；

（四）被告人在庭审过程中不同意量刑建议的。

**第二十五条** 人民法院应当在刑事裁判文书中说明量刑理由。量刑说理主要包括：

（一）已经查明的量刑事实及其对量刑的影响；

（二）是否采纳公诉人、自诉人、被告人及其辩护人、被害人及其诉讼代理人发表的量刑建议、意见及理由；

（三）人民法院判处刑罚的理由和法律依据。

对于适用速裁程序审理的案件，可以简化量刑说理。

**第二十六条** 开庭审理的二审、再审案件的量刑程序，依照有关法律规定进行。法律没有规定的，参照本意见进行。

对于不开庭审理的二审、再审案件，审判人员在阅卷、讯问被告人、听取自诉人、辩护人、被害人及其诉讼代理人的意见时，应当注意审查量刑事实和证据。

**第二十七条** 对于认罪认罚案件量刑建议的提出、采纳与调整等，适用最高人民法院、最高人民检察院、公安部、国家安全部、司法部《关于适用认罪认罚从宽制度的指导意见》的有关规定。

**第二十八条** 本意见自 2020 年 11 月 6 日起施行。2010 年 9 月 13 日最高人民法院、最高人民检察院、公安部、国家安全部、司法部《印发〈关于规范量刑程序若干问题的意见（试行）〉的通知》（法发〔2010〕35 号）同时废止。

# 最高人民法院 最高人民检察院 公安部 司法部
## 关于进一步加强虚假诉讼犯罪惩治工作的意见

2021年3月4日　　　　　　　　　　　　　　　　　　　法发〔2021〕10号

## 第一章 总 则

**第一条** 为了进一步加强虚假诉讼犯罪惩治工作，维护司法公正和司法权威，保护自然人、法人和非法人组织的合法权益，促进社会诚信建设，根据《中华人民共和国刑法》《中华人民共和国刑事诉讼法》《中华人民共和国民事诉讼法》和《最高人民法院、最高人民检察院关于办理虚假诉讼刑事案件适用法律若干问题的解释》等规定，结合工作实际，制定本意见。

**第二条** 本意见所称虚假诉讼犯罪，是指行为人单独或者与他人恶意串通，采取伪造证据、虚假陈述等手段，捏造民事案件基本事实，虚构民事纠纷，向人民法院提起民事诉讼，妨害司法秩序或者严重侵害他人合法权益，依照法律应当受刑罚处罚的行为。

**第三条** 人民法院、人民检察院、公安机关、司法行政机关应当按照法定职责分工负责、配合协作，加强沟通协调，在履行职责过程中发现可能存在虚假诉讼犯罪的，应当及时相互通报情况，共同防范和惩治虚假诉讼犯罪。

## 第二章 虚假诉讼犯罪的甄别和发现

**第四条** 实施《最高人民法院、最高人民检察院关于办理虚假诉讼刑事案件适用法律若干问题的解释》第一条第一款、第二款规定的捏造事实行为，并有下列情形之一的，应当认定为刑法第三百零七条之一第一款规定的"以捏造的事实提起民事诉讼"：

（一）提出民事起诉的；

（二）向人民法院申请宣告失踪、宣告死亡，申请认定公民无民事行为能力、限制民事行为能力，申请认定财产无主，申请确认调解协议，申请实现担保物权，申请支付令，申请公示催告的；

（三）在民事诉讼过程中增加独立的诉讼请求、提出反诉，有独立请求权的第三人提出与本案有关的诉讼请求的；

（四）在破产案件审理过程中申报债权的；

（五）案外人申请民事再审的；

（六）向人民法院申请执行仲裁裁决、公证债权文书的；

（七）案外人在民事执行过程中对执行标的提出异议，债权人在民事执行过程中申请参与执行财产分配的；

（八）以其他手段捏造民事案件基本事实，虚构民事纠纷，提起民事诉讼的。

第五条　对于下列虚假诉讼犯罪易发的民事案件类型，人民法院、人民检察院在履行职责过程中应当予以重点关注：

（一）民间借贷纠纷案件；

（二）涉及房屋限购、机动车配置指标调控的以物抵债案件；

（三）以离婚诉讼一方当事人为被告的财产纠纷案件；

（四）以已经资不抵债或者已经被作为被执行人的自然人、法人和非法人组织为被告的财产纠纷案件；

（五）以拆迁区划范围内的自然人为当事人的离婚、分家析产、继承、房屋买卖合同纠纷案件；

（六）公司分立、合并和企业破产纠纷案件；

（七）劳动争议案件；

（八）涉及驰名商标认定的案件；

（九）其他需要重点关注的民事案件。

第六条　民事诉讼当事人有下列情形之一的，人民法院、人民检察院在履行职责过程中应当依法严格审查，及时甄别和发现虚假诉讼犯罪：

（一）原告起诉依据的事实、理由不符合常理，存在伪造证据、虚假陈述可能的；

（二）原告诉请司法保护的诉讼标的额与其自身经济状况严重不符的；

（三）在可能影响案外人利益的案件中，当事人之间存在近亲属关系或者关联企业等共同利益关系的；

（四）当事人之间不存在实质性民事权益争议和实质性诉辩对抗的；

（五）一方当事人对于另一方当事人提出的对其不利的事实明确表示承认，且不符合常理的；

（六）认定案件事实的证据不足，但双方当事人主动迅速达成调解协议，请求人民法院制作调解书的；

（七）当事人自愿以价格明显不对等的财产抵付债务的；

（八）民事诉讼过程中存在其他异常情况的。

第七条　民事诉讼代理人、证人、鉴定人等诉讼参与人有下列情形之一的，人民法院、人民检察院在履行职责过程中应当依法严格审查，及时甄别和发现虚假诉讼犯罪：

（一）诉讼代理人违规接受对方当事人或者案外人给付的财物或者其他利益，与对方当事人或者案外人恶意串通，侵害委托人合法权益的；

（二）故意提供虚假证据，指使、引诱他人伪造、变造证据、提供虚假证据或者隐匿、毁灭证据的；

（三）采取其他不正当手段干扰民事诉讼活动正常进行的。

## 第三章 线索移送和案件查处

**第八条** 人民法院、人民检察院、公安机关发现虚假诉讼犯罪的线索来源包括：

（一）民事诉讼当事人、诉讼代理人和其他诉讼参与人、利害关系人、其他自然人、法人和非法人组织的报案、控告、举报和法律监督申请；

（二）被害人有证据证明对被告人通过实施虚假诉讼行为侵犯自己合法权益的行为应当依法追究刑事责任，且有证据证明曾经提出控告，而公安机关或者人民检察院不予追究被告人刑事责任，向人民法院提出的刑事自诉；

（三）人民法院、人民检察院、公安机关、司法行政机关履行职责过程中主动发现；

（四）有关国家机关移送的案件线索；

（五）其他线索来源。

**第九条** 虚假诉讼刑事案件由相关虚假民事诉讼案件的受理法院所在地或者执行法院所在地人民法院管辖。有刑法第三百零七条之一第四款情形的，上级人民法院可以指定下级人民法院将案件移送其他人民法院审判。

前款所称相关虚假民事诉讼案件的受理法院，包括该民事案件的一审、二审和再审法院。

虚假诉讼刑事案件的级别管辖，根据刑事诉讼法的规定确定。

**第十条** 人民法院、人民检察院向公安机关移送涉嫌虚假诉讼犯罪案件，应当附下列材料：

（一）案件移送函，载明移送案件的人民法院或者人民检察院名称、民事案件当事人名称和案由、所处民事诉讼阶段、民事案件办理人及联系电话等。案件移送函应当附移送材料清单和回执，经人民法院或者人民检察院负责人批准后，加盖人民法院或者人民检察院公章；

（二）移送线索的情况说明，载明案件来源、当事人信息、涉嫌虚假诉讼犯罪的事实、法律依据等，并附相关证据材料；

（三）与民事案件有关的诉讼材料，包括起诉书、答辩状、庭审笔录、调查笔录、谈话笔录等。

人民法院、人民检察院应当指定专门职能部门负责涉嫌虚假诉讼犯罪案件的移送。

人民法院将涉嫌虚假诉讼犯罪案件移送公安机关的，同时将有关情况通报同级人民检察院。

**第十一条** 人民法院、人民检察院认定民事诉讼当事人和其他诉讼参与人的行为涉嫌虚假诉讼犯罪，除民事诉讼当事人、其他诉讼参与人或者案外人的陈述、证言外，一般还应有物证、书证或者其他证人证言等证据相印证。

**第十二条** 人民法院、人民检察院将涉嫌虚假诉讼犯罪案件有关材料移送公安机关的，接受案件的公安机关应当出具接受案件的回执或者在案件移送函所附回执上签收。

公安机关收到有关材料后，分别作出以下处理：

（一）认为移送的案件材料不全的，应当在收到有关材料之日起三日内通知移送的人民法院或者人民检察院在三日内补正。不得以材料不全为由不接受移送案件；

（二）认为有犯罪事实，需要追究刑事责任的，应当在收到有关材料之日起三十日内决定是否立案，并通知移送的人民法院或者人民检察院；

（三）认为有犯罪事实，但是不属于自己管辖的，应当立即报经县级以上公安机关负责人批准，在二十四小时内移送有管辖权的机关处理，并告知移送的人民法院或者人民检察院。对于必须采取紧急措施的，应当先采取紧急措施，然后办理手续，移送主管机关；

（四）认为没有犯罪事实，或者犯罪情节显著轻微不需要追究刑事责任的，或者具有其他依法不追究刑事责任情形的，经县级以上公安机关负责人批准，不予立案，并应当说明理由，制作不予立案通知书在三日内送达移送的人民法院或者人民检察院，退回有关材料。

**第十三条** 人民检察院依法对公安机关的刑事立案实行监督。

人民法院对公安机关的不予立案决定有异议的，可以建议人民检察院进行立案监督。

## 第四章 程序衔接

**第十四条** 人民法院向公安机关移送涉嫌虚假诉讼犯罪案件，民事案件必须以相关刑事案件的审理结果为依据的，应当依照民事诉讼法第一百五十条第一款第五项的规定裁定中止诉讼。刑事案件的审理结果不影响民事诉讼程序正常进行的，民事案件应当继续审理。

**第十五条** 刑事案件裁判认定民事诉讼当事人的行为构成虚假诉讼犯罪，相关民事案件尚在审理或者执行过程中的，作出刑事裁判的人民法院应当及时函告审理或者执行该民事案件的人民法院。

人民法院对于与虚假诉讼刑事案件的裁判存在冲突的已经发生法律效力的民事判决、裁定、调解书，应当及时依法启动审判监督程序予以纠正。

**第十六条** 公安机关依法自行立案侦办虚假诉讼刑事案件的，应当在立案后三日内将立案决定书等法律文书和相关材料复印件抄送对相关民事案件正在审理、执行或者作出生效裁判文书的人民法院并说明立案理由，同时通报办理民事案件人民法院的同级人民检察院。对相关民事案件正在审理、执行或者作出生效裁判文书的人民法院应当依法审查，依照相关规定做出处理，并在收到材料之日起三十日内将处理意见书面通报公安机关。

公安机关在办理刑事案件过程中，发现犯罪嫌疑人还涉嫌实施虚假诉讼犯罪的，可以一并处理。需要逮捕犯罪嫌疑人的，由侦查该案件的公安机关提请同级人民检察院审查批准；需要提起公诉的，由侦查该案件的公安机关移送同级人民检察院审查决定。

**第十七条** 有管辖权的公安机关接受民事诉讼当事人、诉讼代理人和其他诉讼参与人、利害关系人、其他自然人、法人和非法人组织的报案、控告、举报或者在履行职责过程中发现存在虚假诉讼犯罪嫌疑的，可以开展调查核实工作。经县级以上公安机关负责人批准，公安机关可以依照有关规定拷贝电子卷或者查阅、复制、摘录人民法院的民事诉讼卷宗，人民法院予以配合。

公安机关在办理刑事案件过程中，发现犯罪嫌疑人还涉嫌实施虚假诉讼犯罪的，适用前款规定。

**第十八条** 人民检察院发现已经发生法律效力的判决、裁定、调解书系民事诉讼当事人通过虚假诉讼获得的，应当依照民事诉讼法第二百零八条第一款、第二款等法律和相关司法解释的规定，向人民法院提出再审检察建议或者抗诉。

**第十九条** 人民法院对人民检察院依照本意见第十八条的规定提出再审检察建议或者抗诉的民事案件，应当依照民事诉讼法等法律和相关司法解释的规定处理。按照审判监督程序决定再审、需要中止执行的，裁定中止原判决、裁定、调解书的执行。

**第二十条** 人民检察院办理民事诉讼监督案件过程中，发现存在虚假诉讼犯罪嫌疑的，可以向民事诉讼当事人或者案外人调查核实有关情况。有关单位和个人无正当理由拒不配合调查核实、妨害民事诉讼的，人民检察院可以建议有关人民法院依照民事诉讼法第一百一十一条第一款第五项等规定处理。

人民检察院针对存在虚假诉讼犯罪嫌疑的民事诉讼监督案件依照有关规定调阅人民法院的民事诉讼卷宗的，人民法院予以配合。通过拷贝电子卷、查阅、复制、摘录等方式能够满足办案需要的，可以不调阅诉讼卷宗。

人民检察院发现民事诉讼监督案件存在虚假诉讼犯罪嫌疑的，可以听取人民法院原承办人的意见。

**第二十一条** 对于存在虚假诉讼犯罪嫌疑的民事案件，人民法院可以依职权调查收集证据。

当事人自认的事实与人民法院、人民检察院依职权调查并经审理查明的事实不符的，人民法院不予确认。

## 第五章 责任追究

**第二十二条** 对于故意制造、参与虚假诉讼犯罪活动的民事诉讼当事人和其他诉讼参与人，人民法院应当加大罚款、拘留等对妨害民事诉讼的强制措施的适用力度。

民事诉讼当事人、其他诉讼参与人实施虚假诉讼，人民法院向公安机关移送案件有关材料前，可以依照民事诉讼法的规定先行予以罚款、拘留。

对虚假诉讼刑事案件被告人判处罚金、有期徒刑或者拘役的，人民法院已经依照民事诉讼法的规定给予的罚款、拘留，应当依法折抵相应罚金或者刑期。

**第二十三条** 人民检察院可以建议人民法院依照民事诉讼法的规定，对故意制造、参与虚假诉讼的民事诉讼当事人和其他诉讼参与人采取罚款、拘留等强制措施。

**第二十四条** 司法工作人员利用职权参与虚假诉讼的，应当依照法律法规从严处理；构成犯罪的，依法从严追究刑事责任。

**第二十五条** 司法行政机关、相关行业协会应当加强对律师、基层法律服务工作者、司法鉴定人、公证员、仲裁员的教育和管理，发现上述人员利用职务之便参与虚假诉讼的，应当依照规定进行行政处罚或者行业惩戒；构成犯罪的，依法移送司法机关处理。

律师、基层法律服务工作者、司法鉴定人、公证员、仲裁员利用职务之便参与虚假诉讼的,依照有关规定从严追究法律责任。

人民法院、人民检察院、公安机关在办理案件过程中,发现律师、基层法律服务工作者、司法鉴定人、公证员、仲裁员利用职务之便参与虚假诉讼,尚未构成犯罪的,可以向司法行政机关、相关行业协会或者上述人员所在单位发出书面建议。司法行政机关、相关行业协会或者上述人员所在单位应当在收到书面建议之日起三个月内作出处理决定,并书面回复作出书面建议的人民法院、人民检察院或者公安机关。

## 第六章 协作机制

第二十六条 人民法院、人民检察院、公安机关、司法行政机关探索建立民事判决、裁定、调解书等裁判文书信息共享机制和信息互通数据平台,综合运用信息化手段发掘虚假诉讼违法犯罪线索,逐步实现虚假诉讼违法犯罪案件信息、数据共享。

第二十七条 人民法院、人民检察院、公安机关、司法行政机关落实"谁执法谁普法"的普法责任制要求,通过定期开展法治宣传、向社会公开发布虚假诉讼典型案例、开展警示教育等形式,增强全社会对虚假诉讼违法犯罪的防范意识,震慑虚假诉讼违法犯罪。

## 第七章 附 则

第二十八条 各省、自治区、直辖市高级人民法院、人民检察院、公安机关、司法行政机关可以根据本地区实际情况,制定实施细则。

第二十九条 本意见自 2021 年 3 月 10 日起施行。

# 《最高人民法院、最高人民检察院、公安部、司法部关于进一步加强虚假诉讼犯罪惩治工作的意见》的理解与适用

滕 伟 叶邵生 丁成飞 李加玺[*]

为进一步加强虚假诉讼犯罪惩治工作,保护自然人、法人和非法人组织的合法权益,促进社会诚信建设,维护司法公正和司法权威,最高人民法院、最高人民检察院、公安部、司法部2021年3月4日印发《关于进一步加强虚假诉讼犯罪惩治工作的意见》(以下简称《意见》),自3月10日起施行。《意见》分为总则、虚假诉讼犯罪的甄别和发现、线索移送和案件查处、程序衔接、责任追究、协作机制、附则等七章、共29条,对实体和程序多个方面的内容作出了规定。为便于实践中正确理解和适用,现就《意见》涉及的有关问题作简要说明。

## 一、《意见》的制定背景和指导思想

虚假诉讼行为侵害民事主体合法权益,严重扰乱诉讼秩序,损害司法权威,人民群众反映强烈,迫切需要采取措施予以解决。党的十八届四中全会通过的《中共中央关于全面推进依法治国若干重大问题的决定》提出,加大对虚假诉讼、恶意诉讼、无理缠诉行为的惩治力度。2015年11月施行的刑法修正案(九)增设虚假诉讼罪,将以捏造的事实提起民事诉讼、妨害司法秩序或者严重侵害他人合法权益的行为纳入刑事处罚范围,为采用刑事手段打击虚假诉讼提供了法律依据。

最高人民法院坚决贯彻落实党中央决策部署,高度重视对虚假诉讼违法犯罪的惩治工作,先后制定出台了多个刑事和民事司法解释及规范性文件。其中,2018年9月最高人民法院与最高人民检察院联合公布《关于办理虚假诉讼刑事案件适用法律若干问题的解释》(以下简称《虚假诉讼犯罪司法解释》),对刑法规定的虚假诉讼罪的行为特征、定罪量刑标准、刑事政策把握等作了规定。但是,实践中仍然存在对虚假诉讼犯罪甄别发现不及时、司法机关查办虚假诉讼刑事案件沟通协作机制不健全、相关刑事诉讼和民事诉讼程序衔接不畅等问题,影响对虚假诉讼犯罪的惩治效果。为进一步贯彻落实党中央决策部署,最高人民法院与最高人民检察院、公安部、司法部共同开展调研,广泛征求各方面意见,形成了《意见》,对进一步加强虚假诉讼犯罪惩治工作、建立健全配合协

---

[*] 作者单位:最高人民法院。

作和程序衔接机制作了具体规定。

《意见》制定过程中，主要坚持以下指导思想和总体原则。

第一，坚持以习近平法治思想为指导。《意见》始终贯彻落实习近平法治思想中坚持以人民为中心、公正司法等重要内容，深刻领会习近平总书记关于推进全面依法治国的根本目的是依法保障人民权益的重要论述，着力解决人民群众反映强烈的突出问题，回应人民群众的新要求、新期待，依法保障人民安居乐业；严格贯彻落实《中共中央关于全面推进依法治国若干重大问题的决定》要求，依法从严打击通过虚假诉讼违法犯罪妨害司法秩序和严重侵害他人合法权益的行为，畅通司法机关依法惩治虚假诉讼犯罪的配合协作和程序衔接机制，保护自然人、法人和非法人组织的合法权益。同时，依法保障人民群众通过提起民事诉讼保护自身合法权益的正当权利，确保《意见》的相关规定内容有利于人民群众依法行使诉权。

第二，坚持依法制定。《意见》属于对司法机关依法行使公权力行为的具体性规定，总体上应当坚持"法无规定不可为"的原则，相关规定内容应有相对明确的法律和规范依据，不与其他法律、司法解释相冲突和不协调。在实体方面，《意见》主要以刑法和《虚假诉讼犯罪司法解释》的有关规定为基础，坚持罪刑法定原则，对虚假诉讼犯罪的行为方式、刑事责任追究原则等作了进一步明确规定；在程序方面，《意见》以民事诉讼法和相关司法解释以及《公安机关办理刑事案件程序规定》《人民检察院刑事诉讼规则》等规定为依据，结合实际情况作出细化、可操作性规定，以适应实践需要。

第三，坚持问题导向。虚假诉讼现象与社会诚信建设密切相关，欲有效解决需要各方面共同努力，综合施策。实践中，影响虚假诉讼违法犯罪惩治效果的主要因素，是司法机关内部对虚假诉讼犯罪的成立条件认识不一，导致此类案件立案难、打击效果不佳；虚假诉讼刑事案件与民事案件的程序衔接不畅，致使已被认定存在虚假诉讼犯罪的民事案件再审纠正存在困难。《意见》不求面面俱到，仅着眼于解决实践中存在的突出问题，对虚假诉讼犯罪线索移送和案件查处、相关刑事诉讼与民事诉讼的程序衔接等问题作了重点规定，为司法实践提供有效指导。另外，针对人民群众反映强烈的司法工作人员、诉讼参与人利用职权或者职务之便参与虚假诉讼的问题，《意见》还规定，对于参与虚假诉讼的司法工作人员以及律师、基层法律服务工作者、司法鉴定人、公证员、仲裁员，应当依法从严追究法律责任，表明司法机关坚持刀刃向内、从严惩处上述人员实施虚假诉讼的决心。

## 二、虚假诉讼犯罪的具体认定

刑事法律和民事法律中均有虚假诉讼的概念，但二者存在明显区别。刑事法律中关于虚假诉讼罪的规定，原则上限于"无中生有"型捏造事实行为，且仅将具有严重社会危害性的行为纳入刑罚打击范围，其外延小于民事法律上的虚假诉讼。为突出打击重点，《意见》将规制对象限定为虚假诉讼犯罪，具体包括行为构成虚假诉讼罪，以及行为符合虚假诉讼罪的构成要件、但基于数罪竞合处罚原则最终被以其他罪名定罪处罚等两种情形。《意见》第二条采用下定义的方式，对虚假诉讼犯罪的内涵作了界定，规定主要内容与《虚假诉讼犯罪司法解释》第一条基本相同。对于实践中存在争议、《虚假诉讼犯罪司法解释》未作明确规定的虚假诉讼罪中"民事诉讼"的范围，《意见》第四条进一步作了列举式规定。实践中应当注意以下几点。

第一，关于认定虚假诉讼罪中"民事诉讼"的总体标准。根据刑法规定的虚假诉讼罪的行为方式，虚假诉讼罪的惩治对象原则上是不具有合法诉权的行为人采用欺骗手段提起民事诉讼，致使虚假民事案件进入人民法院诉讼程序的行为，同时，还应考虑部分民事主体通过在民事诉讼过程中提出新的诉讼请求、通过人民法院的民事执行行为实现其实体权利等情形。据此，虚假诉讼罪中的"民事诉讼"大体可分为以下几种情形：（1）案件首次进入民事诉讼程序的起诉行为，包括第一审普通民事程序和简易程序的起诉行为，以及民事诉讼法规定的特别程序和督促程序、公示催告程序的申请行为。（2）当事人在民事诉讼过程中提出新的独立的诉讼请求，包括原告增加独立的诉讼请求、被告提出反诉和有独立请求权的第三人提出与本案有关的诉讼请求。上述三种情形实质上属于诉的合并，与民事原告提出民事起诉并无实质性区别。（3）特殊程序中申请人民法院保护其实体权利的行为，包括在破产案件审理过程申报债权，民事判决、裁定、调解书生效后案外人申请再审等。（4）民事执行过程中申请人民法院实现其超出原诉范围的实体权利的行为，主要包括申请执行仲裁裁决和公证债权文书，以及案外人对执行标的提出异议、债权人申请参与执行财产分配等情形。

第二，民事二审程序不属于虚假诉讼罪中的"民事诉讼"。根据《最高人民法院关于适用〈中华人民共和国民事诉讼法〉的解释》第三百二十三条的规定，我国的民事二审程序采用续审制原则，除特殊情况外，二审审理范围原则上不超出一审之诉和当事人上诉请求的范围。据此，民事诉讼当事人在一审宣判后以捏造的事实提出上诉的，因其上诉请求不超出一审之诉的范围，不符合"无中生有"捏造事实的行为特征。因此，民事诉讼当事人在一审宣判后提出上诉、启动民事二审程序的，不宜认定为虚假诉讼罪中的"提起民事诉讼"。

第三，刑事附带民事诉讼是否属于虚假诉讼罪中的"民事诉讼"，应当区分不同情况分别认定。首先，在刑事公诉案件中，行为人提起附带民事诉讼的案由与检察机关提起公诉的犯罪行为属于同一法律事实，附带民事诉讼是基于刑事诉讼衍生出的民事诉讼活动，刑事诉讼的真实性决定了附带民事诉讼的真实性。根据刑事诉讼法的规定，人民检察院向人民法院提起公诉的条件是犯罪事实已经查清，证据确实、充分，依法应当追究刑事责任。在此情况下，被害人及其法定代理人、近亲属以公诉机关提起公诉的事实为案由提起附带民事诉讼，具有一定的事实依据，不能认定为"无中生有"捏造事实，不符合虚假诉讼罪的构成要件。即使公诉机关起诉指控的事实后经人民法院裁判认定不能成立、被告人的行为不构成犯罪，但基于被害人一方对公安、检察机关的信赖心理，亦不能认定其行为属于"无中生有"捏造事实。因此，在刑事公诉案件中提起附带民事诉讼的，不能认定为虚假诉讼罪中的"提起民事诉讼"。其次，刑事自诉案件不以公安机关侦查和检察机关审查起诉为前置程序，自诉人自行承担证明被告人有罪的举证责任，存在自诉人"无中生有"捏造事实的可能性，故刑事自诉人的行为可能构成虚假诉讼罪。

刑事自诉人以捏造的事实提起附带民事诉讼的，可以认定为《意见》第四条第八项规定的"以其他手段捏造民事案件基本事实，虚构民事纠纷，提起民事诉讼的"情形。

### 三、虚假诉讼犯罪线索的发现和移送

为解决现阶段实践中存在的虚假诉讼犯罪线索移送渠道不够顺畅的问题，《意见》第三章对人民法院、人民检察院向公安机关移送犯罪线索应当提供的材料、公安机关收到移送的线索材料后审查立案的具体处理方式等作了具体规定。同时，为充分发挥检察机关对公安机关立案活动的法律监督功能，确保虚假诉讼犯罪得到依法惩治，《意见》还规定，人民检察院依法对公安机关的刑事立案实行监督；人民法院对公安机关的不予立案决定有异议的，可以建议人民检察院进行立案监督。实践中具体适用需要注意以下两点：

第一，关于人民法院、人民检察院移送虚假诉讼犯罪线索的条件。人民法院、人民检察院在履行职责过程中，符合什么样的条件可以认定存在虚假诉讼犯罪嫌疑，进而需要将犯罪线索移送公安机关，值得认真研究。研究认为，刑法的"二次规范"性质决定了认定虚假诉讼犯罪需以行为同时违反民事法律为前提，也就是说，刑法上的虚假诉讼犯罪行为首先应当是民事法律上的违法行为。根据刑法和《虚假诉讼犯罪司法解释》的规定，虚假诉讼犯罪大体可以分为"单方欺诈型"和"双方串通型"两种，其中的"单方欺诈型"虚假诉讼属于民事法律上的欺诈行为，而"双方串通型"虚假诉讼属于民事法律上的恶意串通行为。因此，人民法院、人民检察院在依法认定民事诉讼当事人存在欺诈或者恶意串通行为的前提下，才可以认定其存在虚假诉讼犯罪嫌疑，进而需要将犯罪线索移送公安机关。根据《最高人民法院关于适用〈中华人民共和国民事诉讼法〉的解释》第一百零九条的规定，人民法院确信当事人欺诈、恶意串通事实存在的可能性能够排除合理怀疑的，才能认定该事实存在，该证明标准明显高于一般民事诉讼案件采用的高度盖然性标准。根据上述证明标准，人民法院、人民检察院要认定存在虚假诉讼犯罪嫌疑，不能仅凭民事诉讼当事人、其他诉讼参与人或者案外人陈述、证言等单方言辞证据，一般情况下还应有其他证据相互印证，才可以认定为达到了排除合理怀疑的证明标准。《意见》第十一条明确，人民法院、人民检察院认定民事诉讼当事人和其他诉讼参与人的行为涉嫌虚假诉讼犯罪，除民事诉讼当事人、其他诉讼参与人或者案外人的陈述、证言外，一般还应有物证、书证或者其他证人证言等证据相印证。作出上述规定，可以防止极少数民事诉讼参与人通过恶意进行刑事控告、举报干扰民事诉讼程序、意图逃避承担民事败诉结果，有利于保障民事诉讼程序的正常进行。

第二，虚假诉讼犯罪是否可以提起刑事自诉。《意见》第八条规定了司法机关发现虚假诉讼犯罪线索的四种具体来源，并设置了兜底条款，其中第二项规定，被害人在一定条件下可以对他人实施的虚假诉讼行为向人民法院提出刑事自诉。研究过程中，有意见提出，在《意见》中明确规定对虚假诉讼犯罪可以提起刑事自诉，可能导致刑事自诉程序被人恶意利用，干扰民事诉讼程序的正常进行，建议不作规定。研究认为，首先，根据刑事诉讼法第二百一十条的规定，自诉案件包括下列案件：（1）告诉才处理的案件；（2）被害人有证据证明的轻微刑事案件；（3）被害人有证据证明对被告人侵犯自己人身、

财产权利的行为应当依法追究刑事责任，而公安机关或者人民检察院不予追究被告人刑事责任的案件。理论上一般将上述三类自诉案件分别概括为告诉才处理的案件、有证据证明的轻微刑事案件和公诉转自诉案件。《最高人民法院关于适用〈中华人民共和国刑事诉讼法〉的解释》第一条进一步明确，公诉转自诉案件是指被害人有证据证明对被告人侵犯自己人身、财产权利的行为应当依法追究刑事责任，且有证据证明曾经提出控告，而公安机关或者人民检察院不予追究被告人刑事责任的案件。根据刑法规定，虚假诉讼罪侵犯的客体是司法秩序和他人合法权益。在被害人因为他人虚假诉讼行为导致自身人身、财产权利受到侵害而提出控告，但公安机关或者人民检察院不予追究对方刑事责任的情况下，允许被害人向人民法院提出刑事自诉，符合刑事诉讼法规定的公诉转自诉案件的条件。其次，刑事诉权是诉权的重要组成部分，民事诉讼原、被告双方的诉权均应得到平等保护，不能仅以保障民事诉讼程序顺利进行、确保原告的民事诉权得以实现为由，剥夺被告享有的依法提起刑事自诉、通过刑事诉讼手段维护自身合法权益的权利。在《意见》中明确规定虚假诉讼犯罪被害人在提出控告后、公安机关或者人民检察院不予追究被告人刑事责任的情况下享有提起刑事自诉的权利，具有法律依据和现实意义。

## 四、虚假诉讼案件中的程序衔接

虚假诉讼案件处理过程中刑事诉讼与民事诉讼程序的衔接，涉及刑民交叉问题，实践中存在较多争议，也是《意见》力图解决的重点问题。《意见》第四章对与虚假诉讼有关的程序衔接问题作了原则性规定，包括以下几个方面内容。

第一，虚假诉讼案件处理过程中的信息沟通。实践中，虚假诉讼刑事案件和相关联的民事案件可能由不同地区的司法机关办理，建立信息沟通工作机制，确保有关人民法院及时得到关联案件的处理信息，是实现刑事诉讼和民事诉讼程序有效衔接的前提。《意见》主要从两个方面对信息沟通作了规定。首先，对虚假诉讼犯罪作出刑事裁判的人民法院应当及时函告审理或者执行相关民事案件的人民法院，以便该审理或者执行法院及时确定民事诉讼当事人是否存在虚假诉讼行为，进而作出正确民事裁判。其次，公安机关根据自然人、法人和非法人组织的报案、控告、举报或者在办理其他刑事案件过程中，发现有虚假诉讼犯罪事实或者犯罪嫌疑人，依法自行立案侦办的，应当在立案后三日内将立案决定书等法律文书和相关材料复印件抄送对相关民事案件正在审理、执行或者已经作出生效裁判文书的人民法院，同时通报办理民事案件人民法院的同级人民检察院。该人民法院应当依法审查，并在三十日内将处理意见书面通报公安机关。同级人民检察院应当及时开展法律监督，根据审查情况依法提出再审检察建议或者提出抗诉。

第二，涉虚假诉讼犯罪民事案件的处理方式。虚假诉讼犯罪人意图通过民事诉讼途径实现其非法目的，本质上不具有诉权，因此，对于行为构成虚假诉讼犯罪的民事诉讼原告，应当依法驳回其请求，对于已经发生法律效力的民事判决、裁定、调解书，应当通过审判监督程序予以纠正。具体来讲：（1）对于人民法院正在审理、尚未作出生效裁判的民事案件，审理该民事案件的人民法院经审理发现涉嫌虚假诉讼犯罪的，应当将犯罪线索移送公安机关，并依法驳回其请求。（2）人民法院在审理过程中尚未发现虚假诉讼犯罪线索，公安机关将证明存在虚假诉讼犯罪嫌疑的法律文书和相关材料复印件抄送给审理该民事案件的人民法院的，人民法院应当依法进行审查，经审理认为民事诉讼原告确实实施了虚假诉讼行为的，应当依法驳回其请求；认为尚未达到认定虚假诉讼的证明标准、该民事案件必须以相关刑事案件的审理结果为依据的，应当依照民事诉讼法第一百五十条第一款第五项的规定裁定中止诉讼，根据相关刑事案件的审理结果再决定对该民事案件应当如何处理。(3) 对于已经作出生效判决的民事案件，人民法院发现该民事案件的裁判结果与相关刑事案件的裁判结果存在冲突的，应当及时依法启动审判监督程序予以纠正。人民检察院发现民事案件的裁判文书系民事诉讼当事人通过虚假诉讼手段获得的，应当依法提出再审检察建议或者提出抗诉，相关人民法院应当依法审查处理，符合法定再审条件的，应当按照审判监督程序决定再审。

第三，公安机关、人民检察院查阅、调阅人民法院民事诉讼卷宗问题。虚假诉讼犯罪是发生在民事诉讼过程中的犯罪行为，行为人提交的虚假证据材料、开庭审理过程中所作虚假陈述的书面记录等，均保存在人民法院的民事诉讼卷宗中。公安机关依法侦办虚假诉讼犯罪案件，检察机关针对存在虚假诉讼犯罪嫌疑的民事案件开展法律监督和调查核实，人民法院的民事诉讼卷宗都是最重要的证据材料。根据刑事诉讼法的规定，可以用于证明案件事实的材料，都是证据。公安机关侦查虚假诉讼犯罪案件，可以依法查阅、复制、摘录人民法院的民事诉讼卷宗，收集、调取证实行为人实施虚假诉讼犯罪或者无罪、罪轻或者罪重的证据材料。对于检察机关是否有权调阅人民法院的民事诉讼卷宗，实践中存在一定争议。最高人民法院办公厅、最高人民检察院办公厅于2010年联合公布的《关于调阅诉讼卷宗有关问题的通知》（以下简称《调阅诉讼卷宗通知》）明确，人民检察院在办理法官涉嫌犯罪案件、抗诉案件、申诉案件过程中，可以调阅人民法院的诉讼卷宗。在此之后，部分省、区、市人民法院和检察机关相继联合出台地方性规范文件，对检察机关调阅人民法院诉讼卷宗的范围、程序等作出进一步细化规定。为确保公安机关依法行使侦查权、检察机关依法履行法律监督职责，《意见》根据刑事诉讼的规定和《调阅诉讼卷宗通知》的规定精神，明确在虚假诉讼犯罪案件办理过程中，公安机关、检察机关有权查阅、复制、摘录人民法院的民事诉讼卷宗。《意见》第十七条和第二十条分别规定，公安机关在侦办虚假诉讼犯罪案件过程中，可以依照有关规定拷贝电子卷宗或者查阅、复制、摘录人民法院的民事诉讼卷宗；人民检察院针对存在虚假诉讼犯罪嫌疑的民事诉讼监督案件，可以依照有关规定调阅人民法院的民事诉讼卷宗，通过拷贝电子卷、查阅、复制、摘录等方式能够满足办案需要的，可以不调阅诉讼卷宗。对于公安机关、人民检察院开展的上述工作，人民法院予以配合。

### 五、对虚假诉讼行为人的责任追究

虚假诉讼犯罪行为同时违反刑事法律和民事法律，需要综合采用刑罚、司法强制措施等多种手段进行惩治才能取得良好效果。另外，实践中极少数司法工作人员及律师、基层法律服务工作者、司法鉴定人、公证员、仲裁员利用职权或者职务之便参与虚假诉讼，人民群众反映强烈，要求从严处理。《意见》针对上述问题设专章作了规定，内容主要包括两个方面：(1) 正确适用司法强制措施。《意见》对人民法院针对实施虚假诉讼的民事诉讼当事人、其他诉讼参与人如何及时、正确采取罚款、拘留等司法强制措施作出规定，引导人民法院进一步提高认识，明确方法与措施，在相关诉讼过程中及时有效惩治虚假诉讼违法犯罪行为。(2) 规定了对参与虚假诉讼的司法工作人员和律师、基层法律服务工作者、司法鉴定人、公证员、仲裁员追究法律责任的总体原则。《意见》明确，对于司法工作人员利用职权参与虚假诉讼的，依照法律法规从严处理，构成犯罪的，依法从严追究刑事责任；对于律师、基层法律服务工作者、司法鉴定人、公证员、鉴定员利用职务之便参与虚假诉讼的，依照有关规定从严追究刑事、行政等法律责任。实践中，应当根据《意见》的规定精神，依照刑法、民事诉讼法等法律和相关司法解释的有关规定，依法正确认定虚假诉讼行为人的法律责任。具体适用过程中，需要注意以下三个方面问题。

第一，人民法院在移送犯罪线索前是否可以先行采取司法强制措施。对于将发现的虚假诉讼犯罪线索移送公安机关之前，人民法院是否可以根据民事诉讼法的规定对实施虚假诉讼行为的民事诉讼当事人、其他诉讼参与人先行采取罚款、拘留等司法强制措施，实践中存在一定争议。研究认为，虚假诉讼犯罪的成立以行为违反民事法律为前提，人民法院对于在审理民事案件过程中发现的涉嫌虚假诉讼犯罪行为采取罚款、拘留等司法强制措施，符合民事诉讼法的规定。具体案件处理过程中，人民法院经审理发现民事诉讼当事人、其他诉讼参与人实施虚假诉讼、涉嫌构成犯罪的，在将相关犯罪线索移送公安机关之前，应当及时采取罚款、拘留等强制措施，确保及时落实虚假诉讼行为人的法律责任，充分体现民事诉讼法规定的司法强制措施对其他潜在虚假诉讼行为人的一般预防作用。《意见》第二十二条第一款和第二款规定，对于故意制造、参与虚假诉讼犯罪活动的民事诉讼当事人和其他诉讼参与人，人民法院应当加大罚款、拘留等对妨害民事诉讼的强制措施的适用力度；民事诉讼当事人、其他诉讼参与人实施虚假诉讼，人民法院向公安机关移送案件有关材料前，可以依照民事诉讼法的规定先行予以罚款、拘留。

第二，关于罚款、拘留等司法强制措施是否可以折抵刑罚。刑法和民事诉讼法对虚假诉讼行为分别规定了刑事处罚措施和司法强制措施，某一行为被认定构成虚假诉讼犯罪后，人民法院先行采取的罚款、拘留等司法强制措施是否可以折抵刑罚，实践中存在不同认识。研究认为，此处涉及刑法规定的刑事责任和民事诉讼法规定的司法责任的竞合问题。根据通行理论，对于同一不法行为在不同法律领域间的责任竞合，应当区分不同情况，考虑禁止重复评价等法律原则进行处理，正确解决不同部门法规定的法律责任的竞合问题，要点在于区分不法者承担的公法上的责任和私法上的责任。公法上的责任属于国家权力机关对不法者的否定评价和施加的不利后果，主要体现惩罚功能，而私法上的责任属于平等民事主体之间基于法律规定产生的法律关系，除特定情形外，主要实现补偿功能。由于功能上存在明显差异，对于同一不法行为所负公法上的责任和私法上的责任，一般情况下应当坚持并科原则。因此，在行为人因实施虚假诉讼行为造成他人经济损失的情况下，人民法院依据民事实体法的规定判决行为人承担民事赔偿责任的，并不影响依据民事诉讼法的规定对其予以司法强制措施，或者依据刑法的规定对其判处刑罚。但是，根据禁止重复评价和禁止双重危险的法律原则，一般情况下不应对同一不法行为处以两种或者两种以上公法上的责任。当不法者已经承担一种公法上的责任时，如果其仍需承担另一种公法上的责任，则应按照一定标准予以折抵。具体到虚假诉讼犯罪案件中，人民法院依据民事诉讼法的规定对虚假诉讼行为人适用的罚款、拘留等司法强制措施，体现了司法机关对不法者的否定评价和惩罚功能，属于公法上的责任。在行为人已经因实施虚假诉讼行为被给予罚款、拘留等司法强制措施的情况下，如果其行为又被认定为犯罪，人民法院在对其判处刑罚时，司法强制措施应当依法折抵相应刑罚。《意见》第二十二条第三款规定，对虚假诉讼刑事案件被告人判处罚金、有期徒刑或者拘役的，人民法院已经依照民事诉讼法的规定给予的罚款、拘留，应当依法折抵相应刑罚，其中罚款应当折抵相应罚金，拘留应当折抵有期徒刑或者拘役的相应刑期。

第三，司法工作人员、律师等特殊身份人员参与虚假诉讼的处罚原则。刑法第三百零七条之一第四款规定，司法工作人员利用职权，与他人共同实施虚假诉讼行为的，从重处罚；同时构成其他犯罪的，依照处罚较重的规定定罪，并从重处罚。《虚假诉讼犯罪司法解释》第五条作了进一步明确规定，体现了对司法工作人员利用职权参与虚假诉讼依法从严追究刑事责任的总体原则。另外，律师、基层法律服务工作者、证人、鉴定人等诉讼参与人利用职务、身份的便利参与虚假诉讼的，比民事诉讼当事人单独实施虚假诉讼的隐蔽性更强，社会危害性更大，亦应从严追究刑事责任，量刑时应当从重处罚。律师、基层法律服务工作者、证人、鉴定人等实施的虚假诉讼行为同时构成其他犯罪的，属于刑法理论上的牵连犯，应当按照择一重罪处罚或者择一重罪从重处罚的原则处断，一般不实行数罪并罚。《虚假诉讼犯罪司法解释》第六条规定，诉讼代理人、证人、鉴定人等诉讼参与人与他人通谋，代理提起虚假民事诉讼、故意作虚假证言或者出具虚假鉴定意见，共同实施虚假诉讼行为，同时构成妨害作证罪，帮助毁灭、伪造证据罪等犯罪的，依照处罚较重的规定定罪从重处罚。《意见》第二十五条进一步规定，律师、基层法律服务工作者、司法鉴定人、公证员、仲裁员利用职务之便参与虚假诉讼的，依照有关规定从严追究法律责任。上述规定充分表明了司法机关依法从严惩治具有特定职务和身份人员参与虚假诉讼的鲜明态度，有利于实现预防虚假诉讼违法犯罪的积极效果。

# 最高人民法院 最高人民检察院 公安部 司法部印发《关于加强减刑、假释案件实质化审理的意见》的通知

2021 年 12 月 1 日　　　　　　　　　　　　　　法发〔2021〕31 号

各省、自治区、直辖市高级人民法院、人民检察院、公安厅（局）、司法厅（局），解放军军事法院、军事检察院，新疆维吾尔自治区高级人民法院生产建设兵团分院、新疆生产建设兵团人民检察院、公安局、司法局、监狱管理局：

为严格规范减刑、假释工作，进一步加强减刑、假释案件实质化审理，确保案件审理公平、公正，最高人民法院、最高人民检察院、公安部、司法部共同制定了《关于加强减刑、假释案件实质化审理的意见》。现印发给你们，请认真贯彻执行。

## 关于加强减刑、假释案件实质化审理的意见

减刑、假释制度是我国刑罚执行制度的重要组成部分。依照我国法律规定，减刑、假释案件由刑罚执行机关提出建议书，报请人民法院审理裁定，人民检察院依法进行监督。为严格规范减刑、假释工作，确保案件审理公平、公正，现就加强减刑、假释案件实质化审理提出如下意见。

### 一、准确把握减刑、假释案件实质化审理的基本要求

1. 坚持全面依法审查。审理减刑、假释案件应当全面审查刑罚执行机关报送的材料，既要注重审查罪犯交付执行后的一贯表现，同时也要注重审查罪犯犯罪的性质、具体情节、社会危害程度、原判刑罚及生效裁判中财产性判项的履行情况等，依法作出公平、公正的裁定，切实防止将考核分数作为减刑、假释的唯一依据。

2. 坚持主客观改造表现并重。审理减刑、假释案件既要注重审查罪犯劳动改造、监管改造等客观方面的表现，也要注重审查罪犯思想改造等主观方面的表现，综合判断罪犯是否确有悔改表现。

3. 坚持严格审查证据材料。审理减刑、假释案件应当充分发挥审判职能作用，坚持以审判为中心，严格审查各项证据材料。认定罪犯是否符合减刑、假释法定条件，应当有相应证据予以证明；对于没有证据证实或者证据不确实、不充分的，不得裁定减刑、

假释。

4. 坚持区别对待。审理减刑、假释案件应当切实贯彻宽严相济刑事政策，具体案件具体分析，区分不同情形，依法作出裁定，最大限度地发挥刑罚的功能，实现刑罚的目的。

**二、严格审查减刑、假释案件的实体条件**

5. 严格审查罪犯服刑期间改造表现的考核材料。对于罪犯的计分考核材料，应当认真审查考核分数的来源及其合理性等，如果存在考核分数与考核期不对应、加扣分与奖惩不对应、奖惩缺少相应事实和依据等情况，应当要求刑罚执行机关在规定期限内作出说明或者补充。对于在规定期限内不能作出合理解释的考核材料，不作为认定罪犯确有悔改表现的依据。

对于罪犯的认罪悔罪书、自我鉴定等自书材料，要结合罪犯的文化程度认真进行审查，对于无特殊原因非本人书写或者自书材料内容虚假的，不认定罪犯确有悔改表现。

对于罪犯存在违反监规纪律行为的，应当根据行为性质、情节等具体情况，综合分析判断罪犯的改造表现。罪犯服刑期间因违反监规纪律被处以警告、记过或者禁闭处罚的，可以根据案件具体情况，认定罪犯是否确有悔改表现。

6. 严格审查罪犯立功、重大立功的证据材料，准确把握认定条件。对于检举、揭发监狱内外犯罪活动，或者提供重要破案线索的，应当注重审查线索的来源。对于揭发线索来源存疑的，应当进一步核查，如果查明线索系通过贿买、暴力、威胁或者违反监规等非法手段获取的，不认定罪犯具有立功或者重大立功表现。

对于技术革新、发明创造，应当注重审查罪犯是否具备该技术革新、发明创造的专业能力和条件，对于罪犯明显不具备相应专业能力及条件、不能说明技术革新或者发明创造原理及过程的，不认定罪犯具有立功或者重大立功表现。

对于阻止他人实施犯罪活动，协助司法机关抓捕其他犯罪嫌疑人，在日常生产、生活中舍己救人，在抗御自然灾害或者排除重大事故中有积极或者突出表现的，除应当审查有关部门出具的证明材料外，还应当注重审查能够证明上述行为的其他证据材料，对于罪犯明显不具备实施上述行为能力和条件的，不认定罪犯具有立功或者重大立功表现。

严格把握"较大贡献"或者"重大贡献"的认定条件。该"较大贡献"或者"重大贡献"，是指对国家、社会具有积极影响，而非仅对个别人员、单位有贡献和帮助。对于罪犯在警示教育活动中现身说法的，不认定罪犯具有立功或者重大立功表现。

7. 严格审查罪犯履行财产性判项的能力。罪犯未履行或者未全部履行财产性判项，具有下列情形之一的，不认定罪犯确有悔改表现：

（1）拒不交代赃款、赃物去向；
（2）隐瞒、藏匿、转移财产；
（3）有可供履行的财产拒不履行。

对于前款罪犯，无特殊原因狱内消费明显超出规定额度标准的，一般不认定罪犯确有悔改表现。

8. 严格审查反映罪犯是否有再犯罪危险的材料。对于报请假释的罪犯，应当认真审查刑罚执行机关提供的反映罪犯服刑期间现实表现和生理、心理状况的材料，并认真审查司法行政机关或者有关社会组织出具的罪犯假释后对所居住社区影响的材料，同时结合罪犯犯罪的性质、具体情节、社会危害程度、原判刑罚及生效裁判中财产性判项的履行情况等，综合判断罪犯假释后是否具有再犯罪危险性。

9. 严格审查罪犯身份信息、患有严重疾病或者身体有残疾的证据材料。对于上述证据材料有疑问的，可以委托有关单位重新调查、诊断、鉴定。对原判适用《中华人民共和国刑事诉讼法》第一百六十条第二款规定判处刑罚的罪犯，在刑罚执行期间不真心悔罪，仍不讲真实姓名、住址，且无法调查核实清楚的，除具有重大立功表现等特殊情形外，一律不予减刑、假释。

10. 严格把握罪犯减刑后的实际服刑刑期。正确理解法律和司法解释规定的最低服刑期限，严格控制减刑起始时间、间隔时间及减刑幅度，并根据罪犯前期减刑情况和效果，对其后续减刑予以总体掌握。死刑缓期执行、无期徒刑罪犯减为有期徒刑后再减刑时，在减刑间隔时间及减刑幅度上，应当从严把握。

### 三、切实强化减刑、假释案件办理程序机制

11. 充分发挥庭审功能。人民法院开庭审理减刑、假释案件，应当围绕罪犯实际服刑表现、财产性判项执行履行情况等，认真进行法庭调查。人民检察院应当派员出庭履行职务，并充分发表意见。人民法院对于有疑问的证据材料，要重点进行核查，必要时可以要求有关机关或者罪犯本人作出说明，有效发挥庭审在查明事实、公正裁判中的作用。

12. 健全证人出庭作证制度。人民法院审理减刑、假释案件，应当通知罪犯的管教干警、同监室罪犯、公示期间提出异议的人员以及其他了解情况的人员出庭作证。开庭审理前，刑罚执行机关应当提供前述证人名单，人民法院根据需要从名单中确定相应数量的证人出庭作证。证人到庭后，应当对其进行详细询问，全面了解被报请减刑、假释罪犯的改造表现等情况。

13. 有效行使庭外调查核实权。人民法院、人民检察院对于刑罚执行机关提供的罪犯确有悔改表现、立功表现等证据材料存有疑问的，根据案件具体情况，可以采取讯问罪犯、询问证人、调取相关材料、与监所人民警察座谈、听取派驻监所检察人员意见等方式，在庭外对相关证据材料进行调查核实。

14. 强化审判组织的职能作用。人民法院审理减刑、假释案件，合议庭成员应当对罪犯是否符合减刑或者假释条件、减刑幅度是否适当、财产性判项是否执行履行等情况，充分发表意见。对于重大、疑难、复杂的减刑、假释案件，合议庭必要时可以提请院长决定提交审判委员会讨论，但提请前应当先经专业法官会议研究。

15. 完善财产性判项执行衔接机制。人民法院刑事审判部门作出具有财产性判项内容的刑事裁判后，应当及时按照规定移送负责执行的部门执行。刑罚执行机关对罪犯报请减刑、假释时，可以向负责执行财产性判项的人民法院调取罪犯财产性判项执行情况的有关材料，负责执行的人民法院应当予以配合。刑罚执行机关提交的关于罪犯财产性判

项执行情况的材料，可以作为人民法院认定罪犯财产性判项执行情况和判断罪犯是否具有履行能力的依据。

16. 提高信息化运用水平。人民法院、人民检察院、刑罚执行机关要进一步提升减刑、假释信息化建设及运用水平，充分利用减刑、假释信息化协同办案平台、执行信息平台及大数据平台等，采用远程视频开庭等方式，不断完善案件办理机制。同时，加强对减刑、假释信息化协同办案平台和减刑、假释、暂予监外执行信息网的升级改造，不断拓展信息化运用的深度和广度，为提升减刑、假释案件办理质效和加强权力运行制约监督提供科技支撑。

## 四、大力加强减刑、假释案件监督指导及工作保障

17. 不断健全内部监督。人民法院、人民检察院、刑罚执行机关要进一步强化监督管理职责，严格落实备案审查、专项检查等制度机制，充分发挥层级审核把关作用。人民法院要加强文书的释法说理，进一步提升减刑、假释裁定公信力。对于发现的问题及时责令整改，对于确有错误的案件，坚决依法予以纠正，对于涉嫌违纪违法的线索，及时移交纪检监察部门处理。

18. 高度重视外部监督。人民法院、人民检察院要自觉接受同级人民代表大会及其常委会的监督，主动汇报工作，对于人大代表关注的问题，认真研究处理并及时反馈，不断推进减刑、假释工作规范化开展；人民法院、刑罚执行机关要依法接受检察机关的法律监督，认真听取检察机关的意见、建议，支持检察机关巡回检察等工作，充分保障检察机关履行检察职责；人民法院、人民检察院、刑罚执行机关均要主动接受社会监督，积极回应人民群众关切。

19. 着力强化对下指导。人民法院、人民检察院、刑罚执行机关在减刑、假释工作中，遇到法律适用难点问题或者其他重大政策问题，应当及时向上级机关请示报告。上级机关应当准确掌握下级机关在减刑、假释工作中遇到的突出问题，加强研究和指导，并及时收集辖区内减刑、假释典型案例层报。最高人民法院、最高人民检察院应当适时发布指导性案例，为下级人民法院、人民检察院依法办案提供指导。

20. 切实加强工作保障。人民法院、人民检察院、刑罚执行机关应当充分认识减刑、假释工作所面临的新形势、新任务、新要求，坚持各司其职、分工负责、相互配合、相互制约的原则，不断加强沟通协作。根据工作需要，配足配强办案力量，加强对办案人员的业务培训，提升能力素质，建立健全配套制度机制，确保减刑、假释案件实质化审理公正、高效开展。

## 【2021 年全国法院刑事审判工作座谈会精神专栏】

## 充分发挥刑事审判职能作用　为全面建设社会主义现代化国家创造安全稳定的社会环境

——最高人民法院党组书记、院长周强对全国法院
刑事审判工作座谈会的批示

（2021 年 7 月 5 日）

　　党的十八大以来，人民法院坚决贯彻党中央决策部署，充分发挥刑事审判职能作用，为维护国家安全和社会稳定、维护人民群众生命和财产安全、维护社会主义市场经济秩序等作出重要贡献。新的征程上，各级人民法院要坚持以习近平新时代中国特色社会主义思想为指导，深入学习贯彻习近平总书记在庆祝中国共产党成立 100 周年大会上的重要讲话，深入贯彻习近平法治思想，增强"四个意识"、坚定"四个自信"、做到"两个维护"，贯彻总体国家安全观，统筹发展和安全，推动建设更高水平的平安中国、法治中国。要坚持严格公正司法，落实宽严相济刑事政策，严格贯彻罪刑法定、罪责刑相适应、证据裁判、疑罪从无等原则制度，确保惩罚犯罪与保障人权、程序公正与实体公正相统一。要站稳人民立场，树立正确司法理念，兼顾国法天理人情，大力弘扬社会主义核心价值观。要深化刑事司法改革，深入推进以审判为中心的刑事诉讼制度改革，准确适用认罪认罚从宽制度，进一步推进庭审实质化。要准确把握我国社会主要矛盾变化带来的新特征新要求，加强对新情况新问题的研究，妥善审理新类型犯罪案件，切实解决人民群众难点痛点堵点问题。要建设党和人民信得过、靠得住、能放心的过硬刑事审判队伍，推动刑事审判工作高质量发展，为全面建设社会主义现代化国家创造安全稳定的社会环境。

# 新时代新征程 新形势新作为
# 推动刑事审判工作高质量发展

——最高人民法院党组副书记、常务副院长贺荣在全国法院
刑事审判工作座谈会上的讲话（节选）

（2021年7月9日）

这次召开全国法院刑事审判工作座谈会，主要任务是，坚持以习近平新时代中国特色社会主义思想为指导，认真学习贯彻习近平总书记"七一"重要讲话精神，深入贯彻习近平法治思想，全面贯彻党的十九大和十九届二中、三中、四中、五中全会以及中央全面依法治国工作会议、中央政法工作会议、全国高级法院院长会议精神，研究部署推动刑事审判工作高质量发展，更好发挥刑事审判职能作用，为建设更高水平的平安中国、法治中国提供有力司法服务和保障。

7月1日，习近平总书记在庆祝中国共产党成立100周年大会上发表重要讲话，深情回顾党百年奋斗的光辉历程和团结带领人民创造的伟大成就，庄严宣告实现了第一个百年奋斗目标、全面建成了小康社会，精辟概括伟大建党精神，全面总结以史为鉴、开创未来的"九个必须"，号召全体党员在新的赶考路上努力为党和人民争取更大光荣。习近平总书记"七一"重要讲话，为全党全国各族人民向第二个百年奋斗目标迈进指明了前进方向、提供了根本遵循。习近平总书记指出要统筹推进"五位一体"总体布局、协调推进"四个全面"战略布局，强调要坚持依法治国，贯彻总体国家安全观、统筹发展和安全。各级法院干警要深入学习领会习近平总书记"七一"重要讲话精神，深刻认识中国共产党为什么能、马克思主义为什么行、中国特色社会主义为什么好，增强"四个意识"、坚定"四个自信"、做到"两个维护"，牢记初心使命，坚定理想信念，践行党的宗旨，忠实履行宪法法律赋予的职责，推动新时代人民法院工作高质量发展，为全面建设社会主义现代化国家、实现中华民族伟大复兴提供有力司法服务。

这次全国法院刑事审判工作座谈会是新时代新征程刑事审判工作更好服务保障全面建设社会主义现代化国家的一次动员部署，也是深入开展党史学习教育和队伍教育整顿的一项重要举措。

## 一、准确把握新时代刑事审判工作的形势任务

党的十八大以来，在以习近平同志为核心的党中央坚强领导下，在中央政法委领导

下，全国法院深入贯彻习近平法治思想，紧紧围绕"努力让人民群众在每一个司法案件中感受到公平正义"目标，依法惩罚犯罪、保护人民，各项工作取得新进展。维护国家政治安全坚决有力。贯彻总体国家安全观，严厉打击境内外敌对势力渗透、破坏、颠覆、分裂活动，坚决捍卫国家政治安全特别是政权安全、制度安全。维护疫情防控秩序精准迅速。依法惩处侵害医务人员和防疫人员、隐瞒旅居史致多人隔离、造谣传谣等犯罪，对杀害防疫人员的马建国等人依法判处死刑。扫黑除恶专项斗争审判执行任务圆满完成。严惩涉黑涉恶犯罪，审结案件3.3万件22.6万人，重刑率达34.5%，坚持"打财断血""打伞破网"，完善扫黑除恶长效机制，社会治安明显改善。惩治腐败犯罪力度不断加大。配合国家监委完善监察与刑事司法衔接机制，依法严惩职务犯罪，对赖小民判处并执行死刑，彰显了党中央惩治腐败的坚强决心。人权司法保障有效加强。深入推进以审判为中心的刑事诉讼制度改革，制定刑事诉讼法司法解释，再审改判张玉环等无罪。再审"百香果女童被害案"，对杨某毅依法改判并执行死刑。全国法院刑事审判领域的广大干警勤勉敬业、埋头苦干、无私奉献，为国家政治安全、社会和谐稳定和法治中国建设作出突出贡献。

新时代新征程，我国正向着全面建成社会主义现代化强国的第二个百年奋斗目标迈进，人民法院刑事审判工作面临新的形势。概括起来有三个鲜明特征：世纪疫情与百年变局交织提出新挑战。新冠疫情使世界百年未有之大变局加速演进，国际环境日趋复杂，不稳定性不确定性明显增加，内外部风险传导传递，人民法院坚定维护国家政权安全、制度安全、意识形态安全的任务和挑战更加艰巨。统筹发展和安全提出新要求。高质量发展是"十四五"乃至更长时期我国经济社会发展的主题，在社会治安总体向好形势下，当前和今后一个时期仍是我国风险矛盾的易发期，疫情防控常态化影响国家安全和社会稳定的因素还不少，加上技术发展等因素叠加影响，犯罪态势、特点发生重大变化，网络犯罪、非法集资犯罪等频发，利用高科技手段实施的新类型犯罪增多，给审判工作带来一系列新情况新问题。人民群众对公平正义提出新期待。伴随我国社会主要矛盾变化，人民群众在民主、法治、公平、正义、安全、环境等方面的需求日益增长，诉求更加多元，对审判质量与效率、法律效果与社会效果、程序公正与实体公正提出更高要求。刑事审判工作必须主动适应形势任务变化，贯彻总体国家安全观，统筹发展和安全，树立底线思维、增强风险意识，切实履行好维护国家政治安全、确保社会大局稳定、促进社会公平正义、保障人民安居乐业的职责使命。

## 二、践行习近平法治思想，贯彻新时代刑事司法理念

习近平法治思想的"十一个坚持"深刻回答了事关全面依法治国理论和实践的方向性、根本性、全局性重大问题，为我们树立和贯彻新时代刑事司法理念、推动刑事审判实践提供了根本遵循。各级法院要坚持以习近平法治思想为指导，贯彻新时代刑事司法理念，不断提升刑事审判工作水平。

一是坚持党对司法工作的绝对领导，坚定不移走中国特色社会主义法治道路。人民法院首先是政治机关，是人民民主专政的"刀把子"，刑事审判领域体现得最为鲜明，筑

牢政治忠诚、旗帜鲜明讲政治是刑事法官最基本的政治品质，要牢记政法姓党是政法机关永远不变的根和魂。要强化对党的创新理论学习运用，学深悟透习近平总书记"七一"重要讲话精神，践行习近平法治思想，真正用蕴含其中的马克思主义立场观点方法分析问题、端正理念、推动工作。要牢记"国之大者"，坚决贯彻党和国家刑事司法政策，自觉通过审判工作巩固党的执政基础、维护国家长治久安。要深刻领悟"讲政治和讲法律统一起来"的实践要求，办理案件、制定司法文件、谋划部署工作等，都要善于从政治高度、大局视野审视判断，实现法律效果、政治效果、社会效果有机统一。

二是坚守人民立场，努力让人民群众在每一个司法案件中感受到公平正义。习近平总书记指出："江山就是人民、人民就是江山，打江山、守江山，守的是人民的心。"① 要坚持以人民为中心，把体现人民利益、反映人民意愿、维护人民权益、增进人民福祉落实到审判工作全过程。要深入践行习近平法治思想中蕴含的人民立场，维护最广大人民群众的根本利益，对人民群众深恶痛绝的犯罪零容忍，对人民群众在刑事诉讼中的急难愁盼问题用心解决，让人民群众对公平正义更加可感可触。要兼顾国法天理人情，将法律的专业判断与人民群众朴素的公平正义观结合起来，在定罪量刑上既要考虑具体法条适用，也要考虑刑法基本原则、立法目的和价值导向，以及我国现阶段的基本国情，坚持以严谨的法理彰显司法理性，以公认的情理展示司法良知，大力弘扬社会主义核心价值观。要坚持尊重民意与保持法治定力相统一，在办理案件过程中，自觉接受监督，倾听人民呼声，尊重人民群众朴素的正义感，同时，要严格公正司法、依法裁判，不能搞舆论审判，确保判决结果公平公正，符合最广大人民群众的根本利益。

三是精准落实宽严相济，努力用最低刑罚成本争取最好治理效果。近年来，各级法院准确贯彻宽严相济刑事政策和"保留死刑，严格控制和慎重适用死刑"政策，有力维护了社会公平正义，但也有少数法院在理解和落实上存在一些问题。要根据犯罪性质和具体情况，做到该宽则宽、当严则严、宽严相济、罚当其罪。一方面，用好用足"从严"的一面，对严重危害国家安全和公共安全、严重影响人民群众安全感、严重挑战法律和伦理底线的案件，该重判要重到位，该判处死刑的要坚决判处死刑，有力震慑犯罪；另一方面，切实体现"从宽"的一面，对具备法定、酌定从宽情节的案件，该从宽的依法从宽，发挥政策感召力，打击和孤立极少数，教育、感化和挽救大多数。要坚持罪责刑相适应，充分考虑犯罪行为的社会危害性、被告人的主观恶性和人身危险性，具体分析，区别对待。比如，对于婚姻家庭、邻里纠纷等民间矛盾激化引发的故意杀人、故意伤害等案件，应当与发生在社会上的严重危害社会治安案件有所区别。要从有利于化解矛盾出发，总体上可以考虑从宽处罚，特别是适用死刑要十分慎重，但也不是一律从宽，必须区分案发起因、犯罪后果、具体情节、作案手段、主观恶性、社会影响，等等，斟酌案件是否具备从宽条件。又比如，对于自首、立功、累犯的认定，要坚持全面审查、精准权衡、具体分析。对于各种法定酌定、从重从宽情节同时具备的，要考虑从重与从宽哪一方面情节更加突出，审慎作出判断。

---

① 《2021年7月1日在庆祝中国共产党成立100周年大会上的讲话》，载《求是》2024年第7期。

## 三、牢记"国之大者",坚决维护国家政治安全和社会稳定

各级法院要贯彻总体国家安全观,统筹发展和安全,增强忧患意识,依法惩治各类犯罪,推动建设更高水平的平安中国。

一是全力维护国家安全。要严厉打击渗透破坏颠覆、间谍、暴力恐怖、民族分裂、宗教极端犯罪,坚决捍卫国家政治安全特别是政权安全、制度安全。要依法严惩杀人、抢劫、强奸、绑架、涉枪涉爆等严重危害社会治安犯罪,该判处重刑乃至死刑的毫不手软,特别是对于迁怒无辜、报复社会的暴力犯罪,坚决依法快审重判。要依法严惩腐败犯罪,加大对行贿犯罪的打击力度,落实监察与刑事司法衔接机制,积极配合反腐败国际追逃追赃工作。在审理职务犯罪案件中,要严格按照刑事审判关于证据的要求和标准把握,加强与相关方面的沟通协调,确保案件事实清楚,证据确实、充分,案件质量经得起检验。

二是扎实推进扫黑除恶斗争常态化。要认真贯彻中办、国办印发的《关于常态化开展扫黑除恶斗争巩固专项斗争成果的意见》以及最高人民法院实施意见,巩固深化扫黑除恶专项斗争成果,高标准常态化推进扫黑除恶斗争各项工作。要保持对黑恶势力犯罪及其"保护伞"的高压态势,坚持和发扬积累的好经验好做法,准确把握法律政策界限,狠抓执法办案,加快财产处置,实现旧案清仓见底、新案动态平衡。要加强建章立制,健全与纪检监察、公安、检察等部门的协作配合,形成工作合力。

三是依法纠正冤错案件。"十四五"规划纲要明确提出"健全产权执法司法保护制度,完善涉企产权案件申诉、复核、重审等保护机制,推动涉企冤错案件依法甄别纠正常态化机制化"。要坚决落实党中央决策部署,坚持实事求是、有错必纠,依法纠正涉企冤错案件,同时,认真总结实践经验,进一步完善防范冤错案件的制度机制。要坚持以发展眼光客观看待和依法妥善处理企业在经营过程中存在的不规范问题,特别是对于当时法律未明确禁止却作为犯罪处理、正常经济纠纷认定为经济犯罪等案件,要依法予以纠正,加大产权司法保护力度。会后,各级法院要抓紧清理涉及企业和企业家的久拖不决、久押不决案件,努力营造市场化法治化国际化营商环境。要高度重视重大刑事冤错案件的甄别纠正工作,原判错误处置、追缴的财产,应依法及时退赔,符合国家赔偿条件的,要依法及时赔偿。

## 四、坚持以人民为中心,依法公正高效审理案件

各级法院要严把案件事实关、证据关、程序关、法律适用关,不断提高审判质量、效率和公信力。

一是着力服务保障民生。要依法惩处污染环境、重大责任事故、危害食品药品安全、侵犯公民个人信息、高空抛物、盗窃窨井盖等关系群众生产生活、涉及群众切身利益的犯罪,保障人民安居乐业。要依法严惩毒品犯罪,严厉打击走私、制造毒品和大宗贩卖毒品等源头性犯罪,妥善处理新型毒品犯罪,推动毒品综合治理。要深入贯彻习近平总书记对打击治理电信网络诈骗犯罪工作的重要指示精神,准确适用《最高人民法院、最

高人民检察院、公安部关于办理电信网络诈骗等刑事案件适用法律若干问题的意见（二）》等司法政策文件，坚决遏制此类犯罪多发高发态势。要从最大限度维护群众权益出发，深入考量案件背后的复杂因素，从群众利益、群众愿望、群众感受的角度去考虑问题。比如，对于涉众型经济犯罪，要把追赃挽损作为工作主线，坚持依法审判、追赃挽损和维护稳定同步推进。

二是强化未成年人刑事司法保护。要深入实施未成年人保护法、预防未成年人犯罪法，认真落实最高人民法院加强新时代未成年人审判工作意见，确保未成年人权益得到切实有效保护，促进未成年人健康成长。这个问题，要把握好两方面：对于侵害未成年人权益犯罪，要坚持零容忍立场，坚决依法严惩杀害、性侵、拐卖、虐待等侵害未成年人犯罪；对于未成年人实施的犯罪，要坚持贯彻"教育、感化、挽救"方针和"教育为主、惩罚为辅"原则，最大限度教育挽救未成年人，同时坚持"宽容但不纵容"，对主观恶性深、手段残忍、后果严重的，坚决依法惩处。

三是加强人权司法保障。要严格贯彻罪刑法定、罪责刑相适应、证据裁判、疑罪从无等原则制度，坚持惩罚犯罪与保障人权相统一，确保定罪公正、量刑公正、程序公正。要严格落实刑事诉讼法和新刑事诉讼法司法解释，规范刑事案件审判程序，充分保障被告人、被害人的合法权益和社会公共利益，防止因程序不当导致裁判结果受到质疑。要依法保障律师参与刑事诉讼各项权利，会同司法行政部门共同推动刑事案件律师辩护全覆盖，加强法律援助工作。

四是严把案件质量关。要严格审查证据，坚持证据标准，重视客观证据、不轻信口供，重视证据分析、不主观臆断，重视证明标准、不心存侥幸，使每一起案件都经得起法律、人民和历史的检验。

五是全面排查整治违规违法办理"减假暂"案件。这项工作是队伍教育整顿中整治顽瘴痼疾的重要内容。要提高政治站位，建立排查治理常态化机制，坚决纠正明显违规违法、确有错误的案件。要准确把握政策界限，把握不同时期法律、司法解释以及相关政策规定，区分不规范办案与违规违法办案的界限，分类妥善处置，对司法人员存在权钱交易、徇私舞弊、滥用职权、严重渎职等行为，导致案件处理违规违法的，要依法予以纠正。要完善健全机制，促进"减假暂"工作规范开展。要注意调整理念，坚持全面审查、主客观改造并重，严格审查证据材料，切实贯彻宽严相济刑事政策；强化案件办理程序机制，充分发挥庭审功能；落实证人出庭作证制度，根据办案需要有效行使庭外调查核实权，严格落实"四个一律"要求；加强监督指导，充分发挥备案审查、专项检查、案件评查等制度作用。需要特别强调的是，加强和规范"减假暂"工作，要坚持政法机关分工负责、各司其职，法院系统要与检察机关、刑罚执行机关加强沟通配合，形成工作合力。

## 五、深化刑事司法改革，加快推进刑事审判体系和审判能力现代化

一是深入推进以审判为中心的刑事诉讼制度改革。以审判为中心的关键就是以庭审为中心，确保证据质证在法庭、案件事实查明在法庭、诉辩意见发表在法庭、裁判理由

形成在法庭。要坚持以庭审为中心，构建诉讼以审判为中心、审判以庭审为中心、庭审以证据为中心的刑事诉讼新格局。要严格执行"三项规程"，落实庭审实质化要求，健全政法各单位各尽其职、配合有力、制约有效的工作机制，引导侦查、检察机关按照裁判的标准收集、固定证据。要严格依法做好死缓二审案件开庭审理工作，完善审理程序和方式，确保死缓案件审判质量。近日，最高人民法院、最高人民检察院联合印发《关于常见犯罪的量刑指导意见（试行）》，各级法院要精心组织实施，切实提高规范量刑的能力和水平。

二是准确实施认罪认罚从宽制度。刑事诉讼法修改确立的认罪认罚从宽制度，是落实党中央改革部署的重大举措，对完善刑事诉讼制度、依法及时有效惩罚犯罪、加强人权司法保障具有重要意义。要结合审判实践加强探索，对当前实践中出现的一些新情况新问题高度重视，认真研究解决。要牢牢把握改革方向和工作要求，严格执行法律规定和《最高人民法院、最高人民检察院、公安部、国家安全部、司法部关于适用认罪认罚从宽制度的指导意见》，确保制度准确、统一、有效实施。要区分案件性质情节，准确把握适用重点，做到该宽则宽、当严则严、宽严适度、繁简得当。对于相对轻罪的案件及一些过失犯、未成年犯，社会危害不大且案情明了的，要充分发挥认罪认罚从宽制度功能，依法从宽从简及时处理，促进社会和谐稳定。对于犯罪性质恶劣、情节后果严重的，该重判的要坚决依法重判，绝不能不加区分，简单一律从宽。对于案情复杂或者蕴藏着复杂因素的，不能简单化处理。要切实履行法定审判职责，在分工负责的基础上加强配合、完善制约，把好事实证据关、定罪量刑关、审判程序关，落实庭审实质化，发挥庭审对查明事实、保护诉权、公正裁判的决定性作用。对检察机关量刑建议要依法进行审查，确保每一个认罪认罚案件依法公正审判，取得好的社会效果。这里需要强调的是，定罪量刑是人民法院审判权关键的重要内容，对检察机关量刑建议一方面要充分尊重和考虑；同时，要严格根据庭审查明的事实、认定的证据定罪量刑，坚持依法审查处理。

三是加强刑事审判信息化建设。要充分运用人工智能、大数据、云计算、区块链等现代科技，提升刑事审判智能化、信息化水平。要结合常态化疫情防控要求，进一步建设和使用好看守所远程视频提讯系统。

## 六、认真研究新情况新问题，着力提升刑事司法能力水平

新时代，新技术新模式快速发展、广泛应用，与此同时，也带来刑事犯罪手段、犯罪方式的新变化，刑事审判面临着一些新情况新问题，必须认真研究解决。

一是妥善处理新类型案件。要切实贯彻实施刑法修正案（十一），准确适用关于低龄未成年人犯罪、妨害传染病防治、非法从事人类基因编辑和克隆胚胎、规制金融市场乱象、打击药品"黑作坊"、抢夺公交车方向盘、"冒名顶替上大学"等新规定，精准把握裁判尺度。要主动适应严重暴力犯罪不断减少、轻罪案件大量上升情况，比如危险驾驶案件大量增加，落实繁简分流的案件处理机制。要加强新型网络犯罪问题研究，依法惩治网络传销、网络套路贷等犯罪，坚决遏制网络犯罪多发势头。要依法办理非法集资、内幕交易、操纵市场、洗钱等金融犯罪案件，提升审判能力和水平，维护金融安全。要

认真贯彻实施中办、国办印发的《关于依法从严打击证券违法活动的意见》，完善相关刑事司法解释和司法政策，健全证券案件审判体制机制，依法惩治资本市场违法犯罪活动，助力防范化解重大金融风险。

二是依法惩治侵犯知识产权犯罪。要积极回应日益强烈的知识产权刑事保护需求，把握最新立法修改精神，依法惩治侵犯商业秘密、假冒注册商标、侵犯著作权等各类侵犯知识产权犯罪，为创新创业营造良好法治环境，服务高水平科技自立自强。要深入研究深度链接、游戏外挂等涉网络新类型案件涉及的法律适用问题，严格遵循刑法规定和立法本意，认真审查知识产权的权利状态和权利归属，妥善处理案件。要依法严惩制售伪劣种子犯罪行为，保持对农资制假、售假犯罪的高压态势，依法保护种业知识产权，服务"打好种业翻身仗"。要充分发挥刑罚震慑和预防功能，严厉打击以侵犯知识产权为业和多次侵权行为，以强有力方式保护权利人和消费者合法权益，依法维护市场秩序。

三是依法妥善处理涉野生动物资源案件。这类案件近年来呈现多样性、复杂性的新特点，个别案件由于入罪门槛偏低、量刑整体偏重引发争议。一方面，要依法严惩破坏野生动物资源犯罪，特别是以食用为目的实施的涉野生动物犯罪；另一方面，要切实贯彻罪责刑相适应原则，在数量基础上，充分考虑涉案动物是否系人工繁育、物种濒危程度、野外存活状况、对野生动物资源的损害程度等情节，认定是否构成犯罪以及裁量刑罚。针对实践反映突出的人工繁育动物案件，要与野外种群的案件有所区别；对情节显著轻微、危害不大的，依法不作为犯罪处理。

四是依法妥善处理涉枪涉爆案件。当前，全国正在开展深化打击整治枪爆违法犯罪专项行动。要一以贯之坚持严控枪支方针，对涉枪涉爆犯罪继续保持高压态势，对重大、恶性枪爆犯罪案件坚持快审快判。要准确理解、把握《最高人民法院、最高人民检察院关于涉以压缩气体为动力的枪支、气枪铅弹刑事案件定罪量刑问题的批复》规定，综合考虑涉案枪支的致伤力以及行为人的动机目的等情节，考虑决定刑事责任的追究问题。对于近年来出现的买卖气瓶等通用散件问题，必须认真审查被告人主观上是否明知。对于使用散件制造的枪支致伤力明显不大的，可按照批复精神，综合评估社会危害性，恰当定罪量刑。

# 精准把握刑事政策　加强统筹凝聚共识
# 推进各项制度措施有效实施

——最高人民法院党组成员、副院长李少平在全国法院
刑事审判工作座谈会上的讲话（节选）

（2021年7月9日）

## 一、精准把握政策，落实宽严相济，确保量刑公正

近年来，人民法院在刑事审判中严格执行刑事法律，准确贯彻宽严相济刑事政策和"保留死刑，严格控制和慎重适用死刑"政策，有力维护了社会大局稳定、促进了社会公平正义。我们要坚持立足我国国情，立足我国现阶段发展状况，充分考虑法律因素、政策因素、社会因素和人民群众的公平正义观以及认知接受程度，全案考察、综合权衡，确保量刑公正。

一要突出打击重点，落实宽严相济政策。运用刑罚惩治犯罪，是维护国家安全、社会稳定、人民安宁的重要手段。要突出打击重点，对于严重危害国家安全、公共安全犯罪，对于杀人、抢劫、强奸、绑架、涉黑涉恶、涉枪涉爆等严重影响人民群众安全感的犯罪，对于报复社会型暴力犯罪，对于残害老幼妇孺等严重挑战法律和伦理底线、践踏社会良知的重大犯罪，对于走私、制造、大宗贩卖毒品及毒枭、职业毒贩等重大毒品犯罪，要坚决依法严惩，该判处重刑乃至死刑的要毫不手软。要落实宽严相济，量刑贵在区别对待、轻重有别，要从赢得民心、巩固党的执政根基的高度，强化刑罚效益考量，该重判的重到位，重到足以震慑犯罪，该轻判的也要轻到位，轻到足以体现政策、分化瓦解犯罪分子，促进社会和谐稳定，维护国家长治久安。

二要坚持罪责刑相适应、法理情相融合。我们一直强调，要区分案件性质和具体情节。对于严重危害社会治安案件，要坚持依法严惩，同时也要加以区别对待，对情节一般、主观恶性不大、地位作用较小的，该从宽的也要从宽。对于民间矛盾激化引发的案件，应当与严重危害社会治安案件有所区别，总体上考虑从宽处罚，特别是适用死刑一定要十分慎重，但也不是一律从宽。要考虑案件具体情节和危害后果，以罪责刑相适应为原则，融合国法天理人情，斟酌案件是否具备从宽条件。必须坚持具体案件具体分析，区分案发起因，区分犯罪后果，区分具体情节，区分作案手段，区分主观恶性，区分社会影响。例如，对案发起因，要在查清事实基础上，遵循社会主义核心价值观，结合公

序良俗来准确评判，分析被告人、被害人的过错责任大小。同样是夫妻矛盾引发的案件，有的是双方性格不合，谈不上谁对谁错，有的是一方有赌博、吸毒、婚外情、家暴等恶习，有的是离婚后纠缠不休、威胁骚扰，这些因素量刑时都要认真区分。被害人有明显过错的，对量刑的影响往往不亚于法定从宽情节。又如，对犯罪手段，要考虑是否使用枪支、硫酸等危险、残忍方法，手段有无节制，是否置之死地而后快，等等。对于自首，要考虑投案的主动性，是典型的自首还是仅仅可以视为自首的情形，自首对案件侦破的价值大小，是在公安机关尚未发现犯罪事实时自首，还是已发现犯罪事实、尚未确定嫌疑人时自首，或者是已确定嫌疑人并开展抓捕时自首。犯罪事实尚未被发现时自动投案的，和明知他人报案而在现场等待的，价值和分量差别很大。父母采用强制手段"送子归案"的，虽然不构成自首，但这一情节分量很重，不亚于典型的自首。对于立功，要考虑本身犯罪和检举他人犯罪的性质、严重程度，对侦破案件的作用大小，功是否足以抵罪。对于累犯，要考虑前罪的性质和严重程度，是否是暴力犯罪。要坚持全面审查、精准权衡，对于各种法定酌定、从重从宽情节同时具备的，看从重与从宽哪一方面的情节更加突出、分量更重，审慎作出决断。

## 二、加强统筹，认真做好死缓二审案件开庭审理工作

刑事诉讼法规定，被告人被判处死刑的上诉案件，人民法院应当组成合议庭开庭审理。为严格落实刑事诉讼法，新刑事诉讼法解释规定，自2021年3月1日起，死刑缓期二年执行第二审案件一律开庭审理。在此，我强调几个问题。

一要充分认识死缓二审案件开庭的重大意义。推动死缓二审案件一律开庭审理，是人民法院学习贯彻习近平法治思想、深入推进全面依法治国的重要举措，是严格执行刑法、刑事诉讼法的重要举措，是进一步完善审判程序、保证死缓案件质量的重要举措。目前来看，死缓案件存在的问题还不少，特别是少数因证据问题判处死缓的案件，存在酿成冤错案件的现实风险。高级人民法院要深刻认识做好死缓二审案件开庭审理工作的重大意义，切实增强责任感和紧迫感，精心组织，周密部署，确保相关工作要求有条不紊落实到位。

二要严格依法做好死缓二审案件开庭审理工作，确保案件质量。开庭审理死缓二审案件，应当严格依照刑事诉讼法及司法解释的规定，对一审判决认定的事实、证据和适用法律进行全面审查，在此基础上，重点审查对一审判决有争议的问题或者有疑问的部分。要进一步推进庭审实质化，参照死刑二审案件开庭的经验做法，完善死缓二审案件开庭的审理程序和方式，确保庭审质量，确保死缓判决的公正和慎重。

三要大力推进远程视频提讯、开庭系统建设使用。要在依法保障当事人诉讼权利和庭审质量的基础上，积极运用智慧法院建设成果，对案情相对简单、事实清楚、证据确实、充分的死缓二审案件采取远程视频方式提讯、开庭，提高办案效率。最高人民法院去年对推进疫情防控常态化下提讯等工作专门印发了通知，今年4月又召开了全国法院远程视频提讯机制建设推进会，大力推动在看守所建设远程视频提讯系统。截至6月30日，全国各地已投入使用且有提讯、开庭需求的2427家看守所中，2411家已完成远程视频提

讯系统建设，覆盖率达99%。这一成果来之不易，是全国各级法院高度重视、多措并举、共同努力的结果，工作成绩值得充分肯定。

### 三、凝聚共识，推进认罪认罚从宽制度深入有效实施

2018年刑事诉讼法修改，确立了认罪认罚从宽制度。两年多来，制度实施总体情况良好，但也出现了一些问题。各级法院要严格执行法律、司法解释和《最高人民法院、最高人民检察院、公安部、国家安全部、司法部关于适用认罪认罚从宽制度的指导意见》，深入学习贯彻最高人民法院部署要求，确保认罪认罚从宽制度准确、统一、有效实施。

一要牢牢把握以审判为中心的刑事诉讼制度发展方向。认罪认罚从宽制度，是在推进以审判为中心的刑事诉讼制度改革背景下，进一步在实体上落实宽严相济、在程序上落实繁简分流、提升刑事司法效能的重大举措，是我国刑事法律、政策发展和司法实践经验的总结提炼，绝不是国外辩诉交易制度的简单翻版。贯彻落实认罪认罚从宽制度，并没有改变公检法三机关分工负责、互相配合、互相制约的关系，审判权必须也只能由人民法院依法行使。定罪量刑作为审判权的核心内容，具有专属性，检察机关的量刑建议仍然属于程序职权，只是求刑权，是否适当、是否采纳，要由人民法院依法裁判。各级法院要切实履行法定职责，在分工负责的基础上加强配合制约，严格依法办案。对于检察机关提出的量刑建议，人民法院既要充分尊重，又要严格依法进行审查；对于事实清楚，证据确实、充分，指控罪名准确，量刑建议适当的，应当依法采纳；对于量刑建议明显不当的，应当告知检察机关调整，检察机关不予调整或者调整后仍然明显不当的，应当依法及时作出判决，确保每一件认罪认罚案件公正处理。

二要准确把握认罪认罚从宽制度的适用重点和适用原则。贯彻认罪认罚从宽制度，要准确把握适用重点，牢牢坚持宽严相济、罪责刑相适应、证据裁判原则，防止定罪把关不严、量刑轻重失衡、程序繁简失当。对于相对轻罪的案件及一些过失犯、未成年犯，社会危害不大且案情明了的，要用好用足认罪认罚从宽制度，促进涉案矛盾化解和社会和谐稳定。坚持宽严相济，就是要区分不同性质的犯罪，实行区别对待。被告人认罪认罚的，法律规定是"可以"从宽，并非"应当"从宽。对于严重危害国家安全、公共安全、严重影响人民群众安全感的案件，对于社会普遍关注、群众反映强烈的重大敏感案件，对于被告人主观恶性深、人身危险性大的案件，适用认罪认罚从宽必须慎重，该重判的要坚决依法重判，决不能不加区分一律从宽，什么案件都适用认罪认罚从宽处理。坚持罪责刑相适应，就是要根据犯罪的事实、性质、情节和对社会的危害程度，综合考虑认罪认罚的阶段、程度、价值及悔罪表现等情况，依法确定是否从宽及从宽幅度，确保刑罚轻重与罪责大小相匹配。坚持证据裁判，就是要坚守"事实清楚，证据确实、充分"的法定证明标准，不能因为被告人认罪认罚，就降低证明标准，将本应疑罪从无的案件简单从宽处理。同时，也要防止对本可定罪的案件，因工作不到位、责任心不强、业务水平不高，而轻易作为疑案处理或者在量刑上留有余地，放纵犯罪分子。

三要立足职能定位依法审理认罪认罚案件。要依法充分发挥审判对侦查、起诉的把

关、制约作用，特别是要发挥庭审应有功能，重点对认罪认罚自愿性、真实性和定罪量刑关键事实、证据进行审查核实。关于量刑建议形式，具体采取幅度刑还是确定刑，属于检察职权，但对量刑建议是否采纳，属于法院职权，依法履行好法院职责是提高认罪认罚案件质量的关键。要严格把握速裁、简易程序适用条件，避免一味从"简"求"快"，特别要防止将涉及敏感因素、复杂背景、蕴含风险的案件，适用认罪认罚从宽简单化处理，引发法律、社会风险。要充分保障被告人诉讼权利和实体权利，上诉权是被告人的基本诉讼权利，对于被告人认罪认罚后又提出上诉的，二审法院要坚持全面审查，区分不同情形，严格依法作出公正裁判。对于原判认定事实和适用法律正确、量刑适当的，应当裁定驳回上诉、维持原判，不能仅仅因为被告人上诉、检察机关就此抗诉，就认为一审判决确有错误、量刑不当而改判加重量刑。要保证裁判文书质量，认罪认罚案件的裁判文书可以适当简化，但也要让人看得明白，要把案件事实和裁判理由说清楚，被告人认罪认罚，具有自首、坦白、达成和解、取得谅解等从宽情节的，应当在裁判文书中写明，避免误读。

四要协同推进认罪认罚从宽制度准确有效实施。认罪认罚从宽制度贯穿侦查、起诉、审判各环节，是一项系统性、整体性很强的工作。高级人民法院要增强系统观念，加强监督指导，切不可因为绝大部分案件都在基层法院而放松调研指导。既要防止徇私枉法、滥用职权等违法情况发生，也要注意避免因政策把握偏差、司法能力不足导致制度实施偏离正确方向。

## 四、提升司法理念司法能力，加强未成年人权益刑事司法保护

人民法院历来高度重视保护未成年人权益，发展完善了中国特色社会主义少年司法制度，成为法院工作的"金字招牌"。同时，近年来性侵、虐待、泄愤残害儿童等严重侵害未成年人权益的犯罪频频发生，严重触动社会痛点，要切实提升司法理念和司法能力，把对未成年人的特殊、优先保护扎扎实实落实到案件审判中去。

一要充分认识侵害未成年人犯罪的严重社会危害性，确保司法裁判顺乎民情合乎民意。我们要从新时代更加关注人身权保护这一大背景出发，充分认识此类犯罪的严重社会危害性。未成年人安全健康成长，寄托的是无数父母的殷切期望，对未成年人实施性侵、虐待、残害，危害不仅在于造成身体伤害，还在于对未成年人的精神摧残和对其人格、心理发育的伤害，使其一生成长蒙上阴影，危害十分严重，影响十分恶劣，公众对此类犯罪深恶痛绝。近年来，刑法几次修正均加大惩治力度，增加规定了新罪名和加重处罚情节。最高人民法院通过发布司法解释、指导意见、典型案例等方式，反复重申对侵害未成年人犯罪的"零容忍"立场。立法精神、司法政策导向是明确的、一以贯之的。

二要对侵害未成年人犯罪坚持从严惩处，提高审理此类案件的司法能力。必须强调，对侵害未成年人犯罪要始终坚持从严惩处，特别是针对未成年人的杀人、拐卖、强奸等挑战法律和伦理底线的重大犯罪，该判处重刑乃至死刑的要毫不手软。性侵案件不属于刑事和解范畴，不得主动开展调解工作，对于被告人作出赔偿、取得谅解的，能否从宽

要特别慎重把握,确保罪责刑相适应。对于监护人性侵、虐待儿童的,即使被害人及其亲属表示谅解,仍然要坚持儿童权利最大化理念,该重判的要依法重判。

三要依法审理未成年人犯罪案件,最大限度教育感化挽救未成年人。对于确因年幼无知或者一时失足犯罪的,要尽量教育挽救,对于主观恶性深、手段残忍、情节、后果严重的,要依法惩处。对于被告人、被害人都是未成年人的案件,要坚持双向保护,妥善把握入罪条件和从宽幅度,力求取得良好的法律效果和社会效果。刑法修正案(十一)部分降低了刑事责任年龄,对相关条款,最高人民法院将会同最高人民检察院加强研究。

# 坚决落实党中央决策部署
# 抓好重点工作 依法惩治犯罪

——最高人民法院党组成员、副院长姜伟在全国法院
刑事审判工作座谈会上的总结讲话（节选）

（2021 年 7 月 9 日）

下面，我就近期需要重视的具体工作讲几点意见。

一要积极推进扫黑除恶斗争常态化。各级法院要把思想和行动统一到党中央决策部署上来，巩固深化扫黑除恶专项斗争成果，持之以恒、坚定不移地打击黑恶势力及其"保护伞"，让城乡更安宁、群众更安乐。要保留扫黑除恶领导机构，巩固已经证明行之有效的工作机制，案件台账、数据统计、信息简报等机制实现常态化运行，强化牵头抓总，加强统筹协调。要狠抓执法办案，坚持涉黑恶案件审判工作整体推进，实现收结案动态平衡，抓好重点案件办理，紧盯新的挂牌督办案件，严把案件质量关、法律政策关，加快生效判决涉案资产处置进度。要强化职能延伸，以提升司法建议质量、优化反馈整改效果为抓手，会同有关部门统筹谋划，从市域社会治理、县域社会治理、基层社会治理、行业领域监管等方面，推进国家治理体系和治理能力现代化。要积极配合相关部门做好农村换届选举资格审查等工作，夯实基层政权基础。

二要扎实做好电信网络诈骗犯罪审判工作。2021 年 4 月，习近平总书记对打击治理电信网络诈骗犯罪工作作出重要指示，要求坚持以人民为中心，全面落实打防管控措施，坚决遏制电信网络诈骗犯罪多发高发态势。习近平总书记的重要指示，为做好当前和今后一个时期的打击治理电信网络诈骗犯罪工作指明了前进方向，提供了根本遵循。各级法院要压实主体责任，确保相关工作依法扎实推进。要准确理解适用司法解释和指导性文件，及时总结经验，加强调查研究，提高办案水平。对于重大、敏感、疑难、跨境电信网络诈骗犯罪案件，要在保证质量的基础上提高审判效率，防止审理拖延和案件积压。要加大法治宣传力度，促进形成群防群治的良好社会氛围，积极推进源头治理和综合治理，切实维护人民群众合法权益。

三要切实做好金融犯罪审判工作。要依法严惩金融犯罪，健全完善工作机制。有条件的金融法院、金融法庭可以积极探索刑事、民事、行政"三审合一"审判模式。最高人民法院已设立八个证券期货犯罪审判基地，各审判基地要加强调研总结和实务研究，不断提升审判工作水平。处置重大金融犯罪案件往往涉及多个地方和部门，涵盖案件诉

讼、资产处置、维护稳定等方面工作，要紧紧依靠当地党委政法委领导，加强与相关部门协作配合，形成防范化解金融风险合力，维护国家金融安全和社会稳定。

四要进一步做好惩治毒品犯罪工作。各级法院要坚持依法严惩走私、制造毒品和大宗贩卖毒品等源头性犯罪，严厉打击毒枭、职业毒犯、累犯、毒品再犯等主观恶性深、人身危险性大的毒品犯罪分子，该重判的坚决依法判处。要在证据上把好关，确保办案质量。要精准把握"数量加其他情节"的量刑原则，毒品数量是量刑的基础和重要情节，但不是唯一情节，要高度重视被告人在毒品犯罪网络中的罪责大小、层级高低，综合考虑毒品数量、犯罪情节、危害后果、被告人的主观恶性、人身危险性以及当地禁毒形势等因素，做到区别对待、打中要害。要注重从经济上制裁毒品犯罪，全面审查涉毒资产相关证据，准确认定涉毒资产权属，依法追缴犯罪分子违法所得，充分适用财产刑并加大执行力度，摧毁毒品犯罪经济基础，提高打击毒品犯罪效能。

# 精准发挥刑事审判职能作用 努力让人民群众在每一个司法案件中感受到公平正义

何 莉*

党的十八大以来,习近平总书记多次强调,要努力让人民群众在每一个司法案件中感受到公平正义,并且明确要求所有司法机关都要紧紧围绕这个目标来改进工作。

全国法院刑事审判工作座谈会强调,要践行习近平法治思想,坚守人民立场,紧紧围绕"努力让人民群众在每一个司法案件中感受到公平正义"目标,把体现人民利益、反映人民意愿、维护人民权益、增进人民福祉落实到审判工作全过程。

刑事审判审罪之有无,判刑之轻重,甚至决人之生死,是社会公平正义的集中体现,必须站稳人民立场,把准时代脉搏,坚持服务大局、司法为民、公正司法,精准发挥刑事审判职能作用,对人民群众深恶痛绝的犯罪零容忍,对人民群众在刑事诉讼中的"急难愁盼"问题用心解决,让人民群众对公平正义更加可感可触。

## 一、精准贯彻刑事政策,突出打击重点

全国法院刑事审判工作座谈会强调,要精准落实宽严相济,根据犯罪性质和具体情况,做到该宽则宽、当严则严、宽严相济、罚当其罪,努力用最低刑罚成本争取最好治理效果。

我们一定要认识到,没有区别就没有政策,刑事政策的精髓就在于宽严相济、区别对待,该重判的要依法重判,有力震慑犯罪,该从宽的要依法从宽,在法律范围内充分体现政策精神,打击和孤立极少数,教育、感化和挽救大多数。

要坚持审时度势。要全面、准确把握不同时期不同地区的经济社会状况和社会治安形势,尤其是犯罪态势变化,从巩固党的执政根基的高度,根据预防惩治犯罪的实际需要,考虑人民群众的公平正义观,区分案件具体情况,在法律规定的范围内准确把握从严和从宽的对象、范围、力度,强化刑罚效益考量,避免政策掌握的粗放化、简单化、绝对化,促进社会和谐稳定,维护国家长治久安。

要区分案件性质和具体情况。对严重危害国家安全、公共安全,严重影响人民群众安全感的犯罪,如暴力恐怖、涉黑涉恶、涉枪涉爆、抢劫、绑架、强奸、拐卖等犯罪,要坚决依法严惩。但其中有些主观恶性不是很大,犯罪情节一般,手段有所节制,未造成

---

\* 最高人民法院刑一庭庭长。

严重后果的，或者在共同犯罪中地位作用、罪责次要的，也要具体情况具体分析，有所区别。对因婚姻家庭、邻里纠纷等民间矛盾激化引发的犯罪，一般要依法从宽处罚。

同时，也要坚持具体案件具体分析，区分具体情节、作案手段、犯罪后果、主观恶性及社会影响，对情节恶劣、动机卑劣、后果严重的，如加害无辜特别是残害未成年人的，该严惩的也要依法严惩。

要准确把握罪责大小。案件量刑时，要根据被告人在犯罪中的罪责情况，全案考察、综合衡量，确保罪责刑相适应。

例如，对毒品犯罪，要坚持从严惩处与精准打击并重，准确把握"毒品数量加其他情节"的量刑原则，毒品数量是基础，但也不能"唯数量论"，要注意审查被告人在毒品犯罪网络中的罪责大小、层级高低，重点打击走私、制造毒品等源头犯罪和毒枭、大宗贩毒等情形。

又如，二人以上共同故意杀人或抢劫致人死亡的，应结合致死环节的责任以及在整个犯罪过程中的主导地位和作用等，综合判断和认定罪责最为严重主犯。

## 二、精准适用刑事法律，兼顾国法天理人情

全国法院刑事审判工作座谈会强调，要树立正确司法理念，兼顾国法天理人情，大力弘扬社会主义核心价值观。刑事审判既不能对民意无动于衷，搞机械司法，也不能被舆论左右，搞舆论审判，要将法律的专业判断与人民群众的公平正义观结合起来，以严谨的法理彰显司法理性，以公认的情理展示司法良知。

要坚持严格公正司法。司法机关要通过严格司法维护法律的尊严和权威，维护社会公平正义，特别是对法律判断和公众认知差异较大的案件，法律适用和量刑上众说纷纭的案件，有定案证据但存重大疑点瑕疵的案件等，必须在众声喧哗中保持法治定力，坚守维护社会公平正义的最后一道防线。

同时，严格公正司法绝不是机械司法、就案论案，刑事审判也绝不是"自动售货机"式地把案件与法条简单"对号入座"。定罪量刑既要考虑具体的刑法分则条文，也要考虑刑法基本原则、立法目的和法条背后的价值导向，在坚守法律底线的前提下，努力使每一个案件都得到合法合情合理的处理。

要高度重视公正的相对性、具体性。同样是盗窃，同样的盗窃数额，不同情节、不同动机、不同场所、不同被害人，案件的社会危害性、被告人的主观恶性可能大相径庭，量刑甚至定罪都要有所区别。因此，在保持相对统一裁判尺度的前提下，要重视个案具体情况。必须坚持具体案件具体分析，关注具体犯罪行为的社会危害性、具体被告人的主观恶性和人身危险性，确保法律适用精准化，确保个案公正，让人民群众对每一个司法案件都有认同感、获得感。

要准确把握刑法的社会功能。一方面，刑事审判要主动回应社会关切，积极呼应群众期待，对严重影响社会安全感的犯罪，对危害食品药品安全、污染环境、电信网络诈骗等群众反映强烈的犯罪，以及其他危害民生犯罪，该出手时就要果断出手，该重判的就要依法重判。

另一方面，也要克服"刑法依赖症"，避免简单地把社会问题依法治理理解为依刑法治理，要根据经济社会发展状况及时调整完善司法政策，在遵循罪刑法定和罪责刑相适应原则的前提下，审慎把握缺乏实质犯罪性行为的入罪标准，对刑民交叉且事出有因的案件，能用民事、行政手段解决的，刑事司法就应当保持应有的谦抑、审慎。

### 三、精准把握办案重点，努力锻造精品案件

全国法院刑事审判工作座谈会强调，人民群众在民主、法治、公平、正义、安全、环境等方面的需求日益增长，对审判质量与效率、法律效果与社会效果、程序公正与实体公正提出更高要求。

新时代人民群众对刑事司法公正关注度更高，刑事审判每个环节的工作都要更加精准、精细，必须合理配置司法资源，落实繁简分流、快慢分道，既用好认罪认罚从宽制度和速裁程序、简易程序，办好大量简单、轻微案件，更要投入精兵强将办好疑难、复杂案件，努力锻造精品案件。

要紧紧抓住庭审和文书两个关键。要坚持以庭审为中心，推进庭审实质化，严格执行庭前会议、非法证据排除、法庭调查"三项规程"，锻造精彩庭审。

裁判文书既是法院的"产品"，又是法院的"门面"，还是法官的"脸面"，也是当事人和人民群众感受司法公正的重要途径，要着力加强裁判说理，锻造精品文书，形成优秀裁判。

说理在"精"不在"多"，关键在于说到要害，针对案件争点和人民群众关注点，立足事实、证据和法律，把道理讲到位。裁判文书面对的是当事人，是普通老百姓，要考虑人民群众的法律、文化知识和理解、接受能力，增强可读性，避免拗口、晦涩又不接地气，只有让老百姓能够理解和认同裁判，才能真正实现法律效果和社会效果相统一。

要积极回应社会关切。对社会关注案件，要围绕争取更好裁判效果，准确有效回应社会关切。对事实证据疑难复杂的案件，要着力查清争议事实、核实关键证据。对法律适用争议较大或者涉及不同利益群体、利益平衡有难度的案件，可以由人民陪审员参与审理，邀请各界人士旁听庭审。对诉讼参与人就诉讼程序提出质疑的案件，更要重视诉权保障，恪守程序公正。要坚持阳光司法，拓展刑事审判公开广度和深度，使刑事审判成为全民共享的法治公开课。

要强化公正裁判的引领作用。随着全社会法治意识的提高，刑事审判在厘清行为规则、树立社会规范中起着越来越重要的作用。必须发挥好刑事审判的教育、评价、指引、规范功能，让维护法律和公共利益的行为受到鼓励，让违反法律和社会公德的行为受到惩戒。

例如，从案发起因看，被害人是否有过错及过错大小，往往对量刑有重要影响，因为分清是非对错，直接体现审判的公正性，直接关系到人民群众对司法公正的认知和感受。同样是夫妻矛盾引发的案件，有的是双方性格不合，谈不上谁对谁错，有的是一方有赌博、家暴等恶习，有的是离婚后纠缠不休、威胁骚扰，这些因素量刑时都要认真区分、充分考虑。

要在查清事实的基础上，遵循社会主义核心价值观，结合社会公认的伦理道德、公序良俗来准确评判，为社会树立行为规范。

# 兼顾国法天理人情　彰显司法公平正义

何　莉*

习近平总书记深刻指出:"要树立正确法治理念,把打击犯罪同保障人权、追求效率同实现公正、执法目的同执法形式有机统一起来,坚持以法为据、以理服人、以情感人,努力实现最佳的法律效果、政治效果、社会效果。"② 习近平总书记的重要论述,深刻阐释了执法办案兼顾法理情的重要性,是全面推进依法治国时代背景下,人民法院精准发挥刑事审判职能作用、维护社会公平正义的方向指引和根本遵循。全国法院刑事审判工作座谈会强调,要深入贯彻习近平法治思想,坚守人民立场,让人民群众对公平正义更加可触可感,兼顾国法天理人情,大力弘扬社会主义核心价值观,将人民法院对公平正义的专业判断与人民群众朴素的公平正义观结合起来,坚持尊重民意与保持法治定力相统一,确保裁判结果公平公正,符合最广大人民群众的根本利益。

刑事审判承担着生杀予夺之责,事关国家安全和社会稳定,事关人民群众切身利益,是社会公平正义的重要标杆和集中体现。刑事审判兼顾法理情,就是要将案件置于国法、天理、人情中综合考量,遵循国之常法、世之常理、人之常情,把国法作为裁判的底线不可逾越,把天理作为裁判的精神予以彰显,把人情作为裁判的温度可触可感,做到既恪守法律,又通达情理,回应人民群众新期待新要求,不断提升裁判的法律认同、社会认同和情理认同。这是人民法院精准发挥刑事审判职能作用、努力让人民群众在每一个司法案件中感受到公平正义的关键所在。

## 一、准确把握国法天理人情,彰显中国特色社会主义刑事司法的独特优势

国法是司法裁判的底线。司法机关要通过严格司法维护法律的尊严和权威,维护社会公平正义,这是司法公正的应有之义。要坚持严格公正司法、依法裁判,在现行法律规定的框架下,在坚守法律底线的前提下,努力让每一个案件得到合法合情合理的处理。不能突破法律框架、超越法律底线空谈法理情,更不能被"舆论绑架"、搞"道德审判"。对于法律判断和公众认知差异较大的案件,法律适用和量刑上众说纷纭的案件,有定案证据但存在重大疑点瑕疵的案件,必须在众声喧哗中保持法治定力,坚守法律原则,守

---

\* 最高人民法院刑一庭庭长。
② 《习近平法治思想学习纲要》,人民出版社、学习出版社2021年版,第109页。

住维护社会公平正义的最后一道防线。

天理是司法裁判的精神。刑事司法应当践行的"天理",是以社会主义核心价值观为集中体现的中国价值、中国理想和中国精神。刑事审判要大力弘扬社会主义核心价值观,将其作为理解立法精神的参照指引,作为评判是非曲直的对照标尺,作为做好裁判说理的检验标准,做到明辨是非、惩恶扬善,以公正裁判引领社会风尚。对于涉及社会主义核心价值观、涉及基本伦理道德、牵动公众神经、戳中社会痛点的案件,必须保持清醒头脑、坚定鲜明立场,不能"和稀泥",坚决捍卫公平正义。

人情是司法裁判的温度。人情并非个人好恶、私人之情,而是人之常情、大众之情,是公众对案件的看法和态度,是老百姓的朴素情感与认知。刑事司法要尊重民意、顺乎民情,关注社情民意,倾听群众呼声,确保裁判结果合乎民意顺乎民情,有力度更有温度。刑罚不可过度适用,刑事司法应当保持应有的谦抑、审慎,在犯罪认定和刑罚裁量方面,在罪与非罪的认定上,要严格依法、慎重对待,对具有从宽情节的犯罪分子尽量体现政策,让其有机会悔过、有出路自新,更好改造、回归社会。对作为刑事诉讼当事人的未成年人、老年人、残疾人等,人民法院要通盘考量,依法适当倾斜保护、协调解决困厄,这也是刑事司法讲人情的重要方面。

## 二、始终坚持人民司法立场,实现法理情相融的审判效果

要坚持以人民为中心。遵国法、循天理、顺人情,权衡考量、统筹兼顾的出发点和落脚点,是人民利益、人民意愿、人民福祉。要紧紧围绕"努力让人民群众在每一个司法案件中感受到公平正义"这个目标开展工作,把人民群众的呼声作为第一信号,把人民满意作为评判标准,对人民群众深恶痛绝的犯罪零容忍,对人民群众在刑事诉讼中的"急难愁盼"问题用心解决。办理涉及民生、涉及群众利益的案件,要从群众利益、群众愿望、群众感受的角度去考虑问题、裁判案件,不能高高在上、闭门造车,要善于倾听需求、释明法理、疏导情绪、衡平价值,让群众感受到司法有温度、接地气。办理严重危害公共安全、严重影响人民群众安全感的案件,要依法从严把握,特别是对于以不特定人为侵害对象、仇视社会、滥杀无辜的,该重判的要坚决依法重判,有效震慑犯罪、保护人民。

要立足于案件事实。案件事实清楚,这是实现法理情相统一的前提和基础。据以裁判的法理情,隐藏于案件事实、情节乃至细节之中。不能罔顾事实,不论是非曲直。只有把案件事实证据查清楚,把影响定罪量刑的情节查清楚,查明来龙去脉、分清是非对错,把案情搞明白,把事理搞清楚,才能准确区分案件性质、区分具体情节,才能全面审查、精准权衡,拿捏分寸、掌握尺度,实现法理情有机融合。

要避免机械司法。面对千变万化、纷繁复杂的现实生活,要把相对抽象、原则的成文法律公正地适用到每一个刑事案件中,既要关注法律的逻辑推理与形式正义,更要关注法条背后的价值观念与实质正义,因应形势变化解释法律和适用法律,不能简单"对号入座"、套法条办案,罔顾常情常理,脱离群众、脱离时代。实践中,有的案件,过去属于严重破坏社会管理秩序,随着经济社会发展,现在已为国家法律政策所允许,或者

虽然具备定罪、升档量刑要件，但并不具有相当的社会危害性，如王力军无证收购玉米案、赵春华非法持枪案、王鹏贩卖鹦鹉案。对这类案件，要精准把握、顺应经济社会发展变化，保持应有的谦抑性，能不作为犯罪处理的就不要作为犯罪处理，必须要定罪的，也要用好从轻、减轻、免除处罚的相关法律规定。同时，刑事审判也要主动回应社会关切，对社会治安突出问题、对群众反映强烈的犯罪，如电信诈骗、危害食品药品安全、污染环境、传销、残害未成年人、危害公共安全等犯罪，该出手时就要果断出手，该重判的就要坚决重判，严惩不贷。

## 三、全面提升刑事司法能力，夯实维护司法公平正义的队伍素质

要提升刑事法官政治素质。实现法理情相统一，关键在于法官的职业素养和能力水平。司法能力水平的高低，首先取决于政治能力的强弱。要坚持以习近平新时代中国特色社会主义思想为指导，深入贯彻习近平法治思想，强化理论武装，提高政治站位，把坚持党的绝对领导贯彻到刑事审判全过程和各方面。提升认识大局、把握大局、服务大局的能力，深刻领悟"讲政治和讲法律统一起来"的实践要求，办理刑事案件尤其是重大敏感复杂案件时，既要严格依法审判，也要充分考虑党和国家工作大局、社会形势、本地实际和社情民意，促进社会公平正义。

要提升运用法律政策能力。刑事法官不仅要精通刑法条文，还要坚守法律原则，理解立法本意，领悟法律精神，将蕴含其中的法理、事理、情理阐发出来，让法律从象牙塔走向纷繁世界，从纸上走进群众心里，案件审判才能经得起法律和历史的检验。在定罪量刑上，既要考虑具体法条适用，也要考虑刑法基本原则、立法目的和价值导向，以及我国现阶段的基本国情，以严谨的法理彰显司法理性，以公认的情理展示司法良知，彰显司法公平正义。

要提升群众工作能力。刑事法官要增强群众观念，增进群众感情，准确把握人民群众的司法需求，从人民群众的视角观察问题、分析问题、解决问题。要切实增强把握社情民意、化解矛盾纠纷的能力和水平，善于运用法治思维和法治方式，善于运用群众能理解、易接受的方式开展工作，在依法公正审判的同时，切实做好涉案矛盾化解等工作。要把握好刑事附带民事调解工作的范围和力度，依法妥善开展工作，化解纠纷、消除不满、促进和谐。

要提升裁判说理能力。做到裁判有事实根据、有法律依据，有公正立场、有鲜明态度，以法为据、以理服人、以情感人，增强裁判的公正和温度。要善于在裁判文书中综合运用法律政策和审判经验，精准评价犯罪行为的社会危害性、分析被告人的主观恶性、比较共犯的罪责大小、评断当事双方的过错，把案件的是非曲直、来龙去脉讲清楚。尤其是对于社会关注度高的案件，要准确回应关切，把事理、法理、学理、情理、文理讲明白说到位，让公众理解、认同裁判结果，充分发挥公正裁判的正面导向作用，让人民群众感受到刑事司法有力量、有是非、有温度。

# 依法从严惩治腐败犯罪
# 实现职务犯罪审判工作高质量发展

王晓东\*

习近平总书记指出，腐败问题对党的执政基础破坏力最大、杀伤力也最大，是最容易颠覆政权的问题，是党面临的最大威胁；反腐败斗争是一场输不起也决不能输的重大政治斗争，必须决战决胜。党的十八大以来，我们党坚定不移全面从严治党，持续保持反腐败斗争的高压态势，一体推进不敢腐、不能腐、不想腐，反腐败斗争取得压倒性胜利并全面巩固。在以习近平同志为核心的党中央坚强领导下，全国各级法院以习近平新时代中国特色社会主义思想为指导，深入贯彻习近平法治思想，全面贯彻党的十九大和十九届二中、三中、四中、五中全会及十九届中央纪委五次全会精神，紧紧围绕全面依法治国、全面从严治党的战略布局，充分发挥审判职能作用，坚持有腐必反、有贪必肃，以强烈的政治责任感和使命感，依法高效有序地开展职务犯罪案件审判工作，一大批腐败分子受到法律惩处，有力推动了反腐败斗争的深入开展。

## 一、依法严惩贪污贿赂、渎职等犯罪，着力巩固发展反腐败斗争压倒性胜利

2018年至2021年6月，全国法院依法审结贪污贿赂犯罪案件48821件，生效判决56388人。其中，共对11529名腐败分子判处五年有期徒刑以上刑罚，重刑适用率达20.4%，较之前五年提升了两个百分点，充分体现了对腐败犯罪持续从严惩治的鲜明立场。严肃惩处渎职犯罪，着力清除腐败滋生土壤。2018年至2021年6月，全国法院依法审结渎职犯罪案件8262件，生效判决10238人，有效遏制了渎职犯罪的高发态势。

在审判职务犯罪案件工作中，人民法院坚决贯彻党中央反腐败斗争决策部署，不断提高治理腐败效能。一是高质量完成中管干部职务犯罪案件的审判。党的十九大以来，人民法院共审结中管干部职务犯罪案件67件，判处无期徒刑13人，并对陕西省委原书记赵正永、内蒙古自治区人大常委会原副主任邢云判处死缓并终身监禁，严厉惩处政治问题与经济问题交织的腐败案件，取得了良好的政治效果、法律效果和社会效果。二是坚决惩治扶贫等民生领域腐败和人民群众身边的"微腐败"，着力打通巩固发展反腐败斗争

---

\* 最高人民法院刑二庭庭长。

压倒性胜利的"最后一公里",一批中饱私囊的基层腐败犯罪分子受到法律应有的惩处,为决胜全面建成小康社会、打赢脱贫攻坚战提供了有力司法保障。三是将反腐败斗争与扫黑除恶专项斗争结合起来,深挖黑恶势力背后的公职人员腐败问题,依法从严审理了一批涉黑涉恶腐败和"保护伞"案件,人民群众的获得感、幸福感、安全感不断提升。四是坚决惩处金融风险背后的腐败问题,国家开发银行原党委书记、董事长胡怀邦,中国华融资产管理股份有限公司原党委书记、董事长赖小民,工商银行上海分行原党委书记、行长顾国明等一批违背党中央金融工作决策、大搞权钱交易、严重危害国家金融安全、经济安全的腐败犯罪分子被依法定罪处罚。其中,赖小民受贿、贪污、重婚一案,是全面从严治党的标志性案件,被告人赖小民弃守金融风险底线,以稀缺金融资源为筹码谋取私利,仅个人受贿金额就高达人民币17.88亿余元,2021年1月29日,赖小民被依法执行死刑。该案系新中国成立以来查处的贪污贿赂犯罪数额最大的案件,也是自2008年以来首个以受贿罪判处死刑并执行的犯罪分子,充分彰显了党中央惩治腐败的坚强决心。五是从严惩处政法领域的贪腐犯罪,依法审判了公安部原党委委员、副部长孟宏伟,吉林省人民检察院原党组书记、检察长杨克勤,安徽省高级人民法院原党组书记、院长张坚等一批以权谋私、贪赃枉法的腐败分子和害群之马,切实维护了政法队伍的肌体健康。六是加大国有企业反腐败力度,强化企业合规管理,严厉惩处"靠企吃企"、滥用职权等导致国有资产重大损失的"蛀虫"。2018年至2021年6月,全国法院对1043名被告人以国有公司、企业、事业单位人员滥用职权罪和非法经营同类营业罪、为亲友非法牟利罪等罪名予以惩处。

习近平总书记指出,要坚持无禁区、全覆盖、零容忍,坚持重遏制、强高压、长震慑,坚持受贿行贿一起查,坚决防止党内形成利益集团。全国各级法院认真贯彻落实党中央部署,将坚持受贿行贿一起查作为实现腐败问题标本兼治、巩固发展反腐败斗争压倒性胜利的重要举措,不断加大对行贿犯罪的打击力度,取得了积极成效。2018年至2021年6月,人民法院依法审结行贿、单位行贿、对单位行贿、对有影响力的人行贿、对非国家工作人员行贿案件8621件,生效判决9810人。当前,行贿人"围猎"党员领导干部仍是腐败犯罪发生的重要原因,人民法院要突出重点,对以下行贿行为进行严厉惩处:一是多次行贿、巨额行贿以及向多人行贿,特别是党的十八大后不收敛不收手的;二是党员和国家工作人员行贿的;三是在国家重要工作、重点工程、重大项目中行贿的;四是在组织人事、执纪执法司法、生态环保、财政金融、安全生产、食品药品、帮扶救灾、养老社保、教育医疗等领域行贿的;五是实施重大商业贿赂的;等等。

为巩固和提升反腐败斗争成效,人民法院在审判职务犯罪案件中始终高度重视涉案赃款赃物的追缴工作,强力切断腐败资金链条。2020年至2021年上半年,全国法院共判决追缴职务犯罪赃款赃物价值396.1亿元,并已实际追缴,尽最大可能地挽回损失,摧毁腐败犯罪的经济基础。

## 二、积极参与反腐败国际追逃追赃工作,不断织密反腐败"天网"

反腐败国际追逃追赃是反腐败斗争的重要组成部分。习近平总书记指出:"不管腐败分子逃到哪里,都要缉拿归案、绳之以法。"① 充分体现了党中央对反腐败国际追逃追赃的坚定决心。人民法院不断提高政治判断力、政治领悟力、政治执行力,从维护国家利益和国家安全的高度,深入推进反腐败国际追逃追赃工作,取得了明显成效。全国法院共审理外逃人员回国受审案件1129件,审理违法所得没收案件90余件,追缴违法所得逾82亿元,另有土地数百亩及地上建筑物、房产数十处以及外币、国债、基金等。其中,回国受审的既有"百名红通"人员杨秀珠、李华波、蒋谦、巴连孝等,也有影响重大的普通红通人员姚锦旗、黄海勇等,均在国内外产生了深远而良好的警示效应,促使一大批外逃分子选择了主动回国投案;同时对负隅顽抗、妄图抵抗不回的黄艳兰、彭旭峰、白静、徐进等人启动违法所得没收程序,有效挽回国家损失,并达到以追赃促追逃的效果。对死亡的犯罪嫌疑人、被告人亦坚持"任何人不得从其违法行为中获利"原则,从山西省原副省长任润厚违法所得没收案到青岛饮料集团原董事长、总经理张正欣违法所得没收案等,确立多项开创性的举措和审判规则,有力推动了"追逃追赃并重"目标的实现。

2018年刑事诉讼法修改设立缺席审判制度,这是反腐败国际追逃追赃的重大制度创新,人民法院积极采取有效措施予以稳步推进。此类案件的被告人即使不出庭,在事实清楚,证据确实、充分的情况下,通过缺席审判程序仍然能够依法对其定罪量刑,明确其犯罪分子的身份,对犯罪所得予以追缴。目前,关于缺席审判程序适用的专门司法解释正在紧锣密鼓制定之中,一批缺席审判案件将陆续落地,这将向已经外逃和可能外逃的贪腐分子发出强烈信号——无论逃到天涯海角,也逃脱不了法律的制裁。

### 三、全力配合国家监察体制改革,扎实做好法法衔接工作

为加强党对反腐败工作的统一领导,推进国家治理体系和治理能力现代化,党中央作出国家监察体制改革的重大决策部署。随着宪法、监察法、刑事诉讼法的修正制定工作相继完成,当前国家监察体系总体框架已经基本建立,国家监察体制改革取得重大阶段性成果。在最高人民法院的有力指导下,全国各级法院坚决贯彻党中央关于国家监察体制改革的重大决策部署,把配合推进国家监察体制改革作为重大政治任务,结合职能职责采取有力措施予以贯彻落实。特别是,自觉地把法法衔接工作放到推进国家治理体系和治理能力现代化的大局中谋划,聚焦国家监察体制改革中的新情况新问题,主动与监察、检察机关对接,有针对性提出对策,建立对接机制,制定对接办法,加强沟通,依法配合,加速磨合,取得显著成效。

在办理案件过程中,人民法院对发现的涉嫌违纪违法案件线索及时移送给纪检监察机关。目前,党员、国家工作人员身份信息核查、刑事案件信息通报、违纪违法线索移送等相关方面已经形成工作机制并在全国法院推开。最高人民法院并已会同中央纪委国家监委、最高人民检察院、公安部专门就国家监察体制改革司法审判配套工作中的程序问题制定了相关文件,内容包括管辖、证据、涉案财物处理等多个方面。此外,最高人

---

① 《习近平在中国共产党第十九次全国代表大会上的报告》,载《人民日报》2017年10月28日。

民法院正会同有关部门抓紧研究制定《关于办理贪污贿赂刑事案件适用法律若干问题的解释（二）》等一批配套司法解释，进一步规范监察与刑事司法衔接中的实体及程序问题，着力提升反腐败斗争的整体效能。

新时代新征程对人民法院的职务犯罪审判工作提出了新的更高要求。我们要认真学习贯彻习近平总书记"七一"重要讲话精神，践行习近平法治思想，进一步增强做好职务犯罪审判工作的政治责任感和使命感。要按照周强院长对全国法院刑事审判工作座谈会所作批示要求以及全国法院刑事审判工作座谈会的具体部署，牢固坚持党的绝对领导，增强"四个意识"、坚定"四个自信"、做到"两个维护"，充分履行审判职能作用，把严的主基调长期坚持下去，为深入推进全面从严治党、巩固发展反腐败斗争压倒性胜利提供有力支撑。要牢固坚持以审判为中心，深入贯彻宽严相济刑事政策，严格落实罪刑法定、疑罪从无、证据裁判原则，严把案件事实关、证据关和法律适用关，确保将每一起案件办成经得住历史和法律检验的铁案。要树牢风险意识，强化责任担当，加强组织保障，健全审判管理，确保职务犯罪审判工作扎实开展、有序推进、稳妥进行。要按照政治坚定、业务精通、经验丰富、作风优良的标准要求，打造一支讲操守、讲奉献、能战斗、敢担当、守纪律的尖兵强队，努力实现职务犯罪审判工作高质量发展。

# 加强人权司法保障 确保严格公正司法

## ——持续深入推进以审判为中心的诉讼制度改革

李 勇*

推进以审判为中心的诉讼制度改革,是党的十八届四中全会作出的重大改革部署,也是人民法院全面深化司法改革工作的重要举措。近年来,全国各地法院紧紧围绕"努力让人民群众在每一个司法案件中感受到公平正义"目标,坚持严格司法、公正司法主线,积极创新司法理念,凝聚司法共识,加快推进侦查、起诉、审判、辩护等各个环节、各项职能的改革,刑事司法理念更加科学,司法制度更加完善,审判机制不断健全,人权保障水平不断提高。

这次召开全国法院刑事审判工作座谈会,研究部署推动刑事审判工作高质量发展,更好发挥刑事审判职能作用,为建设更高水平的平安中国、法治中国提供有力司法服务和保障。会议对新时代新征程上推动刑事审判工作作出部署要求,也进一步明确了推进以审判为中心的诉讼制度改革的前进方向和工作思路。

### 一、坚持党的领导,多措并举确保改革落地生根

人民法院首先是政治机关,刑事审判工作更要旗帜鲜明讲政治。深化司法体制改革,完善司法管理体制和司法权力运行机制,必须在党的统一领导下进行。要深入学习领会习近平总书记"七一"重要讲话精神,践行习近平法治思想,增强"四个意识"、坚定"四个自信"、做到"两个维护",坚决贯彻党和国家刑事司法政策,切实履行好维护国家政治安全、确保社会大局稳定、促进社会公平正义、保障人民群众安居乐业的职责使命。要紧紧依靠党的领导,推动健全政法各单位各尽其职、配合有力、制约有效的工作机制,把党统揽全局、协调各方,同审判机关依法履行职能、开展工作统一起来,全力推进以审判为中心的刑事诉讼制度改革,完善诉讼制度体系。要坚持和发展中国特色社会主义法律体系,着眼于推进司法文明进步,以对历史和人民负责、敢于担当的精神,善于从政治高度、大局视野制定各项改革举措,实现法律效果、政治效果和社会效果的有机统一。

---

\* 时任最高人民法院审判委员会专职委员、刑三庭庭长,现任最高人民法院党组成员、副院长。

## 二、深入推进庭审实质化，确保司法公开公正

公正规范的法庭审判，是实现案件裁判实体公正的关键环节。2017 年 12 月，最高人民法院制定了庭前会议规程、非法证据排除规程和法庭调查规程。"三项规程"的核心是以提高证人出庭作证率、律师辩护率和当庭宣判率为重点，着力推进庭审制度改革，充分发挥庭审在查明事实、认定证据、保护诉权、公正裁判中的决定性作用。"三项规程"的出台，为推进庭审实质化发挥了积极作用。人民法院审理刑事案件，要将证据调查作为庭审的核心环节，证明被告人有罪或者无罪、罪轻或者罪重的证据，都应当在法庭上出示，依法保障控辩双方的质证权利，确保诉讼证据出示在法庭、案件事实查明在法庭、控辩意见发表在法庭、裁判结果形成在法庭。要积极创新改革，试行远程视频作证、遮蔽容貌等作证方式，探索"人身保护令""出庭强制令"和证人宣誓等制度，推动建立关键证人询问过程录音录像制度，健全证人保护工作机制和作证补助专项经费划拨机制，不断提高证人出庭作证率，确保准确认定案件事实。要坚持问题导向，以推动庭审直播、防范冤错案件、审判重大案件等工作为抓手，规范案件审判管理，充分发挥示范庭审导向作用。要充分保障被告人及其辩护人依法行使诉讼权利，尊重和保障律师依法履职，推进律师辩护全覆盖试点，加强法律援助工作，实现控辩平等对抗。

## 三、全面贯彻证据裁判原则，防范纠正冤错案件

冤错案件虽然是个别现象，但冤错案件的发生绝非偶然，它对法治的冲击和破坏是致命性的。审判作为维护司法公正的最后一道防线，没有严格依法排除非法证据，没有彻底解决事实证据疑问，没有认真落实疑罪从无原则，庭审程序和审级制度的功能作用形同虚设，是导致冤错案件发生的最终原因。人民法院审理刑事案件，要坚持证据裁判、疑罪从无原则，强化一审程序基础作用和二审程序把关作用，完善证据审查、案件审理、审核监督等机制，坚决守住防止冤错案件底线。要加强对刑讯逼供和非法取证的源头预防，严格实行非法证据排除规则，确保证据收集的合法性。要加强对证据合法性、关联性和真实性的审查，恪守"犯罪事实清楚，证据确实、充分"的法定证明标准，对于定罪证据不足的案件，依法宣告被告人无罪，真正做到有罪则判、无罪放人，不得违心下判或者作出留有余地的判决。要不断加强机制创新，完善冤错案件主动发现、及时复查和依法纠正机制，建立异地复查再审制度，依法保障申诉人、被告人、申诉代理律师合法权利，以纠正错案推动制度完善和法治进步。要充分运用大数据、人工智能等现代科技手段，提高刑事审判工作信息化智能化应用水平，提升司法效率，促进司法公正。社会各界要尊重和支持人民法院按照疑罪从无原则依法作出的判决，共同担负起防范冤错案件的责任。

## 四、落实非法证据排除规则，加强人权司法保障

非法证据排除规则的严格实施，有利于从根本上提高执法办案法治化、文明化、规范化水平，促进司法公正。2017 年 4 月，最高人民法院会同最高人民检察院、公安部、

国家安全部、司法部制定发布《关于办理刑事案件严格排除非法证据若干问题的规定》，明确要求对采取刑讯逼供、暴力、威胁、非法限制人身自由等非法方法收集的言词证据，以及采取非法搜查、扣押等违反法定程序收集的实物证据，严格予以排除。当前，刑讯逼供等非法取证问题还一定程度存在，依然存在排除程序启动难、非法证据认定难、证明难、排除难等问题。在刑事诉讼各阶段，都应当严格落实不得强迫任何人证实自己有罪的法律规定，摒弃传统的"重打击、轻保护""重实体、轻程序""重口供、轻证据"等思想观念，建立健全事实认定符合客观真相、办案结果符合实体公正、办案过程符合程序公正的法律制度。要重视对刑讯逼供和非法取证的源头预防，推动讯问制度不断健全完善，确保侦查机关严格按照法律规定在规范的讯问场所讯问犯罪嫌疑人，并逐步实行对所有案件的讯问过程全程同步录音录像。要确保据以定案的证据符合法律规定，进一步明确审查和排除非法证据的具体规则和流程，树立规则意识、证据意识、程序意识，经法庭审理，确认或者不能排除存在以非法方法收集证据情形的，严格依法排除；对依法予以排除的证据，不得宣读、质证，不得作为判决的根据。

### 五、优化司法资源配置，确保裁判结果公平公正

强调以审判为中心，并非要求所有案件一律适用标准化的普通审判程序，而应当以解决争议为着眼点，研究设计适用于不同类型案件的审判程序，将有限的司法资源用于审理重大复杂疑难案件。要进一步完善认罪认罚从宽制度改革，对认罪认罚的犯罪嫌疑人、被告人，在实体上依法从宽处理，程序上依法从简处理，推进繁简分流全程化、层次化、体系化，推动完善中国特色多层次刑事诉讼制度体系。要健全完善认罪认罚协商机制和庭审实质化衔接机制，既要尊重认罪认罚量刑协商，又要坚持以审判为中心，落实庭审实质化，确保司法公正。要正确认识检察机关的量刑建议，检察机关无论是否提出量刑建议，无论量刑建议是幅度刑还是确定刑，无论是否根据人民法院要求调整量刑建议，人民法院都应当依审判职权作出决定并依法裁判。要加强与人民检察院的沟通协商，形成共识，共同落实好认罪认罚从宽制度，充分发挥好这一制度的功能优势，努力让人民群众在每一个司法案件中感受到公平正义。

## 推进扫黑除恶斗争常态　建设更高水平平安中国

李　勇*

随着为期三年的扫黑除恶专项斗争取得圆满胜利，以习近平同志为核心的党中央审时度势、高瞻远瞩，作出常态化开展扫黑除恶斗争的重大战略部署，推动持之以恒、坚定不移地打击黑恶势力及其"保护伞"，让城乡更安宁、群众更安乐。为认真贯彻党中央决策部署和全国扫黑除恶专项斗争总结表彰大会精神，全面落实《中共中央办公厅、国务院办公厅关于常态化开展扫黑除恶斗争巩固专项斗争成果的意见》要求，全国法院刑事审判工作座谈会对扎实推进人民法院常态化开展扫黑除恶斗争提出要求、指明方向。

### 一、深刻领会党中央决策部署，高起点高标准推动人民法院常态化开展扫黑除恶斗争

常态化开展扫黑除恶斗争是一项长期、艰巨的任务，要确保投入力度不降、打击力度不减，就必须充分认识党中央决策部署的重大意义，主动扛起新时代赋予人民法院的政治责任；通过建立健全各项工作制度，持续推动扫黑除恶斗争深入开展。为此，全国法院刑事审判工作座谈会要求，要把思想和行动统一到党中央决策部署上来，认真贯彻《中共中央办公厅、国务院办公厅关于常态化开展扫黑除恶斗争巩固专项斗争成果的意见》和最高人民法院制定的实施意见，加强建章立制，高起点高标准常态化推进扫黑除恶各项工作。

进一步深化思想认识。以习近平同志为核心的党中央明确指示要有与黑恶犯罪长期斗争的思想准备，要求常态化、机制化开展扫黑除恶斗争，为深入持久开展扫黑除恶斗争指明了方向。常态化开展扫黑除恶斗争，是破解黑恶势力顽固性复杂性、走出黑恶势力"打而又生"历史循环的必然要求，是应对百年未有之大变局加速演进、不稳定不确定性明显增加、发展不平衡不充分问题仍然突出等新形势新挑战的关键举措。要领悟践行习近平总书记指示批示要求和重要讲话精神，做好与黑恶势力长期斗争的思想准备，持之以恒开展扫黑除恶斗争。

进一步加强组织领导。扫黑除恶专项斗争实践充分证明，强有力的组织领导是取得斗争胜利的根本保证。人民法院首先是政治机关，刑事审判必须旗帜鲜明讲政治，常态化开展扫黑除恶斗争必须始终坚持党的领导，发挥党统揽全局、协调各方的作用。要加

---

\* 时任最高人民法院审判委员会专职委员、刑三庭庭长，现任最高人民法院党组成员、副院长。

强人民法院组织领导机构建设，成立扫黑除恶斗争领导小组及其办公室，配备专门力量、明确职能定位、完善工作制度，发挥牵头抓总、汇聚合力的作用，做到领导有方、推动有力、协调有效。

进一步健全长效机制。扫黑除恶专项斗争中，人民法院积极探索，实行繁简分流、专业化审判、院庭长带头办案、专项执行、案件台账、数据统计、工作简报等大批行之有效的工作方法，有效破解了审判资源分配不均衡、审判执行效率不高、疫情防控时期开庭宣判难等困难和问题，取得了很好的效果。要提炼并固化扫黑除恶专项斗争期间的好经验好做法，形成长期管用的制度机制。着力健全队伍建设机制，以政治建设为统领，加大培训力度、加强履职保障，打造一支政治过硬、业务精通的扫黑除恶司法铁军。

## 二、严格依法办案，切实实现政治效果、法律效果、社会效果有机统一

常态化开展扫黑除恶斗争，既是政治责任，又是法律责任、社会责任；既要坚持依法严惩方针不动摇，又要保持司法定力，精准适用法律、全面贯彻刑事政策，务求实现三个效果的统一。全国法院刑事审判工作座谈会要求，保持对黑恶势力犯罪及其"保护伞"的高压态势，狠抓执法办案，加快财产处置，准确把握法律政策界限，严把案件质量关、法律政策关。

坚持依法严惩方针。扫黑除恶专项斗争期间，人民法院依法严惩了大批黑恶犯罪分子及其"保护伞"，有效维护了政治、社会、经济安全。常态化开展扫黑除恶斗争必须一以贯之，对严重危害国家安全、侵蚀国家政权、侵犯公民人身权利的涉黑恶犯罪分子绝不能手软，依法该判重刑的坚决判处重刑，该判处死刑的坚决判处死刑，同时要严格适用缓刑、减刑、假释、暂予监外执行，杜绝"纸面服刑"。综合运用追缴、没收、判处财产刑等手段，开展专项执行加大执行力度、形成工作合力畅通执行渠道、运用网络查控创新执行举措，不断提升涉黑恶财产执行到位率，彻底铲除黑恶势力经济基础，防止其死灰复燃。

严格公正适用法律。司法是维护社会公平正义的最后防线，刑事审判尤其如此。人民法院扫黑除恶专项斗争获得人民群众高度肯定，靠的就是司法公平、公正、公开、公信。常态化开展扫黑除恶斗争必须坚持严格执行刑法、司法解释及规范性文件的规定，统一法律适用，准确把握黑恶组织的认定标准，准确区分"套路贷"与民间借贷，准确甄别涉黑恶财产与合法财产，坚决防止"拔高"或者"降格"处理，确保实体公正。要依法平等保护当事人诉讼权利，充分保障律师辩护代理各项执业权利，规范司法、文明司法、阳光司法，主动接受社会监督，加强文书说理，落实文书公开，实现程序公正、司法公信。

全面贯彻刑事政策。要将宽严相济刑事政策贯穿常态化开展扫黑除恶斗争始终，做到该宽则宽，当严则严，宽严相济，罚当其罪。对黑社会性质组织的组织者、领导者、骨干成员，恶势力的纠集者、首要分子，要坚决依法严惩，震慑犯罪；对其他组织成员、一般参加者，该依法从宽处理的要切实从宽，体现政策。在常态化开展扫黑除恶斗争中，要正确适用认罪认罚从宽制度，必须坚守法定证据标准，不能因为被告人认罪认罚，就

降低证明标准,简单处理;同时也要坚持区别对待,对罪行严重、社会危害性大、虽然认罪认罚但不足以从轻处罚的涉黑恶犯罪分子就不能适用。

## 三、发挥职能作用,在更高水平上服务和保障平安中国建设

刑事审判要以人民群众根本利益为出发点和落脚点,充分发挥司法服务社会的功能和作用。常态化开展扫黑除恶斗争,既要做好主责主业,依法打击人民群众"烦怨恨"的黑恶势力,也要积极延伸职能,配合有关部门解决社会治理深层次问题。全国法院刑事审判工作座谈会要求,健全与纪检监察、公安、检察等部门的协作配合,形成工作合力;强化职能延伸,以提升司法建议质量、优化反馈整改效果为抓手,配合有关部门做好农村换届选举资格审查等工作,推进国家治理体系和治理能力现代化。

切实推进"打伞破网"。习近平总书记强调,扫黑除恶要与反腐败结合起来,与基层"拍蝇"结合起来,既抓涉黑组织,也抓后面的"保护伞"。常态化开展扫黑除恶斗争必须坚持严惩黑恶势力与深挖彻查"保护伞""关系网"两手抓,在办理案件过程中严格落实"两个一律""一案三查",通过逐案筛查、循线深挖等方法,深入排查涉黑恶以及"伞""网"线索。加强与纪检监察机关、公安机关、检察机关协作配合,形成工作合力,完善线索移送、案件通报、信息反馈、研判分析制度,确保查深查透、连根拔起。

积极参与社会治理。紧盯信息网络、自然资源、交通运输、工程建设等重点行业领域整治,依法从严从快惩处"沙霸""矿霸"、车匪路霸、电信网络诈骗等犯罪活动,让人民群众获得感幸福感安全感可感可触可持续。强化与组织、民政等部门配合联动,做好案件通报、信息核对工作,坚决防止被剥夺政治权利的罪犯违法参加选举,夯实基层基础。依法严惩农资、农产品生产、销售、流通环节及农村集体经济管理等领域的涉黑恶犯罪,维护农业、农村安全,推动乡村振兴。

用好司法建议抓手。司法建议是人民法院参与国家治理体系和治理能力现代化建设的重要抓手,扫黑除恶专项斗争期间,人民法院通过执法办案,排查发现社会和行业治理中的深层次共性问题,有针对性发送司法建议,有效堵塞社会治理漏洞、助推行业清源。常态化开展扫黑除恶斗争要不断提升司法建议质量,确保问题找得准、建议提得实,并更加注重跟踪问效,为建设更高水平的平安中国提供人民法院方案、贡献人民法院智慧。

# 站稳人民立场　切实加强民生刑事司法保护

滕　伟*

党的十九大报告指出，增进民生福祉是发展的根本目的。习近平总书记强调，全面依法治国最广泛、最深厚的基础是人民，推进全面依法治国，根本目的是依法保障人民权益。加强民生刑事司法保护，是新时期人民法院刑事审判学习贯彻习近平法治思想，践行党的群众路线和法治中国建设实践的必然要求。这次全国法院刑事审判工作座谈会，更是突出强调要深入贯彻习近平法治思想，充分发挥刑事审判职能作用，加强民生刑事司法保护。

司法工作作为党和国家工作的重要组成部分，特别是刑事审判在保障民生中具有十分重要的作用。无数经验教训都证明了一个真理：没有安定和谐的社会环境，民生保障都是空谈。对人民法院来说，打击犯罪，维护国家安全、公共安全、人民群众生命财产安全，维护社会稳定，服务经济社会发展，保障人民群众安居乐业，就是对民生最重要的保障。

刑事审判，通过依法严惩分裂国家、颠覆国家政权、恐怖犯罪和形形色色的邪教组织犯罪，维护国家安全和社会政治稳定；通过依法严惩黑恶势力、杀人、抢劫和涉枪涉爆等严重危害社会治安和公共安全犯罪，维护社会稳定，增强人民群众安全感；通过依法惩治毒品犯罪、电信网络诈骗类涉众型犯罪等，遏制此类犯罪多发高发，推动社会综合治理；通过依法严惩破坏环境资源，危害公共卫生，生产、销售假药、有毒有害食品等直接事关群众切身利益的民生犯罪，着力保障民生。

习近平总书记要求，各级领导干部要心怀"国之大者"。为人民谋幸福是我们党的初心使命，让人民生活幸福是"国之大者"！当前，人民法院刑事审判工作面临新的形势，人民群众对公平正义提出了新要求新期待。全国法院刑事审判干部要结合时代特征，更新刑事司法理念，及时回应社会关切，切实加强民生保护。

加强民生刑事司法保护，要始终坚持以人民为中心的发展思想。"民惟邦本，本固邦宁！"以史为鉴，开创未来，必须团结带领中国人民不断为美好生活而奋斗。江山就是人民，人民就是江山。

刑事审判工作，任何时候都要"端端地坐在老百姓这一面"，站稳人民立场，切实做到事实认定符合客观真相，办案结果符合实体公正，办案过程符合程序公正，努力实现

---

* 最高人民法院刑四庭庭长。

"让人民群众在每一个司法案件中感受到公平正义"目标。刑事审判事关重大，涉及人身、财产权利剥夺，甚至生杀予夺。

"刑事无小事，刑案无小案"，刑事法官任何时候都必须以审慎的态度来对待每一件刑事案件。必须用习近平新时代中国特色社会主义思想武装头脑、指导实践、推动工作，必须密切联系群众，发扬"马锡五审判方式"的光荣传统，在司法实践中不断创新工作方法，探索案件真相，用马克思主义的观点、方法发现问题、研究问题、解决问题，去伪存真、见微知著，还原案件本来面目，确保案件事实清楚、证据确实充分。在此基础上，才能依法作出正确裁判。

刑事审判要兼顾国法天理人情。"天理"就是良心，"人情"就是民意！刑事审判不能机械照搬照抄法条，要充分尊重人民群众朴素的正义感，兼顾社情民意，保证裁判结果符合人民群众的预期。

新时期，人民群众对程序公正更加期待。"重实体轻程序"是老问题。当务之急是要把刑事诉讼法新司法解释各项规定贯彻落实好，继续强化庭审功能，落实关键证人出庭作证、非法证据排除、判处死刑缓期二年执行案件二审开庭等规定，着力构建以审判为中心的刑事诉讼新格局，以程序公正强化案件处理效果。

加强民生刑事司法保护，要始终把解决人民群众基本生活需要作为基础。习近平总书记强调，要始终把人民安居乐业、安危冷暖放在心上。刑事审判工作，既要惩治犯罪维护社会安定，又要关注群众生活"冷暖"。民生是人民幸福之基，是社会和谐之本。

安全生产事关人民群众生命财产安危，事关平安中国建设，是基本民生。党的十八大以来，习近平总书记等中央领导同志对安全生产工作多次作出重要指示批示，要求切实保障人民群众生命和财产安全。最高人民法院高度重视、认真贯彻习近平总书记批示精神，充分发挥审判职能作用，加强对下业务指导，江苏响水爆炸案、天津港特大火灾爆炸案等一大批人民群众高度关注的案件顺利审结，处理结果得到社会公众普遍认同；目前，最高人民法院刑四庭正在加紧制定《关于办理危害生产安全刑事案件适用法律若干问题的解释（二）》《关于依法惩治涉枪支、弹药、爆炸物、易燃易爆危险物品犯罪的意见》，进一步明确案件裁判标准，统一裁判尺度；积极协调各方开展综合治理，形成工作合力，为保障人民群众生命财产安全提供有力司法服务和保障。

2021年刚实施的刑法修正案（十一），增加、完善了多项涉及民生的罪名，如新增高空抛物罪、妨害安全驾驶罪，维护人民群众出行安全；新增冒名顶替罪，保护公民受教育权；新增妨害药品管理罪，维护药品安全；完善了生产、销售、提供假药罪等犯罪构成，特别是扩大对妨害传染病防治罪的打击范围，将"依法确定采取甲类传染病预防、控制措施的传染病"与甲类传染病同等对待，以适应当前新冠疫情防控需要，保护人民健康。

当前，各级法院刑事审判部门保护民生的当务之急，是要把刑法修正案（十一）关于民生的最新规定内容，认真学习好，准确理解好，深入贯彻好，防止因对法律的最新规定不了解、错理解而错判。民生无小事！保障老百姓的衣食住行，既是对民生基础的保护，更能让人民群众真切感受到司法保障无处不在，增加对人民司法的认同。

加强民生刑事司法保护,要始终把解决人民群众反映强烈的问题作为抓手。当前,人民群众在民主、法治、公平、正义、安全、环境等方面的需求日益增长,诉求更加多元。

刑事司法要始终顺应人民群众正义情感,将法律的专业判断与民众的朴素认知融合起来,以严谨的法理彰显司法的理性,以公认的情理展示司法的良知,决不允许"花钱买命""以钱买刑""以官抵罪"情况发生;要坚决惩处违法减刑、"纸面服刑"等损害司法公正的行为,决不允许不公正的司法行为伤害人民的正义情感;精准落实宽严相济刑事政策,根据犯罪性质和具体情况,做到该宽则宽、当严则严、罚当其罪。

刑事司法要始终最大程度满足人民群众的司法需求,积极深化刑事司法改革,完善刑事案件辩护和代理制度,加强信息化建设,落实量刑规范化、认罪认罚从宽、速裁程序等规定,让司法改革的红利更多惠及每个当事人。

加强民生刑事司法保护,要始终把解民忧与增民富促民享相结合作为目标。"人民对美好生活的向往,就是我们的奋斗目标!"保护民生,既要解民忧,又要增民富、促民享。解民忧是保护民生的基础,增民富、促民享是更高目标要求。民忧问题不解决,则必然引起民怨;但如果仅满足解民忧,就谈不上推动刑事审判高质量发展。

刑事审判要围绕党和国家工作大局,更好服务经济社会发展,夯实社会公平基础,及时依法惩治逃税骗税、垄断竞争等破坏分配制度的犯罪。最高人民法院刑四庭正在制定《关于办理危害税收征管刑事案件适用法律若干问题的解释》,依法惩治逃税、骗税、抗税、虚开发票等犯罪行为,维护国家税收秩序,推动形成公正合理的收入分配格局;加强产权司法保护,依法惩治各类侵犯产权犯罪,严格区分经济纠纷与经济犯罪,防止把民事责任变为刑事责任;推动法治创新,不断推出新的惠民便民举措,为人民群众提供更加优质、高效、便捷的司法服务产品和体验;提高办案效率,让司法公正以最快捷的速度被人民群众感受到;强化办案效果,杜绝机械司法、就案办案,确保政治效果、法律效果、社会效果有机统一;加强刑事被害人司法救助,彰显司法人文关怀。保护民生,刑事司法既要解民忧,又要用法治守护群众高品质生活,不断增强人民群众获得感、幸福感、安全感。

保障和改善民生没有终点,只有连续不断的新起点。新时代新征程,刑事司法要始终站稳人民立场,适应新发展阶段我国社会主要矛盾变化和刑事犯罪结构变化新要求,顺应人民群众对刑事司法现代化和法治文明进步新期待,多解民生之忧,多谋民生之利,持续为凝民心、聚民力、增民富、促民享提供更有效的司法服务和保障。

# 发挥刑事审判职能作用
# 推动法院禁毒工作实现高质量发展

张 明[*]

  禁毒工作事关国家安危、民族兴衰和人民福祉。党中央高度重视禁毒工作，习近平总书记多次就禁毒工作作出重要指示，为做好新时代禁毒工作指明了前进方向，提供了根本遵循。人民法院高度重视并持续加强禁毒工作，将深入贯彻落实习近平总书记重要指示精神和中央禁毒决策部署作为重要政治任务，坚持以人民为中心的发展思想，充分发挥刑事审判职能作用，依法从严惩处毒品犯罪，大力加强禁毒法治建设，积极参与禁毒综合治理，为推动禁毒工作向纵深发展、创造安全稳定的社会环境提供了有力司法保障。

  2021年7月，最高人民法院召开了全国法院刑事审判工作座谈会，此次会议是全国法院刑事审判条线在全面建设社会主义现代化国家开局阶段召开的一次重要会议，会议对加强新时代刑事审判工作作出全面部署，并对进一步做好人民法院禁毒工作提出明确要求。各级人民法院将继续深入贯彻中央禁毒决策部署，认真落实本次会议对毒品犯罪审判等各项工作提出的具体要求，不断推动新时代人民法院禁毒工作实现高质量发展。

## 一、当前我国毒品犯罪的总体形势和主要特点

  当前，我国禁毒工作稳中有进、持续向好的态势进一步拓展。2015年，人民法院一审审结毒品犯罪案件13.9万件，达到历史最高值。此后，这一数字逐年回落，至2020年降至6.8万件，较2015年下降了51.36%。然而，受国际国内多种因素影响，我国毒品形势、特点发生复杂深刻变化，境内与境外毒品问题、传统与新型毒品危害、网上与网下毒品犯罪相互交织，给禁毒工作带来了一系列新情况新问题新挑战，禁毒斗争形势依然严峻复杂。

  近年来，从人民法院审判工作情况看，毒品犯罪特点集中体现在以下几个方面。

  一是罪名分布方面。走私、贩卖、运输、制造毒品罪始终占据主导地位，2015年至2020年占比一直在65%以上。容留他人吸毒罪次之，2015年以来占比始终在25%左右。值得注意的是，非法种植毒品原植物罪呈逐年增长态势，2020年较2015年增长了2.27

---

[*] 最高人民法院刑五庭庭长。

倍，案件量在 2020 年已超过此前排在第三位的非法持有毒品罪。

二是犯罪手段方面。利用互联网、即时通讯工具、定位系统、物流寄递等非接触渠道实施毒品犯罪的案件增多，犯罪手段更加隐蔽，侦查取证工作的难度加大、专业性增强，也对证据审查认定工作提出了新要求。

三是犯罪类型方面。源头性毒品犯罪呈加剧之势。"金三角""金新月"等境外毒品通过边境地区向我国走私渗透的案件增多。国内的制造毒品犯罪呈分散蔓延趋势，且新的制毒原料、方法不断出现。列管麻醉药品、精神药品及易制毒化学品流入非法渠道的犯罪仍时有发生。

四是涉案毒品方面。出现了传统毒品、合成毒品和新型毒品并存的局面。特别是新型毒品滥用和犯罪呈上升趋势，部分毒品极具伪装性、欺骗性，严重威胁青少年身心健康。部分地方还出现了制造、贩卖合成大麻素等新精神活性物质犯罪案件。

五是次生危害方面。为获得购毒资金而实施的抢劫、抢夺、盗窃等侵财型犯罪，以及因吸毒后行为失控而诱发的杀人、伤害、以危险方法危害公共安全、交通肇事等次生犯罪频发，严重危害人民群众生命财产安全和社会和谐稳定。

## 二、进一步加强人民法院禁毒工作

一是坚持依法从严惩处毒品犯罪。依法运用刑罚手段惩治毒品犯罪，是人民法院参与禁毒斗争的主要方式和工作重心。近年来，各级人民法院始终坚持依法从严惩处毒品犯罪的指导思想。

2015 年至 2020 年，毒品犯罪案件判处五年有期徒刑以上刑罚的重刑率高于同期全部刑事案件重刑率 8 至 15 个百分点。特别是在毒品犯罪案件数量逐年下降的情况下，重刑率却逐年提高，2020 年较 2015 年总体提升了 5.76 个百分点，反映出人民法院通过充分发挥刑罚的惩罚和威慑作用，较好地遏制了毒品犯罪快速蔓延的势头，为保障人民群众身心健康、维护社会和谐稳定作出了积极贡献。

面对严峻复杂的毒品犯罪形势，各级人民法院要进一步突出打击重点，对于走私、制造毒品和大宗贩卖毒品等源头性犯罪，以及毒枭、职业毒贩、毒品再犯等主观恶性深、人身危险性大的毒品犯罪分子，坚决依法严惩，该判重刑乃至死刑的坚决依法判处。

针对新型毒品犯罪增长、严重危害青少年的现状，要严惩利用、教唆青少年实施新型毒品犯罪或者向其贩卖新型毒品，以及引诱、教唆、欺骗、强迫、容留青少年吸食新型毒品的犯罪。

针对毒品问题向农村地区蔓延的态势，要严惩向农村地区贩卖毒品，以及在农村地区非法种植毒品原植物的犯罪。

针对扫黑除恶斗争常态化要求，要继续严惩操纵、经营涉毒活动的黑恶势力、毒黑交织的制贩毒团伙，深挖涉毒黑恶势力及其"保护伞"，推动禁毒领域扫黑除恶斗争取得更大成效。

在坚持整体从严惩处毒品犯罪、突出打击重点的同时，也应当全面贯彻宽严相济刑事政策，做到以严为主、以宽济严、罚当其罪。对于罪行较轻，或者具有从犯、自首、立功、初犯等法定、酌定从宽处罚情节的毒品犯罪分子,要体现区别对待,依法给予从宽处罚,以达到分化瓦解毒品犯罪分子、预防和减少毒品犯罪的效果。

二是严格规范刑罚适用与执行。针对毒品犯罪的贪利性特点,要更加注重运用经济制裁手段,剥夺犯罪分子再犯的经济能力,在做好涉毒资产审查认定工作的基础上,依法追缴犯罪分子的违法所得,充分适用财产刑并加大执行力度,并注重依法惩处涉毒洗钱和窝藏毒赃等下游犯罪。

要严格规范和限制对毒品犯罪的缓刑适用,对于毒品再犯,一般不适用缓刑,对于部分犯罪情节、性质特殊的轻罪被告人,也要严格限制缓刑适用。要从严把握毒品罪犯的减刑条件,对于具有毒枭、职业毒犯、累犯、毒品再犯等情节的毒品罪犯,要适当延长其减刑起始时间、间隔时间,严格控制减刑幅度,延长其实际执行刑期。对毒枭、职业毒犯、毒品再犯等严重毒品罪犯的假释,要作出严格限制。

三是不断提高审判专业化、规范化水平。近年来,最高人民法院单独或者会同有关部门制定了《关于审理毒品犯罪案件适用法律若干问题的解释》及《全国法院毒品犯罪审判工作座谈会纪要》(《武汉会议纪要》)等多部司法解释、规范性文件,逐步形成了较为完备的禁毒司法规范体系,对统一法律适用、促进规范司法、确保依法从严惩处毒品犯罪起到了重要作用。各级人民法院要加强业务学习培训,确保准确理解和规范适用上述文件,不断提升毒品犯罪审判队伍专业化水平,加强审判规范化建设,切实提高办案质量。

为规范毒品犯罪案件的取证、认证工作,最高人民法院会同有关部门加强调研指导,并取得了一定成效。各级人民法院要按照以审判为中心的刑事诉讼制度改革的要求,引导取证、举证工作围绕审判工作的要求展开,切实贯彻证据裁判原则,确保事实证据经得起法律检验,确保犯罪分子得到依法惩处。

四是积极提升禁毒综合治理效能。毒品问题成因复杂,需要多部门齐抓共管,多方面综合施治。各级人民法院要认真履行禁毒委成员单位职责,充分利用审判资源优势,通过召开新闻发布会、发布典型案例、庭审直播、公开宣判、开展法治教育、配合专项整治、参与帮扶指导、提出完善禁毒防控建议等方式,积极参与禁毒综合治理,不断拓展法院禁毒工作的空间,提升治理效能。

## 三、下一阶段重点工作

一是毫不动摇地坚持依法从严惩处毒品犯罪。要充分运用刑罚手段惩治毒品犯罪,对依法应当判处重刑乃至死刑的犯罪分子,要坚决依法判处。要积极配合"净边"专项行动,加大对新型毒品犯罪的打击力度,深入推进涉毒资产追缴工作。同时,要进一步提高对毒品犯罪死刑案件的法律适用和政策把握能力,确保死刑的精准适用。

二是进一步规范毒品犯罪案件法律适用。针对审判实践中遇到的新情况新问题,如新型毒品的定罪量刑标准、制造毒品半成品犯罪的死刑适用等,最高人民法院将积极开展专项调研和对下指导,适时出台相关文件,为打击毒品犯罪提供更加精准的法律政策指引。

三是进一步严格毒品犯罪案件证据标准。要认真执行新刑事诉讼法司法解释,严格落实有关毒品犯罪证据收集审查的相关要求,进一步树牢证据意识,完善证据审查认定规则,提高审判人员审查运用证据的能力,确保毒品犯罪案件证据质量。

四是坚持打防并举、综合施治。要不断创新人民法院参加禁毒综合治理工作的方式,积极配合禁毒重点整治,推进市域毒品治理现代化,围绕乡村振兴强化农村毒品治理,为推进毒品治理体系和治理能力现代化提供有力的司法服务和保障。

# 坚决整治顽瘴痼疾　切实完善制度机制
# 进一步规范"减假暂"工作

韩维中[*]

减刑、假释、暂予监外执行作为刑罚变更执行的重要措施，是我国刑法、刑事诉讼法等法律所规定的重要制度，是宽严相济刑事政策在刑罚执行过程中的具体体现，也是刑罚执行人道主义的重要载体，对于激励罪犯积极改造，促进罪犯回归、融入社会，具有非常重要的意义。党的十八大以来，党中央高度重视"减假暂"工作，习近平总书记多次作出重要指示、批示，要求严格规范减刑、假释、暂予监外执行，切实杜绝司法腐败，提高司法公信力。为贯彻落实党中央决策部署，最高人民法院先后出台了一系列司法解释及规范性文件，建立了备案审查、案件评查、常态化监督检查等制度机制，加强信息化建设，取得了一定的工作成效。但是，近年来，云南孙小果案、北京郭文思案等案件也暴露出"减假暂"工作中还存在一些短板和不足。2021年以来开展的全国政法队伍教育整顿，将违规违法办理减刑、假释、暂予监外执行案件作为顽瘴痼疾之一予以集中整治。目前，第一批教育整顿工作取得了阶段性成效，第二批教育整顿工作正在深入开展。2021年7月9日，全国法院刑事审判工作座谈会在黑龙江省哈尔滨市召开，按照最高人民法院党组部署，最高人民法院党组副书记、常务副院长贺荣同志在讲话中强调，要全面排查整治违规违法办理"减假暂"案件，完善健全制度机制，促进"减假暂"工作规范开展。我们必须深刻认识到违规违法"减假暂"的重大危害，以刀刃向内、刮骨疗毒的决心和勇气，坚决整治违规违法"减假暂"顽瘴痼疾，切实提升"减假暂"工作质量，确保"减假暂"案件办理公平公正。

## 一、深入推进违规违法"减假暂"排查整治

违规违法"减假暂"，是刑罚变更执行环节的典型问题，有的还涉及司法腐败，影响恶劣，危害极大，人民群众深恶痛绝，严重危害法治权威和司法公信力。人民法院作为办理"减假暂"案件的重要部门之一，必须严格按照党中央决策部署，明确目标任务，严格工作责任，切实强化第一批教育整顿成果运用，推动整治工作走深走实，坚决按照党中央关于开展第二批政法队伍教育整顿的工作部署，继续深入推进违规违法"减假暂"

---

[*] 最高人民法院审判监督庭庭长。

的排查整治工作。一是坚持依法纠错，对于明显违规违法、裁判处理确有错误的案件，要坚决依法予以纠正。二是准确把握政策界限，把握不同时期法律、司法解释以及相关政策规定，严格区分不规范办案和违规违法办案的性质，依法分类妥善处置，实现政治效果、法律效果和社会效果的有机统一。三是严肃惩处司法腐败，对司法人员存在权钱交易、徇私舞弊、滥用职权、严重渎职等行为的，发现一起，查处一起。四是坚持以问题为导向，加强调查研究，强化成果运用，努力推进制度机制创新，推动顽瘴痼疾整治常治长效。

## 二、加强减刑、假释案件实质化审理

依照我国法律规定，减刑、假释案件由刑罚执行机关提出建议书，报请人民法院审理并作出裁定，人民检察院依法进行监督。2014年，最高人民法院出台了《关于减刑、假释案件审理程序的规定》，规定对六类案件应当开庭审理，实践中人民法院均严格予以贯彻落实。但是，由于减刑、假释案件的特殊性，案件审理流于形式的问题没有得到根本解决。因此，人民法院有必要采取相应措施，加大实质化审理的力度。一是转变司法理念。过去人民法院在办理减刑、假释案件时，往往过度依赖于刑罚执行机关提交的罪犯改造计分考核材料，忽视结合罪犯的犯罪性质、社会危害程度、原判刑罚等因素，综合判断罪犯主观世界的改造效果，导致对证据材料的审查不够全面、细致，案件质量不高。为切实改变这一做法，确保案件办理公平、公正，有必要进一步转变司法理念，坚持全面、严格审查证据材料，从主客观两方面综合判断罪犯是否确有悔改表现，切实贯彻宽严相济刑事政策，确保最大限度地发挥刑罚的功能，实现刑罚目的。二是严格审查实体条件。重点围绕罪犯改造表现考核材料、立功、重大立功材料、罪犯履行财产性判项的能力、再犯罪危险评估材料、实际服刑刑期等容易产生问题的证据材料或者环节进行认真审查和从严把握，不断提高案件质量。三是强化案件办理程序机制。充分发挥庭审功能，对有疑问的证据重点进行核实，必要时采取讯问、询问、庭外调查等多种方式，切实改变案件审理流于形式的状况，督促有关机关依法履职，确保审判职能作用得到充分发挥。

## 三、注重与有关部门形成工作合力

"减假暂"工作涉及人民法院、人民检察院、公安机关、监狱、社区矫正机构等多部门的职责，需要各部门各司其职、分工负责、相互配合、相互制约。因此，人民法院在具体工作中，要注意加强与有关部门的沟通协调，必要时建立会商、联动等工作机制，在充分发挥各部门职能作用的基础上形成工作合力。在办理减刑、假释案件中，通过对案件的严格把关，倒逼刑罚执行机关提高案件报请质量，促进检察机关切实加强法律监督，共同做好相关工作。在办理暂予监外执行案件中，严格审查罪犯是否符合暂予监外执行的条件，依法作出决定，罪犯被暂予监外执行后，人民法院要加强与社区矫正机构的联系，及时掌握罪犯情况。罪犯暂予监外执行情形消失或者违反监督管理规定应当收监执行的，要及时作出收监决定，并积极协调公安、检察、刑罚执行机关等部门及时将罪犯收监执行。

## 四、强化权力运行的监督制约

为加强对审判权力运行的监督制约,"将权力关进制度的牢笼",就需要强化内部监督与外部监督的全方位监督体系。一是加强内部监督,按照司法体制综合配套改革的具体要求,进一步强化院庭长监督管理职责,充分发挥院庭长在重大、疑难、复杂案件中的审核把关作用;切实发挥专业法官会议在聚集经验智慧、提供判断参考等方面的作用;有效发挥审判委员会的集体讨论决策作用。严格落实审判管理、备案审查、案件评查、专项检查等制度机制。二是加强外部监督,自觉接受同级人民代表大会及其常委会的监督,主动汇报工作;依法接受检察机关的法律监督,充分听取检察机关的意见、建议;主动接受社会监督,积极回应人民群众关切。三是严格落实"四个一律"工作要求,切实依法做到立案有公示、开庭有公告、庭审有公开、文书有公布,充分保障人民群众的知情权、参与权、监督权,最大限度推动司法公开,实现阳光司法。通过对权力运行的监督制约,让暗箱操作没有空间,让司法腐败无处藏身,促进"减假暂"工作规范、有序开展。

## 五、健全完善配套制度机制

进一步规范"减假暂"工作,需要健全完善配套制度机制作为保障,以适应"减假暂"工作的新形势、新任务,满足人民群众对"减假暂"工作的新要求、新期待。一是加强人员保障。加强审判队伍建设,高度重视"减假暂"案件审判力量严重不足的问题,配足配强审判力量,不断适应实质化审理的需要;保持队伍相对稳定,加强审判专业化建设;加强对法官的政治教育和业务培训,不断提升能力素质,为案件审理提供有力保障。二是加强激励保障。科学评估"减假暂"案件工作量,建立科学、合理的考评机制,保护、激励法官办案积极性,确保相关改革顺利推进。三是加强科技保障。大力推进信息化建设,尽快推动对减刑、假释网上协同办案平台和减刑、假释、暂予监外执行信息网的改造升级,依托信息化协同办案平台、大数据平台、执行信息平台等,不断拓展信息化运用的深度和广度,通过智能化手段提升案件办理质效,加强权力运行监督制约。四是加强履职保障。加强法官依法履职保护,完善违法追责机制,在对违法违纪案件进行严肃查处的同时,要切实保护法官依法履职行为,解除法官依法作为的后顾之忧。

# 妥善审理民间矛盾激化引发的刑事案件

*湖南省高级人民法院*

湖南法院在最高人民法院有力指导下,扎实推进精准办案,全面把握、准确贯彻宽严相济刑事政策和"保留死刑,严格控制和慎重适用死刑"政策,认真贯彻落实第七次全国刑事审判工作会议关于精准把握案件性质和具体情节、体现区别对待轻重有别等工作要求,确保死刑慎重、公正适用。

一方面,对于抢劫、绑架、强奸、涉黑涉恶、涉枪涉爆等严重影响人民群众安全感的重大犯罪,坚持依法严惩,该判处重刑乃至死刑的毫不手软,并根据被告人在犯罪中的地位作用、情节后果、主观恶性和人身危险性,加以区别对待,该从宽的也依法从宽;另一方面,对于受地区民风民俗的影响,因民间矛盾激化引发的刑事案件,我们坚持总体从宽,特别是适用死刑十分慎重,并充分考虑案件具体情节和危害后果,该严惩的也坚持依法严惩,确保罪责刑相适应,符合人民群众公平正义观。湖南法院创新适用"三三原则",对民间矛盾激化引发的案件严格把关,审判工作平稳顺利,死刑立即执行适用稳中有降,群众认同感、满意度不断提升。

## 一、把握"三个维度",稳妥确定范围

将民间矛盾激化引发的案件与严重危害社会治安、严重影响群众安全感的案件区别对待,实质理由在于,前者系日常生活生产纠纷引发,被告人往往是在情绪冲动下作案,主观恶性和人身危险性相对较小,一定程度上可以宽宥。湖南法院着力从三个维度准确把握民间矛盾的范围,为执行政策、裁量刑罚奠定基础。

一是审查纠纷的性质。民间矛盾仅限于日常生活、合法生产经营活动中的纠纷。因违法行为发生纠纷引发的案件,被告人因参与违法活动,主观恶性、人身危险性与民间矛盾激化引发的案件存在显著差异,不能等同视之。对聚众赌博、卖淫嫖娼过程中因赌债、嫖资等发生的纠纷,盗窃过程中不服同伙指挥和分工,诈骗得手后分赃不均,婚外情人拒绝继续往来或者逼迫与配偶离婚等纠纷,均不作为民间矛盾对待。如文某故意杀人案,文某嫖娼后认为被卖淫女嘲讽,持刀将其杀害,不认定为民间矛盾激化引发的案件。

二是审查纠纷的缘起。民间矛盾激化引发的案件,原则上引发案件的纠纷必须真实存在。没有发生正面冲突,仅是毫无根据地猜测他人于己不利而泄愤报复的,不是民间矛盾激化引发的案件。如朱某某故意杀人案,朱某某酒后想起多名亲属相继离世,认为

是邻居家房屋朝向破坏了自家风水，遂到邻居家行凶，因为双方根本不存在矛盾纠纷，就不能认定为是民间矛盾激化引发的案件。纠纷缘起于微不足道的小事，如对某事件看法不同的言语争执、拥挤人群中轻微身体碰撞等，没有后续冲突就升级行凶的，也不是民间矛盾激化引发的案件。尤其是素无交往的陌生人，因认为不给面子或者一言不合、"眼神不善"就大打出手的，以及虽有小摩擦但对方已尽力回避冲突的，一般判定为动辄行凶、逞强斗狠等恶劣动机，不是民间矛盾激化引发的案件。

三是审查纠纷的主体。民间矛盾激化引发的案件，原则上被告人与被害人是纠纷的相对方，至少是纠纷的相关方。双方发生纠纷后，一方亲友"出头"加害对方的，一般可认定为民间矛盾激化引发的案件。发生纠纷后，加害毫无牵扯的第三人，或者加害不特定对象泄愤报复社会的，不属于民间矛盾激化引发的案件。发生纠纷后雇凶实施犯罪的，对于受雇者，不能按照民间矛盾激化引发的案件处理。

对于上述从纠纷性质、纠纷缘起、纠纷主体方面排除在民间矛盾之外的案件，如嫖资纠纷、赌债纠纷等，既与民间矛盾激化引发的案件有所区别，又不能简单等同于抢劫等严重危害社会治安案件，而是坚持具体案件具体分析，充分考虑案发起因方面的具体情况，综合评判作案手段、情节、后果及主观恶性、社会影响，确保实现法律效果和社会效果有机统一。

## 二、抓住"三个关键"，确保裁判公正

对于因婚姻家庭、邻里纠纷等民间矛盾激化引发的故意杀人、故意伤害等犯罪，适用死刑一定要十分慎重。湖南法院充分考虑死刑裁判可能引发的社会反响，反复权衡、审慎裁判，确保裁判结果经得起各方审视和检验。

一是分清是非对错。认真审查纠纷产生升级、冲突加剧爆发全过程，发现取证不到位的，及时协调补查，必要时到现场实地查看。以社会主义核心价值观为标准，考虑常情常理、公序良俗，分清双方责任，确保过错认定稳妥得当。被害人曾对被告人及其家庭成员实施侵害的，或者案发前有明显的侮辱、诽谤、挑衅等行为的，认定被害人存在过错或者重大过错。如周某某故意杀人案，周某某与邻居何某某发生矛盾，何某某持械殴打周某某，后周某某持刀将准备驾车离开的何某某杀害，可认定何某某存在重大过错。注重过错认定与矛盾激化过程、行为严重程度的动态平衡，将纠纷已调解处理完毕，聚餐时"赖酒不喝"等常人可以容忍的轻微不当，朋友不答应借钱等未侵犯、未妨碍被告人正当权益的情形，排除在故意杀人等严重犯罪案件被害人过错之外。如自某某故意杀人案，自某某与文某同居数年后分手，约定二人之子由自某某抚养，后自某某多次恐吓文某，将儿子送到文某父母家，案发当日，自某某从文某父母家欲离开时，文某的家人让自某某讲清楚再走，自某某持刀行凶致一死二伤。该案中，文某的家人让自某某讲清楚再走，不违背社会常理人之常情，不构成过错。单身男女正常的恋爱纠纷中，被害人提出分手或者移情别恋，但没有隐瞒、欺骗，也没有其他情况的，不认定被害人有过错。

二是突出惩处重点。将死刑适用的重点对准挑战法律权威、突破伦理底线、犯罪情节和后果特别严重的犯罪分子。对于民间矛盾激化引发的案件，综合权衡、审慎决定，

只有犯罪情节特别恶劣、后果特别严重、人身危险性极大的，才适用死刑立即执行。如方某某故意杀人案，方某某与邓某恋爱同居期间，不允许邓某与异性接触，向邓某泼洒硫酸致其烧伤，邓某外出躲避，被方某某蹲守发现后劫持杀害。方某某犯罪情节特别恶劣，手段特别残忍，且曾因盗窃犯罪两次被判刑，主观恶性深、人身危险性大，经最高人民法院核准已执行死刑。

三是坚持轻重适度。全面评判犯罪的事实、性质、情节以及社会危害性，既着力发挥死缓限制减刑对死刑立即执行的替代作用，又切实防止死缓限制减刑的不必要适用。对于民间矛盾激化引发致一人死亡，被告人有自首等法定从宽情节的，一般不判处死刑立即执行，判处死缓罚当其罪的，不限制减刑。如肖某某故意杀人案，肖某某携带柴刀查看自留地时，怀疑邻居肖某甲家的牛吃了自家树苗叶子，二人发生激烈争吵，肖某某持柴刀将肖某甲砍倒在地，用树枝掩盖，恐其不死，又两次向肖某甲头部连砍数刀致其死亡，后肖某某到公安机关投案。本案犯罪情节恶劣，手段残忍，但考虑系民间矛盾激化引发，肖某某有自首情节，依法判处死缓。对于民间矛盾激化引发、致一人死亡，被告人虽无法定从宽情节，但犯罪情节不是特别恶劣、手段不属特别残忍的，原则上判处死缓，并将死缓限制减刑作为补充；致二人以上死亡的，一般可判处死刑，但有自首、被害人过错等法定从宽情节或者重大酌定从宽情节的，要根据具体案情慎重把握，确保罪责刑相适应。

# 准确把握宽严相济刑事政策
# 实现法律效果和社会效果有机统一

浙江省宁波市中级人民法院

近年来，宁波两级法院准确贯彻宽严相济刑事政策和"保留死刑，严格控制和慎重适用死刑"政策，在依法严惩严重刑事犯罪、维护社会大局稳定、促进社会公平正义的同时，妥善审理民间矛盾激化引发的故意杀人、故意伤害等案件，兼顾国法天理人情，实现了法律效果和社会效果的有机统一。

## 一、区分具体情况，准确认定民间矛盾激化引发的案件

对于因恋爱、婚姻、家庭、邻里纠纷等民间矛盾激化引发的案件，应当与发生在社会上的严重危害社会治安的其他案件有所区别。合理界定民间矛盾的范围，对于落实好宽严相济刑事政策和死刑政策具有特别重要的意义。社会生活中，矛盾纠纷纷繁复杂，产生的原因也多种多样。办案中，既要避免无限扩大民间矛盾的范围，把社会生活中的矛盾纠纷一概都纳入民间矛盾范畴，又要避免不当缩小民间矛盾的范围，防止部分犯罪分子享受不到政策的"阳光"。

界定民间矛盾应考虑以下几个要素：一是被告人和被害人的身份关系具有特殊性，表现为情感上的亲密性或地缘上的相近性，一般发生在家人、亲属、恋人、邻居、同事等熟人之间。二是矛盾的内容是在日常生活、生产经营中形成的。在嫖娼、赌博等不法活动中发生的案件，不属于民间矛盾激化引发的案件，但一般也与抢劫等严重危害社会治安案件有所区别。三是加害对象是矛盾相对方，而非不特定的人，与严重危害社会治安犯罪在主观恶性和社会危害程度上有明显差别。如高某某以危险方法危害公共安全案，高某某因琐事与被害人沈某某发生冲突，被人劝开后，高某某不顾沈某某身边还有其他人，驾驶汽车冲撞沈某某等人，致四人受伤。高某某驾驶机动车冲撞人群，犯罪对象是不特定的人，不属于民间矛盾激化引发的案件。

## 二、综合考虑各种量刑情节，确保罪责刑相适应

办理民间矛盾激化引发的故意杀人、故意伤害等案件时，宁波市中级人民法院综合考虑犯罪起因、情节、危害后果、有无前科劣迹、认罪悔罪态度等因素，区别对待，该严则严、当宽则宽，确保罪责刑相适应。

一是考虑犯罪的起因。重点考查被害人是否对矛盾的产生、发展、激化存在过错或者责任。被害人过错的认定要点有：是被害人本人实施；被害人实施了违反社会公德的行为或者违法犯罪行为；被害人的过错行为与被告人的犯罪行为之间具有引起和被引起的因果关系。如冯某某故意杀人案，被害人无端怀疑丈夫与冯某某之妻存在不正当关系，长期多次辱骂冯某某一家，案发当日，在冯某某避让的情况下，被害人仍跟随辱骂，冯某某将其杀害。鉴于被害人无端猜疑、多次辱骂，在冯某某避让时仍不罢休，可以认定被害人对引发本案存在过错，量刑时应当考虑。此外，对于被害人在矛盾产生之初没有过错，但在矛盾处理中采取了不恰当的方式方法，直接激化、加剧矛盾的，可认定为被害人对矛盾激化负有一定责任。

二是考虑犯罪手段、场合和被告人的主观恶性、人身危险性等。手段方面，重点考查所用工具、打击部位等，使被害人肉体与精神遭受极大痛苦，故意折磨被害人的，应作为从重情节考虑。场合方面，在公共场所当众实施的，对人民群众安全感危害更大，应考虑从重。主观恶性和人身危险性方面，重点考查是有预谋还是激情犯罪，是直接故意还是间接故意，犯罪后是否救助被害人，是否分尸、碎尸、抛尸，是否积极赔偿被害人经济损失，有无前科劣迹及平时表现，等等。对于累犯，特别是曾因暴力犯罪被判重刑后又故意杀人的，如果没有过硬从宽情节，一般可考虑判处死刑立即执行。对于犯罪后积极抢救被害人的，可以作为从轻情节考虑。对于主观恶性极深、人身危险性极大、严重挑战法律底线和社会伦理底线，论罪应当判处死刑的，坚决依法判处。如谷某某故意杀人、强奸、非法拘禁案，谷某某未成年时曾有盗窃、绑架、故意伤害等违法犯罪行为，此次因情感纠纷杀死前女友，又强奸、非法拘禁他人，罪行极其严重，人身危险性极大，经最高人民法院核准已执行死刑。

三是考虑是否有自首、立功等从宽情节。重点考查自首、立功价值的大小，所反映的被告人认罪、悔罪态度等。对于民间矛盾激化引发的故意杀人案件，被告人自首的，如果没有特别从重的情节，一般考虑不判处死刑。如卢某故意杀人案，卢某与被害人合租期间，因生活噪音问题发生争执，卢某砍击被害人颈部一刀致其死亡，后投案自首，认罪悔罪，积极赔偿，依法判处无期徒刑。对于恶意利用自首规避法律制裁的，一般不予从宽处罚。

## 三、尽力化解涉案矛盾，探索解决刑附民赔偿难问题

一是努力化解涉案矛盾。民间矛盾激化引发的案件，被告方和被害方多存在较为密切的关系，宁波市中级人民法院注重明晰是非对错，分清双方责任，对于符合调解范围的案件，把调解工作贯穿于办案全过程，避免简单地一判了之。坚持法理情相结合，着力做好双方思想工作，促使被告人认罪悔罪，争取被害人及亲属谅解，化解双方积怨。充分调动各方力量，建立党委、政府、基层自治组织、社区网格员、调解员等联动调解机制，努力将矛盾化解在基层。办案中，针对社会管理漏洞，向相关单位发出司法建议。如王某某故意杀人案，王某某因邻居家狗吠多次交涉、投诉无果，持刀行凶致邻居家三死一伤，该案审结后，宁波市中级人民法院与有关部门积极沟通，促成《宁波市养犬管

理条例》出台。

二是积极探索赔偿救助路径。被害人及亲属无法获得有效赔偿，是引发矛盾影响稳定的一个重要因素。宁波市中级人民法院建立激励被告人自动履行、国家司法救助、司法援助保险、民间慈善资金救助的"1+3"模式，积极解决赔偿难问题。推进附带民事赔偿自动履行工作，将履行赔偿作为被告人认罪态度的重要考量因素，同时出具证明作为被告人日后减刑、假释的参考材料。针对有的被告人及亲属确无赔偿能力的情况，为符合条件的被害人及亲属申请司法救助。经最高人民法院批准，宁波市中级人民法院试点司法援助保险制度，由宁波市财政出资，法院投保，涉人身损害赔偿附带民事案件申请执行人为受益人，申请执行后被执行人确无财产的，申请执行人向保险公司申请理赔。探索利用民间力量开辟司法救助渠道，两家基层法院设立司法援助慈善基金，由慈善机构负责管理，专项用于涉执行不能案件当事人的司法援助。

# 谋创新　抓关键　聚合力
# 推动未成年人刑事审判工作再上新台阶

山东省青岛市即墨区人民法院

近年来，山东省青岛市即墨区人民法院（以下简称即墨法院）始终坚持贯彻未成年人利益最大化原则，坚持立足审判抓维权、帮教结合抓成效、共建平台抓预防、锐意进取抓创新，为维护未成年人合法权益做了大量工作，获得全国优秀青少年维权岗、全国法院少年法庭工作先进集体等荣誉称号。我们的主要经验做法有以下几方面。

## 一、对侵害未成年人犯罪始终保持依法严惩态势

一是从严惩处侵害未成年人犯罪。即墨法院自 2008 年成立少年审判庭以来，对此类犯罪始终坚持"零容忍，严惩处"的立场，依法审理侵害未成年人权益案件 300 余件，以高压态势有效震慑违法犯罪行为。从案件类型来看，侵害未成年人犯罪主要集中在故意伤害、性侵等犯罪。

二是慎重对待性侵案件的民事赔偿。近年来，性侵未成年人犯罪受到社会前所未有的关注。在审理该类案件中，对于民事赔偿问题，即墨法院在量刑时慎重考量，杜绝造成"花钱买刑"的误解。例如，被告人王某将被害人纪某某（女，十三岁）强奸后，又伙同二名同案被告人将纪某某轮奸，经鉴定，纪某某患创伤后应激障碍，该案审理过程中，三被告人赔偿被害人 12 万余元，被害方请求对被告人从轻处罚。即墨法院经审理认为，被告人轮奸幼女，犯罪性质恶劣，给被害人身心造成严重伤害，罪行严重，应在量刑时总体考虑从重，对谅解情节从严把握，故对三被告人分别判处有期徒刑十四年至十一年六个月不等刑罚，彰显了法院从严惩处犯罪的鲜明立场。

三是准确权衡从重与从宽情节。对存在多个逆向量刑情节的案件，即墨法院高度重视对从重与从宽情节的权衡把握，确保裁判结果罪刑相当。例如，被告人傅某某系中学班主任，以辅导功课为由，在办公室和教室对一名十三岁的女学生实施猥亵，后在同事规劝下自首，积极赔偿取得被害方谅解。即墨法院经审理认为，被告人作为对未成年人负有特殊职责的教师，对学生实施猥亵，犯罪性质恶劣，虽有自首和取得谅解的从宽情节，但从宽处罚幅度应严格掌握，故以猥亵儿童罪对其判处有期徒刑三年。

## 二、精准把握未成年人犯罪案件惩罚与保护的平衡点

一是坚持宽容但不纵容，做到区别对待。同是未成年人犯罪，犯罪的原因、手段、

情节、后果、性质也会存在很大差异，所以必须注意区别对待，对确因年幼无知或者一时失足犯罪的，尽量感化挽救；对主观恶性深、情节恶劣的，依法惩处，体现"宽容但不纵容"的精神。例如，被告人于某某（时年十七岁）在寻衅滋事犯罪的缓刑考验期内成立"西装暴徒"组织，纠集20余名社会闲散人员加入，统一将某短视频平台账号名称添加"（西装暴徒）"的后缀，彰显其组织成员身份，并建立QQ群，便于组织联络。于某某等人通过拍摄视频，公然宣扬暴力，并购买砍刀、消防斧等器械集中存放，实施寻衅滋事犯罪5起、聚众斗殴犯罪4起及违法行为2起，造成恶劣社会影响。即墨法院经审理认为，于某某及多名同伙虽是未成年人，但应认定为恶势力，对未成年人从宽的量刑情节严格把握，故数罪并罚判处于某某有期徒刑九年。

二是坚持双向保护原则，妥善把握从严与从宽处罚的幅度。双向保护原则是处理未成年人之间发生的刑事案件应当坚持的一项原则，既要考虑未成年被告人的特殊性，刑事处罚体现宽缓，也要体现对未成年被害人的特殊保护，体现从严的一面，二者之间看似冲突，但在审判中并非不可调和，关键在于把握好从严与从宽的"度"。第一是平衡未成年被告人与未成年被害人的利益。即墨法院严格区分犯罪的性质、情节、危害程度，综合确定对未成年被告人的量刑从宽幅度。对于一些情节较轻、社会危害性小、只是一时失足的未成年人，着重体现从宽的一面。对未成年人针对其他未成年人实施的性侵等严重暴力犯罪，适度从严把握量刑从宽的幅度，通过必要的惩罚，帮助涉罪未成年人辨明是非，对法律产生敬畏心理，同时体现对未成年被害人的抚慰。第二是通过司法延伸等手段确保取得好的社会效果。对此类案件，认真听取未成年被害人及其法定代理人的意见，做好释法说理和抚慰等工作。对造成未成年人人身伤害的，尽力促使未成年被告人及其监护人做出经济赔偿；对没有赔偿能力的，或者根据案件性质，不宜开展民事调解工作的案件，积极开展司法救助，确保经济困难、身心受损的未成年被害人能得到经济上的帮助，并引入心理疏导等措施，防止被害人受到"二次伤害"。

## 三、凝心聚力，彰显未成年人刑事审判的人文关怀

一是因案制宜，深入推进司法延伸保护。2008年以来，即墨法院先后出台《参与社区矫正工作实施办法》和社区矫正配套文书，提高帮教工作的可操作性，努力帮助未成年犯中的在校生争取保留学籍继续就读，帮助务工人员顺利复工。关注未成年犯心理健康问题，案件审结后办案法官结合个案、个体差异跟踪开展心理干预，帮助其形成完整、正确的"三观"，更好地适应和融入社会。截至2021年7月，即墨法院已帮助10名未成年犯复工、32名未成年犯复学，其中4人考上大学。同时，加大对未成年人的司法救助力度。通过与相关部门沟通，发动民间慈善力量，构建未成年人社会救助网络，以此作为司法救助的补充，实现司法救助与社会救助无缝衔接，有效解决部分未成年的罪犯和被害人在生活、学习、医疗方面的困难。目前已为11人发放司法救助金共计14万余元。

在被害人吴某被亲生父亲性侵一案中，被害人尚不满三岁，母亲患有轻度精神发育迟滞。在坚决依法严惩被告人的同时，如何让被害人幼有所育、健康成长，成为一个必须妥善解决的现实问题。即墨法院经过多次了解发现，被害人母亲虽患轻度精神发育迟

滞，但除反应较慢、不爱说话以外，基本的判断能力、生活自理能力以及照顾被害人饮食起居都不存在问题，案发后也是被害人母亲到公安机关报案，被害人一直都是由其母亲照顾，对母亲也较为依赖，且被害人的祖父母、外祖父母或者去世或者不具备监护能力，因此，即墨法院决定继续由被害人母亲抚养照顾被害人，为被害人申请司法救助金5万元、社会救助金1万元，并建议基层政府落实低保等政策。为确保救助效果，即墨法院根据被害人的关键成长节点制定详细的救助计划，定期回访并发放救助金，保障其十八岁之前的正常生活、学习，至今已跟踪救助六年之久。中央电视台《社会与法》栏目专题采编了即墨法院未成年人跟踪帮教、心理干预及司法救助情况。

二是以案说法，深入开展青少年普法宣传。打造线上线下"立体化"青少年普法机制。搭建线下法治教育平台，在全区中小学以及职业学校设立三所法治教育基地，采取"走出去、请进来"的方式开展普法教育。常态化开展法院开放日、送法进校园、青少年法治讲座、模拟法庭等普法活动，编辑出版法治教育图书，不断提高青少年学法、用法、守法的自觉意识。开辟线上普法平台，联合有关部门制定《关于开展青少年线上法治教育活动的意见》，采取关心下一代工作委员会牵头协调、法院主导、教体局组织实施的工作模式，开展疫情期间青少年线上法治教育活动。组织资深少审法官录制预防未成年人犯罪主题普法教育视频，2.4万名中小学生在线学习，引导学生们做学法、知法、守法的文明青少年。

三是引案为鉴，深入发挥司法建议作用。在办案中注重总结、提炼案件反映的问题，并根据实践及时向相关单位提出针对性司法建议，营造预防犯罪的良好氛围。如即墨法院在审理前述牛某某等群体性未成年人涉恶案件中，发现该犯罪群体被网络上不良风气影响，形成崇尚暴力、金钱等不良价值观，模仿影视作品聚众打砸、斗殴。案件宣判后，即墨法院向区教体局发出加强在校青少年法治教育和法治宣传、开展家长法治课堂的司法建议，得到积极回应，进一步营造了预防犯罪的良好氛围。

四是谋新求实，"三张名片"推动少年审判专业化发展。第一张名片是设置独立审判法庭。早在2008年6月，即墨法院即成立独立编制的少年审判庭，后整合成立少年家事审判庭。2019年内设机构改革，面临基层法院机构缩减的情况，即墨法院克服困难，创新性地以专业化人民法庭的形式保留住了少年家事法庭。第二张名片是设立"心灵港湾"心理辅导室。聘请3名国家二级心理咨询师及2名从事专业心理教育工作的教师志愿者，开展专业化心理辅导，制定《未成年人刑事案件心理干预工作办法》，为内心有阴影、有压力、心理不健全的未成年被告人提供专业心理辅导，有针对性地调整他们的特殊心理状态，目前已对32名未成年犯进行了心理矫正，效果良好。第三张名片是成立"法官妈妈工作室"。抽调资深少审法官，通过建立人员档案、进行心理疏导、定期家庭回访、帮助联系学校或工作单位等措施，架起未成年犯回归社会的桥梁。

## 【刑事政策】

## 在全国法院推进刑事案件认罪认罚从宽制度工作部署会上的讲话

最高人民法院副院长 李少平

(2019年2月20日)

同志们：

在全国法院认真学习贯彻习近平总书记在中央政治局常委会听取两高党组汇报后发表的重要讲话精神、中央政法工作会议精神和全国高级法院院长座谈会精神之际，经周强院长批准，最高人民法院今天召开全国法院推进刑事案件认罪认罚从宽制度工作部署会，主要目的是贯彻落实《全国人大常委会关于修改〈中华人民共和国刑事诉讼法〉的决定》（以下简称《修改决定》），总结交流认罪认罚从宽制度试点改革经验，部署全面开展认罪认罚从宽审判工作，统一思想认识，明确目标要求，规范操作程序，确保法律准确有效实施。

要深刻认识认罪认罚从宽制度的重大意义。完善刑事诉讼中认罪认罚从宽制度，是党的十八届四中全会作出的重大改革部署。2014年6月，全国人大常委会通过决定，授权最高人民法院、最高人民检察院在北京等18个地区开展刑事案件速裁程序试点工作。2016年9月，全国人大常委会授权"两高"在前述18个地区开展认罪认罚从宽制度试点工作，速裁程序试点纳入其中继续试行。四年来，在最高人民法院和相关高级人民法院指导下，各试点地区中级、基层人民法院凝神聚力，攻坚克难，开拓创新，积极作为，试点工作深入有序开展。另外，一些没有被确定为试点的地方法院，也主动依法积极探索。试点法院"从无到有""从少到多"，试点案件数量不断增多、范围不断扩大，刑事审判质效明显提升，在落实宽严相济、加强人权保障、推进繁简分流、促进公平正义方面取得了显著成效，为完善刑事诉讼程序创造了可复制、可推广的经验，刑事司法领域首次"试验性立法"取得了圆满成功。在此，我代表最高人民法院，向受到表扬的31个先进集体表示热烈祝贺！向开展试点工作的各个法院和广大法院干警表示衷心感谢和诚挚问候！

习近平总书记指出，改革开放只有进行时，没有完成时，政法系统要在更高起点上，推动改革取得新的突破性进展。此次刑事诉讼法有关内容的修改完善，是贯彻习近平新时代中国特色社会主义思想和党的十九大精神，落实党中央关于深化司法体制改革的决策部署，推进国家治理体系和治理能力现代化的重要成果。其中，正式确立的认罪认罚从宽制度，是构建中国特色多层次刑事诉讼体系的重大探索，是推动新时代中国特色刑事诉讼制度新发展的重要抓手。各级人民法院要以习近平总书记关于刑事审判一系列重要论述为指导，切实贯彻中央政法工作会议上的重要讲话精神，以司法改革永远在路上的理念，从新起点上再出发，从更高层次、更高站位上找准切入点、着力点，推进司法改革在新时代取得新进展。要全面把握、准确适用认罪认罚从宽制度，切实抓好贯彻落实，巩固深化改革成果，推动新时代刑事审判工作创新发展。下面，我就人民法院贯彻落实修改后刑事诉讼法、准确适用认罪认罚从宽制度谈几点意见。

## 一、统一思想，深刻认识认罪认罚从宽制度化的重大意义

周强院长指出，要准确把握社会主要矛盾变化对人民法院工作提出的新要求，密切关注人民日益增长的美好生活需要呈现出的多样化、多层次、多方面的特点，切实满足人民群众多元司法需求，健全公正司法的制度机制。认罪认罚从宽制度，正是刑事案件处理模式多样化、多层次探索的重要方面。四年的试点实践充分证明，以认罪认罚从宽制度为抓手，完善刑事案件分流处理机制，构建中国特色多层次刑事诉讼程序，是新时代解决我国刑事诉讼面临的新问题、推进刑事立法、刑事司法精细化精准化的有效途径，是更好满足人民群众新期待和社会多元司法需求、在更高层次上实现公正与效率相统一的制度安排，具有重大的时代意义和实践价值。

认罪认罚从宽制度化，是适应与犯罪作斗争的客观规律、及时有效惩罚犯罪的必然要求。及时、准确查明犯罪事实，正确适用法律，惩罚犯罪分子，保障无罪的人不受刑事追究、有罪的人受到公正惩罚，是刑事诉讼的基本任务。随着国家法治的进步和人权保障的完善，刑事诉讼中证明、认定犯罪的证据标准更高、要求更严，打击犯罪的成本和投入也不断增加。一方面，我们面对的许多犯罪，手段不断翻新，证据稍纵即逝，调查取证难度增大；另一方面，我们又要强调，每个案件都必须做到事实清楚、证据确实、充分。被告人认罪认罚，对于收集、固定客观证据，及时侦破、移送案件，保障诉讼顺利进行，具有重要的经济和效率价值。同时，对于减少诉讼过程中的控辩冲突，化解被告方和被害方的矛盾恩怨，恢复因犯罪破坏的正常关系，促进社会稳定，具有重大和谐价值。还能鼓励犯罪嫌疑人、被告人主动认罪并从中获得较轻处罚，且有利于防范非法取证和刑讯逼供等违法办案行为，防范冤错案件发生，确保无罪的人不受刑事追究。

认罪认罚从宽制度化，是落实宽严相济、发挥政策法律威力的有效方式。宽严相济是党和国家长期坚持的基本刑事政策，也是世界各国各地区基本认同的刑法价值取向。从自首从宽处罚、坦白从宽处罚到认罪认罚从宽制度，是宽严相济刑事政策在刑法、刑事诉讼法中的系统整合和一体实现。我国刑法自颁布之日起即规定了自首从宽制度，明确犯罪以后自首的，可以从轻处罚，犯罪较轻的，可以减轻或者免除处罚。刑法修正案（八）进而规定坦白从宽制度，明确犯罪嫌疑人如实供述自己罪行的，可以从轻处罚，避免特别严重后果发生的，可以减轻处罚。刑法修正案（九）对贪污贿赂犯罪的坦白从宽

作了进一步细化和延伸,明确对自愿认罪、真诚悔罪、积极退赃、避免、减少损害结果发生的,可以依法从轻、减轻或者免除处罚。最高人民法院出台的《关于常见犯罪的量刑指导意见》,对自首、坦白、退赃退赔等情节,都规定了相对较轻的处理原则和从宽幅度。刑事诉讼法针对认罪案件规定了简易程序与刑事和解程序,此次修改增设的速裁程序,也是针对认罪认罚轻罪刑事案件设计的诉讼程序。将这些规定系统整合为认罪认罚从宽制度并确立为刑事诉讼法的重大原则,使认罪认罚案件获得特别的诉讼程序和可靠的制度保障,有利于鼓励被告人自愿如实认罪,真诚悔罪改过,内心服判认罚,从而更好落实坦白从宽,全面贯彻宽严相济,释放刑事政策和刑事法律效能。

认罪认罚从宽制度化,是创新社会治理、实现打击犯罪与保障人权有机统一的重要途径。随着全面依法治国深入推进,社会治理现代化不断创新,刑事立法越来越注重参与社会治理,将一些群众反映强烈的违法行为、重大危险行为等纳入刑事处罚范畴,特别是扒窃、危险驾驶等多发违法行为犯罪化以后,轻微刑事案件大幅增加,所占比例越来越高。全国法院判处三年有期徒刑以下刑罚的案件比例,近几年都在80%以上。最典型的是危险驾驶行为,2011年刑法修正案(八)入罪以来,案件数量呈爆发式增长,2017年全国法院审结近19万件,占一审刑事案件总量的近七分之一,2018年10月破天荒地超过盗窃罪的收案数,跃居个罪第一。刑法参与社会治理,一方面,有利于快速推进社会治理现代化;另一方面,也会干预社会生活,出现入罪门槛降低、"犯罪圈"扩大等新现象。如果不因应立法变迁,对犯罪分子仍不加区分地一律羁押、监禁、走普通程序,不仅实现不了立法意图,而且可能造成犯罪嫌疑人、被告人在单一呆板的诉讼程序中受到"污染",这既会增加司法成本,也可能增加社会安全隐患。因此,我们要把认罪认罚从宽制度化,放在提升社会治理效能、加快推进社会治理现代化的大格局中去把握和落实。在确保案件质量的前提下,遵循刑事诉讼法基本原则,简化认罪认罚案件处理程序,缩减审前羁押时间,可以有效减少讼累,切实在诉讼程序中保障人权,避免因羁押时间决定量刑结果和"关多久判多久"等现象发生。

认罪认罚从宽制度化,是优化司法资源配置、完善中国特色刑事诉讼体系的重要举措。习近平总书记在中央政法工作会议上指出,要深化诉讼制度改革,推进案件繁简分流、轻重分离、快慢分道。认罪认罚从宽制度化,是完善刑事案件分流处理机制的有益探索。近年来,严重危害社会治安的犯罪案件呈下降趋势,但刑事案件总量不断攀升,"案多人少"矛盾仍然存在。2017年,全国法院审结一审刑事案件近130万件,比2010年增加66.7%。如果不论认罪与否,不管案件难易,一律平均分配力量,既没必要,也不现实,势必影响司法效率,影响疑难复杂案件的司法资源投入,司法机关也将不堪重负。要解决"案多人少"矛盾,根本出路是改革诉讼制度和优化资源配置,完善制度机制,提升审判效率。通过对认罪认罚案件分流处理,推进繁简分流层次化、精细化、体系化,构建普通程序、简易程序、速裁程序有序衔接的多层次诉讼体系,简案快办,繁案精办,实现诉讼程序与案件难易、刑罚轻重相适应,符合我国司法实践需要和刑事诉讼制度发展规律,有利于优化司法资源配置,促进庭审实质化,推进以审判为中心的诉讼制度改革，进一步完善中国特色刑事诉讼制度体系。

认罪认罚从宽制度化，既是有益借鉴的他山之石，又是立足中国国情的自主创新。认罪认罚从宽制度，是党和国家长期坚持的宽严相济、坦白从宽刑事政策的制度化和深化发展，是我国刑事法律制度自然演进的结果。当然，也适当借鉴了国外辩诉交易、认罪协商等诉讼制度中的一些合理因素，如，强化认罪认罚的法律效果，完善相关法律程序，尊重被告人的诉讼主体地位和程序选择权，但并非辩诉交易的翻版。从制度定位上看，认罪认罚从宽的根本目的是确保公安机关、人民检察院、人民法院依法、及时、公正履行追诉、惩罚犯罪的职责，犯罪嫌疑人、被告人只是通过认罪认罚来争取从宽，而不是就定罪量刑进行讨价还价。而国外的辩诉交易，是当事人主义诉讼模式的产物，犯罪嫌疑人、被告人与检察官可以就诉讼结果进行协商处分、交易还价，以避免诉讼风险。从适用标准上看，认罪认罚从宽制度，坚持以事实为根据、以法律为准绳，贯彻证据裁判要求，是否从宽及从宽的具体幅度，都要依照法律规定和政策要求来把握。而国外的辩诉交易，只要被告人作出认罪答辩，一般即可定罪判刑，有的案件从宽幅度具有极大的不确定性。从职权配置上看，认罪认罚案件的定罪量刑，由检察机关提出建议，人民法院要在严格审查的基础上依法作出裁判。而国外的辩诉交易，法官对交易结果一般只进行形式审查，程序合法即予确认，按交易结果判决。一定要明确这两者之间存在的本质区别，正确理解适用认罪认罚从宽制度。

## 二、明确方向，准确把握认罪认罚从宽适用原则

在试点授权的前期调研和审议讨论时，曾有一些同志对认罪认罚从宽制度存在顾虑，担心会出现量刑把握不准，不加区分一律从宽，甚至发生重罪轻判、量刑失衡等问题；也有人担心证据把握不严，过分依赖口供，不加审查即予定罪，降低证明标准，乃至造成错案等问题。前期试点中，最高人民法院、最高人民检察院、公安部、国家安全部、司法部在试点办法中强调了坚持宽严相济、坚持罪责刑相适应和坚持证据裁判三项原则，确保了试点依法稳妥有序开展。刑事诉讼法修正案施行后，我们要牢牢把握法律原则和工作要求，避免宽严失衡、繁简失当。

要一体贯彻宽严相济刑事政策。认罪认罚从宽制度是坦白从宽刑事政策的具体化和制度化，是宽严相济刑事政策的重要组成内容。适用认罪认罚从宽制度，要与贯彻宽严相济刑事政策相统一，找准宽严相济的平衡点，避免片面从严、一味从宽两种错误倾向。对于三年以下的轻罪案件，特别是社会危害不大的初犯、偶犯、过失犯、未成年犯，要用足用好认罪认罚从宽制度，在不违背罪责刑相适应原则的前提下，可适度轻判的，轻判；可判处缓刑的，缓刑；可免刑的，免刑。强化制度激励，充分体现政策，打击孤立极少数、团结教育挽救大多数。要把占全部刑事案件80%以上的三年以下的轻刑案件以及因民间矛盾激化引发、双方达成谅解和解，被告人自愿如实认罪、真诚悔罪认罚的案件，作为适用认罪认罚从宽制度的重点。只要具备从宽条件、不违背人民群众公平正义观念，要大胆依法予以从宽，用足用好这一制度，尽量减少社会对立面，促进社会长治久安。

同时，也要注意防止"一刀切"、一律从宽。对于重大犯罪、严重暴力犯罪、严重破坏社会治安犯罪，对于社会普遍关注、群众反映强烈的重大敏感案件，以及被告人前科累累、屡教不改、主观恶性深的案件，即使被告人认罪认罚，该重判的也要依法重判，切实贯彻宽严相济政策。对于涉及社会敏感因素、复杂背景、隐藏着风险的案件，适用认罪认罚从宽要把握好，避免复杂问题简单化处理。

要遵循罪责刑相适应原则。对认罪认罚的被告人量刑，既要体现认罪认罚从宽，又要考虑其所犯罪行的轻重、人身危险性的大小和应负刑事责任的大小，做到罪责刑相适应。一方面，要看认罪认罚的主动性、及时性、稳定性、全面性，是否确有悔罪表现，以及对司法机关及时侦破案件的作用，来决定从宽的具体幅度。例如，主动投案与被动归案，到案即供述与多次讯问后才供述，始终稳定供述与时供时翻，全部供述犯罪事实与隐瞒次要犯罪事实，在确凿罪证面前才认罪与带领公安人员找到重要物证、人证，对于这些情形，在确定从宽幅度时应当有适当区别；另一方面，要看罪行的严重程度。罪行较轻、人身危险性较小的，特别是初犯、偶犯，从宽幅度可以大一些；罪行较重、人身危险性较大的，以及累犯、再犯，则要依法从严掌握。对于检察机关提出的量刑建议明显偏离罪责刑相适应原则的，即便被告人、辩护人和被害人无异议，人民法院也应当认真审查、依法裁判，确保量刑公正，维护法律权威。

要坚持证据裁判原则。根据刑事诉讼法的规定，办理任何刑事案件，都必须以事实为根据，以法律为准绳。认罪认罚案件也不例外，必须贯彻证据裁判原则。犯罪嫌疑人、被告人认罪后，办案机关也要依法全面收集、固定、审查、运用证据。人民法院要按照法定程序认定和采信证据，坚守"事实清楚，证据确实、充分"的法定证明标准。必须强调的是，所有刑事案件，无论被告人认罪与否、刑罚轻重，都应当适用统一证明标准。要准确把握认罪认罚案件与疑罪案件、证据瑕疵案件的界限，防止把本应"疑罪从无"的案件变成"疑罪从轻"，不能因为被告人认罪，就降低证明标准，对疑罪降格认定处理。同时，也要防止对本可定罪的案件，因办案人员工作不到位、责任心不强、业务水平不高，而轻易作为疑案处理或者在量刑上留有余地，放纵犯罪分子。要注意把握被告人认罪对取证、举证、认证的影响，一方面，认罪口供是定案的直接证据，真实、自愿、合法的口供，可以大大增强内心确信；另一方面，也不能全靠口供，该补查的不补查，该把关的不把关，防止出现过分倚重口供定案的现象。

### 三、提高认识，准确理解认罪认罚从宽制度设计

认罪认罚从宽制度，是对自愿如实认罪、真诚悔罪认罚的犯罪嫌疑人、被告人依法从宽处理的刑事法律制度，是实体规范和程序保障一体构建的综合性法律制度，是认罪认罚实体法律和诉讼程序的有机统合。其基本精神是对认罪认罚案件分流处理，实体从宽、程序从简，促进坦白从宽具体化、繁简分流精细化。

要准确把握"认罪"。这里的"认罪"，是指犯罪嫌疑人、被告人自愿如实供述自己的罪行，承认指控的犯罪事实。对此，可以按照刑法关于自首、坦白中"如实供述自己

的罪行"来把握。承认指控的主要犯罪事实，仅对个别细节提出异议的，或者对犯罪事实没有异议，仅对行为性质提出辩解的，不影响"认罪"的认定。最高人民法院发布《关于处理自首和立功具体应用法律若干问题的解释》《关于被告人对行为性质的辩解是否影响自首成立问题的批复》《关于办理职务犯罪案件认定自首、立功等量刑情节若干问题的意见》《关于处理自首和立功若干具体问题的意见》，对如何认定"如实供述"，已有比较明确的规定，可以照此把握。实践中，"认罪"可以表现为自首、坦白，也可以是当庭自愿认罪等形式，要综合全案事实、情节，结合认罪的形式、阶段、程度、价值以及悔罪表现等情况，决定是否从宽、如何从宽。

要准确把握"认罚"。这里的"认罚"，是指犯罪嫌疑人、被告人真诚悔罪、明确表示愿意接受司法机关给予的处罚，特别是接受检察机关提出的量刑建议，对检察机关建议判处的刑罚种类、幅度及刑罚执行方式没有异议。这里的"刑罚"，原则上包括主刑和附加刑。根据案件具体情况，检察机关对主刑提出的量刑建议，可以有一定的幅度，也可以是确定的刑期，还可以附条件，如区分达成和解与未达成和解、预缴罚金与未缴纳罚金等情形。刑罚执行方式是量刑重要内容，提前解决适用争议，方便案件后续处理，也可避免检察机关事先不提意见、待法院宣告缓刑后又抗诉，或者被告人自以为是缓刑、在被判处实刑后提起上诉的情况。检察机关对财产刑提出量刑建议的，一般应当提出确定的数额，以便法院确定和被告人认同。需要注意的是，"认罚"考察的重点，是犯罪嫌疑人、被告人的悔罪态度和悔罪表现。实践中，犯罪嫌疑人、被告人主动退赃退赔、积极赔偿损失、取得谅解和解、同意适用程序，等等，也是其悔罪认罚的表现。犯罪嫌疑人、被告人真诚悔罪，接受检察机关量刑建议，尽力退赃退赔的，应当认定为"认罚"；犯罪嫌疑人、被告人表面上接受量刑建议、承诺缴纳罚金，背后却"暗度陈仓"，隐匿、转移财产致使财产刑无法执行的，显无真诚的悔罪态度，不宜认定为"认罚"。

要准确把握"从宽"。确保认罪认罚的法律效果，是认罪认罚从宽制度的重要内容，要从实体和程序两方面把握"从宽"。实体上从宽，必须明确两点。一是一般要从宽，但绝非一律从宽。认罪认罚从宽，是"可以"从宽，要依据事实和法律综合考量，确定是否从宽及具体幅度。当然，"可以"从宽，也不是可有可无，应当理解为，没有特殊理由的，都应当体现法律规定和政策精神，从宽处罚。但是，绝不能把认罪认罚从宽简单地理解为一律从宽，对于严重危害国家安全、故意危害公共安全犯罪、严重暴力犯罪、涉众型犯罪等严重犯罪，对于黑恶势力犯罪的领导者、组织者、骨干分子，即使被告人认罪认罚，能否从宽也要严格把握。二是区分情形，适度从宽。对认罪认罚的被告人量刑，要根据犯罪的事实、性质、情节和对社会的危害程度，综合考虑认罪认罚的具体情况，依法确定是否从宽及从宽幅度。需要强调的是，以往的法律制度和司法实践对"认罪"关注较多，对"认罚"关注相对较少。修改后的刑事诉讼法已将认罪认罚从宽作为刑事诉讼法的原则予以规定，对于被告人真诚悔罪认罚、接受检察机关量刑建议的，在量刑时一般要予以考虑。

程序上从宽处理，从三方面进行把握。一是简化审判程序，保障被告人获得迅速审判的权利。对于基层人民法院管辖的认罪认罚案件,可以适用简易程序或者速裁程序进行审判;对于其他认罪认罚案件,适用普通程序简化审理。二是对认罪认罚的犯罪嫌疑人、被告人,优先考虑适用非羁押强制措施。三是附条件提前终止诉讼,主要是特殊案件的审前分流处理,由公安机关撤销案件,或者由检察机关作不起诉处理,不涉及审判环节。

要严格规范诉讼程序。认罪认罚从宽制度的一个重要方面,是对认罪认罚案件简化程序,从快办理,但不能一味从"简"求"快",必须遵循刑事诉讼法的基本原则,确保程序公正。一是严格把握速裁程序适用条件。被告人对指控罪名提出异议,辩护人作无罪辩护,被告人与被害人未就附带民事赔偿事项达成和解、调解协议,案件有重大社会影响等法定排除情形的,都不得适用速裁程序。二是完善速裁程序运行机制。各地先前探索的"轻刑快审"机制,和试点探索的刑拘直诉模式、全流程简化模式、"一步到庭"模式,都是有益尝试,各地法院可以学习借鉴,继续整合、探索完善,推动诉讼全程简化提速。需要注意的是,速裁程序省略法庭调查、法庭辩论这一核心环节后,一些地方的庭审程式化倾向突出。刑事诉讼法规定,速裁案件不进行法庭调查、法庭辩论,这是授权性规定,并不是说,速裁程序就不能进行法庭调查、法庭辩论。对定罪量刑的关键事实该问的还是要问,庭审的功能还是要体现。对被告人认罪认罚的自愿性、真实性,对拟判处非监禁刑被告人的人身危险性,对被告人的法庭教育,应当在庭审中查清说明,必要时要多问几句、多说几句,以发挥庭审应有功能。三是规范简易程序适用。要依照刑事诉讼法和相关司法解释,严格把握适用条件,发现案件有法定排除情形的,如被告人是盲聋哑人或者限制刑事责任能力的精神病人,共同犯罪中部分被告人不认罪,案件有重大社会影响,等等,应当转为普通程序审理。此外,对涉及国家秘密的案件,在审理方式、举证质证、律师查阅复制卷宗时,要严格遵守法律和司法解释等有关规定。

要切实保障当事人权利。一方面,要充分保障被告人的各项诉讼权利和实体权利,尊重其诉讼主体地位和程序选择权,确保认罪认罚自愿性;另一方面,也要强调被害人的有效参与,充分听取其意见,依法保护被害人权益,做到"从简不减损权利"。一是确保被告人获得及时、充分、有效的法律帮助。有辩护人或者值班律师参与,是认罪认罚案件的必备条件。被告人没有辩护人的,应当及时通知值班律师提供法律帮助。对于符合应当指定辩护条件的,要依法通知法律援助机构指派律师为被告人提供辩护。各级法院要与司法行政机关加强协调,为派驻法律援助值班律师提供适当的办公场所,支持值班律师依法履职。二是确保被告人知悉认罪认罚的法律后果,促使其自愿认罪认罚,自愿选择诉讼程序。要告知被告人依法享有的诉讼权利,告知其认罪认罚的法律后果,听取被告人及其辩护人或值班律师的意见,对认罪认罚的自愿性和认罪认罚具结书内容的真实性、合法性认真审查核实。适用速裁程序、简易程序,必须征得被告人同意。三是切实保护被害人的合法权益,依法听取被害人及其代理人意见,并将双方是否达成和解、谅解协议,作为量刑的重要考虑因素。被告人认罪认罚,但没有赔礼道歉、退赃退赔、赔偿损失,未能与被害人达成调解或者和解协议的,在从宽时要区别对待。

要坚持以审判为中心的刑事诉讼制度发展方向。检察机关实行"捕诉合一"改革以后，主办检察官及其办案团队的权力增大了，人民法院相互配合、相互制约的责任也相应增大了。严格审查检察机关对认罪认罚案件提出的量刑建议，是强化认罪认罚法律效果的重要保障。对于认罪认罚案件，人民法院依法作出判决时，一般应当采纳人民检察院指控的罪名和量刑建议，但有可能影响公正审判的除外。需要明确的是，办理认罪认罚案件，公检法三机关之间分工负责、相互配合、相互制约的关系没有变化，裁判权只能由人民法院依法行使。定罪量刑作为审判权的核心内容，具有专属性，检察机关的量刑建议仍然属于程序职权，是否适当、是否采纳应由人民法院依法裁判。要依法充分发挥审判特别是庭审对侦查、起诉活动的把关、制约作用，对于起诉指控的事实清楚、罪名准确、量刑建议适当的案件，应采纳起诉的罪名和量刑建议依法作出有罪判决；对于被告人不构成犯罪、不应当追究其刑事责任，或者被告人否认指控犯罪事实，以及认罪认罚违背被告人意愿或者具有其他可能影响公正审判情形的，人民法院应当依法作出判决；对于量刑建议明显不当的，或者被告人、辩护人对量刑建议提出异议且有道理的，人民法院可以建议检察机关调整，也可以在听取控辩双方意见的基础上依法径行作出判决。

**四、狠抓落实，确保认罪认罚从宽制度统一有效实施**

要强化组织督导。各级人民法院要切实增强责任感、使命感和紧迫感，高度重视认罪认罚从宽制度的有效贯彻实施。要在党委政法委领导下，结合本地实际情况，会同有关部门，有针对性地做好宣传贯彻解读工作，强化协调配合，增强各家共识，凝聚几方合力，积极统筹推进。此前纳入试点的人民法院，要继续探索、优化工作机制；没有纳入试点的人民法院，要循序渐进、稳步推开实施，步子可以慢一点，但要踩得准、迈得稳。最高人民法院和各高级人民法院要加强对下监督指导，密切关注认罪认罚从宽制度贯彻落实情况，监督法律规范有序实施。既要防止徇私枉法、滥用职权等违法情况发生，也要注意避免因政策把握偏差、司法能力不足导致制度实施偏离正确方向。

要强化学习培训。认罪认罚从宽制度化，既有实体法律的完善，又有诉讼程序的创新；既涉及侦查、起诉、审判各个诉讼环节，又涉及刑罚观念、执法理念、资源配置等多个方面，涉及面广，影响性大。全国普遍实施后，必然会遇到各种复杂情况。各级人民法院要结合学习全国人大常委会《修改决定》，及时传达本次会议精神，采取各种形式，组织研讨培训，学习新规定，研究新做法，领会新精神，在真学真懂真用上狠下功夫，让每一位刑事审判人员掌握认罪认罚从宽制度的立法原意、制度内涵和原则要求，确保法律统一有效实施。

要强化配套保障。利用信息化大数据，把握认罪认罚案件特点，完善审判监督管理机制，增设相应办案模块，完善智能辅助办案系统，构筑特色审判流程，促进科学办案，提升审判质效。及时修订相关文书样式，健全绩效考评指标体系，科学合理评估办案绩效。要结合量刑规范化改革，研究完善认罪认罚案件量刑规则，细化刑罚特别是非监禁刑适用标准，提高量刑建议的准确性和刑罚裁量的科学性。

要加强调查研究。认罪认罚从宽制度实施是一个系统性、整体性很强的"大工程"，可谓"牵一发而动全身"，其中，速裁程序、值班律师又是新生事物，在全国推行实施后，新情况、新问题乃至新困难会不断出现。要加强调查研究，及时梳理、及时研究、及时上报，不断总结改进，促进制度完善。

同志们，2019 年是新中国成立七十周年，是决胜全面建成小康社会第一个百年奋斗目标的关键之年，也是人民法院"五五改革"的开局之年。各级人民法院要坚持以习近平新时代中国特色社会主义思想为指导，高举新时代改革开放伟大旗帜，坚持改革再出发，以贯彻全国人大常委会《修改决定》为契机，将贯彻落实认罪认罚从宽制度放在新时代推进刑事审判体系和审判能力现代化大局中去谋划、部署和落实，立足本职、真抓实干、攻坚克难，努力开创刑事审判工作新局面，为改革发展和全面建成小康社会提供更加有力的司法服务和保障。

# 发挥认罪认罚从宽制度作用是司法机关共同的责任*

最高人民法院副院长　高憬宏

党的十九届四中全会提出"坚持和完善中国特色社会主义制度、推进国家治理体系和治理能力现代化"的总目标，认罪认罚从宽制度是刑事司法领域落实这一目标的重大改革举措。

从全国法院看，认罪认罚从宽制度全面实施以来，总体运行平稳有序，在依法惩治犯罪、加强人权司法保护、贯彻宽严相济刑事政策、推进案件繁简分流、促进公平正义方面取得了显著成效。同时也应看到，在制度实施过程中，还存在一些值得关注和需要解决的问题。相信这次研讨会一定能够在加强理论研究、深化思想认识、指导司法实践方面发挥重要作用。在此，我谈三点体会。

首先，统一思想，全面认识认罪认罚从宽制度的价值蕴含。

认罪认罚从宽制度系统性强，贯穿侦查、起诉和审判各个环节，涉及公安、检察、审判和司法行政等机关，它的准确有效实施离不开科学、正确的诉讼理念作指导，离不开对价值蕴含和制度设计的整体把握，离不开各专门机关的有力配合和有效制约。该制度不仅具有案件繁简分流，优化司法资源配置的重要作用，而且通过环环相扣的程序设计带来了诉讼模式和诉讼理念的重大变革。该制度通过赋予程序选择权和实体从宽，鼓励真正的犯罪嫌疑人、被告人自愿认罪认罚，实现了从对抗式诉讼向协作式诉讼的转变；通过控辩量刑协商机制的构建，实现了犯罪嫌疑人、被告人由消极诉讼主体向积极诉讼主体的转变；通过刑事责任和附民责任一体化解决，实现了惩罚性司法向恢复性司法的转变；通过构建多元化刑事诉讼体系，实现案件繁简分流、轻重分离、快慢分道，更好地满足了人民群众新期待和社会多元司法需求。从推进国家治理体系和治理能力现代化的目标要求来看，认罪认罚从宽制度的落实，有利于减少对抗，节约司法资源，减轻当事人诉累；有利于被害人合法权益保护和罪犯改造；有利于及时化解社会矛盾和社会风险，实现社会安定与和谐。

其次，立足国情，准确把握认罪认罚从宽制度设计。

认罪认罚从宽制度，是对自愿认罪认罚的犯罪嫌疑人、被告人依法从宽处理的刑事司法制度，是程序保障和实体规范一体构建的综合性法律制度。其基本精神是对认罪认

---

* 本文为最高人民法院副院长高憬宏在"国家治理现代化与认罪认罚从宽制度"研讨会（2020年9月4日）上的致辞节选。

罚案件分流处理，实体从宽、程序从简，使宽严相济刑事政策制度化、法律化。必须充分认识到，认罪认罚从宽制度，是我国刑事法律自身发展完善的结果，不是辩诉交易制度的翻版。因此，围绕该制度实施过程中出现的问题，应当从我国的现实国情出发去研究和探讨，实事求是地加以解决。人民法院应当立足职能定位，依法履行好法律赋予的职责，不仅要把好认罪认罚自愿性的审查关，而且要严格落实好庭审实质化的要求。发现事实不清、证据不足或者被告人反悔不认罪的案件，依法应当转程序的要及时转程序重新审理。要严格证据审查，不轻信口供，切实防范发生冤错案件。对于被告人提出上诉的认罪认罚案件，要坚持全面审查的原则，区分不同情形依法作出公正裁判。

最后，深化研究，完善综合配套机制，充分发挥制度效能。

认罪认罚从宽制度试点期间，各地积累了许多可复制、可借鉴的经验，如北京海淀法院在看守所建立速裁中心，青岛法院、厦门法院探索阶梯式量刑减让机制，天津法院创造了一步到庭模式等，这些有益做法和经验，都要认真总结。为增强值班律师帮助的有效性，2019年最高人民法院、最高人民检察院、公安部、国家安全部、司法部出台了《关于适用认罪认罚从宽制度的指导意见》，明确规定值班律师享有会见权和阅卷权，从赋权的角度提供保障。2020年最高人民法院、最高人民检察院、公安部、国家安全部、司法部又出台了《法律援助值班律师工作办法》，进一步细化了值班律师工作职责和工作保障，从规范行为和资金保障等多方面解决有效法律帮助不足问题。此外，切实增强认罪认罚从宽量刑的透明度，让犯罪嫌疑人、被告人清楚认罪认罚的后果并自愿选择认罪认罚，始终是认罪认罚从宽制度设计的重点。试点期间探索形成的阶梯式量刑减让机制，对于鼓励真正的犯罪嫌疑人、被告人尽早认罪起到了至关重要的作用。例如，厦门集美地区，在试点结束后的2019年，第一次讯问时犯罪嫌疑人认罪率达到54.9%，且供述稳定性强。

充分发挥认罪认罚从宽制度作用，为国家治理体系和治理能力现代化作出司法贡献，是司法机关共同的责任。人民法院将与检察机关、公安机关、司法行政机关共同努力，严格公正司法，严格执行认罪认罚从宽制度。我相信，随着诉讼理念的转变、司法能力的提高、理论研究的深入、综合配套机制的完善，认罪认罚从宽制度一定会行稳致远。

# 正确把握认罪认罚从宽　保证严格公正高效司法

最高人民法院审判委员会原副部级专职委员　胡云腾

犯罪嫌疑人、被告人认罪认罚的,给予从宽处罚。这是党的十八届四中全会确立的重大司法改革举措。2018年10月26日,全国人大常委会通过的关于修改刑事诉讼法的决定,将这一改革举措转化为法律制度,并在刑事诉讼法第一章"任务和基本原则"中规定,体现了党和国家对认罪认罚从宽制度的高度重视。在中央政法委的直接部署和中央政法各部门的共同努力下,认罪认罚从宽制度四年来的试点运行和一年来的贯彻实施情况总体良好、成效显著。与此同时,除18个试点地区以外的大部分地区,在刑事诉讼法修改、生效以后才开始实施认罪认罚制度,办案人员既没有详备的程序制度可资遵循,也缺乏丰富的操作经验可供支撑。故在贯彻实施过程中出现了一些偏差,在正确理解上出现了一些误区,突出表现在认识片面、经验不足和急于求成等方面。需要我们认真总结实践经验,不断深化对认罪认罚从宽制度的认识,以积极、稳妥、务实的态度推进认罪认罚从宽制度正确实施和健康发展。

### 要点一:统一思想认识,全面把握认罪认罚从宽制度的丰富内涵

正确实施一项法律制度,首先要全面准确认识把握该项制度的全部内容和价值取向,这也是当前正确认识和实施认罪认罚从宽制度的关键。笔者当年有幸参与了这项制度的起草和讨论过程,对此略知一二,故想先讲讲这个问题。

一要深刻认识认罪认罚从宽制度蕴含的"两个和解"精神。

认罪认罚从宽制度通过对自愿认罪认罚的被追诉人给予程序和实体的双重从宽激励,一方面,敦促被追诉人选择与办案机关合作,通过自愿认罪认罚而获得国家一定程度的宽恕即实现与国家和解;另一方面,认罪认罚从宽制度敦促被追诉人向被害人认罪并通过赔礼道歉、退赃退赔、赔偿被害人损失等方式,与被害人达成和解或者附带民事诉讼调解协议,从而获得被害人谅解即实现与被害人和解。因此,认罪认罚从宽制度实施的初衷,不是简单的权力转移或者是程序简化,而是化"对抗性司法"为"恢复性司法",促使被追诉人认罪认罚而后与国家、被害人和解,从而达到化解矛盾、促进和谐的目的。

二要深刻认识认罪认罚从宽制度蕴含的"两个参与"要求。

认罪认罚从宽制度是"参与型"司法制度。一方面,通过赋予被追诉人以认罪认罚为前提条件,获得程序适用选择权和与控方协商量刑权,促使被追诉人积极主动地参与到对自己处罚的决定过程中来,并对处罚结果发表意见、贡献力量,从而改变了过去被

追诉人只能被动参与诉讼程序和消极接受处罚结果的境遇;另一方面,确保了被害人也能有效参与到公诉机关代表国家指控被告人的程序中来。以往公诉案件中,对被告人的刑事惩罚被害人往往是作为旁观者。现在,认罪认罚从宽制度要求检察机关应当就对被追诉人的定罪、量刑以及程序适用等事项听取被害人意见,并将被追诉人是否与被害人达成和解协议或者赔偿被害人损失,取得被害人谅解作为从宽处罚的重要考量。被追诉人没有赔礼道歉、退赃退赔、赔偿损失,未能与被害方达成调解或者和解协议的,从宽时予以区别对待,而且会直接影响到速裁程序的适用。

综上所述,刑事诉讼法将认罪认罚从宽确立为法律制度,从根本上改变了把刑事案件的当事人简单地作为刑事诉讼活动的消极主体或者旁观者的传统做法,赋予当事人对于刑事诉讼活动的参与权,让当事人成为刑事诉讼活动的积极主体,体现了国家基本法律对当事人诉讼权利和诉讼地位的尊重,增添了刑事诉讼活动的当事人主义色彩,彰显了刑事诉讼模式和定罪量刑结果由"国家独断型"向"协商决定型"的重大转变,可以视为我国诉讼理念和诉讼模式的重大创新。

三要深刻认识认罪认罚从宽制度内含的"两个节约"。

确保国家司法资源高效使用,同时节约当事人的诉讼成本,是认罪认罚从宽制度的重大价值。近年来,公检法机关案多人少矛盾加剧,法院尤为突出,刑事诉讼证据裁判要求和证明标准越来越严,公正司法的成本越来越大。随着经济社会和科学技术的发展,犯罪手段越来越隐蔽,科技犯罪、共同犯罪案件、涉众型案件越来越多,侦查机关收集证据的难度越来越大。认罪认罚从宽制度通过"认罪越早从宽越多"的激励机制,引入阶梯式量刑减让机制,鼓励被追诉人尽早认罪认罚,既切实保障了供述的自愿性,增强了口供的证明力,也为其他证据的收集、案件的及时侦破奠定良好的基础。不仅如此,认罪认罚从宽制度的实施,还可以促进案件从侦查阶段就实现繁简分流,进而缩短了多数案件的办案周期,确保了司法资源的高效益使用。此外,被追诉人通过自愿选择认罪认罚,不仅实体处理上获得从宽处理,而且有权选择质证方式灵活的速裁和简易程序,切实减少了诉累。因此,不论是从国家机关的角度,还是从当事人的角度看,认罪认罚从宽制度都是一项显著节约刑事诉讼成本的制度。

四要深刻认识认罪认罚从宽制度着力实现的"两个减少"。

从矫正改造罪犯的角度而言,用最小的改造成本取得最优的改造效果,是犯罪改造现代化的必然要求。认罪认罚从宽制度鼓励被追诉人自愿选择认罪认罚,实际上就是鼓励被追诉人正确面对自己的罪行,有勇气主动将自己交付国家处罚。这种真诚认罪悔罪的表现,也是被追诉人自我救赎、自我改造的起点。相对于罪犯被动接受惩罚而言,罪犯认罪认罚无疑会取得更好的改造效果,从而减少国家改造罪犯的成本。同时,被追诉人因为自愿认罪受到了国家的奖励,量刑上获得了从宽,减少了其本应承担的刑事责任,无疑会增强被追诉人自我改造的积极性和信心,将来还会获得更多的减刑、假释机会。因此,"两个减少"所产生的迭加改造效应,会大大减轻国家和罪犯家庭、个人的行刑负担,并能有效落实党的十八届四中全会决定提出的"健全公安机关、检察机关、审判机关、司法行政机关各司其职,侦查权、检察权、审判权、执行权相互配合、相互制约的体制机制"的改革部署,更加契合现代犯罪治理规律。

五要深刻认识认罪认罚从宽制度着眼化解的"两个风险"。

公正处理刑事案件，防范罪犯再次实施犯罪，预防潜在的犯罪人实施犯罪，不仅是适用刑罚的目的，也是有效化解社会矛盾，促进社会和谐，落实宽严相济刑事政策的总体要求，更是防范化解社会重大风险，推进社会治理现代化的必然要求。认罪认罚从宽制度通过激励机制促进被追诉人与国家和解、与被害人和解，实质性地修复了被犯罪破坏的社会关系，能够有效化解罪犯再次犯罪或报复社会的风险；同时也会有效化解犯罪分子与被害人之间因矛盾没有化解而发生的相互侵害风险，并有助于减少刑事申诉信访现象，从而达到防范刑事案件处理所可能产生的"次生风险"，维护社会和谐和秩序稳定的目的。

总之，认罪认罚从宽制度是一项于国、于民、于社会、于当事人都有实在利益的法律制度，体现了国家和社会治理体系与治理能力现代化的新要求。价值多元、意义重大、影响深远。我们在适用认罪认罚从宽制度时，要认真权衡相关案件的处理效果是否实现了这些价值追求，是否体现了这项重大改革的目标导向。同时还要清醒地认识到，"徒法不能以自行，良法未必有善治"，认罪认罚从宽制度所有的价值追求，都只是一种可能性，要把诸多可能性变成现实性，需要我们通过严格公正高效的司法活动来实现、来检验。

### 要点二：发挥制度优势，全面推进认罪认罚从宽制度贯彻落实

认罪认罚从宽制度的全面贯彻实施，贯穿侦查、起诉、审判乃至执行等诉讼过程或工作环节，需要法院、检察院、公安机关、国家安全机关、司法行政机关等多个部门积极参与和大力配合。只有在各级党委政法委的直接领导下，充分发挥中国特色社会主义司法制度的优越性，才能取得党和人民满意的效果。就人民法院来说，应当在依法履行司法审判职责的基础上，积极参与、大力支持其他部门开展认罪认罚从宽工作。要切实发挥司法审判最后一道防线的把关作用，落实分工负责、各司其职、相互配合、相互制约的基本原则，力争每个认罪认罚从宽案件都得到公正处理，努力让人民群众在每一个司法案件中感受到公平正义。

一要严格依法履行实质审查职责。

我国的检察官和律师是司法人员和法律工作者，不是受政府、当事人雇用到法庭上交锋的对手。我国的认罪认罚从宽制度，是中国特色的有条件认罪宽恕制度，不是美国等西方国家"辩诉交易"的翻版或中国化。任何一种把认罪认罚从宽制度与辩诉交易混为一谈的观点都是不成立的。因此，人民法院审查认罪认罚案件，不得像美国法院那样搞"形式审查"，必须进行实质审查。况且，我国法院根本就没有美国法院所具有的对刑事案件的立案审查权，对犯罪嫌疑人、被告人的拘捕决定权，对各种侦查、搜查措施和涉案财物控制、处置决定权等程序决定权，刑事被追诉人也没有沉默权、被讯问时律师在场权等诉讼权利，所以，在案件起诉到法院之前，法院对其他办案机关如何办案的、如何开展认罪认罚的情况等一无所知，也无从发挥配合、制约作用。只有当案件移送到法院以后，法院才能对其他办案机关的办案情况进行事后的、书面的审查。即便是进行实质审查，效果也很有限。如果再流于形式审查，就无从发现审前程序存在的问题，审

判程序的监督、把关作用就会失守，法院在一定意义上就会成为橡皮图章或签字先生，对公正司法、保障人权必然有害无利。因此，法院对认罪认罚从宽案件的审查，要切实履行司法审判职责，从证据采信、事实认定、定罪量刑、程序操作、各方参与和建议说理等方面进行全面的、实质的审查。

二要依法对被追诉人认罪认罚的自愿性及认罪认罚具结书内容的真实性、合法性进行实质审查。

被追诉人认罪认罚的自愿性是认罪认罚从宽制度正当性的基础要素，也是认罪认罚从宽制度中的要点和难点。故《中央全面深化改革领导小组关于认罪认罚从宽制度改革试点方案》和《最高人民法院、最高人民检察院、公安部、国家安全部、司法部关于在部分地区开展刑事案件认罪认罚从宽制度试点工作的办法》（以下简称《试点办法》）从三个维度进行程序设计规范，目的就是要保障认罪认罚的自愿性。一是规定侦查、检察机关应当依法履行告知、释明义务，确保被追诉人对认罪认罚的法律规定、性质和法律后果的知悉权、权衡权和选择权；二是规定由辩护律师或者值班律师为被追诉人提供有效的法律帮助，确保被追诉人在获得有效法律帮助的前提下自觉、自愿、自主作出选择；三是专门在庭审程序中设置了审查自愿性的环节，切实把好最后一道关。修改后的刑事诉讼法吸收了上述规定，并将自愿性审查规定在刑事诉讼法第一百九十条第二款之中。必须强调指出，认罪认罚自愿性审查是认罪认罚从宽制度有效运行的关键程序节点，不是可有可无的虚设，法院要高度重视这个问题，切实履行相关职责。审查被告人的自愿性，要着重核实以下内容：被告人是否受到过暴力、威胁、引诱而违背自己的意愿认罪认罚；被告人认罪时的认知能力和精神状态是否正常；被告人是否理解认罪认罚的性质和可能导致的法律后果；公安、检察机关是否履行了告知义务并听取了其意见；值班律师或者辩护人是否提供了有效的法律帮助或者辩护，是否参与了量刑协商，并在场见证认罪认罚具结书的签署；被告人供认的事实、检察机关指控的事实有无事实依据；等等。

此外，对于适用速裁程序审理的案件，由于可以省略庭审质证环节，法院还要切实把好程序审查关，防止无辜者被定罪。实践中，如果在自愿性审查环节中发生走过场、流于形式等不负责任做法，必须坚决纠正。

三要依法审查量刑建议是否适当。

检察机关在认罪认罚从宽案件中提出的量刑建议，是处理此类案件最为重要的司法意见，既具有实体性又具有程序性，法院要把审查量刑建议作为重中之重。首先要明确，量刑建议是检察机关的建议权，本质上仍属于求刑权的范围，不是检察机关代为行使法院裁判权。但是它有别于非认罪认罚案件的量刑建议，它是控辩双方就量刑问题协商后达成的"合意"，体现了代表国家的检察机关基于被告人的认罪认罚在实体上作出量刑减让的一种承诺，承诺最重要的意义是被告人对认罪认罚后果能有合理的预期。因此，《试点办法》和修改后的刑事诉讼法第二百零一条对量刑建议的效力规定为除法定情形外，人民法院"一般应当"采纳，这里的"一般应当"体现了对"合意"的尊重，但不是"照单全收"。法院对认罪认罚案件的量刑建议以及协商过程仍要严格审查，发现量刑建议存在明显违反罪责刑相适应原则、违反类案同判和法律统一适用、背离司法公正或者人民群众公平正义观念、违背一般司法认知等明显不当情形的，要告知人民检察院调整量刑建议并说明理由，检察机关不调整或者调整后的量刑建议，法院仍认为不适当的，应当依法作出公正判决。

四要认真审查认罪认罚和量刑协商过程是否合法、规范。

认罪认罚从宽制度实际上把本属于在审判阶段才展开的实体权衡活动提前到了审前阶段，由于审前阶段存在透明度差、参与人少等弱项，所以更需要严格、规范的程序加以保障。且由于我国立法没有授予法院介入审前程序的规定，所以，案件到了法院以后，法院需要格外重视对认罪认罚从宽案件的程序审查，防止程序失范影响实体公正，须把住认罪认罚案件的程序关口，确保程序公正。要审查当事人的各项诉讼权利是否得到保障，尤其是否获得了有效的法律帮助，是否有效参与了量刑建议的协商过程；办案机关有无欺骗、胁迫当事人违心接受量刑建议的程序违法行为；等等。法院一旦发现控辩协商过程违法并可能影响司法公正，要区别不同情形依法作出处理，需要提出纠正意见的要依法提出，需要转程序的要依法转程序，同样不允许出现重实体轻程序的现象。

五要正确对待检察机关提出的精准量刑建议问题。

对于检察机关所提量刑建议是精准的，还是有幅度的，法律和司法解释都没有明确规定。所以，在实践中检察机关无论是提精准量刑建议，还是提有幅度的量刑建议，都是符合法律规定的。至于是提精准量刑建议好还是提有幅度量刑建议好，这要根据具体情况进行分析，应当是符合具体案件实际的才好，否则就是不好。就法院而言，应当鼓励检察机关把认罪量刑工作做实做细，提出精准量刑建议，这样就会减轻法官审查定罪量刑的负担。但是，实践中，案件情况千差万别，有的案件，各种量刑情节都有，从重和从轻情节交织，一个合议庭合议量刑，有时还颇费思量。若强求一个集批捕、起诉权于一人的独办检察官在起诉时就提出精准量刑建议，不仅勉为其难，而且权力过大，容易出问题。如果我是检察官，我就会在法官独任审判的案件中尽量提出精准量刑建议并建议法官直接采纳，因为这类案件情节往往比较简单，容易权衡；如果法院是组成合议庭审判的案件，就最好提有幅度的量刑建议，供合议庭量刑时参考，因为这类案件往往事实情节较多，不易权衡。有幅度的量刑建议既能体现对量刑的慎重，也能体现对合议庭的尊重。要知道一个检察官的判断能力，不可能超过一个合议庭的判断能力。实践中，如果检察官对合议庭审理的案件提出的是精准量刑建议，我建议合议庭要对量刑建议格外认真审查，防止建议不周全。另外，提不提精准量刑建议，还有一个经验积累问题，在刚开始开展认罪认罚从宽制度的地方，尤其是检察官缺乏量刑建议经验的，应当少提、慎提精准量刑建议，不宜强求数量；在积累一定经验以后，可以多提精准量刑建议。

**要点三：明确认识弥合分歧，确保认罪认罚从宽制度健康发展**

从理论界和实务界看，如何看待和实施认罪认罚从宽制度，还存在一些认识上的分歧和实务上的差别，这是正常的现象。同时，要把这么重大的制度实施好，也是非常不容易的，当前，首要问题是在一些重大问题上明确认识，防止顾此失彼，出现偏差。

一是办案机关要切实履行相互配合、制约职责。

认罪认罚从宽制度虽然改变了传统的刑事诉讼模式，确立了公安机关、检察机关、审判机关和司法行政机关各司其职，侦查权、公诉权、审判权和辩护权相互配合、相互制约的新的刑事诉讼模式,实现了公诉权由检察机关乾纲独断型向检察机关与当事人、辩护律师协商分享型的转变,但这一诉讼模式转型并不影响法院的中立判断地位,其改变的只是国家公诉权的减让,不是国家审判权的前移,故并未改变法院依法独立审判、公正裁量刑罚的职责,也未改变公检法三机关之间的配合、制约关系。为了保障公平正义更快更好实现,努力让人民群众在每一个司法案件中感受到公平正义,法院应当切实履行配合、制约之责。对于程序合法、量刑适当的,坚决支持;发现被告人的行为不构成犯罪或者不应当追究其刑事责任的,被告人违背意愿认罪认罚的,量刑建议不适当的,简单采纳量刑建议会严重影响司法公正的,应当依法调整并及时作出判决,既不诿责扯皮,也不失职放水。

二是正确看待认罪认罚从宽制度与体现以审判为中心,特别是庭审实质化的关系。

有人认为,认罪认罚从宽制度否定了"以审判为中心"和庭审实质化的要求,实际上成了"以公诉为中心"或者是"以审判前程序为中心",而不再是"以审判为中心"。从办案工作量大量向审判前程序转移而言,审查案件事实和对案件如何处理等主要工作确实都在公诉阶段做了,此话不无道理。但是,认罪认罚的案件事实及量刑建议都必须经过法院开庭审查,是否合适和采纳还是由法院审判以后才能最终决定,法院有权变更罪名,调整量刑等,因此,认罪认罚从宽制度仍然是坚持"以审判为中心"的,只不过与传统的"以审判为中心"表现形式有所不同。对于"庭审实质化",也要用发展的眼光看待,认罪认罚从宽制度实行的查证、质证方式,虽然使得认罪认罚从宽案件庭审实质化的内容与非认罪认罚从宽案件庭审实质化的内容有所不同,但庭审起实质性、决定性作用的精神并未改变,所以,虽然法院开庭的内容变化了,时间减少了,但庭审实质化的精神并未改变。

三是准确把握认罪认罚从宽制度的案件适用范围。

从法律规定看,认罪认罚从宽制度没有范围和对象限制,所有案件都可以适用。从缓解法院目前普遍存在的案多人少的压力看,认罪认罚从宽的范围、对象,应当是越大越多越好。但是,这个制度与其他刑事制度一样,也不是万能或全能的,什么案子能适用、多少案子能适用,也要从实际出发,不能不分情况、不顾条件地强推这项制度,甚至拍脑袋定不切实际的指标。对于案件性质、情节决定必须重判乃至判处死刑的案件,因涉及敏感因素、敏感主体,适用认罪认罚会引发公众质疑的案件,重大、疑难、复杂的案件,办案机关有重大分歧的案件,案件事实证据存在重大疑点的案件,以及其他不宜开展认罪认罚工作的案件等,即使被追诉人认罪,也不宜走认罪认罚从宽程序,被追诉人认罪可作为从宽情节在量刑时考虑,确保适用认罪认罚从宽案件实现"三个效果"统一。至于按照认罪认罚从宽处理的案件数量,要坚持逐步推进、量力而行,不是越多越好,也不是越少越好,而是越公正越高效越好。在开始搞认罪认罚从宽处罚的地区,应当少一点,做成一个是一个,确保质量;在有经验的地方,可以多做一些,待将来经验丰富、能力提高、程序规范以后,再大做特做多做。从国外看,实行辩诉交易和认罪协商的案件比例,也多少不一,如美国大约有97%的案件通过辩诉交易解决,俄罗斯、澳大利亚有60%多的案件通过认罪协商程序解决,苏格兰(2004年)有85%的案件、英格兰和威尔士(2014年)有70%的案件、南非有近90%的案件通过放弃正式审判处理。

从世界范围看，认罪协商制度总体呈现方兴未艾之势。我国的认罪认罚从宽制度，由于才开始尝试，办案机关普遍经验不足，更要看到我国法院不像上述国家的法院一样，法官对审前程序普遍拥有程序决定权或审查权，所以我国的认罪认罚从宽绝不可能搞到西方国家那么多。加之司法环境有待改善等因素的存在，认罪认罚从宽制度只宜积极稳妥推进，不可急于求成求多。

四是正确对待被告人的上诉权。

自速裁程序试点以来，关于认罪认罚案件被告人的上诉权问题，一直存在争论。这涉及以下层面的问题：一是从法律规定上看有没有？这个答案应当是肯定的。因为刑事诉讼法并没有取消认罪认罚从宽案件被告人的上诉权，认罪认罚从宽制度也未改变两审终审制，加之可适用认罪认罚的案件范围没有限制，所以被告人享有上诉权是毋庸置疑的。二是如何对待认罪认罚案件被告人的上诉权问题，个别办案机关出现了一些非理性的做法，有的以"抗诉"对抗"上诉"，即在法院采纳量刑建议的情况下，因被告人上诉而提出抗诉。还有的以"抗诉"代替"上诉"，即在法院未采纳量刑建议依法作出判决但被告人未上诉的情况下，提起抗诉。前者反映出个别办案机关不能容忍被告人反悔的心态；后者反映出不能正确对待法院依法判决的心态。无论是哪一种心态，都应当调整，要正确对待被告人的上诉权和法院的依法裁判权，切不能以"乱抗诉"对待被告人的"乱上诉"。第一，要有容忍被告人依法行使上诉权的度量，应当将此作为当事人监督自己办案是否公正的一个手段或者一个渠道；第二，如果量刑建议适当，被告人因自愿认罪认罚已经得到好处的情况下，判决后又反悔上诉的，二审法院应当严格审查。属于非自愿认罪认罚或者有其他正当理由的，法院应依法予以支持；违背具结协议上诉无理的，不予支持，该依法发回的，坚决发回，不再按认罪认罚案件从宽程序处理，让"失信被告人"付出程序与实体双重代价。

五是增强量刑建议的说理性。

现在，裁判文书要充分说理已经成为共识，因为只有说理充分的裁判结果，才能证明法院判的公正，做到让当事人服判息诉，让人民群众认同。但对量刑建议是否要说理问题，还不是很明确。我个人认为，办案机关处理认罪认罚从宽案件，必须说理，因为这类案件说理的责任，也从法院转移到了检察机关。理由主要有：第一，量刑建议说理有利于说明为什么这个案件要走认罪认罚从宽程序，从而证明案件程序选择的正当性。第二，有利于说服当事人，量刑建议首先要让当事人认同，所以说理是为了说服当事人。如果办案机关不说理，就无从让当事人感受到量刑建议的适当性和公正性。第三，有利于法院审查并采纳量刑建议。量刑建议说理还负有说服法官的功能，如果不说理，法院就难以了解量刑建议的形成过程和考量因素，导致法院在审查量刑建议时心中无数。因此，检察机关尽量对量刑建议进行说理，法院认真对量刑建议说理审查把关并丰富补充，这也是相互配合，并有助于让当事人和人民群众感受到公平正义。

# 就认罪认罚从宽制度相关问题答记者问

最高人民法院审判委员会副部级专职委员 沈 亮

2021年2月4日上午，最高人民法院召开新闻发布会，发布《最高人民法院关于适用〈中华人民共和国刑事诉讼法〉的解释》（法释〔2021〕1号，以下简称《新刑诉法解释》），最高人民法院副院长李少平，最高人民法院审判委员会副部级专职委员、刑一庭庭长沈亮，最高人民法院研究室副主任周加海出席新闻发布会并就相关问题答记者问。本文摘录了沈亮同志就认罪认罚从宽制度实施相关问题答记者问。

**问题**：认罪认罚从宽制度是本次刑事诉讼法修改确立的重要法律制度，是《新刑诉法解释》的重要内容。认罪认罚从宽制度在全国范围内施行已有两年时间，请问人民法院应当如何做好这项工作？

**沈亮**：2018年刑事诉讼法修改确立的认罪认罚从宽制度，是为了更好实现司法公正与效率相统一的重要制度安排。各级人民法院要严格贯彻执行刑事诉讼法、《新刑诉法解释》相关规定和《最高人民法院、最高人民检察院、公安部、国家安全部、司法部关于适用认罪认罚从宽制度的指导意见》，吃透立法精神、领会制度内涵、把握正确方向，确保认罪认罚从宽制度准确、统一、有效实施。我认为，工作中需要注意以下几个问题。

一是要切实依法履行好人民法院的审判职责。认罪认罚从宽制度，是在我国刑事诉讼法律框架内，在推进以审判为中心的刑事诉讼制度改革背景下，进一步在实体上落实宽严相济、在程序上落实繁简分流、提升刑事司法效能的重要举措。贯彻落实认罪认罚从宽制度，并没有改变公检法三机关之间分工负责、互相配合、互相制约的关系，诉讼中控辩审三方的格局没有变化。各级人民法院要切实履行刑事审判职责，在分工负责的基础上加强配合、完善制约，坚持依法办案。对于检察机关提出的量刑建议，人民法院应当认真尽责审查，对于依法应当采纳的予以采纳；对于量刑建议明显不当，检察机关不予调整或者调整后仍然明显不当的，应当依法及时作出判决。本次发布的《新刑诉法解释》第三百五十四条，对量刑建议是否明显不当的判断标准和方法作了指引性规定。

二是要始终坚持罪责刑相适应、宽严相济、证据裁判等法律原则。从2016年在部分地区先行试点到2018年年底在全国实施，最高人民法院就反复强调，贯彻认罪认罚从宽制度，一定要坚持罪责刑相适应、宽严相济、证据裁判原则，防止定罪把关不严、量刑轻重失衡、程序繁简失当。坚持罪责刑相适应，就是根据犯罪的事实、性质、情节和对社会的危害程度，综合考虑认罪认罚的具体情况，依法确定是否从宽及从宽幅度，确保量刑与罪责大小相匹配，宽严适度、罚当其罪。坚持贯彻宽严相济刑事政策，就是要区分不同性质的犯罪，该宽则宽，当严则严。对于认罪认罚案件，法律规定是"可以"依法从宽处理，并非"应当"依法从宽处理。据此，结合司法实践，认罪认罚从宽制度适用的重点，应当是案情明了、影响不大、处刑不重的案件，如常见多发的危险驾驶案件、普通的盗窃案件、因民间矛盾引发的较轻犯罪案件，等等。对于严重危害公共安全犯罪、严重影响人民群众安全感的暴力犯罪，如绑架、抢劫、爆炸犯罪，以及社会影响恶劣、各界广泛关注的案件，如性侵未成年人犯罪等挑战法律和社会伦理底线的严重犯罪，即使被告人认罪认罚，该重判的仍要坚决依法重判，要通过严谨的审理程序、充分的裁判说理、恰当的刑罚适用，彰显公平正义、回应社会关切、维护法律威严。坚持证据裁判，就是要坚守"事实清楚，证据确实、充分"的法定证明标准，不能因为被告人认罪认罚，就降低证明标准，将本应疑罪从无的案件简单从轻处理，要发挥庭审应有功能，特别是要重点对认罪认罚自愿性、真实性和定罪量刑关键事实进行审查核实，确保案件审判质效。

三是要协同推进认罪认罚从宽制度准确、有效实施。认罪认罚从宽制度实施，涵盖实体、程序、工作机制多个方面，贯穿侦查、起诉、审判多个环节，涉及公检法司等多个部门，是一项系统性、整体性很强的工作。各级人民法院要加强与检察机关、公安机关、司法行政机关等部门的沟通协调，增强共识，凝聚合力，最大限度发挥认罪认罚从宽制度在促进司法公正、化解社会矛盾、优化司法资源配置、创新社会治理方面的功能作用。

中国审判指导丛书

# 刑事审判参考

## CHINA TRIAL GUIDE
## REFERENCE TO CRIMINAL TRIAL

—— 2021 年卷 ——

(下册)

最高人民法院刑事审判第一、二、三、四、五庭 编

人民法院出版社

# 目 录

## （下册）

### 【审判实务释疑】

被告人具有重大立功表现,不宜减轻或者免除处罚时,可否从轻处罚
　　………………………………………………………最高人民法院刑四庭（619）
关于认罪认罚从宽制度常见问题释疑……………………………杨立新（621）

### 【理论前沿】

经济犯罪认定的思路与方法………………………………………何荣功（636）
幅度刑量刑建议的相对合理性
　　——刑事诉讼法第二百零一条的刑法意涵………………黄京平（644）
比较法视野下的认罪认罚从宽制度
　　——兼论刑事诉讼"第四范式"………………………………熊秋红（655）

### 【实务探讨】

刑事诉讼中认罪认罚从宽制度的适用……………最高人民法院刑一庭课题组（677）
对认罪认罚从宽制度中量刑建议问题的理解与把握……………杨立新（688）
认罪认罚案件中量刑建议的审查和调整问题研究………刘亚军　黄　琰（699）
论补充法律规范对认定危害珍贵、濒危野生动物犯罪的影响…………司明灯（708）
刑法意义上"多次"的概念辨析及实践适用………陆建红　田文莎（718）
跨区域盗窃案件的定罪量刑标准研究……………………………袁　野（731）
防卫过当的客观要件及其司法认定规则
　　——以指导性案例的分析为核心………………田宏杰　孙利国（740）

死刑案件中自首的价值认定及裁判影响
　　——以"百香果女童被害案"为切入点 ················· 徐文文（754）
非法集资案件特征、趋势及防范分析研究
　　——以全国十年间非法集资案件审理数据为样本
　　　　　　　　　　　　　　　　　　上海市第一中级人民法院课题组（768）
非法集资涉案财物处置之现实困境及应对思路
　　——以北京市2016—2020年审结的1974件非法集资案为样本 ······ 石　魏（778）
组织、领导传销活动罪与诈骗犯罪的界分
　　——基于司法实务经验的总结 ··············· 狄克春（790）

## 【域外司法】

最高人民法院认罪认罚从宽制度考察团赴英考察报告 ·················（797）
中国法官代表团赴德交流总结报告 ·····························（811）

## 【经验交流】

江西省高级人民法院刑二庭
　　印发《关于规范刑事诉讼涉案财物处置工作的指导意见（试行）》的通知
　　　　（2019年12月16日）······························（822）
江西省高级人民法院刑二庭
　　关于人民法院刑事诉讼涉案财物处置工作的调查报告 ············（827）
非法集资犯罪审判相关问题的调研报告
　　——以贵州省三级法院审理的案件为样本 ············ 孔德伦　周　玲（837）
2019年广东省认罪认罚从宽制度适用经验总结及完善建议
　　　　　　　　　　　　　　　　　　　　　　　　万远福　冯璐璐（847）
青岛法院认罪认罚从宽制度实施调研报告
　　　　　　　　　　　　　　　　　　山东省青岛市中级人民法院课题组（856）
认罪认罚从宽改革的集美模式
　　——践行"认罪越早、从宽越多"理念，寻找认罪认罚
　　　　从宽制度落地见效的钥匙 ········ 福建省厦门市集美区人民法院（867）
江西法院审理电信网络诈骗案件情况的调研报告
　　　　　　　　　　　　　　　　　　江西省高级人民法院刑二庭课题组（873）

## 【裁判文书选登】

范某斌危险驾驶案
　　——北京市第一中级人民法院刑事裁定书
　　　　（2020）京01刑终142号 …………………………………………（889）
杨某毅强奸案
　　——中华人民共和国最高人民法院刑事裁定书
　　　　（2021）最高法刑核78493152号 ……………………………（905）
　　　　广西壮族自治区高级人民法院刑事判决书（2020）桂刑再6号 ……（908）
杜某亚、李某舵贪污、非法转让土地使用权、诈骗案
　　——中华人民共和国最高人民法院刑事裁定书
　　　　（2020）最高法刑核45265337号 ……………………………（915）

## 【《刑事诉讼法解释》专辑】

推动刑事审判工作实现新发展 ………………………………… 姜　伟（918）
最高人民法院
　关于适用《中华人民共和国刑事诉讼法》的解释
　　　　（2021年1月26日）………………………………………………（922）
《最高人民法院关于适用〈中华人民共和国刑事诉讼法〉的解释》理解与适用
　　　　…………………………………… 《刑事诉讼法解释》起草小组（1014）
人民检察院刑事诉讼规则
　　　　（2019年12月30日）……………………………………………（1089）
公安机关办理刑事案件程序规定
　　　　（2020年7月20日修正）…………………………………………（1193）

## 【审判实务释疑】

# 被告人具有重大立功表现，不宜减轻或者免除处罚时，可否从轻处罚

最高人民法院刑四庭

根据刑法第六十八条规定，犯罪分子有重大立功表现的，"可以减轻或者免除处罚"。从立法原意讲，刑法第六十八条规定中的"可以"，是指除具有非常特殊的情形或者具有法定从重处罚情节外，都要予以减轻或者免除处罚。但是，犯罪分子具有重大立功表现，又具有非常特殊的情形或者具有法定从重处罚情节，不宜予以减轻处罚或者免除处罚时，是否可以对其从轻处罚？

一种意见认为，可以从轻处罚。只有具有非常特殊的情形，如故意杀人犯罪分子致多人死亡的，或者具有多个从重处罚情节，确实不宜从轻处罚的，才不予从轻处罚。

另一种意见认为，不可以从轻处罚。首先，从立法表述上看，并不能逻辑地得出"可以从轻处罚"的结论。其次，这也不是立法的疏漏。因为，从审判实践看，有的犯罪分子罪行的严重程度令人难以想象，对这样的犯罪分子就不能从轻处罚。

为此，最高人民法院刑事审判第四庭于2017年2月28日召开审判长联席会议，对具有重大立功表现，又不宜减轻或者免除处罚时，能否从轻处罚的问题进行了研究。认为：在一般情况下，犯罪分子具有重大立功表现，又不宜减轻或者免除处罚时，可以给予从轻处罚。

第一，法律条文规定了减轻处罚或者免除处罚并没有排斥从轻处罚。唐律中有关于"举重以明轻""举轻以明重"的规定，这是适用刑罚的一个基本原理，至今，刑事司法工作中仍然沿用。依此原理，可以认为，既然一般的立功都可以从轻或者减轻处罚，那么重大立功更可以从轻处罚，对具有重大立功表现但不宜减轻或者免除处罚的罪犯予以从轻处罚，并不违背法律逻辑。

第二，我国现行的司法解释和刑事政策性文件对从宽处罚的有关规定，也说明在"具有重大立功表现，又不宜减轻或者免除处罚时"，可以从轻处罚。(1)《最高人民法院关于贯彻宽严相济刑事政策的若干意见》（法发〔2010〕9号，自2010年2月8日起实施）第26条规定："在对严重刑事犯罪依法从严惩处的同时，对被告人具有自首、立功、从犯等法定或酌定从宽处罚情节的，还要注意宽以济严，根据犯罪的具体情况，依法应当或可以从宽的，都应当在量刑上予以充分考虑。"这里将自首、立功、从犯等均以从宽处罚情节表述，而不是简单地表述为从轻处罚情节或者减轻处罚情节。可见，从轻处罚

情节和减轻处罚情节都属于从宽处罚情节的范畴，在实践中，适用从轻处罚还是减轻处罚，往往需要根据案件的具体情况选择适用。(2)《最高人民法院关于常见犯罪的量刑指导意见》（法发〔2017〕7号，已失效）在第三部分"常见量刑情节的适用"第7条规定："对于立功情节，综合考虑立功的大小、次数、内容、来源、效果以及罪行轻重等情况，确定从宽的幅度。①一般立功的，可以减少基准刑的20%以下。②重大立功的，可以减少基准刑的20%~50%，犯罪较轻的，减少基准刑的50%以上或者依法免除处罚。"这里的20%~50%，未必是减轻处罚。如某被告人抢劫，按其犯罪事实，基准刑为七年，其具有重大立功表现，减少基准刑50%，实际量刑为三年六个月。而这一刑罚，按照抢劫罪三年至十年有期徒刑的量刑幅度，就属于从轻处罚，而不是减轻处罚。(3) 在司法实践中，不具有法定从轻处罚情节但具有酌定从轻处罚情节的，也可以从轻处罚。既然酌定情节都可以作为从轻处罚的依据，那么，法定从宽情节，特别是法定减轻处罚情节，更可以作为从轻处罚的依据。

第三，不能以实践中的某些个案否定从轻处罚的适用。实践中确实有个别案件，犯罪分子虽然具有重大立功表现，但具有非常特殊的情形，或者具有多个从重处罚情节，确实不宜从轻处罚。但大多数案件并不存在这样的情况。我们不能以法律适用的个别性来否定法律适用的普遍性。

第四，在法律文书中如何表述的问题。可以表述为：被告人虽然具有重大立功表现，但根据本案的具体情况（具体案件中应说明什么具体情况），不宜减轻处罚或者免除处罚，但可从轻处罚。

# 关于认罪认罚从宽制度常见问题释疑

杨立新[*]

## 一、如何理解完善刑事诉讼中认罪认罚从宽制度的立法背景与重大意义

完善刑事诉讼中认罪认罚从宽制度,是党的十八届四中全会作出的重大改革部署。2016年7月,中央全面深化改革领导小组审议通过《关于认罪认罚从宽制度改革试点方案》。2016年9月,全国人大常委会授权最高人民法院、最高人民检察院在北京等18个地区开展试点。2018年10月修改刑事诉讼法,吸收试点经验,固定和发展试点成果,明确规定犯罪嫌疑人、被告人自愿如实供述自己的罪行,承认指控的犯罪事实,愿意接受处罚的,可以依法从宽处理,标志着首个刑事司法领域的试验性立法取得成功。认罪认罚从宽制度是中国特色社会主义刑事司法制度的重大完善,丰富了刑事司法与犯罪治理的"中国方案"。

认罪认罚从宽制度是宽严相济刑事政策的制度化、法律化,是在我国犯罪结构发生变化、新时代人民群众对公平正义有更高需求的背景下进行的重大刑事司法改革。它通过构建速裁、简易、普通有序衔接的刑事诉讼体系,实现案件繁简分流、轻重分离、快慢分道,有利于优化司法资源配置,在更高层次上实现公正与效率的统一;它通过赋予犯罪嫌疑人、被告人程序选择权和实体上给予从宽处理,鼓励真正的犯罪嫌疑人、被告人自愿选择认罪认罚,减少与国家对抗,有利于惩治犯罪更加及时有效,也有利于罪犯改造;它通过刑事责任和附民赔偿责任一体化解决,有利于被害人合法权益保障和促进矛盾化解,实现社会和谐。制度实施两年来,被告人认罪服法成为常态,认罪认罚案件一审上诉率远低于其他刑事案件,轻微刑事案件办案效率进一步提升,人权保障更加到位,非羁押性强制措施和非监禁刑适用比例不断提高。实践证明,认罪认罚从宽制度尊重当事人诉讼主体地位,注重人权保障,符合刑事诉讼制度发展规律,符合我国现阶段刑事犯罪结构变化,有利于更好地实现司法公正和效率的统一,有力推进了国家治理体系和治理能力现代化。

---

[*] 最高人民法院刑一庭审判长、二级高级法官。

**二、如何正确理解认罪认罚从宽制度与以审判为中心的刑事诉讼制度改革的关系**

党的十八届四中全会审议通过的《关于全面推进依法治国若干重大问题的决定》，提出要进行以审判为中心的刑事诉讼制度改革，同时提出要完善认罪认罚从宽制度。可以说，认罪认罚从宽制度既具有独立的价值和作用，又是以审判为中心的刑事诉讼制度改革的配套措施。认罪认罚从宽制度通过构建科学的刑事诉讼体系，实现案件繁简分流，轻重分离，用较小的司法成本快速处理轻罪案件，从而使司法资源向重大疑难复杂案件倾斜，确保重大疑难复杂案件实现精致化审理，确保司法公正。同时，我国犯罪结构发生重大变化，严重危害社会治安的故意杀人、抢劫、绑架等八种暴力犯罪持续下降；轻微刑事案件大幅增加，所占比例越来越高，近几年均在80%以上。随着刑法修正案（八）将危险驾驶、扒窃入刑，入罪门槛降低，危险驾驶案件数量呈爆发式增长，目前已占一审刑事案件总量的近三分之一。面对犯罪结构的变化，需要建立与之相适应的追诉模式和诉讼体系，在更高层次上实现公正与效率的统一，满足新时代人民群众对公平正义的更高需求。在这个大背景下，认罪认罚从宽制度通过增设速裁程序，赋予犯罪嫌疑人、被告人程序选择权，以灵活简单的庭审方式快速处理简单明了，控辩双方对主要事实无争议的轻罪案件，与庭审实质化一样都是以审判为中心的表现形式。以审判为中心的目的是充分发挥庭审查明案件事实、认定证据、定分止争的作用。认罪认罚案件，证明标准没有降低，法官的把关责任没有降低，修正后的刑事诉讼法在审判环节专门增加了认罪认罚自愿性审查程序，法官要对认罪认罚的自愿性、具结书签署的真实、合法性进行全面、实质审查，就是要发挥好法院的把关作用，确保控辩双方协商的案件经得起审判的检验。从世界范围看，认罪协商案件庭审处理模式与庭审实质化并存，域外国家也不鲜见。实践证明，认罪认罚从宽制度完全符合我国现阶段刑事犯罪结构变化和刑事诉讼制度发展规律，有利于更好实现司法公正与效率的统一，它与以审判为中心的刑事诉讼制度改革目标是一致的。

**三、法检如何加强配合制约共同发挥好认罪认罚从宽制度的作用**

认罪认罚从宽制度系统性强，贯穿侦查、起诉和审判各个环节，涉及公安、检察、审判和司法行政等机关，它的准确有效实施离不开科学、正确的诉讼理念作指导，离不开对价值蕴含和制度设计的整体把握，离不开各专门机关的有力配合和有效制约。人民法院应当立足职能定位，依法履行好法律赋予的职责，不仅要把好认罪认罚自愿性的审查关，而且要严格落实庭审实质化的要求，对于检察机关按认罪认罚提起公诉的案件，发现事实不清、证据不足或者被告人反悔不认罪的情形，依法应当转程序的要及时转程序重新审理。要严格证据审查，不轻信口供，切实防范冤错案件。对于量刑建议的审查要坚持罪责刑相适应原则，坚持宽严相济刑事政策，注意类案量刑平衡。对于上诉、抗诉的认罪认罚案件，要坚持全面审查和审理原则，依法该维持原判的维持原判，该发回重审的发回重审，该改判的改判。人民法院在执行认罪认罚从宽制度时，既要严格司法，也要注重与检察机关的配合。例如,量刑建议没有违反罪责刑相适应原则,没有违反宽严相济刑事政策要求,没有影响法律统一适用的,一般应当采纳。审理认为量刑建议明显不当的,该建议调整的告知调整;检察机关不调整,依法径行作出判决的,要注意听取控辩双方意见并在裁判文书中说明理由。总之,落实好认罪认罚从宽制度,充分发挥认罪认罚从宽制度的功能,在更高层次上实现司法公正与效率的统一,是法检共同的责任。

### 四、如何正确把握认罪认罚从宽制度的适用范围

认罪认罚从宽制度的适用没有罪名和可能判处刑罚的限制。凡是符合刑事诉讼法第十五条规定的认罪认罚条件的案件,均可适用认罪认罚从宽制度,但不是"一律"适用。认罪认罚从宽制度的适用应当坚持宽严相济刑事政策,要把判处三年有期徒刑以下刑罚的轻罪案件,以及因民间矛盾引发、双方达成谅解和解的认罪认罚案件,作为适用认罪认罚从宽制度的重点。当前,判处三年有期徒刑以下刑罚的轻罪案件占到全部刑事案件的80%以上,且被告人大都认罪。因此,对可能判处三年有期徒刑以下刑罚的认罪认罚案件,特别是对于初犯、偶犯、过失犯、未成年犯,要尽量依法从简从快从宽办理,快速有效化解社会矛盾,及时恢复社会秩序,实现社会和谐。对于严重危害国家安全、公共安全犯罪,严重暴力犯罪,不能因犯罪嫌疑人、被告人认罪认罚就简单从宽处理。对于有组织犯罪、共同犯罪中的从犯、胁从犯,也要用足用好认罪认罚从宽制度,通过区别对待,全面落实宽严相济刑事政策,减少社会对立面。

### 五、办理认罪认罚案件如何坚持宽严相济刑事政策

认罪认罚案件依法可以适用认罪认罚从宽制度处理,是否适用以及如何适用,要坚持宽严相济刑事政策,根据犯罪的具体情况,区分案件性质、情节、对社会的危害程度以及人身危险性的大小,实行区别对待,避免片面从严、一味从宽两种错误倾向。对可能判处三年有期徒刑以下刑罚的轻罪案件,以及因民间矛盾引发、双方达成谅解和解的认罪认罚案件,要尽量依法从简从快处理,量刑上充分考虑从宽,充分发挥认罪认罚从宽制度对于实现案件繁简分流提高诉讼效率和及时有效化解矛盾的作用;对于严重危害国家安全、公共安全的犯罪、严重暴力犯罪、严重破坏社会治安的犯罪,以及社会普遍关注的重大、敏感案件,适用认罪认罚从宽制度必须慎重、严格把握,避免案件处理明显违背群众的公平正义观念。对于被告人前科累累、屡教不改、主观恶性深的案件,即使被告人认罪认罚,该重判的也要依法重判,不能因认罪认罚就简单从宽处理。

### 六、办理认罪认罚案件如何坚持罪责刑相适应原则

认罪认罚案件是否从宽以及从宽幅度的把握,要根据犯罪嫌疑人、被告人所犯罪行的性质、情节、后果、人身危险性的大小和应负刑事责任的大小,做到罪责刑相适应。因民间矛盾引发、过失、未成年人犯罪,社会危害性和人身危险性较小的,特别是初犯、偶犯,过失犯从宽幅度可以考虑大一些;严重危害社会治安、性质恶劣的犯罪,社会危

害性和人身危险性较大的，以及累犯、再犯，则要依法从严把握。对于检察机关提出的量刑建议明显偏离罪责刑相适应原则的，即便被告人、辩护人和被害人均无异议，人民法院应当提出调整量刑建议，不调整的，依法裁判，确保量刑公正，维护法律权威。

### 七、办理认罪认罚案件如何坚持证据裁判原则

我国的认罪认罚从宽制度，不同于国外的辩诉交易制度，不论被告人认罪与否都适用统一的证明标准，即案件事实清楚，证据确实、充分。因此，办理认罪认罚案件，要坚持证据裁判原则，依照法律规定收集、固定、审查和认定证据。即使被告人认罪认罚，但没有其他证据补强，或者在案证据未能达到确实、充分，不能排除合理怀疑的案件，不能因为被告人认罪认罚就降格处理，切实防范冤错案件发生。同时，也必须认识到，认罪认罚案件在坚持证明标准不降低的前提下，案件审理中的质证方式出现多元化，例如速裁程序一般不进行法庭调查和法庭辩论，简易程序可以简化法庭调查和法庭辩论，这种质证方式的差异化是由认罪认罚案件的特点以及被告人的程序选择权决定的，人民法院对事实和证据的把关责任和把关要求并没有降低。

### 八、人民法院严格执行认罪认罚从宽制度要履行好哪些职责

认罪认罚从宽制度没有改变刑事诉讼中的权力配置，也没有改变公检法三机关分工负责、互相配合、互相制约的关系。依法独立行使审判权，是人民法院的法定职责，人民法院应立足职能定位，履行好如下职责：

一要严格庭前审查。对于检察机关移送的认罪认罚案件，人民法院要进行庭前审查，符合认罪认罚条件的，决定适用认罪认罚从宽制度审理，可以适用速裁、简易或者普通程序简化审理。对于不符合认罪认罚条件的，决定适用简易或者普通程序审理。

二要严格认罪认罚自愿性和事实基础审查。修正后的刑事诉讼法第一百九十条专门增设了庭审中的认罪认罚自愿性审查程序。开庭时，审判长应当告知被告人享有的诉讼权利和认罪认罚的法律规定，审查认罪认罚的自愿性和认罪认罚具结书内容的真实性、合法性。庭审认罪认罚自愿性审查程序是确保被告人认罪认罚自愿性的重要程序，对于防止冤错案件具有重要作用。因此，人民法院应通过庭审切实履行告知、释明义务，确保被告人的知悉权。同时，要严格审查认罪认罚的事实基础，发现事实不清、被告人被迫认罪认罚或者被告人的行为不构成犯罪等情形的，依法该转程序的要转程序处理，切实防范冤错案件发生。

三要坚持全面、实质审查。我国的认罪认罚从宽制度，不是美国的辩诉交易制度，人民法院对于认罪认罚案件的审查也不是形式审查。人民法院在对认罪认罚自愿性进行审查的基础上，仍然要全面审查案卷材料，严格审查涉及定罪、量刑的关键事实和证据，严格审查指控罪名是否准确，量刑建议是否适当，确保判决的公正。

### 九、如何准确把握"认罪"

"认罪"，是指犯罪嫌疑人、被告人自愿如实供述自己的罪行，承认指控的犯罪事实。

"如实供述自己的罪行",应当依照刑法关于自首、坦白的规定以及关于自首、立功相关司法解释的规定予以把握。"认罪"实质上就是"认事",认主要犯罪事实。犯罪嫌疑人、被告人对指控的个别细节有异议或者对行为性质的辩解不影响"认罪"的认定。"认罪"可以是自首、坦白,也可以是当庭认罪等其他表现形式。不同表现形式的"认罪"反映了犯罪人对待犯罪的不同态度,在从宽处理上会得到不同评价。是否从宽以及从宽幅度会结合认罪的价值以及认罪的阶段等因素综合考量。

实践中"认罪"的情形较为复杂,为指导实践,《最高人民法院、最高人民检察院、公安部、国家安全部、司法部关于适用认罪认罚从宽制度的指导意见》(以下简称《指导意见》)对"认罪"的认定进行了细化,明确规定:犯罪嫌疑人、被告人虽然对行为性质提出辩解但表示接受司法机关认定意见的,不影响"认罪"的认定;犯罪嫌疑人、被告人犯数罪,仅如实供述其中一罪或者部分罪名事实的,全案不作"认罪"的认定,不适用认罪认罚从宽制度,但对如实供述的部分,实体上可给予从宽考量。

## 十、如何准确把握"认罚"

"认罚"是指犯罪嫌疑人、被告人真诚悔罪,愿意接受处罚。这里的"接受处罚",是指接受刑罚处罚。"认罚"在不同的诉讼阶段有不同的要求和不同的表现形式。侦查阶段,"认罚"表现为犯罪嫌疑人如实供述自己的罪行并表示愿意接受处罚;审查起诉阶段,"认罚"表现为犯罪嫌疑人签署认罪认罚具结书(刑事诉讼法规定不需要签署具结书的情形除外),认可检察机关提出的量刑建议;审判阶段,"认罚"表现为被告人当庭确认签署具结书的自愿性,或者当庭认罪悔罪。需要注意的是,被告人当庭认罪悔罪的,由法庭记录在案,并就量刑听取控辩双方意见,综合案件事实、性质、情节、后果以及被告人认罪悔罪的意义大小,依法作出裁判。实践中,被告人当庭认罪,法庭休庭由控辩双方进行协商的做法应予纠正。

"认罚"考察的重点是犯罪嫌疑人、被告人的悔罪态度和悔罪表现,因此,犯罪嫌疑人、被告人主动退赃退赔、积极赔偿损失等也是"认罚"的表现。相反,犯罪嫌疑人、被告人表面"认罚",暗中却串供、干扰证人作证、毁灭、伪造证据或者隐匿、转移财产,有能力退赃退赔而不退赃退赔的,不能认定为"认罚"。当然,对于真诚悔罪愿意接受刑罚处罚,但确无能力退赃退赔的,仍可以适用认罪认罚从宽制度,但在实体从宽幅度上要与有退赃退赔、积极赔偿损失或者预交罚金表现的区分开来,严格把握。

## 十一、如何准确把握"从宽"

认罪认罚从宽制度中的"从宽",包括实体从宽和程序从宽两个方面。实体是否从宽以及从宽幅度的大小,要坚持宽严相济刑事政策和罪责刑相适应原则,根据犯罪的事实、性质、情节和对社会的危害程度,结合法定、酌定的量刑情节,综合考虑认罪认罚的具体情况,依法决定是否从宽、从宽多少。对不具备法定减轻处罚情节的案件,应当在法定幅度以内从轻处罚,对其中犯罪情节轻微不需要判处刑罚的,可以依照刑法第三十七条免予刑事处罚。

程序从宽主要体现在强制措施的适用以及赋予犯罪嫌疑人、被告人程序选择权。对认罪认罚的轻罪案件，要落实少捕慎诉慎押司法理念，特别是对因民间矛盾引发、社会危害性和人身危险性较小的初犯、偶犯、过失犯，能不羁押的不羁押，能不诉的不诉，能不判处监禁刑的不判。对于事实清楚，证据确实、充分，符合速裁程序适用条件的案件，能从简从快处理的，依法从简从快处理，提高诉讼效率，及时有效化解矛盾，更好地实现公正与效率的统一。

### 十二、如何正确把握"实体从宽"与"程序从宽"的关系

实体从宽与程序从宽，是认罪认罚从宽的两个方面，二者之间是相互独立的关系。具体来讲，犯罪嫌疑人、被告人既认罪又认罚的，程序上才可以按认罪认罚案件处理。如果犯罪嫌疑人仅认罪不认罚，或者共同犯罪中部分被告人不认罪认罚，全案不作为认罪认罚案件处理的，不影响实体上根据被告人所具有的法定、酌定从宽情节给予从宽考量。例如，被告人认罪悔罪，主动退赃退赔、积极赔偿损失的，该从宽处罚的要从宽处罚。实践中，对于犯罪嫌疑人、被告人不认罪认罚的案件，不能产生不从宽即从严的错误认识。因为不认罪认罚的情况比较复杂，有的是犯罪嫌疑人、被告人主观恶性深，拒不认罪悔罪；有的是犯罪嫌疑人、被告人认为自己是无辜而作无罪辩解；等等。不论是哪一种情形，对于犯罪嫌疑人、被告人不认罪认罚，控辩双方有较大分歧的案件，处理上都要更加慎重，要严格把好事实和证据关，切实防止冤错案件发生。

### 十三、如何准确把握认罪认罚案件的启动程序

认罪认罚从宽制度的适用，于犯罪嫌疑人、被告人而言，可能会带来程序从简从快以及实体上的从宽处理，因此，认罪认罚从宽制度的程序启动，直接关系到犯罪嫌疑人、被告人合法权益的保障。修改后的刑事诉讼法明确了侦查机关、检察机关以及审判机关适用认罪认罚从宽制度的具体职责，从而保障了从侦查阶段开始，犯罪嫌疑人就有自愿选择认罪认罚并获得从宽处理的机会。据不完全统计，侦查阶段犯罪嫌疑人认罪认罚的，有的地区达到50%左右。审查起诉阶段，认罪认罚从宽制度的适用率达到80%左右。实践证明，犯罪嫌疑人对认罪认罚的知悉权、选择权以及获得从宽处理的诉讼权利，基本上得到了保障。然而，实践中也还存在符合认罪认罚适用条件的案件，由于认识原因或者其他因素，并未启动认罪认罚从宽制度的情形，以致引发社会质疑。对此，有必要就认罪认罚从宽制度的程序启动问题统一认识。

一是认罪认罚从宽制度的适用，以犯罪嫌疑人、被告人是否自愿认罪认罚为前提，而不是以犯罪嫌疑人、被告人及其辩护人的申请为前提。

二是公安司法机关负有落实认罪认罚从宽制度的义务。侦查机关要通过履行告知和释明义务，鼓励犯罪嫌疑人主动坦白、如实供述，配合侦查机关及时准确查明犯罪事实、获取证据，使犯罪得到及时有效惩治，确保无辜的人不受刑事责任追究；检察机关对犯罪嫌疑人自愿认罪认罚的案件，要通过与律师深入沟通，充分听取意见，就量刑问题与辩方达成一致，切实提升审前工作的质效，为庭审指控犯罪做好准备。人民法院严格庭

前审查，发现被告人符合认罪认罚条件，检察机关未按认罪认罚案件提起公诉的，依职权主动启动认罪认罚从宽程序，确保认罪认罚的被告人平等获得从宽处理的机会。

## 十四、认罪认罚从宽制度在审判环节如何适用

修改后的刑事诉讼法对侦查、审查起诉阶段认罪认罚案件的办理作出了明确规定。实践中，对于审判环节当庭认罪、庭后认罪以及二审认罪案件的处理，认识上存在模糊，做法上存在一些值得商榷之处，有必要统一认识，并予以规范。

一是一审开庭前被告人认罪认罚的处理。一审开庭前被告人认罪认罚的，被告人享有选择适用速裁、简易程序的诉讼权利，人民法院根据被告人的选择，依法可以启动适用认罪认罚从宽制度的程序。同时，要在开庭前将决定适用的程序告知控辩双方，便于控辩双方做好出庭准备。

二是一审被告人当庭认罪认罚的处理。被告人当庭认罪并表示愿意接受法院判罚的，法庭应当记录在案，并针对被告人认罪认罚的具体表现，组织控辩双方围绕认罪认罚对案件特别是对量刑的影响发表意见，并在听取控辩双方意见的基础上依法作出裁判。实践中，一些法院采取法庭休庭后再由控辩双方庭下协商，被告人签署具结书的做法是没有必要的。控辩之间的量刑协商仅发生在审查起诉阶段，被告人在庄严的法庭上当庭认罪认罚的，法庭要将被告人的态度和控方的意见记录在案，并根据庭审查明的事实和认罪认罚的作用大小依法作出裁判，这是由审判权的性质以及审判程序诉讼构造的完整性所决定的。

三是一审庭审结束后、宣判前被告人认罪认罚的处理。对此，法庭要根据被告人认罪认罚对案件处理的影响及有无退赃、积极赔偿等实际悔罪表现综合考量，认为有必要恢复庭审听取控辩双方意见的，可以恢复法庭调查；认为没有必要恢复法庭调查的，综合全案证据依法作出裁判，如果作为从宽处罚情节的，应当在裁判文书中载明法律依据。

四是二审程序中被告人认罪认罚的处理。二审程序中被告人才认罪认罚的，二审法院要根据被告人认罪认罚的价值以及有无退赃退赔、赔偿损失、预交罚金等悔罪表现，全面审查后考虑是否从宽。经审查，被告人虽然认罪认罚，但无退赃退赔等实际悔罪表现，一审量刑适当的，二审审理后应维持原判；经审查，被告人认罪认罚又确有积极退赃退赔等悔罪表现，可予以从宽处罚的，从宽幅度应当与第一审程序中认罪认罚的有所区别，彰显"早认罪认罚优于晚认罪认罚"的刑罚评价取向，鼓励犯罪嫌疑人、被告人尽早认罪认罚。实践中，需要注意的是，二审的审理对象是一审未生效裁判，而不再是检察机关提出的量刑建议，因此，不能将二审程序中出庭履行职务的检察官的发表意见权，与提出量刑建议权相混淆。

## 十五、认罪认罚的犯罪嫌疑人、被告人，没有委托辩护人又拒绝值班律师法律帮助的，如何处理

修改后的刑事诉讼法明确规定：犯罪嫌疑人、被告人没有委托辩护人，法律援助机构没有指派律师为其提供辩护的，由值班律师为犯罪嫌疑人、被告人提供法律咨询、程

序选择建议、申请变更强制措施、对案件处理提出意见等法律帮助。据此，没有辩护人的犯罪嫌疑人、被告人依法享有获得值班律师提供法律帮助的诉讼权利。获得法律帮助权如同获得辩护权一样，除法律强制性规定以外，犯罪嫌疑人、被告人既可以行使也可以放弃。对此，《指导意见》第14条明确规定："犯罪嫌疑人、被告人自愿认罪认罚，没有委托辩护人，拒绝值班律师帮助的，人民法院、人民检察院、公安机关应当允许，记录在案并随案移送。但是审查起诉阶段签署认罪认罚具结书时，人民检察院应当通知值班律师到场。"需要注意的是，根据刑事诉讼法第一百七十四条的规定，审查起诉阶段，犯罪嫌疑人自愿认罪，同意量刑建议和程序适用签署具结书时，应当有辩护人或者值班律师在场。因此，没有辩护人的犯罪嫌疑人即使拒绝值班律师提供法律帮助的，检察机关仍应当通知值班律师到场，见证具结书签署的自愿性。

## 十六、犯罪嫌疑人、被告人自愿认罪认罚，而辩护人作无罪辩护的案件，能否适用认罪认罚从宽制度

犯罪嫌疑人、被告人自愿认罪认罚，而辩护人作无罪辩护的，能否适用认罪认罚从宽制度，已经引起社会关注。对此，应明确以下几点认识。

一要明确案件是否适用认罪认罚从宽制度，以犯罪嫌疑人、被告人是否自愿认罪认罚为前提，不以辩护人作有罪辩护为前提。根据刑事诉讼法的规定，辩护人有权根据事实和法律提出无罪辩护意见。

二要明确辩护人作无罪辩护的，犯罪嫌疑人、被告人的程序选择权受到限制，即案件依法不能适用速裁和简易审判程序，只能适用普通程序审理。

三要明确虽然适用程序受到限制，如果辩护人的无罪辩护意见不能成立，实体仍要根据犯罪嫌疑人、被告人认罪认罚的价值和意义来考虑是否从宽把握。需要强调的是，如果辩护人的无罪辩护意见成立，不能因被告人认罪认罚将本应宣告无罪的案件作从轻处罚处理。

此外，审查起诉阶段犯罪嫌疑人自愿认罪认罚，同意签署具结书，而辩护人提出无罪辩护意见，拒绝到场或者虽到场但拒绝签字的，如何处理？对此，检察机关应当尊重犯罪嫌疑人的自愿选择，并通知辩护人到场，辩护人拒绝签字的，记录在案，一并提交法庭，便于法庭全面审查被告人的认罪悔罪表现。

## 十七、在律师资源短缺的欠发达地区，如何保障认罪认罚的犯罪嫌疑人、被告人平等获得从宽处理的机会

值班律师资源短缺，是当前制约和影响认罪认罚从宽制度适用的一个突出问题，目前，全国还有一些县没有律师。这些地区，对于因律师短缺难以提供法律帮助或者辩护的，公安司法机关要坚持宽严相济刑事政策，落实好认罪认罚从宽制度，确保认罪认罚的犯罪嫌疑人、被告人平等获得从宽处理的机会。一是侦查、检察机关切实履行告知和释明义务，确保犯罪嫌疑人对认罪认罚法律规定的知悉权；二是通过视频方式由值班律师跨地区提供法律帮助，确保犯罪嫌疑人获得法律帮助的情况下自愿选择认罪认罚；三

是检察机关在起诉书中载明犯罪嫌疑人认罪认罚的情况并依法提出从宽处理的建议；四是审判阶段，开庭时应当告知被告人认罪认罚的法律规定，释明认罪认罚的性质及法律后果，被告人仍然认罪认罚并承认指控犯罪事实的，应当就量刑专门听取控辩双方意见，并根据被告人实际认罪认罚的表现对案件处理的影响，决定是否从宽以及从宽的幅度。

### 十八、我国认罪认罚从宽制度中的控辩量刑协商与美国辩诉交易制度有何区别

我国的认罪认罚从宽制度，是我国刑事法律自然演进的结果，是宽严相济刑事政策的法律化、制度化，与美国的辩诉交易制度有以下本质的区别：一是审查起诉阶段，控辩双方仅可以就量刑进行协商，但不能就罪名、罪数进行协商。二是控辩双方的量刑协商必须建立在指控犯罪事实清楚，证据确实、充分的基础上，证据不足的案件，控辩不能进行量刑协商，检察机关应依法作出证据不足的不起诉。三是控辩双方量刑协商必须依法进行，协商结果必须符合法律规定。四是控辩双方协商的结果应当接受法院的实质审查，法院认为量刑建议明显不当的，可以建议调整量刑建议，不调整量刑建议或者调整后量刑建议仍然不当的，法院直接作出判决；法院认为没有事实基础依法该转程序处理的，要及时转程序处理，防范发生冤错案件。

### 十九、如何正确看待"认罪认罚具结书"的效力

关于认罪认罚具结书的效力，一般可以从以下两个方面理解：一是从形式上看，认罪认罚具结书是犯罪嫌疑人的单方声明书，是认可控方指控犯罪事实、罪名、建议刑罚和适用审理程序的声明。声明认可的内容意味着对某些法定诉讼权利的放弃，也可能会因此承担不利的后果。因此，刑事诉讼法设计一系列程序确保犯罪嫌疑人、被告人认罪认罚的自愿性，并规定犯罪嫌疑人、被告人享有反悔权。一旦犯罪嫌疑人、被告人反悔的，不再按认罪认罚案件处理。二是从实质上看，认罪认罚具结书实际上是控辩双方就量刑进行协商后达成的合意。因此，认罪认罚具结书一旦签署，一定意义上对犯罪嫌疑人具有拘束力。如果犯罪嫌疑人签署具结书后又反悔的，办案机关应当向其说明反悔的法律后果，包括对强制措施、程序选择以及实体从宽的影响，确保犯罪嫌疑人、被告人在全面了解认罪认罚性质和后果的基础上自愿作出选择。

### 二十、如何正确理解认罪认罚案件中量刑建议的权力属性及效力

修改后的刑事诉讼法第二百零一条第一款明确规定，除法定五种情形外，对于认罪认罚案件，人民法院依法作出判决时，一般应当采纳人民检察院指控的罪名和量刑建议。该规定明确了量刑建议的效力。实践中，对"一般应当"采纳在理解上还存在误区，一定程度上影响了认罪认罚从宽制度的准确适用和作用发挥。在此，需要明确以下几点认识：一是"一般应当"不是"应当"，这是由量刑建议权的求刑权属性所决定的，认罪认罚从宽制度没有改变诉讼权力配置，人民法院依法独立行使审判权仍是基本原则，不能动摇。二是认罪认罚案件量刑建议的采纳是附条件的，属于法定五种不采纳情形的，绝

对不采纳；其他情形的，是否采纳量刑建议，要根据罪责相适应原则、宽严相济刑事政策以及类案平衡的要求进行审查，罪责刑相适应原则和宽严相济刑事政策是统领。三是只要不属于五种法定不采纳情形，不违反罪责刑相适应原则，不违反宽严相济刑事政策，不影响类案平衡，采纳是原则。实践中，误将"一般应当"理解为"应当"，无条件采纳，背离了控审相分离原则，也与量刑建议的权力属性不相符。

## 二十一、如何正确把握刑事诉讼法第二百零一条规定的五种不采纳量刑建议的情形

修改后的刑事诉讼法第二百零一条第一款规定了五种绝对不采纳量刑建议的情形，这五种除外情形系从不同角度明确了人民法院的审查职责，确保认罪认罚案件得到公平公正处理，切实防范冤错案件发生的制度风险。

一是被告人的行为不构成犯罪或者不应当追究刑事责任的，不采纳。它要求法院要把好认罪认罚案件的事实、证据审查关，发现案件事实不清，证据没有达到确实、充分要求的，或者依法不应当追究被告人刑事责任的，即使被告人认罪认罚，也不得采纳检察机关的量刑建议，切实防止冤错案件发生。

二是被告人违背意愿认罪认罚的，不采纳。它要求法院应当审查被告人认罪认罚的自愿性，发现被告人违背意愿认罪认罚，依法需要转为普通程序审理的，要转程序处理，切实保障认罪认罚的自愿性。

三是被告人否认指控犯罪事实的，不采纳。它明确一旦被告人反悔的，不再按认罪认罚案件处理，依法需要转程序的要转程序处理。

四是起诉指控的罪名与审理认定的罪名不一致的，不采纳。当起诉指控的罪名与审理认定的罪名不一致时，人民法院应以审理认定的罪名裁量刑罚，确保法律的正确适用。

五是其他可能影响公正审判的情形，不采纳。它要求法院对认罪认罚案件进行全面审查，要从事实认定、证据采信、认罪认罚的自愿性、控辩协商的过程和结果、是否提供有效法律帮助等方面进行实质审查，发现影响公正审判情形的，对量刑建议不予采纳，确保案件的公正处理。

人民法院在办理认罪认罚案件时，要充分认识到宽严相济刑事政策、罪责刑相适应原则以及证据裁判原则是试点明确划定的三条不能触碰的红线，实践证明是完全正确的。认罪认罚从宽制度在全国范围内全面铺开时，最高人民法院在部署这项工作时再次重申。各地法院要在遵守这三项原则的前提下，大胆改革、探索，总结、积累经验。

## 二十二、审理认罪认罚案件可以适用哪些审判程序

认罪认罚案件，有以下三种程序可适用。

一是速裁程序。基层人民法院管辖的可能判处三年有期徒刑以下刑罚的案件，案件事实清楚，证据确实、充分，被告人认罪认罚并同意适用速裁程序的，可以适用速裁程序，由审判员一人独任审判。适用速裁程序一般不进行法庭调查、法庭辩论，但在判决宣告前应当听取辩护人的意见和被告人的最后陈述意见，并当庭宣判。

二是简易程序。基层人民法院管辖的被告人认罪认罚案件，案件事实清楚、证据充分，被告人对适用简易程序没有异议的，可以适用简易程序审判。

三是普通程序。适用普通程序办理认罪认罚案件，可以适当简化法庭调查、辩论程序。公诉人宣读起诉书后，合议庭当庭询问被告人对指控的犯罪事实、证据及量刑建议的意见，核实具结书签署的自愿性、真实性、合法性。公诉人、辩护人、审判人员对被告人的讯问、发问可以简化。对控辩双方无异议的证据，可以仅就证据名称及证明内容进行说明；对控辩双方有异议，或者法庭认为有必要调查核实的证据，应当出示并进行质证。法庭辩论主要围绕有争议的问题进行，裁判文书可以适当简化。①

需要注意的是，对适用速裁、简易程序审理认罪认罚案件过程中发现需要转普通程序审理情形的，应当转为普通程序对案件重新审理。审理应严格遵循刑事诉讼法关于讯问被告人、询问证人、鉴定人、出示证据、法庭辩论程序的规定，裁判文书不能简化。

### 二十三、如何正确把握适用速裁程序审理认罪认罚案件的条件

根据修改后的刑事诉讼法第二百二十二条第一款规定，认罪认罚案件同时符合以下条件的，可以适用速裁程序进行审理：一是基层人民法院管辖的可能判处三年有期徒刑以下刑罚的案件，即危害国家安全、暴力恐怖犯罪以外的可能判处三年以下有期徒刑、拘役、管制、单处罚金、剥夺政治权利等的案件。二是案件事实清楚，证据确实、充分。如果事实不清、证据存疑，不能适用速裁程序。三是被告人同意适用速裁程序。被告人不同意适用速裁的，不能适用，被告人享有程序选择权。

同时，根据刑事诉讼法第二百二十三条的规定，有下列情形之一的，不适用速裁程序：一是被告人是盲、聋、哑人，或者是尚未完全丧失辨认或者控制自己行为能力的精神病人的；二是被告人是未成年人的；三是案件有重大社会影响的；四是共同犯罪案件中部分被告人对指控的犯罪事实、罪名、量刑建议或者适用速裁程序有异议的；五是被告人与被害人或者其法定代理人没有就附带民事诉讼赔偿等事项达成调解或者和解协议的；六是其他不宜适用速裁程序审理的。

### 二十四、如何正确适用速裁程序审理案件

适用速裁程序审理认罪认罚案件，程序上需要注意把握好以下内容。

一是庭前准备。人民法院在决定适用速裁程序前，要审查案件是否符合速裁程序的适用条件。主要通过审查案卷材料、认罪认罚具结书等，确认案件是否符合适用条件。符合适用条件的，可依法决定适用速裁程序，无须再提前讯问被告人确认其意愿。

二是明确开庭审理重点。人民法院适用速裁程序审理案件，应当当庭询问被告人对指控的犯罪事实、量刑建议及适用速裁程序的意见，着重审查被告人认罪认罚的自愿性以及有无事实基础。庭审发现被告人违背意愿认罪认罚、被告人否认指控的犯罪事实或者其他不宜适用速裁程序审理情形的，应当转为普通程序重新审理。

---

① 《指导意见》第47条。

三是速裁程序必须开庭审理，当庭宣判。速裁试点过程中，有意见认为，应当借鉴大陆法系处罚令程序，对速裁案件实行书面审。考虑速裁程序审理的是认罪认罚案件，开庭核实被告人认罪认罚的自愿性，有利于保证案件质量，也可增强程序正当性，符合"以审判为中心"刑事诉讼制度改革要求，故在审理方式上未作突破。速裁案件，应当当庭宣判，裁判文书可以简化。

## 二十五、如何正确把握适用简易程序审理认罪认罚案件的条件和程序

根据修正后的刑事诉讼法第二百一十四条的规定，认罪认罚案件同时符合以下条件的，可以适用简易程序进行审理：一是基层人民法院管辖的案件；二是事实清楚，证据充分；三是被告人对适用简易程序没有异议。适用简易程序审理认罪认罚案件，程序上需要注意把握以下内容。

一是庭前准备。人民检察院提出适用简易程序的，人民法院要审查是否符合适用条件。根据《最高人民法院关于适用〈中华人民共和国刑事诉讼法〉的解释》的相关规定，人民法院开庭前还应询问被告人，确认其对适用简易程序有无异议。经审查符合适用条件的，依法决定适用简易程序。

二是庭审程序。适用简易程序审理认罪认罚案件，要着重审查被告人认罪认罚的自愿性和认罪认罚具结书的真实性、合法性。根据刑事诉讼法及相关司法解释等规定，开庭应按以下程序进行。

（1）审判人员宣布开庭，传被告人到庭后，核实身份情况，宣布案由、审判人员、书记员、公诉人、辩护人、诉讼代理人、鉴定人和翻译人员的名单，并告知被告人、辩护人可以申请回避等各项诉讼权利。

（2）公诉人宣读或者摘要宣读起诉书后，审判人员应当询问被告人对起诉书指控的犯罪事实和量刑建议的意见，告知被告人适用简易程序审理的法律规定，确认被告人是否同意适用简易程序审理。被告人可以就起诉书指控的犯罪事实进行陈述和辩护。公诉人应当根据需要出示、宣读主要证据。被告人及其辩护人有证据出示的，审判人员应当准许。控辩双方对无异议的证据，可以仅就证据的名称及所要证明的事项作出说明，并可当庭确认。对于法庭认为有必要调查核实的证据，控辩双方有异议的证据，或者控方、辩方要求出示、宣读的证据，应当出示、宣读，并进行质证。

（3）经审判人员准许，被告人及其辩护人可以同公诉人、诉讼代理人互相辩论。控辩双方应主要围绕量刑及其他有争议的问题进行。审判人员认为有必要的，可以向被告人发问。

（4）适用简易程序审理案件，应当在宣告判决前听取被告人的最后陈述。人民法院一般应当当庭宣判。

综上，适用简易程序审理认罪认罚案件，公诉人可以简要宣读起诉书，审判人员应当庭询问被告人对指控的事实、证据、量刑建议及适用简易程序的意见，核实具结书签署的自愿性、真实性、合法性。法庭调查可以简化，但对有争议的事实和证据应当进行调查、质证，法庭辩论可以仅围绕有争议的问题进行。裁判文书可以简化。

### 二十六、认罪认罚案件审理中如何准确把握程序转换

认罪认罚案件转程序,包括速裁转简易、普通程序以及简易转为普通程序。实践中要注意把握不同类型程序转换的适用情形。

一是准确把握速裁、简易程序转换为普通程序的情形。根据刑事诉讼法及相关司法解释的规定,适用速裁或者简易程序审理认罪认罚案件时,一经发现有下列情形之一的,应当转为普通程序审理:(1)被告人的行为不构成犯罪或者不应当追究其刑事责任的;(2)被告人违背意愿认罪认罚的;(3)被告人否认指控的犯罪事实的;(4)案件事实不清、证据不足的;(5)辩护人作无罪辩护的;(6)其他不应或不宜适用速裁或者简易程序审理的。

二是准确把握速裁不需要转程序或者转为简易程序审理的情形。适用速裁程序审理认罪认罚案件,如果庭审发现影响量刑的情节有变化需要通过法庭调查来查清的,可以直接进行法庭调查,查清基础上依法判决,没必要转简易程序的无须转程序处理。确有必要转程序又符合简易程序适用条件的,转为简易程序审理。此外,根据《指导意见》第41条的规定,对于速裁程序审理过程中,被告人及其辩护人仅对量刑建议有异议的,或者人民法院发现量刑建议明显不当的,检察机关可以调整量刑建议。调整量刑建议后,被告人同意继续适用速裁程序的,不需要转换程序处理。避免因转程序造成司法资源的空转。

### 二十七、如何看待认罪认罚案件被告人的上诉权

关于认罪认罚案件被告人的上诉权问题,在2014年速裁程序试点时,有意见提出应对被告人的上诉权应予限制,确保办案效率。2016年认罪认罚从宽制度试点时,考虑到二审终审制是我国刑事诉讼法的重大制度,速裁程序的适用范围相较2014年试点时的范围有了很大变化,速裁程序试点范围仅限于可能判处一年以下有期徒刑、拘役、管制或者依法单处罚金的案件,而且仅限于危险驾驶、交通肇事、盗窃等常见的11个罪名。而认罪认罚从宽制度试点中速裁程序的适用范围,扩大到基层人民法院管辖的可能判处三年有期徒刑以下刑罚的案件。从近几年的统计数据看,该部分案件占到了人民法院审结的全部刑事案件的80%以上。认罪认罚从宽制度试点时仍然保留速裁案件被告人的上诉权。同时,也对适用速裁的认罪认罚案件,被告人提出上诉设置处理方式,即"第二审人民法院对被告人不服适用速裁程序作出的第一审判决提起上诉的案件,可以不开庭审理。经审理认为原判认定事实和适用法律正确、量刑适当的,应当裁定驳回上诉,维持原判;原判认定事实没有错误,但适用法律有错误,或者量刑不当的,应当改判;原判事实不清或者证据不足的,应当裁定撤销原判,发回原审人民法院适用普通程序重新审判。"[①] 2018年修改刑事诉讼法时,对认罪认罚案件被告人的上诉权未作限制。目前,从调研情况看,认罪认罚案件上诉率远远低于一般案件,且大多为留所服刑的技术性上诉。

---

[①]《最高人民法院、最高人民检察院、公安部、国家安全部、司法部关于在部分地区开展刑事案件认罪认罚从宽制度试点工作的办法》第二十三条。

上诉虽有违与检方达成的认罪认罚具结书,但上诉权毕竟是被告人的基本诉讼权利,司法机关应当正确看待。实践中,二审法院要区分上诉的不同情形,依法作出不同处理。

一是对于被告人以量刑过重为由上诉的,二审法院依法可以不开庭审理。原判量刑适当的,依法作出裁定驳回上诉,维持原判;原判量刑不当的,经审理后依法改判。

二是对于被告人以事实不清、证据不足为由提出上诉的速裁案件,根据《指导意见》第 45 条的规定,应当发回原审法院适用普通程序重新审判,不再按认罪认罚案件从宽处罚。在理解与适用本条规定时,需要注意把握以下几点:第一,本条仅适用于一审适用速裁程序审理的案件;第二,发回重审必须是事实不清、证据不足的案件,避免程序空转;第三,经重新审判后,认为被告人的行为不构成犯罪的,应当依法宣告被告人无罪;认为原有指控成立,被告人构成犯罪的,依法作出有罪判决,原有的认罪认罚优惠不再享有。本规定考虑到一审庭审具有查明案件事实的功能。适用速裁程序审理的案件,案件证据往往未经过法庭举证、质证,因案情明了,认罪认罚从宽法院作出判决,如果被告人以事实不清提出上诉,发回重审按普通程序审理,要发挥一审庭审查明案件事实的作用,毕竟二审程序主要功能是纠错和保障法律统一适用。同时,发回重审也是为了保障被告人的上诉权。发回重审后人民法院作出的一审判决,被告人仍然有权提出上诉。如果依照刑事诉讼法第二百三十六条的规定由二审直接查清事实后改判,即便是被告人不服的,只能通过再审程序解决。需要指出的是,发回重审按普通程序审判,目的不是要加重被告人刑罚,而是用最完备的审判程序审理事实不清、证据不足,控辩双方有较大分歧的案件,防止出现冤错案件。

三是对于被告人以适用法律有错误为由提出上诉的,二审法院可以不开庭审理。原判认定事实没有错误,但适用法律有错误的,应当依法改判。原判没有错误的,依法作出裁定驳回上诉。

实践中,办案机关应当尊重和保障被告人的上诉权,毕竟上诉权是法律赋予被告人的基本诉讼权利,不主张检察机关用抗诉对抗上诉。因为,刑事诉讼法明确规定了被告人上诉的处理程序,而且明确规定了抗诉的理由是"一审裁判确有错误"。

## 二十八、办理认罪认罚案件,如何保障被害人的合法权益

认罪认罚从宽制度将刑事责任与附民赔偿责任一体化解决,将犯罪嫌疑人、被告人是否与被害方达成和解、调解协议或者赔偿被害方损失,取得被害方谅解,作为从宽处罚的重要考虑因素,旨在保障被害人合法权益,发挥认罪认罚从宽制度有效及时化解矛盾的功能。实践中,在被害人合法权益的保障上,要注意把握以下几点:

一要充分保障被害人的程序参与权。修正后的刑事诉讼法虽未规定适用认罪认罚从宽制度必须以被害人同意为前提,但刑事诉讼法明确规定,犯罪嫌疑人认罪认罚的,人民检察院应当对下列事项听取被害人及其诉讼代理人的意见:(1)涉嫌的犯罪事实、罪名及适用的法律规定;(2)从轻、减轻或者免除处罚等从宽处罚的建议;(3)认罪认罚后案件审理适用的程序;(4)其他听取意见的事项,确保被害人对案件处理享有参与权。

二要切实保障被害人的合法权益。认罪认罚案件要将犯罪嫌疑人、被告人是否与被

害方达成和解协议、调解协议或者赔偿被害方损失,取得被害方谅解,作为能否适用速裁程序的条件以及是否从宽处罚的重要考虑因素。实践中,对符合公诉案件刑事和解条件的,办案机关应当积极促进当事人自愿达成和解;对其他认罪认罚案件,办案机关可以促进犯罪嫌疑人、被告人通过向被害方赔偿损失、赔礼道歉等方式获得谅解,并注重做好矛盾化解工作。

三要明确被告人认罪认罚但确实无力赔偿或者足额赔偿,被害方与被告人未达成谅解协议的,除不能适用速裁程序外,不影响认罪认罚制度的适用。

四是赔礼道歉、退赃退赔、赔偿损失,是被告人认罪认罚的重要表现,如果未能达成调解或者和解协议,是因被害方提出的赔偿请求明显不合理造成的,一般不影响对犯罪嫌疑人、被告人从宽处理。

## 二十九、如何正确理解认罪认罚对适用强制措施的影响

刑事强制措施是为保障刑事诉讼顺利进行而对犯罪嫌疑人、被告人的人身自由予以限制或者剥夺的强制方法。修正后的刑事诉讼法第八十一条第二款明确规定:"批准或者决定逮捕,应当将犯罪嫌疑人、被告人涉嫌犯罪的性质、情节,认罪认罚等情况,作为是否可能发生社会危险性的考虑因素。"实践中,对于罪行较轻、采用非羁押性强制措施足以防止发生社会危险性的犯罪嫌疑人、被告人,根据犯罪性质及可能判处的刑罚,依法可不适用羁押性强制措施。轻罪案件慎用、少用逮捕是程序从宽的重要体现。犯罪嫌疑人认罪认罚,公安机关认为罪行较轻、没有社会危险性的,应当不再提请人民检察院审查逮捕。对提请逮捕的,人民检察院认为没有社会危险性不需要逮捕的,应当作出不批准逮捕的决定。从司法实践看,降低轻罪案件的羁押率,一方面,有助于防止"羁押多久判多久",甚至"刑期倒挂"现象发生;另一方面,为非监禁刑的扩大适用创造了条件,从而给初犯、偶犯以出路,帮助他们顺利回归社会。

需要注意的是,认罪认罚案件,犯罪嫌疑人、被告人社会危险性的大小,会随着认罪认罚的推进而改变,比如,犯罪嫌疑人在侦查、审查起诉阶段自愿认罪,及时退赃、积极赔偿并获得被害人谅解的,司法机关应当依职权对羁押的必要性进行审查,审查发现没有羁押必要的,应当及时变更强制措施。

## 【理论前沿】

# 经济犯罪认定的思路与方法

何荣功*

  经济犯罪有广义和狭义之分,狭义的经济犯罪指的是刑法分则第三章破坏社会主义市场经济秩序罪,本文主要在狭义上使用。经济犯罪的罪名多,涉及面广,专业性较强,而且,往往与民事经济纠纷交织在一起,这都增加了其认定难度。另外,在改革与变动的经济体制中,如何准确甄别哪些行为是经济犯罪,如何理解其社会危害性,确保刑法处罚范围的适当,有时面临难题。本文主要立足于经济犯罪的法益与犯罪行为的构造,对经济犯罪的认定展开方法论上的思考,希望对司法实践有所裨益。

## 一、经济刑法规范的特点

  罪刑法定是刑法的基本原则,也是犯罪认定的法律依据。科学理解我国经济刑法规范的特点,有助于进一步明确经济犯罪的解释立场与方法。

  第一,从法律渊源看,不少经济刑法条款直接源于经济行政法规。比如产品质量法第五十条规定:"在产品中掺杂、掺假,以假充真,以次充好,或者以不合格产品冒充合格产品的,……构成犯罪的,依法追究刑事责任。"刑法第一百四十条生产、销售伪劣产品罪关于伪劣产品概念的规定与产品质量法完全一样。此外,虚开增值税专用发票罪,生产、销售假药罪,生产、销售劣药罪,侵犯商业秘密罪,串通投标罪等,这些犯罪的核心罪状大都直接移植相关经济行政法规的规定。不可否认,刑法和产品质量法等经济行政法规具有共同的法规范保护目的,不同部门法中同一法律概念的含义应尽可能保持一致,但毕竟刑法与民事、经济、行政法的性质不同,具体法规范保护目的有时存在差异。如果司法者不注意刑法与其他部门法中的保护法益和目的的具体差异,将刑法中的概念与其他部门法中的概念作完全相同的解释,有时会导致刑法处罚范围的偏差。

  第二,从发生的领域看,经济犯罪行为有的发生在民事经济交往活动中,比如金融诈骗罪、合同诈骗罪;有的发生于经济行政管理过程中,比如生产、销售假药罪,操纵证券市场罪,走私罪。前者需要处理民事纠纷与经济犯罪的界限,后者涉及的是行政违法与刑事犯罪的区分。

  第三,从所处的时期看,有的罪名带有经济体制转型色彩。现行刑法颁布于1997年,

---

 \* 武汉大学法学院教授,博士生导师。

其后经济刑法虽然有修改完善，比如，刑法关于"两虚一逃罪"（刑法第一百五十八条和第一百五十九条规定的虚报注册资本罪与虚假出资、抽逃出资罪）的修改，新增骗取贷款罪等，但整体上立法机关没有对经济刑法作出大幅度的修改。刑法是时代精神的规范写照，该时期我国一直处于经济体制的快速改革与转型期，无论是罪名设置，还是处罚范围，都难免有经济体制转型的特色，这就需要司法者注意时代变迁对刑法规范作出符合时代发展的解释。

第四，在犯罪性质上，有的犯罪带有一定的社会管理法色彩。刑法传统上属于法益侵害法，即刑法处罚的行为原则上限于对法益造成侵害或具有侵害危险的行为，但现代社会，基于社会管理的需要，行政犯增多，刑法的社会管理法色彩逐渐浓厚。刑法分则第三章的名称即直观地反映出刑法重视对社会主义市场经济秩序的保护，这不可避免地带来本章中刑法社会管理功能的显现。实践中如何确保经济刑法处罚范围的合理性，便成为重要问题。

第五，在处罚范围方面，有的犯罪存在入罪门槛偏低、处罚范围大的问题。刑法分则第三章不少犯罪采取的是行为犯立法技术，相对于结果犯而言，行为犯的入罪门槛低，刑法的处罚范围大。有的犯罪虽然没有采取典型的行为犯立法技术，而是规定行为"数额较大、后果严重或者其他严重情节""给银行或者其他金融机构造成重大损失或者有其他严重情节的"，但司法解释或文件往往将"其他严重情节"扩张至处罚行为犯，实践中这些犯罪事实上成为行为犯。行为犯构成要件立法技术的采用，在国家减轻对犯罪的证明责任，带来对犯罪有力打击的同时，继之而来的是处罚范围的扩大。行为人实施了构成要件的行为，却没有发生具体法益侵害结果的情形，是否有必要作为犯罪处理，有时会成为问题。

## 二、法益与经济犯罪的认定

### （一）争议与归结

根据刑法第十三条的规定，犯罪是指刑法规定的具有严重社会危害性的行为。犯罪既是事实与规范的统一，也是形式与实质的统一，对于犯罪的认定，既要重视对刑法条文字面意义的理解，又要重视刑法条文的保护法益，即行为社会危害性的实质把握，只是实践中两者有时会出现不一致的情况。

第一，如果只关注刑法条文的字面含义，不重视对犯罪侵害法益的实质把握，可能将民事经济纠纷不适当地认定为经济犯罪。

比如，甲公司与某药业公司签订《办公家具采购合同书》。甲公司按照合同约定将家具成品交付药业公司。药业公司迟迟不向甲公司付款，双方发生争执，药业公司以甲公司交付的产品系伪劣产品为由，向公安机关举报。经鉴定甲公司提供的办公用品不合格：文件柜钢板厚度合同约定本为 0.8 毫米，但甲公司实际提供的文件柜钢板厚度为 0.7 毫米。另外，办公家具还存在甲醛超标、抽屉滑道强度试验实测值不符合合同要求等。公安机关以销售伪劣产品罪立案。

又如，甲为 A 公司技术员工，负责 A 公司混凝土配合比通知单技术资料的出具，A 公司生产部门按照该通知单混凝土配合比生产混凝土。A 公司与 B 公司签订混凝土买卖合同，约定了混凝土的实际配合比，但甲对销售给 B 公司的混凝土出具了两份不同配合比通知单，用于单位实际生产混凝土的配合比通知单中的单位水泥用量少于合同约定。一审法院认定甲违反合同约定制售的混凝土是伪劣产品，构成生产、销售伪劣产品罪。二审法院认为本案并无证据证明混凝土中水泥使用比例和数量违背了国家标准或者行业标准，属于民事纠纷，改判甲无罪。

根据刑法第一百四十条规定，生产、销售伪劣产品罪，指的是生产者、销售者在产品中掺杂、掺假，以假充真，以次充好或者以不合格产品冒充合格产品，销售金额在五万元以上的行为。如果只是直观地、字面理解刑法规定的伪劣产品的含义，那么，上述案例中的办公用品和混凝土都属于不合格产品，但问题在于，上述案例中所谓的产品不合格系产品未达到合同约定的标准，属于单纯的违约行为，将其认定为刑法中的伪劣产品，忽视了生产、销售伪劣产品罪的实质，不适当地将民事纠纷拔高认定为犯罪。

再如，王力军非法经营罪案，内蒙古自治区巴彦淖尔市临河区人民法院经审理认为，被告人王力军违反国家法律和行政法规规定，未经粮食主管部门许可及工商行政管理机关核准登记并颁发营业执照，非法收购玉米，非法经营数额 218288.6 元，数额较大，其行为构成非法经营罪。巴彦淖尔市中级人民法院再审认为，原审被告人王力军没有办理粮食收购许可证及工商营业执照买卖玉米的事实清楚，其行为违反了当时的国家粮食流通管理有关规定，但尚未达到严重扰乱市场秩序的危害程度，不具备与刑法第二百二十五条规定的非法经营罪相当的社会危害性和刑事处罚的必要性，不构成非法经营罪。① 该案人民法院再审改判被告人无罪，重要原因在于，王力军从粮农处收购玉米卖予粮库，在粮农与粮库之间起了桥梁纽带作用，没有破坏粮食流通的主渠道，没有严重扰乱市场秩序。② 再审判决被告人王力军无罪很明显考虑到了行为的实质法益侵害及其程度。

第二，即使重视对犯罪的实质认定，若对具体犯罪法益的界定不同，行为的定性也不一样。

比如，甲公司骗取贷款案。甲公司向某银行贷款 1.4 亿元人民币，按照合同约定偿还 8000 万贷款及其利息后，甲公司因经营问题出现还款困难，双方协商一致重新签订缓期还款协议，甲公司向银行提供新的担保。但甲公司在贷款过程中存在欺骗行为，包括虚构部分资金用途、部分单据上伪造单位领导签字等。一种意见认为，根据刑法第一百七十五条之一的规定，骗取贷款罪指的是以欺骗手段取得银行或者其他金融机构贷款，给银行或者其他金融机构造成重大损失或者有其他严重情节的行为。2010 年《最高人民检察院、公安部关于公安机关管辖的刑事案件立案追诉标准的规定（二）》[以下简称《立案追诉标准（二）》] 第二十七条规定："以欺骗手段取得银行或者其他金融机构贷款、

---

① 参见内蒙古自治区巴彦淖尔市中级人民法院刑事判决书（2017）内 08 刑再 1 号。
② 参见《内蒙古农民收购玉米被判非法经营罪案引争议　最高法院指令巴彦淖尔中院再审》，载《人民法院报》2016 年 12 月 31 日。

票据承兑、信用证、保函等,涉嫌下列情形之一的,应予立案追诉:(一)以欺骗手段取得贷款,数额在一百万元以上的;(二)以欺骗手段取得贷款,给银行或者其他金融机构造成直接经济损失数额在二十万元以上的;(三)虽未达到上述数额标准,但多次以欺骗手段取得贷款的;(四)其他给银行或者其他金融机构造成重大损失或者有其他严重情节的情形。"本案中,甲公司的行为完全符合刑法和《立案追诉标准(二)》的规定,采用虚假手段骗取银行贷款,侵害了贷款秩序,应构成骗取贷款罪。另一种意见认为,不否认甲公司行为表面上符合刑法第一百七十五条之一和《立案追诉标准(二)》的规定,但本案中甲公司和银行签订的借款协议是真实的,甲公司提供了足额、真实担保并且一直按照合同约定偿还本息,银行的资金并没有损失或者存在损失风险。而且,银行也不认为自己是刑事被害人,没有与甲公司产生借贷纠纷,甲公司的行为没有具体法益侵害,不应认定为骗取贷款罪。

又如,乙公司高利转贷案。乙公司因项目建设向某银行贷款 1000 万元人民币,在银行支付了 1000 万元贷款后,因投资项目延期,该笔资金闲置。李某通过他人找到乙公司负责人王某希望将该笔资金转借自己控制的丙公司短期使用。双方达成协议,乙公司将 1000 万元银行贷款转借丙公司。乙公司向银行的贷款真实、合法、有效,并提供相应担保,而且,贷款后一直按照合同约定偿还银行本息。因乙公司被举报高利转贷罪被立案侦查。对于本案性质,一种意见认为,高利转贷罪是指以转贷牟利为目的,套取金融机构信贷资金高利转贷他人,违法所得数额较大的行为。《立案追诉标准(二)》第二十六条规定:"以转贷牟利为目的,套取金融机构信贷资金高利转贷他人,涉嫌下列情形之一的,应予立案追诉:(一)高利转贷,违法所得数额在十万元以上的;(二)虽未达到上述数额标准,但两年内因高利转贷受过行政处罚二次以上,又高利转贷的。"本案中,乙公司将银行信贷资金 1000 万元人民币转贷丙公司,符合刑法规定,侵犯了贷款秩序,构成高利转贷罪。另一种意见认为,本案中乙公司将所贷资金转贷丙公司,确实违反了乙公司和银行约定以及相关法律,但乙公司向银行的贷款有足额担保,且乙公司一直按照约定偿还银行贷款,银行的资金没有损失和损失风险,银行也没有作为被害人报案。本案没有具体法益侵害,不应构成高利转贷罪。

以上可见,分析问题的思路与角度不同,案件的处理结论可能出现明显差异,其中两个方面的问题值得重视:第一,在坚持对刑法条文作文义解释的同时,经济犯罪(包括其他犯罪)的认定是否有必要强调法益侵害的实质判断;第二,如果重视犯罪成立的实质判断,那么,如何理解经济犯罪的实质侵害。

根据刑法第十三条的规定,行为的严重社会危害性即严重的法益侵害是犯罪的本质,对于经济犯罪的认定当然应重视法益侵害的判断,只是重视对刑法条文的字面含义的形式理解,而忽视对犯罪侵害法益的实质把握,既不符合刑法关于犯罪概念与本质的规定,也不符合形式与实质相统一的犯罪认定方法论。在坚持对犯罪实质认定的前提下,经济犯罪侵害的法益是什么,即是抽象的经济秩序,还是应对经济秩序作进一步具体认定,对于案件性质的准确认定具有重要意义。

## (二) 经济犯罪法益的传统理解与问题

由于刑法分则第三章明确规定为破坏社会主义市场经济秩序罪，在解释论上，传统观点大都立足于刑法的规定，将经济犯罪的法益解释为我国的社会主义市场经济秩序，认为刑事立法规定这类犯罪，目的在于用刑罚手段惩治对社会主义市场经济的破坏，保护社会主义市场经济的正常发展。① 具体到各节，如第一节生产、销售伪劣商品罪，被认为侵犯的是社会主义商品市场秩序和广大用户及消费者的合法权益；第三节妨害对公司、企业管理秩序罪侵犯的是国家对公司、企业的管理秩序；第四节妨害的是国家的金融管理秩序等。②

将经济秩序解释为经济刑法保护的法益，不仅有实定法上的依据，也具有一定的实质正当性。秩序强调的是在自然和社会进程中所存在着的某种程度的一致性、连续性和确定性。③ 缺乏秩序，无论是自然界和社会，都将变得不可预测和难以确定。在人类社会，人们为了保护自由和更好地生活，从来都是需要秩序的。经济活动的良好运转，当然无法离开稳定良好的经济秩序。只是问题在于，简单地将经济刑法的保护法益解释为经济秩序，将面临系列难题。

第一，将经济秩序作为法益，难以确保刑法处罚的确定性。人类为了和平有序的生活，建立了种种秩序，比如维护公民生命健康的秩序、保护财产关系的秩序。相对于这些秩序，经济秩序具有流变性、暂时性、滞后性。改革开放后我国逐步确立了社会主义市场经济体制，但何谓社会主义市场经济体制，国家一直尚处于探索和完善过程中。如果简单地将经济秩序作为经济刑法保护的法益，有可能导致经济刑法处罚范围的不确定性。此外，我国经济秩序一直处于改革和完善中，改革意味着对既有体制的突破，如果将经济秩序不加区分地作为经济刑法保护的法益，有可能将经济改革和创新的行为不适当纳入处罚范围。

第二，将经济秩序作为法益，难以准确区分经济犯罪与民事经济纠纷。无论是民事经济法律，还是行政法与刑法，都在宪法的框架下共同维护法秩序。具体到经济领域而言，刑法与民事、经济和行政法都保护经济秩序，但刑法作为保障法，即便保护经济秩序，也只能保护其中最重要的经济秩序。比如经济生活中，单纯违反诚实信用、公序良俗的行为同样侵害经济秩序，但该行为不应由刑法调整。有些行为如单纯的非法集资，虽然违反行政法律法规，侵害了金融管理秩序，但并不具有刑罚处罚的必要性。现实社会秩序是一个有机整体，秩序具有层次结构性，内部是分层的，不同部门法对应保护相应部分的秩序。认为经济犯罪侵害的法益是经济秩序，是笼统的、一般性的思考问题的方法，并没有解决经济犯罪与民事经济纠纷侵害秩序的差异，实践中自然无法准确区分

---

① 参见高铭暄、马克昌主编：《刑法学》，北京大学出版社、高等教育出版社2010年版，第409页。
② 参见马克昌主编：《经济犯罪新论——破坏社会主义经济秩序罪研究》，武汉大学出版社1998年版，第62页以下。
③ 参见[美] E. 博登海默：《法理学——法律哲学与法律方法》，邓正来译，中国政法大学出版社1999年版，第219页。

经济犯罪与民事经济纠纷。

第三，将经济秩序作为法益，是不彻底思考问题的方法。在任何时代，秩序都不具有终极目的，不论是经济秩序，还是其他社会秩序，最终都是为了保护公民的权利与自由。秩序并不具有终极的价值，将经济秩序作为经济刑法的保护法益，是不彻底的思考问题的方法。

### （三）经济秩序的分层与经济犯罪的法益

罪刑法定是刑法的基本原则，也是刑法解释的起点，既然刑法分则第三章明确将社会主义市场经济秩序作为经济刑法的保护法益，那么，无视或者超越刑法的明确规定自然难以认为是妥当的。所以，问题的关键在于，如何科学理解作为经济刑法保护法益的社会主义市场经济秩序，以维护罪刑法定与刑法处罚实质合理性的统一。

在有些犯罪中，行为没有具体侵害对象，比如货币类犯罪、走私犯罪，这些犯罪侵害的是国家货币管理秩序和贸易管制制度。但在绝大部分犯罪的场合，行为都有具体侵害对象，国家建立和维护经济秩序的目的在于保护具体对象的权益。比如，国家颁布产品质量法，建立产品生产、销售秩序，刑法打击伪劣产品的生产、销售行为，根本目的在于维护公民的身体健康；又如，国家建立信贷秩序，禁止骗取金融机构贷款和高利转贷，主要目的在于保护银行和其他金融机构资金的安全。行为人客观上实施了骗取银行贷款的或者资金转贷行为，当银行或其他金融机构的资金没有遭受损害或者风险时，若将该行为认定为犯罪，并不契合立法设置这些犯罪的初衷。而且，由于银行或其他金融机构没有遭受资金损失或者存在损失风险，银行等金融机构和行为人之间并不存在民事纠纷，在这种情况下认定行为构成犯罪，与刑法保障法的属性和法体系地位也不符合。

综上，关于经济刑法的保护法益，可以作如下归结。

第一，保护经济秩序或制度是刑法和其他部门法的共同目的，但刑法作为和平时期国家最激烈的谴责机制，与对财产关系、人身关系的保护一样，只应针对国家和社会最不能容忍的行为，换句话说，在经济秩序的整体框架中，刑法保护的只应是其中最重要、最核心的部分。行为严重侵害了经济秩序的或者侵害了重要经济秩序的，才有必要动用刑法干预。实践中，有必要注意经济秩序或制度的构造以及不同部门法保护秩序的层次性，避免笼统地认为刑法保护经济秩序，而不适当地侵入到民事经济领域。

第二，经济秩序根本目的在于保护市场主体的权利和自由，当行为存在具体对象的场合，不应超越具体法益是否受到侵害这一事实去认定犯罪。在具体对象没有遭受侵害或者风险时，要慎重地以行为侵害了经济秩序将行为认定为犯罪。

笔者认为，上述思考问题方法并不违反罪刑法定。一方面，在现代社会，罪刑法定具有实质和形式的双重内涵，实质罪刑法定强调的是刑法处罚的实质合理性，在将不值得动用刑罚的行为纳入刑法调整时，实质上并不符合罪刑法定要求；另一方面，案件办理中，虽然司法文书不能直接依据刑法第十三条（但书的规定除外）去认定某一行为成立或不成立犯罪，但不应忽视该条关于犯罪概念和本质的规定作为认定犯罪和思考刑法问题的基础方法。在行为不具有严重社会危害性的场合，排除犯罪的认定符合犯罪的本质，而且，刑法第十三条也是刑法的规定，行为是否符合刑法规定，有整体性考虑的必要。

### 三、犯罪的构造与经济刑法的解释

事物的构造往往决定着事物的属性。经济犯罪的准确认定，应重视对犯罪（行为）构造的把握。比如合同诈骗罪、集资诈骗罪等诈骗犯罪，犯罪的成立不仅需要行为人客观上实施了虚构事实，隐瞒真相的行为，行为人主观上必须具有非法占有目的。非法占有目的的构造对于非法占有目的和诈骗罪的准确认定都有重要意义。在合同诈骗罪、集资诈骗罪中，资金的去向属于诈骗犯罪成立的基础性构成要件事实，但案件办理中查清资金去向常常相当困难。有观点认为，合同诈骗罪等诈骗犯罪的成立需要行为人主观上具有非法占有目的，对此公诉机关应依法承担证明责任，在证据不能证明涉案资金被行为人或者第三人占有的情况下，应严格按照疑罪从无的原则，否定非法占有目的的成立。这种观点难以认为符合诈骗罪的本质和非法占有目的的构造。非法占有目的，是指排除权利人，将他人的财物作为自己的财物进行支配，并遵从财物的用途进行利用、处分的意思。[①] 诈骗犯罪侵害的法益主要是被害人的财产所有权（也包括其他本权），所以，非法占有目的要件的意义不是强调行为人是否获利或者占有了财物，而是突出行为人对被害人财产权的侵害及其程度。行为的欺诈行为达到对被害人财产排他性支配的侵害程度时，即使最终行为人或者第三人没有实际占有财物，同样可以肯定非法占有目的。所以，虽然资金去向查不清，但可以证明资金没有投入生产经营活动或者投入生产经营活动的资金与所得资金明显不成比例，综合案件事实，可以肯定非法占有目的；资金去向虽然查不清，但大量资金及其流向出现"断崖式"消失或中断，行为人（被告人）无法对此作出合理解释，综合案件事实，同样可以考虑认定行为人主观上具有非法占有目的；行为人采取伪造、破坏、藏匿证据，导致资金去向无法查清的，也可以考虑认定行为人具有非法占有目的。

资金去向作为诈骗犯罪的基础构成要件事实，司法机关当然要重视查证，在资金去向没有查清的情况下，非法占有目的的认定整体上应持谨慎的态度。但有必要考虑的现实情况是，在现代网络信息社会，资金流动性出现了迥然有别于传统社会的特点，在不少案件中完全查清资金的去向，是相当困难的，有时甚至难以实现。如果认为资金去向查不清的，就否定非法占有目的的成立，这种简单化的思考问题方法既不符合社会实际情况，也不利于对诈骗犯罪的有效打击。

科学把握诈骗的行为构造，对于诈骗犯罪的准确定性同样重要。比如，骗取国家专项补贴资金的定性就有赖于对诈骗行为构造的科学理解。一般而言，合同诈骗罪、集资诈骗罪属于财产交易型犯罪，行为人取得资金后的使用情况，对于认定行为性质具有重要意义。但是，骗取国家专项补贴资金的行为构造有着与普通诈骗罪明显不同的特点。专项补贴资金是由国家或者有关部门下拨的，体现的是国家或有关部门对公司、企业或

---

[①] 参见张明楷：《刑法学》，法律出版社2016年版，第957页。

者其他社会主体发展的资金支持，国家或者有关部门与资金的使用主体之间并不存在财产交换（或称为交易对价）关系，申请主体只要符合国家或者有关部门规定的申报条件，即可无偿获得专项资金补贴，专项资金补贴体现的是国家或有关部门对符合资质的申请者的单方面资金支持。既然申报资质是专项资金申报中最重要的事实，那么，行为人是否具有或者符合申报专项资金补贴的资质就成为诈骗罪成立与否的关键所在。行为主体不符合专项资金的申报资质，通过虚构资质骗取国家专项补偿金，即使该笔款项实际投资公司、企业实体生产经营活动，这只是资金具体使用，不影响国家资金损失的存在，行为人主观上应被认定为具有非法占有目的，依法可以构成诈骗罪。资金实际用于投资公司、企业实体生产经营活动，也只能作为量刑情节考虑。相反，行为人具有申报资格且在限度内申报了专项资金，资金没有按照指定用途使用，属于专项资金的违规使用问题，不应认定为诈骗犯罪。①

---

① 参见何荣功：《非法占有目的与诈骗案件的刑民界分》，载《中国刑事法杂志》2020年第3期。

# 幅度刑量刑建议的相对合理性
## ——刑事诉讼法第二百零一条的刑法意涵

黄京平[*]

## 一、问题的提出

2018年修正的刑事诉讼法确立认罪认罚从宽制度之后，落实法定制度的司法活动出现了若干争议问题。其中，争议最大、检法机关各持己见的问题，便是对检察机关提出的确定刑量刑建议，审判机关应否一般采纳。在检察机关强力提升认罪认罚从宽制度适用率和确定刑量刑建议采纳率的背景下，实务操作中的分歧、司法立场上的差异，无疑会更加突出。浙江省首例对认罪认罚案件法院未采纳检察机关量刑建议抗诉后予以改判的案件，以个案裁判的方式展示了办案机关对刑事诉讼法第二百零一条规定的司法立场。对此，至今的理论讨论、实务分析多局限于程序法领域，结合实体法规定、刑法理论的研讨相对不足。从实体法与程序法一体化的视角，笔者以为，幅度刑量刑建议具有普遍适用的法律依据和学理基础，确定刑量刑建议的适用应限制在妥当的范围之内。换言之，与确定刑量刑建议相比，幅度刑量刑建议更具有合理性。

不同司法主张或不同理论观点，聚焦刑事诉讼法第二百零一条的规定，均以该条规定作为己方立场的法律依据。在对条文含义理解一致的场合下，依据相同的立法规定支撑不同的司法见解，必然隐含着对立法规范的错解或误读。对此，不能就事论事，应从可能的源头考察。如何理解立法的原则，或者对立法原则作怎样的定位，决定着对量刑建议采纳标准的判断基点。所以，对刑事诉讼法第十五条规定准确定位是不能省略的探讨环节。通常的见解认为，刑事诉讼法第十五条是关于认罪认罚从宽原则的规定。认罪认罚从宽制度，包括实体上从宽和程序上从宽两个方面。在1998年刑事诉讼法之前，"刑法中对认罪认罚从宽作了一系列规定，但刑事诉讼法中一直没有明确规定"，这次修法，"在刑事诉讼法中对认罪认罚从宽制度作了系统规定，从而将这一制度在刑事诉讼法中明确下来"。显然，依其内在的逻辑，认罪认罚从宽实际被标定为刑事诉讼法原则。对认罪认罚从宽原则的属性如此限缩定位，决定并限制了修法的总体思路。这种状况，不仅造成立法对相关实体问题的严重疏忽，而且影响了程序法中实体性规则（如刑事诉讼法第二百零一条第二款）的合理规范方式，更限制了对刑事诉讼法第二百零一条所含法定规

---

[*] 中国人民大学法学院教授。

则的解读方向，导致规则定位错误，形成偏离立法原意的实务操作倾向。最直接的结果是，最高司法机关对刑事诉讼法第二百零一条规定的理解，存在相对明显的不足或误读。在最高检察机关看来："法律要求检察机关要明确提出量刑建议，对于认罪认罚案件，检察机关应当提出量刑建议，人民法院一般应当采纳检察机关提出的量刑建议，即除了法律规定的几种情况以外，原则上均应采纳检察机关的量刑建议。"① 最高审判机关相应的态度是："刑事诉讼法第二百零一条对量刑建议的效力规定为除法定情形外，人民法院'一般应当'采纳，这里的'一般应当'体现了对'合意'的尊重，但不是'照单全收'。"② 看似立场有所区别的司法观，是以相同的立法规定为依据的，并且一致认为，刑事诉讼法第二百零一条只是关于量刑建议效力的程序性规定，或者是以程序规则为要义的规定。简言之，就是认为，该条只是规定了程序性的一般应当采纳规则和量刑建议效率规则，严重忽视了该条同时规定了实体性的量刑建议有效规则。进一步的观察结果显示，凡是对一般应当采纳规则作绝对化或相对绝对化理解的司法观点，通常都将规范依据局限于刑事诉讼法第二百零一条第一款的规定，或者虽不阻断该款与第二款的联系，但却将第二款理解为只是关于一般应当采纳的除外情形的补充规定。坚持这种立场的司法观点，几乎无一例外地只在第一款的范畴内理解量刑建议的效力，或者将第二款视为第一款除外情形的补充规定。与此不同，笔者认为，只有以第二款规定的实质含义为基础，将第一款规定作为仅具有补充或辅助功能的规定，才能完整把握刑事诉讼法第二百零一条规定的实质立法原意。换言之，只有确定第二款实际包含的量刑建议有效规则的基础地位，才能理顺这一基础规则与量刑建议效率规则的法定关系，才能准确理解一般应当采纳规则的约束对象和柔性效力。是否承认第二款实质规定的基础地位或主导功能，是不同的甚至对立的司法观点区别的关键。检察机关力主，提出量刑建议以确定刑为原则，以幅度刑为例外；"一般应当采纳"意味着以采纳为原则，以不采纳为例外，是忽视第二款规定基础地位的直接结果。

笔者认为，刑事诉讼法第十五条规定的认罪认罚从宽原则，应当定位为刑事法原则不应仅被局限为刑事诉讼法原则。刑法意义的认罪认罚从宽虽不具有刑法基本原则的地位，但对刑罚适用具有根本性制约作用。它与刑法第六十一条关于量刑根据的规定效力位阶相同，是对既有量刑根据的重要补充。它将司法效率提升、司法效果良好明确规定为从宽量刑的法定因素，为完善量刑根据的规定提供了新的制度资源。其基本价值表现为，在影响责任刑的法定因素不变的框架下，为预防刑的影响因素注入新的元素。在犯罪嫌疑人、被告人参与下而形成的个案司法效率、司法效果，实际成为从宽量刑的法定情节。从这个角度看，刑事诉讼法第十五条的规定已经实质上修改了刑法第六十一条的既有规定。刑事诉讼法第十五条规定不可替代的突破性意义在于，以立法形式对影响预防刑的相关内容作出明确规定，使我国刑法关于量刑根据或量刑原则的规定更趋完善。有刑法学者建议，未来应以刑法修正的方式，将认罪认罚影响预防刑的内容增加到刑法第六十一条关于量刑原则的一般规定之中。即便刑法未来作出相应修正，也只是对刑事

---

① 陈国庆：《量刑建议的若干问题》，载《中国刑事法杂志》2019 年第 5 期。
② 胡云腾：《正确把握认罪认罚从宽 保证严格公正高效司法》，载《人民法院报》2019 年 10 月 24 日。

诉讼法第十五条规定的协调性修正，也只是对程序法中的实体性规定的确认。在具体的量刑实务中适用新的从宽量刑情节，与本题有关的主要有两个方面：一是除根据既有相关量刑情节从宽处罚之外，一般应额外再予以量刑减让。这种额外量刑减让的具体依据，在现行刑法中并不存在，有赖刑法未来补充制定新的规定。目前，只能依据刑事诉讼法第十五条以及《最高人民法院、最高人民检察院、公安部、国家安全部、司法部关于适用认罪认罚从宽制度的指导意见》（以下简称《指导意见》）第9条的规定，酌情决定量刑减让的幅度。二是依法采纳量刑建议。通常的见解认为，刑事诉讼法关于量刑建议的规定，均是程序性规定，或基本没有实体规范的成分。笔者主张，刑事诉讼法关于量刑建议提出和量刑建议采纳的规定，不仅包含实体规范的内容，而且实体规范对程序规定的适用具有基本的约束作用，或者说，其中的实体判断标准是程序适用、程序选择的基础。

## 二、作为规则体系基础的量刑建议有效规则

根据法律的规定，量刑建议提出和采纳的制度是由若干具体规则组成的规则体系。构成这一体系的具体规则，并非毫无规律的自然组合，而是逻辑地形成阶层性结构。规则体系中的基础规则是整个体系正常运行的原始动能。忽视基础规则的体系地位，会使受其制约的次级规则错误发挥作用，导致整个体系功能的衰减或失效，偏离法定制度目的。根据刑法第五条罪责刑相适应原则和第六十一条量刑根据（量刑原则）的规定，经人民法院判决确定有罪的案件，应当符合量刑适当的标准，认罪认罚案件也不例外。相应地，刑事诉讼法第二百三十六条关于量刑适当的维持原判、量刑不当的应当改判的规定，实际是程序法对实体法量刑标准的协调性规定。所以，量刑建议适当是采纳量刑建议的法定实体标准。正是基于刑法和刑事诉讼法的上述基本规定，《指导意见》第40条第1款明确规定："对于人民检察院提出的量刑建议，人民法院应当依法进行审查。对于事实清楚，证据确实、充分，指控的罪名准确，量刑建议适当的，人民法院应当采纳。"这一规定意味着，刑事诉讼法第二百零一条对认罪认罚案件采纳量刑建议的实体标准未作任何调整，未作丝毫降低，不允许有区别于非认罪认罚案件的例外。简言之，量刑建议的效力须以量刑建议适当为基准。量刑建议适当，量刑建议才有效，人民法院才应当采纳。这是量刑建议有效规则（标准）或量刑建议效力规则。量刑建议有效规则，在刑事诉讼法第二百零一条中并没有直接的规定，乃是因为无须规定，乃是因为它为该条规定的应有之义，乃是因为认罪认罚案件量刑建议的效力应当遵从刑法、刑事诉讼法的既有基本规定。换言之，刑事诉讼法第二百零一条第二款实际以隐形规定的方式规定了量刑建议有效规则。

## 三、仅有柔性效力的一般应当采纳规则

笔者认为，依据立法精神，没有普适意义的一般应当采纳规则，确切讲，不存在对审判机关具有法律约束力的一般应当采纳规则。量刑建议有效规则的存在，在法律效力上必然排斥一般应当采纳规则。或者说，一般应当采纳规则与量刑建议有效规则的基本

精神是相互冲突的。承认量刑建议有效规则就意味着否定一般应当采纳规则。这是因为量刑建议有效规则是以量刑建议适当作为采纳基准的；而一般应当采纳规则通常以刑事诉讼法第二百零一条第二款为依据，认为只要量刑建议不属于"明显不当"的，审判机关就应当采纳。"'量刑建议适当'应当结合刑事诉讼法第二百零一条第二款人民检察院调整量刑建议情形之一的'量刑建议明显不当'进行理解。也即事实清楚，证据确实、充分，指控的罪名准确，量刑建议没有明显不当的，人民法院应当采纳。如果量刑建议与法官内心的量刑尺度略有偏差，但尚未达到明显不当的程度，则仍然属于应当采纳的范畴。"① 从中可见，一般应当采纳规则的赞同者、肯定者实际偷换了量刑建议采纳的法定实体标准，他们所提倡的量刑建议大体适当（包括一般不当）的采纳标准，与量刑适当的法定标准明显不符。在这个意义上，一般应当采纳规则有着天生的缺陷，没有将其适用于司法的立法依据。刑事诉讼法第二百零一条第一款前段的规定，即"对于认罪认罚案件，人民法院依法作出判决时，一般应当采纳人民检察院指控的罪名和量刑建议"，通常被理解为"一般应当采纳"意味着以采纳为原则，以不采纳为例外，或者认罪认罚案件的量刑建议一般决定了法院判决的内容。但是，值得注意的是，立法中"一般应当采纳"的文字在《指导意见》第40条规定中消失了。这不只是表述方式的改变，而是对立法精神体系化解释的应然结果。这意味着对一般应当采纳规则的否定。但笔者认为，《指导意见》只是依法阻隔它对采纳量刑建议可能产生的不法影响力，不能据此否定或忽视立法中"一般应当采纳"规定的应有价值。换言之，如果在量刑建议有效规则的语境下，"一般应当采纳"的规定便具有司法适用的价值。具体而言，"一般应当采纳"规定具有两方面的司法价值：一是向量刑协商的主要参与方犯罪嫌疑人、被告人依法传达清晰的信息，唯有符合量刑适当的实体标准，量刑建议才会被人民法院采纳。此为这一规定的释明性功能。它要求检察机关、辩护律师或值班律师须向犯罪嫌疑人、被告人说明，获得量刑减让的预期合理、合法且适当，才能转换为实在的裁判结果。二是约束量刑建议的主导方公诉机关的量刑建议活动，此为这一规定的指引性功能。它实际引导检察机关的量刑建议朝着量刑适当的方向努力，不得以不属于"明显不当"（包括一般不当）作为量刑建议适当的判断标准。

基于以上论述，立法上，不存在对审判机关具有法律约束力的一般应当采纳规则；司法中，规范文件也不认可具有司法约束力的一般应当采纳规则。除已述基本理由外，还有以下几点理由。

第一，立法规定的语境与司法细化的语境，发生了影响规则解释、规则适用的根本性变化。不可否认，刑事诉讼法第二百零一条第一款明白无误地写着"一般应当采纳"。力主存在普适意义的一般应当采纳规则，必然以此作为最有力、最有效、最根本的依据。然而规则的内容与规则的条件同在，规则的效力与规则的语境同在。生成规则的条件发生改变，解释规则的语境发生变化，意味着规则内容必须调整，甚至带来规则部分或全部失效的后果。事实上，立法规定"一般应当采纳"时，至少有两个不可忽略的前置条

---

① 苗生明、周颖：《〈关于适用认罪认罚从宽制度的指导意见〉的理解和适用》，载《中国刑事法杂志》2019年第6期。

件。一是刑事诉讼法第一百七十六条只规定了量刑建议的基本要素,对量刑建议的确定程度未作刚性规定。二是幅度刑量刑建议为主、确定刑量刑建议为辅的司法规范,仍在习惯性、持续性地影响着司法实务,粗放型的幅度刑量刑建议、相对确定的幅度刑量刑建议,占有极高或绝对的比重。但在法律规定司法细化、司法定型的过程中,现实的状况发生了重要的变化:一是《指导意见》第33条第2款明确规定,提出量刑建议以确定刑为原则,以幅度刑为例外。二是检察机关强力推进量刑建议的精准度和法院的采纳率的同步提高。可以认为,立法确定一般应当采纳规则具有充分的合理性,但这种合理性,在立法规定的司法定型过程中已经消失,不复存在。无条件便无规则,条件改变则规则调整,条件消失则规则无效。以幅度刑量刑建议为对象的"一般应当采纳",在确定刑量刑建议占绝对比重的场合下,若依旧不变、必须适用,反倒违反立法精神,或者属于形式合法、实际违法。简言之,采纳的对象发生了根本性变化,还要求采纳的标准和力度不变,也有违常理。

第二,刑事诉讼法第二百零一条第一款规定的一般应当采纳规则存在疏漏之处。这集中表现为规定"一般应当采纳人民检察院指控的罪名",同时又明确规定"起诉指控的罪名与审理认定的罪名不一致的"属于法定除外情形。在关于量刑建议采纳的专款规定中,这样的规定极为突兀,也足以说明立法对采纳量刑建议的前置条件未作基本规定。《指导意见》以能动司法的形式弥补了立法的疏漏,在第40条第1款规定:"对于事实清楚,证据确实、充分,指控的罪名准确,量刑建议适当的,人民法院应当采纳。"显然,立法不设前置条件的"一般应当采纳"规定,客观上削弱了对审判机关的约束力。

第三,该款规定的除外情形,实际是排斥继续适用认罪认罚审理程序的情形,与量刑建议采纳与否没有直接关系。这也在一定程度上影响"一般应当采纳"的司法效力。总之,对刑事诉讼法第二百零一条第一款的规定,只有以客观解释明确其符合立法精神的现实含义,才能使量刑建议采纳制度实现符合立法目的的司法定性。

## 四、居于从属地位的量刑建议效率规则

正确理解量刑建议有效规则与量刑建议效率规则的关系,才能为幅度刑量刑建议的普遍适用奠定牢固的法律基础。目前的通行观点认为,对量刑建议的确定程度,法律没有明确规定,检察机关的确定刑量刑建议和幅度刑量刑建议,都是符合法律规定的;认罪认罚从宽的制度设计暗含了量刑建议精准化的目标,量刑建议精准程度不断提高,是由司法需求和司法能力决定的,不受立法制约。检法机关在这方面的共识,已经固定为《指导意见》第33条第2款的规定:"办理认罪认罚案件,人民检察院一般应当提出确定刑量刑建议。对新类型、不常见犯罪案件,量刑情节复杂的重罪案件等,也可以提出幅度刑量刑建议。"即提出量刑建议以确定刑为原则,以幅度刑为例外。也就是说,量刑建议的基本要素由立法规定(刑事诉讼法第一百七十六条第二款),量刑建议的确定程度由司法自主决定,这实际已经成为主导量刑建议提出、量刑建议采纳的司法共识。笔者认为,刑事诉讼法并没有授权司法机关自主决定量刑建议的确定程度,相反,却是以量刑建议效率规则确立了幅度刑量刑建议的基础地位。对量刑建议效率规则,可从以下几方

面把握。

第一，量刑建议有效规则是量刑建议效率规则的基础，前者是后者的上位规则；量刑建议效率规则是为了实现量刑建议有效规则而派生的规则，它虽居于从属地位，但却是落实量刑建议有效规制不可或缺的制度安排。只有正确理解这两个规则在量刑建议采纳制度中的各自地位和相应功能，才能妥当处理当前司法实务中的疑难问题，消除无端的司法分歧，理顺量刑建议提出与量刑建议采纳的关系。

第二，量刑建议效率规则是刑事诉讼法第二百零一条第二款的明定规则。其核心内容是，为确保量刑适当的实体标准作为量刑建议采纳的唯一法定标准，量刑建议必须具有适当的弹性，应将量刑建议与最终量刑的差距限制在合法的范围内。根据刑事诉讼法第二百零一条第二款的规定，这个合法的范围就是不存在"量刑建议明显不当"的情形。量刑建议适当是采纳标准；量刑建议明显不当是调整标准。不能由此得出结论：没有明显不当（或一般不当），就是采纳标准。因为：（1）这无疑是调整了法定的采纳标准，而法定的采纳标准是恒定不变的，不因认罪认罚案件而有丝毫的例外。（2）采纳标准与调整标准的功能不同，采纳标准就是判决的刑罚适当，以符合刑法关于量刑的规定为主旨；而调整标准，用于判断拟判决的刑罚已经包括在量刑建议之内，以避免控辩审分歧，维持认罪认罚案件审判应有的司法效率为目的。在合法与效率之间，当然是合法为本、效率为辅，效率服务于合法。为此，在绝大多数场合下，可以依赖的路径只能是提出幅度刑量刑建议。（3）量刑建议适当和量刑建议明显不当的判断主体都是人民法院。有观点提倡，以一般人正常认知标准，判断量刑建议是否属于明显不当。这不仅会动摇法定判断主体和专业判断标准的权威性，而且存在以调整标准取代采纳标准的现实风险。如果检察机关过度提出确定刑量刑建议，或者规模化提出确定刑量刑建议，就会非正常挤压审判机关的法定裁量空间。（4）幅度刑量刑建议是使司法建议权与司法裁定权恰当协调的最优方式，能够兼顾量刑建议权的约束力与量刑建议采纳权的权威性。换言之，刑事诉讼法第二百零一条第二款的含义之一，就是提示检察机关：处于量刑建议适当与量刑建议明显不当之间的中间状态，是量刑建议基本适当或大体适当；但量刑建议基本适当不符合量刑适当的实体标准，不是采纳标准；量刑建议基本适当只是采纳量刑建议的备选标准。量刑建议的采纳标准、备选标准和调整标准，各自含义不同，彼此功能有别。检察机关提出量刑建议，应当避免明显不当的情形，达到基本适当的备选标准，便是完美履行法定职责。达到基本适当的备选标准，应以恰当的幅度刑量刑建议为基本方式；特定情况下，如法定刑较低的轻微犯罪，合理地确定刑量刑建议，也可以达到基本适当的标准。"'量刑建议适当'应当结合刑事诉讼法第二百零一条第二款人民检察院调整量刑建议情形之一的'量刑建议明显不当'进行理解。也即事实清楚，证据确实、充分，指控的罪名准确，量刑建议没有明显不当的，人民法院应当采纳。如果量刑建议与法官内心的量刑尺度略有偏差，但尚未达到明显不当的程度，则仍然属于应当采纳的范畴"，是一种有相当影响力的司法观点。混淆量刑建议的采纳标准与备选标准，或者以备选标准取代采纳标准，是这种司法观点的核心错误。这种观点若普遍影响量刑建议采纳的实务操作，就会实质上动摇量刑建议采纳标准的法定地位，就会因过度追求程序上的效率而干扰实体上的公正，甚至会以司法建议权取代司法裁定权。

第三，量刑建议效率规则虽然以刑事诉讼法第二百零一条第二款规定为直接法律依据，但实际是以刑事诉讼法的体系性规定为基本法律依据的。对量刑问题，刑事诉讼法的体系性规定严格区分程序启动（判断）标准与实体认定标准。其中，实体认定标准集中规定于刑事诉讼法第二百三十六条，即量刑适当的维持原判，量刑不当的应当改判。程序启动标准，除在第二百零一条第二款规定了"量刑建议明显不当"之外，主要由司法解释依据立法精神作出细化规定：根据《最高人民法院关于适用〈中华人民共和国刑事诉讼法〉的解释》第三百七十五条第二款第六项①的规定，量刑明显不当是应当决定重新审判的明定情形。根据最高人民检察院发布的《人民检察院刑事诉讼规则》第五百八十四条第三项的规定，适用刑罚明显不当是应当提出抗诉的明定情形；第五百九十一条第一款第八项的规定，量刑明显不当是应当按照审判监督程序向人民法院提出抗诉的明定情形。从中可见，程序启动标准与实体认定标准之间保持着适量的差别。例如，根据上述最高人民法院司法解释第三百八十九条第一款第三项②的规定，量刑不当的，应当撤销原判决、裁定，依法改判。这种适度差别的核心精神是对法官的刑罚自由裁量权提供必要的制度保障。上级法院对下级法院刑罚自由裁量权的尊重，检察机关对审判机关刑罚自由裁量权的尊重，都是这种制度精神的体现。具体到量刑建议提出、采纳的领域，普遍意义上，幅度刑量刑建议才可以保障法官的刑罚自由裁量权有基本的作用空间。如果普遍采用确定刑量刑建议，弊端甚多：其一，囿于确定刑量刑建议的特性，法官的刑罚自由裁量空间会受到不当挤压，量刑适当的判断主体实际改变，不当或明显不当的量刑建议可能转换为同一主体认可的"量刑适当"的判决。其二，如果法官正常行使刑罚裁量权，适当偏离量刑建议的确定刑判处刑罚，会被评判为尚不属于"量刑建议明显不当"，甚至承受程序和实体违法的双重指责。其三，极端情况下，为避免误判"量刑建议明显不当"的程序争议，法官或许会明显偏离量刑建议的确定刑判处刑罚，并会因此引发实体性异议等，不一而足。简言之，一旦量刑建议的备选标准变为必选标准，或者等同于采纳标准，量刑建议的价值就实际消亡了。消亡的深层原因是程序启动标准与实体认定标准的混淆，是司法建议权与司法裁定权的不当混同，甚至以不当混同替代了必要分离。

基于以上论述，笔者认为《指导意见》第33条第2款的规定，"办理认罪认罚案件，人民检察院一般应当提出确定刑量刑建议。对新类型、不常见犯罪案件，量刑情节复杂的重罪案件等，也可以提出幅度刑量刑建议"，缺乏必要的立法依据。因为刑事诉讼法第一百七十六条第二款，只是规定了量刑建议的基本要素，并没有对量刑建议的确定程度作出规定。刑事诉讼法第二百零一条第二款，以隐形规定方式规定了量刑建议有效规则，并由《指导意见》第40条第1款细化确认；同时该款以显形方式规定了量刑建议效率规

---

① 对应2021年《最高人民法院关于适用〈中华人民共和国刑事诉讼法〉的解释》第四百五十七条第二款第六项。——编者注

② 对应2021年《最高人民法院关于适用〈中华人民共和国刑事诉讼法〉的解释》第四百七十二条第一款第三项。——编者注

则。这两个规则的关系，又逻辑地要求量刑建议提出须为量刑建议采纳提供适度的裁量空间。可将司法建议权与司法裁定权妥当衔接的介质，以幅度刑量刑建议为佳。所以，可以认为，刑事诉讼法第二百零一条第二款对量刑建议的确定程度有明确规定；幅度刑量刑建议为主，确定刑量刑建议为辅，具有明确的立法依据。

另外，值得细究的是，检察机关对审判机关采纳不同类型量刑建议后抗诉与否的态度，实际传递了与强力推进精准量刑建议初衷相左的信息。在认罪认罚从宽制度的司法实践中，"检察机关应当秉持客观公正的立场稳妥把握认罪认罚案件的抗诉问题。既不能随意抗诉，也不能一律不抗，该抗就得抗……现阶段对检察机关提出精准量刑建议，法院采纳后被告人无正当理由上诉，原则上应当抗诉……对检察机关提出幅度量刑建议，法院在幅度中线或者上线量刑后，被告人上诉的，则不宜抗诉。"由此形成的抗诉案件，会在确定刑量刑建议与幅度刑量刑建议之间，形成结构性的反差。相应的抗诉活动及其效果，是否会有助于普遍适用幅度刑量刑建议，有待进一步观察。

从属于量刑建议有效规则的派生规则，之所以称为"效率规则"，除以上所述，乃是在于强调：（1）量刑建议的确定程度不应偏离繁简分流的制度改革初衷。认罪认罚案件程序从简是实现案件办理繁简分流的关键，而确定程度妥当的量刑建议是认罪认罚案件办理效率的基本保障。量刑建议的确定程度一旦整体结构失调，出现过度精准化的倾向，便会出现量刑建议采纳受阻、案件办理效率实际降低的现象。（2）量刑建议的确定程度应当符合提升整体司法效率的目的。以案件办理程序的繁简分流为手段，提高刑事司法效率或节约刑事司法资源，都是以整体效率或整体资源为参照的。如果只是以某一诉讼阶段为基准，判断效率提升或资源节约，忽视效率或资源的整体性，必然适得其反。比如，只是为了方便控辩双方合意的达成，而违背规律或不适当地提出确定刑量刑建议，虽然有可能在审查起诉阶段节约资源，但极有可能因为所提量刑建议属于"明显不当"，而导致不被采纳，并引发对一审判决上诉、抗诉，甚至二审改判更重刑罚的情形。这不仅已经影响整体司法效率的提升，甚至可能影响程序公正的实现。（3）规则本应有学理范畴的规则与规范领域的规则之分。量刑建议效率规则虽是刑事法释义学（教义学）方法运用的结果，但根本上讲，幅度刑量刑建议为主、确定刑量刑建议为辅有着充分的立法依据。承认量刑建议效率规则具有明确的立法依据，就应在司法实务中尽力避免量刑建议的过度精准化。

## 五、理应严格限缩的法定除外情形

量刑建议采纳的除外情形，看似与前述规则的关联性不强，但实际对如何把握规则精神以及规则在实务操作中的运用，具有不可忽视的影响。笔者认为，采纳量刑建议的除外情形，依法具有唯一性，仅为量刑建议明显不当。对采纳量刑建议的除外情形，现实通行的观点普遍以立法规定为直接依据，仅作注释性说明。所以，各种观点之间并无本质区别。其中"明列情形说"仅以刑事诉讼法第二百零一条第一款规定作为依据，将该款明确列举的五种情形视为采纳量刑建议的除外情形。"混合情形说"同时也以该条第二款规定作为法定依据，将"量刑建议明显不当"视为采纳量刑建议的第六种除外情形。

换言之,这种司法观点认为,"量刑建议明显不当"是与第一款明确列举的情形并列的除外情形。"包容情形说"将第二款规定的"量刑建议明显不当"解释为第一款兜底规定的"其他可能影响公正审判的情形"的内容之一。笔者认为,没有严格界定采纳量刑建议除外情形的确切含义,混淆不符合认罪认罚基础条件与不符合量刑建议采纳条件的界限,是前述司法观点的缺陷。严格意义上,只有在符合认罪认罚基础条件的前提下,才有对量刑建议采纳与否的问题。这个基础条件,不只是《指导意见》第40条第1款规定的置于"量刑建议适当"之前的"事实清楚,证据确实、充分,指控的罪名准确",而且还必须符合认罪认罚的基本制度规定或者符合认罪认罚的程序规定。从这个意义上看,刑事诉讼法第二百零一条第一款明确列举的除外情形,都属于判断量刑建议适当与否的前置性问题。换言之,在对量刑建议是否适当进行判断之前,必须经过的、不能越过的司法判断有两个:第一,审查是否符合认罪认罚的基本条件;第二,着重审查指控的罪名是否准确。刑事诉讼法第二百零一条第一款规定的除外情形,实际都是这两个环节需要着重判断的事项。真正属于第三阶段的,才是判断量刑建议是否适当。刑事诉讼法第二百零一条第二款就是对这一判断环节及所依据的实体标准的专款规定。《指导意见》第40条第1款规定:"对于人民检察院提出的量刑建议,人民法院应当依法进行审查。"审判机关依法审查量刑建议的判断环节或步骤,已由立法作出安排。刑事诉讼法第二百零一条第一款与第二款的逻辑关系清晰地表明,对量刑建议的司法审查必须经过符合认罪认罚条件和指控罪名准确的确认环节,才能进入量刑建议适当与否的判断环节。该条第一款规定的除外情形与量刑建议的采纳与否没有直接的关联,它们并不实质或直接影响量刑建议采纳与否,主要影响认罪认罚的程序适用问题;而第二款规定的除外情形才是直接影响量刑建议采纳与否的实体性因素。所以,"量刑建议明显不当"才是法定的采纳量刑建议的除外情形。

具体而言,刑事诉讼法第二百零一条第一款第一项至第三项规定的情形,被定位为"属于绝对排除情形,有这三种绝对排除情形,就不能适用认罪认罚从宽制度"。审判机关在案件审理中发现这三种绝对排除情形的,应当转为普通程序审理,不再适用认罪认罚案件处理模式。属于绝对排除情形的"被告人的行为不构成犯罪或者不应当追究其刑事责任""被告人违背意愿认罪认罚""被告人否认指控的犯罪事实",根据刑事诉讼法第二百二十六条的规定,可以转为普通程序或简易程序重新审理,但权威的司法观点却认为,这些是"属于绝对应当转普通程序的情形"。检察机关和审判机关的共识清楚地体现在《指导意见》第48条第1款前段的规定中:"人民法院在适用速裁程序审理过程中,发现有被告人的行为不构成犯罪或者不应当追究刑事责任、被告人违背意愿认罪认罚、被告人否认指控的犯罪事实情形的,应当转为普通程序审理。"这一关于程序转换的规定,对刑事诉讼法第二百二十六条中的"其他不宜适用速裁程序审理的情形",另作相应制度安排,不仅使程序转换事由与第二百零一条第一款前三项规定的情形完全对应,而且凸显刚性特征。刚性规定的实质精神是,这三种法定情形不得适用认罪认罚案件处理模式,也就是说,这三种法定情形阻却继续适用认罪认罚程序办理案件。绝对排除适用认罪认罚案件审理程序是案件不符合认罪认罚基本条件的当然结果,意味着提出量刑建议的基础根本不存在。所以，刑事诉讼法第二百零一条第一款规定的前三种情形是适用认罪认罚案件审理程序的除外情形，不是采纳量刑建议的除外情形。

"起诉指控的罪名与审理认定的罪名不一致"是立法明确规定的第四种情形，其被视为"属于相对排除情形"。相应的司法解决方案规定在《指导意见》第40条第2款，即"对于人民检察院起诉指控的事实清楚，量刑建议适当，但指控的罪名与审理认定的罪名不一致的，人民法院可以听取人民检察院、被告人及其辩护人对审理认定罪名的意见，依法作出裁判。"该款规定明显存在问题，它是对没有司法约束力的"一般应当采纳规则"迁就的结果，甚至会以极端方式不当约束司法裁定权。量刑从属于定罪，罪名认定错误，量刑适当无从谈起。指控罪名错误前提下的所谓量刑建议适当，轻者是巧合而已，重者属于毫无根据，何来应当采纳之理？这种情形下，量刑建议适当的合法基础根本不存在，量刑建议理应归于无效，由人民法院直接定罪量刑是唯一合法、合理的选择。第四种情形，虽然属于相对排除情形，但与前述绝对排除情形也有相同之处，即在根本上失去继续适用认罪认罚审理程序的前置条件。有所不同的是，前三种情形绝对排除适用认罪认罚案件审理程序；第四种情形，依据《指导意见》第40条第2款确定的规则，依旧在认罪认罚程序内由人民法院依法定罪处刑。形式上维持量刑协商结果的稳定性，或许是这一规则相对合理的唯一根据。但是，形式上适用认罪认罚程序审理案件，实质上不可能按照也不应当按照完整意义的认罪认罚程序继续审理、裁判案件。至少具结书内容只是形式上部分有效，刑事判决只能附条件确认案件的认罪认罚属性。换言之，这类案件虽在实务中为数有限，但为了维持审前程序已经固定的绝大部分认罪认罚结果，允许借认罪认罚程序之"壳"，继续对非标准认罪认罚案件进行审理、作出裁判。在此意义上，可以将其定性为一种认罪认罚案件的变通审理程序。本不应该适用认罪认罚案件的审理程序，但为了案件办理的总体司法效率，对不完全符合认罪认罚条件的案件，继续以变通程序审理，是此种案件处理模式的特点。这一处理模式的实体意义是，对指控罪名错误的案件，允许法院在依法定罪的基础上，采纳控方提出的量刑建议。但必须明确的是，与常态的采纳量刑建议不同，此种被采纳的量刑建议并非因定性准确而适当，纯属与依法定罪的实际处刑结果巧合而"适当"。也就是说，审判机关依法定罪后判处的刑罚，刚好处于量刑建议的区间之内，但控方所提量刑建议没有合法依据。表面上是采纳了原有的量刑建议，实际上是对指控的犯罪事实重新定性后依法量刑的结果。《指导意见》认可的这种非标准实务操作模式，有一个重要的溢出效应，佐证了幅度刑量刑建议的合理性或相对广泛的适应性。

如何把握第五种情形包含的内容是正确理解采纳量刑建议的法定除外情形的关键。属于兜底规定的"其他可能影响公正审判的情形"，广义上被理解为主要包括：一是量刑建议明显不当影响公正审判的；二是限制、剥夺犯罪嫌疑人、被告人诉讼权利而影响公正审判的；三是违反诉讼基本原则、诉讼程序的规定而影响公正审判的；四是其他情形。显然，属于包容情形说的这种观点，把第二款规定的"量刑建议明显不当"当作第一款兜底规定的内容之一。它的不当之处是对"可能影响公正审判"作没有根据的扩张解释，混淆不符合认罪认罚基础条件与不符合量刑建议采纳条件的界限，将直接影响量刑建议采纳的实体因素视为与量刑建议采纳没有直接关联的程序问题。"包容情形说"与"混合情形说"形式上虽有区别,但本质上是相同的,它们都能不同程度地为一般应当采纳规则提供支撑,确切地说,是力图实现一般应当采纳规则的司法约束力。本文所持的观点,可以称为"递进情形说(或阶层情形说)",目的在于排除非专门除外情形的不当干扰,确立"量刑建议明显不当"作为唯一法定除外情形的地位,进而屏蔽一般应当采纳规则对司法裁定权的负面影响,维护量刑建议采纳标准的唯一性、纯洁性。

规范的分析,或对规范所作的释义学分析,永远不能成为量刑建议模式选择的根本性决定因素。证成幅度刑量刑建议的相对合理性和普遍适用价值,还应当从刑罚正当化根据的学说倾向、既有量刑规范的完善路径、法官刑罚自由裁量权的实现方式、司法建议权与司法裁定权的实质关系、刑事案件的实体分流与程序分流的互动协调等方面,进行必要的实证分析和理论推演。认罪认罚从宽制度虽有基本的立法规定,但许多方面尚处于司法细化、司法定型的初试阶段,量刑建议确定程度的结构,便是未能定局也不应定局的事项。经历一定程度、一定时期的尝试,司法官或许就会作出代表其整体意志的选择。无论司法官最终选择何种量刑建议为主的模式,都会使看似缜密的理论分析黯然失色,也不能证明强力推进的决策部署万般正确、绝无瑕疵。将司法官集体的选择归于"实践出真知"未必十分恰当,因为许多法律制度,立法规定之后都会有一个司法定型的过程;许多场合下,司法定型是以自发秩序的形式呈现、固定的,或者是自发秩序与制定规则共同作用的结局。可以预期,未来量刑建议确定程度的司法模式,自发秩序的成分会占有相当比例。这或许就是刑事司法规律的真实面貌。

# 比较法视野下的认罪认罚从宽制度
## ——兼论刑事诉讼"第四范式"

熊秋红*

自从2014年10月党的十八届四中全会通过的《中共中央关于全面推进依法治国若干重大问题的决定》明确提出要"完善刑事诉讼中认罪认罚从宽制度"以来,学术界围绕认罪认罚从宽制度的理论定位、具体内涵、适用阶段、配套措施等问题展开了热烈的讨论。在关于如何构建认罪认罚从宽制度的研讨中,比较法视角成为学术界所运用的重要方法论工具,学术界提出的改革建议往往自觉或不自觉地以域外的相关制度作为参照。2014年6月,全国人大常委会授权最高人民法院、最高人民检察院(以下简称"两高")在18个城市开展为期两年的刑事速裁程序试点;2016年9月,全国人大常委会授权"两高"在18个城市开展为期两年的刑事案件认罪认罚从宽制度试点。在总结试点经验的基础上,2018年10月,全国人大常委会通过了《关于修改〈中华人民共和国刑事诉讼法〉的决定》,将认罪认罚从宽作为刑事诉讼的一项原则予以确立,并且构建了认罪认罚从宽的具体程序。此后,学术界的讨论主要围绕认罪认罚从宽立法规定的理解和适用以及该制度的进一步完善而展开。在学术界的讨论和实务界的适用过程中,如何"正确认识认罪认罚从宽制度"这一新生事物,成为其中的一个焦点问题。从纵向维度来看,认罪认罚从宽制度的确立意味着我国刑事诉讼范式的重大变迁;从横向维度来看,我国的认罪认罚从宽制度与其他国家和地区的认罪案件处理机制存在某些相似之处,但又超越了类似制度,具有鲜明的本土特色。笔者认为,时至今日,关于认罪认罚从宽制度的立法定位以及发展方向的研讨,有必要放在比较法视野下加以重新审视。因为只有准确把握类似制度在世界范围内发展的总体趋势以及重要关切,同时对中国特色的合理性展开充分的论证和分析,我国的认罪认罚从宽制度才能目标明确、措施得当、效果良好地向前推进,该制度在发展过程中才能彰显其实践理性和生命力。

---

* 中国社会科学院法学研究所研究员,法学博士;2017年5月—2019年5月,挂职担任最高人民法院司法改革领导小组办公室副主任。

## 一、域外认罪案件的处理机制

### (一) 刑事案件的繁简分流机制

世界各国在刑事诉讼中均建立了案件繁简分流机制,对于复杂案件适用普通程序处理,对于简单案件适用简易、速决程序处理,以实现司法资源的合理配置。但在英美法系国家和大陆法系国家,从法律传统上看,刑事程序繁简分立所依循的逻辑存在着较大的差别。在英美法系国家,采取纠纷解决型的刑事诉讼模式,将被告人认罪作为程序繁简分立的主要依据。在英美刑事诉讼中存在罪状认否程序,如果被告人作有罪答辩,一般由法官直接进行判决;如果被告人作无罪答辩,法院将对该案进行开庭审判。在大陆法系国家,将发现案件的实质真实作为刑事诉讼的基本价值追求,在程序繁简分立的问题上,传统上将简易程序的适用范围限制在案件事实清楚、罪行轻微的刑事案件,但是自20世纪80年代以来,为了解决案件积压及诉讼拖延问题,借鉴英美法系国家的做法,扩大了以认罪为前提的简易、特别程序的适用范围,并且引进了协商程序。如德国在原有的刑事处罚令和快速审理程序之外,于2009年确立了量刑协商制度;法国存在刑事处罚令程序、刑事和解程序、刑事调解程序、庭前认罪答辩程序等简易程序,其中1993年确立了刑事和解程序,2002年扩大了刑事处罚令程序的适用范围,2004年创设了庭前认罪答辩程序;意大利1988年刑事诉讼法设置了简易审判、依当事人的要求适用刑罚、快速审判、立即审判、处罚令程序等多种特别程序。认罪案件的快速处理机制以英美法系国家为代表,大陆法系国家吸收了英美法系国家的一些做法,但对该机制的适用范围和条件进行了较为严格的限制。如法国将简易程序的适用范围限制在可能判处五年以下监禁刑的刑事案件;意大利采用依当事人的要求适用刑罚程序所判处的刑罚不能超过二年有期徒刑。

### (二) 认罪案件处理机制及其类型化分析

认罪案件处理机制可以分为两大基本类型:一类是因被追诉人主动认罪,对于犯罪事实作出全面、真实的供述,有效减轻了专门机关查明案件事实的难度,因而导致处理程序的相对简化。一些国家和地区采取了降低指控、减轻量刑等激励措施促进被追诉人主动认罪。另一类是经控辩双方协商后被追诉人认罪,此类认罪案件又分为两种情形:一种是被告方与被害方进行协商,专门机关适用刑事和解、刑事调解等特别程序处理案件;另一种是检察官与被告方进行协商,专门机关适用辩诉交易、量刑协商等程序处理案件。我国有学者将前一种情形称为"刑事诉讼的私力合作模式",将后一种情形称为"刑事诉讼的公力合作模式"。

公正审判国际组织对世界上90个国家和地区的认罪案件处理机制进行了考察,发现"消失的审判"(disappearing trial,即定罪未经正式审判)现象在全球范围内传播——被追诉人通过答辩有罪而放弃了正式审判,法律制度通过降低指控、减轻量刑等鼓励被追诉人这样做。这种做法最早与美国的辩诉交易联系在一起,但在过去的二十五年间已经席卷全球。据统计，截至 2015 年年底，在 90 个国家和地区中，有 66 个建立了鼓励被告人认罪、放弃完整审判权的制度，简称"放弃审判制度"（trial waiver system）。各司法区所采取的制度大致分为四种类型：第一种是量刑激励，即量刑减让，有 45 个国家和地区采用；第二种是指控激励，即减少指控或者降格指控，有 29 个国家和地区采用；第三种是事实激励，即仅对部分犯罪事实进行指控，有 8 个国家和地区采用；第四种是合作协议，包括转为污点证人、撤销指控，有 26 个国家和地区采用。在这 66 个国家和地区中，采用一种类型的国家和地区有 37 个，采用两种类型的国家和地区有 18 个，采用三种类型的国家和地区有 8 个，采用四种类型的国家和地区有 3 个。

### （三）"放弃审判制度"的迅猛发展及其原因

长期以来，无论在法律上还是在公众意识上都存在着一种共同的观念，即审判是保障刑事定罪公正性最为关键的保障机制，但是，由于美国式的认罪案件处理机制的迅猛发展，这种观念正在被逐渐颠覆。公正审判国际组织在其研究报告中指出：1990 年，在上述 90 个国家和地区中仅有 19 个存在"放弃审判制度"，但 2015 年已达 66 个；不存在此类制度的国家包括比利时、希腊、葡萄牙、瑞典、日本、韩国、泰国、越南等。在格鲁吉亚，2005 年通过辩诉交易处理了 12.7% 的刑事案件，但 2012 年上升到 87.8%；在俄罗斯，2008 年通过"放弃审判制度"处理刑事案件的比例为 37%，2014 年上升到 64%。从各司法区通过"放弃审判制度"所处理的刑事案件比例看，2014 年排在前几位的分别是美国（97.1%）、英格兰和威尔士（70%）、俄罗斯（64%）、澳大利亚（61.1%）、爱沙尼亚（60%）、西班牙（45.7%）、波兰（43%）；苏格兰 2004 至 2005 年的比例为 85%。排在后几位的分别是捷克（0.07%）、匈牙利（0.23%）、塞尔维亚（4%）、印度（5.3%）。此外，意大利 2008 年的比例为 4%。

一些国家通过法律改革推进"放弃审判制度"的有效实施。如匈牙利 1999 年刑事诉讼法典规定了审判豁免制度，并于 2000 年 3 月 1 日生效。根据该制度，被告人供述是适用审判豁免的前提；被告人需要在法官面前重复供述，由法官核实供述的自愿性和可靠性；被告人放弃审判权和法院对证据的评估；没有传统的审判，仅存在简化程序；检察官在其中起关键作用；实行强制辩护。建立该制度的目的是加快被告人认罪案件的处理程序，减轻法院的负担，但由于几乎未对被告人提供激励，导致司法实践中适用率很低。2017 年匈牙利修改刑事诉讼法典，废除了审判豁免制度，代之以认罪协议制度，新法于 2018 年 7 月 1 日起实施。新法更加注重被告人与公诉方之间的合作，认罪协议分为两种：一种是在调查阶段，被告人及其辩护律师与检察官之间达成正式的认罪协议，法院仅审查协议的合法性，不能改变协议的内容，如果法官认为协议不合法，可拒绝接受。另一种是检察官与被告人之间无正式的认罪协议，检察官在起诉书中载明量刑动议，如果被告人接受动议并承认有罪，可在庭前会议上表明其放弃审判权；法官如果接受，则须受动议约束，不能对被告人施加更为严厉的处罚。在司法实践中后一种情形较为多见。

"放弃审判制度"在全球范围内的迅猛发展主要有以下几方面的原因。

其一是出于提高诉讼效率的考虑。许多国家由于案件负担过重带来了无法忍受的诉讼拖延，因此将"放弃审判制度"作为处理积案的一种方式。欧洲理事会推荐欧洲各国采取包括"放弃审判制度"和其他缩略程序在内的简化诉讼程序的方式，并且扩大检察官起诉裁量权以减少指控。

其二是增加定罪率的需要。有罪答辩和量刑协商制度在确保有效定罪方面是一个极为有用的工具。一些国家将"放弃审判制度"适用于轻微犯罪案件，这主要是出于提升诉讼效率的考虑；但在一些国家将该制度适用于处理某些严重犯罪案件，特别是复杂的犯罪案件（如金融犯罪、环境犯罪、腐败犯罪和毒品犯罪等），则是为了获得有效的定罪，因为在复杂犯罪案件中被追诉人认罪对案件顺利侦破、起诉和审判均具有重要价值。在后一种情形下，常常采取协商的方式或者与污点证人制度相结合。在某种意义上可以说，这样做促进了定罪和量刑的精准化和个别化。

其三是为了推进刑事司法制度改革。一些国家在对刑事诉讼制度进行整体性检讨时，经常将"放弃审判制度"作为改革举措的组成部分，推进刑事诉讼制度从审问式转向对抗式。例如拉丁美洲的许多国家、西巴尔干半岛地区和南非。

其四是为了保护被害人的利益。一些国家采用"放弃审判制度"，是为了避免被害人因作证、忍受漫长的诉讼程序以及面对不确定的诉讼结果而受到第二次伤害。但另一方面，一些被害人反对降低量刑、案件不为公众所感知以及刑事审判对寻找真相功能的放弃。因此，保护被害人的利益仅是建立"放弃审判制度"所考虑的因素之一。

## 二、中国认罪认罚案件的处理机制

### （一）中国认罪案件处理机制的历史发展

1996年《中华人民共和国刑事诉讼法》（以下简称刑事诉讼法）采取了大陆法系国家的传统模式，以案情简单轻微作为适用简易程序的主要依据。随着刑事案件数量的持续增长，在司法实践中出现了以被告人认罪为前提的程序简化。2003年3月"两高"、司法部发布了《关于适用普通程序审理"被告人认罪案件"的若干意见（试行）》和《关于适用简易程序审理公诉案件的若干意见》。2012年《中华人民共和国刑事诉讼法》（以下简称2012年刑事诉讼法）吸收了司法实践中的做法，在刑事程序繁简分离上改采英美法系国家的模式，以被告人认罪作为适用简易程序的主要依据。2014至2016年的刑事速裁程序试点，对于适用速裁程序的案件，采取"案情简单轻微"加"被告人认罪"的双重标准，并与原有的简易程序之间形成了"简上加简"的关系。这种处理沿袭了2012年刑事诉讼法设置简易程序的基本思路，即将被告人认罪作为前置性的考虑因素，同时兼采大陆法系国家通过简易速决程序处理轻微犯罪案件的做法。认罪认罚从宽制度的推行，使得刑事案件被明确区分为犯罪嫌疑人、被告人认罪认罚案件和不认罪认罚案件；犯罪嫌疑人、被告人认罪认罚（即控辩双方对定罪量刑无争议）成为程序简化的基本依据；同时，犯罪嫌疑人、被告人因认罪认罚获得实体上的从宽处理。

### （二）认罪认罚从宽制度的立法规定

2018年刑事诉讼法确立了认罪认罚从宽原则并且构建了认罪认罚从宽程序。刑事诉讼法第十五条规定："犯罪嫌疑人、被告人自愿如实供述自己的罪行，承认指控的犯罪事实，愿意接受处罚的，可以依法从宽处理。"为了落实上述原则，刑事诉讼法在侦查、审查起诉、审判程序中均对认罪认罚作了规定，包括：（1）根据刑事诉讼法第八十一条第二款的规定，批准或者决定逮捕，应当将犯罪嫌疑人、被告人认罪认罚情况，作为是否可能发生社会危险性的考虑因素之一；（2）根据刑事诉讼法第一百二十条第二款的规定，侦查人员讯问犯罪嫌疑人的时候，应当告知犯罪嫌疑人享有的诉讼权利，如实供述自己罪行可以从宽处理和认罪认罚的法律规定；（3）根据刑事诉讼法第一百六十二条第二款的规定，犯罪嫌疑人自愿认罪的，应当记录在案，随案移送，并在起诉意见书中写明有关情况；（4）根据刑诉法第一百七十三条的规定，犯罪嫌疑人认罪认罚的，人民检察院应当告知其享有的诉讼权利和认罪认罚的法律规定，听取犯罪嫌疑人、辩护人或者值班律师、被害人及其诉讼代理人对涉嫌的犯罪事实、罪名及适用的法律规定，从轻、减轻或者免除处罚等从宽处罚的建议，认罪认罚后案件审理适用的程序等事项的意见，并记录在案；（5）根据刑事诉讼法第一百七十四条的规定，犯罪嫌疑人自愿认罪，同意量刑建议和程序适用的，应当在辩护人或者值班律师在场的情况下签署认罪认罚具结书；在法定情形下不需要签署认罪认罚具结书；（6）根据刑事诉讼法第一百七十六条第二款的规定，犯罪嫌疑人认罪认罚的，人民检察院应当就主刑、附加刑、是否适用缓刑等提出量刑建议，并随案移送认罪认罚具结书等材料；（7）根据刑事诉讼法第一百八十二条的规定，犯罪嫌疑人自愿如实供述涉嫌犯罪的事实，有重大立功或者案件涉及国家重大利益的，经最高人民检察院核准，公安机关可以撤销案件，人民检察院可以作出不起诉决定，也可以对涉嫌数罪中的一项或者多项不起诉；（8）根据刑事诉讼法第一百九十条第二款的规定，被告人认罪认罚的，审判长应当告知被告人享有的诉讼权利和认罪认罚的法律规定，审查认罪认罚的自愿性和认罪认罚具结书内容的真实性、合法性；（9）根据刑事诉讼法第二百零一条的规定，对于认罪认罚案件，人民法院依法作出判决时，一般应当采纳人民检察院指控的罪名和量刑建议，但有法定情形的除外；人民法院经审理认为量刑建议明显不当，或者被告人、辩护人对量刑建议提出异议的，人民检察院可以调整量刑建议；人民检察院不调整量刑建议或者调整量刑建议后仍然明显不当的，人民法院应当依法作出判决。

我国刑事诉讼法关于认罪认罚从宽的规定体现出以下特点。

第一，认罪认罚从宽既是一项刑事诉讼基本原则，也是一项具体法律制度。从前者看，它是对"坦白从宽"的刑事政策的深化和发展，为"坦白从宽"的刑事政策注入了更加丰富的内涵——不仅包括"自愿如实供述自己的罪行"，而且包括"承认指控的犯罪事实，愿意接受处罚"；从后者看，它是集实体规范与程序规范于一体的综合性法律制度，刑法修正案（八）和《最高人民法院关于常见犯罪的量刑指南》从实体规范层面为其提供了制度支撑，而刑事诉讼法及其相关司法解释针对认罪认罚案件适用速裁程序、简易程序、普通程序简化审等从程序规范层面为其提供了制度支撑。

第二，认罪认罚从宽原则贯穿于刑事诉讼全过程，包括侦查、审查起诉、审判等诉讼阶段，但认罪认罚从宽的制度重心在审查起诉阶段，即审查起诉阶段是犯罪嫌疑人认罪认罚的关键阶段，检察机关在认罪认罚案件中起主导作用，这是因为：在侦查阶段，犯罪嫌疑人认罪认罚被作为是否批准逮捕的考量因素之一，而批捕权由检察机关行使；在犯罪嫌疑人认罪涉及公安机关可否撤销案件的情况下，由最高人民检察院核准；侦查终结，公安机关将案件移送起诉时，对于犯罪嫌疑人的认罪情况只是进行记录和说明，不作实体处理；控辩双方通过具结书的形式对认罪认罚从宽予以确认，这一关键问题在审查起诉阶段解决；在审判阶段，人民法院原则上应当采纳人民检察院指控的罪名和量刑建议。

第三，为了保障"底线正义"，奉行法官保留原则。尽管从总体上看，检察机关在认罪认罚案件中起主导作用，但在检察机关移送起诉的案件中，法院拥有司法审查权和最终决定权，法院对认罪认罚的自愿性、真实性、合法性等进行司法审查，如果认罪认罚缺乏自愿性、真实性、合法性，法院不应采纳检察机关指控的罪名和量刑建议；如果法院认为量刑建议明显不当，应当依法作出判决。

（三）认罪认罚从宽制度与相近制度的比较分析

从比较法视野看，国际社会将激励被告人答辩有罪而放弃正式审判的制度统称为"放弃审判制度"，我国的认罪认罚从宽制度也在此之列。各司法区所采取的制度类型多样，即便属于同一类型，但具体规范上也存在较大差异，并且一些国家还在不断改革和完善该制度，如匈牙利2017年将原有的审判豁免制度修改为认罪协议制度，而认罪协议又分为两种类型，这导致了比较法研究上的困难。从适用"放弃审判制度"所处理的案件范围和案件数量来看，各司法区也存在较大的差异。作为英美法系国家的代表，2014年美国通过该制度处理的案件比例超过了97%，英国的英格兰和威尔士达到了70%。从我国的情况看，2016年11月至2018年7月，18个认罪认罚从宽制度试点地区法院共适用认罪认罚从宽制度审结刑事案件181177件，占试点法院同期审结刑事案件的52.3%，并且试点案件数量、比例呈稳步上升的趋势。从"放弃审判制度"所适用的案件范围上看，美国的辩诉交易、英国的有罪答辩、德国的量刑协商与我国的认罪认罚从宽具有较强的可比性，均是刑事诉讼中处理大量案件的一种方式。

关于中、美、英、德四国"放弃审判制度"的异同，可作以下概要分析。

第一，从"放弃审判制度"所适用的案件范围看，四国总体上对该制度所适用的案件范围未作严格限制。中国的认罪认罚从宽制度适用于所有刑事案件，只是在是否签署具结书的问题上，对于涉及残疾人、未成年人等特殊主体的案件作了不需要签署具结书的例外规定。在美国，辩诉交易起初主要在禁酒案件和谋杀案件中采用，后来"扩张到了全部刑罚的领地"。在英国，有罪答辩在包括谋杀罪在内的所有刑事案件中采用。根据德国刑事诉讼法典第257c条第1款的规定，在适宜的情形下，法院可以与诉讼参与人就程序的进一步发展和程序的结果进行协商。

第二，从被告人认罪所导致的程序简化程度看，四国存在较为明显的差异。在中国，被告人认罪认罚将导致诉讼程序梯度不同的简化，分别适用速裁程序、简易程序或者普通程序简化审，但并未导致审判程序的"彻底放弃"；在观念上，开庭审判仍然是必须的，尽管进行了程序简化。在英美两国，如果被告人作有罪答辩，将直接导致对陪审团审判程序的放弃，法庭一般不再质证，直接进入量刑程序。在英国，对于被告人作有罪答辩的案件，如果被告人承认控方指控的罪名，但是不同意控方指控的部分案件事实时，该案不适用陪审团审判，而是法官直接决定让证人出庭作证，根据证人作证情况决定采纳控方或者辩方观点，此被称为"牛顿听审"（Newton hearing）。在德国，量刑协商在法院与诉讼参与人之间进行，诉讼进程具有较大的灵活性；量刑协商程序不影响德国刑事诉讼法典第244条第2款的适用，而根据该条款，"为了调查事实真相，法院应当依职权将证据调查延伸到所有的对裁判具有意义的事实、证据上"。

　　第三，从制度类型来看，四国分别属于法定从宽和交易从宽两种不同的制度类型。中国和英国大体属于法定从宽模式，而美国和德国大体属于交易从宽模式。法定从宽模式是指被追诉人认罪所带来的处罚优待是基于较为明确、刚性的法律规定；而交易从宽模式是指刑罚优待是控辩双方在一定的证据基础上讨价还价的结果。在我国刑事诉讼法关于认罪认罚从宽制度的规定中，未出现"协商""协议""交易"等字眼，并且强调认罪认罚具结书内容的合法性，表明认罪认罚从宽在制度定位上属于法定从宽模式。在英格兰和威尔士，被告人作有罪答辩后的量刑权掌握在法官手中，检察官没有量刑建议权，也不存在控辩双方就量刑达成协议；法官根据量刑指南或已有判例进行量刑，除了在治安法院和刑事法院分别适用的量刑指南之外，英格兰和威尔士量刑委员会还专门制定了《有罪答辩减刑指南》。美国的辩诉交易制度以"交易"为特色，《美国检察官手册》中设置了三种类型的辩诉交易形式，即"指控协议"（指政府同意放弃部分指控或降低指控）、"量刑协议"（指政府同意一定的量刑建议）以及"混合协议"（指政府同意进行指控和量刑两种交易）。检察官享有几乎不受控制的自由裁量权，可以通过撤销案件、降低指控、减少指控、降低量刑等激励被告人作有罪答辩，被告人所获从宽处罚是控辩双方讨价还价的结果。在德国，量刑协商程序由法院启动，法院可以与诉讼参与人就程序的进一步发展和程序的结果进行协商，法院可以基于案件的所有情况及综合量刑考量，自由裁量给出刑罚的上限和下限，诉讼参与人有机会提出意见，如果被告人和检察院同意法院提出的建议，则协议成立。

　　第四，从保障机制来看，四国既有共性的规定，也有不同的规定。四国关于认罪案件的处理机制，均以保障认罪（认罚）的自愿性为前提，美、英、德三国均规定被追诉人享有沉默权和获得律师帮助的权利，司法机关承担相应的告知义务；在中国，专门建立了值班律师制度，以保障认罪认罚案件中的被追诉人能够获得律师的帮助；但中国刑事诉讼法未赋予被追诉人沉默权，而是规定犯罪嫌疑人对于侦查人员的讯问应当如实回答。英国的有罪答辩制度由法官主导，德国的量刑协商制度也是如此；但美国的辩诉交易制度在控辩双方之间进行，检察官起主导和推动作用，法官不能直接参与到控辩双方的答辩谈判当中，其在辩诉交易程序中所起到的主要作用是司法审查，司法审查的重点包括被告人的答辩是在自愿、知情和理智的情况下作出的，且答辩有事实基础；中国认罪认罚从宽制度中的检察官和法官角色与美国较为相似。

　　上述比较法分析有助于我们更加准确地认识我国认罪认罚从宽制度的总体定位并进

一步思考该制度的发展方向。我国有学者将英美法系国家和大陆法系国家的诉讼模式分别概括为"纠纷解决型"与"政策执行型";沿着这一思路,另有学者将美国的辩诉交易和德国的量刑协商分别界定为"效率型"与"规范型",认为我国应当采"规范型"协商程序。这样的界定虽然能够在一定程度上揭示美国和德国相关制度的差异性,但是对于认识中国问题而言,存在以下局限性:其一是未能看到世界范围内"放弃审判制度"的复杂面貌及其总体发展态势,比较法研究的对象过于单一,易导致"以偏概全"。如未能将与我国同属于法定从宽模式的英国纳入研究视野,也未对俄罗斯的类似制度进行考察,而上述两国的制度与我国的认罪认罚从宽制度可能存在更强的共性,尽管差异性也很明显。其二是将英美法系和大陆法系国家诉讼模式的差异直接套用到认罪案件的处理机制中,影响了分析的准确性。不同国家的认罪案件处理机制与其诉讼模式相关,但又不具有直接的对应性。比如,同为英美法系国家,英国的有罪答辩制度与美国的辩诉交易制度存在显著差异,难以将英国的制度直接归纳为"效率型"或"协商型",因为其带有强烈的"法定"色彩;德国的诉讼模式虽然总体上为"政策执行型",但其接受量刑协商制度的主要理由包括用于处理复杂的刑事案件、支撑刑事司法系统高效运行等,体现出强烈的"效率"色彩,因而被学者称为"这是一个将主要由成本效益考量及实用主义所引导的程序"。其三是中外制度的比较法分析在基本定位上发生了偏差。世界范围内的"放弃审判制度"存在多种不同的样态,但基本类型为法定从宽与交易从宽,美国的辩诉交易与德国的量刑协商均属交易从宽制度,而中国的认罪认罚从宽制度基本上属于法定从宽制度,将三者均视为"协商性程序"进行比较法分析,比较分析的前提存在缺陷。如果说德国"规范型"的量刑协商制度是中国认罪认罚从宽制度未来发展的方向,那么首先需要回答:在中国立法回避"协商""协议""交易"等表述的前提下,是否能将协商性作为认罪认罚从宽制度的本质特征?其次,是否应当仿效德国采取法官主持量刑协商的方式?从中国现行立法看,显然难以将认罪认罚从宽制度视为与德国的量刑协商制度最相类似的制度,并简单贴上"规范型"的标签。实际上,各司法区构建"放弃审判制度",均以提高诉讼效率为主要目的,在此过程中,应当如何加强该制度的规范性,防止损害被追诉人的程序性权利,是国际社会共同努力的方向。

## 三、认罪认罚从宽制度中的主要争议

认罪认罚从宽制度从2016年开始试点到被2018年修改后的刑事诉讼法正式确认,及至在全国范围内付诸实施,一直伴随着各种各样的争议。例如:该制度是一项独立的制度,还是一项综合性制度;该制度是否应以追求诉讼效率为优先导向;该制度的创新性是否主要体现为允许控辩协商;该制度应当在刑事诉讼的全过程适用还是在某一诉讼阶段适用;该制度是一项实体法制度,还是一项程序法制度,或者二者兼而有之;如何理解"认罪""认罚""从宽"的含义;认罪认罚从宽制度是否仅在轻罪案件中适用;是否有必要构建专门的被告人答辩程序;对于值班律师应当如何定位;认罪认罚案件的证明标准是否应当低于不认罪认罚案件;对于认罪认罚从宽案件,是否应当限制被告人的上诉权;对于控辩双方反悔问题,应当如何处理;如何保护被害人权益;等等。其中一些争议，随着刑事诉讼法的明确规定，已经获得解决，但是实务界在实施该制度的过程中仍然面临诸多困惑。择其要者，作以下展开分析。

（一）认罪认罚从宽制度的价值追求

在关于认罪认罚从宽制度的讨论中，有学者对效率优先的改革主张提出了批评，认为改革应当主要从实体法层面着手，明确认罪认罚后从宽处理的具体规则；在程序法方面则应完善认罪认罚从宽案件审理的程序构造，更好地保障实体从宽的实现。

我国在推行以审判为中心的刑事诉讼制度改革的同时，配套性地推出了认罪认罚从宽制度，由此形成了"两种刑事诉讼制度"并驾齐驱的格局。如果说前者追求的是"繁者更繁"，后者追求的则是"简者更简"，认罪认罚从宽制度的效率导向可谓不言而喻。当然，单纯追求诉讼效率的制度其正当性总是会面临质疑。认罪认罚从宽制度一经推出，便获得了理论界和实务界的积极响应，不仅在于它是解决"案多人少"的有效手段，而且在于它通过"从宽"的制度激励，有助于解决复杂案件中的证明难题，并且在很大程度上是一种对被告人和被害人均有利的制度设计，体现了一种多元化的价值追求。该制度的确立体现了一种新的理念：以直接言词原则为核心、以控辩对抗为特征的正式审判并非在所有案件中均是必需的，完整的审判应当主要适用于被告人不认罪认罚的、控辩双方存在重大争议的案件，而对于被告人认罪认罚的、控辩双方无争议的案件可以采取简易速决程序处理。

（二）认罪认罚从宽制度的协商性

认罪认罚从宽包括法定从宽和交易从宽两种类型。对于法定从宽，理论上不存在争议，确立认罪认罚从宽制度，将犯罪人犯罪后的表现作为定罪、量刑、行刑的影响性因素，主要有两个方面的考量：一方面，是考虑到犯罪人可能具有悔过自新之意，因而其再犯罪可能性减小；另一方面，是基于使案件得以顺利侦破、起诉、审判、执行的刑事政策理由。但是，对于交易从宽，则存在着较大的争议。如有学者认为，我国的认罪认罚从宽制度与美国的辩诉交易制度存在截然不同的制度背景，表现在刑事审判所面临的压力、认罪认罚对控辩双方的功效、程序保障条件等方面的差异，我国从宽处罚的实体权利供给机制更适合采用法定职权化机制。另有学者认为，类似于辩诉交易的协商程序，应该是完善认罪认罚从宽制度的重心。"在这里，国家开始以相对平等的姿态与被告人协商，以某种特定的实体上或程序上的利益来换取被告人的认罪。在这一制度形式中，国家与被告人的关系趋于平等，从宽是协商的结果。"

在开展刑事速裁程序试点的过程中，出现了"量刑协商""签署认罪协商承诺书"等做法。2015 年 11 月《司法部关于切实发挥职能作用做好刑事案件速裁程序试点相关工作的通知》中将"帮助犯罪嫌疑人、被告人进行量刑协商"作为值班律师的职责之一，但 2017 年 8 月"两高"、公安部、国家安全部、司法部联合发布的《关于开展法律援助值班律师工作的意见》将相关内容表述为"对检察机关定罪量刑建议提出意见"，这里回避了"进行量刑协商"的提法。根据 2018 年刑事诉讼法第一百七十三条的规定，犯罪嫌疑人认罪认罚的案件，人民检察院应当听取犯罪嫌疑人、辩护人或者值班律师、被害人及其诉讼代理人关于定罪、量刑及其程序适用的意见。即犯罪嫌疑人认罪认罚是检察机关听取当事人双方意见的前提，而非通过控辩协商反过来促使犯罪嫌疑人认罪认罚，可见，该条款既难以解释为"认罪协商"，也难以解释为"量刑协商"。另外，根据刑事诉讼法第一百七十四条的规定，犯罪嫌疑人自愿认罪，同意量刑建议和程序适用的，应当在辩护人或者值班律师在场的情况下签署认罪认罚具结书。即在犯罪嫌疑人自愿认罪的前提下，检察机关提出量刑建议和程序适用的意见，犯罪嫌疑人如果同意，就通过具结书予以确认。在此过程中，犯罪嫌疑人、辩护人或者值班律师可以对案件处理提出意见。这里存在"量刑讨论"的空间，但难以将认罪认罚从宽制度整体上定位为"量刑协商制度"。最高人民法院刑一庭课题组指出："犯罪嫌疑人、被告人只是通过认罪认罚来争取从宽，而不是就定罪量刑进行讨价还价"；"从适用标准上看，认罪认罚从宽制度，坚持以事实为根据、以法律为准绳，贯彻证据裁判要求，是否从宽及从宽的具体幅度，都要依照法律规定和政策要求来把握"。这表明，认罪认罚从宽制度在整体上应当定位为"法定从宽"制度。在认罪认罚从宽制度下，诉讼体现出控辩合作的色彩，属于与"对抗性司法"相对应的"合作性司法"，但不能将其简单等同于控辩双方讨价还价的"交易从宽"。

（三）刑事被告人答辩程序

在英美法系国家刑事诉讼中存在罪状认否程序，法官传讯（arraignment）被告人时，要求他对起诉书作出答辩。如果被告人作有罪答辩，法官确信这种答辩出于自愿，并且被告人懂得其后果和意义，法院将不再召集陪审团，也不经听证和辩论，由法官直接进行判决；如果被告人作无罪答辩，法院将对此案进行开庭审判。被告人选择作有罪答辩，意味着他将放弃由陪审团审判、对不利于他的证人进行质证等权利。在我国关于认罪认罚从宽制度的讨论中，有学者建议设立类似英美法系国家的罪状认否程序，可称为刑事被告人答辩程序，以使认罪认罚从宽制度具有完整性。

我国未在庭前准备阶段建立罪状认否意义上的被告人答辩制度。但是，在更早的审查起诉阶段，实质意义上的被告人答辩制度即认罪认罚具结制度已经建立，其很大程度上能够决定是否适用速裁程序、简易程序、普遍程序简化审以及是否和如何对被告人进行从宽处罚。我国与英国均采取法定从宽模式，但在英国，由法官主导罪状认否程序，法官的独立和中立地位有助于保障罪状认否程序的正当性；在俄罗斯，同意控方指控的被告人可以申请适用特别诉讼程序，但控方并不提出量刑建议，而是由法官依法从宽量刑；在德国，由法官主持控辩双方参与的量刑协商。在我国由检察机关主导认罪认罚具结程序，加大了案件在审判前程序中的繁简分流力度，有助于减轻法院的负担，缓解"案多人少"的矛盾，但是它带来了检察官滥用自由裁量权的风险。虽然"法定从宽"制度限制了检察官自由裁量的空间，但是，在检察机关主导的认罪认罚具结程序中，被告方基本上处于被动地位。我国的认罪认罚具结制度独具特色，其既不同于英国的有罪答辩制度，也不同于美国的辩诉交易制度，其在实施过程中应当注重规范检察官权力行使，并加强法官对认罪认罚具结书的司法审查。

(四) 值班律师的定位

刑事速裁程序和认罪认罚从宽制度试点催生了值班律师制度的建立。根据刑事诉讼法第三十六条的规定，法律援助机构可以在人民法院、看守所等场所派驻值班律师，值班律师为犯罪嫌疑人、被告人提供法律咨询、程序选择建议、申请变更强制措施、对案件处理提出意见等法律帮助；犯罪嫌疑人、被告人有权约见值班律师。根据刑事诉讼法第一百七十四条的规定，犯罪嫌疑人自愿认罪，同意量刑建议和程序适用的，应当在辩护人或者值班律师在场的情况下签署认罪认罚具结书。值班律师制度的建立，实现了刑事法律援助在案件范围上的全覆盖，有助于保障律师帮助的平等与及时，但是律师帮助的有效性却难以得到充分保障。在司法实践中，出现了值班律师见证人化的现象，因此，一些学者提出了"值班律师辩护人化"的改革主张。

值班律师制度在英国、加拿大、日本等国均存在。如在英国，犯罪嫌疑人被警察拘留后，有权免费获得值班律师的帮助，值班律师由事务律师担任；犯罪嫌疑人在警察局接受讯问时，值班律师应当在场，值班律师为犯罪嫌疑人提供法律咨询，确保犯罪嫌疑人的权利受到保护。在治安法院也安排有值班律师，其仅负责第一次聆讯（first hearing）时为被告人提供免费的法律帮助，第一次聆讯后，是否聘请律师由被告人决定，律师将帮助被告人决定作有罪答辩或者无罪答辩。对于符合司法利益标准（如被告人可能失去人身自由、已经被判缓刑或非监禁刑、可能失去生计、可能遭受严重的名誉损害、程序涉及实质性的法律问题、被告人不能理解程序或者其案件情况等）和经济困难标准（家庭可支配收入低于 12475 英镑）的，被告人可获得法律援助。刑事法院的案件自动满足司法利益标准，获得法律援助的经济困难标准是家庭可支配收入低于 37500 英镑（从 2014 年 1 月 27 日起）。英国在过去的五年至十年间，许多地区没有充足的值班律师，值班律师更新换代缓慢，在英格兰和威尔士，值班律师的平均年龄为四十七岁，值班律师制度面临危机。在英国，法律援助与被告人是否认罪无关，任何诉讼阶段都不存在强制辩护。

值班律师制度的建立，丰富和发展了我国法律援助制度，法律援助律师因此分为法律援助值班律师和法律援助辩护律师，这与英国二元化的法律援助律师制度颇为相似。将值班律师辩护人化，则意味着采取一元化的法律援助律师制度，法律援助律师与委托律师所享有的诉讼权利（包括会见权、调查取证权、阅卷权、出庭辩护权等）并无二致，在这种制度下，除非被追诉人自行聘请了律师，否则均由国家提供法律援助，实现辩护律师对所有刑事案件的全覆盖。这种理想化的改革方案是否可行，值得怀疑。从比较法视角来看，值班律师相当于急诊科医生，而法律援助辩护律师相当于日常科医生，二者有着明显的区别。我国应当维持法律援助值班律师和辩护律师二元制的基本架构，在现阶段，由于法律援助辩护律师尚不能满足司法需求，可以在一定程度上强化值班律师的功能，如案件进入审查起诉阶段后，值班律师可以申请阅卷、了解案情，司法机关应当允许。"这是当前律师资源有限、发展不平衡等现实条件下实现法律援助全覆盖的合理选择。"

应当明确的是，值班律师制度首先是一项保障被追诉人合法权益的制度，其次才是一项便利公安、司法机关办理认罪认罚从宽案件的制度，司法实践中由公安、司法机关所主导的值班律师制度存在立场上的偏差，忽视了对被追诉人权益的保护，应当予以纠正。有学者主张，"认罪认罚的被追诉人获得值班律师帮助的权利不得放弃"，即认罪认罚从宽案件应当实行强制性的法律帮助。但是，在试点过程中，适用速裁程序审结的案件占68.5%，适用简易程序审结的占24.9%，适用普通程序审结的仅占6.6%。对于大量适用速裁程序的案件实行强制性的法律帮助是否必要，颇有疑问。在英美法系国家原则上实行任意辩护制度，在一些大陆法系国家存在着一定范围内的强制辩护制度，但主要适用于比较严重的犯罪案件或者被追诉人明显缺乏防御能力的案件。笔者认为，犯罪嫌疑人、被告人没有委托辩护人，提出不需要值班律师帮助，坚持自愿认罪认罚的，公安、司法机关应当允许并记录在案；对于严重犯罪案件或者被追诉人明显缺乏防御能力的案件，可考虑采取强制辩护制度。

在司法实践中，一些地方探索值班律师转任辩护人机制，即犯罪嫌疑人、被告人申请值班律师为其提供辩护的，法律援助机构经审查认为符合法律援助条件的，可以指派值班律师为其提供辩护，以保障法律援助工作的连续性，并且取得了良好的效果。应当注意，值班律师可转任法律援助辩护律师，但不宜转任委托律师，这是为了防止法律援助的公益性与委托律师的个人利益之间产生冲突。

（五）证明标准问题

2016年1月中央政法工作会议在部署推进以审判为中心的刑事诉讼制度改革和认罪认罚从宽制度试点工作任务时提出："研究探索对被告人认罪与否、罪行轻重、案情难易等不同类型案件，实行差异化证明标准。"该意见激发了理论界和实务界关于认罪认罚案件证明标准问题的热烈讨论。有的实务部门提出"大陆法系的德国在协商程序引入后，放宽了证据证明标准，并将协商程序越来越多地使用在取证困难的经济犯罪、毒品犯罪案件中"，认为"我国在完善认罪认罚从宽制度时，适当放宽的证明标准将成为大的趋势，具体来说，法院在审查认罪认罚案件时，应确保被告人认罪的控辩双方达成合意（即控辩双方无异议）的犯罪事实清楚，并有相应的证据支持"。但是，学术界的主流意见并不赞成在认罪认罚案件中降低现行刑事诉讼法规定的证明标准，最多认同在庭审证据调查的程序上不必拘泥于普通程序的规定，即在证据规则上可以适当从简。

在认罪认罚从宽制度试点改革过程中，最高司法机关强调要坚持法定的证据标准。《最高人民法院关于在部分地区开展刑事案件认罪认罚从宽制度试点工作情况的中期报告》指出，改革"坚持证据裁判，强化权利保障，确保从快不降低标准，从简不减损权利"。然而，建议降低证明标准的呼声从未中断。在2016年由中国政法大学课题组就刑事速裁程序试点效果所进行的问卷调查中，高达73%的法官、68%的检察官、86%的警察都对在刑事速裁程序中降低证明标准问题持赞同态度。

学术界关于证明标准的争议主要围绕定罪事实的证明而展开。即便在理论上坚守刑事诉讼法规定的证明标准，但是，在认罪认罚从宽案件中简化诉讼程序、放松证据规则等举措是否会导致证明标准的实际降低,则不无疑问,因为证明标准与证明程序密切相关,严格的证明标准往往需要严格的诉讼程序加以保障。因此,坚守法定证明标准的意义主要在于强调法官认定被告人有罪的内心确信不能降低,以此指引法官遵守底线要求并提供必要的程序保障,防止出现冤错案件。

英美法系国家和大陆法系国家在适用"放弃审判制度"时均强调认罪应有必要的事实基础,但对于"事实基础"进行审查的严格程度存在差异。在英美法系国家,在观念上将被告人认罪视为最好的证据,当控辩双方对犯罪事实无争议时,法官对事实基础的审查十分宽松。如在英国,"在国家诱导的被告人认罪答辩实践中,法律不要求控方必须出示可采纳的、有说服力的证据来证明其案件,对'证据'的要求也没有多少限制,也不需要有证人(出庭)作证"。在美国的司法实务中,"法官核实事实的手段通常是审查起诉书内容,并在被告人作出有罪答辩之时确认起诉书所记载的事实";"在一些州的地区法院,法官认为,凭借被告人的口头陈述及对被告人答辩时的察言观色,就可以认定有罪答辩的事实基础"。在大陆法系国家,即便在被追诉人认罪案件中,立法上仍然强调法官负有依职权查明案件事实真相的义务,法官依然需要调查与被告人自白相关的事实和证据。在俄罗斯的"刑事被告人同意对其提出的指控时通过法院判决的特别诉讼程序"中,放松了证据调查程序,规定"法官不得依据普通程序对收集的刑事案件证据进行审查与评价。这种情况下,只对与刑事受审人身份相关的情节以及刑罚减轻与加重的情节进行审查"。可见,在讨论认罪认罚案件中的证明标准时,法庭调查证据的范围、程序以及法官的责任是更值得关注的问题,因为与本体论层面的讨论相比,它关系到如何保障认罪认罚案件的证明标准在具体把握时不被实质性地降低,即实质真实在认罪认罚案件中究竟如何实现。

(六) 重罪案件中的适用

在认罪认罚从宽制度试点过程中,该制度的适用对象一般为基层法院管辖的罪行较轻的刑事案件。但是,刑事诉讼法对于适用认罪认罚从宽制度没有案件类型的限制,这表明,无论轻罪案件还是重罪案件,都可以适用认罪认罚从宽制度。这与俄罗斯将"刑事被告人同意对其提出的指控时通过法院判决的特别诉讼程序"适用于刑罚不超过10年剥夺自由刑的案件存在差异。在我国,中级人民法院第一审所审理的危害国家安全、恐怖活动案件和可能判处无期徒刑、死刑的案件,也可以适用认罪认罚从宽制度。

从司法实践情况看,在重罪案件中,存在适用认罪认罚从宽制度的必要性,这主要表现在:其一,在多名被告人共同犯罪的案件中,有利于最大限度分化瓦解犯罪分子,引导其自愿认罪,更好地体现宽严相济的刑事政策;其二,在重大毒品犯罪案件中,被告人认罪有利于提高证据质量,便于妥善处理案件,也有利于更好地进行量刑区分,促进量刑平衡;其三,在死刑案件中,被告人认罪认罚可以成为不适用死刑的理由之一,有利于减少死刑的适用,贯彻"少杀慎杀"的刑事政策,确保死刑仅适用于极少数罪大恶极的犯罪分子。

重罪案件在诉讼程序和量刑幅度上应当有别于轻罪案件。被告人认罪认罚的重罪案件仍然需要适用普通程序,只是审理程序相对简化。从司法实践来看,程序简化主要体现在:公诉人可以简要宣读起诉书,可以不讯问被告人,审判人员对被告人的讯问适度简化;在法庭调查中,对控辩双方无异议的证据,可以仅就名称及证明内容进行说明;对控辩双方有异议,或者法庭认为有必要调查核实的证据,应当出示并进行质证;在法庭辩论中,仅围绕控辩双方有争议的问题进行,审判人员可以根据案件情况简化审理报告和裁判文书。

对于重罪案件,被告人认罪认罚给予的量刑折扣原则上应当低于轻罪案件。对于因民间纠纷引发的故意杀人、故意伤害致人死亡等重罪案件,被告人没有其他法定、酌定从宽处罚情节,依法可以判处死刑,但其自愿认罪认罚,如积极向被害方赔礼道歉、赔偿被害方经济损失取得被害方谅解的,可以对其从宽处罚;但被告人犯罪情节极其恶劣如采用极其残忍手段致人死亡的,犯罪后果极其严重如造成多人死亡的,或者从宽处罚影响社会公平正义、损害社会公序良俗和司法公信力的,不排除死刑的适用。对于重大毒品犯罪案件,有证据证明被告人实施了指控的犯罪行为,但缺乏其他直接关键客观证据证明,被告人认罪认罚对定案起重要作用,使得证据相互印证、证据链条完整形成,达到"案件事实清楚、证据确实充分"证明标准的,可以对被告人从宽处罚。

在英国,谋杀是最严重的犯罪,依法可以判处终身监禁。英国《有罪答辩减刑指南》规定,对于谋杀罪,必须仔细考虑认罪减刑的幅度以及确保最低刑期适当反映罪行的严重程度,同时鼓励认罪和越早认罪减刑幅度越高的一般原则继续适用,但是减刑幅度将会有所不同。法院应当考虑,被告人承认谋杀事实,在此情况下判处终身监禁是否合适;如果法院认为应当判处终身监禁,则被告人认罪不会导致减刑;在其他情况下,法院将仔细考虑各种因素,给予适当的量刑折扣,但量刑折扣不得超过1/6,也不得超过五年,即在谋杀罪中,最高量刑折扣是1/6或五年。在我国考虑重罪案件的量刑幅度时,可以借鉴英国的相关做法。

(七)被追诉人反悔之处理

认罪认罚从宽案件中被追诉人反悔,是指被追诉人签署认罪认罚具结书之后,推翻认罪认罚供述、不同意量刑建议或者法院依量刑建议所作判决的现象,主要表现为一审审判前的反悔、一审审判过程中的反悔和一审判决后的反悔。对于被追诉人反悔应当如何处理,学术界存在不同的观点。有学者认为,被追诉人一般不应享有反悔权,但在被追诉人认罪认罚属非自愿、非明知,控方先违背具结书约定,法官认定的罪名或量刑超出具结书范围,或者认罪认罚确有可能导致错案等情形下,被追诉人应享有反悔权。被追诉人反悔后,对因认罪认罚获得的口供及其他证据可以使用,除非真实性存在问题,但针对公权力原因引发的反悔,量刑应适度从宽。对反悔行为在量刑时可以进行不利评价。被追诉人反悔后,办案人员不必更换。另有学者认为,虽然在认罪认罚从宽案件中被追诉人反悔会对本人和司法机关带来双向风险与负担,但该反悔权有其正当性,应当明确赋予被追诉人反悔的权利,以保障被追诉人认罪认罚无后顾之忧;同时,为防止被追诉人滥用反悔的程序权利而致使司法资源浪费,应确立反悔权的约束机制。

关于被追诉人反悔之处理，首先需要考虑的是：被追诉人反悔的对象是有罪供述还是量刑建议。翻供是我国司法实践中较为常见的现象，这既与被追诉人的身份（被追诉人是最为知晓案件真实情况的人，其既是被追诉的对象，又是享有辩护权的主体）有关，同时又与我国对有罪供述自愿性保障不足有关。被追诉人翻供具有双重性，它既可能是被追诉人逃避刑事责任的一种行为，又可能是被追诉人正当行使辩护权的一种体现，因此，难以明确肯定或者否定被追诉人享有翻供权。如果被追诉人翻供，公安、司法机关所面临的是对矛盾的口供如何进行审查判断的问题。

在被追诉人自愿认罪的情况下，如果其不改变有罪供述，仅是对检察机关所提出的量刑建议先同意后提出异议，如何看待这种意义上的反悔，需要具体分析。在美国，在法庭接受答辩前，被告人可以任何理由或无理由撤回有罪答辩或者不辩护也不认罪的答辩；在法庭接受答辩后，量刑前，被告人也可撤回答辩，前提是法庭驳回答辩协议或者被告人提出公平、公正的原因；法庭作出量刑之后，被告人不得撤回有罪答辩或不辩护也不认罪的答辩，此答辩只因直接上诉或间接攻击才可被撤销；法庭作出判决后，无论被告人作何答辩，法庭应当告知被告人有就量刑进行上诉的权利。可见，被告人若反悔控辩协议，法院分阶段进行处理，在保障被告人权利与提高诉讼效率之间达成一种平衡，但总体上偏向于保障被告人的诉讼权利，允许被告人反悔。

在德国，量刑协商的前提条件是被告人承认被指控的犯罪事实，并且"为了便于上诉法院对协商进行全面的审查，刑事诉讼法修正案明确规定，在进入协商程序时，法院应当告知当事人，任何时候都可以提起上诉，同时，任何声明放弃（法律救济）的行为都是无效的"。在法国，对于适用"事先认罪出庭程序"的轻罪案件，根据《法国刑事诉讼法典》第495-11条的规定，"所有情况下，被判刑人均可以按照第498条、第500条、第502条与第505条的规定对院长或其委派的法官作出的裁定向上诉法院提出上诉；检察院可以按相同条件以附带名义提出抗诉"。根据《俄罗斯刑事诉讼法典》第316条第9款的规定，适用"刑事被告人同意对其提出的指控时通过法院判决的特别诉讼程序"的案件，在宣布刑事案判决之后，法官应当向控辩双方说明依据该法典第45章之一规定对判决提起申诉的权利与程序。可见，在上述国家，均对被告人的上诉权予以保障。

在我国，一审程序中应当允许被告方对指控罪名和量刑建议提出异议，以加强法院对检察官量刑建议的司法审查，确保量刑的公正性，不宜以被告人在审查起诉阶段已经认罪认罚、同意量刑建议为由，剥夺被告方获得司法救济的权利，否则就背离了"法官保留原则"。司法实践中，适用速裁程序的案件，在一审判决作出之后，被告人有可能基于以下原因提出上诉：一是认为一审法院量刑过重；二是为了避免去监狱服刑；三是一审审结后出现新的事实和证据；四是认为一审判决事实不清、证据不足。除了第二种原因外，其余三种原因在适用简易程序或普通程序简化审的认罪认罚案件中也存在。一些司法实务人员认为，被告人签署认罪认罚具结书就表示其接受量刑建议，如果法院采纳了量刑建议，被告人就不应以量刑过重为由提出上诉，否则就是虚假认罚。笔者认为，考虑到我国认罪认罚从宽制度在适用范围上具有广泛性、适用速裁程序的案件最高可判处三年有期徒刑、检察官的量刑建议有时缺乏精准性、量刑指南尚不完善、认罪认罚从宽具有强烈的职权色彩、被追诉人诉讼权利保障不充分等因素，对于认罪认罚从宽案件原则上不宜限制被告人的上诉权。至于由此而带来的"虚假认罚"和"不当得利"问题，可通过检察官抗诉权予以制约。

（八）刑事被害人的权益保障

认罪认罚从宽制度作为一种公力合作模式，国家与被追诉人的关系从对抗转向合作，被追诉人因为认罪认罚而获得公安、司法机关实体上的从宽处理，在此过程中容易忽视刑事被害人的权益保障。根据刑事诉讼法第一百七十三条的规定，检察机关在办理认罪认罚案件时，应当听取被害人及其诉讼代理人关于涉嫌的犯罪事实、罪名及适用的法律规定，从轻、减轻或者免除处罚等从宽处罚的建议，认罪认罚后审理程序等事项的意见，并记录在案。在司法实践中，司法机关将被追诉人是否与被害人达成和解协议或者赔偿被害人损失，取得被害人谅解，作为"认罚"的体现，是从宽处理的重要考虑因素。据统计，试点审结的侵犯公民人身权利、民主权利犯罪案件中，当事人达成和解调解的占32.9%，被告人积极赔偿但未达成和解调解的占2.8%。人民法院办理认罪认罚案件，被告人与被害人没有就附带民事赔偿等事项达成调解或者和解协议的，人民法院应当将起诉书、人民检察院量刑建议及认罪认罚具结书等材料及时送达被害人及其诉讼代理人。被害人及其诉讼代理人提出异议的，人民法院应当记录在案。

在其他国家的认罪案件快速处理机制中，也将被害人的意见作为考虑因素。如在澳大利亚，法官同意指控协商时，要考虑被害人的观点，只要其是恰当的。在美国，法庭允许被害人在与地区法院审理的犯罪有关的公开的释放、答辩或量刑程序中发表意见。在下列情形下，被害人可以申请重新进行答辩或者科刑：（1）被害人在程序进行前或进行中要求发表意见但被拒绝的；（2）被害人在被拒绝后十日内向上诉法院申请执行令状并被授予令状的；（3）在答辩程序中，被指控人未就被指控的最严重犯罪进行答辩的。未满足本规则规定的被害人的权利不构成重新审理的理由。在俄罗斯，在"刑事被告人同意对其提出的指控时通过法院判决的特别诉讼程序"中，在刑事被害人参与审判庭审理的情况下，法官应当对其说明不进行法庭审理作出刑事案判决的程序与后果，确定刑事被害人对刑事受审人的申请持有何种态度。

应当注意的是，不能将被害人的意见作为是否适用认罪认罚从宽制度的决定性因素。如果被追诉人真诚悔罪认罚，但被害方不予谅解，或者因被害方漫天要价导致刑事和解协议难以达成，在这种情况下，仍然可以适用认罪认罚从宽制度。另一方面，要防止主要以对被害方的赔偿数额来衡量被追诉人的悔罪程度和犯罪行为的社会危害性，并对赔偿数额高的被追诉人作过于轻缓化的处理，让社会公众产生国家刑罚权"走向市场化"的疑虑，甚至形成"花钱赎刑""花钱免刑"的错误认知，从而影响司法公正的实现。刑事和解案件的量刑折扣不能超过必要的限度，要慎重确定被追诉人的赔偿这一情节对量刑的影响，以使类似案件之间不因赔偿与否以及赔偿数额大小产生过大的量刑差异。

## 四、认罪认罚从宽制度的未来发展

### (一) 刑事诉讼"第四范式"之形成

考察世界范围内刑事诉讼制度的发展,可以看到:人类社会早期的刑事诉讼以神判为原则,借助全知全能的"上帝"来解决纠纷,宣誓、水审、火审、决斗等均为解决纠纷的正当方式,诉讼带有浓厚的宗教色彩和强烈的形式主义特征,在这种情况下通过诉讼所查明的真实表现为神示的真实。刑事诉讼程序是一种由当事人自主进行的控诉程序,原、被告双方的诉讼地位平等并在诉讼中居于主导地位,当事人双方相互辩论,并就辩论结果达成"相互和解"。在此时期,犯罪被视为一种侵权行为,国家公权力尚未介入对刑事纠纷的处理,侵权人可以向被害人或者其近亲属支付一笔款项来抵消对身体的伤害。这种弹劾式诉讼模式可谓刑事诉讼"第一范式"。

在中世纪后期欧洲大陆国家的君主专制时期和我国的封建时期盛行纠问式诉讼模式,国家公权力介入对犯罪行为的处理,形成了国家追诉原则;国家对犯罪行为的处罚建立在查明犯罪事实的基础之上,法官取代"上帝"成为事实判断的主体,证据裁判原则得以确立。在欧洲君主专制国家,法官在法定证据制度指导下裁决案件。在这种诉讼模式下,法官集侦查、控诉、审判职能于一身,即使没有被害人或其他人的控告,法官也可根据职权主动追究犯罪。司法机关负责调查事实、收集证据,侦查和审判秘密进行,对被告人广泛采用刑讯,对原告人和证人也可以进行刑讯。在这种诉讼模式下,无论是原告人还是被告人都不具有现代意义上的当事人的诉讼地位,被害人只是原告人,被告人被作为诉讼客体,不享有任何诉讼权利,在诉讼过程中只是被拷问的对象。纠问式诉讼模式是刑事诉讼"第二范式"。

欧洲启蒙运动之后,经过资产阶级革命和自由思潮的洗礼,产生了以限制国家追诉权与保障被追诉者人权为基本理念的现代刑事诉讼制度,控诉权与审判权分立,庭审以口头方式公开进行,控辩双方处于平等地位,法定证据制度被废除,取而代之的是法官自由心证。这种新的诉讼制度是对旧的纠问式诉讼模式的改革,并吸收了英美法系对抗制的一些因素,确立了陪审员参审制度,由于保留了司法官通过职权调查查明案件真实的传统,因此被称为职权主义诉讼模式。英国的刑事诉讼制度以对抗制为基础,以陪审团审判为中心。在侦查阶段,由于受当事人平等原则的支配,赋予辩护方较多的诉讼权利,使之具有对抗侦查机关的能力。侦查活动的公开性较强,在审判阶段,强调控辩双方的平等地位和相互对抗,控辩双方通过自行举证和交叉询问控制和主导着证据调查程序,法官处于消极仲裁的地位,在审判中充当对抗双方之间的公断人,在双方充分举证、质证和辩论的基础上进行裁断。这种当事人主义诉讼模式为美国所承继。资产阶级改革之后所形成的以法德为代表的审问式诉讼模式和以英美为代表的对抗式诉讼模式共同构成了刑事诉讼"第三范式"。"第三范式"中审问式与对抗式的对立长期主宰了关于刑事诉讼模式的国际讨论。

在工业化国家,由于犯罪不断增加,司法资源有限,执法机关利用各种方式促使被追诉人认罪，以求刑事案件快速解决，减轻法院的负荷，继而形成了不同类型的"放弃审判制度"。这种世界性的刑事诉讼新潮流以美国辩诉交易制度为代表，在全球范围内迅猛发展，导致刑事诉讼"第四范式"浮出水面，并由此带来了对刑事诉讼理念、原则的冲击以及刑事法律制度的内在冲突。美国学者费希尔指出："辩诉交易没有什么值得称赞的地方。在本应为发现真相而激烈对抗的场合，辩诉交易使我们得以偷懒休战。针锋相对的律师退出争斗，空空如也的陪审团席昭示着制度的失落。然而尽管不值得炫耀，辩诉交易毕竟胜利了。它以非暴力的方式悄无声息地夺取了刑罚的领地，并征服了仍有抵触情绪的陪审团。"但是，"任何得到制度主要参与者喜爱的机制都会自行积聚一种持久力。因此，辩诉交易不仅仅能够持续，而且还发展成为美国刑事司法的主导制度。"辩诉交易制度减轻了检察官和法官的工作量，还能使检察官避免败诉的风险，使法官避免判决被驳回的风险，维护了检察官和法官的职业声誉；被告人通过答辩有罪获得减轻处罚；此外，通过消除诉讼过程中事实认定或法律适用出错的可能性，也保全了制度的整体声誉和合法性。因此，"根据检察官、被告人、法官和制度本身的利益，辩诉交易的胜利似乎是不可避免的"。从美国的辩诉交易到德国的量刑协商以及我国的认罪认罚从宽，"放弃审判制度"在大部分程序中取消了以直接言词原则为核心的证据调查，造成了对实质真实原则、罪刑法定原则、无罪推定原则等的动摇，在追求案件实质真实发现方面，"真实符合论"让位于"真实共识论"，刑事诉讼制度发生了根本性的变革。

（二）刑事诉讼"第四范式"之正当性基础

刑事诉讼"第四范式"根植于各国司法实践的现状，它以不可阻挡之势蔓延开来，改变了刑事诉讼的既有格局，审判正在被鼓励放弃审判所取代，并且传统的诉讼程序与经济的诉讼程序之间由于理念上的差异导致了一种内在的紧张关系。传统的诉讼程序贯穿了分权（如法官、检察官、陪审员、律师之间的分权制约）、提高定罪量刑的准确性（如采取直接言词原则和保障自由的上诉权）、保障刑事追诉的合法性（如强调司法公开和公民参与）等理念，刑事诉讼程序的目的在于探寻案件真相；而经济的诉讼程序通过制造被追诉人认罪的诱因（量刑差异）形成了一种结构上的强制性，对于诉讼效率的追求压倒了对于刑事诉讼程序防止错判功能的重视，"审判在很大程度上就变成了仪式"。

刑事诉讼"第四范式"有其优势，如有利于免除被追诉人的诉累、减少案件积压、减少审前羁押、减少诉讼的时间和费用、可用来反腐和解决其他复杂案件、减少监禁刑的适用、提高对被害人的保护等。但其也存在风险，包括：降低诉讼程序和定案证据的严格性；弱化对警察和检察官活动的监督；放松对审前非法取证等侵权行为的审查；打破不同诉讼角色之间的权力（利）平衡；激励以刑事制裁处理社会问题；等等。对于刑事诉讼"第四范式"，需要对其正当性基础进行检讨，应当考虑如何为查明真相提供与传统的证据调查相当的程序保障以及如何保障刑罚的正当性，不能单纯为了效率而牺牲公正，从而背离法治原则。

刑事诉讼"第四范式"并非一种孤立的存在，在当前的司法环境下加以审视，可以看到：离开了传统的证据调查，将会导致刑事案卷和侦查结论对于最终的裁判结果产生更大的影响力；技术侦查措施和经济性处置手段的运用，加剧了控辩双方地位的不平等，控方往往处于操控地位，控、辩、裁三方之间的平衡结构被打破，想为无罪而抗争的被告人可能由于不堪承受巨大的压力而选择认罪；刑事被害人地位的提升可能造成双重原告对付一个被告的局面，从而损害被追诉人在刑事诉讼中的程序主体地位；公开审判很大程度上是一种保障被告人权益的机制，但在信息化时代，它可能产生"贬低"被告人的后果，这是导致被告人愿意选择认罪程序以规避公开审判的原因之一；"第四范式"的盛行是刑事诉讼民事诉讼化的产物，将民事诉讼中的当事人处分原则适用于刑事诉讼，由于控辩双方的平等地位与原、被告双方的平等地位存在实质性的差异，导致处分有时难以在公平的条件下进行，并且当事人的处分可能损害有效惩罚犯罪和准确区分有罪无罪的公共利益。

在"二战"之后，国际和区域性人权机构确立了公正审判的国际标准，该标准建立在刑事诉讼"第四范式"大规模出现之前，主要适用于传统的诉讼程序。目前，国际和区域性人权组织正在推动建立适用于"放弃审判制度"的人权保障框架，并通过判例法逐步明确人权保障标准。不同国家和地区陆续建立的"放弃审判制度"在保障被追诉人获得律师帮助（是否强制辩护）、要求控方在审前全面开示证据（是否允许被告人查阅控方案卷）、放弃的时间（鼓励尽早放弃或者审判开始前放弃）、对证据的司法审查（是否要求法官对定罪证据进行独立审查）、对程序的司法审查（法官通过当庭询问或者视频询问审查认罪的自愿性）、协商中的法官参与（禁止法官参与协商或者法官主持协商）、保障上诉权（被告人享有完全的上诉权或者对上诉权进行限制）、对协议达成过程和结果的记录（是否要求有完整的细节、是否要求在公开的法庭上进行）、对被追诉人可获利益的限制（是否禁止重大的量刑差异）、适用案件类型的限制（是否在未成年人案件或者严重犯罪案件中适用）等方面存在差异，在"放弃审判制度"百花齐放的情况下，如何推进更多共识的达成是国际社会在保障刑事司法人权方面所面临的巨大挑战。需要明确的是，无论是通过审判程序定罪，还是通过"放弃审判制度"定罪，均需遵守正当法律程序，保障刑事处罚的公正性，反对被迫自我归罪、保障被追诉人在审前程序中的诉讼权利、严格审查被追诉人审前放弃权利的效力等，这是保障刑事诉讼"第四范式"具有公正性的基本要求。

刑事诉讼"第四范式"的出现，意味着刑事诉讼制度的结构性变革，在"放弃审判制度"中如何适用公平原则是亟待系统研究的问题。大体而言，为了夯实"放弃审判制度"的正当性基础，可以作以下几个方面的努力：其一，加强辩护职能，确立前置性辩护的理念，通过辩护律师在审判前程序中的有效参与，保障刑事案卷和侦查结论的全面性、客观性和可靠性。如《美国联邦刑事诉讼规则》第44条规定，被告人无力聘请律师的，有权自初次到庭直至上诉的诉讼各阶段获得指定律师的帮助，除非被告人放弃该权利。根据《俄罗斯刑事诉讼法典》第315条的规定，在刑事被告人同意对其提出的指控时通过法院判决的特别诉讼程序中，如果刑事受审人、其法定代理人或者受其委托的其他人未聘请辩护人，法庭应当保障在这种情况下有辩护人参与，并且刑事被告人有权申请对刑事案件材料进行阅卷。其二，为了避免国家专门机关在刑事诉讼中占有压倒性优势，被告人沦为诉讼客体被迫自证其罪，有必要强化对技术侦查措施和经济性处置手段的司法控制，并且加强公民对刑事司法活动的参与，提高刑事诉讼程序的民主化程度。其三，应当重新思考被害人的诉讼地位：一方面，应当为被害人参与刑事诉讼提供必要的保障；另一方面，不能因过于强调被害人的当事人地位而损害被告人获得公正对待的权利。其四，鉴于以直接、言词、公开、集中原则为基础的刑事诉讼"第三范式"的松动以有效打击恐怖主义犯罪、腐败犯罪、经济犯罪等特定类型的犯罪为肇端，因此，需要对刑事诉讼程序分而治之，建立类型化的程序规则和证据规则，以使"放弃审判制度"在解决重大疑难复杂案件时有规可循，区别于该制度在简单轻微案件中的适用，以防止发生误罚无辜的风险。其五，应当为当事人处分原则在刑事诉讼中的适用划定合理边界，如要求被追诉人具备处分能力、意思表示系自愿、公权力主体必须履行相应的告知义务；同时权利处分应受他人权利的限制、不得突破法律优位的界限，也不得突破公共利益的界限；应当明确权利处分的构成要件与可处分的权利范围，并确立必要的核查机制，以防止被追诉人的权利处分沦为公权力主体实现特定目的的工具。

### （三）认罪认罚从宽制度之完善

认罪认罚从宽制度是"放弃审判制度"大家族中的一员，它与刑事诉讼"第四范式"同频共振。从横向维度来看，认罪认罚从宽制度在试点和实施过程中所存在的诸多争议，是"放弃审判制度"形态多元化的一种折射。正如实务部门专家所言："认罪认罚从宽制度是宽严相济、坦白从宽刑事政策的深化发展和制度化，是我国刑事法律制度自然演进的结果。当然，也适当借鉴了国外的辩诉交易、认罪协商等诉讼制度中的一些合理因素，如强化认罪认罚的法律效果、完善相关法律程序、尊重被告人的诉讼主体地位和程序选择权，但这绝不是辩诉交易的翻版。"我们难以找到与认罪认罚从宽制度高度相似的"制度原型"，由于世界范围内"放弃审判制度"形态多样，学者们在讨论认罪认罚从宽制度中的争议问题时，因为比较和借鉴的对象不同，所以出现了莫衷一是的局面。对于"放弃审判制度"类型化的研究，有助于我们准确把握认罪认罚从宽制度的基本定位；而对于一些具体问题的解决，需要综合考虑其他国家和地区的不同做法及其背后的原因，并且结合我国的国情作出适当的选择。比如，可考虑在严重犯罪案件或者被追诉人明显缺乏防御能力的案件中实行强制辩护；在辩护律师无法全覆盖的情况下应当允许被告人在审前查阅控方案卷；可通过量刑差异鼓励被追诉人尽早认罪认罚；要求法官对定罪证据进行独立审查；在重罪案件中法官应当通过当庭询问审查认罪的自愿性，在微罪案件中不排斥视频询问的运用；现阶段应当保障被告人享有完全的上诉权，未来可考虑在适用速裁程序的案件中对上诉权进行限制；除了认罪认罚具结书之外，还应要求检察机关提供详细的反映案件处理过程和结果的书面记录；法官应当在公开的法庭上审查被告人认罪认罚以及选择适用速裁程序或简易程序的自愿性；禁止认罪认罚与不认罪认罚之间存在重大的量刑差异，并且实行量刑梯度的平缓化。

在具体的制度构建方面，其他国家和地区有一些好的做法可资借鉴。比如，在英国，除了一般的量刑指南之外，还专门制定了《有罪答辩减刑指南》，该做法为贯彻"法定从宽"理念提供了制度支撑。我国可考虑制定"认罪认罚从宽案件量刑指南",以为检察机关提出量刑建议和法院审查量刑建议是否适当提供参照,从而有效解决"从宽"难以落地的实践难题。再如,在英国,设立了被告人不适合答辩案件处理程序。如果律师认为被告人不适合答辩,可以提出被告人不适合答辩的主张,并提交相应的证据,如心理医师的证明文件,由法官对被告人是否适合答辩进行判定。判断标准包括:有能力理解指控;有能力决定是否作有罪答辩;有能力行使其权利挑战陪审团;有能力对律师进行指示;有能力参与诉讼程序;根据自己的辩护进行举证。如果其中有一项被告人无能力完成,就视为其不适合答辩。在美国,"在任何时候,只要法官有合理的根据怀疑被追诉人的能力,他就必须推迟接受该被追诉人作出的有罪答辩或者对指控不持异议的答辩,同时提议举行相关程序,对该被追诉人的精神状况进行审查并作出判断"。在我国,被追诉人认罪认罚所带来的程序分流功能,以被追诉人行使自我决定权为前提,要求被追诉人具有相应的处分能力,即被追诉人必须具备相当的辨识与理解能力,能够完全理解所要处分之权利的内涵与处分结果,这种处分能力与刑法上的责任能力、民法上的行为能力有实质区别。在适用认罪认罚从宽制度时,如果出现被告人是否具有处分能力的争议,也需要建立相应的程序和标准来处理该争议。

从纵向维度来看,我国理论界和实务界围绕认罪认罚从宽制度所产生的诸多分歧,反映出刑事诉讼"第四范式"所带来的对刑事司法传统模式的冲击。戏剧化的公开审判是人们关于刑事司法的固有印象,但是,在越来越多的国家、在越来越多的案件中,这已不再是刑事司法的真实图景。认罪认罚从宽制度的建立,是回应我国刑事司法现实需求的产物,它所带来的程序简化使得完整的审判主要在非认罪认罚案件中存在。我们需要清醒地正视这一现实,并对它可能带来的风险保持警惕。"任何刑事司法制度都必须在抑制犯罪与保障公民免受误判的危险之间保持平衡",认罪认罚从宽制度也不例外。反对被迫自我归罪、保障被追诉人在审前程序中的诉讼权利、严格审查被追诉人审前放弃权利的效力是保障刑事诉讼"第四范式"具有公正性的基本要求。与一些法治发达国家相比,我国是在刑事诉讼"第三范式"发育尚不充分的情况下迈向刑事诉讼"第四范式",导致现代性问题与后现代性问题相叠加,由此可能带来更大的背离公正原则的风险。要防范这种风险,除了深入推进以审判为中心的刑事诉讼制度改革和进一步完善认罪认罚从宽制度之外,还需进行刑事司法的综合性配套改革。比如,在认罪认罚从宽制度适用范围不断扩张的情况下,保障被追诉人沉默权的必要性日益凸显;搜查、扣押、监听等强制性侦查措施不受司法审查的现状有待改变;侦查程序中的律师辩护权尚待加强(如赋予讯问时的律师在场权,保障犯罪嫌疑人能与律师随时进行交流);刑事法律援助的范围尚需扩大、质量有待提高;建立类型化的程序规则和证据规则;建立公安、司法机关与律师共享的电子卷宗系统;等等。

由于刑事诉讼"第四范式"带来了刑事司法的结构性变迁,只有进行系统性的检讨,并且推动核心领域的改革,才能重塑符合公正原则要求的法治秩序。应当认识到,认罪认罚从宽制度在我国刑事诉讼法中的确立,将会带来一种"征服性"的力量,这种力量源自那些自身利益受该制度影响的人,辩诉交易在美国取得胜利,正是由于这种力量的驱动，美国联邦最高法院宣称："有罪答辩及其通常伴随的辩诉交易是本国刑事司法体系的重要组成部分。倘若运行得当，它将有利于各方。"将认罪认罚从宽制度放置于古今中外相关制度的纵横坐标体系中加以审视，我们能够清晰地看到该制度的优势与风险、共性与特色；认识到妥善处理公正与效率之间的关系、维护公众对刑事司法的信任，是该制度在未来发展中需要考虑的关键问题；认识到作为一项新的、充满争议的制度，它将在不断总结域内外经验教训的过程中逐步走向成熟。在认罪认罚从宽制度实施一段时间之后，应当对该制度的实施效果进行评估，评估的内容包括羁押率、起诉率、定罪率、监禁率、量刑幅度等的变化以及对弱势群体的影响等，评估结果可为下一步的改革提供依据。目前，江苏省高级人民法院、山东省高级人民法院分别出台了《关于办理认罪认罚刑事案件的指导意见》和《关于适用认罪认罚从宽制度审理刑事案件的指导意见（试行）》，未来最高人民法院可在总结地方经验的基础上制定统一的办案指南，以保障认罪认罚从宽制度的正确适用。

## 【实务探讨】

# 刑事诉讼中认罪认罚从宽制度的适用

### 最高人民法院刑一庭课题组[*]

完善刑事诉讼中认罪认罚从宽制度，是党的十八届四中全会作出的重大改革部署。2014年6月，十二届全国人大常委会第九次会议通过决定，授权最高人民法院、最高人民检察院在北京等18个地区开展刑事案件速裁程序试点工作。2016年7月，中央全面深化改革领导小组第二十六次会议审议通过《关于认罪认罚从宽制度改革试点方案》（以下简称《试点方案》）。2016年9月，十二届全国人大常委会第二十二次会议通过决定，授权最高人民法院、最高人民检察院在前述地区开展刑事案件认罪认罚从宽制度试点工作，速裁程序试点纳入其中继续试行。同年11月，最高人民法院、最高人民检察院、公安部、国家安全部、司法部联合印发了《关于在部分地区开展刑事案件认罪认罚从宽制度试点工作的办法》（以下简称《试点办法》），试点工作正式启动。

截至2018年7月，18个试点地区法院共适用认罪认罚从宽制度审结刑事案件181177件，占试点法院同期审结刑事案件的52.3%。试点"从无到有""从少到多"，试点案件数量、比例稳步上升，相关制度机制不断完善，在及时有效惩治犯罪、加强人权司法保障、促进公平正义、优化司法资源配置方面取得了显著成效。2018年10月26日，十三届全国人大常委会第六次会议通过《关于修改〈中华人民共和国刑事诉讼法〉的决定》（以下简称《决定》），系统吸纳了试点经验，确立了认罪认罚可以依法从宽的处理原则，并增加了速裁程序、值班律师等规定，以法律形式巩固了改革成果。在全国推开施行之际，结合此前试点情况，对认罪认罚从宽制度适用的相关问题进行梳理，有助于厘清思路，统一认识，正确理解、准确适用该制度。

## 一、关于制度定位和基本内涵

认罪认罚从宽制度是对自愿如实认罪、真诚悔罪认罚的犯罪嫌疑人、被告人依法从宽处理的法律制度，是实体规范和程序保障一体构建的综合性法律制度。从制度定位讲，是对坦白从宽刑事政策的制度化和深化发展。坦白从宽是党和国家一贯坚持的重要刑事政策，我国刑法相应规定了自首从宽制度，2011年刑法修正案（八）从实体法角度规定了坦白从宽，《最高人民法院关于常见犯罪的量刑指导意见》对自首、坦白、退赃退赔等

---

[*] 课题组组长：沈亮；成员：管应时、杨立新、孟伟、何东青。

情节，都规定了相对明确的处理原则和从宽幅度；刑事诉讼法针对认罪案件规定了简易程序以及刑事和解程序，此次修法增设的速裁程序，也是针对认罪认罚的轻罪案件设计的诉讼程序。以认罪认罚从宽制度为抓手，将坦白从宽的法律规定、政策要求加以系统化、制度化，从实体处理和程序适用两方面，强化认罪认罚的法律途径和法律效果，更好落实坦白从宽，全面贯彻宽严相济；构建认罪认罚案件的分流程序和处理机制，推进繁简分流，优化司法资源配置，是在更高层次上实现公正与效率相统一的制度安排。

此次刑事诉讼法修改，在第一编第一章"任务和基本原则"中增设一条作为第十五条："犯罪嫌疑人、被告人自愿如实供述自己的罪行，承认指控的犯罪事实，愿意接受处罚的，可以依法从宽处理。"将认罪认罚从宽确立为刑事诉讼法的重要原则，并在诉讼程序和操作规范中作相应规定，形成认罪认罚从宽的制度激励和程序保障，从程序法角度完善了认罪认罚从宽制度，丰富了认罪认罚从宽的制度内涵。

一是认罪认罚案件在程序上可以从宽处理。首先，简化审判程序。对于基层人民法院管辖的认罪认罚案件，可以适用简易程序或者速裁程序进行审判；对于其他认罪认罚案件，适用普通程序简化审理。从简、从快处理是从宽处理的重要方面，对于被告人特别是被羁押的被告人，其有获得公正审判的权利，也有获得迅速审判的权利。在确保案件质量的前提下简化诉讼程序，可以有效减少讼累，缩减审前羁押时间，避免"关多久判多久"现象。其次，强制措施适用相对宽缓化，将犯罪嫌疑人、被告人认罪认罚情况作为采取强制措施时判断其社会危险性的考虑因素，对认罪认罚的犯罪嫌疑人、被告人优先考虑适用非羁押强制措施。最后，附条件提前终止诉讼。犯罪嫌疑人自愿如实供述涉嫌犯罪事实，有重大立功或者案件涉及国家重大利益的，经最高人民检察院核准，公安机关可以撤销案件，人民检察院可以作出不起诉决定，也可以对涉嫌数罪中的一项或者多项不起诉。

二是认罪认罚案件在实体上可以依法从宽处罚。犯罪嫌疑人认罪认罚的，人民检察院应当根据犯罪的事实、性质、情节和对社会的危害程度以及认罪认罚情况，依法提出从宽处罚的建议。人民法院作出判决时，一般应当采纳人民检察院指控的罪名和量刑建议，但被告人不构成犯罪或者不应当追究刑事责任、违背意愿认罪认罚、否认指控犯罪事实、起诉指控罪名与审理认定罪名不一致以及其他可能影响公正审判的情形除外。

三是诉讼全程规范保障认罪认罚的自愿性。首先，规范权利告知程序。要求侦查人员在讯问时告知犯罪嫌疑人享有的诉讼权利，如实供述自己罪行可以从宽处理的法律规定和认罪认罚的法律后果；人民检察院审查案件时也要履行告知程序，新修改的刑事诉讼法第一百二十条、第一百七十三条作了相应规定。其次，强化认罪认罚自愿性审查。人民法院开庭审理时，应当告知被告人享有的诉讼权利和认罪认罚的法律后果，审查认罪认罚的自愿性和认罪认罚具结书内容的真实性、合法性。最后，强化律师参与和法律帮助。刑事诉讼法第一百七十四条规定，犯罪嫌疑人签署认罪认罚具结书时，应当有辩护人或者值班律师在场。同时，在第三十六条值班律师指派及职责中明确，应指派值班律师为没有辩护人的犯罪嫌疑人、被告人提供法律帮助，确保犯罪嫌疑人、被告人获得有效法律帮助、自愿认罪认罚，防止无辜者受到错误追究。

实践中，要正确把握认罪认罚从宽制度与国外辩诉交易等制度的区别。认罪认罚从宽制度是宽严相济、坦白从宽刑事政策的深化发展和制度化，是我国刑事法律制度自然演进的结果。当然，也适当借鉴了国外辩诉交易、认罪协商等诉讼制度中的一些合理因素，如，强化认罪认罚的法律效果，完善相关法律程序，尊重被告人的诉讼主体地位和程序选择权，但绝不是辩诉交易的翻版。从制度定位上看，认罪认罚从宽的根本目的是确保公安机关、人民检察院、人民法院依法、及时、公正履行追诉、惩罚犯罪的职责，犯罪嫌疑人、被告人只是通过认罪认罚来争取从宽，而不是就定罪量刑进行讨价还价；而国外的辩诉交易，是当事人主义诉讼模式的产物，犯罪嫌疑人、被告人与检察官可以就诉讼结果进行协商处分、交易还价，以避免诉讼风险。从适用标准上看，认罪认罚从宽制度，坚持以事实为根据、以法律为准绳，贯彻证据裁判要求，是否从宽及从宽的具体幅度，都要依照法律规定和政策要求来把握；而国外的辩诉交易，赋予检察官较大自由裁量权，有的案件从宽幅度具有较大的不确定性。从职权配置上看，认罪认罚案件的定罪量刑，由检察机关提出建议，人民法院要在严格审查的基础上依法作出裁判；而国外的辩诉交易，法官对交易结果一般只进行形式审查。只有正确把握两者间的本质区别，才能准确理解适用认罪认罚从宽制度。

## 二、关于适用范围

认罪认罚从宽制度适用没有特别的范围限制，这是其制度定位所决定的。认罪认罚从宽制度是宽严相济、坦白从宽刑事政策的具体化和制度化，而宽严相济是贯穿于刑事立法和刑事司法的基本刑事政策，适用于所有刑事案件，就像自首、坦白一样，没有特别的范围限制。因此，认罪认罚从宽制度原则上没有限定适用的罪名和刑罚。这也是《决定》在刑事诉讼法"任务和基本原则"中规定认罪认罚从宽处理原则的考虑，明确适用于各类刑事案件，贯穿指导刑事诉讼各阶段。

犯罪嫌疑人、被告人具备以下条件的，可以考虑适用认罪认罚从宽制度：(1) 自愿如实供述自己的罪行，承认指控的主要犯罪事实，即"认罪"。实践中，可以表现为自首、坦白，也可以是当庭自愿认罪等形式。承认指控的主要犯罪事实，仅对个别细节提出异议的，或者对犯罪事实没有异议，仅对行为性质提出辩解且表示接受司法机关认定意见的，不影响"认罪"的认定。(2) 愿意接受处罚，即"认罚"。这里的"罚"，指的是"刑罚"，既包括主刑，也包括附加刑。实践中，"认罚"考察的重点是犯罪嫌疑人、被告人的悔罪态度和悔罪表现。犯罪嫌疑人、被告人真诚悔罪，接受检察机关量刑建议，尽力退赃退赔的，应当认定为"认罚"；犯罪嫌疑人、被告人表面上接受量刑建议、承诺缴纳罚金，背后却隐匿、转移财产致使财产刑无法执行的，显无真诚悔罪态度，不宜认定为"认罚"。

认罪认罚从宽制度没有限定适用的对象，未成年犯罪嫌疑人、被告人可以适用认罪认罚从宽制度。对认罪认罚的未成年犯罪嫌疑人、被告人依法从宽处理，符合宽严相济刑事政策，也符合未成年人司法"教育、感化、挽救"方针政策。需要注意的是，刑事诉讼法第一百七十四条第二款第二项规定，未成年犯罪嫌疑人的法定代理人、辩护人对其认罪认罚提出异议的,不需要签署认罪认罚具结书。该规定并未排除未成年人适用认罪认罚从宽制度,只是从未成年人心智不成熟,需最大限度保护角度考虑,不要求未成年人签署认罪认罚具结书,不能因为未成年人没有签署具结书就排除适用认罪认罚从宽制度。

犯罪嫌疑人、被告人是盲、聋、哑人,尚未完全丧失辨认或者控制自己行为能力的精神病人的,不排除适用认罪认罚从宽制度。对于盲、聋、哑人、限制刑事责任能力人,能否适用认罪认罚从宽制度,存在较大争议。第一种意见认为,这几类人有生理缺陷或者精神障碍,一定程度影响其诉讼能力,应排除适用认罪认罚从宽制度。第二种意见认为,有些盲、聋、哑人、限制刑事责任能力人能够自主、理性表达认罪认罚意愿,一律排除有违法律平等适用的原则。《决定》采纳了第二种意见,未排除特殊群体适用认罪认罚从宽制度,同时在刑事诉讼法第一百七十四条第二款第一项中规定,前述人员认罪认罚的,不需要签署认罪认罚具结书,并明确此类人员不适用速裁程序或者简易程序审理,以保障其诉讼权利。

### 三、关于适用原则

在试点授权审议和前期调研时,一些同志对认罪认罚从宽制度适用存在顾虑,担心量刑把握不准,不加区分一律从宽,出现"重罪轻判""花钱买刑",造成打击不力或者权钱交易;担心证据把握不严,过分依赖口供,不加审查即予定罪,放松证明要求,疑罪降格处理,甚至造成错案。为确保试点正确实施,在《试点方案》框架下,《试点办法》进一步明确适用范围、规范程序标准,确立了坚持宽严相济、坚持罪责刑相适应和坚持证据裁判三个原则,为改革依法稳妥有序开展提供了基本遵循和有力保障。认罪认罚从宽制度全面推开施行,要正确把握其适用原则。

一要贯彻宽严相济刑事政策。避免"一律从宽""一味从严"两种错误倾向。对于认罪认罚"从宽"的把握,需要注意以下几方面:首先,是依法从宽,而非法外从宽。刑事诉讼法规定了认罪认罚依法从宽的处理原则,具体如何从宽,还要根据刑法、刑事诉讼法等具体规定进行把握。如前所述,认罪认罚从宽不是单一的法律制度,而是自首、坦白、速裁程序、和解程序等法律制度和诉讼程序的集合,认罪认罚也不是单一的量刑情节,要分别适用自首、坦白、当庭自愿认罪、真诚悔罪认罚、取得谅解和解等法定、酌定从宽情节,依法决定是否从宽、怎么从宽、从宽多少,特别是减轻、免除处罚,必须于法有据。其次,是可以从宽,而非一律从宽。如同自首从宽一样,都是"可以"从宽,要依据事实和法律综合考量。"可以"从宽应当理解为"一般应当"从宽,没有特殊理由的,都应当体现法律规定和政策精神,从宽处罚。对那些犯罪性质恶劣、犯罪手段残忍、社会危害严重、群众反映强烈的犯罪分子,其认罪坦白不足以从轻处罚的,必须依法严惩。

二要坚持罪责刑相适应原则。对认罪认罚的被告人量刑,要根据犯罪的事实、性质、情节和对社会的危害程度,综合考虑认罪认罚的具体情况,依法确定是否从宽以及从宽幅度。要考虑其所犯罪行的轻重、应负刑事责任的大小和人身危险性的大小,做到罪责刑相适应。一方面，要看认罪认罚的主动性、及时性、稳定性、全面性，是否确有悔罪表现，以及对及时侦破案件的作用，来决定是否从宽及具体幅度。例如，主动投案与被动归案，到案即供述与多次讯问后才供述，始终稳定供述与时供时翻，全部供述犯罪事实与隐瞒次要犯罪事实，在确凿罪证面前才认罪与带领公安人员找到重要物证、人证，对于这些情形，在确定从宽幅度时应当有适当区别；另一方面，要看罪行的严重程度。罪行较轻、人身危险性较小的，特别是初犯、偶犯，从宽幅度可以大一些；罪行较重、人身危险性较大的，以及累犯、再犯，从宽幅度可以小一些，甚至不考虑从宽。

三要坚持证据裁判原则。根据刑事诉讼法第六条的规定，办理任何刑事案件，都必须以事实为根据，以法律为准绳。认罪认罚案件也不例外，应当坚持证据裁判原则。公安、检察机关应当依法全面收集、固定、审查、运用证据，人民法院应当按照法定程序认定和采纳证据，统一适用"事实清楚，证据确实、充分"的法定证明标准。所有刑事案件，无论被告人认罪与否、刑罚轻重，都应当适用同一证明标准。不能因为被告人认罪，就降低证明标准，对疑罪降格认定处理。这个原则底线，任何时候都不能突破。同时，也要防止对本可定罪的案件，因司法人员业务水平不高、能力不够、经验不足，而作为疑案处理。在具体审查把握上，要注意被告人认罪对取证、举证、认证的影响。首先，证明方式相对简便，一定程度降低取证、举证、认证难度。司法证明可分两种方式：一是通过对直接证据所包含的证据事实进行印证和补强，从而达到证明待证事实的效果；二是通过将若干间接证据所包含的证据事实进行逻辑推理，使其形成较为完整的证据锁链，从而排他性地认定待证事实的存在。在许多案件特别是轻罪案件中，口供往往是最全面、详细的直接证据，有了真实、自愿、合法的口供，可以大大增强内心确信，再加上其他证据补强，一般就可以定案，比不认罪案件需要排疑完成反向证明，相对简单些。其次，审查程序可以简化，适用速裁或者简易程序审理认罪认罚案件，省略、简化庭审举证、质证环节。

## 四、关于审判程序

对于被告人认罪认罚的一审案件，应当根据案件情况，区分适用速裁程序、简易程序或者普通程序简化审理。截至2018年7月，18个地区审结的试点案件中，适用速裁程序审结的占68.5%，适用简易程序审结的占24.9%，适用普通程序审结的占6.6%，形成速裁程序、简易程序、普通程序有序衔接的多层次诉讼程序体系。此次刑事诉讼法修改，在第三编第二章"第一审程序"增加第四节"速裁程序"，成为普通程序、简易程序之后的第三种法定审判程序。

人民法院开庭审理认罪认罚案件，无论适用何种程序，都应当审查认罪认罚的自愿性和认罪认罚具结书内容的真实性、合法性，这是认罪认罚案件审理与其他案件审理的重要区别。适用普通程序或者简易程序审理认罪认罚案件，在法定审理规程基础上，要注意加强认罪认罚自愿性审查。速裁程序是专门针对被告人认罪认罚的轻罪案件设计的审判程序，也就是说，认罪认罚是速裁程序适用的前提，其他案件不能适用。实践中，要重点把握好以下问题。

关于速裁程序的适用范围。根据刑事诉讼法第二百二十二条第一款规定，认罪认罚案件同时符合以下条件的，可以适用速裁程序进行审理：一是基层人民法院管辖的可能判处三年有期徒刑以下刑罚的案件，即危害国家安全、暴力恐怖犯罪以外的可能判处三年有期徒刑以下刑罚的案件。二是案件事实清楚，证据确实、充分，如果事实不清、证据存疑，不能适用速裁程序。三是被告人同意适用速裁程序，确保被告人的程序选择权。

关于排除适用的情形。根据刑事诉讼法第二百二十三条，有下列情形之一的，不适用速裁程序：（1）被告人是盲、聋、哑人，或者是尚未完全丧失辨认或者控制自己行为能力的精神病人的；（2）被告人是未成年人的；（3）案件有重大社会影响的；（4）共同犯罪案件中部分被告人对指控的犯罪事实、罪名、量刑建议或者适用速裁程序有异议的；（5）被告人与被害人或者其法定代理人没有就附带民事诉讼赔偿等事项达成调解或者和解协议的；（6）其他不宜适用速裁程序审理的情形。

对第四种情形排除适用速裁程序，主要考虑：适用速裁程序的案件，必须事实证据、适用法律、程序选择均无争议，否则不能省略法庭调查、法庭辩论环节。多名被告人的共同犯罪案件往往案情复杂，证据相互关联，被告人供述也需相互印证核实。为慎重公正处理，只要其中一名被告人对指控事实、罪名、量刑建议或者适用程序有异议，就不能适用速裁程序。

对第五种情形排除适用速裁程序，主要考虑：被害人或者其法定代理人有权提起附带民事诉讼，参加法庭调查、法庭辩论，而速裁程序简化庭审、当庭宣判，如果附带民事诉讼部分没有达成和解、调解，被害人基本权益难以保障。而且，积极赔偿被害人，也是被告人悔罪认罚的重要表现，故将当事人没有达成和解或者调解协议规定为排除适用速裁程序的情形。有意见认为，不应以当事人达成和解为前提，只要被告人积极尽力赔偿，即便未达成和解，也可以适用速裁程序。考虑认定被告人"积极尽力赔偿"，实践中不好把握，而且我国被害人救助制度还有待不断完善，如果被告人赔偿不到位，被害人救助也未落实，被害人权益几无保障，故对未达成和解、调解的案件排除适用速裁程序。同时需要明确，此类案件仍有可能适用认罪认罚从宽制度，但要适用简易程序或者普通程序审理。另需说明的是，因被害方无法查找、未提起附带民事诉讼而未达成和解、调解协议的，不属于本条规定的排除情形，不影响速裁程序适用。

关于速裁程序的启动。速裁程序是审判程序，适用的决定权在人民法院，人民检察院有建议权。刑事诉讼法第二百二十二条第二款规定，人民检察院在提起公诉的时候，可以建议人民法院适用速裁程序。人民检察院在提起公诉前，经审查，认为被告人符合本条第一款规定条件的，在提起公诉时，可以建议人民法院对提起公诉的案件适用速裁程序进行审理。对于最终是否适用速裁程序，由人民法院根据案件和被告人意见作出决定。检察机关没有提出建议，人民法院经审查认为可以适用速裁程序的，在征得被告人同意后，也可决定适用速裁程序。

关于省略法庭调查辩论。适用速裁程序审理案件，不进行法庭调查、法庭辩论，是指人民法院可以根据审理案件的实际需要，不进行法庭调查、法庭辩论。需要注意的是，这是授权性规定，根据实际审理需要，一般不进行法庭调查辩论，当然必要时也可以进行。对被告人认罪认罚的自愿性、真实性，对拟判处非监禁刑被告人的人身危险性，对被告人的法庭教育，应当在庭审中查清说明，发挥庭审应有功能。有意见认为，速裁程序简化庭审，省略法庭调查、法庭辩论，有悖"以审判为中心"刑事诉讼制度改革精神。我们认为，速裁程序不仅符合"以审判为中心"改革精神，而且是推进改革的重要举措。"以审判为中心"，就是要发挥庭审应有的功能和作用，推进庭审实质化。诉讼的主要目的在于解决争议，法庭审理的功能主要在于查明事实、解决争议。对于认罪认罚案件，定罪量刑均无争议，应当尽量简化庭审，避免烦冗流于形式。疑难复杂案件的庭审过于简略，这是一种"走过场"，而简单轻微案件的庭审过于烦琐，则是另一种意义上的"走过场"，关键还是要区分案件，区别对待。

关于速裁程序和简易程序的关系。简易程序是以"认罪"为程序分流点，速裁程序是以"认罪""认罚"为程序分流点，是对认罪案件分流处理的层次化、精细化改造，在简易程序基础上，将认罪并且认罚的案件分流出来，进一步简化诉讼程序，是简易程序的再简化。具体讲，主要区别如下：一是适用范围不同，此毋庸赘言。二是适用条件不同。适用速裁程序的案件，不仅要求被告人认罪，而且还要认罚，适用法律无争议，才可适用速裁程序。简易程序仅要求被告人认罪，无论适用法律是否存在争议，均可适用简易程序。三是诉讼程序不同。速裁程序比简易程序更为简略，体现在四个方面。其一，省略法庭调查、法庭辩论环节。其二，送达期限不受刑事诉讼法规定的限制。根据刑事诉讼法及相关司法解释，人民法院适用简易程序审理刑事案件，开庭通知应当提前三日进行。速裁程序对开庭通知时间不作限制，法院应当提前将开庭的时间、地点通知人民检察院、被告人、辩护人，但无须提前三日。其三，适当缩短办案期限。根据刑事诉讼法相关规定，人民检察院审查起诉的期限为一个月，简易程序案件人民法院审理期限为二十日，对可能判处的有期徒刑超过三年的，可以延长至一个半月，与普通程序案件无异。而速裁案件人民检察院审查起诉的期限为十日，最长不超过十五日；人民法院审理期限为十日，最长不超过十五日。其四，适用简易程序的案件，按相关司法解释，庭前要当面询问被告人对指控犯罪事实及适用简易程序的意见，而适用速裁程序的案件，被告人签署认罪认罚具结书，明确同意适用速裁程序，庭前法官仅进行书面审查，无须提审听取被告人意见，这样就为"一步到庭"创造了条件。如天津法院试点探索"直接到庭"的速裁模式，法官收到案件后，先阅卷，符合速裁程序适用条件的，直接排期、电话通知，开庭当天将被告人传唤或提押到庭后送达起诉书，然后直接开庭、当庭宣判。

关于速裁案件二审程序。速裁程序试点中，被告人上诉率很低，仅为2%左右，且相当一部分被告人对判决本身并无意见，只是为了留所服刑或者拖延判决生效时间而提出上诉，给审判工作带来被动。我们认为，速裁案件事实证据、法律适用均无争议，通过法律帮助、告知权利、书面具结、当庭询问、最后陈述等途径，已充分保障了被告人选择程序、发表意见、参与诉讼的权利，因此，二审应以不开庭审理为原则。原判认定事实和适用法律正确、量刑适当的，应当裁定驳回上诉，维持原判；原判认定事实没有错误，但适用法律有错误，或者量刑不当的，应当改判；原判事实不清或者证据不足的，应当裁定撤销原判，发回原审人民法院适用普通程序重新审判。二审在判断原判是否属于事实不清、证据不足时,可以重点审查被告人一审时认罪认罚的自愿性、真实性、合法性,以及二审时是否出现新的影响定罪量刑的事实、证据等问题。因速裁程序审理的特殊性,二审发回重审不应作为考核一审法院的指标。

### 五、关于自愿性审查

《决定》在刑事诉讼法第三编第二章第一节公诉案件开庭程序一条中增加了第二款:"被告人认罪认罚的,审判长应当告知被告人享有的诉讼权利和认罪认罚的法律后果,审查认罪认罚的自愿性和认罪认罚具结书内容的真实性、合法性。"强化认罪认罚自愿性审查,是认罪认罚从宽制度有效运行的关键,也是以往程序中没有专门涉及的环节。不论是普通程序、简易程序还是速裁程序,对认罪认罚案件,庭审的对象重点和功能定位,都要作相应调整,庭审时要重点对认罪认罚的自愿性和认罪认罚具结书内容的真实性、合法性进行审查核实。前期试点中,一些地方法院针对认罪认罚案件的特点,并参考国外认罪答辩程序的有益经验,探索在庭审中从知悉性、自愿性、事实基础等方面加强认罪认罚自愿性审查。

关于知悉性审查。保障被告人的知情权,确保其知悉自己享有的诉讼权利和认罪认罚的法律后果,是被告人自愿、稳定认罪认罚的前提基础。实践中,有的被告人存在模糊认识,草率认罪认罚、签署具结书后又反悔,影响认罪认罚从宽制度的适用和效果。主要通过以下方式保障被告人的知情权:一是公安机关、检察机关告知;二是辩护人或者值班律师提供咨询;三是人民法院开庭时告知。开展知悉性审查,除了开庭时告知诉讼权利和法律后果外,还可围绕被告人知情权是否得以保障,法定告知主体是否履行告知义务、提供法律咨询来进行审查;除了当庭询问核实,也可审查相关诉讼文书,如诉讼权利告知书、提供法律帮助通知书;等等。

关于自愿性审查,即狭义上的"自愿性审查",审查被告人作出认罪认罚是否受到利诱、威胁或者强制,确保认罪认罚的自愿性,防止无辜者被迫认罪、受到错误追究。实践中,可通过庭前阅卷和当庭核实,审查被告人认罪认罚、签署具结书是否出于自己的意愿,是否受到人身伤害、暴力威胁或者精神强制。要注意审查认罪认罚具结书是否有辩护人或者值班律师在场见证签署,根据刑事诉讼法第一百七十四条的规定,犯罪嫌疑人认罪认罚的,应当在辩护人或者值班律师在场的情况下签署认罪认罚具结书,保障犯罪嫌疑人自愿认罪认罚、签署具结书,这是审查认罪认罚自愿性和具结书形式真实性、合法性的重要方面。

关于事实基础审查。这是认罪认罚从宽制度准确适用的关键,是审查认罪认罚具结书内容真实性、合法性的重要方式。通过事实基础审查,确保被告人认罪认罚具有事实基础。缺乏事实基础的认罪认罚,可分为两类:一是缺乏定罪事实基础的认罪,如被告人被迫认罪、代人顶罪、冒名顶替等;二是缺乏量刑事实基础的认罪,如被告人接受检察机关明显不当的量刑建议。对于认罪认罚案件,人民法院应当全面审查案卷材料,严格审查涉及定罪、量刑的关键事实和证据,确保被告人认罪认罚具有事实基础。如果事实基础存疑,可能存在被告人不构成犯罪、违背意愿认罪认罚等情形,应当适用普通程序进行审理，核查清楚后依法作出判决。不能因为被告人认罪认罚，就放松对事实证据、定罪量刑的审查把关。

### 六、关于量刑建议审查

强化认罪认罚的法律途径和法律效果，是认罪认罚从宽制度改革的重要内容。而规范检察机关量刑建议工作机制，则是强化认罪认罚法律效果的重要保障。《决定》在刑事诉讼法第一百七十六条中增加一款："犯罪嫌疑人认罪认罚的，人民检察院应当就主刑、附加刑、是否适用缓刑等提出量刑建议，并随案移送认罪认罚具结书等材料。"并增加第二百零一条规定："对于认罪认罚案件，人民法院依法作出判决时，一般应当采纳人民检察院指控的罪名和量刑建议，但有下列情形的除外：（一）被告人的行为不构成犯罪或者不应当追究其刑事责任的；（二）被告人违背意愿认罪认罚的；（三）被告人否认指控的犯罪事实的；（四）起诉指控的罪名与审理认定的罪名不一致的；（五）其他可能影响公正审判的情形。人民法院经审理认为量刑建议明显不当，或者被告人、辩护人对量刑建议提出异议的，人民检察院可以调整量刑建议。人民检察院不调整量刑建议或者调整量刑建议后仍然明显不当的，人民法院应当依法作出判决。"

关于量刑建议的范围和形式。量刑建议是人民检察院对提起公诉的被告人，依法就其适用的刑罚种类、幅度及执行方式等向人民法院提出的建议。量刑建议与犯罪指控一样，都是公诉权的有机组成部分，是人民检察院依法履行公诉职能的重要途径。认罪认罚从宽制度试点时，进一步明确了量刑建议的范围和形式。考虑认罪认罚案件的特点，要求量刑建议一般应当包括主刑、附加刑，并明确刑罚执行方式，即是否适用缓刑；可以提出相对明确的量刑幅度，也可以根据案件具体情况，提出确定刑期的量刑建议。刑罚执行方式是量刑重要内容，提前明确量刑意见，方便案件后续处理，及时启动社会调查评估，为法院适用缓刑提供重要参考。试点中，有些地方对量刑建议形式存在不同认识，有的检察机关更倾向对轻罪案件提出确定量刑建议，也有的认为提出确定量刑建议有难度，更倾向提出幅度量刑建议。

《决定》采纳试点做法，明确犯罪嫌疑人认罪认罚的，检察机关应当就主刑、附加刑、是否适用缓刑等提出量刑建议。检察机关提出量刑建议，是办理认罪认罚案件的必经环节。对于量刑建议的形式，我们认为，应当根据案件具体情况确定，可以是确定刑，也可为幅度刑，还可附条件，如区分达成和解与未达成和解、预缴罚金与未缴纳罚金等情形，这样符合量刑规律，又方便灵活把握，更好适应实践需要。要求轻罪案件原则上应当提出确定刑期的量刑建议，不符合司法实际。许多罪名尚未有量刑指导意见，即便有量刑指导意见的案件，还允许存在一定幅度的裁量权。对有量刑指导意见、量刑标准相对成熟的轻罪案件，有把握的可以提出确定量刑建议，其他案件最好提出幅度量刑建议，当然，幅度也不宜过大。需要指出的是，根据《最高人民法院、最高人民检察院、公安部、国家安全部、司法部关于适用认罪认罚从宽制度的指导意见》第33条的规定，检察机关提出量刑建议，应当说明依据和理由，利于促成被告人认罪认罚，也方便法院审查。

关于量刑建议的审查采纳标准。《决定》强化了检察机关量刑建议的法律效果,明确了人民法院对认罪认罚案件的裁判原则。对于认罪认罚案件,人民法院依法作出判决时,一般应当采纳人民检察院指控的罪名和量刑建议,但有可能影响公正审判的除外;量刑建议明显不当的,可以建议调整,或者依法作出判决。需要指出的是,办理认罪认罚案件,公检法之间的相互制约关系没有变化,裁判权仍是人民法院的法定职权。定罪量刑是审判权的核心内容,检察机关提出建议,由人民法院依法判决。要充分发挥审判特别是庭审对侦查、公诉活动的把关、制约作用,对起诉指控的事实清楚、罪名准确、量刑建议适当的案件,应当采纳起诉指控和量刑建议作出有罪判决。对于被告人不构成犯罪或者不应当追究刑事责任、违背意愿认罪认罚、否认指控犯罪事实,以及其他可能影响公正审判的情形,人民法院应当依法作出判决;对量刑建议明显不当的,或者被告人、辩护人对量刑建议提出异议且有理有据的,建议人民检察院调整,人民检察院不调整量刑建议或者调整后仍明显不当的,人民法院应当作出判决。

## 七、关于值班律师

有辩护人或者值班律师参与,是认罪认罚案件的必备条件,是确保认罪认罚自愿性的重要保障,也是确保程序正当性的关键所在。实践中,一些犯罪嫌疑人、被告人往往不具备法律常识,对案件及认罪认罚的实体和程序后果难有客观准确的理解和把握,更需要律师提供专业的法律帮助。为保障犯罪嫌疑人、被告人权益,从2014年速裁程序试点开始,法律援助机构在试点地区看守所、人民法院派驻值班律师,为没有辩护人的犯罪嫌疑人、被告人提供法律帮助,确保其知悉诉讼权利、自愿认罪认罚。2017年,最高人民法院、司法部联合印发《关于开展刑事案件律师辩护全覆盖试点工作的办法》,在北京等8个省市试点普通程序辩护律师全覆盖、简易速裁程序值班律师全覆盖工作。同年,最高人民法院、最高人民检察院会同公安部、国家安全部、司法部出台《关于开展法律援助值班律师工作的意见》(以下简称《意见》),对值班律师工作职责、监督管理作了规定。

此次刑事诉讼法修改,在总结试点经验基础上,增加了值班律师的规定:"法律援助机构可以在人民法院、看守所等场所派驻值班律师。犯罪嫌疑人、被告人没有委托辩护人,法律援助机构没有指派律师为其提供辩护的,由值班律师为犯罪嫌疑人、被告人提供法律咨询、程序选择建议、申请变更强制措施、对案件处理提出意见等法律帮助。"进一步扩大值班律师覆盖面,从认罪认罚案件扩大至所有刑事案件,并细化明确了值班律师的职责定位。

关于值班律师的职责定位。从刑事诉讼法规定和此前试点把握看,值班律师不同于辩护律师,其职责是为犯罪嫌疑人、被告人提供"法律帮助",而非提供"辩护",是一种新型的法律援助服务。根据刑事诉讼法及《意见》规定,值班律师的主要职责包括:一是即时解答法律咨询,为犯罪嫌疑人、被告人提供法律咨询,帮其了解有关法律规定,向其解释有关法律问题。具体到认罪认罚案件,就是告知、释明相关法律规定,包括犯罪嫌疑人、被告人享有的诉讼权利和认罪认罚的法律后果、诉讼程序等。二是提供程序性法律帮助,包括为犯罪嫌疑人、被告人申请变更强制措施,为其选择适用程序提供建议，引导犯罪嫌疑人、被告人申请法律援助，对刑讯逼供、非法取证情形代理申诉控告等。对于认罪认罚案件，犯罪嫌疑人签署认罪认罚具结书时应当有值班律师在场。三是提供实体性法律帮助，在认罪认罚案件中，主要指对犯罪嫌疑人涉嫌的犯罪事实、罪名和检察机关从宽处罚建议等提出意见。

关于值班律师转任辩护人。值班律师法律帮助是一种新型的法律援助服务，拓宽了法律援助的渠道和形式。对没有委托辩护人的犯罪嫌疑人、被告人，符合应当指派辩护条件的，由法律援助机构指派律师为其提供辩护；不符合应当指派辩护条件的，指派值班律师为犯罪嫌疑人、被告人提供法律帮助。这是当前律师资源有限、分布不平衡等现实条件下，实现法律援助全覆盖的合理选择。从试点情况看，值班律师为试点顺利开展提供了重要保障，但实施中也遇到一些问题和困难。如值班律师往往不跟案、多为值班制，不同诉讼阶段由不同律师担任，无法参与案件诉讼全程，工作缺乏连续性，实质参与度不够，发挥作用有限。针对这些问题，一些律师资源相对充足的地方，如北京、杭州、福州等地，探索值班律师转任辩护人机制，对可能判处三年有期徒刑以上刑罚的认罪认罚案件，协调指派值班律师出庭辩护，取得了良好效果。考虑认罪认罚案件的特殊性，我们认为，对于有条件的地方，在刑事诉讼法框架基础上，可以探索值班律师转任辩护人机制，简单轻罪案件指派值班律师提供法律帮助，复杂重罪案件可以指派值班律师转任辩护人，提供辩护服务，提升法律援助的针对性和实效性。

## 八、关于被害人参与

适用认罪认罚从宽制度，要注意维护被害人的合法权益。试点中明确要求，办理认罪认罚案件，应当听取被害人及其代理人意见，并将犯罪嫌疑人、被告人是否与被害人达成和解协议或者赔偿被害人损失，取得被害人谅解，作为量刑的重要考虑因素。一方面，保障了被害人的有效参与；另一方面，能激励犯罪嫌疑人、被告人尽力退赃退赔、赔礼道歉，有效保护被害人权益。据统计，试点审结的侵犯公民人身权利、民主权利犯罪案件中，当事人达成和解调解的占32.9%，被告人积极赔偿但未达成和解调解的占2.8%；附带民事原告人上诉率不足0.01%。

要正确处理赔偿和解与从宽处罚的关系。赔偿损失、达成和解是量刑重要因素，特别是对民间矛盾激化引发的案件，量刑时一般要予以充分考虑。被告人对检察机关指控犯罪事实及量刑建议没有异议，但未能退赃退赔、赔偿损失的，虽然也有可能构成认罪认罚，但从宽幅度要与取得谅解、达成和解的案件适当区别。当然也要注意具体情况具体分析，不能将赔偿与从宽完全等同起来，特别是对严重破坏社会治安犯罪，不能仅仅因为赔偿被害人损失，就一律给予从宽处罚；也不能仅仅因为被告人没有取得谅解，特别是因被害人"漫天要价"未达成和解的，就排除适用认罪认罚从宽制度。基于此，《试点办法》规定赔偿和解是量刑的重要考虑因素，是酌定情节，而非认罪认罚从宽的前提条件。被告人真诚悔罪认罚，接受量刑建议，有赔偿意愿，但无赔偿能力，不影响适用认罪认罚从宽制度，可对其酌情从宽处罚。被告人认罪认罚，符合形式要件，也有赔偿能力，但拒不赔偿的，实无悔罪表现，一般不宜从宽处罚。

# 对认罪认罚从宽制度中量刑建议问题的理解与把握

杨立新[*]

自 2018 年刑事诉讼法修正后，认罪认罚从宽制度全面实施以来，认罪认罚从宽制度中的量刑建议问题格外受关注，关于量刑建议的权力属性、效力、形式、审查与采纳以及调整等问题，还存在认识上的模糊甚至误区，不仅会影响认罪认罚从宽制度的正确适用和作用发挥，而且会影响审判活动的有序进行。针对量刑建议中的问题，笔者从制度设计初衷、制度蕴含的法理要求以及制度发展的现代化要求等方面进行深度剖析，旨在统一认识，破解制度理解与适用中的难题，确保认罪认罚从宽制度的正确实施和健康发展。

## 一、准确把握认罪认罚案件量刑建议权的求刑权属性

认罪认罚从宽制度从试点走向立法，再到实施的今天，人们对认罪认罚案件量刑建议的属性及效力的认识还不到位，突出表现在对刑事诉讼法第二百零一条关于量刑建议效力的规定不能正确理解，误认为量刑建议的提出侵蚀了人民法院的审判权，压缩了法官的刑罚裁量权。实际上，量刑建议本质上就是建议，裁量刑罚的决定权在法院。量刑建议的提出谈不上是对人民法院审判权的侵蚀，审和判的权力仍然在人民法院。人民法院对量刑建议的采纳是附条件的，并非一律采纳。

### （一）认罪认罚案件量刑建议的权力属性及功能

在我国，一般案件的量刑建议权是指检察机关依照法定程序，在指控被告人的行为构成犯罪的同时，就被告人应当判处的刑罚向法院提出请求意见的权力。从权力属性上讲，量刑建议权属于求刑权，是公诉权的组成部分。从权力内容上讲，量刑建议权体现的是控诉机关的单方意志。而认罪认罚案件的量刑建议权，是指以犯罪嫌疑人认罪认罚为基础，检察机关在与犯罪嫌疑人及其律师就量刑充分协商达成一致后提出量刑请求意见的权力。从权力属性上看，它仍然是求刑权，与一般案件的量刑建议权无异。但从权力内容上看，它不再是控诉机关单方的意志，而是控辩双方达成的合意，甚至一定程度上也反映了被害方的意见。因此，认罪认罚案件的量刑建议，于犯罪嫌疑人而言，它是

---

[*] 最高人民法院刑一庭审判长、二级高级法官。

检察机关作出的"带有司法公信力的承诺";于审判机关而言,它是控辩协商的结果。量刑建议是否被采纳关系到检察机关的承诺能否真正实现,从根本上看,关系到认罪认罚从宽能否真正落实,这是认罪认罚案件量刑建议的特殊功能所在,因此也决定了认罪认罚案件量刑建议的效力不完全等同于一般案件的量刑建议。

(二) 认罪认罚案件量刑建议效力的准确把握

关于认罪认罚案件量刑建议效力的规定,始终是认罪认罚从宽制度设计中的难点,原因就在于认罪认罚案件的量刑建议权虽然是求刑权,但它已不是控方单方面的意志,而是控辩双方的合意,甚至还包含被害人的意见。实质上,它是犯罪嫌疑人、被告人自愿选择与国家、与被害人和解的结果。因此,关于认罪认罚案件量刑建议效力的规定,既不能违背量刑建议的权力属性,又要充分考虑它的特殊性,还要充分考虑我国的现实国情。关于效力规定的模式选择,经再三权衡,最高人民法院、最高人民检察院、公安部、国家安全部、司法部在《关于在部分试点地区开展刑事案件认罪认罚从宽制度试点工作的办法》(以下简称《试点办法》)中选择了"一般应当"采纳+"除外性规定"的模式设计,即在第二十条规定:"对于认罪认罚案件,人民法院依法作出判决时,一般应当采纳人民检察院指控的罪名和量刑建议,但具有下列情形的除外:(一)被告人不构成犯罪或者不应当追究刑事责任的;(二)被告人违背意愿认罪认罚的;(三)被告人否认指控的犯罪事实的;(四)起诉指控的罪名与审理认定的罪名不一致的;(五)其他可能影响公正审判的情形。"2018年修正的刑事诉讼法第二百零一条完全吸收了这一模式及规定,对于该条规定在理解与适用上要注意把握以下几点。

1. 要准确把握"一般应当"采纳的程序和实体意义

刑事诉讼法第二百零一条对量刑建议的效力规定为"一般应当"采纳,源于对控辩合意的尊重,赋予了审查起诉阶段控辩量刑协商的正当性,有利于鼓励被追诉人选择与国家和解、与被害人和解。毋庸置疑,正是这种尊重,赋予了认罪认罚从宽制度丰富的价值蕴含,实现了我国刑事诉讼模式由对抗式向协商式的重大转变;实现了当事人由消极主体向积极主体诉讼地位的转变;实现了诉讼理念由惩罚性司法向恢复性司法的转变。然而,量刑建议权的求刑权属性决定了"一般应当"不是"应当",人民法院对量刑建议的采纳是有条件的。而"事实清楚,证据确实、充分,指控的罪名准确,量刑建议适当",是人民法院采纳量刑建议的条件。

2. 要正确理解量刑建议的采纳条件

刑事诉讼法第二百零一条第一款规定了五项"除外性规定",实质上是反向规定了不采纳量刑建议的条件。具体而言,被告人的行为不构成犯罪或者不应当追究其刑事责任的不采纳;被告人违背意愿认罪认罚的不采纳;被告人反悔,否认指控犯罪事实的不采纳;起诉指控的罪名与审理认定的罪名不一致的不采纳;其他可能影响公正审判情形的不采纳。实际上,上述五种情形,是从案件事实认定、证据采信以及法律适用、自愿性保障等方面对量刑建议的采纳提出了要求。人民法院审理发现有上述五种情形之一,依法需要转普通程序审理的,转为普通程序重新审理。

在实践中，由于对"一般应当+除外性规定"的设计初衷不能全面理解与把握，在适用认罪认罚制度时出现了一些偏差，审判走形式的"照单全收"以及不采纳就抗诉的"次生灾害"是最典型的例证。针对这一问题，《最高人民法院、最高人民检察院、公安部、国家安全部、司法部关于适用认罪认罚从宽制度的指导意见》（以下简称《指导意见》）第40条正向规定了人民法院采纳量刑建议的条件，即除法定五种不采纳的情形外，对于事实清楚、证据确实、充分，指控的罪名准确，量刑建议适当的，人民法院应当采纳。在司法实践中，对于认罪认罚案件，首先要审查是否具有五种法定除外情形，没有法定除外情形的，再审查量刑建议是否符合罪责刑相适应原则、是否符合宽严相济刑事政策、是否与类案量刑保持平衡，符合上述三项原则要求的，对量刑建议予以采纳是原则。

3. 试点实践证明"一般应当+除外性规定"的模式选择是成功的

试点期间，全国18个试点地区251个基层法院，17个中院共审结认罪认罚案件20余万件，涉及被告人23万余人，占同期审结的全部刑事案件数的53.68%，检察机关量刑建议的采纳率在90%以上，上诉、抗诉率分别为3.35%、0.04%。① 可以说，《试点办法》"一般应当"采纳的量刑建议效力规定，对于调动和发挥检察机关在审查起诉阶段的主导作用，确保认罪认罚从宽制度试点顺利进行，发挥了重大作用。另一方面，试点地区的低上诉率也反映出人民法院的严格把关作用功不可没。

## 二、准确把握认罪认罚案件量刑建议实质审查的要求

认罪认罚从宽制度是我国刑事法律自然演进的结果，与美国的辩诉交易制度有本质的区别，其中对量刑建议的审查即是重要的区别。有观点认为：从节约司法资源的角度，对于认罪认罚已经达成合意的案件提出确定刑量刑建议，法官只需确认犯罪嫌疑人、被告人认罪认罚是在充分了解制度内涵和后果基础上的自愿选择，即可直接采纳量刑建议作出判决，无须重复审查事实证据以及在幅度的量刑建议内进行二次考量。② 对此，笔者认为，有必要澄清有关量刑建议审查的三个问题。

### （一）人民法院对认罪认罚案件量刑建议的审查是实质审查而不是形式审查

"检察机关在认罪认罚从宽案件中提出的量刑建议，是处理认罪认罚案件最为重要的司法意见，既具有实体性又具有程序性，法院要把审查量刑建议作为重中之重。"③ 根据刑事诉讼法的相关规定，司法实践中，对检察机关提出量刑建议的审查可以概括为以下两个步骤。

一是要审查认罪认罚的自愿性，被告人签署具结书的合法性、真实性。其中对签署具结书真实性的审查，内含了对事实基础进行审查的要求。同时，根据刑事诉讼法第二

---

① 参见胡云腾主编：《认罪认罚从宽制度的理解与适用》，人民法院出版社2018年版，第271~274页。
② 参见陈国庆：《量刑建议的若干问题》，载《中国刑事法杂志》2019年第5期。
③ 胡云腾：《正确把握认罪认罚从宽 保证严格公正高效司法》，载《人民法院报》2019年10月24日。

百零一条第一款的规定,法院除着重审查认罪认罚的自愿性以外,还要着重审查有无以下三种法定除外情形:(1)被告人的行为不构成犯罪或者不应当追究其刑事责任的;(2)被告人违背意愿认罪认罚的;(3)被告人否认指控的犯罪事实的。就第一种除外情形而言,体现的是认罪认罚案件证明标准不降低的法定要求,据此,法院应当把好认罪认罚案件的证明标准关。第二种除外情形,体现的是要确保认罪认罚的自愿性。自愿性保障是认罪认罚从宽制度设计的重点,在审前司法审查程序缺失的情况下,立法在审判程序中增设"庭审自愿性审查"程序,意义尤为重要。因为,只有在庭审阶段才真正形成由控辩审三方参加的最完整的诉讼格局。第三种除外情形,体现的是对被告人反悔权的尊重。综上可见,法院在对认罪认罚自愿性进行审查时,不仅要审查自愿性保障程序是否完备,还要审查事实基础和证据情况,系全面、实质审查。

二是要审查指控的罪名和量刑建议是否适当。人民法院经审查发现不存在上述三种法定除外情形的,要对检察机关指控的罪名和提出的量刑建议进行审查,并区别不同情形作出处理。(1)指控罪名准确,量刑建议适当的,法院应当采纳量刑建议。(2)指控罪名与审理认定罪名不一致的,法院应在听取控辩双方意见基础上,根据审理认定的罪名依法作出判决。(3)指控罪名准确,量刑建议明显不当的,告知检察机关,检察机关可以调整量刑建议,检察机关不调整或者调整后量刑建议仍然不当的,法院依法判决。

综上可见,对于检察机关提出量刑建议的认罪认罚从宽案件,人民法院不仅要审查认罪认罚的自愿性,而且要"从证据采信、事实认定、定罪量刑、程序操作、各方参与和建议说理等方面进行全面的、实质的审查。"[1] 与英美辩诉协商制度中的"形式审查",有本质的区别。

(二)人民法院对认罪认罚案件进行实质审查的决定因素

虽然认罪认罚从宽制度实现了诉讼模式由对抗式向协商式的转变,但并没有改变公检法三机关在刑事诉讼中的关系以及权力配置,也没有改变我国刑事诉讼追求实质真实的诉讼目的。因此,刑事诉讼法第二百零一条规定了人民法院的全面实质审查权。对此社会上有不同声音,在他们看来,既然被告人自己都认罪认罚了,控辩双方就量刑都达成一致意见了,我们可以像美国辩诉交易那样,法官仅进行形式审查就可以了。事实上,上述观点是行不通的,至少目前是行不通的。刑事诉讼法赋予人民法院全面实质审查权是由我国的现实国情所决定的,是防止制度风险所必需。

1. 从制度层面上讲,我国的认罪认罚从宽制度与美国辩诉交易制度有本质的区别

在美国,检察官不仅可以提出量刑减让的建议,还可以降低指控、减少指控,源于"形式真实主义",法官对辩诉交易协议仅进行形式审查,是名副其实的确认程序。我国的认罪认罚从宽制度不是美国辩诉交易制度的翻版,为降低无辜的人被迫认罪进而导致被错误定罪的风险,《试点办法》就明确规定办理认罪认罚案件要坚持证据裁判原则,而且坚持"事实清楚,证据确实、充分"的证明标准不降低,并在准入和准出两个环节要

---

[1] 胡云腾:《正确把握认罪认罚从宽 保证严格公正高效司法》,载《人民法院报》2019年10月24日。

求法院严把证据关,发现刑事诉讼法第二百零一条规定的前三种除外情形的,不仅不能采纳量刑建议,根据需要还要转程序处理。这充分体现了惩罚犯罪与保障人权并重的诉讼理念,也是我国采"实质真实主义"的必然要求。

2. 从司法职权配置上看,我国的认罪认罚从宽制度与美国辩诉交易制度有本质的区别

美国刑事诉讼实行的是当事人主义,检察官同被追诉人一样,是一方当事人,检察官享有较大的自由裁量权,他有权同被追诉人就罪名、罪数以及量刑进行交易,法官对当事人双方交易的结果应给予充分尊重,这种尊重不仅是对控辩双方合意的尊重,而且是对当事双方处分权的尊重,就像我国的民事诉讼一样,尊重当事人的处分权是诉讼应当坚持的一项基本原则。在我国,刑事诉讼实行的是职权主义,检察机关不是诉讼当事人,而是法定的公诉机关。由于我国实行起诉法定主义,诉与不诉、如何诉,检察机关要严格遵循法律规定,其自由裁量权极其有限。对于犯罪嫌疑人认罪认罚的案件,检察官无权就罪名、罪数与辩方协商,就连给不给量刑减让、给予多大幅度的量刑减让,也必须严格依法进行。而且,根据我国的法定司法职权配置以及错案追责要求,检察机关所提出的量刑建议,必须接受法院的严格审查。

3. 从诉讼程序设计上讲,我国认罪认罚从宽制度中法院的实质审查有其必要性

在美国,被控告人享有沉默权,国家为每一名请不起律师的被控告人免费提供律师,讯问时律师有权在场,是否羁押实行令状主义,且保释是常态,法官对包括羁押在内的侦查措施享有司法审查权。这一系列程序设计,不仅为被控告人认罪答辩的自愿性提供了保障,而且为法官在审判程序中的形式审查奠定了基础。反观我国的刑事诉讼制度,刑事诉讼分阶段进行,侦查、审查起诉阶段分别由侦查机关、检察机关主导进行,法院没有机会介入,因此,审判环节法院必须通过庭审全面、严格把关,确保侦查、起诉的认罪认罚案件经得起审判的检验,确保裁量刑罚取得法律效果和社会效果的统一。

### (三)人民法院行使实质审查权是否影响诉讼效率和诉讼经济的实现

认罪认罚从宽制度有丰富的价值蕴含,是一项系统性非常强的制度,它通过环环相扣的制度设计来实现它的多元价值和功能。因此,我们要把每个环节的设计放在整个制度中去考察它的价值,不能孤立进行价值分析,更不能片面强调某个环节的作用。从诉讼经济角度来看,认罪认罚从宽制度内含的节约司法资源,减少当事人诉累,以及减少国家行刑成本和罪犯承担刑事责任负担的价值实现,离不开如下机制保障。

1. 阶梯式量刑减让机制

认罪认罚从宽制度通过引入阶梯式量刑减让机制和程序从宽机制,鼓励被追诉人尽早认罪,不仅有利于案件事实及时准确查明,从而缩短整个办案周期,而且有利于尽早实现案件繁简分流,确保国家司法资源的高效利用。

2. 附民赔偿与实体从宽及程序选择一体化解决机制

认罪认罚从宽制度将附民赔偿与实体从宽挂钩,而且直接关系到速裁程序的选择适用,以此敦促被追诉人及时退赃、积极赔偿被害人损失。于被害人而言,其受伤害的感

情因此得到慰藉,所遭受的物质损失及时得到弥补;于被追诉人而言,通过选择认罪认罚而实现自我救赎,有利于增强改造效果,顺利回归社会。可以说,认罪认罚从宽制度是一项能够用最小的诉讼成本最大限度地实现恢复性司法的制度。

3. 多元化质证方式

认罪认罚从宽制度通过构建由速裁、简易和普通程序有序衔接的诉讼体系,并通过赋予认罪认罚的被追诉人程序选择权,实现了质证方式的多元化。在认罪认罚案件中,适用速裁程序的一般不再质证,适用简易程序的可以简化质证,适用普通程序的可以简化审理,可以说,建立在被追诉人程序选择权基础上的多元诉讼体系,不仅节约了诉讼成本,而且也减轻了当事人的诉累。与此同时,在认罪认罚案件中,适用速裁程序审理案件,可以集中审理,文书可以简化;适用简易程序审理案件,文书可以简化;适用普通程序审理案件,裁判文书也可以适当简化。实践证明,上述程序设计大大提高了法官办案的诉讼效率,有效解决了案多人少的矛盾。

综上,认罪认罚从宽制度的上述设计,已经充分考虑了诉讼的经济性,制度适用中一味"提速""快审",而忽略公正要求的认识及做法是错误的,也是危险的。人民法院对认罪认罚案件进行全面实质审查,确保案件质量,是其应尽的职责,也是实现公正与效率有机统一的必然要求。

## 三、理性看待量刑建议特别是确定刑量刑建议的作用

如前所述,认罪认罚从宽案件中的量刑建议,是控辩双方的合意,甚至一定意义上也包含了被害人的意见,是对控辩量刑协商结果的固化,于犯罪嫌疑人、被告人而言是一种"承诺"。因此,有观点认为"为了增强量刑协商过程及结果的稳定性、权威性与延续性,进一步固化具结书的签署效力,提高量刑建议'精准性',检察机关宜提确定刑量刑建议,且确定刑量刑建议与人民法院的审判权并不实质冲突。"① 实践中,基于如下考虑,检察机关要求认罪认罚案件一般要提出确定刑量刑建议:一是兑现承诺;二是增强认罪认罚的可预期性;三是有助于诉讼分流。② 目前,关于量刑建议的形式,特别是普遍要求提确定刑量刑建议所带来的问题,值得我们关注。

(一) 关于量刑建议形式的规定及因素考量

从《试点办法》到修改后的刑事诉讼法均未对量刑建议的形式作刚性要求。《试点办法》第十一条规定,检察机关可以提出相对明确的量刑幅度,也可以根据案件具体情况,提出确定刑期的量刑建议。可以说,在量刑建议形式问题上,《试点办法》充分考虑了认罪认罚从宽制度在实体上缺乏统一的量刑指导意见的现状,同时也充分考虑了案件的复杂程度不一,实事求是,从实际出发,规定检察机关可以提幅度刑,也可以根据案件情况提确定刑量刑建议。试点实践证明,上述规定是科学合理的。修改后的刑事诉讼法虽

---

① 樊崇义:《关于认罪认罚中量刑建议的几个问题》,载《检察日报》2019 年 7 月 15 日。
② 参见陈国庆:《适用认罪认罚从宽制度的若干问题(上)》,载《法制日报》2019 年 11 月 27 日。

明确认罪认罚案件检察机关应当提出量刑建议，但并未对量刑建议的形式作出刚性要求。《指导意见》第33条第2款就量刑建议的形式确立了如下原则，即检察机关一般应当提出确定刑量刑建议，对新类型、不常见犯罪案件，量刑情节复杂的重罪案件等，也可以提出幅度刑量刑建议。综观有关量刑建议形式规定的变化，可以反映出检察机关越来越重视量刑建议的精准化。

（二）理性看待确定刑量刑建议的作用

随着量刑经验不断丰富以及量刑水平不断提升，量刑建议的精准化程度会越来越高，但是不能把"精准化"简单等同于"确定刑"，更不能忽略量刑建议就是建议的本质属性，任意夸大确定刑量刑建议在兑现承诺、增强合理预期、实现诉讼分流等方面的作用，特别要注意防止因量刑建议不采纳而提出针对性抗诉浪费司法资源等"次生灾害"的发生。量刑建议采何种形式，要根据案件及量刑情节的复杂程度而定，同时也要考虑量刑经验及量刑能力，实事求是地提出量刑建议。

1. 如何看待确定刑量刑建议对兑现承诺的作用

我们需要明确的是，这里的承诺是指实体从宽的承诺。而实体从宽的承诺是分层级的，层级不同，效力自然也不相同，兑现承诺的责任主体也不完全相同。第一层级的承诺是立法层面的承诺，即法律规定的承诺。例如，刑事诉讼法第十五条所确立的"认罪认罚案件可以依法从宽处理"原则；再如，刑法关于自首从宽以及坦白从宽的法律规定，都属于第一层级的承诺。对于第一层级的承诺，侦查、检察以及审判各机关均负有兑现承诺的责任，只是分工和职责有不同。第二层级的承诺是刑事政策的承诺，例如《最高人民法院关于贯彻宽严相济刑事政策的若干意见》中关于依法从宽的政策要求就是政策上的承诺。认罪认罚从宽制度是宽严相济刑事政策的制度化，坚持宽严相济刑事政策是办理认罪认罚案件应当坚持的原则，办案机关要充分考虑案件的性质、情节、后果和社会危害性的大小，结合认罪认罚的具体情况，确定是否从宽以及从宽幅度，做到该宽则宽，当严则严，全面落实宽严相济刑事政策的要求。第三层级的承诺是带有司法公信力的承诺，控辩双方协商达成一致后的量刑建议即属于该层级的承诺。对于第三层级的承诺，要注意区分承诺者与兑现承诺者的不同。检察机关无疑是承诺者，而兑现承诺者则是人民法院。按照职责分工，人民法院负有对检察机关的承诺进行全面审查之责，检察机关的承诺只有完全符合法定要求时，人民法院才能以裁判的形式兑现检察机关的承诺。刑事诉讼法第二百零一条第一款关于量刑建议效力的规定充分反映了二者之间的上述关系。因此，不论是从法理上讲，还是从制度设计本身来看，都得不出确定刑量刑建议在兑现承诺的作用上大于幅度刑量刑建议的结论。

2. 如何看待确定刑量刑建议对增强合理预期的作用

第一，增强合理预期的目的是鼓励犯罪嫌疑人、被告人早认罪、明明白白认罪。因此，我们这里所说的"合理预期"，应当是指犯罪嫌疑人、被告人对认罪认罚获得从宽幅度的合理预期，至于案件最终的刑罚处罚，被告人也知道只有法院判决说了算。量刑建议的求刑权属性，决定了不论是确定刑还是幅度刑量刑建议，对增强合理预期的作用是有限的。

第二，阶梯式从宽量刑和分步骤量刑应是增强合理预期的关键所在。试点期间，为增强犯罪嫌疑人、被告人对认罪认罚后果的合理预期，鼓励犯罪嫌疑人、被告人尽早认罪，福建厦门集美法院、山东青岛中院等试点法院遵循"认罪越早，从宽越多"的理念，探索阶梯式量刑减让机制，达到了好的效果。据集美法院统计，近三年间，集美公安分局刑拘4089人，有1562人在认罪认罚从宽教育后第一时间即表示愿意认罪，并在第一次讯问时就如实供述，此外，还有相当多数犯罪嫌疑人在第二、第三次讯问时表示愿意认罪。事实证明，真正鼓励犯罪嫌疑人尽早认罪的是阶梯式量刑从宽机制。这方面，英国的做法可资借鉴。在英国，苏格兰（2004年）有85%的案件、英格兰和威尔士（2014年）有70%的案件通过认罪协商解决。被追诉人作出有罪答辩后，控辩双方就事实和证据没有分歧意见的，案件直接进入法官的量刑程序，检察官无须提出量刑建议。就认罪减刑，英国量刑委员会单独出台了认罪减刑量刑指南，规定：被追诉人首次聆讯认罪的，量刑优惠1/3；案件起诉到法院后认罪的，量刑优惠1/4；审前一周认罪的，量刑优惠1/5；审判日认罪的，量刑优惠1/10；审判已经开始再认罪的，没有任何量刑优惠。英国的认罪减刑量刑指南的是独立于类罪的量刑指南，其目的是鼓励早认罪，认罪越早，折扣越多，其认罪量刑减让是看得见摸得着的，是公式化的，法官在认罪减刑上基本没有裁量权。

这里大致介绍一下英国的量刑步骤，有助于我们在完善量刑指导意见时进行合理借鉴。英国法官的量刑分为四步：第一步，法官根据各罪的量刑指南，无指南的遵循判例确定罪责程度，比如盗窃的罪责程度分为三级：高度、中度、较轻，法官先确定属于哪一级。第二步，确定量刑起点。第三步，根据加重减轻情节因素，确定合适的刑期。需要特别提醒的是，这里的加重、减轻情节不包括认罪情节，因此，不存在重复评价问题。第四步，确定被告人最后的刑期。法官第三步确定的刑期减去认罪的折扣就是被告人最后的刑期。前三步，法官有自由裁量权，过程也很复杂。但认罪减刑上，是公式化的计算方法，法官基本没有裁量权。对照英国的量刑指南和量刑步骤，反观我们的量刑实践，实体法上的量刑从宽规定亟待完善。尽管《指导意见》第9条对从宽幅度的把握有了进一步的规定，确立了"认罪越早，从宽越多"的理念，凸显了认罪认罚在实体从宽上的独立价值，但离实践需求还有一定的差距，实践中仍存在量刑激励不明和不足的问题，带来了量刑建议提出和量刑建议审查上的困难。因此，下一步有必要完善量刑指导意见，衔接好认罪认罚与其他法定、酌定从宽情节在从宽幅度上的权重。

3. 如何看待确定刑量刑建议对诉讼分流的作用

"优化司法资源配置，提升司法公正效率"，是认罪认罚从宽制度应有的价值和意义。试点实践证明，认罪认罚从宽制度对于习近平总书记所提出的"深化诉讼制度改革，推进案件繁简分流、轻重分离、快慢分道"具有重要意义。客观地讲，推进案件繁简分流、轻重分离、快慢分道是认罪认罚从宽制度各个环节有机衔接的结果，仅靠提出确定刑量刑建议难以实现诉讼分流的作用。司法实践中，要切实避免夸大确定刑量刑建议的作用，着力避免因认识偏差引发"次生灾害"。

## 四、正确把握量刑建议提出的节点和量刑建议的调整

(一) 关于量刑建议提出的时间节点

根据刑事诉讼法第一百七十六条的规定,量刑建议应当是检察机关对侦查终结移送审查起诉的案件,经审查符合起诉条件,依法向人民法院提起公诉时提出的求刑意见。这个法律依据明确的问题,因认识偏差,导致司法实践中出现了一些混乱做法,应予纠正。

1. 被告人当庭认罪的,是否进行控辩协商

当庭认罪跟自首、坦白一样,都属于认罪的一种表现形式。根据刑事诉讼法的相关规定,犯罪嫌疑人、被告人在不同阶段认罪的,各专门机关的职责不同。犯罪嫌疑人在侦查阶段自愿认罪的,根据刑事诉讼法第一百六十二条的规定,侦查机关应当记录在案,随案移送,并在起诉意见书中写明有关情况。在审查起诉阶段认罪的,根据刑事诉讼法第一百七十三条的规定,控辩双方有权就量刑进行协商,达成一致意见的,检察机关提出从宽处罚的量刑建议,犯罪嫌疑人签字具结(法定不需要签署具结书的情形除外)。如果被告人在法院开庭审理时,当庭认罪的,法院应当将当庭认罪情况记录在案,并就被告人认罪对量刑的影响当庭听取控辩双方的意见,在此基础上依法作出判决。实践中,被告人当庭认罪,控辩双方还要进行协商,由被告人签署具结书的做法是错误的,应予纠正。法庭审理后判决宣告前,被告人认罪并表示愿意接受处罚的,由法庭决定是否恢复法庭调查,没有必要恢复法庭调查的,就被告人认罪对量刑的影响听取控辩双方意见,并依法作出判决,无须控辩进行协商。

2. 第二审程序中被告人才认罪的,是否需要提量刑建议;被告人在第一审程序中未认罪认罚,在第二审程序中认罪认罚的,如何处理

《指导意见》第50条已有明确规定,即被告人在第二审程序中认罪认罚的,审理程序依照刑事诉讼法规定的第二审程序进行。第二审人民法院应当根据其认罪认罚的价值、作用决定是否从宽,并依法作出裁判。确定从宽幅度时应当与第一审程序认罪认罚有所区别。据此,二审程序中被告人才认罪的,也不需要检察机关提出量刑建议,更不需要控辩进行协商。因为,二审审理对象是一审未生效裁判,它与一审法院的审理对象,即检察机关指控的犯罪事实是否成立,指控罪名和量刑建议是否适当是有区别的。二审法院针对被告人认罪的情况,综合考虑其价值和意义,进而判断是否从宽。如果被告人认罪价值不大,一审裁判在事实认定、证据采纳、法律适用、定罪量刑等方面没有错误的,应当维持原判。如果被告人认罪作用大,应当给予从轻处罚的,案件因新事实、新证据的出现需要开庭审理,出庭履行职责的检察官应就认罪的认定及对量刑的影响发表意见,但不是重新提出量刑建议,更不存在二审的控辩协商。司法实践中,二审程序中检察机关再重新提出量刑建议,二审法院作出裁判予以采纳的做法是错误的,应予纠正。

## （二）关于量刑建议的调整

关于审判阶段是否给检察机关调整量刑建议权，历来有争议。认罪认罚从宽制度试点提请全国人大常委会授权时，有委员认为，量刑建议明显不当或者辩方对量刑建议提出异议的，应当由法院依法判决。《试点办法》考虑到认罪认罚从宽制度没有罪名和范围的限制，实体规定上缺少全面统一的量刑指导意见，实践中存在量刑建议经验不足等因素，在第二十一条对量刑建议的调整作出规定。① 该规定被修正后的刑事诉讼法第二百零一条第二款所吸收。《指导意见》第 41 条对量刑建议的调整作出了进一步的规定，实践中应从以下几个方面把握好量刑建议的调整。

### 1. 量刑建议的调整应当受到严格限制

根据刑事诉讼法第二百零一条第二款的规定，只有人民法院经审理认为量刑建议明显不当，或者被告人、辩护人对量刑建议提出异议的，人民检察院才可以调整量刑建议。因此，量刑建议调整的情形是受到严格限制的。司法实践中，不区别情形的调整量刑建议，甚至纠缠于量刑建议调整，反复调整量刑建议，不仅造成司法资源的浪费，也违背了认罪认罚从宽制度改革的初衷。如前所述，认罪认罚从宽制度没有改变公检法的权力配置，检察的归检察，法院的归法院，让刑事案件的处理回归到正常的诉讼程序中去，唯有如此，当事人、国家和社会才能从制度的落实中取得共赢。

### 2. 调整量刑建议不是必经程序

刑事诉讼法第二百零一条第二款规定了两种情形下，检察机关可以调整量刑建议；而且明确规定检察机关不调整量刑建议或者调整量刑建议后仍然明显不当的，人民法院有权直接依法作出判决。人民法院不采纳量刑建议时，应当在裁判文书中说明理由。

### 3. 量刑建议调整应当坚持必要和简便原则

如前所述，裁量刑罚的决定权在法院，量刑建议就是建议，因此，量刑建议调整不是必经程序。量刑建议的调整应当坚持必要和简便原则，以一次为限，避免简单明了的案件因量刑建议调整而导致"速裁不速""简易不简"，严重影响正常的审判秩序和诉讼效率，造成司法资源的浪费，背离中央提出的深化刑事诉讼制度改革，实现案件繁简分流、轻重分离、快慢分道的目标要求。基于此，《指导意见》第 41 条第 2 款规定，速裁程序量刑建议的调整应当在庭前或者当庭提出。调整量刑建议后，被告人同意继续适用速裁程序的，不需要转换程序处理。同理，简易程序确有必要调整量刑建议的也应在庭前或者当庭提出。普通程序中量刑建议的调整也应遵循必要和简便原则，确保正常的审判秩序和诉讼效率不受影响。

### 4. 正确理解《指导意见》第 41 条的规定

最高人民法院、最高人民检察院、公安部、国家安全部、司法部起草《指导意见》时，考虑到各地量刑建议经验和提出量刑建议能力参差不齐，一线法官量刑经验丰富，

---

① 参见胡云腾主编：《认罪认罚从宽制度的理解与适用》，人民法院出版社 2018 年版，第 51～55 页、第 100～102 页。

而规定了人民法院认为量刑建议明显不当时,应当告知人民检察院。这里规定的"告知"是工作要求,没有形式的刚性要求。实践中即便是没有告知,法院在充分听取控辩双方意见基础上依法作出判决的,不属于程序违法。

认罪认罚从宽制度中有关量刑建议问题的正确理解与把握,关系到认罪认罚从宽制度的正确实施和健康发展,关系到中央确立的深化刑事诉讼制度改革,实现案件繁简分流、轻重分道、快慢分离目标的实现。因此,应以系统的眼光理解和把握认罪认罚从宽制度的设计和蕴含的价值追求,实践中注重制度的协同发展。唯有如此,认罪认罚从宽制度才能焕发出强大的生命力,实现当事人、国家和社会三方共赢。

# 认罪认罚案件中量刑建议的审查和调整问题研究

刘亚军* 黄 琰**

认罪认罚案件中,量刑建议的提出、审查与采纳,是认罪认罚制度设计和实施的核心和难点问题。人民法院对于认罪认罚案件中的量刑建议,应当进行全面、实质的审查。既要从形式上审查量刑建议的内容是否完整明确,相关法律文书是否齐备;又要从程序上审查量刑协商是否自愿平等、是否实质有效,被害人的意见有无充分听取;还要从基础上审查事实是否清楚,证据是否充分,指控的罪名是否准确,量刑建议是否适当。量刑建议的采纳应坚持罪责刑相适应原则,不能违反类案同判和法律的统一适用,更不能违背一般司法认知。

自认罪认罚从宽制度实施以来,理论实务界围绕量刑建议展开了大量研究,针对量刑建议的性质、效力,量刑协商的程序以及量刑建议的形式,特别是确定刑还是幅度刑等问题形成了诸多成果,[①] 但对于量刑建议的审查,包括人民法院审查的内容、标准、机制等关注研究不多。认罪认罚制度在实践中快速推进,特别是《最高人民法院、最高人民检察院、公安部、国家安全部、司法部关于适用认罪认罚从宽制度的指导意见》(以下简称《指导意见》)出台后,明确规定检察机关一般应当提出确定刑量刑建议,这对检察机关量刑建议的精准度提出了更高的要求,也给人民法院审查量刑建议带来了更大的挑战。从 JS 地区实践情况来看,截至 2019 年 10 月底,JS 地区适用认罪认罚制度的案件为 35600 余件,占全部刑事案件的 56%,其中适用速裁程序、简易程序审理的案件占比达 89%,体现出简化审理,提高效率的制度效果。同时,认罪认罚案件中,检察机关量刑建议的直接采纳率达到 96.5%,人民法院最终依法判决的案件仅有 470 余件,这说明检察机关提出的量刑建议总体是精准的,人民法院最终不采纳量刑建议的案件是极少数。

但我们也要清醒地认识到,量刑建议采纳率之所以如此之高,一方面,是由于幅度刑为主的量刑建议,为采纳留下了充分的空间;另一方面,也一定程度地反映出法官司法审查形式化的问题。制度施行伊始,不少法官对于量刑建议审查及采纳的标准存在模糊认识,量刑建议审查不严,同时亦存在为减少工作量、避免上诉抗诉被二审发改而不

---

\* 江苏省高级人民法院刑一庭庭长。
\*\* 江苏省高级人民法院刑一庭法官助理,法学博士。
① 参见卞建林:《对"认罪认罚"的量刑建议,控辩双方应遵守,法院应尊重》,载《检察日报》2019 年 7 月 29 日;臧德胜:《科学适用刑事诉讼幅度刑量刑建议》,载《人民法院报》2019 年 8 月 29 日。

审查调整量刑建议的情况。这种情况的存在，一定程度上影响了罪责刑相适应原则的落实和司法公正的实现，甚至还存在案件错判的风险。另外，一线法官普遍反映，一些案件因为调整量刑建议，已经影响到诉讼效率和制度目的实现，有的案件甚至反复多次调整量刑建议。JS 地区速裁程序转简易、普通程序审理的 1102 件案件中，多半是因为建议调整量刑建议影响诉讼进度而未能适用速裁程序。这也是制约法官调整量刑建议的因素之一。

应当说，精准量刑的目标并非一纸规范就能实现，司法实践中，影响认罪认罚从宽制度适用和效果的瓶颈之一，仍然是量刑建议的审查与采纳问题。目前，关于量刑建议审查的制度规范和理论研究供给还有所不足，司法人员的思想认识和贯彻实施还存在一些偏差。对此，亟待正本清源、厘清认识、消弭分歧。

**一、准确把握量刑建议的性质、效力以及审查要求**

认罪认罚从宽制度，是坦白从宽刑事政策的具体化和制度化，是有中国特色的有条件认罪宽恕制度，其量刑协商程序与域外的辩诉交易有共同点，如控方需要充分征求辩方意见，务求达成一致等，但也在证明标准、审查要求等方面存在本质的差别。①

因此，对认罪认罚案件中量刑建议的性质和效力的把握，既要考量与认罪认罚以外案件量刑建议的差别，也要准确界定与域外辩诉交易制度之间的界限。

首先需要明确的是，认罪认罚案件的量刑建议，不同于其他案件的量刑建议，它是控辩双方协商一致的结果，是控辩双方量刑"合意"的体现，是人民检察院代表国家对犯罪嫌疑人认罪认罚从宽给予宽大处理的一种"承诺"，具有一定的司法公信力，② 刑事诉讼法第二百零一条第一款关于量刑建议效力的规定，即人民法院除法定情形外，"一般应当"采纳量刑建议，体现了对控辩合意的尊重，有利于鼓励被追诉人尽早认罪认罚，促进认罪认罚从宽制度良性有序运行。基于此，在量刑建议的司法审查中，对于刑事诉讼法规定的不采纳量刑建议的几种情形，特别是其中量刑建议明显不当的认定，应当根据案件性质以及认罪认罚从宽制度适用的目标价值等从严把握。实践中，有的法官对检察机关量刑建议持有抵触情绪，拟判决意见与量刑建议稍有不同，即建议检察机关调整量刑建议甚至不采纳量刑建议径行作出判决，这种做法是显然不当的，缺乏对控辩双方量刑合意的充分尊重，也没有准确把握认罪认罚从宽制度的目的价值。③

另一方面，认罪认罚案件中的量刑建议，本质上仍然属于"求刑权"的范畴，其虽然表现为检察机关基于被告人认罪认罚而作出的一种承诺，但这种承诺能否实现以及在多大程度上实现，仍然需要由人民法院根据对认罪认罚的自愿性的审查，对案件事实和证据的审查以及对定罪量刑的审查情况来作出决定。④ 人民法院对量刑建议的审查，不仅仅是形式上的审查确认，更重要的是要对量刑建议的内容、基础、程序等进行全面实质

---

① 参见胡云腾主编：《认罪认罚从宽制度的理解与适用》，人民法院出版社 2018 年版，第 5 页。
② 参见胡云腾：《正确把握认罪认罚从宽保证严格公正高效司法》，载《人民法院报》2019 年 10 月 24 日。
③ 具体案例参见《一起认罪认罚从宽案，法院无故不采纳量刑建议，检察院抗诉成功》，载检察日报正义网（2019 年 9 月 20 日）。
④ 参见胡云腾主编：《认罪认罚从宽制度的理解与适用》，人民法院出版社 2018 年版，第 111 页。

的审查，切实避免认罪认罚案件不当或错误处理。归根结底，人民法院是否采纳量刑建议，要看量刑建议是否达到如下标准，即"事实清楚，证据确实、充分，指控的罪名准确，量刑建议适当"。人民法院作为定罪量刑的最终决定机关，必须切实履行好审查职责，坚决防止冤错案的发生，确保司法公正，避免将审理程序沦为量刑建议的确认程序。我国的认罪认罚从宽制度与美国的辩诉交易制度有本质的区别。应当说，在我国司法制度中，检察机关在诉前相对于犯罪嫌疑人起到绝对主导的作用，人民法院对侦查机关、检察机关的强制性处分没有司法审查权，因此难以在诉前发挥监督、制约作用。所以，对控辩双方合意的尊重，并不意味着无条件的一律采纳，也不能理解为应当采纳是原则，不予采纳是例外。

认罪认罚从宽制度没有改变公检法的权力配置，也没有降低认罪认罚案件的证明标准，更没有豁免对法官的错案追责，因此，人民法院对于认罪认罚案件中量刑建议的审查，应当是全面的、实质的，不仅审查量刑建议本身，还应当审查量刑建议的基础和程序等各方面要素。[①] 具体而言，一是要形式审查与实质审查并重，不仅仅审查量刑建议的形式是否符合法律要求，还应当审查量刑建议的内容即刑种、刑期和执行方式是否适当，量刑建议的理由和依据是否充分；二是要程序审查与实体审查并重，不仅要审查量刑建议的实体内容是否适当，还应当审查量刑建议作出的程序是否合法，是否经过充分释明、量刑协商等法定程序；三是要事实证据审查与定罪量刑审查并重。认罪认罚案件适用的基础是事实清楚、证据确实充分，对于量刑建议的采纳，必须建立在案件事实清楚的基础之上，因此，对量刑建议的审查，内含了前置的对事实证据以及被告人认罪认罚自愿性的审查要求。

## 二、对量刑建议的审查要求

根据量刑建议审查的对象和要求的不同，可以将量刑建议的审查区分为形式审查、程序审查、实体审查和基础审查。

### （一）量刑建议的形式审查

所谓形式审查，就是对外在表现形式的审查。明确量刑建议形式审查的要求，对于认罪认罚从宽制度落实特别是速裁程序的适用有着重要的意义。实践中，一些认罪认罚案件材料不全，量刑建议形式不完整，但立案审查中没有发现，导致审判环节因补充材料，更换文书等严重影响到诉讼效率，特别是影响到速裁程序的适用，因此，立案环节应当对认罪认罚案件中量刑建议内容是否完整，相关材料是否齐备进行形式审查。

对量刑建议进行形式审查主要包括两个方面：一是量刑建议的内容是否完整明确，是否对刑罚的刑种、刑期和刑罚执行方式等都提出建议，有无理由和依据；二是法律文书是否齐备，是否移送认罪认罚具结书、辩护律师或值班律师法律帮助意见，有无被害方意见以及相关程序建议书等是否提供，建议适用缓刑的有无提供调查评估报告或者委

---

① 参见杨立新：《认罪认罚从宽制度理解与适用》，载《国家检察官学院学报》2019年第1期。

托评估调查函等。

人民法院经立案审查，发现检察机关指控的量刑建议内容不完整、不明确的，例如缺少刑罚执行方式或者附加刑的，应当建议人民检察院进行补正，检察机关在法定期限内未补正的，应当视为对此项内容未提出量刑建议，由人民法院审理后依法作出判决。如果发现检察机关未说明量刑建议的理由和依据的，应当通知检察机关补充说明。

在立案审查中，发现检察机关提供的法律文书等材料欠缺的，应当通知检察机关补充提供，检察机关在法定期限内不提供，也未作出合理说明的，如果影响到人民法院对被告人认罪认罚自愿性的审查，则不按认罪认罚案件处理。

（二）量刑建议的程序审查

认罪认罚从宽制度中，检察机关提出量刑建议应当建立在控辩就量刑进行协商的基础上，而非简单地听取辩方意见。控辩量刑协商，应当坚持自愿平等、实质有效原则，因此，人民法院在审查量刑建议时，也应当重点围绕量刑协商是否自愿平等，是否实质有效来进行。[①]

1. 关于自愿性审查

第一，要审查检察机关有无履行告知和释明义务。对于未履行告知义务，影响被告人认罪认罚自愿性的，绝对不采纳检察机关的量刑建议。如果审查发现检察机关虽未履行告知义务，但被告人在审理过程中确认自己知晓认罪认罚性质和法律后果，自愿认罪认罚并签署具结书的，不影响认罪认罚从宽制度的适用。第二，要审查检察人员在协商过程中，有无利用案件信息上的不对称，对犯罪嫌疑人采取威胁、欺骗、引诱等各种非法的劝导方法，迫使犯罪嫌疑人认罪认罚，[②] 也就是说，要审查犯罪嫌疑人自愿认罪认罚是否是其真实意思表示。

2. 关于平等协商的审查

第一，要审查有无辩护人、值班律师参与量刑协商；第二，要审查辩护人、值班律师是否提供了有效辩护或者法律帮助。应当说，认罪认罚从宽作为协商性司法制度，其有效运作需要建立在控辩双方能力相当的基础之上，只有在平等对抗的前提下，才能有效避免一方基于信息的不对称、地位的不平等而被迫认罪认罚。[③] 辩护人、值班律师有效参与量刑协商过程，是确保认罪认罚自愿性、量刑建议准确的基础。然而，实践中委托辩护率不高，值班律师法律帮助虚化的问题十分突出，从而导致控辩协商的平等性难以保障。[④] 在这种背景下，强调人民法院对控辩协商平等性进行审查，有助于改变值班律师法律帮助走形式的现象。

---

[①] 参见卢乐云、曾亚：《认罪协商机制中的法官职权——基于C市认罪认罚从宽制度试点实践的考察》，载《广东社会科学》2018年第6期。

[②] 参见许梦诗：《认罪认罚量刑协商的实践困境与法院审查机制的构建——从Y市李某诈骗、盗窃案说开去》，载《江西警察学院学报》2017年第2期。

[③] 参见陈伟、黄泽敏：《认罪认罚量刑建议中的权力制衡机制构建》，载《时代法学》2019年第3期。

[④] 参见臧德胜、杨妮：《论值班律师的有效辩护——以审判阶段律师辩护全覆盖为切入点》，载《法律适用》2018年第3期。

如果人民法院经审查发现，检察机关未能履行法定义务，致使辩护人、值班律师未能有效参与，例如，人民检察院在提出量刑建议时没有征求辩护人、值班律师意见，或者没有为辩护人、值班律师阅卷、会见提供必要条件的，应当认定为检察机关提出量刑建议的程序违法，可能影响案件公正审理，不再适用认罪认罚从宽制度，依法转程序审理。对于辩护人或值班律师怠于履行职责，没有为犯罪嫌疑人提供充分有效的法律帮助，没有就案件具体情况向犯罪嫌疑人释明法律后果，没有就案件处理包括量刑协商向犯罪嫌疑人提供建议，没有向人民检察院提出关于定罪量刑的实质意见的，应当在审判过程中从严审查被告人认罪认罚的自愿性和量刑建议的适当性，对于不能确认被告人认罪认罚系出于自愿的，应当不适用认罪认罚从宽制度进行审理。另外，对于犯罪嫌疑人签署认罪认罚具结书时，检察机关未通知值班律师参加或者值班律师不在场的，应当要求检察机关补正，重新制作认罪认罚具结书，检察机关不补正的，该认罪认罚具结书无效。被告人当庭确认具结书系自愿签署，且对认罪认罚法律规定、性质和后果知悉的，由法庭确认后按认罪认罚案件处理。

3. 关于量刑协商是否实质有效的审查

第一，要审查辩护人或者值班律师是否就量刑问题充分提出了意见；第二，要审查检察机关是否采纳了辩护人或者值班律师的意见，未采纳的，是否说明了理由。对此，《指导意见》第33条规定，人民检察院提出量刑建议前，应当充分听取犯罪嫌疑人、辩护人或者值班律师的意见，尽量协商一致。第27条规定，人民检察院未采纳辩护人、值班律师意见的，应当说明理由。因此，关于量刑协商的实质有效性，人民法院应当审查检察机关有无在量刑建议中充分考量辩护人以及值班律师意见，未予采纳辩护人、值班律师意见有无说明理由，如果辩护人以及值班律师意见应当采纳而未采纳，也未说明理由，需要调整量刑建议的，建议检察机关调整量刑建议，检察机关不调整的，人民法院应当依法作出判决。

此外，对于检察机关在提出量刑建议前，未听取被害方意见或者在量刑建议中未考量被害方态度和意见的，应当如何处理，实践中也存在争议。虽然被害方意见不影响认罪认罚从宽程序的适用，但被害方的态度及意见是从宽处罚的重要考虑因素，故可能影响到量刑建议的公正性。因此，有意见认为，人民法院在审查中发现上述情形的，应当建议检察机关补充征求被害方意见，并根据被害方意见调整量刑建议。[①] 我们认为，检察机关未听取被害人意见而提出量刑建议，属于明显的程序违法，应当认定为属于"其他可能影响公正审判的情形"，不采纳检察机关的量刑建议。

（三）量刑建议的实体审查

量刑建议实体审查的核心，是审查量刑建议是否适当，因为，量刑建议适当是人民法院采纳量刑建议的唯一标准。刑事诉讼法第二百零一条第一款规定的五种不予采纳量刑建议的情形，均非量刑建议本身不适当，而是不具备量刑建议采纳的前提条件，不是

---

① 参见李琼威、王峰：《认罪认罚从宽制度中被害人权利保障的现实意义》，载《法制博览》2018年第4期。

量刑建议实质审查的内容。由于刑事诉讼法第二百零一条第二款规定了"量刑建议明显不当"的，人民检察院可以调整量刑建议，人民检察院不调整或者调整后仍然明显不当的，人民法院依法判决。故实践中，对量刑建议的实体审查聚焦在"量刑建议是否属于明显不当"。在量刑建议何谓明显不当上，许多地方检法存在分歧。最高人民法院胡云腾大法官指出，法院对认罪认罚案件的量刑建议要严格审查，发现量刑建议存在明显违反罪责刑相适应原则、违反类案同判和法律统一适用、背离司法公正或者人民群众公平正义观念，违背一般司法认知等明显不当情形的，要告知人民检察院调整量刑建议。①

我们认为，对量刑建议明显不当，可以从以下三个方面进行把握。

一是明显违反罪责刑相适应原则的。罪责刑相适应原则，是指犯罪分子所受的刑罚与其犯罪罪行的严重程度以及刑事责任相适应，认罪认罚案件中把握是否明显违反罪责刑相适应原则，关键是看量刑建议的刑期与拟判处的刑期相比，是否畸轻畸重，如果量刑建议的刑期与拟判处的刑期相差很小，且未遗漏重要的量刑情节，不应当否定检察机关的量刑建议。另外，共同犯罪案件、关联案件之间的量刑均衡，是罪责刑相适应原则的内在要求之一，实践中，对于分并案处理的共同犯罪或关联犯罪的不同被告人，应当根据各自在共同犯罪、关联犯罪中的地位作用确定相适应、相均衡的刑罚。②如果对认罪认罚的共同犯罪被告人建议量刑明显与其地位、作用不相符的，例如对罪责较重的被告人建议适用的刑罚反而较轻的，即使量刑建议的刑期与拟判处的刑期之间差异不大的，也应当予以调整。

二是是否违反类案同判或者法律的统一适用。类案之间的判罚尺度统一，是司法公正的必然要求，虽然天底下没有两片一样的树叶，不同案件之间本身没有绝对的可比性，但类案法律适用的尺度应该统一，③我们可以从不同的案件之中抽象出相同的法律适用问题包括量刑标准问题，进而统一裁判尺度。因此，对于类案，特别是在同一地区、同一法院量刑应当遵循相同的裁判尺度；对于已经有量刑规范化的罪名，应当遵循量刑规范化的要求；对于没有量刑规范化的罪名，应当对本地区以往判决量刑的尺度进行分析研判，确定统一的标准尺度。对于量刑建议违反本地区统一量刑尺度的，应当视为量刑建议明显不当。

三是是否违背一般的司法认知。所谓一般的司法认知，主要指一般公众对于司法活动的认知态度和司法观念，包括常情、常理、常识等，也就是我们通常所说的社情民意。某种意义上，我们评判罪责刑相适应，其标准也在于是否违反了一般的司法认知。具体到认罪认罚案件量刑建议的审查中，就是要根据案件现有的事实情况，深刻把握隐藏在案件犯罪事实之中的社会背景、前因后果、传统文化、民情风俗等边际事实，评判量刑建议是否违背了一般公众的司法认知观念。特别是在建议适用缓刑和显著从轻的案件中，要高度注意有无不应适用缓刑或显著从轻处罚的边际事实因素，避免仅因被告人赔偿被害人损失取得谅解而简单适用缓刑或显著从宽，明显违背人民群众的公平正义观念，造

---

① 参见胡云腾：《正确把握认罪认罚从宽保证严格公正高效司法》，载《人民法院报》2019年10月24日。
② 参见阮齐林：《罪责刑相适应原则对司法实践的指导》，载《中国检察官》2019年第13期。
③ 参见邓永泉、杜国栋：《类案同判核心在于建立类案标准》，载《人民法院报》2018年10月15日。

成负面影响。

需要强调的是,对量刑建议的审查,要结合检察机关提出的依据和理由进行,对于遗漏法定或者重要酌定量刑情节或者上述情节认定不当的,属于量刑建议明显不当;对于量刑建议缺乏充分合理依据的,应当依据法庭审理查明的事实依法作出判决。

### (四) 量刑建议的基础审查

根据刑法和刑事诉讼法确立的基本原则,人民法院对检察机关量刑建议的采纳,应当建立在犯罪事实清楚、证据确实充分,定罪准确,量刑建议适当,被告人自愿认罪认罚的基础之上,因此,对量刑建议的司法审查,内含了对案件事实证据、被告人认罪认罚自愿性和案件定罪的审查要求。

1. 关于对案件事实证据的审查

人民法院应当重点围绕被告人供认的事实和检察机关指控的事实进行,查明现有证据是否足以认定指控的主要事实成立。对于案件的一些细节问题,包括酌定的量刑事实,可不要求达到严格的证据标准程度。[1] 经审查,案件主要事实不清、证据不足的,不应当适用认罪认罚从宽制度,需要转程序的,依照普通程序重新审理。

2. 关于对被告人认罪认罚自愿性的审查

人民法院应当在庭审中对认罪认罚的自愿性、具结书内容的真实性和合法性进行审查核实,并围绕被告人有无受到暴力、威胁、引诱而违背意愿认罪认罚;被告人认罪认罚时的认知能力和精神状态是否正常;被告人是否理解认罪认罚的性质和可能导致的法律后果;人民检察院、公安机关是否履行告知义务并听取意见等进行全面审查。为确保认罪认罚的自愿性、真实性,防止替人顶罪,必要时,审判人员在庭审中可以根据具体案情,围绕定罪量刑的关键事实,选择部分事实细节进行要素式发问,确认被告人是否实施犯罪,是否真诚悔罪。[2]

3. 关于案件定罪的审查

定罪审查是量刑建议审查的必然要求。因此,人民法院审查量刑建议时,应当先行审查检察机关指控的罪名定性是否准确,对于指控的罪名与审理的罪名不一致的,不得采纳检察机关量刑建议,而应根据审理认定的罪名依法作出判决。

## 三、量刑建议的调整机制

《指导意见》第41条对量刑建议调整的情形、程序,特别是对速裁案件量刑建议的调整等方面均作出了规定,旨在解决司法实践中因量刑建议调整影响正常审判程序的问题。但从实践情况看,关于量刑建议的调整,还存在很多争议。

一是关于量刑建议调整的情形,即"被告人、辩护人对量刑建议提出异议且有理有据的"如何把握?如果被告人、辩护人对量刑建议提出异议,是否表明被告人不再认罚,此时还有无必要调整量刑建议。笔者认为,根据《指导意见》的规定,此种情形下,被

---

[1] 参见孙远:《论认罪认罚案件的证明标准》,载《法律适用》2016年第11期。
[2] 参见《江苏省高级人民法院关于办理认罪认罚刑事案件的指导意见》。

告人、辩护人对量刑建议提出的异议，应当有事实和法律法理上的依据，例如提出了原量刑建议未考虑的法定、酌定量刑情节，或者法定、酌定量刑情节认定有错误等，影响对被告人量刑的，经人民法院审查确实有理有据的，人民检察院可以调整量刑建议。

二是关于调整量刑建议的时机和程序如何把握？量刑建议调整应当坚持必要和简便原则，确保审判程序有序进行，特别是要避免"速裁不速""简易不简"。因此，对于适用速裁程序审理的案件，由于当庭宣判，量刑建议调整应当在庭前或庭中提出。对于适用简易程序审理的案件，避免因量刑建议调整而导致重新开庭，原则上也应在庭前和庭中提出。对于适用普通程序审理的案件，判决宣告前检察机关可以调整量刑建议，庭审结束后，检察机关调整量刑建议，有必要恢复庭审的，可以恢复庭审。

关于是否需要被告人重新签署认罪认罚具结书。因人民法院认为量刑建议明显不当，庭前调整量刑建议的，应当告知被告人及其辩护人，被告人同意的，制作新的认罪认罚具结书，确保被告人认罪认罚自愿。人民法院当庭建议调整量刑建议的，人民检察院出庭检察员应当当庭发表关于量刑的意见，出庭检察员不得以变更量刑建议需要审批为由拒绝发表意见，这是因为认罪认罚案件量刑建议的提出本就是检察官的法定权力，不需要审批。① 检察机关当庭调整量刑建议的，人民法院应当当庭了解被告人对调整后量刑建议的意愿，记录在案，无须重新制作认罪认罚具结书。另外，法庭经过开庭审理才确认案件事实，发现检察机关量刑建议明显不当的，检察机关可以调整量刑建议，需要恢复法庭审理的，恢复庭审，听取辩方意见，并依法作出判决，无须重新制作认罪认罚具结书。

三是人民法院认为量刑建议明显不当，但未建议调整量刑建议的，是否属于程序违法？实践中，有的地区对一审法院认为量刑建议明显不当，但未建议人民检察院调整量刑建议而径行作出判决的，二审法院认为系程序违法而予以改判。笔者认为，认罪认罚制度并没有改变人民法院的定罪量刑权，对人民检察院提出的量刑建议明显不当的，人民法院可以建议人民检察院予以调整，但也可以根据案件情况径行作出判决，对此不应当认为属于程序违法。二审法院改变一审判决的依据应当是一审判决定罪量刑确有错误，只要一审判决定罪量刑并无不当，未建议人民检察院调整量刑建议不应当作为改判的理由。因为，根据刑事诉讼法的规定，量刑建议调整不是必经程序，建议调整量刑建议也不是人民法院的法定义务。

四是关于当庭调整量刑建议如何保障被告人辩护权或者获得值班律师法律帮助权的问题？对于检察机关当庭调整量刑建议的，特别是调整系加重被告人刑罚的情形下，如果被告人没有辩护人，而申请值班律师提供法律帮助的，能否准许。我们认为，人民法院应当准许并应及时通知值班律师提供法律帮助，因为确保没有辩护人的被告人获得值班律师的法律帮助是人民法院的法定职责。当然，人民法院应充分履行告知和释明职责，并主动向被告人释明相关法律规定以及接受量刑建议的后果，使其明确对刑罚判罚的预期，确保其认罪认罚自愿，减少诉讼对抗。需要说明的是，对于调整量刑建议对被告人

---

① 参见孙长永：《认罪认罚案件"量刑从宽"若干问题探讨》，载《法律适用》2019年第13期。

从轻处罚的，因不涉及辩护权利的保障问题，可以不同意通知值班律师提供法律帮助。

五是关于检察机关能否主动调整量刑建议，以及检察机关调整量刑建议的次数有无限制？认罪认罚案件中的量刑建议是检察机关代表国家对犯罪嫌疑人、被告人作出的量刑承诺，这种承诺对双方都有拘束力，不应随意违反。① 因此，在没有法定根据，量刑建议没有明显不当的场合，检察机关不得主动调整量刑建议，但如果确实存在遗漏的法定、酌定量刑情节，导致量刑建议明显不当的，检察机关可以主动调整量刑建议。关于调整量刑建议的次数，笔者认为应当以一次为限，无论是检察机关主动调整，还是人民法院建议调整，检察机关的调整次数均限定为一次，调整后仍然不当的，人民法院应当依法作出判决。否则，多次频繁的调整影响了正常的审判秩序，有违认罪认罚从宽制度的设计初衷，更是没有厘清量刑建议与法院裁量权的关系，与司法公正与效率相统一的目标背道而驰。

六是关于速裁程序的转换问题。对于速裁案件，人民检察院不调整量刑建议或调整后仍然明显不当，人民法院拟依法作出判决的，是否需要转换诉讼程序重新审理，实践中一直存有争议。《指导意见》第 41 条对此作出规定："调整量刑建议后，被告人同意继续适用速裁程序的，不需要转换程序处理。"据此，调整量刑建议后，只要被告人同意继续适用速裁程序，无论人民法院是否采纳量刑建议，均可不转换程序。但该条规定没有明确人民法院认为量刑建议明显不当，检察机关不调整量刑建议，人民法院拟依法判决的情况下，是否需要转换程序。对此，笔者认为，如果人民法院庭前建议调整量刑建议，人民检察院不调整或者调整后仍然不当的，审理程序应当在征得被告人同意后，转为简易程序进行审理，确保程序适用准确。如果法庭当庭建议调整量刑建议，人民检察院不调整或者调整后仍然不当的，法庭应当当庭询问被告人关于适用程序的意见，被告人同意继续适用速裁程序的，可以不再转换程序重新审理，否则会严重影响诉讼效率，不利于速裁程序价值的实现。

---

① 参见卞建林：《对"认罪认罚"的量刑建议，控辩双方应遵守，法院应尊重》，载《检察日报》2019 年 7 月 29 日。

# 论补充法律规范对认定危害珍贵、濒危野生动物犯罪的影响

司明灯[*]

为打击涉野生动物犯罪，保护、拯救珍贵、濒危野生动物，加强生态文明建设，我国刑法第三百四十一条第一款规定了非法猎捕、杀害珍贵、濒危野生动物罪，非法收购、运输、出售珍贵、濒危野生动物、珍贵、濒危野生动物制品罪（为行文方便，统称危害珍贵、濒危野生动物犯罪）。从刑法规定看，危害珍贵、濒危野生动物犯罪属于法定犯，在认定和处罚时需要以相关野生动物保护的法律法规为依据。最高人民法院单独或者联合其他司法机关、行政机关自 2000 年以来陆续出台的《最高人民法院关于审理破坏野生动物资源刑事案件具体应用法律若干问题的解释》（以下简称《破坏野生动物资源解释》）、《最高人民检察院、公安部关于公安机关管辖的刑事案件立案追诉标准的规定（一）》[以下简称《刑事立案追诉标准（一）》]、《最高人民法院、最高人民检察院、公安部、司法部关于依法惩治非法野生动物交易犯罪的指导意见》（以下简称《惩治野生动物交易犯罪意见》）等一系列司法解释和规范性文件，是处理危害珍贵、濒危野生动物犯罪的重要依据。但是，自从《破坏野生动物资源解释》于 2000 年 12 月 11 日发布以来，我国的社会、经济、环境一直在快速发展变化，涉野生动物保护的法律法规也已几经修改，致使司法机关在办理危害珍贵、濒危野生动物犯罪案件过程中，经常会遇到珍贵、濒危野生动物范围的调整变化，野生动物死体、卵、蛋的属性，野生动物制品和特殊野生动物价值的核算、如何稳妥办理涉人工繁育动物案件等方面的问题。笔者认为，要切实有效解决这些问题，确保办案质量，需要认真研究相关法律法规对危害珍贵、濒危野生动物犯罪的重大影响。

## 一、密切关注国家重点保护的野生动物名录的动态调整

根据刑法第三百四十一条第一款的规定，危害珍贵、濒危野生动物犯罪的犯罪对象是珍贵、濒危野生动物及其制品。然而，我国法律中并没有珍贵、濒危野生动物的概念，国家也没有制定专门的保护名录，只是在野生动物保护法中规定，国家对珍贵、濒危的野生动物实行重点保护。根据该法规定，国家重点保护的野生动物分为一级保护野生动

---

[*] 最高人民法院刑事审判第四庭副庭长。

物和二级保护野生动物。国家重点保护的野生动物名录及其调整，由国务院野生动物保护主管部门制定，报国务院批准公布。据此，原林业部、农业部在1989年1月14日发布了经国务院批准的《国家重点保护野生动物名录》，并将国家重点保护的野生动物分为一级和二级。同时，我国已于1980年12月25日加入《濒危野生动植物种国际贸易公约》（以下简称《公约》，英文简称CITES）。故珍贵、濒危野生动物的范围，根据《破坏野生动物资源解释》第一条的规定，除列入国家重点保护的野生动物名录的国家一、二级保护野生动物以外，还包括列入《公约》附录Ⅰ、附录Ⅱ的野生动物，以及驯养繁殖（人工繁育）的上述物种。

需要注意的是，珍贵、濒危野生动物的范围是不断变化着的。随着自然环境的改善和国家保护力度的加大，原来一些因稀少而珍贵或者处于濒危状态的野生动物，有可能经过多年的保护而大量增加，不再需要重点保护，同时也会有些野生动物由于生存环境恶化等原因而锐减，甚至濒临灭绝，亟待提高保护级别。相应地，《国家重点保护野生动物名录》也随着物种数量的变化不断进行修订，将一些已处于或即将处于濒危状态的物种增列进来，同时，调低那些已经大量繁殖且生存环境明显改善的物种保护级别或者直接从名录中予以剔除。

### （一）国家重点保护的野生动物名录一直在不断调整

2003年2月21日，经国务院批准，原国家林业局对《国家重点保护野生动物名录》进行过一次调整，将野生动物麝（所有种）的保护级别由原来的二级调整为一级。2009年6月24日，针对《云南省林业厅关于如何确定缅甸陆龟保护级别的请示》，原国家林业局作出《关于缅甸陆龟有关问题的复函》，在确认缅甸陆龟属于列入《公约》附录Ⅱ的野生动物的同时，还强调指出，对于原产于我国的缅甸陆龟，不再按照国家重点保护的野生动物对待，而是应当按照《国家保护的有益的或者有重要经济、科学研究价值的陆生野生动物名录》的规定管理。根据2016年修订的野生动物保护法第十条规定，国家重点保护的野生动物名录，国务院野生动物保护主管部门每五年就要调整一次。最近的一次调整发生在2020年6月3日，为进一步加大对穿山甲的保护力度，经国务院批准，国家林业和草原局发布公告，决定自即日起将穿山甲属所有种由国家二级保护野生动物调整为一级。

### （二）我国对《公约》附录中野生动物的保护级别也有所变化

1993年4月14日，原林业部下发《关于核准部分濒危野生动物为国家重点保护野生动物的通知》，将《公约》附录Ⅰ和附录Ⅱ所列非原产于我国的所有野生动物，如犀牛、食蟹猴、袋鼠、鸵鸟、非洲象、斑马等，分别核准为国家一级和国家二级保护野生动物。对这些野生动物及其产品（包括任何可辨认部分或其衍生物）的管理，同原产我国的国家一、二级保护野生动物一样，按照国家现行法律、法规和规章的规定实施管理。2018年10月9日，农业农村部发布《濒危野生动植物种国际贸易公约附录水生物种核准为国家重点保护野生动物名录》，决定对《公约》附录水生物种按照被核准的国家重点保护动物级别进行国内管理,已列入国家重点保护名录的物种不再单独进行核准,按对应国家重点保护动物级别进行国内管理。从此次的核准情况看,我国对《公约》附录水生物种的保护级别进行了较大规模的调整。主要表现在:(1)有些物种的保护级别国内外不再一致,如《公约》附录Ⅰ中的水獭,国家重点保护现行名录是二级。(2)有些物种的保护级别被下调,如《公约》附录Ⅰ中的南极须鲸,核准后的国家重点保护级别是二级。(3)有些物种的保护范围被进一步限缩,如《公约》附录Ⅰ中的菲律宾鳄,核准后国家重点保护级别虽然仍为一级,但仅限于野外种群。(4)有些物种的保护级别则被提升,如《公约》附录Ⅲ中的乌龟(中国),核准后的国家重点保护级别调整为二级,但也是仅限于野外种群;而《公约》附录Ⅱ中的斑鳖、附录Ⅲ中的瘦长红珊瑚(中国),核准后的国家重点保护级别均被调整为一级。(5)还有些物种的保护级别至今尚未确定,如《公约》附录Ⅰ中的桔斑鲼、附录Ⅱ中的长鳍真鲨,在我国目前处于暂不核准状态。

因此,司法机关在适用刑法第三百四十一条第一款办理案件时,务必密切关注相关行政法律法规的变化和调整,认真审查涉案野生动物的种属和类别,准确判断其是否珍贵、濒危以及珍贵、濒危的程度,以准确定罪,恰当量刑。

## 二、准确把握野生动物制品的含义和范围

根据刑法第三百四十一条第一款的规定,只要实施非法收购、运输、出售珍贵、濒危野生动物或者其制品的行为,就构成犯罪,因此,在认定非法收购、运输、出售行为构成犯罪与否的问题上,珍贵、濒危野生动物和珍贵、濒危野生动物制品没有什么区别,但是在量刑问题上,由于衡量情节严重程度时对二者采取的认定标准不同,因而对被告人而言意义重大。非法收购、运输、出售珍贵、濒危野生动物的,在认定情节严重或者情节特别严重时,通常以数量为标准,而非法收购、运输、出售珍贵、濒危野生动物制品的,则是以价值为标准。犯罪对象认定为珍贵、濒危野生动物制品而非珍贵、濒危野生动物,裁判结果明显有利于被告人。

关于珍贵、濒危野生动物制品的含义和范围,理论界一般认为,是指对捕获或者得到的珍贵、濒危野生动物通过某种加工手段而获得的成品与半成品,如标本、皮张和其他有极高经济价值的动物部位、肉食等。[①] 司法实践中,本罪是法定犯,在刑法和司法解释没有明确规定的情况下,需要以有关野生动物保护的法律法规作为判断涉案对象是否为珍贵、濒危野生动物或者其制品的依据。然而,多年以来,相关法律法规没有对珍贵、濒危野生动物制品的含义和范围作出明确具体的解释。2016年修订之前的野生动物保护法中甚至没有"制品"之词,只是表述为"野生动物产品"。直至2016年修订野生动物保护法时,原来的"野生动物产品"才修改为《破坏野生动物资源解释》使用的"野生动物制品",并开始规定野生动物及其制品是指野生动物的整体(含卵、蛋)、部分及其衍生物,但遗憾的是未将野生动物和野生动物制品予以分开解释,致使野生动物制品的含义和范围仍然不明。《中华人民共和国陆生野生动物保护实施条例》《中华人民共和国

---

① 参见王作富主编:《刑法分则实务研究》,中国方正出版社2013年版,第1408页。

水生野生动物保护实施条例》先后自1992年、1993年颁布以来虽有多次修改，但一直沿用"产品"一词，不过，这两个条例也作出了"野生动物产品，是指陆生、水生野生动物的任何部分及其衍生物"的规定。

从笔者接触到的资料看，首次对陆生野生动物及其制品的含义和范围作出明确规定的，是原国家林业局于2017年11月1日发布的《野生动物及其制品价值评估方法》：野生动物，是指陆生野生动物的整体（含卵、蛋）；野生动物制品，是指陆生野生动物的部分及其衍生物，包括产品。随后，2019年10月1日施行的《水生野生动物及其制品价值评估办法》则明确了水生野生动物及其制品的含义和范围：水生野生动物，是指国家重点保护水生野生动物及《公约》附录水生物种的整体（含卵）；水生野生动物制品，是指水生野生动物的部分及其衍生物。笔者认为，上述评估方法、评估办法都属于刑法第三百四十一条的补充法律规范，都是处理危害珍贵、濒危野生动物犯罪的重要法律依据，司法机关在办理相关案件过程中涉及对珍贵、濒危野生动物及其制品的认定时，应当参照适用。

### 三、合理确定野生动物死体的刑法属性

野生动物死体从是否经过加工的角度，可以分为两种：一种是经过加工的，如动物标本；另一种是尚未被加工的。

对于前者，在刑法上认定为野生动物制品自然是毫无疑义。但是在司法实践中，公安机关往往会查获一些尚未被加工过的野生动物死体。对于这些死体是认定为刑法第三百四十一条中的野生动物还是野生动物制品，不仅理论界有较大分歧，实务界也有不同的认识。从中国裁判文书网上发布的裁判案例看，多数裁判案例中的野生动物死体是和活体或者制品一并被查获的。其中，和野生动物一并查获的，通常被认定为野生动物，如果是和野生动物制品混杂在一起的，有的认定为野生动物，有的则一并认定为野生动物制品。至于单独查获死体的，一般都认定为野生动物。持野生动物制品说者认为，动物是指有生命的活体，死体已失去生命，显然不能再视为野生动物；[①] 持野生动物说者则认为，基于从源头保护的需要，应当认定为野生动物。[②] 笔者赞同认定为野生动物的观点，主要理由有四点。

（一）从野生动物及其制品的含义范围看

如前所述，野生动物是指野生动物的整体，而野生动物制品则是指野生动物的部分及其衍生物。显然，野生动物的死体可以被看作动物的整体，但不能被动物的部分所涵括，更不属于动物的衍生物。可见，死体与《野生动物及其制品价值评估方法》《水生野生动物及其制品价值评估办法》规定的野生动物的含义范围相符，与野生动物制品的含义范围不符。况且，从词语本义上讲，所谓制品，顾名思义，是指制造、生产出来的物品或产品，而尚未被加工的野生动物死体并不具备制品的特征。因此，尚未加工过的野生

---

[①] 参见卢赞凤：《论我国珍贵、濒危野生动物资源的刑法保护》，江西理工大学2017年硕士学位论文。
[②] 参见彭文华：《破坏野生动物资源犯罪疑难问题研究》，载《法商研究》2015年第3期。

动物死体，在办理涉刑法第三百四十一条犯罪的刑事案件中，理应以野生动物论处。

### （二）从刑法保护的法益看

刑法设立第三百四十一条第一款的目的，是保护、拯救珍贵、濒危野生动物资源，维护生态环境。只有将野生动物的死体视同野生动物，才能充分发挥该条款的功能和价值，有效减少对珍贵、濒危野生动物的猎捕和杀害，从源头上保护野生动物资源。况且，相对于活体而言，死体的运送更为方便，倘若实践中将之认定为制品，无疑会诱使犯罪分子钻法律的漏洞，在非法收购、运输、出售时故意杀死野生动物，以规避将来可能产生的于己不利的法律风险。这样一来，反而不利于对野生动物的保护，有违刑法初衷。

### （三）从相关司法解释看

2016年8月2日起施行的《最高人民法院关于审理发生在我国管辖海域相关案件若干问题的规定（二）》［以下简称《审理海域案件规定（二）》］第七条第三款规定："本解释所称的珊瑚、砗磲，是指列入《国家重点保护野生动物名录》中国家一、二级保护的，以及列入《濒危野生动植物种国际贸易公约》附录Ⅰ、Ⅱ中的珊瑚、砗磲的所有种，包括活体和死体。"可见，在办理涉及珊瑚、砗磲的刑事案件时，即使非法收购、运输、出售死体的，也一律按水生野生动物论处。那么，相应地，在办理除珊瑚、砗磲之外的其他陆生、水生野生动物死体案件时，《审理海域案件规定（二）》同样可以参照适用。

### （四）从当前政策导向看

为了进一步打击涉野生动物犯罪，维护生物安全和生态安全，促进人与自然和谐共生，2020年2月24日，全国人大常委会通过《关于全面禁止非法野生动物交易、革除滥食野生动物陋习、切实保障人民群众生命健康安全的决定》，规定凡野生动物保护法和其他有关法律禁止猎捕、交易、运输、食用野生动物的，必须严格禁止。对违反这一规定的行为，在现行法律规定基础上加重处罚。2020年12月24日，最高人民法院、最高人民检察院、公安部、司法部联合发布《惩治野生动物交易犯罪意见》，进一步强调"从源头上防控非法野生动物交易"，"切断非法野生动物交易的利益链条"。将非法收购、运输、出售野生动物死体的行为按照非法收购、运输、出售野生动物罪定罪处罚，正是贯彻落实国家政策精神，依法严厉打击涉野生动物犯罪的具体体现。

另外，对于非法收购、运输、出售的是被掏去了内脏的死体的情形，笔者认为，从过往案例看，往往是为了方便储存和运输而将易腐的内脏组织予以去除的，因此，仍应以野生动物论处。当然，对于已经制作成野生动物标本的，除了将死体制成标本后才予以运输、出售，或者收购的标本系卖方应收购者的要求将死体加工成标本的情形以外，一般应当认定为野生动物制品。

## 四、准确认定野生动物制品和特殊野生动物的价值

珍贵、濒危野生动物制品的价值，根据现行司法解释，不仅是入罪的重要依据，还

涉及"情节严重""情节特别严重"的认定和不同的法定刑档次，直接影响被告人的量刑结果。在认定珍贵、濒危野生动物制品的价值时，要注意把握以下两点。

（一）严格遵循价值认定的基本原则

关于珍贵、濒危野生动物制品的价值，根据《破坏野生动物资源解释》第十一条、《审理海域案件规定（二）》第七条第二款、《惩治野生动物交易犯罪意见》第六条等规定，在认定时应当遵循以下基本原则：（1）依照国家野生动物保护主管部门的规定予以核算认定。（2）同一案件中缴获的同一动物个体的不同部分的价值总和，不得超过该种动物个体的价值。（3）具有特殊利用价值或者导致动物死亡的主要部分，核算方法不明确的，其价值标准最高可以按照该种动物整体价值标准的80%予以折算，其他部分价值标准最高可以按整体价值标准的20%予以折算。按照上述方法核算的价值明显不当的，应当根据实际情况妥当予以核算。（4）核定价值低于实际交易价格的，以实际交易价格认定。（5）根据上述方法仍然难以确定的，可以依据价格认证机构、国务院野生动物保护主管部门等单位指定的机构、地（市）级以上人民政府野生动物主管部门等单位出具的报告，结合其他证据作出认定。

关于《公约》附录中所列陆生野生动物制品的价值，根据《最高人民法院、最高人民检察院、国家林业局、公安部、海关总署关于破坏野生动物资源刑事案件中涉及的CITES附录Ⅰ和附录Ⅱ所列陆生野生动物制品价值核定问题的通知》和《野生动物及其制品价值评估方法》，认定时应当做到：（1）参照与其同属、同科、同目、同纲或者同门的国家重点保护陆生野生动物的同类制品价值标准核定。（2）同属、同科、同目、同纲或者同门中，如果存在多种不同保护级别的国家重点保护陆生野生动物的，应当参照该分类单元中相同保护级别的国家重点保护陆生野生动物的同类制品价值标准核定。（3）如果存在多种相同保护级别的国家重点保护陆生野生动物的，应当参照该分类单元中价值标准最低的国家重点保护陆生野生动物的同类制品价值标准核定。（4）如果《公约》附录Ⅰ和附录Ⅱ所列陆生野生动物所处分类单元有多种国家重点保护陆生野生动物，但保护级别不同的，应当参照该分类单元中价值标准最低的国家重点保护陆生野生动物的同类制品价值标准核定。（5）如果仅有一种国家重点保护陆生野生动物的，应当参照该种国家重点保护陆生野生动物的同类制品价值标准核定。

关于《公约》附录所列水生野生动物制品的价值，根据《水生野生动物及其制品价值评估办法》，认定时应当做到：（1）已被农业农村部核准为国家重点保护野生动物的，按照对应保护级别系数核算价值。（2）尚未列入《水生野生动物基准价值标准目录》的水生野生动物，其基准价值参照与其同属、同科或同目的最近似水生野生动物的基准价值核算。

（二）充分注意计价基准、计价方法的变化

《破坏野生动物资源解释》发布于2000年，当时对于野生动物制品价值的确定，主要是参考了原林业部、财政部、国家物价局1992年发布的《捕捉、猎捕国家重点保护野生动物资源保护管理费收费标准》和原林业部 1996 年发布的《关于在野生动物案件中如何确定国家重点保护野生动物及其产品价值标准的通知》。然而，2016 年修订的野生动物保护法取消了缴纳野生动物资源保护管理费制度，将野生动物保护经费纳入财政预算。而且，财政部、国家发展和改革委员会于 2013 年 6 月 25 日下发《关于公布取消和免征一批行政事业性收费的通知》，决定自 2013 年 8 月 1 日起，对陆生野生动物资源保护管理费、水生野生动物资源保护费予以免征，《关于在野生动物案件中如何确定国家重点保护野生动物及其产品价值标准的通知》也被原国家林业局于 2017 年 11 月 13 日下发《关于废止部分规范性文件的通知》予以废止。不过，2017 年，原国家林业局发布了《野生动物及其制品价值评估方法》及其附件《陆生野生动物基准价值标准目录》；2019 年，农业农村部发布了《水生野生动物及其制品价值评估办法》及其附件《水生野生动物基准价值标准目录》。因此，司法机关在依照《破坏野生动物资源解释》认定涉案野生动物制品的价值时，以及依据该价值认定犯罪行为是否"情节严重""情节特别严重"时，应当充分注意上述法律法规的废改立情况，正确适用法律，准确认定价值，恰当量刑。由于相关法律法规变动较大，目前至少有以下三个变化应当予以关注。

1. 价值的计算基准变化较大

主要是：（1）有的野生动物及其制品的价值新基准和之前相比高出了很多。比如，一只国家一级保护野生动物大熊猫，依照《破坏野生动物资源解释》依据的《捕捉、猎捕国家重点保护野生动物资源保护管理费收费标准》是十万元，而 2017 年出台的《陆生野生动物基准价值标准目录》则核定为五十万元；一只国家二级保护野生动物天鹅，之前标准是八十元，现在上调为三千。（2）有的有所下降，如之前的麋鹿每头六千元，现在下调为三千元。（3）有的则和之前保持一致。如野马，之前和现在都是每匹六万元；中华秋沙鸭也一直是每只一万元。

2. 价值的计算方法有了新规定

（1）关于陆生野生动物及其制品的价值，《野生动物及其制品价值评估方法》规定：①野生动物整体的价值，按照《陆生野生动物基准价值标准目录》所列该种野生动物的基准价值乘以相应的倍数核算，即国家一级保护野生动物，按照所列野生动物基准价值的十倍核算；国家二级保护野生动物，按照所列野生动物基准价值的五倍核算。②人工繁育的野生动物及其制品的价值，按照同种野生动物及其制品价值的百分之五十执行。人工繁育的列入《人工繁育国家重点保护野生动物名录》的野生动物及其制品的价值，按照同种野生动物及其制品价值的百分之二十五执行。（2）关于水生野生动物及其制品的价值，《水生野生动物及其制品价值评估办法》规定：①水生野生动物成年整体的价值，按照对应物种的基准价值乘以保护级别系数计算，即国家一级重点保护水生野生动物的保护级别系数为 10，国家二级重点保护水生野生动物的保护级别系数为 5。②水生野生动物制品的价值，按照该物种整体价值乘以涉案部分系数计算。涉案部分系数不应超过 1；系该物种主要利用部分的，涉案部分系数不应低于 0.7。③人工繁育的水生野生动物及其制品的价值，根据本办法计算后的价值乘以物种来源系数计算。列入人工繁育国家重点保护水生野生动物名录物种的人工繁育个体及其制品，物种来源系数为 0.25；其他物种的人工繁育个体及其制品,物种来源系数为0.5。

3. 他罪中的制品价值标准已经大幅提高

(1) 走私珍贵野生动物制品的价值数额变化情况。就在2000年12月11日发布《破坏野生动物资源解释》的两个多月前(9月26日),最高人民法院还发布了《关于审理走私刑事案件具体应用法律若干问题的解释》。两个司法解释对非法收购、运输、出售珍贵、濒危野生动物制品罪和走私珍贵动物制品罪的不同量刑档次的动物制品价值数额标准是一样的:价值在十万元以上的,处五年以上有期徒刑;价值在二十万元以上的处十年以上有期徒刑。然而,与《破坏野生动物资源解释》至今尚未作出修改不同的是,最高人民法院、最高人民检察院于2014年9月10日联合下发了《关于办理走私刑事案件适用法律若干问题的解释》,以取代之前的《关于审理走私刑事案件具体应用法律若干问题的解释》。比较走私犯罪的前后两个司法解释,可以看出,对于走私珍贵动物制品罪的量刑标准,基于过去十多年的经济社会发展情况,新解释作了大幅度的提高:处五年以上有期徒刑的,由原来的"十万元以上"修改为"二十万元以上";情节特别严重,处十年有期徒刑以上刑罚的,由原来的"二十万元以上"修改为"一百万元以上";不满十万元的,由原来的处五年以下有期徒刑,修改为在具备一定的条件下可以免予刑事处罚,甚至可以不作为犯罪处理。(2) 非法收购、运输、出售珊瑚、砗磲或者其他珍贵、濒危水生野生动物制品的价值数额也比较高。根据2016年《审理海域案件规定(二)》第六条第二款的规定,"情节严重"的认定标准是价值五十万元以上或者非法获利二十万元以上,"情节特别严重"的认定标准是价值二百五十万元以上或者非法获利一百万元以上。

另外值得注意的是,对于野生动物而言,根据《破坏野生动物资源解释》,以其为犯罪对象的行为通常以数量为定罪量刑标准,不存在认定和适用上的困难。但是,如前所述,根据行政法规界定的含义和范围,无论是陆生野生动物的卵、蛋,还是水生野生动物的卵,均被归类于野生动物,而非制品。而以卵、蛋为犯罪对象的行为,据笔者理解,并非以数量而是以价值为定罪量刑标准的。同时,对于以野生动物幼体为犯罪对象的行为,根据现行规定,其定罪量刑标准则区分为两种情况:属于陆生野生动物幼体的,以数量为标准;属于水生野生动物幼体的,以价值为标准。具体计算方法是:(1) 关于陆生野生动物卵、蛋的价值,《野生动物及其制品价值评估方法》规定:两栖类的,按照该种野生动物整体价值的千分之一核算;爬行类的,按照该种野生动物整体价值的十分之一核算;鸟类的,按照该种野生动物整体价值的二分之一核算。(2) 关于水生野生动物卵的价值,《水生野生动物及其制品价值评估办法》规定:有单独基准价值的,按照其基准价值乘以保护级别系数计算;没有单独基准价值的,按照该物种成年整体价值乘以繁殖力系数计算。爬行类野生动物卵的繁殖力系数为十分之一;两栖类野生动物卵的繁殖力系数为千分之一;无脊椎、鱼类野生动物卵的繁殖力系数综合考虑该物种繁殖力、成活率进行确定。(3) 关于水生野生动物幼体的价值,《水生野生动物及其制品价值评估办法》规定:按照该物种成年整体价值乘以发育阶段系数计算。发育阶段系数不应超过1,由核算其价值的执法机关或者评估机构综合考虑该物种繁殖力、成活率、发育阶段等实际情况确定。

综上，笔者认为，自《破坏野生动物资源解释》发布，至今已经过去二十年。其间，我国经济社会快速发展，野生动物资源的保护管理情况变化很大，定罪量刑所依据的野生动物保护法律法规也有了很大的改变，关于对涉野生动物犯罪"情节严重""情节特别严重"的价值认定标准已经滞后。为了适应当前经济社会发展状况和野生动物资源保护实际，让人民群众感受到公平正义，人民法院在办理相关案件时，对于符合"情节严重""情节特别严重"认定标准，却不具有法定减轻处罚情节，但根据案件的特殊情况在法定幅度内量刑又显失公正的案件，可以依照刑法第六十三条第二款的规定，在法定刑以下判处刑罚，并逐级报请最高人民法院核准。

### 五、妥善办理涉人工繁育动物犯罪案件

为了保护、拯救珍贵、濒危野生动物，根据刑法第三百四十一条第一款和《破坏野生动物资源解释》的规定，非法收购、运输、出售人工繁育的国家重点保护野生动物的，同样构成犯罪。然而，由于人工繁育珍贵、濒危野生动物不仅能够增加野生动物数量，丰富野生动物资源，维护我国生物多样性和生态平衡，促进生态文明建设，还可以兼顾社会经济文化合理需求，带动部分区域农民增收致富。因此，前几年陆续发生的深圳王鹏出售自养鹦鹉案、新野耍猴艺人运输驯养猕猴案等案件，曾引发关于人工繁育的野生动物是否属于刑法第三百四十一条犯罪对象的热烈争论。①

其实，将人工繁育的国家重点保护野生动物认定为犯罪对象，具有充分的法律依据。首先，《破坏野生动物资源解释》将人工繁育的国家重点保护野生动物明确列为犯罪对象。《关于依法惩治非法野生动物交易犯罪的指导意见》进一步指出，在定罪处罚时，涉案动物是否系人工繁育、是否列入人工繁育国家重点保护野生动物名录，是需要考虑的重要情节。其次，野生动物保护法几经修改，但一直保留了人工繁育国家重点保护野生动物制度。2016年修订的野生动物保护法以"人工繁育"代替了之前的"驯养繁殖"一词，并明确规定："对人工繁育技术成熟稳定的国家重点保护野生动物，经科学论证，纳入国务院野生动物保护主管部门制定的人工繁育国家重点保护野生动物名录。"再次，原国家林业局在2009年的《关于缅甸陆龟有关问题的复函》中明确指出，人工繁育的缅甸陆龟属于珍贵、濒危野生动物，之后又在2017年5月18日的《关于国家重点保护野生动物行政许可相关问题的复函》中指出："按照新修订的《野生动物保护法》第二十八条、第三十三条规定，野外来源和人工繁育所获国家重点保护野生动物均须按本文第二条所列情形凭相应的凭证运输。"最后，《公约》同样保护人工繁育的野生动物，只是在保护级别上比野外来源的同类物种降了一级。可见，无论是司法机关，还是立法机关、野生动物保护主管部门，以及国际共识，均认为国家重点保护的野生动物是包括人工繁育物种在内的，可以成为刑法第三百四十一条的犯罪对象。

根据野生动物保护法第二十五条的规定，对国家重点保护野生动物的人工繁育，从

---

① 参见涂俊峰、李磊：《出售人工驯养繁殖的珍贵、濒危野生动物应从宽处罚》，载《人民司法·案例》2018年第20期；冯锦华：《犯罪的本质是法益侵害——河南新野耍猴艺人无证运输猕猴案判决后的思考》，载《森林公安》2017年第1期；等等。

行政认可角度，可以分为两类。一类无须行政许可，是公益性质，主要是指有关科学研究机构出于物种保护目的开展的，具有公益性质；另一类是除前一类之外的人工繁育，实施许可制，需要经政府主管部门批准取得人工繁育许可证才能实施，通常具有商业性质。从种源角度，也可以分为两类。一类是人工繁育子代种源。人工繁育子代，是指人工控制条件下繁殖出生的子代个体且其亲本也在人工控制条件下出生。另一类是野外种源。因物种保护目的确需采用野外种源的，应当向国务院或者省级政府的野生动物保护主管部门申请特许可猎捕证。

人工繁育的野生动物与野外来源的野生动物在生存环境、生活方式、繁育方式等方面都不相同，因此，在对人工繁育国家重点保护野生动物的监督管理上，我国实行了有别于野外动物资源的政策和法律法规。2003年8月4日，原国家林业局曾下发《关于发布商业性经营利用驯养繁殖技术成熟的梅花鹿等54种陆生野生动物名单的通知》（已失效），2017年6月28日又根据修订后野生动物保护法的要求，经科学论证，发布《人工繁育国家重点保护陆生野生动物名录（第一批）》，纳入了9种人工繁育技术成熟稳定的野生动物。其中包括梅花鹿、马鹿、虎纹蛙3种国家重点保护野生动物和鸵鸟、美洲鸵、大东方龟、尼罗鳄、湾鳄、暹罗鳄等6种从境外引进、按照国家重点保护野生动物管理的陆生野生动物。该名录实施后，相关单位凭专用标识对这9种人工繁育的野生动物开展出售、购买和利用活动。在发布该名录时，原国家林业局相关人员介绍，纳入该名录必须满足四项条件：一是人工繁育技术成熟，并形成了规范化的技术操作流程或人工繁育技术标准；二是开展人工繁育活动的种源为子二代及以后的个体，不需要从野外获取种源；三是人工繁育种群规模能够满足相关合法用途对该物种及其制品的合理需求；四是相关繁育活动有利于缓解对野外种群的保护压力。① 关于《人工繁育国家重点保护水生野生动物名录》，共发布过两批，第一批是原农业部于2017年11月13日发布的，第二批是农业农村部于2019年7月29日发布的。

鉴于我国人工繁育国家重点保护野生动物的发展情况，以及相关监管、保护法律法规的调整变化，司法机关在适用刑法第三百四十一条办理涉人工繁育野生动物犯罪案件时，应当坚持实事求是和刑法的谦抑性原则，充分考虑我国人工繁育工作进展的实际情况，综合评估涉案行为的社会危害性，确保罪责刑相适应。对于以人工繁育野生动物，特别是技术已经成熟、能够大量繁育，并被纳入人工繁育国家重点保护野生动物名录的野生动物为对象的非法收购、运输、出售行为，因其社会危害性、刑事违法性明显小于以野外来源野生动物为对象的行为，所以在定罪处罚时应当注意将这两种情形予以区别对待。相关定罪量刑标准明显不适宜的，可以根据案件的事实、情节和社会危害程度，依法作出妥当处理。法定幅度内处刑仍然畸重的，可以在法定刑以下判处，层报最高人民法院核准。情节显著轻微危害不大的，可以依照刑法第十三条的规定，不认为是犯罪。

---

① 参见胡利娟：《〈人工繁育国家重点保护陆生野生动物名录（第一批）〉7月1日实施 专家解读影响》，载http://www.stdaily.com/cxzg80/kebaojicui/2017-06/29/content_557004.shtml，2020年12月31日访问。

# 刑法意义上"多次"的概念辨析及实践适用

陆建红　田文莎[*]

刑法条文中多处出现"多次"一词，如多次盗窃、多次抢劫、多次走私等。相关司法解释也常有"多次"一词。另外，有的刑法条文虽然未有"多次"一词，但其表述罪名的构成条件包含"情节严重"或"情节恶劣"，而"情节严重""情节恶劣"往往也蕴含"多次"的内容。如何正确理解和适用刑法条文及司法解释中的"多次"，学界争论一直未休止，实务部门也未取得完全一致的认识，从而在一定程度上导致了司法实践中的困惑。笔者试图立足于刑法和相关司法解释，从司法实践层面的理解出发，对刑法意义上的"多次"进行解读，以期澄清一些模糊认识，厘清一些概念界定，并对基层司法机关的司法活动提供些参考意见。

## 一、以相对动态的方法论，结合具体条文的内容理解"多次"的含义

刑法条文和相关司法解释条文中出现很多"多次"一词。一些学者和司法工作者试图用一统的、静态不变的方法给"多次"下一个标准的、固定的定义。我们认为这是不可取的，也是不具可行性的。这主要是因为，"多次"一词，在不同的条文中所处的地位、所起的作用是不一样的。因此，只有用相对动态的方法，在具体条文中，结合具体的语境，才能对每个具体的"多次"作出准确的解释。同时，刑法条文、司法解释数量庞大，涉"多次"的条文繁多，如果不从中找出一些规律性的东西，那么，解释"多次"的概念，又将陷入"不可知"的尴尬境地。为此，我们经对刑法条文和司法解释的相关内容进行认真梳理、比对，认为刑法意义上的"多次"，不外乎以下面四种形式发挥着四种作用。

### （一）作为犯罪构成要件意义上的"多次"

这一意义上的"多次"，是基于每一次具体行为均不构成犯罪，但构成违法，因行为人在法定期限内实行"多次"违法行为，而由刑法规定为犯罪。如盗窃、敲诈勒索，其在一定期限内的多次违法行为，对社会造成的危害甚至恐慌，不亚于单次构成犯罪的行为。同样罪质不同后果的危害社会的行为，单次以犯罪处理，"多次"不以犯罪处理，有时并不公平。因此，有必要作为一种补充构成要件，将"多次"违法行为以犯罪处理。

---

[*] 最高人民法院刑事审判第四庭法官。

特别是一些数额犯中,如盗窃罪,以数额较大作为犯罪构成的主要客观要件,但多次盗窃、未达到数额较大的,其社会危害性不比单次数额较大的盗窃行为小,所体现的行为人主观恶性也较大。

### (二) 作为法定加重处罚情节意义上的"多次"

这一意义上的"多次",是基于每一次具体行为都构成犯罪,但因"多次"犯罪而由刑法特别规定,将其作为该罪的法定加重处罚情节而予以规定。典型的如抢劫罪。这里的"多次"抢劫,指每次抢劫行为都构成犯罪,在多次抢劫的情景下,对罪犯适用十年有期徒刑以上的刑罚。本类型的"多次",虽然属于实质的数罪,但刑法在处断上作为一罪予以处罚。除抢劫罪外,刑法将"多次"犯罪行为作为法定加重处罚情节的还有多次聚众斗殴、多次纠集他人寻衅滋事等。刑法之所以将"多次"犯同一罪作为法定加重处罚情节,乃是基于"多次"犯罪所体现的社会危害性和犯罪分子的主观恶性。因为刑罚的轻重应当与犯罪的社会危害性、犯罪人的主观恶性、人身危险性相适应,这是刑法第五条规定的罪责刑相适应原则的体现。以抢劫罪为例,刑法将多次抢劫作为法定加重处罚情节,主要是基于三点:第一,从行为人的主观方面来说,其在日常生活中一次又一次地产生抢劫犯罪故意,并且将之付诸行动,表明了行为人具有较深的主观恶性。第二,从客观方面来说,行为人一次又一次地实施抢劫犯罪,必然严重破坏人民群众的社会安全感,也严重侵犯了公民的人身权利和财产权利,客观危害大。第三,多次抢劫的严重社会危害性,是与刑法上的"惯犯""常习犯"的属性密切相连的。数个抢劫犯意及由此产生的数个抢劫行为之间的相对独立性、反复性,是多次抢劫的一个重要特征。也只有在一段时间里相对独立、反复实施的抢劫犯罪行为,才足以反映行为人"惯犯""常习犯"的反社会人格和属性。这也正是必须对多次抢劫行为人加以严惩的原因。[①]

### (三) 作为评价犯罪行为罪质意义上的"多次"

这一意义上的"多次",情况比较复杂,其复杂性在于,这里的每次行为,可能是违法行为,也可能是犯罪行为。法律或司法解释(主要是司法解释)将次数作为法定加重情节的附加条件。即条文设定了法定加重处罚情节的一般情形,同时又规定,如果行为在"多次"的情况下,可以降低其他标准,从而以法定加重处罚情节论处。以掩饰、隐瞒犯罪所得、犯罪所得收益罪为例,根据刑法规定,犯本罪的处三年以下有期徒刑、拘役或者管制,并处或者单处罚金;情节严重的,处三年以上七年以下有期徒刑。何为情节严重?《最高人民法院关于审理掩饰、隐瞒犯罪所得、犯罪所得收益刑事案件适用法律若干问题的解释》第三条第一款列举了五种情节严重的情形。五种情形中,基本标准是该款第一项规定的犯罪数额达到十万元以上。根据该款第二项规定,如果掩饰、隐瞒行为达到一定次数的,则犯罪数额不到十万元的,亦以情节严重论。有两种情况:一种情况是,掩饰、隐瞒行为在三次以上,犯罪数额总和达到五万元以上;另一种情况是,掩

---

① 参见张述元主编、最高人民法院刑事审判第四庭编著:《办理抢劫刑事案件指导全书》,法律出版社2018年版,第172~173页。

饰、隐瞒行为在十次以上的,没有犯罪数额的要求。该解释作出这样的规定,主要目的是依法严惩"职业收赃人"。而这里的三次也好,十次也罢,每次掩饰、隐瞒行为,都不以构成犯罪为前提。① 也就是说,这里的三次、十次,可能每次行为都构成犯罪,也可能每次行为都不构成犯罪,还可能有的行为构成犯罪、有的行为不构成犯罪。

### (四) 作为注意性规定意义上的"多次"

注意性规定是一种特别规定,它是指在刑法已经作了基本规定的前提下,提示司法工作人员注意,以免司法工作人员忽略的规定。法律条文对"多次"作注意性规定,严格来说,除提示外,并无实际性的意义。其一,从立法角度来说,该规定本身只是提示性的,所表达的基本内容与基本规定完全相同。其二,从司法层面而言,有规定也好,无规定也罢,司法人员都得依照条文的基本规定执行。如刑法第一百五十三条第三款规定,对多次走私未经处理的,按照累计走私货物、物品的偷逃应缴税额处罚;第二百零一条第三款规定,对多次犯有前两款行为,未经处理的,按照累计数额计算;第三百四十七条第七款规定,对多次走私、贩卖、运输、制造毒品,未经处理的,毒品数量累计计算。

作为注意性规定的"多次",其中每次是否都构成犯罪,得结合条文的具体内容。就刑法第一百五十三条第三款和第二百零一条第三款规定而言,每次行为既可能构成犯罪,也可能仅构成违法,关键是累计后的数额是否构成犯罪。而第三百四十七条第七款规定的"多次",则每次行为都是构成犯罪的。因为该条第一款明确规定:走私、贩卖、运输、制造毒品,无论数量多少,都应当追究刑事责任,予以刑事处罚。

## 二、"多次"的认定基本标准

### (一) 每次行为性质相同

如多次盗窃,每次行为都必须是盗窃行为,而不能是盗窃行为加其他行为。不仅如此,而且必须是同一罪名下的相同性质行为。比如,关于抢劫罪,刑法除规定有抢劫罪外,还有抢劫枪支、弹药、爆炸物品等。那么,刑法第二百六十三条第四项规定的多次抢劫中的抢劫,是否包括不是抢劫罪的其他抢劫犯罪?我们认为是不包括的,原因有两点:第一,刑法已经将抢劫枪支、弹药、爆炸物的犯罪行为单独定罪,将之与普通抢劫犯罪相隔离,二者不再属于同一犯罪,当然就无法相加、累计计算。第二,从刑法规定的法定刑来看,抢劫枪支、弹药、爆炸物的法定刑与普通抢劫罪的加重处罚情节的法定刑基本相同(仅在附加刑方面不同),故没有累计的必要性。也就是说,这里的多次抢劫,必须是在刑法第二百六十三条语境下的抢劫,当然也包括刑法第二百六十九条规定的转化型抢劫以及刑法第二百六十七条第二款规定的携带凶器抢夺。原因在于该两条款规定的行为均以抢劫罪定罪处罚,而没有自己单独的罪名和法定刑规定。

---

① 参见黄尔梅主编:《〈最高人民法院关于审理掩饰、隐瞒犯罪所得、犯罪所得收益刑事案件适用法律若干问题的解释〉理解与适用》,中国法制出版社2015年版,第125页。

当然，这里所说的"多次"行为性质相同，未必是指每次都构成犯罪。因为，四种类型中的"多次"行为，并不完全都是以每次行为都构成犯罪为前提的。

（二）每次行为都是故意实施的行为

过失行为不能累加到"多次"之中。刑法之所以将原不构成犯罪的单次行为在累加达到"多次"后以犯罪论，或者将原不属于法定加重处罚情节的单次犯罪在累加达到"多次"后作为法定加重处罚情节，除考虑其社会危害性因行为次数的累加而呈几何级加大外，还在于行为人不思悔改甚至"变本加厉"的主观恶性。从实然法的角度考察，刑法及司法解释中有关"多次"行为的规定均属于故意犯罪的范畴。如此理解"多次"行为的罪过形式，符合行为人主观意图连续性和主观恶性整体性的特点。①

（三）每次行为都在法定追诉期限内

无论每次单独行为构成犯罪与否，都必须在法定追诉期内，才能计算在"多次"之中。当然，法定追诉期限的计算方式各有不同。

就犯罪行为来说，依照刑法第八十七条、第八十八条、第八十九条的规定，如果某次单独犯罪行为过了刑法第八十七条规定的追诉时效，不存在刑法第八十八条规定的逃避侦查或审判的情形，亦不属于刑法第八十九条规定的连续犯、继续犯罪状态或者在追诉期内又犯罪的情形的，则该次单独行为不能计算在"多次"之中。

就违法行为而言，必须是经过法定的计算期限。这里的法定期限有两种情形。一种情形是法律或者司法解释规定的期限。关于多次盗窃、多次抢夺、多次敲诈勒索等，每次均未构成犯罪，多次的数额累加也未达到法定构成标准，但次数达到"多次"而依法应予刑事追究的，其有关追诉问题：《最高人民法院、最高人民检察院关于办理盗窃刑事案件适用法律若干问题的解释》（以下简称《盗窃案件解释》）第三条第一款规定，二年内盗窃三次以上的，应当认定为"多次盗窃"；《最高人民法院、最高人民检察院关于办理敲诈勒索刑事案件适用法律若干问题的解释》（以下简称《敲诈案件解释》）第三条规定，二年内敲诈勒索三次以上的，应当认定为刑法第二百七十四条规定的"多次敲诈勒索"。关于"多次抢夺"问题，由于"多次抢夺"作为抢夺罪的构成要件之一，是2015年8月29日刑法修正案（九）才作的规定，而《最高人民法院、最高人民检察院关于办理抢夺刑事案件适用法律若干问题的解释》早已于2013年11月开始实施，因而该司法解释关于抢夺犯罪中多次抢夺如何认定还没有规定。但根据该司法解释第二条第三项规定，一年内抢夺三次以上的，达到"数额较大"标准百分之五十的，即可以抢夺罪定罪处罚。我们认为，在司法实践中，相关司法解释关于多次盗窃的认定方法可以参照适用。② 另一种情形是，法律或者司法解释未规定追诉期限，如刑法第三百零一条第一款规定，多次参加聚众淫乱活动的，与聚众进行淫乱活动的首要分子一样，构成聚众淫乱罪。但这里"多次"的法定追诉期刑法没有规定，至今尚无相应的司法解释。我们认为，由于单次参

---

① 参见刘德法、孔德琴：《论多次犯》，载《法治研究》2011年第9期。
② 参见周峰主编：《新编刑法罪名精解》，中国法制出版社2019年版，第1457页。

加聚众淫乱活动（非首要分子的情况下）的行为，虽然不构成犯罪，但却是违反治安管理处罚法第六十九条第一款第三项规定的违法行为。根据治安管理处罚法第二十二条第一款规定，违反治安管理行为六个月内没有被公安机关发现的，不再处罚，同时根据该条第二款规定，违反治安管理行为有连续或者继续状态的，从行为终了之日起计算。因此，如果单次参加聚众淫乱活动行为后六个月内没有实施第二次参加聚众淫乱活动行为的，因其治安处罚都失去依据，自然就不能成为刑法的规制对象。也就是说，单次违法行为不构成犯罪，且超过治安处罚时效的，除刑法、司法解释明确有规定外，不能将其累计到"多次"之中。

### （四）对"多次"行为进行犯罪化处理或者作为法定加重处罚情节，必须符合罪刑法定原则

罪刑法定原则中的"法定"，不仅指法律的字面规定，并且包括法律的逻辑精神。也就是说，法律规定包括两种情况：一是显形规定，二是隐形规定。显形规定是指字面上的直观规定，而隐形规定是指内容上的包容规定。显形规定通过字面可以确定，隐形规定则一般通过字面难以确定。① 如多次盗窃、多次抢劫，就是法律的显形规定。那么，如何运用法律的隐形规定理解"多次"？我们认为，如果刑法明确规定了具体的构罪要件或法定加重处罚情节，而该要件中作不出其他理解时，则不能将"多次"作为构罪要件或法定加重处罚情节。如诈骗数额不到较大标准的，因其危害不大，不能以诈骗罪论处。原因在于，刑法对诈骗罪的构成条件以数额较大为唯一标准。并且，现行刑法与1979年刑法相比，已取消了惯骗罪。因此，不能再对虽有多次诈骗行为，但诈骗数额尚未达到较大的行为人，以诈骗罪定罪处罚。② 又如，根据刑法第二百三十四条第一款的规定，犯故意伤害罪（指致人轻伤）的，处三年以下有期徒刑、拘役或者管制。根据该条第二款的规定，故意伤害致人重伤的，才能处三年以上十年以下有期徒刑，而处十年有期徒刑以上刑罚的，必须符合致人死亡或者以特别残忍手段致人重伤造成严重残疾。也就是说，故意伤害罪的法定加重处罚情节，刑法条文已经清晰、明确地予以规定。这些法定加重处罚情节，无法推导出多次致人轻伤的，可处三年以上十年以下有期徒刑的刑罚，也无法推导出多次致人重伤但未造成严重残疾的，可处十年有期徒刑以上刑罚。那么，隐形规定在什么情况下才能推导出其暗含"多次"的内容呢？我们认为，只有在刑法条文中具有"情节严重""情节恶劣"等相对模糊用语作为构罪条件或法定加重处罚情节的情况下，才可依法作出相应的推导。并且，作出这一推导的方式，应当尽量由司法解释作出规定为妥，以法官在具体案件中作出符合法理的解释为辅。比如，强奸妇女多人的，刑法明文规定为强奸罪的法定加重处罚情节，但对同一人强奸多次，甚至将同一妇女作为"性奴"的情形下，能否作为法定加重处罚情节？我们认为，刑法第二百三十六条虽然未对此明确予以规定，但该条规定中暗含了可以将此情形作为法定加重处罚情节的内容。因为该条第三款第一项将强奸妇女、奸淫幼女情节恶劣的，作为强奸罪的法定加重处罚

---

① 参见陈兴良：《刑法适用总论》，法律出版社1999年版，第27页。
② 参见周峰主编：《新编刑法罪名精解》，中国法制出版社2019年版，第1431页。

情节。而依常人理解，对同一人实施多次强奸甚至将其作为"性奴"，从某种意义上说，其危害并不亚于"强奸多人"这一法定加重处罚情节。因此，我们认为，将这一情形认定为强奸罪的"情节恶劣"，从而作为法定加重情节，符合罪刑法定原则。

### 三、司法认定中的几个具体问题

#### （一）关于"多次"的"次"的认定问题

一般来说，基于一个故意，在同一个时间、同一个地点，实施一个行为，可以认定为一次。但在实践中，问题并非如此简单。

1. 基于一个概括故意，在同一个时间、同一地点实施了形式上的多个行为，实质上却只能认定为一次的情形

《最高人民法院关于审理抢劫、抢夺刑事案件适用法律若干问题的意见》（以下简称《抢劫抢夺案件意见》）规定：对于"多次"的认定，应以行为人实施的每一次抢劫行为均已构成犯罪为前提，综合考虑犯罪故意的产生、犯罪行为实施的时间、地点等因素，客观分析、认定。对于行为人基于一个犯意实施犯罪的，如在同一地点同时对在场的多人实施抢劫的；或基于同一犯意在同一地点实施连续抢劫犯罪的，如在同一地点连续地对途经此地的多人进行抢劫的；或在一次犯罪中对一栋居民楼房中的几户居民连续实施入户抢劫的，一般应认定为一次犯罪。上述认定为"一次犯罪"的情形，是一种抢劫重复侵害行为，是有严格的时空条件限制的，即针对不同的对象连续实施的相同侵害行为，必须发生在"一个较短的时间内"和"大致相同的地点"。如果行为发生的间隔时间较长或者行为地属于相距较远的不同场所，就不能认定为"一次抢劫犯罪"。原因在于，刑法设定多次抢劫的量刑标准，是倾向于对惯犯、屡犯的惩处，而对于基于一个概括的犯意而实施的抢劫多次侵害行为，则应排除于外，这也符合罪责刑相适应的处罚原则。我们认为，界定是"一次抢劫"还是"多次抢劫"，一般要综合《抢劫抢夺案件意见》中规定的犯罪故意的产生、犯罪行为实施的时间、地点等因素，从犯罪故意的单复数、犯罪时间的连续性和地点的相近性三个因素综合判断。[①]

2. 行为处于哪一阶段才能认定为"一次"

（1）单次行为不构成犯罪，刑法以"多次"作为构成要件时，每次应处于什么阶段才能累计到"多次"中？有的观点认为，只要行为人实施了违法行为即可，至于每次违法行为是否达到了既遂的程度，不影响"多次"的成立。我们不同意这一观点。我们认为，刑法之所以将每次都不构成犯罪的违法行为在符合"多次"的条件下将其犯罪化处理，乃是因为"多次"行为已达到了与犯罪构成要件同等罪量的程度。此其一。其二，预备、未遂、中止形态下的单次违法行为，对刑法保护的法益很难达到"侵害"的程度，即使"多次"行为累计计算后，其危害程度在一般情况下仍然难以与单次构成犯罪的危害程度相比。例如，三次盗窃均未遂，其对财产的侵犯几乎没有，其社会危害性岂能与

---

[①] 参见张述元主编：《刑法条文理解适用与司法实务全书（根据刑法修正案1-10编定）》，中国法制出版社2018年版，第2830页。

单次盗窃达到数额较大的行为相比？至于预备、中止行为，其社会危害性则更是微乎其微。其三，从刑法的谦抑性原则出发，对未遂、预备和中止的违法行为，也没有刑事处罚的必要。

（2）每次行为均构成犯罪，"多次"作为法定加重处罚情节时，单次行为处于何种犯罪形态，才能累计到"多次"中？犯罪形态有犯罪预备、犯罪中止、犯罪未遂、犯罪既遂四种。毫无疑问，犯罪既遂的单次行为，应当累计到"多次"之中。但是，犯罪未遂、中止、预备行为是否应当累计到"多次"之中？我们认为，应当结合刑法总则的有关规定进行分析。一般来说，"多次"的认定，应当以行为人实施的每一次行为均已构成犯罪为前提。但上述三种形态下，虽均构成犯罪，然而根据刑法总则的规定和刑法谦抑性原则，却未必都要处以刑罚。因此，单次行为是否计入"多次"，不能一概而论。

①关于犯罪未遂。行为人已经将犯罪意志转化为实行行为，开始直接侵害犯罪客体，只是由于犯罪分子意志以外的原因才未能得逞。因此，犯罪未遂的结果，是违背犯罪分子的主观愿望的。无论是每次都未遂，还是部分未遂、部分既遂，都说明行为人的惯犯特征已经充分显露。同时，根据刑法第二十三条的规定，对于未遂犯，"可以比照既遂犯从轻或减轻处罚"。也就是说，犯罪未遂，除行为人还有法定免除处罚情节外，只能从轻或者减轻处罚，而不能免除处罚。综上，我们认为，犯罪未遂应当累计到"多次"中去。当然，在适用"多次"这一法定加重处罚情节量刑时，应当充分考虑"多次"中有部分或全部是未遂的实际情况。以多次抢劫为例，如果行为人实施了三次以上抢劫既遂，再有未遂的情况，只能在十年有期徒刑以上的刑罚幅度内从轻处罚，而不能以"未遂"为由，减轻为十年有期徒刑以下的刑罚。因为未遂犯罪的处罚原则，只适用未遂的这次抢劫行为，而不适用于全案。如果行为人实施的抢劫既遂行为不到三次，加上抢劫未遂行为才达到多次抢劫的，量刑时可加大未遂犯处罚原则的适用力度，将全案刑罚减轻处罚至十年有期徒刑以下刑罚。这主要是因为，量刑必须根据罪责刑相适应原则，刑罚的轻重应当与被告人的人身危险性及行为的社会危害性相适应。例如，在抢劫既遂不到三次的情况下，考虑未遂的社会危害性小于既遂，如果其量刑与抢劫既遂三次相当，显然不合理。

②关于犯罪中止。刑法第二十四条规定，对于中止犯，没有造成损害的，应当免除处罚；造成损害的，应当减轻处罚。因此，单次中止犯罪是否计入"多次"，应结合犯罪是否造成损害而定。对造成损害的中止犯而言，虽然行为主观恶性相对较小，但客观上造成了损害的后果，因此，仍有严惩的必要，将之作为"多次"的构成次数来认定，既有充分的理论依据，也切合实际情况。由于"多次"犯罪作为法定加重处罚情节时，其法定刑罚比单次犯罪重得多，因此，对未造成损害后果的单次中止犯罪行为，因行为人的主观恶性较小，该次犯罪行为亦未对犯罪客体或犯罪对象造成实际侵害，可不作为"多次"的构成来认定。至于中止犯罪计入"多次"时的处罚原则，大致可参照前述包括未遂状态的"多次"的处罚原则。

③关于犯罪预备。刑法第二十三条规定，对于预备犯，可以比照既遂犯从轻、减轻处罚或免除处罚。首先，犯罪预备虽然也可构成犯罪，但毕竟未着手实行，而仅停留于

准备工具、制造条件阶段。刑法将"多次"作为法定加重处罚情节，乃是因为刑法以严惩惯犯为旨趣。而犯罪预备行为，因其未着手实施，惯犯特征并不明显。其次，犯罪预备与犯罪未遂不同。犯罪未遂的行为人已将犯罪意志转化为实行行为，行为人的惯犯特征已经充分显露；与犯罪中止也不同，特别是造成损害后果的犯罪中止，不但已经开始实施行为（中止前的行为），而且造成了损害后果。最后，从法理而言，预备行为并不具备犯罪构成的完整要件，行为的社会危害性极其有限，行为人的人身危险性也不明显。综上，犯罪预备行为一般不宜计入作为法定加重处罚情节的"多次"中去。

3. "次"的特殊判定依据——以上游行为构成犯罪为前提

窝藏罪，包庇罪，洗钱罪，掩饰、隐瞒犯罪所得、犯罪所得收益罪等犯罪有个共同的特点，即都是加入犯，行为是否构成犯罪，以上游犯罪事实是否成立为前提。如果上游行为不构成犯罪，则上述"加入犯"行为就不能作为"多次"行为中的"次"来计量。以掩饰、隐瞒犯罪所得、犯罪所得收益罪为例，刑法规定，犯该罪具有情节严重情形的，属于法定加重处罚情节。《最高人民法院关于审理掩饰、隐瞒犯罪所得、犯罪所得收益刑事案件适用法律若干问题的解释》（以下简称《掩饰犯罪所得案件解释》）第三条对"情节严重"进行了解释。该条第一款第三项规定，掩饰、隐瞒犯罪所得及其产生的收益十次以上，或者三次以上价值总额达到五万元以上的，应当认定为该罪的"情节严重"。以此为据，设若张三共实施了三次掩饰、隐瞒行为，其中第一次、第二次的上游行为人的盗窃行为不构成犯罪，第三次的上游行为人的行为构成盗窃罪，在这种情况下，张三的掩饰、隐瞒行为，可以计量到犯罪行为中的只有第三次。如果第三次掩饰、隐瞒行为的价值总额只有2000元的，则张三的行为依法不构成掩饰、隐瞒犯罪所得罪。我们认为，在认定掩饰、隐瞒的"三次"或"十次"时，应当把握以下几点：（1）每一次掩饰、隐瞒的行为，必须是一个独立的行为，即独立的主观意图，独立的掩饰、隐瞒行为，独立的行为结果；但如果基于同一个故意，在同一时间、同一地点，同时或者连续对多起上游犯罪实施掩饰、隐瞒行为的，一般应认定为一次掩饰、隐瞒犯罪所得及其产生的收益行为。为同一个上游犯罪人同一起犯罪事实的犯罪所得及其产生的收益而分多次予以窝藏、转移、收购、代为销售或者以其他方法掩饰、隐瞒的，由于其犯罪对象的同一性，因而也应认定为一次掩饰、隐瞒犯罪所得及其产生的收益行为。（2）每一次掩饰、隐瞒的行为，不以单独都构成犯罪为前提，即可能每一次掩饰、隐瞒行为都构成犯罪，也可能每次掩饰、隐瞒行为都不构成犯罪，还可能有的掩饰、隐瞒行为构成了犯罪，有的掩饰、隐瞒行为不构成犯罪。能否计量到"三次"或"十次"中去，最根本的标准是上游行为是否构成犯罪。（3）即使认定为一次掩饰、隐瞒犯罪所得及其产生的收益行为，可以计量到"三次"或"十次"中去的，仍然要遵循《掩饰犯罪所得案件解释》第四条第二款关于"多次实施掩饰、隐瞒犯罪所得及其产生的收益行为，未经行政处罚，依法应当追诉的，犯罪所得、犯罪所得收益的数额应当累计计算"的规定，并注意有关治安处罚时效和刑事追究时效的规定。单次掩饰、隐瞒行为不构成犯罪，且超过治安处罚时效的，不再累计次数；单次掩饰、隐瞒行为构成犯罪，但超过刑事追究时效的，也不再累计次数。（4）每一次掩饰、隐瞒行为都应由相应的证据证明，而不是模糊地认定次数。

特别是掩饰、隐瞒的价值总额达到五万元以上不到十万元的时候，其掩饰、隐瞒行为是否在三次以上，以及掩饰、隐瞒行为是九次还是十次的关键节点，更是要求每一次掩饰、隐瞒行为都达到事实清楚，证据充分。（5）依照《掩饰犯罪所得案件解释》第八条第一款关于"认定掩饰、隐瞒犯罪所得、犯罪所得收益罪，以上游犯罪事实成立为前提"的规定，每一次掩饰、隐瞒行为，都必须以上游犯罪成立为前提。如果上游犯罪不成立，司法机关不能进行追诉，那么掩饰、隐瞒的行为也就不存在妨害司法活动的刑法否定评价的前提，因而不能认定为犯罪。例如，行为人收购了其他10人分别偷来的共10辆电动自行车，每辆电动自行车的价值为500元，每个上游行为人的盗窃行为均未达到构成盗窃罪的数额标准，收赃人的收赃总额虽然达到5000元，但是因为上游行为人尚未构成犯罪，故收赃人的收购对象并非犯罪所得，因不满足犯罪要件而无法认定构成犯罪，只能由公安机关依照治安管理处罚法的相关规定对收赃行为进行处罚。

4. 不能将行为人在未达到刑事责任年龄时所实施的行为，作为次数累计计算到"多次"中去

此问题比较明确、简单，本文不再赘述。

（二）正确区分"多次"作为入罪要件的两种情况

刑法及有关司法解释将"多次"违法行为作为构成要件的情形有两种。第一种类型：在法定追诉期限内故意实施相同性质的违法行为即可，如多次盗窃。第二种类型：在法定期限内故意实施相同性质的违法行为且前两次违法行为均已受到行政处罚，之后又故意实施同一性质违法行为的，以犯罪论处。以逃税罪为例，根据刑法第二百零一条第四款规定，纳税人五年内因逃税受过刑事处罚或者被税务机关给予二次以上行政处罚，又故意实施逃税行为的，以逃税罪论处。这里，前行为受刑事处罚，再对后行为以犯罪论处的，不必达到"多次"；而如果前行为仅受行政处罚的，则违法行为必须达到三次以上才能以犯罪论处。理解刑法第二百零一条这一"多次"的构成条件，须明确以下几点。

第一，每次行为均为故意实施，均未达到犯罪的程度，而仅仅是违法的程度。

第二，必须有两次违法行为受过行政处罚，如果仅有一次违法行为受过行政处罚，其他行为未受过行政处罚的（不含刑事处罚，因刑事处罚不要求两次），则违法次数再多，只要违法逃税数额未达到刑法第二百零一条第一款规定的最低限度的，均不能以逃税罪追究刑事责任。

第三，多次违法行为必须均发生在五年之内。超过五年的，不能累计到"多次"之中。

第四，我国刑法对逃税行为规定了免责条款，即对于初犯，经税务机关下达追缴通知后，补缴了税款和滞纳金，履行了纳税义务，接受行政处罚的，可以不再作为犯罪追究逃税人的刑事责任。这一体现宽严相济基本刑事政策的规定，不适用于前述的"多次"逃税行为人。

第五，刑法第二百零一条第三款规定，对多次实施前两款行为，未经处理的，按照累计数额计算。这一规定属于本文前述的"作为注意性规定意义上的多次"。

类似的规定，有关司法解释、司法文件也不少。如《最高人民法院、最高人民检察院、公安部、国家安全部关于依法办理非法生产销售使用"伪基站"设备案件的意见》第一条第一项第三目规定，虽未达到犯罪数额标准，但两年内曾因非法生产、销售"伪基站"设备受过两次以上行政处罚，又非法生产、销售"伪基站"设备的，以非法经营罪追究刑事责任。该意见的这一规定，其基本原理与逃税罪是一样的。所不同的是，前两次受行政处罚的行为与第三次违法行为必须发生在两年内，而逃税罪有关三次行为的存续时间为五年。司法实践中，要根据刑法或司法解释、司法文件的具体规定严格执行，不能违反罪刑法定原则。

在法律、司法解释未将受过刑事处罚作为累计"多次"依据的情况下，能否将法定期限内受过刑事处罚计入到次数之中？我们认为是不能的。主要理由是：（1）根据罪刑法定原则，法律、司法解释如果仅规定一定期限内前两次受行政处罚，第三次实施违法行为而构成犯罪的，我们应当严格遵循这样的法定入罪门槛，不宜突破。（2）有观点认为，"举轻以明重"，前两次行为受过行政处罚都可作为第三次违法行为入罪的条件，那么，前两次行为受过刑事处罚的，更可作为第三次违法行为入罪的条件。我们认为，在罪刑法定原则的框架内，适用"举轻以明重"规则要非常慎重，即无明文规定不得适用。如果第三次行为构成犯罪的，则可以累犯为由，从重处罚，而不能在犯罪构成上再作重复评价（法有明文规定除外），以免违背禁止重复评价原理的基本要义。

（三）如何理解"多次"中的"多"

有观点认为，二以上即意味着多，将"多次"理解为"二次或二次以上"，不会超出国民预测可能性范围，也不会违背罪刑法定原则。① 我们不同意这一观点。我们认为，"多次"应当指"三次"以上，而且该"三次"以上须均在法定追诉期限内。其理由在于：

第一，理解法律条文的文义，必须立足于现有国情和民众的心理预期。在我国，众和多常常作为同一个意思运用，"三人为众，三次为多"是一个人人皆可接受的观念。如将二次理解为多次，与大众的普遍理解、民众的心理预期不符。

第二，对刑法概念的解释，不能仅仅停留在目的解释的层面，更要符合体系解释，符合罪刑法定原则。② 而所谓体系解释，则是把某一法律条文或规范置于整个法律体系中进行比较研究，从其在整个法律体系、法律文件及其所属法律部门中的地位、作用、相互联系等方面来说明该法律条文或法律规范的内容和含义，以求得更全面、准确的理解。③ 通俗地说，就是对一个具体法条、一个具体法律概念的理解，不能只是关注需要解释的这一法条、概念，还要关注相关的法条甚至法律是如何规定的，要保持与其他法条以及相关法律规定协调一致。虽然刑法条文并未对何谓"多次"作过立法解释，但从众多的司法解释来看，"多次"均为三次以上。如《抢劫抢夺案件意见》第三条明确规定，

---

① 参见王军仁：《管窥我国刑法中的"多次"》，载《上海政法学院学报》2007年第2期。
② 参见陆建红、杨华、田文莎：《涉卖淫刑事犯罪的司法认定》，人民法院出版社2019年版，第11页。
③ 参见李龙：《法理学》，武汉大学出版社1996年版，第366页。

"多次抢劫"是指抢劫三次以上；《盗窃案件解释》第三条第一款规定，二年内盗窃三次以上的，应当认定为"多次盗窃"；《敲诈案件解释》第三条规定，二年内敲诈勒索三次以上的，应当认定为"多次敲诈勒索"。关于"多"为"三"以上的解释，最早见于1992年12月11日发布的《最高人民法院、最高人民检察院关于执行〈全国人民代表大会常务委员会关于严禁卖淫嫖娼的决定〉的若干问题的解答》（已废止）。该解答规定："《决定》和本《解答》中的'多人'、'多次'的多，是指'三'以上的数（含本数）。"因此，我们不能无视新中国刑法史以及体系解释所表明的立场，而主观地将"多次"解释为"二次以上"。

第三，"多次"的统计范围应限于法定追诉期限内。此点前已述及，不再重复。

当然，实践中，要注意将情节显著轻微、危害明显很小，甚至治安处罚或者其他行政处罚都构不上的轻微违法行为排除在"多次"之外。比如，有小偷小摸恶习，多次偷拿公私财物，情节显著轻微的，一般不宜以多次盗窃论。

### （四）"多次"与其他入罪情节、法定加重情节并存时，如何处理

**1."多次"与其他入罪情节并存时的处理**

以盗窃罪为例。盗窃罪的入罪标准除多次盗窃外，还有数额较大、入户盗窃、携带凶器盗窃、扒窃等。也就是说，多次盗窃只是入罪的标准之一。这些入罪标准中，除多次盗窃外，其他的入罪标准均不需要次数的限制。其中，入户盗窃、携带凶器盗窃、扒窃等，不仅不需要次数的限制，甚至也不需要数额的限制。可见，在数额达到入罪标准或者具有入户盗窃、携带凶器盗窃、扒窃等情形之一时，盗窃次数不影响犯罪的成立。因此，我们认为，"多次盗窃"仅作为一种补充标准而存在。在不符合数额较大或者其他入罪标准的情况下，"多次盗窃"作为入罪标准才有意义。但在具体案件中，犯罪情形往往比较复杂，可能呈现同一行为人所实施的盗窃行为，既具有数额较大情节，又有入户盗窃、携带凶器盗窃、扒窃等情形，并且具有多次盗窃的情形。在众多入罪标准皆存的情况下，以何标准来认定行为人的行为构成盗窃罪？我们认为，没有必要在同一个被告人的同一案件中，将上述情形全部用来作为定罪依据。如此，显然是定罪标准运用上的浪费。根据盗窃罪侵犯客体是公私财产的所有权（或占有权）的本质，我们认为，数额较大是上列所有入罪标准的主要标准和基本标准，而其他入罪标准则兼含有保护公民的住宅安全、人身安全，保护社会秩序安全的因素。就实质而言，都是在未达到数额较大的情形下，才具有入罪标准的意义。①综上，在数额较大成立的情况下，其他入罪标准都不作为入罪标准评价，而只是在定罪的前提下，将其他入罪标准作为量刑因素考虑。此其一。其二，行为人不具有数额较大的入罪情形，但同时具有入户盗窃、携带凶器盗窃、扒窃情形之一的，并且具有多次盗窃情形的，以何情节作为定罪的主要依据？我们认为，由于入户盗窃、携带凶器盗窃、扒窃等情形，仅有一次即可构成犯罪，无须三次以上的

---

① 这一点在《最高人民法院关于常见犯罪的量刑指导意见》中也得到体现。该意见明确："多次盗窃，数额达到较大以上的，以盗窃数额确定起点，盗窃次数可作为调节基准刑的量刑情节；数额未达到较大的，以盗窃次数确定量刑起点，超过三次的次数作为增加刑罚量的事实。"

条件，故多次盗窃只是作为不具有其他任何入罪标准时的补充标准。因此，多次盗窃可不作为入罪标准评价，而只是在定罪的前提下，作为量刑因素考虑。

2. "多次"与其他法定加重处罚情节并存时的处理

在立法例和司法解释中，一般情况下，法定加重处罚情节往往不止有一种，特别是将"多次"作为法定加重处罚情节的，"多次"犯罪更只是法定加重处罚情节之一。就刑法条文而言，显形规定将"多次"犯罪作为法定加重处罚情节的主要有：多次抢劫的；多次聚众斗殴的；纠集他人多次寻衅滋事的；多次组织他人偷越国（边）境的；多次运送他人偷越国（边）境的；多次盗掘古文化遗址、古墓葬的；等等。这些情节中，除寻衅滋事罪，法定加重处罚情节仅一种情形且为"多次"犯罪情形，而且还必须具备每次都是纠集他人而不是行为人单独实施或者参与的，其他罪名法定加重情节，刑法均规定了数种并列的情形。这些并列的法定加重情节之间无主次、先后之分，具备任何一种情节，都必须在该罪的基本罪刑单位的上一格罪刑幅度内对被告人进行处罚。以抢劫罪为例，法定加重处罚情节，除多次抢劫外，还有入户抢劫，在公共交通工具上抢劫，抢劫银行或者其他金融机构，抢劫数额巨大，抢劫致人重伤、死亡，冒充军警人员抢劫，持枪抢劫，抢劫军用物资或者抢险、救灾、救济物资等情节。如果被告人的抢劫犯罪，具有上述八种法定加重处罚情节两种或者以上情节的，均必须作为加重量刑情节予以运用。比如，行为人多次持枪入户抢劫且致人死亡的，则该犯罪分子的法定加重情节有：入户抢劫、多次抢劫、抢劫致人死亡、持枪抢劫。这四种情节均必须在确定被告人的刑罚时得到体现，不能仅评价其中的一种或数种。当然，由于抢劫犯罪既侵犯财产权，又侵犯公民人身权，在法定加重处罚情节的量刑幅度范围内，八种法定加重处罚情节对具体刑罚的影响力度还是有区别的。正如《最高人民法院关于审理抢劫刑事案件适用法律若干问题的指导意见》（以下简称《抢劫案件指导意见》）所指出的那样："应当根据抢劫的次数及数额、抢劫对人身的损害、对社会治安的危害等情况，结合被告人的主观恶性及人身危险程度，并根据量刑规范化的有关规定，确定具体的刑罚。"而在考虑判处无期徒刑以上刑罚时，八种法定加重处罚情节的作用也不一样。根据《抢劫案件指导意见》的规定，抢劫致人重伤、死亡的是首选，其他种类情节，须同时具备两种以上才可考虑。而"多次抢劫"和"抢劫数额巨大"一样，成为判处无期徒刑以上刑罚的依据，必须是"抢劫次数特别多""抢劫数额特别巨大"。在适用死刑时，八种法定加重处罚情节的作用更是不一样，仅具备"多次抢劫"这一情节，是不能对犯罪分子适用死刑的。但具备抢劫致人死亡这一情节，则可能对犯罪分子适用死刑。

（五）关于"多次"犯罪与数罪并罚问题

作为法定加重处罚情节的多次犯罪，其实施的都是刑法某一条款规定的犯罪。其中每次行为都单独构成某一犯罪，从罪数原理上看，其属于实质的数罪、本来的数罪，但在刑法处断上并不实行数罪并罚，而作为一罪予以处罚，即实质的数罪、处断的一罪。因此，在一般情况下，不存在数罪并罚问题。

刑法或司法解释明确将多次犯同一罪作为法定加重处罚情节，因而作为处断的一罪，这在理论上还是实践中都不成问题。但如果行为人多次实施同一罪名的犯罪，每次行为都单独构成犯罪，而刑法或司法解释又未将这种情况规定为法定加重处罚情节的，是一罪还是数罪？我国刑法理论存在肯定说、否定说与折中说的见解。肯定说主张对于同种数罪应当实行数罪并罚；否定说主张对于同种数罪不必并罚而只作一罪从重处罚；折中说认为，对于同种数罪原则上不实行并罚，但是在以一罪论处不符合罪刑相适应原则等场合，应当实行并罚。[①] 我们认为，这些学说作为理论研究和学术争鸣，无可厚非。但在司法实践中却不可行，对于某人在不同的场合先后故意杀害了三个人，也不会以三个故意杀人罪分别判处被告人三个死刑。我们赞同否定说，认为在多次犯同一罪名之罪的，不实行数罪并罚，而只能以一罪从重处罚。这一观点也得到了司法实践的广泛支持，不再多述。

当然，同种数罪在非同时裁判的情况下，可能会面临并罚的情况。如某人犯故意伤害罪，被判处有期徒刑五年，在余刑还有两年的时候，在监狱内又实施了故意伤害罪，新罪刑罚为有期徒刑二年。依照刑法第七十一条规定，应当将前罪余刑二年和新罪刑罚二年，依照刑法第六十九条的规定，决定执行的刑罚。但从本质来说，这并不属本来意义上的同种数罪并罚，而是前罪余刑与新罪刑罚并罚。刑法第七十条规定的余刑与漏罪刑罚实行并罚，理出一辙。

---

① 参见张小虎：《多次行为的理论定性与立法存疑》，载《法学杂志》2006年第3期。

# 跨区域盗窃案件的定罪量刑标准研究

袁 野*

## 引 言

在我国,盗窃犯罪等很多财产型犯罪的定罪量刑都采用了概括性的数额标准,比如"数额较大""数额巨大""数额特别巨大"等。由于刑法对于如何适用这些概括性数额标准没有作出规定,最高人民法院往往以司法解释的方式规定这些标准的数额范围,由各地司法机关根据自身情况在最高人民法院确定的范围内再确立若干个明确的数额作为自己的数额标准。司法解释确定的范围虽然对于各省、直辖市、自治区建立自己的数额标准起到最主要的作用,但是由于各地区之间缺乏联系,很容易导致相邻省份的标准差异较大。随着量刑规范化工作的深入开展,各地司法机关又根据最高人民法院的相关量刑指导意见各自制定了量刑规范化实施细则,更加剧了量刑的差异性。而我国幅员辽阔,各地经济水平尤其是收入状况、生活成本的差异可谓天壤之别,不作出一定差异性的规定又难以满足实体正义的需要。本文试图在既存地区差异的基础上合理解决司法实践中因定罪量刑标准的省级冲突造成的法律适用难题。

## 一、跨区域盗窃案件定罪量刑标准冲突的个案表现

### (一)适用冲突:案情的纠结

案例A:位于甲省的某铁路运输法院在审理一起发生在乙省铁路沿线的盗窃案件时,虽盗窃数额均达到两省"数额较大"标准,但因甲省量刑规范化实施细则的规定更有利于被告人,法院适用甲省量刑标准对被告人量刑,宣判后,检察机关以本案盗窃地在乙省,应适用乙省量刑规范化实施细则为由提起抗诉,铁路运输中级法院最后支持了检察机关的抗诉。

案例B:S省某区法院审理一起盗窃案件,因被告人被抓获前分别在邻近三省实施了盗窃行为,对被告人应该适用何地的量刑规范化实施细则进行量刑产生争议,该区法院多数意见认为,数个行为涉及数个地区的不同定罪量刑标准,应分别适用不同的标准定罪量刑,然后再根据刑法第六十九条的规定并罚。

案例C:甲省某法院审理一起发生在高铁上的盗窃案件,因被告人分别在列车停靠甲

---

* 成都铁路运输中级法院法官。

省、乙省、丙省高铁站站台时实施了三起盗窃行为，审理该案的合议庭认为，应直接按甲省的定罪量刑标准对被告人进行处罚。

上述案例引发了以下两个问题：（1）对于盗窃犯罪，受诉法院地定罪量刑标准与犯罪地定罪量刑标准不同时，该适用何地的定罪量刑标准？（2）跨地区连续盗窃作案的，而各地区的定罪量刑标准存在差异的，应适用哪种标准？

（二）追本求源：冲突产生的根源

1. 铁路司法机关跨区划设置以及管辖的特殊性

铁路运输法院、铁路运输检察院跨行政区划设置的特征，导致其设立与行政区划不完全一致，位于 A 省的铁路运输法院、铁路运输检察院，对其具有监督指导或领导职能的铁路运输中级法院、省检察院铁路运输分院可能位于 B 省。铁路运输法院对刑事案件的管辖，目前主要指铁路运输系统公安机关负责侦破的刑事案件，包括车站工作区域内、列车内发生的刑事案件，铁路沿线发生的盗窃或破坏铁路、通信、电力线路和其他重要设施等刑事案件，基本上是"铁轨伸到哪里就管到哪里"。而铁路公安机关因其特殊性，并不按行政区划设置。比如，重庆铁路公安处同时管辖位于四川省、湖北省、贵州省、云南省、重庆市的基层铁路派出所，按照司法管辖，这些位于其他四省的基层铁路派出所侦办的案件都要移送至四川省铁路法院审理，这就带来了犯罪地和受诉法院地经常不一致的问题。

2. 最高人民法院、最高人民检察院授权省、自治区、直辖市高级人民法院确定具体的定罪数额标准

犯罪数额作为表现犯罪对象经济价值的货币金额，直接反映着犯罪行为的规模及程度，是衡量财产犯罪和经济犯罪社会危害性的客观标准。① 我国幅员辽阔，区域经济发展不充分、不平衡目前仍是客观现实，东部沿海省份与中、西部内陆省份之间，各省、自治区、直辖市不同地市之间都存在着较大差异。最高人民法院、最高人民检察院授权各省、自治区、直辖市高级人民法院综合本地区经济发展情况、社会治安状况，在最高人民法院确定的幅度内，确定本地区执行的盗窃罪"数额较大""数额巨大""数额特别巨大"的具体数额标准。由此也造成在经济发展状况不同的地区，甚至相邻省市之间盗窃罪的数额标准存在较大差异（见表1）。行为人在不同数额标准地区实施多次盗窃行为时，如何掌握定罪数额标准，是司法实践面临的现实问题，如何管控这种纵向差异性给司法解释的统一性要求带来的冲击是司法机关亟待解决的问题。

表1 六省市关于盗窃罪数额标准的规定

| 省、市 | 数额较大（元） | 数额巨大（元） | 数额特别巨大（元） |
| --- | --- | --- | --- |
| 贵州省 | 1000 | 3万 | 30万 |
| 辽宁省 | 2000 | 7万 | 40万 |

---

① 参见丁英华：《确定犯罪数额标准的原则与方法》，载《法律适用》2008年第12期。

(续表)

| 省、市 | 数额较大（元） | 数额巨大（元） | 数额特别巨大（元） |
|---|---|---|---|
| 四川省 | 1600 | 5万 | 35万 |
| 重庆市 | 2000 | 6万 | 40万 |
| 上海市 | 1000 | 3万 | 30万 |
| 湖北省 | 2000、1000（贫困地区） | 5万、3万（贫困地区） | 50万、30万（贫困地区） |

为确保量刑公开、公平、公正，自2014年1月1日起，最高人民法院在全国法院正式实施量刑规范化工作，最高人民法院授权各省、自治区、直辖市高级人民法院根据《最高人民法院关于常见犯罪的量刑指导意见》（已失效）制定实施细则，报最高人民法院审查备案后实施。这些实施细则根据各省自身情况制定，因而具体量刑标准不统一。比如盗窃罪，对于法定刑在三年以下有期徒刑、拘役的，在确定量刑起点的基础上，如果根据盗窃数额增加刑罚量，贵州省是每增加1000元，增加一个月刑期；重庆市是每增加2000元，增加一个月刑期；四川省是每增加1500元，增加一到二个月刑期（见表2）。以上述标准，盗窃3万元，按照重庆市量刑规范化标准应当判处有期徒刑八个月，而按照相邻的四川省的量刑规范化标准应当判处十一个月有期徒刑以上。

表2 六省市关于根据盗窃数额增加刑罚量的规定

| 省、市 | 法定刑在拘役、三年以下有期徒刑 | 法定刑在三年以上十年以下有期徒刑 | 法定刑在十年以上有期徒刑 |
|---|---|---|---|
| 贵州省 | 每增加1000元，增加一个月刑期 | 每增加3000元，增加一个月刑期 | 每增加2万元，增加一个月刑期 |
| 重庆市 | 每增加2000元，增加一个月刑期 | 每增加5000元，增加一个月刑期 | 每增加5万元，增加一个月刑期 |
| 四川省 | 每增加1500元，增加一到二个月刑期 | 每增加4000元，增加一到二个月刑期 | 每增加5万元，增加一到三个月刑期 |
| 辽宁省 | 每增加2000元，增加一个月刑期 | 每增加4000元，增加一个月刑期 | 每增加4万元，增加一个月刑期 |
| 上海市 | 每增加1000元，增加一个月刑期 | 每增加4000元，增加一个月刑期 | 每增加3万元，增加一个月刑期 |
| 湖北省 | 每增加1500元/1000元（贫困山区），增加一个月刑期 | 每增加6000元/4000元（贫困山区），增加一个月刑期 | 每增加5万元/3万元（贫困山区），增加一个月刑期 |

## 二、理论及实务界专家学者的有关观点

盗窃罪定罪量刑到底应采用犯罪地标准还是受诉法院地标准,理论界和实务界观点不一,具体来说,主要有以下四种观点。

### (一) 完全受诉法院地标准

有观点认为,应当参照刑事诉讼法上的地域管辖规定来解决这一问题,即刑事案件由哪个法院管辖就适用该法院所在地省、直辖市、自治区的标准。① 其理由主要是:第一,从刑事诉讼的一贯逻辑来讲,确定管辖法院之后才是对被告人定罪量刑的适用法律的问题。A 省的法院当然不能适用 B 省司法机关发布的司法解释性文件对案件进行处理。第二,从诉讼经济的角度考虑,如果对跨区域盗窃的被告人先在 A 省以盗窃罪定罪量刑,再移送至 B 省定罪量刑后进行并罚,诉讼成本太高,且与我国刑法上的罪数理论相悖。也有学者持类似观点,认为选择法院地法仅为不当扩大内国法的适用范围时,当限;选择法院地法若为尽可能使法律适用结果有利于当事人时,可纵。② 对于适用法院地法对当事人有利时,应优先选择适用法院地法。

### (二) 完全犯罪地标准

有观点认为,受诉法院地数额标准和犯罪地数额标准不一致时,应当以犯罪地的数额标准来认定。如在一定时间内跨地区多次连续实施相同侵财行为的,引入比例或倍数的方式可以予以化解,也可以回避在多个犯罪地标准中进行选择的难题。③ 还有观点认为,对于盗窃犯罪等侵犯私人财产犯罪属于单纯法益犯,可以犯罪行为给被害人社会生活造成的实际影响为本体,参照当地实际生活水准具体确定,如当地的平均工资水平、最低生活标准等。④ 其理由主要是:犯罪数额标准必须以犯罪行为的社会危害性程度为根据来确定,而科学的犯罪数额标准就应该准确反映犯罪的社会危害程度;对盗窃犯罪等侵财行为社会危害性程度的评价,最客观的应该是在行为的发生地,因为行为发生地的社会危害性程度与刑法规制此种行为所要求的可罚程度才是直接对应的。

### (三) 犯罪地标准下的有利于被告原则

有观点认为,犯罪地与审判地不一致时,应当按照犯罪地的社会危害标准定罪。如果在不同数额标准地区多次实施盗窃,应采取就高不就低的原则。如果审判地即犯罪地,同时行为人在其他标准地区多次实施盗窃行为,无论审判地是低标准地区还是高标准地区,均应按照审判地标准确定盗窃数额是否达到数额较大、数额巨大或者数额特别巨

---

① 参见陈志军:《刑法司法解释的省际冲突研究》,载《人民检察》2005 年 11 期。
② 参见沈涓:《法院地法的纵与限——兼论中国国际私法的态度》,载《清华法学》2013 年第 4 期。
③ 参见李江:《法治普遍性下我国刑法解释的应然分析——以侵财犯罪中概括型数额的司法解释为例证》,载《河南财经政法大学学报》2015 年第 6 期。
④ 参见丁英华:《确定犯罪数额标准的原则与方法》,载《法律适用》2008 年第 12 期。

大。① 亦类似观点认为，犯罪地与审判地不一致时，应当按照犯罪数额标准定罪，在不同数额标准地区多次实施盗窃行为，应采取就高不就低的原则，即只能按照高标准地区的数额标准定罪。在犯罪发生地进行审判的，同时行为人在其他标准地区多次实施盗窃行为，无论审判地是低标准地区还是高标准地区，均应按照审判地标准确定盗窃数额是否达到数额较大、数额巨大、数额特别巨大。②

（四）不完全犯罪地标准

有观点认为，对于跨区域盗窃案件，犯罪地能够查明的采用犯罪地标准，不能查明的采用受诉地标准。比如，在跨地区运行的公共交通工具上盗窃，盗窃地点无法查证的，盗窃数额是否达到"数额较大""数额巨大""数额特别巨大"，应当根据受理案件所在地省、自治区、直辖市高级人民法院、人民检察院确定的有关数额标准认定。如果盗窃地点能够查明，仍应根据盗窃地有关高级人民法院、人民检察院确定的数额标准，认定盗窃是否达到"数额较大""数额巨大""数额特别巨大"。③

## 三、对有关观点的分析与评判

（一）未探究量刑标准的差异性

上述几种观点探讨的都是盗窃案件的定罪数额标准问题，对于量刑标准并未涉及。无论是采用犯罪地标准还是受诉法院地标准，上述讨论都未将量刑标准纳入讨论范畴，仅就盗窃罪数额标准进行探究。而随着量刑规范化工作的深入推进，各省、直辖市、自治区分别出台了各自的量刑规范化实施细则，各省的实施细则对盗窃罪量刑的标准存在较大差异，如果按照各省市的量刑规范化实施细则对数额和情节相似盗窃案件的被告人进行量刑，量化计算出的刑期可能会相差半年甚至几年。上述观点对于被告人盗窃数额均达到了犯罪地和受诉法院地数额较大的标准，应当适用犯罪地高级人民法院制定的量刑规范化实施细则量刑还是适用受诉法院地量刑规范化标准量刑的问题并未解决。

（二）适用范围具有诸多局限

对于"完全受诉法院地"标准，该标准虽然可以轻易解决跨区域多次盗窃案件的定罪问题，但是却与我国刑事司法理念不符，也难以体现该犯罪行为的社会危害性。如果采用"不完全犯罪地"标准，根据《最高人民法院、最高人民检察院关于办理盗窃案件适用法律若干问题的解释》的规定，在跨地区运行的公共交通工具上盗窃，盗窃地点无法查证的，盗窃数额应当根据受理案件所在地省、自治区、直辖市高级人民法院、人民

---

① 参见逄锦温：《论盗窃罪适用中的几个问题》，载《国家检察官学院学报》2002年第2期。
② 参见刘方、单民、沈宏伟：《刑法适用疑难问题及定罪量刑标准通解（修订版）》，法律出版社2016年版，第558页。
③ 参见江必新：《最高人民法院司法解释与指导性案例理解与适用（第二卷）》，人民法院出版社2014年版，第20~21页。

检察院确定的有关数额标准认定。最高人民法院编写的该司法解释理解与适用文章中认为,对于犯罪地点能够查明的,原则上按犯罪地的数额标准来认定。但是对于不属于火车、飞机等跨区域运行的公共交通工具上的盗窃案件能否同样适用该标准不得而知。对于"完全犯罪地"标准,因我们对社会危害性的认识不能脱离犯罪行为发生时具体的时空环境,所以采用犯罪地数额标准有一定合理性;但是该标准也有其局限性,比如,盗窃犯罪行为分别发生在若干省、直辖市、自治区时,到底适用何地的数额标准就成了实践中的难点。

(三) 片面理解有利于被告原则

在若干有管辖权的不同省、市、自治区的不同数额标准中选择最有利于被告人的标准适用,这样既能够解决跨区域多次盗窃案件定罪的困难,也彰显了刑法的人权保障功能。这种观点看似合理,却不仅有忽视刑法秩序保障功能之不足,又有滥用有利于被告原则之嫌。有利于被告原则的全称应该是"存疑有利于被告",笔者认为,不是发生任何疑问时,都适用存疑有利于被告原则。该原则并不适用于对法律疑问之澄清,当法律存在疑问或争议时,应当按照一般的法律解释原则消除疑问,而非一概作出有利于被告人的解释。① 存疑时有利于被告之原则只与事实之认定有关,而不适用于法律之解释。② 而对盗窃案件被告人采用何种标准定罪量刑的问题应当是法律适用问题而非与事实之认定有关。如果在不同数额标准地区多次实施盗窃,采取就高不就低的原则,即只能按照高标准地区数额确定是否达到数额较大、巨大或者特别巨大,就有滥用有利于被告原则之嫌。

**四、跨区域盗窃案件定罪量刑标准的认定思路**

刑法作为国家基本法律,规定的犯罪与刑罚应具有统一性,应当做到同罪同罚,罚当其罪。因此,对于犯罪定罪量刑标准的设定首先应该坚持统一性的原则,这是维护法治统一和法律权威的内在要求。但同时也应该看到,在平等原则的背后,社会也越来越意识到平等不是绝对的、不分任何情况的平等。平等并不否定差异,而是要做到在平等原则下的具体问题具体分析。最高人民法院通过在司法解释中授权各省、直辖市、自治区在最高人民法院确定的数额范围内根据本地实际情况,自行确定犯罪定罪标准与量刑标准,从而将犯罪与量刑的数额标准地方化。这种标准地方化虽然符合具体情况具体分析的酌定性的要求,但在地方实践中也要注意不能对我国法制的统一性造成太大的冲击,最好根据一定的标准保持统一性与灵活性之间的平衡。

(一) 犯罪地能查明的以犯罪地数额标准,不能查明的以法院地数额标准

1. 犯罪地能够查明的单次盗窃案件适用犯罪地数额标准

(1) 借鉴国际私法理论关于解决法律冲突的思路。具有涉外因素的侵权行为要得到

---

① 参见 [德] Claus. Roxin:《德国刑事诉讼法》,吴丽琪译,我国台湾地区三民书局1998年版,第145页。
② 参见张明楷:《刑法格言的展开》,北京大学出版社2013年版,第546页。

解决，必须准确适用准据法。根据国际私法的相关规定，侵权损害赔偿一般以损害发生地国家法律为准据法，侵权责任适用侵权行为地法是侵权领域最古老、适用最为广泛的法律适用原则，该规则创立于意大利注释法学派，根据萨维尼的"法律关系本座说"，侵权行为的"本座"是侵权行为地。①适用侵权行为地法律也是世界各国普遍认可的适用原则。我国立法将这一原则规定为解决涉外侵权争议法律适用的首要原则，既承袭了民法通则的规定，也与世界各国解决涉外侵权争议的做法相一致，我国法院适用这一法律适用规则确定准据法并作出判决易为当事人接受，也易为其他国家所承认。适用侵权行为地法律不仅有利于当事人判断行为的合理性，也有助于纠纷的顺利解决。这一原则借鉴到刑法领域就是犯罪地法。

（2）适用犯罪地数额标准更能体现犯罪行为对社会的危害程度。犯罪的本质特征是犯罪行为的社会危害性，衡量行为的社会危害性不能脱离特定的犯罪时空环境，因此，社会危害性具有相对性，既然不同地区的经济发展状况不同，在社会危害性程度大致相当的前提下，所适用的数额标准自然不应该相同。而对盗窃犯罪等侵财行为社会危害性程度的评价，行为的发生地才是最客观的，因为只有行为发生地的社会危害性程度才与刑法拟制的此种行为所要求的可罚程度直接对应。比如，在某贫困山区盗窃1000元和在一线城市盗窃1000元对于被害人生活的影响和当地对盗窃行为的可罚性认知肯定天差地别，其社会危害性也迥异。如果采用受诉法院地数额标准，就会出现发生在同一犯罪地的盗窃案件，大致相当的犯罪数额，有的构成犯罪，有的却仅受治安处罚，不符合公众对犯罪行为可罚根据的认知。因此，对于受诉法院地数额标准和犯罪地标准不一致时，以犯罪地的数额标准为宜，既能够反映出犯罪行为对社会的客观危害程度，也符合公众对犯罪行为可罚根据的认知。

2. 犯罪地点能够查明的跨区划多次盗窃，数额累计后采用较低数额标准认定

要想解决犯罪地点能够查明的跨区划多次盗窃案件的定罪量刑标准适用问题，就必须先确定"多次盗窃"行为的性质，笔者认为，多次盗窃行为刑法理论上常常可以归结为"同种数罪"或"连续犯"。那同种数罪与连续犯有什么区别呢？一般同种数罪是指行为人数个独立行为触犯一个罪名成立数罪的情形。在理论上，同种数罪与连续犯，除连续犯原则上对数行为时间间隔要求较短以外，在客观形式方面完全一致。②连续犯在处断意义上就是同种数罪。两者最主要的区分是行为人主观上有无连续意图，而这种主观意图有时又难以查明。

那么，对于同种数罪应该以一罪处断还是数罪并罚？理论界通说认为对同种数罪的认定和处罚与连续犯是相同的，一般均按一罪合并处罚，累计计算数额和情节。当然，解决同种数罪是否需要并罚的问题，也应坚持原则性与灵活性相结合的原则，对同种数罪原则上不并罚。我国司法实践也多持此种观点，③只有在以下两种例外情形下才数罪并

---

① 参见马志强：《最密切联系原则在中国的立法完善——前瞻〈民法典〉编纂中的涉外篇》，载《当代法学》2016年第6期。

② 参见陈兴良主编：《刑法总论精释》，人民法院出版社2010年版，第882页。

③ 《最高人民法院关于审理盗窃案件具体应用法律若干问题的解释》第五条第十二项规定："多次盗窃构成犯罪，依法应当追诉的，或者最后一次盗窃构成犯罪，前次盗窃行为在一年以内的，应当累计其盗窃数额。"

罚：一是只有一个幅度法定刑的犯罪，或者虽有两个以上幅度的法定刑，但不可能将同种数罪作为法定刑升格的情节时；二是虽然是同种数罪，但相隔时间很长时，这两种情况以一罪论处，不符合罪刑相适应原则的要求。

盗窃罪在分则条文有两个以上量刑幅度，在这个幅度内从重处罚，可以体现罪责刑相适应原则。① 而且将同种数罪以一罪论处，有利于从整体上考虑犯罪人的人身危险性，也比较方便、简单。多次盗窃亦可以按照一罪从重来处断。而且行为人多次盗窃，如果将其行为从整体上予以考虑本来就说明其主观恶性和人身危险性较大，在量刑上适当从重也符合刑法宽严相济的刑事政策，因此，对于未经处理的多次盗窃行为数额累计计算后按照较低数额标准定罪能够更好地体现对被告人以一罪从重处罚。即如累计数额达到低标准地区数额较大、巨大或者特别巨大标准，但未达到高标准地区数额较大、数额巨大或者数额特别巨大标准的，应当认为已达到数额较大、数额巨大或数额特别巨大的标准；达到低标准地区数额巨大但未达到高标准地区数额巨大而只能达到高标准地区数额较大的，应当认为达到数额巨大的标准；在均达到高、低标准地区数额特别巨大标准时，也应当按低标准地区数额确定。

3. 犯罪地点不能查明的盗窃案件，适用法院地数额标准或专属数额标准

犯罪地点不能查明的盗窃案件，大多发生在跨地区运行的交通工具，比如火车、长途客车上。对于在铁路运输过程中盗窃罪数额认定标准，最高人民法院、最高人民检察院、公安部联合发布的《关于铁路运输过程中盗窃罪数额认定标准问题的规定》（公发〔1999〕4号）规定，铁路运输司法系统统一适用的数额认定标准为："一、个人盗窃公私财物'数额较大'，以一千元为起点；二、'数额巨大'以一万元为起点；三、'数额特别巨大'以六万元为起点。"对于铁路运输过程以外发生的犯罪地点不能查明的盗窃案件，因为犯罪地无法查明，采用法院地数额标准当然是比较务实的做法：一是并不违反根据犯罪地标准衡量行为社会危害性的原则；二是按法院地标准认定盗窃数额也可以充分发挥刑事审判的法制宣传教育作用，在司法实践中也具有广泛共识。如前所述，最高人民法院研究室也持此种观点。根据《最高人民法院、最高人民检察院关于办理盗窃案件适用法律若干问题的解释》的规定，在跨地区运行的公共交通工具上盗窃，盗窃地点无法查证的，盗窃数额是否达到数额较大、数额巨大、数额特别巨大，应当根据受理案件所在地省、自治区、直辖市高级人民法院、人民检察院确定的有关数额标准认定。

（二）除铁路司法机关以外量刑规范化标准一律适用受诉法院地标准

最高人民法院虽授权各省、直辖市、自治区高级人民法院根据《最高人民法院关于常见犯罪的量刑指导意见》制定实施细则，但该量刑指导意见不具有司法解释的性质，应当归类为"司法指导性文件"，各地根据该司法指导性文件制定的实施细则原则上不具有普遍适用的强制效力。由于铁路司法机关管辖体制的特殊性，A省铁路法院可能受B省铁路中级法院指导，因此，除铁路司法机关以外，直接适用其他省、市、区的量刑标

---

① 参见张军主编：《刑法（总则）及配套规定新释新解》，人民法院出版社2009年版，第811页。

准缺乏现有法律和司法解释的授权和支持。而如果一律适用犯罪地高级人民法院制定的量刑标准，就会出现同一法院审理的盗窃案件，大致相当的犯罪数额，却受不同的法律评价，不仅导致法院判决量刑不均衡，也会有损法院的司法公信力。而且办案法官往往对本省制定的量刑规范化实施细则更加熟悉，如果让法官熟知其他省、市、区制定的量刑规范化细则难免强人所难，且在如今法院案多人少的矛盾尚未解决的情况下给法官增加不必要的工作量，徒增司法运行成本。因此，笔者认为，无论是对于犯罪地能够查明的还是不能查明的，也不论是否多次盗窃，只要不突破或违反我国刑法、司法解释关于盗窃罪定罪量刑有关规定，原则上都应当适用受诉法院地高级人民法院制定的量刑标准进行法律评价，如果是由铁路司法机关侦办、审理的，可以适用受诉铁路法院地或受业务指导的中级法院所在地高级人民法院制定的量刑标准进行评价。

（三）探索跨行政区划盗窃案件由跨行政区划法院审理的机制

党的十八届四中全会通过的《中共中央关于全面推进依法治国若干重大问题的决定》和《人民法院第四个五年改革纲要（2014—2018）》均提出要探索设立跨行政区划法院，构建普通类型案件在行政区划法院受理、特殊类型案件在跨行政区划法院受理的诉讼格局。也提出要将铁路运输法院改造为跨行政区划法院，主要审理跨行政区划案件、重大行政案件等案件。笔者认为，完全可以借跨行政区划法院改革的契机将跨行政区划的盗窃案件等侵犯财产类案件交由跨行政区划法院审理，由最高人民法院及时出台相关刑事司法解释统一跨行政区划法院审理此类案件的定罪量刑尺度，以解决现在法律适用中的难题，达到量刑平衡，体现公平正义。

## 结　语

我国现处于并将长期处于社会主义初级阶段的基本国情没有变，我们不能脱离这个实际来解决现实的司法冲突问题，因此省际司法指导性文件带来的法律适用冲突仍然会在较长的一段时间内存在。囿于篇幅限制，本文虽只探讨盗窃罪领域定罪量刑标准的省级冲突问题，但是侵犯财产类案件定罪量刑标准的省级差异以及省级司法文件带来的法律适用困境在司法实践中长期存在，因此，合理地处理盗窃罪定罪量刑标准的省级冲突问题具有非常现实的指导意义。笔者认为，对于盗窃案件，受诉法院地定罪量刑标准与犯罪地标准不同时，应将定罪数额标准和量刑规范化标准相对隔离来进行认定，其中定罪数额标准应以犯罪地数额标准为原则，跨地区连续盗窃的，应以多个犯罪地所确定的标准中，选择适用最低数额标准，量刑标准则以法院地标准为原则。当然，除了铁路运输法院以外，直接适用其他地区的定罪数额标准缺少法律和司法解释的支持，现行较为可行的方式是以刑法司法解释的方式来解决目前实践中盗窃罪定罪标准和量刑规范化的省级冲突问题。

# 防卫过当的客观要件及其司法认定规则

## ——以指导性案例的分析为核心

田宏杰[*]　孙利国[**]

随着 2020 年《最高人民法院、最高人民检察院、公安部关于依法适用正当防卫制度的指导意见》（以下简称《指导意见》）的出台，如何在坚守正当防卫的价值立场和成立条件的同时，进一步挖掘提炼防卫过当的司法判断规则，为防卫过当的司法认定提供具体适用指引，无疑是深化正当防卫制度研究亟待解决的重要课题。"优质的指导性案例是司法适用的宝藏，尤其是面对高速变化的社会现实和不断涌现的新型疑难问题，指导性案例愈益成为抽象的文本正义和具体的个案正义之间的宝贵桥梁。"[①] 为此，笔者拟围绕最高人民法院、最高人民检察院近年来发布的相关指导性案例，就防卫过当的客观构成要件，即防卫行为过当和防卫结果过当及其司法判断规则进行分析，以期对防卫过当的理论研究和司法认定有所助益。

### 一、防卫行为过当的司法判断

面对正在进行的不法侵害，作为侵害的防卫手段的正当防卫行为，必须具有相当性。刑法对防卫过当的行为限定是"明显超过必要限定"，所谓"明显"，不是一般超过，而是显著超过。在一般人看来，往往一目了然，或基本没有争议。[②] 至于防卫行为的必要限度，我国理论上则存在客观需要说、基本相适应说、折中说等不同观点。其中，客观需要说强调防卫的需要，认为正当防卫是否超过必要限度，应看行为强度是否为制止不法侵害所必需；基本相适应说认为，正当防卫以不法侵害为前提，认定正当防卫是否超过必要限度，应当把防卫行为的方式、强度、后果等与不法侵害行为进行比较，以考察是否基本相适应；而折中说则认为，一方面，应考虑防卫行为是否为制止不法侵害所必需；另一方面，也应考虑防卫行为与不法侵害是否基本相适应。[③]

从刑事立法和司法解释的具体规定来看，折中说是其所持的基本立场。《指导意见》

---
[*] 法学博士、金融学博士后，中国人民大学刑事法律科学研究中心教授、博士生导师。
[**] 法学硕士，北京市人民检察院政策研究室助理检察官。
① 田宏杰：《优质指导性案例是司法适用的宝藏》，载《检察日报》2020 年 8 月 4 日。
② 高铭暄：《正当防卫与防卫过当的界限》，载《华南师范大学学报（社会科学版）》2020 年第 1 期。
③ 参见高铭暄主编：《刑法专论》，高等教育出版社 2006 年版，第 427 页。

第 12 条指出：准确认定防卫行为是否"明显超过必要限度"，应当"综合不法侵害的性质、手段、强度、危害程度和防卫的时机、手段、强度、损害后果等情节，考虑双方力量对比，立足防卫人防卫时所处情境，结合社会公众的一般认知作出判断。在判断不法侵害的危害程度时，不仅要考虑已经造成的损害，还要考虑造成进一步损害的紧迫危险性和现实可能性。不应当苛求防卫人必须采取与不法侵害基本相当的反击方式和强度"。据此，在判断是否"明显超过必要限度"时，《指导意见》首先是考虑制止不法侵害的需要，这是客观需要说的立场；同时强调要考虑暴力的程度，依据当时的环境，对应性采取相应的防卫手段，这又接近基本相适应说的立场。所以，综合来看，《指导意见》提出的判断防卫行为是否过当的标准，是客观需要说与基本适应说相结合的折中说或称综合说。从最高人民法院、最高人民检察院发布的相关指导性案例提供的裁判规则来看，其对防卫行为是否过当的判断，亦采折中说的标准。如于欢故意伤害案[1]在"裁判要点"中明确指出："判断防卫是否过当，应当综合考虑不法侵害的性质、手段、强度、危害程度，以及防卫行为的性质、时机、手段、强度、所处环境和损害后果等情节。对非法限制他人人身自由并伴有侮辱、轻微殴打，且并不十分紧迫的不法侵害，进行防卫致人死亡重伤的，应当认定为刑法第二十条第二款规定的明显超过必要限度造成重大损害。"朱凤山故意伤害（防卫过当）案[2]在"指导意义"中也明确指出："司法实践中，重大伤害的认定比较好把握，但明显超过必要限度的认定相对复杂，对此应当根据不法侵害的性质、手段、强度和危害程度，以及防卫行为的性质、手段、强度、实际和所处的环境等因素，进行综合判断。"前述"裁判要点"与"指导意义"中的论述，均一方面强调要考虑不法侵害的因素，另一方面又强调要考虑防卫行为方面的因素，明显属于客观需要说与基本适应说相结合的折中立场。

笔者认为，"对于正当防卫限度的确定，应当从刑法规定正当防卫的目的以及防卫权的性质出发进行考察。从刑法设立正当防卫的目的来看，是为了鼓励、支持公民同正在进行的不法侵害作斗争，以保护国家、公共利益、公民的人身和财产等合法权益。因此，为了达到这一目的，就必须允许防卫行为具备这样一个限度，即该强度是制止不法侵害所必需的。否则，防卫行为就难以起到保护合法权益免遭不法侵害的作用，刑事立法确立正当防卫制度的目的就不能达到。但同时，还应当看到，法律在设立正当防卫制度的同时，也反对防卫权的滥用，要求防卫行为不能超过一定的限度，不能造成不应有的重大损害，否则，防卫行为就不但不能获得法秩序上的正当性，相反，却成为非法的防卫过当行为。因之，在防卫行为的强度上，既不能允许其明显超过侵害行为的强度，也不能允许为了保护微小的利益而损害重大的利益"[3]。而折中说既着眼于正当防卫的立法目的，考虑到人性的弱点，防卫人猝临急迫不法之侵害，从期待可能性角度言之，不应对行为人过于苛责，将制止不法侵害所必需作为必要限度的重要内容，从而划定了正当防卫行为发挥防卫功能的下限；同时，强调防卫行为与不法侵害行为的基本相适应，将防

---

[1] 最高人民法院指导案例第 93 号（2018 年）。
[2] 最高人民检察院指导案例第 46 号（2018 年）。
[3] 田宏杰：《刑法中的正当化行为》，中国检察出版社 2004 年版，第 241~242 页。

卫行为的性质、手段、强度及造成的损害与不法侵害的性质、手段、强度及可能造成的损害不能过于悬殊作为必要限度内容的重要补充，从而划定了正当防卫行为不能突破的上限。

当然，这个基本相适应的"奇点"或曰"临界点"究竟在哪里，需要在理论指导下，结合个案具体判断。以于欢故意伤害案为例。该案中，于欢在实施防卫行为之前，已经通过报警、持凶器口头警告等手段试图进行自救并救助自己的母亲，但这些手段都没有实际发生效用。在这种情况下，持刀捅刺将向其靠近的杜某等四人，致一人死亡、二人重伤、一人轻伤，从客观需要说的角度来看，可以认为于欢已经基本穷尽了可能的自救途径，持刀伤人是维护其权益的必要手段，因而于欢的行为具有防卫的性质。同时，于欢与其母亲的人身自由以及其母亲的人格尊严虽然受到了侵犯，但于欢与其母亲的生命健康并未受到正在发生的紧迫的现实侵害，其防卫所致严重后果与其所欲保护的法益重要程度相比，已经远远不相适应，突破了基本相适应说所确立的防卫行为上限，故以防卫过当论处，实属折中说的应然结论。

所以，以客观需要说为基础，以基本适应说为补充的折中说，一方面优先保护防卫人的防卫权以及合法权益，同时兼顾对侵害人的基本保护，有利于实现人权保障与社会保卫的平稳，在我国当下的法治环境下，不失为既均衡又妥适的科学选择。由此决定，实务中对于防卫行为过当的认定，应注意以下几个条件是否同时具备。

（一）存在实施正当防卫行为的前提

"防卫过当是以正当性为前提的失当行为。"[①] 防卫过当的成立，以存在防卫前提即不法侵害为基础，没有现实不法侵害，或者现实不法侵害并不紧迫，就没有行使防卫权的必要，自无成立防卫过当的余地。实践中，此类情形常常表现为以下几方面。

一是仅有言语冲突，一方持凶器杀伤对方的，不存在防卫前提，不得主张正当防卫或防卫过当。如陈某城故意杀人案[②]中，法院认为："在双方争执过程中，在被害人一方并无持刀的情况下，陈某城持刀朝被害人邝某好的胸部等要害部位捅刺六刀，其中一刀刺中心脏，致右心室破裂，可见陈某城伤害他人的故意明显，其行为不符合正当防卫或防卫过当的构成要件。"此种情况下，当事双方的纷争还仅限于口头争执，并不存在紧迫的现实不法侵害，一方即持刀捅刺对方要害部位，属于明显的故意伤害或杀人行为，由于不存在防卫前提，自不成立正当防卫或防卫过当。

二是侵害方仅实施了轻微的不法侵害行为，未对他人利益造成实质性侵害，也不能认为具备防卫前提。如张学文故意伤害申诉案[③]中，法院认为，申诉人仅因被害人在其头颈部打了两下，便持刀捅刺被害人腰部、肩部各一刀，致被害人急性大失血死亡。申诉人主观上具有伤害被害人的故意，客观上实施了伤害被害人的行为，造成被害人死亡的结果，其行为完全符合故意伤害罪的构成要件。被害人行为对案件的引发虽有一定责任，

---

[①] 高铭暄、马克昌主编：《刑法学》，北京大学出版社、高等教育出版社2017年版，第136页。
[②] 参见广东省高级人民法院（2019）粤刑申602号驳回申诉通知书。
[③] 参见宁夏回族自治区高级人民法院（2019）宁刑申85号驳回申诉通知书。

但不能认定被害人的行为对申诉人的人身安全构成紧迫不法侵害，申诉人的行为亦非为保护其权利免受不法侵害而实施，故其行为不属正当防卫，也不构成防卫过当。此案中，被害人先行实施了轻微不法侵害行为，防卫人为维护自身合法权益，本有权实施反击行为，但在侵害行为较为轻微，并未给防卫人造成重大紧迫危险的情况下，防卫人瞬间持刀采取致命性的手段予以反击，已不属于防卫手段超越限度的所谓"质的防卫过当"，而是基于报复侵害意识实施的故意伤害行为，故法院认为，申诉人已不具备防卫前提，实系典型的故意犯罪。

三是一方虽然实施了不法侵害，但考虑到侵害人老弱病残等具体情况，客观上不能形成紧迫侵害危险的，不能认为具备防卫前提。如在蒋某甲过失致人死亡案①中，法院认为，詹某虽未经同意进入他人住宅且拒不退出，并与房主发生争执，但鉴于詹某当时已近80岁高龄，不能据此认为蒋某甲正处于不法侵害中，与正当防卫所需的紧迫性前提不相称。故其将詹某推出门外并造成詹某死亡的行为不属于防卫过当。考虑到被害人过错等因素，法院以过失致人死亡罪，判处蒋某甲有期徒刑两年六个月。又如，杨某录故意伤害案②，被害方杨某虽然先行持木棍殴打杨某录，但由于被害人一条腿残疾，无法独立行走，多次起身试图殴打杨某录，均未果，而杨某录持镢头把多次击打杨某头部，致杨某颅脑损伤，于当晚死亡。一审以故意伤害罪判处杨某录有期徒刑十一年。杨某录以其行为属于正当防卫为由提出上诉，二审认为不构成正当防卫，裁定驳回上诉，维持原判。此两则案例中的不法侵害人，一人为80岁高龄老者，一人系一腿有严重残疾无法独立行走的残疾人，其行为虽然分别对他人的住宅安全、人身安全造成了一定侵害或危险，但由于侵害主体的年老、残疾，事实上不可能给对方法益造成紧迫的严重侵害，因而对方不具备对其实施正当防卫的前提条件。

四是不法侵害结束后，对之前的侵害人实施所谓防卫行为的，由于并不存在现实紧迫的不法侵害，因而不具备防卫前提。如在王某华故意伤害案③中，二审法院认为，在最初厮打过程中是被害人他某先动手打伤王某华的左眼，并持菜刀追撵王某华，王某华无疑可以进行防卫。但王某华摆脱他某追撵，跑进史某家院内清洗眼睛后，他某对王某华已不构成现实、紧迫的不法侵害威胁；而王某华手持扁担走出史某家院子，再与他某遭遇并相互斗殴，用扁担击伤他某头部致颅脑损伤救治无效死亡，主观上明显有伤害对方的故意，并不具备正当防卫的合法性，对其行为应以故意伤害罪定性处罚。故对王某华所提其行为系防卫过当的上诉，裁定驳回。质言之，防卫权的时效性很强，行为人必须在受到不法侵害的当时立即行使，否则"过期作废"，不再具备防卫前提，事后作好准备或心怀不服，再图"找回场子"的做法，已经严重偏离了正当防卫的轨道，乃至走到了正当防卫的反面，而成立单纯的故意犯罪。

## （二）针对特定关系人实施正当防卫应严格限定行为限度

现代刑法的使命旨在保护法益，单纯的伦理秩序不是刑法的保护法益。但是，法律

---

① 参见浙江省杭州市中级人民法院（2014）浙杭刑初字第152号刑事判决书。
② 参见甘肃省高级人民法院（2019）甘刑终166号刑事裁定书。
③ 参见云南省高级人民法院（2019）云刑终1253号刑事附带民事裁定书。

是最低限度的道德，刑法亦不例外。更何况，伦理道德乃维系社会存续的基础，运用基本的道德原理合理匡正单一法益原理的不足，为法益原理提供内在基础，有助于刑事裁判更好地获得广大民众的认同，有利于良好社会秩序的构建。如亲属、朋友之间发生纠纷，甚至上升到一定的肢体冲突，一方面，因双方熟识，相互知根知底，很多时候实施侵害行为时，是"雷声大雨点小"，不过是做做样子，不能简单套用针对社会一般人之不法侵害而进行反击防卫的认定标准；另一方面，很多时候，即便一方实施不法侵害，作为具有法定或道义上的救助与扶助义务的亲朋，也不能像社会一般人那样，予以针锋相对的反击。所以，特定关系人之间的防卫行为，应视具体情况予以更为严格的合理限定。

　　一是具有法定或道义上扶助义务的特定行为人，针对亲朋实施的不法侵害，应较一般情形更为严格地克制自己的反击防卫行为，不加克制地造成侵害人伤亡的，或属于不具备防卫前提的故意伤害行为，或属于超越防卫限度的防卫过当行为。如蒋某强故意伤害案[①]。2018年6月18日凌晨1时许，蒋某强与女友吉某2、朋友吉某1（男，殁年21岁）等人在KTV喝酒唱歌结束后，一同搭乘出租车找宾馆住宿。在车上及下车时，吉某1主动与出租车司机发生口角，吉某2对其劝阻。在一宾馆附近，吉某1找吉某2生事，二人相互推搡，蒋某强上前劝阻，三人遂相互抓扯致一起倒地。随后，蒋某强站起来走到街对面一烧烤摊处拿到一把美工刀走到吉某1面前，两人再次发生厮打，蒋某强持美工刀致吉某1颈部、胸部受伤，吉某1受伤后步行至街对面倒地。蒋某强发现吉某1受伤后，用手将吉某1伤口按住止血，并叫吉某2拨打120。吉某1经120急救后送往医院抢救无效死亡。一审法院以蒋某强的行为构成故意伤害罪，对其判处有期徒刑十一年。二审法院认为，蒋某强有自首情节，吉某1对引发本案有过错，且被害人在打斗中一直占据主导地位，蒋某强对刺伤致死吉某1的行为具有一定防卫性质，案发后蒋某强积极赔偿并取得谅解，综合全案事实、情节以及蒋某强的悔罪态度，决定对其减轻处罚，改判蒋某强有期徒刑八年。

　　本案一审判决未认定蒋某强的行为属于防卫过当；二审法院虽然认为蒋某强的行为具有防卫性质，同样未认定其行为属于防卫过当。但从"具有一定防卫性质"的表述可以推知，法院在考虑蒋某强的反击行为性质时十分"纠结"。其"纠结"的根源在于，若吉某1只是一个普通的陌生人，而对蒋某强及其女友实施类似本案中的侵害行为，蒋某强当然具有反击的权利，其行为即便不能成立正当防卫，也属于防卫过当。二审判决虽未说明，但基本可以推知吉某1与吉某2或系亲属，或虽无亲属关系，但也是共同出行而应相互扶助的朋友。蒋某强明知吉某1酒后失范，并非恶意对其及其女友实施不法侵害，即便吉某1客观上实施了一定程度的不法侵害行为，但此行为对蒋某强及其女友的法益侵害程度并未达到紧迫的程度，相反，蒋某强作为吉某1的友人，对吉某1酒后失范行为，具有帮扶、保护的义务。因此，一审、二审判决均未肯定蒋某强的行为具有防卫前提，不成立防卫过当。

　　二是针对特定范围内的亲属实施不法侵害，被害对象具有一定的容忍与宽容义务，

---

① 参见四川省高级人民法院（2019）川刑终57号刑事判决书。

不加克制地实施防卫行为造成侵害人伤亡的,属于不具备防卫前提的故意伤害行为,或者超越防卫限度的防卫过当行为。如覃某远故意伤害案①。覃某远与被害人覃某1是同胞兄弟,覃某1因家庭琐事,多次在酒后打砸覃某远家物品。案发当日,覃某1酒后来到覃某远住宅后面,打砸覃某远家一楼玻璃。法院认为,覃某1酒后打砸覃某远家玻璃,叫嚣要侵害覃某远,后手持凶器闯入覃某远家厨房进行打砸,属于非法侵入住宅,并对覃某远家的财产进行不法侵害。待覃某远进入厨房后,覃某1用电筒照向覃某远,并持羊角锤冲向覃某远,属于正在向覃某远的人身权利进行侵犯。覃某1的一系列行为,均属于正在进行的不法侵害。覃某1从打砸、叫嚣到侵入住宅,呈现升级趋势,具有危险性,其持羊角锤冲向覃某远,其行为具有紧迫性。覃某远在覃某1于户外打砸前,即电话联系村干部来规劝,让自己妻子报警求助,并上到楼顶用砖块阻止覃某1继续侵害,待覃某1闯入厨房后,其准备工具亦是出于防卫的目的。因此,覃某远的反击行为具有防卫的正当性。覃某1实施砸坏玻璃,闯入厨房继续打砸,仍系不法侵害正在进行。而覃某远已经通知村干部并报警,其家厨房与一楼大厅还有一个侧门隔离,尚有周旋、等待的余地,但却选择使用刀具,在覃某1向其冲来时直接捅刺覃某1的要害部位,最终造成覃某1死亡的重大损害。综上所述,覃某远的防卫行为措施在强度上不具有必要性,其行为明显超过了必要限度属于防卫过当。一审认定被告人覃某远犯故意伤害罪,判处有期徒刑七年;二审改判有期徒刑三年,缓刑五年。

本案中,若不考虑防卫人覃某远与侵害人覃某1系同胞兄弟,覃某1深夜非法侵入他人住宅并手持凶器实施打砸行为,在覃某远前往查看时,又用电筒照射覃某远并持羊角锤冲向覃某远等行为,当然可以认为覃某远正面临紧迫的严重不法侵害,具备实施特殊防卫的前提条件,其防卫行为造成不法侵害人伤亡的不属于防卫过当。但是,覃某远与被害人之间系同胞兄弟关系,覃某1在针对覃某远的住宅、财物乃至人身实施不断升级的不法侵害过程中,即便覃某远不具有法定的容忍、退避义务,但从直系亲属之间应互相关爱、照顾等基本的伦理道德角度出发,加之覃某远明知其兄覃某1多次酒后到其家里闹事的秉性,还是应要求覃某远对其兄长覃某1的侵害行为实施防卫行为时,与防卫陌生人或一般关系人有所不同,覃某远应保持更大程度的克制,严格限制防卫行为的限度,尽最大可能避免造成重大损害。更为重要的是,覃某远明知被害人覃某1多次在酒后实施类似行为,理应依据以往经验,合理预测覃某1实施侵害行为的方式以及可能造成的危害,并据此理性规避。因而法院一方面肯定覃某远正面临不法侵害,可以实施防卫行为,另一方面认为,覃某远在尚有周旋、等待余地的情况下,选择使用刀具,在覃某1向其冲来时直接捅刺覃某1的要害部位致其死亡的行为,属于防卫过当,应予定罪处罚。

三是侵害行为虽然形式上符合刑法第二十条第三款规定的特殊防卫,但因发生于法定或事实上的亲属之间,不能简单地适用特殊防卫的规定,而应予以更为严格的限定。如牛某月故意伤害案②。牛某月与李某系多年情人关系。牛某月带着其与前夫的两个未成年子女以及其与李某生育的一名子女同住,牛某月及三个孩子的日常生活开销均由李某

---

① 参见广西壮族自治区河池市中级人民法院 (2019) 桂12刑终221号刑事判决书。
② 参见山东省济南市中级人民法院 (2019) 鲁01刑终339号刑事判决书。

支付。案发前，牛某月与李某的情人关系、生育子女等情况已公开化，李某思想上处于焦虑状态，二人经常吵架。2018年12月29日上午，李某向牛某月发送"我弄死你""你怎么不死""死"等内容的信息。当日20时许，在牛某月家中，因李某留宿一事，两人再起争执，李某对牛某月实施殴打，并到厨房拿菜刀，牛某月见状将一把水果刀装进口袋。随后，李某右手持菜刀，左手抓打牛某月头部，李某称要将牛某月砍死，在此过程中，牛某月持水果刀捅刺李某左胸部一刀。李某受伤后，牛某月立即拨打120急救电话，李某经抢救无效死亡。经检查，发现牛某月右手拇指关节处长4厘米淤青，左上臂长5.5厘米淤青，其他部位未见明显外伤。二审法院认为，被害人李某因生活琐事对牛某月实施暴力侵害，并持菜刀欲对牛某月砍杀，在此紧迫情况下牛某月有权进行正当防卫，考虑到牛某月与李某的长期情人关系以及案发时的危急程度，牛某月所采取的防卫手段超出了必要限度，其致李某死亡的行为虽然构成故意伤害罪，但属于防卫过当，依法应减轻处罚。一审量刑未充分考虑牛某月系防卫过当及对被害人的抢救情节，对牛某月判处有期徒刑九年六个月过重，故二审改判为有期徒刑四年。

本案中，牛某月与李某属于事实婚姻关系，刑法之所以将这种非法的事实婚姻规定为可成立重婚罪，就是由于行为人事实上形成了两个婚姻家庭关系，从而侵害了一夫一妻的婚姻家庭制度。也就是说，事实婚姻一方面是违法乃至犯罪行为，但另一方面，其在生活中和一般的法定婚姻没有区别，事实上形成了相互扶助的家庭关系。事实婚姻中的夫妻之间发生争端甚至家庭暴力，一方面，应肯定受侵害方依法有权进行正当防卫；但另一方面，也要考虑此类暴力系家庭内部纠纷引发，很多时候，施暴方虽然看起来"张牙舞爪""穷凶极恶"，行为危险性大，但往往"雷声大雨点小"，一般不会给受害方造成重大的损害。正如此案中，李某虽然有到厨房拿菜刀扬言要杀死牛某月的行为，但事实上只给对方造成两处小的淤青，实际伤害很轻微。此外，在婚姻家庭关系内部，尤其是作为弱势的女性一方，在对方情绪过于激烈的情形下，还可以通过暂时"服软"的方式安抚对方的情绪，这既是对自己的保护，也是对对方的一种爱护与保护。正是基于此，一审法院甚至否定了牛某月的行为成立防卫过当的辩解，但在二审中，法院还是侧重考虑了侵害人客观上持刀并扬言杀人的行为，认为存在紧迫的现实不法侵害，但仍对其防卫行为的限度进行了较为严格的限定，认为其行为属于防卫过当，超过了必要限度。

(三) 结合侵害行为发生的情境及具体情形判断防卫行为是否超过必要限度

一是防卫人越是处于弱势地位，越应允许防卫人实施更为激烈的手段进行防卫；相反，侵害人越是处于弱势地位，防卫人越要适当克制反击行为的力度。对此，应通过考察双方的力量对比，具体判断防卫行为是否超过限度。不法侵害人是徒手攻击还是持械攻击，是持棍棒攻击还是持刀械攻击，不同的攻击形式决定了防卫人可以采取不同的反击手段与力度。在一对多实施防卫时，认定防卫过当的限度应比一对一甚至多对一实施防卫时更为宽容。如在陈某廷故意伤害案[①]中，陈某廷因琐事与他人发生口角，对方纠

---

① 参见王婧：《针对众多侵害人防卫过当的刑罚考量》，载《人民司法·案例》2016年第32期。

集近十人过来借故生事，在对方先行挑衅情况下，陈某廷持酒瓶反击，先后数次殴打最先挑衅的吴某彬头部致其受伤，吴某彬倒地后陈某廷仍继续持酒瓶重击其头部一次，最终致吴某彬伤重昏迷，抢救五个月后死亡。一审法院以故意伤害罪判处陈某廷有期徒刑五年六个月，二审法院肯定其行为成立防卫过当，并考虑双方力量过于悬殊，被告人一方只有一人，对方有近十人，防卫人策略性地选择其中最为积极、最为便利的防卫对象进行反击。其攻击手段，从一对一的对比看，可能明显超过必要限度，并造成了重大损害；但从双方整体情况对比看，其过当的程度较为轻缓，故二审改判为有期徒刑三年。

此外，针对未成年人、精神病人等无责任能力或限制责任能力人实施的侵害行为，一方面，考虑到此类人员自身侵害能力有限，一般情况下难以对他人造成严重的法益侵害；另一方面，也考虑到此类人员行为控制能力弱，防卫人在可能躲避情况下，应尽可能躲避，在无法躲避时，也应严格限定防卫行为限度，尽可能采取轻缓的反击手段来保护自己。

二是侵害行为发生时，周围有足够的力量控制、制约侵害行为的强度，使得侵害行为不可能或难以给他人造成严重危害后果的，对防卫行为的限度应作更为严格的限定。如王某淇故意伤害案①：被害人吉某因琐事与被告人王某淇等人发生口角，便纠集被害人李某4、李某3欲教训王某淇等人，并找到王某淇进行殴打，王某淇在受到吉某、李某4、李某3等人拳脚攻击后，持刀挥舞、捅刺对方，其行为虽具有防卫性质，但捅伤三人，致一人死亡、两人轻伤，明显超出必要限度，一审法院认为王某淇构成故意伤害罪，判处有期徒刑六年，二审判决维持。本案中，双方攻击和反击均在开阔空间进行，结合双方的力量对比，被害人使用拳脚对王某淇等人进行攻击，尚不属于严重危及人身安全的暴力犯罪。王某淇在面对对方二人拳脚攻击时即已拔刀捅刺，尤其在对方一人已先行逃离现场、一人已被同行的吴亚辉有效控制之后，仍然持刀直接捅刺被害人李某4的要害部位，后又持刀捅刺吉某。王某淇面临的不法侵害并不紧迫和严重，并非必须实施持刀捅刺他人身体要害部位之防卫行为才足以制止，却持刀连续捅刺三人，致一死、二轻伤，其防卫行为明显超过必要限度造成重大损害，属于防卫过当。

相反，对于发生在狭小空间、光线昏暗背景下的侵害行为，防卫人回旋余地小、心理压力大，对防卫手段的选择、打击部位的选取就更加难以准确把握，对防卫行为的限度限定应该更为宽松。

三是事先准备防卫工具防备不法侵害的场合，应该对防卫限度作更为严格的限制。如在刘某友案②中，刘某友家和被害人金某1之母马某3家的田地相邻，双方一年前曾因田地问题发生过矛盾。2018年4月6日上午，被害人家将建筑垃圾倒在刘某友家田地中，刘某友及其岳母马某6欲将垃圾刨出，双方发生争执。其间，马某6的手被马某3的镰刀划伤，刘某友、马某6向村干部反映情况并报警，村干部安排双方调解。同日18时50分许，马某3家一行六人先行到达村委会，因村委会大门未开，六人便与村支书陈某1、村民小组长马某7一起在村委会门前等候。19时许，当刘某友搀扶其岳父李某（双目失明）

---

① 参见海南省高级人民法院（2019）琼刑终221号刑事裁定书。
② 参见云南省高级人民法院（2019）云刑终838号刑事附带民事裁定书。

快到村委会门口时，马某3之弟马某4、马某3之子金某1迎面上前对刘某友进行质问，率先动手推搡、殴打刘某友，并不顾村干部劝阻，对刘某友进行追打。打斗中，刘某友持事前携带的尖刀朝金某1、马某4身上胡乱捅刺，致马某4失血性休克死亡、金某1重伤二级。一审、二审法院认为，刘某友在被他人围殴的过程中，为使自己的人身权利免受正在进行的不法侵害而持刀反击，其行为属正当防卫，但由于防卫超过必要限度造成对方一死、一重伤的严重后果，依法应当认定为防卫过当，从而构成故意伤害罪。由此可见，是否事先准备防卫工具，对正当防卫的成立不产生影响。但一般而言，对于事先准备工具的，对防卫人的行为限度要求更高，因为在事先准备工具的过程中，对使用工具可能造成的损害后果有充足的考虑时间，因而对防卫行为可能造成的严重后果存在一种放认的态度。而在现场随机获取防卫工具的情况下，则难以期待防卫人理性思考，充分权衡利弊，选择最为合适的工具。故在现场随机获取工具的场合，对防卫人利用防卫工具实施防卫行为的过当尺度把握，要更为宽缓。

（四）充分考虑侵害行为发生的事理背景对防卫限度予以合理限定

谁先动手，谁就处于被防卫的地位，这是一个基本原则，故全社会应树立"君子动口不动手"的社会交往禁忌。易言之，可"嘴战"，但不可"手战"，即便有人"敏于言"，有人"讷于言"，一方对另一方百般辱骂、侮辱，另一方"忍无可忍、无须再忍"时，另一方即可以正当防卫之名激烈反击，也不应提倡，以免造成严重损害结果。所以，详细查明矛盾冲突的起因，坚实防卫行为的伦理基础，十分重要，也十分必要。"一个人在案件的起因上负的责任越大，他就越没有权力进行正当防卫，他必须首先克制自己，要采用回避的措施。"[①] 如在唐某龙故意伤害案[②]中，法院指出："本案系由唐某龙纠缠、殴打（前女友）汤某1引起，汤某1、汤某2姐妹因害怕而让被害人陈某1到场帮助处理属于正常；二人争执期间，被害人仅用手机打了唐某龙的额头，唐某龙即拿出水果刀向被害人乱捅，刺中被害人胸、腹等部位多刀，其行为不计后果，最终导致被害人死亡。根据案件起因、双方伤对方行为的烈度和性质、行为造成的后果等情况综合衡量，被害人在本案中虽有一定过错，但不属于重大过错；唐某龙不具有持刀重伤被害人的必要性，其行为不具有防卫性质，不属于正当防卫或防卫过当。"

## 二、防卫结果过当的司法判断

1979年刑法中，防卫过当的结果条件是"不应有的危害"，实践中很难把握，故1997年刑法将其修改为"重大损害"。所谓"重大损害"，是指由于防卫人明显超过必要限度的防卫行为造成不法侵害人人身伤亡以及其他能够避免的严重后果。[③] 对照理论通说、立法精神，实务中认定防卫过当时的"唯结果论"倾向值得反思，纠偏的可行性路径是规范化认定何谓防卫结果过当。

---

① 冯军：《漫谈防卫过当的认定规则——以昆山砍人案为素材》，载《法律适用》2018年第20期。
② 参见广东省高级人民法院（2019）粤刑终916号刑事裁定书。
③ 参见郎胜主编：《中华人民共和国刑法释义》，法律出版社2015年版，第22页。

## （一）防卫行为造成轻伤结果的原则上不应肯定防卫过当

在具备防卫前提的情况下，刑法规定成立防卫过当要"造成重大损害"结果，理论上一般认为，轻伤结果不属于"重大损害"结果，因此，防卫行为造成防卫对象轻伤损害结果的，原则上不存在防卫过当问题。如赵某华被控故意伤害案①。赵某华与王某、周某原不相识，双方在舞厅因琐事发生争执。事后，王某、周某等人多次至赵某华家，采用踢门等方法，找赵某华寻衅，均因赵某华避让而未果。2000年1月4日19时许，王某、周某二人再次至赵某华家，敲门欲进赵某华家，赵某华未开门。王某、周某即强行踢开上锁的房门闯入赵某华家，赵某华为制止不法侵害持械朝王某、周某挥击，致王某轻伤、周某轻微伤。一审判决赵某华犯故意伤害罪，判处拘役三个月，缓刑三个月。被告人赵某华不服，提出上诉，认为其行为属正当防卫。二审法院认为，王某、周某为泄私愤曾多次上门寻衅，此次又强行踢开赵某华家房门闯入赵某华家实施不法侵害，赵某华为使本人的人身和财产权利免受正在进行的不法侵害而采取的制止不法侵害的行为，虽造成不法侵害人轻伤，但赵某华的行为未明显超过必要限度造成重大损害，完全符合正当防卫的成立条件，遂判决宣告赵某华无罪。

遗憾的是，实践中仍有较多将造成轻伤结果的正当防卫行为认定为防卫过当的案例。有学者对798名涉及防卫过当问题的犯罪人进行统计发现，其中有101人因防卫过当造成不法侵害人轻伤的，被认为成立防卫过当所要求的"造成重大损害"，从而以故意伤害罪论处，占比12.66%。② 理论上的有力主张认为："所谓造成重大损害是指造成不法侵害人重伤、死亡等重大人身损害结果，而不包括防卫行为仅仅造成不法侵害人轻伤的人身损害结果，一般亦不包括造成不法侵害人重大财产损失的情况。"③ 众所周知，故意伤害罪的入罪标准是造成他人轻伤以上损害结果，否则，仅属治安案件，不涉刑事犯罪。如将轻伤理解为"重大损害"，则正当防卫制度基本上丧失了存在的意义。此外，从刑法用语本身来说，"重大损害"均指致人重伤、死亡或公私财产遭受重大损失以上后果。例如，刑法第一百一十四条规定的放火罪、决水罪、爆炸罪、投放危险物质罪、以危险方法危害公共安全罪的成立，要求行为危及公共安全，但"尚未造成严重后果"，这里的"尚未造成严重后果"就包含轻伤结果，也就是说轻伤结果属于"尚未造成严重后果"。与其对应的刑法第一百一十五条规定的各类危害公共安全犯罪，要求造成"致人重伤、死亡或者使公私财产遭受重大损失的"后果，无疑是与刑法第一百一十四条规定的"尚未造成严重后果"相对的"严重后果"。此外，刑法规定的大量过失犯罪，入罪标准一般亦均要求造成"重大损害"，而相关司法解释和案例均将致人死亡、重伤或重大财产损失作为认定过失犯罪的"重大损害"标准。更为重要的是，相关司法解释及重要案例早已明确指

---

① 参见《刑事审判参考》第297号指导案例。
② 参见尹子文：《防卫过当的实务认定与反思——基于722份刑事判决的分析》，载《现代法学》2018年第1期。
③ 梁根林：《防卫过当不法判断的立场、标准与逻辑》，载《法学》2019年第2期。

出,防卫过当中的"重大损害"应是重伤以上后果。① 赵某华被控故意伤害案中,二审法院在阐述裁判理由时也持此立场:"重大损害不等于一般损害。所谓重大损害,在有关司法解释没有明确之前,我们认为应当把握在没有造成不法侵害人人身重大损害,包括重伤以上这一限度内。"②

### (二) 对比防卫结果与可能的侵害结果

首先,防卫过当的损害后果,必须是现实的损害后果,而不是防卫行为可能造成的结果。防卫行为仅造成轻伤结果的,应排除在成立防卫过当所必需的"重大损害"之外,否则有违罪刑法定原则。其次,要充分考虑侵害行为可能造成的损害结果。诸多案件中,侵害行为之所以未发生严重的损害结果,并非由于侵害行为本身不会发生严重的损害后果,而是由于防卫人及时实施了防卫行为,对侵害行为进行了及时有效的压制,从而保护了合法权益,并使正当防卫的制度目的得以实现。由此而论,不能将防卫行为导致的结果大于侵害行为实际导致的结果的一概以防卫过当定性处理,而应认为,只要防卫行为导致的结果没有明显超过侵害行为可能导致的侵害后果的,就不属于防卫过当。

如陈某正当防卫案③。2016年1月初,因被告人陈某(未成年人,中学生)在甲的女朋友的网络空间留言示好,甲纠集乙等人,对陈某实施了殴打。1月10日中午,甲、乙、丙等六人(均为未成年人)在校外围殴陈某。乙的三位朋友(均为未成年人)正在附近,见状加入围殴陈某。其中,有人用膝盖顶击陈某的胸口、有人持石块击打陈某的手臂、有人持钢管击打陈某的背部,其他人对陈某或勒脖子或拳打脚踢。陈某掏出随身携带的折叠式水果刀(刀身长8.5厘米,不属于管制刀具),乱挥乱刺后逃脱。部分围殴人员继续追打并从后投掷石块,击中陈某的背部和腿部。陈某逃进学校,追打人员被学校保安拦住。陈某在反击过程中刺中了甲、乙和丙,经鉴定,该三人的损伤程度均构成重伤二级;陈某身体亦有多处软组织损伤。检察机关认为,陈某的行为属于正当防卫,不负刑事责任,决定不批准逮捕。公安机关将陈某释放,同时要求复议。检察机关经复议,维持原决定。就本案而言,单从双方损伤结果来看,陈某身体仅多处软组织损伤,而侵害方有三人重伤,可谓差异悬殊,但若对比防卫结果与侵害行为可能导致的侵害后果,则能明确得出陈某的防卫行为导致三人重伤后果并未过当的结论。之所以如此,主要缘于侵害方人数众多,陈某方仅自己一人,案发地点在校外,陈某短时间也难以获得他人及时有效的帮助,众人在围殴陈某时,"有人用膝盖顶击陈某的胸口、有人持石块击打陈某的手臂、有人持钢管击打陈某的背部",凡此种种,均有可能致陈某重伤或死亡,陈某借

---

① 2015年《最高人民法院、最高人民检察院、公安部、司法部关于依法办理家庭暴力犯罪案件的意见》规定:"准确认定对家庭暴力的正当防卫。为了使本人或者他人的人身权利免受不法侵害,对正在进行的家庭暴力采取制止行为,只要符合刑法规定的条件,就应当依法认定为正当防卫,不负刑事责任。防卫行为造成施暴人重伤、死亡,且明显超过必要限度,属于防卫过当,应当负刑事责任,但是应当减轻或者免除处罚。"2020年《指导意见》第13条进一步重申这一立场:"'造成重大损害'是指造成不法侵害人重伤、死亡。造成轻伤及以下损害的,不属于重大损害。"
② 参见《刑事审判参考》第297号指导案例。
③ 最高人民检察院指导案例第45号(2018年)。

助水果刀增强防卫能力,在手段强度上合情合理,给对方实际造成的损害后果亦未超出侵害行为可能造成的侵害结果范围。

而实务中,往往简单对比防卫人自身损伤后果与防卫行为所致的侵害人损伤后果,一旦防卫人自身受损不大但侵害人重伤、死亡的,倾向于以故意犯罪论处,反映出在认定防卫过当问题上"唯结果论"的思维逻辑。对此,有学者认为,得出上述结论,是基于结果无价值论理论立场的逻辑结果。笔者认为,结果无价值论虽然强调结果、重视结果,但并非唯结果论,结果无价值论的核心是强调法益保护,当防卫行为相比侵害行为保护了更大的、更为优越的法益时,就不能将其视为犯罪行为。如前所述,在诸多防卫行为导致侵害人重伤、死亡而防卫人本身损伤轻微的案件中,如果仅从最终的客观结果观察,很容易得出防卫过当的结论,但若从防卫过程整体角度观察,正是由于防卫人及时实施了防卫行为,对侵害人的侵害行为进行了及时有效的压制,才使得侵害行为本来极有可能导致的严重侵害后果没有发生,因而保护了防卫人自身更为优越的利益。

(三) 兼具"明显超过必要限度"与"造成重大损害"

对此,理论上存在一体说与分立说的争议。一体说认为,防卫行为与重大损害后果是一体的,防卫行为之所以过当,是因为结果过当,结果过当了,防卫行为必然也过当,不存在"行为过当而结果不过当"或"结果过当而行为不过当"的情形;[①] 而分立说主张,防卫过当的限度条件应细化为行为条件与结果条件,只有同时符合行为过当与结果过当两个条件,才能成立防卫过当。[②] 笔者认为,分立说为防卫过当认定提供的逻辑路径,较之一体说更为清晰,也更具操作性。而实际上,这也是司法实务部门的一贯立场。《指导意见》也明确了"认定防卫过当应当同时具备'明显超过必要限度'和'造成重大损害'两个条件,缺一不可"。如前述陈某正当防卫案的"指导意见"中明确指出:"刑法规定的限度条件是明显超过必要限度造成重大损害,具体而言,行为人的防卫措施虽明显超过必要限度但防卫结果客观上并未造成重大损害,或者防卫结果虽客观上造成重大损害但防卫措施并未明显超过必要限度,均不能认定为防卫过当。"而在前述赵某华故意伤害案中,司法办案人员亦在裁判理由中指出,"正当防卫不能明显超过必要限度造成重大损害"这一要件,实质上包含了两个并列的判断标准:一是防卫措施不能明显超过必要限度。一般而言,防卫人所采取的防卫措施应当与不法侵害行为基本相当。当然,"明显超过",表明立法强调对防卫人所采取的防卫措施不必过于苛求。二是防卫结果不能造成重大损害。重大损害不等于一般损害,重大损害应把握在重伤以上这一限度内。两个标准同时具备,才能认定为防卫过当。

因此,就"明显超过必要限度"与"造成重大损害"的关系而言,笔者以为,存在着以下几种情形:一是行为不过当,结果也不过当;二是行为过当,但结果不过当;三是行为不过当,但结果过当;四是行为过当,结果也过当。按照分立说,可以清晰地认

---

① 参见马克昌主编:《犯罪通论》,武汉大学出版社1999年版,第754页;陈兴良:《刑法适用总论》,中国人民大学出版社2017年版,第310页;张明楷:《刑法学》,法律出版社2016年版,第212页。

② 参见郭泽强、胡陆生:《再论正当防卫的限度条件》,载《法学》2002年第10期。

定前三种情形均不成立防卫过当，只有第四种情形才属于防卫过当。但在之前的实务中，上述结论并未得到很好的贯彻，一些本属前三类情形，即实际上属于正当防卫的案件，被以防卫过当论处。

第一类情形，即行为不过当，结果也不过当。如上述赵某华被控故意伤害案。赵某华为制止非法侵入住宅的两名入侵者，以一对二，持械进行挥击，其防卫行为本身并不过当，结果致两名入侵者一人轻伤、一人轻微伤，并未造成重大损害，故其防卫行为与防卫结果均不过当。

第二类情形，即行为过当，但结果不过当。如以一对多，力量对比上处于明显劣势，使用尖刀应对拳脚相加亦属于保护自身合法利益的必要手段，考虑到尖刀极易造成重大伤亡结果，一般会认为防卫行为明显超过了必要限度，即防卫行为过当。但如果该防卫行为仅造成他人轻伤，并未造成"重大损害"，即结果并未过当，仍应结合案发时的具体情境，肯定成立正当防卫。

第三类情形，即行为不过当，但结果过当。如孟某玉故意伤害案①。2018年6月24日凌晨1时许，孟某玉和女友温某在邢台市桥东区新世纪广场乘凉，被害人谷某酒后与温某搭讪被孟某玉打耳光，谷某离开。后谷某拿着红砖返回，持砖击打孟某玉的头部，孟某玉夺下红砖，用拳头与谷某打斗，致谷某趴倒在地。孟某玉在找钥匙过程中将谷某身体翻过，在找到钥匙后和女友离开。后由经过现场附近的群众报警并拨打了120，急救医生到场发现谷某已死亡。经鉴定，谷某系酒后在外力作用下冠心病发作猝死。孟某玉于当日上午归案，经鉴定其头部损伤属轻微伤。一审法院认为，被害人因与孟某玉的女友搭讪被孟某玉打耳光后返回现场，在其用红砖击打孟某玉时，被孟某玉夺下，此时孟某玉的行为属于依法制止正在进行的不法侵害，具有防卫的性质，但由于造成了被害人死亡的危害结果，构成防卫过当，以故意伤害罪判处孟某玉有期徒刑五年。孟某玉以自己属于正当防卫为由提出上诉。检察机关出庭意见提出，孟某玉与谷某两次打斗均由谷某主动挑衅引发，孟某玉对谷某的还击出于防卫目的。谷某死亡的直接原因系冠心病发作，喝酒和外力作用是诱因。孟某玉防卫行为所造成的直接损伤后果是谷某轻伤一级，孟某玉的防卫行为没有超过必要限度，系正当防卫。一审判决适用法律错误，建议二审法院依法改判。二审法院经审理认为，孟某玉的防卫行为没有超过必要限度，系正当防卫，依法改判孟某玉无罪。

本案中，孟某玉在头部被谷某持砖头击打情况下，夺下砖头，用拳头与谷某打斗，致谷某趴倒在地，孟某玉的防卫行为明显不过当，但在孟某玉反击这一诱因作用下，导致谷某冠心病发作死亡，当然属于"造成重大损害"，若从唯结果论立场出发，应认为孟某玉属于防卫过当，这也是一审法院的看法。但二审法院认为，成立防卫过当，要同时满足"明显超过必要限度"并"造成重大损害"两个条件，防卫行为并不过当，但造成了重大损害结果的，不属于防卫过当，因而认定孟某玉的行为成立正当防卫，不承担刑事责任。从正当防卫制度的立法精神来看，笔者以为，二审改判是合理的。

---

① 参见河北省高级人民法院（2019）冀刑终158号刑事附带民事判决书。

第四类情形,即行为过当,结果也过当。多数防卫过当案件均属此类情形。如韩某故意伤害案[①]。2003年8月30日19时许,王某见韩某同丁某某在网吧上网,王某认为丁某某是自己的女友,对韩某产生不满,当韩某、丁某某二人走出网吧时,王某即将韩某拖到一旁,并朝韩某踢了一脚。韩某挣脱后向南跑,王某在后追赶,宋某、贾某等人也随后追赶。韩某见王某追上,即持随身携带的匕首朝王某挥舞,其中一刀刺中王某左颈部,致王某死亡。一审法院认为,韩某面对赤手空拳追赶其的王某等人,在未遭到再次殴打的情况下,手持匕首刺中王某,其行为系防卫不适时,已超出防卫的范畴,以故意伤害罪,判处韩某有期徒刑十一年。二审法院认为,韩某在王某一方人多势众、执意追打,且自己又摆脱不能的情况下,为使本人的人身权利免受正在进行的不法侵害,对不法侵害人实施防卫行为是适时的、必要的。但韩某采取持刀捅刺不法侵害人的防卫手段、强度及致不法侵害人死亡的严重后果,与不法侵害人赤手空拳殴打行为的手段、强度及通常可能造成的一般后果相比较,两者存在过于悬殊的差距,该防卫行为已明显超过了有效制止不法侵害行为的必要限度,应当认定韩某行为系防卫过当,遂改判韩某犯故意伤害罪,判处有期徒刑七年。

上述案例中,一审时,法院并未肯定存在防卫前提,仅将被害人的侵害行为作为被害人过错,在量刑时适当考虑。但在二审过程中,法院首先肯定存在防卫前提,进而认为,韩某以刀对抗徒手追打,其防卫行为超过了必要限度,其中一刀刺中王某左颈部,致王某动脉断裂、失血性休克死亡,过当的防卫行为导致发生重大损害结果,行为与结果均过当,从而成立防卫过当,裁判思路清晰,法律适用准确。

---

① 参见《刑事审判参考》第569号指导案例。

# 死刑案件中自首的价值认定及裁判影响

## ——以"百香果女童被害案"为切入点

徐文文[*]

在最高人民法院周强院长向第十三届全国人大四次会议所作的最高人民法院工作报告中,"百香果女童被害案"(杨某毅强奸案)[①] 格外引人注目。该案第一次引发公众关注是在 2020 年 5 月。[②] 案情虽不复杂,该案却因二审改判时以被告人杨某毅"自首"作为免除死刑立即执行的理由引发公众热议。2020 年 11 月 11 日,最高人民法院决定指令广西壮族自治区高级人民法院对"百香果女童被害案"再审。同年 12 月 28 日,广西壮族自治区高级人民法院公开宣判:撤销原二审判决,改判杨某毅死刑,剥夺政治权利终身,并依法报请最高人民法院核准。最高人民法院核准死刑并下达执行死刑命令。从二审以自首为由改判死缓,到指令再审后改判死刑立即执行,这既是伸张正义的过程,更是对"努力让人民群众在每一个司法案件中感受到公平正义"的最好诠释。"百香果女孩被害案"虽已尘埃落定,但其中备受争议的"自首免死"问题一直都是刑法学界争论的问题,今天再度引发理论界和司法实务界的热烈讨论。

"自首免死"是一种俗称,指的是在被告人存在自首情节时,人民法院便不判处其死刑或者不判处其死刑立即执行。我们知道,自首是一项从宽的量刑制度,其主要目的是通过鼓励犯罪嫌疑人主动投案、真诚悔罪来实现刑法的特别预防目的,但这一制度在死刑案件审判中常常引起争议。从规范视角看,我国刑法虽然规定了自首可以从轻或减轻处罚,但面对涉及生死的"自首免死"问题,学界和司法实践还存在很大争议,裁判价值的选择成为影响法官作出死刑立即执行判决或者死刑缓期二年执行判决的关键因素。因此,有必要以"百香果女孩被害案"为切入点,对自首制度,特别是自首对适用死刑立即执行的影响进行再思考。

## 一、"自首免死"问题的梳理与反思

我国刑法第六十七条规定,"对于自首的犯罪分子,可以从轻或者减轻处罚"。《最高人民法院关于处理自首和立功若干具体问题的意见》明确规定,"对具有自首情节的被告

---

[*] 刑法学博士,国家法官学院助理研究员。
[①] 本书"裁判文书选登"栏目收录了该案的裁判文书。——编者注
[②] 参见谢洋:《一起恶性侵犯未成年人致死案件改判风波》,载《中国青年报》2020 年 5 月 13 日。

人是否从宽处罚、从宽处罚的幅度，应当考虑其犯罪事实、犯罪性质、犯罪情节、危害后果、社会影响、被告人的主观恶性和人身危险性等"。此外，"还应考虑投案的主动性、供述的及时性和稳定性等"。"虽然具有自首情节，但犯罪情节特别恶劣、犯罪后果特别严重、被告人主观恶性深、人身危险性大，或者在犯罪前即为规避法律、逃避处罚而准备自首的，可以不从宽处罚。"可见，我国刑法对自首的处理采取的不是必须从轻或者减轻处罚的制度。对于自首的犯罪分子，如果其所犯罪行极其严重，不予从轻或者减轻，也并不违反刑法的规定。但如何正确适用自首情节来权衡死刑立即执行与死刑缓期执行（以下简称死缓）的裁量，不管是学术界还是司法实务界，对这一问题都没有达成共识。这些不同的观点更是增加了"自首免死"问题的复杂性。

（一）"自首免死"问题的学理之争

讨论"自首免死"问题，首先要确定影响死刑立即执行与死缓裁量的关键因素是什么，即如何界定"不是必须立即执行"。关于"不是必须立即执行"之标准，法学界有多种不同的观点，如"社会危害性标准说""人身危险性说""被害人过错说""功利说""情节说""宽恕说"等。[①] 对"不是必须立即执行"的理解不同，导致了学者们对自首是否免死以及自首如何影响死刑立即执行的不同看法，概有三种：一是自首未必免死；二是自首必然免死；三是自首不影响死刑立即执行。

1. 自首未必免死

自首未必免死是大多数学者持有的观点，也是当前学术界的主流观点。不管是持"社会危害性标准说"还是"人身危险性说"的学者，都得出了"自首未必免死"的相同结论，只是具体分析路径并不相同。

持"社会危害性标准说"的学者认为，依据我国刑法规定，自首可以从轻或者减轻处罚，但法院在最终决定刑罚时首先还是要考虑犯罪本身的社会危害性。如果案件本身有极其严重的社会危害性而足以抵消自首的法定从宽情节的，法院也可以考虑不予从轻，适用死刑立即执行。[②]

持"人身危险性说"的学者认为，自首未必免死，但具体分析过程略有不同。有学者认为在行为人以极其残忍的手段杀死被害人之后自首的案件中，手段极其残忍表征的是高度的人身危险性，而自首表征的是较低的人身危险性。出现二者在指向上相抵触的情形时，则应对不同指向的各个情节作认真权衡，考察不利情节与有利情节之间能否相互抵销，或者其中一种指向的情节是否在权重上完全超越另一指向的情节，从而决定是否适用死刑立即执行。也有学者明确指出，将犯罪分子的人身危险性较小作为适用死缓的唯一条件并不意味着只要犯罪分子具有自首情节就一定要对其适用死缓。[③]

---

[①] 参见黎宏：《死缓限制减刑及其适用——以最高人民法院发布的两个指导案例为切入点》，载《法学研究》2013年第5期。

[②] 参见彭新林等：《我国死刑适用若干重大现实问题探讨——以李昌奎案及其争议为主要视角》，载《当代法学》2012年第3期；陈兴良：《死刑适用的司法控制——以首批刑事指导案例为视角》，载《法学》2013年第2期；等等。

[③] 参见夏勇：《死缓适用条件之反思——以"李昌奎案"为例》，载《法商研究》2013年第1期。

持"被害人过错说"的学者认为，如若存在刑法规范意义上的被害人过错，法院则可以以死缓裁量为基准，综合其他从轻或者从重情节，最终作出裁判；如若不存在刑法规范意义上的被害人过错而只是存在自首、立功或被害人谅解的情形，则应以死刑立即执行裁量为基准，综合其他从轻或者从重情节，最终作出裁判。① 在这种情况下，虽不能完全否认自首对死刑立即执行的影响，但可以说这种影响是非常小的。

持"功利说"的学者从自首价值方面分析，认为刑法规范之所以把自首规定为从轻处罚的情节，就是期待行为人通过自首来节约司法资源。如果行为人的自首对于节约司法资源而言没有多大意义，这种自首便不应作为从轻处罚的情节。因此，即使存在自首情节，仍然应当判处行为人死刑立即执行。②

2. 自首必然免死

持"情节说"的学者认为，所谓不是必须立即执行的情况，其实质就是案件本身所具有的从轻处罚情节。对于法定刑为绝对确定死刑之罪来说，犯罪分子具有的从轻处罚情节，依法虽然不能对抗死刑立即执行的适用，但它却是适用死缓的理由和依据；而对于法定刑为相对确定死刑的犯罪来说，如果案件不具有从重处罚情节，或者案件具有从轻或减轻处罚情节，则都不能对犯罪分子适用死刑。③ 也就是说，如有自首情节，则必然免死。如果被告人有自首情节，对犯绝对确定死刑之罪的被告人不能适用死刑立即执行，对犯相对确定死刑之罪的被告人则完全不能适用死刑。也有学者从价值论视角分析，认为按照人道价值观，死刑立即执行只能适用于彻底表现为伦理恶的被告人。自首表明被告人有悔罪表现或者至少其停止继续实施犯罪，因而对自首的被告人适用死刑立即执行难以得到人道价值的支持。④

3. 自首不影响死刑立即执行

持"宽恕说"的学者认为，死缓与死刑适用的界线不在于加害人应承担的刑事责任存在程度之别，而在于其所犯罪行能够得到被害人的宽恕。⑤ 在这种情况下，自首并不能影响死刑立即执行的适用。

可以说，我国法学界对"不是必须立即执行"的看法不尽相同，而这也直接导致了学者们对自首是否免死以及自首如何影响死刑立即执行产生激烈的争论。虽然当前的通说是"自首未必免死"，但对于自首如何影响死刑立即执行，仍未达成共识，而这也直接导致自首是否免死成为司法实践中难以把握的一个疑难问题。

(二)"自首免死"问题的司法困惑

司法实践中，法官有比较大的自由裁量权。有学者对某一地区的死刑案件作抽样分析后发现：没有自首情节的案件，被告人被判处死缓的比例是38.4%，被判处死刑立即

---

① 参见庄绪龙：《"命案"死缓适用的实质根据与司法选择》，载《中国应用法学》2017年第3期。
② 参见冯军：《死刑适用的规范论标准》，载《中国法学》2018年第2期。
③ 参见于同志：《从一起死刑改判案件析死刑的裁量标准》，载《人民司法·案例》2007年第22期。
④ 参见何显兵、陈玥：《再论死刑立即执行的适用标准——以药家鑫案与李昌奎案为例》，载《西南科技大学学报（哲学社会科学版）》2012年第6期。
⑤ 参见叶良芳：《死缓适用之实质标准新探》，载《法商研究》2012年第5期。

执行的比例是 61.6%；有自首情节的案件，被告人被判处死缓的比例是 70%，被判处死刑立即执行的比例是 30%。虽然有自首情节的被告人被判处死缓的比例高于被判处死刑立即执行的比例，但是 P 值大于 0.05，自首对死缓的影响并不显著。① 这种自由裁量使得自首对死刑裁量所起的调节作用处在不确定状态。

从司法实践看，近年来，不少故意杀人案中的被告人虽有自首情节，但因依法不足以对其从轻处罚，仍被判处死刑立即执行，如药某鑫案、李某奎案、孙某斌案、张某扣案、马某国案、上海虹口"杀妻藏尸冰柜案"等。这些案件的共同点是：犯罪情节特别恶劣、手段特别残忍、后果特别严重，被告人属于罪行极其严重的犯罪分子，引起巨大民愤。这些案件的被告人虽然都有自首情节，但仍被判处死刑立即执行。

但是，也有一些恶性案件的被告人因其自首对侦破案件具有重大价值而被判处死缓的情况。如闫某华故意杀人案，被告人在因涉嫌盗窃罪（系累犯）被羁押期间，主动供述司法机关尚未掌握的两起故意杀人犯罪事实并指认抛尸现场。② 一审法院认为，被告人所犯故意杀人罪虽系自首，但其犯罪的性质极为恶劣，手段凶残，情节、后果特别严重，必须依法严惩，故判处死刑立即执行。但该案二审法院考虑自首情节后，改判死缓。本案也属于犯罪情节特别恶劣、手段特别残忍的情况，且被告人系累犯，但考虑到被告人的自首对公安机关侦查破案、节省司法资源、及时惩处犯罪具有重要意义，改判死缓亦有充分的法律理由。

另外，在自首和被害人亲属不谅解两个情节交织在一起时，自首对故意杀人罪死刑裁量所起的作用更加不明确。例如，在一起由民间债务纠纷引发的暴力犯罪案件中，被告人胡某某捅刺一刀致一名被害人死亡。本案被告人及时自首且口供真实、主动、及时、稳定，但被害人亲属表示不予谅解，并坚持严惩凶手。在这种情况下，法院以被告人"犯罪情节特别恶劣、犯罪后果特别严重、被告人主观恶性深、人身危险性大"为由，认定"虽有自首情节但不足以从轻处罚"，判处被告人死刑立即执行。③

从司法实践看，裁判文书中关于自首是否影响死刑立即执行的说理不充分问题也经常存在。例如，李昌奎案的一审判决书认定其"犯罪手段特别残忍""虽有自首情节，但依法不足以对其从轻处罚"。该案二审判决书中没有涉及对其杀人手段的评价，直接提出"被告人具有自首情节、认罪态度好、积极赔偿"等理由，寥寥十几个字便完成了"免死"（改判死缓）的说理。这里，二审法院回避了李昌奎案真正的难题：当被告人的杀人手段特别残忍但又具有自首情节时，在这种酌定从重与法定从轻之间到底应该如何选择和平衡？④ "百香果女童被害案"的二审裁判文书也存在这一问题。一审法院在裁判文书

---

① 参见欧阳玉静：《死刑缓期执行和死刑立即执行的量刑依据——以故意杀人罪为例的实证分析》，载《刑事法评论》第 21 卷，北京大学出版社 2007 年版。

② 两起故意杀人犯罪均发生在 2003 年，案件较长时间未破，公安机关也未能掌握被告人实施犯罪的任何线索。对于第一起故意杀人案，公安机关虽然发现了死者尸体及作案现场，但对于死者身份及犯罪嫌疑人等主要案件事实，在被告人主动供述前均未掌握；对于第二起故意杀人案，在被告人供认前，公安机关甚至不知道犯罪发生。由于被告人的主动供述，公安机关才得以及时侦破这两起重大犯罪。参见于同志：《从一起死刑改判案件析死刑的裁量标准》，载《人民司法·案例》2007 年第 22 期。

③ 参见付立庆：《死刑案件裁判过程中的司法软骨病及其祛除》，载《法学》2013 年第 10 期。

④ 参见车浩：《从李昌奎案看"邻里纠纷"与"手段残忍"的涵义》，载《法学》2011 年第 8 期。

中指出"自首依法是'可以'从轻或减轻处罚的情节,因本案杨某毅犯罪情节特别恶劣,罪行极其严重,社会危害性极大的情况,不适合从轻或者减轻处罚"。二审法院改判为死缓,仅在裁判文书中写了"唯根据杨某毅有自首情节等案件具体情况",就得出原判量刑不当的结论,显然缺少充分的解释和说明。

## 二、裁判价值视角下的"自首免死"问题

自首之后能否不判处死刑立即执行,与裁判者心中的价值取向强弱有直接关系。从规范视角看,我国刑法虽然规定了自首可以从轻或减轻处罚,但"自首免死"问题一直都是学界和司法实践中有争议的问题。对此,不妨让我们换一个视角,从价值论角度看自首与死刑立即执行或死缓的关系。

### (一)"自首免死"背后的价值观之争

死刑制度与自首制度都有其自身特定的价值取向。如何在死刑案件量刑时适用自首情节,其核心问题归根到底还是不同价值取向的权衡问题。

1. 死刑制度的价值

死刑作为最严重的一种刑罚,体现了公正与功利两大价值。第一,死刑体现了公正价值。罪刑均衡是刑罚公正价值的重要规诫之一。康德认为:"如果你偷了别人的东西,你就是偷你自己的东西;如果你打了别人,你就是打了你自己;如果你杀了别人,你就杀了自己。"① 与康德不同的是,黑格尔认为罪刑均衡的标准是罪刑等价而不是罪刑等害。黑格尔认为"犯罪具有在质与量上的一定范围,从而犯罪的否定,作为定在,也是同样具有在质与量上的一定范围",② 根据等价观念,刑罚与犯罪是否等价是衡量刑罚是否公正的标准。公正要求死刑必须符合社会正义观念,只能适用于最为严重的犯罪。因为死刑是剥夺人的生命的刑罚,所以死刑只能适用于被侵犯的权益不低于生命价值的犯罪。这种公正不是以命偿命意义的报复性的正义,而是以最严厉的刑罚惩处最严重的犯罪的等价正义。

第二,死刑体现了功利价值。刑罚的功利价值主要是惩罚和预防犯罪,来维护社会秩序。功利要求死刑具有预防犯罪的功能或效果,包括一般预防和特殊预防。死刑具有遏制潜在犯罪人犯罪的功效,因为人所具有的趋乐避苦之天性会使其为不受刑罚之苦而不去犯罪。但是,死刑是否比无期徒刑等其他刑罚具有更强的一般预防效果,却一直没有定论。同时,死刑剥夺人的生命,也就彻底剥夺了犯罪人再次犯罪的能力,从另一方面也可以说是体现了特殊预防效果,不过犯罪人同时也失去了被改造的任何可能性。

2. 自首制度的价值

关于自首的设立根据,一般来说有两种观点:一是犯罪人悔罪,减轻其人身危险性;二是有助于案件的及时侦破和审判,节约司法资源。③ 虽然很难判断这两种观点孰优孰

---

① [德]康德:《法的形而上学原理》,沈叔平译,商务印书馆1991年版,第165页。
② [德]黑格尔:《法哲学原理》,范扬、张企泰译,商务印书馆1961年版,第104页。
③ 参见陈兴良主编:《刑法总论精释》,人民法院出版社2016年版,第819页。

劣,但我们可以根据这些不同观点来分析自首制度的价值。笔者认为,自首从宽的主要理论依据包括:第一,自首是犯罪人犯罪后对待自己罪行的一种态度,其本质在于犯罪人出于本人意愿而将自己交付国家追诉,由此表明犯罪人对其罪行有了一定的认识或悔罪,使其人身危险性与没有自首情节的被告人相比变得较轻。第二,自首有利于尽快侦破刑事案件,及时惩治犯罪,提高刑事法律在打击和预防犯罪中的作用。第三,自首从宽的示范效应有利于鼓励其他犯罪人选择自首道路,使刑事司法制度在整体上得到完善。以上三个方面均不同程度地体现了功利的价值取向。同时,我国刑法规定了自首得从宽但不能无限从宽的制度,又显示了功利价值须受刑罚公正价值观的制约。司法裁判者可以根据案件的具体情况选择是否从宽以及从宽的具体幅度,从而实现功利与公正之间的均衡。

可见,公正与功利两大价值不仅是死刑制度的追求,也是自首制度的追求,而且自首制度中的功利价值更容易受到公正价值的制约。对"自首免死"问题的争议体现了公正和功利两大价值观的冲突,而解决问题的关键就在于如何权衡这两种不同的价值观。

(二) 两种价值追求的冲突与权衡

刑罚的公正价值关注已然犯罪,其核心是刑罚的轻重与已经发生的犯罪之轻重要相适应;刑罚的功利价值关注未然犯罪,核心是刑罚的轻重与预防犯罪(包括一般预防和特殊预防)、维护社会秩序的需要相适应。公正价值将关注的焦点放在已经发生的犯罪上,主张罪责刑相适应;功利价值的追求是预防犯罪,认为刑罚的创设、发动、选择、执行均应以犯罪预防(包括一般预防和特殊预防)需要为根据。刑罚价值多元性满足了刑事司法制度的多元需求,但因公正价值和功利价值的实质和蕴含各自不同,价值冲突在所难免,而这种价值冲突主要反映为报应主义与预防主义的刑罚目的之争。

关于刑罚目的,理论界长期有较大争议,形成了多种不同观点,如以报应为主导的综合论、以预防为主导的综合论、阶段性综合理论、并合主义刑罚目的理论等。[①] 就以报应为主导的综合理论还是以预防为主导的综合理论而言,虽然两者有或报应或预防的倾向性,但并没有本质上的对立,都是在实现正义的基础上尽可能地遏制犯罪。而并合主义理论更是最大化地综合了上述两种理论,既限制了国家刑罚权的滥用,最大限度地避免了对被告人权利的不利影响,又充分考虑了预防犯罪的需要,尽可能满足功利的需求。从司法实践看,报应刑与预防刑从来都是一个联动的过程。无论是以报应为主、以预防为主,还是并合主义,都应该从宏观和微观两个方面调和报应与预防这对矛盾,进而追求公正报应和预防犯罪的效果最大化。

笔者倾向于并合主义观点,主张对犯罪分子施以刑罚之轻重,既不能单纯地以报应为基础,也不能简单地以预防为根据,而是在报应所限定所许可的范围内,依据威慑或者矫正的需要来确定。在量刑的时候,一般应首先满足报应主义体现的公正价值,并在实现公正价值的基础上,考虑预防主义的功利价值,实现一般预防和特殊预防。也就是

---

① 陈元:《刑罚目的的动态品格研究》,西南政法大学2018年博士学位论文。

说，在价值权衡时，要以公正价值为主，兼顾功利价值。

对死刑裁量来说，是否也要遵循上述价值导向？有学者指出，死刑具有的报应功能是很明显的，尤其是死刑立即执行的判决，完全不会再考虑矫正行为人使其重返社会的目的。在死刑缓期两年执行的制度中，就可以贯彻特殊预防的理论。不过特殊预防的理论是以正义性报应为前提的，是对报应理论的进一步限制。① 笔者赞成这一观点。对死刑适用来说，也要体现以公正价值为主，兼顾功利价值，并主要体现在两个方面。

第一，在决定是否对犯罪分子适用死刑时，应以公正为价值导向。从我国刑法规定看，死刑只适用于罪行极其严重的犯罪分子。从国际条约看，1966 年联合国《公民权利和政治权利国际公约》第 6 条第 2 款规定："在未废止死刑的国家，判处死刑只能是作为对最严重的罪行的惩罚。"从我国法律规定以及一般公认的国际标准看，死刑都只适用于最严重的罪犯，这其中便充分反映了报应的思想。

第二，在选择死刑立即执行还是死缓时，应坚持以功利为价值导向。理论界争论最多的问题就是在对犯罪分子适用死刑立即执行还是死缓时，到底应该以公正为首要价值，还是以功利为首要价值？要弄清楚这个问题，还是要回到死缓制度的价值上。死缓作为死刑的执行方式之一，与死刑立即执行相对应，也具有其自身的价值。一般认为，死缓制度的积极意义在于：一方面，死缓为那些犯有严重罪行的犯罪分子提供了一个改过自新、重新做人的机会；另一方面，死缓在客观上也为从总量上减少和控制死刑的执行提供了一条路径。可以说，死缓更能体现刑罚个别化的价值，体现特殊预防的理论，反映刑罚的功利价值。同时，死缓还体现了谦抑价值，也就是通过死缓制度的适用，有效地压缩了死刑立即执行的适用空间。

综上所述，并合主义刑罚目的论要求在报应刑的范围内实现一般预防和特殊预防。对死刑适用来说亦是如此，要体现以公正价值为主，兼顾功利价值。在判断是否对犯罪人适用死刑时，要以公正为价值判断；如果确定对犯罪人适用死刑后，则应该通过功利价值来决定对犯罪人适用死刑立即执行还是死缓。

### (三) 重新审视"自首免死"问题学理之争

厘清死刑案件中的两种价值追求及其冲突与权衡后，我们再回到文章第一部分的"自首免死"问题的学理之争，从价值论视角对各种不同观点重新略作分析。

1. "社会危害性标准说"

"社会危害性标准说"认为，根据刑法规定，死刑与无期徒刑的区别是"罪行极其严重"，即犯罪后果极其严重、社会危害性极大等。当罪行达到"极其严重"这个界限的时候，就可以考虑适用死刑。在"罪行极其严重"当中，还存在着程度上的区分。死刑立即执行与死缓的区别是罪行比"极其严重"更为严重，即同时具备犯罪情节特别恶劣、手段特别残忍、后果特别严重等。如果被告人的罪行属于比"极其严重"更为严重的情况，则只能适用死刑立即执行。即使有自首情节，但在这种背景下的自首情节已不足以

---

① 参见王世洲：《现代刑罚目的理论与中国的选择》，载《法学研究》2003 年第 3 期。

影响法官对适用死刑立即执行的法律判断，从而让死刑的公正价值优先于功利价值。如果被告人的罪行仅属于"罪行极其严重"的情况，从实现公正价值看，不管是适用死刑立即执行或者死缓都无可厚非。如果此时又有自首情节，则自首情节会动摇法官决定适用死刑立即执行的内心确信，从而有可能直接适用较轻的死缓，以实现公正价值和功利价值的平衡。可见，从价值论视角看，"社会危害性标准说"在决定是否适用死刑时，是以公正为首要价值的，但在决定适用死刑立即执行还是死缓时，如仍以公正为首要价值选择，则会与死缓制度的功利价值相违背。

2. "人身危险性说"

"人身危险性说"一般认为，死缓适用的唯一条件是犯罪分子的人身危险性较小。当案件有多个体现犯罪分子人身危险性大小的情节时，应对不同指向的具体情节作认真权衡，考察不利情节与有利情节之间是否相互抵销，或者其中一种指向的情节是否在权重上超越另一指向的情节，从而决定是否适用死刑立即执行。这种情况下，按照"人身危险性说"决定是否适用死刑时，是以公正为价值导向的；但在决定适用死刑立即执行还是死缓时，则转向以功利为价值导向，这样也完全符合前述价值冲突和权衡原则。

具体来说，从行为的主客观两个方面进行考察，当罪行达到"极其严重"这个界限时，就具备了适用死刑的基本条件。此时，不管罪行是"极其严重"，还是比"极其严重"更严重，理论上都不影响死缓和死刑立即执行的适用。但"人身危险性说"以功利价值为导向对行为人的人身危险性进行考察后认为，对罪行极其严重且存在极高人身危险性的行为人，可适用死刑立即执行；对罪行极其严重但人身危险性并非极高的行为人，则可适用死缓。

3. 其他观点评析

持"被害人过错说"的学者认为，被害人过错才是故意杀人案件中死缓适用的实质条件与正当依据。关于"被害人过错"的性质，实践中一直存在争议。有观点认为，被害人的过错在故意杀人罪中之所以能够影响死刑的适用，主要是因为它反映了被告人的主观恶性较小，而主观恶性是被告人对自己行为及社会危害性所抱的心理态度，在一定程度上反映了被告人的改造可能性。① 有观点认为，学理上与实务中常将被害人过错归入"不是必须立即执行"，而这样的安排并不合理，因为被害人过错属于"罪行"范畴，放在"罪行极其严重"的判断中更为合理。也有观点认为，被害人过错作为一种道德否定评价的印记，在包括被害人家属在内的社会公众的情感认知中具有特殊地位。社会公众的报应诉求与惩罚冲动这两种情绪的实质性弱化，才是死缓适用的实质条件与正当依据。②

上述第一种观点将"被害人过错"视为预防刑情节，因为被害人过错反映了被告人的主观恶性较小，从而在一定程度上体现了被告人的改造可能性。后两种观点都将"被害人过错"视为报应刑情节，两者区别在于：前者认为被害人过错属于"罪行"范畴，通过贯彻罪责刑相适应实现公正价值；后者则直接将被害人过错作为减轻社会公众报应

---

① 参见陈兴良：《死刑适用的司法控制——以首批刑事指导案例为视角》，载《法学》2013年第2期。
② 参见庄绪龙：《"命案"死缓适用的实质根据与司法选择》，载《中国应用法学》2017年第3期。

诉求的情节。

如果将"被害人过错"视为预防刑情节，在适用死缓时考虑被害人过错，其实就是转向以功利导向为主，对被告人的主观恶性和被改造的可能性进行考察。如果被害人存在过错，则表明被告人的主观恶性较小并具有被改造的可能性，因而对被告人适用死缓。但是，对死刑案件来说，往往有多种预防刑情节而非只有被害人过错这一种情节。这些情节中，可能既有有利情节，又有不利情节。在适用死缓时，一定要对不同指向的各个情节进行权衡。如果案件没有任何不利的预防刑情节，则可以因为案件有被害人过错而决定对被告人适用死缓。如果案件不仅有被害人过错，还存在不利的预防刑情节，则需要对这些情节进行权衡考虑，从而决定是否适用死缓。因此，在将"被害人过错"视为预防刑情节的情况下，认为被害人过错是死缓适用的实质条件的说法有失偏颇。如果将"被害人过错"视为报应刑情节，在适用死缓时考虑被害人过错，其实就是以公正导向为主，又与死缓制度的功利价值相违背。

持"宽恕说"的学者认为，死缓与死刑立即执行的界限在于其所犯罪行是否能够得到被害人的宽恕，这在实质上是以刑事和解和恢复性司法为理论基础与价值导向的。随着被害人学说和恢复性司法的兴起，也有学者提倡以报应、预防和恢复三种价值协同重构我国的"三位一体"的刑罚观。① 但是，"宽恕说"在适用死刑立即执行时，只考虑恢复性司法的价值，而忽视了公正与功利两大价值，同样是不可取的。

综上所述，从价值论视角分析，在区别适用死刑立即执行与死缓时，笔者倾向赞成"人身危险性说"，即对死刑案件来说，自首未必免死。法官在决定是否适用死刑时，应从主客观两个方面进行考察。当罪行达到"极其严重"这个界限的时候，就具备了适用死刑的基本条件。此时，不管罪行是"极其严重"，还是比"极其严重"更严重，都不影响死缓和死刑立即执行的适用。在这种情况下，应当以功利导向为主，对行为人的人身危险性进行考察，对罪行极其严重且存在极大人身危险性的行为人，可适用死刑立即执行；对罪行极其严重但人身危险性并非极高的行为人，则适用死缓。自首作为犯罪后的表现只是量刑时考虑的表明行为人人身危险性的情节之一，如果还有其他表明行为人人身危险性的因素，要对不同指向的各个情节进行权衡，考察不利情节与有利情节之间能否相互抵销。如果不利情节在权重上完全超越了自首情节，如手段极其残忍等，即使有自首情节，也可适用死刑立即执行。

具体到"百香果女童被害案"中，也要先从主客观两个方面进行考察，判断被告人的罪行是否达到"极其严重"。该案中，杨某毅为发泄私欲，经预谋后持刀在被害人必经之地守候，强行劫持被害人到山上，实施了掐颈、用刀挑破眼珠、捅刺颈部、强行奸淫、将被害人套袋踢滚到山下、将被害人浸入水坑等行为，致被害人死亡并藏匿尸体，犯罪动机极其卑劣，手段特别残忍，情节特别恶劣，犯罪后果极其严重，具备适用死刑的基本条件。② 在这种情况下，再以功利导向为主，对被告人的人身危险性进行考察。该案

---

① 孙道萃：《我国刑罚目的理论的重构：基于普遍正义观的立场》，载《南昌大学学报（人文社会科学版）》2012年第6期。
② 参见（2020）桂刑再6号刑事判决书。

中，被告人杨某毅在侦查人员将其作为怀疑对象进行询问时否认犯罪，后迫于侦查声势的巨大压力，才在其父规劝、陪同下投案，且到案后无实质性悔罪表现。另外，杨某毅在案发前有多次实施骚扰、猥亵未满十四周岁幼女的行为，对被侵犯的未成年人身心造成严重伤害，严重危害社会公众安全，具有极大的人身危险性，应适用死刑立即执行。

4. 影响自首从宽的具体因素

在判断自首是否影响死刑立即执行时，还必须考虑自首的具体情节，即影响自首从宽的具体因素。司法实践中遇到的自首情节比较复杂，应当具体分析、区别对待。在案件犯罪事实、性质、情节和危害程度相同或相似的情况下，不同的自首情节对量刑的影响也不一样。"百香果女童被害案"中，被告人杨某毅的自首就具有一定的复杂性。杨某毅系在公安机关已掌握一定线索并对其排查询问后迫于压力而投案；虽交代了强奸致人死亡等主要犯罪事实，但对有关强奸的部分重要事实予以隐瞒；虽然认罪，但原审、再审及死刑复核期间并未实质悔罪；其投案虽对案件侦破起到积极作用，但并未达到至关重要的程度。[1] 这些具体因素都会对自首从宽产生一定的影响。

第一，自首动机与悔罪的程度等，都是影响自首是否从宽的重要因素。这与公正价值和功利价值都有关系。自首并不必然意味着犯罪人悔罪，也不必然体现犯罪人人身危险性降低，要综合考察自首的动机、时间、方式等情况，考虑从轻幅度。从司法实践看，自首者的心理大体上可以分为两类：一类体现了犯罪分子的悔意，包括认罪、悔罪和赎罪等心理；另一类不能体现犯罪分子的悔意，包括压力情势下的被迫心理、逃避惩罚的自保心理、毫无悔意的绝望心理等。自首者不同的心理类型及心理层次，表明了其犯罪后的悔悟程度，从而反映了其可改造的程度及人身危险性的大小，并在一定程度上影响从宽处罚的幅度。如果被告人在犯罪前即为规避法律、逃避处罚而准备自首的，或者犯罪后迫于打击犯罪活动的形势而自首一部分罪行并意图逃避另一部分罪行的，或者归案后态度恶劣、毫无悔罪之意，经反复教育仍无济于事的，即使犯罪人有自首情节也不表明其人身危险性明显降低，也可以考虑判处其死刑立即执行。[2]

第二，自首从宽一般体现了犯罪人较轻的人身危险性，并节约了司法资源。这两个方面虽然都体现了功利主义，但它们对死刑案件的影响程度又不尽相同。特别是在一些案件中，因为有了犯罪嫌疑人的交待，侦查机关才获得重要证据，从而使案件侦破成为可能。在这种情况下，更有必要对自首这两个方面的价值进行权衡比较。例如，有三起案件在犯罪事实、性质、情节和危害程度方面相同或相似。第一起案件中被告人 A 有自首情节，且有悔罪表现。在 A 自首之时，侦查机关并未真正掌握案件的关键证据或相关线索。第二起案件中被告人 B 有自首情节，且有悔罪表现。但在其自首之时，司法机关已掌握了案件主要证据，并且知道了犯罪行为系 B 所为。第三起案件中被告人 C 也有自首情节，但其自首行为系经家人规劝，没有真诚悔罪。在 C 自首之时，侦查机关并未真正掌握案件的关键证据或相关线索，如果没有 C 的自首，侦查机关通过自己的查证活动难以获取这些重要证据。在这三起案件中，自首对案件从宽的影响程度显然具有较大的

---

[1] 参见（2021）最高法刑核 78493152 号刑事裁定书。
[2] 参见高铭暄主编：《刑法学原理（第三卷）》，中国人民大学出版社 1994 年版，第 361~362 页。

差异：被告人 A 自首的从宽幅度要大一些；被告人 B 自首的从宽幅度要略小一些；被告人 C 自首的从宽幅度最小。也就是说，如果犯罪人自首且有悔罪表现，对案件从宽的影响要大于犯罪人自首对案件侦破的帮助。从司法机关发布的一些司法解释和司法实践看，不难得出这一结论。

特别要指出的是，2021 年 7 月实施的《最高人民法院、最高人民检察院关于常见犯罪的量刑指导意见（试行）》（以下简称《指导意见》）在自首从宽问题上，将自首者有无悔罪表现及悔罪程度作为重要的判断因素，给予了更高的价值位阶。《指导意见》规定："对于自首情节，综合考虑自首的动机、时间、方式、罪行轻重、如实供述罪行的程度以及悔罪表现等情况，可以减少基准刑的 40%以下；犯罪较轻的，可以减少基准刑的 40%以上或者依法免除处罚。"由此可见，自首情节的适用及对量刑的影响程度需要综合考虑自首的动机、时间、方式、罪行轻重、如实供述罪行的程度以及悔罪表现等多种因素。这些因素中，有的能直接反映自首者有无悔罪表现及悔罪程度；有的既能反映自首者悔罪情况，也能反映对司法资源的节约情况。可以说，反映自首者悔罪情况的因素占了绝对的比重，决定了自首者有无悔罪表现及悔罪程度在影响自首从宽的具体因素中占有最高的价值位阶，应该成为自首情节影响量刑时的首要和主要考虑因素。

具体到死刑案件中，自首从宽原则的适用从来都是十分谨慎的，而对自首节约司法资源是否能影响死刑立即执行，则应更加慎重。对此，有观点认为，自首如果对节约司法资源有较大意义，可以成为影响死刑适用的重要情节。在一个通常情况下应当判处行为人死刑的故意杀人案中，如果行为人在自己还没有被司法机关发现时就自首的，或者在司法机关虽然已经发现行为人是谁却无法随时抓获行为人时就自首的，那么，就不应当判处行为人死刑，而是应当判处无期徒刑或者有期徒刑。如果行为人的自首对于节约司法资源而言没有实际意义，这种自首就不应当作为从轻处罚的情节。① 笔者并不认同这一观点。一是自首可以影响死刑适用的观点，实际上是认可了以功利价值为主来决定死刑的适用。这与前文所述死刑适用须以公正为首要价值的导向相违背。自首作为预防刑情节，只能是影响死刑立即执行的情节之一，不能成为影响死刑适用的情节。二是即使自首可以影响死刑适用，与节约司法资源的价值相比，自首所体现出的悔罪价值更为重要。在判定是否适用死刑立即执行时，首先要考虑的是自首者是否有悔罪表现，然后在此基础上再看自首在节约司法资源方面的价值，而不宜单独或首先考虑自首对节约司法资源的价值。

### 三、"自首免死"问题的司法出路

关于"自首免死"问题，理论界和司法实践之所以存在一些争议，主要是因为我国刑法虽然规定了自首可以从轻或减轻处罚，但并没有进一步明确死刑案件中如何适用自首情节，从而给法官留下了较大的自由裁量权。在上文厘清了"自首免死"问题学理之争的基础上，下面将通过借鉴域外相关经验，从三个方面探讨解决"自首免死"问题的

---

① 参见冯军：《死刑适用的规范论标准》，载《中国法学》2018 年第 2 期。

司法出路。

(一) 完善"阶梯型"自首量刑规范

刑法上创设自首制度的主要目的在于鼓励犯罪人悔悟迁善,从而实现刑法的特别预防目的。同时,自首还起到节省司法资源、分化犯罪人的目的。《指导意见》虽然对自首犯的量刑作出了相关规定,但在实践中可以进行进一步细化。

第一类:犯罪人自动投案且如实供述的,可以减少基准刑的40%以下;但为情势所逼而投案自首,且没有悔意的,一般减少基准刑的20%以下。

第二类:犯罪人自动投案并如实供述,且对破案有重大帮助的,可以减少基准刑的40%以上,一般不超过基准刑的60%。

第三类:犯罪较轻的,可以减少基准刑的40%以上或者依法免除处罚。

例外情况:恶意利用自首规避法律制裁等不足以从宽处罚的除外。

特殊情况:死刑案件的自首量刑,不适用于上述一般规定,而另行规定,死刑案件的自首量刑应该更加谨慎。

(二) 明确自首情节对死刑立即执行的合理影响

在通过司法文件明确规定自首情节影响量刑的一般原则后,建议进一步研究自首情节是如何影响死刑适用,特别是死刑立即执行的适用。

既然行为人的人身危险性是决定适用死刑立即执行与否的关键因素,那首先需要明确的是如何考察和判断行为人的人身危险性。一般来说,有两大类因素能反映行为人人身危险性程度:一是行为事实可以反映其人身危险性,此类事实一般包括行为性质、作案手段、行为对象、危害结果、行为动机、犯罪起因是否有预谋等;二是人身因素也能反映其人身危险性,此类因素一般指罪前或罪后的情节,包括行为人是否累犯或再犯、有无犯罪前科、平时的一贯表现、是否存在自首、立功或坦白的情节、是否进行赔偿以及认罪悔罪态度等。

根据情节指向的不同,这些反映人身危险性的因素又可以分为两种类型:一是有利于被告人的情节,如行为人自首、立功、坦白、积极赔偿、认罪悔罪等;二是不利于被告人的情节,如犯罪情节特别恶劣、手段特别残忍、后果特别严重等。自首作为犯罪后的表现只是量刑时考虑的表明行为人人身危险性的情节之一。如果还有其他表明行为人人身危险性的因素,则需要对不同指向的各个情节进行权衡,考察不利情节与有利情节之间能否相互抵销。具体来说,可以根据案件是否存在犯罪情节特别恶劣、手段特别残忍、后果特别严重等不利情节,区分两种情况来考虑。

1. 存在犯罪情节特别恶劣、手段特别残忍、后果特别严重等不利情节的案件

(1) 除自首情节外没有其他从轻情节的,一般不考虑因为具有自首情节而改判处死缓;

(2) 如果被告人不是出于悔罪,而是被迫无奈或者逃避严惩等原因而自首,又没有其他从轻情节的,不得因为具有自首情节而改判死缓。

## 2. 不存在犯罪情节特别恶劣、手段特别残忍、后果特别严重等不利情节的案件

（1）对于那些出于真诚悔罪而自首的被告人，一般不判处死刑立即执行；

（2）除了自首情节外，还具有其他酌定从轻情节，又没有其他法定、酌定从重情节的，一般不判处死刑立即执行。

司法实践中，如何判定案件存在犯罪情节特别恶劣、手段特别残忍、后果特别严重等不利情节，也是特别重要的一个问题。一般情况下，可以从以下多个方面加以考虑：犯罪对象方面的杀死多人（3人以上）、杀死特定对象（国家或外国政要、执法人员、无防护能力者、近亲属、被看护人等）、破坏重大公共设施而造成严重后果等、犯罪手段方面的极其残酷（斩首、肢解、折磨致死等）、犯罪时空方面的特殊因素（如重大灾害疫情时期的恶性犯罪、重要场所的恶性犯罪）等。

### （三）重视自首情节之刑罚适用的裁判文书说理

在死刑案件的审判工作中，被告人自首的认定以及自首情节如何影响死刑立即执行的适用，往往是案件的关键争议点，需要在裁判文书对此进行充分、详细的说理，阐述相关争议点，重点分析自首的动机及其反映出来的犯罪人悔罪表现等，并结合案件的犯罪情节、手段及后果，并阐述这些因素对死刑立即执行的影响。

以日本为例，日本法律并没有规定明确的死刑标准，主要是通过判例来明确死刑适用标准，主要靠法官自由裁量。如日本"电锯杀人狂"案①，被告人池田容之杀害2名男性后用电锯碎尸弃尸，被控犯抢劫、杀人等9项罪名。被告人将求饶的被害者用电锯生生斩首，手段极其残忍。辩护律师以池田容之因涉毒案被捕后主动交代了杀害2人为由，希望能使其免于死刑。法庭则认为效果不大，以"自首的效果并不大，不可过于高估"为由予以驳回，并表示"虽然被告人表达了道歉和反省之意，但也只不过是终于恢复了人性而已"，仍认定其"残忍无人性，不得不处以极刑"。

由此可见，裁判文书说理时应当尽量避免用语大而无当，而是在以下部分多用笔墨：一是详细说明被告人的自首认定情况。二是分析被告人自首的动机、时间、方式、如实供述罪行的程度、悔罪表现、对案件侦破所起到的作用等情况。例如，自首是否为情势所迫，是否出于悔悟，是否体现出被告人较小的人身危险性，是否对案件侦破起到关键作用。三是结合案件的犯罪情节、手段及后果，阐述这些因素对死刑立即执行应有的合理影响。

## 结　语

受到广泛关注的问题，通常也是包含价值冲突最多的问题。"自首免死"是一个法律问题，但正是其中包含的不同价值追求，使"自首免死"问题复杂起来。如何在死刑制度和自首制度所共同具有的"公正"和"功利"两种价值追求之间寻找到平衡点，便成为裁判结果是否公正的关键。对于自首是否免死的问题，一定要对各种情况进行"价值

---

① 被告人池田容之杀害2名男性后用电锯碎尸弃尸，被控犯抢劫、杀人等9项罪名。被告人将求饶的被害者用电锯生生斩首，手段极其残忍。参见《日本"电锯杀人狂"将2男子斩首碎尸 法院判死刑》，载 http://www.chinanews.com/gj/2010/11-16/2659835.shtml，2020年5月31日访问。

定位",然后根据不同情况,区别对待,使刑罚的适用既有实践基础,又有学理支持,更有价值导向。当然,在办理具体案件时,除了考虑案件本身的价值取向外,还要考虑人民群众的公平正义观念,平衡好被害人感受、被告人感受和社会公众感受。只有这样,才能真正更好地贯彻"保留死刑,严格控制和慎重适用死刑"的死刑政策,有力推进我国死刑制度科学发展的进程。

# 非法集资案件特征、趋势及防范分析研究

## ——以全国十年间非法集资案件审理数据为样本

### 上海市第一中级人民法院课题组[*]

为有效服务社会治理，降低国家金融风险，最大限度保障人民群众合法权益，课题组以全国法院非法集资案件数据为研究样本，对此类案件基本情况进行要素式分析；同时赴上海等地方金融监督管理局开展调研，了解金融监管范围、监督机制以及数据来源，并就近年来较为突出的互联网集资模式、"爆雷"平台及金融产品特点进行探讨，梳理了金融监管过程中存在的普遍难题。此外，还通过实地走访、资料查询等了解、学习了上海"智慧经侦"风动系统、北京"冒烟指数"预警云平台以及深圳"灵鲲"金融风险监管平台的运行机制。上述调研过程为课题组全面、准确地归纳非法集资案件特征、趋势，深入挖掘该类案件频发的原因，以及提出防范非法集资的可行性建议打下坚实基础。

## 一、非法集资案件审理情况的实证考察

为保障全面、精准地反映非法集资案件所呈现的特征及趋势，课题组依托大数据、自然语言处理等技术，对全国法院2009年1月1日至2019年6月30日审结的非法集资刑事案件（涉及非法吸收公众存款罪和集资诈骗罪）裁判文书进行信息提取和建模分析，并从案件基本情况、当事人、量刑情况三个方面提取了61个信息点[①]，通过对前述数据进行解构、挖掘，非法集资犯罪在案件数量、涉案范围、犯罪主体、集资方式与渠道、涉案金额及去向、追赃挽损、刑罚措施等方面呈现出以下特征及趋势。

### （一）案件数量持续上升，特大案件不断增多

2009年1月1日至2019年6月30日，全国法院审结非法集资一审刑事案件共计

---

[*] 课题组成员：黄祥青、汤黎明、周强、余剑、李长坤、于书生、张亚男、郑天衣、金辉、沈政权、朱奇、全丹鹰；主要执笔人：李长坤、张亚男。本文系最高人民法院第四届司法大数据专题协作《非法集资案件特征、趋势及防范分析》节选成果。

[①] 案件基本情况包括：案号、案由、审理法院、审级、立案日期、结案日期、审理天数、结案方式、判决结果、涉外情况、涉港澳台情况、自然人犯罪、单位犯罪、集资持续时间、集资名目、集资渠道、承诺利率、涉案金额、损失金额、退赔金额、资金去向、集资参与人数量、查扣财产情况、政府背书情况、主流媒体宣传情况；当事人信息包括：被告人、被告单位、性别、国籍、民族、出生日期、文化程度、职业、公司类型、职务层级、户籍地、居住地、住所地、是否金融从业人员、是否公职人员、前科、累犯、自首、坦白、立功、共同犯罪、主犯、从犯、强制措施；量刑情况包括：罪名、主刑类型、主刑刑期、缓刑、缓刑考验期、附加刑、罚金、罚金数额、没收财产、没收财产数额、剥夺政治权利、剥夺期限。

17077 件,包括非法吸收公众存款案 14100 件（82.57%）,集资诈骗案 2103 件（12.31%）,双罪名案件 874 件（5.12%）。其中,2009 年至 2013 年案件数量较少,分别为 8 件、19 件、36 件、163 件、826 件;① 2014 年至 2017 年,案件绝对数量明显增长,分别为 1730 件、2926 件、4095 件、4297 件;2018 年至 2019 年 6 月 30 日,共计审结 2977 件。② 整体上看,案件数量呈持续上升趋势,但经过一段时间的高速增长后,增速趋于放缓。同时,自 2015 年始,涉案金额超百亿元的特大规模案件不断增多,如"e 租宝案""泛亚案""中晋案""快鹿案""钱宝网案""团贷网案"等相继案发,社会影响恶劣。

（二）涉案范围遍及全国,重灾区域相对集中

2009 年 1 月 1 日至 2019 年 6 月 30 日,全国各省、自治区、直辖市法院均审理过非法集资案件。审结量排名前十的省市依次为河南、河北、江苏、浙江、福建、上海、山东、四川、广东、湖南,分别为 2159 件、1923 件、1715 件、1626 件、1051 件、1032 件、914 件、720 件、604 件、593 件,占比依次为 12.64%、11.26%、10.04%、9.52%、6.15%、6.04%、5.35%、4.22%、3.54%、3.47%,共计审结 12337 件,占全国案件量的 72.24%。上述省市均位于我国东部沿海地区或中西部经济相对发达的地区,是非法集资的重灾区。陕西、安徽、山西、江西、湖北等中西部省份案件量也不断增长,成为新的多发区域。

特大规模案件集中发生在一线城市或省会等经济发达城市,如北京"e 租宝案"、昆明"泛亚案"、上海"中晋案""快鹿案"、南京"钱宝网案"、东莞"团贷网案"等。相关涉案公司借助互联网平台,在全国各地设置分支机构,层级扩张快,集资规模大,总公司一旦发生兑付危机,与其相关联的各地系列案件也随之爆发。

（三）借助公司形式集资,中高层为打击重点

2009 年 1 月 1 日至 2019 年 6 月 30 日,全国审结的非法集资案件中,单位犯罪 5097 件,占比 29.85%;自然人犯罪 11980 件,占比 70.15%,其中以单位名义实施但以自然人犯罪处理的案件 11136 件,占全部案件的 65.21%。

单位犯罪案件中,超六成被告单位以投资理财为名从事各类金融业务;特大规模案件还涉及大量分支机构和关联单位,层级复杂,专业化、集团化特征明显。如"大大宝案",被告单位上海申彤投资集团有限公司通过下设的申彤大大公司在全国 28 个省（市）设立各级分支机构共计 5100 余家,发展员工近 10 万人,组建"申彤系"销售网络发售理财产品。从非法集资持续时间看,1 年以下、1~3 年、3~5 年、5~10 年、10 年以上的案件数量分别有 125 件、10656 件、3450 件、1452 件、273 件,占比分别为 0.78%、66.78%、21.62%、9.1%、1.71%。③ 非法集资持续五年以上时间的案件占比超 10%。

全国审结的非法集资案件共涉及被告人 28943 名。从年龄看,18~29 岁占比 13.63%;

---

① 《最高人民法院关于人民法院在互联网公布裁判文书的规定》于 2014 年 1 月 1 日正式实施,在此之前的裁判文书没有明确的上网要求,故 2009 年至 2013 年的案件数量与实际情况相比会有较大出入。
② 由于全国法院于 2018 年、2019 年审结的部分案件文书还未上网,且统计时间截至 2019 年 6 月 30 日,故现有数据与实际审结案件量有一定出入。
③ 此处的公司既包括单位犯罪涉及的公司,也包括自然人假借单位名义实施犯罪所涉及的公司。

30~39岁占比26.86%，40~49岁占比29.01%，50~59岁占比22.06%，60岁以上占比不足9%。从文化程度看，初中及以下学历占比43.23%，高中及中专占比29.24%，大专及本科占比26.96%，硕博研究生占比0.57%。从职务层级看，有6362人系董事长、总经理、实际控制人等高层人员，20603人系中层人员，1376人系业务员等基层人员，占比分别为22.44%、72.70%、4.86%。中高层人员是非法集资活动的组织、策划、指挥者、主要实施者和主要获利者，也是刑事司法重点打击和从严惩处的对象。另有152人系非法集资再犯，社会管控存在一定疏漏。

（四）集资方式不断翻新，集资渠道转为线上

2009年1月1日至2019年6月30日，全国审结的非法集资案件中，集资名目主要有：项目投资、委托理财、直接借贷、投资入股、销售保险、股权转让、债权转让、募集基金、房产销售等，案件数量依次为8851件、4745件、3133件、2218件、1985件、1135件、1066件、480件、467件，占比分别为36.75%、19.71%、13.01%、9.21%、8.24%、4.71%、4.42%、1.99%、1.93%。2013年之前集资方式多表现为直接借贷、项目投资；后随着P2P网络借贷、私募股权投资等新型金融业态不断涌现，以债权转让、募集基金、委托理财等新型名目集资的案件比重不断上升。

从集资渠道看，通过线下方式进行集资的案件有11407件，线上2445件，线上线下相结合3225件。2013年之前，被告人主要采取线下发展模式，如推介会、传单、短信、口口相传等；后随着互联网金融的发展，集资渠道开始向"线上"或"线上线下相结合"模式转变。其中，2015年至2018年间，近四成案件采取了线上或线上线下相结合的集资渠道。相比线下集资，线上渠道使得集资更加便捷，参与人数更多，集资规模更大，跨区域特征明显，金融监管和防范打击难度也随之加大。同时，"线下"渠道也逐渐从传统的街头店面推销转为在相对隐蔽的高档楼宇开设营业场所，营造经营规范的假象，逃避金融监管。

（五）集资金额持续攀升，资金使用决策随意

2009年1月1日至2019年6月30日，全国非法集资案件涉案总额为15644.75亿元。历年涉案金额分别为11亿元、16亿元、17亿元、129亿元、802亿元、1319亿元、2585亿元、3914亿元、4487亿元、2474亿元、89亿元，①呈现持续攀升趋势，且涉案金额在1亿元以上的案件数量增幅明显。2015年以后，特大规模案件频发，集资金额动辄上百亿。例如，2015年爆发的"e租宝案""泛亚案"，集资金额分别高达762亿余元、430亿余元；2016年爆发的"中晋案""快鹿案"，集资金额分别高达400亿余元、434亿余元；2017年爆发的"钱宝网案"，融资金融高达581亿余元。

绝大部分案件的承诺收益率明显偏高；近三成案件承诺的最高年化收益率超过36%，

---

① 司法实践中很多非法集资案件系分案处理，此处根据全部裁判文书记载的涉案金额累加，可能存在重复计算的问题。同时，很多特大规模案件的裁判文书未上网，也存在一定漏算。鉴于统计时间截至2019年上半年，本年度结案的文书大多尚未上网，故涉案金额明显偏低。

存在异常明显的投资风险。接近1%的案件所承诺的年化收益率低于6%,意味着低收益率的投资也存在一定风险。资金去向方面,主要用于兑付到期本息、经营费用、项目投资以及个人挥霍等。全部案件均存在借新还旧情形,投入项目的集资款不到两成,且项目选择具有随意性。

### (六) 追赃挽损比例偏低,形成不稳定因素

2009年至2019年6月30日,全国审结的一审非法集资案件中,绝大部分案件的追赃挽损比例仅为10%至20%。此类案件往往因资金链断裂才案发,具有一定滞后性,待司法机关介入时,大部分集资款已被用于偿付高额利息、经营费用以及挥霍等,即使有项目投资,大多也处于亏损状态,故追赃挽损难度极大。同时,因返还比例远低于投资者心理预期,群访闹访事件频频发生,形成不稳定因素。

### (七) 重刑监禁刑占比高,刑罚较为严厉

2009年至2019年6月30日,全国审结的非法集资案件中,能够提取到量刑信息的被告人有28943人,被判处死刑、无期徒刑、有期徒刑及拘役实刑、有期徒刑及拘役缓刑、单处附加刑、免于刑事处罚的人数分别是3人、313人、20423人、7594人、161人、449人,占比分别为0.01%、1.081%、70.56%、26.24%、0.556%、1.555%。其中,2015年至2018年间,对集资诈骗被告人判处五年以上有期徒刑、无期徒刑刑罚的占比超过70%,监禁刑率超过90%,高于同期其他金融犯罪案件。被判处缓刑的被告人中,超九成系非法吸收公众存款罪犯。财产刑方面,899家被告单位被判罚金总额为28.58亿余元,其中,罚金在10万元以下、10万元~100万元、100万元~1000万元、1000万元~1亿元、1亿元以上区间的被告单位分别有268家、589家、35家、4家、3家,占比分别为29.81%、65.52%、3.89%、0.44%、0.33%;被告人中,28127人被判处罚金,360人被判处没收财产。在罚金区间分布上,超七成的自然人被判罚金数额在10万元以下,两成以上分布在10万元~100万元区间。

### (八) 小微企业融资困难,集资需求值得关注

小微企业①因经营困难、资金难以周转而进行非法集资的案件共86件,其中,制造业48件,销售业12件,农业11件,旅游业6件,医药业5件,教育业3件,能源业1件。小微企业在拉动经济增长、促进就业、推进技术创新等方面发挥着不可替代的作用,但在融资渠道、融资成本以及信贷支持等方面均存在劣势。银保监会数据显示,截至2018年末,全国小微企业贷款余额33.49万亿元,在总贷款余额中占比仅23.81%,无法满足小微企业的融资需求。部分小微企业在面临运营资金匮乏、通过银行等正规渠道又难以融资的情况下,不得已采取向社会公众集资的方式来维系企业发展,一旦经营失败、资金无法及时兑付,就可能被作为犯罪处理。

---

① 小微企业的范畴系根据中小企业促进法和《国务院关于进一步促进中小企业发展的若干意见》的规定予以确定。

### (九）金融从业人员、公职人员参与，公信力受损

2009年至2019年6月30日，全部被告人中有299名人系金融从业人员，113人系公职人员[①]。金融从业人员中，银行业172人、保险业80人、信用社40人、证券业6人、信托业1人，占比分别为57.53%、26.76%、13.38%、2%、0.33%。银行、保险行业的被告人占有很大比重。金融从业人员因熟知金融政策和法律法规，更容易骗取投资者信任。此外，非法集资案件也常常出现公职人员的身影，且以基层人员居多。就级别看，乡科级76人，县处级13人，其他24人；按是否在职划分，在职人员71人，退休人员42人。另外，还有89名公职人员系为非法集资人员提供职务便利而被作为受贿、挪用公款、滥用职权、玩忽职守或执行判决裁定失职等相关职务犯罪处理。

在部分案件中，还存在地方政府背书、主流媒体宣传等情况。其中，涉及政府背书案件有93件，媒体宣传40件。在特大规模案件中，有的被告单位曾获过官方颁发的省市级五一劳动奖章、"中国互联网诚信示范企业"等荣誉；有的P2P平台在全国性主流媒体刊登过软文广告；还有的公司更是自称有国资背景，能全额担保。部分投资人正是出于对地方政府、主流媒体以及具有特殊身份、职业人员的信任，才放松了警惕，甚至在爆仓之后还对平台或集资人寄予希望，政府、主流媒体的公信力因此受损。

## 二、非法集资案件频发的动因分析

非法集资犯罪诱因错综复杂。当前，此类案件呈集中爆发态势，主要是金融监管滞后、法律规制不健全、融资渠道匮乏、集资平台定位不明以及社会公众缺乏风险防范意识等多重因素综合作用的结果。

### （一）金融监管滞后，社会管控存在疏漏

在金融市场"放管服"改革中，由于监管部门对市场主体减少了事前审批和准入门槛设置，有相当数量不合规的集资平台进入市场；再加上金融监管部门之间存在监管职责不清、职能冲突等情况，对平台后续金融活动的监管又存在漏洞，遂导致一些集资平台长时间进行非法集资活动，而监管部门对其经营行为、盈亏情况长期监管失位。大部分的非法集资案件往往因资金链断裂才案发，等到司法部门介入时，可挽回的损失已十分有限。与此同时，随着金融改革创新、移动互联网技术的蓬勃发展，集资名目愈发隐蔽化、新型化，集资渠道也逐步向线上渠道转变，金融监管和防范打击难度也随之加大。

### （二）法律法规不完善，集资合法性难以界定

在现行的法律体系中，规范民间融资活动和互联网金融的法律法规特别是行政法、金融法等前置性法律法规尚不够完善，金融监管部门鲜少对集资平台运营过程中的非法行为作出前置认定，这也催化了非法集资行为的进一步蔓延，最终只能靠刑罚手段予以

---

[①] 公职人员的范畴系按照监察法的规定予以确定。

惩治。同时，P2P 网络借贷、股权众筹、私募股权投资等新型金融业态在国家相关政策的鼓励下，往往热度较高，又因法律制度、市场运行配套措施不完善，易被不法分子利用，打着"金融创新"的旗号误导社会大众，以行非法集资之实。

（三）融资投资渠道匮乏，致非法集资滋生蔓延

目前，商业银行等金融机构主要将有限的信贷资源投向国有企业和大型企业，而中小微企业在融资渠道、融资成本以及信贷支持等方面均存在劣势。部分企业在面临运营资金匮乏、通过银行等正规渠道又难以融资的情况下，急需吸收民间资金以维系企业发展；而大量的社会闲散资金在面临存款利率低、理财产品种类少的情况下，又渴望寻找收益高、回报快的投资渠道。民间借贷融资在客观上为非法集资行为的滋生提供了非正规的金融环境。

（四）从业者盲目跟风逐利，集资款去向随意

一些集资平台从业者在早期可能还抱有合法经营心态，但随着吸收资金的增加，一些平台不再甘心于充当信息中介，反而做起了存贷业务，资金池、承诺保本付息也应运而生。还有诸多从业者系看到 P2P 生意火爆盲目跟风进入市场，本身缺乏专业性，不了解 P2P 业务模式的核心与本质。不少平台从业者往往将集资钱款用于巨额的运营支出以及借新还旧，最终走上非法集资的犯罪道路。

（五）公众防范意识薄弱，容易陷入金融骗局

非法集资案件的大规模爆发，一定程度上与社会公众法律意识淡薄、风险防范能力薄弱有关。民间投资的高收益、高回报，诱发着公众的投机心理，再加上非法集资名目不断翻新，迷惑性、隐蔽性愈发增强，被害人往往难辨真伪，投资防范意识薄弱，容易陷入金融骗局。此外，一些非法集资案件还存在机关背书、国企背景、媒体宣传、名人站台等情况，有相当数量被害人正是出于对公权力、媒体以及具有特殊身份职业人员的信任，才放松了警惕。

### 三、防范打击非法集资犯罪的应对机制

人民法院是防范和打击非法集资犯罪的最后一道关口。为有效遏制非法集资犯罪，维护国家金融管理秩序，保障人民群众的合法财产权益，人民法院应当充分发挥刑事审判职能，注重协作配合，强化追赃挽损，积极开展宣传教育，多措并举防范，打击非法集资犯罪行为。

（一）实现常态审理，加强沟通协调

目前，非法集资案件呈集中爆发态势，今后一段时间此类案件的占比仍会居高不下。法院在审理非法集资案件过程中，应当充分认识到此类案件审理的复杂性与重要性，并从整体上遵循以下原则和要求：一是实现常态审理，坚持司法公开。法院要以常态化审

理为基调,节约司法资源;以公开审判为原则,实现庭审公开、判决文书公开、涉案财物处理公开,力求最佳司法效果与社会效果,以展示良好的法院形象。二是认真耐心沟通,注重释明疏导。此类案件往往涉及众多被害人、集资参与人,诉求多且杂,为缓解信访维稳压力,法院应正确对待被害人、集资参与人的合理诉求与关切,耐心细致做好解释工作,以换取被害人、集资参与人对法院工作的理解,避免人为形成对立。三是仔细研判案情,强化文书说理。非法集资案件涉案事实、要素十分复杂。法院在审查认定案件事实时,应当查明案发经过、被告单位、集资平台及涉案公司的基本情况、非法集资行为过程、非法集资相关数额与人数、集资钱款去向、各名被告人参与非法集资的情况以及查扣财产情况等事实,做到构成要素齐备、犯罪过程完整、内容表述精确,从而为案件准确定性、适用法律打下坚实基础。对于因客观原因无法查明或短期内无法查清的事实要素,要善于利用审查规则解决问题,从而保证办案质量与效率。判决文书要全面回应案件审理过程中存在的事实认定、法律适用等争议问题,敢于说理、善于说理,展现法院依法公开、公正裁判的决心与信心。四是加强沟通协调,形成工作合力。法院应加强与属地处置非法集资职能部门、党政相关部门、其他办案机关以及审计部门的协调配合,形成工作合力,共同做好案件审理、涉案财物处置和信访维稳工作。对于分别在不同法院审理的同一系列非法集资案件,不同法院之间要加强沟通协调,确保法律适用统一与量刑均衡。对于跨省域的集资诈骗案件,还应当与外省市相关职能部门及办案单位建立沟通协作机制,畅通信息共享、财物移送渠道。五是注重区别对待,突出打击重点。涉众型非法集资案件中,参与集资的被告人往往较多。各被告人在层级、岗位职责、参与犯罪数额、违法所得以及主观过错等方面存有区别,因此,法院在定罪量刑时应注重区别对待,突出打击重点,做到宽严相济、罪罚相当。非法集资案件中,有时还会出现公职人员、金融机构人员的身影。部分投资人正是出于对这些具有特殊身份或职业人员的信任,才放松警惕,故对于公职人员、金融机构人员因实施非法集资行为构成犯罪的,应当从严惩处。

### (二) 发挥司法职能,优化营商环境

部分非法集资案件中的涉案公司系中小微企业。改善中小微企业融资难现状,不断优化营商环境,有利于减少非法集资案件的发生。中小微企业的健康、可持续发展离不开法治保障。在优化营商环境的背景下,法院等司法机关应当充分发挥司法职能,努力营造能够让中小微企业安心发展的法治环境。

第一,司法机关要妥善处理中小微企业涉民间借贷案件,特别要注重刑法的谦抑性,坚决防止利用刑事手段介入经济纠纷。一方面,对于有正常经营项目,但因资金周转困难不得不向社会公众集资的案件,不宜一概作为犯罪处理。如果经营者确实将所吸收资金用于正常的实体经营项目,即使出现亏损,但只要经营者能够积极挽损且获得集资参与人谅解的,可以不作为犯罪处理;对于暂时出现困难、信用良好、仍可持续经营,未来具备还款能力的中小微企业,也不宜作为犯罪处理。另一方面,为满足中小微企业的融资需求,缓解融资压力。法院在对"职业放贷人""非法放贷行为"进行审查认定时,

同样应当持审慎态度,主要根据出借人是否取得相应资质、经营范围是否包括放贷业务、是否具有营利目的、放贷行为是否具有经常性、放贷对象是否具有不特定性等因素,依法审查认定。①

第二,公安司法机关在办案过程中,考虑到中小微企业的正常生产经营,还应当严格规范、依法审慎采取查封、扣押、冻结以及逮捕等强制措施。例如,对企业生产经营中所使用的机械设备不宜查扣;在处置涉案股权、项目等经营性资产过程中,考虑到涉案企业的部分工作人员对相关项目、股权等资产的经营状况更为了解,故可以留存部分非主要涉案人员继续配合办案机关开展财产处置工作。实践中,还存在非法集资犯罪主体所投资的企业因股权等账户被长期冻结而无法再行融资,生产经营受到严重影响的情形。对此,人民法院可以在适当的时候对涉案股权进行先行执行,避免到执行阶段再行处置时股权已大幅度贬值。

第三,法院还应当慎重审查各类金融创新交易模式,依法划定金融创新与金融犯罪的界限,既不能过于保守地将新生事物作为犯罪处理,也不能容忍那些打着金融创新旗号实施非法集资犯罪的行为。同时,还可以充分利用民商事纠纷涉诉情况、金融刑事审判大数据对中小微企业以及相关部门及时进行风险预警。对金融创新、金融监管、金融服务中可能出现的风险问题,及时进行预警分析、线索追踪并通过司法建议等形式作出警示。

### (三)重视追赃工作,探索减损机制

最大限度追赃挽损是办理非法集资案件的重要目标,也是预防不稳定因素的关键所在。目前,绝大部分案件主要依靠公安司法机关追赃减损,但实际效果并不理想。因此,有必要探索形成高效率、专业化的追赃减损机制。

一是成立涉案财产处置联合专班,做好财物追缴、变现、清退等工作。特大规模集资诈骗案件中,涉案金额动辄上百亿元,追赃挽损任务艰巨。故有条件的,可在地方党委、政府的领导下,由公安机关、检察机关、法院以及处置非法集资职能部门共同成立财产处置联合专班,形成工作合力。财产处置联合专班具体可设置财产处置组、争议裁决组、债权资产清收组、退赔发放组及信访稳定组等工作小组,各司其职,互相配合。其中,由财产处置组负责财产清运、变现、资金归集及赃款划扣工作;争议裁决组负责确定被害人名单、争议金额及涉案财产争议裁决;债权资产清收组负责制定统一的债权、投资项目清理原则、方案以及负责管理对外债权、项目;退赔发放组负责核对被害人信

---

① 最高人民法院于2020年8月20日第一次修正的《关于审理民间借贷案件适用法律若干问题的规定》第十四条明确职业放贷人的认定标准,即"未依法取得放贷资格的出借人,以营利为目的向社会不特定对象提供借款"。最高人民法院、最高人民检察院、公安部、司法部于2019年10月21日联合印发的《关于办理非法放贷刑事案件若干问题的意见》规定:"违反国家规定,未经监管部门批准,或者超越经营范围,以营利为目的,经常性地向社会不特定对象发放贷款,扰乱金融市场秩序,情节严重的,依照刑法第二百二十五条第四项的规定,以非法经营罪定罪处罚。前款规定中的'经常性地向社会不特定对象发放贷款',是指2年内向不特定多数人(包括单位和个人)以借款或其他名义出借资金10次以上。"适用该项规定时,需要注意说追诉时效的问题,对于2019年10月21日以前的非法放贷行为不以非法经营罪处罚。

息、确定受偿比例及发放款项;信访稳定组负责定期发布财产处置进度及维稳工作等事项。对于没有条件成立财产处置联合专班的集资诈骗案件,应由办案机关主导开展相关工作。最高人民法院、最高人民检察院、公安部于 2019 年 1 月颁布的《关于办理非法集资刑事案件若干问题的意见》第九条第二款明确,公检法办案机关以及处置非法集资职能部门均是继续追缴与责令退赔的主体。法院主要负责判决及执行,财产线索的查找、涉案财物的追缴到位则需要多部门协作配合。

二是在追赃减损过程中引入"第三方",参与涉案财产追缴、处置工作。由于涉案股权、项目等经营性资产的处置技术性、专业性较强,远非公安、法院的人力、物力所能胜任,故可参照破产管理人制度,引入律师、会计师、审计师、资产评估师等专业人士作为"第三方管理人",以充分发挥管理人的专业性与独立性。引入"第三方管理人"还需完善一系列配套制度。在管理人的选任上,可采用被害人代表选任或办案机关指定的方式进行;对于管理人的报酬,原则上应当根据涉案财物的处置进度和履职情况分期支付,案发地政府财政部门应承担一定的基础费用,后续可考虑从追缴钱款中给予管理人一定激励;在监督方面,可以建立起办案机关、被害人以及集资参与人代表多方监督机制,主要监督管理人是否尽到善良管理人的注意义务、是否存在违法失职行为等。此外,境外资产追缴一直是难点问题。对此,可鼓励相关投资主体在司法机关的监督和指导下主动处置并回流资金;对于自行处置有障碍的,应根据我国与相关国家缔结的相关条约或者有关国家的国内法,灵活采用司法协助手段予以处置、追缴;必要时,可聘请专业律师与当地司法机关、涉案项目管理人员进行沟通、处理。

三是必要时可适当恢复集资平台的贷款催收功能,由公安司法机关监管催收团队依法依规推进集资平台贷款催收工作。其一,在案件查处初期,可适当保留或恢复网络平台的贷款催收功能,并在办案机关的监督下推进集资平台的催收工作。对于逾期借款人,由催收团队定期在平台发布催缴公告及名单,督促尽快结清借款;对于恶意逃废债借款人,由相关部门集中开展失信惩戒处理。东莞的"团贷网案"在追赃过程中即恢复了集资平台的催收团队及功能,追赃效果较为显著。[①] 其二,对于明知或者应当明知借款源于非法集资款的,办案机关可以直接追缴。实践中有一次性出借数亿元甚至超十亿元的情形,一般可考虑直接予以追缴。其三,必要时,可委托律师事务所等第三方社会中介机构,对已到期债务通过民事途径追缴。第三方社会中介机构的报酬可参照上文中提到的第三方管理人的报酬制度。

(四) 加强宣传教育,提高防范意识

非法集资案件的大规模爆发,一定程度上与社会公众法律意识淡薄、风险防范能力薄弱有关。对此,地方各级政府应联合各行各业广泛开展宣传教育,提高社会公众的风险防范能力。

---

① 广东省东莞市中级人民法院受理的"团贷网"案在追赃挽损过程中即恢复了集资平台的催收团队及功能,截至 2020 年 6 月 15 日,已经累计收回平台出借资金 37.34 亿元人民币。详情参见东莞市公安局微信公众号 6 月 15 日发布的"团贷网"案件侦办和追赃挽顺等工作的情况通报。

人民法院作为法治宣传的窗口和平台，在办好非法集资案件、处置好涉案财产的同时，还应当肩负起法治宣传的重任，建立常态化的宣传教育机制。

第一，可以充分利用庭审平台、信访平台开展警示教育。庭审、信访接待是法院办案人员与非法集资案件被害人、集资参与人直接接触或对话的窗口。在与被害人代表沟通过程中，我们发现，有部分被害人对被告人还心存幻想，对其所构建的经营模式或经营项目依然充满信心；同时，有不少被告人在庭审过程中也会鼓吹自己还有盘活资金的能力和机会，以博取被害人的信任。对此，法院办案人员应当充分利用庭审、信访接待这两个重要窗口，引导被害人看清、看透非法集资犯罪行为的本质，避免再次陷入非法集资陷阱。

第二，有效利用互联网、微信、微博、抖音、电视、纸媒等各类媒介或载体，以法律法规解读、典型案例说法等方式，在企业、社区、学校等广泛开展警示教育和风险提示，从而帮助人民群众提高识别、防范非法集资的意识和能力。目前，上海市第一中级人民法院已经通过"欣法官"讲案例、"小剧场"演案情、"微课程"专栏讲法律等方式，就防范非法集资犯罪等行为积极开展宣传教育活动，并取得了良好的社会效果。

第三，在查办非法集资案件过程中，还可通过开通网上信息登记渠道，了解被害人、集资参与人的身份信息、文化程度、职业情况等，并从中梳理出多发群体的特征，从而有针对性地开展警示教育工作。同时，还应当与银行等金融机构形成合力，告诫投资者通过正规渠道购买理财产品，引导投资者理性投资。

# 非法集资涉案财物处置之现实困境及应对思路

## ——以北京市2016—2020年审结的1974件非法集资案为样本

石 魏[*]

非法集资是指违反国家金融管理法律规定，向社会公众（包括单位和个人）吸收资金的行为，实践中，最常见的罪名是非法吸收公众存款罪和集资诈骗罪。非法集资犯罪除了侵犯投资人、被害人财产权益之外，还严重影响社会稳定及信用体系，极易导致群体性、暴力性事件的发生。司法裁判过程中，由于非法集资涉案财物证明标准、举证责任模糊、第三人缺乏参与途径、投资人诉讼权利不明确，导致此类犯罪的惩治备受理论界、实务界的质疑，不但未能有效地遏制非法集资的蔓延趋势，而且严重影响法律的统一性及威慑力。本文在对北京市2016—2020年审结的1974件非法集资案件实证分析基础上，对实践中突出的涉案财物处置问题进行总结、剖析，进而提出有针对性的应对举措，以供司法实践参考。

### 一、以案为本：实证分析非法集资案件司法现状

#### （一）非法集资案件呈现"三多"趋势，职业化、专业化趋势明显

"三多"趋势具体表现为涉案当事人多、案件数量多、涉案金额多。2016年北京地区审结非法集资案114件、被告人446人、涉案金额346亿元；2019年涉案数量高达749件、被告人多达2239人、涉案金额达到2748亿元；2020年因为疫情原因，涉案数量为484件、被告人为1448人、涉案金额为1984亿元。案件数量平均年增长率约为110%，涉案被告人平均年增长率高达40%，无论案件数量、涉案金额，还是被告人人数均有显著增加。其中，2016—2020年非法吸收公众存款案件1673件，达到总数的84.8%，涉及15个区的基层法院；集资诈骗案件301件、被告人1233人，涉及12个区的基层法院、3个中级法院（见图1）。非法吸收公众存款案件数量最多的法院依次为朝阳法院、东城法院、海淀法院、丰台法院（见表1）；集资诈骗案件数量最多的5家法院依次为朝阳法院、三中院、二中院、海淀法院、一中院，案件数量分布为137件、38件、26件、19件、15件。样本判决中，涉案金额在10亿元以上的为91件，1亿元至10亿元的为948件，1000

---

[*] 作者单位：北京市东城区人民法院。

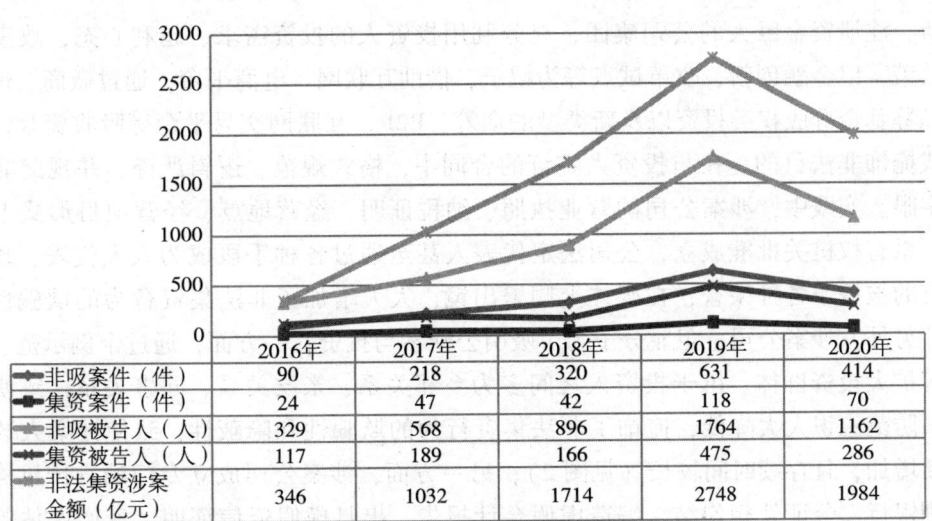

图 1  2016—2020 年非法集资案件"三多"情况

万元至 1 亿元的为 426 件,1000 万元以下的为 509 件,总计涉案金额在 1 亿元以上的案件占到总案件数的 52.6% 以上。投资人人数更是屡创新高,如 "e 租宝"案件,涉案投资人高达 90 余万人。涉案公司内部,呈现横向和纵向的组织架构:横向方面,公司内部既有业务部、宣传部、还有财务部、后勤部等;纵向方面,组织体系呈现金字塔形的架构,分工明确、组织严密,最上层的组织者、领导者负责公司的总体构建、财务、人事管理、合同拟定等,中层领导者上传下达,如区域经理作为中层领导者,负责该区域的非法集资活动、筹建办事处、给业务员发放工资、提成、奖金等,而业务员不断交流学习、提升非法集资手段,呈现职业化、专业化的明显趋势。

表 1  2016—2020 年非法吸收公众存款案件数量最多 4 家法院具体情况

| 年份\法院 | 朝阳法院 | 东城法院 | 海淀法院 | 丰台法院 |
|---|---|---|---|---|
| 2020 | 193 | 41 | 31 | 34 |
| 2019 | 382 | 93 | 31 | 10 |
| 2018 | 214 | 27 | 16 | 6 |
| 2017 | 141 | 22 | 10 | 8 |
| 2016 | 163 | 3 | 4 | 2 |
| 总和 | 1093 | 186 | 92 | 60 |

(二)犯罪手段多样,诱惑性强、欺骗性大

犯罪分子多以公司为载体实施犯罪,相对于个人而言,公司信用更高、欺骗性更强,尤其是貌似实力雄厚、存在严密组织体系、办事人员众多、坐落在一线商圈、有独立经营场所、注册资金巨大的公司集团,充分利用投资人的投资需求、趋利心态,故意歪曲国家政策,以金融创新、改革试点等为幌子,借助互联网、电商平台,通过微商、信托产品、私募基金等股权类投资以及新类型的众筹、P2P、互联网交易平台等吸收资金,以合法形式掩饰非法目的。在与投资人签订的合同中,格式规范、逻辑严谨,并规避非法集资等字眼。实践中,涉案公司的营业执照、纳税证明、经营地点、经营项目形式上合法有效,系有权机关批准成立,公司法定代表人甚至通过各种手段成为人大代表、政协委员,有的被授予各种荣誉,在媒体上频繁出镜,大大增加了非法集资行为的欺骗性、迷惑性。另外,涉案公司、犯罪分子为了吸引公众参与投资,一方面,通过个例示范、口口宣传等扩大投资群体。由于投资人之间多为乡邻关系、亲友关系、同事关系,致使心理戒备、防范意识大大降低,掩饰了非法集资行为的欺骗性和隐蔽性,致使涉案人数及数量不断增加,且存续时间较长(见图2);另一方面,涉案公司成立专门的宣传机构,并与个别银行、公证处相勾结,编造虚假会计报告、出具虚假资信证明、资产评估等,将吸收资金模式由商品营销、养殖、造林等"实体经济"转向理财、众筹、虚拟货币等"资本运作"模式,诱惑性强、迷惑性大。

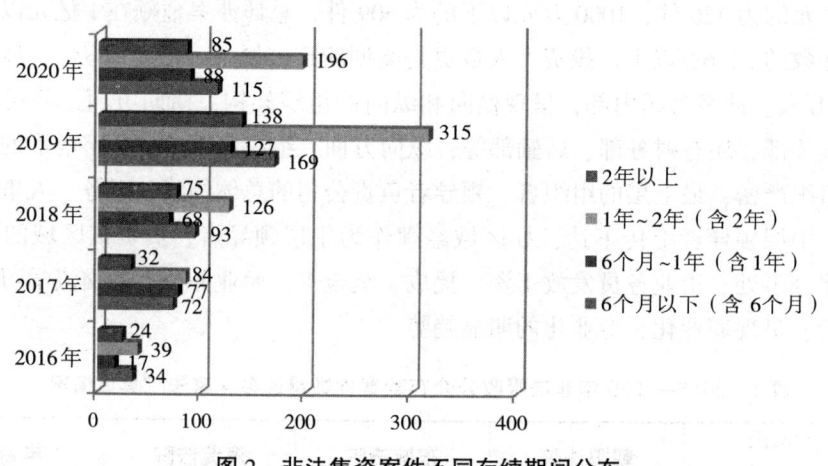

图2 非法集资案件不同存续期间分布

### (三)刑罚惩治力度不足,证据收集缺乏有效配合

对非法集资案件,除需对被告人严加惩治之外,还要尽力恢复被损害的社会关系、退赔投资人(被害人)经济损失,但通过对北京市近五年审结的1974件非法集资案件进行研究,发现具有退赔情节的案件为1245件,退赔比例在50%以上的仅有39件,20%到50%的为86件,10%~20%的为134件,10%以下的为986件(见图3),退缴比例严重偏低,投资人权益无法得到有效保障,重要原因在于总体刑罚较轻、惩治力度乏力、缺乏独立涉案财物处置程序。

在被惩处的5952名被告人中,判处5年以下有期徒刑(实刑)的被告人为3413人,占涉案总人数的57.3%;缓刑比例高达23.9%,总体量刑过轻(见表2),总退缴比例不到涉案金额的14%。而在跨区域非法集资案件中,各地侦查机关各自为政,对掌握的信息、线索、证据没有建立共享机制,案件侦办存在推诿现象,异地证据收集、查封、扣

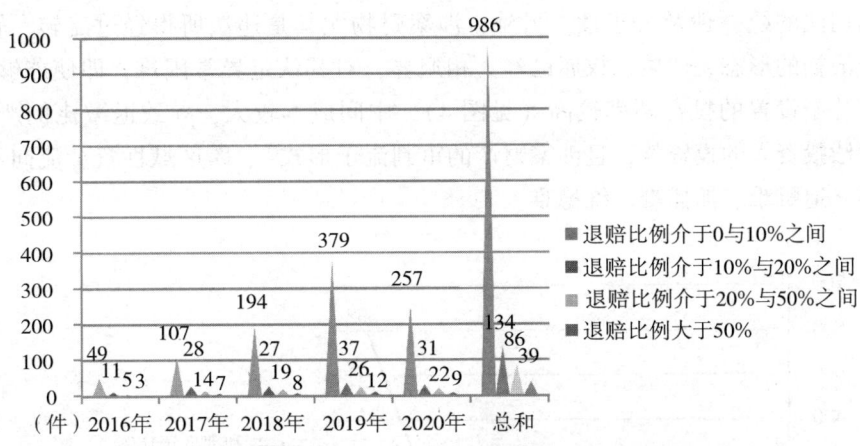

图3 退缴比例区间（以1245件有退缴情节案件为样本）

押、追赃缺乏有效配合，严重影响涉案财物的查控、处置，导致量刑畸轻且退缴力度不足，被告人出狱后，利用违法所得往往重操旧业、变本加厉，严重损害公民的财产权益及国家的金融管理秩序。

表2 5952名被告人惩处情况

单位：人

| 年份<br>惩处情况 | 2020 | 2019 | 2018 | 2017 | 2016 | 总和 | 占总数比重 |
|---|---|---|---|---|---|---|---|
| 刑期≤3年 | 467 | 687 | 343 | 242 | 195 | 1934 | 32.5% |
| 3年<刑期≤5年 | 425 | 471 | 266 | 183 | 134 | 1479 | 24.8% |
| 5年<刑期≤15年 | 244 | 248 | 197 | 135 | 51 | 875 | 14.7% |
| 无期徒刑 | 33 | 41 | 31 | 14 | 6 | 125 | 2.1% |
| 缓刑 | 255 | 735 | 214 | 168 | 52 | 1424 | 23.9% |
| 免予刑事处罚 | 1 | 0 | 2 | 7 | 0 | 10 | 0.2% |
| 单处罚金 | 9 | 39 | 5 | 0 | 8 | 61 | 1% |
| 单位犯罪 | 14 | 18 | 4 | 6 | 0 | 42 | 0.7% |
| 中止审理 | 0 | 0 | 0 | 2 | 0 | 2 | 0.03% |

（四）法律关系复杂，涉案财物处置困难

实践具有多样性、复杂性，刑民交织、法律关系复杂，案发后，既有当事人意图通过民事诉讼维护权益，也有当事人希望通过刑事裁判追缴投资款，致使对于类似行为，不同地区、不同法院、不同承办人存在法律认识差异（此罪与彼罪、刑事与民事），甚至定性错误（罪与非罪），既可能将一般的民间借贷上升为刑事犯罪予以惩治，还可能将刑事犯罪与民事行为混淆，亦可能将本应刑事处罚的行为以行政处罚或其他罪名予以代替，严重影响司法的统一性及公正性。另外，涉案财物尤其是违法所得经过流转、转化、混同等，与最初的形态、性质、权属已经大相迥异，对其认定异常困难，即使能够被追缴，鉴于犯罪分子设置的投资利率较高（见图4）、中间成本较大，导致退缴比例严重偏低，不足以清偿投资人的投资款，且涉案财产的审判流于形式①、跨区域性资金流向不明确导致取证难、追赃难、抓捕难、维稳难。

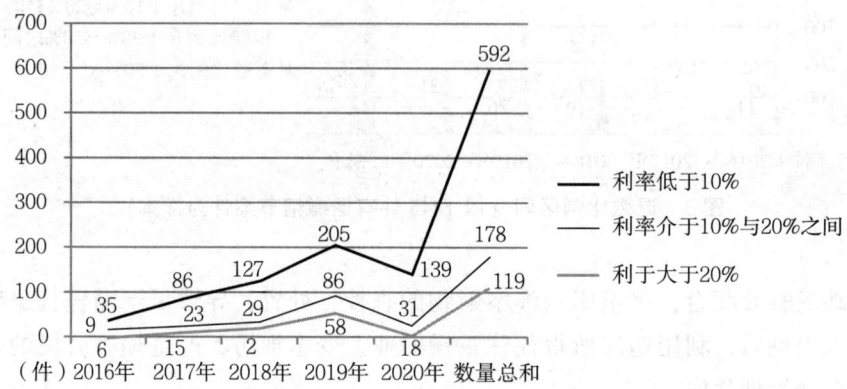

图4 投资利率分布（以有确切投资利率的889件非法集资案件为样本）

## 二、问题透视：分析处置非法集资涉案财物问题

通过对北京市近五年审理的非法集资案件进行实证研究，发现实践中非法集资涉案财物处置问题主要表现在以下三方面。

### （一）退缴主体、范围及追缴机关不明确

相对于定罪量刑，投资人更为关注的是投资款能否退赔，除了被告人获取巨额利益之外，业务员、财务人员通过提成、奖金等也获取大量的违法所得。案发后，鉴于部分投资人尚未回收本金及收益，不仅不配合公安机关收集证据，还会阻挠案件侦查，甚至聚众要求释放犯罪嫌疑人，而非法集资涉案公司、企业财务状况混乱，资金来源、去向不明，不仅存在重复投资行为，还存在债转股、电子返现等行为，涉案财物具体形态既包括现金、工厂、债权，还包括股权、土地使用权等，且投资款经过多次流转、转化、混同等②，部分款项进入作为中间人的第三方，如公司、个人甚至银行工作人员账户，此部分款项可否认定为涉案财物予以追缴，实践中争议较大。另外，追缴作为刑法第六十四条规定的处置方式之一，对于追索犯罪分子财物、保障投资人权益具有重要意义，但实践中，各机关处理方式并不统一，分别依照部门法，对追缴规定的实施细则较为混乱、模糊，缺乏对拒不履行退缴义务主体的惩戒措施，导致涉案财物处置主体多元、追缴困难。

---

① 参见芦磊：《非法集资案件涉案财产处置机制的构建》，载《人民司法》2019年第13期。
② 参见石魏：《非法吸收公众存款案件司法实践问题之反思》，载《人民司法》2020年第16期。

## (二) 涉案财物缺乏独立处置程序

非法集资案件投资人无权提起刑事附带民事诉讼，故通过刑事追缴、责令退赔系其维护权益的主要方式，能否退赔不仅关系到投资人权益能否得到保障，还关系到社会和谐稳定及公众对司法裁量的认同感和信任度。我国刑事实体法关于涉案财物的规定较为粗疏、原则、概括，缺乏涉案财物证明标准、举证责任及涉案财物范围的具体规定；而程序法方面，未设立针对涉案财物的专门诉讼程序，既无法针对涉案财物权属、性质等专门进行法庭调查、法庭辩论，也无法保障对权属存在异议的第三人、投资人充分参与诉讼，严重影响案件处理的法律效果和社会效果。[①] 实践中，涉案财物处置依附于定罪量刑，缺乏独立性、针对性，我国刑事诉讼法设立的违法所得没收程序针对违法所得及其他涉案财产采用的是优势证据证明标准，非法集资案件中对涉案财物的处置事实上系对物处置，对其适用对人之诉的证明标准，还是有所区别？不同省市、不同法院做法不一。再加上侦查机关在收集证据时侧重定性证据的收集，对涉案财产权属、性质、来源等相关的证据收集不及时、不充分、不全面，致使对涉案财物权属无法充分举证、质证。

## (三) 投资人及第三人缺乏参与路径

非法集资涉案财物的归属除了涉及被告人、投资人之外，还可能涉及对其存在异议的第三人，故如何保障各方当事人的利益平衡，是当前司法机关亟待解决的问题。程序正当原则要求中立的司法裁判机构必须给予所有与案件有利害关系的人充分陈述自己意见的机会。但实践中，投资人、第三人缺乏有效途径了解案情进展、参与诉讼、保障权益，并与司法机关沟通交流等。非法集资案件投资人（被害人）众多，鉴于司法资源的有限性、短缺性，无法保障所有投资人或数量众多的投资人参与其中，问题是投资人将参与诉讼、提供证据、发表意见、举证质证作为重要的诉讼权益之一，而第三人财产与被告人违法所得混同进行投资、经营时，可否允许其对侦查机关查控的涉案财物权属提出异议、申请参加诉讼缺乏明确规定，一旦被拒，往往采取极端形式，故如何解决投资人、第三人参与庭审路径直接关系到涉案财物处置质效及当事人权益的保障力度。

## 三、追本溯源：非法集资涉案财物处置问题原因之剖析

为有效遏制非法集资犯罪的蔓延趋势，需要深入剖析问题产生的根源。笔者认为，导致非法集资涉案财物问题出现的根源主要在于以下四个方面。

### (一) 立法存在粗疏、空白之处

有些国家高度重视私有财产权，对于涉案财物处置既有专门法律，又有配套程序，形成了较为完善的保障体系。[②] 但我国刑事立法及司法解释对涉案财物的处置规定比较粗

---

[①] 参见彭新林：《非法集资犯罪司法疑难问题探讨》，载《东南大学学报（哲学社会科学版）》2020年第1期。

[②] 加拿大、澳大利亚有《犯罪收益追缴法》，英国有《警察与刑事证据法》，均对搜查、扣押等涉及对物措施的明确规定。参见何挺：《赃款赃物的独立没收制度探析》，载《刑法论丛》2011年第4期。

疏、简略，既没有确立涉案财物证明标准、举证责任，也没有设立第三人参与的专门质证程序，系统性和可操作性不强，缺乏有效的监督和制约，导致司法实践中涉案财物处置工作随意性较大。① 虽然《中共中央办公厅、国务院办公厅关于进一步规范刑事诉讼涉案财物处置工作的意见》第十二条规定，善意第三人等案外人与涉案财物处理存在利害关系的，法院应当通知其参加诉讼并听取其意见，但非法集资涉及众多投资人、被告人、第三人，法院难以全面掌握与涉案财物有关联的投资人、第三人，且投资人、第三人在审判过程中享有何种诉讼权利缺乏明确的法律依据。

### （二）涉案财物认定标准模糊、追缴不统一

鉴于实践具有多样性、复杂性，尤其是集资诈骗罪，案卷众多、权属多元、法律关系复杂，庭审中对证据的审查、质证缺乏全面性、针对性、独立性，不同地区基于当地经济形势、社情民意、指标体系等，同样的事实在不同省市、不同法院甚至同一法院可能采取不同的处理方式，有的以民事案件进行立案，有的以刑事案件予以惩治，有的以此罪进行处罚，还有的以彼罪进行处理，司法不统一严重影响法律的权威。② 另外，同种行为在不同犯罪构成要件中的作用是否相同、对物的证明标准可否区别于对人之诉证明标准？各地司法机关裁判结果相差较大，一定程度上诱发了投资人以司法不公为名不断上访、闹访、群体访。

### （三）涉案财物处置配套机制不完善

合法处置涉案财物，不仅需要秉持"人财并重"理念，树立正当程序原则，而且需要建构配套制度，③ 增强涉案财物处置的针对性、有效性、合法性。实践中，刑事审判存在重刑轻民、重自由刑轻财产刑、重审判轻执行的趋向，致使对非法集资犯罪的惩治力度及全面性欠缺，有些案件没有彻底铲除犯罪分子的经济基础，一些犯罪分子出狱后重操旧业，甚至变本加厉，严重破坏社会主义市场经济秩序，故要树立正确的刑罚理念，增强追赃意识、建立切合实际的投资人参与庭审制度，并加强刑民之间的协调配合，重视对第三人财产的保护，力求真正实现早发现、早行动、早处理的应对机制。

### （四）司法人员价值理念存在差距

传统的刑事诉讼程序是一种"对人之诉"，其核心目的是解决被追诉人定罪量刑问题，而涉案财物的处置不被重视，通常只是被作为证据保全手段。④ 对非法集资案件，公安机关最为关注的是案件的侦破；公诉机关最为关注的行为人的入罪；审判机关最为关注的除了被告人的定罪量刑之外，还包括涉案财物的合理处置。基于不同的价值理念，各司法机关在开展工作过程中重点不同、策略不同、目标不同，尤其是对涉案财物的处

---

① 参见熊秋红：《刑事诉讼涉案财物处置程序检视》，载《人民检察》2015年第7期。
② 参见石魏、贾长森：《涉众型经济犯罪实证分析及应对策略建议》，载《法律适用》2019年第9期。
③ 参见谢锐勤：《涉众型经济犯罪中的涉案财物处置》，载《华南师范大学学报（社会科学版）》2019年第2期。
④ 参见陈卫东：《涉案财产处置程序的完善》，载《法学杂志》2020年第3期。

置，鉴于公安机关关注的重点在于对人之诉，故对涉案财物证据的收集不及时、不充分，导致审判机关的处置方式受限。

## 四、路径探寻：破解非法集资涉案财物处置问题之构想

### (一) 明确退缴主体、范围

被告人作为非法集资案件承担刑事责任、民事责任、退缴义务的主体，对其犯罪行为造成的损失负责是罪责自负原则及贯彻惩治犯罪、保障人权刑事诉讼法精神的应有之义。但除了被告人之外，是否还有其他主体需要承担退缴义务？实践中，从事非法集资业务的人员既包括单位总裁、董事长等实际控制人，还包括部门经理、总监及具体业务员，但刑事案件中，基于刑法谦抑性，受到惩治的一般是部门经理以上的中高层职员，从事具体业务的业务员，除了主观恶性极深、涉案金额巨大、社会危害极为严重的个别业务员可能作为被告人被惩治之外，其他人员一般不会被起诉到法院，然而实践中从事非法集资业务的业务员作为犯罪行为的具体实施者，直接关系到涉案金额大小及被害人、投资人数量，其通过诱使投资人投资获取巨额工资、奖金和提成；而财务人员对公司的运营模式、经营范围、资金来源去向知之甚深，对犯罪本质心知肚明，且为犯罪行为推波助澜，有收益却无须对其行为承担责任严重违背罪责刑相适应原则，并导致众多涉案财产无法被追缴。另外，众多案件中，行为人通过非公司员工的第三方渠道——公司或个人甚至银行工作人员融资，第三方人员通过介绍投资获取巨额返点及佣金，对第三方可否予以刑事处罚并将其收益认定为涉案财物缺乏明确规定，司法实践中亦缺少涉及此方面裁判内容的具体案例。一方面，造成第三方不当获利，对其犯罪行为缺乏有效惩治；另一方面，第三方获取的巨额收益无法认定为涉案财物，导致投资人权益更难得以弥补，已经成为当前引发投资人闹访、群体访的重要原因。

对此，笔者认为，退缴责任主体除了被告人之外，还包括业务员、财务人员以及获益的第三方。其一，从法律的指引作用、预测作用来看。法律可以通过对人们行为的规范发挥影响，在人们心中形成评价行为对错的标准和尺度，引导人们今后的行为。刑法作为国家重要的部门法，除了打击犯罪，还担负着教育和指引人们行为的重要责任。[①] 将退缴主体限定为被告人将会引领不正当的社会风气，对社会公众产生负面、不良的示范作用，严重损伤司法的公信力和法律的权威。其二，将业务员、财务人员以及获益的第三方纳入退缴主体范围是罪责自负原则的应有结果。行为人需对自己自由意志支配下的行为负责，业务员、财务人员及获益第三方直接参与具体犯罪行为，且系犯罪行为的实行犯，主观恶性及社会危害均一定程度存在，虽然基于刑法的谦抑性没有对其予以刑事处罚，但并不代表其行为合法、违法所得合法。其三，从立法的角度来看。2014年《最高人民法院、最高人民检察院、公安部关于办理非法集资刑事案件适用法律若干问题的意见》亦明确规定，向帮助吸收资金人员支付的代理费、好处费、返点费、佣金、提成

---

① 非法集资犯罪问题研究课题组：《涉众型非法集资犯罪的司法认定》，载《国家检察官学院学报》2016年第3期。

等费用,应当依法追缴。可见,将第三人通过协助非法集资获取的利益认定为违法所得符合我国的立法精神,应当予以追缴。

## (二)建立第三人参与的涉案财物处置程序

实践中,非法集资案件涉案人数众多、涉案金额巨大、民刑交叉、法律关系复杂,既涉及被告人刑事责任,还涉及民事责任、担保物权、债权等,致使涉案财物权属认定、区分、处置困难重重,直接关系到社会稳定和当事人权益的实现力度。

对此,笔者有如下建议。

1. 允许第三人参与庭审,并对第三人在庭审中的权利予以明确

《最高人民法院关于适用〈中华人民共和国刑事诉讼法〉的解释》第三百六十四条第一款、第二款规定:"法庭审理过程中,对查封、扣押、冻结的财物及其孳息,应当调查其权属情况,是否属于违法所得或者依法应当追缴的其他涉案财物。案外人对查封、扣押、冻结的财物及其孳息提出权属异议的,人民法院应当审查并依法处理。"[①] 故法庭有调查涉案财物权属的义务且相关当事人有就权属提出异议的权利,毕竟案件的审理结果直接关系到当事人的实体权利,允许对权属有异议的第三人参与庭审,可以最大化地查明事实,尤其是涉案财物的来源、去向、权属,以便为涉案财物的处置奠定基础,故在保障第三人参与权的同时,最大化地赋予其知情权、辩论权、异议权,如在法庭调查及法庭辩论时,可对公诉机关针对涉案财物提出的处理意见提出反驳,提供证据加以证实,以更加清晰地查清涉案财物权属、性质,从而公正、合理地维护当事人的合法权益。

2. 设立专门的涉案财物处置程序

涉案财物权属及处置结果系当事人关注的焦点。案件审理过程中,在对被告人犯罪事实质证完毕后,通过设置的专门涉案财物处置程序对涉案财物权属、性质等进行认定,控辩双方可针对财物查控措施的合法性、必要性及权属等进行法庭调查、询问、辩论。公诉机关应当提供证据证实涉案财物归属于被告人,并对涉案财物与犯罪行为的关联性提供证据予以证实,通过举证、质证来证实涉案财物的非法性及处置结果。第三人对涉案财物权属提出异议的,需通过出示所有权证明等证实涉案财物为其所有或出示证据证实涉案财物与犯罪行为无关联,法院对此进行全面审核,并允许对涉案财物提出异议的第三人在庭审前与检察院交换证据,为庭审双方的质证奠定基础。在定性的同时解决涉案财物处置问题固然是最佳选择,但如果涉案财物处置严重影响诉讼效率且需多方当事人参与情况下,可以先定罪,然后再另行审理涉案财物处置问题,尤其是涉案财物种类多、权属复杂,一时难以裁决的案件,先行对被告人定罪处罚,再对涉案财物以专门处置程序进行审理。一方面,可以避免对被告人久拖不判、超期羁押;另一方面,可充分保障第三人的深度参与,有些案件财物的性质需要通过民事之诉来确认权属的,刑事案件就应当中止,待财物确权并确定其属性后,再继续审理刑事案件。

---

[①] 对应2021年《最高人民法院关于适用〈中华人民共和国刑事诉讼法〉的解释》第四百四十二条。——编者注

### （三）明确涉案财物举证责任、证明标准

证明标准作为依照法律规定判定案件事实是否达到构成犯罪的尺度和衡量标准，对于认定犯罪和处置涉案财物至关重要。对人之诉涉及罪与非罪及刑罚轻重，无论是基于我国的刑事诉讼结构，还是正当程序客观要求，对其认定均须采用"事实清楚，证据确实、充分"的证明标准。但涉案财物处置系对物之诉，不仅公诉机关要举证证明涉案财物权属及与犯罪行为的关联性，第三人主张对涉案财物享有所有权时，亦需提供证据对其诉求进行举证，对涉案财物处置的证明标准，笔者建议适用民事诉讼法的优势证据证明标准，理由如下。

第一，适用优势证据证明标准有利于解决司法实践难题。刑事诉讼程序以公权来维护被害人或投资人权益，民事诉讼则以私权来维护个体权益，本质上两者在维护财产权方面目标一致，均系维护个人权益的救济途径，无论是刑事案件的被害人（投资人）还是民事案件的原告，其目的不在于刑事被告人或民事被告受到什么样的处罚，而在于如何追回自己的投资款。非法集资案件事实上是由众多民事案件组成，虽然其整体上具有严重社会危害性、触犯刑法，但就个体而言，均系与投资人签订的平等的民事合同，具有法律效力，如刑民针对涉案财物适用不同的证明标准，则刑事裁判文书生效后，新的投资人提交材料请求参加涉案财物处置或者要求追加起诉，在公安机关拒不立案情况下，通过民事诉讼维护权益是可供其选择的最后救济途径，鉴于刑事诉讼与民事诉讼证明标准、程序启动、证据规则、举证责任、诉讼时效等均不相同，同样的行为得出的结论可能相差极大，不利于当事人权益的同等保护，严重影响司法裁判的统一性与权威性。而且即使刑事立案，非法集资案件案情复杂、卷宗众多，再次审理需全面审查证据、重新举证质证，需耗费大量的司法资源，但适用相同证明标准可有效节约司法资源、提升诉讼效率、最大化维护法律裁判尺度，还可灵活处置后续案件、对投资人权益及时加以保障。

第二，刑事诉讼中对涉案财物的处置，针对的是物而不是人，本质上是对物的处理，[①] 故对其处理要适用区别于对人之诉的证明标准，毕竟非法集资案件案情复杂、民刑交织、涉案金额巨大、当事人众多、证据难以收据，如果对涉案财物处置还采用"事实清楚，证据确实、充分"的证明标准，无疑对处于弱势一方的投资人、第三人极为不利，而且亦增加了检察机关的证明责任，对于诉讼双方都是一种负担，不利于涉案财物的追回及当事人权益的保障，而且会严重掣肘刑事责任的认定，与立法宗旨相悖。

第三，对涉案财物采用优势证据证明标准可以更快、更有效地审判，减轻公诉机关的压力，从而在作出裁决的基础上对投资人及时退赔，从而有效保障投资人权益、减少信访及群体性事件的发生，并可有效切断犯罪分子资金来源和经济基础，使被告人感受到剥夺财产的痛苦和压力，从而消除犯罪影响，震慑潜在犯罪。

第四，从立法规定来看。2017年1月5日开始施行的《最高人民法院、最高人民检

---

[①] 参见姬艳涛、贾传喜：《我国违法所得没收程序的产生和适用》，载《人民司法》2015年第15期。

察院关于适用犯罪嫌疑人、被告人逃匿、死亡案件违法所得没收程序若干问题的规定》第十七条规定，申请没收的财产具有高度可能属于违法所得及其他涉案财产的，应当认定为申请没收的财产属于违法所得及其他涉案财产。可见，我国立法也逐渐认可对违法所得及其他涉案财产的处置应采用优势证据证明标准。并且，刑事诉讼法第三百条规定，犯罪嫌疑人、被告人的近亲属和其他利害关系人或者人民检察院可以对违法所得没收程序审理的结果提出上诉、抗诉。在普通刑事诉讼案件中，犯罪嫌疑人、被告人的近亲属及被害人没有独立的上诉权，但民事诉讼法中的独立第三人却享有独立上诉权，可见，立法者对利害关系人的定位亦是民事诉讼当事人。

### （四）完善投资人、第三人参与庭审路径

1. 设立公告制度

公告制度可以最大化地保障对涉案财物权属存在异议的第三人参与庭审，从而最大程度地节约司法资源。非法集资案件涉及众多投资人，且可能存在多名被告人，法院很难掌握与涉案财物有关联的第三人具体情况，通过追加起诉或者对被告人分别起诉不仅浪费司法资源，还可能导致裁量结果不一致、涉案财物处置出现异同等问题，严重影响司法公信力，故建议设立公告制度，在案发地、结果地等通过新闻媒体、报纸、网络等途径告知投资人、第三人立案情况、审理情况，最大化地收集被告人犯罪证据，并引导投资人、第三人及时报案、提供证据，避免重复诉讼、追加起诉、另行起诉等。公告制度的确立并不违反法律的规定，反而有章可循，刑事诉讼法设立的违法所得没收程序即规定有公告制度，鉴于违法所得及其他涉案财产处置可能涉及其他利害关系人的合法所有权，故通过公告制度通知其参与，可充分维护各方当事人权益的平等实现。非法集资案件涉案人数众多且分散多地，如果不能充分保障投资人、第三人的知情权、参与权，一方面，在利害关系人未参与庭审的情况下，其合法财产被处置，缺乏庭审参与的正当性；另一方面，将会导致不断有投资人报案，司法机关重复立案、受案、审判，严重浪费司法资源。鉴于非法集资案件具有模式化、套路化趋向，可通过格式取证方式减轻侦查机关工作量，如推行证言模板，由投资人将投资金额、返还金额、损失金额填写清楚，后附证据、清单、联系方式等，便于侦查机关查证及补充证据、核实情况。对涉案财物有异议的第三人亦可在公告后向司法机关提交证据、申请参与庭审、保障权益。

2. 设立诉讼代表人制度

投资人在非法集资案件中身份不同、法律地位不同、享有的诉讼权利也不同，根据刑事诉讼法的规定，公诉机关应当听取被害人意见，实践中，非法集资案件被害人、投资人人数众多，分居各地且缺乏有效联系方式，司法机关难以充分保障投资人、被害人的诉讼权益，尤其是参与庭审、发表意见、进行法庭辩论等诉讼权利，存在程序违法的嫌疑。考虑到非法集资案件具有特殊性，投资人诉求不在于被告人的定罪与否，也不在于量刑轻重，其关注的重点在于其权益能否得到实际弥补。对此，为有效保障当事人权益并避免程序违法，建议引进民事程序的诉讼代表人制度。在侦查阶段，由投资人自行确定代表人，若无法推选出合适的代表人，则由司法机关与投资人进行协商，协商不成，

则抽签或由司法机关直接指定诉讼代表人。诉讼代表人作为投资人代表可在诉讼过程递交证据、收取鉴定意见、诉讼文书,并可在庭审中出示证据、举证质证、发表辩论意见,既可有效维护投资人权益,还可大为减轻司法机关的负担、提升诉讼效率。

## 结　语

观念和立法的滞后不仅制约了涉案财物规范化的发展,也无法满足社会和公众对涉案财物保护与利用的现实需求。[①] 针对司法实践中出现的涉案财物处置疑难问题,在明确涉案财物处置举证责任及证明标准的同时,通过完善公告及诉讼代表人制度,最大化地吸纳投资人及第三人参与诉讼,构建起体系化、规范化的涉案财物处置程序,不仅有利于保障当事人的财产权益、维护社会稳定和谐,还可有效提升审判质效及公众对司法的满意感及信任感。

---

① 参见李玉华:《从涉众型经济犯罪案件看涉案财物的先期处置》,载《当代法学》2019年第2期。

# 组织、领导传销活动罪与诈骗犯罪的界分
## ——基于司法实务经验的总结

狄克春*

2009年2月28日刑法修正案（七）在刑法第二百二十四条合同诈骗罪之后增设第二百二十四条之一组织、领导传销活动罪，该罪的罪状要素之一是"骗取财物"，而"诈骗公私财物"则是诈骗罪、合同诈骗罪、集资诈骗罪等诈骗类犯罪（以下简称诈骗犯罪）的客观构成要件。这两个概念的字面文义接近，无论是学术界还是实务界，对组织、领导传销活动罪与诈骗犯罪之间的区分以及是否构成竞合关系、何种条件下进行转化等问题，均存在较大分歧和争议。本文拟以司法实务经验为基础，探讨组织、领导传销活动罪与诈骗犯罪的界分问题。

## 一、组织、领导传销活动罪的内涵诠释

根据刑法第二百二十四条之一的规定，组织、领导传销活动罪的罪状为"组织、领导以推销商品、提供服务等经营活动为名，要求参加者以缴纳费用或者购买商品、服务等方式获得加入资格，并按照一定顺序组成层级，直接或者间接以发展人员的数量作为计酬或者返利依据，引诱、胁迫参加者继续发展他人参加，骗取财物，扰乱经济社会秩序的传销活动"。

### （一）"骗取财物"是组织、领导传销活动罪的基本特征

传销活动在20世纪80年代传入我国，雏形是向终端消费者销售商品或者提供服务的多层次直销。之后，传销内容不断变化，逐渐从经营行为衍变为"老鼠会""经济邪教"，伴随违法犯罪活动，侵害社会经济秩序，社会影响严重负面化。随着传销活动社会危害性的显现，我国开始逐步规制传销。1998年国务院颁布《关于禁止传销经营活动的通知》明确指出，传销经营不符合我国现阶段的国情，已造成严重危害，对传销经营活动必须坚决予以禁止；2000年工商局、公安部、人民银行联合发布《关于严厉打击传销和变相传销等非法经营活动的意见》，进一步规定了行政规制细则。2000年《公安部关于严厉打击以传销和变相传销形式进行犯罪活动的通知》、2001年《最高人民法院关于情节严重的

---
\* 江苏省苏州市公安局经侦支队支队长。

传销或者变相传销行为如何定性问题的批复》（已废止，以下简称《2001年批复》）则确定对传销活动涉及犯罪的，可以非法经营罪进行惩处，并根据情节判断是否构成集资诈骗罪、诈骗罪、非法吸收公众存款罪等。2005年国务院颁布《禁止传销条例》，明确禁止任何单位和个人从事传销，并对传销的定义、表现形式、打击传销的工作机制、措施和程序、法律责任等作出了明确规定。为了更好打击犯罪、解决争议，2009年刑法修正案（七）增设组织、领导传销活动罪，2013年《最高人民法院、最高人民检察院、公安部关于办理组织领导传销活动刑事案件适用法律若干问题的意见》（以下简称《2013年意见》）又对司法实践中的一系列问题进行规定，对于组织、领导传销活动行为的打击日趋规范化。

《禁止传销条例》列举了三种传销类型，即"拉人头""交入门费""团队计酬"。[①]缘于刑事立法的谦抑性，组织、领导传销活动罪规制的对象则为兼具"拉人头"和"交入门费"特征的复合型传销，据此，单纯的"拉人头""收入门费""团队计酬"等经营型传销（不包括直销）通常属于行政违法行为，至少不能为该罪所规制。同时，组织、领导传销活动罪明确将骗取财物作为罪状内容，也是该罪的基本特征。需要指出的是，有观点认为，骗取财物是组织、领导传销活动罪的本质或根本特征，但实际上，就骗取财物而言，组织、领导传销活动罪与诈骗犯罪的主观要素不同，简单以本质特征概括，容易导致两罪的混淆。

（二）"骗取财物"是组织、领导传销活动罪的行为方式

组织、领导传销活动罪的客观行为方式通常具有欺诈性，罪状表述的"以推销商品、提供服务等经营活动为名"，即指存在对经营形式的欺骗行为。《2013年意见》第三条规定："传销活动的组织者、领导者采取编造、歪曲国家政策，虚构、夸大经营、投资、服务项目及盈利前景，掩饰计酬、返利真实来源或者其他欺诈手段，实施刑法第二百二十四条之一规定的行为，从参与传销活动人员缴纳的费用或者购买商品、服务的费用中非法获利的，应当认定为骗取财物。……"需要注意的是，《2013年意见》在解释"骗取财物"时列举的"编造""歪曲""虚构""夸大""掩饰"，均属于客观方面的表现形式，并将骗取财物的内涵概括为"欺诈手段+非法获利"。因此，司法认定应当主要从行为人的客观行为方式上予以把握。

组织、领导传销活动罪的客观欺诈性还内嵌于其运行模式本身，否则，"纯资本运作"传销[②]就可能被认为不具有欺诈性。尽管传销活动假借的经营名目繁多，运行模式和

---

[①] 《禁止传销条例》第七条规定："下列行为，属于传销行为：（一）组织者或者经营者通过发展人员，要求被发展人员发展其他人员加入，对发展的人员以其直接或者间接滚动发展的人员数量为依据计算和给付报酬（包括物质奖励和其他经济利益，下同），牟取非法利益的；（二）组织者或者经营者通过发展人员，要求被发展人员交纳费用或者以认购商品等方式变相交纳费用，取得加入或者发展其他人员加入的资格，牟取非法利益的；（三）组织者或者经营者通过发展人员，要求被发展人员发展其他人员加入，形成上下线关系，并以下线的销售业绩为依据计算和给付上线报酬，牟取非法利益的。"

[②] 指缴纳入门费就可以获得发展下线的资格，并按照发展下线的人数计算返利，没有推销商品、提供服务的形式。

机制各不相同,所谓的组织也是无名无形,但都以高额回报为诱饵,并以发展的人员数量作为奖励的计酬依据,促使成员不断发展新成员,以持续收取的入门费维持组织的运转和成员的回报,从而形成金字塔式的人员等级关系。因此,传销实质上是一种在组织内部"击鼓传花"的资本游戏,资本来源于收取的入门费或者变相收取的入门费。前者没有实际经营活动,本身不会创造任何利润;后者虽然以经营活动为名,但也仅仅是象征性道具,其中必然存在虚高形成的价格背离,此差价就是变相的入门费(否则属于经营型传销)。每个参与人都被承诺并且意图获取高于投入的酬劳,而本身却不存在增值性的经营或劳动,真实来源只能是新成员的入门费。要维系整个利益链,新成员必须呈一定比例持续增加,故而,不管传销模式怎么"创新",本质上都是"拆东墙补西墙",表象上成员可以无限发展,事实上不可能无限增加。传销人数持续增加的同时,风险也在同步放大,当成员发展枯竭的时候,也就是资金链断裂和组织崩盘的时候,这就注定了处于金字塔底层人员必然会有损失。传销组织者、领导者及顶层人员(以下简称实控人)非常清楚这一点,为此必须掩盖无法长期持续的真相,并且层层掩盖、往下延伸,故称为"层压式欺诈",这是典型的"庞氏骗局",其特殊性在于传销组织实际上建立了一种欺诈机制,有的传销人员一开始是被欺骗参加传销的,有的却是清楚且自愿的,但不论对欺诈本质是否有所认识,一旦加入这种欺诈机制,都认为自己获得了赚钱的机会,不断发展下线的活动又导致更多的人卷入其中,共同使得传销欺诈机制发挥作用。

因此,组织、领导传销活动罪的骗取财物,表面上是通过对经营形式的欺诈手段获取,其实也是通过对"庞氏骗局"的真相掩盖而获取,骗取财物主要是对客观欺诈行为方式的表述,而不是对犯罪目标和主观方面的定义。

(三)"非法牟利"是组织、领导传销活动罪的主观目的

组织、领导传销活动罪客观上有"骗",主观上是否等同于"诈骗",这是理论界各种争议、实务诸多分歧的源头所在。有观点认为,组织、领导传销活动罪的主观目的是"非法占有",笔者不赞同此种意见。主要理由如下:(1)从犯罪对象上看,非法占有的目标和结果都直接针对并意图占有被害人的财物,而传销实控人仅是从"层压式欺诈机制"中获取一定利益。通常而言,传销实控人不会去直接占有入门费,因为其主观上是希望传销组织能够不断发展壮大,从而获取更多的返利,而入门费是维持传销模式运转的必要条件。比如,同样是损失了个苹果,实控人及推荐人都只剥了层皮,诈骗者则是拿走整个苹果。(2)从历史沿革上看,《关于禁止传销经营活动的通知》明确将"传销作为一种经营方式",《2001年批复》也规定以非法经营罪定性。可见,传销属于一种广义的经营活动,入门费是"本金",发展下线是经营(劳动),只不过是非法的,而经营一般与牟利有关,与非法占有目的无关。(3)从犯罪构成上看,罪状表述的"骗取财物"确实容易误解,特别是组织、领导传销活动罪与刑法第二百二十四条的合同诈骗罪规定在相邻条款,但"骗取财物"的用词并不表明必然具有非法占有目的。作为刑法第二百二十四条之一,只是立法模式使然,并非表明两个罪名具有相同性。可以佐证的是,刑法第一百七十五条的高利转贷罪和第一百七十五条之一的骗取贷款罪,两者在主观目的

上可谓"泾渭分明"。与之类似，组织、领导传销活动罪也有诸多不同于诈骗犯罪的特性。可以列举的是，《2013年意见》就规定了对"骗取财物"的认定，不以受害人错误认识为要件。（4）从罪刑相适上看，如果以诈骗犯罪认定，进而以骗取的金额（可以等同于财产损失部分）裁量刑罚，与组织、领导传销活动罪相比，入罪门槛更低、惩治范围更大、判处刑罚更重，完全没有必要增设后者。而刑法修正案（七）增设该罪，合理解释应该是组织、领导传销活动行为人非法获利与资金损失之间不能直接画等号，通常组织、领导传销活动罪的涉案资金主要用于维持传销组织运作，实控人获利往往仅占涉案资金的很小部分，常见的是几十分之一，甚至低于百分之一，以诈骗定性量刑会造成罪刑不适当，对此通过适用增设的组织、领导传销活动罪，改以发展传销人员的人数和层数作为入罪依据更为妥当。

因此，组织、领导传销活动罪的主观目的不是"非法占有"而是"非法牟利"。究其原因，这是组织、领导传销活动罪特有的"层压式欺诈机制"所决定的，参与人既是违法人员，实际上也是传销受害者。一方面，组织、领导传销活动罪实控人通过层压式剥削牟利。其设计或推行一种传销运行模式，获利要靠链式扩增下线来实现，往往结构复杂、层级明显、等级森严，推荐人的额外收益来源于被推荐人，上下线之间单线联系，不能超越层级限制。因此，存在剥削与被剥削的关系，上级剥削下级，层层剥皮。参加者在哪一层，也就决定了其会受到多少上层的剥削和对下层的剥削会有多少收益；另一方面，传销活动参与人往往没有错误认识。传销组织一般对入门条件、层级机制、获利规则等运行要素是公开的、固定的，参加者十分清楚自己的获利模式和投资风险，投入的本金何时能出本，有多少下线，获利能有多少，自己很明白。从传销参与者主观上看，普遍了解传销的运行模式和投入风险，其所缴纳的费用或投入的资金，是为了获得发展和剥削下线的资格，甘于被剥削是为了剥削别人，而不是被骗取了财物。

需要进一步指出的是，"非法牟利说"实际上也已为司法实务界采用。例如，实务界有观点提出，组织、领导传销活动罪与侵犯财产犯罪不同，非法占有不是其主观目的[①]；有观点进一步提出，组织、领导传销活动罪"主观方面只能由故意造成，并且具有非法牟利的目的"[②]。而且，司法指导文件也采纳了上述立场，《2013年意见》第三条对"骗取财物"认定时也明确界定为"非法获利"而非"非法占有"。

顺带提及的是，在《2013年意见》第三条明确组织、领导传销活动罪以"非法获利"为目的的基础上，第六条第一款进一步规定："以非法占有为目的，组织、领导传销活动，同时构成组织、领导传销活动罪和集资诈骗罪的，依照处罚较重的规定定罪处罚。"对此，不应据此得出组织、领导传销活动罪和诈骗犯罪之间存在竞合的结论。实际上，"非法获利"与"非法占有"是相互排斥的关系，组织、领导传销活动罪和诈骗犯罪之间也不存在重合。对于《2013年意见》第六条上述规定的合理解释只能是：一方面，本条的规定实际上是提示性条款，旨在提醒司法工作人员注意以传销之名行诈骗之实的

---

[①] 陈国庆、韩耀元、吴峤滨：《关于办理组织领导传销活动刑事案件适用法律若干问题的意见——七条规定明确了六方面问题》，载《检察日报》2014年1月20日。

[②] 周道鸾、张军主编：《刑法罪名精释》（第4版），人民法院出版社2013年版，第482页。

情形，对此应当加以有效规制；另一方面，从实际运用结果来看，一般不会出现"择一重罪处断"适用组织、领导传销活动罪的情况，故对所涉情形实际上是转化适用了诈骗犯罪。对此，后文将对转化适用情形作进一步阐释。

## 二、组织、领导传销活动罪与诈骗犯罪的区分

组织、领导传销活动罪与诈骗犯罪的客观方面都存在欺诈行为，并且资金崩盘前加入的接盘人会存在损失，因此要甄别两罪之间的界限，实现准确定性，需要厘清以下区分要点。

### （一）犯罪目的不同

尽管组织、领导传销活动罪与诈骗犯罪的主观方面都是故意犯罪，但犯罪目的不同。通常非法占有目的是指意图无依据或者无偿（不支付合理对价）就占有相对人的财物，是对被害人财产权的整体侵犯；而非法牟利目的仅是意图利用相对方的财物，从而取得自己获取利益的机会，尽管也会损害到对方的财产利益，但并不是对其财产权的整体侵犯。诈骗犯罪存在一一对应的财物对象，是以非法占有为目的的。而组织、领导传销活动罪没有一一对应的财物对象，往往分不清入门费被谁分割，是以非法牟利为目的。

### （二）犯罪客观方面不同

组织、领导传销活动罪与诈骗犯罪的欺诈性通常等同在虚构事实方面，在隐瞒真相方面的欺诈内容往往不同，直观表现在两者的承诺内容不同。组织、领导传销活动罪承诺的是参与人缴纳入门费后获得拉人头返利的机会，隐瞒的是"庞氏骗局"不可持续、随时崩盘的风险，尚不是对核心承诺内容的隐瞒；而诈骗犯罪承诺的是获取被害人财物对应的支付对价，隐瞒的是承诺的核心内容，即不会支付对价或者已经支付的对价是虚假的。从实质角度看，传销实控人承诺的对价（赚钱机会）存在交付事实，只不过这种对价有瑕疵（不确定性）。而诈骗犯罪不可能存在真实的对价给付。

### （三）犯罪的直接客体不同

诈骗犯罪的直接客体主要是侵犯财产权，对此认识比较一致。但关于组织、领导传销活动罪直接客体的观点很多，有的认为是市场经济秩序，也有的认为是社会管理秩序，还有的认为是公民财产权，或者是多重客体。笔者赞成组织、领导传销活动罪的法益是市场经济秩序，其罪状已经对此叙明，并且认为财产权不是此罪的法益，由于传销参与者在预知风险的情况下为了取得逐利机会而交纳入门费，通常不是认识错误，而是自甘风险，且入门费属于应当追缴的犯罪所得，因此参与者的财产权益不再受刑法关注。

### （四）财产损失时点不同

这是链式发展的"庞氏骗局"不符合诈骗犯罪构成的特殊之处，即在断裂之前链条暂时是完整的。在司法机关依法查处和追缴犯罪所得以前，组织、领导传销活动罪与诈

骗犯罪当事人财产损失的认知和状态大不相同。诈骗犯罪是典型的数额犯、结果犯，既遂时点即为被害人财产损失产生，被害人一般对此有明确认识，司法机关的介入也不会造成新的损失；而组织、领导传销活动罪是行为犯，既遂时参与人财产损失不一定产生，要么已经收回成本，要么因为还有赚钱机会，一般不认为自身存在损失，而司法机关的介入效果几乎与崩盘等同，此时才标志部分未返本的参与人损失数额确定。

综上，传销活动虽然参与者均缴纳入门本金，但每个人都清楚运行机制和获利规则，对投入本金的损失风险是有预知的，这一点上不存在被骗，而是妄图取得剥削下线利益的机会，想通过拉人机制赚取超过本金的获利。尽管参与人的入门本金被分割，但确实获得了运行模式本身承诺的赚钱机会，基本达到了双方约定的目的，犹如赌客的筹码和轮盘的按钮，机会和风险并存，即使存在赚钱机会是否可持续的不确定性欺诈，但参与人的侥幸和投机心态，注定了夸大性的经济欺诈不是双方交换的核心内容，因而尚未达到刑事诈骗的程度。因此，尽管传销犯罪存在欺诈内容和最终损失，但并不符合我国刑法规定的诈骗犯罪构成，否则会造成实控人作为组织、领导传销活动罪处理，而获利的参与人员反而构成刑罚更重的诈骗罪，显然有违立法初衷。

### 三、组织、领导传销活动罪向诈骗犯罪的转化

实践中，组织、领导传销活动罪向诈骗犯罪转化的情形也不罕见。司法实务对于组织、领导传销活动罪与诈骗犯罪出现转化时的认定，要注意甄别以下几点。

（一）要理清酬劳分配

组织、领导传销活动罪实控人一般不会直接希图和占有收取的入门费，这是转化成诈骗犯罪的边界所在，一旦超出分配规则或者毫无理由地直接动用了入门费，那就可能越界。传销组织实控人的获利分配规则，有的是公开的，比较好确定；多数是不公开的，那就要审查是否符合原来内部确定的常规分配规则。如果实控人超出这两种分配规则占有传销涉案资金，大肆挥霍、赠与、行贿，或者抽逃、转移、隐匿，或者搞假崩盘、假倒闭逃避返还资金，或者携款潜逃，等等，给参与人造成更大损失，就可能踏入了诈骗犯罪的门槛，可以启用非法占有目的的推定规则。

（二）要审查资金去向

组织、领导传销活动罪的涉案资金消耗，一般用于维持传销组织运转。一旦实控人员超出原有分配规则占用占有的，则要从资金去向上作实质辨别，是否为了维持传销组织的运转。实控人员有时为了维持组织形象，或者"忽悠"更多的人参与，也会把已经收取的入门费用来再投资项目或者高消费装点门面，对此应当参照《全国法院审理金融犯罪案件工作座谈会纪要》（以下简称《纪要》）关于"行为人将大部分资金用于投资或生产经营活动，不应仅以此便认定具有非法占有的目的"的意见处理。

（三）要体现比例原则

从非法牟利到非法占有，可以看成是一个量变引起质变的过程。因此，对于传销实

控人员非法占有的入门费,还要依据比例原则作辨别。对于个人偶尔高消费挥霍且占到组织、领导传销活动罪涉案资金比例不大的,要谨慎认定具有非法占有目的,这也是《纪要》体现的规则。即使认定为诈骗犯罪,诈骗数额也以实控人直接占有的资金数额为宜。同理,在资金链断裂、组织崩盘以后少量携款潜逃的,也不能对所有涉案资金都简单推定为具有非法占有目的。

(四)要区分明知程度

只有处于金字塔上层的传销人员,才可能客观上控制支配涉案资金,主观上准确认识资金去向。中下级参与者主要通过发展更多下线来提高层级和返利比例,并不能直接支配下线的入门费,也不清楚涉案资金的真实去向及用途,一般不具备非法占有的认知可能。如果与实控人的主观故意不相同,按照共同犯罪原理,应当仍适用组织、领导传销活动罪认定。

综上所述,虽然组织、领导传销活动罪和诈骗犯罪"骗取财物"要素的用语相同,但是内涵不同。对组织、领导传销活动罪而言,是对犯罪行为方式的概括;对诈骗犯罪而言,则是对犯罪目标结果的定义。非法牟利和非法占有的概念之间存在本质区别,两种犯罪之间一般不会发生竞合。组织、领导传销活动罪没有增值劳动且经营模式具有不可持续性,但这是组织、领导传销活动罪与生俱来的特征。如果司法实务忽略或者模糊这点,就可能将诈骗犯罪的办案推定规则机械类推到组织、领导传销活动罪案件,从而把组织、领导传销活动罪拔高认定为诈骗犯罪。

## 【域外司法】

# 最高人民法院认罪认罚从宽制度考察团赴英考察报告[①]

2018年,最高人民法院成功竞标英国驻华使馆的2018~2019年度大宪章项目。根据项目计划,2019年1月6日至13日,最高人民法院认罪认罚从宽制度考察团赴英就"认罪认罚案件中如何保护被告权利确保公正审判"进行考察交流。考察团与公正审判国际组织、英国量刑委员会、司法部、法律援助机构以及英国皇家法院、郡治安法院以及伦敦经济学院、国王学院、利兹大学的专家进行座谈,旁听了英国皇家法院和治安法院刑事案件的庭审,走访了律师事务所,全面考察了英国的认罪协商及相关制度,形成如下报告。

## 一、英国的刑事法院结构概况

大不列颠及北爱尔兰联合王国包括四个国家和三个不同的司法管辖区,它们分别是英格兰和威尔士、北爱尔兰和苏格兰,每一个司法管辖区都有其各自的法院系统和法律体系。英国最高法院是大不列颠联合王国的最高司法机构,受理来自英格兰及威尔士和北爱尔兰的所有上诉案件,以及来自苏格兰的民事上诉案件。

英国刑事法院的结构大致如下(以英格兰及威尔士为例):治安法院、皇家法院、高等法院、上诉法院、最高法院。治安法院负责审理大量的、不严重的案件或者是普通的案件,整个刑事案件90%以上是由治安法院负责审理的,治安法院审理案件通常是由三名治安法官组成,由他们来决定被告是有罪还是无辜。治安法官是业余法官,当涉及有关法律问题时,由律师为他们提供建议。治安法院也有专业法官,被称为区法官。治安法院负责决定被告人是否被保释。如果被告人被判处的刑罚超过十二个月的刑期,治安法院需将案件移送至皇家法院进行量刑。

皇家法院负责审理严重刑事犯罪案件,以及治安法院移送刑事法庭审判的案件。后一种情况的出现主要有两个方面的原因:一是治安法院有正当理由认为应在高一级的法院审判;二是被告人拒绝在低一级的法院审理,也就是说被告人对于案件的管辖有选择权。皇家法院受理的案件,占全部刑事案件的10%左右。被告人不认罪的,需由陪审团

---

[①] 执笔人:最高人民法院刑一庭二级高级法官杨立新、最高人民法院应用法学研究所副所长李玉萍、最高人民法院刑一庭三级高级法官何东青。考察团成员山东省青岛市中级人民法院副院长田孝民、最高人民法院刑一庭原二级高级法官史正文、最高人民法院国际合作局二级调研员傅尧均提出了宝贵的修改意见。

审判，陪审团由12名普通男性和女性组成，负责决定被告人是有罪还是无辜，法官负责给出指示。陪审团认定被告人有罪的，法官负责量刑。对于被告人认罪的案件，法庭一般不再质证，直接进入量刑程序，由法官根据量刑指南或者已有判例进行量刑。

由于治安法院和皇家法院是两个独立的刑事审判系统，相应存在两个独立的上诉系统。对治安法院审判结果不服的，可以上诉到皇家法院或者高等法院；对皇家法院审判结果不服的，上诉到上诉法院。刑事上诉制度的设置基于三个方面的考量：首先，要保证对被告人的审判是公平的，保证在诉讼过程中没有严重违规现象；其次，要考虑刑事程序规则以及大量刑法规则的发展；最后，要保证刑事司法运作以及对有罪之人定罪量刑程度的一致性。

## 二、英国以被控告人是否认罪为标准进行案件分流和区分处理

根据管辖法院，英国刑事案件大致分为三类：一是简易罪，即依简易程序审判的犯罪，主要涉及轻微犯罪，此类案件只能由治安法院审理。二是可诉罪，即只能以正式指控书形式起诉的犯罪，这些犯罪主要是重罪，只能由皇家法院审理。三是任选罪，此类犯罪严重程度介于重罪与轻微犯罪之间，既可由治安法院审理，也可由皇家法院审判，在哪个法院审理由治安法院和被告人决定。实践中，不论是治安法院管辖的轻罪，还是皇家法院管辖的重罪，被告人作有罪答辩的，一般不再对事实进行审理，不需经陪审团审判，可以说有罪答辩是案件分流和区分处理的重要标准。

## 三、英国的认罪答辩程序及量刑减让

### （一）认罪答辩程序

在英国，当犯罪发生之后，警方负责进行调查。调查阶段，嫌疑人有沉默权，有获得律师帮助权。如果嫌疑人放弃沉默权，而选择回答警察的提问，必须有律师在场，而且讯问过程可以随时暂停，让嫌疑人和律师进行交谈。如果嫌疑人不想回答问题，他可以不回答。当然，如果嫌疑人在警察调查阶段就想作有罪答辩，他有权自愿作出选择，这是嫌疑人的权利。

第一，嫌疑人首次聆讯（first hearing）时作出有罪答辩的，案件就会区分处理。警察在指控某人之后，有权羁押的时间很短，嫌疑人必须被带到治安法院进行首次聆讯，由治安法院决定是羁押还是保释。首次聆讯时，嫌疑人会被讯问是否要作出有罪答辩。如果嫌疑人在第一次有机会作有罪答辩时就承认自己有罪，他会获得监禁刑1/3的减刑。如果犯罪比较严重，案件就会从治安法院移送到皇家法院。一旦案件被移送到皇家法院，则必须在35天内交到刑事法官手中。如果是非常严重的犯罪，比如，谋杀或者严重诈骗，案件就会直接移送到皇家法院。被告人首次聆讯后作有罪答辩的，案件不再经陪审团审判，一般不再对事实进行审理，而是直接进入量刑程序。如果被告人首次聆讯后作无罪答辩的，案件交由陪审团审判，是否有罪由陪审团决定，量刑由法官决定。如果被告人在首次聆讯时没有作有罪答辩的，案件被皇家检控署起诉到皇家法院后，被告人还可以

在这个阶段作出有罪答辩。如果他在这个时候承认有罪，还是会有一定的优惠政策，但不再是1/3而是1/4（25%）的优惠了。这就是英国的认罪激励政策，鼓励真正犯罪的嫌疑人能抓住最早的机会作出有罪答辩。

第二，有罪答辩必须出于自愿，被控告人一旦作出有罪答辩后再作无罪答辩的更改很困难。在首次聆讯的法庭上，法官是不能要求嫌疑人作出有罪答辩的。是否作有罪答辩完全由嫌疑人自己决定，嫌疑人有获得律师帮助的权利，律师会根据案件的证据情况给嫌疑人提出合理的法律建议。一旦被控告人作出有罪答辩，审判阶段法官一般不再主持对证据进行质证，而是直接进入量刑环节。被告人在这个阶段如果要撤回有罪答辩转向无罪答辩就会比较困难，除非被告人提出之前没有得到合适的法律建议，也就是说只有在这种情况下被告人才可以更改自己的答辩（change his plea, back to not-guilty）。

第三，首次聆讯作出无罪答辩的，正式审判前被告人可以改变作出有罪答辩，但是获得的量刑减让比例会越来越低。如果被告人首次聆讯时作出的是无罪答辩（plead not guilty），皇家法院的法官就会询问辩方律师，被告人是否获得了足够的关于有罪答辩优惠政策等法律方面的建议。如果指控证据足够充分，比如说整个作案过程都被监控记录下来，那么法官就会问辩方律师的辩护意见是什么，如何把案件呈现给陪审团。如前所述，即便案件已经移送到皇家法院，被告人还是有权选择作有罪答辩，作出何种答辩完全是由被告人自己决定。如果这个阶段被告人仍然作出无罪答辩，审判（陪审团审判）大约会在六个月后进行。在首次聆讯和正式审判之间的任何时间，被告人都可以改变自己的答辩。但是他有罪答辩的时间越晚，优惠的力度就越小。如果他在首次聆讯后一周认罪，量刑减让就不是1/4，而是1/5。如果到审判前一周才认罪，那就可能只有15%的优惠了。如果是在审判当天认罪，就是10%的优惠。如果审判开始以后才认罪，可能就不会再有优惠。但还是有一些灵活的处理方式。比如，涉及需要儿童来提供证据的案件，如果不需要儿童出庭来提供证据，认罪的被告人可能多获得一些优惠。对于其他比较脆弱的证人也是如此。这样就能减少他们作证可能会受到的伤害。所以，英国的司法系统在认罪后的量刑减让上还是比较灵活的，旨在鼓励被告人尽早认罪。

第四，被告人作出有罪答辩的案件，法官一般不再组织质证，而是直接进入量刑程序。在英国，被告人作无罪答辩由陪审团审判的案件实行排除合理怀疑的证明标准。对于有罪答辩案件，一个被普遍遵守的信条是被告人认罪就是最好的证据，被告人认罪就足够了，不需要其他证据。因此，法庭一般不再组织质证，而是直接进入法官量刑程序。被告人有罪答辩的这一后果，是由英国的当事人主义诉讼模式所决定的，被告人对自己的权利（力）有完全的处分权，当控辩双方对犯罪事实无争议时，法官一般不再对事实进行审理，这与我国的认罪认罚从宽制度有本质的不同。

第五，被告人作有罪答辩的案件，法官发现控辩双方主张的部分事实不一致时，会通过牛顿听审（Newton hearing）进行核实，而不是交由陪审团审理。如果被告人承认控方指控的罪名，但是不同意控方指控的部分案件事实，在这种情形下，法官不会将案件交由陪审团审理，而是直接决定让证人出庭作证（即举行牛顿听审），由法院根据证人作证情况决定采纳哪一方的观点。特别需要说明的是，如果法官采纳了辩护方观点，则被告人继续享有认罪量刑优惠；如果法官审理后采纳控方观点，则被告人不再享有认罪量刑优惠。

第六，被告人作有罪答辩的案件，法官并不必须制作判决书。在英国，对于被告人认罪的案件，皇家法院刑事法官在对被告人作出有罪判决并当庭口头宣告量刑结果后，一般不会专门制作判决书。如果被告人需要判决的书面结果或者要提起上诉，可以获得法庭记录。但是对于复杂的案件或者法官认为有必要时，可以制作书面文件（如判决书等）。

第七，被告人作有罪答辩的案件即使事后发现是错案，法官也不会被追究责任。在英国，法官根据被告人的认罪答辩作出有罪判决后，如果有证据证明该案是一起假案或者错案，法官无须承担任何责任，更不会因此被追究法律责任。其原因在于，英国法律规定，法官对于正常履职作出的司法裁决是免责的，法官不应因其正常的履职行为（包括错误判决）承担个人责任。而且，在此类案件中被告人属于自愿认罪，法官并无任何过错。

第八，英国刑事诉讼程序中使用的电子卷宗系统及完善的行为规范，是控辩裁依法行使职权的重要保障。"被告人认罪是最好的证据，法官一般不会对事实进行审查，而是直接进入量刑程序。"由此带来的问题是，英国刑事诉讼中是如何保障无辜的人不因认罪而被冤枉呢？在英国，自2017年开始使用控辩裁共享的电子卷宗系统。在电子卷宗系统里，自警察调查阶段至审判阶段，控辩双方的所有声明，包括控方的证据，辩方的证据以及法庭记录，控辩裁各方均可以查到，当然律师和当事人之间沟通的私密的证明以及当事人的认罪内容，是看不到的。英国的电子卷宗系统公开、透明，且由警察、检察官、律师、法官共享，从而确保控辩裁各方各司其职，严格履责，共同保障司法的公正。此外，英国建立起完善而严格的行为守则，确保警察、检察官、法官、律师的行为符合职业道德和规范要求。

（二）法官量刑指示规则

英国实行当事人主义诉讼模式，法官居于中立的诉讼地位，依法独立行使审判权。首次聆讯时，法官不会也不能要求被告人作认罪答辩，认罪与否完全是被告人自己的选择，被告人选择认罪的动机是会获得最多监禁刑1/3的量刑优惠。但是，法官在主持聆讯过程中可以作出量刑指示（sentencing indication），量刑指示不应增加被告人认罪的压力。在Goodyear案中[①]，上诉法院确立了有关量刑指示的模式化的规则，对法官的量刑指示进行了规范：（1）被告律师必须获得被告人书面并且签名授权的表格，请求法官给出量刑指示，否则，法官不能主动给出量刑指示。（2）被告律师必须确保被告人充分理解以下四个事项：第一，除非被告人有罪，否则不应认罪；第二，法官所作出的任何判刑有可能会被首席检察官推翻，如果检察官认为量刑不当，过于严苛或者过于宽泛；第三，法官

---

① Goodyear被指控腐败犯罪，在审判开始之前，律师找了法官，请求给予量刑指示，法官给出指示不会被判监禁刑，Goodyear作出认罪答辩，量刑听证时，法官给出了一年监禁刑和罚款。Goodyear提出上诉，上诉法院由五名法官进行庭审，这种情况只有在非常重要的案件中才会出现。

给出的量刑指示只是在展现当时的情况；第四，法官给出的指示仅限于跟量刑有关的事项，不能超出这个范围。(3) 法官的量刑指示应在公开的法庭上作出，控辩双方有律师代理，被告人应当在场，聆听法官释明的整个过程，庭审过程要有完整的记录。(4) 对于被告人提出的给出量刑指示的请求，法官可以拒绝给出指示，也可以推迟给出指示。(5) 法官作出拒绝或者推迟决定可以给出理由，也可以不给出理由。(6) 一旦法官作出量刑指示，指示就具有约束力，对作出指示的法官本人一直有约束力，并且对此后任何其他负责此案的法官也具有拘束力，但约束力是有时限的，也就是说被告人在一定的时限内没有作出认罪答辩的，量刑指示不再具有约束力。(7) 量刑指示仅局限于明确的（事实）基础之上；如果控辩双方针对起诉书的指控，意见不一致，被告方请求量刑指示的，控方应当提醒法官，不应给出量刑指示，除非法官认为他可以不进行牛顿听证而恰当处理此案。(8) 在没有律师代理的情况下，被告人也可以自己申请法官给出量刑指示。(9) 控方要确保法官在给出量刑指示时手里有指控的证据，法官可以以证据不足为由拒绝给出量刑指示。(10) 控方对量刑的看法与法官的量刑不一致时，检察官不会在法官给出量刑指示时提出，而是在法官判决后提出上诉。实践中，如果控辩双方就量刑的意见差距很大的话，法官一般不会作量刑指示。

（三）量刑程序

在英国刑事诉讼中，量刑程序是独立的程序，在陪审团审判的案件中，陪审团负责事实决定，法官负责进行量刑。在被告人作有罪答辩的案件中，不再交由陪审团对事实进行审判，而是直接进入法官的量刑程序。需要特别说明的是，治安法院审理的案件，如果刑期超过十二个月，案件要转到皇家法院，由皇家法院的法官负责量刑。

1. 法官量刑的依据

英国的量刑程序比较复杂，法官的量刑依据之一是遵循量刑指南（sentencing guideline）。量刑指南是由量刑委员会发布的，法院必须遵循，量刑指南本身是灵活的，允许法官自由裁量。量刑指南是按罪名分类制定的，目前，已经发布 18 类犯罪的量刑指南。量刑指南的作用更多的是为某一类犯罪的量刑搭建一个框架，确保量刑的连贯性。法官的量刑依据之二是遵循判例，即对没有量刑指南的罪名，法官进行量刑时应当遵循判例进行量刑。根据议会 2003 年制定的刑事司法法案（Criminal Justice Act 2003），对成年被告人判刑有五个方面的目的：一是惩罚犯罪人；二是减少犯罪，包括通过威慑力减少；三是矫正犯罪人；四是保护公众；五是赔偿被害人。

2. 适用量刑指南按步骤量刑

所有罪名的指南在量刑方式上都是一致的，即按步骤进行量刑。比如说，对盗窃类犯罪，议会颁布的法律设定刑期上限为七年；量刑指南要受七年的约束，即七年内如何量刑由量刑委员会决定。法官在使用量刑指南进行量刑时分为四个步骤：第一步，由法官确定罪责程度。比如，盗窃的罪责程度分为三级：高度、中度、较轻。确定罪责程度时首先审查实施盗窃犯罪时的情节和方式；判断其在团伙犯罪中的地位和作用；接下来评估造成的损害程度，如果是盗窃犯罪，评估被盗窃物品的价值，在价值评估上不仅考量物品本身的价值，还要考量情感价值。总体而言，首先考虑犯罪的直接危害，同时也会在更广泛程度上考虑其造成的危害性，比如对公众的影响。第二步，确定量刑起点，因为案件情况不同，刑期的起点允许有幅度。第三步，根据加重减轻情节因素，确定合适的刑期。量刑指南会给出加重减轻情节因素，例如，有前科、再犯，属加重刑期的因素；相反，初犯，具有良好的品格，属减轻因素。在这个环节，法官也可以根据被告人的行为，例如，与警局合作协助侦查，积极退赔等进行减刑。第四步，法官考虑是否有认罪而减刑。量刑的前三步，法官有自由裁量权，会综合案件的性质、情节、后果等因素来确定合适的刑期。而在第四步认罪减刑上，法官基本没有裁量权，认罪减刑是公式化的计算方法（下文会详述）。

3. 认罪优惠的量刑原则及步骤

在认罪减刑折扣方面，量刑委员会单独出台了细致的量刑指南。在英国的量刑程序中，认罪是独立的量刑情节，这其中涉及的一个关键问题是，某类罪名的量刑指南是针对没有认罪的案件给出的刑期。对于认罪案件而言，法官的量刑分为五个步骤：第一步，根据个罪的量刑指南确定适当的量刑幅度；第二步，根据认罪减刑的量刑指南确定认罪减刑的比例；第三步，列明减让的刑期；第四步，在第一步所确定的量刑幅度内进行减刑；第五步，根据个罪的量刑指南决定最后的判决。根据认罪减刑的量刑指南，最早的认罪可以获得监禁刑1/3的折扣。量刑指南确立的认罪减刑的总的原则是认罪越早，折扣越多。首次聆讯认罪的，量刑优惠1/3；案件移送到刑事法院后认罪的，量刑优惠1/4；审前一周认罪的，量刑优惠20%，审判前一周认罪的，量刑优惠15%；审判日认罪的，量刑优惠10%；审判已经开始再认罪的，没有任何量刑优惠。

认罪减刑量刑指南的目的是鼓励早认罪，法院在认罪案件的量刑步骤中，对当事人认罪给予的刑期折扣必须考虑。量刑委员会希望认罪减刑指南在适用中是连贯、一致的。需要特别说明的是，认罪减刑指南也确立了一系列原则，其中，最为关键的原则是避免指南给本不想认罪的被告人带来压力。在英国，实行无罪推定原则，被控告人不是必须要承认犯罪，他有权利选择不认罪而接受法庭审判。多年来，法院在提高诉讼效率方面有压力，如果被告人确实实施了犯罪，其认罪会带来多方面的好处。首先，被告人如果认罪，通常会对受害人是一种慰藉，也可避免受害人和证人出庭作证。其次，从公共利益角度而言，可节约司法资源。从英国的实践看，被定罪的案件中，有90%是认罪案件，但被告人并不是在最初的时候认罪的。因此，认罪减刑指南实行鼓励政策，对在最早的程序中认罪的量刑折扣与较晚时候认罪的量刑折扣作出明显的区分，以此鼓励被告人如果选择认罪就尽早认罪。关于认罪减刑的折扣问题，在认罪减刑指南发布进行公开听证时，公正审判委员会提出意见，认罪减刑折扣不能过高，避免出现不当激励。这一点，英国使用的量刑系统与美国的辩诉交易系统是不一样的。英国的量刑权在法官手上，检察官没有量刑建议权，也不存在控辩双方就量刑达成协议。

认罪减刑指南对被告人认罪的影响。发布认罪减刑指南的目的，是让被告人知道最早认罪可以获得1/3减刑，认罪越晚，比例越小，旨在起到鼓励被告人早认罪的作用。但从实践看，影响被告人认罪的因素非常复杂。有的被告人认为既然自己做了，就应该认罪。有的被告人称自己没有钱请律师，所以认罪。也有的被告人称系律师让他去认罪的。对被告人而言，决定是否认罪因素有很多。英国量刑委员会在这个方面尽可能确保如果被告人选择认罪，其获得的量刑折扣是透明的。如果被告早认罪而没有获得相应的刑期折扣的，他有权就刑期进行上诉。在实践中，也有上诉成功的案例。

4. 对量刑指南影响的监控与评估

通常情况下，量刑指南发布后，法院会遵循量刑指南，这方面没有太大难处，难处是对量刑指南的理解与适用。因此，量刑委员会有专门团队密切监控指南发布后的影响，尤其是认罪减刑指南。认罪减刑指南最让政府担忧的地方，是指南的运用对监狱人数的影响。因为只有在最早时期认罪才能获得最大折扣，如果没有最早认罪，获得的刑期会更长。这样，如果指南鼓励早认罪的作用没有发挥的话，未来时期会增加监狱的人数。但是因为量刑委员会是独立于政府的，政府的担忧不能阻止委员会发布正确的指南。所以，委员会不希望因为发布认罪减刑指南而导致监狱人数的增加，因此在密切监控认罪量刑指南的适用。

5. 量刑委员会的工作模式

英国议会在2010年成立量刑委员会，量刑委员会独立于政府，资金来源于司法部。量刑委员会的工作目标是增强刑罚的透明度，核心工作是为法院制定量刑指南，同时对指南的适用进行评估与监控，加强公众对司法的信心。对哪一类犯罪制定量刑指南，由量刑委员会决定，目前，数量大的犯罪基本上都制定了量刑指南。量刑委员会有十四名成员，其中八名司法人员，另有六名非司法人员，例如，警察、检察官、缓刑服务官、受害人代表、学者代表，任期三年，均是兼职。量刑委员会下设办公室，负责进行政策法律研究沟通工作，吸纳专家意见，公布量刑指南草案公开听证以及听取利益相关方的意见等。指南的制定采用循环式的工作方式。一部量刑指南的制作需要二年的时间，过程中量刑委员会要进行调研、听证并进行发布前的修正等工作。指南发布后要对指南进行监控和评估，发现问题及时进行纠正。

（四）被告人无答辩能力（unfitness to plead）的评定标准及实践

确保被控告人的有罪答辩是自愿作出的，是认罪协商制度具有正当性的关键。在英国，对于保障被控告人有罪答辩的自愿性有一系列制度保障，如前所述被控告人有沉默权、有获得律师帮助的权利，接受警察讯问律师有在场权，且被控告人能与律师随时进行交流，随时选择停止接受讯问，有罪答辩要在公开的法庭上当着法官的面作出，等等。除了以上制度保障被控告人自愿选择作有罪答辩以外，还有无答辩能力法律框架。

1. 无答辩能力法律框架确立的基础与功能

在英国，无答辩能力是指被告人没有能力参与刑事诉讼程序，它和犯罪当时无行为能力不是一个概念。通常行为能力是由心智状态造成的，对行为能力的评定由单独的法律来确定。此外，无答辩能力的评定与精神病鉴定也完全不是一回事。无答辩能力法律框架要解决的问题是，一旦发现被控告人无答辩能力，就要对其转程序处理，不再按照正常的诉讼程序进行审判。无答辩能力法律框架的设置基于两个方面的原因：一是道德原因；二是法律原因。道德原因可以追溯到自然正义，按照自然正义的要求，如果被控告人存在心理健康问题，审理时没有能力为自己辩护，就不能强加审判程序给他，也不希望在他没有辩护能力的情况下而判他有罪。法律原因其中之一是《欧洲人权公约》第6条的要求，即每一刑事被控告人都享有获得公平公正审理的权利。其二是联合国《残疾人权利公约》的要求，即确保所有残疾人充分和平等地享有一切人权和基本自由。因此，评判有无答辩能力的目的，是将无答辩能力的人从正常的诉讼程序中识别出来，进而转程序处理。在英国，发现无答辩能力的案例非常少，从2002~2014年，每一年发现的案例在100件左右。

2. 无答辩能力主张的提出

受1964年的刑事程序法案调整，刑事诉讼所有的被控告人预先都被假定具备答辩能力。诉讼过程中，如果认为被控告人的答辩能力存在问题，则需要提出主张，最常见的主张者是律师，当然，诉讼其他各方也都有提出的权利，法官也有义务观察被控告人的答辩能力以便及时发现问题。无答辩能力主张的提出可以在陪审团合议之前的任何时候提出，而对于答辩能力的评定是由法官独自作出。通常无答辩能力主张的提出是在诉讼早期，但是关于是否具有答辩能力的决定可以延后作出，可以延迟到检方的证据披露之后再决定。如果辩方主张被控告人无答辩能力，需要提交给法官相应的证据，证据必须是来自至少两名注册医师提交的证明文件，其中，至少一名医师必须是根据心理健康法案获得特别资质的心理医师，具有心理健康问题诊断和治疗的专长。

3. 无答辩能力的测试标准

目前，英国所采用的无答辩能力测试标准是Prichard Test，它是普通法标准，不是成文法规定的标准。无答辩能力的测试标准是以案件本身命名的，这个判例是1836年的一个案例。从1836年以来，英国的刑事审判程序发生了很大的变化，被告人可以出庭作证，有了律师的参与和加入。现在法院在沿用这个标准时引用的案件是John M案件。根据Prichard测试标准，如果下述六项有一项被告人无能力完成，就视为其不具备答辩能力。这六项能力分别是：（1）有能力理解指控的性质和内容；（2）有能力决定是否作有罪答辩；（3）有能力运用自己的权利挑战陪审团；（4）对律师有能力进行指示；（5）参与和理解诉讼程序；（6）根据自己的辩解进行举证。其中，第五项标准的理解与适用是实践中的难题所在，也是问题所在。在John M案件中，法官在给出判决时对如何理解上述第五项标准作了一定的阐述，法官认为，"被告人需要有能力理解诉讼中所展示的证据，有能力理解律师的言语"。但是对于法律外行人而言，理解律师在庭审陈述中的法律术语本身不是很容易做到的事情。

医生在测试时也是根据这六项标准来进行测试，被控告人被评定为无答辩能力的一些常见原因有：低智商、发育不成熟、失忆症、心智错乱、严重抑郁、精神失常、人格障碍等。医生发现上述情形后，还要评估被告人是否符合Prichard测试标准，实践中，最大的难处是医生的上述医学判断如何与Prichard测试标准挂钩，Prichard测试标准是法律标准，不是医学标准。因此，医生的鉴定意见对法官而言仅是一种参考，被告人是否具有答辩能力最终仍由法官来作出评判。

### 4. 皇家法院对无答辩能力案件的特殊审理

一旦法官认定被告人无答辩能力，已经开始的审理就会立即终止，没有开始审理的案件也要转其他处理程序，但是在庭审终止之前已经收集、出示的证据仍要保留。特别需要说明的是，正常的诉讼程序需要终止，但是仍然要对被告人进行审理。有以下几点值得注意。

首先，被告人无答辩能力案件的审理与普通案件审理有一定的区别。

（1）陪审团只需决定被告人是否实施了被指控的犯罪，或者不作为与被告人有关，至于被告人的内在心理不作认定。这就意味着，在控方对证据进行展示时，只需就行为方面等外在因素进行展示，而对被告人的内在心理不需要进行证明。比如，指控伤人还是蓄意伤人，如果被告人属于无答辩能力人，控方只需要证明伤人行为的存在，而不需要证明伤人是蓄意造成的。

（2）律师不需要按照被告人的指示来进行辩护活动。对无答辩能力人进行庭审时，法院仍然要确保被告人有律师代理，律师不需要按照被告人的指示、意志来进行辩护活动，但是要确保其行为能够维护被告人的最大利益，这是与普通庭审的区别。而且审理通常被告不在场。

（3）正常案件审理中的部分辩护方式不适用。正常案件审理中的部分辩护方式在对无答辩能力人进行庭审时是不适用的。在英国，有全面辩护与部分辩护之分。比如，检方指控被告人殴打了他人，律师拿出录像证明被告人是自卫，这被称为全面辩护。再比如，英国谋杀罪会被判处终身监禁，如果部分辩护，谋杀罪降低为杀人罪，刑期随之会降低。是否构成谋杀罪与被告人实施行为时的心理状态有关系，如果律师能够成功证明被告人系行为失控，一时失手，或者情绪失控，谋杀罪就不成立，这种辩护属于部分辩护。但是这种部分辩护，在对无答辩能力被告人进行的庭审中是不允许使用的。还有其他部分辩护关乎行为实施人在实施犯罪行为当时心理状态的，比如说心智缺失或者心智失常，在无答辩能力案件的庭审中都不允许使用。而在正常的审理中，这种心智失常是可以用作辩护理由的，且可以用于各种犯罪的辩护。

其次，无答辩能力案件审理后的处理。对于无答辩能力案件的事实审理，由陪审团来决定，陪审团在法律方面要听从法官的指示。一旦陪审团认定指控的犯罪行为是无答辩能力人实施的，法官要作相应的处理，这种处理本身不是判刑，目的不是惩罚被告人，其本质原因在于法院并没有全面衡量被告人对其行为的罪责程度，即应当由其负责的程度，因而没有法律意义上的定罪。法院对无答辩能力人在被判定指控事实成立后进行处理的三种方式。

（1）发布医院羁押令（hospital order），要求被告在有安全保障措施的医院进行羁押，至于何时能够出院，由医师进行判定；如果在医院羁押令外还附加其他限制令，被告人必须要获得国务大臣的批准后，才能出院。但是如果发布医院羁押令，必须首先要有医生认为在医院羁押是适宜的，且被告人是可以治疗的。医院羁押令无强制性期限，但每六个月要进行复核，后期每一年进行复核。如果被告人对医院羁押令不满，可以上诉到负责心理健康的特别法庭。如果只有医院羁押令，没有其他限制令，复核由医生进行。

即便被告人没有向特别法庭提出上诉，特别法庭每三年也要对被告人进行复查，医院管理人员也会主动复查，判定是否具备出院条件。如果有其他限制令，医生可以建议出院，但是必须获得司法部的批准。

（2）发布监督令（supervision order）。对于不适宜医院羁押令处置的被告，法院的第二种处置方式是监督令，在社区执行。监督令的时间一般不超过两年，同时要求附加就医治疗的强制要求，或者附加在就医地点居住的要求。

（3）完全释放（absolute discharge）。如果监督令也不适宜的话，法院的第三种处理方式是完全释放。

此外，还有一些限制令，比如性侵犯的，一旦被告人有地址变更必须通知当地警察局。

最后，特别需要说明的是：（1）对于法官的处置方式，有上诉制度可以救济，但是上诉的流程非常复杂。（2）还有一些非常的例外情形，如果被告人恢复了答辩能力，全面的庭审会重新启动。但这一框架只适用于皇家法院，即严重的犯罪。（3）上述处理程序只适用于皇家法院，治安法院和未成年人法院不适用。在英国，95%的案件是在治安法院和未成年人法院处理的。上述无答辩能力的案件只适用于皇家法院，治安法院和未成年人法院不适用。在这些法院，如果有证据证明被告人难以参与庭审，检察官有可能停止向法院移送案件。在治安法院和未成年人法院，对无答辩能力的被告人也可以发布医院羁押令或者监护令，不对被告人定罪，虽然名称都一样，但操作流程不一样。虽然法律规定可以适用，但实践中极少适用，尤其是监护令。另外一种处理是法院终止审理，没有其他处置，但是在简易流程的法院，实践中极少适用。律师对无答辩能力法律框架在治安法院和未成年人法院得不到检验而感到担忧。

5. 无答辩能力法律框架所存在的问题

英国的法律委员会（法定的独立机构，它的功能是对法律的适用进行观察、审核，向法律人士进行咨询，就法律提出修改建议，促进法律的现代化）在答辩能力上进行了项目调研，就答辩能力法律框架的适用情况出具了报告，并提出法律修改的草案。目前，英国的无答辩能力法律框架在适用中存在如下问题。

（1）其中担忧比较多的一个问题是，被控告人无答辩能力很难被发现。从数据看，每年皇家法院受理案件的被告人有8万人左右，而被发现无答辩能力的被告人每年100人左右，仅占不到0.1%。从心理学研究和统计看，5%的被告人智商有问题，2%的被告人存在严重心理健康问题，然而在大比例中只有非常小的一部分最后被评定为无答辩能力。心理学家认为不适宜参与庭审的人非常多，但是很多人都走完了整个流程，不适宜参与正常庭审的被告人都被迫参与了庭审。

（2）对专家证据要求方面的担心。其中，涉及鉴定专家应当具备的条件，现有的要求是有无答辩能力的评定必须由注册医师而且是心理医师出具相应的报告，但心理医师又达不到注册医师的要求。同时，专家报告常常无法及时拿到。

（3）关于Prichard测试标准以及标准本身也有一些令人担忧的问题。其一，Prichard测试标准是19世纪的标准，而且是普通法标准，并没有规定于成文法中，法律和医学差距都很大，加之标准不明确，主观性强，因此在应用时常会出现不连贯、适用不一的情况，法官与医生适用常会出现适用不当的情况。其二，心理鉴定与法律鉴定对接困难。在答辩能力鉴定方面，14%无答辩能力的鉴定，是由心理医生诊断得出的结果，很多心理学家按照自己的规则或者诺顿规则（诺顿规则属精神病鉴定，与无答辩能力鉴定完全不是一回事。二者鉴定的时间点不一样，精神病鉴定是要鉴定行为实施时行为人是否有行为能力，而答辩能力是诉讼过程中的能力判定，实践中心理医生常会混为一谈）进行鉴定，导致心理鉴定和法律（普通法，没有成文法）要求的鉴定对不上，因而不被承认，而法律对鉴定的要求又是七零八落，没有成文法可遵循。其三，Prichard 标准没有考虑被告人的理智，也就是说被告人是否理智没有合适的方式来评估。其四，Prichard 标准未能让法官对以下能力进行区分，一个是被告人参与庭审理解庭审各方面的能力，另一个是理解指控证据进而自愿选择是否作出有罪答辩的能力，这两者通过这个标准并不能让法官区分出来。Prichard 标准，只要满足一项，就认为不具备答辩能力，实践中引起很大的争议，争议尤其来自医生。对于被告人参与庭审能力评定的理解上，普通法上有个"有效参与"的概念，与 Prichard 标准是什么关系，理论和实务界都没有明确。"有效参与"是《欧洲人权法》第 6 条内化到英国法律过程中提炼出来的。有一些法官认为"有效参与"是 Prichard 标准中的对庭审过程的参与，二者是非常接近的。但是，在英格兰和威尔士地区有一些重要的案件，英国的法官认为被告人有答辩能力，有能力参加全面庭审，但是案件上诉到了欧洲法院，欧洲法院判定被告人无答辩能力。所以，在标准本身方面和无答辩能力人发现方面都存在问题，是值得关切的领域。

（4）对无答辩能力的事实审理的问题，受争议很大。相比正常案件，对无答辩能力被告人进行审理，于无答辩能力人非常不利。因为很多犯罪行为与心理活动完全剥离开来，只看行为，就会出现处理结果不一致的情况。此外，审理后的特别处置也饱受批评，监督令缺乏力度和效力。在治安法院和未成年人法院适用特别处理的被告人的保护力度相较皇家法院获得的保护力度远远不够。

英国的法律委员会就这些问题提出了法律修改的一些建议，建议中最有影响的一条是要让 Prichard 标准转化为成文法。同时，还提出：一是 Prichard 标准的重点应该放在对被告人有效参与庭审的能力评定上。二是建议把认罪能力单独拿出来进行评定，即便被告人被评定为不具有全面参与庭审的能力，但不影响具有认罪能力的评定，这个建议可能会引发比较大的争议。三是建议无答辩能力案件的审理中，控方应全面展现案件情况，而不只是就行为本身进行审理，让审理更加接近于正常的审理。四是建议让监督令更有效，并且建议在治安法院和未成年人法院中构建适用监督令的机制。但英国的法律至今未改。

## 四、英国的法律援助制度

英国法律援助局负责法律援助管理事务。其职责是批准私人执业的事务律师和出庭律师为当事人提供法律咨询和出庭代理的法律援助服务。从事刑事法律援助服务的律师事务所，必须与法律援助局签订格式化的刑事服务合同。当事人从中选择委托一家律师事务所，由事务所代其向法律援助局提出法律援助申请，如果符合条件，法律援助局直接向事务所拨付律师费。2018年，法律援助局在刑事法律援助领域共投入8.4亿英镑，覆盖了从侦查到上诉的所有阶段。被告人获得刑事法律援助，应当符合以下标准：一是经济困难标准；二是司法利益标准，即公正审判的需要。但是，对于某些类型的刑事法律援助案件，无须审查上述标准。

英国特别重视审前律师作用的发挥。反对强迫自证其罪权和沉默权被视为公正权利的核心要素，而提供有效法律帮助则是根本权利保障的重要方面。其中辩方了解指控事实和相关信息有两个关键的时间节点，即警察讯问的第一时间或者庭审质证环节。为提供有效法律帮助，律师在会见嫌疑人之前，向控方了解案件情况至关重要。律师在了解控方证据情况后，还会进一步寻找证人，以便提供有效辩护。所有这些工作都要在审前完成。例如，如果辩方提出自卫（incident）的意见，仅靠交叉询问不足以实现，需要寻找其他的证人，来支持自己的辩护意见。律师在给出是否作有罪答辩的建议之前，需要进一步收集证据，否则无法给出建议，复杂的案件中律师需要做的工作更多。因此，在英国，非常重视在警察局的法律援助。嫌疑人被拘留后，如果其没有委托律师，请求联系值班律师的话，警察会通知值班事务律师电话中心（DSCC）联系律师前往警察局。值班律师（Duty Solicitor）的责任、权利与委托律师是一样的，一年365天24小时都有值班律师前往警察局提供服务，值班律师来源于与法律援助局签署合约的律师事务所。法律援助局负责管理各地的值班律师名册。

在英国，治安法院也安排有值班律师，其仅负责第一次听证时为被告人提供法律帮助。第一次听证后，是否有律师代理由当事人决定。对于被告人符合司法利益标准（如被告人可能失去人身自由）和经济困难标准（家庭可支配收入低于12475英镑）的，被告人可获得法律援助，由法律援助局批准其代理命令，向律师拨付法律援助补贴。

英国法律援助的类型。英国法律援助分为指控前的法律援助和指控后的法律援助。嫌疑人在警察局接受讯问时，值班律师应当在场，嫌疑人获得法律援助不受经济条件和司法利益标准的限制。从实践看，有50%的嫌疑人在接受讯问时申请法律援助律师在场；羁押期限延长进行听证以及保释听证时，嫌疑人可申请法律援助。与指控前的法律援助不同的是，指控后的法律援助受经济和司法利益标准的限制。例如，治安法院获得法律援助的经济条件是家庭可支配收入低于12475英镑，皇家法院获得法律援助的经济条件是被告人家庭年度可支配收入低于37500英镑。至于司法利益标准，治安法院审理的案件要符合司法利益需求，而皇家法院审理的案件则自动满足这个条件。法律援助律师，在治安法院按案件收费，对于皇家法院受理的案件，除固定费率外还有补充机制，即根据案件处理走向、控方证据页数、控方证人数量、犯罪类型、审判天数等确定。如果审判时间预计可能超过60天，不适用规定费率方式，律师将按重大复杂案件的付费方案即按小时收费。

法律援助律师服务质量的保障。首先，对于法律援助律师有刑事法律从业资质的要求。其次，有经验丰富的律师监督法律援助律师的工作；最后，有同辈审查机制，确保法律援助合约律师提供有效法律帮助。需要指出的是，在英国法律援助跟被告人是否认罪无关,任何阶段都不存在强制辩护。据统计,50%的嫌疑人选择需要辩护人;皇家法院的法律援助超过90%。在英国,随着法律援助的减少,如何降低无辜的被告人被错误定罪的风险,也已经成为人们关注的问题。

### 五、认罪协商制度在全球的发展

根据公正审判国际组织提供的研究报告,考察团对世界上90个国家和地区的司法制度,特别是认罪协商制度有了较为全面的了解。从世界范围看,过去25年间,认罪协商制度发展迅猛,在许多国家广泛适用,例如,美国有97.1%的案件通过辩诉交易解决,俄罗斯、澳大利亚有60%多的案件通过认罪协商程序解决,苏格兰(2004年)有85%的案件、英格兰和威尔士(2014年)有70%的案件、南非近90%的案件通过放弃正式审判制度处理。

1. 认罪协商制度的类型

受各国历史、文化以及诉讼模式的影响,世界范围内的认罪协商制度存在不同的类型,其中有45个国家属量刑激励型(sentence incentives),即量刑从宽;29个国家属指控激励型(charge incentives),即减少指控或者降格指控;8个国家属事实激励型(fact incentives),即仅对部分犯罪事实进行指控;26个国家属合作协议型(crown witness/co-operation agreement),即转为污点证人,撤销指控处理。有的国家则禁止使用认罪协商制度,如葡萄牙,此前实践中也有认罪从宽的案例,但后来被宪法法院宣布违宪。

2. 认罪协商制度产生的原因

从世界范围看,认罪协商制度产生的原因主要有以下几个方面:一是提升诉讼效率的考虑。二是司法改革的需要。三是有效应对复杂犯罪的需要。复杂案件,被告人认罪对案件侦破、起诉和顺利审判具有重要价值。四是准确、公正量刑的要求。被告人认罪需要勇气,也是重要的悔罪表现,通过从宽处理给予认罪鼓励,对案件进行个性化处理,有利于实现刑罚的教育功能。五是可以避免被害人出庭作证遭受二次创伤。六是完善人权保障机制,确保被告人"获得迅速审判的权利",同时在一些国家也有助于减少审前羁押。

### 六、借鉴和建议

通过这次考察,我们深切体会到不同刑事诉讼模式中制度构建的差异性,与此同时,我们也深切体会到任何一项刑事诉讼制度构建应当具有正当性。就认罪协商制度而言,英国同样把被控告人认罪与否作为案件区分处理的一种机制,可以说认罪案件的处理已经自成体系,与不认罪案件的陪审团审判互为补充,二者相得益彰。通过这次考察,有以下几个方面,值得我们借鉴和进一步研究。

1. 深入研究认罪认罚案件实体从宽的界定,及时出台认罪认罚案件量刑指导意见

认罪认罚从宽制度是一项综合制度,内容丰富,既涉及实体又涉及程序,修正后的刑事诉讼法将认罪认罚从宽规定为刑事诉讼的重要原则并对相关制度进行了完善。但是,实体上的"认罪认罚从宽"如何把握,需要刑法予以明确。其中,认罪认罚从宽与自首、

坦白从宽如何衔接需要明确，认罪认罚能否作为减轻处罚的情节需要明确，认罪认罚能否作为独立的量刑情节需予以明确，确保认罪认罚从宽获得实体法上的依据。

2. 建议建立侦查、起诉、审判人员和律师能够共享的电子卷宗系统

程序公开、透明是公正的基本要求，目前，各级公安司法机关的信息化建设水平已经基本实现了现代化，满足了人民群众对程序公开的期待和需求。我国刑事诉讼最大的特点是阶段性，而且各阶段之间呈递进关系，建立公安司法机关以及律师共享的电子卷宗系统尤为必要，且具有如下重大意义：一是减少不同机关之间案件流转环节，节约流转成本；二是案件信息尤其是证据信息实现同步共享，便于各机关在依法履职的基础上充分发挥制约作用，确保司法公正的实现；三是有利于发挥社会监督作用。程序公开、透明，既有利于各机关发挥制约作用，也便于社会进行监督，从而防止权力异化。在英国，业已建立起来的电子卷宗系统，让诉讼的每一个环节"留痕"，这对参与诉讼的控辩裁各方本身就是一种约束，是防止不当履责的重要措施。此外，从英国电子卷宗共享平台经验看，困扰我国的法庭开庭排期问题也可通过共享平台建设解决。

3. 建议深入研究认罪案件错案责任的豁免问题

认罪认罚从宽制度的最大风险是错将认罪的无辜的公民定罪，为了避免这一风险，在制度设计上我们采用与不认罪案件相同的证明标准，与此同时，没有豁免法官的责任。在英国，由于其实行当事人主义诉讼模式，对于认罪案件而出现的错案，法官是不会被追责的。如前所述，法官不对事实负责，认罪案件，控辩双方就指控的犯罪事实无分歧的，法官仅负责量刑。对于不认罪案件，事实认定由陪审团负责，法官仅负责量刑。在此制度设计下，被告人清楚自己认罪的后果，且清楚一旦作出认罪便很难撤回，这会促使被告人在作出认罪答辩前要审慎考虑自己的选择。我国的诉讼模式与英国不同，法官承担着查明案件事实真相并依法作出公正裁判的神圣职责，即便是被告人认罪的案件，法官办错案也要被追责。无疑，这样的制度设计服务于确保无辜的被告人不受刑事责任追究之目的，是正当的。但这不妨碍我们对认罪案件法官追责问题进行深入研究，以合理界定法官责任。

# 中国法官代表团赴德交流总结报告①

2019年8月25日至9月1日，中国法官代表团一行9人赴德国进行了为期8天的刑事司法专题交流。在德期间，代表团访问了勃兰登堡州司法及欧洲事务与消费者权益保障部、波茨坦州法院、柏林州高等法院等法院，布伦茨湖监狱和柏林律师协会，旁听了德国法院的刑事庭审活动，考察了德国刑事协商制度、律师在刑事诉讼中的作用、未成年人审判等德国刑事司法制度及其运行状况，现将考察情况报告如下。

## 一、德国法院情况概要

法院作为法治国家的守护者，在德国赢得了广泛的民众信任。德国的司法体系包括六个法院系统：宪法法院系统，包括联邦和各州的宪法法院，对国家机关行为的合宪性进行审查；普通法院系统，负责审理刑事案件和一般民事案件（不含劳动争议案件）；行政法院系统，负责审理一般行政案件（不含社会保险和税务方面的行政案件）；劳动法院系统，负责审理雇主和雇员之间的劳动争议案件；社会法院系统，负责审理社会保险方面的公法性争议；财政法院系统，负责审理纳税人与财政机关之间的税务争议。普通法院分为四级：地方法院、州法院、州高等法院和联邦法院。所有刑事案件均由普通法院管辖，检察机关亦设于普通法院。

通常来说司法是各州的事务。每个法院系统都设有一个最高审级的联邦法院，以保障该法院体系内司法裁判的统一。为了保障各法院体系间司法裁判的统一，设立了联邦法院的共同审判庭，负责审理以下案件：某一联邦法院意图就同一法律问题作出与其他联邦法院已作出的判决结果不同的判决。

在德国如果想通过诉讼寻求法律保护的话，通常情况下案件会经过多级审理，也就是存在上级法院审查下级法院判决的可能。为了将案件交由上级法院审理，必须寻求法律救济。德国的法律救济方式包括上诉（对判决的事实和法律问题进行审查）、法律审（对判决的法律问题进行审查）、申诉（仅对裁定）。每一诉讼最多只能经过三级审理。对终审判决不服的话，仅有在联邦宪法法院提起宪法申诉的可能。但是联邦宪法法院不是"超级法律审法院"，也就是说它不审查判决是否存在法律适用错误，只审查判决是否侵害申诉人的基本权利。

---

① 本报告由最高人民法院刑五庭侯宏林法官执笔，最高人民法院刑五庭毛洁法官核校，最高人民法院刑五庭张明庭长审核。

法官被授予司法审判权。由于法官处在公法上的工作关系中，因此也要像公务员一样接受上级的职务监督，但是与公务员相比，其受监督的范围要小得多。法官仅在不损害其独立性的前提下接受职务监督。不能由于法官"糟糕的判决"就对其采取职务监督措施。法官的判决只有通过法律预先规定的救济途经才能被撤销。当然，如果"糟糕的判决"是由于法官枉法裁判造成的就要另当别论，因为故意不适用或错误地适用法律将符合刑事犯罪的构成要件。

在德国法院，除了职业法官外，还有陪审员、司法辅助人、秘书处文员和法警。陪审员通常不是司法专业人员，但他们以法官身份参与法院庭审，在审判中与职业法官权力相同，例如，在刑事诉讼的举证质证中有权讯问被告人、询问证人和鉴定人，在作出判决（定罪与量刑）时有与职业法官相同的表决权。通过让陪审员参与法院庭审，可以增强民众对司法的信心，也使作出的判决更贴近生活，此外还可以使人民主权可视化，保证司法裁判的质量并提高公民的法律素养。司法辅助人是司法序列里的高级官员。他们作为"司法权的第二根支柱"，履行由《司法辅助人法》规定的职责，工作重心在于自愿司法管辖的案件，包括继承案件、监护案件等，一般来说法官在自愿司法管辖案件中仅在法律救济审级参与裁判。此外，司法辅助人也负责催告程序以及强制执行法中规定的许多工作。与法官相同，司法辅助人也不受上级指令的干涉，只服从于法律。目前地方法院司法辅助人的数量多于法官。秘书处文员是司法序列中的中级官员，负责处理那些不在法官或司法辅助人工作范围内的其他工作，包括制作文件、分发判决副本和进行庭审记录等。法警是司法序列里最低的一级，负责押送犯人去法庭、一般性的安保以及文件运输的安保工作。

## 二、专题交流与启示

### （一）刑事协商制度

1. 德国的刑事协商制度

德国刑事司法中的协商制度，类似于英美的辩诉交易制度和我国的认罪认罚从宽制度。从20世纪70年代开始，德国司法实践中即开始有刑事协商机制。导致这一现象的原因，根据联邦宪法法院的见解，一方面，是因为像白领犯罪、跨国犯罪这样的复杂犯罪的增加；另一方面，是因为律师善于利用刑事诉讼法的漏洞，千方百计拖延审判，导致传统的直接、言辞原则无法有效应对复杂犯罪案件的审判，而欧洲人权法院对人权保障的过分强调也起到了"火上浇油"的作用。这些因素加在一起，使德国法院的压力大大增加，法官们不得不尝试在尽可能短的时间内处理复杂案件，刑事协商制度也就应运而生了。

德国刑事协商机制产生之初由于是以法官法的形式存在，无成文约束，故当时并没有发展出一套清晰确定的规则，为此在理论和实践中存在激烈争论。1997年8月28日，联邦最高法院以判决的形式首次阐明了刑事协商所需要遵循的四个基本原则，可谓是刑事协商制度发展的里程碑。该判决明确：（1）原则上并不是不准许刑事协商；（2）协议达成必须在公开审判主程序中进行,且由所有方参与;(3)针对刑事被告人所作认罪行为,法院可以确定刑罚的上限;(4)如限制上诉权,则是不允许的。这一判决可能是步子迈得有点大,在理论界仍然有很多分歧。2005年3月,联邦最高法院在判决中对刑事协商进行了限制说明:(1)原则上不禁止;(2)刑事协商方面的法院造法已经走到了尽头,建议立法机构制定相关立法,对刑事协商的容许以及对协商的重要法律条件和界限从法律上予以规制。由此立法机构启动相关立法程序。

2009年5月29日,德国立法机构通过了《规制刑事协商的法律提案》,在刑事诉讼法中加入第257c条作为规制刑事协商的条款,并对相关条款作了修改。第257c条在很大程度上是将联邦最高法院1997年和2005年判决所确立的规则加以立法化,规定:(1)允许法官、检察官与被告人之间就判决法律后果通过协商达成协议。(2)在协商过程中,法官居于中心地位且拥有协商建议权,检察官与被告人只能申请建议协商。一个案件即使有协商可能性,法官亦可以不提出协商建议而是依职权调查,意味着法官还是要努力寻求客观真实性。(3)在协商过程中,法官要基于法院的视角,明示哪些内容是可以协商的,提出协商建议后,由各方对协商建议进行听证,检察官与被告人对协商内容必须要有明确的认可,尤其强调被告人必须本人、口头作出认可,以表明其知道自己在做什么。(4)协议的效力仅拘束该审级法院,而非上级法院,对检察官而言,协议并不具法定的拘束力,而是基于正当程序和信赖保护原则,而被告人则不受协议拘束,也即被告人有上诉的权利。(5)法官在公开建议后、达成协议前,要向被告人宣讲协议的条件、效果,告知其相关义务,一旦被告人违背协议承诺,则协商即无效,法院需立刻通知各方,被告人的供认亦不再有效,法院要重新作出判决。(6)法官在协议达成并作出判决后,要明确、特别告知被告人有上诉权。该立法为刑事协商提供了合法地位和基本可行的程序规则,促进了刑事协商的进一步发展。

上述法律出台引发了不小的风波,对第257c条的合宪性争议甚至上诉到联邦宪法法院,要求审查其合宪性。2013年3月19日,联邦宪法法院作出了一项有历史意义的判决,指出:(1)刑事协商原则上是符合宪法的,但在执行过程中可能存在严重缺陷。(2)透明性、公开性和将协商过程记入法院笔录是刑事协商程序的基石。未遵守第257c条的规定将构成绝对的上诉理由。被告人不得在协商中约定事先或在判决后立即放弃上诉权。法院不得以撤回其他诉讼程序中的指控来换取被告人的协商。(3)针对刑事司法实践中频繁出现的背离刑事诉讼法中有关刑事协商规定的现象,特别是超出这些规定的范围之外根据自行确立的规则行事的非正式协商,联邦宪法法院呼吁立法机构和检察官持续地监督刑事协商的司法实践。如果法院仍然在规避立法规定,就必须通过修正立法的方式加以阻止。如果有必要的话,联邦宪法法院也会自行禁止刑事协商。

2015年1月15日,联邦宪法法院再次对刑事协商作出判决,再度强调了刑事协商透明性的重要性,并着重指出,法官在审理程序中必须公布有关量刑协商讨论的重要内容,即使在这种讨论中并没有达成协议;刑事诉讼中不透明的、不受控制的协商违反了宪法所要求的罪责原则以及正当程序所要求的真实发现义务,只有通过公开性、透明性,才能实现对刑事协商的控制。

基于刑事协商制度在实践和理论界存在的巨大争议，德国联邦司法部从 2018 年开始就刑事协商制度展开了一项广泛的调研，为未来完善立法作准备。调研由法兰克福大学等三所大学参与，将整个协商程序都作为调查对象，以确认协商程序是否在合法范围内运行。

此外，在德国，刑事协商与刑事和解是不同的。刑事和解是被告人与被害人之间进行的。如果被告人有修复意愿和真实承诺，双方从侦查阶段开始即可以和解，如果达成协议，甚至可终止侦查。即使进入审判阶段，法官也可了解被告人与被害人之间的和解情况，并影响量刑。刑事协商则不同，是法官建议下的被告人与检察官就刑事部分的协商。一般来说，刑事协商主要出现在两类案件中。一类是针对未成年人的性犯罪案件，该类案件往往无目击证人，只有被害人，如果要详尽审理，则需未成年被害人出庭，为避免二次伤害，如果被告人自愿认罪，就给予其刑罚的上限；另一类是经济类犯罪，该类犯罪因案情复杂、调取证据难度大，也往往被纳入刑事协商的范畴。

2. 启示与借鉴

德国的刑事协商制度之所以如此举步维艰，受到如此多的批评和质疑，根本原因在于现实需要与传统观念的冲突。一方面，案件压力巨大，提高诉讼效率的要求客观而迫切；另一方面，确保司法公正的传统观念已是根深蒂固，要想撼动绝非易事。这种冲突主要体现在三个方面。一是与实质真实主义的冲突。职权主义普遍重视"实质真实"。根据德国刑事诉讼法规定，法院有义务依职权调查所有对定罪量刑有意义的事实与证据，不受其他诉讼参加人的请求的约束，检察官与辩护律师也不得处分诉讼标的。这种实质真实主义构成德国刑事诉讼的核心内容。而刑事协商则具有形式真实主义的特征，法官可能不再着眼于对证据的合理怀疑，而是仅凭简单的协商程序就认定被告人有罪。二是与无罪推定原则的冲突。无罪推定是法治国家的核心原则，但刑事协商制度可能从根本上威胁无罪推定原则：由法官提出的只要被告人认罪就减轻其罪责的刑事协商明显是在作有罪推定，违反了法官必须客观中立地收集一切有罪与无罪证据的义务；而法官在协商中提出被告人认罪就减轻处罚的条件，实际上是在威胁被告人如果作无罪辩护就会判处较重的刑罚，在此情况下被告人可能会违心地同意认罪，从而实质性地出现强迫被告人自证其罪的后果。三是与罪责原则的冲突。德国刑法规定，法院的定罪量刑必须与被告人的罪责，也即可非难性相适应。法官在量刑时必须考虑所有对被告人有利和不利的证据，不能单凭被告人的"一面之词"。但刑事协商却恰恰是建立在"一面之词"基础上，定罪有赖于被告人的同意认罪，量刑更是协商的结果，是经减轻刑罚的调整结果，而非与其罪责相适应。

与德国一样，中国也属于成文法国家，刑事诉讼也坚持职权主义、无罪推定与罪责原则，寻求客观真实。认罪认罚从宽制度在理论和实践中也存在一定的争议。为此，需要在厘清思路的基础上，对认罪认罚从宽制度的性质与落实有更明确的认识。

我国的认罪认罚从宽制度与德国的刑事协商制度存在明显的区别。一是出发点不同。认罪认罚从宽制度是坦白从宽政策的深化发展与制度化，是我国刑事法律制度自然演进的结果，其立足于对犯罪人的教育与感化，同时兼顾诉讼效率和公平正义的价值目标，意在追求更高层次的社会价值。刑事协商制度则是法官在面临巨大案件压力的情况下在实践中衍生出的一种做法，意在避免诉讼的不确定性，同时减少案件压力，提高诉讼效率。二是制度定位不同。我国2018年修改刑事诉讼法，在第一编第一章"任务和基本原则"中增设一条作为第十五条："犯罪嫌疑人、被告人自愿如实供述自己的罪行，承认指控的犯罪事实，愿意接受处罚的，可以依法从宽处理。"将认罪认罚从宽确立为刑事诉讼法的重要的、普遍性的原则，并在诉讼程序和操作规范中作了相应规定，形成认罪认罚从宽的制度激励和程序保障。而刑事协商制度则只是一种特殊的诉讼程序，重心在于协商、讨价还价，通过博弈来实现各自的目的。三是证明标准不同。认罪认罚从宽案件要坚持与其他刑事案件同样的证明标准，要坚持证据裁判原则。刑事协商制度则因本身产生于对诉讼不确定性的规避，要以减轻处罚换取被告人的认罪，故证明标准必然会有所折让。四是职权分配不同。认罪认罚案件的定罪量刑，由检察机关提出建议，法院在严格审查的基础上依法裁判，法官的决定权十分明确。刑事协商案件则是由法官提出协商建议，检察官和被告人进行具体协商，在此，法官虽然表现主动，但实际的决定权掌握在检察官和被告人手中。五是认罪认罚与从宽的对应关系不同。认罪认罚从宽是一项基本的、普遍性的原则，其不仅包括实体上从宽处罚，而且包括在程序上从简、从快审理，羁押措施相对宽缓化，并可附条件提前终止诉讼。故在认罪认罚从宽制度下，认罪认罚只是从宽处理的必要条件，而非充分条件，法院需结合案件其他情节综合判断，符合条件的才给予从宽处罚，并非"一律从宽"。而刑事协商制度下，认罪则是从宽处理的充分、必要条件，也即只要被告人认罪，法官就应予以从宽，反之，如果法官不予从宽，被告人可以撤回先前的认罪供述，法院亦只能依据在案的其他证据进行定罪量刑。

尽管如此，认罪认罚从宽案件审理不论是适用速裁程序、简易程序还是普通程序简化审，都意味着相对于普通程序的减省，而"程序是正义的蒙眼布"，程序的减省必然意味着案件真实、公正方面的风险。同时，认罪认罚从宽案件由于认罪认罚对应着潜在的从宽处罚的奖励，利益驱动也可能导致发生错案的风险。因此，在实践中要特别注意下列问题，确保认罪认罚从宽制度得到正确的贯彻。

一是要确保认罪认罚的自愿性。2018年刑事诉讼法修改中增加规定："被告人认罪认罚的，审判长应当告知被告人享有的诉讼权利和认罪认罚的法律后果，审查认罪认罚的自愿性和认罪认罚具结书内容的真实性、合法性。"强化认罪认罚自愿性审查，是认罪认罚从宽制度有效运行的关键。实践中，有的被告人对认罪认罚从宽制度存在模糊认识，草率认罪认罚、签署具结书后又反悔，影响了认罪认罚从宽制度的适用和效果。为此，必须确保被告人认罪认罚的自愿性，要通过各种方式确保被告人知悉其享有的诉讼权利和认罪认罚的含义、法律后果。首先，侦查、审查起诉阶段公安、检察机关应予告知。其次，被告人应能得到辩护人或值班律师的专业帮助。最后，法院开庭时应予告知。其中，值班律师的帮助尤其重要。2018年刑事诉讼法修改，在总结试点经验基础上，增加了值班律师制度，法律援助机构可以在人民法院、看守所等场所派驻值班律师，为犯罪嫌疑人、被告人提供法律帮助。这一规定具有非常积极的意义。但实践中仍然存在一些问题需要进一步研究。例如，对于值班律师是否有权阅卷和会见在押的犯罪嫌疑人、被告人，法律仍未明确规定,导致在实践中存在分歧意见。另外,如何确保值班律师的待遇,提高其工作积极性,充分发挥其对认罪认罚被告人的法律帮助作用,也是一个非常现实的问题。

二是要确保认罪认罚案件事实证据的真实性。与德国的刑事协商制度乃至英美的辩诉交易不同,我国的认罪认罚从宽制度建立在事实证据清楚的基础上,只是立足于坦白从宽的政策考虑,鼓励被告人认罪认罚,并给予一定的法律上的"奖励"。根据法律规定,办理任何刑事案件,都必须以事实为根据,以法律为准绳,认罪认罚案件也不例外。为此,对认罪认罚案件,要对其事实证据进行认真的审查,要坚持与不认罪案件相同的证明标准,坚持证据裁判原则,做到事实清楚,证据确实、充分。不能因为被告人认罪认罚,就降低证明标准,放松对事实证据的把关,对疑罪降格认定处理,甚至造成错案。

三是要确保认罪认罚案件处理的公正性。在办理刑事案件中,同样要注意维护司法公正,不能因为被告人认罪认罚就一律从宽,更不能法外从宽。必须严格贯彻宽严相济刑事政策,将认罪认罚作为一个量刑情节,与案件其他情节综合考虑,决定是否从宽、如何从宽,特别是减轻、免除处罚,必须于法有据。必须坚持罪责刑相适应原则,既要看认罪认罚的主动性、及时性、稳定性、全面性,是否确有悔罪表现,以及对侦破案件的作用,也要看罪行的严重程度,来决定是否从宽及从宽幅度。罪行较轻、人身危险性较小的,特别是初犯、偶犯等,从宽幅度可以大一些。罪行较重、人身危险性较大的,特别是累犯、再犯等,从宽幅度可以小一些,甚至可以不从宽。

四是深入研究认罪认罚案件的法官责任豁免问题。认罪认罚从宽制度的最大风险是因为程序的简化以及对被告人供述的过分倚重,错将无辜的公民作有罪认定。为了避免这一风险,在制度设计上我们采取与不认罪案件相同的证明标准,与此同时,没有豁免法官的责任。德国虽然也没有明确豁免法官对因刑事协商制度而发生的错案的责任,但其明确只有在法官枉法裁判,即故意不适用或错误地适用法律的情况下才追究法官判错案件的责任。而在其他一些国家,例如英国,由于其实行当事人主义诉讼模式,法官不对事实负责,认罪案件,控辩双方就指控的犯罪事实无分歧的,法官仅负责量刑。对于不认罪案件,事实认定由陪审团负责,法官仅负责量刑。对于认罪案件而出现的错案,法官是不会被追责的。而中国的诉讼模式与英国不同,法官承担着查明案件事实真相进而依法作出公正裁判的职责,即便是被告人认罪的案件,法官办错案也要被追责。尽管如此,我们对认罪认罚案件法官追责问题仍有必要进行深入研究,合理界定法官的责任。

五是依法保障认罪认罚案件被害方的参与及权益。有效维护被害人的合法权益,是认罪认罚从宽案件中必须重点考虑的一个问题。司法实践中,一般都把被告人赔偿损失、取得被害人谅解作为量刑的一个重要考虑因素。据统计,认罪认罚从宽制度试点工作中,18个试点地区法院适用认罪认罚从宽制度审结的刑事案件占同期审结刑事案件的52.3%。其中,审结的侵犯公民人身权利、民主权利犯罪案件中,当事人达成和解调解的占32.9%,被告人积极赔偿但未达成和解调解的占2.8%,附带民事原告人上诉率不足0.01%。但在被害人参与方面,实践中仍存在一些突出的问题。例如,对于严重破坏社会治安犯罪案件,不能仅仅因为被告人赔偿被害人损失,就一律从宽处罚;对民间矛盾激化引发的案件,不能仅仅因为被害人漫天要价、双方无法达成和解,就排除适用认罪认罚从宽制度。为此,一方面,要保证被害方的充分参与,保障其合法权益;另一方面,也不能被被害方的意志所"绑架",因过分强调被害方权益而损害了被告人的权益和正常的法治秩序。如何正确处理损害赔偿与从宽处罚的关系,仍需要进一步研究和规范。

(二)律师在刑事诉讼中的作用

1. 德国的律师在刑事诉讼中的作用

德国是一个法治国家,律师制度是其法治的坚强柱石。律师作为自由职业者,其活动既不受政府控制,也不负有像公务员那样对国家效忠的义务,其意义在于使公民有机会获得不受国家影响的法律专家的服务。在德国,律师同时身兼两个角色:一方面,作为独立的法律工作者,享有自己的权利和义务;另一方面,作为受委托人,要维护委托人的权益。与刑事诉讼相关的,主要是担任辩护人,其身负三项职能:一是履行辅助人的职能,为寻求法律帮助的当事人提供服务,保护其权利,尤其是沉默权和拒绝回答权,向委托人说明作出或不作出某项行为所带来的后果,向委托人告知案卷中遗漏的内容,阻止委托人作可能不利的供述,这是辩护人最重要的一项职能。二是监督法律的执行,作为独立的法律职业者监督法官、检察官的工作,保证委托人的权利不受权力滥用的影响,避免委托人受到错误的裁判。例如,在强奸儿童案件中,几乎其他所有人都期待判决被告人有罪,只有辩护人会捍卫被告人的利益。往往在大家都认为被告人有罪的情况下,却最容易出错,律师就是要进行挑战,找出任何一个漏洞。三是调查事实真相,寻找有利于委托人的证据材料,为此享有不受限制的阅卷权和不受监督的会见权。当然,律师也要履行法定的义务,要正当行使权利,符合职业操守和良知,尊重自己的律师身份,要诚实,有些事情可以不说,但只要说就必须是真实的。例如,律师明知委托人实施了犯罪,却建议委托人逃跑,此为违法行为,律师可以不说被告人有罪,但不能说被告人无罪。又如,律师明知证人证言是虚假的,却直接引用证言内容,说该内容是真实的,此亦为违法行为,当然,其可以第三人称的口气转述证人证言,称证人这样说,但不能评价其是真实的。

在刑事协商案件中,律师发挥着更重要的作用。在此程序下,律师有更多的机会与法官、检察官见面,要充分发挥其监督职能,避免公权力对委托人权利的侵害。刑事协商的案件往往疑难、复杂,如果深入调查,超出了现实可能性,法院由于硬件、人员限制,更有协商结案的意愿。实践中,有的法官为促成协商而施加压力,从其给出的协商条件可以看出来,量刑存在很大差距,有的案件甚至给出从缓刑二年到立即入狱六年之间的量刑幅度,这给被告人带来巨大的心理波动。法官给出的量刑幅度越大,给被告人造成的压力就越大,这就可能因条件过于诱人,导致被告人作不真实的供认。因此,刑事协商制度是有问题的,应该限制使用,但被告人却往往希望使用。为了避免供认被滥用,律师就要发挥监督职能,确保被告人供述至少有一定程度证据的印证。

在德国,对于可能判处一年以上的被告人,如果其没有委托辩护人,法院需为其指定律师作为辩护人,如果没有辩护人在场,庭审不能进行。对于指定辩护,德国也经历了三个阶段的发展变化。20世纪90年代之后，指定辩护是在审判阶段才介入。2009年开始，只要被告人被批捕，就要同时为其指定辩护人。根据欧盟法的精神，在对犯罪嫌疑人第一次讯问前即要为其指定辩护人。故德国指定辩护的规定目前又已开始修改，将指定辩护提前到对犯罪嫌疑人第一次讯问之前。该修改目前尚在进行中。

德国刑事案件的判决中有诉讼费负担一项，如果判决被告人有罪，那么就要同时判决其承担诉讼费，包括诉讼成本、指定律师费、鉴定费等。这项判决内容往往会因被告人没钱，而最终未能落实，但理论上被告人要付这笔钱，因为从概念上讲，任何人都应该为自己的错误行为买单。

德国的指定辩护是按照既定的标准收费，该标准相比被告人自行委托的市场收费可能少，但差距不大，律师收入也不少，有的律师甚至认为，指定辩护的费用是由国家支付，更有保障，所以更愿意作指定辩护。但是，指定辩护的质量问题是客观存在的。特别是很多轻罪案件（刑期为一年监禁刑以下的案件）从刑期上并未达到指定辩护的条件，只是因被告人无固定住所而批捕，这样也需要为其指定辩护人，对此法官可以指定任何一名律师，有的法官总是指定同一名律师。指定辩护的监督机制缺乏，辩护质量堪忧，律师界也深知其弊。为此，在目前正在进行的法律修改中，柏林律师协会也提出立法建议，希望将律师的资历和参加培训情况作为指定辩护律师的条件，但据该协会估计，这项建议可能不会被采纳。

## 2. 启示与借鉴

我国的律师制度多年来已有长足的发展，律师在刑事诉讼中发挥着重要的作用，是维护司法公平正义、推进社会主义法治建设的重要力量。

2017年10月开始，按照《最高人民法院、司法部关于开展刑事案件律师辩护全覆盖试点工作的办法》，北京、上海、浙江、安徽、河南、广东、四川和陕西8个省（直辖市）积极探索开展刑事案件律师辩护全覆盖试点工作，对于盲聋哑、精神障碍、未成年人、可能判处无期徒刑以上的被告人以及适用普通程序审理的一审、二审案件、按照审判监督程序审理的案件，被告人没有委托辩护人的，法院应通知法律援助机构指派律师为其辩护；适用简易程序、速裁程序审理的案件，被告人没有辩护人的，法院应当通知法律援助机构派驻的值班律师为其提供法律帮助。2018年12月27日，最高人民法院、司法部又联合下发《关于扩大刑事案件律师辩护全覆盖试点范围的通知》，将试点期限延长，工作范围扩大到全国31个省（自治区、直辖市）和新疆生产建设兵团。试点工作取得了良好的成效。

刑事案件律师辩护全覆盖，是落实全面依法治国的一项重要举措，是对人权的一个重要保障，对维护当事人合法权益、促进司法公正、彰显我国社会主义法治文明进步具有十分重要的意义。但在试点工作中，也存在一些问题。比较和借鉴德国等国家的经验做法，需要注意以下几个问题。

一是统筹调配律师资源。我国律师数量2018年已达42.3万人，应该说人数确实不少。但我国国土面积大，地区发展不平衡，律师资源分布不均，部分地区律师资源严重不足。例如，西部地区有的县全县只有一个律师事务所，全所只有8名律师，远不足以承担全县的刑事案件律师辩护全覆盖工作。为此，需要以地市州为单位，统筹调配律师资源，甚至可以考虑跨省（自治区、直辖市）调配，确保全覆盖工作的需要。

二是确保援助经费保障。与德国的做法不同，我国的指定辩护都是由国家支付费用，这充分体现了社会主义的优越性，体现了党和国家对人权的高度重视、对司法公正的殷切期待。为把全覆盖工作切实做好，必须加强援助律师的经费保障，尽量缩小指定辩护律师的补贴与市场化的委托辩护费用之间的差距。要增加法律援助经费，逐步提高律师办案补贴标准，同时探索建立补贴动态调整机制，根据律师办理案件的难易程度、服务质量等发放办案补贴，体现差异性，提高律师工作积极性。

三是加强指定辩护质量监督。确保指定辩护的工作质量，是刑事案件律师辩护全覆盖工作的重中之重。全覆盖试点以来，很多地方的律师事务所、律师积极性很高，尤其是一些资历较浅、案源相对缺乏的律师，希望参与到指定辩护工作中。实践中，存在指定辩护律师敷衍了事、辩护质量较差的现象。为此，全覆盖工作一定要十分严谨、规范，要切实保证、提高指定辩护的工作质量，只有这样，才能把好事办好，实现预期的目标。为此，要探索设立指定辩护律师的资格门槛，并通过各种措施，吸引优秀的律师参与到指定辩护工作中来。要严格案件质量评估标准，建立指定辩护跟踪制度，综合运用旁听庭审、回访受援人等方式，全面掌握指定辩护律师的办案质量情况，不断提高指定辩护的质量和效果。

四是完善指定辩护工作机制。目前对指定辩护各环节的时限没有具体的规定，实践中从法院向援助机构发函到承办律师与法院联系，有的甚至长达一个月之久，严重延长了办案时间，大幅降低了诉讼效率。指定辩护律师阅卷等方面也存在类似的问题。建议对相关工作机制进行完善，提升办案效率和效果。

五是研究探索重大刑事案件扩展覆盖范围。目前律师辩护全覆盖试点仅限于审判阶段，但在实践中，很多刑事案件，尤其是重大刑事案件，在侦查、审查起诉阶段，当事人就非常需要律师的帮助，一些案件由于律师帮助缺位，致使当事人的权利未能得到有效保障，个别案件甚至"带病起诉"。事实上，律师介入越及时，参与的范围越广泛，辩护就越有效。为此，可研究探索对于重大刑事案件实行从侦查阶段即开始的律师帮助全覆盖，从而全面提高刑事案件指定辩护的质量和效果。

### （三）庭审观摩与监狱考察

交流期间，代表团观摩了庭审，考察了监狱，了解了德国法院关于青少年犯罪案件的审判情况。根据德国法律的规定，不满14岁的称为儿童，不负刑事责任；年满14岁不满18岁的称为少年，实施犯罪的，应当负刑事责任；年满18岁不满21岁的称为未成年人，实施犯罪的，因其刚成年，法律规定法官应当审查被告人的生活环境等，以判断被告人的心智成熟程度。如果家长未尽义务，被告人在行为时心智未成熟的，即使其为年满18岁不满21岁的未成年人，也可处以少年刑罚。对少年的刑罚比较宽缓。与成年被告人一般最高刑期为十五年监禁刑（终身监禁刑只适用于谋杀犯罪）的规定不同，少年刑罚最重为十年监禁刑。对于少年被告人，法官应首先考虑适用教育处分，包括监护管教、教养院管教等。在教育处分无法奏效时，可考虑适用惩戒措施，包括警告、提出强制性义务与少年禁闭。在教育处分和惩戒措施均无法奏效时，法官方可考虑对少年被告人适用刑罚。实践中，大部分的处罚手段是判令少年被告人做义工，对有财产的亦可判处罚金刑，这些罚金直接支付给社会福利机构。法官可以决定将这些罚金支付给哪个机构，例如，有的法官会决定把这些罚金支付给国际组织如无国界医生组织、受强奸妇女组织等，用到全球最需要的地方。将少年被告人判处刑罚送到监狱的情况在德国是很罕见的。

庭审观摩和监狱考察活动的启示与借鉴。

一是刑事庭审中树立法官的权威。德国法官在庭审中体现出了高度的权威，不论检察官、被告人、辩护人还是证人、鉴定人等，无不严格服从法官的指令和要求，态度谦恭。由此反观我国法院的刑事庭审，虽然我们也在推进以审判为中心的刑事诉讼制度改革，也强调庭审的严肃性，强调树立法官的权威，但实践中，由于各种因素的影响，法官在刑事庭审中的权威并未得到有效的维护，尤其是各方不听从法官指令、当事人亲属冲闹法庭等情况时有出现，严重影响庭审的严肃性。对此必须高度重视，采取切实有效的措施加以解决。

二是刑事庭审宣判和裁判文书中表明"以人民的名义"宣判。德国法官在庭审宣判时称"以人民的名义，宣判如下"，将法庭的宣判活动上升到了国家和人民的高度，极大地提高了庭审的严肃性和判决的权威性。在我们国家，习近平总书记多次强调，要"坚持以人民为中心的发展思想"，"人民立场是中国共产党的根本政治立场，是马克思主义政党区别于其他政党的显著标志。"在习近平新时代中国特色社会主义思想中，以人民为中心思想居于基础性的突出位置，贯穿于习近平新时代中国特色社会主义思想的各个方面。在建设社会主义法治国家的过程中，我们必须始终坚持习近平总书记"以人民为中心"的重要思想，将"以人民为中心"重要思想具体化为司法活动的实践要求，落实到司法工作的每一个环节。"以事实为根据，以法律为准绳"是我国诉讼法的基本原则，而一切诉讼活动的基础都是要坚持"以人民为中心"，坚持人民的立场，刑事诉讼活动尤其如此。在刑事诉讼中，法官经庭前大量的准备、庭审中深入的法庭调查、辩论等环节，查清事实、厘清证据，形成对案件事实证据的判断和定罪量刑的结论后，其宣判既非以个人的名义，亦非体现个人的好恶，更非为了个人的利益，而是体现国家与人民的意志。因此，建议在刑事庭审的宣判活动以及裁判文书中，强调"以人民的名义"作出裁判，彰显人民的立场，提升法治的权威。

三是对青少年犯罪人的刑事处罚相对宽缓。与我国一样，德国对未成年犯罪人的处罚相对比较宽缓。但德国的规定和实践亦有很多与我国不同，存在值得参考和借鉴之处。一是对未成年人的概念界定，德国将年满14岁不满18岁的称为少年，年满18岁不满21岁的称为未成年人，从而将未成年人的年龄上限提高到不满21岁，这明显高于我国的规定。这种对年满18岁不满21岁青年人的分类界定中所体现的对这个年龄段的青年人心智仍非十分成熟的认可，值得我们思考和借鉴。二是对少年被告人的刑罚，与我国相比仍整体宽缓，判罚入监的只是极少数。这可能与德国刑法关于入罪的门槛较低，犯罪基数较大有关，但其对少年犯罪人尽可能采用教育处分和惩戒措施，迫不得已才适用刑罚手段的做法仍值得我们参考。

四是对在押罪犯的加重监管措施须报请法官裁决后方可实施。德国的监狱对罪犯的监管有严格的规定，对于罪犯违反监规的行为依轻重程度分为五级，任何加重监管的措施，均须报请法官裁决方可实施。我国的监狱则有所不同，对罪犯的减刑、假释须报法院审核裁决，程序上相对规范、复杂，而对违反监规罪犯的加重监管措施则由监狱自行决定，程序上相对简单。事实上，加重监管的措施，尤其是关禁闭，是对罪犯在法院判决刑罚之外的加重，是对罪犯人权的进一步限制与剥夺。这种涉及人权限制与剥夺的措施，理应按照正当程序原则，由中立的、权威的部门进行裁决，而法院正是最为恰当的部门。尽管中国与德国的法治传统存在不同，德国的法官权限很宽泛，涉及人身自由的措施一般均须报法官批准后方可实施，中国的法官权限则相对有限，但由法院对违反监规的在押罪犯是否采取加重监管措施进行裁决，完全符合社会主义法治建设的要求。为此，建议探索建立对在押罪犯采取加重监管措施须报请法官裁决后方可实施的制度，从而实现对人权的高度尊重和全面保护，体现社会主义法治的严肃性与公正性。

## 【经验交流】

## 江西省高级人民法院刑二庭
## 印发《关于规范刑事诉讼涉案财物处置工作的指导意见（试行）》的通知

2019 年 12 月 16 日　　　　　　　　　　　　赣高法刑二〔2019〕1 号

**全省各中级法院刑二庭：**

我庭在前期调研的基础上，制定了《关于规范刑事诉讼涉案财物处置工作的指导意见（试行）》，现印发给你们，请在工作中遵照执行。执行中有何问题，请及时报告我庭。

特此通知。

## 江西省高级人民法院刑二庭
## 关于规范刑事诉讼涉案财物处置工作的指导意见（试行）

为进一步规范刑事诉讼涉案财物的移送、接收、保管和处置工作，提高刑事审判质量，惩罚犯罪，保护公民、法人和其他组织的合法权益，根据《中华人民共和国刑法》《中华人民共和国刑事诉讼法》《最高人民法院关于适用〈中华人民共和国刑事诉讼法〉的解释》《最高人民法院关于刑事裁判涉财产部分执行的若干规定》和《关于进一步规范刑事诉讼涉案财物处置工作的意见》（中办发〔2015〕7 号）等规定，结合我省法院刑事审判工作实际，制定本意见。

**第一条【涉案财物的含义和范围】** 本意见所称的刑事诉讼涉案财物，是指人民法院在刑事诉讼过程中自行查封、扣押、冻结的与案件有关的财物及其孳息，以及从检察机关接收的财物及其孳息，包括被告人的违法所得及其孳息、供犯罪所用的财物、非法持有的违禁品、相关物证以及其他与案件有关的财物及其孳息。

**第二条【法院查封、扣押、冻结】** 人民法院受理刑事案件后，经自诉人申请，或者认为被告人可能被判处财产刑、责令退赔、赔偿被害人损失，存在隐匿、转移财产可能的，应当及时查封、扣押、冻结被告人的相应财产。

对于侦查机关已经采取的查封、扣押、冻结，人民法院应当在期限届满前及时续行查封、扣押、冻结。人民法院续行查封、扣押、冻结的顺位与侦查机关查封、扣押、冻结的顺位相同。

人民法院对涉案财物的查封、扣押、冻结，由刑事审判部门作出裁定，执行部门执行。

查封、扣押、冻结涉案财物，应当严格依照法定条件和程序进行。严禁在立案之前查封、扣押、冻结财物。不得查封、扣押、冻结与案件无关的财物。对查封、扣押、冻结的财物，应当及时进行审查，经查明确实与案件无关的，应当在三日内予以解除、退还，并通知有关当事人。

查封、扣押、冻结涉案财物，应当为犯罪嫌疑人、被告人及其所扶养的亲属保留必需的生活费用和物品，减少对涉案单位正常办公、生产、经营等活动的影响。

第三条【法院查封、扣押、冻结的要求】 人民法院对查封、扣押、冻结的被告人财物及其孳息，应当妥善保管，并制作清单，附卷备查。

查封不动产、车辆、船舶、航空器等财物，应当扣押其权利证书，经拍照或者录像后原地封存，或者交持有人、被告人的近亲属保管，登记并写明财物的名称、型号、权属、地址等详细情况，并通知有关财物的登记、管理部门办理查封登记手续。

扣押物品，应当登记并写明物品名称、型号、规格、数量、重量、质量、成色、纯度、颜色、新旧程度、缺损特征和来源等。扣押货币、有价证券、存单，应当登记并写明货币、有价证券的名称、数额、面额，银行存款凭证的名称、内容。扣押文物、金银、珠宝、名贵字画等贵重物品以及违禁品，应当拍照，需要鉴定的，应当及时鉴定。对扣押的物品应当根据有关规定及时估价。

冻结存款、汇款、债券、股票、基金份额等财产，应当登记并写明编号、种类、面值、张数、金额等。

易腐烂、霉变和不易保管的物品，在拍照或录像后，应依法及时处理。

第四条【作为证据的实物的接收】 宜于移送且必须作为证据在法庭上出示的实物，包括作案工具、货币、有价证券等，检察机关随案移送的，人民法院应予接收。检察机关随案移送时，应附有清单。

作为证据使用的实物不宜移送的，依照本意见第五条的规定办理。检察机关在法庭调查中，可以出示原物照片并说明理由。

第一审判决、裁定宣告后，被告人上诉或者检察机关抗诉的，第一审法院应当将上述证据和清单移送第二审法院。

第五条【对不予接收的涉案财物的审查】 不宜移送的涉案财物，或者不是作为证据使用的实物（含货币），检察机关随案移送的，人民法院可以接收。

对不予接收的涉案财物，人民法院除审查是否随案移送查封、扣押、冻结手续和清单外，还应当根据情况，分别审查是否随案移送以下材料：

（一）房屋、机动车、船舶、航空器等需要登记的不动产和动产，是否移送权利凭证；

（二）大宗的、不便搬运的物品，是否附原物照片，注明存放地点等；

（三）易腐烂、霉变和不易保管的物品，查封、扣押机关变卖处理后，是否移送原物照片、变价处理的凭证（复印件）等；

（四）枪支弹药、剧毒物品、易燃易爆物品以及其他违禁品、危险物品，查封、扣押机关根据有关规定处理后，是否移送原物照片和处理情况说明；

（五）货币、有价证券等，是否移送原物照片或者其他证明文件；

（六）金银珠宝、文物、名贵字画以及其他不易辨别真伪的贵重物品或者珍贵动物及其制品、珍稀植物及其制品，是否附有原物照片或者其他证明文件；依法应鉴定、估价的，是否附有鉴定、估价意见。

上述不予接收的实物，检察机关已移送了清单及权利凭证等相关材料的，视为已随案移送，人民法院在判决中应当依法作出处理。

**第六条【涉案财物的保管、处理与相互制约】** 人民法院对涉案财物实行处理与保管相分离的原则，刑事审判部门与执行部门、司法行政部门分工负责、互相配合、互相制约。

刑事审判部门负责对检察机关随案移送的财物进行审核；司法行政部门负责对移送的涉案财物进行保管，对存入账户的扣押款项进行管理；执行部门负责对需要及时拍卖的财物及时委托拍卖。

人民法院纪检监察部门依照有关规定对涉案财物的保管、处理工作进行监督。

**第七条【集中管理平台建设】** 人民法院应积极参与当地"刑事诉讼涉案财物跨部门集中管理信息平台"建设，推动建立统一的涉案财物保管场所和涉案款项财政专户，确保涉案财物管理规范、移送顺畅、处置及时。

除冻结的款项由相关金融机构保管外，人民法院自行查封、扣押、冻结的其他涉案财物，在"刑事诉讼涉案财物跨部门集中管理信息平台"建立之前，由人民法院司法行政部门指定专人、设立专门场所和账户，集中保管；建立之后，统一交该平台保管。

**第八条【涉案财物保管的具体要求】** 涉案财物保管场所和保管措施应当适合被保管财物的特性，符合防火、防盗、防潮、防蛀、防磁、防腐蚀等安全要求。涉案财物保管场所应当安装视频监控设备，并配备必要的储物容器、一次性储物袋、计量工具等物品，做到一案一账、一物一卡（袋）、账实相符。

对于易燃、易爆、毒害性、放射性等危险物品，鲜活动植物，大宗物品，车辆、船舶、航空器等大型交通工具，以及其他对保管条件、保管场所有特殊要求的涉案财物，不具备符合保管条件的场所的，可以委托具有相应条件、资质或者管理能力的单位代为保管。

涉案财物管理人员对办案人员移交的涉案财物，应当建立一案一卡制度，对照有关法律文书当场查验核对、登记入册，并与办案人员共同签名。

**第九条【审前返还】** 被害人申请返还涉案财物的，人民法院应当及时进行审查。对权属明确的被害人合法财产，返还不损害其他被害人或者利害关系人的利益、不影响诉讼正常进行的，可以在判决之前及时返还，但须经拍照、鉴定、估价，并在案卷中注明返还的理由，将原物照片、清单和被害人的领取手续、联系方式等附卷备查。

涉案财物未移送到法院的，通知采取查封、扣押、冻结的机关先行返还；涉案财物已移送法院，或者是法院自行查封、扣押、冻结的，由法院先行返还。

**第十条【先行处置】** 审判期间，对易毁损、灭失、变质等不宜长期保存的物品，易贬值的汽车、船艇等物品，或者市场价格波动大的债券、股票、基金等财产，有效期即将届满的汇票、本票、支票等，经权利人同意或者申请，提前处置不损害国家利益、被害人利益，不影响诉讼正常进行的，经人民法院主要负责人批准，可以依法先行处理。涉案财物未移送到法院的，通知采取查封、扣押、冻结的机关依法出售、变现或者先行变卖、拍卖；涉案财物已移送法院，或者由法院自行查封、扣押、冻结的，由法院执行机构依法出售、变现或者先行变卖、拍卖。

先行处置所得款项由处置机关统一存入刑事诉讼涉案财物跨部门集中管理信息平台确认的账户或其他专门账户（本单位涉案财物保管的唯一合规账户）。其中，对于冻结的债券、股票、基金份额等财产，有对应的银行账户的，可以将变现后的款项继续冻结在对应账户中。

**第十一条【案外人对涉案财物异议的处理】** 审理期间，案外人对查封、扣押、冻结的涉案财物的权属提出异议的，应当在开庭前向人民法院提交书面的异议申请和相关的权属证明。必要时，人民法院可以通知其作为证人出庭作证。

**第十二条【法庭调查】** 人民法院应当在法庭调查中，对查封、扣押、冻结的涉案财物及其孳息的权属情况进行调查，由控辩双方进行举证质证。

**第十三条【对涉案财物属性的认证和说理】** 人民法院经过法庭调查，应当对查封、扣押、冻结的财物及其孳息的价值和权利归属作出认定，并阐明理由。

**第十四条【对涉案财物的处理】** 人民法院对查封、扣押、冻结的财物及其孳息，应当在判决书中写明名称（产权证书）、金额、数量、存放地点及其处理方式等。涉案财物或者有关当事人人数较多，不宜在判决主文中详细列明的，可以附清单。

人民法院对查封、扣押、冻结的财物及其孳息，应当分别情况作出处理：

（一）属于被害人的，判决返还被害人，但已获退赔的部分应予扣除；

（二）确属被告人违法所得或者违法所用，没有被害人，或者被害人的损失已经全部退赔的，判决予以没收、上缴国库；

（三）不属于被告人违法所得或者违法所用财物，有证据证明属于其他权利人的，判决发还该权利人；

（四）与本案无关但已列入清单，属于被告人合法所有的，判决在赔偿被害人损失、执行财产刑后及时返还被告人。

**第十五条【判决主文的表达】** 对查封、扣押、冻结的涉案财物及其孳息，需要返还给被害人或权利人的，判决"将查封、扣押、冻结的×××发还给被害人（权利人）×××"；对审判时尚未追缴到案的违法所得，判决"继续追缴被告人×××的违法所得×××发还给被害人×××"；已经追缴的涉案财产尚不足以赔偿受害人损失，或者没有可供继续追缴的违法所得的，判决"责令被告人×××退赔被害人×××"。

需要予以没收，上缴国库的，判决"将查封、扣押、冻结的×××予以没收，上缴国库"；被告人还有其他违法所得未被查封、扣押、冻结的，判决"继续追缴被告人×××的违法所得×××，予以没收，上缴国库"。

**第十六条【违法所得混同】** 被告人违法所得产生的孳息应一并予以没收。

被告人将违法所得与其他合法财产混同或添附而共同产生的孳息，应予以区分，没收违法所得产生的孳息。

**第十七条【共同犯罪】** 共同犯罪的，各被告人均应承担退赔责任。

**第十八条【查封、扣押财物的执行】** 查封、扣押的涉案财物随案移送或者人民法院查封、扣押的财物及其孳息，由第一审人民法院的执行部门负责执行。

查封、扣押的涉案财物未随案移送的，由查封、扣押机关处理。人民法院在判决生效后十日内，将判决书、裁定书送达该机关，并告知其在一个月内将执行回单送回。

具有本意见第五条第三款规定的视为已经随案移送的情形之一的，由第一审人民法院的执行部门负责执行。

**第十九条【对冻结财产的执行】** 对冻结的存款、汇款、债券、股票、基金份额等财产，与本案无关的，由冻结机关依法处理；判决退赔或没收的，由相关金融机构依法协助执行。

人民法院刑事审判部门应当在判决生效后十日内，将案件移送执行部门执行；执行部门应在立案后及时将判决书、裁定书、执行通知书送达冻结机关或金融机构。冻结机关或金融机构，应当在接到协助执行通知书后十五日内执行完毕，并将相关凭证送回法院。

**第二十条【返还被害人方式】** 判决返还被害人的涉案财物，人民法院应当通知被害人认领；无人认领的，应当公告通知；公告满三个月无人认领的，应当上缴国库；上缴国库后有人认领，经查证属实的，应当申请退库予以返还；原物已经拍卖、变卖的，应当返还价款。

对侵犯国有财产的案件，被害单位已经终止且没有权利义务继受人，或者损失已经被核销的，查封、扣押、冻结的财物及其孳息应当上缴国库。

**第二十一条【受害人数较多的财物返还方式】** 在非法集资等被害人数较多的案件中，查封、扣押、冻结的涉案财物及其孳息不足以清偿全部被害人的全部损失时，按已查明的被害人的财产损失比例清偿。

**第二十二条【犯罪工具的处理】** 对于交通工具等不易保管的犯罪工具等物证，经鉴定和拍照等程序处理后，控辩双方没有异议的，可以在案件审理过程中先行处理，或者在案件审结后及时处理。处理情况应予以说明，存卷备查。

对易于保管的犯罪工具等物证，应依法处理或妥善保管。有保管期限的，应在期限届满后及时组织销毁。处理或销毁情况应予以记录，存卷备查。

**第二十三条【二审改判】** 第二审人民法院发现一审判决对涉案财物处置错误，或者应当对涉案财物作出处置而未判决的，应当在查明事实后，依法改判。

**第二十四条【时间效力】** 本意见自印发之日起施行，若与生效的法律和司法解释相抵触，以法律和司法解释为准。

**第二十五条【解释权】** 本意见由江西省高级人民法院刑二庭负责解释。

江西省高级人民法院刑二庭

# 关于人民法院刑事诉讼涉案财物
# 处置工作的调查报告

随着经济发展和社会财富的增加，刑事诉讼涉案财物的价值越来越高，动辄百千万元乃至上亿元，种类越来越多，不仅有现金，还有各类动产不动产、字画、贵重金属等物品，甚至违禁品，涉案财物处置工作的重要性更加突出。目前，关于刑事诉讼涉案财物处置的相关规定虽有不少，但缺乏系统性，加之案件具体情形复杂多样，有些机关在利益驱动下执法不严，致使刑事诉讼涉案财物处置工作存在随意性大，保管不规范、移送不顺畅、信息不透明、处置不及时、救济不到位等问题，严重损害相关人员的合法权益，社会反映强烈，有损司法公信力。为此，党的十八届四中全会指出，要规范查封、扣押、冻结、处理涉案财物的司法程序。最高人民法院在"四五改革纲要"中也提出，要规范处理涉案财物的司法程序，明确人民法院处理涉案财物的范围、标准和程序。本文在梳理相关法律法规、文件的基础上，分析人民法院在刑事诉讼涉案财物处置中存在的问题，提出相应的完善建议。

## 一、有关法律依据梳理

人民法院对刑事诉讼涉案财物处置的有关规定，最早可追溯到1962年最高人民法院、最高人民检察院、公安部联合发布的《关于没收和处理赃款赃物的规定》。目前，有关刑事诉讼涉案财物处置的规定既有实体法，亦有程序法；既有法律，又有司法解释和规范性文件，但主要是司法解释。

### （一）刑法

刑法第六十四条规定，犯罪分子违法所得的一切财物，应当予以追缴或者责令退赔；对被害人的合法财产，应当及时返还；违禁品和供犯罪所用的本人财物，应当予以没收。没收的财物和罚金，一律上缴国库，不得挪用和自行处理。

### （二）刑事诉讼法

2012年修正的刑事诉讼法对涉案财物处置程序的规定只有一个条文，2018年修正的刑事诉讼法未作修改，只是法条序号由第二百三十四条改为第二百四十五条。该条共五款，前四款规定，公安机关、人民检察院和人民法院对查封、扣押、冻结的犯罪嫌疑人、被告人的财物及其孳息，应当妥善保管，以供核查，并制作清单，随案移送。任何单位和个人不得挪用或者自行处理。对被害人的合法财产，应当及时返还。对违禁品或者不宜长期保存的物品，应当依照国家有关规定处理。对作为证据使用的实物应当随案移送，对不宜移送的，应当将其清单、照片或者其他证明文件随案移送。人民法院作出的判决，应当对查封、扣押、冻结的财物及其孳息作出处理。人民法院作出的判决生效以后，有关机关应当根据判决对查封、扣押、冻结的财物及其孳息进行处理。对查封、扣押、冻结的赃款赃物及其孳息，除依法返还被害人的以外，一律上缴国库。

（三）监察法

监察法第四十六条规定，监察机关经调查，对违法取得的财物，依法予以没收、追缴或者责令退赔；对涉嫌犯罪取得的财物，应当随案移送人民检察院。第四十一条第二款规定，调查人员进行讯问以及搜查、查封、扣押等重要取证工作，应当对全过程进行录音像，留存备查。此外，还在第六十条、第六十五条规定了违反涉案财物处置规定的救济程序和法律责任。

（四）司法解释

第一，《最高人民法院关于适用〈中华人民共和国刑事诉讼法〉的解释》（以下简称《刑事诉讼法解释》）用了专章共12条规定了"查封、扣押、冻结财物及其处理"，对涉案财物的移送及判决生效后的执行等作出规定。

其中第三百六十二条第一款规定，对作为证据使用的实物，包括作为物证的货币、有价证券等，应当随案移送。第三百六十三条规定，对不宜移送的实物，应当根据情况，分别审查其照片、清单和处理手续等内容。第三百六十五条第二款规定，涉案财物未随案移送的，应当在判决书中写明，并写明由查封、扣押、冻结机关负责处理。第三百六十七条规定，随案移送的或者人民法院查封、扣押的财物及其孳息，由第一审人民法院在判决生效后负责处理。涉案财物未随案移送的，人民法院应当在判决生效后十日内，将判决书、裁定书送达查封、扣押机关，并告知其在一个月内将执行回单送回。第三百六十九条规定，查封、扣押、冻结的财物与本案无关但已列入清单的，应当由查封、扣押、冻结的机关依法处理。查封、扣押、冻结的财物属于被告人合法所有的，应当在赔偿被害人损失、执行财产刑后及时返还被告人；财物未随案移送的，应当通知查封、扣押、冻结机关将赔偿被害人损失、执行财产刑的部分移送人民法院。

第二，2014年11月6日起施行的《最高人民法院关于刑事裁判涉财产部分执行的若干规定》（以下简称《刑事裁判涉财产规定》）第一条规定，处置随案移送的赃款赃物，没收随案移送的供犯罪所用本人财物等，由第一审人民法院执行机构负责执行。《刑事裁判涉财产规定》同时还对涉案财物的拍卖、清偿顺位等作出了规定。

（五）规范性文件

第一，中共中央办公厅、国务院办公厅2015年发布的《关于进一步规范刑事诉讼涉案财物处置工作的意见》（中办发〔2015〕7号，以下简称〔2015〕7号《意见》），对进一步规范涉案财物查封、扣押、冻结、保管、审前返还、先行处置、建立涉案财物集中管理信息平台等问题，作了原则性规定。

第二，最高人民法院、最高人民检察院、公安部、国家安全部、司法部、全国人大常委会法制工作委员会2012年12月26日发布的《关于实施刑事诉讼法若干问题的规定》，在第三十六条至第三十九条中规定了涉案财产的处理。

第三，最高人民法院、最高人民检察院、公安部2014年3月发布的《关于办理非法集资刑事案件适用法律若干问题的意见》（公通字〔2014〕16号），在第五条规定了"关于涉案财物的追缴和处置问题"。根据其规定，查封、扣押、冻结的易贬值及保管、养护成本较高的涉案财物，可以在诉讼终结前变卖、拍卖，所得价款由查封、扣押、冻结机关予以保管。查封、扣押、冻结的涉案财物，一般在诉讼终结后，返还集资参与人。

第四，最高人民检察院和公安部制定的相关规定。如最高人民检察院制定的《人民检察院刑事诉讼规则》和《人民检察院刑事诉讼涉案财物管理规定》，公安部制定的《公安机关办理刑事案件程序规定》和《公安机关涉案财物管理若干规定》等，都对刑事诉讼涉案财物的查封、扣押、冻结、内部保管、移送、处置等作出了规定，但有些规定与最高人民法院的规定不完全一致。

第五，一些省市自治区对涉案财物处置还制定了实施细则性文件。如江西省委办公厅2015年印发的《关于在查办党员和国家工作人员涉嫌违纪违法犯罪案件中加强协作配合的实施细则》。其第三十八条确立了全部移送原则，规定：纪检监察机关向检察机关移送案件时，应当将暂扣的涉嫌违法所得的款物及清单一并移送。检察机关提起公诉时，应当将涉案款物及清单一并移送审判机关。省、市、县三级财政部门要探索建立跨部门的涉案款物集中管理机制。

上述规定较为分散、缺乏系统性，效力等级不同，难以有效协调、规制不同机关的行为，且有些规定十分原则、操作性不强，甚至存在冲突，给司法实践带来一些困难。

## 二、刑事诉讼涉案财物处置中存在的问题、困难

### （一）对涉案财物的范围界定不清

对于什么是涉案财物，刑法、刑事诉讼法和《刑事诉讼法解释》均未作具体规定。《人民检察院刑事诉讼涉案财物管理规定》和《公安机关涉案财物管理若干规定》，对刑事诉讼涉案财物范围作了基本类似的规定。如《人民检察院刑事诉讼涉案财物管理规定》第二条规定，本规定所称人民检察院刑事诉讼涉案财物，是指人民检察院在刑事诉讼过程中查封、扣押、冻结的与案件有关的财物及其孳息以及从其他办案机关接收的财物及其孳息，包括犯罪嫌疑人的违法所得及其孳息、供犯罪所用的财物、非法持有的违禁品以及其他与案件有关的财物及其孳息。仔细分析，上述规定仍然比较原则，至少在三个方面还不明确或不全面。一是未对何为"与案件有关"作进一步界定，导致实践中涉案财物范围被人为放大或缩小。如在非法集资类犯罪案件中，对于嫌疑人用非法所得购买

的不动产,再用于银行贷款抵押的,该抵押物能否作为涉案财产予以查封?非法集资人将违法所得用于高利贷,借贷人用于购买其他不动产的,该不动产是否属于涉案财产?二是对"供犯罪所用的财物"未作界定,导致实践中对于涉案财物是否属于"犯罪工具"经常发生争议,有的司法机关对于作案工具的认定较为随意,把一些不属于犯罪工具的物品也予以查封、扣押,或者没收,损害第三人的合法权益。如对于租来运输盗伐林木的货车,也被当成犯罪工具予以没收。三是只强调已被采取查封、扣押、冻结等措施的财物处置,忽视未被有关机关掌握的其他涉案财物的处理。而对于非法集资、电信诈骗等涉众型财产犯罪,司法机关掌握的涉案财产往往只是少部分,将涉案财物仅仅圈定在已被控制的财物,范围过窄。

(二)移送不规范、渠道不通畅

第一,移送过于随意。一些检察机关或公安机关是否向法院移送涉案财物,无强制性规定,随意性较大。表现为:实物便于保管的不移送,不便于保管的移送;价值高的不移送,价值低的移送;易变现的不移送,不易变现的移送;与案件有关的移送,与案件无关不移送;难处理的移送,好处理的不移送。在受贿等职务犯罪中,还存在多头查封、扣押、冻结的情形,移送更加不规范。而对于赃款赃物以外,影响财产刑判罚和顺利执行的其他在案物品,有关机关则更不会移送。如被告人王某、熊某滥伐林木800多方,森林公安将木材扣押后即没有下文了,既未移交清单,更未说明处理情况。

第二,移送清单制作、移送不规范。无论实物是否移送,清单必须移送。但一些机关不仅不移送实物,连清单也不移送,致使法院对涉案财物情况无从了解,无法根据刑事诉讼法的规定在判决书中写明并依法判决、处置。有的清单制作不规范,导致法院难以核查。如对于手机、电脑等财物,只登记××牌手机、电脑一部,不登记具体型号;对于现金,只登记币种和金额,不登记面值;对于银行卡,只登记××银行卡,不登记卡的种类,是借记卡,还是信用卡。上述情形给实物证据核实工作造成困难,甚至导致被告人翻供。

第三,移送手续不齐全。或者无移送人和接收人;或者只有清单,没有查封手续、照片、权属证明等材料。对于金银珠宝、古玩、字画等,有的没有鉴定材料,真伪与否,价值几何,均不清楚。

(三)保管责任主体不明、交接不规范

目前,对于巨额涉案现金,各级法院设立专门账户予以保管。但对于实物,应当由法院的哪个内设部门保管,应当如何保管,目前没有统一的规定,做法各异。

第一,保管部门不明确。对于法院自行查封、扣押的涉案财物和其他机关随案移送的实物证据,有的交行政装备处保管,有的由刑事审判庭保管。结案以后,对于价值不大的作案工具等不需要上缴财政部门的,相关部门大都不愿意保管。特别是对于金银珠宝、名贵字画等物品,因不能甄别真伪,在流转过程中容易发生毁损、贬值、调包等问题,更不愿意保管。如某法院审理的一起受贿案,被告人收受100多把紫砂壶,检察院全部移送法院，法院既无法鉴定其真伪，保管时也是胆战心惊，生怕打烂或者被调包。

第二，保管期限无规定。如对于作为实物证据，特别是作案工具，结案后应保管多长时间，没有规定。

第三，保管场所不规范。一则没有专门的保管场所，特别是对于大宗物品、贵重物品和易腐烂、变质的物品，一些法院无合适的保管场所；二则保管场所没有相应的安全措施；三则没有专门的保管人员；四则没有正常的交接手续。一个极端的例子是，某地法院采取刑事审判部门接收人、庭长等人层层包裹、签章的办法，庭长更换一次，则再包、再签一次，但为了避嫌，十几年来从没有人对该实物开启进行验收。

### （四）举证不充分，性质、权属查明难

一方面，不重视对涉案财物权属及赃款赃物走向的调查。侦查机关往往不重视对证明涉案财物权属证据收集，对被告人违法所得的去向不予侦查。法庭调查中，公诉机关一般不会就涉案财物的性质、权属进行举证。在多头查封情形下，查明权属难度更大。

另一方面，对涉案财物权属提出异议的第三人，没有参加刑事庭审的途径，也使得对涉案财物性质、权属的调查难以开展。对于被害人的损失，也难以同时查明。

再者，涉案财物的权属复杂，查明难度大。在非法集资等涉众型案件中，由于违法所得数额大，资金流向复杂，不少已转化为其他财产，权属调查工作难度更大。如在李某集资诈骗案中，侦查机关仅提供在案财产的查封、扣押清单、凭证附卷，未查明财产抵押的具体情况，一审庭审也仅就公安机关移送的扣押清单简单质证，导致判决不能写明扣押的价值过亿元的相关房产、车辆以及冻结的银行账户的具体情况。在被告人将赃款赃物与其他合法财产混同投资或者置业时，赃款赃物的孳息如何认定、划分，难度很大。

### （五）判决处置不统一、表述不规范

第一，涉案财物移不移送对判决有影响。虽然《刑事诉讼法解释》规定，对于未移送的涉案财物，在判决书中也要写明。但在实践中，对于移送了的涉案财物，法院一般会判决追缴或责令退赔；对于只移送清单，而法检之间又未就涉案财物上缴财政后的返还形成一致意见的，有的法院就不判决，造成有的涉案财物无法得到处置；对于既未移送财物又未移送清单的，法院一般不在判决书中写明，也就不会判决、处置。

第二，判决主文的写作不规范。对涉案财物，称作"违法所得"或者"犯罪所得"或者"赃款赃物"的均有；对于上缴国库的，有的在"追缴"后"上缴国库"前，加上"予以没收"，有的又不写"予以没收"；对于返还受害人的，有的写成"追缴……，退赔……"，有的写成"责令退赔"；对于未全部退赃的，有的写成"继续追缴"，有的写成"未退赔的予以继续追缴"；还有的在判处罚金时，直接判决拍卖查封的房产以缴纳罚金；等等。

第三，对二审能否增加对涉案财物处置的判项存在争议。正如前述，有些一审判决由于种种原因，未对涉案财物进行处置。若二审认为应该处置的，该如何处理。有意见

认为，二审可以加判，因为追缴违法所得和责令退赔不是刑罚；有意见认为不行，虽然追缴和责令退赔不是刑罚，但规定在刑罚这一章，并且加判事实上也加重了被告人的责任。

第四，涉案财物性质或权属不明的，法院一般不作处理。职务犯罪案件中，对未认定为犯罪所得而被检察机关扣押的财物，因财物的属性处于不确定状态（虽不是犯罪所得，但不排除属违纪所得），判决书往往对是否追缴或者发还被告人不作出处理，导致当事人或其家属对法院判决不服。对多个不同机关分别查扣的，即使明知查扣的财物价值远远多于被告人的违法所得，也不会作出处理。

（六）判前处置不及时

第一，判前返还工作不规范。或者不敢返还，怕出问题；或者乱返还，出了问题；或者因涉案财物未移送，法院想在判决前返还而不能。如许某某诈骗案中，公安机关已查明资金走向，并已冻结，被害人申请返还，但一审法院未同意。二审期间，法院查明该笔资金的权属明确，提前返还不影响其他人利益，也不影响诉讼进行，遂在判决前裁定予以返还，效果很好。

第二，不敢先行处置。部分法院对易损毁、灭失、变质等不宜长期保存的物品，易贬值的汽车、船艇等物品，或者市场价格波动大的债券、股票、基金份额等财产，有效期即将届满的汇票、本票、支票等，不敢在结案前先行处置，导致该涉案财物价值大幅贬损。如某贩毒案件中，查扣的用于运输毒品的汽车价值20余万元，待最高人民法院核准后，该车已被风雨侵蚀了三年之久，大幅度贬值。

（七）执行工作机制不完善、权威不够

第一，法院对涉众型犯罪的涉案财物无力处理。如非法集资类案件，往往涉案金额大，被害人数众多，而在案的赃款赃物往往很少，法院没有能力来执行责令退赔。如在戴某某集资诈骗案中，法院判决，鉴于侦查机关未将查封、扣押、冻结的涉案财物随案移送，由查封、扣押、冻结机关负责处理。

第二，法院内部自行查封、扣押、冻结的主体不明确。根据《刑事裁判涉财产规定》第四条、第五条的规定，法院刑事审判部门发现被告人可能隐匿、转移财产的，应当及时查封、扣押、冻结其相应财产，还可以续行其他机关期限即将届满的查封、扣押、冻结行为。但是，刑事审判部门的人员一般都没有执行公务证，无法实施。

第三，执行主体不明。《刑事裁判涉财产规定》虽然规定罚金、没收财产、处置随案移送的赃款赃物、没收随案移送的供犯罪所用本人财物等涉案财产，由人民法院的执行机构负责，但实践中这项工作在一些法院仍由刑事审判部门在负责。特别是对于需要继续追缴的，执行机构更是不愿接续处理。

第四，法院执行权威不够。一方面，有关机关不积极配合执行。《刑事诉讼法解释》第三百六十九条第二款规定，查封、扣押、冻结的财物未随案移送的，应当通知查封、扣押、冻结机关将赔偿被害人损失、执行财产刑的部分移送人民法院。但有的机关并不配合，或者不积极配合。另一方面，《刑事诉讼法解释》第三百六十七条第二款规定，涉案财物未随案移送的，人民法院应当在判决生效后十日内，将判决书、裁定书送达查封、扣押机关，并告知其在一个月内将执行回单送回。但现实中，查扣机关不在规定的时间内将执行回单送回法院，法院也无可奈何。

第五，涉案赃物销毁难。除枪支弹药、毒品、淫秽物品等违禁品按规定统一由公安机关销毁外，对其他涉案物品，应由何机关负责销毁，费用如何承担，均无明确规定，导致长期堆积在扣押部门仓库或者法院。如某法院审理的一起非法经营案件，烟草部门查获的近10万斤烟叶、烟丝等赃物，因销毁主体不明确，且需相关部门批准，加上烟草销毁利益关系大、销毁成本高，导致10万斤假烟叶长期存放于烟草部门仓库，迟迟未进行任何处置。

第六，上缴国库的方式不明确。刑事诉讼法仅规定"对查封、扣押的赃物及其孳息，除依法返还被害人的以外，一律上缴国库"，但应由谁，通过何种方式上缴国库并不明确。《刑事裁判涉财产规定》第十二条虽然规定，被执行财产需要变价的，人民法院执行机构应当依法采取拍卖、变卖等变价措施。涉案财物最后一次拍卖未能成交，需要上缴国库的，人民法院应当通知有关财政机关以该次拍卖保留价予以接收；有关财政机关要求继续变价的，可以进行无保留价拍卖。亦未明确财政部门是否应参与对涉案财物的处理。实践中，对于法院自行查扣的或者其他机关移送的财物，需要上缴国库的，通常有三种不同做法：第一种是法院将涉案赃物直接移送财政部门，由财政部门进行评估、拍卖后，将所得款项上缴国库；第二种是法院在财政部门的参与监督下，或者经公证机关公证，对涉案赃物进行评估、拍卖，然后将拍卖所得款项扣除相关费用后统一上缴国库；第三种是案件审结后，刑事审判庭将涉案财物移送到司法技术处，由他们委托评估拍卖，扣除相关费用后上缴国库。此外，还存在涉案财物价值低，评估费、拍卖费高于本身价值，财政部门不愿接收，法院又不愿意自行拍卖的情形。

第七，刑民交叉案件执行中的争议大。主要体现在如何保护善意第三人的利益问题上。虽然《刑事裁判涉财产规定》第十三条第二款规定，民事债权人对执行标的依法享有优先受偿权，其主张优先受偿的，应当在支付被告人应当支付的人身损害赔偿中的医疗费用后，予以支持。但是，在非法集资类犯罪案件中，集资行为人用非法吸收的资金购买不动产后，再以该不动产向金融机构抵押贷款的，若支持金融机构的优先受偿权，则广大集资参与人就可能分文不得，容易引发群体性事件。

第八，信访工作压力大。在非法集资、传销等涉众型犯罪中，因清偿率低，在法院因有关机关未移送涉案财物未作出判决，而有关机关怠于处理涉案财物，或者有关机关在法院判决生效前违规处置查扣的财物，导致无法退赔被害人或者返还财产的合法所有人时，均会引发被害人到法院上访。

(八) 救济机制不健全

虽然〔2015〕7号《意见》规定，善意第三人等案外人与涉案财物处理存在利害关系的，法院应通知其参加诉讼，当事人对涉案财物处理决定不服的，可以提出上诉。然而,《刑事诉讼法解释》第三百六十四条第二款仅规定,案外人对查封、扣押、冻结的财物及其孳息提出权属异议的,法院应当审查并依法处理。但对如何参加诉讼,诉讼地位、审查程序等和上诉权等,均未作出规定。此外,《刑事裁判涉财产规定》第十五条仅规定,执行过程中,案外人或被害人认为刑事裁判中对涉案财物是否属于赃款赃物认定错误或者应予认定而未认定,向执行法院提出书面异议,可以通过裁定补正的,执行机构应当将异议材料移送刑事审判部门处理;无法通过裁定补正的,应当告知异议人通过审判监督程序处理。亦未规定当事人有上诉权。因此,〔2015〕7号《意见》的规定难以落到实处,对当事人及利害关系人的救济机制还不健全。

## 三、刑事涉案财物处置难的原因分析

### (一)思想上不重视涉案财产处置问题

受传统司法理念的影响,不少刑事审判人员只重定罪量刑,轻涉案财产处置。这在经济不发达时期并不为过,但在社会财富急剧增加的当今,涉案财产动辄几十万,上千万,不管是对被告人还是对被害人,涉案财产的处置都显得十分重要,务必引起高度重视。此外,还有的刑事审判人员受业务能力的制约,对涉案财物的认定与处理把握不准。

### (二)规定不明确,操作性差

如未规定涉案财物的认定标准,导致对涉案财物的界定混乱;刑事诉讼法未规定全案移送原则,仅规定了作为证据的实物要移送,导致移送乱;未规定对涉案财产权属异议的处理程序和权属的证明标准,导致涉案财物权属查明难;未规定涉案财物的移送、保管、拍卖、上缴、执行等程序,导致实践中做法各异,乱象丛生。如刑事诉讼法第二百四十五条第二款规定,对作为证据使用的实物应当随案移送,对不宜移送的,应当将其清单、照片或者其他证明文件随案移送。《刑事诉讼法解释》第三百六十二条规定,对作为证据使用的实物,包括作为物证的货币、有价证券等,应当随案移送。仔细分析,二规定并不完全相同。按刑事诉讼法规定,对作为证据使用的实物并不是必须随案移送;而根据《刑事诉讼法解释》,则作为证据使用的实物,应当随案移送。规定不同,容易引发争议。

### (三)司法解释在涉案财物的规定上存在冲突

如《刑事诉讼法解释》第三百六十五条规定,涉案财物未随案移送的,应当在判决书中写明,并写明由查封、扣押、冻结机关负责处理。第三百六十九条却规定,未移送的涉案财物,需要发还被害人或者执行财产刑的,要由查封、扣押机关等移送法院,由法院负责退赔和执行。又如,《刑事诉讼法解释》第三百六十一条规定,对被扣押、冻结的债券、股票、基金份额等财产,在结案前要先行处置的,须权利人申请。但若权利人不申请,而该财产若不先行处置,其价值将严重贬损时,法院却无法依职权进行处置。

### （四）最高人民法院司法解释的规定在实践中未得到有效施行

如《刑事诉讼法解释》第三百六十九条规定，未移送的涉案财物，需要发还被害人或者执行财产刑的，要由查封、扣押机关等移送法院，由法院负责退赔和执行。第三百六十七条第二款规定，涉案财物未随案移送的，人民法院应当在判决生效后十日内，将判决书、裁定书送达查封、扣押机关，并告知其在一个月内将执行回单送回。《刑事裁判涉财产规定》第五条规定，法院续行查封、扣押、冻结的顺位与侦查机关查封、扣押、冻结的顺位相同，可以直接处置侦查机关扣押、冻结的财产，无需侦查机关出具解除手续。这些规定在实践中均未得到有效执行。

### （五）受利益驱动之影响，司法机关间的配合不顺畅

1982年，财政部出台的《关于罚没财物管理办法》规定，可以给承办单位20%至30%退库提成。虽然刑事涉案财物与罚没款有别，财政部也曾经通知过"不提成、不退库"，但一些地方对于现金或者价值较高、容易变现又易保管的涉案财物，先行查封、扣押、冻结的机关，不是万不得已，均不会主动移送给法院。

### （六）信息不对称

从办案机关来讲，法院对其他机关查封、扣押、冻结的涉案财物情况不明，难以作出正确判断和正确处理；从被告人角度来看，其对被查封、扣押、冻结的涉案财物情况也不清楚，或者受情势所迫，不敢发表不同意见。从被害人和利害关系人角度来看，他们没有参与诉讼的合法途径，不能有效保护自己的权益。

## 四、完善刑事诉讼涉案财物处置工作的几点建议

### （一）转变观念，提升能力

现代社会财富激剧增加，涉案财物的处置工作越来越重要，必须加以重视，转变只重定罪量刑的观念，树立财产处置与定罪量刑并重的理念。刑事审判人员要学习民事审判知识，增强对涉案财产性质、权属的审查判断能力。

### （二）完善财经制度

坚决取消罚没款返还之规定，保障司法机关的办案经费，严格实行收支两条线，杜绝利益驱动。

### （三）加快建立刑事诉讼涉案财物集中管理平台建设，统一界定涉案财物的范围、认定标准和处置程序

建立跨部门的统一的刑事诉讼涉案财物集中管理平台，既是十八届四中全会的要求，也是最高人民法院"四五改革纲要"提出的改革目标。建成涉案财物集中管理平台，可

以有效解决涉案财物移送、保管、拍卖、上缴、信息公开等一系列难题。

首先在法院内部建立统一的涉案财物统一管理平台，明确刑事审判部门与其他部门的职责，形成分工合作的工作格局。基本内容是：第一，涉案财物的查封、扣押、冻结、审前处置由刑事审判部门负责，执行部门执行；第二，明确专门的涉案财物保管部门和人员，不管是其他机关移送的，还是由本院查封、扣押、冻结的，均由行装部门指定专人保管，作为证据使用的实物，由审判部门登记借出；第三，设立专门的保管场所和账户，安装必要的安保设备；第四，建立刑事涉案财物清单制度和信息公开制度；第五，涉案财物的上缴、退赔、拍卖、继续追缴，责令退赔等，由执行机构负责，审前处置应遵从合理和必要的原则。

推动建立跨部门的统一的涉案财物集中管理平台。基本内容是：第一，统一的涉案财物保管平台由财政部门主导，不管是哪个机关查封、扣押、冻结的涉案财物，均交该平台统一保管，不互相移送，犯罪工具等实物证据，开庭时需要出示的，由举证方向保管平台借出使用；第二，设立专门的保管场所和账户，配备专门的保管人员；第三，建立涉案财物清单制度和网上公开查询平台；第四，涉案财物的上缴、退赔、拍卖，由保管平台实施。目前，由中央政法委、财政部、最高人民法院等单位牵头建立的涉案财物跨部门集中管理信息平台已开始应用，但其效果还没有完全显现，至少各级监察机关因为不是司法机关而未纳入进来，需要进一步完善。

（四）修改完善法律规定，以增强操作性和权威性

主要是在刑事诉讼法中用专章规定涉案财物的处置，以解决移送难、保管难、判决难、执行难等为重点，着力解决各机关的内部规定"打架"问题，在现有刑事诉讼法及其司法解释规定的基础上，增加规定以下内容：一是增设集中统一管理平台的规定；二是对涉案财物进行界定；三是将涉案财物权属、性质的调查作为法庭审理的内容之一，诉讼参与人可以举证、质证，也可以辩论；四是规定法院必须对涉案财物的处理作出判决；五对于被告人的其他违法所得，需要继续追缴的，由公安机关执行，追缴后上交统一的保管平台；六是对于犯罪工具，明确保管期限为判决生效后的二十年等。

# 非法集资犯罪审判相关问题的调研报告
## ——以贵州省三级法院审理的案件为样本

孔德伦　周　玲[*]

2010年12月，最高人民法院制定出台《关于审理非法集资刑事案件具体应用法律若干问题的解释》（以下简称《非法集资刑事案件解释》），2014年3月，最高人民法院、最高人民检察院、公安部制定下发了《关于办理非法集资刑事案件适用法律若干问题的意见》（以下简称《非法集资刑事案件意见》）。上述规范性文件为法院审理非法集资[①]犯罪提供了依据，但对于如何具体把握非法集资手段，如何认定非法占有目的以及非法集资犯罪的行为定性等问题都有待加以研究。在当前非法集资犯罪案件多发频发的背景下，研究非法集资典型案例，剖析非法集资犯罪的特点，分析非法集资犯罪案件中的具体法律适用，对进一步审理好非法集资犯罪具有重要意义。

### 一、贵州法院审理非法集资犯罪的基本情况及特点

2013年至2017年，贵州省三级法院受理非法集资犯罪案件共计396件，审结249件，审结率62.9%。总的来看，非法集资犯罪案件日益增多，涉案金额越来越大，社会影响更为广泛。此类案件的基本情况及呈现的具体特点如下：

#### （一）基本情况

1. 新收案件数呈上升趋势

2013年至2017年，全省法院新收非法集资犯罪案件共计396件。收案数呈直线上升趋势，且上升趋势明显。其中，2013年新收22件，占该类案件总数的5.56%；2014年新收41件，占该类案件总数的10.35%；2015年新收78件，占该类案件总数的19.7%；2016年新收125件，占该类案件总数的31.56%；2017年新收130件，占该类案件总数的32.83%。如图1所示：

---

[*] 作者单位：贵州省高级人民法院刑二庭。
[①] 1999年中国人民银行发布的《关于取缔非法金融机构和非法金融业务活动中有关问题的通知》明确规定了非法集资的定义，即非法集资是指单位或者个人未依照法定程序经有关部门批准，以发行股票、债券、彩票、投资基金证券或者其他债券凭证的方式向社会公众筹集资金，并承诺在一定时期内以货币、实物以及其他方式向出资人还本付息或给予回报的行为。

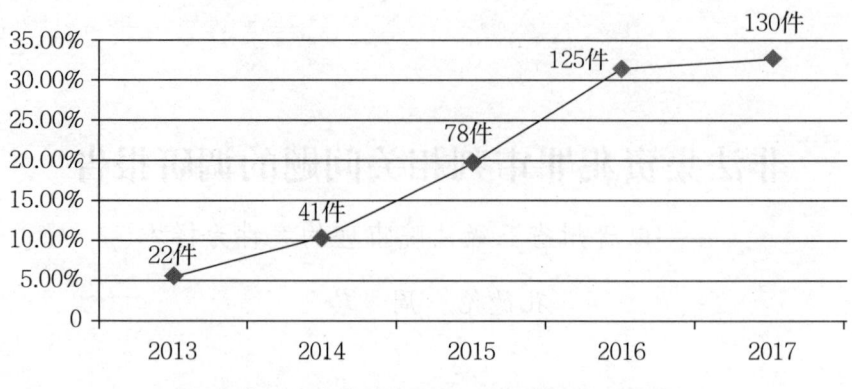

图 1 非法集资案收案数量、占比均呈上升趋势

2. 涉案罪名集中

2013 年至 2017 年,在审结的非法集资犯罪中,全部为非法吸收公众存款罪和集资诈骗罪案件。在审结的 249 件案件中,以非法吸收公众存款罪判处的案件有 183 件,占总数的 73.49%;以集资诈骗罪判处的案件有 66 件,占总数的 26.51%;无以擅自发行股票罪、非法经营罪等罪名判处的案件,如图 2 所示。

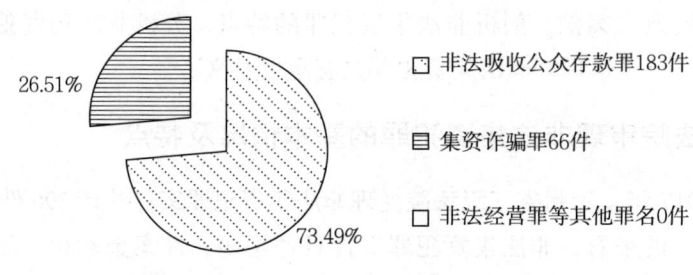

图 2 涉案罪名集中(已结案 249 件)

3. 涉案金额大

2013 年至 2017 年,在新收的 396 件案件中,涉案金额上亿元的 8 件,占 2.02%,其中最高涉案金额超过人民币 14 亿元;1000 万以上至 1 亿元的 37 件,占 9.34%;200 万元以上至 1000 万元的 315 件,占 79.55%;200 万元以下的 36 件,占 9.09%,如图 3 所示。

4. 非法集资犯罪刑罚轻重有别

从判处刑罚看,具有非法占有目的的集资诈骗犯罪的量刑较重,不具有非法占有目的的非法吸收公众存款罪的量刑较轻。2013 年至 2017 年的生效判决中,集资诈骗罪被告人共计 103 人,判处五年以上有期徒刑的 76 人,重刑率为 73.78%;判处缓刑的 1 人,免予刑事处罚的 3 人,非监禁刑的适用率仅为 3.88%。非法吸收公众存款罪被告人共计 156 人,判处五年以上有期徒刑的 43 人,重刑率为 27.56%;判处缓刑的 40 人,免予刑事处罚的 5 人,非监禁刑的适用率为 28.85%,如图 4、图 5 所示。

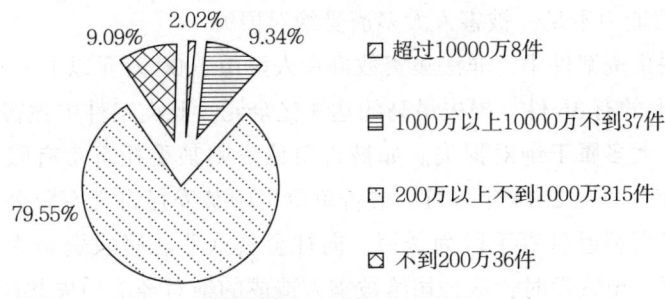

图 3 涉案金额分布情况（新收 396 件）

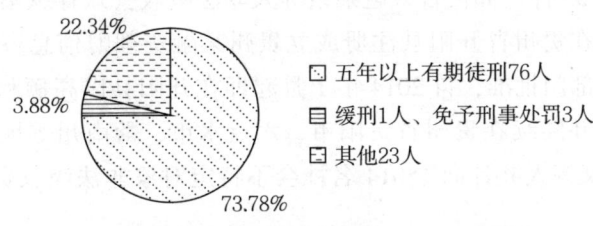

图 4 集资诈骗罪量刑情况（103 人）

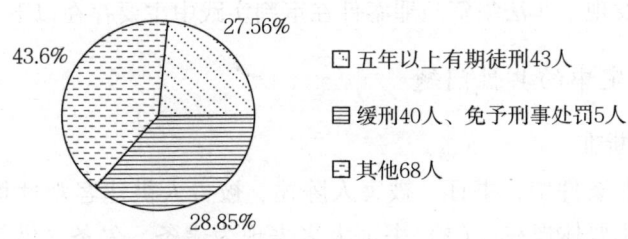

图 5 非法吸收公众存款罪量刑情况（156 人）

（二）呈现的特点

1. 被害人认知片面，对非法集资行为违法性缺乏认识

在由于监管机关主动监管而案发的案件中，普遍存在被害人对非法集资性质的认识与办案机关不一致的情形。部分案件中的被害人对案件的侦查、逮捕、审查起诉和审判存在抵触情绪，认为系侦查机关随意干扰经济活动，直接影响了案件的依法公正处理。如被告单位贵州某某有限责任公司、被告人柏某某等人集资诈骗案。该案系因公安机关在工作中发现该公司存在大量资金异动，进而介入调查后侦破。此时，被告人还处在能够以后期吸收资金支付前期集资参与人回报的阶段，集资参与人尚未遭受实际损失，反而认为公安机关的侦查活动导致其预期利益损失，故对公安机关的侦查工作产生抵触情绪，不愿意配合调查取证，对案件证据收集、涉案款物扣押等工作的开展造成极大不利

影响。

2. 被告人退偿能力不足，被害人大多遭受绝对损失

在新收的非法集资案件中，非法集资数额在人民币1000万元以上的有45件，查明损失在1000万元以上的有36件，损失最高的达3亿余元。此类案件中被害人的损失，被告人基本无力偿还，大多属于绝对损失。如被告单位贵阳某委托寄卖有限公司非法吸收公众存款案。2003年1月至2014年6月，被告单位贵阳某委托寄卖有限公司违反国家金融管理法律规定，以高利返息等手段为诱饵，向社会公众非法吸收资金人民币14亿余元，严重扰乱金融秩序。至案发时，该公司给被害人造成的绝对经济损失共计3亿余元。

3. 案件涉众性突出，被害人人数众多、涉及地域广

在新收的案件中，涉及被害人100人以上的案件有114件，人数最多的达15000多人；跨市州的案件有35件。如被告人赵某某等人非法吸收公众存款案。2013年9月，赵某某伙同王某某等人在贵州省开阳县注册成立贵州某融资理财信息咨询服务有限责任公司。该公司未经有关部门批准，自2014年1月起即在开阳县以高额利息为诱饵，向社会公众非法吸收资金，并陆续在贵州省贵阳市、六盘水市、黔南州等地开设分公司。截至2014年12月，赵某某等人共计向15014名社会不特定对象非法吸收资金共计人民币7.2亿余元。

## 二、非法集资犯罪审判实践中存在的问题

通过调研我们发现，非法集资犯罪案件在审判实践中主要存在以下突出问题。

### （一）司法认定中的共性问题

1. 证据审查判断难

在非法集资犯罪案件中，书证、被害人陈述、被告人供述客观性均不强，证据的审查判断难度较大。主要体现在：（1）书证大多表现为借条、欠条、借款合同等形式，但这些书证往往存在虚假情况。实践中，由于被告人向被害人非法集资时，有的会先扣除利息，但书证记载的却是未扣除利息的数额，因此，书证所表现出来的数额就大于集资数额。例如，被害人实际只付给被告人人民币85万元，但借条中记载为100万元；或者只给了100万元，但欠条中记载为115万元。这里就包含了被告人已返还被害人的15万元利息。（2）出于利己方面的考虑，被告人容易夸大非法集资支付的利息数额、减少本金数额，被害人则更容易夸大非法集资的本金数额、减少所得的利息数额。同时，也存在被害人将所获得的利息又投入非法集资中的情况，此时，对于本金的数额计算，被告人和被害人之间往往存在不同看法，客观上就产生了陈述差异。然而，在没有其他证据佐证时，对这种主观性较强、客观性不足的证据的判断显得更加困难。

2. 犯罪数额认定难

对非法集资犯罪涉及的集资数额、犯罪数额、损失数额三者的认定及其相互关系的判断，相当困难。如果被告人先是向社会不特定多数人吸收资金，同时也支付了高额回报，吸收的部分资金确实投入了生产经营，但随着吸收资金量的增加，又有部分被挥霍，

该行为性质如何认定，对被告人的涉案金额如何分类认定，存在困难。在集资前期，被告人集资后向被害人支付了高额回报后，被害人将收到的高额回报又作为集资款交给被告人以期获得更多的收益，此时，对被告人的集资数额、被害人的集资款数额等各自应该如何认定，同样存在认定上的困难。

（二）个罪审判中的具体问题

1. 非法吸收公众存款罪审判中的问题

（1）变相吸收公众存款与民间借贷界定难。对"非法吸收"通常较为容易认定，但对民间借贷等"变相吸收"形式的行为性质的认定，则实属不易。如被告人为了企业的生产经营，通过与他人签订借款合同的方式，向不特定多数人"借款"并支付利息。但后来由于经营不善、资金周转等问题，不能按期支付利息，此种情形该如何认定？同时，如果被告人将借来的资金用于高风险行业或者进行资本及货币经营，其行为性质又该如何认定？如果被告人未按照借款合同约定的方式使用资金，其行为性质是否发生改变？

（2）宣传方式认定难。《非法集资刑事案件解释》规定了向社会公众吸收资金的行为，必须同时具备四个条件，其中之一就是"通过媒体、推介会、传单、手机短信等途径向社会公开宣传"。此条件被称为"公开性"特征。但实践中如何理解这一特征，标准是什么，尚存疑问。如有的被告人通过"口口相传"的方式进行宣传，没有利用媒体、推介会等形式的，如何认定；有的案件中，被害人在主动"借款"给被告人后，被害人自己又对外以口头形式向其他亲友或亲友以外的人介绍，对此是否属于公开宣传，也存在疑问。

（3）"社会不特定对象"认定难。当前现实中，民间借贷现象普遍，不仅存在自然人之间的相互借贷，也存在企业及其他组织之间在开展集中建房、修路、企业改制等过程中职工出资入股等情形。发生在自然人之间的借贷一般都约定有利息且并不违法，也不需要银行管理机构的批准，此种借贷行为也受到合同法的保护。但合法借贷的范围有多大，在何种条件下可能构成犯罪，标准则较为模糊。此外，《非法集资刑事案件解释》规定："未向社会公开宣传，在亲友或者单位内部针对特定对象吸收资金的，不属于非法吸收或者变相吸收公众存款。"但在司法实践中，被告人往往同时向特定亲友与不特定社会公众进行集资。对于此种情形，有观点认为，特定亲友不属于不特定的社会公众的范围，因而其向亲友借款的金额不应计入犯罪数额。有观点则认为，是否向不特定社会公众集资，本质是审查集资人的主观意图是否仅仅指向特定人，同时审查其具体集资行为是否可控，因而，如果其主观意图不仅仅指向特定人而且还指向不特定人的，则应当将其全部集资金额认定为犯罪数额。

（4）"高额回报率"判断难。非法集资的有偿性特征，一般包括有偿性和承诺性两方面。但即使在被告人向被害人约定并承诺给付高息回报的情况下，由于目前法律并没有明确禁止民间借贷方面的有偿性和承诺性，因此，对于这种情形下的利诱性特征判断往往存在争议。

2. 集资诈骗罪审判中的问题

在集资诈骗罪的审判实践中，除了存在与上述非法吸收公众存款罪同样的问题外，主要还存在以下问题。

（1）"以非法占有为目的"认定难。《非法集资刑事案件解释》对"非法占有目的"的判断规定了七种具体情形，为此类犯罪的认定提供了依据。然而实践中，存在被告人以开发房地产、开办工厂、学校等为由向社会公众集资，但客观上也将部分筹集资金用于购买高档汽车、装修办公室等，最后造成集资款无法返还，此时是否可以直接认定为"肆意挥霍集资款"存在疑问。被告人无法还本付息，离开集资地的，是否可以直接认定为"逃匿"，如果被告人辩称其外出为了筹集资金，又该如何处理。在认定"携带集资款逃匿的"情形时，对携带集资款如何判断，同样存在疑问。上述问题均直接影响实践中对被告人非法占有目的的认定。

此外，被告人非法集资后，将集资款投入股市、期货等高风险行业，假如不亏损时，被告人可能按期支付被害人的回报，此时是否可以认定其具有非法占有的目的；假如不能支付被害人的回报，甚至造成巨额损失，此时是否可以直接认定被告人主观上具有非法占有的目的，也存在疑问。

（2）"使用诈骗方法"认定难。根据相关司法解释的规定，在集资诈骗犯罪案件中，被告人在集资方法上既有采取虚构资金用途，又有以虚假证明文件及高回报率为诱饵的，应认定为"使用诈骗方法"。但在司法实践中，几乎所有的集资行为在募集资金的方法上可能都存在以高回报率为诱饵的情况，许多集资参与人也正是基于此才将大量资金借给被告人，此时是否都应认定为"使用诈骗方法"，存在争议。另外，很多被告人在宣传方式上都可能存在虚报经营业绩、虚构资金用途，并相应地出具虚假证明文件，对此是否一律认定为"使用诈骗方法"，也存在争议。

## 三、非法集资犯罪的司法认定

在司法实践中，根据《非法集资刑事案件解释》《非法集资刑事案件意见》以及2001年最高人民法院下发的《全国法院审理金融犯罪案件工作座谈会纪要》（以下简称《金融犯罪纪要》）等司法解释和规范性文件的规定，贵州三级法院对一些问题有了相对统一的做法。

（一）非法集资行为"四性"特征的认定

1. "非法性"的认定

这里的"非法性"，是指违反国家金融管理法律规定，未经有关部门依法批准或者借用合法经营的形式吸收资金。具体表现为两种情形：一是非法吸收；二是变相吸收。非法吸收，是指未经有关部门依法批准即直接以吸收公众存款的方式来吸收资金。此种情形通常较为容易认定。变相吸收，是指借用合法经营的形式变相吸收公众资金。此种情形主要是针对非法吸收公众存款犯罪的吸收方式作出的规定，即被告人采取间接的行为方式来吸收公众存款。《非法集资刑事案件解释》规定的十种具体方式，即是对变相吸收方式的列举性描述。我们认为,在判断被告人是否具有非法吸收或者变相吸收公众存款的行为时,只要这两种行为符合《非法集资刑事案件解释》的规定,即可直接作出司法认定,而不需要先由行政机关作出行政违法认定。

2. "公开性"的认定

《非法集资刑事案件解释》第一条第一款第二项将非法集资犯罪行为的公开性特征以列举方式限定为公开宣传,即"通过媒体、推介会、传单、手机短信等途径向社会公开宣传"。一般认为,公开宣传只是认定非法集资公开性的充分条件,但不是必要条件。有之,则必然具有公开性;反之,则未必不具有公开性。[1] 实质上,非法集资行为的公开性是指通过一定的方式、手段对集资行为进行公开宣传,并且这种宣传不需要欺骗性。《非法集资刑事案件意见》第二条规定:"《非法集资刑事案件解释》第一条第一款第二项中的'向社会公开宣传',包括以各种途径向社会公众传播吸收资金的信息,以及明知吸收资金的信息向社会公众扩散而予以放任等情形。"据此,我们认为,非法集资公开宣传的途径除了《非法集资刑事案件解释》列举的媒体、推介会等四种方式外,还应当包括与上述四种形式相当,并且在实质效果上一致的其他宣传手段及方式,如通过"口口相传""人人相传"等方式进行宣传。

3. "利诱性"的认定

这里的利诱性,是指被告人向被集资人承诺以货币、实物、股权等方式对其所投入的资本增值或者承诺在一定期限内给付回报。它包括两个方面:一方面,非法集资具有偿性,对于非经济领域的公益性集资,则不属于非法集资的范围;另一方面,非法集资具有承诺性,即对实现资本的预期收益作出承诺。司法实践中,一般认为,回报的方式,既包括固定回报,也包括非固定回报;给付回报的形式,除货币之外,还有实物、消费、股权等形式;具体给付回报的名义,除了常见的利息、分红之外,还有所谓的工资、奖金、销售提成等。[2]

4. "社会性"的认定

根据《非法集资刑事案件解释》关于"向社会不特定对象吸收资金"的规定,对集资对象是否特定的判断,我们认为,一方面,要考察被告人主观上是否仅具有向特定对象吸收资金的意图;另一方面,也要考察被告人客观上实施的集资行为是否可控。如果被告人对集资行为事先不限制、事中不控制、蔓延到社会后不阻止的,按照主客观相一致原则,应认定为向社会不特定对象吸收资金。同样,如果被告人以向单位内部职工或者亲友集资为名,实际上希望或者放任内部职工、亲友向社会介绍,直接向社会集资或者通过内部职工、亲友间接向社会公众集资的,也应认定为向社会不特定对象吸收资金。

---

[1] 参见彭冰:《非法集资行为的界定——评最高人民法院关于非法集资的司法解释》,载《法学家》2011年第6期。

[2] 刘为波:《〈关于审理非法集资刑事案件具体应用法律若干问题的解释〉的理解与适用》,载《人民司法》2011年第5期。

## （二）非法吸收公众存款罪的认定

### 1. 证据的审查判断

就非法吸收公众存款罪而言，对证据的审查判断主要是固定案件事实特别是犯罪数额的认定。我们认为，对非法吸收公众存款的实际数额认定，不能仅凭被害人提供的借条所记载的金额为准，而应通过银行往来存取款凭条、集资账册所记载的数额，核定双方的往来账目。对于纯粹的信誉借款，应通过第三人的证言来辅助判断现金往来给付的数额。同时，对于受客观条件限制而无法逐一收集集资参与人的言词证据的，可以结合已收集的集资参与人的言词证据、依法收集并经法定程序查证属实的书面合同、银行账户交易记录、资金收付凭证、会计账簿等书证以及互联网电子数据、自媒体交易信息等证据，综合认定非法吸收资金对象和吸收资金数额等犯罪事实。

### 2. 非法吸收公众存款与民间借贷的界定

非法吸收公众存款罪与民间借贷行为之间在形式上存在交叉之处，都属于还本付息的一种融资模式，但民间借贷并不违法。依照合同法等相关民事法律规定，民间借贷当事人之间可以约定利息，法律只对超过规定部分的利息不予保护。因此，不能将民间借贷都认定为犯罪。认定某行为属于非法吸收公众存款罪还是系民间借贷行为，我们认为，应当综合以下因素判断：（1）资金来源。即考虑被集资人的具体人数，以及被集资人与被告人之间的关系。（2）吸收资金方式。即被告人是否通过向社会公开宣传，是否高息揽储等。（3）借款目的及用途。即借款是否主要用于生产经营活动。（4）借款次数、金额、持续时间、社会影响以及客观后果。只有在全面分析、考虑上述因素的基础上，才能对两者作出准确区分。

## （三）集资诈骗罪的认定

### 1. 犯罪数额的认定

根据《非法集资刑事案件解释》的规定，案发前已归还的被害人的数额，不计入被告人的犯罪数额。这样规定的理由在于集资诈骗罪的特殊性：即案发前被告人返还被害人一部分本金的，被告人主观上并不具有对该部分资金的非法占有目的，客观上也并未实际取得，即使被告人返还该部分本金是为了骗取被害人的信任，进而实现获取更多的非法集资款的目的，但对于被害人来讲，该部分本金也没有发生实际损失，被告人实质上并未对该部分资金转移占有。所以，如果将被告人并未实际占有的这部分资金也纳入其犯罪数额，对被告人则显得不公平，实际上是人为加重了被告人的刑事责任。但对于被告人支付的广告费、佣金、租赁费等"诈骗成本"，如果上述费用来源于被害人的集资款，在被告人使用这些款项时就意味着其在对诈骗所得财物进行处分，这与成功骗取他人财物后用于挥霍的行为并无区别，故应将此部分资金计入被告人的犯罪数额。

司法实践中，对于受害人为数众多的集资诈骗罪的犯罪数额认定，我们认为应注意区分以下几种情况：（1）盈利集资参与人的集资本金应计入非法集资总额；（2）盈利集资参与人案发前所获得的高额利息是被告人犯罪的成本和必要手段，不属于应扣除归还数额，而应计入其犯罪数额；（3）认定被告人的犯罪数额不能笼统地以其集资总额减去向被害人还本付息总额，通常应"一对一"计算出各被害人的盈亏情况，以案发前各被害人的损失总额作为犯罪数额。

2. "以非法占有为目的"的认定

集资诈骗犯罪中的"以非法占有为目的"，是指被告人具有将集资款置于其自身控制、占有，并且最终不予归还被害人的主观意图。如果被告人非法集资但不是出于非法占有集资款的目的，而是将集资款用于正常生产经营活动，由于经营不善、市场风险等意志以外的原因导致集资款无法返还的，则不能认定被告人具有非法占有的目的。

由于对被告人的主观心态无法取证，司法实践中必须通过被告人客观行为表现来推定其主观上是否具有非法占有的目的。为此，《非法集资刑事案件解释》和《金融犯罪纪要》规定了可以认定为"非法占有目的"的客观情形，这为司法实践操作提供了便捷途径。但在适用时应审慎分析案件具体情况，特别是被告人不能归还集资款的具体原因，防止机械认定被告人具有"以非法占有为目的"，落入客观归罪的窠臼，违背主客观相统一原则。正是基于此，《金融犯罪纪要》同时规定："在处理具体案件时要注意以下两点：一是不能仅凭较大数额的非法集资款不能返还的结果，推定行为人具有非法占有的目的；二是行为人将大部分资金用于投资或生产经营活动，而将少量资金用于个人消费或者挥霍的，不应仅以此便认定其具有非法占有的目的。"因此，我们认为，在判断被告人是否具有非法占有目的时，应注意把握好以下几点。

（1）被告人是否具有利用意思。这种意思要求被告人在不具有占有他人财产或者使他人转移财产给被告人（或第三人）的合法根据时，意图利用、处分被害人的财产。在集资诈骗罪中，被告人由于存在此种意思，在转移占有集资款后，并不会按集资时与被害人的约定将财产用于生产经营活动；即使用于生产经营活动，所用资金与筹集资金规模也明显不一致。这说明被告人并不想通过经营、管理集资款来保护投资人的财产，其并没有履行集资约定的诚意，而仅仅是想通过非法集资单纯、直接获益。

（2）被告人是否具有排除意思。这种意思要求被告人在实际控制被集资人的财产后，还意图使财产完全脱离被集资人的控制。在集资诈骗罪中，被告人出于趋利避害的本能反应，一般不会供认其具有占有的意思，通常以使用的意思意图作为脱罪理由。相应地，判断被告人是否具有排除意思的证明就只能借助于被告人是否挥霍集资款，是否抽逃、转移资金等客观行为来推定。因上述行为反映了被告人具有逃避返还的意思，故也就能证明被告人意图排除被集资人对财产的占有、利用，就具备了刑事可罚性，应认定被告人具有非法占有的目的。

（3）在具体判断被告人是否具有非法占有目的时，除了查明涉案资金的用途、流向以外，还应重点考察以下情况：①被告人集资后是否有真实的项目，是否真实从事生产经营活动；②被告人是否具有偿还募集资金的能力，是否具有偿还的实际行为。如果被告人对于筹集的资金确有真实项目，且检察机关的指控不能证明被告人不具备偿还能力或行为的，即使被告人当时不能归还资金，按照罪刑法定原则的要求，在定性上也不宜认定为集资诈骗罪，而应认定为非法吸收公众存款罪或者其他犯罪。

3. "使用诈骗方法"的认定

按照刑法第一百九十二条的规定,就集资诈骗罪的行为特征来说,"使用诈骗方法"和"非法集资"两个要素缺一不可,共同构成了集资诈骗罪的客观方面。这里的"诈骗方法"一般是指,被告人采取虚构资金用途,以虚假的证明文件和高回报率为诱饵,骗取集资款的手段。将"虚构资金用途"和"以虚假的证明文件为诱饵"两种行为方式作为集资诈骗罪的"诈骗方法"并无争议,但以"高回报率为诱饵"吸引被害人投资是否属于"使用诈骗方法"存在不同观点。

我们认为,被告人在明知不可能产生高额收益甚至不可能产生任何收益的情况下,仍然承诺给予被害人高额回报,实际上就是被告人对被害人所不明知的真相的隐瞒,其行为本身就符合虚构事实、隐瞒真相的特征。此外,集资诈骗罪中的"诈骗方法"还包括:虚报注册资本,伪造、变造、买卖国家机关公文、证件、印章,伪造公司、企业、事业单位和其他社会团体印章等行为。当然,上述行为构成犯罪的,因与集资诈骗罪之间系牵连犯关系,故应按照从一重处的原则处罚。

# 2019年广东省认罪认罚从宽制度
# 适用经验总结及完善建议

万远福　冯璐璐[*]

广州、深圳作为速裁程序和认罪认罚从宽制度的试点地区，积累了丰富的"广东经验"，为认罪认罚从宽制度上升为法律提供了"广东蓝本"，并在认罪认罚从宽制度正式实施后在全省范围内得到推广。2019年广东省适用认罪认罚从宽制度审结一审案件50620件61156人，占全部一审审结案件的39.1%，上诉率仅为3.74%，远远低于其他案件19.51%的上诉率，极大减轻二审工作量。在落实认罪认罚从宽制度过程中，全省各级法院积极搭建制度规范框架，建立了权益保障机制、规范量刑机制以及信息科技支持机制，同时，也存在审前工作粗疏、程序化、审判配套机制和流程规范还有待进一步完善等问题。

## 一、认罪认罚从宽制度在广东省的运行情况

2018年10月26日，修正后刑事诉讼法颁布后，广东省全面推行认罪认罚从宽制度。2019年1月至2019年12月，全省中、基层法院一审适用认罪认罚从宽制度审结案件50620件61156人，占一审全部审结案件的39.1%，案由集中在危险驾驶、盗窃、故意伤害、寻衅滋事、容留他人吸毒等。[①]认罪认罚从宽制度的适用呈现出以下特点。

第一，速裁程序适用率不高，相比试点期间有所下降[②]。认罪认罚案件中适用速裁程序12142件，占比约24%，当庭宣判率达到97%以上；简易程序28659件，占比约56.6%；普通程序9819件，占比约19.4%（见图1）。

第二，七成以上案件在审查起诉阶段启动，被告人在侦查阶段和审判阶段认罪认罚的案件占比较低。其中，侦查阶段被告人认罪认罚的占比为15.33%，审查起诉阶段启动程序的占比约为73.27%，审判阶段启动程序的占比约为11.4%（见图2）。

---

[*] 作者单位：广东省高级人民法院。
[①] 因采取人工统计方式难以覆盖所有案件，故本报告具体分析以实际统计到的数据为样本。
[②] 2016年12月至2018年11月，广州、深圳两个试点城市的17家基层法院，共适用速裁程序审结案件24301件，占广、深两地基层法院全部审结刑事案件（78924件）的30.79%。

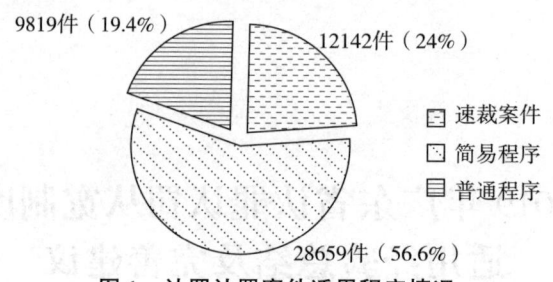

**图 1　认罪认罚案件适用程序情况**

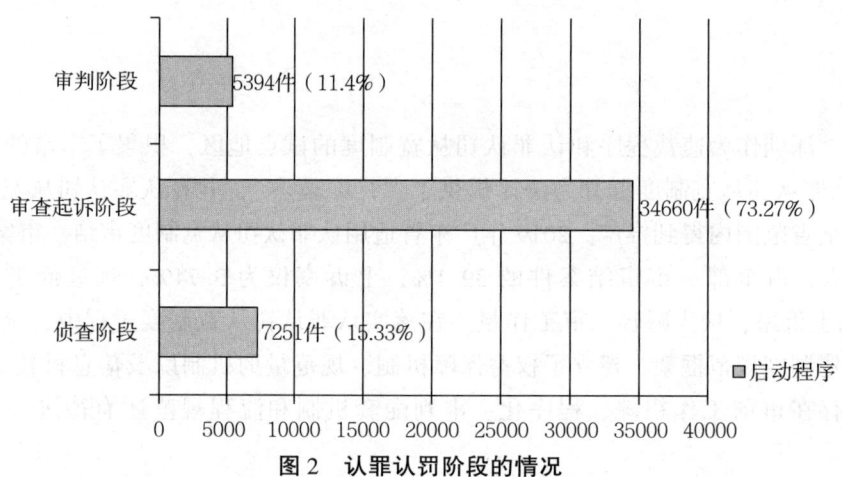

**图 2　认罪认罚阶段的情况**

第三，大部分被告人被羁押待审。能够统计到羁押情况的 41274 名被告人，取保候审 15181 人，监视居住 157 人，被采取非羁押措施的人数占比为 37.16%；拘留 2524 人，逮捕 23412 人，被采取羁押方式的人数占比约为 62.84%（见图 3）。

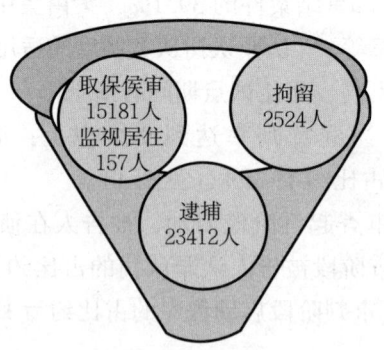

**图 3　被告人被采取强制措施情况**

第四，认罪认罚案件中九成以上案件为轻微刑事案件，重罪案件数量、占比少。能够统计到判处情况的 47052 名被告人，免予刑事处罚的 228 人，占比约为 0.48%；处三年以下有期徒刑、拘役、管制或者单处罚金的 43166 人，占比约为 91.75%；处三年至十年有期徒刑的 3333 人，占比约为 7.08%；处十年以上有期徒刑的 325 人，占比约为 0.69%。

其中，深圳、云浮、潮州等十个地区适用认罪认罚的 21692 名被告人中有 5142 人被判处缓刑，占比约为 23.7%。（见图 4）

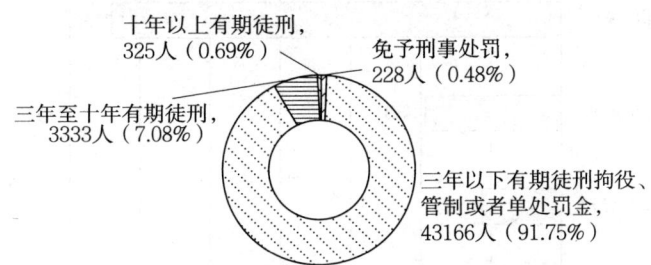

**图 4 认罪认罚案件中被告人被判处情况**

第五，精准量刑建议的采纳率较低，幅度量刑建议的采纳率较高。能够统计到量刑建议情况的 48328 件认罪认罚案件中，检察院对 16974 件提出精准量刑建议，对 31354 件提出幅度量刑建议，精准量刑建议率为 35.12%。法院采纳量刑建议 36131 件，不采纳 12197 件，量刑建议采纳率为 74.76%；其中，16974 件提出精准量刑建议的案件中，采纳 8855 件，不采纳 8119 件，精准量刑采纳率为 52.17%；31354 件幅度量刑建议的案件中，采纳 27276 件，不采纳 4078 件，幅度量刑的采纳率为 86.9%。能够精准统计到不采纳原因的 1290 件认罪认罚案件中，1048 件因为量刑建议明显不当，占比 81.24%，被告人不构成犯罪或者不应当追究刑事责任的 12 件，被告人否认犯罪的 93 件，被告人违背意愿认罪的 11 件，被告人对量刑建议提出异议的 85 件，指控罪名与审理罪名不一致的 41 件（见图 5）。

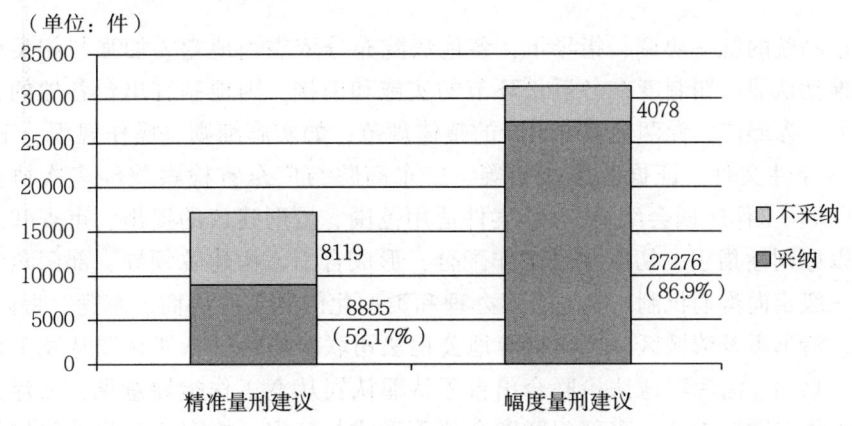

**图 5 认罪认罚案件量刑建议采纳情况**

第六，六成以上案件是因为对量刑有异议而上诉，二成左右案件是因为拖延收监时间。检察院提起抗诉 53 件，抗诉率为 0.01%；被告人提起上诉 1898 件，上诉率为 3.75%。其中以对事实认定有异议为理由上诉的案件 223 件，占上诉案件的 12.09%；以对量刑有异议为理由上诉的案件 1280 件，占上诉案件的 67.87%；以拖延收监时间而提出上诉的案件 383 件，占上诉案件的 20.31%；其他以对违法物品处理有异议、违法所得认定有异议、缓刑执行地有异议、否认自愿性等为由上诉的案件数量极少（见图6）。

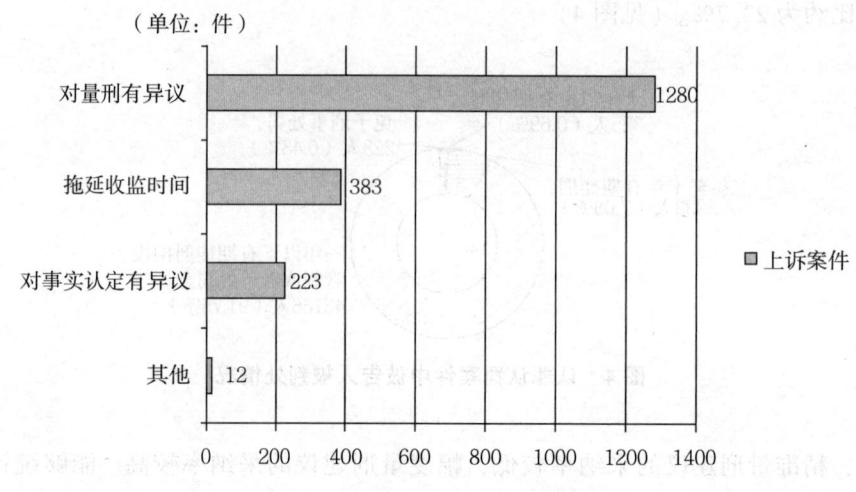

图6 认罪认罚案件上诉案件情况

## 二、工作措施及经验做法

各地法院积极总结、提炼试点经验，对有推广价值的做法深入论证，结合自身实际情况，复制"广东模式"，推进认罪认罚从宽工作向纵、深发展，切实落实宽严相济的刑事政策，推进繁简分流、加强人权保障，促进公平正义。

（一）依靠党委协调各方，纵览全局，全面搭建制度规范框架

在广东高院的统一协调、指导下，各地法院充分依靠当地党委加强与相关单位的配合协作，推动认罪认罚制度在各诉讼环节的实施和衔接，因地制宜出台各地的工作办法或指导意见。参照广、深两地联合出台的整体规范，如实施细则、操作规程、工作方案、类案量刑指导性文件、证据收集指引等，广东高院与广东省检察院经多次协商，联签《办理认罪认罚工作座谈会纪要》，就案件适用范围、量刑建议的提出、审查和采纳等核心问题予以原则性指引，切实加强工作配合，形成合力，构建院领导、部门负责人、案件承办人三级定向沟通机制，实现个案办理和类型化问题常态协商。东莞、揭阳、阳江、佛山南海、清远市及清城区、连州市等地公检法司联合出台了认罪认罚从宽工作实施细则，江门、惠州、河源等地法检联合出台了认罪认罚从宽工作指导意见，云浮、茂名等地以法检工作专题推进会、多部门联席会议等形式与公安、检察等部门就具体问题达成共识。广东高院还统筹全省法院逐月上报统计数据，收集动态信息和案例，强化对下指导，帮助各地法院优化工作衔接。

目前，三级法院制度规范体系已初步形成，涵盖证据、量刑、涉案财物处理、制度运行重要机制等指导性文件，确保认罪认罚从宽制度推进规范化、标准化。

（二）建立充分的保障权益机制

广东省全力推进法律帮助全覆盖，2018年、2019年广东高院与广东省检察院、省公

安厅、省司法厅联签出台《关于开展刑事案件律师辩护全覆盖工作的实施办法》《关于刑事案件法律援助的实施办法》《关于开展法律援助值班律师工作的实施意见》等,对法律援助、值班律师权责等问题予以细化。珠三角地区看守所驻所值班律师已基本达到全覆盖,检察院、法院同步设立法律援助工作站。经济相对落后的粤东、粤西地区通过全省律师资源调配、异地指派、视频提供法律帮助等形式,实现犯罪嫌疑人、被告人在诉讼全流程均能得到专业帮助。针对未成年人案件,鼓励全面适用认罪认罚从宽制度,当庭审查确认未成年被告人认罪认罚的真实性、自愿性,全面保障未成年人合法权益。

多地法院引入被害人参与机制,将联系被害人作为审前必经程序,要求制作被害人意见表(包括接受赔偿情况、谅解态度等)附卷,量刑时,将和解、谅解作为量刑重要考虑因素,在幅度内予以充分、明确的体现。探索推行人身伤害、财产损害两类案件通知被害人参与程序,组织辩护人、值班律师前期介入组织协调。推广深圳龙岗、宝安区法院在试点时期形成的财产刑与涉案财产的认罚前期确认制度和上报备案制度,不仅着力让被害人方损失得以现实弥补、加强产权保护,同时通过退赔、和解情况具体区分被告人认罪认罚悔罪情节,在从宽量刑时予以区别体现,促进被告人真诚悔罪、化解矛盾。

(三)建立规范的从宽量刑机制

依照刑事诉讼法和《最高人民法院、最高人民检察院、公安部、国家安全部、司法部关于适用认罪认罚从宽制度的指导意见》(以下简称《指导意见》)的规定,设立全流程协商机制,参考试点时期侦查、审查起诉、审判阶段不同阶段认罪认罚从宽比例按照30%~10%递减的分段从宽量刑原则,把握从宽幅度,鼓励犯罪嫌疑人、被告人及早认罪认罚。探索推行广州市海珠区法院先定罪、后量刑的后置式协商机制,即在被告人最后陈述前,法庭确定并告知指控罪名成立后,被告人如自愿认罪认罚,仍可给予量刑从宽。例如:佛山王丽君等53人诈骗案,人数多,案件复杂,被告人意见多。庭审中有部分被告人自愿认罪,合议庭就认罪对量刑的影响,听取控方意见,综合考虑后给予从宽量刑。宣判后,各被告人均未上诉,审判效果良好。

多个基层法院针对危险驾驶类案件,结合酒精含量等犯罪情节,以指引文件、法检联席会议纪要、案例审判参考等形式,细化量刑尺度、规范缓刑标准;针对坦白、自首、退赔谅解等情形以及适用缓刑、免予刑事处罚进行详细量刑规定,以统一裁判尺度。将量刑规范化工作与认罪认罚制度紧密结合,对适用认罪认罚的案件制作量刑评议表,协调主刑及罚金刑的均衡量刑,案件庭审就量刑问题注重听取控辩双方意见,严格在规范化标准内控制减少基准刑的幅度,确保量刑公正。

(四)建立高效的诉讼流转机制

绝大多数基层法院建立了轻罪案件"快立、快送、快审、快判、快执"工作机制,或集约化工作模式,通过集中移送、起诉、立案、送达通知书、开庭、交付执行及简化文书,提升审判各环节流转效率。广州白云、黄埔等区法院建立认罪认罚案件绿色通道,优先收案、录入案件,保证案件当天移送业务庭。揭阳法院也建立了"绿色通道",对危险驾驶案当天移送、当天送达，若被告人无须法律帮助，则安排第二天开庭。汕尾法院每周安排2~3次集中开庭，每次开庭以同类案件为基准，分类开庭。

**（五）建立全方位的信息科技支持机制**

开通律师通、法官通、审务通等，为认罪认罚案件中诉讼各方实现信息共享提供了全方位的技术支持；数字化法庭上可对各种书证、物证、视频录像等证据予以全方位展示，促进审判公开，提升司法透明度；远程审判、远程公诉等视频技术，将法院、检察院、看守所连为一体，无须到庭，即可审判，在押人员可以通过远程视频接受值班律师帮助；人脸识别视频技术，使证人无须到法庭，即可通过手机视频作证，较好地解决了证人出庭难的问题。法庭记录语音识别系统建设成熟后，用庭审同步录音录像附卷替代庭审记录，增强庭审的真实性、完整性、公开性，减轻庭审记录工作量，极大提高了工作效率。

## 三、认罪认罚从宽制度适用中存在的问题

广东省认罪认罚从宽制度适用率为39.1%，与全国53.5%[①]的适用率存在一定差距，总体来说适用率偏低。实践中存在以下问题。

**（一）精准量刑建议与审判权依法独立行使的关系处理问题**

调研中，两级法院反映最多的问题就是检察院提出精准量刑建议之后，法院该如何行使审判权，并因此产生困惑。目前在量刑规则不完善，检察机关量刑建议经验不足，律师有效帮助还需提高的现实条件下，精准量刑建议的准确率较低，如果通过调整量刑建议方式解决，不仅影响诉讼效率，而且影响审判有序进行，特别是适用速裁和简易程序审理的认罪认罚案件，需要对量刑建议提出的形式以及量刑建议调整进行规范，确保审判有序进行。

**（二）审前工作程序化，量刑建议"过轻"较为普遍**

认罪认罚案件控辩量刑协商更多偏重于程序性工作，过于追求适用率，给予被告人不合理的较低量刑建议。协商程序走形式，被告人的知悉权得不到保障，为反悔上诉埋下隐患。

**（三）审判配套机制和流程规范不够完善，审判质效有待进一步提高**

1. 繁简分流工作机制尚未成熟，延缓了认罪认罚案件的流转速度

各地法院均在积极探索繁简分流工作机制，但因案件情况、人员构成等原因，实际效果参差不齐。部分法院尚未建立认罪认罚案件快速通道，压缩了案件适用速裁程序或者简易程序的空间。因考核标准、工作量折算和审批流程、审限限制等问题导致繁案、

---

① 来源于最高人民法院院长周强于2019年10月23日在第十三届全国人大常委会第十四会议上所作的《关于加强刑事审判工作情况的报告》。

简案难以分流。

2. 庭审自愿性审查流于形式问题

一是适用速裁程序审理案件，庭审时间较短，多为集中审理，可能会出现对事实、证据审查流于形式的情况。二是自愿性审查不足，目前的审查方式稍显简单，仅仅口头讯问被告人"是否自愿认罪认罚"，在审前告知不充分、值班律师提供实质法律帮助有限的情况下，庭审自愿性审查难以起到最后把关作用。

3. 认罪认罚案件上诉、抗诉的处理缺乏规范指引，影响个案处理的社会效果

上诉权是被告人的法定权利，不因对其适用认罪认罚从宽制度而丧失或受到限制。但是，认罪认罚从宽制度的重要价值之一即被告人让渡部分程序性权利获得实体从宽的量刑优惠，以提高诉讼效率，解决司法资源紧张的矛盾。被告人上诉一定程度上会影响诉讼效率，实践中，被告人上诉，检察院即抗诉的情况时有发生，二审直接加重处罚，或者发回重审撤销量刑优惠的做法均有，一定意义上损害了司法的权威和公信力，亟待规范指引。

4. 有的裁判文书说理欠充分

随机抽查发现，认罪认罚案件判决书的"法院认为"部分似显简单，是否适用认罪认罚从宽制度、量刑建议的具体内容以及是否采纳、不采纳的理由等均无从得知。

## 四、人民法院要立足职能定位依法履行好法律赋予的职责

认罪认罚从宽制度中的量刑协商机制，并未改判刑事诉讼中的权力配置，公检法三机关分工负责、互相配合、互相制约的关系没有改变，以审判为中心的刑事诉讼制度改革方向和目标并未改变。因此，人民法院应立足职能定位，履行好审判职责，确保认罪认罚案件的质量。

### （一）程序审查方面

1. 把好庭前审查关

对于检察机关提起公诉的认罪认罚案件，人民法院应审查是否符合认罪认罚从宽制度的适用条件，不符合适用条件的案件，决定不适用认罪认罚从宽制度，通知检察院重新起诉转为普通案件审理。

2. 尝试利用庭前会议审查确认认罪认罚的自愿性

在现行法律框架下，建议可以在中级人民法院的一审案件中尝试利用庭前会议制度，审查认罪认罚的自愿性以及有无事实基础，庭前发现不符合适用条件的案件需要转程序的，及时转程序处理，为审判程序的顺利进行奠定基础。

3. 探索法院启动认罪认罚程序

认罪认罚从宽制度适用于侦查、审查起诉和审判各个诉讼阶段，但是法院如何启动适用程序法律并没有明确规定。我们建议，审判阶段法院认为符合认罪认罚条件可以启动认罪认罚程序的，听取被告人对程序适用的意见后，通知检察机关及辩护人，并在庭审中就被告人认罪认罚的情节对案件处理及量刑的影响听取控辩双方意见，综合案件情

况依法作出判决，从宽处罚的在判决书中写明依据。

4. 明确量刑建议的采纳是附条件的

刑事诉讼法和《指导意见》规定了认罪认罚案件量刑建议的效力，从正反两个方面明确了采纳量刑建议的条件。考虑到认罪认罚案件量刑建议是控辩双方依法达成的合意，法院不采纳量刑建议的，应当做好以下工作：第一，量刑建议明显不当的，应当根据刑事诉讼法第二百零一条第二款的规定，告知检察机关给予调整的机会。告知的方式以便捷高效，留痕备查为原则，书面或者口头均可，告知时要说明法院认为量刑建议不当的理由，并给出调整期限。检察院不调整或者逾期不答复的，则依法作出判决。同时，量刑建议调整应以必要为原则，避免造成"速裁不速""简易不简"。第二，未采纳量刑建议应当说明理由和依据，裁判文书中应将量刑建议中的刑种、刑期、理由等内容列明。

5. 优化简案快审机制，完善专业团队建设

目前，大多数法院都已经建立案件繁简分流通道，案件分流之后要切实达到简案快审的目标，还需完善队伍建设，改进工作方式。我们建议：一是下放审判权限，落实速裁案件独任法官签发制度，减少审批环节；二是进一步疏通案件从侦查、审查起诉到审判的通道，缩短案件在途时间；三是根据各地案件数量和人力构成组建专门的审判团队或者是轮岗方式指定专人审理，可以工作时间为标准，细分阅卷、开庭、文书写作时间，来计算案件工作量，用以确定其他案件、认罪认罚案件简易程序、认罪认罚案件普通程序、速裁案件的折算比例，发挥各类人员的积极性；四是明晰权责，放权的同时制定明确的错案追究制度，以基本事实、证据审查作为区分错案责任的红线，将责任追究限定于未及时将不宜适用制度的案件转换程序、未保障被告人程序权益，建立法官因"智知水平"而处理不当的责任豁免机制。

(二) 实质审查方面

1. 强化对案件的实质审查

适用认罪认罚从宽案件的证据标准仍然是"事实清楚，证据确实、充分"，与其他案件没有区别。因此，法官应把好事实和证据关，切实防范冤错案件的发生。

2. 强化对被告人自愿性的审查

法官应当将认罪认罚自愿性的审查，作为认罪认罚案件的庭审重点。首先，要确认明知性，当庭询问被告人办案机关是否充分履行了权利告知义务，被告人是否明确知道行为性质、罪名、刑罚，认罪认罚的法律后果；其次，要确认自愿性，当庭询问认罪认罚有无受到威胁、利诱、欺骗，是否存在未公开的允诺等；最后，要确认是否获得法律帮助，当庭询问有无值班律师，是否有切实提供法律帮助等。

3. 坚持对事实认定、法律适用、量刑的终局裁判权

定罪量刑是审判权的核心内容，认罪认罚制度并没有改变刑事诉讼中的权力配置，人民法院依法独立行使审判权仍是基本原则，不能动摇。认罪认罚案件虽然可以简化庭审举证、质证程序，但是案件事实认定、证据采信、适用法律以及量刑建议审查都必须经过开庭审理，由法院审判后最终决定。

4. 探索被告人反悔上诉之解决路径

从维护认罪认罚从宽制度的稳定性和保障被告人上诉权之间作价值权衡。首先，要尊重被告人的上诉权，上诉权是被告人依法享有的重要诉讼权利。其次，区分被告人上诉的具体情形，全面审查后依法作出裁判。上诉理由正当的予以支持，上诉理由不正当的驳回上诉维持原判。对于检察机关提出的针对性抗诉，二审法院仍应坚持全面审查和全面审理原则，并依法作出裁判。抗诉理由成立，一审裁判确有错误的应予支持；一审裁判没有错误，抗诉理由不成立的，不予支持。

## 结　　语

我国现阶段犯罪结构已经发生了变化，轻罪案件占全部刑事案件的 80% 以上，案多人少矛盾突出，认罪认罚从宽制度是适应犯罪结构变化和新时代人民群众对公平正义更高要求的重大刑事司法改革。落实好认罪认罚从宽制度，发挥好制度的应有作用，是司法机关应尽之职责。广东法院会在坚持宽严相济刑事政策、罪责刑相适应原则以及证据裁判原则的前提下，进一步总结经验，确保认罪认罚从宽制度的全面有效实施。

# 青岛法院认罪认罚从宽制度实施调研报告

山东省青岛市中级人民法院课题组[*]

认罪认罚从宽制度实施以来，山东省青岛市中级人民法院（以下简称青岛中院）课题组对制度的实施情况进行了深入调研，现将调研情况报告如下。

## 一、青岛法院认罪认罚从宽制度试点与实施情况对比

2016年12月至2018年10月试点期间，青岛十个基层法院适用认罪认罚从宽制度办理刑事案件10023件，涉案被告人11073人，占同期审结的全部刑事案件总数的62.94%，占三年以下刑事案件的76.33%。其中适用速裁程序审结的案件7595件，占75.77%，适用简易程序审结的案件1430件，占14.27%，适用普通程序审结的案件998件，占9.96%。10天内审结的案件占60%，平均审理周期缩短为7天。判处缓刑、管制、单处罚金等非监禁刑4328人、免予刑事处罚70人，适用率为39.71%，比试点改革前提升约10个百分点；判处拘役3106人，占28.05%，判处三年以下有期徒刑3397人，占30.68%，判处三年有期徒刑以上刑罚173人，占1.56%。审结案件中，被告人上诉92件，上诉率为0.92%；检察机关抗诉9件，抗诉率为0.09%。

从以上数据看，以被告人是否认罪认罚对刑事案件进行繁简分流的功能显现，六成以上刑事案件通过适用认罪认罚从宽制度快速处理，诉讼效率明显提升，同时，落实从宽的效果显著，基本上实现了认罪认罚案件程序上从简、实体上从宽的目标，进而实现了对刑事诉讼结构再造与诉讼资源的重新配置。

认罪认罚从宽制度实施后，自2018年11月至2019年12月，青岛十个基层法院适用认罪认罚从宽制度办理刑事案件8194件，涉案被告人9131人，占同期审结的全部刑事案件总数的69.99%。其中，适用速裁程序审结案件5013件，占61.18%；适用简易程序审结案件1454件，占17.74%；适用普通程序审结案件为1727件，占21.08%。判处缓刑、管制、单处罚金等非监禁刑及免予刑事处罚3482人，占38.14%；判处拘役2536人，占27.77%；判处三年以下有期徒刑2889人，占31.64%；判处三年有期徒刑以上刑罚224

---

[*] 课题组负责人：田孝民。课题组成员：田孝民，青岛市中级人民法院党组副书记、副院长；牛传勇，青岛市中级人民法院刑一庭原副庭长，现青岛大学副教授；李政，青岛市中级人民法院刑二庭副庭长；岳峰婷，青岛市中级人民法院刑一庭四级高级法官；岳薇，青岛市中级人民法院刑一庭二级法官助理。执笔人：牛传勇、李政、岳峰婷、岳薇。

人，占 2.45%。审结案件中，被告人上诉 306 件，上诉率为 3.73%；检察机关抗诉 10 件，抗诉率为 0.12%。

经对试点与实施情况对比，我们发现以下几点。

第一，适用案件数量及适用程序均有变化。认罪认罚从宽制度实施后，案件适用率占比上升 7.05 个百分点（见表 1）。其中，适用速裁程序审结的案件比试点期间下降 14.59 个百分点，适用简易程序审结的案件比试点期间上升 3.47 个百分点，适用普通程序审结的案件比试点期间上升 11.12 个百分点（见图 1）。

表 1  认罪认罚案件适用比例

| 时间 | 全部刑事案件 | 认罪认罚案件 | 占比 |
| --- | --- | --- | --- |
| 2016.12~2018.10 | 15925 件 | 10023 件 | 62.9% |
| 2018.11~2019.12 | 11708 件 | 8194 件 | 69.95% |

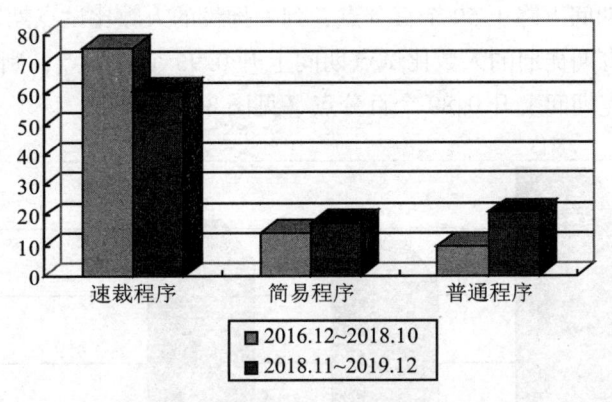

图 1  认罪认罚案件适用程序

第二，20 天内审结的案件占比下降，20 天至 1 个月审结的案件占比上升。试点期间，10 天内审结的案件约占了 60%，认罪认罚从宽制度实施后，10 天以内审结的案件比试点期间下降 4.14 个百分点；11 天至 15 天内审结的案件比试点期间下降 2.91 个百分点；16 天至 20 天内审结的案件比试点期间下降 0.7 个百分点；21 天至 1 个月内审结的案件比试点期间上升 2.29 个百分点；超过 1 个月审结的案件比试点期间上升 5.47 个百分点（见图 2）。

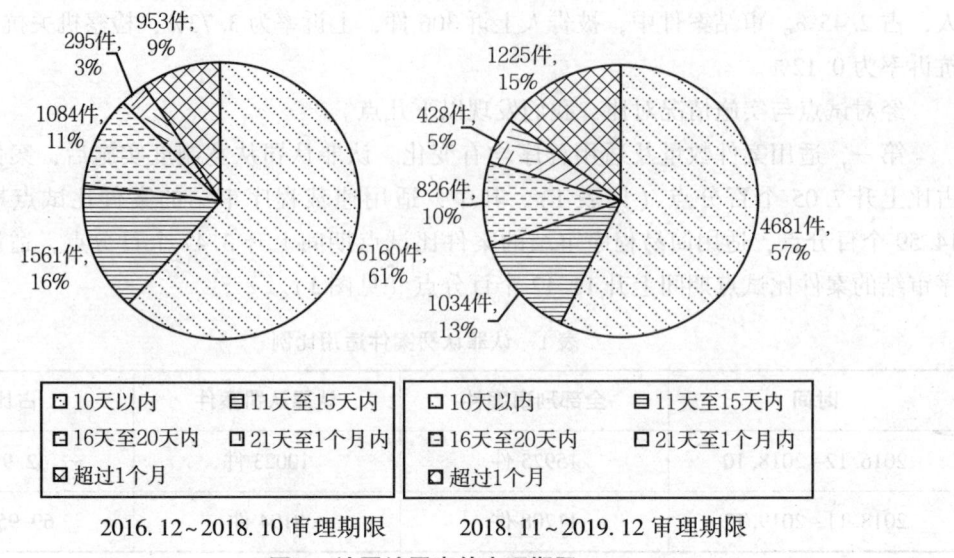

图 2 认罪认罚案件审理期限

第三，量刑情况的变化。认罪认罚从宽制度实施后，判处非监禁刑（含免予刑事处罚）的人数比试点期间下降 1.59 个百分点，判处拘役的人数比试点期间下降 0.28 个百分点，判处三年以下有期徒刑的人数比试点期间上升 0.96 个百分点，判处三年有期徒刑以上刑罚的人数比试点期间上升 0.89 个百分点（见图 3）。

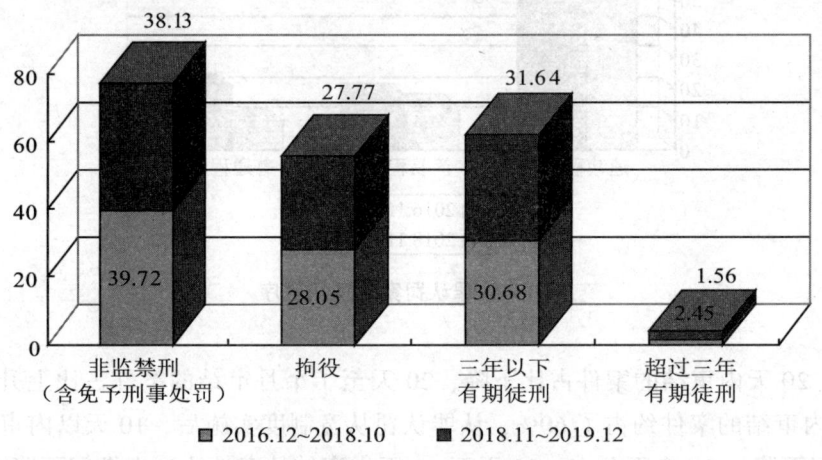

图 3 认罪认罚案件量刑情况

第四，上诉、抗诉情况。认罪认罚从宽制度实施后，认罪认罚案件被告人上诉率上升 2.81 个百分点，抗诉率上升 0.03 个百分点（见表 2）。

表 2 认罪认罚案件上诉、抗诉情况

| 时间 | 上诉案件 | 占比 | 抗诉案件 | 占比 |
| --- | --- | --- | --- | --- |
| 2016.12~2018.10 | 92 件 | 0.92% | 9 件 | 0.09% |
| 2018.11~2019.12 | 306 件 | 3.73% | 10 件 | 0.12% |

总体看来，认罪认罚从宽制度实施后，案件适用比例有所增加，可见立法对制度的适用具有推动作用；适用程序结构发生变化，速裁程序占比有一定下降，而简易程序、普通程序占比有所增加，表明立法之后认罪认罚从宽制度从试点时的简易案件为主转而向相对复杂案件稳步深入推进。随着适用案件范围的变化，导致案件平均审理期限增长，超过20天审结的案件占比有所增加，判处有期徒刑人数占比上升；案件服判息诉率有所降低，被告人上诉率上升，调研发现主要原因在于个别法院上诉比例大幅增加，与该辖区法律援助情况及案后释法工作有一定关系。

## 二、认罪认罚从宽制度实施中的问题与建议

认罪认罚从宽制度是在刑事诉讼中从实体上和程序上鼓励、引导、保障确实有罪的犯罪嫌疑人、被告人自愿认罪认罚并予以从宽处理、处罚的一系列法律制度、诉讼程序组成的法律制度总和。① 认罪认罚从宽制度的实施贯穿侦查、起诉、审判全过程，涉及公安、检察、审判、司法行政等多部门，关涉诉讼理念更新和诉讼模式变化，给理论研究和实践操作都带来了一定的挑战。从法院审查角度看，当前运行中主要存在确定刑量刑协商不充分、量刑建议不准确、量刑建议的调整、法院适用操作缺乏能动性与灵活性、实体从宽认识存在误区与速裁程序适用存在障碍等几个方面的问题。

（一）确定刑量刑建议的适当化问题

1. 问题

《最高人民法院、最高人民检察院、公安部、国家安全部、司法部关于适用认罪认罚从宽制度的指导意见》（以下简称《指导意见》）第33条规定，办理认罪认罚案件，人民检察院一般应当提出确定刑量刑建议。对此，理论与实践界从量刑规律和量刑复杂性角度对确定刑量刑建议的功能提出过质疑。实践中，我们面临的切实问题是：部分量刑建议不够精准，有的检察机关在提出量刑建议时，未对所有量刑情节予以确定，比如，退赃退赔、罚金保证金缴纳、赔偿谅解等，而径行提出确定刑量刑建议，违背基本的处断逻辑；同时，检察机关在提出确定刑量刑建议时，未能全面考量在案的量刑情节，普遍存在说明理由不充分；有的案件未能充分参量同地域类案甚至同案犯的量刑平衡，从宽尺度把握不一，导致部分案件未能实现一审案结事了，浪费司法资源。如青岛地区认罪认罚案件，有的被告人上诉是希望判处缓刑，或希望二审与被害人达成赔偿谅解从而获得更为从轻的处罚，引起此类上诉的原因可能是检察机关在提出量刑建议前没有把工作做实做细，或未进行社区调查或未组织当事人进行调解，以致量刑建议粗糙，刑罚执行方式不明确，致使被告人缺乏明确量刑预期的情形下认罪认罚后仍选择上诉。

2. 建议

我们认为，检察机关提出量刑建议前，应当把工作做实做细，应当区分案件性质，对于法官独任审判、量刑建议有把握的案件，可以提出确定刑量刑建议，但对于新类型、

---

① 顾永忠、肖沛权：《"完善认罪认罚从宽制度"的亲历观察与思考、建议——基于福清市等地刑事速裁程序中认罪认罚从宽制度的调研》，载《法治研究》2017年第1期。

不常见犯罪案件，合议庭审判的较为复杂的案件，以提出幅度刑量刑建议为宜。以往，检察机关起诉重点在于定罪，对于量刑通常不提明确意见，即使在认罪认罚从宽制度试点期间，青岛地区检察机关也以提出幅度刑量刑建议为主。毋庸置疑，幅度刑量刑建议符合量刑规律，也便于法院应对庭审量刑情节、因素变化，准确裁量刑罚。当然，精准量刑建议有利于被告人产生合理预期，增强认罪认罚从宽制度适用的稳定性；也有利于减少法官的工作量，提高审判质效。因此，检察机关应当视案件具体情形决定提出何种量刑建议。拟提出确定刑量刑建议的，不仅应当明确既定在案证据所证实的相关法定和酌定情节，如自首、立功、前科等，还应当在听取被害人意见的基础上，对刑事和解与否、是否赔偿谅解、有无退赃退赔、是否预交财产刑保证金等情节予以确定，进而在确定所有量刑情节的基础上，形成确定刑量刑建议。此外，检察机关提出确定刑量刑建议，应当按照量刑规范化的要求，对形成量刑建议的考量情节以及各情节的考量权重予以详尽说明，便于法官审查采纳。

（二）量刑协商问题

1. 问题

从修改后的刑事诉讼法第一百七十三条、第一百七十四条的规定看，认罪认罚案件中检察机关提出的量刑建议，应当建立在听取犯罪嫌疑人及其辩护人或者值班律师意见基础上，被追诉人通过选择认罪认罚，甚至放弃部分诉讼权利以换取程序和量刑上的从宽，检察机关因被追诉人的"合作"减轻了证明的难度，会对被追诉人从宽处理。从顶层设计看，刑事诉讼法所规定的"听取意见"不是单方听取意见，而是双向性的互动协商。① 目前实践中存在的问题是：检察机关提出量刑建议，被告人被动选择同意与否，缺乏实质性协商，协商不充分。

这一问题可从被告人宣判后上诉的情况看出。以青岛地区 2018 年 11 月至 2019 年 4 月半年内审结的认罪认罚上诉案件为例：共计审结 39 件认罪认罚上诉案件，涉及 43 名上诉人。因量刑过重提出上诉的 31 人，占总上诉人数的 72.1%。其中，上诉人自愿撤回上诉的 17 人；请求判处缓刑的 4 人；希望二审达成赔偿谅解的 2 人；其余 8 人认为量刑过重，希望二审获得更为从轻的处罚。因对事实有异议提出上诉的 8 人，占总上诉人数的 18.6%。其中，请求宣告无罪的 3 人，其余 5 人分别以系立功、未持械、系居间介绍、系被害人过错及事实不清为由提出上诉。另有 4 人因对一审判决认定的罪名有异议而提出上诉（见表3、表4）。

表3 青岛地区 2018 年 11 月至 2019 年 4 月审结的认罪认罚上诉案件理由

|  | 量刑过重 | 对事实有异议 | 对罪名有异议 |
| --- | --- | --- | --- |
| 数量 | 31 件 | 8 件 | 4 件 |
| 占比 | 72.1% | 18.6% | 9.3% |

---

① 胡云腾主编：《认罪认罚从宽制度的理解与适用》，人民法院出版社2018年版，第27页。

表4 表3中量刑过重上诉案件具体理由

| | 自愿撤回上诉 | 请求判处缓刑 | 希望达成赔偿谅解 | 其他希望从轻处罚 |
|---|---|---|---|---|
| 数量 | 17件 | 4件 | 2件 | 8件 |
| 占比 | 54.84% | 12.9% | 6.45% | 25.81% |

综上可见,约3/4上诉人的上诉原因系量刑问题。其中又有1/2以上的上诉人在上诉期限届满后申请撤回上诉,均系为留所执行,这一部分上诉人对量刑协商的结果是满意的。但分析余下约1/2上诉人的上诉理由可见,对于一审判决采纳了检察机关量刑建议的,上诉人在宣判后选择上诉并坚持让二审法院再行裁决,究其原因多在于量刑协商不充分,被告人表态性认罪认罚,对判处刑罚的后果没有在内心形成充分认可。

目前,造成量刑协商不充分的主要原因有两个:一是检察机关从思想观念上尚未适应与被告人协商量刑,在被告人面前仍保持原有强势地位和心理,协商意识还未完全到位。同时,协商缺乏具体的操作机制,导致协商过程相对虚化和随意。二是犯罪嫌疑人缺少有效法律帮助。犯罪嫌疑人本身的法律知识有限,对认罪认罚的后果理解可能出现误差,对自己的行为量刑幅度仅能进行简单的诉求表达,无法从法律层面提出更有利于自己的量刑意见,也无法收集证据证实自己具有的从轻情节。虽然认罪认罚案件要求有值班律师提供法律帮助,修改后的刑事诉讼法以及《指导意见》根据值班律师履职内容和实际需要,也对值班律师的诉讼权利作出较为完备的规定,但实践中,大多是办案单位申请值班律师参与,在办案人在场的情况下会见犯罪嫌疑人、被告人,了解案情、提供法律咨询,值班律师通过办案单位的起诉书等单一文书了解案情,没有进行阅卷,对案件及犯罪嫌疑人本人没有过多的了解,提供的法律帮助只能流于形式,限于表面化,很难有效参与量刑协商。

2. 建议

我们认为,要解决量刑协商不充分的问题,可从以下两个方面考虑:一是可以建立证据开示制度和量刑规范公开制度,在向犯罪嫌疑人、被告人提出量刑建议的同时,向犯罪嫌疑人、被告人、值班律师公开证据材料,既为量刑协商提供依据,又促使犯罪嫌疑人、被告人明智抉择。二是建立分步多轮协商制度,证据开示之后,给犯罪嫌疑人、被告人与其辩护人一个独立空间进行协商,在他们取得一致意见之后再与检察官协商。若有必要则再重复上述协商步骤。协商过程中必须允许犯罪嫌疑人、被告人充分表达意见,不得威胁或利诱,亦不得违背量刑规范化要求迁就犯罪嫌疑人、被告人。在充分证据开示、法律阐释的基础上,最终使量刑建议成为双方合意,并为犯罪嫌疑人、被告人充分理解和认可。

(三) 量刑建议调整问题

1. 问题

法院对于检察机关提出的量刑建议,应进行实质审查,并不是照单全收、简单的采纳。刑事诉讼法第二百零一条第二款规定了量刑建议调整的情形以及法院的径行判决。

《指导意见》第41条规定：人民法院经审理，认为量刑建议明显不当，或者被告人、辩护人对量刑建议有异议且有理有据的，人民法院应当告知人民检察院，人民检察院可以调整量刑建议。胡云腾大法官对此也有解读："发现量刑建议存在明显违反罪责刑相适应原则、违反类案同判和法律统一适用、背离司法公正或者人民群众公平正义观念、违背一般司法认知等明显不当情形的，要告知人民检察院调整量刑建议并说明理由。"①

关于量刑建议的调整，实践中暴露出有的法官和检察官对于调整量刑建议的情形和如何调整量刑建议缺乏把握。例如，王某某贩卖毒品一案②，一审中，王某某认罪认罚，检察机关建议判处有期徒刑六个月至十个月，但指控事实中并未确认被告人存在自首情节。庭审过程中，王某某辩护人提出王某某系自首，检察机关当庭予以认可，但并未根据新确认的新情节发表量刑意见，也未对量刑建议作出调整，法院亦未建议检察机关调整，直接在建议幅度内取最高值，判处王某某有期徒刑十个月。宣判后，王某某上诉，主要上诉理由为其系自首，检察机关提出量刑建议时未考虑其自首情节，一审判决量刑虽在量刑建议幅度内，但未考虑其自首情节，取建议刑罚的最高值判刑不当。本案虽是个案，但所暴露的关于量刑建议调整的问题具有可探讨性。

2. 建议

就青岛地区而言，法院对于检察机关的量刑建议的采纳率较高，法检之间以配合为主。（具体量刑建议调整流程见图4）

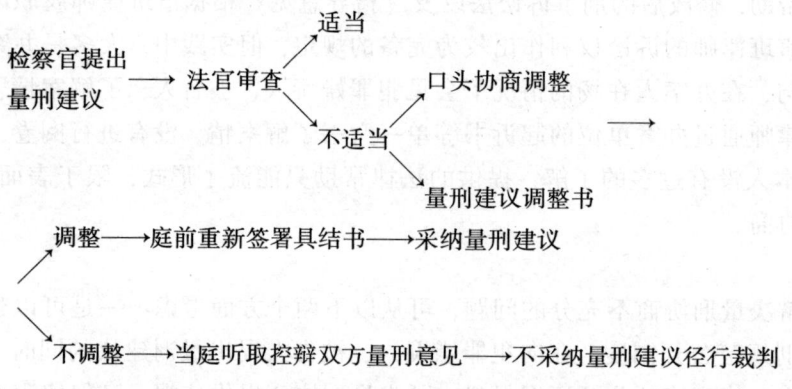

**图4 量刑建议调整流程**

通过总结经验，我们认为，量刑建议调整应当严格依法进行，非法定情形，检察机关无权调整量刑建议；具备法定情形，检察机关调整量刑建议的，应当简便易行，避免程序烦琐；不调整量刑建议的，庭审应注重听取控辩双方意见，法院依法作出判决的，应当在裁判文书中说明不采纳量刑建议的理由。办案法官应当灵活把握量刑建议调整方式，庭前发现量刑建议明显不当的，可口头告知，说明调整的理由，开庭前由公诉人与被告人重新签署具结书，由检察机关重新提交量刑建议；需要当庭调整的，在庭审阶段引导控辩双方对量刑问题充分发表意见，直接记入庭审笔录而径行裁决，不需要另行签

---

① 胡云腾：《正确把握认罪认罚从宽 保证严格公正高效司法》，载《人民法院报》2019年10月24日。
② 参见山东省青岛市中级人民法院（2018）鲁02刑终265号刑事判决书。

署具结书增加讼累。在量刑建议调整的把握上，既要避免因为径行裁判致检察机关抗诉，造成司法资源浪费，也要避免因为量刑建议调整影响正常的审判秩序。但必须明确的是，根据刑事诉讼法的规定，量刑建议调整不是审判过程的必经程序，二审不能仅因一审未进行量刑建议调整而认为存在程序违法，发回重审。

（四）审判阶段适用认罪认罚问题

1. 问题

审判实践中，绝大多数认罪认罚案件被告人在侦查阶段或审查起诉阶段已认罪，但也存在个别被告人是到审判阶段甚至到了法庭上才表示认罪认罚，亦有个别被告人在二审阶段才认罪认罚，这就存在审判阶段如何启动并适用认罪认罚从宽制度的问题。在《指导意见》发布之前，针对审判阶段认罪认罚的，青岛市两级法院开展了多向探索。有的法院进行程序上的倒转，将案件退回检察机关作进一步审查并进行量刑协商；有的法院让被告人与检察官进行庭前或当庭协商，直接审理后依法作出判决。对二审阶段表示认罪认罚的，有的案件径行予以从宽处罚；有的法官则认为一审证据开示后并作出判决，被告人已经失去了认罪认罚的客观条件，因此，二审不予适用认罪认罚从宽制度。2019年最高人民法院、最高人民检察院、公安部、国家安全部、司法部出台《指导意见》，明确审判阶段被告人当庭认罪认罚的，法院根据审理查明的事实，就定罪和量刑听取控辩双方意见，依法作出裁判。这就意味着，法院在认罪认罚从宽制度适用上应实现能动与灵活性，而不是被动、机械地适用。但是审判阶段的开庭前、二审中法官分别如何主动启动适用认罪认罚从宽制度，被告人的诉讼权利如何保障等问题还存在部分争议。

2. 建议

比较域外的刑事司法制度，德国狭义的认罪协商发生在审判程序之中，主导协商的是法官，即法官与诉讼参与人进行协商。法官不仅可以启动协商，还可在对案件所有情况及综合量刑考量进行自由评价后，提出刑罚的上限及下限。[①] 2019年3月，在最高人民法院于青岛召开的中英认罪认罚从宽制度研讨会上，英国与会法官也提到在英国对于审判阶段被告人认罪的，英国使用的量刑系统与美国的辩诉交易系统不同。英国的量刑权在法官，检察官没有量刑建议权，也不存在控辩双方就量刑达成协议。法官可以根据具体犯罪的量刑指南和判例，考虑被告人认罪的诉讼阶段径行依法判决。[②] 我们认为，认罪认罚从宽制度的核心价值之一在于实现公正与效率的统一和平衡。为此，被告人在审判阶段认罪认罚的，无论是开庭前、庭审中，也无论是否有辩护律师在场，都不应拘泥于检察官与被告人的量刑协商场所与时间，都不需要再作程序回转进行量刑协商，追求所谓的程序完整。应充分发挥法官对庭审和诉讼程序的主导权，把握认罪认罚从宽制度的灵魂和实质，灵活而迅速地处理案件。

---

[①] 卞建林、谢澍：《职权主义诉讼模式中的认罪认罚从宽——以中德刑事司法理论与实践为线索》，载《比较法研究》2018年第3期。

[②] 杨立新等：《最高人民法院认罪认罚从宽制度考察团赴英考察报告》（2019年1月）。

### (五) 实体"从宽"问题

认罪认罚从宽制度应全面贯彻宽严相济刑事政策要求,坚持罪责刑相适应原则,从实体量刑上依法体现"从宽",充分发挥制度的引领作用。

#### 1. 问题

审判实践中,部分审判人员未充分认识到认罪认罚案件中"从宽"量刑的司法意义,甚至对检察机关行使量刑建议权怀有偏见,在量刑裁决时侧重于审查量刑建议的准确性。有的案件甚至超越检察机关量刑建议幅度从严判处刑罚,扮演了控诉角色,导致被告人上诉和检察机关抗诉。比如,某法院在一起危险驾驶犯罪案件中未采纳检察机关的量刑建议:检察机关建议拘役二个月十五日,并处罚金人民币六千元,法院判处拘役三个月十日,并处罚金人民币八千元的刑罚。最终引起检察机关抗诉,二审支持了抗诉意见。此案虽是个案,但具有一定的代表性。这种超越量刑建议从重量刑的做法原因是多方面的,既有法官个人对犯罪的认识、形成的司法理念及适用法律的技术性操作能力等因素,更重要的是体现在对认罪认罚从宽制度理解的不到位和偏差上:在量刑问题上,纠结于精准量刑,生怕被告人"占了便宜",放纵了犯罪;在审判与公诉关系问题上,对公诉机关与被告人量刑协商达成量刑建议的合意性认识不足,尊重不够,惩罚性司法向恢复性司法转变的诉讼理念还没有完全确立。

#### 2. 建议

我们认为,认罪认罚案件的从宽是一般"应当"从宽,即没有特殊理由的,都应当体现法律规定和政策精神,从宽处罚。刑罚的轻重必须符合国情,必须适应时代的价值观念。宽严相济刑事政策作为我国的基本刑事政策,是在处理犯罪行为时将严惩不贷和宽大处理相结合的刑事政策的传承和发展,是一种理性的选择。[①] 我国宽严相济的刑事政策由来已久,从春秋战国时期孔子"宽猛相济"的儒家思想,到中华人民共和国成立初期的"镇压与宽大相结合的政策",再到1979年刑法总则将"惩办与宽大相结合"确定为基本准则,都存在着宽严的区别,目的就是对严重性程度不同的犯罪予以严厉性程度不等的刑罚处罚,由此而使刑罚产生预防犯罪的作用。[②] 2006年,宽严相济作为基本刑事政策被正式提出,[③] 强调在充分尊重罪刑相适应的基础上,根据个案的具体情节确定适用的刑罚。从以上历史发展脉络,尤其是中华人民共和国成立以来刑事政策的发展变化历程看,我国的刑事政策从着重强调"严",以镇压、惩办为主基调,到"区别对待,该宽则宽,当严则严,宽严相济,罚当其罪"的发展,既符合中国社会历史发展的进程,体现了社会的发展与进步,也符合世界刑法理念发展的历史趋势。而认罪认罚从宽制度作为宽严相济形势政策的具体体现和发展,以被追诉人认罪认罚,同国家和被害人和解为基准,将宽缓用刑单独予以制度化和系统化,蕴含着刑罚轻缓化的内在要求。因此,对

---

[①] 罗刚:《宽严相济刑事政策研究》,载《法制与社会》2014年第7期。
[②] 参见陈兴良:《宽严相济刑事政策》,中国人民大学出版社2007年版。
[③] 2005年12月,在全国政法工作会议上,中共中央政治局常委、政法委书记罗干首次提出宽严相济刑事政策,2006年10月中共十六届六中全会通过的《中共中央关于构建社会主义和谐社会若干重大问题的决定》将宽严相济作为基本刑事政策提出。

于认罪认罚的被告人，在坚持罪责刑相适应、坚持证据裁判的基础上，量刑时一般"应当"从宽考虑，兑现政策，从而彻底改变"坦白从宽、牢底坐穿"的乱象，推动我国刑事司法文明。

（六）程序"从简"问题

1. 问题

认罪认罚从宽制度的适用，承担着推进案件繁简分流、轻重分离和快慢分道的功能。青岛作为刑事案件速裁程序和认罪认罚从宽制度试点地区，一直致力于扩大速裁程序在认罪认罚案件中的适用，以优化司法资源配置，实现司法效率的提高。青岛基层法院适用认罪认罚案件占同期审结的全部刑事案件总数的69.99%，其中适用速裁程序审结的案件比率为61.18%，占全部刑事案件的40%以上，对于案件分流，简案快速办理，提升诉讼效率发挥了重要作用，速裁程序的适用率走在全国前列。但是，目前速裁程序适用仍存在两个制约因素：一是拟对被告人判处缓刑的部分案件，判前社会调查影响办案效率。判前社会调查耗费时间过长，使得案件无法在速裁审限内审结。二是速裁程序审限短而缺乏必要的弹性。实践中，被告人自始认罪、案情简单的部分案件，因调解赔偿等原因无法在速裁程序审限内完成，此时转简易或普通程序审理必然会消耗不必要的审判资源。《指导意见》虽明确司法行政机关出具的社会调查评估意见是判处管制或缓刑的重要参考，并指出判前未委托社会调查评估或未收到调查评估报告的认罪认罚案件，人民法院认为符合适用条件的，可以判处管制、宣告缓刑，亦可在判前自行调查。但实践中，因涉及判后与社区矫正机构的执行交接、法官执业风险等因素，法院为提升审判质效而跨越社区矫正机构的调查评估程序径行处置的顾虑较多。

2. 建议

第一，关于判前社会调查问题。我们认为对于审判时未采取羁押性强制措施的过失犯、初犯、偶犯，涉嫌危险驾驶犯罪等人身危险性较低的被告人，可考虑明确规定"不须进行判前社会调查"。因为此类人员的人身危险性要么在选择非羁押性强制措施时已经评估，要么其人身危险性不证自明，无须调查。对此青岛市法检认罪认罚从宽制度联席会议已予明确肯定，并在实践中启动检验。第二，关于速裁审判期限短制约案件适用率的问题。刑事诉讼法规定，适用速裁程序审理的案件，法院应当在受理后十日内审结，对可能判处有期徒刑超过一年的，可以延长至十五日。实践中，许多轻罪案件，案情简单，证据确实、充分，被告人认罪认罚，但是案件类型是涉邻里纠纷的轻伤害、情节较轻的盗窃等，需要听取被害人意见，促进和解、调解以及退赃、退赔等。刑事诉讼法规定审限延长至十五日的情况仅限定于被告人可能判处有期徒刑超过一年的，不足以释放可适用速裁程序案件的空间。建议可参考刑事诉讼法第二百零八条第一款对普通程序一审审限的立法模式，规定"速裁案件应当在法院受理后十日内审结，至迟不得超过十五日"的审判期限，解决因审限规定不合理而影响速裁程序适用的现状。

## 结 语

认罪认罚从宽制度从试点走向立法,标志着首个刑事司法领域的"试验性立法"获得成功,是我国刑事诉讼法发展史上的一件大事,既体现了刑事司法理念的进一步发展与转变,同时又推进和实现了刑事诉讼模式的转变,对于推进刑事司法领域的人权保障和在更高层次上实现公正与效率的统一具有举足轻重的作用。我们要深刻认识认罪认罚从宽制度化的时代背景,把握认罪认罚从宽制度的价值蕴含,落实好认罪认罚从宽制度,推进刑事司法的进步。

# 认罪认罚从宽改革的集美模式
## ——践行"认罪越早、从宽越多"理念，寻找认罪认罚从宽制度落地见效的钥匙

**福建省厦门市集美区人民法院**

2016年9月，全国人大常委会授权最高人民法院、最高人民检察院、公安部、国家安全部、司法部在部分地区开展刑事案件认罪认罚从宽改革的试点工作，福建省厦门市集美区人民法院（以下简称集美法院）作为试点单位，紧紧依靠党委领导，与公安、检察、司法行政机关等单位紧密配合，克服单位本位主义，明确改革目标，探索改革方向，共同推进改革的顺利开展，取得一定的成效。2018年10月，修改后的刑事诉讼法总结试点经验，将认罪认罚从宽制度确立为刑事诉讼法的基本原则。此后，认罪认罚从宽制度在厦门集美地区运行顺畅，在优化司法资源配置、及时有效惩治犯罪、提升刑事诉讼效率、化解社会矛盾等方面取得了积极成效。认罪认罚从宽制度从试点到实施过程中，集美地区克服了困难，也因此积累了可资借鉴的经验。

## 一、影响认罪认罚从宽制度实施的难点问题

认罪认罚从宽制度，是一项系统性、整体性很强的大工程，如何着手进行探索改革，既没有详备的程序制度可资遵循，也缺乏丰富的操作经验可供支撑，因此，试点之初，部分试点地区有畏难情绪，进展缓慢，主要存在以下问题。

（1）有些法院认为案多人少的矛盾尚未解决，试点改革增加了新的工作压力，因此改革停滞不前。

（2）司法机关各司其职、形成合力的局面没有打开。有些地区的公安机关认为改革是检法两家的事，与公安机关没有关系，参与度较低。

（3）部分行为人对实施多年的坦白从宽政策已产生"免疫力"，要提升认罪认罚从宽的制度感召力要有新的方法和举措。

## 二、认罪认罚从宽改革的集美模式

正确实施一项法律制度，应当全面准确认识把握该项制度的全部内容和价值取向。在试点改革过程中，集美法院紧紧围绕制度的核心，以"实体如何从宽""程序如何从简""认罪教育如何开展"这三条主线为切入点进行探索实践。

## (一) 实体从宽,鼓励真正的犯罪嫌疑人、被告人尽早认罪

量刑减让层级不明显,体现不出激励作用,则难以吸引行为人认罪。认罪认罚从宽制度的难题之一,就是如何设定合适的从宽机制以鼓励真正的犯罪嫌疑人、被告人尽早认罪。据此,集美法院对制度进行深入思考之后,创造性提出"认罪越早、从宽越多"理念,并建立相配套的制度确保该理念得以实现。

1. 设立配套的"3-2-1"阶梯式从宽量刑机制

理念往往比较抽象空洞,如果缺乏配套的制度作支撑,在实践中将无法实施。为此,集美法院在试点改革时出台了与"认罪越早、从宽越多"理念相配套的"3-2-1"阶梯式从宽机制作为该理念的制度支撑,即根据犯罪嫌疑人、被告人认罪阶段不同,确定不同的从宽幅度,侦查阶段认罪可减少基准刑的30%,起诉阶段认罪可减少20%,审判阶段认罪可减少10%。该规定对从宽量刑的幅度进行了阶梯式设置,确保"早认罪、从宽多""晚认罪、从宽少""翻供不从宽"。阶梯式量刑机制并非另起炉灶式的创新,而是源于《最高人民法院关于常见犯罪的量刑指导意见》所确立的指导原则,既保持了与原有指导意见的衔接,也使小改革发挥了大作用,让"认罪越早、从宽越多"理念在司法实践中具有可操作性。

2. 明确告知程序

一是通过《认罪认罚从宽制度告知书》书面告知。为了让每一位行为人都能知晓"认罪越早、从宽越多"理念和从宽幅度,集美区公检法三机关共同制定了具有特色的《认罪认罚从宽制度告知书》,在告知其享有相关诉讼权利的同时,突出了"3-2-1"阶梯式从宽的内容。该告知书在侦查、起诉、审判各阶段均向行为人送达告知。侦查阶段,在第一次审讯时即向犯罪嫌疑人送达该告知书,让其尽早知晓阶梯式从宽的具体内容,引导其作出理智抉择。

二是通过值班律师告知。在试点期间,集美区在全市率先建立值班律师在公检法三机关全面驻点制度。值班律师在为嫌疑人和被告人提供法律咨询和法律帮助、在场见证签收告知书及签署具结书的同时,向其告知"认罪越早、从宽越多"理念和阶梯式从宽。实践证明,由值班律师告知,更容易被认同、接受。

3. 开展认罪教育

经过权利告知做前期铺垫,民警在审讯时再开展认罪教育工作,结合具体案例对嫌疑人讲解"认罪越早、从宽越多"理念和阶梯式从宽的具体内容。

在制度实施过程中,前面三个步骤都十分重要、缺一不可。理念的提出是从宽政策的保证,而告知是让行为人知晓制度的内涵,最后,通过认罪教育对其激励和引导。

## (二) 程序从简,合理配置司法资源

法律的生命重在施行。为了保证认罪认罚从宽制度的生命力,简化烦琐的程序势在必行。为此,集美政法各部门探索实践了以下做法。

1. 速裁案件集中开庭审理

速裁案件由于案件数量多、取保候审多、审限短,根据其特点,集美法院实行速裁案件集中开庭审理,平均每次集中10余个案件一起开庭,有时一次开庭20余个案件,绝大多数案件都当庭宣判。

2. 速裁案件取保候审手续简化

根据集美政法四部门的实施细则,公安机关已对嫌疑人采取取保候审、适用速裁程序审理的认罪认罚案件,检法两院受理后认为被告人符合取保候审条件且期限充分的,无须对被告人重新办理取保候审,可继续沿用公安机关原有的取保候审措施。

3. 速裁案件社会调查前置

办理速裁案件,检察院认为被告人有可能判处非监禁刑的,在审查起诉阶段启动调查评估,由检察院向被告人住所地司法局发函,司法局形成评估意见后向法检两院分别寄送。2017年至2019年三年间,集美检察院共发出社会调查函1144件1149人。

4. 速裁程序由检察院启动

试点改革三年间,集美检察院启动的速裁案件有2392件2467人。相较于法院自行启动,由检察院启动速裁程序减少了中间沟通协调,文来文往的时间消耗,保障了案件流畅审理。

(三)认罪教育,提升刑事侦查效率

实践中,大多数嫌疑人由于文化程度较低的原因,难以准确理解认罪认罚从宽制度。而"认罪越早、从宽越多"理念简单直白、通俗易懂,相配套的"3-2-1"阶梯式从宽,将从宽量刑转化为可视化、公式化、规范化的量刑标准,用百姓听得懂的语言表达法律,为开展审讯工作量身定做。试点期间,集美公安机关引入"认罪越早、从宽越多"理念及配套的"3-2-1"阶梯式从宽对嫌疑人开展认罪教育,通过权利告知充足化,确保真实认罪;通过从宽幅度递减化,确保尽早认罪。

在试点改革前,公安人员审讯嫌疑人基本靠的是消耗战,能主动认罪的嫌疑人极少,审讯效率不高;在试点改革的2017年、2018年两年间,公安机关在审讯时引入"认罪越早、从宽越多"理念开展认罪教育,期间共审讯了2878位嫌疑人,有1085人在认罪教育后的第一次讯问时,当即表示愿意认罪,第一次讯问认罪率为37.7%,审讯效率比以往有很大提升;在试点改革结束后的2019年,共审讯嫌疑人1588人,有872人在第一次讯问即表示愿意认罪,第一次讯问认罪率为54.9%,整个侦查阶段认罪率为76.4%。通过试点前后的数字对比,开展认罪教育工作,促进了认罪率的逐步提升。

## 三、集美改革模式的价值和意义

(一)引导行为人尽早认罪

在认罪认罚从宽制度里,嫌疑人、被告人是重要的参与主体,其参与的前提,是主动认罪认罚。"认罪认罚从宽制度的重要价值之一就是引导、鼓励行为人自愿认罪认罚。

行为人越早认罪认罚，节约司法资源的效果越明显，如果每个认罪认罚案件的行为人都选择在最后的审判阶段认罪认罚，那么，认罪认罚制度的目的必将大打折扣，甚至有落空的风险。"[1] 在实践中，嫌疑人、被告人自愿认罪最直接的内心动因，就是希望能以自己的认罪换取量刑上的从宽。如果从宽预期不明确，则难以判断早、晚认罪有何不同后果，其认罪的动力必然大大减弱。"认罪越早、从宽越多"把"认罪"早晚与"从宽"多少直接关联，增强了对认罪结果的可预测性，容易产生制度信赖，可形成尽早认罪的强大内心动因。该理念能发挥法律的指引作用，促使刑事诉讼中大多数嫌疑人、被告人尽早认罪。

### （二）促进刑事司法效率的提升

**1. 促进侦查效率的提升**

一是口供的稳定性增强。改革前，侦查阶段的嫌疑人往往在"认罪"与"翻供"之间存在反复的情形，究其原因，是嫌疑人受到畏罪畏罚、包庇同伙或存在心存侥幸等多种心理因素左右，尤其因为对自身罪与罚"心中没数"而摇摆不定。实践中，刑罚威不可测，不仅不利于嫌疑人坦白认罪、真诚悔过，也不利于案件侦破和维护被害人合法权益。经过认罪教育，当嫌疑人认识到尽早认罪能够争取到对自己最有利的判决时，往往会主动开口，反复翻供情况大为改观。从集美公安分局三年多的试点工作来看，签署了《认罪认罚从宽制度告知书》，认罪后再翻供的嫌疑人几乎为零。

二是认罪率得以提升。改革前，刑事侦查工作往往存在取证困难、取证效率低下的问题，审讯工作的被动性主要体现在嫌疑人很少会主动交代的。开展认罪教育后，据一线办案民警反映，与嫌疑人的沟通变得容易了，"认罪越早、从宽越多"理念讲得清、听得懂、易接受，容易让嫌疑人由对抗的心理转为合作，容易突破嫌疑人心防，甚至一些多次作案、结伙作案的嫌疑人愿意主动交代公安机关尚未掌握的犯罪事实及同案犯，取得了良好的教育效果。

实践表明，"认罪越早、从宽越多"理念不仅给予嫌疑人迷途知返的机会，促进嫌疑人认罪率的逐步提升，而且也大大降低公安机关侦查过程中的人力、物力支出，收集证据时间明显缩短，提高了案件侦破效率，顺利推进刑事诉讼。该理念对初犯、偶犯及团伙型、侵财型、暴力型犯罪的效果特别明显。

**2. 促进审判公正与效率的提升**

当前刑事案件数量持续增加，法院案多人少的矛盾日益突出，通过繁简分流，多适用速裁、简易程序节约司法资源，是解决这一矛盾的重要手段。2017年至2019年三年间，集美法院共审结刑事案件3618件（速裁2231件占比61.7%、简易880件占比24.3%、普通507件占比14.0%），认罪认罚案件2794件[2]（占比77.2%）3017人。审结

---

[1] 陈国庆：《量刑建议的若干问题》，载《中国刑事法杂志》2019年第5期。
[2] 认罪认罚案件总数比速裁加简易案件总数少的原因，是因为部分简易程序案件涉及的罪名，是量刑规范化二十三个罪名之外的，公诉机关没有作量刑建议，无法对被告人作具结书，无法体现被告人是否认罚。因此，该类案件被告人虽认罪，但未归类为认罪认罚案件。

的认罪认罚案件中,判处三年有期徒刑以下刑罚的2998人,占99.4%;适用非监禁刑的1386人,占45.9%。认罪认罚案件当庭宣判率为95.7%,上诉率仅为5.8%。速裁、简易程序的适用以被告人自愿认罪为前提,据统计,集美法院认罪案件比例由2016年的59.0%上升到改革后2017年的71.3%、2018年的77.5%及2019年的83.2%,呈稳步上升趋势,说明改革后被告人认罪的积极性更高,"认罪越早、从宽越多"理念及"3-2-1"阶梯式从宽在引导被告人自愿认罪方面起到了促进作用,提升了办案效率。

集美法院坚守公正与效率并行,在提高办案效率的同时,严格筑牢公正司法底线。坚持所有速裁和简易程序案件在庭审前均全部阅卷,严把案件质量。一是把好事实关,通过全案阅卷,可以了解全部案情,才能心里有底、发现问题,如被告人葛某宝贩卖毒品案,主审法官发现公诉机关遗漏被告人毒品再犯的情节,便与公诉人沟通,之后变更追加指控。又如被告人王某明危险驾驶案,被告人系在高速公路上驾驶,公诉机关却认定其在城市快速路上驾驶,故予以纠正。二是把好量刑关,量刑建议虽是控辩双方达成的合意,但主审法官并非不分情况照单全收,而是根据案件事实、情节和适用的法律进行审查,如发现明显不当的,予以告知。如被告人江某等四人聚众斗殴案,江某等四被告人其均系未成年人、均具有自首情节,公诉机关建议对被告人江某判处拘役五个月至六个月、对其余三被告人判处拘役四个月至五个月,四被告人及其辩护人对此均无异议。主审法官认为,依照《最高人民法院关于审理未成年人刑事案件具体应用法律若干问题的解释》第十七条之规定,四被告人均符合应当免予刑事处罚的情形,便与公诉人沟通,征询其意见,公诉人当庭变更量刑建议,建议对四被告人免予刑事处罚,法院据此下判。又如被告人谢某故意伤害案,被告人谢某系未成年人,其持械故意伤害他人致一人轻伤、具有自首情节、已赔偿谅解,量刑建议拘役五至六个月,辩护人认为对其可适用缓刑,最终一审判处免予刑事处罚。

3. 增强了政法各部门参与改革的积极性

自认罪认罚从宽制度实施以来,公安机关开展认罪教育已成为办案民警的自觉行为。在试点改革初期,分局领导要求办案民警对嫌疑人开展认罪教育,还带有行政命令色彩,一线办案民警不太能接受,认为增加了麻烦,有一定的抵触情绪。但经过三年的实战检验,开展认罪教育在引导更多嫌疑人主动认罪的同时,也带来了侦查效率的提升,收获改革红利的民警参与认罪教育的积极性都很高,开展认罪教育已成为每个民警讯问犯罪嫌疑人时的自觉行为。为进一步提高办案效率,集美公安分局在2018年年底成立执法办案管理中心,将分散在9个派出所的刑事案件审讯工作全部集中到执法办案管理中心统一进行,并引进高科技手段作为侦讯与认罪教育的辅助,把"认罪越早、从宽越多"理念和"3-2-1"阶梯式从宽的具体规定公示在每间审讯室最醒目的地方,形成认罪教育2.0版模式。

对于检察机关而言,在做加法的同时也做减法。试点改革让集美检察院增加了不少的工作量,如制作宣读告知书、具结书、启动审前社会调查、启动速裁程序、提出精准量刑建议等,但是集美检察院向改革要效率,探索在法律许可的范围内做减法,如速裁案件由值班公诉人出庭、速裁案件取保候审简化、危险驾驶案件的审查报告简化、对危险驾驶、贩卖毒品、盗窃等五种常见罪名省略"三纲一书"（举证提纲、讯问提纲、答辩提纲、公诉意见书）等法律文书的制作等，大大提高了工作效率。

### （三）将改革经验成功运用于扫黑除恶实战

全国扫黑除恶专项斗争在认罪认罚从宽制度试点后一年多开展。黑恶案件大多是集团犯罪，涉案人数多、具有较强的反侦查能力、容易抱团形成壁垒，侦破黑恶案件的难度要大于普通刑事案件。由于黑恶集团里各犯罪嫌疑人的地位、作用及主观恶性不同，其认罪悔罪态度也不同，因此，在侦办黑恶案件时开展认罪教育，有利于突破、瓦解其防御体系，集美警方对此进行了尝试。

集美公安机关将"认罪越早、从宽越多"经验运用于扫黑除恶斗争中，实战成效显著。如在侦办以陈某伟为首的黑社会犯罪集团（涉黑15人、涉案129人，涉及11个罪名）时，成功实践运用了该经验。该犯罪集团首要分子陈某伟具有很强的反侦查意识，归案后始终不认罪，且该集团实施的犯罪多为隐案，直接指向证据的取证难度很大。在侦办过程中，警方充分运用"认罪越早、从宽越多"理念开展认罪教育，通过"尽早告知、充分解读、及时帮助、灵活引导"的方法，让众多嫌疑人明白"早认罪、从宽多"的道理，形成强大的制度引导，有力促进了多名污点证人主动认罪并检举揭发黑社会集团的犯罪事实，甚至出现陈某伟的弟弟检举哥哥的情形，成功分化瓦解该犯罪集团严密的防御体系，对全案的侦破发挥了重要作用。首要分子陈某伟虽始终不认罪，但整个犯罪事实在外围证据的佐证下，定罪证据确实充分，最终陈某伟一审被判处有期徒刑二十五年，剥夺政治权利五年，并处没收个人全部财产，二审全案维持。

### （四）形成可复制、可推广的认罪教育经验

认罪认罚从宽制度贯穿整个刑事诉讼流程，侦查阶段是刑事诉讼的源头，如能在源头引导嫌疑人尽早认罪，可实现制度价值和意义最大化。《最高人民法院、最高人民检察院、公安部、国家安全部、司法部关于适用认罪认罚从宽制度的指导意见》第23条规定了认罪教育："认罪教育。公安机关在侦查阶段应当同步开展认罪认罚教育工作……"集美公安机关对如何开展认罪教育进行了深入的探索与实践，取得成功的经验将有利于认罪教育工作的复制与推广。

## 结　　语

集美区政法各部门在当地党委的领导下，统一思想认识，不争权、不斗气，依法履责，积极创新机制，劲往一处使、拧成一股绳，合力把制度的作用最大化发挥，取得了宝贵的经验，顺利地完成了试点任务。

# 江西法院审理电信网络诈骗案件情况的调研报告

江西省高级人民法院刑二庭课题组[*]

近年来，利用通讯工具、互联网等技术手段，针对不特定多数人，通过远程、非接触式方式设置骗局，骗取公私财物的电信网络诈骗犯罪呈高发多发态势，诈骗方法和手段迭代更新，涉及受害人数众多，严重侵害人民群众财产安全和其他合法权益，干扰电信网络秩序，破坏社会诚信，影响人民群众安全感和社会和谐稳定。为贯彻落实全省打击治理电信网络诈骗犯罪专项督导工作会议精神，严厉打击、全面治理电信网络诈骗等犯罪，本课题组以江西全省法院2017年1月至2020年5月期间审结的涉电信网络犯罪中以诈骗罪定性案件为样本，通过到赣州、上饶等电信网络诈骗犯罪案件多发区域的两级法院实地调研，借助司法大数据分析，研究梳理电信网络诈骗犯罪案件的现状、审理困境，并提出建议，以期为有效遏制、精准打击电信网络诈骗犯罪提供参考。

## 一、近三年江西省电信网络诈骗案件审理概况

（一）案件总体情况

2017年以来，江西省法院审结的电信网络诈骗案件[①]数量呈逐年上升态势，案件地域分布不均衡，基本分布与地市常住人口数呈正向相关，同时受部分县域地缘经济影响调整，年平均犯罪金额整体呈现出倍数增长态势。

1. 基本情况

2017年以来，全省法院共审结电信网络诈骗犯罪案件239件，其中，2017年48件、2018年81件、2019年97件，2020年1月至5月审结13件。2020年受新冠疫情影响及法院上下半年受理案件数量存在淡季旺季区分的规律影响，从2017年至2019年完整年份的案件数量变化情况来看，电信网络诈骗犯罪案件数量呈逐年增长态势（见图1）。这与近些年电信网络、移动通讯技术的发展，公安机关打击力度加大紧密相关。

---

[*] 课题组成员：曾华、徐英荣、李方平、张宏、高凤梅、程婷（执笔）。

[①] 根据电信网络诈骗犯罪一般同时具备技术性、非接触性、远程性的特征，对例如实施"线上拉拢，线下骗取"接触性诈骗犯罪行为的，不认定为电信网络诈骗，并将此类案件予以剔除。同时，为保障不重复统计，二审维持案件仅以一审生效判决为样本。

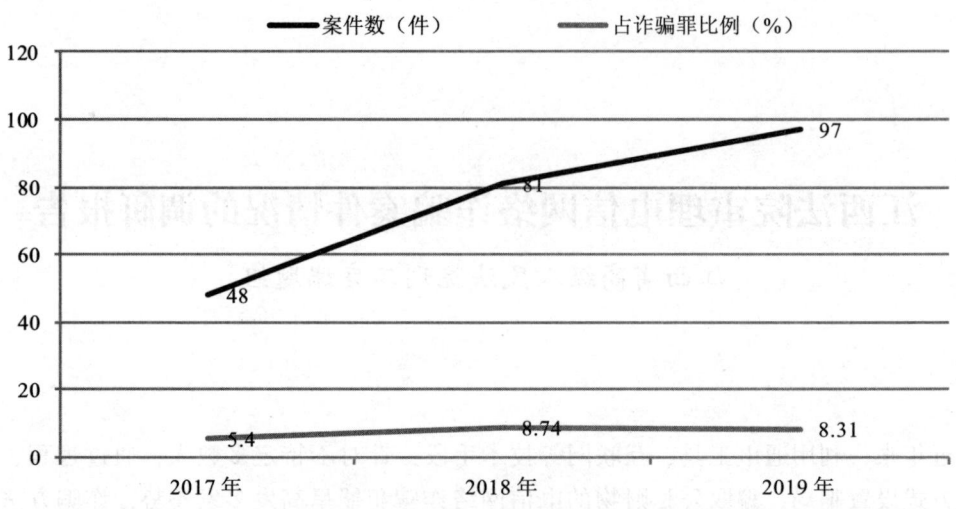

图 1　2017 年至 2019 年全省法院审理电信网络诈骗案件数及占诈骗罪的比例

2. 案件区域分布情况

从电信网络诈骗犯罪案件的区域分布情况来看,全省各地区之间以及地区内的各法院之间存在分布不均衡的情况,总体上与地区常住人口数量成正比,同时受部分县域地缘经济影响微调。其中,上饶市法院审结的电信网络诈骗犯罪案件最多①,达 78 件,占全省总数的 32.64%;赣州市 39 件、吉安市 38 件,分列全省第二、第三,与同为前五的南昌市、宜春市案件数量合计 195 件,占比 81.59%;鹰潭、景德镇、抚州、新余最少,均为个位数。在全省各基层法院中,案件数量 10 件以上的共 5 家,分别为鄱阳县人民法院、余干县人民法院、宁都县人民法院、遂川县人民法院、德兴市人民法院,其中鄱阳县人民法院审结的电信网络诈骗犯罪案件最多,达 22 件②。

3. 犯罪金额分布情况

全省电信网络诈骗犯罪案件涉案总额共计 1.51 亿元,其中,2017 年 2101.23 万元、2018 年 3605.2 万元、2019 年 9252.04 万元,案件年平均犯罪金额整体呈现出倍数增长态势。近年来,个案犯罪金额最高的为 2019 年德安县人民法院审理的被告人陈某某诈骗罪一案,涉案金额 4804.02 万元。

(二) 判处的被告人情况

全省法院电信网络诈骗犯罪案件每案平均涉及的被告人数量,呈逐年递减趋势,初中及以下学历、男性、中青年、无固定职业人员为高危人群;除上饶市、宜春市外,全省其他法院对被告人适用缓刑率非常低,半数以上法院对电信网络诈骗犯罪的被告人未适用过缓刑;省内户籍的被告人人数与省外户籍的被告人人数比例为 2∶1。其中,省内户籍的宁都县、余干县人数最多,省外户籍中以福建省的人数最多。

---

① 本文的相关数据如无特别说明,时间段均为 2017 年 1 月至 2020 年 5 月之间。
② 余干县人民法院 18 件、宁都县人民法院 16 件、遂川县人民法院 11 件、德兴市人民法院 10 件。

1. 被告人总体情况

全省共审结电信网络诈骗犯罪案件涉案被告人数 791 人，其中，2017 年 252 人、2018 年 281 人、2019 年 238 人，2020 年 1 月至 5 月 20 人。随着电信网络诈骗专门化、"产业化"、链条化犯罪模式的逐步破解，全省法院电信网络诈骗犯罪案平均每案涉及的被告人数为 3.31 人，呈逐年下降趋势①，略高于全国法院 2016 年至 2018 年审理的网络诈骗案件平均每案涉及被告人 3.02 人②。在审结案件的被告人中，男性 610 人、女性 181 人，分别占总人数的 77.12%、22.88%；被告人犯罪时的平均年龄为 27.64 岁，八成以上被告人的年龄位于 20 岁至 39 岁区间，年龄在 21 岁至 25 岁区间的被告人数达到峰值（见图 2），其中 22 周岁的被告人人数最多，未成年人共计 22 人，占比 2.78%。

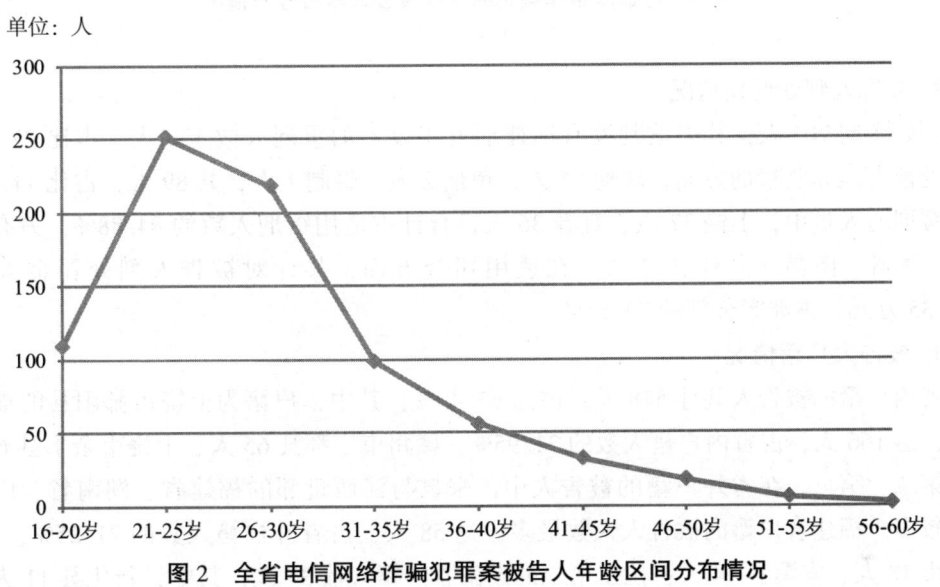

图 2　全省电信网络诈骗犯罪案被告人年龄区间分布情况

2. 被告人文化程度及职业情况

从受教育情况来看，初中及以下文化程度的被告人人数最多，共计 592 人，占比 74.84%。其中，初中文化 470 人、小学文化 113 人、半文盲及文盲人数 9 人；高中及中专文化 149 人、大学及大专文化 49 人（含在校大学生 2 人），具有研究生学历的被告人仅 1 人（见图 3）。从职业分布情况来看，无业人员所占比例最大，共计 439 人，占比 55.50%；个体户及务工人员次之，共计 210 人，占比 26.55%，其中从事电子商务、微商、网络平台等电信网络行业的被告人 23 人，占务工人员的 10.95%；农民 135 人，占比 17.07%；学生 6 人、特警 1 人。

---

① 2017 年平均每案涉及被告人 5.25 人、2018 年 3.43 人、2019 年 2.45 人，2020 年 1 月至 5 月 1.67 人。
② 详见 2019 年 11 月 19 日最高人民法院发布的《网络犯罪大数据报告及电信网络诈骗犯罪典型案例新闻发布会》。

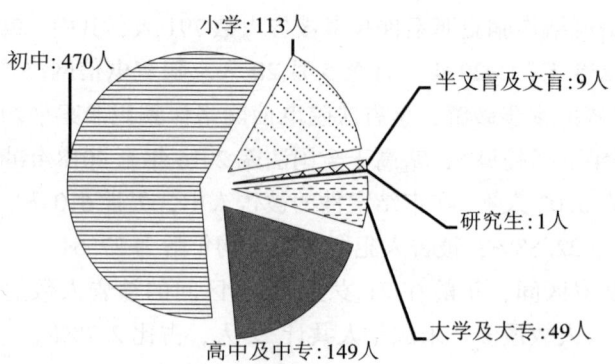

图 3  电信网络诈骗犯罪案件被告人学历分布情况

3. 被告人判处刑罚情况

判处实刑 702 人，其中被判处有期徒刑五年以上的重刑人数 159 人，占比 22.65%。在判处被告人非监禁刑方面，缓刑 86 人、免刑 2 人、管制 1 人，共 89 人，占比 11.28%。判处缓刑的人员中，上饶 37 人、宜春 36 人，合计占适用缓刑人数的 84.88%，另有萍乡 7 人、赣州、南昌、九江各 2 人。在适用罚金方面，共计对被告人判处罚金人民币 3592.35 万元，占涉案金额的 23.81%。

4. 被告人户籍情况

省内户籍的被告人共计 518 人，占比 65.49%，其中，户籍为上饶市鄱阳县的被告人最多，达 166 人，占省内户籍人数的 31.95%，赣州市宁都县 65 人、上饶市余干县 60 人，分居第二、第三。在省外户籍的被告人中，来自与江西毗邻的福建省、湖南省、广东省的人较多。福建省户籍的被告人人数最多，达 58 人，占省外户籍人数的 21.25%，其中，龙岩市 18 人、安溪县 14 人；位于第二的湖南省户籍人数 34 人，其中，新化县 11 人；广东省籍的被告人共计 26 人，其中，兴宁市 9 人。

(三) 被害人的情况

自然人在全部被害人中占据绝对多数，单位被害人主要为电商平台的商家；绝大部分电信诈骗案件的被害人为 2 人以上，且主要集中在 2 人至 10 人之间，被害人为 100 人以上的案件虽不达案件一成，但被害人的数量合计占总人数的近九成，涉及面极广，其中，半数案件的被害人系被所谓"公司"的"业务员"骗取财物；涉及境外的被害人案件主要集中在色情诈骗案件中。

1. 被害人基本情况

受裁判文书内容的限制，其中 3 件案件裁判文书中未载明具体的被害人人数，其他 236 件案件共涉及被害人 16074 人（户），平均每件案件涉及被害人 67.26 人。其中，被害人为自然人的案件 232 件，占比 98.31%，涉及被害人 16054 人；被害人为单位的案件 4 件，占比 1.69%，涉及 20 户商户。被害单位主要为京东、拼多多、淘宝等网络电商平台的商家、店铺，共计 19 户，另有 1 户为实体公司。

## 2. 被害人分布情况

案件中仅有被害人 1 人的案件共计 71 件，其他查明有被害人的案件中被害人为 2 人及以上的案件共计 165 件，占比 69.92%，其中，被害人人数在 2 人至 10 人之间的案件数量最多。被害人为 100 人以上的案件虽仅有 23 件，占所有案件的 9.62%，但涉及被害人合计 14224 人，占全部被害人的 88.49%（见图 4）。从历年变化来看，多被害人的案件数量自 2017 年以来，分别为 31 件、56 件、65 件、13 件（2020 年 5 月），逐年增加。

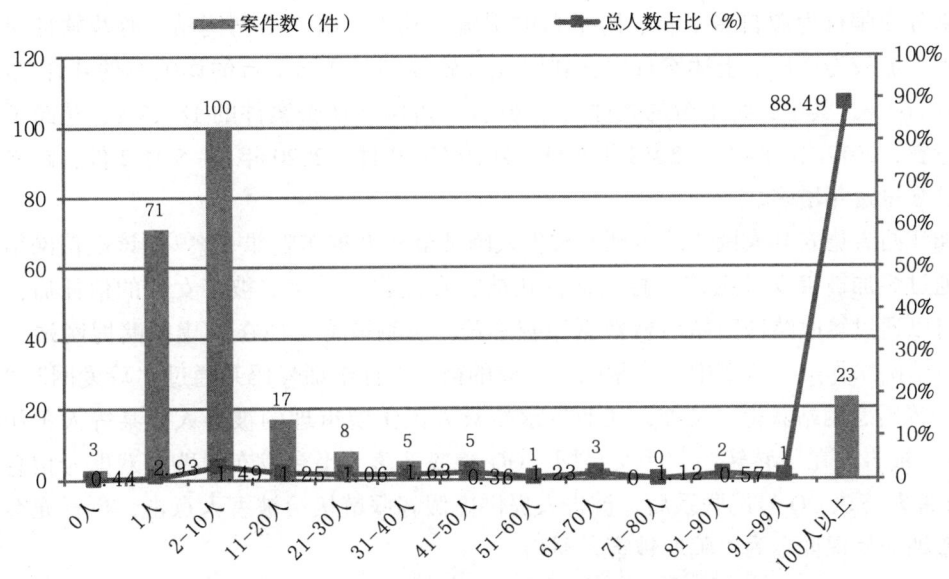

图 4　电信网络诈骗案件被害人人数分布情况

## 3. 百人以上被害人案件情况

被害人人数为 100 人以上的 23 件案件中，12 件案件采用简单合作的方式实施诈骗行为，另外 11 件案件通过成立公司、招聘业务员或话务员的方式实施。此类案件被害人的购物信息、通讯信息等个人信息被"交易"后，被被告人以中奖、退货理赔、办理网贷、积分兑换等形式进行电信网络诈骗。其中，被害人为千人以上的案件 5 件，以宜春市审理的被告人林某某等人诈骗一案最多，被害人数高达 2538 人。

## 4. 境外被害人的情况

涉及境外被害人的案件集中在赣州市法院审理的网络招嫖类色情诈骗案件中，共计 14 件，涉及境外被害人 273 人，均为男性。此类案件被告人假冒海外留学的女大学生身份，通过微信、Facebook 账号和 LINE 等聊天软件，添加不特定的境外男子为好友，谎称其兼职"援交"（指卖淫），骗取他人购买支付宝卡、"麦卡""点卡"等购物卡，在获得卡号和密码后，通过网络低价销售给他人获取非法利益。

## 二、电信网络诈骗犯罪的主要特征

### (一)场景:互联网诈骗逐年上升,跨平台引流突出

通过对电信网络诈骗案件发生的社交场景下诈骗行为的分析,发现单纯利用电话、短信等电信手段实施的诈骗案件数量呈下降趋势;与此相反,利用QQ、微信等聊天软件和社交、娱乐、购物、投资、博彩、游戏等互联网平台实施的诈骗案件呈上升趋势,且相当一部分诈骗行为源自多平台、跨平台的引流,其中,婚恋招聘网站、游戏软件交易出现诈骗引流较为突出。上述案件中,利用App软件等互联网平台的诈骗案件共计164件,占比68.62%,其中,跨平台的案件共计30件,占网络诈骗案件的18.29%,从跨平台案件数量看,2017年的4件、2018年5件、2019年19件、2020年1—5月2件,跨平台诈骗案件数量逐年增多。

如江西省德安县人民法院审理的被告人陈某金等人犯诈骗罪一案①,该电信网络诈骗团伙通过添加被害女性微信、打电话,和被害女性聊天,获取被害女性的信任后,谎称自己可以通过篡改赌博网站后台数据稳赚不赔,诱骗被害女性在"虚拟赌博网站"下注实施电信网络诈骗。该案中,诈骗团伙获取的被害女性电话号码系通过"珍爱网""世纪佳缘"等婚恋网站获得。又如,江西省永新县人民法院审理的被告人樊某等人犯诈骗罪一案②,被告人在"转转"二手交易网、QQ游戏部落等平台发布收购游戏账号信息,待9名被害人与该QQ号码联系后,被告人提供虚假客服链接给被害人点击,再冒充客服人员以缴纳交易保证金为由骗取被害人财物。

### (二)类型:诈骗手段迭代更新,"三化"现象明显

#### 1. 多样化

从裁判文书所载的诈骗类型来看,省内电信网络诈骗案件的犯罪手段迭代更新,种类五花八门。从总体数量上看,交友型、交易型、敲诈勒索型、仿冒型、金融投资型位居前五。其中,新的交友型诈骗数量较多且不同于其他直接冒充领导、同事等身份人员进行的仿冒诈骗,此类诈骗行为人通过化名,假冒性别身份,添加好友等形式,经过一定程度、一段时间经营与他人"交往"后,再以各种名目骗取被害人财物,其"好友"身份系行为人从无到有"经营"出来的,而非直接利用仿冒,故在此将其单列。

从历年变化来看,在仿冒型、交友型、交易型等传统类电信网络诈骗一直保持高发、多发态势的同时,敲诈恐吓、网络贷款、金融投资、博彩"杀猪盘"等新型诈骗手段不断涌现,其中,金融贷款投资类以及包括博彩"杀猪盘"在内的网络赌博类案件涨幅明显,分别从0.84%、0上涨到7.11%、5.44%(见图5)。值得注意的是,这两类涉案金额尤为巨大,以涉案金额达人民币100万元以上的案件为例,博彩"杀猪盘"类的8件,涉及金融平台投资、贷款在内的4件,共占涉案金额在百万元以上案件数的48%。从涉案

---

① 详见江西省德安县人民法院(2019)赣0426刑初32号一审刑事判决书。
② 详见江西省永新县人民法院(2019)赣0830刑初184号一审刑事判决书。

金额百万案件的成案率对比来看，上述两类案件共计45件，出现百万以上涉案金额案件率为26.67%，而全部案件出现涉案金额百万以上的为25件，成案率为10.46%，由此看出金融投资、"杀猪盘"两类新型电信网络诈骗案件涉案金额达百万以上成案率系全部案件百万以上成案率2倍以上。

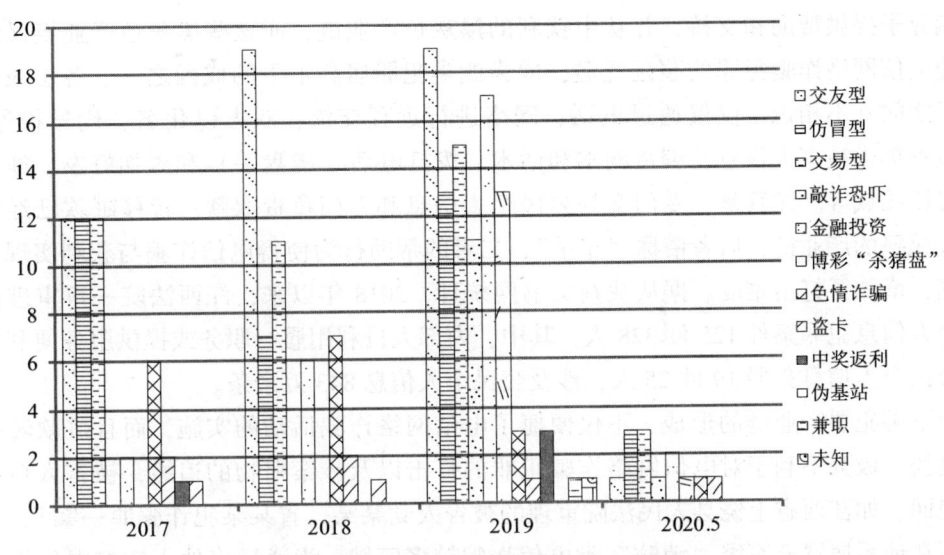

图5 各类电信网络诈骗类型的历年数量变化

2. 精准化

大数据时代对于个人信息收集更加简易与便捷，与此同时，公民隐私安全保护威胁日益加剧。行为人通过交易、收集被害人的个人信息，精准设计骗局，从而实施的诈骗活动极具针对性和迷惑性，大大提高了诈骗的成功率和效率。上述电信网络诈骗案件中共有57件案件系行为人通过获取被害人的个人信息后进行的精准诈骗，占比23.94%，其中，2017年6件、2018年24件、2019年24件、2020年1月至5月3件。行为人除了对被害人主动在网络上公开的信息收集外，主要通过网络交易和利用网络平台系统的漏洞及内部人员管理不严进行搜集。通过网络交易的公民个人信息的案件共计53件，其中，交易公民网购信息后实施诈骗案件40件、交易网贷信息实施的电信诈骗案件7件、汽车信息案件3件、信用卡信息案件2件、婚恋信息案件1件。

3. 地域化

从调研样本可以发现，尽管各地诈骗案件并非单一类型，但也形成了一定地域特色的诈骗方法和模式。其中，从省内户籍的被告人实施的诈骗行为来看，较为典型的有：以上饶市余干县为代表的"重金求子"诈骗案件；以上饶市鄱阳县为代表的借网络购物余款未付清，仿冒讨债公司或是黑社会人员电话威胁不特定网购群体的敲诈恐吓类电信网络诈骗案件；以赣州市宁都县为代表的假冒海外留学生或务工人员兼职"援交"，从而骗取境外男性财物的色情诈骗案件。从省外户籍的被告人实施的诈骗行为来看，较为典型的有：以福建省龙岩为代表的冒充淘宝客服，谎称客户快递遗失或损坏，以给客户理赔为借口骗取客户手机验证码,将客户银行卡内的钱转走的诈骗案件;以福建省安溪县为代表的通过添加好友后骗取被害人在虚拟赌博网站进行赌博的"杀猪盘"类诈骗案件。

(三)链条:上下游关联犯罪增多,黑灰产业链形成

当前的电信网络诈骗团伙呈现出层级多、分工明确、专业化强的特征,催生出大量为诈骗分子提供帮助和支持,并从中获利的黑灰色产业链,而这些黑灰色产业链又进一步加速电信网络诈骗犯罪的蔓延泛滥,成为此类犯罪居高不下的成因之一。各层级的犯罪分子之间互不相识,仅仅通过电话、网络进行远程交流,双方以化名、代号相称呼,分别负责提供被害人信息、编造剧本和话术、拨打电话(键盘手)和添加好友、施骗转款、提钱洗钱等。尤其是,专门交易公民个人信息和专门负责取款、转移赃款已经形成了比较成熟的产业链,后者俗称"车手",二者的帮助行为使得电信诈骗与获利实现了物理隔离,增加了打击难度。据从裁判文书网统计,2018年以来,江西法院一审审理侵犯公民个人信息犯罪案件125件328人,其中,内部人员利用履行职务或提供服务便利实施侵害公民个人信息犯罪19件25人,涉及公民个人信息843万余条。

上下游犯罪产业链的形成,不仅便捷了电信网络诈骗活动的实施,而且赃款转移提取速度快,极其不利于对电信网络诈骗犯罪的打击以及涉案财物的追缴,被害人财产损失的挽回。如江西省上饶县人民法院审理的被告人党某某、省某某犯诈骗罪一案①,二被告人所在地系属冒充军警"消防"类电信诈骗较多区域,为通过将他人实施电信诈骗犯罪所得套现、取现获利,购买POS机、他人身份办理的银行卡及手机卡、笔记本电脑等工具物品,并制作用于招揽"生意"的小广告卡片联系业务,2018年3月14日至16日,二被告人按照15%比例收取费用,先后9次通过刷卡、取钱等方式转移电信诈骗所得共计106.72万元。

(四)模式:共同犯罪数量增加,诈骗更加集约化

从样本中的791被告人诈骗模式来看,单兵作战案件89件89人,案件占比37.24%,人数占比11.25%,以历年单兵作战案件占比的变化来看,2017年39.58%、2018年39.02%、2019年34.02%,2020年1月至5月25%,呈逐年递减趋势;与之相反,单兵作战的被告人数的占比逐年上升,分别为6.8%、11.39%、13.87%、17%。其余超六成网络诈骗案件的被告人系两人及以上共同犯罪,涉案被告人人数达702人,占比88.75%,其中,通过成立"公司",进行"专业化"分工实施电信网络诈骗的犯罪案件数逐年上升,但涉案人数占比逐年下降(见图6)。

由此可以看出,受电信网络诈骗各链条产业化经营影响,违法犯罪行为的门槛降低,电信网络诈骗活动呈现出更为集约的特征。如江西省玉山县人民法院审理的被告人官某某等5人犯诈骗罪、侵犯公民个人信息罪一案②,被告人官某某非法向他人购买了公民网

---

① 详见江西省上饶县人民法院(2019)赣1121刑初15号一审刑事判决书。2019年7月,上饶市上饶县撤销,设立上饶市广信区。——编者注
② 详见江西省玉山县人民法院(2018)赣1123刑初169号一审刑事判决书。

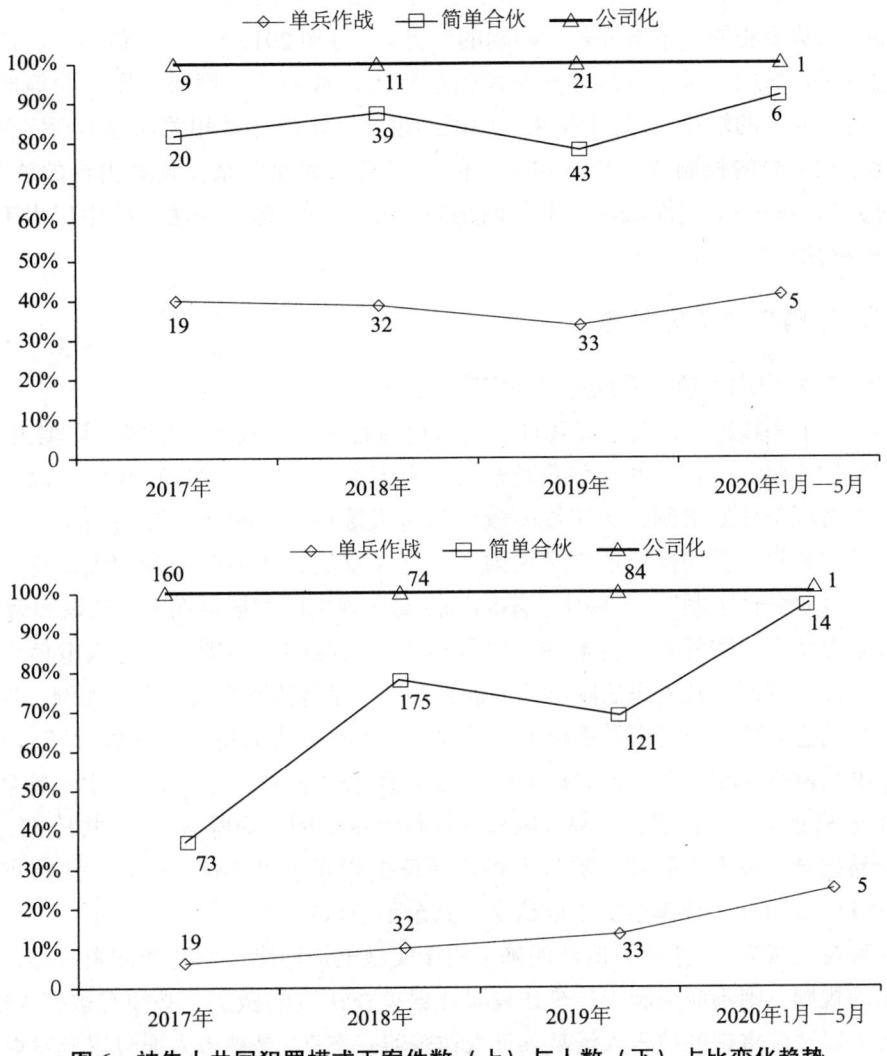

图 6 被告人共同犯罪模式下案件数（上）与人数（下）占比变化趋势

络购物信息后，纠集其他 4 名被告人通过拨打电话的简单合作模式，分别冒充讨债公司，威胁、恐吓不特定被害人，谎称被害人在网上购物未付清货款，精准完成此类仿冒类电信网络诈骗案，共计骗取 12 名被害人 25.56 万元。

### 三、审理电信网络诈骗案件存在的困难

为营造健康的网络生态环境，积极响应党中央对互联网治理工作提出的要求，回应人民群众对电信网络诈骗犯罪从严打击的呼声，从 2011 年 2 月最高人民法院、最高人民检察院出台《关于办理诈骗刑事案件具体应用法律若干问题的解释》，到 2015 年颁布刑法修正案（九）突出对网络犯罪的关注，新增多个涉及网络犯罪条款，2016 年 12 月最高人民法院、最高人民检察院、公安部发布《关于办理电信网络诈骗等刑事案件适用法律若干问题的意见》（以下简称《意见》），明确了依法严惩电信网络诈骗犯罪的规定，

2019年7月最高人民法院、最高人民检察院、公安部、司法部发布《关于办理利用信息网络实施黑恶势力犯罪刑事案件若干问题的意见》,再到2019年10月最高人民法院、最高人民检察院发布的《关于办理非法利用信息网络、帮助信息网络犯罪活动等刑事案件适用法律若干问题的解释》,近十年来,中国刑事立法司法体系相关规定不断完善,针对电信网络诈骗犯罪的控制体系更加缜密。但现实又是如此复杂,频繁出台的法律规定、司法解释,从另外一个侧面反映,电信网络犯罪相关的问题在司法实践中层出不穷,没有得到有效解决。

（一）诈骗数额认定问题

1. 对涉案账户内款项性质推定规则实践把握不一

受制于犯罪手段的智能化、隐秘性、集约化等趋势,在查处电信网络诈骗犯罪过程,侦查部门对于诈骗分子真正的全部获利查处确有困难。虽然《意见》规定了确因被害人人数众多等客观条件的限制,无法逐一收集被害人陈述的情形下,专门用于实施电信网络诈骗的涉案账户内款项性质的推定规则,但是《意见》未明确何为"无法逐一收集被害人陈述的客观条件限制",实践中,不同法院对此规则的把握存在不同认识和做法。

一种观点认为,需要有银行卡转账以及被害人的陈述,否则不能计入电信诈骗的犯罪金额。以江西省万载县人民法院审理的被告人杨某某等人诈骗罪一案①为例,被告人利用他人身份信息办理的银行卡及手机卡,采取手机拨打被害人电话,实施"猜猜我是谁"的仿冒型电信网络诈骗犯罪。公诉机关指控的诈骗金额为30.77万元,其中,杨某被诈骗3000元部分只有其陈述证明,一部分则只有银行流水证明,而唯有17笔共计11.33万元有银行交易记录、被害人陈述、被告人供述等证据相互予以佐证,因此,法院审理对该17笔共计11.33万元的诈骗事实予以认定,其余不予认定。

另一种观点认为,《意见》既然明确了用于实施电信网络诈骗犯罪的资金账户的金额实行推定的规则,则不应受制于传统诈骗罪证据审查认定的做法,必须有被害人的陈述。如鄱阳县人民法院审理的被告人汤某某等人诈骗罪一案②,是被告人通过冒充富婆"重金求子"而实施的电信网络诈骗案件,鄱阳县人民法院综合银行卡的首笔存入时间、被告人供述的开始诈骗时间和被害人存入的金额,以及已经报案查实的7名被害人的信息,对犯罪数额进行认定。鄱阳县人民法院同时认为,被告人吴某某及其辩护人对银行账户金额提出异议,但未提供证据予以证实,亦未对上述两张银行卡的存款来源合法性予以说明,故对该辩解和辩护意见不予采纳。

2. 组织者以外的普通下线犯罪数额认定难

即便能查清整个窝点的诈骗数额,因被告人人数多、入职时间不同,成员之间存在轮换、退出等因素,要具体区分每个成员的诈骗数额,难度也相当大。对此,实践中存在三种处理方法。第一种是公诉机关将整个窝点的诈骗数额作为曾经加入该窝点的每个成员的犯罪数额予以指控,但被告人和辩护人异议极大。第二种是在查清诈骗团伙资金

---

① 详见江西省万载县人民法院（2017）赣0922刑初183号一审刑事判决书。
② 详见江西省鄱阳县人民法院（2017）赣1128刑初357号一审刑事判决书。

流水后，对非组织者的犯罪数额一般以其加入诈骗团伙以后的犯罪数额来认定。第三种是将行为人加入诈骗团伙二个月后的诈骗数额作为其犯罪数额来认定。我们认为，实践中确实存在部分普通下线的被告人在一开始加入诈骗团伙时并未"明知"该团伙系从事电信网络诈骗犯罪的情况，而是经过一段时间的工作，才具有了这种认知，因此，第一种、第二种处理方法均有客观归罪之嫌。

### （二）共同犯罪"明知"及"主从"认定问题

#### 1. "明知"的主观故意方面认定难

被告人主观明知与否，是区分诈骗共犯还是上下游犯罪的关键。《意见》对于明知他人实施电信网络诈骗，为其提供账户结算、公民个人信息、帮助转移诈骗犯罪所得等相关行为，以共同犯罪论处的情况，作出具体列举，且规定判断是否为"明知"应当结合被告人的认知能力、既往经历、行为次数、是否从事过电信诈骗活动以及规避调查等因素综合认定。在电信诈骗活动各环节均查清楚的情况下，综合分析实施帮助行为的被告人是否具有"明知"的故意较为容易，但实践中因黑灰产业链的形成，各环节之间独立性强，再加上各环节违法犯罪行为难以一网打尽，要对脱离了诈骗正犯实行行为的帮助行为认定其"明知"，很难逃脱从属性的制约，想要在它和正犯之间建立联系难度较大。

#### 2. 虚拟财产、电商平台预付卡等销售、收购商等共犯认定难

《意见》在第三部分"全面惩处关联犯罪"中规定，明知是电信网络诈骗犯罪所得及其产生的收益，予以转账、套现、取现，具有列举的行为之一的，认定为掩饰、隐瞒犯罪所得、犯罪所得收益罪。但实践中，对于手机充值卡、游戏装备、电商平台预付卡、虚拟货币等销售、收购商往往并不具有《意见》列举的情形，难以以掩饰、隐瞒犯罪所得、犯罪所得收益罪对其定罪处罚。当然，若侦查机关在办案过程中已告知其某一交易对象涉嫌诈骗犯罪后，其仍然继续与该对象进行交易的，可以认定其构成掩饰、隐瞒犯罪所得、犯罪所得收益罪。虽然民法典明确了"数据、网络虚拟财产"的财产性质，但由于相关法律规定还比较原则，此类财产又难以公示公信，极易被电信网络诈骗分子利用。如在不少诈骗案件中，被害人的财产损失包括游戏货币、游戏装备、电商平台预付卡、比特币等财产，由于这些财产交易的价格存在市场行情的波动，因此，被诈骗分子在网络或者黑市上进行看似"平常"的交易进而套现。公安机关侦查追踪到销售、收购商时，其往往以不知晓对方的身份进行辩解，即使根据其频繁的交易可以推定其应该知晓，但因交易价格并无异常情况，仍然无法追究其刑事责任、追缴赃款；此外，在技术上也无法对其作出禁止交易的指令，极不利于电信网络诈骗财产损失的追缴。

#### 3. 共同犯罪中主从犯地位认定难

不同于传统诈骗罪"一对一"的犯罪方式，电信网络诈骗帮助犯可以提供帮助的诈骗对象数量众多，司法工作人员很难确定其帮助过的主犯数量和性质。提供公民个人信息、技术支持、结算服务等专业化服务的团伙，大大降低了电信网络诈骗犯罪活动的难度、复杂度，使得更多低文化层次群体参与实施电信网络诈骗，从而出现调研样本图3所示的被告人学历的饼状分布，电信网络诈骗生态呈现出被告人的学历从初中及以下到高

中、大学及以上的金字塔状。在如此背景下，该如何认定主从犯？是按实施犯罪的起数，还是犯罪的金额？或者分工中与骨干关系的黏合度、贴合度？

实践中，对同一的电信网络诈骗中的角色，存在迥然不同做法。以"车手"是否认定为从犯为例。一种观点认为①，被告人明知他人实施电信网络诈骗犯罪，仍然答应提供银行卡，帮助将犯罪资金取现，虽没有直接参与到诈骗被害人的具体诈骗行为之中，但事前与同案人已有犯意联络，事后有帮助转移、取现资金的行为，是整个诈骗犯罪中的一个重要环节，且同案人在逃，无法确认其在整个犯罪过程中属从犯地位。该案涉案金额112.3万元，因未认定从犯，被告人被判处有期徒刑十一年，并处罚金人民币10万元。另一种观点认为②，在共同犯罪过程中，除组织者和积极参与者之外，其他被告人未直接实施诈骗，而是受主犯安排将诈骗成功后银行账户上的赃款提取出，在整个诈骗活动中起次要、辅助作用，应认定为从犯，涉案金额22万元，故分别对2名"车手"判处有期徒刑三年八个月，并处罚金人民币三万元和有期徒刑三年四个月，并处罚金人民币二万元。

（三）涉案财物处置问题

1. 被害人受偿难

电信网络诈骗作为涉众型侵财案件，涉案财物追缴与处置向来是此类案件处理的难点。被害人财产损失挽回率低的主要原因在于：一方面，电信网络诈骗的手段隐蔽，在实施犯罪时赃款已经迅速被转移，涉案财产追缴难；另一方面，部分被害人跨地域甚至跨境，联系其退赃难；再者，受制于退赃的手续烦琐、工程量大，部分法官缺乏经验，对涉案财产处置有畏难情绪，特别是在被害人没有查清查周全的情况下，不敢直接对现有被害人退赃，担心留有隐患。调研发现，有些法院联系被害人，但因其已经被骗过，对于退赃的"好事"不敢相信，拒绝配合；在判决前被害人未获得退赔的情况下，法院未判处责令退赔被害人经济损失的案件有21件，占样本总数的近10%（包括诈骗未遂的案件）。

2. 共同犯罪及关联犯的退赃范围认定难

对在电信网络诈骗犯罪中担任"车手"的被告人是否要判决责令退赔，若判，是以其违法所得为限，还是在涉案的诈骗金额内承担连带赔偿责任，各地做法不一。江西省宁都县人民法院审理的被告人戴某某作为"车手"的诈骗案件，即判处被告人戴某某将违法所得4万余元返还给被害人③；江西省上饶县人民法院审理的党某某等人诈骗案④，2

---

① 详见江西省南昌经济技术开发区人民法院（2019）赣0192刑初91号一审刑事判决书。该案被告人苏某某上线以虚构"澳门新葡京"网站买卖彩票的方式进行诈骗，被告人苏某某将盘口资金转入后取现，收取0.25%回报。

② 详见江西省南昌市青山湖区法院（2018）赣0111刑初414号一审刑事判决书。该案被告人组成微信诈骗团伙，利用天下游软件通过微信将被害女性加为好友，然后使用化名并冒充老板身份与被害人微信聊天，假意与被害人处男女朋友关系，在骗得对方信任后，以与被害人见面并向被害人赠送钱款、购买房产为诱饵，冒充律师以需要交纳见面"安全保证金"、个人所得税、公证费等为由，要求被害人转款。

③ 详见江西省宁都县人民法院（2019）赣0730刑初180号一审刑事判决书。

④ 详见江西省上饶县人民法院（2019）赣1121刑初15号一审刑事判决书。

名被告人同为"车手",法院判决除扣减已退赔被害人的经济损失外,还责令2被告人退赔被害人剩余的经济损失,即退赔范围为诈骗的涉案金额,而非违法所得。此外,对于"车手"与主犯分案审理的,当其他被告人已经将诈骗所得全部返还被害人时,是否仍应责令"车手"退赔?此时,若仍然判处"车手"退赔被害人的经济损失,客观上会出现因信息不对称而超额退赔的情况。

### 四、严惩电信网络诈骗犯罪的对策建议

为了严厉打击电信网络诈骗犯罪,2020年9月9日省高院、省检察院、省公安厅联合印发了《办理电信网络诈骗犯罪刑事案件的工作指引》(以下简称《指引》),对于规范全省公检法办理电信网络诈骗犯罪刑事案件的证据收集,统一对部分法律适用疑难问题的认识,发挥了积极作用。但是,要真正解决现实中的难题,一方面需要公检法三家都能认真贯彻落实工作指引中的要求,另一方面针对上述电信网络诈骗犯罪的特点、趋势,以及审理中遇到各类问题,仍需要创新构建防范打击电信网络诈骗犯罪案件的工作机制,统一法律适用标准。

#### (一)统一法律适用标准,依法从严打击

1. 充分运用证据规则和推定规则,审慎认定被害人及被告人的犯罪数额

侦查机关在侦查时应尽量穷尽侦查手段,对被害人进行调查核实并制作笔录;确因客观原因无法联系被害人,或被害人在境外无法联系等客观原因无法进行收集的,应记录在案。对于无法收集全部被害人陈述的,在认定犯罪数额时,可以根据已收集的被害人陈述以及交易记录等客观性证据,并结合被告人及辩护人的辩解,综合认定被害人人数及犯罪数额。对于人数超过百人,且客观证据充足,对被害人进行抽样不影响对各行为人诈骗数额认定的,可以进行抽样。侦查机关在侦查阶段应将被害人的基本信息、财产损失、联系方式、账户情况等查实、查细,既有利于扎紧证据链条,又可为后续涉案财物处置提供前提条件。

对于被告人用于犯罪的银行卡内的金额,除犯罪数额能够查清的外,应根据《意见》规定的推定规则,在被告人不能举证证明其来源合法的情况下,一律认定为系犯罪所得的赃款,依法予以追缴,退赔给被害人。

对于主犯以外的其他被告人的犯罪数额,在不能查明其具体参与或实施的犯罪行为的情况下,可以将其加入团伙一周后的时间作为犯罪开始时间,其犯罪数额计算至其退出犯罪团伙时为止。

2. 充分运用司法认知,审慎认定行为人是否属于共同犯罪

根据最高人民法院业务指导丛书《刑事审判参考》第1203号案例确认的规则,行为人虽然事先与诈骗"上线"未就如何具体实施诈骗犯罪进行预谋,但就其所处的生活环境以及个人认知水平,其知道也应当知道诈骗"上线"所实施行为的严重社会危害性已经达到犯罪程度,在诈骗"上线"实施犯罪行为过程中,其实施的提供银行卡账户、协助提取赃款等行为,均是诈骗犯罪不可缺少的重要组成部分,只是在诈骗犯罪中分工不

同而已，应当以诈骗共犯论处。

对于网络数据、虚拟货币等销售、收购者，应当结合被告人的认知能力、既往经历、与他人关系、之前是否曾因相同行为被处罚等因素综合分析判断其是否明知他人实施电信网络诈骗犯罪。若已被告知交易对象涉嫌诈骗犯罪，或者交易价格明显不正常，仍然进行交易的，可以推定其交易时明知他人实施电信网络诈骗犯罪，以电信网络诈骗的共犯论处。

对于非法提供、出租、买卖信用卡、个人银行卡、U盾、手机卡、物联网卡、微信号、QQ号等互联网用户账号密码、对公资金账户的行为人，若其明知他人实施电信网络诈骗，应以诈骗的共犯论处。若其虽然辩解称不明知，但其常驻地为电信网络诈骗犯罪多发地、高发地的，可推断其明知他人实施电信网络诈骗犯罪，他人诈骗成功的一律以诈骗共同犯罪论处；对于非电信网络诈骗犯罪多发地、高发地的行为人，则应全面收集证据，综合审查判断其主观故意，若其通过他人身份信息办理信用卡、互联网用户账号密码和对公资金账户，并以此为业的，或者此前因电信网络诈骗相关行为已被处罚过的，应推定其明知他人实施电信网络诈骗犯罪，以诈骗的共犯论处。对于不能认定为诈骗共同犯罪，但其实施的提供、出租、买卖营业执照、银行账户、信用卡、手机卡、物联网卡、微信号、QQ号等行为，符合刑法规定的相应犯罪构成要件的，应以买卖国家机关公文、证件罪、帮助信息网络犯罪活动罪等定罪处罚；犯多罪的，实行数罪并罚。

3. 坚持罪刑法定原则，依法准确认定主从犯

对于策划、组织电信网络诈骗的正犯，应认定主犯。对于受雇用或受欺骗参与到电信网络诈骗中的行为人，不应当然认定为从犯，而应根据其在共同中的作用，如参与犯罪的时间长短、诈骗次数多少、金额大小等情节，依法认定其系从犯还是主犯。对于参与犯罪时间较长或诈骗数额巨大、诈骗人数较多的，即使认定为从犯，也应严格控制从宽处罚的幅度。对于"车手"等帮助犯，亦应根据其实际参与实施的具体犯罪行为与诈骗活动本身的黏合度、紧凑度，如对诈骗既遂的重要性、获利大小、参与次数等来判断其作用大小，审慎认定是否属于从犯，即并不当然认定为从犯；并且，若其行为符合帮助信息网络犯罪活动罪的构成要件，且认定该罪的处刑重于诈骗从犯时，可择一重罪处罚，即以帮助信息网络犯罪活动罪定罪处罚。当然，在区分主从犯时，应避免因查获团伙层次多寡、在案被告人的多少情况不同，或者是否分案处理而作出不同认定的现象。此外，在决定刑罚时，应根据各被告人的具体情节、人身危害性等，严格适用缓刑、加大财产刑的判罚和执行力度。

4. 坚持一追到底，规范涉案财物处置

对于被告人犯罪的违法所得及其孳息、用于犯罪的工具，或者与犯罪有关的其他财物，均应判决予以追缴，按比例发还给每个被害人或者没收。电信网络诈骗犯罪的主犯应对被害人的全部损失承担退赔义务，其他从犯应对其参与实施犯罪的被害人的损失承担退赔义务，即使部分共犯退赔了被害人的全部损失，其他共犯的违法所得及其孳息亦应追缴。对于其他关联犯罪的被告人，应以其违法所得为限承担相应的退赔责任，其他诈骗分子已足额退赔被害人全部损失的，对其违法所得予以追缴。当查封、扣押、冻结

的涉案财物和被告人主动退缴的赃款、赃物不足以赔偿被害人的损失时，应判令被告人继续退赔。对于被害人数众多，未能全部查清的，若现有财产退赔给在案明确的被害人损失后仍有剩余的，不宜直接抵扣罚金或者没收上缴国库，可以考虑建立省级统管的不明被害人的钱款资金池。

### (二) 强化协调治理，提升电信网络诈骗综合防治实效

#### 1. 依托技术手段构建"四位一体"的协同监管模式

在电信网络诈骗犯罪场景互联多元、手段多样精准、模式集约高效、链条产业化等背景特点下，反诈工作必须充分发挥大数据的优势，整合各方优势，形成打击合力。利用反欺诈中心整合包括公安民警在内的政府及司法部门，商业银行、第三方支付机构等支付结算渠道提供方，基础运营商、虚拟运营商、社交平台等电信运营商以及广电、学校等在内的社会公众四方社会力量，接受群众举报或报警后，对诈骗电话、短信、钓鱼网站、虚假投资理财 App、诈骗账户等实时封堵、删除，对被骗资金实施紧急拦截，跟踪分析诈骗规律，研究破解诈骗套路，依托技术手段研判防范、先发制敌，为受害者挽回损失。

#### 2. 规范工信部门对公民个人信息的保护

公民个人信息的泄露成为近年来日益增多的电信网络诈骗犯罪的源头性问题。公民个人信息的保护不同于隐私权保护，国家在隐私权的保护上提供绝对保护，但是在公民个人信息保护上，国家既是个人信息的搜集、加工、处理、存储和利用者，同时又担任着公民个人信息保护者的双重角色。如此，国家在公民个人信息保护上涉及利益平衡的问题。在现有的时代背景下，工信部门应进一步规范公民个人信息的收集、存储、流转及应用，明确公民信息的分级保护机制，加大对故意窃取、泄露、买卖公民个人信息行为的打击力度。公民将信息提供给金融、电信、教育、医疗、工商、房产、快递等行业后，信息获取者对信息的利用不得超出特定范围。一旦信息获取者改变信息提供者提供信息时无形或有形的申明范围，即存在双方信息不对称的情况，就不能再以公民提供个人信息阻却行为人的行为违法。

#### 3. 强化电信运营商、市场监管、商业银行等部门"实名制""实人实用"等制度管理

近年来，商事登记制度改革，注册公司程序相比以前便捷很多，且办证时间缩短，放宽了开办企业、注册公司的准入条件，这本来是促进经济发展的好措施，却被违法犯罪的人加以利用。行为人利用这种便捷措施，让他人用个人身份信息注册公司，并在银行开立企业对公账户，最终将账户、银行卡、U盾、法人代表身份证、公司营业执照、公司公章等一并交给行为人获得报酬。对公账户更易让被害人相信对方是有资质的正规公司，且汇款额度大，更利于诈骗分子转移赃款，逃避打击，因此，贩卖的对公账户往往成为电信网络诈骗犯罪的洗钱账户。电信运营商、市场监管、商业银行等部门要加强实名制源头管理，运用现代信息技术，建立和完善"空壳公司""虚假社会组织""人证不一""人号不一"的智能识别和拦截系统，压缩黑灰产业空间。

4. 提升互联网服务提供者安全防护的水平与要求

只要是提供信息网络接入、计算、存储、传输服务，信息发布、即时通讯、网络购物等信息网络应用服务以及利用信息网络提供各类政务、医疗、能源等公共服务的都属于网络服务提供者。各类网络服务提供者要不断加大安全建设投入、完善技术策略、加固安全防护屏障，有效阻断电信网络诈骗的链路，强化对诈骗网址的技术反制和预先研判分析，以提升对疑似被害人人群的预警劝阻工作效能，防止群众受骗。同时要接受信息网络安全监管职责的部门监管，对于经监管部门责令采取改正措施拒不改正的，符合法律规定的要追究其刑事责任。

5. 持续深入开展"断卡"行动，增加电诈犯罪的难度

要通过开展打击买卖"两卡"的专项行动、网络交易平台买卖"多卡宝"等一机多卡设备和"净网"活动，清理网络电话加号软件、网络销售恶意软件的聊天室和网络论坛等，使诈骗分子难以获得作案工具，有效减少此案件的发生。

### （三）加强法治宣传，提高社会公众对电信网络诈骗的警惕与预防能力

犯罪预防一般认为包括司法预防、社会预防和情景预防三种模式，司法预防在预防电信网络诈骗犯罪中起着底线的作用，社会预防则是治本之策。

1. 加强反诈宣传，提升广大人民群众的防范意识和能力

可以由反诈中心牵头，通信运营商、人民银行、公检法机关、第三方支付平台等共同参与，通过电视、网络、举办大型集会、发布典型案例等多种方式，广泛宣传电信网络诈骗的手段、方法、危害性和防范途径，提升广大人民群众防诈的自我保护意识和能力。要将老年人、学生等重点人群作为教育的重点。多一些对电信诈骗犯罪手段的了解，社会公众在遇到相关情形时才能临危不乱，作出理智分析和判断，自然而然提高防范意识，更加注重保护个人的信息。同时，要呼吁、动员广大人民群众积极参加反诈行动，踊跃举报揭露诈骗行径，打一场打击电信网络诈骗的人民战争。

2. 加大法治宣传力度，做好一般预防

要通过宣传报道，大力宣传电信网络诈骗犯罪案件侦破和判处的情况，尤其要突出对出售资金账户、"车手"类的犯罪行为被认定为诈骗罪的宣传力度，让社会群众明白，仅仅是出售个人信息或者取款的行为，同样有可能被追究诈骗罪的刑事责任，打消他们的盲从心理和侥幸心理，使他们不敢、不愿从事对出售资金账户、"车手"等违法犯罪行为，斩断电信网络诈骗的黑色链条。

3. 开展特殊预防，铲除电信网络诈骗滋生的土壤

一方面，要做好犯罪分子的教育转化工作，唤醒诈骗分子的良知，减少其再犯的可能性；另一方面，要加强对初中及以下学历、男性、中青年、无固定职业人员，尤其是20—25岁的无固定职业的男性青年的警示教育，因为他们是诈骗分子发展"车手"的主要目标。失去了"车手"的物理隔离，电信网络诈骗将难以实现，也更容易被打击。

## 【裁判文书选登】

[编者按]

醉驾案件是司法实践中常见的轻刑案件，但并非都是简单案件。本案被告人范某斌醉酒驾驶机动车，当场被公安机关抓获，但被告人提出血样采集程序违法，包括血样采集人没有资质、血样提取地点不规范、血样送检录像不完整、相关材料没有签名等。被告人及辩护人基于此提出无罪的意见，并对一审判决提出上诉。二审刑事裁定书围绕控辩双方意见，针对被告人、辩护人就本案证据采信、事实认定、诉讼程序及法律适用等提出的上诉理由进行了综合评判，尤其是对血样采集、送检、鉴定的相关证据进行了详细分析、论证，最终对控辩意见是否采纳作出一一回应。文书结构合理，层次清晰，说理充分，不失为一篇优秀的好文书。

## 范某斌危险驾驶案

### 北京市第一中级人民法院
### 刑事裁定书

（2020）京01刑终142号

原公诉机关北京市海淀区人民检察院。

上诉人（原审被告人）范某斌，男，1961年××月××日出生，汉族，硕士研究生。曾因饮酒后驾驶机动车于2010年9月25日被罚款人民币500元，暂扣机动车驾驶证3个月；因饮酒后驾驶机动车于2011年3月12日被罚款人民币500元，暂扣机动车驾驶证3个月；因饮酒后驾驶机动车于2011年12月28日被罚款人民币1500元，暂扣机动车驾驶证6个月。因涉嫌犯危险驾驶罪，于2019年6月23日被羁押，同年7月22日被取保候审。

辩护人丛硕，北京睿识慧律师事务所律师。

辩护人武学兰，女，系范某斌之妻。

北京市海淀区人民法院审理北京市海淀区人民检察院指控原审被告人范某斌犯危险驾驶罪一案，于2019年12月31日作出（2019）京0108刑初1408号刑事判决。在法定期限内，原审被告人范某斌不服，提出上诉。本院于2020年2月26日立案受理，依法组成合议庭，经过阅卷及讯问上诉人范某斌，听取辩护人的辩护意见，认为本案事实清楚，决定不开庭审理。本案现已审理终结。

北京市海淀区人民法院判决认定：2019 年 6 月 23 日 21 时许，被告人范某斌饮酒后驾驶一辆车牌号码为京 HL61×× 的小型普通客车行驶至本市海淀区香山路香泉环岛北口时被民警查获。当日 21 时 21 分，经呼气检测，被告人范某斌酒精含量为 96 毫克/100 毫升。当日 21 时 56 分抽取被告人范某斌体内静脉血并留存，经鉴定，该血液中酒精含量为 85.6 毫克/100 毫升，已达到国家人体血液酒精含量标准中规定的醉酒标准。被告人范某斌于当日被公安机关抓获归案。

北京市海淀区人民法院认定上述事实的证据有：

1. 被告人范某斌的供述证明：案发当日 17 时许，其与朋友在西城区吃饭，其间喝了二两白酒。20 时 0 分左右，其吃完饭驾驶京 HL61×× 小型客车去香山医院看望病人。21 时许 0 分左右，其从香山医院驾车回家，当行驶到香泉环岛北口时被民警拦截检查。民警发现有酒气就将其带上警车，对其进行呼气酒精检测，结果为 96 毫克/100 毫升，民警称其涉嫌醉酒后驾驶机动车，传唤到交通队后民警让 999 急救中心的医务人员对其进行抽血检测。

2. 《呼气酒精含量检验记录表》证明：6 月 23 日 21 时 21 分被告人范某斌呼气酒精含量为 96 毫克/100 毫升。

3. 《血样提取登记表》及《检验报告》证明：999 工作人员于 6 月 23 日 21 时 56 分抽取被告人范某斌静脉血并送检，经鉴定被告人血液中酒精含量为 85.6 毫克/100 毫升。

4. 抽血人员曾某君的《红十字会救护员证》《毕业证书》及身份证复印件证明：该人的工作及学习经历。

5. 录像证明：对被告人范某斌进行呼气酒精检测、血液提取的情况。

6. 北京市公安交通司法鉴定中心出具的《说明》证明：案发当日 22 时 35 分收到公安机关送来的血样，当日出具检验报告。

7. 北京市公安局交通管理局海淀交通支队黄庄大队出具的《工作说明》《血样送检登记表》及送检录像证明：被告人范某斌血样送检及鉴定机构接收血样的情况。

8. 北京红十字会急救中心出具的《工作证明》及《见习协议书》证明：曾某君的工作情况。

9. 北京市公安局交通管理局海淀交通支队黄庄大队出具的《说明》及《送检登记册》证明：血样送检的情况。

10. 《行政处罚决定书》证明：被告人范某斌曾因饮酒后驾驶机动车被三次行政处罚的情况。

11. 到案经过、身份证明，证明被告人的到案及身份情况。

根据以上事实和证据，北京市海淀区人民法院认为，被告人范某斌在道路上醉酒驾驶机动车，其行为已构成危险驾驶罪，应予惩处。范某斌到案后如实供述犯罪事实，对其依法予以从轻处罚。据此判决：被告人范某斌犯危险驾驶罪，判处拘役三个月，罚金人民币一万元。

范某斌上诉请求对其改判无罪，具体理由如下：

第一，本案侦查及审判程序违法。首先，曾某君在提取本案血样时未取得国家或行业认可的医疗技术人员资格证书,与北京市红十字会紧急救援中心签署的是见习协议,曾某君提取本案血样违反侦查程序。其次,在本案由速裁程序转为普通程序后,其发现了新的事实和证据证明取证过程违法,因而和辩护律师共同申请法院召开庭前会议,但一审法院并未召开,违反了审判程序。最后,其和辩护律师曾共同申请鉴定曾某君《红十字会救护员证》的真伪,但一审法院未予鉴定亦未说明理由,因而违反审判程序。

第二,一审法院采信证据错误。首先,《血样提取登记表》内容不真实。《血样提取登记表》中有关范某斌否认饮酒的内容记载与实际不符,表中部分内容系"机打"形成,曾某君未在"医务人员填写"处手写内容且其并非医务人员却在"医务人员姓名"处签名。其次,送检的血样在封存之前受到污染。血样提取人员曾某君不具备医疗技术人员资格,采血行为不规范,血样在封存前暴露且接触了不清洁的桌面,导致送检的血样受到污染,不能作为本案检验的样本。再次,《检验报告》结论不正确。其虽然确认曾某君现场提取的是其本人血液,但血样提取程序不合法,提取方法不专业,提取器械被污染,送检过程不规范,鉴定时其不在现场,因而《检验报告》结论不正确。

第三,一审法院认定事实错误。因一审法院错误采信《血样提取登记表》及《检验报告》,导致错误认定了案件事实。

第四,一审法院适用法律错误。其虽然在饮酒后驾驶了机动车,但当时并不明知血液中酒精含量超过了80毫克/100毫升标准。其不是故意在醉酒后开车,只在鉴定后才知道血液中的酒精含量超过国家规定的醉酒标准,因而其行为不属于故意犯罪,不构成危险驾驶罪。

辩护人武学兰的主要辩护意见是,范某斌的行为不构成犯罪,具体理由如下:

第一,本案侦查程序违法。首先,曾某君既非刑事侦查人员,也没有执业医师资质,因而不具有提取血样的资格。其次,曾某君身份虚假及血样提取地点并非医疗机构,因而侦查程序违反了法律规定。

第二,一审法院采信证据错误。首先,本案血样送检录像不完整且未显示时间及送检人等,一审法院错误予以采信。其次,公安机关在一审期间提交的各项说明材料没有侦查人员的签字,不符合刑事证据要求,一审法院却错误采信。

第三,一审法院认定事实错误。首先,一审法院拒绝鉴定曾某君《红十字会救护员证》的真伪导致错误认定事实。其次,《红十字会救护员证》《见习协议》及北京市红十字会紧急救援中心出具的《工作证明》不能证明曾某君属于专业人员,一审法院据此错误认定曾某君为专业人员,进而导致错误认定事实。

第四,一审法院适用法律错误。范某斌饮酒后联系代驾未果才驾车前往医院看望病人,案发时没有发生交通事故,没有出现拒绝检查及逃跑回避等情况,其行为属情节显著轻微,没有任何社会危害后果,应依法免予定罪。

辩护人丛硕的主要辩护意见是,范某斌的行为不构成犯罪,具体理由如下:

第一,本案侦查程序违法。警察未依照规定将范某斌带至医疗机构提取血样,曾某君没有执业医师资格且其行为违反《医疗机构管理条例》等规定,因而本案侦查取证违反程序。

第二，一审法院采信证据错误。曾某君提取血样行为不规范，提取血样环境不卫生，导致送检血样受到污染，《检验报告》结论缺乏客观有效血样依据，因而不应被采信为定案根据。

第三，一审法院认定事实错误。一审法院说明曾某君可以提取血样时援引的是《车辆驾驶人员血液、呼气酒精含量阈值与检验（GB 19522—2010）》，而鉴定机构检验血样时依据的却是《血液酒精含量的检验方法（GA/T 842—2019）》。在本案中，或者一审法院错误适用了规范性文件，或者鉴定机构错误采用了检验方法。因此，一审法院错误适用规范性文件，导致未予认定因提取血样不规范可能导致血样被污染的事实，进而出现事实认定错误。

二审期间，范某斌及其辩护人武学兰、丛硕共同提出两项申请，具体内容如下：

第一，申请通知曾某君、北京市红十字会紧急救援中心负责人和北京市公安交通司法鉴定中心鉴定人员出庭，具体理由是，其对曾某君的身份、血样提取过程及《检验报告》结论存在疑问。

第二，申请鉴定曾某君《红十字会救护员证》复印件的真伪，具体理由是该证件涉嫌伪造。

辩护人丛硕还单独申请对2019年6月23日北京市公安交通司法鉴定中心收到的范某斌血样样品进行污染物微量鉴定并进行微量检测，具体理由是需要证明当日范某斌的血样是否受到污染。

范某斌申请本院排除一审判决确认的《血样提取登记表》《检验报告》《红十字会救护员证》《工作证明》及《见习协议书》等五项证据，具体理由是：

第一，曾某君并非医师，更非医务人员，因而没有提取血样及填写《血样提取登记表》的资格。

第二，《血样提取登记表》中部分内容填写错误，如其一直承认饮酒但《血样提取登记表》中却填写的是其否认饮酒，《血样提取登记表》中部分内容系机打而非手写形成，提取血样的地点违法。

第三，本案血样不能排除被污染的可能性，因而《检验报告》的结论存在错误。

辩护人丛硕申请排除一审判决确认的《血样提取登记表》《检验报告》《红十字会救护员证》《见习协议书》及北京市红十字会紧急救援中心出具的《工作证明》、北京市公安局交通管理局海淀交通支队黄庄大队出具的《工作说明》、北京市公安交通司法鉴定中心出具的《关于范某斌血液酒精检验情况的说明》及血样送检录像。具体理由如下：

第一，申请排除《血样提取登记表》《检验报告》的理由是，血样在提取过程中被污染，曾某君提取血样违反医疗行政法规及其他行政规范性文件。

第二，申请排除《红十字会救护员证》的理由是，该证件没有与原件比对且曾某君现不知去向、涉嫌潜逃；曾某君无资格身份却在本案中开展提取血样的医疗行为，违反《中华人民共和国基本医疗卫生与健康促进法》中有关国家对医师、护士等医疗卫生人员依法实行执业注册制度的规定。

第三，申请排除《见习协议书》及北京市红十字会紧急救援中心出具的《工作证明》

的理由是,《见习协议书》不具备刑事证据的规格要求,《工作证明》内容与律师调查内容不符。

第四,申请排除北京市公安局交通管理局海淀交通支队黄庄大队出具的《工作说明》、北京市公安交通司法鉴定中心出具的《关于范某斌血液酒精检验情况的说明》及血样送检录像的理由是,上述公安机关出具的说明材料没有两名以上侦查人员的签字,送检录像没有录制人、录制时间、送往何处、何时由何人接收的说明,且录制过程有黑屏。

二审期间,范某斌还向本院提交了三类书面材料,具体如下:

第一类是范某斌取保候审期间的就医材料。2020年2月28日,范某斌向本院提交首都医科大学附属北京友谊医院2019年9月2日的《门诊病历》及《收费清单》、首都医科大学附属宣武医院2019年9月28日的《西药处方笺》、首都医科大学附属北京世纪坛医院2019年10月19日的《医疗保险处方笺》及其患有皮肤病的身体局部照片,以证明其在提取血样后被诊断患有皮肤疾病情况。此外,范某斌在当日还提交北京回龙观医院2019年10月15日的《抑郁自评量表(SDS)结果分析报告》及《焦虑自评量表(SAS)结果分析报告》,以证明其在提取血样后精神出现障碍前往医院检查情况。

其中,北京友谊医院的《门诊病历》记载,查体见其双股内侧大面积淡红斑、丘疹、相互融合,诊断为过敏性皮炎。宣武医院的《西药处方笺》记载,临床诊断为湿疹。北京世纪坛医院的《医疗保险处方笺》记载,诊断为疥疮、瘙痒症。北京回龙观医院的《抑郁自评量表(SDS)结果分析报告》记载范某斌有重度的抑郁情绪,《焦虑自评量表(SAS)结果分析报告》记载范某斌有重度以上焦虑。

第二类是北京市红十字会紧急救援中心收取费用材料。2020年3月25日,范某斌向本院提交北京市红十字会紧急救援中心出具的《急救费用明细清单》《北京市救护车收费专用收据》及其拍摄的北医六院门诊收费项目图片。

第三类是范某斌参加疫情防控及捐赠款物的材料。

经二审审理查明:2019年6月23日21时许,上诉人范某斌饮酒后驾驶车牌号为京HL61××的黑色梅赛德斯-奔驰牌小型普通客车,行驶至北京市海淀区香山路香泉环岛北口时被北京市公安局交通管理局海淀交通支队黄庄大队警察拦截查获。21时21分,经呼气酒精检测,范某斌血液中酒精含量为96毫克/100毫升。随后警察将范某斌传唤至海淀交通支队黄庄大队,同时通知北京市红十字会紧急救援中心派人提取范某斌血液。21时56分,北京市红十字会紧急救援中心指派曾某君在海淀交通支队黄庄大队提取了范某斌血液检材。经范某斌签字确认封存后,海淀交通支队黄庄大队派出两名警察将该血液检材送往北京市公安交通司法鉴定中心。当日22时35分,北京市公安交通司法鉴定中心接收到该血液检材,经检验并在当日出具《检验报告》。检验结果为在范某斌血液检材中检出酒精,含量为85.6毫克/100毫升。

二审经审核,对一审判决作为定案根据的北京市公安局交通管理局海淀交通支队黄庄大队出具的《工作说明》《说明》及北京市公安交通司法鉴定中心出具的《关于范某斌血液酒精检验情况的说明》,因仅加盖单位公章而没有侦查人员签名、不符合法律规定而不予确认,对其他证据均予确认。

就范某斌及其辩护人武学兰、丛硕分别就本案证据采信、事实认定、诉讼程序及法律适用等提出的上诉理由、辩护意见及所提各项申请，合议庭在归纳整合的基础上综合评判如下：

（一）关于本案侦查程序是否违法问题

就该问题，范某斌上诉提出曾某君在提取本案血样时未取得国家或行业认可的医疗技术人员资格证书，且与北京市红十字会紧急救援中心签署的是见习协议，因而曾某君提取本案血样违反侦查程序。辩护人武学兰认为曾某君既非刑事侦查人员，也没有执业医师资格，其提取血样违反了侦查程序。同时，曾某君身份虚假及血样提取地点并非医疗机构，因而侦查程序违反了法律规定。辩护人丛硕认为，警察未依法将范某斌带至医疗机构提取血样，曾某君没有执业资格，因而其行为违反《医疗机构管理条例》等规定，本案血样提取违反侦查程序。

对此，合议庭经评议认为，第一，曾某君具有提取本案血样的资格。刑事诉讼法、《最高人民法院关于适用〈中华人民共和国刑事诉讼法〉的解释》《最高人民法院、最高人民检察院、公安部关于办理醉酒驾驶机动车刑事案件适用法律若干问题的意见》《公安机关办理刑事案件程序规定》及《公安部关于公安机关办理醉酒驾驶机动车犯罪案件的指导意见》等法律、司法解释及规范性文件均未对提取血样的资格问题作出明确规定。对此可以提供参考的有原国家质量监督检验检疫总局与国家标准化管理委员会在2011年1月27日发布并于当年7月1日实施的《车辆驾驶人员血液、呼气酒精含量阈值与检验（GB 19522—2010）》国家标准。该国家标准第5.3.1条款规定，抽取血样应由专业人员按要求进行。

本案中，曾某君提取血样前已在普通高等学校完成临床医学专业三年制专科学习并取得毕业证书。对于血样的提取，曾某君相对于警察及其他普通人员而言应属专业人员。因此本案由曾某君提取血样，并未违反法律及其他相关规定。

此外需要明确的是，曾某君提取范某斌血样，系协助公安机关针对范某斌涉嫌违法犯罪行为的侦查取证，而非系协助执业医师针对范某斌所患疾病的诊疗救治，因而曾某君提取本案血样并不需要取得国家或行业认可的医疗技术人员资格，该行为并不属于执业医师法及《护士条例》等医疗法律法规调整适用的对象。

第二，曾某君提取血样并不违反刑事侦查程序。本案中，曾某君提取范某斌血样系受北京市红十字会紧急救援中心指派，而北京市红十字会紧急救援中心系受北京市公安局公安交通管理局海淀交通支队黄庄大队委托。在本案血样的提取、送检及检验等程序中，曾某君所参与的工作仅限于提取范某斌的血样、装入容器封存并交由警察送往检验。在该过程中，警察全程在场并全程录像，未见违反法律规定。同时，范某斌本人亦参与其中，不仅在现场口头表示认可血样提取过程，而且在《血样提取登记表》上签字确认。因此，曾某君提取本案血样并不违反刑事侦查程序。

此外需要明确的是，在一审当庭出示并经质证的证据中，北京市红十字会紧急救援中心出具的《工作证明》《见习协议书》及曾某君有关学习经历、工作经历、身份情况等多项证据材料已经证明了曾某君的个人身份,未见身份信息虚假情况。对本案而言,曾某君有法律意义的身份在于其是否具有提取血样所需要的专业经验及合法授权,而非其他与本案无关的身份信息。在曾某君具有提取范某斌血样的专业经验和合法授权的情况下,本案不存在因曾某君的身份问题导致血样提取程序违法及排除相关证据的问题。至于曾某君是否具有其他身份,并非本案审理所需要查明的问题,因而合议庭无须逐一查明。

第三,本案血样提取地点并未违反刑事诉讼法律规定。公安部《道路交通安全违法行为处理程序规定》第三十四条虽然规定,检验车辆驾驶人体内酒精的,应当由交通警察将当事人带到医疗机构进行抽血。但该规定第一条明确全文规范的是"道路交通安全违法行为处理程序",第六十七条第一项明确规定中的"违法行为人"是指违反道路交通安全法律、行政法规规定的公民、法人及其他组织。而本案情况是,范某斌经呼气式酒精检测结果为血液中酒精含量达96毫克/100毫升,因而其行为已经涉嫌违反刑法规定构成刑事犯罪。后续的提取血样及送往检验等行为,均非交通警察处理道路交通安全行政违法行为。因此,公安部《道路交通安全违法行为处理程序规定》中有关血样提取地点的规定并不适用于本案,本案血样提取的地点并不违反刑事诉讼法律规定。

此外需要明确的是,合议庭经审查血样提取同步录像,未见曾某君存在提取不规范情形,且血样提取地点与血样是否受到污染之间在客观上并不存在必然因果关系。本案血样提取地点不在医疗机构,并不必然导致范某斌的血样被污染,当然也不必然导致《检验报告》结论错误。

综上,范某斌的该项上诉理由及其辩护人武学兰、丛硕的该项辩护意见缺乏法律依据,不能成立。

(二) 关于本案一审程序是否违法的问题

就该问题,范某斌上诉提出,在本案由速裁程序转为普通程序后,其发现了新的事实和证据证明取证过程违法,因而和辩护律师共同申请法院召开庭前会议,但一审法院并未召开。此外,其曾和辩护律师共同申请鉴定曾某君《红十字会救护员证》的真伪,但一审法院未予鉴定亦未说明理由。

对此,合议庭经评议认为,刑事诉讼法第一百八十七条第二款规定,在开庭以前,审判人员可以召集公诉人、当事人和辩护人、诉讼代理人,对回避、出庭证人名单、非法证据排除等与审判相关的问题,了解情况,听取意见。

第一,本案在第一次庭审之前不符合召开庭前会议的条件。召开庭前会议的目的在于确保法庭集中持续审理,提高庭审质量和效率,且一般适用于普通程序审理的证据材料较多、案情疑难复杂、社会影响重大或者控辩双方对事实证据存在较大争议的刑事案件。就本案而言,范某斌在侦查阶段及审查起诉阶段均自愿认罪认罚,于2019年7月2日签署《认罪认罚具结书》,知悉并认可北京市海淀区人民检察院指控其酒后驾驶机动车的犯罪事实、构成危险驾驶罪的指控罪名及拘役一个月至二个月并处罚金的量刑建议。本案辩护人丛硕在审查起诉阶段即担任范某斌的辩护人,在《认罪认罚具结书》上签字证明范某斌已经阅读《认罪认罚具结书》和《认罪认罚从宽制度告知书》,及范某斌系自愿签署《认罪认罚具结书》。当日,范某斌在接受北京市海淀区人民检察院讯问时,明确表示同意本案适用速裁程序审理。2019 年 7 月 12 日,一审法院向范某斌送达起诉书副本。《送达起诉书副本笔录》记载范某斌对起诉书指控的事实和罪名没有异议,其不申请排除非法证据,同意适用速裁程序,同意北京市海淀区人民检察院提出的量刑建议。因此,本案并不符合召开庭前会议的条件,不具有召开庭前会议的必要性。

第二,本案在第二、三次庭审前已没有召开庭前会议的必要性。2019 年 7 月 19 日,一审法院第一次开庭审理本案,范某斌及其辩护人丛硕到庭参加审理。在法庭调查阶段,范某斌及其辩护人丛硕均当庭表示同意适用速裁程序审理,同意北京市海淀区人民检察院提出的拘役一至二个月并处罚金的量刑建议,对起诉书指控的事实和证据不持异议,对公诉人当庭出示的证据表示没有意见,并当庭表示没有新的证据向法庭出示。在该次庭审的法庭辩论阶段,范某斌对指控事实及罪名均提出异议,不再认罪认罚,后一审法院依法决定按照普通程序重新审理本案。2019 年 10 月 11 日,一审法院第二次开庭审理本案,范某斌及其辩护人丛硕、张明哲参加庭审。范某斌在法庭调查阶段依然对起诉书指控的事实、罪名、查获经过及查获时血液中的酒精含量不持异议,但其辩护人表示作无罪辩护。在该次庭审及 2019 年 11 月 8 日的第三次庭审中,控辩双方逐一出示证据材料并充分发表质证意见,因而本案并无再召开庭前会议的必要。此外,经查阅一审卷宗,合议庭并未发现范某斌及其辩护人曾向一审法院提出过召开庭前会议的相关申请材料。

第三,一审判决已充分说明不准许鉴定申请的理由。一审法院的判决书在"事实"部分完整记载了范某斌及其辩护人提出的鉴定申请内容,在"理由"部分先详细论述了曾某君提取本案血样符合法律规定的具体理由,后以申请鉴定曾某君《红十字会救护员证》的真伪没有事实和法律依据为由驳回该项申请。因此,一审判决已充分说明了不准许鉴定申请的详细理由。

综上,范某斌所提该项上诉理由,缺乏法律依据且与客观事实不符,不能成立。

(三)关于一审判决采信证据是否错误问题

1. 关于《血样提取登记表》内容是否真实问题

就该问题,范某斌上诉提出《血样提取登记表》内容不真实。理由在于《血样提取登记表》中有关范某斌否认饮酒的内容记载不真实,部分内容系机打形成,曾某君未在"医务人员填写"栏目手写内容且其并非医务人员却在"医务人员姓名"处签名。

对此,合议庭经评议认为,在范某斌因本案被提取血样当时,警察对该过程全程同步录像。经与该血样提取同步录像比对可以确认,《血样提取登记表》中"当事人情况"部分有关"是否承认饮酒"处的记载确与范某斌现场承认饮酒的内容不一致。此外,"医务人员填写"处有关"盛装容器名称""样本量""消毒液名称"及"密封方法"处内容确系机打形成,且曾某君确在"医务人员姓名"处手写签名。除此之外,范某斌并未对《血样提取登记表》中其他内容提出异议。经审查血样提取同步录像并与《血样提取登记表》比对后可以确认以下几点:

第一，《血样提取登记表》中有关范某斌"是否承认饮酒"部分记载与范某斌自述内容的不一致，不影响有关血样提取内容的客观真实性。此外需要明确的是，虽然"是否承认饮酒"处的记载为"否"，但"承认饮酒量"处记载的内容为"二两白酒、半瓶啤酒"，该内容与范某斌在血样提取同步录像中的自述内容完全一致。

第二，机打与手写均系《血样提取登记表》的具体填写方式，而填写方式的差异并不影响填写内容的真实性。该表中除"医务人员姓名""当事人或见证人签名"及"办案人签名"处为手写之外，其余内容均系机打形成。机打内容不仅包括"样本量"及"密封方法"等血样提取内容，也包括"当事人姓名""性别""年龄"及"当事人身份"等有关范某斌的身份自然情况，而这些身份自然情况的机打内容未见与客观情况不符。

第三，血样提取结束后，范某斌经认真核实后在该《血样提取登记表》中"当事人或见证人签名"处签字确认，且同步录像显示其并未对《血样提取登记表》填写内容表示过异议。

第四，即便范某斌对曾某君是否具有医务人员身份存有异议，曾某君在"医务人员姓名"处签字也不影响该《血样提取登记表》中记载的有关范某斌血样提取内容的真实性。

综上，范某斌所提该项上诉理由，与客观事实不符，不能成立。

2. 关于送检血样在封存之前是否受到污染问题

就该问题，范某斌上诉提出送检的血样在封存之前受到污染。理由是血样提取人员曾某君不具备医疗技术人员资格，采血行为不规范，血样在封存前暴露且接触不清洁的桌面，导致送检的血样受到污染，不能作为本案检验的样本。辩护人丛硕亦认为，因曾某君提取血样行为不规范，提取血样环境不卫生，导致送检血样受到污染。

对此，合议庭经审查血样提取同步录像后评议认为，本案血样在被提取之后立即装入容器封存，未见血样在封存前暴露，未见血样在封存前与桌面接触，未见血样在封存前受到其他污染情况，未见曾某君存在不规范采血行为。曾某君是否具备医疗技术人员资格与血样提取后封存前客观上是否受到污染没有必然关系，且曾某君提取本案血样并非从事诊疗行为，现行法律没有规定其必须具备医疗技术人员资格。此外需要明确的是，在本案血样提取及封存过程中，范某斌全程在场，警察亦全程同步录像，未见范某斌当场提出异议。

综上，范某斌的该项上诉理由及辩护人丛硕的该项辩护意见，与客观事实不符，不能成立。

3. 关于血样送检录像是否完整问题

就该问题，辩护人武学兰认为，本案血样送检录像不完整且未显示时间及送检人等，一审法院错误予以采信。

对此，合议庭经评议认为，在本案一审期间，鉴于范某斌及其辩护人对血样送检过程提出异议，北京市海淀区人民检察院从北京市公安局交通管理局海淀交通支队黄庄大队调取了血样送检录像并在第二次庭审时当庭播放。合议庭经审查该血样送检录像，确认该录像完整呈现了两名警察在血样被提取后立即驾车送至鉴定机构的全部过程。录像内容连贯，摄像头全程面对血样拍摄未曾中断，未见剪辑、增加、删改等情形，因而该送检录像虽系复制件，录像本身未显示时间及送检人图像，但来源合法，过程完整，内容客观，录制过程未见违反法律法规情形。因此，在案血样送检录像连同《血样提取登记表》《送检登记册》可以共同证明范某斌血样从提取、封存到送检的全部过程。

综上，辩护人武学兰的该项辩护理由，与客观事实不符，不能成立。

4. 关于《检验报告》应否采信问题

就该问题，范某斌上诉提出《检验报告》结论不正确。理由是血样提取程序不合法，提取方法不专业，提取器械被污染，送检过程不规范，鉴定时其不在现场，因而《检验报告》结论不正确。辩护人丛硕认为，曾某君提取血样行为不规范，现场环境不卫生，导致送检血样受到污染，《检验报告》结论缺乏客观有效血样依据，因而不应被采信。

对此，合议庭在逐一审查《检验报告》的形式内容、检验程序及过程方法等，同时逐一审查证明范某斌的血样从提取、封存到送检的《血样提取登记表》《送检登记册》及血样提取同步录像、血样送检同步录像后评议认为，本案鉴定机构及鉴定人具有法定资质且不存在应当回避的情形，血样的提取、保管及送检符合法律规定且与《血样提取登记表》《送检登记册》记载的内容相符，证据保管链条完整，检材充足可靠，《检验报告》形式要件完备，检验程序符合法律规定，检验方法符合专业规范要求，检验结果明确且已依法告知范某斌本人，范某斌签字确认且未对该《检验报告》表示异议。此外，未见《检验报告》与在案其他证据存在矛盾。因此，《检验报告》内容真实、程序合法，一审法院予以采信并无不当。

综上所述，范某斌的该项上诉理由及其辩护人丛硕的该项辩护意见，与客观事实不符，不能成立。

5. 关于公安机关出具的说明材料应否采信的问题

就该问题，辩护人武学兰认为，公安机关在一审期间提交的各项说明材料没有侦查人员的签字，不符合刑事证据要求，一审法院却错误采信。

对此，合议庭经审查北京市海淀区人民检察院在一审期间调取并当庭出示的北京市公安交通司法鉴定中心出具的《关于范某斌血液酒精检验情况的说明》、北京市公安局交通管理局海淀交通支队黄庄大队出具的《工作说明》及《说明》后发现，上述说明材料确实仅加盖单位公章而没有侦查人员的签名。同时，辩护人丛硕及一审辩护人张明哲在一审庭审质证时曾明确要求排除上述说明材料。《最高人民法院关于适用〈中华人民共和国刑事诉讼法〉的解释》第一百零一条第二款规定：公诉人提交的取证过程合法的说明材料，应当经有关侦查人员签名，并加盖公章。未经有关侦查人员签名的，不得作为证据使用。第一百零八条规定：对侦查机关出具的被告人到案经过、抓获经过等材料，应当审查是否有出具该说明材料的办案人、办案机关的签名、盖章。本案中，上述说明材料由公安机关出具但未经侦查人员签名，因而不得作为证据使用。

因此，一审法院将上述说明材料采信为定案根据确属不当，辩护人武学兰的该项辩护意见成立。需要明确的是，上述说明材料虽不得作为定案根据使用，但并不影响在案其他证据对血样送检及检验过程真实性的证明。在案《血样送检登记表》《检验报告》及血样送检录像已能完整证明本案血样送检及检验的全部过程。

（四）关于一审法院是否存在认定事实错误问题

1. 关于一审法院是否存在因采信《血样提取登记表》及《检验报告》导致错误认定事实问题

就该问题，范某斌上诉提出一审法院错误采信《血样提取登记表》及《检验报告》，导致错误认定案件事实。

对此，合议庭经评议认为，本案《血样提取登记表》及《检验报告》的内容客观，取证主体及取证程序合法，与本案具有关联性，且经一审法庭调查，因而应当作为定案根据予以采信。

因此，一审法院采信该两项证据并据此认定事实正确合法。范某斌的该项上诉理由与客观事实不符，不能成立。

2. 关于一审法院是否存在因认定曾某君为专业人员及不准许鉴定曾某君《红十字会救护员证》真伪的申请导致错误认定事实的问题

就该问题，辩护人武学兰认为，一审法院拒绝鉴定曾某君《红十字会救护员证》的真伪导致错误认定事实。同时，《红十字会救护员证》《见习协议》及北京市红十字会紧急救援中心出具的《工作证明》不能证明曾某君属于专业人员，一审法院据此错误认定曾某君为专业人员，进而导致错误认定事实。

对此，合议庭经评议认为，因本案并不涉及紧急救护问题，曾某君在本案中参与的工作并非对范某斌实施紧急救护，因而曾某君是否具有救护员资质及在案《红十字会救护员证》的真伪均与本案争议问题不具有关联性，因此，一审法院对范某斌及其辩护人提出鉴定曾某君《红十字会救护员证》真伪的申请不予准许正当合法，且并未导致本案事实认定错误。此外，法院对本案血样提取程序审查的重点在于主体资格、权力来源及提取过程。而就该问题，合议庭已充分论述一审法院认定曾某君为血样提取专业人员并无不当，且并未导致本案事实认定错误。

综上，辩护人武学兰所提该项辩护理由缺乏法律依据及事实依据，不能成立。

3. 关于一审法院是否存在因错误适用规范性文件导致错误认定事实的问题

就该问题，辩护人丛硕认为，一审法院说明曾某君可以提取血样时援引的是《车辆驾驶人员血液、呼气酒精含量阈值与检验（GB 19522—2010）》，而鉴定机构检验血样时依据的却是《血液酒精含量的检验方法（GA/T 842—2019）》。在本案中，或者一审法院错误适用了规范性文件，或者鉴定机构错误采用了检验方法。因此，一审法院错误适用规范性文件，导致未予认定因提取血样不规范可能导致血样被污染的事实，进而出现事实认定错误。

对此，合议庭经评议认为，《车辆驾驶人员血液、呼气酒精含量阈值与检验（GB 19522—2010）》系原国家质量监督检验检疫总局与国家标准化管理委员会在2011年1月27日发布并于当年7月1日实施的国家标准，主要规定车辆驾驶人员饮酒后及醉酒后驾车时血液、呼气中的酒精含量标准和检验方法;《血液酒精含量的检验方法(GA/T 842—2019)》系公安部在 2019 年 4 月 19 日发布、同年 5 月 1 日实施并在国家标准化管理委员会依法备案的行业标准,适用于道路交通执法中对人员血液中酒精的定性和定量分析,系方法标准。《血液酒精含量的检验方法(GA/T 842—2019)》中未规定血样提取人员资格,而《车辆驾驶人员血液、呼气酒精含量阈值与检验(GB 19522—2010)》中则明确规定"提取血样应由专业人员按要求进行",因此一审法院据此援引《车辆驾驶人员血液、呼气酒精含量阈值与检验(GB 19522—2010)》国家标准论证曾某君具有血样提取资格并无不当。

对于应当采取何种标准检验血液酒精含量问题,《司法鉴定程序通则》第二十三条规定,司法鉴定人进行鉴定,应当依下列顺序遵守和采用该专业领域的技术标准、技术规范和技术方法:(一)国家标准;(二)行业标准和技术规范;(三)该专业领域多数专家认可的技术方法。对此,《车辆驾驶人员血液、呼气酒精含量阈值与检验(GB 19522—2010)》第 5.3.2 明确规定,血液酒精含量检验方法按照 GA/T 105 或者 GA/T 842—2009 的规定。《血液酒精含量的检验方法(GA/T 842—2019)》前言部分明确规定,该标准所代替的版本即为 GA/T 842—2009。因此,北京市公安交通司法鉴定中心按照《血液酒精含量的检验方法(GA/T 842—2019)》这一公共行业标准检验范某斌血样,符合《司法鉴定程序通则》及《车辆驾驶人员血液、呼气酒精含量阈值与检验(GB 19522—2010)》及《血液酒精含量的检验方法(GA/T 842—2019)》的规定,并不存在检验标准错误。

因此,本案既不存在一审法院错误适用规范性文件问题,也不存在鉴定机构错误选择检验方法问题,更不存在一审法院据此认定事实错误问题。辩护人丛硕所提该项辩护意见,缺乏法律依据,不能成立。

(五)关于二审应否认定非法证据并予以排除的问题

就该问题,范某斌及其辩护人丛硕申请排除一审判决确认的《血样提取登记表》《检验报告》《红十字会救护员证》《工作证明》及《见习协议书》等五项证据,此外,辩护人丛硕还申请排除北京市公安局交通管理局海淀交通支队黄庄大队出具的《工作说明》、北京市公安交通司法鉴定中心出具的《关于范某斌血液酒精检验情况的说明》及血样送检录像。

对此,合议庭经评议认为,刑事诉讼法第五十六条规定:收集物证、书证不符合法定程序,可能严重影响司法公正的,应当予以补正或者作出合理解释;不能补正或者作出合理解释的,对该证据应当予以排除。《最高人民法院关于适用〈中华人民共和国刑事诉讼法〉的解释》第九十五条第二款规定,认定刑事诉讼法第五十四条(2018 年 10 月 26 日修订前的条文)规定的"可能严重影响司法公正",应当综合考虑收集物证、书证违反法定程序以及所造成后果的严重程度等情况。第一百零三条规定,具有下列情形之一的,第二审人民法院应当对证据收集的合法性进行审查,并根据刑事诉讼法和本解释的有关规定作出处理:(一)第一审人民法院对当事人及其辩护人、诉讼代理人排除非法证据的申请没有审查,且以该证据作为定案根据的;(二)人民检察院或者被告人、自诉人及其法定代理人不服第一审人民法院作出的有关证据收集合法性的调查结论,提出抗诉、上诉的;(三)当事人及其辩护人、诉讼代理人在第一审结束后才发现相关线索或者材料,申请人民法院排除非法证据的。

就本案而言,第一,申请排除《血样提取登记表》及《检验报告》缺乏法律依据。虽然范某斌及其辩护人在一审期间曾对该两项证据提出过排除申请,但血样提取人员的身份及《血样提取登记表》中有关范某斌自述内容填写有误不影响《血样提取登记表》有关血液提取内容的真实性,且并无证据证明本案血样被污染及血样提取、送检及检验程序违法,因而没有排除《血样提取登记表》及《检验报告》的法律依据。

第二,申请排除《红十字会救护员证》《见习协议书》及北京市红十字会紧急救援中心出具的《工作证明》缺乏必要性。虽然范某斌及其辩护人在一审期间亦曾对该三项证据提出过排除申请,但《见习协议书》及北京市红十字会紧急救援中心出具的《工作证明》仅证明曾某君系受北京市红十字会紧急救援中心指派参与本案。曾某君曾接受过临床医学高等教育的相关证据已解决其专业经验问题,《红十字会救护员证》与本案争议焦点没有关联性,其真伪问题及是否排除问题并不关系到本案事实认定。此外,辩护人并未向本院提交相关调查材料以证明北京市红十字会紧急救援中心出具的《工作证明》及提供的《见习协议书》内容虚假。因此,本案没有排除上述证据的必要性。

第三,申请排除北京市公安局交通管理局海淀交通支队黄庄大队出具的血样送检录像依据不足。该血样送检录像系在2019年10月11日第二次庭审中当庭播放,范某斌及其辩护人在一审期间并未认为该证据的取证程序违法而申请予以排除,且辩护人丛硕所提该项申请的线索并非在一审结束后才发现,因而该申请不符合司法解释规定的二审法院应当对证据收集合法性进行审查的情形。此外需要说明的是,合议庭经审查该血样送检录像确认,因本案血样送检时间系在夜间,录像中部分画面出现黑色系因拍摄当时处于无灯光照射地方所致,因而部分画面出现黑色属客观正常。因此,本案血样送检录像不应被排除。

第四,申请排除北京市公安局交通管理局海淀交通支队黄庄大队出具的《工作说明》及北京市公安交通司法鉴定中心出具的《关于范某斌血液酒精检验情况的说明》,因该说明材料确实没有两名以上侦查人员的签字,故此申请理由充分,应予支持。

综上,辩护人丛硕申请二审排除北京市公安局交通管理局海淀交通支队黄庄大队出具的《工作说明》及北京市公安交通司法鉴定中心出具的《关于范某斌血液酒精检验情况的说明》的理由成立,但范某斌及其辩护人丛硕申请排除《血样提取登记表》《检验报告》《红十字会救护员证》《工作证明》及《见习协议书》及辩护人丛硕申请排除血样送检录像的理由不成立。

(六)关于二审应否通知相关证人、鉴定人出庭的问题

二审期间,范某斌及其辩护人武学兰、丛硕共同申请本院通知曾某君、北京市红十字会紧急救援中心负责人和北京市公安交通司法鉴定中心鉴定人员出庭。

对此,合议庭经评议认为,刑事诉讼法第一百九十二条第三款规定:公诉人、当事人或者辩护人、诉讼代理人对鉴定意见有异议,人民法院认为鉴定人有必要出庭的,鉴

定人应当出庭作证。第二百三十四条规定，第二审人民法院对于四类案件，应当组成合议庭，开庭审理，即被告人、自诉人及其法定代理人对第一审认定的事实、证据提出异议，可能影响定罪量刑的上诉案件；被告人被判处死刑的上诉案件；人民检察院抗诉的案件；其他应当开庭审理的案件。

就本案而言，虽然范某斌及其辩护人对一审认定的事实及部分证据提出异议，但合议庭经审查认为不影响定罪量刑，因而本案不符合开庭审理条件，因而也就不存在相关人员出庭作证问题。虽然范某斌及其辩护人对本案一审认定的血样提取程序、送检程序及《检验报告》等提出异议，但合议庭认为在案证据已经证明取证程序合法规范，证明内容明确客观，所申请的出庭人员均不存在出庭的必要性。

综上，范某斌及辩护人武学兰、丛硕的该项申请，依据不足，不予准许。

（七）关于二审应否委托鉴定的问题

二审期间，范某斌及其辩护人武学兰、丛硕分别申请鉴定曾某君《红十字会救护员证》复印件的真伪。辩护人丛硕还申请对北京市公安交通司法鉴定中心在2019年6月23日收到的范某斌血样样品进行污染物微量鉴定并进行微量检测。

对此，合议庭经评议认为，刑事诉讼法第一百四十六条规定，为了查明案情，需要解决案件中某些专门性问题的时候，应当指派、聘请有专门知识的人进行鉴定。就本案而言，本案并非因救护产生争议的案件，合议庭关注的重点并非曾某君是否具有救护资格，而是曾某君是否具有专业经验及是否获得合法授权，因此，曾某君是否具有救护员资质、其所持《红十字会救护员证》是否真实等与本案争议问题没有关联性，因而无须就此问题委托鉴定。此外，北京市海淀区人民检察院起诉书指控的事实是，范某斌饮酒后驾驶机动车且血液中酒精含量达到国家规定的醉酒标准，因而合议庭关注的重点是范某斌被查获时血液中的酒精含量是否达到醉酒标准，而非其血液中的污染物种类及含量，因而该项鉴定申请明显与本案无关。

综上，范某斌及辩护人武学兰、丛硕所提鉴定申请，与本案没有关联性，不予准许。

（八）关于范某斌本案行为的性质认定问题

就该问题，范某斌上诉提出，其虽然在饮酒后驾驶了机动车，但当时并不明知血液中酒精含量超过了80毫克/100毫升的国家标准。其不是故意在醉酒后开车，只在鉴定后才知道血液中的酒精含量超过国家规定的醉酒标准，因而其行为不属于故意犯罪，不构成危险驾驶罪。辩护人武学兰认为，范某斌饮酒后联系代驾未果才驾车前往医院看望病人，案发时没有发生交通事故，没有出现拒绝检查及逃跑回避等情况，其行为属情节显著轻微，没有任何社会危害后果，应依法免予定罪。辩护人丛硕认为，范某斌的行为不构成危险驾驶罪。

对此，合议庭经评议认为，刑法第一百三十三条之一规定，在道路上醉酒驾驶机动车的，处拘役，并处罚金。

就本案而言，第一，对于危险驾驶罪的主观故意认定，只需要行为人明知自己饮酒且饮酒后驾驶机动车属于违法行为即可，并不要求行为人明知自己的血液酒精含量已超过国家规定的80毫克/100毫升标准。对于社会普通公众而言，饮酒后驾驶机动车违反法律规定属众所周知的基本常识。范某斌作为司法工作人员，初次申领机动车驾驶证距今已超过三十四年，在2010年至2011年间曾有过三次因饮酒后驾驶机动车被行政处罚的违法记录，因而其对于饮酒后驾驶机动车属于违法犯罪行为显然是明知的。在此情况下，其饮酒后驾驶机动车在道路上行驶，主观方面当属故意而非过失，更非意外事件。

第二，根据危险驾驶罪法条描述的具体罪状及所在刑法分则的章节位置可以判断，危险驾驶罪属于行为犯，构成该罪不以出现具体危害结果为要件。同时作为危害公共安全犯罪，危险驾驶罪属抽象危险犯，构成该罪不以行为已经或者足以对公共安全造成危险为要件，而是该行为一经实施，刑法就推定给公共安全造成危险。范某斌饮酒后驾驶机动车在道路上行驶，经鉴定血液中酒精含量超过国家规定的醉酒标准，其行为即已构成危险驾驶罪。

第三，刑法第三条规定：法律明文规定为犯罪行为的，依照法律规定定罪处刑；法律没有明文规定为犯罪行为的，不得定罪处刑。刑法第十三条规定，犯罪是危害社会，依照法律应当受刑罚处罚的行为，但是情节显著轻微危害不大的，不认为是犯罪。本案中，范某斌醉酒后在道路上驾驶机动车虽未在客观上造成实际损害结果，但其行为已经符合刑法第一百三十三条之一规定的危险驾驶罪的构成要件，且不属于情节显著轻微危害不大的情形，因而应严格依法认定为犯危险驾驶罪。至于范某斌系基于何种原因才醉酒驾车以及被查获时是否存在拒绝检查及逃跑回避等行为，并不影响对其行为是否构成犯罪的认定。

综上所述，范某斌的该项上诉理由及其辩护人武学兰、丛硕的该项辩护意见，缺乏法律依据，不能成立。

（九）关于范某斌提交其他材料的评价问题

对于范某斌在二审期间提交的北京友谊医院的《门诊病历》及《收费清单》、宣武医院的《西药处方笺》、北京世纪坛医院的《医疗保险处方笺》及患有皮肤病的局部照片、北京回龙观医院的《抑郁自评量表（SDS）结果分析报告》及《焦虑自评量表（SAS）结果分析报告》、北京市红十字会紧急救援中心的《北京市救护车收费专用收据》《急救费用明细清单》及其他书面材料，合议庭经评议认为均与本案没有关联性，不影响本案处理。

本院认为，上诉人范某斌在道路上醉酒驾驶机动车，其行为已经构成危险驾驶罪，依法应予惩处。范某斌到案后虽对诉讼程序提出异议，但对于饮酒后驾驶机动车在道路上行驶这一事实始终予以供认，因而可以认定其如实供述犯罪事实，据此可对其从轻处罚。但范某斌曾三次因酒后驾驶机动车受到行政处罚，据此应对其从重处罚。原审人民法院根据范某斌犯罪的事实、性质、情节和对于社会的危害程度所作出的判决，事实清楚，虽部分证据采信不当，但认定案件事实的证据确实、充分，定罪及适用法律正确，

量刑及罚金数额适当,审判程序合法,应予维持。据此,依照刑事诉讼法第二百三十六条第一款第(一)项之规定,裁定如下:

驳回上诉,维持原判。

本裁定为终审裁定。

审 判 长　周维平
审 判 员　相　阳
审 判 员　张乾雷
二〇二〇年四月十日
法官助理　廖清顺
书 记 员　潘萌萌

[编者按]

本案是一起以残忍手段强奸未成年人致死的恶性案件，二审以被告人自首为由对被告人改判死缓，引发公众热议。最高人民法院指令再审，对严重违国法、悖天理、逆人情的被告人依法改判并执行死刑，体现了依法严惩未成年人犯罪，对挑战法律和社会伦理底线的各种严重罪行决不姑息。本案涉及的"自首免死"是理论界和实务界长期备受争议的问题。本案的再审判决书和最高人民法院的刑事裁定书明确了自首能否免死取决于案件是否存在犯罪情节特别恶劣、手段特别残忍、后果特别严重等情况的裁判规则，将法理的专业判断与民众的朴素认知融合起来，以严谨的法理彰显司法的理性，以公认的情理展示司法的良知，兼顾国法、天理与人情。

# 杨某毅强奸案

## 中华人民共和国最高人民法院
## 刑事裁定书

（2021）最高法刑核 78493152 号

原审被告人杨某毅，男，汉族，1989年××月××日出生于广西壮族自治区灵山县，小学文化，农民。因本案于2018年10月6日被刑事拘留，同月12日被逮捕。2020年3月25日被判处死刑，缓期二年执行，剥夺政治权利终身，并限制减刑。现在押。

广西壮族自治区钦州市中级人民法院审理钦州市人民检察院指控原审被告人杨某毅犯强奸罪一案，于2019年7月12日作出（2019）桂07刑初34号刑事判决，认定杨某毅犯强奸罪，判处死刑，剥夺政治权利终身；责令杨某毅退赔人民币32元给被害人的法定代理人陈某某；作案工具小刀一把，依法没收。宣判后，杨某毅不服，提出上诉。广西壮族自治区高级人民法院于2020年3月25日作出（2019）桂刑终326号刑事判决，维持钦州市中级人民法院（2019）桂07刑初34号刑事判决中对杨某毅的定罪、责令退赔和依法没收部分，改判杨某毅死刑，缓期二年执行，剥夺政治权利终身，对杨某毅限制减刑。判决生效后，本院决定对该案调卷审查。本院审查期间，被害人的母亲陈某某向本院提出申诉。经审查，本院于2020年11月3日作出（2020）最高法刑监2号再审决定，指令广西壮族自治区高级人民法院另行组成合议庭对本案进行再审。广西壮族自治区高级人民法院经依法再审，于2020年12月25日作出（2020）桂刑再6号刑事判决，撤销该院（2019）桂刑终326号刑事判决，维持钦州市中级人民法院（2019）桂07刑初34号刑事判决，即杨某毅犯强奸罪，判处死刑，剥夺政治权利终身；责令杨某毅退赔人民币32元给被害人的法定代理人陈某某；作案工具小刀一把，依法没收。本案依法报请本院核准。

本院依法组成合议庭，对本案进行了复核，依法讯问了原审被告人杨某毅。现已复核终结。

经复核确认：原审被告人杨某毅系广西壮族自治区灵山县某某村村民，2007年至2018年间，杨某毅多次骚扰、猥亵杨某甲、杨某乙等同村幼女。2018年10月4日12时许，杨某毅见同村幼女杨某某（被害人，殁年10岁）独自一人到杨某毅家楼下的百香果收购点卖百香果，遂产生奸淫之念。当杨某某卖完百香果拿着一个红色蛇皮袋和卖果所得的32元钱回家时，杨某毅便携带一把折叠刀抢先到杨某某返家必经的瘦沙岭脚下一竹丛中守候。当杨某某走到竹丛时，杨某毅拦住杨某某并强行将其抱往瘦沙岭。上山途中，杨某毅强行脱下杨某某的裤子，杨某某反抗并大声哭喊，挣脱后往山下跑。杨某毅追上后，猛掐杨某某颈部致其昏迷。接着，杨某毅将昏迷的杨某某装进红色蛇皮袋，扛至瘦沙岭山顶并摔在地上，杨某某醒来从蛇皮袋里往外爬。杨某毅见状再次猛掐杨某某颈部，致其不能动弹。因杨某某眼睛未闭，杨某毅遂用折叠刀捅刺、挑破杨某某双眼眼球，并朝杨某某颈部捅刺数刀。随后，杨某毅对杨某某实施奸淫，并拿走杨某某卖果所得的32元钱。之后，杨某毅再次将杨某某塞进蛇皮袋中，用树藤捆扎袋口，以扔、踢、滚等方式带至瘦沙岭山脚。怕杨某某不死，杨某毅将蛇皮袋在一水坑中浸泡十余分钟，后将蛇皮袋提起，搬至附近鱼尾岭草丛中藏匿并逃离现场。经鉴定，杨某某系被他人强暴伤害过程中胃内容物反流进入气管、支气管和气管被锐器刺破，气管外周围血管损伤出血，血液直接流入气管、支气管，造成气管、支气管填塞导致机械性窒息而死亡。10月5日，公安机关在排查过程中对杨某毅进行询问时，其未承认作案。6日凌晨2时许，杨某毅在其父杨某的陪同下到灵山县公安局某某派出所投案。

上述事实，有第一审、第二审及再审开庭审理中经质证确认的原审被告人杨某毅投案时被收缴的折叠刀、根据杨某毅指认找到的装有被害人杨某某尸体的蛇皮袋等物证，公安机关出具的抓获经过，证人陈某某、陈某甲、蒙某、杨某、黎某某、杨某甲、杨某乙、杨某丙等人的证言，现场勘验、检查笔录，尸体鉴定意见、水样鉴定意见、DNA鉴定意见，杨某毅的指认、辨认笔录，视听资料等证据证实。原审被告人杨某毅亦供认，足以认定。

本院认为，原审被告人杨某毅奸淫不满十四周岁的幼女，其行为构成强奸罪。杨某毅强奸幼女情节恶劣，且致被害人杨某某死亡，依法应当在十年以上有期徒刑、无期徒刑或者死刑的幅度内判处刑罚。杨某毅奸淫仅十周岁的幼女，依法应当从重、从严惩处。杨某毅为发泄私欲，无视国法，经事先预谋，携带刀具强行劫持幼女，采取掐颈、刺破眼球、捅刺颈部等极端残忍手段对杨某某实施奸淫，且奸淫之后将杨某某装袋捆扎，用扔、踢、滚等方式带下山，恐被害人不死又将其在水中浸泡，后抛尸于山林隐蔽处。杨某毅的犯罪动机卑劣，犯罪手段特别残忍，犯罪情节特别恶劣，危害后果特别严重。

案发后，原审被告人杨某毅在父亲陪同下到公安机关投案并如实供述了强奸致死被害人的主要犯罪事实，系自首。但杨某毅系在公安机关已掌握一定线索并对其排查询问后迫于压力而投案；虽交代了强奸致人死亡等主要犯罪事实，但对有关强奸的部分重要事实予以隐瞒；虽然认罪，但原审、再审及死刑复核期间并未实质悔罪；其投案虽对案件侦破起到积极作用,但并未达到至关重要的程度。是否因杨某毅自首而对其从宽处罚,应当在全面考察其所犯罪行的性质、情节和对社会的危害程度的基础上,结合其主观恶性、人身危险性和自首的具体情况等综合评判。

严厉惩处严重损害未成年人身心健康的犯罪行为是我国法律的明确规定。保留死刑,严格控制和慎重适用死刑,是我国现阶段的死刑政策。根据法律规定及死刑政策,对于罪行不是十分严重的犯罪分子,不得适用死刑,但是,对于罪行极其严重,严重影响人民群众安全感的暴力犯罪分子依法判处死刑,是我国的民情所在,民愿所向,民意所期。杨某毅的犯罪行为既违国法,又悖天理,更逆人情,严重突破国家法律界线,严重挑战伦理道德底线,严重冲击社会公共安全红线,社会危害性极大。杨某毅主观恶性深,人身危险性大,罪行极其严重,依法应当予以严惩。杨某毅虽有自首情节,但依法不足以对其从宽处罚。广西壮族自治区高级人民法院(2020)桂刑再6号刑事判决认定的事实清楚,证据确实、充分,定罪准确,量刑适当。审判程序合法。依照刑事诉讼法第二百四十六条、第二百五十条和《最高人民法院关于适用〈中华人民共和国刑事诉讼法〉的解释》第三百五十条第(一)项的规定,裁定如下:

核准广西壮族自治区高级人民法院(2020)桂刑再6号维持第一审以强奸罪判处原审被告人杨某毅死刑,剥夺政治权利终身的刑事判决。

本裁定自宣告之日起发生法律效力。

审判长　罗智勇
审判员　司明灯
审判员　仇晓敏
二〇二一年一月二十七日
书记员　林白琳

# 广西壮族自治区高级人民法院
# 刑事判决书

(2020) 桂刑再 6 号

原公诉机关广西壮族自治区钦州市人民检察院。

申诉人陈某某，女，1969 年××月××日出生，汉族，农民，住广西壮族自治区灵山县。系被害人杨某某的母亲。

诉讼代理人侯士朝，河北驰舟律师事务所律师。

诉讼代理人王飞，河北驰舟律师事务所律师。

原审被告人杨某毅，男，1989 年××月××日出生于广西壮族自治区灵山县，汉族，小学文化，农民。因本案于 2018 年 10 月 6 日被刑事拘留，同月 12 日被逮捕。现羁押于灵山县看守所。

指定辩护人农轩，广西同望律师事务所律师。

广西壮族自治区钦州市中级人民法院审理钦州市人民检察院指控原审被告人杨某毅犯强奸罪一案，于 2019 年 7 月 12 日作出 (2019) 桂 07 刑初 34 号刑事判决，认定杨某毅犯强奸罪，判处死刑，剥夺政治权利终身；责令杨某毅退赔人民币 32 元给被害人的法定代理人陈某某；作案工具小刀一把，依法没收。宣判后，杨某毅不服，提出上诉。本院于 2020 年 3 月 25 日作出 (2019) 桂刑终 326 号刑事判决，维持钦州市中级人民法院 (2019) 桂 07 刑初 34 号刑事判决中对被告人杨某毅的定罪、责令退赔和依法没收部分，改判杨某毅死刑，缓期二年执行，剥夺政治权利终身，对杨某毅限制减刑。判决生效后，最高人民法院决定对本案调卷审查。审查期间，被害人的母亲陈某某委托律师向最高人民法院提出申诉。最高人民法院于 2020 年 11 月 3 日作出 (2020) 最高法刑监 2 号再审决定，指令本院再审。本院依法另行组成合议庭，于 2020 年 12 月 13 日召开庭前会议。因本案涉及个人隐私，于 2020 年 12 月 15 日在灵山县人民法院依法不公开开庭审理。广西壮族自治区人民检察院指派检察员吴志莹、检察官助理李沣出庭履行职务。申诉人陈某某及其诉讼代理人侯士朝、王飞，原审被告人杨某毅及其指定辩护人农轩到庭参加诉讼。本案现已审理终结。

钦州市中级人民法院第一审判决认定，2018 年 10 月 4 日，被告人杨某毅将被害人杨某某（女，殁年十岁）强行带至灵山县某某村瘦沙岭（地名），用暴力手段实施奸淫，致杨某某死亡。同月 6 日凌晨 2 时许，杨某毅在其父杨某的陪同下到灵山县公安局某某派出所投案。

钦州市中级人民法院认定上述事实的证据有物证、书证、证人证言、鉴定意见、现场勘验、检查笔录、辨认及指认笔录、被告人杨某毅供述与辩解等。

钦州市中级人民法院认为，被告人杨某毅奸淫幼女，致人死亡，其行为触犯刑法第二百三十六条之规定，构成强奸罪。杨某毅性侵年仅十岁的未成年人，致其死亡，犯罪动机极其卑劣，手段极其残忍，情节极其恶劣，后果极其严重，依法应从严惩处。杨某毅犯罪以后自动投案，如实供述自己的罪行，是自首，可以从轻或者减轻处罚。根据杨某毅犯罪的事实、犯罪的性质、情节和对于社会的危害程度，杨某毅虽然主动投案并如实供述自己的犯罪行为，具有自首情节，但其罪行极其严重，对其不予从轻处罚。遂作出前述第一审判决。

宣判后，杨某毅以其案发时没有杀人故意，没有辨认和控制自己行为的能力，请求法院从轻处罚等为由提出上诉。

本院经第二审审理认为，第一审判决认定杨某毅强奸杨某某的犯罪事实清楚，证据确实、充分。杨某毅采用掐脖、持刀挑破眼珠、刺破颈部等暴力手段奸淫未满十四周岁幼女，致被害人死亡，已构成强奸罪。杨某毅强奸幼女并致被害人死亡，且犯罪动机极其卑劣，手段极其残忍，情节极其恶劣，应予严惩。鉴于杨某毅父亲规劝陪同杨某毅到公安机关投案，杨某毅投案后主动如实供述自己的犯罪事实，属自首，且杨某毅的自首行为对案件侦破起到至关重要的作用，依法对杨某毅判处死刑，可不立即执行，并限制减刑。遂作出前述第二审判决。

本院再审期间，申诉人陈某某及其诉讼代理人提出：1. 杨某毅的行为构成故意杀人罪、强奸罪、抢劫罪、猥亵儿童罪，应当数罪并罚。2. 杨光毅属于完全刑事责任能力人，对自己的行为具有明确的认知能力。3. 杨某毅的自动投案是迫于公安机关大面积搜山、传唤问询、被害人亲属质问等压力下，不得已作出的行为，具有极大的被动性。4. 二审判决仅以杨某毅有自首情节为由改判其死刑缓期二年执行，违背罪责刑相适应原则。5. 杨某毅以极端残忍的手段残害年仅十岁的被害人，应当受到法律的严惩。6. 杨某毅平时行为卑劣，犯罪意向清晰，主观恶性极深、人身危险性和社会危害性极大，应对其改判死刑，立即执行。

广西壮族自治区人民检察院出庭意见：1. 第一审、第二审判决认定事实清楚，证据确实、充分。2. 第一审判决定性准确，适用法律正确，量刑适当，审判程序合法。3. 杨某毅的行为应认定为强奸罪。4. 杨某毅在作案时具有完全刑事责任能力。5. 第二审判决改判理由不充分，对杨某毅改判死缓，属量刑不当。杨某毅采取掐脖、捅刺双眼、割刺颈部等暴力手段奸淫未满十四周岁的幼女，致被害人死亡，犯罪动机极其卑劣，犯罪手段极其残忍，犯罪情节极其恶劣，犯罪后果极其严重，社会危害性极大，人身危险性极高，虽有自首情节但不足以从轻处罚。建议再审改判杨某毅死刑。

原审被告人杨某毅对原审判决认定的事实及罪名无异议，请求判处其死刑，立即执行。其辩护人提出：1. 第二审判决对杨某毅判处死刑，缓期二年执行，符合我国宽严相济的刑事法律政策。2. 杨某毅作案时是否具有完全刑事责任能力存疑，需要通过精神病司法鉴定程序予以确认。3. 本案现有证据没有达到适用死刑的标准，不能排除其他合理怀疑，应当作出有利于被告人的判决。（1）杨某毅将被害人从竹根处抱到山顶强奸的事实，除其有罪供述外，无其他证据印证。（2）证实杨某毅在强奸、伤害、抛尸等案发现场出现的证据不够充分。（3）杨某毅供述的关键细节与客观事实不吻合。被害人尸检损伤记载与杨某毅供述存在矛盾；鉴定意见与杨某毅供述矛盾；办案机关没有组织杨某毅对作案工具进行混杂辨认。指控杨某毅犯强奸罪缺乏确实、充分的客观物证印证。4. 对法院调查核实的部分证据材料有异议。杨某甲的自书材料真实性存疑；部分证人证言属传来证据，亦不能采信。综上，建议法院充分考虑本案实际情况，依法作出公平公正的判决。

本院经再审查明：2018年10月4日12时许，原审被告人杨某毅看到被害人杨某某（女，殁年十岁）独自一人到杨某毅家楼下陈某甲开设的百香果收购点卖百香果，遂产生奸淫杨某某之歹念。当杨某某卖完百香果后拿着一个红色蛇皮袋往家里走时，杨某毅便抢先到杨某某返家必经的瘦沙岭脚下一竹丛中守候。当杨某某走到竹丛时，杨某毅拦住杨某某并强行将其抱至附近的瘦沙岭山上。途中，杨某毅强行脱下杨某某的裤子，杨某某反抗并大声哭喊，杨某毅见状便用手掐杨某某的颈部，致其昏迷。接着，杨某毅将昏迷的杨某某装进红色蛇皮袋中带至瘦沙岭山顶。杨某某苏醒后从蛇皮袋里往外爬。杨某毅见状再次用手掐杨某某颈部，并持随身携带的折叠刀捅刺杨某某双眼，割刺杨某某颈部。待杨某某无力挣扎后，杨某毅对杨某某实施了奸淫，并拿走杨某某卖百香果所得的人民币32元。之后，杨某毅再次将杨某某塞进蛇皮袋中，并用树藤捆扎袋口，以踢、滚等方式连袋带人弄至瘦沙岭山脚。怕杨某某不死，杨某毅将蛇皮袋浸入一水坑中，在浸泡了一段时间后，才将蛇皮袋提起，搬至附近鱼尾岭一山坡草丛中藏匿，随即逃离作案现场。经鉴定，被害人杨某某由于被他人强暴伤害过程中胃内容物反流进入气管、支气管和气管被锐器刺破，气管外周围血管损伤出血，血液直接流入气管、支气管，造成气管、支气管填塞导致机械性窒息而死亡。案发后，公安机关在排查过程中对杨某毅进行询问，杨某毅未承认作案。同月6日凌晨2时许，杨某毅在其父杨某的陪同下到灵山县公安局某某派出所投案。

上述事实，有经第一审、第二审及本院再审庭审质证确认的物证折叠刀、蛇皮袋及原审被告人杨某毅的指认笔录，抓获经过，证人陈某甲、邓某某、杨某己、蒙某、陈某某、杨某庚、杨某、施某某、杨某辛、黎某某、杨某壬等人的证言，现场勘验、检查笔录及照片，尸体鉴定意见，水样鉴定意见，杨某毅的辨认现场工作记录、视频、照片，审讯录像、杨某毅供述等证据予以证实，足以认定。

再审审理期间，申诉人陈某某的诉讼代理人向本院提交了新的证据线索，反映杨某毅品行卑劣，人身危险性大。经本院依法调查核实，查明：杨某毅案发前有多次骚扰、猥亵杨某甲、杨某乙等未满十四周岁幼女的行为。

上述骚扰、猥亵幼女的事实，有经本院再审庭审质证确认的下列证据予以证实：

1. 证人杨某甲的自书材料，证实2007年至2008年间，其十岁左右时曾被杨某毅跟踪尾随至少两次。一次是在本案案发地点的小竹林附近，其发现杨某毅躲在山上，一直盯着自己。还有一次发生在杨某癸家旁边的路口处，当时其从菜园返回经过该地时，发现杨某毅躲在山上的草丛里，眼神令人恐惧，吓得她赶快逃开。此事给她心理造成了阴影。

2. 证人杨某乙的证言，证实其出生于2010年。其六岁多时，曾在自家大厅被杨某毅搂抱。2018年某日，其上学经过杨某毅家门前时，又被杨某毅抱过。杨某毅还骚扰过杨某甲、杨某丙。

3. 证人杨某丁的证言，证实本案案发两个月前某日，其在杨某戊家门前看见杨某毅从背后抱起杨某乙，并往前走了几步。其叫了一声，杨某毅可能听到了，就把杨某乙放了下来。

4. 证人杨某戊的证言，证实十年前，其大女儿杨某甲曾被杨某毅追赶。五六年前，其二女儿杨某丙在房间看书时，杨某毅开门往房间里看。杨某丙发现后大喊，杨某毅才跑出去。其向杨某毅的父母反映过此事。其三女儿杨某乙六七岁时，被杨某毅在其家大厅抱过。本案案发前一两个月，杨某乙也被杨某毅抱过。

5. 证人黎某某的证言，证实七八年前，其听说杨某毅曾骚扰、搂抱过一个小女孩。

6. 原审被告人杨某毅在侦查及再审期间供述：十年前，其在杨某甲上学的路上抱过杨某甲。2012至2013年间，其在本案案发现场那座山附近也抱过一个同村的小女孩，但现在不记得那女孩的名字了。有一次杨某戊家大门没关，其看见房门上有钥匙，就打开房门，后看见房内有人就把门关上了。其还抱过杨某乙两三次，其中最近的一次是在本案案发前两三个月的一天。其抱这些小女孩时，一般会摸她们的上身和大腿。

根据本次再审查明的杨某毅强奸犯罪的事实及证据，针对申诉人陈某某及其诉讼代理人关于事实、定性的申诉意见、原审被告人杨某毅及其辩护人的辩护意见、检察机关的出庭意见，本院评判如下：

一、原审被告人杨某毅强奸杨某某的事实清楚，证据确实、充分

1. 本案属于先供后证的案件，杨某毅到公安机关投案并交代犯罪事实后，带引侦查人员指认作案地点及线路轨迹，找到被害人尸体。杨某毅从侦查阶段至再审均否认侦查人员对其有刑讯逼供行为，始终供述其系单独作案。

2. 在案证据相互印证，足以认定杨某毅强奸的犯罪事实。证人杨某、施某某系杨某毅父母，证实案发当天中午杨某毅不在家，说明杨某毅有作案时间；证人陈某甲、邓某某证实被害人卖百香果得32元钱，拿着红色蛇皮袋离开，与杨某毅供述其将被害人装进红色蛇皮袋，从被害人处取走32元钱等细节相互印证；证人杨某辛证实看到杨某毅在竹林处小便，与杨某毅供述在竹林处守候被害人的情节吻合；证人蒙某证实当天中午听到山上传来小孩哭声，与杨某毅供述将被害人抱上山时，被害人大声哭闹的情节相印证；经现场勘查，发现地面杂草有踩踏、压痕和倒伏痕迹，与杨某毅供述逃跑、将被害人装袋踢、滚下山等情节相印证；侦查机关根据杨某毅指认，提取到用树藤捆扎的蛇皮袋，在袋内发现被害人尸体，与杨某毅供述将被害人塞进蛇皮袋后，用树藤捆扎袋口的情节相互印证；法医鉴定意见证实尸体的致伤工具、捅刺部位、性侵、致死原因等与杨某毅所供的作案工具及强奸行为手段相互印证；公安机关从杨某毅处依法扣押到一把折叠刀，经杨某毅指认，确认是其捅刺被害人的作案工具。本案指认程序虽在作案工具提取、记录方面存在一定瑕疵，但不影响对整体犯罪事实的认定。

3. 法医鉴定意见证实被害人外阴、处女膜各有一处破裂伤，与杨某毅供述将生殖器在被害人阴道处摩擦相印证，杨某毅构成强奸既遂。杨某毅辩解未奸入被害人的阴道，

与查明的事实不符。

4. 杨某毅供述其认为被害人没有死亡而将被害人浸入水坑,因被害人当时已被装入蛇皮袋,杨某毅的供述仅是凭个人感知作出的判断,其主观认知与法医鉴定意见不符,不影响本案事实的认定。

综上,本案在案证据已形成完整的证明体系,足以认定杨某毅强奸致被害人杨某某死亡的事实。辩护人提出本案不符合适用死刑证据标准、部分证人证言系传来证据、真实性存疑的辩护意见不能成立,本院不予采纳。广西壮族自治区人民检察院提出本案事实清楚,证据确实、充分的意见成立,本院予以采纳。

二、原审被告人杨某毅作案时具备完全刑事责任能力

经查,杨某毅无家族精神病史,亦无个人既往精神病治疗记录。证人施某某、杨某辛、黎某某等的证言均证实杨某毅没有精神病的表现,是正常人。从作案过程来看,杨某毅看到被害人杨某某独自一人到百香果收购点卖百香果,遂产生奸淫意图,为实施犯罪在杨某某返家必经之路有预谋地伏击守候。在被害人哭叫反抗时,为实现其强奸目的且避免被他人发现,采用暴力手段制服被害人,实施奸淫并致被害人死亡后,为掩盖其犯罪行为,又将被害人装袋藏匿于隐蔽之处。在公安机关排查询问时否认作案。杨某毅作案动机明确,整个犯罪过程行为连贯、逻辑性强,具有自我保护的反侦查意识和辨认、控制自己行为的能力。从侦查机关讯问以及第一审、第二审、再审庭审中的表现看,杨某毅思维清晰,问答应对切题。综上,杨某毅在作案之前、之中、之后的表现,均能辨认自己行为,在作案时具有正常的辨认和控制能力,具备完全刑事责任能力。对辩护人申请作精神病鉴定的意见,本院不予采纳。对广西壮族自治区人民检察院及申诉人的诉讼代理人分别提出杨某毅作案时具有完全刑事责任能力的意见,本院予以采纳。

三、原审被告人杨某毅的行为构成强奸罪

1. 杨某毅在犯罪过程中采取掐颈、捅刺双眼、割刺颈部等暴力行为,是为了排除被害人反抗而达到奸淫目的。被害人尸体被发现时下半身赤裸,尸检发现外阴及处女膜有裂伤,印证了被害人被性侵的事实,杨某毅的行为符合强奸罪的构成要件,应认定为强奸罪。

2. 对于杨某毅强奸后将被害人装袋滚下山、浸入水坑等行为是否构成故意杀人罪的问题。法医鉴定意见已排除被害人溺水死亡的可能性。因在案证据无法确定杨某毅将被害人装袋滚下山时被害人是否已死亡,从"存疑有利于被告人"出发,不单独作为犯罪评价,但应当将该行为纳入强奸罪的量刑情节予以考虑。

3. 杨某毅对被害人采用暴力行为是为了奸淫被害人,而非取得财物。其在被害人丧失意识后,临时起意取走被害人32元钱的行为,不符合为取得他人财物而当场使用暴力、强行劫取他人财物的刑法特征,不能认定为抢劫罪。同时,由于32元钱也没有达到盗窃罪的立案追诉标准,不构成盗窃罪。

4. 本院再审期间查明杨某毅在案发前有猥亵幼女的行为,品行卑劣,主观恶性深。但该行为是否构成犯罪,不属于本案再审审查范围。

综上,杨某毅的行为应以强奸罪论处。对申诉人及其诉讼代理人提出数罪并罚的意

见，本院不予采纳。对广西壮族自治区人民检察院提出杨某毅的行为构成强奸罪的意见，本院予以采纳。

本院认为，原审被告人杨某毅以暴力手段奸淫未满十四周岁的幼女，致被害人死亡，其行为已构成强奸罪。杨某毅在其父规劝、陪同下到公安机关投案，并供认自己的犯罪事实，是自首。我国刑法设立自首制度目的是促进罪犯认罪悔罪，主动接受法律制裁，因此法律规定可以从轻或减轻处罚。然而，由于刑事犯罪具有多样性、复杂性，刑法虽然对自首作出可以从宽处罚的原则性规定，但并不是一律都必须从轻、减轻处罚。案件兼具从重与从轻处罚情节的，在决定量刑时应当综合考虑。对具有自首情节的被告人是否从宽处罚、从宽处罚的幅度，应当考虑其犯罪事实、犯罪性质、犯罪情节、危害后果、社会影响、被告人的主观恶性和人身危险性，还应考虑投案的主动性、供述的及时性和稳定性等，对于犯罪情节特别恶劣、犯罪后果特别严重、被告人主观恶性深、人身危险性大的，依法可以不从宽处罚。

本案中，杨某毅虽有自首情节，但其犯罪行为具有奸淫幼女、致被害人死亡、犯罪情节恶劣等多个法定从重处罚情节，具体表现在：

1. 杨某毅奸淫不满十四周岁的幼女，严重侵害刑法重点保护的特定群体。未成年人是国家和民族的未来与希望。《中华人民共和国刑法》第二百三十六条第二款规定"奸淫不满十四周岁的幼女的，以强奸论，从重处罚"。《最高人民法院、最高人民检察院、公安部、司法部关于依法惩治性侵害未成年人犯罪的意见》第25条规定，针对未成年人实施强奸、猥亵犯罪的，应当从重处罚；对不满十二周岁的儿童实施强奸犯罪的，更要依法从严惩处。杨某毅采用暴力手段奸淫年仅十周岁的被害人杨某某，必须依法从严惩处。

2. 杨某毅实施强奸犯罪情节恶劣，并致被害人死亡，犯罪后果极其严重。本案中，杨某毅为发泄私欲，经预谋后持刀在被害人必经之地守候，强行劫持被害人到山上，实施了掐颈、用刀挑破眼珠、捅刺颈部、强行奸淫、将被害人套袋踢、滚到山下、怕其不死还将被害人浸入水坑，并藏匿尸体，犯罪动机极其卑劣，手段残忍，情节特别恶劣，严重突破社会公众安全感的底线，对其行为必须依法从严从重惩处。

3. 杨某毅主观恶性极深，人身危险性极大。杨某毅在侦查人员将其作为怀疑对象进行询问时否认犯罪，后迫于侦查声势的巨大压力，才在其父规劝、陪同下投案。杨某毅到案后无实质性悔罪表现。同时，本院再审查明，杨某毅在案发前有多次实施骚扰、猥亵未满十四周岁幼女的行为，对被侵犯的未成年人身心造成严重伤害，严重危害社会公众安全。其实施犯罪的动机、手段、过程、后果等方面表明极深的主观恶性和极大的人身危险性。

保护未成年人免受侵害、保障未成年人健康成长，事关千家万户的幸福安宁，事关社会的和谐稳定，事关国家未来和民族振兴。原审被告人杨某毅使用残忍的暴力手段奸淫年仅十周岁的被害人杨某某，致被害人死亡，手段极其残忍，情节极其恶劣，社会影响极大，罪行极其严重。杨某毅虽有自首情节，但结合其犯罪的事实、犯罪的性质、情节及对于社会的危害程度，依法对其不予从轻处罚。原审判决认定事实清楚，证据确实、充分，定性准确，但对于从重和从轻量刑情节的把握不够全面，对自首制度的适用不够精准，在量刑上全面评价不足，应予改判。辩护人提出二审量刑适当的辩护意见不能成立，本院不予采纳。广西壮族自治区人民检察院在再审期间提出的出庭意见，以及申诉人、诉讼代理人提出的要求从重处罚的意见符合法律规定，本院予以采纳。依照《中华人民共和国刑法》第二百三十六条第二款、第三款第（一）项和第（五）项、第四十八条、第五十七条第一款、第六十一条、第六十二条、第六十四条、第六十七条第一款，《中华人民共和国刑事诉讼法》第二百五十六条第一款及《最高人民法院关于适用〈中华人民共和国刑事诉讼法〉的解释》第三百八十九条第一款第（三）项之规定，经本院审判委员会讨论决定，判决如下：

一、撤销本院（2019）桂刑终 326 号刑事判决；

二、维持广西壮族自治区钦州市中级人民法院（2019）桂 07 刑初 34 号刑事判决，即原审被告人杨某毅犯强奸罪，判处死刑，剥夺政治权利终身；责令杨某毅退赔人民币 32 元给被害人的法定代理人陈某某；作案工具小刀一把，依法没收。

本判决为终审判决。

依照《中华人民共和国刑事诉讼法》第二百四十六条之规定，对原审被告人杨某毅的死刑判决依法报请最高人民法院核准。

审 判 长　周　　腾
审 判 员　徐 晓 丹
审 判 员　周 卫 平

二〇二〇年十二月二十五日

法官助理　吴 敏 滔
书 记 员　黄 通 海

[编者按] 法定刑以下量刑案件,尤其是同一案件中有多名被告人的,对其中部分被告人在法定刑以下量刑;或者被告人犯数罪的,对其中一罪在法定刑以下量刑的情况,法院应当如何履行报核程序,法律文书应当如何表述,司法解释及相关文件没有明确规定,实践中做法不太统一。本案具有一定典型性,故裁判文书与"指导案例"栏目中"杜某亚、李某舵贪污、非法转让土地使用权、诈骗案"同期刊出。

# 杜某亚、李某舵贪污、非法转让土地使用权、诈骗案

## 中华人民共和国最高人民法院
## 刑 事 裁 定 书

(2020)最高法刑核 45265337 号

被告人杜某亚,曾用名杜中正,男,汉族,1954 年××月××日出生,初中文化,农民,原系河北省任丘市北辛庄乡北辛庄村党支部书记。2015 年 4 月 29 日被逮捕。现在押。

被告人李某舵,男,汉族,1959 年××月××日出生,小学文化,农民,原系任丘市北辛庄乡北辛庄村支部委员兼村委会主任。2015 年 5 月 27 日被逮捕。2020 年 5 月 14 日被取保候审。

河北省任丘市人民法院审理河北省任丘市人民检察院指控被告人杜某亚、李某舵犯贪污罪、非法转让土地使用权罪、诈骗罪一案,于 2017 年 3 月 9 日以(2015)任刑初字第 518 号刑事判决,认定被告人杜某亚犯贪污罪,判处有期徒刑八个月,并处罚金人民币十万元,犯非法转让、倒卖土地使用权罪,判处有期徒刑四年,并处罚金人民币十一万元,犯诈骗罪,判处有期徒刑十年三个月,并处罚金人民币五万元,决定执行有期徒刑十二年六个月,并处罚金人民币二十六万元;被告人李某舵犯贪污罪,判处有期徒刑六个月,并处罚金人民币十万元,犯非法转让、倒卖土地使用权罪,判处有期徒刑三年六个月,并处罚金人民币十一万元,犯诈骗罪,判处有期徒刑十年三个月,并处罚金人民币五万元,决定执行有期徒刑十二年,并处罚金人民币二十六万元。宣判后,杜某亚、李某舵提出上诉。沧州市中级人民法院经审理,于 2017 年 8 月 24 日以(2017)冀 09 刑终 283 号刑事判决,撤销一审判决中对杜某亚、李某舵的定罪、量刑部分;认定杜某亚犯贪污罪,判处有期徒刑八个月,并处罚金人民币十万元,犯非法转让、倒卖土地使用权罪,判处有期徒刑四年,并处罚金人民币十一万元,犯诈骗罪,在法定刑以下判处有期徒刑三年,并处罚金人民币五万元,决定执行有期徒刑七年,并处罚金人民币二十六万

元；认定李某舵犯贪污罪，判处有期徒刑六个月，并处罚金人民币十万元，犯非法转让、倒卖土地使用权罪，判处有期徒刑三年六个月，并处罚金人民币十一万元，犯诈骗罪，在法定刑以下判处有期徒刑三年，并处罚金人民币五万元，决定执行有期徒刑六年六个月，并处罚金人民币二十六万元。沧州市中级人民法院将二审判决报请河北省高级人民法院复核。河北省高级人民法院经复核，同意二审判决，并报请本院核准。本院经复核，于2018年12月29日以（2018）最高法刑核65924541号刑事裁定，不核准并撤销沧州市中级人民法院二审判决中对被告人杜某亚、李某舵的定罪、量刑部分；发回沧州市中级人民法院重新审判。

沧州市中级人民法院依法另行组成合议庭，公开开庭审理了本案，于2020年4月28日以（2019）冀09刑终309号刑事判决，撤销一审判决中对杜某亚、李某舵的定罪、量刑部分；认定杜某亚犯贪污罪，判处有期徒刑八个月，并处罚金人民币十万元，犯非法转让土地使用权罪，判处有期徒刑三年六个月，并处罚金人民币十一万元，犯诈骗罪，在法定刑以下判处有期徒刑三年，并处罚金人民币五万元，决定执行有期徒刑六年，并处罚金人民币二十六万元；认定李某舵犯贪污罪，免予刑事处罚，犯非法转让土地使用权罪，判处有期徒刑三年，并处罚金人民币十一万元，犯诈骗罪，在法定刑以下判处有期徒刑三年，并处罚金人民币五万元，决定执行有期徒刑五年，并处罚金人民币十六万元。沧州市中级人民法院将二审判决中杜某亚、李某舵所犯诈骗罪在法定刑以下量刑部分，报请河北省高级人民法院复核。河北省高级人民法院经复核，同意沧州市中级人民法院对杜某亚、李某舵所犯诈骗罪在法定刑以下量刑，并报请本院核准。本院依法组成合议庭进行复核。现已复核终结。

经复核确认：2008年春，被告人杜某亚、李某舵分别在担任河北省任丘市北辛庄村党支部书记、村委会主任期间，经事先预谋，采用在位于北辛庄村西刘宝花家承包地里的一眼水泥管井上套装钢管、在朱建矿家承包地里用挖掘机挖掘坑洞填埋钢管的方法，伪造两眼钢管井，骗取河北省大广高速项目部补偿款64万元，其中5万元赔偿土地承包人刘宝花，其余59万元归北辛庄村委会，将该款用于村小学校建设。

上述事实，有河北省大广高速公路任丘段征地拆迁及地方工作协议书、大广高速任丘段北辛庄乡赔偿表、收受大广高速补偿款的收据等书证，证人邵通海、田振帅、刘双印等的证言等证据证实。被告人杜某亚、李某舵亦供认。足以认定。

本院认为，被告人杜某亚、李某舵以非法占有为目的，共同虚构事实骗取他人财物的行为，依法均已构成诈骗罪。本起犯罪虽系村委会集体决策、实施，二被告人亦未私自占有赃款，但根据《全国人民代表大会常务委员会关于〈中华人民共和国刑法〉第三十条的解释》的规定，公司、企业、事业单位、机关、团体等单位实施刑法规定的危害社会的行为，刑法分则和其他法律未规定追究单位的刑事责任的，对组织、策划、实施该危害社会行为的人依法追究刑事责任，故应以诈骗罪追究二被告人的刑事责任。二被告人诈骗财物59万元，属于数额特别巨大，依法应当在"十年以上有期徒刑或者无期徒刑，并处罚金或者没收财产"的量刑幅度内判处刑罚，但鉴于二被告人犯罪的主观动机是为了解决村内小学建设资金，犯罪所得亦被实际用于学校建设，二被告人的主观恶性和行为的社会危害性均相对较小,因此,对二人可以在上述法定刑幅度以下,即"三年以上十年以下有期徒刑,并处罚金"的量刑幅度内判处刑罚。第一审、第二审判决认定的二被告人犯诈骗罪的事实清楚,证据确实、充分,定罪准确。审判程序合法。第二审判决量刑适当。依照《中华人民共和国刑法》第六十三条第二款和《最高人民法院关于适用〈中华人民共和国刑事诉讼法〉的解释》第三百三十八条之规定,裁定如下:

核准沧州市中级人民法院(2019)冀09刑终309号刑事判决中对被告人杜某亚、李某舵均以诈骗罪判处有期徒刑三年,并处罚金人民币五万元的部分。

本裁定自宣告之日起发生法律效力。

审判长 于同志
审判员 刘琳琳
审判员 段 凰

二〇二〇年九月二十一日

书记员 李 芳

# 【《刑事诉讼法解释》专辑】

## 推动刑事审判工作实现新发展

最高人民法院副院长 姜 伟

习近平总书记提出:"努力让人民群众在每一个司法案件中感受到公平正义。"这为做好新时代刑事审判工作指明了方向,提供了根本遵循。刑事诉讼法是国家法治的重要组成部分,也是与公民基本权利关系最为密切的一部法律。1979 年,新中国第一部刑事诉讼法颁布。改革开放四十多年来,我们党团结带领人民在发展社会主义民主政治方面取得了重大进展。实践的发展为刑事诉讼法的完善提出了新的要求。为了更高效地打击犯罪,更有效地保障人权,刑事诉讼法分别在 1996 年、2012 年和 2018 年经历了三次修改、调整。

在法律作出重大修改后,需要通过司法解释阐释相关制度,并通过优质高效的审判活动持续加深对法律的理解,确保实现法律修改的目的。最高人民法院高度重视修改后刑事诉讼法的贯彻落实工作。2020 年 12 月 7 日,最高人民法院院长、首席大法官周强主持召开最高人民法院审判委员会第 1820 次会议,审议并通过《最高人民法院关于适用〈中华人民共和国刑事诉讼法〉的解释》(法释〔2021〕1 号,以下简称《刑事诉讼法解释》)。

《刑事诉讼法解释》作为人民法院适用刑事诉讼法的基本司法解释,坚持以习近平新时代中国特色社会主义思想为指导,认真贯彻习近平法治思想,立足我国国情,尊重司法规律,对刑事审判程序问题作了较为全面、系统的规定。2018 年刑事诉讼法修改了 18 个条文,同时新增了 18 个条文,主要体现在从三大方面作出调整和跟进:一是为保障国家监察体制改革顺利进行,需要完善监察与刑事诉讼的衔接机制;二是为加强境外追逃追赃工作力度和手段,需要建立刑事缺席审判制度;三是总结认罪认罚从宽制度、速裁程序试点工作经验,需要将可复制、可推广的行之有效做法上升为法律规范,在全国范围内实行。此外还涉及与其他相关法律的衔接问题,吸收了部分改革成果。《刑事诉讼法解释》则对修改后刑事诉讼法作了全面系统的解释。《刑事诉讼法解释》共计 27 章、655 条、9 万余字,历经最高人民法院刑事审判专业委员会八次审议和最高人民法院审判委员会全体会议三次审议,是最高人民法院有史以来条文数量最多的司法解释,也是内容最为丰富、最为重要的司法解释之一。

《刑事诉讼法解释》注重实体公正与程序公正的内在统一。马克思曾经说过:"审判程序和法两者之间的联系如此密切,就像植物的外形和植物的联系,动物的外形和血肉的联系一样。"可见实体法与程序法具有内在的一致性,其终极目的都是追求案件的公正审理。上诉不加刑原则是为了保障被告一方的上诉权而在第二审程序中规定的一项特殊原则。如在《最高人民法院、最高人民检察院关于办理贪污贿赂刑事案件适用法律若干问题的解释》颁布后，部分贪污贿赂案件正在二审审理中，适用新解释将判处明显更轻的自由刑，但需要增加判处罚金刑；实践中也有观点认为，根据上诉不加刑的原则，应当对自由刑适用新解释，对罚金刑适用旧解释。对此，《刑事诉讼法解释》第四百零一条规定，审理被告人或者其法定代理人、辩护人、近亲属提出上诉的案件，不得对被告人的刑罚作出实质不利的改判。《刑事诉讼法解释》采用实质判断的原则，将是否对被告人造成"实质不利"作为判断是否"加刑"的标准，强调不得加重刑罚、不得加重决定执行的刑罚或者对刑罚执行产生不利影响，既杜绝了实践中通过将缓刑改为实刑、规定不得假释等变相加刑的情况，也尊重客观司法事实，在决定执行的刑罚不变和对刑罚执行不产生不利影响的情况下，允许加重数罪中某罪的刑罚，也允许改变罪数并调整刑罚。

《刑事诉讼法解释》确保惩罚犯罪与保障人权兼顾。惩罚犯罪和人权保障，是刑事诉讼的两大目的，是对立统一的辩证关系，两者并重不可偏废。2018年刑事诉讼法修改的重要内容之一是完善监察与刑事诉讼的衔接机制，《刑事诉讼法解释》着重明确了公职人员相关案件的范围和管辖、监察调查证据的使用规则等，进一步健全了审判程序与监察调查的衔接；增设第二十四章"缺席审判程序"，构建了缺席审判程序的基本框架，规定对贪污贿赂等犯罪案件可以适用缺席审判程序依法作出判决，并对违法所得及其他涉案财产作出处理，绝不让腐败分子和其他犯罪分子逍遥法外、逃避惩罚，这些都为新时代反腐败斗争和国际追逃追赃工作提供了有力司法保障。

人民法院历来重视尊重和保障人权。《刑事诉讼法解释》依照刑事诉讼法的规定，通过具体制度设计，充分保障被告人、辩护律师以及被害人、诉讼代理人等其他诉讼参与人的各项权利，全方位强化人权司法保障。例如，为了确保死刑案件适用最为严格、审慎的审理程序，刑事诉讼法第二百三十四条第一款第二项规定，被告人被判处死刑的上诉案件，人民法院应当组成合议庭开庭审理。为了加强司法人权保障，防范冤错案件，保障二审监督、纠错功能充分发挥，《刑事诉讼法解释》进一步明确，死缓二审案件也一律开庭审理，进一步强化被告人的诉权保障。又如，对于被告人讯问的同步录音录像能否作为证据材料、是否应放入案卷随案移送、辩护人能否查阅等问题，实践中一直存在较大的争议。《刑事诉讼法解释》明确相关录音录像的查阅规则，第五十四条明确规定，对作为证据材料向人民法院移送的讯问录音录像，辩护律师申请查阅的，人民法院应当准许。既强化了被告人的诉权保障，同时考虑到录音录像可能涉及侦查办案的策略方法，也可能涉及其他关联案件和当事人隐私，故而对"复制"未作规定，并且在第五十五条对于保密、不传播等提出进一步的要求。

《刑事诉讼法解释》准确把握诉讼公正与诉讼效率之间的平衡。公正与效率是社会主义法治实践所追求的共同目标。公平正义是司法的灵魂和生命。推进以审判为中心的刑事诉讼制度改革，是党的十八届四中全会作出的重大决策，是确保刑事司法公正的现实需要。近年来，人民法院出台"三项规程"并部署相关试点工作，推动该项改革落地见效。《刑事诉讼法解释》充分吸收近年来改革的成果和经验，对"三项规程"尤其是《人民法院办理刑事案件排除非法证据规程（试行）》等内容予以吸收，对证据审查判断、非法证据排除、庭前准备程序等方面有针对性地作出具体规定，如强调涉案证据材料应当全部随案移送，规定讯问的相关录音录像未移送、导致不能排除属于非法方法收集的，对有关证据应当依法排除等，推动庭审实质化的进一步落实，确保案件事实查明认定在法庭，诉讼证据展示质证在法庭，诉辩意见发表在法庭，从源头上防范冤错案件，有效维护司法公正。

构建宽严相济、区别对待、繁简分流的多层次刑事诉讼模式，符合我国国情和司法规律，有利于在更高层次上实现公正与效率的统一。认罪认罚从宽制度也是 2018 年刑事诉讼法修改确立的重要法律制度，《刑事诉讼法解释》的重要内容之一就是增设第十二章"认罪认罚案件的审理"，根据修改后刑事诉讼法的规定，吸收《最高人民法院、最高人民检察院、公安部、国家安全部、司法部关于适用认罪认罚从宽制度的指导意见》的有关规定，结合司法实践反映的问题，对认罪认罚案件的审理作出明确规定，坚持证据裁判，强化权利保障，确保从快不降低标准、从简不减损权利。例如，《刑事诉讼法解释》强调人民法院要重点对认罪认罚自愿性、真实性和定罪量刑关键事实进行审查核实，确保案件审判质效，尤其对实践中争议较大的"量刑建议明显不当"的判断作了原则性指引规定，明确："对量刑建议是否明显不当，应当根据审理认定的犯罪事实、认罪认罚的具体情况，结合相关犯罪的法定刑、类似案件的刑罚适用等作出审查判断。"又如，最高人民法院复核死刑案件时，发现案件不需要补充调查新的事实证据，根据案件的事实、性质、情节和对社会的危害程度，依法不应当判处死刑，在这种情况下，将全案发回意义不大，从节约司法资源、提高诉讼效率的角度，《刑事诉讼法解释》规定，根据案件情况，必要时，最高人民法院也可以依法改判。

"徒法不足以自行。"习近平总书记在党的十八届四中全会第二次全体会议上作重要讲话时指出："天下之事，不难于立法，而难于法之必行。"法律的生命力在于实施，法律的权威也在于实施。《刑事诉讼法解释》既是对之前刑事审判经验与理论成果的集中荟萃，也是今后一段时间刑事司法实践的程序指引。

一是高度重视，抓好学习培训工作。要深刻认识到，刑事诉讼法的修改和《刑事诉讼法解释》的出台是贯彻习近平新时代中国特色社会主义思想和党的十九大精神，落实党中央关于深化司法体制改革的决策部署，推进国家治理体系和治理能力现代化的重要成果。各级人民法院要以《刑事诉讼法解释》的颁布施行为契机，深入学习贯彻习近平法治思想，学深悟透习近平总书记一系列新理念新思想新战略，坚决把习近平法治思想贯彻落实到刑事审判工作全过程和各方面，做好《刑事诉讼法解释》的学习培训工作，确保全体刑事法官全面掌握《刑事诉讼法解释》内容，准确领会《刑事诉讼法解释》精神，正确执行《刑事诉讼法解释》规定。

二是强化协调，确保《刑事诉讼法解释》有效实施。党的十八届四中全会基于司法规律提出"推进以审判为中心的诉讼制度改革"，各级人民法院在依法从事审判活动的同时，也要进一步落实刑事诉讼法规定的三机关分工负责、相互配合、相互制约原则，增强共识，凝聚合力，切实维护司法公正，捍卫社会公平正义。

三是更新理念,进一步提高司法能力。《刑事诉讼法解释》坚持问题导向,对于近年来刑事审判实践中出现的较为集中的问题尽可能地作出回应。但《刑事诉讼法解释》不可能也没有必要对所有问题作出指引,其中也不排除时机尚不成熟、争议尚未解决等因素。因此,完全依靠《刑事诉讼法解释》去解决刑事审判工作中出现的所有程序问题是不现实的。广大刑事法官在审判工作中遇到法律和《刑事诉讼法解释》未明确规定、存在争议的问题,除少数特殊重大情况需要向上级请示外,更多时候需要法官依靠自身的法治思维对法律作出理解和判断。这与其说是对照法律条文的逻辑推理,不如说是一种经验判断。要确保每一起案件都经得起法律和历史的检验,从源头上有效防止冤错案件,归根结底还是要法官担负起"用实务法学来推动理论法学发展"的责任和义务。在2020年秋季学期中央党校中青年干部培训班开班式上,习近平总书记强调,要自觉运用法治思维和法治方式深化改革、推动发展、化解矛盾,维护社会公平正义。作为法官,更要将法治思维内化于心、外化于行,将法治的诸种要求运用于认识、分析、处理问题各个环节,切实领会有关法律规定的价值取向、精神实质和立法目的,并在此基础上正确适用法律,让每一个案件都得到依法、公正的裁决。

广大刑事法官应当深入贯彻习近平法治思想,抓住《刑事诉讼法解释》实施这一契机,进一步更新司法观念、提升法治思维、提高司法水平,推进刑事审判工作高质量发展,为加快建设社会主义法治国家贡献力量!

## 最高人民法院
## 关于适用《中华人民共和国刑事诉讼法》的解释

法释〔2021〕1号

(2020年12月7日最高人民法院审判委员会第1820次会议通过
2021年1月26日最高人民法院公告公布
自2021年3月1日起施行)

# 目　录

第一章　管　辖
第二章　回　避
第三章　辩护与代理
第四章　证　据
　第一节　一般规定
　第二节　物证、书证的审查与认定
　第三节　证人证言、被害人陈述的审查与认定
　第四节　被告人供述和辩解的审查与认定
　第五节　鉴定意见的审查与认定
　第六节　勘验、检查、辨认、侦查实验等笔录的审查与认定
　第七节　视听资料、电子数据的审查与认定
　第八节　技术调查、侦查证据的审查与认定
　第九节　非法证据排除
　第十节　证据的综合审查与运用
第五章　强制措施
第六章　附带民事诉讼
第七章　期间、送达、审理期限
第八章　审判组织
第九章　公诉案件第一审普通程序
　第一节　审查受理与庭前准备
　第二节　庭前会议与庭审衔接
　第三节　宣布开庭与法庭调查

第四节　法庭辩论与最后陈述
　　第五节　评议案件与宣告判决
　　第六节　法庭纪律与其他规定
第十章　自诉案件第一审程序
第十一章　单位犯罪案件的审理
第十二章　认罪认罚案件的审理
第十三章　简易程序
第十四章　速裁程序
第十五章　第二审程序
第十六章　在法定刑以下判处刑罚和特殊假释的核准
第十七章　死刑复核程序
第十八章　涉案财物处理
第十九章　审判监督程序
第二十章　涉外刑事案件的审理和刑事司法协助
　　第一节　涉外刑事案件的审理
　　第二节　刑事司法协助
第二十一章　执行程序
　　第一节　死刑的执行
　　第二节　死刑缓期执行、无期徒刑、有期徒刑、拘役的交付执行
　　第三节　管制、缓刑、剥夺政治权利的交付执行
　　第四节　刑事裁判涉财产部分和附带民事裁判的执行
　　第五节　减刑、假释案件的审理
　　第六节　缓刑、假释的撤销
第二十二章　未成年人刑事案件诉讼程序
　　第一节　一般规定
　　第二节　开庭准备
　　第三节　审　　判
　　第四节　执　　行
第二十三章　当事人和解的公诉案件诉讼程序
第二十四章　缺席审判程序
第二十五章　犯罪嫌疑人、被告人逃匿、死亡案件违法所得的没收程序
第二十六章　依法不负刑事责任的精神病人的强制医疗程序
第二十七章　附　　则

　　2018年10月26日，第十三届全国人民代表大会常务委员会第六次会议通过了《关于修改〈中华人民共和国刑事诉讼法〉的决定》。为正确理解和适用修改后的刑事诉讼

法，结合人民法院审判工作实际，制定本解释。

## 第一章 管 辖

**第一条** 人民法院直接受理的自诉案件包括：

（一）告诉才处理的案件：

1. 侮辱、诽谤案（刑法第二百四十六条规定的，但严重危害社会秩序和国家利益的除外）；

2. 暴力干涉婚姻自由案（刑法第二百五十七条第一款规定的）；

3. 虐待案（刑法第二百六十条第一款规定的，但被害人没有能力告诉或者因受到强制、威吓无法告诉的除外）；

4. 侵占案（刑法第二百七十条规定的）。

（二）人民检察院没有提起公诉，被害人有证据证明的轻微刑事案件：

1. 故意伤害案（刑法第二百三十四条第一款规定的）；

2. 非法侵入住宅案（刑法第二百四十五条规定的）；

3. 侵犯通信自由案（刑法第二百五十二条规定的）；

4. 重婚案（刑法第二百五十八条规定的）；

5. 遗弃案（刑法第二百六十一条规定的）；

6. 生产、销售伪劣商品案（刑法分则第三章第一节规定的，但严重危害社会秩序和国家利益的除外）；

7. 侵犯知识产权案（刑法分则第三章第七节规定的，但严重危害社会秩序和国家利益的除外）；

8. 刑法分则第四章、第五章规定的，可能判处三年有期徒刑以下刑罚的案件。

本项规定的案件，被害人直接向人民法院起诉的，人民法院应当依法受理。对其中证据不足，可以由公安机关受理的，或者认为对被告人可能判处三年有期徒刑以上刑罚的，应当告知被害人向公安机关报案，或者移送公安机关立案侦查。

（三）被害人有证据证明对被告人侵犯自己人身、财产权利的行为应当依法追究刑事责任，且有证据证明曾经提出控告，而公安机关或者人民检察院不予追究被告人刑事责任的案件。

**第二条** 犯罪地包括犯罪行为地和犯罪结果地。

针对或者主要利用计算机网络实施的犯罪，犯罪地包括用于实施犯罪行为的网络服务使用的服务器所在地，网络服务提供者所在地，被侵害的信息网络系统及其管理者所在地，犯罪过程中被告人、被害人使用的信息网络系统所在地，以及被害人被侵害时所在地和被害人财产遭受损失地等。

**第三条** 被告人的户籍地为其居住地。经常居住地与户籍地不一致的，经常居住地为其居住地。经常居住地为被告人被追诉前已连续居住一年以上的地方，但住院就医的除外。

被告单位登记的住所地为其居住地。主要营业地或者主要办事机构所在地与登记的住所地不一致的，主要营业地或者主要办事机构所在地为其居住地。

**第四条** 在中华人民共和国内水、领海发生的刑事案件，由犯罪地或者被告人登陆地的人民法院管辖。由被告人居住地的人民法院审判更为适宜的，可以由被告人居住地的人民法院管辖。

**第五条** 在列车上的犯罪，被告人在列车运行途中被抓获的，由前方停靠站所在地负责审判铁路运输刑事案件的人民法院管辖。必要时，也可以由始发站或者终点站所在地负责审判铁路运输刑事案件的人民法院管辖。

被告人不是在列车运行途中被抓获的，由负责该列车乘务的铁路公安机关对应的审判铁路运输刑事案件的人民法院管辖；被告人在列车运行途经车站被抓获的，也可以由该车站所在地负责审判铁路运输刑事案件的人民法院管辖。

**第六条** 在国际列车上的犯罪，根据我国与相关国家签订的协定确定管辖；没有协定的，由该列车始发或者前方停靠的中国车站所在地负责审判铁路运输刑事案件的人民法院管辖。

**第七条** 在中华人民共和国领域外的中国船舶内的犯罪，由该船舶最初停泊的中国口岸所在地或者被告人登陆地、入境地的人民法院管辖。

**第八条** 在中华人民共和国领域外的中国航空器内的犯罪，由该航空器在中国最初降落地的人民法院管辖。

**第九条** 中国公民在中国驻外使领馆内的犯罪，由其主管单位所在地或者原户籍地的人民法院管辖。

**第十条** 中国公民在中华人民共和国领域外的犯罪，由其登陆地、入境地、离境前居住地或者现居住地的人民法院管辖；被害人是中国公民的，也可以由被害人离境前居住地或者现居住地的人民法院管辖。

**第十一条** 外国人在中华人民共和国领域外对中华人民共和国国家或者公民犯罪，根据《中华人民共和国刑法》应当受处罚的，由该外国人登陆地、入境地或者入境后居住地的人民法院管辖，也可以由被害人离境前居住地或者现居住地的人民法院管辖。

**第十二条** 对中华人民共和国缔结或者参加的国际条约所规定的罪行，中华人民共和国在所承担条约义务的范围内行使刑事管辖权的，由被告人被抓获地、登陆地或者入境地的人民法院管辖。

**第十三条** 正在服刑的罪犯在判决宣告前还有其他罪没有判决的，由原审地人民法院管辖；由罪犯服刑地或者犯罪地的人民法院审判更为适宜的，可以由罪犯服刑地或者犯罪地的人民法院管辖。

罪犯在服刑期间又犯罪的，由服刑地的人民法院管辖。

罪犯在脱逃期间又犯罪的，由服刑地的人民法院管辖。但是，在犯罪地抓获罪犯并发现其在脱逃期间犯罪的，由犯罪地的人民法院管辖。

**第十四条** 人民检察院认为可能判处无期徒刑、死刑，向中级人民法院提起公诉的案件，中级人民法院受理后，认为不需要判处无期徒刑、死刑的，应当依法审判，不再交基层人民法院审判。

第十五条　一人犯数罪、共同犯罪或者其他需要并案审理的案件，其中一人或者一罪属于上级人民法院管辖的，全案由上级人民法院管辖。

第十六条　上级人民法院决定审判下级人民法院管辖的第一审刑事案件的，应当向下级人民法院下达改变管辖决定书，并书面通知同级人民检察院。

第十七条　基层人民法院对可能判处无期徒刑、死刑的第一审刑事案件，应当移送中级人民法院审判。

基层人民法院对下列第一审刑事案件，可以请求移送中级人民法院审判：

（一）重大、复杂案件；

（二）新类型的疑难案件；

（三）在法律适用上具有普遍指导意义的案件。

需要将案件移送中级人民法院审判的，应当在报请院长决定后，至迟于案件审理期限届满十五日以前书面请求移送。中级人民法院应当在接到申请后十日以内作出决定。不同意移送的，应当下达不同意移送决定书，由请求移送的人民法院依法审判；同意移送的，应当下达同意移送决定书，并书面通知同级人民检察院。

第十八条　有管辖权的人民法院因案件涉及本院院长需要回避或者其他原因，不宜行使管辖权的，可以请求移送上一级人民法院管辖。上一级人民法院可以管辖，也可以指定与提出请求的人民法院同级的其他人民法院管辖。

第十九条　两个以上同级人民法院都有管辖权的案件，由最初受理的人民法院审判。必要时，可以移送主要犯罪地的人民法院审判。

管辖权发生争议的，应当在审理期限内协商解决；协商不成的，由争议的人民法院分别层报共同的上级人民法院指定管辖。

第二十条　管辖不明的案件，上级人民法院可以指定下级人民法院审判。

有关案件，由犯罪地、被告人居住地以外的人民法院审判更为适宜的，上级人民法院可以指定下级人民法院管辖。

第二十一条　上级人民法院指定管辖，应当将指定管辖决定书送达被指定管辖的人民法院和其他有关的人民法院。

第二十二条　原受理案件的人民法院在收到上级人民法院改变管辖决定书、同意移送决定书或者指定其他人民法院管辖的决定书后，对公诉案件，应当书面通知同级人民检察院，并将案卷材料退回，同时书面通知当事人；对自诉案件，应当将案卷材料移送被指定管辖的人民法院，并书面通知当事人。

第二十三条　第二审人民法院发回重新审判的案件，人民检察院撤回起诉后，又向原第一审人民法院的下级人民法院重新提起公诉的，下级人民法院应当将有关情况层报原第二审人民法院。原第二审人民法院根据具体情况，可以决定将案件移送原第一审人民法院或者其他人民法院审判。

第二十四条　人民法院发现被告人还有其他犯罪被起诉的，可以并案审理；涉及同种犯罪的，一般应当并案审理。

人民法院发现被告人还有其他犯罪被审查起诉、立案侦查、立案调查的，可以参照前款规定协商人民检察院、公安机关、监察机关并案处理,但可能造成审判过分迟延的除外。

根据前两款规定并案处理的案件,由最初受理地的人民法院审判。必要时,可以由主要犯罪地的人民法院审判。

**第二十五条** 第二审人民法院在审理过程中,发现被告人还有其他犯罪没有判决的,参照前条规定处理。第二审人民法院决定并案审理的,应当发回第一审人民法院,由第一审人民法院作出处理。

**第二十六条** 军队和地方互涉刑事案件,按照有关规定确定管辖。

## 第二章 回 避

**第二十七条** 审判人员具有下列情形之一的,应当自行回避,当事人及其法定代理人有权申请其回避:

(一) 是本案的当事人或者是当事人的近亲属的;

(二) 本人或者其近亲属与本案有利害关系的;

(三) 担任过本案的证人、鉴定人、辩护人、诉讼代理人、翻译人员的;

(四) 与本案的辩护人、诉讼代理人有近亲属关系的;

(五) 与本案当事人有其他利害关系,可能影响公正审判的。

**第二十八条** 审判人员具有下列情形之一的,当事人及其法定代理人有权申请其回避:

(一) 违反规定会见本案当事人、辩护人、诉讼代理人的;

(二) 为本案当事人推荐、介绍辩护人、诉讼代理人,或者为律师、其他人员介绍办理本案的;

(三) 索取、接受本案当事人及其委托的人的财物或者其他利益的;

(四) 接受本案当事人及其委托的人的宴请,或者参加由其支付费用的活动的;

(五) 向本案当事人及其委托的人借用款物的;

(六) 有其他不正当行为,可能影响公正审判的。

**第二十九条** 参与过本案调查、侦查、审查起诉工作的监察、侦查、检察人员,调至人民法院工作的,不得担任本案的审判人员。

在一个审判程序中参与过本案审判工作的合议庭组成人员或者独任审判员,不得再参与本案其他程序的审判。但是,发回重新审判的案件,在第一审人民法院作出裁判后又进入第二审程序、在法定刑以下判处刑罚的复核程序或者死刑复核程序的,原第二审程序、在法定刑以下判处刑罚的复核程序或者死刑复核程序中的合议庭组成人员不受本款规定的限制。

**第三十条** 依照法律和有关规定应当实行任职回避的,不得担任案件的审判人员。

**第三十一条** 人民法院应当依法告知当事人及其法定代理人有权申请回避,并告知其合议庭组成人员、独任审判员、法官助理、书记员等人员的名单。

**第三十二条** 审判人员自行申请回避,或者当事人及其法定代理人申请审判人员回避的，可以口头或者书面提出，并说明理由，由院长决定。

院长自行申请回避，或者当事人及其法定代理人申请院长回避的，由审判委员会讨论决定。审判委员会讨论时，由副院长主持，院长不得参加。

第三十三条 当事人及其法定代理人依照刑事诉讼法第三十条和本解释第二十八条的规定申请回避的，应当提供证明材料。

第三十四条 应当回避的审判人员没有自行回避，当事人及其法定代理人也没有申请其回避的，院长或者审判委员会应当决定其回避。

第三十五条 对当事人及其法定代理人提出的回避申请，人民法院可以口头或者书面作出决定，并将决定告知申请人。

当事人及其法定代理人申请回避被驳回的，可以在接到决定时申请复议一次。不属于刑事诉讼法第二十九条、第三十条规定情形的回避申请，由法庭当庭驳回，并不得申请复议。

第三十六条 当事人及其法定代理人申请出庭的检察人员回避的，人民法院应当区分情况作出处理：

（一）属于刑事诉讼法第二十九条、第三十条规定情形的回避申请，应当决定休庭，并通知人民检察院尽快作出决定；

（二）不属于刑事诉讼法第二十九条、第三十条规定情形的回避申请，应当当庭驳回，并不得申请复议。

第三十七条 本章所称的审判人员，包括人民法院院长、副院长、审判委员会委员、庭长、副庭长、审判员和人民陪审员。

第三十八条 法官助理、书记员、翻译人员和鉴定人适用审判人员回避的有关规定，其回避问题由院长决定。

第三十九条 辩护人、诉讼代理人可以依照本章的有关规定要求回避、申请复议。

## 第三章 辩护与代理

第四十条 人民法院审判案件，应当充分保障被告人依法享有的辩护权利。

被告人除自己行使辩护权以外，还可以委托辩护人辩护。下列人员不得担任辩护人：

（一）正在被执行刑罚或者处于缓刑、假释考验期间的人；

（二）依法被剥夺、限制人身自由的人；

（三）被开除公职或者被吊销律师、公证员执业证书的人；

（四）人民法院、人民检察院、监察机关、公安机关、国家安全机关、监狱的现职人员；

（五）人民陪审员；

（六）与本案审理结果有利害关系的人；

（七）外国人或者无国籍人；

（八）无行为能力或者限制行为能力的人。

前款第三项至第七项规定的人员，如果是被告人的监护人、近亲属，由被告人委托担任辩护人的，可以准许。

**第四十一条** 审判人员和人民法院其他工作人员从人民法院离任后二年内，不得以律师身份担任辩护人。

审判人员和人民法院其他工作人员从人民法院离任后，不得担任原任职法院所审理案件的辩护人，但系被告人的监护人、近亲属的除外。

审判人员和人民法院其他工作人员的配偶、子女或者父母不得担任其任职法院所审理案件的辩护人，但系被告人的监护人、近亲属的除外。

**第四十二条** 对接受委托担任辩护人的，人民法院应当核实其身份证明和授权委托书。

**第四十三条** 一名被告人可以委托一至二人作为辩护人。

一名辩护人不得为两名以上的同案被告人，或者未同案处理但犯罪事实存在关联的被告人辩护。

**第四十四条** 被告人没有委托辩护人的，人民法院自受理案件之日起三日以内，应当告知其有权委托辩护人；被告人因经济困难或者其他原因没有委托辩护人的，应当告知其可以申请法律援助；被告人属于应当提供法律援助情形的，应当告知其将依法通知法律援助机构指派律师为其提供辩护。

被告人没有委托辩护人，法律援助机构也没有指派律师为其提供辩护的，人民法院应当告知被告人有权约见值班律师，并为被告人约见值班律师提供便利。

告知可以采取口头或者书面方式。

**第四十五条** 审判期间，在押的被告人要求委托辩护人的，人民法院应当在三日以内向其监护人、近亲属或者其指定的人员转达要求。被告人应当提供有关人员的联系方式。有关人员无法通知的，应当告知被告人。

**第四十六条** 人民法院收到在押被告人提出的法律援助或者法律帮助申请，应当依照有关规定及时转交法律援助机构或者通知值班律师。

**第四十七条** 对下列没有委托辩护人的被告人，人民法院应当通知法律援助机构指派律师为其提供辩护：

（一）盲、聋、哑人；

（二）尚未完全丧失辨认或者控制自己行为能力的精神病人；

（三）可能被判处无期徒刑、死刑的人。

高级人民法院复核死刑案件，被告人没有委托辩护人的，应当通知法律援助机构指派律师为其提供辩护。

死刑缓期执行期间故意犯罪的案件，适用前两款规定。

**第四十八条** 具有下列情形之一，被告人没有委托辩护人的，人民法院可以通知法律援助机构指派律师为其提供辩护：

（一）共同犯罪案件中，其他被告人已经委托辩护人的；

（二）案件有重大社会影响的；

（三）人民检察院抗诉的；

（四）被告人的行为可能不构成犯罪的；

（五）有必要指派律师提供辩护的其他情形。

**第四十九条** 人民法院通知法律援助机构指派律师提供辩护的，应当将法律援助通知书、起诉书副本或者判决书送达法律援助机构；决定开庭审理的，除适用简易程序或者速裁程序审理的以外，应当在开庭十五日以前将上述材料送达法律援助机构。

法律援助通知书应当写明案由、被告人姓名、提供法律援助的理由、审判人员的姓名和联系方式；已确定开庭审理的，应当写明开庭的时间、地点。

**第五十条** 被告人拒绝法律援助机构指派的律师为其辩护，坚持自己行使辩护权的，人民法院应当准许。

属于应当提供法律援助的情形，被告人拒绝指派的律师为其辩护的，人民法院应当查明原因。理由正当的，应当准许，但被告人应当在五日以内另行委托辩护人；被告人未另行委托辩护人的，人民法院应当在三日以内通知法律援助机构另行指派律师为其提供辩护。

**第五十一条** 对法律援助机构指派律师为被告人提供辩护，被告人的监护人、近亲属又代为委托辩护人的，应当听取被告人的意见，由其确定辩护人人选。

**第五十二条** 审判期间，辩护人接受被告人委托的，应当在接受委托之日起三日以内，将委托手续提交人民法院。

接受法律援助机构指派为被告人提供辩护的，适用前款规定。

**第五十三条** 辩护律师可以查阅、摘抄、复制案卷材料。其他辩护人经人民法院许可，也可以查阅、摘抄、复制案卷材料。合议庭、审判委员会的讨论记录以及其他依法不公开的材料不得查阅、摘抄、复制。

辩护人查阅、摘抄、复制案卷材料的，人民法院应当提供便利，并保证必要的时间。

值班律师查阅案卷材料的，适用前两款规定。

复制案卷材料可以采用复印、拍照、扫描、电子数据拷贝等方式。

**第五十四条** 对作为证据材料向人民法院移送的讯问录音录像，辩护律师申请查阅的，人民法院应当准许。

**第五十五条** 查阅、摘抄、复制案卷材料，涉及国家秘密、商业秘密、个人隐私的，应当保密；对不公开审理案件的信息、材料，或者在办案过程中获悉的案件重要信息、证据材料，不得违反规定泄露、披露，不得用于办案以外的用途。人民法院可以要求相关人员出具承诺书。

违反前款规定的，人民法院可以通报司法行政机关或者有关部门，建议给予相应处罚；构成犯罪的，依法追究刑事责任。

**第五十六条** 辩护律师可以同在押的或者被监视居住的被告人会见和通信。其他辩护人经人民法院许可，也可以同在押的或者被监视居住的被告人会见和通信。

**第五十七条** 辩护人认为在调查、侦查、审查起诉期间监察机关、公安机关、人民检察院收集的证明被告人无罪或者罪轻的证据材料未随案移送，申请人民法院调取的，应当以书面形式提出，并提供相关线索或者材料。人民法院接受申请后，应当向人民检察院调取。人民检察院移送相关证据材料后，人民法院应当及时通知辩护人。

**第五十八条** 辩护律师申请向被害人及其近亲属、被害人提供的证人收集与本案有关的材料，人民法院认为确有必要的，应当签发准许调查书。

**第五十九条** 辩护律师向证人或者有关单位、个人收集、调取与本案有关的证据材料，因证人或者有关单位、个人不同意，申请人民法院收集、调取，或者申请通知证人出庭作证，人民法院认为确有必要的，应当同意。

**第六十条** 辩护律师直接申请人民法院向证人或者有关单位、个人收集、调取证据材料，人民法院认为确有必要，且不宜或者不能由辩护律师收集、调取的，应当同意。

人民法院向有关单位收集、调取的书面证据材料，必须由提供人签名，并加盖单位印章；向个人收集、调取的书面证据材料，必须由提供人签名。

人民法院对有关单位、个人提供的证据材料，应当出具收据，写明证据材料的名称、收到的时间、件数、页数以及是否为原件等，由书记员、法官助理或者审判人员签名。

收集、调取证据材料后，应当及时通知辩护律师查阅、摘抄、复制，并告知人民检察院。

**第六十一条** 本解释第五十八条至第六十条规定的申请，应当以书面形式提出，并说明理由，写明需要收集、调取证据材料的内容或者需要调查问题的提纲。

对辩护律师的申请，人民法院应当在五日以内作出是否准许、同意的决定，并通知申请人；决定不准许、不同意的，应当说明理由。

**第六十二条** 人民法院自受理自诉案件之日起三日以内，应当告知自诉人及其法定代理人、附带民事诉讼当事人及其法定代理人，有权委托诉讼代理人，并告知其如果经济困难，可以申请法律援助。

**第六十三条** 当事人委托诉讼代理人的，参照适用刑事诉讼法第三十三条和本解释的有关规定。

**第六十四条** 诉讼代理人有权根据事实和法律，维护被害人、自诉人或者附带民事诉讼当事人的诉讼权利和其他合法权益。

**第六十五条** 律师担任诉讼代理人的，可以查阅、摘抄、复制案卷材料。其他诉讼代理人经人民法院许可，也可以查阅、摘抄、复制案卷材料。

律师担任诉讼代理人，需要收集、调取与本案有关的证据材料的，参照适用本解释第五十九条至第六十一条的规定。

**第六十六条** 诉讼代理人接受当事人委托或者法律援助机构指派后，应当在三日以内将委托手续或者法律援助手续提交人民法院。

**第六十七条** 辩护律师向人民法院告知其委托人或者其他人准备实施、正在实施危害国家安全、公共安全以及严重危害他人人身安全犯罪的，人民法院应当记录在案，立即转告主管机关依法处理，并为反映有关情况的辩护律师保密。

**第六十八条** 律师担任辩护人、诉讼代理人，经人民法院准许，可以带一名助理参加庭审。律师助理参加庭审的，可以从事辅助工作，但不得发表辩护、代理意见。

## 第四章 证 据

### 第一节 一般规定

**第六十九条** 认定案件事实，必须以证据为根据。

**第七十条** 审判人员应当依照法定程序收集、审查、核实、认定证据。

**第七十一条** 证据未经当庭出示、辨认、质证等法庭调查程序查证属实，不得作为定案的根据。

**第七十二条** 应当运用证据证明的案件事实包括：

（一）被告人、被害人的身份；

（二）被指控的犯罪是否存在；

（三）被指控的犯罪是否为被告人所实施；

（四）被告人有无刑事责任能力，有无罪过，实施犯罪的动机、目的；

（五）实施犯罪的时间、地点、手段、后果以及案件起因等；

（六）是否系共同犯罪或者犯罪事实存在关联，以及被告人在犯罪中的地位、作用；

（七）被告人有无从重、从轻、减轻、免除处罚情节；

（八）有关涉案财物处理的事实；

（九）有关附带民事诉讼的事实；

（十）有关管辖、回避、延期审理等的程序事实；

（十一）与定罪量刑有关的其他事实。

认定被告人有罪和对被告人从重处罚，适用证据确实、充分的证明标准。

**第七十三条** 对提起公诉的案件，人民法院应当审查证明被告人有罪、无罪、罪重、罪轻的证据材料是否全部随案移送；未随案移送的，应当通知人民检察院在指定时间内移送。人民检察院未移送的，人民法院应当根据在案证据对案件事实作出认定。

**第七十四条** 依法应当对讯问过程录音录像的案件，相关录音录像未随案移送的，必要时，人民法院可以通知人民检察院在指定时间内移送。人民检察院未移送，导致不能排除属于刑事诉讼法第五十六条规定的以非法方法收集证据情形的，对有关证据应当依法排除；导致有关证据的真实性无法确认的，不得作为定案的根据。

**第七十五条** 行政机关在行政执法和查办案件过程中收集的物证、书证、视听资料、电子数据等证据材料，经法庭查证属实，且收集程序符合有关法律、行政法规规定的，可以作为定案的根据。

根据法律、行政法规规定行使国家行政管理职权的组织，在行政执法和查办案件过程中收集的证据材料，视为行政机关收集的证据材料。

**第七十六条** 监察机关依法收集的证据材料，在刑事诉讼中可以作为证据使用。

对前款规定证据的审查判断，适用刑事审判关于证据的要求和标准。

**第七十七条** 对来自境外的证据材料，人民检察院应当随案移送有关材料来源、提供人、提取人、提取时间等情况的说明。经人民法院审查，相关证据材料能够证明案件事实且符合刑事诉讼法规定的,可以作为证据使用,但提供人或者我国与有关国家签订的双边条约对材料的使用范围有明确限制的除外;材料来源不明或者真实性无法确认的,不得作为定案的根据。

当事人及其辩护人、诉讼代理人提供来自境外的证据材料的,该证据材料应当经所在国公证机关证明,所在国中央外交主管机关或者其授权机关认证,并经中华人民共和国驻该国使领馆认证,或者履行中华人民共和国与该所在国订立的有关条约中规定的证明手续,但我国与该国之间有互免认证协定的除外。

**第七十八条** 控辩双方提供的证据材料涉及外国语言、文字的,应当附中文译本。

**第七十九条** 人民法院依照刑事诉讼法第一百九十六条的规定调查核实证据,必要时,可以通知检察人员、辩护人、自诉人及其法定代理人到场。上述人员未到场的,应当记录在案。

人民法院调查核实证据时,发现对定罪量刑有重大影响的新的证据材料的,应当告知检察人员、辩护人、自诉人及其法定代理人。必要时,也可以直接提取,并及时通知检察人员、辩护人、自诉人及其法定代理人查阅、摘抄、复制。

**第八十条** 下列人员不得担任见证人:

(一)生理上、精神上有缺陷或者年幼,不具有相应辨别能力或者不能正确表达的人;

(二)与案件有利害关系,可能影响案件公正处理的人;

(三)行使勘验、检查、搜查、扣押、组织辨认等监察调查、刑事诉讼职权的监察、公安、司法机关的工作人员或者其聘用的人员。

对见证人是否属于前款规定的人员,人民法院可以通过相关笔录载明的见证人的姓名、身份证件种类及号码、联系方式以及常住人口信息登记表等材料进行审查。

由于客观原因无法由符合条件的人员担任见证人的,应当在笔录材料中注明情况,并对相关活动进行全程录音录像。

**第八十一条** 公开审理案件时,公诉人、诉讼参与人提出涉及国家秘密、商业秘密或者个人隐私的证据的,法庭应当制止;确与本案有关的,可以根据具体情况,决定将案件转为不公开审理,或者对相关证据的法庭调查不公开进行。

### 第二节 物证、书证的审查与认定

**第八十二条** 对物证、书证应当着重审查以下内容:

(一)物证、书证是否为原物、原件,是否经过辨认、鉴定;物证的照片、录像、复制品或者书证的副本、复制件是否与原物、原件相符,是否由二人以上制作,有无制作人关于制作过程以及原物、原件存放于何处的文字说明和签名;

(二)物证、书证的收集程序、方式是否符合法律、有关规定;经勘验、检查、搜查提取、扣押的物证、书证,是否附有相关笔录、清单,笔录、清单是否经调查人员或者侦查人员、物品持有人、见证人签名,没有签名的,是否注明原因;物品的名称、特征、数量、质量等是否注明清楚;

(三) 物证、书证在收集、保管、鉴定过程中是否受损或者改变;

(四) 物证、书证与案件事实有无关联;对现场遗留与犯罪有关的具备鉴定条件的血迹、体液、毛发、指纹等生物样本、痕迹、物品,是否已作 DNA 鉴定、指纹鉴定等,并与被告人或者被害人的相应生物特征、物品等比对;

(五) 与案件事实有关联的物证、书证是否全面收集。

**第八十三条** 据以定案的物证应当是原物。原物不便搬运、不易保存、依法应当返还或者依法应当由有关部门保管、处理的,可以拍摄、制作足以反映原物外形和特征的照片、录像、复制品。必要时,审判人员可以前往保管场所查看原物。

物证的照片、录像、复制品,不能反映原物的外形和特征的,不得作为定案的根据。

物证的照片、录像、复制品,经与原物核对无误、经鉴定或者以其他方式确认真实的,可以作为定案的根据。

**第八十四条** 据以定案的书证应当是原件。取得原件确有困难的,可以使用副本、复制件。

对书证的更改或者更改迹象不能作出合理解释,或者书证的副本、复制件不能反映原件及其内容的,不得作为定案的根据。

书证的副本、复制件,经与原件核对无误、经鉴定或者以其他方式确认真实的,可以作为定案的根据。

**第八十五条** 对与案件事实可能有关联的血迹、体液、毛发、人体组织、指纹、足迹、字迹等生物样本、痕迹和物品,应当提取而没有提取,应当鉴定而没有鉴定,应当移送鉴定意见而没有移送,导致案件事实存疑的,人民法院应当通知人民检察院依法补充收集、调取、移送证据。

**第八十六条** 在勘验、检查、搜查过程中提取、扣押的物证、书证,未附笔录或者清单,不能证明物证、书证来源的,不得作为定案的根据。

物证、书证的收集程序、方式有下列瑕疵,经补正或者作出合理解释的,可以采用:

(一) 勘验、检查、搜查、提取笔录或者扣押清单上没有调查人员或者侦查人员、物品持有人、见证人签名,或者对物品的名称、特征、数量、质量等注明不详的;

(二) 物证的照片、录像、复制品,书证的副本、复制件未注明与原件核对无异,无复制时间,或者无被收集、调取人签名的;

(三) 物证的照片、录像、复制品,书证的副本、复制件没有制作人关于制作过程和原物、原件存放地点的说明,或者说明中无签名的;

(四) 有其他瑕疵的。

物证、书证的来源、收集程序有疑问,不能作出合理解释的,不得作为定案的根据。

### 第三节 证人证言、被害人陈述的审查与认定

**第八十七条** 对证人证言应当着重审查以下内容:

(一) 证言的内容是否为证人直接感知;

(二) 证人作证时的年龄,认知、记忆和表达能力,生理和精神状态是否影响作证;

（三）证人与案件当事人、案件处理结果有无利害关系；

（四）询问证人是否个别进行；

（五）询问笔录的制作、修改是否符合法律、有关规定，是否注明询问的起止时间和地点，首次询问时是否告知证人有关权利义务和法律责任，证人对询问笔录是否核对确认；

（六）询问未成年证人时，是否通知其法定代理人或者刑事诉讼法第二百八十一条第一款规定的合适成年人到场，有关人员是否到场；

（七）有无以暴力、威胁等非法方法收集证人证言的情形；

（八）证言之间以及与其他证据之间能否相互印证，有无矛盾；存在矛盾的，能否得到合理解释。

**第八十八条** 处于明显醉酒、中毒或者麻醉等状态，不能正常感知或者正确表达的证人所提供的证言，不得作为证据使用。

证人的猜测性、评论性、推断性的证言，不得作为证据使用，但根据一般生活经验判断符合事实的除外。

**第八十九条** 证人证言具有下列情形之一的，不得作为定案的根据：

（一）询问证人没有个别进行的；

（二）书面证言没有经证人核对确认的；

（三）询问聋、哑人，应当提供通晓聋、哑手势的人员而未提供的；

（四）询问不通晓当地通用语言、文字的证人，应当提供翻译人员而未提供的。

**第九十条** 证人证言的收集程序、方式有下列瑕疵，经补正或者作出合理解释的，可以采用；不能补正或者作出合理解释的，不得作为定案的根据：

（一）询问笔录没有填写询问人、记录人、法定代理人姓名以及询问的起止时间、地点的；

（二）询问地点不符合规定的；

（三）询问笔录没有记录告知证人有关权利义务和法律责任的；

（四）询问笔录反映出在同一时段，同一询问人员询问不同证人的；

（五）询问未成年人，其法定代理人或者合适成年人不在场的。

**第九十一条** 证人当庭作出的证言，经控辩双方质证、法庭查证属实的，应当作为定案的根据。

证人当庭作出的证言与其庭前证言矛盾，证人能够作出合理解释，并有其他证据印证的，应当采信其庭审证言；不能作出合理解释，而其庭前证言有其他证据印证的，可以采信其庭前证言。

经人民法院通知，证人没有正当理由拒绝出庭或者出庭后拒绝作证，法庭对其证言的真实性无法确认的，该证人证言不得作为定案的根据。

**第九十二条** 对被害人陈述的审查与认定，参照适用本节的有关规定。

### 第四节 被告人供述和辩解的审查与认定

**第九十三条** 对被告人供述和辩解应当着重审查以下内容：

（一）讯问的时间、地点，讯问人的身份、人数以及讯问方式等是否符合法律、有关规定；

（二）讯问笔录的制作、修改是否符合法律、有关规定，是否注明讯问的具体起止时间和地点，首次讯问时是否告知被告人有关权利和法律规定，被告人是否核对确认；

（三）讯问未成年被告人时，是否通知其法定代理人或者合适成年人到场，有关人员是否到场；

（四）讯问女性未成年被告人时，是否有女性工作人员在场；

（五）有无以刑讯逼供等非法方法收集被告人供述的情形；

（六）被告人的供述是否前后一致，有无反复以及出现反复的原因；

（七）被告人的供述和辩解是否全部随案移送；

（八）被告人的辩解内容是否符合案情和常理，有无矛盾；

（九）被告人的供述和辩解与同案被告人的供述和辩解以及其他证据能否相互印证，有无矛盾；存在矛盾的，能否得到合理解释。

必要时，可以结合现场执法音视频记录、讯问录音录像、被告人进出看守所的健康检查记录、笔录等，对被告人的供述和辩解进行审查。

**第九十四条** 被告人供述具有下列情形之一的，不得作为定案的根据：

（一）讯问笔录没有经被告人核对确认的；

（二）讯问聋、哑人，应当提供通晓聋、哑手势的人员而未提供的；

（三）讯问不通晓当地通用语言、文字的被告人，应当提供翻译人员而未提供的；

（四）讯问未成年人，其法定代理人或者合适成年人不在场的。

**第九十五条** 讯问笔录有下列瑕疵，经补正或者作出合理解释的，可以采用；不能补正或者作出合理解释的，不得作为定案的根据：

（一）讯问笔录填写的讯问时间、讯问地点、讯问人、记录人、法定代理人等有误或者存在矛盾的；

（二）讯问人没有签名的；

（三）首次讯问笔录没有记录告知被讯问人有关权利和法律规定的。

**第九十六条** 审查被告人供述和辩解，应当结合控辩双方提供的所有证据以及被告人的全部供述和辩解进行。

被告人庭审中翻供，但不能合理说明翻供原因或者其辩解与全案证据矛盾，而其庭前供述与其他证据相互印证的，可以采信其庭前供述。

被告人庭前供述和辩解存在反复，但庭审中供认，且与其他证据相互印证的，可以采信其庭审供述；被告人庭前供述和辩解存在反复，庭审中不供认，且无其他证据与庭前供述印证的，不得采信其庭前供述。

### 第五节 鉴定意见的审查与认定

**第九十七条** 对鉴定意见应当着重审查以下内容：

（一）鉴定机构和鉴定人是否具有法定资质；

（二）鉴定人是否存在应当回避的情形；

（三）检材的来源、取得、保管、送检是否符合法律、有关规定，与相关提取笔录、扣押清单等记载的内容是否相符，检材是否可靠；

（四）鉴定意见的形式要件是否完备，是否注明提起鉴定的事由、鉴定委托人、鉴定机构、鉴定要求、鉴定过程、鉴定方法、鉴定日期等相关内容，是否由鉴定机构盖章并由鉴定人签名；

（五）鉴定程序是否符合法律、有关规定；

（六）鉴定的过程和方法是否符合相关专业的规范要求；

（七）鉴定意见是否明确；

（八）鉴定意见与案件事实有无关联；

（九）鉴定意见与勘验、检查笔录及相关照片等其他证据是否矛盾；存在矛盾的，能否得到合理解释；

（十）鉴定意见是否依法及时告知相关人员，当事人对鉴定意见有无异议。

**第九十八条** 鉴定意见具有下列情形之一的，不得作为定案的根据：

（一）鉴定机构不具备法定资质，或者鉴定事项超出该鉴定机构业务范围、技术条件的；

（二）鉴定人不具备法定资质，不具有相关专业技术或者职称，或者违反回避规定的；

（三）送检材料、样本来源不明，或者因污染不具备鉴定条件的；

（四）鉴定对象与送检材料、样本不一致的；

（五）鉴定程序违反规定的；

（六）鉴定过程和方法不符合相关专业的规范要求的；

（七）鉴定文书缺少签名、盖章的；

（八）鉴定意见与案件事实没有关联的；

（九）违反有关规定的其他情形。

**第九十九条** 经人民法院通知，鉴定人拒不出庭作证的，鉴定意见不得作为定案的根据。

鉴定人由于不能抗拒的原因或者有其他正当理由无法出庭的，人民法院可以根据情况决定延期审理或者重新鉴定。

鉴定人无正当理由拒不出庭作证的，人民法院应当通报司法行政机关或者有关部门。

**第一百条** 因无鉴定机构，或者根据法律、司法解释的规定，指派、聘请有专门知识的人就案件的专门性问题出具的报告，可以作为证据使用。

对前款规定的报告的审查与认定，参照适用本节的有关规定。

经人民法院通知，出具报告的人拒不出庭作证的，有关报告不得作为定案的根据。

**第一百零一条** 有关部门对事故进行调查形成的报告，在刑事诉讼中可以作为证据使用；报告中涉及专门性问题的意见，经法庭查证属实，且调查程序符合法律、有关规定的，可以作为定案的根据。

## 第六节　勘验、检查、辨认、侦查实验等笔录的审查与认定

**第一百零二条**　对勘验、检查笔录应当着重审查以下内容：

（一）勘验、检查是否依法进行，笔录制作是否符合法律、有关规定，勘验、检查人员和见证人是否签名或者盖章；

（二）勘验、检查笔录是否记录了提起勘验、检查的事由，勘验、检查的时间、地点、在场人员、现场方位、周围环境等，现场的物品、人身、尸体等的位置、特征等情况，以及勘验、检查的过程；文字记录与实物或者绘图、照片、录像是否相符；现场、物品、痕迹等是否伪造、有无破坏；人身特征、伤害情况、生理状态有无伪装或者变化等；

（三）补充进行勘验、检查的，是否说明了再次勘验、检查的原由，前后勘验、检查的情况是否矛盾。

**第一百零三条**　勘验、检查笔录存在明显不符合法律、有关规定的情形，不能作出合理解释的，不得作为定案的根据。

**第一百零四条**　对辨认笔录应当着重审查辨认的过程、方法，以及辨认笔录的制作是否符合有关规定。

**第一百零五条**　辨认笔录具有下列情形之一的，不得作为定案的根据：

（一）辨认不是在调查人员、侦查人员主持下进行的；

（二）辨认前使辨认人见到辨认对象的；

（三）辨认活动没有个别进行的；

（四）辨认对象没有混杂在具有类似特征的其他对象中，或者供辨认的对象数量不符合规定的；

（五）辨认中给辨认人明显暗示或者明显有指认嫌疑的；

（六）违反有关规定，不能确定辨认笔录真实性的其他情形。

**第一百零六条**　对侦查实验笔录应当着重审查实验的过程、方法，以及笔录的制作是否符合有关规定。

**第一百零七条**　侦查实验的条件与事件发生时的条件有明显差异，或者存在影响实验结论科学性的其他情形的，侦查实验笔录不得作为定案的根据。

## 第七节　视听资料、电子数据的审查与认定

**第一百零八条**　对视听资料应当着重审查以下内容：

（一）是否附有提取过程的说明，来源是否合法；

（二）是否为原件，有无复制及复制份数；是复制件的，是否附有无法调取原件的原因、复制件制作过程和原件存放地点的说明，制作人、原视听资料持有人是否签名；

（三）制作过程中是否存在威胁、引诱当事人等违反法律、有关规定的情形；

（四）是否写明制作人、持有人的身份，制作的时间、地点、条件和方法；

（五）内容和制作过程是否真实，有无剪辑、增加、删改等情形；

（六）内容与案件事实有无关联。

对视听资料有疑问的，应当进行鉴定。

**第一百零九条** 视听资料具有下列情形之一的，不得作为定案的根据：

（一）系篡改、伪造或者无法确定真伪的；

（二）制作、取得的时间、地点、方式等有疑问，不能作出合理解释的。

**第一百一十条** 对电子数据是否真实，应当着重审查以下内容：

（一）是否移送原始存储介质；在原始存储介质无法封存、不便移动时，有无说明原因，并注明收集、提取过程及原始存储介质的存放地点或者电子数据的来源等情况；

（二）是否具有数字签名、数字证书等特殊标识；

（三）收集、提取的过程是否可以重现；

（四）如有增加、删除、修改等情形的，是否附有说明；

（五）完整性是否可以保证。

**第一百一十一条** 对电子数据是否完整，应当根据保护电子数据完整性的相应方法进行审查、验证：

（一）审查原始存储介质的扣押、封存状态；

（二）审查电子数据的收集、提取过程，查看录像；

（三）比对电子数据完整性校验值；

（四）与备份的电子数据进行比较；

（五）审查冻结后的访问操作日志；

（六）其他方法。

**第一百一十二条** 对收集、提取电子数据是否合法，应当着重审查以下内容：

（一）收集、提取电子数据是否由二名以上调查人员、侦查人员进行，取证方法是否符合相关技术标准；

（二）收集、提取电子数据，是否附有笔录、清单，并经调查人员、侦查人员、电子数据持有人、提供人、见证人签名或者盖章；没有签名或者盖章的，是否注明原因；对电子数据的类别、文件格式等是否注明清楚；

（三）是否依照有关规定由符合条件的人员担任见证人，是否对相关活动进行录像；

（四）采用技术调查、侦查措施收集、提取电子数据的，是否依法经过严格的批准手续；

（五）进行电子数据检查的，检查程序是否符合有关规定。

**第一百一十三条** 电子数据的收集、提取程序有下列瑕疵，经补正或者作出合理解释的，可以采用；不能补正或者作出合理解释的，不得作为定案的根据：

（一）未以封存状态移送的；

（二）笔录或者清单上没有调查人员或者侦查人员、电子数据持有人、提供人、见证人签名或者盖章的；

（三）对电子数据的名称、类别、格式等注明不清的；

（四）有其他瑕疵的。

**第一百一十四条** 电子数据具有下列情形之一的，不得作为定案的根据：

（一）系篡改、伪造或者无法确定真伪的；
（二）有增加、删除、修改等情形，影响电子数据真实性的；
（三）其他无法保证电子数据真实性的情形。

**第一百一十五条** 对视听资料、电子数据，还应当审查是否移送文字抄清材料以及对绰号、暗语、俗语、方言等不易理解内容的说明。未移送的，必要时，可以要求人民检察院移送。

### 第八节 技术调查、侦查证据的审查与认定

**第一百一十六条** 依法采取技术调查、侦查措施收集的材料在刑事诉讼中可以作为证据使用。

采取技术调查、侦查措施收集的材料，作为证据使用的，应当随案移送。

**第一百一十七条** 使用采取技术调查、侦查措施收集的证据材料可能危及有关人员的人身安全，或者可能产生其他严重后果的，可以采取下列保护措施：
（一）使用化名等代替调查、侦查人员及有关人员的个人信息；
（二）不具体写明技术调查、侦查措施使用的技术设备和技术方法；
（三）其他必要的保护措施。

**第一百一十八条** 移送技术调查、侦查证据材料的，应当附采取技术调查、侦查措施的法律文书、技术调查、侦查证据材料清单和有关说明材料。

移送采用技术调查、侦查措施收集的视听资料、电子数据的，应当制作新的存储介质，并附制作说明，写明原始证据材料、原始存储介质的存放地点等信息，由制作人签名，并加盖单位印章。

**第一百一十九条** 对采取技术调查、侦查措施收集的证据材料，除根据相关证据材料所属的证据种类，依照本章第二节至第七节的相应规定进行审查外，还应当着重审查以下内容：
（一）技术调查、侦查措施所针对的案件是否符合法律规定；
（二）技术调查措施是否经过严格的批准手续，按照规定交有关机关执行；技术侦查措施是否在刑事立案后，经过严格的批准手续；
（三）采取技术调查、侦查措施的种类、适用对象和期限是否按照批准决定载明的内容执行；
（四）采取技术调查、侦查措施收集的证据材料与其他证据是否矛盾；存在矛盾的，能否得到合理解释。

**第一百二十条** 采取技术调查、侦查措施收集的证据材料，应当经过当庭出示、辨认、质证等法庭调查程序查证。

当庭调查技术调查、侦查证据材料可能危及有关人员的人身安全，或者可能产生其他严重后果的，法庭应当采取不暴露有关人员身份和技术调查、侦查措施使用的技术设备、技术方法等保护措施。必要时，审判人员可以在庭外对证据进行核实。

**第一百二十一条** 采用技术调查、侦查证据作为定案根据的，人民法院在裁判文书

中可以表述相关证据的名称、证据种类和证明对象，但不得表述有关人员身份和技术调查、侦查措施使用的技术设备、技术方法等。

**第一百二十二条** 人民法院认为应当移送的技术调查、侦查证据材料未随案移送的，应当通知人民检察院在指定时间内移送。人民检察院未移送的，人民法院应当根据在案证据对案件事实作出认定。

### 第九节 非法证据排除

**第一百二十三条** 采用下列非法方法收集的被告人供述，应当予以排除：

（一）采用殴打、违法使用戒具等暴力方法或者变相肉刑的恶劣手段，使被告人遭受难以忍受的痛苦而违背意愿作出的供述；

（二）采用以暴力或者严重损害本人及其近亲属合法权益等相威胁的方法，使被告人遭受难以忍受的痛苦而违背意愿作出的供述；

（三）采用非法拘禁等非法限制人身自由的方法收集的被告人供述。

**第一百二十四条** 采用刑讯逼供方法使被告人作出供述，之后被告人受该刑讯逼供行为影响而作出的与该供述相同的重复性供述，应当一并排除，但下列情形除外：

（一）调查、侦查期间，监察机关、侦查机关根据控告、举报或者自己发现等，确认或者不能排除以非法方法收集证据而更换调查、侦查人员，其他调查、侦查人员再次讯问时告知有关权利和认罪的法律后果，被告人自愿供述的；

（二）审查逮捕、审查起诉和审判期间，检察人员、审判人员讯问时告知诉讼权利和认罪的法律后果，被告人自愿供述的。

**第一百二十五条** 采用暴力、威胁以及非法限制人身自由等非法方法收集的证人证言、被害人陈述，应当予以排除。

**第一百二十六条** 收集物证、书证不符合法定程序，可能严重影响司法公正的，应当予以补正或者作出合理解释；不能补正或者作出合理解释的，对该证据应当予以排除。

认定"可能严重影响司法公正"，应当综合考虑收集证据违反法定程序以及所造成后果的严重程度等情况。

**第一百二十七条** 当事人及其辩护人、诉讼代理人申请人民法院排除以非法方法收集的证据的，应当提供涉嫌非法取证的人员、时间、地点、方式、内容等相关线索或者材料。

**第一百二十八条** 人民法院向被告人及其辩护人送达起诉书副本时，应当告知其申请排除非法证据的，应当在开庭审理前提出，但庭审期间才发现相关线索或者材料的除外。

**第一百二十九条** 开庭审理前，当事人及其辩护人、诉讼代理人申请人民法院排除非法证据的，人民法院应当在开庭前及时将申请书或者申请笔录及相关线索、材料的复制件送交人民检察院。

**第一百三十条** 开庭审理前，人民法院可以召开庭前会议，就非法证据排除等问题了解情况，听取意见。

在庭前会议中，人民检察院可以通过出示有关证据材料等方式，对证据收集的合法性加以说明。必要时，可以通知调查人员、侦查人员或者其他人员参加庭前会议，说明情况。

**第一百三十一条** 在庭前会议中，人民检察院可以撤回有关证据。撤回的证据，没有新的理由，不得在庭审中出示。

当事人及其辩护人、诉讼代理人可以撤回排除非法证据的申请。撤回申请后，没有新的线索或者材料，不得再次对有关证据提出排除申请。

**第一百三十二条** 当事人及其辩护人、诉讼代理人在开庭审理前未申请排除非法证据，在庭审过程中提出申请的，应当说明理由。人民法院经审查，对证据收集的合法性有疑问的，应当进行调查；没有疑问的，驳回申请。

驳回排除非法证据的申请后，当事人及其辩护人、诉讼代理人没有新的线索或者材料，以相同理由再次提出申请的，人民法院不再审查。

**第一百三十三条** 控辩双方在庭前会议中对证据收集是否合法未达成一致意见，人民法院对证据收集的合法性有疑问的，应当在庭审中进行调查；对证据收集的合法性没有疑问，且无新的线索或者材料表明可能存在非法取证的，可以决定不再进行调查并说明理由。

**第一百三十四条** 庭审期间，法庭决定对证据收集的合法性进行调查的，应当先行当庭调查。但为防止庭审过分迟延，也可以在法庭调查结束前调查。

**第一百三十五条** 法庭决定对证据收集的合法性进行调查的，由公诉人通过宣读调查、侦查讯问笔录、出示提讯登记、体检记录、对讯问合法性的核查材料等证据材料，有针对性地播放讯问录音录像，提请法庭通知有关调查人员、侦查人员或者其他人员出庭说明情况等方式，证明证据收集的合法性。

讯问录音录像涉及国家秘密、商业秘密、个人隐私或者其他不宜公开内容的，法庭可以决定对讯问录音录像不公开播放、质证。

公诉人提交的取证过程合法的说明材料，应当经有关调查人员、侦查人员签名，并加盖单位印章。未经签名或者盖章的，不得作为证据使用。上述说明材料不能单独作为证明取证过程合法的根据。

**第一百三十六条** 控辩双方申请法庭通知调查人员、侦查人员或者其他人员出庭说明情况，法庭认为有必要的，应当通知有关人员出庭。

根据案件情况，法庭可以依职权通知调查人员、侦查人员或者其他人员出庭说明情况。

调查人员、侦查人员或者其他人员出庭的，应当向法庭说明证据收集过程，并就相关情况接受控辩双方和法庭的询问。

**第一百三十七条** 法庭对证据收集的合法性进行调查后，确认或者不能排除存在刑事诉讼法第五十六条规定的以非法方法收集证据情形的，对有关证据应当排除。

**第一百三十八条** 具有下列情形之一的，第二审人民法院应当对证据收集的合法性进行审查，并根据刑事诉讼法和本解释的有关规定作出处理：

（一）第一审人民法院对当事人及其辩护人、诉讼代理人排除非法证据的申请没有审查，且以该证据作为定案根据的；

（二）人民检察院或者被告人、自诉人及其法定代理人不服第一审人民法院作出的有关证据收集合法性的调查结论，提出抗诉、上诉的；

（三）当事人及其辩护人、诉讼代理人在第一审结束后才发现相关线索或者材料，申请人民法院排除非法证据的。

## 第十节 证据的综合审查与运用

**第一百三十九条** 对证据的真实性，应当综合全案证据进行审查。

对证据的证明力，应当根据具体情况，从证据与案件事实的关联程度、证据之间的联系等方面进行审查判断。

**第一百四十条** 没有直接证据，但间接证据同时符合下列条件的，可以认定被告人有罪：

（一）证据已经查证属实；

（二）证据之间相互印证，不存在无法排除的矛盾和无法解释的疑问；

（三）全案证据形成完整的证据链；

（四）根据证据认定案件事实足以排除合理怀疑，结论具有唯一性；

（五）运用证据进行的推理符合逻辑和经验。

**第一百四十一条** 根据被告人的供述、指认提取到了隐蔽性很强的物证、书证，且被告人的供述与其他证明犯罪事实发生的证据相互印证，并排除串供、逼供、诱供等可能性的，可以认定被告人有罪。

**第一百四十二条** 对监察机关、侦查机关出具的被告人到案经过、抓获经过等材料，应当审查是否有出具该说明材料的办案人员、办案机关的签名、盖章。

对到案经过、抓获经过或者确定被告人有重大嫌疑的根据有疑问的，应当通知人民检察院补充说明。

**第一百四十三条** 下列证据应当慎重使用，有其他证据印证的，可以采信：

（一）生理上、精神上有缺陷，对案件事实的认知和表达存在一定困难，但尚未丧失正确认知、表达能力的被害人、证人和被告人所作的陈述、证言和供述；

（二）与被告人有亲属关系或者其他密切关系的证人所作的有利于被告人的证言，或者与被告人有利害冲突的证人所作的不利于被告人的证言。

**第一百四十四条** 证明被告人自首、坦白、立功的证据材料，没有加盖接受被告人投案、坦白、检举揭发等的单位的印章，或者接受人员没有签名的，不得作为定案的根据。

对被告人及其辩护人提出有自首、坦白、立功的事实和理由，有关机关未予认定，或者有关机关提出被告人有自首、坦白、立功表现，但证据材料不全的，人民法院应当要求有关机关提供证明材料，或者要求有关人员作证，并结合其他证据作出认定。

**第一百四十五条** 证明被告人具有累犯、毒品再犯情节等的证据材料，应当包括前罪的裁判文书、释放证明等材料；材料不全的，应当通知人民检察院提供。

**第一百四十六条** 审查被告人实施被指控的犯罪时或者审判时是否达到相应法定责任年龄，应当根据户籍证明、出生证明文件、学籍卡、人口普查登记、无利害关系人的证言等证据综合判断。

证明被告人已满十二周岁、十四周岁、十六周岁、十八周岁或者不满七十五周岁的证据不足的，应当作出有利于被告人的认定。

## 第五章　强制措施

**第一百四十七条** 人民法院根据案件情况，可以决定对被告人拘传、取保候审、监视居住或者逮捕。

对被告人采取、撤销或者变更强制措施的，由院长决定；决定继续取保候审、监视居住的，可以由合议庭或者独任审判员决定。

**第一百四十八条** 对经依法传唤拒不到庭的被告人，或者根据案件情况有必要拘传的被告人，可以拘传。

拘传被告人，应当由院长签发拘传票，由司法警察执行，执行人员不得少于二人。

拘传被告人，应当出示拘传票。对抗拒拘传的被告人，可以使用戒具。

**第一百四十九条** 拘传被告人，持续的时间不得超过十二小时；案情特别重大、复杂，需要采取逮捕措施的，持续的时间不得超过二十四小时。不得以连续拘传的形式变相拘禁被告人。应当保证被拘传人的饮食和必要的休息时间。

**第一百五十条** 被告人具有刑事诉讼法第六十七条第一款规定情形之一的，人民法院可以决定取保候审。

对被告人决定取保候审的，应当责令其提出保证人或者交纳保证金，不得同时使用保证人保证与保证金保证。

**第一百五十一条** 对下列被告人决定取保候审的，可以责令其提出一至二名保证人：

（一）无力交纳保证金的；

（二）未成年或者已满七十五周岁的；

（三）不宜收取保证金的其他被告人。

**第一百五十二条** 人民法院应当审查保证人是否符合法定条件。符合条件的，应当告知其必须履行的保证义务，以及不履行义务的法律后果，并由其出具保证书。

**第一百五十三条** 对决定取保候审的被告人使用保证金保证的，应当依照刑事诉讼法第七十二条第一款的规定确定保证金的具体数额，并责令被告人或者为其提供保证金的单位、个人将保证金一次性存入公安机关指定银行的专门账户。

**第一百五十四条** 人民法院向被告人宣布取保候审决定后，应当将取保候审决定书等相关材料送交当地公安机关。

对被告人使用保证金保证的，应当在核实保证金已经存入公安机关指定银行的专门账户后，将银行出具的收款凭证一并送交公安机关。

**第一百五十五条** 被告人被取保候审期间，保证人不愿继续履行保证义务或者丧失履行保证义务能力的，人民法院应当在收到保证人的申请或者公安机关的书面通知后三日以内，责令被告人重新提出保证人或者交纳保证金，或者变更强制措施，并通知公安机关。

第一百五十六条　人民法院发现保证人未履行保证义务的，应当书面通知公安机关依法处理。

第一百五十七条　根据案件事实和法律规定，认为已经构成犯罪的被告人在取保候审期间逃匿的，如果系保证人协助被告人逃匿，或者保证人明知被告人藏匿地点但拒绝向司法机关提供，对保证人应当依法追究责任。

第一百五十八条　人民法院发现使用保证金保证的被取保候审人违反刑事诉讼法第七十一条第一款、第二款规定的，应当书面通知公安机关依法处理。

人民法院收到公安机关已经没收保证金的书面通知或者变更强制措施的建议后，应当区别情形，在五日以内责令被告人具结悔过，重新交纳保证金或者提出保证人，或者变更强制措施，并通知公安机关。

人民法院决定对被依法没收保证金的被告人继续取保候审的，取保候审的期限连续计算。

第一百五十九条　对被取保候审的被告人的判决、裁定生效后，如果保证金属于其个人财产，且需要用以退赔被害人、履行附带民事赔偿义务或者执行财产刑的，人民法院可以书面通知公安机关移交全部保证金，由人民法院作出处理，剩余部分退还被告人。

第一百六十条　对具有刑事诉讼法第七十四条第一款、第二款规定情形的被告人，人民法院可以决定监视居住。

人民法院决定对被告人监视居住的，应当核实其住处；没有固定住处的，应当为其指定居所。

第一百六十一条　人民法院向被告人宣布监视居住决定后，应当将监视居住决定书等相关材料送交被告人住处或者指定居所所在地的公安机关执行。

对被告人指定居所监视居住后，人民法院应当在二十四小时以内，将监视居住的原因和处所通知其家属；确实无法通知的，应当记录在案。

第一百六十二条　人民检察院、公安机关已经对犯罪嫌疑人取保候审、监视居住，案件起诉至人民法院后，需要继续取保候审、监视居住或者变更强制措施的，人民法院应当在七日以内作出决定，并通知人民检察院、公安机关。

决定继续取保候审、监视居住的，应当重新办理手续，期限重新计算；继续使用保证金保证的，不再收取保证金。

第一百六十三条　对具有刑事诉讼法第八十一条第一款、第三款规定情形的被告人，人民法院应当决定逮捕。

第一百六十四条　被取保候审的被告人具有下列情形之一的，人民法院应当决定逮捕：

（一）故意实施新的犯罪的；

（二）企图自杀或者逃跑的；

（三）毁灭、伪造证据，干扰证人作证或者串供的；

（四）打击报复、恐吓滋扰被害人、证人、鉴定人、举报人、控告人等的；

（五）经传唤，无正当理由不到案，影响审判活动正常进行的；

（六）擅自改变联系方式或者居住地，导致无法传唤，影响审判活动正常进行的；

（七）未经批准，擅自离开所居住的市、县，影响审判活动正常进行，或者两次未经批准，擅自离开所居住的市、县的；

（八）违反规定进入特定场所、与特定人员会见或者通信、从事特定活动，影响审判活动正常进行，或者两次违反有关规定的；

（九）依法应当决定逮捕的其他情形。

**第一百六十五条**　被监视居住的被告人具有下列情形之一的，人民法院应当决定逮捕：

（一）具有前条第一项至第五项规定情形之一的；

（二）未经批准，擅自离开执行监视居住的处所，影响审判活动正常进行，或者两次未经批准，擅自离开执行监视居住的处所的；

（三）未经批准，擅自会见他人或者通信，影响审判活动正常进行，或者两次未经批准，擅自会见他人或者通信的；

（四）对因患有严重疾病、生活不能自理，或者因怀孕、正在哺乳自己婴儿而未予逮捕的被告人，疾病痊愈或者哺乳期已满的；

（五）依法应当决定逮捕的其他情形。

**第一百六十六条**　对可能判处徒刑以下刑罚的被告人，违反取保候审、监视居住规定，严重影响诉讼活动正常进行的，可以决定逮捕。

**第一百六十七条**　人民法院作出逮捕决定后，应当将逮捕决定书等相关材料送交公安机关执行，并将逮捕决定书抄送人民检察院。逮捕被告人后，人民法院应当将逮捕的原因和羁押的处所，在二十四小时以内通知其家属；确实无法通知的，应当记录在案。

**第一百六十八条**　人民法院对决定逮捕的被告人，应当在逮捕后二十四小时以内讯问。发现不应当逮捕的，应当立即释放。必要时，可以依法变更强制措施。

**第一百六十九条**　被逮捕的被告人具有下列情形之一的，人民法院可以变更强制措施：

（一）患有严重疾病、生活不能自理的；

（二）怀孕或者正在哺乳自己婴儿的；

（三）系生活不能自理的人的唯一扶养人。

**第一百七十条**　被逮捕的被告人具有下列情形之一的，人民法院应当立即释放；必要时，可以依法变更强制措施：

（一）第一审人民法院判决被告人无罪、不负刑事责任或者免予刑事处罚的；

（二）第一审人民法院判处管制、宣告缓刑、单独适用附加刑，判决尚未发生法律效力的；

（三）被告人被羁押的时间已到第一审人民法院对其判处的刑期期限的；

（四）案件不能在法律规定的期限内审结的。

第一百七十一条 人民法院决定释放被告人的，应当立即将释放通知书送交公安机关执行。

第一百七十二条 被采取强制措施的被告人，被判处管制、缓刑的，在社区矫正开始后，强制措施自动解除；被单处附加刑的，在判决、裁定发生法律效力后，强制措施自动解除；被判处监禁刑的，在刑罚开始执行后，强制措施自动解除。

第一百七十三条 对人民法院决定逮捕的被告人，人民检察院建议释放或者变更强制措施的，人民法院应当在收到建议后十日以内将处理情况通知人民检察院。

第一百七十四条 被告人及其法定代理人、近亲属或者辩护人申请变更、解除强制措施的，应当说明理由。人民法院收到申请后，应当在三日以内作出决定。同意变更、解除强制措施的，应当依照本解释规定处理；不同意的，应当告知申请人，并说明理由。

## 第六章 附带民事诉讼

第一百七十五条 被害人因人身权利受到犯罪侵犯或者财物被犯罪分子毁坏而遭受物质损失的，有权在刑事诉讼过程中提起附带民事诉讼；被害人死亡或者丧失行为能力的，其法定代理人、近亲属有权提起附带民事诉讼。

因受到犯罪侵犯，提起附带民事诉讼或者单独提起民事诉讼要求赔偿精神损失的，人民法院一般不予受理。

第一百七十六条 被告人非法占有、处置被害人财产的，应当依法予以追缴或者责令退赔。被害人提起附带民事诉讼的，人民法院不予受理。追缴、退赔的情况，可以作为量刑情节考虑。

第一百七十七条 国家机关工作人员在行使职权时，侵犯他人人身、财产权利构成犯罪，被害人或者其法定代理人、近亲属提起附带民事诉讼的，人民法院不予受理，但应当告知其可以依法申请国家赔偿。

第一百七十八条 人民法院受理刑事案件后，对符合刑事诉讼法第一百零一条和本解释第一百七十五条第一款规定的，可以告知被害人或者其法定代理人、近亲属有权提起附带民事诉讼。

有权提起附带民事诉讼的人放弃诉讼权利的，应当准许，并记录在案。

第一百七十九条 国家财产、集体财产遭受损失，受损失的单位未提起附带民事诉讼，人民检察院在提起公诉时提起附带民事诉讼的，人民法院应当受理。

人民检察院提起附带民事诉讼的，应当列为附带民事诉讼原告人。

被告人非法占有、处置国家财产、集体财产的，依照本解释第一百七十六条的规定处理。

第一百八十条 附带民事诉讼中依法负有赔偿责任的人包括：

（一）刑事被告人以及未被追究刑事责任的其他共同侵害人；

（二）刑事被告人的监护人；

（三）死刑罪犯的遗产继承人；

（四）共同犯罪案件中，案件审结前死亡的被告人的遗产继承人；

（五）对被害人的物质损失依法应当承担赔偿责任的其他单位和个人。

附带民事诉讼被告人的亲友自愿代为赔偿的，可以准许。

**第一百八十一条** 被害人或者其法定代理人、近亲属仅对部分共同侵害人提起附带民事诉讼的，人民法院应当告知其可以对其他共同侵害人，包括没有被追究刑事责任的共同侵害人，一并提起附带民事诉讼，但共同犯罪案件中同案犯在逃的除外。

被害人或者其法定代理人、近亲属放弃对其他共同侵害人的诉讼权利的，人民法院应当告知其相应法律后果，并在裁判文书中说明其放弃诉讼请求的情况。

**第一百八十二条** 附带民事诉讼的起诉条件是：

（一）起诉人符合法定条件；

（二）有明确的被告人；

（三）有请求赔偿的具体要求和事实、理由；

（四）属于人民法院受理附带民事诉讼的范围。

**第一百八十三条** 共同犯罪案件，同案犯在逃的，不应列为附带民事诉讼被告人。逃跑的同案犯到案后，被害人或者其法定代理人、近亲属可以对其提起附带民事诉讼，但已经从其他共同犯罪人处获得足额赔偿的除外。

**第一百八十四条** 附带民事诉讼应当在刑事案件立案后及时提起。

提起附带民事诉讼应当提交附带民事起诉状。

**第一百八十五条** 侦查、审查起诉期间，有权提起附带民事诉讼的人提出赔偿要求，经公安机关、人民检察院调解，当事人双方已经达成协议并全部履行，被害人或者其法定代理人、近亲属又提起附带民事诉讼的，人民法院不予受理，但有证据证明调解违反自愿、合法原则的除外。

**第一百八十六条** 被害人或者其法定代理人、近亲属提起附带民事诉讼的，人民法院应当在七日以内决定是否受理。符合刑事诉讼法第一百零一条以及本解释有关规定的，应当受理；不符合的，裁定不予受理。

**第一百八十七条** 人民法院受理附带民事诉讼后，应当在五日以内将附带民事起诉状副本送达附带民事诉讼被告人及其法定代理人，或者将口头起诉的内容及时通知附带民事诉讼被告人及其法定代理人，并制作笔录。

人民法院送达附带民事起诉状副本时，应当根据刑事案件的审理期限，确定被告人及其法定代理人的答辩准备时间。

**第一百八十八条** 附带民事诉讼当事人对自己提出的主张，有责任提供证据。

**第一百八十九条** 人民法院对可能因被告人的行为或者其他原因，使附带民事判决难以执行的案件，根据附带民事诉讼原告人的申请，可以裁定采取保全措施，查封、扣押或者冻结被告人的财产；附带民事诉讼原告人未提出申请的，必要时，人民法院也可以采取保全措施。

有权提起附带民事诉讼的人因情况紧急，不立即申请保全将会使其合法权益受到难以弥补的损害的，可以在提起附带民事诉讼前，向被保全财产所在地、被申请人居住地或者对案件有管辖权的人民法院申请采取保全措施。申请人在人民法院受理刑事案件后十五日以内未提起附带民事诉讼的，人民法院应当解除保全措施。

人民法院采取保全措施，适用民事诉讼法第一百条至第一百零五条的有关规定，但民事诉讼法第一百零一条第三款的规定除外。

第一百九十条　人民法院审理附带民事诉讼案件，可以根据自愿、合法的原则进行调解。经调解达成协议的，应当制作调解书。调解书经双方当事人签收后即具有法律效力。

调解达成协议并即时履行完毕的，可以不制作调解书，但应当制作笔录，经双方当事人、审判人员、书记员签名后即发生法律效力。

第一百九十一条　调解未达成协议或者调解书签收前当事人反悔的，附带民事诉讼应当同刑事诉讼一并判决。

第一百九十二条　对附带民事诉讼作出判决，应当根据犯罪行为造成的物质损失，结合案件具体情况，确定被告人应当赔偿的数额。

犯罪行为造成被害人人身损害的，应当赔偿医疗费、护理费、交通费等为治疗和康复支付的合理费用，以及因误工减少的收入。造成被害人残疾的，还应当赔偿残疾生活辅助器具费等费用；造成被害人死亡的，还应当赔偿丧葬费等费用。

驾驶机动车致人伤亡或者造成公私财产重大损失，构成犯罪的，依照《中华人民共和国道路交通安全法》第七十六条的规定确定赔偿责任。

附带民事诉讼当事人就民事赔偿问题达成调解、和解协议的，赔偿范围、数额不受第二款、第三款规定的限制。

第一百九十三条　人民检察院提起附带民事诉讼的，人民法院经审理，认为附带民事诉讼被告人依法应当承担赔偿责任的，应当判令附带民事诉讼被告人直接向遭受损失的单位作出赔偿；遭受损失的单位已经终止，有权利义务继受人的，应当判令其向继受人作出赔偿；没有权利义务继受人的，应当判令其向人民检察院交付赔偿款，由人民检察院上缴国库。

第一百九十四条　审理刑事附带民事诉讼案件，人民法院应当结合被告人赔偿被害人物质损失的情况认定其悔罪表现，并在量刑时予以考虑。

第一百九十五条　附带民事诉讼原告人经传唤，无正当理由拒不到庭，或者未经法庭许可中途退庭的，应当按撤诉处理。

刑事被告人以外的附带民事诉讼被告人经传唤，无正当理由拒不到庭，或者未经法庭许可中途退庭的，附带民事部分可以缺席判决。

刑事被告人以外的附带民事诉讼被告人下落不明，或者用公告送达以外的其他方式无法送达，可能导致刑事案件审判过分迟延的，可以不将其列为附带民事诉讼被告人，告知附带民事诉讼原告人另行提起民事诉讼。

第一百九十六条　附带民事诉讼应当同刑事案件一并审判，只有为了防止刑事案件审判的过分迟延，才可以在刑事案件审判后，由同一审判组织继续审理附带民事诉讼；同一审判组织的成员确实不能继续参与审判的，可以更换。

**第一百九十七条** 人民法院认定公诉案件被告人的行为不构成犯罪，对已经提起的附带民事诉讼，经调解不能达成协议的，可以一并作出刑事附带民事判决，也可以告知附带民事原告人另行提起民事诉讼。

人民法院准许人民检察院撤回起诉的公诉案件，对已经提起的附带民事诉讼，可以进行调解；不宜调解或者经调解不能达成协议的，应当裁定驳回起诉，并告知附带民事诉讼原告人可以另行提起民事诉讼。

**第一百九十八条** 第一审期间未提起附带民事诉讼，在第二审期间提起的，第二审人民法院可以依法进行调解；调解不成的，告知当事人可以在刑事判决、裁定生效后另行提起民事诉讼。

**第一百九十九条** 人民法院审理附带民事诉讼案件，不收取诉讼费。

**第二百条** 被害人或者其法定代理人、近亲属在刑事诉讼过程中未提起附带民事诉讼，另行提起民事诉讼的，人民法院可以进行调解，或者根据本解释第一百九十二条第二款、第三款的规定作出判决。

**第二百零一条** 人民法院审理附带民事诉讼案件，除刑法、刑事诉讼法以及刑事司法解释已有规定的以外，适用民事法律的有关规定。

## 第七章 期间、送达、审理期限

**第二百零二条** 以月计算的期间，自本月某日至下月同日为一个月；期限起算日为本月最后一日的，至下月最后一日为一个月；下月同日不存在的，自本月某日至下月最后一日为一个月；半个月一律按十五日计算。

以年计算的刑期，自本年本月某日至次年同月同日的前一日为一年；次年同月同日不存在的，自本年本月某日至次年同月最后一日的前一日为一年。以月计算的刑期，自本月某日至下月同日的前一日为一个月；刑期起算日为本月最后一日的，至下月最后一日的前一日为一个月；下月同日不存在的，自本月某日至下月最后一日的前一日为一个月；半个月一律按十五日计算。

**第二百零三条** 当事人由于不能抗拒的原因或者有其他正当理由而耽误期限，依法申请继续进行应当在期满前完成的诉讼活动的，人民法院查证属实后，应当裁定准许。

**第二百零四条** 送达诉讼文书，应当由收件人签收。收件人不在的，可以由其成年家属或者所在单位负责收件的人员代收。收件人或者代收人在送达回证上签收的日期为送达日期。

收件人或者代收人拒绝签收的，送达人可以邀请见证人到场，说明情况，在送达回证上注明拒收的事由和日期，由送达人、见证人签名或者盖章，将诉讼文书留在收件人、代收人的住处或者单位；也可以把诉讼文书留在受送达人的住处，并采用拍照、录像等方式记录送达过程，即视为送达。

**第二百零五条** 直接送达诉讼文书有困难的，可以委托收件人所在地的人民法院代为送达或者邮寄送达。

**第二百零六条** 委托送达的，应当将委托函、委托送达的诉讼文书及送达回证寄送受托法院。受托法院收到后,应当登记,在十日以内送达收件人,并将送达回证寄送委托法院;无法送达的,应当告知委托法院,并将诉讼文书及送达回证退回。

**第二百零七条** 邮寄送达的,应当将诉讼文书、送达回证邮寄给收件人。签收日期为送达日期。

**第二百零八条** 诉讼文书的收件人是军人的,可以通过其所在部队团级以上单位的政治部门转交。

收件人正在服刑的,可以通过执行机关转交。

收件人正在接受专门矫治教育等的,可以通过相关机构转交。

由有关部门、单位代为转交诉讼文书的,应当请有关部门、单位收到后立即交收件人签收,并将送达回证及时寄送人民法院。

**第二百零九条** 指定管辖案件的审理期限,自被指定管辖的人民法院收到指定管辖决定书和案卷、证据材料之日起计算。

**第二百一十条** 对可能判处死刑的案件或者附带民事诉讼的案件,以及有刑事诉讼法第一百五十八条规定情形之一的案件,上一级人民法院可以批准延长审理期限一次,期限为三个月。因特殊情况还需要延长的,应当报请最高人民法院批准。

申请批准延长审理期限的,应当在期限届满十五日以前层报。有权决定的人民法院不同意的,应当在审理期限届满五日以前作出决定。

因特殊情况报请最高人民法院批准延长审理期限,最高人民法院经审查,予以批准的,可以延长审理期限一至三个月。期限届满案件仍然不能审结的,可以再次提出申请。

**第二百一十一条** 审判期间,对被告人作精神病鉴定的时间不计入审理期限。

## 第八章 审判组织

**第二百一十二条** 合议庭由审判员担任审判长。院长或者庭长参加审理案件时,由其本人担任审判长。

审判员依法独任审判时,行使与审判长相同的职权。

**第二百一十三条** 基层人民法院、中级人民法院、高级人民法院审判下列第一审刑事案件,由审判员和人民陪审员组成合议庭进行:

(一)涉及群体利益、公共利益的;

(二)人民群众广泛关注或者其他社会影响较大的;

(三)案情复杂或者有其他情形,需要由人民陪审员参加审判的。

基层人民法院、中级人民法院、高级人民法院审判下列第一审刑事案件,由审判员和人民陪审员组成七人合议庭进行:

(一)可能判处十年以上有期徒刑、无期徒刑、死刑,且社会影响重大的;

(二)涉及征地拆迁、生态环境保护、食品药品安全,且社会影响重大的;

(三)其他社会影响重大的。

**第二百一十四条** 开庭审理和评议案件,应当由同一合议庭进行。合议庭成员在评议案件时,应当独立发表意见并说明理由。意见分歧的,应当按多数意见作出决定,但少数意见应当记入笔录。评议笔录由合议庭的组成人员在审阅确认无误后签名。评议情况应当保密。

**第二百一十五条** 人民陪审员参加三人合议庭审判案件，应当对事实认定、法律适用独立发表意见，行使表决权。

人民陪审员参加七人合议庭审判案件，应当对事实认定独立发表意见，并与审判员共同表决；对法律适用可以发表意见，但不参加表决。

**第二百一十六条** 合议庭审理、评议后，应当及时作出判决、裁定。

对下列案件，合议庭应当提请院长决定提交审判委员会讨论决定：

（一）高级人民法院、中级人民法院拟判处死刑立即执行的案件，以及中级人民法院拟判处死刑缓期执行的案件；

（二）本院已经发生法律效力的判决、裁定确有错误需要再审的案件；

（三）人民检察院依照审判监督程序提出抗诉的案件。

对合议庭成员意见有重大分歧的案件、新类型案件、社会影响重大的案件以及其他疑难、复杂、重大的案件，合议庭认为难以作出决定的，可以提请院长决定提交审判委员会讨论决定。

人民陪审员可以要求合议庭将案件提请院长决定是否提交审判委员会讨论决定。

对提请院长决定提交审判委员会讨论决定的案件，院长认为不必要的，可以建议合议庭复议一次。

独任审判的案件，审判员认为有必要的，也可以提请院长决定提交审判委员会讨论决定。

**第二百一十七条** 审判委员会的决定，合议庭、独任审判员应当执行；有不同意见的，可以建议院长提交审判委员会复议。

## 第九章　公诉案件第一审普通程序

### 第一节　审查受理与庭前准备

**第二百一十八条** 对提起公诉的案件，人民法院应当在收到起诉书（一式八份，每增加一名被告人，增加起诉书五份）和案卷、证据后，审查以下内容：

（一）是否属于本院管辖；

（二）起诉书是否写明被告人的身份，是否受过或者正在接受刑事处罚、行政处罚、处分，被采取留置措施的情况，被采取强制措施的时间、种类、羁押地点，犯罪的时间、地点、手段、后果以及其他可能影响定罪量刑的情节；有多起犯罪事实的，是否在起诉书中将事实分别列明；

（三）是否移送证明指控犯罪事实及影响量刑的证据材料，包括采取技术调查、侦查措施的法律文书和所收集的证据材料；

（四）是否查封、扣押、冻结被告人的违法所得或者其他涉案财物，查封、扣押、冻结是否逾期；是否随案移送涉案财物、附涉案财物清单；是否列明涉案财物权属情况；

是否就涉案财物处理提供相关证据材料；

（五）是否列明被害人的姓名、住址、联系方式；是否附有证人、鉴定人名单；是否申请法庭通知证人、鉴定人、有专门知识的人出庭，并列明有关人员的姓名、性别、年龄、职业、住址、联系方式；是否附有需要保护的证人、鉴定人、被害人名单；

（六）当事人已委托辩护人、诉讼代理人或者已接受法律援助的，是否列明辩护人、诉讼代理人的姓名、住址、联系方式；

（七）是否提起附带民事诉讼；提起附带民事诉讼的，是否列明附带民事诉讼当事人的姓名、住址、联系方式等，是否附有相关证据材料；

（八）监察调查、侦查、审查起诉程序的各种法律手续和诉讼文书是否齐全；

（九）被告人认罪认罚的，是否提出量刑建议、移送认罪认罚具结书等材料；

（十）有无刑事诉讼法第十六条第二项至第六项规定的不追究刑事责任的情形。

**第二百一十九条** 人民法院对提起公诉的案件审查后，应当按照下列情形分别处理：

（一）不属于本院管辖的，应当退回人民检察院；

（二）属于刑事诉讼法第十六条第二项至第六项规定情形的，应当退回人民检察院；属于告诉才处理的案件，应当同时告知被害人有权提起自诉；

（三）被告人不在案的，应当退回人民检察院；但是，对人民检察院按照缺席审判程序提起公诉的，应当依照本解释第二十四章的规定作出处理；

（四）不符合前条第二项至第九项规定之一，需要补充材料的，应当通知人民检察院在三日以内补送；

（五）依照刑事诉讼法第二百条第三项规定宣告被告人无罪后，人民检察院根据新的事实、证据重新起诉的，应当依法受理；

（六）依照本解释第二百九十六条规定裁定准许撤诉的案件，没有新的影响定罪量刑的事实、证据，重新起诉的，应当退回人民检察院；

（七）被告人真实身份不明，但符合刑事诉讼法第一百六十条第二款规定的，应当依法受理。

对公诉案件是否受理，应当在七日以内审查完毕。

**第二百二十条** 对一案起诉的共同犯罪或者关联犯罪案件，被告人人数众多、案情复杂，人民法院经审查认为，分案审理更有利于保障庭审质量和效率的，可以分案审理。分案审理不得影响当事人质证权等诉讼权利的行使。

对分案起诉的共同犯罪或者关联犯罪案件，人民法院经审查认为，合并审理更有利于查明案件事实、保障诉讼权利、准确定罪量刑的，可以并案审理。

**第二百二十一条** 开庭审理前，人民法院应当进行下列工作：

（一）确定审判长及合议庭组成人员；

（二）开庭十日以前将起诉书副本送达被告人、辩护人；

（三）通知当事人、法定代理人、辩护人、诉讼代理人在开庭五日以前提供证人、鉴定人名单，以及拟当庭出示的证据；申请证人、鉴定人、有专门知识的人出庭的，应当列明有关人员的姓名、性别、年龄、职业、住址、联系方式；

（四）开庭三日以前将开庭的时间、地点通知人民检察院；

（五）开庭三日以前将传唤当事人的传票和通知辩护人、诉讼代理人、法定代理人、证人、鉴定人等出庭的通知书送达；通知有关人员出庭，也可以采取电话、短信、传真、电子邮件、即时通讯等能够确认对方收悉的方式；对被害人人数众多的涉众型犯罪案件，可以通过互联网公布相关文书，通知有关人员出庭；

（六）公开审理的案件，在开庭三日以前公布案由、被告人姓名、开庭时间和地点。

上述工作情况应当记录在案。

**第二百二十二条** 审判案件应当公开进行。

案件涉及国家秘密或者个人隐私的，不公开审理；涉及商业秘密，当事人提出申请的，法庭可以决定不公开审理。

不公开审理的案件，任何人不得旁听，但具有刑事诉讼法第二百八十五条规定情形的除外。

**第二百二十三条** 精神病人、醉酒的人、未经人民法院批准的未成年人以及其他不宜旁听的人不得旁听案件审理。

**第二百二十四条** 被害人人数众多，且案件不属于附带民事诉讼范围的，被害人可以推选若干代表人参加庭审。

**第二百二十五条** 被害人、诉讼代理人经传唤或者通知未到庭，不影响开庭审理的，人民法院可以开庭审理。

辩护人经通知未到庭，被告人同意的，人民法院可以开庭审理，但被告人属于应当提供法律援助情形的除外。

## 第二节 庭前会议与庭审衔接

**第二百二十六条** 案件具有下列情形之一的，人民法院可以决定召开庭前会议：

（一）证据材料较多、案情重大复杂的；

（二）控辩双方对事实、证据存在较大争议的；

（三）社会影响重大的；

（四）需要召开庭前会议的其他情形。

**第二百二十七条** 控辩双方可以申请人民法院召开庭前会议，提出申请应当说明理由。人民法院经审查认为有必要的，应当召开庭前会议；决定不召开的，应当告知申请人。

**第二百二十八条** 庭前会议可以就下列事项向控辩双方了解情况，听取意见：

（一）是否对案件管辖有异议；

（二）是否申请有关人员回避；

（三）是否申请不公开审理；

（四）是否申请排除非法证据；

（五）是否提供新的证据材料；

（六）是否申请重新鉴定或者勘验；

（七）是否申请收集、调取证明被告人无罪或者罪轻的证据材料；

（八）是否申请证人、鉴定人、有专门知识的人、调查人员、侦查人员或者其他人员出庭，是否对出庭人员名单有异议；

（九）是否对涉案财物的权属情况和人民检察院的处理建议有异议；

（十）与审判相关的其他问题。

庭前会议中，人民法院可以开展附带民事调解。

对第一款规定中可能导致庭审中断的程序性事项，人民法院可以在庭前会议后依法作出处理，并在庭审中说明处理决定和理由。控辩双方没有新的理由，在庭审中再次提出有关申请或者异议的，法庭可以在说明庭前会议情况和处理决定理由后，依法予以驳回。

庭前会议情况应当制作笔录，由参会人员核对后签名。

**第二百二十九条** 庭前会议中，审判人员可以询问控辩双方对证据材料有无异议，对有异议的证据，应当在庭审时重点调查；无异议的，庭审时举证、质证可以简化。

**第二百三十条** 庭前会议由审判长主持，合议庭其他审判员也可以主持庭前会议。

召开庭前会议应当通知公诉人、辩护人到场。

庭前会议准备就非法证据排除了解情况、听取意见，或者准备询问控辩双方对证据材料的意见的，应当通知被告人到场。有多名被告人的案件，可以根据情况确定参加庭前会议的被告人。

**第二百三十一条** 庭前会议一般不公开进行。

根据案件情况，庭前会议可以采用视频等方式进行。

**第二百三十二条** 人民法院在庭前会议中听取控辩双方对案件事实、证据材料的意见后，对明显事实不清、证据不足的案件，可以建议人民检察院补充材料或者撤回起诉。建议撤回起诉的案件，人民检察院不同意的，开庭审理后，没有新的事实和理由，一般不准许撤回起诉。

**第二百三十三条** 对召开庭前会议的案件，可以在开庭时告知庭前会议情况。对庭前会议中达成一致意见的事项，法庭在向控辩双方核实后，可以当庭予以确认；未达成一致意见的事项，法庭可以归纳控辩双方争议焦点，听取控辩双方意见，依法作出处理。

控辩双方在庭前会议中就有关事项达成一致意见，在庭审中反悔的，除有正当理由外，法庭一般不再进行处理。

### 第三节 宣布开庭与法庭调查

**第二百三十四条** 开庭审理前，书记员应当依次进行下列工作：

（一）受审判长委托，查明公诉人、当事人、辩护人、诉讼代理人、证人及其他诉讼参与人是否到庭；

（二）核实旁听人员中是否有证人、鉴定人、有专门知识的人；

（三）请公诉人、辩护人、诉讼代理人及其他诉讼参与人入庭；

（四）宣读法庭规则；

（五）请审判长、审判员、人民陪审员入庭；

（六）审判人员就座后，向审判长报告开庭前的准备工作已经就绪。

**第二百三十五条** 审判长宣布开庭，传被告人到庭后，应当查明被告人的下列情况：

（一）姓名、出生日期、民族、出生地、文化程度、职业、住址，或者被告单位的名称、住所地、法定代表人、实际控制人以及诉讼代表人的姓名、职务；

（二）是否受过刑事处罚、行政处罚、处分及其种类、时间；

（三）是否被采取留置措施及留置的时间，是否被采取强制措施及强制措施的种类、时间；

（四）收到起诉书副本的日期；有附带民事诉讼的，附带民事诉讼被告人收到附带民事起诉状的日期。

被告人较多的，可以在开庭前查明上述情况，但开庭时审判长应当作出说明。

**第二百三十六条** 审判长宣布案件的来源、起诉的案由、附带民事诉讼当事人的姓名及是否公开审理；不公开审理的，应当宣布理由。

**第二百三十七条** 审判长宣布合议庭组成人员、法官助理、书记员、公诉人的名单，以及辩护人、诉讼代理人、鉴定人、翻译人员等诉讼参与人的名单。

**第二百三十八条** 审判长应当告知当事人及其法定代理人、辩护人、诉讼代理人在法庭审理过程中依法享有下列诉讼权利：

（一）可以申请合议庭组成人员、法官助理、书记员、公诉人、鉴定人和翻译人员回避；

（二）可以提出证据，申请通知新的证人到庭、调取新的证据，申请重新鉴定或者勘验；

（三）被告人可以自行辩护；

（四）被告人可以在法庭辩论终结后作最后陈述。

**第二百三十九条** 审判长应当询问当事人及其法定代理人、辩护人、诉讼代理人是否申请回避、申请何人回避和申请回避的理由。

当事人及其法定代理人、辩护人、诉讼代理人申请回避的，依照刑事诉讼法及本解释的有关规定处理。

同意或者驳回回避申请的决定及复议决定，由审判长宣布，并说明理由。必要时，也可以由院长到庭宣布。

**第二百四十条** 审判长宣布法庭调查开始后，应当先由公诉人宣读起诉书；公诉人宣读起诉书后，审判长应当询问被告人对起诉书指控的犯罪事实和罪名有无异议。

有附带民事诉讼的，公诉人宣读起诉书后，由附带民事诉讼原告人或者其法定代理人、诉讼代理人宣读附带民事起诉状。

**第二百四十一条** 在审判长主持下，被告人、被害人可以就起诉书指控的犯罪事实分别陈述。

**第二百四十二条** 在审判长主持下，公诉人可以就起诉书指控的犯罪事实讯问被告人。

经审判长准许，被害人及其法定代理人、诉讼代理人可以就公诉人讯问的犯罪事实补充发问；附带民事诉讼原告人及其法定代理人、诉讼代理人可以就附带民事部分的事实向被告人发问；被告人的法定代理人、辩护人，附带民事诉讼被告人及其法定代理人、诉讼代理人可以在控诉方、附带民事诉讼原告方就某一问题讯问、发问完毕后向被告人发问。

根据案件情况，就证据问题对被告人的讯问、发问可以在举证、质证环节进行。

**第二百四十三条** 讯问同案审理的被告人，应当分别进行。

**第二百四十四条** 经审判长准许，控辩双方可以向被害人、附带民事诉讼原告人发问。

**第二百四十五条** 必要时，审判人员可以讯问被告人，也可以向被害人、附带民事诉讼当事人发问。

**第二百四十六条** 公诉人可以提请法庭通知证人、鉴定人、有专门知识的人、调查人员、侦查人员或者其他人员出庭，或者出示证据。被害人及其法定代理人、诉讼代理人，附带民事诉讼原告人及其诉讼代理人也可以提出申请。

在控诉方举证后，被告人及其法定代理人、辩护人可以提请法庭通知证人、鉴定人、有专门知识的人、调查人员、侦查人员或者其他人员出庭，或者出示证据。

**第二百四十七条** 控辩双方申请证人出庭作证，出示证据，应当说明证据的名称、来源和拟证明的事实。法庭认为有必要的，应当准许；对方提出异议，认为有关证据与案件无关或者明显重复、不必要，法庭经审查异议成立的，可以不予准许。

**第二百四十八条** 已经移送人民法院的案卷和证据材料，控辩双方需要出示的，可以向法庭提出申请，法庭可以准许。案卷和证据材料应当在质证后当庭归还。

需要播放录音录像或者需要将证据材料交由法庭、公诉人或者诉讼参与人查看的，法庭可以指令值庭法警或者相关人员予以协助。

**第二百四十九条** 公诉人、当事人或者辩护人、诉讼代理人对证人证言有异议，且该证人证言对定罪量刑有重大影响，或者对鉴定意见有异议，人民法院认为证人、鉴定人有必要出庭作证的，应当通知证人、鉴定人出庭。

控辩双方对侦破经过、证据来源、证据真实性或者合法性等有异议，申请调查人员、侦查人员或者有关人员出庭，人民法院认为有必要的，应当通知调查人员、侦查人员或者有关人员出庭。

**第二百五十条** 公诉人、当事人及其辩护人、诉讼代理人申请法庭通知有专门知识的人出庭，就鉴定意见提出意见的，应当说明理由。法庭认为有必要的，应当通知有专门知识的人出庭。

申请有专门知识的人出庭，不得超过二人。有多种类鉴定意见的，可以相应增加人数。

**第二百五十一条** 为查明案件事实、调查核实证据，人民法院可以依职权通知证人、鉴定人、有专门知识的人、调查人员、侦查人员或者其他人员出庭。

**第二百五十二条** 人民法院通知有关人员出庭的，可以要求控辩双方予以协助。

第二百五十三条　证人具有下列情形之一，无法出庭作证的，人民法院可以准许其不出庭：

（一）庭审期间身患严重疾病或者行动极为不便的；

（二）居所远离开庭地点且交通极为不便的；

（三）身处国外短期无法回国的；

（四）有其他客观原因，确实无法出庭的。

具有前款规定情形的，可以通过视频等方式作证。

第二百五十四条　证人出庭作证所支出的交通、住宿、就餐等费用，人民法院应当给予补助。

第二百五十五条　强制证人出庭的，应当由院长签发强制证人出庭令，由法警执行。必要时，可以商请公安机关协助。

第二百五十六条　证人、鉴定人、被害人因出庭作证，本人或者其近亲属的人身安全面临危险的，人民法院应当采取不公开其真实姓名、住址和工作单位等个人信息，或者不暴露其外貌、真实声音等保护措施。辩护律师经法庭许可，查阅对证人、鉴定人、被害人使用化名情况的，应当签署保密承诺书。

审判期间，证人、鉴定人、被害人提出保护请求的，人民法院应当立即审查；认为确有保护必要的，应当及时决定采取相应保护措施。必要时，可以商请公安机关协助。

第二百五十七条　决定对出庭作证的证人、鉴定人、被害人采取不公开个人信息的保护措施的，审判人员应当在开庭前核实其身份，对证人、鉴定人如实作证的保证书不得公开，在判决书、裁定书等法律文书中可以使用化名等代替其个人信息。

第二百五十八条　证人出庭的，法庭应当核实其身份、与当事人以及本案的关系，并告知其有关权利义务和法律责任。证人应当保证向法庭如实提供证言，并在保证书上签名。

第二百五十九条　证人出庭后，一般先向法庭陈述证言；其后，经审判长许可，由申请通知证人出庭的一方发问，发问完毕后，对方也可以发问。

法庭依职权通知证人出庭的，发问顺序由审判长根据案件情况确定。

第二百六十条　鉴定人、有专门知识的人、调查人员、侦查人员或者其他人员出庭的，参照适用前两条规定。

第二百六十一条　向证人发问应当遵循以下规则：

（一）发问的内容应当与本案事实有关；

（二）不得以诱导方式发问；

（三）不得威胁证人；

（四）不得损害证人的人格尊严。

对被告人、被害人、附带民事诉讼当事人、鉴定人、有专门知识的人、调查人员、侦查人员或者其他人员的讯问、发问，适用前款规定。

第二百六十二条　控辩双方的讯问、发问方式不当或者内容与本案无关的，对方可以提出异议，申请审判长制止，审判长应当判明情况予以支持或者驳回；对方未提出异议的，审判长也可以根据情况予以制止。

第二百六十三条　审判人员认为必要时，可以询问证人、鉴定人、有专门知识的人、调查人员、侦查人员或者其他人员。

第二百六十四条　向证人、调查人员、侦查人员发问应当分别进行。

第二百六十五条　证人、鉴定人、有专门知识的人、调查人员、侦查人员或者其他人员不得旁听对本案的审理。有关人员作证或者发表意见后，审判长应当告知其退庭。

第二百六十六条　审理涉及未成年人的刑事案件，询问未成年被害人、证人，通知未成年被害人、证人出庭作证，适用本解释第二十二章的有关规定。

第二百六十七条　举证方当庭出示证据后，由对方发表质证意见。

第二百六十八条　对可能影响定罪量刑的关键证据和控辩双方存在争议的证据，一般应当单独举证、质证，充分听取质证意见。

对控辩双方无异议的非关键证据，举证方可以仅就证据的名称及拟证明的事实作出说明。

召开庭前会议的案件，举证、质证可以按照庭前会议确定的方式进行。

根据案件和庭审情况，法庭可以对控辩双方的举证、质证方式进行必要的指引。

第二百六十九条　审理过程中，法庭认为有必要的，可以传唤同案被告人、分案审理的共同犯罪或者关联犯罪案件的被告人等到庭对质。

第二百七十条　当庭出示的证据，尚未移送人民法院的，应当在质证后当庭移交。

第二百七十一条　法庭对证据有疑问的，可以告知公诉人、当事人及其法定代理人、辩护人、诉讼代理人补充证据或者作出说明；必要时，可以宣布休庭，对证据进行调查核实。

对公诉人、当事人及其法定代理人、辩护人、诉讼代理人补充的和审判人员庭外调查核实取得的证据，应当经过当庭质证才能作为定案的根据。但是，对不影响定罪量刑的非关键证据、有利于被告人的量刑证据以及认定被告人有犯罪前科的裁判文书等证据，经庭外征求意见，控辩双方没有异议的除外。

有关情况，应当记录在案。

第二百七十二条　公诉人申请出示开庭前未移送或者提交人民法院的证据，辩护方提出异议的，审判长应当要求公诉人说明理由；理由成立并确有出示必要的，应当准许。

辩护方提出需要对新的证据作辩护准备的，法庭可以宣布休庭，并确定准备辩护的时间。

辩护方申请出示开庭前未提交的证据，参照适用前两款规定。

第二百七十三条　法庭审理过程中，控辩双方申请通知新的证人到庭，调取新的证据，申请重新鉴定或者勘验的，应当提供证人的基本信息、证据的存放地点，说明拟证明的事项，申请重新鉴定或者勘验的理由。法庭认为有必要的，应当同意，并宣布休庭；根据案件情况，可以决定延期审理。

人民法院决定重新鉴定的，应当及时委托鉴定，并将鉴定意见告知人民检察院、当事人及其辩护人、诉讼代理人。

第二百七十四条　审判期间，公诉人发现案件需要补充侦查，建议延期审理的，合议庭可以同意，但建议延期审理不得超过两次。

人民检察院将补充收集的证据移送人民法院的，人民法院应当通知辩护人、诉讼代理人查阅、摘抄、复制。

补充侦查期限届满后，人民检察院未将补充的证据材料移送人民法院的，人民法院可以根据在案证据作出判决、裁定。

第二百七十五条　人民法院向人民检察院调取需要调查核实的证据材料，或者根据被告人、辩护人的申请，向人民检察院调取在调查、侦查、审查起诉期间收集的有关被告人无罪或者罪轻的证据材料，应当通知人民检察院在收到调取证据材料决定书后三日以内移交。

第二百七十六条　法庭审理过程中，对与量刑有关的事实、证据，应当进行调查。

人民法院除应当审查被告人是否具有法定量刑情节外，还应当根据案件情况审查以下影响量刑的情节：

（一）案件起因；

（二）被害人有无过错及过错程度，是否对矛盾激化负有责任及责任大小；

（三）被告人的近亲属是否协助抓获被告人；

（四）被告人平时表现，有无悔罪态度；

（五）退赃、退赔及赔偿情况；

（六）被告人是否取得被害人或者其近亲属谅解；

（七）影响量刑的其他情节。

第二百七十七条　审判期间，合议庭发现被告人可能有自首、坦白、立功等法定量刑情节，而人民检察院移送的案卷中没有相关证据材料的，应当通知人民检察院在指定时间内移送。

审判期间，被告人提出新的立功线索的，人民法院可以建议人民检察院补充侦查。

第二百七十八条　对被告人认罪的案件，在确认被告人了解起诉书指控的犯罪事实和罪名，自愿认罪且知悉认罪的法律后果后，法庭调查可以主要围绕量刑和其他有争议的问题进行。

对被告人不认罪或者辩护人作无罪辩护的案件，法庭调查应当在查明定罪事实的基础上，查明有关量刑事实。

第二百七十九条　法庭审理过程中，应当对查封、扣押、冻结财物及其孳息的权属、来源等情况，是否属于违法所得或者依法应当追缴的其他涉案财物进行调查，由公诉人说明情况、出示证据、提出处理建议，并听取被告人、辩护人等诉讼参与人的意见。

案外人对查封、扣押、冻结的财物及其孳息提出权属异议的，人民法院应当听取案外人的意见；必要时，可以通知案外人出庭。

经审查，不能确认查封、扣押、冻结的财物及其孳息属于违法所得或者依法应当追缴的其他涉案财物的，不得没收。

### 第四节 法庭辩论与最后陈述

**第二百八十条** 合议庭认为案件事实已经调查清楚的，应当由审判长宣布法庭调查结束，开始就定罪、量刑、涉案财物处理的事实、证据、适用法律等问题进行法庭辩论。

**第二百八十一条** 法庭辩论应当在审判长的主持下，按照下列顺序进行：

（一）公诉人发言；

（二）被害人及其诉讼代理人发言；

（三）被告人自行辩护；

（四）辩护人辩护；

（五）控辩双方进行辩论。

**第二百八十二条** 人民检察院可以提出量刑建议并说明理由；建议判处管制、宣告缓刑的，一般应当附有调查评估报告，或者附有委托调查函。

当事人及其辩护人、诉讼代理人可以对量刑提出意见并说明理由。

**第二百八十三条** 对被告人认罪的案件，法庭辩论时，应当指引控辩双方主要围绕量刑和其他有争议的问题进行。

对被告人不认罪或者辩护人作无罪辩护的案件，法庭辩论时，可以指引控辩双方先辩论定罪问题，后辩论量刑和其他问题。

**第二百八十四条** 附带民事部分的辩论应当在刑事部分的辩论结束后进行，先由附带民事诉讼原告人及其诉讼代理人发言，后由附带民事诉讼被告人及其诉讼代理人答辩。

**第二百八十五条** 法庭辩论过程中，审判长应当充分听取控辩双方的意见，对控辩双方与案件无关、重复或者指责对方的发言应当提醒、制止。

**第二百八十六条** 法庭辩论过程中，合议庭发现与定罪、量刑有关的新的事实，有必要调查的，审判长可以宣布恢复法庭调查，在对新的事实调查后，继续法庭辩论。

**第二百八十七条** 审判长宣布法庭辩论终结后，合议庭应当保证被告人充分行使最后陈述的权利。

被告人在最后陈述中多次重复自己的意见的，法庭可以制止；陈述内容蔑视法庭、公诉人，损害他人及社会公共利益，或者与本案无关的，应当制止。

在公开审理的案件中，被告人最后陈述的内容涉及国家秘密、个人隐私或者商业秘密的，应当制止。

**第二百八十八条** 被告人在最后陈述中提出新的事实、证据，合议庭认为可能影响正确裁判的，应当恢复法庭调查；被告人提出新的辩解理由，合议庭认为可能影响正确裁判的，应当恢复法庭辩论。

**第二百八十九条** 公诉人当庭发表与起诉书不同的意见，属于变更、追加、补充或者撤回起诉的，人民法院应当要求人民检察院在指定时间内以书面方式提出；必要时，可以宣布休庭。人民检察院在指定时间内未提出的，人民法院应当根据法庭审理情况，就起诉书指控的犯罪事实依法作出判决、裁定。

人民检察院变更、追加、补充起诉的，人民法院应当给予被告人及其辩护人必要的准备时间。

**第二百九十条** 辩护人应当及时将书面辩护意见提交人民法院。

### 第五节 评议案件与宣告判决

**第二百九十一条** 被告人最后陈述后，审判长应当宣布休庭，由合议庭进行评议。

**第二百九十二条** 开庭审理的全部活动，应当由书记员制作笔录；笔录经审判长审阅后，分别由审判长和书记员签名。

**第二百九十三条** 法庭笔录应当在庭审后交由当事人、法定代理人、辩护人、诉讼代理人阅读或者向其宣读。

法庭笔录中的出庭证人、鉴定人、有专门知识的人、调查人员、侦查人员或者其他人员的证言、意见部分，应当在庭审后分别交由有关人员阅读或者向其宣读。

前两款所列人员认为记录有遗漏或者差错的，可以请求补充或者改正；确认无误后，应当签名；拒绝签名的，应当记录在案；要求改变庭审中陈述的，不予准许。

**第二百九十四条** 合议庭评议案件，应当根据已经查明的事实、证据和有关法律规定，在充分考虑控辩双方意见的基础上，确定被告人是否有罪、构成何罪，有无从重、从轻、减轻或者免除处罚情节，应否处以刑罚、判处何种刑罚，附带民事诉讼如何解决，查封、扣押、冻结的财物及其孳息如何处理等，并依法作出判决、裁定。

**第二百九十五条** 对第一审公诉案件，人民法院审理后，应当按照下列情形分别作出判决、裁定：

（一）起诉指控的事实清楚，证据确实、充分，依据法律认定指控被告人的罪名成立的，应当作出有罪判决；

（二）起诉指控的事实清楚，证据确实、充分，但指控的罪名不当的，应当依据法律和审理认定的事实作出有罪判决；

（三）案件事实清楚，证据确实、充分，依据法律认定被告人无罪的，应当判决宣告被告人无罪；

（四）证据不足，不能认定被告人有罪的，应当以证据不足、指控的犯罪不能成立，判决宣告被告人无罪；

（五）案件部分事实清楚，证据确实、充分的，应当作出有罪或者无罪的判决；对事实不清、证据不足部分，不予认定；

（六）被告人因未达到刑事责任年龄，不予刑事处罚的，应当判决宣告被告人不负刑事责任；

（七）被告人是精神病人，在不能辨认或者不能控制自己行为时造成危害结果，不予刑事处罚的，应当判决宣告被告人不负刑事责任；被告人符合强制医疗条件的，应当依照本解释第二十六章的规定进行审理并作出判决；

（八）犯罪已过追诉时效期限且不是必须追诉，或者经特赦令免除刑罚的，应当裁定终止审理；

（九）属于告诉才处理的案件，应当裁定终止审理，并告知被害人有权提起自诉；

（十）被告人死亡的，应当裁定终止审理；但有证据证明被告人无罪，经缺席审理确认无罪的，应当判决宣告被告人无罪。

对涉案财物，人民法院应当根据审理查明的情况，依照本解释第十八章的规定作出处理。

具有第一款第二项规定情形的，人民法院应当在判决前听取控辩双方的意见，保障被告人、辩护人充分行使辩护权。必要时，可以再次开庭，组织控辩双方围绕被告人的行为构成何罪及如何量刑进行辩论。

**第二百九十六条** 在开庭后、宣告判决前，人民检察院要求撤回起诉的，人民法院应当审查撤回起诉的理由，作出是否准许的裁定。

**第二百九十七条** 审判期间，人民法院发现新的事实，可能影响定罪量刑的，或者需要补查补证的，应当通知人民检察院，由其决定是否补充、变更、追加起诉或者补充侦查。

人民检察院不同意或者在指定时间内未回复书面意见的，人民法院应当就起诉指控的事实，依照本解释第二百九十五条的规定作出判决、裁定。

**第二百九十八条** 对依照本解释第二百一十九条第一款第五项规定受理的案件，人民法院应当在判决中写明被告人曾被人民检察院提起公诉，因证据不足，指控的犯罪不能成立，被人民法院依法判决宣告无罪的情况；前案依照刑事诉讼法第二百条第三项规定作出的判决不予撤销。

**第二百九十九条** 合议庭成员、法官助理、书记员应当在评议笔录上签名，在判决书、裁定书等法律文书上署名。

**第三百条** 裁判文书应当写明裁判依据，阐释裁判理由，反映控辩双方的意见并说明采纳或者不予采纳的理由。

适用普通程序审理的被告人认罪的案件，裁判文书可以适当简化。

**第三百零一条** 庭审结束后、评议前，部分合议庭成员不能继续履行审判职责的，人民法院应当依法更换合议庭组成人员，重新开庭审理。

评议后、宣判前，部分合议庭成员因调动、退休等正常原因不能参加宣判，在不改变原评议结论的情况下，可以由审判本案的其他审判员宣判，裁判文书上仍署审判本案的合议庭成员的姓名。

**第三百零二条** 当庭宣告判决的，应当在五日以内送达判决书。定期宣告判决的，应当在宣判前，先期公告宣判的时间和地点，传唤当事人并通知公诉人、法定代理人、辩护人和诉讼代理人；判决宣告后，应当立即送达判决书。

**第三百零三条** 判决书应当送达人民检察院、当事人、法定代理人、辩护人、诉讼代理人，并可以送达被告人的近亲属。被害人死亡，其近亲属申请领取判决书的，人民法院应当及时提供。

判决生效后，还应当送达被告人的所在单位或者户籍地的公安派出所，或者被告单位的注册登记机关。被告人系外国人，且在境内有居住地的，应当送达居住地的公安派出所。

**第三百零四条** 宣告判决,一律公开进行。宣告判决结果时,法庭内全体人员应当起立。

公诉人、辩护人、诉讼代理人、被害人、自诉人或者附带民事诉讼原告人未到庭的,不影响宣判的进行。

第六节 法庭纪律与其他规定

**第三百零五条** 在押被告人出庭受审时,不着监管机构的识别服。

庭审期间不得对被告人使用戒具,但法庭认为其人身危险性大,可能危害法庭安全的除外。

**第三百零六条** 庭审期间,全体人员应当服从法庭指挥,遵守法庭纪律,尊重司法礼仪,不得实施下列行为:

(一)鼓掌、喧哗、随意走动;

(二)吸烟、进食;

(三)拨打、接听电话,或者使用即时通讯工具;

(四)对庭审活动进行录音、录像、拍照或者使用即时通讯工具等传播庭审活动;

(五)其他危害法庭安全或者扰乱法庭秩序的行为。

旁听人员不得进入审判活动区,不得随意站立、走动,不得发言和提问。

记者经许可实施第一款第四项规定的行为,应当在指定的时间及区域进行,不得干扰庭审活动。

**第三百零七条** 有关人员危害法庭安全或者扰乱法庭秩序的,审判长应当按照下列情形分别处理:

(一)情节较轻的,应当警告制止;根据具体情况,也可以进行训诫;

(二)训诫无效的,责令退出法庭;拒不退出的,指令法警强行带出法庭;

(三)情节严重的,报经院长批准后,可以对行为人处一千元以下的罚款或者十五日以下的拘留。

未经许可对庭审活动进行录音、录像、拍照或者使用即时通讯工具等传播庭审活动的,可以暂扣相关设备及存储介质,删除相关内容。

有关人员对罚款、拘留的决定不服的,可以直接向上一级人民法院申请复议,也可以通过决定罚款、拘留的人民法院向上一级人民法院申请复议。通过决定罚款、拘留的人民法院申请复议的,该人民法院应当自收到复议申请之日起三日以内,将复议申请、罚款或者拘留决定书和有关事实、证据材料一并报上一级人民法院复议。复议期间,不停止决定的执行。

**第三百零八条** 担任辩护人、诉讼代理人的律师严重扰乱法庭秩序,被强行带出法庭或者被处以罚款、拘留的,人民法院应当通报司法行政机关,并可以建议依法给予相应处罚。

**第三百零九条** 实施下列行为之一,危害法庭安全或者扰乱法庭秩序,构成犯罪的,依法追究刑事责任:

（一）非法携带枪支、弹药、管制刀具或者爆炸性、易燃性、毒害性、放射性以及传染病病原体等危险物质进入法庭；

（二）哄闹、冲击法庭；

（三）侮辱、诽谤、威胁、殴打司法工作人员或者诉讼参与人；

（四）毁坏法庭设施，抢夺、损毁诉讼文书、证据；

（五）其他危害法庭安全或者扰乱法庭秩序的行为。

**第三百一十条** 辩护人严重扰乱法庭秩序，被责令退出法庭、强行带出法庭或者被处以罚款、拘留，被告人自行辩护的，庭审继续进行；被告人要求另行委托辩护人，或者被告人属于应当提供法律援助情形的，应当宣布休庭。

辩护人、诉讼代理人被责令退出法庭、强行带出法庭或者被处以罚款后，具结保证书，保证服从法庭指挥、不再扰乱法庭秩序的，经法庭许可，可以继续担任辩护人、诉讼代理人。

辩护人、诉讼代理人具有下列情形之一的，不得继续担任同一案件的辩护人、诉讼代理人：

（一）擅自退庭的；

（二）无正当理由不出庭或者不按时出庭，严重影响审判顺利进行的；

（三）被拘留或者具结保证书后再次被责令退出法庭、强行带出法庭的。

**第三百一十一条** 被告人在一个审判程序中更换辩护人一般不得超过两次。

被告人当庭拒绝辩护人辩护，要求另行委托辩护人或者指派律师的，合议庭应当准许。被告人拒绝辩护人辩护后，没有辩护人的，应当宣布休庭；仍有辩护人的，庭审可以继续进行。

有多名被告人的案件，部分被告人拒绝辩护人辩护后，没有辩护人的，根据案件情况，可以对该部分被告人另案处理，对其他被告人的庭审继续进行。

重新开庭后，被告人再次当庭拒绝辩护人辩护的，可以准许，但被告人不得再次另行委托辩护人或者要求另行指派律师，由其自行辩护。

被告人属于应当提供法律援助的情形，重新开庭后再次当庭拒绝辩护人辩护的，不予准许。

**第三百一十二条** 法庭审理过程中，辩护人拒绝为被告人辩护，有正当理由的，应当准许；是否继续庭审，参照适用前条规定。

**第三百一十三条** 依照前两条规定另行委托辩护人或者通知法律援助机构指派律师的，自案件宣布休庭之日起至第十五日止，由辩护人准备辩护，但被告人及其辩护人自愿缩短时间的除外。

庭审结束后、判决宣告前另行委托辩护人的，可以不重新开庭；辩护人提交书面辩护意见的，应当接受。

**第三百一十四条** 有多名被告人的案件，部分被告人具有刑事诉讼法第二百零六条第一款规定情形的，人民法院可以对全案中止审理；根据案件情况，也可以对该部分被告人中止审理，对其他被告人继续审理。

对中止审理的部分被告人,可以根据案件情况另案处理。

第三百一十五条 人民检察院认为人民法院审理案件违反法定程序,在庭审后提出书面纠正意见,人民法院认为正确的,应当采纳。

## 第十章 自诉案件第一审程序

第三百一十六条 人民法院受理自诉案件必须符合下列条件:
(一) 符合刑事诉讼法第二百一十条、本解释第一条的规定;
(二) 属于本院管辖;
(三) 被害人告诉;
(四) 有明确的被告人、具体的诉讼请求和证明被告人犯罪事实的证据。

第三百一十七条 本解释第一条规定的案件,如果被害人死亡、丧失行为能力或者因受强制、威吓等无法告诉,或者是限制行为能力人以及因年老、患病、盲、聋、哑等不能亲自告诉,其法定代理人、近亲属告诉或者代为告诉的,人民法院应当依法受理。

被害人的法定代理人、近亲属告诉或者代为告诉的,应当提供与被害人关系的证明和被害人不能亲自告诉的原因的证明。

第三百一十八条 提起自诉应当提交刑事自诉状;同时提起附带民事诉讼的,应当提交刑事附带民事自诉状。

第三百一十九条 自诉状一般应当包括以下内容:
(一) 自诉人(代为告诉人)、被告人的姓名、性别、年龄、民族、出生地、文化程度、职业、工作单位、住址、联系方式;
(二) 被告人实施犯罪的时间、地点、手段、情节和危害后果等;
(三) 具体的诉讼请求;
(四) 致送的人民法院和具状时间;
(五) 证据的名称、来源等;
(六) 证人的姓名、住址、联系方式等。

对两名以上被告人提出告诉的,应当按照被告人的人数提供自诉状副本。

第三百二十条 对自诉案件,人民法院应当在十五日以内审查完毕。经审查,符合受理条件的,应当决定立案,并书面通知自诉人或者代为告诉人。

具有下列情形之一的,应当说服自诉人撤回起诉;自诉人不撤回起诉的,裁定不予受理:
(一) 不属于本解释第一条规定的案件的;
(二) 缺乏罪证的;
(三) 犯罪已过追诉时效期限的;
(四) 被告人死亡的;
(五) 被告人下落不明的;
(六) 除因证据不足而撤诉的以外,自诉人撤诉后,就同一事实又告诉的;
(七) 经人民法院调解结案后,自诉人反悔,就同一事实再行告诉的;

（八）属于本解释第一条第二项规定的案件，公安机关正在立案侦查或者人民检察院正在审查起诉的；

（九）不服人民检察院对未成年犯罪嫌疑人作出的附条件不起诉决定或者附条件不起诉考验期满后作出的不起诉决定，向人民法院起诉的。

第三百二十一条　对已经立案，经审查缺乏罪证的自诉案件，自诉人提不出补充证据的，人民法院应当说服其撤回起诉或者裁定驳回起诉；自诉人撤回起诉或者被驳回起诉后，又提出了新的足以证明被告人有罪的证据，再次提起自诉的，人民法院应当受理。

第三百二十二条　自诉人对不予受理或者驳回起诉的裁定不服的，可以提起上诉。

第二审人民法院查明第一审人民法院作出的不予受理裁定有错误的，应当在撤销原裁定的同时，指令第一审人民法院立案受理；查明第一审人民法院驳回起诉裁定有错误的，应当在撤销原裁定的同时，指令第一审人民法院进行审理。

第三百二十三条　自诉人明知有其他共同侵害人，但只对部分侵害人提起自诉的，人民法院应当受理，并告知其放弃告诉的法律后果；自诉人放弃告诉，判决宣告后又对其他共同侵害人就同一事实提起自诉的，人民法院不予受理。

共同被害人中只有部分人告诉的，人民法院应当通知其他被害人参加诉讼，并告知其不参加诉讼的法律后果。被通知人接到通知后表示不参加诉讼或者不出庭的，视为放弃告诉。第一审宣判后，被通知人就同一事实又提起自诉的，人民法院不予受理。但是，当事人另行提起民事诉讼的，不受本解释限制。

第三百二十四条　被告人实施两个以上犯罪行为，分别属于公诉案件和自诉案件，人民法院可以一并审理。对自诉部分的审理，适用本章的规定。

第三百二十五条　自诉案件当事人因客观原因不能取得的证据，申请人民法院调取的，应当说明理由，并提供相关线索或者材料。人民法院认为有必要的，应当及时调取。

对通过信息网络实施的侮辱、诽谤行为，被害人向人民法院告诉，但提供证据确有困难的，人民法院可以要求公安机关提供协助。

第三百二十六条　对犯罪事实清楚，有足够证据的自诉案件，应当开庭审理。

第三百二十七条　自诉案件符合简易程序适用条件的，可以适用简易程序审理。

不适用简易程序审理的自诉案件，参照适用公诉案件第一审普通程序的有关规定。

第三百二十八条　人民法院审理自诉案件，可以在查明事实、分清是非的基础上，根据自愿、合法的原则进行调解。调解达成协议的，应当制作刑事调解书，由审判人员、法官助理、书记员署名，并加盖人民法院印章。调解书经双方当事人签收后，即具有法律效力。调解没有达成协议，或者调解书签收前当事人反悔的，应当及时作出判决。

刑事诉讼法第二百一十条第三项规定的案件不适用调解。

第三百二十九条　判决宣告前，自诉案件的当事人可以自行和解，自诉人可以撤回自诉。

人民法院经审查，认为和解、撤回自诉确属自愿的，应当裁定准许；认为系被强迫、威吓等，并非自愿的，不予准许。

第三百三十条　裁定准许撤诉的自诉案件，被告人被采取强制措施的，人民法院应当立即解除。

第三百三十一条　自诉人经两次传唤，无正当理由拒不到庭，或者未经法庭准许中途退庭的，人民法院应当裁定按撤诉处理。

部分自诉人撤诉或者被裁定按撤诉处理的，不影响案件的继续审理。

第三百三十二条　被告人在自诉案件审判期间下落不明的，人民法院可以裁定中止审理；符合条件的，可以对被告人依法决定逮捕。

第三百三十三条　对自诉案件，应当参照刑事诉讼法第二百条和本解释第二百九十五条的有关规定作出判决。对依法宣告无罪的案件，有附带民事诉讼的，其附带民事部分可以依法进行调解或者一并作出判决，也可以告知附带民事诉讼原告人另行提起民事诉讼。

第三百三十四条　告诉才处理和被害人有证据证明的轻微刑事案件的被告人或者其法定代理人在诉讼过程中，可以对自诉人提起反诉。反诉必须符合下列条件：

（一）反诉的对象必须是本案自诉人；

（二）反诉的内容必须是与本案有关的行为；

（三）反诉的案件必须符合本解释第一条第一项、第二项的规定。

反诉案件适用自诉案件的规定，应当与自诉案件一并审理。自诉人撤诉的，不影响反诉案件的继续审理。

## 第十一章　单位犯罪案件的审理

第三百三十五条　人民法院受理单位犯罪案件，除依照本解释第二百一十八条的有关规定进行审查外，还应当审查起诉书是否列明被告单位的名称、住所地、联系方式，法定代表人、实际控制人、主要负责人以及代表被告单位出庭的诉讼代表人的姓名、职务、联系方式。需要人民检察院补充材料的，应当通知人民检察院在三日以内补送。

第三百三十六条　被告单位的诉讼代表人，应当是法定代表人、实际控制人或者主要负责人；法定代表人、实际控制人或者主要负责人被指控为单位犯罪直接责任人员或者因客观原因无法出庭的，应当由被告单位委托其他负责人或者职工作为诉讼代表人。但是，有关人员被指控为单位犯罪直接责任人员或者知道案件情况、负有作证义务的除外。

依据前款规定难以确定诉讼代表人的，可以由被告单位委托律师等单位以外的人员作为诉讼代表人。

诉讼代表人不得同时担任被告单位或者被指控为单位犯罪直接责任人员的有关人员的辩护人。

第三百三十七条　开庭审理单位犯罪案件，应当通知被告单位的诉讼代表人出庭；诉讼代表人不符合前条规定的，应当要求人民检察院另行确定。

被告单位的诉讼代表人不出庭的，应当按照下列情形分别处理：

（一）诉讼代表人系被告单位的法定代表人、实际控制人或者主要负责人，无正当理由拒不出庭的，可以拘传其到庭；因客观原因无法出庭，或者下落不明的，应当要求人民检察院另行确定诉讼代表人；

（二）诉讼代表人系其他人员的，应当要求人民检察院另行确定诉讼代表人。

**第三百三十八条** 被告单位的诉讼代表人享有刑事诉讼法规定的有关被告人的诉讼权利。开庭时，诉讼代表人席位置于审判台前左侧，与辩护人席并列。

**第三百三十九条** 被告单位委托辩护人的，参照适用本解释的有关规定。

**第三百四十条** 对应当认定为单位犯罪的案件，人民检察院只作为自然人犯罪起诉的，人民法院应当建议人民检察院对犯罪单位追加起诉。人民检察院仍以自然人犯罪起诉的，人民法院应当依法审理，按照单位犯罪直接负责的主管人员或者其他直接责任人员追究刑事责任，并援引刑法分则关于追究单位犯罪中直接负责的主管人员和其他直接责任人员刑事责任的条款。

**第三百四十一条** 被告单位的违法所得及其他涉案财物，尚未被依法追缴或者查封、扣押、冻结的，人民法院应当决定追缴或者查封、扣押、冻结。

**第三百四十二条** 为保证判决的执行，人民法院可以先行查封、扣押、冻结被告单位的财产，或者由被告单位提出担保。

**第三百四十三条** 采取查封、扣押、冻结等措施，应当严格依照法定程序进行，最大限度降低对被告单位正常生产经营活动的影响。

**第三百四十四条** 审判期间，被告单位被吊销营业执照、宣告破产但尚未完成清算、注销登记的，应当继续审理；被告单位被撤销、注销的，对单位犯罪直接负责的主管人员和其他直接责任人员应当继续审理。

**第三百四十五条** 审判期间，被告单位合并、分立的，应当将原单位列为被告单位，并注明合并、分立情况。对被告单位所判处的罚金以其在新单位的财产及收益为限。

**第三百四十六条** 审理单位犯罪案件，本章没有规定的，参照适用本解释的有关规定。

## 第十二章 认罪认罚案件的审理

**第三百四十七条** 刑事诉讼法第十五条规定的"认罪"，是指犯罪嫌疑人、被告人自愿如实供述自己的罪行，对指控的犯罪事实没有异议。

刑事诉讼法第十五条规定的"认罚"，是指犯罪嫌疑人、被告人真诚悔罪，愿意接受处罚。

被告人认罪认罚的，可以依照刑事诉讼法第十五条的规定，在程序上从简、实体上从宽处理。

**第三百四十八条** 对认罪认罚案件，应当根据案件情况，依法适用速裁程序、简易程序或者普通程序审理。

**第三百四十九条** 对人民检察院提起公诉的认罪认罚案件，人民法院应当重点审查以下内容：

（一）人民检察院讯问犯罪嫌疑人时，是否告知其诉讼权利和认罪认罚的法律规定；

（二）是否随案移送听取犯罪嫌疑人、辩护人或者值班律师、被害人及其诉讼代理人

意见的笔录;

(三) 被告人与被害人达成调解、和解协议或者取得被害人谅解的,是否随案移送调解、和解协议、被害人谅解书等相关材料;

(四) 需要签署认罪认罚具结书的,是否随案移送具结书。

未随案移送前款规定的材料的,应当要求人民检察院补充。

**第三百五十条** 人民法院应当将被告人认罪认罚作为其是否具有社会危险性的重要考虑因素。被告人罪行较轻,采用非羁押性强制措施足以防止发生社会危险性的,应当依法适用非羁押性强制措施。

**第三百五十一条** 对认罪认罚案件,法庭审理时应当告知被告人享有的诉讼权利和认罪认罚的法律规定,审查认罪认罚的自愿性和认罪认罚具结书内容的真实性、合法性。

**第三百五十二条** 对认罪认罚案件,人民检察院起诉指控的事实清楚,但指控的罪名与审理认定的罪名不一致的,人民法院应当听取人民检察院、被告人及其辩护人对审理认定罪名的意见,依法作出判决。

**第三百五十三条** 对认罪认罚案件,人民法院经审理认为量刑建议明显不当,或者被告人、辩护人对量刑建议提出异议的,人民检察院可以调整量刑建议。人民检察院不调整或者调整后仍然明显不当的,人民法院应当依法作出判决。

适用速裁程序审理认罪认罚案件,需要调整量刑建议的,应当在庭前或者当庭作出调整;调整量刑建议后,仍然符合速裁程序适用条件的,继续适用速裁程序审理。

**第三百五十四条** 对量刑建议是否明显不当,应当根据审理认定的犯罪事实、认罪认罚的具体情况,结合相关犯罪的法定刑、类似案件的刑罚适用等作出审查判断。

**第三百五十五条** 对认罪认罚案件,人民法院一般应当对被告人从轻处罚;符合非监禁刑适用条件的,应当适用非监禁刑;具有法定减轻处罚情节的,可以减轻处罚。

对认罪认罚案件,应当根据被告人认罪认罚的阶段早晚以及认罪认罚的主动性、稳定性、彻底性等,在从宽幅度上体现差异。

共同犯罪案件,部分被告人认罪认罚的,可以依法对该部分被告人从宽处罚,但应当注意全案的量刑平衡。

**第三百五十六条** 被告人在人民检察院提起公诉前未认罪认罚,在审判阶段认罪认罚的,人民法院可以不再通知人民检察院提出或者调整量刑建议。

对前款规定的案件,人民法院应当就定罪量刑听取控辩双方意见,根据刑事诉讼法第十五条和本解释第三百五十五条的规定作出判决。

**第三百五十七条** 对被告人在第一审程序中未认罪认罚,在第二审程序中认罪认罚的案件,应当根据其认罪认罚的具体情况决定是否从宽,并依法作出裁判。确定从宽幅度时应当与第一审程序认罪认罚有所区别。

**第三百五十八条** 案件审理过程中,被告人不再认罪认罚的,人民法院应当根据审理查明的事实,依法作出裁判。需要转换程序的,依照本解释的相关规定处理。

## 第十三章 简易程序

**第三百五十九条** 基层人民法院受理公诉案件后,经审查认为案件事实清楚、证据充分的，在将起诉书副本送达被告人时，应当询问被告人对指控的犯罪事实的意见，告知其适用简易程序的法律规定。被告人对指控的犯罪事实没有异议并同意适用简易程序的，可以决定适用简易程序，并在开庭前通知人民检察院和辩护人。

对人民检察院建议或者被告人及其辩护人申请适用简易程序审理的案件，依照前款规定处理；不符合简易程序适用条件的，应当通知人民检察院或者被告人及其辩护人。

第三百六十条　具有下列情形之一的，不适用简易程序：

（一）被告人是盲、聋、哑人的；
（二）被告人是尚未完全丧失辨认或者控制自己行为能力的精神病人的；
（三）案件有重大社会影响的；
（四）共同犯罪案件中部分被告人不认罪或者对适用简易程序有异议的；
（五）辩护人作无罪辩护的；
（六）被告人认罪但经审查认为可能不构成犯罪的；
（七）不宜适用简易程序审理的其他情形。

第三百六十一条　适用简易程序审理的案件，符合刑事诉讼法第三十五条第一款规定的，人民法院应当告知被告人及其近亲属可以申请法律援助。

第三百六十二条　适用简易程序审理案件，人民法院应当在开庭前将开庭的时间、地点通知人民检察院、自诉人、被告人、辩护人，也可以通知其他诉讼参与人。

通知可以采用简便方式，但应当记录在案。

第三百六十三条　适用简易程序审理案件，被告人有辩护人的，应当通知其出庭。

第三百六十四条　适用简易程序审理案件，审判长或者独任审判员应当当庭询问被告人对指控的犯罪事实的意见，告知被告人适用简易程序审理的法律规定，确认被告人是否同意适用简易程序。

第三百六十五条　适用简易程序审理案件，可以对庭审作如下简化：

（一）公诉人可以摘要宣读起诉书；
（二）公诉人、辩护人、审判人员对被告人的讯问、发问可以简化或者省略；
（三）对控辩双方无异议的证据，可以仅就证据的名称及所证明的事项作出说明；对控辩双方有异议或者法庭认为有必要调查核实的证据，应当出示，并进行质证；
（四）控辩双方对与定罪量刑有关的事实、证据没有异议的，法庭审理可以直接围绕罪名确定和量刑问题进行。

适用简易程序审理案件，判决宣告前应当听取被告人的最后陈述。

第三百六十六条　适用简易程序独任审判过程中，发现对被告人可能判处的有期徒刑超过三年的，应当转由合议庭审理。

第三百六十七条　适用简易程序审理案件，裁判文书可以简化。

适用简易程序审理案件，一般应当当庭宣判。

第三百六十八条　适用简易程序审理案件，在法庭审理过程中，具有下列情形之一的，应当转为普通程序审理：

（一）被告人的行为可能不构成犯罪的；

（二）被告人可能不负刑事责任的；

（三）被告人当庭对起诉指控的犯罪事实予以否认的；

（四）案件事实不清、证据不足的；

（五）不应当或者不宜适用简易程序的其他情形。

决定转为普通程序审理的案件，审理期限应当从作出决定之日起计算。

## 第十四章　速裁程序

**第三百六十九条**　对人民检察院在提起公诉时建议适用速裁程序的案件，基层人民法院经审查认为案件事实清楚，证据确实、充分，可能判处三年有期徒刑以下刑罚的，在将起诉书副本送达被告人时，应当告知被告人适用速裁程序的法律规定，询问其是否同意适用速裁程序。被告人同意适用速裁程序的，可以决定适用速裁程序，并在开庭前通知人民检察院和辩护人。

对人民检察院未建议适用速裁程序的案件，人民法院经审查认为符合速裁程序适用条件的，可以决定适用速裁程序，并在开庭前通知人民检察院和辩护人。

被告人及其辩护人可以向人民法院提出适用速裁程序的申请。

**第三百七十条**　具有下列情形之一的，不适用速裁程序：

（一）被告人是盲、聋、哑人的；

（二）被告人是尚未完全丧失辨认或者控制自己行为能力的精神病人的；

（三）被告人是未成年人的；

（四）案件有重大社会影响的；

（五）共同犯罪案件中部分被告人对指控的犯罪事实、罪名、量刑建议或者适用速裁程序有异议的；

（六）被告人与被害人或者其法定代理人没有就附带民事诉讼赔偿等事项达成调解、和解协议的；

（七）辩护人作无罪辩护的；

（八）其他不宜适用速裁程序的情形。

**第三百七十一条**　适用速裁程序审理案件，人民法院应当在开庭前将开庭的时间、地点通知人民检察院、被告人、辩护人，也可以通知其他诉讼参与人。

通知可以采用简便方式，但应当记录在案。

**第三百七十二条**　适用速裁程序审理案件，可以集中开庭，逐案审理。公诉人简要宣读起诉书后，审判人员应当当庭询问被告人对指控事实、证据、量刑建议以及适用速裁程序的意见，核实具结书签署的自愿性、真实性、合法性，并核实附带民事诉讼赔偿等情况。

**第三百七十三条**　适用速裁程序审理案件，一般不进行法庭调查、法庭辩论，但在判决宣告前应当听取辩护人的意见和被告人的最后陈述。

**第三百七十四条**　适用速裁程序审理案件，裁判文书可以简化。

适用速裁程序审理案件，应当当庭宣判。

**第三百七十五条** 适用速裁程序审理案件，在法庭审理过程中，具有下列情形之一的，应当转为普通程序或者简易程序审理：

（一）被告人的行为可能不构成犯罪或者不应当追究刑事责任的；

（二）被告人违背意愿认罪认罚的；

（三）被告人否认指控的犯罪事实的；

（四）案件疑难、复杂或者对适用法律有重大争议的；

（五）其他不宜适用速裁程序的情形。

**第三百七十六条** 决定转为普通程序或者简易程序审理的案件，审理期限应当从作出决定之日起计算。

**第三百七十七条** 适用速裁程序审理的案件，第二审人民法院依照刑事诉讼法第二百三十六条第一款第三项的规定发回原审人民法院重新审判的，原审人民法院应当适用第一审普通程序重新审判。

## 第十五章　第二审程序

**第三百七十八条** 地方各级人民法院在宣告第一审判决、裁定时，应当告知被告人、自诉人及其法定代理人不服判决和准许撤回起诉、终止审理等裁定的，有权在法定期限内以书面或者口头形式，通过本院或者直接向上一级人民法院提出上诉；被告人的辩护人、近亲属经被告人同意，也可以提出上诉；附带民事诉讼当事人及其法定代理人，可以对判决、裁定中的附带民事部分提出上诉。

被告人、自诉人、附带民事诉讼当事人及其法定代理人是否提出上诉，以其在上诉期满前最后一次的意思表示为准。

**第三百七十九条** 人民法院受理的上诉案件，一般应当有上诉状正本及副本。

上诉状内容一般包括：第一审判决书、裁定书的文号和上诉人收到的时间，第一审人民法院的名称，上诉的请求和理由，提出上诉的时间。被告人的辩护人、近亲属经被告人同意提出上诉的，还应当写明其与被告人的关系，并应当以被告人作为上诉人。

**第三百八十条** 上诉、抗诉必须在法定期限内提出。不服判决的上诉、抗诉的期限为十日；不服裁定的上诉、抗诉的期限为五日。上诉、抗诉的期限，从接到判决书、裁定书的第二日起计算。

对附带民事判决、裁定的上诉、抗诉期限，应当按照刑事部分的上诉、抗诉期限确定。附带民事部分另行审判的，上诉期限也应当按照刑事诉讼法规定的期限确定。

**第三百八十一条** 上诉人通过第一审人民法院提出上诉的，第一审人民法院应当审查。上诉符合法律规定的，应当在上诉期满后三日以内将上诉状连同案卷、证据移送上一级人民法院，并将上诉状副本送交同级人民检察院和对方当事人。

**第三百八十二条** 上诉人直接向第二审人民法院提出上诉的，第二审人民法院应当在收到上诉状后三日以内将上诉状交第一审人民法院。第一审人民法院应当审查上诉是否符合法律规定。符合法律规定的，应当在接到上诉状后三日以内将上诉状连同案卷、证据移送上一级人民法院，并将上诉状副本送交同级人民检察院和对方当事人。

**第三百八十三条** 上诉人在上诉期限内要求撤回上诉的,人民法院应当准许。

上诉人在上诉期满后要求撤回上诉的,第二审人民法院经审查,认为原判认定事实和适用法律正确,量刑适当的,应当裁定准许;认为原判确有错误的,应当不予准许,继续按照上诉案件审理。

被判处死刑立即执行的被告人提出上诉,在第二审开庭后宣告裁判前申请撤回上诉的,应当不予准许,继续按照上诉案件审理。

**第三百八十四条** 地方各级人民检察院对同级人民法院第一审判决、裁定的抗诉,应当通过第一审人民法院提交抗诉书。第一审人民法院应当在抗诉期满后三日以内将抗诉书连同案卷、证据移送上一级人民法院,并将抗诉书副本送交当事人。

**第三百八十五条** 人民检察院在抗诉期限内要求撤回抗诉的,人民法院应当准许。

人民检察院在抗诉期满后要求撤回抗诉的,第二审人民法院可以裁定准许,但是认为原判存在将无罪判为有罪、轻罪重判等情形的,应当不予准许,继续审理。

上级人民检察院认为下级人民检察院抗诉不当,向第二审人民法院要求撤回抗诉的,适用前两款规定。

**第三百八十六条** 在上诉、抗诉期满前撤回上诉、抗诉的,第一审判决、裁定在上诉、抗诉期满之日起生效。在上诉、抗诉期满后要求撤回上诉、抗诉,第二审人民法院裁定准许的,第一审判决、裁定应当自第二审裁定书送达上诉人或者抗诉机关之日起生效。

**第三百八十七条** 第二审人民法院对第一审人民法院移送的上诉、抗诉案卷、证据,应当审查是否包括下列内容:

(一)移送上诉、抗诉案件函;

(二)上诉状或者抗诉书;

(三)第一审判决书、裁定书八份(每增加一名被告人增加一份)及其电子文本;

(四)全部案卷、证据,包括案件审理报告和其他应当移送的材料。

前款所列材料齐全的,第二审人民法院应当收案;材料不全的,应当通知第一审人民法院及时补送。

**第三百八十八条** 第二审人民法院审理上诉、抗诉案件,应当就第一审判决、裁定认定的事实和适用法律进行全面审查,不受上诉、抗诉范围的限制。

**第三百八十九条** 共同犯罪案件,只有部分被告人提出上诉,或者自诉人只对部分被告人的判决提出上诉,或者人民检察院只对部分被告人的判决提出抗诉的,第二审人民法院应当对全案进行审查,一并处理。

**第三百九十条** 共同犯罪案件,上诉的被告人死亡,其他被告人未上诉的,第二审人民法院应当对死亡的被告人终止审理;但有证据证明被告人无罪,经缺席审理确认无罪的,应当判决宣告被告人无罪。

具有前款规定的情形,第二审人民法院仍应对全案进行审查,对其他同案被告人作出判决、裁定。

**第三百九十一条** 对上诉、抗诉案件,应当着重审查下列内容:

（一）第一审判决认定的事实是否清楚，证据是否确实、充分；
（二）第一审判决适用法律是否正确，量刑是否适当；
（三）在调查、侦查、审查起诉、第一审程序中，有无违反法定程序的情形；
（四）上诉、抗诉是否提出新的事实、证据；
（五）被告人的供述和辩解情况；
（六）辩护人的辩护意见及采纳情况；
（七）附带民事部分的判决、裁定是否合法、适当；
（八）对涉案财物的处理是否正确；
（九）第一审人民法院合议庭、审判委员会讨论的意见。

**第三百九十二条** 第二审期间，被告人除自行辩护外，还可以继续委托第一审辩护人或者另行委托辩护人辩护。

共同犯罪案件，只有部分被告人提出上诉，或者自诉人只对部分被告人的判决提出上诉，或者人民检察院只对部分被告人的判决提出抗诉的，其他同案被告人也可以委托辩护人辩护。

**第三百九十三条** 下列案件，根据刑事诉讼法第二百三十四条的规定，应当开庭审理：
（一）被告人、自诉人及其法定代理人对第一审认定的事实、证据提出异议，可能影响定罪量刑的上诉案件；
（二）被告人被判处死刑的上诉案件；
（三）人民检察院抗诉的案件；
（四）应当开庭审理的其他案件。

被判处死刑的被告人没有上诉，同案的其他被告人上诉的案件，第二审人民法院应当开庭审理。

**第三百九十四条** 对上诉、抗诉案件，第二审人民法院经审查，认为原判事实不清、证据不足，或者具有刑事诉讼法第二百三十八条规定的违反法定诉讼程序情形，需要发回重新审判的，可以不开庭审理。

**第三百九十五条** 第二审期间，人民检察院或者被告人及其辩护人提交新证据的，人民法院应当及时通知对方查阅、摘抄或者复制。

**第三百九十六条** 开庭审理第二审公诉案件，应当在决定开庭审理后及时通知人民检察院查阅案卷。自通知后的第二日起，人民检察院查阅案卷的时间不计入审理期限。

**第三百九十七条** 开庭审理上诉、抗诉的公诉案件，应当通知同级人民检察院派员出庭。

抗诉案件，人民检察院接到开庭通知后不派员出庭，且未说明原因的，人民法院可以裁定按人民检察院撤回抗诉处理。

**第三百九十八条** 开庭审理上诉、抗诉案件，除参照适用第一审程序的有关规定外，应当按照下列规定进行：
（一）法庭调查阶段，审判人员宣读第一审判决书、裁定书后，上诉案件由上诉人或者辩护人先宣读上诉状或者陈述上诉理由，抗诉案件由检察员先宣读抗诉书；既有上诉又有抗诉的案件，先由检察员宣读抗诉书，再由上诉人或者辩护人宣读上诉状或者陈述上诉理由；

（二）法庭辩论阶段，上诉案件，先由上诉人、辩护人发言，后由检察员、诉讼代理人发言；抗诉案件，先由检察员、诉讼代理人发言，后由被告人、辩护人发言；既有上诉又有抗诉的案件，先由检察员、诉讼代理人发言，后由上诉人、辩护人发言。

**第三百九十九条** 开庭审理上诉、抗诉案件，可以重点围绕对第一审判决、裁定有争议的问题或者有疑问的部分进行。根据案件情况，可以按照下列方式审理：

（一）宣读第一审判决书，可以只宣读案由、主要事实、证据名称和判决主文等；

（二）法庭调查应当重点围绕对第一审判决提出异议的事实、证据以及新的证据等进行；对没有异议的事实、证据和情节，可以直接确认；

（三）对同案审理案件中未上诉的被告人，未被申请出庭或者人民法院认为没有必要到庭的，可以不再传唤到庭；

（四）被告人犯有数罪的案件，对其中事实清楚且无异议的犯罪，可以不在庭审时审理。

同案审理的案件，未提出上诉、人民检察院也未对其判决提出抗诉的被告人要求出庭的，应当准许。出庭的被告人可以参加法庭调查和辩论。

**第四百条** 第二审案件依法不开庭审理的，应当讯问被告人，听取其他当事人、辩护人、诉讼代理人的意见。合议庭全体成员应当阅卷，必要时应当提交书面阅卷意见。

**第四百零一条** 审理被告人或者其法定代理人、辩护人、近亲属提出上诉的案件，不得对被告人的刑罚作出实质不利的改判，并应当执行下列规定：

（一）同案审理的案件，只有部分被告人上诉的，既不得加重上诉人的刑罚，也不得加重其他同案被告人的刑罚；

（二）原判认定的罪名不当的，可以改变罪名，但不得加重刑罚或者对刑罚执行产生不利影响；

（三）原判认定的罪数不当的，可以改变罪数，并调整刑罚，但不得加重决定执行的刑罚或者对刑罚执行产生不利影响；

（四）原判对被告人宣告缓刑的，不得撤销缓刑或者延长缓刑考验期；

（五）原判没有宣告职业禁止、禁止令的，不得增加宣告；原判宣告职业禁止、禁止令的，不得增加内容、延长期限；

（六）原判对被告人判处死刑缓期执行没有限制减刑、决定终身监禁的，不得限制减刑、决定终身监禁；

（七）原判判处的刑罚不当、应当适用附加刑而没有适用的，不得直接加重刑罚、适用附加刑。原判判处的刑罚畸轻，必须依法改判的，应当在第二审判决、裁定生效后，依照审判监督程序重新审判。

人民检察院抗诉或者自诉人上诉的案件，不受前款规定的限制。

**第四百零二条** 人民检察院只对部分被告人的判决提出抗诉，或者自诉人只对部分被告人的判决提出上诉的，第二审人民法院不得对其他同案被告人加重刑罚。

**第四百零三条** 被告人或者其法定代理人、辩护人、近亲属提出上诉，人民检察院未提出抗诉的案件，第二审人民法院发回重新审判后，除有新的犯罪事实且人民检察院补充起诉的以外，原审人民法院不得加重被告人的刑罚。

对前款规定的案件，原审人民法院对上诉发回重新审判的案件依法作出判决后，人民检察院抗诉的，第二审人民法院不得改判为重于原审人民法院第一次判处的刑罚。

**第四百零四条** 第二审人民法院认为第一审判决事实不清、证据不足的，可以在查清事实后改判，也可以裁定撤销原判，发回原审人民法院重新审判。

有多名被告人的案件，部分被告人的犯罪事实不清、证据不足或者有新的犯罪事实需要追诉，且有关犯罪与其他同案被告人没有关联的，第二审人民法院根据案件情况，可以对该部分被告人分案处理，将该部分被告人发回原审人民法院重新审判。原审人民法院重新作出判决后，被告人上诉或者人民检察院抗诉，其他被告人的案件尚未作出第二审判决、裁定的，第二审人民法院可以并案审理。

**第四百零五条** 原判事实不清、证据不足，第二审人民法院发回重新审判的案件，原审人民法院重新作出判决后，被告人上诉或者人民检察院抗诉的，第二审人民法院应当依法作出判决、裁定，不得再发回重新审判。

**第四百零六条** 第二审人民法院发现原审人民法院在重新审判过程中，有刑事诉讼法第二百三十八条规定的情形之一，或者违反第二百三十九条规定的，应当裁定撤销原判，发回重新审判。

**第四百零七条** 第二审人民法院审理对刑事部分提出上诉、抗诉，附带民事部分已经发生法律效力的案件，发现第一审判决、裁定中附带民事部分确有错误的，应当依照审判监督程序对附带民事部分予以纠正。

**第四百零八条** 刑事附带民事诉讼案件，只有附带民事诉讼当事人及其法定代理人上诉的，第一审刑事部分的判决在上诉期满后即发生法律效力。

应当送监执行的第一审刑事被告人是第二审附带民事诉讼被告人的，在第二审附带民事诉讼案件审结前，可以暂缓送监执行。

**第四百零九条** 第二审人民法院审理对附带民事部分提出上诉，刑事部分已经发生法律效力的案件，应当对全案进行审查，并按照下列情形分别处理：

（一）第一审判决的刑事部分并无不当的，只需就附带民事部分作出处理；

（二）第一审判决的刑事部分确有错误的，依照审判监督程序对刑事部分进行再审，并将附带民事部分与刑事部分一并审理。

**第四百一十条** 第二审期间，第一审附带民事诉讼原告人增加独立的诉讼请求或者第一审附带民事诉讼被告人提出反诉的，第二审人民法院可以根据自愿、合法的原则进行调解；调解不成的，告知当事人另行起诉。

**第四百一十一条** 对第二审自诉案件，必要时可以调解，当事人也可以自行和解。调解结案的，应当制作调解书，第一审判决、裁定视为自动撤销。当事人自行和解的，依照本解释第三百二十九条的规定处理；裁定准许撤回自诉的，应当撤销第一审判决、裁定。

**第四百一十二条** 第二审期间，自诉案件的当事人提出反诉的，应当告知其另行起诉。

**第四百一十三条** 第二审人民法院可以委托第一审人民法院代为宣判，并向当事人送达第二审判决书、裁定书。第一审人民法院应当在代为宣判后五日以内将宣判笔录送交第二审人民法院，并在送达完毕后及时将送达回证送交第二审人民法院。

委托宣判的，第二审人民法院应当直接向同级人民检察院送达第二审判决书、裁定书。

第二审判决、裁定是终审的判决、裁定的，自宣告之日起发生法律效力。

## 第十六章 在法定刑以下判处刑罚和特殊假释的核准

**第四百一十四条** 报请最高人民法院核准在法定刑以下判处刑罚的案件，应当按照下列情形分别处理：

（一）被告人未上诉、人民检察院未抗诉的，在上诉、抗诉期满后三日以内报请上一级人民法院复核。上级人民法院同意原判的，应当书面层报最高人民法院核准；不同意的，应当裁定发回重新审判，或者按照第二审程序提审；

（二）被告人上诉或者人民检察院抗诉的，上一级人民法院维持原判，或者改判后仍在法定刑以下判处刑罚的，应当依照前项规定层报最高人民法院核准。

**第四百一十五条** 对符合刑法第六十三条第二款规定的案件，第一审人民法院未在法定刑以下判处刑罚的，第二审人民法院可以在法定刑以下判处刑罚，并层报最高人民法院核准。

**第四百一十六条** 报请最高人民法院核准在法定刑以下判处刑罚的案件，应当报送判决书、报请核准的报告各五份，以及全部案卷、证据。

**第四百一十七条** 对在法定刑以下判处刑罚的案件，最高人民法院予以核准的，应当作出核准裁定书；不予核准的，应当作出不核准裁定书，并撤销原判决、裁定，发回原审人民法院重新审判或者指定其他下级人民法院重新审判。

**第四百一十八条** 依照本解释第四百一十四条、第四百一十七条规定发回第二审人民法院重新审判的案件，第二审人民法院可以直接改判；必须通过开庭查清事实、核实证据或者纠正原审程序违法的，应当开庭审理。

**第四百一十九条** 最高人民法院和上级人民法院复核在法定刑以下判处刑罚案件的审理期限，参照适用刑事诉讼法第二百四十三条的规定。

**第四百二十条** 报请最高人民法院核准因罪犯具有特殊情况，不受执行刑期限制的假释案件，应当按照下列情形分别处理：

（一）中级人民法院依法作出假释裁定后，应当报请高级人民法院复核。高级人民法院同意的，应当书面报请最高人民法院核准；不同意的，应当裁定撤销中级人民法院的假释裁定；

（二）高级人民法院依法作出假释裁定的，应当报请最高人民法院核准。

第四百二十一条　报请最高人民法院核准因罪犯具有特殊情况，不受执行刑期限制的假释案件，应当报送报请核准的报告、罪犯具有特殊情况的报告、假释裁定书各五份，以及全部案卷。

第四百二十二条　对因罪犯具有特殊情况，不受执行刑期限制的假释案件，最高人民法院予以核准的，应当作出核准裁定书；不予核准的，应当作出不核准裁定书，并撤销原裁定。

## 第十七章　死刑复核程序

第四百二十三条　报请最高人民法院核准死刑的案件，应当按照下列情形分别处理：

（一）中级人民法院判处死刑的第一审案件，被告人未上诉、人民检察院未抗诉的，在上诉、抗诉期满后十日以内报请高级人民法院复核。高级人民法院同意判处死刑的，应当在作出裁定后十日以内报请最高人民法院核准；认为原判认定的某一具体事实或者引用的法律条款等存在瑕疵，但判处被告人死刑并无不当的，可以在纠正后作出核准的判决、裁定；不同意判处死刑的，应当依照第二审程序提审或者发回重新审判；

（二）中级人民法院判处死刑的第一审案件，被告人上诉或者人民检察院抗诉，高级人民法院裁定维持的，应当在作出裁定后十日以内报请最高人民法院核准；

（三）高级人民法院判处死刑的第一审案件，被告人未上诉、人民检察院未抗诉的，应当在上诉、抗诉期满后十日以内报请最高人民法院核准。

高级人民法院复核死刑案件，应当讯问被告人。

第四百二十四条　中级人民法院判处死刑缓期执行的第一审案件，被告人未上诉、人民检察院未抗诉的，应当报请高级人民法院核准。

高级人民法院复核死刑缓期执行案件，应当讯问被告人。

第四百二十五条　报请复核的死刑、死刑缓期执行案件，应当一案一报。报送的材料包括报请复核的报告，第一、二审裁判文书，案件综合报告各五份以及全部案卷、证据。案件综合报告，第一、二审裁判文书和审理报告应当附送电子文本。

同案审理的案件应当报送全案案卷、证据。

曾经发回重新审判的案件，原第一、二审案卷应当一并报送。

第四百二十六条　报请复核死刑、死刑缓期执行的报告，应当写明案由、简要案情、审理过程和判决结果。

案件综合报告应当包括以下内容：

（一）被告人、被害人的基本情况。被告人有前科或者曾受过行政处罚、处分的，应当写明；

（二）案件的由来和审理经过。案件曾经发回重新审判的，应当写明发回重新审判的原因、时间、案号等；

（三）案件侦破情况。通过技术调查、侦查措施抓获被告人、侦破案件，以及与自首、立功认定有关的情况，应当写明；

（四）第一审审理情况。包括控辩双方意见，第一审认定的犯罪事实，合议庭和审判委员会意见；

（五）第二审审理或者高级人民法院复核情况。包括上诉理由、人民检察院的意见，第二审审理或者高级人民法院复核认定的事实，证据采信情况及理由，控辩双方意见及采纳情况；

（六）需要说明的问题。包括共同犯罪案件中另案处理的同案犯的处理情况，案件有无重大社会影响，以及当事人的反应等情况；

（七）处理意见。写明合议庭和审判委员会的意见。

**第四百二十七条** 复核死刑、死刑缓期执行案件，应当全面审查以下内容：

（一）被告人的年龄，被告人有无刑事责任能力、是否系怀孕的妇女；

（二）原判认定的事实是否清楚，证据是否确实、充分；

（三）犯罪情节、后果及危害程度；

（四）原判适用法律是否正确，是否必须判处死刑，是否必须立即执行；

（五）有无法定、酌定从重、从轻或者减轻处罚情节；

（六）诉讼程序是否合法；

（七）应当审查的其他情况。

复核死刑、死刑缓期执行案件，应当重视审查被告人及其辩护人的辩解、辩护意见。

**第四百二十八条** 高级人民法院复核死刑缓期执行案件，应当按照下列情形分别处理：

（一）原判认定事实和适用法律正确、量刑适当、诉讼程序合法的，应当裁定核准；

（二）原判认定的某一具体事实或者引用的法律条款等存在瑕疵，但判处被告人死刑缓期执行并无不当的，可以在纠正后作出核准的判决、裁定；

（三）原判认定事实正确，但适用法律有错误，或者量刑过重的，应当改判；

（四）原判事实不清、证据不足的，可以裁定不予核准，并撤销原判，发回重新审判，或者依法改判；

（五）复核期间出现新的影响定罪量刑的事实、证据的，可以裁定不予核准，并撤销原判，发回重新审判，或者依照本解释第二百七十一条的规定审理后依法改判；

（六）原审违反法定诉讼程序，可能影响公正审判的，应当裁定不予核准，并撤销原判，发回重新审判。

复核死刑缓期执行案件，不得加重被告人的刑罚。

**第四百二十九条** 最高人民法院复核死刑案件，应当按照下列情形分别处理：

（一）原判认定事实和适用法律正确、量刑适当、诉讼程序合法的，应当裁定核准；

（二）原判认定的某一具体事实或者引用的法律条款等存在瑕疵，但判处被告人死刑并无不当的，可以在纠正后作出核准的判决、裁定；

（三）原判事实不清、证据不足的，应当裁定不予核准，并撤销原判，发回重新审判；

（四）复核期间出现新的影响定罪量刑的事实、证据的，应当裁定不予核准，并撤销原判，发回重新审判；

（五）原判认定事实正确、证据充分，但依法不应当判处死刑的，应当裁定不予核准，并撤销原判，发回重新审判；根据案件情况，必要时，也可以依法改判；

（六）原审违反法定诉讼程序，可能影响公正审判的，应当裁定不予核准，并撤销原判，发回重新审判。

**第四百三十条** 最高人民法院裁定不予核准死刑的，根据案件情况，可以发回第二审人民法院或者第一审人民法院重新审判。

对最高人民法院发回第二审人民法院重新审判的案件，第二审人民法院一般不得发回第一审人民法院重新审判。

第一审人民法院重新审判的，应当开庭审理。第二审人民法院重新审判的，可以直接改判；必须通过开庭查清事实、核实证据或者纠正原审程序违法的，应当开庭审理。

**第四百三十一条** 高级人民法院依照复核程序审理后报请最高人民法院核准死刑，最高人民法院裁定不予核准，发回高级人民法院重新审判的，高级人民法院可以依照第二审程序提审或者发回重新审判。

**第四百三十二条** 最高人民法院裁定不予核准死刑，发回重新审判的案件，原审人民法院应当另行组成合议庭审理，但本解释第四百二十九条第四项、第五项规定的案件除外。

**第四百三十三条** 依照本解释第四百三十条、第四百三十一条发回重新审判的案件，第一审人民法院判处死刑、死刑缓期执行的，上一级人民法院依照第二审程序或者复核程序审理后，应当依法作出判决或者裁定，不得再发回重新审判。但是，第一审人民法院有刑事诉讼法第二百三十八条规定的情形或者违反刑事诉讼法第二百三十九条规定的除外。

**第四百三十四条** 死刑复核期间，辩护律师要求当面反映意见的，最高人民法院有关合议庭应当在办公场所听取其意见，并制作笔录；辩护律师提出书面意见的，应当附卷。

**第四百三十五条** 死刑复核期间，最高人民检察院提出意见的，最高人民法院应当审查，并将采纳情况及理由反馈最高人民检察院。

**第四百三十六条** 最高人民法院应当根据有关规定向最高人民检察院通报死刑案件复核结果。

## 第十八章 涉案财物处理

**第四百三十七条** 人民法院对查封、扣押、冻结的涉案财物及其孳息，应当妥善保管，并制作清单，附卷备查；对人民检察院随案移送的实物，应当根据清单核查后妥善保管。任何单位和个人不得挪用或者自行处理。

查封不动产、车辆、船舶、航空器等财物，应当扣押其权利证书，经拍照或者录像后原地封存，或者交持有人、被告人的近亲属保管，登记并写明财物的名称、型号、权属、地址等详细信息，并通知有关财物的登记、管理部门办理查封登记手续。

扣押物品，应当登记并写明物品名称、型号、规格、数量、重量、质量、成色、纯度、颜色、新旧程度、缺损特征和来源等。扣押货币、有价证券，应当登记并写明货币、有价证券的名称、数额、面额等，货币应当存入银行专门账户，并登记银行存款凭证的名称、内容。扣押文物、金银、珠宝、名贵字画等贵重物品以及违禁品，应当拍照，需要鉴定的，应当及时鉴定。对扣押的物品应当根据有关规定及时估价。

冻结存款、汇款、债券、股票、基金份额等财产，应当登记并写明编号、种类、面值、张数、金额等。

**第四百三十八条** 对被害人的合法财产，权属明确的，应当依法及时返还，但须经拍照、鉴定、估价，并在案卷中注明返还的理由，将原物照片、清单和被害人的领取手续附卷备查；权属不明的，应当在人民法院判决、裁定生效后，按比例返还被害人，但已获退赔的部分应予扣除。

**第四百三十九条** 审判期间，对不宜长期保存、易贬值或者市场价格波动大的财产，或者有效期即将届满的票据等，经权利人申请或者同意，并经院长批准，可以依法先行处置，所得款项由人民法院保管。

涉案财物先行处置应当依法、公开、公平。

**第四百四十条** 对作为证据使用的实物，应当随案移送。第一审判决、裁定宣告后，被告人上诉或者人民检察院抗诉的，第一审人民法院应当将上述证据移送第二审人民法院。

**第四百四十一条** 对实物未随案移送的，应当根据情况，分别审查以下内容：

（一）大宗的、不便搬运的物品，是否随案移送查封、扣押清单，并附原物照片和封存手续，注明存放地点等；

（二）易腐烂、霉变和不易保管的物品，查封、扣押机关变卖处理后，是否随案移送原物照片、清单、变价处理的凭证（复印件）等；

（三）枪支弹药、剧毒物品、易燃易爆物品以及其他违禁品、危险物品，查封、扣押机关根据有关规定处理后，是否随案移送原物照片和清单等。

上述未随案移送的实物，应当依法鉴定、估价的，还应当审查是否附有鉴定、估价意见。

对查封、扣押的货币、有价证券等，未移送实物的，应当审查是否附有原物照片、清单或者其他证明文件。

**第四百四十二条** 法庭审理过程中，应当依照本解释第二百七十九条的规定，依法对查封、扣押、冻结的财物及其孳息进行审查。

**第四百四十三条** 被告人将依法应当追缴的涉案财物用于投资或者置业的，对因此形成的财产及其收益，应当追缴。

被告人将依法应当追缴的涉案财物与其他合法财产共同用于投资或者置业的，对因此形成的财产中与涉案财物对应的份额及其收益，应当追缴。

**第四百四十四条** 对查封、扣押、冻结的财物及其孳息，应当在判决书中写明名称、金额、数量、存放地点及其处理方式等。涉案财物较多，不宜在判决主文中详细列明的，可以附清单。

判决追缴违法所得或者责令退赔的，应当写明追缴、退赔的金额或者财物的名称、数量等情况；已经发还的，应当在判决书中写明。

**第四百四十五条** 查封、扣押、冻结的财物及其孳息，经审查，确属违法所得或者依法应当追缴的其他涉案财物的，应当判决返还被害人，或者没收上缴国库，但法律另有规定的除外。

对判决时尚未追缴到案或者尚未足额退赔的违法所得，应当判决继续追缴或者责令退赔。

判决返还被害人的涉案财物，应当通知被害人认领；无人认领的，应当公告通知；公告满一年无人认领的，应当上缴国库；上缴国库后有人认领，经查证属实的，应当申请退库予以返还；原物已经拍卖、变卖的，应当返还价款。

对侵犯国有财产的案件，被害单位已经终止且没有权利义务继受人，或者损失已经被核销的，查封、扣押、冻结的财物及其孳息应当上缴国库。

**第四百四十六条** 第二审期间，发现第一审判决未对随案移送的涉案财物及其孳息作出处理的，可以裁定撤销原判，发回原审人民法院重新审判，由原审人民法院依法对涉案财物及其孳息一并作出处理。

判决生效后，发现原判未对随案移送的涉案财物及其孳息作出处理的，由原审人民法院依法对涉案财物及其孳息另行作出处理。

**第四百四十七条** 随案移送的或者人民法院查封、扣押的财物及其孳息，由第一审人民法院在判决生效后负责处理。

实物未随案移送、由扣押机关保管的，人民法院应当在判决生效后十日以内，将判决书、裁定书送达扣押机关，并告知其在一个月以内将执行回单送回，确因客观原因无法按时完成的，应当说明原因。

**第四百四十八条** 对冻结的存款、汇款、债券、股票、基金份额等财产判决没收的，第一审人民法院应当在判决生效后，将判决书、裁定书送达相关金融机构和财政部门，通知相关金融机构依法上缴国库并在接到执行通知书后十五日以内，将上缴国库的凭证、执行回单送回。

**第四百四十九条** 查封、扣押、冻结的财物与本案无关但已列入清单的，应当由查封、扣押、冻结机关依法处理。

查封、扣押、冻结的财物属于被告人合法所有的，应当在赔偿被害人损失、执行财产刑后及时返还被告人。

**第四百五十条** 查封、扣押、冻结财物及其处理，本解释没有规定的，参照适用其他司法解释的有关规定。

## 第十九章 审判监督程序

**第四百五十一条** 当事人及其法定代理人、近亲属对已经发生法律效力的判决、裁定提出申诉的，人民法院应当审查处理。

案外人认为已经发生法律效力的判决、裁定侵害其合法权益，提出申诉的，人民法院应当审查处理。

申诉可以委托律师代为进行。

**第四百五十二条** 向人民法院申诉,应当提交以下材料:

(一)申诉状。应当写明当事人的基本情况、联系方式以及申诉的事实与理由;

(二)原一、二审判决书、裁定书等法律文书。经过人民法院复查或者再审的,应当附有驳回申诉通知书、再审决定书、再审判决书、裁定书;

(三)其他相关材料。以有新的证据证明原判决、裁定认定的事实确有错误为由申诉的,应当同时附有相关证据材料;申请人民法院调查取证的,应当附有相关线索或者材料。

申诉符合前款规定的,人民法院应当出具收到申诉材料的回执。申诉不符合前款规定的,人民法院应当告知申诉人补充材料;申诉人拒绝补充必要材料且无正当理由的,不予审查。

**第四百五十三条** 申诉由终审人民法院审查处理。但是,第二审人民法院裁定准许撤回上诉的案件,申诉人对第一审判决提出申诉的,可以由第一审人民法院审查处理。

上一级人民法院对未经终审人民法院审查处理的申诉,可以告知申诉人向终审人民法院提出申诉,或者直接交终审人民法院审查处理,并告知申诉人;案件疑难、复杂、重大的,也可以直接审查处理。

对未经终审人民法院及其上一级人民法院审查处理,直接向上级人民法院申诉的,上级人民法院应当告知申诉人向下级人民法院提出。

**第四百五十四条** 最高人民法院或者上级人民法院可以指定终审人民法院以外的人民法院对申诉进行审查。被指定的人民法院审查后,应当制作审查报告,提出处理意见,层报最高人民法院或者上级人民法院审查处理。

**第四百五十五条** 对死刑案件的申诉,可以由原核准的人民法院直接审查处理,也可以交由原审人民法院审查。原审人民法院应当制作审查报告,提出处理意见,层报原核准的人民法院审查处理。

**第四百五十六条** 对立案审查的申诉案件,人民法院可以听取当事人和原办案单位的意见,也可以对原判据以定罪量刑的证据和新的证据进行核实。必要时,可以进行听证。

**第四百五十七条** 对立案审查的申诉案件,应当在三个月以内作出决定,至迟不得超过六个月。因案件疑难、复杂、重大或者其他特殊原因需要延长审查期限的,参照本解释第二百一十条的规定处理。

经审查,具有下列情形之一的,应当根据刑事诉讼法第二百五十三条的规定,决定重新审判:

(一)有新的证据证明原判决、裁定认定的事实确有错误,可能影响定罪量刑的;

(二)据以定罪量刑的证据不确实、不充分、依法应当排除的;

(三)证明案件事实的主要证据之间存在矛盾的;

(四)主要事实依据被依法变更或者撤销的;

（五）认定罪名错误的；
（六）量刑明显不当的；
（七）对违法所得或者其他涉案财物的处理确有明显错误的；
（八）违反法律关于溯及力规定的；
（九）违反法定诉讼程序，可能影响公正裁判的；
（十）审判人员在审理该案件时有贪污受贿、徇私舞弊、枉法裁判行为的。

申诉不具有上述情形的，应当说服申诉人撤回申诉；对仍然坚持申诉的，应当书面通知驳回。

第四百五十八条　具有下列情形之一，可能改变原判决、裁定据以定罪量刑的事实的证据，应当认定为刑事诉讼法第二百五十三条第一项规定的"新的证据"：

（一）原判决、裁定生效后新发现的证据；
（二）原判决、裁定生效前已经发现，但未予收集的证据；
（三）原判决、裁定生效前已经收集，但未经质证的证据；
（四）原判决、裁定所依据的鉴定意见，勘验、检查等笔录被改变或者否定的；
（五）原判决、裁定所依据的被告人供述、证人证言等证据发生变化，影响定罪量刑，且有合理理由的。

第四百五十九条　申诉人对驳回申诉不服的，可以向上一级人民法院申诉。上一级人民法院经审查认为申诉不符合刑事诉讼法第二百五十三条和本解释第四百五十七条第二款规定的，应当说服申诉人撤回申诉；对仍然坚持申诉的，应当驳回或者通知不予重新审判。

第四百六十条　各级人民法院院长发现本院已经发生法律效力的判决、裁定确有错误的，应当提交审判委员会讨论决定是否再审。

第四百六十一条　上级人民法院发现下级人民法院已经发生法律效力的判决、裁定确有错误的，可以指令下级人民法院再审；原判决、裁定认定事实正确但适用法律错误，或者案件疑难、复杂、重大，或者有不宜由原审人民法院审理情形的，也可以提审。

上级人民法院指令下级人民法院再审的，一般应当指令原审人民法院以外的下级人民法院审理；由原审人民法院审理更有利于查明案件事实、纠正裁判错误的，可以指令原审人民法院审理。

第四百六十二条　对人民检察院依照审判监督程序提出抗诉的案件，人民法院应当在收到抗诉书后一个月以内立案。但是，有下列情形之一的，应当区别情况予以处理：

（一）不属于本院管辖的，应当将案件退回人民检察院；
（二）按照抗诉书提供的住址无法向被抗诉的原审被告人送达抗诉书的，应当通知人民检察院在三日以内重新提供原审被告人的住址；逾期未提供的，将案件退回人民检察院；
（三）以有新的证据为由提出抗诉，但未附相关证据材料或者有关证据不是指向原起诉事实的，应当通知人民检察院在三日以内补送相关材料；逾期未补送的，将案件退回人民检察院。

决定退回的抗诉案件，人民检察院经补充相关材料后再次抗诉，经审查符合受理条件的，人民法院应当受理。

**第四百六十三条** 对人民检察院依照审判监督程序提出抗诉的案件，接受抗诉的人民法院应当组成合议庭审理。对原判事实不清、证据不足，包括有新的证据证明原判可能有错误，需要指令下级人民法院再审的，应当在立案之日起一个月以内作出决定，并将指令再审决定书送达抗诉的人民检察院。

**第四百六十四条** 对决定依照审判监督程序重新审判的案件，人民法院应当制作再审决定书。再审期间不停止原判决、裁定的执行，但被告人可能经再审改判无罪，或者可能经再审减轻原判刑罚而致刑期届满的，可以决定中止原判决、裁定的执行，必要时，可以对被告人采取取保候审、监视居住措施。

**第四百六十五条** 依照审判监督程序重新审判的案件，人民法院应当重点针对申诉、抗诉和决定再审的理由进行审理。必要时，应当对原判决、裁定认定的事实、证据和适用法律进行全面审查。

**第四百六十六条** 原审人民法院审理依照审判监督程序重新审判的案件，应当另行组成合议庭。

原来是第一审案件，应当依照第一审程序进行审判，所作的判决、裁定可以上诉、抗诉；原来是第二审案件，或者是上级人民法院提审的案件，应当依照第二审程序进行审判，所作的判决、裁定是终审的判决、裁定。

符合刑事诉讼法第二百九十六条、第二百九十七条规定的，可以缺席审判。

**第四百六十七条** 对依照审判监督程序重新审判的案件，人民法院在依照第一审程序进行审判的过程中，发现原审被告人还有其他犯罪的，一般应当并案审理，但分案审理更为适宜的，可以分案审理。

**第四百六十八条** 开庭审理再审案件，再审决定书或者抗诉书只针对部分原审被告人，其他同案原审被告人不出庭不影响审理的，可以不出庭参加诉讼。

**第四百六十九条** 除人民检察院抗诉的以外，再审一般不得加重原审被告人的刑罚。再审决定书或者抗诉书只针对部分原审被告人的，不得加重其他同案原审被告人的刑罚。

**第四百七十条** 人民法院审理人民检察院抗诉的再审案件，人民检察院在开庭审理前撤回抗诉的，应当裁定准许；人民检察院接到出庭通知后不派员出庭，且未说明原因的，可以裁定按撤回抗诉处理，并通知诉讼参与人。

人民法院审理申诉人申诉的再审案件，申诉人在再审期间撤回申诉的，可以裁定准许；但认为原判确有错误的，应当不予准许，继续按照再审案件审理。申诉人经依法通知无正当理由拒不到庭，或者未经法庭许可中途退庭的，可以裁定按撤回申诉处理，但申诉人不是原审当事人的除外。

**第四百七十一条** 开庭审理的再审案件，系人民法院决定再审的，由合议庭组成人员宣读再审决定书；系人民检察院抗诉的，由检察员宣读抗诉书；系申诉人申诉的，由申诉人或者其辩护人、诉讼代理人陈述申诉理由。

**第四百七十二条** 再审案件经过重新审理后，应当按照下列情形分别处理：

（一）原判决、裁定认定事实和适用法律正确、量刑适当的，应当裁定驳回申诉或者抗诉，维持原判决、裁定；

（二）原判决、裁定定罪准确、量刑适当，但在认定事实、适用法律等方面有瑕疵的，应当裁定纠正并维持原判决、裁定；

（三）原判决、裁定认定事实没有错误，但适用法律错误或者量刑不当的，应当撤销原判决、裁定，依法改判；

（四）依照第二审程序审理的案件，原判决、裁定事实不清、证据不足的，可以在查清事实后改判，也可以裁定撤销原判，发回原审人民法院重新审判。

原判决、裁定事实不清或者证据不足，经审理事实已经查清的，应当根据查清的事实依法裁判；事实仍无法查清，证据不足，不能认定被告人有罪的，应当撤销原判决、裁定，判决宣告被告人无罪。

**第四百七十三条** 原判决、裁定认定被告人姓名等身份信息有误，但认定事实和适用法律正确、量刑适当的，作出生效判决、裁定的人民法院可以通过裁定对有关信息予以更正。

**第四百七十四条** 对再审改判宣告无罪并依法享有申请国家赔偿权利的当事人，人民法院宣判时，应当告知其在判决发生法律效力后可以依法申请国家赔偿。

## 第二十章 涉外刑事案件的审理和刑事司法协助

### 第一节 涉外刑事案件的审理

**第四百七十五条** 本解释所称的涉外刑事案件是指：

（一）在中华人民共和国领域内，外国人犯罪或者我国公民对外国、外国人犯罪的案件；

（二）符合刑法第七条、第十条规定情形的我国公民在中华人民共和国领域外犯罪的案件；

（三）符合刑法第八条、第十条规定情形的外国人犯罪的案件；

（四）符合刑法第九条规定情形的中华人民共和国在所承担国际条约义务范围内行使管辖权的案件。

**第四百七十六条** 第一审涉外刑事案件，除刑事诉讼法第二十一条至第二十三条规定的以外，由基层人民法院管辖。必要时，中级人民法院可以指定辖区内若干基层人民法院集中管辖第一审涉外刑事案件，也可以依照刑事诉讼法第二十四条的规定，审理基层人民法院管辖的第一审涉外刑事案件。

**第四百七十七条** 外国人的国籍，根据其入境时持用的有效证件确认；国籍不明的，根据公安机关或者有关国家驻华使领馆出具的证明确认。

国籍无法查明的，以无国籍人对待，适用本章有关规定，在裁判文书中写明"国籍不明"。

**第四百七十八条** 在刑事诉讼中，外国籍当事人享有我国法律规定的诉讼权利并承担相应义务。

**第四百七十九条** 涉外刑事案件审判期间，人民法院应当将下列事项及时通报同级人民政府外事主管部门，并依照有关规定通知有关国家驻华使领馆：

（一）人民法院决定对外国籍被告人采取强制措施的情况，包括外国籍当事人的姓名（包括译名）、性别、入境时间、护照或者证件号码、采取的强制措施及法律依据、羁押地点等；

（二）开庭的时间、地点、是否公开审理等事项；

（三）宣判的时间、地点。

涉外刑事案件宣判后，应当将处理结果及时通报同级人民政府外事主管部门。

对外国籍被告人执行死刑的，死刑裁决下达后执行前，应当通知其国籍国驻华使领馆。

外国籍被告人在案件审理中死亡的，应当及时通报同级人民政府外事主管部门，并通知有关国家驻华使领馆。

**第四百八十条** 需要向有关国家驻华使领馆通知有关事项的，应当层报高级人民法院，由高级人民法院按照下列规定通知：

（一）外国籍当事人国籍国与我国签订有双边领事条约的，根据条约规定办理；未与我国签订双边领事条约，但参加《维也纳领事关系公约》的，根据公约规定办理；未与我国签订领事条约，也未参加《维也纳领事关系公约》，但与我国有外交关系的，可以根据外事主管部门的意见，按照互惠原则，根据有关规定和国际惯例办理；

（二）在外国驻华领馆领区内发生的涉外刑事案件，通知有关外国驻该地区的领馆；在外国领馆领区外发生的涉外刑事案件，通知有关外国驻华使馆；与我国有外交关系，但未设使领馆的国家，可以通知其代管国家驻华使领馆；无代管国家、代管国家不明的，可以不通知；

（三）双边领事条约规定通知时限的，应当在规定的期限内通知；没有规定的，应当根据或者参照《维也纳领事关系公约》和国际惯例尽快通知，至迟不得超过七日；

（四）双边领事条约没有规定必须通知，外国籍当事人要求不通知其国籍国驻华使领馆的，可以不通知，但应当由其本人出具书面声明。

高级人民法院向外国驻华使领馆通知有关事项，必要时，可以请人民政府外事主管部门协助。

**第四百八十一条** 人民法院受理涉外刑事案件后，应当告知在押的外国籍被告人享有与其国籍国驻华使领馆联系，与其监护人、近亲属会见、通信，以及请求人民法院提供翻译的权利。

**第四百八十二条** 涉外刑事案件审判期间，外国籍被告人在押，其国籍国驻华使领馆官员要求探视的，可以向受理案件的人民法院所在地的高级人民法院提出。人民法院应当根据我国与被告人国籍国签订的双边领事条约规定的时限予以安排；没有条约规定的，应当尽快安排。必要时，可以请人民政府外事主管部门协助。

涉外刑事案件审判期间，外国籍被告人在押，其监护人、近亲属申请会见的，可以向受理案件的人民法院所在地的高级人民法院提出,并依照本解释第四百八十六条的规定提供与被告人关系的证明。人民法院经审查认为不妨碍案件审判的,可以批准。

被告人拒绝接受探视、会见的,应当由其本人出具书面声明。拒绝出具书面声明的,应当记录在案;必要时,应当录音录像。

探视、会见被告人应当遵守我国法律规定。

第四百八十三条 人民法院审理涉外刑事案件,应当公开进行,但依法不应公开审理的除外。

公开审理的涉外刑事案件,外国籍当事人国籍国驻华使领馆官员要求旁听的,可以向受理案件的人民法院所在地的高级人民法院提出申请,人民法院应当安排。

第四百八十四条 人民法院审判涉外刑事案件,使用中华人民共和国通用的语言、文字,应当为外国籍当事人提供翻译。翻译人员应当在翻译文件上签名。

人民法院的诉讼文书为中文本。外国籍当事人不通晓中文的,应当附有外文译本,译本不加盖人民法院印章,以中文本为准。

外国籍当事人通晓中国语言、文字,拒绝他人翻译,或者不需要诉讼文书外文译本的,应当由其本人出具书面声明。拒绝出具书面声明的,应当记录在案;必要时,应当录音录像。

第四百八十五条 外国籍被告人委托律师辩护,或者外国籍附带民事诉讼原告人、自诉人委托律师代理诉讼的,应当委托具有中华人民共和国律师资格并依法取得执业证书的律师。

外国籍被告人在押的,其监护人、近亲属或者其国籍国驻华使领馆可以代为委托辩护人。其监护人、近亲属代为委托的,应当提供与被告人关系的有效证明。

外国籍当事人委托其监护人、近亲属担任辩护人、诉讼代理人的,被委托人应当提供与当事人关系的有效证明。经审查,符合刑事诉讼法、有关司法解释规定的,人民法院应当准许。

外国籍被告人没有委托辩护人的,人民法院可以通知法律援助机构为其指派律师提供辩护。被告人拒绝辩护人辩护的,应当由其出具书面声明,或者将其口头声明记录在案;必要时,应当录音录像。被告人属于应当提供法律援助情形的,依照本解释第五十条规定处理。

第四百八十六条 外国籍当事人从中华人民共和国领域外寄交或者托交给中国律师或者中国公民的委托书,以及外国籍当事人的监护人、近亲属提供的与当事人关系的证明,必须经所在国公证机关证明,所在国中央外交主管机关或者其授权机关认证,并经中华人民共和国驻该国使领馆认证,或者履行中华人民共和国与该所在国订立的有关条约中规定的证明手续,但我国与该国之间有互免认证协定的除外。

第四百八十七条 对涉外刑事案件的被告人,可以决定限制出境;对开庭审理案件时必须到庭的证人,可以要求暂缓出境。限制外国人出境的,应当通报同级人民政府外事主管部门和当事人国籍国驻华使领馆。

人民法院决定限制外国人和中国公民出境的,应当书面通知被限制出境的人在案件审理终结前不得离境,并可以采取扣留护照或者其他出入境证件的办法限制其出境;扣留证件的,应当履行必要手续,并发给本人扣留证件的证明。

需要对外国人和中国公民在口岸采取边控措施的,受理案件的人民法院应当按照规定制作边控对象通知书,并附有关法律文书,层报高级人民法院办理交控手续。紧急情况下,需要采取临时边控措施的,受理案件的人民法院可以先向有关口岸所在地出入境边防检查机关交控,但应当在七日以内按照规定层报高级人民法院办理手续。

**第四百八十八条** 涉外刑事案件,符合刑事诉讼法第二百零八条第一款、第二百四十三条规定的,经有关人民法院批准或者决定,可以延长审理期限。

**第四百八十九条** 涉外刑事案件宣判后,外国籍当事人国籍国驻华使领馆要求提供裁判文书的,可以向受理案件的人民法院所在地的高级人民法院提出,人民法院可以提供。

**第四百九十条** 涉外刑事案件审理过程中的其他事项,依照法律、司法解释和其他有关规定办理。

## 第二节 刑事司法协助

**第四百九十一条** 请求和提供司法协助,应当依照《中华人民共和国国际刑事司法协助法》、我国与有关国家、地区签订的刑事司法协助条约、移管被判刑人条约和有关法律规定进行。

对请求书的签署机关、请求书及所附材料的语言文字、有关办理期限和具体程序等事项,在不违反中华人民共和国法律的基本原则的情况下,可以按照刑事司法协助条约规定或者双方协商办理。

**第四百九十二条** 外国法院请求的事项有损中华人民共和国的主权、安全、社会公共利益以及违反中华人民共和国法律的基本原则的,人民法院不予协助;属于有关法律规定的可以拒绝提供刑事司法协助情形的,可以不予协助。

**第四百九十三条** 人民法院请求外国提供司法协助的,应当层报最高人民法院,经最高人民法院审核同意后交由有关对外联系机关及时向外国提出请求。

外国法院请求我国提供司法协助,有关对外联系机关认为属于人民法院职权范围的,经最高人民法院审核同意后转有关人民法院办理。

**第四百九十四条** 人民法院请求外国提供司法协助的请求书,应当依照刑事司法协助条约的规定提出;没有条约或者条约没有规定的,应当载明法律规定的相关信息并附相关材料。请求书及其所附材料应当以中文制作,并附有被请求国官方文字的译本。

外国请求我国法院提供司法协助的请求书,应当依照刑事司法协助条约的规定提出;没有条约或者条约没有规定的,应当载明我国法律规定的相关信息并附相关材料。请求书及所附材料应当附有中文译本。

**第四百九十五条** 人民法院向在中华人民共和国领域外居住的当事人送达刑事诉讼文书,可以采用下列方式:

(一)根据受送达人所在国与中华人民共和国缔结或者共同参加的国际条约规定的方

式送达；

（二）通过外交途径送达；

（三）对中国籍当事人，所在国法律允许或者经所在国同意的，可以委托我国驻受送达人所在国的使领馆代为送达；

（四）当事人是自诉案件的自诉人或者附带民事诉讼原告人的，可以向有权代其接受送达的诉讼代理人送达；

（五）当事人是外国单位的，可以向其在中华人民共和国领域内设立的代表机构或者有权接受送达的分支机构、业务代办人送达；

（六）受送达人所在国法律允许的，可以邮寄送达；自邮寄之日起满三个月，送达回证未退回，但根据各种情况足以认定已经送达的，视为送达；

（七）受送达人所在国法律允许的，可以采用传真、电子邮件等能够确认受送达人收悉的方式送达。

**第四百九十六条** 人民法院通过外交途径向在中华人民共和国领域外居住的受送达人送达刑事诉讼文书的，所送达的文书应当经高级人民法院审查后报最高人民法院审核。最高人民法院认为可以发出的，由最高人民法院交外交部主管部门转递。

外国法院通过外交途径请求人民法院送达刑事诉讼文书的，由该国驻华使馆将法律文书交我国外交部主管部门转最高人民法院。最高人民法院审核后认为属于人民法院职权范围，且可以代为送达的，应当转有关人民法院办理。

## 第二十一章 执行程序

### 第一节 死刑的执行

**第四百九十七条** 被判处死刑缓期执行的罪犯，在死刑缓期执行期间犯罪的，应当由罪犯服刑地的中级人民法院依法审判，所作的判决可以上诉、抗诉。

认定故意犯罪，情节恶劣，应当执行死刑的，在判决、裁定发生法律效力后，应当层报最高人民法院核准执行死刑。

对故意犯罪未执行死刑的，不再报高级人民法院核准，死刑缓期执行的期间重新计算，并层报最高人民法院备案。备案不影响判决、裁定的生效和执行。

最高人民法院经备案审查，认为原判不予执行死刑错误，确需改判的，应当依照审判监督程序予以纠正。

**第四百九十八条** 死刑缓期执行的期间，从判决或者裁定核准死刑缓期执行的法律文书宣告或者送达之日起计算。

死刑缓期执行期满，依法应当减刑的，人民法院应当及时减刑。死刑缓期执行期满减为无期徒刑、有期徒刑的，刑期自死刑缓期执行期满之日起计算。

**第四百九十九条** 最高人民法院的执行死刑命令，由高级人民法院交付第一审人民法院执行。第一审人民法院接到执行死刑命令后，应当在七日以内执行。

在死刑缓期执行期间故意犯罪，最高人民法院核准执行死刑的，由罪犯服刑地的中级人民法院执行。

第五百条 下级人民法院在接到执行死刑命令后、执行前,发现有下列情形之一的,应当暂停执行,并立即将请求停止执行死刑的报告和相关材料层报最高人民法院:

(一)罪犯可能有其他犯罪的;

(二)共同犯罪的其他犯罪嫌疑人到案,可能影响罪犯量刑的;

(三)共同犯罪的其他罪犯被暂停或者停止执行死刑,可能影响罪犯量刑的;

(四)罪犯揭发重大犯罪事实或者有其他重大立功表现,可能需要改判的;

(五)罪犯怀孕的;

(六)判决、裁定可能有影响定罪量刑的其他错误的。

最高人民法院经审查,认为可能影响罪犯定罪量刑的,应当裁定停止执行死刑;认为不影响的,应当决定继续执行死刑。

第五百零一条 最高人民法院在执行死刑命令签发后、执行前,发现有前条第一款规定情形的,应当立即裁定停止执行死刑,并将有关材料移交下级人民法院。

第五百零二条 下级人民法院接到最高人民法院停止执行死刑的裁定后,应当会同有关部门调查核实停止执行死刑的事由,并及时将调查结果和意见层报最高人民法院审核。

第五百零三条 对下级人民法院报送的停止执行死刑的调查结果和意见,由最高人民法院原作出核准死刑判决、裁定的合议庭负责审查;必要时,另行组成合议庭进行审查。

第五百零四条 最高人民法院对停止执行死刑的案件,应当按照下列情形分别处理:

(一)确认罪犯怀孕的,应当改判;

(二)确认罪犯有其他犯罪,依法应当追诉的,应当裁定不予核准死刑,撤销原判,发回重新审判;

(三)确认原判决、裁定有错误或者罪犯有重大立功表现,需要改判的,应当裁定不予核准死刑,撤销原判,发回重新审判;

(四)确认原判决、裁定没有错误,罪犯没有重大立功表现,或者重大立功表现不影响原判决、裁定执行的,应当裁定继续执行死刑,并由院长重新签发执行死刑的命令。

第五百零五条 第一审人民法院在执行死刑前,应当告知罪犯有权会见其近亲属。罪犯申请会见并提供具体联系方式的,人民法院应当通知其近亲属。确实无法与罪犯近亲属取得联系,或者其近亲属拒绝会见的,应当告知罪犯。罪犯申请通过录音录像等方式留下遗言的,人民法院可以准许。

罪犯近亲属申请会见的,人民法院应当准许并及时安排,但罪犯拒绝会见的除外。罪犯拒绝会见的,应当记录在案并及时告知其近亲属;必要时,应当录音录像。

罪犯申请会见近亲属以外的亲友,经人民法院审查,确有正当理由的,在确保安全的情况下可以准许。

罪犯申请会见未成年子女的,应当经未成年子女的监护人同意;会见可能影响未成年人身心健康的,人民法院可以通过视频方式安排会见,会见时监护人应当在场。

会见一般在罪犯羁押场所进行。

会见情况应当记录在案，附卷存档。

**第五百零六条** 第一审人民法院在执行死刑三日以前，应当通知同级人民检察院派员临场监督。

**第五百零七条** 死刑采用枪决或者注射等方法执行。

采用注射方法执行死刑的，应当在指定的刑场或者羁押场所内执行。

采用枪决、注射以外的其他方法执行死刑的，应当事先层报最高人民法院批准。

**第五百零八条** 执行死刑前，指挥执行的审判人员应当对罪犯验明正身，讯问有无遗言、信札，并制作笔录，再交执行人员执行死刑。

执行死刑应当公布，禁止游街示众或者其他有辱罪犯人格的行为。

**第五百零九条** 执行死刑后，应当由法医验明罪犯确实死亡，在场书记员制作笔录。负责执行的人民法院应当在执行死刑后十五日以内将执行情况，包括罪犯被执行死刑前后的照片，上报最高人民法院。

**第五百一十条** 执行死刑后，负责执行的人民法院应当办理以下事项：

（一）对罪犯的遗书、遗言笔录，应当及时审查；涉及财产继承、债务清偿、家事嘱托等内容的，将遗书、遗言笔录交给家属，同时复制附卷备查；涉及案件线索等问题的，抄送有关机关；

（二）通知罪犯家属在限期内领取罪犯骨灰；没有火化条件或者因民族、宗教等原因不宜火化的，通知领取尸体；过期不领取的，由人民法院通知有关单位处理，并要求有关单位出具处理情况的说明；对罪犯骨灰或者尸体的处理情况，应当记录在案；

（三）对外国籍罪犯执行死刑后，通知外国驻华使领馆的程序和时限，根据有关规定办理。

## 第二节 死刑缓期执行、无期徒刑、有期徒刑、拘役的交付执行

**第五百一十一条** 被判处死刑缓期执行、无期徒刑、有期徒刑、拘役的罪犯，第一审人民法院应当在判决、裁定生效后十日以内，将判决书、裁定书、起诉书副本、自诉状复印件、执行通知书、结案登记表送达公安机关、监狱或者其他执行机关。

**第五百一十二条** 同案审理的案件中，部分被告人被判处死刑，对未被判处死刑的同案被告人需要羁押执行刑罚的，应当根据前条规定及时交付执行。但是，该同案被告人参与实施有关死刑之罪的，应当在复核讯问被判处死刑的被告人后交付执行。

**第五百一十三条** 执行通知书回执经看守所盖章后，应当附卷备查。

**第五百一十四条** 罪犯在被交付执行前，因有严重疾病、怀孕或者正在哺乳自己婴儿的妇女、生活不能自理的原因，依法提出暂予监外执行的申请的，有关病情诊断、妊娠检查和生活不能自理的鉴别，由人民法院负责组织进行。

**第五百一十五条** 被判处无期徒刑、有期徒刑或者拘役的罪犯，符合刑事诉讼法第二百六十五条第一款、第二款的规定，人民法院决定暂予监外执行的，应当制作暂予监外执行决定书，写明罪犯基本情况、判决确定的罪名和刑罚、决定暂予监外执行的原因、

依据等。

人民法院在作出暂予监外执行决定前，应当征求人民检察院的意见。

人民检察院认为人民法院的暂予监外执行决定不当，在法定期限内提出书面意见的，人民法院应当立即对该决定重新核查，并在一个月以内作出决定。

对暂予监外执行的罪犯，适用本解释第五百一十九条的有关规定，依法实行社区矫正。

人民法院决定暂予监外执行的，由看守所或者执行取保候审、监视居住的公安机关自收到决定之日起十日以内将罪犯移送社区矫正机构。

**第五百一十六条** 人民法院收到社区矫正机构的收监执行建议书后，经审查，确认暂予监外执行的罪犯具有下列情形之一的，应当作出收监执行的决定：

（一）不符合暂予监外执行条件的；

（二）未经批准离开所居住的市、县，经警告拒不改正，或者拒不报告行踪，脱离监管的；

（三）因违反监督管理规定受到治安管理处罚，仍不改正的；

（四）受到执行机关两次警告，仍不改正的；

（五）保外就医期间不按规定提交病情复查情况，经警告拒不改正的；

（六）暂予监外执行的情形消失后，刑期未满的；

（七）保证人丧失保证条件或者因不履行义务被取消保证人资格，不能在规定期限内提出新的保证人的；

（八）违反法律、行政法规和监督管理规定，情节严重的其他情形。

**第五百一十七条** 人民法院应当在收到社区矫正机构的收监执行建议书后三十日以内作出决定。收监执行决定书一经作出，立即生效。

人民法院应当将收监执行决定书送达社区矫正机构和公安机关，并抄送人民检察院，由公安机关将罪犯交付执行。

**第五百一十八条** 被收监执行的罪犯有不计入执行刑期情形的，人民法院应当在作出收监决定时，确定不计入执行刑期的具体时间。

### 第三节 管制、缓刑、剥夺政治权利的交付执行

**第五百一十九条** 对被判处管制、宣告缓刑的罪犯，人民法院应当依法确定社区矫正执行地。社区矫正执行地为罪犯的居住地；罪犯在多个地方居住的，可以确定其经常居住地为执行地；罪犯的居住地、经常居住地无法确定或者不适宜执行社区矫正的，应当根据有利于罪犯接受矫正、更好地融入社会的原则，确定执行地。

宣判时，应当告知罪犯自判决、裁定生效之日起十日以内到执行地社区矫正机构报到，以及不按期报到的后果。

人民法院应当自判决、裁定生效之日起五日以内通知执行地社区矫正机构，并在十日以内将判决书、裁定书、执行通知书等法律文书送达执行地社区矫正机构，同时抄送人民检察院和执行地公安机关。人民法院与社区矫正执行地不在同一地方的，由执行地

社区矫正机构将法律文书转送所在地的人民检察院和公安机关。

**第五百二十条** 对单处剥夺政治权利的罪犯，人民法院应当在判决、裁定生效后十日以内，将判决书、裁定书、执行通知书等法律文书送达罪犯居住地的县级公安机关，并抄送罪犯居住地的县级人民检察院。

### 第四节 刑事裁判涉财产部分和附带民事裁判的执行

**第五百二十一条** 刑事裁判涉财产部分的执行，是指发生法律效力的刑事裁判中下列判项的执行：

（一）罚金、没收财产；

（二）追缴、责令退赔违法所得；

（三）处置随案移送的赃款赃物；

（四）没收随案移送的供犯罪所用本人财物；

（五）其他应当由人民法院执行的相关涉财产的判项。

**第五百二十二条** 刑事裁判涉财产部分和附带民事裁判应当由人民法院执行的，由第一审人民法院负责裁判执行的机构执行。

**第五百二十三条** 罚金在判决规定的期限内一次或者分期缴纳。期满无故不缴纳或者未足额缴纳的，人民法院应当强制缴纳。经强制缴纳仍不能全部缴纳的，在任何时候，包括主刑执行完毕后，发现被执行人有可供执行的财产的，应当追缴。

行政机关对被告人就同一事实已经处以罚款的，人民法院判处罚金时应当折抵，扣除行政处罚已执行的部分。

**第五百二十四条** 因遭遇不能抗拒的灾祸等原因缴纳罚金确有困难，被执行人申请延期缴纳、酌情减少或者免除罚金的，应当提交相关证明材料。人民法院应当在收到申请后一个月以内作出裁定。符合法定条件的，应当准许；不符合条件的，驳回申请。

**第五百二十五条** 判处没收财产的，判决生效后，应当立即执行。

**第五百二十六条** 执行财产刑，应当参照被扶养人住所地政府公布的上年度当地居民最低生活费标准，保留被执行人及其所扶养人的生活必需费用。

**第五百二十七条** 被判处财产刑，同时又承担附带民事赔偿责任的被执行人，应当先履行民事赔偿责任。

**第五百二十八条** 执行刑事裁判涉财产部分、附带民事裁判过程中，当事人、利害关系人认为执行行为违反法律规定，或者案外人对被执行标的书面提出异议的，人民法院应当参照民事诉讼法的有关规定处理。

**第五百二十九条** 执行刑事裁判涉财产部分、附带民事裁判过程中，具有下列情形之一的，人民法院应当裁定终结执行：

（一）据以执行的判决、裁定被撤销的；

（二）被执行人死亡或者被执行死刑，且无财产可供执行的；

（三）被判处罚金的单位终止，且无财产可供执行的；

（四）依照刑法第五十三条规定免除罚金的；

（五）应当终结执行的其他情形。

裁定终结执行后，发现被执行人的财产有被隐匿、转移等情形的，应当追缴。

**第五百三十条** 被执行财产在外地的，第一审人民法院可以委托财产所在地的同级人民法院执行。

**第五百三十一条** 刑事裁判涉财产部分、附带民事裁判全部或者部分被撤销的，已经执行的财产应当全部或者部分返还被执行人；无法返还的，应当依法赔偿。

**第五百三十二条** 刑事裁判涉财产部分、附带民事裁判的执行，刑事诉讼法及有关刑事司法解释没有规定的，参照适用民事执行的有关规定。

## 第五节 减刑、假释案件的审理

**第五百三十三条** 被判处死刑缓期执行的罪犯，在死刑缓期执行期间，没有故意犯罪的，死刑缓期执行期满后，应当裁定减刑；死刑缓期执行期满后，尚未裁定减刑前又犯罪的，应当在依法减刑后，对其所犯新罪另行审判。

**第五百三十四条** 对减刑、假释案件，应当按照下列情形分别处理：

（一）对被判处死刑缓期执行的罪犯的减刑，由罪犯服刑地的高级人民法院在收到同级监狱管理机关审核同意的减刑建议书后一个月以内作出裁定；

（二）对被判处无期徒刑的罪犯的减刑、假释，由罪犯服刑地的高级人民法院在收到同级监狱管理机关审核同意的减刑、假释建议书后一个月以内作出裁定，案情复杂或者情况特殊的，可以延长一个月；

（三）对被判处有期徒刑和被减为有期徒刑的罪犯的减刑、假释，由罪犯服刑地的中级人民法院在收到执行机关提出的减刑、假释建议书后一个月以内作出裁定，案情复杂或者情况特殊的，可以延长一个月；

（四）对被判处管制、拘役的罪犯的减刑，由罪犯服刑地的中级人民法院在收到同级执行机关审核同意的减刑建议书后一个月以内作出裁定。

对社区矫正对象的减刑，由社区矫正执行地的中级以上人民法院在收到社区矫正机构减刑建议书后三十日以内作出裁定。

**第五百三十五条** 受理减刑、假释案件，应当审查执行机关移送的材料是否包括下列内容：

（一）减刑、假释建议书；
（二）原审法院的裁判文书、执行通知书、历次减刑裁定书的复制件；
（三）证明罪犯确有悔改、立功或者重大立功表现具体事实的书面材料；
（四）罪犯评审鉴定表、奖惩审批表等；
（五）罪犯假释后对所居住社区影响的调查评估报告；
（六）刑事裁判涉财产部分、附带民事裁判的执行、履行情况；
（七）根据案件情况需要移送的其他材料。

人民检察院对报请减刑、假释案件提出意见的，执行机关应当一并移送受理减刑、假释案件的人民法院。

经审查，材料不全的，应当通知提请减刑、假释的执行机关在三日以内补送；逾期未补送的，不予立案。

**第五百三十六条** 审理减刑、假释案件，对罪犯积极履行刑事裁判涉财产部分、附带民事裁判确定的义务的，可以认定有悔改表现，在减刑、假释时从宽掌握；对确有履行能力而不履行或者不全部履行的，在减刑、假释时从严掌握。

**第五百三十七条** 审理减刑、假释案件，应当在立案后五日以内对下列事项予以公示：

（一）罪犯的姓名、年龄等个人基本情况；

（二）原判认定的罪名和刑期；

（三）罪犯历次减刑情况；

（四）执行机关的减刑、假释建议和依据。

公示应当写明公示期限和提出意见的方式。

**第五百三十八条** 审理减刑、假释案件，应当组成合议庭，可以采用书面审理的方式，但下列案件应当开庭审理：

（一）因罪犯有重大立功表现提请减刑的；

（二）提请减刑的起始时间、间隔时间或者减刑幅度不符合一般规定的；

（三）被提请减刑、假释罪犯系职务犯罪罪犯，组织、领导、参加、包庇、纵容黑社会性质组织罪犯，破坏金融管理秩序罪犯或者金融诈骗罪犯的；

（四）社会影响重大或者社会关注度高的；

（五）公示期间收到不同意见的；

（六）人民检察院提出异议的；

（七）有必要开庭审理的其他案件。

**第五百三十九条** 人民法院作出减刑、假释裁定后，应当在七日以内送达提请减刑、假释的执行机关、同级人民检察院以及罪犯本人。人民检察院认为减刑、假释裁定不当，在法定期限内提出书面纠正意见的，人民法院应当在收到意见后另行组成合议庭审理，并在一个月以内作出裁定。

对假释的罪犯，适用本解释第五百一十九条的有关规定，依法实行社区矫正。

**第五百四十条** 减刑、假释裁定作出前，执行机关书面提请撤回减刑、假释建议的，人民法院可以决定是否准许。

**第五百四十一条** 人民法院发现本院已经生效的减刑、假释裁定确有错误的，应当另行组成合议庭审理；发现下级人民法院已经生效的减刑、假释裁定确有错误的，可以指令下级人民法院另行组成合议庭审理，也可以自行组成合议庭审理。

### 第六节 缓刑、假释的撤销

**第五百四十二条** 罪犯在缓刑、假释考验期限内犯新罪或者被发现在判决宣告前还有其他罪没有判决，应当撤销缓刑、假释的，由审判新罪的人民法院撤销原判决、裁定宣告的缓刑、假释，并书面通知原审人民法院和执行机关。

**第五百四十三条** 人民法院收到社区矫正机构的撤销缓刑建议书后，经审查，确认罪犯在缓刑考验期限内具有下列情形之一的，应当作出撤销缓刑的裁定：

（一）违反禁止令，情节严重的；

（二）无正当理由不按规定时间报到或者接受社区矫正期间脱离监管，超过一个月的；

（三）因违反监督管理规定受到治安管理处罚，仍不改正的；

（四）受到执行机关二次警告，仍不改正的；

（五）违反法律、行政法规和监督管理规定，情节严重的其他情形。

人民法院收到社区矫正机构的撤销假释建议书后，经审查，确认罪犯在假释考验期限内具有前款第二项、第四项规定情形之一，或者有其他违反监督管理规定的行为，尚未构成新的犯罪的，应当作出撤销假释的裁定。

**第五百四十四条** 被提请撤销缓刑、假释的罪犯可能逃跑或者可能发生社会危险，社区矫正机构在提出撤销缓刑、假释建议的同时，提请人民法院决定对其予以逮捕的，人民法院应当在四十八小时以内作出是否逮捕的决定。决定逮捕的，由公安机关执行。逮捕后的羁押期限不得超过三十日。

**第五百四十五条** 人民法院应当在收到社区矫正机构的撤销缓刑、假释建议书后三十日以内作出裁定。撤销缓刑、假释的裁定一经作出，立即生效。

人民法院应当将撤销缓刑、假释裁定书送达社区矫正机构和公安机关，并抄送人民检察院，由公安机关将罪犯送交执行。执行以前被逮捕的，羁押一日折抵刑期一日。

## 第二十二章 未成年人刑事案件诉讼程序

### 第一节 一般规定

**第五百四十六条** 人民法院审理未成年人刑事案件，应当贯彻教育、感化、挽救的方针，坚持教育为主、惩罚为辅的原则，加强对未成年人的特殊保护。

**第五百四十七条** 人民法院应当加强同政府有关部门、人民团体、社会组织等的配合，推动未成年人刑事案件人民陪审、情况调查、安置帮教等工作的开展，充分保障未成年人的合法权益，积极参与社会治安综合治理。

**第五百四十八条** 人民法院应当加强同政府有关部门、人民团体、社会组织等的配合，对遭受性侵害或者暴力伤害的未成年被害人及其家庭实施必要的心理干预、经济救助、法律援助、转学安置等保护措施。

**第五百四十九条** 人民法院应当确定专门机构或者指定专门人员，负责审理未成年人刑事案件。审理未成年人刑事案件的人员应当经过专门培训，熟悉未成年人身心特点、善于做未成年人思想教育工作。

参加审理未成年人刑事案件的人民陪审员，可以从熟悉未成年人身心特点、关心未成年人保护工作的人民陪审员名单中随机抽取确定。

**第五百五十条** 被告人实施被指控的犯罪时不满十八周岁、人民法院立案时不满二十周岁的案件,由未成年人案件审判组织审理。

下列案件可以由未成年人案件审判组织审理:

(一) 人民法院立案时不满二十二周岁的在校学生犯罪案件;

(二) 强奸、猥亵、虐待、遗弃未成年人等侵害未成年人人身权利的犯罪案件;

(三) 由未成年人案件审判组织审理更为适宜的其他案件。

共同犯罪案件有未成年被告人的或者其他涉及未成年人的刑事案件,是否由未成年人案件审判组织审理,由院长根据实际情况决定。

**第五百五十一条** 对分案起诉至同一人民法院的未成年人与成年人共同犯罪案件,可以由同一个审判组织审理;不宜由同一个审判组织审理的,可以分别审理。

未成年人与成年人共同犯罪案件,由不同人民法院或者不同审判组织分别审理的,有关人民法院或者审判组织应当互相了解共同犯罪被告人的审判情况,注意全案的量刑平衡。

**第五百五十二条** 对未成年人刑事案件,必要时,上级人民法院可以根据刑事诉讼法第二十七条的规定,指定下级人民法院将案件移送其他人民法院审判。

**第五百五十三条** 对未成年被告人应当严格限制适用逮捕措施。

人民法院决定逮捕,应当讯问未成年被告人,听取辩护律师的意见。

对被逮捕且没有完成义务教育的未成年被告人,人民法院应当与教育行政部门互相配合,保证其接受义务教育。

**第五百五十四条** 人民法院对无固定住所、无法提供保证人的未成年被告人适用取保候审的,应当指定合适成年人作为保证人,必要时可以安排取保候审的被告人接受社会观护。

**第五百五十五条** 人民法院审理未成年人刑事案件,在讯问和开庭时,应当通知未成年被告人的法定代理人到场。法定代理人无法通知、不能到场或者是共犯的,也可以通知合适成年人到场,并将有关情况记录在案。

到场的法定代理人或者其他人员,除依法行使刑事诉讼法第二百八十一条第二款规定的权利外,经法庭同意,可以参与对未成年被告人的法庭教育等工作。

适用简易程序审理未成年人刑事案件,适用前两款规定。

**第五百五十六条** 询问未成年被害人、证人,适用前条规定。

审理未成年人遭受性侵害或者暴力伤害案件,在询问未成年被害人、证人时,应当采取同步录音录像等措施,尽量一次完成;未成年被害人、证人是女性的,应当由女性工作人员进行。

**第五百五十七条** 开庭审理时被告人不满十八周岁的案件,一律不公开审理。经未成年被告人及其法定代理人同意,未成年被告人所在学校和未成年人保护组织可以派代表到场。到场代表的人数和范围,由法庭决定。经法庭同意,到场代表可以参与对未成年被告人的法庭教育工作。

对依法公开审理,但可能需要封存犯罪记录的案件,不得组织人员旁听;有旁听人员的,应当告知其不得传播案件信息。

**第五百五十八条** 开庭审理涉及未成年人的刑事案件,未成年被害人、证人一般不出庭作证;必须出庭的,应当采取保护其隐私的技术手段和心理干预等保护措施。

**第五百五十九条** 审理涉及未成年人的刑事案件,不得向外界披露未成年人的姓名、住所、照片以及可能推断出未成年人身份的其他资料。

查阅、摘抄、复制的案卷材料,涉及未成年人的,不得公开和传播。

**第五百六十条** 人民法院发现有关单位未尽到未成年人教育、管理、救助、看护等保护职责的,应当向该单位提出司法建议。

**第五百六十一条** 人民法院应当结合实际,根据涉及未成年人刑事案件的特点,开展未成年人法治宣传教育工作。

**第五百六十二条** 审理未成年人刑事案件,本章没有规定的,适用本解释的有关规定。

### 第二节　开庭准备

**第五百六十三条** 人民法院向未成年被告人送达起诉书副本时,应当向其讲明被指控的罪行和有关法律规定,并告知其审判程序和诉讼权利、义务。

**第五百六十四条** 审判时不满十八周岁的未成年被告人没有委托辩护人的,人民法院应当通知法律援助机构指派熟悉未成年人身心特点的律师为其提供辩护。

**第五百六十五条** 未成年被害人及其法定代理人因经济困难或者其他原因没有委托诉讼代理人的,人民法院应当帮助其申请法律援助。

**第五百六十六条** 对未成年人刑事案件,人民法院决定适用简易程序审理的,应当征求未成年被告人及其法定代理人、辩护人的意见。上述人员提出异议的,不适用简易程序。

**第五百六十七条** 被告人实施被指控的犯罪时不满十八周岁,开庭时已满十八周岁、不满二十周岁的,人民法院开庭时,一般应当通知其近亲属到庭。经法庭同意,近亲属可以发表意见。近亲属无法通知、不能到场或者是共犯的,应当记录在案。

**第五百六十八条** 对人民检察院移送的关于未成年被告人性格特点、家庭情况、社会交往、成长经历、犯罪原因、犯罪前后的表现、监护教育等情况的调查报告,以及辩护人提交的反映未成年被告人上述情况的书面材料,法庭应当接受。

必要时,人民法院可以委托社区矫正机构、共青团、社会组织等对未成年被告人的上述情况进行调查,或者自行调查。

**第五百六十九条** 人民法院根据情况,可以对未成年被告人、被害人、证人进行心理疏导;根据实际需要并经未成年被告人及其法定代理人同意,可以对未成年被告人进行心理测评。

心理疏导、心理测评可以委托专门机构、专业人员进行。

心理测评报告可以作为办理案件和教育未成年人的参考。

**第五百七十条** 开庭前和休庭时,法庭根据情况,可以安排未成年被告人与其法定代理人或者合适成年人会见。

## 第三节 审 判

**第五百七十一条** 人民法院应当在辩护台靠近旁听区一侧为未成年被告人的法定代理人或者合适成年人设置席位。

审理可能判处五年有期徒刑以下刑罚或者过失犯罪的未成年人刑事案件,可以采取适合未成年人特点的方式设置法庭席位。

**第五百七十二条** 未成年被告人或者其法定代理人当庭拒绝辩护人辩护的,适用本解释第三百一十一条第二款、第三款的规定。

重新开庭后,未成年被告人或者其法定代理人再次当庭拒绝辩护人辩护的,不予准许。重新开庭时被告人已满十八周岁的,可以准许,但不得再另行委托辩护人或者要求另行指派律师,由其自行辩护。

**第五百七十三条** 法庭审理过程中,审判人员应当根据未成年被告人的智力发育程度和心理状态,使用适合未成年人的语言表达方式。

发现有对未成年被告人威胁、训斥、诱供或者讽刺等情形的,审判长应当制止。

**第五百七十四条** 控辩双方提出对未成年被告人判处管制、宣告缓刑等量刑建议的,应当向法庭提供有关未成年被告人能够获得监护、帮教以及对所居住社区无重大不良影响的书面材料。

**第五百七十五条** 对未成年被告人情况的调查报告,以及辩护人提交的有关未成年被告人情况的书面材料,法庭应当审查并听取控辩双方意见。上述报告和材料可以作为办理案件和教育未成年人的参考。

人民法院可以通知作出调查报告的人员出庭说明情况,接受控辩双方和法庭的询问。

**第五百七十六条** 法庭辩论结束后,法庭可以根据未成年人的生理、心理特点和案件情况,对未成年被告人进行法治教育;判决未成年被告人有罪的,宣判后,应当对未成年被告人进行法治教育。

对未成年被告人进行教育,其法定代理人以外的成年亲属或者教师、辅导员等参与有利于感化、挽救未成年人的,人民法院应当邀请其参加有关活动。

适用简易程序审理的案件,对未成年被告人进行法庭教育,适用前两款规定。

**第五百七十七条** 未成年被告人最后陈述后,法庭应当询问其法定代理人是否补充陈述。

**第五百七十八条** 对未成年人刑事案件,宣告判决应当公开进行。

对依法应当封存犯罪记录的案件,宣判时,不得组织人员旁听;有旁听人员的,应当告知其不得传播案件信息。

**第五百七十九条** 定期宣告判决的未成年人刑事案件,未成年被告人的法定代理人无法通知、不能到场或者是共犯的,法庭可以通知合适成年人到庭,并在宣判后向未成年被告人的成年亲属送达判决书。

## 第四节 执 行

**第五百八十条** 将未成年罪犯送监执行刑罚或者送交社区矫正时,人民法院应当将有关未成年罪犯的调查报告及其在案件审理中的表现材料，连同有关法律文书，一并送达执行机关。

**第五百八十一条** 犯罪时不满十八周岁，被判处五年有期徒刑以下刑罚以及免予刑事处罚的未成年人的犯罪记录，应当封存。

司法机关或者有关单位向人民法院申请查询封存的犯罪记录的，应当提供查询的理由和依据。对查询申请，人民法院应当及时作出是否同意的决定。

**第五百八十二条** 人民法院可以与未成年犯管教所等服刑场所建立联系，了解未成年罪犯的改造情况，协助做好帮教、改造工作，并可以对正在服刑的未成年罪犯进行回访考察。

**第五百八十三条** 人民法院认为必要时，可以督促被收监服刑的未成年罪犯的父母或者其他监护人及时探视。

**第五百八十四条** 对被判处管制、宣告缓刑、裁定假释、决定暂予监外执行的未成年罪犯，人民法院可以协助社区矫正机构制定帮教措施。

**第五百八十五条** 人民法院可以适时走访被判处管制、宣告缓刑、免予刑事处罚、裁定假释、决定暂予监外执行等的未成年罪犯及其家庭，了解未成年罪犯的管理和教育情况，引导未成年罪犯的家庭承担管教责任，为未成年罪犯改过自新创造良好环境。

**第五百八十六条** 被判处管制、宣告缓刑、免予刑事处罚、裁定假释、决定暂予监外执行等的未成年罪犯，具备就学、就业条件的，人民法院可以就其安置问题向有关部门提出建议，并附送必要的材料。

## 第二十三章 当事人和解的公诉案件诉讼程序

**第五百八十七条** 对符合刑事诉讼法第二百八十八条规定的公诉案件，事实清楚、证据充分的，人民法院应当告知当事人可以自行和解；当事人提出申请的，人民法院可以主持双方当事人协商以达成和解。

根据案件情况，人民法院可以邀请人民调解员、辩护人、诉讼代理人、当事人亲友等参与促成双方当事人和解。

**第五百八十八条** 符合刑事诉讼法第二百八十八条规定的公诉案件，被害人死亡的，其近亲属可以与被告人和解。近亲属有多人的，达成和解协议，应当经处于最先继承顺序的所有近亲属同意。

被害人系无行为能力或者限制行为能力人的，其法定代理人、近亲属可以代为和解。

**第五百八十九条** 被告人的近亲属经被告人同意，可以代为和解。

被告人系限制行为能力人的，其法定代理人可以代为和解。

被告人的法定代理人、近亲属依照前两款规定代为和解的，和解协议约定的赔礼道歉等事项，应当由被告人本人履行。

**第五百九十条** 对公安机关、人民检察院主持制作的和解协议书，当事人提出异议的，人民法院应当审查。经审查，和解自愿、合法的，予以确认，无需重新制作和解协议书；和解违反自愿、合法原则的，应当认定无效。和解协议被认定无效后，双方当事人重新达成和解的，人民法院应当主持制作新的和解协议书。

**第五百九十一条** 审判期间，双方当事人和解的，人民法院应当听取当事人及其法定代理人等有关人员的意见。双方当事人在庭外达成和解的，人民法院应当通知人民检察院，并听取其意见。经审查，和解自愿、合法的，应当主持制作和解协议书。

**第五百九十二条** 和解协议书应当包括以下内容：

（一）被告人承认自己所犯罪行，对犯罪事实没有异议，并真诚悔罪；

（二）被告人通过向被害人赔礼道歉、赔偿损失等方式获得被害人谅解；涉及赔偿损失的，应当写明赔偿的数额、方式等；提起附带民事诉讼的，由附带民事诉讼原告人撤回起诉；

（三）被害人自愿和解，请求或者同意对被告人依法从宽处罚。

和解协议书应当由双方当事人和审判人员签名，但不加盖人民法院印章。

和解协议书一式三份，双方当事人各持一份，另一份交人民法院附卷备查。

对和解协议中的赔偿损失内容，双方当事人要求保密的，人民法院应当准许，并采取相应的保密措施。

**第五百九十三条** 和解协议约定的赔偿损失内容，被告人应当在协议签署后即时履行。

和解协议已经全部履行，当事人反悔的，人民法院不予支持，但有证据证明和解违反自愿、合法原则的除外。

**第五百九十四条** 双方当事人在侦查、审查起诉期间已经达成和解协议并全部履行，被害人或者其法定代理人、近亲属又提起附带民事诉讼的，人民法院不予受理，但有证据证明和解违反自愿、合法原则的除外。

**第五百九十五条** 被害人或者其法定代理人、近亲属提起附带民事诉讼后，双方愿意和解，但被告人不能即时履行全部赔偿义务的，人民法院应当制作附带民事调解书。

**第五百九十六条** 对达成和解协议的案件，人民法院应当对被告人从轻处罚；符合非监禁刑适用条件的，应当适用非监禁刑；判处法定最低刑仍然过重的，可以减轻处罚；综合全案认为犯罪情节轻微不需要判处刑罚的，可以免予刑事处罚。

共同犯罪案件，部分被告人与被害人达成和解协议的，可以依法对该部分被告人从宽处罚，但应当注意全案的量刑平衡。

**第五百九十七条** 达成和解协议的，裁判文书应当叙明，并援引刑事诉讼法的相关条文。

## 第二十四章 缺席审判程序

**第五百九十八条** 对人民检察院依照刑事诉讼法第二百九十一条第一款的规定提起公诉的案件，人民法院应当重点审查以下内容：

（一）是否属于可以适用缺席审判程序的案件范围；

（二）是否属于本院管辖；

（三）是否写明被告人的基本情况，包括明确的境外居住地、联系方式等；

（四）是否写明被告人涉嫌有关犯罪的主要事实，并附证据材料；

（五）是否写明被告人有无近亲属以及近亲属的姓名、身份、住址、联系方式等情况；

（六）是否列明违法所得及其他涉案财产的种类、数量、价值、所在地等，并附证据材料；

（七）是否附有查封、扣押、冻结违法所得及其他涉案财产的清单和相关法律手续。

前款规定的材料需要翻译件的，人民法院应当要求人民检察院一并移送。

**第五百九十九条** 对人民检察院依照刑事诉讼法第二百九十一条第一款的规定提起公诉的案件，人民法院审查后，应当按照下列情形分别处理：

（一）符合缺席审判程序适用条件，属于本院管辖，且材料齐全的，应当受理；

（二）不属于可以适用缺席审判程序的案件范围、不属于本院管辖或者不符合缺席审判程序的其他适用条件的，应当退回人民检察院；

（三）材料不全的，应当通知人民检察院在三十日以内补送；三十日以内不能补送的，应当退回人民检察院。

**第六百条** 对人民检察院依照刑事诉讼法第二百九十一条第一款的规定提起公诉的案件，人民法院立案后，应当将传票和起诉书副本送达被告人，传票应当载明被告人到案期限以及不按要求到案的法律后果等事项；应当将起诉书副本送达被告人近亲属，告知其有权代为委托辩护人，并通知其敦促被告人归案。

**第六百零一条** 人民法院审理人民检察院依照刑事诉讼法第二百九十一条第一款的规定提起公诉的案件，被告人有权委托或者由近亲属代为委托一至二名辩护人。委托律师担任辩护人的，应当委托具有中华人民共和国律师资格并依法取得执业证书的律师；在境外委托的，应当依照本解释第四百八十六条的规定对授权委托进行公证、认证。

被告人及其近亲属没有委托辩护人的，人民法院应当通知法律援助机构指派律师为被告人提供辩护。

被告人及其近亲属拒绝法律援助机构指派的律师辩护的，依照本解释第五十条第二款的规定处理。

**第六百零二条** 人民法院审理人民检察院依照刑事诉讼法第二百九十一条第一款的规定提起公诉的案件，被告人的近亲属申请参加诉讼的，应当在收到起诉书副本后、第一审开庭前提出，并提供与被告人关系的证明材料。有多名近亲属的，应当推选一至二人参加诉讼。

对被告人的近亲属提出申请的，人民法院应当及时审查决定。

**第六百零三条** 人民法院审理人民检察院依照刑事诉讼法第二百九十一条第一款的规定提起公诉的案件，参照适用公诉案件第一审普通程序的有关规定。被告人的近亲属参加诉讼的，可以发表意见，出示证据，申请法庭通知证人、鉴定人等出庭，进行辩论。

**第六百零四条** 对人民检察院依照刑事诉讼法第二百九十一条第一款的规定提起公诉的案件，人民法院审理后应当参照本解释第二百九十五条的规定作出判决、裁定。

作出有罪判决的，应当达到证据确实、充分的证明标准。

经审理认定的罪名不属于刑事诉讼法第二百九十一条第一款规定的罪名的，应当终止审理。

适用缺席审判程序审理案件，可以对违法所得及其他涉案财产一并作出处理。

**第六百零五条** 因被告人患有严重疾病导致缺乏受审能力，无法出庭受审，中止审理超过六个月，被告人仍无法出庭，被告人及其法定代理人、近亲属申请或者同意恢复审理的，人民法院可以根据刑事诉讼法第二百九十六条的规定缺席审判。

符合前款规定的情形，被告人无法表达意愿的，其法定代理人、近亲属可以代为申请或者同意恢复审理。

**第六百零六条** 人民法院受理案件后被告人死亡的，应当裁定终止审理；但有证据证明被告人无罪，经缺席审理确认无罪的，应当判决宣告被告人无罪。

前款所称"有证据证明被告人无罪，经缺席审理确认无罪"，包括案件事实清楚，证据确实、充分，依据法律认定被告人无罪的情形，以及证据不足，不能认定被告人有罪的情形。

**第六百零七条** 人民法院按照审判监督程序重新审判的案件，被告人死亡的，可以缺席审理。有证据证明被告人无罪，经缺席审理确认被告人无罪的，应当判决宣告被告人无罪；虽然构成犯罪，但原判量刑畸重的，应当依法作出判决。

**第六百零八条** 人民法院缺席审理案件，本章没有规定的，参照适用本解释的有关规定。

## 第二十五章 犯罪嫌疑人、被告人逃匿、死亡案件违法所得的没收程序

**第六百零九条** 刑事诉讼法第二百九十八条规定的"贪污贿赂犯罪、恐怖活动犯罪等"犯罪案件，是指下列案件：

（一）贪污贿赂、失职渎职等职务犯罪案件；

（二）刑法分则第二章规定的相关恐怖活动犯罪案件，以及恐怖活动组织、恐怖活动人员实施的杀人、爆炸、绑架等犯罪案件；

（三）危害国家安全、走私、洗钱、金融诈骗、黑社会性质组织、毒品犯罪案件；

（四）电信诈骗、网络诈骗犯罪案件。

**第六百一十条** 在省、自治区、直辖市或者全国范围内具有较大影响的犯罪案件，或者犯罪嫌疑人、被告人逃匿境外的犯罪案件，应当认定为刑事诉讼法第二百九十八条第一款规定的"重大犯罪案件"。

**第六百一十一条** 犯罪嫌疑人、被告人死亡，依照刑法规定应当追缴其违法所得及其他涉案财产，人民检察院提出没收违法所得申请的，人民法院应当依法受理。

**第六百一十二条** 对人民检察院提出的没收违法所得申请，人民法院应当审查以下内容：

（一）是否属于可以适用违法所得没收程序的案件范围；

（二）是否属于本院管辖；

（三）是否写明犯罪嫌疑人、被告人基本情况，以及涉嫌有关犯罪的情况，并附证据材料；

（四）是否写明犯罪嫌疑人、被告人逃匿、被通缉、脱逃、下落不明、死亡等情况，并附证据材料；

（五）是否列明违法所得及其他涉案财产的种类、数量、价值、所在地等，并附证据材料；

（六）是否附有查封、扣押、冻结违法所得及其他涉案财产的清单和法律手续；

（七）是否写明犯罪嫌疑人、被告人有无利害关系人，利害关系人的姓名、身份、住址、联系方式及其要求等情况；

（八）是否写明申请没收的理由和法律依据；

（九）其他依法需要审查的内容和材料。

前款规定的材料需要翻译件的，人民法院应当要求人民检察院一并移送。

**第六百一十三条** 对没收违法所得的申请，人民法院应当在三十日以内审查完毕，并按照下列情形分别处理：

（一）属于没收违法所得申请受案范围和本院管辖，且材料齐全、有证据证明有犯罪事实的，应当受理；

（二）不属于没收违法所得申请受案范围或者本院管辖的，应当退回人民检察院；

（三）没收违法所得申请不符合"有证据证明有犯罪事实"标准要求的，应当通知人民检察院撤回申请；

（四）材料不全的，应当通知人民检察院在七日以内补送；七日以内不能补送的，应当退回人民检察院。

人民检察院尚未查封、扣押、冻结申请没收的财产或者查封、扣押、冻结期限即将届满，涉案财产有被隐匿、转移或者毁损、灭失危险的，人民法院可以查封、扣押、冻结申请没收的财产。

**第六百一十四条** 人民法院受理没收违法所得的申请后，应当在十五日以内发布公告。公告应当载明以下内容：

（一）案由、案件来源；

（二）犯罪嫌疑人、被告人的基本情况；

（三）犯罪嫌疑人、被告人涉嫌犯罪的事实；

（四）犯罪嫌疑人、被告人逃匿、被通缉、脱逃、下落不明、死亡等情况；

（五）申请没收的财产的种类、数量、价值、所在地等以及已查封、扣押、冻结财产的清单和法律手续；

（六）申请没收的财产属于违法所得及其他涉案财产的相关事实；

（七）申请没收的理由和法律依据；

（八）利害关系人申请参加诉讼的期限、方式以及未按照该期限、方式申请参加诉讼可能承担的不利法律后果；

（九）其他应当公告的情况。

公告期为六个月，公告期间不适用中止、中断、延长的规定。

**第六百一十五条** 公告应当在全国公开发行的报纸、信息网络媒体、最高人民法院的官方网站发布，并在人民法院公告栏发布。必要时，公告可以在犯罪地、犯罪嫌疑人、被告人居住地或者被申请没收财产所在地发布。最后发布的公告的日期为公告日期。发布公告的，应当采取拍照、录像等方式记录发布过程。

人民法院已经掌握境内利害关系人联系方式的，应当直接送达含有公告内容的通知；直接送达有困难的，可以委托代为送达、邮寄送达。经受送达人同意的，可以采用传真、电子邮件等能够确认其收悉的方式告知公告内容，并记录在案。

人民法院已经掌握境外犯罪嫌疑人、被告人、利害关系人联系方式，经受送达人同意的，可以采用传真、电子邮件等能够确认其收悉的方式告知公告内容，并记录在案；受送达人未表示同意，或者人民法院未掌握境外犯罪嫌疑人、被告人、利害关系人联系方式，其所在国、地区的主管机关明确提出应当向受送达人送达含有公告内容的通知的，人民法院可以决定是否送达。决定送达的，应当依照本解释第四百九十三条的规定请求所在国、地区提供司法协助。

**第六百一十六条** 刑事诉讼法第二百九十九条第二款、第三百条第二款规定的"其他利害关系人"，是指除犯罪嫌疑人、被告人的近亲属以外的，对申请没收的财产主张权利的自然人和单位。

**第六百一十七条** 犯罪嫌疑人、被告人的近亲属和其他利害关系人申请参加诉讼的，应当在公告期间内提出。犯罪嫌疑人、被告人的近亲属应当提供其与犯罪嫌疑人、被告人关系的证明材料，其他利害关系人应当提供证明其对违法所得及其他涉案财产主张权利的证据材料。

利害关系人可以委托诉讼代理人参加诉讼。委托律师担任诉讼代理人的，应当委托具有中华人民共和国律师资格并依法取得执业证书的律师；在境外委托的，应当依照本解释第四百八十六条的规定对授权委托进行公证、认证。

利害关系人在公告期满后申请参加诉讼，能够合理说明理由的，人民法院应当准许。

**第六百一十八条** 犯罪嫌疑人、被告人逃匿境外，委托诉讼代理人申请参加诉讼，且违法所得或者其他涉案财产所在国、地区主管机关明确提出意见予以支持的，人民法院可以准许。

人民法院准许参加诉讼的，犯罪嫌疑人、被告人的诉讼代理人依照本解释关于利害关系人的诉讼代理人的规定行使诉讼权利。

**第六百一十九条** 公告期满后，人民法院应当组成合议庭对申请没收违法所得的案件进行审理。

利害关系人申请参加或者委托诉讼代理人参加诉讼的，应当开庭审理。没有利害关系人申请参加诉讼的，或者利害关系人及其诉讼代理人无正当理由拒不到庭的，可以不开庭审理。

人民法院确定开庭日期后，应当将开庭的时间、地点通知人民检察院、利害关系人及其诉讼代理人、证人、鉴定人、翻译人员。通知书应当依照本解释第六百一十五条第二款、第三款规定的方式,至迟在开庭审理三日以前送达;受送达人在境外的,至迟在开庭审理三十日以前送达。

**第六百二十条** 开庭审理申请没收违法所得的案件,按照下列程序进行:

(一) 审判长宣布法庭调查开始后,先由检察员宣读申请书,后由利害关系人、诉讼代理人发表意见;

(二) 法庭应当依次就犯罪嫌疑人、被告人是否实施了贪污贿赂犯罪、恐怖活动犯罪等重大犯罪并已经通缉一年不能到案,或者是否已经死亡,以及申请没收的财产是否依法应当追缴进行调查;调查时,先由检察员出示证据,后由利害关系人、诉讼代理人出示证据,并进行质证;

(三) 法庭辩论阶段,先由检察员发言,后由利害关系人、诉讼代理人发言,并进行辩论。

利害关系人接到通知后无正当理由拒不到庭,或者未经法庭许可中途退庭的,可以转为不开庭审理,但还有其他利害关系人参加诉讼的除外。

**第六百二十一条** 对申请没收违法所得的案件,人民法院审理后,应当按照下列情形分别处理:

(一) 申请没收的财产属于违法所得及其他涉案财产的,除依法返还被害人的以外,应当裁定没收;

(二) 不符合刑事诉讼法第二百九十八条第一款规定的条件的,应当裁定驳回申请,解除查封、扣押、冻结措施。

申请没收的财产具有高度可能属于违法所得及其他涉案财产的,应当认定为前款规定的"申请没收的财产属于违法所得及其他涉案财产"。巨额财产来源不明犯罪案件中,没有利害关系人对违法所得及其他涉案财产主张权利,或者利害关系人对违法所得及其他涉案财产虽然主张权利但提供的证据没有达到相应证明标准的,应当视为"申请没收的财产属于违法所得及其他涉案财产"。

**第六百二十二条** 对没收违法所得或者驳回申请的裁定,犯罪嫌疑人、被告人的近亲属和其他利害关系人或者人民检察院可以在五日以内提出上诉、抗诉。

**第六百二十三条** 对不服第一审没收违法所得或者驳回申请裁定的上诉、抗诉案件,第二审人民法院经审理,应当按照下列情形分别处理:

(一) 第一审裁定认定事实清楚和适用法律正确的,应当驳回上诉或者抗诉,维持原裁定;

(二) 第一审裁定认定事实清楚,但适用法律有错误的,应当改变原裁定;

(三) 第一审裁定认定事实不清的,可以在查清事实后改变原裁定,也可以撤销原裁定,发回原审人民法院重新审判;

(四) 第一审裁定违反法定诉讼程序,可能影响公正审判的,应当撤销原裁定,发回原审人民法院重新审判。

第一审人民法院对发回重新审判的案件作出裁定后,第二审人民法院对不服第一审人民法院裁定的上诉、抗诉,应当依法作出裁定,不得再发回原审人民法院重新审判;

但是，第一审人民法院在重新审判过程中违反法定诉讼程序，可能影响公正审判的除外。

**第六百二十四条** 利害关系人非因故意或者重大过失在第一审期间未参加诉讼，在第二审期间申请参加诉讼的，人民法院应当准许，并撤销原裁定，发回原审人民法院重新审判。

**第六百二十五条** 在审理申请没收违法所得的案件过程中，在逃的犯罪嫌疑人、被告人到案的，人民法院应当裁定终止审理。人民检察院向原受理申请的人民法院提起公诉的，可以由同一审判组织审理。

**第六百二十六条** 在审理案件过程中，被告人脱逃或者死亡，符合刑事诉讼法第二百九十八条第一款规定的，人民检察院可以向人民法院提出没收违法所得的申请；符合刑事诉讼法第二百九十一条第一款规定的，人民检察院可以按照缺席审判程序向人民法院提起公诉。

人民检察院向原受理案件的人民法院提出没收违法所得申请的，可以由同一审判组织审理。

**第六百二十七条** 审理申请没收违法所得案件的期限，参照公诉案件第一审普通程序和第二审程序的审理期限执行。

公告期间和请求刑事司法协助的时间不计入审理期限。

**第六百二十八条** 没收违法所得裁定生效后，犯罪嫌疑人、被告人到案并对没收裁定提出异议，人民检察院向原作出裁定的人民法院提起公诉的，可以由同一审判组织审理。

人民法院经审理，应当按照下列情形分别处理：

（一）原裁定正确的，予以维持，不再对涉案财产作出判决；

（二）原裁定确有错误的，应当撤销原裁定，并在判决中对有关涉案财产一并作出处理。

人民法院生效的没收裁定确有错误的，除第一款规定的情形外，应当依照审判监督程序予以纠正。

**第六百二十九条** 人民法院审理申请没收违法所得的案件，本章没有规定的，参照适用本解释的有关规定。

## 第二十六章 依法不负刑事责任的精神病人的强制医疗程序

**第六百三十条** 实施暴力行为，危害公共安全或者严重危害公民人身安全，社会危害性已经达到犯罪程度，但经法定程序鉴定依法不负刑事责任的精神病人，有继续危害社会可能的，可以予以强制医疗。

**第六百三十一条** 人民检察院申请对依法不负刑事责任的精神病人强制医疗的案件，由被申请人实施暴力行为所在地的基层人民法院管辖；由被申请人居住地的人民法院审判更为适宜的，可以由被申请人居住地的基层人民法院管辖。

**第六百三十二条** 对人民检察院提出的强制医疗申请，人民法院应当审查以下内容：

（一）是否属于本院管辖；

（二）是否写明被申请人的身份，实施暴力行为的时间、地点、手段、所造成的损害等情况，并附证据材料；

（三）是否附有法医精神病鉴定意见和其他证明被申请人属于依法不负刑事责任的精神病人的证据材料；

（四）是否列明被申请人的法定代理人的姓名、住址、联系方式；

（五）需要审查的其他事项。

第六百三十三条　对人民检察院提出的强制医疗申请，人民法院应当在七日以内审查完毕，并按照下列情形分别处理：

（一）属于强制医疗程序受案范围和本院管辖，且材料齐全的，应当受理；

（二）不属于本院管辖的，应当退回人民检察院；

（三）材料不全的，应当通知人民检察院在三日以内补送；三日以内不能补送的，应当退回人民检察院。

第六百三十四条　审理强制医疗案件，应当通知被申请人或者被告人的法定代理人到场；被申请人或者被告人的法定代理人经通知未到场的，可以通知被申请人或者被告人的其他近亲属到场。

被申请人或者被告人没有委托诉讼代理人的，应当自受理强制医疗申请或者发现被告人符合强制医疗条件之日起三日以内，通知法律援助机构指派律师担任其诉讼代理人，为其提供法律帮助。

第六百三十五条　审理强制医疗案件，应当组成合议庭，开庭审理。但是，被申请人、被告人的法定代理人请求不开庭审理，并经人民法院审查同意的除外。

审理强制医疗案件，应当会见被申请人，听取被害人及其法定代理人的意见。

第六百三十六条　开庭审理申请强制医疗的案件，按照下列程序进行：

（一）审判长宣布法庭调查开始后，先由检察员宣读申请书，后由被申请人的法定代理人、诉讼代理人发表意见；

（二）法庭依次就被申请人是否实施了危害公共安全或者严重危害公民人身安全的暴力行为、是否属于依法不负刑事责任的精神病人、是否有继续危害社会的可能进行调查；调查时，先由检察员出示证据，后由被申请人的法定代理人、诉讼代理人出示证据，并进行质证；必要时，可以通知鉴定人出庭对鉴定意见作出说明；

（三）法庭辩论阶段，先由检察员发言，后由被申请人的法定代理人、诉讼代理人发言，并进行辩论。

被申请人要求出庭，人民法院经审查其身体和精神状态，认为可以出庭的，应当准许。出庭的被申请人，在法庭调查、辩论阶段，可以发表意见。

检察员宣读申请书后，被申请人的法定代理人、诉讼代理人无异议的，法庭调查可以简化。

第六百三十七条　对申请强制医疗的案件，人民法院审理后，应当按照下列情形分别处理：

（一）符合刑事诉讼法第三百零二条规定的强制医疗条件的，应当作出对被申请人强制医疗的决定；

（二）被申请人属于依法不负刑事责任的精神病人，但不符合强制医疗条件的，应当作出驳回强制医疗申请的决定；被申请人已经造成危害结果的，应当同时责令其家属或者监护人严加看管和医疗；

（三）被申请人具有完全或者部分刑事责任能力，依法应当追究刑事责任的，应当作出驳回强制医疗申请的决定，并退回人民检察院依法处理。

第六百三十八条　第一审人民法院在审理刑事案件过程中，发现被告人可能符合强制医疗条件的，应当依照法定程序对被告人进行法医精神病鉴定。经鉴定，被告人属于依法不负刑事责任的精神病人的，应当适用强制医疗程序，对案件进行审理。

开庭审理前款规定的案件，应当先由合议庭组成人员宣读对被告人的法医精神病鉴定意见，说明被告人可能符合强制医疗的条件，后依次由公诉人和被告人的法定代理人、诉讼代理人发表意见。经审判长许可，公诉人和被告人的法定代理人、诉讼代理人可以进行辩论。

第六百三十九条　对前条规定的案件，人民法院审理后，应当按照下列情形分别处理：

（一）被告人符合强制医疗条件的，应当判决宣告被告人不负刑事责任，同时作出对被告人强制医疗的决定；

（二）被告人属于依法不负刑事责任的精神病人，但不符合强制医疗条件的，应当判决宣告被告人无罪或者不负刑事责任；被告人已经造成危害结果的，应当同时责令其家属或者监护人严加看管和医疗；

（三）被告人具有完全或者部分刑事责任能力，依法应当追究刑事责任的，应当依照普通程序继续审理。

第六百四十条　第二审人民法院在审理刑事案件过程中，发现被告人可能符合强制医疗条件的，可以依照强制医疗程序对案件作出处理，也可以裁定发回原审人民法院重新审判。

第六百四十一条　人民法院决定强制医疗的，应当在作出决定后五日以内，向公安机关送达强制医疗决定书和强制医疗执行通知书，由公安机关将被决定强制医疗的人送交强制医疗。

第六百四十二条　被决定强制医疗的人、被害人及其法定代理人、近亲属对强制医疗决定不服的，可以自收到决定书第二日起五日以内向上一级人民法院申请复议。复议期间不停止执行强制医疗的决定。

第六百四十三条　对不服强制医疗决定的复议申请，上一级人民法院应当组成合议庭审理，并在一个月以内，按照下列情形分别作出复议决定：

（一）被决定强制医疗的人符合强制医疗条件的，应当驳回复议申请，维持原决定；

（二）被决定强制医疗的人不符合强制医疗条件的，应当撤销原决定；

（三）原审违反法定诉讼程序，可能影响公正审判的，应当撤销原决定，发回原审人民法院重新审判。

**第六百四十四条** 对本解释第六百三十九条第一项规定的判决、决定，人民检察院提出抗诉，同时被决定强制医疗的人、被害人及其法定代理人、近亲属申请复议的，上一级人民法院应当依照第二审程序一并处理。

**第六百四十五条** 被强制医疗的人及其近亲属申请解除强制医疗的，应当向决定强制医疗的人民法院提出。

被强制医疗的人及其近亲属提出的解除强制医疗申请被人民法院驳回，六个月后再次提出申请的，人民法院应当受理。

**第六百四十六条** 强制医疗机构提出解除强制医疗意见，或者被强制医疗的人及其近亲属申请解除强制医疗的，人民法院应当审查是否附有对被强制医疗的人的诊断评估报告。

强制医疗机构提出解除强制医疗意见，未附诊断评估报告的，人民法院应当要求其提供。

被强制医疗的人及其近亲属向人民法院申请解除强制医疗，强制医疗机构未提供诊断评估报告的，申请人可以申请人民法院调取。必要时，人民法院可以委托鉴定机构对被强制医疗的人进行鉴定。

**第六百四十七条** 强制医疗机构提出解除强制医疗意见，或者被强制医疗的人及其近亲属申请解除强制医疗的，人民法院应当组成合议庭进行审查，并在一个月以内，按照下列情形分别处理：

（一）被强制医疗的人已不具有人身危险性，不需要继续强制医疗的，应当作出解除强制医疗的决定，并可责令被强制医疗的人的家属严加看管和医疗；

（二）被强制医疗的人仍具有人身危险性，需要继续强制医疗的，应当作出继续强制医疗的决定。

对前款规定的案件，必要时，人民法院可以开庭审理，通知人民检察院派员出庭。

人民法院应当在作出决定后五日以内，将决定书送达强制医疗机构、申请解除强制医疗的人、被决定强制医疗的人和人民检察院。决定解除强制医疗的，应当通知强制医疗机构在收到决定书的当日解除强制医疗。

**第六百四十八条** 人民检察院认为强制医疗决定或者解除强制医疗决定不当，在收到决定书后二十日以内提出书面纠正意见的，人民法院应当另行组成合议庭审理，并在一个月以内作出决定。

**第六百四十九条** 审理强制医疗案件，本章没有规定的，参照适用本解释的有关规定。

## 第二十七章 附 则

**第六百五十条** 人民法院讯问被告人，宣告判决，审理减刑、假释案件等，可以根据情况采取视频方式。

**第六百五十一条** 向人民法院提出自诉、上诉、申诉、申请等的，应当以书面形式提出。书写有困难的，除另有规定的以外，可以口头提出，由人民法院工作人员制作笔录或者记录在案，并向口述人宣读或者交其阅读。

**第六百五十二条** 诉讼期间制作、形成的工作记录、告知笔录等材料，应当由制作人员和其他有关人员签名、盖章。宣告或者送达裁判文书、通知书等诉讼文书的，应当由接受宣告或者送达的人在诉讼文书、送达回证上签名、盖章。

诉讼参与人未签名、盖章的，应当捺指印；刑事被告人除签名、盖章外，还应当捺指印。

当事人拒绝签名、盖章、捺指印的，办案人员应当在诉讼文书或者笔录材料中注明情况，有见证人见证或者有录音录像证明的，不影响相关诉讼文书或者笔录材料的效力。

**第六百五十三条** 本解释的有关规定适用于军事法院等专门人民法院。

**第六百五十四条** 本解释有关公安机关的规定，依照刑事诉讼法的有关规定，适用于国家安全机关、军队保卫部门、中国海警局和监狱。

**第六百五十五条** 本解释自 2021 年 3 月 1 日起施行。最高人民法院 2012 年 12 月 20 日发布的《关于适用〈中华人民共和国刑事诉讼法〉的解释》（法释〔2012〕21 号）同时废止。最高人民法院以前发布的司法解释和规范性文件，与本解释不一致的，以本解释为准。

# 《最高人民法院关于适用〈中华人民共和国刑事诉讼法〉的解释》理解与适用

《刑事诉讼法解释》起草小组*

2018年10月26日,第十三届全国人民代表大会常务委员会第六次会议通过《关于修改〈中华人民共和国刑事诉讼法〉的决定》(以下简称《刑事诉讼法修改决定》),自2018年10月26日起施行。这是继1996年和2012年刑事诉讼法①修改后,对中国特色刑事诉讼制度的又一次十分重要的改革与完善。为正确执行修改后刑事诉讼法,最高人民法院根据法律修改情况,结合人民法院审判工作实际,制定了《最高人民法院关于适用〈中华人民共和国刑事诉讼法〉的解释》(法释〔2021〕1号,以下简称《刑事诉讼法解释》),自2021年3月1日起施行。现就《刑事诉讼法解释》的起草经过、主要原则和重点内容解读如下。

## 一、《刑事诉讼法解释》的起草背景与经过

刑事诉讼法是国家的基本法律。《刑事诉讼法修改决定》共26条,对刑事诉讼法18个条文作了修改,同时新增了18个条文,主要涉及完善监察与刑事诉讼的衔接机制、建立刑事缺席审判程序、完善认罪认罚从宽制度和增加速裁程序、为与其他法律相协调所作的修改等四方面内容。修改后刑事诉讼法从290条增加到308条。本次刑事诉讼法修改,幅度不大,但对刑事审判工作的影响十分重大。

为确保法律准确、有效实施,早在刑事诉讼法修改过程中,根据最高人民法院院领导指示,最高人民法院研究室即密切跟踪立法进程,于2018年5月正式启动修改《最高人民法院关于适用〈中华人民共和国刑事诉讼法〉的解释》(法释〔2012〕21号,以下简称《2012年解释》)的前期准备工作。为确保司法解释起草坚持问题导向,汇集刑事司法实践智慧,最高人民法院研究室向院内相关部门征求司法解释修改意见,并就若干重要专题委托天津、河北、吉林、上海、江苏、浙江、安徽、福建、江西、山东、河南、

---

\* 起草小组成员为最高人民法院姜启波、周加海、喻海松、耿磊、郝方昉、李振华、李静,借调人员任素贤(上海市金山区人民法院)、姜金良(江苏省扬州市中级人民法院)、王婧(广东省广州市中级人民法院)、李鑫(天津市红桥区人民法院),实习生马勤(清华大学法学院)。

① 为了方便行文和读者阅读,本文中的法律名称使用简称,如《中华人民共和国刑事诉讼法》简称刑事诉讼法。

湖北、广东、广西、重庆、四川、陕西等十七家省、自治区、直辖市高级人民法院，北京一中院、北京二中院、北京三中院、上海一中院、扬州中院、温州中院、厦门中院、武汉中院等八家中级人民法院，北京朝阳法院、上海长宁法院、广州越秀法院等三家基层人民法院开展前期调研。

《刑事诉讼法修改决定》通过后，经过反复研究论证，最高人民法院研究室起草了解释稿，并多次征求中央有关部门、地方法院的意见，不断修改完善。特别是，《刑事诉讼法解释》注重吸收近年来刑事程序法学研究的最新成果，在起草过程中邀请十余位刑事诉讼法专家进行论证、提出意见，确保司法解释荟萃刑事审判经验与理论成果，最大限度实现实践与理论的有机结合。2020年12月7日，最高人民法院院长、首席大法官周强主持召开最高人民法院审判委员会第1820次会议，审议并通过《刑事诉讼法解释》。

《刑事诉讼法解释》共计27章、655条、9万余字，历经最高人民法院刑事审判专业委员会八次审议和最高人民法院审判委员会全体会议三次审议，是最高人民法院有史以来条文数量最多的司法解释，也是内容最为丰富、最为重要的司法解释之一。与《2012年解释》相比，《刑事诉讼法解释》增加"认罪认罚案件的审理""速裁程序""缺席审判程序"三章，增加了107条，作了实质修改的条文超过200条。

《刑事诉讼法解释》的起草，得到了中央有关部门、最高人民法院内设有关部门和地方法院的大力支持。有关部门的领导和同志多次参与解释稿的研究论证工作，提出了很多宝贵的意见，发挥了重要作用。

《刑事诉讼法解释》坚持以习近平新时代中国特色社会主义思想为指导，认真学习贯彻习近平法治思想，全面总结我国刑事审判实践的新情况、新问题，对刑事审判程序的有关问题作了系统规定。作为人民法院适用刑事诉讼法的基本司法解释，《刑事诉讼法解释》的公布施行，对于人民法院严格依照法定程序正确履行刑事审判职责，规范办案活动，保障诉讼权利，提高办案质量，确保修改后刑事诉讼法的统一正确实施，实现惩罚犯罪与保障人权的有机统一具有重要意义。

## 二、《刑事诉讼法解释》起草的主要原则

为确保《刑事诉讼法解释》合法、准确、科学，能够切实发挥规范、统一、明确法律具体适用的功能，在起草过程中，着重坚持了以下几项原则：

一是坚持法治思维，遵循立法精神。司法解释是对法律具体应用的解释，必须以法律为准绳，在法律框架内进行解释。在《刑事诉讼法解释》起草过程中，始终把依法解释作为最基本的要求，强调每一个解释条文、每一项解释内容都必须符合法律规定、符合法律精神。涉及诉讼权利的，必须充分保障；涉及权利限制的，必须于法有据；涉及审判职责的，必须严格落实。例如，在起草过程中，有意见提出，实践中经常发现通过连续怀孕逃避刑罚执行的情形，此类案件影响恶劣，监外执行的期间不应计入执行刑期。其他国家和地区也有类似做法。经研究认为，上述观点虽然具有实质合理性，但根据我国刑事诉讼法规定，只有通过贿赂等非法手段骗取暂予监外执行或者在监外执行期间脱逃的，有关期间才不计入执行刑期，故无法在《刑事诉讼法解释》中作出规定，只能在

将来修改立法时提出建议。又如，尽管死缓案件二审一律开庭有很多现实困难，需要做大量准备、协调工作，但考虑到法律规定"被告人被判处死刑的上诉案件"二审应当开庭，《刑事诉讼法解释》明确规定死缓二审案件应当一律开庭审理。

二是尊重和保障人权，强化诉权保障。尊重和保障人权是我国宪法确立的一项重要原则，是坚持以人民为中心这一中国特色社会主义法治本质要求的具体体现。《刑事诉讼法解释》严格落实这一宪法原则，依照刑事诉讼法的规定，通过具体制度设计，充分保障被告人的辩护权以及获得法律帮助的权利，充分保障辩护律师的各项权利。例如，与传统犯罪"单打独斗"有所不同，当前不少犯罪呈现出"协同作案"的局面，导致刑事案件普遍存在多被告人的现象。基于方便审理的考虑，对不少案件分案审理，虽然保证了审判的顺利进行，但对当事人质证权的行使造成了影响。基于充分保障质证权的考虑，《刑事诉讼法解释》要求以同案同审为原则、以分案审理为例外，分案审理应当以有利于保障庭审质量和效率为原则，强调分案审理不得影响当事人质证权等诉讼权利的行使。而且，审理过程中，必要时可以传唤分案审理的共同犯罪或者关联犯罪案件的被告人等到庭对质。又如，司法实践中对于讯问录音录像的性质存在不同认识，对于随案移送的录音录像，往往以"防止录音录像传播"为由禁止辩护律师查阅。为了切实保障辩护律师的查阅权，《刑事诉讼法解释》明确规定，对作为证据材料向人民法院移送的录音录像，辩护律师申请查阅的，人民法院应当准许。

三是坚持以审判为中心，有效维护司法公正。推进以审判为中心的诉讼制度改革是党的十八届四中全会部署的重大改革任务。近年来，这一改革在刑事立法和司法实践领域已取得一系列成果，积累了很多有益经验。《刑事诉讼法解释》充分吸收相关成果和经验，在证据审查判断、非法证据排除、繁简分流机制、庭前准备程序、庭审实质化、涉案财物处置等诸多方面，有针对性地作出具体规定，确保体现以审判为中心的改革要求，保障改革顺利进行并继续深化。

四是坚持问题导向，荟萃审判经验与理论成果。随着经济社会发展、法治建设深入，近年来，刑事审判出现了一些新情况，需要研究解决；理论界推出了一些新成果，需要及时吸收。为满足实践需求、体现时代发展，《刑事诉讼法解释》起草小组高度重视、充分听取全国法院特别是一线办案法官的建议，反复征求各方面的意见，邀请知名专家进行论证，以最大限度地凝聚各方面的共识和智慧，确保《刑事诉讼法解释》能够妥当解决实际问题，取得良好效果。例如，规范并案和分案审理程序、增设部分发回重审规定、完善上诉不加刑规则等，就是根据近年来刑事审判工作中反映出的新问题，经过充分征求意见、研究论证后作出的制度创设。可以说，《刑事诉讼法解释》是全国法院、各方面集体智慧的结晶。

### 三、《刑事诉讼法解释》重点条文的理解与适用

《刑事诉讼法解释》条文众多，因篇幅所限，以下仅就其中的重点内容，主要是根据《刑事诉讼法修改决定》新增，以及对《2012年解释》和相关司法解释、规范性文件有所修改的内容，在理解和适用中需要注意的问题作重点介绍。

## （一）管辖

《刑事诉讼法修改决定》未涉及管辖问题。《刑事诉讼法解释》第一章沿用《2012年解释》第一章"管辖"的条文，并根据司法实践反映的情况，特别是当前犯罪形态多样、流动性犯罪、新类型犯罪增多，管辖问题日趋复杂的情况，作了修改完善，主要涉及：（1）明确海上犯罪、在列车以及其他交通工具上犯罪等的管辖规则；（2）规范指定管辖；（3）明确并案和分案处理的相关规则。

### 1. 在内水、领海犯罪的管辖规则

《刑事诉讼法解释》第四条吸收《最高人民法院、最高人民检察院、中国海警局关于海上刑事案件管辖等有关问题的通知》（海警〔2020〕1号，以下简称《海上刑事案件管辖通知》）第一条第一项的规定，明确了在中华人民共和国内水、领海发生的刑事案件的管辖规则，规定："在中华人民共和国内水、领海发生的犯罪，由犯罪地或者被告人登陆地的人民法院管辖，如果由被告人居住地的人民法院审判更为适宜的，可以由被告人居住地的人民法院管辖。"

需要注意的是，《最高人民法院关于审理发生在我国管辖海域相关案件若干问题的规定（一）》（法释〔2016〕16号）第一条规定："本规定所称我国管辖海域，是指中华人民共和国内水、领海、毗连区、专属经济区、大陆架，以及中华人民共和国管辖的其他海域。"据此，《刑事诉讼法解释》第四条规定的"内水"应当是指领海基线向陆一侧的海上水域。

### 2. 在列车上犯罪的管辖规则

《最高人民法院关于铁路运输法院案件管辖范围的若干规定》（法释〔2012〕10号）第一条第三款规定"在列车上的犯罪，由犯罪发生后该列车最初停靠的车站所在地或者目的地的铁路运输法院管辖"。根据实践反映的问题，《刑事诉讼法解释》第五条作了修改完善，规定："在列车上的犯罪，被告人在列车运行途中被抓获的，由前方停靠站所在地负责审判铁路运输刑事案件的人民法院管辖。必要时，也可以由始发站或者终点站所在地负责审判铁路运输刑事案件的人民法院管辖。""被告人不是在列车运行途中被抓获的，由负责该列车乘务的铁路公安机关对应的审判铁路运输刑事案件的人民法院管辖；被告人在列车运行途经车站被抓获的，也可以由该车站所在地负责审判铁路运输刑事案件的人民法院管辖。"

对比可以发现，《刑事诉讼法解释》第五条重新确立了在列车上犯罪的管辖规则。具体而言：（1）当前一些铁路运输法院处于改革期，有些地方已经把铁路运输案件交给地方法院管辖。因此，一概要求"铁路运输法院管辖"，与实际不符。（2）本条规定由"前方停靠站"而非"最初停靠站"所在地的负责审判铁路运输刑事案件的人民法院管辖，主要考虑是："最初停靠站"只能是发现犯罪后停靠的第一个站点，而第一个站点有大有小，小站点可能根本没有警力羁押犯罪嫌疑人，不便于管辖，而用"前方停靠站"则涵盖范围更广，更符合实际需求。（3）在一些案件中，列车刚刚驶出始发地即发生犯罪案件并抓获犯罪嫌疑人，在此种情况下，由列车始发地的负责审判铁路运输刑事案件的人

民法院管辖,更具合理性。(4)对于被告人不是在列车运行途中被抓获的,规定由负责该列车乘务的铁路公安机关对应的审判铁路运输刑事案件的人民法院管辖。但是实践中存在被告人实施犯罪后下车,在车站即被抓获的情形。为便于执法办案,避免移送案件浪费侦查资源,此种情形也可以由该车站所在地负责审判铁路运输刑事案件的人民法院管辖。

3. 在国际列车上犯罪的管辖规则

《2012年解释》第六条规定:"在国际列车上的犯罪,根据我国与相关国家签订的协定确定管辖;没有协定的,由该列车最初停靠的中国车站所在地或者目的地的铁路运输法院管辖。"实践中存在国际列车在离开最后一座中国车站后,行为人在中国境内实施犯罪,但前方无停靠的中国车站的情形,无法依据现有规定进行管辖。鉴此,《刑事诉讼法解释》第六条作了修改完善,规定:"在国际列车上的犯罪,根据我国与相关国家签订的协定确定管辖;没有协定的,由该列车始发或者前方停靠的中国车站所在地负责审判铁路运输刑事案件的人民法院管辖。"

4. 在中华人民共和国领域外的中国船舶内犯罪的管辖规则

《2012年解释》第四条规定:"在中华人民共和国领域外的中国船舶内的犯罪,由该船舶最初停泊的中国口岸所在地的人民法院管辖。"实践中,有的在中国领域外航行的中国船舶内发生犯罪后,船舶可能并不马上返航回国,而是继续向外航行,只是将犯罪嫌疑人带回我国。对此种情形,依据《2012年解释》第四条的规定确定管辖可能并不适当。为此,《海上刑事案件管辖通知》第一条第二项增加规定被告人登陆地、入境地的人民法院作为管辖选择地。经吸收上述规定,《刑事诉讼法解释》第七条规定:"在中华人民共和国领域外的中国船舶内的犯罪,由该船舶最初停泊的中国口岸所在地或者被告人登陆地、入境地的人民法院管辖。"

5. 中国公民在中华人民共和国领域外的犯罪的管辖规则

《2012年解释》第八条规定:"中国公民在中华人民共和国领域外的犯罪,由其入境地或者离境前居住地的人民法院管辖;被害人是中国公民的,也可由被害人离境前居住地的人民法院管辖。"鉴于海上刑事案件的被告人通常是从海上登陆,同时,考虑到被告人或者被害人入境后的居住地可能与离境前居住地不一致的情况,为便于案件办理,《海上刑事案件管辖通知》第一条第三项增加规定了相关管辖连接点。经吸收上述规定,《刑事诉讼法解释》第十条规定:"中国公民在中华人民共和国领域外的犯罪,由其登陆地、入境地、离境前居住地或者现居住地的人民法院管辖;被害人是中国公民的,也可以由被害人离境前居住地或者现居住地的人民法院管辖。"

6. 外国人在中华人民共和国领域外对中华人民共和国国家或者公民犯罪的管辖规则

《2012年解释》第九条规定:"外国人在中华人民共和国领域外对中华人民共和国国家或者公民犯罪,根据《中华人民共和国刑法》应当受处罚的,由该外国人入境地、入境后居住地或者被害中国公民离境前居住地的人民法院管辖。"鉴于海上刑事案件的特殊性,《海上刑事案件管辖通知》第一条第四项增加规定被告人登陆地的人民法院也可以管辖。经吸收上述规定,《刑事诉讼法解释》第十一条规定:"外国人在中华人民共和国领域外对中华人民共和国国家或者公民犯罪，根据《中华人民共和国刑法》应当受处罚的，由该外国人登陆地、入境地或者入境后居住地的人民法院管辖，也可以由被害人离境前居住地或者现居住地的人民法院管辖。"

7. 对中华人民共和国缔结或者参加的国际条约所规定的罪行行使刑事管辖权的管辖规则

《2012年解释》第十条规定："对中华人民共和国缔结或者参加的国际条约所规定的罪行，中华人民共和国在所承担条约义务的范围内，行使刑事管辖权的，由被告人被抓获地的人民法院管辖。"由于海上刑事案件的特殊性，实际办案中可能存在犯罪嫌疑人在我国领海以外（如公海）被抓获的情形，无法依据《2012年解释》第十条的规定进行管辖。基于此，《海上刑事案件管辖通知》第一条第五项增加规定被告人入境地、登陆地的人民法院也可以管辖。经吸收上述规定，《刑事诉讼法解释》第十二条规定："对中华人民共和国缔结或者参加的国际条约所规定的罪行，中华人民共和国在所承担条约义务的范围内行使刑事管辖权的，由被告人被抓获地、登陆地或者入境地的人民法院管辖。"

8. 关于指定管辖规则

《2012年解释》第十八条规定："上级人民法院在必要时，可以指定下级人民法院将其管辖的案件移送其他下级人民法院审判。"据此，上级法院的指定管辖似只能针对下级法院已经管辖的案件，这与实践需求和操作不完全相符。调研中，地方法院普遍建议明确指定管辖的具体情形。

经研究认为，被指定管辖的人民法院可以是本来就有管辖权的法院，也可以是本来没有管辖权，但是因为更为适宜审理案件而被赋予管辖权的法院。实践中，具体情形包括：（1）管辖不明或者存在争议的案件。（2）国家工作人员犯罪，不宜由其犯罪地或者居住地人民法院管辖的案件。例如，司法机关工作人员犯罪，因所在单位工作人员可能系其同事，依法需要回避。为避免其任职辖区人民法院审判案件引发争议，将案件指定由其他法院管辖，更为妥当。又如，重大职务犯罪案件通常指定被告人任职地点以外的法院管辖。（3）其他需要指定管辖的案件。例如，人民法院工作人员的近亲属犯罪的（犯罪地或居住地属于该院辖区），虽然不属于国家工作人员犯罪，但根据具体情况，也可能不宜由该院管辖，需要指定其他人民法院管辖。又如，专业性较强的刑事案件，可以指定具有相关审判经验的法院管辖。基于此，《刑事诉讼法解释》第二十条第二款规定："有关案件，由犯罪地、被告人居住地以外的人民法院审判更为适宜的，上级人民法院可以指定下级人民法院管辖。"

需要提及的是，征求意见过程中，有意见提出，司法实务中指定管辖过于随意，甚至泛化，与刑事诉讼法的规定似有不符。经研究，采纳上述意见，《刑事诉讼法解释》第二十条第二款将指定管辖限定在"由犯罪地、被告人居住地以外的人民法院审判更为适宜的"情形，以防止不当适用。

9. 关于并案审理规则

从实践来看，人民法院受理案件后，发现被告人还有犯罪的，主要包括以下情形：发现被告人还有犯罪被立案侦查、立案调查的；发现被告人还有犯罪被审查起诉的；发现被告人还有犯罪被起诉的。对于上述情形,应当区分情况进行处理。其中,对于起诉至人民法院的,可以并案审理;涉及同种罪的,一般应当并案审理。

司法实践反映,并案审理不仅涉及人民法院,还涉及人民检察院。如果前后两案是起诉至同一人民法院的,并案处理相对容易操作;如果起诉至不同法院,特别是不同省份的法院的,并案处理就涉及两地法院、两地检察院的工作衔接和配合,具体操作程序繁杂、费时费力、十分困难。基于此,《刑事诉讼法解释》第二十四条第一款规定:"人民法院发现被告人还有其他犯罪被起诉的,可以并案审理;涉及同种犯罪的,一般应当并案审理。"

需要注意的是,《刑事诉讼法解释》第二十四条第一款规定"一般应当"并案审理的限于涉及同种罪的情形。从应然层面而言,对于同种罪,特别是分案处理可能导致对被告人刑罚裁量不利的,应当并案审理。有些案件,确实无法与原提起公诉的人民检察院、拟并案审理的人民法院对应的人民检察院以及上级人民检察院协商一致的,只能分案处理,在刑罚裁量时酌情考虑。故而,《刑事诉讼法解释》第二十四条第一款使用的表述是"一般应当"而非"应当";对于分案处理对被告人的刑罚裁量无实质不利影响(如一罪被判处死刑、无期徒刑,采用吸收原则进行并罚的)和确实无法就并案问题协商一致的,可以分案审理。

《刑事诉讼法解释》第二十四条第二款明确了人民法院发现被告人还有其他犯罪被审查起诉、立案侦查、立案调查的并案处理规则,规定:"人民法院发现被告人还有其他犯罪被审查起诉、立案侦查、立案调查的,可以参照前款规定协商人民检察院、公安机关、监察机关并案处理,但可能造成审判过分迟延的除外。"据此,此种情形下,应当参照第一款规定的原则协商人民检察院、公安机关、监察机关并案处理。实践中,如果确实协商不成的,可以继续审理。有些案件强行要求并案处理,可能导致审理时间过长,判前羁押时间人为加长,反而对被告人不利。

《刑事诉讼法解释》第二十四条第三款进一步明确了依照前两款规定并案处理后的管辖规则,规定:"根据前两款规定并案处理的案件,由最初受理地的人民法院审判。必要时,可以由主要犯罪地的人民法院审判。"需要注意的是:(1)之所以规定"由最初受理地的人民法院审判"而非"由最初受理的人民法院审判",主要考虑是:如果最初受理的是基层法院,而还有罪行是由地市级检察院审查起诉,则并案时就不是由最初受理的基层法院,而是由最初受理地的中级人民法院管辖。(2)考虑到有些案件由主要犯罪地人民法院审判更为便利,故规定"必要时,可以由主要犯罪地的人民法院审判"。如果多个犯罪不属于同级人民法院管辖,一般可以认为属于中级人民法院管辖的犯罪属于主要犯罪,从而适用上述规定,由该中级人民法院并案处理。

此外,《最高人民法院关于判决宣告后又发现被判刑的犯罪分子的同种漏罪是否实行数罪并罚问题的批复》(法复〔1993〕3号)规定:"人民法院的判决宣告并已发生法律效力以后,刑罚还没有执行完毕以前,发现被判刑的犯罪分子在判决宣告以前还有其他罪没有判决的,不论新发现的罪与原判决的罪是否属于同种罪,都应当依照刑法第六十五条的规定实行数罪并罚。但如果在第一审人民法院的判决宣告以后,被告人提出上诉或者人民检察院提出抗诉，判决尚未发生法律效力的，第二审人民法院在审理期间，发现原审被告人在第一审判决宣告以前还有同种漏罪没有判决的，第二审人民法院应当依照刑事诉讼法第一百三十六条第三项的规定，裁定撤销原判，发回原审人民法院重新审判，第一审人民法院重新审判时，不适用刑法关于数罪并罚的规定。"司法实践反映，该批复要求二审法院发现被告人有同种漏罪没有判决的，一律发回一审人民法院重新审判，出发点在于避免被告人因为分案处理在刑罚裁量上遭致不利后果，但是规定过于绝对，在一些案件中不具有可操作性。问题相对突出的有两种情形：一是被告人被判处无期徒刑、死刑的，分案审理对其刑罚裁量并无实质不利的；二是一些案件无法与人民检察院在并案审理上协调一致的。前一种情形分案处理并无不妥，后一种情形只能分案处理。基于此，《刑事诉讼法解释》第二十五条在该批复的基础上，根据司法实践反映的问题作了相应调整，规定："第二审人民法院在审理过程中，发现被告人还有其他犯罪没有判决的，参照前条规定处理。第二审人民法院决定并案审理的，应当发回第一审人民法院，由第一审人民法院作出处理。"具体而言，根据《刑事诉讼法解释》第二十五条规定，第二审人民法院在审理过程中，发现被告人还有其他犯罪被起诉，决定发回第一审人民法院并案审理的，由第一审人民法院根据下列规则作出处理：（1）对于其他犯罪尚未作出生效判决的，应当并案审理。对于其他犯罪系同种犯罪的，不能适用数罪并罚的规定；对于其他犯罪系异种犯罪的，应当根据刑法第六十九条的规定进行数罪并罚。（2）对于其他犯罪已经作出生效判决，但刑罚尚未执行完毕的，应当根据刑法第七十条的规定进行数罪并罚。

### （二）回避

《刑事诉讼法修改决定》未涉及回避问题。《刑事诉讼法解释》第二章沿用《2012年解释》第二章"回避"的条文，并根据司法实践反映的情况作了修改完善，主要涉及：（1）根据监察法和司法改革要求对相关条文作了修改；（2）明确对出庭检察人员的回避申请不属于刑事诉讼法第二十九条、第三十条规定情形的处理规则。

1. 关于审判人员参与过本案其他刑事诉讼活动的回避情形

监察法规定监察机关对职务犯罪的调查权和移送审查起诉权。因此，参与过案件调查工作的监察人员，如果调至人民法院工作，也不得担任本案的审判人员。基于此，《刑事诉讼法解释》第二十九条第一款对《2012年解释》第二十五条第一款的规定作出修改完善，规定："参与过本案调查、侦查、审查起诉工作的监察、侦查、检察人员，调至人民法院工作的，不得担任本案的审判人员。"

此外，《刑事诉讼法解释》第二十九条第二款规定："在一个审判程序中参与过本案审判工作的合议庭组成人员或者独任审判员，不得再参与本案其他程序的审判。但是，发回重新审判的案件，在第一审人民法院作出裁判后又进入第二审程序、在法定刑以下判处刑罚的复核程序或者死刑复核程序的，原第二审程序、在法定刑以下判处刑罚的复核程序或者死刑复核程序中的合议庭组成人员不受本款规定的限制。"需要注意的是，《刑事诉讼法解释》第二十九条第二款的用语是"参与过本案审判工作的合议庭组成人员或者独任审判员"，而非"参与过本案审判工作的审判人员"。因此，法官助理、书记员不在其中。讨论中，有意见提出，《刑事诉讼法解释》第二十九条第二款规定"在一个审判程序中参与过本案审判工作的合议庭组成人员或者独任审判员，不得再参与本案其他程序的审判"，此处的"不得再参与本案其他程序的审判"是否包括"参与审委会讨论"？例如，发回重审的案件需要提交审委会讨论，原审是承办法官、发回重审时是审委会委员的，是否还有发表意见及投票的权利？经研究认为，审委会对案件有最终决定权，故"不得再参与本案其他程序的审判"当然包括"参与审委会讨论"，作为原承办法官的审委会委员不宜再发表意见及投票。但是，如原审时即经过审委会讨论，上级法院发回重审后仍需经过审委会讨论的，由于《刑事诉讼法解释》第二十九条将适用范围明确限定为"合议庭组成人员或者独任审判员"，故不适用上述规则，不能据此认为原审参与审委会讨论的委员都需要回避。如果适用上述规则，可能导致案件无法处理，不具有可操作性。征求意见过程中，有意见提出，"本案其他程序"是否仅指刑事诉讼法第三编的第一审、第二审、死刑复核、审判监督程序，司法实践中容易产生歧义，建议对"本案其他程序"的内涵进一步明确。理由是：刑事诉讼法第三编规定了第一审、第二审、死刑复核、审判监督程序，第五编还规定了特别程序，这两编规定的都是审判程序，且部分审判程序存在密切关联。例如，贪污贿赂、恐怖活动犯罪等重大犯罪案件的被告人在审判过程中死亡，法院依法裁定终止审理；同时，对于因需要追缴其违法所得及其他涉案财产而启动特别没收程序的，特别没收程序是否属于本案其他程序，原合议庭人员能否继续审理，实践中会存在争议。被告人在特别没收程序中归案，同样也存在类似问题。经研究认为，上述情形不需要适用回避的规定。主要考虑是：（1）"在一个审判程序中参与过本案审判工作的合议庭组成人员或者独任审判员，不得再参与本案其他程序的审判"的规定限于"本案"，即同一个案件。对于普通程序与缺席审判程序、违法所得没收程序、强制医疗程序等特别程序之间的转换，由于案由发生变化，不再属于同一案件，自然不受本条规定的限制。（2）对于上述情形，由同一审判组织继续审理，不仅不会影响公正审判，而且由于原审判组织熟悉案件相关情况，更加便利于审判。因此，不需要适用回避制度。（3）关于特别程序的相关条文，有的可以当然推导出不需要另行组成合议庭。例如，《刑事诉讼法解释》第六百三十八条第一款规定："第一审人民法院在审理刑事案件过程中，发现被告人可能符合强制医疗条件的，应当依照法定程序对被告人进行法医精神病鉴定。经鉴定，被告人属于依法不负刑事责任的精神病人的，应当适用强制医疗程序，对案件进行审理。"此处明显是指直接转换为强制医疗程序，不需要另行组成合议庭。

对于发回重新审判的案件，在第一审人民法院作出裁判后又进入第二审程序、在法定刑以下判处刑罚的复核程序或者死刑复核程序的，根据《刑事诉讼法解释》第二十九条第二款的规定，原第二审程序、在法定刑以下判处刑罚的复核程序或者死刑复核程序中的合议庭组成人员不受"在一个审判程序中参与过本案审判工作的合议庭组成人员或者独任审判员，不得再参与本案其他程序的审判"的限制。征求意见过程中，有意见提出，发回重新审判的案件，一审作出裁判后又进入第二审程序、在法定刑以下判处刑罚的复核程序或者死刑复核程序的,原合议庭组成人员不得再参与该案件审理。理由是:发回重审的案件再次进入第二审程序、在法定刑以下判处刑罚的复核程序或者死刑复核程序后,由原合议庭审理,虽然可提高效率,但是难以避免先入为主,影响案件公正审理。经研究认为,对于发回重新审判的案件,原第二审程序、在法定刑以下判处刑罚的复核程序或者死刑复核程序的合议庭组成人员对案件情况比较熟悉,清楚发回重审的原因。案件再次进入第二审程序、在法定刑以下判处刑罚的复核程序或者死刑复核程序后,由原合议庭审理,不会影响司法公正,而是能更好地审查一审法院是否解决了原来存在的问题,重新作出的裁判是否合法、合理,可以兼顾公正与效率,故未采纳上述意见。

2. 关于申请出庭的检察人员回避的处理

《2012年解释》第三十一条规定:"当事人及其法定代理人申请出庭的检察人员回避的,人民法院应当决定休庭,并通知人民检察院。"实践反映,如果当事人及其法定代理人所提申请根本不属于刑事诉讼法第二十九条、第三十条规定的情形,没有必要休庭,应当由法庭当庭驳回,以保证庭审的有序推进。经研究,采纳上述意见,《刑事诉讼法解释》第三十六条规定:"当事人及其法定代理人申请出庭的检察人员回避的,人民法院应当区分情况作出处理:(一)属于刑事诉讼法第二十九条、第三十条规定情形的回避申请,应当决定休庭,并通知人民检察院尽快作出决定;(二)不属于刑事诉讼法第二十九条、第三十条规定情形的回避申请,应当当庭驳回,并不得申请复议。"

(三)辩护与代理

《刑事诉讼法修改决定》对辩护与代理作了三个方面的修改:一是增加规定被开除公职和被吊销律师、公证员执业证书的人不得担任辩护人;二是增加值班律师制度;三是与监察体制改革相衔接,删除辩护律师会见"特别重大贿赂犯罪"案件的犯罪嫌疑人应当经侦查机关许可的规定。《刑事诉讼法解释》第三章根据修改后刑事诉讼法的规定,对《2012年解释》第三章"辩护与代理"的条文作了修改完善,主要涉及:(1)对刑事诉讼法作出调整的条文作出照应规定或者修改,特别是明确值班律师的阅卷权及参与诉讼活动有关问题;(2)明确辩护人应当及时提交书面辩护意见;(3)明确相关录音录像的查阅规则;(4)删去辩护人、诉讼代理人复制案卷材料收取费用的规定;[①] (5)明确律师助理参加庭审的规则。

1. 关于指定辩护与委托辩护并存的处理规则

从实践来看,有的案件法律援助机构指派律师为被告人提供辩护,被告人的监护人、近亲属又代为委托辩护人的,如何处理,存在不同做法。经研究认为,委托辩护是刑事诉讼法赋予被告人的基本诉讼权利,应当予以充分保障。在指定辩护和委托辩护并存的

---

[①] 《2012年解释》第五十九条规定:"辩护人、诉讼代理人复制案卷材料的,人民法院只收取工本费;法律援助律师复制必要的案卷材料的,应当免收或者减收费用。"《财政部、国家发展和改革委员会关于清理规范一批行政事业性收费有关政策的通知》(财税〔2017〕20号)要求"停征涉及个人等事项的行政事业性收费",其中包括"复制费(含案卷材料费)",并规定:"取消、停征或减免上述行政事业性收费后,有关部门和单位依法履行管理职能所需相关经费,由同级财政预算予以保障,不得影响依法履行职责。"据了解,实践中不少地方对复制案卷材料早已停收费用。鉴此,删去《2012年解释》第五十九条的规定。

情况下,应当赋予被告人选择权,以其意思表示为准,否则会产生对审判公正性的质疑。基于此,《刑事诉讼法解释》第五十一条规定:"对法律援助机构指派律师为被告人提供辩护,被告人的监护人、近亲属又代为委托辩护人的,应当听取被告人的意见,由其确定辩护人人选。"

2. 关于讯问录音录像的查阅规则

关于侦查讯问录音录像,《最高人民法院刑事审判第二庭关于辩护律师能否复制侦查机关讯问录像问题的批复》(〔2013〕刑他字第239号,以下简称《批复》)规定:"自人民检察院对案件审查起诉之日起,辩护律师可以查阅、摘抄、复制案卷材料,但其中涉及国家秘密、个人隐私的,应严格履行保密义务。你院请示的案件,侦查机关对被告人的讯问录音录像已经作为证据材料向人民法院移送并已在庭审中播放,不属于依法不能公开的材料,在辩护律师提出要求复制有关录音录像的情况下,应当准许。"《刑事诉讼法解释》原本拟吸收上述规定。征求意见过程中,存在不同认识。一种意见建议不作规定。理由是:关于讯问录音录像的性质,目前刑事诉讼法及《最高人民法院、最高人民检察院、公安部、国家安全部、司法部、全国人大常委会法制工作委员会关于实施刑事诉讼法若干问题的规定》(以下简称《关于实施刑事诉讼法若干问题的规定》)均将其定性为证明取证合法性的证明材料,有别于证据材料。并且,录音录像中可能涉及关联案件线索、国家秘密、侦查秘密等,尤其是危害国家安全犯罪案件、职务犯罪案件,较为敏感。如允许复制,在信息化时代,一旦传播到互联网中,可能会带来重大国家安全及舆情隐患。将录音录像定性为"取证合法性的证明材料"而非证据材料,并且根据需要调取,较为符合实际。《关于实施刑事诉讼法若干问题的规定》第十九条和《最高人民法院、最高人民检察院、公安部、国家安全部、司法部关于办理刑事案件严格排除非法证据若干问题的规定》(法发〔2017〕15号,以下简称《非法证据排除规定》)第二十二条均采取了上述立场。实践中有个别办案机关将讯问录音录像放入案卷随案移送,这属于因对法律、司法解释理解不到位导致的不规范做法,应当予以纠正,不能因此认为讯问录音录像就是证据。另一种意见认为,讯问录音录像证明讯问过程的合法性,对于律师应该公开。如果将允许查阅、复制的范围限定为"在庭审中举证、质证的且不属于不能公开的材料",有可能在执行中成为法院限制律师复制的理由。如果讯问录音录像涉密,可以按照涉密规定处理。

经研究,《刑事诉讼法解释》第五十四条对《批复》予以吸收并作适当调整,规定:"对作为证据材料向人民法院移送的讯问录音录像,辩护律师申请查阅的,人民法院应当准许。"具体而言:(1)根据刑事诉讼法第四十条的规定,辩护律师自人民检察院对案件审查起诉之日起,可以查阅本案的案卷材料。对于移送人民法院的录音录像,无论是否已经在庭审中举证质证,无论是直接用于证明案件事实还是用于证明取证合法性,均应当属于案卷材料的范围。基于此,《刑事诉讼法解释》第五十四条未再限定为"已在庭审中播放"。而且,移送的证据材料,对诉讼参与人应当是公开的。特别是,在公开审理的案件中举证、质证的相关证据材料,包括录音录像在内,由于不少案件要进行庭审直播,人民群众均可观看、下载。此种情形下,再以"防止录音录像广泛传播"为由禁止辩护律师查阅讯问录音录像，于理不合。即使讯问录音录像涉及国家秘密、个人隐私、商业秘密，辩护律师为行使辩护权，也是可以查阅的。并且，《刑事诉讼法解释》第五十五条对此已作充分考虑，专门规定了保密和不得违反规定泄露、披露案件信息、材料的相关问题。（2）较之一般证据材料，讯问录音录像确实具有一定特殊性。特别是作为证明取证合法性的录音录像，可能涉及侦查办案的策略方法，也可能涉及其他关联案件和当事人隐私，一律允许复制，恐难以控制传播面以及一旦泄露可能带来的影响。从实践来看，允许查阅，即可以满足辩护律师的辩护需要，充分保障其权益。基于此，《刑事诉讼法解释》第五十四条明确为"辩护律师申请查阅的，人民法院应当准许"，即对于查阅申请应当一律准许，但对复制未再作明确要求。（3）《刑事诉讼法解释》第五十四条规定的"讯问录音录像"，不限于作为证据材料移送人民法院的"侦查录音录像"，也包括作为证据材料向人民法院移送的相关监察调查过程的录音录像。《人民检察院刑事诉讼规则》第二百六十三条第二款规定："对于监察机关移送起诉的案件，认为需要调取有关录音、录像的，可以商监察机关调取。"第七十六条规定："对于提起公诉的案件，被告人及其辩护人提出审前供述系非法取得，并提供相关线索或者材料的，人民检察院可以将讯问录音、录像连同案卷材料一并移送人民法院。"当然，如果相关监察调查过程的录音录像未移送人民法院的，自然不属于可以查阅的范围。

3. 关于查阅、摘抄、复制案卷材料的保密要求

《刑事诉讼法解释》第五十五条强调了查阅、摘抄、复制案卷材料在保密方面的相关要求，规定："查阅、摘抄、复制案卷材料，涉及国家秘密、商业秘密、个人隐私的，应当保密；对不公开审理案件的信息、材料，或者在办案过程中获悉的案件重要信息、证据材料，不得违反规定泄露、披露，不得用于办案以外的用途。人民法院可以要求相关人员出具承诺书。""违反前款规定的，人民法院可以通报司法行政机关或者有关部门，建议给予相应处罚；构成犯罪的，依法追究刑事责任。"

征求意见过程中，有意见建议删去《刑事诉讼法解释》第五十五条，理由是：律师法中已有关于律师违反保密义务的相关规定，律师行业规范中也对此进行了约束，不必在此赘述。关于"人民法院可以要求相关人员出具承诺书"的规定，根据律师法第三十八条的规定，律师应当保守在执业活动中知悉的国家秘密、商业秘密和当事人隐私。若律师违反保密义务，无论是否出具承诺书，都可以依法依规对其违法或犯罪行为予以追究。经研究，未采纳上述意见。主要考虑是：（1）律师法、《最高人民法院、最高人民检察院、公安部、国家安全部、司法部关于依法保障律师执业权利的规定》、中华全国律师协会《律师办理刑事案件规范》已对相关问题作出明确，本条只是作了照应性规定。（2）实践中，绝大多数律师能够保守在执业活动中知悉的秘密和相关信息，但也有极个别律师违反保密义务，违法违规散布有关案件信息，《刑事诉讼法解释》作出规定，有利于警示和规制。

4. 关于诉讼代理人查阅、摘抄、复制案卷材料的规则

《2012年解释》第五十七条规定，诉讼代理人查阅、摘抄、复制案卷材料需经人民法院批准。当前，在强化对犯罪嫌疑人、被告人权利保护的同时，应当更加注意对被害

权利的保护。而且，从刑事诉讼法理上而言，被害人与被告人同属于当事人，诉讼代理人的权利与辩护人的权利基本相同，应当对诉讼代理人和辩护人在查阅、摘抄、复制案卷材料方面予以同等权利保护。基于此，《刑事诉讼法解释》第六十五条第一款作出修改完善，规定："律师担任诉讼代理人的，可以查阅、摘抄、复制案卷材料。其他诉讼代理人经人民法院许可，也可以查阅、摘抄、复制案卷材料。"

5. 关于律师带助理参加庭审的规则

《刑事诉讼法解释》第六十八条吸收《最高人民法院、最高人民检察院、公安部、国家安全部、司法部关于依法保障律师执业权利的规定》第二十五条第二款的规定，明确："律师担任辩护人、诉讼代理人，经人民法院准许，可以带一名助理参加庭审。律师助理参加庭审的，可以从事辅助工作，但不得发表辩护、代理意见。"据此，辩护律师可以向人民法院申请带一名律师助理参与庭审，从事记录等辅助工作。需要注意的是，《刑事诉讼法解释》第六十八条规定的"发表辩护、代理意见"是概称，包括申请回避、举证、质证、辩论以及发表辩护、代理意见等诉讼行为，这些行为都应当由辩护人、诉讼代理人完成，不能交由律师助理代为实施。

（四）证据

《刑事诉讼法修改决定》未涉及证据问题。《刑事诉讼法解释》第四章在《2012年解释》第四章"证据"条文的基础上，对证据审查判断和综合运用规则作了完善，主要涉及：(1) 总结推进以审判为中心的刑事诉讼制度改革的经验和成果，对"三项规程"特别是《人民法院办理刑事案件排除非法证据规程（试行）》的有关规定予以吸收，进一步丰富细化证据部分的内容；(2) 根据司法实践反映的问题，对证据部分与实践相比滞后或者不协调的条文作出调整；(3) 鉴于技术调查、侦查证据材料的移送与审查判断等问题存在较大争议，为统一司法适用，增加第八节"技术调查、侦查证据的审查与认定"，对《2012年解释》第一百零七条的规定予以扩展并独立成节，对技术调查、侦查证据材料的审查判断作出专门规定。

1. 关于全案移送证据材料的问题

《刑事诉讼法解释》第七十三条规定："对提起公诉的案件，人民法院应当审查证明被告人有罪、无罪、罪重、罪轻的证据材料是否全部随案移送；未随案移送的，应当通知人民检察院在指定时间内移送。人民检察院未移送的，人民法院应当根据在案证据对案件事实作出认定。"这是根据刑事诉讼法第四十一条"辩护人认为在侦查、审查起诉期间公安机关、人民检察院收集的证明犯罪嫌疑人、被告人无罪或者罪轻的证据材料未提交，有权申请人民检察院、人民法院调取"和《关于实施刑事诉讼法若干问题的规定》第二十四条"人民检察院向人民法院提起公诉时，应当将案卷材料和全部证据移送人民法院，包括犯罪嫌疑人、被告人翻供的材料，证人改变证言的材料，以及对犯罪嫌疑人、被告人有利的其他证据材料"所作的照应性规定。全案移送证据材料有利于全面查明案件事实，是刑事诉讼的基本规则。从近些年纠正的冤错案件来看，一些案件就是因为没有全案移送证据材料，影响了最终裁判。例如安徽"于英生案"，侦查机关没有随案移送现场发现的第三人的血指纹。后经继续侦查，发现该第三人的血指纹即为真凶的血指纹。基于此，应当要求移送全案证据材料。从司法实践来看，个别案件存在由于未随案移送相关证据材料导致案件存疑的情况，甚至经人民法院调取仍未提供。为将相关法律规定落到实处，切实保障被告人的合法权益，有必要专门规定。

需要注意的是，《刑事诉讼法解释》第七十三条专门规定"人民检察院未移送的，人民法院应当根据在案证据对案件事实作出认定"，旨在明确人民检察院经调取未移送的处理规则。这意味着因缺乏证据材料导致有关事实存疑的，应当依法作出有利于被告人的认定。例如，在辩方举证证明被告人未满十八周岁的情况下，由于人民检察院拒绝移送相关证据导致年龄存疑的，应当作有利于被告人的认定，即认定其不满十八周岁。

2. 关于调取讯问录音录像的问题

刑事诉讼法对讯问录音录像问题作了明确，监察法第四十一条第二款也规定"调查人员进行讯问以及搜查、查封、扣押等重要取证工作，应当对全过程进行录音录像，留存备查"。而且，相关主管部门也对重要取证环节的录音录像作了进一步细化规定。但是，从司法实践来看，个别案件仍然存在由于未随案移送相关录音录像导致证据存疑的情况，甚至经人民法院调取仍未提供。为将相关法律规定落到实处，切实保障被告人的合法权益，《刑事诉讼法解释》第七十四条规定："依法应当对讯问过程录音录像的案件，相关录音录像未随案移送的，必要时，人民法院可以通知人民检察院在指定时间内移送。人民检察院未移送，导致不能排除属于刑事诉讼法第五十六条规定的以非法方法收集证据情形的，对有关证据应当依法排除；导致有关证据的真实性无法确认的，不得作为定案的根据。"

征求意见过程中，有意见建议删去《刑事诉讼法解释》第七十四条。理由是：根据刑事诉讼法和《关于实施刑事诉讼法若干问题的规定》，讯问录音录像无须随案移送，而是根据需要调取。无论是刑事诉讼法还是《非法证据排除规定》，都没有将"未依法对取证过程进行录音录像"或者"录音录像未随案移送"作为排除非法证据的情形。关于检察机关未提供讯问过程录音录像以证明取证合法性的问题，可以依据刑事诉讼法关于非法证据排除的规定处理。经研究，未采纳上述意见。主要考虑是：《刑事诉讼法解释》第七十四条规定与上述规范性文件的规定并不矛盾。《刑事诉讼法解释》第七十四条规定的是经人民法院调取仍未移送，进而导致相关证据的真实性、合法性或者关联性无法确认的情形。对此，无论依据哪个规范性文件的规定，还是刑事诉讼基本法理，都不能作为定案的根据。本条规定只是对此类情形予以细化，并无不妥。

需要注意的是，《刑事诉讼法解释》第七十四条规定的"讯问过程录音录像"不限于侦查讯问过程录音录像，也包括监察调查讯问过程录音录像。《国家监察委员会与最高人民检察院办理职务犯罪案件工作衔接办法》第二十七条第二款规定："国家监察委员会对调查过程的录音、录像不随案移送最高人民检察院。最高人民检察院认为需要调取与指控犯罪有关并且需要对证据合法性进行审查的讯问录音录像，可以同国家监察委员会沟通协调后予以调取。……"可见，调查过程的录音录像虽然不随案移送，但可以依法调取。

3. 关于行政机关在行政执法和查办案件过程中收集证据材料的使用

《刑事诉讼法解释》第七十五条规定:"行政机关在行政执法和查办案件过程中收集的物证、书证、视听资料、电子数据等证据材料,经法庭查证属实,且收集程序符合有关法律、行政法规规定的,可以作为定案的根据。""根据法律、行政法规规定行使国家行政管理职权的组织,在行政执法和查办案件过程中收集的证据材料,视为行政机关收集的证据材料。"需要注意以下几方面。

(1)刑事诉讼法第五十四条第二款规定:"行政机关在行政执法和查办案件过程中收集的物证、书证、视听资料、电子数据等证据材料,在刑事诉讼中可以作为证据使用。"实践中,有观点认为,勘验、检查等笔录的客观性强,且往往条件消失后,不能重复制作,而重复鉴定亦无必要,故对上述行政证据材料,应当承认其刑事证据资格。基于此,《刑事诉讼法解释》第七十五条原本拟增加规定"勘验、检查等笔录"和"鉴定意见"在刑事诉讼中可以作为证据使用。征求意见过程中,有意见提出:"由于行政机关收集勘验、检查等笔录、鉴定意见等证据的程序与刑事诉讼法的规定存在差异,且基于各方面等原因,这些证据可能存在无法有效检验、质证等情况,刑事诉讼法未对行政机关收集的勘验、检查等笔录、鉴定意见在刑事诉讼中的证据效力作出规定。这些证据如果在刑事诉讼中使用,并作为定案的依据,应当严格慎重把握。"另有意见认为,勘验、检查笔录、鉴定意见是有一定主观性的证据材料,与书证、物证等客观性证据不同,不宜采用相同的证据审查认定规则。特别是行政执法过程中的"鉴定意见"效力不同于司法鉴定。司法鉴定需要有鉴定资质,而行政执法过程中的鉴定意见往往由行政机关自己作出,或者由不具有司法鉴定资质的机构作出,不具有相同的公信力,不应直接作为证据使用。经研究,采纳上述意见,沿用《2012年解释》第六十五条第一款的规定,且与刑事诉讼法第五十四条第二款的规定保持一致。

需要注意的是,《刑事诉讼法解释》第七十五条规定的是"物证、书证、视听资料、电子数据等证据材料"在刑事诉讼中可以作为证据使用,对其中的"等",原则上应作"等内"解释,即通常只限于物证、书证、视听资料、电子数据,不包括鉴定意见、勘验、检查笔录;但是,根据案件具体情况,进入刑事诉讼程序后,如已不具备重新鉴定、勘验、检查的条件,且有证据证明行政机关进行的鉴定、勘验、检查程序合法,相关证据能与其他证据相印证,确有必要作"等外"解释的,则可以个案处理。

(2)《刑事诉讼法解释》第七十五条原本拟增加一款作为第二款:"行政机关在行政执法和查办案件过程中收集的证人证言、当事人陈述、辨认笔录,需要在刑事诉讼中作为证据使用的,应当重新收集。确有证据证实相关人员因死亡、丧失作证能力等,无法重新收集的,该证据可以在刑事诉讼中作为证据使用;经法庭调查,证言、陈述的收集程序合法,并有其他证据相印证的,可以作为定案的根据。"讨论中,有意见认为,相比于刑事司法程序,行政执法办案对程序规范、权利保障的要求较为宽松。言词证据具有易变性,故对于言词证据特别是证人证言的审查通常要遵守直接言词原则。而作出上述规定,将导致对言词证据的质证权难以落实。此外,还有可能被滥用、不当适用,规避刑事诉讼法的相关规定。例如,一旦证人联系不上,就以证人失踪为由,要求使用、采信行政机关对其录取的证言。经研究，采纳上述意见，删去相关规定。司法实践中，对行政机关收集的言词证据，在刑事诉讼中作为证据材料使用的，必须作更为严格的限制，即仅限于确实无法重新收集，但又必须使用的，且有证据证明取证程序合法、能与其他证据相印证的极特殊情形。

（3）征求意见过程中，有意见建议《刑事诉讼法解释》第七十五条增加一款，明确"公安机关在办理行政案件过程中所收集的言词证据，需要在刑事诉讼中作为证据使用的，无须重新收集"。理由是：公安机关具有行政执法和刑事司法的双重职能，在办理行政案件和刑事案件中对于取证程序的要求是完全相同的。并且，根据《公安机关办理行政案件程序规定》的有关规定，对发现或者受理的案件暂时无法确定为刑事案件或者行政案件的，可以按照行政案件的程序办理。在办理过程中，认为涉嫌构成犯罪的，应当按照《公安机关办理刑事案件程序规定》办理。因此，公安机关在办理行政案件过程中收集的证据，应当可以用作刑事诉讼中的证据。经研究认为，上述观点似有不妥，对于公安机关在行政执法过程中收集的言词证据，依法应当在刑事立案之后重新收集。主要考虑是：第一，公安机关具有行政执法和刑事司法的双重职能，这就决定了公安机关的取证活动未必就是刑事侦查，而可能是行政执法，应当受刑事诉讼法第五十四条第二款的规范。第二，监察机关收集的证据材料，无论是言词证据还是实物证据，在刑事诉讼中都可以作为刑事证据使用。其依据在于监察法第三十三条第一款"监察机关依照本法规定收集的物证、书证、证人证言、被调查人供述和辩解、视听资料、电子数据等证据材料，在刑事诉讼中可以作为证据使用"的规定。如果公安机关在行政执法过程中收集的言词证据也需要在刑事诉讼中直接使用，则需要在刑事诉讼法或者其他法律中作出专门规定。

4. 关于监察调查证据材料的使用

根据监察法第三十三条的规定，《刑事诉讼法解释》第七十六条规定："监察机关依法收集的证据材料，在刑事诉讼中可以作为证据使用。""对前款规定证据的审查判断，适用刑事审判关于证据的要求和标准。"

5. 关于境外证据材料的使用

《刑事诉讼法解释》第七十七条规定："对来自境外的证据材料，人民检察院应当随案移送有关材料来源、提供人、提取人、提取时间等情况的说明。经人民法院审查，相关证据材料能够证明案件事实且符合刑事诉讼法规定的，可以作为证据使用，但提供人或者我国与有关国家签订的双边条约对材料的使用范围有明确限制的除外；材料来源不明或者真实性无法确认的，不得作为定案的根据。""当事人及其辩护人、诉讼代理人提供来自境外的证据材料的，该证据材料应当经所在国公证机关证明，所在国中央外交主管机关或者其授权机关认证，并经中华人民共和国驻该国使领馆认证，或者履行中华人民共和国与该所在国订立的有关条约中规定的证明手续，但我国与该国之间有互免认证协定的除外。"

《刑事诉讼法解释》第七十七条原规定在涉外案件的审理和司法协助一章，将其位置调整到证据部分，主要是考虑在非涉外案件中，也存在来自境外的证据的审查运用问题。

此外，根据该条规定，对于办案机关收集的境外证据材料，无须经过公证、认证程序，只需对来源等作出说明即可；只有当事人等个人提供的境外证据材料才需要经过公证、认证程序。

6. 关于法定代理人或者合适成年人不在场的未成年证人证言的处理

《刑事诉讼法解释》第九十条规定："证人证言的收集程序、方式有下列瑕疵，经补正或者作出合理解释的，可以采用；不能补正或者作出合理解释的，不得作为定案的根据：……（五）询问未成年人，其法定代理人或者合适成年人不在场的。"

根据刑事诉讼法第二百八十一条的规定，对于在法定代理人无法通知、不能到场或者是共犯的情况下，应当通知合适成年人到场。有意见认为，对于询问未成年证人，法定代理人或相关人员未到场的，该未成年证人提供的证言不得作为定案的根据。经研究认为，瑕疵证据不同于非法证据，并不涉及严重违反法定程序和侵犯人权的问题，只是证据的真实性受到证据瑕疵的影响。瑕疵证据不能直接予以排除，而是看证据瑕疵问题能否得到解决。询问未成年证人时法定代理人或合适成年人未到场的，违反了刑事诉讼法相关规定，但考虑未成年证人的证言对认定案件事实具有重要作用，且在法定代理人或合适成年人未到场情况下作伪证的可能性并不大，不宜绝对排除，宜认定为证人证言收集程序存在瑕疵，允许补正和合理解释为妥。

7. 关于法定代理人或者合适成年人不在场的未成年被告人供述的排除

《刑事诉讼法解释》第九十四条规定："被告人供述具有下列情形之一的，不得作为定案的根据：……（四）讯问未成年人，其法定代理人或者合适成年人不在场的。"该项规定是新增内容。

征求意见中，有意见认为，此种情况下似不宜绝对排除。例如，在被告人本人及其法定代理人对相关证据无异议的情况下，该供述可以作为证据使用。经研究认为，合适成年人制度基于儿童最大利益原则和国家亲权理论而设立，是国家刑事司法制度对未成年人诉权的一种特殊保护。合适成年人参与未成年人刑事诉讼程序，具有监督讯问活动、抚慰未成年人的紧张情绪、帮助未成年人与讯问人员有效沟通等职能。刑事诉讼法第二百八十一条已经明确规定，对于未成年人刑事案件，在讯问和审判的时候，是"应当"而非"可以"通知法定代理人、合适成年人到场。因此，对无法定代理人或者合适成年人在场的未成年被告人供述，取证程序严重违反法律强制规定，无法保障被告人供述的真实性，故应直接强制性排除。而且，经了解，司法实践中均是如此操作的，不存在问题。基于此，决定增加上述规定。

8. 关于就专门性问题出具的报告的使用

《2012 年解释》第八十七条规定："对案件中的专门性问题需要鉴定，但没有法定司法鉴定机构，或者法律、司法解释规定可以进行检验的，可以指派、聘请有专门知识的人进行检验，检验报告可以作为定罪量刑的参考。""对检验报告的审查与认定，参照适用本节的有关规定。""经人民法院通知，检验人拒不出庭作证的，检验报告不得作为定罪量刑的参考。"根据刑事诉讼法第五十条第一款的规定，可以用于证明案件事实的材料，都是证据。在司法实践中，大量的关于专门性问题的报告被用于证明案件事实，有些还被用于证明与定罪量刑直接相关的构成要件的事实，发挥着与鉴定意见同等重要的作用。无论从法条的规定来看，还是从司法实务的操作出发，该类报告可以并已经作为证据使用，特别是在盗窃、诈骗等侵财案件中，被广泛运用的价格认定报告就属于本条所讲的"报告"。目前看来，现实中的专业性问题层出不穷，司法鉴定的范围却非常有限，无法一一涵盖，允许出具报告已不仅仅是应急之策，而是已成为常态。而"作为定罪量刑的参考"，并不能反映明确的态度。基于此，《刑事诉讼法解释》第一百条作了相应调整，规定："因无鉴定机构，或者根据法律、司法解释的规定，指派、聘请有专门知识的人就案件的专门性问题出具的报告，可以作为证据使用。""对前款规定的报告的审查与认定，参照适用本节的有关规定。""经人民法院通知，出具报告的人拒不出庭作证的，有关报告不得作为定案的根据。"

9. 关于事故调查报告的使用

司法实践中，事故调查报告被广泛运用。此类证据的特点是：（1）以行政机关或者事故调查组名义出具，且很多时候是集体讨论的结果。（2）内容多涉及单位就其职权范围，依照一定的程序对某一事实进行审查、认定。（3）技术性强，具有不可替代性。例如，火灾事故调查报告记录了火灾的起火时间、起火点、可能的起火原因等对案件事实认定至关重要的因素。由于上述材料无法归入现行的证据种类，实践中对其能否作为刑事证据使用，存在不同认识。基于此，《刑事诉讼法解释》第一百零一条规定："有关部门对事故进行调查形成的报告，在刑事诉讼中可以作为证据使用；报告中涉及专门性问题的意见，经法庭查证属实，且调查程序符合法律、有关规定的，可以作为定案的根据。"

需要注意的是，根据《刑事诉讼法解释》第一百零一条规定，"报告中涉及专门性问题的意见，经法庭查证属实，且调查程序符合法律、有关规定的"，才能作为定案的根据。首先，事故调查报告中涉及的对专门性问题的意见，其性质实际与鉴定意见类似，也需要接受控辩双方质证，接受法庭调查，只有经查证属实，且调查程序符合法律、有关规定的，才能作为定案的根据。其次，事故调查报告中常常会涉及其他事项，有关事项与事实认定无关或者不属于专门性问题的，不具有证据性质，不能作为定案的根据。

10. 关于技术调查、侦查证据的审查与认定

刑事诉讼法第一百五十四条规定："依照本节规定采取侦查措施收集的材料在刑事诉讼中可以作为证据使用……"据此，通过技术调查、侦查措施收集的材料具有刑事诉讼的证据资格已无异议。实践中存在的问题是，哪些技术调查、侦查证据材料应当随案移送？技术调查、侦查证据材料相对特殊，使用不当可能暴露有关人员的身份、技术方法，威胁有关人员的安全，增强潜在犯罪人的反调查能力或反侦查能力。因此，实践中，通常采取将技术调查、侦查证据材料转化为被告人供述、证人证言等其他证据的方式来证明案件事实。但是，如果技术调查、侦查证据材料无法完全转化，需要运用技术调查、侦查证据材料本身来直接证明案件事实时，是否应当随案移送？经研究认为，如果技术调查、侦查证据材料要作为证据使用，则必须随案移送，进而接受法庭审查；未随案移送、未经法庭审查的，不可能具有诉讼证据的性质和功能，更不能作为定案根据；技术

调查、侦查证据材料未随案移送的，人民法院只能根据在案证据认定案件事实。

基于此，《刑事诉讼法解释》第一百一十六条规定："依法采取技术调查、侦查措施收集的材料在刑事诉讼中可以作为证据使用。""采取技术调查、侦查措施收集的材料，作为证据使用的，应当随案移送。"《刑事诉讼法解释》第一百二十二条进一步规定："人民法院认为应当移送的技术调查、侦查证据材料未随案移送的，应当通知人民检察院在指定时间内移送。人民检察院未移送的，人民法院应当根据在案证据对案件事实作出认定。"

《刑事诉讼法解释》第一百一十七条明确了移送技术调查、侦查证据材料的保护措施及相关问题，规定："使用采取技术调查、侦查措施收集的证据材料可能危及有关人员的人身安全，或者可能产生其他严重后果的，可以采取下列保护措施：（一）使用化名等代替调查、侦查人员及有关人员的个人信息；（二）不具体写明技术调查、侦查措施使用的技术设备和技术方法；（三）其他必要的保护措施。"

技术调查、侦查证据并非单独的证据种类，而是通常表现为视听资料、电子数据等类型，故根据证据分类审查规定进行审查判断即可。基于此，《刑事诉讼法解释》第一百一十九条进一步强调了关于技术调查、侦查本身应当审查的要点，规定："对采取技术调查、侦查措施收集的证据材料，除根据相关证据材料所属的证据种类，依照本章第二节至第七节的相应规定进行审查外，还应当着重审查以下内容：（一）技术调查、侦查措施所针对的案件是否符合法律规定；（二）技术调查措施是否经过严格的批准手续，按照规定交有关机关执行；技术侦查措施是否在刑事立案后，经过严格的批准手续；（三）采取技术调查、侦查措施的种类、适用对象和期限是否按照批准决定载明的内容执行；（四）采取技术调查、侦查措施收集的证据材料与其他证据是否矛盾；存在矛盾的，能否得到合理解释。"

《刑事诉讼法解释》第一百二十条明确了技术调查、侦查证据材料的当庭调查及庭外核实的有关问题，规定："采取技术调查、侦查措施收集的证据材料，应当经过当庭出示、辨认、质证等法庭调查程序查证。""当庭调查技术调查、侦查证据材料可能危及有关人员的人身安全，或者可能产生其他严重后果的，法庭应当采取不暴露有关人员身份和技术调查、侦查措施使用的技术设备、技术方法等保护措施。必要时，审判人员可以在庭外对证据进行核实。"

《刑事诉讼法解释》第一百二十一条明确了裁判文书应当注意的问题，规定："采用技术调查、侦查证据作为定案根据的，人民法院在裁判文书中可以表述相关证据的名称、证据种类和证明对象，但不得表述有关人员身份和技术调查、侦查措施使用的技术设备、技术方法等。"

（五）强制措施

《刑事诉讼法修改决定》对强制措施的修改只有一处，即增加一款，作为刑事诉讼法第八十一条的第二款："批准或者决定逮捕，应当将犯罪嫌疑人、被告人涉嫌犯罪的性质、情节，认罪认罚等情况，作为是否可能发生社会危险性的考虑因素。"《刑事诉讼法解释》第五章沿用《2012年解释》第五章"强制措施"的条文，并根据司法实践反映的情况作了修改完善，主要涉及：（1）明确继续取保候审、监视居住的决定规则；（2）根据司法实践反映的情况对个别条文的规定作了微调，如对取保候审、监视居住送交公安机关执行的情形删去了"同级"的限定；（3）规定强制措施的自动解除制度。

1. 关于继续取保候审、监视居住的决定规则

《2012年解释》第一百一十三条第二款规定："对被告人采取、撤销或者变更强制措施的，由院长决定。"征求意见过程中，有意见建议将"由院长决定"修改为"由院长、庭长或承办案件的审判员决定"，理由是：被告人在取保候审或监视居住的情况下，经常存在案件不能正常审结、一审与二审相互转换、宣判缓刑、判处无罪等情形，上述程序皆有法律规定，可以根据具体情况决定，只规定由院长决定显然已不适应当前司法体制改革的要求。经研究，《刑事诉讼法解释》第一百四十七条部分采纳上述意见，规定："人民法院根据案件情况，可以决定对被告人拘传、取保候审、监视居住或者逮捕。""对被告人采取、撤销或者变更强制措施的，由院长决定；决定继续取保候审、监视居住的，可以由合议庭或者独任审判员决定。"主要考虑是：（1）强制措施的变更涉及对被告人人身自由的限制或者剥夺，应当十分慎重。刑事诉讼法第八十九条规定："人民检察院审查批准逮捕犯罪嫌疑人由检察长决定。重大案件应当提交检察委员会讨论决定。"与之对应，法院阶段变更强制措施，一般也应当由院长决定为宜。但是，在审判阶段延续此前所采取的强制措施的，可以由合议庭或者独任审判员决定。（2）据《刑事诉讼法解释》起草小组进一步向人民检察院了解情况，不少地方检察机关对于延续侦查阶段的取保候审、监视居住的，也不需要报请检察长批准。

2. 关于继续取保候审、监视居住的期限

《2012年解释》第一百二十七条第三款规定："人民法院不得对被告人重复采取取保候审、监视居住措施。"司法实践反映上述规定存在歧义。例如，一审法院对于取保候审的被告人决定逮捕，逮捕后因患病等原因不能羁押的，仍然只能取保候审，此种情况是否属于"重复取保候审"有不同认识。鉴此，删去该款规定。

在不同审判程序中，是否可以对被告人各采取不超过十二个月的取保候审、不超过六个月的监视居住措施，存在不同认识。例如，一审已经取保候审十二个月，二审可否再次取保候审。考虑到实际情况，《刑事诉讼法解释》第一百六十二条第三款原本拟规定："在同一个审判程序中，人民法院对被告人取保候审最长不得超过十二个月，监视居住最长不得超过六个月。"征求意见过程中，存在不同认识。有意见提出，刑事诉讼法第七十九条第一款规定，人民法院对犯罪嫌疑人、被告人取保候审最长不得超过十二个月，监视居住最长不得超过六个月。法律没有规定在不同的审判程序中取保候审、监视居住的期限可以分别计算。经研究认为，分阶段把握取保候审、监视居住的期限更符合实际。上述意见可能会导致对符合取保候审、监视居住适用条件的被告人，由于期限的限制，不得已变更为羁押性强制措施的情形，反而不利于被告人，不符合降低羁押性强制措施适用的基本趋势。但鉴于对有关问题的认识尚未统一，《刑事诉讼法解释》未作明确规定。待条件成熟时，再通过适当方式明确。

此外，征求意见过程中，有意见建议增加规定："第二审人民法院审理期间，一审法院对被告人已经采取的取保候审、监视居住尚未到期的，继续有效，二审法院应当及时通知执行机关变更办案单位；已经到期需要继续采取取保候审、监视居住强制措施的，可以委托一审法院代为办理相关手续。"理由是：（1）参照在押被告人不同阶段仅需办理换押手续，而无须另行决定逮捕的做法，有利于提高诉讼效率；（2）一审法院已经办理过相关强制措施，且负责判决的交付执行，委托一审法院办理相关手续，有利于统一协调，减少不必要的诉讼耗费。经研究认为，上述意见认为二审法院应当与一审法院共用取保候审、监视居住的期限，又认为二审法院在借用一审法院的取保候审、监视居住的期限到期后，可以重复决定取保候审、监视居住，明显违背刑事诉讼法和《刑事诉讼法解释》的相关规定，故未予采纳。相关问题可以交由司法实践裁量把握。但需要指出的是，如果二审法院未重新办理取保候审、监视居住手续，则二审阶段的取保候审、监视居住期限只能是一审阶段取保候审、监视居住的剩余时间。

3. 关于强制措施的自动解除制度

鉴于对于交付执行刑罚的罪犯，此前采取强制措施的，法院不会出具解除强制措施文书，《刑事诉讼法解释》第一百七十二条设立强制措施的自动解除制度，规定："被采取强制措施的被告人，被判处管制、缓刑的，在社区矫正开始后，强制措施自动解除；被单处附加刑的，在判决、裁定发生法律效力后，强制措施自动解除；被判处监禁刑的，在刑罚开始执行后，强制措施自动解除。"

需要注意的是，《刑事诉讼法解释》第一百七十二条规定的"社区矫正开始""刑罚开始执行"，是指已经实际开始执行刑罚或者缓刑，而非送交执行手续。主要考虑是：被采取强制措施的被告人在实际执行刑罚前，强制措施不当然解除。实践中，有观点认为，强制措施均为判决生效前的措施，其逻辑是判决一旦生效就进入了执行程序，对罪犯监禁、监外执行或者社区矫正，不存在判决生效后还要采取强制措施的问题。这一观点不符合实际情况，有部分被判处监禁刑的被告人，由于看守所拒收或者由于等待监外执行鉴定等原因，即使判决已经生效，实际上却未能被收监执行，一方面，监禁刑尚未实际执行；另一方面，没有其他监管措施，势必造成监管漏洞，可能存在被判刑未实际执行又犯新罪的情况，对于审判人员也存在渎职风险，故在监禁刑判决尚未实际执行前，对被告人仍然存在监管的必要。而且，强制措施是为了保证刑事诉讼而非仅是为了刑事审判的顺利进行而设置的措施，刑罚执行也是刑事诉讼的一个重要环节。因此，应当明确强制措施的自动解除从交付执行刑罚而非判决、裁定生效之日起。

（六）附带民事诉讼

《刑事诉讼法修改决定》未涉及附带民事诉讼问题。《刑事诉讼法解释》第六章沿用《2012年解释》第六章"附带民事诉讼"的条文，仅对个别条文根据司法实践反映的问题作了微调。

1. 关于因受到犯罪侵犯起诉要求赔偿精神损失的处理规则

刑事诉讼法第一百零一条规定，被害人由于被告人的犯罪行为而遭受物质损失的，在刑事诉讼过程中，有权提起附带民事诉讼。民法典第一百八十七条规定，民事主体因同一行为应当承担民事责任、行政责任和刑事责任的，承担行政责任或者刑事责任不影响承担民事责任。民法典第一千一百八十三条第一款规定，侵害自然人人身权益造成严重精神损害的，被侵权人有权请求精神损害赔偿。对于因犯罪行为遭受精神损失的，能否提起附带民事诉讼或者单独提起民事诉讼要求赔偿精神损失，存在不同认识。经研究，《刑事诉讼法解释》第一百七十五条第二款基本沿用《2012年解释》第一百三十八条的规定，仅将第二款规定的"人民法院不予受理"调整为"人民法院一般不予受理"，规定："因受到犯罪侵犯，提起附带民事诉讼或者单独提起民事诉讼要求赔偿精神损失的，人民法院一般不予受理。"主要考虑如下：

第一，刑事诉讼法第一百零一条明确规定"被害人由于被告人的犯罪行为而遭受物质损失的，在刑事诉讼过程中，有权提起附带民事诉讼"；第一百零三条规定："人民法院审理附带民事诉讼案件，可以进行调解，或者根据物质损失情况作出判决、裁定。"若认为对精神损失可以另行提起民事诉讼，则意味着刑事诉讼法有关只有遭受物质损失的才能提起附带民事诉讼、附带民事诉讼只能根据物质损失判赔的规定就将失去实际意义。绝大部分被害人肯定会选择在刑事案件审结后，另行提起民事诉讼，要求同时赔偿物质损失和精神损失，这样势必导致附带民事诉讼制度被架空、虚置，使附带民事诉讼制度有利于切实维护被害方合法权益、有利于化解社会矛盾、有利于贯彻宽严相济刑事政策、有利于节约司法资源等重要功能无法发挥。

第二，若认为对精神损失可以另行提起民事诉讼，则意味着就同一犯罪行为，被害方可以同一理由两次提出损失赔偿要求，势必存在"一事两诉"的问题。

第三，从司法实践看，刑事案件审结后，特别是被告人被送监服刑或者执行死刑后，往往连有关赔偿被害方物质损失的附带民事判决都难以得到实际执行。若赋予被害方对精神损失可以另行提起民事诉讼的权利，只会制造"空判"，引发新的社会矛盾。

2. 关于刑事附带民事诉讼的判赔规则

"死亡赔偿金、残疾赔偿金"（以下简称"两金"，含被扶养人生活费）通常高达七八十万元甚至上百万元，是否属于附带民事诉讼的判赔范围，一直是争议焦点、难点。2003年之前，将"两金"理解为精神损失，均不在附带民事诉讼判赔范围，但《最高人民法院关于审理人身损害赔偿案件适用法律若干问题的解释》（法释〔2003〕20号，以下简称《人身损害赔偿解释》）首次明确"两金"属于物质损失。但是，此规定是否适用于刑事附带民事诉讼案件，实践中存在不同认识，一些地方在附带民事诉讼中判赔"两金"，导致"空判"问题突出、调解难度增大、缠讼闹访凸显，影响宽严相济刑事政策的贯彻。在2006年的第五次全国法院刑事审判工作会议上，最高人民法院院领导在总结讲话中首次提出："死亡补偿费不能作为人民法院判决确定赔偿数额的根据。"《2012年解释》制定时，最高人民法院审判委员会对"两金"问题作了重点审议、研究，明确"两金"不在附带民事诉讼的判赔范围，但调解、和解的，赔偿范围、数额不受限制。此后，各级人民法院严格执行《2012年解释》的相关规定，整体实施良好。但是，关于"两金"问题的争论一直存在。第六次全国法院刑事审判工作会议上，最高人民法院院领导在总结讲话时再次强调,要求严格执行《2012年解释》的相关规定。

整体看来,不判赔"两金"是基于被告人普遍无力赔偿以及"空判"所引发的系列问题等而"不得已"作出的务实选择。此次征求意见过程中,有意见认为,民法典第一千一百七十九条规定,侵害他人造成残疾的,应当赔偿残疾赔偿金;造成死亡的,应当赔偿死亡赔偿金。在民法典的背景下,应当作出适当调整。经进一步认真研究,综合考虑司法实践情况,《刑事诉讼法解释》第一百九十二条维持《2012年解释》第一百五十五条的规定不变,规定:"对附带民事诉讼作出判决,应当根据犯罪行为造成的物质损失,结合案件具体情况,确定被告人应当赔偿的数额。""犯罪行为造成被害人人身损害的,应当赔偿医疗费、护理费、交通费等为治疗和康复支付的合理费用,以及因误工减少的收入。造成被害人残疾的,还应当赔偿残疾生活辅助器具费等费用;造成被害人死亡的,还应当赔偿丧葬费等费用。""驾驶机动车致人伤亡或者造成公私财产重大损失,构成犯罪的,依照《中华人民共和国道路交通安全法》第七十六条的规定确定赔偿责任。""附带民事诉讼当事人就民事赔偿问题达成调解、和解协议的,赔偿范围、数额不受第二款、第三款规定的限制。"简而言之,除驾驶机动车致人伤亡或者造成公私财产重大损失的案件外,"两金"不在附带民事诉讼的判赔范围,但调解、和解的,赔偿范围、数额不受限制。主要考虑以下几方面。

第一,根据法律、法理以及我国的法文化传统,对附带民事诉讼不应适用与单纯民事诉讼相同的标准。刑事诉讼法第一百零一条规定:"被害人由于被告人的犯罪行为而遭受物质损失的,在刑事诉讼过程中,有权提起附带民事诉讼。"第一百零三条规定:"人民法院审理附带民事诉讼案件,可以进行调解,或者根据物质损失情况作出判决、裁定。"而根据有关民事法律的规定,对民事侵权行为,还可判令被告人承担精神损害赔偿责任。由此可见,附带民事诉讼与单纯民事诉讼存在明显不同;依据法律规定,对二者不能适用相同赔偿标准。立法对附带民事诉讼与单纯民事诉讼的赔偿责任作出不同规定,是与两类不同诉讼的性质和我国的法文化传统相适应的。单纯民事案件,责令被告人作出相应赔偿,是对被害方进行抚慰、救济的唯一手段,故有理由要求被告人承担相应更重的赔偿责任;由于无须承担刑事责任,被告人往往也有意愿、有能力作出相应赔偿。而附带民事诉讼则不同,被告人不仅要在民事方面承担赔偿责任,还要承担相应的刑事责任。判决被告人承担刑事责任,既是对犯罪的惩处、重新犯罪的预防,也是对被害方抚慰、救济的主要方式。以故意杀人案件为例,如判处被告人死刑,实已让其"以命抵命",显然不应再要求其作出与单纯民事案件相同的精神损害赔偿,否则势必存在双重处罚的问题。传统上"打了不罚、罚了不打"的观念、做法,正是根源于此。

第二,应当深刻认识我国国情与其他国家存在的重大差异。有观点提出,在一些发达国家,因犯罪行为引发的赔偿和单纯民事赔偿适用的是同一标准。在这些国家,被告人也大多无力赔偿,也存在"空判"问题。因此,我国没有理由"特殊"。这种观点没有充分认识其他国家在经济社会发展和司法权威方面与我国存在的巨大差异:在发达国家,由于有相对完善的社会保障制度,被害人国家救助工作开展早、力度大,被害方往往无须寄望被告人作出赔偿,国家会给予其生活救济。由于能得到国家的救济,即使形成

"空判",也不会引发缠讼、闹访问题。而我国的情况则完全不同,判决得不到执行就会引发申诉、上访,影响社会和谐稳定。

第三,按单纯民事案件的经济赔偿标准判赔导致"空判"现象突出,严重影响案件的裁判效果。如依照民事案件的赔偿标准判赔,则意味着,对命案,被害人是城镇居民的,仅死亡赔偿金一项,多则高达上百万;是农村居民的,一般也要赔七八十万元。而刑事案件的被告人绝大多数经济状况差、赔偿能力弱,有的被执行死刑或者其他刑罚后,更无法承担如此高额的赔偿责任,相关判决往往成为"法律白条"。据调研,凡套用民事标准判赔的,赔偿到位率都极低。

第四,赔偿标准过高,实际极不利于维护被害人的合法权益,不利于矛盾化解。表面上看,设定高额赔偿标准似乎对被害人有利,但实际情况是:由于刑事被告人的实际赔偿能力很低,甚至没有,而被害方的期待、"要价"又过高,远远超过被告人的承受能力,导致不少案件中原本愿意代赔的被告人亲属索性不再代赔,结果导致被害方反而得不到任何赔偿,"人财两空"。严重犯罪中这种情况尤为普遍。赔偿数额虚高,还导致附带民事调解和矛盾化解的工作难度大大增加。套用单纯民事案件的赔偿标准确定附带民事案件的赔偿数额,常常使被害方对巨额赔偿抱有不切实际的期待,一旦被告人不能足额赔偿,就认为其没有悔罪诚意和表现,以致民事调解工作、矛盾化解工作根本无法开展。此外,根据《最高人民法院关于加强和规范人民法院国家司法救助工作的意见》(法发〔2016〕16号),对刑事被害人的救助金额需要综合考虑多种因素,从实践调研的情况看,国家给予司法救助金额一般在几万元左右。如将死亡赔偿金、残疾赔偿金也纳入附带民事赔偿范围,两者相差悬殊,显然救助工作也无法发挥实际作用。

第五,对民法典的有关规定应当正确理解。民法典第一百八十七条规定:"民事主体因同一行为应当承担民事责任、行政责任和刑事责任的,承担行政责任或者刑事责任不影响承担民事责任;民事主体的财产不足以支付的,优先用于承担民事责任。"有观点据此认为,对附带民事诉讼应适用与单纯民事诉讼相同的赔偿标准。经研究认为,对该条规定应当准确理解,应当将该条规定和民法典第十一条规定结合起来分析。民法典第十一条规定:"其他法律对民事关系有特别规定的,依照其规定。"(该条吸收了侵权责任法第五条"其他法律对侵权责任另有特别规定的,依照其规定"的规定并作了扩充)犯罪是严重的、特殊的侵权行为,刑法和刑事诉讼法是专门规定这种侵权行为的基本法。显然,处理犯罪行为的赔偿问题,应当优先适用刑法和刑事诉讼法的相关规定,而不应当适用主要规定民事侵权的侵权责任法规定。

第六,《2012年解释》施行八年多来,有关规定在促进附带民事诉讼达成调解、保障被害方获得实际赔偿等方面发挥了较好的作用。此次征求意见过程中,绝大多数意见建议维持原来的解释规定。

根据《刑事诉讼法解释》第一百九十二条的规定,同时结合附带民事诉讼审判工作实际,司法适用中应当注意:(1)对于附带民事诉讼,应当切实加大调解工作力度。在不违反自愿、合法原则的前提下,赔偿范围和数额不受限制。应当尽可能通过调解,使被害方获得实际赔偿。(2)如调解不成,通过判决结案,则应当充分考虑刑事案件被告人多为没有正常收入的无业人员和进城务工人员、赔偿能力很低的实际，实事求是地仅就被害人遭受的物质损失作出判决。对犯罪行为造成被害人人身损害的，应当赔偿医疗费、护理费、交通费等为治疗和康复支付的合理费用，以及因误工减少的收入。造成被害人残疾的，还应当赔偿残疾生活辅助器具费等费用；造成被害人死亡的，还应当赔偿丧葬费等费用。除被告人确有赔偿能力的以外，原则上不应将死亡赔偿金、残疾赔偿金纳入判决赔偿的范围。(3) 对因驾驶机动车致人伤亡或者公私财产遭受重大损失，构成犯罪的，要根据道路交通安全法第七十六条的规定确定赔偿责任，即"机动车发生交通事故造成人身伤亡、财产损失的，由保险公司在机动车第三者责任强制保险责任限额范围内予以赔偿；不足的部分，按照下列规定承担赔偿责任……"(4) 对符合条件的被害方，可以开展刑事被害人救助工作，给予相应国家救助。

3. 另行提起民事诉讼的处理规则

根据《2012 年解释》第一百六十四条的规定，在刑事附带民事诉讼过程中未提起附带民事诉讼，另行提起民事诉讼的，人民法院应当优先进行调解。达成调解协议的，赔偿范围、数额不受限制；如果作出判决，则应当"根据物质损失情况作出判决"，即除因驾驶机动车致人伤亡或者公私财产遭受重大损失的案件外，不应判赔"两金"。

但是，如前所述，《人身损害赔偿解释》将"两金"规定为物质损失，故《2012 年解释》第一百六十四条的规定在适用中存在一定的混乱。特别是，《最高人民法院公报》2019 年第 3 期"尹瑞军诉颜礼奎健康权、身体权纠纷案"的裁判摘要提出："刑事案件的受害人因犯罪行为受到身体伤害，未提起刑事附带民事诉讼，而是另行提起民事侵权诉讼的，关于残疾赔偿金是否属于物质损失范畴的问题，刑事诉讼法及司法解释没有明确规定。刑事案件受害人因犯罪行为造成残疾的，今后的生活和工作必然受到影响，导致劳动能力下降，造成生活成本增加，进而相应减少物质收入，故残疾赔偿金应属于物质损失的范畴，应予赔偿。"鉴此，为统一法律适用，《刑事诉讼法解释》第二百条作出适当调整，规定："被害人或者其法定代理人、近亲属在刑事诉讼过程中未提起附带民事诉讼，另行提起民事诉讼的，人民法院可以进行调解，或者根据本解释第一百九十二条第二款、第三款的规定作出判决。"据此，在刑事附带民事诉讼过程中未提起附带民事诉讼，另行提起民事诉讼的，人民法院应当优先进行调解。达成调解协议的，赔偿范围、数额不受限制；如果作出判决，则应当"根据物质损失情况作出判决"，即除因驾驶机动车致人伤亡或者公私财产遭受重大损失的案件外，不应判赔"两金"。

征求意见过程中，有意见提出，民法典第一百八十七条规定，民事主体因同一行为应当承担民事责任、行政责任和刑事责任的，承担行政责任或者刑事责任不影响承担民事责任。民法典第一千一百八十三条第一款规定，侵害自然人人身权益造成严重精神损害的，被侵权人有权请求精神损害赔偿。对于因犯罪行为遭受精神损失的，在刑事案件审结后，被害人另行提起民事诉讼，人民法院判赔的范围和标准是否适用刑事附带民事诉讼的有关规定的问题，与民事诉讼法律制度相关联，情况复杂，涉及面广，各方面认识仍不一致，建议再作研究。经进一步认真研究，综合考虑司法实践情况，《刑事诉讼法解释》第二百条维持了上述规定。

第一，对被害人等在刑事诉讼过程中未提起附带民事诉讼，另行提起民事诉讼的，理应适用与附带民事诉讼相同的判赔范围与标准。否则，势必会导致同样行为不同处理的问题，既有违类案类判的基本法理，也会导致附带民事诉讼制度被架空，影响该制度重要功能的发挥。

第二，对另行提起民事诉讼的，适用不同的判赔范围和标准，表面上看似乎对被害人等有利，实际恰恰相反：绝大多数情况下，一旦刑事部分审结，被告人被送交执行刑罚，甚至执行死刑，就根本不可能再对被害人等作出赔偿，其亲友也不可能代赔。基于贯彻宽严相济刑事政策，便利案件处理的基本考虑，不应当将"两金"纳入单独提起民事诉讼的判赔范围。

（七）期间、送达、审理期限

《刑事诉讼法修改决定》未涉及期间、送达、审理期限的问题。《刑事诉讼法解释》第七章沿用《2012年解释》第七章"期间、送达、审理期限"的条文，并根据司法实践反映的问题进一步明确了刑期的计算方法和上一级人民法院批准延长审限的有关事宜。

1. 关于刑期的计算规则

《刑事诉讼法解释》第二百零二条第二款明确了刑期的计算规则，规定："以年计算的刑期，自本年本月某日至次年同月同日的前一日为一年；次年同月同日不存在的，自本年本月某日至次年同月最后一日的前一日为一年。以月计算的刑期，自本月某日至下月同日的前一日为一个月；刑期起算日为本月最后一日的，至下月最后一日的前一日为一个月；下月同日不存在的，自本月某日至下月最后一日的前一日为一个月；半个月一律按十五日计算。"

具体而言：(1) 以年计算的刑期，"自本年本月某日至次年同月同日的前一日为一年"，如2016年3月31日至2017年3月30日为一年；"次年同月同日不存在的，自本年本月某日至次年同月最后一日的前一日为一年"，如2016年2月29日至2017年2月27日为一年。(2) 以月计算的刑期，"自本月某日至下月同日的前一日为一个月"，如4月15日至5月14日为一个月（30天），5月15日至6月14日也为一个月（31天）；"刑期起算日为本月最后一日的，至下月最后一日的前一日为一个月"，如4月30日至5月29日为一个月（30天）；"下月同日不存在的，自本月某日至下月最后一日的前一日为一个月"，如5月31日至6月29日为一个月（30天），平年的1月31日至2月27日为一个月（28天），闰年的1月31日至2月28日为一个月（29天）。

2. 关于上一级法院批准延长审限的规则

征求意见过程中，有意见提出，关于延长审限问题。2012年刑事诉讼法解决了长期困扰刑事审判的审限不够这一"老大难"问题。但在执行过程中，由于刑事诉讼法没有明确规定上级法院尤其是高级人民法院审批延长审限的次数，一些地方自行决定高级人民法院可以审批两次，或者在延期审理后又延长审限两次，影响了法律适用的严肃性。基于此，建议对高级人民法院批准延长审限的次数作出明确规定。经研究认为，刑事诉讼法第二百零八条第一款明确规定："人民法院审理公诉案件，应当在受理后二个月以内宣判，至迟不得超过三个月。对于可能判处死刑的案件或者附带民事诉讼的案件，以及有本法第一百五十八条规定情形之一的，经上一级人民法院批准，可以延长三个月；因特殊情况还需要延长的，报请最高人民法院批准。"据此明显可见，高级人民法院只能批准延长一次审限。因此，根据上述意见，《刑事诉讼法解释》第二百一十条第一款规定："对可能判处死刑的案件或者附带民事诉讼的案件，以及有刑事诉讼法第一百五十八条规定情形之一的案件，上一级人民法院可以批准延长审理期限一次，期限为三个月。因特殊情况还需要延长的，应当报请最高人民法院批准。"

（八）审判组织

《刑事诉讼法修改决定》对 2012 年刑事诉讼法第一百七十八条作出修改。另外，修订后的人民法院组织法、人民陪审员法施行后，也要求对审判组织的相关规定作出相应调整。本章根据修改后法律的规定，结合司法实践情况，对《2012 年解释》第八章"审判组织"有关条文作出修改完善。

1. 关于七人合议庭的适用案件情形

根据人民陪审员法的规定，《刑事诉讼法解释》第二百一十三条第二款规定："基层人民法院、中级人民法院、高级人民法院审判下列第一审刑事案件，由审判员和人民陪审员组成七人合议庭进行：（一）可能判处十年以上有期徒刑、无期徒刑、死刑，且社会影响重大的；（二）涉及征地拆迁、生态环境保护、食品药品安全，且社会影响重大的；（三）其他社会影响重大的。"

2. 关于提交审委会讨论决定的案件范围

主要是死缓案件应否提交审委会讨论决定。《最高人民法院关于健全完善人民法院审判委员会工作机制的意见》（法发〔2019〕20 号，以下简称《审委会意见》）第八条列明了"应当提交审委会讨论决定"的案件范围，规定："高级人民法院、中级人民法院拟判处死刑的案件，应当提交本院审判委员会讨论决定。"最高人民法院审管办负责人在关于该意见的"答记者问"中指出："高级人民法院、中级人民法院拟判处死刑的案件，既包括拟判处死刑立即执行的案件，也包括拟判处死刑缓期二年执行的案件。"征求意见过程中，多数意见提出，死刑缓期二年执行的案件数量较多，一律提请审判委员会讨论决定，工作量倍增，实难做到。而且，以往死缓案件不提交审判委员会讨论，未发现存在问题。经综合考虑有关因素，《刑事诉讼法解释》第二百一十六条第二款对《审委会意见》第八条的规定作出调整，规定："对下列案件，合议庭应当提请院长决定提交审判委员会讨论决定：（一）高级人民法院、中级人民法院拟判处死刑立即执行的案件，以及中级人民法院拟判处死刑缓期执行的案件；（二）本院已经发生法律效力的判决、裁定确有错误需要再审的案件；（三）人民检察院依照审判监督程序提出抗诉的案件。"

此外，关于《审委会意见》第八条明确规定应当提交审委会讨论决定的"涉及国家安全、外交、社会稳定等敏感案件和重大、疑难、复杂案件""法律适用规则不明的新类型案件""拟宣告被告人无罪的案件""拟在法定刑以下判处刑罚或者免予刑事处罚的案件"，《刑事诉讼法解释》第二百一十六条第二款亦未明确规定为应当提交审委会讨论决定的情形，确有必要的，可以纳入第三款"对合议庭成员意见有重大分歧的案件、新类型案件、社会影响重大的案件以及其他疑难、复杂、重大的案件，合议庭认为难以作出决定的，可以提请院长决定提交审判委员会讨论决定。"的情形。这一修改主要有如下考虑：（1）在司法解释中过多列举应当提交审委会讨论的情形，恐会导致对合议庭独立审理案件的质疑，难以保证效果。（2）据了解，各地法院对提交审委会讨论决定的案件范围往往有细化规定，《刑事诉讼法解释》不作明确规定，亦不会导致滥用。

（九）公诉案件第一审普通程序

《刑事诉讼法修改决定》未涉及公诉案件第一审普通程序问题。《刑事诉讼法解释》第九章沿用《2012年解释》第九章"公诉案件第一审普通程序"的条文，并根据司法实践反映的问题作出修改完善，主要涉及：（1）总结推进以审判为中心刑事诉讼制度改革的经验和成果，对"三项规程"特别是《人民法院办理刑事案件庭前会议规程（试行）》（以下简称《庭前会议规程》）和《人民法院办理刑事案件第一审普通程序法庭调查规程（试行）》（以下简称《法庭调查规程》）的有关规定予以吸收，进一步丰富细化一审程序的内容。基于此，增设第二节"庭前会议与庭审衔接"，对庭前会议的有关问题作出专门规定。（2）根据司法实践反映的问题，对一审程序条文存在的滞后于实践或者不协调之处作出调整。

1. 关于对提起公诉案件的并案或者分案处理规则

同案同审是诉讼的一般原则。但从实践看，有的案件，同案被告人多达几十人甚至上百人，如作为一个案件审理，势必会加长诉讼周期，既影响庭审质量和效率，也会增加当事人等诉讼参与人的诉累。对此类案件，分案审理，有其现实必要性。但是，分案审理不能随意为之，更不能通过分案审理的方式变相剥夺当事人质证权。为规范分案处理问题，《刑事诉讼法解释》增设第二百二十条，规定："对一案起诉的共同犯罪或者关联犯罪案件，被告人人数众多、案情复杂，人民法院经审查认为，分案审理更有利于保障庭审质量和效率的，可以分案审理。分案审理不得影响当事人质证权等诉讼权利的行使。"同时，在《刑事诉讼法解释》第二百六十九条进一步规定："审理过程中，法庭认为有必要的，可以传唤同案被告人、分案审理的共同犯罪或者关联犯罪案件的被告人等到庭对质。"

实践中，还存在起诉分案不当的现象，即本应作为一案起诉、一案审理的案件被分拆为两个甚至多个案件起诉。为此，《刑事诉讼法解释》第二百二十条第二款规定："对分案起诉的共同犯罪或者关联犯罪案件，人民法院经审查认为，合并审理更有利于查明案件事实、保障诉讼权利、准确定罪量刑的，可以并案审理。"

征求意见过程中，有意见建议明确分案审理或者并案审理的具体操作事宜。经研究认为，相关问题可以在司法实践裁量把握。对此，可以协商人民检察院合并或者分别起诉；人民法院在职责范围内并案或者分案的，通常可以采取决定的方式。

2. 关于开庭审理前通知出庭的规则

《刑事诉讼法解释》第二百二十一条第一款第五项规定："开庭三日以前将传唤当事

人的传票和通知辩护人、诉讼代理人、法定代理人、证人、鉴定人等出庭的通知书送达；通知有关人员出庭，也可以采取电话、短信、传真、电子邮件、即时通讯等能够确认对方收悉的方式；对被害人人数众多的涉众型犯罪案件，可以通过互联网公布相关文书，通知有关人员出庭。"

上述第五项原本拟对开庭三日以前送达传票作例外规定，即在该项开始部分增加规定"除羁押的被告人外"。主要考虑是：对被告人羁押在案的，可以确保其按时参加庭审活动，故无须在开庭三日以前送达传票，实践中通常也难以做到。征求意见过程中，有意见提出，刑事诉讼法第一百八十七条第三款规定，人民法院确定开庭日期后，应当传唤当事人，通知辩护人、诉讼代理人、证人、鉴定人和翻译人员，传票和通知书至迟在开庭三日以前送达。法律没有规定被羁押的被告人可以不适用上述规定，司法解释不应对被羁押的被告人作出例外规定。此外，也有意见提出，被告人被羁押，对其具体开庭日期也应有所期待及具体准备，比如自行辩护和最后陈述等，如不提前通知，不利于保障被告人诉权。经研究，采纳上述意见，未再作出修改。

征求意见过程中，有意见提出，《刑事诉讼法解释》第二百二十一条规定中的当事人包括被害人、自诉人、犯罪嫌疑人、被告人、附带民事诉讼的原告人和被告人，实践中特别是网络诈骗案件等，被害人往往分布在全国各地，涉案人数众多，通知被害人难度大。另外，如盗窃等侵犯财产类案件，除了被告人有能力退赔外，通知被害人并无现实意义，如果所有案件均按照该条规定通知被害人，将会增加诉讼成本，浪费司法资源，且无实际意义。基于此，建议分别针对不同案件类别作出区分规定。经研究，根据上述意见，《刑事诉讼法解释》第二百二十一条第一款第五项原则规定"对被害人人数众多的涉众型犯罪案件，可以通过互联网公布相关文书，通知有关人员出庭"。

3. 关于不公开审理案件允许旁听的例外规则

《2012年解释》第一百八十六条第三款规定："不公开审理的案件，任何人不得旁听，但法律另有规定的除外。"该款对不公开审理案件任何人不得旁听作了例外规定，源自刑事诉讼法第二百八十五条关于"审判的时候被告人不满十八周岁的案件，不公开审理。但是，经未成年被告人及其法定代理人同意，未成年被告人所在学校和未成年人保护组织可以派代表到场"的规定。《刑事诉讼法解释》第二百二十二条第三款对表述作了调整，规定："不公开审理的案件，任何人不得旁听，但具有刑事诉讼法第二百八十五条规定情形的除外。"

征求意见过程中，有意见提出，关于"不公开审理的案件，任何人不得旁听"，实践中经常出现被害人死亡的，被害人近亲属申请旁听的问题。对此，有些法院在近亲属提起附带民事诉讼的情况下，同意其作为附带民事诉讼原告人参加诉讼；而在未起诉的情况下则不允许。被害人近亲属旁听庭审的权利不应因其是否提起民事诉讼而有区别。根据人之常情，被害人的个人隐私可能对于父母、夫妻未必是隐私，"任何人不得旁听"过于绝对。故建议规定"有关个人隐私的案件，当事人均同意公开审理的，可以公开审理。案件涉及已死亡的被害人的隐私，其近亲属申请旁听的，是否准许由合议庭根据保护被害人隐私的原则决定"。经研究认为，上述意见确有道理。一般认为，涉及被害人隐私的案件,是否不公开审理,是被害人的权利,应当充分考虑被害人一方的意愿。对于涉及已死亡被害人个人隐私的案件,在被害人近亲属没有通过提起附带民事诉讼的方式参与庭审的情况下,应当考虑被害人近亲属对案件审理进程的特殊关切,将其一律排除在庭审之外,有违情理。但是,从实际考虑,此类案件被害人近亲属往往情绪比较激动,特别是在庭审过程当中,还可能因为示证、质证、辩论等遭受二次伤害,可能不利于审判顺利进行。鉴于所涉问题较为复杂,且认识尚不统一,《刑事诉讼法解释》最终未作明确规定。

4. 关于被害人推选代表人参加庭审的规则

当前,涉众型犯罪案件日益增多。有的案件被害人人数众多,均到庭参与庭审显然不符合实际,也没有必要。鉴此,借鉴民事诉讼集团诉讼的原理,吸收司法实践经验,《刑事诉讼法解释》第二百二十四条规定:"被害人人数众多,且案件不属于附带民事诉讼范围的,被害人可以推选若干代表人参加庭审。"

《刑事诉讼法解释》第二百二十四条原本拟规定所涉情形,"被害人可以推选若干代表人参加或者旁听庭审,人民法院也可以指定若干代表人"。征求意见过程中,有意见提出,根据刑事诉讼法的有关规定,被害人是刑事诉讼的当事人,参加庭审是被害人的诉讼权利。刑事诉讼法没有规定代表人诉讼制度。规定被害人由若干代表人参加诉讼或者旁听庭审,涉及对被害人参加庭审的权利的限制,没有法律依据。经研究,根据上述意见对本条表述作了相应调整,删去了"人民法院也可以指定若干代表人"的表述,规定此种情形下被害人可以推选若干代表人参加庭审。当然,关于具体推选方式,实践中可以裁量把握;确实难以确定的,也可以采用摇号等推选方式。

5. 关于庭前会议事项的处理规则

《庭前会议规程》第十条第二款规定:"对于前款规定中可能导致庭审中断的事项,人民法院应当依法作出处理,在开庭审理前告知处理决定,并说明理由……"《刑事诉讼法解释》第二百二十八条原本拟吸收上述规定,明确庭前会议阶段可以对程序性事项视情作出处理。征求意见过程中,有意见提出,刑事诉讼法第一百八十七条第二款规定,在开庭以前,审判人员可以召集公诉人、当事人和辩护人、诉讼代理人,对回避、出庭证人名单、非法证据排除等与审判相关的问题,了解情况,听取意见。法律没有规定人民法院可以在庭前会议中对有关事项作出实质性处理,上述规定与刑事诉讼法的规定不一致,且法庭审判是刑事诉讼的重要环节,在未开庭的情况下对案件的重要事项作出决定是否与当前正在进行的以审判为中心的诉讼制度改革要求冲突,也需要慎重研究。经研究,采纳上述意见,《刑事诉讼法解释》第二百二十八条第三款规定:"对第一款规定中可能导致庭审中断的程序性事项,人民法院可以在庭前会议后依法作出处理,并在庭审中说明处理决定和理由。控辩双方没有新的理由,在庭审中再次提出有关申请或者异议的,法庭可以在说明庭前会议情况和处理决定理由后,依法予以驳回。"据此,对庭前会议中的相关事项"在庭前会议后"而非在"在开庭审理前"作出处理,且要求"在庭审中说明处理决定和理由"。

6. 关于庭前会议的参加人员范围

《刑事诉讼法解释》第二百三十条规定:"庭前会议由审判长主持,合议庭其他审判员也可以主持庭前会议。""召开庭前会议应当通知公诉人、辩护人到场。""庭前会议准备就非法证据排除了解情况、听取意见，或者准备询问控辩双方对证据材料的意见的，应当通知被告人到场。有多名被告人的案件，可以根据情况确定参加庭前会议的被告人。"

关于《刑事诉讼法解释》第二百三十条第一款，将《庭前会议规程》第三条第一款规定的"庭前会议由承办法官主持，其他合议庭成员也可以主持或者参加庭前会议。根据案件情况，承办法官可以指导法官助理主持庭前会议"修改为"庭前会议由审判长主持，合议庭其他审判员也可以主持庭前会议"。需要注意的是：（1）合议庭的人民陪审员主持庭前会议并不适宜，故将庭前会议的主持人限定为"审判长"或者"合议庭其他审判员"。但是，人民陪审员可以参加庭前会议。（2）对于法官助理是否可以主持庭前会议，存在不同认识。有意见建议明确，根据合议庭审判长授权，法官助理可以主持或参加庭前会议。理由是：应当发挥法官助理作用，且法官助理主持或参与庭前会议，可以分担法官工作，保障法官专注审判核心事务。因庭前会议可能涉及解决可能中断庭审的程序性问题、审查证据资格等问题，由法官助理主持庭前会议可以处理简单的程序性问题，同时可以一定程度上阻断非法证据对合议庭可能造成的影响，因此，在承办法官的指导下完全可以由法官助理主持庭前会议。故应将法官助理在具体案件中是否可以庭前会议交由法官决定。而且，这也有利于法官助理的培养。另有意见则建议，法官助理不能主持庭前会议。理由是：法官助理不属于合议庭组成人员，庭前会议是解决争议的重要程序，是审判的重要组成部分，庭前会议可以根据查明情况作出相关处理决定，所涉及的问题法官助理均无权决定并答复。经研究认为，刑事诉讼法明确规定，庭前会议由审判人员召集，法官助理属于审判辅助人员，不属于"审判人员"，不宜由其主持庭前会议。

关于《刑事诉讼法解释》第二百三十条第三款，征求意见过程中，有意见建议明确被告人应当参加庭前会议。理由是：庭前会议处理涉及被告人权利等一系列重大问题，被告人应当参加庭前会议，不应对此设定条件。经研究，部分采纳上述意见，明确庭前会议准备就非法证据排除了解情况、听取意见，或者准备询问控辩双方对证据材料的意见的，应当通知被告人到场。

《刑事诉讼法解释》第二百三十条原本拟吸收《庭前会议规程》第三条第三款规定的"被告人申请排除非法证据，但没有辩护人的，人民法院应当通知法律援助机构指派律师为被告人提供帮助"，在征求意见过程中，对此规定存在不同认识。鉴此，《刑事诉讼法解释》第二百三十条未予吸收，留待司法实践继续探索。

7. 关于开庭审理前书记员的工作事项

《刑事诉讼法解释》第二百三十四条根据司法实践反映的问题对《2012年解释》第一百八十九条的规定作出修改完善，规定："开庭审理前，书记员应当依次进行下列工作：（一）受审判长委托，查明公诉人、当事人、辩护人、诉讼代理人、证人及其他诉讼参与人是否到庭；（二）核实旁听人员中是否有证人、鉴定人、有专门知识的人；（三）请公诉人、辩护人、诉讼代理人及其他诉讼参与人入庭；（四）宣读法庭规则；（五）请审判长、审判员、人民陪审员入庭；（六）审判人员就座后，向审判长报告开庭前的准备工作已经就绪。"

《刑事诉讼法解释》第二百三十四条增加第二项"核实旁听人员中是否有证人、鉴定人、有专门知识的人"。主要考虑是：根据有关规定，证人、鉴定人、有专门知识的人不得旁听庭审，但此项工作一直没有落实到具体的部门或者个人，时有发生证人等旁听庭审的情况。为保证法庭调查正常进行，建议在书记员的开庭准备工作中核实有无上述人员旁听。

随着刑事辩护全覆盖的推进，刑事案件中将均有辩护人参与。控辩双方在庭审中同样重要，应当同等对待。基于此，《刑事诉讼法解释》第二百三十四条第三项将"公诉人"与"辩护人、诉讼代理人"并列规定。

此外，司法实践中法庭规则有的内容是需要宣读给控辩双方听的，故通常会让控辩双方进入法庭后书记员再宣读法庭规则，《刑事诉讼法解释》第二百三十四条根据书记员开庭工作实际顺序，调整了《2012年解释》第一百八十九条第二项"宣读法庭规则"和第三项"请公诉人及相关诉讼参与人入庭"的顺序。

8. 关于对被告人讯问、发问的时间

《刑事诉讼法解释》第二百四十二条第三款规定："根据案件情况，就证据问题对被告人的讯问、发问可以在举证、质证环节进行。"主要考虑是：《法庭调查规程》第七条第二款规定："在审判长主持下，公诉人可以就起诉书指控的犯罪事实讯问被告人，为防止庭审过分迟延，就证据问题向被告人的讯问可在举证、质证环节进行……"经研究认为，这一规定具有合理性。在证据较多、案情较为复杂的案件中，公诉人在讯问环节涉及大量与证据有关的细节问题，会影响庭审节奏，且公诉人讯问与相关证据之间的关联性也难以体现，其讯问的针对性不强，故吸收《法庭调查规程》的相关规定。同时，考虑到不仅公诉人的讯问涉及这一问题，其他诉讼参与人的发问也如此。故单列为第三款，作出统一规定。

征求意见过程中，有意见提出，对于限制行为能力的成年人参加庭审时，应当参照未成年人的规定，要求法定代理人或者合适成年人到场。经研究认为，对于上述问题刑事诉讼法未作明确规定，但基于权利保障的考虑，人民法院在具体案件中可以裁量处理。

9. 关于借阅案卷和证据材料的问题

2012年刑事诉讼法修改，要求人民检察院在提起公诉时将所有案卷和证据材料移送人民法院，后有意见建议对人民检察院要求借阅案卷材料以备出庭支持公诉的问题作出规定。"六部委"对此问题作了慎重研究，认为人民检察院在将案件和证据材料移送人民法院之时，可以通过复印等方式为出庭支持公诉做好准备，而不能再向人民法院借阅案卷材料。当然，已经移送人民法院的证据，控辩双方需要出示的，可以向法庭提出申请。基于此，《关于实施刑事诉讼法若干问题的规定》第二十六条规定："人民法院开庭审理公诉案件时，出庭的检察人员和辩护人需要出示、宣读、播放已移交人民法院的证据的，可以申请法庭出示、宣读、播放。"为保证已移送人民法院的案卷和证据材料的安全，同时兼顾当庭出示证据的现实需要，《刑事诉讼法解释》第二百四十八条第一款规定："已经移送人民法院的案卷和证据材料,控辩双方需要出示的,可以向法庭提出申请,法庭可以准许。案卷和证据材料应当在质证后当庭归还。"鉴此,实践中,控辩双方只能申请当庭借用。对于控辩双方提出取回已移送人民法院的案卷和证据材料的,法庭应当不予准许。

《2012年解释》第二百零四条规定"法庭同意的,应当指令值庭法警出示、播放;需要宣读的,由值庭法警交由申请人宣读"。从实践来看,该规定存在一定问题。一是示证主体通常是控辩双方,而非法庭。值庭法警只是在播放录音录像等特定情形下提供协助。二是协助出示证据的主体不限于值庭法警,还包括法官助理、书记员、法院技术人员等。基于此,《刑事诉讼法解释》第二百四十八条第二款规定:"需要播放录音录像或者需要将证据材料交由法庭、公诉人或者诉讼参与人查看的,法庭可以指令值庭法警或者相关人员予以协助。"

10. 关于向证人发问的顺序问题

《法庭调查规程》第十九条第一款规定:"证人出庭后,先向法庭陈述证言,然后先由举证方发问;发问完毕后,对方也可以发问。根据案件审理需要,也可以先由申请方发问。"经研究认为,《2012年解释》第二百一十二条关于向证人发问"应当先由提请通知的一方进行"的规定更符合实际,故《刑事诉讼法解释》第二百五十九条第一款规定:"证人出庭后,一般先向法庭陈述证言;其后,经审判长许可,由申请通知证人出庭的一方发问,发问完毕后,对方也可以发问。"

此外,《法庭调查规程》第十九条第三款规定:"……法庭依职权通知证人出庭的情形,审判人员应当主导对证人的询问……"经研究认为,所谓"主导对证人的询问",实际上就是确定发问的顺序。基于此,故《刑事诉讼法解释》第二百五十九条第二款规定:"法庭依职权通知证人出庭的,发问顺序由审判长根据案件情况确定。"

11. 关于庭外征求控辩双方意见的问题

《2012年解释》第二百二十条第二款规定:"对公诉人、当事人及其法定代理人、辩护人、诉讼代理人补充的和法庭庭外调查核实取得的证据,应当经过当庭质证才能作为定案的根据。但是,经庭外征求意见,控辩双方没有异议的除外。"此次征求意见过程中,有意见提出,刑事诉讼法第一百九十八条规定,法庭审理过程中,对于定罪、量刑有关的事实、证据都应当进行调查、辩论。故而,上述规定存在不妥。经研究,根据上述意见,《刑事诉讼法解释》第二百七十一条第二款作了调整,进一步限定为"不影响定罪量刑的非关键证据、有利于被告人的量刑证据以及认定被告人有犯罪前科的裁判文书等证据",规定:"对公诉人、当事人及其法定代理人、辩护人、诉讼代理人补充的和审判人员庭外调查核实取得的证据,应当经过当庭质证才能作为定案的根据。但是,对不影响定罪量刑的非关键证据、有利于被告人的量刑证据以及认定被告人有犯罪前科的裁判文书等证据,经庭外征求意见,控辩双方没有异议的除外。"

12. 关于补充侦查期限届满未移送证据的问题

《刑事诉讼法解释》第二百七十四条第三款规定:"补充侦查期限届满后,人民检察院未将补充的证据材料移送人民法院的,人民法院可以根据在案证据作出判决、裁定。"

具体而言，本款对补充侦查期限届满后，经法庭通知，人民检察院未将案件移送人民法院，且未说明原因的，由"人民法院可以决定按人民检察院撤诉处理"调整为"人民法院可以根据在案证据作出判决、裁定"。主要考虑是：（1）《2012年解释》第二百二十三条规定"人民检察院未将案件移送人民法院"，意味着对检察院延期审理的案件法院会将案件退回，否则不存在补充侦查完毕后的移送法院的问题。司法实践中，检察机关以补充侦查为由建议延期审理的，案件通常仍在法院并未退回。因为如果将案件退回，法院就要进行销案处理，补充侦查结束后，检察院再次起诉的，还要作为新收案件处理，程序极其烦琐且无必要。（2）补充侦查期限届满后，经通知，人民检察院未将补充的证据材料移送人民法院的，人民法院原则上应当根据在案证据材料作出判决、裁定。但是，如果人民检察院未将补充侦查时退回的案卷移送人民法院，或者拒不派员出席法庭的，可以按人民检察院撤诉处理。

13. 关于涉案财物的调查问题

《刑事诉讼法解释》将《2012年解释》第三百六十四条的位置调整至一审程序，旨在提醒审判人员和诉讼参与人在审判程序中高度重视对涉案财物的处理问题，《刑事诉讼法解释》第二百七十九条规定："法庭审理过程中，应当对查封、扣押、冻结财物及其孳息的权属、来源等情况，是否属于违法所得或者依法应当追缴的其他涉案财物进行调查，由公诉人说明情况、出示证据、提出处理建议，并听取被告人、辩护人等诉讼参与人的意见。""案外人对查封、扣押、冻结的财物及其孳息提出权属异议的，人民法院应当听取案外人的意见；必要时，可以通知案外人出庭。""经审查，不能确认查封、扣押、冻结的财物及其孳息属于违法所得或者依法应当追缴的其他涉案财物的，不得没收。"需要注意的是，由检察机关对涉案财物的权属情况作出说明，提出处理意见，并提供相关证据材料，这符合刑事证据规则，也符合司法实际。例如，《最高人民法院、最高人民检察院、公安部关于办理电信网络诈骗等刑事案件适用法律若干问题的意见》（法发〔2016〕32号）第七条"涉案财物的处理"第一项规定："公安机关侦办电信网络诈骗案件，应当随案移送涉案赃款赃物，并附清单。人民检察院提起公诉时，应一并移交受理案件的人民法院，同时就涉案赃款赃物的处理提出意见。"

关于案外人对涉案财物提出权属异议的处理，《中共中央办公厅、国务院办公厅关于进一步规范刑事诉讼涉案财物处置工作的意见》（中办发〔2015〕7号，以下简称《中办、国办涉案财物处置意见》）第十二条规定："明确利害关系人诉讼权利。善意第三人等案外人与涉案财物处理存在利害关系的，公安机关、国家安全机关、人民检察院应当告知其相关诉讼权利，人民法院应当通知其参加诉讼并听取其意见。"根据上述规定，《刑事诉讼法解释》第二百七十九条第二款作了专门规定。作出上述规定，一方面，明确要求听取对涉案财物提出权属异议的案外人的意见，以落实《中办、国办涉案财物处置意见》的要求；另一方面，考虑到涉众型案件可能存在案外人众多的情形，一律通知到庭不具有可操作性，且《中办、国办涉案财物处置意见》只是要求人民法院应当"通知其参加诉讼"但并未要求"通知其参加庭审"，故规定为"必要时，可以通知案外人出庭"。

需要注意的是，随着经济社会发展，越来越多的刑事案件涉及财物处理问题，涉案财物的数额价值越来越大,利益关系也越来越复杂。当事人、利害关系人高度关注涉案财物处置问题。为强化产权司法保护,《刑事诉讼法解释》的多个条文对涉案财物的审查处理执行问题作了充实和完善。例如,在立案审查阶段,要审查涉案财物是否随案移送并列明权属情况,以及是否有证明相关财物系涉案财物的证据材料;在庭前会议中,可以就涉案财物的权属情况和处理建议听取意见;要强化对涉案财物的当庭调查,规范涉案财物的判决处理和执行。审判实践中,要适应时代发展,树立对定罪量刑和涉案财物处理并重的理念,重视做好涉案财物审查处理执行工作。

14. 关于公诉人当庭发表与起诉书不同意见的处理规则

实践中,个别案件存在公诉人当庭发表与起诉书不同意见的情形,甚至属于当庭变更、追加、补充或者撤回起诉的情形。对此如何处理,存在不同认识。有观点认为,刑事诉讼法规定的起诉主体是人民检察院,起诉书是加盖人民检察院印章的法律文书。我国法律没有赋予公诉人独立于检察院之外的主体地位,也没有允许公诉人变更起诉书的内容。鉴于这一问题在实践和理论中尚存争议,对于不涉及追加或者变更起诉的,到底采纳起诉书还是公诉意见书,属于法庭裁量范畴;对于需要追加、补充或者变更起诉的情况,人民法院应当休庭。另有观点认为,无论是否"属于变更、追加、补充或者撤回起诉",此种情形均应当以当庭意见为准,以促使公诉人谨慎发表当庭意见。否则,当庭发表意见后,又不提供书面意见的,法院将无法处理,也有违司法诚信。

经研究认为,相关情况较为复杂,处理规则难以一概而论,需要区别对待。经综合考虑上述意见,《刑事诉讼法解释》第二百八十九条规定:"公诉人当庭发表与起诉书不同的意见,属于变更、追加、补充或者撤回起诉的,人民法院应当要求人民检察院在指定时间内以书面方式提出;必要时,可以宣布休庭。人民检察院在指定时间内未提出的,人民法院应当根据法庭审理情况,就起诉书指控的犯罪事实依法作出判决、裁定。""人民检察院变更、追加、补充起诉的,人民法院应当给予被告人及其辩护人必要的准备时间。"司法适用中需要注意以下几方面。

(1)《刑事诉讼法解释》第二百八十九条所称"公诉人当庭发表与起诉书不同的意见",是指在起诉后未出现新的事实证据情况下,公诉人发表与起诉书不同意见的情形。对于出现新的事实、特别是体现被告人认罪悔罪态度的新事实,直接由法庭根据新的事实证据作出认定即可。例如,自首的被告人在开庭后翻供的,法庭可以直接不认定自首;认罪认罚的被告人在开庭后不认罪、不接受量刑建议的,法庭可以直接不认定认罪认罚;有的被告人在起诉后才退赃退赔,法庭可以直接认定退赃退赔这一情节。对于上述情形,无须由公诉人对起诉书作出变更,法庭在听取双方意见后直接认定即可。

(2) 公诉人当庭发表与起诉书不同的意见,情况较为复杂:有的变更不影响定罪量刑,如对作案时间发表不同意见,直接变更即可。更多情形下则对定罪量刑会产生影响,但具体情况又存在差异:有的是直接变更罪名,如由职务侵占罪调整为贪污罪;有的涉及法定刑幅度的调整,如盗窃金额由 10 万元调整为 1 万元;有的只是涉及具体犯罪情节的认定,如盗窃金额由 3500 元调整为 3000 元。如果属于变更、追加、补充或者撤回起诉等重大事项的,应当以书面方式提出。而且,上述情形下,是否应当休庭,也不能简单作出统一规定，而应当交由实践裁量处理。例如，起诉书认定的盗窃金额是3500元，公诉人当庭发现计算有误，应当为3000元，量刑档次未发生变化，且所作变更有利于被告人，法庭可以继续开庭审理，但应当在庭后要求人民检察院以书面方式作出变更；相反，如果公诉人当庭改变起诉罪名，特别是由轻罪名改重罪名的，则休庭为宜，以更好地保障被告人的辩护权。又如，公诉人当庭追加起诉的，则可以以起诉书指控的罪行先行开庭，休庭后待人民检察院以书面方式追加起诉后，再行开庭就追加的起诉进行审理。

(3) 人民检察院变更、追加、补充起诉的，人民法院应当给予被告人及其辩护人必要的准备时间，以充分保障被告人合法权益。

15. 关于辩护人提交书面辩护意见的问题

根据司法实践反映的问题，《刑事诉讼法解释》第二百九十条对辩护人及时提交辩护意见作出指引性规定，明确："辩护人应当及时将书面辩护意见提交人民法院。"

(1) 讨论中，有意见建议明确庭审结束后提交书面辩护意见的具体时限。经研究认为，相关情况复杂，难以对时限作出明确具体规定，实践中可以裁量把握。需要注意的是，辩论原则是审判阶段应当遵循的基本原则，辩护人庭审发表的意见都是辩护意见，庭审笔录中应予载明，而且辩护人要在庭审笔录上签名。因此，书面辩护意见仅是庭审辩护的一个补充，如果庭审中辩护人已经充分发表了辩护意见，并记录在案，庭后不提交书面辩护意见对审判人员裁判没有影响。基于此，《刑事诉讼法解释》第二百九十条明确规定"辩护人应当及时将书面辩护意见提交人民法院"。对于经人民法院告知后仍不提交辩护意见的，以当庭发表的意见为准。

(2) 关于书面辩护意见与当庭发表的意见不一致的处理问题，存在不同意见。有意见认为，辩护意见与当庭发表的意见存在实质性差异的，以当庭发表的意见为准。理由是：考虑到庭审中心主义、庭审实质化和公开审理的要求，当庭发表的意见经控辩双方质证、辩论，更能体现以审判为中心的刑事诉讼制度改革要求。明确以当庭发表的意见为准，可以促使辩护人庭前认真准备、庭上充分辩护。而且，认可在庭后提交与当庭发表意见差异较大的书面辩护意见，还可能带来需要二次开庭等一系列问题，浪费司法资源。另有意见认为，应当以庭后提交的书面辩护意见为准，理由是：刑事审判应当坚持实体正义优先的原则，对于庭后提交的书面辩护意见与当庭发表意见不一致，且有相关证据证明，则应当采信书面辩护意见。必要时，可以通过庭外听取控辩双方意见或者二次开庭加以解决，不宜以节约司法资源为由对合理的书面辩护意见"视而不见"。

经研究认为，此种情形下，既有书面辩护意见，也有当庭发表意见，不宜简单"一刀切"，宜根据具体情况作出妥善处理。原则上应当以当庭发表的意见为准，但是，如果当庭发表的意见明显不妥当，书面辩护意见确有道理的，也可以采纳书面辩护意见。在裁判文书中，可以客观反映辩护意见的前后变化。鉴于相关问题比较复杂，《刑事诉讼法解释》未作统一规定，交由司法实践裁量处理。

(3) 征求意见过程中，有意见提出，二审案件存在大量不开庭审理的情况，建议增加规定在指定日期提交辩护意见，以提升诉讼效率，有效维护辩护权。经研究认为，《刑事诉讼法解释》第二百九十条规定"辩护人应当及时将书面辩护意见提交人民法院"，可以参照适用于二审不开庭的情形。据此，人民法院可以要求辩护人在指定的合理期限内提交书面辩护意见。

16. 关于就新的事实和补查补证通知人民检察院的问题

《刑事诉讼法解释》第二百九十七条规定："审判期间，人民法院发现新的事实，可能影响定罪量刑的，或者需要补查补证的，应当通知人民检察院，由其决定是否补充、变更、追加起诉或者补充侦查。""人民检察院不同意或者在指定时间内未回复书面意见的，人民法院应当就起诉指控的事实，依照本解释第二百九十五条的规定作出判决、裁定。"需要注意以下几方面。

（1）征求意见过程中，有意见提出，实践中，人民法院往往会要求人民检察院补充、补强证据材料，但现行司法解释对于合议庭发现案件需要补充侦查的，没有相关依据启动补充侦查程序，有必要对合议庭的补充侦查建议权予以明确。对此予以明确后，也可解决控辩双方对于在审判阶段由侦查机关补充调取的证据材料的来源合法性争议。经研究认为，上述问题在司法实践中客观存在，人民法院在审理案件过程中出现不少情形下需要人民检察院补查补证甚至补充侦查。基于此，《刑事诉讼法解释》第二百九十七条第一款就人民法院发现需要补查补证情形的处理作了相应规定。需要注意的是，根据以审判为中心的刑事诉讼制度改革的要求，法院应当坚持裁判中立原则，不能成为控诉方，故而本条第一款只是规定"通知人民检察院，由其决定是否补充、变更、追加起诉或者补充侦查"，即强调人民法院要依据在案证据依法裁判，确保司法公正和中立。

（2）从司法实践来看，极个别案件中，人民检察院对人民法院补充或者变更起诉的建议长时间不予回复，久拖不决。《关于实施刑事诉讼法若干问题的规定》第三十条专门规定："人民法院审理公诉案件，发现有新的事实，可能影响定罪的，人民检察院可以要求补充起诉或者变更起诉，人民法院可以建议人民检察院补充起诉或者变更起诉。人民法院建议人民检察院补充起诉或者变更起诉的，人民检察院应当在七日以内回复意见。"从司法实践来看，人民检察院通常无法在七日以内作出是否补充或者变更起诉的决定，往往需要通过补充侦查后才能作出相应决定。而且，补充起诉或变更起诉，相当于一次全新起诉，需要重新组织开庭。因此，此种情形下，人民法院宜协调人民检察院作出建议补充侦查的回复，从而在案件重新移送人民法院后重新计算审理期限，有效避免此种情况下案件审理期限不够的问题。当然，根据《刑事诉讼法解释》第二百九十七条第二款的规定，人民检察院不同意或者在指定时间内未回复书面意见的，人民法院应当就起诉指控的事实，依照《刑事诉讼法解释》第二百九十五条的规定作出判决、裁定。

17. 关于部分合议庭成员不能继续履职的处理规则

在庭审过程中，存在部分合议庭成员因故不能继续履行审判职责的情况。对此，《刑事诉讼法解释》第三百零一条第一款规定："庭审结束后、评议前，部分合议庭成员不能继续履行审判职责的，人民法院应当依法更换合议庭组成人员，重新开庭审理。"

但是，定期宣判的案件，在作出评议后，合议庭成员由于离职、退休等原因，可能不能参加宣判。对于此类情形，是否需要重新组成合议庭进行审理，不宜一概而论。原则上，在不改变原来评议时所作决定的情况下，可以由审判本案的其他合议庭成员宣判，判决书上仍应署审判本案的合议庭成员的姓名。对此，《刑事诉讼法解释》第三百零一条第二款规定："评议后、宣判前，部分合议庭成员因调动、退休等正常原因不能参加宣判，在不改变原评议结论的情况下，可以由审判本案的其他审判员宣判，裁判文书上仍署审判本案的合议庭成员的姓名。"需要注意的是，合议庭成员不能参加宣判的情形比较复杂，如因为辞职离开人民法院、接受监察调查或者被立案侦查等。此种情形下，宜重新组成合议庭进行审理。

18. 关于判决书的送达问题

《刑事诉讼法解释》第三百零三条规定："判决书应当送达人民检察院、当事人、法定代理人、辩护人、诉讼代理人，并可以送达被告人的近亲属。被害人死亡，其近亲属申请领取判决书的，人民法院应当及时提供。""判决生效后，还应当送达被告人的所在单位或者户籍地的公安派出所，或者被告单位的注册登记机关。被告人系外国人，且在境内有居住地的，应当送达居住地的公安派出所。"征求意见过程中，有意见提出，在被害人已死亡的案件中，被害人亲属要求领取判决书的情况在司法实践中也比较常见，建议一并规定。经研究，采纳上述意见，在《刑事诉讼法解释》第三百零三条第一款增加规定"被害人死亡的，其近亲属申请领取判决书的，人民法院应当及时提供"。同时，第二款增加规定："被告人系外国人，且在境内有居住地的，应当送达居住地的公安派出所。"

《刑事诉讼法解释》第三百零三条原本拟针对被害人众多，无法全部送达的情形，增加规定"可以通过互联网公布电子判决书链接方式送达"，并要求"被害人要求领取判决书的，人民法院应当及时提供"。征求意见过程中，有意见提出，根据刑事诉讼法第二百零二条的规定，判决书应当送达当事人。对于已经明确认定为案件的被害人的，应当送达判决书，不能以网上公布判决书代替。经研究，鉴于对此问题存在不同认识，未再作出明确规定。

19. 关于不得继续担任辩护人、诉讼代理人的问题

《2012年解释》只规定"辩护人严重扰乱法庭秩序，被强行带出法庭或者被处以罚款、拘留，被告人自行辩护的，庭审继续进行；被告人要求另行委托辩护人，或者被告人属于应当提供法律援助情形的，应当宣布休庭"，未明确辩护人擅自退庭或者被强行带出法庭后能否继续担任本案的辩护人。为维护正常法庭秩序、确保审判顺利进行，经认真总结经验、广泛征求意见，2018年4月，最高人民法院、司法部联合发布了《关于依法保障律师诉讼权利和规范律师参与庭审活动的通知》，对相关问题作了明确。该通知施行以来，对规范法庭秩序、有效保障当事人合法权益发挥了重要作用，取得了良好效果。鉴此，《刑事诉讼法解释》第三百一十条吸收相关规定，明确："辩护人严重扰乱法庭秩序，被责令退出法庭、强行带出法庭或者被处以罚款、拘留，被告人自行辩护的，庭审继续进行；被告人要求另行委托辩护人，或者被告人属于应当提供法律援助情形的，应当宣布休庭。""辩护人、诉讼代理人被责令退出法庭、强行带出法庭或者被处以罚款后，具结保证书，保证服从法庭指挥、不再扰乱法庭秩序的，经法庭许可，可以继续担任辩护人、诉讼代理人。""辩护人、诉讼代理人具有下列情形之一的，不得继续担任同一案

件的辩护人、诉讼代理人：（一）擅自退庭的；（二）无正当理由不出庭或者不按时出庭，严重影响审判顺利进行的；（三）被拘留或者具结保证书后再次被责令退出法庭、强行带出法庭的。"在理解和适用《刑事诉讼法解释》第三百一十条时，需要把握以下两点。

第一，庭审是控辩审三方共同参与的严肃的诉讼活动，法庭是控辩审三方共同使用的庄严的诉讼场所。在庭审过程中，服从法庭指挥，理性表达意见，是保障庭审正常进行的基本要求，也是对法律人职业素养的基本要求。从审判实践来看，绝大多数律师能本着职业精神，遵守法庭纪律，维护法庭秩序，认真履行辩护职责，但也存在个别律师"闹庭"的情况。表现为：一旦其自认为正确的诉求没有得到即时满足，就"罢庭"而去，或者不服从法庭指挥，哄闹法庭，等等。组织一次庭审并不容易，特别是当事人、辩护人、诉讼代理人人数众多的案件，在送达传票和通知书、确定开庭时间、提押被告人等方面需要做大量协调工作。不服从法庭指挥，扰乱法庭秩序，不仅严重影响庭审正常进行，也会严重影响中国律师群体乃至中国司法、中国法治的形象，依法依规予以规制，理所当然。

第二，法院、法官要尊重律师，保障律师诉讼权利。法庭应当严格执行法定程序，平等对待诉讼各方，合理分配各方发问、质证、陈述和辩论、辩护的时间，充分听取律师意见，依法及时回应、满足律师的合理诉求。对于律师在法庭上就案件事实认定和法律适用的正常发问、质证和发表辩护意见，不能随意打断或者制止。对于发问、质证、辩护意见与案件无关或者重复、冗长的，可以提醒、制止。法庭既要威严，也要保持理性、平和、克制。对不服从法庭指挥的，要区分情节轻重作出妥当处理。要提高驾驭庭审、应对复杂状况的能力。对因一时情绪激烈，言语失当的，可以警告、训诫，原则上不采取责令律师退出法庭或者强行带离法庭的措施；必要时可以休庭处置，交流提醒，促其冷静。但是，对无视多次警告、训诫，反复挑战法庭权威，甚至哄闹法庭、擅自退庭的，必须依法依规及时妥当处理，防止事态升级、秩序失控。

20. 关于更换辩护人的次数问题

被告人在开庭前、开庭后拒绝辩护人辩护或者更换辩护人的现象时有发生。频繁更换辩护人，会造成法院反复多次开庭和过分的诉讼迟延，影响审判顺利进行。基于此，对于在非开庭时间更换辩护人或者拒绝辩护人辩护的，应当在充分保障辩护权的前提下作出适当规范，以兼顾诉讼效率。从实践来看，允许被告人在一个审判程序中更换两次辩护人，可以保证其前后共有三至六名辩护人，足以保障其辩护权。鉴此，《刑事诉讼法解释》第三百一十一条第一款规定："被告人在一个审判程序中更换辩护人一般不得超过两次。"

（十）自诉案件第一审程序

《刑事诉讼法修改决定》未涉及自诉案件第一审程序问题。《刑事诉讼法解释》第十章基本吸收《2012年解释》第十章"自诉案件第一审程序"有关条文，仅根据《刑法修正案（九）》和司法实践反映的问题，对个别条文作了微调。

1. 应当说服自诉人撤回起诉或者裁定不予受理的情形

《刑事诉讼法解释》第三百二十条第二款规定："具有下列情形之一的，应当说服自诉人撤回起诉；自诉人不撤回起诉的，裁定不予受理：（一）不属于本解释第一条规定的案件的；（二）缺乏罪证的；（三）犯罪已过追诉时效期限的；（四）被告人死亡的；（五）被告人下落不明的；（六）除因证据不足而撤诉的以外，自诉人撤诉后，就同一事实又告诉的；（七）经人民法院调解结案后，自诉人反悔，就同一事实再行告诉的；（八）属于本解释第一条第二项规定的案件，公安机关正在立案侦查或者人民检察院正在审查起诉的；（九）不服人民检察院对未成年犯罪嫌疑人作出的附条件不起诉决定或者附条件不起诉考验期满后作出的不起诉决定，向人民法院起诉的。"需要注意的是：

（1）根据刑事诉讼法第二百一十一条的规定，人民法院审查后，对于犯罪事实清楚、有足够证据的自诉案件，应当依法受理，并开庭审判。需要注意的是，人民法院对提起的自诉应当进行全面审查，既要审查自诉材料是否符合形式要求，也要审查犯罪事实是否清楚，证据是否足够。但是，对于自诉的审查并非实体审查，更不是判断被告人是否构成犯罪，故不得以"被告人的行为不构成犯罪"为由，说服自诉人撤回起诉或者裁定不予受理，[①] 对于此类自诉案件，仍然应当开庭审判并作出判决。

（2）征求意见过程中，有意见建议明确对于公安机关已受案查处，被害人又要求自诉解决的案件，应当如何处理。经研究认为，除告诉才处理的案件外，对于公安机关已立案侦查的，应当按照处理公诉案件的方式解决。基于此，采纳上述意见，《刑事诉讼法解释》第三百二十条第二款增设第八项。需要注意的是，对于公安机关立案侦查后或者人民检察院审查起诉后，不予追究犯罪嫌疑人刑事责任的，被害人当然可以依据"公诉转自诉"案件的规定提起自诉，故表述为"属于本解释第一条第二项规定的案件，公安机关正在立案侦查或者人民检察院正在审查起诉的"，即强调此类案尚在处理过程中。

征求意见过程中，有意见建议在《刑事诉讼法解释》第三百二十条第二款增加一项，规定："被害人不服人民检察院对未成年犯罪嫌疑人作出附条件不起诉决定以及考验期满作出不起诉的决定，向人民法院起诉的"。理由是：《全国人民代表大会常务委员会关于〈中华人民共和国刑事诉讼法〉第二百七十一条第二款的解释》规定："人民检察院办理未成年人刑事案件，在作出附条件不起诉的决定以及考验期满作出不起诉的决定以前，应当听取被害人的意见。被害人对人民检察院对未成年犯罪嫌疑人作出的附条件不起诉的决定和不起诉的决定，可以向上一级人民检察院申诉，不适用刑事诉讼法第一百七十六条关于被害人可以向人民法院起诉的规定。"经研究，采纳上述意见，《刑事诉讼法解释》第三百二十条第二款增设第九项。

征求意见过程中，有意见建议在《刑事诉讼法解释》第三百二十条第二款增加一项，规定："检察机关撤回起诉，法院准予撤诉后，被害人又提起自诉的案件。"经研究认为，相关问题较为复杂，不宜一概而论。如果没有新的证据，此种情形通常属于《刑事诉讼法解释》第三百二十条第二款第二项规定的"缺乏罪证的"情形，可以依据该项规定处理；如果有新的证据，即属于应当受理的范畴。基于此，未采纳上述意见。

---

[①] 1979年刑事诉讼法第一百二十六条规定，被告人的行为不构成犯罪的案件，应当说服自诉人撤回自诉或者裁定驳回。但1996年刑事诉讼法删除了这一规定，此后刑事诉讼法维持了1996年刑事诉讼法的规定。

2. 关于对通过信息网络实施的侮辱、诽谤行为自诉的协助取证

刑法第二百四十六条第三款规定，通过信息网络实施侮辱、诽谤行为，"被害人向人民法院告诉，但提供证据确有困难的，人民法院可以要求公安机关提供协助"。鉴此，《刑事诉讼法解释》第三百二十五条第二款作了照应性规定，明确："对通过信息网络实施的侮辱、诽谤行为，被害人向人民法院告诉，但提供证据确有困难的，人民法院可以要求公安机关提供协助。"司法实践中需要注意的是，通过信息网络实施的侮辱、诽谤行为并非一律属于公诉案件的范畴，除"严重危害社会秩序和国家利益的"外，应当告诉才处理。对于通过信息网络实施的侮辱、诽谤行为，一般应当由自诉人提起自诉。此种情形下，人民检察院提起公诉，人民法院经审查认为尚未"严重危害社会秩序和国家利益的"，应当依据《刑事诉讼法解释》第二百一十九条的规定，退回人民检察院，同时告知被害人有权提起自诉；已经立案的，应当依据《刑事诉讼法解释》第二百九十五条的规定，裁定终止审理，并告知被害人有权提起自诉。

3. 关于自诉案件不适用速裁程序的问题

《刑事诉讼法解释》第三百二十七条规定："自诉案件符合简易程序适用条件的，可以适用简易程序审理。""不适用简易程序审理的自诉案件，参照适用公诉案件第一审普通程序的有关规定。"征求意见过程中，有意见建议增加自诉案件可以适用速裁程序的规定。经研究认为，目前对于自诉案件能否适用速裁程序，存在不同认识。全国人大常委会法工委刑法室在针对修改后刑事诉讼法的理解与适用中指出："自诉案件由自诉人自行提起，案件没有经过侦查、审查起诉，人民法院在开庭前很难判断证据是否确实、充分。同时，自诉案件自诉人与被告人往往对案件事实等存在较大争议。此外，由于没有检察机关等国家机关主持，也无法在审前提出量刑建议、签署认罪认罚具结书。从这些情况来看，自诉案件是不适合适用速裁程序审理的。"[①] 基于此，《刑事诉讼法解释》第三百二十七条未规定自诉案件可以适用速裁程序。

4. 关于自诉案件解除强制措施的问题

《2012年解释》第二百七十三条规定："裁定准许撤诉或者当事人自行和解的自诉案件，被告人被采取强制措施的，人民法院应当立即解除。"征求意见过程中，有意见提出，司法实践存在自诉人和解要求撤回自诉，人民法院不予准许的情形。基于此，宜明确法院立即解除强制措施的前置条件，即将"当事人自行和解"限制为当事人和解后撤诉经裁定准许或制作刑事调解书生效。经研究，《刑事诉讼法解释》部分采纳上述意见，于第三百三十条规定："裁定准许撤诉的自诉案件，被告人被采取强制措施的，人民法院应当立即解除。"主要考虑是：上述意见确有一定道理。司法实践中，对于当事人和解的自诉案件，可以由人民法院视情裁定准许撤回自诉或者出具刑事调解书，此种情形下"立即解除强制措施"，自然应当满足裁定准许撤诉或者刑事调解书生效的条件。但是，这并不意味着当事人自行和解的，人民法院就一律裁定准许撤诉或者出具刑事调解书。例如重婚案件，即使自诉人谅解，与被告人达成和解，人民法院仍然可能会作出刑事

---

[①] 王爱立、雷建斌主编：《〈中华人民共和国刑事诉讼法〉释解与适用》，人民法院出版社2018年版，第418页。

判决。

需要进一步提及的是，刑事诉讼法第二百一十二条第一款规定"人民法院对自诉案件，可以进行调解；自诉人在宣告判决前，可以同被告人自行和解或者撤回自诉。本法第二百一十条第三项规定的案件不适用调解"。显而易见，此处规定的"调解"不是一般的刑事附带民事赔偿的调解，而是与刑事定罪量刑的裁判一样，属于自诉案件的结案方式。

5. 关于被告人在自诉案件审判期间下落不明的处理

《2012年解释》第二百七十五条规定："被告人在自诉案件审判期间下落不明的，人民法院应当裁定中止审理。被告人到案后，应当恢复审理，必要时应当对被告人依法采取强制措施。"经研究认为，对于自诉案件被告人在审判期间下落不明的，人民法院一律裁定中止审理并不合适，还可能存在应当由法院对被告人决定逮捕的情形。鉴此，《刑事诉讼法解释》第三百三十二条作了相应调整，规定："被告人在自诉案件审判期间下落不明的，人民法院可以裁定中止审理；符合条件的，可以对被告人依法决定逮捕。"

6. 关于宣告无罪自诉案件的附带民事部分处理问题

从司法实践来看，由于刑事附带民事诉讼不收取诉讼费，个别案件存在当事人滥用自诉权的问题。对于宣告无罪的自诉案件，要求对附带民事部分一并作出处理，会进一步加剧这一问题。鉴于自诉案件与公诉案件存在较大差异，不宜采用同一处理模式。基于此，《刑事诉讼法解释》第三百三十三条对《2012年解释》第二百七十六条对依法宣告无罪的自诉案件"其附带民事部分应当依法进行调解或者一并作出判决"的规定作了适当调整，规定："对自诉案件，应当参照刑事诉讼法第二百条和本解释第二百九十五条的有关规定作出判决。对依法宣告无罪的案件，有附带民事诉讼的，其附带民事部分可以依法进行调解或者一并作出判决，也可以告知附带民事诉讼原告人另行提起民事诉讼。"

征求意见过程中，有意见提出，从自诉案件第一审程序整章体系来看，对于缺乏罪证或者无罪的自诉案件，除说服自诉人撤回起诉和调解外，另有三种处理方式：第一，立案阶段不予受理；第二，经审查缺乏罪证的，裁定驳回起诉，这指的是开庭审理之前的书面审查；第三，经过开庭后认定被告人无罪或不能认定被告人有罪的，应当作出判决（无罪判决）。实践中对自诉案件经开庭审理后，认为被告人无罪或不能认定被告人有罪的，既有只作出驳回起诉的程序处理的，又有作无罪判决实体处理的，做法不统一。基于此，建议将《刑事诉讼法解释》第三百三十三条中的自诉案件限定为已开庭审理的自诉案件。经研究认为，所涉问题较为复杂，不宜一概而论。但是，通常而言，对于已经开庭审理的自诉案件，原则上不能再说服自诉人撤回起诉或者驳回起诉，应当作出无罪判决。

此外，司法实践多次反映自诉案件审限过短和增加规定报请批准延长审限的问题。经研究认为，刑事诉讼法第二百一十二条第二款对自诉案件的审理期限作了专门规定。根据该条规定，被告人未被羁押的自诉案件，应当在受理后六个月以内宣判，不能适用刑事诉讼法第二百零八条关于延长审理期限的规定。而且，自诉案件的性质与公诉案件有本质的区别,因此,公诉案件的延长审限,自诉案件不能简单套用。自诉案件的结案方式灵活多样,可以和解结案、调解结案、判决结案,目的是尽快恢复社会秩序,充分尊重当事人的处分权。因此,为自诉案件设置与公诉案件无区别的审限延长程序似不合理。鉴此,未对自诉案件报请延长审限问题作出规定。被告人未被羁押的自诉案件的审限不足的问题客观存在,实践中,一方面,要严格审限管理,尽量在规定时间内审结相关自诉案件;另一方面,也可以根据实践情况裁量处理。据了解,有的地方法院通过让自诉人撤诉后再行提起自诉的方式解决审限不足问题,实属"无奈之举"。

(十一) 单位犯罪案件的审理

《刑事诉讼法修改决定》未涉及单位犯罪案件审理的问题。《刑事诉讼法解释》第十一章沿用《2012年解释》第十一章"单位犯罪案件的审理"的条文,并根据司法实践反映的问题作了修改完善,主要涉及:(1)扩大了被告单位诉讼代表人的确定范围;(2)明确对被告单位采取查封、扣押、冻结等措施应当坚持依法慎用的原则;(3)完善被告单位在特殊状态下的刑事责任承担规则。

1. 单位犯罪诉讼代表人的确定范围问题

《2012年解释》第二百七十九条规定:"被告单位的诉讼代表人,应当是法定代表人或者主要负责人;法定代表人或者主要负责人被指控为单位犯罪直接负责的主管人员或者因客观原因无法出庭的,应当由被告单位委托其他负责人或者职工作为诉讼代表人。但是,有关人员被指控为单位犯罪的其他直接责任人员或者知道案件情况、负有作证义务的除外。"据此,被告单位的诉讼代表人限定在被告单位内部的四类人员:法定代表人、主要负责人、其他负责人以及职工。其他人员不能担任诉讼代表人,由此带来了诉讼代表人确定范围过窄的问题:在单位法定代表人、主要负责人涉案的情况下,难以从单位职工中确定诉讼代表人,且单位职工还可能作为证人,故实践中在被告单位内部无法确定诉讼代表人的现象并非个例。此种情况下,往往采取两种做法:一是放松审查,确定并不符合条件的人员担任诉讼代表人;二是将本系单位犯罪的案件作为自然人犯罪起诉,从而放弃对涉嫌犯罪的单位的指控,导致单位有逃脱刑事制裁之虞。基于此,有必要对现行被告单位诉讼代表人的确定范围作适度扩展,以满足实践所需。

《刑事诉讼法解释》修改过程中,经研究认为,在现有规定人员范围的基础上,可以考虑在单位外部确定由律师担任被告单位的诉讼代表人。基于此,《刑事诉讼法解释》第三百三十六条规定:"被告单位的诉讼代表人,应当是法定代表人、实际控制人或者主要负责人;法定代表人、实际控制人或者主要负责人被指控为单位犯罪直接责任人员或者因客观原因无法出庭的,应当由被告单位委托其他负责人或者职工作为诉讼代表人。但是,有关人员被指控为单位犯罪直接责任人员或者知道案件情况、负有作证义务的除外。""依据前款规定难以确定诉讼代表人的,可以由被告单位委托律师等单位以外的人员作为诉讼代表人。""诉讼代表人不得同时担任被告单位或者被指控为单位犯罪直接责任人员的有关人员的辩护人。"据此,对被告单位诉讼代表人的确定可以分为两个层次:(1)被告单位的诉讼代表人,应当是法定代表人、实际控制人或者主要负责人;法定代表人、实际控制人或者主要负责人被指控为单位犯罪直接负责的主管人员或者因客观原因无法出庭的,应当由被告单位委托其他负责人或者职工作为诉讼代表人。(2)依据上述规则难以确定诉讼代表人的,可以由被告单位委托律师等单位以外的人员作为诉讼代表人。

需要提及的是,之所以将诉讼代表人的选定范围扩大至律师,是考虑到单位犯罪案件审理程序中诉讼代表人主要起到的是代表犯罪单位意志、维护其合法权益、保障诉讼正常进行的作用。律师是法律专业人士,其作为被告单位的诉讼代表人受其职业身份及代理关系的双重约束,更能全面深入地保证委托人的合法权益;律师的职业特点,也便于其通过阅卷、调查等方式,了解案情,保证案件的公正审理和顺利进行。从境外情况来看,单位聘请律师代表单位诉讼,也有类似做法,如美国2018年《联邦刑事诉讼规则》第43(b)(1)条规定"法人可以由全权代理的律师代表出庭"。

需要注意的是,对于作为被告单位的诉讼代表人同时兼任辩护人的情形,讨论中存在不同认识:一种意见认为,可以有效解决司法实践中突出的无法确定单位诉讼代表人的问题,节约诉讼资源;另一种意见认为,兼任可能会造成角色冲突,比如,被告单位认罪欲获取从轻处罚,而辩护人根据案件事实证据或辩护策略作无罪辩护,此种情况下明显存在角色冲突,兼任无法同时保障被告单位的意见发表权和辩护人的辩护权。征求意见过程中,多数赞成后一种意见,认为作为被告单位的诉讼代表人同时兼任辩护人的情形存在角色和职责冲突。诉讼代表人与辩护人属不同诉讼角色,承担着不同的诉讼职责。诉讼代表人全权代表本单位的意志,而辩护人主要承担辩护代理职责,履行辩护人义务。将诉讼代表职责与辩护代理职责合二为一,由诉讼代表人兼任辩护人,容易引发社会公众质疑,影响司法公信力。基于此,《刑事诉讼法解释》第三百三十六条第三款规定:"诉讼代表人不得同时担任被告单位或者被指控为单位犯罪直接责任人员的有关人员的辩护人。"

2. 关于对被告单位慎用查封、扣押、冻结等措施的问题

2016年11月4日《中共中央、国务院关于完善产权保护制度依法保护产权的意见》提出严格规范涉案财产处置的法律程序。据此,《刑事诉讼法解释》第三百四十三条强调对被告单位采取查封、扣押、冻结等措施,应当坚持依法慎用的原则,规定:"采取查封、扣押、冻结等措施,应当严格依照法定程序进行,最大限度降低对被告单位正常生产经营活动的影响。"司法适用中需要注意的是,无论是对被告人,还是对被告单位,都要慎用查封、扣押、冻结等措施,对能"活封"的财产,不进行"死封"。

3. 关于被告单位在特殊状态下的刑事责任承担规则

《2012年解释》第二百八十六条规定:"审判期间,被告单位被撤销、注销、吊销营业执照或者宣告破产的,对单位犯罪直接负责的主管人员和其他直接责任人员应当继续审理。"经研究认为,上述规定不尽合理,只有在犯罪主体消亡的情况下,才不再继续追究刑事责任。被告单位被撤销、注销的情况下,可以认为是被告单位主体消亡,此时对单位不再追究,而直接追究单位犯罪直接责任人员的责任,是合适的。但是,在被告单位只是被吊销营业执照或者宣告破产但未完成清算、注销登记的情况下,被告单位这一

责任主体还是存在的,并未消亡,其可以承担民事责任,同理也可以承担刑事责任,故此时应当对案件继续审理,并对被告单位作出刑事判决。基于此,《刑事诉讼法解释》第三百四十四条对被告单位在特殊状态下的刑事责任承担问题,区分单位被"撤销、注销"和"吊销营业执照、宣告破产"的情形分别确立不同的处理规则,规定:"审判期间,被告单位被吊销营业执照、宣告破产但尚未完成清算、注销登记的,应当继续审理;被告单位被撤销、注销的,对单位犯罪直接负责的主管人员和其他直接责任人员应当继续审理。"

讨论中,对进入破产程序的被告单位是否应当继续审理存在不同认识:一种意见认为,其主体资格未消亡,应当继续审理;另一种意见认为,"资不抵债"是单位进入破产程序的前提条件,在此情况下,如果继续审理并对被告单位判处罚金,从可预期的角度完全属于不能执行的空判,因此建议对于进入破产程序但尚未清算完毕的被告单位终止审理。经研究,采纳前一种意见,维持上述修改不变。如前所述,在被告单位宣告破产但未完成清算、注销登记的情况下,被告单位这一责任主体还是存在的,并未消亡,其可以承担民事责任,同理也可以承担刑事责任,故此时应当对案件继续审理,并对被告单位作出刑事判决。

此外,实践反映,存在被告单位为逃避罚金等而恶意注销的情形,本条原本拟明确规定对于恶意注销的,案件应当继续审理。征求意见过程中,有意见提出,这一规定的出发点值得肯定,有利于打击恶意逃避单位责任的行为,但是如何认定恶意注销,以及在单位注销的情况下,如何追究单位责任,被告单位如何列席,以及判处的罚金如何执行,均存在操作困难。经研究,未再作明确规定。主要考虑是:第一,进入审判程序后被告单位被恶意注销的情况应该较为罕见,受案法院可以监督制约。第二,追究被告单位刑事责任的唯一方式是判处罚金。对于被告单位基于逃避罚金等动机恶意注销的,法定代表人、实际控制人、主要负责人往往都会实际获益。而上述人员作为被告单位的主管人员或者直接负责的责任人员被追究刑事责任,在被告单位被恶意注销的情况下,可以通过对上述人员多判处罚金的方式予以弥补,且对于被告单位的违法所得也可以继续追缴,不会造成处罚的漏洞。

(十二)认罪认罚案件的审理

《刑事诉讼法修改决定》的重要内容之一就是总结认罪认罚从宽制度试点工作的经验和成果,通过修改后刑事诉讼法加以固定。认罪认罚从宽制度适用于整个刑事诉讼,其本身并非独立的诉讼程序,对认罪认罚案件应当根据具体情况选择适用速裁程序、简易程序或者普通程序。但是,认罪认罚案件的审理确有一定的特殊性,对其中的共性问题需要作出集中规定。《刑事诉讼法解释》增设第十二章"认罪认罚案件的审理",根据修改后刑事诉讼法的规定,吸收2019年10月11日《最高人民法院、最高人民检察院、公安部、国家安全部、司法部关于适用认罪认罚从宽制度的指导意见》(以下简称《认罪认罚意见》)的有关规定,结合司法实践反映的问题,对认罪认罚案件的审理作出明确规定。

1. 关于随案移送相关材料的审查问题

刑事诉讼法第一百七十三条第一款规定:"人民检察院审查案件,应当讯问犯罪嫌疑人,听取辩护人或者值班律师、被害人及其诉讼代理人的意见,并记录在案。辩护人或者值班律师、被害人及其诉讼代理人提出书面意见的,应当附卷。"据此,对于认罪认罚案件,人民检察院应当随案移送讯问犯罪嫌疑人的笔录,以及听取辩护人或者值班律师、被害人及其诉讼代理人意见的笔录。特别是,实践中有个别案件,人民检察院未听取被害人意见或者未移送有关材料,不利于保障被害人合法权益,也会导致人民法院在审判阶段需要再行听取被害人意见,造成诉讼拖延。为保障法律严格实施,《刑事诉讼法解释》第三百四十九条规定:"对人民检察院提起公诉的认罪认罚案件,人民法院应当重点审查以下内容:……(二)是否随案移送听取犯罪嫌疑人、辩护人或者值班律师、被害人及其诉讼代理人意见的笔录;(三)被告人与被害人达成调解、和解协议或者取得被害人谅解的,是否随案移送调解、和解协议、被害人谅解书等相关材料;……""未随案移送前款规定的材料的,应当要求人民检察院补充。"

征求意见过程中,有意见提出,实践中,部分案件存在犯罪嫌疑人、被告人赔偿了被害人经济损失并得到被害人谅解,但因时间、路途等原因,被害人未出具相关谅解证明等证据材料的情况,建议规定只要有被害人有谅解的真实意思表示的相关材料,并且经核实无误即可。经研究认为,上述意见确有道理,相关材料可以纳入"等相关材料",实践中不会存在问题。

2. 关于"量刑建议明显不当"的认定规则

征求意见过程中,有意见提出,"量刑建议明显不当"的规定过于抽象,建议细化。在很多时候轻刑犯相差一至三个月就显得偏轻或偏重,在这种情况下能否改变量刑建议?经研究,相关问题不宜一概而论,应当区分情况,根据审理认定的犯罪事实、认罪认罚的具体情况,结合相关犯罪的法定刑、类似案件的刑罚适用等作出审查判断。特别是,相关犯罪的法定刑不同,对认定量刑建议是否明显不当具有直接影响。例如,对于危险驾驶案件,刑罚相差一个月甚至半个月通常即可以认定为"明显不当";对于应当判处十年以上有期徒刑的案件,刑罚相差半年以上通常才会认定为"明显不当"。基于此,《刑事诉讼法解释》第三百五十四条对量刑建议明显不当的判断作了原则性指引规定,明确:"对量刑建议是否明显不当,应当根据审理认定的犯罪事实、认罪认罚的具体情况,结合相关犯罪的法定刑、类似案件的刑罚适用等作出审查判断。"

(十三)简易程序

《刑事诉讼法修改决定》未涉及简易程序问题。《刑事诉讼法解释》第十三章吸收《2012年解释》第十二章"简易程序"的条文,仅对个别条文作了微调。

1. 关于被告人及其辩护人申请适用简易程序的问题

《刑事诉讼法解释》第三百五十九条第二款增加赋予被告人及其辩护人适用简易程序的申请权,规定:"对人民检察院建议或者被告人及其辩护人申请适用简易程序审理的案件,依照前款规定处理;不符合简易程序适用条件的,应当通知人民检察院或者被告人及其辩护人。"

2. 关于适用简易程序审理案件的开庭时间通知问题

《2012年解释》第二百九十二条第一款规定:"适用简易程序审理案件,人民法院应当在开庭三日前,将开庭的时间、地点通知人民检察院、自诉人、被告人、辩护人,也可以通知其他诉讼参与人。"刑事诉讼法第二百一十九条规定:"适用简易程序审理案件,不受本章第一节关于送达期限、讯问被告人、询问证人、鉴定人、出示证据、法庭辩论程序规定的限制。"据此,对于适用简易程序审理的案件,开庭前通知的时间不受"三日前"的限制。鉴此,《刑事诉讼法解释》第三百六十二条第一款将"开庭三日前"调整为"开庭前",规定:"适用简易程序审理案件,人民法院应当在开庭前将开庭的时间、地点通知人民检察院、自诉人、被告人、辩护人,也可以通知其他诉讼参与人。"当然,司法实践中可以根据情况裁量把握,尽可能提前通知,以给诉讼参与各方更为充裕的准备时间。

3. 关于简易程序的裁判文书简化问题

司法实践中,一些刑事法官不愿意适用简易程序,一个很重要的原因是简易程序相对于普通程序而言,花费时间相差无几,简易程序并未简化,尤其是裁判文书几乎没有区别,中间还面临程序转化的风险。基于此,根据司法实践审判需要,为促进法官适用简易程序的积极性,以提高诉讼效率,《刑事诉讼法解释》第三百六十七条第一款规定:"适用简易程序审理案件,裁判文书可以简化。"

(十四)速裁程序

《刑事诉讼法修改决定》的重要内容之一就是总结刑事案件速裁程序试点工作的经验和成果,通过修改后刑事诉讼法加以固定。《刑事诉讼法解释》增设第十四章"速裁程序",根据修改后刑事诉讼法的规定,吸收《认罪认罚意见》的有关规定,结合司法实践反映的问题,对速裁程序的适用作出明确规定。

1. 关于对人民检察院未提出建议的案件能否适用速裁程序的问题

根据刑事诉讼法第二百二十二条第二款的规定,人民检察院有权建议适用速裁程序,人民法院应当决定是否适用。但是,对于人民检察院没有提出建议的案件(包括两种情形:一是审前阶段认罪认罚而人民检察院未建议适用速裁程序的案件;二是审前阶段未认罪认罚的案件)人民法院能否适用速裁程序,讨论中存在不同认识。第一种意见持否定立场,理由是:适用速裁程序的前提是被告人同意适用速裁程序,且需要人民检察院与被告人就量刑问题重新进行协商,履行签署认罪认罚具结书的程序,依法提出量刑建议。而且,这有利于防止助长被告人的拖延心理,也有利于督促检察机关履行认罪认罚程序的审查把关职责。第二种意见持肯定立场。理由是:控辩地位平等,既然允许公诉机关建议适用速裁程序,理应允许被告人及其辩护人建议适用速裁程序。

经研究,《刑事诉讼法解释》第三百六十九条采纳第二种意见,第二款、第三款规定:"对人民检察院未建议适用速裁程序的案件,人民法院经审查认为符合速裁程序适用条件的,可以决定适用速裁程序,并在开庭前通知人民检察院和辩护人。""被告人及其辩护人可以向人民法院提出适用速裁程序的申请。"主要考虑是：（1）刑事诉讼法第二百二十二条第二款规定："人民检察院在提起公诉的时候，可以建议人民法院适用速裁程序。"可见，人民检察院对速裁程序的适用享有建议权，但似不意味着速裁程序的适用必须以人民检察院的建议为前提条件。基于控辩对等的刑事诉讼原则，对于人民检察院未建议适用速裁程序的案件，被告人及其辩护人也可以申请适用，符合条件的，人民法院可以依职权决定适用。（2）基于通行法理，刑事诉讼程序原则上不得回流。基于此，对于人民检察院未建议的案件，在审判阶段决定适用速裁程序的，在开庭前通知人民检察院和辩护人即可，无须再重回认罪认罚具结书签署和量刑协商程序。（3）从实践操作角度来看，对于在审判阶段认罪认罚的案件，符合速裁程序适用条件的，人民法院决定适用速裁程序，在操作上也不存在问题。

2. 关于适用速裁程序公开审理案件在开庭前送达期限的问题

刑事诉讼法第二百二十四条规定"适用速裁程序审理案件，不受本章第一节规定的送达期限的限制"。第二百一十九条规定"适用简易程序审理案件，不受本章第一节关于送达期限、讯问被告人、询问证人、鉴定人、出示证据、法庭辩论程序规定的限制"。可见，对于适用速裁程序、简易程序审理的案件，不受送达期限的限制。但是，刑事诉讼法第一百八十七条第三款规定："人民法院确定开庭日期后，应当将开庭的时间、地点通知人民检察院，传唤当事人，通知辩护人、诉讼代理人、证人、鉴定人和翻译人员，传票和通知书至迟在开庭三日以前送达。公开审判的案件，应当在开庭三日以前先期公布案由、被告人姓名、开庭时间和地点。"司法适用中存在争议的问题是，对于适用速裁程序公开审理的案件，是否需要在开庭三日以前将开庭的时间、地点通知人民检察院、被告人及其辩护人等诉讼参与人，并在开庭三日以前先期公布案由、被告人姓名、开庭时间和地点？实践中，个别地方对于适用速裁程序审理案件，"当天立案、当天审理、当庭宣判"，无法在开庭三日以前进行送达和公告。对此，有意见认为，适用简易程序、速裁程序审理案件，同样应当确保人民检察院有效参加审判、保障被告人有效行使辩护权、保证被害人权利、维护社会公众的知情权。基于此，应当在开庭三日以前通知诉讼参与人和公告，以给控辩双方适当的准备时间，同时保证案件的公开审判和接受社会监督。

经研究，倾向于认为，由于刑事诉讼法第二百一十九条、第二百二十四条所使用的表述是不受"送达期限"的限制，加之司法实践中通常只在开庭日公告和通知控辩双方和其他诉讼参与人，要求先期三日似与当前实践不符。基于此，《刑事诉讼法解释》第三百七十一条规定："适用速裁程序审理案件，人民法院应当在开庭前将开庭的时间、地点通知人民检察院、被告人、辩护人，也可以通知其他诉讼参与人。""通知可以采用简便方式，但应当记录在案。"

适用速裁程序审理案件，还需要注意两个问题：（1）人民法院应当通知人民检察院派员出庭。讨论中，有意见建议规定公诉人可以不出庭。主要考虑是：司法实践中，有的速裁案件，出庭公诉人不是案件承办人，不了解案件情况。一旦庭上有突发或意外情况发生，出庭的公诉人无法及时回应，达不到出庭的真正目的。经研究认为，公诉人代表人民检察院履行国家公诉职能，在刑事诉讼法未明确规定公诉人可以不出庭的情况下，不宜规定公诉人可以不出庭。特别是，速裁程序可能出现调整量刑建议的情形，如公诉人不出庭，则无法当庭调整量刑建议，影响速裁程序的适用。因此，人民法院应当通知人民检察院派员出庭。实践中，人民法院应当协调人民检察院派合适公诉人出庭，当庭妥当处理量刑建议调整等问题。（2）被告人有辩护人的，应当通知其出庭。刑事诉讼法第二百二十四条规定："适用速裁程序审理案件……在判决宣告前应当听取辩护人的意见……"有意见据此得出了适用速裁程序审理的案件，必须有辩护人参加庭审的结论，这显然不符合实际。此处规定的"听取辩护人的意见"，应当限于适用速裁程序审理的案件有辩护人的情形，对于没有辩护人参与庭审的案件，自然无法听取辩护人的意见。鉴于上述两个问题在司法适用中虽有一定认识分歧，但争议不大，本着司法解释的问题导向，未作明确规定。

3. 关于适用速裁程序审理案件可以集中开庭、逐案审理的问题

从当前司法实践来看，速裁程序在实践中一定程度遇冷，适用积极性不高，究其原因，一是与简易程序相比，速裁的"速"体现不明显；二是审限较短，案件周转不灵。为此，速裁程序要真正发挥其效率，必须在"速"字上着力。具体而言，集中审理有利于发挥速裁程序的"速"。基于此，《刑事诉讼法解释》第三百七十二条规定："适用速裁程序审理案件，可以集中开庭，逐案审理。公诉人简要宣读起诉书后，审判人员应当当庭询问被告人对指控事实、证据、量刑建议以及适用速裁程序的意见，核实具结书签署的自愿性、真实性、合法性，并核实附带民事诉讼赔偿等情况。"

征求意见过程中，有意见建议删除"由公诉人简要宣读起诉书"。理由是：为简化庭审流程，鉴于此前已送达起诉书，被告人认罪认罚，且人民法院会核对被告人认罪认罚意愿的真实性等，故建议对公诉机关是否摘要宣读起诉书不作强制性规定。经研究，未采纳上述意见。而且，《认罪认罚意见》第四十四条亦明确要求"公诉人简要宣读起诉书"。

需要注意的是，适用速裁程序审理案件，虽无法庭调查和法庭辩论环节，但审判人员仍应当庭询问被告人对指控的证据有无异议，被告人无异议的，即应当视为经过了庭审质证程序。所以，速裁程序中作为定案根据的证据，实际上也经过了庭审举证、质证程序，不存在例外。

（十五）第二审程序

《刑事诉讼法修改决定》未涉及第二审程序问题。《刑事诉讼法解释》第十五章沿用《2012年解释》第十三章"第二审程序"的条文，并根据司法实践反映的问题作了修改完善，主要涉及：（1）明确对准许撤回起诉、终止审理等裁定可以上诉；（2）对上诉期满要求撤回上诉和抗诉期满要求撤回抗诉的处理规则作出调整；（3）细化上诉不加刑原则的司法适用；（4）明确死缓案件二审应当开庭审理；（5）设立二审案件的部分发回规则；（6）明确终审的判决和裁定发生法律效力的时间。

1. 关于对准许撤回起诉、终止审理等裁定可以上诉的问题

刑事诉讼法第二百二十七条第一款规定："被告人、自诉人和他们的法定代理人，不

服地方各级人民法院第一审的判决、裁定,有权用书状或者口头向上一级人民法院上诉。被告人的辩护人和近亲属,经被告人同意,可以提出上诉。"司法实践中,对哪些裁定可以提出上诉,存在不同认识。经研究认为,准许撤回起诉、终止审理等裁定可能对被告人的实体权益造成影响,应当允许上诉。鉴此,《刑事诉讼法解释》第三百七十八条第一款规定:"地方各级人民法院在宣告第一审判决、裁定时,应当告知被告人、自诉人及其法定代理人不服判决和准许撤回起诉、终止审理等裁定的,有权在法定期限内以书面或者口头形式,通过本院或者直接向上一级人民法院提出上诉;被告人的辩护人、近亲属经被告人同意,也可以提出上诉;附带民事诉讼当事人及其法定代理人,可以对判决、裁定中的附带民事部分提出上诉。"

2. 关于上诉期满要求撤回上诉的处理规则

《2012年解释》第三百零五条第一款规定:"上诉人在上诉期满后要求撤回上诉的,第二审人民法院应当审查。经审查,认为原判认定事实和适用法律正确,量刑适当的,应当裁定准许撤回上诉;认为原判事实不清、证据不足或者将无罪判为有罪、轻罪重判等的,应当不予准许,继续按照上诉案件审理。"《刑事诉讼法解释》第三百八十三条第二款吸收上述规定,并作适当调整。考虑到基于上诉不加刑原则的限制,二审不会对上诉人的权益造成影响,故该款规定:"上诉人在上诉期满后要求撤回上诉的,第二审人民法院经审查,认为原判认定事实和适用法律正确,量刑适当的,应当裁定准许;认为原判确有错误的,应当不予准许,继续按照上诉案件审理。"

需要注意的是,《刑事诉讼法解释》第三百八十三条第二款规定,上诉人在上诉期满后要求撤回上诉,第二审人民法院经审查"认为原判确有错误的,应当不予准许"。讨论中,有意见建议明确"应当不予准许"是裁定还是决定,是否采用书面形式。经研究认为,实践中可以裁量处理:一般可以出具书面裁定,也可以继续开庭,而后在裁判文书中一并作出说明。

此外,实践反映,上诉人经人民法院传唤拒不到庭,甚至脱逃,是逃避法律制裁,主动放弃二审机会。此种情形实际等同于要求撤回上诉,故应当按照上诉人要求撤回上诉处理,即区分在上诉期限内和上诉期满后两种情形,适用《刑事诉讼法解释》第三百八十三条的规定处理。征求意见过程中,有反对意见提出,对于第二审程序中上诉人不到庭甚至脱逃的情形,根据刑事诉讼法第二百四十二条、第二百零六条的规定,人民法院可以依法中止审理。虽然民事诉讼中有类似不到庭视为撤诉的规定,但刑事诉讼不同于民事诉讼。视为撤回上诉,既不利于保护当事人的诉讼权利,也不一定解决诉讼效率的问题。例如,法院审理后初步认为原判事实不清、证据不足或者将无罪判为有罪、轻罪重判等的,即使上诉人无故不到庭,仍然需要进行审理。① 经研究认为,所涉问题在司法实践中客观存在,应当予以解决。随着非羁押性强制措施的广泛适用,诉讼过程中被告人不到庭的情形有增多的趋势,经传唤拒不到庭是其主动放弃二审,应当采取措施防

---

① 此外,有意见建议进一步明确如下问题:一是视为撤诉的,准许方式是什么,如何裁定以及审查处理?此种情况不属于缺席判决的情形,不能参照缺席判决审理。二是无正当理由的要件规定,如何理解?三是对于被告人脱逃的,即使视为撤诉,文书送达以及被告人送交执行都会带来问题。

止案件久拖不决。但反对意见也确有道理，应当充分保障上诉人的实体权利和程序权利，特别是防止判决事实不清、证据不足或者将无罪判为有罪、轻罪重判。基于此，未再作出明确规定，交由司法实践裁量把握。根据具体情况，对于被告人无法到案的，可以中止审理，必要时对被告人商公安机关上网追逃，这样处理有利于案件最终审结。

3. 关于抗诉期满要求撤回抗诉的处理规则

《2012年解释》第三百零七条规定："人民检察院在抗诉期限内撤回抗诉的，第一审人民法院不再向上一级人民法院移送案件；在抗诉期满后第二审人民法院宣告裁判前撤回抗诉的，第二审人民法院可以裁定准许，并通知第一审人民法院和当事人。"考虑到对抗诉案件的二审继续审理可以加重被告人刑罚，《刑事诉讼法解释》第三百八十五条第一款、第二款明确人民检察院在抗诉期满后要求撤回抗诉的，只有"认为原判存在将无罪判为有罪、轻罪重判等情形的"，才不予准许，规定："人民检察院在抗诉期限内要求撤回抗诉的，人民法院应当准许。""人民检察院在抗诉期满后要求撤回抗诉的，第二审人民法院可以裁定准许，但是认为原判存在将无罪判为有罪、轻罪重判等情形的，应当不予准许，继续审理。"

需要注意的是，"继续审理"是指继续按照抗诉案件开庭审理。此种案件本由抗诉启动，虽已提出撤回抗诉但法院因故不予准许，这属于诉讼程序上的重大事项，并且在实体上也可能发生重大变化（原判有罪改判无罪，或原审重判改为轻判），因此应当一律开庭审理。

征求意见过程中，有意见提出，司法实践中，已遇到原公诉机关对第一审判决抗诉，上级人民检察院不支持抗诉，要求撤回抗诉，但第二审法院认为抗诉成立，不准许撤回抗诉的案件。建议明确此种情形如何处理。经研究认为，人民检察院要求撤回抗诉的，人民法院应当进行审查，自然就包括裁定不准许撤诉的情形。此种情形下，二审应当继续进行。当然，司法实践中可能还会遇到检察机关不派员出庭等问题，对此宜协调解决。基于上述考虑，《刑事诉讼法解释》第三百八十五条第三款专门明确了上级人民检察院认为下级人民检察院抗诉不当，向第二审人民法院要求撤回抗诉的处理规则，规定："上级人民检察院认为下级人民检察院抗诉不当，向第二审人民法院要求撤回抗诉的，适用前两款规定。"

4. 关于二审开庭范围问题

《刑事诉讼法解释》第三百九十三条对《2012年解释》第三百一十七条的规定作出修改完善，规定："下列案件，根据刑事诉讼法第二百三十四条的规定，应当开庭审理：（一）被告人、自诉人及其法定代理人对第一审认定的事实、证据提出异议，可能影响定罪量刑的上诉案件；（二）被告人被判处死刑的上诉案件；（三）人民检察院抗诉的案件；（四）应当开庭审理的其他案件。""被判处死刑的被告人没有上诉，同案的其他被告人上诉的案件，第二审人民法院应当开庭审理。"死刑案件，人命关天，必须适用最为严格、审慎的审理程序。刑事诉讼法明确规定，被告人被判处死刑的上诉案件，人民法院应当组成合议庭开庭审理。死刑缓期二年执行案件也属于死刑案件。为严格落实刑事诉讼法的规定，该条规定死缓二审案件一律开庭审理。

5. 关于上诉不加刑原则的把握

《刑事诉讼法解释》第四百零一条规定："审理被告人或者其法定代理人、辩护人、近亲属提出上诉的案件，不得对被告人的刑罚作出实质不利的改判，并应当执行下列规定：（一）同案审理的案件，只有部分被告人上诉的，既不得加重上诉人的刑罚，也不得加重其他同案被告人的刑罚；（二）原判认定的罪名不当的，可以改变罪名，但不得加重刑罚或者对刑罚执行产生不利影响；（三）原判认定的罪数不当的，可以改变罪数，并调整刑罚，但不得加重决定执行的刑罚或者对刑罚执行产生不利影响；（四）原判对被告人宣告缓刑的，不得撤销缓刑或者延长缓刑考验期；（五）原判没有宣告职业禁止、禁止令的，不得增加宣告；原判宣告职业禁止、禁止令的，不得增加内容、延长期限；（六）原判对被告人判处死刑缓期执行没有限制减刑、决定终身监禁的，不得限制减刑、决定终身监禁；（七）原判判处的刑罚不当、应当适用附加刑而没有适用的，不得直接加重刑罚、适用附加刑。原判判处的刑罚畸轻，必须依法改判的，应当在第二审判决、裁定生效后，依照审判监督程序重新审判。""人民检察院抗诉或者自诉人上诉的案件，不受前款规定的限制。"该条第一款所列情形只是提示规则，并未囊括司法实践的所有情形，仅针对当前反映比较突出的问题作了相应规定。主要考虑以下几方面。

（1）关于第二项。刑法第八十一条第二款规定："对累犯以及因故意杀人、强奸、抢劫、绑架、放火、爆炸、投放危险物质或者有组织的暴力性犯罪被判处十年以上有期徒刑、无期徒刑的犯罪分子，不得假释。"据此，实践中可能存在二审改变一审认定的罪名，并未加重刑罚，但对刑罚执行产生不利影响。例如，二审将一审认定的盗窃罪改判为抢劫罪，仍维持十二年有期徒刑的刑罚，但对二审改判的罪名不得假释，对被告人产生不利影响。基于此，第二项专门增加了不得"对刑罚执行产生不利影响"的限制。

（2）关于第三项。《2012年解释》第三百二十五条第一款第三项规定："原判对被告人实行数罪并罚的，不得加重决定执行的刑罚，也不得加重数罪中某罪的刑罚。"经研究认为，这一规则过于绝对和烦琐，不利于司法实践操作，宜作出调整。例如，一审认定两个罪名，分别判处五年和三年有期徒刑，数罪并罚决定执行七年有期徒刑。按照原有规则，既不能加重总和刑期，也不能加重数罪中某罪的刑期。经研究认为，上诉不加刑是指不能使上诉人遭致不利的刑罚，偏重于决定执行的刑罚。因此，此种情况下，在决定执行的刑罚不变和对刑法执行不产生不利影响时，应当允许加重数罪中某罪的刑罚。基于此，作出相应调整。实践中，还存在两种实质上对上诉人有利的调整罪数的情形：一是原判对被告人判处一罪的，不得改判为数罪；但是，在认定的犯罪事实不变的情况下，改判数罪后决定执行的刑罚低于原判刑罚的，可以改判为数罪。二是原判对被告人实行数罪并罚的，在认定的犯罪事实不变的情况下，改判为一罪的，在对刑罚执行无不利影响的情况下，可以在不超过原判决定执行刑罚的情况下加重其中某一罪刑罚。对此，《最高人民法院研究室关于上诉不加刑原则具体运用有关问题的答复》（法研〔2014〕6号）规定："对于原判数罪并罚的上诉案件，在不超过原判决定执行的刑罚，且对刑罚执行也无不利影响的情况下，可以将其中两个或者两个以上的罪名改判为一罪并加重该罪的刑罚。"例如，一审认定被告人犯盗窃罪，判处有期徒刑五年，犯抢劫罪，判处有期徒刑五年，数罪并罚，决定执行有期徒刑八年。二审认定的犯罪事实与一审相同，但是对行为性质的评价发生变化，认为抢劫相关事实应当评价为盗窃。此种情形下，改判盗窃一罪，可以在五年以上八年以下的幅度内裁量刑罚。同为八年有期徒刑，如果是因为数罪被判处的，较之一罪被判处的，在减刑、假释时对被告人更为不利。因此，上述改判不违反上诉不加刑原则。基于上述考虑，形成第三项"原判认定的罪数不当的，可以改变罪数，并调整刑罚，但不得加重决定执行的刑罚或者对刑罚执行产生不利影响"规定。

(3) 关于第四项。讨论中，有意见提出，第四项规定"原判对被告人宣告缓刑的，不得撤销缓刑"，但实践中可能存在二审期间被告人不认罪等不符合缓刑适用条件的情形。此种情况下如继续适用缓刑，可能危害社会。经研究认为，目前仍只能严格执行这一规定，确有必要的，通过审判监督程序予以纠正。

(4) 关于第七项。讨论中，有意见提出，原判事实清楚，证据确实、充分，但适用法律错误的，如认定自首有误、应当剥夺政治权利而未剥夺政治权利等，如何处理，建议作出明确。经研究认为，上述情形或者属于因法律适用错误导致刑罚畸轻，或者属于因法律认识错误而没有适用附加刑，根据上诉不加刑原则，只能予以维持。需要注意的是，就司法实践操作而言，二审应当在裁判文书中写明一审判决存在的适用法律错误，从而导致判处的刑罚畸轻、应当适用附加刑而没有适用的结果，但是，根据上诉不加刑原则的规定，维持一审判处的刑罚不变。讨论中，对于第七项的处理规则本身也存在异议，有意见认为，此种情形下，二审维持原判是根据上诉不加刑原则作出的裁定，依据刑事诉讼法的规定，并无错误。而根据刑事诉讼法关于审判监督程序的规定，针对生效判决、裁定的再审限于"确有错误"的情形。上述情形明显不符合这一规定，依法也不得启动审判监督程序。基于实事求是的考虑，本条第一款第七项作了微调，将依法通过审判监督程序进行改判限定为在"原判判处的刑罚畸轻，必须依法改判的"情形，对于原判刑罚不当，但尚未达到畸轻程度的，如漏判附加剥夺政治权利，对本应在"三年以上七年以下有期徒刑"的幅度内判处三年六个月有期徒刑的案件判处二年六个月有期徒刑的，基于裁判稳定的考虑，一般不再启动审判监督程序。

(5) 征求意见过程中，有意见提出，实践中有几种情况建议明确：对于改变罪数后，附加刑必须改变的如何处理？例如，一审认定被告人构成数罪，判处附加刑罚金五万元，二审改判为一罪的，但附加刑规定为"并处没收财产"。此种情况下，罚金五万元是否可以改为没收财产五万元？经研究认为，所涉问题较为复杂，不宜一概而论，宜坚持实质判断的原则。如果在主刑方面给予较大幅度地减轻，则适当增加附加刑，应当是允许的；但是，在主刑维持不变的情况下，原则上不宜加重附加刑，通常也不宜将罚金调整为没收财产，更不应作出主刑稍微减轻、附加刑大幅加重，对被告人实质明显不利的调整。

6. 关于对上诉发回重审案件的处理

刑事诉讼法第二百三十七条第一款规定："……第二审人民法院发回原审人民法院重新审判的案件，除有新的犯罪事实，人民检察院补充起诉的以外，原审人民法院也不得加重被告人的刑罚。"从字面意义上理解，"新的犯罪事实"有两个含义：一是新的犯罪的事实，即已经起诉的犯罪以外的犯罪的事实；二是原起诉事实范围内的新事实。经研究认为，只有前一种新的犯罪事实，经补充起诉后才可以加重刑罚。基于此，《刑事诉讼法解释》第四百零三条第一款规定："被告人或者其法定代理人、辩护人、近亲属提出上诉，人民检察院未提出抗诉的案件，第二审人民法院发回重新审判后，除有新的犯罪事实且人民检察院补充起诉的以外，原审人民法院不得加重被告人的刑罚。"该款将"除有新的犯罪事实，人民检察院补充起诉的以外"调整为"除有新的犯罪事实，且人民检察院补充起诉的以外"，旨在提醒司法实践中侧重根据人民检察院是否补充起诉来对是否系"新的犯罪事实"作出判断。

《刑事诉讼法解释》第四百零三条第二款结合《最高人民法院研究室关于上诉发回重审案件重审判决后确需改判的应当通过何种程序进行的答复》（法研〔2014〕26号）对《2012年解释》第三百二十七条的规定作出修改完善，规定："对前款规定的案件，原审人民法院对上诉发回重新审判的案件依法作出判决后，人民检察院抗诉的，第二审人民法院不得改判为重于原审人民法院第一次判处的刑罚。"征求意见过程中，有意见建议删去该款。理由是：刑事诉讼法第二百三十七条规定："第二审人民法院审理被告人或者他的法定代理人、辩护人、近亲属上诉的案件，不得加重被告人的刑罚。第二审人民法院发回原审人民法院重新审判的案件，除有新的犯罪事实，人民检察院补充起诉的以外，原审人民法院也不得加重被告人的刑罚。""人民检察院提出抗诉或者自诉人提出上诉的，不受前款规定的限制。"该款与刑事诉讼法的上述规定明显冲突。经研究，未采纳上述意见。主要考虑是：刑事诉讼法第二百三十七条规定的"提出抗诉"明显是指在原审程序中提出抗诉，而非在重审程序中提出抗诉。否则，刑事诉讼法第二百三十七条第一款的规定就将失去实际意义，很不合理：对发回重审的案件，如未发现被告人有新的犯罪事实，人民检察院未补充起诉，原审法院不得加重刑罚，但宣判后人民检察院抗诉的，二审法院即可加重，那么原审法院不得加重刑罚的规定还有何意义？何不由原审法院直接改判加重？

需要注意的是，对于被告人上诉、人民检察院未提出抗诉的案件，发回重审后人民检察院没有补充起诉新的犯罪事实的，原审人民法院作出的判决，相比原判减轻刑罚和减少罪名的，人民检察院可以提出抗诉。二审法院经审理认为人民检察院抗诉成立的，可以在原判刑罚和罪名范围内改判加重刑罚和增加罪名。例如，对于原判以盗窃罪、故意伤害罪判处七年有期徒刑的案件，被告人上诉、人民检察院未提出抗诉，发回重审后人民检察院没有补充起诉新的犯罪事实的，原审人民法院以故意伤害罪判处被告人有期徒刑三年，对盗窃罪未予认定的。此种情形下，检察机关抗诉，二审法院经审查认定抗诉成立的，可以对被告人加重刑罚、增加罪名，但不得超过原判"以盗窃罪、故意伤害罪判处七年有期徒刑"，另行增加其他罪名和判处更高的刑罚。

7. 关于二审案件部分发回的规则

根据刑事诉讼法第二百三十六条的规定，第二审人民法院认为第一审判决事实不清、证据不足的，可以在查清事实后改判，也可以裁定撤销原判，发回原审人民法院重新审判。但是，对于涉及多名被告人的案件，如涉黑案件中的从犯，在二审时发现还有一个其单独实施的轻微犯罪，第二审人民法院将全案发回重审，费时费力。基于节约司法资源,保障审判顺利推进的考虑,《刑事诉讼法解释》第四百零四条第二款规定:"有多名被告人的案件,部分被告人的犯罪事实不清、证据不足或者有新的犯罪事实需要追诉,且有关犯罪与其他同案被告人没有关联的,第二审人民法院根据案件情况,可以对该部分被告人分案处理,将该部分被告人发回原审人民法院重新审判。原审人民法院重新作出判决后,被告人上诉或者人民检察院抗诉,其他被告人的案件尚未作出第二审判决、裁定的,第二审人民法院可以并案审理。"具体而言,此种情况下,对部分被告人的案件发回,其余被告人的案件可以视情继续审理(有必要的,也可以中止审理)。当然,如果发回被告人的案件重新进入二审的,可以与其他被告人的二审案件合并。

8. 关于对附带民事部分提出上诉的处理规则

《刑事诉讼法解释》第四百零九条根据司法实践反映的问题对《2012年解释》第三百一十三条、第三百三十一条的规定作出整合和修改完善,规定:"第二审人民法院审理对附带民事部分提出上诉,刑事部分已经发生法律效力的案件,应当对全案进行审查,并按照下列情形分别处理:(一)第一审判决的刑事部分并无不当的,只需就附带民事部分作出处理;(二)第一审判决的刑事部分确有错误的,依照审判监督程序对刑事部分进行再审,并将附带民事部分与刑事部分一并审理。"

需要注意的是,对于仅对附带民事诉讼部分提出上诉,刑事部分已经发生法律效力的,第二审人民法院应当进行全案审查。发现刑事部分有错误的,应当依照审判监督程序提审或者指令再审。由于刑事部分的审理系民事部分的基础,应当将附带民事部分和刑事部分一并审理。如果二审法院对刑事部分提审的,则应由其对刑事再审与附带民事二审合并审理;如果二审法院指令一审法院对刑事部分再审的,则应当将附带民事部分发回后与刑事再审并案审理。

征求意见过程中,有意见提出,按照以往的做法,对刑事部分提出上诉的处理,往往制作刑事裁定书,而不是刑事附带民事裁定书。建议明确对民事部分提出上诉的处理,是否需要制作刑事附带民事诉讼裁定书。经研究认为,由于民事部分附属于刑事部分,应当制作刑事附带民事诉讼文书,包括判决书和裁定书。《刑事诉讼法解释》第四百零九条第一项规定就附民部分作出处理,包括维持、改判和发回重审。附带民事部分事实清楚,适用法律正确的,应当以刑事附带民事裁定维持原判,驳回上诉。附带民事部分确有错误的,以刑事附带民事判决对附带民事部分作出改判或者以刑事附带民事裁定发回重审。

针对原审判决的附带民事诉讼部分提出上诉的,《刑事诉讼法解释》第四百零九条原本拟规定"第一审判决的附带民事部分事实清楚,适用法律正确的,应当以刑事附带民事裁定维持附带民事部分的原判,驳回上诉"。征求意见过程中,有意见建议明确,二审法院对于仅民事部分上诉且事实清楚,适用法律正确的案件,主文是沿用以前的"驳回上诉,维持原判",还是按照该规定主文写"维持附带民事部分的原判,驳回上诉",建议予以明确。经研究,鉴于司法实践中多数法院直接表述为"驳回上诉,维持原判"的实际情况,可以交由司法实践裁量处理,故《刑事诉讼法解释》第四百零九条未作明确规定。

### (十六) 在法定刑以下判处刑罚和特殊假释的核准

《刑事诉讼法修改决定》未涉及"在法定刑以下判处刑罚和特殊假释的核准"问题。《刑事诉讼法解释》第十六章沿用《2012年解释》第十四章"在法定刑以下判处刑罚和特殊假释的核准"的条文,并作了修改完善,主要涉及:(1) 明确法定刑以下判处刑罚案件层报复核过程中上级人民法院可以直接改判;(2) 明确第二审人民法院可以直接在法定刑以下判处刑罚,并层报最高人民法院核准。

**1. 关于法定刑以下判处刑罚案件层报复核的程序**

《刑事诉讼法解释》第四百一十四条根据司法实践反映的问题对《2012年解释》第三百三十六条的规定作出修改完善,规定:"报请最高人民法院核准在法定刑以下判处刑罚的案件,应当按照下列情形分别处理:(一) 被告人未上诉、人民检察院未抗诉的,在上诉、抗诉期满后三日以内报请上一级人民法院复核。上级人民法院同意原判的,应当书面层报最高人民法院核准;不同意的,应当裁定发回重新审判,或者按照第二审程序提审;(二) 被告人上诉或者人民检察院抗诉的,上一级人民法院维持原判,或者改判后仍在法定刑以下判处刑罚的,应当依照前项规定层报最高人民法院核准。"需要注意以下几方面。

(1) 关于被告人未上诉、人民检察院未抗诉的情形。《2012年解释》第三百三十六条第一项规定,对此情形,上一级人民法院不同意的,"应当裁定发回重新审判,或者改变管辖按照第一审程序重新审理。原判是基层人民法院作出的,高级人民法院可以指定中级人民法院按照第一审程序重新审理"。讨论中,有意见认为,如果上一级人民法院是高级人民法院,由其按照第一审程序重新审理,则可能导致最高人民法院成为二审法院,似有不妥。另有意见认为,对于原判是基层人民法院作出的,高级人民法院复核认为原判刑罚畸重的,依照原规定,只能发回重审或者指定中级人民法院按照第一审程序重新审理,程序烦琐,不便操作。基于此,宜借鉴死刑复核程序中高级人民法院不同意一审死刑判决的可以依照第二审程序提审的规定,直接作出改判。经研究,采纳上述意见,作出相应调整。

(2) 关于被告人上诉、人民检察院未抗诉的情形。有意见认为,此种情形下,第二审人民法院可以直接加重刑罚,或者以量刑过轻为由发回原审人民法院重新审判,原审人民法院不受刑事诉讼法第二百三十七条第一款关于上诉不加刑原则的限制。主要考虑是:法定刑以下判处刑罚案件较为特殊,依法需要层报最高人民法院核准。对于一审在法定刑以下判处刑罚的案件,如果上级法院经复核或者审理认为不符合在法定刑以下判处刑罚的条件,应当允许上级法院改判加刑或者通过发回重审加重刑罚,否则,将会使得一审法院"绑架"上级法院,导致法定刑以下判处刑罚案件的核准程序流于形式,无法发挥监督制约作用。基于上述考虑,《刑事诉讼法解释》第四百一十四条原本拟明确规定,对于法定刑以下判处刑罚的案件,"上级人民法院按照第二审程序改判,或者发回原审人民法院重新审判的,不受刑事诉讼法第二百三十七条第一款规定的限制"。

讨论中,有意见认为,上述规则存在不妥,可能导致适用法定刑以下核准程序案件的被告人反而遭受不利的后果。例如，被告人应当适用的法定最低刑为十年有期徒刑，如果一审对其在法定刑以下判处刑罚，无论人民检察院是否提出抗诉，二审可能对其加重至十二年；但如果一审对其判处法定最低刑十年有期徒刑，则在人民检察院未提出抗诉的情况下，二审无法加重其刑罚。基于此，为避免上述不合理现象，建议明确在人民检察院未抗诉的情况下，第二审人民法院可以加重刑罚，但只能在法定最低刑以下的幅度内加重刑罚，即无论如何，不得加重至法定刑以上的幅度。在法定刑以下判处刑罚的案件固然特殊，但如果被告人上诉，案件就会进入二审程序。二审法院无论改判还是发回重审，都应当遵守上诉不加刑原则，至少需要明确在人民检察院未抗诉的情况下，只能在法定最低刑以下的幅度内加重刑罚。

鉴于对上述问题存在不同认识，《刑事诉讼法解释》第四百一十四条未作规定，待进一步研究、统一认识后再通过其他方式作出明确。

2. 关于第二审人民法院直接在法定刑以下判处刑罚并层报核准的问题

《刑事诉讼法解释》第四百一十五条规定："对符合刑法第六十三条第二款规定的案件，第一审人民法院未在法定刑以下判处刑罚的，第二审人民法院可以在法定刑以下判处刑罚，并层报最高人民法院核准。"据此，第一审人民法院未在法定刑以下判处刑罚的案件，被告人上诉或者检察院抗诉的，第二审可以直接在法定刑以下判处刑罚，并层报最高人民法院核准。

### （十七）死刑复核程序

《刑事诉讼法修改决定》未涉及死刑复核程序的问题。《刑事诉讼法解释》第十七章沿用《2012年解释》第十五章"死刑复核程序"的条文，并根据司法实践反映的问题作了修改完善，主要涉及：（1）明确最高人民法院复核死刑案件可以直接改判；（2）明确最高人民法院裁定不核准死刑，发回第二审人民法院的，第二审人民法院后续处理规则。

1. 关于最高人民法院复核死刑案件可以直接改判的问题

1996年刑事诉讼法未规定最高人民法院复核死刑案件可以改判。2007年，为统一行使死刑案件核准权，最高人民法院制定了《最高人民法院关于复核死刑案件若干问题的规定》（法释〔2007〕4号，以下简称《复核死刑规定》）。其中，第四条规定："最高人民法院复核后认为原判认定事实正确，但依法不应当判处死刑的，裁定不予核准，并撤销原判，发回重新审判。"同时，规定了两种"可以改判"的情形，即第六条规定："数罪并罚案件，一人有两罪以上被判处死刑，最高人民法院复核后，认为其中部分犯罪的死刑裁判认定事实不清、证据不足的，对全案裁定不予核准，并撤销原判，发回重新审判；认为其中部分犯罪的死刑裁判认定事实正确，但依法不应当判处死刑的，可以改判并对其他应当判处死刑的犯罪作出核准死刑的判决。"第七条规定："一案中两名以上被告人被判处死刑，最高人民法院复核后，认为其中部分被告人的死刑裁判认定事实不清、证据不足的，对全案裁定不予核准，并撤销原判，发回重新审判；认为其中部分被告人的死刑裁判认定事实正确，但依法不应当判处死刑的，可以改判并对其他应当判处死刑的被告人作出核准死刑的判决。"之所以作出上述规定，主要有两点考虑：一是当时对死刑复核能否改判尚有不同认识；二是尽量把改判可能引发的问题解决在地方。2012年刑事诉讼法修改，采纳最高人民法院建议，吸收《复核死刑规定》的上述规定，在2012年刑事诉讼法第二百三十九条（修改后刑事诉讼法第二百五十条）规定："最高人民法院复核死刑案件，应当作出核准或者不核准死刑的裁定。对于不核准死刑的，最高人民法院可以发回重新审判或者予以改判。"

《2012年解释》起草时，结合上述考虑和法律修改的背景，考虑到《复核死刑规定》在司法适用中未出现明显问题，故沿用《复核死刑规定》第四条，在第三百五十条规定："最高人民法院复核死刑案件，应当按照下列情形分别处理：……（五）原判认定事实正确，但依法不应当判处死刑的，应当裁定不予核准，并撤销原判，发回重新审判；……"同时，在第三百五十一条、第三百五十二条，继续沿用了对一人犯数个死罪和一案有两人被判处死刑案件可以部分改判的规定。

征求意见过程中，有意见建议增加予以改判的规定。理由是：刑事诉讼法已经规定，对于不核准死刑的，最高人民法院可以发回重新审判或者予以改判。对仅量刑不当的，最高人民法院复核没有必要全部发回重审。从节约司法资源的角度考虑，应当规定可以改判。但是，也有意见认为，死刑复核程序要体现其特殊性质，防止成为"第三审"。并且，如作出上述修改，可能导致地方法院不能担当作为，把矛盾、风险化解在地方，而是推由最高人民法院改判，导致信访压力加剧。

经综合考虑上述意见，《刑事诉讼法解释》第四百二十九条规定："最高人民法院复核死刑案件，应当按照下列情形分别处理：……（五）原判认定事实正确、证据充分，但依法不应当判处死刑的，应当裁定不予核准，并撤销原判，发回重新审判；根据案件情况，必要时，也可以依法改判；……"同时，删除了《2012年解释》第三百五十一条、第三百五十二条规定。主要考虑是：从2012年以来的司法实践看，确有案件系由最高人民法院直接改判，例如，《刑事审判参考》第117集刊登的"被告人柔柯耶姆·麦麦提故意杀人案"，该被告人被新疆阿克苏中院一审判处死刑，剥夺政治权利终身，在法定期限内无上诉、抗诉，新疆高院经复核同意原判并报最高人民法院核准，最高人民法院审判委员会经讨论依法决定不核准死刑，以故意杀人罪改判被告人死刑缓期二年执行，剥夺政治权利终身。还有一些案件，存在非死刑罪名适用有瑕疵的情况，如由于盗窃罪司法解释调整导致原来的盗窃罪判处的刑罚需要调整，并没有新的事实证据，全案发回似意义不大，且过于浪费司法资源。但是，规定最高人民法院在死刑复核程序中可以直接改判，也可能带来的一系列问题，需要引起重视。故而，仍应坚持"以发回重审为原则，以依法改判为例外"的原则，即对不予核准死刑的案件，一般应发回重审，只有改判没有"后遗症"的，出于诉讼效率的考虑，才予以直接改判。

2. 关于最高人民法院发回第二审人民法院案件的后续处理规则

从法律规定来看，最高人民法院不核准被告人死刑，依法可以发回第二审人民法院，也可以直接发回第一审人民法院重新审判。最高人民法院认为直接发回一审重审才能更好查清案件事实的，会直接发回一审重审。既然最高人民法院没有直接发回一审，而是发回二审重新审判，第二审人民法院就应当切实履行二审的监督、纠错职能，依法作出判决或者裁定，原则上不得将案件发回原一审人民法院重新审判。基于此，《最高人民法院关于适用刑事诉讼法第二百二十五条第二款有关问题的批复》（法释〔2016〕13号，以下简称《死刑批复》）第一条规定："对于最高人民法院依据《中华人民共和国刑事诉讼法》第二百三十九条和《最高人民法院关于适用〈中华人民共和国刑事诉讼法〉的解释》第三百五十三条裁定不予核准死刑，发回第二审人民法院重新审判的案件，无论此前第二审人民法院是否曾以原判决事实不清楚或者证据不足为由发回重新审判，原则上不得再发回第一审人民法院重新审判；有特殊情况确需发回第一审人民法院重新审判的，需报请最高人民法院批准。"《刑事诉讼法解释》第四百三十条吸收上述规定，第二款规定"对最高人民法院发回第二审人民法院重新审判的案件，第二审人民法院一般不得发回第一审人民法院重新审判"；同时，未再规定"有特殊情况确需发回第一审人民法院重新审判的，需报请最高人民法院批准"，交由司法实践裁量把握。

"特殊情况"主要是指由一审人民法院重审，更有利于查明案件事实的特殊情形。具体有三种情况：（1）高级人民法院第一次发回重审时明确提出核实证据、查清事实的具体要求，中级人民法院未予查实又作出死刑判决的；（2）最高人民法院发回重审时提出了核实新的证据、查清新的事实的要求，高级人民法院认为只有发回中级人民法院重新审判，才更有利于查清事实的；（3）其他因事实、证据问题，发回中级人民法院重新审判更有利于查清事实、保障案件审理质量和效果的。

征求意见过程中，有意见建议明确最高人民法院对因事实证据原因不予核准的死刑案件，直接发回一审法院重新审判。理由是：根据《刑事诉讼法解释》第四百三十条的规定，对于最高人民法院发回二审法院重审的，二审法院一般不能发回一审法院。但事实证据的问题，往往在二审阶段难以解决，建议最高人民法院直接发回一审法院重新审判。而且，由最高人民法院直接发回第一审人民法院，可以减少环节，节约司法资源。经研究，未采纳上述意见。主要考虑是：是发回二审法院重审还是发回一审法院重审，需要结合案件具体情况作出决定。有些案件事实，如立功的查证等，由二审法院查证即可，没有必要一律发回一审法院重审。

此外，《死刑批复》第二条规定："对于最高人民法院裁定不予核准死刑，发回第二审人民法院重新审判的案件，第二审人民法院根据案件特殊情况，又发回第一审人民法院重新审判的，第一审人民法院作出判决后，被告人提出上诉或者人民检察院提出抗诉的，第二审人民法院应当依法作出判决或者裁定，不得再发回重新审判。"《刑事诉讼法解释》第四百三十三条吸收上述规定。同时，从实践来看，相关案件在未上诉、未抗诉的情况下，高级人民法院依照复核程序审理时的发回重审规则也需要明确。对于最高人民法院裁定不予核准死刑，发回第二审人民法院重新审判的案件，第二审人民法院根据案件特殊情况，又发回第一审人民法院重新审判的，第一审人民法院作出判决后，被告人未提出上诉、人民检察院未提出抗诉的，高级人民法院应当依照复核审程序审理，《2012年解释》第三百五十四条并未限定此种情形下高级人民法院发回重审的次数。有意见提出，不限制发回重审的次数，不利于发挥高级人民法院复核审的作用，不利于死刑案件的办理和矛盾化解。经研究认为，高级人民法院无论是适用第二审程序还是复核审程序，并无本质区别，因此明确高级人民法院适用复核审程序发回重审也限于一次。从实践来看，发回重审的案件可能存在第一审程序违法的问题，此种情形下，只能再次发回。基于上述考虑，《刑事诉讼法解释》第四百三十三条规定："依照本解释第四百三十条、第四百三十一条发回重新审判的案件，第一审人民法院判处死刑、死刑缓期执行的，上一级人民法院依照第二审程序或者复核程序审理后，应当依法作出判决或者裁定，不得再发回重新审判。但是，第一审人民法院有刑事诉讼法第二百三十八条规定的情形或者违反刑事诉讼法第二百三十九条规定的除外。"

(十八) 涉案财物处理

《刑事诉讼法修改决定》未涉及查封、扣押、冻结财物及其处理问题。《刑事诉讼法解释》第十八章沿用《2012年解释》第十六章"查封、扣押、冻结财物及其处理"的条文，并根据司法实践反映的问题作了修改完善，主要涉及：（1）完善涉案财物先行处置程序；（2）完善查封、扣押、冻结涉案财物的具体操作规则；（3）设立漏判涉案财物的处理规则。

1. 关于涉案财物的先行处置规则

《中办、国办涉案财物处置意见》提出完善涉案财物先行处置程序。据此，《刑事诉讼法解释》第四百三十九条规定："审判期间，对不宜长期保存、易贬值或者市场价格波动大的财产，或者有效期即将届满的票据等，经权利人申请或者同意，并经院长批准，可以依法先行处置，所得款项由人民法院保管。""涉案财物先行处置应当依法、公开、公平。"

讨论中，有意见提出，一般情况下先行处置要经权利人的申请或者同意，但是在特殊情况下，无法联系到权利人，不马上处理就会造成物品损毁、灭失、变质、贬值（如即将过期的食品、化妆品）的，是否也可以经院长批准后直接处理，建议作出明确。经研究，鉴于《中办、国办涉案财物处置意见》未明确可以在不经权利人申请或者同意的情况下先行处置涉案财物，故《刑事诉讼法解释》不宜作出突破规定，宜交由司法实践根据案件具体情况裁量处理。

2. 关于漏判涉案财物的处理规则

《刑事诉讼法解释》第四百四十六条规定："第二审期间，发现第一审判决未对随案移送的涉案财物及其孳息作出处理的，可以裁定撤销原判，发回原审人民法院重新审判，由原审人民法院依法对涉案财物及其孳息一并作出处理。""判决生效后，发现原判未对随案移送的涉案财物及其孳息作出处理的，由原审人民法院依法对涉案财物及其孳息另行作出处理。"

适用《刑事诉讼法解释》第四百四十六条规定需要注意：（1）《刑事诉讼法解释》第四百四十六条第一款规定，二审期间一审判决未对随案移送的涉案财物及其孳息作出处理的，可以裁定撤销原判，发回原审人民法院重新审判，由原审人民法院依法对涉案财物及其孳息一并作出处理。此种情形不违反上诉不加刑原则的要求。（2）《刑事诉讼法解释》第四百四十六条规定二审对一审漏判涉案财物、判决生效后对原判漏判涉案财物的处理规则，仅限于"随案移送的涉案财物及其孳息"。此外，《刑事诉讼法解释》原本拟增加规定："对查封、扣押、冻结的涉案财物及其孳息，应当在对被告人作出判决、裁定的同时一并作出处理。但是，对于涉众型犯罪案件或者其他涉案财物情况复杂的案件，一并处理可能导致对被告人的判决、裁定过分迟延的，可以另行作出处理。"原则上，查封、扣押、冻结的财物及其孳息，应当在对被告人作出判决、裁定的同时一并作出处理。但是，有的涉众型案件，如非法集资案件，因为涉案财物及其孳息的权属等问题过于复杂，在有限的时间内难以理清，为了防止对被告人的判决、裁定过分迟延，可以考虑在判决、裁定后，单独对查封、扣押、冻结的财物及其孳息作出处理。讨论中，对上述规定存在不同认识。有意见认为，新增涉案财物另行处理程序缺乏法律依据。根据法理，同一个诉，应当对案涉事实全部作出处理。如果作此规定，容易引发一系列问题需要界定。包括：（1）对涉案财物处理应当以什么程序审理，审理结束后制作什么形式的法律文书？（2）后续涉案财物处理是否有审限且如何计算审限？（3）对定罪量刑作出的判决、裁定是否生效，能否送监服刑？（4）对涉案财物的处理结果能否提出上诉，上诉后是否要全案审查？等等。鉴于对此问题未达成共识，暂未作出明确规定，交由司法实践裁量处理，继续探索。

### （十九）审判监督程序

《刑事诉讼法修改决定》未涉及审判监督程序的问题。《刑事诉讼法解释》第十九章沿用《2012年解释》第十七章"审判监督程序"的条文，并根据实践反映情况作了修改完善，主要涉及：（1）明确申诉异地审查制度；（2）完善"新的证据"的认定规则；（3）明确依照审判监督程序重新审判的案件与原审被告人其他犯罪案件的合并审理规则。

#### 1. 关于申诉异地审查制度

目前，异地审查（指上级人民法院指定终审人民法院以外的人民法院审查）是人民法院办理再审审查案件的方式之一。"聂树斌案"等冤错案件的再审经过证明，指令异地审查制度有利于保证审查的客观公正，符合申请人和社会公众的期待，有必要通过司法解释予以确认。基于此，《刑事诉讼法解释》第四百五十四条规定："最高人民法院或者上级人民法院可以指定终审人民法院以外的人民法院对申诉进行审查。被指定的人民法院审查后，应当制作审查报告，提出处理意见，层报最高人民法院或者上级人民法院审查处理。"

#### 2. 关于"新的证据"的认定

《2012年解释》第三百七十六条对刑事诉讼法第二百五十三条第一项规定的"新的证据"作了列举规定，其中，第四项为"原判决、裁定所依据的鉴定意见，勘验、检查等笔录或者其他证据被改变或者否定的"。征求意见过程中，有意见建议将该项规定修改为"原判决、裁定所依据的鉴定意见，证人证言、被告人供述等言词证据被改变或者否定，经审查具有合理理由的"。理由是：实践中很多申诉人以案件生效后改变的证人证言，或翻供的被告人供述作为新证据提出申诉，司法实践中对此把握不准。建议对于证言、供述虽然有变化，但不影响定罪量刑，或者翻证、翻供没有合理理由，不应视为出现了新证据而启动再审。经研究，采纳上述意见，《刑事诉讼法解释》第四百五十八条第四项、第五项区分证据种类分别作出相应规定，即"（四）原判决、裁定所依据的鉴定意见，勘验、检查等笔录被改变或者否定的""（五）原判决、裁定所依据的被告人供述、证人证言等证据发生变化，影响定罪量刑，且有合理理由的"。

3. 关于依照审判监督程序重新审判的案件与原审被告人其他犯罪案件的合并审理规则

司法实践中，对于依照审判监督程序重新审判，可能存在被告人还有其他犯罪的情况。《刑事诉讼法解释》第四百六十七条规定："对依照审判监督程序重新审判的案件，人民法院在依照第一审程序进行审判的过程中，发现原审被告人还有其他犯罪的，一般应当并案审理，但分案审理更为适宜的，可以分案审理。"概言之，所涉情形以并案审理为原则，以分案审理为例外。主要考虑是：（1）根据刑法的有关规定，如果通过再审撤销原判以后，需要再审改判之罪和被告人所犯其他犯罪都属于判决宣告前的数罪，应当依照刑法第六十九条的规定进行数罪并罚；如果分案处理，只能依照刑法第七十条的规定或者第七十一条的规定并罚，两者的最终量刑有时会有差异。（2）从审判实践来看，将再审和其他犯罪的审理合并，程序上可以操作，也有助于提高审判效率。

需要注意的是，《刑事诉讼法解释》第四百六十七条强调需要并案审理的，原则上应当依照第一审程序并案审理，但根据案件情况也可以在第一审程序中分案审理，而后在第二审程序中并案审理。通常而言，一审分案审理的，对于再审犯罪和其他犯罪均上诉的，可以在二审合并处理；对于一个犯罪提出上诉，一个犯罪没有提出上诉的，二审可以按照数罪并罚处理；对于一个犯罪宣告有罪，另一个犯罪宣告无罪的，则不宜合并审理，宜全程分案审理。

### （二十）涉外刑事案件的审理和刑事司法协助

《刑事诉讼法修改决定》未涉及涉外刑事案件的审理和司法协助问题。《刑事诉讼法解释》第二十章吸收《2012年解释》第十八章"涉外刑事案件的审理和司法协助"的条文，将标题调整为"涉外刑事案件的审理和刑事司法协助"，拆分为"涉外刑事案件的审理""刑事司法协助"两节，并根据《国际刑事司法协助法》，结合司法实践反映的问题，对涉外刑事案件的审理和刑事司法协助的有关问题作出修改完善。

1. 关于确认外国人国籍的规则

《2012年解释》第三百九十四条第一款规定："外国人的国籍，根据其入境时的有效证件确认……"实践中存在被告人通过海关进入我国境内，但持有两国甚至多国护照或身份证明。此种情形下，应当以其通关时所持用的国籍证件为认定国籍的依据。鉴此，《刑事诉讼法解释》第四百七十七条第一款规定："外国人的国籍，根据其入境时持用的有效证件确认；国籍不明的，根据公安机关或者有关国家驻华使领馆出具的证明确认。"

2. 关于对外国法院请求事项不予协助的情形

《2012年解释》第四百零八条第二款规定："外国法院请求的事项有损中华人民共和国的主权、安全、社会公共利益的，人民法院不予协助。"《国际刑事司法协助法》第十四条规定:"外国向中华人民共和国提出的刑事司法协助请求,有下列情形之一的,可以拒绝提供协助:(一)根据中华人民共和国法律,请求针对的行为不构成犯罪;(二)在收到请求时,在中华人民共和国境内对于请求针对的犯罪正在进行调查、侦查、起诉、审判,已经作出生效判决,终止刑事诉讼程序,或者犯罪已过追诉时效期限;(三)请求针对的犯罪属于政治犯罪;(四)请求针对的犯罪纯属军事犯罪;(五)请求的目的是基于种族、民族、宗教、国籍、性别、政治见解或者身份等方面的原因而进行调查、侦查、起诉、审判、执行刑罚,或者当事人可能由于上述原因受到不公正待遇;(六)请求的事项与请求协助的案件之间缺乏实质性联系;(七)其他可以拒绝的情形。"据此,《刑事诉讼法解释》第四百九十二条增加规定可以不予协助的情形,规定:"外国法院请求的事项有损中华人民共和国的主权、安全、社会公共利益以及违反中华人民共和国法律的基本原则的,人民法院不予协助;属于有关法律规定的可以拒绝提供刑事司法协助情形的,可以不予协助。"

3. 关于委托驻外使领馆送达刑事文书的问题

《2012年解释》第四百一十二条第三项规定:"对中国籍当事人,可以委托我国驻受送达人所在国的使、领馆代为送达。"征求意见过程中,有意见提出,关于委托驻外使领馆向位于境外的中国籍当事人送达刑事文书问题,美、加、澳、新等西方主要国家对于在其境内送达刑事司法文书的态度较为谨慎,如美国司法部和国务院法律顾问办公室明确表示,在美境内送达刑事司法文书被视为执法行为,不属于领事职务范畴,须由其执法部门执行,其他国家也要求执行送达须不违反其国内法。鉴此,《刑事诉讼法解释》第四百九十五条第三项作了修改,增加了"所在国法律允许或者经所在国同意的"要件,规定:"人民法院向在中华人民共和国领域外居住的当事人送达刑事诉讼文书,可以采用下列方式:……(三)对中国籍当事人,所在国法律允许或者经所在国同意的,可以委托我国驻受送达人所在国的使领馆代为送达;……"

### (二十一)执行程序

《刑事诉讼法修改决定》与《刑法修正案(九)》相衔接,对死缓改判死刑的条件作了调整。《刑事诉讼法解释》第二十一章吸收《2012年解释》第十九章"执行程序"的条文,并根据司法实践反映的情况作了修改完善,主要涉及:(1)吸收《最高人民法院关于死刑复核及执行程序中保障当事人合法权益的若干规定》(法释〔2019〕12号),对死刑的执行程序作出完善;(2)根据人民法院"送监难"的现实问题,依法明确人民法院只承担将有关的法律文书送达公安机关、监狱或者其他执行机关的职责;(3)吸收财产刑执行有关司法解释对刑事裁判涉财产部分和附带民事裁判的执行程序作出完善;(4)根据社区矫正法的规定对相关条文作出修改完善。

1. 关于死缓期间犯罪案件的处理

被判处死刑缓期执行的罪犯,在死刑缓期执行期间犯罪,既有故意犯罪,也有过失犯罪。无论是故意犯罪,还是过失犯罪,均应当由罪犯服刑地的中级人民法院依法审判。基于此,《刑事诉讼法解释》第四百九十七条第一款规定:"被判处死刑缓期执行的罪犯,在死刑缓期执行期间犯罪的,应当由罪犯服刑地的中级人民法院依法审判,所作的判决可以上诉、抗诉。"此外,《刑事诉讼法解释》第十三条第三款规定:"罪犯在脱逃期间又犯罪的,由服刑地的人民法院管辖。但是,在犯罪地抓获罪犯并发现其在脱逃期间犯罪的,由犯罪地的人民法院管辖。"由于《刑事诉讼法解释》第四百九十七条针对死缓期间故意犯罪的管辖作了特别规定,故死缓罪犯故意犯罪的,即使系脱逃后实施犯罪并在犯罪地被抓获的,也应当适用该条规定,由服刑地的中级人民法院审判。

《刑事诉讼法解释》第四百九十七条第三款吸收《最高人民法院关于对死刑缓期执行期间故意犯罪未执行死刑案件进行备案的通知》(法〔2016〕318号),对死缓期间故意犯罪未执行死刑备案程序作了规定,明确:"对故意犯罪未执行死刑的,不再报高级人民法院核准,死刑缓期执行的期间重新计算,并层报最高人民法院备案。备案不影响判决、裁定的生效和执行。"同时,第四款进一步规定:"最高人民法院经备案审查,认为原判不予执行死刑错误,确需改判的,应当依照审判监督程序予以纠正。"

2. 关于人民法院送监执行的职责

《2012年解释》第四百二十九条第二款规定:"罪犯需要收押执行刑罚,而判决、裁定生效前未被羁押的,人民法院应当根据生效的判决书、裁定书将罪犯送交看守所羁押,并依照前款的规定办理执行手续。"刑事诉讼法第二百六十四条第一款与第二款规定:"罪犯被交付执行刑罚的时候,应当由交付执行的人民法院在判决生效后十日以内将有关的法律文书送达公安机关、监狱或者其他执行机关。""对被判处死刑缓期二年执行、无期徒刑、有期徒刑的罪犯,由公安机关依法将该罪犯送交监狱执行刑罚。对被判处有期徒刑的罪犯,在被交付执行刑罚前,剩余刑期在三个月以下的,由看守所代为执行。对被判处拘役的罪犯,由公安机关执行。"据此,判决、裁定生效后,将罪犯送交执行的机关是公安机关,人民法院只负责送达有关法律文书。从人民法院的警力配备和执行手段等现实情况看,人民法院也难以承担抓捕罪犯的工作。鉴此,《刑事诉讼法解释》第五百一十一条依据刑事诉讼法第二百六十四条的规定,删去《2012年解释》第四百二十九条第二款关于由人民法院将罪犯送交看守所羁押的规定,并使第一款与刑事诉讼法第二百六十四条的规定保持一致,规定:"被判处死刑缓期执行、无期徒刑、有期徒刑、拘役的罪犯,第一审人民法院应当在判决、裁定生效后十日以内,将判决书、裁定书、起诉书副本、自诉状复印件、执行通知书、结案登记表送达公安机关、监狱或者其他执行机关。"

3. 关于作出暂予监外执行决定前征求人民检察院意见的问题

《最高人民法院、最高人民检察院、公安部、司法部、国家卫生计生委暂予监外执行规定》(司发通〔2014〕112号)第十八条第四款规定:"人民法院在作出暂予监外执行决定前,应当征求人民检察院的意见。"但是,讨论中,对将征求人民检察院意见作为人民法院作出暂予监外执行决定的前置程序的规定存在不同认识。有意见提出,人民法院依据被告人的身体状况进行司法鉴定,并据实作出监外执行决定,检察院并不具体参与该过程。因此,决定作出后抄送检察机关,由其进行事后监督即可。也有意见认为保留事前监督有合理之处,理由是:第一,相关规定并非新增规定,只是沿用;如果不予沿用，反而有规避人民法院应尽义务之嫌。第二，从立法意图上看，规定人民法院作出监外执行决定前要征求人民检察院的意见，最根本的目的还是规范司法决策的公正性、严肃性，加强对于监外执行决定的监督，预防可能存在的司法腐败，防止被告人通过监外执行的方式规避法律的制裁。以此来看，人民法院在作出监外执行决定前要以征求人民检察院的意见作为前置条件是无可厚非的。经研究，采纳后一种意见，《刑事诉讼法解释》第五百一十五条第二款规定："人民法院在作出暂予监外执行决定前，应当征求人民检察院的意见。"

征求意见过程中，有意见提出，实践中有的地方对作出暂予监外执行决定程序不明，建议明确须经合议庭进行审查。经研究认为，是否需要组成合议庭进行审查，宜区分情况作出处理，不应一概而论。有的案件系独任审判，判处有期徒刑，在交付执行前决定暂予监外执行的，组成合议庭进行审查，似不具有可操作性。

4. 关于社区矫正执行地的确定规则

《刑事诉讼法解释》第五百一十九条第一款根据社区矫正法第十七条的规定，确立了社区矫正执行地的确定规则，规定："对被判处管制、宣告缓刑的罪犯，人民法院应当依法确定社区矫正执行地。社区矫正执行地为罪犯的居住地；罪犯在多个地方居住的，可以确定其经常居住地为执行地；罪犯的居住地、经常居住地无法确定或者不适宜执行社区矫正的，应当根据有利于罪犯接受矫正、更好地融入社会的原则，确定执行地。"

《刑事诉讼法解释》第五百一十九条第三款根据社区矫正法第二十条的规定，明确了将法律文书送达社区矫正机构等的事宜，规定："人民法院应当自判决、裁定生效之日起五日以内通知执行地社区矫正机构，并在十日以内将判决书、裁定书、执行通知书等法律文书送达执行地社区矫正机构，同时抄送人民检察院和执行地公安机关。人民法院与社区矫正执行地不在同一地方的，由执行地社区矫正机构将法律文书转送所在地的人民检察院和公安机关。"

5. 关于撤销缓刑、假释的情形

刑法第七十七条第二款规定："被宣告缓刑的犯罪分子，在缓刑考验期限内，违反法律、行政法规或者国务院有关部门关于缓刑的监督管理规定，或者违反人民法院判决中的禁止令，情节严重的，应当撤销缓刑，执行原判刑罚。"第八十六条第三款规定："被假释的犯罪分子，在假释考验期限内，有违反法律、行政法规或者国务院有关部门关于假释的监督管理规定的行为，尚未构成新的犯罪的，应当依照法定程序撤销假释，收监执行未执行完毕的刑罚。"可见，缓刑罪犯和假释罪犯违反监督管理规定，撤销缓刑、假释的条件明显不同。为了准确反映法律规定，《刑事诉讼法解释》第五百四十三条对《2012年解释》第四百五十八条第一款作出调整，区分缓刑、假释分别规定了撤销的不同条件，规定："人民法院收到社区矫正机构的撤销缓刑建议书后，经审查，确认罪犯在缓刑考验期限内具有下列情形之一的，应当作出撤销缓刑的裁定：（一）违反禁止令，情节严重的；（二）无正当理由不按规定时间报到或者接受社区矫正期间脱离监管，超过一个月的；（三）因违反监督管理规定受到治安管理处罚，仍不改正的；（四）受到执行机关二次警告，仍不改正的；（五）违反法律、行政法规和监督管理规定，情节严重的其他情形。""人民法院收到社区矫正机构的撤销假释建议书后，经审查，确认罪犯在假释考验期限内具有前款第二项、第四项规定情形之一，或者有其他违反监督管理规定的行为，尚未构成新的犯罪的，应当作出撤销假释的裁定。"

需要注意的是，刑法虽然没有将"情节严重"规定为撤销假释的条件，但并不意味着只要在假释考验期限内有违反监督管理规定的行为，不问情节轻重，一律撤销假释，仍应当根据具体情况综合考量，对于情节明显较轻的不应撤销假释。

### （二十二）未成年人刑事案件诉讼程序

《刑事诉讼法修改决定》未涉及未成年人刑事案件诉讼程序问题。《刑事诉讼法解释》第二十二章在《2012年解释》第二十章"未成年人刑事案件诉讼程序"的基础上，根据修改后未成年人保护法、预防未成年人犯罪法的规定，对未成年人刑事案件诉讼程序有关条文作了进一步修改完善。

1. 关于未成年人案件审判组织的受案范围

《刑事诉讼法解释》第五百五十条根据司法实践反映的问题对《2012年解释》第四百六十三条的规定作出修改完善，规定："被告人实施被指控的犯罪时不满十八周岁、人民法院立案时不满二十周岁的案件，由未成年人案件审判组织审理。""下列案件可以由未成年人案件审判组织审理：（一）人民法院立案时不满二十二周岁的在校学生犯罪案件；（二）强奸、猥亵、虐待、遗弃未成年人等侵害未成年人人身权利的犯罪案件；（三）由未成年人案件审判组织审理更为适宜的其他案件。""共同犯罪案件有未成年被告人的或者其他涉及未成年人的刑事案件，是否由未成年人案件审判组织审理，由院长根据实际情况决定。"需要注意的是，规定强奸、猥亵、虐待、遗弃未成年人等侵害未成年人人身权利的犯罪案件可以由少年法庭审理，是因为审理上述案件，不仅要解决对被告人的定罪量刑问题，更要重视做好对未成年被害人心理干预、经济救助、法律援助、转学安置等帮扶救助工作。由熟悉未成年人身心特点的专业法官负责相关工作，能够更好保障工作效果。

2. 关于对未成年被告人适用逮捕的规则

《刑事诉讼法解释》第五百五十三条根据刑事诉讼法第二百八十条第一款、预防未成年人犯罪法第五十三条的规定，明确："对未成年被告人应当严格限制逮捕措施。""人民法院决定逮捕，应当讯问未成年被告人，听取辩护律师的意见。""对被逮捕且没有完成义务教育的未成年被告人，人民法院应当与教育行政部门互相配合，保证其接受义务教育。"

3. 关于对无固定住所、无法提供保证人的未成年被告人适用取保候审的规则

《刑事诉讼法解释》第五百五十四条根据预防未成年人犯罪法第五十二条的规定，明确："人民法院对无固定住所、无法提供保证人的未成年被告人适用取保候审的，应当指定合适成年人作为保证人，必要时可以安排取保候审的被告人接受社会观护。"

4. 关于审理未成年人遭受性侵害或者暴力伤害案件询问未成年被害人、证人的规则

《刑事诉讼法解释》第五百五十六条第二款根据未成年人保护法第一百一十二条的规

定,明确:"审理未成年人遭受性侵害或者暴力伤害案件,在询问未成年被害人、证人时,应当采取同步录音录像等措施,尽量一次完成;未成年被害人、证人是女性的,应当由女性工作人员进行。"

5. 关于未成年被害人、证人出庭作证的规则

《刑事诉讼法解释》第五百五十八条根据未成年人保护法第一百一十条第二款的规定,明确:"开庭审理涉及未成年人的刑事案件,未成年被害人、证人一般不出庭作证;必须出庭的,应当采取保护其隐私的技术手段和心理干预等保护措施。"

6. 关于通知法律援助机构指派律师为未成年被告人提供辩护的问题

《刑事诉讼法解释》第五百六十四条根据未成年人保护法第一百零四条的规定,明确:"审判时不满十八周岁的未成年被告人没有委托辩护人的,人民法院应当通知法律援助机构指派熟悉未成年人身心特点的律师为其提供辩护。"需要注意的是,本条规定的"审判时"宜理解为"立案时",只要人民法院受理案件时系未成年被告人的,就属于应当提供法律援助的情形,即使其开庭审理时已经成年。

7. 关于社会调查报告的问题

《刑事诉讼法解释》第五百六十八条根据预防未成年人犯罪法第五十一条对《2012年解释》第四百七十六条的规定作出修改完善,规定:"对人民检察院移送的关于未成年被告人性格特点、家庭情况、社会交往、成长经历、犯罪原因、犯罪前后的表现、监护教育等情况的调查报告,以及辩护人提交的反映未成年被告人上述情况的书面材料,法庭应当接受。""必要时,人民法院可以委托社区矫正机构、共青团、社会组织等对未成年被告人的上述情况进行调查,或者自行调查。"

8. 关于心理疏导、心理测评的问题

《刑事诉讼法解释》第五百六十九条根据未成年人保护法第五十一条的规定,结合司法实践反映的问题对《2012年解释》第四百七十七条的规定作出修改完善,规定:"人民法院根据情况,可以对未成年被告人、被害人、证人进行心理疏导;根据实际需要并经未成年被告人及其法定代理人同意,可以对未成年被告人进行心理测评。""心理疏导、心理测评可以委托专门机构、专业人员进行。""心理测评报告可以作为办理案件和教育未成年人的参考。"

9. 关于法治教育的问题

《刑事诉讼法解释》第五百七十六条根据预防未成年人犯罪法第五十条的规定,对《2012年解释》第四百八十五条的规定作出修改完善,规定:"法庭辩论结束后,法庭可以根据未成年人的生理、心理特点和案件情况,对未成年被告人进行法治教育;判决未成年被告人有罪的,宣判后,应当对未成年被告人进行法治教育。""对未成年被告人进行教育,其法定代理人以外的成年亲属或者教师、辅导员等参与有利于感化、挽救未成年人的,人民法院应当邀请其参加有关活动。""适用简易程序审理的案件,对未成年被告人进行法庭教育,适用前两款规定。"

法庭教育可以在法庭调查和辩论结束之后进行,但有罪教育必须在宣判后。实践中需要注意的是:(1)如果在宣判之前已进行法庭教育的,宣判有罪后不必再行教育;如

果宣判前没有进行教育，则宣判有罪后必须进行教育。（2）被告人及其法定代理人或者辩护人提出无罪意见的，在庭审中不进行法庭教育，但是判决宣告有罪后仍然要进行教育。（3）对未成年被告人进行教育，其法定代理人以外的成年亲属或者教师、辅导员等参与有利于感化、挽救未成年人的，人民法院应当邀请其参加有关活动。（4）法庭教育，可以围绕违法行为对社会的危害和处罚的必要性、导致违法行为发生的主客观原因及应当吸取的教训、正确对待人民法院的裁判等内容进行。（5）适用简易程序的案件，也应当进行法庭教育。

### （二十三）当事人和解的公诉案件诉讼程序

《刑事诉讼法修改决定》未涉及当事人和解的公诉案件诉讼程序问题。《刑事诉讼法解释》第二十三章沿用《2012年解释》第二十一章"当事人和解的公诉案件诉讼程序"有关条文，仅对被害人死亡情形下近亲属与被告人和解的问题作了适当完善。

具体而言，关于近亲属的范围，依照刑事诉讼法第一百零八条第六项的规定，包括夫、妻、父、母、子、女、同胞兄弟姊妹等，分别处于不同继承顺序。对于存在第一顺序继承人的情形，第一序位的近亲属未同意和解的，即使第二继承顺序的近亲属全部同意和解，也无权和被告人达成和解协议。基于此，《刑事诉讼法解释》第五百八十八条第一款专门规定："符合刑事诉讼法第二百八十八条规定的公诉案件，被害人死亡的，其近亲属可以与被告人和解。近亲属有多人的，达成和解协议，应当经处于最先继承顺序的所有近亲属同意。"

### （二十四）缺席审判程序

《刑事诉讼法修改决定》在刑事诉讼法第五编"特别程序"中增设缺席审判程序。《刑事诉讼法解释》增设第二十四章"缺席审判程序"，根据修改后刑事诉讼法的规定，对缺席审判程序的有关问题作出明确。需要提及的是，根据刑事诉讼法的规定，本章仅构建了缺席审判程序的基本框架。鉴于缺席审判程序需要在探索中逐步积累经验，其司法适用的具体问题将另行通过专门司法解释作出规定。

1. 关于对依照刑事诉讼法第二百九十一条第一款提起公诉案件的审查处理规则

2018年10月22日《全国人民代表大会宪法和法律委员会关于〈中华人民共和国刑事诉讼法（修正草案）〉审议结果的报告》指出："草案二次审议稿第二十五条中规定，对于人民检察院提起公诉要求缺席审判的案件，人民法院进行审查后，对于起诉书中有明确的指控犯罪事实的，应当决定开庭审判。有的常委会组成人员和专家学者提出，缺席审判程序是刑事诉讼中的特别程序，法院在案件入口审查上应严格把关。除了审查起诉书是否具有明确的指控犯罪事实外，还应当对是否符合缺席审判程序适用条件进行审查。宪法和法律委员会经研究，建议采纳上述意见，在人民法院决定开庭缺席审判的条件中增加相应规定。"根据刑事诉讼法的规定和修法精神，对依照缺席审判程序提起公诉的案件，人民法院应当进行实质审查。基于此，《刑事诉讼法解释》第五百九十九条规定："对人民检察院依照刑事诉讼法第二百九十一条第一款的规定提起公诉的案件，人民法院审查后，应当按照下列情形分别处理：（一）符合缺席审判程序适用条件，属于本院管辖，且材料齐全的，应当受理；（二）不属于可以适用缺席审判程序的案件范围、不属于本院管辖或者不符合缺席审判程序的其他适用条件的，应当退回人民检察院；（三）材料不全的，应当通知人民检察院在三十日以内补送；三十日以内不能补送的，应当退回人民检察院。"

2. 关于对依照刑事诉讼法第二百九十一条第一款提起公诉案件的审理处理方式和证明标准

《刑事诉讼法解释》第六百零四条规定："对人民检察院依照刑事诉讼法第二百九十一条第一款的规定提起公诉的案件，人民法院审理后应当参照本解释第二百九十五条的规定作出判决、裁定。""作出有罪判决的，应当达到证据确实、充分的证明标准。""经审理认定的罪名不属于刑事诉讼法第二百九十一条第一款规定的罪名的，应当终止审理。""适用缺席审判程序审理案件，可以对违法所得及其他涉案财产一并作出处理。"该条系新增条文，规定了对人民检察院依照刑事诉讼法第二百九十一条第一款提起公诉案件的审理处理方式和证明标准。

根据刑事诉讼法第二百九十一条第一款的规定，人民检察院对缺席审判案件提起公诉的前提是"犯罪事实已经查清，证据确实、充分，依法应当追究刑事责任"。那么，通过缺席审判认定被告人有罪的证明标准，自然也应当遵从一般刑事案件的证明标准，即"证据确实、充分"。

征求意见过程中，有意见建议对违法所得或者其他涉案财产一并作出处置的，增设公告程序，允许利害关系人参加诉讼。经研究认为，相关问题较为复杂，留待下一步解决。倾向性意见是，缺席审判程序可以直接对涉案财物作出处理，而且适用缺席审判程序需要将传票、起诉书副本送达被告人，没有必要再适用违法所得没收程序中的公告程序。

3. 关于对中止审理案件的缺席审判

《刑事诉讼法解释》第六百零五条规定："因被告人患有严重疾病导致缺乏受审能力，无法出庭受审，中止审理超过六个月，被告人仍无法出庭，被告人及其法定代理人、近亲属申请或者同意恢复审理的，人民法院可以根据刑事诉讼法第二百九十六条的规定缺席审判。""符合前款规定的情形，被告人无法表达意愿的，其法定代理人、近亲属可以代为申请或者同意恢复审理。"

需要注意的是：（1）根据刑事诉讼法第二百九十六条的规定，此种缺席审判的适用对象是患有严重疾病无法出庭的被告人。经研究认为，此处规定的"患有严重疾病无法出庭"实际上是指没有受审能力，而不能作其他泛化解释，更不能将被告人因身体残疾不便到庭参加诉讼就理解为此处规定的"患有严重疾病无法出庭"。（2）被告人缺乏受审能力，不少情况下无法表达意愿，应当允许其法定代理人、近亲属代为申请或者同意恢复审理。否则，刑事诉讼法第二百九十六条规定将流于形式，在实践中无法适用。

征求意见过程中，有意见建议删除"缺乏受审能力"的表述。理由是：被告人"患有严重疾病，无法出庭"并不等于"没有受审能力"。实践中，司法精神病鉴定机构的鉴定项目包括"受审能力"项,主要是指被告人不能感知、理解诉讼活动的内涵和后果,不具有相应的认知、判断和表达能力,故无法接受审判的情形。而被告人"患有严重疾病、无法出庭"也包括被告人因身体原因,如靠呼吸机维持生命等,无法出席法庭接受审判,但其对诉讼活动的认知、判断、理解能力并不一定受限,不宜简单将二者画等号。经研究,未采纳该意见。主要考虑是:对于后一种情形,可以通过到医院开庭等便民方式予以解决。采用缺席审判方式,恐不利于对被告人诉讼权益的保护,也不符合设立缺席审判制度的初衷。

征求意见过程中,有意见建议明确是否限定申请或同意恢复审理人员的顺序,法定代理人不同意的,其他近亲属同意是否有效,是否仅需近亲属中一人同意即可。经研究认为,相关问题宜交由司法实践裁量把握。实践中,如绝大多数近亲属反对,只有个别近亲属申请或者同意恢复审理的,原则上不宜适用缺席审判程序;但是现有证据证明被告人无罪,可能作出无罪判决的,也可以视情考虑恢复审理。

4. 关于人民法院受理案件后被告人死亡案件的缺席审判

刑事诉讼法第二百九十七条规定,被告人死亡,人民法院应当裁定终止审理,但有证据证明被告人无罪,人民法院经缺席审理确认无罪的,应当依法作出判决。《刑事诉讼法解释》第六百零六条规定:"人民法院受理案件后被告人死亡的,应当裁定终止审理;但有证据证明被告人无罪,经缺席审理确认无罪的,应当判决宣告被告人无罪。""前款所称'有证据证明被告人无罪,经缺席审理确认无罪',包括案件事实清楚,证据确实、充分,依据法律认定被告人无罪的情形,以及证据不足,不能认定被告人有罪的情形。"据此,司法实践中,人民法院受理案件后被告人死亡,如果在案证据足以证明被告人有罪,则应当裁定终止审理;经审查认为被告人可能无罪的,包括指控犯罪的证据不足、不能认定被告人有罪的,应当缺席审理。缺席审理后,确认被告人无罪或者证据不足、不能认定被告人有罪的,应当依法作出无罪判决。

5. 关于再审程序中被告人死亡案件的缺席审判

《刑事诉讼法解释》第六百零七条规定:"人民法院按照审判监督程序重新审判的案件,被告人死亡的,可以缺席审理。有证据证明被告人无罪,经缺席审理确认被告人无罪的,应当判决宣告被告人无罪;虽然构成犯罪,但原判量刑畸重的,应当依法作出判决。"据此,人民法院按照审判监督程序重新审判的案件,被告人死亡的,如果是人民检察院认为原判量刑畸轻(包括因定罪错误导致量刑畸轻)而提起抗诉的、人民法院因原审量刑畸轻而启动审判监督程序的,或者经审查认为原判正确或者量刑畸轻的,应当裁定终止审理。除此之外,应当缺席审理。经审理,确认被告人无罪或者证据不足,不能认定被告人有罪的,或者虽然构成犯罪但是原判量刑畸重的,应当依法作出判决。

征求意见过程中,对于再审程序中被告人死亡的,除终止审理或者宣告无罪外,能否改判存在不同认识。经研究认为,对于原审量刑畸重的案件,是否纠正,关系到裁判公正和国家赔偿问题。在审判监督程序已经启动情况下,即使被告人死亡,也应当继续审理,依照法律作出改判。

此外,对于被告人定罪量刑没有问题,但是涉案财物处理有错误的,是否需要通过缺席审理作出改判，存在不同认识。经研究认为，从法理上讲，如果原审对涉案财物的判决确有错误，涉及的财物价值又很巨大，即便被告人死亡，也应当实事求是依法纠正，不宜简单终止审理。但是，考虑到实践中此种情况较为罕见，未作规定。

（二十五）犯罪嫌疑人、被告人逃匿、死亡案件违法所得的没收程序

《刑事诉讼法修改决定》未涉及犯罪嫌疑人、被告人逃匿、死亡案件违法所得没收程序的问题。《刑事诉讼法解释》第二十五章在《2012年解释》第二十二章"犯罪嫌疑人、被告人逃匿、死亡案件违法所得的没收程序"的基础上，吸收《最高人民法院、最高人民检察院关于适用犯罪嫌疑人、被告人逃匿、死亡案件违法所得没收程序若干问题的规定》（法释〔2017〕1号，以下简称《没收程序规定》）有关条文，对犯罪嫌疑人、被告人逃匿、死亡案件违法所得的没收程序有关问题作了进一步细化规定。需要注意的是，该章调整了《2012年解释》与《没收程序规定》不一致的条文，以维持《刑事诉讼法解释》作为刑事审判程序基本解释的体系完整性。在没收违法所得的具体司法适用中，该章未作规定的，可以继续适用《没收程序规定》。

1. 关于"贪污贿赂犯罪、恐怖活动犯罪等"犯罪案件的范围

《刑事诉讼法解释》第六百零九条吸收《没收程序规定》第一条对《2012年解释》第五百零七条的规定作出修改完善，规定："刑事诉讼法第二百九十八条规定的'贪污贿赂犯罪、恐怖活动犯罪等'犯罪案件，是指下列案件：（一）贪污贿赂、失职渎职等职务犯罪案件；（二）刑法分则第二章规定的相关恐怖活动犯罪案件，以及恐怖活动组织、恐怖活动人员实施的杀人、爆炸、绑架等犯罪案件；（三）危害国家安全、走私、洗钱、金融诈骗、黑社会性质组织、毒品犯罪案件；（四）电信诈骗、网络诈骗犯罪案件。"需要注意以下几方面。

（1）《没收程序规定》第一条规定："下列犯罪案件，应当认定为刑事诉讼法第二百八十条第一款规定的'犯罪案件'：（一）贪污、挪用公款、巨额财产来源不明、隐瞒境外存款、私分国有资产、私分罚没财物犯罪案件；（二）受贿、单位受贿、利用影响力受贿、行贿、对有影响力的人行贿、对单位行贿、介绍贿赂、单位行贿犯罪案件；（三）组织、领导、参加恐怖组织，帮助恐怖活动，准备实施恐怖活动，宣扬恐怖主义、极端主义，煽动实施恐怖活动，利用极端主义破坏法律实施，强制穿戴宣扬恐怖主义、极端主义服饰、标志，非法持有宣扬恐怖主义、极端主义物品犯罪案件；（四）危害国家安全、走私、洗钱、金融诈骗、黑社会性质的组织、毒品犯罪案件。""电信诈骗、网络诈骗犯罪案件，依照前款规定的犯罪案件处理。"经研究认为，该条第一款第一项、第二项规定的犯罪案件可以统称为"贪污贿赂犯罪案件"。主要考虑是：《国家监察委员会管辖规定（试行）》（国监发〔2018〕1号）第四章明确了职务犯罪案件的管辖范围。其中，第十一条规定："国家监察委员会负责调查行使公权力的公职人员涉嫌贪污贿赂、滥用职权、玩忽职守、权力寻租、利益输送、徇私舞弊以及浪费国家资财等职务犯罪案件。"第十二条对贪污贿赂犯罪案件作了进一步明确，规定："贪污贿赂犯罪案件，包括贪污罪；挪用公款罪；受贿罪；单位受贿罪；利用影响力受贿罪；行贿罪；对有影响力的人行贿罪；对

单位行贿罪；介绍贿赂罪；单位行贿罪；巨额财产来源不明罪；隐瞒境外存款罪；私分国有资产罪；私分罚没财物罪；非国家工作人员受贿罪；对非国家工作人员行贿罪；对外国公职人员、国际公共组织官员行贿罪。"

（2）监察法第四十八条规定："监察机关在调查贪污贿赂、失职渎职等职务犯罪案件过程中，被调查人逃匿或者死亡，有必要继续调查的，经省级以上监察机关批准，应当继续调查并作出结论。被调查人逃匿，在通缉一年后不能到案，或者死亡的，由监察机关提请人民检察院依照法定程序，向人民法院提出没收违法所得的申请。"据此，在《刑事诉讼法解释》第六百零九条第一项规定中新增了"失职渎职等职务犯罪案件"。

2. 关于犯罪嫌疑人、被告人死亡案件的违法所得没收程序

《刑事诉讼法解释》第六百一十一条吸收《关于实施刑事诉讼法若干问题的规定》第三十七条的规定，明确："犯罪嫌疑人、被告人死亡，依照刑法规定应当追缴其违法所得及其他涉案财产，人民检察院提出没收违法所得申请的，人民法院应当依法受理。"需要注意的是，被告人死亡的，如果依照刑法规定应当追缴其违法所得及其他涉案财产，人民检察院提出没收违法所得申请，人民法院应当依法受理，不受罪名限制。

### （二十六）依法不负刑事责任的精神病人的强制医疗程序

《刑事诉讼法修改决定》未涉及依法不负刑事责任的精神病人的强制医疗程序的问题。《刑事诉讼法解释》第二十六章基本沿用《2012年解释》第二十三章"依法不负刑事责任的精神病人的强制医疗程序"的条文，并根据司法实践反映的问题作了修改完善，主要涉及：（1）进一步明确强制医疗案件的法律援助问题；（2）明确人民法院审理强制医疗案件，应当听取被害人及其法定代理人的意见；（3）明确对解除强制医疗案件进行开庭审查的，应当通知同级人民检察院派员出庭，听取其是否同意解除强制医疗的意见。

1. 关于听取被害人及其法定代理人意见的问题

《刑事诉讼法解释》第六百三十五条根据司法实践反映的问题对《2012年解释》第五百二十九条的规定作出修改完善，切实加大对被害人权益的保障，在第二款要求应当听取被害方的意见，明确："审理强制医疗案件，应当会见被申请人，听取被害人及其法定代理人的意见。"

2. 关于通知鉴定人出庭的问题

强制医疗案件的庭审主要围绕司法精神病鉴定展开，故有意见建议明确鉴定人强制出庭义务。经研究，鉴定人强制出庭难以做到，在一些案件中也似无必要。鉴此，《刑事诉讼法解释》第六百三十六条第一款第二项规定："……必要时，可以通知鉴定人出庭对鉴定意见作出说明。"

3. 关于对强制医疗决定不服的申请复议期限

刑事诉讼法第二百三十条规定："不服判决的上诉和抗诉的期限为十日，不服裁定的上诉和抗诉的期限为五日，从接到判决书、裁定书的第二日起算。"基于此，《刑事诉讼法解释》第六百四十二条对《2012年解释》第五百三十六条的规定作出修改完善，将自收到决定书"之日起"五日内申请复议调整为"第二日起"，规定："被决定强制医疗的

人、被害人及其法定代理人、近亲属对强制医疗决定不服的,可以自收到决定书第二日起五日以内向上一级人民法院申请复议。复议期间不停止执行强制医疗的决定。"

4. 关于解除强制医疗案件的审查方式

据了解,关于解除强制医疗案件,有些地方组成合议庭开庭审查,但个别案件中检察人员未出庭。对于此种情形下检察机关应否派员出庭及发表意见,实践中做法不一。经研究认为,根据刑事诉讼法第三百零七条"人民检察院对强制医疗的决定和执行实行监督"的规定,如果人民法院组成合议庭对解除强制医疗案件进行开庭审查,应当通知同级人民检察院派员出庭,以便于人民检察院更好地对强制医疗的解除履行法律监督职责。鉴此,《刑事诉讼法解释》第六百四十七条第二款规定:"对前款规定的案件,必要时,人民法院可以开庭审理,通知人民检察院派员出庭。"需要注意的是,通知人民检察院出庭,主要是听取其关于解除强制医疗的意见。

解除强制医疗的案件审查方式,应当根据案件具体情况确定,一般可采用书面方式审查,但应当询问被强制医疗的人及其近亲属,听取强制医疗机构、有精神病医学专门知识的人的意见;如有关方面意见分歧的,特别是强制医疗机构提出解除申请,但经初步审查认为不符合解除条件,拟不予同意,或者被强制医疗的人及其近亲属提出解除申请,经初步审查认为符合条件,但强制医疗机构提出异议的,则应考虑开庭审查。

考虑到强制医疗限制精神病人的人身自由,为保障其合法权益,一旦决定解除强制医疗,就应当立即解除。因此,本条强调,决定解除强制医疗的,人民法院应当通知强制医疗机构在收到决定书的当日解除强制医疗。当然,为了给强制医疗机构一定的准备时间,人民法院可以在决定作出后送达前,先行通知强制医疗机构做好解除强制医疗的准备。

(二十七) 附则

《刑事诉讼法解释》未设"一般规定"一章,遂将各章节具有共性的一些问题放在附则作出统一规定。《刑事诉讼法解释》第二十七章沿用《2012年解释》第二十四章"附则"的条文,并根据法律修改情况,结合司法实践反映的问题,作了适当修改完善。

1. 关于采取视频方式开庭的问题

《2012年解释》起草过程中,对于采取视频方式审理案件,是否与直接言词原则冲突,有关方面存在不同认识,故《2012年解释》第五百四十四条规定:"人民法院讯问被告人,宣告判决,审理减刑、假释案件,根据案件情况,可以采取视频方式进行。"此次征求意见过程中,有意见建议进一步扩大视频方式的适用范围,进一步适用于速裁程序甚至其他所有案件。经研究,《刑事诉讼法解释》第六百五十条采纳上述意见,给司法实践留有一定裁量空间,规定:"人民法院讯问被告人,宣告判决,审理减刑、假释案件等,可以根据情况采取视频方式。"需要注意的是,对于采取视频方式审理案件的,应当在充分保障当事人诉讼权利和庭审质量的前提下进行。

2. 关于提出诉求、申请的方式

刑事诉讼法明确规定,报案、控告、举报和上诉,可以口头提出。当前,社会经济文化发展水平有了较大提高，法律援助范围也逐步扩大，有必要确立以书面形式提出的原则。同时，鉴于确实仍有个别当事人书写困难，为充分保障其诉讼权利，也应当允许其口头提出。基于此，《刑事诉讼法解释》第六百五十一条规定："向人民法院提出自诉、上诉、申诉、申请等的，应当以书面形式提出。书写有困难的，除另有规定的以外，可以口头提出，由人民法院工作人员制作笔录或者记录在案，并向口述人宣读或者交其阅读。"

实践中应注意三点：一是法律、司法解释明确规定应当以书面形式提出的，不得以口头形式提出。二是对于书写有困难，也无人帮忙代写的，由人民法院工作人员制作笔录或者记录在案，并向口述人宣读或者交其阅读后由其签名。三是"制作笔录"和"记录在案"有所差别。"制作笔录"往往是指制作形成单独或者专门的笔录，而"记录在案"则无此要求，可以在其他笔录中顺带记录。

3. 关于签名、盖章、捺指印的问题

刑事诉讼法及相关司法解释条文中，频频出现"签名、盖章""签名或者盖章""签名、盖章、捺指印"等表述，其适用条件和含义究竟有无区别，签名、盖章的人员范围应当如何掌握，当事人拒绝签名的如何处理，等等，需要统一规范。基于此，《刑事诉讼法解释》第六百五十二条规定："诉讼期间制作、形成的工作记录、告知笔录等材料，应当由制作人员和其他有关人员签名、盖章。宣告或者送达裁判文书、通知书等诉讼文书的，应当由接受宣告或者送达的人在诉讼文书、送达回证上签名、盖章。""诉讼参与人未签名、盖章的，应当捺指印；刑事被告人除签名、盖章外，还应当捺指印。""当事人拒绝签名、盖章、捺指印的，办案人员应当在诉讼文书或者笔录材料中注明情况，有见证人见证或者有录音录像证明的，不影响相关诉讼文书或者笔录材料的效力。"

实践中应注意三点：一是对于自然人，应当签名，不要求盖章。未签名的，应当捺指印。自然人盖章的，也还应当捺指印，因为个人印章往往没有备案，难以鉴定其真伪。二是对于单位，应当盖章，不要求其法定代表人或者其他个人签名，除非另有规定，因为此系一贯做法，且单位印章一般有备案，容易鉴定其真伪。三是根据审判实践通常做法，对刑事被告人作出特殊要求，即除签名外，还应当捺指印。如果是被告单位，则可只盖章，不要求其法定代表人或者其他个人捺指印。

征求意见过程中，有意见建议增加电子签名和电子指纹捺印法律效力的相关内容，明确在刑事诉讼活动中，诉讼参与人在电子法律文书上电子签名、电子指纹捺印与其在纸质法律文书上手写签名、按捺指印具有同等法律效力。经研究认为，对于相关问题可以按照有关规定执行，待时机成熟再作明确规定为宜。

4. 关于《刑事诉讼法解释》对专门人民法院的适用

人民法院组织法第十五条第一款明确规定，专门人民法院包括军事法院、海事法院、知识产权法院、金融法院等。据此，铁路运输法院目前已不再明确列为专门人民法院。为与人民法院组织法的规定保持一致，《刑事诉讼法解释》第六百五十三条规定："本解释的有关规定适用于军事法院等专门人民法院。"

此外，对于涉香港特别行政区、澳门特别行政区、台湾地区的刑事案件，按照《刑事诉讼法解释》办理,另有规定的除外。

5. 关于《刑事诉讼法解释》有关公安机关的规定的相应适用

刑事诉讼法第三百零八条规定:"军队保卫部门对军队内部发生的刑事案件行使侦查权。""中国海警局履行海上维权执法职责,对海上发生的刑事案件行使侦查权。""对罪犯在监狱内犯罪的案件由监狱进行侦查。""军队保卫部门、中国海警局、监狱办理刑事案件,适用本法的有关规定。"基于此,《刑事诉讼法解释》第六百五十四条作了照应性规定,明确:"本解释有关公安机关的规定,依照刑事诉讼法的有关规定,适用于国家安全机关、军队保卫部门、中国海警局和监狱。"需要注意的是,由于职责有所差异,《刑事诉讼法解释》关于公安机关的规定,并不必然适用于其他侦查机关;具体哪些可以适用,需要根据刑事诉讼法的有关规定具体分析。

6. 关于《刑事诉讼法解释》的时间效力

《刑事诉讼法解释》第六百五十五条规定:"本解释自 2021 年 3 月 1 日起施行。最高人民法院 2012 年 12 月 20 日发布的《关于适用〈中华人民共和国刑事诉讼法〉的解释》(法释〔2012〕21 号)同时废止。最高人民法院以前发布的司法解释和规范性文件,与本解释不一致的,以本解释为准。"需要注意的是,该条只废止《2012 年解释》,最高人民法院以前发布的司法解释和规范性文件,与《刑事诉讼法解释》不一致的,以《刑事诉讼法解释》为准;与《刑事诉讼法解释》不冲突的,在明令废止前仍可适用。

# 人民检察院刑事诉讼规则

高检发释字〔2019〕4号

(2019年12月2日最高人民检察院第十三届检察委员会第二十八次会议通过　2019年12月30日最高人民检察院公告公布　自2019年12月30日起施行)

## 目　录

第一章　通　则
第二章　管　辖
第三章　回　避
第四章　辩护与代理
第五章　证　据
第六章　强制措施
　第一节　拘　传
　第二节　取保候审
　第三节　监视居住
　第四节　拘　留
　第五节　逮　捕
　第六节　监察机关移送案件的强制措施
　第七节　其他规定
第七章　案件受理
第八章　立　案
　第一节　立案审查
　第二节　立案决定
第九章　侦　查
　第一节　一般规定
　第二节　讯问犯罪嫌疑人
　第三节　询问证人、被害人
　第四节　勘验、检查

第五节　搜　　查
　　第六节　调取、查封、扣押、查询、冻结
　　第七节　鉴　　定
　　第八节　辨　　认
　　第九节　技术侦查措施
　　第十节　通　　缉
　　第十一节　侦查终结
第十章　审查逮捕和审查起诉
　　第一节　一般规定
　　第二节　认罪认罚从宽案件办理
　　第三节　审查批准逮捕
　　第四节　审查决定逮捕
　　第五节　延长侦查羁押期限和重新计算侦查羁押期限
　　第六节　核准追诉
　　第七节　审查起诉
　　第八节　起　　诉
　　第九节　不起诉
第十一章　出席法庭
　　第一节　出席第一审法庭
　　第二节　简易程序
　　第三节　速裁程序
　　第四节　出席第二审法庭
　　第五节　出席再审法庭
第十二章　特别程序
　　第一节　未成年人刑事案件诉讼程序
　　第二节　当事人和解的公诉案件诉讼程序
　　第三节　缺席审判程序
　　第四节　犯罪嫌疑人、被告人逃匿、死亡案件违法所得的没收程序
　　第五节　依法不负刑事责任的精神病人的强制医疗程序
第十三章　刑事诉讼法律监督
　　第一节　一般规定
　　第二节　刑事立案监督
　　第三节　侦查活动监督
　　第四节　审判活动监督
　　第五节　羁押必要性审查
　　第六节　刑事判决、裁定监督
　　第七节　死刑复核监督

第八节 羁押期限和办案期限监督
第十四章 刑罚执行和监管执法监督
第一节 一般规定
第二节 交付执行监督
第三节 减刑、假释、暂予监外执行监督
第四节 社区矫正监督
第五节 刑事裁判涉财产部分执行监督
第六节 死刑执行监督
第七节 强制医疗执行监督
第八节 监管执法监督
第九节 事故检察
第十五章 案件管理
第十六章 刑事司法协助
第十七章 附　则

## 第一章　通　则

**第一条**　为保证人民检察院在刑事诉讼中严格依照法定程序办案，正确履行职权，实现惩罚犯罪与保障人权的统一，根据《中华人民共和国刑事诉讼法》《中华人民共和国人民检察院组织法》和有关法律规定，结合人民检察院工作实际，制定本规则。

**第二条**　人民检察院在刑事诉讼中的任务，是立案侦查直接受理的案件、审查逮捕、审查起诉和提起公诉、对刑事诉讼实行法律监督，保证准确、及时查明犯罪事实，正确应用法律，惩罚犯罪分子，保障无罪的人不受刑事追究，保障刑事法律的统一正确实施，维护社会主义法制，尊重和保障人权，保护公民的人身权利、财产权利、民主权利和其他权利，保障社会主义建设事业的顺利进行。

**第三条**　人民检察院办理刑事案件，应当严格遵守《中华人民共和国刑事诉讼法》以及其他法律的有关规定，秉持客观公正的立场，尊重和保障人权，既要追诉犯罪，也要保障无罪的人不受刑事追究。

**第四条**　人民检察院办理刑事案件，由检察官、检察长、检察委员会在各自职权范围内对办案事项作出决定，并依照规定承担相应司法责任。

检察官在检察长领导下开展工作。重大办案事项，由检察长决定。检察长可以根据案件情况，提交检察委员会讨论决定。其他办案事项，检察长可以自行决定，也可以委托检察官决定。

本规则对应当由检察长或者检察委员会决定的重大办案事项有明确规定的，依照本规则的规定。本规则没有明确规定的，省级人民检察院可以制定有关规定，报最高人民检察院批准。

以人民检察院名义制发的法律文书，由检察长签发；属于检察官职权范围内决定事项的，检察长可以授权检察官签发。

重大、疑难、复杂或者有社会影响的案件，应当向检察长报告。

**第五条** 人民检察院办理刑事案件，根据案件情况，可以由一名检察官独任办理，也可以由两名以上检察官组成办案组办理。由检察官办案组办理的，检察长应当指定一名检察官担任主办检察官，组织、指挥办案组办理案件。

检察官办理案件，可以根据需要配备检察官助理、书记员、司法警察、检察技术人员等检察辅助人员。检察辅助人员依照法律规定承担相应的检察辅助事务。

**第六条** 人民检察院根据检察工作需要设置业务机构，在刑事诉讼中按照分工履行职责。

业务机构负责人对本部门的办案活动进行监督管理。需要报请检察长决定的事项和需要向检察长报告的案件，应当先由业务机构负责人审核。业务机构负责人可以主持召开检察官联席会议进行讨论，也可以直接报请检察长决定或者向检察长报告。

**第七条** 检察长不同意检察官处理意见的，可以要求检察官复核，也可以直接作出决定，或者提请检察委员会讨论决定。

检察官执行检察长决定时，认为决定错误的，应当书面提出意见。检察长不改变原决定的，检察官应当执行。

**第八条** 对同一刑事案件的审查逮捕、审查起诉、出庭支持公诉和立案监督、侦查监督、审判监督等工作，由同一检察官或者检察官办案组负责，但是审查逮捕、审查起诉由不同人民检察院管辖，或者依照法律、有关规定应当另行指派检察官或者检察官办案组办理的除外。

人民检察院履行审查逮捕和审查起诉职责的办案部门，本规则中统称为负责捕诉的部门。

**第九条** 最高人民检察院领导地方各级人民检察院和专门人民检察院的工作，上级人民检察院领导下级人民检察院的工作。检察长统一领导人民检察院的工作。

上级人民检察院可以依法统一调用辖区的检察人员办理案件，调用的决定应当以书面形式作出。被调用的检察官可以代表办理案件的人民检察院履行出庭支持公诉等各项检察职责。

**第十条** 上级人民检察院对下级人民检察院作出的决定，有权予以撤销或者变更；发现下级人民检察院办理的案件有错误的，有权指令下级人民检察院予以纠正。

下级人民检察院对上级人民检察院的决定应当执行。如果认为有错误的，应当在执行的同时向上级人民检察院报告。

**第十一条** 犯罪嫌疑人、被告人自愿如实供述自己的罪行，承认指控的犯罪事实，愿意接受处罚的，可以依法从宽处理。

认罪认罚从宽制度适用于所有刑事案件。人民检察院办理刑事案件的各个诉讼环节，都应当做好认罪认罚的相关工作。

**第十二条** 人民检察院办理刑事案件的活动依照规定接受人民监督员监督。

## 第二章 管 辖

**第十三条** 人民检察院在对诉讼活动实行法律监督中发现的司法工作人员利用职权

实施的非法拘禁、刑讯逼供、非法搜查等侵犯公民权利、损害司法公正的犯罪，可以由人民检察院立案侦查。

对于公安机关管辖的国家机关工作人员利用职权实施的重大犯罪案件，需要由人民检察院直接受理的，经省级以上人民检察院决定，可以由人民检察院立案侦查。

**第十四条** 人民检察院办理直接受理侦查的案件，由设区的市级人民检察院立案侦查。基层人民检察院发现犯罪线索的，应当报设区的市级人民检察院决定立案侦查。

设区的市级人民检察院根据案件情况也可以将案件交由基层人民检察院立案侦查，或者要求基层人民检察院协助侦查。对于刑事执行派出检察院辖区内与刑事执行活动有关的犯罪线索，可以交由刑事执行派出检察院立案侦查。

最高人民检察院、省级人民检察院发现犯罪线索的，可以自行立案侦查，也可以将犯罪线索交由指定的省级人民检察院或者设区的市级人民检察院立案侦查。

**第十五条** 对本规则第十三条第二款规定的案件，人民检察院需要直接立案侦查的，应当层报省级人民检察院决定。

报请省级人民检察院决定立案侦查的案件，应当制作提请批准直接受理书，写明案件情况以及需要由人民检察院立案侦查的理由，并附有关材料。

省级人民检察院应当在收到提请批准直接受理书后十日以内作出是否立案侦查的决定。省级人民检察院可以决定由设区的市级人民检察院立案侦查，也可以自行立案侦查。

**第十六条** 上级人民检察院在必要的时候，可以直接立案侦查或者组织、指挥、参与侦查下级人民检察院管辖的案件。下级人民检察院认为案情重大、复杂，需要由上级人民检察院立案侦查的案件，可以请求移送上级人民检察院立案侦查。

**第十七条** 人民检察院办理直接受理侦查的案件，发现犯罪嫌疑人同时涉嫌监察机关管辖的职务犯罪线索的，应当及时与同级监察机关沟通。

经沟通，认为全案由监察机关管辖更为适宜的，人民检察院应当将案件和相应职务犯罪线索一并移送监察机关；认为由监察机关和人民检察院分别管辖更为适宜的，人民检察院应当将监察机关管辖的相应职务犯罪线索移送监察机关，对依法由人民检察院管辖的犯罪案件继续侦查。

人民检察院应当及时将沟通情况报告上一级人民检察院。沟通期间不得停止对案件的侦查。

**第十八条** 人民检察院办理直接受理侦查的案件涉及公安机关管辖的刑事案件，应当将属于公安机关管辖的刑事案件移送公安机关。如果涉嫌的主罪属于公安机关管辖，由公安机关为主侦查，人民检察院予以配合；如果涉嫌的主罪属于人民检察院管辖，由人民检察院为主侦查，公安机关予以配合。

对于一人犯数罪、共同犯罪、共同犯罪的犯罪嫌疑人还实施其他犯罪、多个犯罪嫌疑人实施的犯罪存在关联，并案处理有利于查明案件事实和诉讼进行的，人民检察院可以在职责范围内对相关犯罪案件并案处理。

**第十九条** 本规则第十三条规定的案件，由犯罪嫌疑人工作单位所在地的人民检察院管辖。如果由其他人民检察院管辖更为适宜的，可以由其他人民检察院管辖。

**第二十条** 对管辖不明确的案件，可以由有关人民检察院协商确定管辖。

**第二十一条** 几个人民检察院都有权管辖的案件，由最初受理的人民检察院管辖。必要时，可以由主要犯罪地的人民检察院管辖。

**第二十二条** 对于下列案件，上级人民检察院可以指定管辖：

（一）管辖有争议的案件；

（二）需要改变管辖的案件；

（三）需要集中管辖的特定类型的案件；

（四）其他需要指定管辖的案件。

对前款案件的审查起诉指定管辖的，人民检察院应当与相应的人民法院协商一致。对前款第三项案件的审查逮捕指定管辖的，人民检察院应当与相应的公安机关协商一致。

**第二十三条** 军事检察院等专门人民检察院的管辖以及军队与地方互涉刑事案件的管辖，按照有关规定执行。

## 第三章 回 避

**第二十四条** 检察人员在受理举报和办理案件过程中，发现有刑事诉讼法第二十九条或者第三十条规定的情形之一的，应当自行提出回避；没有自行提出回避的，人民检察院应当决定其回避，当事人及其法定代理人有权要求其回避。

**第二十五条** 检察人员自行回避的，应当书面或者口头提出，并说明理由。口头提出的，应当记录在案。

**第二十六条** 人民检察院应当告知当事人及其法定代理人有依法申请回避的权利，并告知办理相关案件的检察人员、书记员等人员的姓名、职务等有关情况。

**第二十七条** 当事人及其法定代理人要求检察人员回避的，应当书面或者口头向人民检察院提出，并说明理由。口头提出的，应当记录在案。根据刑事诉讼法第三十条的规定要求检察人员回避的，应当提供有关证明材料。

人民检察院经过审查或者调查，认为检察人员符合回避条件的，应当作出回避决定；不符合回避条件的，应当驳回申请。

**第二十八条** 在开庭审理过程中，当事人及其法定代理人向法庭申请出庭的检察人员回避的，在收到人民法院通知后，人民检察院应当作出回避或者驳回申请的决定。不属于刑事诉讼法第二十九条、第三十条规定情形的回避申请，出席法庭的检察人员应当建议法庭当庭驳回。

**第二十九条** 检察长的回避，由检察委员会讨论决定。检察委员会讨论检察长回避问题时，由副检察长主持，检察长不得参加。

其他检察人员的回避，由检察长决定。

**第三十条** 当事人及其法定代理人要求公安机关负责人回避，向同级人民检察院提出，或者向公安机关提出后，公安机关移送同级人民检察院的，由检察长提交检察委员会讨论决定。

**第三十一条** 检察长应当回避，本人没有自行回避，当事人及其法定代理人也没有申请其回避的，检察委员会应当决定其回避。

其他检察人员有前款规定情形的，检察长应当决定其回避。

第三十二条　人民检察院作出驳回申请回避的决定后，应当告知当事人及其法定代理人如不服本决定，有权在收到驳回申请回避的决定书后五日以内向原决定机关申请复议一次。

第三十三条　当事人及其法定代理人对驳回申请回避的决定不服申请复议的，决定机关应当在三日以内作出复议决定并书面通知申请人。

第三十四条　对人民检察院直接受理的案件进行侦查的人员或者进行补充侦查的人员在回避决定作出以前和复议期间，不得停止对案件的侦查。

第三十五条　参加过同一案件侦查的人员，不得承办该案的审查逮捕、审查起诉、出庭支持公诉和诉讼监督工作，但在审查起诉阶段参加自行补充侦查的人员除外。

第三十六条　被决定回避的检察长在回避决定作出以前所取得的证据和进行的诉讼行为是否有效，由检察委员会根据案件具体情况决定。

被决定回避的其他检察人员在回避决定作出以前所取得的证据和进行的诉讼行为是否有效，由检察长根据案件具体情况决定。

被决定回避的公安机关负责人在回避决定作出以前所进行的诉讼行为是否有效，由作出决定的人民检察院检察委员会根据案件具体情况决定。

第三十七条　本规则关于回避的规定，适用于书记员、司法警察和人民检察院聘请或者指派的翻译人员、鉴定人。

书记员、司法警察和人民检察院聘请或者指派的翻译人员、鉴定人的回避由检察长决定。

辩护人、诉讼代理人可以依照刑事诉讼法及本规则关于回避的规定要求回避、申请复议。

## 第四章　辩护与代理

第三十八条　人民检察院在办案过程中，应当依法保障犯罪嫌疑人行使辩护权利。

第三十九条　辩护人、诉讼代理人向人民检察院提出有关申请、要求或者提交有关书面材料的，负责案件管理的部门应当接收并及时移送办案部门或者与办案部门联系，具体业务由办案部门负责办理，本规则另有规定的除外。

第四十条　人民检察院负责侦查的部门在第一次讯问犯罪嫌疑人或者对其采取强制措施时，应当告知犯罪嫌疑人有权委托辩护人，并告知其如果因经济困难或者其他原因没有委托辩护人的，可以申请法律援助。属于刑事诉讼法第三十五条规定情形的，应当告知犯罪嫌疑人有权获得法律援助。

人民检察院自收到移送起诉案卷材料之日起三日以内，应当告知犯罪嫌疑人有权委托辩护人，并告知其如果因经济困难或者其他原因没有委托辩护人的，可以申请法律援助。属于刑事诉讼法第三十五条规定情形的，应当告知犯罪嫌疑人有权获得法律援助。

当面口头告知的，应当记入笔录，由被告知人签名；电话告知的，应当记录在案；

书面告知的，应当将送达回执入卷。

第四十一条　在押或者被指定居所监视居住的犯罪嫌疑人向人民检察院提出委托辩护人要求的，人民检察院应当及时向其监护人、近亲属或者其指定的人员转达要求，并记录在案。

第四十二条　人民检察院办理直接受理侦查案件和审查起诉案件，发现犯罪嫌疑人是盲、聋、哑人或者是尚未完全丧失辨认或者控制自己行为能力的精神病人，或者可能被判处无期徒刑、死刑，没有委托辩护人的，应当自发现之日起三日以内书面通知法律援助机构指派律师为其提供辩护。

第四十三条　人民检察院收到在押或者被指定居所监视居住的犯罪嫌疑人提出的法律援助申请，应当在二十四小时以内将申请材料转交法律援助机构，并通知犯罪嫌疑人的监护人、近亲属或者其委托的其他人员协助提供有关证件、证明等材料。

第四十四条　属于应当提供法律援助的情形，犯罪嫌疑人拒绝法律援助机构指派的律师作为辩护人的，人民检察院应当查明拒绝的原因。有正当理由的，予以准许，但犯罪嫌疑人需另行委托辩护人；犯罪嫌疑人未另行委托辩护人的，应当书面通知法律援助机构另行指派律师为其提供辩护。

第四十五条　辩护人接受委托后告知人民检察院，或者法律援助机构指派律师后通知人民检察院的，人民检察院负责案件管理的部门应当及时登记辩护人的相关信息，并将有关情况和材料及时通知、移交办案部门。

负责案件管理的部门对办理业务的辩护律师，应当查验其律师执业证书、律师事务所证明和授权委托书或者法律援助公函。对其他辩护人、诉讼代理人，应当查验其身份证明和授权委托书。

第四十六条　人民检察院负责案件管理的部门应当依照法律规定对辩护人、诉讼代理人的资格进行审查，办案部门应当予以协助。

第四十七条　自人民检察院对案件审查起诉之日起，应当允许辩护律师查阅、摘抄、复制本案的案卷材料。案卷材料包括案件的诉讼文书和证据材料。

人民检察院直接受理侦查案件移送起诉，审查起诉案件退回补充侦查、改变管辖、提起公诉的，应当及时告知辩护律师。

第四十八条　自人民检察院对案件审查起诉之日起，律师以外的辩护人向人民检察院申请查阅、摘抄、复制本案的案卷材料或者申请同在押、被监视居住的犯罪嫌疑人会见和通信的，由人民检察院负责捕诉的部门进行审查并作出是否许可的决定，在三日以内书面通知申请人。

人民检察院许可律师以外的辩护人同在押或者被监视居住的犯罪嫌疑人通信的，可以要求看守所或者公安机关将书信送交人民检察院进行检查。

律师以外的辩护人申请查阅、摘抄、复制案卷材料或者申请同在押、被监视居住的犯罪嫌疑人会见和通信，具有下列情形之一的，人民检察院可以不予许可：

（一）同案犯罪嫌疑人在逃的；

（二）案件事实不清，证据不足，或者遗漏罪行、遗漏同案犯罪嫌疑人需要补充侦查的；

（三）涉及国家秘密或者商业秘密的；

（四）有事实表明存在串供、毁灭、伪造证据或者危害证人人身安全可能的。

**第四十九条** 辩护律师或者经过许可的其他辩护人到人民检察院查阅、摘抄、复制本案的案卷材料，由负责案件管理的部门及时安排，由办案部门提供案卷材料。因办案部门工作等原因无法及时安排的，应当向辩护人说明，并自即日起三个工作日以内安排辩护人阅卷，办案部门应当予以配合。

人民检察院应当为辩护人查阅、摘抄、复制案卷材料设置专门的场所或者电子卷宗阅卷终端设备。必要时，人民检察院可以派员在场协助。

辩护人复制案卷材料可以采取复印、拍照、扫描、刻录等方式，人民检察院不收取费用。

**第五十条** 案件提请批准逮捕或者移送起诉后，辩护人认为公安机关在侦查期间收集的证明犯罪嫌疑人无罪或者罪轻的证据材料未提交，申请人民检察院向公安机关调取的，人民检察院负责捕诉的部门应当及时审查。经审查，认为辩护人申请调取的证据已收集并且与案件事实有联系的，应当予以调取；认为辩护人申请调取的证据未收集或者与案件事实没有联系的，应当决定不予调取并向辩护人说明理由。公安机关移送相关证据材料的，人民检察院应当在三日以内告知辩护人。

人民检察院办理直接受理侦查的案件，适用前款规定。

**第五十一条** 在人民检察院侦查、审查逮捕、审查起诉过程中，辩护人收集的有关犯罪嫌疑人不在犯罪现场、未达到刑事责任年龄、属于依法不负刑事责任的精神病人的证据，告知人民检察院的，人民检察院应当及时审查。

**第五十二条** 案件移送起诉后，辩护律师依据刑事诉讼法第四十三条第一款的规定申请人民检察院收集、调取证据的，人民检察院负责捕诉的部门应当及时审查。经审查，认为需要收集、调取证据的，应当决定收集、调取并制作笔录附卷；决定不予收集、调取的，应当书面说明理由。

人民检察院根据辩护律师的申请收集、调取证据时，辩护律师可以在场。

**第五十三条** 辩护律师申请人民检察院许可其向被害人或者其近亲属、被害人提供的证人收集与本案有关材料的，人民检察院负责捕诉的部门应当及时进行审查。人民检察院应当在五日以内作出是否许可的决定，通知辩护律师；不予许可的，应当书面说明理由。

**第五十四条** 在人民检察院侦查、审查逮捕、审查起诉过程中，辩护人要求听取其意见的，办案部门应当及时安排。辩护人提出书面意见的，办案部门应当接收并登记。

听取辩护人意见应当制作笔录或者记录在案，辩护人提出的书面意见应当附卷。

辩护人提交案件相关材料的，办案部门应当将辩护人提交材料的目的、来源及内容等情况记录在案，一并附卷。

**第五十五条** 人民检察院自收到移送起诉案卷材料之日起三日以内，应当告知被害人及其法定代理人或者其近亲属、附带民事诉讼的当事人及其法定代理人有权委托诉讼代理人。被害人及其法定代理人、近亲属因经济困难没有委托诉讼代理人的，应当告知其可以申请法律援助。

当面口头告知的，应当记入笔录，由被告知人签名；电话告知的，应当记录在案；书面告知的，应当将送达回执入卷。被害人众多或者不确定，无法以上述方式逐一告知的，可以公告告知。无法告知的，应当记录在案。

被害人有法定代理人的，应当告知其法定代理人；没有法定代理人的，应当告知其近亲属。

法定代理人或者近亲属为二人以上的，可以告知其中一人。告知时应当按照刑事诉讼法第一百零八条第三项、第六项列举的顺序择先进行。

当事人及其法定代理人、近亲属委托诉讼代理人的，参照刑事诉讼法第三十三条等法律规定执行。

**第五十六条** 经人民检察院许可，诉讼代理人查阅、摘抄、复制本案案卷材料的，参照本规则第四十九条的规定办理。

律师担任诉讼代理人，需要申请人民检察院收集、调取证据的，参照本规则第五十二条的规定办理。

**第五十七条** 辩护人、诉讼代理人认为公安机关、人民检察院、人民法院及其工作人员具有下列阻碍其依法行使诉讼权利行为之一，向同级或者上一级人民检察院申诉或者控告的，人民检察院负责控告申诉检察的部门应当接受并依法办理，其他办案部门应当予以配合：

（一）违反规定，对辩护人、诉讼代理人提出的回避要求不予受理或者对不予回避决定不服的复议申请不予受理的；

（二）未依法告知犯罪嫌疑人、被告人有权委托辩护人的；

（三）未转达在押或者被监视居住的犯罪嫌疑人、被告人委托辩护人的要求或者未转交其申请法律援助材料的；

（四）应当通知而不通知法律援助机构为符合条件的犯罪嫌疑人、被告人或者被申请强制医疗的人指派律师提供辩护或者法律援助的；

（五）在规定时间内不受理、不答复辩护人提出的变更强制措施申请或者解除强制措施要求的；

（六）未依法告知辩护律师犯罪嫌疑人涉嫌的罪名和案件有关情况的；

（七）违法限制辩护律师同在押、被监视居住的犯罪嫌疑人、被告人会见和通信的；

（八）违法不允许辩护律师查阅、摘抄、复制本案的案卷材料的；

（九）违法限制辩护律师收集、核实有关证据材料的；

（十）没有正当理由不同意辩护律师收集、调取证据或者通知证人出庭作证的申请，或者不答复、不说明理由的；

（十一）未依法提交证明犯罪嫌疑人、被告人无罪或者罪轻的证据材料的；

（十二）未依法听取辩护人、诉讼代理人意见的；

（十三）未依法将开庭的时间、地点及时通知辩护人、诉讼代理人的；

（十四）未依法向辩护人、诉讼代理人及时送达本案的法律文书或者及时告知案件移送情况的；

（十五）阻碍辩护人、诉讼代理人在法庭审理过程中依法行使诉讼权利的；

（十六）其他阻碍辩护人、诉讼代理人依法行使诉讼权利的。

对于直接向上一级人民检察院申诉或者控告的，上一级人民检察院可以交下级人民检察院办理，也可以直接办理。

辩护人、诉讼代理人认为看守所及其工作人员有阻碍其依法行使诉讼权利的行为，向人民检察院申诉或者控告的，由负责刑事执行检察的部门接受并依法办理；其他办案部门收到申诉或者控告的，应当及时移送负责刑事执行检察的部门。

**第五十八条** 辩护人、诉讼代理人认为其依法行使诉讼权利受到阻碍向人民检察院申诉或者控告的，人民检察院应当及时受理并调查核实，在十日以内办结并书面答复。情况属实的，通知有关机关或者本院有关部门、下级人民检察院予以纠正。

**第五十九条** 辩护律师告知人民检察院其委托人或者其他人员准备实施、正在实施危害国家安全、危害公共安全以及严重危及他人人身安全犯罪的，人民检察院应当接受并立即移送有关机关依法处理。

人民检察院应当为反映情况的辩护律师保密。

**第六十条** 人民检察院发现辩护人有帮助犯罪嫌疑人、被告人隐匿、毁灭、伪造证据、串供，或者威胁、引诱证人作伪证以及其他干扰司法机关诉讼活动的行为，可能涉嫌犯罪的，应当将涉嫌犯罪的线索或者证据材料移送有管辖权的机关依法处理。

人民检察院发现辩护律师在刑事诉讼中违反法律、法规或者执业纪律的，应当及时向其所在的律师事务所、所属的律师协会以及司法行政机关通报。

## 第五章 证 据

**第六十一条** 人民检察院认定案件事实，应当以证据为根据。

公诉案件中被告人有罪的举证责任由人民检察院承担。人民检察院在提起公诉指控犯罪时，应当提出确实、充分的证据，并运用证据加以证明。

人民检察院提起公诉，应当秉持客观公正立场，对被告人有罪、罪重、罪轻的证据都应当向人民法院提出。

**第六十二条** 证据的审查认定，应当结合案件的具体情况，从证据与待证事实的关联程度、各证据之间的联系、是否依照法定程序收集等方面进行综合审查判断。

**第六十三条** 人民检察院侦查终结或者提起公诉的案件，证据应当确实、充分。证据确实、充分，应当符合以下条件：

（一）定罪量刑的事实都有证据证明；

（二）据以定案的证据均经法定程序查证属实；

（三）综合全案证据，对所认定事实已排除合理怀疑。

**第六十四条** 行政机关在行政执法和查办案件过程中收集的物证、书证、视听资料、电子数据等证据材料，经人民检察院审查符合法定要求的，可以作为证据使用。

行政机关在行政执法和查办案件过程中收集的鉴定意见、勘验、检查笔录，经人民检察院审查符合法定要求的，可以作为证据使用。

第六十五条　监察机关依照法律规定收集的物证、书证、证人证言、被调查人供述和辩解、视听资料、电子数据等证据材料，在刑事诉讼中可以作为证据使用。

第六十六条　对采用刑讯逼供等非法方法收集的犯罪嫌疑人供述和采用暴力、威胁等非法方法收集的证人证言、被害人陈述，应当依法排除，不得作为移送审查逮捕、批准或者决定逮捕、移送起诉以及提起公诉的依据。

第六十七条　对采用下列方法收集的犯罪嫌疑人供述，应当予以排除：

（一）采用殴打、违法使用戒具等暴力方法或者变相肉刑的恶劣手段，使犯罪嫌疑人遭受难以忍受的痛苦而违背意愿作出的供述；

（二）采用以暴力或者严重损害本人及其近亲属合法权益等进行威胁的方法，使犯罪嫌疑人遭受难以忍受的痛苦而违背意愿作出的供述；

（三）采用非法拘禁等非法限制人身自由的方法收集的供述。

第六十八条　对采用刑讯逼供方法使犯罪嫌疑人作出供述，之后犯罪嫌疑人受该刑讯逼供行为影响而作出的与该供述相同的重复性供述，应当一并排除，但下列情形除外：

（一）侦查期间，根据控告、举报或者自己发现等，公安机关确认或者不能排除以非法方法收集证据而更换侦查人员，其他侦查人员再次讯问时告知诉讼权利和认罪认罚的法律规定，犯罪嫌疑人自愿供述的；

（二）审查逮捕、审查起诉期间，检察人员讯问时告知诉讼权利和认罪认罚的法律规定，犯罪嫌疑人自愿供述的。

第六十九条　采用暴力、威胁以及非法限制人身自由等非法方法收集的证人证言、被害人陈述，应当予以排除。

第七十条　收集物证、书证不符合法定程序，可能严重影响司法公正的，人民检察院应当及时要求公安机关补正或者作出书面解释；不能补正或者无法作出合理解释的，对该证据应当予以排除。

对公安机关的补正或者解释，人民检察院应当予以审查。经补正或者作出合理解释的，可以作为批准或者决定逮捕、提起公诉的依据。

第七十一条　对重大案件，人民检察院驻看守所检察人员在侦查终结前应当对讯问合法性进行核查并全程同步录音、录像，核查情况应当及时通知本院负责捕诉的部门。

负责捕诉的部门认为确有刑讯逼供等非法取证情形的，应当要求公安机关依法排除非法证据，不得作为提请批准逮捕、移送起诉的依据。

第七十二条　人民检察院发现侦查人员以非法方法收集证据的，应当及时进行调查核实。

当事人及其辩护人或者值班律师、诉讼代理人报案、控告、举报侦查人员采用刑讯逼供等非法方法收集证据，并提供涉嫌非法取证的人员、时间、地点、方式和内容等材料或者线索的，人民检察院应当受理并进行审查。根据现有材料无法证明证据收集合法性的，应当及时进行调查核实。

上一级人民检察院接到对侦查人员采用刑讯逼供等非法方法收集证据的报案、控告、举报，可以直接进行调查核实，也可以交由下级人民检察院调查核实。交由下级人民检察院调查核实的，下级人民检察院应当及时将调查结果报告上一级人民检察院。

人民检察院决定调查核实的，应当及时通知公安机关。

第七十三条　人民检察院经审查认定存在非法取证行为的，对该证据应当予以排除，其他证据不能证明犯罪嫌疑人实施犯罪行为的，应当不批准或者决定逮捕。已经移送起诉的，可以依法将案件退回监察机关补充调查或者退回公安机关补充侦查，或者作出不起诉决定。被排除的非法证据应当随案移送，并写明为依法排除的非法证据。

对于侦查人员的非法取证行为，尚未构成犯罪的，应当依法向其所在机关提出纠正意见。对于需要补正或者作出合理解释的，应当提出明确要求。

对于非法取证行为涉嫌犯罪需要追究刑事责任的，应当依法立案侦查。

第七十四条　人民检察院认为可能存在以刑讯逼供等非法方法收集证据情形的，可以书面要求监察机关或者公安机关对证据收集的合法性作出说明。说明应当加盖单位公章，并由调查人员或者侦查人员签名。

第七十五条　对于公安机关立案侦查的案件，存在下列情形之一的，人民检察院在审查逮捕、审查起诉和审判阶段，可以调取公安机关讯问犯罪嫌疑人的录音、录像，对证据收集的合法性以及犯罪嫌疑人、被告人供述的真实性进行审查：

（一）认为讯问活动可能存在刑讯逼供等非法取证行为的；

（二）犯罪嫌疑人、被告人或者辩护人提出犯罪嫌疑人、被告人供述系非法取得，并提供相关线索或者材料的；

（三）犯罪嫌疑人、被告人提出讯问活动违反法定程序或者翻供，并提供相关线索或者材料的；

（四）犯罪嫌疑人、被告人或者辩护人提出讯问笔录内容不真实，并提供相关线索或者材料的；

（五）案情重大、疑难、复杂的。

人民检察院调取公安机关讯问犯罪嫌疑人的录音、录像，公安机关未提供，人民检察院经审查认为不能排除有刑讯逼供等非法取证行为的，相关供述不得作为批准逮捕、提起公诉的依据。

人民检察院直接受理侦查的案件，负责侦查的部门移送审查逮捕、移送起诉时，应当将讯问录音、录像连同案卷材料一并移送审查。

第七十六条　对于提起公诉的案件，被告人及其辩护人提出审前供述系非法取得，并提供相关线索或者材料的，人民检察院可以将讯问录音、录像连同案卷材料一并移送人民法院。

第七十七条　在法庭审理过程中，被告人或者辩护人对讯问活动合法性提出异议，公诉人可以要求被告人及其辩护人提供相关线索或者材料。必要时，公诉人可以提请法庭当庭播放相关时段的讯问录音、录像，对有关异议或者事实进行质证。

需要播放的讯问录音、录像中涉及国家秘密、商业秘密、个人隐私或者含有其他不宜公开内容的,公诉人应当建议在法庭组成人员、公诉人、侦查人员、被告人及其辩护人范围内播放。因涉及国家秘密、商业秘密、个人隐私或者其他犯罪线索等内容,人民检察院对讯问录音、录像的相关内容进行技术处理的,公诉人应当向法庭作出说明。

**第七十八条** 人民检察院认为第一审人民法院有关证据收集合法性的审查、调查结论导致第一审判决、裁定错误的,可以依照刑事诉讼法第二百二十八条的规定向人民法院提出抗诉。

**第七十九条** 人民检察院在办理危害国家安全犯罪、恐怖活动犯罪、黑社会性质的组织犯罪、毒品犯罪等案件过程中,证人、鉴定人、被害人因在诉讼中作证,本人或者其近亲属人身安全面临危险,向人民检察院请求保护的,人民检察院应当受理并及时进行审查。对于确实存在人身安全危险的,应当立即采取必要的保护措施。人民检察院发现存在上述情形的,应当主动采取保护措施。

人民检察院可以采取以下一项或者多项保护措施:
(一)不公开真实姓名、住址和工作单位等个人信息;
(二)建议法庭采取不暴露外貌、真实声音等出庭作证措施;
(三)禁止特定的人员接触证人、鉴定人、被害人及其近亲属;
(四)对人身和住宅采取专门性保护措施;
(五)其他必要的保护措施。

人民检察院依法决定不公开证人、鉴定人、被害人的真实姓名、住址和工作单位等个人信息的,可以在起诉书、询问笔录等法律文书、证据材料中使用化名。但是应当另行书面说明使用化名的情况并标明密级,单独成卷。

人民检察院依法采取保护措施,可以要求有关单位和个人予以配合。

对证人及其近亲属进行威胁、侮辱、殴打或者打击报复,构成犯罪或者应当给予治安管理处罚的,人民检察院应当移送公安机关处理;情节轻微的,予以批评教育、训诫。

**第八十条** 证人在人民检察院侦查、审查逮捕、审查起诉期间因履行作证义务而支出的交通、住宿、就餐等费用,人民检察院应当给予补助。

## 第六章 强制措施

### 第一节 拘 传

**第八十一条** 人民检察院根据案件情况,对犯罪嫌疑人可以拘传。

**第八十二条** 拘传时,应当向被拘传的犯罪嫌疑人出示拘传证。对抗拒拘传的,可以使用戒具,强制到案。

执行拘传的人员不得少于二人。

**第八十三条** 拘传的时间从犯罪嫌疑人到案时开始计算。犯罪嫌疑人到案后,应当责令其在拘传证上填写到案时间,签名或者盖章,并捺指印,然后立即讯问。拘传结束后,应当责令犯罪嫌疑人在拘传证上填写拘传结束时间。犯罪嫌疑人拒绝填写的,应当在拘传证上注明。

一次拘传持续的时间不得超过十二小时；案情特别重大、复杂，需要采取拘留、逮捕措施的，拘传持续的时间不得超过二十四小时。两次拘传间隔的时间一般不得少于十二小时，不得以连续拘传的方式变相拘禁犯罪嫌疑人。

拘传犯罪嫌疑人，应当保证犯罪嫌疑人的饮食和必要的休息时间。

**第八十四条** 人民检察院拘传犯罪嫌疑人，应当在犯罪嫌疑人所在市、县内的地点进行。

犯罪嫌疑人工作单位与居住地不在同一市、县的，拘传应当在犯罪嫌疑人工作单位所在的市、县内进行；特殊情况下，也可以在犯罪嫌疑人居住地所在的市、县内进行。

**第八十五条** 需要对被拘传的犯罪嫌疑人变更强制措施的，应当在拘传期限内办理变更手续。

在拘传期间决定不采取其他强制措施的，拘传期限届满，应当结束拘传。

## 第二节 取保候审

**第八十六条** 人民检察院对于具有下列情形之一的犯罪嫌疑人，可以取保候审：

（一）可能判处管制、拘役或者独立适用附加刑的；

（二）可能判处有期徒刑以上刑罚，采取取保候审不致发生社会危险性的；

（三）患有严重疾病、生活不能自理，怀孕或者正在哺乳自己婴儿的妇女，采取取保候审不致发生社会危险性的；

（四）羁押期限届满，案件尚未办结，需要采取取保候审的。

**第八十七条** 人民检察院对于严重危害社会治安的犯罪嫌疑人，以及其他犯罪性质恶劣、情节严重的犯罪嫌疑人不得取保候审。

**第八十八条** 被羁押或者监视居住的犯罪嫌疑人及其法定代理人、近亲属或者辩护人向人民检察院申请取保候审，人民检察院应当在三日以内作出是否同意的答复。经审查符合本规则第八十六条规定情形之一的，可以对被羁押或者监视居住的犯罪嫌疑人依法办理取保候审手续。经审查不符合取保候审条件的，应当告知申请人，并说明不同意取保候审的理由。

**第八十九条** 人民检察院决定对犯罪嫌疑人取保候审，应当责令犯罪嫌疑人提出保证人或者交纳保证金。

对同一犯罪嫌疑人决定取保候审，不得同时使用保证人保证和保证金保证方式。

对符合取保候审条件，具有下列情形之一的犯罪嫌疑人，人民检察院决定取保候审时，可以责令其提供一至二名保证人：

（一）无力交纳保证金的；

（二）系未成年人或者已满七十五周岁的人；

（三）其他不宜收取保证金的。

**第九十条** 采取保证人保证方式的，保证人应当符合刑事诉讼法第六十九条规定的条件，并经人民检察院审查同意。

**第九十一条** 人民检察院应当告知保证人履行以下义务：

(一) 监督被保证人遵守刑事诉讼法第七十一条的规定；

(二) 发现被保证人可能发生或者已经发生违反刑事诉讼法第七十一条规定的行为的，及时向执行机关报告。

保证人保证承担上述义务后，应当在取保候审保证书上签名或者盖章。

**第九十二条** 采取保证金保证方式的，人民检察院可以根据犯罪嫌疑人的社会危险性、案件的性质、情节、可能判处刑罚的轻重，犯罪嫌疑人的经济状况等，责令犯罪嫌疑人交纳一千元以上的保证金。对于未成年犯罪嫌疑人，可以责令交纳五百元以上的保证金。

**第九十三条** 人民检察院决定对犯罪嫌疑人取保候审的，应当制作取保候审决定书，载明取保候审开始的时间、保证方式、被取保候审人应当履行的义务和应当遵守的规定。

人民检察院作出取保候审决定时，可以根据犯罪嫌疑人涉嫌犯罪的性质、危害后果、社会影响，犯罪嫌疑人、被害人的具体情况等，有针对性地责令其遵守以下一项或者多项规定：

(一) 不得进入特定的场所；

(二) 不得与特定的人员会见或者通信；

(三) 不得从事特定的活动；

(四) 将护照等出入境证件、驾驶证件交执行机关保存。

**第九十四条** 人民检察院应当向取保候审的犯罪嫌疑人宣读取保候审决定书，由犯罪嫌疑人签名或者盖章，并捺指印，责令犯罪嫌疑人遵守刑事诉讼法第七十一条的规定，告知其违反规定应负的法律责任。以保证金方式保证的，应当同时告知犯罪嫌疑人一次性将保证金存入公安机关指定银行的专门账户。

**第九十五条** 向犯罪嫌疑人宣布取保候审决定后，人民检察院应当将执行取保候审通知书送达公安机关执行，并告知公安机关在执行期间拟批准犯罪嫌疑人离开所居住的市、县的，应当事先征得人民检察院同意。以保证人方式保证的，应当将取保候审保证书同时送交公安机关。

人民检察院核实保证金已经交纳到公安机关指定银行的凭证后，应当将银行出具的凭证及其他有关材料与执行取保候审通知书一并送交公安机关。

**第九十六条** 采取保证人保证方式的，如果保证人在取保候审期间不愿继续保证或者丧失保证条件的，人民检察院应当在收到保证人不愿继续保证的申请或者发现其丧失保证条件后三日以内，责令犯罪嫌疑人重新提出保证人或者交纳保证金，并将变更情况通知公安机关。

**第九十七条** 采取保证金保证方式的，被取保候审人拒绝交纳保证金或者交纳保证金不足决定数额时，人民检察院应当作出变更取保候审措施、变更保证方式或者变更保证金数额的决定，并将变更情况通知公安机关。

**第九十八条** 公安机关在执行取保候审期间向人民检察院征询是否同意批准犯罪嫌疑人离开所居住的市、县时，人民检察院应当根据案件的具体情况及时作出决定，并通知公安机关。

**第九十九条** 人民检察院发现保证人没有履行刑事诉讼法第七十条规定的义务，应当通知公安机关，要求公安机关对保证人作出罚款决定。构成犯罪的，依法追究保证人的刑事责任。

**第一百条** 人民检察院发现犯罪嫌疑人违反刑事诉讼法第七十一条的规定，已交纳保证金的，应当书面通知公安机关没收部分或者全部保证金，并且根据案件的具体情况，责令犯罪嫌疑人具结悔过、重新交纳保证金、提出保证人，或者决定对其监视居住、予以逮捕。

公安机关发现犯罪嫌疑人违反刑事诉讼法第七十一条的规定，提出没收保证金或者变更强制措施意见的，人民检察院应当在收到意见后五日以内作出决定，并通知公安机关。

重新交纳保证金的程序适用本规则第九十二条的规定；提出保证人的程序适用本规则第九十条、第九十一条的规定。对犯罪嫌疑人继续取保候审的，取保候审的时间应当累计计算。

对犯罪嫌疑人决定监视居住的，应当办理监视居住手续。监视居住的期限应当自执行监视居住决定之日起计算并告知犯罪嫌疑人。

**第一百零一条** 犯罪嫌疑人有下列违反取保候审规定的行为，人民检察院应当对犯罪嫌疑人予以逮捕：

（一）故意实施新的犯罪；

（二）企图自杀、逃跑；

（三）实施毁灭、伪造证据，串供或者干扰证人作证，足以影响侦查、审查起诉工作正常进行；

（四）对被害人、证人、鉴定人、举报人、控告人及其他人员实施打击报复。

犯罪嫌疑人有下列违反取保候审规定的行为，人民检察院可以对犯罪嫌疑人予以逮捕：

（一）未经批准，擅自离开所居住的市、县，造成严重后果，或者两次未经批准，擅自离开所居住的市、县；

（二）经传讯不到案，造成严重后果，或者经两次传讯不到案；

（三）住址、工作单位和联系方式发生变动，未在二十四小时以内向公安机关报告，造成严重后果；

（四）违反规定进入特定场所、与特定人员会见或者通信、从事特定活动，严重妨碍诉讼程序正常进行。

有前两款情形，需要对犯罪嫌疑人予以逮捕的，可以先行拘留；已交纳保证金的，同时书面通知公安机关没收保证金。

**第一百零二条** 人民检察院决定对犯罪嫌疑人取保候审，最长不得超过十二个月。

**第一百零三条** 公安机关决定对犯罪嫌疑人取保候审，案件移送人民检察院审查起诉后，对于需要继续取保候审的，人民检察院应当依法重新作出取保候审决定，并对犯罪嫌疑人办理取保候审手续。取保候审的期限应当重新计算并告知犯罪嫌疑人。对继续采取保证金方式取保候审的，被取保候审人没有违反刑事诉讼法第七十一条规定的，不变更保证金数额，不再重新收取保证金。

**第一百零四条** 在取保候审期间，不得中断对案件的侦查、审查起诉。

**第一百零五条** 取保候审期限届满或者发现不应当追究犯罪嫌疑人的刑事责任的，应当及时解除或者撤销取保候审。

解除或者撤销取保候审的决定，应当及时通知执行机关，并将解除或者撤销取保候审的决定书送达犯罪嫌疑人；有保证人的，应当通知保证人解除保证义务。

**第一百零六条** 犯罪嫌疑人在取保候审期间没有违反刑事诉讼法第七十一条的规定，或者发现不应当追究犯罪嫌疑人刑事责任的，变更、解除或者撤销取保候审时，应当告知犯罪嫌疑人可以凭变更、解除或者撤销取保候审的通知或者有关法律文书到银行领取退还的保证金。

### 第三节 监视居住

**第一百零七条** 人民检察院对于符合逮捕条件，具有下列情形之一的犯罪嫌疑人，可以监视居住：

（一）患有严重疾病、生活不能自理的；

（二）怀孕或者正在哺乳自己婴儿的妇女；

（三）系生活不能自理的人的唯一扶养人；

（四）因为案件的特殊情况或者办理案件的需要，采取监视居住措施更为适宜的；

（五）羁押期限届满，案件尚未办结，需要采取监视居住措施的。

前款第三项中的扶养包括父母、祖父母、外祖父母对子女、孙子女、外孙子女的抚养和子女、孙子女、外孙子女对父母、祖父母、外祖父母的赡养以及配偶、兄弟姐妹之间的相互扶养。

对符合取保候审条件，但犯罪嫌疑人不能提出保证人，也不交纳保证金的，可以监视居住。

**第一百零八条** 人民检察院应当向被监视居住的犯罪嫌疑人宣读监视居住决定书，由犯罪嫌疑人签名或者盖章，并捺指印，责令犯罪嫌疑人遵守刑事诉讼法第七十七条的规定，告知其违反规定应负的法律责任。

指定居所监视居住的，不得要求被监视居住人支付费用。

**第一百零九条** 人民检察院核实犯罪嫌疑人住处或者为其指定居所后，应当制作监视居住执行通知书，将有关法律文书和案由、犯罪嫌疑人基本情况材料，送交监视居住地的公安机关执行，必要时人民检察院可以协助公安机关执行。

人民检察院应当告知公安机关在执行期间拟批准犯罪嫌疑人离开执行监视居住的处所、会见他人或者通信的，应当事先征得人民检察院同意。

**第一百一十条** 人民检察院可以根据案件的具体情况，商请公安机关对被监视居住的犯罪嫌疑人采取电子监控、不定期检查等监视方法，对其遵守监视居住规定的情况进行监督。

人民检察院办理直接受理侦查的案件对犯罪嫌疑人采取监视居住的，在侦查期间可以商请公安机关对其通信进行监控。

**第一百一十一条** 犯罪嫌疑人有下列违反监视居住规定的行为，人民检察院应当对犯罪嫌疑人予以逮捕：

（一）故意实施新的犯罪行为；

（二）企图自杀、逃跑；

（三）实施毁灭、伪造证据或者串供、干扰证人作证行为，足以影响侦查、审查起诉工作正常进行；

（四）对被害人、证人、鉴定人、举报人、控告人及其他人员实施打击报复。

犯罪嫌疑人有下列违反监视居住规定的行为，人民检察院可以对犯罪嫌疑人予以逮捕：

（一）未经批准，擅自离开执行监视居住的处所，造成严重后果，或者两次未经批准，擅自离开执行监视居住的处所；

（二）未经批准，擅自会见他人或者通信，造成严重后果，或者两次未经批准，擅自会见他人或者通信；

（三）经传讯不到案，造成严重后果，或者经两次传讯不到案。

有前两款情形，需要对犯罪嫌疑人予以逮捕的，可以先行拘留。

**第一百一十二条** 人民检察院决定对犯罪嫌疑人监视居住，最长不得超过六个月。

**第一百一十三条** 公安机关决定对犯罪嫌疑人监视居住，案件移送人民检察院审查起诉后，对于需要继续监视居住的，人民检察院应当依法重新作出监视居住决定，并对犯罪嫌疑人办理监视居住手续。监视居住的期限应当重新计算并告知犯罪嫌疑人。

**第一百一十四条** 在监视居住期间，不得中断对案件的侦查、审查起诉。

**第一百一十五条** 监视居住期限届满或者发现不应当追究犯罪嫌疑人刑事责任的，应当解除或者撤销监视居住。

解除或者撤销监视居住的决定应当通知执行机关，并将解除或者撤销监视居住的决定书送达犯罪嫌疑人。

**第一百一十六条** 监视居住应当在犯罪嫌疑人的住处执行。犯罪嫌疑人无固定住处的，可以在指定的居所执行。

固定住处是指犯罪嫌疑人在办案机关所在地的市、县内工作、生活的合法居所。

指定的居所应当符合下列条件：

（一）具备正常的生活、休息条件；

（二）便于监视、管理；

（三）能够保证安全。

采取指定居所监视居住，不得在看守所、拘留所、监狱等羁押、监管场所以及留置室、讯问室等专门的办案场所、办公区域执行。

**第一百一十七条** 在指定的居所执行监视居住，除无法通知的以外，人民检察院应当在执行监视居住后二十四小时以内，将指定居所监视居住的原因通知被监视居住人的家属。无法通知的，应当将原因写明附卷。无法通知的情形消除后，应当立即通知。

无法通知包括下列情形：

（一）被监视居住人无家属；

（二）与其家属无法取得联系；

（三）受自然灾害等不可抗力阻碍。

**第一百一十八条** 对于公安机关、人民法院决定指定居所监视居住的案件，由批准或者决定的公安机关、人民法院的同级人民检察院负责捕诉的部门对决定是否合法实行监督。

人民检察院决定指定居所监视居住的案件，由负责控告申诉检察的部门对决定是否合法实行监督。

**第一百一十九条** 被指定居所监视居住人及其法定代理人、近亲属或者辩护人认为指定居所监视居住决定存在违法情形，提出控告或者举报的，人民检察院应当受理。

人民检察院可以要求有关机关提供指定居所监视居住决定书和相关案卷材料。经审查，发现存在下列违法情形之一的，应当及时通知其纠正：

（一）不符合指定居所监视居住的适用条件的；

（二）未按法定程序履行批准手续的；

（三）在决定过程中有其他违反刑事诉讼法规定的行为的。

**第一百二十条** 对于公安机关、人民法院决定指定居所监视居住的案件，由人民检察院负责刑事执行检察的部门对指定居所监视居住的执行活动是否合法实行监督。发现存在下列违法情形之一的，应当及时提出纠正意见：

（一）执行机关收到指定居所监视居住决定书、执行通知书等法律文书后不派员执行或者不及时派员执行的；

（二）在执行指定居所监视居住后二十四小时以内没有通知被监视居住人的家属的；

（三）在羁押场所、专门的办案场所执行监视居住的；

（四）为被监视居住人通风报信、私自传递信件、物品的；

（五）违反规定安排辩护人同被监视居住人会见、通信，或者违法限制被监视居住人与辩护人会见、通信的；

（六）对被监视居住人刑讯逼供、体罚、虐待或者变相体罚、虐待的；

（七）有其他侵犯被监视居住人合法权利行为或者其他违法行为的。

被监视居住人及其法定代理人、近亲属或者辩护人认为执行机关或者执行人员存在上述违法情形，提出控告或者举报的，人民检察院应当受理。

人民检察院决定指定居所监视居住的案件，由负责控告申诉检察的部门对指定居所监视居住的执行活动是否合法实行监督。

### 第四节 拘 留

**第一百二十一条** 人民检察院对于具有下列情形之一的犯罪嫌疑人，可以决定拘留：

（一）犯罪后企图自杀、逃跑或者在逃的；

（二）有毁灭、伪造证据或者串供可能的。

**第一百二十二条** 人民检察院作出拘留决定后，应当将有关法律文书和案由、犯罪嫌疑人基本情况的材料送交同级公安机关执行。必要时，人民检察院可以协助公安机关执行。

拘留后，应当立即将被拘留人送看守所羁押，至迟不得超过二十四小时。

**第一百二十三条** 对犯罪嫌疑人拘留后，除无法通知的以外，人民检察院应当在二十四小时以内，通知被拘留人的家属。

无法通知的，应当将原因写明附卷。无法通知的情形消除后，应当立即通知其家属。

**第一百二十四条** 对被拘留的犯罪嫌疑人，应当在拘留后二十四小时以内进行讯问。

**第一百二十五条** 对被拘留的犯罪嫌疑人，发现不应当拘留的，应当立即释放；依法可以取保候审或者监视居住的，按照本规则的有关规定办理取保候审或者监视居住手续。

对被拘留的犯罪嫌疑人，需要逮捕的，按照本规则的有关规定办理逮捕手续；决定不予逮捕的，应当及时变更强制措施。

**第一百二十六条** 人民检察院直接受理侦查的案件，拘留犯罪嫌疑人的羁押期限为十四日，特殊情况下可以延长一日至三日。

**第一百二十七条** 公民将正在实行犯罪或者在犯罪后即被发觉的、通缉在案的、越狱逃跑的、正在被追捕的犯罪嫌疑人或者犯罪人扭送到人民检察院的，人民检察院应当予以接受，并且根据具体情况决定是否采取相应的紧急措施。不属于自己管辖的，应当移送主管机关处理。

## 第五节 逮 捕

**第一百二十八条** 人民检察院对有证据证明有犯罪事实，可能判处徒刑以上刑罚的犯罪嫌疑人，采取取保候审尚不足以防止发生下列社会危险性的，应当批准或者决定逮捕：

（一）可能实施新的犯罪的；
（二）有危害国家安全、公共安全或者社会秩序的现实危险的；
（三）可能毁灭、伪造证据，干扰证人作证或者串供的；
（四）可能对被害人、举报人、控告人实施打击报复的；
（五）企图自杀或者逃跑的。

有证据证明有犯罪事实是指同时具备下列情形：

（一）有证据证明发生了犯罪事实；
（二）有证据证明该犯罪事实是犯罪嫌疑人实施的；
（三）证明犯罪嫌疑人实施犯罪行为的证据已经查证属实。

犯罪事实既可以是单一犯罪行为的事实，也可以是数个犯罪行为中任何一个犯罪行为的事实。

**第一百二十九条** 犯罪嫌疑人具有下列情形之一的，可以认定为"可能实施新的犯

罪":

（一）案发前或者案发后正在策划、组织或者预备实施新的犯罪的；

（二）扬言实施新的犯罪的；

（三）多次作案、连续作案、流窜作案的；

（四）一年内曾因故意实施同类违法行为受到行政处罚的；

（五）以犯罪所得为主要生活来源的；

（六）有吸毒、赌博等恶习的；

（七）其他可能实施新的犯罪的情形。

**第一百三十条**　犯罪嫌疑人具有下列情形之一的，可以认定为"有危害国家安全、公共安全或者社会秩序的现实危险"：

（一）案发前或者案发后正在积极策划、组织或者预备实施危害国家安全、公共安全或者社会秩序的重大违法犯罪行为的；

（二）曾因危害国家安全、公共安全或者社会秩序受到刑事处罚或者行政处罚的；

（三）在危害国家安全、黑恶势力、恐怖活动、毒品犯罪中起组织、策划、指挥作用或者积极参加的；

（四）其他有危害国家安全、公共安全或者社会秩序的现实危险的情形。

**第一百三十一条**　犯罪嫌疑人具有下列情形之一的，可以认定为"可能毁灭、伪造证据，干扰证人作证或者串供"：

（一）曾经或者企图毁灭、伪造、隐匿、转移证据的；

（二）曾经或者企图威逼、恐吓、利诱、收买证人，干扰证人作证的；

（三）有同案犯罪嫌疑人或者与其在事实上存在密切关联犯罪的犯罪嫌疑人在逃，重要证据尚未收集到位的；

（四）其他可能毁灭、伪造证据，干扰证人作证或者串供的情形。

**第一百三十二条**　犯罪嫌疑人具有下列情形之一的，可以认定为"可能对被害人、举报人、控告人实施打击报复"：

（一）扬言或者准备、策划对被害人、举报人、控告人实施打击报复的；

（二）曾经对被害人、举报人、控告人实施打击、要挟、迫害等行为的；

（三）采取其他方式滋扰被害人、举报人、控告人的正常生活、工作的；

（四）其他可能对被害人、举报人、控告人实施打击报复的情形。

**第一百三十三条**　犯罪嫌疑人具有下列情形之一的，可以认定为"企图自杀或者逃跑"：

（一）着手准备自杀、自残或者逃跑的；

（二）曾经自杀、自残或者逃跑的；

（三）有自杀、自残或者逃跑的意思表示的；

（四）曾经以暴力、威胁手段抗拒抓捕的；

（五）其他企图自杀或者逃跑的情形。

**第一百三十四条**　人民检察院办理审查逮捕案件，应当全面把握逮捕条件，对有证据证明有犯罪事实、可能判处徒刑以上刑罚的犯罪嫌疑人，除具有刑事诉讼法第八十一条第三款、第四款规定的情形外，应当严格审查是否具备社会危险性条件。

**第一百三十五条** 人民检察院审查认定犯罪嫌疑人是否具有社会危险性，应当以公安机关移送的社会危险性相关证据为依据，并结合案件具体情况综合认定。必要时，可以通过讯问犯罪嫌疑人、询问证人等诉讼参与人、听取辩护律师意见等方式，核实相关证据。

依据在案证据不能认定犯罪嫌疑人符合逮捕社会危险性条件的，人民检察院可以要求公安机关补充相关证据，公安机关没有补充移送的，应当作出不批准逮捕的决定。

**第一百三十六条** 对有证据证明有犯罪事实，可能判处十年有期徒刑以上刑罚的犯罪嫌疑人，应当批准或者决定逮捕。

对有证据证明有犯罪事实，可能判处徒刑以上刑罚，犯罪嫌疑人曾经故意犯罪或者不讲真实姓名、住址，身份不明的，应当批准或者决定逮捕。

**第一百三十七条** 人民检察院经审查认为被取保候审、监视居住的犯罪嫌疑人违反取保候审、监视居住规定，依照本规则第一百零一条、第一百一十一条的规定办理。

对于被取保候审、监视居住的可能判处徒刑以下刑罚的犯罪嫌疑人，违反取保候审、监视居住规定，严重影响诉讼活动正常进行的，可以予以逮捕。

**第一百三十八条** 对实施多个犯罪行为或者共同犯罪案件的犯罪嫌疑人，符合本规则第一百二十八条的规定，具有下列情形之一的，应当批准或者决定逮捕：

（一）有证据证明犯有数罪中的一罪的；

（二）有证据证明实施多次犯罪中的一次犯罪的；

（三）共同犯罪中，已有证据证明有犯罪事实的犯罪嫌疑人。

**第一百三十九条** 对具有下列情形之一的犯罪嫌疑人，人民检察院应当作出不批准逮捕或者不予逮捕的决定：

（一）不符合本规则规定的逮捕条件的；

（二）具有刑事诉讼法第十六条规定的情形之一的。

**第一百四十条** 犯罪嫌疑人涉嫌的罪行较轻，且没有其他重大犯罪嫌疑，具有下列情形之一的，可以作出不批准逮捕或者不予逮捕的决定：

（一）属于预备犯、中止犯，或者防卫过当、避险过当的；

（二）主观恶性较小的初犯，共同犯罪中的从犯、胁从犯，犯罪后自首、有立功表现或者积极退赃、赔偿损失、确有悔罪表现的；

（三）过失犯罪的犯罪嫌疑人，犯罪后有悔罪表现，有效控制损失或者积极赔偿损失的；

（四）犯罪嫌疑人与被害人双方根据刑事诉讼法的有关规定达成和解协议，经审查，认为和解系自愿、合法且已经履行或者提供担保的；

（五）犯罪嫌疑人认罪认罚的；

（六）犯罪嫌疑人系已满十四周岁未满十八周岁的未成年人或者在校学生，本人有悔罪表现，其家庭、学校或者所在社区、居民委员会、村民委员会具备监护、帮教条件的；

（七）犯罪嫌疑人系已满七十五周岁的人。

**第一百四十一条** 对符合刑事诉讼法第七十四条第一款规定的犯罪嫌疑人，人民检察院经审查认为不需要逮捕的，可以在作出不批准逮捕决定的同时，向公安机关提出采取监视居住措施的建议。

### 第六节 监察机关移送案件的强制措施

**第一百四十二条** 对于监察机关移送起诉的已采取留置措施的案件，人民检察院应当在受理案件后，及时对犯罪嫌疑人作出拘留决定，交公安机关执行。执行拘留后，留置措施自动解除。

**第一百四十三条** 人民检察院应当在执行拘留后十日以内，作出是否逮捕、取保候审或者监视居住的决定。特殊情况下，决定的时间可以延长一日至四日。

人民检察院决定采取强制措施的期间不计入审查起诉期限。

**第一百四十四条** 除无法通知的以外，人民检察院应当在公安机关执行拘留、逮捕后二十四小时以内，通知犯罪嫌疑人的家属。

**第一百四十五条** 人民检察院应当自收到移送起诉的案卷材料之日起三日以内告知犯罪嫌疑人有权委托辩护人。对已经采取留置措施的，应当在执行拘留时告知。

**第一百四十六条** 对于监察机关移送起诉的未采取留置措施的案件，人民检察院受理后，在审查起诉过程中根据案件情况，可以依照本规则相关规定决定是否采取逮捕、取保候审或者监视居住措施。

**第一百四十七条** 对于监察机关移送起诉案件的犯罪嫌疑人采取强制措施，本节未规定的，适用本规则相关规定。

### 第七节 其他规定

**第一百四十八条** 人民检察院对担任县级以上各级人民代表大会代表的犯罪嫌疑人决定采取拘传、取保候审、监视居住、拘留、逮捕强制措施的，应当报请该代表所属的人民代表大会主席团或者常务委员会许可。

人民检察院对担任本级人民代表大会代表的犯罪嫌疑人决定采取强制措施的，应当报请本级人民代表大会主席团或者常务委员会许可。

对担任上级人民代表大会代表的犯罪嫌疑人决定采取强制措施的，应当层报该代表所属的人民代表大会同级的人民检察院报请许可。

对担任下级人民代表大会代表的犯罪嫌疑人决定采取强制措施的，可以直接报请该代表所属的人民代表大会主席团或者常务委员会许可，也可以委托该代表所属的人民代表大会同级的人民检察院报请许可。

对担任两级以上的人民代表大会代表的犯罪嫌疑人决定采取强制措施的，分别依照本条第二、三、四款的规定报请许可。

对担任办案单位所在省、市、县（区）以外的其他地区人民代表大会代表的犯罪嫌疑人决定采取强制措施的，应当委托该代表所属的人民代表大会同级的人民检察院报请许可；担任两级以上人民代表大会代表的，应当分别委托该代表所属的人民代表大会同级的人民检察院报请许可。

对于公安机关提请人民检察院批准逮捕的案件，犯罪嫌疑人担任人民代表大会代表的，报请许可手续由公安机关负责办理。

担任县级以上人民代表大会代表的犯罪嫌疑人，经报请该代表所属人民代表大会主席团或者常务委员会许可后被刑事拘留的，适用逮捕措施时不需要再次报请许可。

第一百四十九条　担任县级以上人民代表大会代表的犯罪嫌疑人因现行犯被人民检察院拘留的，人民检察院应当立即向该代表所属的人民代表大会主席团或者常务委员会报告。报告的程序参照本规则第一百四十八条报请许可的程序规定。

对担任乡、民族乡、镇的人民代表大会代表的犯罪嫌疑人决定采取强制措施的，由县级人民检察院向乡、民族乡、镇的人民代表大会报告。

第一百五十条　犯罪嫌疑人及其法定代理人、近亲属或者辩护人认为人民检察院采取强制措施法定期限届满，要求解除、变更强制措施或者释放犯罪嫌疑人的，人民检察院应当在收到申请后三日以内作出决定。

经审查，认为法定期限届满的，应当决定解除、变更强制措施或者释放犯罪嫌疑人，并通知公安机关执行；认为法定期限未满的，书面答复申请人。

第一百五十一条　犯罪嫌疑人及其法定代理人、近亲属或者辩护人向人民检察院提出变更强制措施申请的，人民检察院应当在收到申请后三日以内作出决定。

经审查，同意变更强制措施的，应当在作出决定的同时通知公安机关执行；不同意变更强制措施的，应当书面告知申请人，并说明不同意的理由。

犯罪嫌疑人及其法定代理人、近亲属或者辩护人提出变更强制措施申请的，应当说明理由，有证据和其他材料的，应当附上相关材料。

第一百五十二条　人民检察院在侦查、审查起诉期间，对犯罪嫌疑人拘留、逮捕后发生依法延长侦查羁押期限、审查起诉期限，重新计算侦查羁押期限、审查起诉期限等期限改变的情形的，应当及时将变更后的期限书面通知看守所。

第一百五十三条　人民检察院决定对涉嫌犯罪的机关事业单位工作人员取保候审、监视居住、拘留、逮捕的，应当在采取或者解除强制措施后五日以内告知其所在单位；决定撤销案件或者不起诉的，应当在作出决定后十日以内告知其所在单位。

第一百五十四条　取保候审变更为监视居住，或者取保候审、监视居住变更为拘留、逮捕的，在变更的同时原强制措施自动解除，不再办理解除法律手续。

第一百五十五条　人民检察院已经对犯罪嫌疑人取保候审、监视居住，案件起诉至人民法院后，人民法院决定取保候审、监视居住或者变更强制措施的，原强制措施自动解除，不再办理解除法律手续。

## 第七章　案件受理

第一百五十六条　下列案件，由人民检察院负责案件管理的部门统一受理：

（一）公安机关提请批准逮捕、移送起诉、提请批准延长侦查羁押期限、要求复议、提请复核、申请复查、移送申请强制医疗、移送申请没收违法所得的案件；

（二）监察机关移送起诉、提请没收违法所得、对不起诉决定提请复议的案件；

（三）下级人民检察院提出或者提请抗诉、报请指定管辖、报请核准追诉、报请核准缺席审判或者提请死刑复核监督的案件；

（四）人民法院通知出席第二审法庭或者再审法庭的案件；

（五）其他依照规定由负责案件管理的部门受理的案件。

**第一百五十七条** 人民检察院负责案件管理的部门受理案件时，应当接收案卷材料，并立即审查下列内容：

（一）依据移送的法律文书载明的内容确定案件是否属于本院管辖；

（二）案卷材料是否齐备、规范，符合有关规定的要求；

（三）移送的款项或者物品与移送清单是否相符；

（四）犯罪嫌疑人是否在案以及采取强制措施的情况；

（五）是否在规定的期限内移送案件。

**第一百五十八条** 人民检察院负责案件管理的部门对接收的案卷材料审查后，认为具备受理条件的，应当及时进行登记，并立即将案卷材料和案件受理登记表移送办案部门办理。

经审查，认为案卷材料不齐备的，应当及时要求移送案件的单位补送相关材料。对于案卷装订不符合要求的，应当要求移送案件的单位重新装订后移送。

对于移送起诉的案件，犯罪嫌疑人在逃的，应当要求公安机关采取措施保证犯罪嫌疑人到案后再移送起诉。共同犯罪案件中部分犯罪嫌疑人在逃的，对在案犯罪嫌疑人的移送起诉应当受理。

**第一百五十九条** 对公安机关送达的执行情况回执和人民法院送达的判决书、裁定书等法律文书，人民检察院负责案件管理的部门应当接收，即时登记。

**第一百六十条** 人民检察院直接受理侦查的案件，移送审查逮捕、移送起诉的，按照本规则第一百五十六条至第一百五十八条的规定办理。

**第一百六十一条** 人民检察院负责控告申诉检察的部门统一接受报案、控告、举报、申诉和犯罪嫌疑人投案自首，并依法审查，在七日以内作出以下处理：

（一）属于本院管辖且符合受理条件的，应当予以受理；

（二）不属于本院管辖的报案、控告、举报、自首，应当移送主管机关处理。必须采取紧急措施的，应当先采取紧急措施，然后移送主管机关。不属于本院管辖的申诉，应当告知其向有管辖权的机关提出；

（三）案件情况不明的，应当进行必要的调查核实，查明情况后依法作出处理。

负责控告申诉检察的部门可以向下级人民检察院交办控告、申诉、举报案件，并依照有关规定进行督办。

**第一百六十二条** 控告、申诉符合下列条件的，人民检察院应当受理：

（一）属于人民检察院受理案件范围；

（二）本院具有管辖权；

（三）申诉人是原案的当事人或者其法定代理人、近亲属；

（四）控告、申诉材料符合受理要求。

控告人、申诉人委托律师代理控告、申诉，符合上述条件的，应当受理。

控告、申诉材料不齐备的，应当告知控告人、申诉人补齐。受理时间从控告人、申诉人补齐相关材料之日起计算。

第一百六十三条　对于收到的群众来信，负责控告申诉检察的部门应当在七日以内进行程序性答复，办案部门应当在三个月以内将办理进展或者办理结果答复来信人。

第一百六十四条　负责控告申诉检察的部门对受理的刑事申诉案件应当根据事实、法律进行审查，必要时可以进行调查核实。认为原案处理可能错误的，应当移送相关办案部门办理；认为原案处理没有错误的，应当书面答复申诉人。

第一百六十五条　办案部门应当在规定期限内办结控告、申诉案件，制作相关法律文书，送达报案人、控告人、申诉人、举报人、自首人，并做好释法说理工作。

## 第八章　立　案

### 第一节　立案审查

第一百六十六条　人民检察院直接受理侦查案件的线索，由负责侦查的部门统一受理、登记和管理。负责控告申诉检察的部门接受的控告、举报，或者本院其他办案部门发现的案件线索，属于人民检察院直接受理侦查案件线索的，应当在七日以内移送负责侦查的部门。

负责侦查的部门对案件线索进行审查后，认为属于本院管辖，需要进一步调查核实的，应当报检察长决定。

第一百六十七条　对于人民检察院直接受理侦查案件的线索，上级人民检察院在必要时，可以直接调查核实或者组织、指挥、参与下级人民检察院的调查核实，可以将下级人民检察院管辖的案件线索指定辖区内其他人民检察院调查核实，也可以将本院管辖的案件线索交由下级人民检察院调查核实；下级人民检察院认为案件线索重大、复杂，需要由上级人民检察院调查核实的，可以提请移送上级人民检察院调查核实。

第一百六十八条　调查核实一般不得接触被调查对象。必须接触被调查对象的，应当经检察长批准。

第一百六十九条　进行调查核实，可以采取询问、查询、勘验、检查、鉴定、调取证据材料等不限制被调查对象人身、财产权利的措施。不得对被调查对象采取强制措施，不得查封、扣押、冻结被调查对象的财产，不得采取技术侦查措施。

第一百七十条　负责侦查的部门调查核实后，应当制作审查报告。

调查核实终结后，相关材料应当立卷归档。立案进入侦查程序的，对于作为诉讼证据以外的其他材料应当归入侦查内卷。

### 第二节　立案决定

第一百七十一条　人民检察院对于直接受理的案件，经审查认为有犯罪事实需要追究刑事责任的，应当制作立案报告书，经检察长批准后予以立案。

符合立案条件，但犯罪嫌疑人尚未确定的，可以依据已查明的犯罪事实作出立案决定。

对具有下列情形之一的，报请检察长决定不予立案：

（一）具有刑事诉讼法第十六条规定情形之一的；

（二）认为没有犯罪事实的；

（三）事实或者证据尚不符合立案条件的。

**第一百七十二条** 对于其他机关或者本院其他办案部门移送的案件线索，决定不予立案的，负责侦查的部门应当制作不立案通知书，写明案由和案件来源、决定不立案的原因和法律依据，自作出不立案决定之日起十日以内送达移送案件线索的机关或者部门。

**第一百七十三条** 对于控告和实名举报，决定不予立案的，应当制作不立案通知书，写明案由和案件来源、决定不立案的原因和法律依据，由负责侦查的部门在十五日以内送达控告人、举报人，同时告知本院负责控告申诉检察的部门。

控告人如果不服，可以在收到不立案通知书后十日以内向上一级人民检察院申请复议。不立案的复议，由上一级人民检察院负责侦查的部门审查办理。

人民检察院认为被控告人、被举报人的行为未构成犯罪，决定不予立案，但需要追究其党纪、政纪、违法责任的，应当移送有管辖权的主管机关处理。

**第一百七十四条** 错告对被控告人、被举报人造成不良影响的，人民检察院应当自作出不立案决定之日起一个月以内向其所在单位或者有关部门通报调查核实的结论，澄清事实。

属于诬告陷害的，应当移送有关机关处理。

**第一百七十五条** 人民检察院决定对人民代表大会代表立案，应当按照本规则第一百四十八条、第一百四十九条规定的程序向该代表所属的人民代表大会主席团或者常务委员会进行通报。

## 第九章 侦 查

### 第一节 一般规定

**第一百七十六条** 人民检察院办理直接受理侦查的案件，应当全面、客观地收集、调取犯罪嫌疑人有罪或者无罪、罪轻或者罪重的证据材料，并依法进行审查、核实。办案过程中必须重证据，重调查研究，不轻信口供。严禁刑讯逼供和以威胁、引诱、欺骗以及其他非法方法收集证据，不得强迫任何人证实自己有罪。

**第一百七十七条** 人民检察院办理直接受理侦查的案件，应当保障犯罪嫌疑人和其他诉讼参与人依法享有的辩护权和其他各项诉讼权利。

**第一百七十八条** 人民检察院办理直接受理侦查的案件，应当严格依照刑事诉讼法规定的程序，严格遵守刑事案件办案期限的规定，依法提请批准逮捕、移送起诉、不起诉或者撤销案件。

对犯罪嫌疑人采取强制措施，应当经检察长批准。

**第一百七十九条** 人民检察院办理直接受理侦查的案件，应当对侦查过程中知悉的国家秘密、商业秘密及个人隐私予以保密。

**第一百八十条** 办理案件的人民检察院需要派员到本辖区以外进行搜查、调取物证、书证等证据材料，或者查封、扣押财物和文件的，应当持相关法律文书和证明文件等与当地人民检察院联系，当地人民检察院应当予以协助。

需要到本辖区以外调取证据材料的，必要时，可以向证据所在地的人民检察院发函调取证据。调取证据的函件应当注明具体的取证对象、地址和内容。证据所在地的人民检察院应当在收到函件后一个月以内将取证结果送达办理案件的人民检察院。

被请求协助的人民检察院有异议的，可以与办理案件的人民检察院进行协商。必要时，报请共同的上级人民检察院决定。

**第一百八十一条** 人民检察院对于直接受理案件的侦查，可以适用刑事诉讼法第二编第二章规定的各项侦查措施。

刑事诉讼法规定进行侦查活动需要制作笔录的，应当制作笔录。必要时，可以对相关活动进行录音、录像。

## 第二节 讯问犯罪嫌疑人

**第一百八十二条** 讯问犯罪嫌疑人，由检察人员负责进行。讯问时，检察人员或者检察人员和书记员不得少于二人。

讯问同案的犯罪嫌疑人，应当个别进行。

**第一百八十三条** 对于不需要逮捕、拘留的犯罪嫌疑人，可以传唤到犯罪嫌疑人所在市、县内的指定地点或者到他的住处进行讯问。

传唤犯罪嫌疑人，应当出示传唤证和工作证件，并责令犯罪嫌疑人在传唤证上签名或者盖章，并捺指印。

犯罪嫌疑人到案后，应当由其在传唤证上填写到案时间。传唤结束时，应当由其在传唤证上填写传唤结束时间。拒绝填写的，应当在传唤证上注明。

对在现场发现的犯罪嫌疑人，经出示工作证件，可以口头传唤，并将传唤的原因和依据告知被传唤人。在讯问笔录中应当注明犯罪嫌疑人到案时间、到案经过和传唤结束时间。

本规则第八十四条第二款的规定适用于传唤犯罪嫌疑人。

**第一百八十四条** 传唤犯罪嫌疑人时，其家属在场的，应当当场将传唤的原因和处所口头告知其家属，并在讯问笔录中注明。其家属不在场的，应当及时将传唤的原因和处所通知被传唤人家属。无法通知的，应当在讯问笔录中注明。

**第一百八十五条** 传唤持续的时间不得超过十二小时。案情特别重大、复杂，需要采取拘留、逮捕措施的，传唤持续的时间不得超过二十四小时。两次传唤间隔的时间一般不得少于十二小时，不得以连续传唤的方式变相拘禁犯罪嫌疑人。

传唤犯罪嫌疑人，应当保证犯罪嫌疑人的饮食和必要的休息时间。

**第一百八十六条** 犯罪嫌疑人被送交看守所羁押后，检察人员对其进行讯问，应当填写提讯、提解证，在看守所讯问室进行。

因辨认、鉴定、侦查实验或者追缴犯罪有关财物的需要，经检察长批准，可以提押犯罪嫌疑人出所，并应当由两名以上司法警察押解。不得以讯问为目的将犯罪嫌疑人提押出所进行讯问。

**第一百八十七条** 讯问犯罪嫌疑人一般按照下列顺序进行：

（一）核实犯罪嫌疑人的基本情况，包括姓名、出生年月日、户籍地、公民身份号码、民族、职业、文化程度、工作单位及职务、住所、家庭情况、社会经历、是否属于人大代表、政协委员等；

（二）告知犯罪嫌疑人在侦查阶段的诉讼权利，有权自行辩护或者委托律师辩护，告知其如实供述自己罪行可以依法从宽处理和认罪认罚的法律规定；

（三）讯问犯罪嫌疑人是否有犯罪行为，让他陈述有罪的事实或者无罪的辩解，应当允许其连贯陈述。

犯罪嫌疑人对检察人员的提问，应当如实回答。但是对与本案无关的问题，有拒绝回答的权利。

讯问犯罪嫌疑人时，应当告知犯罪嫌疑人将对讯问进行全程同步录音、录像。告知情况应当在录音、录像中予以反映，并记明笔录。

讯问时，对犯罪嫌疑人提出的辩解要认真查核。严禁刑讯逼供和以威胁、引诱、欺骗以及其他非法的方法获取供述。

**第一百八十八条** 讯问犯罪嫌疑人，应当制作讯问笔录。讯问笔录应当忠实于原话，字迹清楚，详细具体，并交犯罪嫌疑人核对。犯罪嫌疑人没有阅读能力的，应当向他宣读。如果记载有遗漏或者差错，应当补充或者改正。犯罪嫌疑人认为讯问笔录没有错误的，由其在笔录上逐页签名或者盖章，并捺指印，在末页写明"以上笔录我看过（向我宣读过），和我说的相符"，同时签名或者盖章，并捺指印，注明日期。如果犯罪嫌疑人拒绝签名、盖章、捺指印的，应当在笔录上注明。讯问的检察人员、书记员也应当在笔录上签名。

**第一百八十九条** 犯罪嫌疑人请求自行书写供述的，检察人员应当准许。必要时，检察人员也可以要求犯罪嫌疑人亲笔书写供述。犯罪嫌疑人应当在亲笔供述的末页签名或者盖章，并捺指印，注明书写日期。检察人员收到后，应当在首页右上方写明"于某年某月某日收到"，并签名。

**第一百九十条** 人民检察院办理直接受理侦查的案件，应当在每次讯问犯罪嫌疑人时，对讯问过程实行全程录音、录像，并在讯问笔录中注明。

### 第三节 询问证人、被害人

**第一百九十一条** 人民检察院在侦查过程中，应当及时询问证人，并且告知证人履行作证的权利和义务。

人民检察院应当保证一切与案件有关或者了解案情的公民有客观充分地提供证据的

条件,并为他们保守秘密。除特殊情况外,人民检察院可以吸收他们协助调查。

第一百九十二条　询问证人,应当由检察人员负责进行。询问时,检察人员或者检察人员和书记员不得少于二人。

第一百九十三条　询问证人,可以在现场进行,也可以到证人所在单位、住处或者证人提出的地点进行。必要时,也可以通知证人到人民检察院提供证言。到证人提出的地点进行询问的,应当在笔录中记明。

询问证人应当个别进行。

在现场询问证人,应当出示工作证件。到证人所在单位、住处或者证人提出的地点询问证人,应当出示人民检察院的证明文件。

第一百九十四条　询问证人,应当问明证人的基本情况以及与当事人的关系,并且告知证人应当如实提供证据、证言和故意作伪证或者隐匿罪证应当承担的法律责任,但是不得向证人泄露案情,不得采用拘禁、暴力、威胁、引诱、欺骗以及其他非法方法获取证言。

询问重大或者有社会影响的案件的重要证人,应当对询问过程实行全程录音、录像,并在询问笔录中注明。

第一百九十五条　询问被害人,适用询问证人的规定。

### 第四节　勘验、检查

第一百九十六条　检察人员对于与犯罪有关的场所、物品、人身、尸体应当进行勘验或者检查。必要时,可以指派检察技术人员或者聘请其他具有专门知识的人,在检察人员的主持下进行勘验、检查。

第一百九十七条　勘验时,人民检察院应当邀请两名与案件无关的见证人在场。

勘查现场,应当拍摄现场照片。勘查的情况应当写明笔录并制作现场图,由参加勘查的人和见证人签名。勘查重大案件的现场,应当录像。

第一百九十八条　人民检察院解剖死因不明的尸体,应当通知死者家属到场,并让其在解剖通知书上签名或者盖章。

死者家属无正当理由拒不到场或者拒绝签名、盖章的,不影响解剖的进行,但是应当在解剖通知书上记明。对于身份不明的尸体,无法通知死者家属的,应当记明笔录。

第一百九十九条　为了确定被害人、犯罪嫌疑人的某些特征、伤害情况或者生理状态,人民检察院可以对其人身进行检查,可以提取指纹信息,采集血液、尿液等生物样本。

必要时,可以指派、聘请法医或者医师进行人身检查。采集血液等生物样本应当由医师进行。

犯罪嫌疑人如果拒绝检查,检察人员认为必要时可以强制检查。

检查妇女的身体,应当由女工作人员或者医师进行。

人身检查不得采用损害被检查人生命、健康或者贬低其名誉、人格的方法。在人身检查过程中知悉的被检查人的个人隐私,检察人员应当予以保密。

**第二百条** 为了查明案情，必要时经检察长批准，可以进行侦查实验。

侦查实验，禁止一切足以造成危险、侮辱人格或者有伤风化的行为。

**第二百零一条** 侦查实验，必要时可以聘请有关专业人员参加，也可以要求犯罪嫌疑人、被害人、证人参加。

## 第五节 搜 查

**第二百零二条** 人民检察院有权要求有关单位和个人，交出能够证明犯罪嫌疑人有罪或者无罪以及犯罪情节轻重的证据。

**第二百零三条** 为了收集犯罪证据，查获犯罪人，经检察长批准，检察人员可以对犯罪嫌疑人以及可能隐藏罪犯或者犯罪证据的人的身体、物品、住处、工作地点和其他有关的地方进行搜查。

**第二百零四条** 搜查应当在检察人员的主持下进行，可以有司法警察参加。必要时，可以指派检察技术人员参加或者邀请当地公安机关、有关单位协助进行。

执行搜查的人员不得少于二人。

**第二百零五条** 搜查时，应当向被搜查人或者他的家属出示搜查证。

在执行逮捕、拘留的时候，遇有下列紧急情况之一，不另用搜查证也可以进行搜查：

（一）可能随身携带凶器的；

（二）可能隐藏爆炸、剧毒等危险物品的；

（三）可能隐匿、毁弃、转移犯罪证据的；

（四）可能隐匿其他犯罪嫌疑人的；

（五）其他紧急情况。

搜查结束后，搜查人员应当在二十四小时以内补办有关手续。

**第二百零六条** 搜查时，应当有被搜查人或者其家属、邻居或者其他见证人在场，并且对被搜查人或者其家属说明阻碍搜查、妨碍公务应负的法律责任。

搜查妇女的身体，应当由女工作人员进行。

**第二百零七条** 搜查时，如果遇到阻碍，可以强制进行搜查。对以暴力、威胁方法阻碍搜查的，应当予以制止，或者由司法警察将其带离现场。阻碍搜查构成犯罪的，应当依法追究刑事责任。

## 第六节 调取、查封、扣押、查询、冻结

**第二百零八条** 检察人员可以凭人民检察院的证明文件，向有关单位和个人调取能够证明犯罪嫌疑人有罪或者无罪以及犯罪情节轻重的证据材料，并且可以根据需要拍照、录像、复印和复制。

**第二百零九条** 调取物证应当调取原物。原物不便搬运、保存，或者依法应当返还被害人，或者因保密工作需要不能调取原物的，可以将原物封存，并拍照、录像。对原物拍照或者录像应当足以反映原物的外形、内容。

调取书证、视听资料应当调取原件。取得原件确有困难或者因保密需要不能调取原

件的，可以调取副本或者复制件。

调取书证、视听资料的副本、复制件和物证的照片、录像的，应当书面记明不能调取原件、原物的原因，制作过程和原件、原物存放地点，并由制作人员和原书证、视听资料、物证持有人签名或者盖章。

**第二百一十条** 在侦查活动中发现的可以证明犯罪嫌疑人有罪、无罪或者犯罪情节轻重的各种财物和文件，应当查封或者扣押；与案件无关的，不得查封或者扣押。查封或者扣押应当经检察长批准。

不能立即查明是否与案件有关的可疑的财物和文件，也可以查封或者扣押，但应当及时审查。经查明确实与案件无关的，应当在三日以内解除查封或者予以退还。

持有人拒绝交出应当查封、扣押的财物和文件的，可以强制查封、扣押。

对于犯罪嫌疑人、被告人到案时随身携带的物品需要扣押的，可以依照前款规定办理。对于与案件无关的个人用品，应当逐件登记，并随案移交或者退还其家属。

**第二百一十一条** 对犯罪嫌疑人使用违法所得与合法收入共同购置的不可分割的财产，可以先行查封、扣押、冻结。对无法分割退还的财产，应当在结案后予以拍卖、变卖，对不属于违法所得的部分予以退还。

**第二百一十二条** 人民检察院根据侦查犯罪的需要，可以依照规定查询、冻结犯罪嫌疑人的存款、汇款、债券、股票、基金份额等财产，并可以要求有关单位和个人配合。

查询、冻结前款规定的财产，应当制作查询、冻结财产通知书，通知银行或者其他金融机构、邮政部门执行。冻结财产的，应当经检察长批准。

**第二百一十三条** 犯罪嫌疑人的存款、汇款、债券、股票、基金份额等财产已冻结的，人民检察院不得重复冻结，可以轮候冻结。人民检察院应当要求有关银行或者其他金融机构、邮政部门在解除冻结或者作出处理前通知人民检察院。

**第二百一十四条** 扣押、冻结债券、股票、基金份额等财产，应当书面告知当事人或者其法定代理人、委托代理人有权申请出售。

对于被扣押、冻结的债券、股票、基金份额等财产，在扣押、冻结期间权利人申请出售，经审查认为不损害国家利益、被害人利益，不影响诉讼正常进行的，以及扣押、冻结的汇票、本票、支票的有效期即将届满的，经检察长批准，可以在案件办结前依法出售或者变现，所得价款由人民检察院指定的银行账户保管，并及时告知当事人或者其近亲属。

**第二百一十五条** 对于冻结的存款、汇款、债券、股票、基金份额等财产，经查明确实与案件无关的，应当在三日以内解除冻结，并通知财产所有人。

**第二百一十六条** 查询、冻结与案件有关的单位的存款、汇款、债券、股票、基金份额等财产的办法适用本规则第二百一十二条至第二百一十五条的规定。

**第二百一十七条** 对于扣押的款项和物品，应当在三日以内将款项存入唯一合规账户，将物品送负责案件管理的部门保管。法律或者有关规定另有规定的除外。

对于查封、扣押在人民检察院的物品、文件、邮件、电报，人民检察院应当妥善保管。经查明确实与案件无关的，应当在三日以内作出解除或者退还决定，并通知有关单位、当事人办理相关手续。

### 第七节 鉴 定

**第二百一十八条** 人民检察院为了查明案情，解决案件中某些专门性的问题，可以进行鉴定。

鉴定由人民检察院有鉴定资格的人员进行。必要时，也可以聘请其他有鉴定资格的人员进行，但是应当征得鉴定人所在单位同意。

**第二百一十九条** 人民检察院应当为鉴定人提供必要条件，及时向鉴定人送交有关检材和对比样本等原始材料，介绍与鉴定有关的情况，并明确提出要求鉴定解决的问题，但是不得暗示或者强迫鉴定人作出某种鉴定意见。

**第二百二十条** 对于鉴定意见，检察人员应当进行审查，必要时可以进行补充鉴定或者重新鉴定。重新鉴定的，应当另行指派或者聘请鉴定人。

**第二百二十一条** 用作证据的鉴定意见，人民检察院办案部门应当告知犯罪嫌疑人、被害人；被害人死亡或者没有诉讼行为能力的，应当告知其法定代理人、近亲属或诉讼代理人。

犯罪嫌疑人、被害人或被害人的法定代理人、近亲属、诉讼代理人提出申请，可以补充鉴定或者重新鉴定，鉴定费用由请求方承担。但原鉴定违反法定程序的，由人民检察院承担。

犯罪嫌疑人的辩护人或者近亲属以犯罪嫌疑人有患精神病可能而申请对犯罪嫌疑人进行鉴定的，鉴定费用由申请方承担。

**第二百二十二条** 对犯罪嫌疑人作精神病鉴定的期间不计入羁押期限和办案期限。

### 第八节 辨 认

**第二百二十三条** 为了查明案情，必要时，检察人员可以让被害人、证人和犯罪嫌疑人对与犯罪有关的物品、文件、尸体或场所进行辨认；也可以让被害人、证人对犯罪嫌疑人进行辨认，或者让犯罪嫌疑人对其他犯罪嫌疑人进行辨认。

**第二百二十四条** 辨认应当在检察人员的主持下进行，执行辨认的人员不得少于二人。在辨认前，应当向辨认人详细询问被辨认对象的具体特征，避免辨认人见到被辨认对象，并应当告知辨认人有意作虚假辨认应负的法律责任。

**第二百二十五条** 几名辨认人对同一被辨认对象进行辨认时，应当由每名辨认人单独进行。必要时，可以有见证人在场。

**第二百二十六条** 辨认时，应当将辨认对象混杂在其他对象中。不得在辨认前向辨认人展示辨认对象及其影像资料，不得给辨认人任何暗示。

辨认犯罪嫌疑人时，被辨认的人数不得少于七人，照片不得少于十张。

辨认物品时，同类物品不得少于五件，照片不得少于五张。

对犯罪嫌疑人的辨认，辨认人不愿公开进行时，可以在不暴露辨认人的情况下进行，并应当为其保守秘密。

## 第九节 技术侦查措施

**第二百二十七条** 人民检察院在立案后，对于利用职权实施的严重侵犯公民人身权利的重大犯罪案件，经过严格的批准手续，可以采取技术侦查措施，交有关机关执行。

**第二百二十八条** 人民检察院办理直接受理侦查的案件，需要追捕被通缉或者决定逮捕的在逃犯罪嫌疑人、被告人的，经过批准，可以采取追捕所必需的技术侦查措施，不受本规则第二百二十七条规定的案件范围的限制。

**第二百二十九条** 人民检察院采取技术侦查措施应当根据侦查犯罪的需要，确定采取技术侦查措施的种类和适用对象，按照有关规定报请批准。批准决定自签发之日起三个月以内有效。对于不需要继续采取技术侦查措施的，应当及时解除；对于复杂、疑难案件，期限届满仍有必要继续采取技术侦查措施的，应当在期限届满前十日以内制作呈请延长技术侦查措施期限报告书，写明延长的期限及理由，经过原批准机关批准，有效期可以延长，每次不得超过三个月。

采取技术侦查措施收集的材料作为证据使用的，批准采取技术侦查措施的法律文书应当附卷，辩护律师可以依法查阅、摘抄、复制。

**第二百三十条** 采取技术侦查措施收集的物证、书证及其他证据材料，检察人员应当制作相应的说明材料，写明获取证据的时间、地点、数量、特征以及采取技术侦查措施的批准机关、种类等，并签名和盖章。

对于使用技术侦查措施获取的证据材料，如果可能危及特定人员的人身安全、涉及国家秘密或者公开后可能暴露侦查秘密或者严重损害商业秘密、个人隐私的，应当采取不暴露有关人员身份、技术方法等保护措施。必要时，可以建议不在法庭上质证，由审判人员在庭外对证据进行核实。

**第二百三十一条** 检察人员对采取技术侦查措施过程中知悉的国家秘密、商业秘密和个人隐私，应当保密；对采取技术侦查措施获取的与案件无关的材料，应当及时销毁，并对销毁情况制作记录。

采取技术侦查措施获取的证据、线索及其他有关材料，只能用于对犯罪的侦查、起诉和审判，不得用于其他用途。

## 第十节 通 缉

**第二百三十二条** 人民检察院办理直接受理侦查的案件，应当逮捕的犯罪嫌疑人在逃，或者已被逮捕的犯罪嫌疑人脱逃的，经检察长批准，可以通缉。

**第二百三十三条** 各级人民检察院需要在本辖区内通缉犯罪嫌疑人的，可以直接决定通缉；需要在本辖区外通缉犯罪嫌疑人的，由有决定权的上级人民检察院决定。

**第二百三十四条** 人民检察院应当将通缉通知书和通缉对象的照片、身份、特征、案情简况送达公安机关，由公安机关发布通缉令，追捕归案。

**第二百三十五条** 为防止犯罪嫌疑人等涉案人员逃往境外，需要在边防口岸采取边控措施的，人民检察院应当按照有关规定制作边控对象通知书，商请公安机关办理边控手续。

**第二百三十六条** 应当逮捕的犯罪嫌疑人潜逃出境的，可以按照有关规定层报最高人民检察院商请国际刑警组织中国国家中心局，请求有关方面协助，或者通过其他法律规定的途径进行追捕。

### 第十一节 侦查终结

**第二百三十七条** 人民检察院经过侦查，认为犯罪事实清楚，证据确实、充分，依法应当追究刑事责任的，应当写出侦查终结报告，并且制作起诉意见书。

犯罪嫌疑人自愿认罪的，应当记录在案，随案移送，并在起诉意见书中写明有关情况。

对于犯罪情节轻微，依照刑法规定不需要判处刑罚或者免除刑罚的案件，应当写出侦查终结报告，并且制作不起诉意见书。

侦查终结报告和起诉意见书或者不起诉意见书应当报请检察长批准。

**第二百三十八条** 负责侦查的部门应当将起诉意见书或者不起诉意见书，查封、扣押、冻结的犯罪嫌疑人的财物及其孳息、文件清单以及对查封、扣押、冻结的涉案财物的处理意见和其他案卷材料，一并移送本院负责捕诉的部门审查。国家或者集体财产遭受损失的，在提出提起公诉意见的同时，可以提出提起附带民事诉讼的意见。

**第二百三十九条** 在案件侦查过程中，犯罪嫌疑人委托辩护律师的，检察人员可以听取辩护律师的意见。

辩护律师要求当面提出意见的，检察人员应当听取意见，并制作笔录附卷。辩护律师提出书面意见的，应当附卷。

侦查终结前，犯罪嫌疑人提出无罪或者罪轻的辩解，辩护律师提出犯罪嫌疑人无罪或者依法不应当追究刑事责任意见的，人民检察院应当依法予以核实。

案件侦查终结移送起诉时，人民检察院应当同时将案件移送情况告知犯罪嫌疑人及其辩护律师。

**第二百四十条** 人民检察院侦查终结的案件，需要在异地起诉、审判的，应当在移送起诉前与人民法院协商指定管辖的相关事宜。

**第二百四十一条** 上级人民检察院侦查终结的案件，依照刑事诉讼法的规定应当由下级人民检察院提起公诉或者不起诉的，应当将有关决定、侦查终结报告连同案卷材料交由下级人民检察院审查。

下级人民检察院认为上级人民检察院的决定有错误的，可以向上级人民检察院报告。上级人民检察院维持原决定的，下级人民检察院应当执行。

**第二百四十二条** 人民检察院在侦查过程中或者侦查终结后，发现具有下列情形之一的，负责侦查的部门应当制作拟撤销案件意见书，报请检察长决定：

（一）具有刑事诉讼法第十六条规定情形之一的；

（二）没有犯罪事实的，或者依照刑法规定不负刑事责任或者不是犯罪的；

（三）虽有犯罪事实，但不是犯罪嫌疑人所为的。

对于共同犯罪的案件，如有符合本条规定情形的犯罪嫌疑人，应当撤销对该犯罪嫌疑人的立案。

**第二百四十三条** 地方各级人民检察院决定撤销案件的，负责侦查的部门应当将撤销案件意见书连同本案全部案卷材料，在法定期限届满七日前报上一级人民检察院审查；重大、复杂案件在法定期限届满十日前报上一级人民检察院审查。

对于共同犯罪案件，应当将处理同案犯罪嫌疑人的有关法律文书以及案件事实、证据材料复印件等，一并报送上一级人民检察院。

上一级人民检察院负责侦查的部门应当对案件事实、证据和适用法律进行全面审查。必要时，可以讯问犯罪嫌疑人。

上一级人民检察院负责侦查的部门审查后，应当提出是否同意撤销案件的意见，报请检察长决定。

人民检察院决定撤销案件的，应当告知控告人、举报人，听取其意见并记明笔录。

**第二百四十四条** 上一级人民检察院审查下级人民检察院报送的拟撤销案件，应当在收到案件后七日以内批复；重大、复杂案件，应当在收到案件后十日以内批复。情况紧急或者因其他特殊原因不能按时送达的，可以先行通知下级人民检察院执行。

**第二百四十五条** 上一级人民检察院同意撤销案件的，下级人民检察院应当作出撤销案件决定，并制作撤销案件决定书。上一级人民检察院不同意撤销案件的，下级人民检察院应当执行上一级人民检察院的决定。

报请上一级人民检察院审查期间，犯罪嫌疑人羁押期限届满的，应当依法释放犯罪嫌疑人或者变更强制措施。

**第二百四十六条** 撤销案件的决定，应当分别送达犯罪嫌疑人所在单位和犯罪嫌疑人。犯罪嫌疑人死亡的，应当送达犯罪嫌疑人原所在单位。如果犯罪嫌疑人在押，应当制作决定释放通知书，通知公安机关依法释放。

**第二百四十七条** 人民检察院作出撤销案件决定的，应当在三十日以内报经检察长批准，对犯罪嫌疑人的违法所得作出处理。情况特殊的，可以延长三十日。

**第二百四十八条** 人民检察院撤销案件时，对犯罪嫌疑人的违法所得及其他涉案财产应当区分不同情形，作出相应处理：

（一）因犯罪嫌疑人死亡而撤销案件，依照刑法规定应当追缴其违法所得及其他涉案财产的，按照本规则第十二章第四节的规定办理。

（二）因其他原因撤销案件，对于查封、扣押、冻结的犯罪嫌疑人违法所得及其他涉案财产需要没收的，应当提出检察意见，移送有关主管机关处理。

（三）对于冻结的犯罪嫌疑人存款、汇款、债券、股票、基金份额等财产需要返还被害人的，可以通知金融机构、邮政部门返还被害人；对于查封、扣押的犯罪嫌疑人的违法所得及其他涉案财产需要返还被害人的，直接决定返还被害人。

人民检察院申请人民法院裁定处理犯罪嫌疑人涉案财产的，应当向人民法院移送有关案卷材料。

**第二百四十九条** 人民检察院撤销案件时，对查封、扣押、冻结的犯罪嫌疑人的涉案财物需要返还犯罪嫌疑人的,应当解除查封、扣押或者书面通知有关金融机构、邮政部门解除冻结,返还犯罪嫌疑人或者其合法继承人。

**第二百五十条** 查封、扣押、冻结的财物,除依法应当返还被害人或者经查明确实与案件无关的以外,不得在诉讼程序终结之前处理。法律或者有关规定另有规定的除外。

**第二百五十一条** 处理查封、扣押、冻结的涉案财物,应当由检察长决定。

**第二百五十二条** 人民检察院直接受理侦查的共同犯罪案件,如果同案犯罪嫌疑人在逃,但在案犯罪嫌疑人犯罪事实清楚,证据确实、充分的,对在案犯罪嫌疑人应当根据本规则第二百三十七条的规定分别移送起诉或者移送不起诉。

由于同案犯罪嫌疑人在逃,在案犯罪嫌疑人的犯罪事实无法查清的,对在案犯罪嫌疑人应当根据案件的不同情况分别报请延长侦查羁押期限、变更强制措施或者解除强制措施。

**第二百五十三条** 人民检察院直接受理侦查的案件,对犯罪嫌疑人没有采取取保候审、监视居住、拘留或者逮捕措施的,负责侦查的部门应当在立案后二年以内提出移送起诉、移送不起诉或者撤销案件的意见;对犯罪嫌疑人采取取保候审、监视居住、拘留或者逮捕措施的,负责侦查的部门应当在解除或者撤销强制措施后一年以内提出移送起诉、移送不起诉或者撤销案件的意见。

**第二百五十四条** 人民检察院直接受理侦查的案件,撤销案件以后,又发现新的事实或者证据,认为有犯罪事实需要追究刑事责任的,可以重新立案侦查。

## 第十章 审查逮捕和审查起诉

### 第一节 一般规定

**第二百五十五条** 人民检察院办理审查逮捕、审查起诉案件,应当全面审查证明犯罪嫌疑人有罪或者无罪、罪轻或者罪重的证据。

**第二百五十六条** 经公安机关商请或者人民检察院认为确有必要时,可以派员适时介入重大、疑难、复杂案件的侦查活动,参加公安机关对于重大案件的讨论,对案件性质、收集证据、适用法律等提出意见,监督侦查活动是否合法。

经监察机关商请,人民检察院可以派员介入监察机关办理的职务犯罪案件。

**第二百五十七条** 对于批准逮捕后要求公安机关继续侦查、不批准逮捕后要求公安机关补充侦查或者审查起诉阶段退回公安机关补充侦查的案件,人民检察院应当分别制作继续侦查提纲或者补充侦查提纲,写明需要继续侦查或者补充侦查的事项、理由、侦查方向、需补充收集的证据及其证明作用等,送交公安机关。

**第二百五十八条** 人民检察院讯问犯罪嫌疑人时,应当首先查明犯罪嫌疑人的基本情况,依法告知犯罪嫌疑人诉讼权利和义务,以及认罪认罚的法律规定,听取其供述和辩解。犯罪嫌疑人翻供的,应当讯问其原因。犯罪嫌疑人申请排除非法证据的,应当告知其提供相关线索或者材料。犯罪嫌疑人检举揭发他人犯罪的,应当予以记录,并依照有关规定移送有关机关、部门处理。

讯问犯罪嫌疑人应当制作讯问笔录，并交犯罪嫌疑人核对或者向其宣读。经核对无误后逐页签名或者盖章，并捺指印后附卷。犯罪嫌疑人请求自行书写供述的，应当准许，但不得以自行书写的供述代替讯问笔录。

犯罪嫌疑人被羁押的，讯问应当在看守所讯问室进行。

**第二百五十九条** 办理审查逮捕、审查起诉案件，可以询问证人、被害人、鉴定人等诉讼参与人，并制作笔录附卷。询问时，应当告知其诉讼权利和义务。

询问证人、被害人的地点按照刑事诉讼法第一百二十四条的规定执行。

**第二百六十条** 讯问犯罪嫌疑人，询问被害人、证人、鉴定人，听取辩护人、被害人及其诉讼代理人的意见，应当由检察人员负责进行。检察人员或者检察人员和书记员不得少于二人。

讯问犯罪嫌疑人，询问证人、鉴定人、被害人，应当个别进行。

**第二百六十一条** 办理审查逮捕案件，犯罪嫌疑人已经委托辩护律师的，可以听取辩护律师的意见。辩护律师提出要求的，应当听取辩护律师的意见。对辩护律师的意见应当制作笔录，辩护律师提出的书面意见应当附卷。

办理审查起诉案件，应当听取辩护人或者值班律师、被害人及其诉讼代理人的意见，并制作笔录。辩护人或者值班律师、被害人及其诉讼代理人提出书面意见的，应当附卷。

对于辩护律师在审查逮捕、审查起诉阶段多次提出意见的，均应如实记录。

辩护律师提出犯罪嫌疑人不构成犯罪、无社会危险性、不适宜羁押或者侦查活动有违法犯罪情形等书面意见的，检察人员应当审查，并在相关工作文书中说明是否采纳的情况和理由。

**第二百六十二条** 直接听取辩护人、被害人及其诉讼代理人的意见有困难的，可以通过电话、视频等方式听取意见并记录在案，或者通知辩护人、被害人及其诉讼代理人提出书面意见。无法通知或者在指定期限内未提出意见的，应当记录在案。

**第二百六十三条** 对于公安机关提请批准逮捕、移送起诉的案件，检察人员审查时发现存在本规则第七十五条第一款规定情形的，可以调取公安机关讯问犯罪嫌疑人的录音、录像并审查相关的录音、录像。对于重大、疑难、复杂的案件，必要时可以审查全部录音、录像。

对于监察机关移送起诉的案件，认为需要调取有关录音、录像的，可以商监察机关调取。

对于人民检察院直接受理侦查的案件，审查时发现负责侦查的部门未按照本规则第七十五条第三款的规定移送录音、录像或者移送不全的，应当要求其补充移送。对取证合法性或者讯问笔录真实性等产生疑问的，应当有针对性地审查相关的录音、录像。对于重大、疑难、复杂的案件，可以审查全部录音、录像。

**第二百六十四条** 经审查讯问犯罪嫌疑人录音、录像，发现公安机关、本院负责侦查的部门讯问不规范，讯问过程存在违法行为，录音、录像内容与讯问笔录不一致等情形的，应当逐一列明并向公安机关、本院负责侦查的部门书面提出，要求其予以纠正、补正或者书面作出合理解释。发现讯问笔录与讯问犯罪嫌疑人录音、录像内容有重大实质性差异的,或者公安机关、本院负责侦查的部门不能补正或者作出合理解释的,该讯问笔录不能作为批准或者决定逮捕、提起公诉的依据。

**第二百六十五条** 犯罪嫌疑人及其辩护人申请排除非法证据,并提供相关线索或者材料的,人民检察院应当调查核实。发现侦查人员以刑讯逼供等非法方法收集证据的,应当依法排除相关证据并提出纠正意见。

审查逮捕期限届满前,经审查无法确定存在非法取证的行为,但也不能排除非法取证可能的,该证据不作为批准逮捕的依据。检察官应当根据在案的其他证据认定案件事实和决定是否逮捕,并在作出批准或者不批准逮捕的决定后,继续对可能存在的非法取证行为进行调查核实。经调查核实确认存在以刑讯逼供等非法方法收集证据情形的,应当向公安机关提出纠正意见。以非法方法收集的证据,不得作为提起公诉的依据。

**第二百六十六条** 审查逮捕期间,犯罪嫌疑人申请排除非法证据,但未提交相关线索或者材料,人民检察院经全面审查案件事实、证据,未发现侦查人员存在以非法方法收集证据的情形,认为符合逮捕条件的,可以批准逮捕。

审查起诉期间,犯罪嫌疑人及其辩护人又提出新的线索或者证据,或者人民检察院发现新的证据,经调查核实认为侦查人员存在以刑讯逼供等非法方法收集证据情形的,应当依法排除非法证据,不得作为提起公诉的依据。

排除非法证据后,犯罪嫌疑人不再符合逮捕条件但案件需要继续审查起诉的,应当及时变更强制措施。案件不符合起诉条件的,应当作出不起诉决定。

## 第二节 认罪认罚从宽案件办理

**第二百六十七条** 人民检察院办理犯罪嫌疑人认罪认罚案件,应当保障犯罪嫌疑人获得有效法律帮助,确保其了解认罪认罚的性质和法律后果,自愿认罪认罚。

人民检察院受理案件后,应当向犯罪嫌疑人了解其委托辩护人的情况。犯罪嫌疑人自愿认罪认罚、没有辩护人的,在审查逮捕阶段,人民检察院应当要求公安机关通知值班律师为其提供法律帮助;在审查起诉阶段,人民检察院应当通知值班律师为其提供法律帮助。符合通知辩护条件的,应当依法通知法律援助机构指派律师为其提供辩护。

**第二百六十八条** 人民检察院应当商法律援助机构设立法律援助工作站派驻值班律师或者及时安排值班律师,为犯罪嫌疑人提供法律咨询、程序选择建议、申请变更强制措施、对案件处理提出意见等法律帮助。

人民检察院应当告知犯罪嫌疑人有权约见值班律师,并为其约见值班律师提供便利。

**第二百六十九条** 犯罪嫌疑人认罪认罚的,人民检察院应当告知其享有的诉讼权利和认罪认罚的法律规定,听取犯罪嫌疑人、辩护人或者值班律师、被害人及其诉讼代理人对下列事项的意见,并记录在案:

(一)涉嫌的犯罪事实、罪名及适用的法律规定;
(二)从轻、减轻或者免除处罚等从宽处罚的建议;
(三)认罪认罚后案件审理适用的程序;
(四)其他需要听取意见的事项。

依照前款规定听取值班律师意见的，应当提前为值班律师了解案件有关情况提供必要的便利。自人民检察院对案件审查起诉之日起，值班律师可以查阅案卷材料，了解案情。人民检察院应当为值班律师查阅案卷材料提供便利。

人民检察院不采纳辩护人或者值班律师所提意见的，应当向其说明理由。

第二百七十条　批准或者决定逮捕，应当将犯罪嫌疑人涉嫌犯罪的性质、情节，认罪认罚等情况，作为是否可能发生社会危险性的考虑因素。

已经逮捕的犯罪嫌疑人认罪认罚的，人民检察院应当及时对羁押必要性进行审查。经审查，认为没有继续羁押必要的，应当予以释放或者变更强制措施。

第二百七十一条　审查起诉阶段，对于在侦查阶段认罪认罚的案件，人民检察院应当重点审查以下内容：

（一）犯罪嫌疑人是否自愿认罪认罚，有无因受到暴力、威胁、引诱而违背意愿认罪认罚；

（二）犯罪嫌疑人认罪认罚时的认知能力和精神状态是否正常；

（三）犯罪嫌疑人是否理解认罪认罚的性质和可能导致的法律后果；

（四）公安机关是否告知犯罪嫌疑人享有的诉讼权利，如实供述自己罪行可以从宽处理和认罪认罚的法律规定，并听取意见；

（五）起诉意见书中是否写明犯罪嫌疑人认罪认罚情况；

（六）犯罪嫌疑人是否真诚悔罪，是否向被害人赔礼道歉。

经审查，犯罪嫌疑人违背意愿认罪认罚的，人民检察院可以重新开展认罪认罚工作。存在刑讯逼供等非法取证行为的，依照法律规定处理。

第二百七十二条　犯罪嫌疑人自愿认罪认罚，同意量刑建议和程序适用的，应当在辩护人或者值班律师在场的情况下签署认罪认罚具结书。具结书应当包括犯罪嫌疑人如实供述罪行、同意量刑建议和程序适用等内容，由犯罪嫌疑人及其辩护人、值班律师签名。

犯罪嫌疑人具有下列情形之一的，不需要签署认罪认罚具结书：

（一）犯罪嫌疑人是盲、聋、哑人，或者是尚未完全丧失辨认或者控制自己行为能力的精神病人的；

（二）未成年犯罪嫌疑人的法定代理人、辩护人对未成年人认罪认罚有异议的；

（三）其他不需要签署认罪认罚具结书的情形。

有前款情形，犯罪嫌疑人未签署认罪认罚具结书的，不影响认罪认罚从宽制度的适用。

第二百七十三条　犯罪嫌疑人认罪认罚，人民检察院经审查，认为符合速裁程序适用条件的，应当在十日以内作出是否提起公诉的决定，对可能判处的有期徒刑超过一年的，可以延长至十五日；认为不符合速裁程序适用条件的，应当在本规则第三百五十一条规定的期限以内作出是否提起公诉的决定。

对于公安机关建议适用速裁程序办理的案件，人民检察院负责案件管理的部门应当在受理案件的当日将案件移送负责捕诉的部门。

**第二百七十四条** 认罪认罚案件，人民检察院向人民法院提起公诉的，应当提出量刑建议，在起诉书中写明被告人认罪认罚情况，并移送认罪认罚具结书等材料。量刑建议可以另行制作文书，也可以在起诉书中写明。

**第二百七十五条** 犯罪嫌疑人认罪认罚的，人民检察院应当就主刑、附加刑、是否适用缓刑等提出量刑建议。量刑建议一般应当为确定刑。对新类型、不常见犯罪案件，量刑情节复杂的重罪案件等，也可以提出幅度刑量刑建议。

**第二百七十六条** 办理认罪认罚案件，人民检察院应当将犯罪嫌疑人是否与被害方达成和解或者调解协议，或者赔偿被害方损失，取得被害方谅解，或者自愿承担公益损害修复、赔偿责任，作为提出量刑建议的重要考虑因素。

犯罪嫌疑人自愿认罪并且愿意积极赔偿损失，但由于被害方赔偿请求明显不合理，未能达成和解或者调解协议的，一般不影响对犯罪嫌疑人从宽处理。

对于符合当事人和解程序适用条件的公诉案件，犯罪嫌疑人认罪认罚的，人民检察院应当积极促使当事人自愿达成和解。和解协议书和被害方出具的谅解意见应当随案移送。被害方符合司法救助条件的，人民检察院应当积极协调办理。

**第二百七十七条** 犯罪嫌疑人认罪认罚，人民检察院拟提出适用缓刑或者判处管制的量刑建议，可以委托犯罪嫌疑人居住地的社区矫正机构进行调查评估，也可以自行调查评估。

**第二百七十八条** 犯罪嫌疑人认罪认罚，人民检察院依照刑事诉讼法第一百七十七条第二款作出不起诉决定后，犯罪嫌疑人反悔的，人民检察院应当进行审查，并区分下列情形依法作出处理：

（一）发现犯罪嫌疑人没有犯罪事实，或者符合刑事诉讼法第十六条规定的情形之一的，应当撤销原不起诉决定，依照刑事诉讼法第一百七十七条第一款的规定重新作出不起诉决定；

（二）犯罪嫌疑人犯罪情节轻微，依照刑法不需要判处刑罚或者免除刑罚的，可以维持原不起诉决定；

（三）排除认罪认罚因素后，符合起诉条件的，应当根据案件具体情况撤销原不起诉决定，依法提起公诉。

**第二百七十九条** 犯罪嫌疑人自愿如实供述涉嫌犯罪的事实，有重大立功或者案件涉及国家重大利益的，经最高人民检察院核准，公安机关可以撤销案件，人民检察院可以作出不起诉决定，也可以对涉嫌数罪中的一项或者多项不起诉。

前款规定的不起诉，应当由检察长决定。决定不起诉的，人民检察院应当及时对查封、扣押、冻结的财物及其孳息作出处理。

### 第三节 审查批准逮捕

**第二百八十条** 人民检察院办理审查逮捕案件，可以讯问犯罪嫌疑人；具有下列情形之一的，应当讯问犯罪嫌疑人：

（一）对是否符合逮捕条件有疑问的；

(二) 犯罪嫌疑人要求向检察人员当面陈述的;
(三) 侦查活动可能有重大违法行为的;
(四) 案情重大、疑难、复杂的;
(五) 犯罪嫌疑人认罪认罚的;
(六) 犯罪嫌疑人系未成年人的;
(七) 犯罪嫌疑人是盲、聋、哑人或者是尚未完全丧失辨认或者控制自己行为能力的精神病人的。

讯问未被拘留的犯罪嫌疑人,讯问前应当听取公安机关的意见。

办理审查逮捕案件,对被拘留的犯罪嫌疑人不予讯问的,应当送达听取犯罪嫌疑人意见书,由犯罪嫌疑人填写后及时收回审查并附卷。经审查认为应当讯问犯罪嫌疑人的,应当及时讯问。

**第二百八十一条** 对有重大影响的案件,可以采取当面听取侦查人员、犯罪嫌疑人及其辩护人等意见的方式进行公开审查。

**第二百八十二条** 对公安机关提请批准逮捕的犯罪嫌疑人,已经被拘留的,人民检察院应当在收到提请批准逮捕书后七日以内作出是否批准逮捕的决定;未被拘留的,应当在收到提请批准逮捕书后十五日以内作出是否批准逮捕的决定,重大、复杂案件,不得超过二十日。

**第二百八十三条** 上级公安机关指定犯罪地或者犯罪嫌疑人居住地以外的下级公安机关立案侦查的案件,需要逮捕犯罪嫌疑人的,由侦查该案件的公安机关提请同级人民检察院审查批准逮捕。人民检察院应当依法作出批准或者不批准逮捕的决定。

**第二百八十四条** 对公安机关提请批准逮捕的犯罪嫌疑人,人民检察院经审查认为符合本规则第一百二十八条、第一百三十六条、第一百三十八条规定情形,应当作出批准逮捕的决定,连同案卷材料送达公安机关执行,并可以制作继续侦查提纲,送交公安机关。

**第二百八十五条** 对公安机关提请批准逮捕的犯罪嫌疑人,具有本规则第一百三十九条至第一百四十一条规定情形,人民检察院作出不批准逮捕决定的,应当说明理由,连同案卷材料送达公安机关执行。需要补充侦查的,应当制作补充侦查提纲,送交公安机关。

人民检察院办理审查逮捕案件,不另行侦查,不得直接提出采取取保候审措施的意见。

对于因犯罪嫌疑人没有犯罪事实、具有刑事诉讼法第十六条规定的情形之一或者证据不足,人民检察院拟作出不批准逮捕决定的,应当经检察长批准。

**第二百八十六条** 人民检察院应当将批准逮捕的决定交公安机关立即执行,并要求公安机关将执行回执及时送达作出批准决定的人民检察院。如果未能执行,也应当要求其将回执及时送达人民检察院,并写明未能执行的原因。对于人民检察院不批准逮捕的,应当要求公安机关在收到不批准逮捕决定书后,立即释放在押的犯罪嫌疑人或者变更强制措施,并将执行回执在收到不批准逮捕决定书后三日以内送达作出不批准逮捕决定的人民检察院。

公安机关在收到不批准逮捕决定书后对在押的犯罪嫌疑人不立即释放或者变更强制措施的，人民检察院应当提出纠正意见。

**第二百八十七条** 对于没有犯罪事实或者犯罪嫌疑人具有刑事诉讼法第十六条规定情形之一，人民检察院作出不批准逮捕决定的，应当同时告知公安机关撤销案件。

对于有犯罪事实需要追究刑事责任，但不是被立案侦查的犯罪嫌疑人实施，或者共同犯罪案件中部分犯罪嫌疑人不负刑事责任，人民检察院作出不批准逮捕决定的，应当同时告知公安机关对有关犯罪嫌疑人终止侦查。

公安机关在收到不批准逮捕决定书后超过十五日未要求复议、提请复核，也不撤销案件或者终止侦查的，人民检察院应当发出纠正违法通知书。公安机关仍不纠正的，报上一级人民检察院协商同级公安机关处理。

**第二百八十八条** 人民检察院办理公安机关提请批准逮捕的案件，发现遗漏应当逮捕的犯罪嫌疑人的，应当经检察长批准，要求公安机关提请批准逮捕。公安机关不提请批准逮捕或者说明的不提请批准逮捕的理由不成立的，人民检察院可以直接作出逮捕决定，送达公安机关执行。

**第二百八十九条** 对已经作出的批准逮捕决定发现确有错误的，人民检察院应当撤销原批准逮捕决定，送达公安机关执行。

对已经作出的不批准逮捕决定发现确有错误，需要批准逮捕的，人民检察院应当撤销原不批准逮捕决定，并重新作出批准逮捕决定，送达公安机关执行。

对因撤销原批准逮捕决定而被释放的犯罪嫌疑人或者逮捕后公安机关变更为取保候审、监视居住的犯罪嫌疑人，又发现需要逮捕的，人民检察院应当重新办理逮捕手续。

**第二百九十条** 对不批准逮捕的案件，公安机关要求复议的，人民检察院负责捕诉的部门应当另行指派检察官或者检察官办案组进行审查，并在收到要求复议意见书和案卷材料后七日以内，经检察长批准，作出是否变更的决定，通知公安机关。

**第二百九十一条** 对不批准逮捕的案件，公安机关提请上一级人民检察院复核的，上一级人民检察院应当在收到提请复核意见书和案卷材料后十五日以内，经检察长批准，作出是否变更的决定，通知下级人民检察院和公安机关执行。需要改变原决定的，应当通知作出不批准逮捕决定的人民检察院撤销原不批准逮捕决定，另行制作批准逮捕决定书。必要时，上级人民检察院也可以直接作出批准逮捕决定，通知下级人民检察院送达公安机关执行。

对于经复议复核维持原不批准逮捕决定的，人民检察院向公安机关送达复议复核决定时应当说明理由。

**第二百九十二条** 人民检察院作出不批准逮捕决定，并且通知公安机关补充侦查的案件，公安机关在补充侦查后又要求复议的，人民检察院应当告知公安机关重新提请批准逮捕。公安机关坚持要求复议的，人民检察院不予受理。

对于公安机关补充侦查后应当提请批准逮捕而不提请批准逮捕的，按照本规则第二百八十八条的规定办理。

**第二百九十三条** 对公安机关提请批准逮捕的案件,负责捕诉的部门应当将批准、变更、撤销逮捕措施的情况书面通知本院负责刑事执行检察的部门。

**第二百九十四条** 外国人、无国籍人涉嫌危害国家安全犯罪的案件或者涉及国与国之间政治、外交关系的案件以及在适用法律上确有疑难的案件,需要逮捕犯罪嫌疑人的,按照刑事诉讼法关于管辖的规定,分别由基层人民检察院或者设区的市级人民检察院审查并提出意见,层报最高人民检察院审查。最高人民检察院认为需要逮捕的,经征求外交部的意见后,作出批准逮捕的批复;认为不需要逮捕的,作出不批准逮捕的批复。基层人民检察院或者设区的市级人民检察院根据最高人民检察院的批复,依法作出批准或者不批准逮捕的决定。层报过程中,上级人民检察院认为不需要逮捕的,应当作出不批准逮捕的批复。报送的人民检察院根据批复依法作出不批准逮捕的决定。

基层人民检察院或者设区的市级人民检察院认为不需要逮捕的,可以直接依法作出不批准逮捕的决定。

外国人、无国籍人涉嫌本条第一款规定以外的其他犯罪案件,决定批准逮捕的人民检察院应当在作出批准逮捕决定后四十八小时以内报上一级人民检察院备案,同时向同级人民政府外事部门通报。上一级人民检察院经审查发现批准逮捕决定错误的,应当依法及时纠正。

**第二百九十五条** 人民检察院办理审查逮捕的危害国家安全犯罪案件,应当报上一级人民检察院备案。

上一级人民检察院经审查发现错误的,应当依法及时纠正。

### 第四节　审查决定逮捕

**第二百九十六条** 人民检察院办理直接受理侦查的案件,需要逮捕犯罪嫌疑人的,由负责侦查的部门制作逮捕犯罪嫌疑人意见书,连同案卷材料、讯问犯罪嫌疑人录音、录像一并移送本院负责捕诉的部门审查。犯罪嫌疑人已被拘留的,负责侦查的部门应当在拘留后七日以内将案件移送本院负责捕诉的部门审查。

**第二百九十七条** 对本院负责侦查的部门移送审查逮捕的案件,犯罪嫌疑人已被拘留的,负责捕诉的部门应当在收到逮捕犯罪嫌疑人意见书后七日以内,报请检察长决定是否逮捕,特殊情况下,决定逮捕的时间可以延长一日至三日;犯罪嫌疑人未被拘留的,负责捕诉的部门应当在收到逮捕犯罪嫌疑人意见书后十五日以内,报请检察长决定是否逮捕,重大、复杂案件,不得超过二十日。

**第二百九十八条** 对犯罪嫌疑人决定逮捕的,负责捕诉的部门应当将逮捕决定书连同案卷材料、讯问犯罪嫌疑人录音、录像移交负责侦查的部门,并可以对收集证据、适用法律提出意见。由负责侦查的部门通知公安机关执行,必要时可以协助执行。

**第二百九十九条** 对犯罪嫌疑人决定不予逮捕的,负责捕诉的部门应当将不予逮捕的决定连同案卷材料、讯问犯罪嫌疑人录音、录像移交负责侦查的部门,并说明理由。需要补充侦查的,应当制作补充侦查提纲。犯罪嫌疑人已被拘留的,负责侦查的部门应当通知公安机关立即释放。

**第三百条** 对应当逮捕而本院负责侦查的部门未移送审查逮捕的犯罪嫌疑人，负责捕诉的部门应当向负责侦查的部门提出移送审查逮捕犯罪嫌疑人的建议。建议不被采纳的，应当报请检察长决定。

**第三百零一条** 逮捕犯罪嫌疑人后，应当立即送看守所羁押。除无法通知的以外，负责侦查的部门应当把逮捕的原因和羁押的处所，在二十四小时以内通知其家属。对于无法通知的，在无法通知的情形消除后，应当立即通知其家属。

**第三百零二条** 对被逮捕的犯罪嫌疑人，应当在逮捕后二十四小时以内进行讯问。

发现不应当逮捕的，应当经检察长批准，撤销逮捕决定或者变更为其他强制措施，并通知公安机关执行，同时通知负责捕诉的部门。

对按照前款规定被释放或者变更强制措施的犯罪嫌疑人，又发现需要逮捕的，应当重新移送审查逮捕。

**第三百零三条** 已经作出不予逮捕的决定，又发现需要逮捕犯罪嫌疑人的，应当重新办理逮捕手续。

**第三百零四条** 犯罪嫌疑人在异地羁押的，负责侦查的部门应当将决定、变更、撤销逮捕措施的情况书面通知羁押地人民检察院负责刑事执行检察的部门。

### 第五节 延长侦查羁押期限和重新计算侦查羁押期限

**第三百零五条** 人民检察院办理直接受理侦查的案件，对犯罪嫌疑人逮捕后的侦查羁押期限不得超过二个月。案情复杂、期限届满不能终结的案件，可以经上一级人民检察院批准延长一个月。

**第三百零六条** 设区的市级人民检察院和基层人民检察院办理直接受理侦查的案件，符合刑事诉讼法第一百五十八条规定，在本规则第三百零五条规定的期限届满前不能侦查终结的，经省级人民检察院批准，可以延长二个月。

省级人民检察院直接受理侦查的案件，有前款情形的，可以直接决定延长二个月。

**第三百零七条** 设区的市级人民检察院和基层人民检察院办理直接受理侦查的案件，对犯罪嫌疑人可能判处十年有期徒刑以上刑罚，依照本规则第三百零六条的规定依法延长羁押期限届满，仍不能侦查终结的，经省级人民检察院批准，可以再延长二个月。

省级人民检察院办理直接受理侦查的案件，有前款情形的，可以直接决定再延长二个月。

**第三百零八条** 最高人民检察院办理直接受理侦查的案件，依照刑事诉讼法的规定需要延长侦查羁押期限的，直接决定延长侦查羁押期限。

**第三百零九条** 公安机关需要延长侦查羁押期限的，人民检察院应当要求其在侦查羁押期限届满七日前提请批准延长侦查羁押期限。

人民检察院办理直接受理侦查的案件，负责侦查的部门认为需要延长侦查羁押期限的，应当按照前款规定向本院负责捕诉的部门移送延长侦查羁押期限意见书及有关材料。

对于超过法定羁押期限提请延长侦查羁押期限的，不予受理。

**第三百一十条** 人民检察院审查批准或者决定延长侦查羁押期限，由负责捕诉的部门办理。

受理案件的人民检察院对延长侦查羁押期限的意见审查后,应当提出是否同意延长侦查羁押期限的意见,将公安机关延长侦查羁押期限的意见和本院的审查意见层报有决定权的人民检察院审查决定。

第三百一十一条　对于同时具备下列条件的案件,人民检察院应当作出批准延长侦查羁押期限一个月的决定:

(一) 符合刑事诉讼法第一百五十六条的规定;

(二) 符合逮捕条件;

(三) 犯罪嫌疑人有继续羁押的必要。

第三百一十二条　犯罪嫌疑人虽然符合逮捕条件,但经审查,公安机关在对犯罪嫌疑人执行逮捕后二个月以内未有效开展侦查工作或者侦查取证工作没有实质进展的,人民检察院可以作出不批准延长侦查羁押期限的决定。

犯罪嫌疑人不符合逮捕条件,需要撤销下级人民检察院逮捕决定的,上级人民检察院在作出不批准延长侦查羁押期限决定的同时,应当作出撤销逮捕的决定,或者通知下级人民检察院撤销逮捕决定。

第三百一十三条　有决定权的人民检察院作出批准延长侦查羁押期限或者不批准延长侦查羁押期限的决定后,应当将决定书交由最初受理案件的人民检察院送达公安机关。

最初受理案件的人民检察院负责捕诉的部门收到批准延长侦查羁押期限决定书或者不批准延长侦查羁押期限决定书,应当书面告知本院负责刑事执行检察的部门。

第三百一十四条　因为特殊原因,在较长时间内不宜交付审判的特别重大复杂的案件,由最高人民检察院报请全国人民代表大会常务委员会批准延期审理。

第三百一十五条　人民检察院在侦查期间发现犯罪嫌疑人另有重要罪行的,自发现之日起依照本规则第三百零五条的规定重新计算侦查羁押期限。

另有重要罪行是指与逮捕时的罪行不同种的重大犯罪或者同种的影响罪名认定、量刑档次的重大犯罪。

第三百一十六条　人民检察院重新计算侦查羁押期限,应当由负责侦查的部门提出重新计算侦查羁押期限的意见,移送本院负责捕诉的部门审查。负责捕诉的部门审查后应当提出是否同意重新计算侦查羁押期限的意见,报检察长决定。

第三百一十七条　对公安机关重新计算侦查羁押期限的备案,由负责捕诉的部门审查。负责捕诉的部门认为公安机关重新计算侦查羁押期限不当的,应当提出纠正意见。

第三百一十八条　人民检察院直接受理侦查的案件,不能在法定侦查羁押期限内侦查终结的,应当依法释放犯罪嫌疑人或者变更强制措施。

第三百一十九条　负责捕诉的部门审查延长侦查羁押期限、审查重新计算侦查羁押期限,可以讯问犯罪嫌疑人,听取辩护律师和侦查人员的意见,调取案卷及相关材料等。

### 第六节　核准追诉

第三百二十条　法定最高刑为无期徒刑、死刑的犯罪,已过二十年追诉期限的,不再追诉。如果认为必须追诉的,须报请最高人民检察院核准。

第三百二十一条 须报请最高人民检察院核准追诉的案件,公安机关在核准之前可以依法对犯罪嫌疑人采取强制措施。

公安机关报请核准追诉并提请逮捕犯罪嫌疑人,人民检察院经审查认为必须追诉而且符合法定逮捕条件的,可以依法批准逮捕,同时要求公安机关在报请核准追诉期间不得停止对案件的侦查。

未经最高人民检察院核准,不得对案件提起公诉。

第三百二十二条 报请核准追诉的案件应当同时符合下列条件:
(一)有证据证明存在犯罪事实,且犯罪事实是犯罪嫌疑人实施的;
(二)涉嫌犯罪的行为应当适用的法定量刑幅度的最高刑为无期徒刑或者死刑;
(三)涉嫌犯罪的性质、情节和后果特别严重,虽然已过二十年追诉期限,但社会危害性和影响依然存在,不追诉会严重影响社会稳定或者产生其他严重后果,而必须追诉的;
(四)犯罪嫌疑人能够及时到案接受追诉。

第三百二十三条 公安机关报请核准追诉的案件,由同级人民检察院受理并层报最高人民检察院审查决定。

第三百二十四条 地方各级人民检察院对公安机关报请核准追诉的案件,应当及时进行审查并开展必要的调查。经检察委员会审议提出是否同意核准追诉的意见,制作报请核准追诉案件报告书,连同案卷材料一并层报最高人民检察院。

第三百二十五条 最高人民检察院收到省级人民检察院报送的报请核准追诉案件报告书及案卷材料后,应当及时审查,必要时指派检察人员到案发地了解案件有关情况。经检察长批准,作出是否核准追诉的决定,并制作核准追诉决定书或者不予核准追诉决定书,逐级下达至最初受理案件的人民检察院,由其送达报请核准追诉的公安机关。

第三百二十六条 对已经采取强制措施的案件,强制措施期限届满不能作出是否核准追诉决定的,应当对犯罪嫌疑人变更强制措施或者延长侦查羁押期限。

第三百二十七条 最高人民检察院决定核准追诉的案件,最初受理案件的人民检察院应当监督公安机关的侦查工作。

最高人民检察院决定不予核准追诉,公安机关未及时撤销案件的,同级人民检察院应当提出纠正意见。犯罪嫌疑人在押的,应当立即释放。

## 第七节 审查起诉

第三百二十八条 各级人民检察院提起公诉,应当与人民法院审判管辖相适应。负责捕诉的部门收到移送起诉的案件后,经审查认为不属于本院管辖的,应当在发现之日起五日以内经由负责案件管理的部门移送有管辖权的人民检察院。

属于上级人民法院管辖的第一审案件,应当报送上级人民检察院,同时通知移送起诉的公安机关;属于同级其他人民法院管辖的第一审案件,应当移送有管辖权的人民检察院或者报送共同的上级人民检察院指定管辖,同时通知移送起诉的公安机关。

上级人民检察院受理同级公安机关移送起诉的案件，认为属于下级人民法院管辖的，可以交下级人民检察院审查，由下级人民检察院向同级人民法院提起公诉，同时通知移送起诉的公安机关。

一人犯数罪、共同犯罪和其他需要并案审理的案件，只要其中一人或者一罪属于上级人民检察院管辖的，全案由上级人民检察院审查起诉。

公安机关移送起诉的案件，需要依照刑事诉讼法的规定指定审判管辖的，人民检察院应当在公安机关移送起诉前协商同级人民法院办理指定管辖有关事宜。

**第三百二十九条** 监察机关移送起诉的案件，需要依照刑事诉讼法的规定指定审判管辖的，人民检察院应当在监察机关移送起诉二十日前协商同级人民法院办理指定管辖有关事宜。

**第三百三十条** 人民检察院审查移送起诉的案件，应当查明：

（一）犯罪嫌疑人身份状况是否清楚，包括姓名、性别、国籍、出生年月日、职业和单位等；单位犯罪的，单位的相关情况是否清楚；

（二）犯罪事实、情节是否清楚；实施犯罪的时间、地点、手段、危害后果是否明确；

（三）认定犯罪性质和罪名的意见是否正确；有无法定的从重、从轻、减轻或者免除处罚情节及酌定从重、从轻情节；共同犯罪案件的犯罪嫌疑人在犯罪活动中的责任认定是否恰当；

（四）犯罪嫌疑人是否认罪认罚；

（五）证明犯罪事实的证据材料是否随案移送；证明相关财产系违法所得的证据材料是否随案移送；不宜移送的证据的清单、复制件、照片或者其他证明文件是否随案移送；

（六）证据是否确实、充分，是否依法收集，有无应当排除非法证据的情形；

（七）采取侦查措施包括技术侦查措施的法律手续和诉讼文书是否完备；

（八）有无遗漏罪行和其他应当追究刑事责任的人；

（九）是否属于不应当追究刑事责任的；

（十）有无附带民事诉讼；对于国家财产、集体财产遭受损失的，是否需要由人民检察院提起附带民事诉讼；对于破坏生态环境和资源保护，食品药品安全领域侵害众多消费者合法权益，侵害英雄烈士的姓名、肖像、名誉、荣誉等损害社会公共利益的行为，是否需要由人民检察院提起附带民事公益诉讼；

（十一）采取的强制措施是否适当，对于已经逮捕的犯罪嫌疑人，有无继续羁押的必要；

（十二）侦查活动是否合法；

（十三）涉案财物是否查封、扣押、冻结并妥善保管，清单是否齐备；对被害人合法财产的返还和对违禁品或者不宜长期保存的物品的处理是否妥当，移送的证明文件是否完备。

**第三百三十一条** 人民检察院办理审查起诉案件应当讯问犯罪嫌疑人。

**第三百三十二条** 人民检察院认为需要对案件中某些专门性问题进行鉴定而监察机

关或者公安机关没有鉴定的，应当要求监察机关或者公安机关进行鉴定。必要时，也可以由人民检察院进行鉴定，或者由人民检察院聘请有鉴定资格的人进行鉴定。

人民检察院自行进行鉴定的，可以商请监察机关或者公安机关派员参加，必要时可以聘请有鉴定资格或者有专门知识的人参加。

第三百三十三条  在审查起诉中，发现犯罪嫌疑人可能患有精神病的，人民检察院应当依照本规则的有关规定对犯罪嫌疑人进行鉴定。

犯罪嫌疑人的辩护人或者近亲属以犯罪嫌疑人可能患有精神病而申请对犯罪嫌疑人进行鉴定的，人民检察院也可以依照本规则的有关规定对犯罪嫌疑人进行鉴定。鉴定费用由申请方承担。

第三百三十四条  人民检察院对鉴定意见有疑问的，可以询问鉴定人或者有专门知识的人并制作笔录附卷，也可以指派有鉴定资格的检察技术人员或者聘请其他有鉴定资格的人进行补充鉴定或者重新鉴定。

人民检察院对鉴定意见等技术性证据材料需要进行专门审查的，按照有关规定交检察技术人员或者其他有专门知识的人进行审查并出具审查意见。

第三百三十五条  人民检察院审查案件时，对监察机关或者公安机关的勘验、检查，认为需要复验、复查的，应当要求其复验、复查，人民检察院可以派员参加；也可以自行复验、复查，商请监察机关或者公安机关派员参加，必要时也可以指派检察技术人员或者聘请其他有专门知识的人参加。

第三百三十六条  人民检察院对物证、书证、视听资料、电子数据及勘验、检查、辨认、侦查实验等笔录存在疑问的，可以要求调查人员或者侦查人员提供获取、制作的有关情况，必要时也可以询问提供相关证据材料的人员和见证人并制作笔录附卷，对物证、书证、视听资料、电子数据进行鉴定。

第三百三十七条  人民检察院在审查起诉阶段认为需要逮捕犯罪嫌疑人的，应当经检察长决定。

第三百三十八条  对于人民检察院正在审查起诉的案件，被逮捕的犯罪嫌疑人及其法定代理人、近亲属或者辩护人认为羁押期限届满，向人民检察院提出释放犯罪嫌疑人或者变更强制措施要求的，人民检察院应当在三日以内审查决定。经审查，认为法定期限届满的，应当决定释放或者依法变更强制措施，并通知公安机关执行；认为法定期限未满的，书面答复申请人。

第三百三十九条  人民检察院对案件进行审查后，应当依法作出起诉或者不起诉以及是否提起附带民事诉讼、附带民事公益诉讼的决定。

第三百四十条  人民检察院对监察机关或者公安机关移送的案件进行审查后，在人民法院作出生效判决之前，认为需要补充提供证据材料的，可以书面要求监察机关或者公安机关提供。

第三百四十一条  人民检察院在审查起诉中发现有应当排除的非法证据，应当依法排除，同时可以要求监察机关或者公安机关另行指派调查人员或者侦查人员重新取证。必要时，人民检察院也可以自行调查取证。

第三百四十二条　人民检察院认为犯罪事实不清、证据不足或者存在遗漏罪行、遗漏同案犯罪嫌疑人等情形需要补充侦查的，应当制作补充侦查提纲，连同案卷材料一并退回公安机关补充侦查。人民检察院也可以自行侦查，必要时可以要求公安机关提供协助。

第三百四十三条　人民检察院对于监察机关移送起诉的案件，认为需要补充调查的，应当退回监察机关补充调查。必要时，可以自行补充侦查。

需要退回补充调查的案件，人民检察院应当出具补充调查决定书、补充调查提纲，写明补充调查的事项、理由、调查方向、需补充收集的证据及其证明作用等，连同案卷材料一并送交监察机关。

人民检察院决定退回补充调查的案件，犯罪嫌疑人已被采取强制措施的，应当将退回补充调查情况书面通知强制措施执行机关。监察机关需要讯问的，人民检察院应当予以配合。

第三百四十四条　对于监察机关移送起诉的案件，具有下列情形之一的，人民检察院可以自行补充侦查：

（一）证人证言、犯罪嫌疑人供述和辩解、被害人陈述的内容主要情节一致，个别情节不一致的；

（二）物证、书证等证据材料需要补充鉴定的；

（三）其他由人民检察院查证更为便利、更有效率、更有利于查清案件事实的情形。

自行补充侦查完毕后，应当将相关证据材料入卷，同时抄送监察机关。人民检察院自行补充侦查的，可以商请监察机关提供协助。

第三百四十五条　人民检察院负责捕诉的部门对本院负责侦查的部门移送起诉的案件进行审查后，认为犯罪事实不清、证据不足或者存在遗漏罪行、遗漏同案犯罪嫌疑人等情形需要补充侦查的，应当制作补充侦查提纲，连同案卷材料一并退回负责侦查的部门补充侦查。必要时，也可以自行侦查，可以要求负责侦查的部门予以协助。

第三百四十六条　退回监察机关补充调查、退回公安机关补充侦查的案件，均应当在一个月以内补充调查、补充侦查完毕。

补充调查、补充侦查以二次为限。

补充调查、补充侦查完毕移送起诉后，人民检察院重新计算审查起诉期限。

人民检察院负责捕诉的部门退回本院负责侦查的部门补充侦查的期限、次数按照本条第一款至第三款的规定执行。

第三百四十七条　补充侦查期限届满，公安机关未将案件重新移送起诉的，人民检察院应当要求公安机关说明理由。

人民检察院发现公安机关违反法律规定撤销案件的，应当提出纠正意见。

第三百四十八条　人民检察院在审查起诉中决定自行侦查的，应当在审查起诉期限内侦查完毕。

第三百四十九条　人民检察院对已经退回监察机关二次补充调查或者退回公安机关二次补充侦查的案件，在审查起诉中又发现新的犯罪事实，应当将线索移送监察机关或者公安机关。对已经查清的犯罪事实,应当依法提起公诉。

**第三百五十条** 对于在审查起诉期间改变管辖的案件,改变后的人民检察院对于符合刑事诉讼法第一百七十五条第二款规定的案件,可以经原受理案件的人民检察院协助,直接退回原侦查案件的公安机关补充侦查,也可以自行侦查。改变管辖前后退回补充侦查的次数总共不得超过二次。

**第三百五十一条** 人民检察院对于移送起诉的案件,应当在一个月以内作出决定;重大、复杂的案件,一个月以内不能作出决定的,可以延长十五日。

人民检察院审查起诉的案件,改变管辖的,从改变后的人民检察院收到案件之日起计算审查起诉期限。

**第三百五十二条** 追缴的财物中,属于被害人的合法财产,不需要在法庭出示的,应当及时返还被害人,并由被害人在发还款物清单上签名或者盖章,注明返还的理由,并将清单、照片附卷。

**第三百五十三条** 追缴的财物中,属于违禁品或者不宜长期保存的物品,应当依照国家有关规定处理,并将清单、照片、处理结果附卷。

**第三百五十四条** 人民检察院在审查起诉阶段,可以适用本规则规定的侦查措施和程序。

## 第八节 起 诉

**第三百五十五条** 人民检察院认为犯罪嫌疑人的犯罪事实已经查清,证据确实、充分,依法应当追究刑事责任的,应当作出起诉决定。

具有下列情形之一的,可以认为犯罪事实已经查清:

(一)属于单一罪行的案件,查清的事实足以定罪量刑或者与定罪量刑有关的事实已经查清,不影响定罪量刑的事实无法查清的;

(二)属于数个罪行的案件,部分罪行已经查清并符合起诉条件,其他罪行无法查清的;

(三)无法查清作案工具、赃物去向,但有其他证据足以对被告人定罪量刑的;

(四)证人证言、犯罪嫌疑人供述和辩解、被害人陈述的内容主要情节一致,个别情节不一致,但不影响定罪的。

对于符合前款第二项情形的,应当以已经查清的罪行起诉。

**第三百五十六条** 人民检察院在办理公安机关移送起诉的案件中,发现遗漏罪行或者有依法应当移送起诉的同案犯罪嫌疑人未移送起诉的,应当要求公安机关补充侦查或者补充移送起诉。对于犯罪事实清楚,证据确实、充分的,也可以直接提起公诉。

**第三百五十七条** 人民检察院立案侦查时认为属于直接受理侦查的案件,在审查起诉阶段发现属于监察机关管辖的,应当及时商监察机关办理。属于公安机关管辖,案件事实清楚,证据确实、充分,符合起诉条件的,可以直接起诉;事实不清、证据不足的,应当及时移送有管辖权的机关办理。

在审查起诉阶段,发现公安机关移送起诉的案件属于监察机关管辖,或者监察机关移送起诉的案件属于公安机关管辖，但案件事实清楚，证据确实、充分，符合起诉条件的，经征求监察机关、公安机关意见后，没有不同意见的，可以直接起诉；提出不同意见，或者事实不清、证据不足的，应当将案件退回移送案件的机关并说明理由，建议其移送有管辖权的机关办理。

第三百五十八条　人民检察院决定起诉的，应当制作起诉书。

起诉书的主要内容包括：

（一）被告人的基本情况，包括姓名、性别、出生年月日、出生地和户籍地、公民身份号码、民族、文化程度、职业、工作单位及职务、住址，是否受过刑事处分及处分的种类和时间，采取强制措施的情况等；如果是单位犯罪，应当写明犯罪单位的名称和组织机构代码、所在地址、联系方式，法定代表人和诉讼代表人的姓名、职务、联系方式；如果还有应当负刑事责任的直接负责的主管人员或其他直接责任人员，应当按上述被告人基本情况的内容叙写；

（二）案由和案件来源；

（三）案件事实，包括犯罪的时间、地点、经过、手段、动机、目的、危害后果等与定罪量刑有关的事实要素。起诉书叙述的指控犯罪事实的必备要素应当明晰、准确。被告人被控有多项犯罪事实的，应当逐一列举，对于犯罪手段相同的同一犯罪可以概括叙写；

（四）起诉的根据和理由，包括被告人触犯的刑法条款、犯罪的性质及认定的罪名、处罚条款、法定从轻、减轻或者从重处罚的情节，共同犯罪各被告人应负的罪责等；

（五）被告人认罪认罚情况，包括认罪认罚的内容、具结书签署情况等。

被告人真实姓名、住址无法查清的，可以按其绰号或者自报的姓名、住址制作起诉书，并在起诉书中注明。被告人自报的姓名可能造成损害他人名誉、败坏道德风俗等不良影响的，可以对被告人编号并按编号制作起诉书，附具被告人的照片，记明足以确定被告人面貌、体格、指纹以及其他反映被告人特征的事项。

起诉书应当附有被告人现在处所，证人、鉴定人、需要出庭的有专门知识的人的名单，需要保护的被害人、证人、鉴定人的化名名单，查封、扣押、冻结的财物及孳息的清单，附带民事诉讼、附带民事公益诉讼情况以及其他需要附注的情况。

证人、鉴定人、有专门知识的人的名单应当列明姓名、性别、年龄、职业、住址、联系方式，并注明证人、鉴定人是否出庭。

第三百五十九条　人民检察院提起公诉的案件，应当向人民法院移送起诉书、案卷材料、证据和认罪认罚具结书等材料。

起诉书应当一式八份，每增加一名被告人增加起诉书五份。

关于被害人姓名、住址、联系方式、被告人被采取强制措施的种类、是否在案及羁押处所等问题，人民检察院应当在起诉书中列明，不再单独移送材料；对于涉及被害人隐私或者为保护证人、鉴定人、被害人人身安全，而不宜公开证人、鉴定人、被害人姓名、住址、工作单位和联系方式等个人信息的，可以在起诉书中使用化名。但是应当另行书面说明使用化名的情况并标明密级，单独成卷。

**第三百六十条** 人民检察院对于犯罪嫌疑人、被告人或者证人等翻供、翻证的材料以及对犯罪嫌疑人、被告人有利的其他证据材料，应当移送人民法院。

**第三百六十一条** 人民法院向人民检察院提出书面意见要求补充移送材料，人民检察院认为有必要移送的，应当自收到通知之日起三日以内补送。

**第三百六十二条** 对提起公诉后，在人民法院宣告判决前补充收集的证据材料，人民检察院应当及时移送人民法院。

**第三百六十三条** 在审查起诉期间，人民检察院可以根据辩护人的申请，向监察机关、公安机关调取在调查、侦查期间收集的证明犯罪嫌疑人、被告人无罪或者罪轻的证据材料。

**第三百六十四条** 人民检察院提起公诉的案件，可以向人民法院提出量刑建议。除有减轻处罚或者免除处罚情节外，量刑建议应当在法定量刑幅度内提出。建议判处有期徒刑、管制、拘役的，可以具有一定的幅度，也可以提出具体确定的建议。

提出量刑建议的，可以制作量刑建议书，与起诉书一并移送人民法院。量刑建议书的主要内容应当包括被告人所犯罪行的法定刑、量刑情节、建议人民法院对被告人判处刑罚的种类、刑罚幅度、可以适用的刑罚执行方式以及提出量刑建议的依据和理由等。

认罪认罚案件的量刑建议，按照本章第二节的规定办理。

## 第九节 不起诉

**第三百六十五条** 人民检察院对于监察机关或者公安机关移送起诉的案件，发现犯罪嫌疑人没有犯罪事实，或者符合刑事诉讼法第十六条规定的情形之一的，经检察长批准，应当作出不起诉决定。

对于犯罪事实并非犯罪嫌疑人所为，需要重新调查或者侦查的，应当在作出不起诉决定后书面说明理由，将案卷材料退回监察机关或者公安机关并建议重新调查或者侦查。

**第三百六十六条** 负责捕诉的部门对于本院负责侦查的部门移送起诉的案件，发现具有本规则第三百六十五条第一款规定情形的，应当退回本院负责侦查的部门，建议撤销案件。

**第三百六十七条** 人民检察院对于二次退回补充调查或者补充侦查的案件，仍然认为证据不足，不符合起诉条件的，经检察长批准，依法作出不起诉决定。

人民检察院对于经过一次退回补充调查或者补充侦查的案件，认为证据不足，不符合起诉条件，且没有再次退回补充调查或者补充侦查必要的，经检察长批准，可以作出不起诉决定。

**第三百六十八条** 具有下列情形之一，不能确定犯罪嫌疑人构成犯罪和需要追究刑事责任的，属于证据不足，不符合起诉条件：

（一）犯罪构成要件事实缺乏必要的证据予以证明的；

（二）据以定罪的证据存在疑问，无法查证属实的；

（三）据以定罪的证据之间、证据与案件事实之间的矛盾不能合理排除的；

（四）根据证据得出的结论具有其他可能性，不能排除合理怀疑的；

（五）根据证据认定案件事实不符合逻辑和经验法则，得出的结论明显不符合常理的。

**第三百六十九条** 人民检察院根据刑事诉讼法第一百七十五条第四款规定决定不起诉的，在发现新的证据，符合起诉条件时，可以提起公诉。

**第三百七十条** 人民检察院对于犯罪情节轻微，依照刑法规定不需要判处刑罚或者免除刑罚的，经检察长批准，可以作出不起诉决定。

**第三百七十一条** 人民检察院直接受理侦查的案件，以及监察机关移送起诉的案件，拟作不起诉决定的，应当报请上一级人民检察院批准。

**第三百七十二条** 人民检察院决定不起诉的，应当制作不起诉决定书。

不起诉决定书的主要内容包括：

（一）被不起诉人的基本情况，包括姓名、性别、出生年月日、出生地和户籍地、公民身份号码、民族、文化程度、职业、工作单位及职务、住址，是否受过刑事处分，采取强制措施的情况以及羁押处所等；如果是单位犯罪，应当写明犯罪单位的名称和组织机构代码、所在地址、联系方式，法定代表人和诉讼代表人的姓名、职务、联系方式；

（二）案由和案件来源；

（三）案件事实，包括否定或者指控被不起诉人构成犯罪的事实以及作为不起诉决定根据的事实；

（四）不起诉的法律根据和理由，写明作出不起诉决定适用的法律条款；

（五）查封、扣押、冻结的涉案财物的处理情况；

（六）有关告知事项。

**第三百七十三条** 人民检察院决定不起诉的案件，可以根据案件的不同情况，对被不起诉人予以训诫或者责令具结悔过、赔礼道歉、赔偿损失。

对被不起诉人需要给予行政处罚、政务处分或者其他处分的，经检察长批准，人民检察院应当提出检察意见，连同不起诉决定书一并移送有关主管机关处理，并要求有关主管机关及时通报处理情况。

**第三百七十四条** 人民检察院决定不起诉的案件，应当同时书面通知作出查封、扣押、冻结决定的机关或者执行查封、扣押、冻结决定的机关解除查封、扣押、冻结。

**第三百七十五条** 人民检察院决定不起诉的案件，需要没收违法所得的，经检察长批准，应当提出检察意见，移送有关主管机关处理，并要求有关主管机关及时通报处理情况。具体程序可以参照本规则第二百四十八条的规定办理。

**第三百七十六条** 不起诉的决定，由人民检察院公开宣布。公开宣布不起诉决定的活动应当记录在案。

不起诉决定书自公开宣布之日起生效。

被不起诉人在押的，应当立即释放；被采取其他强制措施的，应当通知执行机关解除。

**第三百七十七条** 不起诉决定书应当送达被害人或者其近亲属及其诉讼代理人、被不起诉人及其辩护人以及被不起诉人所在单位。送达时，应当告知被害人或者其近亲属及其诉讼代理人，如果对不起诉决定不服，可以自收到不起诉决定书后七日以内向上一级人民检察院申诉；也可以不经申诉，直接向人民法院起诉。依照刑事诉讼法第一百七十七条第二款作出不起诉决定的，应当告知被不起诉人，如果对不起诉决定不服，可以自收到不起诉决定书后七日以内向人民检察院申诉。

第三百七十八条　对于监察机关或者公安机关移送起诉的案件，人民检察院决定不起诉的，应当将不起诉决定书送达监察机关或者公安机关。

第三百七十九条　监察机关认为不起诉的决定有错误，向上一级人民检察院提请复议的，上一级人民检察院应当在收到提请复议意见书后三十日以内，经检察长批准，作出复议决定，通知监察机关。

公安机关认为不起诉决定有错误要求复议的，人民检察院负责捕诉的部门应当另行指派检察官或者检察官办案组进行审查，并在收到要求复议意见书后三十日以内，经检察长批准，作出复议决定，通知公安机关。

第三百八十条　公安机关对不起诉决定提请复核的，上一级人民检察院应当在收到提请复核意见书后三十日以内，经检察长批准，作出复核决定，通知提请复核的公安机关和下级人民检察院。经复核认为下级人民检察院不起诉决定错误的，应当指令下级人民检察院纠正，或者撤销、变更下级人民检察院作出的不起诉决定。

第三百八十一条　被害人不服不起诉决定，在收到不起诉决定书后七日以内提出申诉的，由作出不起诉决定的人民检察院的上一级人民检察院负责捕诉的部门进行复查。

被害人向作出不起诉决定的人民检察院提出申诉的，作出决定的人民检察院应当将申诉材料连同案卷一并报送上一级人民检察院。

第三百八十二条　被害人不服不起诉决定，在收到不起诉决定书七日以后提出申诉的，由作出不起诉决定的人民检察院负责控告申诉检察的部门进行审查。经审查，认为不起诉决定正确的，出具审查结论直接答复申诉人，并做好释法说理工作；认为不起诉决定可能存在错误的，移送负责捕诉的部门进行复查。

第三百八十三条　人民检察院应当将复查决定书送达被害人、被不起诉人和作出不起诉决定的人民检察院。

上级人民检察院经复查作出起诉决定的，应当撤销下级人民检察院的不起诉决定，交由下级人民检察院提起公诉，并将复查决定抄送移送起诉的监察机关或者公安机关。

第三百八十四条　人民检察院收到人民法院受理被害人对被不起诉人起诉的通知后，应当终止复查，将作出不起诉决定所依据的有关案卷材料移送人民法院。

第三百八十五条　对于人民检察院依照刑事诉讼法第一百七十七条第二款规定作出的不起诉决定，被不起诉人不服，在收到不起诉决定书后七日以内提出申诉的，应当由作出决定的人民检察院负责捕诉的部门进行复查；被不起诉人在收到不起诉决定书七日以后提出申诉的，由负责控告申诉检察的部门进行审查。经审查，认为不起诉决定正确的，出具审查结论直接答复申诉人，并做好释法说理工作；认为不起诉决定可能存在错误的，移送负责捕诉的部门复查。

人民检察院应当将复查决定书送达被不起诉人、被害人。复查后，撤销不起诉决定，变更不起诉的事实或者法律依据的，应当同时将复查决定书抄送移送起诉的监察机关或者公安机关。

**第三百八十六条** 人民检察院复查不服不起诉决定的申诉，应当在立案后三个月以内报经检察长批准作出复查决定。案情复杂的，不得超过六个月。

**第三百八十七条** 被害人、被不起诉人对不起诉决定不服提出申诉的，应当递交申诉书，写明申诉理由。没有书写能力的，也可以口头提出申诉。人民检察院应当根据其口头提出的申诉制作笔录。

**第三百八十八条** 人民检察院发现不起诉决定确有错误，符合起诉条件的，应当撤销不起诉决定，提起公诉。

**第三百八十九条** 最高人民检察院对地方各级人民检察院的起诉、不起诉决定，上级人民检察院对下级人民检察院的起诉、不起诉决定，发现确有错误的，应当予以撤销或者指令下级人民检察院纠正。

## 第十一章 出席法庭

### 第一节 出席第一审法庭

**第三百九十条** 提起公诉的案件，人民检察院应当派员以国家公诉人的身份出席第一审法庭，支持公诉。

公诉人应当由检察官担任。检察官助理可以协助检察官出庭。根据需要可以配备书记员担任记录。

**第三百九十一条** 对于提起公诉后人民法院改变管辖的案件，提起公诉的人民检察院参照本规则第三百二十八条的规定将案件移送与审判管辖相对应的人民检察院。

接受移送的人民检察院重新对案件进行审查的，根据刑事诉讼法第一百七十二条第二款的规定自收到案件之日起计算审查起诉期限。

**第三百九十二条** 人民法院决定开庭审判的，公诉人应当做好以下准备工作：

（一）进一步熟悉案情，掌握证据情况；

（二）深入研究与本案有关的法律政策问题；

（三）充实审判中可能涉及的专业知识；

（四）拟定讯问被告人、询问证人、鉴定人、有专门知识的人和宣读、出示、播放证据的计划并制定质证方案；

（五）对可能出现证据合法性争议的，拟定证明证据合法性的提纲并准备相关材料；

（六）拟定公诉意见，准备辩论提纲；

（七）需要对出庭证人等的保护向人民法院提出建议或者配合工作的，做好相关准备。

**第三百九十三条** 人民检察院在开庭审理前收到人民法院或者被告人及其辩护人、被害人、证人等送交的反映证据系非法取得的书面材料的，应当进行审查。对于审查逮捕、审查起诉期间已经提出并经查证不存在非法取证行为的，应当通知人民法院、有关当事人和辩护人，并按照查证的情况做好庭审准备。对于新的材料或者线索，可以要求监察机关、公安机关对证据收集的合法性进行说明或者提供相关证明材料。

**第三百九十四条** 人民法院通知人民检察院派员参加庭前会议的，由出席法庭的公诉人参加。检察官助理可以协助。根据需要可以配备书记员担任记录。

人民检察院认为有必要召开庭前会议的，可以建议人民法院召开庭前会议。

**第三百九十五条** 在庭前会议中，公诉人可以对案件管辖、回避、出庭证人、鉴定人、有专门知识的人的名单、辩护人提供的无罪证据、非法证据排除、不公开审理、延期审理、适用简易程序或者速裁程序、庭审方案等与审判相关的问题提出和交换意见，了解辩护人收集的证据等情况。

对辩护人收集的证据有异议的，应当提出，并简要说明理由。

公诉人通过参加庭前会议，了解案件事实、证据和法律适用的争议和不同意见，解决有关程序问题，为参加法庭审理做好准备。

**第三百九十六条** 当事人、辩护人、诉讼代理人在庭前会议中提出证据系非法取得，人民法院认为可能存在以非法方法收集证据情形的，人民检察院应当对证据收集的合法性进行说明。需要调查核实的，在开庭审理前进行。

**第三百九十七条** 人民检察院向人民法院移送全部案卷材料后，在法庭审理过程中，公诉人需要出示、宣读、播放有关证据的，可以申请法庭出示、宣读、播放。

人民检察院基于出庭准备和庭审举证工作的需要，可以取回有关案卷材料和证据。

取回案卷材料和证据后，辩护律师要求查阅案卷材料的，应当允许辩护律师在人民检察院查阅、摘抄、复制案卷材料。

**第三百九十八条** 公诉人在法庭上应当依法进行下列活动：

（一）宣读起诉书，代表国家指控犯罪，提请人民法院对被告人依法审判；

（二）讯问被告人；

（三）询问证人、被害人、鉴定人；

（四）申请法庭出示物证，宣读书证、未到庭证人的证言笔录、鉴定人的鉴定意见、勘验、检查、辨认、侦查实验等笔录和其他作为证据的文书，播放作为证据的视听资料、电子数据等；

（五）对证据采信、法律适用和案件情况发表意见，提出量刑建议及理由，针对被告人、辩护人的辩护意见进行答辩，全面阐述公诉意见；

（六）维护诉讼参与人的合法权利；

（七）对法庭审理案件有无违反法律规定诉讼程序的情况记明笔录；

（八）依法从事其他诉讼活动。

**第三百九十九条** 在法庭审理中，公诉人应当客观、全面、公正地向法庭出示与定罪、量刑有关的证明被告人有罪、罪重或者罪轻的证据。

按照审判长要求，或者经审判长同意，公诉人可以按照以下方式举证、质证：

（一）对于可能影响定罪量刑的关键证据和控辩双方存在争议的证据，一般应当单独举证、质证；

（二）对于不影响定罪量刑且控辩双方无异议的证据，可以仅就证据的名称及其证明的事项、内容作出说明；

（三）对于证明方向一致、证明内容相近或者证据种类相同，存在内在逻辑关系的证据，可以归纳、分组示证、质证。

公诉人出示证据时，可以借助多媒体设备等方式出示、播放或者演示证据内容。

定罪证据与量刑证据需要分开的，应当分别出示。

**第四百条** 公诉人讯问被告人，询问证人、被害人、鉴定人，出示物证，宣读书证、未出庭证人的证言笔录等应当围绕下列事实进行：

（一）被告人的身份；

（二）指控的犯罪事实是否存在，是否为被告人所实施；

（三）实施犯罪行为的时间、地点、方法、手段、结果，被告人犯罪后的表现等；

（四）犯罪集团或者其他共同犯罪案件中参与犯罪人员的各自地位和应负的责任；

（五）被告人有无刑事责任能力，有无故意或者过失，行为的动机、目的；

（六）有无依法不应当追究刑事责任的情况，有无法定的从重或者从轻、减轻以及免除处罚的情节；

（七）犯罪对象、作案工具的主要特征，与犯罪有关的财物的来源、数量以及去向；

（八）被告人全部或者部分否认起诉书指控的犯罪事实的，否认的根据和理由能否成立；

（九）与定罪、量刑有关的其他事实。

**第四百零一条** 在法庭审理中，下列事实不必提出证据进行证明：

（一）为一般人共同知晓的常识性事实；

（二）人民法院生效裁判所确认并且未依审判监督程序重新审理的事实；

（三）法律、法规的内容以及适用等属于审判人员履行职务所应当知晓的事实；

（四）在法庭审理中不存在异议的程序事实；

（五）法律规定的推定事实；

（六）自然规律或者定律。

**第四百零二条** 讯问被告人、询问证人不得采取可能影响陈述或者证言客观真实的诱导性发问以及其他不当发问方式。

辩护人向被告人或者证人进行诱导性发问以及其他不当发问可能影响陈述或者证言的客观真实的，公诉人可以要求审判长制止或者要求对该项陈述或者证言不予采纳。

讯问共同犯罪案件的被告人、询问证人应当个别进行。

被告人、证人、被害人对同一事实的陈述存在矛盾的，公诉人可以建议法庭传唤有关被告人、通知有关证人同时到庭对质，必要时可以建议法庭询问被害人。

**第四百零三条** 被告人在庭审中的陈述与在侦查、审查起诉中的供述一致或者不一致的内容不影响定罪量刑的，可以不宣读被告人供述笔录。

被告人在庭审中的陈述与在侦查、审查起诉中的供述不一致，足以影响定罪量刑的，可以宣读被告人供述笔录，并针对笔录中被告人的供述内容对被告人进行讯问，或者提出其他证据进行证明。

**第四百零四条** 公诉人对证人证言有异议,且该证人证言对案件定罪量刑有重大影响的,可以申请人民法院通知证人出庭作证。

人民警察就其执行职务时目击的犯罪情况作为证人出庭作证,适用前款规定。

公诉人对鉴定意见有异议的,可以申请人民法院通知鉴定人出庭作证。经人民法院通知,鉴定人拒不出庭作证的,公诉人可以建议法庭不予采纳该鉴定意见作为定案的根据,也可以申请法庭重新通知鉴定人出庭作证或者申请重新鉴定。

必要时,公诉人可以申请法庭通知有专门知识的人出庭,就鉴定人作出的鉴定意见提出意见。

当事人或者辩护人、诉讼代理人对证人证言、鉴定意见有异议的,公诉人认为必要时,可以申请人民法院通知证人、鉴定人出庭作证。

**第四百零五条** 证人应当由人民法院通知并负责安排出庭作证。

对于经人民法院通知而未到庭的证人或者出庭后拒绝作证的证人的证言笔录,公诉人应当当庭宣读。

对于经人民法院通知而未到庭的证人的证言笔录存在疑问,确实需要证人出庭作证,且可以强制其到庭的,公诉人应当建议人民法院强制证人到庭作证和接受质证。

**第四百零六条** 证人在法庭上提供证言,公诉人应当按照审判长确定的顺序向证人发问。可以要求证人就其所了解的与案件有关的事实进行陈述,也可以直接发问。

证人不能连贯陈述的,公诉人可以直接发问。

向证人发问,应当针对证言中有遗漏、矛盾、模糊不清和有争议的内容,并着重围绕与定罪量刑紧密相关的事实进行。

发问采取一问一答形式,提问应当简洁、清楚。

证人进行虚假陈述的,应当通过发问澄清事实,必要时可以宣读在侦查、审查起诉阶段制作的该证人的证言笔录或者出示、宣读其他证据。

当事人和辩护人、诉讼代理人向证人发问后,公诉人可以根据证人回答的情况,经审判长许可,再次向证人发问。

询问鉴定人、有专门知识的人参照上述规定进行。

**第四百零七条** 必要时,公诉人可以建议法庭采取不暴露证人、鉴定人、被害人外貌、真实声音等出庭作证保护措施,或者建议法庭根据刑事诉讼法第一百五十四条的规定在庭外对证据进行核实。

**第四百零八条** 对于鉴定意见、勘验、检查、辨认、侦查实验等笔录和其他作为证据的文书以及经人民法院通知而未到庭的被害人的陈述笔录,公诉人应当当庭宣读。

**第四百零九条** 公诉人向法庭出示物证,一般应当出示原物,原物不易搬运、不易保存或者已返还被害人的,可以出示反映原物外形和特征的照片、录像、复制品,并向法庭说明情况及与原物的同一性。

公诉人向法庭出示书证,一般应当出示原件。获取书证原件确有困难的,可以出示书证副本或者复制件,并向法庭说明情况及与原件的同一性。

公诉人向法庭出示物证、书证，应当对该物证、书证所要证明的内容、获取情况作出说明，并向当事人、证人等问明物证的主要特征，让其辨认。对该物证、书证进行鉴定的，应当宣读鉴定意见。

第四百一十条　在法庭审理过程中，被告人及其辩护人提出被告人庭前供述系非法取得，审判人员认为需要进行法庭调查的，公诉人可以通过出示讯问笔录、提讯登记、体检记录、采取强制措施或者侦查措施的法律文书、侦查终结前对讯问合法性进行核查的材料等证据材料，有针对性地播放讯问录音、录像，提请法庭通知调查人员、侦查人员或者其他人员出庭说明情况等方式，对证据收集的合法性加以证明。

审判人员认为可能存在刑事诉讼法第五十六条规定的以非法方法收集其他证据的情形，需要进行法庭调查的，公诉人可以参照前款规定对证据收集的合法性进行证明。

公诉人不能当庭证明证据收集的合法性，需要调查核实的，可以建议法庭休庭或者延期审理。

在法庭审理期间，人民检察院可以要求监察机关或者公安机关对证据收集的合法性进行说明或者提供相关证明材料。必要时，可以自行调查核实。

第四百一十一条　公诉人对证据收集的合法性进行证明后，法庭仍有疑问的，可以建议法庭休庭，由人民法院对相关证据进行调查核实。人民法院调查核实证据，通知人民检察院派员到场的，人民检察院可以派员到场。

第四百一十二条　在法庭审理过程中，对证据合法性以外的其他程序事实存在争议的，公诉人应当出示、宣读有关诉讼文书、侦查或者审查起诉活动笔录。

第四百一十三条　对于搜查、查封、扣押、冻结、勘验、检查、辨认、侦查实验等活动中形成的笔录存在争议，需要调查人员、侦查人员以及上述活动的见证人出庭陈述有关情况的，公诉人可以建议合议庭通知其出庭。

第四百一十四条　在法庭审理过程中，合议庭对证据有疑问或者人民法院根据辩护人、被告人的申请，向人民检察院调取在侦查、审查起诉中收集的有关被告人无罪或者罪轻的证据材料的，人民检察院应当自收到人民法院要求调取证据材料决定书后三日以内移交。没有上述材料的，应当向人民法院说明情况。

第四百一十五条　在法庭审理过程中，合议庭对证据有疑问并在休庭后进行勘验、检查、查封、扣押、鉴定和查询、冻结的，人民检察院应当依法进行监督，发现上述活动有违法情况的，应当提出纠正意见。

第四百一十六条　人民法院根据申请收集、调取的证据或者在合议庭休庭后自行调查取得的证据，应当经过庭审出示、质证才能决定是否作为判决的依据。未经庭审出示、质证直接采纳为判决依据的，人民检察院应当提出纠正意见。

第四百一十七条　在法庭审理过程中，经审判长许可，公诉人可以逐一对正在调查的证据和案件情况发表意见，并同被告人、辩护人进行辩论。证据调查结束时，公诉人应当发表总结性意见。

在法庭辩论中，公诉人与被害人、诉讼代理人意见不一致的，公诉人应当认真听取被害人、诉讼代理人的意见，阐明自己的意见和理由。

**第四百一十八条** 人民检察院向人民法院提出量刑建议的，公诉人应当在发表公诉意见时提出。

对认罪认罚案件，人民法院经审理认为人民检察院的量刑建议明显不当向人民检察院提出的，或者被告人、辩护人对量刑建议提出异议的，人民检察院可以调整量刑建议。

**第四百一十九条** 适用普通程序审理的认罪认罚案件，公诉人可以建议适当简化法庭调查、辩论程序。

**第四百二十条** 在法庭审判过程中，遇有下列情形之一的，公诉人可以建议法庭延期审理：

（一）发现事实不清、证据不足，或者遗漏罪行、遗漏同案犯罪嫌疑人，需要补充侦查或者补充提供证据的；

（二）被告人揭发他人犯罪行为或者提供重要线索，需要补充侦查进行查证的；

（三）发现遗漏罪行或者遗漏同案犯罪嫌疑人，虽不需要补充侦查和补充提供证据，但需要补充、追加起诉的；

（四）申请人民法院通知证人、鉴定人出庭作证或者有专门知识的人出庭提出意见的；

（五）需要调取新的证据，重新鉴定或者勘验的；

（六）公诉人出示、宣读开庭前移送人民法院的证据以外的证据，或者补充、追加、变更起诉，需要给予被告人、辩护人必要时间进行辩护准备的；

（七）被告人、辩护人向法庭出示公诉人不掌握的与定罪量刑有关的证据，需要调查核实的；

（八）公诉人对证据收集的合法性进行证明，需要调查核实的。

在人民法院开庭审理前发现具有前款情形之一的，人民检察院可以建议人民法院延期审理。

**第四百二十一条** 法庭宣布延期审理后，人民检察院应当在补充侦查期限内提请人民法院恢复法庭审理或者撤回起诉。

公诉人在法庭审理过程中建议延期审理的次数不得超过两次，每次不得超过一个月。

**第四百二十二条** 在审判过程中，对于需要补充提供法庭审判所必需的证据或者补充侦查的，人民检察院应当自行收集证据和进行侦查，必要时可以要求监察机关或者公安机关提供协助；也可以书面要求监察机关或者公安机关补充提供证据。

人民检察院补充侦查，适用本规则第六章、第九章、第十章的规定。

补充侦查不得超过一个月。

**第四百二十三条** 人民法院宣告判决前，人民检察院发现被告人的真实身份或者犯罪事实与起诉书中叙述的身份或者指控犯罪事实不符的，或者事实、证据没有变化，但罪名、适用法律与起诉书不一致的，可以变更起诉。发现遗漏同案犯罪嫌疑人或者罪行的，应当要求公安机关补充移送起诉或者补充侦查；对于犯罪事实清楚，证据确实、充分的，可以直接追加、补充起诉。

**第四百二十四条** 人民法院宣告判决前，人民检察院发现具有下列情形之一的，经检察长批准，可以撤回起诉：

（一）不存在犯罪事实的；

（二）犯罪事实并非被告人所为的；

（三）情节显著轻微、危害不大，不认为是犯罪的；

（四）证据不足或证据发生变化，不符合起诉条件的；

（五）被告人因未达到刑事责任年龄，不负刑事责任的；

（六）法律、司法解释发生变化导致不应当追究被告人刑事责任的；

（七）其他不应当追究被告人刑事责任的。

对于撤回起诉的案件，人民检察院应当在撤回起诉后三十日以内作出不起诉决定。需要重新调查或者侦查的，应当在作出不起诉决定后将案卷材料退回监察机关或者公安机关，建议监察机关或者公安机关重新调查或者侦查，并书面说明理由。

对于撤回起诉的案件，没有新的事实或者新的证据，人民检察院不得再行起诉。

新的事实是指原起诉书中未指控的犯罪事实。该犯罪事实触犯的罪名既可以是原指控罪名的同一罪名，也可以是其他罪名。

新的证据是指撤回起诉后收集、调取的足以证明原指控犯罪事实的证据。

第四百二十五条　在法庭审理过程中，人民法院建议人民检察院补充侦查、补充起诉、追加起诉或者变更起诉的，人民检察院应当审查有关理由，并作出是否补充侦查、补充起诉、追加起诉或者变更起诉的决定。人民检察院不同意的，可以要求人民法院就起诉指控的犯罪事实依法作出裁判。

第四百二十六条　变更、追加、补充或者撤回起诉应当以书面方式在判决宣告前向人民法院提出。

第四百二十七条　出庭的书记员应当制作出庭笔录，详细记载庭审的时间、地点、参加人员、公诉人出庭执行任务情况和法庭调查、法庭辩论的主要内容以及法庭判决结果，由公诉人和书记员签名。

第四百二十八条　人民检察院应当当庭向人民法院移交取回的案卷材料和证据。在审判长宣布休庭后，公诉人应当与审判人员办理交接手续。无法当庭移交的，应当在休庭后三日以内移交。

第四百二十九条　人民检察院对查封、扣押、冻结的被告人财物及其孳息，应当根据不同情况作以下处理：

（一）对作为证据使用的实物，应当依法随案移送；对不宜移送的，应当将其清单、照片或者其他证明文件随案移送。

（二）冻结在金融机构、邮政部门的违法所得及其他涉案财产，应当向人民法院随案移送该金融机构、邮政部门出具的证明文件。待人民法院作出生效判决、裁定后，由人民法院通知该金融机构上缴国库。

（三）查封、扣押的涉案财物，对依法不移送的，应当随案移送清单、照片或者其他证明文件。待人民法院作出生效判决、裁定后，由人民检察院根据人民法院的通知上缴国库，并向人民法院送交执行回单。

（四）对于被扣押、冻结的债券、股票、基金份额等财产，在扣押、冻结期间权利人申请出售的，参照本规则第二百一十四条的规定办理。

## 第二节 简易程序

**第四百三十条** 人民检察院对于基层人民法院管辖的案件，符合下列条件的，可以建议人民法院适用简易程序审理：

（一）案件事实清楚、证据充分的；

（二）被告人承认自己所犯罪行，对指控的犯罪事实没有异议的；

（三）被告人对适用简易程序没有异议的。

**第四百三十一条** 具有下列情形之一的，人民检察院不得建议人民法院适用简易程序：

（一）被告人是盲、聋、哑人，或者是尚未完全丧失辨认或者控制自己行为能力的精神病人的；

（二）有重大社会影响的；

（三）共同犯罪案件中部分被告人不认罪或者对适用简易程序有异议的；

（四）比较复杂的共同犯罪案件；

（五）辩护人作无罪辩护或者对主要犯罪事实有异议的；

（六）其他不宜适用简易程序的。

人民法院决定适用简易程序审理的案件，人民检察院认为具有刑事诉讼法第二百一十五条规定情形之一的，应当向人民法院提出纠正意见；具有其他不宜适用简易程序情形的，人民检察院可以建议人民法院不适用简易程序。

**第四百三十二条** 基层人民检察院审查案件，认为案件事实清楚、证据充分的，应当在讯问犯罪嫌疑人时，了解其是否承认自己所犯罪行，对指控的犯罪事实有无异议，告知其适用简易程序的法律规定，确认其是否同意适用简易程序。

**第四百三十三条** 适用简易程序审理的公诉案件，人民检察院应当派员出席法庭。

**第四百三十四条** 公诉人出席简易程序法庭时，应当主要围绕量刑以及其他有争议的问题进行法庭调查和法庭辩论。在确认被告人庭前收到起诉书并对起诉书指控的犯罪事实没有异议后，可以简化宣读起诉书，根据案件情况决定是否讯问被告人，询问证人、鉴定人和出示证据。

根据案件情况，公诉人可以建议法庭简化法庭调查和法庭辩论程序。

**第四百三十五条** 适用简易程序审理的公诉案件，公诉人发现不宜适用简易程序审理的，应当建议法庭按照第一审普通程序重新审理。

**第四百三十六条** 转为普通程序审理的案件，公诉人需要为出席法庭进行准备的，可以建议人民法院延期审理。

## 第三节 速裁程序

**第四百三十七条** 人民检察院对基层人民法院管辖的案件，符合下列条件的，在提

起公诉时,可以建议人民法院适用速裁程序审理:

(一)可能判处三年有期徒刑以下刑罚;

(二)案件事实清楚,证据确实、充分;

(三)被告人认罪认罚、同意适用速裁程序。

**第四百三十八条** 具有下列情形之一的,人民检察院不得建议人民法院适用速裁程序:

(一)被告人是盲、聋、哑人,或者是尚未完全丧失辨认或者控制自己行为能力的精神病人的;

(二)被告人是未成年人的;

(三)案件有重大社会影响的;

(四)共同犯罪案件中部分被告人对指控的犯罪事实、罪名、量刑建议或者适用速裁程序有异议的;

(五)被告人与被害人或者其法定代理人没有就附带民事诉讼赔偿等事项达成调解或者和解协议的;

(六)其他不宜适用速裁程序审理的。

**第四百三十九条** 公安机关、犯罪嫌疑人及其辩护人建议适用速裁程序,人民检察院经审查认为符合条件的,可以建议人民法院适用速裁程序审理。

公安机关、辩护人未建议适用速裁程序,人民检察院经审查认为符合速裁程序适用条件,且犯罪嫌疑人同意适用的,可以建议人民法院适用速裁程序审理。

**第四百四十条** 人民检察院建议人民法院适用速裁程序的案件,起诉书内容可以适当简化,重点写明指控的事实和适用的法律。

**第四百四十一条** 人民法院适用速裁程序审理的案件,人民检察院应当派员出席法庭。

**第四百四十二条** 公诉人出席速裁程序法庭时,可以简要宣读起诉书指控的犯罪事实、证据、适用法律及量刑建议,一般不再讯问被告人。

**第四百四十三条** 适用速裁程序审理的案件,人民检察院发现有不宜适用速裁程序审理情形的,应当建议人民法院转为普通程序或者简易程序重新审理。

**第四百四十四条** 转为普通程序审理的案件,公诉人需要为出席法庭进行准备的,可以建议人民法院延期审理。

### 第四节 出席第二审法庭

**第四百四十五条** 对提出抗诉的案件或者公诉案件中人民法院决定开庭审理的上诉案件,同级人民检察院应当指派检察官出席第二审法庭。检察官助理可以协助检察官出庭。根据需要可以配备书记员担任记录。

**第四百四十六条** 检察官出席第二审法庭的任务是:

(一)支持抗诉或者听取上诉意见,对原审人民法院作出的错误判决或者裁定提出纠正意见;

（二）维护原审人民法院正确的判决或者裁定，建议法庭维持原判；

（三）维护诉讼参与人的合法权利；

（四）对法庭审理案件有无违反法律规定诉讼程序的情况记明笔录；

（五）依法从事其他诉讼活动。

**第四百四十七条** 对抗诉和上诉案件，第二审人民法院的同级人民检察院可以调取下级人民检察院与案件有关的材料。

人民检察院在接到第二审人民法院决定开庭、查阅案卷通知后，可以查阅或者调阅案卷材料。查阅或者调阅案卷材料应当在接到人民法院的通知之日起一个月以内完成。在一个月以内无法完成的，可以商请人民法院延期审理。

**第四百四十八条** 检察人员应当客观全面地审查原审案卷材料，不受上诉或者抗诉范围的限制。应当审查原审判决认定案件事实、适用法律是否正确，证据是否确实、充分，量刑是否适当，审判活动是否合法，并应当审查下级人民检察院的抗诉书或者上诉人的上诉状，了解抗诉或者上诉的理由是否正确、充分，重点审查有争议的案件事实、证据和法律适用问题，有针对性地做好庭审准备工作。

**第四百四十九条** 检察人员在审查第一审案卷材料时，应当复核主要证据，可以讯问原审被告人。必要时，可以补充收集证据、重新鉴定或者补充鉴定。需要原侦查案件的公安机关补充收集证据的，可以要求其补充收集。

被告人、辩护人提出被告人自首、立功等可能影响定罪量刑的材料和线索的，可以移交公安机关调查核实，也可以自行调查核实。发现遗漏罪行或者同案犯罪嫌疑人的，应当建议公安机关侦查。

对于下列原审被告人，应当进行讯问：

（一）提出上诉的；

（二）人民检察院提出抗诉的；

（三）被判处无期徒刑以上刑罚的。

**第四百五十条** 人民检察院办理死刑上诉、抗诉案件，应当进行下列工作：

（一）讯问原审被告人，听取原审被告人的上诉理由或者辩解；

（二）听取辩护人的意见；

（三）复核主要证据，必要时询问证人；

（四）必要时补充收集证据；

（五）对鉴定意见有疑问的，可以重新鉴定或者补充鉴定；

（六）根据案件情况，可以听取被害人的意见。

**第四百五十一条** 出席第二审法庭前，检察人员应当制作讯问原审被告人、询问被害人、证人、鉴定人和出示、宣读、播放证据计划，拟写答辩提纲，并制作出庭意见。

**第四百五十二条** 在法庭审理中，检察官应当针对原审判决或者裁定认定事实或适用法律、量刑等方面的问题，围绕抗诉或者上诉理由以及辩护人的辩护意见，讯问原审被告人、询问被害人、证人、鉴定人，出示和宣读证据，并提出意见和进行辩论。

**第四百五十三条** 需要出示、宣读、播放第一审期间已移交人民法院的证据的，出庭的检察官可以申请法庭出示、宣读、播放。

在第二审法庭宣布休庭后需要移交证据材料的，参照本规则第四百二十八条的规定办理。

### 第五节　出席再审法庭

**第四百五十四条**　人民法院开庭审理再审案件，同级人民检察院应当派员出席法庭。

**第四百五十五条**　人民检察院对于人民法院按照审判监督程序重新审判的案件，应当对原判决、裁定认定的事实、证据、适用法律进行全面审查，重点审查有争议的案件事实、证据和法律适用问题。

**第四百五十六条**　人民检察院派员出席再审法庭，如果再审案件按照第一审程序审理，参照本章第一节有关规定执行；如果再审案件按照第二审程序审理，参照本章第四节有关规定执行。

## 第十二章　特别程序

### 第一节　未成年人刑事案件诉讼程序

**第四百五十七条**　人民检察院办理未成年人刑事案件，应当贯彻"教育、感化、挽救"方针和"教育为主、惩罚为辅"的原则，坚持优先保护、特殊保护、双向保护，以帮助教育和预防重新犯罪为目的。

人民检察院可以借助社会力量开展帮助教育未成年人的工作。

**第四百五十八条**　人民检察院应当指定熟悉未成年人身心特点的检察人员办理未成年人刑事案件。

**第四百五十九条**　人民检察院办理未成年人与成年人共同犯罪案件，一般应当对未成年人与成年人分案办理、分别起诉。不宜分案处理的，应当对未成年人采取隐私保护、快速办理等特殊保护措施。

**第四百六十条**　人民检察院受理案件后，应当向未成年犯罪嫌疑人及其法定代理人了解其委托辩护人的情况，并告知其有权委托辩护人。

未成年犯罪嫌疑人没有委托辩护人的，人民检察院应当书面通知法律援助机构指派律师为其提供辩护。

对于公安机关未通知法律援助机构指派律师为未成年犯罪嫌疑人提供辩护的，人民检察院应当提出纠正意见。

**第四百六十一条**　人民检察院根据情况可以对未成年犯罪嫌疑人的成长经历、犯罪原因、监护教育等情况进行调查，并制作社会调查报告，作为办案和教育的参考。

人民检察院开展社会调查，可以委托有关组织和机构进行。开展社会调查应当尊重和保护未成年人隐私，不得向不知情人员泄露未成年犯罪嫌疑人的涉案信息。

人民检察院应当对公安机关移送的社会调查报告进行审查。必要时，可以进行补充调查。

人民检察院制作的社会调查报告应当随案移送人民法院。

**第四百六十二条** 人民检察院对未成年犯罪嫌疑人审查逮捕，应当根据未成年犯罪嫌疑人涉嫌犯罪的性质、情节、主观恶性、有无监护与社会帮教条件、认罪认罚等情况，综合衡量其社会危险性，严格限制适用逮捕措施。

**第四百六十三条** 对于罪行较轻，具备有效监护条件或者社会帮教措施，没有社会危险性或者社会危险性较小的未成年犯罪嫌疑人，应当不批准逮捕。

对于罪行比较严重，但主观恶性不大，有悔罪表现，具备有效监护条件或者社会帮教措施，具有下列情形之一，不逮捕不致发生社会危险性的未成年犯罪嫌疑人，可以不批准逮捕：

（一）初次犯罪、过失犯罪的；
（二）犯罪预备、中止、未遂的；
（三）防卫过当、避险过当的；
（四）有自首或者立功表现的；
（五）犯罪后认罪认罚，或者积极退赃，尽力减少和赔偿损失，被害人谅解的；
（六）不属于共同犯罪的主犯或者集团犯罪中的首要分子的；
（七）属于已满十四周岁不满十六周岁的未成年人或者系在校学生的；
（八）其他可以不批准逮捕的情形。

对于没有固定住所、无法提供保证人的未成年犯罪嫌疑人适用取保候审的，可以指定合适的成年人作为保证人。

**第四百六十四条** 审查逮捕未成年犯罪嫌疑人，应当重点查清其是否已满十四、十六、十八周岁。

对犯罪嫌疑人实际年龄难以判断，影响对该犯罪嫌疑人是否应当负刑事责任认定的，应当不批准逮捕。需要补充侦查的，同时通知公安机关。

**第四百六十五条** 在审查逮捕、审查起诉中，人民检察院应当讯问未成年犯罪嫌疑人，听取辩护人的意见，并制作笔录附卷。辩护人提出书面意见的，应当附卷。对于辩护人提出犯罪嫌疑人无罪、罪轻或者减轻、免除刑事责任、不适宜羁押或者侦查活动有违法情形等意见的，检察人员应当进行审查，并在相关工作文书中叙明辩护人提出的意见，说明是否采纳的情况和理由。

讯问未成年犯罪嫌疑人，应当通知其法定代理人到场，告知法定代理人依法享有的诉讼权利和应当履行的义务。到场的法定代理人可以代为行使未成年犯罪嫌疑人的诉讼权利，代为行使权利时不得损害未成年犯罪嫌疑人的合法权益。

无法通知、法定代理人不能到场或者法定代理人是共犯的，也可以通知未成年犯罪嫌疑人的其他成年亲属，所在学校、单位或者居住地的村民委员会、居民委员会、未成年人保护组织的代表到场，并将有关情况记录在案。未成年犯罪嫌疑人明确拒绝法定代理人以外的合适成年人到场，且有正当理由的，人民检察院可以准许，但应当在征求其意见后通知其他合适成年人到场。

到场的法定代理人或者其他人员认为检察人员在讯问中侵犯未成年犯罪嫌疑人合法

权益提出意见的，人民检察院应当记录在案。对合理意见，应当接受并纠正。讯问笔录应当交由到场的法定代理人或者其他人员阅读或者向其宣读，并由其在笔录上签名或者盖章，并捺指印。

讯问女性未成年犯罪嫌疑人，应当有女性检察人员参加。

询问未成年被害人、证人，适用本条第二款至第五款的规定。询问应当以一次为原则，避免反复询问。

**第四百六十六条** 讯问未成年犯罪嫌疑人应当保护其人格尊严。

讯问未成年犯罪嫌疑人一般不得使用戒具。对于确有人身危险性必须使用戒具的，在现实危险消除后应当立即停止使用。

**第四百六十七条** 未成年犯罪嫌疑人认罪认罚的，人民检察院应当告知本人及其法定代理人享有的诉讼权利和认罪认罚的法律规定，并依照刑事诉讼法第一百七十三条的规定，听取、记录未成年犯罪嫌疑人及其法定代理人、辩护人、被害人及其诉讼代理人的意见。

**第四百六十八条** 未成年犯罪嫌疑人认罪认罚的，应当在法定代理人、辩护人在场的情况下签署认罪认罚具结书。法定代理人、辩护人对认罪认罚有异议的，不需要签署具结书。

因未成年犯罪嫌疑人的法定代理人、辩护人对其认罪认罚有异议而不签署具结书的，人民检察院应当对未成年人认罪认罚情况，法定代理人、辩护人的异议情况如实记录。提起公诉的，应当将该材料与其他案卷材料一并移送人民法院。

未成年犯罪嫌疑人的法定代理人、辩护人对认罪认罚有异议而不签署具结书的，不影响从宽处理。

法定代理人无法到场的，合适成年人可以代为行使到场权、知情权、异议权等。法定代理人未到场的原因以及听取合适成年人意见等情况应当记录在案。

**第四百六十九条** 对于符合刑事诉讼法第二百八十二条第一款规定条件的未成年人刑事案件，人民检察院可以作出附条件不起诉的决定。

人民检察院在作出附条件不起诉的决定以前，应当听取公安机关、被害人、未成年犯罪嫌疑人及其法定代理人、辩护人的意见，并制作笔录附卷。

**第四百七十条** 未成年犯罪嫌疑人及其法定代理人对拟作出附条件不起诉决定提出异议的，人民检察院应当提起公诉。但是，未成年犯罪嫌疑人及其法定代理人提出无罪辩解，人民检察院经审查认为无罪辩解理由成立的，应当按照本规则第三百六十五条的规定作出不起诉决定。

未成年犯罪嫌疑人及其法定代理人对案件作附条件不起诉处理没有异议，仅对所附条件及考验期有异议的，人民检察院可以依法采纳其合理的意见，对考察的内容、方式、时间等进行调整；其意见不利于对未成年犯罪嫌疑人帮教，人民检察院不采纳的，应当进行释法说理。

人民检察院作出起诉决定前，未成年犯罪嫌疑人及其法定代理人撤回异议的，人民检察院可以依法作出附条件不起诉决定。

第四百七十一条　人民检察院作出附条件不起诉的决定后，应当制作附条件不起诉决定书，并在三日以内送达公安机关、被害人或者其近亲属及其诉讼代理人、未成年犯罪嫌疑人及其法定代理人、辩护人。

人民检察院应当当面向未成年犯罪嫌疑人及其法定代理人宣布附条件不起诉决定，告知考验期限、在考验期内应当遵守的规定以及违反规定应负的法律责任，并制作笔录附卷。

第四百七十二条　对附条件不起诉的决定，公安机关要求复议、提请复核或者被害人提出申诉的，具体程序参照本规则第三百七十九条至第三百八十三条的规定。被害人不服附条件不起诉决定的，应当告知其不适用刑事诉讼法第一百八十条关于被害人可以向人民法院起诉的规定，并做好释法说理工作。

前款规定的复议、复核、申诉由相应人民检察院负责未成年人检察的部门进行审查。

第四百七十三条　人民检察院作出附条件不起诉决定的，应当确定考验期。考验期为六个月以上一年以下，从人民检察院作出附条件不起诉的决定之日起计算。

第四百七十四条　在附条件不起诉的考验期内，由人民检察院对被附条件不起诉的未成年犯罪嫌疑人进行监督考察。人民检察院应当要求未成年犯罪嫌疑人的监护人对未成年犯罪嫌疑人加强管教，配合人民检察院做好监督考察工作。

人民检察院可以会同未成年犯罪嫌疑人的监护人、所在学校、单位、居住地的村民委员会、居民委员会、未成年人保护组织等的有关人员，定期对未成年犯罪嫌疑人进行考察、教育，实施跟踪帮教。

第四百七十五条　人民检察院对于被附条件不起诉的未成年犯罪嫌疑人，应当监督考察其是否遵守下列规定：

（一）遵守法律法规，服从监督；

（二）按照规定报告自己的活动情况；

（三）离开所居住的市、县或者迁居，应当报经批准；

（四）按照要求接受矫治和教育。

第四百七十六条　人民检察院可以要求被附条件不起诉的未成年犯罪嫌疑人接受下列矫治和教育：

（一）完成戒瘾治疗、心理辅导或者其他适当的处遇措施；

（二）向社区或者公益团体提供公益劳动；

（三）不得进入特定场所，与特定的人员会见或者通信，从事特定的活动；

（四）向被害人赔偿损失、赔礼道歉等；

（五）接受相关教育；

（六）遵守其他保护被害人安全以及预防再犯的禁止性规定。

第四百七十七条　考验期届满，检察人员应当制作附条件不起诉考察意见书，提出起诉或者不起诉的意见，报请检察长决定。

考验期满作出不起诉的决定以前，应当听取被害人意见。

第四百七十八条　考验期满作出不起诉决定，被害人提出申诉的，依照本规则第四百七十二条规定办理。

**第四百七十九条** 被附条件不起诉的未成年犯罪嫌疑人，在考验期内具有下列情形之一的，人民检察院应当撤销附条件不起诉的决定，提起公诉：

（一）实施新的犯罪的；

（二）发现决定附条件不起诉以前还有其他犯罪需要追诉的；

（三）违反治安管理规定，造成严重后果，或者多次违反治安管理规定的；

（四）违反有关附条件不起诉的监督管理规定，造成严重后果，或者多次违反有关附条件不起诉的监督管理规定的。

**第四百八十条** 被附条件不起诉的未成年犯罪嫌疑人，在考验期内没有本规则第四百七十九条规定的情形，考验期满的，人民检察院应当作出不起诉的决定。

**第四百八十一条** 人民检察院办理未成年人刑事案件过程中，应当对涉案未成年人的资料予以保密，不得公开或者传播涉案未成年人的姓名、住所、照片、图像及可能推断出该未成年人的其他资料。

**第四百八十二条** 犯罪的时候不满十八周岁，被判处五年有期徒刑以下刑罚的，人民检察院应当在收到人民法院生效判决、裁定后，对犯罪记录予以封存。

生效判决、裁定由第二审人民法院作出的，同级人民检察院依照前款规定封存犯罪记录时，应当通知下级人民检察院对相关犯罪记录予以封存。

**第四百八十三条** 人民检察院应当将拟封存的未成年人犯罪记录、案卷等相关材料装订成册，加密保存，不予公开，并建立专门的未成年人犯罪档案库，执行严格的保管制度。

**第四百八十四条** 除司法机关为办案需要或者有关单位根据国家规定进行查询的以外，人民检察院不得向任何单位和个人提供封存的犯罪记录，并不得提供未成年人有犯罪记录的证明。

司法机关或者有关单位需要查询犯罪记录的，应当向封存犯罪记录的人民检察院提出书面申请。人民检察院应当在七日以内作出是否许可的决定。

**第四百八十五条** 未成年人犯罪记录封存后，没有法定事由、未经法定程序不得解封。

对被封存犯罪记录的未成年人，符合下列条件之一的，应当对其犯罪记录解除封存：

（一）实施新的犯罪，且新罪与封存记录之罪数罪并罚后被决定执行五年有期徒刑以上刑罚的；

（二）发现漏罪，且漏罪与封存记录之罪数罪并罚后被决定执行五年有期徒刑以上刑罚的。

**第四百八十六条** 人民检察院对未成年犯罪嫌疑人作出不起诉决定后，应当对相关记录予以封存。除司法机关为办案需要进行查询外，不得向任何单位和个人提供。封存的具体程序参照本规则第四百八十三条至第四百八十五条的规定。

**第四百八十七条** 被封存犯罪记录的未成年人或者其法定代理人申请出具无犯罪记录证明的，人民检察院应当出具。需要协调公安机关、人民法院为其出具无犯罪记录证明的，人民检察院应当予以协助。

**第四百八十八条** 负责未成年人检察的部门应当依法对看守所、未成年犯管教所监管未成年人的活动实行监督，配合做好对未成年人的教育。发现没有对未成年犯罪嫌疑人、被告人与成年犯罪嫌疑人、被告人分别关押、管理或者违反规定对未成年犯留所执行刑罚的，应当依法提出纠正意见。

负责未成年人检察的部门发现社区矫正机构违反未成年人社区矫正相关规定的，应当依法提出纠正意见。

**第四百八十九条** 本节所称未成年人刑事案件，是指犯罪嫌疑人实施涉嫌犯罪行为时已满十四周岁、未满十八周岁的刑事案件。

本节第四百六十条、第四百六十五条、第四百六十六条、第四百六十七条、第四百六十八条所称的未成年犯罪嫌疑人，是指在诉讼过程中未满十八周岁的人。犯罪嫌疑人实施涉嫌犯罪行为时未满十八周岁，在诉讼过程中已满十八周岁的，人民检察院可以根据案件的具体情况适用上述规定。

**第四百九十条** 人民检察院办理侵害未成年人犯罪案件，应当采取适合未成年被害人身心特点的方法，充分保护未成年被害人的合法权益。

**第四百九十一条** 办理未成年人刑事案件，除本节已有规定的以外，按照刑事诉讼法和其他有关规定进行。

## 第二节 当事人和解的公诉案件诉讼程序

**第四百九十二条** 下列公诉案件，双方当事人可以和解：

（一）因民间纠纷引起，涉嫌刑法分则第四章、第五章规定的犯罪案件，可能判处三年有期徒刑以下刑罚的；

（二）除渎职犯罪以外的可能判处七年有期徒刑以下刑罚的过失犯罪案件。

当事人和解的公诉案件应当同时符合下列条件：

（一）犯罪嫌疑人真诚悔罪，向被害人赔偿损失、赔礼道歉等；

（二）被害人明确表示对犯罪嫌疑人予以谅解；

（三）双方当事人自愿和解，符合有关法律规定；

（四）属于侵害特定被害人的故意犯罪或者有直接被害人的过失犯罪；

（五）案件事实清楚，证据确实、充分。

犯罪嫌疑人在五年以内曾经故意犯罪的，不适用本节规定的程序。

犯罪嫌疑人在犯刑事诉讼法第二百八十八条第一款规定的犯罪前五年内曾经故意犯罪，无论该故意犯罪是否已经追究，均应当认定为前款规定的五年以内曾经故意犯罪。

**第四百九十三条** 被害人死亡的，其法定代理人、近亲属可以与犯罪嫌疑人和解。

被害人系无行为能力或者限制行为能力人的，其法定代理人可以代为和解。

**第四百九十四条** 犯罪嫌疑人系限制行为能力人的，其法定代理人可以代为和解。

犯罪嫌疑人在押的，经犯罪嫌疑人同意，其法定代理人、近亲属可以代为和解。

**第四百九十五条** 双方当事人可以就赔偿损失、赔礼道歉等民事责任事项进行和解，并且可以就被害人及其法定代理人或者近亲属是否要求或者同意公安机关、人民检察院、人民法院对犯罪嫌疑人依法从宽处理进行协商，但不得对案件的事实认定、证据采信、法律适用和定罪量刑等依法属于公安机关、人民检察院、人民法院职权范围的事宜进行协商。

**第四百九十六条** 双方当事人可以自行达成和解，也可以经人民调解委员会、村民委员会、居民委员会、当事人所在单位或者同事、亲友等组织或者个人调解后达成和解。

人民检察院对于本规则第四百九十二条规定的公诉案件，可以建议当事人进行和解，并告知相应的权利义务，必要时可以提供法律咨询。

**第四百九十七条** 人民检察院应当对和解的自愿性、合法性进行审查，重点审查以下内容：

（一）双方当事人是否自愿和解；

（二）犯罪嫌疑人是否真诚悔罪，是否向被害人赔礼道歉，赔偿数额与其所造成的损害和赔偿能力是否相适应；

（三）被害人及其法定代理人或者近亲属是否明确表示对犯罪嫌疑人予以谅解；

（四）是否符合法律规定；

（五）是否损害国家、集体和社会公共利益或者他人的合法权益；

（六）是否符合社会公德。

审查时，应当听取双方当事人和其他有关人员对和解的意见，告知刑事案件可能从宽处理的法律后果和双方的权利义务，并制作笔录附卷。

**第四百九十八条** 经审查认为双方自愿和解，内容合法，且符合本规则第四百九十二条规定的范围和条件的，人民检察院应当主持制作和解协议书。

和解协议书的主要内容包括：

（一）双方当事人的基本情况；

（二）案件的主要事实；

（三）犯罪嫌疑人真诚悔罪，承认自己所犯罪行，对指控的犯罪没有异议，向被害人赔偿损失、赔礼道歉。赔偿损失的，应当写明赔偿的数额、履行的方式、期限等；

（四）被害人及其法定代理人或者近亲属对犯罪嫌疑人予以谅解，并要求或者同意公安机关、人民检察院、人民法院对犯罪嫌疑人依法从宽处理。

和解协议书应当由双方当事人签字，可以写明和解协议书系在人民检察院主持下制作。检察人员不在当事人和解协议书上签字，也不加盖人民检察院印章。

和解协议书一式三份，双方当事人各持一份，另一份交人民检察院附卷备查。

**第四百九十九条** 和解协议书约定的赔偿损失内容，应当在双方签署协议后立即履行，至迟在人民检察院作出从宽处理决定前履行。确实难以一次性履行的，在提供有效担保并且被害人同意的情况下，也可以分期履行。

**第五百条** 双方当事人在侦查阶段达成和解协议，公安机关向人民检察院提出从宽处理建议的，人民检察院在审查逮捕和审查起诉时应当充分考虑公安机关的建议。

**第五百零一条** 人民检察院对于公安机关提请批准逮捕的案件，双方当事人达成和解协议的，可以作为有无社会危险性或者社会危险性大小的因素予以考虑。经审查认为不需要逮捕的，可以作出不批准逮捕的决定；在审查起诉阶段可以依法变更强制措施。

**第五百零二条** 人民检察院对于公安机关移送起诉的案件，双方当事人达成和解协议的，可以作为是否需要判处刑罚或者免除刑罚的因素予以考虑。符合法律规定的不起诉条件的，可以决定不起诉。

对于依法应当提起公诉的，人民检察院可以向人民法院提出从宽处罚的量刑建议。

**第五百零三条** 人民检察院拟对当事人达成和解的公诉案件作出不起诉决定的，应当听取双方当事人对和解的意见，并且查明犯罪嫌疑人是否已经切实履行和解协议、不能即时履行的是否已经提供有效担保，将其作为是否决定不起诉的因素予以考虑。

当事人在不起诉决定作出之前反悔的，可以另行达成和解。不能另行达成和解的，人民检察院应当依法作出起诉或者不起诉决定。

当事人在不起诉决定作出之后反悔的，人民检察院不撤销原决定，但有证据证明和解违反自愿、合法原则的除外。

**第五百零四条** 犯罪嫌疑人或者其亲友等以暴力、威胁、欺骗或者其他非法方法强迫、引诱被害人和解，或者在协议履行完毕之后威胁、报复被害人的，应当认定和解协议无效。已经作出不批准逮捕或者不起诉决定的，人民检察院根据案件情况可以撤销原决定，对犯罪嫌疑人批准逮捕或者提起公诉。

### 第三节 缺席审判程序

**第五百零五条** 对于监察机关移送起诉的贪污贿赂犯罪案件，犯罪嫌疑人、被告人在境外，人民检察院认为犯罪事实已经查清，证据确实、充分，依法应当追究刑事责任的，可以向人民法院提起公诉。

对于公安机关移送起诉的需要及时进行审判的严重危害国家安全犯罪、恐怖活动犯罪案件，犯罪嫌疑人、被告人在境外，人民检察院认为犯罪事实已经查清，证据确实、充分，依法应当追究刑事责任的，经最高人民检察院核准，可以向人民法院提起公诉。

前两款规定的案件，由有管辖权的中级人民法院的同级人民检察院提起公诉。

人民检察院提起公诉的，应当向人民法院提交被告人已出境的证据。

**第五百零六条** 人民检察院对公安机关移送起诉的需要报请最高人民检察院核准的案件，经检察委员会讨论提出提起公诉意见的，应当层报最高人民检察院核准。报送材料包括起诉意见书、案件审查报告、报请核准的报告及案件证据材料。

**第五百零七条** 最高人民检察院收到下级人民检察院报请核准提起公诉的案卷材料后，应当及时指派检察官对案卷材料进行审查，提出核准或者不予核准的意见，报检察长决定。

**第五百零八条** 报请核准的人民检察院收到最高人民检察院核准决定书后，应当提起公诉，起诉书中应当载明经最高人民检察院核准的内容。

**第五百零九条** 审查起诉期间，犯罪嫌疑人自动投案或者被抓获的，人民检察院应当重新审查。

对严重危害国家安全犯罪、恐怖活动犯罪案件报请核准期间，犯罪嫌疑人自动投案或者被抓获的，报请核准的人民检察院应当及时撤回报请，重新审查案件。

**第五百一十条** 提起公诉后被告人到案，人民法院拟重新审理的，人民检察院应当商人民法院将案件撤回并重新审查。

**第五百一十一条** 因被告人患有严重疾病无法出庭，中止审理超过六个月，被告人仍无法出庭，被告人及其法定代理人、近亲属申请或者同意恢复审理的，人民检察院可以建议人民法院适用缺席审判程序审理。

### 第四节 犯罪嫌疑人、被告人逃匿、死亡案件违法所得的没收程序

**第五百一十二条** 对于贪污贿赂犯罪、恐怖活动犯罪等重大犯罪案件，犯罪嫌疑人、被告人逃匿，在通缉一年后不能到案，依照刑法规定应当追缴其违法所得及其他涉案财产的，人民检察院可以向人民法院提出没收违法所得的申请。

对于犯罪嫌疑人、被告人死亡，依照刑法规定应当追缴其违法所得及其他涉案财产的，人民检察院也可以向人民法院提出没收违法所得的申请。

**第五百一十三条** 犯罪嫌疑人、被告人为逃避侦查和刑事追究潜逃、隐匿，或者在刑事诉讼过程中脱逃的，应当认定为"逃匿"。

犯罪嫌疑人、被告人因意外事故下落不明满二年，或者因意外事故下落不明，经有关机关证明其不可能生存的，按照前款规定处理。

**第五百一十四条** 公安机关发布通缉令或者公安部通过国际刑警组织发布红色国际通报，应当认定为"通缉"。

**第五百一十五条** 犯罪嫌疑人、被告人通过实施犯罪直接或者间接产生、获得的任何财产，应当认定为"违法所得"。

违法所得已经部分或者全部转变、转化为其他财产的，转变、转化后的财产应当视为前款规定的"违法所得"。

来自违法所得转变、转化后的财产收益，或者来自已经与违法所得相混合财产中违法所得相应部分的收益，也应当视为第一款规定的违法所得。

**第五百一十六条** 犯罪嫌疑人、被告人非法持有的违禁品、供犯罪所用的本人财物，应当认定为"其他涉案财产"。

**第五百一十七条** 刑事诉讼法第二百九十九条第三款规定的"利害关系人"包括犯罪嫌疑人、被告人的近亲属和其他对申请没收的财产主张权利的自然人和单位。

刑事诉讼法第二百九十九条第二款、第三百条第二款规定的"其他利害关系人"是指前款规定的"其他对申请没收的财产主张权利的自然人和单位"。

**第五百一十八条** 人民检察院审查监察机关或者公安机关移送的没收违法所得意见书，向人民法院提出没收违法所得的申请以及对违法所得没收程序中调查活动、审判活动的监督，由负责捕诉的部门办理。

**第五百一十九条** 没收违法所得的申请，应当由有管辖权的中级人民法院的同级人民检察院提出。

**第五百二十条** 人民检察院向人民法院提出没收违法所得的申请,应当制作没收违法所得申请书。没收违法所得申请书应当载明以下内容:

(一)犯罪嫌疑人、被告人的基本情况,包括姓名、性别、出生年月日、出生地、户籍地、公民身份号码、民族、文化程度、职业、工作单位及职务、住址等;

(二)案由及案件来源;

(三)犯罪嫌疑人、被告人的犯罪事实及相关证据材料;

(四)犯罪嫌疑人、被告人逃匿、被通缉或者死亡的情况;

(五)申请没收的财产种类、数量、价值、所在地以及查封、扣押、冻结财产清单和相关法律手续;

(六)申请没收的财产属于违法所得及其他涉案财产的相关事实及证据材料;

(七)提出没收违法所得申请的理由和法律依据;

(八)有无近亲属和其他利害关系人以及利害关系人的姓名、身份、住址、联系方式;

(九)其他应当写明的内容。

上述材料需要翻译件的,人民检察院应当随没收违法所得申请书一并移送人民法院。

**第五百二十一条** 监察机关或者公安机关向人民检察院移送没收违法所得意见书,应当由有管辖权的人民检察院的同级监察机关或者公安机关移送。

**第五百二十二条** 人民检察院审查监察机关或者公安机关移送的没收违法所得意见书,应当审查下列内容:

(一)是否属于本院管辖;

(二)是否符合刑事诉讼法第二百九十八条第一款规定的条件;

(三)犯罪嫌疑人基本情况,包括姓名、性别、国籍、出生年月日、职业和单位等;

(四)犯罪嫌疑人涉嫌犯罪的事实和相关证据材料;

(五)犯罪嫌疑人逃匿、下落不明、被通缉或者死亡的情况,通缉令或者死亡证明是否随案移送;

(六)违法所得及其他涉案财产的种类、数量、所在地以及查封、扣押、冻结的情况,查封、扣押、冻结的财产清单和相关法律手续是否随案移送;

(七)违法所得及其他涉案财产的相关事实和证据材料;

(八)有无近亲属和其他利害关系人以及利害关系人的姓名、身份、住址、联系方式。

对于与犯罪事实、违法所得及其他涉案财产相关的证据材料,不宜移送的,应当审查证据的清单、复制件、照片或其他证明文件是否随案移送。

**第五百二十三条** 人民检察院应当在接到监察机关或者公安机关移送的没收违法所得意见书后三十日以内作出是否提出没收违法所得申请的决定。三十日以内不能作出决定的,可以延长十五日。

对于监察机关或者公安机关移送的没收违法所得案件,经审查认为不符合刑事诉讼法第二百九十八条第一款规定条件的,应当作出不提出没收违法所得申请的决定,并向监察机关或者公安机关书面说明理由；认为需要补充证据的，应当书面要求监察机关或者公安机关补充证据，必要时也可以自行调查。

监察机关或者公安机关补充证据的时间不计入人民检察院办案期限。

**第五百二十四条** 人民检察院发现公安机关应当启动违法所得没收程序而不启动的，可以要求公安机关在七日以内书面说明不启动的理由。

经审查，认为公安机关不启动理由不能成立的，应当通知公安机关启动程序。

**第五百二十五条** 人民检察院发现公安机关在违法所得没收程序的调查活动中有违法情形的，应当向公安机关提出纠正意见。

**第五百二十六条** 在审查监察机关或者公安机关移送的没收违法所得意见书的过程中，在逃的犯罪嫌疑人、被告人自动投案或者被抓获的，人民检察院应当终止审查，并将案卷退回监察机关或者公安机关处理。

**第五百二十七条** 人民检察院直接受理侦查的案件，犯罪嫌疑人死亡而撤销案件，符合刑事诉讼法第二百九十八条第一款规定条件的，负责侦查的部门应当启动违法所得没收程序进行调查。

负责侦查的部门进行调查应当查明犯罪嫌疑人涉嫌的犯罪事实，犯罪嫌疑人死亡的情况，以及犯罪嫌疑人的违法所得及其他涉案财产的情况，并可以对违法所得及其他涉案财产依法进行查封、扣押、查询、冻结。

负责侦查的部门认为符合刑事诉讼法第二百九十八条第一款规定条件的，应当写出没收违法所得意见书，连同案卷材料一并移送有管辖权的人民检察院负责侦查的部门，并由有管辖权的人民检察院负责侦查的部门移送本院负责捕诉的部门。

负责捕诉的部门对没收违法所得意见书进行审查，作出是否提出没收违法所得申请的决定，具体程序按照本规则第五百二十二条、第五百二十三条的规定办理。

**第五百二十八条** 在人民检察院审查起诉过程中，犯罪嫌疑人死亡，或者贪污贿赂犯罪、恐怖活动犯罪等重大犯罪案件的犯罪嫌疑人逃匿，在通缉一年后不能到案，依照刑法规定应当追缴其违法所得及其他涉案财产的，人民检察院可以直接提出没收违法所得的申请。

在人民法院审理案件过程中，被告人死亡而裁定终止审理，或者被告人脱逃而裁定中止审理，人民检察院可以依法另行向人民法院提出没收违法所得的申请。

**第五百二十九条** 人民法院对没收违法所得的申请进行审理，人民检察院应当承担举证责任。

人民法院对没收违法所得的申请开庭审理的，人民检察院应当派员出席法庭。

**第五百三十条** 出席法庭的检察官应当宣读没收违法所得申请书，并在法庭调查阶段就申请没收的财产属于违法所得及其他涉案财产等相关事实出示、宣读证据。

**第五百三十一条** 人民检察院发现人民法院或者审判人员审理没收违法所得案件违反法律规定的诉讼程序，应当向人民法院提出纠正意见。

人民检察院认为同级人民法院按照违法所得没收程序所作的第一审裁定确有错误的，应当在五日以内向上一级人民法院提出抗诉。

最高人民检察院、省级人民检察院认为下级人民法院按照违法所得没收程序所作的已经发生法律效力的裁定确有错误的,应当按照审判监督程序向同级人民法院提出抗诉。

**第五百三十二条** 在审理案件过程中,在逃的犯罪嫌疑人、被告人自动投案或者被抓获,人民法院按照刑事诉讼法第三百零一条第一款的规定终止审理的,人民检察院应当将案卷退回监察机关或者公安机关处理。

**第五百三十三条** 对于刑事诉讼法第二百九十八条第一款规定以外需要没收违法所得的,按照有关规定执行。

### 第五节 依法不负刑事责任的精神病人的强制医疗程序

**第五百三十四条** 对于实施暴力行为,危害公共安全或者严重危害公民人身安全,已经达到犯罪程度,经法定程序鉴定依法不负刑事责任的精神病人,有继续危害社会可能的,人民检察院应当向人民法院提出强制医疗的申请。

提出强制医疗的申请以及对强制医疗决定的监督,由负责捕诉的部门办理。

**第五百三十五条** 强制医疗的申请由被申请人实施暴力行为所在地的基层人民检察院提出;由被申请人居住地的人民检察院提出更为适宜的,可以由被申请人居住地的基层人民检察院提出。

**第五百三十六条** 人民检察院向人民法院提出强制医疗的申请,应当制作强制医疗申请书。强制医疗申请书的主要内容包括:

(一)涉案精神病人的基本情况,包括姓名、性别、出生年月日、出生地、户籍地、公民身份号码、民族、文化程度、职业、工作单位及职务、住址,采取临时保护性约束措施的情况及处所等;

(二)涉案精神病人的法定代理人的基本情况,包括姓名、住址、联系方式等;

(三)案由及案件来源;

(四)涉案精神病人实施危害公共安全或者严重危害公民人身安全的暴力行为的事实,包括实施暴力行为的时间、地点、手段、后果等及相关证据情况;

(五)涉案精神病人不负刑事责任的依据,包括有关鉴定意见和其他证据材料;

(六)涉案精神病人继续危害社会的可能;

(七)提出强制医疗申请的理由和法律依据。

**第五百三十七条** 人民检察院审查公安机关移送的强制医疗意见书,应当查明:

(一)是否属于本院管辖;

(二)涉案精神病人身份状况是否清楚,包括姓名、性别、国籍、出生年月日、职业和单位等;

(三)涉案精神病人实施危害公共安全或者严重危害公民人身安全的暴力行为的事实;

(四)公安机关对涉案精神病人进行鉴定的程序是否合法,涉案精神病人是否依法不负刑事责任;

(五)涉案精神病人是否有继续危害社会的可能;

（六）证据材料是否随案移送，不宜移送的证据的清单、复制件、照片或者其他证明文件是否随案移送；

（七）证据是否确实、充分；

（八）采取的临时保护性约束措施是否适当。

**第五百三十八条** 人民检察院办理公安机关移送的强制医疗案件，可以采取以下方式开展调查，调查情况应当记录并附卷：

（一）会见涉案精神病人，听取涉案精神病人的法定代理人、诉讼代理人意见；

（二）询问办案人员、鉴定人；

（三）向被害人及其法定代理人、近亲属了解情况；

（四）向涉案精神病人的主治医生、近亲属、邻居、其他知情人员或者基层组织等了解情况；

（五）就有关专门性技术问题委托具有法定资质的鉴定机构、鉴定人进行鉴定。

**第五百三十九条** 人民检察院应当在接到公安机关移送的强制医疗意见书后三十日以内作出是否提出强制医疗申请的决定。

对于公安机关移送的强制医疗案件，经审查认为不符合刑事诉讼法第三百零二条规定条件的，应当作出不提出强制医疗申请的决定，并向公安机关书面说明理由。认为需要补充证据的，应当书面要求公安机关补充证据，必要时也可以自行调查。

公安机关补充证据的时间不计入人民检察院办案期限。

**第五百四十条** 人民检察院发现公安机关应当启动强制医疗程序而不启动的，可以要求公安机关在七日以内书面说明不启动的理由。

经审查，认为公安机关不启动理由不能成立的，应当通知公安机关启动强制医疗程序。

公安机关收到启动强制医疗程序通知书后，未按要求启动强制医疗程序的，人民检察院应当提出纠正意见。

**第五百四十一条** 人民检察院对公安机关移送的强制医疗案件，发现公安机关对涉案精神病人进行鉴定违反法律规定，具有下列情形之一的，应当依法提出纠正意见：

（一）鉴定机构不具备法定资质的；

（二）鉴定人不具备法定资质或者违反回避规定的；

（三）鉴定程序违反法律或者有关规定，鉴定的过程和方法违反相关专业规范要求的；

（四）鉴定文书不符合法定形式要件的；

（五）鉴定意见没有依法及时告知相关人员的；

（六）鉴定人故意作虚假鉴定的；

（七）其他违反法律规定的情形。

人民检察院对精神病鉴定程序进行监督，可以要求公安机关补充鉴定或者重新鉴定。必要时，可以询问鉴定人并制作笔录，或者委托具有法定资质的鉴定机构进行补充鉴定或者重新鉴定。

第五百四十二条　人民检察院发现公安机关对涉案精神病人不应当采取临时保护性约束措施而采取的，应当提出纠正意见。

认为公安机关应当采取临时保护性约束措施而未采取的，应当建议公安机关采取临时保护性约束措施。

第五百四十三条　在审查起诉中，犯罪嫌疑人经鉴定系依法不负刑事责任的精神病人的，人民检察院应当作出不起诉决定。认为符合刑事诉讼法第三百零二条规定条件的，应当向人民法院提出强制医疗的申请。

第五百四十四条　人民法院对强制医疗案件开庭审理的，人民检察院应当派员出席法庭。

第五百四十五条　人民检察院发现人民法院强制医疗案件审理活动具有下列情形之一的，应当提出纠正意见：

（一）未通知被申请人或者被告人的法定代理人到场的；

（二）被申请人或者被告人没有委托诉讼代理人，未通知法律援助机构指派律师为其提供法律帮助的；

（三）未组成合议庭或者合议庭组成人员不合法的；

（四）未经被申请人、被告人的法定代理人请求直接作出不开庭审理决定的；

（五）未会见被申请人的；

（六）被申请人、被告人要求出庭且具备出庭条件，未准许其出庭的；

（七）违反法定审理期限的；

（八）收到人民检察院对强制医疗决定不当的书面纠正意见后，未另行组成合议庭审理或者未在一个月以内作出复议决定的；

（九）人民法院作出的强制医疗决定或者驳回强制医疗申请决定不当的；

（十）其他违反法律规定的情形。

第五百四十六条　出席法庭的检察官发现人民法院或者审判人员审理强制医疗案件违反法律规定的诉讼程序，应当记录在案，并在休庭后及时向检察长报告，由人民检察院在庭审后向人民法院提出纠正意见。

第五百四十七条　人民检察院认为人民法院作出的强制医疗决定或者驳回强制医疗申请的决定，具有下列情形之一的，应当在收到决定书副本后二十日以内向人民法院提出纠正意见：

（一）据以作出决定的事实不清或者确有错误的；

（二）据以作出决定的证据不确实、不充分的；

（三）据以作出决定的证据依法应当予以排除的；

（四）据以作出决定的主要证据之间存在矛盾的；

（五）有确实、充分的证据证明应当决定强制医疗而予以驳回的，或者不应当决定强制医疗而决定强制医疗的；

（六）审理过程中严重违反法定诉讼程序，可能影响公正审理和决定的。

第五百四十八条　人民法院在审理案件过程中发现被告人符合强制医疗条件，适用强制医疗程序对案件进行审理的，人民检察院应当在庭审中发表意见。

人民法院作出宣告被告人无罪或者不负刑事责任的判决和强制医疗决定的，人民检察院应当进行审查。对判决确有错误的，应当依法提出抗诉；对强制医疗决定不当或者未作出强制医疗的决定不当的，应当提出纠正意见。

**第五百四十九条** 人民法院收到被决定强制医疗的人、被害人及其法定代理人、近亲属复议申请后，未组成合议庭审理，或者未在一个月以内作出复议决定，或者有其他违法行为的，人民检察院应当提出纠正意见。

**第五百五十条** 人民检察院对于人民法院批准解除强制医疗的决定实行监督，发现人民法院解除强制医疗的决定不当的，应当提出纠正意见。

## 第十三章　刑事诉讼法律监督

### 第一节　一般规定

**第五百五十一条** 人民检察院对刑事诉讼活动实行法律监督，发现违法情形的，依法提出抗诉、纠正意见或者检察建议。

人民检察院对于涉嫌违法的事实，可以采取以下方式进行调查核实：

（一）讯问、询问犯罪嫌疑人；

（二）询问证人、被害人或者其他诉讼参与人；

（三）询问办案人员；

（四）询问在场人员或者其他可能知情的人员；

（五）听取申诉人或者控告人的意见；

（六）听取辩护人、值班律师意见；

（七）调取、查询、复制相关登记表册、法律文书、体检记录及案卷材料等；

（八）调取讯问笔录、询问笔录及相关录音、录像或其他视听资料；

（九）进行伤情、病情检查或者鉴定；

（十）其他调查核实方式。

人民检察院在调查核实过程中不得限制被调查对象的人身、财产权利。

**第五百五十二条** 人民检察院发现刑事诉讼活动中的违法行为，对于情节较轻的，由检察人员以口头方式提出纠正意见；对于情节较重的，经检察长决定，发出纠正违法通知书。对于带有普遍性的违法情形，经检察长决定，向相关机关提出检察建议。构成犯罪的，移送有关机关、部门依法追究刑事责任。

有申诉人、控告人的，调查核实和纠正违法情况应予告知。

**第五百五十三条** 人民检察院发出纠正违法通知书的，应当监督落实。被监督单位在纠正违法通知书规定的期限内没有回复纠正情况的，人民检察院应当督促回复。经督促被监督单位仍不回复或者没有正当理由不纠正的，人民检察院应当向上一级人民检察院报告。

**第五百五十四条** 被监督单位对纠正意见申请复查的，人民检察院应当在收到被监督单位的书面意见后七日以内进行复查,并将复查结果及时通知申请复查的单位。经过复查,认为纠正意见正确的,应当及时向上一级人民检察院报告;认为纠正意见错误的,应当及时予以撤销。

上一级人民检察院经审查,认为下级人民检察院纠正意见正确的,应当及时通报被监督单位的上级机关或者主管机关,并建议其督促被监督单位予以纠正;认为下级人民检察院纠正意见错误的,应当书面通知下级人民检察院予以撤销,下级人民检察院应当执行,并及时向被监督单位说明情况。

**第五百五十五条** 当事人和辩护人、诉讼代理人、利害关系人对于办案机关及其工作人员有刑事诉讼法第一百一十七条规定的行为,向该机关申诉或者控告,对该机关作出的处理不服或者该机关未在规定时间内作出答复,而向人民检察院申诉的,办案机关的同级人民检察院应当受理。

人民检察院直接受理侦查的案件,当事人和辩护人、诉讼代理人、利害关系人对办理案件的人民检察院的处理不服的,可以向上一级人民检察院申诉,上一级人民检察院应当受理。

未向办案机关申诉或者控告,或者办案机关在规定时间内尚未作出处理决定,直接向人民检察院申诉的,人民检察院应当告知其向办案机关申诉或者控告。人民检察院在审查逮捕、审查起诉中发现有刑事诉讼法第一百一十七规定的违法情形的,可以直接监督纠正。

当事人和辩护人、诉讼代理人、利害关系人对刑事诉讼法第一百一十七条规定情形之外的违法行为提出申诉或者控告的,人民检察院应当受理,并及时审查,依法处理。

**第五百五十六条** 对人民检察院及其工作人员办理案件中违法行为的申诉、控告,由负责控告申诉检察的部门受理和审查办理。对其他司法机关处理决定不服向人民检察院提出的申诉,由负责控告申诉检察的部门受理后,移送相关办案部门审查办理。

审查办理的部门应当在受理之日起十五日以内提出审查意见。人民检察院对刑事诉讼法第一百一十七条的申诉,经审查认为需要其他司法机关说明理由的,应当要求有关机关说明理由,并在收到理由说明后十五日以内提出审查意见。

人民检察院及其工作人员办理案件中存在的违法情形属实的,应当予以纠正;不存在违法行为的,书面答复申诉人、控告人。

其他司法机关对申诉、控告的处理不正确的,人民检察院应当通知有关机关予以纠正;处理正确的,书面答复申诉人、控告人。

## 第二节 刑事立案监督

**第五百五十七条** 被害人及其法定代理人、近亲属或者行政执法机关,认为公安机关对其控告或者移送的案件应当立案侦查而不立案侦查,或者当事人认为公安机关不应当立案而立案,向人民检察院提出的,人民检察院应当受理并进行审查。

人民检察院发现公安机关可能存在应当立案侦查而不立案侦查情形的,应当依法进行审查。

人民检察院接到控告、举报或者发现行政执法机关不移送涉嫌犯罪案件的，经检察长批准，应当向行政执法机关提出检察意见，要求其按照管辖规定向公安机关移送涉嫌犯罪案件。

**第五百五十八条** 人民检察院负责控告申诉检察的部门受理对公安机关应当立案而不立案或者不应当立案而立案的控告、申诉，应当根据事实、法律进行审查。认为需要公安机关说明不立案或者立案理由的，应当及时将案件移送负责捕诉的部门办理；认为公安机关立案或者不立案决定正确的，应当制作相关法律文书，答复控告人、申诉人。

**第五百五十九条** 人民检察院经审查，认为需要公安机关说明不立案理由的，应当要求公安机关书面说明不立案的理由。

对于有证据证明公安机关可能存在违法动用刑事手段插手民事、经济纠纷，或者利用立案实施报复陷害、敲诈勒索以及谋取其他非法利益等违法立案情形，尚未提请批准逮捕或者移送起诉的，人民检察院应当要求公安机关书面说明立案理由。

**第五百六十条** 人民检察院要求公安机关说明不立案或者立案理由，应当书面通知公安机关，并且告知公安机关在收到通知后七日以内，书面说明不立案或者立案的情况、依据和理由，连同有关证据材料回复人民检察院。

**第五百六十一条** 公安机关说明不立案或者立案的理由后，人民检察院应当进行审查。认为公安机关不立案或者立案理由不能成立的，经检察长决定，应当通知公安机关立案或者撤销案件。

人民检察院认为公安机关不立案或者立案理由成立的，应当在十日以内将不立案或者立案的依据和理由告知被害人及其法定代理人、近亲属或者行政执法机关。

**第五百六十二条** 公安机关对当事人的报案、控告、举报或者行政执法机关移送的涉嫌犯罪案件受理后未在规定期限内作出是否立案决定，当事人或者行政执法机关向人民检察院提出的，人民检察院应当受理并进行审查。经审查，认为尚未超过规定期限的，应当移送公安机关处理，并答复报案人、控告人、举报人或者行政执法机关；认为超过规定期限的，应当要求公安机关在七日以内书面说明逾期不作出是否立案决定的理由，连同有关证据材料回复人民检察院。公安机关在七日以内不说明理由也不作出立案或者不立案决定的，人民检察院应当提出纠正意见。人民检察院经审查有关证据材料认为符合立案条件的，应当通知公安机关立案。

**第五百六十三条** 人民检察院通知公安机关立案或者撤销案件，应当制作通知立案书或者通知撤销案件书，说明依据和理由，连同证据材料送达公安机关，并且告知公安机关应当在收到通知立案书后十五日以内立案，对通知撤销案件书没有异议的应当立即撤销案件，并将立案决定书或者撤销案件决定书及时送达人民检察院。

**第五百六十四条** 人民检察院通知公安机关立案或者撤销案件的，应当依法对执行情况进行监督。

公安机关在收到通知立案书或者通知撤销案件书后超过十五日不予立案或者未要求复议、提请复核也不撤销案件的，人民检察院应当发出纠正违法通知书。公安机关仍不纠正的，报上一级人民检察院协商同级公安机关处理。

公安机关立案后三个月以内未侦查终结的，人民检察院可以向公安机关发出立案监督案件催办函，要求公安机关及时向人民检察院反馈侦查工作进展情况。

**第五百六十五条** 公安机关认为人民检察院撤销案件通知有错误，要求同级人民检察院复议的，人民检察院应当重新审查。在收到要求复议意见书和案卷材料后七日以内作出是否变更的决定，并通知公安机关。

公安机关不接受人民检察院复议决定，提请上一级人民检察院复核的，上级人民检察院应当在收到提请复核意见书和案卷材料后十五日以内作出是否变更的决定，通知下级人民检察院和公安机关执行。

上级人民检察院复核认为撤销案件通知有错误的，下级人民检察院应当立即纠正；上级人民检察院复核认为撤销案件通知正确的，应当作出复核决定并送达下级公安机关。

**第五百六十六条** 人民检察院负责捕诉的部门发现本院负责侦查的部门对应当立案侦查的案件不立案侦查或者对不应当立案侦查的案件立案侦查的，应当建议负责侦查的部门立案侦查或者撤销案件。建议不被采纳的，应当报请检察长决定。

### 第三节 侦查活动监督

**第五百六十七条** 人民检察院应当对侦查活动中是否存在以下违法行为进行监督：

（一）采用刑讯逼供以及其他非法方法收集犯罪嫌疑人供述的；

（二）讯问犯罪嫌疑人依法应当录音或者录像而没有录音或者录像，或者未在法定羁押场所讯问犯罪嫌疑人的；

（三）采用暴力、威胁以及非法限制人身自由等非法方法收集证人证言、被害人陈述，或者以暴力、威胁等方法阻止证人作证或者指使他人作伪证的；

（四）伪造、隐匿、销毁、调换、私自涂改证据，或者帮助当事人毁灭、伪造证据的；

（五）违反刑事诉讼法关于决定、执行、变更、撤销强制措施的规定，或者强制措施法定期限届满，不予释放、解除或者变更的；

（六）应当退还取保候审保证金不退还的；

（七）违反刑事诉讼法关于讯问、询问、勘验、检查、搜查、鉴定、采取技术侦查措施等规定的；

（八）对与案件无关的财物采取查封、扣押、冻结措施，或者应当解除查封、扣押、冻结而不解除的；

（九）贪污、挪用、私分、调换、违反规定使用查封、扣押、冻结的财物及其孳息的；

（十）不应当撤案而撤案的；

（十一）侦查人员应当回避而不回避的；

（十二）依法应当告知犯罪嫌疑人诉讼权利而不告知，影响犯罪嫌疑人行使诉讼权利的；

（十三）对犯罪嫌疑人拘留、逮捕、指定居所监视居住后依法应当通知家属而未通

知的;

（十四）阻碍当事人、辩护人、诉讼代理人、值班律师依法行使诉讼权利的;

（十五）应当对证据收集的合法性出具说明或者提供证明材料而不出具、不提供的;

（十六）侦查活动中的其他违反法律规定的行为。

**第五百六十八条** 人民检察院发现侦查活动中的违法情形已涉嫌犯罪，属于人民检察院管辖的，依法立案侦查；不属于人民检察院管辖的，依照有关规定移送有管辖权的机关。

**第五百六十九条** 人民检察院负责捕诉的部门发现本院负责侦查的部门在侦查活动中有违法情形，应当提出纠正意见。需要追究相关人员违法违纪责任的，应当报告检察长。

上级人民检察院发现下级人民检察院在侦查活动中有违法情形，应当通知其纠正。下级人民检察院应当及时纠正，并将纠正情况报告上级人民检察院。

### 第四节 审判活动监督

**第五百七十条** 人民检察院应当对审判活动中是否存在以下违法行为进行监督：

（一）人民法院对刑事案件的受理违反管辖规定的;

（二）人民法院审理案件违反法定审理和送达期限的;

（三）法庭组成人员不符合法律规定，或者依照规定应当回避而不回避的;

（四）法庭审理案件违反法定程序的;

（五）侵犯当事人、其他诉讼参与人的诉讼权利和其他合法权利的;

（六）法庭审理时对有关程序问题所作的决定违反法律规定的;

（七）违反法律规定裁定发回重审的;

（八）故意毁弃、篡改、隐匿、伪造、偷换证据或者其他诉讼材料，或者依据未经法定程序调查、质证的证据定案的;

（九）依法应当调查收集相关证据而不收集的;

（十）徇私枉法，故意违背事实和法律作枉法裁判的;

（十一）收受、索取当事人及其近亲属或者其委托的律师等人财物或者其他利益的;

（十二）违反法律规定采取强制措施或者采取强制措施法定期限届满，不予释放、解除或者变更的;

（十三）应当退还取保候审保证金不退还的;

（十四）对与案件无关的财物采取查封、扣押、冻结措施，或者应当解除查封、扣押、冻结而不解除的;

（十五）贪污、挪用、私分、调换、违反规定使用查封、扣押、冻结的财物及其孳息的;

（十六）其他违反法律规定的行为。

**第五百七十一条** 人民检察院检察长或者检察长委托的副检察长，可以列席同级人民法院审判委员会会议，依法履行法律监督职责。

**第五百七十二条** 人民检察院在审判活动监督中,发现人民法院或者审判人员审理案件违反法律规定的诉讼程序,应当向人民法院提出纠正意见。

人民检察院对违反程序的庭审活动提出纠正意见,应当由人民检察院在庭审后提出。出席法庭的检察人员发现法庭审判违反法律规定的诉讼程序,应当在休庭后及时向检察长报告。

## 第五节 羁押必要性审查

**第五百七十三条** 犯罪嫌疑人、被告人被逮捕后,人民检察院仍应当对羁押的必要性进行审查。

**第五百七十四条** 人民检察院在办案过程中可以依职权主动进行羁押必要性审查。

犯罪嫌疑人、被告人及其法定代理人、近亲属或者辩护人可以申请人民检察院进行羁押必要性审查。申请时应当说明不需要继续羁押的理由,有相关证据或者其他材料的应当提供。

看守所根据在押人员身体状况,可以建议人民检察院进行羁押必要性审查。

**第五百七十五条** 负责捕诉的部门依法对侦查和审判阶段的羁押必要性进行审查。经审查认为不需要继续羁押的,应当建议公安机关或者人民法院释放犯罪嫌疑人、被告人或者变更强制措施。

审查起诉阶段,负责捕诉的部门经审查认为不需要继续羁押的,应当直接释放犯罪嫌疑人或者变更强制措施。

负责刑事执行检察的部门收到有关材料或者发现不需要继续羁押的,应当及时将有关材料和意见移送负责捕诉的部门。

**第五百七十六条** 办案机关对应的同级人民检察院负责控告申诉检察的部门或者负责案件管理的部门收到羁押必要性审查申请后,应当在当日移送本院负责捕诉的部门。

其他人民检察院收到羁押必要性审查申请的,应当告知申请人向办案机关对应的同级人民检察院提出申请,或者在二日以内将申请材料移送办案机关对应的同级人民检察院,并告知申请人。

**第五百七十七条** 人民检察院可以采取以下方式进行羁押必要性审查:

(一)审查犯罪嫌疑人、被告人不需要继续羁押的理由和证明材料;

(二)听取犯罪嫌疑人、被告人及其法定代理人、辩护人的意见;

(三)听取被害人及其法定代理人、诉讼代理人的意见,了解是否达成和解协议;

(四)听取办案机关的意见;

(五)调查核实犯罪嫌疑人、被告人的身体健康状况;

(六)需要采取的其他方式。

必要时,可以依照有关规定进行公开审查。

**第五百七十八条** 人民检察院应当根据犯罪嫌疑人、被告人涉嫌的犯罪事实、主观恶性、悔罪表现、身体状况、案件进展情况、可能判处的刑罚和有无再危害社会的危险等因素,综合评估有无必要继续羁押犯罪嫌疑人、被告人。

**第五百七十九条** 人民检察院发现犯罪嫌疑人、被告人具有下列情形之一的,应当向办案机关提出释放或者变更强制措施的建议:

(一)案件证据发生重大变化,没有证据证明有犯罪事实或者犯罪行为系犯罪嫌疑人、被告人所为的;

(二)案件事实或者情节发生变化,犯罪嫌疑人、被告人可能被判处拘役、管制、独立适用附加刑、免予刑事处罚或者判决无罪的;

(三)继续羁押犯罪嫌疑人、被告人,羁押期限将超过依法可能判处的刑期的;

(四)案件事实基本查清,证据已经收集固定,符合取保候审或者监视居住条件的。

**第五百八十条** 人民检察院发现犯罪嫌疑人、被告人具有下列情形之一,且具有悔罪表现,不予羁押不致发生社会危险性的,可以向办案机关提出释放或者变更强制措施的建议:

(一)预备犯或者中止犯;

(二)共同犯罪中的从犯或者胁从犯;

(三)过失犯罪的;

(四)防卫过当或者避险过当的;

(五)主观恶性较小的初犯;

(六)系未成年人或者已满七十五周岁的人;

(七)与被害方依法自愿达成和解协议,且已经履行或者提供担保的;

(八)认罪认罚的;

(九)患有严重疾病、生活不能自理的;

(十)怀孕或者正在哺乳自己婴儿的妇女;

(十一)系生活不能自理的人的唯一扶养人;

(十二)可能被判处一年以下有期徒刑或者宣告缓刑的;

(十三)其他不需要继续羁押的情形。

**第五百八十一条** 人民检察院向办案机关发出释放或者变更强制措施建议书的,应当说明不需要继续羁押犯罪嫌疑人、被告人的理由和法律依据,并要求办案机关在十日以内回复处理情况。

人民检察院应当跟踪办案机关对释放或者变更强制措施建议的处理情况。办案机关未在十日以内回复处理情况的,应当提出纠正意见。

**第五百八十二条** 对于依申请审查的案件,人民检察院办结后,应当将提出建议的情况和公安机关、人民法院的处理情况,或者有继续羁押必要的审查意见和理由及时书面告知申请人。

### 第六节 刑事判决、裁定监督

**第五百八十三条** 人民检察院依法对人民法院的判决、裁定是否正确实行法律监督,对人民法院确有错误的判决、裁定,应当依法提出抗诉。

**第五百八十四条** 人民检察院认为同级人民法院第一审判决、裁定具有下列情形之一的，应当提出抗诉：

（一）认定的事实确有错误或者据以定罪量刑的证据不确实、不充分的；

（二）有确实、充分证据证明有罪判无罪，或者无罪判有罪的；

（三）重罪轻判，轻罪重判，适用刑罚明显不当的；

（四）认定罪名不正确，一罪判数罪、数罪判一罪，影响量刑或者造成严重社会影响的；

（五）免除刑事处罚或者适用缓刑、禁止令、限制减刑等错误的；

（六）人民法院在审理过程中严重违反法律规定的诉讼程序的。

第五百八十五条　人民检察院在收到人民法院第一审判决书或者裁定书后，应当及时审查。对于需要提出抗诉的案件，应当报请检察长决定。

第五百八十六条　人民检察院对同级人民法院第一审判决的抗诉，应当在接到判决书后第二日起十日以内提出；对第一审裁定的抗诉，应当在接到裁定书后第二日起五日以内提出。

第五百八十七条　人民检察院对同级人民法院第一审判决、裁定的抗诉，应当制作抗诉书，通过原审人民法院向上一级人民法院提出，并将抗诉书副本连同案卷材料报送上一级人民检察院。

第五百八十八条　被害人及其法定代理人不服地方各级人民法院第一审的判决，在收到判决书后五日以内请求人民检察院提出抗诉的，人民检察院应当立即进行审查，在收到被害人及其法定代理人的请求后五日以内作出是否抗诉的决定，并且答复请求人。经审查认为应当抗诉的，适用本规则第五百八十四条至第五百八十七条的规定办理。

被害人及其法定代理人在收到判决书五日以后请求人民检察院提出抗诉的，由人民检察院决定是否受理。

第五百八十九条　上一级人民检察院对下级人民检察院按照第二审程序提出抗诉的案件，认为抗诉正确的，应当支持抗诉。

上一级人民检察院认为抗诉不当的，应当听取下级人民检察院的意见。听取意见后，仍然认为抗诉不当的，应当向同级人民法院撤回抗诉，并且通知下级人民检察院。

上一级人民检察院在上诉、抗诉期限内，发现下级人民检察院应当提出抗诉而没有提出抗诉的案件，可以指令下级人民检察院依法提出抗诉。

上一级人民检察院支持或者部分支持抗诉意见的，可以变更、补充抗诉理由，及时制作支持抗诉意见书，并通知提出抗诉的人民检察院。

第五百九十条　第二审人民法院发回原审人民法院按照第一审程序重新审判的案件，如果人民检察院认为重新审判的判决、裁定确有错误的，可以按照第二审程序提出抗诉。

第五百九十一条　人民检察院认为人民法院已经发生法律效力的判决、裁定确有错误，具有下列情形之一的，应当按照审判监督程序向人民法院提出抗诉：

（一）有新的证据证明原判决、裁定认定的事实确有错误，可能影响定罪量刑的；

（二）据以定罪量刑的证据不确实、不充分的；

（三）据以定罪量刑的证据依法应当予以排除的；

（四）据以定罪量刑的主要证据之间存在矛盾的；
（五）原判决、裁定的主要事实依据被依法变更或者撤销的；
（六）认定罪名错误且明显影响量刑的；
（七）违反法律关于追诉时效期限的规定的；
（八）量刑明显不当的；
（九）违反法律规定的诉讼程序，可能影响公正审判的；
（十）审判人员在审理案件的时候有贪污受贿，徇私舞弊，枉法裁判行为的。

对于同级人民法院已经发生法律效力的判决、裁定，人民检察院认为可能有错误的，应当另行指派检察官或者检察官办案组进行审查。经审查，认为有前款规定情形之一的，应当提请上一级人民检察院提出抗诉。

对已经发生法律效力的判决、裁定的审查，参照本规则第五百八十五条的规定办理。

**第五百九十二条** 对于高级人民法院判处死刑缓期二年执行的案件，省级人民检察院认为确有错误提请抗诉的，一般应当在收到生效判决、裁定后三个月以内提出，至迟不得超过六个月。

**第五百九十三条** 当事人及其法定代理人、近亲属认为人民法院已经发生法律效力的判决、裁定确有错误，向人民检察院申诉的，由作出生效判决、裁定的人民法院的同级人民检察院依法办理。

当事人及其法定代理人、近亲属直接向上级人民检察院申诉的，上级人民检察院可以交由作出生效判决、裁定的人民法院的同级人民检察院受理；案情重大、疑难、复杂的，上级人民检察院可以直接受理。

当事人及其法定代理人、近亲属对人民法院已经发生法律效力的判决、裁定提出申诉，经人民检察院复查决定不予抗诉后继续提出申诉的，上一级人民检察院应当受理。

**第五百九十四条** 对不服人民法院已经发生法律效力的判决、裁定的申诉，经两级人民检察院办理且省级人民检察院已经复查的，如果没有新的证据，人民检察院不再复查，但原审被告人可能被宣告无罪或者判决、裁定有其他重大错误可能的除外。

**第五百九十五条** 人民检察院对已经发生法律效力的判决、裁定的申诉复查后，认为需要提请或者提出抗诉的，报请检察长决定。

地方各级人民检察院对不服同级人民法院已经发生法律效力的判决、裁定的申诉复查后，认为需要提出抗诉的，应当提请上一级人民检察院抗诉。

上级人民检察院对下一级人民检察院提请抗诉的申诉案件进行审查后，认为需要提出抗诉的，应当向同级人民法院提出抗诉。

人民法院开庭审理时，同级人民检察院应当派员出席法庭。

**第五百九十六条** 人民检察院对不服人民法院已经发生法律效力的判决、裁定的申诉案件复查终结后，应当制作刑事申诉复查通知书，在十日以内通知申诉人。

经复查向上一级人民检察院提请抗诉的，应当在上一级人民检察院作出是否抗诉的决定后制作刑事申诉复查通知书。

**第五百九十七条** 最高人民检察院发现各级人民法院已经发生法律效力的判决或者

裁定，上级人民检察院发现下级人民法院已经发生法律效力的判决或者裁定确有错误时，可以直接向同级人民法院提出抗诉，或者指令作出生效判决、裁定人民法院的上一级人民检察院向同级人民法院提出抗诉。

**第五百九十八条** 人民检察院按照审判监督程序向人民法院提出抗诉的，应当将抗诉书副本报送上一级人民检察院。

**第五百九十九条** 对按照审判监督程序提出抗诉的案件，人民检察院认为人民法院再审作出的判决、裁定仍然确有错误的，如果案件是依照第一审程序审判的，同级人民检察院应当按照第二审程序向上一级人民法院提出抗诉；如果案件是依照第二审程序审判的，上一级人民检察院应当按照审判监督程序向同级人民法院提出抗诉。

**第六百条** 人民检察院办理按照第二审程序、审判监督程序抗诉的案件，认为需要对被告人采取强制措施的，参照本规则相关规定。决定采取强制措施应当经检察长批准。

**第六百零一条** 人民检察院对自诉案件的判决、裁定的监督，适用本节的规定。

### 第七节 死刑复核监督

**第六百零二条** 最高人民检察院依法对最高人民法院的死刑复核活动实行法律监督。

省级人民检察院依法对高级人民法院复核未上诉且未抗诉死刑立即执行案件和死刑缓期二年执行案件的活动实行法律监督。

**第六百零三条** 最高人民检察院、省级人民检察院通过办理下列案件对死刑复核活动实行法律监督：

（一）人民法院向人民检察院通报的死刑复核案件；

（二）下级人民检察院提请监督或者报告重大情况的死刑复核案件；

（三）当事人及其近亲属或者受委托的律师向人民检察院申请监督的死刑复核案件；

（四）认为应当监督的其他死刑复核案件。

**第六百零四条** 省级人民检察院对于进入最高人民法院死刑复核程序的案件，发现具有下列情形之一的，应当及时向最高人民检察院提请监督：

（一）案件事实不清、证据不足，依法应当发回重新审判或者改判的；

（二）被告人具有从宽处罚情节，依法不应当判处死刑的；

（三）适用法律错误的；

（四）违反法律规定的诉讼程序，可能影响公正审判的；

（五）其他应当提请监督的情形。

**第六百零五条** 省级人民检察院发现死刑复核案件被告人有自首、立功、怀孕或者被告人家属与被害人家属达成赔偿谅解协议等新的重大情况，影响死刑适用的，应当及时向最高人民检察院报告。

**第六百零六条** 当事人及其近亲属或者受委托的律师向最高人民检察院提出不服死刑裁判的申诉，由负责死刑复核监督的部门审查。

**第六百零七条** 对于适用死刑存在较大分歧或者在全国有重大影响的死刑第二审案件，省级人民检察院应当及时报最高人民检察院备案。

**第六百零八条** 高级人民法院死刑复核期间，设区的市级人民检察院向省级人民检察院报告重大情况、备案等程序，参照本规则第六百零五条、第六百零七条规定办理。

**第六百零九条** 对死刑复核监督案件的审查可以采取下列方式：

（一）审查人民法院移送的材料、下级人民检察院报送的相关案卷材料、当事人及其近亲属或者受委托的律师提交的材料；

（二）向下级人民检察院调取案件审查报告、公诉意见书、出庭意见书等，了解案件相关情况；

（三）向人民法院调阅或者查阅案卷材料；

（四）核实或者委托核实主要证据；

（五）讯问被告人、听取受委托的律师的意见；

（六）就有关技术性问题向专门机构或者有专门知识的人咨询，或者委托进行证据审查；

（七）需要采取的其他方式。

**第六百一十条** 审查死刑复核监督案件，具有下列情形之一的，应当听取下级人民检察院的意见：

（一）对案件主要事实、证据有疑问的；

（二）对适用死刑存在较大争议的；

（三）可能引起司法办案重大风险的；

（四）其他应当听取意见的情形。

**第六百一十一条** 最高人民检察院经审查发现死刑复核案件具有下列情形之一的，应当经检察长决定，依法向最高人民法院提出检察意见：

（一）认为适用死刑不当，或者案件事实不清、证据不足，依法不应当核准死刑的；

（二）认为不予核准死刑的理由不成立，依法应当核准死刑的；

（三）发现新的事实和证据，可能影响被告人定罪量刑的；

（四）严重违反法律规定的诉讼程序，可能影响公正审判的；

（五）司法工作人员在办理案件时，有贪污受贿，徇私舞弊，枉法裁判等行为的；

（六）其他需要提出检察意见的情形。

同意最高人民法院核准或者不核准意见的，应当经检察长批准，书面回复最高人民法院。

对于省级人民检察院提请监督、报告重大情况的案件，最高人民检察院认为具有影响死刑适用情形的，应当及时将有关材料转送最高人民法院。

## 第八节 羁押期限和办案期限监督

**第六百一十二条** 人民检察院依法对羁押期限和办案期限是否合法实行法律监督。

**第六百一十三条** 对公安机关、人民法院办理案件相关期限的监督，犯罪嫌疑人、被告人被羁押的，由人民检察院负责刑事执行检察的部门承担；犯罪嫌疑人、被告人未被羁押的，由人民检察院负责捕诉的部门承担。对人民检察院办理案件相关期限的监督，由负责案件管理的部门承担。

**第六百一十四条** 人民检察院在办理案件过程中，犯罪嫌疑人、被告人被羁押，具有下列情形之一的，办案部门应当在作出决定或者收到决定书、裁定书后十日以内通知本院负有监督职责的部门：

（一）批准或者决定延长侦查羁押期限的；

（二）对于人民检察院直接受理侦查的案件，决定重新计算侦查羁押期限、变更或者解除强制措施的；

（三）对犯罪嫌疑人、被告人进行精神病鉴定的；

（四）审查起诉期间改变管辖、延长审查起诉期限的；

（五）案件退回补充侦查，或者补充侦查完毕移送起诉后重新计算审查起诉期限的；

（六）人民法院决定适用简易程序、速裁程序审理第一审案件，或者将案件由简易程序转为普通程序，由速裁程序转为简易程序、普通程序重新审理的；

（七）人民法院改变管辖，决定延期审理、中止审理，或者同意人民检察院撤回起诉的。

**第六百一十五条** 人民检察院发现看守所的羁押期限管理活动具有下列情形之一的，应当依法提出纠正意见：

（一）未及时督促办案机关办理换押手续的；

（二）未在犯罪嫌疑人、被告人羁押期限届满前七日以内向办案机关发出羁押期限即将届满通知书的；

（三）犯罪嫌疑人、被告人被超期羁押后，没有立即书面报告人民检察院并通知办案机关的；

（四）收到犯罪嫌疑人、被告人及其法定代理人、近亲属或者辩护人提出的变更强制措施、羁押必要性审查、羁押期限届满要求释放或者变更强制措施的申请、申诉、控告后，没有及时转送有关办案机关或者人民检察院的；

（五）其他违法情形。

**第六百一十六条** 人民检察院发现公安机关的侦查羁押期限执行情况具有下列情形之一的，应当依法提出纠正意见：

（一）未按规定办理换押手续的；

（二）决定重新计算侦查羁押期限、经批准延长侦查羁押期限，未书面通知人民检察院和看守所的；

（三）对犯罪嫌疑人进行精神病鉴定，没有书面通知人民检察院和看守所的；

（四）其他违法情形。

**第六百一十七条** 人民检察院发现人民法院的审理期限执行情况具有下列情形之一的，应当依法提出纠正意见：

（一）在一审、二审和死刑复核阶段未按规定办理换押手续的；

（二）违反刑事诉讼法的规定重新计算审理期限、批准延长审理期限、改变管辖、延期审理、中止审理或者发回重审的；

(三) 决定重新计算审理期限、批准延长审理期限、改变管辖、延期审理、中止审理、对被告人进行精神病鉴定，没有书面通知人民检察院和看守所的；

(四) 其他违法情形。

**第六百一十八条** 人民检察院发现同级或者下级公安机关、人民法院超期羁押的，应当向该办案机关发出纠正违法通知书。

发现上级公安机关、人民法院超期羁押的，应当及时层报该办案机关的同级人民检察院，由同级人民检察院向该办案机关发出纠正违法通知书。

对异地羁押的案件，发现办案机关超期羁押的，应当通报该办案机关的同级人民检察院，由其依法向办案机关发出纠正违法通知书。

**第六百一十九条** 人民检察院发出纠正违法通知书后，有关办案机关未回复意见或者继续超期羁押的，应当及时报告上一级人民检察院。

对于造成超期羁押的直接责任人员，可以书面建议其所在单位或者有关主管机关依照法律或者有关规定予以处分；对于造成超期羁押情节严重，涉嫌犯罪的，应当依法追究其刑事责任。

**第六百二十条** 人民检察院办理直接受理侦查的案件或者审查逮捕、审查起诉案件，在犯罪嫌疑人侦查羁押期限、办案期限即将届满前，负责案件管理的部门应当依照有关规定向本院办案部门进行期限届满提示。发现办案部门办理案件超过规定期限的，应当依照有关规定提出纠正意见。

## 第十四章 刑罚执行和监管执法监督

### 第一节 一般规定

**第六百二十一条** 人民检察院依法对刑事判决、裁定和决定的执行工作以及监狱、看守所等的监管执法活动实行法律监督。

**第六百二十二条** 人民检察院根据工作需要，可以对监狱、看守所等场所采取巡回检察、派驻检察等方式进行监督。

**第六百二十三条** 人民检察院对监狱、看守所等场所进行监督，除可以采取本规则第五百五十一条规定的调查核实措施外，还可以采取实地查看禁闭室、会见室、监区、监舍等有关场所，列席监狱、看守所有关会议，与有关监管民警进行谈话，召开座谈会，开展问卷调查等方式。

**第六百二十四条** 人民检察院对刑罚执行和监管执法活动实行监督，可以根据下列情形分别处理：

(一) 发现执法瑕疵、安全隐患，或者违法情节轻微的，口头提出纠正意见，并记录在案；

(二) 发现严重违法，发生重大事故，或者口头提出纠正意见后七日以内未予纠正的，书面提出纠正意见；

(三) 发现存在可能导致执法不公问题，或者存在重大监管漏洞、重大安全隐患、重大事故风险等问题的,提出检察建议。

对于在巡回检察中发现的前款规定的问题、线索的整改落实情况,通过巡回检察进行督导。

## 第二节 交付执行监督

**第六百二十五条** 人民检察院发现人民法院、公安机关、看守所等机关的交付执行活动具有下列情形之一的,应当依法提出纠正意见:

(一) 交付执行的第一审人民法院没有在法定期间内将判决书、裁定书、人民检察院的起诉书副本、自诉状复印件、执行通知书、结案登记表等法律文书送达公安机关、监狱、社区矫正机构等执行机关的;

(二) 对被判处死刑缓期二年执行、无期徒刑或者有期徒刑余刑在三个月以上的罪犯,公安机关、看守所自接到人民法院执行通知书等法律文书后三十日以内,没有将成年罪犯送交监狱执行刑罚,或者没有将未成年罪犯送交未成年犯管教所执行刑罚的;

(三) 对需要收监执行刑罚而判决、裁定生效前未被羁押的罪犯,第一审人民法院没有及时将罪犯收监送交公安机关,并将判决书、裁定书、执行通知书等法律文书送达公安机关的;

(四) 公安机关对需要收监执行刑罚但下落不明的罪犯,在收到人民法院的判决书、裁定书、执行通知书等法律文书后,没有及时抓捕、通缉的;

(五) 对被判处管制、宣告缓刑或者人民法院决定暂予监外执行的罪犯,在判决、裁定生效后或者收到人民法院暂予监外执行决定后,未依法交付罪犯居住地社区矫正机构执行,或者对被单处剥夺政治权利的罪犯,在判决、裁定生效后,未依法交付罪犯居住地公安机关执行的,或者人民法院依法交付执行,社区矫正机构或者公安机关应当接收而拒绝接收的;

(六) 其他违法情形。

**第六百二十六条** 人民法院判决被告人无罪、免予刑事处罚、判处管制、宣告缓刑、单处罚金或者剥夺政治权利,被告人被羁押的,人民检察院应当监督被告人是否被立即释放。发现被告人没有被立即释放的,应当立即向人民法院或者看守所提出纠正意见。

**第六百二十七条** 人民检察院发现公安机关未依法执行拘役、剥夺政治权利,拘役执行期满未依法发给释放证明,或者剥夺政治权利执行期满未书面通知本人及其所在单位、居住地基层组织等违法情形的,应当依法提出纠正意见。

**第六百二十八条** 人民检察院发现监狱、看守所对服刑期满或者依法应当予以释放的人员没有按期释放,对被裁定假释的罪犯依法应当交付罪犯居住地社区矫正机构实行社区矫正而不交付,对主刑执行完毕仍然需要执行附加剥夺政治权利的罪犯依法应当交付罪犯居住地公安机关执行而不交付,或者对服刑期未满又无合法释放根据的罪犯予以释放等违法行为的,应当依法提出纠正意见。

## 第三节 减刑、假释、暂予监外执行监督

**第六百二十九条** 人民检察院发现人民法院、监狱、看守所、公安机关暂予监外执

行的活动具有下列情形之一的，应当依法提出纠正意见：

（一）将不符合法定条件的罪犯提请、决定暂予监外执行的；

（二）提请、决定暂予监外执行的程序违反法律规定或者没有完备的合法手续，或者对于需要保外就医的罪犯没有省级人民政府指定医院的诊断证明和开具的证明文件的；

（三）监狱、看守所提出暂予监外执行书面意见，没有同时将书面意见副本抄送人民检察院的；

（四）罪犯被决定或者批准暂予监外执行后，未依法交付罪犯居住地社区矫正机构实行社区矫正的；

（五）对符合暂予监外执行条件的罪犯没有依法提请暂予监外执行的；

（六）人民法院在作出暂予监外执行决定前，没有依法征求人民检察院意见的；

（七）发现罪犯不符合暂予监外执行条件，在暂予监外执行期间严重违反暂予监外执行监督管理规定，或者暂予监外执行的条件消失且刑期未满，应当收监执行而未及时收监执行的；

（八）人民法院决定将暂予监外执行的罪犯收监执行，并将有关法律文书送达公安机关、监狱、看守所后，监狱、看守所未及时收监执行的；

（九）对不符合暂予监外执行条件的罪犯通过贿赂、欺骗等非法手段被暂予监外执行以及在暂予监外执行期间脱逃的罪犯，监狱、看守所未建议人民法院将其监外执行期间、脱逃期间不计入执行刑期或者对罪犯执行刑期计算的建议违法、不当的；

（十）暂予监外执行的罪犯刑期届满，未及时办理释放手续的；

（十一）其他违法情形。

**第六百三十条** 人民检察院收到监狱、看守所抄送的暂予监外执行书面意见副本后，应当逐案进行审查，发现罪犯不符合暂予监外执行法定条件或者提请暂予监外执行违反法定程序的，应当在十日以内报经检察长批准，向决定或者批准机关提出书面检察意见，同时抄送执行机关。

**第六百三十一条** 人民检察院接到决定或者批准机关抄送的暂予监外执行决定书后，应当及时审查下列内容：

（一）是否属于被判处有期徒刑或者拘役的罪犯；

（二）是否属于有严重疾病需要保外就医的罪犯；

（三）是否属于怀孕或者正在哺乳自己婴儿的妇女；

（四）是否属于生活不能自理，适用暂予监外执行不致危害社会的罪犯；

（五）是否属于适用保外就医可能有社会危险性的罪犯，或者自伤自残的罪犯；

（六）决定或者批准机关是否符合刑事诉讼法第二百六十五条第五款的规定；

（七）办理暂予监外执行是否符合法定程序。

**第六百三十二条** 人民检察院经审查认为暂予监外执行不当的，应当自接到通知之日起一个月以内，向决定或者批准暂予监外执行的机关提出纠正意见。下级人民检察院认为暂予监外执行不当的，应当立即层报决定或者批准暂予监外执行的机关的同级人民检察院，由其决定是否向决定或者批准暂予监外执行的机关提出纠正意见。

**第六百三十三条** 人民检察院向决定或者批准暂予监外执行的机关提出不同意暂予监外执行的书面意见后,应当监督其对决定或者批准暂予监外执行的结果进行重新核查,并监督重新核查的结果是否符合法律规定。对核查不符合法律规定的,应当依法提出纠正意见,并向上一级人民检察院报告。

**第六百三十四条** 对于暂予监外执行的罪犯,人民检察院发现罪犯不符合暂予监外执行条件、严重违反有关暂予监外执行的监督管理规定或者暂予监外执行的情形消失而罪犯刑期未满的,应当通知执行机关收监执行,或者建议决定或者批准暂予监外执行的机关作出收监执行决定。

**第六百三十五条** 人民检察院收到执行机关抄送的减刑、假释建议书副本后,应当逐案进行审查。发现减刑、假释建议不当或者提请减刑、假释违反法定程序的,应当在十日以内报经检察长批准,向审理减刑、假释案件的人民法院提出书面检察意见,同时也可以向执行机关提出书面纠正意见。案情复杂或者情况特殊的,可以延长十日。

**第六百三十六条** 人民检察院发现监狱等执行机关提请人民法院裁定减刑、假释的活动具有下列情形之一的,应当依法提出纠正意见:

(一) 将不符合减刑、假释法定条件的罪犯,提请人民法院裁定减刑、假释的;

(二) 对依法应当减刑、假释的罪犯,不提请人民法院裁定减刑、假释的;

(三) 提请对罪犯减刑、假释违反法定程序,或者没有完备的合法手续的;

(四) 提请对罪犯减刑的减刑幅度、起始时间、间隔时间或者减刑后又假释的间隔时间不符合有关规定的;

(五) 被提请减刑、假释的罪犯被减刑后实际执行的刑期或者假释考验期不符合有关法律规定的;

(六) 其他违法情形。

**第六百三十七条** 人民法院开庭审理减刑、假释案件,人民检察院应当指派检察人员出席法庭,发表意见。

**第六百三十八条** 人民检察院收到人民法院减刑、假释的裁定书副本后,应当及时审查下列内容:

(一) 被减刑、假释的罪犯是否符合法定条件,对罪犯减刑的减刑幅度、起始时间、间隔时间或者减刑后又假释的间隔时间、罪犯被减刑后实际执行的刑期或者假释考验期是否符合有关规定;

(二) 执行机关提请减刑、假释的程序是否合法;

(三) 人民法院审理、裁定减刑、假释的程序是否合法;

(四) 人民法院对罪犯裁定不予减刑、假释是否符合有关规定;

(五) 人民法院减刑、假释裁定书是否依法送达执行并向社会公布。

**第六百三十九条** 人民检察院经审查认为人民法院减刑、假释的裁定不当,应当在收到裁定书副本后二十日以内,向作出减刑、假释裁定的人民法院提出纠正意见。

**第六百四十条** 对人民法院减刑、假释裁定的纠正意见,由作出减刑、假释裁定的人民法院的同级人民检察院书面提出。

下级人民检察院发现人民法院减刑、假释裁定不当的，应当向作出减刑、假释裁定的人民法院的同级人民检察院报告。

**第六百四十一条** 人民检察院对人民法院减刑、假释的裁定提出纠正意见后，应当监督人民法院是否在收到纠正意见后一个月以内重新组成合议庭进行审理，并监督重新作出的裁定是否符合法律规定。对最终裁定不符合法律规定的，应当向同级人民法院提出纠正意见。

### 第四节 社区矫正监督

**第六百四十二条** 人民检察院发现社区矫正决定机关、看守所、监狱、社区矫正机构在交付、接收社区矫正对象活动中违反有关规定的，应当依法提出纠正意见。

**第六百四十三条** 人民检察院发现社区矫正执法活动具有下列情形之一的，应当依法提出纠正意见：

（一）社区矫正对象报到后，社区矫正机构未履行法定告知义务，致使其未按照有关规定接受监督管理的；

（二）违反法律规定批准社区矫正对象离开所居住的市、县，或者违反人民法院禁止令的内容批准社区矫正对象进入特定区域或者场所的；

（三）没有依法监督管理而导致社区矫正对象脱管的；

（四）社区矫正对象违反监督管理规定或者人民法院的禁止令，未依法予以警告、未提请公安机关给予治安管理处罚的；

（五）对社区矫正对象有殴打、体罚、虐待、侮辱人格、强迫其参加超时间或者超体力社区服务等侵犯其合法权利行为的；

（六）未依法办理解除、终止社区矫正的；

（七）其他违法情形。

**第六百四十四条** 人民检察院发现对社区矫正对象的刑罚变更执行活动具有下列情形之一的，应当依法提出纠正意见：

（一）社区矫正机构未依法向人民法院、公安机关、监狱管理机关提出撤销缓刑、撤销假释建议或者对暂予监外执行的收监执行建议，或者未依法向人民法院提出减刑建议的；

（二）人民法院、公安机关、监狱管理机关未依法作出裁定、决定，或者未依法送达的；

（三）公安机关未依法将罪犯送交看守所、监狱，或者看守所、监狱未依法收监执行的；

（四）公安机关未依法对在逃的罪犯实施追捕的；

（五）其他违法情形。

### 第五节 刑事裁判涉财产部分执行监督

**第六百四十五条** 人民检察院发现人民法院执行刑事裁判涉财产部分具有下列情形

之一的,应当依法提出纠正意见:

(一)执行立案活动违法的;

(二)延期缴纳、酌情减少或者免除罚金违法的;

(三)中止执行或者终结执行违法的;

(四)被执行人有履行能力,应当执行而不执行的;

(五)损害被执行人、被害人、利害关系人或者案外人合法权益的;

(六)刑事裁判全部或者部分被撤销后未依法返还或者赔偿的;

(七)执行的财产未依法上缴国库的;

(八)其他违法情形。

人民检察院对人民法院执行刑事裁判涉财产部分进行监督,可以对公安机关查封、扣押、冻结涉案财物的情况,人民法院审判部门、立案部门、执行部门移送、立案、执行情况,被执行人的履行能力等情况向有关单位和个人进行调查核实。

**第六百四十六条** 人民检察院发现被执行人或者其他人员有隐匿、转移、变卖财产等妨碍执行情形的,可以建议人民法院及时查封、扣押、冻结。

公安机关不依法向人民法院移送涉案财物、相关清单、照片和其他证明文件,或者对涉案财物的查封、扣押、冻结、返还、处置等活动存在违法情形的,人民检察院应当依法提出纠正意见。

## 第六节 死刑执行监督

**第六百四十七条** 被判处死刑立即执行的罪犯在被执行死刑时,人民检察院应当指派检察官临场监督。

死刑执行临场监督由人民检察院负责刑事执行检察的部门承担。人民检察院派驻看守所、监狱的检察人员应当予以协助,负责捕诉的部门应当提供有关情况。

执行死刑过程中,人民检察院临场监督人员根据需要可以进行拍照、录像。执行死刑后,人民检察院临场监督人员应当检查罪犯是否确已死亡,并填写死刑执行临场监督笔录,签名后入卷归档。

**第六百四十八条** 省级人民检察院负责案件管理的部门收到高级人民法院报请最高人民法院复核的死刑判决书、裁定书副本后,应当在三日以内将判决书、裁定书副本移送本院负责刑事执行检察的部门。

判处死刑的案件一审是由中级人民法院审理的,省级人民检察院应当及时将死刑判决书、裁定书副本移送中级人民法院的同级人民检察院负责刑事执行检察的部门。

人民检察院收到同级人民法院执行死刑临场监督通知后,应当查明同级人民法院是否收到最高人民法院核准死刑的裁定或者作出的死刑判决、裁定和执行死刑的命令。

**第六百四十九条** 执行死刑前,人民检察院发现具有下列情形之一的,应当建议人民法院立即停止执行,并层报最高人民检察院负责死刑复核监督的部门:

(一)被执行人并非应当执行死刑的罪犯的;

(二)罪犯犯罪时不满十八周岁,或者审判的时候已满七十五周岁,依法不应当适用死刑的；

（三）罪犯正在怀孕的；

（四）共同犯罪的其他犯罪嫌疑人到案，共同犯罪的其他罪犯被暂停或者停止执行死刑，可能影响罪犯量刑的；

（五）罪犯可能有其他犯罪的；

（六）罪犯揭发他人重大犯罪事实或者有其他重大立功表现，可能需要改判的；

（七）判决、裁定可能有影响定罪量刑的其他错误的。

在执行死刑活动中，发现人民法院有侵犯被执行死刑罪犯的人身权、财产权或者其近亲属、继承人合法权利等违法情形的，人民检察院应当依法提出纠正意见。

**第六百五十条** 判处被告人死刑缓期二年执行的判决、裁定在执行过程中，人民检察院监督的内容主要包括：

（一）死刑缓期执行期满，符合法律规定应当减为无期徒刑、有期徒刑条件的，监狱是否及时提出减刑建议提请人民法院裁定，人民法院是否依法裁定；

（二）罪犯在缓期执行期间故意犯罪，监狱是否依法侦查和移送起诉；罪犯确系故意犯罪，情节恶劣，查证属实，应当执行死刑的，人民法院是否依法核准或者裁定执行死刑。

被判处死刑缓期二年执行的罪犯在死刑缓期执行期间故意犯罪，执行机关向人民检察院移送起诉的，由罪犯服刑所在地设区的市级人民检察院审查决定是否提起公诉。

人民检察院发现人民法院对被判处死刑缓期二年执行的罪犯减刑不当的，应当依照本规则第六百三十九条、第六百四十条的规定，向人民法院提出纠正意见。罪犯在死刑缓期执行期间又故意犯罪，经人民检察院起诉后，人民法院仍然予以减刑的，人民检察院应当依照本规则相关规定，向人民法院提出抗诉。

## 第七节 强制医疗执行监督

**第六百五十一条** 人民检察院发现人民法院、公安机关、强制医疗机构在对依法不负刑事责任的精神病人的强制医疗的交付执行、医疗、解除等活动中违反有关规定的，应当依法提出纠正意见。

**第六百五十二条** 人民检察院在强制医疗执行监督中发现被强制医疗的人不符合强制医疗条件或者需要依法追究刑事责任，人民法院作出的强制医疗决定可能错误的，应当在五日以内将有关材料转交作出强制医疗决定的人民法院的同级人民检察院。收到材料的人民检察院负责捕诉的部门应当在二十日以内进行审查，并将审查情况和处理意见反馈负责强制医疗执行监督的人民检察院。

**第六百五十三条** 人民检察院发现公安机关在对涉案精神病人采取临时保护性约束措施时有违法情形的，应当依法提出纠正意见。

## 第八节 监管执法监督

**第六百五十四条** 人民检察院发现看守所收押活动和监狱收监活动中具有下列情形

之一的,应当依法提出纠正意见:

(一)没有收押、收监文书、凭证,文书、凭证不齐全,或者被收押、收监人员与文书、凭证不符的;

(二)依法应当收押、收监而不收押、收监,或者对依法不应当关押的人员收押、收监的;

(三)未告知被收押、收监人员权利、义务的;

(四)其他违法情形。

**第六百五十五条** 人民检察院发现监狱、看守所等执行机关在管理、教育改造罪犯等活动中有违法行为的,应当依法提出纠正意见。

**第六百五十六条** 看守所对收押的犯罪嫌疑人进行身体检查时,人民检察院驻看守所检察人员可以在场。发现收押的犯罪嫌疑人有伤或者身体异常的,应当要求看守所进行拍照或者录像,由送押人员、犯罪嫌疑人说明原因,在体检记录中写明,并由送押人员、收押人员和犯罪嫌疑人签字确认。必要时,驻看守所检察人员可以自行拍照或者录像,并将相关情况记录在案。

**第六百五十七条** 人民检察院发现看守所、监狱等监管场所有殴打、体罚、虐待、违法使用戒具、违法适用禁闭等侵害在押人员人身权利情形的,应当依法提出纠正意见。

**第六百五十八条** 人民检察院发现看守所违反有关规定,有下列情形之一的,应当依法提出纠正意见:

(一)为在押人员通风报信,私自传递信件、物品,帮助伪造、毁灭、隐匿证据或者干扰证人作证、串供的;

(二)违反规定同意侦查人员将犯罪嫌疑人提出看守所讯问的;

(三)收到在押犯罪嫌疑人、被告人及其法定代理人、近亲属或者辩护人的变更强制措施申请或者其他申请、申诉、控告、举报,不及时转交、转告人民检察院或者有关办案机关的;

(四)应当安排辩护律师依法会见在押的犯罪嫌疑人、被告人而没有安排的;

(五)违法安排辩护律师或者其他人员会见在押的犯罪嫌疑人、被告人的;

(六)辩护律师会见犯罪嫌疑人、被告人时予以监听的;

(七)其他违法情形。

**第六百五十九条** 人民检察院发现看守所代为执行刑罚的活动具有下列情形之一的,应当依法提出纠正意见:

(一)将被判处有期徒刑剩余刑期在三个月以上的罪犯留所服刑的;

(二)将留所服刑罪犯与犯罪嫌疑人、被告人混押、混管、混教的;

(三)其他违法情形。

**第六百六十条** 人民检察院发现监狱没有按照规定对罪犯进行分押分管、监狱人民警察没有对罪犯实行直接管理等违反监管规定情形的,应当依法提出纠正意见。

人民检察院发现监狱具有未按照规定安排罪犯与亲属或者监护人会见、对伤病罪犯未及时治疗以及未执行国家规定的罪犯生活标准等侵犯罪犯合法权益情形的,应当依法提出纠正意见。

**第六百六十一条** 人民检察院发现看守所出所活动和监狱出监活动具有下列情形之一的，应当依法提出纠正意见：

（一）没有出所、出监文书、凭证，文书、凭证不齐全，或者出所、出监人员与文书、凭证不符的；

（二）应当释放而没有释放，不应当释放而释放，或者未依照规定送达释放通知书的；

（三）对提押、押解、转押出所的在押人员，特许离监、临时离监、调监或者暂予监外执行的罪犯，未依照规定派员押送并办理交接手续的；

（四）其他违法情形。

第九节 事故检察

**第六百六十二条** 人民检察院发现看守所、监狱、强制医疗机构等场所具有下列情形之一的，应当开展事故检察：

（一）被监管人、被强制医疗人非正常死亡、伤残、脱逃的；

（二）被监管人破坏监管秩序，情节严重的；

（三）突发公共卫生事件的；

（四）其他重大事故。

发生被监管人、被强制医疗人非正常死亡的，应当组织巡回检察。

**第六百六十三条** 人民检察院应当对看守所、监狱、强制医疗机构等场所或者主管机关的事故调查结论进行审查。具有下列情形之一的，人民检察院应当调查核实：

（一）被监管人、被强制医疗人及其法定代理人、近亲属对调查结论有异议的，人民检察院认为有必要调查的；

（二）人民检察院对调查结论有异议的；

（三）其他需要调查的。

人民检察院应当将调查核实的结论书面通知监管场所或者主管机关和被监管人、被强制医疗人的近亲属。认为监管场所或者主管机关处理意见不当，或者监管执法存在问题的，应当提出纠正意见或者检察建议；认为可能存在违法犯罪情形的，应当移送有关部门处理。

## 第十五章 案件管理

**第六百六十四条** 人民检察院负责案件管理的部门对检察机关办理案件的受理、期限、程序、质量等进行管理、监督、预警。

**第六百六十五条** 人民检察院负责案件管理的部门发现本院办案活动具有下列情形之一的，应当及时提出纠正意见：

（一）查封、扣押、冻结、保管、处理涉案财物不符合有关法律和规定的；

（二）法律文书制作、使用不符合法律和有关规定的；

(三) 违反羁押期限、办案期限规定的;
(四) 侵害当事人、辩护人、诉讼代理人的诉讼权利的;
(五) 未依法对立案、侦查、审查逮捕、公诉、审判等诉讼活动以及执行活动中的违法行为履行法律监督职责的;
(六) 其他应当提出纠正意见的情形。

情节轻微的,可以口头提示;情节较重的,应当发送案件流程监控通知书,提示办案部门及时查明情况并予以纠正;情节严重的,应当同时向检察长报告。

办案部门收到案件流程监控通知书后,应当在十日以内将核查情况书面回复负责案件管理的部门。

**第六百六十六条** 人民检察院负责案件管理的部门对以本院名义制发法律文书实施监督管理。

**第六百六十七条** 人民检察院办理的案件,办结后需要向其他单位移送案卷材料的,统一由负责案件管理的部门审核移送材料是否规范、齐备。负责案件管理的部门认为材料规范、齐备,符合移送条件的,应当立即由办案部门按照规定移送;认为材料不符合要求的,应当及时通知办案部门补送、更正。

**第六百六十八条** 监察机关或者公安机关随案移送涉案财物及其孳息的,人民检察院负责案件管理的部门应当在受理案件时进行审查,并及时办理入库保管手续。

**第六百六十九条** 人民检察院负责案件管理的部门对扣押的涉案物品进行保管,并对查封、扣押、冻结、处理涉案财物工作进行监督管理。对违反规定的行为提出纠正意见;涉嫌违法违纪的,报告检察长。

**第六百七十条** 人民检察院办案部门需要调用、移送、处理查封、扣押、冻结的涉案财物的,应当按照规定办理审批手续。审批手续齐全的,负责案件管理的部门应当办理出库手续。

## 第十六章 刑事司法协助

**第六百七十一条** 人民检察院依据国际刑事司法协助法等有关法律和有关刑事司法协助条约进行刑事司法协助。

**第六百七十二条** 人民检察院刑事司法协助的范围包括刑事诉讼文书送达,调查取证,安排证人作证或者协助调查,查封、扣押、冻结涉案财物,返还违法所得及其他涉案财物,移管被判刑人以及其他协助。

**第六百七十三条** 最高人民检察院是检察机关开展国际刑事司法协助的主管机关,负责审核地方各级人民检察院向外国提出的刑事司法协助请求,审查处理对外联系机关转递的外国提出的刑事司法协助请求,审查决定是否批准执行外国的刑事司法协助请求,承担其他与国际刑事司法协助相关的工作。

办理刑事司法协助相关案件的地方各级人民检察院应当向最高人民检察院层报需要向外国提出的刑事司法协助请求,执行最高人民检察院交办的外国提出的刑事司法协助请求。

**第六百七十四条** 地方各级人民检察院需要向外国请求刑事司法协助的，应当制作刑事司法协助请求书并附相关材料。经省级人民检察院审核同意后，报送最高人民检察院。

刑事司法协助请求书应当依照相关刑事司法协助条约的规定制作；没有条约或者条约没有规定的，可以参照国际刑事司法协助法第十三条的规定制作。被请求方有特殊要求的，在不违反我国法律的基本原则的情况下，可以按照被请求方的特殊要求制作。

**第六百七十五条** 最高人民检察院收到地方各级人民检察院刑事司法协助请求书及所附相关材料后，应当依照国际刑事司法协助法和有关条约进行审查。对符合规定、所附材料齐全的，最高人民检察院是对外联系机关的，应当及时向外国提出请求；不是对外联系机关的，应当通过对外联系机关向外国提出请求。对不符合规定或者材料不齐全的，应当退回提出请求的人民检察院或者要求其补充、修正。

**第六百七十六条** 最高人民检察院收到外国提出的刑事司法协助请求后，应当对请求书及所附材料进行审查。对于请求书形式和内容符合要求的，应当按照职责分工，将请求书及所附材料转交有关主管机关或者省级人民检察院处理；对于请求书形式和内容不符合要求的，可以要求请求方补充材料或者重新提出请求。

外国提出的刑事司法协助请求明显损害我国主权、安全和社会公共利益的，可以直接拒绝提供协助。

**第六百七十七条** 最高人民检察院在收到对外联系机关转交的刑事司法协助请求书及所附材料后，经审查，分别作出以下处理：

（一）根据国际刑事司法协助法和刑事司法协助条约的规定，认为可以协助执行的，作出决定并安排有关省级人民检察院执行；

（二）根据国际刑事司法协助法或者刑事司法协助条约的规定，认为应当全部或者部分拒绝协助的，将请求书及所附材料退回对外联系机关并说明理由；

（三）对执行请求有保密要求或者有其他附加条件的，通过对外联系机关向外国提出，在外国接受条件并且作出书面保证后，决定附条件执行；

（四）需要补充材料的，书面通过对外联系机关要求请求方在合理期限内提供。

**第六百七十八条** 有关省级人民检察院收到最高人民检察院交办的外国刑事司法协助请求后，应当依法执行，或者交由下级人民检察院执行。

负责执行的人民检察院收到刑事司法协助请求书和所附材料后，应当立即安排执行，并将执行结果及有关材料报经省级人民检察院审查后，报送最高人民检察院。

对于不能执行的，应当将刑事司法协助请求书和所附材料，连同不能执行的理由，通过省级人民检察院报送最高人民检察院。

因请求书提供的地址不详或者材料不齐全，人民检察院难以执行该项请求的，应当立即通过最高人民检察院书面通知对外联系机关，要求请求方补充提供材料。

**第六百七十九条** 最高人民检察院应当对执行结果进行审查。对于符合请求要求和有关规定的，通过对外联系机关转交或者转告请求方。

## 第十七章　附　　则

**第六百八十条**　人民检察院办理国家安全机关、海警机关、监狱移送的刑事案件以及对国家安全机关、海警机关、监狱立案、侦查活动的监督，适用本规则关于公安机关的规定。

**第六百八十一条**　军事检察院等专门人民检察院办理刑事案件，适用本规则和其他有关规定。

**第六百八十二条**　本规则所称检察官，包括检察长、副检察长、检察委员会委员、检察员。

本规则所称检察人员，包括检察官和检察官助理。

**第六百八十三条**　本规则由最高人民检察院负责解释。

**第六百八十四条**　本规则自 2019 年 12 月 30 日起施行。本规则施行后，《人民检察院刑事诉讼规则（试行）》（高检发释字〔2012〕2 号）同时废止；最高人民检察院以前发布的司法解释和规范性文件与本规则不一致的，以本规则为准。

# 公安机关办理刑事案件程序规定

(2012年12月13日公安部令第127号修订发布 根据2020年7月20日公安部令第159号《公安部关于修改〈公安机关办理刑事案件程序规定〉的决定》修正)

## 目　录

第一章　任务和基本原则
第二章　管　辖
第三章　回　避
第四章　律师参与刑事诉讼
第五章　证　据
第六章　强制措施
　第一节　拘　传
　第二节　取保候审
　第三节　监视居住
　第四节　拘　留
　第五节　逮　捕
　第六节　羁　押
　第七节　其他规定
第七章　立案、撤案
　第一节　受　案
　第二节　立　案
　第三节　撤　案
第八章　侦　查
　第一节　一般规定
　第二节　讯问犯罪嫌疑人
　第三节　询问证人、被害人
　第四节　勘验、检查
　第五节　搜　查

第六节　查封、扣押
　　第七节　查询、冻结
　　第八节　鉴　　定
　　第九节　辨　　认
　　第十节　技术侦查
　　第十一节　通　　缉
　　第十二节　侦查终结
　　第十三节　补充侦查
第九章　执行刑罚
　　第一节　罪犯的交付
　　第二节　减刑、假释、暂予监外执行
　　第三节　剥夺政治权利
　　第四节　对又犯新罪罪犯的处理
第十章　特别程序
　　第一节　未成年人刑事案件诉讼程序
　　第二节　当事人和解的公诉案件诉讼程序
　　第三节　犯罪嫌疑人逃匿、死亡案件违法所得的没收程序
　　第四节　依法不负刑事责任的精神病人的强制医疗程序
第十一章　办案协作
第十二章　外国人犯罪案件的办理
第十三章　刑事司法协助和警务合作
第十四章　附　　则

# 第一章　任务和基本原则

**第一条**　为了保障《中华人民共和国刑事诉讼法》的贯彻实施，保证公安机关在刑事诉讼中正确履行职权，规范办案程序，确保办案质量，提高办案效率，制定本规定。

**第二条**　公安机关在刑事诉讼中的任务，是保证准确、及时地查明犯罪事实，正确应用法律，惩罚犯罪分子，保障无罪的人不受刑事追究，教育公民自觉遵守法律，积极同犯罪行为作斗争，维护社会主义法制，尊重和保障人权，保护公民的人身权利、财产权利、民主权利和其他权利，保障社会主义建设事业的顺利进行。

**第三条**　公安机关在刑事诉讼中的基本职权，是依照法律对刑事案件立案、侦查、预审；决定、执行强制措施；对依法不追究刑事责任的不予立案，已经追究的撤销案件；对侦查终结应当起诉的案件，移送人民检察院审查决定；对不够刑事处罚的犯罪嫌疑人需要行政处理的，依法予以处理或者移送有关部门；对被判处有期徒刑的罪犯，在被交付执行刑罚前，剩余刑期在三个月以下的，代为执行刑罚；执行拘役、剥夺政治权利、驱逐出境。

**第四条**　公安机关进行刑事诉讼，必须依靠群众，以事实为根据，以法律为准绳。

对于一切公民，在适用法律上一律平等，在法律面前，不允许有任何特权。

**第五条** 公安机关进行刑事诉讼，同人民法院、人民检察院分工负责，互相配合，互相制约，以保证准确有效地执行法律。

**第六条** 公安机关进行刑事诉讼，依法接受人民检察院的法律监督。

**第七条** 公安机关进行刑事诉讼，应当建立、完善和严格执行办案责任制度、执法过错责任追究制度等内部执法监督制度。

在刑事诉讼中，上级公安机关发现下级公安机关作出的决定或者办理的案件有错误的，有权予以撤销或者变更，也可以指令下级公安机关予以纠正。

下级公安机关对上级公安机关的决定必须执行，如果认为有错误，可以在执行的同时向上级公安机关报告。

**第八条** 公安机关办理刑事案件，应当重证据，重调查研究，不轻信口供。严禁刑讯逼供和以威胁、引诱、欺骗以及其他非法方法收集证据，不得强迫任何人证实自己有罪。

**第九条** 公安机关在刑事诉讼中，应当保障犯罪嫌疑人、被告人和其他诉讼参与人依法享有的辩护权和其他诉讼权利。

**第十条** 公安机关办理刑事案件，应当向同级人民检察院提请批准逮捕、移送审查起诉。

**第十一条** 公安机关办理刑事案件，对不通晓当地通用的语言文字的诉讼参与人，应当为他们翻译。

在少数民族聚居或者多民族杂居的地区，应当使用当地通用的语言进行讯问。对外公布的诉讼文书，应当使用当地通用的文字。

**第十二条** 公安机关办理刑事案件，各地区、各部门之间应当加强协作和配合，依法履行协查、协办职责。

上级公安机关应当加强监督、协调和指导。

**第十三条** 根据《中华人民共和国引渡法》《中华人民共和国国际刑事司法协助法》，中华人民共和国缔结或者参加的国际条约和公安部签订的双边、多边合作协议，或者按照互惠原则，我国公安机关可以和外国警察机关开展刑事司法协助和警务合作。

## 第二章 管 辖

**第十四条** 根据刑事诉讼法的规定，除下列情形外，刑事案件由公安机关管辖：

（一）监察机关管辖的职务犯罪案件；

（二）人民检察院管辖的在对诉讼活动实行法律监督中发现的司法工作人员利用职权实施的非法拘禁、刑讯逼供、非法搜查等侵犯公民权利、损害司法公正的犯罪，以及经省级以上人民检察院决定立案侦查的公安机关管辖的国家机关工作人员利用职权实施的重大犯罪案件；

（三）人民法院管辖的自诉案件。对于人民法院直接受理的被害人有证据证明的轻微刑事案件，因证据不足驳回起诉，人民法院移送公安机关或者被害人向公安机关控告的，公安机关应当受理；被害人直接向公安机关控告的，公安机关应当受理；

（四）军队保卫部门管辖的军人违反职责的犯罪和军队内部发生的刑事案件；

（五）监狱管辖的罪犯在监狱内犯罪的刑事案件；

（六）海警部门管辖的海（岛屿）岸线以外我国管辖海域内发生的刑事案件。对于发生在沿海港岙口、码头、滩涂、台轮停泊点等区域的，由公安机关管辖；

（七）其他依照法律和规定应当由其他机关管辖的刑事案件。

**第十五条** 刑事案件由犯罪地的公安机关管辖。如果由犯罪嫌疑人居住地的公安机关管辖更为适宜的，可以由犯罪嫌疑人居住地的公安机关管辖。

法律、司法解释或者其他规范性文件对有关犯罪案件的管辖作出特别规定的，从其规定。

**第十六条** 犯罪地包括犯罪行为发生地和犯罪结果发生地。犯罪行为发生地，包括犯罪行为的实施地以及预备地、开始地、途经地、结束地等与犯罪行为有关的地点；犯罪行为有连续、持续或者继续状态的，犯罪行为连续、持续或者继续实施的地方都属于犯罪行为发生地。犯罪结果发生地，包括犯罪对象被侵害地、犯罪所得的实际取得地、藏匿地、转移地、使用地、销售地。

居住地包括户籍所在地、经常居住地。经常居住地是指公民离开户籍所在地最后连续居住一年以上的地方，但住院就医的除外。单位登记的住所地为其居住地。主要营业地或者主要办事机构所在地与登记的住所地不一致的，主要营业地或者主要办事机构所在地为其居住地。

**第十七条** 针对或者主要利用计算机网络实施的犯罪，用于实施犯罪行为的网络服务使用的服务器所在地，网络服务提供者所在地，被侵害的网络信息系统及其管理者所在地，以及犯罪过程中犯罪嫌疑人、被害人使用的网络信息系统所在地，被害人被侵害时所在地和被害人财产遭受损失地公安机关可以管辖。

**第十八条** 行驶中的交通工具上发生的刑事案件，由交通工具最初停靠地公安机关管辖；必要时，交通工具始发地、途经地、目的地公安机关也可以管辖。

**第十九条** 在中华人民共和国领域外的中国航空器内发生的刑事案件，由该航空器在中国最初降落地的公安机关管辖。

**第二十条** 中国公民在中国驻外使、领馆内的犯罪，由其主管单位所在地或者原户籍地的公安机关管辖。

中国公民在中华人民共和国领域外的犯罪，由其入境地、离境前居住地或者现居住地的公安机关管辖；被害人是中国公民的，也可由被害人离境前居住地或者现居住地的公安机关管辖。

**第二十一条** 几个公安机关都有权管辖的刑事案件，由最初受理的公安机关管辖。必要时，可以由主要犯罪地的公安机关管辖。

具有下列情形之一的，公安机关可以在职责范围内并案侦查：

（一）一人犯数罪的；

（二）共同犯罪的；

（三）共同犯罪的犯罪嫌疑人还实施其他犯罪的；

（四）多个犯罪嫌疑人实施的犯罪存在关联，并案处理有利于查明犯罪事实的。

**第二十二条** 对管辖不明确或者有争议的刑事案件，可以由有关公安机关协商。协商不成的，由共同的上级公安机关指定管辖。

对情况特殊的刑事案件，可以由共同的上级公安机关指定管辖。

提请上级公安机关指定管辖时，应当在有关材料中列明犯罪嫌疑人基本情况、涉嫌罪名、案件基本事实、管辖争议情况、协商情况和指定管辖理由，经公安机关负责人批准后，层报有权指定管辖的上级公安机关。

**第二十三条** 上级公安机关指定管辖的，应当将指定管辖决定书分别送达被指定管辖的公安机关和其他有关的公安机关，并根据办案需要抄送同级人民法院、人民检察院。

原受理案件的公安机关，在收到上级公安机关指定其他公安机关管辖的决定书后，不再行使管辖权，同时应当将犯罪嫌疑人、涉案财物以及案卷材料等移送被指定管辖的公安机关。

对指定管辖的案件，需要逮捕犯罪嫌疑人的，由被指定管辖的公安机关提请同级人民检察院审查批准；需要提起公诉的，由该公安机关移送同级人民检察院审查决定。

**第二十四条** 县级公安机关负责侦查发生在本辖区内的刑事案件。

设区的市一级以上公安机关负责下列犯罪中重大案件的侦查：

（一）危害国家安全犯罪；

（二）恐怖活动犯罪；

（三）涉外犯罪；

（四）经济犯罪；

（五）集团犯罪；

（六）跨区域犯罪。

上级公安机关认为有必要的，可以侦查下级公安机关管辖的刑事案件；下级公安机关认为案情重大需要上级公安机关侦查的刑事案件，可以请求上一级公安机关管辖。

**第二十五条** 公安机关内部对刑事案件的管辖，按照刑事侦查机构的设置及其职责分工确定。

**第二十六条** 铁路公安机关管辖铁路系统的机关、厂、段、院、校、所、队、工区等单位发生的刑事案件，车站工作区域内、列车内发生的刑事案件，铁路沿线发生的盗窃或者破坏铁路、通信、电力线路和其他重要设施的刑事案件，以及内部职工在铁路线上工作时发生的刑事案件。

铁路系统的计算机信息系统延伸到地方涉及铁路业务的网点，其计算机信息系统发生的刑事案件由铁路公安机关管辖。

对倒卖、伪造、变造火车票的刑事案件，由最初受理案件的铁路公安机关或者地方公安机关管辖。必要时，可以移送主要犯罪地的铁路公安机关或者地方公安机关管辖。

在列车上发生的刑事案件，犯罪嫌疑人在列车运行途中被抓获的，由前方停靠站所在地的铁路公安机关管辖；必要时，也可以由列车始发站、终点站所在地的铁路公安机关管辖。犯罪嫌疑人不是在列车运行途中被抓获的，由负责该列车乘务的铁路公安机关管辖；但在列车运行途经的车站被抓获的，也可以由该车站所在地的铁路公安机关管辖。

在国际列车上发生的刑事案件，根据我国与相关国家签订的协定确定管辖；没有协定的，由该列车始发或者前方停靠的中国车站所在地的铁路公安机关管辖。

铁路建设施工工地发生的刑事案件由地方公安机关管辖。

**第二十七条** 民航公安机关管辖民航系统的机关、厂、段、院、校、所、队、工区等单位、机场工作区域内、民航飞机内发生的刑事案件。

重大飞行事故刑事案件由犯罪结果发生地机场公安机关管辖。犯罪结果发生地未设机场公安机关或者不在机场公安机关管辖范围内的，由地方公安机关管辖，有关机场公安机关予以协助。

**第二十八条** 海关走私犯罪侦查机构管辖中华人民共和国海关关境内发生的涉税走私犯罪和发生在海关监管区内的非涉税走私犯罪等刑事案件。

**第二十九条** 公安机关侦查的刑事案件的犯罪嫌疑人涉及监察机关管辖的案件时，应当及时与同级监察机关协商，一般应当由监察机关为主调查，公安机关予以协助。

**第三十条** 公安机关侦查的刑事案件涉及人民检察院管辖的案件时，应当将属于人民检察院管辖的刑事案件移送人民检察院。涉嫌主罪属于公安机关管辖的，由公安机关为主侦查；涉嫌主罪属于人民检察院管辖的，公安机关予以配合。

公安机关侦查的刑事案件涉及其他侦查机关管辖的案件时，参照前款规定办理。

**第三十一条** 公安机关和军队互涉刑事案件的管辖分工按照有关规定办理。

公安机关和武装警察部队互涉刑事案件的管辖分工依照公安机关和军队互涉刑事案件的管辖分工的原则办理。

## 第三章 回 避

**第三十二条** 公安机关负责人、侦查人员有下列情形之一的，应当自行提出回避申请，没有自行提出回避申请的，应当责令其回避，当事人及其法定代理人也有权要求他们回避：

（一）是本案的当事人或者是当事人的近亲属的；

（二）本人或者他的近亲属和本案有利害关系的；

（三）担任过本案的证人、鉴定人、辩护人、诉讼代理人的；

（四）与本案当事人有其他关系，可能影响公正处理案件的。

**第三十三条** 公安机关负责人、侦查人员不得有下列行为：

（一）违反规定会见本案当事人及其委托人；

（二）索取、接受本案当事人及其委托人的财物或者其他利益；

（三）接受本案当事人及其委托人的宴请，或者参加由其支付费用的活动；

（四）其他可能影响案件公正办理的不正当行为。

违反前款规定的，应当责令其回避并依法追究法律责任。当事人及其法定代理人有权要求其回避。

**第三十四条** 公安机关负责人、侦查人员自行提出回避申请的,应当说明回避的理由;口头提出申请的,公安机关应当记录在案。

当事人及其法定代理人要求公安机关负责人、侦查人员回避,应当提出申请,并说明理由;口头提出申请的,公安机关应当记录在案。

**第三十五条** 侦查人员的回避,由县级以上公安机关负责人决定;县级以上公安机关负责人的回避,由同级人民检察院检察委员会决定。

**第三十六条** 当事人及其法定代理人对侦查人员提出回避申请的,公安机关应当在收到回避申请后二日以内作出决定并通知申请人;情况复杂的,经县级以上公安机关负责人批准,可以在收到回避申请后五日以内作出决定。

当事人及其法定代理人对县级以上公安机关负责人提出回避申请的,公安机关应当及时将申请移送同级人民检察院。

**第三十七条** 当事人及其法定代理人对驳回申请回避的决定不服的,可以在收到驳回申请回避决定书后五日以内向作出决定的公安机关申请复议。

公安机关应当在收到复议申请后五日以内作出复议决定并书面通知申请人。

**第三十八条** 在作出回避决定前,申请或者被申请回避的公安机关负责人、侦查人员不得停止对案件的侦查。

作出回避决定后,申请或者被申请回避的公安机关负责人、侦查人员不得再参与本案的侦查工作。

**第三十九条** 被决定回避的公安机关负责人、侦查人员在回避决定作出以前所进行的诉讼活动是否有效,由作出决定的机关根据案件情况决定。

**第四十条** 本章关于回避的规定适用于记录人、翻译人员和鉴定人。

记录人、翻译人员和鉴定人需要回避的,由县级以上公安机关负责人决定。

**第四十一条** 辩护人、诉讼代理人可以依照本章的规定要求回避、申请复议。

## 第四章 律师参与刑事诉讼

**第四十二条** 公安机关应当保障辩护律师在侦查阶段依法从事下列执业活动:
(一)向公安机关了解犯罪嫌疑人涉嫌的罪名和案件有关情况,提出意见;
(二)与犯罪嫌疑人会见和通信,向犯罪嫌疑人了解案件有关情况;
(三)为犯罪嫌疑人提供法律帮助、代理申诉、控告;
(四)为犯罪嫌疑人申请变更强制措施。

**第四十三条** 公安机关在第一次讯问犯罪嫌疑人或者对犯罪嫌疑人采取强制措施的时候,应当告知犯罪嫌疑人有权委托律师作为辩护人,并告知其如果因经济困难或者其他原因没有委托辩护律师的,可以向法律援助机构申请法律援助。告知的情形应当记录在案。

对于同案的犯罪嫌疑人委托同一名辩护律师的,或者两名以上未同案处理但实施的犯罪存在关联的犯罪嫌疑人委托同一名辩护律师的,公安机关应当要求其更换辩护律师。

**第四十四条** 犯罪嫌疑人可以自己委托辩护律师。犯罪嫌疑人在押的,也可以由其监护人、近亲属代为委托辩护律师。

犯罪嫌疑人委托辩护律师的请求可以书面提出，也可以口头提出。口头提出的，公安机关应当制作笔录，由犯罪嫌疑人签名、捺指印。

**第四十五条** 在押的犯罪嫌疑人向看守所提出委托辩护律师要求的，看守所应当及时将其请求转达给办案部门，办案部门应当及时向犯罪嫌疑人委托的辩护律师或者律师事务所转达该项请求。

在押的犯罪嫌疑人仅提出委托辩护律师的要求，但提不出具体对象的，办案部门应当及时通知犯罪嫌疑人的监护人、近亲属代为委托辩护律师。犯罪嫌疑人无监护人或者近亲属的，办案部门应当及时通知当地律师协会或者司法行政机关为其推荐辩护律师。

**第四十六条** 符合下列情形之一，犯罪嫌疑人没有委托辩护人的，公安机关应当自发现该情形之日起三日以内通知法律援助机构为犯罪嫌疑人指派辩护律师：

（一）犯罪嫌疑人是盲、聋、哑人，或者是尚未完全丧失辨认或者控制自己行为能力的精神病人；

（二）犯罪嫌疑人可能被判处无期徒刑、死刑。

**第四十七条** 公安机关收到在押的犯罪嫌疑人提出的法律援助申请后，应当在二十四小时以内将其申请转交所在地的法律援助机构，并在三日以内通知申请人的法定代理人、近亲属或者其委托的其他人员协助提供有关证件、证明等相关材料。犯罪嫌疑人的法定代理人、近亲属或者其委托的其他人员地址不详无法通知的，应当在转交申请时一并告知法律援助机构。

犯罪嫌疑人拒绝法律援助机构指派的律师作为辩护人或者自行委托辩护人的，公安机关应当在三日以内通知法律援助机构。

**第四十八条** 辩护律师接受犯罪嫌疑人委托或者法律援助机构的指派后，应当及时告知公安机关并出示律师执业证书、律师事务所证明和委托书或者法律援助公函。

**第四十九条** 犯罪嫌疑人、被告人入所羁押时没有委托辩护人，法律援助机构也没有指派律师提供辩护的，看守所应当告知其有权约见值班律师，获得法律咨询、程序选择建议、申请变更强制措施、对案件处理提出意见等法律帮助，并为犯罪嫌疑人、被告人约见值班律师提供便利。

没有委托辩护人、法律援助机构没有指派律师提供辩护的犯罪嫌疑人、被告人，向看守所申请由值班律师提供法律帮助的，看守所应当在二十四小时内通知值班律师。

**第五十条** 辩护律师向公安机关了解案件有关情况的，公安机关应当依法将犯罪嫌疑人涉嫌的罪名以及当时已查明的该罪的主要事实，犯罪嫌疑人被采取、变更、解除强制措施，延长侦查羁押期限等案件有关情况，告知接受委托或者指派的辩护律师，并记录在案。

**第五十一条** 辩护律师可以同在押或者被监视居住的犯罪嫌疑人会见、通信。

**第五十二条** 对危害国家安全犯罪案件、恐怖活动犯罪案件，办案部门应当在将犯罪嫌疑人送看守所羁押时书面通知看守所；犯罪嫌疑人被监视居住的，应当在送交执行时书面通知执行机关。

辩护律师在侦查期间要求会见前款规定案件的在押或者被监视居住的犯罪嫌疑人，应当向办案部门提出申请。

对辩护律师提出的会见申请，办案部门应当在收到申请后三日以内，报经县级以上公安机关负责人批准，作出许可或者不许可的决定，书面通知辩护律师，并及时通知看守所或者执行监视居住的部门。除有碍侦查或者可能泄露国家秘密的情形外，应当作出许可的决定。

公安机关不许可会见的，应当说明理由。有碍侦查或者可能泄露国家秘密的情形消失后，公安机关应当许可会见。

有下列情形之一的，属于本条规定的"有碍侦查"：

（一）可能毁灭、伪造证据，干扰证人作证或者串供的；

（二）可能引起犯罪嫌疑人自残、自杀或者逃跑的；

（三）可能引起同案犯逃避、妨碍侦查的；

（四）犯罪嫌疑人的家属与犯罪有牵连的。

第五十三条 辩护律师要求会见在押的犯罪嫌疑人，看守所应当在查验其律师执业证书、律师事务所证明和委托书或者法律援助公函后，在四十八小时以内安排律师会见到犯罪嫌疑人，同时通知办案部门。

侦查期间，辩护律师会见危害国家安全犯罪案件、恐怖活动犯罪案件在押或者被监视居住的犯罪嫌疑人时，看守所或者监视居住执行机关还应当查验侦查机关的许可决定文书。

第五十四条 辩护律师会见在押或者被监视居住的犯罪嫌疑人需要聘请翻译人员的，应当向办案部门提出申请。办案部门应当在收到申请后三日以内，报经县级以上公安机关负责人批准，作出许可或者不许可的决定，书面通知辩护律师。对于具有本规定第三十二条所列情形之一的，作出不予许可的决定，并通知其更换；不具有相关情形的，应当许可。

翻译人员参与会见的，看守所或者监视居住执行机关应当查验公安机关的许可决定文书。

第五十五条 辩护律师会见在押或者被监视居住的犯罪嫌疑人时，看守所或者监视居住执行机关应当采取必要的管理措施，保障会见顺利进行，并告知其遵守会见的有关规定。辩护律师会见犯罪嫌疑人时，公安机关不得监听，不得派员在场。

辩护律师会见在押或者被监视居住的犯罪嫌疑人时，违反法律规定或者会见的规定的，看守所或者监视居住执行机关应当制止。对于严重违反规定或者不听劝阻的，可以决定停止本次会见，并及时通报其所在的律师事务所、所属的律师协会以及司法行政机关。

第五十六条 辩护人或者其他任何人在刑事诉讼中，违反法律规定，实施干扰诉讼活动行为的，应当依法追究法律责任。

辩护人实施干扰诉讼活动行为，涉嫌犯罪，属于公安机关管辖的，应当由办理辩护人所承办案件的公安机关报请上一级公安机关指定其他公安机关立案侦查，或者由上一级公安机关立案侦查。不得指定原承办案件公安机关的下级公安机关立案侦查。辩护人是律师的，立案侦查的公安机关应当及时通知其所在的律师事务所、所属的律师协会以及司法行政机关。

**第五十七条** 辩护律师对在执业活动中知悉的委托人的有关情况和信息，有权予以保密。但是，辩护律师在执业活动中知悉委托人或者其他人，准备或者正在实施危害国家安全、公共安全以及严重危害他人人身安全的犯罪的，应当及时告知司法机关。

**第五十八条** 案件侦查终结前，辩护律师提出要求的，公安机关应当听取辩护律师的意见，根据情况进行核实，并记录在案。辩护律师提出书面意见的，应当附卷。

对辩护律师收集的犯罪嫌疑人不在犯罪现场、未达到刑事责任年龄、属于依法不负刑事责任的精神病人的证据，公安机关应当进行核实并将有关情况记录在案，有关证据应当附卷。

## 第五章 证 据

**第五十九条** 可以用于证明案件事实的材料，都是证据。

证据包括：

（一）物证；

（二）书证；

（三）证人证言；

（四）被害人陈述；

（五）犯罪嫌疑人供述和辩解；

（六）鉴定意见；

（七）勘验、检查、侦查实验、搜查、查封、扣押、提取、辨认等笔录；

（八）视听资料、电子数据。

证据必须经过查证属实，才能作为认定案件事实的根据。

**第六十条** 公安机关必须依照法定程序，收集、调取能够证实犯罪嫌疑人有罪或者无罪、犯罪情节轻重的各种证据。必须保证一切与案件有关或者了解案情的公民，有客观地充分地提供证据的条件，除特殊情况外，可以吸收他们协助调查。

**第六十一条** 公安机关向有关单位和个人收集、调取证据时，应当告知其必须如实提供证据。

对涉及国家秘密、商业秘密、个人隐私的证据，应当保密。

对于伪造证据、隐匿证据或者毁灭证据的，应当追究其法律责任。

**第六十二条** 公安机关向有关单位和个人调取证据，应当经办案部门负责人批准，开具调取证据通知书，明确调取的证据和提供时限。被调取单位及其经办人、持有证据的个人应当在通知书上盖章或者签名，拒绝盖章或者签名的，公安机关应当注明。必要时，应当采用录音录像方式固定证据内容及取证过程。

**第六十三条** 公安机关接受或者依法调取的行政机关在行政执法和查办案件过程中收集的物证、书证、视听资料、电子数据、鉴定意见、勘验笔录、检查笔录等证据材料，经公安机关审查符合法定要求的，可以作为证据使用。

第六十四条　收集、调取的物证应当是原物。只有在原物不便搬运、不易保存或者依法应当由有关部门保管、处理或者依法应当返还时，才可以拍摄或者制作足以反映原物外形或者内容的照片、录像或者复制品。

物证的照片、录像或者复制品经与原物核实无误或者经鉴定证明为真实的，或者以其他方式确能证明其真实的，可以作为证据使用。原物的照片、录像或者复制品，不能反映原物的外形和特征的，不能作为证据使用。

第六十五条　收集、调取的书证应当是原件。只有在取得原件确有困难时，才可以使用副本或者复制件。

书证的副本、复制件，经与原件核实无误或者经鉴定证明为真实的，或者以其他方式确能证明其真实的，可以作为证据使用。书证有更改或者更改迹象不能作出合理解释的，或者书证的副本、复制件不能反映书证原件及其内容的，不能作为证据使用。

第六十六条　收集、调取电子数据，能够扣押电子数据原始存储介质的，应当扣押原始存储介质，并制作笔录、予以封存。

确因客观原因无法扣押原始存储介质的，可以现场提取或者网络在线提取电子数据。无法扣押原始存储介质，也无法现场提取或者网络在线提取的，可以采取打印、拍照或者录音录像等方式固定相关证据，并在笔录中注明原因。

收集、调取的电子数据，足以保证完整性，无删除、修改、增加等情形的，可以作为证据使用。经审查无法确定真伪，或者制作、取得的时间、地点、方式等有疑问，不能提供必要证明或者作出合理解释的，不能作为证据使用。

第六十七条　物证的照片、录像或者复制品，书证的副本、复制件，视听资料、电子数据的复制件，应当附有关制作过程及原件、原物存放处的文字说明，并由制作人和物品持有人或者物品持有单位有关人员签名。

第六十八条　公安机关提请批准逮捕书、起诉意见书必须忠实于事实真象。故意隐瞒事实真象的，应当依法追究责任。

第六十九条　需要查明的案件事实包括：

（一）犯罪行为是否存在；

（二）实施犯罪行为的时间、地点、手段、后果以及其他情节；

（三）犯罪行为是否为犯罪嫌疑人实施；

（四）犯罪嫌疑人的身份；

（五）犯罪嫌疑人实施犯罪行为的动机、目的；

（六）犯罪嫌疑人的责任以及与其他同案人的关系；

（七）犯罪嫌疑人有无法定从重、从轻、减轻处罚以及免除处罚的情节；

（八）其他与案件有关的事实。

第七十条　公安机关移送审查起诉的案件，应当做到犯罪事实清楚，证据确实、充分。

证据确实、充分，应当符合以下条件：

（一）认定的案件事实都有证据证明；

（二）认定案件事实的证据均经法定程序查证属实；

（三）综合全案证据，对所认定事实已排除合理怀疑。

对证据的审查，应当结合案件的具体情况，从各证据与待证事实的关联程度、各证据之间的联系等方面进行审查判断。

只有犯罪嫌疑人供述，没有其他证据的，不能认定案件事实；没有犯罪嫌疑人供述，证据确实、充分的，可以认定案件事实。

第七十一条 采用刑讯逼供等非法方法收集的犯罪嫌疑人供述和采用暴力、威胁等非法方法收集的证人证言、被害人陈述，应当予以排除。

收集物证、书证、视听资料、电子数据违反法定程序，可能严重影响司法公正的，应当予以补正或者作出合理解释；不能补正或者作出合理解释的，对该证据应当予以排除。

在侦查阶段发现有应当排除的证据的，经县级以上公安机关负责人批准，应当依法予以排除，不得作为提请批准逮捕、移送审查起诉的依据。

人民检察院认为可能存在以非法方法收集证据情形，要求公安机关进行说明的，公安机关应当及时进行调查，并向人民检察院作出书面说明。

第七十二条 人民法院认为现有证据材料不能证明证据收集的合法性，通知有关侦查人员或者公安机关其他人员出庭说明情况的，有关侦查人员或者其他人员应当出庭。必要时，有关侦查人员或者其他人员也可以要求出庭说明情况。侦查人员或者其他人员出庭，应当向法庭说明证据收集过程，并就相关情况接受发问。

经人民法院通知，人民警察应当就其执行职务时目击的犯罪情况出庭作证。

第七十三条 凡是知道案件情况的人，都有作证的义务。

生理上、精神上有缺陷或者年幼，不能辨别是非，不能正确表达的人，不能作证人。

对于证人能否辨别是非，能否正确表达，必要时可以进行审查或者鉴别。

第七十四条 公安机关应当保障证人及其近亲属的安全。

对证人及其近亲属进行威胁、侮辱、殴打或者打击报复，构成犯罪的，依法追究刑事责任；尚不够刑事处罚的，依法给予治安管理处罚。

第七十五条 对危害国家安全犯罪、恐怖活动犯罪、黑社会性质的组织犯罪、毒品犯罪等案件，证人、鉴定人、被害人因在侦查过程中作证，本人或者其近亲属的人身安全面临危险的，公安机关应当采取以下一项或者多项保护措施：

（一）不公开真实姓名、住址、通讯方式和工作单位等个人信息；

（二）禁止特定的人员接触被保护人；

（三）对被保护人的人身和住宅采取专门性保护措施；

（四）将被保护人带到安全场所保护；

（五）变更被保护人的住所和姓名；

（六）其他必要的保护措施。

证人、鉴定人、被害人认为因在侦查过程中作证，本人或者其近亲属的人身安全面临危险，向公安机关请求予以保护，公安机关经审查认为符合前款规定的条件，确有必要采取保护措施的，应当采取上述一项或者多项保护措施。

公安机关依法采取保护措施，可以要求有关单位和个人配合。

案件移送审查起诉时，应当将采取保护措施的相关情况一并移交人民检察院。

第七十六条　公安机关依法决定不公开证人、鉴定人、被害人的真实姓名、住址、通讯方式和工作单位等个人信息的，可以在起诉意见书、询问笔录等法律文书、证据材料中使用化名等代替证人、鉴定人、被害人的个人信息。但是，应当另行书面说明使用化名的情况并标明密级，单独成卷。

第七十七条　证人保护工作所必需的人员、经费、装备等，应当予以保障。

证人因履行作证义务而支出的交通、住宿、就餐等费用，应当给予补助。证人作证的补助列入公安机关业务经费。

## 第六章　强制措施

### 第一节　拘　传

第七十八条　公安机关根据案件情况对需要拘传的犯罪嫌疑人，或者经过传唤没有正当理由不到案的犯罪嫌疑人，可以拘传到其所在市、县公安机关执法办案场所进行讯问。

需要拘传的，应当填写呈请拘传报告书，并附有关材料，报县级以上公安机关负责人批准。

第七十九条　公安机关拘传犯罪嫌疑人应当出示拘传证，并责令其在拘传证上签名、捺指印。

犯罪嫌疑人到案后，应当责令其在拘传证上填写到案时间；拘传结束后，应当由其在拘传证上填写拘传结束时间。犯罪嫌疑人拒绝填写的，侦查人员应当在拘传证上注明。

第八十条　拘传持续的时间不得超过十二小时；案情特别重大、复杂，需要采取拘留、逮捕措施的，经县级以上公安机关负责人批准，拘传持续的时间不得超过二十四小时。不得以连续拘传的形式变相拘禁犯罪嫌疑人。

拘传期限届满，未作出采取其他强制措施决定的，应当立即结束拘传。

### 第二节　取保候审

第八十一条　公安机关对具有下列情形之一的犯罪嫌疑人，可以取保候审：

（一）可能判处管制、拘役或者独立适用附加刑的；

（二）可能判处有期徒刑以上刑罚，采取取保候审不致发生社会危险性的；

（三）患有严重疾病、生活不能自理，怀孕或者正在哺乳自己婴儿的妇女，采取取保候审不致发生社会危险性的；

（四）羁押期限届满，案件尚未办结，需要继续侦查的。

对拘留的犯罪嫌疑人，证据不符合逮捕条件，以及提请逮捕后，人民检察院不批准逮捕，需要继续侦查，并且符合取保候审条件的，可以依法取保候审。

**第八十二条** 对累犯，犯罪集团的主犯，以自伤、自残办法逃避侦查的犯罪嫌疑人，严重暴力犯罪以及其他严重犯罪的犯罪嫌疑人不得取保候审，但犯罪嫌疑人具有本规定第八十一条第一款第三项、第四项规定情形的除外。

**第八十三条** 需要对犯罪嫌疑人取保候审的，应当制作呈请取保候审报告书，说明取保候审的理由、采取的保证方式以及应当遵守的规定，经县级以上公安机关负责人批准，制作取保候审决定书。取保候审决定书应当向犯罪嫌疑人宣读，由犯罪嫌疑人签名、捺指印。

**第八十四条** 公安机关决定对犯罪嫌疑人取保候审的，应当责令犯罪嫌疑人提出保证人或者交纳保证金。

对同一犯罪嫌疑人，不得同时责令其提出保证人和交纳保证金。对未成年人取保候审，应当优先适用保证人保证。

**第八十五条** 采取保证人保证的，保证人必须符合以下条件，并经公安机关审查同意：

（一）与本案无牵连；

（二）有能力履行保证义务；

（三）享有政治权利，人身自由未受到限制；

（四）有固定的住处和收入。

**第八十六条** 保证人应当履行以下义务：

（一）监督被保证人遵守本规定第八十九条、第九十条的规定；

（二）发现被保证人可能发生或者已经发生违反本规定第八十九条、第九十条规定的行为的，应当及时向执行机关报告。

保证人应当填写保证书，并在保证书上签名、捺指印。

**第八十七条** 犯罪嫌疑人的保证金起点数额为人民币一千元。犯罪嫌疑人为未成年人的，保证金起点数额为人民币五百元。具体数额应当综合考虑保证诉讼活动正常进行的需要、犯罪嫌疑人的社会危险性、案件的性质、情节、可能判处刑罚的轻重以及犯罪嫌疑人的经济状况等情况确定。

**第八十八条** 县级以上公安机关应当在其指定的银行设立取保候审保证金专门账户，委托银行代为收取和保管保证金。

提供保证金的人，应当一次性将保证金存入取保候审保证金专门账户。保证金应当以人民币交纳。

保证金应当由办案部门以外的部门管理。严禁截留、坐支、挪用或者以其他任何形式侵吞保证金。

**第八十九条** 公安机关在宣布取保候审决定时，应当告知被取保候审人遵守以下规定：

（一）未经执行机关批准不得离开所居住的市、县；

（二）住址、工作单位和联系方式发生变动的，在二十四小时以内向执行机关报告；

（三）在传讯的时候及时到案；
（四）不得以任何形式干扰证人作证；
（五）不得毁灭、伪造证据或者串供。

**第九十条** 公安机关在决定取保候审时，还可以根据案件情况，责令被取保候审人遵守以下一项或者多项规定：
（一）不得进入与其犯罪活动等相关联的特定场所；
（二）不得与证人、被害人及其近亲属、同案犯以及与案件有关联的其他特定人员会见或者以任何方式通信；
（三）不得从事与其犯罪行为等相关联的特定活动；
（四）将护照等出入境证件、驾驶证件交执行机关保存。

公安机关应当综合考虑案件的性质、情节、社会影响、犯罪嫌疑人的社会关系等因素，确定特定场所、特定人员和特定活动的范围。

**第九十一条** 公安机关决定取保候审的，应当及时通知被取保候审人居住地的派出所执行。必要时，办案部门可以协助执行。

采取保证人担保形式的，应当同时送交有关法律文书、被取保候审人基本情况、保证人基本情况等材料。采取保证金担保形式的，应当同时送交有关法律文书、被取保候审人基本情况和保证金交纳情况等材料。

**第九十二条** 人民法院、人民检察院决定取保候审的，负责执行的县级公安机关应当在收到法律文书和有关材料后二十四小时以内，指定被取保候审人居住地派出所核实情况后执行。

**第九十三条** 执行取保候审的派出所应当履行下列职责：
（一）告知被取保候审人必须遵守的规定，及其违反规定或者在取保候审期间重新犯罪应当承担的法律后果；
（二）监督、考察被取保候审人遵守有关规定，及时掌握其活动、住址、工作单位、联系方式及变动情况；
（三）监督保证人履行保证义务；
（四）被取保候审人违反应当遵守的规定以及保证人未履行保证义务的，应当及时制止、采取紧急措施，同时告知决定机关。

**第九十四条** 执行取保候审的派出所应当定期了解被取保候审人遵守取保候审规定的有关情况，并制作笔录。

**第九十五条** 被取保候审人无正当理由不得离开所居住的市、县。有正当理由需要离开所居住的市、县的，应当经负责执行的派出所负责人批准。

人民法院、人民检察院决定取保候审的，负责执行的派出所在批准被取保候审人离开所居住的市、县前，应当征得决定取保候审的机关同意。

**第九十六条** 被取保候审人在取保候审期间违反本规定第八十九条、第九十条规定，已交纳保证金的，公安机关应当根据其违反规定的情节，决定没收部分或者全部保证金，并且区别情形，责令其具结悔过、重新交纳保证金、提出保证人，变更强制措施或者给予治安管理处罚；需要予以逮捕的，可以对其先行拘留。

人民法院、人民检察院决定取保候审的，被取保候审人违反应当遵守的规定，负责执行的派出所应当及时通知决定取保候审的机关。

**第九十七条** 需要没收保证金的，应当经过严格审核后，报县级以上公安机关负责人批准，制作没收保证金决定书。

决定没收五万元以上保证金的，应当经设区的市一级以上公安机关负责人批准。

**第九十八条** 没收保证金的决定，公安机关应当在三日以内向被取保候审人宣读，并责令其在没收保证金决定书上签名、捺指印；被取保候审人在逃或者具有其他情形不能到场的，应当向其成年家属、法定代理人、辩护人或者单位、居住地的居民委员会、村民委员会宣布，由其成年家属、法定代理人、辩护人或者单位、居住地的居民委员会或者村民委员会的负责人在没收保证金决定书上签名。

被取保候审人或者其成年家属、法定代理人、辩护人或者单位、居民委员会、村民委员会负责人拒绝签名的，公安机关应当在没收保证金决定书上注明。

**第九十九条** 公安机关在宣读没收保证金决定书时，应当告知如果对没收保证金的决定不服，被取保候审人或者其法定代理人可以在五日以内向作出决定的公安机关申请复议。公安机关应当在收到复议申请后七日以内作出决定。

被取保候审人或者其法定代理人对复议决定不服的，可以在收到复议决定书后五日以内向上一级公安机关申请复核一次。上一级公安机关应当在收到复核申请后七日以内作出决定。对上级公安机关撤销或者变更没收保证金决定的，下级公安机关应当执行。

**第一百条** 没收保证金的决定已过复议期限，或者复议、复核后维持原决定或者变更没收保证金数额的，公安机关应当及时通知指定的银行将没收的保证金按照国家的有关规定上缴国库。人民法院、人民检察院决定取保候审的，还应当在三日以内通知决定取保候审的机关。

**第一百零一条** 被取保候审人在取保候审期间，没有违反本规定第八十九条、第九十条有关规定，也没有重新故意犯罪的，或者具有本规定第一百八十六条规定的情形之一的，在解除取保候审、变更强制措施的同时，公安机关应当制作退还保证金决定书，通知银行如数退还保证金。

被取保候审人可以凭退还保证金决定书到银行领取退还的保证金。被取保候审人委托他人领取的，应当出具委托书。

**第一百零二条** 被取保候审人没有违反本规定第八十九条、第九十条规定，但在取保候审期间涉嫌重新故意犯罪被立案侦查的，负责执行的公安机关应当暂扣其交纳的保证金，待人民法院判决生效后，根据有关判决作出处理。

**第一百零三条** 被保证人违反应当遵守的规定，保证人未履行保证义务的，查证属实后，经县级以上公安机关负责人批准，对保证人处一千元以上二万元以下罚款；构成犯罪的，依法追究刑事责任。

**第一百零四条** 决定对保证人罚款的，应当报经县级以上公安机关负责人批准，制作对保证人罚款决定书，在三日以内送达保证人，告知其如果对罚款决定不服，可以在收到决定书之日起五日以内向作出决定的公安机关申请复议。公安机关应当在收到复议申请后七日以内作出决定。

保证人对复议决定不服的，可以在收到复议决定书后五日以内向上一级公安机关申请复核一次。上一级公安机关应当在收到复核申请后七日以内作出决定。对上级公安机关撤销或者变更罚款决定的，下级公安机关应当执行。

**第一百零五条** 对于保证人罚款的决定已过复议期限，或者复议、复核后维持原决定或者变更罚款数额的，公安机关应当及时通知指定的银行将保证人罚款按照国家的有关规定上缴国库。人民法院、人民检察院决定取保候审的，还应当在三日以内通知决定取保候审的机关。

**第一百零六条** 对于犯罪嫌疑人采取保证人保证的，如果保证人在取保候审期间情况发生变化，不愿继续担保或者丧失担保条件，公安机关应当责令被取保候审人重新提出保证人或者交纳保证金，或者作出变更强制措施的决定。

人民法院、人民检察院决定取保候审的，负责执行的派出所应当自发现保证人不愿继续担保或者丧失担保条件之日起三日以内通知决定取保候审的机关。

**第一百零七条** 公安机关在取保候审期间不得中断对案件的侦查，对取保候审的犯罪嫌疑人，根据案情变化，应当及时变更强制措施或者解除取保候审。

取保候审最长不得超过十二个月。

**第一百零八条** 需要解除取保候审的，应当经县级以上公安机关负责人批准，制作解除取保候审决定书、通知书，并及时通知负责执行的派出所、被取保候审人、保证人和有关单位。

人民法院、人民检察院作出解除取保候审决定的，负责执行的公安机关应当根据决定书及时解除取保候审，并通知被取保候审人、保证人和有关单位。

## 第三节 监视居住

**第一百零九条** 公安机关对符合逮捕条件，有下列情形之一的犯罪嫌疑人，可以监视居住：

（一）患有严重疾病、生活不能自理的；
（二）怀孕或者正在哺乳自己婴儿的妇女；
（三）系生活不能自理的人的唯一扶养人；
（四）因案件的特殊情况或者办理案件的需要，采取监视居住措施更为适宜的；
（五）羁押期限届满，案件尚未办结，需要采取监视居住措施的。

对人民检察院决定不批准逮捕的犯罪嫌疑人，需要继续侦查，并且符合监视居住条件的，可以监视居住。

对于符合取保候审条件，但犯罪嫌疑人不能提出保证人，也不交纳保证金的，可以监视居住。

对于被取保候审人违反本规定第八十九条、第九十条规定的，可以监视居住。

**第一百一十条** 对犯罪嫌疑人监视居住，应当制作呈请监视居住报告书，说明监视居住的理由、采取监视居住的方式以及应当遵守的规定，经县级以上公安机关负责人批准，制作监视居住决定书。监视居住决定书应当向犯罪嫌疑人宣读，由犯罪嫌疑人签名、捺指印。

**第一百一十一条** 监视居住应当在犯罪嫌疑人、被告人住处执行；无固定住处的，可以在指定的居所执行。对于涉嫌危害国家安全犯罪、恐怖活动犯罪，在住处执行可能有碍侦查的，经上一级公安机关批准，也可以在指定的居所执行。

有下列情形之一的，属于本条规定的"有碍侦查"：

（一）可能毁灭、伪造证据，干扰证人作证或者串供的；

（二）可能引起犯罪嫌疑人自残、自杀或者逃跑的；

（三）可能引起同案犯逃避、妨碍侦查的；

（四）犯罪嫌疑人、被告人在住处执行监视居住有人身危险的；

（五）犯罪嫌疑人、被告人的家属或者所在单位人员与犯罪有牵连的。

指定居所监视居住的，不得要求被监视居住人支付费用。

**第一百一十二条** 固定住处，是指被监视居住人在办案机关所在的市、县内生活的合法住处；指定的居所，是指公安机关根据案件情况，在办案机关所在的市、县内为被监视居住人指定的生活居所。

指定的居所应当符合下列条件：

（一）具备正常的生活、休息条件；

（二）便于监视、管理；

（三）保证安全。

公安机关不得在羁押场所、专门的办案场所或者办公场所执行监视居住。

**第一百一十三条** 指定居所监视居住的，除无法通知的以外，应当制作监视居住通知书，在执行监视居住后二十四小时以内，由决定机关通知被监视居住人的家属。

有下列情形之一的，属于本条规定的"无法通知"：

（一）不讲真实姓名、住址、身份不明的；

（二）没有家属的；

（三）提供的家属联系方式无法取得联系的；

（四）因自然灾害等不可抗力导致无法通知的。

无法通知的情形消失以后，应当立即通知被监视居住人的家属。

无法通知家属的，应当在监视居住通知书中注明原因。

**第一百一十四条** 被监视居住人委托辩护律师，适用本规定第四十三条、第四十四条、第四十五条规定。

**第一百一十五条** 公安机关在宣布监视居住决定时，应当告知被监视居住人必须遵守以下规定：

（一）未经执行机关批准不得离开执行监视居住的处所；

（二）未经执行机关批准不得会见他人或者以任何方式通信；

（三）在传讯的时候及时到案；

(四) 不得以任何形式干扰证人作证;

(五) 不得毁灭、伪造证据或者串供;

(六) 将护照等出入境证件、身份证件、驾驶证件交执行机关保存。

**第一百一十六条** 公安机关对被监视居住人,可以采取电子监控、不定期检查等监视方法对其遵守监视居住规定的情况进行监督;在侦查期间,可以对被监视居住的犯罪嫌疑人的电话、传真、信函、邮件、网络等通信进行监控。

**第一百一十七条** 公安机关决定监视居住的,由被监视居住人住处或者指定居所所在地的派出所执行,办案部门可以协助执行。必要时,也可以由办案部门负责执行,派出所或者其他部门协助执行。

**第一百一十八条** 人民法院、人民检察院决定监视居住的,负责执行的县级公安机关应当在收到法律文书和有关材料后二十四小时以内,通知被监视居住人住处或者指定居所所在地的派出所,核实被监视居住人身份、住处或者居所等情况后执行。必要时,可以由人民法院、人民检察院协助执行。

负责执行的派出所应当及时将执行情况通知决定监视居住的机关。

**第一百一十九条** 负责执行监视居住的派出所或者办案部门应当严格对被监视居住人进行监督考察,确保安全。

**第一百二十条** 被监视居住人有正当理由要求离开住处或者指定的居所以及要求会见他人或者通信的,应当经负责执行的派出所或者办案部门负责人批准。

人民法院、人民检察院决定监视居住的,负责执行的派出所在批准被监视居住人离开住处或者指定的居所以及与他人会见或者通信前,应当征得决定监视居住的机关同意。

**第一百二十一条** 被监视居住人违反应当遵守的规定,公安机关应当区分情形责令被监视居住人具结悔过或者给予治安管理处罚。情节严重的,可以予以逮捕;需要予以逮捕的,可以对其先行拘留。

人民法院、人民检察院决定监视居住的,被监视居住人违反应当遵守的规定,负责执行的派出所应当及时通知决定监视居住的机关。

**第一百二十二条** 在监视居住期间,公安机关不得中断案件的侦查,对被监视居住的犯罪嫌疑人,应当根据案情变化,及时解除监视居住或者变更强制措施。

监视居住最长不得超过六个月。

**第一百二十三条** 需要解除监视居住的,应当经县级以上公安机关负责人批准,制作解除监视居住决定书,并及时通知负责执行的派出所、被监视居住人和有关单位。

人民法院、人民检察院作出解除、变更监视居住决定的,负责执行的公安机关应当及时解除并通知被监视居住人和有关单位。

## 第四节 拘 留

**第一百二十四条** 公安机关对于现行犯或者重大嫌疑分子,有下列情形之一的,可以先行拘留:

(一) 正在预备犯罪、实行犯罪或者在犯罪后即时被发觉的;

（二）被害人或者在场亲眼看见的人指认他犯罪的；
（三）在身边或者住处发现有犯罪证据的；
（四）犯罪后企图自杀、逃跑或者在逃的；
（五）有毁灭、伪造证据或者串供可能的；
（六）不讲真实姓名、住址，身份不明的；
（七）有流窜作案、多次作案、结伙作案重大嫌疑的。

第一百二十五条　拘留犯罪嫌疑人，应当填写呈请拘留报告书，经县级以上公安机关负责人批准，制作拘留证。执行拘留时，必须出示拘留证，并责令被拘留人在拘留证上签名、捺指印，拒绝签名、捺指印的，侦查人员应当注明。

紧急情况下，对于符合本规定第一百二十四条所列情形之一的，经出示人民警察证，可以将犯罪嫌疑人口头传唤至公安机关后立即审查，办理法律手续。

第一百二十六条　拘留后，应当立即将被拘留人送看守所羁押，至迟不得超过二十四小时。

异地执行拘留，无法及时将犯罪嫌疑人押解回管辖地的，应当在宣布拘留后立即将其送抓获地看守所羁押，至迟不得超过二十四小时。到达管辖地后，应当立即将犯罪嫌疑人送看守所羁押。

第一百二十七条　除无法通知或者涉嫌危害国家安全犯罪、恐怖活动犯罪通知可能有碍侦查的情形以外，应当在拘留后二十四小时以内制作拘留通知书，通知被拘留人的家属。拘留通知书应当写明拘留原因和羁押处所。

本条规定的"无法通知"的情形适用本规定第一百一十三条第二款的规定。

有下列情形之一的，属于本条规定的"有碍侦查"：
（一）可能毁灭、伪造证据，干扰证人作证或者串供的；
（二）可能引起同案犯逃避、妨碍侦查的；
（三）犯罪嫌疑人的家属与犯罪有牵连的。

无法通知、有碍侦查的情形消失以后，应当立即通知被拘留人的家属。

对于没有在二十四小时以内通知家属的，应当在拘留通知书中注明原因。

第一百二十八条　对被拘留的人，应当在拘留后二十四小时以内进行讯问。发现不应当拘留的，应当经县级以上公安机关负责人批准，制作释放通知书，看守所凭释放通知书发给被拘留人释放证明书，将其立即释放。

第一百二十九条　对被拘留的犯罪嫌疑人，经过审查认为需要逮捕的，应当在拘留后的三日以内，提请人民检察院审查批准。在特殊情况下，经县级以上公安机关负责人批准，提请审查批准逮捕的时间可以延长一日至四日。

对流窜作案、多次作案、结伙作案的重大嫌疑分子，经县级以上公安机关负责人批准，提请审查批准逮捕的时间可以延长至三十日。

本条规定的"流窜作案"，是指跨市、县管辖范围连续作案，或者在居住地作案后逃跑到外市、县继续作案；"多次作案"，是指三次以上作案；"结伙作案"，是指二人以上共同作案。

**第一百三十条** 犯罪嫌疑人不讲真实姓名、住址，身份不明的，应当对其身份进行调查。对符合逮捕条件的犯罪嫌疑人，也可以按其自报的姓名提请批准逮捕。

**第一百三十一条** 对被拘留的犯罪嫌疑人审查后，根据案件情况报经县级以上公安机关负责人批准，分别作出如下处理：

（一）需要逮捕的，在拘留期限内，依法办理提请批准逮捕手续；

（二）应当追究刑事责任，但不需要逮捕的，依法直接向人民检察院移送审查起诉，或者依法办理取保候审或者监视居住手续后，向人民检察院移送审查起诉；

（三）拘留期限届满，案件尚未办结，需要继续侦查的，依法办理取保候审或者监视居住手续；

（四）具有本规定第一百八十六条规定情形之一的，释放被拘留人，发给释放证明书；需要行政处理的，依法予以处理或者移送有关部门。

**第一百三十二条** 人民检察院决定拘留犯罪嫌疑人的，由县级以上公安机关凭人民检察院送达的决定拘留的法律文书制作拘留证并立即执行。必要时，可以请人民检察院协助。拘留后，应当及时通知人民检察院。

公安机关未能抓获犯罪嫌疑人的，应当将执行情况和未能抓获犯罪嫌疑人的原因通知作出拘留决定的人民检察院。对于犯罪嫌疑人在逃的，在人民检察院撤销拘留决定之前，公安机关应当组织力量继续执行。

## 第五节　逮　捕

**第一百三十三条** 对有证据证明有犯罪事实，可能判处徒刑以上刑罚的犯罪嫌疑人，采取取保候审尚不足以防止发生下列社会危险性的，应当提请批准逮捕：

（一）可能实施新的犯罪的；

（二）有危害国家安全、公共安全或者社会秩序的现实危险的；

（三）可能毁灭、伪造证据，干扰证人作证或者串供的；

（四）可能对被害人、举报人、控告人实施打击报复的；

（五）企图自杀或者逃跑的。

对于有证据证明有犯罪事实，可能判处十年有期徒刑以上刑罚的，或者有证据证明有犯罪事实，可能判处徒刑以上刑罚，曾经故意犯罪或者身份不明的，应当提请批准逮捕。

公安机关在根据第一款的规定提请人民检察院审查批准逮捕时，应当对犯罪嫌疑人具有社会危险性说明理由。

**第一百三十四条** 有证据证明有犯罪事实，是指同时具备下列情形：

（一）有证据证明发生了犯罪事实；

（二）有证据证明该犯罪事实是犯罪嫌疑人实施的；

（三）证明犯罪嫌疑人实施犯罪行为的证据已有查证属实的。

前款规定的"犯罪事实"既可以是单一犯罪行为的事实，也可以是数个犯罪行为中任何一个犯罪行为的事实。

**第一百三十五条** 被取保候审人违反取保候审规定，具有下列情形之一的，可以提请批准逮捕：

（一）涉嫌故意实施新的犯罪行为的；

（二）有危害国家安全、公共安全或者社会秩序的现实危险的；

（三）实施毁灭、伪造证据或者干扰证人作证、串供行为，足以影响侦查工作正常进行的；

（四）对被害人、举报人、控告人实施打击报复的；

（五）企图自杀、逃跑，逃避侦查的；

（六）未经批准，擅自离开所居住的市、县，情节严重的，或者两次以上未经批准，擅自离开所居住的市、县的；

（七）经传讯无正当理由不到案，情节严重的，或者经两次以上传讯不到案的；

（八）违反规定进入特定场所、从事特定活动或者与特定人员会见、通信两次以上的。

**第一百三十六条** 被监视居住人违反监视居住规定，具有下列情形之一的，可以提请批准逮捕：

（一）涉嫌故意实施新的犯罪行为的；

（二）实施毁灭、伪造证据或者干扰证人作证、串供行为，足以影响侦查工作正常进行的；

（三）对被害人、举报人、控告人实施打击报复的；

（四）企图自杀、逃跑，逃避侦查的；

（五）未经批准，擅自离开执行监视居住的处所，情节严重的，或者两次以上未经批准，擅自离开执行监视居住的处所的；

（六）未经批准，擅自会见他人或者通信，情节严重的，或者两次以上未经批准，擅自会见他人或者通信的；

（七）经传讯无正当理由不到案，情节严重的，或者经两次以上传讯不到案的。

**第一百三十七条** 需要提请批准逮捕犯罪嫌疑人的，应当经县级以上公安机关负责人批准，制作提请批准逮捕书，连同案卷材料、证据，一并移送同级人民检察院审查批准。

犯罪嫌疑人自愿认罪认罚的，应当记录在案，并在提请批准逮捕书中写明有关情况。

**第一百三十八条** 对于人民检察院不批准逮捕并通知补充侦查的，公安机关应当按照人民检察院的补充侦查提纲补充侦查。

公安机关补充侦查完毕，认为符合逮捕条件的，应当重新提请批准逮捕。

**第一百三十九条** 对于人民检察院不批准逮捕而未说明理由的，公安机关可以要求人民检察院说明理由。

**第一百四十条** 对于人民检察院决定不批准逮捕的，公安机关在收到不批准逮捕决定书后，如果犯罪嫌疑人已被拘留的，应当立即释放，发给释放证明书，并在执行完毕后三日以内将执行回执送达作出不批准逮捕决定的人民检察院。

**第一百四十一条** 对人民检察院不批准逮捕的决定,认为有错误需要复议的,应当在收到不批准逮捕决定书后五日以内制作要求复议意见书,报经县级以上公安机关负责人批准后,送交同级人民检察院复议。

如果意见不被接受,认为需要复核的,应当在收到人民检察院的复议决定书后五日以内制作提请复核意见书,报经县级以上公安机关负责人批准后,连同人民检察院的复议决定书,一并提请上一级人民检察院复核。

**第一百四十二条** 接到人民检察院批准逮捕决定书后,应当由县级以上公安机关负责人签发逮捕证,立即执行,并在执行完毕后三日以内将执行回执送达作出批准逮捕决定的人民检察院。如果未能执行,也应当将回执送达人民检察院,并写明未能执行的原因。

**第一百四十三条** 执行逮捕时,必须出示逮捕证,并责令被逮捕人在逮捕证上签名、捺指印,拒绝签名、捺指印的,侦查人员应当注明。逮捕后,应当立即将被逮捕人送看守所羁押。

执行逮捕的侦查人员不得少于二人。

**第一百四十四条** 对被逮捕的人,必须在逮捕后的二十四小时以内进行讯问。发现不应当逮捕的,经县级以上公安机关负责人批准,制作释放通知书,送看守所和原批准逮捕的人民检察院。看守所凭释放通知书立即释放被逮捕人,并发给释放证明书。

**第一百四十五条** 对犯罪嫌疑人执行逮捕后,除无法通知的情形以外,应当在逮捕后二十四小时以内,制作逮捕通知书,通知被逮捕人的家属。逮捕通知书应当写明逮捕原因和羁押处所。

本条规定的"无法通知"的情形适用本规定第一百一十三条第二款的规定。

无法通知的情形消除后,应当立即通知被逮捕人的家属。

对于没有在二十四小时以内通知家属的,应当在逮捕通知书中注明原因。

**第一百四十六条** 人民法院、人民检察院决定逮捕犯罪嫌疑人、被告人的,由县级以上公安机关凭人民法院、人民检察院决定逮捕的法律文书制作逮捕证并立即执行。必要时,可以请人民法院、人民检察院协助执行。执行逮捕后,应当及时通知决定机关。

公安机关未能抓获犯罪嫌疑人、被告人的,应当将执行情况和未能抓获的原因通知决定逮捕的人民检察院、人民法院。对于犯罪嫌疑人、被告人在逃的,在人民检察院、人民法院撤销逮捕决定之前,公安机关应当组织力量继续执行。

**第一百四十七条** 人民检察院在审查批准逮捕工作中发现公安机关的侦查活动存在违法情况,通知公安机关予以纠正的,公安机关应当调查核实,对于发现的违法情况应当及时纠正,并将纠正情况书面通知人民检察院。

## 第六节 羁 押

**第一百四十八条** 对犯罪嫌疑人逮捕后的侦查羁押期限不得超过二个月。案情复杂、期限届满不能侦查终结的案件,应当制作提请批准延长侦查羁押期限意见书,经县级以上公安机关负责人批准后,在期限届满七日前送请同级人民检察院转报上一级人民检察院批准延长一个月。

**第一百四十九条** 下列案件在本规定第一百四十八条规定的期限届满不能侦查终结的，应当制作提请批准延长侦查羁押期限意见书，经县级以上公安机关负责人批准，在期限届满七日前送请同级人民检察院层报省、自治区、直辖市人民检察院批准，延长二个月：

（一）交通十分不便的边远地区的重大复杂案件；

（二）重大的犯罪集团案件；

（三）流窜作案的重大复杂案件；

（四）犯罪涉及面广，取证困难的重大复杂案件。

**第一百五十条** 对犯罪嫌疑人可能判处十年有期徒刑以上刑罚，依照本规定第一百四十九条规定的延长期限届满，仍不能侦查终结的，应当制作提请批准延长侦查羁押期限意见书，经县级以上公安机关负责人批准，在期限届满七日前送请同级人民检察院层报省、自治区、直辖市人民检察院批准，再延长二个月。

**第一百五十一条** 在侦查期间，发现犯罪嫌疑人另有重要罪行的，应当自发现之日起五日以内报县级以上公安机关负责人批准后，重新计算侦查羁押期限，制作变更羁押期限通知书，送达看守所，并报批准逮捕的人民检察院备案。

前款规定的"另有重要罪行"，是指与逮捕时的罪行不同种的重大犯罪以及同种犯罪并将影响罪名认定、量刑档次的重大犯罪。

**第一百五十二条** 犯罪嫌疑人不讲真实姓名、住址，身份不明的，应当对其身份进行调查。经县级以上公安机关负责人批准，侦查羁押期限自查清其身份之日起计算，但不得停止对其犯罪行为的侦查取证。

对于犯罪事实清楚，证据确实、充分，确实无法查明其身份的，按其自报的姓名移送人民检察院审查起诉。

**第一百五十三条** 看守所应当凭公安机关签发的拘留证、逮捕证收押被拘留、逮捕的犯罪嫌疑人、被告人。犯罪嫌疑人、被告人被送至看守所羁押时，看守所应当在拘留证、逮捕证上注明犯罪嫌疑人、被告人到达看守所的时间。

查获被通缉、脱逃的犯罪嫌疑人以及执行追捕、押解任务需要临时寄押的，应当持通缉令或者其他有关法律文书并经寄押地县级以上公安机关负责人批准，送看守所寄押。

临时寄押的犯罪嫌疑人出所时，看守所应当出具羁押该犯罪嫌疑人的证明，载明该犯罪嫌疑人基本情况、羁押原因、入所和出所时间。

**第一百五十四条** 看守所收押犯罪嫌疑人、被告人和罪犯，应当进行健康和体表检查，并予以记录。

**第一百五十五条** 看守所收押犯罪嫌疑人、被告人和罪犯，应当对其人身和携带的物品进行安全检查。发现违禁物品、犯罪证据和可疑物品，应当制作笔录，由被羁押人签名、捺指印后，送办案机关处理。

对女性的人身检查，应当由女工作人员进行。

### 第七节 其他规定

**第一百五十六条** 继续盘问期间发现需要对犯罪嫌疑人拘留、逮捕、取保候审或者监视居住的，应当立即办理法律手续。

**第一百五十七条** 对犯罪嫌疑人执行拘传、拘留、逮捕、押解过程中，应当依法使用约束性警械。遇有暴力性对抗或者暴力犯罪行为，可以依法使用制服性警械或者武器。

**第一百五十八条** 公安机关发现对犯罪嫌疑人采取强制措施不当的，应当及时撤销或者变更。犯罪嫌疑人在押的，应当及时释放。公安机关释放被逮捕的人或者变更逮捕措施的，应当通知批准逮捕的人民检察院。

**第一百五十九条** 犯罪嫌疑人被逮捕后，人民检察院经审查认为不需要继续羁押，建议予以释放或者变更强制措施的，公安机关应当予以调查核实。认为不需要继续羁押的，应当予以释放或者变更强制措施；认为需要继续羁押的，应当说明理由。

公安机关应当在十日以内将处理情况通知人民检察院。

**第一百六十条** 犯罪嫌疑人及其法定代理人、近亲属或者辩护人有权申请变更强制措施。公安机关应当在收到申请后三日以内作出决定；不同意变更强制措施的，应当告知申请人，并说明理由。

**第一百六十一条** 公安机关对被采取强制措施法定期限届满的犯罪嫌疑人，应当予以释放，解除取保候审、监视居住或者依法变更强制措施。

犯罪嫌疑人及其法定代理人、近亲属或者辩护人对于公安机关采取强制措施法定期限届满的，有权要求公安机关解除强制措施。公安机关应当进行审查，对于情况属实的，应当立即解除或者变更强制措施。

对于犯罪嫌疑人、被告人羁押期限即将届满的，看守所应当立即通知办案机关。

**第一百六十二条** 取保候审变更为监视居住的，取保候审、监视居住变更为拘留、逮捕的，对原强制措施不再办理解除法律手续。

**第一百六十三条** 案件在取保候审、监视居住期间移送审查起诉后，人民检察院决定重新取保候审、监视居住或者变更强制措施的，对原强制措施不再办理解除法律手续。

**第一百六十四条** 公安机关依法对县级以上各级人民代表大会代表拘传、取保候审、监视居住、拘留或者提请批准逮捕的，应当书面报请该代表所属的人民代表大会主席团或者常务委员会许可。

**第一百六十五条** 公安机关对现行犯拘留的时候，发现其是县级以上人民代表大会代表的，应当立即向其所属的人民代表大会主席团或者常务委员会报告。

公安机关在依法执行拘传、取保候审、监视居住、拘留或者逮捕中，发现被执行人是县级以上人民代表大会代表的，应当暂缓执行，并报告决定或者批准机关。如果在执行后发现被执行人是县级以上人民代表大会代表的，应当立即解除，并报告决定或者批准机关。

**第一百六十六条** 公安机关依法对乡、民族乡、镇的人民代表大会代表拘传、取保候审、监视居住、拘留或者执行逮捕的，应当在执行后立即报告其所属的人民代表大会。

第一百六十七条　公安机关依法对政治协商委员会委员拘传、取保候审、监视居住的，应当将有关情况通报给该委员所属的政协组织。

第一百六十八条　公安机关依法对政治协商委员会委员执行拘留、逮捕前，应当向该委员所属的政协组织通报情况；情况紧急的，可在执行的同时或者执行以后及时通报。

## 第七章　立案、撤案

### 第一节　受　案

第一百六十九条　公安机关对于公民扭送、报案、控告、举报或者犯罪嫌疑人自动投案的，都应当立即接受，问明情况，并制作笔录，经核对无误后，由扭送人、报案人、控告人、举报人、投案人签名、捺指印。必要时，应当对接受过程录音录像。

第一百七十条　公安机关对扭送人、报案人、控告人、举报人、投案人提供的有关证据材料等应当登记，制作接受证据材料清单，由扭送人、报案人、控告人、举报人、投案人签名，并妥善保管。必要时，应当拍照或者录音录像。

第一百七十一条　公安机关接受案件时，应当制作受案登记表和受案回执，并将受案回执交扭送人、报案人、控告人、举报人。扭送人、报案人、控告人、举报人无法取得联系或者拒绝接受回执的，应当在回执中注明。

第一百七十二条　公安机关接受控告、举报的工作人员，应当向控告人、举报人说明诬告应负的法律责任。但是，只要不是捏造事实、伪造证据，即使控告、举报的事实有出入，甚至是错告的，也要和诬告严格加以区别。

第一百七十三条　公安机关应当保障扭送人、报案人、控告人、举报人及其近亲属的安全。

扭送人、报案人、控告人、举报人如果不愿意公开自己的身份，应当为其保守秘密，并在材料中注明。

第一百七十四条　对接受的案件，或者发现的犯罪线索，公安机关应当迅速进行审查。发现案件事实或者线索不明的，必要时，经办案部门负责人批准，可以进行调查核实。

调查核实过程中，公安机关可以依照有关法律和规定采取询问、查询、勘验、鉴定和调取证据材料等不限制被调查对象人身、财产权利的措施。但是，不得对被调查对象采取强制措施，不得查封、扣押、冻结被调查对象的财产，不得采取技术侦查措施。

第一百七十五条　经过审查，认为有犯罪事实，但不属于自己管辖的案件，应当立即报经县级以上公安机关负责人批准，制作移送案件通知书，在二十四小时以内移送有管辖权的机关处理，并告知扭送人、报案人、控告人、举报人。对于不属于自己管辖而又必须采取紧急措施的，应当先采取紧急措施，然后办理手续，移送主管机关。

对不属于公安机关职责范围的事项，在接报案时能够当场判断的，应当立即口头告知扭送人、报案人、控告人、举报人向其他主管机关报案。

对于重复报案、案件正在办理或者已经办结的，应当向扭送人、报案人、控告人、举报人作出解释，不再登记，但有新的事实或者证据的除外。

**第一百七十六条** 经过审查，对告诉才处理的案件，公安机关应当告知当事人向人民法院起诉。

对被害人有证据证明的轻微刑事案件，公安机关应当告知被害人可以向人民法院起诉；被害人要求公安机关处理的，公安机关应当依法受理。

人民法院审理自诉案件，依法调取公安机关已经收集的案件材料和有关证据的，公安机关应当及时移交。

**第一百七十七条** 经过审查，对于不够刑事处罚需要给予行政处理的，依法予以处理或者移送有关部门。

## 第二节 立 案

**第一百七十八条** 公安机关接受案件后，经审查，认为有犯罪事实需要追究刑事责任，且属于自己管辖的，经县级以上公安机关负责人批准，予以立案；认为没有犯罪事实，或者犯罪事实显著轻微不需要追究刑事责任，或者具有其他依法不追究刑事责任情形的，经县级以上公安机关负责人批准，不予立案。

对有控告人的案件，决定不予立案的，公安机关应当制作不予立案通知书，并在三日以内送达控告人。

决定不予立案后又发现新的事实或者证据，或者发现原认定事实错误，需要追究刑事责任的，应当及时立案处理。

**第一百七十九条** 控告人对不予立案决定不服的，可以在收到不予立案通知书后七日以内向作出决定的公安机关申请复议；公安机关应当在收到复议申请后三十日以内作出决定，并将决定书送达控告人。

控告人对不予立案的复议决定不服的，可以在收到复议决定书后七日以内向上一级公安机关申请复核；上一级公安机关应当在收到复核申请后三十日以内作出决定。对上级公安机关撤销不予立案决定的，下级公安机关应当执行。

案情重大、复杂的，公安机关可以延长复议、复核时限，但是延长时限不得超过三十日，并书面告知申请人。

**第一百八十条** 对行政执法机关移送的案件，公安机关应当自接受案件之日起三日以内进行审查，认为有犯罪事实，需要追究刑事责任，依法决定立案的，应当书面通知移送案件的行政执法机关；认为没有犯罪事实，或者犯罪事实显著轻微，不需要追究刑事责任，依法不予立案的，应当说明理由，并将不予立案通知书送达移送案件的行政执法机关，相应退回案件材料。

公安机关认为行政执法机关移送的案件材料不全的，应当在接受案件后二十四小时以内通知移送案件的行政执法机关在三日以内补正，但不得以材料不全为由不接受移送案件。

公安机关认为行政执法机关移送的案件不属于公安机关职责范围的，应当书面通知移送案件的行政执法机关向其他主管机关移送案件，并说明理由。

**第一百八十一条** 移送案件的行政执法机关对不予立案决定不服的,可以在收到不予立案通知书后三日以内向作出决定的公安机关申请复议;公安机关应当在收到行政执法机关的复议申请后三日以内作出决定,并书面通知移送案件的行政执法机关。

**第一百八十二条** 对人民检察院要求说明不立案理由的案件,公安机关应当在收到通知书后七日以内,对不立案的情况、依据和理由作出书面说明,回复人民检察院。公安机关作出立案决定的,应当将立案决定书复印件送达人民检察院。

人民检察院通知公安机关立案的,公安机关应当在收到通知书后十五日以内立案,并将立案决定书复印件送达人民检察院。

**第一百八十三条** 人民检察院认为公安机关不应当立案而立案,提出纠正意见的,公安机关应当进行调查核实,并将有关情况回复人民检察院。

**第一百八十四条** 经立案侦查,认为有犯罪事实需要追究刑事责任,但不属于自己管辖或者需要由其他公安机关并案侦查的案件,经县级以上公安机关负责人批准,制作移送案件通知书,移送有管辖权的机关或者并案侦查的公安机关,并在移送案件后三日以内书面通知扭送人、报案人、控告人、举报人或者移送案件的行政执法机关;犯罪嫌疑人已经到案的,应当依照本规定的有关规定通知其家属。

**第一百八十五条** 案件变更管辖或者移送其他公安机关并案侦查时,与案件有关的法律文书、证据、财物及其孳息等应当随案移交。

移交时,由接收人、移交人当面查点清楚,并在交接单据上共同签名。

### 第三节 撤 案

**第一百八十六条** 经过侦查,发现具有下列情形之一的,应当撤销案件:

(一)没有犯罪事实的;

(二)情节显著轻微、危害不大,不认为是犯罪的;

(三)犯罪已过追诉时效期限的;

(四)经特赦令免除刑罚的;

(五)犯罪嫌疑人死亡的;

(六)其他依法不追究刑事责任的。

对于经过侦查,发现有犯罪事实需要追究刑事责任,但不是被立案侦查的犯罪嫌疑人实施的,或者共同犯罪案件中部分犯罪嫌疑人不够刑事处罚的,应当对有关犯罪嫌疑人终止侦查,并对该案件继续侦查。

**第一百八十七条** 需要撤销案件或者对犯罪嫌疑人终止侦查的,办案部门应当制作撤销案件或者终止侦查报告书,报县级以上公安机关负责人批准。

公安机关决定撤销案件或者对犯罪嫌疑人终止侦查时,原犯罪嫌疑人在押的,应当立即释放,发给释放证明书。原犯罪嫌疑人被逮捕的,应当通知原批准逮捕的人民检察院。对原犯罪嫌疑人采取其他强制措施的,应当立即解除强制措施;需要行政处理的,依法予以处理或者移交有关部门。

对查封、扣押的财物及其孳息、文件,或者冻结的财产,除按照法律和有关规定另行处理的以外，应当解除查封、扣押、冻结，并及时返还或者通知当事人。

**第一百八十八条** 犯罪嫌疑人自愿如实供述涉嫌犯罪的事实，有重大立功或者案件涉及国家重大利益，需要撤销案件的，应当层报公安部，由公安部商请最高人民检察院核准后撤销案件。报请撤销案件的公安机关应当同时将相关情况通报同级人民检察院。

公安机关根据前款规定撤销案件的，应当对查封、扣押、冻结的财物及其孳息作出处理。

**第一百八十九条** 公安机关作出撤销案件决定后，应当在三日以内告知原犯罪嫌疑人、被害人或者其近亲属、法定代理人以及案件移送机关。

公安机关作出终止侦查决定后，应当在三日以内告知原犯罪嫌疑人。

**第一百九十条** 公安机关撤销案件以后又发现新的事实或者证据，或者发现原认定事实错误，认为有犯罪事实需要追究刑事责任的，应当重新立案侦查。

对犯罪嫌疑人终止侦查后又发现新的事实或者证据，或者发现原认定事实错误，需要对其追究刑事责任的，应当继续侦查。

## 第八章 侦　　查

### 第一节　一般规定

**第一百九十一条** 公安机关对已经立案的刑事案件，应当及时进行侦查，全面、客观地收集、调取犯罪嫌疑人有罪或者无罪、罪轻或者罪重的证据材料。

**第一百九十二条** 公安机关经过侦查，对有证据证明有犯罪事实的案件，应当进行预审，对收集、调取的证据材料的真实性、合法性、关联性及证明力予以审查、核实。

**第一百九十三条** 公安机关侦查犯罪，应当严格依照法律规定的条件和程序采取强制措施和侦查措施，严禁在没有证据的情况下，仅凭怀疑就对犯罪嫌疑人采取强制措施和侦查措施。

**第一百九十四条** 公安机关开展勘验、检查、搜查、辨认、查封、扣押等侦查活动，应当邀请有关公民作为见证人。

下列人员不得担任侦查活动的见证人：

（一）生理上、精神上有缺陷或者年幼，不具有相应辨别能力或者不能正确表达的人；

（二）与案件有利害关系，可能影响案件公正处理的人；

（三）公安机关的工作人员或者其聘用的人员。

确因客观原因无法由符合条件的人员担任见证人的，应当对有关侦查活动进行全程录音录像，并在笔录中注明有关情况。

**第一百九十五条** 公安机关侦查犯罪，涉及国家秘密、商业秘密、个人隐私的，应当保密。

**第一百九十六条** 当事人和辩护人、诉讼代理人、利害关系人对于公安机关及其侦查人员有下列行为之一的，有权向该机关申诉或者控告：

（一）采取强制措施法定期限届满，不予以释放、解除或者变更的；
（二）应当退还取保候审保证金不退还的；
（三）对与案件无关的财物采取查封、扣押、冻结措施的；
（四）应当解除查封、扣押、冻结不解除的；
（五）贪污、挪用、私分、调换、违反规定使用查封、扣押、冻结的财物的。

受理申诉或者控告的公安机关应当及时进行调查核实，并在收到申诉、控告之日起三十日以内作出处理决定，书面回复申诉人、控告人。发现公安机关及其侦查人员有上述行为之一的，应当立即纠正。

**第一百九十七条** 上级公安机关发现下级公安机关存在本规定第一百九十六条第一款规定的违法行为或者对申诉、控告事项不按照规定处理的，应当责令下级公安机关限期纠正，下级公安机关应当立即执行。必要时，上级公安机关可以就申诉、控告事项直接作出处理决定。

## 第二节 讯问犯罪嫌疑人

**第一百九十八条** 讯问犯罪嫌疑人，除下列情形以外，应当在公安机关执法办案场所的讯问室进行：
（一）紧急情况下在现场进行讯问的；
（二）对有严重伤病或者残疾、行动不便的，以及正在怀孕的犯罪嫌疑人，在其住处或者就诊的医疗机构进行讯问的。

对于已送交看守所羁押的犯罪嫌疑人，应当在看守所讯问室进行讯问。

对于正在被执行行政拘留、强制隔离戒毒的人员以及正在监狱服刑的罪犯，可以在其执行场所进行讯问。

对于不需要拘留、逮捕的犯罪嫌疑人，经办案部门负责人批准，可以传唤到犯罪嫌疑人所在市、县公安机关执法办案场所或者到他的住处进行讯问。

**第一百九十九条** 传唤犯罪嫌疑人时，应当出示传唤证和侦查人员的人民警察证，并责令其在传唤证上签名、捺指印。

犯罪嫌疑人到案后，应当由其在传唤证上填写到案时间。传唤结束时，应当由其在传唤证上填写传唤结束时间。犯罪嫌疑人拒绝填写的，侦查人员应当在传唤证上注明。

对在现场发现的犯罪嫌疑人，侦查人员经出示人民警察证，可以口头传唤，并将传唤的原因和依据告知被传唤人。在讯问笔录中应当注明犯罪嫌疑人到案方式，并由犯罪嫌疑人注明到案时间和传唤结束时间。

对自动投案或者群众扭送到公安机关的犯罪嫌疑人，可以依法传唤。

**第二百条** 传唤持续的时间不得超过十二小时。案情特别重大、复杂，需要采取拘留、逮捕措施的，经办案部门负责人批准，传唤持续的时间不得超过二十四小时。不得以连续传唤的形式变相拘禁犯罪嫌疑人。

传唤期限届满，未作出采取其他强制措施决定的，应当立即结束传唤。

**第二百零一条** 传唤、拘传、讯问犯罪嫌疑人，应当保证犯罪嫌疑人的饮食和必要的休息时间，并记录在案。

**第二百零二条** 讯问犯罪嫌疑人，必须由侦查人员进行。讯问的时候，侦查人员不得少于二人。

讯问同案的犯罪嫌疑人，应当个别进行。

**第二百零三条** 侦查人员讯问犯罪嫌疑人时，应当首先讯问犯罪嫌疑人是否有犯罪行为，并告知犯罪嫌疑人享有的诉讼权利，如实供述自己罪行可以从宽处理以及认罪认罚的法律规定，让他陈述有罪的情节或者无罪的辩解，然后向他提出问题。

犯罪嫌疑人对侦查人员的提问，应当如实回答。但是对与本案无关的问题，有拒绝回答的权利。

第一次讯问，应当问明犯罪嫌疑人的姓名、别名、曾用名、出生年月日、户籍所在地、现住地、籍贯、出生地、民族、职业、文化程度、政治面貌、工作单位、家庭情况、社会经历，是否属于人大代表、政协委员，是否受过刑事处罚或者行政处理等情况。

**第二百零四条** 讯问聋、哑的犯罪嫌疑人，应当有通晓聋、哑手势的人参加，并在讯问笔录上注明犯罪嫌疑人的聋、哑情况，以及翻译人员的姓名、工作单位和职业。

讯问不通晓当地语言文字的犯罪嫌疑人，应当配备翻译人员。

**第二百零五条** 侦查人员应当将问话和犯罪嫌疑人的供述或者辩解如实地记录清楚。制作讯问笔录应当使用能够长期保持字迹的材料。

**第二百零六条** 讯问笔录应当交犯罪嫌疑人核对；对于没有阅读能力的，应当向他宣读。如果记录有遗漏或者差错，应当允许犯罪嫌疑人补充或者更正，并捺指印。笔录经犯罪嫌疑人核对无误后，应当由其在笔录上逐页签名、捺指印，并在末页写明"以上笔录我看过（或向我宣读过），和我说的相符"。拒绝签名、捺指印的，侦查人员应当在笔录上注明。

讯问笔录上所列项目，应当按照规定填写齐全。侦查人员、翻译人员应当在讯问笔录上签名。

**第二百零七条** 犯罪嫌疑人请求自行书写供述的，应当准许；必要时，侦查人员也可以要求犯罪嫌疑人亲笔书写供词。犯罪嫌疑人应当在亲笔供词上逐页签名、捺指印。侦查人员收到后，应当在首页右上方写明"于某年某月某日收到"，并签名。

**第二百零八条** 讯问犯罪嫌疑人，在文字记录的同时，可以对讯问过程进行录音录像。对于可能判处无期徒刑、死刑的案件或者其他重大犯罪案件，应当对讯问过程进行录音录像。

前款规定的"可能判处无期徒刑、死刑的案件"，是指应当适用的法定刑或者量刑档次包含无期徒刑、死刑的案件。"其他重大犯罪案件"，是指致人重伤、死亡的严重危害公共安全犯罪、严重侵犯公民人身权利犯罪，以及黑社会性质组织犯罪、严重毒品犯罪等重大故意犯罪案件。

对讯问过程录音录像的，应当对每一次讯问全程不间断进行，保持完整性。不得选择性地录制，不得剪接、删改。

**第二百零九条** 对犯罪嫌疑人供述的犯罪事实、无罪或者罪轻的事实、申辩和反证，以及犯罪嫌疑人提供的证明自己无罪、罪轻的证据,公安机关应当认真核查;对有关证据,无论是否采信,都应当如实记录、妥善保管,并连同核查情况附卷。

### 第三节 询问证人、被害人

**第二百一十条** 询问证人、被害人,可以在现场进行,也可以到证人、被害人所在单位、住处或者证人、被害人提出的地点进行。在必要的时候,可以书面、电话或者当场通知证人、被害人到公安机关提供证言。

询问证人、被害人应当个别进行。

在现场询问证人、被害人,侦查人员应当出示人民警察证。到证人、被害人所在单位、住处或者证人、被害人提出的地点询问证人、被害人,应当经办案部门负责人批准,制作询问通知书。询问前,侦查人员应当出示询问通知书和人民警察证。

**第二百一十一条** 询问前,应当了解证人、被害人的身份,证人、被害人、犯罪嫌疑人之间的关系。询问时,应当告知证人、被害人必须如实地提供证据、证言和有意作伪证或者隐匿罪证应负的法律责任。

侦查人员不得向证人、被害人泄露案情或者表示对案件的看法,严禁采用暴力、威胁等非法方法询问证人、被害人。

**第二百一十二条** 本规定第二百零六条、第二百零七条的规定,也适用于询问证人、被害人。

### 第四节 勘验、检查

**第二百一十三条** 侦查人员对于与犯罪有关的场所、物品、人身、尸体应当进行勘验或者检查,及时提取、采集与案件有关的痕迹、物证、生物样本等。在必要的时候,可以指派或者聘请具有专门知识的人,在侦查人员的主持下进行勘验、检查。

**第二百一十四条** 发案地派出所、巡警等部门应当妥善保护犯罪现场和证据,控制犯罪嫌疑人,并立即报告公安机关主管部门。

执行勘查的侦查人员接到通知后,应当立即赶赴现场;勘查现场,应当持有刑事犯罪现场勘查证。

**第二百一十五条** 公安机关对案件现场进行勘查,侦查人员不得少于二人。

**第二百一十六条** 勘查现场,应当拍摄现场照片、绘制现场图,制作笔录,由参加勘查的人和见证人签名。对重大案件的现场勘查,应当录音录像。

**第二百一十七条** 为了确定被害人、犯罪嫌疑人的某些特征、伤害情况或者生理状态,可以对人身进行检查,依法提取、采集肖像、指纹等人体生物识别信息,采集血液、尿液等生物样本。被害人死亡的,应当通过被害人近亲属辨认、提取生物样本鉴定等方式确定被害人身份。

犯罪嫌疑人拒绝检查、提取、采集的,侦查人员认为必要的时候,经办案部门负责人批准,可以强制检查、提取、采集。

检查妇女的身体,应当由女工作人员或者医师进行。

检查的情况应当制作笔录，由参加检查的侦查人员、检查人员、被检查人员和见证人签名。被检查人员拒绝签名的，侦查人员应当在笔录中注明。

**第二百一十八条** 为了确定死因，经县级以上公安机关负责人批准，可以解剖尸体，并且通知死者家属到场，让其在解剖尸体通知书上签名。

死者家属无正当理由拒不到场或者拒绝签名的，侦查人员应当在解剖尸体通知书上注明。对身份不明的尸体，无法通知死者家属的，应当在笔录中注明。

**第二百一十九条** 对已查明死因，没有继续保存必要的尸体，应当通知家属领回处理，对于无法通知或者通知后家属拒绝领回的，经县级以上公安机关负责人批准，可以及时处理。

**第二百二十条** 公安机关进行勘验、检查后，人民检察院要求复验、复查的，公安机关应当进行复验、复查，并可以通知人民检察院派员参加。

**第二百二十一条** 为了查明案情，在必要的时候，经县级以上公安机关负责人批准，可以进行侦查实验。

进行侦查实验，应当全程录音录像，并制作侦查实验笔录，由参加实验的人签名。

进行侦查实验，禁止一切足以造成危险、侮辱人格或者有伤风化的行为。

## 第五节 搜 查

**第二百二十二条** 为了收集犯罪证据、查获犯罪人，经县级以上公安机关负责人批准，侦查人员可以对犯罪嫌疑人以及可能隐藏罪犯或者犯罪证据的人的身体、物品、住处和其他有关的地方进行搜查。

**第二百二十三条** 进行搜查，必须向被搜查人出示搜查证，执行搜查的侦查人员不得少于二人。

**第二百二十四条** 执行拘留、逮捕的时候，遇有下列紧急情况之一的，不用搜查证也可以进行搜查：

（一）可能随身携带凶器的；

（二）可能隐藏爆炸、剧毒等危险物品的；

（三）可能隐匿、毁弃、转移犯罪证据的；

（四）可能隐匿其他犯罪嫌疑人的；

（五）其他突然发生的紧急情况。

**第二百二十五条** 进行搜查时，应当有被搜查人或者他的家属、邻居或者其他见证人在场。

公安机关可以要求有关单位和个人交出可以证明犯罪嫌疑人有罪或者无罪的物证、书证、视听资料等证据。遇到阻碍搜查的，侦查人员可以强制搜查。

搜查妇女的身体，应当由女工作人员进行。

**第二百二十六条** 搜查的情况应当制作笔录，由侦查人员和被搜查人或者他的家属、邻居或者其他见证人签名。

如果被搜查人拒绝签名，或者被搜查人在逃，他的家属拒绝签名或者不在场的，侦查人员应当在笔录中注明。

<h2 style="text-align:center">第六节 查封、扣押</h2>

**第二百二十七条** 在侦查活动中发现的可用以证明犯罪嫌疑人有罪或者无罪的各种财物、文件，应当查封、扣押；但与案件无关的财物、文件，不得查封、扣押。

持有人拒绝交出应当查封、扣押的财物、文件的，公安机关可以强制查封、扣押。

**第二百二十八条** 在侦查过程中需要扣押财物、文件的，应当经办案部门负责人批准，制作扣押决定书；在现场勘查或者搜查中需要扣押财物、文件的，由现场指挥人员决定；但扣押财物、文件价值较高或者可能严重影响正常生产经营的，应当经县级以上公安机关负责人批准，制作扣押决定书。

在侦查过程中需要查封土地、房屋等不动产，或者船舶、航空器以及其他不宜移动的大型机器、设备等特定动产的，应当经县级以上公安机关负责人批准并制作查封决定书。

**第二百二十九条** 执行查封、扣押的侦查人员不得少于二人，并出示本规定第二百二十八条规定的有关法律文书。

查封、扣押的情况应当制作笔录，由侦查人员、持有人和见证人签名。对于无法确定持有人或者持有人拒绝签名的，侦查人员应当在笔录中注明。

**第二百三十条** 对查封、扣押的财物和文件，应当会同在场见证人和被查封、扣押财物、文件的持有人查点清楚，当场开列查封、扣押清单一式三份，写明财物或者文件的名称、编号、数量、特征及其来源等，由侦查人员、持有人和见证人签名，一份交给持有人，一份交给公安机关保管人员，一份附卷备查。

对于财物、文件的持有人无法确定，以及持有人不在现场或者拒绝签名的，侦查人员应当在清单中注明。

依法扣押文物、贵金属、珠宝、字画等贵重财物的，应当拍照或者录音录像，并及时鉴定、估价。

执行查封、扣押时，应当为犯罪嫌疑人及其所扶养的亲属保留必需的生活费用和物品。能够保证侦查活动正常进行的，可以允许有关当事人继续合理使用有关涉案财物，但应当采取必要的保值、保管措施。

**第二百三十一条** 对作为犯罪证据但不便提取或者没有必要提取的财物、文件，经登记、拍照或者录音录像、估价后，可以交财物、文件持有人保管或者封存，并且开具登记保存清单一式两份，由侦查人员、持有人和见证人签名，一份交给财物、文件持有人，另一份连同照片或者录音录像资料附卷备查。财物、文件持有人应当妥善保管，不得转移、变卖、毁损。

**第二百三十二条** 扣押犯罪嫌疑人的邮件、电子邮件、电报，应当经县级以上公安机关负责人批准，制作扣押邮件、电报通知书，通知邮电部门或者网络服务单位检交扣押。

不需要继续扣押的时候，应当经县级以上公安机关负责人批准，制作解除扣押邮件、电报通知书，立即通知邮电部门或者网络服务单位。

**第二百三十三条** 对查封、扣押的财物、文件、邮件、电子邮件、电报，经查明确实与案件无关的，应当在三日以内解除查封、扣押，退还原主或者原邮电部门、网络服务单位；原主不明确的，应当采取公告方式告知原主认领。在通知原主或者公告后六个月以内，无人认领的，按照无主财物处理，登记后上缴国库。

**第二百三十四条** 有关犯罪事实查证属实后，对于有证据证明权属明确且无争议的被害人合法财产及其孳息，且返还不损害其他被害人或者利害关系人的利益，不影响案件正常办理的，应当在登记、拍照或者录音录像和估价后，报经县级以上公安机关负责人批准，开具发还清单返还，并在案卷材料中注明返还的理由，将原物照片、发还清单和被害人的领取手续存卷备查。

领取人应当是涉案财物的合法权利人或者其委托的人；委托他人领取的，应当出具委托书。侦查人员或者公安机关其他工作人员不得代为领取。

查找不到被害人，或者通知被害人后，无人领取的，应当将有关财产及其孳息随案移送。

**第二百三十五条** 对查封、扣押的财物及其孳息、文件，公安机关应当妥善保管，以供核查。任何单位和个人不得违规使用、调换、损毁或者自行处理。

县级以上公安机关应当指定一个内设部门作为涉案财物管理部门，负责对涉案财物实行统一管理，并设立或者指定专门保管场所，对涉案财物进行集中保管。

对价值较低、易于保管，或者需要作为证据继续使用，以及需要先行返还被害人的涉案财物，可以由办案部门设置专门的场所进行保管。办案部门应当指定不承担办案工作的民警负责本部门涉案财物的接收、保管、移交等管理工作；严禁由侦查人员自行保管涉案财物。

**第二百三十六条** 在侦查期间，对于易损毁、灭失、腐烂、变质而不宜长期保存，或者难以保管的物品，经县级以上公安机关主要负责人批准，可以在拍照或者录音录像后委托有关部门变卖、拍卖，变卖、拍卖的价款暂予保存，待诉讼终结后一并处理。

对于违禁品，应当依照国家有关规定处理；需要作为证据使用的，应当在诉讼终结后处理。

### 第七节 查询、冻结

**第二百三十七条** 公安机关根据侦查犯罪的需要，可以依照规定查询、冻结犯罪嫌疑人的存款、汇款、证券交易结算资金、期货保证金等资金，债券、股票、基金份额和其他证券，以及股权、保单权益和其他投资权益等财产，并可以要求有关单位和个人配合。

对于前款规定的财产，不得划转、转账或者以其他方式变相扣押。

**第二百三十八条** 向金融机构等单位查询犯罪嫌疑人的存款、汇款、证券交易结算资金、期货保证金等资金，债券、股票、基金份额和其他证券，以及股权、保单权益和其他投资权益等财产，应当经县级以上公安机关负责人批准，制作协助查询财产通知书，通知金融机构等单位协助办理。

**第二百三十九条** 需要冻结犯罪嫌疑人财产的，应当经县级以上公安机关负责人批准，制作协助冻结财产通知书，明确冻结财产的账户名称、账户号码、冻结数额、冻结期限、冻结范围以及是否及于孳息等事项，通知金融机构等单位协助办理。

冻结股权、保单权益的，应当经设区的市一级以上公安机关负责人批准。

冻结上市公司股权的，应当经省级以上公安机关负责人批准。

**第二百四十条** 需要延长冻结期限的，应当按照原批准权限和程序，在冻结期限届满前办理继续冻结手续。逾期不办理继续冻结手续的，视为自动解除冻结。

**第二百四十一条** 不需要继续冻结犯罪嫌疑人财产时，应当经原批准冻结的公安机关负责人批准，制作协助解除冻结财产通知书，通知金融机构等单位协助办理。

**第二百四十二条** 犯罪嫌疑人的财产已被冻结的，不得重复冻结，但可以轮候冻结。

**第二百四十三条** 冻结存款、汇款、证券交易结算资金、期货保证金等财产的期限为六个月。每次续冻期限最长不得超过六个月。

对于重大、复杂案件，经设区的市一级以上公安机关负责人批准，冻结存款、汇款、证券交易结算资金、期货保证金等财产的期限可以为一年。每次续冻期限最长不得超过一年。

**第二百四十四条** 冻结债券、股票、基金份额等证券的期限为二年。每次续冻期限最长不得超过二年。

**第二百四十五条** 冻结股权、保单权益或者投资权益的期限为六个月。每次续冻期限最长不得超过六个月。

**第二百四十六条** 对冻结的债券、股票、基金份额等财产，应当告知当事人或者其法定代理人、委托代理人有权申请出售。

权利人书面申请出售被冻结的债券、股票、基金份额等财产，不损害国家利益、被害人、其他权利人利益，不影响诉讼正常进行的，以及冻结的汇票、本票、支票的有效期即将届满的，经县级以上公安机关负责人批准，可以依法出售或者变现，所得价款应当继续冻结在其对应的银行账户中；没有对应的银行账户的，所得价款由公安机关在银行指定专门账户保管，并及时告知当事人或者其近亲属。

**第二百四十七条** 对冻结的财产，经查明确实与案件无关的，应当在三日以内通知金融机构等单位解除冻结，并通知被冻结财产的所有人。

## 第八节 鉴 定

**第二百四十八条** 为了查明案情，解决案件中某些专门性问题，应当指派、聘请有专门知识的人进行鉴定。

需要聘请有专门知识的人进行鉴定，应当经县级以上公安机关负责人批准后，制作鉴定聘请书。

**第二百四十九条** 公安机关应当为鉴定人进行鉴定提供必要的条件，及时向鉴定人送交有关检材和对比样本等原始材料，介绍与鉴定有关的情况，并且明确提出要求鉴定解决的问题。

禁止暗示或者强迫鉴定人作出某种鉴定意见。

**第二百五十条** 侦查人员应当做好检材的保管和送检工作，并注明检材送检环节的责任人，确保检材在流转环节中的同一性和不被污染。

**第二百五十一条** 鉴定人应当按照鉴定规则，运用科学方法独立进行鉴定。鉴定后，应当出具鉴定意见，并在鉴定意见书上签名，同时附上鉴定机构和鉴定人的资质证明或者其他证明文件。

多人参加鉴定，鉴定人有不同意见的，应当注明。

**第二百五十二条** 对鉴定意见，侦查人员应当进行审查。

对经审查作为证据使用的鉴定意见，公安机关应当及时告知犯罪嫌疑人、被害人或者其法定代理人。

**第二百五十三条** 犯罪嫌疑人、被害人对鉴定意见有异议提出申请，以及办案部门或者侦查人员对鉴定意见有疑义的，可以将鉴定意见送交其他有专门知识的人员提出意见。必要时，询问鉴定人并制作笔录附卷。

**第二百五十四条** 经审查，发现有下列情形之一的，经县级以上公安机关负责人批准，应当补充鉴定：

（一）鉴定内容有明显遗漏的；

（二）发现新的有鉴定意义的证物的；

（三）对鉴定证物有新的鉴定要求的；

（四）鉴定意见不完整，委托事项无法确定的；

（五）其他需要补充鉴定的情形。

经审查，不符合上述情形的，经县级以上公安机关负责人批准，作出不准予补充鉴定的决定，并在作出决定后三日以内书面通知申请人。

**第二百五十五条** 经审查，发现有下列情形之一的，经县级以上公安机关负责人批准，应当重新鉴定：

（一）鉴定程序违法或者违反相关专业技术要求的；

（二）鉴定机构、鉴定人不具备鉴定资质和条件的；

（三）鉴定人故意作虚假鉴定或者违反回避规定的；

（四）鉴定意见依据明显不足的；

（五）检材虚假或者被损坏的；

（六）其他应当重新鉴定的情形。

重新鉴定，应当另行指派或者聘请鉴定人。

经审查，不符合上述情形的，经县级以上公安机关负责人批准，作出不准予重新鉴定的决定，并在作出决定后三日以内书面通知申请人。

**第二百五十六条** 公诉人、当事人或者辩护人、诉讼代理人对鉴定意见有异议，经人民法院依法通知的，公安机关鉴定人应当出庭作证。

鉴定人故意作虚假鉴定的，应当依法追究其法律责任。

**第二百五十七条** 对犯罪嫌疑人作精神病鉴定的时间不计入办案期限，其他鉴定时间都应当计入办案期限。

## 第九节 辨 认

**第二百五十八条** 为了查明案情，在必要的时候，侦查人员可以让被害人、证人或者犯罪嫌疑人对与犯罪有关的物品、文件、尸体、场所或者犯罪嫌疑人进行辨认。

**第二百五十九条** 辨认应当在侦查人员的主持下进行。主持辨认的侦查人员不得少于二人。

几名辨认人对同一辨认对象进行辨认时，应当由辨认人个别进行。

**第二百六十条** 辨认时，应当将辨认对象混杂在特征相类似的其他对象中，不得在辨认前向辨认人展示辨认对象及其影像资料，不得给辨认人任何暗示。

辨认犯罪嫌疑人时，被辨认的人数不得少于七人；对犯罪嫌疑人照片进行辨认的，不得少于十人的照片。

辨认物品时，混杂的同类物品不得少于五件；对物品的照片进行辨认的，不得少于十个物品的照片。

对场所、尸体等特定辨认对象进行辨认，或者辨认人能够准确描述物品独有特征的，陪衬物不受数量的限制。

**第二百六十一条** 对犯罪嫌疑人的辨认，辨认人不愿意公开进行时，可以在不暴露辨认人的情况下进行，并应当为其保守秘密。

**第二百六十二条** 对辨认经过和结果，应当制作辨认笔录，由侦查人员、辨认人、见证人签名。必要时，应当对辨认过程进行录音录像。

## 第十节 技术侦查

**第二百六十三条** 公安机关在立案后，根据侦查犯罪的需要，可以对下列严重危害社会的犯罪案件采取技术侦查措施：

（一）危害国家安全犯罪、恐怖活动犯罪、黑社会性质的组织犯罪、重大毒品犯罪案件；

（二）故意杀人、故意伤害致人重伤或者死亡、强奸、抢劫、绑架、放火、爆炸、投放危险物质等严重暴力犯罪案件；

（三）集团性、系列性、跨区域性重大犯罪案件；

（四）利用电信、计算机网络、寄递渠道等实施的重大犯罪案件，以及针对计算机网络实施的重大犯罪案件；

（五）其他严重危害社会的犯罪案件，依法可能判处七年以上有期徒刑的。

公安机关追捕被通缉或者批准、决定逮捕的在逃的犯罪嫌疑人、被告人，可以采取追捕所必需的技术侦查措施。

**第二百六十四条** 技术侦查措施是指由设区的市一级以上公安机关负责技术侦查的部门实施的记录监控、行踪监控、通信监控、场所监控等措施。

技术侦查措施的适用对象是犯罪嫌疑人、被告人以及与犯罪活动直接关联的人员。

第二百六十五条 需要采取技术侦查措施的,应当制作呈请采取技术侦查措施报告书,报设区的市一级以上公安机关负责人批准,制作采取技术侦查措施决定书。

人民检察院等部门决定采取技术侦查措施,交公安机关执行的,由设区的市一级以上公安机关按照规定办理相关手续后,交负责技术侦查的部门执行,并将执行情况通知人民检察院等部门。

第二百六十六条 批准采取技术侦查措施的决定自签发之日起三个月以内有效。

在有效期限内,对不需要继续采取技术侦查措施的,办案部门应当立即书面通知负责技术侦查的部门解除技术侦查措施;负责技术侦查的部门认为需要解除技术侦查措施的,报批准机关负责人批准,制作解除技术侦查措施决定书,并及时通知办案部门。

对复杂、疑难案件,采取技术侦查措施的有效期限届满仍需要继续采取技术侦查措施的,经负责技术侦查的部门审核后,报批准机关负责人批准,制作延长技术侦查措施期限决定书。批准延长期限,每次不得超过三个月。

有效期限届满,负责技术侦查的部门应当立即解除技术侦查措施。

第二百六十七条 采取技术侦查措施,必须严格按照批准的措施种类、适用对象和期限执行。

在有效期限内,需要变更技术侦查措施种类或者适用对象的,应当按照本规定第二百六十五条规定重新办理批准手续。

第二百六十八条 采取技术侦查措施收集的材料在刑事诉讼中可以作为证据使用。使用技术侦查措施收集的材料作为证据时,可能危及有关人员的人身安全,或者可能产生其他严重后果的,应当采取不暴露有关人员身份和使用的技术设备、侦查方法等保护措施。

采取技术侦查措施收集的材料作为证据使用的,采取技术侦查措施决定书应当附卷。

第二百六十九条 采取技术侦查措施收集的材料,应当严格依照有关规定存放,只能用于对犯罪的侦查、起诉和审判,不得用于其他用途。

采取技术侦查措施收集的与案件无关的材料,必须及时销毁,并制作销毁记录。

第二百七十条 侦查人员对采取技术侦查措施过程中知悉的国家秘密、商业秘密和个人隐私,应当保密。

公安机关依法采取技术侦查措施,有关单位和个人应当配合,并对有关情况予以保密。

第二百七十一条 为了查明案情,在必要的时候,经县级以上公安机关负责人决定,可以由侦查人员或者公安机关指定的其他人员隐匿身份实施侦查。

隐匿身份实施侦查时,不得使用促使他人产生犯罪意图的方法诱使他人犯罪,不得采用可能危害公共安全或者发生重大人身危险的方法。

第二百七十二条 对涉及给付毒品等违禁品或者财物的犯罪活动,为查明参与该项犯罪的人员和犯罪事实,根据侦查需要,经县级以上公安机关负责人决定,可以实施控制下交付。

第二百七十三条 公安机关依照本节规定实施隐匿身份侦查和控制下交付收集的材

料在刑事诉讼中可以作为证据使用。

使用隐匿身份侦查和控制下交付收集的材料作为证据时,可能危及隐匿身份人员的人身安全,或者可能产生其他严重后果的,应当采取不暴露有关人员身份等保护措施。

## 第十一节 通 缉

**第二百七十四条** 应当逮捕的犯罪嫌疑人在逃的,经县级以上公安机关负责人批准,可以发布通缉令,采取有效措施,追捕归案。

县级以上公安机关在自己管辖的地区内,可以直接发布通缉令;超出自己管辖的地区,应当报请有权决定的上级公安机关发布。

通缉令的发送范围,由签发通缉令的公安机关负责人决定。

**第二百七十五条** 通缉令中应当尽可能写明被通缉人的姓名、别名、曾用名、绰号、性别、年龄、民族、籍贯、出生地、户籍所在地、居住地、职业、身份证号码、衣着和体貌特征、口音、行为习惯,并附被通缉人近期照片,可以附指纹及其他物证的照片。除了必须保密的事项以外,应当写明发案的时间、地点和简要案情。

**第二百七十六条** 通缉令发出后,如果发现新的重要情况可以补发通报。通报必须注明原通缉令的编号和日期。

**第二百七十七条** 公安机关接到通缉令后,应当及时布置查缉。抓获犯罪嫌疑人后,报经县级以上公安机关负责人批准,凭通缉令或者相关法律文书羁押,并通知通缉令发布机关进行核实,办理交接手续。

**第二百七十八条** 需要对犯罪嫌疑人在口岸采取边控措施的,应当按照有关规定制作边控对象通知书,并附有关法律文书,经县级以上公安机关负责人审核后,层报省级公安机关批准,办理全国范围内的边控措施。需要限制犯罪嫌疑人人身自由的,应当附有关限制人身自由的法律文书。

紧急情况下,需要采取边控措施的,县级以上公安机关可以出具公函,先向有关口岸所在地出入境边防检查机关交控,但应当在七日以内按照规定程序办理全国范围内的边控措施。

**第二百七十九条** 为发现重大犯罪线索,追缴涉案财物、证据,查获犯罪嫌疑人,必要时,经县级以上公安机关负责人批准,可以发布悬赏通告。

悬赏通告应当写明悬赏对象的基本情况和赏金的具体数额。

**第二百八十条** 通缉令、悬赏通告应当广泛张贴,并可以通过广播、电视、报刊、计算机网络等方式发布。

**第二百八十一条** 经核实,犯罪嫌疑人已经自动投案、被击毙或者被抓获,以及发现有其他不需要采取通缉、边控、悬赏通告的情形的,发布机关应当在原通缉、通知、通告范围内,撤销通缉令、边控通知、悬赏通告。

**第二百八十二条** 通缉越狱逃跑的犯罪嫌疑人、被告人或者罪犯,适用本节的有关规定。

## 第十二节 侦查终结

**第二百八十三条** 侦查终结的案件,应当同时符合以下条件:
(一)案件事实清楚;
(二)证据确实、充分;
(三)犯罪性质和罪名认定正确;
(四)法律手续完备;
(五)依法应当追究刑事责任。

**第二百八十四条** 对侦查终结的案件,公安机关应当全面审查证明证据收集合法性的证据材料,依法排除非法证据。排除非法证据后证据不足的,不得移送审查起诉。

公安机关发现侦查人员非法取证的,应当依法作出处理,并可另行指派侦查人员重新调查取证。

**第二百八十五条** 侦查终结的案件,侦查人员应当制作结案报告。

结案报告应当包括以下内容:
(一)犯罪嫌疑人的基本情况;
(二)是否采取了强制措施及其理由;
(三)案件的事实和证据;
(四)法律依据和处理意见。

**第二百八十六条** 侦查终结案件的处理,由县级以上公安机关负责人批准;重大、复杂、疑难的案件应当经过集体讨论。

**第二百八十七条** 侦查终结后,应当将全部案卷材料按照要求装订立卷。

向人民检察院移送案件时,只移送诉讼卷,侦查卷由公安机关存档备查。

**第二百八十八条** 对查封、扣押的犯罪嫌疑人的财物及其孳息、文件或者冻结的财产,作为证据使用的,应当随案移送,并制作随案移送清单一式两份,一份留存,一份交人民检察院。制作清单时,应当根据已经查明的案情,写明对涉案财物的处理建议。

对于实物不宜移送的,应当将其清单、照片或者其他证明文件随案移送。待人民法院作出生效判决后,按照人民法院送达的生效判决书、裁定书依法作出处理,并向人民法院送交回执。人民法院在判决、裁定中未对涉案财物作出处理的,公安机关应当征求人民法院意见,并根据人民法院的决定依法作出处理。

**第二百八十九条** 对侦查终结的案件,应当制作起诉意见书,经县级以上公安机关负责人批准后,连同全部案卷材料、证据,以及辩护律师提出的意见,一并移送同级人民检察院审查决定;同时将案件移送情况告知犯罪嫌疑人及其辩护律师。

犯罪嫌疑人自愿认罪的,应当记录在案,随案移送,并在起诉意见书中写明有关情况;认为案件符合速裁程序适用条件的,可以向人民检察院提出适用速裁程序的建议。

**第二百九十条** 对于犯罪嫌疑人在境外,需要及时进行审判的严重危害国家安全犯罪、恐怖活动犯罪案件,应当在侦查终结后层报公安部批准,移送同级人民检察院审查起诉。

在审查起诉或者缺席审理过程中，犯罪嫌疑人、被告人向公安机关自动投案或者被公安机关抓获的，公安机关应当立即通知人民检察院、人民法院。

**第二百九十一条** 共同犯罪案件的起诉意见书，应当写明每个犯罪嫌疑人在共同犯罪中的地位、作用、具体罪责和认罪态度，并分别提出处理意见。

**第二百九十二条** 被害人提出附带民事诉讼的，应当记录在案；移送审查起诉时，应当在起诉意见书末页注明。

**第二百九十三条** 人民检察院作出不起诉决定的，如果被不起诉人在押，公安机关应当立即办理释放手续。除依法转为行政案件办理外，应当根据人民检察院解除查封、扣押、冻结财物的书面通知，及时解除查封、扣押、冻结。

人民检察院提出对被不起诉人给予行政处罚、处分或者没收其违法所得的检察意见，移送公安机关处理的，公安机关应当将处理结果及时通知人民检察院。

**第二百九十四条** 认为人民检察院作出的不起诉决定有错误的，应当在收到不起诉决定书后七日以内制作要求复议意见书，经县级以上公安机关负责人批准后，移送人民检察院复议。

要求复议的意见不被接受的，可以在收到人民检察院的复议决定书后七日以内制作提请复核意见书，经县级以上公安机关负责人批准后，连同人民检察院的复议决定书，一并提请上一级人民检察院复核。

### 第十三节 补充侦查

**第二百九十五条** 侦查终结，移送人民检察院审查起诉的案件，人民检察院退回公安机关补充侦查的，公安机关接到人民检察院退回补充侦查的法律文书后，应当按照补充侦查提纲在一个月以内补充侦查完毕。

补充侦查以二次为限。

**第二百九十六条** 对人民检察院退回补充侦查的案件，根据不同情况，报县级以上公安机关负责人批准，分别作如下处理：

（一）原认定犯罪事实不清或者证据不够充分的，应当在查清事实、补充证据后，制作补充侦查报告书，移送人民检察院审查；对确实无法查明的事项或者无法补充的证据，应当书面向人民检察院说明情况；

（二）在补充侦查过程中，发现新的同案犯或者新的罪行，需要追究刑事责任的，应当重新制作起诉意见书，移送人民检察院审查；

（三）发现原认定的犯罪事实有重大变化，不应当追究刑事责任的，应当撤销案件或者对犯罪嫌疑人终止侦查，并将有关情况通知退查的人民检察院；

（四）原认定犯罪事实清楚，证据确实、充分，人民检察院退回补充侦查不当的，应当说明理由，移送人民检察院审查。

**第二百九十七条** 对于人民检察院在审查起诉过程中以及在人民法院作出生效判决前，要求公安机关提供法庭审判所必需的证据材料的，应当及时收集和提供。

## 第九章　执行刑罚

### 第一节　罪犯的交付

**第二百九十八条**　对被依法判处刑罚的罪犯，如果罪犯已被采取强制措施的，公安机关应当依据人民法院生效的判决书、裁定书以及执行通知书，将罪犯交付执行。

对人民法院作出无罪或者免除刑事处罚的判决，如果被告人在押，公安机关在收到相应的法律文书后应当立即办理释放手续；对人民法院建议给予行政处理的，应当依照有关规定处理或者移送有关部门。

**第二百九十九条**　对被判处死刑的罪犯，公安机关应当依据人民法院执行死刑的命令，将罪犯交由人民法院执行。

**第三百条**　公安机关接到人民法院生效的判处死刑缓期二年执行、无期徒刑、有期徒刑的判决书、裁定书以及执行通知书后，应当在一个月以内将罪犯送交监狱执行。

对未成年犯应当送交未成年犯管教所执行刑罚。

**第三百零一条**　对被判处有期徒刑的罪犯，在被交付执行刑罚前，剩余刑期在三个月以下的，由看守所根据人民法院的判决代为执行。

对被判处拘役的罪犯，由看守所执行。

**第三百零二条**　对被判处管制、宣告缓刑、假释或者暂予监外执行的罪犯，已被羁押的，由看守所将其交付社区矫正机构执行。

对被判处剥夺政治权利的罪犯，由罪犯居住地的派出所负责执行。

**第三百零三条**　对被判处有期徒刑由看守所代为执行和被判处拘役的罪犯，执行期间如果没有再犯新罪，执行期满，看守所应当发给刑满释放证明书。

**第三百零四条**　公安机关在执行刑罚中，如果认为判决有错误或者罪犯提出申诉，应当转请人民检察院或者原判人民法院处理。

### 第二节　减刑、假释、暂予监外执行

**第三百零五条**　对依法留看守所执行刑罚的罪犯，符合减刑条件的，由看守所制作减刑建议书，经设区的市一级以上公安机关审查同意后，报请所在地中级以上人民法院审核裁定。

**第三百零六条**　对依法留看守所执行刑罚的罪犯，符合假释条件的，由看守所制作假释建议书，经设区的市一级以上公安机关审查同意后，报请所在地中级以上人民法院审核裁定。

**第三百零七条**　对依法留所执行刑罚的罪犯，有下列情形之一的，可以暂予监外执行：

（一）有严重疾病需要保外就医的；

（二）怀孕或者正在哺乳自己婴儿的妇女；

（三）生活不能自理，适用暂予监外执行不致危害社会的。

对罪犯暂予监外执行的，看守所应当提出书面意见，报设区的市一级以上公安机关批准，同时将书面意见抄送同级人民检察院。

对适用保外就医可能有社会危险性的罪犯，或者自伤自残的罪犯，不得保外就医。

对罪犯确有严重疾病，必须保外就医的，由省级人民政府指定的医院诊断并开具证明文件。

**第三百零八条** 公安机关决定对罪犯暂予监外执行的，应当将暂予监外执行决定书交被暂予监外执行的罪犯和负责监外执行的社区矫正机构，同时抄送同级人民检察院。

**第三百零九条** 批准暂予监外执行的公安机关接到人民检察院认为暂予监外执行不当的意见后，应当立即对暂予监外执行的决定进行重新核查。

**第三百一十条** 对暂予监外执行的罪犯，有下列情形之一的，批准暂予监外执行的公安机关应当作出收监执行决定：

（一）发现不符合暂予监外执行条件的；

（二）严重违反有关暂予监外执行监督管理规定的；

（三）暂予监外执行的情形消失后，罪犯刑期未满的。

对暂予监外执行的罪犯决定收监执行的，由暂予监外执行地看守所将罪犯收监执行。

不符合暂予监外执行条件的罪犯通过贿赂等非法手段被暂予监外执行的，或者罪犯在暂予监外执行期间脱逃的，罪犯被收监执行后，所在看守所应当提出不计入执行刑期的建议，经设区的市一级以上公安机关审查同意后，报请所在地中级以上人民法院审核裁定。

### 第三节　剥夺政治权利

**第三百一十一条** 负责执行剥夺政治权利的派出所应当按照人民法院的判决，向罪犯及其所在单位、居住地基层组织宣布其犯罪事实、被剥夺政治权利的期限，以及罪犯在执行期间应当遵守的规定。

**第三百一十二条** 被剥夺政治权利的罪犯在执行期间应当遵守下列规定：

（一）遵守国家法律、行政法规和公安部制定的有关规定，服从监督管理；

（二）不得享有选举权和被选举权；

（三）不得组织或者参加集会、游行、示威、结社活动；

（四）不得出版、制作、发行书籍、音像制品；

（五）不得接受采访，发表演说；

（六）不得在境内外发表有损国家荣誉、利益或者其他具有社会危害性的言论；

（七）不得担任国家机关职务；

（八）不得担任国有公司、企业、事业单位和人民团体的领导职务。

**第三百一十三条** 被剥夺政治权利的罪犯违反本规定第三百一十二条的规定，尚未构成新的犯罪的，公安机关依法可以给予治安管理处罚。

**第三百一十四条** 被剥夺政治权利的罪犯，执行期满，公安机关应当书面通知本人及其所在单位、居住地基层组织。

### 第四节 对又犯新罪罪犯的处理

**第三百一十五条** 对留看守所执行刑罚的罪犯,在暂予监外执行期间又犯新罪的,由犯罪地公安机关立案侦查,并通知批准机关。批准机关作出收监执行决定后,应当根据侦查、审判需要,由犯罪地看守所或者暂予监外执行地看守所收监执行。

**第三百一十六条** 被剥夺政治权利、管制、宣告缓刑和假释的罪犯在执行期间又犯新罪的,由犯罪地公安机关立案侦查。

对留看守所执行刑罚的罪犯,因犯新罪被撤销假释的,应当根据侦查、审判需要,由犯罪地看守所或者原执行看守所收监执行。

## 第十章 特别程序

### 第一节 未成年人刑事案件诉讼程序

**第三百一十七条** 公安机关办理未成年人刑事案件,实行教育、感化、挽救的方针,坚持教育为主、惩罚为辅的原则。

**第三百一十八条** 公安机关办理未成年人刑事案件,应当保障未成年人行使其诉讼权利并得到法律帮助,依法保护未成年人的名誉和隐私,尊重其人格尊严。

**第三百一十九条** 公安机关应当设置专门机构或者配备专职人员办理未成年人刑事案件。

未成年人刑事案件应当由熟悉未成年人身心特点,善于做未成年人思想教育工作,具有一定办案经验的人员办理。

**第三百二十条** 未成年犯罪嫌疑人没有委托辩护人的,公安机关应当通知法律援助机构指派律师为其提供辩护。

**第三百二十一条** 公安机关办理未成年人刑事案件时,应当重点查清未成年犯罪嫌疑人实施犯罪行为时是否已满十四周岁、十六周岁、十八周岁的临界年龄。

**第三百二十二条** 公安机关办理未成年人刑事案件,根据情况可以对未成年犯罪嫌疑人的成长经历、犯罪原因、监护教育等情况进行调查并制作调查报告。

作出调查报告的,在提请批准逮捕、移送审查起诉时,应当结合案情综合考虑,并将调查报告与案卷材料一并移送人民检察院。

**第三百二十三条** 讯问未成年犯罪嫌疑人,应当通知未成年犯罪嫌疑人的法定代理人到场。无法通知、法定代理人不能到场或者法定代理人是共犯的,也可以通知未成年犯罪嫌疑人的其他成年亲属,所在学校、单位、居住地或者办案单位所在地基层组织或者未成年人保护组织的代表到场,并将有关情况记录在案。到场的法定代理人可以代为行使未成年犯罪嫌疑人的诉讼权利。

到场的法定代理人或者其他人员提出侦查人员在讯问中侵犯未成年人合法权益的,公安机关应当认真核查,依法处理。

**第三百二十四条** 讯问未成年犯罪嫌疑人应当采取适合未成年人的方式,耐心细致地听取其供述或者辩解，认真审核、查证与案件有关的证据和线索，并针对其思想顾虑、恐惧心理、抵触情绪进行疏导和教育。

讯问女性未成年犯罪嫌疑人，应当有女工作人员在场。

**第三百二十五条** 讯问笔录应当交未成年犯罪嫌疑人、到场的法定代理人或者其他人员阅读或者向其宣读；对笔录内容有异议的，应当核实清楚，准予更正或者补充。

**第三百二十六条** 询问未成年被害人、证人，适用本规定第三百二十三条、第三百二十四条、第三百二十五条的规定。

询问未成年被害人、证人，应当以适当的方式进行，注意保护其隐私和名誉，尽可能减少询问频次，避免造成二次伤害。必要时，可以聘请熟悉未成年人身心特点的专业人员协助。

**第三百二十七条** 对未成年犯罪嫌疑人应当严格限制和尽量减少使用逮捕措施。

未成年犯罪嫌疑人被拘留、逮捕后服从管理、依法变更强制措施不致发生社会危险性，能够保证诉讼正常进行的，公安机关应当依法及时变更强制措施；人民检察院批准逮捕的案件，公安机关应当将变更强制措施情况及时通知人民检察院。

**第三百二十八条** 对被羁押的未成年人应当与成年人分别关押、分别管理、分别教育，并根据其生理和心理特点在生活和学习方面给予照顾。

**第三百二十九条** 人民检察院在对未成年人作出附条件不起诉的决定前，听取公安机关意见时，公安机关应当提出书面意见，经县级以上公安机关负责人批准，移送同级人民检察院。

**第三百三十条** 认为人民检察院作出的附条件不起诉决定有错误的，应当在收到不起诉决定书后七日以内制作要求复议意见书，经县级以上公安机关负责人批准，移送同级人民检察院复议。

要求复议的意见不被接受的，可以在收到人民检察院的复议决定书后七日以内制作提请复核意见书，经县级以上公安机关负责人批准后，连同人民检察院的复议决定书，一并提请上一级人民检察院复核。

**第三百三十一条** 未成年人犯罪的时候不满十八周岁，被判处五年有期徒刑以下刑罚的，公安机关应当依据人民法院已经生效的判决书，将该未成年人的犯罪记录予以封存。

犯罪记录被封存的，除司法机关为办案需要或者有关单位根据国家规定进行查询外，公安机关不得向其他任何单位和个人提供。

被封存犯罪记录的未成年人，如果发现漏罪，合并被判处五年有期徒刑以上刑罚的，应当对其犯罪记录解除封存。

**第三百三十二条** 办理未成年人刑事案件，除本节已有规定的以外，按照本规定的其他规定进行。

## 第二节 当事人和解的公诉案件诉讼程序

**第三百三十三条** 下列公诉案件，犯罪嫌疑人真诚悔罪，通过向被害人赔偿损失、赔礼道歉等方式获得被害人谅解，被害人自愿和解的，经县级以上公安机关负责人批准，可以依法作为当事人和解的公诉案件办理：

（一）因民间纠纷引起，涉嫌刑法分则第四章、第五章规定的犯罪案件，可能判处三年有期徒刑以下刑罚的；

（二）除渎职犯罪以外的可能判处七年有期徒刑以下刑罚的过失犯罪案件。

犯罪嫌疑人在五年以内曾经故意犯罪的，不得作为当事人和解的公诉案件办理。

**第三百三十四条** 有下列情形之一的，不属于因民间纠纷引起的犯罪案件：

（一）雇凶伤害他人的；

（二）涉及黑社会性质组织犯罪的；

（三）涉及寻衅滋事的；

（四）涉及聚众斗殴的；

（五）多次故意伤害他人身体的；

（六）其他不宜和解的。

**第三百三十五条** 双方当事人和解的，公安机关应当审查案件事实是否清楚，被害人是否自愿和解，是否符合规定的条件。

公安机关审查时，应当听取双方当事人的意见，并记录在案；必要时，可以听取双方当事人亲属、当地居民委员会或者村民委员会人员以及其他了解案件情况的相关人员的意见。

**第三百三十六条** 达成和解的，公安机关应当主持制作和解协议书，并由双方当事人及其他参加人员签名。

当事人中有未成年人的，未成年当事人的法定代理人或者其他成年亲属应当在场。

**第三百三十七条** 和解协议书应当包括以下内容：

（一）案件的基本事实和主要证据；

（二）犯罪嫌疑人承认自己所犯罪行，对指控的犯罪事实没有异议，真诚悔罪；

（三）犯罪嫌疑人通过向被害人赔礼道歉、赔偿损失等方式获得被害人谅解；涉及赔偿损失的，应当写明赔偿的数额、方式等；提起附带民事诉讼的，由附带民事诉讼原告人撤回附带民事诉讼；

（四）被害人自愿和解，请求或者同意对犯罪嫌疑人依法从宽处罚。

和解协议应当及时履行。

**第三百三十八条** 对达成和解协议的案件，经县级以上公安机关负责人批准，公安机关将案件移送人民检察院审查起诉时，可以提出从宽处理的建议。

### 第三节 犯罪嫌疑人逃匿、死亡案件违法所得的没收程序

**第三百三十九条** 有下列情形之一，依照刑法规定应当追缴其违法所得及其他涉案财产的，经县级以上公安机关负责人批准，公安机关应当写出没收违法所得意见书，连同相关证据材料一并移送同级人民检察院：

（一）恐怖活动犯罪等重大犯罪案件，犯罪嫌疑人逃匿，在通缉一年后不能到案的；

(二) 犯罪嫌疑人死亡的。

犯罪嫌疑人死亡，现有证据证明其存在违法所得及其他涉案财产应当予以没收的，公安机关可以进行调查。公安机关进行调查，可以依法进行查封、扣押、查询、冻结。

**第三百四十条** 没收违法所得意见书应当包括以下内容：

(一) 犯罪嫌疑人的基本情况；

(二) 犯罪事实和相关的证据材料；

(三) 犯罪嫌疑人逃匿、被通缉或者死亡的情况；

(四) 犯罪嫌疑人的违法所得及其他涉案财产的种类、数量、所在地；

(五) 查封、扣押、冻结的情况等。

**第三百四十一条** 公安机关将没收违法所得意见书移送人民检察院后，在逃的犯罪嫌疑人自动投案或者被抓获的，公安机关应当及时通知同级人民检察院。

## 第四节 依法不负刑事责任的精神病人的强制医疗程序

**第三百四十二条** 公安机关发现实施暴力行为，危害公共安全或者严重危害公民人身安全的犯罪嫌疑人，可能属于依法不负刑事责任的精神病人的，应当对其进行精神病鉴定。

**第三百四十三条** 对经法定程序鉴定依法不负刑事责任的精神病人，有继续危害社会可能，符合强制医疗条件的，公安机关应当在七日以内写出强制医疗意见书，经县级以上公安机关负责人批准，连同相关证据材料和鉴定意见一并移送同级人民检察院。

**第三百四十四条** 对实施暴力行为的精神病人，在人民法院决定强制医疗前，经县级以上公安机关负责人批准，公安机关可以采取临时的保护性约束措施。必要时，可以将其送精神病医院接受治疗。

**第三百四十五条** 采取临时的保护性约束措施时，应当对精神病人严加看管，并注意约束的方式、方法和力度，以避免和防止危害他人和精神病人的自身安全为限度。

对于精神病人已没有继续危害社会可能，解除约束后不致发生社会危险性的，公安机关应当及时解除保护性约束措施。

## 第十一章 办案协作

**第三百四十六条** 公安机关在异地执行传唤、拘传、拘留、逮捕，开展勘验、检查、搜查、查封、扣押、冻结、讯问等侦查活动，应当向当地公安机关提出办案协作请求，并在当地公安机关协助下进行，或者委托当地公安机关代为执行。

开展查询、询问、辨认等侦查活动或者送达法律文书的，也可以向当地公安机关提出办案协作请求，并按照有关规定进行通报。

**第三百四十七条** 需要异地公安机关协助的，办案地公安机关应当制作办案协作函件，连同有关法律文书和人民警察证复印件一并提供给协作地公安机关。必要时，可以将前述法律手续传真或者通过公安机关有关信息系统传输至协作地公安机关。

请求协助执行传唤、拘传、拘留、逮捕的，应当提供传唤证、拘传证、拘留证、逮捕证；请求协助开展搜查、查封、扣押、查询、冻结等侦查活动的，应当提供搜查证、查封决定书、扣押决定书、协助查询财产通知书、协助冻结财产通知书；请求协助开展勘验、检查、讯问、询问等侦查活动的，应当提供立案决定书。

**第三百四十八条** 公安机关应当指定一个部门归口接收协作请求，并进行审核。对符合本规定第三百四十七条规定的协作请求，应当及时交主管业务部门办理。

异地公安机关提出协作请求的，只要法律手续完备，协作地公安机关就应当及时无条件予以配合，不得收取任何形式的费用或者设置其他条件。

**第三百四十九条** 对协作过程中获取的犯罪线索，不属于自己管辖的，应当及时移交有管辖权的公安机关或者其他有关部门。

**第三百五十条** 异地执行传唤、拘传的，协作地公安机关应当协助将犯罪嫌疑人传唤、拘传到本市、县公安机关执法办案场所或者到他的住处进行讯问。

异地执行拘留、逮捕的，协作地公安机关应当派员协助执行。

**第三百五十一条** 已被决定拘留、逮捕的犯罪嫌疑人在逃的，可以通过网上工作平台发布犯罪嫌疑人相关信息、拘留证或者逮捕证。各地公安机关发现网上逃犯的，应当立即组织抓捕。

协作地公安机关抓获犯罪嫌疑人后，应当立即通知办案地公安机关。办案地公安机关应当立即携带法律文书及时提解，提解的侦查人员不得少于二人。

办案地公安机关不能及时到达协作地的，应当委托协作地公安机关在拘留、逮捕后二十四小时以内进行讯问。

**第三百五十二条** 办案地公安机关请求代为讯问、询问、辨认的，协作地公安机关应当制作讯问、询问、辨认笔录，交被讯问、询问人和辨认人签名、捺指印后，提供给办案地公安机关。

办案地公安机关可以委托协作地公安机关协助进行远程视频讯问、询问，讯问、询问过程应当全程录音录像。

**第三百五十三条** 办案地公安机关请求协查犯罪嫌疑人的身份、年龄、违法犯罪经历等情况的，协作地公安机关应当在接到请求后七日以内将协查结果通知办案地公安机关；交通十分不便的边远地区，应当在十五日以内将协查结果通知办案地公安机关。

办案地公安机关请求协助调查取证或者查询犯罪信息、资料的，协作地公安机关应当及时协查并反馈。

**第三百五十四条** 对不履行办案协作程序或者协作职责造成严重后果的，对直接负责的主管人员和其他直接责任人员，应当给予处分；构成犯罪的，依法追究刑事责任。

**第三百五十五条** 协作地公安机关依照办案地公安机关的协作请求履行办案协作职责所产生的法律责任，由办案地公安机关承担。但是，协作行为超出协作请求范围，造成执法过错的，由协作地公安机关承担相应法律责任。

**第三百五十六条** 办案地和协作地公安机关对于案件管辖、定性处理等发生争议的，可以进行协商。协商不成的，提请共同的上级公安机关决定。

## 第十二章 外国人犯罪案件的办理

**第三百五十七条** 办理外国人犯罪案件,应当严格依照我国法律、法规、规章,维护国家主权和利益,并在对等互惠原则的基础上,履行我国所承担的国际条约义务。

**第三百五十八条** 外国籍犯罪嫌疑人在刑事诉讼中,享有我国法律规定的诉讼权利,并承担相应的义务。

**第三百五十九条** 外国籍犯罪嫌疑人的国籍,以其在入境时持用的有效证件予以确认;国籍不明的,由出入境管理部门协助予以查明。国籍确实无法查明的,以无国籍人对待。

**第三百六十条** 确认外国籍犯罪嫌疑人身份,可以依照有关国际条约或者通过国际刑事警察组织、警务合作渠道办理。确实无法查明的,可以按其自报的姓名移送人民检察院审查起诉。

**第三百六十一条** 犯罪嫌疑人为享有外交或者领事特权和豁免权的外国人的,应当层报公安部,同时通报同级人民政府外事办公室,由公安部商请外交部通过外交途径办理。

**第三百六十二条** 公安机关办理外国人犯罪案件,使用中华人民共和国通用的语言文字。犯罪嫌疑人不通晓我国语言文字的,公安机关应当为他翻译;犯罪嫌疑人通晓我国语言文字,不需要他人翻译的,应当出具书面声明。

**第三百六十三条** 外国人犯罪案件,由犯罪地的县级以上公安机关立案侦查。

**第三百六十四条** 外国人犯中华人民共和国缔结或者参加的国际条约规定的罪行后进入我国领域内的,由该外国人被抓获地的设区的市一级以上公安机关立案侦查。

**第三百六十五条** 外国人在中华人民共和国领域外对中华人民共和国国家或者公民犯罪,应当受刑罚处罚的,由该外国人入境地或者入境后居住地的县级以上公安机关立案侦查;该外国人未入境的,由被害人居住地的县级以上公安机关立案侦查;没有被害人或者是对中华人民共和国国家犯罪的,由公安部指定管辖。

**第三百六十六条** 发生重大或者可能引起外交交涉的外国人犯罪案件的,有关省级公安机关应当及时将案件办理情况报告公安部,同时通报同级人民政府外事办公室。必要时,由公安部商外交部将案件情况通知我国驻外使馆、领事馆。

**第三百六十七条** 对外国籍犯罪嫌疑人依法作出取保候审、监视居住决定或者执行拘留、逮捕后,应当在四十八小时以内层报省级公安机关,同时通报同级人民政府外事办公室。

重大涉外案件应当在四十八小时以内层报公安部,同时通报同级人民政府外事办公室。

**第三百六十八条** 对外国籍犯罪嫌疑人依法作出取保候审、监视居住决定或者执行拘留、逮捕后,由省级公安机关根据有关规定,将其姓名、性别、入境时间、护照或者证件号码、案件发生的时间、地点、涉嫌犯罪的主要事实、已采取的强制措施及其法律依据等,通知该外国人所属国家的驻华使馆、领事馆,同时报告公安部。经省级公安机关批准，领事通报任务较重的副省级城市公安局可以直接行使领事通报职能。

外国人在公安机关侦查或者执行刑罚期间死亡的，有关省级公安机关应当通知该外国人国籍国的驻华使馆、领事馆，同时报告公安部。

未在华设立使馆、领事馆的国家，可以通知其代管国家的驻华使馆、领事馆；无代管国家或者代管国家不明的，可以不予通知。

**第三百六十九条** 外国籍犯罪嫌疑人委托辩护人的，应当委托在中华人民共和国的律师事务所执业的律师。

**第三百七十条** 公安机关侦查终结前，外国驻华外交、领事官员要求探视被监视居住、拘留、逮捕或者正在看守所服刑的本国公民的，应当及时安排有关探视事宜。犯罪嫌疑人拒绝其国籍国驻华外交、领事官员探视的，公安机关可以不予安排，但应当由其本人提出书面声明。

在公安机关侦查羁押期间，经公安机关批准，外国籍犯罪嫌疑人可以与其近亲属、监护人会见、与外界通信。

**第三百七十一条** 对判处独立适用驱逐出境刑罚的外国人，省级公安机关在收到人民法院的刑事判决书、执行通知书的副本后，应当指定该外国人所在地的设区的市一级公安机关执行。

被判处徒刑的外国人，主刑执行期满后应当执行驱逐出境附加刑的，省级公安机关在收到执行监狱的上级主管部门转交的刑事判决书、执行通知书副本或者复印件后，应当通知该外国人所在地的设区的市一级公安机关或者指定有关公安机关执行。

我国政府已按照国际条约或者《中华人民共和国外交特权与豁免条例》的规定，对实施犯罪，但享有外交或者领事特权和豁免权的外国人宣布为不受欢迎的人，或者不可接受并拒绝承认其外交或者领事人员身份，责令限期出境的人，无正当理由逾期不自动出境的，由公安部凭外交部公文指定该外国人所在地的省级公安机关负责执行或者监督执行。

**第三百七十二条** 办理外国人犯罪案件，本章未规定的，适用本规定其他各章的有关规定。

**第三百七十三条** 办理无国籍人犯罪案件，适用本章的规定。

## 第十三章 刑事司法协助和警务合作

**第三百七十四条** 公安部是公安机关进行刑事司法协助和警务合作的中央主管机关，通过有关法律、国际条约、协议规定的联系途径、外交途径或者国际刑事警察组织渠道，接收或者向外国提出刑事司法协助或者警务合作请求。

地方各级公安机关依照职责权限办理刑事司法协助事务和警务合作事务。

其他司法机关在办理刑事案件中，需要外国警方协助的，由其中央主管机关与公安部联系办理。

**第三百七十五条** 公安机关进行刑事司法协助和警务合作的范围，主要包括犯罪情报信息的交流与合作，调查取证，安排证人作证或者协助调查，查封、扣押、冻结涉案财物，没收、返还违法所得及其他涉案财物，送达刑事诉讼文书，引渡、缉捕和递解犯罪嫌疑人、被告人或者罪犯，以及国际条约、协议规定的其他刑事司法协助和警务合作事宜。

第三百七十六条　在不违背我国法律和有关国际条约、协议的前提下，我国边境地区设区的市一级公安机关和县级公安机关与相邻国家的警察机关，可以按照惯例相互开展执法会晤、人员往来、边境管控、情报信息交流等警务合作，但应当报省级公安机关批准，并报公安部备案；开展其他警务合作的，应当报公安部批准。

第三百七十七条　公安部收到外国的刑事司法协助或者警务合作请求后，应当依据我国法律和国际条约、协议的规定进行审查。对于符合规定的，交有关省级公安机关办理，或者移交其他有关中央主管机关；对于不符合条约或者协议规定的，通过接收请求的途径退回请求方。

对于请求书的签署机关、请求书及所附材料的语言文字、有关办理期限和具体程序等事项，在不违反我国法律基本原则的情况下，可以按照刑事司法协助条约、警务合作协议规定或者双方协商办理。

第三百七十八条　负责执行刑事司法协助或者警务合作的公安机关收到请求书和所附材料后，应当按照我国法律和有关国际条约、协议的规定安排执行，并将执行结果及其有关材料报经省级公安机关审核后报送公安部。

在执行过程中，需要采取查询、查封、扣押、冻结等措施或者返还涉案财物，且符合法律规定的条件的，可以根据我国有关法律和公安部的执行通知办理有关法律手续。

请求书提供的信息不准确或者材料不齐全难以执行的，应当立即通过省级公安机关报请公安部要求请求方补充材料；因其他原因无法执行或者具有应当拒绝协助、合作的情形等不能执行的，应当将请求书和所附材料，连同不能执行的理由通过省级公安机关报送公安部。

第三百七十九条　执行刑事司法协助和警务合作，请求书中附有办理期限的，应当按期完成。未附办理期限的，调查取证应当在三个月以内完成；送达刑事诉讼文书，应当在十日以内完成。不能按期完成的，应当说明情况和理由，层报公安部。

第三百八十条　需要请求外国警方提供刑事司法协助或者警务合作的，应当按照我国有关法律、国际条约、协议的规定提出刑事司法协助或者警务合作请求书，所附文件及相应译文，经省级公安机关审核后报送公安部。

第三百八十一条　需要通过国际刑事警察组织查找或者缉捕犯罪嫌疑人、被告人或者罪犯，查询资料、调查取证的，应当提出申请层报国际刑事警察组织中国国家中心局。

第三百八十二条　公安机关需要外国协助安排证人、鉴定人来中华人民共和国作证或者通过视频、音频作证，或者协助调查的，应当制作刑事司法协助请求书并附相关材料，经公安部审核同意后，由对外联系机关及时向外国提出请求。

来中华人民共和国作证或者协助调查的证人、鉴定人离境前，公安机关不得就其入境前实施的犯罪进行追究；除因入境后实施违法犯罪而被采取强制措施的以外，其人身自由不受限制。

证人、鉴定人在条约规定的期限内或者被通知无需继续停留后十五日内没有离境的，前款规定不再适用，但是由于不可抗力或者其他特殊原因未能离境的除外。

第三百八十三条 公安机关提供或者请求外国提供刑事司法协助或者警务合作，应当收取或者支付费用的，根据有关国际条约、协议的规定，或者按照对等互惠的原则协商办理。

第三百八十四条 办理引渡案件，依照《中华人民共和国引渡法》等法律规定和有关条约执行。

## 第十四章 附 则

第三百八十五条 本规定所称"危害国家安全犯罪"，包括刑法分则第一章规定的危害国家安全罪以及危害国家安全的其他犯罪；"恐怖活动犯罪"，包括以制造社会恐慌、危害公共安全或者胁迫国家机关、国际组织为目的，采取暴力、破坏、恐吓等手段，造成或者意图造成人员伤亡、重大财产损失、公共设施损坏、社会秩序混乱等严重社会危害的犯罪，以及煽动、资助或者以其他方式协助实施上述活动的犯罪。

第三百八十六条 当事人及其法定代理人、诉讼代理人、辩护律师提出的复议复核请求，由公安机关法制部门办理。

办理刑事复议、复核案件的具体程序，适用《公安机关办理刑事复议复核案件程序规定》。

第三百八十七条 公安机关可以使用电子签名、电子指纹捺印技术制作电子笔录等材料，可以使用电子印章制作法律文书。对案件当事人进行电子签名、电子指纹捺印的过程，公安机关应当同步录音录像。

第三百八十八条 本规定自2013年1月1日起施行。1998年5月14日发布的《公安机关办理刑事案件程序规定》（公安部令第35号）和2007年10月25日发布的《公安机关办理刑事案件程序规定修正案》（公安部令第95号）同时废止。